D1871351

मुग़लकालीन भारत

हुमायूँ

भाग-1

सेंटर ऑफ एडवांस्ड स्टडी इन हिस्ट्री, अलीगढ़ मुस्लिम यूनिवर्सिटी, अलीगढ़

मुग़लकालीन भारत

हुमायूँ

भाग-1

[HISTORY OF THE MUGHUL RULE IN INDIA
HUMAYUN PART-I]

समकालीन तथा निकट समकालीन इतिहासकारों द्वारा

[ख़्वान्द मीर, मीर्ज़ा हैदर, मीर अलाउद्दौला, गुलबदन बेगम,
जौहर आफ़ताबची, बायज़ीद ब्यात तथा शेख अबुलफ़ज़्ल]

अनुवादक
सैयद अतहर अब्बास रिज़वी
एम.ए., पी-एच.डी.

राजकमल प्रकाशन

Source Book of Medieval Indian History in Hindi
Vol. IX

ISBN : 978-81-267-1837-5

मूल्य : ₹3000

© सेंटर ऑफ एडवांस्ड स्टडी इन हिस्ट्री
अलीगढ़ मुस्लिम यूनिवर्सिटी, अलीगढ़

पहला संस्करण : 1961
राजकमल से पहली बार : 2010
तीसरा संस्करण : 2018

प्रकाशक : राजकमल प्रकाशन प्रा. लि.
1-बी, नेताजी सुभाष मार्ग, दरियागंज
नई दिल्ली-110 002

शाखाएँ : अशोक राजपथ, साइंस कॉलेज के सामने, पटना-800 006
पहली मंजिल, दरबारी बिल्डिंग, महात्मा गांधी मार्ग, इलाहाबाद-211 001
36 ए, शेक्सपियर सरणी, कोलकाता-700 017

वेबसाइट : www.rajkamalprakashan.com
ई-मेल : info@rajkamalprakashan.com

मुद्रक : बी.के. ऑफसेट
नवीन शाहदरा, दिल्ली-110 032

MUGHULKALEEN BHARAT
HUMAYUN (Part-I)
Translated by Saiyad Athar Abbas Rizvi

डॉक्टर ज़ाकिर हुसैन ख़ाँ

राज्यपाल बिहार

के

कर कमलों में

सादर समर्पित

नवीन संस्करण की भूमिका

हुमायूँ से सम्बन्धित फारसी स्रोतों का अनुवाद 'मुगलकालीन भारत' भाग-1 एवं 2 में प्रकाशित किया गया है। इन दोनों भागों में भी पूर्व ग्रन्थों की भाँति हुमायूँ के समकालीन फारसी स्रोतों का हिन्दी भाषान्तर प्रस्तुत किया गया है। प्रथम भाग में जिन इतिहासकारों के ग्रन्थों के हिन्दी अनुवाद सम्मिलित किये गये हैं, उनमें मुख्य हैं : ख्वान्द मीर का 'कानूने हुमायूँनी', मिर्जा हैदर का 'तारीखे रशीदी', मीर अत्ताउद्दौला का 'नफायसुल मआसिर', गुलबदन बेगम का 'हुमायूँ नामे' एवं शेख अबुल फजल का 'अकबरनामे' आदि। यही नहीं डॉ. अतहर अब्बास रिजवी ने हुमायूँ के इतिहास से सम्बन्धित अफगान स्रोतों को भी इस भाग में साम्मिलित किया है। कुछ ग्रन्थों के अनुवाद मूल पाठ में न देकर पादटिप्पणियों में साम्मिलित कर लिये गये हैं। इन ग्रन्थों के अनुवादों के कारण ग्रन्थ की उपादेयता में वृद्धि हो गयी है।

अन्य ग्रन्थों की तरह यह ग्रन्थ भी हुमायूँ कालीन इतिहास के अध्ययन के लिये अत्यंत उपयोगी है विशेषतः उनके लिये जो फारसी से अनभिज्ञ हैं लेकिन इस काल पर शोध करना चाहते हैं, उनको एक ही स्थान पर सम्पूर्ण सामग्री उपलब्ध हो जाती है।

प्रथम भाग 1961 ई0 में प्रकाशित हुआ था जिसका इतिहास जगत में शानदार स्वागत किया गया था। उस समय से लेकर समकालीन समय तक के शोध ग्रन्थों में इन ग्रन्थों का भरपूर उपयोग किया गया है। इन ग्रन्थों के उपयोग के कारण शोध के स्तर में काफी प्रगति हुई। इन ग्रन्थों के अध्ययन के उपरान्त शोधार्थी द्वितीय श्रेणी के स्रोतों के उपयोग से परहेज करने लगे, जिसके कारण भ्रमपूर्ण धारणाओं को इतिहास में स्थान नहीं मिल पाया। इस काल में प्रकाशित ग्रन्थ मूल स्रोतों पर आधारित होने के कारण अधिक प्रामाणित थे।

अब ये दोनों ग्रन्थ गत दो वर्षों से अनुपलब्ध हैं जिसके कारण शोधार्थियों को काफी कठिनाइयों का सामना करना पड़ रहा था। उनकी इस कठिनाई को अनुभव करते हुए अलीगढ़ मुस्लिम विश्वविद्यालय के इतिहास विभाग ने इनके पुनर्मुद्रण की योजना बनायी है, जिसके अन्तर्गत अधिकांश ग्रन्थ प्रकाशित हो चुके हैं। इस शृंखला की यह अन्तिम कड़ी है जिसे इतिहास जगत के सम्मुख पुनः

प्रस्तुत करते हुए हमें अत्यन्त प्रसन्नता हो रही है। अगर इन ग्रन्थों ने वस्तुगत इतिहास लेखन की प्रवृति को किंचित भी आगे बढ़ाने में अपनी भूमिका निभाई तो हमारा प्रयास सफल होगा।

इन ग्रन्थों के प्रकाशन में श्री अशोक महेश्वरी, प्रबन्ध निदेशक, राजकमल प्रकाशन, नई दिल्ली का पूर्ण सहयोग रहा जिसके लिए हम हमारी ओर से एवं अपने विभाग की ओर से धन्यवाद ज्ञापित करते हैं।

नवम्बर, 2009

बी.एल. भादानी
चेयरमैन एवं कॉर्डिनेटर
सेंटर ऑफ एडवांस्ड स्टडी, डिपार्टमेंट ऑफ हिस्ट्री
अलीगढ़ मुस्लिम यूनिवर्सिटी

भूमिका

देहली के सुल्तानों (१२०६–१५२६ ई०) से सम्बन्धित फ़ारसी तथा अरबी इतिहासों का हिन्दी अनुवाद ६ भागों में प्रकाशित करने के उपरान्त मुग़ल बादशाहों में बाबर के इतिहास से सम्बन्धित आधारभूत सामग्री का हिन्दी भाषांतर १९६० ई० में प्रकाशित किया गया था जिसमें लगभग पूरे "बाबर नामे" का तो अनुवाद सम्मिलित था ही साथ ही साथ अन्य महत्वपूर्ण सामग्री का भी अनुवाद प्रस्तुत किया गया था। देहली के सुल्तानों के इतिहास से सम्बन्धित जो भाग प्रकाशित हो चुके हैं उनमें कुछ महत्वपूर्ण ग्रंथ पूरे के पूरे हिन्दी भाषा में आ गए हैं। इनमें मिनहाज सिराज की "तबक़ाते नासिरी" (हिन्दुस्तान से सम्बन्धित भाग), ज़ियाउद्दीन बरनी की "तारीखे फ़ीरोज़शाही", इब्ने बत्तूता की यात्रा का विवरण (हिन्दुस्तान से सम्बन्धित भाग), "मसालिकुल अबसार फ़ी ममालिकुल अमसार" (हिन्दुस्तान से सम्बन्धित भाग), अफ़ीफ़ की "तारीखे फ़ीरोज़शाही" एवं "फ़ुतूहाते फ़ीरोज़-शाही" सम्मिलित हैं। "तारीखे मुबारकशाही", "तारीखे मुहम्मदी", "तबक़ाते अकबरी", "वाक़ेआते मुश्ताक़ी", "तारीखे दाऊदी", "तारीखे शाही" तथा "अफ़सानये शाहान" के देहली के सुल्तानों से सम्बन्धित पूरे भागों का हिन्दी भाषान्तर प्रकाशित हो गया है। एसामी की "फ़ुतूहुस्सलातीन", और अमीर ख़ुसरो की रचनाओं में से "दीवाने वस्तुल हयात", "क़ेरानुस्सादैन", "मिफ़ताहुल फ़ुतूह" "खज़ायनुल फ़ुतूह", "दिवलरानी खिज़्र खां", "नुह सिपेहर", तथा "तुग़लुक़ नामा" का संक्षिप्त भाषान्तर प्रकाशित किया जा चुका है और केवल उन्हीं शेरों का अनुवाद नहीं किया गया है जो भाषा के सौन्दर्य की दृष्टि से लिखे गए थे और जिनमें कोई भी ऐतिहासिक विवरण प्राप्त नहीं। इस ग्रंथ माला में कुछ ऐसे ग्रंथों के भी अनुवाद प्रकाशित किए गए हैं जिनका इलियट के समय में पता न था और या जो उसकी दृष्टि में महत्वपूर्ण न थे। इन्हीं में "तारीखे फ़ख्रउद्दीन मुबारक शाह", "आदाबुलहर्ब वश्शुजाअत", "ज़फ़रुल वालेह", "सियरुल औलिया", "खैरुल मजालिस" तथा "इन्शाये माहरू", "फ़तावाये जहाँदारी", तथा "दीवाने मुतहर" सम्मिलित हैं। इनके अतिरिक्त अन्य आवश्यक ग्रंथों के अनुवाद भी प्रस्तुत किए गए हैं। तीमूर के बाद के उत्तरी हिन्दुस्तान के स्वतंत्र प्रान्तीय राज्यों के इतिहास से सम्बन्धित आवश्यक ग्रंथों का भी बिना कुछ छोड़े हुए अनुवाद प्रकाशित किया गया है। मूल ग्रंथों की पृष्ठ-संख्या कोष्ठ में लिख दी गई है।

जिन ग्रंथों के संक्षिप्त अनुवाद किए गए हैं उनका अनुवाद करते समय इस बात का प्रयत्न किया गया है कि कोई भी महत्वपूर्ण घटना अथवा सांस्कृतिक, सामाजिक एवं आर्थिक महत्व की बात छूटने न पाये। अंग्रेज़ी अनुवाद के ग्रंथों में पारिभाषिक शब्दों के अंग्रेज़ी अनुवाद में दोष रह गए हैं। इस कारण मध्यकालीन भारतीय इतिहास में अनेक भ्रमपूर्ण रूढ़ियों को आश्रय मिल गया है। इस प्रकार की त्रुटियों से बचने के उद्देश्य से पारिभाषिक और मध्यकालीन वातावरण के परिचायक शब्दों को मूल रूप ही में ग्रहण किया गया है। ऐसे शब्दों की व्याख्या टिप्पणियों में कर दी गई है। समकालीन मिथ्या प्रवादों का विवेचन भी, समकालीन तथा उत्तरवर्ती इतिहासों के आधार पर टिप्पणियों में किया गया है। नगरों के नाम प्रायः समकालीन रूप में ही रहने दिए गए हैं। अपरिचित स्थानों की व्याख्या भी टिप्पणियों में कर दी गई है किन्तु खेद है कि कुछ

व्याख्यायें इस लिए न की जा सकीं कि जिस समय अनुवाद प्रकाशित हुए उस समय मुझे कुछ आकर ग्रंथ न मिल सके। "खलजी कालीन भारत" का इतिहास तो बड़ी ही विचित्र परिस्थिति में प्रकाशित हुआ। इस कारण उसमें व्याख्याओं की कमी है किन्तु अगले संस्करण में इसका समाधान कर दिया जायेगा।

प्रस्तुत ग्रंथ में ख्वन्द मीर के "क़ानूने हुमायूनी", मीर्ज़ा हैदर की "तारीख़े रशीदी", मीर अलाउद्दौला की "नफ़ायसुल मआसिर", गुलबदन बेगम के "हुमायूँ नामे", जौहर आफ़ताबची के "तज़किरतुल वाक़ेआत", बायज़ीद ब्यात के "तज़किरये हुमायूँ व अकबर" एवं शेख़ अबुलफ़ज़ल के "अकबर नामे" का अनुवाद प्रस्तुत किया गया है। इसमें "क़ानूने हुमायूनी" तथा "तज़किरतुल वाक़ेआत" नामक दो ग्रंथ पूरे के पूरे अनूदित हैं। गुलबदन बेगम का बाबर से सम्बन्धित इतिहास "बाबर नामा" में प्रकाशित किया गया था। शेष भाग का अनुवाद इस ग्रंथ में प्रस्तुत किया जारहा है। इस प्रकार इस पूरे ग्रंथ का अनुवाद भी समाप्त हो गया। अबुलफ़ज़ल के "अकबर नामा भाग १" का बाबर से सम्बन्धित इतिहास पिछले ग्रंथ में प्रकाशित किया गया था और हुमायूँ से सम्बन्धित इतिहास इस ग्रंथ में प्रकाशित किया जा रहा है। इस प्रकार लगभग पूरे ग्रंथ का अनुवाद हिन्दी भाषा में प्रकाशित हो गया। बायज़ीद के "तज़किरये हुमायूँ व अकबर" का आधा भाग हुमायूँ से सम्बन्धित है। इसका पूरा अनुवाद इस ग्रंथ में प्रस्तुत किया जा रहा है। शेष भाग अकबर से सम्बन्धित है जो आगे के ग्रंथों में प्रकाशित किया जायेगा।

हुमायूँ के इतिहास की जानकारी के लिए अफ़ग़ानों के इतिहास का भी अध्ययन परमावश्यक है। यद्यपि शेर शाह तथा उसके उत्तराधिकारियों से सम्बन्धित इतिहास अलीगढ़ विश्वविद्यालय ने अलग से प्रकाशित करना निश्चय किया है किन्तु हुमायूँ तथा शेर शाह के संघर्ष से सम्बन्धित अब्बास खां सरवानी के "तोहफ़ये अकबरशाही" अथवा "तारीख़े शेरशाही" के महत्वपूर्ण अंशों का अनुवाद प्रस्तुत ग्रंथ के फ़ुटनोट में प्रकाशित कर दिया गया है। "तारीख़े शेरशाही" अभी तक प्रकाशित नहीं हो सकी है अतः अनुवाद करते समय इलाहाबाद विश्वविद्यालय, अलीगढ़ विश्वविद्यालय तथा डा० परमात्मा शरण की हस्तलिपियों के अतिरिक्त बाडलीएन पुस्तकालय की हस्तलिपि नं० १७६, १७७ तथा १७८ का भी प्रयोग किया गया है। हस्तलिपि नं० १७६ तो इलियट की ही हस्तलिपि है और इसी के आधार पर उसने अपना अंग्रेज़ी अनुवाद अपने प्रसिद्ध ग्रंथ के भाग ४ में प्रकाशित किया था। बाडलीएन की हस्तलिपि नं० १७७ तथा १७८ इबराहीम बतनी द्वारा सम्पादित की गई हैं। अब्बास खां सरवानी की हस्तलिपि में कुछ अंश बड़े ही अस्पष्ट हैं किन्तु उनका समाधान इबराहीम बतनी द्वारा सम्पादित ग्रंथ से हो जाता है, अतः इसके प्रयोग द्वारा "तारीख़े शेरशाही" के जो अंश फ़ुटनोट में प्रकाशित किए जा रहे हैं, उनका महत्व बहुत ही बढ़ गया है।

इसी प्रकार जौहर आफ़ताबची के "तज़किरतुल वाक़ेआत" का भी अभी तक कोई संस्करण तैयार नहीं हो सका। अलीगढ़ विश्वविद्यालय के इतिहास विभाग के अध्यक्ष डा० नूरुल हसन ने इस कार्य को कुछ वर्ष पूर्व प्रारम्भ किया था और लगभग आधे ग्रंथ का बड़ी विद्वत्ता से सम्पादन कर भी डाला है किन्तु अभी तक कार्य पूरा नहीं हो सका है। प्रस्तुत ग्रंथ में उनकी पांडुलिपि से बड़ा लाभ उठाया गया है। इसके अतिरिक्त यह अनुवाद अलीगढ़ विश्वविद्यालय की चार हस्तलिपियों तथा ब्रिटिश म्युज़ियम की हस्तलिपि के आधार पर तैयार किया गया है। "तज़किरतुल वाक़ेआत" का दूसरा संस्करण "हुमायूँशाही" के नाम से अकबर के ही राज्यकाल में

फ़ैज़ी सरहिन्दी ने तैयार किया था। इस संस्करण द्वारा "तज़किरतुल वाक़ेआत" के अनेक भ्रमात्मक अंश स्पष्ट हो जाते हैं, अतः "हुमायूँशाही" की कैम्ब्रिज यूनिवर्सिटी की हस्तलिपि तथा इंडिया आफ़िस, लन्दन की हस्तलिपियों का भी प्रयोग किया गया है। "तज़किरतुल वाक़ेआत" तथा "हुमायूँशाही" के अतिरिक्त इसका एक अन्य संस्करण "जवाहरशाही" के नाम से भी इंडिया आफ़िस में उपलब्ध है। अनुवाद में इसका भी प्रयोग किया गया है। इस प्रकार इस अनुवाद को अधिक से अधिक प्रामाणिक बनाने का पूरा प्रयत्न किया गया है।

हुमायूँ से सम्बन्धित "तारीख़े इबराहीमी", "तारीख़े एलचीए निज़ाम शाह", "तारीख़े अलफ़ी" "तबक़ाते अकबरी", "मुन्तख़बुत्तवारीख़", मीर अबू तुराब वली की "तारीख़े गुजरात", "मिरआते सिकन्दरी", "ज़फ़रुल वालेह", सैयिद मुहम्मद मासूम की "तारीख़े सिन्ध", "वाक़ेआते मुश्ताक़ी", "मख़ज़ने अफ़ग़ानी", "तज़किरये तहमास्प" तथा "आलम आराये अब्बासी" से हुमायूँ से सम्बन्धित अंशों का अनुवाद भी अलीगढ़ विश्वविद्यालय द्वारा इसी ग्रंथ में प्रकाशित होना निश्चय किया गया था किन्तु पृष्ठों के अधिक बढ़ जाने के कारण इन महत्वपूर्ण ग्रंथों का अनुवाद प्रस्तुत ग्रंथ में नहीं प्रकाशित किया जा रहा है। इन्हें शीघ्र ही प्रकाशित करने का प्रयत्न किया जायेगा।

पिछले ग्रंथों का प्रकाशन डा० ज़ाकिर हुसेन ख़ां, भूतपूर्व उप-कुलपति, अलीगढ़ मुस्लिम यूनिवर्सिटी के सतत् प्रयत्नों के फलस्वरूप हुआ। डा० राम प्रसाद त्रिपाठी मुझे "ख़लजी कालीन भारत" के प्रकाशन के बाद से सर्वदा ही प्रोत्साहन देते रहे हैं। इन दोनों महानुभावों के प्रति कृतज्ञता प्रकट करना मेरा परम कर्त्तव्य है। प्रस्तुत ग्रंथ की पांडुलिपि यूनिवर्सिटी के आदेशानुसार प्रसिद्ध इतिहासकार डा० तारा चंद के पास आवश्यक सुझावों के लिए भेजी गई थी। डा० साहब ने बहुत ही कम समय में हस्तलिपि का अध्ययन करके मुझे बड़े बहुमूल्य सुझाव दिए और उन्हीं सुझावों के आधार पर पांडुलिपि में संशोधन करके प्रस्तुत ग्रंथ प्रकाशित किया जा रहा है, अतः उनके प्रति आभार प्रदर्शित करने के लिए मुझे किसी प्रकार शब्द मिल ही नहीं सकते। इस ग्रंथ-माला की तैयारी में अलीगढ़ विश्वविद्यालय के इतिहास विभाग के अध्यक्ष प्रोफ़ेसर डा० नूरुल हसन, एम० ए० डी० फ़िल् (आक्सन) द्वारा मुझे विशेष प्रेरणा तथा सहायता मिलती रही है। उन्होंने मेरी कठिनाइयों को दूर किया है और अपने सत्परामर्श एवं अपनी मृदु आलोचनाओं द्वारा मेरे कार्य को सुचारु बनाने की कृपा की है। अलीगढ़ विश्वविद्यालय के इतिहास विभाग की रिसर्च तथा पब्लिकेशन कमेटी के अध्यक्ष एवं अलीगढ़ विश्वविद्यालय के उप-कुलपति कर्नल सैयिद बशीर हुसेन ज़ैदी एवं अन्य सदस्यों ने इस ग्रंथ के प्रकाशन में जो सहृदयता प्रदर्शित की उसके लिए मैं उनके प्रति कृतज्ञता प्रकट करता हूँ। पुस्तकों के मिलने की समस्त कठिनाइयाँ विश्वविद्यालय के पुस्तकालयाध्यक्ष श्री सैयिद बशीरुद्दीन की उदार कृपा से दूर होती रहीं। उनको धन्यवाद देना भी मेरा कर्त्तव्य है। अलीगढ़ विश्वविद्यालय के राजनीति विभाग के भूतपूर्व प्रोफ़ेसर मुहम्मद हबीब द्वारा मुझे बराबर प्रोत्साहन मिलता रहा है। इसके लिए मैं उनका आभारी हूँ। डा० सतीश चन्द्र मिश्रा, रीडर इतिहास विभाग, बड़ौदा यूनिवर्सिटी ने "तारीख़े शेरशाही" की बाडलीएन पुस्तकालय की हस्तलिपि नं० १७६, १७७ तथा १७८ के माइक्रोफ़िल्म मुझे भेजने की कृपा की जिसके फलस्वरूप मैं उनका प्रयोग इस ग्रंथ में कर सका। इलाहाबाद विश्वविद्यालय के असिस्टेन्ट प्रोफ़ेसर डा० एम० ए० अन्सारी ने बायज़ीद ब्यात के "तज़किरये हुमायूं व अकबर" का रोटोग्राफ़ भी कुछ समय के लिए इलाहाबाद विश्वविद्यालय के पुस्तकालय से लेकर मुझे दिया। इन महानुभावों के प्रति आभार प्रदर्शित करना मेरा परम कर्त्तव्य है।

प्रूफ़ की देख-भाल का कार्य सदा की भाँति श्री श्रवण कुमार श्रीवास्तव द्वारा बड़ी ही संलग्नता से होता रहा। इंडेक्स की तैयारी में तथा अन्य कठिनाइयों में इतिहास परामर्श समिति के रिसर्च असिस्टेन्ट्स, टाइपिस्ट्स तथा मेरे स्टेनोग्राफ़र ने भी मुझे बड़ी सहायता दी। इसके लिए मैं इन सबको विशेष धन्यवाद देता हूँ। जाब प्रिन्टर्स, इलाहाबाद, के सहयोग से पुस्तक इस रूप में प्रस्तुत की जा रही है अतः मैं उनका भी आभारी हूँ।

अपने इस कार्य में मुझे अपने सभी मित्रों से हर प्रकार की सहायता मिलती रही है। स्थानाभाव के कारण मैं उनके नाम नहीं लिख सका हूँ, किन्तु मुझे विश्वास है कि वे अपने प्रति मेरे भावों से परिचित हैं।

सचिव
स्वतंत्रता संग्राम इतिहास
परामर्श समिति, नज़रबाग़,
लखनऊ
मार्च १९६१

सैयिद अतहर अब्बास रिज़वी
एम० ए०, पी-एच० डी०
यू० पी० एजूकेशनल सर्विस

समीक्षा

ख्वन्द मीर

क़ानूने हुमायूनी

ग़यासुद्दीन मुहम्मद, जिसकी उपाधि ख्वन्द मीर थी, ख्वाजा हुमामुद्दीन मुहम्मद का पुत्र तथा प्रसिद्ध इतिहासकार मीर ख्वन्द[1] का नाती था। निज़ामुद्दीन सुल्तान अहमद सद्र[2] उसका मामा था। ख्वन्द मीर का जन्म ८७९ अथवा ८८० हि० (१४७४ अथवा १४७५ ई०) में हुआ होगा[3]। उसकी शिक्षा-दीक्षा उसके नाना मीर ख्वन्द की देख-रेख में हुई[4] अतः ख्वन्द मीर को बाल्यावस्था से ही इतिहास से रुचि हो गई थी और बड़े होकर उसने अपने जीवन-काल का अधिकांश समय ऐतिहासिक-ग्रंथों की रचना में व्यतीत किया।

उसकी युवावस्था में ही उसकी इतिहास से रुचि एवं विद्वत्ता की प्रसिद्धि दूर-दूर तक फैल गई। अबुल ग़ाज़ी सुल्तान हुसेन बिन मन्सूर बिन बाईक़रा (८७३ हि०/१४६८ ई०–९११ हि०/१५०५ ई०) उस समय हिरात का सुल्तान था। उसका दरबार बड़े-बड़े विद्वानों का केन्द्र था।

१ मुहम्मद बिन ख़ावन्द शाह बिन महमूद, जो मीर ख्वन्द के नाम से प्रसिद्ध था, सैयिदों के एक वंश से सम्बन्धित था जो बुख़ारा में निवास करने लगा था किन्तु उसका पिता बुरहानुद्दीन ख़ावन्द शाह बलख़ चला गया और वहीं मृत्यु को प्राप्त हो गया। उसका जन्म ८३७ हि० (१४३३ ई०) में हुआ था। मीर अली शेर नवाई उसका बहुत बड़ा आश्रयदाता था। उसकी मृत्यु २ रजब ९०३ हि० (२४ फ़रवरी १४९८ ई०) को ६६ वर्ष की अवस्था में हो गई। उसने **रौज़तुस्सफ़ा** नामक ग्रन्थ की रचना की जिसका पूरा नाम **रौज़तुस्सफ़ा फ़ी सीरतुल अम्बिया वल मुलूक वल ख़लफ़ा** है। यह एक मुक़द्दमे (प्रस्तावना) ७ क़िस्मों (भागों) एवं एक ख़ातेमे में विभाजित है :

(१) सृष्टि की रचना से यज़्दजर्द के समय तक।

(२) हज़रत मुहम्मद तथा प्रथम चार ख़लीफ़ा।

(३) १२ इमामों तथा उमय्या एवं अब्बासी ख़लीफ़ाओं के वंश का इतिहास।

(४) अब्बासियों के समकालीन वंशों का इतिहास।

(५) चिंगीज़ ख़ां तथा उसके उत्तराधिकारी।

(६) तीमूर तथा उसके उत्तराधिकारी, अबू सईद (८७३ हि०/१४६९ ई०) तक।

(७) सुल्तान हुसेन एवं उसके पुत्रों का इतिहास ९२९ हि० (१५२२-२३ ई०) तक। (**हबीबुस्सियर** के इस भाग तथा इसमें कोई अन्तर नहीं)।

ख़ातेमा (परिशिष्ट) :—इसे ८वां भाग भी कहा जाता है। इसमें भौगोलिक विवरण है।

२ मीर ख्वन्द का पुत्र जो हिरात में सुल्तान बदी उज़्ज़मान मीर्ज़ा के समय में सद्र था। (**हबीबुस्सियर** भाग ३, खंड ३, पृ० १९८)।

३ उसने **हबीबुस्सियर** में लिखा है कि उसकी रचना के समय अर्थात् ९२७ हि० (१५२० ई०) में उसकी अवस्था ४७ तथा ४८ वर्ष के मध्य में थी।

४ **हबीबुस्सियर** भाग ३, खंड ३, पृ० ३३९; **रौज़तुस्सफ़ा** भाग ७, पृ० ८९।

उसका वज़ीर मीर अली शेर नवाई[1] विद्वानों का बहुत बड़ा मित्र तथा आश्रयदाता था। मीर अली शेर नवाई ने ख्वन्द मीर को भी दरबार में बुला लिया और उसे हर प्रकार की सहायता का-आश्वासन दिया। उसी के प्रोत्साहन से उसने **"मआसिरुल मुलूक"** नामक ऐतिहासिक ग्रंथ की रचना की। इस ग्रंथ की प्रस्तावना से पता चलता है कि उसका नाना मीर ख्वन्द उस समय तक जीवित था। ९०४ हि० (१४९९ ई०) में मीर अली शेर नवाई ने एक बहुत बड़ा पुस्तकालय प्राप्त कर लिया जिसमें बहुत से उत्तम ग्रंथ थे। ख्वन्द मीर ने इस पुस्तकालय से बड़ा लाभ उठाया। ९०६ हि० (१५०० ई०) में मीर अली शेर नवाई की मृत्यु हो गई।

९०९ हि० (१५०३ ई०) में मावराउन्नहर के सुल्तान मुहम्मद शैबानी खां ने, जो शाही बेग खां (९०६ हि०/१५००–९१६ हि०/१५१० ई०) कहलाता था, अत्यधिक शक्ति प्राप्त कर ली और ख़ुरासान पर आक्रमण की तैयारी करने लगा। यह देखकर सुल्तान हुसेन बाईक़रा के पुत्र मीर्ज़ा बदी उज़्ज़मान ने अपने राज्य के मुख्य पदाधिकारियों के परामर्श से क़ुन्दुज़ के हाकिम अमीर ख़ुसरो शाह के पास अपने राजदूत भेजे। मीर्ज़ा बदी उज़्ज़मान के आदेशानुसार ख्वन्द मीर को भी उनके साथ जाने का आदेश दिया गया। ख्वन्द मीर ने बड़ी प्रशंसनीय सेवायें सम्पन्न कीं।

९११ हि० (१५०६ ई०) में सुल्तान हुसेन बाईक़रा की मृत्यु हो गई। उसके दो पुत्र, बदी उज़्ज़मान मीर्ज़ा एवं मुज़फ़्फ़र हुसेन मीर्ज़ा, मिलकर अपने पिता के स्थान पर राज्य करने लगे। बदी उज़्ज़मान मीर्ज़ा ने ख्वन्द मीर को सद्र नियुक्त कर दिया। ९१३ हि० (१५०७ ई०) में शैबानी खां ऊज़बेक ने ख़ुरासान तथा आस-पास के देशों पर अधिकार जमा लिया। हिरात के प्रतिष्ठित लोगों ने ऊज़बेकों की सेवा में एक प्रार्थना-पत्र भेजना निश्चय किया। इस प्रार्थना पत्र की पाँडुलिपि ख्वन्द मीर ने तैयार की। "हबीबुस्सियर" की एक कहानी से पता चलता है कि ऊज़बेकों के राज्य-काल में ख्वन्द मीर तथा हिरात के अन्य प्रतिष्ठित लोगों को अत्यधिक कष्ट भोगने पड़े। ख्वन्द मीर को सद्र के पद से भी वंचित कर दिया गया तथा आर्थिक हानि भी उठानी पड़ी[2], किन्तु ऊज़बेक हिरात को अधिक समय तक अपने अधिकार में न रख सके। शाह इस्माईल सफ़वी (९०७ हि०/१५०२ ई०–९३० हि०/१५२४ ई०) ने ९१६ हि० (१५१० ई०) में ख़ुरासान पर आक्रमण कर दिया। शैबानी इस युद्ध में पराजित हुआ और मार डाला गया। शाह इस्माईल सफ़वी ने जैहून[3] से फ़ारस की खाड़ी तथा क़न्धार से फ़ुरात नदी तक के देश ईरान के राज्य में सम्मिलित कर लिये।

ख्वन्द मीर को उसकी विद्वता, इतिहास के ज्ञान, राजनीति में कुशलता तथा प्रतिभा के कारण शाह इस्माईल ने हर प्रकार से आश्रय प्रदान किया जिसके फलस्वरूप उसने "हबीबुस्सियर"

१ मीर अली शेर का जन्म ८४४ हि० (१४४० ई०) में हुआ और उसकी मृत्यु १२ जमादि-उस्सानी ९०६ हि० (३ जनवरी १५०१ ई०) को हुई। वह स्वयं बहुत बड़ा कवि एवं कवियों तथा विद्वानों का आश्रयदाता था। वह अबुल ग़ाज़ी सुल्तान हुसेन बिन मन्सूर बिन बाईक़रा का वज़ीर था। उसने **मजालिसुन्नफ़ायस** नामक एक ग्रन्थ की चग़ताई तुर्की में रचना की जिसमें कवियों एवं विद्वानों की जीवनियों का उल्लेख किया गया है। उसने एक फ़ारसी दीवान की भी रचना की।

२ **हबीबुस्सियर** भाग ३, खंड ३, पृ० ३५९-३६१।

३ आक्सस नदी।

में शाह इस्माईल सफ़वी की अत्यधिक प्रशंसा की है। शाह इस्माईल सफ़वी द्वारा ख़ुरासान विजयोपरान्त भी ईरानी राज्य के कुछ स्थान तीमूर के वंशजों के अधिकार ही में रहे। इन्हीं में बदी उज़्ज़मान मीर्ज़ा का पुत्र मुहम्मद ज़मान मीर्ज़ा था जो कैस्पियन सागर के दक्षिण-पूर्व में स्थित जुर्जान में राज्य करता था। दूसरी ओर अमीर उर्दू शाह बिन अमीर सुल्तान मुहम्मद ने, जो मीर्ज़ा बदी उज़्ज़मान की सेवा में रह चुका था, ग़र्जिस्तान में स्वतंत्र राज्य स्थापित कर लिया। मीर्ज़ा मुहम्मद ज़मान ने अपनी शक्ति को दृढ़ बनाने के उद्देश्य से आसपास के छोटे-छोटे राज्यों को अपने अधिकार में करने के लिए ९२० हि० (१५१४ ई०) में ग़र्जिस्तान पर चढ़ाई की। अमीर उर्दू शाह ने अपना राज्य उसे समर्पित कर दिया। ख़्वन्द मीर उस समय ग़र्जिस्तान के पुश्त नामक ग्राम में, जो जाग़ पर्वत के समीप स्थित है, था। मुहम्मद ज़मान मीर्ज़ा ने ख़्वन्द मीर का अत्यधिक आदर-सम्मान किया और उसे अपने साथ ले गया। ख़्वन्द मीर ने मीर्ज़ा मुहम्मद ज़मान की प्रशंसनीय सेवायें कीं। ९२३ हि० (१५१७ ई०) में मीर्ज़ा मुहम्मद ज़मान ने ख़्वन्द मीर को ग़र्जिस्तान चले जाने की अनुमति दे दी[1]।

९२७ हि० (१५२० ई०) में हिरात के क़ाज़ी तथा हाकिम ग़यासुद्दीन मुहम्मद हुसेनी ने उसे एक वृहत् विश्व-इतिहास लिखने का आदेश दिया। ख़्वन्द मीर अपने इतिहास के प्रथम भाग ही की रचना कर सका था कि ग़यासुद्दीन मुहम्मद हुसेनी की हत्या करा दी गई (९२७ हि०/१५२० ई०) जिसके कारण कुछ समय वहाँ अराजकता रही। करीमुद्दीन हबीबुल्लाह हिरात का हाकिम नियुक्त हुआ। उसने भी ख़्वन्द मीर को अत्यधिक आश्रय प्रदान किया और उसे विश्व-इतिहास, जिसकी रचना उसने प्रारम्भ की थी, पूरा करने के लिए सुविधायें प्रदान कीं। इसकी रचना ९३० हि० (१५२४ ई०) में समाप्त हुई।

९३० हि० में ही शाह इस्माईल सफ़वी की मृत्यु हो गई। ईरान की तत्कालीन उथल पुथल के कारण ख़्वन्द मीर वहाँ न ठहर सका। शव्वाल ९३३ हि० (जुलाई १५२७ ई०) के मध्य में वह हिरात से क़न्धार की ओर रवाना हो गया। १० जमादि-उल-अव्वल ९३४ हि० (१ फ़रवरी १५२८ ई०) को वह क़न्धार से हिन्दुस्तान की ओर चल खड़ा हुआ और ४ मुहर्रम ९३५ हि० (१९ सितम्बर १५२८ ई०) को आगरा पहुँचा[2]। बाबर ने उसे अत्यधिक प्रोत्साहन प्रदान किया और वह ९३५ हि० (१५२९ ई०) के पूर्व के अभियान में उसके साथ गया। बाबर के निधन के उपरान्त हुमायूँ ने भी ख़्वन्द मीर के प्रति अत्यधिक आदर-सम्मान प्रदर्शित किया और उसे अमीरुल अख़्बार[3] की उपाधि प्रदान की। ख़्वन्द मीर ने उसके आदेशानुसार "क़ानूने हुमायूनी" नामक ग्रंथ की रचना की। वह हुमायूँ के साथ ९४१ हि० (१५३४ ई०) में गुजरात गया किन्तु ९४२ हि० (१५३५ ई०) में गुजरात से वापसी के समय उसकी मृत्यु हो गई। उसकी लाश देहली में शेख़ निज़ामुद्दीन औलिया तथा अमीर ख़ुसरो के मक़बरे में दफ़न कर दी गई[4]।

१ **हबीबुस्सियर** भाग ३, खंड ३, पृ० ३७१-३७३।

२ **बाबर नामा** (रिज़वी: **मुग़ल कालीन भारत—बाबर**, पृ० २७३)।

३ **क़ानूने हुमायूनी**, पृ० ६०; मुल्ला अब्दुल क़ादिर बदायूनी ने **मुन्तख़बुत्तवारीख़** में उसकी उपाधि 'अमीर मुअर्रिख़' लिखी है। (**मुन्तख़बुत्तवारीख़** भाग १, पृ० ३४३)।

४ मुल्ला अब्दुल क़ादिर बदायूनी : **मुन्तख़बुत्तवारीख़** भाग १, पृ० ३४३; फ़िरिश्ता : **तारीख़े फ़िरिश्ता** मक़ाला २, पृ० २१५।

ख़्वन्द मीर की रचनायें

(१) मआसिरुल मुलूक

यह बादशाहों एवं अन्य विद्वानों की सूक्तियों का संग्रह है। इसकी रचना उसने मीर अली शेर नवाई के प्रोत्साहन के कारण की। उस समय उसका नाना मीर ख़्वन्द, "रौज़तुस्सफ़ा" का लेखक (मृत्यु ९०३ हि०/१४९८ ई०), भी जीवित था।

(२) ख़ुलासतुल अख़बार फ़ी ब्याने अहवालिल अख़बार

हज़रत आदम के समय से लेकर ९०५ हि० (१४९९ ई०) तक का विश्व के उन समस्त देशों का इतिहास है जिनका तत्कालीन मुसलमान विद्वानों को ज्ञान था। वास्तव में यह लेखक के नाना मीर ख़्वन्द की "रौज़तुस्सफ़ा" का संक्षिप्त संस्करण है। उसने प्रस्तावना में लिखा है कि उसके आश्रयदाता मीर अली शेर नवाई ने उसे अपने पुस्तकालय के, जिसमें बहुत बड़ी संख्या में बहुमूल्य ग्रंथ थे, प्रयोग की अनुमति दे दी थी। उसने इस अवसर से लाभ उठाकर अत्यधिक ऐतिहासिक ज्ञान प्राप्त किया। इसकी रचना ६ मास में समाप्त करके इसे मीर अली शेर नवाई को समर्पित किया।

(३) मकारिमुल अख़लाक़

इसमें मीर अली शेर नवाई की जीवनी तथा उसके गुणों का उल्लेख है किन्तु पुस्तक के पूरा होने के पूर्व ही मीर अली शेर का निधन हो गया अतः ख़्वन्द मीर ने इसे सुल्तान हुसेन बाईक़रा को समर्पित किया।

(४) दस्तूरुल वुज़रा

इसमें इस्लाम के पूर्व से लेकर ९१५ हि० (१५०९-१० ई०) तक के प्रसिद्ध वज़ीरों की जीवनियों का संक्षिप्त उल्लेख किया गया है।

(५) अख़बारुल अख़यार

इस रचना की ख़्वन्द मीर ने "हबीबुस्सियर" में चर्चा की है किन्तु इसकी किसी हस्तलिपि का पता नहीं।

(६, ७) ग़रायबुल असरार तथा जवाहिरुल अख़बार

इन दोनों की भी हस्तलिपियाँ प्राप्य नहीं।

(८) मुन्तख़बे तारीख़े वस्साफ़

यद्यपि इस रचना की भी किसी हस्तलिपि का पता नहीं किन्तु शीर्षक से पता चलता है कि यह अब्दुल्लाह बिन फ़ज़लुल्लाह अश् शीराज़ी, जो 'वस्साफ़ अथवा वस्साफ़े हज़रत' के नाम से प्रसिद्ध था, के ग्रंथ "तारीख़े वस्साफ़[1]" का संक्षिप्त संस्करण है।

१ उल्जैतू (७०३ हि० / १३०४ ई०—७१६ हि० / १३१६ ई०) के प्रसिद्ध वज़ीर रशीदुद्दीन फ़ज़लुल्लाह ने लेखक और उसके इतिहास को २४ मुहर्रम ७१२ हि० (१ जून १३१२ ई०) को पादशाह की सेवा में प्रस्तुत किया। रशीदुद्दीन ने तारीख़े वस्साफ़ में से कहीं-कहीं से कुछ पढ़कर उल्जैतू को समझाया। उल्जैतू ने प्रभावित होकर

(९) नामये नामी

इस ग्रंथ में विभिन्न प्रकार के पत्र एवं दस्तावेज़ों की रचना के नियमों का उल्लेख किया गया है और उस समय के बहुत से पत्रों एवं दस्तावेज़ों के नमूने भी उदाहरण स्वरूप दिए गए हैं।

(१०) रौज़तुस्सफ़ा भाग ७

इसमें सुल्तान हुसेन बाईक़रा का सविस्तार इतिहास दिया गया है। सम्भवतः इसका थोड़ा सा भाग उसके नाना ख़्वन्द मीर की पाँडुलिपि पर आधारित है।

(११) हबीबुस्सियर फ़ी अख़बारे अफ़रादुल बशर

इसमें हज़रत आदम से लेकर विश्व के विभिन्न भागों का ९३० हि० (१५२४ ई०) तक का इतिहास दिया गया है। ख़्वन्द मीर ने इसकी रचना सैयिद ग़यासुद्दीन मुहम्मद बिन यूसुफ़ हुसेनी के आग्रह पर ९२७ हि० (१५२० ई०) में प्रारम्भ की किन्तु वह इसके प्रथम भाग की ही रचना में संलग्न था कि उसके आश्रय-दाता की मृत्यु हो गई और उसे इस ग्रंथ को पूरा करने की आशा न रही। अन्त में उसके उत्तराधिकारी करीमुद्दीन हबीबुल्लाह के प्रोत्साहन से उसने अपनी रचना को समाप्त कर लिया और इसका नाम "हबीबुस्सियर" रक्खा। यद्यपि यह भी बहुत कुछ "रौज़तुस्सफ़ा" पर आधारित है किन्तु बहुत से वंशों, जिनका उल्लेख "रौज़तुस्सफ़ा" में नहीं है, की भी चर्चा "हबीबुस्सियर" में की गई है। इसके अतिरिक्त ख़्वन्द मीर ने प्रत्येक वंश के इतिहास के अन्त पर उससे सम्बन्धित प्रमुख लोगों की संक्षिप्त जीवनियों का भी उल्लेख किया है।

यह इतिहास १ इफ़्तिताह (प्रस्तावना) ३ मुजल्लद (भाग) एवं १ इख़्तिताम (परिशिष्ट) में विभाजित है।

इफ़्तिताह : सृष्टि

मुजल्लद १

जुज़ (खंड) अ. पैग़म्बरों का इतिहास

ब. ईरान तथा अरब के इस्लाम के पूर्व के बादशाहों का इतिहास

स. हज़रत मुहम्मद का इतिहास

द. प्रथम चार ख़लीफ़ाओं का इतिहास

मुजल्लद २

जुज़ (खंड) अ. १२ इमामों का इतिहास

ब. बनी उमय्या का इतिहास

उसे 'वस्साफ़े हज़रत' की उपाधि प्रदान की। इस ग्रन्थ की रचना-शैली ने ईरान के सभी इतिहासकारों को अत्यधिक प्रभावित किया और उसके अनुकरण में फ़ारसी इतिहासकारों ने अपने इतिहासों को क्लिष्ट बनाने की प्रथा सी चला दी।

स. बनी अब्बास का इतिहास

द. अब्बासियों के समकालीन वंशों का इतिहास

मुजल्लद ३

जुज़ (खंड) अ. तुर्किस्तान के खानों, चिंगीज़ खां तथा उसके उत्तराधिकारियों का इतिहास

ब. मिस्र के ममलूकों, किरमान के क़रा खिताइयों, मुज़फ़्फ़री वंश, लुरिस्तान के अताबकों, रुस्तमदार के बादशाहों, माज़न्दरान के बादशाहों, सरबदारों एवं कुर्तों का इतिहास

स. तीमूर तथा उसके उत्तराधिकारियों से सुल्तान हुसेन के पुत्रों तक का इतिहास

द. शाह इस्माईल सफ़वी का इतिहास

इख्तिताम : संसार की विचित्र एवं आश्चर्यजनक बातें।

(१२) क़ानूने हुमायूनी

ख्वन्द मीर की अन्तिम रचना "क़ानूने हुमायूनी" है। हुमायूँ ने ख्वन्द मीर को ९३७ हि० (१५३० ई०) में इसकी रचना का ग्वालियर में आदेश दिया[१]। इसमें हुमायूँ के अधिनियमों, आविष्कारों एवं भवनों के निर्माण का उल्लेख है। इसके अध्ययन से हुमायूँ की ज्योतिष के प्रति विशेष रुचि का पता चलता है। यद्यपि ख्वन्द मीर ने अपनी सभी रचनाओं में बड़ी क्लिष्ट भाषा का प्रयोग किया है किन्तु "क़ानूने हुमायूनी" की भाषा सबसे अधिक काव्यमय तथा क़ुरान के उद्धरणों से परिपूर्ण है। उसने अपनी रचना में हुमायूँ के प्रत्येक आविष्कार की अत्यधिक प्रशंसा की है किन्तु फिर भी आविष्कारों की रूप-रेखा अधिक स्पष्ट नहीं हो सकी है। सम्भवतः लेखक ने बहुत सी बातों के विषय में यह समझ लिया होगा कि लोग उन्हें जानते ही होंगे और उसके लिए केवल उनकी प्रशंसा ही आवश्यक है किन्तु इस दोष के बावजूद इस ग्रंथ से बहुत सी सामाजिक तथा साँस्कृतिक महत्व की बातों का ज्ञान प्राप्त हो जाता है। इसके अतिरिक्त हुमायूँ के प्रारम्भिक राज्यकाल की तिथियों के निर्धारण में भी इस ग्रंथ से बड़ी सहायता मिलती है। अभी तक इस ग्रंथ की केवल एक ही हस्तलिपि का पता चल सका है जो ब्रिटिश म्युज़ियम लन्दन में प्राप्य है। इसी के आधार पर रायल एशियाटिक सोसाइटी बंगाल द्वारा "क़ानूने हुमायूनी" नामक ग्रंथ प्रकाशित किया गया है।

मीर्ज़ा हैदर

तारीखे रशीदी

मीर्ज़ा हैदर, मुहम्मद हुसेन गूरगान का पुत्र था। उसका जन्म ९०५ हि० (१४९९-१५०० ई०) में शाश नामक प्रान्त की राजधानी ताशक़न्द में हुआ था। ६ वर्ष पूर्व मुग़लिस्तान

१ **क़ानूने हुमायूनी**, पृ० १७।

तथा काशग़र के ख़ान महमूद द्वारा उसका पिता वहाँ का हाकिम नियुक्त हो चुका था। वह दूग़लात क़बीले से सम्बन्धित था। अपनी माता ख़ूब निगार ख़ानम की ओर से वह बाबर पादशाह का सम्बन्धी होता था। ख़ूब निगार ख़ानम मुग़ुलों के ख़ान, यूनुस ख़ां की पुत्री तथा बाबर की माता क़ुतलुग़ निगार ख़ानम की छोटी बहिन थी। ९१२ हि० (१५०६-७ ई०) में उसके पिता ने बाबर के विरुद्ध काबुल में एक बहुत बड़ा षड्यंत्र रचा किन्तु बाबर ने उसे क्षमा कर दिया[1]। कुछ ही समय उपरान्त वह ऊज़बेकों के सरदार शाही बेग ख़ां, जो शैबानी ख़ां के नाम से प्रसिद्ध है, के हाथ लग गया किन्तु शैबानी को भी उसके प्रति संदेह हो गया और वह ख़ुरासान की राजधानी हिरात की ओर भाग गया। शाही बेग ख़ां ने उसके षड्यंत्रकारी स्वभाव के कारण हिरात में उसकी हत्या करवा दी। मुहम्मद हुसेन के साथ उसके कुछ परिवार वाले भी थे जिनमें मीर्ज़ा हैदर भी सम्मिलित था। उस समय उसकी अवस्था बहुत कम थी। मुहम्मद हुसेन के परिवार वालों ने इस भय से कि कहीं मीर्ज़ा हैदर की भी हत्या न करा दी जाय उसे बुखारा में ले जाकर किसी स्थान पर छिपा दिया। १५०८ ई० में जब उसकी अवस्था लगभग ९ वर्ष की थी तो उसके पिता का ख़लीफ़ा[2], मौलाना मुहम्मद, ऊज़बेकों से उसकी रक्षा की दृष्टि से उसे नगर से लेकर भाग गया। ख़ुतलान तथा कोलाब को बड़ी कठिनाई से पार करते हुए वे बदख़्शाँ पहुँचे। एक वर्ष उपरान्त ९१५ हि० (१५०९ ई०) में बाबर ने उसे काबुल बुलवा लिया और उसे अत्यधिक आश्रय एवं प्रोत्साहन प्रदान किया। ९१८ हि० (१५१२ ई०) में वह सुल्तान सईद ख़ां के दरबार के सेवकों में सम्मिलित हो गया। ९२० हि० (१५१४ ई०) में सुल्तान सईद काशग़र का ख़ान नियुक्त हुआ। ख़ान के अधीन उसने अनेक महत्वपूर्ण युद्धों में भाग लिया। १५३१ ई० में मीर्ज़ा हैदर ने सुल्तान सईद ख़ां के आदेशानुसार लद्दाख़, कश्मीर, बालतिस्तान तथा तिब्बत विजय के उद्देश्य से लद्दाख़ की ओर प्रस्थान किया। लद्दाख़ पर अधिकार जमा लेने के उपरान्त मीर्ज़ा हैदर ने कश्मीर पर आक्रमण किया किन्तु मुग़ुल सैनिकों के पारस्परिक विरोध एवं षड्यंत्र के कारण उसे कश्मीर छोड़कर लद्दाख़ वापस चला आना पड़ा। जुलाई १५३३ ई० में वह ल्हासा तक पहुँच गया किन्तु १५३४ ई० के प्रारम्भ में उसे पुनः लद्दाख़ वापस चला आना पड़ा। इसी बीच में सुल्तान सईद ख़ां की मृत्यु हो गई और उसके स्थान पर अब्दुर्रशीद ख़ां सिंहासनारूढ़ हुआ (९३९ हि०/१५३३ ई०)। उसने अपने कई सम्बन्धियों की हत्या करा दी थी जिसमें मीर्ज़ा हैदर का चाचा सैयिद मुहम्मद मीर्ज़ा भी सम्मिलित था। मीर्ज़ा हैदर इन दुर्घटनाओं के कारण बड़ा प्रभावित हुआ। इस भय से उसके लिये काशग़र वापस जाना सम्भव न था अतः वह बदख़्शां चला गया। १५३६-३७ ई० में वह बदख़्शां में निवास करता रहा। तदुपरान्त ग्रीष्म ऋतु में वह काबुल पहुँचा और वहाँ से लाहौर। बाबर के पुत्र मीर्ज़ा कामरान ने, जो उस समय लाहौर का हाकिम था उसे अत्यधिक आश्रय प्रदान किया और वह कुछ समय तक के लिए अपने कष्ट भूल गया।

उसी समय ईरानियों ने क़न्धार पर अधिकार जमा लिया था। कामरान क़न्धार की पुनर्विजय हेतु प्रस्थान के समय मीर्ज़ा हैदर को अपने स्थान पर लाहौर में हाकिम नियुक्त कर गया। मीर्ज़ा हैदर ने उसकी अनुपस्थिति में शासन की सुव्यवस्था का बड़ा उत्तम प्रयत्न किया।

१ **बाबर नामा (मुग़ुल कालीन भारत—बाबर, पृ० ६१-७२)।**

२ धर्म-गुरु।

१५३८ ई० में कामरान पंजाब वापस आ गया किन्तु उसी समय शेर शाह ने हुमायूँ को बंगाल में बुरी तरह घेर लिया था। हुमायूँ ने अपने भाइयों से आगरा पहुँचने का आग्रह किया और स्वयं राजधानी की ओर रवाना हुआ। मीर्ज़ा कामरान बीस हज़ार सैनिकों को लेकर सर्व प्रथम देहली और वहाँ से आगरा पहुँचा। मीर्ज़ा हैदर भी उसके साथ था। हुमायूँ चौसा की पराजय के उपरान्त जब आगरा पहुँचा तो उसने भाइयों को मिलाने का अत्यधिक प्रयत्न किया किन्तु उसे कोई सफलता न प्राप्त हो सकी। संयोगवश मीर्ज़ा कामरान उसी समय बुरी तरह रुग्ण हो गया। लोगों ने उसे यह समझा दिया था कि हुमायूँ के आदेशानुसार उसे विष दे दिया गया है। वह लाहौर की ओर वापस जाने का आग्रह करने लगा। हुमायूँ ने उसे बहुत रोका किन्तु उसने किसी बात पर ध्यान न दिया। वह मीर्ज़ा हैदर को भी अपने साथ ले जाना चाहता था किन्तु मीर्ज़ा हैदर हुमायूँ से इतना अधिक प्रभावित हो गया था कि वह उसके साथ न गया और क़न्नौज के समीप गंगा तट के युद्धों में उसने हुमायूँ का साथ दिया और हुमायूँ की सेना का नेतृत्व उसी के अधीन रहा; किन्तु वे विजय न प्राप्त कर सके और उन्हें आगरा और फिर वहाँ से लाहौर भागना पड़ा। लाहौर में उसने हुमायूँ के खोये हुए राज्य को पुनः अधिकार में करने के लिए कई योजनायें बनाईं किन्तु पारस्परिक विरोध के कारण कोई भी सफलता न प्राप्त हो सकी। अन्त में हुमायूँ ने उसे कश्मीर पर आक्रमण करने की अनुमति दे दी। २२ रजब ९४७ हि० (२२ नवम्बर १५४० ई०) को उसने पूंच नामक दर्रे से प्रविष्ट होकर बिना किसी युद्ध के कश्मीर विजय कर लिया। २० रबी-उस्-सानी ९४८ हि० (१३ अगस्त १५४१ ई०) को उसने पूर्ण रूप से कश्मीर पर अधिकार जमा लिया। अबुलफ़ज़्ल ने उसकी कटु आलोचना करते हुए लिखा है कि, "उसे हज़रत जहाँबानी के नमक के उत्तरदायित्व के कारण, दिरहम एवं दीनार के मुख तथा मिम्बरों को हज़रत जहाँबानी के पवित्र नाम से सुशोभित करना चाहिये था किन्तु उसने ऐसा नहीं किया[1]।" किन्तु जब हुमायूँ ने काबुल विजय कर लिया तो उसने हुमायूँ के नाम का ख़ुत्बा पढ़वा दिया। ९५८ हि० (१५५१-५२ ई०) में कश्मीर वालों ने रात्रि में एक छापा मारा जिसमें उसकी मृत्यु हो गई। उसने अपने संक्षिप्त राज्य-काल में कश्मीर के शासन प्रबन्ध में अनेक सुधार किए।

मीर्ज़ा हैदर की विद्वत्ता की उसके समकालीनों तथा प्रमुख विद्वानों ने भी अत्यधिक प्रशंसा की है। बाबर तथा शाह इस्माईल के सम्बन्ध का उल्लेख करते हुए उसने जिस प्रकार बाबर की आलोचना की है उससे पता चलता है कि उसमें वह उदारता न थी जो बाबर, हुमायूँ तथा अक़बर में पाई जाती थी।

मीर्ज़ा हैदर की "तारीख़े रशीदी" एन० इलियेस तथा ई० डेनीसन रास के अंग्रेज़ी अनुवाद के कारण बड़ी प्रसिद्ध हो गई है और इसका अत्यधिक प्रयोग हुआ है। यह दो भागों में विभाजित है:—

१—प्रथम भाग कश्मीर में ९५२ हि० (१५४६ ई०) में तैयार हुआ। इसमें मुग़ुलिस्तान एवं काशग़र के मुग़ुल शासकों—तुग़लुक़ तिमूर (सिंहासनारोहण ७४८ हि०/१३४७-१३४८ ई०) से अब्दुर्रशीद—जिसको यह ग्रंथ समर्पित हुआ, के समय तक का इतिहास है।

१ अबुलफ़ज़्ल, **अकबर नामा** भाग १, पृ० ११८, प्रस्तुत अनुवाद पृ० १३०।

२—दूसरे भाग में उन घटनाओं का विवरण है जो कि इतिहासकार के जीवनकाल में ९४८ हि० (१५४१ ई०) तक घटीं।

उन वर्षों के इतिहास के अध्ययन के लिए जिनके पृष्ठ "बाबर नामा" से नष्ट हो गए हैं, इस इतिहास की उपेक्षा असंभव है। इसके अतिरिक्त बाबर के पूर्वजों एवं बाबर से सम्बन्धित अन्य घटनाओं का भी उसने बड़े रोचक ढंग से उल्लेख किया है। हुमायूँ के क़न्नौज के युद्ध एवं हुमायूँ तथा उसके भाइयों के सम्बन्ध के इतिहास और कश्मीर तथा तिब्बत के वृतान्त ने इस ग्रंथ को अत्यधिक बहुमूल्य बना दिया।

हुमायूं के इतिहास से सम्बन्धित मीर्ज़ा हैदर ने निम्नांकित महत्वपूर्ण घटनाओं का उल्लेख किया है :—

१—मीर्ज़ा कामरान द्वारा क़न्धार पर अधिकार।

२—मीर्ज़ा कामरान का मीर्ज़ा हैदर को लेकर आगरा पहुँचना तथा मीर्ज़ा कामरान की लाहौर से वापसी।

३—क़न्नौज के समीप गंगा-तट पर हुमायूँ तथा शेर शाह का युद्ध।

४—हुमायूँ का पलायन तथा लाहौर में सब भाइयों का एकत्र होना और मीर्ज़ा कामरान द्वारा विरोध।

५—मीर्ज़ा हैदर द्वारा कश्मीर विजय।

इन घटनाओं का भी उल्लेख "तारीखे रशीदी" में बड़े संक्षिप्त रूप से हुआ है किन्तु मीर्ज़ा हैदर की रचना शैली ने उसके विवरण को बड़ा ही महत्वपूर्ण बना दिया है। उसके थोड़े से वाक्य पूरे दृश्य को आँखों के सामने प्रस्तुत कर देते हैं और विभिन्न पात्रों की कृतियाँ पूर्ण रूप से स्पष्ट हो जाती हैं। क़न्नौज के युद्ध का वर्णन "नफ़ायसुल मआसिर" तक में "तारीख़े रशीदी" से ही उद्धृत किया गया है।

यह ग्रंथ अभी तक प्रकाशित नहीं हुआ है। अनुवाद अलीगढ़ विश्वविद्यालय की हस्त-लिपि से किया गया है किन्तु अंग्रेज़ी अनुवाद से भी सहायता ली गई है।

मीर अलाउद्दौला बिन यहया सैफ़ी हुसेनी क़ज़वीनी

नफ़ायसुल मआसिर

"नफ़ायसुल मआसिर" में लेखक ने समकालीन कवियों की जीवनियों तथा उनके पद्यों के उद्धरणों का संकलन किया है। लेखक ने इसकी रचना ९७३ हि० (१५६५-६६ ई०) में प्रारम्भ की और संभवतः ९९८ हि० (१५८९-९० ई०) में यह रचना समाप्त हुई। ब्रिटिश म्युज़ियम के कैटलाग के लेखक रियु[१] के अनुसार इसकी रचना ९७३ हि० एवं ९८२ हि० (१५६५-६६ ई०) के बीच में हुई किन्तु लेखक ने अपनी इस रचना में मीर सैयिद अली ग़िजकी की मृत्यु का उल्लेख किया है जो ३ मुहर्रम ९९८ हि० (१२ नवम्बर १५८९ ई०) में हुई। अपने समकालीन कवियों

१ Rieu : *Catalogue of the Persian Manuscripts in British Museum*, Vol. III, p. 1022.

के अतिरिक्त लेखक ने पहिले के भी महत्वपूर्ण कवियों का उल्लेख किया है। उसने अपनी प्रस्तावना में लिखा है कि उसे कविता से बड़ी रुचि थी और वह बाल्यावस्था ही से कवियों के शेरों को रटा करता था। इसके अतिरिक्त उनकी जीवनियों के विषय में भी वह टिप्पणियाँ सुरक्षित करता जाता था किन्तु वह किसी ग्रंथ की रचना न कर सका। हिन्दुस्तान पहुँचकर पादशाह ग़ाज़ी अकबर के प्रोत्साहन से जो कुछ संकलित किया था उसकी रचना उसने पुस्तक के रूप में कर डाली[१]। उसने यह भी लिखा है कि पहिले के कवियों का उल्लेख "तोहफ़ये सामिया[२]" नामक ग्रंथ में हो चुका है अतः उसने केवल अपने समकालीन कवियों का ही उल्लेख किया है, परन्तु आशीर्वाद के रूप में पहिले के मुख्य कवियों की भी चर्चा कर दी है। उसने अपनी रचना को एक मतला (प्रस्तावना), २८ बैत[३] (अध्याय) तथा १ ख़ातेमा (परिशिष्ट) में विभाजित किया है। प्रस्तावना में उसने कविता का इतिहास और परिभाषा दी है, २८ बैतों (अध्यायों) में उसने फ़ारसी वर्णमाला के क्रम से कवियों की संक्षिप्त जीवनियाँ एवं उनकी रचनाओं से उद्धरण दिये हैं।

ख़ातेमा (परिशिष्ट) को उसने तीन भागों में विभाजित किया है। पहले में बाबर का उल्लेख किया है, दूसरे में हुमायूँ का और तीसरे में अकबर का। वह अकबर की विजयों के विषय में भी पृथक् ग्रंथ लिखना चाहता था[४] किन्तु सम्भवतः वह उसकी रचना न कर सका और यदि उसने उसकी रचना कर भी ली हो तो वह हमें अभी तक प्राप्त नहीं हो सका।

कवियों की जीवनियों के सम्बन्ध में उसने अपने समकालीन महान् अधिकारियों एवं अमीरों की जीवनियों का भी, जो कवि थे, उल्लेख कर दिया है। इस प्रकार कवियों की जीवनियों का भाग भी राजनीतिक इतिहास की दृष्टि से बड़ा ही महत्वपूर्ण हो गया है। इन जीवनियों के साथ-साथ लेखक ने बहुत से देशों तथा नगरों का भौगोलिक विवरण दे दिया है। यद्यपि देशों तथा नगरों का उल्लेख अधिकांश हमदुल्लाह इब्ने अबी बक्र इब्ने अहमद इब्ने नस्र मुस्तौफ़ी क़ज़वीनी की "नुज़हतुल क़ुलूब" नामक रचना पर आधारित है किन्तु उसने कहीं-कहीं पर अपनी जानकारी के आधार पर भी कहानियाँ एवं कविताएं लिखी हैं। हिन्दुस्तान का उल्लेख करने में वह अमीर ख़ुसरो की रचनाओं तथा "तुज़ुके बाबरी" और कश्मीर के वृतांत में मीर्ज़ा हैदर की "तारीख़े रशीदी" से लाभान्वित हुआ है।

लेखक मीर अलाउद्दौला "कामी", मीर यहया इब्ने अब्दुल्लतीफ़ अल हुसेनी अल सैफ़ी अल क़ज़वीनी का पुत्र था। अब्दुल क़ादिर बदायूनी के अनुसार सैफ़ी सैयिद बड़े कट्टर सुन्नी होते थे[५]। मीर यहया अपने समय का बहुत बड़ा इतिहासकार था। कहा जाता है कि वह मुहम्मद साहब के जन्म से लेकर अपने समय तक की समस्त महत्वपूर्ण घटनाओं को, जो कि ग्रंथों में लिखी हुई

१ **नफ़ायसुल मआसिर**, अलीगढ़ विश्वविद्यालय हस्तलिपि, पृ० ४ब-६अ।

२ **तोहफ़ये सामिया** अथवा **तोहफ़ये सामी**—लेखक अबुन्नस्र साम मीर्ज़ा (प्रकाशन तेहरान १३१४ हि०/१९३६ ई०)। इसकी रचना लगभग ९५७ हि० (१५५० ई०) में हुई।

३ बैत का अनुवाद "शेर" है किन्तु यहां अध्याय से तात्पर्य है।

४ **नफ़ायसुल मआसिर** (अलीगढ़ हस्तलिपि), पृ० २७२ब।

५ बदायूनी, अब्दुल क़ादिर : **मुन्तख़बुत्तवारीख़** भाग ३, पृ० ९७।

थीं, अपनी स्मृति से बता सकता था। उसने "लुब्बतुत्तवारीख़" नामक एक इतिहास की रचना की जिसमें आदम से लेकर ९४८ हि० (१५४१ ई०) तक का संक्षिप्त इतिहास दिया गया है[१]। ईरान का शाह तहमास्प सफ़वी (१५२४–१५७६ ई०) प्रारम्भ में उसका बड़ा आदर-सम्मान करता था और उसने उसे "यहया मासूम" की उपाधि प्रदान कर दी थी।

मीर यहया के ज्येष्ठ पुत्र का नाम मीर अब्दुल्लतीफ़ था। लेखक का पालन-पोषण उसके बड़े भाई ही ने किया था जिसे वह "हज़रते आक़ा" कहता था। ९५९ हि० (१५५१–५२ ई०) में मीर यहया के विषय में शाह तहमास्प को विश्वास हो गया कि वह सुन्नी है। उस पर तथा मीर अब्दुल्लतीफ़ पर सुन्नी धर्म के पालन एवं क़ज़वीन के सुन्नियों के आश्रयदाता होने का आरोप लगाया गया। शाबान ९६० हि० (जुलाई-अगस्त १५५३ ई०) में तिलमाश आक़ा क़ूरची उन्हें बन्दी बनाकर इस्फ़हान लाने के लिये आज़रबाईजान से भेजा गया और यह आदेश दिया गया कि वह सुन्नी धर्म से सम्बन्धित उनके ग्रंथों को भी अधिकार में कर ले। अलाउद्दौला क़ज़वीनी उस समय आज़रबाईजान में था। उसने शीघ्रातिशीघ्र अपने बड़े भाई तथा अपने पिता को इस विषय में सूचना भेजी। उसके समाचार-वाहक शाही क़ूरची से पूर्व ही पहुँच गए किन्तु मीर यहया वृद्धावस्था के कारण क़ज़वीन से प्रस्थान न कर सका। मीर अब्दुल्लतीफ़ हुमायूं के निमंत्रण पर अपने कुछ साथियों सहित हिन्दुस्तान पहुँच गया। मीर यहया बन्दी बना लिया गया और इस्फ़हान भेज दिया गया जहाँ मंगलवार २३ रजब ९६२ हि० (१३ जून १५५५ ई०) की रात्रि में उसकी मृत्यु हो गई।

मीर अलाउद्दौला क़ज़वीनी ईरान ही में ठहरा रहा और सम्भवतः उसने यह घोषणा कर दी कि मीर यहया तथा मीर अब्दुल्लतीफ़ से उसका कोई सम्बन्ध नहीं। बदायूनी कहता है कि, "उसने एक क़सीदे की रचना की जिसमें उसने यह दिखलाया कि उसका उसके पिता तथा उसके भाई से कोई सम्बन्ध नहीं। एक मिसरे में उसने यह कहा कि मैं यहया तथा हज़रत आक़ा पर लानत भेजता हूँ।" जब लोगों ने उससे कहा कि "मीर अब्दुल्लतीफ़ ने तुम्हारा पालन-पोषण किया अतः तुमने उसका अपमान क्यों किया?" तो उसने उत्तर दिया कि, "क्या तुम नहीं देखते कि मैंने उसे हज़रते आक़ा कहकर उसके प्रति सम्मान प्रदर्शित किया है और अपने पिता के लिए इस प्रकार के किसी शब्द का प्रयोग नहीं किया[२]?" इस बात का कहीं पता नहीं चलता कि उसने ईरान से कब प्रस्थान किया किन्तु सम्भवतः वह भी अकबर के राज्य के प्रारम्भिक वर्षों में हिन्दुस्तान में पहुँच गया होगा।

मीर अलाउद्दौला क़ज़वीनी ने मीर अब्दुल्लतीफ़ के अतिरिक्त अपने कुछ अन्य गुरुओं के नाम भी लिखे हैं जिनसे उसने सुलेख एवं कविता की शिक्षा प्राप्त की। उसने सुलेख मौलाना अमीर कुलंग से सीखा। ख़्वाजा आसफ़ी ने सम्भवतः उसे कविता करनी सिखाई। उसने अपनी रचना में आसफ़ी के शेरों को अनेक स्थानों पर उद्धृत किया है किन्तु वह मीर अब्दुल्लतीफ़[३]

१ यह ग्रन्थ प्रकाशित नहीं हुआ है किन्तु इसकी हस्तलिपियां बहुत से स्थानों पर उपलब्ध हैं।

२ **मुन्तख़बुत्तवारीख़** भाग ३, पृ० ९७-९८।

३ वह अकबर के राज्य के प्रथम वर्ष में अपने पुत्र मीर गयासुद्दीन अली के साथ, जो बाद में नक़ीब ख़ां की उपाधि द्वारा सुशोभित हुआ, पहुँचा। हिन्दुस्तान में वह शीआ प्रसिद्ध था। ईरान में उसे सुन्नी धर्म के अनुयायी होने

तथा उसके पुत्र नक़ीब ख़ां[1] की तरह हिन्दुस्तान में अधिक प्रसिद्ध न हो सका। वह कवियों के साथ वाद-विवाद की गोष्ठियों में भी सम्मिलित हुआ करता था और विभिन्न शेरों के उत्तर में शेरों की रचना भी किया करता था। उसने कुछ समय तक मीर्ज़ा अज़ीज़ कोका तथा अब्दुर्रहीम ख़ाने ख़ानाँ के अधीन भी सेवाएँ कीं। उसका तख़ल्लुस "कामी" थां।

उसके समकालीन कवियों तथा अमीरों में उसकी यह रचना वड़ी प्रसिद्ध थी। मुल्ला अब्दुल क़ादिर बदायूनी के इतिहास से पता चलता है कि वहुत से अमीर तथा कवि "नफ़ायसुल मआसिर" का अध्ययन किया करते थे। मुल्ला अब्दुल क़ादिर बदायूनी ने "मुन्तख़बुत्तवारीख़" के तीसरे भाग में कई स्थानों पर "नफ़ायसुल मआसिर" की वड़ी कटु-आलोचना की है। एक स्थान पर वह लिखता है कि "शेख़ फ़ैज़ी ने मीर अलाउद्दौला का 'तज़किरा' मेरे हाथ में देखकर उसे मुझसे छीन लिया और उसमें उसके विषय में जो कुछ लिखा था उस पृष्ठ को फाड़ डाला[2]।" इसके अतिरिक्त मीर्ज़ा अज़ीज़ कोका की भी टिप्पणियाँ मुल्ला अब्दुल क़ादिर बदायूनी ने उद्धृत की हैं[3]। इन आलोचनाओं के बावजूद "मुन्तख़बुत्तवारीख़" के तीसरे भाग का कवियों से सम्बन्धित लगभग पूरे का पूरा इतिहास "नफ़ायसुल मआसिर" ही पर आधारित है।

अकबर के राज्यकाल के इतिहास के लिए तो वह हमारा प्राचीनतम सूत्र है। मुहम्मद आरिफ़ क़न्धारी का इतिहास भी ९८७ हि० (१५७९ ई०) के लगभग लिखा गया और उसमें केवल १५७९ ई० तक का ही इतिहास दिया गया है। बायज़ीद के "तज़किरये हुमायूँ व अकबर" में ९९९ हि० (१५९१ ई०) तक का इतिहास है। हुमायूँ के समय के इतिहासों में भी ख़्वन्द मीर के "हुमायूँ नामे" अथवा "क़ानूने हुमायूनी" के अतिरिक्त उस समय तक कोई अलग से ग्रंथ न लिखा गया था। "नफ़ायसुल मआसिर" का ऐतिहासिक भाग ९८२ हि० (१५७४–७५ ई०) तक ही आता है और यदि यह मान लिया जाय कि ऐतिहासिक भाग की रचना लगभग इसी समय समाप्त हुई और कुछ कवियों तथा गायकों की जीवनियाँ उदाहरणार्थ उरफ़ी, ग़िज़की इत्यादि की बाद में जोड़ी गयीं तो यह बात प्रमाणित हो जाती है कि यह इतिहास आरिफ़ क़न्धारी के इतिहास के पूर्व ही लिखा जा चुका था। मुहम्मद आरिफ़ क़न्धारी के इतिहास तथा "नफ़ायसुल मआसिर" का सावधानी से मुक़ाबला करने पर पता चलता है कि आरिफ़ क़न्धारी ने "नफ़ायसुल मआसिर" ही पर अपने इतिहास को आधारित किया है। इस बात में तो कोई संदेह है ही नहीं कि अलाउद्दौला ने अपना इतिहास ९७३ हि० में लिखना प्रारम्भ किया और मुहम्मद आरिफ़ क़न्धारी अकबर की सेवा में ९८५ हि० (१५७७–७८ ई०) में प्रस्तुत किया गया था।

के आरोप में बन्दी बनाने का प्रयत्न किया गया था। (**अकबर नामा** भाग २, पृ० १९)। वह ९६५ हि० (१५५७-५८ ई०) में अकबर का गुरु नियुक्त हुआ और उसने अकबर को "दीवाने हाफ़िज़" पढ़ाना प्रारम्भ किया। (**मुन्तख़बुत्तवारीख़** भाग २, पृ० ३०)।

१ **महाभारत** के अनुवादकों में उसे मुख्य स्थान प्राप्त था।

२ **मुन्तख़बुत्तवारीख़** भाग ३, पृ० ३२३।

३ **मुन्तख़बुत्तवारीख़** भाग ३, पृ० २७३, २७७, २७८।

यद्यपि जिन घटनाओं का उल्लेख "नफ़ायसुल मआसिर" में किया गया है, वे हमें "अकबर नामा" तथा अन्य इतिहासों से भी मिल जाती हैं किन्तु हुमायूं तथा अकबर के समय का प्राचीनतम इतिहास होने के कारण इसकी उपेक्षा असम्भव है। हुमायूं की क़ज़्वीन की यात्रा एवं हुमायूं तथा शाह तहमास्प के सम्बन्ध पर भी "नफ़ायसुल मआसिर" से प्रामाणिक ज्ञान प्राप्त होता है। उसने महत्वपूर्ण घटनाओं की तिथियों के सम्बन्ध में कवियों के शेरों को भी उद्धृत किया है जिससे उनके विषय में किसी प्रकार का कोई संदेह नहीं रह जाता।

"नफ़ायसुल मआसिर" में हुमायूं के इतिहास के अतिरिक्त कवियों की जीवनियों एवं उनकी रचनाओं के उद्धरण के प्रसंग में मीर्ज़ा कामरान, मीर्ज़ा अस्करी, मीर्ज़ा हिन्दाल, अमीर शम्सुद्दीन मुहम्मद अतका खां, बैराम खां, अली क़ुली सुल्तान एवं शाह अबुल मआली का भी संक्षिप्त विवरण एवं उनकी रचनाओं के उद्धरण दिए गए हैं।

अलाउद्दौला ने केवल मुख्य घटनाओं का संक्षिप्त उल्लेख किया है किन्तु इस कारण कि उसकी जानकारी के सूत्र बड़े ही विश्वस्त थे उसकी रचना बड़ी ही महत्वपूर्ण हो गई है। चौसा की पराजय के उपरान्त हुमायूं की आगरा को वापसी, क़न्नौज की पराजय एवं हुमायूं के पंजाब तथा सिंध की ओर प्रस्थान का उल्लेख मीर्ज़ा हैदर की "तारीख़े रशीदी" के आधार पर हुआ है। हुमायूं के ईरान के निवास काल की घटनाओं का ज्ञान उसे स्वयं था। इसके अतिरिक्त उसे अपने पिता मीर यहया इब्ने मीर अब्दुल्लतीफ़ तथा अपने बड़े भाई से भी बहुत कुछ ज्ञात हुआ होगा। हुमायूं ने क़ज़्वीन में यहया से भी भेंट की और उससे इतिहास-सम्बन्धी कुछ प्रश्न किए जिनके उसने बड़े संतोषजनक उत्तर दिए। हुमायूं इस भेंट से बड़ा प्रभावित हुआ। हुमायूं के क़न्धार एवं काबुल विजय तथा मीर्ज़ा कामरान के विश्वासघात का प्रामाणिक ज्ञान, अलाउद्दौला को हुमायूं की सेना के ईरानी अधिकारियों एवं अन्य अमीरों से हुआ होगा। अलाउद्दौला ने सभी घटनाओं का अत्यन्त सरल भाषा में बड़े निष्पक्ष भाव से उल्लेख किया है। बहुत सी घटनाओं के तारीख़-सम्बन्धी शेरों के उल्लेख से उसकी रचना की प्रामाणिकता में बड़ी वृद्धि हो गई है। मुल्ला अब्दुल क़ादिर बदायूनी ने इनमें से अनेक तारीखें "मुन्तख़बुत्तवारीख़ भाग १" में भी उद्धृत की हैं। हुमायूँ तथा अन्य अमीरों की कविताओं के उद्धरण ने उसकी रचना को तत्कालीन साहित्यिक विकास की जानकारी के लिए भी अनुपेक्ष्य बना दिया है।

गुलबदन बेगम

हुमायूं नामा

गुलबदन बेगम ज़हीरुद्दीन मुहम्मद बाबर पादशाह की पुत्री थी। उसकी माता का नाम दिलदार बेगम था। उसका जन्म लगभग १५२३ ई० में हुआ था। उस समय बाबर को काबुल पर अधिकार जमाए हुए १९ वर्ष व्यतीत हो चुके थे। क़ुन्दुज़ तथा बदख़्शाँ भी उसके अधिकार में थे। १५१९ ई० में उसने बजौर पर भी अधिकार जमा लिया था और १५०८ ई० में उसने पादशाह की उपाधि धारण कर ली थी।

दिलदार बेगम के तीन पुत्रियाँ तथा दो पुत्र हुए। सबसे बड़ी पुत्री का नाम गुलरंग बेगम

था। उसके बाद भी उसके एक पुत्री हुई जिसका नाम गुलचेहरा बेगम रक्खा गया। १५१९ ई० में उसके पुत्र हिन्दाल का जन्म हुआ। उसके बाद गुलबदन बेगम पैदा हुई। दूसरा पुत्र हिन्दुस्तान में आगरा में पैदा हुआ और उसका नाम मीर्ज़ा अलवर रक्खा गया किन्तु १५२९ ई० में ही उसकी मृत्यु हो गई।

जब गुलबदन की अवस्था २ वर्ष की हो गई तो १५२५ ई० में हुमायूँ की माता माहम बेगम ने उसे गोद ले लिया। इससे पूर्व १५१९ ई० में वह मीर्ज़ा हिन्दाल को भी गोद ले चुकी थी कारण कि हुमायूँ के जन्म (६ मार्च १५०८ ई०) के बाद माहम के कई बच्चे हुए किन्तु कोई जीवित न रहा।

नवम्बर १५२५ ई० को जब बाबर की सेनाएँ हिन्दुस्तान की विजय हेतु काबुल से रवाना हुईं तो उसकी अवस्था लगभग दो वर्ष की थी। बाबर ने हिन्दुस्तान की ओर प्रस्थान करते समय अपने परिवार को काबुल में ही छोड़ दिया था। इस प्रकार वह तीन वर्ष से कुछ अधिक समय तक अपने पिता से पृथक् रही। १५२८ ई० में अन्तःपुर को काबुल से हिन्दुस्तान की ओर प्रस्थान करने का आदेश हुआ किन्तु यात्रा की व्यवस्था एवं अन्य कारणों से तत्काल प्रस्थान न हो सका। २१ जनवरी १५२९ ई० को हुमायूँ की माता माहम चल खड़ी हुई। २१ मार्च को बाबर को उन लोगों के काबुल से प्रस्थान करने के विषय में प्रामाणिक समाचार प्राप्त हुए। माहम ने यात्रा अधिक तेज़ी से की और २६ जून को यह क़ाफ़िला आगरा पहुँच गया।

१५३० ई० में बाबर की मृत्यु हो गई। माहम का अधिक समय अपने पति की आत्मा की शान्ति हेतु दान-पुण्य एवं अपने ज्येष्ठ पुत्र हुमायूँ तथा अन्य पुत्रों और पुत्रियों की देखरेख में व्यतीत होने लगा। हुमायूं के इस समय तक कोई पुत्र न था। उसके एक पुत्र अल अमान का "बाबर नामा" में भी उल्लेख हुआ है किन्तु शीघ्र ही उसकी मृत्यु हो गई। माहम की इस विषय में चिन्ता स्वाभाविक ही थी। उसने स्वयं प्रयत्न करके मेवा जान से हुमायूँ का विवाह कराया और जब मेवा जान के पुत्र के जन्म के समाचार प्रसिद्ध हुए तो उसने जो तैयारियां कराई उनका गुलबदन बेगम ने सविस्तार उल्लेख किया है। अपने पुत्र की प्रारम्भिक विजयों पर भी माहम ने बड़े उत्साह से जश्नों के आयोजन कराये और गुलबदन बेगम ने तो 'आईना-बन्दी' की प्रथा का उसे आविष्कारक बताया है। १३ शव्वाल ९४० हि० (२७ अप्रैल १५३४ ई०) को माहम की मृत्यु हो गई। गुलबदन को अत्यधिक शोक होना स्वाभाविक ही था। वह लिखती है, "मुझे बड़ा शोक, नैराश्य एवं घोर कष्ट हुआ। रात-दिन मैं विलाप किया करती थी। हज़रत पादशाह ने कई बार आकर मुझे तसल्ली दी और मेरे प्रति कृपा एवं दया प्रदर्शित की। मेरी आका (माहम बेगम) जब मैं दो वर्ष की थी तो मुझे अपने महल में ले गईं और पालन-पोषण किया। जब मैं १० वर्ष की हुई तो उनका निधन हो गया। मैं एक वर्ष और अपनी आका के महल में रही। जब मैं ११ वर्ष की हुई और हज़रत पादशाह धौलपुर पहुँचे तो मैं अपनी माता के पास चली गई।"[1]

हुमायूँ अपने पिता की मृत्यु के पश्चात् अपनी माताओं, बहिनों एवं भाइयों को अत्यधिक

१ गुलबदन बेगम : **हुमायूं नामा** पृ० ३०, प्रस्तुत ग्रन्थ पृ० ५०९।

आश्रय प्रदान करने लगा था किन्तु गुलबदन बेगम के विवरण से पता चलता है कि माहम बेगम की मृत्यु के उपरान्त वह इन लोगों के प्रति और भी अधिक स्नेह प्रदर्शित करने लगा। मीर्ज़ा हिन्दाल का विवाह उसने बड़ी धूम-धाम से कराया। इन बेगमों के प्रति अधिक स्नेह के कारण हुमायूँ की पत्नियाँ बुरा भी मानने लगी थीं। बेगा बेगम ने तो हुमायूँ की गुजरात यात्रा के समय शिकायत भी की किन्तु हुमायूँ ने उसे फटकारते हुए कहा कि, "बीबी! प्रातःकाल तुमने मुझसे क्या शिकायत की? वह शिकायत करने का स्थान न था। तुम जानती हो कि हम तुम्हारी वली नेमतों (बुज़ुर्गों) के घर रहे। मेरे लिए उन्हें संतुष्ट रखना परमावश्यक है। इसके बावजूद मैं उनसे लज्जित हूँ कि मैं उनके दर्शन में विलम्ब करता हूँ[१]।" गुलबदन बेगम के प्रति हुमायूँ विशेष स्नेह प्रदर्शित किया करता था। चौसा की पराजय से लौटने के उपरान्त हुमायूँ ने गुलबदन बेगम के प्रति अपना स्नेह इन शब्दों में व्यक्त किया, "गुलबदन! मैं तुझे बहुत याद करता रहता था और कभी-कभी पछताते हुए कहता था कि काश तुझे अपने साथ ले आता। जिस समय हलचल मची तो मैंने ईश्वर के प्रति कृतज्ञता प्रकट की और कहा कि, 'ईश्वर को धन्य है कि मैं गुलबदन को न लाया'[२]।"

गुलबदन बेगम की रचना से यह पता नहीं चलता कि उसका विवाह कब हुआ किन्तु हुमायूँ जब चौसा की पराजयोपरान्त आगरा पहुँचा और गुलबदन बेगम उसकी सेवा में उपस्थित हुई तो सम्भवतः उस समय गुलबदन का विवाह हो चुका था। उसका पति खिज़्र ख़्वाजा खां मुग़ुल, ऐमन ख़्वाजा का पुत्र और उसकी माता हैदर मीर्ज़ा दूग़लात की बहिन होती थी। उसके दो अन्य भाई महदी एवं मसऊद भी हुमायूँ की सेवा में थे अतः खिज़्र ख़्वाजा खां को चग़ताई वंश में विशेष महत्व प्राप्त था। सम्भवतः इसी महत्व के कारण मीर्ज़ा कामरान जब आगरा से पंजाब जाने लगा और बड़े-बड़े मुग़ुल अमीरों को अपनी ओर मिलाने लगा तो उसने गुलबदन बेगम को भी उसकी इच्छा के विरुद्ध अपने साथ ले लिया। वह समझता होगा कि इस प्रकार खिज़्र ख़्वाजा खां एवं उसके भाई भी उसके सहायक हो जायेंगे। गुलबदन बेगम मीर्ज़ा कामरान के साथ न जाना चाहती थी किन्तु उसका आग्रह स्वीकार न किया गया। गुलबदन बेगम ने आपत्ति प्रकट करते हुए हुमायूँ को लिखा कि "हज़रत से मुझे यह आशा न थी कि इस तुच्छ को अपनी सेवा से पृथक् करेंगे और मीर्ज़ा कामरान को सौंप देंगे।" किन्तु हुमायूँ ने उसे संतुष्ट करते हुए लिखा, "मेरी स्वयं इच्छा न थी कि तू मुझसे पृथक् हो किन्तु जब मीर्ज़ा ने अत्यधिक आग्रह किया एवं विनयपूर्वक प्रार्थना की तो यह परमावश्यक हो गया कि तुझे मीर्ज़ा को सौंप दूँ कारण कि इस समय हम भी युद्ध नें संलग्न हैं। यदि ईश्वर ने चाहा तो इस युद्ध के समाप्त होते ही सर्वप्रथम तुझे बुलवा लूँगा[३]।"

हुमायूँ क़न्नौज में पराजित हो जाने के उपरान्त आगरा होता हुआ लाहौर पहुँचा। लाहौर में गुलबदन बेगम को हुमायूँ के दर्शन का पुनः अवसर मिला। उस समय भाइयों का मत-भेद अपनी चरम सीमा को पहुँच चुका था। गुलबदन बेगम इससे बड़ी दुखी थी। उसने यह आशा व्यक्त की कि काश वह सब भाइयों को एकत्र देख सकती। हुमायूँ को गुलबदन बेगम के यह मार्मिक शब्द याद

१ **हुमायूं नामा** पृ० ३८, प्रस्तुत ग्रन्थ पृ० ५२१।

२ वही, पृ० ४३, प्रस्तुत ग्रन्थ पृ० ५२७।

३ वही, पृ० ४६, प्रस्तुत ग्रन्थ पृ० ५३०।

थे। संयोग से १५४८ ई० में किश्म में जब सब भाई कुछ समय के लिए संगठित हो गए और हुमायूँ ने एक बहुत बड़े जश्न का आयोजन किया तो सब के समक्ष गुलबदन बेगम के शब्दों की बड़ी भावुकता से पुनरावृत्ति की[1]।

शेर शाह के लाहौर पहुँच जाने के कारण मुग़ुलों को पंजाब छोड़ देना पड़ा। झेलम नदी के थोड़ा सा पश्चिम की ओर खुशाब के आगे मार्ग कुछ दूर जाकर दो भागों में विभाजित हो जाता था, एक उत्तर-पश्चिम की ओर काबुल चला जाता था और दूसरा दक्षिण-पश्चिम की ओर सिन्ध चला जाता था। यहाँ तक वे साथ गए किन्तु यहाँ से कुछ वाद-विवाद के उपरान्त हुमायूँ सिन्ध की ओर तथा मीर्ज़ा कामरान काबुल की ओर चला गया। बेगमें भी दो भागों में बंट गई। कुछ हुमायूँ के साथ और कुछ मीर्ज़ा कामरान के साथ काबुल चली गई। गुलबदन बेगम ने स्पष्ट रूप से कहीं नहीं लिखा है कि उसे काबुल जाना पड़ा किन्तु तत्कालीन घटनाओं के अध्ययन से पता चलता है कि उसे मीर्ज़ा कामरान के साथ ही जाना पड़ा। हमीदा बानो बेगम के हुमायूँ से विवाह के समय यदि वह अपनी माता दिलदार बेगम के साथ होती तो इस सम्बन्ध में वह कोई न कोई सेवा अवश्य करती जिसका उसकी रचना में उल्लेख होता। काबुल विजय के उपरान्त १५४४ ई० में, जब काबुल में बेगमों की हुमायूँ से पुनः भेंट हुई तो उसमें हमीदा बानो बेगम भी थी। वह लिखती है, "१२ तारीख (१२ रमज़ान ९५१ हि०/२७ नवम्बर १५४४ ई०) को मेरी माता दिलदार बेगम, गुलचेहरा बेगम तथा यह तुच्छ हज़रत की सेवा में उपस्थित हुई। क्योंकि ५ वर्ष से हम उनकी सेवा से वंचित थे और वियोग के कष्ट भोग रहे थे अतः उससे मुक्त होकर अपने आश्रयदाता की सेवा द्वारा सम्मानित हुए। उनके दर्शन-मात्र से हमारे दुखी हृदय को प्रोत्साहन एवं नेत्रों को ताज़ा प्रकाश प्राप्त हो गया। प्रसन्नतापूर्वक हम हर समय शुक्र के सिज्दे करते रहते थे[2]।"

मीर्ज़ा कामरान ने गुलबदन बेगम के प्रति कभी भी कोई अनुचित व्यवहार न किया। हुमायूँ द्वारा काबुल विजय के पूर्व तथा उसके बाद भी मीर्ज़ा कामरान, गुलबदन के प्रति विशेष स्नेह प्रदर्शित करता रहा।

१५४७ ई० में जब मीर्ज़ा कामरान ने काबुल पर पुनः अधिकार जमा लिया और अन्य बेगमों पर अत्याचार होने लगा तो उसने गुलबदन बेगम और उसकी माता को बुलवाकर आदेश दिया कि उसकी माता तो क़ूरबेगी के घर में रहे और गुलबदन बेगम उसके (मीर्ज़ा कामरान के) साथ रहे। गुलबदन बेगम ने इसे स्वीकार न किया और स्पष्ट रूप से कह दिया कि, "यहाँ किस लिये रहूँ? जहाँ मेरी माता रहेंगी वहीं मैं रहूँगी।" मीर्ज़ा कामरान उससे इस बात का आग्रह करने लगा कि वह अपने पति ख़िज़्र ख़्वाजा ख़ां को पत्र लिख दे कि वह उसकी सहायता करे किन्तु उसने यह बात भी स्वीकार न की और उत्तर दिया, "ख़िज़्र ख़्वाजा ख़ां मेरे पत्र को नहीं पहिचान सकते। मैंने उन्हें कभी भी पत्र नहीं लिखा है। जब वे बाहर होते हैं तो वे अपने पुत्र की ओर से लिखते हैं। आपके हृदय में जो आये लिख दें।" किन्तु बेगम ने ख़ान को पहिले से ही चेतावनी दे दी थी, "आपके भाई मीर्ज़ा कामरान के साथ होंगे। आप कदापि यह विचार न करें कि उनसे (हुमायू

१ **हुमायूं नामा** पृ० ८४, प्रस्तुत ग्रन्थ पृ० ५६५।
२ वही, पृ० ७६, प्रस्तुत ग्रन्थ पृ० ५५७।

से) पृथक् होकर अपने भाइयों से मिल जायें। कदापि-कदापि हज़रत से पृथक् होने का विचार न कीजियेगा।" उसने इस बात पर ईश्वर के प्रति कृतज्ञता प्रकट की है कि उसने जो कुछ कहा था, ख़ान ने उसके विरुद्ध कोई बात नहीं की[1]।

हिन्दुस्तान विजयोपरान्त हुमायूँ ने अपनी मृत्यु के पूर्व ही बेगमों को काबुल से बुलवाने की योजना बना ली किन्तु उसकी मृत्यु के कारण अकबर उन्हें तुरन्त न बुलवा सका फिर भी वे १५५७ ई० के प्रारम्भ में पश्चिमी सिवालिक में स्थित मानकोट नामक स्थान पर पहुँच गईं। अकबर का पड़ाव उस समय वहीं था। वह उनके स्वागतार्थ पहुँचा। बेगमों के इस क़ाफ़िले में हमीदा बानो बेगम को मुख्य स्थान मिलना ही चाहिये था किन्तु गुलबदन बेगम, गुलचेहरा बेगम, हाजी बेगम तथा सलीमा बेगम को भी कम महत्व प्राप्त न था।

उसके हिन्दुस्तान के आगमन से मक्का की यात्रा तक का हाल किसी भी इतिहास में नहीं मिलता। इस बीच में अकबर की माता हमीदा बानो बेगम से उसकी बड़ी घनिष्ठता रही होगी। १५७५ ई० में अकबर ने उसे हज करने की अनुमति दे दी। इस क़ाफ़िले में उसके अतिरिक्त अन्य बेगमें भी थीं। बैराम ख़ां "ख़ाने ख़ानाँ" की विधवा एवं अकबर की पत्नी सलीमा सुल्तान बेगम, मीर्ज़ा अस्करी की विधवा सुल्तानम, मीर्ज़ा कामरान की पुत्रियाँ हाजी तथा गुलअज़ार बेगम, गुलबदन बेगम की दो पोतियाँ—उम्मे कुलसूम तथा सलीमा ख़ानम, बाबर के अन्तःपुर से गुलनार आग़ाचा, बीबी सरो क़द अथवा सरो सेही, हुमायूँ के अन्तःपुर से बीबी सफ़ीआ तथा शाहम आग़ा, भी साथ थीं।

१५ अक्तूबर १५७५ ई० को यह क़ाफ़िला फ़तहपुर सीकरी से रवाना हुआ। शाहज़ादा सलीम एवं शाहज़ादा मुराद को, जिनकी अवस्था क्रमशः ५ तथा ४ वर्ष थी, उन्हें पहुँचाने का आदेश हुआ। कई अमीर क़ाफ़िले के साथ नियुक्त किए गए जिनमें एक मुहम्मद बाक़ी ख़ां कोका तथा दूसरा अलेप्पो का रूमी ख़ां थे। सूरत में इस क़ाफ़िले को बड़ी कठिनाइयों का सामना करना पड़ा। अकबर ने क़ुलीज ख़ां को, जो ईदर में था, इन सब कठिनाइयों के समाधान का आदेश दिया और बेगमें १७ अक्तूबर १५७६ ई० को सूरत से रवाना हुईं और उन्होंने मक्का पहुँच कर हज किया। १५७९ ई० में मुल्ला अब्दुल क़ादिर बदायूनी का एक मित्र ख़्वाजा यहया मीर हज नियुक्त हुआ और उसे बेगमों को हिन्दुस्तान लाने का आदेश हुआ। लौटते समय अदन में जहाज़ टूट गया और कुछ बेगमों को सात और कुछ को बारह मास तक वहाँ ठहरे रहना पड़ा किन्तु अप्रैल १५८० ई० में एक जहाज़ वहाँ पहुँच गया जिसमें बायज़ीद बयात अपने परिवार सहित मक्का जा रहा था। उसने इन लोगों की बड़ी सहायता की और मार्च १५८२ ई० में यह क़ाफ़िला फ़तहपुर सीकरी पहुँच गया[2]। हिन्दुस्तान लौट आने के उपरान्त गुलबदन बेगम की सबसे बड़ी सेवा अकबर के आदेशानुसार "हुमायूँ नामा" की रचना थी। ६ ज़िलहिज्जा १०११ हि० (७ मई १६०३ ई०) में उसकी मृत्यु हो गई।

"अकबर नामा" के लिए सामग्री एकत्र करने के उद्देश्य से बहुत से लोगों को अकबर ने यह आदेश दिया कि उन्हें बाबर तथा हुमायूँ के विषय में जो कुछ स्मरण हो, उसे वे लिपिबद्ध

१ **हुमायूं नामा** पृ० ७९-८०, प्रस्तुत ग्रन्थ पृ० ५६०-५६१।
२ बायज़ीद : **तज़किरये हुमायूं व अकबर,** पृ० ३५५-५६।

करें। इस आदेशानुसार मेहतर जौहर आफ़ताबची द्वारा रचित "तज़किरतुल वाक़ेआत" एवं बायजीद ब्यात द्वारा रचित "तज़किरये हुमायूँ व अकबर" अब भी प्राप्य हैं। गुलबदन बेगम के "हुमायूँ नामा" की रचना भी इसी आदेशानुसार हुई। गुलबदन बेगम ने लिखा है कि, "जिस समय हज़रत फ़िरदौस मकानी परलोकगामी हुए, उस समय उसकी अवस्था ८ वर्ष की थी अतः उनके विषय में उसे बहुत कम स्मरण रह गया था किन्तु शाही आदेशानुसार जो कुछ उसने सुना अथवा जो कुछ स्मरण रह गया था उसे लिपिवद्ध किया है।" उसने अपनी रचना को दो भागों में विभाजित किया– एक में बाबर का इतिहास और दूसरे में हुमायूँ का इतिहास। बाबर के इतिहास के विषय में उसने स्वयं लिखा है कि, "उसके बाबा हज़रत बादशाह ने अपने 'वाक़ेआ नामा' में अपना इतिहास लिख दिया है अतः उनका इतिहास केवल आशीर्वाद हेतु लिपिबद्ध किया जा रहा है[१]।" फिर भी बाबर के विषय में उसका इतिहास बड़ा ही महत्वपूर्ण है। उसने कई घटनाओं का बड़े ही रोचक ढंग से विवरण दिया है। सुल्तान इबराहीम की पराजय के उपरान्त बाबर ने दिल खोलकर दान दिया और काबुल तथा एराक़ के अपने किसी सम्बन्धी को भी इस समय वह न भुला सका। काबुल से बहुत दूर आगरा में रहते हुए भी वह अपने सम्बन्धियों से जिस प्रकार स्नेहपूर्वक व्यवहार करता था वह उसे उस समय भी पूर्ण रूप से स्मरण था। गुलबदन बेगम के 'हुमायूँ नामा' से पता चलता है कि उसने असस को तीन सेर पादशाही वज़न की एक बड़ी अशर्फ़ी प्रदान की जो उसकी आँखें बाँध कर उसके गले में लटका दी गई। इससे पूर्व बाबर के आदेशानुसार उसे केवल यही बताया गया था कि उसके लिए एक ही अशर्फ़ी भेजी गई है। वह इस बात से बड़ा दुखी था किन्तु जब अशर्फ़ी उसकी गरदन में पड़ी तो उसकी ख़ुशी का ठिकाना न रहा।

बाबर जिस प्रकार अपने परिवार वालों से स्नेह करता था उसका पता यद्यपि "बाबरनामा" से भी चलता है किन्तु "हुमायूँ नामा" से इसकी और भी पुष्टि होती है। वह हर रोज़ शुक्रवार को अपने परिवार की बेगमों को देखने जाया करता था। गरमी की अधिकता के कारण माहम ने एक दिन उससे कहा कि, "यदि शुक्रवार को न जायेंगे तो क्या हो जायगा? बेगमें इस बात से रुष्ट न होंगी।" बादशाह ने माहम की बात स्वीकार न की और कहा कि, "अबू सईद सुल्तान मीर्ज़ा की पुत्रियों को, जो अपने पिता और भाइयों से पृथक् हो चुकी हैं, यदि मैं प्रोत्साहन न दूँगा तो कौन देगा?" आगरा में महलों के निर्माण के समय भी उसे बेगमों का विशेष ध्यान था और उसने ख़्वाजा क़ासिम मेमार को उनके महलों के निर्माण के विषय में ख़ास ख़्याल रखने का आदेश दिया[२]।

गुलबदन बेगम ने काबुल से आगरा की यात्रा की कई रोचक घटनाओं का उल्लेख किया है जिनसे पता चलता है कि बाबर कितनी उत्सुकता से उनकी प्रतीक्षा कर रहा था। हुमायूँ से बाबर को जितना अधिक स्नेह था उसका मार्मिक विवरण सर्व प्रथम "हुमायूँ नामा" में ही हुआ है और "अकबर नामा" में उसे अधिक विस्तार से लिखा गया है। गुलबदन बेगम के वृतांत से पता चलता है कि बाबर की मृत्यु का कारण वही विष था जो इबराहीम की माता ने उसे २१ दिसम्बर

१ **हुमायूं नामा** पृ० ३, **मुग़ुल कालीन भारत--बाबर,** पृ० ३५५।
२ वही पृ० १४, **मुग़ुल कालीन भारत--बाबर,** पृ० ३६५-३६६।

१५२६ ई० को दिया था। अपनी रुग्णावस्था में भी बाबर को हिन्दाल की कितनी प्रतीक्षा थी और यह जानने के लिए कि हिन्दाल कितना बड़ा हो गया है वह कितना उत्सुक था इसका पता केवल "हुमायूँ नामा" से ही चलता है। इस प्रकार बाबर के सम्बन्ध में गुलबदन बेगम ने अपनी व्यक्तिगत जानकारी के आधार पर जो कुछ भी लिखा है, यद्यपि बड़ा संक्षिप्त है किन्तु अत्यन्त महत्वपूर्ण है और यदि उसने इसकी रचना न की होती तो बाबर के विषय में हमारी जानकारी कितनी अधूरी रह जाती इसका अनुमान केवल "हुमायूँ नामा" के अध्ययन से ही लगाया जा सकता है।

गुलबदन बेगम की रचना का सबसे अधिक महत्वपूर्ण भाग हुमायूँ का इतिहास है। जहाँ तक बेगम की जानकारी के सूत्रों का सम्बन्ध है, इस इतिहास को तीन भागों में विभाजित किया जा सकता है:—

(१) गुलबदन बेगम की अपनी जानकारी पर आधारित हुमायूँ के सिंध की ओर प्रस्थान तक का तथा हुमायूँ के काबुल पहुँचने के समय से मीर्ज़ा कामरान के अंधे बनाये जाने तक का इतिहास।

(२) हमीदा बानो बेगम द्वारा वर्णित सिंध से ईरान तक की यात्रा और काबुल विजय की घटनायें।

(३) ख़िज्र ख़्वाजा ख़ां तथा अन्य सम्बन्धियों द्वारा वर्णित घटनायें।

हुमायूँ के पंजाब तथा सिंध की ओर पलायन के पूर्व की जिन घटनाओं का गुलबदन बेगम ने उल्लेख किया है उनमें अभियानों एवं अन्य राजनीतिक घटनाओं का विवरण बड़े संक्षिप्त रूप से दिया गया है। कुछ महत्वपूर्ण युद्धों का उल्लेख केवल थोड़े से शब्दों में कर दिया गया है किन्तु अन्तःपुर के भीतर की घटनाओं तथा बेगमों के तत्कालीन जीवन का उल्लेख उसने विस्तार से किया है। हुमायूँ का अपनी माता तथा बहिनों के प्रति प्रेम, माहम बेगम की हुमायूँ के पुत्र के जन्म के विषय में चिन्ता, बेगमों द्वारा पुत्र के जन्म की प्रतीक्षा, हुमायूँ के चुनार के अभियान से वापस होने के उपरान्त माहम बेगम द्वारा जश्न का आयोजन, तिलिस्म भवन एवं मीर्ज़ा हिन्दाल के विवाह के जश्न का उल्लेख केवल गुलबदन बेगम के "हुमायूँ नामा" में ही हुआ है। इस विवरण से हमें उस समय के उच्च वर्ग के सामाजिक एवं साँस्कृतिक जीवन के सजीव चित्र प्राप्त हो जाते हैं।

हुमायूँ की सिंध-यात्रा के प्रसंग में गुलबदन बेगम ने हुमायूँ तथा हमीदा बानो बेगम के विवाह का बड़े विस्तार से उल्लेख किया है। इस विषय में उसे हमीदा बानो बेगम के अतिरिक्त अपनी माता दिलदार बेगम से भी बहुत कुछ जानकारी प्राप्त हुई होगी जिसने विवाह से सम्बन्धित कठिनाइयों के समाधान में बड़ी सहायता की थी। मालदेव के राज्य की ओर प्रस्थान एवं वहाँ से वापसी के समय हुमायूँ को जो कष्ट भोगने पड़े उनका सविस्तार उल्लेख गुलबदन बेगम ने किया है। मीर्ज़ा शाह हुसेन द्वारा क़दम क़दम पर विश्वासघात के कारण हुमायूँ को जिन कठिनाइयों का सामना करना पड़ा, उनकी भी बेगम ने चर्चा की है। यद्यपि इन घटनाओं का उल्लेख जौहर ने भी किया है किन्तु बेगम की जानकारी के सूत्र भी कम विश्वस्त न थे। हुमायूँ द्वारा ख़ानज़ादा बेगम को कामरान को समझाने के लिए भेजने, ख़ानज़ादा बेगम के समझाने के बावजूद मीर्ज़ा कामरान का क़न्धार में अपने नाम का ख़ुत्बा पढ़वाने के लिए आग्रह, का हाल गुलबदन बेगम को अपनी माता एवं ख़ानज़ादा बेगम से ज्ञात हुआ होगा। यह विवरण भी हमें किसी अन्य ग्रंथ में नहीं मिलता।

क़न्धार से ईरान की यात्रा में हमीदा बानो बेगम भी हुमायूँ के साथ थी। शाह तहमास्प द्वारा हुमायूँ की दावत का उल्लेख सभी इतिहासों में हुआ है किन्तु हमीदा बानो बेगम की दावत का उल्लेख गुलबदन बेगम ने ही किया है। रोशन कोका एवं ख़्वाजा ग़ाज़ी द्वारा हुमायूँ के लालों की चोरी, हमीदा बानो बेगम की चिन्ता एवं ख़्वाजा मुअज़्ज़म द्वारा बहिन की सहायता का उल्लेख गुलबदन बेगम ने बड़े मार्मिक शब्दों में किया है।

हुमायूँ के काबुल विजय के बाद की घटनाओं का उल्लेख बेगम ने अपनी जानकारी के आधार पर किया है। उस समय हमीदा बानो बेगम भी काबुल पहुँच गई थी। अन्य बेगमों ने भी उसे घटनाओं को क्रम से लिपिबद्ध करने में सहायता दी होगी। मीर्ज़ा कामरान ने हुमायूँ से काबुल के लिए संघर्ष के समय बेगमों को जो कष्ट दिए उन्हें गुलबदन ने स्वयं भोगा था। इस काल में थोड़े थोड़े समय के लिए जब कभी हुमायूँ तथा बेगमें कष्टों से मुक्त हो जातीं तो आमोद-प्रमोद एवं दावतों का भी आयोजन होता था। इस काल के इतिहास की भी विशेषता स्त्रियों के जीवन के सजीव चित्र एवं उनके चरित्र का रोचक विवरण हैं। सुलेमान मीर्ज़ा मीरान शाही की पत्नी हरम बेगम द्वारा सेना के नेतृत्व का उल्लेख बेगम ने बड़े स्पष्ट रूप से किया है। मीर्ज़ा कामरान की मूर्खता एवं हरम बेगम से इश्क़ की घोषणा के दुष्परिणाम की गुलबदन बेगम ने सविस्तार चर्चा की है। मीर्ज़ा हिन्दाल, बेगम का सगा भाई ही था। उसकी हत्या पर शोक एवं मीर्ज़ा कामरान के प्रति उसका क्रोध स्वाभाविक ही है। बेगम ने मीर्ज़ा हिन्दाल के प्रति हुमायूँ के शोक एवं बेगमों के विलाप तथा उसकी लाश के दफ़न का भी विस्तार से उल्लेख किया है। मीर्ज़ा कामरान के बन्दी बना लिए जाने पर हुमायूँ ने जिस प्रकार उसकी हत्या के विरुद्ध आपत्ति प्रकट की उसका गुलबदन बेगम ने बड़े मार्मिक शब्दों में उल्लेख किया है। मीर्ज़ा कामरान के अंधा बना दिए जाने के बाद की घटनायें गुलबदन बेगम के प्रकाशित "हुमायूँ नामे" में प्राप्य नहीं। सम्भवतः गुलबदन बेगम ने दोनों भाइयों की विदा का हृदय-विदारक दृश्य प्रस्तुत किया होगा। यदि गुलबदन बेगम की रचना के आगे के पृष्ठ कभी मिल गए तो सम्भवतः बहुत सी तत्कालीन ऐतिहासिक समस्याओं का समाधान हो जायगा।

गुलबदन बेगम की रचना से पता चलता है कि उसे चग़ताई क़बीलों की बेगमों के प्रति बड़ा स्नेह था। उसने उनके जीवन-काल की अनेक घटनाओं का बड़ा रोचक वर्णन दिया है। अन्तःपुर के भीतर की घटनाओं एवं हुमायूँ के व्यक्तिगत जीवन के अतिरिक्त बहुत सी बातों का गुलबदन बेगम ने अधिक विस्तार से उल्लेख नहीं किया। यद्यपि यह घटनायें हमें अन्य रचनाओं से भी मिल जाती हैं, परन्तु गुलबदन बेगम ने यदि "हुमायूँ नामा" की रचना न की होती तो बहुत सी बातें, जो हमें इसी ग्रंथ में मिलती हैं, कहीं न मिल पातीं। गुलबदन बेगम ने जिस सरलता एवं भावुकता से विभिन्न घटनाओं का उल्लेख किया है और जिस रोचक ढंग से अनेक चरित्र एवं दृश्य प्रस्तुत किए हैं, वे उसकी रचना की बहुत बड़ी विशेषता हैं। अपने सगे भाई हिन्दाल के विद्रोह का उल्लेख करते हुए उसने तथ्य को छिपाने का प्रयत्न किया है और उस निष्पक्षता का प्रदर्शन नहीं किया जो उसके पिता की रचना का बहुत बड़ा गुण है किन्तु उसने अन्य घटनाओं का उल्लेख बड़ी ईमानदारी से किया है।

मिसेज़ बेवरिज, जिसने इस ग्रंथ को सम्पादित करके इसका अंग्रेज़ी भाषांतर प्रस्तावना सहित प्रकाशित किया है, ने लिखा है कि, हिन्दुस्तान के मुग़ल काल का जिन लोगों ने इतिहास लिखा है, उन्हें साधारणतः इस बात का ज्ञान नहीं कि गुलबदन बेगम ने किसी ग्रंथ की रचना भी की। इसका ज्ञान मिस्टर अर्सकिन को भी न रहा होगा अन्यथा वह बाबर एवं हुमायूँ के वंश का इतिहास अधिक शुद्ध रूप से लिखते। इसी प्रकार प्रोफ़ेसर ब्लाख़मैन को भी इसकी जानकारी न रही होगी। और जब तक डा० रियू ने अपना कैटलाग न तैयार कर लिया यह ग्रंथ "साहित्यिक परदानशीन" रहा[१]।

अभी तक इसकी केवल एक ही प्रति का पता चल सका है जो ब्रिटिश म्युज़ियम द्वारा १८६८ ई० में कर्नल जार्ज विलियम हैमिल्टन से क्रय की गई। इसके अन्त के पृष्ठ नष्ट हो चुके हैं और जो कुछ प्राप्य है वही मिसेज़ बेवरिज ने प्रकाशित कर दिया है अतः कहीं कहीं कुछ संदेहजनक शब्द रह गए हैं जिनका समाधान विना किसी अच्छी हस्तलिपि के सम्भव नहीं। लखनऊ से भी १९२५ ई० में मिसेज़ बेवरिज के संस्करण के आधार पर इसे प्रकाशित किया जा चुका है और मिसेज़ बेवरिज द्वारा संकलित संस्करण को ताशकेन्त से १९५९ ई० में रूसी भाषांतर सहित भी प्रकाशित कर दिया गया है[२]।

जौहर आफ़ताबची

तज़किरतुल वाक़ेआत

अबुलफ़ज़्ल के "अकबर नामा" की आधार-भूत सामग्री के लिए जिन ग्रंथों की रचना कराई गई उनमें जौहर आफ़ताबची के 'तज़किरतुल वाक़ेआत' को बड़ी प्रसिद्धि प्राप्त है। रमज़ान ९६० हि० (अगस्त १५५३ ई०) में जब मीर्ज़ा कामरान को अंधा बनाने के लिए जौहर उसके पास पहुँचा तो उसने मीर्ज़ा को बताया कि वह १९ वर्ष से हुमायूँ की सेवा में है[३]। इस प्रकार वह ९४१ हि० (१५३४–३५ ई०) में हुमायूँ की सेवा में पहुँचा होगा। १५४३ ई० में जब हुमायूं से शाल मश्तंग में एक समाचारवाहक ने मीर्ज़ा अस्करी के समाचार पहुँचाने के लिए समस्त उपस्थितगणों को हटा देने का आग्रह किया तो हुमायूं ने जौहर को न हटाया और यह कह दिया कि, "वह बालक है, कोई आपत्ति नहीं[४]।" इस प्रकार यह कहना बड़ा कठिन है कि जिस समय वह हुमायूं की सेवा में पहुँचा तो उसकी क्या अवस्था रही होगी।

हुमायूँ के सिन्ध पहुँचने तक के विवरण में जौहर ने अपने विषय में कहीं कुछ नहीं लिखा किन्तु उच्च तथा भक्कर की यात्रा का उल्लेख करते हुए उसने कई घटनाओं के प्रसंग में अपनी चर्चा की है जिससे पता चलता है कि वह सर्वदा हुमायूँ के साथ साथ ही रहता था। जिस समय हुमायूँ अकबर को क़न्धार में छोड़कर ईरान की ओर रवाना हुआ तो जौहर भी क़न्धार ही में रह गया किन्तु शीघ्र ही वह क़न्धार से भागकर हिरात में हुमायूं की सेवा में पहुँच गया[५]। उस समय से पंजाब विजय

१ Gulbadan Begum (Princess Rose-Body) History of Humayun (*Humayun Nama*) London 1902, Preface VII.

२ ऊज़बेकिस्तान स स रफ़लार एकादिमिया सी नशियाती ताश्केन्त, १९५९।

३ प्रस्तुत ग्रन्थ, पृ० ७०९।

४ वही, पृ० ६४६।

५ वही, पृ० ६४७।

तक वह बराबर हुमायूं के साथ रहा। हुमायूं को उसपर अत्यधिक विश्वास था। उसने बहुत सी छोटी छोटी घटनाओं का, जिनसे उसका सम्बन्ध था, अधिक विस्तार से उल्लेख किया है। मीर्ज़ा कामरान की आँखों में सलाई फेरने के लिए जिन लोगों को भेजा गया, उनमें जौहर भी सम्मिलित था। उसने इस घटना की बड़े ही मार्मिक शब्दों में चर्चा की है। पंजाब विजयोपरान्त हुमायूं ने जौहर को हैबतपुर परगने का राजस्व वसूल करने के लिये नियुक्त कर दिया था। उसने इस परगने का प्रबन्ध इतनी योग्यता से किया कि हुमायूं ने प्रसन्न होकर तातार खां लोदी का ख़ज़ाना एवं उसके अधीनस्थ प्रदेश उसे प्रदान कर दिये। तदुपरान्त वह कुछ अन्य अधिकारियों के साथ पंजाब एवं मुल्तान का ख़ज़ांची नियुक्त कर दिया गया। इस बीच में महमन्द एवं ख़लील अफ़ग़ानों ने ४०० अश्वारोहियों सहित लाहौर के आस पास आक्रमण कर दिया। जौहर के आग्रह पर उसके सहायकों ने उन लोगों पर हमला करके उन्हें पराजित कर दिया[१]। हुमायूं के देहली पर अधिकार जमा लेने के उपरान्त वह शाह अबुल मआली को सिकन्दर के विरुद्ध युद्ध के विषय में उचित परामर्श देता रहा[२]। हुमायूं के निधन के समय भी वह ख़ज़ांची के रूप में कार्य कर रहा था।

"तज़किरतुल वाक़ेआत" अथवा किसी अन्य ग्रंथ से इस बात का पता नहीं चलता कि अकबर के राज्यकाल में उसे कोई पद प्राप्त था अथवा नहीं। सम्भवतः उसे कोई महत्वपूर्ण अधिकार न प्राप्त था अन्यथा बायज़ीद की भाँति वह अकबर के राज्यकाल संबंधी भी कुछ न कुछ अपने संस्मरण लिख़ता। "तज़किरतुल वाक़ेआत" की प्रस्तावना में उसने लिखा है कि, "वह हर दशा में तथा हर समय हुमायूं की सेवा में उद्यत रहता था अतः उसके हृदय में आया कि आशीर्वाद के रूप में उन घटनाओं एवं मामलों को अपनी योग्यतानुसार, न कि संसार के बादशाहों की प्रतिभा के योग्य, लिपिबद्ध करे।"..... इन घटनाओं की रचना ९९५ हि० (१५८६–८७ ई०) से प्रारम्भ हुई। प्रारम्भिक सनों एवं पिछली तारीख़ों में जो घटनायें घटीं वे लिख नहीं ली गईं थीं। यदि ऐसा होता तो प्रत्येक घटना की तारीख़ एवं उसका सन् दिया जाता किन्तु हज़रत के चरणों के आशीर्वाद से 'याद दाश्त' लिख ली गई ताकि उनकी सम्मानित दृष्टि इसे स्वीकार कर ले[३]।

इस प्रकार किसी डायरी के न होने के कारण घटनाओं के क्रम के उल्लेख में जौहर से कहीं कहीं भूल हो गई है। उसकी भाषा सरल, सुबोध एवं बनावट से शून्य है। घटनाओं का भी उसने बड़ी सच्चाई से अपनी ओर से कुछ मिलाये बिना उल्लेख कर दिया है और इस ग्रंथ को ३३ फ़स्लों (अध्यायों) में विभाजित किया है।

यह ग्रंथ अभी तक प्रकाशित नहीं हो सका है। प्रस्तुत अनुवाद निम्नाँकित हस्तलिपियों के आधार पर तैयार किया गया है:

ब्रिटिश म्युज़ियम मैनुस्क्रप्ट ऐड १६७११ जो १०१९ हि० (१६१० ई०) में नक़ल हुई। इसमें १४६ वरक़ हैं और यह १०$\frac{3}{4}$" लम्बी तथा ७" चौड़ी है। इसके प्रत्येक पृष्ठ में ३$\frac{1}{2}$" लम्बी १५ सतरें हैं। इसके प्रथम पृष्ठ पर एक टिप्पणी है जिससे पता चलता है कि इसे सफ़वी शाहज़ादा अबुल फ़तह सुल्तान मुहम्मद मीर्ज़ा को कुछ समय के लिए विलियम यूल ने १८०१

१ प्रस्तुत ग्रन्थ, पृ० ७१९-७२०।
२ वही, पृ० ७२०-७२१।
३ वही, पृ० ५७९-५८०।

ई० में अध्ययन हेतु दे दिया था। इस्लामी इतिहास संबंधी बीच बीच में जो कहानियाँ जौहर ने उदाहरण स्वरूप दी हैं उनकी कटु-आलोचना करते हुए शाहज़ादा अबुल फ़तह सुल्तान ने पुस्तक के हाशिये पर अपने विचार व्यक्त किए हैं[१]। चार्ल्स स्टीवर्ट ने इसी के आधार पर अपना अनुवाद तैयार किया जो ओरियंटल ट्रांस्लेशन फ़ंड लन्दन के तत्वाधान में १८३२ ई० में प्रकाशित हुआ है।

अलीगढ़ विश्वविद्यालय में रामपुर के नव्वाब अब्दुस्सलाम ख़ां के हस्तलिपियो के संग्रह में "तज़किरतुल वाक़ेआत" की जो हस्तलिपि है वह जमादि-उल-अव्वल १११७ हि० (अगस्त-सितम्बर १७०५ ई०) में नक़ल हुई थी[२]। अलीगढ़ विश्वविद्यालय को जो ग्रंथ नव्वाब शैफ़्ता ने प्रदान किए थे उनमें भी "तज़किरतुल वाक़ेआत" की एक प्रति है जो १२८३ हि० (१८६६-६७ ई०) में नक़ल की गई थी[३]। अलीगढ़ विश्वविद्यालय के हस्तलिपियों के संग्रह में भी १५०-२०० वर्ष पुरानी "तज़किरतुल वाक़ेआत" की एक हस्तलिपि है किन्तु इस पर कोई तारीख़ नहीं लिखी है[४]। इन चारों हस्तलिपियों में कोई विशेष अन्तर नहीं।

सम्भवतः अकबर के राज्य-काल ही में जौहर की सरल भाषा को किसी ने अधिक विद्वता पूर्ण ढंग से एवं कुछ घटनाओं को, जो "तज़किरतुल वाक़ेआत" में अधिक स्पष्ट न थीं, स्पष्ट करके "जवाहर शाही" के नाम से संकलित किया। इसमें बहुत से अमीरों तथा अधिकारियों के परिचय को उनके अकबर के समय के पद देकर और भी अधिक सुबोध बना दिया गया है। ५ बाब (खंडों) तथा प्रत्येक बाब (खंड) कई कई फ़स्लों (अध्यायों) में विभाजित है और ग्रंथ का नाम "जवाहरशाही" रक्खा गया है[५]। इसकी हस्तलिपि इंडिया आफ़िस लन्दन में उपलब्ध है।

"जवाहर शाही" से भी अधिक काव्यमय भाषा में जौहर के संस्मरण को, अकबर की सेवा में प्रस्तुत करने के लिये शेख़ इलाहदाद फ़ैज़ी सरहिन्दी[६] ने "हुमायूं शाही" के नाम से संकलित किया है। इसमें घटनाओं को अधिक टीका टिप्पणी सहित प्रस्तुत किया गया है। इसकी हस्तलिपियाँ कैम्ब्रिज यूनिवर्सिटी[७] तथा इंडिया आफ़िस[८] लन्दन में प्राप्य हैं।

१ इसका नाम अनुवाद में (क) रक्खा गया है।
२ इसका नाम अनुवाद में (ख) रक्खा गया है।
३ इसका नाम अनुवाद में (ग) रक्खा गया है।
४ इसका नाम अनुवाद में (घ) रक्खा गया है।
५ इसका नाम अनुवाद में (ज) रक्खा गया है।
६ शेख़ इलाहदाद फ़ैज़ी बिन असदुल उलमा अली शेर सरहिन्दी बख़्शियुल ममालिक शेख़ फ़रीद बुख़ारी, जिसे बाद में मुर्तुज़ा ख़ां की उपाधि प्राप्त हुई, का सेवक था। उसकी रचनाओं में **मदारुल अफ़ाज़िल** नामक फ़ारसी शब्द कोश एवं **अकबर नामा** बड़ी प्रसिद्ध हैं। **मदारुल अफ़ाज़िल** में शब्दों के अर्थ फ़ारसी, अरबी, तुर्की तथा हिन्दी चारों भाषाओं में दिये गये हैं। पाकिस्तान से इसके कुछ खंड प्रकाशित भी हो चुके हैं। **अकबर नामा** में लेखक ने अकबर का इतिहास **तबक़ाते अकबरी** एवं **अकबर नामा** के आधार पर लिखा है किन्तु कहीं-कहीं कुछ अपनी ओर से भी महत्वपूर्ण बातें लिख दी हैं। अकबर के दक्षिण के आक्रमण का इतिहास विशेष रूप से शेख़ फ़रीद बुख़ारी की सेवायें उसने बड़े विस्तार से लिखी हैं।
७ इसका नाम अनुवाद में (च) रक्खा गया है।
८ इसका नाम अनुवाद में (छ) रक्खा गया है।

बायज़ीद ब्यात

तज़किरये हुमायूं व अकबर

अबुलफ़ज़ल के महत्वपूर्ण इतिहास "अकबर नामा" के लिए जो सामग्री अकबर के आदेशानुसार एकत्र कराई गई थी उसमें अब केवल तीन ही ग्रंथ प्राप्य हैं। गुलबदन बेगम का "हुमायूं नामा", जौहर का "तज़किरतुल वाक़ेआत" एवं बायज़ीद ब्यात का "तज़किरये हुमायूं व अकबर"। बायज़ीद ने लिखा है कि पादशाह ने आदेश दिया था कि, "दरबार के दासों में जिसको इतिहास लिखना आता हो, वह लिखे बल्कि हज़रत जन्नत आशियानी हुमायूं पादशाह के राज्य काल के विषय में (भी जिस) किसी को कुछ याद हो तो वह उसे लिपिबद्ध करके हमारे सम्मानित नाम पर समर्पित करे[१]।" बायज़ीद ब्यात उस समय अकबर का बकावल बेगी[२] था। शेख़ अबुलफ़ज़ल ने अपने एक कातिब[३] को इस आशय से नियुक्त कर दिया कि बायज़ीद ब्यात जो कुछ बोलता जाय वह उसे लिख ले[४]। इस प्रकार यह ग्रंथ तैयार हो गया।

बायज़ीद ब्यात एक तुर्क क़बीले से सम्बन्धित था किन्तु वह ईरान निवासी था और उसका पालन-पोषण तबरेज़ में हुआ था। बायज़ीद बाल्यावस्था में अली क़ुली शैबानी का तबरेज़ में पड़ौसी रह चुका था[५]। वे वहाँ आवा नामक मुहल्ले के निवासी थे और साथ साथ खेलते कूदते थे। वह शाह बीरदी ब्यात का, जो सैनिक जीवन त्यागकर दरवेश हो गया था, और जिसने अपना नाम बहराम सक़्क़ा रख लिया था, भाई था[६]। जिस समय हुमायूं ने शाह तहमास्प से भेंट की और वे तख्ते सुलेमान नामक स्थान पर दावतों एवं सैर व शिकार में व्यस्त थे, बायज़ीद वहाँ पहुँच गया था। उस समय वह सैयिद मुहम्मद अरब का, जो शाह का इमाम था, सेवक था। उस वर्ष उसे इमाम रिज़ा के रौज़े पर चढ़ावा ले जाने का आदेश हुआ था। बायज़ीद तथा उसका पिता भी, सैयिद मुहम्मद अरब के साथ मशहद पहुँचे। बायज़ीद वहाँ विद्याध्ययन में व्यस्त हो गया[७]। हुमायूं भी तबरेज़ होता हुआ अन्तिम रमज़ान को मशहद पहुँच गया[८]। बायज़ीद मशहद की ईदगाह में हुमायूं की सेवा में उपस्थित हुआ। मशहद से हुमायूं क़न्धार की ओर रवाना हुआ और एक सेना को बुस्त के क़िले पर आक्रमण हेतु अपने पहिले भेज दिया। बायज़ीद उस सेना के साथ साथ गया[९]। बुस्त से हुमायूं क़न्धार पहुँचा। बायज़ीद वहाँ भी उसकी सेना के साथ था[१०]। १५४५ ई० में क़न्धार विजय के पूर्व हुमायूं ने बैराम खां को दूत बनाकर काबुल भेजा। बैराम खां ने काबुल पहुँचकर मीर्ज़ा कामरान, अकबर तथा मीर्ज़ा हिन्दाल इत्यादि से भेंट की। जिस समय बैराम खां अकबर की

१ बायज़ीद : **तज़किरये हुमायूं व अकबर** पृ० १, प्रस्तुत ग्रन्थ पृ० ७३५।
२ शाही रसोई का अध्यक्ष।
३ लिपिक, मुंशी अथवा सचिव।
४ बायज़ीद, पृ० २, प्रस्तुत ग्रन्थ पृ० ७३५।
५ बायज़ीद, पृ० १८७, प्रस्तुत ग्रन्थ पृ० ८५१।
६ बायज़ीद, पृ० ४७, ५५, २३४, २३५, २४२, २४३।
७ बायज़ीद, पृ० ३७, प्रस्तुत ग्रन्थ पृ० ७४५।
८ १५ दिसम्बर १५४४ ई०।
९ बायज़ीद, पृ० ३९, प्रस्तुत ग्रन्थ पृ० ७४७।
१० बायज़ीद, पृ० ४२, प्रस्तुत ग्रन्थ पृ० ७४८-७४९।

सेवा में उपस्थित हुआ तो बायज़ीद भी उसके साथ था[१] किन्तु वह बैराम खां के साथ क़न्धार वापस न हुआ और अपने भाई बहराम सक़्क़ा के पास गिरदीज़ चला गया[२]। उस समय तक बहराम सक़्क़ा ने सैनिक सेवा न त्यागी थी। शीघ्र ही मीर्ज़ा कामरान ने गिरदीज़, नग़ज़, एवं बंगश, शाह बीरदी ब्यात बहराम सक़्क़ा से लेकर ख़िज़्र खां हज़ारा को इस आशय से दे दिये कि वह क़न्धार तथा ग़ज़नी के मार्ग की रक्षा करे और बहराम सक़्क़ा को ग़ूरबन्द, ज़ुहाक एवं बामियान, जो काबुल के अधीनस्थ थे, प्रदान कर दिये। जब वह दौरी में मीर्ज़ा कामरान की सेवा में पहुँचा तो कामरान ने सेना की सुव्यवस्था तक उसकी यात्रा स्थगित करा दी। बायज़ीद भी उन दिनों बहराम सक़्क़ा की सेवा में रहता था[३]। जब हुमायूं की सेनायें काबुल के समीप पहुँचीं तो मीर्ज़ा कामरान के सभी अमीर तथा पदाधिकारी हुमायूं के पास पहुँचने लगे। बाबूस बेग, बहराम सक़्क़ा एवं बायज़ीद भी काबुल विजय के पूर्व अरक़न्दी में हुमायूं की सेवा में उपस्थित हो गए[४]। हुमायूं १२ रमज़ान ९५२ हि० (१७ नवम्बर १५४५ ई०) को काबुल में प्रविष्ट हो गया। काबुल वालों ने इस अवसर पर बड़ी खुशियाँ मनाईं। बेगमों ने हुमायूं से भेंट की। हमीदा बानो बेगम भी क़न्धार से काबुल पहुँचीं तथा अकबर के ख़त्ने का समारोह बड़ी धूम-धाम से मनाया गया। इसी अवसर पर बहराम सक़्क़ा ने ईश्वर की भक्ति की भावनाओं से प्रेरित होकर सैनिक जीवन त्याग दिया और सक़्क़ा[५] बन कर दरवेशों के समान जीवन व्यतीत करने लगा[६]।

बायज़ीद तदुपरान्त हुमायूं के एक प्रतिष्ठित अमीर हुसेन क़ुली सुल्तान मुहरदार का सेवक हो गया। हुमायूं ने भी उसकी सेवाओं से संतुष्ट होने के कारण उसे कई बार सम्मानित किया[७]। बायज़ीद को भी इसपर बड़ा गर्व था[८] और जब तक हुसेन क़ुली सुल्तान मुहरदार जीवित रहा वह किसी अन्य अमीर की सेवा में न गया। १५४७ ई० के प्रारम्भ में हुमायूँ बदख़्शाँ की ओर से लौटते हुए मार्ग में रुग्ण हो गया। मीर्ज़ा कामरान ने अवसर पाकर काबुल पर पुनः अधिकार जमा लिया। हुमायूँ ने भी काबुल पहुँच कर क़िले को घेर लिया। हुसेन क़ुली सुल्तान मुहरदार को दरवाज़ये आहन के पास नियुक्त किया गया। बायज़ीद भी उसके साथ था और उसने उत्तम सेवायें सम्पन्न कीं[९]।

१ बायज़ीद, पृ० ४६, प्रस्तुत ग्रन्थ पृ० ७५१।
२ बायज़ीद, पृ० ४७, प्रस्तुत ग्रन्थ पृ० ७५२।
३ बायज़ीद, पृ० ५४-५५, प्रस्तुत ग्रन्थ पृ० ७५८।
४ बायज़ीद, पृ० ५६, प्रस्तुत ग्रन्थ पृ० ७५९।
५ पानी भरने वाला, पानी पिलाने वाला, भिश्ती।
६ बायज़ीद, पृ० ५४-५५। उसकी ग़ज़लों एवं अन्य कविताओं का संग्रह (दीवान) एशियाटिक सोसाइटी बंगाल (कलकत्ता) के पुस्तकालय में भी प्राप्य है। बायज़ीद के अनुसार उसने फ़ारसी कविताओं में शाह क़ासिम अनवार तथा तुर्की कविताओं में शाह नसीमी का अनुकरण किया। (प्रस्तुत ग्रन्थ पृ० ७५८-७५९)।
७ बायज़ीद, पृ० ७१, ७७, १११, प्रस्तुत ग्रन्थ पृ० ७७१, ७७६, ७९७।
८ बायज़ीद, पृ० ७६, प्रस्तुत ग्रन्थ पृ० ७७५।
९ बायज़ीद, पृ० ८१, प्रस्तुत ग्रन्थ पृ० ७७८।

१५५० ई० में क़िवचाक़ के युद्ध में हुसेन क़ुली सुल्तान मुहरदार मीर्ज़ा कामरान द्वारा बन्दी बना लिया गया और मीर्ज़ा ने उसकी हत्या करा दी। हुमायूँ के सहायक पराजित होकर तीन मार्गों पर चल दिए। बायज़ीद उस समूह के साथ था जो इस्तालीफ़ की ओर रवाना हुआ था[१]। इसके बाद बायज़ीद हुमायूँ के साथ बल्ख़ के आक्रमण के समय एवं अन्य महत्वपूर्ण अवसरों पर रहा और इस अवसर पर जो घटनायें घटीं उनमें से कई रोचक घटनाओं का उल्लेख उसने किया है। इस बीच में वह ख़्वाजा जलालुद्दीन महमूद की सेवा में पहुँच गया और नवम्बर १५५१ ई० में जब मीर्ज़ा हिन्दाल मारा गया, तो बायज़ीद ख़्वाजा जलालुद्दीन महमूद के, जो काबुल का दारोग़ा नियुक्त हो गया था, साथ था[२]। ९५९ हि० (१५५२ ई०) में हुमायूँ कामरान के विरुद्ध रवाना हुआ। प्रस्थान के पूर्व उसने कुछ अमीरों तथा ख़्वाजा जलालुद्दीन महमूद को अफ़ग़ानों पर आक्रमण हेतु आगे भेज दिया[३]। बायज़ीद भी उन लोगों के साथ था, किन्तु बंगश के नीचे बूतग़ ज़ी नामक पड़ाव से हुमायूँ ने ख़्वाजा जलालुद्दीन महमूद को काबुल का हाकिम नियुक्त करके लौटा दिया। बायज़ीद भी उसी के साथ वापस हुआ[४]। अतः जिस समय मीर्ज़ा कामरान बन्दी बनाया गया वह हुमायूँ की सेना के साथ न था।

उस समय अमीरों के मतभेद के कारण हुमायूँ कश्मीर पर आक्रमण हेतु प्रस्थान न कर सका और काबुल लौट गया। वापसी के समय जब हुमायूँ जलालाबाद में पड़ाव किए हुए था तो बायज़ीद, जलालुद्दीन महमूद की ओर से पत्र एवं उपहार स्वरूप बरफ़ इत्यादि लेकर उसकी सेवा में पहुँचा। हुमायूँ बरफ़ पाकर बड़ा प्रसन्न हुआ। वह उस समय एक नदी में स्नान हेतु गया हुआ था। उसने वहीं बरफ़ धोकर खाया और आबदारों को आदेश दिया कि एक टुकड़ा ख़ासे के कूज़े में डाल दें। बायज़ीद को हुमायूँ ने आदेश दिया कि वह उसके साथ साथ रहे ताकि वह उससे काबुल, बल्ख़, ग़ज़नी, क़न्धार एवं बैराम ख़ां इत्यादि के समाचार पूछ सके। उसने लिखा है कि वह जिस तेज़ी से पत्र लेकर हुमायूँ के पास पहुँचा और जितनी तेज़ी से वापस आया उसकी प्रशंसा प्राचीन सैनिकों ने भी की[५]। १५५४ ई० में हुमायूँ क़न्धार पहुँचा। वहाँ से जब वह वापस आ रहा था तो बायज़ीद अकबर की ओर से उपहार स्वरूप फल लेकर हुमायूँ की सेवा में पहुँचा[६]। हुमायूँ ने उसे लेकर बैराम ख़ां के पास भेजा[७]। बायज़ीद पत्र एवं उपहार पहुँचा कर शीघ्र लौट आया[८]।

दिसम्बर १५५४ ई० में हुमायूँ हिन्दुस्तान विजय हेतु रवाना हुआ। इसी बीच में बायज़ीद का ख़्वाजा जलालुद्दीन महमूद के भाई से मतभेद हो गया अतः वह उसकी सेवा से पृथक् होकर अली क़ुली शैबानी के पास, जिसका वह तबरेज़ में पड़ोसी रह चुका था, चला गया[९]। जब

१ बायज़ीद, पृ० १३०, प्रस्तुत ग्रन्थ पृ० ८०९।
२ बायज़ीद, पृ० १४५-१४६, प्रस्तुत ग्रन्थ पृ० ८१९।
३ बायज़ीद, पृ० १५०, १५१, १५२, प्रस्तुत ग्रन्थ पृ० ८२२-८२३।
४ बायज़ीद, पृ० १५२-१५३, प्रस्तुत ग्रन्थ पृ० ८२३।
५ बायज़ीद, पृ० १६२-१६४, प्रस्तुत ग्रन्थ पृ० ८३०-८३१।
६ बायज़ीद, पृ० १७१, प्रस्तुत ग्रन्थ पृ० ८३६।
७ बायज़ीद, पृ० १७२, प्रस्तुत ग्रन्थ पृ० ८३६-८३७।
८ बायज़ीद, पृ० १७४, प्रस्तुत ग्रन्थ पृ० ८३८।
९ बायज़ीद, पृ० १८७, प्रस्तुत ग्रन्थ पृ० ८५१।

वह काबुल के तत्कालीन हाकिम मुनइम बेग से विदा होने पहुँचा तो उसने बायज़ीद को जाने की अनुमति न दी। जब अली क़ुली को इसकी सूचना मिली तो वह हिन्दुस्तान की ओर रवाना हो गया[१]। इस प्रकार वह हुमायूँ के साथ हिन्दुस्तान न जा सका और मुनइम ख़ां के साथ काबुल में रह गया और १५ शाबान ९६७ हि० (११ मई १५६० ई०) को मुनइम खां के साथ हिन्दुस्तान की ओर रवाना हुआ[२]। शव्वाल ९६७ हि० के अन्त (जुलाई १५६० ई० के मध्य) में वे लाहौर पहुँच गए[३]। बैराम ख़ां की पराजय तथा उसे बन्दी बनाने के समय उसने संदेशवाहक के रूप में प्रशंसनीय सेवायें सम्पन्न कीं[४]। अकबर के जौनपुर के अभियान तथा मुनइम ख़ां की इस प्रदेश में नियुक्ति के कारण, बायज़ीद को उत्तर प्रदेश के पूर्व के बहुत से स्थानों पर जाने का अवसर मिला और उसने जौनपुर, बनारस, ग़ाज़ीपुर तथा अवध से सम्बन्धित अनेक रोचक घटनाओं का उल्लेख किया है। थोड़े थोड़े समय के लिए उसे बनारस, जौनपुर एवं चुनार का शासन-प्रबन्ध सिपुर्द होता रहा[५]। ९८४ हि० (१५७६ ई०) में उसे फ़तहपुर बुलवा लिया गया[६]। इन्हीं दिनों में जब अकबर उज्जैन के अधीनस्थ दीवालपुर परगने में पहुँचा तो उसने वह सरकार बायज़ीद को प्रदान कर दी। जब उस सरकार की जरीब, जमा-बन्दी[७] इत्यादि का प्रबन्ध भी पूरा हो गया तो बायज़ीद ने अकबर से दरबार में उपस्थित होने की प्रार्थना की किन्तु इसी बीच में उसे एक फ़रमान प्राप्त हुआ कि नव्वाब शिहाबुद्दीन अहमद ख़ां को सरकार सारंगपुर से अहमदाबाद भेज दिया गया है अतः बायज़ीद सारंगपुर की सरकार का प्रबन्ध करे। बायज़ीद १५ रमज़ान ९८४ हि० (६ दिसम्बर १५७६ ई०) को उज्जैन सरकार से सारंगपुर नामक सरकार में पहुँचा और वहाँ का प्रबन्ध करता रहा। कुछ समय उपरान्त उसने दरबार में प्रार्थना-पत्र भेजा कि वह सरकार ख़ालसे के योग्य नहीं। उसे शुजाअत ख़ां को जागीर में प्रदान कर दिया गया। बायज़ीद सारंगपुर से दरबार में पहुँचा। उस समय अकबर भीरा से वापस आ रहा था। बायज़ीद ने चनाब नदी पर अकबर से भेंट की और फ़तहपुर तक वह उसके साथ आया। मुहर्रम ९८५ हि० (मार्च १५७७ ई०) में वह ख़ज़ाने का दारोग़ा नियुक्त कर दिया गया किन्तु मुहर्रम ९८६ हि० (मार्च-अप्रैल १५७८ ई०) में उसे मक्का जाने की अनुमति प्राप्त हो गई[८]। दो वर्ष तक उसे अकबर के आदेशानुसार सूरत ही में ठहरना पड़ा। स्वार्थियों ने अकबर से यह शिकायत कर दी कि वह अत्यधिक सोना एवं जवाहरात अपने साथ ले जा रहा है, अतः नव्वाब क़ुलीज ख़ां तथा उसके भाइयों को आदेश दिया गया कि वे बायज़ीद के असबाब के विषय में पता लगायें। उसके पास एक लाख का माल असबाब एवं नक़द धन निकला। वह लिखता है कि, "अकबर ने कहा कि, 'लगभग वह २ क़रन[९] से इस वंश की सेवा कर रहा

१ बायज़ीद, पृ० १८८, प्रस्तुत ग्रन्थ पृ० ८५१।
२ बायज़ीद, पृ० २२४।
३ बायज़ीद, पृ० २२५।
४ बायज़ीद, पृ० २३२, २३३, २३८।
५ बायज़ीद, पृ० ३१०-३१४, ३५२।
६ बायज़ीद, पृ० ३५२।
७ भूमि की नाप एवं बन्दोबस्त।
८ बायज़ीद, पृ० ३५३।
९ १०, २० अथवा ३० वर्ष की कोई अवधि।

है। इस समय जब वह मक्के-मदीने जा रहा है तो एक लाख का क्या मूल्य है जो लोग यह कह रहे हैं कि उसके पास अत्यधिक सोना एवं जवाहरात हैं? लोगों का यह उद्देश्य था कि मैं उसे पवित्र यात्रा से वंचित कर दूँ[1]।" किन्तु अकबर एक वर्ष तक फिर भी उपेक्षा करता रहा और उसने आदेश दिया कि यदि वह उस समय दरबार में नहीं आना चाहता तो गुजरात में जहाँ उसकी इच्छा हो उसे तथा उसके पुत्रों को जागीर दे दी जाय किन्तु जब अकबर ने उसे इस यात्रा हेतु दृढ़ पाया तो उसे हज के लिए जाने की अनुमति दे दी और वह २४ मुहर्रम ९८८ हि० (११ मार्च १५८० ई०) को कश्तिये मुहम्मदी नामक जहाज़ पर, जिसे नव्वाब क़ुतुबुद्दीन खां एवं नव्वाब क़ुलीज खां ने मिलकर बनवाया था, बैठकर सपरिवार अदन की ओर चल दिया[2]। पुर्तगालियों का समुद्रीय यात्रा पर पूर्ण अधिकार होने के कारण वह बड़ी कठिनाई से मक्के पहुँच सका और तीन वर्ष तक वहाँ रहा[3]। वह अपने साथ एक लाख की जो धन सम्पत्ति लेकर आया था, उसे उसने दान-पुण्य में व्यय कर दिया। मक्के तथा मदीने के मध्य में अरवान चाह नामक स्थान पर उसके पुत्र की तथा २१ रबी-उल-अव्वल ९८९ हि० (२५ अप्रैल १५८१ ई०) को उसकी पत्नी की भी मृत्यु हो गई। उसी वर्ष उसने अपने पुत्रों को अकबर के दरबार में भेज दिया और स्वयं आजीवन मक्का-मदीना में निवास करने का संकल्प कर लिया[4]। ९९० हि० (१५८२ ई०) में उसे पता चला कि उसके पुत्र फ़िरंगियों द्वारा बन्दी बना लिए गए अतः वह भी उसी वर्ष हिन्दुस्तान की ओर वापस हो गया। मार्ग में उसे मुज़फ़्फ़र गुजराती के समाचार प्राप्त हुए जिसका उल्लेख उसने अपनी रचना में किया है[5]। लौटते समय भी उसे बड़ी कठिनाइयों का सामना करना पड़ा और वह गोआ तथा सूरत होता हुआ ९९२ हि० (१५८४ ई०) के अन्त में अकबर की सेवा में फ़तहपुर में उपस्थित हुआ। अकबर ने उसे अत्यधिक सम्मानित किया और सुनाम नामक परगना उसे तथा उसके पुत्रों को प्रदान कर दिया[6]। ९९३ हि० (१५८५ ई०) में उसे दारोग़गीये कानाते ममालिके महरूसा[7] एवं फ़तहपुर में दारोग़गीये दारुज्ज़र्ब[8] का पद प्राप्त हुआ। इसी वर्ष के अन्त में वह दारोग़गीये दफ़्तर ख़ानये आली[9] के पद पर आरूढ़ हुआ और ५ वर्ष तक उस पद पर आरूढ़ रहा। उसने लिखा है कि इस बीच में एक दाम का भी अपहरण न हुआ। ९९४ हि० (१५८६ ई०) में उसे दोसदी का मंसब भी प्रदान कर दिया गया। ९९५ हि० (१५८७ ई०) में उसे बकावल बेगी एवं दरबारे हरम की ईशक आग़ाई का पद भी प्राप्त हो गया। इसी वर्ष लक़वे के कारण उसका बायाँ हाथ बेकार हो गया[10]। ९९९ हि०

१ बायज़ीद, पृ० ३५४।
२ बायज़ीद, पृ० ३५५।
३ बायज़ीद, पृ० ३५६।
४ बायज़ीद, पृ० ३५७।
५ बायज़ीद, पृ० ३५८।
६ बायज़ीद, पृ० ३६३, ३७२।
७ अधीनस्थ राज्यों की खानों के अध्यक्ष का पद।
८ टकसाल का अध्यक्ष।
९ शाही कार्यालय का दारोगा।
१० बायज़ीद, पृ० ३७३।

(१५९०–९१ ई०) में उसे लाहौर में शाही खज़ाने की अमीनी एवं दारोग़गी प्रदान हुई। वहाँ उसने कुछ भवनों तथा पुल का निर्माण कराया। पुल के समीप एक मस्जिद में कुछ परिवर्तन कराये तथा लाहौर के क़िले के द्वार में, जो देहली द्वार के समीप स्थित है, एक मस्जिद तथा सक़्क़ा ख़ाने का निर्माण कराया[1]।

इन्हीं दिनों में अकबर ने अपने अन्य प्रतिष्ठित अमीरों को बताया कि बायज़ीद उसके पिता तथा उसकी लगभग २ क़रन से सेवा कर रहा है। वह लिखता है, "बन्देगान हज़रत (अकबर) ने दरबार के उपस्थितगणों से, जिनमें नक़ीब खां क़ज़वीनी, नव्वाब हकीम गीलानी, क़ाज़ी हसन, क़ासिम बेग तबरेज़ी, जो कुछ समय तक मीर अद्ल के पद पर आरूढ़ रहा, एवं ख़्वाजा निज़ामुद्दीन अहमद गुजरात सरकार के बख़्शी थे, कहा कि, 'लगभग दो क़रन से बायज़ीद हज़रत जन्नत आशियानी एवं हमारी सेवा कर रहा है।' दरबार के समस्त उपस्थित-गणों ने कहा कि, बायज़ीद बड़ा ही निष्ठावान् है। उस तारीख़ से लोगों को ज्ञात हो गया कि बायज़ीद उस दरबार का बड़ा प्राचीन सेवक है। वह आज तक उस सेवा पर, जिसका ऊपर उल्लेख हुआ, आरूढ़ है। आशा है कि उसे जीवन पर्यन्त इसी प्रकार इस दरबार के चेलों में सम्मिलित रहने का सौभाग्य प्राप्त रहे[2]।"

बायज़ीद ने अपनी रचना को चार अध्यायों में विभाजित किया है :

(१) ९४९ हि० (१५४२ ई०) से ९५३ हि० (१५४६ ई०) तक का इतिहास।
(२) ९५३ हि० (१५४६ ई०) से ९५९ हि० (१५५१ ई०) तक का इतिहास।
(३) ९५९ हि० (१५५१ ई०) से ९६१ हि० (१५५३ ई०) तक का इतिहास।
(४) ९६१ हि० (१५५३ ई०) से ९९९ हि० (१५९० ई०) तक का इतिहास।

इस प्रकार बायज़ीद ने अपनी रचना में हुमायूँ का पूरा इतिहास नहीं दिया है और उन घटनाओं का, जो हुमायूँ के क़न्धार से एराक़ की ओर प्रस्थान के पूर्व घटीं, कोई उल्लेख नहीं किया। हुमायूँ के क़न्धार से एराक़ की ओर प्रस्थान के समय उसके साथ जितने लोग थे उनकी उसने प्रारम्भ में सूची दी है। शाह तहमास्प का पत्र, जिसमें उसने अपने अधिकारियों को हुमायूँ के आतिथ्य के विषय में सविस्तार निर्देश दिए थे, बायज़ीद ने पूर्ण रूप से उद्धृत किया है। यह पत्र उसे १००० हि० (१५९१-९२ ई०) में अकबर के कार्यालय के दारोग़ा मुराद जुवैनी द्वारा प्राप्त हुआ अतः इस पत्र को उसने पुस्तक की रचना के समाप्त हो जाने के उपरान्त अपने इतिहास में सम्मिलित किया। उसे मुल्ला अब्दुस्समद शीरीं क़लम द्वारा लाहौर में ९९९ हि० (१५९०-९१ ई०) में वह पत्र भी प्राप्त हुआ जो हुमायूँ ने काशग़र के बादशाह नव्वाब रशीद खां को लिखा था। इस पत्र को भी उसने अपनी रचना में उद्धृत कर दिया है।

जिस समय उसकी भेंट हुमायूँ से हुई उस समय से लेकर हुमायूँ के काबुल विजय हेतु हिन्दुस्तान की ओर प्रस्थान के समय तक वह प्रायः हुमायूँ के साथ रहा अतः उसने जितनी घटनाओं का उल्लेख किया है वे सब की सब उसकी व्यक्तिगत जानकारी पर आधारित हैं। इन घटनाओं की चर्चा करते समय उसने इनमें स्वयं जो भाग लिया उसका प्रत्येक स्थान पर बड़े

१ बायज़ीद, पृ० ३७४।
२ बायज़ीद, पृ० ३७६।

विस्तार से विवरण दिया है। उसने जिन घटनाओं का उल्लेख किया है उनसे तत्कालीन सामाजिक एवं साँस्कृतिक दशा का बड़ा ही उत्तम ज्ञान प्राप्त हो जाता है।

जिस समय उसने अपने संस्मरण लिखाना प्रारम्भ किए, वह वृद्धावस्था को प्राप्त हो चुका था। उसके शरीर के बायें भाग पर लक़वे का भी कुप्रभाव हो गया था। रुग्णावस्था तथा वृद्धावस्था ही के कारण सम्भवतः वह स्वयं कुछ न लिख सका अपितु उसे जो कुछ स्मरण था उसे उसने अबुलफ़ज़ल के मुंशी को लिखवा दिया। इससे यह निष्कर्ष नहीं निकाला जा सकता कि वह पढ़ा लिखा न था क्योंकि जिन पदों पर वह आरूढ़ रहा उनका कार्य, विशेष रूप से शाही कार्यालय की अध्यक्षता का कार्य, शिक्षित हुए बिना चलाना सम्भव न था। उसने लिखा है कि, "उसने ९४९ हि० (१५४२–४३ ई०) की घटनाएँ जो ज़ंकान में हुमायूँ पादशाह के शिविर में घटीं ९९९ हि० (१५९०–९१ ई०) में लाहौर के क़स्बे में लिखी हैं। उसकी युवावस्था समाप्त हो चुकी है तथा वृद्धावस्था आ चुकी है। उसकी स्मरण शक्ति भी अच्छी नहीं रही अतः यदि कोई भूल हो जाय तो पाठकगण उसके अपराध को क्षमा कर दें[१]।" उसके पास कोई मसवेदा अथवा डायरी न थी किन्तु अपनी जानकारी तथा शाही कार्यालय के अध्यक्ष होने के कारण उसने जो कुछ लिखा वह बड़ा ही महत्वपूर्ण है। क्योंकि उसने स्वयं पांडुलिपि नहीं तैयार की और उसे जो कुछ ज्ञात था उसे बोल दिया था अतः उसके वाक्य कहीं कहीं बड़े अस्पष्ट तथा भाषा के सौन्दर्य से शून्य हो गये हैं। इसके अतिरिक्त हुमायूँ के इतिहास के प्रसंग में उसने जितनी तिथियाँ लिखी हैं, उनमें से अधिकांश अशुद्ध हैं। सम्भवतः वृद्धावस्था के कारण उसे तारीखें ठीक से याद न रही हों किन्तु यह पांडुलिपि तैयार करने वालों तथा अन्य लोगों की भी भूल हो सकती है जिन्होंने इसकी प्रतियाँ तैयार कीं।

बायज़ीद ने अपनी रचना का किसी स्थान पर नाम नहीं लिखा है। इसका परिचय देते हुए उसने "मुख्तसर[२]" शब्द का अधिक प्रयोग किया है। "मुख्तसर" का अर्थ 'संक्षिप्त, सार रूप, खुलासा, न्यून अथवा थोड़ा' होता है अतः यह कहना कठिन है कि उसने इस रचना का नाम "मुख्तसर" रक्खा था। उसका तात्पर्य केवल उस संक्षिप्त विवरण से है जो इस रचना में प्राप्य है। इसी प्रकार उसने इस रचना का परिचय देते हुए "तज़किरा[३]" शब्द का भी कई स्थानों पर प्रयोग किया है। "तज़किरा" का अर्थ 'चर्चा, ज़िक्र, विवरण' होता है। इस प्रकार यह कहना भी सम्भव नहीं कि बायज़ीद ने इसका नाम "तज़किरा" रक्खा होगा। इंडिया आफ़िस की फ़ारसी हस्तलिपियों की सूची में इसका नाम "तारीखे हुमायूँ" लिखा गया है किन्तु कलकत्ते से प्रकाशित संस्करण में इसका शीर्षक "तज़किरये हुमायूँ व अकबर" रक्खा गया है, अतः प्रस्तुत अनुवाद में भी इसी नाम का प्रयोग किया गया है।

बायज़ीद ने अपनी रचना की प्रतियों के सम्बन्ध में लिखा है कि, "इसकी ९ प्रतियाँ तैयार की गईं। दो प्रतियाँ शाही किताबखाने में हैं और तीन प्रतियाँ तीन शाहज़ादों तथा एक प्रति गुलबदन बेगम के पुस्तकालय और दो प्रतियाँ शेख अबुलफ़ज़ल के पुस्तकालय में भेजी गईं किन्तु एक प्रति के विषय में, जो शाही किताबखाने में थी, बायज़ीद को पता न चल सका कि वह किस

१ बायज़ीद, पृ० २, प्रस्तुत ग्रन्थ पृ० ७३५-३६।

२ बायज़ीद, पृ० ११, ३३, ५७, ६८, १४८, २३५, २३७, ३१०, ३१२, ३३३, ३६६, ३७१, ३७३, ३७४, ३७७।

३ बायज़ीद, पृ० ४०, १००, १३६, २६१।

तहवीलदार[१] के सिपुर्द कर दी गई।" उसके अतिरिक्त अन्य बहुत से लोगों ने उसकी प्रतियाँ तैयार कराईं। बायज़ीद ने आशा व्यक्त की है कि, "बाद में भी लोग इसकी प्रतियाँ तैयार कराते रहेंगे।" खेद है कि बायज़ीद के समय में जो प्रतियां तैयार कराई गईं उनमें से अब कोई प्राप्य नहीं। केवल एक ही प्रति इंडिया आफ़िस में उपलब्ध है जो रमज़ान १०२५ हि० (सितम्बर-अक्तूबर १६१६ ई०) में नक़ल हुई थी और उसी के आधार पर कलकत्ते से इसे प्रकाशित कर दिया गया है। हुमायूँ के इतिहास से सम्बन्धित भाग का अंग्रेज़ी में संक्षिप्त अनुवाद डा० बनारसी प्रसाद सक्सेना ने इलाहाबाद यूनिवर्सिटी स्टडीज़ में १९३० ई० में प्रकाशित किया था[२]। डा० साहब ने अपना अनुवाद फ़ोटो स्टैट के आधार पर तैयार किया था, किन्तु फिर भी वह बड़ा ही शुद्ध है। प्रस्तुत अनुवाद में उससे बड़ा लाभ उठाया गया है।

अबुलफ़ज़्ल

अकबर नामा

शेख़ अबुलफ़ज़्ल अल्लामी, शेख़ मुबारक नागौरी का पुत्र तथा शेख़ अबुल फ़ैज़ फ़ैज़ी[३] का छोटा भाई था। उसका जन्म ६ मुहर्रम ९५८ हि० (१४ जनवरी १५५१ ई०) को आगरा में हुआ। अकबर के शासन काल के १९वें वर्ष (१५७३–७४ ई०) में वह अकबर के दरबार में प्रस्तुत किया गया और शीघ्र ही अकबर का बहुत बड़ा विश्वासपात्र एवं मित्र बन गया। अकबर के समय के कट्टर आलिमों के ज़ोर को तोड़ने में उसने अकबर की बड़ी सहायता की और अकबर के "सुलह कुल[४]" के सिद्धान्तों के निरूपण एवं प्रचार में उसका बहुत बड़ा हाथ था। उस समय के समस्त विद्वान् एवं लेखक उसकी योग्यता से प्रभावित थे। उसने दक्षिण में सराहनीय सैनिक सेवाएँ भी सम्पन्न कीं और वहीं से लौटते समय शाहज़ादा सलीम ने, जिसने बादशाह होकर जहाँगीर की उपाधि धारण की, ४ रबी-उल-अव्वल १०११ हि० (२२ अगस्त १६०२ ई०) को वीर सिंह देव नामक बुन्देला सरदार द्वारा उसकी हत्या करा दी। वीर सिंह देव ने शेख़ अबुलफ़ज़्ल का सिर सलीम के पास इलाहाबाद भेज दिया। ग्वालियर के समीप अन्तरी में उसकी लाश दफ़न कर दी गई।

१ बायज़ीद, पृ० ३७७। किसी वस्तु की देख रेख करने वाला; यहाँ पुस्तकों की देख रेख करने वाले से तात्पर्य है।

२ B. P. Saksena : *Memoirs of Baizid*, Allahabad University Studies, Vol. VI, Part I, 1930 (pp. 71-148)। इसके अतिरिक्त देखिये H. Beveridge : *The Memoirs of Bayazid Biyat* [Journal Asiatic Society Bengal (XVII), No. I (1890) pp. 296-316].

३ शेख़ अबुल फ़ैज़ "फ़ैज़ी" का जन्म आगरा में ९५४ हि० (१५४७ ई०) में हुआ। अकबर ने उसे मलेकुश् शुअरा (कवियों के सम्राट्) की उपाधि प्रदान कर दी थी। कविताओं के अतिरिक्त उस समय संस्कृत ग्रन्थों के फ़ारसी अनुवाद की योजना में भी उसका बहुत बड़ा हाथ था। उसने निज़ामी के **सिकन्दर-नामे** के समान **अकबर नामा** नामक काव्य की रचना प्रारम्भ की जो उसके ख़मसे (५ मसनवियों के संग्रह) की पांचवी मसनवी थी किन्तु केवल उसका एक संक्षिप्त सा भाग ही लिखा जा सका और १० सफ़र १००४ हि० (१५ अक्तूबर १५९५ ई०) को आगरा में ही उसकी मृत्यु हो गई।

४ सभी से मेल।

"अकबर नामा" के अतिरिक्त उसने "अयारे दानिश" की रचना की जो कि "अनवारे सुहैली[१]" का ही सरल एवं सुबोध रूप है। महाभारत के अनुवाद तथा "तारीखे अलफ़ी" के प्राक्कथन की भी उसी ने रचना की। उसकी रचनाओं में उसके पत्रों का संग्रह, जिसे उसकी बहिन के पुत्र अब्दुस्समद बिन अफ़ज़ल मुहम्मद ने १०१५ हि० (१६०६–७ ई०) में संकलित किया, बड़ा प्रसिद्ध है[२]। यह संकलन "मुकातेबाते अल्लामी", "इन्शाए अबुलफ़ज़ल" अथवा "मुकातेबाते अबुलफ़ज़ल" के नाम से प्रसिद्ध है। यह तीन भागों में विभाजित है—

१—अकबर की ओर से बादशाहों तथा अमीरों के नाम पत्र।

२—बादशाहों तथा अमीरों के नाम अबुलफ़ज़ल के अपने पत्र।

३—विभिन्न ग्रंथों के सम्बन्ध में टिप्पणियाँ तथा गद्य के अन्य नमूने।

उसकी एक अन्य रचना "रुक्क़ाते अबुलफ़ज़ल[३]" अथवा "अबुलफ़ज़ल के पत्रों का संकलन" के नाम से प्रसिद्ध है किन्तु इसमें सभी पत्र जाली हैं और किसी ने अबुलफ़ज़ल की प्रसिद्धि से लाभ उठाकर उसके नाम से यह रचना तैयार कर दी है। फ़ैज़ी के पत्रों के संग्रह "लताएफ़े फ़ैज़ी[४]" नामक ग्रंथ में अबुलफ़ज़ल की एक अन्य रचना "मुनाजात[५]" भी सम्मिलित है।

उसकी सबसे अधिक प्रसिद्ध रचना "अकबर नामा" तथा "आईने अकबरी" ही हैं। उसने "अकबर नामा" का जिस क्रम से विभाजन किया था उसके अनुसार "आईने अकबरी" "अकबर नामा" का तीसरा भाग है किन्तु यह पृथक् ग्रंथ ही के रूप में अधिक प्रसिद्ध है।

"अकबर नामा" निम्नाँकित भागों में विभाजित है—

१—अकबर के जन्म, उसके पूर्वजों तथा अकबर के शासनकाल के १७वें वर्ष तक का इतिहास जो कि निम्नाँकित २ खंडों में विभाजित है—

(अ) अकबर का जन्म, तीमूरियों की वंशावली, बाबर तथा हुमायूँ के राज्य का सविस्तार हाल।

(ब) अकबर के सिंहासनारोहण से लेकर १७वें वर्ष के मध्य तक का हाल। यह भाग शाबान १००४ हि० (अप्रैल १५९६ ई०) अथवा अकबर के शासनकाल के ४१वें वर्ष में पूरा हुआ।

१ **अनवारे सुहैली**, शेख़ हुसेन वाएज़ काशिफ़ी (मृत्यु १५०५ ई०) की बड़ी प्रसिद्ध रचना है। यह **कलीला व दिमना** नामक प्रसिद्ध ग्रन्थ का अनुवाद है जिसमें बड़ी काव्य-मय भाषा का प्रयोग किया गया है।

२ इसका संकलन १०११ हि० (१६०२ ई०) में प्रारम्भ कर दिया गया था।

३ ख़ुदाबख़्श बांकीपुर के कैटलाग के संकलनकर्त्ता ने इसे बड़ा ही अप्राप्य ग्रन्थ बताया है और इसका नाम 'चौथा दफ़्तर' अथवा अबुलफ़ज़ल के पत्रों का चौथा भाग रक्खा है किन्तु नवल किशोर प्रेस द्वारा प्रकाशित **रुक्क़ाते अबुलफ़ज़ल** तथा चौथा दफ़्तर दोनों एक ही ग्रन्थ हैं।

४ अलीगढ़ विश्वविद्यालय, हस्तलिखित पोथियों का संग्रह।

५ एस० ए० ए० रिज़वी : "**मुनाजाते अबुलफ़ज़ल**", मेडीवल इंडिया क्वार्टरली अलीगढ़ नं० ३ (पृ० १-३७ फ़ारसी, व पृ० ११२-१२३ अंग्रेज़ी)।

२—अकबर के शासनकाल के १७वें वर्ष के मध्य से लेकर ४६वें वर्ष तक का उल्लेख।

प्रथम भाग के अ और ब खंडों को साधारण रूप से अबुलफ़ज़ल के समय के कुछ बाद से ही भाग १ और भाग २ के रूप में अलग अलग नक़ल किया जाने लगा और उसके दूसरे भाग को उपर्युक्त क्रम से तीसरा भाग कहा जाता था।

"अकबर नामा" का तीसरा भाग "आईने अकबरी" है किन्तु अबुलफ़ज़ल ने "अकबर नामा" के साथ साथ इसकी भी रचना प्रारम्भ कर दी थी किन्तु इसने एक पृथक् ग्रंथ का ही रूप धारण कर लिया है। इसमें अकबर के राज्य-काल से सम्बंधित आँकड़ों तथा राज्य व्यवस्था सम्बन्धी अन्य नियमों एवं समस्याओं का सविस्तार उल्लेख किया गया है। अबुलफ़ज़ल की इन रचनाओं के लिए अकबर ने अपने राज्य के बहुत से लोगों को इस बात का आदेश दिया कि उन्हें बाबर तथा हुमायूँ के विषय में जो कुछ भी जानकारी हो उसे लिपिबद्ध करके उसकी सेवा में प्रस्तुत करें। इन्हीं रचनाओं में गुलबदन बेगम का "हुमायूँ नामा", मेहतर जौहर का "तज़किरतुल वाक़ेआत" एवं बायज़ीद का "तज़किरये हुमायूँ व अकबर" अब भी प्राप्य हैं। इस आदेशानुसार कुछ अन्य ग्रंथ भी लिखे गए होंगे जो अब हमें प्राप्य नहीं हैं। इसके अतिरिक्त अकबर के शासनकाल के १९वें वर्ष से वाक़ेआत नवीसी के अधिनियम भी तैयार हो गए थे [१]। उस समय के समस्त अभिलेख एवं अमीरों के नाम पत्र, फ़रमान, शासन-सम्बन्धी अन्य काग़ज़ात अबुलफ़ज़ल को प्राप्त थे अतः उसने अपने इतिहास के संकलन के लिए जिस सामग्री का प्रयोग किया है वह बड़ी ही विस्तृत थी। इसके साथ साथ अबुल फ़ज़ल ने अपनी सामग्री के प्रयोग में जिस परिश्रम एवं जिस वैज्ञानिक नीति से काम लिया है वह बड़ी ही आश्चर्यजनक है। जहाँ तक अकबर की राजनीति एवं उसके व्यक्तिगत जीवन की कुछ विशेष बातों का सम्बन्ध है वहाँ उसने सत्य को कहीं कहीं भली-भाँति स्पष्ट नहीं किया है किन्तु फिर भी उसके शब्दों के जाल से मूल घटना का पता साधारण परिश्रम से चल जाता है। हुमायूँ के इतिहास के लिए उसने जितनी महत्वपूर्ण सामग्री का प्रयोग किया उसका अनुमान उसकी रचना एवं अन्य प्राप्य ग्रंथों की तुलना करके ही भली भाँति लगाया जा सकता है। बाबर के इतिहास के लिए उसने "तुज़ुके बाबरी", "तारीखे रशीदी", "नफ़ायसुल मआसिर" तथा अन्य ग्रंथों का भली भाँति प्रयोग किया है और समस्त घटनायें संक्षिप्त रूप में बड़े क्रम से लिपिबद्ध की हैं।

इतिहास के साथ साथ "अकबर नामा" से समकालीन राजनीति पर भी प्रकाश पड़ता है। प्रत्येक महत्वपूर्ण घटना के लिखने के पूर्व उसने हर स्थान पर छोटी छोटी प्रस्तावनायें दी हैं। इन प्रस्तावनाओं के विश्लेषण से अबुलफ़ज़ल के राजनीतिक एवं धार्मिक विचारों तथा समकालीन विचारधाराओं का भी पता चल जाता है और उस दृष्टिकोण का भी ज्ञान प्राप्त हो जाता है जिसके प्रचार का शासन की ओर से प्रयत्न किया गया। उसने लिखा है, "बुद्धि के अनेक रहस्य एवं गूढ़ बातें विषयानुसार विभिन्न स्थानों पर लिख दी गई। यदि उन गूढ़ बातों तथा रहस्यों को मूल इतिहास से पृथक् कर दिया जाय तो बुद्धिमत्ता सम्बन्धी चुनी हुई बातों से परिपूर्ण एक चुना हुआ ग्रंथ तैयार हो जायगा [२]।"

१ **अकबर नामा** भाग १, पृ० १०।
२ **अकबर नामा** भाग १ पृ० ३६९, प्रस्तुत ग्रन्थ पृ० ३६५।

अबुलफ़ज़ल स्वयं समझता था कि उसकी व्याख्याओं को पढ़ कर लोग उसे चापलूस-ही समझेंगे और इस बात के खंडन का भी उसने प्रयत्न किया है किन्तु उसकी रचना को पढ़ने के पूर्व यह समझ लेना परमावश्यक है कि वह अकबर को "इंसाने कामिल" और दैवी प्रकाश अथवा "नूर" का एक टुकड़ा समझता था। धर्मान्धता को समाप्त करके हिन्दुस्तान के समस्त निवासियों के लिये अकबर ने इस देश को जिस प्रकार स्वर्ग बनाने का प्रयत्न किया उससे अबुलफ़ज़ल बड़ा प्रभावित था। हुमायूँ की असफलताओं को उसने यह कहकर टाल दिया है कि ऐसे श्रेष्ठ पुरुष के जन्म के पूर्व ऐसी दुर्घटनाओं एवं कठिनाइयों पर कोई आश्चर्य न होना चाहिये कारण कि विधाता इस प्रकार की परीक्षायें लिया ही करता है।

विषय-सूची

भाग अ

भाग ब

भाग स

संकेत-सूची

संकेत	ग्रंथ का नाम
ईथे	Catalogue of the Persian Manuscripts in the Library of India Office.
ख़्वन्द मीर	क़ानूने हुमायूनी
जौहर	तज़किरतुल वाक़ेआत
डा० बनारसी प्रसाद	Memoirs of Baizid, Allahabad University Studies 1930.
फ़िरिश्ता	गुलशने इबराहीमी या तारीखे फ़िरिश्ता
बदायूनी	मुन्तख़बुत्तवारीख़
बाबर नामा	रिज़वी : मुग़ुल कालीन भारत—बाबर
बायज़ीद ब्यात	तज़किरये हुमायूँ व अकबर
बेवरिज	The Akbarnama of Abul Fazal, translated by H. Beveridge Part I.
मिसेज़ बेवरिज	The History of Humayun (*Humayun-Nama*) by Gulbadan Begam, translated and reproduced in Persian from the only known Mss. by A. S. Beveridge
गुलबदन बेगम	उपर्युक्त का फ़ारसी भाग
रियु	Catalogue of the Persian Manuscripts in the British Museum London.
हादी हसन	The Unique Diwan of Humayun Badshah.
होडीवाला	Studies in Indo-Muslim History.

भाग अ

मुख्य इतिहासकार

शेख़ अबुलफ़ज़ल अल्लामी

अकबर नामा भाग १

अकबर नामा भाग १

लेखक—शेख़ अबुलफ़ज़ल अल्लामी

(प्रकाशन—कलकत्ता १८७७ ई०)

हज़रत जहांबानी जन्नत आशियानी[1] नसीरुद्दीन मुहम्मद हुमायूँ पादशाह ग़ाज़ी

(१२०) सुबहानल्लाह[2]! मानो नफ़से क़ुदसी[3] और नूरे क़ुद्दूसी[4] पर मानवता की नक़ाब

---

१ बाबर की उपाधि उसकी मृत्योपरान्त फ़िरदौस मकानी अथवा स्वर्ग में निवास करने वाले और हुमायूँ की उपाधि उसकी मृत्योपरान्त जन्नत आशियानी अथवा जन्नत में घर रखने वाले रखी गई थी। जहाँबानी भी हुमायूँ की उपाधि थी। इसका अर्थ संसार का सुव्यवस्थापक है। आगे के पृष्ठों में हज़रत जहाँबानी जन्नत आशियानी अथवा "हज़रत जहाँबानी" या "हज़रत जन्नत आशियानी" का प्रयोग हुमायूँ के लिये किया गया है। अकबर के लिये हज़रत शाहंशाह तथा अकबर की माता हमीदा बानो बेगम के लिये हज़रत मरियम मकानी लिखा गया है।

२ अल्लाह (ईश्वर) प्रशंसनीय है।

३ पवित्र आत्मा; यहाँ अकबर से तात्पर्य है।

४ पवित्र तेज अथवा प्रकाश। नूर शब्द का अरबी तथा फ़ारसी साहित्य, विशेष रूप से सूफ़ी साहित्य, में बड़ा अधिक प्रयोग हुआ है। प्रायः विद्वानों ने क़ुरान शरीफ़ की निम्नांकित आयत (वाक्य) से निष्कर्ष निकाले हैं और विभिन्न सिद्धान्तों का निरूपण किया है: "अल्लाह सारे आस्मान व ज़मीन का नूर है"। उसके नूर का उदाहरण ऐसा है जैसे कि एक आला है जिसमें एक जलता हुआ दीपक है और दीपक एक शीशे की क़न्दील में हो और क़न्दील (अपनी छटा में) मानो एक जगमगाता हुआ रोशन सितारा। (वह दीपक) जैतून के ऐसे शुभ वृक्ष (के तेल) से उद्भासित किया जाय जो न पूर्व की ओर हो और न पश्चिम की ओर (अपितु बीचों बीच मैदान में)। उसका तेल (ऐसा अच्छा हो कि) यद्यपि अग्नि उसे छुये भी नहीं किन्तु ऐसा ज्ञात हो कि स्वतः रोशन हो जायगा। (संक्षेप में एक नूर नहीं) अपितु नूर की ज्योति नूर पर पड़ रही है। अल्लाह अपने नूर की ओर जिसको चाहता है उसका पथ-प्रदर्शन करता है और अल्लाह लोगों को समझाने के लिये उदाहरण देता है। वह हर बात से भली भाँति अवगत है। ईश्वर के ९९ नामों में से एक नाम नूर भी बताया गया है। मुसलमानों के मतानुसार नूरं मुहम्मदी अथवा हक़ीक़ते मुहम्मदी (हज़रत मुहम्मद का नूर या उनके तथ्य) का सृजन संसार की सभी वस्तुओं के पूर्व हुआ। इमाम क़स्तलानी ने **मुवाहिबे लदुनिया** नामक ग्रन्थ में लिखा है कि जाबिर इब्ने अब्दुल्लाह अनसारी ने बताया कि हज़रत मुहम्मद कहा करते थे कि, "समस्त वस्तुओं से पूर्व तुम्हारे पैग़म्बर के नूर का सृजन हुआ। यह नूर दैवी नूर से उत्पन्न हुआ। मेरा यह नूर ईश्वर की जहाँ-जहाँ इच्छा हुई वहाँ-वहाँ चक्कर लगाता रहा और जब ईश्वर ने संसार के सृजन का निश्चय किया तो ईश्वर ने मुहम्मद के इस नूर को चार भागों में विभाजित

और उन्सुर[१] का आवरण डाल दिया गया हो[२]। इबारत[३] का मैदान उसकी प्रशंसा की दौड़ के लिये सकरा[४] और लेख के (घोड़ों) के धावे उसके मनाक़िब[५] के शहरिस्तान[६] से कोसों[७] दूर रह जाते हैं। ईश्वर को धन्य है कि अब वह समय आ गया जब कि मैं बेइख़्तियार[८] इस सम्मानित वंश के पूर्वजों का उल्लेख छोड़कर अपने वास्तविक उद्देश्य[९] की ओर अग्रसर हूँ।

क्रिया : प्रथम से ईश्वर ने क़लम, दूसरे से लौह (वह तख़्ती जिस पर भविष्य में होने वाली सारी घटनायें ईश्वर की आज्ञा से लिख दी गई हैं जिन्हें कोई पढ़ नहीं सकता), तीसरे से अर्श (सब आसमानों से ऊपर का स्थान) का सृजन किया। चौथे भाग को चार खंडों में विभाजित किया गया : (१) हमलतुल अर्श अथवा ८ फ़िरिश्ते जो ईश्वर के सिंहासन को संभाले हैं —(२) कुर्सी अर्थात् ईश्वर के सिंहासन के नीचे का भाग, (३) फ़िरिश्ते, (४) इसे भी चार भागों में विभाजित किया गया—(१) सातों आकाश (२) धरती (३) सातों स्वर्ग तथा नर्क (४) चौथे भाग को भी चार भागों में विभाजित किया गया—(१) नेत्रों का प्रकाश, (२) मस्तिष्क का प्रकाश, (३) ईश्वर के ऐक्य से प्रेम, (४) सृजन का शेष भाग। (**मुवाहिबे लदुनिया** भाग १, पृ० १२)। वहाबी मुसलमान हज़रत मुहम्मद के इस प्रकार के सृजन को नहीं मानते।

प्रसिद्ध सूफ़ियों में से ग़ज़ाली (जन्म १०५८ ई०, मृत्यु ११११ ई०) ने **मिश्कातुल अनवार** (क़ाहिरा १३४३ हि०/ १९२६ ई०) नामक ग्रन्थ में इस आयत पर सविस्तार टीका की है और यह सिद्ध किया है कि नूर (प्रकाश) शब्द का प्रयोग केवल उस अन्तिम प्रकाश के लिये किया जा सकता है जिसके ऊपर कोई अन्य प्रकाश नहीं और जिससे सभी प्रकाश प्राप्त करते हैं। ईश्वर ही वास्तविक प्रकाश है और उसके अतिरिक्त कोई अन्य प्रकाश नहीं।

अबुलफ़ज़ल ने अकबर को इन्साने कामिल अथवा पूर्ण इन्सान सिद्ध करने के लिये **नूर** अथवा प्रकाश की रहस्यमय व्याख्याओं से बड़ा लाभ उठाया है। वह केवल **क़ुरान शरीफ़** की आयत अथवा सूफ़ियों की व्याख्या तक सीमित नहीं रहा अपितु मुग़लों की पूर्वज आलंक़ुवा के विषय में प्रसिद्ध इस कहानी से भी लाभ उठाया है कि वह ईश्वर के नूर से गर्भवती हुई और उनके तीन पुत्र हुये :—बूक़ून, यूसुक़ी सालजी तथा बूज़ंजर क़आन। वे नैरून अथवा नूर से उत्पन्न कहलाते थे। चिंगीज़ ख़ां, बूज़ंजर क़आन की पीढ़ी में ९वां था। अबुलफ़ज़ल के अनुसार वह नूर जिससे आलंक़ुवा गर्भवती हुई, अकबर का नूर तथा ईश्वर के नूर का एक भाग था। (**अकबर नामा** भाग १, पृ० ६४-६७)।

१ अग्नि, जल, वायु एवं मिट्टी जिनसे मनुष्य का शरीर बना है; तत्व।

२ अकबर को एक पवित्र नूर तथा आत्मा मानते हुए यह बताया गया है कि उस नूर ने मनुष्य का चोला धारण कर लिया।

३ लेख, तहरीर।

४ लेख द्वारा उसकी प्रशंसा सम्भव नहीं।

५ गुण-गान, विशेष रूप से बड़े-बड़े धार्मिक लोगों, इमामों इत्यादि की प्रशंसा।

६ बड़ा नगर जिसके चारों ओर चहार-दीवारी हो।

७ मूल में "फ़रसंग दर फ़रसंग"; फ़रसंग लगभग १२,००० हाथ का होता था।

८ बेइख़्तियार शब्द का प्रयोग अबुलफ़ज़ल ने "जब्र" के सिद्धान्त को दृष्टि में रखकर किया है। इस सिद्धान्त का तात्पर्य यह है कि मनुष्य नितान्त बेबस है, जो कुछ करता है, ईश्वर करता है। इस रचना को भी वह अपनी इच्छा का परिणाम नहीं अपितु ईश्वर का वरदान समझता था।

९ अबुलफ़ज़ल का वास्तविक उद्देश्य केवल अकबर के इतिहास की रचना था। अकबर के पूर्वजों के इतिहास की उसने प्रसंगवश रचना की अतः वह अब अपने उद्देश्य के निकटतम होता जाता है।

(१२१) अब मैं हज़रत जहाँबानी जन्नत आशियानी का संक्षिप्त आश्चर्यजनक वृत्तान्त[१] प्रारम्भ करता हूँ कारण कि यह विवरण मेरे दूरदर्शी उद्देश्य की प्रस्तावना के निकटतम भी है और इससे मेरे पीर[२] व पादशाह के अहवाल[३] भी खुल जाते हैं। इस प्रकार मैं इस खदेवे इलाही[४] के खुदाये मजाज़ी[५] के (वृत्तान्त) पर जो परदे पड़े हैं उन्हें खोलकर ज्ञान के प्यासों[६] को मारेफ़त[७] के जल से तृप्त करूँगा और अपने प्यासे हृदय[८] को भी इस कामिलुज़्ज़ात[९] के पवित्र गुणों की प्रशंसा के समुद्र के निकट पहुँचा सकूंगा। इस जौहरे फ़र्द[१०] के कमालों की तारीफ़ मुझ जैसे के बस में कहाँ? उसके गुणों की प्रशंसा करने वाला उसी के समान होना चाहिये। हाय! हाय! मारेफ़त के समुद्र का ऐसा अद्वितीय मोती कहाँ? मैं अपने लेख को स्वयं चमक-दमक प्रदान कर रहा हूँ और अपने लिए एक महान् कार्य कर रहा हूँ। अपने हृदय को मारेफ़त से परिचित कर रहा हूँ और ज़बान पर मआनी[११] की पालिश चढ़ा रहा हूँ।

हुमायूं का जन्म

हे घटनाओं की खोज करने वालो[१२]! सावधान हो जाओ और इस बात को जान लो कि हज़रत जहाँबानी जन्नत आशियानी का पवित्र जन्म मंगलवार की रात्रि ४ ज़ीक़ाद ९१३ हि० (६ मार्च १५०८ ई०) को काबुल के क़िले में माहम बेगम[१३] के पुनीत गर्भ से हुआ।

वे खुरासान के प्रतिष्ठित एवं सम्मानित वंश से थीं और उनकी रिश्तेदारी सुल्तान हुसेन मीर्ज़ा[१४] से थी। कुछ विश्वस्त सूत्रों से ज्ञात हुआ है कि जिस प्रकार हज़रत शाहंशाह की सम्मानित

१ 'वक़ाये वदाये'।
२ धर्मगुरू, मुर्शिद अर्थात् अकबर।
३ अकबर को पीर मानकर अहवाल शब्द का प्रयोग किया गया है अतः इस शब्द का अर्थ धार्मिक गुरूओं का वृतांत तथा उनसे सम्बन्धित घटनायें हैं।
४ दैवी पादशाह अर्थात् अकबर।
५ माना हुआ ईश्वर, पिता; अरबी तथा फ़ारसी साहित्य में पिता को खुदाये मजाज़ी लिखते हैं।
६ ज्ञान की खोज करने वालों।
७ दैवी ज्ञान।
८ प्रकाशित पोथी में "तिश्ना लब" है किन्तु बहुत-सी हस्तलिपियों में "तिश्ना दिल" है। यही ठीक है।
९ वह व्यक्ति जो हर प्रकार से पूर्ण हो; अकबर से तात्पर्य है।
१० ऐसा सार अथवा सत जो अद्वितीय हो, अर्थात् अकबर।
११ गूढ़ रहस्य से तात्पर्य है।
१२ पाठकगण।
१३ मूल में "हज़रत क़ुदसी क़िबाब, परदा नशीने सरादेक़ते अफ़ाफ़ माहम बेगम" अर्थात् पवित्रता का क़ुब्बा एवं सतीत्व के परदे में बैठने वाली; ये केवल सम्मान सूचक शब्द हैं।
१४ सुल्तान हुसेन मीर्ज़ा के विषय में देखिये **बाबर नामा,** रिज़वी : **मुग़ुल कालीन भारत—बाबर** (अलीगढ़ १९६० ई०) पृ० ५७२-५९६। आगे के पृष्ठों में **बाबर नामा** से तात्पर्य यही अनुवाद होगा।

माता का सम्बन्ध हज़रत शेख़ जाम[१] के वंश से था उसी प्रकार उस पुनीत आत्मा का भी सम्बन्ध उसी पवित्र वंश से था। हज़रत गेती सितानी फ़िरदौस मकानी[२] जिस समय सुल्तान हुसेन मीर्ज़ा के पुत्रों से संवेदना प्रकट करने के लिए हिरात पधारे तो उस समय उन्होंने उनसे विवाह किया।[३]

हज़रत (जहाँबानी) के जन्म की तारीख़[४] मौलाना मसनंदी ने "सुल्तान हुमायूं खां" के अक्षरों से निकाली। "शाहे फ़ीरोज़ क़दर[५]", "पादशाहे सफ़ शिकन[६]" तथा "ख़ुश बाद[७]" भी उनके जन्म की पवित्र तारीख़ें हैं, जिनकी रचना उस युग के विद्वानों ने की है। ख्वाजा कलाँ सामानी ने कहा है:

शेर

'यह उनके भाग्यशाली जन्म का वर्ष है,
हे ईश्वर! उनके ऐश्वर्य में वृद्धि कर।
मैंने उनकी तारीख़ से एक अलिफ़ निकाल लिया है,
ताकि मैं बुरा चाहने वाली दोनों आँखों में सलाई[८] फेर दूं।'

१ अबू नस्र अहमद जाम ज़िन्दा पील नीशापुर (ईरान) के बड़े प्रसिद्ध सूफ़ी थे। उनका जन्म ४४१ हि० (१०४९ ई०) में हुआ। वे १८ वर्ष तक जंगलों एवं पर्वतों में घोर तपस्या करते रहे। तदुपरान्त उन्होंने विवाह किया और कहा जाता है कि उनके ३९ पुत्र एवं ३ पुत्रियाँ हुईं। शेख़ अहमद जाम ने कई ग्रन्थों की रचना भी की। रजब ५२६ हि० (फ़रवरी १४४२ ई०) में उनकी मृत्यु हो गई। उनकी मृत्यु के समय उनके पुत्रों में १४ पुत्र जीवित थे। वे सब भी अपने समय के बड़े भारी विद्वान् एवं सन्त समझे जाते थे।

२ मरने के बाद बाबर की उपाधि; आगे के पृष्ठों में बाबर के लिये इन्हीं शब्दों का प्रयोग हुआ है।

३ बाबर की ८ जमादि-उस्सानी ९१२ हि० (२६ अक्तूबर १५०६ ई०) को सुल्तान हुसेन मीर्ज़ा के पुत्रों से भेंट हुई। ७ शाबान (२४ दिसम्बर १५०६ ई०) को वह अपने साथियों को लेकर पर्वत की कठिन यात्रा करता हुआ हिरात से चल दिया। बाबर ने अपनी इस यात्रा का **बाबर नामा** में बड़ा विशद् विवरण दिया और मासूमा सुल्तान से अपनी मँगनी का उल्लेख किया है किन्तु माहम अथवा माहीम बेगम से अपने विवाह का उल्लेख नहीं किया। (**बाबर नामा**, पृ० ५८-६७)। माहम से बाबर के पुत्रों एवं पुत्रियों के लिये देखिये, गुलबदन बेगम: **हुमायूं नामा (मुग़ुल कालीन भारत—बाबर**, पृ० ३५९)।

४ अरबी वर्णमाला में प्रत्येक अक्षर की संख्या निर्धारित है। प्रत्येक शब्द के अक्षरों के योग से तारीख़ अथवा तिथि निकाली जाती है। जब कभी किसी शब्द अथवा शब्द समूह के अक्षरों का योग निर्धारित तिथि के अनुसार ठीक नहीं बैठता तो उसमें से कुछ संख्यायें निकालनी या बढ़ानी पड़ती हैं। अक्षरों की संख्या इस प्रकार है:—
अलिफ़ (ا) = १, बे (ب) = २, जीम (ج) = ३, दाल (د) = ४, हे (ه) = ५, वाव (و) = ६, ज़े (ز) = ७, हे (ح) = ८, तो (ط) = ९, ये (ی) = १०, काफ़ (ک) = २०, लाम (ل) = ३०, मीम (م) = ४०, नून (ن) = ५०, सीन (س) = ६०, ऐन (ع) = ७०, फ़े (ف) = ८०, साद (ص) ९०, क़ाफ़ (ق) = १००, रे (ر) = २००, शीन (ش) = ३००, ते (ت) = ४००, से (ث) = ५००, ख़े (خ) = ६००, ज़ाल (ذ) = ७००, ज़ाद (ض) = ८००, ज़ो (ظ) = ९००, ग़ैन (غ) = १०००।

५ विजयी शाहज़ादा (شاه فیروز قدر)।

६ पंक्तियों को तोड़ने वाला पादशाह (پادشاه صف شکن)।

७ वह प्रसन्न रहे (خوش باد)।

८ अलिफ़ अक्षर सलाई के समान सीधा लिखा जाता है।

मायूं का सिंहासनारोहण

हज़रत (जहाँबानी) ९ जमादि-उल-अव्वल ९३७ हि० (२९ दिसम्बर १५३० ई०) को आगरा में सिंहासनारूढ़ हुए।[१] सम्मानित सिंहासनारोहण की तारीख "खैरुल मुलूक"[२] के अक्षरों से निकलती है। कुछ दिन उपरान्त वे नदी की सैर को निकले। हर्ष व उल्लास की नौकायें प्रसन्नता (१२२) की नदी में चलवाकर सोने से भरी एक कश्ती[३] उसी दिन बाँट दी और इस प्रकार सोना लुटाकर अपने राज्य की नींव सोने पर रक्खी[४]। निःसंदेह जब ईश्वर किसी को संसार का राज्य देता है तो उसे सर्वप्रथम दान-पुण्य की योग्यता प्रदान कर देता है।

शेर

'प्रत्येक मनुष्य सम्मानित नहीं किया जाता,
वह व्यक्ति सरदार बनता है जो लोगों के प्रति उदार हो।
सिंह समस्त पशुओं का इस कारण बादशाह बन गया,
कि वह शिकार के समय मेहमान नवाज़ी[५] करता है।'

एक अन्य विद्वान् ने इस दान-पुण्य की तिथि "कश्तिये ज़र" के अक्षरों से निकाली। प्रारम्भ से सिंहासनारोहण के समय तक, जब कि उनकी सम्मानित अवस्था २४ वर्ष को प्राप्त हुई, उनके ललाट के प्रताप से सौभाग्य एवं सफलता के चिह्न दृष्टिगत होते रहे और ऐश्वर्य एवं राज्य-सत्ता का प्रकाश उनके गौरव एवं उनकी महानता से प्रकट होता रहा। उनके चमकते हुए ललाट से महत्ता एवं उदारता की किरणें क्यों न फूटतीं कारण कि वे शाहंशाह[६] के नूर को अपने व्यक्तित्व में लिये हुए थे और दैवी मारेफ़त के ख़ज़ाने के कोषाध्यक्ष थे। यही वह नूर था जो कि हज़रत गेती सितानी फ़िरदौस मकानी की विजयों में प्रकट था और यही वह नूर था जो हज़रत साहब क़िरान[७] की विश्व-

१ बाबर की मृत्यु एवं हुमायूं के सिंहासनारोहण के विषय में देखिये Hodiwala : *Historical Studies in Mughal Numismatics*, pp. 262-63; गुलबदन बेगम के अनुसार बाबर की मृत्यु ५ जमादि-उल-अव्वल ९३७ हि० (२६ दिसम्बर १५३० ई०) को हुई। (**हुमायूं नामा, मुग़ुल कालीन भारत—बाबर,** पृ० ३७३)। **अकबर नामा** में ६ जमादि-उल-अव्वल है; (**मुग़ुल कालीन भारत—बाबर,** पृ० ४११)। **तबक़ाते अकबरी** तथा **तारीखे फ़िरिश्ता** में गुलबदन बेगम का ही समर्थन हुआ है।

२ बादशाहों में सर्वोत्तम।

३ कश्ती का अर्थ नौका होता है किन्तु कश्ती समकोण चतुर्भुज के आकार के थाल को भी कहते हैं। यहाँ थाल से ही तात्पर्य है

४ नदी की सैर के समय के दान का उल्लेख किया गया है।

५ आतिथ्य; सिंह जिस पशु का शिकार करता है, उसे पूरा नहीं खा जाता अपितु अधिक भाग छोड़ देता है जिसे अन्य वन-पशु खा जाते हैं अतः इसे मेहमान नवाज़ी करना लिखा गया है।

६ अकबर के नूर।

७ तीमूर।

विजय करने वाली ऊषा में अपनी छटा दिखा रहा था और यही वह नूर था जो आलंक़ुवा[१] के सतीत्व के समुद्र के सीप से निकलकर शाही मोतियों का रूप धारण कर संतानों के आवरण में प्रकट होता रहा। यही वह नूर था जिसके प्रकाश से उग़ुज़ ख़ां[२] यशस्वी हुआ। यही वह नूर था जो आदम[३] से नूह[४] तक भिन्न व्यक्तियों की योग्यतानुसार अपना प्रकाश दिखाता रहा। इस नूर की अनुभूति का रहस्य और इस तेज के वैचित्र्य को सीमित करके क़िसी प्रकार स्पष्ट नहीं किया जा सकता। प्रत्येक व्यक्ति में इस रहस्य की विशेषताओं को समझने का न तो सामर्थ्य है और न इन गूढ़ विषयों का ज्ञान प्राप्त करने की योग्यता[५]।

हुमायूं का चरित्र

संक्षेप में हज़रत जहाँबानी को उस दैवी नूर की शक्ति प्राप्त थी जो अनेक कालों एवं युगों में विशेष रूप से और खास क़िस्म के वस्त्र धारण करके संसार को उद्भासित करता रहा है और जो अब शीघ्र ही प्रकट होने वाला है[६]। इस कारण साँसारिक एवं आध्यात्मिक गौरव का प्रकाश उनके चमकते हुए ललाट से ज़ाहिर हो रहा है और अपार मर्यादा एवं अत्यधिक वीरता उनके पवित्र व्यक्तित्व में एकत्र हो गई हैं। वे इसी कारण अपना उत्कृष्ट साहस अपने सम्मानित पिता की इच्छाओं की पूर्ति में लगाये रहते थे।[७] उन्होंने अपने अत्यधिक पौरुष का अपने ऐश्वर्य तथा गौरव से समन्वय कर रक्खा था। इतने अधिक गौरव एवं इतनी श्रेष्ठता के बावजूद वे अपनी इच्छाओं की पूर्ति की ओर कोई दृष्टि न डालते थे और अपने आप को कोई महत्व न प्रदान करते थे। इस कारण अपनी सद्भावनाओं के आशीर्वाद और उच्च साहस के कारण वे जिस कार्य की ओर ध्यान देते ओर जिस सेवा हेतु नियुक्त होते सब में सफल हो जाते थे। वे आजीवन बुद्धि का राज्य से तथा राज्य का दया से समन्वय करके संसार को शोभा प्रदान करते रह। विभिन्न विज्ञानों विशेष-कर गणित में उस युग में उनके समान अथवा अनुरूप कोई न था। उनके सम्मानित व्यक्तित्व में (१२३) सिकन्दर का वैभव तथा अरिस्तू की बुद्धिमत्ता दौनों का समन्वय था।

राज्य का विभाजन एवं दान-पुण्य

सांसारिक राज्य के विभाजन में पिता की वसीअत का पालन करते हुए उन्होंने अत्यधिक न्याय का प्रदर्शन ही नहीं किया अपितु महान् उदारता एवं कृपापूर्वक कार्य किया। किन्तु

१ देखिये **अकबर नामा** भाग १, पृ० ६४-६६।

२ सम्भवतः उग़ूर ख़ां जो तुर्कमानों का पूर्वज बताया जाता है।

३ हज़रत आदम, जो सबसे पहिले पुरुष थे। उनकी पत्नी का नाम हव्वा था।

४ एक पैग़म्बर जिनके समय में कहा जाता है कि इतना बड़ा तूफ़ान आया कि केवल थोड़े से प्राणी, जो उनकी नौका में बैठ गये थे, बच गये और शेष नष्ट हो गये।

५ ऊपर के वाक्यों में यह बताया गया है कि आलंक़ुवा से लेकर हुमायूं तक, अकबर के जितने पूर्वज हैं, उन्हें किसी न किसी प्रकार अकबर के नूर द्वारा ही उन्नति प्राप्त होती रही।

६ अकबर के जन्म की ओर संकेत है।

७ देखिये **बाबर नामा**, पृ० १३४, २५७, २८७-२९०।

आध्यात्मिक निपुणता जोकि वास्तविक राज-सत्ता है मात्र उनके लिए एक दैवी वरदान स्वरूप था जिसका सम्बन्ध विशेष रूप से उन्हीं के व्यक्तित्व से था और उनके किसी भाई को उस महान् देन की मीरास से कोई लाभ न प्राप्त हुआ[1]।

दरबार से सम्बन्धित सभी लोगों को मवाजिब[2] एवं मंसब[3] प्रदान हुए। मीर्ज़ा कामरान की जागीर के महाल[4] काबुल तथा क़न्धार निश्चित हुए। सम्बल[5] की सरकार[6] मीर्ज़ा अस्करी को दी गई। अलवर[7] की सरकार मीर्ज़ा हिन्दाल को प्रदान हुई। बदख़्शाँ मीर्ज़ा सुलेमान के सिपुर्द किया गया। उचित युक्तियों द्वारा उन्होंने राज्य के समस्त उच्च पदाधिकारियों, प्रतिष्ठित (व्यक्तियों) तथा विजयी सेना के सभी लोगों के हृदयों को अपनी मुट्ठी में ले लिया। जो कोई भी विरोध कर रहा था उदाहरणार्थ मुहम्मद ज़मान मीर्ज़ा[8] बिन (पुत्र) बदी उज़्ज़मान मीर्ज़ा बिन सुल्तान हुसेन मीर्ज़ा (जो हज़रत गेती सितानी फ़िरदौस मकानी की सेवा में था और जिसे उनके जामाता होने का सम्मान प्राप्त था परन्तु अल्प-दर्शिता एवं मूर्खता के कारण विरोध कर रहा था) (आदि), वह उनकी सेवा हेतु कटिबद्ध हो गया।

कालिंजर विजय

हज़रत स्वयं ५-६ मास उपरान्त कालिंजर[9] के क़िले की विजय हेतु रवाना हुए और लगभग १ मास तक क़िले का अवरोध किए रहे। जब क़िले वाले परेशान हो गए तो कालिंजर के हाकिम ने अधीनता स्वीकार करके १२मन[10] सोना अन्य सामान सहित उपहार स्वरूप भेजा। हज़रत

१ अबुलफ़ज़ल ने यहाँ इस सिद्धान्त का निरूपण किया है कि वास्तविक राजसत्ता का विभाजन नहीं हो सकता। बाबर ने स्वयं लिखा है, "राज में साझा एक ऐसी समस्या है जिसके विषय में कभी कुछ नहीं सुना गया है।" (**बाबर नामा**, पृ० ५४)।

२ पेंशन, वृत्ति, वज़ीफ़ा।

३ पद।

४ महाल :—मालगुज़ारी की वसूली की सुविधा हेतु कई ग्रामों का एक समूह।

५ सम्बल अथवा सम्भल।

६ सरकार : मालगुज़ारी की वसूली के लिये कई परगनों को मिलाकर एक सरकार बनाई जाती थी।

७ २७°५' तथा २८°५' अक्षांस और ७६°१०' तथा ७७°१५' देशान्तर के मध्य में। (**राजपूताना गज़ेटियर**, भाग ३,१८८०, पृ० १६)।

८ वह बाबर की पुत्री मासूमा सुल्तान बेगम का पति था। उसकी माता का नाम भी मासूमा सुल्तान बेगम था। उसके जन्म के समय ही उसकी माता की मृत्यु हो गई और उसका नाम अपनी माता के नाम पर रख दिया गया। मुहम्मद ज़मान मीर्ज़ा की चौसा में १५३६ ई० में मृत्यु हो गई। मुहम्मद ज़मान मीर्ज़ा का उल्लेख **बाबर नामा** में कई स्थानों पर हुआ है। (**बाबर नामा**, पृ० १०२, ११६, २०२, २६३, २६४, ३००, ३१५, ३१७, ३१८, ३१९, ३२२, ३२३, ३२५, ३२७, ३२९, ३३३)। उसने बाबर के पूर्व के अभियानों में विशेष भाग लिया और अफ़ग़ान विद्रोहियों के दमन में बड़ी कुशलता का प्रदर्शन किया।

९ कालिंजर, तहसील गिरवान, ज़िला बाँदा। कालिंजर का प्रसिद्ध पहाड़ी क़िला तथा क़स्बा बाँदा (उत्तर प्रदेश) से ३५ मील पर नगोड़ के प्राचीन मार्ग पर स्थित है। (*District Gazetteers*, Banda, Vol. XXI, 1909, p. 234).

१० विलसन की ग्लासरी के अनुसार अकबर का मन ३४ पौंड तथा प्राइस के अनुसार २८ पौंड का था।

(जहाँबानी) ने उसके विनय एवं उसकी दुर्दशा के कारण उसे क्षमा कर दिया और वहाँ से वापसी की पताका फहराकर चुनार[1] के क़िले की ओर रवाना हुए। देशों को विजय करने वाले (बादशाह) की सेनाओं ने वहाँ पहुँचकर उसका अवरोध कर लिया।

चुनार विजय

यह बात छिपी न रहनी चाहिए कि यह गगन-चुम्बी क़िला सुल्तान इबराहीम[2] के अधिकार में था और जमाल खां ख़ासा ख़ेल सारंगख़ानी[3] उसकी ओर से उसका प्रबन्ध करता था। सुल्तान इबराहीम की हत्या के उपरान्त जब जमाल ख़ां की उम्र का प्याला उसके कृतघ्न पुत्र की दुष्टता के कारण भर गया[4] तो शेर खां ने उसकी विधवा से जो चरित्र एवं रूप-रंग में अद्वितीय थी और जिसका नाम लाड मुल्क था, बहला-फुसलाकर विवाह कर लिया और इस धूर्तता से ऐसे भव्य क़िले पर अधिकार जमा लिया[5]। शेर खां को जब विश्व-विजय करने वाली सेनाओं के आगमन

१ चुनार, परगना हवेली चुनार, तहसील चुनार ज़िला मिर्ज़ापुर (उत्तर प्रदेश)। यह प्रसिद्ध पहाड़ी क़िला २५°७' उत्तर (अक्षांस) एवं ८२°५४' पूर्व (देशांतर) में मिर्ज़ापुर से २१ मील तथा बनारस से १६ मील पर स्थित है। (*District Gazetteers*, Mirzapur, 1911, p. 301)। बाबर ने वहाँ की जून १५२६ ई० की यात्रा का **बाबर नामा** में उल्लेख किया है। (**बाबर नामा**, पृ० ३३२-३३३)।

२ सुल्तान इबराहीम लोदी। [देखिये रिज़वी : **उत्तर तैमूर कालीन भारत** भाग १, पृ० १५६-१६७ (**वाक़िआते मुश्ताक़ी से**), तथा अन्य इतिहासकारों के लिये यही ग्रन्थ देखिए]।

३ अब्बास ख़ां शिरवानी के अनुसार ताज खां। **बाबर नामा** के अनुसार भी चुनार, ताज ख़ां के ही अधीन था। (**बाबर नामा**, पृ० ३३४)।

४ उसके कृतघ्न पुत्र ने उसकी हत्या कर दी

५ शेर ख़ां के इतिहास के संकलनकर्ता अब्बास ख़ां बिन शेख़ अली सरवानी ने चुनार के क़िले पर अधिकार जमाने का हाल अपने सम्बन्धियों एवं रिश्तेदारों से जो शेर ख़ां के साथ थे इस प्रकार सुना थाः "सुल्तान इबराहीम लोदी ने चुनार का क़िला ताज ख़ां सारंगख़ानी के सिपुर्द कर दिया था ताकि बादशाही ख़ज़ाने वहाँ जमा कर दिये जायें। उक्त ताज ख़ां अपनी पत्नी लाड मलका के प्रेम में बुरी तरह फँसा हुआ था और अपने राज्य तथा सैनिकों की देखभाल उसे सौंप दी थी। बुद्धि एवं सूझ-बूझ में वह बहुत बढ़ी-चढ़ी थी। ताज ख़ां ने अपनी नियाबत (प्रतिनिधित्व) तीन तुर्कमान भाइयों को सौंप दी थी—एक मीर अहमद, एक इस्हाक़ और एक मीर दाद। यह तीनों सगे भाई बड़े योग्य, समझदार एवं बुद्धिमान् थे। जब उन्होंने देखा कि वह (ताज ख़ां) अपनी पत्नी के वश में है तो उन्होंने आवश्यकतावश लाड मलका से मेल कर लिया तथा वचनबद्ध हो गये थे और शपथ ले ली थी कि वे उसका विरोध न करेंगे और उसके हितैषी रहेंगे तथा उसके प्रति निष्ठा प्रदर्शित किया करेंगे। इस लाड मलका के कोई पुत्र न था किन्तु ताज ख़ां के अन्य पत्नियों से कई पुत्र थे परन्तु लाड मलका के प्रेम के कारण उसकी, उसके पुत्रों से न निभती थी। लाड मलका के भय के कारण पुत्रों को शांतिपूर्वक भोजन भी न मिलता था। यद्यपि पुत्र लोग बहुत कुछ आग्रह करते किन्तु उससे कोई लाभ न होता था। वे सर्वदा लाड मलका के प्रति ईर्ष्या रखते थे। एक दिन ताज ख़ां के श्रेष्ठ पुत्र ने लाड मलका पर तलवार का वार किया किन्तु उसका अधिक प्रभाव न हुआ। उसके सेवक चिल्लाने लगे। ताज ख़ां तलवार खींचकर पुत्र की हत्या के उद्देश्य से पहुँचा और कहा कि "तूने भली भाँति तलवार नहीं चलाई (?) अब देख मैं कैसी तलवार चलाता हूँ।" पुत्र समझ गया कि वह पत्नी के कारण मेरी हत्या कर देगा। उसने अपने पिता पर तलवार का वार किया और घर के बाहर निकल गया। ताज ख़ां की उसी घाव के कारण मृत्यु हो गई। ताज ख़ां के पुत्रों की लाड मलका के कारण अधिकांश सैनिकों से शत्रुता थी।

(पिछले पृष्ठ से फ़ुट नोट)

लाड मलका बड़ी योग्य स्त्री थी। समस्त सेना ताज ख़ां के जीवन-काल में उसके साथ थी। उसकी मृत्योपरान्त भी उसके साथ रही किन्तु कुछ बुरे लोग ताज ख़ां के पुत्रों के साथ थे। ख़ज़ाने के लिये रोज़ झगड़ा रहा करता था। क्योंकि ताज ख़ां के पुत्र अयोग्य थे अतः इसी कारण सेना वाले उनकी ओर आकृष्ट न थे। शेर ख़ां ने मीर अहमद से गुप्त रूप से कहलवाया कि "मीर दाद को मेरे पास भेज दो। मेरे हृदय में कुछ बातें हैं। तुझे कहला भेजूंगा।" मीर अहमद ने मीर दाद को शेर ख़ां के पास भेज दिया। उसने उससे कहा, "मीर अहमद से कह दो कि मैं उसे अत्यधिक लाभ पहुँचाने के लिये तैयार हूँ।" मीर अहमद ने जब यह बात सुनी तो अपने भाइयों से कहा, "लाड मलका में सेना सम्बन्धी योग्यता है किन्तु वह स्त्री है। बड़ी अधिक संख्या में लोग क़िले एवं ख़ज़ाने का लोभ कर रहे हैं। लाड मलका क़िले की प्रतिरक्षा नहीं कर सकती अतः यही उचित होगा कि हम शेर ख़ां को क़िला दे दें और उसे अपना आभारी बना लें। वह हमारे काम आयेगा।" भाइयों ने मीर अहमद की राय को पसन्द किया और वे लाड मलका के पास पहुँचे। उन्होंने शेर ख़ां का पत्र दिखाकर कहा, "हम तेरे आज्ञाकारी हैं। जो कुछ तू आदेश दे उसका पालन करें।" उसने कहा, "अधिकार तुम लोगों के हाथ में है। जो तुम कहोगे मुझे स्वीकार है। तुम लोगों के समान हमारा कोई हितैषी नहीं है। तुम लोग मेरे पिता के स्थान पर हो।" मीर अहमद ने निवेदन किया, "यदि तू रुष्ट न हो तो तेरे हित की एक बात कहें।" उसने कहा, "कोई संकोच न करो, जो तुम्हारे हृदय में हो वह बिना किसी भय के कह डालो।" मीर अहमद ने कहा, "यदि इस क़िले के लिये झगड़ा न भी होता तो भी तू इसे अपने पास न रख सकती थी कारण कि तू स्त्री है और तेरे कोई पुत्र नहीं है। क़िले पर अधिकार जमाने के बहुत से लोग इच्छुक हैं। यह बादशाहों का स्थान है, बादशाहों के अधिकार में रहने की वस्तु है। अभी तक किसी बादशाह ने इसपर आक्रमण नहीं किया है। क़िला शेर ख़ां को दे देना चाहिये। तू उससे विवाह कर ले ताकि तू शांति से रह सके कारण कि कोई बादशाह ख़ज़ाना तथा क़िला तेरे पास न रहने देगा।" लाड मलका ने कहा, "अपने भाई मीर दाद को शेर ख़ां के पास भेज दे और वह उससे प्रतिज्ञा करा ले कि मैं उसे इस शर्त पर क़िला देती हूँ कि वह उस अभागे पुत्र के जिसने अपने पिता की हत्या की है, कान-नाक कटवा ले ताकि अन्य लोग इससे शिक्षा ग्रहण कर सकें।" जब मीर दाद शेर ख़ां के पास पहुँचा तो उसने पुनः शपथ ली एवं प्रतिज्ञा करा ली कि वह लाड मलका एवं तीनों भाइयों के प्रति बुराई एवं शत्रुता न करेगा। शेर ख़ां ने आतिथ्य का अत्यधिक प्रबन्ध किया और उसमें कोई कसर न उठा रक्खी। उसने अत्यधिक, स्नेह एवं निष्ठा का प्रदर्शन करते हुए कहा कि, "यदि लाड मलका मुझे क़िला प्रदान कर देगी और स्वयं मेरे निकाह में आ जायगी तो मैं तेरा बड़ा आभारी रहूँगा। हृदय के पक्षी को उपकार द्वारा बन्दी बनाना बड़ा ही प्रशंसनीय एवं उत्तम कार्य है।" मीर दाद ने कहा, "बादशाह के अतिरिक्त क़िला एवं ख़ज़ाना किसी को देना उचित नहीं। इस समय मैं जब आपकी सेवा में आया तो आपने मेरे प्रति इतनी कृपा एवं उदारता प्रदर्शित की और मेरा इतना अधिक आदर-सम्मान एवं आतिथ्य किया कि मेरे हृदय में इसके अतिरिक्त इसका कोई अन्य बदला समझ में नहीं आता कि यह क़िला आपके अधिकार में आ जाय। प्रयत्न करने में कोई कसर न उठा रक्खूँगा। ईश्वर से आशा है कि वह मेरी बात का विरोध न करेगी। जब आपके राज्य के हित की बात पूरी हो जाय तो आप ऐसा व्यवहार न करें कि इन दासों की बदनामी एवं लज्जा का कारण हो।" शेर ख़ां ने उसकी इच्छानुसार वचनबद्ध होकर एवं शपथ लेकर मीर दाद की तसल्ली कर दी कि, "जब तक मैं जीवित हूँ तुझे कोई हानि न पहुँचाऊँगा और यथा सम्भव कृपा एवं उदारता प्रदर्शित करूँगा ताकि अन्य लोगों को मेरे वचन एवं मेरी प्रतिज्ञा का विश्वास हो जाय और वे मेरी सेवा की इच्छा करने लगें।" मीर दाद ने निश्चय किया कि वह शीघ्र ही तैयारी करके रवाना हो जाय। मीर दाद ने पहिले पहुँचकर शेर ख़ां के क़िले में पहुँचने के समाचार पहुँचाये और कहा, "क़िला प्रदान करने में विलम्ब न करना चाहिये।" लाड मलका एवं उसके भाइयों ने स्वीकार कर लिया। मीर दाद को पुनः इस आशय से भेजा कि वह शीघ्र ही उसे अपने साथ क़िले में ले आये ताकि उसके (लाड मलका के सौतेले) पुत्रों को पता न चलने पाये। जब

के समाचार प्राप्त हुए तो वह अपने पुत्र जलाल ख़ां[1] को कुछ विश्वासपात्रों सहित वहाँ नियुक्त करके स्वयं वहाँ से चल दिया और अनुभवी दूतों को भेजकर चिकनी-चुपड़ी बातें करने लगा। हज़रत (जहाँबानी) ने स्थिति पर ध्यान देते हुए उसकी बातें स्वीकार कर लीं। उसने (शेर ख़ां ने) अपने पुत्र अब्दुर्रशीद[2] को हज़रत जहाँबानी की सेवा में इस आशय से भेज दिया कि वह स्वयं शाही सेना की चोट सहने से बच जाये और अपने अभिमान एवं ग़ुरूर के साधनों की व्यवस्था (१२४) करता रहे। उक्त पुत्र बहुत समय तक बादशाह की सेवा में उपस्थित रहकर आज्ञाओं का पालन करता रहा यहाँ तक कि जब विश्व-विजय करने वाली पताकायें सुल्तान बहादुर को दंड देने के लिए मालवा पहुँचीं तो वह अभागा भाग्यशाली सेना से भाग खड़ा हुआ।

बिबन एवं बायज़ीद के विद्रोह का दमन

९३९ हि० (१५३२-३३ ई०) में जब अफ़ग़ानों के गरोह के (सरदार) बिबन[3] तथा बायज़ीद ने विद्रोह कर दिया तो हज़रत जहाँबानी पूर्व की ओर रवाना हुए। बायज़ीद निष्ठावान् वीरों से युद्ध करता हुआ मारा गया और दुष्टों के इस समूह का कूड़ा-करकट साफ़ हो गया। सुल्तान जुनैद बरलास को जौनपुर तथा वह क्षेत्र प्रदान करके (हज़रत जहाँबानी) राजधानी वापस चले गये।

सुल्तान बहादुर के दूत का आगमन

जब जहाँबानी की विजयों एवं सफलताओं की प्रसिद्धि विभिन्न राज्यों में फैल गई तो ९४० हि० (१५३३-३४ ई०) में गुजरात के शासक सुल्तान बहादुर ने बुद्धिमान् दूतों के हाथ तुहफ़े और उपहार भेजकर मित्रता का सम्बन्ध स्थापित करने का प्रस्ताव रखवाया। हज़रत जहाँबानी ने उसके दूतों को शाही उदारता द्वारा सम्मानित करके कृपायुक्त फ़रमान भेजे और उसे संतुष्ट कर दिया।

दीन पनाह का बसाया जाना

उसी वर्ष राजधानी देहली के समीप यमुना-नदी के तट पर उन्होंने एक नगर बसाया जिसका नाम दीन पनाह[4] रक्खा। एक विद्वान् ने उसकी तारीख़ "शहरे पादशाहे दीन पनाह"[5] के अक्षरों से निकाली।

मीर दाद ने जाकर शेर ख़ां से क़िला तथा ख़ज़ाना प्रदान किये जाने एवं लाड मलका से निकाह के विषय में कहा तो वह उसके साथ क़िले के भीतर पहुँचा। लाड मलका से शेर ख़ां का तत्काल निकाह कर दिया गया। (**तारीख़े शेरशाही** : डा० परमात्मा शरण की हस्तलिपि, पृ० ९३-९८; इलाहाबाद विश्वविद्यालय की हस्तलिपि, पृ० ८६-९०; अलीगढ़ विश्वविद्यालय हस्तलिपि, पृ० ९४-१००; इलियट, बाडलीएन की हस्तलिपि)।

१　वह शेर शाह के उपरान्त इस्लाम ख़ां की उपाधि धारण करके बादशाह हुआ।

२　वह क़ुतुब ख़ां भी कहलाता था।

३　बिबन ने इबराहीम लोदी के विरुद्ध बाबर को कई पत्र प्रेषित किये थे। (**बाबर नामा,** पृ० १४९)। वह २५ फ़रवरी १५२६ ई० को बाबर की सेवा में जब वह अम्बाला से प्रस्थान कर चुका था, उपस्थित हुआ; (**बाबर नामा,** पृ० १५०)। बाद में उसने विद्रोह कर दिया और उसके कारण बाबर को बड़ी कठिनाई का सामना करना, पड़ा। (**बाबर नामा,** पृ० १५२; ९०७, २०८, २५३, २६६, २९७, ३२८, ३२९, ३३०, ३३२, ३३६)।

४　धर्म की रक्षा करने वाला।

५　धर्म के रक्षक पादशाह का नगर।

मुहम्मद ज़मान मीर्ज़ा की पराजय

इसके बाद मुहम्मद ज़मान मीर्ज़ा, मुहम्मद सुल्तान मीर्ज़ा तथा उसके पुत्र उलुग़ मीर्ज़ा ने विरोध तथा विद्रोह का मार्ग अपनाया। हज़रत जहाँबानी ने अपने संकल्प की बाग उस समूह की ओर मोड़ कर गंगा तट पर भोजपुर[1] के समीप पड़ाव किया और यादगार नासिर मीर्ज़ा को एक भारी सेना सहित नदी पार करवा कर विद्रोहियों के विरुद्ध भेजा। उसने दैवी सहायता से युद्ध करके विजय प्राप्त कर ली। मुहम्मद ज़मान मीर्ज़ा, मुहम्मद सुल्तान मीर्ज़ा तथा वली ख़ूब मीर्ज़ा बन्दी बना लिये गए। मुहम्मद ज़मान मीर्ज़ा को बन्दी बनाकर ब्याना[2] भेज दिया गया और शेष दोनों व्यक्तियों की आँखों में सलाई फिरवाकर उन्हें विश्वास की श्रेणी से नीचे गिरा दिया गया।[3] मुहम्मद ज़मान मीर्ज़ा ने सुरक्षा को नगण्य समझा और जाली फ़रमान दिखाकर बन्दी-गृह से भाग खड़ा हुआ और सुल्तान बहादुर के पास गुजरात पहुँच गया।

हुमायूं की विजय

हज़रत जहाँबानी ने हिन्दुस्तान के अधिकांश हृदयग्राही प्रदेश, जो हज़रत फ़िरदौस मकानी गेती सितानी के काल में समयाभाव के कारण विजय न हो सके थे, अपने प्रताप से जीत लिये।

मीर्ज़ा कामरान का काबुल से पंजाब पहुँचना

जब मीर्ज़ा कामरान ने हज़रत गेती सितानी फ़िरदौस मकानी के निधन के समाचार सुने तो अपनी बुद्धिहीनता के कारण मीर्ज़ा अस्करी को क़न्धार सौंप दिय। और हिन्दुस्तान की ओर इस आशय (१२५) से चल पड़ा कि सम्भवतः उसे कोई लाभ प्राप्त हो सके। किन्तु जब सौभाग्य का मुकुट किसी भाग्यशाली के सिर को सुशोभित कर रहा हो और दैवी सहायता एवं प्रतिरक्षा उसकी हिफ़ाज़त कर रही हो तो (उसके विरुद्ध) नष्टकारी कल्पनाओं से विनाश के अतिरिक्त प्राप्त ही क्या हो सकता है? कहा जाता है कि उन दिनों हज़रत गेती सितानी फ़िरदौस मकानी के आदेशानुसार मीर यूनुस अली[4] लाहौर का हाकिम[5] था। मीर्ज़ा कामरान ने एक षड्यंत्र रचा। उसने धूर्तता की दृष्टि से क़राचा बेग[6]

१ भोजपुर : उत्तर प्रदेश के फ़र्रुख़ाबाद ज़िले का एक ग्राम जो २६°१७′ उत्तर तथा ७९°४१′ पूर्व में फ़तहगढ़ के दक्षिण में ६ मील पर स्थित है।

२ भरतपुर में २६°५५′ उत्तर तथा ७७°८′ पूर्व, भरतपुर नगर के दक्षिण-पश्चिम में दक्षिण की ओर। (*The Imperial Gazetteer of India*, Vol. VII, 1908, p. 137)। ब्याना के क़िले के विषय में देखिये **बाबर नामा**, पृ० २०८।

३ उनके विश्वास का अन्त हो गया।

४ वह बाबर का बहुत बड़ा विश्वासपात्र था। **बाबर नामा** में उसका अनेक स्थानों पर उल्लेख हुआ है; (पृ० १०५, ११३, ११४, १५६, १५७, २०६, २२३-२२५, २७३, २९३, ३१७, ३२५, ३३४)।

५ गवर्नर।

६ वह ९५८ हि० (१५५१-५२ ई०) में हुमायूँ के विरुद्ध आक्रमण करते हुए काबुल के समीप मारा गया। (**अकबर नामा** भाग १, पृ० ३०४)।

के प्रति एक रात्रि में क्रोध प्रदर्शित किया और उससे कठोर वचन कहे। दूसरी रात्रि में क़राचा बेग अपने सैनिकों सहित मीर्ज़ा (कामरान) के शिविर से भागकर लाहौर पहुँचा। मीर यूनुस अली ने उसके आगमन को अत्यधिक महत्व देकर उसकी बड़ी आवभगत की। वह उसे प्रायः अपने घर बुलाता रहता था। दोनों मित्रों के समान व्यवहार करते थे। क़राचा बेग मौक़े की घात में रहता था यहाँ तक कि एक रात्रि में जब यूनुस अली के चुने हुए सैनिक अपनी-अपनी जागीरों को गये थे तो क़राचा बेग ने मदिरा-पान की गोष्ठी में यूनुस अली को बन्दी बना लिया और लाहौर के क़िले के द्वारों पर अपने सहायक नियुक्त करके मीर्ज़ा कामरान को बुलाने के लिए शीघ्रातिशीघ्र आदमी भेजे। मीर्ज़ा तो इस बात की प्रतीक्षा कर ही रहा था, अतः वह शीघ्रातिशीघ्र लाहौर पहुँच गया और नगर पर अधिकार जमा लिया। उसने मीर यूनुस अली को बन्दी-गृह से निकालकर उससे क्षमा-याचना की और कहा, "यदि तुम यहाँ रहना चाहो तो लाहौर का शासन प्रवन्ध तुम्हारे ही अधीन रहेगा।" मीर यूनुस अली ने उसकी सेवा में रहना स्वीकार न किया और उससे विदा होकर हज़रत जहाँबानी जन्नत आशियानी की सेवा में रवाना हो गया। मीर्ज़ा कामरान ने अपने आदमियों को पंजाब की सरकार[१] के परगनों में नियुक्त कर दिया और सतलज नदी तक के, जो लुधियाना नदी के नाम से प्रसिद्ध है, स्थान अपने अधिकार में कर लिये। तदुपरान्त उसने धूर्ततापूर्वक बुद्धिमान् राजदूतों को (हज़रत जहाँबानी की सेवा में) भेजकर निष्ठा एवं स्वामीभक्ति प्रदर्शित की और यह प्रार्थना की कि वह महाल उसे ही प्रदान कर दिया जाये। हज़रत जहाँबानी ने कुछ तो इस कारण कि उनकी उदारता का समुद्र लहरें मार रहा था और कुछ इस कारण कि उन्हें हज़रत गेती सितानी फ़िरदौस मकानी की शिक्षाओं का ध्यान था, इस महाल को उसकी दिखावे की निष्ठा के कारण उसे प्रदान कर दिया और काबुल, क़न्धार तथा पंजाव के प्रदान किये जाने के सम्बन्ध में सम्मानित फ़रमान जारी कर दिया[२]। मीर्ज़ा ने इस उदारता के प्रति जिसकी उसे आशा न थी कृतज्ञता प्रकट की और सम्मानित दरबार में उपहार प्रेषित किए। इसके उपरान्त पत्र-व्यवहार के द्वार खुल गए और उसने हज़रत जहाँबानी की प्रशंसा में पद्यों की रचना की और उन्हें उनकी सेवा में भेजा। एक बार उसने इस ग़ज़ल की रचना करके उनकी सेवा में प्रेषित किया :

ग़ज़ल

'ईश्वर करे तेरा सौन्दर्य नित्य-प्रति बढ़ता रहे,
ईश्वर करे तेरा भाग्य महान् एवं शुभ रहे।

१ अन्य स्थानों पर 'सूबा'।

२ डा० एस० के० बनरजी ने कामरान के इस कार्य को बाबर के आदेश के प्रकाश में ठीक बताया है और अर्सकिन के विचारों का, कि हुमायूँ एवं कामरान में संघर्ष प्रारम्भ हो गया था, खंडन किया है। S. K. Banerjee : *Humayun Badshah* (आक्सफ़ोर्ड १९३८) पृ० ५१-५७। डा० बनरजी ने अबुलफ़ज़ल के शब्दों को अपने कथन के प्रमाण में प्रस्तुत किया है किन्तु अबुलफ़ज़ल के शब्द इस विषय में स्पष्ट हैं और उसने कामरान की महत्वाकांक्षाओं का स्पष्ट रूप से उल्लेख कर दिया है। कामरान की ग़ज़ल से निष्ठा से अधिक उसकी धूर्तता प्रदर्शित होती है।

जो धूल तेरे मार्ग में से उठे,
वह मुझ दुखी के नेत्रों का प्रकाश बन जाय।
जो धूल लैला के मार्ग से उठती है,
उसका स्थान मजनूं के नेत्रों में होता है।
(१२६) जो कोई तेरे चारों ओर परकार की भाँति न फिरे,
वह इस क्षेत्र से बाहर चला जाय।
हे कामरान ! जब तक कि संसार क़ायम है,
संसार की बादशाही हुमायूं के अधीन रहे।'

वास्तव में उसकी प्रार्थना स्वीकार हो गई कारण कि निष्ठा की कमी की वजह से वह विश्वास के क्षेत्र अपितु अस्तित्व के क्षेत्र से ही बाहर निकल गया[1]। इस बात का उल्लेख उचित स्थान पर किया जायगा। संक्षेप में, हज़रत (जहाँबानी) अपनी उदारता के कारण उसकी दिखावे की निष्ठा पर दृष्टि रखते हुए उसके प्रति शाही कृपा प्रदर्शित किया करते थे। इस ग़ज़ल के कारण उन्होंने कृपापूर्वक उसे हिसार फ़ीरोज़ा[2] प्रदान कर दिया। मीर्ज़ा दिखाने के लिए सर्वदा आज्ञाकारिता प्रदर्शित किया करता था और शाही उदारता एवं कृपाओं का पात्र बना करता था।

मीर्ज़ा कामरान का ख़्वाजा कलाँ बेग को क़न्धार प्रदान करना

९३९ हि०[3] (१५३२-३३ ई०) में मीर्ज़ा कामरान ने क़न्धार का राज्य ख़्वाजा कलाँ[4] बेग को प्रदान कर दिया। इसका कारण यह था कि मीर्ज़ा अस्करी का काबुल से आते समय मार्ग में हज़ारा[5] लोगों से युद्ध हो गया जिसमें मीर्ज़ा अस्करी पराजित हो गया। मीर्ज़ा कामरान को यह बात अच्छी न लगी और उसने उससे क़न्धार ले लिया।

१ मृत्यु को प्राप्त हो गया।

२ २८°३६' तथा ३०° उत्तर और ७४°२९' तथा ७६°२०' पूर्व के मध्य में जिसके उत्तर में फ़ीरोज़पुर एवं पटियाला, पूर्व में जिन्द एवं रोहतक, दक्षिण में जिन्द के अधीनस्थ दादरी और दक्षिण-पश्चिम में बीकानेर है। (*The Imperial Gazetteer of India*, Vol. XIII, pp. 144-155).

३ मूल पुस्तक में ९३३ हि० है किन्तु इसे ९३९ हि० होना चाहिये।

४ ख़्वाजा कलाँ बेग, ख़्वाजा उबैदुल्लाह अहरार के दूसरे पुत्र यहया का पौत्र तथा बाबर का बहुत बड़ा विश्वासपात्र था। बाबर की पानीपत की विजय के उपरान्त उसने हिन्दुस्तान में ठहरने का बड़ा विरोध किया और जब उसे काबुल जाने की अनुमति मिल गई तो उसने अपने देहली के भवन पर यह शेर लिखवा दिया :

शेर

'यदि मैं कुशलतापूर्वक सिंध पार कर लूं,
तो मेरा मुँह काला हो जाय, यदि मैं हिन्द की इच्छा करूँ।'

(**बाबर नामा**, पृ० २०५)। ४ मार्च १५२९ को बाबर ने अपने **वक़ाये** की एक प्रतिलिपि उसे भिजवाई। (**बाबर नामा**, पृ० ३१०)।

५ हज़ारा के विषय में देखिये **बाबर नामा**, पृ० १३, १८, २३, २५, २८, २९, ५०, ५१, ५२-५३, ६०, ६६, ६९, १४३, १६८।

हज़रत जहाँबानी जन्नत आशियानी की शुभ सेना का बंगाला की विजय हेतु प्रस्थान, इस संकल्प को त्याग कर राजधानी में वापसी

हुमायूं का पूर्व की ओर प्रस्थान तथा वापसी

जब हज़रत जहाँबानी का पवित्र हृदय ममालिके महरूसा[1] (के शासन प्रबन्ध) की समस्याओं (के समाधान की ओर) से मुक्त हो गया तो ९४१ हि० (१५३४-३५ ई०) में उन्होंने अपने संकल्प की लगाम पूर्व के प्रदेशों की ओर इस आशय से मोड़ी कि उनके प्रताप से बंगाल विजय हो जाय। सौभाग्य की पताकायें कनार[2] क़स्बे में, जो कालपी[3] के क्षेत्र में है, पहुँच चुकी थीं कि शाही कानों तक यह समाचार पहुँचे कि सुल्तान बहादुर ने चित्तौड़ के क़िले के अवरोध के बहाने से एक बहुत बड़ी सेना सुल्तान अलाउद्दीन[4] के पुत्र तातार खां के अधीन करके सर्वनाशकारी विचारों से प्रेरित असम्भव कल्पनाएँ करनी प्रारम्भ कर दी हैं। हज़रत (जहाँबानी) ने अपने जागरूक प्रताप की प्रेरणा से जमादि-उल-अव्वल ९४१ हि० (नवम्बर-दिसम्बर १५३४ ई०) में शत्रुओं का विनाश निश्चय करके वापसी का नक़्क़ारा बजवा दिया।

सुल्तान बहादुर की योजनाएं

अनुभवी समीक्षकों से यह बात गुप्त न रहनी चाहिये कि सुल्तान बहादुर की कल्पनाएँ सर्वदा बड़ी ऊँची उड़ान उड़ा करती थीं और सर्वनाशकारी आकांक्षाओं का काँटा उसके हृदय को बींधता रहता था[5] किन्तु गुजरात का हाकिम होने के पूर्व जब वह अकेला मारा-मारा फिरा करता था तो उसी समय अपनी शिक्षा ग्रहण करने वाले नेत्रों से हज़रत फ़िरदौस मकानी गेती सितानी तथा सुल्तान इबराहीम के युद्ध को देख चुका था[6] और किसी भी दशा में इस सम्मानित वंश की विजयी सेनाओं से युद्ध न करना चाहता था। इस विषय में वह कई बार अपने विश्वासपात्रों से अपने विचार व्यक्त भी कर चुका था। जब तातार खाँ उसकी

१ अधीनस्थ राज्य।

२ **आईने अकबरी** के अनुसार कालपी (जिला जालौन, उत्तर प्रदेश) का एक महाल। बाबर अपनी पूर्व की यात्रा के समय वहाँ २३ दिसम्बर १५२७ ई० को पहुँचा था। (**बाबर नामा, पृ० २६२-२६३**)। प्राचीन गाँव अब लगभग नष्ट हो चुका है और कनारखेड़ा कहलाता है। इस स्थान के समीप एक नया गाँव जगमनपुर अथवा जगमोहन-पुर बस गया है। [Elliot : *Races* (p. 95)] जगमनपुर कालपी से उत्तर-पश्चिम में लगभग ४० मील पर है।

३ ज़िला जालौन (उत्तर प्रदेश) में प्रसिद्ध प्राचीन क़स्बा जो २६°८' उत्तर तथा ७९°४५' पूर्व में यमुना नदी पर स्थित है। (*The Imperial Gazetteer of India*, Vol. XIV, pp. 318-320).

४ अफ़ग़ान; (**बाबर नामा, पृ० १४९**)।

५ उसके महत्वाकांक्षी होने से तात्पर्य है।

६ **तबक़ाते अकबरी** भाग ३, पृ० १९८-२०२; **मिरआते सिकन्दरी**, पृ० २०३-२०५; **ज़फ़रुल वालेह**, पृ० १३३-१३४ (रिज़वी: **उत्तर तैमूर कालीन भारत** भाग २, पृ० २४६-२४९, ३९३-३९४, ४६०-४६१)। बाबर ने उसका उल्लेख करते हुए उसे अत्याचारी एवं निष्ठुर बताया है। (**बाबर नामा, पृ० २१४-२१५**)।

सेवा में उपस्थित हुआ तो वह सर्वदा उसके हृदय में मिथ्यापूर्ण बातें आरूढ़ किया करता तथा शिष्टाचार के क्षेत्र के उल्लंघन को साधारण बात बताया करता था। सुल्तान बहादुर उसकी बातों में न आता था (१२७) यहाँ तक कि एक दिन उसने स्पष्ट रूप से तातार ख़ां से कह दिया कि, "मैं इस आश्चर्यजनक सेना[1] के युद्ध की लीला देख चुका हूँ। गुजरात की सेना उनका मुक़ाबला नहीं कर सकती। मैं किसी न किसी उपाय तथा युक्ति से उनकी सेना को अपने जाल में फंसा लूंगा।" इसी उद्देश्य से उसने ख़ज़ाने का मुंह खोलकर धन लुटाना प्रारम्भ कर दिया। उसने एक ऐसी सेना एकत्र कर ली जो देखने में तो सेना थी किन्तु जिसे कोई महत्व नहीं दिया जा सकता था। उसमें १०,००० आदमी भरती किए गए।

मुहम्मद ज़मान मीर्ज़ा का पलायन

इसी बीच में मुहम्मद ज़मान मीर्ज़ा यादगार तग़ाई[2] के, जो उसका रक्षक था, सेवकों से मिल गया और बन्दी-गृह से भाग खड़ा हुआ। वह वहाँ से गुजरात पहुँचा। वहाँ का वाली[3] उस ख़्याली पुलाव के कारण जो वह पका रहा था, मीर्ज़ा के आगमन को अत्यधिक महत्वपूर्ण समझकर, उसकी बड़ी आवभगत करने लगा। हज़रत जहाँबानी ने सुल्तान बहादुर को लिखा कि "जो प्रतिज्ञा-पत्र लिखे जा चुके हैं और जो सन्धियाँ हो चुकी हैं उनकी दृष्टि से यह आवश्यक है कि "जो लोग सेवा के उत्तरदायित्व को विरोध में परिवर्तित करके[4] उस ओर भागकर चले जायें, वे या तो सम्मानित दरबार में वापस भेज दिये जायें और या उन्हें अपने पास से निकाल दिया जाय ताकि संसार वालों को हमारे मेल-जोल का प्रमाण मिल जाय[5]।" सुल्तान बहादुर ने या तो अनुभवशून्यता या सांसारिक मस्ती के कारण यह उत्तर लिखा कि, "यदि कोई उच्च वंश का व्यक्ति मेरी शरण में आ जाय और उसके प्रति कृपा प्रदर्शित कर दी जाय तो यह स्नेह एवं निष्ठा के नियमों के विरुद्ध नहीं और इससे प्रतिज्ञा-पत्रों तथा संधियों को कोई हानि नहीं पहुँचती। इस प्रकार सुल्तान सिकन्दर लोदी के समय में यद्यपि सुल्तान तथा सुल्तान मुज़फ़्फ़र[6] में अत्यधिक घनिष्ठता थी किन्तु उसका भाई सुल्तान अलाउद्दीन और अनेक शाही वंश वाले विभिन्न अवसरों पर आगरा तथा देहली से गुजरात आते रहे और उनके प्रति उदारता प्रदर्शित की गई। किन्तु इस कारण दोनों की मित्रता पर कोई कुप्रभाव न हुआ।" हज़रत जहाँबानी ने उत्तर में फ़रमान भेजा कि, "प्रतिज्ञा-पत्रों एवं संधियों के मार्ग पर दृढ़ होने का इसके अतिरिक्त कोई अन्य प्रमाण नहीं कि जो बात निष्ठा के स्तम्भों के

१ पानीपत में बाबर तथा सुल्तान इबराहीम लोदी के युद्ध की ओर संकेत है।
२ वह हुमायूं का ससुर था। नवम्बर १५२८ ई० में उसकी पुत्री से हुमायूं के एक पुत्र का जन्म भी हुआ। (**बाबर नामा**, पृ० २८३)।
३ हाकिम; गवर्नर सुल्तान बहादुर गुजराती।
४ सेवा त्यागकर एवं विद्रोह की दृष्टि से।
५ इन संधियों के विषय में आगे के पृष्ठों में मीर तुराब वली की **तारीखे गुजरात** तथा सिकन्दर बिन मंझू की **मिरआते सिकन्दरी** का अनुवाद देखिये।
६ सुल्तान बहादुर का पिता।

हिलाने का साधन हो उसपर कदापि आचरण न किया जाय ताकि मित्रता के गाल पर विरोध के नख द्वारा खरोंचें न लगने पायें[१]।" सौभाग्य के उस पत्र में ये दो शेर भी लिखे थे :—

शेर

'हे ! जो हृदय से इस बात की डींग मारता है कि प्रेमी है,
लाखों आशीर्वाद हों, यदि तेरी ज़बान तेरे दिल का साथ दे रही हो।'

अन्य शेर

'मित्रता का वृक्ष लगा ताकि इच्छा के हृदय में फल आ जाये,
शत्रुता का पौधा उखाड़ डाल कारण कि इससे अगणित कष्ट होते हैं।'

"तुम सावधान हो जाओ और लाखों बार सावधान हो जाओ। हमारी शिक्षा को सावधानी के कानों से सुनकर उस घृणा-योग्य व्यक्ति को सम्मानित राजसिंहासन के पाये में भेज दो अथवा उसपर से प्रोत्साहन का हाथ खींचकर उसे उस विलायत[२] में न ठहरने दो, नहीं तो किस दलील के आधार पर तुम मित्रता का दावा कर सकोगे। यह बड़े आश्चर्य की बात है कि इस घटना की तुलना तुम अलाउद्दीन एवं उसी के जैसे अन्य लोगों की घटनाओं से करते हो। उस मामले और इस (१२८) मामले का क्या मुक़ाबला ? वह अन्य बात थी और यह अन्य बात है। सम्भवतः तुम्हें इतिहास से ज्ञात हुआ होगा कि हज़रत साहब क़िरान, ईलदरिम बायज़ीद के विरोध के बावजूद रूम[३] पर हृदय से आक्रमण करना न चाहते थे कारण कि बायज़ीद फ़िरंगियों से युद्ध में व्यस्त था किन्तु जब क़रा यूसुफ़ तुर्कमान एवं सुल्तान अहमद जलायर भागकर उसके पास पहुँच गये तो हज़रत साहब क़िरान ने कई बार उसे उचित परामर्श दिया और उन लोगों को प्रोत्साहन देने से रोका किन्तु उसने इस बात को स्वीकार न किया अतः उन्होंने अपनी शक्ति का प्रदर्शन कर दिया[४]।"

सुल्तान बहादुर का विद्रोह

सुल्तान बहादुर ने असावधानी एवं बदमस्ती के कारण विचारपूर्ण उत्तर न लिखे। इसी बीच में तातार ख़ां सुल्तान बहादुर से असम्भव बातें, जो अल्पदर्शी लोगों को लुभाने वाली हुआ करती हैं, किया करता था। उसने इस बात का आग्रह किया कि उसे शाही प्रदेशों[५] की ओर आक्रमण हेतु भेज दिया जाय। साथ ही निवेदन किया कि पादशाही सेना भोग-विलास की आदी होकर सुख-शान्ति प्रिय हो गई है। (अब वह) जैसी कि सुल्तान ने देखी थी वैसी नहीं रही। षड्यंत्रकारियों के बहकाने से सुल्तान बहादुर ने तातार ख़ां के भेजने की तैयारियाँ करते हुए गुजरात के २० करोड़ प्राचीन सिक्के[६]

१ "मित्रता को कोई हानि न पहुँचने पाये" से तात्पर्य है।
२ राज्य।
३. टर्की से तात्पर्य है।
४ देखिये शरफ़ुद्दीन अली यज़्दीः **ज़फ़र नामा** भाग १ (कलकत्ता १८८५-८८ ई०), पृ० ३८९।
५ 'ममालिके महरूसा'।
६ इस संख्या में अतिशयोक्ति ही दृष्टिगत होती है।

जो देहली के प्रचलित ४० करोड़ (सिक्कों) के बराबर होते हैं, रणथम्बोर के क़िले में इस आशय से भेज दिये कि तातार ख़ां के परामर्श से उन्हें नए सैनिकों की भरती में व्यय किया जाय।

उसने तातार ख़ां के पिता सुल्तान अलाउद्दीन को एक बहुत बड़ी सेना के साथ कालिंजर हलचल पैदा करने के उद्देश्य से भेज दिया। बुरहानुलमुल्क मुल्तानी[1] एवं गुजरातियों के एक समूह को आदेश दिया कि वे नागौर[2] पहुँच कर पंजाब पर आक्रमण करें। शाही सेना में घबराहट पैदा करने के उद्देश्य से उसने अपनी सेना को छिन्न-भिन्न कर दिया। यद्यपि अनुभवी बुद्धिमानों ने उसे बहुत समझाया कि लश्कर को इकट्ठा ही जाना चाहिये तथापि उससे कोई लाभ न हुआ। इसके अतिरिक्त उन लोगों ने प्रतिज्ञा भंग करने के पाप को इशारों में तथा खोलकर व्यक्त कर दिया किन्तु उससे भी कोई फ़ायदा न हुआ। उसने अपने मस्तिष्क में इस अनुचित भावना को स्थान दिया कि, 'क्योंकि लोदी लोग हिन्दुस्तान के राज्य का दावा कर रहे हैं अतः उनकी सहायता करने से उसकी प्रतिज्ञा को कोई हानि नहीं पहुँच सकती और उसके दुष्परिणाम का उसपर कोई कुप्रभाव न पड़ेगा।' उसने तातार ख़ां को तथ्य से शून्य कल्पना के आधार पर देहली की ओर भेजा और इस आशय से चित्तौड़ का अवरोध[3] प्रारम्भ कर दिया कि इस प्रकार वह (तातार ख़ां) उससे पृथक् भी रह सके और उससे उसका सम्पर्क भी बना रहे; क़िला भी विजय हो जाय और आवश्यकता पड़ने पर वह लोदियों की सहायता हेतु पहुँच भी जाय।

सुल्तान अलाउद्दीन

यह बात जान लेनी चाहिये कि सुल्तान अलाउद्दीन का नाम आलम ख़ां था। वह सिकन्दर लोदी का भाई तथा सुल्तान इबराहीम का चाचा था। सुल्तान सिकन्दर की मृत्यु के उपरान्त उसका सुल्तान इबराहीम से संघर्ष रहा करता था। सहरिन्द के क्षेत्र में सल्तनत (के अधिकारी होने) का दावा करके उसने सुल्तान अलाउद्दीन की उपाधि धारण कर ली, और धूर्त अफ़ग़ानों की सेना लेकर (१२९) आगरा की ओर रवाना हुआ। सुल्तान इबराहीम युद्ध के उद्देश्य से निकला और होदल[4] के समीप दोनों सेनाओं का युद्ध हुआ। सुल्तान अलाउद्दीन ने अपनी सेना में आमने सामने डट कर युद्ध करने की शक्ति न देख कर रात्रि में छापा मारा किन्तु कोई सफलता न प्राप्त कर सका और हानि उठा कर भाग खड़ा हुआ।[5] धूर्तता एवं दुष्टता की भावनाओं सहित वह काबुल पहुँचा।[6] इबराहीम से युद्ध

१ मूल पुस्तक में 'मुल्तानी' किन्तु कुछ हस्तलिपियों में 'बनियानी' है।

२ नागौर : जोधपुर (राजपूताना) में २७°१२' उत्तर तथा ७३°४४ पूर्व। १२वीं शती ई० से लेकर १६वीं शती ई० तक इसे बड़ा महत्व प्राप्त रहा। (*The Imperial Gazetteer of India*, XVIII, pp. 298-299).

३ बहादुर ने प्रथम बार १५३३ ई० में चित्तौड़ पर आक्रमण किया।

४ **आईने अकबरी** के अनुसार, आगरा सूबे की सहार नामक सरकार में, देहली से दक्षिण में ८० मील पर।

५ बाबर ने उसकी इस पराजय का सविस्तार उल्लेख किया है। उसे इस पराजय के समाचार २९ दिसम्बर १५२५ ई० को प्राप्त हुये। (**बाबर नामा**, पृ० १४१-१४३)।

६ वह काबुल इस घटना के पूर्व पहुँच चुका था। उपर्युक्त पराजय के उपरान्त वह (दिसम्बर १५२५ ई०) में बाबर की सेवा में पेहलूर के शिविर में पहुँचा। (**बाबर नामा**, पृ० १४३)।

के समय वह विजयी[1] सेना के साथ था। तातार ख़ां गुजरात पहुँचा। सुल्तान बहादुर ने उसका विश्वास कर लिया। हज़रत गेती सितानी फ़िरदौस मकानी ने हिन्दुस्तान की विजय के उपरान्त उसकी दुर्भावनाओं से अवगत होकर उसे बदख़्शाँ भेज दिया। अफ़ग़ान व्यापारियों की सहायता से वह क़िलये ज़फ़र[2] से भाग कर अफ़ग़ानिस्तान और वहाँ से बिलोचिस्तान और अन्त में गुजरात पहुँचा।

तातार ख़ां द्वारा ब्याना पर अधिकार

संक्षेप में जब उक्त सेनायें रवाना हो गईं तो तातार ख़ां ख़ज़ाने पर अधिकार जमा कर सेना एकत्र करने में व्यस्त हो गया। लगभग ४० हज़ार अश्वारोही, जिनमें अफ़ग़ान इत्यादि सम्मिलित थे, एकत्र हो गए यहाँ तक कि उसने वहाँ से ब्याना पहुँच कर उसे अपने अधिकार में कर लिया।

हुमायूं का सेना भेजना

जब हज़रत जहाँबानी को, जो पूर्व के प्रदेशों की विजय हेतु रवाना हो चुके थे, यह समाचार प्राप्त हुए तो वे अपने ध्यान की लगाम इस ओर मोड़ कर शीघ्रातिशीघ्र राजधानी आगरा पहुँचे और वहाँ पड़ाव किया। मीर्ज़ा अस्करी, मीर्ज़ा हिन्दाल, यादगार नासिर मीर्ज़ा, क़ासिम हुसेन सुल्तान, मीर फ़क़ीर[3] अली, ज़ाहिद बेग, तथा दोस्त बेग को १८,००० अश्वारोहियों सहित इस विद्रोह के दमन हेतु भेजा और आदेश दिया कि इस बड़ी सेना को, जो कुत्सित विचारों से देहली आ रही है, नष्ट कर देने से वास्तव में अन्य सेनायें भी नष्ट हो जायेंगी। अतः यही उचित होगा कि इसी सेना को रोकने का संकल्प किया जाय। जब विजयी सेना, शत्रु की सेना के समीप पहुँची तो शत्रु की सेना भयभीत हो गई। नित्य-प्रति उनका कोई न कोई समूह उनसे पृथक् होकर भागने लगा और शनैः शनैः कुछ ही समय में उनके पास कुल ३००० अश्वारोही रह गये। क्योंकि उसने यह सेना अत्यधिक आग्रह करके प्राप्त की थी और अपार धन व्यय किया था अतः वह न तो भाग सकता था और न उसमें युद्ध करने की शक्ति थी। अन्त में जान से हाथ धो कर उसने मंदराएल[4] में युद्ध प्रारम्भ कर दिया, यथा-सम्भव हाथ पाँव मारे, किन्तु अन्त में बिना हाथ-पाँव का होकर विनाश के बाण का लक्ष्य और ख़ून बहाने वाले योद्धाओं की तलवार का भोजन बन गया[5]। (हज़रत जहाँबानी के) पवित्र हृदय में इस सेना के छिन्न-भिन्न होने का जो परिणाम प्रतिबिम्बित हुआ था, वह सच

१ बाबर की सेना।

२ क़िलये ज़फ़र में सम्भवतः बड़े बड़े विद्रोही रक्खे जाते थे। शाह इस्माईल ज़ुन्नून के पुत्र शाह बेग को भी क़न्धार विजय के उपरान्त वहीं बन्दी बनाया था किन्तु शाह बेग अपने दास मेहतर सुम्बुल की सहायता से वहाँ से मुक्त हो गया। [मुहम्मद मासूम : **तारीख़े सिंध** (बम्बई १९३८ ई०), पृ० १०८-१०९; रिज़वीः **मुग़ल कालीन भारत—बाबर**, पृ० ६५२-६५३]।

३ अन्य स्थानों पर फ़क़्र अली भी लिखा गया है।

४ मंदराएल : सम्भवत : **आईने अकबरी** का मंदलाएर, आगरा के दक्षिण में, ब्याना के समीप।

५ अर्थात् मार डाला गया।

निकला, कारण कि विजयी सेना की विजय एवं सफलता के समाचार पाकर दोनों अन्य सेनायें भी आप ही आप छिन्न-भिन्न हो गईं।

हज़रते जहांबानी जन्नत आशियानी का गुजरात की विजय हेतु प्रस्थान, सुल्तान बहादुर की पराजय तथा उन प्रदेशों की विजय

(१३०) यद्यपि विश्व-विजय करने वाले[१] (बादशाह) के हृदय में गुजरात की विजय का कोई विचार न था कारण कि वहाँ का वाली[२] सर्वदा निष्ठा एवं मित्रता के मार्ग पर अग्रसर रहता था किन्तु जब विधाता यह चाहता है कि किसी न्यायशील के चरणों द्वारा किसी देश को गौरव प्रदान करे तो वह ऐसे साधन उपलब्ध कर देता है जिनकी उपेक्षा सम्भव नहीं। इस तथ्य का प्रमाण गुजरात के वाली का व्यवहार है जिसने अपने अभिमान, चापलूसों की भीड़ भाड़, मस्ती एवं मस्त व्यक्तियों के आधिक्य, सावधानी एवं सावधान व्यक्तियों की कमी के कारण बिना किसी वजह के प्रतिज्ञा भंग करके बाह्य मेल जोल में कमी कर दी और इतने अनुचित कार्य कर डाले कि उच्च साहस वाले (बादशाह) के लिये यह परमावश्यक हो गया कि वे उत्कृष्ट सेना गुजरात की ओर रवाना करें। तदनुसार जमादि-उल-अव्वल ९४१ हि० (नवम्बर १५३४ ई०) के प्रारम्भ में (हज़रत जन्नत आशियानी ने) सौभाग्य के पथ-प्रदर्शन एवं प्रताप के निर्देश से शुभ मुहूर्त में आशीर्वाद की रिकाब में पाँव रख कर गुजरात की विजय करने का संकल्प करके इक़बाल की लगाम को मोड़ा[३]।

हुमायूं का गुजरात की ओर प्रस्थान

जब शाही सेना का पड़ाव रायसेन[४] के क़िले के समीप हुआ तो क़िले वालों ने बहुमूल्य उपहार सहित प्रार्थना-पत्र प्रेषित किए और निवेदन कराया कि, "क़िला पादशाह का है और हम पादशाह के दास हैं। जब उस समस्या का जो सुल्तान बहादुर के कारण उत्पन्न हुई है समाधान हो जायगा यह क़िला आपके किस काम आयेगा ?" वास्तव में (हज़रत जहाँबानी) का उद्देश्य गुजरात प्रदेश की विजय था अतः वे वहाँ न फंस कर मालवा प्रदेश की ओर रवाना हुए। जब विजयी सेना सारंगपुर[५] पहुँची तो विश्व-विजय करने वाले लश्कर के प्रस्थान का शोर एवं विजयी पताकाओं के निरन्तर कूच की सूचना सुल्तान बहादुर को, जो चित्तौड़ के क़िले का अवरोध किए हुए था, प्राप्त

१ हुमायूं के।

२ हाकिम।

३ गुजरात की ओर प्रस्थान किया।

४ भोपाल के पूर्व में ३०°२०′ उत्तर तथा ७७°४७′ पूर्व में। पूर्वी मालवा के इतिहास में इस स्थान को सर्वदा बड़ा महत्व प्राप्त रहा। अब यह साधारण सा स्थान बन कर रह गया है। (*The Imperial Gazetteer of India*, XXI, pp. 62-63)। शेर शाह ने १५४५ ई० में इस पर अधिकार जमा लिया।

५ सारंगपुर :—देवास (मध्य प्रदेश) में २३°३४′ उत्तर तथा ७६°२९′ पूर्व में, बम्बई से आगरा के मार्ग पर इन्दौर से ७४ मील की दूरी पर।

हुई। वह असावधानी की निद्रा से जागा और उसने अपने सेवकों से परामर्श किया। कुछ लोगों का मत यह था कि "क़िले पर जब इच्छा हो विजय प्राप्त हो सकती है और क़िले वालों से इस समय कोई हानि नहीं पहुँच रही है अतः इस समय यही उचित होगा कि क़िले की विजय को स्थगित करके हम शाही लश्कर का मुक़ाबला करें।" सद्र ख़ां ने, जो अपने युग के विद्वानों एवं प्रतिभाशाली व्यक्तियों तथा सैनिकों के समूह में उच्च श्रेणी का था और अपनी बुद्धिमत्ता एवं उच्च परामर्श के लिए प्रसिद्ध था, कहा कि "क़िले का कार्य जिसे हमने लगभग पूरा कर लिया है समाप्त कर लेना चाहिये। हम काफ़िरों पर आक्रमण कर रहे हैं। मुसलमान पादशाह हम पर चढ़ाई न करेगा और यदि वह आक्रमण कर दे तो फिर ग़ज़ा[1] त्याग कर उससे युद्ध करने पर हम विवश समझे जायेंगे।" सुल्तान बहादुर ने इस राय को पसन्द कर लिया और वह वहाँ दृढ़तापूर्वक जम गया यहाँ तक कि ३ रमज़ान ९४१ हि० (८ मार्च १५३५ ई०) को सुल्तान ने चित्तौड़ का क़िला विजय कर लिया और सम्मानित सेना के विरुद्ध जो उज्जैन[2] में पड़ाव किए हुए थी, रवाना हुआ। जब हज़रत (जहाँबानी) के उत्कृष्ट कानों तक सुल्तान बहादुर की धृष्टता के समाचार पहुँचे तो वे शीघ्रातिशीघ्र रवाना हुए और मंदसौर[3] के समीप जो मालवा के अधीन है एक झील[4] के दोनों ओर शाही सेना उतर पड़ी। वह झील समुद्र के बराबर लम्बी चौड़ी है।

सुल्तान बहादुर द्वारा प्रतिरक्षा का प्रबन्ध

(१३१) हज़रत जहाँबानी की सेना के हिरावल[5] से, जो बचका बहादुर के अधीन था, तथा सुल्तान बहादुर की सेना से जो सैयिद अली ख़ां, मीर्ज़ा मुक़ीम (जिसकी उपाधि ख़ुरासान ख़ां थी) के अधीन था, युद्ध हुआ। शत्रु पराजित हुए। सुल्तान बहादुर का भी दिल टूट गया। ताज ख़ां तथा सद्र ख़ां ने उससे कहा कि, "हमारी सेना ने अभी-अभी चित्तौड़ विजय किया है और अभी उसने शाही सेना का युद्ध नहीं देखा है इस कारण वह दृढ़ हृदय से युद्ध करेगी, अतः अविलम्ब युद्ध छेड़ देना चाहिये।" रूमी ख़ां[6] जिसके अधीन तोपख़ाना था एवं अन्य सैनिकों ने सुल्तान से कहा, "हमारे साथ बहुत बड़ा तोपख़ाना है। आग की वर्षा की इतनी बड़ी व्यवस्था के होते हुए तलवार चलाने का कोई अर्थ नहीं। यह उचित होगा कि हम अपने चारों ओर अराबों[7] का घेरा तैयार

१ धर्म-युद्ध, जिहाद।

२ मालवा के मध्य में स्थित प्राचीन नगर, २३°११' उत्तर तथा ७५°४७' पूर्व में। (*The Imperial Gazetteer of India*, XXIV, pp. 112-115).

३ २४°५' उत्तर तथा ७५°५' पूर्व, सिवाना नदी के, जो सिपरा नदी की एक शाखा है, तट पर। यह उज्जैन के उत्तर-पश्चिम में लगभग ८० मील पर है। (*Gwalior State Gazetteer*, Vol. 1, 1908, pp. 265-66).

४ अब इस झील का पता नहीं। सम्भवतः जिस प्रकार अहमदाबाद के समीप स्थित कांकरिया झील अथवा कांकरिया ताल का कोई पता नहीं, उसी प्रकार इस झील का भी नहीं।

५ सेना का अग्र भाग।

६ यह रूमी ख़ां ख़ुदावन्द ख़ां है, रूमी ख़ां सफ़र नहीं जिसने सूरत के क़िले का निर्माण कराया।

७ गाड़ियों।

कर लें और उसके चारों ओर खाई खुदवा दें[1]। सर्वप्रथम उन अस्त्रों से कार्य लें जो दूर से हानि पहुँचा सकते हैं ताकि शत्रुओं की सेना नित्य-प्रति कम होते होते छिन्न-भिन्न हो जाय। बाणों तथा तलवारों से युद्ध अपने अवसर पर होता है।"

अन्त में उन्होंने इस योजना का पालन किया। निरन्तर युद्ध होने लगा। किन्तु गुजराती सर्वदा पराजित होते रहे।

शाही सेना के एक दल का पराक्रम

एक दिन सौभाग्य से ऐसा हुआ कि कुछ वीर एवं चुने हुए जवान मदिरा-पान कर रहे थे। प्रत्येक मस्त हो होकर वीरता के विषय में डींग मारने लगा। एक व्यक्ति जो अन्य लोगों की अपेक्षा अधिक मस्त था कहने लगा कि, "भूत काल के विषय में कब तक वार्ता होती रहेगी? आज शत्रु सामने है। उसपर आक्रमण करके अपनी वीरता का परिचय देना चाहिये।" विजयी सेना के सावधान लोगों को सूचना होने के पूर्व ये मद्यप जिनकी संख्या लगभग २०० थी अस्त्र-शस्त्र धारण करके शत्रु के शिविर की ओर अग्रसर हुए। जब वे निकट पहुँचे तो गुजरात का एक उच्च पदाधिकारी, जो लगभग ४००० सैनिकों सहित अपने शिविर के बाहर पहरा दे रहा था, युद्ध हेतु बढ़ा। ऐसा घोर युद्ध हुआ कि उसका उल्लेख सम्भव नहीं। गुजराती हताश हो गये और पराजित होकर अपने शिविर को वापस चले गये। ये युद्ध-प्रिय लोग यश प्राप्त करके लौट आये। इस वीरता एवं पौरुष की प्रसिद्धि ने सुल्तान बहादुर की सेना को व्याकुल कर दिया। तदुपरान्त अपने अराबों के क़िले से कोई व्यक्ति बिरले ही निकलता, विजयी सेना आस पास चारों ओर धावे मार-मार कर खाद्य सामग्री के पहुँचने का मार्ग बन्द करने लगी। गुजरातियों की सेना में घोर अकाल फैल गया।

सुल्तान बहादुर की पराजय

रमज़ान की ईद के दिन (५ अप्रैल १५३५ ई०) मुहम्मद ज़मान मीर्ज़ा ५००-६०० आदमियों सहित साहस के साथ युद्ध हेतु अग्रसर हुआ। इस ओर से भी कुछ लोग युद्ध हेतु निकले। दो-
(१३२) तीन बार गुजरात वाले बाण चला कर भाग खड़े हुए और धूर्तता एवं छल द्वारा विजयी सेना को तोपख़ाने की मार के समीप पहुँचा दिया। एकबारगी तोपें चलनी प्रारम्भ हो गईं। उस दिन कुछ शाही आदमियों की हानि हो गई।

१७ दिन उपरान्त शुभ मुहूर्त में हज़रत जहाँबानी ने सुल्तान बहादुर के शिविर पर आक्रमण करना निश्चय किया। इसी बीच में गुजरात वालों के भय एवं ख़ौफ़ में वृद्धि होती जाती थी, और उनके दुर्भाग्य के चिह्न प्रकट होते जाते थे। अन्ततोगत्वा आदि काल से प्राप्त सौभाग्य के कारण २१ शव्वाल (२५ अप्रैल १५३५ ई०) रविवार की रात्रि में सुल्तान बहादुर ने

१ उसने बाबर के पानीपत के युद्ध का अनुकरण किया किन्तु हुमायूं को इस प्रकार के युद्ध का अधिक अनुभव था, अतः उसने बहादुर शाह की सेना पर अचानक आक्रमण न किया अपितु रसद रोक कर गुजरातियों को परेशान कर दिया।

परेशान होकर आदेश दिया कि समस्त ज़र्बज़नों[1] तथा बड़ी बड़ी तोपों को (बारूद से भर कर) उनमें आग लगा दी जाय ताकि वे फट जायें।

सुल्तान बहादुर का पलायन

जब शाम हो गई तो सुल्तान बहादुर, मीरान मुहम्मद शाह[2] तथा अपने ५-६ निकटवर्तियों सहित अपने ख़ेमे की एक दराज़ से निकल कर धोखा देने के लिए सर्व प्रथम आगरा की ओर रवाना हुआ और फिर मन्दू[3] की ओर चल दिया। सद्र ख़ां तथा एमादुलमुल्क ख़ासा ख़ेल २०,००० अश्वारोहियों सहित सीधे मार्ग से मन्दू की ओर रवाना हुए। मुहम्मद ज़मान मीर्ज़ा सेना के एक दल के साथ उपद्रव एवं अशान्ति फैलाने के लिए लाहौर की ओर चल खड़ा हुआ। उस दिन गुजरातियों की सेना में विचित्र प्रकार का शोर गुल एवं कोलाहल रहा। वास्तविक स्थिति की विजयी लश्कर में कोई सूचना न थी।

हुमायूं की विजय

हज़रत जहाँबानी ३०,००० अश्वारोहियों सहित सायंकाल से प्रातःकाल तक अस्त्र-शस्त्र धारण किए खड़े रहे और परोक्ष से विजय के सुखद समाचार की प्रतीक्षा करते रहे। यहाँ तक कि एक पहर[4] दिन चढ़ जाने के बाद पता चला कि सुल्तान बहादुर मन्दू की ओर भाग गया है। विजयी सेना के वीर सुल्तान बहादुर के शिविर में प्रविष्ट होकर लूट-मार करने लगे। अपार धन-सम्पत्ति एवं अत्यधिक घोड़े, हाथी प्राप्त हुए। ख़ुदावन्द ख़ां[5], जो सुल्तान मुज़फ़्फ़र का गुरू तथा वज़ीर दोनों था, बन्दी बना लिया गया। हज़रत (जहाँबानी) ने उसे शाही कृपाओं द्वारा सम्मानित किया और उसे अपनी सेवा में रख लिया। यादगार नासिर मीर्ज़ा, क़ासिम सुल्तान, तथा मीर हिन्दू बेग को भारी सेना के साथ भागी हुई सेना का पीछा करने के लिये भेजा।

हुमायूं का मांडू पहुँचना

निःसन्देह ! जो कोई भी मूर्खों के साथ उठता बैठता है वह मूर्ख हो जाता है। विशेष रूप से प्रतिज्ञा एवं संधि भंग करके, संसार के ऐसे स्वामी, जो निष्ठा एवं सत्यता का क़िबला[6] है, के

१ एक क़िस्म की तोप। बाबर ने कई स्थानों पर इसकी चर्चा की है।

२ ख़ान्देश का शाहज़ादा एवं बहादुर की बहिन का पुत्र।

३ मांडू अथवा मांडूगढ़ को मध्य कालीन फ़ारसी इतिहासों में मान्दू अथवा मन्दू लिखा जाता था। यह २०°२१' उत्तर तथा ७५°२७' पूर्व में धार से २२ मील पर स्थित है। यह मालवा के सुल्तानों की राजधानी था और वहाँ के भवनावशेष अब भी दर्शनीय हैं। (*The Imperial Gazetteer of India*, XVII, pp. 171-173).

४ ३ घंटा।

५ वह रूमी ख़ाँ से भिन्न था। उसका नाम सम्भवतः हाजी मुहम्मद था।

६ क़िबला : वह दिशा (मक्का की ओर) जिधर मुख करके मुसलमान नमाज़ पढ़ते हैं। इसका आदेश क़ुरानशरीफ़ की सूरये बक़र में दिया गया है।

प्रति जो धूर्तता-पूर्वक व्यवहार करता है, वह धोखे का जुआ खेलता[१] है और उसे ऐसा ही दिन देखना पड़ता है। संक्षेप में, सद्र खां तथा एमादुलमुल्क के वहाँ से भाग जाने के बाद जब हज़रत जहाँबानी की सेना मन्दू की ओर रवाना हुई तो हज़रत जहाँबानी भी विजयी सेना के पीछे-पीछे रवाना हुए और नालचा[२] में पड़ाव किया। क़िले के चारों ओर शिविर लगा दिये। रूमी खां (१३३) शत्रु की सेना से भाग कर शाही सेना में प्रविष्ट हो गया और उसे ख़िलअत द्वारा सम्मानित किया गया।[३]

१४वें दिन[४] सुल्तान बहादुर अन्य मार्गों से होता हुआ चोली महेसुर[५] द्वार से मन्दू के क़िले में प्रविष्ट हो गया और सन्धि की वार्ता (इस शर्त पर) प्रारम्भ कर दी कि गुजरात एवं चित्तौड़ जो कि अभी विजय हुए हैं, सुल्तान (बहादुर) के पास रहें और मन्दू तथा समीपवर्ती स्थान हज़रत जहाँबानी के अधीन रहें। मौलाना मुहम्मद परग़ली[६] हज़रत जहाँबानो की ओर से और सद्र खां सुल्तान बहादुर की ओर से नीली सबील[७] में सन्धि की शर्तों का निर्णय करने के लिये बैठ गये।

हुमायूं की सेना का मांडू पर आक्रमण

उसी रात्रि के अन्त में जब क़िले के रक्षक कष्ट उठाते-उठाते व्याकुल हो चुके थे, तो क़िले के पीछे से विजयी सेना के व्यक्ति जिनकी कुल संख्या २०० थी, कुछ सीढ़ियाँ लगा कर और कुछ कमन्दें[८] फेंक कर क़िले में प्रविष्ट हो गए और सैनिकों ने दीवार से नीचे फाँद कर क़िले का द्वार, जो दूसरी ओर था, खोल दिया और अपने घोड़ों को लाकर उनपर सवार हो गये। अन्य सैनिक द्वार में प्रविष्ट हो गए। मोरचे[९] के अधीक्षक मल्लू खां को, जो मन्दू का वाली था और

१ अर्थात् धोखा खाता है।

२ मूल पुस्तक में 'बगलचा'। **आईने अकबरी** के अनुसार यह मांडू की सरकार का एक महाल है। मालवा के सुलतानों ने इस स्थान को विशेष उन्नति दी। सुल्तान महमूद ख़लजी ने मई १४४२ ई० में वहाँ अनेक भवनों एवं उद्यानों का निर्माण कराया। (**तबक़ाते अकबरी** भाग ३, पृ० ३२३, रिज़वी : **उत्तर तैमूर कालीन भारत** भाग २, पृ० ७४)। डा० कैम्पबेल के अनुसार यह मांडू के देहली द्वार नामक स्थान से उत्तर की ओर ३ मील पर था। (Campbell: Mandu, Journal Bombay Royal Asiatic Society XIX, 154).

३ रूमी खां के विषय में देखिये, आगे के पृष्ठों में **मिरआते सिकन्दरी** का अनुवाद। इस विवरण से यह स्पष्ट हो जाता है कि ख़ुदावन्द खां वजीर तथा रूमी खां भिन्न व्यक्ति थे।

४ यहां मास का उल्लेख नहीं है। सम्भवतः हुमायूं द्वारा क़िले का अवरोध प्रारम्भ होने के १४वें दिन उपरान्त की चर्चा है और उस दिन ६ मई १५३५ ई० रही होगी।

५ **आईने अकबरी** के अनुसार मांडू का एक महाल।

६ मूल पुस्तक में 'पीर अली' किन्तु अन्य पाँडुलिपियों एवं ग्रन्थों में 'परग़ली'।

७ नीला मार्ग; सम्भवतः नील कंठ।

८ एक प्रकार का फंदा जिसे दीवार पर फेंक कर सीढ़ी सी बना ली जाती थी और जिसके द्वारा लोग दीवारों पर चढ़ जाते थे।

९ मोरचल। इस सम्बन्ध में आगे के पृष्ठों में **तबक़ाते अकबरी** का अनुवाद देखिये।

जिसकी उपाधि क़ादिर शाह थी, यह समाचार प्राप्त हुए। वह घोड़े पर सवार होकर घोड़ा भगाता हुआ सुल्तान बहादुर की सेवा में पहुँचा।

सुल्तान बहादुर का पलायन

सुल्तान अभी तक सो रहा था। क़ादिर शाह की आवाज़ से वह जाग उठा और ऐसी अवस्था में जब कि वह आधा सो तथा आधा जाग रहा था तीन-चार आदमियों सहित भाग खड़ा हुआ। मार्ग में भूपत राय वल्द सिलहदी, जो उसके विश्वासपात्रों में से था, लगभग २० अश्वारोहियों सहित उसके पीछे पहुँच गया। जब वे उस द्वार की ओर पहुँचे जो मैदान की तरफ़ था तो विजयी सेना में से लगभग २०० अश्वारोही सामने आये। सुल्तान ने स्वयं उनपर आक्रमण किया और कुछ अन्य लोगों ने उसका साथ दिया। अन्ततोगत्वा सुल्तान बहादुर मल्लू खां तथा अन्य सेवक (शांही) सेना को फाड़ते हुए निकल गए और सुंगर[1] के क़िले में पहुँचे। घोड़ों को रस्सी में बाँध कर (क़िले) से नीचे उतार दिया और स्वयं (बहादुर शाह) सहस्रों कठिनाइयाँ झेलता हुआ नीचे उतरा और गुजरात की ओर भाग गया। क़िले के समीप क़ासिम हुसेन ख़ां खड़ा था। बूरी नामक ऊज़बेक ने, जो सुल्तान (बहादुर) का सेवक था और उसके पास से भाग कर क़ासिम हुसेन ख़ां का सेवक हो गया था, सुल्तान को पहचान लिया और ख़ान को इस बात की सूचना दी किन्तु ख़ान ने बहुत समय तक सेवा में रहने के कारण[2] सुनी-अनसुनी कर दी यहाँ तक कि सुल्तान बच कर अधमरा भाग सका। उसके चाम्पानीर[3] के क़िले तक पहुँचते पहुँचते १,५०० आदमी उसके सहायक बन गए। क़िले में पहुँच कर उसने उस स्थान के ख़ज़ानों एवं उत्तम वस्तुओं में से जो कुछ हो सका उसे बन्दर दीप[4] भेज दिया।]

आक्रमण का सविस्तार विवरण

जब बात यहाँ तक पहुँच चुकी है तो इस शुभ विजय के प्रारम्भ का कुछ हाल बताना परमावश्यक हो गया है। विजयी योद्धाओं के इस प्रकार के पराक्रम दिखा कर मन्दू के क़िले में प्रविष्ट होने और इतना अधिक पौरुष प्रदर्शित करने का कोई प्रामाणिक समाचार प्रातःकाल तक न (१३४) प्राप्त हो सका। जब दो घड़ी दिन चढ़ गया तो भाग्यशाली सेनाओं के मन्दू के क़िले में प्रविष्ट हो जाने के समाचार प्राप्त हुए और उसके विजय हो जाने का हज़रत जहाँबानी को पता लगा। हज़रत (जहाँबानी) घोड़े पर सवार होकर क़िले की ओर रवाना हुए और देहली दरवाज़े[5] से उसके

१ सुगढ़। मांडू का भीतरी क़िला।

२ अबुलफ़ज़ल सेवकों की निष्ठा ही को महत्वपूर्ण समझता था। अधिक समय तक सेवा करने अथवा प्राचीन सेवकों को वह अधिक महत्व न देता था। प्राचीन सेवकों की उसने कई स्थानों पर आलोचना की है।

३ पंच महल (बम्बई) के कलोल तालुक़ा का एक उजड़ा हुआ क़स्बा, २२°२९' उत्तर तथा ७३°३२' पूर्व, बड़ौदा के उत्तर में २५ मील पर। (*The Imperial Gazetteer of India*, Vol. X, p. 135).

४ डियु (Dieu)।

५ उत्तरी द्वार।

भीतर प्रविष्ट हो गये। सद्र खां उसी प्रकार अपने समस्त आदमियों सहित अपने घर के द्वार पर खड़ा युद्ध कर रहा था। यद्यपि वह घायल हो चुका था किन्तु अपने स्थान पर दृढ़ था। अन्त में उसके उच्च पदाधिकारी उसके घोड़े की लगाम पकड़कर उसे सुंगर की ओर ले गये। बहुत बड़ी संख्या में लोग उसके साथ प्रतिरक्षा हेतु वहाँ चले गये। सुल्तान आलम भी वहाँ पहुँचा। विजयी सेना ३ दिन तक शत्रुओं के घरों में लूट-मार करती रही। तदुपरान्त लूट-मार के रोक देने का आदेश दिया गया। विश्वास-पात्रों को सद्र खां तथा सुल्ताने आलम के पास भेजा गया। इन अनुभवी लोगों ने उचित परामर्श द्वारा उन लोगों को संतुष्ट कर दिया और अत्यधिक कहा-सुनी एवं वार्ता उपरान्त उन लोगों को, जो क़िला बन्द किए हुए थे, शाही सेवा में पहुँचाया। चूंकि सुल्तान आलम कई बार विद्रोह कर चुका था अतः उसकी पैं (एड़ी की नस) कटवाकर उसे मुक्त कर दिया गया। सद्र ख़ां के प्रति शाही कृपा प्रदर्शित की गई। इस विजय के तीन दिन उपरान्त क़िले के नीचे उतरकर हज़रत जहाँबानी १०,००० अनुभवी अश्वारोहियों[1] को लेकर बड़ी तीव्र गति से गुजरात की ओर रवाना हुए और आदेश दिया कि सम्मानित लश्कर एक मंज़िल से दूसरी मंज़िल पार करता हुआ पीछे-पीछे आता रहे।

हुमायूं द्वारा सुल्तान बहादुर का पीछा

जब विजयी सेना चाम्पानीर के समीप पहुँची तो पिपली द्वार की ओर एमादुलमुल्क के हौज़ के समीप, जो तीन कुरोह[2] की परिधि में है, सेना ठहर गई और सुव्यवस्थित हुई। जब यह समाचार सुल्तान बहादुर को प्राप्त हुए तो वह क़िले को दृढ़ करके दूसरे द्वार से, जो शुक्र तालाब की ओर है, बाहर निकला और खम्बायत[3] की ओर भाग गया। उसके आदेशानुसार नगर में[4] आग लगा दी गई। हज़रत जहाँबानी ने नगर में पड़ाव करके आदेश दिया कि अग्नि को कृपा के जल द्वारा बुझा दिया जाय। मीर हिन्दू बेग तथा कुछ अन्य सैनिकों को चाम्पानीर में नियुक्त करके (हज़रत जहाँबानी ने) १००० अश्वारोहियों सहित सुल्तान बहादुर का पीछा किया। सुल्तान खम्बायत पहुँचते ही दीप की ओर रवाना हुआ। उसने १०० युद्ध के जहाज़ों को, जिन्हें फ़िरंग[5] से युद्ध के विचार से तैयार कराया था, इस आशय से जलवा डाला कि कहीं विजयी सेना उनपर सवार होकर उसका पीछा न करे।

हुमायूं का डियु की ओर सेना भेजना

अन्त में जिस दिन वह दीप पहुँचा, हज़रत जहाँबानी ने खम्बायत में पड़ाव किया और समुद्र तट पर भाग्यशाली शिविर लग गये। वहाँ से उन्होंने एक सेना सुल्तान बहादुर का पीछा

१ बेवरिज के अनुवाद में, ३०,०००।

२ कोस।

३ कैम्बे, गुजरात के पश्चिमी भाग में २२°९' तथा २२°४१' उत्तर एवं ७७°२०' तथा ७३°३५' पूर्व में। इसके उत्तर में कैरा ज़िला, पूर्व में कैरा के भाग तथा बड़ौदा, दक्षिण में कैम्बे की खाड़ी तथा पश्चिम में साबरमती नदी है। (*The Imperial Gazetteer of India*, IX, pp. 292-296).

४ चाम्पानीर में।

५ पुर्तगालियों।

करने के लिये भेजी। सुल्तान जब दीप पहुँचा, तो विजयी योद्धा दीप के समीप से अत्यधिक लूट की धन-सम्पत्ति लेकर खम्बायत लौट आये। दैवी कृपा से ९४२ हि० (१५३५ ई०) में मन्दू (१३५)तथा गुजरात विजय हो गये। वह व्यक्ति जो ईश्वर से लौ लगाये रहता है और जिसके विचारों में सत्यता होती है, उसके उद्देश्य निःसन्देह पूरे हो जाते हैं।

कामरान द्वारा क़न्धार विजय

इस वर्ष के शावान मास के प्रारम्भ में (जनवरी १५३६ ई०—अन्तिम सप्ताह) में मीर्ज़ा कामरान लाहौर से क़न्धार[1] पहुँचा और शाह तहमास्प सफ़वी के भाई साम मीर्ज़ा[2] से घोर युद्ध करके उसपर विजय प्राप्त कर ली। इस घटना का संक्षिप्त उल्लेख इस प्रकार है : साम मीर्ज़ा क़िज़िलबाशों[3] की एक बहुत बड़ी सेना लेकर क़न्धार पहुँचा। क़न्धार को ख़्वाजा कलाँ बेग दृढ़ बनाये हुए था। ८ मास तक वह उसकी रक्षा करता रहा। इसी बीच में मीर्ज़ा कामरान ने लाहौर से अत्यधिक तैयारी करके प्रस्थान कर दिया। मीर्ज़ा कामरान तथा साम मीर्ज़ा में घोर युद्ध हुआ। अग़ज़ीवार ख़ां जो क़िज़िलबाशों का बहुत बड़ा अमीर तथा मीर्ज़ा का अतालीक़[4] था, युद्ध में बन्दी बना लिया गया और उसकी हत्या करा दी गई। क़िज़िलबाश सैनिक बहुत बड़ी संख्या में मारे गये। मीर्ज़ा कामरान विजय तथा सफलता प्राप्त करके लौट गया और लाहौर के क्षेत्र में पहुँचा[5]।

मीर्ज़ा मुहम्मद ज़मान के विद्रोह का दमन

मीर्ज़ा मुहम्मद ज़मान ने जो विद्रोह कर रक्खा था, उसका दमन कर दिया गया। इस सौभाग्यपूर्ण घटना का संक्षिप्त विवरण इस प्रकार है। मीर्ज़ा मुहम्मद ज़मान सुल्तान बहादुर की पराजय उपरान्त शान्ति भंग करने के उद्देश्य से लाहौर पहुँचा। जब वह सिन्ध के समीप पहुँचा तो सिन्ध के वाली शाह हुसेन वल्द शाह बेग अरग़ून ने उसे अपने राज्य में स्थान न दिया और लाहौर

१ बेवरिज के अनुवाद में 'काबुल' किन्तु 'क़न्धार' ही ठीक है।

२ अबुन्नस्र साम मीर्ज़ा शाह इस्माईल सफ़वी का पुत्र था। उसका जन्म मराग़ह में २१ शाबान ९२३ हि० (१९ सितम्बर १५१७ ई०) को हुआ। ९३९ हि० (१५३२-३३ ई०) में उसके भाई शाह तहमास्प ने, जो ९३० हि० (१५२४ ई०) में सिंहासनारूढ़ हुआ था, उसे हिरात का हाकिम नियुक्त कर दिया और अग़ज़ीवार ख़ां को उसका अतालीक़ बना दिया। ९५१ हि० (१५४४ ई०) में उसे तथा उसके भाई बहराम मीर्ज़ा को शाह तहमास्प ने हुमायूं के स्वागतार्थ भेजा। उसकी ९७४ हि० (१५६६-६७ ई०) में मृत्यु हो गई। **तुहफ़ये सामी** नामक उसकी रचना, जो फ़ारसी कवियों का इतिहास है, बड़ी प्रसिद्ध है। मीर अलाउद्दौला ने **नफ़ायसुल मआसिर** को इसी ग्रन्थ पर आधारित किया है।

३ कहा जाता है कि वे उन बन्दियों की संतान में से थे जिन्हें तीमूर ने शेख़ हैदर को प्रदान कर दिया था। वे लाल टोपी, जो उन बन्दियों के लिये निर्धारित थी, पहनते थे। ईरानी सेना के सैनिकों में वे अत्यधिक प्रतिष्ठित थे किन्तु बाद में ईरानियों के लिये सामान्य रूप से इस शब्द का प्रयोग होने लगा।

४ संरक्षक, गुरू।

५ **तारीख़े रशीदी** में भी इस युद्ध का उल्लेख है। मीर्ज़ा हैदर के अनुसार यह विजय ख़्वाजा कलां के कारण प्राप्त हुई।

चले जाने की राय दी कारण कि मीर्ज़ा कामरान क़न्धार की ओर जा चुका था और इतना समृद्ध प्रदेश ख़ाली था। अभागा मीर्ज़ा उस प्रदेश को ख़ाली समझकर लाहौर पहुँचा और उसे घेर लिया। इसी बीच में मीर्ज़ा कामरान ने लाहौर पहुँचकर ऐश्वर्य का डंका बजवाया। मीर्ज़ा मुहम्मद ज़मान ने घबड़ाकर पुनः गुजरात भाग जाने के अतिरिक्त कोई अन्य उपाय न देखा। वह निराश एवं हताश होकर फिर उस प्रदेश में पहुँचा। इस वर्ष मीर्ज़ा हैदर गूरगान काशग़र से बदख़्शाँ होता हुआ लाहौर पहुँचा।

मीर्ज़ा हैदर का लाहौर पहुंचना

शाह तहमास्प द्वारा क़न्धार-विजय

दूसरी बहार में शाह तहमास्प स्वयं क़न्धार के क्षेत्र में पहुँचा। ख़्वाजा कलाँ बेग ने समस्त कारख़ानों[1], तूशकख़ानों[2], रिकाबख़ानों[3] इत्यादि को उचित रूप से सुव्यवस्थित किया और क़िले तथा कारख़ानों की कुंजियाँ शाह के पास भेज दीं और कहलाया कि, "मेरे पास क़िले की रक्षा का कोई साधन नहीं और न मुझमें युद्ध करने की शक्ति है। शाह की सेवा में उपस्थित होकर अभिवादन करना नमकख़्वारी एवं स्वामी-भक्ति के नियमों के विरुद्ध है। कोई अन्य उपाय न रहने पर घर सजाकर, अतिथि को सौंप देना तथा स्वयं पृथक हो जाना ही उचित है।" वह स्वयं तत्ता[4] एवं उच्च[5] के मार्ग से लाहौर पहुँचा।

मीर्ज़ा कामरान का क़न्धार पर पुनः अधिकार

(१३६) मीर्ज़ा कामरान ने एक मास तक उसे इस कारण अभिवादन की अनुमति न दी कि इतने दिन तक वह क्यों न रक्षा कर सका जब तक वह स्वयं पहुँच जाता। इधर-उधर के प्रबन्धों के बाद मीर्ज़ा कामरान व्यवस्था करके दूसरी बार क़न्धार पर आक्रमण के लिए रवाना हुआ।

१ कारख़ाना :—बादशाहों की व्यक्तिगत आवश्यकताओं से सम्बंधित विभाग।

२ तूशकख़ाना :—वह विभाग जहाँ तूशक (तोशक तथा तकिये) फ़र्श इत्यादि का प्रबन्ध होता था।

३ रिकाबख़ाना —वह विभाग जो भोजन का प्रबन्ध करता था।

४ थट्टा :—इसे तत्ता, थत्ता, तटटा, थट्टा, ठट्टा, एवं टट्ठा कई प्रकार से लिखा जाता था। यह २४°४५' उत्तर तथा ६७°५८' पूर्व में सिन्ध नदी के दायें तट पर पश्चिम में ७ मील पर और कराची से पूर्व में ५० मील पर स्थित है। यह सुम्मा क़बीले की राजधानी था। (*The Imperial Gazetteer of India*, XXIII, pp.254-256).

५ भावलपुर (पंजाब) की अहमदपुर नामक तहसील में २९°१४' उत्तर १°४' पूर्व, भावलपुर से ३८ मील दक्षिण-पूर्व में सतलज नदी के दक्षिणी तट पर। रैवर्टी के अनुसार यह मुल्तान के समीप भटिया नामक स्थान है। महमूद ग़ज़नवी ने इसे १००६ ई० में विजय कर लिया। सुल्तान मुइज़्ज़ुद्दीन मुहम्मद बिन साम के राज्यकाल में ऊपरी सिंध का यह मुख्य नगर था और नासिरुद्दीन क़ुबाचा यहाँ का हाकिम था। जलालुद्दीन ख़्वारिज़्म ने १२२३ ई० में इसे जलवा डाला किन्तु बाद में इल्तुतमिश ने इस पर अधिकार जमा लिया।

मीर्ज़ा हैदर को लाहौर के शासन-प्रबन्ध हेतु नियुक्त कर दिया। शाह तहमास्प, मीर्ज़ा के प्रस्थान के पूर्व बुदाग़ खां क़ाचार को, जो उसका एक प्रतिष्ठित अमीर था, क़न्धार का शासन सौंपकर जा चुका था। मीर्ज़ा कामरान ने वहाँ पहुँचकर क़न्धार का अवरोध कर लिया। बुदाग़ खां[1] क़िला समर्पित करके चल दिया। मीर्ज़ा ने क़न्धार पर अधिकार जमा लिया और उसकी प्रतिरक्षा का प्रबन्ध करके लाहौर वापस चला आया।

कोलियों द्वारा हुमायूं के शिबिर पर रात्रि में छापा

बात क्या हो रही थी और कहाँ पहुँच गई। यही उचित है कि इस ओर से उपेक्षा करके अपने उद्देश्य की ओर आकृष्ट हो जाऊँ।

संक्षेप में, जब हज़रत जहाँबानी थोड़े-से लोगों सहित खम्बायत में पड़ाव किए हुए थे तो मलिक अहमद लाड एवं रुक्न दाऊद ने, जो सुल्तान बहादुर के उच्च पदाधिकारियों में से थे और जिन्हें कोली बारह में बड़ी प्रतिष्ठा प्राप्त थी, उस भूभाग के कोलियों एवं गंवारों[2] से मिलकर निश्चय किया कि हज़रत जहाँबानी की सेना के साथ थोड़े-से लोग रह गये हैं, अतः अवसर से लाभ उठाकर रात्रि में छापा मारना चाहिये। वे लोग इस प्रस्तावानुसार तैयार हो गये। शाही प्रताप के उन्नति पर होने के कारण एक वृद्धा इस बात से अवगत हो गई और वह शाही शिविर के समीप पहुँची। उसने दरबार के एक विश्वास-पात्र से कहा कि, "एक आवश्यक बात है जिसे मैं स्वयं (हज़रत जहाँबानी) से कहना चाहती हूँ।" जब उसने अत्यधिक आग्रह किया और इस कारण कि सत्यता के चिह्न उसके ललाट पर दृष्टिगत थे, उसे पादशाह की सेवा में उपस्थित होने की अनुमति दे दी गई। उसने रात्रि के छापे की योजना के विषय में (हज़रत जहाँबानी) से निवेदन किया। हज़रत (जहाँबानी) ने पूछा कि, "निष्ठा के यह विचार तेरे हृदय में किस प्रकार आये ?" उसने निवेदन किया कि, "मेरा पुत्र शाही सेना के एक सेवक के पास बन्दी है। मेरी आकांक्षा है कि इस निष्ठा के बदले में, मैं उसे मुक्त करा लूं। यदि मेरी बात झूठ निकले तो मेरी तथा मेरे पुत्र की

१ शाह तहमास्प ने उसे तथा अपने पुत्र को पुनः हुमायूं के साथ क़न्धार की विजय हेतु भेजा। जब शाह के पुत्र की मृत्यु हो गई तो हुमायूं ने बुदाग़ खां को पराजित कर दिया और वह क़न्धार से भाग गया।

२ ब कोलियान व गवारानें आँ सरज़मीन क़रार दादन्द (بکولیان و گواران آن سر زمین قرار دادند)। इस वाक्य में गवारान शब्द की व्याख्या प्रायः इतिहासकार नहीं कर सके हैं। डा० ईश्वरी प्रसाद ने लिखा है, "The term Koli, meaning clansman, clubman or boatman, is applied to the middle classes of the military or predatory Hindus of Gujrat. The Gowars are not mentioned in the *Bombay Gazetteer* but they also seem to be a tribe akin to the Kolis. From the raid which they made upon the imperial camp it appears they were a wild tribe. They are mentioned along with Bhils." (*Bombay Gazetteer*, IX, pp. 237-239; *The Life and Times of Humayun*, पृ० ७७)। होडीवाला ने इस विषय पर विस्तार से टीका करके इस प्रकार लिखा है :—"Here as well as below at p. 193, note 5, the true reading is گنوار"। (होडीवाला, पृ० ४८८)।

हत्या कर दी जाय।" शाही आदेशानुसार उसके पुत्र को बुलवाया गया और दोनों पर "मुवक्किल[१]" नियुक्त कर दिये गए। सावधानी की दृष्टि से विजयी सेना को तैयार करके वे स्वयं पृथक् हो गए। जब सुबह होने वाली थी तो ५-६ हज़ार भीलों एवं गंवारों ने भाग्यशाली शिविर पर आक्रमण कर दिया। हज़रत जहाँबानी भाग्यशाली सेना सहित एक टीले पर पहुँच गए थे। गंवारों ने पहुँचकर शिविर को नष्ट करना प्रारम्भ कर दिया। अधिकांश उत्तम ग्रंथ, जो हज़रत जहाँबानी के आध्यात्मिक मुसाहिब[२] थे और जिन्हें वे सर्वदा अपने साथ रखते थे, नष्ट हो गये। उनमें सुल्तान अली[३] के हाथ का लिखा हुआ 'तीमूर नामा'[४] था जिसमें उस्ताद बेहज़ाद[५] ने चित्र बनाये थे और जो इस समय हज़रत शाहंशाह के पुस्तकालय में वर्त्तमान है।

संक्षेप में, थोड़ी देर बाद सौभाग्य के आकाश से कुशलता की ऊषा उदय हुई और वीर योद्धाओं ने इन विद्रोहियों की ओर अग्रसर होकर बाण द्वारा सभी अभागों को पराजित एवं छिन्न-भिन्न कर दिया। उस वृद्धा की सत्यता प्रमाणित हो गई और उसकी इच्छाओं की पूर्ति कर दी गई। पादशाही आतंक एवं वैभव उत्तेजित हो गया। खम्बायत के नष्ट-भ्रष्ट कर देने तथा जला डालने का आदेश दे दिया गया।

हुमायूं द्वारा चाम्पानीर का अवरोध

(१३७) तदुपरान्त हज़रत जहाँबानी सुल्तान बहादुर का पीछा करने का विचार त्यागकर शाही सेना सहित चाम्पानीर पहुँच गए और चार मास तक उस क़िले को घेरे रहे।

१ पहरेदार।

२ साथ रहते थे।

३ सुल्तान अली मशहदी, सुल्तान हुसेन मीर्ज़ा के दरबार का प्रतिष्ठित खुशनवीस था। उसने मीर्ज़ा एवं अली शेर नवाई के लिये बहुत से ग्रन्थ नक़ल किये थे। वह सुल्तान हुसेन मीर्ज़ा के लिये रोज़ाना ३० शेर और अली शेर नवाई के लिये २० शेर नक़ल किया करता था। (**बाबर नामा**, पृ० ५९५)।

४ अब्दुर्रहमान जामी के भागिनेय अब्दुल्लाह हातिफ़ी का **तीमूर नामा**, जो पद्य में है। यह मद्रास यूनीवर्सिटी से १९५८ ई० में प्रकाशित भी हो गया है। (आगे के पृष्ठों में **नफ़ायसुल मआसिर** का अनुवाद देखिये) उसका हिरात के जाम नामक नगर में जन्म हुआ और वहीं १५२१ ई० में उसकी मृत्यु हो गई। **तीमूर नामा** के अतिरिक्त उसने अन्य काव्यों की भी रचना की। डा० ईश्वरी प्रसाद के अनुसार **ज़फ़र नामा** (लेखक शरफ़ुद्दीन अली यज़्दी)। Ishwari Prasad : *The Life and Times of Humayun* 1955, p. 78। यद्यपि **ज़फ़र नामा** को **तीमूर नामा** भी कहा जाता था किन्तु अबुलफ़ज़्ल ने **तीमूर नामा** शब्द का प्रयोग किया है। विद्वान् लेखक ने अबुलफ़ज़्ल के वाक्य का अनुवाद इस प्रकार किया है : "Among these was the Timurnamah translated by Sultan Ali"। बेवरिज के अनुवाद में "Transcribed by Mulla Sultan Ali" है। (*Akbar Nama*, p. 311)। अबुलफ़ज़्ल के शब्द इस सम्बन्ध में बड़े स्पष्ट हैं, "ब खत्ते मुल्ला सुल्तान अली"। अनुवाद (translated by Sultan Ali) का कोई प्रश्न नहीं उठता।

५ वह भी सुल्तान हुसेन मीर्ज़ा के दरबार का बड़ा प्रतिष्ठित चित्रकार था। बाबर ने उसके विषय में लिखा है कि 'वह बिना दाढ़ी के चेहरे अच्छे न बनाता था। वह उस मांस को जो ठोड़ी के नीचे होता है बहुत बड़ा बना देता था। दाढ़ी वाले चेहरे वह बड़े ही उत्तम बनाता था'। (**बाबर नामा**, पृ० ५९५)।

इख़्तियार ख़ां ने, जो उस प्रदेश के नरियाद[1] नामक क़स्बे के क़ाज़ियों के वंश से था और अपनी योग्यता एवं कार्य कुशलता के कारण सुल्तान (बहादुर) का विश्वासपात्र हो गया था, क़िले की प्रतिरक्षा का घोर प्रयत्न किया। (शाही सेना द्वारा) इतनी देख-भाल[2] एवं सावधानी के बावजूद भी कभी-कभी पर्वत के दर्रों से, जहाँ वृक्षों की अधिकता एवं काँटेदार (झाड़ियों) की बहुतायत के कारण पैदल भी बड़ी कठिनाई से यात्रा हो सकती थी और जहाँ अश्वारोहियों का तो कोई प्रश्न ही न था, कुछ पहाड़ी लकड़हारे लाभ के लोभ में अनाज तथा घी-तेल अधिक मूल्य पर बेचने के लिए क़िले के नीचे ले जाते और क़िले वाले रुपया-पैसा[3] रस्सियों से लटकाकर सामान ऊपर खींच लेते थे। जब अवरोध में अधिक समय लग गया तो हज़रत जहाँबानी स्वयं क़िले के चारों ओर इस आशय से चक्कर लगाने लगे कि सम्भव है कि कोई ऐसा स्थान मिल जाय जहाँ से सेना प्रविष्ट हो सके। एक बार वे हानोल की ओर से, जो एक उद्यान था, सैर करते हुए आ रहे थे कि एक समूह जो अनाज तथा घी-तेल बेचकर आया था जंगल की ओर से निकलता हुआ दृष्टिगत हुआ। हज़रत जहाँबानी ने आदेश दिया कि "पता लगाया जाय कि ये लोग क्या करते हैं?" उन्होंने उत्तर दिया, "हम लकड़हारे हैं।" क्योंकि लकड़ी काटने का कोई सामान कुल्हाड़ी, कुठार इत्यादि उनके पास न था अतः उनकी बात पर विश्वास न किया गया। शाही आदेश हुआ कि जब तक वे सच-सच न बतायें उन्हें दंड से मुक्ति न दी जाय। विवश होकर जो सच बात थी, वह उन्होंने कह दी। आदेश हुआ कि आगे-आगे चलकर वे उस स्थान को दिखायें। हज़रत जहाँबानी ने जब उसे देखा तो वह ६०-७० गज़[4] ऊँचा और ऐसा सपाट निकला कि उसपर चढ़ना बड़ा कठिन था। शाही आदेशानुसार ७०-८० लोहे की बड़ी मोटी-मोटी कीलें लाई गईं। एक-एक गज़ की दूरी पर दायें और बायें पर्वत सरीखी दीवार में कीलें ठोंकी गईं और वीरों को आदेश हुआ कि उनके द्वारा पौरुष-के शिखर पर चढ़ जायें। ३९ व्यक्ति चढ़ चुके थे कि हज़रत (जहाँबानी) स्वयं चढ़ने के लिए बढ़े। बैराम ख़ां ने निवेदन किया कि, "आप इतनी प्रतीक्षा करें कि लोग और ऊपर चढ़ जायें, उस समय स्वयं चढ़ें।" यह कहकर वह स्वयं चढ़ने लगा। बैराम ख़ां के पीछे-पीछे हज़रत जहाँबानी स्वयं चढ़ने लगे। वे ४१वें थे। स्वयं खड़े होकर उन्होंने लगभग ३०० वीरों को इस फ़ौलादी सीढ़ी द्वारा और चढ़ा लिया।

चाम्पानीर पर विजय

(१३८) आदेश हुआ कि विजयी सेना- जो मोर्चों पर नियुक्त है क़िले पर आक्रमण कर दे। क़िले के भीतर वालों को इस घटना की सूचना न थी। वे बाहर वालों से युद्ध करने के लिए बढ़े और उन्होंने क़िले के कँगूरों से सिर निकाले ही थे कि अचानक इन ३०० वीरों ने पीछे से पहुँचकर बाणों की वर्षा द्वारा क़िले वालों को पूर्णतः विवश कर दिया।

१ **आईने अकबरी** के अनुसार अहमदाबाद सरकार में। अहमदाबाद के रेल के मार्ग पर यह एक स्टेशन भी है।
२ हुमायूं की सेना द्वारा।
३ मूल में 'ज़र'।
४ गज़ की लम्बाई निश्चित रूप से ज्ञात नहीं, सम्भवतः वह ३३ इंच लम्बा होता था।

जब अभागे शत्रुओं को यह ज्ञात हुआ कि हज़रत जहाँबानी स्वयं विजय के ज़ीनों पर चढ़ चुके हैं तो प्रत्येक किसी न किसी कोने में प्रविष्ट हो गया और विजय का नक़्क़ारा बजा दिया गया। इख़्तियार ख़ां जिस स्थान पर था वहाँ से एक अन्य ऊँचे स्थान पर पहुँच गया जिसे मूलिया[1] कहते थे और वहाँ जाकर शरण ले ली। दूसरे दिन उसे हानि न पहुँचाने का वचन देकर बुलवाया गया। अनुभव एवं शासन प्रबन्ध की योग्यता के साथ साथ उसे ज्ञान-विज्ञान, विशेष रूप से गणित एवं ज्योतिष, में बड़ी निपुणता प्राप्त थी और कविता तथा मुअम्मा[2] का भी उसे ज्ञान था। उसे शाही गोष्ठी में विद्वानों के साथ बैठने की अनुमति देकर सम्मानित किया गया और शाही कृपाओं द्वारा उसकी प्रतिष्ठा में वृद्धि की गई। वह राज्य की चौखट के विश्वास-पात्रों में सम्मिलित कर लिया गया। एक विद्वान् ने इस विजय की तिथि "अव्वल हफ़्तये माहे सफ़र"[3] के अक्षरों से निकाली।

अहमदाबाद में सुल्तान बहादुर द्वारा राजस्व की वसूली की व्यवस्था

जब गुजरात प्रदेश महेन्द्री नदी[4] तक (हज़रत जहाँबानी के) राज्य के अधिकारियों के अधीन हो गया और (नदी के) उस पार[5] कोई पदाधिकारी नियुक्त न हुआ तो उस क्षेत्र की प्रजा ने सुल्तान बहादुर को प्रार्थना-पत्र लिखा कि "राज्य का महसूल तैयार है और एक ऐसे आमिल[6] की आवश्यकता है जो तहसील-वसूल कर सके। अतः यदि कोई नियुक्त कर दिया जाय तो प्रजा राजस्व के अदा करने के कर्त्तव्य का पालन कर ले।" सुल्तान ने अपने सेवकों में से जिस किसी से भी इस विषय में कहा उसे मौन पाया। एमादुलमुल्क ने साहस से काम लेकर इस सेवा के विषय में इस शर्त पर प्रार्थना की कि राज्य-व्यवस्था की आवश्यकता की दृष्टि से वह जिस स्थान पर भी और जिसे भी जो कुछ प्रदान कर दे उसके विषय में उससे कोई पूंछ-ताँछ न की जाय। एमादुलमुल्क २०० अश्वारोहियों को लेकर अहमदाबाद की ओर रवाना हुआ। मार्ग में वह जिस व्यक्ति से भी परिचित था उसे कुछ न कुछ मवाजिब[7] लिखकर देता जाता था। जब वह अहमदाबाद पहुँचा तो उसके पास १०,००० अश्वारोही एकत्र हो गये। जिस किसी के पास भी दो घोड़े थे उसे वह एक लाख गुजराती देता जाता था। अल्प समय में ३० हज़ार व्यक्ति[8]

१ **आईने अकबरी** के अनुसार ऊपरी क़िला 'पावह' कहलाता था।

२ पहेली; कविता में किसी समस्या का समाधान।

३ सफ़र ९४३ हि० का प्रथम सप्ताह (२०-२७ जुलाई १५३६ ई०)।

४ इसे माही नदी भी कहते हैं।

५ पश्चिम की ओर।

६ कर अथवा राजस्व वसूल करने वाला।

७ अनुदान।

८ अश्वारोही।

इकट्ठा हो गये। जूनागढ़ का हाकिम[1] मुजाहिद ख़ां १०,००० अश्वारोहियों सहित उससे आकर मिल गया।

अबुलफ़ज़ल के शासन-प्रबन्ध सम्बन्धी विचार

उन दिनों हज़रत जहाँबानी चाम्पानीर की विजय तथा अपार धन-सम्पत्ति की प्राप्ति के कारण शाहाना जश्न करने में व्यस्त थे और सर्वदा "दो रोया" हौज़ के तट पर शाही जश्न एवं भोग-विलास की महफ़िलें आयोजित किया करते थे। शासन-प्रबन्ध की शर्तों में सबसे महत्वपूर्ण शर्त यह है कि विशेष सेवकों एवं दरबार के निकट रहने वाले मुलाजिमों के लिए कुछ अधिनियम निश्चित कर दिये जायें और प्रत्येक समूह में किसी न किसी सावधान बुद्धिमान् को इस आशय से नियुक्त कर दिया जाय कि वह उठते-बैठते चलते-फिरते एवं आते-जाते इस समूह के विषय में सचेत रहे और उन्हें बुरी संगत में पड़ने से जो विनाशकारी कल्पनाओं की जन्मदात्री[2] हैं, बचाये रक्खे विशेष रूप से ऐसे अवसरों पर जब कि युग का बादशाह अत्यधिक व्यस्त होने के कारण साधारण (१३९) बातों की ओर ध्यान न दे सकता हो। इतने ही को पर्याप्त न समझना चाहिये अपितु सच्चे एवं चरित्रवान् गुप्तचरों को भी नियुक्त करना चाहिये ताकि वे जो बात सत्य हो तथा इस समूह की वास्तविक अभिलाषाओं को सौभाग्य के कानों तक पहुँचाते रहें अन्यथा साहसहीन लोग अधिक दिन सेवा कर लेने के कारण शाही ऐश्वर्य की ओर बहुत कम ध्यान देने लगते हैं। विश्वासपात्र होने का नशा उनके होश-हवास को छीनकर उन्हें स्थायी विनाश के गर्त में गिरा देता है। फलतः बड़े-बड़े षड्यंत्र उठ खड़े होते हैं। यह बात इस समय स्पष्ट हो गई[3]।

४०० सैनिकों का दक्षिण पर आक्रमण

इसका विस्तृत उल्लेख इस प्रकार है कि उस बीच जब कि परोक्ष से प्राप्त विजयों की ख़ुशी में नित्य-प्रति जश्न हो रहे थे, कुछ साहसहीन तथा स्वभाव के खोटों, जो अपने सौभाग्य से सम्मानित दरबार में प्रविष्ट हो गये थे यथा किताबदार[4], सिलहदार[5], दवातदार[6] इत्यादि, ने संगठित होकर हानोल[7] नामक उद्यान में, जहाँ के फूलों की सुगंधि नई उत्तेजना[8] उत्पन्न कर देती थी, और जहाँ की वायु जमे हुए रक्त में स्पन्दन पैदा कर देती थी, जाकर सुराही एवं प्याले की गोष्ठी

१ प्रान्त का गवर्नर।

२ मूल में 'माता-पिता'।

३ इस स्थान पर अबुलफ़ज़ल ने पुनः प्राचीन सेवकों की निन्दा की है।

४ पुस्तकालय का प्रबन्ध करने वाले।

५ अस्त्र-शस्त्र का प्रबन्ध करने वाले।

६ दावात-क़लम अथवा लेखन सामग्री की व्यवस्था करने वाले।

७ वर्त्तमान क़स्बे से चार मील दूर।

८ मूल पुस्तक में 'जुनून' अथवा पागलपन किन्तु यहाँ उत्तेजना से तात्पर्य है।

आयोजित कर दी[1]। मदिरा के नशे में बुद्धि एवं होश को लुटाकर "ज़फ़र नामा[2]" नानक ग्रंथ खोल कर हज़रत साहब क़िरानी की प्रारम्भिक विजयों का उल्लेख पढ़ने लगे कि किस प्रकार वे अपने ऐश्वर्य की बहार के प्रारम्भ में अपने चालीस निष्ठावानों को अपने साथ रखते थे। एक दिन उन्होंने प्रत्येक से दो-दो वाण लेकर उन्हें एक स्थान पर बाँधा और प्रत्येक को वह गट्ठर इस आशय से दे दिया कि वह उसे तोड़े। उन लोगों न उस गट्ठर को अपने ज़ानू पर रखकर बड़ा ज़ोर लगाया किन्तु उसपर कोई प्रभाव न हुआ। जब उन वाणों को खोलकर प्रत्येक को दो-दो बाण बाँट दिए तो हर एक ने बाणों को तोड़ डाला। हज़रत (साहब क़िरानी) ने कहा, "हम ४० आदमी हैं। यदि हम बाणों के इस गट्ठर के समान संगठित रहें तो विजय हमारी सेवा में उपस्थित रहेगी।" इन सद्‌भावनाओं एवं उच्च विचारों को लेकर उन्होंने देशों की विजय प्रारम्भ की थी[3]।

उन असावधान मर्खों ने इस घटना को सुनकर इस बात पर ध्यान न दिया कि उन ४० व्यक्तियों में से प्रत्येक दैवी सहायता के कारण एक सेना के बराबर था। केवल बाह्य अनुरूपता पर ध्यान देकर वे सर्वनाश तक पहुँचाने वाली कल्पनाओं का शिकार हो गये। जब उन्होंने अपने आप को गिना तो ४०० निकले। अपने पागलपन तथा अपनी असावधानी के कारण इस संयोग पर यह समझे कि '४०० की शक्ति तो और भी अधिक होगी' अतः दकिन[4] विजय का संकल्प करके उस बदमस्ती में मृत्यु के ऊबड़-खाबड़ मार्ग की यात्रा करने लगे। दूसरे दिन इन विश्वासपात्रों की बड़ी खोज कराई गई किन्तु किसी का कोई पता न चला। अन्त में उनके कुत्सित विचारों की सूचना मिल गई और १००० आदमी बन्दी बनाने के लिए भेजे गए। अल्प समय में उन अभागे लोगों को जिनकी मौत आ चुकी थी बन्दी बनाकर शाही दरबार में पहुँचाया गया।

सैनिकों को दंड

उस दिन मंगलवार था। हज़रत जहाँबानी, मंगलग्रह की अनुरूपता[5] के कारण लाल वस्त्र धारण किए हुए क्रोध एवं कोप के सिंहासन पर आरूढ़ थे। अपराधियों के समूह लाये जाते थे और (१४०) प्रत्येक समूह के लिए उसके भाग्य के लिखे तथा पूर्ण न्यायानुसार आदेश दिये जाते थे। कुछ

१ मदिरापान प्रारम्भ कर दिया।

२ **ज़फ़र नामा :** लेखक शरफ़ुद्दीन अली यज़्दी। उसका जन्म यज़्द में हुआ था। उसकी मृत्यु १४५४ ई० में हुई। **ज़फ़र नामा** दो भागों में कलकत्ते से प्रकाशित हो चुका है। हिन्दुस्तान में मुग़लों के समय में इस ग्रन्थ को बड़ी प्रसिद्धि प्राप्ति हुई और प्रत्येक वर्ग के लोग इसका अध्ययन करते थे। अबुलफ़ज़ल ने राजनीति की शिक्षा में इस ग्रन्थ को बड़ा महत्वपूर्ण बताया है। तीमूर के हिन्दुस्तान पर आक्रमण से सम्बन्धित अनुवाद के लिये देखिये, रिज़वी : **तुग़लुक़ कालीन भारत** भाग २, पृ० २४१-२७२।

३ **ज़फ़र नामा** के कलकत्ते के संस्करण में इस कहानी का उल्लेख नहीं किन्तु इस बात की चर्चा है कि तीमूर के चालीस साथी थे। (**ज़फ़र नामा** भाग १, पृ० ७५)। सम्भवतः अबुलफ़ज़ल के पास जो हस्तलिपि थी, उसमें इस कहानी का उल्लेख हो। इस प्रकार के अन्तर हस्तलिपियों में प्रायः मिलते हैं।

४ दक्षिण।

५ इस सम्बन्ध में आगे के पृष्ठों में **क़ानूने हुमायूनी** (लेखक ख्वान्दमीर) का अनुवाद देखिये।

के हाथ बंधवाकर पर्वत रूपी हाथियों के पाँव के नीचे कुचलवा दिया जाता था। अनुशासन की रेखा के बाहर सिर निकालने के अपराध में कुछ के शरीर को सिर के भार से मुक्त कर दिय जाने का आदेश दिया गया[१]। ऐसे समूह, जिन्हें हाथ-पाँव की सुध-बुध न थी और कुत्सित विचारों से प्रेरित होकर हाथ मारने लगे थे, बिना हाथ-पाँव के कर दिये गए।[२] जो समूह स्वेच्छाचार के कारण शाही आदेशों पर कान न धरता था, उसने अपने नाक-कान अपने स्थान पर न पाये। जो समूह अपनी अंगुली की नोक अपराध के अक्षरों पर रखने लगा था, उसे अंगुली के चिह्न, मुट्ठी में न मिले।[३]

इमाम को दंड

इस घटना के उपरान्त सायंकाल की नमाज़ का समय आ गया। इमाम ने जो मूर्खता से शून्य न था, प्रथम रकात[४] में अलम तरा कैफ़[५] का सूरा पढ़ा। सलाम[६] के उपरान्त शाही आदेश हुआ कि इमाम को हाथी के पाँव के नीचे डलवा दिया जाय कारण कि उसने जान बूझकर फ़ील[७] का सूरा संकेत के उद्देश्य से पढ़ा है और इस न्याय को अत्याचार बता कर एक अशुभ बात[८] कही है। मौलाना मुहम्मद परग़ली ने निवेदन किया कि, "यह इमाम क़ुरान का अर्थ नहीं समझता।" किन्तु क्रोध की अग्नि के अत्यधिक प्रज्वलित होने के कारण उसने क्रोध से भरे हुए वाक्य के अतिरिक्त उत्तर में कुछ न सुना। कुछ समय उपरान्त जब इमाम की सरलता, पवित्र हृदय में प्रतिबिम्बित हुई और क्रोध की अग्नि शान्त हुई तो वे अत्यधिक पश्चाताप प्रकट करके रात भर रोते तथा विलाप करते रहे।

एमादुलमूल्क की पराजय

इस कार्य को पूरा कर लेने के बाद तरदी बेग खां को चाम्पानीर में छोड़कर विजयी पताकायें अहमदाबाद की ओर रवाना हुईं और महेन्द्री नदी पर पड़ाव किया गया। एमादुल-

१ सिर कटवाने का आदेश दिया गया।
२ हाथ पाँव कटवा डाले गये।
३ अर्थात् सब की हत्या करा दी गई या हाथ-पाँव कटवा लिये गये अथवा अन्धा बनवा दिया गया।
४ नमाज़ के लिये खड़े होकर, क़ुरान से कुछ पढ़ने के उपरान्त घुटनों के बल झुकना फिर खड़ा होना, सिज्दा करना और सिज्दा करके खड़ा होना—यह पूरी क्रिया एक रकात कहलाती है।
५ क़ुरान में विभिन्न सूरे हैं। अलम तरा कैफ़ के सूरे में यमन के बादशाह अबरहा के क़िस्से का उल्लेख है जिसने हज़रत मुहम्मद के जन्म के वर्ष (५७१ ई०) मक्का पर हाथियों की एक सेना लेकर आक्रमण किया किन्तु ईश्वर के आदेश से पक्षियों ने कंकरियाँ मार-मारकर सेना को भगा दिया। यह संक्षिप्त सूरा इस प्रकार है: "हे रसूल क्या तुमने नहीं देखा कि तुम्हारे ईश्वर ने हाथी वालों के साथ क्या किया? क्या उसने उनकी समस्त योजनाओं का खंडन नहीं कर दिया? (अवश्य) और उन पर झुन्ड के झुन्ड पक्षी भेज दिये जो उन पर खरंजों की कंकरियाँ फेंकते थे तो उन्हें चबाये हुए भुस की भाँति नष्ट कर दिया"; (सूरा १०५)।
६ नमाज़ की अन्तिम क्रिया।
७ हाथी का सूरा; "अलम तरा कैफ़" के सूरे को सूरये फ़ील भी कहा जाता है।
८ मूल में "फ़ाल"–शकुन। हुमायूँ का शकुन पर बड़ा विश्वास था। उसने हिन्दुस्तान में सिंहासनारूढ़ होने से पूर्व ही इस प्रकार के शकुनों को महत्व देना प्रारम्भ कर दिया था। (देखिये ख्वन्दमीर: **क़ानूने हुमायूनी**)।

मुल्क[१] भी धृष्टता प्रदर्शित करते हुए आगे बढ़ा। प्रत्येक पड़ाव से जब शाही सेना प्रस्थान करती तो वह भी प्रस्थान करता। नरियाद क़स्बे तथा महमूदाबाद[२] के मध्य में मीर्ज़ा अस्करी से, जो शाही सेना के अग्र भाग में था और कुछ मंज़िल आगे जा रहा था, उसका मुक़ाबला हो गया तथा घोर युद्ध हुआ। मीर्ज़ा की पराजय होने वाली थी कि यादगार नासिर मीर्ज़ा, क़ासिम हुसेन ख़ां तथा हिन्दू बेग एक बहुत बड़ी सेना सहित पहुँच गए और ऐश्वर्य की पताका फहराकर वैभवशाली शाही सेना के आगमन का समाचार शत्रुओं के कानों तक पहुँचाया और यह प्रसिद्ध किया कि 'सम्मानित सेना आ गई'। यह बात कहते ही और इस आवाज़ के शत्रुओं के कानों में पहुँचते ही यादगार नासिर मीर्ज़ा को तत्काल विजय प्राप्त हो गई तथा शत्रु पराजित हो गए। यादगार नासिर मीर्ज़ा सब के आगे था अतः युद्ध का अधिक बोझ उसी पर पड़ा। शत्रुओं की ओर से आलम ख़ां लोदी एवं कुछ अन्य लोगों ने घोर विरोध किया, फलस्वरूप एमादुलमुल्क अपने आधे प्राण सुरक्षित ले जा सका। शुजाअत ख़ां का पिता दरवेश मुहम्मद क़राशेर उस युद्ध में शहीद[३] हो गया। इसी बीच में शाही पताकाओं की चमक-दमक दृष्टिगत हुई और विजय पर विजय मिलती गई। जिस समय हज़रत (जहाँबानी) की पवित्र सेना पहुँची ३ हज़ार से अधिक तथा ४ हज़ार से कम शत्रु (१४१) मारे जा चुके थे। हज़रत जहाँबानी ने ख़ुदावन्द ख़ां[४] से पूछा, "युद्ध की कोई अन्य शंका रह गई है अथवा नहीं?" उसने उत्तर दिया, "यदि वह सफ़ेद दाग़ वाला दास अर्थात् एमादुलमुल्क स्वयं इस युद्ध में रहा होगा तो युद्ध का अन्त हो गया और यदि वह स्वयं इस युद्ध में न रहा होगा तो एक अन्य झड़प की सम्भावना है।" इस बात का पता लगाने के लिये कुछ लोग नियुक्त हुए। दो घायलों से जो लाशों में अधमरे पड़े थे पता चला कि यह युद्ध एमादुलमुल्क के नेतृत्व में हुआ था। दूसरे दिन सम्मानित सेना ने प्रस्थान करके आगे पड़ाव किया। मीर्ज़ा अस्करी भी भाग्यशाली सेनाओं के साथ उसी प्रकार आगे-आगे प्रस्थान करने लगा। जब काँकरिया[५] हौज़ के इस ओर भाग्यशाली सेनाओं का पड़ाव हुआ तो मीर्ज़ा अस्करी ने निवेदन किया कि, "यदि पूरा लश्कर नगर में प्रविष्ट हो जायगा तो सर्वसाधारण को बड़ा कष्ट पहुँचेगा।" शाही आदेश हुआ कि यसावल[६] लोग नगर के प्रत्येक द्वार पर खड़े हो जायें और मीर्ज़ा अस्करी तथा उसके आदमियों के अतिरिक्त किसी को भीतर प्रविष्ट न होने दें।

१ मीर्ज़ा हैदर ने **तारीख़े रशीदी** में इसकी बड़ी निन्दा की है; वह भी चौसा में डूब गया था।

२ अहमदाबाद के दक्षिण-पूर्व में और नरियाद से ११ तथा अहमदाबाद से १० मील दूर।

३ **अकबर नामा** में शहीद शब्द का प्रयोग साधारण अर्थ से पूर्णतः भिन्न है। साधारण रूप से इस्लाम के लिये युद्ध करते हुए मारा जाने वाला शहीद कहलाता था किन्तु अबुलफ़ज़्ल मुग़ल बादशाहों की ओर से मारे जाने वालों को शहीद समझता था चाहे वे मुसलमानों से युद्ध करते हुये मारे जायें और चाहे हिन्दुओं से।

४ ख़ुदावन्द ख़ाँ वज़ीर, रूमी ख़ां नहीं।

५ यह अहमदाबाद के उत्तर में है। इसे 'हौज़े क़ूत' भी कहते हैं और १४५१ ई० में इसका निर्माण हुआ था। यह ७२ एकड़ की परिधि में था। (*Bombay Gazetteer*, IV, p. 17).

६ निम्न वर्ग के अधिकारी जो चोबदार के समान समाचार लाने, प्रतिरक्षा एवं दरबार में अनुशासन रखने का कार्य करते थे; पहरेदार।

गुजरात का शासन-प्रबन्ध

वहाँ से प्रस्थान करके जब वे सरकीज[१] के समीप, जो एक बड़ा हृदयग्राही स्थान है, पहुँचे तो तीसरे दिन अपने कुछ विश्वस्त दरबारियों सहित नगर के भ्रमण हेतु रवाना हुए। तदुपरान्त गुजरात के शासन-प्रबन्ध की ओर ध्यान देकर उचित प्रबन्ध किया। हिन्दू बेग को एक भारी सेना सहित इस आशय से नियुक्त किया गया कि जिस स्थान पर भी कुमक की आवश्यकता हो, वह वहाँ पहुँच जाय। मीर्ज़ा यादगार नासिर को पटन[२] तथा क़ासिम हुसेन सुल्तान[३] को बरौच[४], नौसारी[५] और सूरत[६] का बन्दरगाह प्रदान किया। दोस्त बेग ईशक आक़ा को खम्बायत एवं बरोदा[७] दिए गए। महमूदाबाद, मीर बूचका बहादुर[८] को प्रदान किया गया।

आगरा तथा मालवा में विद्रोह

जब गुजरात के मामले सुव्यवस्थित हो गए तो हज़रत जहाँबानी स्वयं बन्दरदीप की ओर रवाना हुए। जिस समय सम्मानित सेना दन्दूक़ा[९] को, जो अहमदाबाद से ३० कुरोह[१०] पर है, पार कर चुकी तो राजधानी आगरा से निष्ठावानों के इस आशय के प्रार्थना-पत्र प्राप्त हुए कि "चूंकि सम्मानित पताकायें राजधानी से बड़ी दूर हो गई हैं अतः इस क्षेत्र के विद्रोही बग़ावत एवं उपद्रव का सिर बुलन्द कर षड्यंत्र के हाथ फैलाने लगे हैं।"[११] मालवा से भी दूतों ने आकर कहा

१ अहमदाबाद से लगभग ५ मील पर।

२ बड़ौदा में २३°५१' उत्तर तथा ७२°१०' पूर्व में जो पहिले अन्हिलवाड़ा कहलाता था।

३ उसका नाम क़ासिम हुसेन ऊज़बेक था। उसे क़ासिम सुल्तान, क़ासिम ख़ां एवं क़ासिम हुसेन कई प्रकार से लिखा गया है। वह सुल्तान हुसेन बाइक़रा की एक पुत्री का पुत्र था।

४ २१°२५' तथा २२°१५' उत्तर और ७२ ३१' तथा ७३ १०' पूर्व जिसके उत्तर में माही नदी बहती है और इसे कैम्बे (खम्बायत) से पृथक् करती है। इसके पूर्व तथा दक्षिण-पूर्व में बड़ौदा एवं राजपीपला, दक्षिण में कीम नदी है जो उसे सूरत से पृथक करती है। पश्चिम में खम्बायत (कैम्बे) की खाड़ी है। (*The Imperial Gazetteer of India*, IX, p. 18).

५ बड़ौदा में २०°५७' उत्तर तथा ७२°५६' पूर्व में बम्बई से १४७ मील पर। यह बड़ा ही प्राचीन क़स्बा है और टोलमी के भूगोल में इसका उल्लेख नसरिपा के नाम से हुआ है। ईरान में मुसलमानों की धर्मान्धता से तंग आकर वहाँ के जरतश्ती (पारसी) पर्याप्त संख्या में नौसारी पहुँचे और यहीं निवास करने लगे। (*The Imperial Gazetteer of India*, XVIII, p. 425).

६ २१°१२' उत्तर तथा ७२°५०' पूर्व, ताप्ती नदी के दक्षिणी तट पर स्थित है और बम्बई का एक ज़िला है।

७ बड़ौदा राज्य २०°४५' तथा २४°९' उत्तर और ७०°४२' तथा ७३°५९' पूर्व में स्थित था। बड़ौदा नगर २२°१८' उत्तर तथा ७३°१५' पूर्व में बम्बई से २२४½ मील पर तथा अहमदाबाद से ६१½ मील पर दक्षिण पूर्व में दक्षिण की ओर स्थित है। (*The Imperial Gazetteer of India*, VII, pp. 25, 81).

८ इसे (बचका) भी लिखा गया है।

९ अहमदाबाद की दक्षिण-पश्चिम दिशा की ओर।

१० कोस।

११ अर्थात् विद्रोह एवं षड्यंत्र करने लगे हैं।

कि "सिकन्दर खां तथा मल्लू खां ने विद्रोह कर दिया है और सरकार हंडिया के जागीरदार मेहतर जम्बूर पर आक्रमण कर दिया गया है। वह अपनी धन-सम्पत्ति को लेकर उज्जैन चला गया है। समस्त सैनिक जो इस प्रदेश में इधर-उधर नियुक्त थे उज्जैन में एकत्र हो गये हैं। षड्यंत्रकारियों के बहुत बड़े समूह ने उस नगर का अवरोध कर लिया है। दरवेश अली किताबदार[1], (१४२) उज्जैन का हाकिम बन्दूक द्वारा आहत होकर मृत्यु को प्राप्त हो गया है। शेष जो लोग क़िले में घिरे हुए थे, उन्होंने यह वचन लेकर कि उन्हें कोई हानि न पहुँचाई जायगी, अधीनता स्वीकार कर ली है।"

हुमायूं का मालवा पहुँचना

हज़रत जहाँबानी ने तदनुसार यह निश्चय किया कि लौटकर कुछ समय तक मालवा में रहें और मन्दू को राजधानी बनाये रहें ताकि मालवा भी विद्रोहियों से मुक्त हो जाय और गुजरात की विलायत भी, जो हाल ही में विजय हुई है, सुव्यवस्थित हो जाय और षड्यंत्र एवं अशान्ति की जो अग्नि राजधानी के उपान्त में भड़क उठी है वह बुझ जाय। तदनुसार उन्होंने गुजरात मीर्ज़ा अस्करी एवं अमीरों के एक समूह को सौंपकर, वापसी के लिए लगाम मोड़ी और खम्बायत में पड़ाव किया। वहाँ से वे बरोदा, बरौंच, और वहाँ से सूरत होते हुए, आसेर[2] तथा बुरहानपुर[3] पहुँचे। ७ दिन तक बुरहानपुर में ठहरे रहे। तदुपरान्त वहाँ से प्रस्थान किया और आसीर के क़िले की बग़ल से होते हुए, मन्दू में भाग्यशाली शिविर लगवाये। षड्यंत्रकारियों में से प्रत्येक भाग्यशाली पताकाओं की वापसी के केवल समाचार मात्र व्याकुल होकर किसी न किसी कोने में छिप गया। मालवा की जल-वायु हज़रत (जहाँबानी) को बड़ी अनुकूल सिद्ध हुई। उन्होंने भाग्यशाली सेना के अधिकांश सेवकों को उस विलायत का जागीरदार नियुक्त कर दिया तथा सफलता एवं इच्छाओं की पूर्ति के द्वार संसार वालों के लिए खोल दिये।

मीर्ज़ा अस्करी का विद्रोह के विचारों के कारण गुजरात त्यागना

अमीरों द्वारा विद्रोह

जो सम्मानित व्यक्ति ईश्वर की देन एवं सौभाग्य का मूल्य न समझकर कृतघ्नता प्रदर्शित करता है वह अपने हाथ में, अपने पाँव में कुल्हाड़ी मारता है और अपने ही कार्यों से विनाश के नर्क में गिर पड़ता है। इस तथ्य का प्रमाण मीर्ज़ा अस्करी तथा गुजरात के अमीरों का व्यवहार है। वे अपने दुस्साहस के कारण साधारण सी सफलता-उपरान्त विद्रोह के विचारों में लीन

१ पुस्तकालयाध्यक्ष।

२ निमर ज़िले की बुरहानपुर तहसील में २१°२८' उत्तर तथा ७६°१८' पूर्व खंडवा से २६ मील पर। सतपुड़ा की पहाड़ी शृंखला पर भूमि से ८५० फ़ीट तथा समुद्र के धरातल से २२८३ फ़ीट है। (*The Imperial Gazetteer of India*, VI, p. 12).

३ २१°१८' उत्तर तथा ७६°१४' पूर्व में निमर ज़िले की एक तहसील। (*The Imperial Gazetteer of India*, IX, p. 104).

रहने लगे। अनुचित प्रकार से जीवन व्यतीत करने के कारण सर्वप्रथम आपस में विरोध की धूल उड़ाने लगे और शत्रुता की आँधी ने उनकी दशा को अंधकारमय बना दिया। इस प्रकार लगभग ३ मास व्यतीत हो जाने पर वे षड्यंत्र रचने लगे। ख़ाने जहाँ शीराज़ी तथा रूमी ख़ां (जिसका नाम सफ़र था और जिसने सूरत के क़िले का निर्माण कराया था) ने संगठित होकर नौसारी की विलायत पर, जो क़ासिम हुसेन ख़ां ऊज़बेक के सम्बन्धी अब्दुल्लाह ख़ां के अधीन थी, अपना अधिकार जमा लिया। अब्दुल्लाह ख़ां उस क्षेत्र को छोड़कर बरौंच पहुँचा। इसी बीच में उन लोगों ने सूरत के बन्द्ररगाह पर भी अधिकार जमा लिया। ख़ाने जहाँ स्थल मार्ग से बरौंच की ओर रवाना हुआ। रूमी ख़ां समुद्र के मार्ग से युद्ध के जहाज़ों पर सवार होकर तोप-बन्दूक़ सहित बरौंच पहुँचा। क़ासिम हुसेन ख़ां के हाथ-पाँव फूल गए और वह चाम्पानीर और वहाँ से मीर्ज़ा अस्करी (१४३) तथा हिन्दू बेग के पास अहमदाबाद कुमक की प्रार्थना करने पहुँचा। सैयिद इस्हाक़ ने, जिसे सुल्तान बहादुर द्वारा शिताब ख़ां की उपाधि प्राप्त थी, खम्बायत को अधिकार में कर लिया। यादगार नासिर मीर्ज़ा, अस्करी मीर्ज़ा के बुलवाने पर पटन से अहमदाबाद पहुँचा। दरिया ख़ां तथा मुहाफ़िज़ ख़ां रायसेन से निकलकर सुल्तान के पास दीप जा रहे थे कि पटन को ख़ाली पाकर उन्होंने उस पर अधिकार जमा लिया। पारस्परिक असहयोग एवं अल्पदर्शिता के कारण यह दुर्दशा हो गई कि यादगार नासिर मीर्ज़ा का एक सेवक ग़ज़न्फ़र[1] ३०० अश्वारोहियों सहित सुल्तान बहादुर की सेवा में चला गया और उसे आक्रमण हेतु प्रेरित किया[2]।

सुल्तान बहादुर द्वारा आक्रमण

सुल्तान बहादुर के निष्ठावानों के पत्र उसके पास निरन्तर आते रहते थे। यहाँ तक कि सुल्तान बहादुर अहमदाबाद की ओर रवाना हुआ और शीघ्रातिशीघ्र सरकीज पहुँचकर पड़ाव किया। अस्करी मीर्ज़ा, यादगार नासिर मीर्ज़ा, हिन्दू बेग तथा क़ासिम हुसेन ख़ां ने लगभग २०,००० अश्वारोहियों सहित असावल[3] के पीछे सुल्तान (बहादुर) का मुक़ाबला किया। तीन दिन तथा तीन रात तक मुक़ाबला होता रहा। इस कारण कि वे न तो हज़रत जहाँबानी के प्रति निष्ठावान् थे और न उनके विचार ही शुद्ध थे अतः अंधकारमय विचारों एवं अशुद्ध कल्पनाओं के कारण युद्ध किए बिना चाम्पानीर की ओर चल दिए और नाना प्रकार की तबाही प्रकट हुई।

नमक ख़ाना तथा ख्वान पर प्याले को तोड़ डालना, कृतज्ञता प्रकट करने में कमी करना और उचित सेवा न करना, निःसन्देह ऐसे ही दिन दिखाता है। ईश्वर को धन्य है! मैं यह स्वीकार करता हूँ कि निष्ठावान् हृदय एक ऐसा अनमोल मोती है जो नश्वर संसार में बहुत कम प्राप्त होता है किन्तु सूझ-बूझ एवं साधारण व्यवहार जो इस (संसार के बाज़ार में) प्रत्येक स्थान पर प्राप्त है, किस कारण हाथ से खो दिए जायें?

१ महदी क़ासिम ख़ां का भाई तथा मीर्ज़ा अस्करी का कोका।

२ अहमदाबाद में।

३ सरकीज के समीप।

मीर्ज़ाओं का चाम्पानीर पहुँचना

संक्षेप में, सुल्तान बहादुर का, जिसे सहस्त्रों संकोच थे, साहस बढ़ गया और वह उनका पीछा करता हुआ रवाना हुआ। सैयिद मुबारक बुख़ारी सुल्तान (बहादुर) की सेना के अग्र भाग में था। वह शाही सेना के समीप पहुँच गया। यादगार नासिर मीर्ज़ा ने, जो शाही सेना के पीछे के भाग में था, पलटकर वीरता-पूर्वक युद्ध किया और सुल्तान बहादुर की सेना के अग्र भाग के बहुत से लोगों की हत्या कर दी। मीर्ज़ा के हाथ में घाव लगा। शत्रु (की सेना) महमूदाबाद में ठहर गई। मीर्ज़ा[1] वापस होकर मुख्य सेना में मिल गया। क्योंकि मीर्ज़ा अस्करी हताश हो चुका था, अतः उसने अपने मार्ग की महेन्द्री नामक नदी को निःसंकोच पार किया। बहुत से सैनिकों की जीवन-सामग्री मौत के सैलाब में बह गई। सुल्तान (बहादुर) भी महेन्द्री नदी के तट तक आया। मीर्ज़ा (अस्करी) जब चाम्पानीर पहुँचा तो तरदी बेग ख़ां ने आतिथ्य का प्रबन्ध किया और अपने स्थान पर लौट गया।

तरदी बेग ख़ां के विरुद्ध षड्यंत्र

दूसरे दिन मीर्ज़ाओं ने षड्यंत्र के विचार से तरदी बेग ख़ां के पास सन्देश भेजा कि, "हम बड़ी दुर्दशा को प्राप्त हो चुके हैं और लश्कर की हालत बड़ी शोचनीय है। क़िले के ख़ज़ानों में से थोड़ा-सा धन सहायतार्थ हमारे लिए भेज दो ताकि सेना को दे दें और जब यहाँ वे दम ले (१४४) लें तो शत्रु के विनाश हेतु प्रस्थान करें। मन्दू, जहाँ सम्मानित शिविर है, दूत ६ दिन में पहुँचते हैं। हम लोग वहाँ प्रार्थना-पत्र प्रेषित कर रहे हैं।" तरदी बेग ख़ां ने यह बात स्वीकार न की। मीर्ज़ाओं ने उसे इस आशय से बन्दी बनाने के विषय में परामर्श किया कि समस्त ख़ज़ाने पर अधिकार जमा लें और मीर्ज़ा अस्करी को सुल्तान बना दें। यदि (सुल्तान बहादुर) पर विजय प्राप्त हो जाती है तो अच्छा है अन्यथा हज़रत जहाँबानी को मालवा की जल-वायु अच्छी लगने लगी है और राजधानी आगरा ख़ाली है, अतः हम उस ओर रवाना हो जायेंगे। तरदी बेग ख़ां क़िले से उतर कर मीर्ज़ाओं की सेवा में जा रहा था कि उसे इसकी सूचना हो गई। वह वापस होकर क़िले में चला गया और किसी को मीर्ज़ा के पास भेजकर कहलाया कि, "आप लोगों का यहाँ रहना उचित नहीं"। मीर्ज़ाओं ने संदेश भेजा कि, "हम जा रहे हैं। तू आजा कि विदा हो लें और कुछ बातें करके चले जायें।" उसे उन लोगों के षड्यंत्र का ज्ञान था अतः उसने उचित उत्तर भेज दिये। दूसरे दिन उसने (उनपर) तोप चलवा दी।

मीर्ज़ाओं का चाम्पानीर से प्रस्थान, सुल्तान बहादुर द्वारा चाम्पानीर पर अधिकार

मीर्ज़ा लोग षड्यंत्र के विचार से वहाँ से प्रस्थान करके करजी[2] घाट के मार्ग से राजधानी

१ यादगार नासिर मीर्ज़ा।

२ बेवरिज ने लिखा है कि इस स्थान का पता नहीं चल सका है। (बेवरिज, पृ० ३२१)। **मिरआते सिकन्दरी** में इस नाम का कई स्थानों पर उल्लेख हुआ है। होडीवाला के अनुसार यह बांसवाला के पूर्व में है। (होडीवाला, पृ० ५६६)।

आगरा की ओर रवाना हुए। जब तक विजयी सेना[1] चाम्पानीर के क्षेत्र में थी सुल्तान (बहादुर) ने महेन्द्री नदी, जो चाम्पानीर से १५ कुरोह[2] पर है, न पार की। जब उसे मीर्ज़ाओं की वापसी एवं आगरा की ओर षड्यंत्र के उद्देश्य से प्रस्थान के समाचार प्राप्त हुए तो वह नदी पार करके चाम्पानीर के विरुद्ध पहुँचा। तरदी बेग खां क़िले की दृढ़ता एवं क़िले की रक्षा की सामग्री के उपलब्ध होने के बावजूद क़िला छोड़कर कुशलता के मार्ग पर अग्रसर हुआ और मन्दू में अभिवादन करके सम्मानित हुआ तथा मीर्ज़ाओं के षड्यंत्र के विषय में निवेदन किया।

हुमायूं का आगरा की ओर प्रस्थान एवं मीर्ज़ाओं को क्षमा करना

हज़रत जहाँबानी ने इस भय से कि कहीं मीर्ज़ा लोग संयम के मार्ग से निकलकर राजधानी की ओर उससे पहिले ही न पहुँच जायें, चित्तौड़ के मार्ग से शीघ्रातिशीघ्र प्रस्थान किया। संयोग से मार्ग में चित्तौड़ के समीप उनकी (मीर्ज़ाओं से) भेंट हो गई। मीर्ज़ा लोग विवश होकर शाही सेवा में उपस्थित हुए। हज़रत (जहाँबानी) ने अपनी स्वाभाविक कृपा एवं नैसर्गिक क्षमा-शक्ति के कारण उनके दुराचार की ओर ध्यान न दिया। अपनी सामान्य कृपा के कारण उनके अपराधों को क्षमा कर दिया और उपकार को क्षमा का परिशिष्ट बना दिया तथा शाही कृपाओं द्वारा सम्मानित किया।

मुहम्मद सुल्तान मीर्ज़ा एवं उलुग़ मीर्ज़ा का विद्रोह

युग की एक दुष्टता, जो हज़रत जहाँबानी की सम्मानित सेना के इस प्रदेश से आगरा के क्षेत्र में प्रस्थान का कारण[3] बनी, यह थी कि मुहम्मद सुल्तान मीर्ज़ा और उसके पुत्र उलुग़ मीर्ज़ा ने विद्रोह कर दिया। वे (इससे पूर्व) आज्ञाकारिता के सन्मार्ग को त्यागकर, जैसा कि इससे पूर्व उल्लेख हो चुका है, विद्रोह एवं उपद्रव के मार्ग के पथिक हो चुके थे। उन्होंने इस समय पुनः अपने दुर्भाग्य के कारण अपमान के कोने से निकलकर विद्रोह कर दिया। इसी प्रकार जो लोग उसको

१ सम्भवतः यह पुस्तक नक़ल करने वाले की भूल है। अबुलफ़ज़्ल ने मीर्ज़ाओं की सेना को विजयी सेना न लिखा होगा।

२ कोस।

३ फ़िरिश्ता ने इस सम्बन्ध में एक अन्य कारण यह बताया है :—इन्हीं दिनों में हज़रत पर अफ़ीम ने बुरी तरह अधिकार जमा लिया था। वे एकान्त में रहते और लोगों से बहुत कम मिलते। यह कारण अन्य कारणों के अतिरिक्त हुआ। इसी बीच में जौनपुर का हाकिम सुल्तान जुनैद बरलास, जो बहुत बड़ा अधिकार-सम्पन्न अमीर था और जो पूर्व के अफ़ग़ानों में से कुछ को तलवार से और कुछ को युक्ति द्वारा अपने वश में रखता था, ९४३ हि० (१५३६-३७ ई०) में मृत्यु को प्राप्त हो गया। शेर ख़ां, जो अफ़ग़ानों में सर्वश्रेष्ठ था, रोहतास के समीप अपने ऐश्वर्य एवं वैभव का प्रदर्शन करने लगा। उसकी धृष्टता सीमा से अधिक बढ़ गई। हज़रत (जहाँबानी) ने इसका उपचार इसके अतिरिक्त कोई अन्य न देखा कि वे स्वयं आक्रमण करें। १८ सफ़र ९४४ हि० (२७ जुलाई १५३७ ई०) को वे रोहतास की ओर रवाना हुए। (**तारीखे़ फ़िरिश्ता**, नवल किशोर प्रेस मक़ाला २, पृ० २१६)।

अंधा बनाने के लिये नियुक्त हुए थे उन्होंने भी सावधानी प्रदर्शित न की थी। वे[1] बिलग्राम[2] के परगने (१४५) को नष्ट-भ्रष्ट करके क़न्नौज[3] पहुँचे। ख़ुसरो कूकुल्ताश[4] के पुत्रों ने, जो वहाँ थे, यह वचन लेकर कि उन्हें कोई हानि न पहुँचाई जायगी, क़न्नौज उन लोगों को सौंप दिया। मीर्ज़ा हिन्दाल, जो आगरा में था, इस विद्रोह को शान्त करने के लिए आगे बढ़ा। गंगा नदी पार करने के उपरान्त बिलग्राम के क्षेत्र में दोनों सेनाओं का युद्ध हुआ। क्योंकि कृतघ्न षड्यंत्रकारियों की उन्नति घास की (अग्नि की) लपट के समान होती है,[5] अतः क्षण भर में, सौभाग्य की शीतल पवन के प्रवाह से ही वह अग्नि बुझ गई और विजय का पवन चलने लगा। विजयी सेना उनका पीछा करती हुई अवध[6] पहुँची। उस स्थान पर उलुग बेग मीर्ज़ा एवं उसके पुत्रों ने सेना एकत्र कर ली थी। उन्होंने पुनः युद्ध किया। इसी बीच में सम्मानित सेना के गुजरात से राजधानी आगरा में पहुँचने के सुखद समाचार प्राप्त हुए। अभागे विद्रोहियों ने पुनः युद्ध किया और पराजित हुए। मीर्ज़ा हिन्दाल विजय प्राप्त करके लौट गया और उत्कृष्ट चौखट चूमने का सौभाग्य प्राप्त किया।

सुल्तान बहादुर की मृत्यु

जब हज़रत जहाँबानी की उत्कृष्ट पताकायें आगरा पहुँचीं तो बीजागढ़ का हाकिम भूपाल राय मन्दू के क़िले को ख़ाली पाकर धृष्टतापूर्वक उसमें प्रविष्ट हो गया। क़ादिर शाह भी उसके पीछे मन्दू पहुँचा। मीरान मुहम्मद फ़ारूक़ी भी बुरहानपुर से आया। सुल्तान बहादुर लगभग दो सप्ताह चाम्पानीर में रहकर पुनः दीप चला गया। क्योंकि हज़रत जहाँबानी के ऐश्वर्य एवं वैभव तथा इस उत्कृष्ट वंश के प्रताप के कारण, सौभाग्य ने उससे मुख मोड़ लिया था अतः वह जो भी कार्य अपने लाभ के लिए सोचता था, वही उसकी हानि का कारण बन जाता था। इस प्रकार विजयी सेनाओं द्वारा पराजित होकर और ऐश्वर्य की सेनाओं की मार को देखकर उसने कुछ लोगों को उपहार सहित फ़िरंग के वज़रे[7] के पास, जो बन्दरगाहों का अमीरुल उमरा[8] था, भेजकर आमंत्रित किया। इसी बीच में जब मीर्ज़ा अस्करी गुजरात छोड़कर चला गया था और सुल्तान दीप पहुँच गया था, वज़रे युद्ध के जहाज़ों तथा सैनिकों सहित समुद्र के मार्ग से बन्दरदीप पहुँचा। जब उसे सब हाल ज्ञात हुआ तो उसने सोचा कि, "क्योंकि इस समय सुल्तान को हमारी सहायता की आवश्यकता नहीं रही अतः संभवतः वह भेंट के उपरान्त विश्वासघात करे।" उसने रुग्णावस्था

१ पूर्व पृष्ठों में इस बात का उल्लेख है कि मुहम्मद सुल्तान मीर्ज़ा एवं वली ख़ूब मीर्ज़ा के नेत्रों में सलाई फिरवा दी गई थी।

२ बिलग्राम हरदोई (उत्तर प्रदेश) जिले का क़स्बा, जो अब उस जिले की तहसील भी है। यह अक्षांस २७°१८' उत्तर एवं देशान्तर ८०°२' पूर्व में गंगा-तट पर स्थित है। यह हरदोई से १६ मील दक्षिण में है। (*District Gazetteers*, Hardoi, 1904, p. 176).

३ यह प्राचीन क़स्बा फ़र्रुख़ाबाद (उत्तर प्रदेश) जिले की तहसील है। यह २७ ३' उत्तर अक्षांस एवं ७९°५९' पूर्व (देशांतर) में पहले गंगा के तट पर स्थित था किन्तु अब नदी चार मील पूर्व की ओर हट गई है (*District Gazetteers*, Farrukhabad, Vol. IX, p. 217).

४ उसके विषय में देखिये **बाबर नामा**, पृ० ७८-८१, ९७, १३९, १५६, २४५, २९९।

५ शीघ्र समाप्त हो जाती है।

६ अयोध्या।

७ पुर्तगाली वाइसराय।

८ बन्दरगाह का मुख्य अधिकारी।

का बहाना करके सुल्तान के पास कुछ लोगों को भेजा और कहलाया कि, "मैं आपके बुलाने पर आया हूँ। जब स्वस्थ हो जाऊँगा तो सेवा में उपस्थित हूँगा।" सुल्तान सावधानी के सन्मार्ग से निकलकर[1] ३ रमज़ान ९४३ हि० (१३ फ़रवरी १५३७ ई०) को दिन के अन्तिम पहर में वज़रे के स्वास्थ्य के विषय में पूछने के लिए पहुँचा। जैसे ही वह वहाँ पहुँचा तो पता चला कि बीमारी का केवल बहाना बनाया गया था। अपने आगमन पर लज्जित होकर वह तत्काल वापस चल दिया। फ़िरंगियों ने सोचा कि, "क्योंकि ऐसा शिकार हमारे जाल में फँस गया है अतः यदि हम उससे कुछ बन्दरगाह ले लें तो बड़ा अच्छा होगा।" वज़रे ने अग्रसर होकर निवेदन किया कि "आप थोड़ा-सा ठहर जायें तो हम कुछ उपहार प्रस्तुत करें।" सुल्तान ने कहा, "बाद में भेज देना।" यह कहकर वह शीघ्रातिशीघ्र अपने जहाज़ की ओर बढ़ा। फ़िरंग के क़ाज़ी[2] ने सुल्तान का मार्ग रोक लिया और उसे ठहर जाने का आदेश दिया। सुल्तान ने सहनशीलता के अभाव के कारण तलवार खींचकर उसके दो टुकड़े कर दिये और उनके जहाज़ से अपने जहाज़ में कूद गया। फ़िरंग के जहाज़ों ने जो दूर-
(१४६) दूर खड़े थे, निकट आकर सुल्तान को घेर लिया। युद्ध होने लगा। सुल्तान तथा रूमी ख़ां[3] जल में कूद पड़े। रूमी खां को उसके एक फ़िरंगी मित्र ने सहायता देकर ऊपर खींच लिया। किन्तु सुल्तान विनाश के समुद्र में डूब गया[4]। सुल्तान के सहायक भी नष्ट हो गये। इस घटना की तारीख़ "फ़िरंगियाने बहादुर कुश[5]" के अक्षरों से निकली। कुछ लोगों का मत है कि वह समुद्र तट पर पहुँच कर बच गया। तदुपरान्त गुजरात एवं दकिन में उसके प्रकट होने के समाचार लोगों में प्रसिद्ध होते रहते थे। इस प्रकार दकिन में एक व्यक्ति पैदा हुआ और निज़ामुलमुल्क ने स्वीकार किया कि वह (बहादुर) था और उससे उसने चौगान[6] खेला। उसके चारों ओर भीड़ एकत्र हो गई। इस भीड़ के भय से निज़ामुलमुल्क ने उसकी हत्या कर देना निश्चय कर लिया। किन्तु उसी रात्रि में वह अपने ख़ेमे से ग़ायब हो गया। लोगों का विश्वास था कि निज़ामुलमुल्क ने उसकी हत्या करा दी।

एक दिन मीर अबू तुराब[7] ने, जो गुजरात के प्रतिष्ठित लोगों में से है, बताया कि मुल्ला क़ुतुबुद्दीन शीराज़ी, जो सुल्तान बहादुर का गुरू था, उन दिनों दकिन में था। वह शपथ लेकर कहता

१ सावधानी त्यागकर।

२ सम्भवतः मेनुएल डा सोसा (Menoel de Sousa) डियू का गवर्नर।

३ यह रूमी ख़ां स्वयं योरोपियन था। यह एक अलबानियन पिता तथा इटालियन माता का पुत्र था। इसका जन्म बिरिन्दिसी में हुआ था। यह १५१६ ई० में पूर्व में पहुँचा। इसने ९४७ हि० (१५४०-४१ ई०) में सूरत के क़िले का निर्माण कराया। पुर्तगाली इसे ख़्वाजा सफ़र अथवा सफ़र आगा कहते थे। यह १५४६ ई० में डियू के अवरोध में मारा गया।

४ सुल्तान बहादुर की मृत्यु का जो उल्लेख अबुलफ़ज़्ल ने किया है वह बड़ा ही संतुलित है। इसमें दोनों पक्षों के विश्वासघात को भली भाँति व्यक्त किया गया है। पुर्तगाली विवरणों में केवल सुल्तान बहादुर को दोषी बताया गया है और उन्होंने लिखा है कि बहादुर, वाइसराय की हत्या करने गया था।

५ फ़िरंगी बहादुर के हत्यारे।

६ पोलो।

७ मीर अबू तुराब वली बिन शाह क़ुतुबुद्दीन शुक्रुल्लाह, **तारीख़े गुजरात** का लेखक; (अनूदित ग्रन्थों की समीक्षा देखिये)।

था कि निःसन्देह वह सुल्तान बहादुर था। उसने उससे कुछ ऐसे विषयों पर वार्ता की जिन्हें उसके तथा बहादुर के अतिरिक्त कोई अन्य न जानता था, और उसे ठीक-ठीक उत्तर मिले। दैवी शक्ति के विशाल क्षेत्र में ऐसी घटनायें असम्भव न समझनी चाहिये।

मुहम्मद ज़मान मीर्ज़ा की गुजरात में असफलता और उसका हुमायूं की सेवा में पहुँचना

संक्षेप में, जब सुल्तान बहादुर उस दिन जल में डूब गया और उसके सम्बन्धी भूमि पर बैठ गये[1] तो मुहम्मद ज़मान मीर्ज़ा ने सुल्तान (बहादुर) की मृत्यु पर नीले वस्त्र धारण कर लिये और धूर्तता के वस्त्र में गुजरात के ख़ज़ानों में से थोड़ा-सा अपने अधिकार में कर लिया। थोड़ा सा फ़िरंगियों के हाथ में आगया तथा कुछ नष्ट हो गया। वह सुल्तान बहादुर की माता से पुत्र-का सम्बन्ध जोड़कर कभी फ़िरंगियों से सुल्तान के ख़ून का दावा करता और कभी अपार धन-सम्पत्ति गुप्त रूप से उनके पास इस आशय से भिजवाता रहता था कि वे उसके नाम का ख़ुत्बा पढ़वाने का प्रस्ताव रक्खें, यहाँ तक कि कुछ दिन तक सफ़ा नामक मस्जिद में उसके नाम का ख़ुत्बा पढ़ा गया। कुछ समय तक वह इसी प्रकार धूर्तता के सहारे जीवन व्यतीत करता रहा किन्तु एमादुलमुल्क ने उसकी सेना पर छापा मारकर उसे पराजित कर दिया। वहाँ से निराश एवं लज्जित होकर वह हज़रत जहाँबानी की चौखट चूमने पहुँचा। इस प्रकार उसका संक्षिप्त उल्लेख अपने स्थान पर किया जायगा। अब मैं इन बातों की ओर से, जो केवल बात बढ़ाने एवं रचना की सुन्दरता का साधन हैं, उपेक्षा करके अपने मूल उद्देश्य की ओर अग्रसर होता हूँ।

आगरा में शांति

जब हज़रत जहाँबानी जन्नत आशियानी ने राजधानी आगरा में स्थान ग्रहण किया तो आस-पास के जिन लोगों ने विद्रोह कर दिया था और संघर्ष की गरदनें ऊँची उठा रक्खी थी, उन्होंने आज्ञाकारिता एवं अधीनता स्वीकार कर ली। बाज तथा ख़राज[2] को उन्होंने शान्ति-प्राप्ति का साधन (१४७) बना लिया[3]। शाही राज्य के आस-पास के स्थान शान्ति एवं दृढ़ता द्वारा सुशोभित हो गये।

हज़रत जहांबानी जन्नत आशियानी की पवित्र सेना का बंगाल तथा उस क्षेत्र के प्रदेशों की विजय हेतु प्रस्थान एव राजधानी को वापसी और इसी बीच में घटित घटनायें

जब संसार को सुव्यवस्थित करने वाला मस्तिष्क उन क्षेत्रों की सुव्यवस्था की ओर से निश्चिन्त हो गया तो उनका शाही साहस गुजरात के आक्रमण के प्रबन्ध में व्यस्त हो गया[4]। वे पुनः संकल्प की लगाम उस ओर मोड़ना चाहते थे और उस प्रदेश को पूर्व के विरुद्ध ऐसे लोगों को प्रदान करना चाहते थे, जिनके आचरण से राज्य-व्यवस्था के कार्यों में दृढ़ता के गुण प्रकट हों और जिनके

१ शोक प्रकट करने लगे।

२ राजस्व एवं अन्य कर से तात्पर्य है।

३ बाज तथा ख़राज अदा किया।

४ अर्थात् वे गुजरात के शासन-प्रबन्ध में व्यस्त हो गये।

स्वभाव में न तो नित्य प्रति परिवर्तन होता हो और न वे घबड़ा जाते हों। इस प्रान्त के शासन-प्रबन्ध से निश्चिन्त होकर वे ऐश्वर्य एवं वैभव की राजधानी में वापस होना चाहते थे कि इसी बीच में शेर ख़ां के आक्रमण एवं उस क्षेत्र में विद्रोह के समाचार शुभ कानों तक पहुँचे। बंगाला-विजय का संकल्प, जो गुजरात के अभियान के पूर्व उदार हृदय में प्रतिबिम्बित था और उपर्युक्त कारण से स्थगित हो गया था, पुनः ताज़ा हो गया। सम्मानित आदेश बंगाला के आक्रमण के विषय में दिया गया और निश्चय हुआ कि इस सम्मानित अभियान में शेर ख़ां को पराजित करके बंगाले प्रदेश विजय कर लिया जाय।

शेर ख़ां

शेर शाह के पूर्वज

शेर ख़ां सूर अफ़ग़ानों के क़बीले का एक व्यक्ति था। उसका पहिले का नाम फ़रीद[1],

१ सुल्तान बहलोल (लोदी) के राज्यकाल में शेर ख़ां का दादा इबराहीम ख़ां अपने पुत्र मियां हसन सूर, शेर ख़ां के पिता के साथ अफ़ग़ानिस्तान के उस स्थान से, जिसे अफ़ग़ानी भाषा में शरग़री (इलियट में रग़री) तथा मुलतानी भाषा में रोहरी कहते हैं, आया। रोहरी पर्वत की एक शाखा है जो सुलेमान पर्वत से (इलियट में सुलेमान नहीं) निकली है। उसकी लम्बाई ६ या ७ कुरोह है और यह कमालपुर (इलियट में कमल) के किनारे स्थित है। हिन्दुस्तान में वे महाबत ख़ां सूर (अलीगढ़ हस्तलिपि में मतही ख़ां) दाऊद साहू ख़ैल की सेवा में प्रविष्ट हो गये। सुल्तान बहलोल ने हरियाना एवं बाखला (इलियट में फंका) के परगने उसे (महाबत ख़ां को) जागीर में दे दिये थे। वे बजवारा में निवास करने लगे। शेर ख़ां का जन्म सुल्तान बहलोल के राज्यकाल में हुआ। उसका नाम फ़रीद रक्खा गया। (हरियाना तथा बजवारा, पंजाब के होशियारपुर ज़िले में हैं। बाखला सम्भवतः भगवाल अथवा बेगवाल है जो कपूरथला में हैं)।

कुछ समय के उपरान्त इबराहीम (ख़ां) महाबत ख़ां से विदा होकर, जमाल ख़ां सारंगख़ानी के पास हिसार फ़ीरोज़ा पहुँचा और उसकी सेवा में सम्मिलित हो गया। उसने उसे परगना नारनौल से कुछ ग्राम जागीर के रूप में प्रदान किये जिनसे ४० अश्वारोही रक्खे जा सकते थे। शेर ख़ां का पिता मियां हसन, मसनदे आली उमर ख़ां सरवानी खकपुर (कल्कपुर अथवा ककबूर, देखिये होडीवाला पृ० ४४५) की सेवा में चला गया जिसकी उपाधि ख़ाने आज़म थी और जो सुल्तान (बहलोल) का परामर्श दाता एवं मुसाहिब था। मसनदे आली तातार ख़ां की मृत्यु के उपरान्त सुल्तान बहलोल ने लाहौर (की हुकूमत) मसनदे आली उमर ख़ां खकपुर सरवानी को प्रदान कर दी। मसनदे आली (उमर ख़ां) की जागीर सरहिन्द सरकार में एवं पायलपुर (भी) मसनदे आली उमर ख़ां ने मियां हसन की जागीर में शाहाबाद परगने का पिहानी (इलियट में निहावनी) नामक ग्राम प्रदान कर दिया। कुछ समयोपरान्त फ़रीद ने मियां हसन से निवेदन किया कि, "आप मुझे मसनदे आली उमर ख़ां की सेवा में ले चलें और मेरी ओर से निवेदन करें कि फ़रीद मसनदे आली के अधीन सेवा करना चाहता है। वह जिस सेवा योग्य हो उसे प्रदान कर दी जाय।" मियां हसन ने फ़रीद से कहा कि, "अभी तू बालक है। कुछ दिन ठहर जा।" फ़रीद ने अपनी माता से (इस विषय में) कहा। फ़रीद की माता ने मियां हसन से कहा, "उसका जी चाहता है कि वह मसनदे आली के दर्शन करे अतः उसे अपने साथ लेते जाओ और इस विषय में निवेदन करो। सम्भवतः मसनदे आली इस बालक की प्रार्थना से प्रसन्न हो जाय और उसे कुछ प्रदान कर दे।" मियां (हसन), फ़रीद एवं उसकी माता को संतुष्ट करने के लिये फ़रीद को मसनदे आली की सेवा में ले गया। मसनदे आली

इब्न हसन इब्न इबराहीम शेरा खेल था। इबराहीम सर्वदा घोड़ों का व्यापार करता था किन्तु व्यापारियों के समूह में उसे कोई सम्मान प्राप्त न था। नारनोल[1] के अधीनस्थ शमला नामक ग्राम में वह निवास करता था। उसके पुत्र हसन ने थोड़ी बहुत योग्यता प्राप्त कर ली और व्यापारियों के व्यवसाय को छोड़कर सैनिकों का पेशा करने लगा। वह बहुत समय तक राय साल दरबारी[2] के दादा राय मल की, जिसे इस समय शाहंशाह की सेवा में सम्मिलित होने का सम्मान प्राप्त है, सेवा

उमर खां ने कहा, "फ़रीद अभी बालक है, जब वह (सेवा) योग्य हो जायगा उसे मैं कोई सेवा प्रदान कर दूंगा। इस समय मैं पिहानी (इलियट में निहावनी) का मल्हौर (महावली) नामक ग्राम फ़रीद को प्रदान करता हूँ।" मियाँ हसन एवं फ़रीद अत्यधिक प्रसन्न हुये। जब वह अपने घर पहुँचा तो उसने अपनी माता से कहा, "पिता जी, मुझे नहीं ले जा रहे थे। आपके कहने पर वे ले गये। मसनदे आली ने मुझे ग्राम प्रदान कर दिया।"

कुछ वर्षोपरान्त मियाँ हसन के पिता इबराहीम की नारनोल में मृत्यु हो गई। मियाँ हसन, मसनदे आली उमर खां की सेवा में शाहाबाद से सुल्तान बहलोल के लश्कर में पहुँचा और निवेदन किया कि, "मेरे पिता इबराहीम की मृत्यु हो गई है। उसके अधीन ४० अश्वारोहियों की जागीर थी। मसनदे आली मुझे इस बात की अनुमति दे दें कि उन लोगों को सांत्वना देकर मसनदे आली की सेवा में ले आऊँ कारण कि मैं सांसारिक लाभ की वजह से मसनदे आली की सेवा न त्यागूंगा।" उमर खां ने मियाँ हसन से कहा कि, "तुझे ज्ञात है कि जो कुछ मेरी जागीर में था उसमें से तुझे हिस्सा दे दिया। अब उसमें अधिक आदमियों की गुन्जाइश नहीं...., मैं जमाल खां से तेरे पिता की जागीर वृद्धि सहित दिलवा दूंगा।" मियाँ हसन प्रसन्न हो गया। मसनदे आली ने दूसरे दिन जमाल खां को अपने पास बुलवाया और मियां हसन की अत्यधिक सिफ़ारिश करके उसके पिता की जागीर कुछ अन्य ग्रामों की वृद्धि सहित दिलवा दी और कहा कि, "आप मियां हसन के प्रति जो कृपा करेंगे उसके लिये मैं आपका आभारी रहूँगा।" उसने उसे घोड़ा एवं सरोपा प्रदान करके विदा कर दिया। तदुपरान्त मियाँ हसन ने जमाल खां की इस प्रकार सेवा की कि वह उससे संतुष्ट हो गया।

सुल्तान बहलोल की मृत्यु के उपरान्त सुल्तान सिकन्दर ने अपने छोटे भाई बारबक शाह से जौनपुर लेकर (इलियट में हैबत खां के विषय में कुछ अस्पष्ट रूप से लिखा है। अलीगढ़ हस्तलिपि में बारबक शाह से लेकर मस्त खां मूसा खेल को सौंप दिया और इबराहीम खां से लेकर जमाल खां को सौंप दिया) जमाल खां को प्रदान कर दिया और आदेश दिया कि "जमाल खां १२,००० अश्वारोही रक्खे और पादशाह की ओर से जागीर प्रदान करता रहे।" जमाल खां मियां हसन की अत्यधिक सेवा के कारण मियाँ हसन से बड़ा संतुष्ट था। उसने उसे अन्य परगने सहसरांव (सहसराम), हाजीपुर व टाँडा (ख़ासपुर टाँडा) जो कि ५०० सवारों की जागीर थे, प्रदान कर दिये।

हसन के ८ पुत्र थे, फ़रीद एवं निजाम एक अफ़ग़ानी माता से, अली तथा यूसुफ़ एक माता से, ख़ुर्रम एवं शादी खां एक माता से और सुलेमान तथा अहमद एक माता से। मियां हसन, फ़रीद एवं निज़ाम की माता के प्रति प्रेम, विश्वास एवं स्नेह प्रदर्शित न करता था। सुलेमान एवं अहमद की माता से उसे बड़ा स्नेह एवं प्रेम था। उसने मियाँ हसन के प्रेम पर इतना अधिकार प्राप्त कर लिया था कि उसके कारण वह उस पर हुकूमत करती थी। इस कारण मियाँ हसन एवं मियाँ फ़रीद में क्रोध एवं मलिनता से परिपूर्ण बातें हुआ करती थीं। (**तारीख़ शेरशाही** : डा० परमात्मा शरण की हस्तलिपि, पृ० ६-११; इलाहाबाद विश्वविद्यालय की हस्तलिपि, पृ० ७-११; अलीगढ़ विश्वविद्यालय हस्तलिपि, पृ० ६-१०; इलियट, बाडलीएन लाइब्रेरी नं० ३७१)।

१ आगरा में।

२ राय साल दरबारी, राय सोजा का पुत्र था। राय सोजा के पिता का नाम रायमल शैख़ावत था। कछवाहा राजपूत दो शाखाओं में विभाजित हैं—राजावत तथा शैख़ावत। राय साल, राजा लोकरण इत्यादि शैख़ावत तथा मान सिंह कछवाहा शाखा से थे।

करता रहा। वहाँ से सहसराम के अधीनस्थ जौन[1] नामक स्थान पर नसीर ख़ां लोहानी की, जो सिकन्दर लोदी के अमीरों में से था, सेना में प्रविष्ट हो गया और अपनी सेवा एवं कार्यकुशलता के कारण अपने बराबर वालों से बढ़ गया। जब नसीर ख़ां की मृत्यु हो गई तो वह उसके भाई दौलत ख़ां की सेवा में चला गया। वहाँ से वह विबन के सेवकों में, जो सुल्तान सिकन्दर लोदी के (१४८) प्रतिष्ठित अमीरों में से था, शामिल हो गया। उसे थोड़ा बहुत सम्मान प्राप्त हो गया। अधिकांश महत्वपूर्ण प्रबन्ध उसके परामर्श से होते थे।

शेर शाह का प्रारम्भिक जीवन

उसका पुत्र फ़रीद अपनी उद्दंडता एवं दुष्टता के कारण अपने पिता को रुष्ट करके उससे पृथक् हो गया। बहुत समय तक वह ताज ख़ां लोदी की सेवा में रहा। कुछ समय तक अवध में क़ासिम हुसेन ख़ां ऊज़बेक का सेवक और बहुत समय तक सुल्तान जुनैद[2] बरलास का सेवक रहा। एक दिन सुल्तान जुनैद बरलास किसी कार्य से उसे तथा दो अन्य अफ़ग़ानों को, जो उसके सेवक थे, हज़रत गेती सितानी फ़िरदौस मकानी की सेवा में ले गया। जैसे ही हज़रत की दूरदर्शिता से परिपूर्ण दृष्टि उसपर पड़ी उन्होंने अपनी पवित्र ज़बान से कहा कि, "सुल्तान जुनैद! इस अफ़ग़ान के नेत्रों से (फ़रीद की ओर संकेत करके) षड्यंत्र एवं विद्रोह टपकता है। इसे बन्दी बना देना चाहिये।" उन्होंने अन्य दोनों के प्रति कृपा-दृष्टि प्रदर्शित की। इससे पूर्व कि सुल्तान[3] उसे अपने आदमियों को सौंपे फ़रीद, हज़रत गेती सितानी के नेत्रों से शंकित होकर, भाग गया[4]। इसी बीच में उसके पिता

१ इसे चौंद अथवा चांद होना चाहिये। यह रोहतास सरकार में था। (देखिये Beames : *Journal Asiatic Society Bengal*, 1895, p. 81)।

२ सुल्तान जुनैद बरलास ने बाबर के पूर्व के राज्य की व्यवस्था में बड़ा महत्वपूर्ण भाग लिया। (**बाबर नामा**, पृ० ३२९)।

३ सुल्तान जुनैद।

४ **तारीख़े शेरशाही** में इस घटना का उल्लेख इस प्रकार है: मुहम्मद ख़ां की ओर से संतुष्ट होकर (शेर ख़ां) सुल्तान जुनैद के साथ फ़रीदूं द्वितीय फ़िरदौस मकानी हज़रत बाबर पादशाह की सेवा में पहुँचा और चौखट चूमने का सम्मान प्राप्त किया। चन्देरी के युद्ध में (जनवरी-फ़रवरी १५२८ ई०) वह उनके साथ था। वह बहुत समय तक मुग़लों के मध्य में रहा और उसने उनकी युद्ध की विधि, शासन-व्यवस्था एवं उच्च पदाधिकारियों के हाल चाल का ज्ञान प्राप्त कर लिया। प्रायः वह अफ़ग़ानों से कहा करता था कि 'यदि भाग्य मेरा साथ दे और प्रताप मेरी सहायता करे तो मैं मुग़लों को सुगमतापूर्वक हिन्दुस्तान के बाहर निकाल सकता हूँ।' जब लोग यह बात सुनते तो उसकी खिल्ली उड़ाते थे। जब वे उसके पास से उठकर जाते तो कहते कि, 'शेर ख़ां क्या डींग मारता है और ऐसी बातें करता है जो उसके सामर्थ्य के बाहर हैं।' शेर ख़ां के इतिहास के संकलन कर्ता मुझ अब्बास ने अत्यधिक प्रतिष्ठित सूफ़ी शेख़ मुहम्मद मबना (?) जो मेरे चाचा थे, तथा पहुँचे हुये सूफ़ियों में चुने हुये शेख़ मलही क़त्ताल से, जिनकी अवस्था लगभग ८० वर्ष थी, सुना है कि 'चन्देरी के युद्ध में मैं फ़रीदूं द्वितीय फ़िरदौस मकानी हज़रत बाबर पादशाह की सेना के साथ ख़ाने ख़ानां यूसुफ़ खेल की सेवा में था। शेख़ इबराहीम सरवानी ने मुझसे कहा 'आओ जहां शेर ख़ां ठहरा है वहाँ चलें। जो बातें उसके सामर्थ्य के बाहर हैं और जिन्हें वह कहा करता है तथा उसकी वे बातें जिन पर लोग हँसते हैं, सुनें।' मैंने कहा, 'बहुत अच्छा।' दोनों सवार होकर जहाँ शेर ख़ां ठहरा था पहुँचे। बात-चीत के समय शेख़ इबराहीम ने कहा कि, 'यह असम्भव है कि अफ़ग़ान पुनः मुल्के हिन्द पर अधिकार प्राप्त कर लें और मुग़ल हिन्द से चले जायें।' शेर ख़ां ने कहा, 'शेख़ मुहम्मद! तू मेरे तथा शेख़ इबराहीम के मध्य में साक्षी रहना। यदि सौभाग्य एवं

(पिछले पृष्ठ का फ़ुट नोट)

प्रताप मेरी सहायता करे तो मैं अल्प समय में मुग़लों को हिन्द से निकाल दूँगा कारण कि मुग़लों को युद्ध एवं तलवार चलाने की कला में कोई अधिक कुशलता नहीं प्राप्त है। अफ़ग़ानों ने स्वयं अपने विरोध के कारण हिन्द-देश को खो दिया है। मैंने मुग़लों के बीच में रह कर उनकी युद्ध-विधि देख ली है। वे रण-क्षेत्र में दृढ़ एवं सुव्यवस्थित नहीं रह सकते। उनका पादशाह अपने उत्कृष्ट वंश एवं उच्च श्रेणी के कारण स्वयं राज्य-व्यवस्था की ओर ध्यान नहीं देता। वह अपने राज्य का शासन-प्रबन्ध अपने अमीरों एवं उच्च पदाधिकारियों को सौंप कर उनके वचन एवं आचरण पर निर्भर रहता है। सैनिकों, प्रजा एवं विद्रोही जमींदारों की समस्याओं का समाधान घूस द्वारा हो जाता है। हितैषी अथवा विरोधी जिस किसी के पास धन है वह धन द्वारा अपनी इच्छानुसार अपने काम करा लेता है। जिसके पास धन नहीं वह चाहें सैकड़ों बार तलवार चलाये अथवा निष्ठा प्रदर्शित करे उसे कोई सफलता प्राप्त नहीं हो सकती।

शेर

हर द्वार पर जब तुझे घूस लेने वाले मिलें,
यदि तेरे पास धन है तो तू शांति से रहेगा।

धन के लोभ में वे स्वामी के मित्र तथा शत्रु की कोई चिन्ता नहीं करते। यदि भाग्य ने मेरा साथ दिया तो शेख़ जियु देखेंगे कि मैं मुग़लों को किस प्रकार बन्दी बना लेता हूँ। उन्हें कदापि संगठित ने दूँगा।'

कुछ दिन उपरान्त भोजन के समय शेर ख़ां पादशाह के दरबार में उपस्थित था। शेर ख़ां के सामने माहिचा (मोटी सेवईं के प्रकार की कोई चीज अथवा मछली रूपी मांस) चीनी की प्लेट में रक्खी गई। वह माहिचा के खाने की विधि न जानता था। उसने चाकू से माहिचा को टुकड़े-टुकड़े करके चम्मच में रखकर सुगमतापूर्वक खा लिया। हज़रत फ़रीदूँ द्वितीय, फ़िरदौस मकानी बाबर पादशाह को शेर ख़ां की सूझ-बूझ पर आश्चर्य हुआ। अपने वज़ीर ख़लीफ़ा से कहा, 'शेर ख़ां की ओर से असावधान न रहना चाहिये कारण कि वह बड़ा प्रतिभाशाली है और बादशाही के चिह्न उसके ललाट से दृष्टिगत हैं। मैंने इससे बड़े बड़े भी अनेक अफ़ग़ान अमीर देखे हैं। कभी मेरे हृदय में कोई बात न आई किन्तु इसको देखते मात्र मेरे हृदय में आता है कि उसे बन्दी बना लेना चाहिये कारण कि प्रतिष्ठा का फ़र (प्रकाश) एवं श्रेष्ठता के चिह्न उसमें पाये जाते हैं।' सुल्तान जुनैद ने विदा होते समय ख़लीफ़ा से शेर ख़ां की अत्यधिक सिफ़ारिश की थी। शेर ख़ां ने भी ख़लीफ़ा को अत्यधिक पेशकश प्रदान की थी। उसने निवेदन किया कि, 'शेर ख़ां निरपराध है। उसके पास इतनी सेना नहीं कि उसके प्रति कोई शंका की जा सके। यदि पादशाह शेर ख़ां को बन्दी बना लेंगे तो जो अफ़ग़ान पादशाह की सेवा में हैं, वे सब भय-भीत हो जायेंगे और अन्य अफ़ग़ानों को फिर हमारे वचन तथा प्रतिज्ञा पर विश्वास न रहेगा। उससे बड़ी अव्यवस्था फैल जायगी।' पादशाह इस बात पर चुप हो गये। शेर ख़ां अपनी सूझबूझ के कारण समझ गया कि मेरे विषय में कोई बात हो रही है। जब शेर ख़ां उस स्थान पर जहां वह ठहरा था पहुँचा, तो लोगों से कहा कि, 'आज पादशाह ने मेरी ओर अनेक बार दृष्टि डाली और ख़लीफ़ा से कुछ बातें कीं। वे मेरी ओर ईर्ष्या की दृष्टि से देखते थे, मेरा इस स्थान पर रहना उचित नहीं। मैं जाता हूँ।' तत्काल वह सवार होकर लश्कर के बाहर चला गया। कुछ दिन उपरान्त पादशाह ने देखा कि शेर ख़ां दरबार में नहीं है। पादशाह ने शेर ख़ां को बुलवाया। लोग जहाँ वह ठहरा था उसे बुलाने पहुँचे। शेर ख़ां जा चुका था। बादशाह ने ख़लीफ़ा से कहा कि, 'यदि तू न रोकता तो मैं उसे तत्काल बन्दी बना लेता। उसके द्वारा कोई बात होने वाली है।' (**तारीख़े शेरशाही** : डा० परमात्मा शरण की हस्तलिपि, पृ० ६०-६५; इलाहाबाद विश्वविद्यालय की हस्त लिपि, पृ० ५६-६०; अलीगढ़ विश्वविद्यालय हस्तलिपि, पृ० ५८-६३; इलियट, बाडलीएन नं० ३७१)।

हसन अली ख़ां द्वारा रचित **तवारीख़े दौलते शेरशाही** में, जिसकी प्रामाणिकता संदिग्ध है, इस घटना का उल्लेख इस प्रकार है: "जब जुनैद हज़रत सुल्तान ज़हीरुद्दीन बाबर के चरणों का चुम्बन करने के लिये रवाना हुआ तो हम लोगों (हसन अली तथा शेर ख़ां) को उसने आदेश दिया कि हम हज़रत बाबर

की मृत्यु हो गई और उसकी धन-सम्पत्ति उसके अधिकार में आ गई। सहसराम के क्षेत्र में जौना के जंगलों में, जो रोहतास का एक परगना है, चोरी, डकैती एवं लूट-मार तथा विद्रोह प्रारम्भ कर दिया।[1] अल्प समय में धूर्तता एवं दुष्टता में अपने युग के विद्रोहियों के आगे बढ़ गया। इस प्रकार

बादशाह की सेवा में उसके साथ रवाना हो। जब हम उनके स्वर्गरूपी दरबार में पहुँचे तो हज़रत बाबर की सेवा का सम्मान प्राप्त करके उनके दरबार के सेवकों में सम्मिलित हो गये। बाबर ने उसके (शेर खां के) प्रति आदर सम्मान प्रदर्शित करके उसे खिलअत प्रदान की। सुल्तान जुनैद बरलास ने शेर खां की प्रशंसा की और कहा 'उसके लिये आवश्यक है कि वह इस जम सरीखे (पादशाह) की सेवा में सम्मिलित हो जाय कारण कि इससे सम्मान एवं उसकी प्रतिष्ठा में वृद्धि हो जायगी।' शेर खां ने तीमूरी सुल्तानों के दरबार की प्रथानुसार राज-भक्ति की शपथ ली। बाबर ने दया एवं कृपा प्रदर्शित करते हुये दावत का प्रबन्ध किया और खान को उसमें आमंत्रित किया। हज़रत बाबर ने शेर शाह के उत्तम व्यवहार की बड़ी प्रशंसा की। भोजन के पश्चात् मदिरापान के समय उसने (शेर खां ने) होश हवास खो दिया और उस गोष्ठी के महत्व को भूलकर मुझसे (हसनअली खां से) कहा, 'बाबा ईश्वर ने चाहा तो धर्मनिष्ठ मुसलमानों (मोमनीन) की सहायता से तीमूरी वंश को हिन्द से निकाल कर अफ़ग़ानों का राज्य पुनः दृढ़ता पूर्वक स्थापित कर दूंगा।' संयोग से नासिर क़ुली एवं उसके भाई ने यह बात सुन ली। उन्होंने इसे हज़रत बाबर के कानों तक पहुँचा दिया। वे इस बात से बड़े रुष्ट हुये। नासिर क़ुली एवं मेहरबान क़ुली को आदेश दिया कि शेर खां पर दृष्टि रक्खें और प्रातःकाल उस अफ़ग़ान को बन्दी गृह में पहुँचा दें। जुनैद बरलास की कड़ी पकड़ की गई। सौभाग्य से मुझे इस बात का पता चल गया। शेर खां को ख़तरे से सचेत कर दिया। उसी रात्रि में दो द्रुतगामी घोड़े लेकर वह अपने स्थान को चला गया किन्तु जुनैद बरलास की सेवा में प्रार्थना पत्र भेज कर क्षमा याचना करते हुये लिखा कि 'बिना आज्ञा मेरे चले आने का कारण यह था कि मुझे आस पास के सरदारों का भय था। अपनी धन-सम्पत्ति की रक्षा के लिये आवश्यक थी अन्यथा मैं अपने आपको हज़रत सुलतान के दरबार के दासों एवं प्राणों की बलि देने वालों में समझता हूँ।''(हसन अली खां: **तवारीख़ दौलते शेरशाही** : डा० परमात्मा शरण हस्तलिपि, पृ० १३-१५)। शेर खां बाबर से इसके बाद भी सम्बन्ध बनाये रहा। **बाबर नामा** से पता चलता है कि बाबर को ३१ मार्च १५२९ ई० को भी शेर खां का पत्र, जब बाबर चौसा की ओर जा रहा था, प्राप्त हुआ। (**बाबर नामा**, पृ० ३१५)।

१ अबुलफ़ज़ल ने इतिहासकार के उत्तरदायित्व से उपेक्षा करते हुये अपने आश्रयदाता के शत्रु की जो कटु-आलोचना की है उसमें सत्य का अंश नहीं। किन्तु अफ़ग़ान इतिहासकारों ने भी उसके प्रारम्भिक जीवन के विषय में कुछ इसी प्रकार की कहानियों का उल्लेख किया है; किन्तु शेर शाह के व्यक्तित्व को देखते हुये इन कहानियों को अधिक महत्व नहीं दिया जा सकता। **वाक़ेआते मुश्ताक़ी** की एक कहानी इस प्रकार है: सारंगपुर तथा उज्जैन की ओर सेना सहित प्रस्थान करते समय शेर शाह ने मल्लू खां को बताया कि "प्रारम्भ में मेरा नाम किसी ने न सुना था, रोज़ाना धनुष-बाण लेकर १५-१५ कोस शिकार हेतु पैदल चला जाता था और मारा-मारा फिरा करता था। शिकार करके पुनः घर लौट आता था। एक बार मैं चोरों तथा डाकुओं के समूह में फँस गया और उनके साथ विभिन्न प्रदेशों (विलायत) में लूट मार किया करता था। एक दिन मैं अपने साथियों के साथ एक नौका में था। इसी बीच में शत्रु हम पर टूट पड़े। मुझ में युद्ध की शक्ति न थी। जब मैंने देखा कि वे लोग विजय प्राप्त किये लेते हैं तो मैंने सिर पर धनुष-बाण बाँध लिया और नदी में कूद पड़ा। ३ कुरोह तक नदी में तैरता निकल गया। मल्लू खां ने दांतों तले अँगुली दबा ली और आश्चर्यचकित हो गया" । (शेख़ रिज़क़ुल्ला मुश्ताक़ी : **वाक़ेआते मुश्ताक़ी**—ब्रिटिश म्युजियम की हस्तलिपि पृ० १०३)।

इस प्रसंग में अबुलफ़ज़ल के शब्द इस प्रकार हैं: राहज़नी, दुज़्दी व मर्दुम कुशी। **वाक़ेआते मुश्ताक़ी** में लिखा है कि, "दरीं मुद्दत शेर खां क़ज़्ज़ाक़ी व राह ज़नी मी कर्द" (इस बीच में शेर खां चोरी-डकैती करता रहा)। क़ज़्ज़ाक़ी शब्द का प्रयोग **बाबर नामा** में भी बहुत हुआ है। वहाँ इस शब्द का अर्थ छापे मारना है किन्तु इस स्थान पर सम्भवतः डकैती ही तात्पर्य है। (**वाक़ेआते मुश्ताक़ी**—ब्रिटिश म्युजियम की हस्तलिपि, पृ० ९६)

सुल्तान बहादुर गुजराती ने व्यापारियों के हाथ उसकी सहायतार्थ धन भेजकर उसे अपने पास बुलवाया। उसने उस धन को अपने विद्रोह का साधन बना लिया और जाने के लिए बहाना कर दिया और ग्रामों तथा क़स्बों के आक्रमण, लूट-मार एवं धन के अपहरण में तल्लीन रहने लगा। अल्प समय में गुंडे तथा बदमाश बहुत बड़ी संख्या में उसके पास एकत्र हो गये।

शेर शाह के प्रारम्भिक युद्ध

इसी बीच में बिहार के हाकिम[1] की, जो लोहानी अमीरों में से था, मृत्यु हो गई और उसके स्थान पर कोई शासन-प्रबन्ध करने वाला न रहा। शेर ख़ां अपने गुंडों सहित शीघ्रातिशीघ्र वहाँ पहुँच गया, और अपार धन-सम्पत्ति अपने अधिकार में कर ली। वहाँ से लौट कर वह पुनः अपने स्थान पर पहुँचा और उलुग़ मीर्ज़ा पर जो सरयू के समीप था अचानक टूट पड़ा और धूर्ततापूर्वक उसपर अधिकार जमा लिया। वहाँ से लौटकर उसने बनारस पर आक्रमण किया। जब उसकी धन-सम्पत्ति एवं उसके सहायकों की संख्या बहुत बढ़ गई तो पटना जाकर उसने उस क्षेत्र पर अधिकार जमा लिया। सूरजगढ़[2] में, जो बंगाले के हाकिम के राज्य की सरहद पर है, सेना लेकर पहुँचा। युद्ध करके (उसपर भी) विजय प्राप्त कर ली और उस क्षेत्र पर भी अधिकार जमा लिया। एक वर्ष तक बंगाले के सुल्तान नुसरत शाह[3] से युद्ध करता रहा और दीर्घकाल तक गौड़[4] का अवरोध किये रहा।

शेर शाह तथा ज्योतिषी

एक विचित्र घटना इस प्रकार घटी। शेर ख़ां ने सुना कि उड़ीसा के राजा की सेवा में एक प्रतिष्ठित ज्योतिषी है। उसने उसे बुलाकर उससे अपने षड्यंत्र एवं अपनी कुत्सित योजनाओं के विषय में पूंछना चाहा। राजा ने ज्योतिषी को जाने की अनुमति न दी किन्तु ज्योतिषी ने लिखकर भेज दिया कि, "तुझे एक वर्ष तक बंगाले पर अधिकार नहीं प्राप्त हो सकता। अमुक तिथि को अधिकार प्राप्त हो जायगा। उस दिन एक घड़ी को गंगा नदी को पार करने का अवसर मिल जायगा[5]।" संयोग से जो कुछ उसने लिखा था, वह पूरा हो गया।

१ सुल्तान मुहम्मद, दरिया लोहानी का पुत्र।
२ मुंगेर में, उस ज़िले के पूर्वी छोर पर, किन्तु सन्थल परगने का 'तेलिया गढ़ी' होना चाहिये।
३ मूल पुस्तक में 'नसीब शाह' है किन्तु इसे 'नुसरत शाह' होना चाहिये।
४ मूल पुस्तक में 'गोरखपुर', किन्तु बहुत सी हस्तलिपियों में 'गौड़' है; यही ठीक है।
५ अर्सकिन ने **नसब नामा** से यह कहानी उद्धृत की है :—इन दिनों वह कुछ मित्रों के साथ पटना के बाज़ार में जा रहा था। मार्ग में उसे कोने में बैठा हुआ एक फ़क़ीर मिला। वह चुपचाप ध्यान-मग्न था। वह अचानक मानो दैवी प्रेरणा से चिल्ला उठा, "देखो देहली का बादशाह पैदल जा रहा है।" शेर ख़ां ने शकुन को स्वीकार करते हुये रूमाल में गाँठ बाँध ली। [William Erskine : *A History of India* (London 1854), Vol. II, p. 136 note]।

(१४९) **शेर**

'मैं ने एक बुद्धिमान् से सुना है कि बुद्धिमत्ता तो बहुत है,
किन्तु वह मानव जगत में फैली हुई है।'

जिन दिनों विजयी पताकायें मालवा तथा गुजरात की विजय हेतु रवाना हुईं उसने अवसर पाकर अपनी उद्दंडता को सीमा से अधिक बढ़ा दिया।

शेर ख़ां के प्रारम्भिक जीवन का यह संक्षिप्त विवरण था। उसका शेष हाल, अन्त एवं उसकी शोचनीय दुर्दशा का उल्लेख हज़रत जहाँबानी के इतिहास के बीच-बीच में किया जायगा ताकि विद्रोहियों एवं षड्यंत्रकारियों को शिक्षा प्राप्त हो सके।

हुमायूं द्वारा राज्य का प्रबन्ध

संक्षेप में, जब हज़रत जहाँबानी ने पूर्व के प्रदेशों के आक्रमण का संकल्प कर लिया तो मीर फ़क़ अली को, जो हज़रत फ़िरदौस मकानी गेती सितानी का प्रतिष्ठित अमीर था, दारुलमुल्क देहली[१] के शासन-प्रबन्ध हेतु नियुक्त किया और दारुलख़िलाफ़ा आगरा का शासन-प्रबन्ध मीर मुहम्मद बख़्शी को, जो राज्य के विश्वास-पात्रों में से था, सौंपा। यादगार नासिर मीर्ज़ा को, जो हज़रत जहाँबानी के चाचा का पुत्र था, उसकी जागीर कालपी[२] में भेज दिया गया ताकि वह उस क्षेत्र में रहकर वहाँ का शासन-प्रबन्ध ठीक रक्खे। नूरुद्दीन मुहम्मद मीर्ज़ा को (जो हज़रत जहाँबानी की बहिन गुलरंग बेगम[३] का पति था और इफ़्फ़त क़िबाब[४] इस्मत निक़ाब[५] सलीमा सुल्तान बेगम जिसके गर्भ से थीं), क़न्नौज एवं आस-पास के क्षेत्रों की देख-रेख सौंपी गई।

हुमायूं का पूर्व की ओर प्रस्थान

हज़रत जहाँबानी इस प्रकार राज्य के प्रदेशों का शासन प्रबन्ध करके बेगमों सहित[६] नौका द्वारा पूर्व की ओर रवाना हुए। मीर्ज़ा अस्करी तथा मीर्ज़ा हिन्दाल साथ थे। अमीरों में से इबराहीम बेग चाबूक़, जहाँगीर क़ुली बेग, ख़ुसरो बेग कूकुल्ताश, तरदी बेग ख़ां, क़ूच बेग, इटावा का तरदी

१ अबुलफ़ज़ल ने आगरा के लिये दारुलख़िलाफ़ा तथा देहली के लिए दारुलमुल्क शब्द का प्रयोग किया है। दारुलख़िलाफ़ा से सम्भवतः तात्पर्य वह राजधानी है जहाँ बादशाह स्वयं रहता हो।

२ कालपी : उत्तर प्रदेश के जालौन ज़िले की एक तहसील।

३ बाबर तथा दिलदार बेगम की पुत्री, दिलदार बेगम की प्रथम संतान जिसका जन्म सम्भवतः १५११ से १५१५ ई० के मध्य में हुआ। अबुलफ़ज़ल ने **अकबर नामा** भाग २ में बैराम ख़ां एवं सलीमा सुल्तान बेगम के विवाह का उल्लेख करते हुए लिखा है कि बाबर ने मीर्ज़ा नूरुद्दीन मुहम्मद का विवाह अपनी पुत्री गुलबर्ग बेगम से किया। सलीमा सुल्तान बेगम उनकी पुत्री थी, (**अकबर नामा** भाग २, पृ० ६५)। उसका नाम कहीं गुलरंग, कहीं गुलबर्ग, और कहीं गुलरुख़ लिखा गया है।
नूरुद्दीन मीर्ज़ा अलाउद्दौला का पुत्र था जो ख़्वाजा हसन अत्तार का, जो नक़्शबन्दी सिलसिले का ख़लीफ़ा था, सम्बंधी था।

४ सतीत्व का क़ुब्बा (गुम्बद)।

५ पवित्रता की नक़ाब (मुख-पट)।

६ मूल में "मुख़द्दरातं तुतुक़े अस्मत (सतीत्व के पर्दे की बेगमें)"।

बेग, बैराम खां, क़ासिम हुसेन खां ऊज़बेक, बूचका बेग, जाहिद बेग, दोस्त बेग, बेग मीरक, हाजी मुहम्मद (पुत्र) बाबा क़श्क़ा, याक़ूब बेग, निहाल बेग, रोशन बेग, मुग़ुल बेग एवं सम्मानित अमीरों का एक बहुत बड़ा समूह विजयी सवारी के साथ था। जल तथा स्थल मार्ग से विजयी सेना प्रस्थान कर रही थी और हज़रत जहाँबानी कभी नौका द्वारा और कभी घोड़े पर सवार होकर राज्य व्यवस्था एवं शासन-प्रबन्ध करते हुए चुनार के क़िले की ओर जहाँ शेर खां था रवाना हुए।

मुहम्मद ज़मान मीर्ज़ा का हुमायूं की सेवा में उपस्थित होना

जब सम्मानित सेना चुनार के समीप पहुँची तो मीर्ज़ा मुहम्मद ज़मान सौभाग्य का कुछ अंश प्राप्त करने के कारण अपने ललाट पर पश्चाताप की धूल मले हुए तथा लज्जा के पसीने से अपने मुंह को भिगोए हुए गुजरात से आकर चौखट चूमने का सौभाग्य प्राप्त करके सम्मानित हुआ। इस घटना का संक्षिप्त उल्लेख इस प्रकार है : मीर्ज़ा के पहुँचने के पूर्व हज़रत जहाँबानी की प्रिय (१५०) बहिन मासूमा सुल्तान बेगम[१] ने, जो मीर्ज़ा की पत्नी थी, आगरा में मीर्ज़ा के अपराधों को क्षमा करने की प्रार्थना करके माफ़ी का फ़रमान प्राप्त कर लिया था। हज़रत जहाँबानी ने अपनी स्वाभाविक दया के कारण उसके अपराध पर क्षमा के अक्षर लिखकर उसे अपनी कृपा द्वारा सम्मानित करके बुलवाया था। जब मीर्ज़ा उत्कृष्ट सेना के समीप पहुँचा, तो कुछ प्रतिष्ठित अमीर उसके स्वागतार्थ भेजे गए। जब वह एक दिन की यात्रा की दूरी पर पहुँच गया तो मीर्ज़ा अस्करी तथा मीर्ज़ा हिन्दाल सम्मानित आदेशानुसार पहुँचे। मीर्ज़ा अस्करी ने आदेशानुसार हाथ सीने तक लेजाकर और मीर्ज़ा हिन्दाल ने तस्लीम[२] की प्रथानुसार हाथ पर सिर रख कर तस्लीम की। मीर्ज़ा को बड़े आदर-सम्मान से शाही शिविर में पहुँचाया गया। उस दिन मीर्ज़ा शाही आदेशानुसार अपने ख़ेमे में उतरा। दूसरे दिन वह उत्कृष्ट दौलतख़ाने[३] में पहुँचा और अभिवादन करके शाही कृपाओं द्वारा सम्मानित हुआ। एक ही दरबार में वह दो बार विशेष खिलअत, पेटी, तलवार एवं घोड़े द्वारा सम्मानित हुआ।

क्षमा के विषय में अबुलफ़ज़्ल के विचार

निःसन्देह ईश्वर के विशेष चुने हुए व्यक्ति पापों को उपकार द्वारा क्रय कर लेते हैं[४] और अवगुण को गुण समझने लगते हैं। दैवी कृपा के भंडार में कोई कमी नहीं। ऐसा होता आया है कि उसकी विशेष अनुकम्पा उस अनुपात से प्राप्त होती है जितना कि पाप होता है। जितना

१ मासूमा सुल्तान बेगम मीरान शाही की पुत्री। बाबर तथा मासूमा सुल्तान बेगम का विवाह ९१३ हि० (१५०७ ई०) में हुआ। (**बाबर नामा**, पृ० ८४)।

२ तस्लीम : अभिवादन की एक विधि। (**आईने अकबरी**) के अनुसार तस्लीम करने वाला अपने दायें हाथ का नीचे का भाग भूमि पर रख देता था और फिर उसे धीरे-धीरे उठाते हुये सीधा खड़ा हो जाता था और अपने हाथ की हथेली अपने सिर के तारक (माँग सम्भवतः सिर) पर रखता था। इस उत्तम रीति से वह आत्म-समर्पण की प्रथा का पालन करता है। (**आईने अकबरी :** आईने कोरनिश व तस्लीम)।

३ राज-भवन।

४ पापों की चिन्ता न करते हुए उपकार करते हैं।

ही अपराध एवं पाप में वृद्धि होती है, क्षमा तथा अनुकम्पा (की मात्रा) बढ़ती जाती है। यह गुण सुल्तानों के लिए, जो ईश्वर की छाया है, बड़ा ही उपयुक्त है। इस प्रकार अपराधों को क्षमा कर-देने से उनकी अनुकम्पा के विस्तार तथा उनकी शक्ति के क्षेत्र को कोई हानि नहीं पहुँचती। उस अभागे को जो अपनी कुकृतियों पर लज्जित होता है, दंड की बिपदा से, मुक्ति का परवाना प्राप्त हो जाता है। संक्षेप में, हज़रत जहाँबानी जन्नत आशियानी ने इतने बड़े विद्रोह के बावजूद जिसके कारण वह किसी मुक्ति का पात्र नहीं हो सकता था, इख़्लाक़े रब्बानी[1] के अधिकारी होने के कारण दुराचार का बदला उपकार से दिया।

ईश्वर को धन्य है कि इस युग के शाहंशाह में यह उत्तम गुण तथा उच्च कोटि का सदाचार, उनकी पवित्र प्रकृति एवं स्वभाव का अंग हैं। दंड देते समय वे इतना अधिक सोच विचार करते हैं जितना आदम से लेकर इस समय तक किसी भी प्रतापी बादशाह ने न किया होगा और इन उत्कृष्ट गुणों से कोई भी इतना सुशोभित न रहा होगा। इस प्रकार इस ग्रंथ में अत्यधिक उदाहरणों में से थोड़ी सी बातें कही जायेंगी। ईश्वर इन गुणों में नित्य-प्रति वृद्धि करता रहे और इस उदारता के आशीर्वाद में उन्हें दीर्घायु एवं उनके राज्य को उन्नति प्रदान करे।

हुमायूँ द्वारा चुनार-विजय

शेर शाह का चुनार से बंगाल की ओर प्रस्थान

संक्षेप में, जब शेर खां को विजयी प्रकाश-युक्त पताकाओं के उदय के समाचार प्राप्त हुए तो वह अपने पुत्र क़ुतुब खां को कुछ सैनिकों सहित चुनार[2] के क़िले में नियुक्त करके तथा क़िले

१ ऐसी नैतिकता जिसमें दैवी गुण पाये जाते हैं।

२ **तारीखे शेरशाही** में चुनार-विजय के पूर्व की घटनाओं का उल्लेख इस प्रकार है :—"जब हज़रत हुमायूं पादशाह गुजरात से वापस आये तो ख़ानेख़ानाँ यूसुफ़ ख़ेल ने निवेदन किया कि 'शेर ख़ां की ओर से असाव-धान न रहना चाहिये कारण कि वह बहुत बड़ा षडयंत्रकारी है और राज्य-व्यवस्था से भली-भाँति परिचित है। समस्त अफ़ग़ान उसके पास एकत्र हो गये हैं,' किन्तु हज़रत पादशाह अपनी (सेना की संख्या) की अधिकता एवं बादशाही अभिमान के कारण, शेर ख़ां को कुछ न समझते थे। वर्षा ऋतु हज़रत पादशाह ने आगरा में व्यतीत की। हिंदू बेग को इस आशय से जौनपुर भेज दिया कि वह शेर ख़ां का हाल साफ़-साफ़ लिख कर भेज दे। जब शेर ख़ां को पता चला कि हज़रत पादशाह बिहार की ओर आना चाहते हैं, तो उसने जौनपुर के हाकिम हिन्दू बेग को पेशकश भेजकर यह निवेदन कराया कि, 'मैंने हज़रत पादशाह को जो आश्वासन दिया था, उससे मैं विचलित नहीं हुआ हूँ। मैंने उनके राज्य में हस्तक्षेप नहीं किया है। कृपापूर्वक मेरी राज-भक्ति की हज़रत पादशाह को सूचना दे दें और मना करा दें कि वे इस क्षेत्र की ओर न आयें। मैं सेवकों एवं राजभक्तों में से एक हूँ।' जब हिन्दू बेग ने शेर ख़ां की पेशकश देखी तो उसे बड़ा पसन्द किया और प्रसन्न हुआ। शेर ख़ां के वकील से कहा कि, 'शेर ख़ां से कह दो कि जब तक मैं जीवित हूँ, वह निश्चिन्त रहे। उसे कोई भी हानि न पहुँचा सकेगा।' शेर ख़ां के वकील के समक्ष उसने सम्मानित दरबार में प्रार्थना-पत्र लिखे कि 'शेर ख़ां आपके निष्ठावानों में है। वह हज़रत पादशाह के नाम का ख़ुतबा पढ़वा तथा सिक्का चलवा रहा है। वह अपने राज्य के क्षेत्र के आगे नहीं बढ़ा है। विजयी पताकाओं की वापसी के उपरान्त उसने कोई अनुचित कार्य नहीं

को दृढ़ बना कर बंगाले की ओर रवाना हो गया। उसने युद्ध करके उस प्रदेश को विजय कर लिया और अत्यधिक धन-सम्पत्ति अपने अधिकार में कर ली।

हुमायूं द्वारा चुनार विजय

जब हज़रत जहाँबानी जन्नत आशियानी की विश्व-विजय करने वाली सेनाओं का चुनार (१५१) के क्षेत्र में पड़ाव हुआ, तो संसार को शोभा देने वाली बुद्धि उस क़िले की विजय का प्रयत्न करने लगी। रूमी ख़ां ने, जो दृढ़ कोटों एवं गगन-चुम्बी क़िलों की विजय में अद्वितीय था, नौकाओं पर साबात की व्यवस्था कराई[1]। वह मंदसौर की विजय उपरान्त सुल्तान बहादुर से पृथक् होकर दरबार के सेवकों में सम्मिलित हो गया था और मीर आतश[2] के पद द्वारा सुशोभित किया गया था। उसने तख़्ते के टुकड़ों से ऐसी छत का निर्माण किया कि बाल की खाल निकालने वाले बुद्धि-

किया जिससे उसके प्रति शिकायत हो सके।' जब हज़रत पादशाह को हिन्दू बेग के प्रार्थना-पत्र का पता चला तो वे उस वर्ष ठहर गये।

शेर ख़ां ने अपने पुत्र जलाल ख़ां, ख़्वास ख़ां कलाँ (प्रथम) एवं अन्य अमीरों को बंगाला एवं गौड़ नगर को सुल्तान महमूद से छीन लेने के उद्देश्य से नियुक्त किया। जब जलाल ख़ां एवं ख़्वास ख़ां बंगाला प्रदेश में प्रविष्ट हुए तो सुल्तान महमूद उनसे युद्ध न कर सका और क़िले में बन्द हो गया। अफ़ग़ानों ने आस-पास के स्थानों पर अधिकार जमा लिया और गौड़ को घेर लिया। नित्य-प्रति-युद्ध होता था।

दूसरे वर्ष हज़रत हुमायूँ पादशाह की पताकाओं ने बिहार एवं बंगाले की ओर प्रस्थान किया। जब वे चुनार के क़िले के समीप पहुँचीं तो हज़रत पादशाह ने अपने अमीरों से पूछा कि 'सर्वप्रथम हम चुनार विजय करें अथवा गौड़ की ओर प्रस्थान करें जिसे शेर ख़ां के पुत्र ने घेर लिया है और जो अभी तक उसके अधिकार में नहीं आया है।' मुग़ुल अमीरों ने निवेदन किया कि 'सर्वप्रथम चुनार के क़िले पर अधिकार जमाना चाहिये। तदुपरान्त बंगाले की ओर प्रस्थान करना चाहिये।' यह बात निश्चय हो गई। जब ख़ाने ख़ानां यूसुफ़ ख़ेल आया तो हज़रत पादशाह ने उससे इस विषय में पूछा। उसे ज्ञात हो गया था कि मुग़ुल अमीरों ने यह निश्चय किया है कि सर्वप्रथम चुनार पर अधिकार जमाना चाहिये। ख़ाने ख़ानां यूसुफ़ ख़ेल ने निवेदन किया कि, 'युवकों का मत है कि सर्वप्रथम चुनार का क़िला विजय करना चाहिये। वृद्ध का मत है कि गौड़ पर अधिकार जमाना चाहिये कारण कि गौड़ में बड़ा अधिक ख़ज़ाना है। तदुपरान्त चुनार के क़िले की विजय सरल है।' हज़रत पादशाह ने कहा, 'मैं युवक हूँ। युवकों की राय पसन्द करता हूँ। मैं चुनार का क़िला अपने पीछे न छोड़ूंगा'' (इलियट से)। मैंने (लेखक ने) ख़ाने ख़ानां यूसुफ़ ख़ेल के कुछ साथियों से जो प्रतिष्ठित अफ़ग़ान एवं ख़ाने ख़ानां के विश्वास-पात्र थे, सुना है कि, ''जब ख़ाने ख़ानां अपने स्थान पर पहुँचा तो उसने कहा कि, 'शेर ख़ां का भाग्य उन्नति पर है कारण कि मुग़ुल गौड़ की ओर न गये। जब तक वे लोग इस क़िले को विजय करेंगे, अफ़ग़ान लोग गौड़ को विजय कर लेंगे और ख़ज़ाने पर अधिकार जमा लेंगे।' शेर ख़ां ने ग़ाज़ी सूर एवं सुल्तान सरवानी को, जो चुनार के क़िले का शिक़दार था, चुनार के क़िले में छोड़ दिया और अपने तथा अफ़ग़ानों के जो उसके साथ थे, परिवार लेकर महरकुन्दा (भरकुन्डा) के क़िले में चला गया।''......(**तारीख़े शेरशाही** : डा० परमात्मा शरण की हस्तलिपि, पृ० ११७-१२१; इलाहाबाद विश्वविद्यालय की हस्तलिपि, पृ० १०९-१११; अलीगढ़ विश्वविद्यालय की हस्तलिपि, पृ० ११९-१२३; इलियट, बाडलीएन नं० ३७१)।

१ इस घटना को अबुलफ़ज़्ल ने बड़े संक्षिप्त रूप से लिखा है। जौहर ने इसका सविस्तार उल्लेख किया है। (देखिये आगे के पृष्ठों में **तज़किरतुल वाक़ेआत** का अनुवाद)।

२ मीर आतश :---तोपख़ाने का मुख्य अधिकारी।

मानों, एवं योग्य कलाकारों ने उस कला पर आश्चर्य से दाँतों तले अंगुली दबाली। वह ऐसी सुरंगे दीवार तक बना ले गया कि जब उनमें आग लगाई गई तो धरती और सारा युग काँप उठा। शेर खां का पुत्र क़ुतुब खां वहाँ से भाग खड़ा हुआ और समस्त क़िले वाले क्षमायाचना करके बाहर निकल आये। क़िला राज्य के अधिकारियों के अधीन हो गया। यद्यपि लगभग २,००० लोगों को हज़रत जहाँबानी ने रूमी ख़ां के वचनानुसार क्षमा कर दिया था किन्तु मुईद बेग दूल्दाई ने, जो शाही दरबार का बहुत बड़ा विश्वास-पात्र था, कहा कि इन लोगों के हाथ काट दिये जायें और इस प्रकार आदेश दिया कि मानों पादशाह का हुक्म हो। उसने इस प्रकार की धृष्टता प्रदर्शित की। हज़रत जहाँबानी ने उसे इसके लिए बहुत फटकारा। रूमी खां को शाही कृपाओं द्वारा सम्मानित किया गया। उसके सम्मान एवं श्रेणी में वृद्धि हो गई। क़िले को उसकी सेवा के बदले में उसे प्रदान कर दिया गया। दुर्भाग्यवश कुछ ही दिनों में, युग की ईर्ष्या के कारण, विष द्वारा वह संसार से विदा हो गया।

हुमायूं का बंगाल की ओर प्रस्थान

जब सम्मानित हृदय इस अभियान की चिन्ता से मुक्त हो चुका तो बंगाल का आक्रमण उत्कृष्ट साहस के सामने आया। बंगाले के हाकिम नसीब शाह[1] ने संसार को शरण प्रदान करने

१ सम्भवतः नसीरुद्दीन नुसरत शाह से तात्पर्य है। (होडीवाला, पृ० ४५१)।
तारीख़े शेरशाही में चुनार की विजय के पश्चात् की घटना का उल्लेख इस प्रकार है :---"जब हज़रत हुमायूँ पादशाह ने चुनार के क़िले पर अधिकार जमा लिया तो वे बनारस पहुँचे और वहाँ आनन्द-मंगल में समय व्यतीत करने लगे। बहुत समय तक वे बनारस में ठहरे रहे और बिहार विजय की योजना बनाते रहे। उन्होंने अपना वकील शेर ख़ां के पास भेजा कि वह सेवा में उपस्थित हो जाय। शेर ख़ां ने कहलाया कि, 'मैं भय के कारण सेवा में उपस्थित नहीं होता किन्तु मेरे पास राज-भक्ति के अतिरिक्त कोई अन्य उपाय नहीं। मुझे आप जो सेवा चाहें प्रदान कर दें मैं उपेक्षा नहीं कर सकता। मेरे पास अफ़ग़ानों की एक बहुत बड़ी संख्या एकत्र हो गई है। आपके दास के पुत्र ने गौड़ के क़िले को विजय कर लिया है। उन्हें एक ऐसा स्थान प्रदान हो जाय जहाँ वे कुछ दिन व्यतीत कर सकें। जिस सेवा का भी उन्हें आदेश होगा वे सम्पन्न करेंगे। यदि गौड़ व बंगाला मुझे प्रदान हो जाय तो मैं समस्त बिहार प्रदेश छोड़ दूँगा। जिसे आप चाहें, दे दें। सुल्तान सिकन्दर (लोदी) के राज्यकाल में बंगाले की जहाँ तक हद थी, वह मुझे प्रदान कर दिया जाय। पादशाही चिह्न, छत्र, तख़्त, कौक़बा इत्यादि मैं पादशाह की सेवा में भेज दूँगा। हर साल बंगाला प्रदेश से १० लाख रुपया हम भेजते रहेंगे। हज़रत पादशाह आगरा की ओर वापस चले जायँ।' (शेर ख़ां का) वकील हज़रत पादशाह की सेवा में पहुँचा। जो कुछ शेर ख़ां ने निवेदन कराया था वह सबका सब बताया। हज़रत पादशाह ने स्वीकार कर लिया। शेर खां के पास वकील भेजकर ख़ास ख़िलअत प्रदान की ताकि वह शेर खां को दे दें और उसे सान्त्वना देकर उससे कहें, 'जो तूने प्रार्थना की वह स्वीकार कर ली गई। तू पहुँचने में विलम्ब एवं संकोच न कर।' पादशाह का वकील शेर ख़ां के पास पहुँचा और घोड़ा तथा ख़िलअत देकर जो कुछ हज़रत पादशाह ने उससे कहा था, कहा। शेर ख़ां प्रसन्न हो गया कि, 'जो कुछ मैंने कहा है (हज़रत पादशाह के) सेवकों को पहुँचाता हूँ (अर्थात् पूरा करता हूँ)। रात-दिन ईश्वर से मेरी प्रार्थना है कि जब तक मैं जीवित हूँ, मुझमें एवं हज़रत हुमायूँ पादशाह में शत्रुता उत्पन्न न हो। दास को उनके सेवकों ने (हुमायूँ से तात्पर्य है) धरती से ऊपर उठाया है।'

हज़रत पादशाह के वकील के प्रस्थान के तीन दिन उपरान्त, बंगाले के हाकिम सुल्तान महमूद का वकील हुमायूँ पादशाह के पास पहुँचा। उसने निवेदन किया कि, 'अफ़ग़ानों ने गौड़ के क़िले पर अधिका

वाले दरबार में पहुँचकर शेर खां के विरुद्ध फ़रियाद की। यह बात बंगाल-विजय का सबब बन गई[1] और सम्मानित ध्यान के आकृष्ट होने का एक और कारण बन गई। हज़रत जहाँबानी ने उसे शाही कृपाओं द्वारा सम्मानित किया और नाना प्रकार से उदारता प्रदर्शित करके उसके आदर-सम्मान को और भी उन्नति दे दी। जब यह अभियान निश्चय हो गया तो जौनपुर एवं उस क्षेत्र के स्थान मीर हिन्दू बेग को, जो सम्मानित अमीरों में से था, प्रदान किये गये। चुनार, बेग मीरक को प्रदान हुआ। इस ओर की व्यवस्था उपरान्त विजयी सेनायें, जल तथा स्थल मार्ग से रवाना हुईं। जब पटना में शाही शिविर लगे तो दरबार के निष्ठावानों ने निवेदन किया कि, "वर्षा ऋतु आ गई है। यदि हज़रत (जहाँबानी) बंगाले का आक्रमण इस ऋतु के समाप्त होने

जमा लिया है किन्तु राज्य का अधिकांश भाग अभी तक हमारे अधीन है। हज़रत पादशाह शेर खां की बातों का विश्वास न करें और इस क्षेत्र में आ जायें कारण कि अभी तक उन्होंने शक्ति एवं अधिकार नहीं प्राप्त किया है। उन्हें इस राज्य से निकाल दें और इस उपद्रव को शांत कर दें। मैं भी आपकी सम्मानित सेवा में आता हूँ। उन लोगों में इतनी शक्ति नहीं कि वे हज़रत पादशाह का मुक़ाबला कर सकें।' बंगाले के हाकिम सुल्तान महमूद की प्रार्थना सुनते ही हज़रत पादशाह ने आदेश दिया कि विजयी पताकायें बंगाले की ओर प्रस्थान करें। तदुपरान्त खाने खानां यूसुफ़ खल, बरलास सरदारों एवं अन्य अमीरों को आदेश दिया कि वे आगे रवाना हों। मीर्ज़ा हिन्दाल को आदेश दिया कि वह लश्कर को अपने साथ लेकर गंगा नदी पार करके हाजीपुर की ओर पहुँचे। उत्तम सैनिकों को चुनकर जर्गादा (थोड़े-से सैनिकों के साथ) रोहतास एवं महरकुन्दा (भरकुंडा) की पहाड़ियों की ओर जहाँ शेर खां था पहुँच जाय। वे स्वयं बंगाला की ओर रवाना हुए। जब शेर खां को यह समाचार प्राप्त हुए तो उसे हज़रत हुमायूँ से जो आशा थी वह टूट गई। उसने हज़रत पादशाह के वकील से कहा कि 'मैंने हज़रत पादशाह के सम्मान का ध्यान रखते हुए, पादशाह की आज्ञाकारिता में कोई कमी नहीं की। उनके राज्य में कभी हस्तक्षेप नहीं किया। जब मैंने लोहानियों से बिहार ले लिया और बंगाले के पादशाह ने उसपर अधिकार जमाने का संकल्प किया तो मैंने उनसे अत्यधिक विनयपूर्वक आग्रह किया कि वे मुझे मेरे हाल पर छोड़ दें और बिहार पर अधिकार जमाने का विचार न करें। उन्होंने अपनी सेना एवं अपने परिजनों की अधिकता के कारण यह बात स्वीकार न की। क्योंकि उनकी ओर से अत्याचार हुआ था, अतः ईश्वर ने मुझे विजय प्रदान की। हज़रत पादशाह ने बंगाले के हाकिम की बात का विश्वास कर लिया। उन्होंने न तो मेरी ओर न अफ़ग़ान सैनिकों की ओर, जिन्हें उनकी सेवा हेतु मैंने एकत्र किया था, कोई ध्यान दिया। बंगाल की ओर प्रस्थान किया। जब हज़रत पादशाह चुनार के क़िले को घेरे हुये थे तो अफ़ग़ान मुझसे आग्रह करते थे कि मैं युद्ध करूँ। मैंने अफ़ग़ानों से कहा, वे बहुत बड़े पादशाह हैं। उनसे क़िले के लिये युद्ध करना उचित नहीं कारण कि वे हमारे आश्रयदाता हैं; जब उन्हें ज्ञात होगा कि सेना की अधिकता के बावजूद मैंने उनके सम्मान का ध्यान रक्खा तो वे मुझे भी अपने सेवकों में से एक समझेंगे और इतनी बड़ी सेना के लिए कोई प्रदेश प्रदान कर देंगे। यह उपाय राज्य-व्यवस्था के हित में नहीं कि इतनी बड़ी सेना को अपनी सेवा से पृथक करके उसके शत्रुओं के कहने पर अफ़ग़ानों की हत्या एवं उनका स्वदेश-निर्वासन करा दें। अब मुझे कोई भी आशा नहीं रही जिसके भरोसे पर अफ़ग़ानों को सांत्वना देकर हज़रत पादशाह के विरोध से रोक सकूँ। आप सुन लेंगे कि अफ़ग़ान क्या करते हैं। पादशाह बंगाले की ओर प्रस्थान करने पर लज्जा एवं पश्चाताप करेंगे। इन दिनों अफ़ग़ान लोग संगठित हैं। उनके पारस्परिक विरोध एवं झगड़ों का अन्त हो गया है। मुग़ल लोग अफ़ग़ानों को केवल पारस्परिक विरोध के कारण राज्य से वंचित कर सके।" **तारीखे शेरशाही** : डा० परमात्मा शरण की हस्तलिपि, पृ० १२७-१३१; इलाहाबाद विश्वविद्यालय हस्तलिपि, पृ० ११९-१२२; अलीगढ़ विश्वविद्यालय हस्तलिपि, पृ० १३१-१३८; इलियट, बाडलीएन नं० ३७१)।

१ मूल में, "यह बात बंगाल विजय के कारणों का ज़मीमा (परिशिष्ट) बन गई"।

तक स्थगित कर दें तो विजय की प्रथानुसार जीत लेना बड़ा आसान होगा कारण कि इस ऋतु में अश्वारोही बड़ी कठिनाई से यात्रा कर पाते हैं और यह (ऋतु) सैनिकों के विनाश एवं तबाही का साधन होती है।" बंगाले के वाली[१] ने अपने स्वार्थ पर दृष्टि रखते हुए निवेदन किया कि, (१५२) "शेर ख़ां को बंगाले में अभी तक दृढ़ता नहीं प्राप्त हो सकी है। शीघ्रातिशीघ्र उसके विरुद्ध पहुँच जाने से वह सुगमतापूर्वक नष्ट कर दिया जायगा।" हज़रत जहाँबानी ने उस पीड़ित के प्रोत्साहन एवं उसकी प्रार्थना के देखने में बुद्धि-संगत होने के कारण विश्व-विजय करने वाली पताकाओं को प्रस्थान का आदेश दे दिया। भागलपुर[२] में उन्होंने सेना को दो भागों में विभाजित कर दिया। मीर्ज़ा हिन्दाल को ५-६ हज़ार व्यक्तियों सहित नदी के पार कराया ताकि वे नदी के दूसरी ओर प्रस्थान करें।

अफ़ग़ानों का गढ़ी पहुँचना

जब मुंगेर[३] में भाग्यशाली शिविर लगे तो समाचार प्राप्त हुए कि शेर ख़ां के पुत्र जलाल ख़ां ने, जिसने अपने पिता की मृत्यु के उपरान्त सलीम ख़ां[४] की उपाधि धारण की थी, ख़्वास ख़ां, बरमज़ीद[५], सरमस्त ख़ां, हैबत ख़ां नियाजी तथा बहार[६] ख़ां एवं १५,००० आदमियों सहित गढ़ी[७] नामक क़स्बे में, जो बंगाले के द्वार-सदृश है, पहुँचकर उसे दृढ़ बना लिया है और षड्यंत्र एवं विद्रोह कर रहा है।

शेर शाह की योजना

घटना का उल्लेख इस प्रकार है: विजयी पताकाओं के प्रस्थान का समाचार पाकर शेर ख़ां किसी प्रकार युद्ध न करने का निश्चय करके झारखंड[८] के मार्ग से इस उद्देश्य से रवाना हुआ कि

१ शासक, हाकिम।

२ २५°१५' उत्तर तथा ८७°०' पूर्व गंगा नदी के दायें तट पर, बिहार का एक डिवीजन तथा ज़िला।

३ २५°२३' उत्तर तथा ८६°२८' पूर्व, गंगा नदी के दक्षिणी तट पर बिहार में।

४ अन्य स्थानों पर अबुलफ़ज़ल ने उसे "इस्लाम ख़ां" लिखा है।

५ अन्य ग्रन्थों में "बर मज़ीद गोर"।

६ अन्य ग्रन्थों में "पहाड़ ख़ां" भी लिखा है।

७ सन्थल परगने का दर्रा जिसके दक्षिण में राजमहल की पहाड़ियाँ एवं उत्तर में गंगा नदी है।

८ इसे छोटिया (छोटा) नागपुर बताया गया है और कहीं-कहीं इसे मिदनापुर के जंगली महालों से सम्बन्धित बताया गया है। बेवरिज का विचार है कि सम्भवतः भूलसे भारकुन्ड अथवा बीरभूमि के लिये इसका प्रयोग होता है। [Beames: Notes on Akbar's Sarkars, *Journal Royal Asiatic Society* (London 1896) p. 97]। भारकुन्ड सरकार शरीफ़ाबाद में थी। होडीवाला ने लिखा है कि "झारखंड (जंगली प्रदेश) का तात्पर्य बड़े विस्तृत भौगोलिक भू-भाग से है जिसको निश्चित रूप से बताना कठिन है। ब्लाख़मैन ने लिखा है कि **अकबर नामा** में बीरभूमि तथा पचेत से रतनपुर (मध्य भारत) तथा रोहतास गढ़ दक्षिणी बिहार से उड़ीसा तक की सरहद का भूभाग झारखंड अथवा जंगली प्रदेश कहलाता है। यह कोई निश्चित भू-भाग नहीं और छोटिया (छोटा) नागपुर के भू-भाग के लिए जो रोहतास से बीरभूमि तक फैला है प्रयोग में आता है।

ब्लाख़मैन ने छोटा नागपुर के विषय में लिखा है :

जब उत्कृष्ट सेना बंगाले में पहुँच जाय तो वह इस मार्ग से बिहार एवं उस ओर (के स्थानों में) पहुँचकर उपद्रव मचाये और बंगाले की धन-सम्पत्ति भी सुरक्षित स्थान पर पहुँचा दे। जलाल खां तथा एक सेना को गढ़ी के समीप नियुक्त करके आदेश दे दिया कि जब विश्व-विजय करने वाली सेना निकट पहुँचे और वह स्वयं शेरपुर[1] पहुँच जाय तो वे शीघ्रातिशीघ्र उसके पास पहुँच जायें और युद्ध को टालें।

जलाल खां द्वारा हुमायूं की सेना की पराजय

भागलपुर से इबराहीम बेग चाबूक़, जहाँगीर क़ुली बेग, बैराम बेग, निहाल बेग, रोशन बेग, गर्ग अली बेग तथा बूचक़ा बहादुर[2] को और एक बहुत बड़ी सेना को जिसमें ५-६ हज़ार व्यक्ति थे, हज़रत जहाँबानी ने नियुक्त किया। जब शाही सेनायें गढ़ी के समीप पहुँची, जलाल खां ने अपने पिता के आदेश का उल्लंघन करते हुए सेना तैयार की और शाही शिविर पर आक्रमण किया। ये लोग[3] अपने आप को संभाल भी न पाये और न युद्ध हेतु सेना की व्यवस्था ही कर पाये। शत्रुओं की सेना बहुत अधिक थी। ये लोग युद्ध के लिए तैयार भी न थे। बैराम खां ने कई बार पलटकर शत्रु की सेना पर आक्रमण किया और उनकी सेना के छक्के छुड़ा दिये। उसने बड़ी वीरता से युद्ध किया किन्तु विजयी सेना, अव्यवस्थित होने के करण उचित रूप से साथ न दे सकी और इच्छानुसार सफलता न प्राप्त हुई[4]। अली खां

"In the *Akbarnama* the whole tract from Birbhum and Pachet to Ratanpur in Central India, and from Rohtasgarh in South Bihar to the frontier of Orissa, is called 'Jharkhand,' or jungle land. There are several geographical names that have the same signification; we find them especially in such districts as are now inhabited by aboriginal races. Thus the Gond word *dangúr* means 'a jungle,' 'wilderness,' and hence the numerous Dongars, Dongris, Dongarpurs, Dongarganws, Dongartals, in Western and Central India. Even the word 'bir' in Birbhum, notwithstanding the various etymologies which have been proposed, is, I believe, nothing else but the Mundari *bir*, a forest. (H. Blochmann : Notes from Muhammadan Historians on Chutia Nagpur, Pachet, and Palamau, J. A. S. B. Calcutta 1871, p. 111).

१ सम्भवतः शेरपुर अताई।

२ प्रकाशित पुस्तक में 'बचका बहादुर'।

३ शाही सेना।

४ जब (शेर खां) गौड़ पहुँचा तो उसने अपने पुत्र जलाल खां एवं अन्य अमीरों को नियुक्त किया कि वे गढ़ी का मार्ग रोक लें और हज़रत पादशाह पर सर्वदा दृष्टि रक्खें ताकि मैं तैयारी करके जो ख़ज़ाना प्राप्त हुआ है उसे रोहतास में पहुँचा दूं। जब जलाल खां गढ़ी पहुँचा तो हज़रत पादशाह की सेना; जो आगे थी, गढ़ी के समीप पहुँच गई। जलाल खां ने अपने अमीरों से कहा कि, "हमें इस सेना से युद्ध करना चाहिये।" अमीरों ने रोका कि "युद्ध करना उचित नहीं। शेर खां ने तुझे युद्ध हेतु नहीं भेजा है। राज्य के हित में यही उचित है कि गढ़ी की प्रतिरक्षा की जाय।" जलाल खां ने अमीरों की बात स्वीकार न की। १००० अश्वारोही गढ़ी में छोड़कर ६००० अश्वारोहियों सहित पादशाह की सेना के विरुद्ध पहुँचा। घोर युद्ध हुआ किन्तु बादशाह की सेना की पराजय हो गई। मुबारक फ़रमुली, अबुल फ़तह लंगाह एवं मुग़लों की ओर से अत्यधिक लोग मारे गये। जलाल खां वापस होकर

हावनी[1], हैदर बख़्शी तथा राज्य के कुछ अन्य पदाधिकारी शहीद हो गये।

हुमायूं का स्वयं जलाल ख़ां के विरुद्ध पहुँचना और उसका पलायन

जब यह समाचार पवित्र कानों तक पहुँचे तो हज़रत जहाँबानी स्वयं शीघ्रातिशीघ्र रवाना हुए। इसी आक्रमण में समुद्र को शोभा देने वाली नौका जो शाही सवारी के लिए (ही प्रयोग में आती) थी कहलकाम[2] में डूब गई। जब शाही सेना अभागे अफ़ग़ानों के समीप पहुँची तो वे पलायन कर गये।

हुमायूं द्वारा बंगाल (गौड़) विजय

हज़रत जहाँबानी ने मीर्ज़ा हिन्दाल को, जिसे तिरहुट एवं पुरनिया प्रदान किया गया था, (१५३) उसकी प्रार्थना पर इस आशय से विदा कर दिया कि वह अपनी नई जागीर में जाकर उचित

गढ़ी पहुँचा और गढ़ी के मार्ग को रोक लिया। उस रात्रि के युद्ध के पश्चात् वर्षा ऋतु की इतनी ज़ोर की प्रारम्भिक वर्षा हुई कि जल की अधिकता के कारण मार्ग मिलना कठिन हो गया। उस मंजिल पर हज़रत पादशाह एक मास तक ठहरे रहे। इस बीच में शेर ख़ां ने अवसर पाकर समस्त ख़ज़ाना जो उसने प्राप्त किया था, झारखंड के मार्ग से रोहतास पहुँचा दिया। जब शेर ख़ां रोहतास पहुँच गया तो उसने जलाल ख़ां को सूचना भेजी कि वह गढ़ी को छोड़कर रोहतास की ओर चला जाय। हज़रत पादशाह को पता चला कि, जलाल ख़ाँ गढ़ी को छोड़कर चला गया है। वर्षा ऋतु की अधिकता के कारण, विजयी सेना का (एक भाग) मीर्ज़ा हिन्दाल के साथ आगरा भेज दिया और स्वयं बंगाले की राजधानी गौड़ की ओर रवाना हुए। गौड़ में वे तीन मास तक ठहरे रहे और किसी को भी उनके दरबार में उपस्थित होने की अनुमति न थी। (९४५ हि०। १५३८-३९ ई० इलियट के अनुवाद में) शेर ख़ां बनारस में पहुँचा। बनारस के हाकिम को घेर लिया। वहां से ख़्वास ख़ां को मुंगेर की ओर भेजा। वहां ख़ाने ख़ानां यूसुफ़ ख़ेल हुमायूं की ओर से शहर का हाकिम था। शेर ख़ां ने ख़्वास ख़ां को आदेश भेजा कि वह ख़ाने ख़ानां को बन्दी बना ले और उसे उसकी सेवा में उपस्थित करे (कारण कि ख़ाने ख़ानां ही बाबर को काबुल से हिन्दुस्तान लाया था)। (इलियट के अनुवाद में)। ख़्वास ख़ां अचानक नगर के भीतर रात में प्रविष्ट हो गया। ख़ाने ख़ानां को बन्दी बनाकर बनारस ले गया। तदुपरान्त बनारस पर विजय प्राप्त कर ली गई। अधिकांश मुग़ल जो उस नगर में थे मार डाले गए, तत्पश्चात् हैबत ख़ां नियाज़ी, जलाल ख़ां जल्लू, सरमस्त ख़ां सरवानी एवं अन्य अमीर बहराइच की ओर नियुक्त किये गये। उन लोगों ने उन मुग़लों को जो उस क्षेत्र में थे मार-मारकर राज्य से निकाल दिया और सम्भल के क़िले तक पहुँचकर उसपर अधिकार जमा लिया। नगर को नष्ट-भ्रष्ट कर दिया। अन्य सेना जौनपुर की ओर भेजी। जौनपुर का हाकिम युद्ध में मारा गया। वही सेना आगरा पहुँची। जो मुग़ल सेना आगरा में थी उसने युद्ध किया और पराजित हुई। क़न्नौज से सम्भल तक के प्रदेश अफ़ग़ानों के अधिकार में आ गये। शेर ख़ां ने, ख़्वास ख़ां को महारता ज़मींदार के विरुद्ध इस आशय से भेजा कि उसके जंगल को काटकर उसे बन्दी बना ले। ख़रीफ़ तथा रबी की फ़सल में शेर ख़ां के आदमियों ने तहसील-वसूल की। (**तारीख़े शेरशाही**: डा० परमात्मा शरण की हस्तलिपि, पृ० १३७-१४०; इलाहाबाद विश्वविद्यालय की हस्तलिपि, पृ० १२८-१३१; अलीगढ़ विश्वविद्यालय हस्तलिपि, पृ० १४३-१४७; इलियट, बाडलीएन नं० ३७२)।

१ सम्भवतः महावती।

२ कहलगांव अथवा कालगोंग, भागलपुर में २५°१६′ उत्तर तथा ८७°१४′ पूर्व, गंगा के दक्षिणी तट पर।

सामान सहित उस ओर से बंगाला पहुँच जाय। हज़रत जहाँबानी वहाँ से निरन्तर यात्रा करते हुए बंगाले की ओर रवाना हुए और दैवी कृपा से उन्होंने ९४५ हि० (१५३८-३९ ई०) में[1] बंगाला[2] विजय कर लिया। शेर खां समस्त अफ़ग़ानों सहित बंगाले का चुना हुआ ख़ज़ाना लेकर झारखंड के मार्ग से रोहतास के क्षेत्र में पहुँचा और धूर्ततापूर्वक रोहतास[3] के क़िले पर अधिकार जमा लिया।

शेर खां का रोहतास के क़िले पर अधिकार जमाना

इस घटना का संक्षिप्त उल्लेख इस प्रकार है: जब (शेर खां) रोहतास के समीप, जो एक बड़ा ही दृढ़ क़िला है, पहुँचा तो क़िले के हाकिम राजा चिंतामन ब्राह्मण[4] के पास आदमी भेजकर उसे अपने प्राचीन उपकारों का स्मरण दिलाया और मित्रता की नींव स्थापित कर निवेदन कराया कि "आज हमारे ऊपर विपत्ति आ पड़ी है। मेरी प्रार्थना है कि मेरे प्रति उदारता से काम लो और मेरे परिवार एवं साथियों को क़िले में स्थान दे दो, तथा मुझे कृतज्ञ बना लो।" सरल स्वभाव के राजा ने उस धूर्त की चाटुकारी एवं छल के धोखे में पड़ कर उसकी प्रार्थना स्वीकार कर ली। मित्रता के राज्य से अपरिचित उस व्यक्ति ने ६०० डोलियाँ तैयार कराईं और प्रत्येक डोली में[5] दो-

१ जून १५३८ ई०।

२ इस स्थान पर केवल गौड़ से तात्पर्य है। गौड़, पूर्वी बंगाल तथा आसाम के माल्दा ज़िले में २४°५४' उत्तर ८८°८' पूर्व में बंगाल की मध्यकालीन राजधानी।

३ रोहतास अथवा रोहतासगढ़ बिहार के शाहाबाद ज़िले के सहसराम सब डिवीज़न में २४°३७' उत्तर तथा ८३°५५' पूर्व, सहसराम क़स्बे से ३० मील दक्षिण में।

४ **तबक़ाते अकबरी** में 'हर किशन (हरि कृष्ण)'। अन्य इतिहासों में यह नाम विभिन्न रूप से लिखा है।

५ **तारीख़े शेरशाही** में इस कहानी का खंडन किया गया है और इसका उल्लेख इस प्रकार है: शेर खां ने गाज़ी सूर एवं सुलतान सरवानी को, जो चुनार के क़िले का शिक़दार था, चुनार के क़िले में छोड़ दिया और अपने तथा अफ़ग़ानों के, जो उसके साथ थे, परिवार लेकर महरकुन्दा (भरकुन्डा) के क़िले में चला गया। उस क़िले में इतना स्थान न था कि इतने लोग रक्खे जा सकें। शेर ख़ाँ की रोहतास के क़िले के राजा (**तारीख़े शेर शाही** में राजा का नाम नहीं दिया गया है। अबुलफ़ज़ल ने राजा का नाम चिंतामन ब्राह्मण लिखा है। फ़िरिश्ता के अनुसार राजा हरि कृष्ण, कुछ अनुवाद करने वालों ने हर किशन अथवा हरि कृष्ण को बर कीस पढ़ा है; होडीवाला पृ० ४५२) से बड़ी मित्रता थी विशेष रूप से चूरामन (चूड़ामणि) ब्राह्मण से जो राजा का बहुत बड़ा विश्वास पात्र था (इलियट में नायब)। इससे पूर्व उसने शेर ख़ाँ के सगे भाई मियां निज़ाम तथा उसके परिवार के प्रति सौजन्य प्रदर्शित करते हुए उन्हें रोहतास के क़िले में स्थान दे दिया था। जब कोई ख़तरा न रहा तो निज़ाम का परिवार क़िले के बाहर निकल गया था और क़िला राजा को सौंप दिया था। उस अवसर पर शेर ख़ाँ ने उससे कहा, "मुझे अत्यधिक आवश्यकता पड़ गई है। यदि कुछ दिन के लिये रोहतास का क़िला मुझे दे दिया जाय तो जब तक मैं जीवित हूँ इसके लिये कृतज्ञ रहूँगा। जब ख़तरा समाप्त हो जायगा तो क़िला ख़ाली कर दूँगा।" चूड़ामणि ने कहा, "तू संतुष्ट रह, रोहतास का क़िला मैं तुझे राजा से दिलवा दूँगा।" चूड़ामणि ने राजा के पास पहुँचकर कहा, "शेर ख़ाँ एक कठिनाई में पड़ गया है। वह आपसे अपने परिवार के लिये कुछ समय के लिये (क़िला) माँगता है। वह आपका पड़ोसी है। इस अवसर पर उसके प्रति उदारता प्रदर्शित करते हुए उसके परिवार को शरण प्रदान करनी चाहिये।" राजा ने स्वीकार कर लिया। जब शेर ख़ाँ

(पिछले पृष्ठ का फ़ुट नोट)

अपने परिवार को महरकुन्दा (भरकुन्डा) से लेकर नीचे उतरा तो राजा अपने वचन से फिर गया और कहा, "जिस समय मैंने मियां निज़ाम को क़िले में स्थान दिया था तो उसकी सेना की संख्या बड़ी कम थी। मैं शक्तिशाली था। इस समय उनकी सेना की संख्या अधिक हो गई है। मेरे आदमियों की संख्या कम है। वे शक्तिशाली हैं। मैं उनसे (क़िला) जबरदस्ती वापस नहीं ले सकता।" चूड़ामणि ने शेर ख़ाँ के पास संदेश भेजा कि "कुछ लोगों ने जो मेरे शत्रु हैं, राजा को अत्यधिक मार्ग-भ्रष्ट कर दिया है और उससे क़िला देने से इन्कार करा दिया है।" जब शेर ख़ाँ ने यह सुना तो उसे बड़ा दुःख हुआ। उसने राजा के पास सन्देश भेजा कि, "मैं तेरे भरोसे एवं वचन पर अपने परिवार को महरकुन्दा (भरकुन्डा) से लाया। यदि यह समाचार हुमायूँ पादशाह को प्राप्त हो गये तो वह सेना भेजकर अफ़ग़ानों के परिवारों की हत्या करवा देगा। इसका पाप तेरी गरदन पर होगा।" उसने चूड़ामणि को छः मन सोना घूस के रूप में दिया और कहलाया, "जिस प्रकार सम्भव हो कुछ दिन के लिये मेरे परिवार को राजा से रोहतास के क़िले में स्थान दिला दो। (यदि ऐसा न हुआ तो) मैं हज़रत पादशाह से संधि कर लूंगा और राजा को नष्ट-भ्रष्ट कर दूंगा।" चूड़ामणि ने कहा, "तू संतुष्ट रह। मैं राजा को समझाऊँगा कि, 'तेरे राज्य के लिये यह उचित नहीं कि तू विश्वासघात करे। यदि हुमायूँ पादशाह को पता चल गया कि शेर ख़ां के परिवार वाले सुरक्षित नहीं हैं तो वह उन पर आक्रमण कर देगा और उन्हें नष्ट-भ्रष्ट कर देगा तथा बन्दी बना लेगा। इसका पाप मेरी तथा तेरी गरदन पर होगा कारण कि वह तेरे वचन के भरोसे पर अपने परिवार को महरकुन्दा (भरकुन्डा) के क़िले से ले आया है। शेर ख़ां यदि कठिनाई में पड़ गया तो विवश हो कर पादशाह हुमायूँ से संधि कर लेगा और तुझसे युद्ध करेगा। तुझमें शेर ख़ां से युद्ध करने की शक्ति नहीं। अकारण क्यों शत्रुता मोल लेता है और अपने राज्य में विघ्न डालता है?' मैं ब्राह्मण हूँ। वह मेरी बात पर अवश्य विश्वास करेगा। मैं उसे इसपर तैयार करूँगा। यदि उसने स्वीकार न किया तो मैं कहूँगा कि मैं विष खा लूंगा।" जब राजा ने चूड़ामणि को इस प्रकार दृढ़ पाया तो उसने इसे स्वीकार कर लिया कि शेर ख़ां के परिवार को क़िले के ऊपर स्थान प्रदान कर दिया जाय।

शेर ख़ां को अभी क़िला प्राप्त होने के समाचार मिले भी न थे कि उसे ज्ञात हुआ कि ख़्वास ख़ां कलां गौड़ की खाई में डूब गया और हज़रत पादशाह ने संधि द्वारा चुनार के क़िले पर अधिकार जमा लिया है। वह बड़ी चिन्ता में पड़ गया। ख़्वास ख़ां के छोटे भाई को, जिसका नाम मुसाहिब ख़ां (इलियट में साहब ख़ां) था, ख़्वास ख़ां की उपाधि देकर विदा कर दिया। उसे अत्यधिक चेतावनी दे दी कि "हज़रत हुमायूँ पादशाह ने चुनार पर अधिकार जमा लिया है और वह कुछ दिन में ही बंगाले की ओर प्रस्थान कर देगा। तू क़िले पर अधिकार जमाने में विलम्ब न करना।" जिस दिन ख़्वास ख़ां गौड़ पहुँचा उसने जलाल ख़ां से निवेदन किया कि, "आदेश इस प्रकार हुआ है कि गौड़ के क़िले पर अधिकार जमाने में विलम्ब एवं शिथिलता न की जाय कारण कि हुमायूं पादशाह पीछे से आ रहे हैं।" जलाल ख़ां ने कहा, "आज प्रतीक्षा करो।" ख़्वास ख़ां ने कहा कि "मैं आदेश का उल्लंघन न करूँगा। सवार हो जाना चाहिये।" जलाल ख़ां ने कहा, "तुम अपने (भाई के) स्थान पर चले जाओ।" ख़्वास ख़ां विदा हो गया। अपने भाई के स्थान पर पहुँचा। भाई की सेना को सांत्वना दी और कहा, "हज़रते आला का सम्मानित आदेश हुआ है कि पहुँचते ही ऐसा घोर प्रयत्न करो कि क़िले पर अधिकार प्राप्त हो जाय। विलम्ब एवं शिथिलता मत करो।" नक़ीबों को आदेश दिया कि लश्कर को सूचना कर दे कि वे पूर्ण रूप से तैयार हो जायें कारण कि समय नहीं है। वह स्वयं अस्त्र-शस्त्र धारण करके सवार हुआ और जलाल ख़ां को सूचना भेजी (इलियट में वकील भेजा) कि, "यह दास हज़रते आला के आदेशानुसार अपनी समस्त सेना सहित सवार हो गया है। आप भी सवार हो जायें। ईश्वर ने चाहा तो विजय प्राप्त हो जायगी।" जलाल ख़ां को ख़्वास ख़ां की यह वीरता अच्छी न लगी किन्तु विवश होकर वे सवार हुए। ख़्वास ख़ां ने स्वयं पौरुष एवं वीरता प्रदर्शित की। अभी जलाल ख़ां न आया था कि उसने क़िला विजय कर लिया। दान-पुण्य एवं वीरता में उस सेना में कोई उसके बराबर न था। जब गौड़ विजय हो गया, जलाल ख़ां ने विजय-प

सशस्त्र जवान बिठा दिये। डोलियों के दोनों ओर कनीज़ें नियुक्त कर दीं। इस छल से सैनिकों को क़िले में प्रविष्ट करके क़िले पर अधिकार जमा लिया और अपने परिवार एवं सैनिकों को उस क़िले में छोड़ कर षड्यंत्र के हाथ बढ़ा दिए[1] और बंगाले के मार्ग रोक दिये।

हुमायूं बंगाले में

हज़रत जहाँबानी को बंगाले की जल-वायु बड़ी अच्छी लगी और वे भोग-विलास में ग्रस्त हो गये। भाग्यशाली सेना ने समृद्ध एवं विस्तृत प्रदेश पाकर उपेक्षा की सामग्री की व्यवस्था कर ली। इसी बीच में मीर्ज़ा हिन्दाल षड्यंत्रकारियों एवं दुष्टों की संगत में पड़ गया और सर्वनाशकारी कल्पनाओं को अपने मस्तिष्क में स्थान देकर बिना शाही आदेश के वर्षा ऋतु के मध्य राजधानी

ख्वास ख़ां के नाम पर लिखकर अपने पिता शेर ख़ां को भेज दिया। जब शेर ख़ां को यह समाचार प्राप्त हुये तो वह बड़ा प्रसन्न हुआ। चूड़ामणि भी शेर ख़ां की सेवा में पहुँचा और निवेदन किया, कि "राजा ने उसे रोहतास के क़िले में अपने परिवार को रखने की अनुमति दे दी है।" शेर ख़ां अपने परिवार को क़िले के समीप ले गया और राजा के प्रति अत्यधिक निष्ठा एवं कृतज्ञता प्रकट की। सांसारिक धन-सम्पत्ति एवं वस्तुओं में अत्यधिक नक़द धन एवं वस्त्र राजा को प्रदान किये और वचन दिया कि, "यदि भाग्य ने मेरा साथ दिया तो मैं तेरा उपकार न भूलूँगा।" राजा अत्यधिक संतुष्ट हो गया और उसने निवेदन किया कि, "रोहतास का क़िला आपका है। आपके परिवार वाले आ जायें।" शेर ख़ां ने अपने आदमियों को समझा दिया था कि जो कोई क़िले में पहुँच जाय वह पुनः नीचे न आये। शेर ख़ां ने स्वयं क़िले में पहुँचकर उसका निरीक्षण किया और ईश्वर के प्रति कृतज्ञता प्रकट करके कहा, "चुनार के क़िले की इससे कोई तुलना नहीं की जा सकती। वह क़िला मेरे हाथ से निकल गया तो यह अधिकार में आ गया।" गौड़-विजय पर वह बहुत प्रसन्न हुआ था किन्तु रोहतास के क़िले की विजय पर और भी प्रसन्न हो गया। क़िले के रक्षकों को संदेश भेजा कि, "तुम लोग राजा के पास जाकर कह दो कि तुम्हारा अफ़ग़ानों के साथ रहना उचित नहीं। इससे तुम्हें कष्ट होगा।" उसने अपने आदमियों से कह दिया, "यदि क़िले के रक्षक तुम्हारे कहने से नीचे न उतरें तो उन्हें मार-मार कर निकाल दो।" क्योंकि शेर ख़ां के आदमी पूर्ण रूप से तैयार थे, वे क़िले के रक्षकों के पास गये। जो कुछ शेर ख़ां ने कहा था, उन्हें बतलाया। उन लोगों ने स्वीकार न किया। शेर ख़ां के आदमियों ने तलवार की ओर हाथ बढ़ाया और मार-मारकर उन्हें क़िले के बाहर निकाल दिया। क़िले में प्रत्येक स्थान पर अपने रक्षक नियुक्त कर दिये और दृढ़ रूप से उसकी प्रतिरक्षा प्रारम्भ कर दी। रोतहास का क़िला जिस प्रकार लिखा गया, विजय हुआ। लोगों ने जो यह प्रसिद्ध कर दिया है कि शेर ख़ां ने अफ़ग़ानों को डोलियों में स्त्रियों के बहाने से बैठा कर क़िले में भेज दिया और क़िले पर अधिकार जमा लिया तो यह नितांत असत्य एवं झूठ है। इस पुस्तक (**तुहफ़ये अकबर शाही**) के संकलनकर्ता शेख़ अली के पुत्र अब्बास ख़ां ने उन उच्च पदाधिकारियों से जो इस घटना के समय शेर ख़ां के साथ थे, इसकी छान-बीन की है। इस प्रकार मैंने प्रतिष्ठित अमीरों के सरदार मुज़फ़्फ़र ख़ां, मसनदे आली ईसा ख़ां बिन उमर ख़ां सरवानी के भतीजे, (इलियट में:—मसनदे आली ईसा ख़ां बिन मसनदे आली ईसा ख़ां बिन मसनदे आली हैबत ख़ां बिन मसनदे आली उमर ख़ां सरवानी के भतीजे मुज़फ़्फ़र ख़ां) शेख़ मुहम्मद बिन शेख़ (इलियट में मियां) बायज़ीद सरवानी एवं कुछ अन्य लोगों से जो इस घटना से परिचित थे, इस विषय में पूँछ-ताँछ की है। (**तारीख़े शेरशाही**: डा० परमात्मा शरण की हस्तलिपि, पृ० १२१-१२६; इलाहाबाद विश्वविद्यालय की हस्तलिपि, पृ० १११-११७; अलीगढ़ विश्वविद्यालय हस्तलिपि पृ० १२४-१३१; इलियट, बाडलीएन नं० ३७१)।

१ षड्यन्त्र करने लगा।

आगरा की ओर चल दिया। हज़रत जहाँबानी ने यद्यपि चेतावनी-युक्त फ़रमान भी भेजे किन्तु उनसे कोई लाभ न हुआ। कुछ दिन उपरान्त राजधानी में पहुँच कर वह विद्रोह के साधन एकत्र करने लगा और दिमाग़ के ख़िलवतख़ाने[1] में बिना फ़र्रे ईज़दी[2] के सुल्तान वनने के ख़्याली पुलाव पकाने लगा।

अफ़ग़ानों द्वारा जौनपुर का अवरोध

शेर ख़ां ने अवसर पाकर विद्रोह एवं षड्यंत्र के द्वार खोल दिए और बनारस पहुँच कर उसका अवरोध कर लिया। उसने अल्प समय में बनारस पर अधिकार जमा लिया और वहाँ के हाकिम मीर फ़ज़ली की हत्या कर दी। वहाँ से वह जौनपुर की ओर रवाना हुआ। जौनपुर शाहम ख़ां के पिता बाबा वेग जलायर के अधीन था। वह हिन्दू वेग की मृत्यु के उपरान्त नियुक्त हुआ था। उसने उसे सुव्यवस्थित करके उसकी दृढ़ता का सुप्रबन्ध कर दिया था। इबराहीम बेग चाबूक़ का पुत्र यूसुफ़ बेग अवध से बंगाले के प्रस्थान का संकल्प करके जा रहा था। वह भी उससे[3] मिल गया। सर्वदा अपनी सेना के अग्रभाग को आस पास के स्थानों पर भेज कर युद्ध की प्रतीक्षा किया करता (१५४) था। जलाल ख़ां यह समाचार सुन कर २-३ हज़ार आदमियों सहित धावे मारता हुआ वहाँ पहुँच गया। यूसुफ़ बेग लश्कर की धूल देख कर युद्ध के लिए उद्यत हो गया। यद्यपि उसके साथियों ने शत्रुओं की संख्या की अधिकता एवं अपनी संख्या की कमी के विषय में निवेदन किया किन्तु उससे कोई लाभ न हुआ। उसने जौनपुर के समीप बड़ी वीरता से मृत्यु का प्याला पी लिया। शत्रुओं ने दूसरे दिन पहुँच कर जौनपुर को घेर लिया। बाबा बेग जलायर ने उसकी प्रतिरक्षा में बड़े पौरुष एवं कार्य-कुशलता का प्रदर्शन किया। उसने मीर्ज़ाओं तथा अमीरों को वहाँ की स्थिति के विषय में लिखा तथा उत्कृष्ट दरबार में भी प्रार्थना पत्र भेजे।

मीर फ़क्र अली द्वारा हिन्दाल एवं यादगार नासिर को तैयार करने का प्रयत्न

मीर फ़क्र अली देहली से राजधानी आगरा आया और मीर्ज़ा हिन्दाल को उचित चेतावनी दी। अत्यधिक वाद-विवाद के उपरान्त मीर्ज़ा को आगरा से नदी के उस पार ले गया। मुहम्मद बख़्शी को इस आशय से नियुक्त किया कि समय को देखते हुए जो सहायता सम्भव है दे ताकि मीर्ज़ा शीघ्रातिशीघ्र जौनपुर रवाना हो जाय। मीर फ़क्र अली वहाँ से विदा होकर कालपी

१ एकान्त का स्थान।

२ दैवी प्रकाश। अबुलफ़ज़्ल ने **आईने अकबरी** में लिखा है, "पादशाह दादारे बे हमता (अद्वितीय परमेश्वर) का प्रकाश है और संसार को उद्भासित करने वाले, कुशलता की पंजिका की सूची गुणों के संकलन के साधन सूर्य की छटा है। आजकल की भाषा में इसे फ़र्रे ईज़दी कहते हैं। प्राचीन काल की भाषा में इसे कियाने ख़ौरा कहा जाता था। यह परमेश्वर द्वारा किसी को मध्यस्थ बनाये हुये बिना पवित्र शरीर (पादशाहों) को प्राप्त होता है और लोग उसके (फ़र के) समक्ष स्तुति का मत्था अधीनता की भूमि पर रख देते हैं। इस प्रकाश के कारण नाना प्रकार के गुण उत्पन्न होते हैं। (**आईने अकबरी** : प्रस्तावना)।

३ बाबा बेग से।

के क्षेत्र में पहुँचा ताकि यादगार नासिर मीर्ज़ा तथा उसकी सेना को तैयार करे और कड़ा[1] के क्षेत्र में दोनों मीर्ज़ा मिलकर आगे प्रस्थान करें।

मीर्ज़ा हिन्दाल द्वारा षड्यंत्र

इसी बीच में ख़ुसरो बेग कूकुल्ताश, हाजी मुहम्मद बाबा क़श्क़ा का पुत्र ज़ाहिद बेग, मीर्ज़ा नज़र एवं एक अन्य समूह दुष्टता एवं उद्दंडता के कारण बंगाले से भाग कर मीर्ज़ा नूरुद्दीन मुहम्मद के पास, जो क़न्नौज में नियुक्त था, पहुँचे। मीर्ज़ा ने उनके आगमन के विषय में मीर्ज़ा हिन्दाल को लिखा और उन्हें प्रोत्साहन प्रदान करने की प्रार्थना की। मीर्ज़ा हिन्दाल ने अपने एक विश्वास-पात्र मुहम्मद ग़ाज़ी तूग़बाई[2] के हाथ कृपा-युक्त पत्र लिखे। उसने अमीरों के आगमन के विषय में यादगार नासिर मीर्ज़ा तथा मीर फ़क़्र अली को भी लिख भेजा। अमीरों ने मीर्ज़ा नूरुद्दीन मुहम्मद के पास उत्तर की प्रतीक्षा न की और कोल[3], जो ज़ाहिद बेग के मवाजिब[4] में था, पहुँचे। जो व्यक्ति उनके पास भेजा गया था, मार्ग में समाचार पा कर उनके पास रवाना हुआ। अल्पदर्शी नमक हरामों ने अपशब्द कहते हुए खुल्लमखुल्ला बताया कि, "हम पुनः पादशाह की सेवा में न जायेंगे। जैसा तुम्हारा विचार है यदि तुम लोग अपने नाम का ख़ुत्बा[5] पढ़वा दो तो तुम्हारी सेवा में रह कर उचित सेवायें सम्पन्न करें अन्यथा हम लोग मीर्ज़ा कामरान के पास जाते हैं जहाँ स्वागत एवं सफलता हमारी गोद में होगी।" मुहम्मद ग़ाज़ी तूग़बाई ने (मीर्ज़ा हिन्दाल के पास) पहुँच कर गुप्त रूप से अमीरों का सन्देश पहुंचाया और कहा कि, "इन दो कार्यों में से एक की उपेक्षा नहीं की जा सकती; या तो हम अपने नाम का ख़ुत्बा पढ़वा दें या किसी बहाने से अमीरों को बुलवा कर वन्दी बनवा दें।" मीर्ज़ा हिन्दाल ने, जो सर्वदा असम्भव कल्पनायें किया करता था[6], इस बात को बहुत बड़ी देन समझ कर प्रोत्साहन युक्त वादों द्वारा अल्पदर्शी नमक हरामों को बुलाया और उन्हें तसल्ली दी और उनकी विनाशकारी कल्पनाओं को दृढ़ता प्रदान की।

हुमायूं का शेख़ बहलूल को मीर्ज़ा हिन्दाल के पास भेजनां

जब बनारस जौनपुर एवं उस क्षेत्र के स्थानों के अस्त-व्यस्त हो जाने के समाचार हज़रत जहाँबानी के उत्कृष्ट कानों तक पहुंचे और मीर्ज़ा हिन्दाल के विद्रोह के विषय में ज्ञान

१ कड़ा : इलाहाबाद ज़िले की सिराथू तहसील का एक परगना २५°४२' उत्तर तथा ८१°२२' पूर्व, सिराथू के उत्तर-पूर्व में ५ मील तथा इलाहाबाद से ४१ पर। (*District Gazetteers*, Allahabad, 1911, p. 247).

२ अन्य हस्तलिपियों में 'तूक़बाई'। तूग़बाई अथवा तूक़बाई एक अफ़ग़ान क़बीला होता है।

३ आधुनिक अलीगढ़ (उत्तर प्रदेश में)।

४ वेतन ; कहीं कहीं जागीर शब्द का प्रयोग हुआ है।

५ ख़ुत्बा :—वह प्रवचन जो शुक्रवार के दिन ज़ुहर (मध्याह्नोपरान्त) की नमाज़ एवं ईदुलफ़ितर तथा ईदुज़्ज़ुहा के अवसरों पर पढ़ा जाता है। इसमें ईश्वर की स्तुति, हज़रत मुहम्मद, उनकी संतान एवं असहाब (मित्रों) व सहायकों की प्रशंसा के साथ साथ समकालीन बादशाह का उल्लेख होता है। ख़ुत्बा एवं सिक्का एक राज्य में केवल एक ही बादशाह का चल सकता है। यदि कोई अधीनस्थ हाकिम अपने नाम का ख़ुत्बा पढ़वा देता था तो यह विद्रोह तथा स्वतंत्र राज्य के दावे का द्योतक होता था।

६ मूल में "जो सर्वदा अपने सिर को असम्भव कल्पनाओं द्वारा खुजलाया करता था"।

प्राप्त हुआ तो उन्होंने शेख़ बहलूल[१] को, जो हिन्द के उत्कृष्ट सूफ़ियों और पादशाह के कृपा-पात्रों (१५५) में से थे, बंगाले से इस आशय से विदा कर दिया कि वे शीघ्रातिशीघ्र राजधानी पहुंच जायें और गम्भीर उपदेशों द्वारा मीर्ज़ा को कुत्सित कल्पनाओं से मुक्ति दिला कर शीघ्रातिशीघ्र अफ़ग़ानों के विनाश हेतु भली-भाँति[२] तैयार करें। ऐसे अवसर पर जब कि अमीर लोग षड्यंत्र की भावनाओं एवं कुविचारों पर आधारित योजनायें बना रहे थे और मीर्ज़ा हिन्दाल को सन्मार्ग से विचलित करने वाले ही थे, शेख़ शीघ्रातिशीघ्र यात्रा करते हुए पहुंच गये। मीर्ज़ा हिन्दाल ने शेख़ का स्वागत करके बड़े आदर-सम्मान से अपने महल में ठहराया। शेख़ ने निष्ठा-युक्त गम्भीर विचार प्रदर्शित करके, मीर्ज़ा को उस सेवा हेतु जिसके लिए वे नियुक्त हुए थे, दृढ़ बना लिया। दूसरे दिन मुहम्मद बख़्शी को इस आशय से लाया गया कि वह सेना के लिए धन, ऊंट, घोड़े, अस्त्र-शस्त्र इत्यादि जो भी आवश्यक हों उनकी व्यवस्था करे। मुहम्मद बख़्शी ने निवेदन किया कि इतना ख़ज़ाना नहीं है जो सैनिकों को दिया जा सके किन्तु सामान एवं अन्य सामग्री अत्यधिक संख्या में है और वह (मीर्ज़ा की) इच्छानुसार व्यवस्था करेगा।

मीर्ज़ा हिन्दाल के आदेशानुसार शेख़ बहलूल की हत्या

इस बात को चार-पाँच दिन भी व्यतीत न हुए थे कि मीर्ज़ा नूरुद्दीन मुहम्मद क़न्नौज से शीघ्रातिशीघ्र पहुंचा। अमीरों ने मिलकर जो निश्चय किया था एवं जो षड्यंत्र रचा था उसमे मीर्ज़ा के आगमन के कारण और भी दृढ़ता उत्पन्न हो गई। मुहम्मद ग़ाज़ी तूग़बाई को (मीर्ज़ा हिन्दाल) ने पुनः अमीरों के पास भेजा। अमीरों ने अपनी पिछली योजना पर ज़ोर देते हुए अपने संकल्प के विषय में निवेदन कराया कि, "हमारी बात के स्वीकार कर लिये जाने का प्रमाण यह है कि आप पादशाह के दूत शेख़ बहलूल की, जो हमारी योजनाओं को छिन्न-भिन्न कर रहा है, खुल्लम खुल्ला हत्या करा दें ताकि लोगों को विश्वास हो जाय कि आप पादशाह से पृथक् हो गये हैं और हम लोग निश्चिंत होकर सेवा करें।" शेख़ यात्रा की तैयारी कर रहे थे और सेना हेतु अस्त्र-शस्त्र की व्यवस्था करा रहे थे कि (मीर्ज़ा हिन्दाल का) दूत वापस आ गया और मीर्ज़ा नूरुद्दीन मुहम्मद की सहमति से आनिंद्य योजना की पुष्टि हो गई। मीर्ज़ा नूरुद्दीन मुहम्मद, मीर्ज़ा हिन्दाल के आदेशानुसार शेख़ को उनके घर से पकड़ कर नदी के उस पार ले गया और पादशाही बाग़ के समीप बलुही जगह पर उनकी गरदन उड़ा देने का आदेश दे दिया। अभागे अमीरों ने मीर्ज़ा की सेवा में पहुँच कर अभिवादन किया।

१ यह नाम विभिन्न हस्तलिपियों एवं ग्रन्थों में विभिन्न प्रकार से लिखा है :--बहलूल, पूल एवं फूल। वह शेख़ मुहम्मद गौस शत्तारी ग्वालियरी का बड़ा भाई था। शेख़ मुहम्मद गौस के विषय में देखिये, मुल्ला अब्दुल क़ादिर बदायूनी : **मुन्तखबुत्तवारीख़** भाग ३, पृ० ४-६)। वे शेख़ बायज़ीद बुस्तामी से अपना सिलसिला मिलाते थे। डा० ईश्वरी प्रसाद ने 'शेख़ फ़रीदुद्दीन अत्तार' लिखा है जो ठीक नहीं। (Ishwari Prasad : *The Life and Times of Humayun*, p. 124, n. I).

२ मूल में "यक दिल व यक ज़बान"।

मीर्ज़ा हिन्दाल के नाम का ख़ुत्बा

एक अशुभ मुहूर्त एवं ऐसे हलचल के समय मीर्ज़ा हिन्दाल के नाम का ख़ुत्बा पढ़वा दिया गया। उन लोगों ने प्रस्थान कर दिया[1]। यद्यपि इस्मत क़िबाब दिलदार आग़ाचा बेगम ने, जो मीर्ज़ा हिन्दाल की माता थीं, एवं अन्य बेगमों ने बहुत समझाया किन्तु उससे कोई लाभ न हुआ। उसके कर्म की ज़बान यह शेर पढ़ रही थी :

शेर

'लोगों का समझाना-बुझाना मेरे कान के लिए हवा (के समान) है,
किन्तु यह ऐसी हवा है जो मेरी अग्नि को तेज़ करती है।'

मीर्ज़ा हिन्दाल का देहली की ओर प्रस्थान

जब मीर्ज़ा अपने नाम का ख़ुत्बा पढ़वाकर अपनी माता के पास पहुँचा तो इस्मत क़िबाब नीले वस्त्र धारण किए हुए थीं। मीर्ज़ा ने कहा कि, "ऐसे ख़ुशी के अवसर पर आप किस प्रकार के वस्त्र धारण किए हुए हैं?" उस इस्मत क़िबाब ने दूरदर्शिता की दृष्टि से उत्तर (१५६) दिया, "तू मेरी चिन्ता क्यों कर रहा है? मैं तेरा शोक मना रही हूँ। तू अभी बालक है।[2] अल्पदर्शी षड्यंत्रकारियों की बातों में आकर तू संमार्ग से विचलित तथा अपने विनाश हेतु कटि-बद्ध हो गया है।" मुहम्मद बख़्शी[3] ने आकर निवेदन किया कि, "आपने शेख़ की तो हत्या करा दी। मेरे विषय में किस कारण विलम्ब कर रहे हैं?" मीर्ज़ा ने उसे तसल्ली देकर अपने साथ ले लिया। यादगार नासिर मीर्ज़ा एवं मीर फ़क़्र अली इस शोचनीय घटना के विषय में सुनकर कालपी के क्षेत्र से ग्वालियार होते हुए देहली पहुँचे और नगर को दृढ़ बनाने तथा क़िले की प्रतिरक्षा की व्यवस्था करने लगे। मीर्ज़ा हमीदपुर[4] में, जो फ़ीरोज़ाबाद[5] के समीप है, पहुँचा ही था कि यादगार नासिर मीर्ज़ा एवं मीर फ़क़्र अली के शीघ्रातिशीघ्र देहली पहुँचने के समाचार प्राप्त हुए। मीर्ज़ा तथा अमीर लोग परामर्श करके देहली पर अधिकार जमाने के उद्देश्य से रवाना हुए। आसपास के अधिकांश छोटे-छोटे जागीरदारों ने उपस्थित होकर मीर्ज़ा के प्रति अभिवादन किया। मीर्ज़ा ने निरन्तर यात्रा करते हुए देहली पहुँचकर उसका अवरोध कर लिया।

१ सम्भवतः देहली की ओर।

२ उसका जन्म १५१९ ई० में हुआ था और ४ मार्च १५१९ ई० को बाबर को उसके जन्म के समाचार प्राप्त हुए। (**बाबर नामा**, पृ० १०३)।

३ वह बाबर का बड़ा विश्वासपात्र था। (**बाबर नामा**, पृ० ११८, १५५, १५६)।

४ चामर्स की हस्त-लिपि के अनुसार उत्तरी फ़ीरोज़ाबाद के पश्चिम में ८ मील पर उम्मीदपुर अथवा फ़ीरोज़ाबाद से ८ मील दक्षिण-पूर्व में मुहम्मदीपुर। यादगार नासिर मीर्ज़ा तथा फ़क्र अली देहली के पश्चिम से रवाना हुये और हिन्दाल पूर्व से। (बेवरिज, पृ० ३३९)।

५ उत्तर प्रदेश के आगरा ज़िले में २७°९' उत्तर तथा ७८°२३' पूर्व में आगरा नगर से मैनपुरी के मार्ग पर, आगरा से लगभग २७ मील पूर्व में।

मीर्ज़ा कामरान का सर्व प्रथम देहली और फिर आगरा पहुँचना

यादगार नासिर मीर्ज़ा तथा मीर फ़क़् अली क़िले की प्रतिरक्षा हेतु कटिबद्ध हो गए। उन्होंने मीर्ज़ा कामरान को इस घटना की सूचना देकर उससे विद्रोह एवं षड्यंत्र के दमन हेतु पधारने की प्रार्थना की। मीर्ज़ा लाहौर से रवाना हुआ। जब वह सोनपत[1] क़स्बे के समीप पहुँचा तो मीर्ज़ा हिन्दाल अपने कार्य को पूर्ण किये बिना राजधानी आगरा की ओर चल खड़ा हुआ। मीर्ज़ा कामरान जब देहली के समीप पहुँचा तो मीर फ़क़् अली ने उपस्थित होकर मीर्ज़ा के प्रति अभिवादन किया। यादगार नासिर मीर्ज़ा उसी प्रकार क़िले को दृढ़ रखने का प्रयास करता रहा। मीर फ़क़् अली ने मीर्ज़ा कामरान को गम्भीर परामर्श दे कर आगरा की ओर भेज दिया। मीर्ज़ा हिन्दाल आगरा में भी न ठहर सका और अलवर[2] चला गया। मीर्ज़ा कामरान ने आगरा पहुँचकर इस्मत क़िबाब दिलदार आग़ाचा बेगम से प्रार्थना की कि, "आप मीर्ज़ा हिन्दाल को तसल्ली देकर सेवा में बुला लें।" "बुद्धिमत्ता के परदों की वह बेगम" मीर्ज़ा हिन्दाल को अलवर से लाई और उसकी ग्रीवा में कपड़ा लपेटकर मीर्ज़ा कामरान की सेवा में उपस्थित किया। मीर्ज़ा ने उसके प्रति सौजन्यपूर्ण व्यवहार किया। दूसरे दिन उसने षड्यंत्रकारियों के अपराध को क्षमा करके उन्हें अभिवादन की अनुमति प्रदान की। मीर्ज़ाओं तथा अमीरों ने आपस में मिलकर यमुना नदी इस आशय से पार की कि शेर ख़ां के विद्रोह को शान्त करें किन्तु इन सम्मानित वंश वालों का पथ-प्रदर्शन सौभाग्य द्वारा न हो रहा था, अतः उन्हें इस उत्कृष्ट सेवा का सम्मान न प्राप्त हो सका।

हुमायूं तथा उसके अधिकारियों का भोग-विलास

संक्षेप में, जब दैवी कृपा से बंगाला प्रदेश स्थायी राज्य के सेवकों को प्राप्त हो गया और उस प्रदेश की राजधानी उत्कृष्ट सेना का केन्द्र बन गई तथा प्रतिष्ठित अमीरों ने बड़ी-बड़ी जागीरें प्राप्त कर लीं तो वे भोग-विलास में ग्रस्त रहने तथा असावधानी में समय व्यतीत करने लगे। राज्य के उच्च पदाधिकारी शासन प्रबन्ध की ओर बहुत कम ध्यान देते थे। राज्य के षड्यंत्रकारी, जिनसे कि यह संसार शून्य नहीं है, षड्यंत्र रचने एवं अशान्ति फैलाने लगे और वह समय निकट आगया जबकि ऊंघता हुआ षड्यंत्र अपनी गिरी हुई बरौनी को ऊपर उठाये[3]। सावधानी (१५७) की नींव में विघ्न पड़ गया। इस प्रकार ऐसे समाचार, जिनपर विश्वास किया जा सकता था, भाग्यशाली शिविर तक न पहुँचते थे। यदि किसी विश्वास-पात्र को कुछ थोड़ा-बहुत ज्ञात भी हो जाता तो उसे इतना साहस न होता कि वह उन बातों को शुभ कानों तक पहुँचा सके कारण कि उस समय ऐसी व्यवस्था थी कि पवित्र सभा में कोई कठोर बात न कही जा सकती थी।[4]

१ २९° उत्तर तथा ७७°१' पूर्व, अम्बाला-कालका के रेल के मार्ग पर देहली के उत्तर में २८ मील पर।

२ २७°५' तथा २८°१५' अक्षांस, तथा ७६°१०' और ७७°१५' देशान्तर के मध्य में। (*Rajputana Gazetteers*, Vol. III, p. 161).

३ षडयंत्र प्रारम्भ हो।

४ **तारीख़े शेरशाही** में इस घटना का उल्लेख इस प्रकार है :—जब हुमायूँ पादशाह शेर ख़ां के, जो रोहतास की पहाड़ियों में था, आगे गये तो शेर ख़ां ने भी अपने उत्तम अमीरों को एकत्र करके कहा कि "हज़रत पादशाह

(पिछले पृष्ठ का फ़ुटनोट)

बड़ी अव्यवस्थित दशा में हैं और आगरा की विलायत में षड्यंत्र हो रहा है अतः वे मुझे पीछे छोड़कर चले जा रहे हैं। यदि मित्रगण उचित समझें तो मैं अपने भाग्य की परीक्षा लूँ कारण कि हमारी पूरी तैयारी है"....। जब शेर खां को ज्ञात हो गया कि सभी अफ़ग़ान सहमत हैं और उनमें मुग़लों से युद्ध करने का साहस है तो वह रोहतास की पहाड़ियों से बाहर निकला और हज़रत पादशाह से युद्ध हेतु रवाना हुआ। प्रत्येक पड़ाव पर कच्ची मिट्टी से गढ़बन्दी कर लेता था और शनैः शनैः थोड़ी-थोड़ी यात्रा करता था। जब हज़रत हुमायूँ पादशाह ने सुना कि शेर खां आ रहा है तो वे भी वापस हो गये और शेर खां की तरफ़ अग्रसर हुए। जब उसने सुना कि हज़रत पादशाह पलट पड़े हैं तो शेर खां ने प्रार्थना-पत्र लिखा कि, "यदि हज़रत पादशाह बंगाला प्रदेश अपने दास को प्रदान कर दें तो मैं पादशाह के नाम का सिक्का चलवा दूंगा तथा ख़ुत्बा पढ़वा दूंगा; मैं भी हज़रत पादशाह का एक दास हो जाऊंगा।" वह स्वयं निरन्तर यात्रा करता हुआ अग्रसर हुआ; चौसा एवं सुहया अथवा शतिया या शवहा ग्राम पर नदी को बीच में करके ठहर गया। हस्तलिपियों में यह वाक्य स्पष्ट नहीं। हिन्दुस्तानी नामों से अपरिचित होने के कारण फ़ारसी लिपि में सब नाम अशुद्ध हैं। पहनाये दरिया (अथवा नदी के पाट) को अधिकांश हस्तलिपियों में पहनावर नदी लिखा गया है। चौसा एवं सुहया अथवा शतिया को कुछ हस्तलिपियों में ख़ुश एवं ख़रीद तथा कुछ में जूसी लिखा गया है। **तुहफ़ये अकबर शाही** के परिवर्द्धित रूप में जिसे इबराहीम बतनी ने १०२१ हि० (१६१२ ई०) में तैयार किया था यह वाक्य इस प्रकार है :—

در مقابل دایره پادشاهی مابین موضع چوسه و بکسر قریه سهیا نام دایره خود برپا کرده
که هر دو لشکر بریک کنار گنگ فرود آمدند و سوی گنگ جوی درمیان هر دو لشکر حایل بود که
کرانه آن جوی بلند چنانکه بی گذر معین نمی توان گذشت و خلاب و گل ولای نیز دران جوی
چنان بود که اسپ و آدم و شتر درآنجا بندی شدند چوکی هر دو لشکر برکنار آن جوی
نشستند.

[पादशाही शिविर के समक्ष चौसा एवं बक्सर के मध्य में स्थित सुहया नामक ग्राम में उसने (शेर खां ने) अपने शिविर इस प्रकार लगाये कि दोनों सेनाये गंगा नदी के एक तट पर उतर पड़ीं। गंगा को छोड़कर दोनों लश्करों के मध्य में एक नहर (नदी) थी जिसके किनारे इतने बुलन्द थे कि बिना निश्चित घाट के उन्हें पार न किया जा सकता था। उस नदी में इतना अधिक कीचड़ एवं दलदल था कि घोड़े, आदमी एवं ऊँट उसमें फस जाते थे। दोनों लश्करों की चौकियाँ (पहरे) उस नहर (नदी) के किनारे बैठ गयीं। (बाडलीएन लाइब्रेरी, इलियट की हस्तलिपि नं० ३७२, एवं ऊस्ले की हस्तलिपि ऐड ७८] । नदी का पाट २५ गज़ था। उसने ख़वास खां को भी, जिसे उसने (लईन—पिशाच) महारता के विरुद्ध नियुक्त कर दिया था, बुलवा लिया। शेर ख़ां को, जो अपनी सीमा के आगे बढ़कर धृष्टता प्रदर्शित करते हुए पादशाह के मुक़ाबले में नदी को बीच में किये ठहरा था (हज़रत पादशाह ने) आदेश भेजा कि "यदि उसे पादशाही सम्मान का ध्यान है तो वह पीछे हट जाये और नदी का घाट छोड़ दे ताकि हम नदी पार करके शेर खां का दो-तीन मंज़िल तक पीछा करें तदुपरान्त वापस चले जायें।" शेर खां ने शर्त स्वीकार कर ली। नदी का घाट छोड़कर पीछे हट गया। हज़रत पादशाह ने नदी पर पुल बँधवाया और शिविर को छोड़कर एवं अपने परिवार तथा अपना लश्कर लेकर नदी पार की। पादशाही सरापरदा लगवाया। क़ुतुबे आलम शेख़ फ़रीद शकरगंज की सन्तान शेख़ ख़लील को हज़रत हुमायूं पादशाह ने दूत बना कर शेर खां के पास इस आशय से भेजा कि शेर खां से कह दो कि "वह निरन्तर यात्रा करता हुआ रोहतास की ओर चला जाय और कहीं भी न ठहरे। हज़रत पादशाह कुछ मंज़िलों तक उसका पीछा करके लौट जायेंगे, तदुपरान्त बंगाले की जागीर का फ़रमान जिसका वचन दिया है शेर खां के प्रतिनिधियों को प्रदान कर देंगे।" जब शेख़ ख़लील शेर खां के पास पहुँचा तो हज़रत पादशाह ने जो कुछ शेर खां से कहा था वह उसने उसे बता दिया। शेर ख़ां ने दिखाने को हज़रत पादशाह का आदेश स्वीकार कर लिया और (शेख़ के) आदर-सम्मान

हुमायूं की वापसी

शनैः शनैः जब हिन्दुस्तान के विद्रोह के समाचार राज्य के वास्तविक शुभचिन्तकों द्वारा, जो अपने हित पर दृष्टि न रख कर सत्य बात की चर्चा कर देते हैं, ज्ञात हुए तो हजरत जहाँबानी ने राज्य के उच्च पदाधिकारियों को बुलवाकर वापसी का संकल्प कर लिया। यद्यपि वर्षा की अधिकता के कारण समस्त भूमि जल-मग्न हो गई थी और नदियों के पानी में तूफ़ान उठ रहा था और वह समय युद्ध हेतु प्रस्थान के लिए कदापि उपयुक्त न था, तथापि आवश्यकतावश वापसी को राज्य

सेवा एवं आतिथ्य में कोई कसर न उठा रक्खी। दूसरे दिन शेख़ ख़लील ने बादशाही आदमियों के सामने संधि के विषय में अत्यधिक उपदेश दिये....बात-चीत के समय शेख़ ख़लील के मुँह से यह बात निकली कि, "यदि तू संधि नहीं करता तो उठ, युद्ध कर और लड़।" शेर ख़ां ने कहा, "हज़रत का यही वाक्य मेरे लिए बड़ा शुभ फ़ाल है। ईश्वर ने चाहा तो मैं युद्ध करूँगा।" बंगाल का अत्यधिक धन एवं वस्त्र शेख़ ख़लील को प्रदान किये और उसके हृदय के पक्षी को अपने उपकार के जाल में फँसा लिया। तदुपरान्त उसने शेख़ ख़लील को एकान्त में बुलवाया और क़ुतुबे आलम शेख़ फ़रीद शकरगंज के वंश के प्रति अफ़ग़ानों की निष्ठा का उल्लेख किया और उसे अफ़ग़ानों तथा उसके एक ही विलायत का होने के कारण लज्जा दिलाते हुए उसकी इच्छानुसार आश्वासन दिलाकर उससे कहा कि "मैं आप से पादशाह से संधि तथा युद्ध के विषय में परामर्श करता हूँ"......शेख़ ने अत्यधिक सोच-विचार के उपरान्त कहा, "मुझसे परामर्श करने के कारण तूने मेरे लिये दो कठिनाइयाँ खड़ी कर दी हैं। एक यह कि हज़रत हुमायूँ पादशाह ने मुझे दूत बनाकर तेरे पास भेजा है। यह उचित नहीं कि उनके राज्य के हित के विरुद्ध मैं कोई बात कहूँ। दूसरे यह कि तू मुझसे परामर्श के रूप में पूछ रहा है। बुज़ुर्गों ने कहा है कि, 'यदि शत्रु परामर्श करे तो जो बात सत्य हो वही कहनी चाहिये।' अफ़ग़ान अपने पूर्वजों के समय से इस वंश (शेख़ फ़रीद गंजशकर) के भक्त हैं। यदि मैं जो उचित है उसके विरुद्ध कुछ कहूँ तो बेईमानी करूँगा। हज़रत मुहम्मद ने यही बात कही है अतः आवश्यकतावश जो बात सच है वह मैं तुझसे कहता हूँ कि, 'तेरे लिये हज़रत पादशाह से संधि की अपेक्षा युद्ध करना अच्छा है कारण कि उसकी सेना में अत्यधिक अव्यवस्था फैली है। घोड़े तथा अस्त्र-शस्त्र नहीं रह गये हैं। उनके भाइयों ने भी विद्रोह प्रारम्भ कर दिया है। वे आवश्यकतावश संधि कर रहे हैं। अन्त में वे इस संधि पर दृढ़ न रहेंगे। अवसर को हाथ से जाने न देना चाहिये। ऐसा अवसर फिर न प्राप्त होगा।" शेर ख़ां संधि के विषय में असमंजस में था। जब शेख़ ख़लील ने युद्ध हेतु प्रेरित किया तो शेर ख़ां ने संधि के विषय में मना कर दिया और वह युद्ध की योजना बनाने लगा। उसने ख़वास ख़ां को, जिसे महारता के विरुद्ध थोड़ी सी सेना सहित नियुक्त किया था, बुलवाया। जब ख़वास ख़ां उसके शिविर में पहुँचा तो उसने आदेश दिया कि समस्त सेना अस्त्र-शस्त्र धारण करके सवार हो जाय मानो महारता (होडीवाला के अनुसार भारत, होडीवाला पृ० ४५४) युद्ध हेतु आ रहा हो। जब (शेर ख़ां का) लश्कर पड़ाव से ३-४ कुरोह आगे निकल गया तो उसने आदेश दिया कि वापस आ जाओ। वह (महारता) अभी दूर है। दूसरे दिन भी वह पूरी तैयारी करके सवार हुआ और कुछ कुरोह जाकर लौट आया और कहा कि वह आज भी न आया। जब आधी रात रह गई तो उसने अपने समस्त अमीरों को बुला कर उनसे कहा, "मैं संधि का खंडन तथा ईश्वर की कृपा पर भरोसा करके पादशाह से युद्ध करता हूँ।" (**तारीख़े शेरशाही** : डा० परमात्मा शरण की हस्तलिपि, पृ० १४०-१५०; इलाहाबाद विश्वविद्यालय की हस्तलिपि, पृ० १३१-१४०; अलीगढ़ विश्वविद्यालय हस्तलिपि, पृ० १४८-१५६; इलियट, बाडलीएन नं० ३७१)।

की रक्षा के हित से परमावश्यक समझा गया। वे बंगाला प्रदेश ज़ाहिद बेग[1] को सौंप रहे थे किन्तु उस अभागे ने प्राचीन सेवकों[2] के समान मिथ्यापूर्ण विचार प्रस्तुत करके विनाशकारी संकल्प का प्रदर्शन किया और दुर्भाग्यवश भागकर मीर्ज़ा हिन्दाल के पास पहुँचा। हज़रत जहाँबानी ने बंगाले का शासन-प्रबन्ध जहाँगीर क़ुली बेग को प्रदान करके एक बहुत बड़ी सेना उसकी सहायतार्थ नियुक्त की और बीच वर्षा[3] में वापसी की लगाम मोड़कर राजधानी (आगरा) की ओर रवाना हुए।

शेर शाह की योजनाएँ

शेर खां ने जब शाही सेना के लौटने एवं मीर्ज़ा लोगों के राजधानी आगरा से प्रस्थान के समाचार सुने तो वह जौनपुर छोड़कर रोहतास की ओर रवाना हुआ। उसने यह निश्चय किया कि यदि उत्कृष्ट पताकायें उसके विरुद्ध आयें तो वह युद्ध न करके झारखंड के मार्ग से, जिधर से वह आया था, पुनः वापस होकर बंगाले[4] की ओर प्रस्थान करे। यदि ऐसा न हो[5] और शाही सेना राजधानी की ओर प्रस्थान करे तो अवसर मिलते ही वह उसका पीछा करे और रात्रि में छापा मारे। जब हज़रत जहाँबानी की सम्मानित सेना तिरहुट[6] पहुँची तो शेर खां, शाही लश्कर की संख्या की कमी एवं उत्कृष्ट शिविर की अव्यवस्था से अवगत होकर शेरक[7] हो गया और अत्यधिक सशस्त्र सेना सहित रवाना हुआ। वह सेना के आस पास के स्थान अपने अधिकार में करने लगा। किसी को भी शत्रु की धूर्तता का कोई भी पता न चल पाता था।

हुमायूं का शेर शाह से युद्ध हेतु प्रस्थान

इब्ने अली क़रावल बेगी[8] जाकर निश्चित समाचार लाया और मीर्ज़ा मुहम्मद ज़मान द्वारा वास्तविक स्थिति का हज़रत जहाँबानी को ज्ञान कराया। यद्यपि उत्कृष्ट सेना गंगा नदी पार करके राजधानी की ओर प्रस्थान कर रही थी किन्तु जब शेर खां के भाग्यशाली शिविर के समीप पहुँच

१ वह हुमायूं की प्रिय पत्नी बेगा बेगम अथवा हाजी बेगम की बहिन का पति था।

२ पाठकगण देखेंगे कि अबुलफ़ज़ल बार बार प्राचीन सेवकों पर चोटें करता है। इस बात का उसकी राजनीति के सिद्धान्तों के विकास में बड़ा हाथ था।

३ "यह वाक्य स्पष्ट नहीं। यहाँ ९४६ हि० की वर्षा से तात्पर्य नहीं कारण कि चौसा का युद्ध २७ जून १५३९ ई० के पूर्व न हुआ। वहाँ हुमायूं दो-तीन मास तक निवास कर चुका था। मेरा विचार है कि हुमायूं गौड़ से १५३८ ई० की वर्षा के उपरान्त अर्थात् सितम्बर या अक्तूबर में रवाना हुआ था और अभी पूर्ण रूप से देश सूख न सका था। यदि यह ठीक है तो उसने बड़े धीरे-धीरे यात्रा की होगी।" (बेवरिज भाग २, पृ० ३४१, नोट नं० १)।

४ गौड़।

५ यदि हुमायूं की सेना उसका पीछा न करे।

६ कुछ हस्तलिपियों में 'नरहन' किन्तु दोनों में से कोई ठीक नहीं। दोनों बहुत दूर पूर्व में थे। प्राइस के अनुसार 'पुरतुह', जिसके विषय में उसका विचार है कि 'पटना' होगा। चामर्स की हस्तलिपि के एक पेन्सिल के नोट के अनुसार 'पूरनिया'। सम्भवतः यही ठीक हो। (बेवरिज, पृ० ३४१ नोट नं० २)।

७ छोटा शेर। इस शब्द का प्रयोग शेर शाह के नाम की अनुरूपता से किया गया है।

८ मुख्य क़रावल; वह अधिकारी जो शत्रुओं का पता लगाने के लिये छोटे-छोटे दल भेजता था।

जाने के समाचार प्राप्त हुए तो पादशाही क्रोध की अग्नि भड़क उठी और पूर्ण ऐश्वर्य एवं वैभव से उन्होंने अपने ध्यान की लगाम उस ओर मोड़ी। यद्यपि उनसे बड़ा आग्रह किया गया कि ऐसे अवसर पर जब भाग्यशाली सेना की कीचड़ इत्यादि में बड़ी लम्बी यात्रा करने के कारण शोचनीय (१५८) दशा हो गई है, निश्चित संकल्प को छोड़ कर शत्रु की ओर मुड़ना और शीघ्रता के क़दमों से रणक्षेत्र की ओर अग्रसर होना उचित नहीं है अतः राज्य के हित में यही उचित होगा कि किसी स्थान पर पड़ाव कर दिया जाय और सेना की व्यवस्था करके षड्यंत्र का दमन किया जाय तथापि हज़रत जहाँबानी ने इन बातों की ओर ध्यान न दिया और गंगा नदी पार करके शत्रुओं की ओर प्रस्थान किया।

हुमायूं की पराजय की समीक्षा

यह बात जान लेनी चाहिये कि यह प्राचीन प्रथा एवं दृढ़ नियम है कि जब भाग्य के राज्य के अनुभवी अधिकारी किसी को कोई बहुमूल्य वस्तु प्रदान करते हैं तो पूर्व से ही असफलता के द्वार खोलकर उसे कष्ट के कोलाहल में डाल देते हैं जिससे समृद्धि उस अद्वितीय मोती को अभिमानी न बना दे और वह उस कष्ट का उपचार करते हुए संयम से कार्य करे। इस प्रकार जब दुनिया वालों के प्रकाशदायक नक्षत्र के, जो क़ाबूली बहादुर[1] के वक्षस्थल से नश्वर संसार के बुद्धिमानों को प्रकट हो चुका था और जिसकी प्रतीक्षा की जा रही थी, उदय होने का समय निकट आया तो उसके पूर्व यदि कुछ निराशा प्रकट हो तो दूरदर्शी एवं बुद्धिमान् लोगों के विचारशील मुख में किसी प्रकार की कोई खरोंच नहीं लगती। अतः ऐसी सेना को जो विश्व विजय कर सकती थी, कुछ काले हृदय के अफ़ग़ानों द्वारा, जिनके मुंह भी न धुले थे, ऐसी दुर्घटना का सामना करना पड़ा[2]।

हुमायूं की सेना का शेर शाह की सेना से प्रारम्भिक युद्ध

इस प्रकार उत्कृष्ट सेना ने राज्य के उच्च पदाधिकारियों के परामर्श के विरुद्ध अफ़ग़ानों की ओर प्रस्थान किया। भोजपुर[3] के समीप बिहिया नामक ग्राम में शेर खां से आमना-सामना हुआ। वहाँ कर्मनाश[4] नामक एक अभागी नदी है। यह दोनों सेनाओं के मध्य में थी। शाही सेना ने नदी पर

१ तीमूर के पूर्वजों में दादा की ओर से ८वें। अबुलफ़ज़ल ने **अकबर नामा** में उनके वक्षस्थल से एक सितारे के उदय होने की कहानी लिखकर उस सितारे के प्रकाश को अकबर से सम्बन्धित किया है। (**अकबर नामा** भाग १, पृ० ६८-७०)।

२ इसका तात्पर्य यह है कि क्योंकि हुमायूं को अकबर सरीखा पुत्र प्रदान होने वाला था अतः इतनी महान देन के प्राप्त करने के पूर्व उसे असफलता का सामना करना पड़ा।

३ बक्सर सब डिवीज़न, (शाहाबाद, बिहार) में डुमराँव नामक स्थान से दो मील उत्तर में।

४ मूल ग्रन्थ में 'कम्वास'। बाबर ने लिखा है कि "हिन्दू लोग इस नदी के जल के विषय में बड़ी विचित्र बातें करते हैं। वे इसे पार नहीं करते। वे इसके दहाने के आगे नौका द्वारा गंगा पार करते हैं। उनका दृढ़ विश्वास है कि यदि किसी से इस नदी का जल छू जाय तो उसका कर्म नष्ट हो जाता है। इसी विश्वास के कारण इस नदी का यह नाम पड़ गया।" (**बाबर नामा**, पृ० ३१५-३१६)। यह नदी कैमूर की पहाड़ियों से सरोदय से, जो रोहतासगढ़ से १८ मील पश्चिम में है, निकलती है। यह सर्वप्रथम उत्तर-पश्चिम की ओर बहती है और दरेहरा के समीप शाहाबाद (बिहार) तथा मिर्ज़ापुर को अलग करती हुई उत्तर में बहती चली जाती है।

पुल बाँधकर उसे पार किया। यद्यपि पादशाही सेना थोड़ी तथा बड़ी अव्यवस्थित दशा में थी किन्तु दोनों ओर के क़रावलों में युद्ध होता रहता था और विजयी सैनिकों को सफलता प्राप्त होती रहती थी[1]। हर ओर से अफ़ग़ानों की हत्या हुआ करती थी यहाँ तक कि साधारण युद्धों एवं झड़पों में बहुत समय व्यतीत हो गया।

हुमायूं की पराजय

सम्मानित भाई, जिनमें से प्रत्येक एक इक़लीम[2] की विजय हेतु पर्याप्त था, अल्पदर्शिता एवं असम्भव विचारों को अपने सौभाग्य के मार्ग का पत्थर बनाये रहे। वे संगठन के सौभाग्य द्वारा सम्मानित न हुए और ऐसे कठिन अवसर पर उनका सौभाग्य उन्हें सेवा का महत्व न समझा सका। यद्यपि चेतावनी युक्त आदेश पहुँचते रहते थे किन्तु इन फ़ौलादी हृदय वालों पर उन

मिर्ज़ापुर से १५ मील पर यह उत्तर-पूर्व की ओर मुड़ जाती है और शाहाबाद को बनारस तथा ग़ाज़ीपुर से पृथक करती है। यह चौसा के समीप गंगा नदी में मिलती है।

१ **तारीख़े शेरशाही** में शेर शाह एवं हुमायूं के युद्ध का हाल बड़े संक्षिप्त रूप में दिया गया है : (शेर ख़ां) ने अफ़ग़ानों को विदा करते समय कहा, "तैयारी करके सवार हो, मानों हम महारता के कारण चिन्तित हों। जब एक पहर रात रह जाय तो प्रस्थान करो।" शेर ख़ां के आदेशानुसार समस्त सेना सवार हुई। महारता के राज्य की ओर लगभग ढाई कुरोह तक बढ़ती चली गई। तदुपरान्त ठहर गई। शेर ख़ां ने अफ़ग़ानों से कहा, "मैं दो दिन जो सवार होकर गया तो मेरा उद्देश्य यह था कि हज़रत पादशाह को असावधान कर दूं ताकि वे इस बात को न समझ सकें कि हमारा लश्कर उनकी ओर आ रहा है। अब वापस हो जाओ और हज़रत हुमायूं की सेना की ओर मुख करो। अफ़ग़ानों की मर्यादा को नष्ट न होने दो और शत्रु के प्राण लेने में कोई कसर न उठा रक्खो, कारण कि देश पर विजय प्राप्त करने का यही अवसर है।" अफ़ग़ानों ने निवेदन किया कि, "हज़रत आला किसी प्रकार की शंका न करें कारण कि आजकल आपके नित्य-प्रति उन्नत भाग्य एवं शुभ प्रताप से अफ़ग़ानों की पारस्परिक फूट का पूर्णतः अन्त हो गया है। उन्हें अब मुग़ुलों की तलवार का कोई भय नहीं।" वह फ़ातेहा पढ़कर तथा सेनायें सुव्यवस्थित करके शीघ्रातिशीघ्र पादशाह के लश्कर की ओर रवाना हुआ। जब अफ़ग़ान लोग हज़रत पादशाह के शिविर के समीप पहुँचे तो हज़रत पादशाह को ज्ञात हुआ कि शेर ख़ां पूर्ण तैयारी करके युद्ध हेतु आ रहा है। पादशाह ने अपने लश्कर को आदेश दिया कि वे भी निकलकर अफ़ग़ानों से युद्ध करें, "मैं भी वज़ू करके आता हूँ।"······शेर ख़ां को युद्ध में जिस छल धूर्तता, धोखे बाज़ी एवं चालाकी की आवश्यकता होती है, ज्ञात थी। वह युद्ध में प्रविष्ट होने (प्रारम्भ करने) एवं युद्ध को त्याग देने के विषय में अवगत था। ज़माने का सर्द व गर्म आज़माये हुए था। अभी तक मुग़ुल लोग अपने शिविर से निकले भी न थे, कि अफ़ग़ान लोग वहाँ पहुँच गये। जब अफ़ग़ानों ने मुग़ुलों की सेना देखी तो वे निःसंकोच मुग़ुल सेना में प्रविष्ट हो गये और पलक झपकाते मुग़ुलों की सेना को पराजित कर दिया। अभी हुमायूं पादशाह वज़ू कर भी न चुके थे कि समाचार प्राप्त हुए कि मुग़ुलों की सेना पराजित हो गई। सैनिक छिन्न-भिन्न हो गये हैं और संगठित नहीं हो सकते। शत्रु इस प्रकार उनके लश्कर में प्रविष्ट हो गये थे कि उन्हें अपने परिवारों को अपने साथ ले जाने का अवसर न मिल सका। वे आगरा की ओर लौट गये ताकि आगरा जाकर सेना की व्यवस्था करके शत्रु को छिन्न-भिन्न कर सकें। (**तारीख़े शेरशाही** : डा० परमात्मा शरण की हस्त-लिपि, पृ० १५०-१५२; इलाहाबाद विश्वविद्यालय की हस्तलिपि, पृ० १४१-१५२; इलियट, बाडली-एन नं० ३७१)।

२ जल-वायु के प्रदेश। मध्यकालीन भूगोल वेत्ताओं के अनुसार संसार सात इक़लीमों में बिभाजित माना जाता था।

अलवाहे इलाही[१] का कोई प्रभाव दृष्टिगत न होता था। शेर खां धूर्ततापूर्वक कभी प्रभावशाली व्यक्तियों को उत्कृष्ट दरबार में भेजकर संधि के द्वार खुलवाता और कभी युद्ध के कुविचारों को अपनी कल्पनाओं के मैदान में दौड़ाया करता था, यहाँ तक कि उसने छल एवं धूर्तता-पूर्वक पदातियों की एक सेना एवं ऐसे लोगों को जो किसी योग्य न थे, तोपखाने की सामग्री सहित सामने छोड़कर स्वयं दो मंज़िल पीछे जाकर पड़ाव किया। पादशाही सेनाएँ, जो सर्वदा विजयी रहा करती थीं, उस धूर्त के छल को समझ न सकीं। उन्होंने उनका पीछा करते हुए पड़ाव किया। जब कोई कार्य नियति के अनुसार पूरा होने वाला होता है तो कार्यकुशल लोगों द्वारा (१५९) असावधानी प्रकट हो जाती हैं। इस प्रकार पहरे की ओर से उन लोगों ने अत्यधिक उपेक्षा की। एक रात्रि में जब मुहम्मद ज़मान मीर्ज़ा का पहरा था, उसने बड़ी असावधानी प्रदर्शित की। वह धूर्त[२], जो अवसर की घात में था, रात्रि में धावा मारकर प्रातःकाल शाही शिविर के पीछे उपस्थित हो गया। उसकी सेना तीन दलों में विभाजित थी। एक दल उसके अधीन, एक जलाल खां तथा एक ख़्वास खां के अधीन था। शाही सेना को अपने घोड़ों पर ज़ीन कसने तथा अस्त्र-शस्त्र धारण करने का अवसर भी न मिला। हज़रत जहाँबानी सेना की असावधानी की सूचना पाकर भाग्य के कारख़ाने का लिखा देखकर चकित रह गये। उपाय का अब कोई अवसर शेष न था। जब वे सवार होने लगे तो बाबा जलायर, तथा क़ूच बेग[३] सेवा में उपस्थित हुए। शाही आदेश हुआ कि वे शीघ्र जाकर सम्मानित हाजी बेगम[४] को ले आयें। उन दोनों निष्ठावानों ने बेगम के ख़ेमे के द्वार पर शहादत का स्वादिष्ट प्याला पी लिया। मीर पहलवान बदख़्शी तथा एक अन्य समूह ने भी सरापरदये इस्मत[५] के समीप प्राण न्योछावर कर दिये। समय ज़रा भी न था। बेगम बाहर न आ सकती थीं। किन्तु दैवी रक्षा एवं हिफ़ाज़त उनकी ज़मानत लिये हुए तथा उनकी पहरेदार थी अतः दुर्भावना वालों के कुविचारों की आँधी न तो उनके सतीत्व एवं उनकी पवित्रता के मैदान तक पहुँच सकती थी और न दुष्टों के हृदय का कुहरा सतीत्व के परदे के हाशिये[६] पर बैठ सकता था[७]। दैवी आत्माओं ने पवित्रता के प्रतिष्ठित स्थान से सम्मान के हाजिबों[८] के

१ लौह अथवा लौहुल महफ़ूज़ "सुरक्षित तख़्ती"। हदीसों एवं इस्लाम के धार्मिक ग्रन्थों में इसका तात्पर्य उस तख़्ती से है जिसमें मनुष्य के भाग्य सम्बन्धी दैवी आदेश लिखे जाते हैं क़ुरान शरीफ़ में इसकी चर्चा केवल एक स्थान पर हुई है जहाँ इसका प्रयोग क़ुरान शरीफ़ के लिये ही हुआ है। यहाँ हुमायूं के फ़रमानों के लिये 'अलवाहे इलाही' कहा गया है।

२ शेर शाह।

३ मूल ग्रन्थ में इस स्थान पर 'बाबा जलायर, तरदी बेग एवं क़ूच बेग' है किन्तु शुद्धि-पत्र में केवल 'बाबा जलायर एवं क़ूच बेग' है परन्तु कुछ हस्तलिपियों में तरदी बेग व क़ूच बेग को एक ही व्यक्ति बताया गया है।

४ यादगार तग़ाई की पुत्री। उसकी युवावस्था में हुमायूं उससे अत्यधिक प्रेम करता था और वह उसकी मुख्य मलका थी। अकबर भी उसका बड़ा आदर सम्मान करता था।

५ "सतीत्व के ख़ेमे" अर्थात् हाजी बेगम के ख़ेमे के समीप।

६ "हवाशिये सरादेक़ाते इस्मते पर्दगियाने जाह व जलाल।"

७ इसका तात्पर्य यह है कि किसी में इतना साहस न था कि उन्हें कोई हानि पहुँचा सके।

८ वे दरबार में बादशाह तथा दरबारियों के मध्य में खड़े होते थे और उनकी आज्ञा बिना कोई सुल्तान तक या बादशाह तक न पहुँच सकता था। समस्त प्रार्थना-पत्र उन्हीं के द्वारा बादशाह की सेवा में प्रस्तुत किये जाते थे।

दूरबाश[1] द्वारा, बेगमों[2] की रक्षा कराई और उन दुष्टों के हृदय में कोई कुविचार न आया। शेर ख़ां ने उस इस्मत क़िबाब[3] को बड़ी सावधानी से एवं परदे पर ध्यान देते हुए बड़े सम्मान से रवाना कर दिया[4]।

हुमायूं का पलायन तथा निज़ाम सक़्क़ा द्वारा सहायता

संक्षेप में, जब हज़रत जहाँबानी पुल की ओर रवाना हुए तो पुल को टूटा हुआ पाया। विवश होकर घोड़े पर सवार तैरने वाले घड़ियालों के समान नदी में कूद पड़े। भाग्यवश वे घोड़े से पृथक् हो गए। किन्तु इसी बीच में इस कारण कि परमेश्वर उनका रक्षक था, एक सक़्क़ा उनके मार्ग का खिज़्र[5] बन गया और उसने अपनी मशक के सहारे से उन्हें विनाश के भंवर से मुक्ति के तट पक पहुँचा दिया। हज़रत (जहाँबानी) ने इस बीच में उससे पूछा, "तेरा नाम क्या है ?" उसने निवेदन किया कि, "निज़ाम"। हज़रत (जहाँबानी) ने कहा, "निज़ाम औलिया[6] ?" उन्होंने उसके प्रति दया एवं कृपा प्रदर्शित करते हुए वचन दिया कि "जब मैं राज-सिंहासन पर कुशलता-पूर्वक आरूढ़ हो जाऊँगा तो आधे दिन तक तुझे पादशाह बनाऊँगा।" यह शोचनीय दुर्घटना ९ सफ़र ९४६ हि० (२६ जून १५३९ ई०)[7] को गंगा तट पर चौसा के घाट पर दुर्भाग्यवश घटी।

१ वह डंडा जिससे हाजिब भीड़ को बादशाहों के समीप से हटाते थे।

२ मूल में "परदा नशीनाने ख़िलवत ख़ानये इफ़्फ़त (सतीत्व के ख़िलवत ख़ाने की परदा नशीन स्त्रियाँ)"।

३ बेगम से तात्पर्य है।

४ मैंने, जो **तुहफ़ये अकबर शाही** का संकलनकर्ता अब्बास अहमद कबपुरी सरवानी हूँ, मसनदे आली हैबत ख़ां बिन मसनदे आली उमर ख़ां कबपुरी के पुत्र ख़ाने आज़म मुज़फ़्फ़र ख़ां कबपुरी से सुना है, 'मैं शेर ख़ां के पास खड़ा था कि हज़रत बेगम राबेआ (यह नाम नहीं अपितु उपाधि है) हुमायूं पादशाह की मलका को स्त्रियों के समूह के साथ लाया गया। जब शेर ख़ां की दृष्टि उनपर पड़ी तो उसने घोड़े से उतरकर उनके प्रति आदर सम्मान प्रदर्शित किया और वज़ू करके ईश्वर के प्रति कृतज्ञता प्रकट करने के लिये शुकराने की दो रकात नमाज़ पढ़ी...... तदुपरान्त नक़ीबों को आदेश दिया कि लश्कर में घोषणा कर दी जाय कि कोई भी मुग़लों की स्त्रियों एवं बालकों को बन्दी न बनाये और न रात्रि में अपने शिविर में रक्खे। सबको बेगम साहबा के सरापरदे में पहुँचा दें। उसके आदेश का आतंक अफ़ग़ानों पर इतना अधिक छा गया था कि किसी को भी विरोध करने अथवा आज्ञा का उल्लंघन करने का साहस न था। नक़ीब लोग रात भर मुग़लों के समस्त परिवारों को बेगम के सरापरदे के समीप पहुँचाते रहे और प्रत्येक की आवश्यकतानुसार उसके लिये ख़ूराक निश्चित कर दी गई। कुछ दिन उपरान्त बेगम को हुसेन ख़ां के साथ रोहतास की ओर तथा मुग़लों के परिवार को व्यय देकर आगरा की ओर भेज दिया।' (**तारीखे शेरशाही** : डा० परमात्मा शरण की हस्तलिपि, पृ० १५२-१५३; इलाहाबाद विश्वविद्यालय की हस्तलिपि, पृ० १४३-१४३; अलीगढ़ विश्वविद्यालय हस्तलिपि, पृ० १६२-१६४; इलियट, बाडलीएन नं० ३७१)।

५ मुसलमानों के विश्वासानुसार एक पैग़म्बर जो उन लोगों को, जो मार्ग भूल जाते हैं, मार्ग दर्शाते हैं।

६ सुल्तानुल मशायख़ शेख़ निज़ामुद्दीन औलिया का जन्म बदायूं में १२३६ ई० में हुआ किन्तु वे कुछ समय उपरान्त देहली पहुँच गये और वहीं १३२५ ई० में उनकी मृत्यु हो गई। उनके समय के अनेक विद्वान् उनके शिष्य थे। अमीर ख़ुसरो उनका बहुत बड़ा भक्त था। हिन्दुस्तान में वे बहुत ही आदर की दृष्टि से देखे जाते रहे बाबर ने भी देहली में प्रविष्ट होने के पूर्व सर्वप्रथम उनके मज़ार के दर्शन किये। (**बाबर नामा**, पृ० १५८-१५९)।

७ बेवरिज के अनुवाद में ७ जून १५३९ ई०, जो ठीक नहीं।

हुमायूं का आगरा पहुँचना

मीर्ज़ा मुहम्मद ज़मान, मौलाना मुहम्मद परग़ली[१], मौलाना क़ासिम अली सद्र, मौलाना जलाल तत्तवी[२], तथा बहुत-से अमीर एवं विद्वान् विनाश के समुद्र में डूब गए। हज़रत जहाँबानी, (१६०) मीर्ज़ा अस्करी तथा कुछ थोड़े से लोग बड़ी तीव्र गति से यात्रा करते हुए राजधानी आगरा पहुँचे। मीर्ज़ा कामरान उत्कृष्ट चौखट चूमकर सम्मानित हुआ। कुछ दिन उपरान्त मीर्ज़ा हिन्दाल, अपनी माता एवं कामरान के मध्यस्थ होने के कारण सिर झुकाये लज्जित, अलवर से (आकर) सेवा में उपस्थित हुआ। हज़रत जहाँबानी ने अपनी स्वाभाविक कृपा के कारण उसे सम्मानित करके उसके अपराधों को क्षमा कर दिया और मनुष्य के अनुमान से परे अपार उदारता का प्रदर्शन करते हुए व्यवहार किया।

हुमायूं का निज़ाम सक़्क़ा को आधे दिन के लिये बादशाह बनाना

क्योंकि दुर्भाग्यवश अचानक एक ऐसी दुर्घटना घट गई जिसका उपचार सम्भव न था अतः वे उस हानि की पूर्ति में व्यस्त हो गए और अस्त्र-शस्त्र एवं सामग्री की व्यवस्था करने लगे। राज्य की विभिन्न दिशाओं से अमीर तथा सैनिक उत्कृष्ट चौखट के चुम्बन द्वारा सम्मानित हुए। इसी बीच में पवित्र हृदय वाला सक़्क़ा सम्मानित वचनानुसार ऐश्वर्य के राजसिंहासन के पायों में उपस्थित हुआ। हज़रत जहाँबानी ने, जो उदारता एवं सौजन्य के राज्य के मुकुट एवं सिंहासन का वितरण करने वाले थे, दरिद्र सक़्क़े को दूर से देखा। तत्काल वचन के उस बादशाह ने उसे सच्चाई के राजसिंहासन पर स्थान दिया। उन्होंने सल्तनत के तख़्त को उस "मार्ग के ख़िज्र" के लिए ख़ाली करके सक़्क़े को प्रतिज्ञानुसार आधे दिन तक सिंहासनारूढ़ किया और उसे नीमरोज़[३] के मुल्क के सिंहासन के अधिकारी के बराबर बना दिया। कुछ पादशाही आदेशों के अतिरिक्त जिसकी उसमें योग्यता न थी उसे सभी शासन सम्बन्धी आदेशों का अधिकार दे दिया। दान-पुण्य की लहरें मारते हुए समुद्र की सहायता द्वारा उसकी स्थिति एवं दशा के मुख से दरिद्रता की धूल को दूर कर दिया। सक़्क़े ने जो आदेश अपनी बादशाही के समय शाही तख़्त से दिए उन्हें चालू रहने दिया। मीर्ज़ा कामरान ने इतनी अधिक उदारता के प्रदर्शन की अत्यधिक निन्दा की और उसके कष्ट पहुँचाने वाले हृदय ने इस बात को भी (कष्ट का) एक बहाना बना लिया।

अफ़ग़ानों द्वारा बंगाल पर अधिकार

इस धूर्तता से परिपूर्ण घटना के उपरान्त शेर खां ने बंगाले पर आक्रमण करने का

१ कुछ पोथियों में 'शेर अली' और कुछ में 'पीर अली'।

२ थट्टा के।

३ नीमरोज का अर्थ मध्याह्न अथवा दिन का आधा भाग होता है। यह सीस्तान का एक प्रांत है और सूर्य को भी नीमरोज कहते हैं। क्योंकि वह आधे दिन के लिये बादशाह बनाया गया था, अतः अबुलफ़ज़ल ने ऐसे शब्द का प्रयोग किया है जिसके कई अर्थ निकल सकते हैं।

संकल्प किया और बिहार की सीमा तक पहुँचकर ठहर गया[1]। जलाल खां को षड्यंत्रकारियों की

१ तारीखे शेरशाही में इस घटना का उल्लेख इस प्रकार है : शेर खां ने स्वयं हज़रत हुमायूं का पीछा किया और क़न्नौज तथा कालपी तक के प्रदेश अपने अधिकार में कर लिये। ख़वास खां को महारता हीरदा (इलियट में चेरूह, होडीवाला के अनुसार भारत) के विरुद्ध नियुक्त किया ताकि वह उसे नष्ट-भ्रष्ट कर दे। जहांगीर कुली बेग को, जो छः हज़ार अश्वारोहियों सहित बंगाला में था, हत्या करा दी। हिन्द के जो प्रतिष्ठित आदमी हुमायूं पादशाह की सेना के साथ थे, उन्हें चला जाने दिया। शेख़ ख़लील को उसने अपने पास रोक लिया और उसे अपना विश्वास-पात्र तथा परामर्शदाता बना लिया। मसनदे आली ईसा खां करबपुर सरवानी को गुजरात एवं मन्दू की ओर भेज दिया और उस प्रदेश के हाकिमों को लिखा कि, "मैं अपने एक पुत्र को उस क्षेत्र में भेजूंगा। जब हज़रत हुमायूं पादशाह क़न्नौज की ओर प्रस्थान करें तो तुम लोग मेरे पुत्र के साथ पहुँचकर आगरा तथा देहली पर आक्रमण करना और उसे नष्ट-भ्रष्ट कर देना।" उन दिनों मन्दू, उज्जैन एवं सारंगपुर में मल्लू खां नामक एक व्यक्ति, जिसने अपना नाम क़ादिर शाह रख लिया था, सल्तनत का दावा कर रहा था। रायसेन एवं चन्देरी में राजा प्रताप बिन भूपत शाह बिन सलाहुद्दीन की ओर से भय्या पूरनमल राज्य कर रहा था। राजा प्रताप) उसका भतीजा था। राजा की अवस्था बड़ी कम थी। सेवास में सिकन्दर खां मियाना राज्य कर रहा था और भूपाल महेसर (महेशुर अथवा महेशुरी) का राजा था। (देखिये होडीवाला, पृ० ४५५-४५६)। मन्दू प्रदेश (मालवा) के हाकिमों ने उत्तर भेजा कि, "जब हज़रत आला का पुत्र इस क्षेत्र में पहुँचेगा तो हम उसकी सहायता एवं सेवा करने में कोई कसर न उठा रक्खेंगे।" किन्तु मल्लू खां ने अपने पत्र के ऊपर की ओर मुहर लगा दी। जब उसका पत्र प्राप्त हुआ तो शेर खां ने उसकी मुहर को फाड़कर अपनी पगड़ी में रख लिया। जब मसनदे आली (ईसा खां) गुजरात पहुँचा तो उस समय सुल्तान महमूद की अवस्था बड़ी कम थी। उसके वज़ीर दरिया खां ने अपने प्रार्थना-पत्र में लिखा कि, "हमारे बादशाह की अवस्था बड़ी कम है। अमीर लोग आपस में लड़ाई-झगड़ा किया करते हैं। ख़ाने ख़ानां यूसुफ़ ख़ेल (इलियट में मसनदे आली अली खां) गुजरात तथा नन्दू की सेना अपने साथ लेकर चल दिया है।" मसनदे आली ईसा खां ने शेर शाह को पत्र लिखा कि, (इलियट में: जब मसनदे आली ईसा खां गुजरात से वापस आया तो शेर खां ने पूछा कि ख़ाने ख़ानां यूसुफ़ ख़ेल बिन दौलत खां के विषय में क्या करना चाहिये? उसे काम पर लगा रहने दिया जाय या निकाल दिया जाय? मसनदे आली ईसा खां ने निवेदन किया कि अफ़ग़ानों पर मुग़ुलों द्वारा जो-जो आफ़तें आईं उनका कारण वह था। ("जहाँ-जहाँ मुग़ुलों द्वारा अफ़ग़ानों पर कोई विपत्ति पड़ी उसकी वजह से पड़ी। (इलियट के अनुवाद में : वही बाबर को काबुल से हिन्द में लाया)। हज़रत (हुमायूं) पादशाह जब गुजरात से आये तो वही उन्हें इस क्षेत्र में लाया। यदि हुमायूं पादशाह उसके कहने पर आचरण करते तो राज्य से तेरा समूल उच्छेदन कर देते। किन्तु तेरा प्रताप उन्नति पर था। हज़रत पादशाह ने उसकी राय से कोई काम न किया। उसकी हत्या करा देनी चाहिये। उसे बन्दी बनाये रखना उचित नहीं।" शेर खां ने कहा, "मैं जिस अफ़ग़ान से पूछता था, वह यही कहता था कि वह बड़ा प्रतिष्ठित अफ़ग़ान है। उसकी हत्या न करानी चाहिये। मेरा भी मत वही था जो ईसा खां मसनदे आली ने कहा।" ख़ाने ख़ानां यूसुफ़ ख़ेल की, जो (मुंगेर विजय के समय में) बन्दी बनाया गया था और जिसे आधा सेर कच्चा जौ दिया जाता था, हत्या का आदेश दे दिया।

जब शेर खां ने सुना कि हुमायूं पादशाह क़न्नौज की ओर चल खड़े हुये हैं तो उसने अपने पुत्र क़ुतुब खां को मन्दू की ओर इस आशय से भेज दिया कि मन्दू के हाकिमों को अपने साथ लेकर देहली तथा आगरा के आस-पास विघ्न डाले। हज़रत पादशाह ने सुना कि शेर खां ने अपने पुत्र को चन्देरी की ओर इस आशय से भेज दिया है कि वह देहली एवं आगरा के आस-पास हलचल पैदा करे तो उन्होंने अपने दोनों भाइयों मीर्ज़ा अस्करी एवं हिन्दाल मीर्ज़ा को चन्देरी की ओर भेज दिया। जब मालवा के हाकिमों ने यह सुना कि मीर्ज़ा लोग इस क्षेत्र में आ रहे हैं तो उन्होंने क़ुतुब खां की कोई सहायता न की। क़ुतुब खां चन्देरी से चौंध नगर (चुन्धार) पहुँचा और मुग़ुल सेनाओं से युद्ध किया। क़ुतुब खां मारा गया। मीर्ज़ा लोग विजय प्राप्त करके हज़रत पादशाह की सेवा में

एक सेना देकर बंगाले के विरुद्ध नियुक्त किया और अल्प समय में जहाँगीर क़ुली बेग से युद्ध छेड़ दिया। उसने पौरुष प्रदर्शित करते हुए बड़ी वीरता से यद्ध किया। क्योंकि ईश्वर की इच्छा कुछ अन्य ही थी, बंगाल के समस्त अमीरों ने उस विद्रोह को शान्त करने में संगठन की ओर उचित रूप से ध्यान न दिया और वे अपने आराम की ही चिन्ता में पड़े रहे। उन्होंने इस युद्ध में उसकी सहायता न की। जहाँगीर क़ुली बेग प्रयत्न एवं संघर्ष के बावजूद रण-भूमि में क़दम न जमा सका और भागकर शरण-हेतु ज़मींदारों के पास चला गया। वह झूठी प्रतिज्ञा एवं संधि के भरोसे पर अफ़ग़ानों के पास चला गया और उसे तथा बहुत बड़ी संख्या में अन्य लोगों को विनाश के जंगल में भेज दिया गया। शेर ख़ां बंगाले की ओर से निश्चिन्त होकर जौनपुर के क्षेत्र में (१६१) पहुँचा और उसपर अपना अधिकार जमाकर विद्रोह के हाथ और भी फैला दिए।

क़ुतुब ख़ां की पराजय

अपने छोटे बेटे क़ुतुब ख़ां को दुष्टों की एक बहुत बड़ी सेना सहित कालपी तथा इटावा के विरुद्ध आक्रमण करने के लिये भेजा। जब यह समाचार सम्मानित कानों तक पहुँचे तो उन्होंने यादगार नासिर मीर्ज़ा एवं क़ासिम हुसेन ख़ां ऊज़बेक, जो उस क्षेत्र की जागीर का स्वामी था, तथा इस्कन्दर सुल्तान, जो मीर्ज़ा कामरान की ओर से कालपी के कुछ महालों के (शासन-प्रबन्ध हेतु) नियुक्त था, को उसके विरुद्ध भेजा। पौरुष के रण-क्षेत्र के इन सिंहों ने उन लोमड़ी रूपी धूर्तों के विरुद्ध पहुँचकर घोर युद्ध किया और परोक्ष के आशीर्वाद से विजय प्राप्त कर ली। क़ुतुब ख़ां रण-क्षेत्र में मारा गया।

मीर्ज़ा कामरान द्वारा विरोध

हज़रत जहाँवानी कुछ समय तक राजधानी आगरा में विजयी सेना की व्यवस्था एवं अपने भाइयों तथा सम्बन्धियों के चिन्तित हृदय को सांत्वना देने एवं उनकी गुप्त इच्छाओं की पूर्ति में व्यस्त रहे। यद्यपि उन्होंने मीर्ज़ा कामरान के अन्तःकरण के गाल की धूल को परामर्श के जल से धोना चाहा, किन्तु उसका स्वच्छ मुख कभी प्रकट न हो सका। जितना भी उसके विरोध के मुरचे को शिक्षा की क़लई से साफ़ किया जाता संगठन की चमक उसके भाग्य के दर्पण में किसी प्रकार उत्पन्न न होती[1]। ऐसी कठिनाई के समय हृदय में विरोध होते हुए भी बाह्य रूप से राज्य के हित के लिए कार्य करना परमावश्यक था। ऐसी अवस्था में जब कि अन्य साधनों के अतिरिक्त जिसके अधिकार में लगभग २०,००० चुने हुए व्यक्ति तथा हज़रत जहाँवानी की दया एवं

पहुँच गये। (इलियट में : क़ुतुब ख़ां चन्दी से मथुरा नगर की ओर पहुँचा। मथुरा नगर में मुग़ल सेनाओं से युद्ध किया। क़ुतुब ख़ां मारा गया; शेर ख़ां बड़ा दुखी एवं क्रोधित हुआ। उसने अपनी परेशानी किसी पर प्रकट न होने दी। (**तारीख़े शेरशाही** : डा० परमात्मा शरण की हस्तलिपि, पृ० १५८-१६०; इलाहाबाद विश्वविद्यालय की हस्तलिपि, पृ० १५०-१५२; अलीगढ़ विश्वविद्यालय हस्तलिपि, पृ० १६०-१६३; इलियट, बाडलीएन नं० ३७१)।

१ वह मिलकर काम करने के लिये राज़ी न होता।

अनुकम्पा के प्रसाद स्वरूप उत्तर में काबुल से दावर-ज़मीन[1] तक और दक्षिण में सामाना की सीमा तक की भूमि थी, उसने ऐसे प्रतापी बादशाह एवं बड़े भाई तथा आश्रयदाता के प्रति सेवा द्वारा अपने कर्तव्यों के पालन में उपेक्षा दिखाई। वह असावधानी के बाहुल्य एवं विवेक के अभाव के कारण ऐसी उत्कृष्ट सेवा न करके पृथक् रहा। ईश्वर ने प्रतिकार के कारख़ाने में उसके व्यवहार का बदला उसे दे दिया और अपने जीवन काल में ही उसने अपनी कुकृतियों का दंड अपनी आँखों से देख लिया। इसमें से कुछ बातें विस्तार से अपने स्थान पर लिखी जायेंगी। क्योंकि उसने अपनी जिह्वा से जैसी अशुभ बातें कही थीं उसकी दशा भी वैसी ही हो गई[2]।

मिसरा

'जब उसके सौभाग्य ने उसका साथ छोड़ दिया तो वह शकुन ठीक निकला।'

उसे कई कठिन रोग लग गये। दुर्भाग्यवश परोक्ष की चेतावनी से शिक्षा न प्राप्त करके उसने अपने आश्रयदाता की प्रसन्नता एवं अपने बुज़ुर्ग की इच्छाओं के पालन की ओर कोई ध्यान न दिया। सर्वप्रथम उसने ख़्वाजा कलाँ बेग को एक बहुत बड़ी सेना सहित लाहौर भेज दिया और फिर सौभाग्य के क़िबला से मुख मोड़कर उसके पीछे स्वयं चल दिया। इस प्रकार हानि एवं विनाश के, जो मित्रों के पाप को अपनी ओर खींच लेते हैं तथा शत्रुओं के लाभ को अपने लाभ में सोख लेते हैं, निर्माण का कारण बना। यद्यपि हज़रत जहाँबानी ने बहुत समझाया कि, "हे मीर्ज़ा! यदि तुझे साथ देने का सौभाग्य नहीं प्राप्त हो रहा है और ऐसे अवसर को तू हाथ से खो रहा है तो तू अपने आदमियों को मेरे साथ कर दे।' मीर्ज़ा, हज़रत (जहाँबानी) की इच्छा के विरुद्ध सर्वदा (१६२) यही प्रयत्न करता रहा कि बादशाही आदमियों को भी मार्ग-भ्रष्ट करके अपने साथ ले ले।

हुमायूं का मीर्ज़ा हैदर को समझाना तथा उसका हुमायूं की सहायता करना

मीर्ज़ा हैदर बिन मुहम्मद हुसेन गूरगान[3] को भी, जो हज़रत गेती सितानी फ़िरदौस मकानी की ख़ाला का पुत्र था तथा जो मीर्ज़ा कामरान के साथ राजधानी आगरा आकर हज़रत जहाँबानी की सेवा में उपस्थित तथा अत्यधिक कृपाओं द्वारा सम्मानित हुआ था, मीर्ज़ा कामरान ने अपनी रुग्णावस्था के बहाने से अपने साथ ले जाने का प्रयत्न किया। मीर्ज़ा हैदर ने मीर्ज़ा कामरान का साथ देते हुए बहाना बनाया और बिना सोचे-समझे विदा होने के सम्बन्ध में प्रार्थना की। हज़रत जहाँबानी ने कहा, "यदि रिश्तेदारी का सवाल है तो वह दोनों ओर समान रूप से है। यदि निष्ठा एवं स्वामी-भक्ति का प्रश्न है तो यह सम्बन्ध मेरे प्रति अधिक प्रदर्शित करना चाहिये। यदि मर्यादा की रक्षा एवं पौरुष दिखाना है तो तुझे चाहिये कि मेरा साथ दे कारण कि हम शत्रु पर आक्रमण करने जा रहे हैं। मीर्ज़ा कामरान, जो अपनी रुग्णावस्था के विषय में कह रहा है तो तू न तो चिकित्सक है और न औषधियों का पंडित जो साथ जा रहा है। मीर्ज़ा (कामरान) ने लाहौर के विषय में जो यह सोच रक्खा है कि वह वहाँ सुरक्षित रहेगा तो यह उसकी भूल है

१ ज़मीनदावर क़न्धार के उत्तर-पश्चिम में।

२ अन्त में अन्धा बना दिया गया।

३ तारीख़े रशीदी का लेखक; देखिये पूर्व पृष्ठों में समीक्षा।

कारण कि इस अभियान से पृथक् रहने के उपरान्त यदि कोई दुर्घटना घटी तो हिन्दुस्तान में कोई ऐसा कोना न मिल सकेगा जहाँ शान्ति प्राप्त हो सकेगी। अब दो बातों के अतिरिक्त कोई अन्य बात सम्भव नहीं। यदि हमें विजय प्राप्त हो गई तो फिर तुम किस मुंह से और किस पराक्रम के भरोसे पर लज्जावश भूमि से सिर उठा सकोगे और तुम उस जीवन पर मृत्यु को ही प्राथमिकता प्रदान करोगे। ईश्वर न करे, यदि इसके विरुद्ध कुछ हुआ तो तुम्हारा लाहौर में ठहरना असम्भव हो जायगा। जिस किसी ने मीर्ज़ा कामरान को यह परामर्श दिया है वह या तो पागल हो गया है नहीं तो वह षड्यंत्र रच रहा है तथा सत्य को उससे छिपाकर चाटुकारी के मार्ग पर अग्रसर हुआ है[1]।" संक्षेप में मीर्ज़ा हैदर जागरूक सौभाग्य के कारण सन्मार्ग पर आगया और उत्कृष्ट सेना के साथ जाने के सौभाग्य द्वारा सम्मानित हुआ।

मीर्ज़ा कामरान ने अपनी असंख्य सेना में से ३००० आदमी मीर्ज़ा अब्दुल्लाह मुग़ुल के नेतृत्व में साथ कर दिए और उसने स्वयं सेवा का सौभाग्य न प्राप्त किया।

हज़रत जहांबानी जन्नत आशियानी की सम्मानित सेना का राजधानी आगरा से पूर्व के देशों की ओर शेर ख़ां के विद्रोह के दमन हेतु प्रस्थान, युद्ध के पश्चात् वापसी तदुपरान्त घटी अन्य शिक्षाप्रद घटनायें

क्योंकि भाग्य की चित्रशाला के कार्यकुशल कलाकार अपने चित्रों एवं अपनी कृतियों में विभिन्न साधनों का प्रयोग करते हैं अतः यदि एक समय इच्छानुसार कोई कार्य न हो पाये तो उसके लिए आभार प्रदर्शित करना चाहिये न कि शिकायत; संसार को शोभा प्रदान करने वाले ईश्वर ने ऐसे सम्मानित भाइयों का पारस्परिक संगठन इसी कारण करा दिया और उनकी शक्ति छिन्न-
(१६३) भिन्न करा दी। हज़रत जहाँबानी थोड़ी सी सेना सहित शत्रुओं की बहुत बड़ी संख्या के विरुद्ध रवाना हुए और उन्होंने अपने हृदय की शक्ति एवं अपने साहस की स्वाभाविक दृढ़ता के कारण अपने सहायकों की संख्या की कमी तथा शत्रुओं की संख्या की अधिकता पर ध्यान न देकर प्रस्थान किया।

हुमायूं के १५० सैनिकों की वीरता

जब उत्कृष्ट सेना भोजपुर पहुँची तो शेर ख़ां ने एक बहुत बड़ी सेना सहित गंगा नदी के उस ओर आकर पड़ाव कर दिया। हज़रत जहाँबानी ने अपनी सेना की संख्या की कमी के बावजूद स्वयं नदी पार करना निश्चय किया। अल्प समय में भोजपुर घाट पर पुल तैयार कर लिया गया। लगभग १५० यक्का जवान[2] युद्ध के लिए तैयार हो गए। वे बिना ज़ीन के घोड़े पर सवार होकर जल में कूद पड़े और समुद्री सिंहों के समान लहरों तथा भंवरों का भय न करके नदी में प्रविष्ट हो गये। नदी में चक्कर लगाने वाले घड़ियालों की भाँति षड्यंत्र के समुद्र की उपेक्षा करके नदी

१ यह विवरण तारीखे़ रशीदी से लिया गया है। २ वीर योद्धा; इन्हें अहदी के समान समझना चाहिये।

पार की और एक बहुत बड़ी सेना को पराजित कर दिया। अपने पौरुष तथा अपनी वीरता का परिचय देकर अपने उद्देश्य की पूर्ति उपरान्त उन्होंने उत्कृष्ट शिविर की ओर वापसी का संकल्प किया। जब वे पुल के समीप पहुँचे तो अफ़ग़ान गर्दबाज़[1] नामक हाथी को लेकर, जो चौसा[2] के युद्ध में शत्रु की सेना की ओर छूट गया था, पुल तोड़ने के उद्देश्य से पहुँचे। वह भारी भरकम हाथी पुल के पास पहुँच गया और जिन स्तम्भों पर वह रुका हुआ था, उन्हें तोड़ डाला। उसी समय उत्कृष्ट शिविर से एक तोप चलाई गई जिससे गर्दबाज़ हाथी के पाँव कट गए और शत्रु की सेना, जो ज़ोर लगा रही थी, पराजित हो गई। निष्ठावान् जवान, पौरुष प्रदर्शित करके सुरक्षित लौट आये।

दोनों ओर की सेनाओं का क़न्नौज के समीप पहुँचना

यह उचित समझा गया कि नदी के किनारे-किनारे क़न्नौज की ओर प्रस्थान किया जाय। बड़ी सावधानी से धीरे-धीरे एक मंज़िल से दूसरी मंज़िल की ओर प्रस्थान किया गया। मार्ग में शत्रुओं की नौकायें दृष्टिगत हुईं। शाही तोपख़ाने से एक तोप चलाई गई जिससे शत्रुओं की एक बहुत बड़ी नौका टूट गई और आतंक की लहरों के थपेड़ों से उलट-पुलट हो गई। एक मास से अधिक क़न्नौज के समीप सेनाएं एक दूसरे के आमने-सामने रहीं।

मुहम्मद सुल्तान मीर्ज़ा एवं उसके पुत्रों का हुमायूं की सेवा में पहुँचकर पुनः पलायन

अन्ततोगत्वा मुहम्मद सुल्तान मीर्ज़ा एवं उसके पुत्रों[3], उलुग़ मीर्ज़ा एवं शाह मीर्ज़ा, ने हज़रत जहाँबानी की उत्कृष्ट चौखट पर पहुँचकर दासता का सिज्दा किया। उन लोगों का वंश हज़रत साहब क़िरानी से सम्बन्धित है। वे सुल्तान हुसेन मीर्ज़ा के नाती[4] के पौत्र थे और उन्हें हज़रत गेती सितानी फ़िरदौस मकानी की सेवा में सम्मान प्राप्त था। उन लोगों ने उनकी मृत्यु के उपरान्त जैसा कि उल्लेख हो चुका है हज़रत जहाँबानी जन्नत आशियानी के विरुद्ध विद्रोह कर दिया था। उनके (इस समय) उपस्थित होने का कारण यह था कि व्यर्थ के युद्ध को कोई स्थायित्व नहीं प्राप्त होता और अपने आश्रयदाता के विरुद्ध विद्रोह करके किसी को सफलता नहीं मिलती। हज़रत (जहाँबानी) ने अपनी अत्यधिक दया एवं उदारता के कारण उनके किए हुए अपराधों को अकृत्य समझकर शाही अनुकम्पा द्वारा सम्मानित किया। चूंकि इन कृतघ्नों की मूल प्रकृति में दुष्टता प्रविष्ट हो चुकी थी अतः अपने दुर्भाग्य एवं अपनी अयोग्यता के कारण ऐसे कठिन समय पर वे पुनः भाग खड़े हुए और दृढ़ता एवं धैर्य से विचलित हो गए तथा अन्य भागने वालों

१ चार्मर्स की हस्तलिपि में 'गर्दबाद'।

२ बक़सर सब-डिवीजन (शाहाबाद, बिहार) में कर्मनासा नदी के पूर्वी तट के समीप, बक़सर क़स्बे के पश्चिम में ४ मील पर २५०३१' उत्तर तथा ८३°५४' पूर्व में।

३ मूल ग्रन्थ में 'पिसराने उलुग़ मीर्ज़ा' किन्तु शुद्धिपत्र में 'उसके पुत्र उलुग़ मीर्ज़ा'।

४ सुल्ताना बेगम के पुत्र; वह सुल्तान हुसेन मीर्ज़ा की सबसे बड़ी पुत्री थी। मुहम्मद सुल्तान मीर्ज़ा को बाबर ने क़न्नौज प्रदान कर दिया था। (**बाबर नामा**, पृ० ५७६)।

(१६४) एवं अभागों का पथ-प्रदर्शन किया। बहुत से लोग नमकहरामी के मार्ग के पथिक हो कर भाग खड़े हुए।

हुमायूं की शेर शाह के विरुद्ध तैयारी

हज़रत जहाँबानी को दूरदर्शिता से यही आवश्यक ज्ञात हुआ कि जिस प्रकार भी सम्भव हो नदी पार करके युद्ध करना चाहिये ताकि जो कुछ भी होना है वह परोक्ष से प्रकट हो जाय। यदि इस उद्देश्य में विलम्ब हुआ तो कार्य अन्य रूप ही धारण कर लेगा और अधिक संख्या में लोग पृथक् होकर भाग जायेंगे। लोगों के पलायन को रोकने के विचार से उन्होंने पुल बनवाकर नदी पार की और सेना के समक्ष खाईं खुदवाकर तोपख़ाने की गाड़ियों की यथास्थान व्यवस्था कराई। मोरचल[1] बाँट दिए गए। शेर ख़ां ने विद्रोहियों की भीड़ एकत्र करके खाईं खोदकर पड़ाव डाल दिया। नित्य-प्रति प्रत्येक दिशा से जवान निकल-निकल कर युद्ध करते थे। इसी बीच में सूर्य कर्क राशि में प्रविष्ट हो गया और वर्षा ऋतु आगई[2]। बादल मस्त हाथियों के समान चिंघाड़ते हुए चक्कर लगाने लगे और वर्षा प्रारम्भ हो गई। जहाँ उत्कृष्ट ख़ेमे लगे थे, वह भूमि जलमग्न हो गई। विवश होकर ऐसे ऊँचे स्थान की खोज करनी पड़ी जो जल एवं कीचड़ के ख़तरों से सुरक्षित हो ताकि ख़ेमे, तोपख़ाने इत्यादि वहाँ पहुँचाये जा सकें। निश्चय हुआ कि प्रातःकाल आशूर के दिन (१० मुहर्रम ९४७ हि० १७ मई १५४० ई०) सेना को सुव्यवस्थित करके खड़ा किया जाय। यदि शत्रु खाईं से निकल कर अग्रसर हो तो युद्ध किया जाय। यदि वह अपने स्थान पर रहे तो जो स्थान पड़ाव के लिए निश्चित हुआ है वहाँ पहुँचकर पड़ाव किया जाय। १० मुहर्रम ९४७ हि० को वे इस उद्देश्य से सवार हुए और सेना की पंक्तियाँ सुव्यवस्थित कीं। मुहम्मद ख़ां रूमी[3] तथा उस्ताद अली क़ुली[4] के पुत्र, उस्ताद अहमद रूमी और हसन ख़लफ़ात ने, जो तोपख़ाने के सरकारदार[5] थे, गरदूनों[6] एवं देगों[7] को रखवा कर, निश्चित नियमानुसार ज़ंजीरें खिंचवाईं। मध्य भाग को हज़रत जहाँबानी द्वारा शोभा प्राप्त हुई। मीर्ज़ा हिन्दाल को मध्य भाग के समक्ष स्थान प्रदान किया गया। मीर्ज़ा अस्करी को दायें बाज़ू तथा यादगार नासिर मीर्ज़ा को बायें बाज़ू का सरदार नियुक्त किया गया।

१ मोरचा; वह स्थान जहाँ शरण लेकर शत्रु पर गोली चलाई जाती है।

२ वर्षा ऋतु अभी प्रारम्भ न हुई थी। सम्भवतः अकस्मात् वर्षा हो गई होगी।

३ सम्भवतः मुहम्मद ख़ां रूमी उस्ताद अली क़ुली का पुत्र।

४ उस्ताद अली क़ुली बाबर के तोपख़ाने का संचालक था। उसने नई तोपों के बनाने एवं बाबर के तोपख़ाने क व्यवस्था में बड़ी कुशलता का प्रदर्शन किया। (**बाबर नामा**, पृ० ६०, १५१, १५३, १५७, २१३, २२३, २२८ २३६, २४७, २६२, २६५, २६६, २७०, २६४, ३२२, ३२३, ३२४)।

५ निर्देशक से तात्पर्य है।

६ तोप की गाड़ियाँ।

७ तोप।

हुमायूं तथा शेर शाह का युद्ध

मीर्ज़ा हैदर ने अपनी 'तारीखे रशीदी' में लिखा है कि "उस दिन हज़रत जहाँबानी ने मुझे अपने बायीं ओर इस प्रकार रक्खा कि मेरा दायाँ (बाज़ू) उनके बायें (बाज़ू) से मिला हुआ था और मेरे स्थान से मध्य भाग के बायीं ओर के अन्त तक, २७ तूक़दार[1] अमीर थे। शेर खां ने अपनी सेना को पाँच दलों में विभाजित किया। दो जो सब में बड़े थे, खाईं के बाहर खड़े हुए और तीन दल शाही सेना की ओर अग्रसर हुए। जलाल ख़ां, सरमस्त ख़ां और समस्त नियाज़ी (अफ़ग़ान) मीर्ज़ा हिन्दाल के, मुबारिज़ ख़ां, बहादुर खां, राय हुसेन जलवानी तथा समस्त कर्रानी यादगार नासिर मीर्ज़ा एवं क़ासिम हुसेन खां के, समक्ष पहुँचे। ख़्वास खां, बरमज़ीद एवं एक अन्य समूह मीर्ज़ा (१६५) अस्करी के मुक़ाबले पर आये। सर्वप्रथम मीर्ज़ा हिन्दाल एवं जलाल ख़ां में युद्ध प्रारम्भ हुआ। आश्चर्यजनक रूप से हाथों हाथ युद्ध हुआ। जलाल ख़ां घोड़े से गिर पड़ा। पादशाही सेना के बायें बाज़ू ने अपने शत्रु को ढकेल कर उनके मध्य भाग में पहुँचा दिया। जब शेर खां ने यह देखा तो स्वयं एक भारी सेना लेकर बढ़ा। ख़्वास ख़ां तथा उसके साथियों ने भी मीर्ज़ा अस्करी पर आक्रमण किया। जैसे ही अफ़ग़ानों ने आक्रमण किया, अधिकांश अमीर युद्ध से हाथ खींचकर भाग खड़े हुए[2]।

हज़रत जहाँबानी ने स्वयं दो बार शत्रु की सेना पर आक्रमण करकें प्रयत्न किया। यद्यपि यह प्रथा नहीं है कि पादशाह स्वयं यद्ध करे किन्तु पौरुष एवं वीरता की परीक्षा के ऐसे अवसर पर किस प्रकार नियम का पालन किया जा सकता है? इस प्रकार इस युद्ध में हज़रत (जहाँबानो) के हाथ से दो भाले टूट गए और उन्होंने वीरता एवं पौरुष का हक़ अदा कर दिया किन्तु भाइयों ने भ्रातृभाव का प्रदर्शन न किया और अमीर लोगों ने दृढ़ता के क्षेत्र में धैर्य के पाँव न जमाये अपितु दुष्टता के कारण टाल मटोल करते रहे और ऐसे आश्रयदाता की तबाही की चिन्ता न की। बाह्य एवं आन्तरिक रूप से प्रतिष्ठा का वह स्वामी अपनी सत्य एवं दैवी रहस्य का ज्ञान प्राप्त करने वाली दृष्टि सहित इस अभियान पर इतनी थोड़ी सी सेना लेकर, जो षड्यंत्र के विचारों से परिपूर्ण तथा निष्ठा की भावनाओं से शून्य थी, रवाना हुआ था। उनके मर्यादा की रक्षा की भावनाओं से परिपूर्ण मस्तिष्क में यह बात आई कि 'पौरुष के घोड़े पर सवार होकर शून्य के नगर की ओर अग्रसर होना और जीवन के घोड़े को विनाश की मंज़िल की ओर ले जाना, शत्रु रूपी मित्रों एवं षड्यंत्रकारियों की सहायता प्राप्त करने तथा दुष्ट शत्रुओं से दो-दो हाथ युद्ध का जुआ खेलने से कहीं अच्छा है[3]। उस जल से, जो इन मर्यादा की चिन्ता न करने वालों के साथ पिया जाय, मृग-तृष्णा कहीं अच्छी है।' इस प्रकार हज़रत जहाँबानी के व्यक्तिगत आक्रमण से संसार वालों पर यह तथ्य, पूर्ण रूप से स्पष्ट हो गया। कुछ निष्ठावान् एवं स्वामी-भक्त राज्य के रिकाब पर विनय एवं आग्रह

१ पताका वाले।

२ अबुलफ़ज़ल ने **तारीखे रशीदी** के विवरण को संक्षिप्त रूप में अपने शब्दों में लिखा है।

३ इसका तात्पर्य यह है कि हुमायूं ने युद्ध करके प्राण त्याग देने को अपने षडयंत्रकारी सहायकों का आभारी होने पर प्राथमिकता प्रदान की।

का हाथ ले जाकर उन्हें जबरदस्ती बाहर निकाल ले गए[१]। यह बात, मैं संसार की वाह्य बातों को

१ **तारीखे शेरशाही** में इस युद्ध का उल्लेख इस प्रकार है : जब शेर खां ने सुना कि मन्दू के हाकिमों ने उसके पुत्र का साथ न दिया और कुतुब खां मार डाला गया तो वह दुःख एवं क्रोध के कारण बड़ा व्याकुल हुआ किन्तु उसने अपने व्यवहार में किसी प्रकार का परिवर्तन न आने दिया और मन्दू के हाकिमों के प्रति अपने हृदय में द्वेष रखने लगा। मुग़ल लोग इस विजय के कारण बड़ा अभिमान प्रदर्शित करने लगे। जब हज़रत पादशाह क़न्नौज पहुँचे तो शेर खां ने गंगा नदी के उस ओर गढ़बन्दी कर ली (इलियट के अनुवाद में ज़ीक़ाद ९४६ हि०, अप्रैल १५४०ई०)। इसी बीच में समाचार प्राप्त हुए कि ख्वास खां ने महारता की हत्या कर दी। अफ़ग़ानों की सेना में आनन्द-मंगल मनाया जाने लगा। शेर खां ने ख्वास खां को लिखा कि "शीघ्र मेरे पास पहुँच जा कारण कि हम तथा हमारे शुभचिन्तक तेरी प्रतीक्षा में युद्ध को स्थगित किये हुए हैं और तेरी राह देख रहे हैं।" जब शेर खां को ज्ञात हो गया कि ख्वास खां निकट पहुँच गया तो उसने अपने वकील को हुमायूं पादशाह की सेवा में भेजा और कहलाया कि "मैं कुछ समय से गढ़बन्दी किये हूँ। यदि हज़रत पादशाह चाहें तो गंगा नदी का घाट मेरे लिये छोड़ दें, मैं नदी पार करके युद्ध करूं और या मैं गंगा नदी के घाट को छोड़ दूँ। हज़रत पादशाह इस ओर आकर युद्ध करें।" हज़रत पादशाह शेर खां को कुछ न समझते थे। उन्होंने शेर खां के वकील से कहा कि, "शेर खां गंगा नदी के घाट को छोड़ दे ताकि मैं गंगा नदी पार करके युद्ध करूं।" वकील ने जो कुछ सुना था, शेर खां को जाकर बता दिया। शेर खां गंगा नदी के घाट को छोड़कर कुछ कोस पीछे हट गया। हज़रत पादशाह ने गंगा नदी पर पुल बाँधकर उसे पार किया। हमीद खां काकर (काकरी) ने, जो शेर खां का एक परामर्शदाता था, निवेदन किया कि, "समस्त मुग़ल सैनिकों के नदी पार करने के पूर्व आप उनपर आक्रमण कर दें।" शेर खां ने कहा, "इससे पूर्व मुझमें सामर्थ्य न होने के कारण मैं युद्ध में नाना प्रकार के छल एवं धूर्तता प्रदर्शित किया करता था। इस समय परमेश्वर की कृपा से मेरा लश्कर हज़रत पादशाह के लश्कर से कम नहीं। सामर्थ्य के होते हुये मैं विश्वासघात न करूंगा। जब सूर्य काफ़ी चढ़ जायगा तो हम अपनी पंक्तियों को सुव्यवस्थित करके बिना छल एवं धूर्तता के युद्ध करेंगे। जो ईश्वर की इच्छा होगी वह होगा।" जब शेर खां को ज्ञात हो गया कि हुमायूँ पादशाह की समस्त सेना ने गंगा नदी पार कर ली तो वह अपनी समस्त सेना तैयार करके बढ़ा और हज़रत पादशाह के मुक़ाबले में अपनी प्रथानुसार मिट्टी का क़िला तैयार करके पड़ाव कर दिया और जो सामग्री हज़रत पादशाह के लश्कर में पहुँचती थी उसे रोक दिया। ६०० ऊंटों (इलियट के अनुवाद में ३००) अत्यधिक चौपायों एवं बैलों पर अधिकार जमा लिया। १० मुहर्रम ९४७ हि० (१७ मई १५४० ई०) को दोनों सेनाओं ने अपनी पंक्तियाँ सुव्यवस्थित कीं। शेर खां ने अपनी सेना की इस प्रकार व्यवस्था की : मध्य में शेर खां, हैबत खां नियाज़ी जिसने ९५० हि० में खाने आज़म हुमायूं की उपाधि प्राप्त की, मसनदे आली आज़म हुमायूं सरवानी, मसनदे आली ईसा खां सरवानी कलपुर, कुतुब खां लोदी, हाजी खां (इलियट के अनुवाद में हाजी खां जलोई) बुलन्द खां, सरमस्त खां, सैफ़ खां सरवानी, तजल्ली खां (इलियट के अनुवाद में बिजली खां) सरवानी इत्यादि थे। सेना के अग्र भाग में ख्वास खां एवं ईसा खां नियाज़ी इत्यादि थे। दायें भाग में जलाल खां, जो शेर खां के बाद उसका उत्तराधिकारी बना और जिसकी उपाधि इस्लाम शाह हुई, ताज खां, सुलेमान खां करानी, जलाल खां जलोई इत्यादि थे। सेना के बायें भाग में आदिल खां बिन शेर खां, कुतुब खां मुनीब (होडीवाला के अनुसार बतनी अथवा बैतनी पृ० ४५७) बरमज़ीद गोर, राय हुसैन जलवानी इत्यादि थे। शेर खां ने सेनाओं को इस प्रकार सुव्यवस्थित कर लेने के उपरान्त अफ़ग़ानों से कहा, "मैंने अत्यधिक प्रयत्न करके तुम्हें एकत्र किया है। मैंने तुम्हें आश्रय प्रदान करने में यथासम्भव कोई कसर न उठा रक्खी। तुम्हें मैंने ऐसे ही दिन के लिये रख छोड़ा है। आज परीक्षा का दिन है। तुम लोगों में से जो कोई भी युद्ध तथा वीरता के मैदान में अत्यधिक कौशल दिखलायेगा उसका सम्मान उसके साथियों की अपेक्षा अधिक बढ़ा दिया जायगा। सभी अफ़ग़ानों को इस बात का प्रयत्न करना चाहिये कि युद्ध के समय समस्त अफ़ग़ान एक दिल एवं एक ज़बान रहें कारण कि स्वामी के लिये

दृष्टि में रखकर कह रहा हूँ अन्यथा वास्तव में तो निकालने वाला संसार को शोभा प्रदान करने वाला ईश्वर ही है।

सैनिकों का संगठन विजय तथा सफलता का कारण होता है। विश्वास है कि यदि अफ़गान क़ौम में विरोध एवं शत्रुता न होती तो कोई भी मनुष्य उनके मुक़ाबले में तलवार न चला सकता था किन्तु मित्रों से प्रार्थना है कि वे ईर्ष्या, शत्रुता एवं विरोध त्याग दें कारण कि सुल्तान बहलोल अफ़ग़ान के राज्यकाल में निष्ठा एवं संगठन के कारण उन्हें सब पर विजय प्राप्त होती रहती थी। सुल्तान इब्राहीम के राज्यकाल में ईर्ष्या, एवं द्वेष के कारण वे पराजित हो गये ......युद्ध में दृढ़ रहने के लिये मैं इस कारण प्रेरित कर रहा हूँ कि यह हिन्दुस्तान पर विजय प्राप्त करने एवं अफ़गानों के परिवारों की मुग़ुलों से रक्षा का समय है। मैं वृद्ध हो चला हुँ और सहस्त्रों परिश्रमों के उपरान्त अफ़ग़ानों की सेना को दीर्घ काल में एकत्र कर सका हूँ। ईश्वर न करे, अफ़ग़ानों की सेना की पराजय हो गई तो उसका पुनः एकत्र होना बड़ा कठिन है।''..अफ़गानों ने निवेदन किया, ''हज़रते आला ने हमें आश्रय प्रदान करने तथा हमारे प्रति कृपा प्रदर्शित करने में कोई कसर न उठा रक्खी। इस समय प्राण न्योछावर करने तथा हमारे लिये सेवा करने का अवसर है''। शेर ख़ां ने अपने अमीरों को आदेश दिया कि वे अपनी सेना (की पंक्तियों) में जाकर खड़े हों। जब अमीर लोग अपनी सेना की पंक्तियों में जाकर खड़े हुए तो शेर ख़ां ने स्वयं जाकर सेनाओं को सुव्यवस्थित किया। हज़रत हुमायूँ पादशाह की सेना के अग्र भाग को ख़्वास ख़ां ने पराजित कर दिया। किन्तु शेर ख़ां की सेना का दायाँ भाग जिसमें उसका पुत्र जलाल ख़ां था, पराजित हो गया। चार व्यक्तियों ने मैदान न छोड़ा, जलाल ख़ां स्वयं, मियाँ अय्यूब कलपुर सरवानी, ग़ाज़ी मुजली। जब शेर ख़ां ने देखा कि उसकी सेना का दायाँ भाग पराजित हो गया तो उसने उसकी सहायता हेतु स्वयं जाना चाहा। क़ुतुब ख़ां साहू खल लोदी ने निवेदन किया कि,''हज़रते आला, अपने स्थान को न छोड़ें अन्यथा लोग यह समझेंगे कि मध्य भाग छिन्न-भिन्न हो गया। आप मध्य भाग में होकर अग्रसर हों।'' जब शेर ख़ां, सेना के मध्य भाग में पहुँचकर अग्रसर हुआ तो मुग़ुल सेना ने, जिसने (शेर ख़ां की) सेना के दायें भाग को पराजित किया था, शेर ख़ां की सेना के मध्य भाग पर आक्रमण किया। यह सेना शेर ख़ां के मध्य भाग से पराजित हो गई और उसने हज़रत पादशाह की सेना के मध्य भाग का सहारा लिया। शेर ख़ां की सेना के बायें भाग ने, जिसमें उसका पुत्र आदिल ख़ां एवं क़ुतुब ख़ां मुनीब (इलियट के अनुवाद में बनेत) थे, मुग़ुल सेना को, जो उनके सामने थी, पराजित कर दिया और उसे उसके मध्य भाग पर पहुँचा दिया। शेर ख़ां की सेना के दायें भाग ने, जो भाग खड़ा हुआ था, पलटकर मुग़ुल सेना को घेर लिया। शेर ख़ां के पुत्रों एवं अफ़ग़ान अमीरों ने बड़ी वीरता प्रदर्शित की, विशेष रूप से हैबत ख़ां नियाज़ी एवं ख़्वास ख़ां ने धारदार तलवार एवं प्राण विदारक भालों से मुग़ुलों को पराजित कर दिया।..हज़रत पादशाह स्वयं रण-क्षेत्र में पर्वत के समान दृढ़ता-पूर्वक जमे रहे। उन्होंने इतनी अधिक वीरता एवं इतना अधिक पौरुष प्रदर्शित किया जो मनुष्य के सामर्थ्य के बाहर था....यहाँ तक कि उन्होंने अपनी दूरदर्शी दृष्टि से देख लिया कि परोक्ष वाले उनके सैनिकों को, जो युद्ध में अपने युग के रुस्तम एवं इस्फ़न्दयार थे, मार रहे हैं और उनके घोड़ों के मुँह मोड़ रहे हैं, तो उन्होंने ईश्वर की इच्छा का पालन करते हुए परोक्ष के आदमियों से युद्ध करना त्याग दिया और अपने संकल्प की लगाम राजधानी आगरा की ओर मोड़ी। उनके भाग्यशाली शरीर को कोई हानि न पहुँची और वे कुशलता पूर्वक उस भयंकर भंवर से निकलकर राजधानी आगरा की ओर रवाना हुए। इस दुर्घटना का सामना भाइयों की फूट के कारण करना पड़ा अन्यथा शेर ख़ां में इतना सामर्थ्य न था कि वह उस दूरदर्शी का मुक़ाबला कर सकता (**तारीख़े शेरशाही**: डा० परमात्मा शरण की हस्तलिपि, पृ० १६१-१६६; इलाहाबाद विश्वविद्यालय की हस्तलिपि, पृ० १५३-१६२; अलीगढ़ विश्वविद्यालय हस्तलिपि, पृ० १७३-१८३; इलियट, बाडलीएन नं० ३७१)।

पराजय पर टीका

क्योंकि हज़रत शाहंशाह के जन्म के नक्षत्र का उदय एवं उनके ऐश्वर्य के विशेष समय एवं खास स्थान पर प्रकट होने का अवसर समीप आ गया था अतः विधाता ने यह विचित्र लीला दिखाई। बुद्धिमानों के एक समूह का यह विचार है कि यह घटना अधिक सावधानी एवं चेतावनी का द्योतक है न कि किसी कुकर्म का फल। प्राचीन काल के दार्शनिकों का यह मत है कि संसार की दुर्घटनायें विशेष व्यक्तियों के लिए पालिश के समान होती हैं और सर्वसाधारण के लिए मुरचा स्वरूप। पवित्र-चरित्र वाले प्रतिभाशाली व्यक्तियों के लिए इस प्रकार की घटनायें शिक्षा के साधन हैं। जब भाग्य के कारखाने के अधिकारी किसी योग्य व्यक्ति को उच्च श्रेणी पर पहुँचाते हैं तो सर्वप्रथम उसे समस्त सांसारिक दशाओं—दुःख-सुख, कष्ट-आराम, असफलता एवं सफलता का (१६६) अनुभव कराते हैं ताकि वह शाही के उच्च सम्मान का पात्र बन सके। शुहूद[१] के मैदान के कुछ द्रुतगामी पथिकों का मत है कि इस परीक्षा तथा दैवी इच्छा का उद्देश्य यह होता है और इस प्रकार जब कभी किसी भाग्यशाली को कोई उत्कृष्ट देन प्रदान करना चाहता है और इस महत्वपूर्ण सौभाग्य की प्राप्ति का समय निकट आ जाता है तो उसे वह ऐसे अवसर पर दुःख, चिन्ता एवं कष्ट में डाल देता है और हानि की धूल उसके ऐश्वर्य एवं गौरव के दामन पर बैठा देता है ताकि जब वह प्रवीणता की श्रेणी को प्राप्त हो और सर्वोच्च स्थान तक पहुँच जाय तो इस बिन्दु का तिल उसके ऐनुल कमाल[२] के लिए "सिपन्द"[३] बन जाय।

इसे और स्पष्ट रूप से इस प्रकार कहा जा सकता है कि पवित्र नूर, जिसे हज़रत आलंक़ुवा अपने आप में लिये थीं और जो मानवता का चोला धारण करके नाना प्रकार से रहस्यमय रूप में प्रकट हुआ करता था और बाह्य संसार में स्थान ग्रहण किए हुए था, विशेष दैवी कृपा-दृष्टि से महानता की श्रेणी में पल रहा था। इस समय जब कि उस नूर के मूल उद्देश्य के, जो हज़रत शाहंशाह का पवित्र व्यक्तित्व है, प्रकट होने का समय निकट आ गया तो कष्टदायक घटनाओं को इस उत्कृष्ट सौभाग्य का सिपन्द बना दिया गया। सृजन के कारखाने को शोभा प्रदान करने वाले ने ऐसी घटना को जन्म दिया। इस समय रहस्यों के अनावरण का कार्य त्यागकर मैं अपना विवरण प्रारम्भ करता हूँ।

हुमायूं का गंगा नदी पार करना

संक्षेप में जब वह पराजय जो संसार के सुधार की नींव रखने वाली थी प्रकट हुई तो गंगा नदी तट तक जो एक फ़रसख की दूरी पर रहा होगा अमीर लोग बिना युद्ध किए भागते चले गए और अपनी कृतघ्नता एवं स्वामीभक्ति से उपेक्षा के कारण असफलता के भंवर में डूब गए

१ जो प्रत्यक्ष है। ईश्वर की सत्ता वजूद कहलाती है; उसके अतिरिक्त जो दिखाई पड़े वह शुहूद है।
२. पूर्णत्व की आँख अथवा वह आँख जिसके देख लेने से लोग मर जायें।
३ काला दाना जो नज़र उतारने के लिये जलाया जाता है।

तथा अपने जीवनकाल की नौकाओं को विनाश को लहरों के थपेड़ों द्वारा नष्ट करा दिया। हज़रत जहाँबानी दृढ़तापूर्वक हाथी पर सवार हुए और उन्होंने नदी पार की। नदी तट पर हाथी से उतर पड़े तथा बाहर निकलने का मार्ग ढूंढ़ रहे थे। किनारों के ऊँचे होने के कारण निकलने का स्थान न मिलता था। एक सैनिक जो भंवर से बच गया था उस स्थान पर पहुँच गया उसने हज़रत जहाँबानी के पवित्र हाथों को पकड़कर उन्हें ऊपर पहुँचा दिया। वास्तव में उसने अनन्त काल तक स्थायी रहने वाले प्रताप की सहायता करके अपने सौभाग्य को ऊपर खींच लिया। हज़रत जहाँबानी ने उसका नाम एवं जन्म-स्थान पूछा। उसने निवेदन किया कि, "मेरा नाम शम्सुद्दीन मुहम्मद[1] तथा मेरा जन्म-स्थान ग़ज़नी है। मैं मीर्ज़ा कामरान के सेवकों में से हूँ।" हज़रत जहाँबानी ने उसे शाही कृपाओं का आश्वासन दिलाया। इसी बीच में मुक़द्दम बेग नामक मीर्ज़ा कामरान के एक उच्च पदाधिकारी ने हज़रत जहाँबानी को पहिचानकर अपने आप को सौभाग्य द्वारा आमंत्रित उन लोगों की श्रेणी में सम्मिलित कर लिया[2]। इस उद्देश्य से उसने अपना घोड़ा प्रस्तुत किया और शाही कृपाओं के आश्वासन द्वारा सम्मानित हुआ।

भंगापुर (भोगांव) के ग्रामीणों की उद्दंडता

हज़रत जहाँबानी वहाँ से राजधानी आगरा की ओर रवाना हुए। मार्ग में मीर्ज़ा लोग आकर साथ हो गए। जब वे भंगापुर[3] नामक स्थान पर पहुँचे तो क़स्बे वालों ने (१६७) पादशाही लोगों से क्रय-विक्रय का मार्ग बन्द करके[4] उद्दंडता प्रदर्शित की। इस प्रकार जो व्यक्ति उनके हाथ लग जाता वे उसकी हत्या का प्रयत्न करते थे। जब हज़रत जहाँबानी को इस बात का पता चला तो उत्कृष्ट आदेश हुआ कि मीर्ज़ा अस्करी, यादगार नासिर मीर्ज़ा तथा मीर्ज़ा हिन्दाल इस निष्ठुर समूह पर छापा मारें। इस अत्याचारी समूह में लगभग ३००० अश्वारोही तथा पदाती एकत्र हो गये थे। जब बादशाही आदेश उन्हें प्राप्त हुआ तो मीर्ज़ा अस्करी ने जाने में विलम्ब किया। यादगार नासिर मीर्ज़ा ने उसे कुछ छड़ियाँ मारकर कहा कि, 'तुम लोगों के पारस्परिक विरोध के कारण कार्य इस सीमा तक पहुँच गया। अब भी सावधान नहीं होते।" यादगार नासिर मीर्ज़ा तथा मीर्ज़ा हिन्दाल आज्ञा का पालन करते हुए उस समूह की ओर रवाना हुए। घोर युद्ध हुआ। अभागे गंवार बहुत बड़ी संख्या में मारे गए। मीर्ज़ा लोग उन्हें दंड देकर लौट आये। मीर्ज़ा अस्करी शिकायत करने पहुँचा। उसके प्रति क्रोध प्रदर्शित किया गया।

१ **बाबर नामा** से पता चलता है कि वह ख्वाजा कलां का सेवक था। फ़रवरी १५२६ ई० में वह ख्वाजा कलां की ओर से दूत बनकर बाबर की सेना में पहुँचा था और फिर बाबर का पत्र लेकर काबुल वापस गया था। (**बाबर नामा**, पृ० ३०३, ३०४, ३०७)। सम्भवतः ख्वाजा कलां ने उसे मीर्ज़ा कामरान की सेवा में सम्मिलित करा दिया होगा।

२ हुमायूं के सेवकों में सम्मिलित हो गया

३ सम्भवतः भोगांव, परगना तथा तहसील भोगांव ज़िला मैनपुरी (उत्तर प्रदेश) २७°१७' उत्तर तथा ७९°१४' पूर्व। (*District Gazetteers*, Mainpuri, Vol. X, p. 196)।

४ क्रय-विक्रय से हाथ खींचकर।

हुमायूं का आगरा पहुँचना

वहाँ से हज़रत जहाँबानी ने तीव्र गति से यात्रा करते हुए आगरा में पड़ाव किया। आस-पास के प्रदेश अस्त-व्यस्त हो चुके थे और प्रत्येक दिशा में उपद्रव मचा हुआ था। दूसरे दिन प्रातःकाल उन्होंने क़ुदवतुल अकाबिर[1] मीर रफ़ी[2] के घर में पहुँचकर परामर्श किया। वे सफ़वी सैयिदों में से थे और ज्ञान एवं बुद्धि में अद्वितीय तथा सुल्तानों के चुने हुए कृपापात्रों में से थे।

हुमायूं का पंजाब की ओर प्रस्थान

अन्ततोगत्वा हज़रत जहाँबानी ने निश्चय किया कि वे पंजाब की ओर प्रस्थान करें[3]। यदि बुद्धि मीर्ज़ा कामरान की सहायता करे तथा भाग्य उसका साथ दें और जो कुछ हानि उसने पहुँचाई है उसका उपचार करे एवं उचित रूप से सेवा हेतु कटिबद्ध हो तो षड्यंत्र की दरार बन्द हो जायगी। वे इस सुसंकल्प से वहाँ से लाहौर की ओर रवाना हुए। मीर्ज़ा अस्करी सम्बल[4] तथा मीर्ज़ा हिन्दाल अलवर की ओर चल दिए। इस वर्ष की १८ मुहर्रम (२५ मई १५४० ई०)[5] को क़ासिम हुसेन सुल्तान ने बेग मीरक के साथ, देहली के समीप (शाही) रिकाब चूमने का सौभाग्य प्राप्त किया। बहुत बड़ी संख्या में लोग उनकी सेवा में प्रविष्ट हो गए। २० मुहर्रम (२७ मई) को वे

१ प्रतिष्ठित लोगों में नमूना।

२ मीर रफ़ी उद्दीन सफ़वी को सुल्तान सिकन्दर लोदी ने मुक़द्दस की उपाधि प्रदान कर दी थी। वे अफ़ग़ान सुल्तानों एवं मुग़ल पादशाहों दोनों के बड़े विश्वास-पात्र थे। वे हदीस के बहुत बड़े विद्वान् थे। (बदायूनीः **मुन्तख़बुत्तवारीख़** भाग १, पृ० ३६६, ३६६, ३९९, ४००, **बाबर नामा**, पृ० २११)। उनकी मृत्यु ९५४ हि० (१५४७-८ ई०) अथवा ९५७ हि० (१५५०-५१ ई०) में हुई।

३ **तारीख़े शेरशाही** में इस घटना का उल्लेख इस प्रकार है :—शेर ख़ां ने क़न्नौज से बरमज़ीद गोर को अत्यधिक सेना सहित इस आशय से आगे भेज दिया कि वह प्रस्थान करें किन्तु हज़रत हुमायूँ पादशाह से युद्ध न करे। नसीर ख़ां को संबल सरकार की ओर नियुक्त किया। कुछ ही दिनों में उस प्रदेश (क़न्नौज) को सुव्यवस्थित करके वह (शेर ख़ां) आगरा रवाना हुआ। जब हज़रत हुमायूं पादशाह आगरा पहुँचे तो उन्होंने अमीर सैयिद रफ़ी उद्दीन से कहा कि "मेरी सेना को अफ़ग़ानों ने पराजित नहीं किया है अपितु मैं देखता था कि पीछे के आदमी उन्हें मार-मारकर उनके घोड़ों के मुंह मोड़ देते थे।" जब हज़रत पादशाह सरहिन्द पहुँचे तो उन्होंने मख़्दूमुद्दीन सरहिन्दी से भी यही बात कही। जब शेर ख़ां आगरा के समीप पहुँचा तो हज़रत पादशाह आगरा में न ठहर सके, लाहौर की ओर चल खड़े हुए। जब बरमज़ीद गोर आगरा पहुँचा तो उसने अधिकांश मुग़लों की जो आगरा में रह गए थे, हत्या कर दी। शेर ख़ां को यह बात अच्छी न लगी। उसने बरमज़ीद को अत्यधिक फटकारा। जब शेर ख़ां राजधानी आगरा पहुँचा तो कुछ दिन तक वहाँ ठहरा रहा। ख़्वास ख़ां, बरमज़ीद गोर एवं अफ़ग़ानों की एक बहुत बड़ी सेना हज़रत पादशाह का पीछा करने के लिये लाहौर की ओर नियुक्त कर दी। (**तारीख़े शेरशाही**: डा० परमात्मा शरण हस्तलिपि, पृ० १६९-१७०; इलाहाबाद विश्व-विद्यालय हस्तलिपि, पृ० १६३; अलीगढ़ विश्व-विद्यालय हस्तलिपि, पृ० १८५-१८६; इलियट, बाडलीएन न० ३७१)।

४ सम्भल, तहसील सम्भल जिला मुरादाबाद (उत्तर प्रदेश)। यह २८°३५' उत्तर तथा ७८°३४' पूर्व में मुरादाबाद के दक्षिण-पश्चिम में २३ मील पर स्थित है। (*District Gazetteers*, Moradabad, p. 253)

५ बेवरिज के अनुवाद में २६ मई (पृ० ३५५)।

वहाँ से आगे रवाना हुए। २२ मुहर्रम (२९ मई) को रोहतक[1] क़स्बे में हिन्दाल मीर्ज़ा तथा मीर्ज़ा हैदर ने पवित्र सेवा में पहुँचने का सम्मान प्राप्त किया। २३ मुहर्रम (३० मई) को हज़रत जहाँबानी उसी मंज़िल पर पड़ाव डाले रहे। क़िले वालों ने उनके पहुँचने पर नगर के द्वार बन्द कर लिए और इस प्रकार उन्होंने अपने लिए अपमान के द्वार खोल लिए। हज़रत (जहाँबानी) ने स्वयं आक्रमण करके अल्प समय में क़िले वालों को दंड दे दिया। १७ सफ़र (२३ जून १५४० ई०) को उत्कृष्ट सेना सहरिन्द[2] पहुँच गई। इसी मास की २० सफ़र (२६ जून १५४० ई०) को मीर फ़क़्र अली ने मार्ग में अपने जीवन की महमिल[3] बन्द कर ली।

हुमायूं का लाहौर पहुँचना

जब उत्कृष्ट सेना लाहौर के उपान्त में दौलत ख़ां की सराय के समीप पहुँची तो मीर्ज़ा कामरान उनके स्वागत हेतु सेवा में उपस्थित हुआ। हज़रत जहाँबानी ने ख़्वाजा दोस्त मुंशी के उद्यान में, जो लाहौर में बड़ा आकर्षक स्थान था, पड़ाव किया। मीर्ज़ा हिन्दाल ने ख़्वाजा ग़ाज़ी के, (१६८) जो उन दिनों मीर्ज़ा कामरान का दीवान[4] था, उद्यान में स्थान ग्रहण किया। तदुपरान्त मीर्ज़ा अस्करी सम्बल से पहुँचा और अमीर वली बेग के घर में ठहरा। इसी बीच में भाग्यशाली शम्सुद्दीन मुहम्मद, जिसने नदी तट पर (जहाँबानी की) सहायता की थी, पहुँचा और शाही कृपाओं द्वारा सम्मानित हुआ।

अमीरों एवं भाइयों का कुछ निश्चय न करना

१ रबी-उल-अव्वल[5] ९४७ हि० (६ जुलाई १५४० ई०) को समस्त सम्मानित भाई, अमीर एवं सेवक एकत्र हुए किन्तु इतनी शिक्षाओं एवं दैवी चेतावनियों के बावजूद ये लोग सचेत न हुए और निष्ठा की पेटी साहस की कमर पर बाँधी। वे कई बार हज़रत जहाँबानी की सेवा में एकत्र हुए और उन्होंने संगठन तथा एकता के लिए प्रतिज्ञायें कीं तथा वचन-बद्ध हुए और सम्मानित एवं प्रतिष्ठित लोगों को गवाह भी बनाया। अधिकांश समय ख़्वाजा अब्दुल हक़ का भाई ख़्वाजा ख़ावन्द महमूद[6] तथा मीर अबुल बक़ा परामर्श में सम्मिलित रहते थे। यहाँ तक कि एक

१ जिला तथा तहसील रोहतक, देहली के उत्तर-पश्चिम में ४४ मील पर २८° ५४′ उत्तर तथा ७६° ३५′ पूर्व में है।

२ सरहिन्द, ३०° ३८′ उत्तर तथा ७६° २७′ पूर्व पटियाला के अधीन।

३ ऊँट पर बाँधने का कजावा जिसमें स्त्रियाँ बैठती हैं। वाक्य का अर्थ :—मर गया।

४ वह अधिकारी जो मालगुज़ारी के आय-व्यय की व्यवस्था करता है।

५ **अकबर नामा** के पृ० १३ पर ४ रबी-उल-अव्वल ९४७ हि० (९ जुलाई १५४० ई०) में हुमायूं के एक स्वप्न का उल्लेख है : "वे कुछ देर ईश्वर के ध्यान में मग्न रहने के उपरान्त सो गये। स्वप्न में उन्होंने देखा कि ईश्वर ने उन्हें एक सम्मानित पुत्र प्रदान किया है जिसके ललाट से ऐश्वर्य का प्रकाश चमक रहा है। उसके नेतृत्व के नूर से बुद्धि एवं कल्पना को प्रकाश प्राप्त हो रहा है। परोक्ष के सुखद समाचार पहुँचाने वालों ने उनका वही नाम बताया जो आज मिम्बर, फ़रमानों, दिरहम एवं दीनार को शोभा दे रहा है। जब हज़रत जागे तो उन्होंने इस सुखद समाचार के कारण ईश्वर के प्रति कृतज्ञता प्रकट की और अपने विश्वासपात्रों से इस कहानी का उल्लेख किया"। (**अकबर नामा** भाग १, पृ० १३-१४)।

६ **तारीखे रशीदी** के अनुसार हज़रत मख़्दूमी नूरा।

दिन समस्त मीर्ज़ाओं, राज्य के उच्च पदाधिकारियों एवं प्रतिष्ठित लोगों ने एकत्र होकर एकता एवं संगठन के सम्बन्ध में एक तज़किरा[१] लिखा और समस्त लोगों एवं पदाधिकारियों ने इस शुभ पत्र पर अपनी गवाही लिखी।

मेल के सम्बन्ध में हुमायूं का वक्तव्य

जब यह प्रामाणिक महज़र[२] पूरा हो गया तो उन लोगों ने विचार-विनिमय प्रारम्भ किया। हज़रत जहाँबानी ने प्रत्येक विषय में उत्कृष्ट उपदेश एवं चुने हुए वाक्य कहे और अपनी मोती बखेरने वाली ज़बान से कहा, "उन लोगों का शोचनीय अन्त, जो एकता के सन्मार्ग से विचलित हो जाते हैं, सब को ज्ञात है, विशेष रूप से अभी कुछ समय पूर्व जब सुल्तान हुसेन मीर्ज़ा[३] की खुरासान में मृत्यु हुई तो उसने १८ योग्य भाग्यशाली पुत्र छोड़े किन्तु उसकी अपार धन-सम्पत्ति के बावजूद भाइयों की फूट के कारण ख़ुरासान का राज्य, जो कई वर्षों से सुख-शान्ति का केन्द्र था, अल्प समय में इतनी दुर्घटनाओं का शिकार हुआ कि शाही बेग ने उसपर अधिकार जमा लिया। उसके समस्त पुत्रों में से बदी-उज्ज़मान[४] मीर्ज़ा के अतिरिक्त, जो रूम[५] चला गया, किसी का कोई चिह्न शेष न रहा[६]। सर्व-साधारण एवं विशेष व्यक्ति मीर्ज़ा के पुत्रों की निन्दा करते तथा उन्हें नीच बताते हैं। हज़रत गेती सितानी फ़िरदौस मकानी ने हिन्दुस्तान सरीखा विशाल देश न जाने कितने कष्ट से विजय किया है। यदि तुम लोगों की फूट के कारण यह तुम्हारे अधिकार से निकल कर ऐसे अयोग्य[७] लोगों के हाथ में चला जाय तो बुद्धिमान् लोग तुम्हें क्या कहेंगे? इस समय तुम लोगों को इस विषय पर भली भाँति सोच-विचार करना चाहिये और ईर्ष्या के गिरीबान[८]

१ प्रतिज्ञा-पत्र।

२ ऐसा दस्तावेज़ जिस पर साक्षियों के हस्ताक्षर हों।

३ बाबर ने लिखा है: "वह खुरासान के राज्य का स्वामी था। उसके राज्य के पूर्व में बलख़, पश्चिम में बिस्ताम तथा दमग़ान, उत्तर में ख्वारिज़्म तथा दक्षिण में सीस्तान एवं क़न्धार थे····उसमें, उसके पुत्रों, क़बीलों एवं समूहों में दुराचार एवं व्यभिचार अत्यधिक प्रचलित थे। इसी कारण इतने महान वंश के इतने पुत्रों में से ७-८ वर्ष के भीतर मुहम्मद ज़मान मीर्ज़ा के अतिरिक्त किसी का चिह्न शेष न रह गया।" (**बाबर नामा, पृ० ५७५-५७७**)। मीर्ज़ा हैदर ने बाबर के स्वर्गीय सुल्तान हुसेन मीर्ज़ा के दरबार में पहुँचने का उल्लेख करते हुए लिखा है, "जब यह दोनों भाई ख़ुरासान पहुँचे तो वहाँ वालों ने उनका उत्साहपूर्ण स्वागत किया। दोनों मीर्ज़ा उन लोगों के पहुँचने पर अत्यधिक प्रसन्न हुये किन्तु दोनों मीर्ज़ाओं में किसी प्रकार का मेल न था। सर्वप्रथम बाबर पादशाह को ज्ञात हो गया कि उनमें एकता नहीं है। उन्होंने यह भी समझ लिया कि मेल के बिना वे कुछ नहीं कर सकते।" (**तारीखे़ रशीदी**; रिज़वी : **मुग़ुल कालीन भारत—बाबर**, पृ० ६१२)।

४ सम्भवतः मुहम्मद ज़मान, कारण कि बदी उज्ज़मान को टर्की का सुल्तान बन्दी बनाकर ले गया था और ९२६ हि० (१५१९-२० ई०) में प्लेग के कारण उसकी मृत्यु हो गई थी।

५ टर्की।

६ **तारीखे़ रशीदी** के अनुसार यह मीर्ज़ा हैदर का वक्तव्य था।

७ अफ़ग़ानों।

८ कुर्ती अथवा क़मीज़ का गला। ईर्ष्या त्यागने से तात्पर्य है।

से सिर को बाहर निकालना चाहिये ताकि सभी लोगों में तुम्हें सम्मान प्राप्त हो सके और तुम लोग ईश्वर की आज्ञाओं का पालन कर सको।"

मीर्ज़ाओं में मतभेद

जिन लोगों ने प्रतिज्ञा की थी और वचनबद्ध हुए थे उन्होंने अपनी उस प्रतिज्ञा को भुलाकर अपने स्वार्थ एवं लोभ की दृष्टि से कोई न कोई बात कही। मीर्ज़ा कामरान ने कहा, "मेरी समझ में जो कुछ आता है वह इस प्रकार है कि पादशाह तथा समस्त मीर्ज़ा लोग थोड़े-से सहायकों के साथ कुछ दिनों पर्वत में समय व्यतीत करें और मैं सब लोगों के (१६९) परिवार को लेकर काबुल चला जाऊँ और उन्हें किसी सुरक्षित स्थान पर छोड़कर पुनः लौट आऊँ।" मीर्ज़ा हिन्दाल तथा यादगार नासिर मीर्ज़ा ने कहा, "इस समय हमारा अफ़ग़ानों से युद्ध करना सम्भव नहीं। यही उचित है कि हम भक्कर[1] चले जायें और उस प्रदेश को अपने अधिकार में कर लें। उसके सहारे से गुजरात विजय करें। जब इन दोनों राज्यों पर अधिकार हो जायगा और हमारे कार्य सुव्यवस्थित हो जायेंगे तो इस देश[2] को उत्तम ढंग से मुक्त कराया जा सकेगा।" मीर्ज़ा हैदर ने कहा, 'उचित यह होगा कि समस्त मीर्ज़ा लोग सहरिन्द के पर्वतों से लेकर सारंग[3] के पर्वतों के दामन (तक के स्थान) को दृढ़ बना लें और मैं वचन देता हूँ कि थोड़ी-सी सेना लेकर दो मास में कश्मीर विजय कर लूंगा। जब कश्मीर विजय के समाचार प्राप्त हो जायें तो प्रत्येक व्यक्ति परिवार को कश्मीर पहुँचा दे कारण कि उससे अधिक सुरक्षित स्थान कोई अन्य नहीं। शेर खां को वहाँ पहुँचने में चार मास लगेंगे और वह गरदूनों[4] एवं ज़र्बज़नों[5] को, जो उसके युद्ध का आधार हैं, पर्वतों में न ले जा सकेगा। अल्प समय में अफ़ग़ानों की सेना छिन्न-भिन्न हो जायगी।"

मीर्ज़ा कामरान का विरोध

क्योंकि इन लोगों की वाणी तथा हृदय एक न थे अतः बात पूरी हुए बिना ही गोष्ठी समाप्त हो गई। हज़रत जहाँबानी ने लाभदायक परामर्श एवं सार्थक उपदेश देने का बड़ा प्रयत्न किया। (उन्हें आशा थी) कि सम्भवतः मीर्ज़ा की बुद्धि का दीप प्रज्वलित हो जाय और वह अपने अन्धकारमय विचारों को त्यागकर सत्यनिष्ठा के मार्ग पर आजाय किन्तु मीर्ज़ा अपनी बात से विचलित न होता था और उसका पूरा प्रयत्न यही था कि सभी छिन्न-भिन्न हो जायें और वह स्वयं काबुल पहुँच कर वहाँ एक कोने में विलासमय जीवन व्यतीत कर सके। वह सर्वदा नीच विचारों में मग्न

१ यहाँ सिन्ध विजय से तात्पर्य है।

२ हिन्दुस्तान।

३ सारंग किसी स्थान का नाम नहीं अपितु नमक की पहाड़ियों के अफ़ग़ानों के एक क़बीले का नाम है। सुल्तान सारंग सुल्तान आदम का भाई था। उसकी मृत्यु शेर शाह के समय में हो गई होगी कारण कि कामरान को हुमायूं के पास आदम ने भेजा था। मीर्ज़ा हैदर का विचार था कि मुग़ल सिन्ध से कश्मीर तक का नीचे का भाग अर्थात् सरहिन्द (दक्षिण-पूर्व) से रावलपिंडी (उत्तर-पश्चिम) अपने अधिकार में रक्खें।

४ तोप की गाड़ियाँ।

५ एक प्रकार की तोप।

रहता था। सौभाग्य प्रदान करने वाले सावधानी-युक्त उपदेश उसे जगा न पाते थे। दिखाने को तो वह एकता का ढोंग रचता था और कहा करता था कि, "अमुक शुभ मुहूर्त में आ जाऊँगा और एकता एवं संगठन से शत्रुओं के विरुद्ध कटिबद्ध हूँगा।" किन्तु हृदय से वह विरोध की नींव को दृढ़ करता जाता था यहाँ तक कि अपनी दुष्टता एवं अंधेपन में अपने सद्र[1], क़ाज़ी अब्दुल्लाह को गुप्त रूप से शेर खां के पास मित्रता तथा संधि के प्रस्ताव के साथ भेजा और शत्रु की सहायता से अपनी अभिलाषाओं की पूर्ति का प्रयत्न किया। उसने पत्र में लिखा कि "यदि पूर्व की भाँति पंजाब मेरे पास रहने दिया जाय तो अल्प समय में मैं योग्य सेवायें सम्पन्न कर सकूंगा।"

मीर्ज़ा कामरान के सद्र का शेर शाह के पास पहुंचना

शेर ख़ां इस घटना के उपरान्त देहली में ठहरा हुआ था और आगे क़दम नहीं बढ़ा रहा था। वह समझता था कि जो घटना घटी वह उसके सौभाग्य के फलस्वरूप घटी। उसे चिन्ता थी कि यदि मैं आगे बढ़ता हूँ तो संभवतः मेरी योजनायें असफल हो जायें। लाहौर में जो कुछ हो रहा था उसके विषय में सुन-सुनकर वह बड़ा चिन्तित था और उसे बड़ा भय था। इसी बीच में षड्यंत्रकारी सद्र[2], जिसकी प्रकृति में नीचता एवं चरित्र में दुष्टता थी, पहुँच गया। शेर ख़ां ने, (१७०) जिसकी सफलता का आधार धूर्तता थी, सद्र का सहर्ष स्वागत किया और पारस्परिक विरोध के सुखद समाचार से उसका हृदय हज़ार गुना बढ़ गया। उसने मीर्ज़ा की प्रार्थनानुसार उचित उत्तर दिया। उस दुष्ट[3] ने उसे अग्रसर होने के लिये प्रेरित किया और अपकार सम्बन्धी प्रस्ताव रक्खे। शेर ख़ां ने एक धूर्त को इस आशय से उसके साथ कर दिया ताकि वह वास्तविक स्थिति का पता चलाकर वापस लौट आये। मीर्ज़ा कामरान ने शेर ख़ां के दूत से लाहौर के उद्यान में भेंट की और उस दिन जश्न का आयोजन किया तथा हज़रत जहाँबानी को भी आग्रह करके वहाँ लाया।

शेर शाह का ब्यास नदी पार करना

दूसरी वार अल्पदर्शी तथा स्वार्थी मीर्ज़ा ने उसी अभागे[3] को शेर ख़ां के पास भेजा। इस बार वह नमकहराम सुल्तानपुर[4] नदी तक पहुँचा और निष्ठा के प्रतिकूल प्रस्ताव रक्खे तथा शेर खां को नदी पार करने का साहस दिलाया। इसी बीच में मुज़फ़्फ़र तुर्कमान ने, जो क़रावली[5] हेतु सुल्तानपुर नदी[6] के आसपास नियुक्त था, आकर निवेदन किया कि "शत्रुओं की सेना ने सुल्तानपुर

१　सद्र :—वह अधिकारी जिसे धार्मिक विषयों में पूर्ण अधिकार होता था। वज़ीफ़ों, मिल्क, मददे मआश का वितरण उसी के अधीन था। क़ाज़ी तथा मीर अद्ल भी उसी के मातहत होते थे। (**आईने अकबरी : आईने सुयूरग़ाल**)।

२　'सद्रे पुर ग़द्र' : इस शब्द से अबुलफ़ज़ल का सद्रों के विषय में व्यंग्य दृष्टिगत होता है।

३　सद्र।

४　कपूरथला (पंजाब में) ३१°१३' उत्तर तथा ७५°१२' पूर्व, कपूरथला क़स्बे से १८ मील दक्षिण में।

५　शत्रु के विषय में पता लगाने; पहरे के लिये।

६　ब्यास नदी।

नदी[1] पार कर ली है और मेरे भतीजे जुनैद बेग की, जो अपने रूप, रंग एवं चरित्र दोनों के कारण दरबार का विश्वास-पात्र था, हत्या कर दी है।

मीर्ज़ा हैदर का कश्मीर की ओर प्रस्थान

जमादि-उल-आख़िर के अन्त (अक्तूबर १५४० ई० के अन्त) में हज़रत जहाँबानी तथा मीर्ज़ाओं ने लाहौर नदी[2], जो उस समय पार की जा सकती थी, पार की और वे निरन्तर कूच करते हुए चनाब नदी तट पर पहुँचे। हज़रत जहाँबानी ने कश्मीर जाने का संकल्प कर लिया था अतः एक सेना को मीर्ज़ा हैदर के साथ अपने प्रस्थान के पूर्व कश्मीर की ओर भेज दिया। इसका

१ **तारीख़े शेरशाही** में शेर शाह द्वारा हुमायूं के पीछा करने का उल्लेख इस प्रकार है : शेर ख़ां, हाजी ख़ां को मेवात प्रदान करके लाहौर (इलियट में लहाउर) की ओर रवाना हुआ। जब वह सरहिन्द पहुँचा तो उसने सरहिन्द ख़्वास ख़ां को दे दिया। ख़्वास ख़ां ने उसे अपने दास मलिक भगवन्त को दे दिया। जब हज़रत हुमायूँ पादशाह लाहौर पहुँचे तो कुछ मुग़ुल अपने देश से नये-नये आये हुए थे। उन्होंने अभी तक अफ़ग़ानों का युद्ध न देखा था। उन्होंने हज़रत पादशाह से निवेदन किया कि, "आप हमें अफ़ग़ानों से युद्ध करने के लिये भेज दें।" वे डींग मारने लगे कि "अफ़ग़ान कौन होते हैं और उनका क्या महत्व है? वे युद्ध के दिन हमारा मुक़ाबला नहीं कर सकते।" हज़रत पादशाह ने मुग़ुलों को नियुक्त कर दिया। शेर ख़ां ने ख़्वास ख़ां एवं बरमज़ीद गोर को देहली से पहले ही रवाना कर दिया था अतः सुल्तानपुर में उनका मुग़ुलों से मुक़ाबला एवं एक दूसरे का युद्ध हुआ। मुग़ुल पराजित हो गये और वे लाहौर भाग गये। ख़्वास ख़ां सुल्तानपुर में ठहर गया। हज़रत हुमायूँ पादशाह एवं मीर्ज़ा कामरान लाहौर से रवाना हो गये। पीछे से शेर ख़ां भी लाहौर पहुँच गया। जब शेर ख़ां को समाचार प्राप्त हुआ कि हज़रत हुमायूँ पादशाह एवं मीर्ज़ा कामरान के लाहौर से प्रस्थान कर देने के कारण लाहौर ख़ाली है तो वह लाहौर पहुँचा किन्तु वहाँ न ठहरा। जब वह लाहौर से प्रस्थान करके तीन पड़ाव पार कर चुका तो उसे समाचार प्राप्त हुए कि मीर्ज़ा कामरान जूध की (इलियट में जौबारा अथवा चौपारा) पहाड़ियों से काबुल की ओर चला गया। हज़रत पादशाह (सिंध) नदी के किनारे-किनारे होते हुए थट्टा के मार्ग से मुल्तान एवं भक्कर की ओर चले गये हैं। शेर ख़ां ख़ुशाब में पहुँचा। वहाँ से उसने क़ुतुब ख़ां मुनीब (इलियट में बनेत) ख़्वास ख़ां, हाजी ख़ां, हबीब ख़ां, सरमस्त ख़ां, जलाल ख़ां जल्लो (इलियट में जलाल ख़ां बिन जल्लो) ईसा ख़ां नियाज़ी, बरमज़ीद गोर एवं अपनी सेना के अधिकांश भाग को हज़रत पादशाह के पीछे मुल्तान की ओर नियुक्त कर दिया और आदेश दिया कि वे हज़रत पादशाह से युद्ध न करें और उन्हें अपनी (हिन्दुस्तान की) सरहद से निकालकर वापस चले आयें। जब वे हज़रत पादशाह की सेना का पीछा करते हुये दो पड़ाव पार कर चुके तो उन्हें ज्ञात हुआ कि मुग़ुल दो भागों में विभाजित हो गये। अफ़ग़ानों की सेना को बड़ी चिन्ता हुई कारण कि शेर ख़ां के पास बड़ी थोड़ी सेना थी। कहीं ऐसा न हो कि मुग़ुल सेना शीघ्रातिशीघ्र बढ़ती हुई शेर ख़ां पर आक्रमण कर दे। अफ़ग़ानों की सेना भी दो भागों में विभाजित हो गई। ख़्वास ख़ां एवं ईसा ख़ां नियाज़ी ख़ुशाब नदी पार करके सिंध के किनारे-किनारे थट्टा के मार्ग से रवाना हुए। क़ुतुब ख़ां इत्यादि थट्टा के इस ओर रवाना हुए। मुग़ुल सेना का, जो हज़रत पादशाह के लश्कर से पृथक् होकर काबुल की ओर जा रही थी, ख़्वास ख़ां से मुक़ाबला हो गया। वे (मुग़ुल) युद्ध न कर सके। पताका तथा नक़्क़ारा छोड़कर भाग खड़े हुए। ख़्वास ख़ां ने पताका एवं नक़्क़ारे पर अधिकार जमा लिया। उस मंज़िल से अफ़ग़ानों की सेना वापस होकर शेर ख़ां की सेवा में आ गई। शेर ख़ां कुछ समय तक ख़ुशाब में ठहरा रहा। (**तारीख़े शेरशाही**: डा० परमात्मा शरण की हस्तलिपि, पृ० १७६-१७८; इलाहाबाद विश्वविद्यालय हस्तलिपि, पृ० १७०-१७२; अलीगढ़ विश्वविद्यालय हस्तलिपि, पृ० १९३-१९६; इलियट, बाडलीएन नं० ३७१)।

२ रावी नदी।

कारण यह था कि जिस समय मीर्ज़ा कामरान साम मीर्ज़ा से युद्ध हेतु क़न्धार गया हुआ था तो वह मीर्ज़ा हैदर को अपनी ओर से लाहौर के शासन प्रबन्ध हेतु नियुक्त कर गया था। ख़्वाजा हाजी; अब्दाल बाकरी तथा रमकी चक[1] एवं कश्मीर के अमीरों का एक समूह वहाँ के शासक के विरुद्ध इस आशय से लाहौर पहुँचा था कि मीर्ज़ा हैदर से परिचय के कारण मीर्ज़ा कामरान से एक सेना लेकर कश्मीर के राज्य को अपने अधिकार में कर लें। यद्यपि मीर्ज़ा हैदर ने अत्यधिक प्रयत्न किया किन्तु यह सम्भव न हो सका। जिस समय मीर्ज़ा हिन्दाल ने अपने नाम का ख़ुत्बा पढ़वाकर विद्रोह कर दिया और मीर्ज़ा कामरान लाहौर से राजधानी आगरा की ओर रवाना हुआ तो मीर्ज़ा हैदर ने अत्यधिक प्रयत्न करके राजधानी से एक सेना, इस आशय से मीर्ज़ा कामरान के एक प्रतिष्ठित (अधिकारी) बाबा जूजक के अधीन भेजी कि वे उन कश्मीरी अमीरों के अधीन जिनका उल्लेख हो चुका है जाकर कश्मीर पर अधिकार जमा लें। बाबा जूजक ने प्रस्थान करने में विलम्ब किया यहाँ तक कि चौसा के घाट की दुर्घटना, जो अनन्तकाल तक स्थायी रहने वाले राज्य के लिए बहुत बड़ी चोट थी, घट गई और वह अभियान त्याग दिया गया। कश्मीर के अमीर नवशहर[2], राजौरी एवं पर्वत की कन्दराओं में निवास करने लगे और किसी मौक़े की प्रतीक्षा करते रहे। मीर्ज़ा हैदर के पास उनके पत्र बराबर आया करते थे जिनमें उसे कश्मीर विजय हेतु प्रेरित किया जाता था। (१७१) मीर्ज़ा उन पत्रों के विषय में हज़रत जहाँबानी से निवेदन किया करता और उन्हें नित्य-प्रति कश्मीर के हृदयग्राही स्थानों की सैर की इच्छा होने लगी। तदनुसार उन्होंने उस समय मीर्ज़ा हैदर को आदेश दिया कि "वह एक सेना लेकर नवशहर जाय। यदि कश्मीर के अमीर, जो उसे सर्वदा कश्मीर पर आक्रमण हेतु प्रेरित किया करते थे, साथ दें तो सिकन्दर तोपची, जो उस क्षेत्र के समीप का जागीरदार है, अपने आदमियों सहित उनसे जाकर मिल जाय। जब वह दर्रों में पहुँच जाय, तो अमीर ख़्वाजा कलाँ बेग[3], जो हज़रत गेती सितानी फ़िरदौस मकानी के प्रतिष्ठित अमीरों में से था और जिसका संक्षिप्त परिचय दिया जा चुका है, कुमक हेतु पहुँच जाय। जब ख़्वाजा कलाँ बेग के पहुँचने के समाचार हज़रत जहाँबानी के सम्मानित कानों को प्राप्त होंगे तो वे स्वयं उस ओर प्रस्थान कर देंगे।"

हुमायूं का काबुल की तरफ़ प्रस्थान

हज़रत जहाँबानी चनाब[4] नदी के तट पर थे कि मीर्ज़ा कामरान तथा अस्करी मीर्ज़ा, ख़्वाजा

१ एक पोथी में 'अब्दाल माकड़ी' तथा 'रेंकी चक'।

२ पेशावर में।

३ देखिये **बाबर नामा**। हिन्दुस्तान छोड़कर काबुल चले जाने के विषय में उसने अत्यधिक आग्रह किया था और काबुल जाते समय अपने देहली के भवन पर यह शेर लिखवा दिये थे :—

शेर

'यदि मैं कुशलता पूर्वक सिंध पार कर लूं,
तो मेरा मुंह काला हो जाय, यदि मैं हिन्द की इच्छा करूं।'

(**बाबर नामा**, पृष्ठ २०५)।

४ दायें अथवा पश्चिमी तट पर; (बेवरिज, पृ० ३६०)।

अब्दुल हक़ तथा ख्वाजा खावन्द महमूद के साथ काबुल की ओर चल दिये। मुहम्मद सुल्तान मीर्ज़ा, उलुग़ बेग मीर्ज़ा तथा शाह मीर्ज़ा, मुल्तान के क्षेत्र में उन लोगों के पृथक् होने के समाचार पाकर, मीर्ज़ा कामरान की सेवा में सिन्ध नदी तट पर उपस्थित हुए। १ रजब ९४७ हि० (१ नवम्बर १५४० ई०) को हज़रत जहाँबानी को, जिन्होंने कश्मीर जाने का संकल्प कर लिया था, मीर्ज़ा हिन्दाल, यादगार नासिर मीर्ज़ा तथा क़ासिम हुसेन सुल्तान आग्रह करके सिन्ध की ओर ले गये। ख्वाजा कलाँ बेग, जिसने हज़रत जहाँबानी जन्नत आशियानी का साथ देने की प्रतिज्ञा की थी, सियालकोट[1] से जाकर मीर्ज़ा कामरान के साथ हो गया। सिकन्दर तोपची सारंग पर्वत[2] की ओर चल दिया।

हुमायूं का सिंध की ओर प्रस्थान तथा मीर्ज़ाओं का उससे पृथक् होना

रजब ९४७ हि० (नवम्बर १५४० ई०) में हज़रत जहाँबानी जब मीर्ज़ाओं के प्रयत्न से सिन्ध की ओर रवाना हो गये तो कुछ मंज़िलों की यात्रा के उपरान्त, हिन्दाल मीर्ज़ा एवं यादगार नासिर मीर्ज़ा बिना सोचे-समझे बेग मीरक के बहकाने से, जो शाही सेवा से पृथक् होकर उन लोगों से मिल गया था, शत्रुता के मार्ग पर अग्रसर होकर उनसे अलग हो गये। इसी बीच में क़ाज़ी अब्दुल्लाह कुछ अफ़ग़ानों सहित पहुँच गया। मीर्ज़ा हिन्दाल के क़रावल[3] लोग उन लोगों को पकड़कर मीर्ज़ा के पास लाये। अभागे अफ़ग़ानों की हत्या कर दी गई। दुष्ट अब्दुल्लाह, जिसके जीवन की कुछ साँसें अभी शेष थीं, मीर बाबा दोस्त[4] की सिफ़ारिश से मृत्यु-दंड से मुक्त हो गया। २० दिन तक मीर्ज़ा लोग चिन्ता के रेगिस्तान में भटकते रहे। उनकी समझ में न आता था कि क्या करें और कहाँ जायें। वे सौभाग्य एवं आशीर्वाद से पृथक् होकर तथा प्रताप का साथ छोड़कर एवं अपने उद्देश्य को खोकर, बिना किसी लक्ष्य के मारे-मारे फिरते रहे। हज़रत जहाँबानी रेगिस्तान के मार्ग से बक्कर[5] की ओर रवाना हुए। वे अनुमान एवं अन्दाज़े से यात्रा करते थे। जल का अभाव था और अनाज कहीं प्राप्त न होता था। सहनशीलता के पथ-प्रदर्शन एवं तवक्कुल[6] की पूंजी के सहारे यात्रा करते थे यहाँ तक कि एक दिन नक़्क़ारे की आवाज़ सुनाई दी। पूछ ताँछ के उपरान्त पता चला कि (१७२) दो तीन कुरोह[7] पर मीर्ज़ा हिन्दाल तथा यादगार नासिर मीर्ज़ा खोज की घाटी में भटक रहे हैं।

१ लाहौर से ७२ मील पर, ३२° ३०, उत्तर तथा ७४° ३२' पूर्व में।

२ सारंग की पहाड़ियाँ अथवा घक्करों के प्रदेश में।

३ वे लोग जो शत्रुओं के विषय में पता लगाने के लिये नियुक्त होते थे।

४ अकबर की माता हमीदा बानो बेगम का पिता। (देखिये गुलबदन बेगम के **हुमायूं नामा** का अनुवाद, आगे के पृष्ठों में)।

५ भक्कर सिन्ध नदी पर भली-भाँति सुरक्षित एक जज़ीरा २७° ४३' उत्तर तथा ६८° ५६' पूर्व में सक्कर तथा रोहरी नगर के मध्य में। एक भक्कर पंजाब के मियांवली जिले में है (३१° ३७' उत्तर तथा ७१° ४' पूर्व में)। यहाँ सक्कर तथा रोहरी नगर के मध्य के भक्कर से तात्पर्य है।

६ ईश्वर पर आश्रित होना।

७ कोस।

मायूं का मीर्ज़ाओं को अपने पास बुलाना

हज़रत जहाँबानी ने मीर अबुल बक़ा को, जो मीर्ज़ा कामरान का साथ छोड़कर हज़रत जहाँबानी का सेवक एवं विश्वास-पात्र बन गया था, मीर्ज़ाओं के पास इस आशय से भेजा कि वह शाही शिविर की उन्हें सूचना दे और सौभाग्यपूर्ण गम्भीर उपदेश देकर, सम्मानित चौखट का चुम्बन करने के लिये प्रेरित करे। मीर ने शाही आदेशानुसार मीर्ज़ाओं को समझा-बुझाकर शाही सेवा में उपस्थित होने तथा सौभाग्य प्राप्त करने के लिये प्रवृत्त किया। वे मिलकर बक्कर की ओर रवाना हुए। ख़्वास खां तथा अफ़ग़ानों की एक बहुत बड़ी सेना पीछे-पीछे आ रही थी। यद्यपि विजयी सेना की संख्या बड़ी कम थी किन्तु उन्हें युद्ध का साहस न हुआ।

हुमायूं का उच्च पहुँचना

शाबान (दिसम्बर १५४० ई०) के अन्त में जब सम्मानित शिविर उच्च[1] पहुँचा[2] तो अमीर सैयिद मुहम्मद बाक़िर हुसेनी जो समकालीन सैयिदों एवं आलिमों में सर्वोत्कृष्ट था, मृत्यु को प्राप्त हो गया और वहीं दफ़न हुआ। हज़रत जहाँबानी ने उसकी मृत्यु पर बड़ा शोक मनाया किन्तु इस कारण कि यह दुष्ट संसार नश्वर है, और ईश्वर की इच्छा पर आत्म-समर्पण ही बुद्धिमानों की प्रथा है, वे भी ईश्वर के आदेश से संतुष्ट हो गये।

बख़्शू लंगाह का हुमायूं की सेना की सहायता करना

जब बख़्शू लंगाह के, जो उस भूभाग का ज़मींदार एवं एक प्रतिष्ठित व्यक्ति था, निवास-स्थान के समीप तेजस्वी शिविर लगे, तो बेग मुहम्मद बकावल[3] एवं कचक बेग के हाथ सम्मानित ख़िलअत एवं कृपा-युक्त फ़रमान भेजे गए और उसे ख़ाने जहाँ की उपाधि, पताका एवं नक़्क़ारा प्रदान करने का आश्वासन दिया गया। उसे निष्ठापूर्वक सेवा करने एवं शाही शिविर में अनाज भेजने का आदेश हुआ। बख़्शू लंगाह ने दूतों का स्वागत करके तस्लीमें कीं और व्यवहार में बड़ा शिष्टाचार प्रदर्शित किया। यद्यपि भाग्य ने उसका साथ न दिया कि वह उपस्थित होकर धरती-चुम्बन करता किन्तु जिन बातों का उसे आदेश दिया गया था उनका पालन करके उसने उचित उपहार भेजे और व्यापारियों की व्यवस्था कर दी ताकि वे शाही शिविर में खाद्य सामग्री ले जाकर बेचें। उसने बहुत सी नौकाओं का भी प्रबन्ध कर दिया ताकि वे नदी पार करके बक्कर की ओर रवाना हों। यादगार नासिर मीर्ज़ा हिरावल[4] के रूप में आगे-आगे यात्रा करता था। २८ रमज़ान ९४७ हि० (२६ जनवरी १५४१ ई०) को सम्मानित पताकायें बक्कर के क्षेत्र में पहुँच गईं। इसके दो

१ भावलपुर (पंजाब) की अहमदपुर तहसील में २९°१४' उत्तर तथा ७१°४' पूर्व में, भावलपुर के दक्षिण-पूर्व में ३८ मील पर, सतलज के दक्षिणी तट पर चनाब के संगम के सामने।

२ अर्थात् उच्च के सामने पहुँचे कारण कि वे चनाब के दक्षिण की ओर चनाब तथा सिन्ध के दोआबे में नीचे की तरफ़ यात्रा कर रहे थे। (बेवरिज, पृ० ३६१)।

३ वह अधिकारी जो बादशाह के भोजन का प्रबन्ध करता था। (देखिये **आईने अकबरी** : आईने मतबख़)

४ सेना का अग्र भाग; सेना का वह भाग जो मूल सेना के आगे-आगे चलता है

दिन पूर्व जाम[1] के क़ाज़ी ग़यासुद्दीन को, जो कि इस सम्मानित वंश से सम्बन्धित था[2] और योग्यता एवं सचरित्रता से सुशोभित था, सदारत के पद पर सुशोभित किया गया।

हुमायूं लुहरी में

जब ईश्वर की अनुकम्पा से यात्रा के इतने खतरों का मुक़ाबला करते हुए बक्कर के क्षेत्र में पड़ाव हुआ और लुहरी[3] नामक क़स्बे में, जो सिन्ध नदी तट पर बक्कर के समक्ष स्थित है, शाही शिविर लगा तो हज़रत जहाँबानी ने स्वयं एक उद्यान में, जो उस क़स्बे के उपान्त में रमणीयता (१७३) एवं आकर्षण में अद्वितीय था, पड़ाव किया। जो सुन्दर भवन वहाँ बने हुए थे उन्हें हज़रत जहाँबानी के शुभ व्यक्तित्व द्वारा शोभा प्राप्त हुई। समस्त उद्यान एवं घर राज्य के सेवकों को बाँट दिये गए। मीर्ज़ा हिन्दाल ने ४-५ कुरोह आगे जाकर पड़ाव किया और कुछ दिन उपरान्त नदी पार करके उस पार ठहर गया। तदुपरान्त यादगार नासिर मीर्ज़ा ने भी नदी के उस पार पड़ाव किया। सुल्तान महमूद बक्करी ने, जो मीर्ज़ा शाह हुसेन बेग अरग़ून का सहायक था, बक्कर की विलायत को नष्ट-भ्रष्ट करके क़िले की रक्षा का प्रबन्ध किया और नौकाओं को नदी के इस[4] ओर से ले जाकर क़िले के नीचे लंगर डाल दिये। शाह हुसेन बेग, मीर्ज़ा शाह बेग अरग़ून का पुत्र था। जब हज़रत गेती सितानी फ़िरदौस मकानी ने उससे क़न्धार छीन लिया[5] तो वह टट्टा एवं भक्कर के क्षेत्र में पहुँच गया और इस पूरे प्रदेश को उसने अपने अधिकार में कर लिया।

सुल्तान महमूद का रोहरी समर्पित करना

जब शुभ सेना के पड़ाव का प्रकाश लुहरी क़स्बे में फैला तो सुल्तान महमूद को उत्कृष्ट आदेश भेजा गया कि वह उपस्थित होकर चौखट चूमने का सम्मान प्राप्त करे और क़िला शाही सेवकों को समर्पित कर दे। उसने निवेदन कराया कि, "मैं मीर्ज़ा शाह हुसेन का सेवक हूँ। जब तक वह सेवा में उपस्थित न हो मेरा आगमन नमक खाने वालों की प्रथानुसार उचित नहीं और बिना उसकी आज्ञा के क़िला समर्पित करना मुनासिब नहीं।" उसने इसी प्रकार के बहाने बनाये।

१ जाम : हिरात का एक प्रान्त जो कोहिस्तान के उत्तरी-पूर्वी कोने पर हिरात नदी के समीप स्थित है। हम्दुल्लाह मुस्तौफ़ी क़ज़वीनी ने इसे बड़ा ही हरा-भरा एवं फलों तथा रेशम के लिये प्रसिद्ध बताया है।

२ हुमायूं की माता एवं पत्नी (हमीदा बानो बेगम) दोनों शिहाबुद्दीन अहमद जाम के वंश से सम्बन्धित थीं। ग़यासुद्दीन ने अकबर के जन्म के विषय में एक **मौलूदनामे** की भी रचना की। इब्ने बत्तूता ने शिहाबुद्दीन अहमद जाम का विशेष रूप से उल्लेख किया है। १४वीं शती ई० के अन्त में तीमूर भी शेख़ के दर्शन हेतु गया था।

३ यहाँ रोहरी से तात्पर्य है। रोहरी सक्कर ज़िले का तालुक़ा है और २७° ४' तथा २७° ५०' उत्तर एवं ६८° ३५' तथा ६९° ४८' पूर्व में स्थित है। रोहरी क़स्बा २७° ४१' उत्तर तथा ६८° ५६' पूर्व में सिन्ध नदी के बायें अथवा पूर्वी तट पर स्थित है। (*The Imperial Gazetteer of India*, Vol. XXI, pp. 309-10).

पूर्व की ओर से।

देखिये **बाबर नामा**, पृ० ७८-८२, मुहम्मद मासूम : **तारीख़े सिन्ध** (**मुग़ुल कालीन भारत—बाबर**, पृ० ६५०-६५५)।

हुमायूं का मीर्ज़ा शाह हुसेन के पास दूत भेजना

हज़रत जहाँबानी ने उसके बहाने स्वीकार करके अमीर ताहिर सद्र तथा मीर समन्दर को, जो उनके विश्वास-पात्र थे, मीर्ज़ा शाह हुसेन के पास टट्टा भेजा और उसे कृपाओं के आश्वासन द्वारा सम्मानित किया। मीर्ज़ा शाह हुसेन ने दूतों से आदर-पूर्वक भेंट की और शेख मीरक को, जो शेख पूरान की चुनी हुई संतान था और अरग़ून लोग जिसके बहुत समय से भक्त थे, दूत बनाकर उचित उपहारों सहित राजदूतों के साथ उत्कृष्ट दरबार में भेजा और निवेदन कराया कि, "बक्कर प्रदेश की आय बड़ी कम है किन्तु जाजकान[1] की विलायत बड़ी समृद्ध, आबाद एवं कृषि से परिपूर्ण और अनाज की अधिकता में अद्वितीय है। यह उचित होगा कि आप संकल्प की लगाम उस ओर फेरें और उसे अधिकार में कर लें। उससे राज्य के सैनिक भी निश्चिन्त हो जायेंगे और मैं भी सेवा हेतु निकट रहूँगा। यह मेरे सौभाग्य का बहुत बड़ा विषय है कि आप इस क्षेत्र में पधारे हैं। शनैः शनैः मेरे हृदय के भय का अन्त हो जायगा और मैं रिकाब चूमने का सम्मान प्राप्त कर सकूंगा।" उसने यह भी निवेदन कराया कि, "जब मैं धरती-चुम्बन का सम्मान प्राप्त कर लूंगा तो हज़रत (जहाँबानी) थोड़े-से प्रयत्न से गुजरात प्रदेश अपने राज्य के सहायकों के अधिकार में कर लेंगे और उसके सुव्य-
(१७४) वस्थित हो जाने के उपरान्त समस्त हिन्दुस्तान पर विजय प्राप्त हो जायगी।" उस कृतघ्न ने उपकार का बदला अवज्ञा से देकर छल एवं धूर्तता के द्वार खोल दियें और चिकनी-चुपड़ी बातें, जो देखने में सच ज्ञात होती थीं, बनाने लगा। हज़रत जहाँबानी ने मीर्ज़ा हिन्दाल को पातर[2] तथा उस क्षेत्र में नियुक्त किया। ५–६ मास तक वे लुहरी नामक हृदयग्राही स्थान पर इस आशा से ठहरे रहे कि सम्भवतः टट्टा का हाकिम सन्मार्ग पर आ जाय। इस बीच में वे मीर्ज़ा हिन्दाल को सम्मानित करने के लिये उसके शिविर में, जो पातर के क्षेत्र में था, पधारे और इस प्रकार उसके सम्मान में वृद्धि की।

हुमायूं का हमीदा बानो बेगम से विवाह

क्योंकि सौभाग्य के प्रकाश के प्रकट होने एवं ऐश्वर्य तथा गौरव के नक्षत्र के उदय

१ जाजकान अथवा चाचकाल, या हाजगान, टट्टा के पूर्व, रन के पश्चिम में सिन्ध नदी की शाखा पर। Burnes: *Narrative of a visit to Sindh* (मानचित्र)। अकबर के समय में यह मुल्तान सूबे की सरकार था। इसमें ११ महाल थे और इसका राजस्व ११,७८४, ५८६ दाम था।

२ पातर अथवा बातर **आईने अकबरी** के अनुसार मुल्तान सूबे की सिविस्तान सरकार में था। इसका राजस्व २,०२०, ८८४ दाम था। निज़ामुद्दीन अहमद के अनुसार यह लुहरी (रोहरी) से ५० कोस तथा जौहर के अनुसार सिंध नदी के पश्चिम में २० मील पर। इसे 'पाता' भी कहते थे। मेजर जनरल हेग के अनुसार, "पात क़स्बे के अवशेष जहाँ हुमायूं ने अगस्त १५४१ ई० में हमीदा से विवाह किया और जहाँ कुछ समय पश्चात् (लगभग १५४५ ई०) में उसके भाई कामरान ने शाह हुसेन की पुत्री से विवाह किया, इसी नाम के आधुनिक ग्राम के पूर्व में हैं जो कक्कर परगने में स्थित है और पात कुहना (प्राचीन पात) कहलाता है। इस ग्राम के प्राचीन स्थान के पश्चिम में एक पुरानी नदी है जो इसे नये ग्राम से पृथक करती है। अब इस नदी ने एक तालाब का रूप धारण कर लिया है एक स्थानीय इतिहास के अनुसार नदी हुमायूं के समय उसी तालाब के स्थान से बहती थी। इस प्रकार बबरलो (रोहरी के थोड़ा सा दक्षिण) से भेलानी (कन्धियारा में) तथा दरबेलने से होते हुए आते समय हुमायूं को कोई नदी न पार करनी पड़ी। अब यह नदी (अथवा कुछ वर्ष पूर्व) पात के ५-६ मील पूर्व तथा ३ मील दक्षिण में बहती थी Major-General M. R. Haig: *The Indus Delta Country* (London 1894, p. 91).

का, जो साँसारिक एवं आध्यात्मिक जीवन को शोभा प्रदान करेगा और लोक तथा परलोक की निपुणता के सौन्दर्य को बढ़ायेगा, समय निकट आ गया अतः इस उत्कृष्ट आशीर्वाद की प्राप्ति एवं इस महान् देन के अस्तित्व के चिह्न शनैः शनैः दृष्टिगत होने लगे। दैवी नूर के उस पौधे के आशीर्वाद से देव लोक के सहस्रों सन्तों की प्रतीक्षा के नेत्रों को प्रकाश प्राप्त होने लगा। युग की आशा की सायं, ख़िलाफ़त के उस महान् मोती के आगमन की चमक से, सौभाग्य की ऊषा का प्रकाश प्राप्त करने लगी। इस कारण इस अभियान के समय सर्वोत्तम मुहूर्त एवं सर्वोत्कृष्ट घड़ी में ९४८ हि०. (१५४१ ई०) में हज़रत मेहदे उलिया, क़ुदसी निशान, मरियम मकानी[1] जिनके ललाट से सतीत्व एवं पवित्रता का प्रकाश एवं सल्तनत तथा विलायत का नूर दृष्टिगत था, पादशाही नियम एवं गौरवपूर्ण प्रथानुसार निकाह में आ गईं[2]। सौभाग्य के जश्न का आयोजन हुआ। संसार वालों के सिर पर इनाम के ख़ज़ाने से नक़द धन बाँटा गया। दिलों को सौभाग्य की देन से प्रसन्न किया गया। जाम के ख़्वाजा हिजरी[3] ने इस सौभाग्य-पूर्ण कार्य में अत्योत्तम सेवायें एवं दासता प्रदर्शित की। वहाँ से सौभाग्य एवं प्रताप के साथ साथ वे शाही शिविर को रवाना हुए। कुछ समय तक बक्कर के क्षेत्र में भाग्यशाली शिविर लगे रहे।

ज़मींदारों का विरोध एवं हिन्दाल का क़न्धार की ओर प्रस्थान

शनैः शनैः ज़मींदारों की कृतघ्नता के कारण अनाज की मंहगाई एवं विलायत की वीरानी प्रकट होने लगी। सर्वदा मीर्ज़ाओं के हृदय में, जो साथ-साथ थे, कुत्सित विचार एवं नीच भावनायें जो षड्यंत्रकारियों की प्रथानुसार उचित एवं स्वीकृत हैं, उत्पन्न हुआ करती थीं यहां तक कि मीर्ज़ा हिन्दाल, यादगार नासिर मीर्ज़ा के, जो सर्वदा हृदय में शत्रुता की भावनायें रखता था तथा क़राचा ख़ां के, जो मीर्ज़ा कामरान की ओर से क़न्धार का वाली था, बहकाने से क़न्धार चला गया। उसने यादगार नासिर मीर्ज़ा के पास आदमी भेज कर, अपने प्रस्थान एवं उसके बुलवाने के विषय में सूचना भेजी।

यादगार नासिर मीर्ज़ा से संधि का प्रयत्न

जब यह समाचार हज़रत जहाँबानी को प्राप्त हुए तो मंगलवार १८ जमादि-उल-अव्वल ९४८ हि० (९ सितम्बर १५४१ ई०) को मीर अबुल बक़ा[4] के निवास-स्थान पर पहुँच कर

१ 'उत्कृष्ट झूला, पवित्रता का चिह्न, मरियम के साथ रहने वाली' अर्थात् हमीदा बानो बेगम।

२ आगे के पृष्ठों में **हुमायूं नामा** का अनुवाद देखिये।

३ हिजरी शेख़ जाम की सन्तान था। मुल्ला अब्दुल क़ादिर बदायूनी ने उसके चरित्र की अत्यधिक प्रशंसा करते हुये लिखा है कि उसने ५००० शेरों के एक दीवान की रचना की थी। (**मुन्तख़बुत्तवारीख़** भाग ३, पृ० ३८६-३८७)।

४ मीर अबुल बक़ा बाबर का भी बहुत बड़ा विश्वास-पात्र था; (**अकबर नामा** भाग १, पृ० ११८, **मुग़ल कालीन भारत-बाबर**, पृ० ४१४)। हुमायूं के रुग्ण होने पर मीर अबुल बक़ा ही ने बाबर को कोई बहुमूल्य वस्तु न्योछावर करने का परामर्श दिया था। (**अकबर नामा** भाग १, पृ० ११६, **मुग़ल कालीन भारत-बाबर**, पृ० ४१०)।

(१७५) विचार विनिमय किया और मीर को बड़े सम्मान से यादगार नासिर मीर्ज़ा के पास दूत बना कर भेजा ताकि वह मीर्ज़ा को भूल के ख़तरनाक स्थान से निकाल कर सन्मार्ग पर लाये। मीर ने मीर्ज़ा के पास पहुंचकर उसे शिक्षा-प्रद एवं सौभाग्य में वृद्धि करने वाले परामर्श दिए और उसे विरोध के मार्ग से एकता के सन्मार्ग पर लाया तथा निष्ठा के धर्म एवं सत्य के अधिनियमों की ओर उसका पथ-प्रदर्शन करके मिथ्यापूर्ण कल्पनायें करने से रोक दिया और निश्चय किया कि मीर्ज़ा नदी पार करके सेवा में उपस्थित हो और तदुपरान्त सेवा एवं प्राण त्यागने के दालान में दृढ़ रहे। इसकी शर्त यह रक्खी गई कि जब हिन्दुस्तान विजय हो जाय तो एक तिहाई भाग उसे प्रदान किया जाय। यदि वे काबुल प्राप्त करें तो ग़ज़नी[1], चरख़[2], एवं लोहगर[3], जिन्हें हज़रत गेती सितानी फ़िरदौस मकानी ने मीर्ज़ा की माता[4] को प्रदान किया था, उसे दे दिये जायें।

मीर अबुल बक़ा की हत्या

बुधवार को मीर दूत की सेवायें सम्पन्न करके लौटा। बक्कर के क़िले वालों को मीर के प्रस्थान का ज्ञान हो गया और उन्होंने एक सेना (उसकी) नौका के विरुद्ध भेजी तथा मीर पर बाणों की वर्षा की। मीर के कई घातक घाव लगे। दूसरे दिन वह इस नश्वर संसार से स्थायी लोक को प्रस्थान कर गया। हज़रत जहाँबानी को इस शोकपूर्ण घटना का बड़ा दुःख हुआ और उन्होंने अत्यधिक खेद प्रकट किया। तथ्य का निरूपण करने वाली बाणी से निकला कि, "भाइयों का विद्रोह, आश्रितों की कृतघ्नता, मित्रों तथा सहायकों का भली भाँति सहायता न करना, जिसके कारण हिन्दुस्तान का राज्य हाथ से निकल गया और इतने कष्ट भोगने पड़े, सब एक ओर तथा मीर की मृत्यु एक ओर है अपितु इस दुर्घटना की उनसे कोई तुलना नहीं की जा सकती।" वास्तव में मीर इतना ही अधिक पूज्य व्यक्ति था जिसके महत्व को समझते हुए हज़रत जहाँबानी ने ये शब्द कहे किन्तु हज़रत जहाँबानी को कुशाग्र बुद्धि, एवं विवेक प्राप्त था अतः ऐसे अवसर पर जब धर्म एवं राज्य के सम्मानित व्यक्ति डगमगा जाते हैं उन्होंने अक़्ले कामिल[5] के समीप होने के कारण ईश्वर की इच्छा पर संतोष प्रकट किया। निःसन्देह बुद्धि-हरण करने वाली ऐसी दुर्घटनाओं के समय प्राय लोगों के धैर्य का पाँव अपने स्थान से विचलित हो जाता है किन्तु ईश्वर पर आश्रित

हुमायूं तथा हमीदा बानो बेगम के विवाह के सम्बन्ध में भी मीर ने प्रशंसनीय सेवायें सम्पन्न कीं। (आगे के पृष्ठों में गुलबदन बेगम के **हुमायूं नामा** का अनुवाद देखिये)।

१ ग़ज़नी को सुल्तान महमूद की राजधानी होने के कारण ११वीं शती ई० में प्रसिद्धि प्राप्त हुई। उसने ४१५ हि० (१०२४ ई०) के लगभग इसे एक अद्वितीय नगर बनाने का प्रयत्न किया। बाबर ने लिखा है, "ग़ज़नी को ज़ाबुलस्तान भी कहते हैं यह तीसरी इक़लीम में है। कुछ लोगों का मत है कि क़न्धार इसी का एक भाग है ......यहां से काबुल के लिये यदि कोई पौ फटते ही प्रस्थान करे तो मध्याह्नोत्तर की दोनों नमाज़ों के मध्य में वहां पहुँच जायगा .....।" (देखिये **बाबर नामा**, पृ० २५-२७)।

२ चरख़ अथवा चीर्ख़ काबुल के लुहूगुर (लोहगर) तूमान का एक ग्राम। (**बाबर नामा**, पृ० २४)।

३ काबुल का एक तूमान। सजावन्द भी इसी तूमान में है। (**बाबर नामा**, पृ० २४)।

४ बाबर के छोटे भाई नासिर मीर्ज़ा की पत्नी।

पूर्णत्व को प्राप्त बुद्धि।

प्रतिभाशाली व्यक्ति, ईश्वर की दी हुई बुद्धि के सहारे से संतोष से काम लेता है। यदि साधारण घटनाओं के बाहुल्य एवं अपने स्वभाव से विवश होकर वह इस आशीष प्राप्त स्थान तक नहीं पहुंच सकता तो विलाप, जो संसार की ओर आकृष्ट रहने वालों की प्रथा है, त्याग कर धैर्य के कठिन[1] मार्ग पर अग्रसर होता है। ईश्वर को धन्य है कि हज़रत जहाँबानी यद्यपि मनुष्य होने के कारण प्रारम्भ में दुःख एवं शोक ग्रस्त हो गए किन्तु "अक़्ले कामिल" के पथ-प्रदर्शन से, जिस प्रकार ईश्वर के ज्ञानी एवं प्रतिभाशाली रिज़ा[2] एवं तस्लीम[3] की पुष्प वाटिका में गुलदस्ते तैयार करते तथा मेवा चुनते रहते हैं उसी प्रकार उन्होंने भी जो लौकिक दुर्घटना घटी थी, उससे संतुष्ट होकर दुर्घटना को भाग्य का लिखा समझा और सत्य का निरीक्षण करने वाले नेत्रों से इन उद्यानों के कष्टों का अवलोकन किया।

हुमायूं का बक्कर से प्रस्थान

(१७६) इस शिक्षाप्रद दुर्घटना के ५-६ दिन उपरान्त यादगार नासिर मीर्ज़ा ने नदी पार करके हज़रत जहाँबानी की सेवा में उपस्थित होने का सम्मान प्राप्त किया। हज़रत जहाँबानी ने कृपा के सम्बन्धों द्वारा उसे आध्यात्मिक बन्धनों में बाँधा। इसी बीच में टट्टा के हाकिम के दूत शेख़ मोरक को विदा करके उसके द्वारा सम्मानित आदेश भेजा कि उसने जो कुछ लिखा था, वह इस शर्त पर स्वीकार हुआ कि वह निष्ठा-पूर्वक उपस्थित हो कर अभिवादन करे। टट्टा का वाली कुछ समय तक आने के विषय में कहता रहा। क्योंकि उसकी बात में सत्य के दीपक का प्रकाश न था, अतः वह पूरी न हो सकी, यहाँ तक कि हज़रत जहाँबानी बक्कर तथा उस क्षेत्र को यादगार नासिर मीर्ज़ा को प्रदान करके, १ जमादि-उल आख़िर ९४८ हि० (२२ सितम्बर १५४१ ई०) को टट्टा की ओर रवाना हुए। ऐसे ख़राब प्रदेश को, जो पादशाही न्याय के कारण आबाद होने लगा था और जहाँ अब अनाज तथा तरकारियों की पैदावार बढ़ गई थी, मीर्ज़ा को देकर वे आगे रवाना हुए।

सेहवान के समीप हुमायूं के आदमियों पर आक्रमण

सेहवान[4] के क़िले के समीप, मुनइम खां का भाई फ़ज़ील बेग, तरश बेग व्राहम खां का बड़ा भाई तथा अन्य सैनिक लगभग २० आदमी नौका पर सवार होकर जा रहे थे कि क़िले से कुछ सैनिकों ने निकल कर इस समूह पर छापा मारा। ये लोग संगठित होकर नौका से निकले और शत्रुओं की ओर बढ़े। शत्रु भाग कर क़िले में प्रविष्ट हो गए। पौरुष के जंगल के कुछ सिंह भी क़िले में दाख़िल हो गए। क्योंकि वे कुमक की ओर से निराश थे, अतः लौट कर शाही शिविर में पहुँच गये।

१ 'तंगनाये शकेबाई'।

२ रिज़ा : स्वीकृति; जो कुछ भी घटे उसे ईश्वर की ओर से समझ कर स्वीकार करना तथा कोई आपत्ति प्रकट न करना।

३ सौंपना, सिपुर्द करना। ईश्वर के आदेशों के समक्ष आत्म-समर्पण।

४ इसे इतिहासकार सीवी अथवा सिविस्तान भी लिखते थे। इसके पूर्व में सिन्ध नदी, पश्चिम में पर्वत हैं। यहाँ सिन्ध नदी की अरल नामक शाखा से जो लरकना से आती है सिंचाई होती है। सेहवान क़स्बा लक्की की पहाड़ियों के समीप है। (Erskine : *History of India*, Vol. II, p. 223).

हुमायूं द्वारा सेहवान का अवरोध

१७ रजब (६ नवम्बर १५४१ ई०) को हज़रत जहाँबानी ने स्वयं पहुँच कर सेहवान के क़िले को घेर लिया। शुभ सेना के क़िले के चारों ओर पड़ाव करने के पूर्व, क़िले के रक्षकों ने क़िले के पास बाग़ों एवं भवनों को नष्ट कर दिया था। अवरोध के दिनों में टट्टा के हाकिम ने आगे बढ़ कर मार्ग रोक लिया और विजयी शिविर में अनाज न पहुँचने दिया। अवरोध में अधिक समय लग जाने और भाग्यशाली लश्कर में अनाज कम पहुँचने के कारण, नीच एवं अधम भागने लगे यहाँ तक कि बड़े लोगों के धैर्य के पाँव भी सत्य से पृथक् तथा अपने स्थान से हटने लगे। इस प्रकार मीर ताहिर सद्र, ख़्वाजा ग़यासुद्दीन जामी, तथा मौलाना अब्दुल बाक़ी टट्टा के हाकिम के लश्कर में चले गए। मीर बरका, मीर्ज़ा हसन, ज़फ़र अली पुत्र फ़क़ीर अली बेग तथा ख़्वाजा मुहिब अली बख़्शी[१], यादगार नासिर मीर्ज़ा के पास चले गये। इसी बीच में हज़रत जहाँबानी को ज्ञात हुआ कि मुनइम ख़ां, फ़ज़ील बेग एवं अन्य लोग मिल गए हैं और भाग जाना चाहते हैं। हज़रत जहाँबानो ने सावधानी की दृष्टि से मुनइम ख़ाँ को, जो इस समूह का नेता था, बन्दी (१७७) वना लिया। अब इस विवरण को यहीं रोक कर यादगार नासिर मीर्ज़ा का कुछ हाल लिखा जाता है।

यादगार नासिर मीर्ज़ा का शाह हुसेन द्वारा मार्ग-भ्रष्ट होना

जब हज़रत जहाँबानी ने उसे बक्कर में छोड़ दिया तो उसने लुहरी (रोहरी) में निवास करना प्रारम्भ कर दिया। क़िले के आदमियों ने दो बार निकल कर मीर्ज़ा पर अचानक आक्रमण किया। मीर्ज़ा ने इच्छा अथवा अनिच्छा से इस युद्ध में पौरुष प्रदर्शित किया। मुहम्मद अली क़ाबूची[२] तथा शेर दिल ने जो दोनों मुनइम ख़ां के सम्बन्धी थे, वीरता-पूर्वक शहादत का उत्तम प्याला पी लिया। तीसरी बार शत्रु खुल्लम खुल्ला नौका से निकले और उन्होंने बालू में युद्ध की पंक्तियाँ सुव्यवस्थित कीं। इस बार मीर्ज़ा के आदमियों ने इस योग्यता से युद्ध किया कि लगभग ३००-४०० शत्रु मार डाले गए। वह गरम बालू इन मृत्यु का शिकार होने वाले लोगों के गन्दे रक्त से तृप्त हो गई और वे इतने भयभीत हो गए कि उन्होंने पुनः अग्रसर होने का साहस न किया। मीर्ज़ा शाह हुसेन ने अधिक से अधिक धूर्तता प्रदर्शित करके मीर्ज़ा को सन्मार्ग से विचलित कर दिया। उसने

१ सुल्तानों के राज्य-काल के समय के आरिज़ के समान, सेना की भर्ती, निरीक्षण, वेतन इत्यादि की व्यवस्था मीर बख़्शी करता था। उसके लिये सेनापति होना आवश्यक न था मंसबदारी प्रथा में मंसबदारों की सूची मुख्य बख़्शी अथवा मीर बख़्शी के पास रहती थी। हर मंसबदार के लश्कर वाले, घोड़े, चेहरे एवं दाग़ इत्यादि के निरीक्षण का सविस्तार विवरण, मीर बख़्शी की सेवा में उपस्थित किये जाते थे। जब कोई सेना रणक्षेत्र में जाती तो प्रायः मीर बख़्शी रण-क्षेत्र का नक्शा बादशाह की सेवा में प्रस्तुत करता था। शाही शिविर के साथ बख़्शी होते थे और दरबार के पदाधिकारी मंसबदार इत्यादि उसी की अनुमति से बादशाह की सेवा में प्रस्तुत किये जाते। मीर बख़्शी के अधीन बख़्शी, दारोग़ा, अमीन, मुशरिफ़ तथा अन्य सहायक होते थे सेना के प्रस्थान के समय मार्ग की कठिनाइयाँ, पुल बनवाना इत्यादि भी प्रायः उसी के सिपुर्द होता था।

२ द्वार-पाल।

अपने मुहरदार[1] बावर क़ुली को उसके पास भेजकर कहलवाया, "मैं वृद्ध हो गया हूँ। मेरे दुःख-दर्द का बटाने वाला कोई नहीं। मैं अपनी पुत्री का तुझसे विवाह कर दूंगा और तुझे ख़ज़ाना प्रदान कर दूंगा। मैं अपने आगे के जीवनकाल के थोड़े से दिन जो शेष हैं, व्यर्थ नष्ट नहीं करना चाहता। हम लोग मिलकर गुजरात प्रदेश विजय कर लें।" संक्षेप में, उसने उस सरल स्वभाव के व्यक्ति को झूठे वचन देकर लुभा लिया और उसने बुद्धि के अभाव एवं कुत्सित विचारों के कारण अपने ललाट पर कृतघ्नता का धब्बा लगा लिया। यदि उसके स्वभाव में ज़रा भी सौजन्यता तथा लेश-मात्र को बुद्धि होती तो वह सच्चे वचनों पर भी कृतघ्नता के क्षेत्र के बाहर क़दम न निकालता और धूर्तों की स्वार्थपूर्ण बातों पर कान न धरता अपितु ईमानदारी से अपना सिर ऊँचा रखता।

हुमायूं का सेहवान से प्रस्थान

जब हज़रत जहाँबानी ने अपनी सेना की दीन अवस्था को देखा तो कुछ लोग यादगार नासिर मीर्ज़ा के पास इस आशय से भेजे कि वह टट्टा के हाकिम पर, जो मार्ग रोके हुए है, शीघ्रातिशीघ्र टूट पड़े ताकि भाग्यशाली सेना कठिनाई के सकरे मार्ग से समृद्धि में पहुँच जाय। मीर्ज़ा यद्यपि हृदय से शत्रु हो चुका था किन्तु दिखलाने के लिए उसने अपने पेशख़ाने[2] को भेज दिया और अपनी झूठी कल्पनाओं के कारण प्रस्थान करने में टाल मटोल करने लगा। इसी बीच में हज़रत जहाँबानी ने शेख़ अब्दुल ग़फ़ूर[3] को, जो तुर्किस्तान के मशायख़ की सन्तान से था और जिसे हज़रत जहाँबानी ने अपना विश्वास-पात्र[4] बना लिया था, इस आशय से भेजा कि प्रयत्न करके मीर्ज़ा को शीघ्रातिशीघ्र ले आये। इस अभागे ने जैसा कि कहा गया है :—

मिसरा

'यह मार्ग जिसपर तू अग्रसर है वह भी तुर्किस्तान को जाता है'

(१७८) के अनुसार मार्ग-भ्रष्ट होकर अपने उद्देश्य के विरुद्ध इतनी अनुचित बातें अल्पदर्शी मीर्ज़ा के दिल में बैठा दीं कि मीर्ज़ा के ज़ाहिरी व्यवहार में भी विकार आ गया। उसने जो पेशख़ाना आगे भेजा था, उसे भी वापिस मंगवा लिया और अनुचित बातें कहला भेजीं। जब हज़रत जहाँबानी को ज्ञात हो गया कि समय उनके कितना प्रतिकूल है और प्रतापी सेना की दरिद्रता का अनुमान लगाना कठिन है तो उन्होंने क़िले के समीप ठहरना उचित न देखकर १७ ज़ीक़ाद (३ मार्च १५४२ ई०) को बक्कर एवं लुहरी की ओर प्रस्थान किया। इसी बीच में यादगार नासिर मीर्ज़ा

१ वह अधिकारी जिसके पास शाही मुहर रहती थी।

२ ख़ेमे, डेरे जो सेना के मुख्य शिविर के आगे-आगे भेजे जाते हैं।

३ सम्भवतः सम्भल सरकार के आज़मपुर परगने के शेख़ अबुल ग़फ़ूर जो शेख़ अब्दुल क़ुद्दूस गंगोही के शिष्य थे। उनकी मृत्यु ९८५ हि० (१५७७-७८ ई०) में हुई। (मुल्ला अब्दुल क़ादिर बदायूनी : **मुन्तख़बुत्तवारीख़** भाग ३, पृ० ४३)।

४ प्रकाशित ग्रन्थ में "यके अज़ मुक़र्रबान" अर्थात् अपना एक विश्वासपात्र किन्तु अन्य पोथियों में यके अज़ मुलाज़े-मान" अर्थात् अपने सेवकों में से एक, "यके अज़ मीर-मालान" अपने मीर मालों में से एक तथा "यके अज़ मीर पालान" (?) है। निज़ामुद्दीन अहमद ने भी उसे 'मीर माल' लिखा है।

ने यह अनुचित कार्य किया कि टट्टा के हाकिम के बहकाने पर गन्दम तथा हाला[1] को बन्दी बनाकर टट्टा के हाकिम के पास भिजवा दिया। वे निष्ठावान् ज़मींदारों में से थे। उन्होंने नौकायें एकत्र कराईं और अन्य निष्ठा सम्बन्धी कार्य किये थे। उस कृतघ्न ने उन लोगों की इस सेवा के अपराध में हत्या करा दी। हज़रत जहाँबानी इस अनुचित कार्य एवं ऐसे ही सैकड़ों कुकर्मों की ओर से उपेक्षा करके सर्वदा उसको इस आशय से संतुष्ट रखने का प्रयत्न करते थे कि सम्भवतः वह अपने कुकर्म के पृष्ठ पर पश्चाताप के वाक्य लिखकर अपना सुधार कर ले।

यादगार नासिर मीर्ज़ा द्वारा हुमायूं पर आक्रमण करने का प्रयत्न

जब उत्कृष्ट पताकाएँ लुहरी के क्षेत्र में पहुँचीं तो यादगार नासिर मीर्ज़ा अपने सैनिकों सहित शाही शिविर पर छापा मारने के लिए बढ़ा। हज़रत जहाँबानी यह समाचार सुनकर तत्काल घोड़े पर सवार हो गए। हाशिम बेग, जो मीर्ज़ा का बड़ा हितैषी विश्वास-पात्र था, इस दुष्टता से अवगत होकर शीघ्रातिशीघ्र मीर्ज़ा के पास पहुँचा। उसने मीर्ज़ा के घोड़े की लगाम कठोरतापूर्वक पकड़ कर फेर दी और उसे नाना प्रकार से डाँटा-फटकारा तथा बुरा-भला कहा। उसने कठोर शब्दों में उसे डाँटते हुए कहा, "सम्भवतः सौजन्य, लज्जा, शिष्टाचार एवं मर्यादा की भावनाओं का संसार से अन्त हो गया है। किस धर्म एवं अधिनियम तथा कहाँ की बुद्धि के अनुसार अपने आश्रयदाता के प्रति धृष्टता प्रदर्शित करना एवं उसका मुक़ाबला करना उचित बताया गया है?

शेर

'उस सेनापति ने कितनी अच्छी बात कही,
अपने कार्य की सीमा पर ध्यान रख।
अपनी योग्यतानुसार अपने पाँव रख,
ताकि आकाश पर तू स्थान बना सके।
जो कोई भी अपने कर्तव्यों का पालन नहीं करता,
खाता है वही जो इस संसार में बोता है।"

इस प्रकार की गम्भीर बातें करके वह मीर्ज़ा को लुहरी बन्दर[2] पर लाया। इसी बीच में

१ हाला, सिन्ध के हैदराबाद ज़िले का एक तालुक़ा २५° २२' तथा २६° ६' उत्तर एवं ६८° १९' तथा ६८° ४३' पूर्व में। हाला क़स्बा २५°४९' उत्तर तथा ६८°२८' पूर्व में स्थित है। प्राचीन हाला के नष्ट हो जाने पर लगभग १५० वर्ष पूर्व यहां मुर्तज़ाबाद नामक नगर बसा। यह नगर सिन्ध नदी के बढ़ने के कारण ख़तरे में पड़ गया था। किन्तु यहाँ दोनों ही जमींदारों के नाम ज्ञात होते हैं।

२ बन्दर लहरी, लुहरी अथवा रोहरी से भिन्न है। यह सिन्ध नदी पर नहीं अपितु टटटा सरकार में, जहाँ नदी गिरती है, एक बन्दरगाह है। इब्ने बत्तूता लिखता है, "यह एक बड़ा ही सुन्दर नगर है और समुद्र-तट पर स्थित है। सिन्ध नदी यहीं गिरती है। इस प्रकार लहरी में दो समुद्र मिलते हैं। यह एक बहुत बड़ा बन्दरगाह है। यहाँ यमन, फ़ारस एवं अन्य देशों के लोग आते हैं।" (इब्ने बत्तूता—यात्रा-विवरण; रिज़वी : **तुग़लुक़ कालीन भारत** भाग १, अलीगढ़ १९५६ ई०, पृ० १६३)। सम्भवतः किसी भ्रम में लुहरी को यहां लहरी बन्दर लिख दिया गया है।

एक बहुत बड़ी संख्या में क़ासिम हुसेन सुल्तान सरीखे लोग, झूठ के मार्ग पर अग्रसर होकर हज़रत जहाँबानी से पृथक् हो गये और यादगार नासिर मीर्ज़ा से मिल गये।

हुमायूं का संसार त्यागने का प्रयत्न

दैवी रहस्यों एवं आदि काल की मसलहतों की गम्भीर आवश्यकताओं के कारण प्रत्येक निराशा के सम्बन्ध में आशा के साधन एकत्र होते हैं अतः जब सिन्ध प्रदेश में आशा के चिह्न दृष्टि-
(१७९) गत न हुए और लोगों की कायरता की परीक्षा हो गई, तथा लश्कर की कृतघ्नता, भाइयों का सहायता न करना, सम्बन्धियों की मूर्खता, युग का विरोध (हज़रत जहाँबानी ने) देख लिया तो इच्छा हुई कि एकान्तवास एवं संतों के वस्त्र धारण करके अपने अभिलाषा के पाँव ईश्वर के मार्ग के पथिकों के रेगिस्तान में रक्खें अथवा उद्देश्य के काबे के ज़ंजीर एवं संकल्प के दामन के तागे को पकड़ें, या एकान्तवास ग्रहण कर लें तथा शान्ति के कोने को अपने समकालीनों से मिलने जुलने पर प्राथमिकता दें और इस चिन्ताजनक संसार एवं धूर्त दुनिया वालों से पृथक् रहें। उनके कुछ हितैषियों ने, जो प्रत्येक कठिनाई में राज्य के रिकाब के सेवक तथा मित्रता की लगाम से निकटतम थे, नम्रतापूर्वक आग्रह किया कि वे इस विचार को त्याग दें।

मालदेव के पास जाने का निश्चय

इस समय यह उचित होगा कि सौभाग्य की हुमा[1] की छाया मालदेव के राज्य पर डाल कर साँस सीधी की जाय[2] कारण कि उसने कई बार निष्ठा सम्बन्धी प्रार्थना-पत्र भेज कर दासता की डींग मारी है। उसके पास सेना एवं सामान भी है, अतः वह इस सौभाग्य से लाभ उठायगा और भाग्यशाली रिकाब में रहकर उचित सेवायें सम्पन्न करेगा। शनैः शनैः निष्ठावानों की हार्दिक इच्छा की पूर्ति का कोई न कोई उपाय हो जायगा। हज़रत जहाँबानी ने अपने निष्ठावानों की प्रसन्नता के लिए उस ओर प्रस्थान किया।

यादगार नासिर मीर्ज़ा को मिलाने का असफल प्रयत्न

कृपा-युक्त एक फ़रमान, सौभाग्य को बढ़ाने वाले परामर्शों सहित इबराहीम बेग ईशक आक़ा के हाथ इस आशय से यादगार नासिर मीर्ज़ा को भेजा कि संभवतः यदि वह अपने नीच विचारों से अवगत होकर, पश्चाताप के मार्ग पर अग्रसर हो रहा हो तो दुष्टता के नियमों को त्यागकर सदाचार प्रदर्शित करे। इस कृपा-युक्त फ़रमान में निम्नलिखित शेर लिखा था :

शेर

'हे चन्द्रमा सरीखे कपोलों वाले, अन्य लोगों का नेत्र एवं दीप,
मैं जल रहा हूँ। तू दूसरों के घाव का कब तक मलहम बना रहेगा।'

१ एक कल्पित पक्षी जिसके विषय में यह प्रसिद्ध है कि यदि उसकी छाया किसी पर पड़ जाय तो वह बादशाह हो जाता है।

२ इन कठिनाइयों से मुक्ति प्राप्त की जाय।

सोई हुई बुद्धि वाले मीर्ज़ा के पास जागरूक भाग्य न था अतः उसपर उपदेश का कोई प्रभाव न हुआ। वह उन्हीं कल्पित लोभों में मग्न, कृतघ्नता के मार्ग पर अग्रसर तथा लुहरी के क्षेत्र में ठहरा रहा।

मालदेव के राज्य की ओर प्रस्थान

हज़रत जहाँबानी २१ मुहर्रम ९४९ हि० (७ मई १५४२ ई०) को उच्च की ओर रवाना हो गये। वहाँ से १३ रबी-उल-अव्वल (२७ जून १५४२ ई०) को मालदेव की ओर प्रस्थान किया। इस मास की १४ (२८ जून १५४२ ई०) को दिलावर[१] के क़िले में पड़ाव किया गया। २० रबी-उल-अव्वल (४ जुलाई १५४२ ई०) को हासिलपुर[२] में शाही शिविर लगे। १७ रबी-उल-आख़िर (३१ जुलाई १५४२ ई०) को बीकानेर[३] से १२ कोस पर पड़ाव हुआ। मार्ग में पवित्र दरबार के दूरदर्शी लोगों ने मालदेव के छल एवं उसकी धूर्तता का आभास पाकर ऐसी वातें कहीं जो सावधानी की दृष्टि से बड़ी उचित थीं। वे सर्वदा इस विषय में सतर्क रहने का परामर्श दिया करते थे, यहाँ तक कि मीर समन्दर जो अपने समय में बहुत बड़ा प्रतिभाशाली समझा जाता था, (१८०) शाही आदेशानुसार मालदेव के पास रवाना हुआ और उसके हृदय की बात जानकर लौट आया। उसने निवेदन किया कि यद्यपि वह निष्ठा सम्बन्धी वातें करता है किन्तु उनमें कोई तथ्य नहीं।

मालदेव द्वारा षड्यंत्र

जब भाग्यशाली पताकायें उसके राज्य के समीप पहुँचीं तो नागौर[४] का संकाई जो मालदेव के विश्वास-पात्रों में से था, व्यापारी के रूप में सम्मानित शिविर में पहुँचा और बहुमूल्य हीरे[५] को क्रय करने का प्रयास करने लगा। उसके व्यवहार से सदाचार का पता न चलता था। हज़रत जहाँबानी ने कहा कि, "इस व्यापारी को समझा दो कि ऐसे बहुमूल्य जवाहर क्रय करने से नहीं मिलते। जिनके भाग्य में वे लिखे गए हों उन्हें या तो ये चमकदार तलवार द्वारा प्राप्त होते हैं या सम्मानित बादशाहों की कृपा द्वारा मिलते हैं।" वे उस धूर्त के आगमन के कारण अधिक सावधान हो गए और समन्दर की सूझबूझ की अत्यधिक प्रशंसा की। उन्होंने रायमल सूनी को इस आशय से मालदेव के पास भेजा कि वह शीघ्रातिशीघ्र उसके पास पहुँच जाय और जो कुछ वहाँ पता लगा सके उसकी सूचना दे। हज़रत जहाँवानी ने यह कार्य सावधानी एवं सतर्कता की दृष्टि से किया कारण कि बादशाहों की यही प्रथा[६] है, विशेषकर कठिनाई और चिन्ता के अवसर पर वे ऐसा

१ भावलपुर पंजाब में।

२ कुछ हस्तलिपियों में 'वासिलपुर'।

३ २८° उत्तर तथा ७३° १८' पूर्व, राजपूताना में।

४ जोधपुर (राजपूताना में) २७° १२' उत्तर तथा ७३° ४४' पूर्व, जोधपुर-बीकानेर रेलवे पर।

५ सम्भवतः वह हीरा जिसे हुमायूं ने आगरा में प्राप्त करके बाबर को भेंट किया था और जिसे बाबर ने उसी को प्रदान कर दिया था। (**बाबर नामा**, पृ० १६०-१६१)।

६ प्रकाशित ग्रन्थ में 'जाल (दाम)' किन्तु कुछ हस्तलिखित पोथियों में 'तरीक़ा' अथवा 'प्रथा'।

ही करते हैं। (उसे यह आदेश दिया गया कि) यदि लिखना सम्भव न हो तो निश्चित संकेतों द्वारा सूचना दे दे। मालदेव की स्वामी-भक्ति एवं निष्ठा का सूचक संकेत यह निश्चित हुआ कि दूत अपनी पाँचों अंगुलियों को एक साथ पकड़ ले और विरोध एवं षड्यंत्र को इंगित करने के लिए वह केवल अपनी कनिष्टिका को पकड़े। उत्कृष्ट सेना फलौदी[1] नामक क़स्बे से, जो मालदेव के निवास-स्थान जोधपुर से ३० कुरोह पर है, दो-तीन मंज़िल आगे बढ़ कर कूले जोगी पर पड़ाव डाले थी कि रायमल सूनी के दूत ने वहाँ पहुँचकर अपनी कनिष्टिका पकड़ी। इस संकेत से वास्तविक बात का पता चल गया और स्पष्ट रूप से ज्ञात हो गया कि उस अभागे का यह विचार है कि वह छल तथा धूर्तता प्रदर्शित करे। वह बहुत बड़ी सेना स्वागत के बहाने नियुक्त करके नीच कल्पनाएँ अपने मस्तिष्क में रक्खे हुए है। हज़रत जहाँबानी ने अपने संकल्प को लगाम फलौदी की ओर मोड़ी।

मालदेव की योजना की आलोचना

कुछ लोगों का मत है कि मालदेव प्रारम्भ में निष्ठावान् था और सेवा हेतु उद्यत था किन्तु अन्त में शाही सेना की शोचनीय दशा एवं कमी के कारण अपने पिछले निश्चय से विमुख हो गया अथवा शेर ख़ां के धूर्ततापूर्ण आश्वासन या उसके प्रभुत्व को देखकर या उसकी धमकियों के कारण सहायता एवं सेवा की ओर से उपेक्षा करने लगा तथा सौभाग्य एवं कल्याण के मार्ग को त्यागकर निष्ठा का पृष्ठ पलट दिया। बहुत से लोगों का मत है कि उसका दासता प्रदर्शित करना एवं सेवा-सम्बन्धी पत्र भेजना पूर्णतः षड्यंत्र एवं शत्रुता पर आधारित था[2]।

हुमायूं का मालदेव की सेना को रोकने का प्रयत्न

(१८१) संक्षेप में, क्योंकि उस समय सौभाग्य की चित्रशाला के सजाने वाले अन्य कार्य की व्यवस्था में व्यस्त थे[3] अतः जो कार्य भी प्रारम्भ किया जाता उसका कोई परिणाम न निकलता। जहाँ से भी कुशलता एवं सदाचार की आशा होती, वहीं से शरारत एवं दुष्टता प्राप्त होती। जब इस जाली सेना के मुलम्मे को कसौटी पर कस लिया गया और इन धूर्त लोगों के षड्यंत्र का पवित्र हृदय को पता चल गया तो तरदी बेग ख़ां, मुनइम ख़ां एवं शाही सेना के कुछ अन्य सेवकों को आदेश हुआ कि वे आगे बढ़कर उन दुष्टों को रोक लें और उन्हें उत्कृष्ट शिविर में धृष्टता का पाँव रख कर, हानि का हाथ पहुँचाने न दें। इस प्रकार उन्हें रोककर वे वापस चले आयें किन्तु यदि अवसर मिले तो उनपर आक्रमण भी कर दें।

हुमायूं का फलौदी से प्रस्थान

हज़रत जहाँबानी अपने कुछ सच्चे प्राण-उत्सर्ग करने वालों एवं अन्तःपुर की बेगमों सहित चल पड़े। विजयी सैनिकों में शेख़ अली बेग जलायर, तरसून बेग वल्द बाबा जलायर, फ़ज़ील

१ फलौदी नामक दो स्थान हैं, एक जैसलमीर की सरहद के समीप, उत्तरी-पश्चिमी कोने पर और दूसरा मारवाड़ के उत्तर-पश्चिम में बीकानेर एवं जैसलमीर की सरहद के समीप।

२ मालदेव के विषय में अबुलफ़ज़ल को बहुत कुछ अपने पिता शेख़ मुबारक नागौरी से ज्ञात हुआ होगा।

३ अकबर के अपनी माता के गर्भ में होने की ओर संकेत है।

बेग, एवं अन्य लोग थे जिनकी संख्या २० तक पहुँचती थी। इनके अतिरिक्त कुछ विशेष दास, शागिर्द-पेशा[1] एवं हितैषी थे। अहले सआदत[2] के समूह में से मुल्ला ताजुद्दीन तथा मौलाना चाँद ज्योतिषी[3] विजयी रिकाब के साथ थे।

हुमायूं की सेना का मालदेव की सेना से युद्ध

जब उत्कृष्ट सेना फलौदी से प्रस्थान करके सातलमीर[4] पहुँची तो मालदेव की सेना दृष्टिगत हुई। जो अमीर इन लोगों को रोकने के लिए नियुक्त हुए थे, वे मार्ग भूलकर अन्य दिशा में चले गए और विद्रोहियों के समूह को सम्मानित पताकाओं तक पहुँचने का अवसर मिल गया। हज़रत जहाँबानी ने, जो शक्ति के पर्वत एवं वीरता के संसार थे, दृढ़ता का पाँव निश्चय एवं सम्मान के दामन में रखकर, ईश्वर-प्रदत्त बुद्धि एवं जन्म-गत विवेक से कार्य लिया। बहुत सी स्त्रियों के घोड़े लेकर युद्ध करने वालों को दे दिए गए और सेना के तीन दल[5] तैयार करके शत्रु पर आक्रमण हेतु भेजे गये। शेख अली बेग तीन-चार अन्य निष्ठावान् भाइयों सहित अग्रसर हुआ और उन्होंने शत्रुओं पर, जो एक सकरे मार्ग में पहुँच चुके थे, आक्रमण किया। आक्रमण होते ही वे भाग खड़े हुए। शत्रुओं की बहुत बड़ी संख्या मारी गई और दैवी अनुकम्पा से राज्य के सहायकों को विजय प्राप्त हो गई।

हुमायूं का जैसलमीर की ओर प्रस्थान

हज़रत जहाँबानी ईश्वर के प्रति कृतज्ञता प्रकट करने के उपरान्त जैसलमीर[6] की ओर रवाना हुए। १ जमादि-उल-अव्वल (१३ अगस्त १५४२ ई०) को जैसलमीर में विजयी सेना पहुँच गई। इस मंज़िल पर उन अमीरों ने, जो मार्ग भूल गए थे, और अत्यधिक चिन्तित थे, सेवा में उपस्थित होने का सम्मान प्राप्त किया और अपने भाग्यशाली नेत्रों में सम्मानित सेना की धूल का आँजन लगाया। जैसलमीर के राय ने, जिसका नाम राय लोनकरण[7] था, अपने दुर्भाग्य के कारण सहायता न की तथा जलाशय पर इस आशय से पहरे बैठा दिए कि शाही सेना जब रेगिस्तान की यात्रा के (१८२) कष्ट भोगकर मृगतृष्णा के जंगल से इस शोचनीय पड़ाव पर पहुँचे तो उसे जल के अभाव के कारण कष्ट भोगना पड़े। हक़ीक़त[8] के जंगल के सिंहों ने अग्रसर होकर आक्रमण किया और उस नीच सेना को पराजित कर दिया।

१ नौकर-चाकर, सेवक, ख़िदमतगार।

२ **क़ानूने हुमायूनी** का अनुवाद देखिये। विद्वान् लोग अहले सआदत के समूह में सम्मिलित थे।

३ उसने अकबर की जन्मकुंडली तैयार की थी। (**अकबर नामा** भाग १, पृ० २३)।

४ जोधपुर (राजपूताना के सांकरा ज़िले के पुकारन नामक स्थान से २ मील पर। इसे राव जोधा के ज्येष्ठ पुत्र सातल ने १५वीं शती ई० में बसाया था किन्तु राव मालदेव (१५३२-६९ ई०) ने इसे पुकारन क़िले के निर्माण हेतु नष्ट करा दिया।

५ तीन शब्द संदिग्ध है। ब्रिटिश म्युज़ियम की एक हस्तलिपि में यह शब्द सर के समान है अर्थात् सरे फ़ौज अथवा सेना के सरदार।

६ २६°५५' उत्तर तथा ७०°५५' पूर्व, राजपूताना का एक प्रसिद्ध राज्य था।

७ टाड के अनुसार 'Noon karn (नून करण)'।

८ ईश्वर के वास्तविक ज्ञान।

हुमायूँ का अमरकोट पहुँचना

वहाँ से प्रस्थान करके वे अमरकोट के भाग्यशाली क़िले की ओर रवाना हुए। १० जमादि-उल-अव्वल (२२ अगस्त १५४२ ई०) को भोजन एवं जल के अभाव का कष्ट भोगते हुए उन्होंने उस दृढ़ क़िले में, जो ऐश्वर्य के सूर्य का उदय स्थान[1] एवं प्रताप के मोती का भंडार है, पड़ाव किया। क़िले के हाकिम राणा प्रसाद ने उत्कृष्ट चरणों के आगमन को अपने राज्य के सम्मान का आभूषण मान उचित सेवायें सम्पन्न कीं।

हमीदा बानो बेगम की अनार खाने की इच्छा

हज़रत शाहंशाह के पवित्र अस्तित्व के आशीर्वादों में से, जिसने युग के प्रतिभाशाली लोगों को आश्चर्य-चकित कर दिया, एक यह है कि हज़रत मरियम मकानी को, जो सृष्टि के कार-खाने के उस अद्वितीय (व्यक्ति) के कारण गर्भवती थीं, एक दिन एक रेगिस्तान में यात्रा करते समय अनार खाने की इच्छा हुई। उस निर्जन रेगिस्तान में जहाँ अन्न-जल कुछ भी प्राप्त न था और अनाज का चिह्न बड़ी कठिनाई से दृष्टिगत होता था, पवित्र दरबार के भोजन इत्यादि का प्रबन्ध करने वाले बड़ी चिन्ता में पड़ गए। अचानक एक व्यक्ति ज्वार का भरा हुआ एक थैला बेचने के लिए लाया। जब उसे पवित्र दरबार में उपस्थित करके, थैला ख़ाली करना प्रारम्भ किया गया तो उसमें से एक रस से भरा हुआ बहुत बड़ा अनार निकला। सभी लोग प्रसन्न हो गये और आश्चर्य-चकित होकर इसे चमत्कार समझने लगे।

तरदी बेग की धन-सम्पत्ति पर अधिकार

कुछ दिन[2] तक उस आकर्षक स्थान पर पड़ाव किया गया। इस स्थान पर तरदी बेग ख़ां एवं एक अन्य समूह की धन-सम्पत्ति तथा माल व असबाब पर अमरकोट के राय की सहायता से अधिकार कर लिया गया। (वह धन उन्हें) अनन्त काल तक स्थायी रहने वाले राज्य के कारण प्राप्त हुआ था, किन्तु उसे वे इतनी दरिद्रता, कठिनाई एवं हज़रत जहाँबानी के माँगने के बावजूद भी न देते थे। हज़रत जहाँबानी ने अपने अत्यधिक सौजन्य, व्यक्तिगत उदारता, अपार कृपा एवं न्याय के कारण उनकी कुछ धन-सम्पत्ति विजयी रिकाब के सेवकों को बाँट दी तथा उसमें से अधिकांश उन्हीं तुच्छ कृपणों को प्रदान कर दी।

हुमायूं तथा अकबर के अमीरों की तुलना

ईश्वर को धन्य है कि ईश्वर की छाया, हज़रत शाहंशाह, के पवित्र अस्तित्व के कारण, समकालीनों तथा इस युग के व्यक्तियों की ग्रीवाएँ निष्ठा एवं स्वामी-भक्ति के फंदे में फँस गई हैं, अन्यथा उस समय के प्रतिष्ठित अमीर एवं बड़े-बड़े अमानतदार साधारण स्वानी-भक्ति द्वारा भी सुशोभित न थे। उस धन के प्रति, जो उनके स्वामी की कृपा के आशीर्वाद से प्राप्त हुआ था, कृपणता प्रदर्शित करते थे। आजकल उन लोगों की भी, जिन्हें दरबार द्वारा अपमानित कर

१ अकबर का जन्म-स्थान।

२ लगभग ६ सप्ताह।

दिया गया है और जो दूर पड़े हुए हैं, जब प्राण-उत्सर्ग करने की इच्छा एवं निष्ठा की भावनाएँ (१८३) उच्चतम श्रेणी पर हैं तो दरबार के विश्वास-पात्रों एवं उत्कृष्ट राज-सिंहासन के पाये के निकटवर्तियों को इस बात की इतनी उत्कट इच्छा क्यों न होगी। परमेश्वर आदिकाल के इस चुने हुए (व्यक्ति) को संसार एवं संसार वालों के शासन-प्रबन्ध हेतु उदारता की गद्दी एवं ख़िलाफ़त के राज-सिंहासन पर क़रनों[1] तथा युगों तक आरूढ़ रक्खे।

हुमायूं का अमरकोट से प्रस्थान

क्योंकि जहाँबानी ने आगे जाने का संकल्प कर लिया था, और साहिबे ज़मीन व ज़मान[2] के प्रकट होने का समय समीप आ गया था अतः १ रजब ९४९ हि० (११ अक्तूबर, १५४२ ई०) को एक शुभ मुहूर्त में......[3] हज़रत मरियम मकानी को कुछ प्राण न्योछावर करने वालों सहित ईश्वर को सौंपकर स्वयं आगे रवाना हो गये।

हज़रत जहांबानी जन्नत आशियानी को हज़रत शाहंशाह के शुभ-जन्म का समाचार प्राप्त होना तथा अन्य घटनाएँ

उस समय प्रतीक्षा की रात्रि के जागरण करने वालों की आशा के नेत्र खुले तथा निराशा के द्वार संसार वालों के लिए बन्द हुए और हज़रत शाहंशाही ज़िल्लल्लाही का जन्म हुआ। जैसा कि उल्लेख हो चुका है रविवार ५ रजब ९४९ हि० (१५ अक्तूबर १५४२ ई०) को दैवी नूर द्वारा पोषित (व्यक्ति) पैदा हुआ[4] ताकि संसार वालों के समस्त दुःख स्थायी सुख में परिवर्तित हो जायें और हज़रत जहाँबानी के उस हृदय को, जिसमें कष्ट के फफोले पड़ चुके थे, आराम का मलहम प्राप्त हो जाय। संसार का अव्यवस्थित घर व्यवस्थित हो जाय। आध्यात्मिक विरोध को संगठन प्राप्त हो जाय। शक्ति के दर्शक कर्म की लीला से लाभान्वित हों। बुद्धि को स्वामी प्राप्त हो, न्याय को दयालु-पिता, विवेक को प्रतिभाशाली मित्र, न्यायकारिता को सच्चा पादशाह, प्रेम को गम्भीर पारखी, क़दरदानी को प्रसिद्धि, सुलह-कुल[5] के लिए बुद्धि का आश्रय-दाता मध्यस्थ प्राप्त हो जाय। ईश्वर को धन्य है कि आशानुसार विरोध की काली रात्रि में संगठन की ऊषा उदय हुई। आकाश वालों की अभिलाषायें पूरी हुईं, भूमि वालों को आदर-सम्मान प्राप्त

१ क़रन :—१०-२०-३० अथवा इसी प्रकार १२० वर्ष तक की कोई अवधि।

२ भूमि एवं युग के अधिकारी अर्थात् अकबर।

३ "हौदजे इफ़्फ़त व महमिले इज़्ज़त हज़रत मरियम मकानी (सतीत्व का हौदज एवं सम्मान की महमिल हज़रत मरियम मकानी अथवा हमीदा बानो बेगम)"।

४ अबुलफ़ज़ल ने **अकबर नामे** के प्रारम्भिक पृष्ठों में अकबर के जन्म का उल्लेख किया है, तदुपरान्त (आदम से हुमायूं तक) उसके पूर्वजों की चर्चा की है। अकबर के जन्म से सम्बंधित कुछ आवश्यक अंशों का अनुवाद परिशिष्ट में किया गया है।

५ प्रत्येक से मेल जोल। सुलह कुल सूफ़ियों के एक समूह का मूल सिद्धान्त है। अकबर को प्रारम्भिक शिक्षा इसी सिद्धान्त के मानने वाले विद्वानों ने दी और कुछ समय उपरान्त इसी सिद्धान्त को उसने अपने राज्य का आधार बनाया।

हुआ। जब अंधकार को नष्ट करने वाला यह प्रकाश एवं पृथ्वी को प्रकाशित करने वाली रोशनी, पवित्रता के आकाश से उस वाटिका में फैली तो सुखद समाचार ले जाने वाले द्रुतगामी दूत रवाना हुए। मार्ग में, जब कि हज़रत जहाँबानी के दूरदर्शी नेत्र परोक्ष की इस ज्योति की प्रतीक्षा कर रहे थे, यह सुखद समाचार प्राप्त हुए और उनका हृदय सहस्रों गुना बढ़ गया। उन्होंने ईश्वर के प्रति, जिसने निराशा के कंटकाकीर्ण स्थान में आशा के पुष्प खिलाये और असफलता के रिक्त हाथों में सहस्रों सफलतायें दीं, कृतज्ञता का सिज्दा किया। भीतर-बाहर ख़ुशी के जश्न का आयोजन एवं उल्लास का प्रबन्ध हुआ। साधारण तथा सम्मानित, धनी तथा दरिद्र, छोटे और बड़े ने सौभाग्य के उस जश्न में ख़ुशी के हाथ फैलाये और प्रसन्नता के पाँव पटके[1] तथा असीम सम्मान प्राप्त किया। इस भव्य जश्न का, जो आकाश की ईद एवं संसार का नवरोज़ था, हज़रत जहाँबानी के उत्कृष्ट (१८४) शिविर में हज़रत शाहंशाह के सम्मानित झूले के पहुँचने एवं कुछ अन्य घटनाओं का उल्लेख, जो सौभाग्य के इस लेख का शीर्षक बनने के योग्य हैं, इस सम्मानित ग्रंथ के प्रारम्भ में किया जा चुका है। कारण कि यह आध्यात्मिक चित्र-शाला[2] हज़रत शाहंशाह के जन्म के समय से लेकर उनसे सम्बन्धित आश्चर्यजनक एवं उत्कृष्ट और महान् विजयों का संग्रह है और इन बातों के अतिरिक्त इसमें जो कुछ लिखा गया है वह प्रसंगवश तथा बात पूरी करने के लिए है। ईश्वर को धन्य है कि अनन्त तक रहने वाले इस स्थायी वंश का इतिहास आदम से इस समय तक संक्षिप्त रूप में लिखा जा चुका है ताकि उल्लेख के मुंह से नक़ाब हट जाय[3]।

हुमायूं का जून में पड़ाव

संक्षेप में, उस स्थान से हज़रत जहाँबानी जन्नत आशियानी ने सौजन्य एवं उदारता का संसार होने के कारण अपने निष्ठावान् सहायकों के संतोष की दृष्टि से एकान्तवास ग्रहण करने के विचार त्याग दिए और सुल्तानों से विशेष रूप से सम्बन्धित सांसारिक प्रबन्ध को[4] अपनी दूरदर्शी निगाहों में रखकर मालदेव की विलायत की ओर प्रस्थान किया। पिशाच मालदेव[5] ने इस उन्नत सौभाग्य को, जो स्वप्न में भी न प्राप्त हो सकता था, न पहचाना और अनुचित रूप से व्यवहार किया। विवश होकर राज्य पर प्राण न्योछावर करने वालों के आग्रह के कारण वे सिन्ध की ओर इस आशय से रवाना हो गये कि सम्भवतः वहाँ के शासक असावधानी की निद्रा से जागकर पिछली भूलों का सुधार कर सकें। यद्यपि संसार को शोभा प्रदान करने वाले का मत इस पक्ष में न था किन्तु भाग्यवश वे वापिस लौट आये। जब शाही सेना उस क्षेत्र के समीप पहुँची तो ज्ञात हुआ कि अरग़ून[6] लोग जून[7] नामक क़स्बे में एकत्र होकर युद्ध की योजनायें बना रहे हैं। हज़रत

१ प्रसन्नता प्रकट की।

२ मनशूरे सआदत अर्थात् **अकबर नामा**।

३ संक्षिप्त रूप में सविस्तार विवरण प्रस्तुत हो जाय।

४ हुमायूँ बाबर के जीवन काल में भी एकान्तवास ग्रहण करना चाहता था। इस विषय में बाबर का हुमायूँ के नाम पत्र देखिये। (**बाबर नामा**, पृ० २८७-२९०)।

५ मूल में "माल देवे देव माल"।

६ अरग़ूनों के विषय में देखिये, मुहम्मद मासूम : **तारीख़े सिंध**।

७ **आईने अकबरी** के अनुसार जाजकान सरकार में। इस सरकार के महालों में यह सबसे अधिक महत्वपूर्ण था।

जहाँबानी ने शेख़ अली बेग जलायर को वीरों के एक समूह के साथ आगे भेजा। उसके पूर्वज भी अपनी निष्ठा एवं स्वामीभक्ति के लिए प्रसिद्ध थे और हज़रत साहब क़िरानी के विश्व-विजयी राज्य से इस समय तक स्वीकृत सेवायें करते चले आये थे, हज़रत जहाँबानी स्वयं उसके पीछे रवाना हुए। क्योंकि शेख़ अली बेग का साहस विजयी सेना के पीछे होने के कारण बढ़ा हुआ था अतः वह वीरों के समान रण-क्षेत्र की ओर रवाना हुआ और थोड़े से आदमियों सहित पौरुष का प्रदर्शन करके अल्प समय में उन लोगों को छिन्न-भिन्न एवं पराजित कर दिया। विजय की ऊषा का शीतल पवन तलवार की पूर्व-दिशा एवं धनुष की क्षितिज से चलने लगा तथा प्रताप के सूर्य ने शिक्षा प्राप्ति के उस मैदान के अंधकार का अन्त कर दिया। जून क़स्बे के समीप उत्कृष्ट सेना का पड़ाव हुआ।

उत्कृष्ट चौखट वाला वह क़स्बा हज़रत मरियम मकानी के सम्मानित हौदे एवं हज़रत शाहंशाह के महान् झूले के अमरकोट के क़िले से जहाँ उनका जन्म हुआ था तेज एवं प्रताप सहित (१८५) आने के कारण सुशोभित हुआ। सविस्तार उल्लेख इस ग्रंथ की प्रस्तावना में हो चुका है। क्योंकि यह स्थान सिन्ध नदी तट पर स्थित था और उद्यानों, नहरों, उत्तम फलों और मेवों के कारण सिन्ध प्रदेश में अद्वितीय समझा जाता था, तथा कुछ अन्य कारणों से कुछ समय के लिए इस क़स्बे में उद्यानों के मध्य में पड़ाव किया गया। आस-पास के अरग़ूनों से युद्ध होता रहा और वे सर्वदा पराजित कर दिये जाते थे। शेख़ ताजुद्दीन लारी[1], जो हज़रत जहाँबानी के विश्वासपात्रों में से था, उन्हीं दिनों में शहीद कर दिया गया।

शेख़ अली बेग जलायर की हत्या

एक दिन शेख़ अली बेग जलायर, तरदी बेग ख़ां तथा एक अन्य समूह आस-पास के स्थानों पर आक्रमण हेतु नियुक्त थे। सुल्तान महमूद बक्करी ने एक बहुत बड़ी सेना सहित उनपर आक्रमण कर दिया। तरदी बेग ख़ां ने युद्ध की ओर से उपेक्षा की। शेख़ अली बेग ने दृढ़ता प्रदर्शित करते

सम्भवतः टट्टा तथा सेहवान के मध्य में सिंध नदी के पूर्वी तट पर। यह रन के उत्तर-पश्चिम में चाचकान के पश्चिमी सिरे पर सिन्ध नदी की पूर्वी शाखा पर स्थित है जो रेगिस्तान से होती हुई कच्छ की पश्चिमी सीमा बन जाती है। इसे बहुत सी छोटी-छोटी नदियाँ काटती हैं। (Erskine: *History of India under Baber and Humayun* II, p. 255 । हेग के अनुसार सिन्ध डेल्टा प्रदेश में अमरकोट से ७५ मील दक्षिण-पश्चिम तथा थट्टा से ५० मील उत्तर-पूर्व में, रन के बायें तट पर। उद्यानों एवं नदियों से भरे हुए इस भू-भाग में हुमायूँ ने अपने बहुमूल्य समय का कुछ भाग आनन्द-मंगल में व्यतीत किया। [इसी स्थान पर शाहज़ादा दारा शिकोह कुछ समय के लिए उस समय जबकि वह अपने भाई के कारण भागा-भागा फिर रहा था १६५८ ई० में ठहरा और वहीं उसकी पत्नी की मृत्यु हुई। जून के हाकिम ही ने मित्रता का बहाना बनाकर उसे धोखे से बन्दी बनवा दिया और उसे उसके भाई को सौंप दिया। आधुनिक टाँडो गुलाम हैदर के दक्षिण-पूर्व में दो मील पर जून के अवशेष अब भी मिलते हैं। Major-General M. R. Haig: *The Indus Delta Country* (London 1894, pp. 92-93)].

१ लार निवासी। लार अथवा लारिस्तान, ईरान का समुद्रतटीय प्रान्त है। इब्ने बत्तूता लगभग ७३० हि० (१३३० ई०) में यहाँ पहुँचा। वह उसे एक बड़ा स्थान तथा अत्यधिक उद्यानों एवं उत्तम बाज़ारों से परिपूर्ण बताता है।

हुए उस रण-क्षेत्र में जो शेर मर्दों की सभा का क़ालीन था प्रसन्नतापूर्वक शहादत का प्याला पी लिया। हज़रत जहाँबानी के पवित्र हृदय को इस दुर्घटना के कारण बड़ी ठेस लगी। इसके अतिरिक्त कुछ अन्य वातों के कारण उनका दिल बक्कर को ओर से फीका पड़ गया और उन्होंने क़न्धार की ओर जाना निश्चय कर लिया।

बैराम ख़ां का हुमायूं के पास पहुँचना

इसी बीच में ७ मुहर्रम ९५० हि० (१२ अप्रैल १५४३ ई०) को बैराम ख़ां गुजरात के क्षेत्र से अकेला पवित्र राजसिंहासन के पाये में पहुँच गया और हज़रत जहाँबानी के घायल हृदय पर मलहम रक्खा। उसका आगमन हज़रत जहाँबानी की प्रसन्नता एवं हर्ष का कारण बना। यह बड़े आश्चर्य की बात है कि (शाही) सेवा में उपस्थित होने का सम्मान प्राप्त करने के पूर्व सर्वप्रथम वह रण-क्षेत्र में पहुँचा और लोगों को वताये बिना उसने बड़ी वीरता से युद्ध किया। विजयी सेना को वड़ा आश्चर्य हुआ और उसने सोचा कि सम्भवतः वह परोक्ष की सेना का कोई व्यक्ति होगा। जब उसे ज्ञात हो गया कि वह बैराम ख़ां है तो जो सेना युद्ध हेतु खड़ी थी उसने ख़ुशी का नारा लगाया। इससे हज़रत जहाँबानी की प्रसन्नता और भी बढ़ गई। इस कारण वे उस वाटिका रूपी भूभाग में कुछ और ठहर गये[1]।

बैराम ख़ां का हुमायूं के पास पहुँचने के पूर्व का इतिहास

बैराम ख़ां का संक्षिप्त हाल इस प्रकार है:—क़न्नौज की शोकमय दुर्घटना में अपने प्राणों को ख़तरे में डालने के उपरान्त वह सम्बल की ओर रवाना हुआ। वहाँ उस भूभाग के राजा मित्र सेन के पास लखनोर[2] क़स्बे में शरण ली और कुछ समय तक उसके आश्रय में रहा। जब यह समाचार शेर ख़ां को प्राप्त हुए तो उसने आदमी भेजकर उसे बुलवाया। राजा ने विवश होकर उसे ख़ान के पास भेज दिया। मालवा के मार्ग में वह उसके पास पहुँच गया। सर्वप्रथम शेर ख़ां[3] ने

१ तीन मास, कारण कि वे वहाँ से १० जुलाई १५४३ ई० के पूर्व न रवाना हो सके।

२ **आईने अकबरी** के अनुसार सम्भल सरकार में जहाँ का क्षेत्रफल २४६४४० बीघा, राजस्व २,४६६,२०८ दाम, सुयूरग़ाल ३२,६८३ दाम थी। यहाँ १००० अश्वारोही तथा ५००० पदाती रहते थे।

३ **तारीख़े शेरशाही** में इस घटना का उल्लेख इस प्रकार है: जब शेर ख़ां ने मसनदे आली ईसा ख़ां को सम्बल की सरकार की ओर विदा कर दिया तो उसने कहा कि, 'मैं देहली से लखनऊ (लखनोर से तात्पर्य है) तक के स्थानों) के विषय में संतुष्ट हो गया।' जिस समय मसनदे आली सम्बल पहुँचा तो हज़रत पादशाह के मुहरदार बैरम बेग को, जो जलालुद्दीन मुहम्मद अकबर पादशाह के राज्यकाल में ख़ाने ख़ानां होगया था, नसीर ख़ां ने बन्दी बना लिया था। बैरम बेग के सम्बल नगर में आने का कारण यह था: जब हज़रत हुमायूँ पादशाह की सेना छिन्न-भिन्न हो गई तो बैरम बेग सम्बल पहुँचा। उसकी मियाँ अज़ीज़ुल्लाह दानिशमन्द (आलिम अथवा विद्वान्) के पुत्र मियाँ अब्दुल वहहाब से जो नगर का एक प्रतिष्ठित व्यक्ति था, बड़ी घनिष्ठता थी। मियाँ अब्दुल वहहाब नसीर ख़ां के भय के कारण उसे नगर में न रख सका। उसने उसे लखनोर के राजा मित्रसेन को इस आशय से सौंप दिया कि वह उसे कुछ दिन अपने नगर में, जहाँ जंगल ही जंगल हैं, रक्खे। (राजा ने कुछ समय तक उसे अपने राज्य के उत्तरी भाग में जहाँ घने जंगल हैं, रक्खा)। नसीर ख़ां को पता चल गया कि बैरम बेग मित्रसेन के पास है अतः उसने राजा को लिखा कि वह बैरम बेग को ले आये। शेर ख़ां के भय से उसने बैरम बेग को

उठकर उससे भेंट की और उसे आकृष्ट करने के लिए धूर्ततापूर्वक वार्ता की। बात करते-करते (१८६) उसने कहा, "जिसमें निष्ठा होती है, वह भूल नहीं करता।" बैराम खां ने उत्तर दिया, "ऐसा ही है। जिसमें निष्ठा होगी वह भूल न करेगा।" बुरहानपुर के समीप से सहस्रों कठिनाइयाँ झेलते हुए ग्वालियार के हाकिम अबुल क़ासिम के साथ भागकर वह गुजरात की ओर रवाना हुआ। मार्ग में शेर खां के दूत ने, जो गुजरात से आ रहा था, इस बात से अवगत होकर आदमी भेजे और अबुल क़ासिम को जिसका रूप एवं डौल डौल बड़ा ही उत्तम था बन्दी बना लिया। बैराम खां ने सौजन्य एवं पौरुष प्रदर्शित करते हुए आग्रह किया कि, "मैं बैराम खां हूँ।" अबुल क़ासिम ने वीरतापूर्वक कहा, "यह मेरा सेवक है। वह अपने आप को मेरे ऊपर न्योछावर करना चाहता है। उसकी ओर कदापि हाथ मत बढ़ाना"। वे लोग निम्नांकित मिसरे के अनुसार व्यवहार कर रहे थे :

मिसरा

'मुझे छोड़ दो और मेरे मित्र का हाथ पकड़ लो।'

इस प्रकार बैराम खां मुक्त होकर सुल्तान महमूद[1] के पास गुजरात पहुँचा। अबुल क़ासिम को शेर खां के समक्ष प्रस्तुत किया गया। सौजन्य की उस खान के महत्व को न पहचान कर उसने

नसीर खां को सौंप दिया। नसीर खां उसकी हत्या करा देना चाहता था। मियां अब्दुल वह्हाब तथा मसनदे आली ईसा खां में सुल्तान सिकन्दर लोदी के समय से प्राचीन मित्रता थी। उसने ईसा खां से निवेदन किया कि वह बैरम बेग को अत्याचारी नसीर खां के चंगुल से, जो उसकी हत्या करा देना चाहता है, मुक्ति दिला दे मसनदे आली ईसा खां, बैरम बेग को नसीर खां से मुक्ति दिलाकर स्वयं अपने घर लाया और कुछ दिन अपने पास रक्खा तथा उसके लिए ख़ूराक (जीवन निर्वाह के लिए कुछ धन से तात्पर्य है) निश्चित कर दी। उसने राजा मित्रसेन की जमानत ले ली कि जब वह (मसनदे आली ईसा खां) शेर खां की सेवा में जायगा तो उसे भी अपने साथ लेता जायगा। जब मसनदे आली मन्दू एवं उज्जैन के अभियान के समय शेर शाह की सेवा में पहुँचा तो बैरम बेग को अपने साथ लेता गया और उज्जैन नगर में बैरम बेग को शेर खां की सेवा में प्रस्तुत किया। शेर खां ने उससे क्रोधित होकर पूछा कि वह (बैरम) इस समय तक कहां था? मसनदे आली ने निवेदन किया कि वह शेख़ मलही क़त्ताल (इलियट के अनुवाद में क़हाल) के घर में था। शेर खां ने कहा कि, "क्योंकि अफ़ग़ानों की क़ौम में यह प्रथा है कि जो अपराधी शेख़ मलही के घर में शरण ले लेता है उसके अपराध क्षमा कर दिए जाते हैं, मैंने बैरम बेग को क्षमा कर दिया।" जब शेर खां के (दरबार से) उठने का समय आ गया तो मसनदे आली ईसा खां ने निवेदन किया कि, "आपने शेख़ मलही क़त्ताल के कारण उसकी हत्या न कराई; मैं उसे अपने साथ लाया हूँ। मेरे कारण उसे आप घोड़ा तथा ख़िलअत प्रदान कर दें और आदेश दे दें कि मुहम्मद क़ासिम के साथ जो ग्वालियार समर्पित करके आया है, स्थान ग्रहण करे।" शेर खां ने हँसकर आदेश दिया कि उसे मसनदे आली ईसा खां की ख़ातिर घोड़ा तथा सरोपा दे दिया जाय, और उसे मुहम्मद क़ासिम के पास स्थान दे दिया जाय जब शेर खां ने उज्जैन से प्रस्थान किया तो बैरम बेग एवं मुहम्मद क़ासिम दोनों गुजरात की ओर भाग गये। मुहम्मद क़ासिम मार्ग में मार डाला गया। बैरम बेग गुजरात पहुँचा। शेख़ गदाई गुजरात में था। उसने बैरम खां की उत्तम सेवायें कीं। गुजरात से बैरम खां हुमायूँ की सेवा में पहुँचा। (**तारीख़े शेरशाही**: डा० परमात्मा शरण की हस्तलिपि, पृ० १७१-१७२ इलाहाबाद विश्वविद्यालय की हस्तलिपि, पृ० १६५-१७४, १६७; अलीगढ़ विश्वविद्यालय हस्तलिपि, पृ० १८७-१६०; इलियट, बाडलीएन नं० ३७१)।

१ सुल्तान महमूद द्वितीय ने ९४३ हि० (१५३७ ई०) से ९६१ हि० (१५५४ ई०) तक राज्य किया।

उसे शहीद करा दिया। शेर खां बार बार कहा करता था कि, "जब बैराम खां ने उस दरबार में जैसे ही कहा कि, 'जिसमें निष्ठा होती है, वह भूल नहीं करता' तो मैं समझ गया कि वह हमारा साथ न देगा।" सुल्तान महमूद गुजराती ने भी बैराम खां से अपने पास रहने का बड़ा आग्रह किया किन्तु उसने स्वीकार न किया और हिजाज़ जाने की अनुमति लेकर सूरत नामक बन्दरगाह पर पहुँचा। वहाँ से हरिद्वार[1] की विलायत में चला गया और वहाँ से अपने स्वामी तथा आश्रयदाता के चरणों में जून क़स्बे में पहुँच कर सम्मानित हुआ।

हज़रत शाहंशाह द्वारा, जो करामात[2] के शीर्षक एवं मक़ामात[3] की प्रस्तावना थे, अपने सम्मानित जन्म से ८वें मास में चमत्कारों का प्रदर्शन

दैवी ज्ञान के पृष्ठों पर, जो अज़ल[4] एवं अबद[5] की लौहे महफ़ूज़[6] हैं, यह लिखा है कि जब संसार को शोभा देने वाले के आश्चर्यजनक शीर्ष पर सम्मान का मुकुट रख दिया जाता है और उसे सृष्टि के अन्य व्यक्तियों से पृथक् करके लौकिक एवं अलौकिक छवि दिखाने वाले स्थान में पहुँचा दिया जाता है, तो उस सौभाग्यशाली द्वारा उसके जन्म से ही विचित्र एवं आश्चर्यजनक घटनायें घटने लगती हैं। उनमें से प्रत्येक करामात परोक्ष का उद्घोषक होती है जो उच्च स्वर में उसके उत्कृष्ट स्थान को संसार वालों के बुद्धि के कानों तक पहुँचाती है और इस तथ्य के निरूपण से संसार वालों के सौभाग्य में वृद्धि होती है। इस तथ्य का सबसे बड़ा प्रमाण यह है कि जब हज़रत शाहंशाह के शुभ जन्म को सात मास व्यतीत हो गए और जब वे ८वें मास में प्रविष्ट हुए तो उन्होंने एक आश्चर्यजनक चमत्कार प्रदर्शित किया। एक सायं को जिसपर सौभाग्य की ऊषा की छाया पड़ रही थी, इफ़्फ़त क़िबाब[7] जीजी अनगा पवित्रता के उद्यान के उस प्रथम फल को दूध (१८७) दे रही थीं और इस्मत नक़ाब[8] माहम अनगा एवं अन्य लोगों के विरोध के कारण दुखी थीं। इन लोगों ने हज़रत जहाँबानी जन्नत आशियानी से कह दिया था कि मीर ग़ज़नवी[9] की पत्नी ने जादू कर दिया है और हज़रत शाहज़ादये आलमियाँ[10] उसके दूध के अतिरिक्त किसी

१ कुछ पांडुलिपियों एवं शुद्धि पत्र में 'मारवाड़' है। सम्भवतः बैराम खां हुमायूं के मालदेव के पास पहुँचने के समाचार प्राप्त करके मारवाड़ (जौधपुर) गया होगा किन्तु बेवरिज ने इस विषय पर सविस्तार प्रकाश डालते हुये लिखा है कि सम्भवतः बैराम खां हिन्दू योगियों के साथ हरिद्वार चला गया हो। क्योंकि **मआसिरे रहीमी** में दो स्थानों पर हरिद्वार ही लिखा है अतः बेवरिज का विचार है कि हरिद्वार ही ठीक होगा। (बेवरिज, पृ० ३८२)

२ सूफ़ियों के चमत्कार।

३ सूफ़ियों की आध्यात्मिक यात्रा के विभिन्न ज़ीने।

४ अनादि काल।

५ अनन्त।

६ वह सुरक्षित तख़्ती जिसपर संसार में घटने वाली समस्त घटनाओं का उल्लेख है तथा जिसपर सभी के भाग्य लिखे हुये हैं। इस तख़्ती को कोई पढ़ नहीं सकता।

७ सतीत्व का क़ुब्बा।

८ सतीत्व का परदा।

९ शम्सुद्दीन मुहम्मद।

१० संसार वालों का शाहज़ादा, अकबर।

अन्य के दूध की ओर आकृष्ट नहीं होते। उसी समय जब वहाँ कोई अन्य उपस्थित न था, हज़रत जहाँबानी एकान्त देख कर बातें करने लगे और अपनी चमत्कार का निरूपण करने वाली ज़बान से जीजी अनगा के दूखी हृदय के प्रोत्साहन हेतु मसीह[1] के समान कहा कि, "प्रसन्न हो जा कारण कि खिलाफ़त के आकाश का प्रकाश तेरी गोद में रहेगा और तेरे दुःख की रात्रि को प्रसन्नता का नूर प्रदान करेगा। तू हमारे इस भेद को किसी से कदापि मत बताना और दैवी लीला के इस रहस्य को समय के पूर्व मत खोलना कारण कि परोक्ष की गम्भीर बातें एवं बहुत बड़े-बड़े लाभ इनमें छिपे हैं।" जीजी अनगा कहा करती थीं कि, "मुझे इस प्राण-दायक घोषणा ने अत्यधिक प्रसन्न कर दिया और दुःख की गाँठ अचानक मेरे हृदय में खुल गई। इस कारण कि ऐसे नूर के बालक की देख रेख तथा ऐसे उदारता का वितरण करने वाले की रक्षा ईश्वर की ओर से केवल मेरे ही भाग्य में आई है, मेरे हृदय की प्रसन्नता सैकड़ों एवं सहस्त्रों गुना बढ़ती जाती थी और नित्य प्रति मेरे समक्ष हर्ष एवं उल्लास के द्वार अधिक से अधिक खुलते जाते थे। इस महान् देन के प्रति कृतज्ञता प्रकट करके मैं हृदय से उनकी सेवा में लग गई। दोनों लोकों का सौभाग्य मुझे प्राप्त हो गया। मैं इस रहस्य को छिपाये रखती थी यहाँ तक कि राज्य का वह पौधा विश्व-विजय के सिंहासन पर आरूढ़ हो गया।"

एक दिन हज़रत शाहंशाह देहली से पालम[2] क़स्बे के समीप शिकार हेतु गए थे। वहाँ मार्ग में एक बहुत बड़ा भयंकर सर्प, जो बड़े बड़े वीरों को कम्पित कर देता, निकल आया। हज़रत शाहंशाह हज़रत मूसा[3] के समान मोजज़ा[4] दिखाते हुए बिना किसी भय के अपने हाथ को "यदे बैज़ा"[5] बनाये हुए बढ़े और दैवी प्रेरणा से वीरतापूर्वक सर्प की दुम को अपने हाथ में लेकर उसकी बुरी दशा कर दी। मीर्ज़ा अज़ीज़ कूकुल्ताश के भाई यूसुफ़ मुहम्मद ख़ां ने इस विचित्र दृश्य को देख कर बड़े आश्चर्य से इसका उल्लेख जीजी अनगा से किया। उस समय मैंने उस गुप्त रहस्य एवं भेद को, जिसे मैंने स्वयं देखा तथा सुना था, अपने प्रिय पुत्र को बताते हुए कहा कि, "हज़रत शाहंशाह ने जब शिशु अवस्था में ऐसा विचित्र प्रदर्शन किया तो फिर युवावस्था को प्राप्त हो कर यदि इस करामत का प्रदर्शन करें तो कोई आश्चर्य की बात नहीं, कारण कि प्रत्येक कार्य का एक समय होता है और प्रत्येक बात का एक अवसर। मेरे इस रहस्य को किसी को न बताने का यह कारण था कि मैं जिससे भी कहती वह विश्वास न करता अपितु शत्रु लोग मेरी बात को मेरी मूर्खता एवं बुद्धि की कमी बताते। इस बात की मिठास उनकी इच्छाओं की स्वादेन्द्रिय को कड़ुवा बना देती। इसके अतिरिक्त मुझे इसके बताने की अनुमति भी न थी। हे पुत्र ! इस समय जब तुझसे मैंने सर्प की बात सुनी तो उस रहस्य के अनावरण हेतु अपने होंठ खोले कारण कि वह अल्पा-

१ ईसा मसीह। मुसलमानों के विश्वासनुसार ईसा मसीह झूले में बात करते थे।
२ पालम : देहली के समीप, जहाँ अब हवाई अड्डा है।
३ एक पैग़म्बर; मोज़ेज़।
४ पैग़म्बरों का चमत्कार।
५ हज़रत मूसा का हाथ जिसे खोल देने से प्रकाश फैल जाता था।

वस्था का प्रदर्शन था और यह युवावस्था का। हे प्रिय पुत्र! उस करामात के प्रदर्शन करने वाले, जो संकेत तथा मक़ामात प्रदर्शित कर रहा है, पर कोई आश्चर्य न होना चाहिए।"

(१८८) इन सम्मानित घटनाओं के संकलनकर्ता अबुलफ़ज़्ल ने ये दोनों घटनायें यद्यपि विश्वस्त व्यक्तियों से सुनी थीं किन्तु उस इफ़्फ़त मआब से भी स्वयं सुनीं। लेखक ने इस दैवी प्रकाश के पौधे के जिन पवित्र कमालों तथा उत्कृष्ट चमत्कारों का स्वयं अपने नेत्रों से अवलोकन किया है एवं अपनी बुद्धि की दृष्टि से जिनपर विचार किया है वे मनुष्य के अनुमान एवं मानव की कल्पनाओं के बाहर हैं। निःसन्देह मीर्ज़ा अज़ीज़ कोका की प्रिय माता ने जो बातें बताईं वे संसार को बाह्य दृष्टि से अवलोकन[1] करने वालों के लिए और जो कुछ इस तुच्छ ने देखा वह आध्यात्मिक दृष्टि[2] रखने वालों के लिए आश्चर्यजनक है।

हज़रत जहाँबानी जन्नत आशियानी की सेना का क़न्धार की ओर प्रस्थान और वहाँ से हिजाज़ की यात्रा करना एवं एराक़ के प्रस्थान का संकल्प

दैवी इच्छा एवं ईश्वर की कृपा से जिस पादशाह के भाग्य का उत्कृष्ट ख़िलअत, स्थायित्व द्वारा सुशोभित होता है एवं जिसके गौरव और सल्तनत के राजसिंहासन के पाये को दृढ़ता तथा मज़बूती द्वारा सम्मान प्रदान होता है उसके मार्ग में यदि कुछ परिवर्तन-शील एवं अस्थायी दुर्घटनायें बाधक हो जाती हैं तो उनका वास्तव में कोई अस्तित्व नहीं होता। उन गुत्थियों का परिणाम सराहनीय होता है। अल्पदर्शी लोग उन्हें भूलों का कारण समझ कर चिन्ता में पड़ जाते हैं। किन्तु उच्च साहस वाले उन्हें प्रताप के गाल का तिल समझ कर उन्हें नज़र न लगने का साधन समझते हैं। भाग्यशाली को अपने मार्ग में जिन कष्टों का सामना करना पड़ता है उन्हें वह अपनी प्रवीणता के लिए सहारा समझता है किन्तु अभागे लोग लोक तथा परलोक में उसे अपना घाटा समझ कर विलाप के गिरीबान में मुंह डाले रहते हैं[3]। नक्षत्रों की वापसी—जो आकाश की सातों इक़लीमों के शासन के अनुरूप है—इस स्थिति का प्रमाण है और इस दशा का उदाहरण है। यद्यपि संसार को प्रकाश देने वाला सूर्य बादल एवं धूल के कारण दृष्टि से छिप जाता है किन्तु वास्तव में वह संसार वालों की आँख के सामने आजाने वाले आवरण से अधिक नहीं होता और उसे कोई हानि नहीं पहुँचती। जब वह देखने में छिप जाता है तो दैवी आतंक की आँधी धूल को उड़ा कर मिट्टी मे बैठा देती है। इसके अतिरिक्त सूर्योदय एवं सूर्यास्त एक उचित मार्ग-दर्शक मशाल के समान हैं। प्रकाश के भंडार की जो स्थिति एवं दशा पूर्व में होती है तदनुरूप दशा जब कि वह पश्चिम में परदे में जाने लगता है तब भी होती है। उसकी जो दशा मध्याह्न के समय, जब वह उन्नति की चरम सीमा पर होता है, रहती है वही निश्चित रूप से अर्ध रात्रि में भी होती है, भेद केवल मिट्टी

१ 'असहाबे ज़ाहिर'।
२ 'अरबाबे बातिन'।
३ चिन्ता में पड़े रहते हैं।

से उत्पन्न एवं मुट्ठी भर मिट्टी की[1] दृष्टि का है अन्यथा उसके ऐश्वर्य का शिखर उससे कहीं अधिक पवित्र है जितना दोषपूर्ण लोगों की कल्पनायें समझ सकती हैं। इन कारणों से जो कोई (१८९) भाग्यशाली मुकुट-धारियों के प्रति दुर्भावनायें रखता है, वह अन्त में अपने दुराचार के दुष्परिणाम में ग्रस्त हो जाता है और अपने विनाश का कारण बन जाता है। इस तथ्य का दर्पण हज़रत जहाँबानी जन्नत आशियानी का शिक्षा-प्रद इतिहास है कि अल्प समय में उनके इक़बाल का दामन, जिसपर दुर्घटनाओं की धूल पड़ी थी, दैवी कृपा के झरने से धुल गया और समस्त कृतघ्नों ने अपने दुराचार का दुष्परिणाम भोग लिया। उनकी दशा एवं उनके सौभाग्य का खलिहान दैवी कोप के विद्युत् से जल गया और इन अभागों के अस्तित्व का चिह्न संसार के पृष्ठ से मिट गया। इस प्रकार दरिद्रता की कठिनाइयों एवं चिन्ताओं, समृद्धि के उच्च स्थानों एवं उन्नतियों का उल्लेख अपने स्थान पर होता रहेगा।

हुमायूं की एकान्तवास ग्रहण करने की इच्छा

संक्षेप में, क्योंकि हज़रत जहाँबानी जन्नत आशियानी का पवित्र हृदय इस नश्वर संसार की लीलाओं के कारण फीका पड़ गया था और सिन्ध की विलायत की ओर से उनका उत्कृष्ट ध्यान हट गया था अतः उनके हृदय में आया कि टट्टा के हाकिम से एक प्रकार की संधि करके वे क़न्धार चले जायें, जब उत्कृष्ट सेना वहाँ पहुँच जाय तो हज़रत शाहंशाह को दरबार के कुछ विशेष व्यक्तियों सहित ईश्वर की रक्षा में छोड़ कर एकान्तवास के सन्मार्ग पर अग्रसर हो जायें, तथा ध्यान एवं मनन के ज़ीनों पर हुमा के समान चढ़ जाय और दैवी प्रेम के उच्च शिखर को अपने साहस के अधीन कर लें। जिस प्रकार हृदय के क़िबला[2] के तवाफ़[3] से सम्मानित होकर उन्हें आध्यात्मिक लाभ प्राप्त हुआ है, उसी प्रकार मिट्टी के काबे[4] की ओर भी महमिल ले जाकर वाह्य रूप को आध्यात्मिक रूप के समान बना लें। जिस प्रकार आध्यात्मिक चित्रशाला सजा ली है उसी प्रकार बाह्य भवन को भी शोभा दे लें ताकि इस बात से लोगों के हृदय संतुष्ट हो जायें और ज़ाहिरी रूप देखने वालों एवं सरल स्वभाव के लोगों के लिए वास्तविक पथ-प्रदर्शन का साधन बन जायें।

टट्टा के हाकिम से सन्धि

वे इसी सोच विचार में थे कि टट्टा के हाकिम[5] ने उनके इस उद्देश्य से अवगत होकर अपने सौभाग्य के लिए संधि सम्बन्धी प्रार्थना-पत्र भेजे। क्योंकि हज़रत जहाँबानी के साहस की ऊँची उड़ान उड़ने वाले शाहबाज़ ने अनक़ा[6] के शिकार हेतु अपने पर खोल रक्खे थे और दूरदर्शी

१ मनुष्य।
२ मक्का का वह स्थान जिसकी ओर मुँह करके मुसलमान लोग नमाज़ पढ़ते हैं ; काबा।
३ किसी पवित्र स्थान, मज़ार इत्यादि के चारों ओर श्रद्धापूर्वक फिरना; एक प्रकार की परिक्रमा।
४ मक्का का वह स्थान जिसकी ओर मुँह करके मुसलमान नमाज़ पढ़ते हैं; क़िबला।
५ शाह हुसेन।
६ एक ऐसा पक्षी जो अप्राप्य बताया जाता है; यह काल्पनिक ही है।

निगाहें साधारण शिकारों की उपेक्षा करने लगी थीं और ऊँचे घोंसलों पर पड़ने लगी थीं अतः उनकी प्रार्थना स्वीकार कर ली गई। अरग़ून लोग जो व्याकुल हो चुके थे, संधि के सुखद समाचार से हर्ष-उल्लास की टोपी आकाश की ओर उछालने लगे। उन लोगों ने इस बात को अपने उद्देश्य की पूर्ति एवं आशा के विरुद्ध ईश्वर की देन समझ कर अत्यधिक उपहार भेजे और नाना प्रकार से क्षमा-याचना की।

हुमायूं का क़न्धार की ओर प्रस्थान

हज़रत जहाँबानी स्वयं ७ रबी-उल-आख़िर ९५० हि० (१० जुलाई १५४३ ई०) को जून क़स्बे से सीवी[1] के मार्ग से होते हुए क़न्धार के लिए रवाना हुए। मीर्ज़ा अस्करी पादशाही सेना के समाचार सुनकर, मीर्ज़ा कामरान के आदेशानुसार तथा अपनी दुष्टता के कारण क़िले को दृढ़ बना कर एक बहुत बड़ी सेना सहित कुत्सित विचारों से उत्कृष्ट शिविर की ओर रवाना हुआ, ताकि अत्याचार प्रदर्शित करते हुए (हज़रत जहाँबानी) को बन्दी बना ले। इसी बीच में अमीर अल्लाह दोस्त, जो अपने युग का बहुत बड़ा विद्वान् था और कुछ समय से मीर्ज़ा काम-
(१९०) रान का वकील रह चुका था, तथा शेख़ अब्दुल वह्हाब (शेख़ पूरान की सन्तान), जो मीर्ज़ा कामरान की ओर से शाह हुसेन बेग अरग़ून के पास उसकी पुत्री का विवाह मीर्ज़ा कामरान से करने की प्रार्थना लेकर जा रहे थे, शाही सेना के समाचार सुन कर सीवी के क़िले में प्रतिरक्षा हेतु चले गये। हज़रत जहाँबानी ने मीर[2] अल्लाह दोस्त के पास सम्मानित फ़रमान भेज कर उन्हें बुलवाया किन्तु उन लोगों ने दुर्भाग्यवश सेवा में उपस्थित होने के सम्मान की उपेक्षा करके बहाना बना दिया और कहलाया कि "क़िले वाले हमें नहीं छोड़ते"।

मीर्ज़ा अस्करी का विरोध

जब उत्कृष्ट सेना ने शाल[3] के क्षेत्र में जो क़न्धार से लगभग ३० फ़रसख़[4] पर है पड़ाव डाला तो जलालुद्दीन बेग के आदमियों ने जो समाचार लाने के लिए नियुक्त थे पादशाही सेवकों में से दो व्यक्तियों को, जो आगे यात्रा करते हुए सरचश्मा[5] पर पहुँच गये थे, बन्दी बना लिया। जलालुद्दीन बेग मीर्ज़ा कामरान का एक उच्च पदाधिकारी था और इस क्षेत्र में उसकी जागीर थी। उन दो में से एक आदमी अवसर पाकर उन लोगों के चंगुल से मुक्त हो गया और उसने पहुँच कर उन दुष्टों का हाल तथा उनकी दशा देख कर जो पता लगाया और उस समूह द्वारा जो कुछ सुना था सम्मानित सेवा में कह दिया। हज़रत जहाँबानी को इस समूह की कृतघ्नता का ज्ञान हो गया अतः क़न्धार की ओर प्रस्थान उचित न समझ कर वह विचार त्याग दिया और मश्तंग[6]

१ सीवी : सिविस्तान अथवा सेहवान का दूसरा नाम।
२ अमीर।
३ कोएटा, जो क़न्धार के दक्षिण-पूर्व में १३० मील पर है।
४ मूल पुस्तक में 'तीन' किन्तु एक पुस्तक में ३०, लगभग १५० मील।
५ सम्भवतः कोएटा से पश्चिम दिशा में उत्तर की ओर, ६० मील पर।
६ कोएटा के दक्षिण-पश्चिम में दक्षिण की ओर ३० मील पर कोएटा एवं ख़िलात के मध्य में।

की ओर संकल्प की लगाम मोड़ी। पायंदा मुहम्मद वैसी, आज्ञा लेकर क़न्धार की ओर चल दिया। उसके द्वारा एक कृपा-युक्त फ़रमान अपने पवित्र हाथों से लिख कर (हज़रत जहाँबानी ने) मीर्ज़ा अस्करी के पास भेजा जिसमें लिखा कि, "निष्ठुर एवं निष्ठाहीन भाई को ज्ञात हो।" उस पत्र में उन्होंने अत्यधिक उपदेश दिये, किन्तु उसके पास सत्य को सुनने वाला कान एवं प्रतिभाशाली तथा बुद्धि से परिपूर्ण हृदय कहाँ था? उसने उन परामर्शों को सुना अनसुना कर दिया और अधिक से अधिक अत्याचार पर तुल गया।

मीर्ज़ा अस्करी का हुमायूं के विरुद्ध प्रस्थान

क़ासिम हुसेन सुल्तान, मह्दी क़ासिम खां तथा अस्करी मीर्ज़ा के बहुत से सेवकों ने उसे जाने से रोका कि कहीं इस परेशानी में (हज़रत जहाँबानी) विवश होकर एराक़ की ओर न चले जायें और फिर बहुत बड़ी आफ़त खड़ी हो जाय। अबुल ख़ैर तथा दुष्टों के एक समूह ने घर को नष्ट करने वाली चाटुकारी की बातें, जो देखने में अच्छी लगती हैं और वास्तव में जिनके द्वारा ख़राबी अथवा विनाश के अतिरिक्त कुछ भी नहीं निकलता, बना कर मीर्ज़ा को झूठे विचारों पर दृढ़ कर दिया। उस दिन प्रातःकाल जो उसके पतन की सायं[1] थी वह दुर्भावनाओं सहित मस्तंग की ओर रवाना हुआ। एक-दो कोस की यात्रा उपरान्त उसने अपने सेवकों से पूछा कि, "इस मार्ग को किसी ने देखा है?" जी बहादुर ऊज़बेक ने, जो क़ासिम हुसेन सुल्तान का सेवक था, और इस समय मीर्ज़ा की सेवा में प्रविष्ट हो गया था, कहा कि, "इस मार्ग को मैं भली भाँति (१९१) जानता हूँ और कई बार आ जा चुका हूँ।" मीर्ज़ा ने उत्तर दिया, "सच कहता है। वह इस क्षेत्र का जागीरदार[2] रह चुका है।" उसे आदेश दिया कि, "आगे आगे चल और मार्ग दिखा।" उसने निवेदन किया, कि, "मेरा टट्टू बड़ा ख़राब है।" मीर्ज़ा ने तरसून बरलास को, जो उसका एक सेवक था, आदेश दिया कि, "अपना घोड़ा उसे दे दो।" उसने अपनी आवश्यकता का बहाना किया किन्तु उसे विवश होकर घोड़ा देना पड़ा। जी बहादुर, जो इससे पूर्व हिन्दुस्तान में हज़रत जहाँबानी के सेवकों में सम्मिलित था, अपने सौभाग्य के पथप्रदर्शन के कारण वहाँ से कुछ आगे बढ़ा और फिर घोड़ा सरपट भगाता हुआ बैराम खां के शिविर में पहुँचा और वास्तविक स्थिति का विवरण दिया।

तरदी बेग आदि का घोड़े न देना

बैराम खां उसके साथ हज़रत जहाँबानी की सेवा में पहुँचा और उस कृतघ्न[3] के शोचनीय संकल्प की चर्चा की। हज़रत जहाँबानी ने कुछ लोग तरदी बेग खां एवं कुछ अन्य सेवकों के पास इस आशय से भेजे कि वे कुछ घोड़े भेज दें। उन नीच कृपण लोगों ने इस सौभाग्य की ओर ध्यान न दिया और नाहीं कर दी। हज़रत (जहाँबानी) की इच्छा थी कि वे स्वयं सवार होकर

१ अबुलफ़ज़ल ने सायं शब्द का प्रयोग मीर्ज़ा अस्करी के प्रातःकाल प्रस्थान करने के कारण किया है।

२ सम्भवतः उसके स्वामी के जागीरदार होने से तात्पर्य है।

३ मीर्ज़ा अस्करी।

उन लोगों को मज़ा चखा दें और उनके दुराचार का बदला उनकी गोद में डाल दें। बैराम ख़ां ने निवेदन किया, "समय बड़ा थोड़ा है। यह विलम्ब करने का अवसर नहीं। कृतघ्नों को दैवी कोप के लिए छोड़कर आप अपने उद्देश्य की ओर अग्रसर हों।"

हुमायूं का ईरान की ओर प्रस्थान

उसकी प्रार्थना स्वीकार करके हज़रत जहाँबानी अपने थोड़े से निष्ठावान् सेवकों के के साथ रेगिस्तान की ओर चल खड़े हुए और काबुल तथा क़ंधार के विचार त्यागकर हिजाज़[1] की यात्रा के उद्देश्य से एराक़[2] की ओर रवाना होकर वियोग के मार्ग पर अग्रसर हुए। ख़्वाजा मुअज़्ज़म, नदीम कूकुल्ताश, मीर ग़ज़नवी तथा ख़्वाजा अम्बर नाज़िर को आदेश दिया कि "हज़रत शाहंशाह ईश्वर की कृपा की रक्षा एवं आश्रय के झूले में हैं। उनके प्रताप के दामन पर कष्ट की धूल नहीं पड़ सकती, जिस प्रकार सम्भव हो हज़रत मरियम मकानी की सम्मानित सवारी को उत्कृष्ट सेना में पहुँचा दो।" उन भाग्यशालियों ने भागकर उचित सेवायें सम्पन्न कीं। उन्होंने थोड़ी-सी यात्रा की थी कि कृतघ्नों के हृदय से भी अधिक काली रात प्रकट हो गई। बैराम ख़ां ने निवेदन किया कि, "प्रकाशमान विवेक[3] को मीर्ज़ा अस्करी के धन-सम्पत्ति का लोभी होने का ज्ञान है। इस समय मीर्ज़ा निश्चिन्त होकर अपने दो-तीन नवीसिन्दों[4] को लिए हुए ख़ेमे में बैठा सम्मानित शिविर के माल असबाब की सूची देख रहा होगा। राज्य के हित में यही उचित होगा कि दैवी कृपा पर भरोसा करके हम उस ख़ेमे पर टूट पड़ें और उसके कार्य को ठिकाने लगा दें। यद्यपि मीर्ज़ा शत्रु बन गया है किन्तु उसके समस्त सेवक इस दरबार के नमक के पले हुए हैं। वे अवश्य सेवा में सम्मिलित हो जायेंगे।" हज़रत ने जहाँ तक व्यवहारिक दृष्टि एवं औचित्य का संबंध था, इस परामर्श की प्रशंसा की किन्तु हृदय की पवित्रता एवं शान्ति-प्रियता के कारग इस योजना (१९२) पर आचरण करना स्वीकार न किया और कहा, "अब हम परदेश की ओर चल खड़े हुए हैं तथा हमने लम्बी-चौड़ी यात्रा प्रारम्भ कर दी है। अब उस संकल्प का खंडन न करें।[5]" हज़रत शाहंशाह को एक बार पुनः हज़रत ज़ुल जलाल[6], जो आफ़तों एवं ख़तरों को दूर करता है, को सौंपकर अज़ली[7] आदेशों को अपना पथप्रदर्शक बनाया और अबदी[8] कृपाओं को प्रत्येक स्थान के लिए अपना सहायक बनाकर, साहस के घोड़े पर सौभाग्य की ज़ीन बाँधी तथा सावधानी का पाँव तवक्कुल[9] की रिकाब में रखकर अग्रसर हुए।

१ मक्का इत्यादि।
२ ईरान।
३ हुमायूं से तात्पर्य है।
४ मुन्शियों।
५ मक्का की ओर प्रस्थान का संकल्प।
६ ईश्वर।
७ अनादि काल के।
८ अनन्त तक रहने वाली।
९ सांसारिक साधनों का भरोसा छोड़कर समस्त कार्य ईश्वर की इच्छा पर छोड़ देना।

मीर्ज़ा अस्करी द्वारा हुमायूं के शिविर पर अधिकार

मीर्ज़ा अस्करी ने, जो नीच विचारों सहित मस्तंग के समीप पहुँच चुका था, मीर अबुल हसन सद्र को इस आशय से आगे रवाना कर दिया कि वह बढ़ कर यदि हज़रत जहाँबानी का जाने का विचार हो तो बातों में लगा ले और उन्हें रोके रक्खे। जिस समय हज़रत जहाँबानी सवार हो रहे थे, मीर पहुँच गया और उसने मीर्ज़ा की ओर से कुछ सन्देश पहुँचाने के बहाने से उन्हें रोकना चाहा। हज़रत जहाँबानी ने दैवी प्रेरणा से उसकी बकवास की ओर कोई ध्यान न दिया और अपनी यात्रा हेतु अग्रसर हो गए। मीर्ज़ा अस्करी ने बाद में पहुँच कर शाह वलद, अबुल ख़ैर एवं बहुत बड़ी संख्या में अपने आदमियों को भेजकर शिविर का अवरोध करा लिया और आदेश दिया कि कोई भी शिविर के बाहर न जाने पाये। उसे जी बहादुर के सूचना देने एवं हज़रत जहाँबानी के प्रस्थान के सविस्तार समाचार मीर अबुल हसन सद्र द्वारा ज्ञात हुए। तरदी बेग ख़ां एवं समस्त कृतघ्न सेवक मीर्ज़ा की सेवा में उपस्थित हुए। मीर्ज़ा ने सबको अपने विश्वास-पात्रों को सौंप दिया।

मीर्ज़ा अस्करी की सेवा में अकबर का प्रस्तुत किया जाना

जो अल्पदर्शी बुरे दिन एवं दुष्परिणाम की ओर ध्यान नहीं देता तथा निर्लज्जता एवं दुष्टता के मार्ग पर अग्रसर होता है वह वास्तव में अपने पाँव में स्वयं कुल्हाड़ी मारता है और अपने आप को दैवी दुर्भाग्यों एवं आफ़तों का शिकार बनाता है। इस प्रकार विश्व के इतिहास के पृष्ठों का अध्ययन करने वालों से यह बात छिपी नहीं है। मीर ग़ज़नवी जब मीर्ज़ा अस्करी की सेवा में उपस्थित हुआ तो मीर्ज़ा ने पूछा, "हम बादशाह से भेंट करने के लिए आये थे। वे रेगिस्तान के मार्ग से किस ओर चले गए?" उसने पुनः पूछा कि, "मीर्ज़ा (अर्थात् हज़रत शाहंशाह) कहाँ हैं?" मीर ग़ज़नवी ने कहा, "अपने स्थान पर हैं।" मीर्ज़ा ने कहा, "खूब! मेवे से लदा एक ऊँट मीर्ज़ा के रिकाबख़ाने[1] में भेज दो। हम भी आ रहे हैं।" रात्रि में वह अपने ख़ेमे में एक दो नवीसिन्दे लिए हुए, जो सामान पादशाही सरकार से लाया गया था, उसका निरीक्षण करता जाता था और उन्हें लिखवाता जाता था। इस समय वही दृश्य था जिसका बैराम ख़ां ने अपनी कुशाग्र बुद्धि से अनुमान लगाकर निवेदन किया था। दूसरे दिन नाश्ते[2] के समय मीर्ज़ा नक़्क़ारा बजवाता हुआ अपने स्थान से सम्मानित शिविर में पहुँचा। हज़रत जहाँबानी के दौलतख़ाने[3] के द्वार पर पहुँचकर छोटे-बड़े सभी लोगों को बन्दी बना लिया। तरदी बेग ख़ां को शाह वलद को सौंप दिया। समस्त कृतघ्न सेवकों को अपने आदमियों के हवाले कर दिया और क़न्धार लेता गया। बहुत-से लोगों को (१९३) दारुण वेदना देकर मरवा डाला। तरदी बेग से अत्यधिक धन वसूल किया। इस प्रकार अल्प समय में उसे अपनी दुष्टता का बदला मिल गया किन्तु ऐसे घोर पाप का यह प्रतिकार

१ भंडारगृह, मोदीख़ाना।
२ लगभग ९ बजे प्रातः।
३ शाही ख़ेमा।

कभी नहीं हो सकता। इस आफ़त के तूफ़ान को (उन दुष्टताओं के) बदले की धूल कहा जाय तो भी कम है।

शेर

'यदि कोई अभागा तथा दुष्ट,
उपदेशक के उपदेशों से ठीक हो जाय।
अन्त में रहस्य खुल जाता है,
तव उसकी सच्ची प्रवृत्ति स्पष्ट हो जाती है।'

मीर्ज़ा अस्करी का अकबर एवं हुमायूं के आदमियों को क़न्धार ले जाना

जो लोग भाग्य के रहस्यों को समझते हैं उन्हें ज्ञात है कि जब अज़ल के चुने हुए व्यक्ति के इक़वाल के हाथ को सल्तनत की (अँगूठी के) नगीने द्वारा शोभा प्रदान होती है एवं उसके राज्य के शीर्ष को खिलाफ़त के मुकुट से सम्मानित किया जाता है तो ऐश्वर्य की किरणें, उसके जीवन के कार्यों के ललाट से प्रकट हुआ करती हैं। हज़रत शाहंशाह के सम्बन्ध में परोक्ष से जो विचित्र घटना घटी और उससे जो फ़ाल[1] निकाली गई वह यह थी : जब मीर्ज़ा अस्करी उत्कृष्ट शिविर में पहुँचा और दुष्टता प्रदर्शित करने लगा तो मीर ग़ज़नवी एवं माहम आग़ा[2], हज़रत शाहंशाह को आदर-सम्मान के कंधों एवं रक्षा की गोद में लाईं। यद्यपि मीर्ज़ा ने उनकी ओर (अनेक वार) दृष्टि डाली एवं हँसा तथा मुस्कुराया किन्तु वे इस कारण कि संसार के शिशुओं में प्रवीणता के संग्रह थे, अल्पावस्था के वावजूद प्रसन्न न हुए। उनके हृदय का न खुलना[3] उनके ललाट से प्रकट होता था। मीर्ज़ा ने सिर झुकाकर कहा, "मालूम है कि किसका पुत्र है। मुझसे कैसे प्रसन्न हो सकता है?" कुछ देर वाद मीर्ज़ा की अंगूठी की ओर, जो उसके गले में लटकी थी और जिसका लाल डोरा दिखाई दे रहा था, वालकों के समान (नहीं-नहीं, प्रताप की शक्ति से) हाथ लपकाया और उसे ले लेना चाहा। मीर्ज़ा ने उसे तत्काल अपनी ग्रीवा से निकालकर हज़रत शाहंशाह को प्रदान कर दिया। दरवार के कुशाग्र बुद्धि वालों ने इस घटना से सौभाग्यशाली फ़ाल निकाली और समझ गए कि शीघ्र ही राज्य की मुहर एवं सल्तनत की (अँगूठी का नगीना) उन्हें प्राप्त हो जायगा, दैवी कृपा के झरने से वहता हुआ जल नहर में पहुँच जायगा।

मीर ग़ज़नवी का अकबर को कोका बहादुर को न देना

वहाँ से हज़रत शाहंशाह दैवी कृपा से मीर्ज़ा अस्करी के साथ क़न्धार की ओर रवाना हुए। उठते-बैठते, सोते-जागते ऐश्वर्य एवं शासन की किरणें हज़रत शाहंशाह के ललाट से फूटती रहती थीं। मार्ग में कोका वहादुर ने, जो मीर्ज़ा अस्करी का एक विश्वासपात्र था, हज़रत शाहंशाह के कजावे[4] के समीप आकर मीर ग़ज़नवी से कहा, "यदि मीर्ज़ा को मुझे दे दो तो मैं उन्हें हज़रत पादशाह

१ किसी घटना अथवा किसी व्यक्ति से पहले पहल मिलकर या किसी बात से कोई शकुन निकालना।
२ माहम अनगा तथा माहम आग़ा दोनों लिखा जाता था और दोनों ही ठीक हैं।
३ प्रसन्न न होना।
४ ऊँट का हौदा जिसमें दोनों ओर आदमी बैठते हैं।

के पास पहुँचा दूं।" मीर ने उत्तर दिया, "क्योंकि हज़रत बादशाह स्वयं उन्हें नहीं ले गए अतः वे छोड़ जाना ही उचित समझते थे। मैं उनके सम्मानित आदेश के बिना यह धृष्टता कैसे कर (१९४) सकता हूँ?" बहादुर ने कहा, "मैंने हज़रत (जहाँबानी) की सेवा का संकल्प कर लिया है और चाहता हूँ कि ऐसे अवसर पर जब वे अकेले हैं सेवा कर सकूं। इस समय तुम नहीं चाहते कि मैं यह सौभाग्य प्राप्त करूँ तो हज़रत शाहंशाह की कोई निशानी दे दो जो मैं हज़रत जहाँबानी की सेवा में प्रस्तुत कर सकूं।" मीर ग़ज़नवी ने शाहंशाह की टोपी, जो सौभाग्य के चन्द्रमा का मुकुट थी, बहादुर को देकर सम्मानित किया।

अकबर का पालन पोषण

मीर्ज़ा अस्करी ने हज़रत शाहंशाह को १८ रमज़ान ९५० हि० (१५ दिसम्बर १५४३ ई०) को क़न्धार ले जाकर भीतरी क़िले के ऊपर अपने निकट उनका स्थान निश्चित कर दिया। माहम आग़ा, जीजी अनगा तथा अतगा ख़ां सर्वदा उनकी सेवा किया करते और इस प्रकार पवित्र नूर से लाभान्वित होते रहते थे। मीर्ज़ा ने प्रताप के उस पौधे को, जो दैवी रक्षा की छाया में पल रहा था, अपनी पत्नी सुल्तान बेगम[1] को सौंप दिया। वह इफ़्फ़त मआब अत्यधिक बुद्धिमत्ता के कारण उनके प्रति बड़ा प्रेम एवं सेवा-भाव प्रदर्शित किया करती थी। वह दिखाने को तो उनकी देखभाल करती थी किन्तु वास्तव में अपने आप को नूरे मुतलक़[2] के बराबर रखकर रोशनी हासिल किया करती थी। नित्य-प्रति प्रतिष्ठा का ऐश्वर्य सौभाग्य के उस संसार के नूर से परिपूर्ण ललाट से अधिक से अधिक दृष्टिगत होता रहता था। जिस किसी का पालन-पोषण ईश्वर का आश्रय करता हो और जिसमें ईश्वर का नूर हो उसके विषय में अशुभ-चिन्तकों में शुभ चिन्ता के अतिरिक्त अन्य विचार नहीं आते। इस प्रकार ईश्वर की इच्छा ने ऐसी अवस्था में जब माता-पिता के प्रेम की अधिक आवश्यकता होती है उनका पालन-पोषण प्राणों के शत्रु से कराया ताकि बुद्धिमत्ता के राज्य के दूरदर्शी लोगों की निष्ठा का पाँव दृढ़ हो जाय एवं सरल स्वभाव के अल्पदर्शी लोगों को शिक्षा का दीप प्राप्त हो सके, दैवी रक्षा एवं आकाश की देखरेख का तथ्य मित्र एवं शत्रु को ज्ञात हो सके।

अकबर की स्मरणशक्ति

मैंने हज़रत शाहंशाह की पवित्र ज़बान से उन्हें यह कहते हुए सुना है कि, "मुझे अपनी एक वर्ष की अवस्था का हाल, विशेष रूप से जब हज़रत जहाँबानी एराक़ की ओर रवाना हुए और लोग मुझे क़न्धार ले गए, भली भाँति याद है। उस समय मैं एक वर्ष ३ मास का था[3]।"

मीर्ज़ा अस्करी का अकबर को तुर्कों की प्रथानुसार पगड़ी मारकर गिराना

एक दिन अदहम ख़ां की माता माहम अनगा ने जो सौभाग्य के उस पौधे की देख-

१ वह भी गुलबदन बेगम के साथ १५७४ ई० में हज को गई थी।

२ पूर्ण नूर; वह प्रकाश जिसमें कोई अन्य वस्तु सम्मिलित न हो।

३ १५ अक्तूबर १५४२ से १५ दिसम्बर १५४३ ई०, लगभग १४½ हि० मास।

रेख हेतु नियुक्त थीं, मीर्ज़ा अस्करी से निवेदन किया कि, "तुर्कों[1] की प्रथा है कि जब पुत्र अपने पाँव चलने लगता है तो पिता अथवा बड़ा बाप या जो कोई उनके स्थान पर हो अपनी पगड़ी सिर से उतारकर उस प्रिय पुत्र के चलने के समय उसे मारता है और वह आशा का पौधा भूमि पर गिर पड़ता है। इस समय हज़रत जहाँबानी यहाँ नहीं हैं। आप सम्मानित पिता के स्थान पर हैं। उचित होगा कि इस शकुन को, जो नज़र से बचने वाले दाने के समान है, पूरा करें।" मीर्ज़ा ने तत्काल अपनी पगड़ी लेकर "मेरी ओर फेंकी और मैं गिर पड़ा।" वे कहा करते हैं कि, "इधर मारना और उधर गिरना मुझे स्पष्ट रूप से याद है।"

अकबर का मूंडन

"इसके अतिरिक्त आशीर्वाद हेतु मेरे बाल मुंडवाने लोग मुझे बाबा हसन अब्दाल[2] (१९८) के मज़ार पर ले गए। उस मार्ग की यात्रा तथा सिर के बाल का मुंडवाया जाना स्पष्ट रूप से उसी प्रकार दृष्टि के समक्ष है।"

जिस किसी के आशीष-प्राप्त हृदय में दीप जल रहे हों उसके विषय में इस प्रकार की सैकड़ों अपितु इससे भी अधिक बातें कही जायं तो कोई आश्चर्य न होना चाहिए।

जब बात यहाँ तक पहुँच गई तो विवरण को पूरा करने के लिए शेर ख़ां का शेष हाल, मीर्ज़ा हैदर का कश्मीर को प्रस्थान, मीर्ज़ा कामरान का जो काबुल तथा मीर्ज़ा हिन्दाल का जो क़न्धार चला गया था एवं यादगार नासिर मीर्ज़ा का जो विद्रोह करके बक्कर में रह गया था हाल बता देना परमावश्यक है ताकि ज्ञान की खोज करने वाले चेतावनी प्राप्त करके, अपने जागरूक भाग्य की शक्ति से सावधानी एवं सदाचार का जीवन व्यतीत कर सकें।

शेर ख़ां का शोचनीय अन्त

यह बात छिपी न रहनी चाहिये कि शेर ख़ां ने ब्याह[3] नदी पार करके धीरे-धीरे क़दम बढ़ाया। युद्ध की अपार सामग्री के बावजूद वह अत्यधिक सावधान रहता था कि कहीं किसी ओर से पादशाही सेना के वीर, रण-क्षेत्र में पाँव जमाकर बदला न ले लें और उसके षड्यंत्र का एका-एकी अन्त न कर दें। उसने एक बहुत बड़ी सेना आगे भेज दी थी और युद्ध के विषय में अत्यधिक

१ मूल पुस्तक में 'बुज़ुर्गों' किन्तु कुछ हस्तलिपियों में 'तुर्कों'। यही अधिक उचित है।

२ वे सब्ज़वार (ईरान) के सैयिदों में से थे। जब वे ईश्वर के प्रेम में ग्रस्त हो गये तो मक्का-मदीना के दर्शनार्थ पहुँचे। कुछ समय तक उस क्षेत्र में रहे। तीमूर के पुत्र मीर्ज़ा शाहरुख़ के राज्यकाल में टर्की तथा हिजाज़ से लौटकर सब्ज़वार पहुँचे। शाहरुख़ मीर्ज़ा बाबा हसन अब्दाल का बहुत बड़ा भक्त था और हिन्दुस्तान की यात्रा में बाबा को वह अपने साथ ले गया। लौटते समय वे लंगर क़न्धार नामक स्थान पर ठहर गये और अपना शेष जीवन वहीं व्यतीत कर दिया। उनका मज़ार अरग़न्दाब के समीप है। शुक्रवार के दिन क़न्धार के अधिकांश स्त्री-पुरुष, सर्व-साधारण एवं सम्मानित लोग दर्शनार्थ जाते हैं और नगर में बहुत कम लोग रह जाते हैं तथा वहाँ बहुत बड़ी भीड़ एकत्र हो जाती है। (सैयिद मुहम्मद मासूम बक्करी : **तारीख़े सिन्ध**, पृ० १३३-१३४)।

३ ब्यास।

सावधान था। कुछ दिन उपरान्त जब मीर्ज़ा कामरान की फूट एवं समस्त भाइयों का विरोध निकट तथा दूर वालों सभी को ज्ञात हो गया तो वह लाहौर पहुँचा और वहाँ से ख़ुशाब[१]। कुछ दिन तक भीरा[२] एवं उस क्षेत्र में रहा और सुल्तान सारंग गक्खर[३] तथा सुल्तान आदम को बुलवाने के लिए, जो उस क्षेत्र के प्रभावशाली ज़मींदार थे, आदमी भेजे। इन लोगों ने हज़रत गेती सितानी फ़िरदौस मकानी के आश्रित होने तथा इस उत्कृष्ट वंश से आजीवन लाभान्वित होने के कारण[४] उसकी बात पर स्वीकृति के कान न धरे।[५] शेर ख़ां वहाँ से घक्करों के प्रदेश में हथियापुर[६] की ओर बढ़ा और उनके विरुद्ध एक बहुत बड़ी सेना भेजी। घक्करों ने बड़ी वीरता से युद्ध करके अफ़ग़ानों की सेना को पराजित कर दिया। बहुत बड़ी संख्या में अफ़ग़ान वन्दी बना लिये गये और बेच डाले गए। शेर ख़ां स्वयं उनके विरुद्ध प्रस्थान करना चाहता था। उसने अपने हितैषियों से परामर्श किया। सब लोगों ने यह सलाह दी कि, "इस क़बीले के लोग दृढ़ पर्वत एवं कठिन भूमि में बसे हुए हैं, अतः उनके विरुद्ध धीरे-धीरे और युक्ति से कार्य करना चाहिये। यह उचित होगा कि इस क्षेत्र में एक भारी सेना नियुक्त कर दी जाय जो विजयी सेना की भी देख-रेख रक्खे और घक्करों के प्रदेश में रहकर उनपर छापे मारती रहे। एक दृढ़ क़िले का इस उद्देश्य से निर्माण कराना चाहिये कि कुछ समय में ये लोग अपनी दुष्टता से बाज़ आ जायें तथा विद्रोह का (१९६) सिर झुका लें[७] और वह स्वयं वापस होकर हिन्दुस्तान के विशाल राज्य की सुव्यवस्था प्रारम्भ कर दे।" इस कारण उसने रोहतास[८] के क़िले की नींव डाली और एक बहुत बड़ी सेना

१ झेलम नदी के उतार पर, ४० मील पर पंजाब के शाहपुर ज़िले में; (देखिये **बाबर नामा**, पृ० ९९, १००, १०१, १०२, १०५, १०६, ११३)।

२ भीरा : झेलम नदी पर ३२° २८'--७२° ५६', पंजाब के शाहपुर ज़िले की एक तहसील। (**बाबर नामा**, पृ० १००-१०१)।

३ घक्करों अथवा गक्खरों के विषय में निश्चित रूप से कुछ कहना बड़ा कठिन है। जे० जो० डेलमेरिक ने लिखा है : "....Whether the Gakk'hars have sprung from the Grekoi whom Alexander the Great located in Pothwar, and who it is asserted, continued there to reign for several centuries, or are Hindus converted to Muhammadanism, or are, as they themselves declare, the descendants of Persian kings, it is impossible now to speak with certainty...." J. G. Delmerick: *A History of the Gakkhars*" (Journal Asiatic Society Bengal, 1871, p. 67).

४ देखिये **बाबर नामा**, पृ० १०६-१०७।

५ स्वीकार न किया।

६ सम्भवतः हतियार लंग। यह रोहतास एवं रावलपिंडी के मध्य में क़ासी नामक एक नदी के समीप है। (बेवरिज, पृ० ३९८)।

७ विद्रोह करना बन्द कर दें।

८ जहाँगीर ने लिखा है, "क्योंकि यह भू-भाग गक्खरों के प्रदेश के समीप है और वे सब के सब बड़े विद्रोही एवं उद्दंड हैं अतः (शेर ख़ां ने) उस क़िले का विशेष रूप से इस आशय से निर्माण प्रारम्भ कराया कि उसने उन लोगों के दमन का संकल्प कर लिया था। जब थोड़ा-सा कार्य हो गया तो शेर ख़ां की मृत्यु हो गई। उसके पुत्र सलीम ख़ां ने उसे पूरा कराया। प्रत्येक द्वार पर क़िले का व्यय एक पत्थर पर खुदवाकर लगवा दिया।

को नियुक्त करके वापस चला गया तथा आगरा पहुँचा। वहाँ से वह ग्वालियार के क़िले के विरुद्ध, जिसकी मीर अबुल क़ासिम प्रतिरक्षा कर रहा था, पहुँचा। मीर ने खाद्य सामग्री के समाप्त हो जाने के कारण (क़िला) समर्पित कर दिया।

शेर शाह का शासन-प्रबन्ध

शेर ख़ाँ ने राज्य व्यवस्था एवं शासन-प्रबन्ध प्रारम्भ कर दिया। उसने बंगाले के अतिरिक्त समस्त हिन्दुस्तान को ४७ अक़्ताओं[1] में विभाजित कर दिया। उसने सैनिकों के घोड़ों को दाग़ने की प्रथा चलाई। सुल्तान अलाउद्दीन की बहुत-सी योजनाओं में से कुछ पर, जिनके विषय में उसने सुना था और जिनका उल्लेख तारीखे फ़ीरोज़शाही'[2] में है, आचरण किया।

पूरणमल पर आक्रमण

वहाँ से वह राय सेन एवं चन्देरी[3] के क़िले के राजा पूरणमल के विरुद्ध पहुँचा और राजा से झूठी प्रतिज्ञा करके एवं वचन देकर उसे क़िले से निकलवाया और कुछ पथ-भ्रष्ट फ़क़ीहों एवं अभागे दुष्टों के प्रयत्न से हानि न पहुँचाने का वचन देकर उससे फिर गया और वहाँ से आगरा पहुँचा[4]।

१६ करोड़ १० लाख दाम तथा कुछ और उस इमारत पर व्यय हुये। हिन्दुस्तान के हिसाब से ४० लाख २५ हज़ार रुपये एवं ईरान के लेन-देन के हिसाब से १२०,००० तूमान और तूरान के हिसाब से १ अरब २१ लाख तथा ७७५ हज़ार रुपये जो हाली कहलाते हैं, व्यय हुये। (**तुज़ुके जहाँगीरी**, सर सैयिद संस्करण पृ० ४६-४७)। यह ३२° ५५' उत्तर तथा ७३० ४८' पूर्व में झेलम क़स्बे (पंजाब) के उत्तर-पश्चिम में १० मील पर स्थित है।

१ अक़्ता का अनुवाद प्रायः जागीर किया जाता है किन्तु अक़्ता वह भूमि थी जो सेना के सरदारों को सेना रखने और उसका उचित प्रबन्ध करने के लिये दे दी जाती थी। हिन्दुस्तान के भिन्न-भिन्न भागों पर विजय प्राप्त करने के उपरान्त तुर्क जिस भाग को अपने अधिकार में करते थे उसको विभिन्न अक़्ताओं (टुकड़ों) में विभाजित करके प्रत्येक भाग एक सरदार को प्रदान कर देते थे। सरदार के वृद्ध हो जाने अथवा कार्य-योग्य न रहने पर भूमि दूसरों को दे दी जाती थी।

२ लेखक : ज़ियाउद्दीन बरनी (जन्म १२८५-८६ ई०), **तारीखे फ़ीरोज़शाही** में बलबन के समय से लेकर सुल्तान फ़ीरोज़ शाह तुग़लक़ के ६ वर्ष तक के इतिहास का उल्लेख हुआ है। इस ग्रन्थ के हिन्दी अनुवाद के लिये निम्नांकित रचनायें देखिये :
रिज़वी : **आदि तुर्क कालीन भारत** (अलीगढ़ १९५६ ई०) मूल के पृ० १-१७३ का अनुवाद।
रिज़वी : **खलजी कालीन भारत** (अलीगढ़ १९५५ ई०) मूल के पृ० १७४-४२३ का अनुवाद।
रिज़वी : **तुग़लुक़ कालीन भारत** भाग १ (अलीगढ़ १९५६ ई०) मूल के पृ० ४२३-५२६ का अनुवाद।
रिज़वी : **तुग़लुक़ कालीन भारत** भाग २ (अलीगढ़ १९५७ ई०) मूल के पृ० ५२७-६०२ का अनुवाद।
सुल्तान अलाउद्दीन के विषय में देखिये **खलजी कालीन भारत**।

३ चन्देरी परगना पिचोर, ज़िला नरवार (ग्वालियार) २४° ४३' उत्तर तथा ७८° ११' पूर्व के मध्य में। बाबर ने चन्देरी के क़िले एवं चन्देरी विजय का बड़ा रोचक विवरण दिया है। (**बाबर नामा**, पृ० २६२-२६६)।

४ एक अन्य हस्तलिपि में इस घटना का उल्लेख इस प्रकार है : "कुछ पथ-भ्रष्ट फ़क़ीहों एवं अभागे मूर्खों के प्रयत्न से इधर राजा निकला ही था कि उधर उस सरल स्वभाव वाले की जिसकी मृत्यु निश्चित हो चुकी थी हत्या करा दी गई। इसी कारण क़ुतुब ख़ां ने सेवा त्यागकर एकान्तवास ग्रहण कर लिया। शेर ख़ां वहाँ से आगरा पहुँचा।"

सरायों का निर्माण

बंगाले के हाकिमों[1] के नमूने पर उसने मार्ग में एक-एक कोस की दूरी पर सरायें बनवाईं।

मालदेव के विरुद्ध प्रस्थान

एक घातक रोग के उपरान्त जिसमें वह आगरा में ग्रस्त[2] हो गया था, उसने अजमेर तथा नागौर एवं बहुत से अन्य महालों एवं नगरों के हाकिम मालदेव पर चढ़ाई की। वहाँ के कार्य को धूर्तता एवं छल द्वारा[3] सम्पन्न करके चितौड़ एवं रणथम्बोर के क्षेत्र में पहुँचा। वहाँ भी उसने धूर्तता प्रदर्शित की यहाँ तक कि उस क़िले के रक्षकों ने कुंजियाँ भेज दीं।

शेर शाह की मृत्यु

वहाँ वह कुछ सैनिकों को नियुक्त करके धन्दीरा[4] की विलायत में प्रविष्ट हो गया और वहाँ से कालिन्जर[5] के क़िले के विरुद्ध पहुँचा। उसका अवरोध करके साबातों[6] का निर्माण कराया तथा सुरंगें लगवाईं। १० मुहर्रम ९५२ हि० (२४ मार्च १५४५ ई०) को[7] उस आग की ज्वाला में, जो पीड़ितों की आह से स्वतः भड़क उठी थी, जल गया। उसके जलने की तारीख़ "ज़ आतश मुर्द"[8] के अक्षरों से निकली। यद्यपि इस दृढ़ क़िले को प्राप्त करने में उसके प्राण तत्वों की चहार दीवारी से निकल गए किन्तु क़िला विजय हो गया। वह ५ वर्ष २ मास तथा १३ दिन तक छल एवं धूर्ततापूर्वक हिन्दुस्तान में राज्य करता रहा[9]।

१ गौड़ के हुसेन शाह की ओर संकेत है। (Stewart's *Bengal*, p. 109)।

२ अब्बास खां सरवानी के अनुसार वह बिहार तथा बंगाल जाते हुए मार्ग में रुग्ण हुआ।

३ शेर शाह द्वारा मालदेव के अमीरों की ओर से उसके नाम जाली पत्रों की ओर संकेत है। (**तारीखे शेरशाही :** इलियट का अनुवाद, पृ० ४०५)।

४ अम्बेर (आमेर) में, जयपुर का प्राचीन नाम।

५ कालिन्जर, तहसील-गिरवन, ज़िला-बांदा (उत्तर प्रदेश)। यह प्रसिद्ध प्राचीन पहाड़ी क़िला तथा क़स्बा गिरवन तहसील के दक्षिणी-पूर्वी कोने पर बांदा से ३५ मील पर स्थित है।

६ एक प्रकार का ढँका हुआ मार्ग जिससे आक्रमणकारी बिना अधिक हानि के सुगमतापूर्वक क़िले पर आक्रमण कर सकते थे। कभी कभी क़िले की ऊँचाई तक मचान तैयार कर लिये जाते थे।

७ फ़िरिश्ता तथा ख़ाफ़ी खां के अनुसार १२ रबी-उल-अव्वल ९५२ हि० (२४ मई १५४५ ई०)। अबुलफ़ज़्ल की यह तारीख़ शुद्ध नहीं। आगे पृ० ३३६ पर उसने लिखा है कि ११ रबी-उल-अव्वल ९५२ हि० (२३ मई १५४५ ई०) को शेर ख़ां, ५ वर्ष, २ मास तथा १३ दिन के राज्य के उपरान्त मृत्यु को प्राप्त हुआ।

८ 'अग्नि से मर गया'।

९ **तारीखे शेरशाही** के अनुसार उसकी मृत्यु १० रबी-उल-अव्वल ९५२ हि० (२२ मई १५४५ ई०) को हुई। इस इतिहास में शेर शाह के आहत होने का उल्लेख इस प्रकार है : "शुक्रवार ९ रबी-उल-अव्वल ९५२ हि० (२१ मई १५४५ ई०) को एक पहर (इलियट में एक पहर दो पहर) दिन व्यतीत हो जाने के उपरान्त (शेर शाह ने) लश्कर के आलिमों को भोजन करने के लिये बुलवाया कारण कि वह आलिमों एवं मशायख़ के बिना कदापि भोजन न करता था। शेख़ ख़लील एवं शेख़ निज़ाम ने भोजन के समय कहा कि 'काफ़िरों से युद्ध करने से बढ़कर कोई अन्य युद्ध नहीं। यदि कोई (इसमें) मारा जाता है तो शहीद हो जाता है और यदि जीवित रहता है तो ग़ाज़ी होता है।' जब शेर खां भोजन कर चुका तो उसने दरिया खां सरवानी को आदेश दिया कि आतशबाज़ी के हुक़्क़े (सम्भवतः

इस्लाम शाह

उसके उपरान्त उसका छोटा पुत्र जलाल खां ८वें दिन[1] सिंहासनारूढ़ हुआ। उसने अपना नाम इस्लाम खां रख कर शाह की उपाधि धारण कर ली। वह दुष्टता की दृष्टि से अपने पिता से भी बढ़ गया था। क्योंकि इन दो विद्रोही धूर्तों का उत्कर्ष, संसार को प्रकाश देने वाले चन्द्रमा तथा स्थायी राज्य की पताका के साथ-साथ हुआ था अतः उनका प्रकाश जुगनू की रोशनी के समान मिथ्या था, जिसे दैवी गम्भीर बुद्धि ने कुछ कारणों से जिनका ज्ञान ईश्वर को ही था कुछ दिनों के लिए चमका कर विनाश की धूल में मिला दिया और संसार को इन दुष्टों के अपमानजनक जीवन से मुक्त करा दिया।[2]

किसी प्रकार का बारूद का भरा हुआ गोला अथवा राकेट) ले आवे। वह स्वयं साबात पर पहुँचा और अपने हाथ से अत्यधिक बाणों की वर्षा की। वह बार-बार कहता जाता था कि, 'दरिया खां न आया। बड़ी देर लगा दी।' जब दरिया खां हुक्के लाया तो शेर खां साबात पर से उतर पड़ा। जिस स्थान पर हुक्के रक्खे थे, वहाँ खड़ा हो गया और आदेश दिया कि हुक्कों में आग लगाकर क़िले के भीतर फेंका जाय। जब लोग हुक्के फेंकने लगे तो संयोग से एक टुकड़ा उड़कर और क़िले की दीवार से लगकर टूट गया और वापस आकर उसी स्थान पर जहाँ आतशबाज़ी के समस्त हुक्के थे, गिर पड़ा। हुक्कों में आग लग गई। वे प्रत्येक दिशा में फटने लगे। शेख़ ख़लील, शेख़ निज़ाम, बुद्धिमान् (आलिम) तथा अधिकांश लोग भाग गये और न जले। शेर शाह को अध-जला हुआ वहाँ से निकाला गया। एक शाहज़ादा जिसकी अवस्था बहुत कम थी हुक्कों में खड़ा रह गया। वह जल गया। शेर खां इस अवस्था में महल (इलियट के अनुवाद में ख़ेमा) में पहुँचाया गया। समस्त अमीर आकर दरबार में एकत्र हुए। ईसा खां हाजिब (मूल में हुज्जाब) एवं मसनद खां (कुछ में मन्दू खां) करबपुरी को जो ईसा खां का जामाता एवं संकलनकर्ता का चाचा था, महल के भीतर बुलवाया और आदेश दिया कि, 'जब तक मैं जीवित हूँ क़िला विजय कर लिया जाय।' जब ईसा खां ने शेर खां का यह आदेश अमीरों को पहुँचाया कि वे प्रत्येक दिशा से क़िले पर आक्रमण करके विजय प्राप्त कर लें तो उन लोगों ने चींटियों एवं टिड्डियों के समान प्रत्येक दिशा से क़िले को घेर लिया और पलक झपकाते ज़ुहर के समय क़िला विजय कर लिया तथा क़त्ले आम कर दिया। समस्त काफ़िरों को नरक भेज दिया। अस्र की नमाज़ के समय शेर खां को विजय के समाचार प्राप्त हुए। शेर खां के मुख पर प्रसन्नता एवं हर्ष के चिह्न दृष्टिगत हुए। राजा कीरत सिंह ७० आदमियों सहित एक घर में छिप गया। कुतुब खां स्वयं रात भर उस घर की प्रतिरक्षा करता रहा कि कहीं ऐसा न हो कि राजा कीरत भाग जाय और शेर खां अपने पुत्रों से यह कहे कि अमीरों में से किसी ने भी उसके घर की प्रतिरक्षा न की और राजा घर से भाग गया तथा इतने समय का प्रयत्न नष्ट हो गया। दूसरे दिन सूर्योदय के समय राजा कीरत सिंह को जीवित बन्दी बना लिया गया।

१० रबी-उल-अव्वल ९५२ हिजरी आधी रात उपरांत शेर शाह का निधन हो गया।" (**तारीख़ शेरशाही**: डा० परमात्मा शरण की हस्तलिपि, पृ० २११-२१३; इलाहाबाद विश्वविद्यालय की हस्तलिपि, पृ० २०६-२०८; इलियट, बाडलीएन हस्तलिपि नं० ३७१)।

अन्य अफ़ग़ान इतिहासों तथा **तारीख़े दाऊदी** में शेर शाह की मृत्यु (की तारीख़) नहीं दी गई है। केवल यह लिखा है कि, "जलाल खां पाँच दिन में कालिंजर पहुँचकर ईसा हुज्जाब के तथा अन्य अमीरों के प्रयत्न से १५ रबी-उल-अव्वल ९५२ हि० को कालिंजर के क़िले के नीचे सिंहासनारूढ़ हुआ।" (**तारीख़े दाऊदी**, अलीगढ़ १९५४ पृ० १९४) **वाक़ेआते मुश्ताक़ी** में उसकी मृत्यु की तारीख़ नहीं दी है।

१ निज़ामुद्दीन एवं फ़िरिश्ता के अनुसार 'शेर शाह की मृत्यु के तीसरे दिन, १५ रबी-उल-अव्वल को।'

२ उसकी मृत्यु २२ज़ीक़ाद ९६० हि०(३० अक्तूबर १५५३ ई०) को हुई। अबुलफ़ज़ल ने आगे पृ० ३३६ पर लिखा है कि, "जब ११ रबी-उल-अव्वल ९५२ हि० (२३ मई १५४५ ई०) को शेर खां ५ वर्ष २ मास तथा १३ दिन तक

मीर्ज़ा हैदर का संक्षिप्त विवरण

मीर्ज़ा हैदर का हाल इस प्रकार है :—जैसा कि उल्लेख हो चुका है, हज़रत जहाँबानी (१९७) द्वारा सहायता पाकर वह कश्मीर की ओर रवाना हुआ। जब वह नवशहरा[1] पहुँचा तो उन अमीरों ने जिनका उल्लेख हो चुका है, निष्ठापूर्वक व्यवहार किया। कश्मीर में प्रवेश एवं उसपर अधिकार जमाने की विधि को पुनः समझाया। मीर्ज़ा दैवी सहायता एवं पादशाही सौभाग्य पर भरोसा करके कश्मीर के दर्रों को पार करने के लिए अग्रसर हुआ। इसी बीच में पादशाही सेना में जैसा कि लिखा जा चुका है पारस्परिक विरोध उत्पन्न हो गया। ख्वाजा कलां बेग ने अपनी इच्छा अथवा मीर्ज़ा कामरान के प्रयत्न से उस संकल्प को त्याग दिया और मीर्ज़ा कामरान से मिल गया। मुज़फ़्फ़र तोपची[2] सारंग पहाड़ियों की ओर[3] चल दिया। मीर्ज़ा हैदर के पास उसके प्राचीन सेवकों एवं एक अन्य सेना के अतिरिक्त जिसे हज़रत जहाँबानी ने उसकी कुमक हेतु नियुक्त किया था, कोई न रह गया क्योंकि उस समय कश्मीर में अत्यधिक अव्यवस्था, पारस्परिक शत्रुता, तथा अराजकता फैली थी अतः कश्मीरियों की निष्ठापूर्ण सहायता से २२ रजब ९४७ हि० (२२ नवम्बर १५४० ई०) को उसने पूंच नामक दर्रे से प्रविष्ट होकर बिना किसी युद्ध के कश्मीर विजय कर लिया।

इसका कारण यह था कि दीर्घकाल से कश्मीर में स्थायी रूप से कोई बादशाह न था और अमीरों ने अपहरण करके राज्य पर अधिकार जमा रक्खा था। वे राज्य के किसी दावेदार को नाममात्र को बादशाह बनाकर स्वयं राज्य करते रहते थे। उस समय नाज़ुक शाह[4] नामक एक व्यक्ति जिसके गुण नाम के अनुरूप न थे, राज्य कर रहा था। जब पारस्परिक संगठन, युक्ति, बुद्धि एवं परामर्श का अभाव हो तो राज्य की ऐसी ही दुर्दशा हो जाती है। उस समय चिल्ले का जाड़ा पड़ रहा था और वर्षा बड़ी अधिक हो रही थी[5]। काची चक ने जब मीर्ज़ा हैदर के ललाट पर स्वतंत्र रूप से शासन के अक्षर पढ़े[6], तो छल एवं धूर्तता के कारण, जिसके बिना कश्मीरी रह ही नहीं सकते, कश्मीर छोड़कर शेर खां के पास चला गया। मीर्ज़ा हैदर को वह अपने स्वार्थ की पूर्ति हेतु लाया था किन्तु जब इसमें सफलता न हुई अपितु अन्य ही लीला दृष्टिगत होने लगी तो वह इस विचार को त्यागकर अन्य योजनायें बनाने लगा। उसने इस्माईल वल्द

अपहरण द्वारा स्वतंत्र रूप से राज्य करके मृत्यु को प्राप्त हो गया तो उसका पुत्र ८ दिन उपरान्त अमीरों की सहमति से अपने पिता के स्थान पर सिंहासनारूढ़ हुआ। ८ वर्ष २ मास तथा ८ दिन तक वह राज्य के सम्बन्ध में दौड़-धूप करता रहा।"

१ नवशहरा : कश्मीर में, जम्मू के उत्तर-पश्चिम में, पश्चिम की ओर।

२ **तारीख़े रशीदी** के अनुसार 'इस्कन्दर'।

३ घक्करों के प्रदेश की ओर, कश्मीर के दक्षिण-पश्चिम में।

४ एक हस्तलिपि में 'बारक शाह' किन्तु अबुल फ़ज़ल ने उसका जो विवरण दिया है उसके अनुसार नाज़ुक शाह ही अधिक उचित है। अबुलफ़ज़ल का तात्पर्य यह है कि जैसा कि उसका नाम नाज़ुक शाह था, वह नाज़ुक न था।

५ हिम-पात हो रहा था।

६ यह देखा कि मीर्ज़ा हैदर स्वतन्त्र रूप से राज्य करेगा।

मुहम्मद शाह[1] की बहिन का शेर ख़ां से विवाह कर दिया और इस प्रकार अपने आप को विश्वास-पात्र बनाकर, अलाउल खां[2], हुसेन ख़ां सरवानी[3], तथा लगभग २० हज़ार लोगों के एक अन्य समूह को कश्मीर लाया। इसी बीच में अब्दाल माकरी[4], जो उसका सहायक था, जलोदर के कारण मृत्यु को प्राप्त हो गया। मीर्ज़ा हैदर अपने परिवार को इन्द्रकोट[5] में, जो एक अत्यन्त दृढ़ स्थान है, छोड़कर क़िले में बन्द हो गया। कश्मीर वाले उसका साथ छोड़कर चले गए। मीर्ज़ा के पास बहुत थोड़े से आदमी रह गये। तीन मास तक वह पर्वतों की कन्दराओं में समय व्यतीत करता रहा। यहाँ तक कि सोमवार २० रबी-उस्सानी ९४८ हि० (१३ अगस्त १५४१ ई०) को युद्ध हुआ। ईश्वर की कृपा से उसे विजय प्राप्त हो गई। यद्यपि शत्रुओं की संख्या, जिनमें कुमक (१९८) हेतु आये हुए अफ़ग़ान तथा तुच्छ कश्मीरी सम्मिलित थे, ५००० अश्वारोहियों से अधिक थी, किन्तु इस कारण कि उनका कार्य कृतघ्नता एवं नमकहरामी पर आधारित था वे सफलता न प्राप्त कर सके और पराजित हो गए। शत्रुओं की बहुत बड़ी संख्या क़त्ल कर दी गई और एक बहुत बड़ा समूह बन्दी बना लिया गया। कश्मीर स्थायी रूप से मीर्ज़ा के अधिकार में आ गया। कश्मीर के ख़तीब[6] मौलानां जमालुद्दीन मुहम्मद यूसुफ़ ने "फ़तहे मुकर्रर[7]" के अक्षरों से इस विजय की तारीख़ निकाली। यद्यपि "तकरार"[8] शब्द का प्रयोग मीर्ज़ा के इसी अभियान के लिए किया गया होगा, किन्तु जैसा कि उसने अपने इतिहास में स्वयं बताया है, सम्भवतः उस घटना की ओर संकेत किया गया हो जब वह एक बार काशग़र के हाकिम सईद खां की ओर से नियुक्त होकर लार दर्रे से कश्मीर में प्रविष्ट हो गया और ४ शाबान ९३९ हि० (१ मार्च १५३३ ई०) को उसे अपने अधिकार में कर लिया[9]। इसी वर्ष शव्वाल के अन्तिम दिन (२४ मई १५३३ ई०) को उसने कश्मीर के अमीरों तथा मुहम्मद शाह से, जो नाममात्र को बादशाह था, संधि कर ली,

१ इस्माईल वल्द मुहम्मद शाह कश्मीर का सुलतान रह चुका था। सम्भवतः वह चार बार तथा नाज़ुक शाह तीन बार बादशाह हुआ। (Jarret : *Ain-i-Akbari* II, p. 384).

२ एक पोथी में 'आदिल ख़ां' **तारीख़े रशीदी** में भी 'आदिल ख़ां' है किन्तु **तबक़ाते अकबरी** में 'अलाउल ख़ां'।

३ एक पोथी में 'शरवानी'।

४ अब्दाल माकरी, इबराहीम माकरी का पुत्र था। इबराहीम माकरी कश्मीर के सुलतान मुहम्मद शाह का, जब वह दूसरी बार सुलतान हुआ, प्रधान मंत्री नियुक्त हुआ। अब्दाल माकरी के समकालीन राजनीति में अत्यधिक भाग लेने के कारण मलिक क़ाज़ी नामक मंत्री ने षड्यंत्र करके उसे कश्मीर से भगा दिया। वह हिन्दुस्तान पहुँचा और उसने बाबर को हिन्दुस्तान पर आक्रमण करने के लिए प्रेरित किया।

५ मध्यकालीन रूप 'अन्दरकोट'।

६ वह व्यक्ति जो ख़ुत्बा पढ़ता हो।

७ पुनः विजय।

८ पुनः।

९ सम्भवतः यह विजय की तिथि नहीं अपितु उस अवसर की तारीख़ है जब कश्मीरी अपनी पराजय के उपरान्त संगठित हुए।

और मुहम्मद शाह की पुत्री का विवाह अपने पुत्र इस्कन्दर सुल्तान[1] से करके जिस मार्ग से आया था, उसी से लौट गया।

जब इस वार परोक्ष से विजय प्राप्त हो गई और कश्मीर अधिकार में आ गया तो वह १० वर्ष तक उस विलायत की सुव्यवस्था का घोर प्रयत्न करता रहा। उस रमणीक क्षेत्र को, जो उजड़ चुका था, नगरों के वस्त्र पहनाये और प्रत्येक स्थान से कलाकारों एवं शिल्पकारों को बुलवा कर उस प्रदेश की रौनक़ एवं उसकी समृद्धि में वृद्धि का प्रयत्न किया। विशेष रूप से संगीत की बड़ी उन्नति हुई और नाना प्रकार के वादन यंत्रों का आविष्कार हुआ। संक्षेप में, उस प्रदेश की वाह्य दशा अर्थात् उसकी सांसारिक उन्नति को वास्तविक रूप प्राप्त हो गया किन्तु मीर्ज़ा के निरुत्साह एवं निर्जीव धार्मिक पक्षपात के कारण, जो प्रवीणता के अभाव का परिणाम है, यद्यपि लोग दावा यही करते हैं कि उनमें कोई दोष नहीं, कश्मीर की आध्यात्मिक पूंजी का, जो यकरंगी[2] एवं दीनदारी[3] का संसार है, मूल्य कम हो गया। आज तक कश्मीरियों में धार्मिक पक्षपात की गंध आती है कारण कि संगत का विशेषकर शासकों की (संगत का) उनके शक्तिशाली होने की वजह से वहुत बड़ा प्रभाव पड़ता है। आशा है कि हज़रत शाहंशाह की हक़ीक़त एवं हक़्क़ानियत[4] से कश्मीर वालों के वाह्य रूप एवं आन्तरिक दशा में समानता उत्पन्न हो जायगी और ईश्वर की इवादत एवं ईश्वर के ज्ञान का, बिना किसी दिखावे एवं धार्मिक पक्षपात के, संचार हो जायगा।

कश्मीर में हुमायूं के नाम का ख़ुत्वा

मीर्ज़ा की सबसे बड़ी एवं अशुभ भूल यह थी कि इतनी महान् विजय के बावजूद उसने कश्मीर के अमीरों की प्रथानुसार नाज़ुक शाह के नाम का ख़ुत्वा तथा सिक्का चलने दिया। उसे चाहिए था कि हज़रत जहाँबानी के नमक के उत्तरदायित्व के कारण, दिरहम एवं दीनार के मुख तथा मिम्वरों[5] को हज़रत जहाँबानी के पवित्र नाम से सुशोभित करता। वास्तव में वह (१९९) समय के साथ चल रहा था न कि अनिष्ठा का प्रदर्शन कर रहा था अतः जब कावुल विजय हो गया[6] तो उसने हज़रत जहाँवानी के पवित्र नाम से ख़ुत्वे को सम्मान प्रदान किया।

१ इस्कन्दर सुल्तान सईद ख़ां का पुत्र था, मीर्ज़ा हैदर का नहीं, यद्यपि सईद ख़ां के आग्रह पर वह उसे अपना ही पुत्र समझता था। **आईने अकबरी** में अबुलफ़ज़ल ने उसे सईद ख़ां का ही पुत्र लिखा है। सम्भवतः यह पुस्तक नक़ल करने वाले की भूल है।

२ निष्ठा।

३ धर्म-निष्ठता।

४ सत्यता एवं ईश्वर के प्रेम।

५ मस्जिद का मंच जिस पर से ख़तीब ख़ुत्वा पढ़ता है।

६ मि० राजर्स ने कश्मीर के सिक्कों का उल्लेख करते हुए हुमायूँ के नाम के एक कश्मीर के सिक्के का उल्लेख किया है जिस पर ९५० हि० (१५४३-४४ ई०) तारीख़ पड़ी है। इसके अतिरिक्त ९५२ अथवा ९५३ हि० (१५४५ या १५४६ ई०) के भी सिक्के मिले हैं। हुमायूँ ने काबुल को दो बार विजय किया : (१) रमज़ान ९४२ हि० (नवम्बर १५४५ ई०), (२) रजब ९५५ हि० (अगस्त १५४८ ई०)। अबुलफ़ज़ल सम्भवतः इस विजय की ओर संकेत कर रहा है। (बेवरिज, पृ० ४०५)।

मीर्ज़ा हैदर की मृत्यु

९५८ हि० (१५५१-५२ ई०)[१] में कश्मीर वालों ने रात्रि में एक छापा मारा जिसमें उसकी मृत्यु हो गई। इसका संक्षिप्त उल्लेख इस प्रकार है कि मीर्ज़ा न्यायकारिता के अधिनियमों को, जो राज्य के संरक्षक हैं, उपेक्षा करके अपने स्वार्थ के हित में जीवन व्यतीत करने लगा और सावधानी एवं धैर्य को, जो सौभाग्य के दो बाज़ू हैं, अपने हाथ से खो दिया। कश्मीरियों के छल एवं धूर्तता ने, जो मीर्ज़ा की योग्यता एवं बुद्धिमत्ता के कारण दब गई थी, पुनः सिर उठा लिया। यह धोखेबाज़ एवं षड्यंत्रकारी समूह धूर्तता के मार्ग पर अग्रसर होकर मित्रता के भेष में शत्रुता करने लगा। इस सम्बन्ध में सबसे बड़ा कार्य उन्होंने यह किया कि मीर्ज़ा की सेना को छल द्वारा उससे पृथक् करा दिया और उसके योग्य आदमियों को छिन्न-भिन्न करा दिया। एक समूह को तिब्बत की ओर, कुछ को पकली[२] की ओर और कुछ को राजौरी की ओर भिजवा दिया। ईदी रैना, अब्दाल माकरी के पुत्र हुसेन माकरी ने ख़्वाजा हाजी बक़्क़ाल कश्मीरी को, जो मीर्ज़ा का मुख्य प्रबन्धक था, मार्ग-भ्रष्ट करके अपनी ओर मिला लिया। उन लोगों ने एक बहुत बड़ी संख्या को अपना सहायक बना लिया और मीर्ज़ा पर चढ़ाई की। ग़ाज़ी ख़ां तथा मलिक दौलत चक भी उनसे मिल गए। ख़ानपुर के समीप, जो हीरापुर एवं कश्मीर के मुख्य नगर तथा राजधानी सिरीनगर के मध्य में है, मीर्ज़ा पर रात्रि में छापा मारा। मीर्ज़ा ख़्वाजा हाजी के घर के समीप क़रा बहादुर को, जो बन्दी था, मुक्त कराने गया था, किन्तु कमाल दूबी[३] के हाथों अपने प्राण त्याग दिए। कुछ लोगों का मत है कि उसके किसी सेवक ने उसे बिना पहचाने बाण मार दिया।

मीर्ज़ा कामरान का संक्षिप्त उल्लेख

क्योंकि मीर्ज़ा हैदर का संक्षिप्त उल्लेख हो चुका है अतः अब मीर्ज़ा कामरान का हाल लिखा जाता है। जिन अशुभ दिनों में मीर्ज़ा कामरान हज़रत जहाँबानी से पृथक् होकर काबुल की ओर रवाना हुआ तो उसने ख़ुशाब के क्षेत्र में पहुँचने पर नेतृत्व एवं सरदारी को कष्ट देते हुए[४] कठपुतली का नाच नचाने वाले युग को अपना सहायक समझकर अपने नाम का ख़ुत्बा पढ़वा दिया। जिस किसी के पास दूरदर्शी बुद्धि, मसलहत सिखाने वाले मुसाहिब, एवं दुःख-दर्द बटाने वाले साथी नहीं होते वह निःसन्देह ऐसे ही अनुचित कार्य करता है, न वह प्रेम के उत्तरदायित्व को समझता है और न सौजन्य के नियमों को जानता है। दूसरों की हानि को अपना लाभ समझता है और दुष्टता के बीज सदाचारियों की भूमि में बोता है। यह स्पष्ट है कि ऐसी खेती तथा ऐसे कार्य का क्या परिणाम होगा और उसकी आशा के वृक्ष में किस प्रकार के फल लगेंगे। किसी

१ सम्भवतः अक्तूबर १५५१ ई०।

२ कुछ पोथियों में 'बकली'।

३ मूल पुस्तक में 'दूली' किन्तु एक पोथी में 'दूबी'। **तबक़ाते अकबरी** के अनुसार 'क़माल दूबी'।

४ अर्थात् नेतृत्व एवं सरदारी का दावा करते हुए।

अल्प-दर्शी के कार्यों को स्थायित्व नहीं प्राप्त होता और न राज्य का अपहरण करने वाले का राज्य उसका साथ देता है। बिना नींव का भव्य भवन किसी प्रकार दृढ़ नहीं रहता और बरफ़ के मीनार के समान शीघ्र टुकड़े-टुकड़े हो जाता है। प्रथम रात्रि के चन्द्र को कोई स्थायित्व नहीं कारण कि वह विद्युत् की एक चमक के कारण पलक झपकाते ही लुप्त हो जाता है। मीर्ज़ा कामरान की सल्तनत का भी गुलाब की ताज़गी के समान शीघ्र ही पतन हो गया और उसका राज्य बहार के शीतल पवन के समान शीघ्र समाप्त हो गया।

मीर्ज़ा कामरान का विद्रोह

(२००) संक्षेप में, धनकोट[1] के मार्ग से वह सिन्ध नदी के तट पर पहुँचा। इस स्थान पर महम्मद सुल्तान एवं उलुग़ मीर्ज़ा, जो मुल्तान के क्षेत्र में पहुँच गए थे और वहाँ भी न ठहर सके थे, नदी तट पर मीर्ज़ा कामरान की सेवा में उपस्थित हुए। मीर्ज़ा बहुत समय तक वहाँ ठहरा रहा। जब अनाज का अभाव हो गया तो उसने पुल बँधवाकर नदी पार की और वहाँ से काबुल पहुँचा। वहाँ उसने अपने भाग्य की सफलता के द्वार खोल दिए और अपने स्वार्थ के अनुसार जीवन व्यतीत करने लगा। जमशेद[2] का प्रसिद्ध कथन कि, "जब तक सिंह जंगल से नहीं जाता, मृग के लिए चरागाह नहीं खुल पाती और जब तक बाज़ घोंसले में नहीं प्रविष्ट हो जाता तीतर का उड़ना सम्भव नहीं होता," इस घटना से स्पष्ट हो गया। ग़ज़नी तथा उस क्षेत्र को उसने अस्करी मीर्ज़ा को प्रदान कर दिया। ख़्वाजा ख़ावन्द महमूद को दूत बनाकर सुलेमान मीर्ज़ा[3]

१ बाबर के अनुसार 'दीनकोट' (**बाबर नामा**, पृ० १७, ६६, ११३)। सम्भवतः यह मुअज़्ज़म नगर के नाम से भी प्रसिद्ध है। यह सिन्ध के पूर्वी तट पर काला बाग़ के समीप रहा होगा।

२ مثلی که از جمشید مرویست (मसले कि अज़ जमशेद मर्वी अस्त)-- इसे बेवरिज ने मर्व का जमशेद पढ़ा है और उसे तथा जमशेद मुअम्माई को, जिसका उल्लेख **अकबर नामा** पृ० २२१ पर है, एक ही व्यक्ति बताया है। उसका अनुवाद है "And Jamshid of Merv's saying". इस सम्बन्ध में ब्लाख़मैन के **आईने अकबरी** के पृ० १०२ का हवाला भी दिया है। (बेवरिज ४०८)। इस स्थान पर उसने मर्वी शब्द का अर्थ समझने में भूल की और इसका अर्थ मर्व निवासी समझ लिया। मर्वी का अर्थ 'उल्लिखित', 'बताया गया' इत्यादि होता है। यद्यपि अबुल फ़ज़्ल ने जमशेद मुअम्माई की विद्वत्ता की अत्यधिक प्रशंसा की है किन्तु वह राजनैतिक सिद्धान्तों का उल्लेख करते हुए जमशेद अथवा ईरान के किसी अन्य पौराणिक बादशाह से कम किसी की चर्चा नहीं कर सकता था। जमशेद, जिसे जाम भी कहा जाता है, ईरान के प्राचीन पौराणिक बादशाहों में से था। फ़िरदौसी के अनुसार उसने ७०० वर्ष राज्य किया। कहा जाता है कि वह ईसा के ८०० वर्ष पूर्व राज्य करता था। वह बड़ा प्रतापी एवं बुद्धिमान् बादशाह माना जाता है तथा अपने नाना प्रकार के आविष्कारों के लिये प्रसिद्ध है।

३ वह तीमूर का वंशज (छठा) तथा सुल्तान अबू सईद मीर्ज़ा का पौत्र था। अबू सईद ने बदख़शाँ के सुल्तान मुहम्मद की हत्या करके उसे अपने पुत्र सुल्तान महमूद को दे दिया। उसके तीन पुत्र थे : बाईसुंगर मीर्ज़ा, अली मीर्ज़ा एवं ख़ान मीर्ज़ा। जब महमूद की मृत्यु हो गई, तो बाईसुंगर के एक अमीर, अमीर ख़ुसरो ख़ां ने बाईसुंगर को अंधा बना दिया और दूसरे शाहज़ादे की हत्या करके राज्य का अपहरण कर लिया। ९१० हि० (१५०४-५ ई०) में उसने बाबर की अधीनता स्वीकार कर ली। जब बाबर ने ९१२ हि० (१५०६-७ ई०) में शाह बेग अरग़ून से क़न्धार छीन लिया तो उसने ख़ान मीर्ज़ा को बदख़शाँ का हाकिम नियुक्त करके वहाँ भेज दिया। मीर्ज़ा सुलेमान ख़ान मीर्ज़ा का पुत्र था। उसका जन्म ९२० हि० (१५१४-१५ ई०) में हुआ। ख़ान मीर्ज़ा की मृत्यु के

के पास बदख्शाँ भेजा और यह इच्छा प्रकट की कि उसके नाम का खुत्बा एवं सिक्का बदख्शाँ में भी चलने लगे। मीर्ज़ा सुलेमान ने दूत को असफल लौटा दिया। मीर्ज़ा कामरान ने इस बात से रुष्ट होकर बदख्शाँ पर चढ़ाई की। बारी[1] नामक स्थान के समीप दोनों सेनाओं में युद्ध हुआ। जब मीर्ज़ा सुलेमान ने अपनी कमज़ोरी के चिह्न देखे तथा मीर्ज़ा की शक्ति का अवलोकन किया तो आदमी भेजकर संधि के द्वार खुलवाये और उसके नाम का खुत्बा तथा सिक्का चलवाना स्वीकार कर लिया। मीर्ज़ा कामरान ने बदख्शाँ के कुछ महाल मीर्ज़ा सुलेमान से लेकर अपने आदमियों को दे दिए और अपने उद्देश्य की पूर्ति करके वापस चला आया।

मीर्ज़ा हिन्दाल की क़न्धार में पराजय

इसी बीच में समाचार प्राप्त हुए कि मीर्ज़ा हिन्दाल ने क़न्धार पर अधिकार जमा लिया है। मीर्ज़ा कामरान आसपास से सेना एकत्र करके क़न्धार की ओर रवाना हुआ और छः मास तक क़िले को घेरे रहा। खाद्य सामग्री का अभाव हो जाने के कारण मीर्ज़ा हिन्दाल ने व्याकुल होकर क्षमा याचना कर ली और क़िला समर्पित कर दिया। मीर्ज़ा कामरान मीर्ज़ा अस्करी को क़न्धार प्रदान करके काबुल लौट आया और मीर्ज़ा हिन्दाल को अपने साथ लेता गया। कुछ दिन तक वह उसे कष्ट पहुँचाता रहा किन्तु बाद में भ्रातृ-भाव तथा एकता का रूप धारण करके, शत्रुता प्रदर्शित करते हुए जूये शाही का हरा-भरा स्थान, जो आजकल हज़रत शाहंशाह के उत्कृष्ट नाम से सम्बन्धित होने के कारण जलालाबाद[2] कहलाता है, मीर्ज़ा को प्रदान कर दिया।

कामरान द्वारा मीर्ज़ा सुलेमान की पराजय

सिन्ध के हाकिम ने भी आज्ञाकारिता स्वीकार कर ली[3] और युग असावधानी के साधन एकत्र करने लगा। यहाँ तक कि मीर्ज़ा सुलेमान ने बदख्शाँ के राज्य के उन भागों पर, जिन्हें मीर्ज़ा कामरान ने छीन लिया था, अधिकार जमा लिया और प्रतिज्ञा भंग कर दी। मीर्ज़ा कामरान ने दूसरी बार उस पर चढ़ाई की। अन्दराब[4] के क्षेत्र में युद्ध हुआ। मीर्ज़ा सुलेमान पराजित होकर क़िलये ज़फ़र में बन्द हो गया। मीर्ज़ा कामरान ने उसका पीछा करके क़िले का अवरोध कर लिया तथा खाद्य सामग्री के पहुँचने के मार्ग रोक दिये। बदख्शाँ के अधिकांश लोगों ने मीर्ज़ा कामरान

उपरान्त बदख्शाँ का प्रबन्ध क्रमशः हुमायूँ, सुल्तान उवैस (मीर्ज़ा सुलेमान के ससुर) तथा मीर्ज़ा हिन्दाल के अधीन रहा। १५२९-३० ई० में बाबर ने बदख्शाँ मीर्ज़ा सुलेमान को प्रदान कर दिया और वह वहाँ १७ जमादि उस्सानी ९४८ हि० (८ अक्तूबर १५४१ ई०) तक राज्य करता रहा। (देखिये **तारीख़े रशीदी** का अनुवाद: **मुग़ल कालीन भारत—बाबर**, पृ० ६३१-६३२)।

१ यह 'मारी' तथा 'नारी' दोनों प्रकार से लिखा गया है। सम्भवतः यह परयान अथवा बारह है जो परयान एवं चित्राल के मध्य में है। (बेव रज, पृ० ४०८)।

२ अफ़ग़ानिस्तान का एक नगर जो काबुल नदी के समीप पेशावर से काबुल के मुख्य मार्ग के बीचो-बीच में स्थित है। इसे १५७० ई० में अकबर के नाम पर बसाया गया था।

३ शाह हुसेन ने अपनी पुत्री का विवाह मीर्ज़ा कामरान से कर दिया।

४ बदख्शां के दक्षिण-पश्चिम में।

की अधीनता स्वीकार कर ली। मीर्ज़ा सुलेमान जब अपने सैनिकों की ओर से, जिनसे उसे स्वामी-भक्ति की आशा थी, निराश हो गया और खाद्य सामग्री के अभाव के कारण क़िले वालों की दशा शोचनीय हो गई तो उसने विवश होकर (मीर्ज़ा कामरान) की अधीनता स्वीकार कर ली।

मीर्ज़ा कामरान का बदख़्शां पर अधिकार

(२०१) मीर्ज़ा कामरान, क़ासिम बरलास, मीर्ज़ा अब्दुल्लाह तथा अपने कुछ निष्ठावानों को बरलास[1] के अधीन बदख़्शां में छोड़कर लौट गया। ख़्वाजा हुसेन[2] मर्वी ने इस घटना की तारीख़, "जुमा हफ़दहुम माहे जमादि-उस्सानी[3]" के अक्षरों से निकाली। उसने[4], मीर्ज़ा सुलेमान तथा उसके पुत्र मीर्ज़ा इबराहीम को बन्दी बनाये रक्खा। जब वह काबुल पहुँचा तो उसने एक मास नगर में जश्न कराया और असावधानी में समय व्यतीत करता रहा। न तो ईश्वर का स्मरण करता और न पीड़ितों के साथ न्याय करता यहाँ तक कि हज़रत जहाँबानी के सौभाग्य का नक्षत्र बलन्द हुआ और उन्होंने स्वयं पधारकर उसके कुकर्मों का दंड उसकी गोद में डाल दिया। इसका उल्लेख बाद में किया जायगा।

मीर्ज़ा हिन्दाल

जो कोई अपने आश्रयदाता के प्रति अनुचित व्यवहार और निष्ठा के विरुद्ध आचरण करता है तो निःसन्देह उसे इसी लोक में इसका बदला मिल जाता है। मीर्ज़ा हिन्दाल का हाल इसी प्रकार है। जब वह ऐसी अशान्ति एवं उपद्रव के समय हज़रत जहाँबानी के प्रति कृतघ्नतापूर्ण व्यवहार करके क़न्धार की ओर चल दिया तो क़राचा ख़ां, जो मीर्ज़ा कामरान की ओर से क़न्धार का हाकिम था, मीर्ज़ा के आगमन के समाचार पाकर क़िले के बाहर निकला और आदरपूर्वक उससे भेंट की, वह प्रदेश मीर्ज़ा को समर्पित कर दिया। अधिक दिन व्यतीत न हुए थे कि मीर्ज़ा कामरान ने वहाँ पहुँचकर उस प्रदेश पर अपना अधिकार जमा लिया[5]। मीर्ज़ा को बन्दी बना लिया और जैसा कि पूर्व में उल्लेख हो चुका है उसके प्रति कठोरतापूर्वक व्यवहार किया।

१ क़ासिम बरलास।

२ वह शैख़ रुक्नुद्दीन अलाउद्दौला सिमनानी के पुत्रों में से था। अकबर ने उसे **सिंहासन बत्तीसी** नामक ग्रन्थ के अनुवाद का आदेश दिया था जिसे वह पूरा न कर सका। ९७९ हि० (१५७१-७२ ई०) में अकबर ने उसे मर्व जाने की अनुमति दे दी। फ़ैज़ी ने इस घटना की तारीख़ की रचना की। वह काबुल में मीर्ज़ा हकीम की सेवा में उपस्थित हुआ किन्तु मीर्ज़ा उससे रुष्ट हो गया और उसकी वहीं मृत्यु हो गई। (मुल्ला अब्दुल क़ादिर: **मुन्तख़बुत्तवारीख़** भाग ३, पृ० १७६-१७८)। उसने सुल्तान सलीम एवं शाहज़ादा मुराद के जन्म के विषय में एक क़ितये की रचना की जिसके पहले मिस्रे से सलीम की और दूसरे मिस्रे से शाहज़ादा मुराद के जन्म की तारीख़ें निकलती हैं।

३ शुक्रवार १७ जमादि-उस्सानी (९४८ हि०। ८ अक्तूबर १५४१ ई०)। बेवरिज के अनुवाद में १५४६ ई०, जो अशुद्ध है।

४ मीर्ज़ा कामरान ने।

५ मीर्ज़ा कामरान ने क़न्धार को ६ मास के अवरोध के उपरान्त विजय किया।

यादगार नासिर मीर्ज़ा

यह निश्चय है कि कृतघ्न लोगों के कार्यों का परिणाम उसी प्रकार घृणित होता है जैसा कि उनके कार्यों का प्रारम्भ। बुद्धिमान् लोग उनपर कोई विश्वास नहीं करते और इन कृतघ्नों के दुष्परिणाम की प्रतीक्षा किया करते हैं ताकि उस समय तक जब तक कि उन्हें दंड मिले, जो दैवी न्याय के लिए अनुपेक्षीय हैं, वे प्रसन्नतापूर्वक ईश्वर के प्रति आभार प्रदर्शित करते हुए समय व्यतीत कर सकें और संसार वालों को शिक्षा प्राप्त हो सके तथा अभागे लोगों को पश्चाताप।

यादगार नासिर मीर्ज़ा का काबुल पहुँचना

इस प्रकार यादगार नासिर मीर्ज़ा टट्टा के हाकिम के छल एवं धूर्तता के कारण सन्मार्ग से विचलित होकर हज़रत जहाँबानीं के प्रस्थान के उपरान्त दो मास तक लुहरी[1] में ठहरा रहा। अन्त में उसे यह बात स्पष्ट रूप से ज्ञात हो गई कि टट्टा के हाकिम की बातों में लेशमात्र को भी तथ्य एवं निष्ठा नहीं और उसने जो प्रस्ताव रखे थे वे नितान्त मिथ्या एवं नीचता पर आधारित थे। विवश होकर उन कल्पनाओं को त्यागकर वह क़न्धार की ओर रवाना हुआ। हाशिम बेग ने, जो उसका बड़ा सच्चा हितैषी एवं शुभचिन्तक तथा आज्ञाकारी था, उसे बहुत समझाया कि हज़रत जहाँबानी की सेवा त्याग कर मीर्ज़ा कामरान के पास जाना उचित नहीं। संसार में दुराचार का बदला मिल जाता है अतः इस बात पर सोच-विचार कर लेना चाहिये। यह बात सिद्ध हो चुकी है कि जिसके बुरे दिन आ जाते हैं उसकी मति भ्रष्ट हो जाती है और वह अपने आश्रयदाताओं को कष्ट पहुँचाने की धृष्टता करने लगता है तथा शुभचिन्तकों के परामर्श को हवा के समान समझ कर सावधानी के कान नहीं धरता; बुद्धिमानों के गम्भीर विचारों को मिथ्या समझता है। यादगार नासिर मीर्ज़ा ने सौभाग्य के अभाव के कारण क़न्धार की ओर प्रस्थान किया। जिस समय मीर्ज़ा कामरान क़न्धार के क़िले को बुरी तरह घेरे हुए था वह मीर्ज़ा की सेवा में उपस्थित हुआ और मीर्ज़ा के साथ काबुल पहुँचा।

(२०२) मीर्ज़ा कामरान ने टट्टा के हाकिम के पास इस आशय से आदमी भेजे कि वह हज़रत बिल्क़ीस[2] मकानी शहर बानो बेगम एवं उनके पुत्र मीर्ज़ा संजर को, जो यादगार नासिर मीर्ज़ा से पृथक् होकर बक्कर के क्षेत्र में रह गए हैं, आदरपूर्वक भेज दे। टट्टा के हाकिम ने उन्हें बहुत से लोगों के साथ, जो हज़रत जहाँबानी जन्नत आशियानी से पृथक् होकर उस क्षेत्र में रह गए थे, उचित रूप से रवाना कर दिया। उसने जान बूझ कर अथवा भूल से इन लोगों को ऐसे रेगिस्तान की ओर से भेज दिया जहाँ अन्न-जल कुछ भी प्राप्त न होता था। बहुत बड़ी संख्या में लोग नष्ट हो गए। जब शेष लोग शाल[3] नामक स्थान पर पहुँचे तो उन्हें ज्वर आने लगा। हज़रत

१ रोहरी।

२ बिल्क़ीस के घराने की। सेबा की महारानी का नाम बिल्क़ीस था। शहर बानो बाबर की सौतेली छोटी बहन तथा यादगार के पिता नासिर की सगी बहिन थी। उसका जन्म १४९१ ई० के लगभग हुआ था। उसका विवाह निज़ामुद्दीन अली ख़लीफ़ा के भाई जुनैद (बरलास) से हुआ था। उससे उसके एक पुत्र हुआ जिसका नाम संजर मीर्ज़ा था। वह १५३७-३८ ई० के लगभग विधवा हो गई थी।

३ कोएटा का प्राचीन नाम।

बिल्क़ीस मकानी की मृत्यु हो गई। २-३ हज़ार आदमियों में से जो इस क़ाफ़ले में मारे-मारे फिर रहे थे, केवल थोड़े-से प्राण बचा कर क़न्धार पहुँच सके।

हज़रत जहाँबानी जन्नत आशियानी की पवित्र सवारी का ख़ुरासान तथा एराक़ पहुँचना एवं यात्रा का विवरण

हाती गक्कर का सौजन्य

क्योंकि घटनाओं का उल्लेख करने वाली लेखनी कुछ लम्बे-लम्बे क़दम रख कर बात को अपने लक्ष्य तक ले आई है अतः अब अपने उद्देश्य की ओर अग्रसर होकर लम्बी चौड़ी यात्रा के लिए रवाना होती है और हज़रत जहाँबानी की ख़ुरासान एवं एराक़ यात्रा का संक्षिप्त उल्लेख किया जाता है। यह उल्लेख इस प्रकार है :—

जब हज़रत जहाँबानी ने दैवी इच्छा से संतोष की घाटी में क़दम रक्खे और चोल[1] के ख़तरनाक मार्ग पर अग्रसर हुए तो जो लोग शुभ रिकाब के साथ थे उन्हें चोली[2] की उपाधि द्वारा सम्मानित किया। ईश्वर की महान् अनुकम्पा से इस भयप्रद चोल में मलिक हाती बिल्लौच ने, जो लुटेरों का सरदार था, धरती-चुम्बन का सम्मान प्राप्त किया और हज़रत (जहाँबानी) को अपने निवास-स्थान पर ले जाकर नाना प्रकार से उनकी सेवा करने का प्रयत्न किया और उस भयप्रद घाटी से मार्ग दर्शाकर गरम सीर[3] प्रदेश में ले गया। उस प्रदेश के मुख्य अधिकारी मीर अब्दुल हई ने अनुचित विचारों के कारण यद्यपि सेवा में उपस्थित होने का सम्मान न प्राप्त किया किन्तु नाना प्रकार से आतिथ्य एवं सेवा की व्यवस्था की। उस क्षेत्र में ख़्वाजा जलालुद्दीन महमूद[4] मीर्ज़ा अस्करी की ओर से उस प्रदेश की मालगुज़ारी[5] वसूल करने के लिए आया हुआ था। हज़रत (जहाँबानी) ने बाबा दोस्त बख़्शी को उसके पास इस आशय से भेजा कि वह सौभाग्य

१ रेगिस्तान, उजाड़ स्थान।

२ चोल (रेगिस्तान, उजाड़ स्थानों) की यात्रा करने वाले।

३ गरम भू-भाग। बाबर ने लिखा है, "काबुल के अधीनस्थ स्थानों में गरमसीर ही कुछ बातों में हिन्दुस्तान से मिलता-जुलता है और कुछ बातों में नहीं।" (**बाबर नामा**, पृ० १६८)।

४ ख़्वाजा जलालुद्दीन महमूद को अकबर के राज्यकाल के प्रारम्भ में २५०० का मंसब प्रदान करके ग़ज़नी भेज दिया गया। उसके विरोधियों ने काबुल के हाकिम मुनइम ख़ां को उसे हानि पहुँचाने के लिए प्रेरित किया। हिन्दुस्तान में बैराम ख़ां उसका बड़ा विरोधी था। एक बार हुमायूँ के राज्यकाल में बैराम ख़ां ने उसे हम्माम में बन्दी बनवाकर उसका बड़ा अपमान किया था। मुनइम ख़ां ने उसे आश्वासन देकर बुलवाया किन्तु उसे बन्दी बना लिया। उसकी आंखों में कई बार सलाई फिरवाई गई किन्तु उसकी दृष्टि नष्ट न हो सकी। मुनइम ख़ां ने यह समझ कर कि वह अन्धा हो गया उसे मुक्त कर दिया। वह हिन्दुस्तान की ओर रवाना हुआ किन्तु मुनइम ख़ां को पता चल गया। उसने कुछ आदमियों को भेजकर उसे बन्दी बनवा लिया और अकबर के राज्यकाल के तीसरे वर्ष में उसकी हत्या के लिए आदमी नियुक्त कर दिए। (शाह नवाज़ ख़ां : **मआसिरुल उमरा** भाग १, पृ० ६१५-६१८)।

५ 'तहसीले अमवाल'।

की ओर उसका पथ-प्रदर्शन करके उसे उनके पास ले आये। ख्वाजा इसे अपना बहुत बड़ा सौभाग्य समझकर उनकी सेवा में उपस्थित हुआ। उसके पास जो कुछ धन-सम्पत्ति थी, उसने भाग्यशाली सेना पर न्योछावर कर दी। हज़रत जहाँबानी ने उसे सम्मानित करके सरकारे खास्सा की मीर सामानी[1] उसकी सूझ-बूझ के अधीन कर दी।

एकान्तवास ग्रहण करने में बाधा

वे कुछ दिन तक उस भू-भाग में ठहर कर अपने उन निष्ठावानों को, जो इस भाग्यशाली अभियान में उनके साथ थे, उचित उपदेश एवं लाभदायक शिक्षायें देते रहे और संसार (२०३) की कृतघ्नता एवं बाह्य बंधनों के विश्वास योग्य न होने के विषय में नाना प्रकार की दलीलें प्रस्तुत करके उन लोगों को समझाते रहे और बन्धनों में बंधे हुए लोगों के हृदय को इस दिशा में दौड़-धूप करने से रोककर वास्तविक उद्देश्य एवं मूल लक्ष्य की ओर, जो साहसी लोगों की आकांक्षा के अनुकूल होता है, आकृष्ट करते रहे। क्योंकि एकान्तवास ग्रहण करके ईश्वर की ओर लौ लगाने के साधन नित्य-प्रति अधिक से अधिक होते जाते थे, अतः हज़रत जहाँबानी का उच्च साहस यही चाहता था कि अपने बहिरंग एवं अंतरंग को ईश्वर के अतिरिक्त सबसे हटाकर उसी अद्वितीय की ओर लगायें किन्तु उनकी उदारता एवं कृपा इस बात की अनुमति न देती थी कि इस सम्बन्ध-विच्छेद द्वारा भाग्यशाली सेना के सेवकों के हृदय को कष्ट पहुँचायें। यह निष्ठावान् समूह भी सेवा से पृथक् न होता था और यह न चाहता था कि ऐसा महापुरुष, जो ईश्वर का खलीफ़ा बनने-योग्य है और जिसके समान अंतरंग एवं बहिरंग से सम्बन्धित शासन प्रबन्ध करने वाला युगों एवं क़रनों[2] में मिलना कठिन है, एकाएकी संसार से हाथ खींच ले और क़यामत तक रहने वाले इस स्थायी राज्य से अपना सम्बन्ध विच्छेद कर ले। इस समूह की इच्छा यही थी कि वे हृदय से ईश्वर से एवं बाह्य रूप से प्राणियों से सम्बन्धित रहकर लोक तथा परलोक के कल्याण का प्रयत्न करें। ईश्वर को धन्य है कि यश के उस समुद्र के अद्वितीय मोती अर्थात् हज़रत शाहंशाह को इसमें पूर्ण अधिकार प्राप्त है। बाह्य संसार के शासन-प्रबन्ध एवं विजय में व्यस्त रहने के बावजूद वे आलमे जबरूत एवं लाहूत[3] के समुद्र में पूर्ण रूप से डूबे रहते हैं और उनके साहस के पाँव उच्चतम श्रेणी की ओर अग्रसर रहते हैं।

१ बादशाह की व्यक्तिगत सम्पत्ति का अधीक्षक।

२ १० वर्ष अथवा १०-१० के हिसाब से १२० वर्ष तक की कोई अवधि।

३ दारा शिकोह ने **मजमउल बहरैन** में चार जगत अथवा आलमे अरबेआ की निम्नांकित व्याख्या की है : जगत जिनमें समस्त प्राणी मात्र को अवश्य ही भ्रमण करना है कुछ सूफ़ियों के अनुसार चार हैं :—

- क नासूत (मानव की स्वाभाविक स्थिति। इस स्थिति में मनुष्य को शरीअत का अनिवार्य रूप से पालन करना पड़ता है और इस्लाम के समस्त आदेशों का पालन करना पड़ता है)।
- ख मलकूत (यह फ़िरिश्तों की स्थिति के अनुरूप है और तरीक़त के मार्ग से इस जगत की यात्रा होती है। अदृश्य जगत—देव लोक)।
- ग जबरूत (यह शक्ति की स्थिति है। ईश्वर के ज्ञान (मारेफ़त) के मार्ग से इस जगत की यात्रा होती है)।

ईरान के शाह के नाम पत्र

संक्षेप में, दैवी आदेश एवं स्वाभाविक श्रेष्ठता के कारण उन्हें यह प्रेरणा हुई कि वे ईरान के बादशाह को स्नेहयुक्त पत्र लिखें और उस ओर प्रस्थान करें। यदि ईरान का हाकिम पैतृक हक़ों पर दृष्टि रखकर प्रेम एवं निष्ठा-पूर्वक व्यवहार करे तो निःसन्देह पुनः ज़ाहिरी प्रबन्ध ठीक हो जायेंगे और सत्य के आकांक्षी इस समूह का हृदय हाथ में लिया जा सकेगा। यदि ऐसा न हुआ तो फिर एकान्तवास ग्रहण करने के लिए उदारता के बावजूद कोई बात बाधक न हो सकेगी। इस कारण बृहस्पतिवार १ शव्वाल ९५० हि० (२८ दिसम्बर १५४३ ई०) को उन्होंने चोली बहादुर के हाथ एक पत्र भेजा जिसमें लिखा कि, "भाग्य के विधाताओं के कारण, जिन्होंने प्रत्येक कार्य में इतनी मसलहतें छिपा रक्खी हैं, आपसे शीघ्र भेंट हो जायगी।" अपने विषय में संक्षिप्त उल्लेख करके यह शेर लिखा :—

शेर

'हमारे सिर पर जो कुछ बीतनी थी, वह बीत गई,
क्या समुद्र, क्या पर्वत और क्या बियाबान[1]।'

हुमायूं का सीस्तान की ओर प्रस्थान

हज़रत जहाँबानी कुछ दिन गरमसीर में ठहरना चाहते थे कि गरमसीर के मीर अब्दुल हई ने कुछ लोगों को भेजकर निवेदन कराया कि, "ऐसा सुना जाता है कि मीर्ज़ा अस्करी ने

घ लाहूत (लोप अथवा ईश्वर में लोप होने की स्थिति। सूफ़ियों की आध्यात्मिक यात्रा में यह अन्तिम स्थिति है)।

हिन्दुस्तान के सन्तों के मतानुसार अवस्थात्मन् शब्द जोकि इन चारों जगतों के लिए प्रयुक्त होता है, केवल चार हैं :

अ जाग्रत।
ब स्वप्न।
स सुषुप्ति।
द तुर्य।

अ जाग्रत जगत : नासूत के समान है जो कि प्रकाशन और जाग्रण का जगत है।
ब स्वप्न : जोकि मलकूत के सदृश्य है, आत्मा और स्वप्नों का संसार है।
स सुषुप्ति : जोकि जबरूत के समान है तथा जिसमें दोनों लोकों के चिह्न अदृश्य हो जाते हैं और "मन (मैं)" व "तू" का भेद लुप्त हो जाता है; इसे चाहे अपने नेत्रों को खोलकर देखा जाय चाहे बन्द करके।
द तुर्य जगत : लाहूत के अनुरूप है जो पवित्र सत्व कहलाता है और जो कि समस्त संसारों को आवृत्त किये हुये है।

(दारा शिकोह : **मजमउल बहरैन** अध्याय ७ 'अवालमे अरबेआ'।

१ के गुज़श्त अज़ सरे मा उनचे गुज़श्त,
चे ब दरिया, चे ब कुहसार व चे दश्त।

که گذشت از سرما انچه گذشت
چه بدریا چه بکهسار و چه دشت

एक बहुत बड़ी सेना भेजी है। कहीं ऐसा न हो कि वह इस क्षेत्र में पहुँच जाय और फिर कुछ (२०४) भी न हो सके। यदि आप सीस्तान प्रदेश तथा उस क्षेत्र में जो ईरान के हाकिम के अधीन है चले जायें तो इस अज्ञानी समूह के उत्पात के भय से मुक्त हो जायेंगे।" हज़रत जहाँबानी ने निष्ठावानों की कमी एवं शत्रुओं की अधिकता देखकर इस प्रदेश में ठहरना सावधानी के, जो बुद्धिमानों का मार्ग है, विरुद्ध समझकर सीस्तान की ओर प्रस्थान किया और हीरमन्द[1] नदी पार करके एक झील के किनारे, जहाँ इस नदी का जल गिरता है, पड़ाव किया।

सीस्तान के हाकिम द्वारा आतिथ्य

अहमद सुल्तान शामलू, जो सीस्तान का हाकिम था, सम्मानित आगमन को अकस्मात् (प्राप्त) सौभाग्य समझकर, भाग्यशालियों के समान सेवा एवं आतिथ्य प्रदर्शित करने लगा। वे कुछ दिन तक उस रमणीक भू-भाग पर, जो भाग्यशाली शहसवारों की दौड़-धूप का मैदान था, मुर्ग़ाबियों के शिकार में व्यस्त रहे और अपने निष्ठावान् साथियों के हृदय के प्रोत्साहन हेतु सांसारिक बन्धनों में बँधे हुए लोगों के कार्यों में व्यस्त रहकर भाग्य की लीला देखते रहे। वहाँ से प्रस्थान करके उन्होंने सीस्तान[2] में पड़ाव किया। चूंकि इस अभियान में हज़रत मरियम मकानी के इक़बाल का हौदज तथा प्रताप की महमिल हज़रत जहाँबानी के साथ थी अतः अहम्द सुल्तान ने अपनी माता एवं स्त्रियों को उनके पास भेजा और अपनी विलायत का समस्त राजस्व[3] उपहार स्वरूप भेंट कर दिया। हज़रत जहाँबानी ने उसको प्रसन्न करने के लिए उसमें से थोड़ा-सा ले लिया और शेष लौटा दिया।

अहमद सुल्तान के भाई से शीआ-सुन्नी समस्या पर वार्ता

इस मंज़िल पर अहमद सुल्तान के भाई हुसेन क़ुली मीर्ज़ा ने, जो मशहद से अपनी माता एवं भाई से हिजाज़ की यात्रा (के पूर्व) विदा होने आया था, धरती-चुम्बन का सम्मान प्राप्त किया।

१ हेलमन्द : अफ़ग़ानिस्तान की मुख्य नदी। इसे हिरमन्द, हीरमन्द तथा हिलमन्द भी बोला जाता है। यह पग़मान की पर्वतीय श्रेणी के दक्षिण की ओर की घाटी से निकलती है। पग़मान की पर्वतीय श्रेणियां, काबुल के पश्चिम में हिन्दूकुश तथा कोहे बाबा से मिली हैं। पूर्वी हज़ारिस्तान के लम्बे-चौड़े मैदान में जिसके विषय में अधिक ज्ञान नहीं प्राप्त हो सका है, बहती हुई यह दक्षिण पश्चिम की दिशा में मुड़ जाती है और गिरिश्क के समीप दक्षिणी अफ़ग़ानिस्तान के मैदान में पहुँचती है। गिरिश्क के नीचे बुस्त के अवशेषों के समीप, अरग़न्दाब तारनाक तथा अरग़सान नदियाँ, जो पहले से ही मिल चुकी होती हैं, इससे मिलती हैं। सीस्तान पहुँचकर यह उत्तर की ओर मुड़ जाती है और हमून अथवा सीस्तान की झील में गिरती है।

२ सीस्तान नामक क़स्बा, कारण कि हुमायूं इस प्रांत में पहिले ही प्रविष्ट हो चुका था। रैवर्टी ने **तबक़ाते नासिरी** के अनुवाद में सीस्तान नगर का नाम ज़रंज लिखा है। (Raverty : *Tabqat-i-Nasiri*, p. 1122)। बायज़ीद ने 'क़स्बये सीस्तान' ही लिखा है। सीस्तान अथवा सिजिस्तान को नीमरोज़ भी कहा जाता था। नीमरोज़ का फ़िरदौसी के **शाहनामे** में कई स्थानों पर उल्लेख हुआ है। यह ईरान तथा अफ़ग़ानिस्तान की सरहद पर है। शाह इस्माईल सफ़वी ने ९१४ हि० (१५०८-९ ई०) में इसे विजय कर लिया और यह ११३४ हि० (१७२२ ई०) तक ईरानियों के अधीन रहा।

३ अमवाल; मालगुज़ारी।

हज़रत जहाँबानी ने उससे धर्म के विषयों में प्रश्न किए। उसने निवेदन किया कि "बहुत समय से मैं शीओं तथा सुन्नियों के विश्वासों के विषय में सोच-विचार कर रहा हूँ और दोनों धर्म वालों के ग्रंथों का अध्ययन करता रहता हूँ। शीओं का विश्वास है कि असहाब[1] पर लान-तान[2] प्रशंसनीय एवं पुण्य का साधन है। सुन्नियों का विश्वास है कि असहाब की निन्दा कुफ़्र[3] है। सोच-विचार उपरान्त मेरी समझ में यह आ गया है कि पुण्य की कल्पना में काफ़िर न हो जाना चाहिये।" हज़रत (जहाँबानी) इस बात से बड़े प्रसन्न हुए और उसके प्रति कृपा-वृष्टि प्रदर्शित करते हुए, उससे अपनी सेवा में सम्मिलित हो जाने के विषय में कहा। क्योंकि उसने (हज की) यात्रा करना निश्चय कर लिया था और उसकी तैयारी भी कर ली थी अतः वह इस सौभाग्य से वंचित रह गया।

हुमायूँ के सहायकों का ज़मीनदावर की ओर प्रस्थान के विषय में परामर्श

इस स्थान पर हाजी मुहम्मद (पुत्र) बाबा क़श्क़ा तथा हसन कोका मीर्ज़ा अस्करी से पृथक् होकर शाही सेना में पहुँच गए। उन लोगों ने कहा कि यह उचित होगा कि (हज़रत जहाँबानी) ज़मीनदावर की ओर प्रस्थान करें कारण कि उस स्थान का हाकिम अमीर बेग सेवा में आ रहा है और बुस्त[4] के क़िले का हाकिम चलमा बेग[5] भी सेवा में उपस्थित होने वाला है और मीर्ज़ा अस्करी के अधिकांश आदमी शीघ्रातिशीघ्र उससे पृथक् होकर शाही सेवा में उपस्थित हो जायेंगे और क़न्धार तथा उस क्षेत्र के स्थान राज्य के सहायकों के अधीन हो जायेंगे।

हुमायूँ का हिरात की ओर प्रस्थान

(२०५) जब अहमद सुल्तान ने सुना कि इस प्रकार के प्रस्ताव रखकर (जहाँबानी को) एराक़ की यात्रा से रोका जा रहा है तो उसने पवित्र सेवा में उपस्थित होकर निष्ठापूर्वक निवेदन किया कि, "एराक़ की ओर प्रस्थान करना आपके गौरव को देखते हुए परमावश्यक

१ मुहम्मद साहब के सहचर अथवा मित्र। यहाँ हज़रत अबूबक्र (जून ६३२ ई०-अगस्त ६३४ ई०), हज़रत उमर (अगस्त ६३४ ई०-नवम्बर ६४४ ई०) एवं हज़रत उस्मान (नवम्बर ६४४ ई०-जून ६५६ ई०) तथा उनके सहायकों से तात्पर्य है जिन्हें शीआ अपहरणकर्ता समझते हैं। उनका विश्वास है कि हज़रत अली को हज़रत मुहम्मद ने अपना ख़लीफ़ा तथा इमाम अपने जीवनकाल में ही नियुक्त कर दिया था अतः उनकी मृत्यु के उपरान्त हज़रत अली को ही उनका ख़लीफ़ा नियुक्त होना चाहिये था। किसी प्रकार के चुनाव का कोई प्रश्न ही नहीं उठता।

२ निन्दा एवं कटु-आलोचना।

३ अस्वीकृत; इस्लाम के विरुद्ध।

४ बुस्त : हेलमन्द नदी पर, जहाँ नदी तथा क़न्धार की सीमायें मिलती हैं। १०वीं शती ई० में यह सिजिस्तान का दूसरे नम्बर पर बड़ा नगर था। यहाँ के लोग समृद्ध तथा हिन्दुस्तान से व्यापार करते थे। १३वीं शती ई०में याक़ूत नामक भूगोल वेत्ता के अनुसार नगर उजड़ चुका था और १४वीं शती के अन्त में तीमूर के आक्रमण के कारण यह काफ़ी नष्ट हो गया।

५ एक हस्तलिपि में 'जलमा बेग'। चलमा बेग मीर्ज़ा कामरान के कोका हमदम का पुत्र था। हुमायूँ के राज्यकाल में उसने प्रशंसनीय सेवायें सम्पन्न कीं। अकबर के राज्यकाल में वह ख़ाने आलम की उपाधि द्वारा सुशोभित हुआ।

है। यह समुह जो इस यात्रा से रोक रहा है षड्यंत्र एवं धूर्तता के अतिरिक्त कोई अन्य बात नहीं प्रदर्शित कर रहा है।" क्योंकि अहमद सुल्तान ने अपनी निष्ठा एवं स्वामी-भक्ति द्वारा हज़रत जहाँबानी को अत्यधिक प्रभावित कर लिया था अतः उन्होंने उसकी बात स्वीकार कर ली और इस परामर्शानुसार, एराक़ की ओर प्रस्थान करने का संकल्प कर लिया। इस कारण हाजी मुहम्मद को कुछ दिन तक सेवा में उपस्थित होने की अनुमति न दी गई। अहमद सुल्तान उत्कृष्ट रिकाब के साथ साथ तबस कीलकी[1] के मार्ग से उन्हें ले जाना चाहता था। क्योंकि हज़रत जहाँबानी ने हेरी[2] की यात्रा करना निश्चय कर लिया था, अतः ऊक[3] क़िले के मार्ग से वे उस ओर रवाना हुए।

शाह तहमास्प द्वारा हुमायूं के पत्र का उत्तर

जब हज़रत जहाँबानी जन्नत आशियानी के स्नेहमय एवं निष्ठा-युक्त पत्र ने ईरान के शाह तहमास्प[4] के राजसिंहासन को शोभा प्रदान की तो वह हज़रत जहाँबानी के शुभ चरणों को अपने लिए एक ऐसी देन समझकर जिसकी उसे आशा न थी प्रसन्न हो गया और उसकी इच्छा हुई कि सौभाग्य की हुमा की उत्कृष्ट छाया को अपने प्रताप के सिर पर स्थान दे और इस सौभाग्य की प्राप्ति को अपने वंश के उत्कृष्ट कारनामों का शीर्षक बनाये। इस देन के प्रति कृतज्ञता प्रकट करने के लिए उसने आदेश दिया कि तीन दिन तक क़ज़वीन[5] में ख़ुशी के नक़्क़ारे बजाये जायें।

१ मूल में केवल 'कीलकी' किन्तु कुछ हस्तलिपियों में 'बपस कीलकी' अथवा 'तबस कीलकी'। यह ख़ुरासान का एक नगर है और सीस्तान से क़ज़वीन (तत्कालीन ईरान की राजधानी) के मार्ग में हिरात से बड़ी दूर पश्चिम में है।

२ हिरात : एक बड़ा ही प्राचीन नगर २४°२२' उत्तर तथा ६२०९' पूर्व में। तीमूरियों में मीर्ज़ा शाह-रुख़ (३०७ हि०/१४०४ ई०--८५० हि०/१४४७ ई०) ने इसे अपनी राजधानी बना लिया जिसके कारण यह उत्तरोत्तर समृद्ध होता गया। ९१३ हि० (१५०९ ई०) में शैबानी ख़ां ऊज़बेक ने हिरात पर अधिकार जमा लिया। बाबर ने ९१२ हि० (१५०६-७ ई०) के विवरण में हिरात की यात्रा की बड़े ही रोचक ढंग से चर्चा की है। (**बाबर नामा,** पृ० ५५-६६)। सुल्तान हुसेन मीर्ज़ा के कारण यह नगर उस समय बड़ा ही प्रसिद्ध हो गया था। बाबर ने सुल्तान-हुसेन मीर्ज़ा के दरबारियों का उल्लेख ९११ हि० (१५०५-६ ई०) के इतिहास में किया है। (**बाबर नामा,** पृ० ५७२-५९६)। ९१६ हि० (१५१० ई०) में शाह इस्माईल ने शैबानी की हत्या करके हिरात पर अधिकार जमा लिया किन्तु ऊज़बेक उसे अपने अधिकार में करने का निरन्तर प्रयत्न करते रहे और ९४१ हि० (१५३८ ई०) में उबैदुल्लाह ख़ां ऊज़बेक ने इसे बुरी तरह नष्ट-भ्रष्ट किया।

३ रैवर्टी ने **तबक़ाते नासिरी** के अनुवाद में ऊक को फ़रह एवं ज़रंज (सीस्तान) के मध्य में बताया है।

४ शाह तहमास्प, शाह इस्माईल सफ़वी का पुत्र था। शाह इस्माईल सफ़वी एवं बाबर के संबंध के लिये देखिये **हबीबुस्सियर** तथा **तारीख़े रशीदी** के उद्धरणों का अनुवाद; रिज़वी : **मुग़ल कालीन भारत—बाबर,** पृ० ६०२-६०६, पृ० ६२०-६२४)। शाह तहमास्प सफ़वी का जन्म २२ फ़रवरी १५१४ ई० को हुआ और वह अपने पिता शाह इस्माईल सफ़वी के स्थान पर २४ मई १५२४ ई० को १० वर्ष की अवस्था में सिंहासनारूढ़ हुआ। वह अपनी मृत्यु (१५ मई १५७६ ई०) तक ईरान में राज्य करता रहा।

५ क़ज़वीन : पहले कशवीन कहलाता था और एराक़-अजम का एक नगर है। यह अलबुर्ज़ पर्वत के दक्षिण में तेहरान से १०० मील उत्तर-पश्चिम में स्थित है। अब्बासियों के राज्यकाल से इसे उन्नति प्राप्त होनी प्रारम्भ हो गई परन्तु १३वीं शती ई० में मंगोलों के आक्रमणों की वजह से यह नगर नष्ट हो गया किन्तु सफ़वियों के राज्य

अत्यधिक आदर एवं सम्मान प्रदर्शित करते हुए उत्तर में एक पत्र लिखवाया और शीघ्रातिशीघ्र पधारने का आग्रह किया। उसने (हज़रत जहाँबानी की) सहस्रों प्रशंसा एवं गुण-गान करते हुए अपने विश्वासपात्रों के हाथ उपहार एवं तुहफ़े प्रेषित किए। इस शर को पत्र का शीर्षक बनाया :

शेर

'सौभाग्य के गौरव की हुमा हमारे जाल में आ जाय,
यदि तेरा हमारे स्थान की ओर आगमन हो जाय[1]।'

उसने दूत को उचित रूप से सम्मानित करके वापस कर दिया और नाना प्रकार से कृतज्ञता एवं आभार प्रदर्शित करते हुए, प्राचीन निष्ठा का उल्लेख तथा अत्यधिक आदर सम्मान प्रदर्शित किया; नगरों एवं क़स्बों के हाकिमों तथा वालियों[2] को लिखा कि जिस मंज़िल अथवा जिस नगर में शुभ सेना का पड़ाव हो उस स्थान के बड़े-बड़े हाकिम, प्रतिष्ठित एवं सम्मानित लोग सर्व-साधारण इस 'उत्कृष्ट' वंश के सम्मान का ध्यान रखते हुए उनके स्वागतार्थ पहुँचें और पादशाहाना आतिथ्य का प्रवन्ध करें। प्रत्येक मंज़िल पर उनके उत्तम असबाब, उचित वस्तुयें, खाने-पीने की चीज़ें तथा ताज़े फल एकत्र करके प्रस्तुत किए जायें। जो फ़रमान हेरी के हाकिम मुहम्मद ख़ां को लिखा गया वह इस आशय से मूलरूप से उद्‌धृत किया जाता है कि वह बुद्धिमानों के लिए विधान वन सके और मानवता के नियमों से परिचित लोग, सौजन्य की उस प्रस्तावना का अध्ययन करके कष्टों में फंसे हुए उन लोगों के प्रति आदर-सम्मान प्रदर्शित करते रहें (२०६) जो ऊँच नीच का सामना करते रहते हैं और उनके प्रति उदारता एवं कृपा-प्रदर्शन में लेश मात्र की कमी न करें।

ख़ुरासान के हाकिम के नाम शाह तहमास्प का पत्र

शुभ फ़रमान इस आशय से भेजा जाता है कि अयालत पनाह[3], शौकत दस्तगाह[4], शम्सुल

काल में यह पुनः अत्यधिक उन्नति कर गया। शाह तहमास्प प्रथम ने वहुत समय तक वहाँ निवास किया और शाह अब्बास सफ़वी प्रथम ने वहाँ अनेक सुन्दर भवन वनवाये।

१ हुमाये औजे सआदत वदामे मा उफ़तद,
अगर तुरा गुज़रे बर मक़ामे मा उफ़तद।

هماى اوج سعادت بدام ما افتد
اگر ترا گذرى بر مقام ما افتد

२ गवर्नरों।
३ राज्य की शरण।
४ ऐश्वर्य का कारख़ाना।

अयालत वल इक़बाल[१], मुहम्मद ख़ां शरफ़ुद्दीन ऊग़ली तकलू, सम्मानित प्रिय पुत्र[२] का गुरू[३] राजधानी हिरात के हाकिम एवं मीर दीवान[४] नाना प्रकार की शाही अनुकम्पा एवं कृपा द्वारा सम्मानित होकर समझ लें कि उसका प्रार्थना-पत्र जिसे उसने इमारत पनाह क़रा सुल्तान शामलू के भाई कमालुद्दीन शाह क़ुली बेग[५] के हाथ ऐश्वर्य को शरण प्रदान करने वाले दरबार में भेजा था, १२ ज़िलहिज्जा[६] (७ मार्च १५४४ ई०) को प्राप्त हुआ। उस सम्मानित लेख में जो कुछ लिखा था वह आद्योपान्त ज्ञात हुआ।

जो कुछ सफल नव्वाब[७], आकाश को रिकाब बनाने वाले, सूर्य के क़ुब्बे, सल्तनत एवं सफलता के समुद्र के मोती, शासन-प्रबन्ध एवं राज्य-व्यवस्था की बाटिका को सजाने वाले वृक्ष, सल्तनत एवं ऐश्वर्य के राजप्रासाद को प्रकाश देने वाले नूर, सौभाग्य एवं प्रताप की नहर के सरो, वैभव एवं ऐश्वर्य के उद्यान के पवित्र वृक्ष, खिलाफ़त एवं न्याय के वृक्ष के फल, जल एवं स्थल के

१ गौरव एवं प्रताप का सूर्य।

२ सुल्तान मुहम्मद मीर्ज़ा शाह तहमास्प का ज्येष्ठ पुत्र, जो मुहम्मद ख़ुदाबन्दा भी कहलाता था। वह १५७८ ई० में सिंहासनारूढ़ हुआ किन्तु अपनी अयोग्यता के कारण शीघ्र कहीं ग़ायब हो गया।

३ लला। ब्लाख़मैन ने **आईने अकबरी** के अंग्रेज़ी भाषा के अनुवाद में जाफ़रख़ां पुत्र क़ज़ाक़ ख़ां के सम्बन्ध में एक टिप्पणी में लिखा है कि लल्ला शब्द हमारे शब्द-कोशों में नहीं मिलता। मैंने इसे हिन्दुस्तानी इतिहासकारों की रचना में नहीं देखा किन्तु जहाँ भी इसका प्रयोग हुआ है इसका अर्थ अतालीक़ निकलता है। सम्भवतः जिन इतिहासों में इस शब्द का प्रयोग हुआ है, उनकी ओर ब्लाख़मैन ने ध्यान नहीं दिया। इसका अर्थ स्टैइनगेस के फ़ारसी अंग्रेज़ी कोष में भी दिया है: (A mentor, a tutor)। उक्त कोष में इसका उच्चारण 'लला' है।

४ सम्भवतः तुर्की शब्द बेगलर बेगी का अनुवाद। **अफ़ज़लुत्तवारीख़** में, जिसकी रचना शाह अब्बास प्रथम (१५८७-१६२९ ई०) के शासन काल में हुई, बेगलर बेगी ही है। (Sukumar Ray : *Humayun in Persia*, Calcutta 1948, p. 69)।

५ **अफ़ज़लुत्तवारीख़** के अनुसार "हसन बेग तकलू" के हाथ।

६ **अफ़ज़लुत्तवारीख़** के अनुसार "मंगलवार ५ शव्वाल ९५० हि० (१ जनवरी १५४४ ई०)"। हुमायूं ने शाह तहमास्प को १ शव्वाल ९५० हि० को पत्र लिखा। सम्भवतः उसी दिन हिरात के हाकिम मुहम्मद ख़ां तकलू ने भी पत्र लिखा जो ५ शव्वाल ९५० हि० को शाह तहमास्प को प्राप्त हो गया। हुमायूं १ ज़ीक़ाद ९५० हि० को हिरात के जहानआरा उद्यान में पहुँच गया। (**अकबर नामा** भाग १, पृ० २१४; ब्रिटिश म्युज़ियम की **अकबर नामा** की एक हस्तलिपि में भी ५ शव्वाल ९५० हि० ही है। Or. 4678)। अतः यही तारीख़ ठीक है। १२ ज़िलहिज्जा पत्र नक़ल करने वाले की भूल है। बायज़ीद के इतिहास में भी १२ ज़िलहिज्जा है (पृ० १२)। अतः ऐसा ज्ञात होता है कि कुछ पत्रों में ग़लत ही तारीख़ नक़ल हो गई।

७ 'नव्वाबे कामयाब'। शीओं के इमामत के सिद्धान्त के अनुसार बादशाह केवल हज़रत अली की संतान के १२वें इमाम हो सकते हैं जो शीओं के विश्वासानुसार जीवित किन्तु अदृश्य हैं अतः जो कोई बादशाह होगा वह उनका नायब ही होगा। इस प्रकार ईरान के शाह अपने लिये भी नव्वाब ही की उपाधि का प्रयोग करते थे। अकबर के राज्यकाल के महज़र के सम्बन्ध में वकलर तथा डा० माखन लाल राय चौधरी आदि विद्वानों ने इस शब्द से बड़े विचित्र निष्कर्ष निकाले।

पादशाह, सफलता के आकाश के चमकते हुए सूर्य, ख़िलाफ़त एवं जहाँबानी[1] के गौरव की चौदहवीं रात के चाँद, न्यायकारी सुल्तानों के नेता एवं पथ-प्रदर्शक, सम्मानित ख़ाक़ानों में सर्वोत्तम एवं सर्वश्रेष्ठ, बादशाही के राजसिंहासन के उच्च वंश के शासक, न्यायकारिता के देश के उच्च वंश के पादशाह, सिकन्दर सरीखे ख़ाक़ान, उत्कृष्ट जमशेद सरीखे सम्मान वाले, सिंहासनारूढ़ सुलेमान[2], पथ प्रदर्शन एवं विश्वास के स्वामी सुल्तान, मुकुट एवं राजसिंहासन के अधिकारी शासक, प्रताप एवं सौभाग्य के संसार के साहब क़िरान, समकालीन सुल्तानों के नेत्र के प्रकाश, प्रतिष्ठित ख़ाक़ानों के शीर्ष के मुकुट, ईश्वर द्वारा सहायता प्राप्त, नसीरुद्दीन मुहम्मद हुमायूं पादशाह[3] (ईश्वर उन्हें अंतिम दिन तक उनकी इच्छानुसार गौरव प्रदान करे) के विषय में लिखा था, ज्ञात हुआ। यह नहीं कहा जा सकता कि कितनी प्रसन्नता एवं कितना संतोष हुआ।

पद्य

'सुखद समाचार, हे ऊषा के संदेश-वाहक ! तू मित्र के आगमन के समाचार लाता है,
तेरे समाचार सच हों, हे हर स्थान पर मित्र के विषय में जानकारी रखने वाले।
सम्भवतः वह दिन आ जाय जब मिलन की सभा में अचानक,
बैठूंगा मैं, अपने हृदय की इच्छा को पाकर, मित्र के साथ।'

उस फ़िरिश्तों सरीखे पादशाह का आगमन तथा बिना किसी कष्ट के अग्रसर होना अपने लिए एक महान् देन समझें। इस सुखद समाचार के प्राप्त होने के पुरस्कार में सब्ज़वार[4] की विलायत उस राज्य के आश्रित को तुशक़ान वर्ष की मेषराशि के प्रारम्भ से प्रदान कर दी। वह अपने दारोग़ा[5] एवं वज़ीर को उस स्थान पर नियुक्त कर दे ताकि वहाँ से जो राजस्व वसूल हो एवं दीवानी[6] के वुजूहात[7] प्रचलित वर्ष के प्रारम्भ से अपने अधिकार में करके विजयी सेना के वेतन एवं अपनी आवश्यकता पर व्यय कर सकें।[8] जिन नियमों का इस फ़रमान में उल्लेख

१ राज्य-व्यवस्था।

२ एक प्रतापी पैग़म्बर जिनका राज्य हवा पर भी बताया जाता है; (Solomon)।

३ **अफ़ज़लुत्तवारीख़** के पत्र में हुमायूं के सम्बन्ध में इतने विशेषणों का प्रयोग नहीं हुआ है।

४ ख़ुरासान का एक नगर, नीशापुर के पश्चिम में, मशहद एवं कैस्पियन के मध्य में। हिरात के समीप सब्ज़वार इससे भिन्न है। इसे 'बेहक़' भी कहा जाता था।

५ अमीर के समान ईरान का पद; मुख्य प्रबन्धक।

६ मालगुज़ारी (राजस्व) एवं अन्य करों की वसूली का विभाग।

७ कर।

८ **अफ़ज़लुत्तवारीख़** में जो उद्धृत हुआ है, उसमें सब्ज़वार के प्रदान होने का उल्लेख नहीं। उसके स्थान प[र] अधिक महत्व का यह निम्नांकित वाक्य है। "जिस दिन तुम्हारा पत्र प्राप्त हुआ उसी दिन यह सम्मानित फ़र[मान] जारी किया गया। यह आवश्यक है कि जैसे ही इस अनुल्लंघनीय पत्र की सूचना प्राप्त हो तो जो कु[छ] इस फ़रमान में लिखा है उसका पालन करें :—सर्वप्रथम यह कि जब वे (हुमायूं) नीमरोज़ एवं सिजिस्तान हिरात की ओर रवाना हों, वहां के हाकिमों के पास फ़रमान पहुँचायें कि जो अत्यधिक सेवा उपर्युक्त नव्वाब विषय में सम्भव हो उसे पूरी करें और सेवा में किसी प्रकार उपेक्षा न करें अन्यथा वे दंड के पात्र होंगे।

(२०७) हुआ है उनपर प्रत्येक फ़सल एवं दिन में आचरण किया जाय और आज्ञाकारिता से सम्बन्धित जो आदेश हैं, उनका लेशमात्र भी उल्लंघन न हो।

वह अपने ५०० अनुभवी बुद्धिमानों को नियुक्त करे, जिनमें से प्रत्येक के पास एक-एक कोतल घोड़ा, एक सवारी का ख़च्चर एवं आवश्यक साज़ व सामान हो। वे उस भाग्यशाली के स्वागतार्थ रवाना हों और अपने साथ १०० द्रुतगामी घोड़े[१], जो सम्मानित दरबार से सुनहरी ज़ीनों सहित भेजे गए हैं, ले जायें। वह राज्य का रक्षक भी अपने तवेलों से ६ द्रुतगामी सधे हुए उत्तम रंग के एवं मज़बूत घोड़े, जो राज्य एवं सफलता के रणक्षेत्र के शहसवार की सवारी के योग्य हों, चुनकर नक़शी आस्मानी ज़ीनों सहित, ज़रबफ़्त एवं ज़रदोज़ी[२] की झूलें, जो कि उस जम सरीखे सम्मान वाले पादशाह की सवारी के घोड़े के योग्य हों, डलवाकर, प्रत्येक घोड़े को अपने दो सेवकों को देकर भेज दे। विशेष सर्वोत्तम ख़ंजर जो सफल नव्वाब स्वर्गीय एवं सम्मानित शाह बाबा[३] (ईश्वर उनके प्रमाण को स्पष्ट करे) से प्राप्त हुआ है और जिसपर उत्तम जवाहरात जड़े हुए हैं सोने की तलवार एवं जड़ाऊ पेटी सहित उस सिकन्दर सरीखे पादशाह की विजय एवं सफलता के शकुन के लिए भेजा गया है। ४०० मख़मल एवं फ़िरंग[४] तथा यज़्द[५] के अतलस के थान इस आशय से भेजे जा रहे हैं कि इनमें से हज़रत जहाँबानी के १२० विशेष जामे[६] तैयार हों और शेष विजयी रिकाब के सेवकों को प्रदान कर दिये जायें। सोने के तारों के काम के मख़मली क़ालीनों के दो ढेर, बकरे के बालों के ग़लाफ़ अतलस के अस्तर सहित, तीन जोड़ बड़े क़ालीन १२ हाथ (चौकोर), उत्तम रेशम की चार गोशकानी[७], १२ ख़ेमे लाल, हरे तथा सफ़ेद भेजे गए हैं। ईश्वर करे वे भली भाँति पहुँच जायें।

स्वादिष्ट एवं उत्तम पेय नित्य-प्रति तैयार कराये जायें और सफ़ेद रोटियों सहित, जो घी तथा दूध में सानी गई हों और जिनमें राज़ियाना[८] तथा पोस्ता पड़ा हो, बनवाकर हज़रत (जहाँबानी) के लिए भेजी जायें। उत्कृष्ट दरबार के विश्वासपात्रों एवं अन्य सेवकों के लिए वह वस्तुयें अलग भेजी जायें। जब यह निश्चय हो जाय कि कल अमुक स्थान पर पड़ाव होगा तो

१ बायज़ीद में केवल 'तीन' (बायज़ीद, पृ० १४); यही उचित है। ३ और ६ मिलाकर ९ हो जाते है। ९ रहस्यमय संख्या है और शुभ अवसरों पर इसका बड़ा ध्यान दिया जाता था। **अफ़ज़लुत्तवारीख़** के पत्र में १०० अथवा तीन किसी का उल्लेख नहीं हुआ है अपितु लिखा गया है कि आतिथ्य के उपरान्त उपर्युक्त विलायतों (नीमरोज़, सिजिस्तान एवं हिरात) के हाकिम ९ घोड़े जो उनके योग्य हों, प्रस्तुत करें।

२ सोने की बुनाई एवं सोने के काम की।

३ शाह इस्माईल सफ़वी।

४ योरप से तात्पर्य है।

५ यज़्द :—फ़ारस का एक नगर जो रेशम के कपड़ों के लिये बड़ा प्रसिद्ध था।

६ एक प्रकार का लम्बा कोट।

७ गोशकान, काशान तथा इस्फ़हान के मध्य में एक क़स्बा है जो क़ालीनों के लिये प्रसिद्ध है। गोशकानी रेशम के क़ालीन से तात्पर्य है।

८ सोये के प्रकार के शाक के बीज।

आज ही से वहाँ साफ़, उत्तम, सफ़ेद एवं कढ़े हुए, अतलस तथा मखमल के सायबान[1], रिकाबखाना[2], मतबख़[3], एवं उनके समस्त कारख़ानों[4] को सुव्यवस्थित कर दिया जाय। प्रत्येक कारख़ाने की आवश्यक वस्तुयें तैयार रहें। जब वे स्वयं पड़ाव करें तो गुलाब का शरबत एवं स्वादिष्ट नीबू का रस तैयार रखें और बरफ़ में लगाकर, ठंडा करके प्रस्तुत करें। शरबत के उपरान्त मशहद के मुश्की सेब, तरबूज़ एवं अंगूर इत्यादि सफ़ेद रोटियों सहित, जैसा कि उल्लेख हो चुका है, पेश करें। इस बात का प्रयत्न किया जाय कि समस्त पेय की राज्य का वह रक्षक परीक्षा कर ले[5]। गुलाब तथा अम्बर उनमें मिलाया जाय। रोज़ाना ५०० विभिन्न प्रकार के भोजनों के थाल पेय के साथ प्रस्तुत किए जायें। अयालत पनाह क़ज़ाक़ सुल्तान[6], इमारत मआल जाफ़र सुल्तान[7] अपने पुत्रों एवं (२०८) अपनी क़ौम वालों में से १००० आदमियों को (उन) ५०० आदमियों को रवाना करने के तीन दिन बाद स्वागतार्थ भेजें। उन तीन दिनों में उपर्युक्त अमीरों एवं सेना वालों का निरीक्षण किया जाय। अपने सेवकों को तीपूचाक़[8] एवं अरब घोड़े प्रदान करने के विषय में सावधानी से कार्य करें कारण कि सैनिकों के लिए उनके घोड़ों से बढ़कर शोभा की कोई अन्य वस्तु नहीं है। उन हज़ार आदमियों के सरोपा[9] उतम एवं रंगीन रहें। ऐसी व्यवस्था की जाय कि जब ये अमीर हज़रत जहाँबानी की सेवा में पहुँचें तो अभिवादन एवं आदर सम्मान की भूमि का शिष्टाचार के ओष्ठों से चुम्बन करें और एक-एक व्यक्ति अभिवादन करे। इस बात की व्यवस्था की जाय कि सवारी इत्यादि के समय अमीरों के सेवकों तथा हज़रत (जहाँबानी) के सेवकों में किसी प्रकार का वाद-विवाद न होने पाये और उनके सेवकों में किसी प्रकार कोई रुष्ट न होने पाये। सवारी एवं लश्कर के प्रस्थान के समय अमीर लोग दूर से अपनी सेना में सेवा करें किन्तु पहरे के समय पूर्व-उल्लिखित अमीरों में से प्रत्येक उन स्थानों के समीप जहाँ वे नियुक्त हों, प्रयत्न करते रहें और सेवा का डंडा हाथ में लेकर इस प्रकार सेवा करें जिस प्रकार कोई अपने बादशाह की सेवा करता है और जो अधिक से अधिक सावधानी आवश्यक हो उसका प्रदर्शन करें। वे जिस विलायत में पहुँचें यही फ़रमान वहाँ के वाली को दिखाकर यह निश्चय कर दिया जाय कि वह अमीर सेवा करे। आतिथ्य का इस प्रकार प्रबन्ध किया जाय कि समस्त भोजनों, एवं पेय की कुल संख्या

१ एक प्रकार का शामियाना।
२ मोदीख़ाना।
३ रसोई।
४ शाही आवश्यकताओं की तैयारी से सम्बन्धित विभिन्न विभाग।
५ इसका कारण यह था कि उसमें कोई विष इत्यादि न मिला दिया जाय। बकावल अथवा चाश्नीगीर के पद पर इसी कारण बादशाहों के विश्वास-पात्र ही नियुक्त होते थे।
६ क़ज़ाक़ सुल्तान, मुहम्मद ख़ां का पुत्र था।
७ जाफ़र सुल्तान अथवा जाफ़र ख़ां, क़ज़ाक़ सुल्तान का पुत्र एवं मुहम्मद ख़ां तकलू का पौत्र था। वह अकबर के राज्यकाल में हिन्दुस्तान पहुँचा।
८ द्रुतगामी एवं बहुमूल्य घोड़ों की एक किस्म।
९ सिर से पांव तक के वस्त्र; ख़िलअत।

१,५०० थाल से कम न हो। उस सल्तनत-पनाह की सेवा मशहदे मुक़द्दस[1] तक उस अयालत-पनाह[2] के सिपुर्द रहेगी। जब उपर्युक्त अमीर, सेवा में पहुँचें तो रोज़ाना नाना प्रकार के भोजनों के १२०० थाल जो शाही-भोजन के योग्य हों उस सम्मानित बादशाह के उत्कृष्ट दरबार में प्रस्तुत किये जायें। प्रत्येक अमीर अपने आतिथ्य सत्कार के दिन ९ घोड़े उपहार स्वरूप भेंट करे जिसमें ३ विशेष रूप से हज़रत बादशाह के लिए हों, एक अमीरे मुअज़्ज़म[3] मुहम्मद बैराम खां बहादुर[4] को और ५ अन्य प्रतिष्ठित अमीरों को, जो उनके योग्य हों, प्रदान किए जायें। सभी ९ घोड़े हज़रत बादशाह के समक्ष प्रस्तुत किए जायें और बता दिया जाय कि कौन-कौन घोड़े सफल नव्वाब के लिए हैं और जो घोड़े पूर्व से अमीरों के लिए पृथक् कर लिये गए हों, उनके विषय में यह बता दिया जाय कि कौन कौन से घोड़े किस किस अमीर के हैं। यद्यपि यह बात कहनी उचित नहीं किन्तु यह अच्छा ही होगा, बुरा न होगा। जिस प्रकार भी सम्भव हो विजयी रिकाब के साथ जो सेवक हों, उन्हें प्रसन्न रक्खा जाय और उन्हें जितनी भी तसल्ली तथा जितना भी प्रोत्साहन दिया जा सकता हो दिया जाय। दुष्ट काल के कुचक्र के कारण मलिन उस समूह के हृदय को ऐसे अवसरों के लिए उचित एवं उत्तम सांत्वना एवं प्रोत्साहन द्वारा प्रसन्न करें। इस नियम का हर समय जब तक वे हमारे पास पहुँच न जायँ, ध्यान रहे। तदुपरान्त जो कुछ उचित होगा उसका हमारी ओर से प्रबन्ध किया जायगा। भोजनोपरान्त, मिठाइयाँ, एवं पालूदा[5] जो मिश्री एवं उत्तम प्रकार से साफ़ की हुई शकर से तैयार किया गया हो, नाना प्रकार के स्वादिष्ट मुरब्बे, विशेष रिश्तये (२०९) ख़िताई[6] जो गुलाब, मुश्क एवं अशहबी[7] अम्बर से सुगंधित की गई हो, दरबार में ले जायें। विलायत[8] का हाकिम आतिथ्य एवं उपर्युक्त सेवाओं के उपरान्त अपनी विलायत से निश्चिन्त होकर राजधानी हिरात तक हज़रत बादशाह की सेवा में साथ-साथ रहे और सेवा करने में लेश-मात्र भी कसर न उठा रक्खे। जब वे उपर्युक्त विलायत[9] के १२ फ़रसख़ पर पहुँच जायें तो वह अयालत-पनाह[10] अपने किसी अनुभवी अधिकारी को, प्रिय सम्मानित पुत्र[11] की सेवा में नियुक्त कर दे

१ पवित्र मशहद। मशहद में शीओं के ८वें इमाम अली मूसी रिज़ा (निधन ८१८ ई०) का रौज़ा है। यह स्थान मशहद के नाम से इमाम के रौज़े के कारण प्रसिद्ध हुआ। ख़ुरासान का तूस नगर तथा मशहद एक ही स्थान के नाम हैं। यह ख़ुरासान प्रान्त की राजधानी तथा नीशापुर के पूर्व में है। इब्ने बत्तूता ने, जिसने मशहद एवं इमाम रिज़ा के रौज़े के दर्शन किये, मशहद का बड़ा रोचक विवरण दिया है।

२ मुहम्मद ख़ां तकलू।

३ प्रतिष्ठित अमीर।

४ बायज़ीद में बहादुर के स्थान पर 'भारलू'।

५ फ़ालूदा।

६ एक प्रकार की सिवैयाँ।

७ धूसर रंग का। यह अम्बर सर्वोत्तम समझा जाता है।

८ प्रदेश, राज्य।

९ हिरात।

१० मुहम्मद ख़ां तकलू।

११ सुलतान मुहम्मद मीर्ज़ा।

जो नगर एवं उस पुत्र की सावधानी से सेवा करता रहे और शेष विजयी सेना नगर, विलायत एवं सीमान्तों के सैनिकों को जिनमें हज़ारा[१], निकोदरी[२] इत्यादि हों और जिनकी संख्या ठीक-ठीक ३०,००० हो लेकर उनके साथ स्वागतार्थ जाय। ख़ेमे, सायबान, एवं आवश्यक असबाब, ऊँटों एवं खच्चरों की क़तारें अपने साथ ले जाय ताकि सुसज्जित सेना हज़रत (जहाँबानी) के समक्ष प्रस्तुत हो सके। जब वह हज़रत की सेवा में पहुँचे तो कोई बात करने के पूर्व हमारी ओर से बहुत-बहुत शुभ कामनायें पहुँचाये और जिस दिन सेवा में उपस्थित हो सेना एवं शिविर के नियमानुसार पड़ाव करे। वह अयालत-पनाह सेवा के लिए उद्यत रहकर, आतिथ्य की अनुमति लेकर ३ दन तक वहाँ ठहरा रहे।

प्रथम दिन उनकी समस्त सेना वालों को सम्मानित खिलअतें, जो अतलस, यज़्द के किमख़्वाब, मशहद एवं ख़ाफ़[३] के रेशम की बनी हों, प्रदान की जायें। सब लोगों को मख़मल के बालापोश[४] प्रदान किए जायें। लश्कर वालों एवं सेवकों में से प्रत्येक को दो तबरेज़ी तूमान[५] दैनिक व्यय हेतु प्रदान किए जायें। नाना प्रकार के भोजनों की, जैसा कि उल्लेख हो चुका है, व्यवस्था की जाय। ऐसी बादशाहाना मजलिसों का आयोजन किया जाय जिससे ज़बानें उनकी प्रशंसा किया करें और गुणगान के वाक्य लोक तथा परलोक वालों के कानों तक पहुँच जायें। उनकी सेनाओं की सविस्तार सूची हमारे उत्कृष्ट दरबार में प्रेषित की जाय। २५०० तबरेज़ी तूमान[६] जो सम्मानित सरकार की तहवील[७] से सम्बन्धित हैं, और जो राजधानी में आते हैं, लेकर आवश्यक बातों पर व्यय किए जायें। दासता एवं सेवा के लिए जो बात अधिक से अधिक आवश्यक हो उसे पूरे उत्साह से सम्पन्न किया जाय। उपर्युक्त मंज़िल से नगर की यात्रा में चार दिन लगाये जायें। प्रत्येक दिन आतिथ्य हेतु प्रथम दिन के समान भोजन का प्रबन्ध किया जाय। आतिथ्य हेतु उस अयालत पनाह की उत्कृष्ट संतान सेवकों के समान सेवा हेतु कटिबद्ध रहे और पूर्ण रूप से शिष्टाचार प्रदर्शित करते हुए सेवा की जाय। इस बात के प्रति कृतज्ञता प्रकट करने के लिए कि इतना महान् पादशाह जो दैवी उपहारों में से एक उपहार है, हमारा अतिथि हुआ है, सेवा एवं परिचर्या के विषय में अधिक से अधिक प्रबन्ध करते रहें और इसमें कोई कसर न उठा रक्खें कारण कि

१ हज़ारा के सम्बन्ध में देखिये **बाबर नामा**, पृ० १३, १८, २३, २५, २८, २९, ५०-५२, ६०, ६६, ६९।

२ सम्भवतः **बाबर नामा** का 'निकदीरी' (पृ० १०, १३, १८, ५८०-५८१)।

३ बाख़र्ज़ (जाम के दक्षिण में) के दक्षिण-पश्चिम में जो १०वीं शती ई० में किशमिश तथा अनार के लिए बड़ा प्रसिद्ध था।

४ लबादे।

५ एक सोने का सिक्का जो वोलैस्टन के अनुसार ८ शिलिङ्ग का होता था किन्तु बेवरिज के अनुसार उसका मूल्य और अधिक होता होगा। शाह अब्बास सफ़वी प्रथम के समय के तूमान का मूल्य ३ पौंड के बराबर होता था। ब्लाख़मैन के अनुसार जहाँगीर ने तूमान को ३३ रुपये के बराबर बताया है किन्तु सैनिकों को चाँदी के सिक्के दिये गये होंगे। (बेवरिज, पृ० ४२५)।

६ बायज़ीद में २५०० है; (बायज़ीद, पृ० २१)। ब्रिटिश म्युज़ियम की एक हस्तलिपि (Or 4678) में १०,०००। **अफ़ज़लुत्तवारीख़** में भी १०,०००।

७ राजस्व से तात्पर्य है।

जितना अधिक परिश्रम इस विषय में होगा और जितनी दौड़-धूप इस सम्बंध में की जायगी उतना ही अधिक मैं प्रसन्न हूँगा।

नगर में पहुँचने के एक दिन पूर्व ईदगाह के उद्यान में ख्याबान[1] के सामने ऐसे खेमे लगवाये जायें जिनके भीतर लाल अतलस, बीच में बारीक मलमल और ऊपर इस्फ़हानी मलमल, जिनके विषय में कहा जाता है कि वे आजकल तैयार हो रही हैं, लगी हों। इस बात के प्रति (२१०) पूर्ण रूप से सावधान रहा जाय कि जिस स्थान पर भी हज़रत (जहाँबानी) प्रसन्न हो सकें और फूलों से लदी हुई जिस भूमि पर अथवा जल-वायु, सौन्दर्य एवं कोमलता के कारण जो स्थान भी उन्हें पसन्द आए वहीं उनकी इच्छा का ध्यान रखते हुए, उनकी सेवा हेतु शिष्टाचार के हाथ सेवकों के समान सीने पर बाँधकर अग्रसर हो और निवेदन किया जाय कि, "यह शिविर, लश्कर एवं असबाब भाग्यशाली नव्वाब की भेंट है।" वह स्वयं मार्ग में तथा प्रस्थान के समय क्षण-क्षण पर उनके उत्कृष्ट हृदय को सांत्वना से परिपूर्ण अपनी बात-चीत से, प्रसन्न करता रहे।

उपर्युक्त मंज़िल से एक दिन पूर्व जब नगर में प्रवेश हो, वह स्वयं अनुमति लेकर, पुत्र की सेवा में रवाना हो जाय और प्रातःकाल उस सम्मानित प्रिय पुत्र को स्वागतार्थ महल के बाहर ले जाये। जो ख़िलअत हमने उस पुत्र को पारसाल नवरोज़[2] के समय प्रेषित की थी, वह उसे पहनाई जाय और तकलू अवीमाक़[3] के किसी सफ़ेद दाढ़ी वाले को, जो उस अयालत-पनाह का विश्वास-पात्र एवं उसकी दृष्टि में योग्य हो, उपर्युक्त राजधानी में छोड़कर पुत्र को सवार करे। नगर की ओर प्रस्थान के समय अयालत-पनाह, क़ज़ाक़ सुल्तान को नव्वाब[4] की सेवा में रक्खे। खेमे, ऊँट तथा घोड़े प्रस्तुत किए जायें ताकि जब दूसरे दिन भाग्यशाली नव्वाब सवार हों, तो शिविर भी रवाना हो जाय। अयालत-पनाह उनका मार्ग-दर्शक बने। जब उपर्युक्त पुत्र नगर के बाहर निकले तो इस बात की चेतावनी दे दी जाय कि समस्त सेना वाले निश्चित नियमानुसार सवार होकर स्वागतार्थ बढ़ें। जब वे उस उत्कृष्ट पादशाह के समीप पहुँच जायें और उनके मध्य में एक बाण के पहुँचने की दूरी रह जाय तो वह अयालत-पनाह अग्रसर होकर निवेदन करे कि पादशाह घोड़े से न उतरें[5]। यदि वे स्वीकार कर लें तो वह तत्काल वापस चला जाय और प्रिय पुत्र को घोड़े

१ वृक्षों से आच्छादित मार्ग।

२ ईरानियों का प्रसिद्ध त्योहार जो २१ मार्च के लगभग होता है। इस त्योहार के समय बड़ा आनन्द-मंगल मनाया जाता है और कई दिन तक जशन होते रहते हैं। ईरानियों के पंचांग का नया वर्ष भी इसी दिन से प्रारम्भ होता है।

३ क़बीला।

४ हुमायूं।

५ **अफ़ज़लुत्तवारीख़** में इस विषय में इस प्रकार लिखा गया है :—

"जिस दिन वे राजधानी हिरात में प्रविष्ट होने वाले हों तो योग्य भाग्यशाली पुत्र पुले मालान तक स्वागतार्थ जाय। भेंट के समय वह अयालत-पनाह आगे बढ़कर सौभाग्यशाली शाहज़ादे की ओर से निवेदन करे कि जब शाहज़ादा घोड़े से उतरे तो वे इस कारण कि पिता एवं चाचा के समान हैं, घोड़े से न उतरें। गूरगानी राजसिंहासन के उत्तराधिकारी के हाथों का जब शाहज़ादा चुम्बन कर ले तो उनसे अनुमति लेकर शाहज़ादे को सवार करें। हज़रते आला (?) की ओर से उनके आगमन पर बधाई देकर हमारी (नव्वाब हुमायूं की) कृपाओं के

से उतारकर शीघ्रातिशीघ्र रवाना हो और उस सुलेमान सरीखे दरवार वाले पादशाह के जंघों एवं रिकाव का चुम्बन कराये तथा सेवा एवं सम्मान प्रदर्शित करने के जो नियम हैं उनका प्रदर्शन कराये। यदि भाग्यशाली नव्वाव स्वीकार न करें और पैदल हो जायें तो सर्वप्रथम वह उपर्युक्त पुत्र को पैदल कराये और अभिवादन कराये। सब से पहले हज़रत (पादशाह) को सवार कराये और पादशाह के हाथों का चुम्बन कराने के उपरान्त पुत्र को सवार कराये और नियमानुसार सवार होकर अपने शिविर एवं मंज़िल तथा निश्चित स्थान की ओर रवाना हों। वह अयालत-पनाह एवं स्वयं पुत्र के निकट रहते हुए पादशाह की सेवा करे। यदि पादशाह किसी वात अथवा किसी घटना के विषय में सम्मानित पुत्र से कोई प्रश्न करे और वह पुत्र संकोचवश उचित उत्तर न दे सके तो वह अयालत-पनाह उचित उत्तर दे।

उपर्युक्त मंज़िल पर वह पुत्र, पादशाह का इस प्रकार आतिथ्य करे:--नाश्ते[1] के समय नाना प्रकार के भोजनों के ३०० थाल अल्पाहार के रूप में स्वर्ग रूपी दरवार में प्रस्तुत किए जायें। दोनों नमाज़ों के मध्य में नाना प्रकार के भोजनों के १२०० थाल लंगरी थालों में, जो मुहम्मद ख़ानी के नाम से प्रसिद्ध हैं, लगाकर प्रस्तुत किए जायें। इनके अतिरिक्त चीनी, सोने एवं चाँदी के (२११) थाल जिनपर सोने एवं चाँदी के ढक्कन हों, लाये जायें। तदुपरान्त स्वादिष्ट मुरब्बे (जो सम्भव हों) हलवे एवं फ़ालूदे प्रस्तुत किए जायें। इसके पश्चात् उस भाग्यशाली पुत्र की अश्व-शाला से सात उत्तम घोड़े पृथक् किए जायें और उन्हें मख़मल एवं अतलस की झूलें पहनाई जायें। उनपर वारीक मलमल के रेशम से वुने हुए तंग लगाये जायें, सफ़ेद तंग लाल मख़मल की झूल पर, तथा काला तंग हरे मख़मल की झूल पर लगाया जाय। यह भी आवश्यक है कि हाफ़िज़ साविर क़ाक़, मौलाना क़ासिम क़ानूनी[2], उस्ताद शाह मुहम्मद सुरनाई[3], हाफ़िज़ दोस्त मुहम्मद ख़ाफ़ी, उस्ताद यूसुफ़ मौदूद एवं अन्य प्रसिद्ध संगीतज्ञ तथा वादक जो नगर में हों, सर्वदा उपस्थित रहें और जब पादशाह चाहें तो अविलम्ब संगीत एवं वादन द्वारा उन्हें प्रसन्न करें। दूर अथवा निकट का जो भी व्यक्ति उस दरवार के योग्य हो, वह उपस्थित रहे ताकि जिस समय उसे बुलाया जाय वह पहुँच जाय और उनके समय को यथा-सम्भव प्रसन्नतापूर्वक व्यतीत कराये।

इसके अतिरिक्त शुंक़ार, बाज़, चरग़, बाशह, शाहीन, वहरी[4] तथा जो कुछ उस पुत्र एवं उस अयालत-पनाह और उसकी सम्मानित संतान के पास हो, उपहार स्वरूप भेंट करें। उनके समस्त सेवकों को नाना प्रकार की विभिन्न रंगों की रेशमी खिलअतें--नाना प्रकार की मख़मल

आश्वासन द्वारा उनके मलीन हृदय को प्रसन्न करें। ईरान के राज्य की सूची को अर्पित करें और ख़िलाफ़त के मुकुट के उस मोती के चरणों में डाल दें। जब भाग्यशाली पुत्र को सवार होने की अनुमति मिल जाय तो शाहज़ादे के घोड़े का सिर जम सरीखे सम्मान वाले नव्वाव की रिकाव के बराबर और उस अयालत-पनाह के घोड़े का सिर शाहज़ादे के घोड़े की रिकाव के बराबर रहे।''

१ प्रातः लगभग ९ बजे।

२ क़ानून बजाने वाले। क़ानून, वीणा के प्रकार का बाजा होता है।

३ शहनाई के समान एक बाजा।

४ पक्षियों का शिकार करने वाले विभिन्न प्रकार के पक्षी।

की, तकमा कला बत्तून, तिला बाफ़[1]—उनकी श्रेणी अनुसार प्रदान की जायें। जब वे अपनी मंज़िल पर पहुँचें तो उनके सेवक उस सम्मानित पुत्र के समक्ष प्रस्तुत किए जायें और वह उस उदारता का, जो उसे अपने पूर्वजों द्वारा प्राप्त हुई है, प्रदर्शन करते हुए उनमें से प्रत्येक को अलग-अलग ख़िलअत एवं घोड़े उसकी श्रेणी के अनुसार प्रदान करे। तीन तूमान से अधिक इनाम में न दिए जायें। रेशम के थानों के १२ तक़ूज़[2], जिनमें मख़मल, अतलस, फ़िरंग तथा यज़्द का किमख़्वाब, बाफ़ता शामी[3] जो अत्योत्तम हों सम्मिलित हों। ३०० सोने के तूमान ३० थैलियों में रखकर उपर्युक्त कपड़े सहित तैयार रक्खे जायें। सेना के प्रत्येक व्यक्ति को तीन तबरेज़ी तूमान, जो ६०० शाही[4] के बराबर होते हैं, प्रदान किए जायें। तीन दिन तक ख़्याबान एवं कारीज़ गाह[5] की सैर होती रहे। इन तीन दिनों में नगर के चार बाग़[6] के द्वार से जो शाही मंज़िल है, ख़्याबान तक जो ईदगाह के उद्यान में है नाना प्रकार के कारीगर उचित नियम से चहार ताक़बन्दी[7] करें। प्रत्येक कारीगर को एक-एक अमीर के साथ कर दिया जाय ताकि एक दूसरे से प्रतियोगिता के कारण प्रत्येक कला-कौशल का उत्तम रूप से प्रदर्शन हो।

सबसे उचित तो यह है कि जब पादशाह उस भूभाग को अपने सम्मानित व्यक्तित्व द्वारा सुशोभित करें और सर्वप्रथम उस नगर में आयें जो संसार वालों के नेत्रों का प्रकाश है तो पहले पहल उनकी कीमिया[8] सरीखी दृष्टि के समक्ष उत्तम स्वभाव एवं मीठी बाणी के उन लोगों को जो नगर में हों प्रस्तुत किया जाय ताकि उन्हें प्रसन्नता प्राप्त हो। तीसरे दिन जब इस चहार ताक़, नगर के ख़्याबान एवं चहार बाग़ को सजाने से मुक्ति प्राप्त हो जाय, तो (२१२) उद्घोषक द्वारा नगर, मुहल्लों और आसपास के स्थानों के लोगों को जो नगर के निकट हैं, घोषणा करा दी जाय कि समस्त स्त्री-पुरुष चौथे दिन प्रातःकाल ख़्याबान में उपस्थित हों। प्रत्येक दुकान तथा बाज़ार में क़ालीन एवं फ़र्श सजा दिये जायें और वहाँ स्त्रियाँ एवं बेकायें[9] बैठ जायें। नगर की प्रथानुसार स्त्रियाँ आने-जाने वालों के प्रति मधुर बाणी से मधुर व्यवहार करें। प्रत्येक मुहल्ले तथा गली से ऐसे संगीतज्ञ निकलते रहें, जो संसार में अद्वितीय हों। समस्त लोगों को आदेश दे दिया जाय कि वे स्वागत् करें। तदुपरान्त पादशाह से आदरपूर्वक कहा जाय कि वे अपने प्रताप का पाँव सौभाग्य की रिकाब में रखकर सवार हों। पुत्र, हज़रत (जहाँबानी) के साथ-साथ

१ रेशमी एवं सोने के तार की कढ़ाई तथा बुनाई के विभिन्न प्रकार के कपड़े।
२ तक़ूज़ में ९ की संख्या में चीज़ें होती हैं। ९ की शुभ संख्या के कारण बादशाहों को ९-९ की संख्या में चीज़ें भेंट की जाती थीं।
३ शाम (सीरिया) के कपड़े।
४ शाही आधी पेनी के लगभग होता है अतः तूमान को यदि ८८ के बराबर समझा जाय तो तीन तूमान ६०० शाही के बराबर होंगे। (बेवरिज, पृ० ४२८)।
५ भीतरी जल-धाराओं के स्थान।
६ शाही बाग़।
७ सम्भवतः चार खम्बों द्वारा सजावट का काम।
८ कीमिया : रसायन, सोना-चाँदी बनाने की कला।
९ सम्मानित महिलायें।

इस प्रकार यात्रा करे कि हज़रत जहाँबानी के घोड़े का सिर एवं गरदन आगे-आगे रहे। वह अयालत-पनाह स्वयं उनके पीछे-पीछे, निकट चलता रहे ताकि (हज़रत जहाँबानी) भवनों, महलों एवं उद्यानों इत्यादि के विषय में जो प्रश्न करें उसका वह उचित उत्तर दे सके। जब वे नगर में प्रविष्ट हो जायें तो चहार बाग़ की सैर करें। वे उस बाटिका में, जो हमारे निवास के समय उस पवित्र क़स्बे में इस आशय से बनवाई गई थी कि हम वहाँ निवास करें, तथा पढ़ें-लिखें और जो अब बाग़े शाही के नाम से प्रसिद्ध है, उतारे जायें। चहार बाग़ के हम्माम[1] एवं अन्य हम्मामों को साफ़ और स्वच्छ कराया जाय। उन्हें गुलाब एवं कस्तूरी द्वारा सुगन्धित किया जाय ताकि जब उनकी इच्छा हो, वे अपने शरीर को आराम दे सकें।

प्रथम दिन पुत्र अत्यधिक भोजन द्वारा आतिथ्य करे। जब वे आराम से सो जायें[2] तो वह अयालत-पनाह स्वयं इस प्रकार अतिथि-सत्कार करे जैसा कि उल्लेख किया जायगा। जब वे नगर में प्रविष्ट हो जायें तो वह उसी दिन समाचार प्रेषित करे और उसे सम्मानित दरबार में भेज दे। ऐसी व्यवस्था की जाय कि राजधानी हिरात का कलान्तर[3] किसी अनुभवी लेखक को इस आशय से नियुक्त कर दे कि उस दिन से लेकर जब से कि ५०० आदमी स्वागत् करेंगे उस दिन तक का जब वे नगर में प्रविष्ट हों सविस्तार रोज़नामचा[4] उस अयालत-पनाह की मुहर सहित भेजा जाय और सभी घटनायें एवं अच्छी-बुरी बातें जो दरबार में घटें लिखकर, विश्वास-पात्रों द्वारा सम्मानित दरबार में भेज दे ताकि उन सब बातों की हमें सूचना रहे।

वह अयालत-पनाह इस प्रकार अतिथि-सत्कार करे:---भोजन, मिठाइयों, शरबत एवं मेवों के ३,००० थाल तैयार किए जायें। आवश्यक यराक़[5] की इस प्रकार व्यवस्था की जाय:---सर्वप्रथम ५० ख़ेमे, २० शामियाने, असबाब रखने के बड़े ख़ेमे जो कहा जाता है कि विशेष रूप से उसके[6] लिए तैयार किए गए हैं, १२ जोड़ क़ालीन १२ हाथ × १० हाथ, सात जोड़ क़ालीन ५ हाथ के,
(२१३) ९ क़ितार ऊँटनियाँ, २५० चीनी के छोटे-बड़े थाल, अन्य थाल एवं देग, सफ़ेद क़लई किए

१. स्नान, विशेष रूप से गरम जल से स्नान का कमरा। बाबर ने हिन्दुस्तान में भी अनेक हम्मामों का निर्माण कराया। **बाबर नामा** में इनका बड़े विस्तार से उल्लेख हुआ है। (**बाबर नामा**, पृ० २१२)।

२ उपर्युक्त पत्र में निम्नांकित वाक्य छूट गया है। दोनों वाक्य अयालत-पनाह से प्रारम्भ होते हैं। अतः प्रथम वाक्य का छूट जाना आश्चर्यजनक नहीं। 'बायज़ीद द्वारा उद्धृत पत्र में छूटा हुआ वाक्य इस प्रकार है:---जब वे आराम से सो जायें तो वह अयालत-पनाह प्रतिष्ठित अमीरों को अपने पास बुलाकर यह आदेश दे कि उनमें से प्रत्येक एक दिन उस पादशाह की, जो ईश्वर की अनुकम्पा है, किसी न किसी बाग़ में मेहमानी का प्रबन्ध करेगा। दो अन्य दिन उपर्युक्त पुत्र आतिथ्य करे। तदुपरान्त वह अयालत-पनाह स्वयं इस प्रकार........। (बायज़ीद, पृ० २९)।

३ मुख्य प्रबन्धक। बेवरिज ने इस शब्द का अनुवाद 'मजिस्ट्रेट' किया है।

४ दैनंदिनी; डायरी।

५ फ़रनीचर।

६ शाह तहमास्प के लिये।

ढक्कनों सहित, २ तक़ूज़ खच्चरों की क़ितार अयालत-पनाह स्वयं अपनी ओर से अतिथि-सत्कार के रूप में भेंट करे।

अमीरों को आदेश दे दिया जाय कि वे इस प्रकार आतिथ्य करें:—भोजन, हलवे, फ़ालूदे १५०० थाल, ३ घोड़े, एक क़ितार ऊँट, एक क़ितार खच्चर जिन्हें उस अयालत-पनाह ने स्वयं देख कर पसन्द कर लिया हो, भेंट करें। गूरियान, फ़ूशंज, तथा करशू के हाकिम अपनी-अपनी विलायत में आतिथ्य का प्रबन्ध करें। बाखर्ज़ का हाकिम, जाम में अतिथि-सत्कार करे। खाफ़, तरशीज़ ज़ावहरु एवं मुहव्वलात के हाकिम, सराय फ़रहाद के महाल में, जो मशहद से ५ फ़रसंग पर है, आतिथ्य का प्रबन्ध करें।[1]

मार्ग में हुमायूं का आतिथ्य

जब हज़रत जहाँबानी जन्नत-आशियानी की सवारी फ़रह[2] के समीप पहुँची तो शाह का राजदूत, हज़रत जहाँबानी जन्नत आशियानी के समाचारवाहक के साथ पहुँचा और यह बात ज्ञात हुई कि ईरान का वाली उनके आगमन को बहुत बड़ा आशीर्वाद समझता है और इससे बड़ा प्रसन्न है। हज़रत जहाँबानी के लिए, जो सौजन्य की खान थे, एराक़ की ओर प्रस्थान करने एवं अपने सत्य के प्रेमी मित्रों के हृदय को अपने हाथ में लेने के अतिरिक्त कोई अन्य उपाय न रह गया अतः वे संकल्प के क़दम सौभाग्य की रिकाब में जमाकर पक्के इरादे से हिरात की ओर रवाना हुए।

१ इस पत्र का अन्तिम भाग **अफ़ज़लुत्तवारीख़** में अधिक स्पष्ट एवं संक्षिप्त है। इसके अतिरिक्त इस पत्र में कुछ ऐसी बातें हैं जो उपर्युक्त पत्र में नहीं। "अमीर लोग अपने आतिथ्य-सत्कार की बारी के दिन तीन रास तथा पांच रास घोड़े अन्य उत्तम वस्तुओं सहित उपहार स्वरूप भेंट करें। जब वे इस ओर प्रस्थान करना चाहें तो उनकी सरकार के ब्यूतात के यराक़ मशहदे मुक़द्दस तक पहुँचाये जायें। १००० तूमान नक़द, ५०० क़िबाये दाराई, किमख्वाब, अतलस, २५० नाना प्रकार के रंगों के सोब (एक प्रकार की वास्कट) १०० एक रंग के मख़मल के ताक़ (एक प्रकार का वस्त्र) २०० लाल रेशमी कपड़े एवं किमख्वाब के क़द का प्रबन्ध करके उनकी सवारी के दिन भेंट किये जायें। भाग्यशाली पुत्र को उनके साथ एक मंजिल तक नगर में बाहर ले जाया जाय और वह तीन फ़रसख़ तक उनकी सेवा में उनके साथ जाय। (तदुपरान्त) भाग्यशाली पुत्र विदा होकर लौट आये। वह अयालत-पनाह स्वयं सुसज्जित सेना सहित चार मंजिल तक साथ जाय, तदुपरान्त विदा हो। यदि उदारता का समुद्र बादशाह उसे ख़िलअत पहिनाये तो उसे पहिनकर अपना सौभाग्य समझे। इस आदेश के प्राप्त होने के उपरान्त दैनिक विवरण राजसिंहासन के पायों में भेजता रहे। क़रावलों को मार्गों की व्यवस्था एवं उनके शिविर की रक्षा हेतु नियुक्त करके वह लौट जाय। आस-पास के अमीरों के पास अन्य फ़रमान भेजा जायगा कि जो कोई सेवा सम्पन्न करे उसे चाहिये कि प्रारम्भ से अन्त तक १०,००० तूमान आकाश की रिकाब वाले सफल नव्वाब की सरकार हेतु व्यय करे। भाग्यशाली पुत्र के परवाने इस फ़रमान की नक़ल के साथ खुरासान प्रदेश के अमीरों के पास भेज दिये जायें ताकि वे भी सम्मानित आदेश से अवगत हो जायें और आतिथ्य-सत्कार की सामग्री एवं पेशकश जो भाग्यशाली नव्वाब के लिये उपयुक्त हों, प्रेषित करे और जो स्थान मार्ग के निकट हो वहाँ वाले स्वयं उपस्थित रहें और गूरगानी राज-सिंहासन की उस शोभा के सम्मान के अनुकूल आतिथ्य-सत्कार करें और उत्तम एवं बहुमूल्य घोड़े तथा ऊँट भेंट करें। राजधानी हिरात के वज़ीरों एवं कलांतरों को चेतावनी दे दी जाय कि वे राज्यों को विजय करने वाले नव्वाब के आतिथ्य-सत्कार एवं पेशकश में जो कुछ व्यय करें उसकी व्याख्या 'अलका' में न करें।"

२ हिरात के दक्षिण में १६४ मील पर सीस्तान में। अब यह अफ़ग़ानिस्तान में है। यद्यपि यह नगर अब नष्ट हो चुका है किन्तु अनेक व्यापारिक मार्ग यहां मिलते हैं।

२०

इस क्षेत्र में वे जिस मंज़िल पर भी पड़ाव करते वहाँ ख़ुरासान का कोई न कोई प्रतिष्ठित एवं सम्मानित व्यक्ति आकर स्वागत् करता और पवित्र दरबार के विश्वासपात्रों के समान व्यवहार करता। पादशाही सवारी के आगमन के समाचार ने उस प्रदेश के निवासियों के लिए प्रसन्नता के द्वार खोल दिये और अधिकांश क़स्बों के निवासी उदाहरणार्थ जाम[1], तुरबत[2], सरख़्स[3] एवं अस्फ़रायन[4] वाले हिरात पहुँचकर उत्कृष्ट सवारी की प्रतीक्षा करने लगे।

हुमायूं का ज़ियारतगाह पहुँचना

जब तातार सुल्तान[5] के दूतों तथा ख़ुरासान के गण्यमान्य व्यक्तियों ने, जो उनके स्वागतार्थ गए थे, मुहम्मद ख़ां को सूचना दी कि सम्मानित सवारी ज़ियारतगाह[6] पहुँच गई है तो मुहम्मद ख़ां उत्कृष्ट अमीरों उदाहरणार्थ वैस सुल्तान, शाह क़ुली सुल्तान एवं बड़े-बड़े आ़लिमों उदाहरणार्थ मीर मुरतज़ा सद्र, मीर हुसेन करबलाई[7] एवं समस्त सम्मानित लोगों तथा सर्वसाधारण सहित भाग्यशाली सवारी के स्वागतार्थ पहुँचे और पुले मालान[8] पर, जो हिरात की प्रसिद्ध सैरगाह है, उत्कृष्ट रिकाब के चुम्बन द्वारा सम्मानित हुए और शाह की ओर से शुभ कामनायें तथा सलाम पहुँचाया और शाह की इच्छा का उल्लेख करते हुए उसने जो आदर-सम्मान, जो महानता के चिह्न हैं, प्रदर्शित किए थे, उनका उल्लेख किया एवं सेवायें कीं। यह आदेश दे दिया गया था कि मालान के पुल से जहानआरा[9] नामक उद्यान तक मार्गों की सफ़ाई कराके छिड़काव होता रहे और नगर के बुज़ुर्ग एवं शरीफ़ लोग दोनों ओर से आकर रोज़ाना प्रतीक्षा करते रहें।

बाग़ जहानआरा में पड़ाव

जब पादशाही पताकाएँ मंज़िल[10] पर पहुँचीं तो सुल्तान मुहम्मद मीर्ज़ा स्वागत हेतु रवाना हुआ और उसने निष्ठा एवं आदर-सम्मान प्रदर्शित किया। भाग्यशाली शाहज़ादे सुल्तान मुहम्मद मीर्ज़ा एवं अन्य सम्मानित अमीरों ने स्वागत् के आशीर्वाद द्वारा सम्मानित होकर ऐश्वर्य एवं (२१४) वैभव के नियमों का पालन किया। ज़ियारतगाह से मालान के पुल और वहाँ से जहानआरा

१ हिरात एवं मशहद के मार्ग के मध्य में।

२ सम्भवतः तुरबते हैदरी, मशहद के दक्षिण में।

३ सम्भवतः चरख़्स, हिरात के उत्तर-पश्चिम में उत्तर की ओर, मर्व के मार्ग में।

४ नीशापुर के उत्तर-पश्चिम में, बुर्जनेद के दक्षिण में। यह मेहरजान के नाम से भी प्रसिद्ध है।

५ **अफ़ज़लुत्तवारीख़** में 'तातार बेग'।

६ सूफ़ियों एवं आलिमों के इस प्रसिद्ध नगर के समीप बहुत से रौज़े हैं अतः किस ज़ियारतगाह का उल्लेख है, निश्चय-पूर्वक कहना कठिन है।

७ करबला के।

८ पुले मालान का उल्लेख उस पत्र में भी जो **अफ़ज़लुत्तवारीख़** में उद्धृत हुआ है, किया गया है। मालान नदी पूर्व से आती हुई हिरात से गुज़रती है। यह नगर से लगभग ४ मील दूर है। **बाबर नामा** में भी इसका उल्लेख उन स्थानों के प्रसंग में हुआ है जिनकी बाबर ने सैर की। (**बाबर नामा**, पृ० ६४)।

९ हिरात का प्रसिद्ध बाग़। बाबर ने बदी उज़्ज़मान मीर्ज़ा से इसी बाग़ में भेंट की थी। (**बाबर नामा**, पृ० ६१)।

१० सम्भवतः दरक़रा मंज़िल पर।

नामक उद्यान तक, जो ३-४ फ़रसख़ की दूरी पर है, समस्त मैदान एवं टीले नगर तथा क़स्बों के लोगों से, जो दर्शनार्थ आये थे, भरे हुए थे। लोगों की भीड़ इस प्रकार थी, जैसी ईद तथा नवरोज़ में भी बिरले ही होती होगी। १ ज़ीक़ाद ९५० हि० (२६ जनवरी १५४४ ई०) को हिरात के जहान-आरा नामक उद्यान में उनका सम्मानित पड़ाव हुआ। मुहम्मद ख़ां ने पादशाहाना जश्न का आयोजन करके उत्कृष्ट उपहार प्रस्तुत किये। प्रथम सभा में साबिर क़ाक़ ने, जो ख़ुरासान एवं एराक़ में संगीतज्ञों में अद्वितीय था, सेहगाह मुक़ाम[1] में अमीर शाही की ग़ज़ल इस प्रकार गाई कि वज्द एवं हाल वालों[2] के अस्तित्व के स्तम्भ काँप उठे। निःसन्देह उसने बड़े उचित रूप से एवं मार्मिक स्वर में संगीत प्रस्तुत किया। उसका प्रथम शेर इस प्रकार है:—

शेर

'वह निवास-स्थान बधाई का पात्र है जहाँ ऐसा चाँद आया हो,
वह संसार शुभ है जहाँ ऐसा वादशाह हो।'[3]

जब वह इस शेर पर पहुँचा कि

शेर

'सांसारिक कष्ट एवं आराम पर न तो दुखी हो और न प्रसन्न,
कारण कि संसार की अवस्था कभी इस प्रकार होती है और कभी उस प्रकार।'[4]

हज़रत जहाँबानी बड़े प्रभावित हुए और रोने लगे तथा उसकी आशा के दामन में इनाम डाल दिया।

हिरात की सैर

क्योंकि हेरी[5] एवं उसके सैर के स्थान उन्हें बड़े पसन्द आए और नवरोज़ उत्सव भी निकट आ गया था अतः वे कुछ दिन तक वहाँ ठहरे रहे। जब कभी हज़रत (जहाँबानी) सैर के लिए प्रस्थान करते थे तो मुहम्मद ख़ां सेवा में उपस्थित रहता था और उचित रूप से शिष्टाचार प्रदर्शित किया करता था। उनके दोनों ओर सोना न्योछावर करता था। रोज़ाना किसी न किसी प्रसिद्ध स्थान की

१ सेहगाह स्वर। सेहगाह किसी स्थान का नाम नहीं अपितु स्वर का नाम है।
२ सूफ़ियों से तात्पर्य है जो ईश्वर की प्रशंसा के संगीत सुनकर मूर्च्छित हो जाते हैं।
३ मुबारक मंज़िले के आं ख़ाना रा माहे चुनी बाशद,
हुमायूं किश्वरे के आं अरसा रा शाहे चुनीं बाशद।
مبارک منزلی کان خانه را ماهی چنین باشد
همایون کشوری کان عرصه را شاهی چنین باشد
४ ज़ रंजो राहते गेती मरंजां दिल मशौ ख़ुर्रम,
के आईने जहां गाहे चुनां गाहे चुनीं बाशद।
ز رنج و راحت گیتی مرنجان دل مشو خرم
که آئین جهان گاهی چنان گاهی چنین باشد
५ हिरात।

सैर होती थी और हर समय आनन्द-मंगल की नई महफ़िलें आयोजित होती थीं। सभाओं का निश्चित नियमानुसार प्रबन्ध किया जाता था। कभी हृदय को प्रसन्न करने के लिए कारीज़गाह[1] में भोग-विलास की सभायें आयोजित होतीं और कभी बाग़े मुराद में। इसी प्रकार बाग़े ख़्याबान, बाग़े ज़ाग़ान, तथा बाग़े सफ़ेद में आनन्द-मंगल मनाया जाता[2] और हर बाटिका में हृदयग्राही गोष्ठियाँ आयोजित होतीं। उन्हीं दिनों में बड़े-बड़े वलियों[3] के मक़बरों विशेष रूप से हिरात के पीर ख़्वाजा अब्दुल्लाह अनसारी[4] (ईश्वर उनकी क़ब्र को पवित्र बनाये) की क़ब्र[5] के दर्शन किए। ईश्वर से लौ लगाये हुए एकान्तवासियों, योग्य बुज़ुर्गों एवं निष्ठावान् उच्च स्वभाव वालों, समकालीन प्रतिभाशालियों एवं प्रतिष्ठित विद्वानों को उनकी गोष्ठी द्वारा लाभ प्राप्त होता रहता था।

जाम की ओर हुमायूं का प्रस्थान

जब नवरोज़ का जश्न समाप्त हो गया तथा आनन्दवर्धक स्थानों की सैर हो चुकी तो वे जाम के मार्ग से पवित्र मशहद की ओर रवाना हुए। उस दिन सीस्तान का हाकिम अहमद सुल्तान, जो सर्वदा निष्ठापूर्वक सेवा हेतु उपस्थित रहता था, पादशाही कृपा एवं दया का पात्र होकर अपनी विलायत के लिए विदा हो गया। इसी वर्ष की ५ ज़िलहिज्जा[6] (२९ फ़रवरी १५४४ ई०) (२१५) को जाम पहुँचकर उन्होंने हज़रत ज़िन्दा पील अहमद जाम की क़ब्र के दर्शन किए।

हुमायूं का मशहद पहुँचना

जब वैभवशाली पड़ाव मशहद के समीप हुआ तो शाह क़ुली सुल्तान इस्तजलू, जो उस क्षेत्र का वाली था, प्रतिष्ठित सैयिदों सहित स्वागत करके सम्मानित हुआ और शिष्टतापूर्वक सेवा की। १५ मुहर्रम ९५१ हि० (८ अप्रैल १५४४ ई०) को वे मशहदे मुक़द्दस[7] में पहुँचकर इमाम रिज़ा (ईश्वर का आशीर्वाद उनपर हो) के रौज़े के दर्शन द्वारा सम्मानित हुए। कुछ दिन तक वे उस उत्कृष्ट भवन के समीप ठहरे रहे। वहाँ से वे नीशापुर[8] की ओर रवाना हुए।

१ भीतरी जल-धारा के प्रदेश।

२ इनके अतिरिक्त बहुत से उद्यानों एवं आकर्षक स्थानों की सूची बाबर ने दी है जिनकी उसने सैर की। सम्भवतः हुमायूं अपने पिता के ग्रन्थ से भी प्रभावित होकर बहुत से स्थानों पर गया होगा। (**बाबर नामा**, पृ० ६४)।

३ सन्तों।

४ शेख़ अबू इस्माईल, ख़्वाजा अब्दुल्लाह अनसारी का जन्म हिरात में मई १००६ ई० में हुआ। वे नक़्शबन्दी सिलसिले के प्रसिद्ध शेख़ हुये हैं। उनकी मृत्यु जुलाई १०८८ ई० में हुई।

५ उनका मक़बरा हिरात से उत्तर में लगभग २ मील पर है।

६ यह तिथि भी ठीक नहीं। अबुलफ़ज़्ल ने लिखा है कि हुमायूं नवरोज़ के उत्सव के बाद हिरात से रवाना हुआ नवरोज़ उत्सव २१ मार्च के लगभग पड़ता है अतः २९ फ़रवरी को प्रस्थान करने की कोई सम्भावना नहीं। इ प्रकार इस तिथि को ५ मुहर्रम (२९ मार्च १५४४ ई०) होना चाहिये। आगे चलकर अबुलफ़ज़्ल ने लिखा कि हुमायूं १५ मुहर्रम ९५१ हि० (८ अप्रैल १५४४ ई०) को मशहद पहुँचा। अतः हिरात पहुँचने की ति ५ ज़िलहिज्जा के स्थान पर ५ मुहर्रम होना चाहिये।

७ पवित्र मशहद।

८ नीशापुर ख़ुरासान के चार प्रसिद्ध नगरों (नीशापुर, मर्व, हिरात तथा बल्ख़) में से एक है। यह ३६°१२′ उ

नीशापुर, सब्ज़वार तथा दामग़ान पहुँचना

वहाँ का हाकिम शम्सुद्दीन अली सुल्तान उस स्थान के छोटे-बड़े लोगों को लेकर स्वागतार्थ पहुँचा और निष्ठा-पूर्वक सेवा-भाव एवं दासता प्रदर्शित करके सम्मानित हुआ। हज़रत जहाँबानी ने फ़ीरोज़े की खान का, जो उस क्षेत्र में है, निरीक्षण किया। वहाँ से सब्ज़वार[1] और फिर वहाँ से वे दामग़ान[2] पहुँचे। वहाँ की आश्चर्यजनक चीज़ों में एक झरना है जिसमें प्राचीन काल से एक जादू का प्रदर्शन होता आया है जो इस प्रकार है: जब उसमें कोई गन्दी वस्तु डाल दी जाती है तो हवा में तूफ़ान उठने लगता है और आँधी एवं धूल के तूफ़ान से अंधकार छा जाता है। इसकी भी उन्होंने शिक्षा की दृष्टि से परीक्षा ली। ईश्वर के कारखाने में न जाने कितनी चीज़ों में ऐसी विशेषताएँ निहित हैं, जिनका समझना मनुष्य की बुद्धि एवं कल्पना के बाहर[3] हैं।

बिस्ताम एवं सिमनान की ओर पहुँचना

वे दामग़ान से बिस्ताम[4] की ओर रवाना हुए। क्योंकि बहरे तामी[5] शेख़ बायज़ीद बिस्तामी[6] (ईश्वर उनकी क़ब्र को पवित्र बनाये) का रौज़ा मार्ग में न था अतः वे उसके दर्शनार्थ रवाना हुए। वहाँ से उन्होंने सिमनान[7] की ओर प्रस्थान किया और सूफ़ियाबाद[8] में, जहाँ शेख़ अलाउद्दौला सिमनानी[9] का मक़बरा है, पड़ाव किया।

मार्ग में सूफ़ियों की ज़ियारत

हज़रत जहाँबानी चाहे कहीं यात्रा करते होते और चाहे कहीं ठहरे होते उनकी यह प्रथा

तथा ३८° ४०' पूर्व में स्थित है। चिंगीज़ के आक्रमण की वजह से इस नगर को भी बड़ी हानि पहुँची किन्तु शीघ्र ही वह पुनः आबाद हो गया। इब्ने बतूता (१४वीं शती ई०) ने इसे बड़ा ही आबाद नगर बताया है।

१ सब्ज़वार भी ख़ुरासान का एक नगर है और नीशापुर के पश्चिम में ६४ मील पर स्थित है।

२ यह प्राचीन क़ूमीस प्रान्त की राजधानी था। इब्ने हौक़ल ने यहाँ जल के अभाव की शिकायत की है। मुस्तौफ़ी क़ज़वीनी ने दामग़ान के समीप कोहे ज़र पर एक सोने की खान का उल्लेख किया है।

३ बाबर ने ग़ज़नी के एक झरने के विषय में बताया है कि, "पुस्तकों में लिखा है कि ग़ज़नी में एक ऐसा झरना है जिसमें यदि गंदी तथा अशुद्ध वस्तुयें डाल दी जायें तो तत्काल बड़े ज़ोर का तूफ़ान उठ खड़ा होता है।" किन्तु बाबर को, पता लगाने पर, इस झरने की कोई सूचना नहीं मिली। (**बाबर नामा**, पृ० २७)।

४ बिस्ताम अथवा बुस्ताम ५५° पूर्व तथा ३६° ३०' उत्तर में अपने फलों के बाग़ों के लिये बड़ा प्रसिद्ध था। यह एक घाटी में पहाड़ियों से घिरा है।

५ बहरे तामी :—उबलता हुआ समुद्र।

६ बस्ताम, बिस्ताम के प्रसिद्ध सन्त, अबू यज़ीद तैफ़ूर बिन ईसा अल बस्तामी के जन्म एवं मृत्यु की तिथि के विषय में बड़ा मतभेद है किन्तु कहा जाता है कि उनका जन्म ७७७ ई० तथा मृत्यु ८४५ अथवा ८४८ ई० के मध्य में हुई। किन्तु इब्ने ख़ल्लकान के अनुसार उनका निधन ८७५ अथवा ८७८ ई० में हुआ।

७ दामग़ान तथा रै (आधुनिक तेहरान के समीप) के लगभग मध्य में, ख़ुरासान के मार्ग पर।

८ सूफ़ियाबाद, सिमनान एवं बस्ताम के पूर्व में काफ़ी दूर पर स्थित है अतः वह सिमनान एवं बस्ताम के पूर्व वहाँ पहुँच गया होगा।

९ प्रसिद्ध सूफ़ी जुनैद बग़दादी के शिष्य जिनकी मृत्यु २२ रजब ७३६ हि० (८ मार्च १३३६ ई०) में हुई।

थी कि वे सर्वदा ईश्वर के पुजारियों के मज़ार के दर्शन करते और उनसे सहायता की याचना करते तथा अपने अंतरंग एवं बहिरंग की सहायता से उन जागरूक लोगों से प्रेरणा माँगते। जिस मंज़िल पर वे पहुँचते वहाँ के हाकिम तथा प्रतिष्ठित लोग पूर्ण रूप से परिचर्या करते थे। शाह की ओर से प्रायः स्नेहपूर्ण समाचार एवं बड़े-बड़े उपहार प्राप्त होते रहते थे।

हुमायूं का क़ज़्वीन पहुँचना

जब उत्कृष्ट सवारी रै[1] के समीप पहुँची तो शाह गरमी व्यतीत करने के लिए क़ज़्वीन से सुल्तानिया[2] एवं सूरलीक़ की ओर रवाना हुआ। हज़रत जहाँबानी ने क़ज़्वीन में, जो निकट-पूर्व में शाह की राजधानी रह चुका था, पड़ाव किया। वहाँ के प्रतिष्ठित लोग एवं सर्वसाधारण लोग उनका स्वागत करके सम्मानित और उनके सत्संग से लाभान्वित हुए। वे कुछ दिन तक वहाँ के भव्य भवनों एवं पवित्र मक़बरों के दर्शन हेतु ठहरे रहे। उनका निवास ख़्वाजा अब्दुल ग़नी के महलों में, जो उस प्रदेश का कलान्तर[3] था, रहा। इससे पूर्व शाह भी वहीं निवास कर चुका था।

हुमायूं का सुल्तानिया की ओर प्रस्थान

(२१६) वहाँ से उन्होंने बैराम ख़ां को शाह के पास भेजा। शाही सवारी अपने लक्ष्य के समीप पहुँच गई थी कि बैराम ख़ां राजदूत के कर्तव्यों को पूरा करके उसी मंज़िल[4] से प्रसन्नता के पाँव द्वारा लौट आया। वहाँ से वे सुल्तानिया की ओर रवाना हुए। शाह का शिविर अबहर[5] तथा सुल्तानिया के मध्य में लगा था। जब उत्कृष्ट सवारी उस स्थान के समीप पहुँची तो सर्वप्रथम प्रतिष्ठित अमीर एक-एक करके उपस्थित हुए और उन्होंने अभिवादन किया। तदुपरान्त शाह के सम्मानित भाइयों, बहराम मीर्ज़ा एवं साम मीर्ज़ा ने स्वागत् किया। जमादि-उल-अव्वल ९५१ हि० (जुलाई-अगस्त १५४४ ई०) में शाह ने स्वयं स्वागत किया और भेंट के समय आदर सम्मान तथा मान-मर्यादा के नियमों का पूरा-पूरा ध्यान रक्खा[6]। एक भव्य भवन में, जिसके सजाने एवं जिसपर बेल-बूटे बनाने में कुशल कलाकारों ने दीर्घकाल तक अपनी कुशलता के अद्वितीय उदाहरण प्रस्तुत किए थे, हज़रत जहाँबानी का स्वागत हुआ तथा पादशाहाना महफ़िल आयोजित हुई जो इस भवन की प्रथम महफ़िल थी। उन लोगों में प्रतिष्ठा के नियमों एवं सम्मान-पूर्वक कुशलता

१ आधुनिक तेहरान के समीप ५ मील पर। यहाँ से पश्चिमी तथा पूर्वी ईरान से रेगिस्तानों एवं पहाड़ियों के बावजूद सम्पर्क रहता था।

२ क़ज़्वीन के अधीनस्थ एक फ़ौजी छावनी। मंगोल सुल्तान उलजैतू एवं उसके वज़ीर रशीदुद्दीन फ़ज़्लुल्लाह (मृत्यु १३ जमादि-उल-अव्वल ७१८ हि०। १९ जुलाई १३१८ ई०) ने यहाँ अनेक सुन्दर भवनों का निर्माण कराया किन्तु तबरेज़ के व्यापारिक केन्द्र बन जाने के कारण यहाँ का महत्व कम हो गया और धीरे-धीरे यह एक साधारण स्थान बन गया।

३ हाकिम।

४ फ़िरिश्ता के अनुसार 'बीलाक़े क़दर' नामक स्थान से।

५ क़ज़्वीन तथा ज़ंजान के मध्य में, जो अब लगभग नष्ट हो गया है; यह क़ज़्वीन के पश्चिम में स्थित है।

६ बायज़ीद के अनुसार ज़ंगान एवं बदायूनी के अनुसार ईलाक़ सूरताक़ में हुमायूँ तथा तहमास्प की भेंट हुई।

सम्बन्धी प्रश्नों से वार्ता प्रारम्भ हुई और निष्ठा एवं अनुराग के द्वार खोलने के पश्चात् प्रसन्नता एवं सत्संग के द्वार खोले गए और विभिन्न प्रसंगों पर बड़ी-बड़ी बातें हुईं। मीर्ज़ा क़ासिम गोनाबादी ने अपनी मसनवी[1] के ग्रंथ में, जिसमें शाह के इतिहास का उल्लेख है, इन दो भाग्यशाली बादशाहों की भेंट के सम्बन्ध में इस प्रकार लिखा है:—

मसनवी

'दो साहब क़िरान एक जश्न की सभा में,
एक दूसरे का संसर्ग हुआ, सूर्य तथा चन्द्र के समान।
प्रताप के नेत्रों के लिए दो दृष्टि का प्रकाश हुआ,
दो शुभ ईदें हुईं मास एवं वर्ष के लिए।
दो नक्षत्र आकाश को शोभा प्रदान कर रहे थे,
एक ही स्थान पर साथ थे, फ़र्क़दैन[2] के समान।
संसार के दो नेत्र, साथ-साथ,
दो शिष्टाचार प्रदर्शित करती हुई भृकुटियों के समान
दो शुभ नक्षत्रों का एक ही राशि में स्थान,
दो प्रतिष्ठित मोतियों की एक ही डिबिया में जगह।'

शाह तहमास्प द्वारा हुमायूं को प्रोत्साहन

शाह ने कहा कि, "हिन्दुस्तान की विजय हज़रत गेती सितानी फ़िरदौस मकानी को प्राप्त हुई किन्तु परमेश्वर ने आपकी संसार विजय करने वाली तलवार को देशों की विजय के ख़ज़ाने को खोलने वाली कुंजी बनाया है और जो कुछ विघ्न अथवा परेशानी इस समय राज्य-व्यवस्था एवं शासन-प्रबन्ध में हुई वह कृतघ्न भाइयों के दुर्भाग्य एवं फूट के कारण हुई। आप इस विषय में विवश थे। संसार में भाइयों के संगठन को बड़ा महत्व प्राप्त है। उसी के कारण बंधे हुए कार्य (२१७) खुल जाते हैं।[3] अब आप मुझे अपना छोटा भाई[4] समझकर अपना सहायक तथा मददगार समझें। अपने प्राणों को कष्ट में डालकर सहायता एवं मदद की जो आवश्यकतायें हैं, उन्हें हम आपकी इच्छानुसार पूरा करेंगे। अपने पिछले सम्बन्धों पर ध्यान रखते हुए जितनी कुमक की भी आवश्यकता होगी, उसकी व्यवस्था करेंगे। यदि हमें भी सहायता हेतु चलना पड़ा तो चलेंगे।" इस कारण कि उदारता, उदार लोगों का चिह्न होती है, उसने निष्ठा-युक्त बातें कहीं।

१ काव्य का ऐसा रूप जिसके प्रत्येक शेर के दोनों मिसरे एक ही रदीफ़ एवं क़ाफ़िये में होते हैं। इसमें अधिकांश किसी कहानी अथवा घटना का उल्लेख होता है। [धीरेन्द्र वर्मा : **हिन्दी साहित्य कोश** (ज्ञानमंडल, वाराणसी संवत् २०१५), पृ० ५७६]।

२ ध्रुव के समीप के दो सितारे।

३ ऐसे कार्यों में सफलता प्राप्त हो जाती है जिनके सफल होने की आशा नहीं होती।

४ शाह तहमास्प हुमायूं से लगभग ८ वर्ष छोटा था।

समारोह

कई दिन तक शाहाना जश्न होते रहे। हज़रत शाह रोज़ाना समस्त प्रबन्ध स्वयं कराने के उपरान्त सभायें करते थे तथा अंतरंग एवं बहिरंग को शोभा प्रदान करते थे। नित्य-प्रति निष्ठा एवं प्रेम में वृद्धि होती रहती थी। सभाओं के आयोजन का उल्लेख जब कि ऐसा शाह प्रबन्ध कर रहा हो, किस प्रकार सम्भव है? न जाने कितने ज़रबफ़्त, मख़मल एवं ताज़ा बाफ़[1] के शामियाने तथा कढ़े हुए ख़रगाह[2] ख़ेमे इत्यादि लगाये जाते। रेशमी कम्बल, तथा बहुमूल्य क़ालीन जहाँ तक दृष्टि कार्य करती उस भू-भाग में लगाकर आनन्द-मंगल का आयोजन हुआ। इस बात का उल्लेख बड़ा कठिन है कि उपहार इत्यादि प्रस्तुत करने में, जोकि एक बड़ा आवश्यक कार्य है, उन्होंने स्वयं किस प्रकार और कितना ध्यान दिया।

हुमायूं को उपहार

चुने हुए एराक़ी घोड़े, सुनहरी एवं जड़ाऊ ज़ीनें, ज़ीन पर डालने के उत्तम वस्त्र तथा ज़ीन-पोश, सजे हुए बरदा[3] के ख़च्चर, विचित्र शरीर वाले ऊँट तथा ऊँटनियाँ उत्तम वस्त्रों सहित, अधिक संख्या में रत्न-जटित तलवारें और कटार, उत्तम वस्त्र, केश[4] तथा लोमड़ी की पोस्तीनें, संजाब[5], तीन[6], ज़रबफ़्त, मख़मल, ताजह[7], अतलस, फ़िरंगी मुशज्जर[8] (फ़िरंग यज़्द एवं काशी[9] की), अनेक तश्त, आफ़्ताबे, सोने-चाँदी के याक़ूत एवं मोती जड़े हुए शमादान[10], अनेक सोने-चाँदी के थाल, सुनहरे काम के खेमे, उत्तम क़ालीन, जो लम्बाई-चौड़ाई तथा सुन्दरता में अद्वितीय थे एवं समस्त शाही असबाब एक-एक करके उनकी सम्मानित दृष्टि के समक्ष प्रस्तुत किए। सम्मानित रिकाब के समस्त सेवकों को नक़्द एवं सामान अलग-अलग प्रदान किए गए। शाही शिष्टाचार की प्रथायें दोनों ओर से पूरी की गईं।

हुमायूं के उपहार

हज़रत जहाँबानी ने भव्य जश्न के दिन बहुमूल्य हीरा[11], जो (अनेक) देशों एवं इक़्लीमों

१ एक प्रकार का रेशम।
२ बड़े ख़ेमे।
३ सम्भवतः ईरान के किसी स्थान का नाम।
४ एक प्रकार का मलमल।
५ एक जानवर जो घूँस के बराबर होता है, उसकी खाल का जो पोस्तीन बनता है, वह बड़ा उत्तम होता है।
६ गिलहरी; सम्भवतः गिलहरी की खाल से तात्पर्य है।
७ एक प्रकार का रेशमी कपड़ा।
८ वह रेशमी कपड़ा जिसपर बेल-बूटे इत्यादि बने हों।
९ काशान का।
१० मोमबत्ती लगाने का स्टैन्ड।
११ वह हीरा जो हुमायूँ को आगरा से प्राप्त हुआ था और जिसे उसने अपने पिता को भेंट कर दिया था किन्तु बाबर ने उसे उसी को लौटा दिया। (**बाबर नामा**, पृ० १६०-१६१)। शाह तहमास्प ने उसे बाद में दकिन के निज़ाम शाह को भेज दिया था।

के खराज के बराबर होगा, तथा २५० बदख़्शाँ के लाल अरमग़ान[1] स्वरूप शाह के समक्ष प्रस्तुत किए। हज़रत जहाँबानी के इस देश में प्रवेश के समय से लेकर वापसी तक जो कुछ शाह की सरकार एवं शाह के पदाधिकारियों द्वारा व्यय हुआ था उससे कहीं अधिक (अपितु) दुगना-चौगुना अदा हो गया।

शाह तहमास्प एवं हुमायूं का एक दूसरे से खिन्न होना

वहाँ से वे सुल्तानिया की ओर रवाना हुए और वहाँ आनन्द-मंगल के वातावरण में (२१८) शाहाना महफ़िलें होती रहीं। इन शुभ घड़ियों में जब दो शुभ नक्षत्रों का संसर्ग हुआ तो कुछ षड्यंत्रकारियों के बहकाने से दोनों ओर से हृदय में कुछ मैल उत्पन्न हो गया किन्तु वह अधिक न बढ़ सका और सफ़ाई के जल द्वारा साफ़ हो गया[2]।

मेल तथा शिकार

हज़रत शाह रोज़ाना प्रसन्नता एवं ख़ुशी के अधिक से अधिक साधनों की व्यवस्था करते थे। इसी सम्बन्ध में उनकी प्रसन्नता एवं आनन्द-मंगल के लिए क़मरग़ह[3] के शिकार का आयोजन कराया। दस दिन की यात्रा के मार्ग से शाही लश्कर ने जंगली बन-पशुओं को हंका-हंकाकर एक झरने पर, जिसे सावूक़ बूलाक़[4] कहते हैं और जो यीलाक़ बीलाक़[5] की प्रथन मंज़िल है, शिकार एकत्र किया। हज़रत जहाँबानी तथा सम्मानित शाह ने शिकारगाह में प्रविष्ट होकर घोड़े दौड़ाने एवं शिकार खेलने की प्रथाओं को ताज़ा किया। तदुपरान्त बहराम मीर्ज़ा एवं साम मीर्ज़ा को और उसके बाद बैराम ख़ां, हाजी मुहम्मद कोकी, शाह क़ुली[6], सुल्तान मुहरदार[7], रोशन कोका, हसन कोका एवं हज़रत जहाँबानी के विश्वासपात्रों के अन्य समूह को क़मरग़ह में प्रवेश करने की अनुमति प्राप्त हुई। शाह के अमीरों में से अब्दुल्लाह ख़ां इस्तजलू, जो सम्मानित शाह इस्माईल का जामाता था, अबुल क़ासिम ख़ुलफ़ा, सीवुन्दुक[8] सुल्तान क़ूरची बाशी अफ़शार, बद्र ख़ां इस्तजलू तथा कुछ अन्य लोग आदेशानुसार प्रविष्ट हुए। कुछ समय उपरान्त सभी को अनुमति दे दी गई और सैनिकों एवं लश्कर वालों में से प्रत्येक शिकार पकड़ने एवं मारने में व्यस्त हो गया। इसी बीच में बहराम मीर्ज़ा

१ यात्रियों का उपहार। ऐसा उपहार जो बिना किसी विशेष तैयारी के प्रस्तुत किया जाय।

२ अबुलफ़ज़्ल ने इस घटना का बड़ा ही संक्षिप्त उल्लेख किया है। जौहर ने इस घटना का सविस्तार उल्लेख किया है। अन्य लेखकों ने भी इसके विभिन्न कारण बताये हैं।

३ घेरे का शिकार। इस प्रकार के शिकार के लिए देखिये शम्स सिराज अफ़ीफ़: **तारीख़ फ़ीरोज़शाही** (कलकत्ता पृ० ३१५-३२६; रिज़वी : **तुग़लुक़ कालीन भारत** भाग २ (अलीगढ़ १९५७ ई०) पृ० १२९-१३०; **बाबर नामा**, पृ० ७७।

४ सम्भवतः सूज बूलाक़ (ठंडा झरना)। यह तख़्ते सुलेमान के, जिसका जौहर ने उल्लेख किया है, समीप है।

५ बीलाक़ का अर्थ उद्यान तथा तहख़ाना दोनों होता है।

६ सम्भवतः हुसेन क़ुली, सीस्तान के हाकिम का भाई। बायज़ीद के अनुसार उसे हुमायूँ ने क़न्धार में मुहरदार नियुक्त कर दिया था।

७ वह व्यक्ति जिसके सिपुर्द शाही मुहर होती थी।

८ बायज़ीद ने 'सून्दक सुल्तान क़ूरची बाशी अफ़शार' लिखा है।

ने, जिसकी खुलफ़ा से शत्रुता थी, शिकारगाह के मध्य में जान-बूझकर इस प्रकार बाण चलाया कि उसकी मृत्यु हो गई। मीर्ज़ा की प्रसन्नता की दृष्टि से किसी ने शाह से यह बात न कही।

अन्य शिकार एवं आमोद-प्रमोद

तदुपरान्त भाग्यशाली सेना को आदेश हुआ कि हौज़े सुलेमान पर पहुँचकर क़मरग़ह का पुनः प्रबन्ध करें। जब (जानवर) एकत्र हो गए तो प्रतिष्ठित लोगों के नियमानुसार शिकार हुआ। इस मंज़िल पर चौगान ख़ेलने एवं क़बक़ बेधने में भी कुछ समय व्यतीत किया गया। उस दिन जब कि क़बक़ की प्रतियोगिता हो रही थी[1], बैराम बेग को खान एवं हाजी मुहम्मद कोकी को 'सुल्तान' की उपाधि द्वारा सम्मानित किया गया।

शाह द्वारा हुमायूं को कुमक

उस समारोह के अन्त में १२,००० अश्वारोहियों की सूची, जो शाह के सम्मानित पुत्र मीर्ज़ा मुराद के अधीन कुमक हेतु नियुक्त किए गए थे, उन कारखानों की सामग्री की सूची सहित जो हज़रत जहाँवानी के साथ भेजने के लिए निश्चित हुये थे, प्रस्तुत की गईं। जो सम्मानित लोग इस उत्कृष्ट कुमक हेतु नियुक्त हुए थे, उनकी सूची इस प्रकार है :—

(१) मीर्ज़ा मुराद
(२) बुदाग़ खां क़ाचार, मीर्ज़ा का लला[2]
(३) शाह क़ुली सुल्तान अफ़शार, किरमान का हाकिम
(४) अहमद सुल्तान शामलू वल्द मुहम्मद खलीफ़ा
(५) संजाब सुल्तान अफ़शार फ़रह का हाकिम
(६) यार अली सुल्तान तकलू
(७) सुल्तान अली अफ़शार
(८) सुल्तान क़ुली क़ूरची बाशी, मुहम्मद खां[3] का सम्बन्धी
(९) याक़ूब मीर्ज़ा, सुल्तान मुहम्मद ख़ुदाबन्दा[4] का तग़ाई[5]
(१०) सुल्तान हुसेन क़ुली शामलू, सीस्तान के हाकिम अहमद सुल्तान का भाई
(११) अदहम मीर्ज़ा वल्द देव मीर्ज़ा[6]
(२१९) (१२) तहमतन मीर्ज़ा वल्द देव सुल्तान
: (१३) हैदर सुल्तान शैबानी

१ "बाज़ार क़बक़ गरम बूद" : क़बक़ का बाज़ार गरम था। बाण चलाने की प्रतियोगिता के समय एक कद्दू लटका दिया जाता था और धनुर्धारी उस पर बाण से निशाना लगाते थे।

२ गुरू, अतालीक़।

३ हिरात का हाकिम।

४ शाह तहमास्प का ज्येष्ठ पुत्र।

५ मामा।

६ बायज़ीद के अनुसार ११ तथा १२ भाई थे अतः देव सुल्तान एवं देव मीर्ज़ा एक ही व्यक्ति थे।

(१४) अली क़ुली } हैदर सुल्तान के पुत्र
(१५) बहादुर

(१६) मक़सूद मीर्ज़ा आख़्ता बेगी वल्द जैनुद्दीन सुल्तान शामलू

(१७) मुहम्मदी मीर्ज़ा, जहान शाह मीर्ज़ा का नबीरा (पौत्र), शाह यज़्दी बेग के नाम से प्रसिद्ध

(१८) कचल इस्तजलू

(१९) अली सुल्तान चुलाक़, मुहम्मद ख़ां का भागिनेय

(२०) अबुल फ़तह सुल्तान अफ़शार

(२१) हसन सुल्तान शामलू

(२२) यादगार सुल्तान मोसलू[1]

(२३) अहमद सुल्तान अलाश उग़ली इस्तजलू

(२४) साफ़ी वली सुल्तान, सूफ़ियों की संतान रूमलू का ख़लीफ़ा

(२५) अली बेग ज़ुलफ़्क़ार कुश[2]

(२६) मुहम्मद बेग किताबदार क़ाचार।

शाह का हुमायूं को बिदा करना

३०० क़ूरची ख़ासा[3] भी उचित सामान सहित नियुक्त किए गए। इस उत्कृष्ट सभा के उपरान्त आदेश हुआ कि आक़ ज़ियारत में, जो कि सूरलीक़[4] के गरमी में समय व्यतीत करने के स्थानों की प्रथम मंज़िल है, तीसरी बार क़मरग़ह शिकार का आयोजन किया ज़ाय। नाना प्रकार के हर्षोल्लास की सामग्री की व्यवस्था करके आनन्द-मंगल मनाने की प्रथाओं का पालन किया गया। उत्तम जलवायु के लिए प्रसिद्ध मियाना[5] नामक हृदय-ग्राही स्थान में जहाँबानी के ठहरने के स्थान पर उनको पहुँचाने के लिए सम्मानित हज़रत शाह (स्वयं) पहुँचे और उत्तम ढंग से तथा शुभ घड़ी में उन दोनों ने एक दूसरे से विदा ली।

हुमायूं का तबरेज़ की ओर प्रस्थान

हज़रत जहाँबानी जन्नत आशियानी हज़रत साहब क़िरान की पवित्र प्रथाओं का पालन

१ मोसल का।

२ ज़ुलफ़्क़ार का हत्यारा। ज़ुलफ़्क़ार, एक कुर्द था जो मोसल का सुल्तान हो गया था और जिसने बग़दाद पर अधिकार जमा लिया था। शाह तहमास्प ने १५२७ ई० में १४ वर्ष की अवस्था में उसपर आक्रमण किया। अली बेग ने उसी समय उसकी हत्या कर दी। (बेवरिज, पृ० ४२ नोट नं० ६)।

३ शाह के विशेष अंग-रक्षक।

४ मूल में 'सुरलक़' किन्तु 'सूरलीक़' अधिक शुद्ध है।

५ कुछ अन्य लेखकों ने यहां की जल-वायु की बड़ी निन्दा की है।

करते हुए स्वयं अर्दबेल[1] एवं तबरेज़[2] की ओर रवाना हुए। हज़रत मरियम मकानी का सम्मानित हौदज, लाव-लश्कर एवं सेवकों तथा परिजनों सहित क़न्धार की ओर रवाना कर दिया गया। हाजी मुहम्मद ख़ां को लश्कर का सरदार बनाकर सतीत्व के क़ुब्बे के उस हौदज के साथ नियुक्त किया। १२००० अश्वारोही, जो विजयी रिकाव के अधीन नियुक्त हुए थे अपनी व्यवस्था एवं अपना प्रवन्ध करने के लिए रवाना हुए। यह निश्चय हुआ कि जव हज़रत जहाँवानी की विजयी पताकायें हेलमन्द[3] नदी पर पहुँच जायें तो सम्मानित शाहज़ादा निश्चित सेना सहित सेवा में उपस्थित हो।

तबरेज़ की सैर

हज़रत जहाँवानी सर्वप्रथम तबरेज़ की सैर हेतु रवाना हुए। जब वे उस प्रदेश के समीप पहुँचे तो वहाँ का हाकिम एवं प्रतिष्ठित लोग उस बाँध तक, जिसका मीर्ज़ा मीरान शाह[4] ने उस जल-धारा पर निर्माण कराया था, जो सहन्द[5] के आँचल से तबरेज़ में पहुँचती है, स्वागत हेतु उपस्थित हुए और धरती-चुम्बन का सम्मान प्राप्त किया। शहर के हाकिम ने शाही आदेशानुसार नगर को सजवाकर हज़रत जहाँबानी को सैर कराई और नाना प्रकार से आतिथ्य का प्रबन्ध किया। भेड़ियों की दौड़[6] तथा पैदल चौगान[7] के खेल का, जो तबरेज़ में बड़ा प्रसिद्ध था और जिसका उस समय उपद्रव के भय से निषेध करा दिया गया था, (हज़रत जहाँबानी के) पवित्र हृदय की प्रसन्नता के लिए शाही आदेशानुसार प्रदर्शन कराया गया। हज़रत जहाँबानी ने उस नगर के भव्य भवनों का जो प्राचीन काल के सुल्तानों के अवशेष हैं तथा उस नगर की सैरगाहों का निरीक्षण किया। जो लोग मिट्टी में मिल चुके थे, एवं आकाश के कुचक्र से पतनोन्मुख हो गए थे और जो लोग नश्वर संसार की दुर्घटनाओं एवं तुच्छ संसार की दुष्टता का शिकार हो गए थे उनके अवशेष देखकर[8] उनका हृदय, जिसपर सत्य की छाप थी, बड़ा प्रभावित हुआ और उन्होंने ईश्वर की

१ अर्दबेल ईरान के अज़रबाईजान प्रान्त में पूर्व की ओर ४८½° पूर्व तथा ३८° उत्तर में, रूस की सरहद से २५ मील पर। ७वीं शती हि० (१४वीं शती ई०) में शेख़ इस्हाक़ सफ़ी उद्दीन के कारण इसे बड़ी प्रसिद्धि प्राप्त हुई। वे सफ़वी सुल्तानों के पूर्वज थे।

२ तबरेज़ :—ईरान के अज़रबाईजान प्रान्त की राजधानी।

३ अफ़ग़ानिस्तान की मुख्य नदी जो पग़मान की पर्वतीय शृंखलाओं से (काबुल के पश्चिम में जो हिन्दूकुश तथा कोह बाबा से मिली हैं) होती हुई पूर्वी हज़ारिस्तान की घाटियों में पहुँचती है और फिर पश्चिम दिशा में होती हुई दक्षिणी अफ़ग़ानिस्तान के मैदान में गिरिश्क़ के समीप पहुँचती है। गिरिश्क़ के नीचे तथा बुस्त के अवशेष के समीप अरग़न्दाब, तारनाक एवं अरग़सान नदियाँ जो पहले से एक में मिल चुकती है, इसमें गिरती हैं।

४ मीरान शाह तीमूर का एक पुत्र था। यह बांध सम्भवतः तबरेज़ में माहरूद अथवा अजीचाई नदी का जल पहुँचाने के लिये बनवाया गया था।

५ तबरेज़ के दक्षिण में लगभग ११८०० फ़ीट ऊँचा पर्वत।

६ 'गुर्ग दवानी'।

७ चौगान अथवा पोलो जो घोड़े पर खेला जाता है। पैदल चौगान सम्भवत: हाकी उस समय तबरेज़ की ही विशेषता थी। मूल में 'चौगान बाज़िये प्यादा'।

८ तबरेज़ के भूकम्पों की ओर संकेत है जिनके कारण नगर कई बार नष्ट हो चुका है।

(२२०) इच्छाओं के पालन के विषय में तथ्य से परिपूर्ण शब्द अपनी जबान से कहे । पिछले लोगों के शेरों से प्रभावित होकर यह रुबाई[१] उस दशा में ज़ोर से पढ़ी :

रुबाई

'खेद है कि पूंजी हथेली के बाहर निकल गई,
मौत के हाथों बहुत से जिगर रक्त बन गये।
कोई उस लोक से वापस न आया, ताकि मैं उससे पूंछता,
कि (उस) संसार के यात्रियों की क्या दशा हुई ?'[२]

मुल्ला अब्दुस्समद शीरीं क़लम का हुमायूं की सेवा में उपस्थित होना

मुल्ला क़ुतुबुद्दीन[३] जलंजू बग़दादी इस उत्कृष्ट नगर में सेवा में उपस्थित होकर सम्मानित हुआ और प्रतापी रिकाब के साथ-साथ मशहदे मुक़द्दस तक गया। नादिरा क़ार[४] सहर आफ़री[५] ख्वाजा अब्दुस्समद[६] शीरीं क़लम ने भी इसी सम्मानित नगर में सेवा में उपस्थित होने का सम्मान प्राप्त किया और प्रतिभाशाली दरबार के उस सहृदयी को वह बड़ा पसन्द आया। वह भाग्य के प्रतिबन्धों के कारण साथ न जा सका।

ज्योतिष के यंत्रों की खोज

एक बड़ी ही विचित्र एवं उत्तम बात तथा भाग्यशाली शकुन यह हुआ कि जब वे तबरेज़ पहुँचे तो वहाँ पैक मुहम्मद आख़्ता बेगी से, इस कारण कि पवित्र ध्यान को उस्तुरलाब[७], कुर्रह[८] एवं वेधशाला के समस्त यंत्रों को अत्यधिक खोज रहती थी, कहा कि, "इस नगर में प्राचीन काल के अत्यधिक अवशेष हैं अतः यदि कोई कुर्रह मिल जाय तो लाओ।" वह सरल-स्वभाव का व्यक्ति कुछ कुर्रे[९] तथा घोड़ियाँ ले आया। हज़रत (जहाँबानी) ने हंसकर शुभ शकुन की दृष्टि से उन्हें क्रय कर लिया।

१ रुबाई में चार समवृत्त चरण होते हैं। रुबाई के लिये विशेष छन्दों का विधान है। (धीरेन्द्र वर्मा : **हिन्दी साहित्य कोश**, पृ० ६६६-६६७)।

२ अफ़सोस के सरमाया ज़ कफ़ बेरूं शुद,
व ज़ दस्ते अजल बसे जिगरहा ख़ून शुद।
कस ने आमद अज़ाँ जहाँ के ता पुर्सम अज़,
के अहवाले मुसाफ़िराने आलम चूं शुद।

३ क़ाज़ी अली बख़्शी का पिता।

४ अपने कार्य से आश्चर्यचकित करने वाला; कुशल, विशिष्ट।

५ जादू पैदा करने वाला ।

६ वह शीराज़ निवासी था। उसका पिता ख्वाजा निज़ामुलमुल्क शीराज़ के शाह शुजा का वज़ीर था। हुमायूं के ईरान से प्रस्थान के पूर्व वह तबरेज़ में उसकी सेवा में उपस्थित हुआ। उस समय भी वह अपनी कला के लिये बड़ा प्रसिद्ध था। अकबर के राज्यकाल में भी उसे बड़ी प्रतिष्ठा प्राप्त रही।

७ एक यन्त्र जिससे ग्रहों आदि की नाप होती है ।

८ ग्रहों आदि की जानकारी का गोला।

९ गधे अथवा घोड़े के बच्चे; बछेड़े।

हुमायूं का सब्ज़वार पहुँचना

तबरेज़ की सैर करके वे अर्दबेल की ओर पहुँचे। जब उत्कृष्ट सवारी शम्मासी[1] नामक क़स्बे में पहुँची तो समस्त शेख़ज़ादे, जो सम्मानित शाह के सम्बन्धी थे, एवं सभी प्रतिष्ठित एवं सम्मानित लोग सेवा में उपस्थित हुए और अभिवादन किया। वे एक सप्ताह तक अर्दबेल में ठहरे रहे। फिर वहाँ से खलखाल[2], खलखाल से तारम[3] और तारम से ख़र्ज़बेल[4] पहुँचे। क्योंकि वहाँ की जलवायु एवं फल विशेषकर बेदाना अनार उन्हें बड़े पसन्द आये, अतः वे वहाँ तीन दिन तक ठहर गए और (बाद में) सब्ज़वार[5] में अपने शिविर में पहुँच गए। इस मंज़िल पर हज़रत मरियम मकानी के एक पवित्र पुत्री का जन्म हुआ। वापसी के समय जब वे अपने सौभाग्य एवं प्रताप सहित काबुल एवं क़न्धार की ओर रवाना हुए तो जिस मंज़िल पर पहुँचते वहाँ के अधिकारी तथा प्रतिष्ठित लोग पहुँचने के समय से ही उपहार भेजने तथा आतिथ्य करने लगते थे। इस मंज़िल पर मीर शम्सुद्दीन अली सुल्तान ने उचित रूप से सेवायें कीं। दावत के दिन नटों[6] ने उपस्थित होकर अपने करतबों का प्रदर्शन किया।

हुमायूं का मशहद पहुँचना

जब सम्मानित पताकायें मशहदे मुक़द्दस में पहुँचीं तो वहाँ के हाकिमों ने उनके आदर-सम्मान का अधिक से अधिक प्रयत्न किया और उचित रूप से सेवायें सम्पन्न कीं। शाह की सेना के एकत्र हो जाने की प्रतीक्षा में कुछ समय तक इस नगर में पड़ाव हुआ। यहाँ से सावरी[7] की वसूली के लिए, जो हिरात से निश्चित की गई थी उन्होंने अब्दुल फ़त्ताह क़ुरकीराक़ को भेजा। लौटते समय उसकी मृत्यु हो गई। इसी स्थान से मौलाना नूरुद्दीन मुहम्मद तरख़ान को शेख (२२१) अबुल क़ासिम जुर्जानी एवं मौलाना इलियास अर्दबेली को, जो अन्तरंग एवं बहिरंग में निपुणता से सुशोभित थे, भेजा; वे लोग काबुल पहुँचकर सेवा में उपस्थित हुए। इन दो सम्मानित व्यक्तियों के पहुँच जाने से वे बड़े प्रसन्न हुए और उनसे 'दुर्रतुत्ताज[8]' नामक ग्रंथ पर वाद-विवाद किया।

मौलाना जमशेद मुअम्माई से भेंट

जितने समय तक वे मशहद में रहे, सर्वदा उस स्थान के बुद्धिमानों एवं उच्च कोटि के

१ अर्दबेल के समीप एक ग्राम।

२ अर्दबेल से दो दिन की यात्रा पर।

३ याक़ूत के अनुसार क़ज़वीन एवं गीलान के मध्य में एक बहुत बड़ा क़स्बा।

४ जौहर के अनुसार 'ख़र्दबेल'।

५ हिरात के समीप दक्षिण में।

६ बाबर ने हिन्दुस्तानी नटों की विशेष रूप से सराहना की है। (**बाबर नामा**, पृ० २९५)।

७ आर्थिक सहायता।

८ दुर्रतुत्ताज :—इस ग्रन्थ में ज्योतिष विषयक सविस्तार चर्चा है।

साहित्यकारों से उनका सम्पर्क रहा। जो उनकी सेवा में पहुँचता वह उनकी इकसीर[1] सरीखा लाभ पहुँचाने वाली गोष्ठी से लाभान्वित होता रहता था। मौलाना जमशेद मुअम्माई[2], जो कि बड़ा उच्च कोटि का विद्वान् था, कई बार धरती चूमने के सम्मान द्वारा प्रतिष्ठित हुआ।

मुल्ला हैरती की ग़ज़ल में संशोधन

एक दिन मुल्ला हैरती[3] ने अपनी इस ग़ज़ल[4] को संशोधन की दृष्टि से प्रस्तुत किया :—

मिसरा

'कभी मेरा दिल तो कभी मेरा जिगर माशूक़ों के प्रेम के कारण जलता है,
प्रेम हर क्षण पर एक नए दाग़ द्वारा जलाता है।
तिंगे के समान मेरा सम्बन्ध मोमबत्ती से है,
यदि मैं आगे बढ़ूं तो मेरे बाल व पर जल जायें[5]।'

हज़रत जहाँबानी ने, जो साहित्य के सृजनकर्ता एवं सूझ-बूझ की कसौटी थे, उसमें बड़े उत्तम रूप से इस प्रकार सुधार कर दिया :

'आगे बढ़ूं अगर तो मेरे बाल व पर जल जायें[6]।'

हुमायूं का गरमसीर पहुँचना

मौलाना ने सुधार की इकसीर के कारण निष्ठापूर्वक सिज्दा किया। उन्होंने मशहद से तरक़[7] की कारवाँसरा और वहाँ से गाह[8] के क़िले के मार्ग से सीस्तान में पड़ाव किया। इस

१ रसायन, कीमिया।

२ **आईने अकबरी** में उसका उल्लेख अकबर के राज्यकाल के उत्तम सुलेख लिखने वालों में हुआ है। (**आईने अकबरी**, देखिये: आईने तसवीरख़ाना')।

३ मुल्ला हैरती : उसकी मृत्यु ९६१ हि० (१५५३-५४ ई०) में हुई।

४ ग़ज़ल में प्रेम भावनाओं का चित्रण होता है। इसकी असली कसौटी प्रभावोत्पादकता है। (धीरेन्द्र वर्मा : **हिन्दी साहित्य कोश**, पृ० २५२-२५३)।

५ गह दिल अज़ इश्क़े बुतां गह जिगरम मी सोज़द,
इश्क़ हर लहज़ा ब दाग़े दिगरम मी सोज़द।
हमचो परवाना ब शमये सरोकार अस्त मरा,
के अगर पेश रवम बालो परम मी सोज़द।
گه دل ز عشق بتان گه جگرم می سوزد
عشق هر لحظه بداغ دگرم می سوزد
همچو پروانه بشمع سروکار است مرا
که اگر پیش روم بال و پرم می سوزد

६ मी रवम पेश अगर बालो परम मी सोज़द
می روم پیش اگر بال و پرم می سوزد

७ याक़ूत के अनुसार इस्फ़हान से १० फ़रसख़ पर।

८ सम्भवतः यह स्थान 'काख़' भी कहलाता है।

स्थान पर शाहज़ादा एवं शाह के अमीर उत्कृष्ट सवारी से मिल गए। वहाँ से गरमसीर में पड़ाव हुआ। गरमसीर का मीर अब्दुल हई लकी[1] नामक क़िले से गरदन में निषंग लटकाकर, अभिवादन के सौभाग्य द्वारा सम्मानित हुआ और उसने पिछले अपराधों एवं इससे पूर्व साथ प्रस्थान करने के सौभाग्य से वंचित रह जाने के लज्जा के कारण क्षमा-याचना की। इस कारण कि हज़रत जहाँबानी का कृपा-युक्त स्वभाव ही ऐसा था कि वे अपराधों को क्षमा कर देते एवं दान-पुण्य करते थे अतः उसे क्षमा करके कृपाओं द्वारा सम्मानित किया गया।

हुमायूं के सहायकों की सूची

जब बात इस सीमा तक पहुँच गई तो यह परमावश्यक हो गया के कि उन अधिकारियों का संक्षिप्त उल्लेख कर दिया जाय जो इस यात्रा में भाग्यशाली रिकाब के साथ थे।

(१) निष्ठावानों एवं स्वामी भक्तों का सरदार, जो सौभाग्य के समान हज़रत जहाँबानी जन्नत आशियानी की प्रतापी रिकाब के साथ रहा, बैराम खां था।

(२) ख़्वाजा मुअज़्ज़म, जो हज़रत मरियम मकानी का एक ही माता का भिन्न पिता से उत्पन्न भाई[2] था; वह प्रारम्भ से ही मस्तिष्क की उग्रता एवं स्वभाव की उष्णता से शून्य न था किन्तु शनैः शनैः उसके अत्याचार एवं उसकी निष्ठुरता में अत्यधिक वृद्धि हो गई। उसका अन्त अपने स्थान पर लिखा जायगा।

(३) आक़िल सुल्तान ऊज़बेक,[3] आदिल सुल्तान का पुत्र जो माता की ओर से सुल्तान हुसेन मीर्ज़ा का पौत्र था। यद्यपि प्रारम्भ में वह सेवकों में सम्मिलित था, किन्तु बाद में शोक-ग्रस्त लोगों में सम्मिलित हो गया।

(४) हाजी मुहम्मद कोकी, कोकी का भाई जो हज़रत गेती सितानी फ़िरदौस मकानी के (२२२) प्रतिष्ठित अमीरों में से था। वह पौरुष में अद्वितीय था। शाह कहा करता था कि पादशाहों के ऐसे ही सेवक होने चाहिये। क़बक़[4] चलाने के दिन उसने क़बक़ चलाने पर शाह से पुरस्कार प्राप्त किया।

(५) रोशन कोका, हज़रत जहाँबानी जन्नत आशियानी का कूकुल्ताश था। यात्रा के समय उसे जवाहरात सौंप दिए गए थे। उसके अपहरण के कारण उसे कुछ दिन के लिए बन्दी बना दिया गया किन्तु क्षमा-याचना पर मुक्त कर दिया गया।

१ हेलमन्द नदी के दायें तट पर; (अर्सकिन, पृ० ३०४)।

२ 'निस्बते उख़ूवते अख़्याफ़ी ब हज़रत मरियम मकानी दाश्त'।

३ उसकी माता का नाम शाद बेगम था। वह हिरात के सुल्तान हुसेन मीर्ज़ा की पुत्री थी। आदिल सुल्तान महदी सुल्तान का पुत्र था। (बेवरिज, पृ० ४४७)। आदिल सुल्तान के लिये देखिये **बाबर नामा**, पृ० १४४, १५२, १५५, १५६, १५८, २१०, २४३, २४६, २९९।

४ एक प्रकार की बाण चलाने की प्रतियोगिता जिसमें कद्दू लटका दिया जाता था और धनुर्धारी उस पर बाण से निशाना लगाते थे।

(६) हसन बेग, महरम कोका का भाई, यद्यपि वह मीर्ज़ा कामरान का कूकुल्ताश था किन्तु सर्वदा हज़रत जहाँबानी की सेवा में उपस्थित रहा करता था। वह स्वाभाविक रूप से बड़ा उदार, सदाचारी एवं निष्ठावान् था। चौसा पार करते समय उनकी मृत्यु हो गई।

(७) हिरात का ख़्वाजा मक़सूद। वह बड़े पवित्र स्वभाव का एवं पवित्र जीवन व्यतीत करने वाला व्यक्ति था। सच्चाई, नेकी, ईमानदारी, एवं निष्ठा सरीखे गुणों से सुशोभित था। वह हज़रत मरियम मकानी के परखे हुए सेवकों में से था और बड़ी तत्परता से उनके हौदज की सेवा करता था। उसके दो भाग्यशाली पुत्र हुए जो हज़रत शाहंशाह के कूकुल्ताश थे। एक सैफ़ ख़ां[१] जिसने गुजरात विजय के वर्ष रिकाब के अधीन शहादत का स्वादिष्ट प्याला चक्खा। दूसरा ज़ैन ख़ां कोका[२] जो स्वामी-भक्ति, निष्ठा, बुद्धिमत्ता, सूझ-बूझ, विवेक, प्रतिभा एवं पौरुष से सुशोभित और हज़रत शाहंशाह की कृपायुक्त दृष्टि का पात्र है, उनके उत्कृष्ट अमीरों में सम्मिलित है।

(८) ख़्वाजा ग़ाज़ी तबरेज़ी जिसे सियाक़[३] की गूढ़ बातों एवं गणित के रहस्यों का पूर्ण ज्ञान था। वह क़िस्सों एवं इतिहास से भी भली-भाँति परिचित था। जब उत्कृष्ट सेना लाहौर से सिन्ध की ओर पहुँची तो वह मीर्ज़ा कामरान से पृथक् हो कर, उनकी सेवा में उपस्थित हुआ। उसे मुशरिफ़े दीवान[४] नियुक्त किया गया। इसके बाद वह बहुत समय तक संसार को शरण प्रदान करने वाले दरबार से पृथक् रहा। अपनी अंतिम अवस्था में जब उसकी शक्ति एवं होश हवास पतनशील हो गये तो उसने हज़रत शाहंशाह के दरबार की चौखट के चुम्बन का सौभाग्य प्राप्त किया।

(९) ख़्वाजा अमीनुद्दीन महमूद हरवी[५] सियाक़ एवं हिसाब किताब के ज्ञान में अद्वितीय था। वह ख़त शिकस्त[६] बड़े ही अच्छे ढंग से लिखता था। राजस्व एवं हिसाब किताब को समझने[७] में बाल की खाल निकाला करता था। हज़रत जहाँबानी ने उसे कुछ समय के लिए हज़रत शाहंशाह का बख़्शी नियुक्त कर दिया था। क़यामत तक स्थायी रहने वाले हज़रत शाहंशाह के राज्य में उसे बड़ा उच्च पद प्राप्त हुआ और वह ख़्वाजा जहाँ की उपाधि द्वारा सम्मानित हुआ।

(१०) बाबा दोस्त बख़्शी भी सियाक़ के ज्ञान में अद्वितीय एवं बड़ी सूझ बूझ का स्वामी था। वह सर्वदा दीवानी[८] के कार्यों एवं हिसाब किताब में संलग्न रहता था।

१ देखिये :—H. Blochmann : *Ain-i-Akbari* (१९३९ ई०) पृ० ३७५।
२ देखिये :—H. Blochmann : *Ain-i-Akbari* (१९३९ ई०) पृ० ३६७-३६९।
३ हिसाब-किताब का ज्ञान, एकाउन्टेंसी।
४ मुशरिफ़ : राज्य की आय की देख-रेख रखने वाला अधिकारी।
५ हिरात का।
६ लिपि की एक शैली।
७ 'किफ़ायते अमवाल व दरायते मुहासिबात मू शिगाफ़ी मी कर्द'।
८ वित्त विभाग।

(११) दरवेश मक़सूद बंगाली हिरात की ज़ियारत गाह से सम्बन्धित था और सरल स्व-
(२२३) भाव का ईमानदार व्यक्ति था। उसे बंगाला में जहाँगीर क़ुली बेग के साथ नियुक्त कर दिया गया था और वह समस्त लोगों में अकेला था जो बच कर वापस आ सका और अभिवादन का सौभाग्य प्राप्त किया। हज़रत जहाँबानी जन्नत आशियानी उसके प्रति विशेष रूप से कृपा-दृष्टि रखते थे। बाद में वह हज़रत शाहंशाह का भी बड़ा अधिक कृपा-पात्र बन गया और दीर्घ काल तक शुभ-चिन्तकों के साथ जीवित रहा।

(१२) हसन अली ईशक आक़ा वीरता एवं पौरुष में अद्वितीय था और उसने बड़ी योग्यता से सेवायें की थीं। इस कारण कि याक़ूब नामक हज़रत जहाँबानी के एक विश्वास-पात्र ने कुछ अपशब्द कह दिये, कुछ धृष्ट क़िज़िलबाशों ने उस जवान की तबरेज़ के समीप एक उजाड़ स्थान पर छिप कर हत्या कर दी। क्योंकि हसन अली तथा उसमें शत्रुता थी, अतः यह प्रसिद्ध हो गया कि इस दुष्टता का कारण वह था। इस कारण वह उत्कृष्ट सेना के साथ न रह सका और एराक़ में ठहर गया। जब काबुल राज्य का केन्द्र बन गया तो वह चौखट का चुम्बन करके सम्मानित हुआ।

(१३) अली दोस्त बारबेगी उपर्युक्त हसन का पुत्र था। वह बाद में मशहदे मुक़द्दस में हज़रत जहाँबानी की सेवा में सम्मिलित हो गया। प्रारम्भ से अन्त तक वह हर प्रकार से[1] सेवा एवं प्राण न्योछावर करने का प्रयत्न करता रहा।

(१४) इबराहीम ईशक आक़ा दरबार के प्रति प्राण न्योछावर करने वालों में से था।

(१५) शेख़ यूसुफ़ चोली जो अपने आप को शेख़ अहमद यसवी[2] की संतान बताता था, बड़े सरल स्वभाव का तथा चरित्रवान् व्यक्ति था।

(१६) शेख़ बहलूल जो अपने आप को तुर्क मशायख़[3] की सन्तान से बताता था। वह बड़ा ही योग्य सेवक था।

(१७) मौलाना नूरुद्दीन जिसे हिन्दसे[4], ज्योतिष एवं उस्तुरलाब का ज्ञान था। वह ख़ाफ़ के क़ाज़ी बुरहान के साथ हज़रत गेती सितानी फ़िरदौस मकानी की सेवा में धरती चुम्बन करके सम्मानित हुआ। वह हज़रत जहाँबानी के दरबारियों में से था। हज़रत शाहंशाह ने उसे तरख़ान की उपाधि द्वारा सम्मानित किया था।

(१८) मुहम्मद क़ासिम मौजी, बदख़्शाँ में हज़रत जहाँबानी जन्नत आशियानी की सेवा में

१ यह शब्द स्पष्ट नहीं। मूल में हिरात है। सम्भवतः "हर ग्रात" अथवा "हर दशा में" से तात्पर्य होगा।

२ वे नक़्शबन्दी सिलसिले के तथा यसी (तुर्किस्तान का प्रसिद्ध नगर) के निवासी थे। उनका निधन ५६२ हि० (११६६-६७ ई०) में हुआ।

३ सन्तों।

४ गणित।

सम्मिलित हुआ। वह मीर मुहम्मद[1] जालाबान[2] का सम्बन्धी था और बदख़्शाँ में जाला वानी की सेवा किया करता था। हिन्दुस्तान में हज़रत शाहंशाह के क़यामत तक रहने वाले राज्य में मीर बहर[3] हो गया। यमुना-नदी के तट पर उसका एक हृदयग्राही भवन था। वहीं उसकी अवस्था का बेड़ा, मृत्यु के तट पर पहुँचा।

(१९) हैदर मुहम्मद आख़्ता बेगी[4], दरबार के प्राचीन सेवकों में था।

(२०) सैयिद मुहम्मद पकना, बड़ा वीर एवं हाथ का बड़ा कुशल[5] था। हिरात में उसने क़बक़ जीत लिया था।

(२१) सैयिद मुहम्मद क़ाली हरवी, जिसे बक्कर में कुछ दिन के लिए मीर अद्ल बना दिया गया था। उसे सम्मानित दरबार में बैठने का अधिकार प्राप्त था।

(२२) हाफ़िज़ सुल्तान मुहम्मद रख़ना, बक्कर में फ़क़ीरों के वस्त्र में पहुँचा और (जहाँ-बानी की सेवा में) सम्मिलित हुआ। वह मार्मिक शेर पढ़ता था। शनैः शनैः राजदूत (२२४) नियुक्त हो गया। वह हज़रत शाहंशाह के क़यामत तक स्थायी रहने वाले राज्य में बड़ा विश्वासपात्र हो गया। उसने सहरिन्द में एक बड़े हृदयग्राही उद्यान का निर्माण कराया जो प्रशंसा के योग्य है।

(२३-२४) मीर्ज़ा बेग बिलोच जिसका पिता ख़ुरासान में हज़ारा बिलोच था, तथा उसका पुत्र मीर हुसेन दोनों ही बड़े भाग्यशाली सेवकों में से थे।

(२५) ख़्वाजा अम्बर नाज़िर हज़रत गेती सितानी फ़िरदौस मकानी का विश्वासपात्र ख़्वाजा-सरा था। हज़रत शाहंशाह ने उसे एतबार ख़ां की उपाधि प्रदान कर दी थी। वह हज़रत मरियम मकानी के सम्मानित हौदज के परदा-दारों में से था।

(२६) आरिफ़ तूशकची[6] ममलूकों[7] में से था और सैयिद होने का दावा किया करता था। हज़रत शाहंशाह की कृपा द्वारा उसे बहार ख़ां की उपाधि प्राप्त हुई और उत्कृष्ट सेवा द्वारा सम्मानित हुआ।

निष्ठावान् दासों एवं हितैषी सेवकों में निम्नांकित थे :—

(१) मेहतर ख़ां ख़ज़ीनादार[8]

१ हिन्दुस्तान में १५२८ ई० में गंगा नदी पर पुल बनाने के कारण वह बाबर द्वारा पुरस्कृत हुआ था। (**बाबर नामा**, पृ० २९४)। उसे नदी को पार कराने का अच्छा अनुभव था। (**बाबर नामा**, पृ० ३२७)।

२ नाविक; वह अधिकारी जो नौकाओं, पुल इत्यादि तथा नदी पार कराने का प्रबन्ध करता था।

३ नौकाओं तथा जहाज़ों इत्यादि का प्रबन्ध करने वाला मुख्य अधिकारी।

४ वह अधिकारी जो शाही घोड़ों इत्यादि को आख़्ता व बधिया करवाता था।

५ सम्भवतः निशाना लगाने में।

६ वस्त्रों के एवं बिछौनों के भंडार का मुख्य अधिकारी। **आईने अकबरी** में देखिये 'आईने फर्राशख़ाना व तूशक ख़ाना'।

७ क्रय किये हुये अथवा युद्ध में बन्दी हो जाने के बाद जो लोग दास बना लिये जाते थे।

८ कोषाध्यक्ष।

(२) मेहतर फ़ाखिर तूशकची
(३) मुल्ला बिलाल किताबदार[1]
(४) मेहतर तीमूर शरबतची[2]
(५) मेहतर जौहर आफ़ताबची[3]
(६) मेहतर वकीला ख़ज़ांची
(७) मेहतर वासिल
(८) मेहतर सुम्बुल मीर आतश
(९) सुल्तान मुहम्मद क़रावल बेगी[4]
(१०) अब्दुल वह्हाब साहिबे तबाक़[5]
(११) जबाई बहादुर
(१२) तूलक यातिश नवीस[6]।

हे भाग्यशाली प्रतापी लोगो ! तुम धन्य हो, कारण कि तुम अपने सत्संकल्प एवं दृढ़ता के कारण परीक्षा एवं कष्टों के मार्ग में दृढ़ रहे और तुमने अपने आश्रयदाता की अन्त तक सेवा की।

शेर

'मुझे ज्ञात नहीं कि मित्र लोग किस कारण पीछे हैं;
कारण कि मर्द लोग सेवा द्वारा उन्नति करते हैं।'

हज़रत जहांबानी जन्नत आशियानी की पवित्र सेना का एराक़ से वापस होना और हज़रत शाहशाह का क़न्धार से काबुल को प्रस्थान

जब यह प्रसिद्ध हो गया कि हज़रत जहाँबानी ने ऐश्वर्य एवं वैभव के देशों पर अपनी छाया डाली है और काबुल, क़न्धार तथा उस क्षेत्र में शाही सेना के प्रस्थान के समाचार प्राप्त हुए तो विजय के शीतल पवन के प्रवाह में आशा की कलियों के खिलने का आसरा होने लगा और व्याकुल व्यक्तियों की दृढ़ता की नहर से जो जल निकल चुका था, पुनः वापस आने लगा[7]।

१ पुस्तकालयाध्यक्ष।
२ वह अधिकारी जो बादशाह के प्रयोग के शरबत एवं पेय का प्रबन्ध करता था।
३ आफ़ताबा (वह लोटा जिसमें दस्ता हो) रखने वाला। उसका कर्तव्य बादशाह का मुँह-हाथ धुलाना होता था। जौहर **तज़किरतुल वाक़ेआत** का लेखक था।
४ शिकार का प्रबन्ध करने वाले अधिकारी। वे लोग भी जो मुख्य सेना के आगे आगे शत्रुओं का पता लगाने एवं अन्य प्रबन्ध हेतु चलते थे क़रावल कहलाते थे।
५ भोजन का प्रबन्ध करने वाला अधिकारी।
६ मुंशी जो रात के पहरे की सूची रखते थे।
७ अर्थात् लोग प्रोत्साहित एवं दृढ़ हो गये।

शेर

'आदि काल की उदारता ने अपार भंडार से,
नगर में अपने आगमन की प्रसिद्धि फैलाई।
निराश लोगों की आशा की खेती खिल उठी,
असफल लोगों की सफलता के उद्यान हरे-भरे हो गये।'

मीर्ज़ा कामरान का अकबर को काबुल बुलवाना

मीर्ज़ा कामरान की दशा इस प्रसिद्धि के कारण अस्त व्यस्त हो गई। इस समय जब कि सावधानी एवं पश्चाताप का अवसर निकल चुका था, उसने फिर से दुष्टता प्रारम्भ कर दी और नीच विचारों में ग्रस्त रहने लगा। उसने सर्वप्रथम ख़िज़्र हज़ारा के भाई तथा क़ुरबान क़रावल (२२५) बेगी को काबुल से इस आशय से भेजा कि वह उस दैवी नूर द्वारा पोषित अर्थात् हज़रत शाहंशाह को क़न्धार से काबुल ले आये। जब उसके दूत क़न्धार पहुँचे तो मीर्ज़ा अस्करी ने हज़रत शाहंशाह के भेजने के विषय में अपने विश्वास-पात्रों से परामर्श किया। कुछ लोगों ने, जो बुद्धिमान् थे, कहा कि, "उनका भेजना ठीक नहीं। यह उचित होगा कि जब हज़रत जहाँबानी जन्नत आशियानी की उत्कृष्ट सेना निकट पहुँचे तो राज्य के पौधे को आदरपूर्वक उनके पास भेज दिया जाय और सौभाग्य की वाटिका के इस गुलदस्ते द्वारा अपने अपराधों की क्षमा याचना की जाय।" कुछ अन्य लोगों ने कहा कि, "राज्य के हित में यही उचित है कि उन्हें मीर्ज़ा कामरान के पास भेज दिया जाय और मीर्ज़ा को संतुष्ट रक्खा जाय कारण कि हमारी कुकृतियाँ ऐसी हैं कि हम हज़रत जहाँबानी को किसी प्रकार मुंह नहीं दिखा सकते।"

मीर्ज़ा अस्करी का अकबर को काबुल भेजना

अन्त में मीर्ज़ा ने उस परामर्श को, जो उचित था, स्वीकार न किया और शीत ऋतु एवं बरफ़ तथा वर्षा की अधिकता के बावजूद उन्हें काबुल भेज दिया। उनकी पवित्र बहिन बख़्शी बानो बेगम[1], शम्सुद्दीन मुहम्मद ग़ज़नवी जो अतगा ख़ां की उपाधि द्वारा सुशोभित था, अदहम ख़ां की माता माहम अनगा, मीर्ज़ा अज़ीज़ कूकुल्ताश की माता जीजी अनगा एवं सेवकों का अन्य समूह उनकी सम्मानित सेवा में रवाना हुआ। इस यात्रा में ईश्वर द्वारा आश्रय प्राप्त नूर[2] को मीरक के नाम से पुकारा जाता था ताकि कोई कहीं उन्हें पहिचान न ले। उनकी सम्मानित बहिन को बीजा कहा जाता था।

अकबर के चमत्कार

जब वे क़लात[3] पहुँचे तो रात्रि में एक हज़ारा के घर में ठहरे। उनके भाग्यशाली ललाट

१ सौतेली बहिन। उसका विवाह सर्वप्रथम मीर्ज़ा सुलेमान के पुत्र इबराहीम से हुआ। तदुपरान्त शरफ़ुद्दीन हुसेन से कर दिया गया।

२ अकबर।

३ क़लाते गिलज़ई।

से श्रेष्ठता का जो प्रकाश प्रकट हो रहा था तथा सौभाग्य की जो छटा दृष्टिगत थी, उसे देख कर लोग उन्हें पहचान गये। उस रात्रि के बाद प्रातःकाल उस घर के स्वामी ने वताया कि शाहज़ादे को भी यहीं ठहराया गया था। जैसे ही ख़िज्र ख़ां के भाई ने घर के स्वामी से यह बात सुनी, वह तत्काल चल खड़ा हुआ और शीघ्रातिशीघ्र ग़ज़नी की ओर बढ़ा। भाग्यशाली रिकाब के सेवक क्षण-क्षण पर बाल्यावस्था में ही उनके गौरव का निरीक्षण किया करते थे और उनकी आश्चर्यजनक बातों को देख-देखकर ईश्वर की लीला पर स्तब्ध रहते थे।

अकबर और दीपक

इनमें से एक बात यह है कि जब उन्होंने ग़ज़नी से प्रस्थान किया और एक मंज़िल पर पड़ाव हुआ तो उस घर का दीपक बुझ गया और घर में अंधेरा हो गया। हज़रत शाहंशाह अपनी प्रकृति के नूर से संसर्ग के कारण अंधकार से घबड़ाकर रोने लगे। दाइयों एवं दूध पिलाने वालियों ने नाना प्रकार से तसल्ली देते हुए उनके हृदय को हाथ में लेना चाहा किन्तु कोई लाभ न हुआ। जैसे ही दीपक लाया गया हज़रत का पवित्र हृदय दीपक के चेतनावर्धक प्रकाश (२२६) को देखकर संतुष्ट हो गया और प्रसन्नता का प्रकाश उनके मुख से चमकने लगा। उनके द्वारा अंतरंग एवं बहिरंग के अन्धकार के विनाश एवं नूर की वृद्धि का यह प्रत्यक्ष प्रमाण है।

अकबर का काबुल पहुँचना

जब हज़रत शाहंशाह क़न्धार से काबुल पहुँचे तो मीर्ज़ा कामरान ने सौभाग्य की वाटिका के उस पौधे को इफ़्फ़त क़िबाब[1] हज़रत गेती सितानी फ़िरदौस मकानी की बहिन ख़ानज़ादा बेगम के घर ठहराया और दूसरे दिन शहरआरा नामक उद्यान में एक भव्य सभा का आयोजन करके हज़रत (शाहंशाह) से भेंट की।

इबराहीम मीर्ज़ा से हज़रत शाहंशाह का मल्ल-युद्ध और सौभाग्य के प्रताप से नक़्क़ारे को बजाना

जब मीर्ज़ा कामरान ने प्रताप की वाटिका के उस सीधे सरो को शहरआरा उद्यान में देखा तो उनके चमकते हुए ललाट का, जिससे सौभाग्य एवं प्रताप का प्रकाश चमकता था, निरीक्षण करके अपने दुर्भाग्य के कारण बड़ा कुपित हुआ। क्योंकि संसार को शोभा प्रदान करने वाले परमेश्वर की इच्छा यह थी कि राज्य के सहायकों को प्रसन्नता प्राप्त हो और मीर्ज़ा के अंतरंग एवं बहिरंग के पतन एवं उसके अस्त-व्यस्त होने के साधन एकत्र हों, अतः मीर्ज़ा जिन बातों को अपनी प्रसन्नता की पूंजी समझता था, वही उसके दुःख का साधन बन जाती थीं। इस प्रकार जिस दिन मीर्ज़ा ने जश्न का आयोजन किया था, उस दिन हज़रत शाहंशाह को अपने ऐश्वर्य एवं गौरव के प्रदर्शन हेतु बुलवाया। संयोग से एक नक़्शी नक़्क़ारा उसके पुत्र इब्राहीम मीर्ज़ा के

१ सतीत्व का क़ुब्बा अथवा सतीत्व में सर्वश्रेष्ठ।

लिए शब बरात[1] के आनन्द मंगल के लिए प्रथानुसार तैयार करके लाया गया था। हज़रत शाहंशाह उस नक़्क़ारे की ओर आकृष्ट हुए। इसका कारण यह था कि उनके यशस्वी नाम पर राज्य-व्यवस्था एवं विश्व-विजय का नक़्क़ारा बजने वाला था और देशों के पालन-पोषण एवं संसार को शोभा प्रदान करने वाले वाजे उनके महल की छत पर गूंजने वाले थे। कृतघ्न मीर्ज़ा नक़्क़ारा उनको न देना चाहता था। यह सोचकर कि मीर्ज़ा इबराहीम हज़रत (शाहंशाह) से बडा है और देखने में अधिक बलवान् है, उसने यह शर्त लगाई कि मल्लयुद्ध एवं ज़ोर-आज़माई उपरान्त जिसकी विजय होगी उसी को नक़्क़ारा प्रदान किया जायगा। हज़रत (शाहंशाह) इस कारण कि उन्हें दैवी सहायता और ईश्वर की ओर से शक्ति प्राप्त थी, मीर्ज़ा कामरान के ऐश्वर्य तथा मीर्ज़ा इबराहीम की अधिक अवस्था की चिन्ता किए बिना इस शर्त को सुनकर, जिसे मीर्ज़ा (कामरान) ने अपनी ख़ुशी की पूंजी बना रक्खा था, प्रसन्न हो गए और मीर्ज़ा के दुःख को बढ़ाने का साधन बन गए। यद्यपि इस प्रकार की बातें उस दशा में बड़ी आश्चर्यजनक ज्ञात होती हैं तथापि वे अपने यश की बाहुओं से, जिन्हें दैवी शक्ति की सहायता प्राप्त थी, अल्पावस्था के बावजूद दैवी प्रेरणा एवं ईश्वर-प्रदत्त शिक्षा से तत्काल दामन लपेटकर तथा आस्तीन चढ़ा कर शेर मर्दों के समान अग्रसर हुए और अनुभवी पहलवानों एवं कुश्ती लड़ने वालों के नियमानुसार गुंथ गए तथा इबराहीम मीर्ज़ा की कमर के पीछे हाथ ले जाकर उसे इस प्रकार उठाकर भूमि पर (२२७) पटक दिया कि दरबार वाले वाह-वाह करने लगे और निकट तथा दूर के सभी लोग शाबाशी का नारा लगाने लगे। यह हज़रत शाहंशाही ज़िल्ले इलाही[2] की विजय एवं सफलता का प्रथम नक़्क़ारा था जो भूमि पर तथा आकाश के नीचे बजाया गया। मीर्ज़ा कामरान, जिसने इस कुश्ती को अपने हृदय में अपने तथा हज़रत जहाँबानी के युद्ध की परीक्षा समझा था, इस अशकुन का अवलोकन करके बड़ा दुःखी हुआ। हज़रत शाहंशाह के हितैषी एवं सहायक इस शुभ शकुन से बाग़ बाग़ हो गए और हज़रत (शाहंशाह) अपनी भुजाओं के बल से सौभाग्य का नक़्क़ारा लेकर बजाने लगे। राज्य के सहायकों को इस समाचार से बड़ी प्रसन्नता प्राप्त हुई। मीर्ज़ा, इस कारण कि वह खिन्न हो गया था, और उसके शकुन का पाँसा उसकी इच्छा के विरुद्ध पलट गया था, अपने हृदय में प्रताप के उस क़िबला के विरुद्ध अनुचित एवं कुत्सित बातें सोचने लगा। इन योजनाओं में एक यह थी कि यद्यपि उस समय तक हज़रत (शाहंशाह) की दाइयों का दूध पीने की अवधि समाप्त न हुई थी उसने आदेश दिया कि उनका दूध छुड़ा दिया जाय। उसने इस बात की ओर ध्यान न दिया कि जिसे दैवी कृपा एवं आकाश के आश्रय का दूध पिलाया जा रहा हो, उसे इस बात से क्या हानि हो सकती है और सच्चे रक्षक के रक्षा-प्राप्त व्यक्ति को इन झूठी कल्पनाओं द्वारा क्या हानि हो सकती है।

१ शबे बरात अथवा १४ शाबान ९५२ हि० (२१ अक्तूबर १५४५ ई०)। सम्भवतः मल्ल-युद्ध अकबर के काबुल पहुँचने के अधिक बाद में हुआ होगा अर्थात् जाड़े के हिसाब से सम्भवतः १५४४ ई० के अन्त अथवा १५४५ ई० के प्रारम्भ में। यदि शाबान ९५१ हि० से तात्पर्य है तो कुश्ती १ नवम्बर १५४४ ई० को हुई होगी। यदि यह ठीक है तो अकबर हुमायूँ के ईरान से प्रस्थान के बहुत पूर्व काबुल भेज दिया गया होगा।

२ ईश्वर की छाया।

हज़रत जहांबानी जन्नत आशियानी की पवित्र सेना का गरमसीर पहुँचना तथा बुस्त के क़िले की विजय

हुमायूं द्वारा बुस्त पर अधिकार

समाचारों के जानकारों तथा घटनाओं का ज्ञान रखने वालों से, जिनकी सचेत आँखें खुली हैं और जिनमें शिक्षा का आँजन लगा है, यह बात छिपी न रहनी चाहिए कि जब हज़रत जहाँबानी की उत्कृष्ट पताकाएँ एवं ईरान से कुमक गरमसीर पहुँची तो अली सुल्तान तकलू को निष्ठावान् वीरों के एक समूह के साथ बुस्त[१] के क़िले की विजय हेतु, जो गरमसीर की विलायत में तथा क़न्धार के अधीन है, नियुक्त किया। शाहम अली जलायर, तीमूर जलायर के पिता एवं मीर-ख़ल्ज ने, जो वहाँ मीर्ज़ा कामरान की ओर से जागीरदार थे, क़िले को दृढ़ बना लिया। पादशाही सेना ने जाकर क़िले का अवरोध कर लिया। युद्ध के समय क़िले के ऊपर से अली सुल्तान के बन्दूक़ (की गोली) लगी और तत्काल उसकी मृत्यु हो गई। उसके सैनिकों ने उसके १२ वर्षीय पुत्र को उसके पिता के स्थान पर सेनापति बना लिया और अधिक से अधिक प्रयत्न करने लगे। अली सुल्तान की मृत्यु एवं उसके स्थान पर उसके सुपुत्र की नियुक्ति के समाचार ईरान के वाली को लिख भेजे गए। कुछ समय उपरान्त जो प्रबन्ध किया गया था उसकी स्वीकृति प्राप्त हो गई। शनैः शनैः जब क़िले वाले व्याकुल हो गए और किसी भी स्थान से सहायता न प्राप्त हुई तो क़िले में जो लोग घिरे थे, वे क्षमा याचना तथा विनती करने लगे। उन लोगों को शाही कृपा के कारण हानि न पहुँचाने का वचन दे दिया गया और उन्होंने क़िला सर्मापित कर दिया। जब सम्मानित राज्य के सहायकों को क़िला प्राप्त हो गया तो हज़रत जहाँबानी ने स्वयं उपर्युक्त क़िले के समीप (२२८) पड़ाव किया। शाहम अली एवं मीर ख़ल्ज गरदन में निषंग लटकाये धरती-चुम्बन करके सम्मानित हुए। हज़रत जहाँबानी ने अपने स्वाभाविक दया-भाव के कारण उनके अप-राधों को क्षमा करके उन्हें दरबार के सेवकों में सम्मिलित कर लिया।

हुमायूं की सेना के एक दल से क़न्धार वालों का युद्ध

उसी मंज़िल पर यह प्रसिद्ध हो गया कि मीर्ज़ा अस्करी अपने ख़ज़ाने को लेकर काबुल भाग जाना चाहता है। क़िज़िलबाशों एवं दरबार के सेवकों के एक समूह ने आग्रह किया कि उसका पीछा करने की अनुमति दी जाय। यद्यपि हज़रत जहाँबानी को इस समाचार के झूठे होने एवं मीर्ज़ा अस्करी के क़न्धार के क़िले की प्रतिरक्षा के विषय में दृढ़ संकल्प का सच्चे समाचार वाहकों द्वारा विश्वास हो गया था किन्तु वे अपनी स्वाभाविक कृपा के कारण, चाहे वह समाचार-सच्चे ही क्यों न हों, यह न चाहते थे कि लोगों को उसका पीछा करने की अनुमति दी जाय, परन्तु उन लोगों ने संयम को त्यागकर एक प्रकार की अनुमति ले ली और इस आशय से चल

१ ज़मीनदावर का मुख्य नगर तथा अरग़न्दाब एवं हेलमन्द के संगम पर। (एल्फ़िन्स्टन भाग २, पृ० ३०४)। हेलमन्द के पूर्व में मानचित्र में क़िलये बुस्त। याक़ूत के अनुसार बुस्त काबुल के अधीन है। इब्ने हौक़ल ने इसे सिजिस्तान में दिखाया है। अबुलफ़ज़ल ने **आईने अकबरी** में इसे क़न्धार में नहीं दिखाया है। (बेवरिज, पृ० ४५७)।

खड़े हुए कि कहीं मीर्ज़ा अस्करी हाथ से न निकल जाय। जब वे शीघ्रातिशीघ्र बढ़ते हुए अव्यवस्थित दशा में क़न्धार के समीप पहुँचे तो मीर्ज़ा के प्रस्थान के समाचार झूठे निकले। सेना के एक दल ने बाहर निकलकर उनसे युद्ध किया और ज़र्बज़न एवं तोप इत्यादि क़िले के ऊपर से चलाई गईं। क़िज़िलबाशों का एक बहुत बड़ा समूह तथा अन्य लोग मार डाले गए और एक समूह आहत हुआ। ख़्वाजा मुअज़्ज़म, हैदर सुल्तान, हाजी मुहम्मद पुत्र बाबा क़श्क़ा, अली क़ुली वल्द हैदर सुल्तान, शाह क़ुली नारंजी और चग़ताई वीरों तथा क़िज़िलबाश बहादुरों के एक समूह ने वीरता एवं पौरुष प्रदर्शित किया और शत्रु को भगाकर क़िले में पहुँचा दिया। यद्यपि जमील बेग ने, जो मीर्ज़ा अस्करी के विश्वास-पात्रों में से था, आदमी भेजे कि मीर्ज़ा अस्करी स्वयं उतर आये और कहलाया कि, क्योंकि थोड़ी सी सेना रह गई है अतः यदि इन लोगों को पराजित कर दिया जायगा तो कार्य सरल हो जायगा, मीर्ज़ा ने उसकी बात पर ध्यान न देकर संदेश भेजा कि, "इन लोगों को हमारी सेना की संख्या एवं योग्यता का ज्ञान है। आने वाली सेना केवल इन्हीं पर सीमित न होगी अपितु इन लोगों ने गुप्त स्थानों पर कुमक छिपा रक्खी होगी ताकि हमें नष्ट कर दें। मैं धोखे में न आऊँगा और क़िले को दृढ़ करके मीर्ज़ा कामरान के आगमन तक युद्ध को स्थगित रक्खूंगा।" क्योंकि दैवी कृपा हज़रत जहाँबानी की विजयी सेना की सहायता कर रही थी अतः मीर्ज़ा कामरान का आगमन सम्भव न हो सका और कुछ ऐसी विजयें, जो असंख्य विजयों की प्रस्तावना थीं, प्राप्त हो गईं। उस दिन क़िले वालों में से बाबाये सहरिन्दी[1], जो मीर्ज़ा कामरान के प्रतिष्ठित निष्ठावानों में से था, मारा गया।

हज़रत जहांबानी जन्नत आशियानी की पवित्र सेना का क़न्धार पहुँचना, उसका अवरोध तथा विजय

जब उत्कृष्ट सेना के निष्ठावान् वीरों को ऐसी (महान्) विजय प्राप्त हो गई तो हज़रत (२२९) जहाँबानी जन्नत आशियानी, ईश्वर के प्रति कृतज्ञता प्रकट करके इस सुखद घटना के ५ दिन उपरान्त शनिवार ७ मुहर्रम ९५२ हि० (२१ मार्च १५४५ ई०) को शुभ नक्षत्र में, जो नक्षत्रों में अद्वितीय था, भाग्यशाली सवारी एवं विजयी सेना सहित क़न्धार के क़िले के समीप पहुँचे और माशूर[2] नामक द्वार के समीप ठहरे। उन्होंने शम्सुद्दीन अली, क़न्धार के क़ाज़ी, के उद्यान में पड़ाव डाला। मोर्चे बाँट दिए गये और प्रबन्धक विभिन्न स्थानों पर नियुक्त कर दिये गए। नित्य-प्रति दोनों ओर से योद्धा निकलकर युद्ध करते थे। एक दिन हैदर सुल्तान तथा उसके दोनों पुत्र अली क़ुली खां[3], बहादुर खां तथा ख़्वाजा मुअज़्ज़म, ख़्वाजा ख़िज्र[4] के सामने से शत्रुओं को भगाते

१ बायज़ीद के अनुसार बाबूस का भाई जो काबुल के दूसरे अवरोध के समय बन्दूक़ से मारा गया।

२ जुलाहों का द्वार। बाबर ९१३ हि० (१५०७-१५०८ ई०) में क़न्धार विजय के समय इसी द्वार से क़न्धार में प्रविष्ट हुआ था। (**बाबर नामा**, पृ० ८३)।

३ उसे बाद में ख़ाने ज़मान की उपाधि प्रदान हुई।

४ सम्भवतः ख़्वाजा ख़िज्र के मक़बरे से तात्पर्य है।

हुए उन मज़ारों तक, जो प्राचीन नगर के एवं कूचा बन्द[1] के समीप थे, चले गए और बड़ी वीरता का प्रदर्शन किया। हैदर सुल्तान सबके आगे आगे था। सब से अधिक विचित्र बात तो यह हुई कि बाबा दोस्त यसावल सेना के एक दस्ते को लिए हुए मक़बरों में खड़ा-खड़ा बाणों की वर्षा कर रहा था। हैदर सुल्तान[2] ने भाले से उसकी हत्या कर देनी चाही। जैसे ही उसने हाथ उठाया उसकी बग़ल में एक बाण लगा। जाम का इस्माईल सुल्तान, जिसे मीर्ज़ा कामरान ने कुमक हेतु भेजा था, सफ़ेद बुर्ज पर, जो मक़बरों के सामने है, मीर्ज़ा अस्करी के पास खड़ा हुआ युद्ध का निरीक्षण कर रहा था। इतनी दूरी के बावजूद जब किसी को पहचानना सम्भव न था उसने निवेदन किया कि, "जिस व्यक्ति के हाथ से भाला गिरा है यदि वह हैदर सुल्तान ही हो तो इस विषय में मुझे आश्चर्य न होगा कारण कि इससे पूर्व मैं उबैदुल्लाह ख़ां[3] के साथ तूस[4] नगर में था। मैं तथा हैदर सुल्तान आक्रमण में साथ थे। मेरी यह दो अंगुलियाँ वहीं कट गईं। उसके आक्रमण के ढंग से मेरा अनुमान है कि यह वही होगा।" कुछ समय बाद जब वह भाला लाया गया तो उसपर उसका[5] नाम लिखा मिला। पढ़कर लोगों ने उसके अनुमान की बड़ी प्रशंसा की। यह बात प्रसिद्ध हो गई। इस युद्ध में अधिकांश प्रतिष्ठित आदमी मारे गए। ख़्वाजा मुअज़्ज़म सबसे अधिक[6] घायल हुआ किन्तु कुशलतापूर्वक लौट आया। इसी बीच में समाचार प्राप्त हुए कि मीर्ज़ा कामरान का कोका रफ़ी ज़मीनदावर[7] की ओर एक पहाड़ी के पीछे, जो अरग़न्दाब नदी के तट पर स्थित है, हज़ारा तथा निकदीरी[8] (क़बीलों) की एक सेना लिये डटा हुआ है। बैराम ख़ां, मुहम्मदी मीर्ज़ा, हैदर सुल्तान, मक़सूद मीर्ज़ा आख़्ता बेगी वल्द जैनुद्दीन सुल्तान शामलू एवं एक बहुत बड़ी सेना उनके विरुद्ध नियुक्त हुई। साधारण से युद्ध के उपरान्त भाग्यशाली प्रताप से रफ़ी कोका बन्दी बना लिया गया और अत्यधिक (खाद्य) सामग्री, अस्त्र-शस्त्र एवं मवेशी राज्य के सहायकों को प्राप्त हो गए। विजयी शिविर में जो थोड़ी-बहुत कमी हो गई थी, वह बाहुल्य में परिवर्तित हो गई तथा

१ प्रतिरक्षा हेतु मार्ग इत्यादि में आड़ तथा रोक लगा देना।

२ सम्भवतः वह अधिक घायल न हुआ और काबुल जाते समय महामारी में मृत्यु को प्राप्त हुआ।

३ शैबानी (शाही बेग) ख़ां का भतीजा। मीर्ज़ा हैदर ने उसकी भूरि-भूरि प्रशंसा की है। (**मुग़ुल कालीन भारत-बाबर,** पृ० ६२८-२९)। सम्भवतः ऊज़बेकों एवं ईरानियों के २६ सितम्बर १५२८ ई० के युद्ध की ओर संकेत है। (**बाबर नामा,** पृ० २८६-२८७)।

४ ख़ुरासान का एक ज़िला जहाँ आधुनिक मशहद बसा है। यह १३८९ ई० में नष्ट-भ्रष्ट करा दिया गया और फिर इस नाम से पुनः न बस सका।

५ हैदर सुल्तान का नाम।

६ यदि इसे 'बेशतर' पढ़ा जाय जैसा कि मूल में है तो 'सबसे अधिक' अर्थ होगा। यदि इसे 'पेशतर' पढ़ा जाय तो 'सबसे पहिले' अर्थ होगा।

७ वह लम्बी-चौड़ी घाटी जिसके नीचे हेलमन्द नदी हिन्दूकुश से होती हुई बुस्त को जाती है।

८ निकदिरी अथवा निकदीरी के लिए देखिए **बाबर नामा,** पृ० १०, १३, १८। काबुल का परिचय देते हुए बाबर ने लिखा है:—काबुल के पूर्व में लमग़ानात, परशावर, हश्त नगर तथा हिन्दुस्तान के कुछ प्रदेश हैं। इसके पश्चिम में पर्वतीय प्रदेश हैं जिनमें करनूद तथा ग़ूर सम्मिलित हैं जहाँ हज़ारा तथा निकदीरी नामक क़बीले निवास करते हैं। (**बाबर नामा,** पृ० १३)।

विजयी सेना में समृद्धि आ गई। इसी प्रकार सर्वदा निष्ठावान् वीर युद्ध करके सफलता प्राप्त करते रहते थे।

बैराम ख़ां का मीर्ज़ा कामरान के पास राजदूत बनाकर भेजा जाना और कुछ घटनायें जो उस समय घटीं[1]

(२३०) जब मीर्ज़ा अस्करी अपने दुर्भाग्य के कारण अपने आचरण सूत्र को अपने हाथ से त्यागकर विरोध पर उद्यत हो गया तो सर्व साधारण की सुख शान्ति एवं भ्रातृ-भाव के कारण संसार को शोभा प्रदान करने वाले हृदय में यह आया कि शाह का शिक्षा-युक्त फ़रमान एवं अपना उपदेशों से परिपूर्ण पत्र मीर्ज़ा कामरान के पास भेजें, सम्भवतः वह असावधानी को निद्रा से जाग उठे और सन्मार्ग पर आ जाय तथा भली भाँति सेवा करके उसके अपराधों द्वारा जो हानि हुई है उसकी पूर्ति कर सके, ताकि अकारण इतने आदमियों की हत्या न हो और सम्मानित भाई मिल-जुलकर उस महान् कार्य को, जो उनके सत्य के संकल्प करने वाले हृदय में छिपे हैं[2], पूरा कर सकें। इस उद्देश्य से उन्होंने बैराम खां को दूत बनाकर काबुल भेजा।

बैराम ख़ां की हज़ारा आक्रमणकारियों पर विजय

जब वह रोग़नी दर्रे तथा आबे इस्तादा[3] के पास, जो क़न्धार एवं ग़ज़नी के मध्य में है, पहुँचा तो बहुत से हज़ारा लोगों ने मार्ग रोक लिया। दिन के अन्तिम पहर में युद्ध हुआ और सम्मानित राज्य के सहायकों ने वीरतापूर्वक युद्ध करके दुष्ट हज़ारा लोगों को दंड दे दिया। इन अभागों में बहुत से लोग विनाश के मार्ग पर अग्रसर हो गए।

मीर्ज़ा कामरान द्वारा बैराम ख़ां का स्वागत

जब बैराम खां काबुल के समीप पहुँचा तो बाबूस एवं एक अन्य समूह स्वागतार्थ उपस्थित हुआ। वे लोग बैराम खां को अपने साथ ले गए। मीर्ज़ा कामरान ने चहारबाग़ में बैराम खां के स्वागत-समारोह का प्रबन्ध किया। उसके[4] सत्य की कल्पना करने वाले हृदय में यह आया कि इन दोनों शाही फ़रमानों को, ऐसी अवस्था में जब कि मीर्ज़ा बैठा हो, देना उचित नहीं और यह सम्भव नहीं कि मीर्ज़ा खड़े होकर उचित रूप से इनके प्रति आदर-सम्मान प्रदर्शित करे, कारण कि उसके लिए उचित बुद्धि एवं उत्कृष्ट सौभाग्य की आवश्यकता है; अतः इस विषय पर सोच-विचार करके वह अपने हाथ में एक क़ुरान उपहार स्वरूप लेकर अग्रसर हुआ। मीर्ज़ा क़ुरान देखकर उसके प्रति सम्मान प्रदर्शित करने के लिए सीधा खड़ा हो गया। (बैराम खां) ने इसी

१ यह शीर्षक प्रकाशित **अकबर नामा** में नहीं है किन्तु कुछ हस्तलिपियों में दिया हुआ है।

२ हिन्दुस्तान विजय।

३ बँधा हुआ जल। ग़ज़नी के दक्षिण में खारी जल की झील। बाबर ९१० हि० (१५०४-५ ई०) में इस ओर से गुज़रा था। (**बाबर नामा**, पृ० २६)।

४ बैराम ख़ां के।

बीच में उन दोनों शाही फ़रमानों को प्रस्तुत किया और उस सत्संकल्प द्वारा उन दोनों सौभाग्य की तख़्तियों का आदर-सम्मान कराया तथा शाही तुहफ़े एवं उपहार उचित रूप से प्रस्तुत किए। (बैराम खां) ने मीर्ज़ा के साथ बैठकर निष्ठा-युक्त सच्ची-सच्ची बातें कहीं। सभा के अन्त में उसने हज़रत शाहंशाह की सेवा में उपस्थित होने की अनुमति ले ली और मीर्ज़ा हिन्दाल, मीर्ज़ा सुलेमान, यादगार नासिर मीर्ज़ा तथा उलुग़ बेग मीर्ज़ा से भी भेंट करने की आज्ञा प्राप्त कर ली। मीर्ज़ा (कामरान) ने (बैराम खां) को विदा करके वाबूस को आदेश दे दिया कि भेंट के समय वह भी साथ रहे[1]।

बैराम ख़ां की अकबर से भेंट

वहाँ से बैराम खां सर्वप्रथम जागरूक सौभाग्य एवं निष्ठा के साथ हज़रत शाहंशाह की, जिनका मुख देखकर यदि वह इसके बदले में अपने प्राण भी त्याग देता तो उचित था, चौखट का चुम्बन करने के लिए रवाना हुआ। हज़रत शाहंशाह मकतब के उद्यान में इफ़्फ़त क़िबाब हज़रत गेती सितानी फ़िरदौस मकानी की बड़ी बहिन खानज़ादा बेगम के पास रहते थे। माहम बेकह, जो उनकी अनगा[2] थी, उस दैवी नूर के पौधे को भीतर से बाहर लाई। जो लोग उपस्थित थे उन्होंने दासता के नियमानुसार अभिवादन करके राजदूत के कर्तव्यों को पूरा किया। हज़रत शाहंशाह के सौभाग्यशाली दर्शन के आशीर्वाद से बैराम खां एवं समस्त साथ वालों को अत्यधिक प्रसन्नता (२३१) हुई। दैवी नूर द्वारा, जो हज़रत शाहंशाह के उत्कृष्ट ललाट में दृष्टिगत था, उन लोगों के नेत्रों के प्रकाश में वृद्धि हो गई। उन लोगों ने ईश्वर के प्रति कृतज्ञता प्रकट की।

बैराम ख़ां की हिन्दाल एवं मीर्ज़ा सुलेमान आदि से भेंट

वहाँ से विदा होकर वह मीर्ज़ा हिन्दाल के पास, जो अपनी सम्मानित माता दिलदार बेगम के घर निगरानी में रहता था, पहुँचा और कृपा-युक्त फ़रमान एवं ख़िलअत तथा विशेष घोड़ा, जो उसके लिए प्रेषित किया गया था, प्रस्तुत किया। इसी प्रकार वह दूसरे दिन मीर्ज़ा सुलेमान तथा मीर्ज़ा इब्राहीम की सेवा में, जो क़िले के भीतर क़ासिम मुख़लिस[3] के घर में बन्दी थे, पहुँचा। उस दिन मीर्ज़ा कामरान के आदेशानुसार उन्हें वहाँ से निकालकर जलालुद्दीन बेग के उद्यान में, जो शहरआरा उद्यान के समीप है, पहुँचा दिया गया था। बैराम खां ने इन दोनों सम्मानित व्यक्तियों से इस उद्यान में भेंट की। हज़रत जहाँबानी एवं शाह की कृपा से जो कुछ वह लाया था उसे पहुँचाकर उन्हें प्रसन्न किया। वहाँ से विदा होकर वह सियाह संग के जलका पर, जहाँ यादगार नासिर मीर्ज़ा ठहरा हुआ था, पहुँचा और उसे उसके अपराधों एवं दुष्टता की क्षमा तथा नाना प्रकार की शाही कृपाओं का आश्वासन दिलाया। इसी प्रकार उलुग़ मीर्ज़ा एवं समस्त सम्मानित लोगों के पास जाकर उन नियमों के अनुसार, जो बुद्धिमानों के लिए उचित एवं सावधानी की दृष्टि से पयुक्त हैं, एक-एक करके कुशल समाचार पूंछे और उन्हें उत्कृष्ट कृपाओं का आश्वासन दिलाया।

१ बैराम ख़ां की काबुल यात्रा का विवरण बायज़ीद ने, जो साथ था, अधिक विस्तार से दिया है।
२ धाय।
३ मीर्ज़ा कामरान के तोपख़ाने का अधिकारी।

दूतों के कर्तव्यों के लिए जिन गुणों, सफ़ाई, सच्चाई एवं निष्ठा की आवश्यकता होती है, उनका पूर्णरूप से उसने पालन किया।

बैराम ख़ां को काबुल से वापस जाने की अनुमति तथा ख़ानज़ादा बेगम को क़न्धार भेजना

मीर्ज़ा कामरान ने बैराम ख़ां को एक मास से अधिक ठहराये रक्खा, कारण कि वह न तो स्वयं में मुक़ाबले की शक्ति पाता था और न दुर्भाग्य के कारण सेवा में पहुँचने के लिए तैयार होता था। वह असमंजस में पड़ा हुआ था। अन्ततोगत्वा (बैराम ख़ां के) अत्यधिक आग्रह पर उसने उसे जाने की अनुमति दे दी। हज़रत ख़ानज़ादा बेगम[1] को आग्रह करके क़न्धार रवाना कर दिया। दिखाने को तो इसका उद्देश्य यह था कि मीर्ज़ा अस्करी, जो उसके कहने में नहीं है, को उपदेश देकर क़न्धार उससे ले लें और हज़रत जहाँबानी को सौंप दें किन्तु वास्तव में इसका उद्देश्य यह था कि यदि मीर्ज़ा अस्करी के बुरे दिन आ जायें और क़िला राज्य के सहायकों द्वारा विजय हो जाय तो वह इफ़्फ़त क़िबाब मीर्ज़ा अस्करी की सिफ़ारिश एवं मुक्त कराने में काम आ सकें, कारण कि वह मीर्ज़ा कामरान के आदेशानुसार प्रतिरक्षा एवं युद्ध कर रहा था और क़िले को दृढ़ बनाये हुए था।

मीर्ज़ा अस्करी द्वारा क़न्धार की प्रतिरक्षा

क्योंकि मीर्ज़ा अस्करी न्याय के मार्ग से विचलित हो गया था और उसने अपनी निष्ठा की लगाम को मीर्ज़ा कामरान की सहायता हेतु विद्रोह एवं शत्रुता के हाथों में सौंप दिया था अतः वह क़िले को अधिकार में रखने तथा उसकी दृढ़ता के विषय में पूर्ण प्रयत्न करने लगा और क़िले के चारों ओर बड़ी अधिक संख्या में तोप एवं तोपची लगवा दिए। वह क़िला वास्तव में बड़ा दृढ़ था कारण कि वह मिट्टी का बना हुआ था और उसका तोड़ना बड़ा कठिन था। उसकी दीवार की चौड़ाई ६० गज़[2] थी। विजयी सेना के वीरों की संख्या यद्यपि कम थी किन्तु प्रयत्न एवं प्रयास (२३२) द्वारा उन्होंने ऐसा पौरुष प्रदर्शित किया कि तुर्कमान लोग चकित हो गए और आश्चर्य के कारण ईर्ष्या करने लगे।

अकबर के लिये हुमायूं का दुखी होना

एक दिन हज़रत जहाँबानी ने एक विशेष गोष्ठी आयोजित की। उनके विश्वास-पात्र कहानियों के द्वार खोले हुए थे और सभी रवायतों के धागे हाथ में लिए थे।[3] गोष्ठी हृदयग्राही कहानियों एवं हर्षवर्धक चुटकुलों से गरम थी। वीरों की बातों की इकसीर से, पौरुष वालों

१ उमर शेख़ मीर्ज़ा तथा क़ुतलुक़ निगार ख़ानम की पुत्री एवं बाबर की सगी बहिन जो उससे ५ वर्ष बड़ी थी। सर्वप्रथम उसका विवाह शैबानी ख़ां (९०७ हि० । १५०१ ई०) तदुपरान्त एक साधारण व्यक्ति सैयिद हादा और फिर महदी मुहम्मद ख़्वाजा से हुआ। गुलबदन बेगम ने उसका कई स्थानों पर उल्लेख किया है।

२ प्रकाशित **अकबर नामा** एवं हस्तलिपियों में 'शस्त' है किन्तु सम्भवतः अबुलफ़ज़ल ने शश अथवा ६ लिखा होगा

३ क़िस्से कहानियां कह रहे थे।

के धन के खोटे खरे की परख हो रही थी।[१] जिनके पौरुष की पूंजी थोड़ी थी उनके साहस की पूंजी में वृद्धि हो रही थी। इस बीच में उन्हें प्रेमपूर्वक हज़रत शाहंशाह का स्मरण हो आया कि खिलाफ़त की नहर के उस ताज़ा सरो की मित्रों से पृथक् होकर शत्रुओं के मध्य में क्या दशा होगी और मूर्ख ईर्ष्यालुओं एवं दुष्ट अशुभचिन्तकों के उस सौभाग्य के गुलाब की झाड़ी के विषय में क्या विचार होंगे? अपने उस दिल से, जो दो टुकड़े हो चुका था एवं आशा तथा निराशा से भरा हुआ था, ईश्वर के उस दरबार में, जो व्याकुल लोगों की सफलता का साधन है, प्रार्थना का हाथ उठाकर सल्तनत के उस पवित्र वृक्ष की उन्नति एवं दीर्घायु होने की प्रार्थना करने लगे। इन शब्दों से अपने हृदय के फफोलों को आराम पहुँचाया :—

शेर

'हे ईश्वर तू इस शाही मोती को,
दुष्टों के कष्ट से मुक्त रख।
बुद्धि की नदी से उसे सींच,
विवेक के सूर्य से उसे गरमी दे।
सूर्य ने आकाश पर बहुत से चक्कर लगाये,
कि यह प्रकाश परदे के बाहर निकले।
नक्षत्रों ने अनेक शुभ दृष्टि डालीं,
कि यह चन्द्र अपने बालों की लट हटा ले।
सर्वोत्कृष्ट आकाश ने बहुत से चक्कर लगाये,
कि संसार को इस प्रकाश से लाभ हो।
आदिकाल का गौरव उसे प्राप्त हो,
उसके चमकते हुए हृदय में कभी अँधेरा न हो।'

हुमायूं का अकबर की जन्म-कुंडली देखना

अपने विशाल हृदय की तसल्ली के लिए (हज़रत जहाँबानी) ने उस भाग्यशाली की जन्म-कुंडली को, जो दैवी रहस्यों का सुरक्षित लौह[२] है, मँगवाकर ध्यान-पूर्वक अध्ययन किया। उनकी सलामती, दीर्घायु, उन्नति एवं प्रताप तथा शत्रुओं के विनाश, अशुभचिन्तकों एवं कुविचारकों का विवरण सौभाग्य की उस प्रस्तावना द्वारा ज्ञात हुआ। खुशी से सिर उठाकर अपनी पवित्र जिह्वा से कहा कि, "अलहमदो लिल्लाह[३]। हृदय समस्त चिन्ताओं से पूर्णतः मुक्त हो गया। आशा है कि हम शीघ्र ही उस ईश्वर के पोषित नूर के दर्शन से प्रसन्न होंगे और उस भाग्यशाली के प्रताप के आशीर्वाद से समस्त शत्रुओं पर विजय एवं सफलता प्राप्त करेंगे।" उन्होंने ईश्वर के प्रति कृतज्ञता प्रकट करने के लिए सिज्दा करके क़िले के विजय की व्यवस्था की। मीर्ज़ा अस्करी

१ पौरुष का पता चल रहा था।
२ भाग्य की सुरक्षित तख़्ती।
३ ईश्वर प्रशंसनीय है।

(२३३) क़िले की प्रतिरक्षा के विषय में अत्यधिक परिश्रम एवं योग्यता का प्रदर्शन करता रहता था और हर रोज तथा हर रात्रि में मोर्चे बदलता रहता था कि कहीं ऐसा न हो कि मोर्चे वाले मिल जायें और उसने जो व्यवस्था कर रक्खी है उसे भंग कर दें ।

क़न्धार के क़िले का सफल अवरोध

जब अवरोध में अधिक समय लग गया और पादशाही सेवकों में से कोई भी (हज़रत जहाँबानी से) आकर न मिला तो क़िज़िलबाशी अमीर अपने प्रयास को त्यागकर वापसी के विषय में सोच-विचार करने लगे। हज़रत जहाँबानी ने उनकी दशा के रोज़नामचे में यह बात पढ़कर क़िले को अधिकार में करने के विषय में अधिक से अधिक प्रयत्न एवं प्रयास प्रारम्भ कर दिये। जिस मोर्चे पर भाग्यशाली ख़ेमे लगे थे वहाँ से एक रात्रि में प्रस्थान करके प्राचीन क़न्धार की ओर से द्वार के निकट होते हुए इतनी दूर पर, जहाँ हाथ से फेंकने पर पत्थर पहुँच सकता था और जिसे चहारदा कहते थे, एक मोर्चा दृढ़ किया। दूसरे दिन प्रातःकाल जब तुर्कमानों को इस बात की सूचना मिली तो क़िले पर अधिकार जमाने के विषय में उनका दिल बढ़ गया और सब लोग चारों ओर से सिमिटकर सामने आ गए और घेरे को सकरा बना लिया।

ख़ानज़ादा बेगम के आगमन तक मीर्ज़ा अस्करी द्वारा मुहलत की प्रार्थना

मीर्ज़ा अस्करी परेशान होकर विनय एवं आग्रह करने लगा और उसने अत्यधिक व्याकुलता एवं अस्थिरता प्रदर्शित करते हुए निवेदन कराया कि, "उस समय तक जब तक कि इफ़्फ़त क़िबाब[1] आ न जायें मुझे मुहलत दी जाय ताकि उनके द्वारा आश्वासन प्राप्त करके सेवा में उपस्थित हो सकूं।" उसने अपने प्रार्थना-पत्र ख़्वाजा दोस्त ख़ाविन्द के भाई मीर ताहिर द्वारा पवित्र सेवा में भेजे। हज़रत जहाँबानी ने, जो उदारता एवं कृपा की खान थे, उसकी प्रार्थना स्वीकार करके क़िले के आक्रमण पर ज़ोर न दिया। मीर्ज़ा अपनी दुष्टता के कारण दिखाने में तो दीनता प्रदर्शित करता रहा किन्तु हृदय से वह क़िले को दृढ़ बनाने की कोशिश करता रहा। हज़रत इफ़्फ़त क़िबाब एवं बैराम ख़ां के पहुँचने के उपरान्त वह पुनः विरोध करने लगा। यद्यपि हज़रत मेहदे मुअल्ला[1] ने बड़ा प्रयत्न किया कि मीर्ज़ा अस्करी को दुष्टता से रोक कर पवित्र चौखट के चुम्बन के सम्मान द्वारा सम्मानित करें किन्तु चूंकि उसकी बुद्धि भ्रष्ट हो चुकी थी उसने उनके उत्तम उपदेश किसी प्रकार स्वीकार न किए और अपनी धृष्टता एवं उद्दंडता पर दृढ़ रहा और शत्रुता की अधिकता के कारण हज़रत मेहदे मुअल्ला को क़िले के बाहर निकलकर हज़रत जहाँबानी के सम्मानित शिविर की ओर न जाने दिया। हज़रत जहाँबानी को मीर्ज़ा की इस दुष्टता से उसकी शत्रुता एवं उसके विरोध का परिचय मिल गया। वे ईश्वर की उस अनुकम्पा पर, जो ईश्वर के पहुँचे हुए लोगों का आश्रय है, भरोसा करके क़िले की विजय का अधिक प्रयत्न करने लगे।

१ ख़ानज़ादा बेगम से तात्पर्य है।

उलुग़ बेग मीर्ज़ा एवं कुछ अन्य लोगों का काबुल से भागकर हुमायूं के पास पहुँचना

इसी बीच मे. उलुग़ बेग मीर्ज़ा पुत्र मुहम्मद सुल्तान मीर्ज़ा, जो सुल्तान हुसेन मीर्ज़ा के नातियों में से था, शेर अफ़गन बेग वल्द क़ूच बेग, फ़ज़ील बेग मुनइम खां का भाई, मीर बरका (२३४) एवं मीर्ज़ा हसन खां मीर अब्दुल्लाह का पुत्र जो सब्ज़वार के वनी मुख़्तार के सैयिदों में से था, एवं एक अन्य समूह ने काबुल से आकर अपने सौभाग्य की सहायता से चौखट चूमने का सम्मान प्राप्त किया। उनके भाग आने का कारण यह था कि मीर्ज़ा कामरान ने उलुग़ मीर्ज़ा को बन्दी बना लिया था और सावधानी की दृष्टि से प्रत्येक सप्ताह एक व्यक्ति की देख-रेख में उसे दे देता था। जब शेर अफ़गन की बारी आई तो वह भी मीर्ज़ा (कामरान) से भयभीत था। उसने उस समूह को मिला लिया और उलुग़ मीर्ज़ा को लेकर (हज़रत जहाँबानी) की सेवा में उपस्थित होने का सम्मान प्राप्त कर लिया। हज़रत जहाँबानी ने अपनी अपार कृपा के कारण उन्हें सम्मानित करने के लिए ख़िलअत प्रदान की और उलुग़ मीर्ज़ा को ज़मीनदावर दे दिया। क़ासिम हुसेन सुल्तान भी यद्यपि इन्हीं लोगों के साथ चला आया था किन्तु एक रात में मार्ग भूल गया और हज़ारा लोगों के हाथ पड़ गया। कुछ दिन उपरान्त वह लुटा हुआ, नंगे पाँव, तथा पैर में छाले लिए पहुँचा। हज़रत जहाँबानी ने कहा कि; "तेरी निष्ठा में अब भी कोई कमी रही होगी जो तू मार्ग भूल गया और इतने कष्ट में पड़ा।"

अस्करी के सहायकों का भागकर हुमायूं के पास पहुँचना

इसके उपरान्त ददा[1] बेग हज़ारा अपने सैनिकों एवं परिजनों सहित स्वयं उपस्थित हुआ और काबुल के उच्च अधिकारियों के पास से भी प्रार्थना-पत्र प्राप्त हुए। क़िज़िलबाश जो चिन्तित थे, संतुष्ट हो गए और पुनः पूर्णरूप से अत्यधिक परिश्रम एवं प्रयत्न करने लगे। क़िले की प्रतिरक्षा में विघ्न पड़ने लगा और दृढ़ता का पाँव प्रतिरक्षा के कंगूरे से हिलने लगा। क़िले के निवासी रोज़ाना मीर्ज़ा अस्करी की दशा के विषय में लिख-लिखकर क़िले की दीवार से यह फेंका करते थे कि, "क़िले वाले दुर्दशा को प्राप्त हो गए हैं। वे युद्ध में पौरुष से काम लें और क़िले की विजय के सम्बन्ध में साहस की कमर को कसकर बाँधे रहें तथा प्रयत्न की ओर से हाथ न खींचें, कारण कि क़िले वाले व्याकुल हो चुके हैं।" अन्ततोगत्वा कार्य इस सीमा को पहुँच गया कि मीर्ज़ा अस्करी की सेना के उच्च पदाधिकारी एक-एक करके क़िले के बाहर कूद-कूदकर भागने लगे और तोपची एवं पदाती भी ऊपर से फाँदने लगे। सर्वप्रथम ख़िज़्र ख़्वाजा खां[2] उस मोर्चे के समीप, जहाँ भाग्यशाली शिविर था, क़िले से फांद कर पहुँचा और दीनता का गिरेबान विनय के हाथों से पकड़ कर हज़रत जहाँबानी के पवित्र चरणों में गिर पड़ा। तदुपरान्त मुईद बेग[3] रस्सी लटकाकर क़िले

१ कुछ हस्तलिपियों में 'दोदा बेग'।

२ ख़िज़्र ख़ां सुल्तान। वह गुलबदन बेगम का पति था।

३ निज़ामुद्दीन अहमद के अनुसार वह क़न्धार में बन्दी था। काबुल विजय के बाद शीघ्र ही उसकी मृत्यु हो गई। सभी को इसकी मृत्यु से बड़ी प्रसन्नता हुई। बायज़ीद का कथन है कि लोग उसे शैतान तथा हुमायूं की भारतवर्ष की पराजय का कारण समझते थे।

के नीचे उतर आया और धरती-चुम्बन करके सम्मानित हुआ। तत्पश्चात् इस्माईल बेग, जो हज़रत गेती सितानी फ़िरदौस मकानी के अमीरों में वीरता एवं परामर्शदाता के रूप में अपने काल में माना हुआ था, पहुँचा। क़राचा खां का भतीजा अबुल हसन बेग एवं नूर बेग का पुत्र मुनव्वर बेग भी उसके साथ पहुँचे। एक रात्रि में खिज्र खाँ हज़ारा क़िले से फांद पड़ा और दो-तीन हज़ारा लोग उसे अपनी पीठ पर लादकर लका[1] पर्वत की ओर चल दिए। क्योंकि क़िले की व्यवस्था भंग हो गई और मीर्ज़ा अस्करी को न तो क़िले में ठहरने का साहस रहा और न हज़रत जहाँबानी के दरबार में पहुँचने का अतः वह चाहने लगा कि कहीं एक कोने में पहुँचकर इन ख़तरों से दूर रह कर जीवन व्यतीत करे। प्रातःकाल विजयी शिविर में समाचार प्राप्त हुए कि खिज्र खां हज़ारा (२३५) क़िले से निकलकर भाग खड़ा हुआ है। कुछ लोग उसकी खोज में रवाना हुए। वह कुछ दूर जाकर एक चट्टान के पीछे छिप गया था। कुछ विश्वस्त सूत्रों से ज्ञात हुआ है कि, "खिज्र खां हज़ारा कहा करता था कि मेरे पकड़ने को जो लोग नियुक्त हुए थे, वे कई बार मेरे पास से होकर गुज़रे और एक बार एक व्यक्ति ने मुझे जानवर समझकर मेरा दामन पकड़ लिया। मैंने भय के कारण दम साध लिया। जब रात हो गई तो मैं चट्टान के नीचे से निकलकर अपने छिपने के एक स्थान पर पहुँच गया।"

मीर्ज़ा अस्करी का क्षमा किया जाना

जब वहिरंग पर दृष्टि रखने वालों को हज़रत जहाँबानी के नित्य-प्रति उन्नत भाग्य का पता चल गया और जो लोग क़िले में घिरे थे, उन्हें यह विश्वास हो गया कि हज़रत जहाँवानी के प्रताप एवं निष्ठावान् प्राण त्यागने वालों के प्रयत्न के कारण क़िले की प्रतिरक्षा सम्भव नहीं तो मीर्ज़ा अस्करी असावधानी की निद्रा से जागा। चिन्ता एवं व्याकुलता के कारण न उसमें आगे बढ़ने की शक्ति थी और न उस स्थान पर ठहरे रहने की। सर्वप्रथम उसने निवेदन किया कि, "मैं क़िले को राज्य के सहायकों को सौंप दूंगा। मुझे मार्ग दे दिया जाय ताकि मैं काबुल चला जाऊँ।" हज़रत जहाँबानी इस बात से सहमत न हुए और उसके कुत्सित विचारों को सफलता न प्राप्त हो सकी। उसने विवश होकर मेहदे उलिया खानज़ादा बेगम को उनकी पवित्र सेवा में इस आशय से भेजा कि वे उसके अपराधों को क्षमा करायें। उनकी[2] सिफ़ारिश से क्षमा के अक्षर उसके अपराधों की पंजिकाओं पर लिख दिए गए।

बृहस्पतिवार २५ जमादि-उल-आखिर ९५२ हि० (३ सितम्बर १५४५ ई०) को मीर्ज़ा अस्करी उस इफ़्फ़त क़िबाब के अधीन दीनता एवं लज्जा प्रदर्शित करता हुआ क़िले के बाहर निकला। हज़रत जहाँवानी ने उत्कृष्ट दीवानखाने में दरबार कराया था। चग़ताई एवं क़िज़िल-बाश अमीर अपनी-अपनी श्रेणी के अनुसार पंक्तियाँ जमाये खड़े थे। बैराम खां शाही आदेशानुसार मीर्ज़ा अस्करी की ग्रीवा में तलवार लटकाकर उसे सेवा में लाया। हज़रत जहाँबानी ने इस बात के बावजूद कि वे देख चुके थे कि मीर्ज़ा उनके प्राणों का शत्रु है, राज्य के हित एवं सल्तनत के अधिनियम की ओर से उपेक्षा करते हुए केवल अपनी व्यक्तिगत अनुकम्पा एवं

१ यह नाम स्पष्ट नहीं।

२ मूल में "ख़ुलासये दूदमाने इस्मत (सतीत्व के वंश का सार) अर्थात् ख़ानज़ादा बेगम"।

स्वाभाविक दया के कारण उस इफ़्फ़त क़िबाब की सिफ़ारिश स्वीकार करना अपनी नैतिकता एवं सचरित्रता के अनुकूल समझा। उसकी कुकृतियों की पंजिका पर क्षमा के अक्षर लिखकर उसे सांत्वना के परदे में लपेट दिया तथा अपनी अपार कृपाओं द्वारा सम्मानित कर दिया। सौभाग्य की उस भूमिका के कारण दैवी कृपाओं के प्रति कृतज्ञता प्रकट करते हुए आदेश दिया कि मीर्ज़ा की ग्रीवा से तलवार पृथक् कर दी जाय। जब उसने अभिवादन की प्रथायें सम्पन्न कर लीं तो उसे बैठने का आदेश दे दिया।

मीर्ज़ा अस्करी के प्रति व्यवहार

तदुपरान्त मुहम्मद खां जलायर, शाहम खां, मुक़ीम खां, शाह क़ुली सीस्तानी, तूलक खां क़ूरची तथा अन्य लोगों को जिनकी संख्या ३० थी कोरनिश हेतु प्रस्तुत किया गया। उनकी (२३६) गरदनों में तलवार तथा निषंग लटके हुए थे। इन लोगों में से मुक़ीम खां एवं शाह क़ुली सीस्तानी के विषय में आदेश दिया गया कि उनके पाँव में बेड़ियाँ डाल दी जायें और उनकी ग्रीवा में तख़्ते लटकवा दिए जायें और उनपर निगरानी रक्खी जाय। वे दिन के अन्त से लेकर प्रातःकाल तक, जो कि परोक्ष की कृपाओं की प्राप्ति का समय है, मनोरंजक सभा में व्यस्त रहे और शिक्षा-प्राप्त करने योग्य विवरणों का उल्लेख करते रहे। मीर क़लन्दर एवं समस्त गायक तथा वादक अपने गाने बजाने से संसार को शोभा प्रदान करने वाले हृदय के दुःख को दूर करते रहे। इसी दरबार के समय मीर्ज़ा अस्करी का वह मूल पत्र, जो उसने अपने बिलोच सहायकों को उस समय जब हज़रत जहाँबानी रेगिस्तान के मार्ग से परदेश को जा रहे थे, लिखा था, प्रस्तुत किया गया। उसे शाही आदेशानुसार मीर्ज़ा को दे दिया गया। मीर्ज़ा अपने जीवन से तंग आ गया और उसका आनन्द भंग हो गया। अन्त में आवश्यकतावश मीर्ज़ा पर निगरानी रखने तथा उसे समय-समय पर कोरनिश हेतु प्रस्तुत किए जाने का आदेश दे दिया गया। इसका कारण यह था कि यद्यपि उसके अपराध उनकी स्वाभाविक अनुकम्पा के कारण क्षमा कर दिए गए हैं तथापि वह कुछ दिन तक बन्दीगृह में शिक्षा ग्रहण करता रहे।

मुहम्मद मुराद मीर्ज़ा को क़न्धार दिया जाना

दूसरे दिन विजय की पताकाओं के चन्द्रमा ने क़िले के अंधकारग्रस्त लोगों को प्रकाश प्रदान किया। मुहम्मद मुराद मीर्ज़ा एवं चग़ताई तथा क़िज़िलबाशी अमीर हज़रत जहाँबानी के साथ-साथ नगर में पहुँचे। तीन-दिन तथा रात तक वह उत्कृष्ट नगर शुभ चरणों के प्रकाश से शान्ति का केन्द्र रहा। चौथे दिन उनके सम्मानित हृदय की रहस्यमयी आकाँक्षानुसार नगर मुहम्मद मुराद मीर्ज़ा को प्रदान कर दिया गया। हज़रत जहाँबानी ने स्वयं हज़रत फ़िरदौस मकानी के चहारबाग़ में, जो अरग़न्दाब के तट पर स्थित है, पड़ाव किया और वहाँ के हृदयग्राही वृक्षों से आनन्द विभोर होते रहे। उस मनोरंजक स्थान पर मीर्ज़ा अस्करी की धन-सम्पत्ति की सविस्तार सूची, जिसे राज्य के पदाधिकारियों ने एकत्र किया था, सल्तनत के मुतसद्दियों[1] ने तैयार करके

१ हिसाब-किताब रखने वाले मुंशी।

पवित्र दृष्टि के समक्ष उपस्थित की। हज़रत जहाँबानी ने उसपर कोई ध्यान न देते हुए उन्हें सेना के आवश्यकताग्रस्त वीरों को प्रदान कर दिया।

मीर्ज़ा कामरान का अकबर को अपनी देख-रेख में रखना

जब क़न्धार विजय एवं हज़रत जहाँबानी की उत्कृष्ट सेना के काबुल विजय हेतु प्रस्थान के समाचार मीर्ज़ा कामरान को प्राप्त हुए तो वह चिन्ता एवं कठिनाई में पड़ गया। हज़रत शाहंशाह को इस्मत क़िबाव ख़ानज़ादा बेगम के घर से अपने घर ले आया और अपनी मुख्य पत्नी ख़ानम बेगम को सौंप दिया। शम्सुद्दीन मुहम्मद ग़ज़नवी को, जो अतगा ख़ां के नाम से प्रसिद्ध था, बन्दी बनवा कर एक अनुचित स्थान पर पहुँचा दिया तथा अपने अमीरों से परामर्श किया कि मीर्ज़ा सुलेमान के विषय में क्या करना चाहिये।

मीर्ज़ा सुलेमान का बदख़्शां भेजा जाना

मुल्ला अब्दुल ख़ालिक़ ने, जो मीर्ज़ा कामरान का गुरू था, और बाबूस बेग ने जिसे राज्य-व्यवस्था सिपुर्द थी, कहा कि, "उचित तो यह होगा कि मीर्ज़ा को सांत्वना देकर बदख़्शाँ भेज दिया जाय ताकि आवश्यकता पड़ने पर काम आ सके।" मीर्ज़ा सुलेमान के सौभाग्य से इसके कुछ दिन पूर्व मीर नज़र अली मीर हज़ार तेशक़ानी, मीर अली बिलोच एवं कुछ अन्य लोगों ने मिलकर क़िलये ज़फ़र पर अधिकार जमा लिया था। उन्होंने क़ासिम बरलास तथा (२३७) अन्य उच्च पदाधिकारियों को बन्दी बनाकर मीर्ज़ा कामरान को संदेश भेजा कि, "यदि तुम मीर्ज़ा सुलेमान को भेज दो तो बदख़्शाँ की विलायत उसे सौंप दी जायगी अन्यथा जिन लोगों को हमने बन्दी बनाया है उनकी हत्या करके बदख़्शाँ ऊज़बेकों को सौंप देंगे।" इस कारण मीर्ज़ा कामरान ने मीर्ज़ा सुलेमान, मीर्ज़ा इबराहीम तथा हरम बेगम को बदख़्शाँ जाने की अनुमति दे दी[1]। मीर्ज़ा लोग पाये मीनार एवं मामूरा नामक ग्राम तक पहुँचे थे कि मीर्ज़ा कामरान ने मीर्ज़ा सुलेमान को विदा कर देने पर पछताते हुए मीर्ज़ा सुलेमान को बुलाने के लिए आदमी भेजा और कहलाया कि कुछ मौखिक बातें रह गई हैं, वह सुनकर चला जाय। मीर्ज़ा सुलेमान को इस बुलाने पर शंका हो गई। उसने क्षमा-याचना करते हुए पत्र लिखा कि "क्योंकि, मैं शुभ मुहूर्त में विदा हुआ हूँ अतः मैं वापस होना उचित नहीं समझता। आपकी अनुकम्पा से मुझे आशा है कि आप उन बातों को लिखकर अपने दरबार के किसी विश्वास-पात्र के हाथ भेज देंगे ताकि उसी के अनुसार आचरण कर सकूं। वह स्वयं शीघ्रातिशीघ्र बदख़्शाँ की ओर रवाना हुआ। इधर वह बदख़्शाँ पहुँचा और उधर उसने वचन भंग कर डाला। इसी बीच में यादगार नासिर मीर्ज़ा भी काबुल से भागकर बदख़्शाँ की ओर चल दिया।

मीर्ज़ा हिन्दाल का हुमायूं के पास प्रस्थान

क्योंकि भाग्य यह चाहता था कि मीर्ज़ा कामरान को इसी संसार में उसकी दुष्टता का मज़ा चखा दे अतः वह नित्य-प्रति उसके साधन जुटाता जाता था। मीर्ज़ा लोगों नें हिन्दाल मीर्ज़ा

१ इस विषय में बायज़ीद की कृति का अनुवाद देखिये। उसके अनुसार मीर्ज़ा सुलेमान क़न्धार विजय के पूर्व मुक्त कर दिया गया था और उसकी पत्नी ने उसको मुक्त कराने में घूस देने में भी संकोच नहीं किया।

के अतिरिक्त कोई भी उसके साथ न रह गया अतः आवश्यकतावश उसे प्रोत्साहन देकर उसने (मीर्ज़ा हिन्दाल को) यह आदेश दिया कि वह यादगार नासिर मीर्ज़ा का पीछा करे और उसे बन्दी बना कर ले आये। (इसके साथ साथ) यह वचन दिया कि "जो कुछ मेरे[1] अधिकार में है तथा बाद में भी जो कुछ प्राप्त होगा उसका एक-तिहाई तुझे प्रदान कर दिया जायगा किन्तु तुझे निष्ठा एवं भ्रातृभाव में कोई कसर न उठा रखनी होगी।" यह प्रतिज्ञा कराने के उपरान्त उसने मीर्ज़ा को, जिसे वह बन्दी बनाये था, मुक्त कर दिया। मीर्ज़ा हिन्दाल, जो उसके दुर्व्यवहार से व्याकुल हो चुका था, दिखलाने को तो सहमत हो गया परन्तु उसके चंगुल से मुक्ति को बहुत बड़ी देन समझकर पाय मीनार से होता हुआ अपने सौभाग्य के पथ-प्रदर्शन से हज़रत जहाँबानी की सेवा में रवाना हुआ।

मीर्ज़ा के सहायकों का उसे सत्परामर्श न देना

मीर्ज़ा कामरान इन घटनाओं के कारण बड़ा परेशान हो गया और उसकी समझ में न आता था कि वह क्या करे। उसके सेवकों एवं सहचरों में से कोई भी ऐसा न था जो उसका शुभचिन्तक होता और सच्ची बात कहता। उसके अधिकांश आदमियों की आँखों पर परदे पड़ गए थे और उनकी सावधानी के नेत्र असावधानी के रोग से पीड़ित थे और वे शिक्षा एवं सत्परामर्श के मार्ग को न देखते थे। जिन लोगों ने अपने हित को पहचान लिया था, उनमें दम मारने का साहस न था। इसके दो कारण थे: (१) कुछ लोगों में निवेदन करने का साहस न था, (२) और कुछ लोग ऐसे थे जो मीर्ज़ा की प्रसन्नता पर दृष्टि रखते थे और सत्य का प्रदर्शन अपने लिए उचित न समझते थे कारण कि उन्हें इस बात का विश्वास था कि स्वेच्छाचार के कारण (२३८) अपने हित पर दृष्टि रखना उसके धर्म में कदापि स्वीकृत न होगा और उसके प्रदर्शन के कारण वह रुष्ट हो जायगा।

परामर्शदाताओं के कर्तव्य

निष्ठावान् एवं शुभचिन्तक होने की शर्त यह है कि इस प्रकार की बातों में अपनी हानि पर ध्यान न देकर इसमें टाल-मटोल एवं इसके प्रदर्शन में विलम्ब न करना चाहिये कारण कि उसकी हानि का कुप्रभाव सभी पर पड़ता है। उन कार्यों का दुष्परिणाम सभी लोगों को भोगना होता है। परामर्श में किसी प्रकार के छल-कपट का, जो सब से बड़ी धोखे बाज़ी एवं धूर्तता है, कुप्रभाव प्रकट होकर रहता है। धूर्तता एवं चाटुकारी का तिल, जो कि दुर्भाग्य एवं बदक़िस्मती की स्याही है, उनके कर्म एवं स्थिति के गाल पर प्रकट होता है। उचित तो यह है कि सत्य को न छिपाने एवं तथ्य को प्रकट करने में यदि कोई हानि भी हो तो उसे यह समूह अपना सौभाग्य समझे और उससे संतुष्ट होकर प्रसन्नता के ललाट पर खेद की सिलवट न पड़ने दे कारण यद्यपि देखने में तो महान् व्यक्तियों को यह बातें बुरी लगती हैं किन्तु हृदय में वे दोनों प्रकार की बातें सुनना पसन्द करते हैं। यद्यपि दिखाने में वे लोग अपने स्वामियों की राय के विरुद्ध कार्य करते हैं किन्तु वास्तव में जो देन उन्हें प्रदान हुई है वे उससे अपने उत्तरदायित्व को पूरा करके उसका

१ मीर्ज़ा कामरान।

हक़ अदा कर देते हैं। दूरदर्शी लोगों की दृष्टि में भी अपने कर्म एवं वचन के कारण वे प्रशंसा के पात्र होते हैं।

मीर्ज़ा कामरान की भूलें

संक्षेप में, मीर्ज़ा कामरान अपने हित को समझने वाली बुद्धि तथा ऐसे भाग्य को उन्नति देने वाले साथियों के अभाव में एक के बाद दूसरी भूल करता गया।

हज़रत जहाँबानी जन्नत आशियानी की पवित्र सेना का क़न्धार से काबुल विजय हेतु प्रस्थान एवं उन प्रदेशों की विजय

ईरानियों द्वारा क़न्धार वालों पर अत्याचार

जब (हज़रत जहाँबानी) का पवित्र हृदय क़न्धार के आक्रमण से निश्चिंत हो गया तो उन्होंने काबुल विजय की महत्वाकांक्षा प्रारम्भ कर दी। यह संकल्प करके वे हज़रत फ़िरदौस मकानी के उद्यान से प्रस्थान करके हसन अब्दाल के मक़बरे पर, सफ़ेद गुम्बज़ में उतरे। इस विजय की प्रारम्भिक योजनायें उनके दैवी प्रेरणा-प्राप्त मस्तिष्क में सर्वदा विद्यमान रहती थीं और वे हमेशा उस विषय में दूरदर्शी हितैषियों एवं निष्ठावान् प्राण न्योछावर करने वालों से परामर्श किया करते थे। अधिकांश क़िज़िलबाश यात्रा की अवधि के अधिक बढ़ जाने के कारण थक कर अनुमति बिना जाने लगे और कुछ लोग आग्रह करके आज्ञा द्वारा पृथक् होने लगे। बुदाग़ ख़ां एवं अन्य लोग, जो शाह[1] के पुत्र की सेवा में थे, दूरदर्शिता के अभाव में प्रजा एवं परिजनों पर अत्याचार एवं निष्ठुरता का हाथ बढ़ाने लगे और इस निंद्य कर्म को अपने भाग्य की उन्नति का साधन समझते थे। नगर के सर्व साधारण एवं सम्मानित व्यक्ति विलाप करते हुए उत्कृष्ट दरबार में न्याय याचना हेतु पहुँचते रहते थे। हज़रत जहाँबानी इस विषय में बड़े असमंजस में थे कारण कि यदि वे अत्याचारियों को दंड देते तो शाह रुष्ट होता और यदि न्याय के नियमों का पालन नहीं करते तो अत्याचारी प्रजा पर ज़ुल्म करने से बाज़ न आते और यह बात दैवी कोप का (२३९) कारण बनती क्योंकि उस समय कुछ करना उचित न था अतः वे असमंजस में पड़े रहे और इस कार्य की व्यवस्था अन्य समय के लिए टालते रहे।

शाह तहमास्प के पुत्र की मृत्यु

जब काबुल पर आक्रमण करना निश्चय हो गया तो (हज़रत जहाँबानी ने) आवश्यकता वश कुछ बेगमों[2] एवं आवश्यक वस्तुओं तथा असबाब की रक्षा हेतु बुदाग़ ख़ां से कुछ घर माँगे[3]। सत्य का निरूपण करने वाली अपनी जिह्वा से उन्होंने कहा कि, "हमने अपने वचनानुसार

१ शाह तहमास्प। आगे के पृष्ठों में भी शाह शब्द से शाह तहमास्प समझना चाहिये। हुमायूं के लिये इस शब्द का प्रयोग नहीं हुआ है।

२ मूल में "परदगियाने सरादिक़े अस्मत (सतीत्व के परदे में रहने वाली बेगमें)"।

३ क़न्धार के क़िले के भीतर।

क़न्धार तुम्हें प्रदान कर द्रिया किन्तु अपने परिवार वालों को छोड़ जाना और उनकी ओर से निश्चिन्त होकर संकल्प के पाँव प्रयत्न के रिकाब में जमाना परमावश्यक है।" बुदाग़ ख़ां ने बुद्धिमत्ता के अभाव के कारण इसे स्वीकार न किया और बुद्धिमानों के समान शाह के आदेशों का पालन एवं पादशाह के निर्देशों पर आचरण की ओर, जो कि उनका वास्तविक लक्ष्य था, कोई ध्यान न दिया। बड़े-बड़े अमीरों ने, जो सेवा में थे, निवेदन किया कि, "हमें एक महान् कार्य करना है। क़न्धार को अधिकार में करने की ओर से उपेक्षा नहीं की जा सकती। इसका कारण यह है कि हम जिस कार्य हेतु प्रस्थान करें तो हमें कोई चिन्ता न रहे।" हज़रत जहाँबानी शाह की सहृदयता के कारण, शाह के आदमियों के हृदय को मलिन न करना चाहते थे अतः उनकी दुष्टता की ओर से अपने उच्च साहस एवं प्रताप के कारण उपेक्षा करते थे और इस सोच में थे कि बदख़्शाँ की ओर प्रस्थान कर दें और मीर्ज़ा सुलेमान को अपने साथ लेकर काबुल विजय हेतु रवाना हों।

हुमायूं के अमीरों का क़न्धार पर अधिकार करने के विषय में आग्रह

क्योंकि काबुल को शीघ्रातिशीघ्र विजय करने का कारण हज़रत शाहंशाह के सौभाग्यशाली दर्शन करना तथा खिलाफ़त के उद्यान के उस नूर के सौन्दर्य से भेंट थी जिसके शुभ अस्तित्व के आशीर्वाद को वे दैवी रहस्यों के कारण परोक्ष से प्राप्त समस्त विजयों का साधन समझते थे, अतः क्षण-क्षण पर इस उद्देश्य की पूर्ति एवं इस सौभाग्य की प्राप्ति की व्यवस्था हेतु चिन्तित थे। इसी बीच में शाह का पुत्र (दैवी) कृपा के उद्यान का दर्शक एवं मुक्ति के सागर का पथिक हो गया[1]। उत्कृष्ट दरबार के विश्वासपात्रों एवं मुख्य अधिकारियों ने निवेदन किया कि "शीत ऋतु निकट आ गई है और परिवार वालों एवं माल व असबाब को इस पर्वतीय प्रदेश में अपने साथ ले जाना कठिन ज्ञात होता है। शाह के पुत्र की मृत्यु हो गई है। क़न्धार को तुर्कमानों को सौंप देना, विशेषकर इस अवस्था में जब कि राज्य को नष्ट-भ्रष्ट करने एवं शान्ति के स्तम्भों को गिराने में उद्दंड समूह सिद्धहस्त है और अत्याचार प्रदर्शित कर रहा है, राज्य के हित में उचित नहीं है। यद्यपि उन लोगों को इस बात का आदेश दे दिया गया था कि वे सर्वदा अपने प्राणों की कमर में दासता की पेटी बाँधे रहें और हमेशा उत्कृष्ट सेना के अधीन रहें, फिर भी वे इस मार्ग से विचलित होकर असावधानी की मदिरा के कारण बदमस्त हो गए हैं और आदेशों के पालन की ओर से उपेक्षा कर रहे हैं तथा निर्देशों के स्वीकार करने के विषय में कोई उत्साह प्रदर्शित नहीं करते हैं, अपितु आलंध्य आदेशों का उल्लंघन करके खुल्लम-खुल्ला एवं गुप्त रूप से विरोध करते हुए (२४०) अपने मुख पर निर्लज्जता की नक़ाब डाले हुए हैं। शासन के लिये यह उचित है कि उनके अत्याचार के हाथों को छोटा करके इस नगर के दीन दुखियों तक, जो दैवी कृपा का सर्वप्रथम वरदान है, न पहुँचने दें। इसका उद्देश्य यह कदापि नहीं है कि शाह के हृदय को मलिन किया जाय। क्योंकि यहाँ से काबुल बड़ी दूर है और हज़ारा सैनिकों एवं अफ़ग़ान क़बीलों की संख्या चींटियों एवं टिड्डियों से भी अधिक है और वे उनके मार्ग का रोड़ा बने हैं विशेष रूप से

१ मृत्यु को प्राप्त हो गया।

इस कारण कि उनकी[1] मीर्ज़ा से साज़बाज़ है अतः एक ऐसे सुरक्षित स्थान का अधिकार में रखना ताकि किसी प्रकार की कोई चिन्ता न रहे सर्वप्रथम कार्य है और क़न्धार के अतिरिक्त कोई अन्य स्थान इस कार्य-योग्य नहीं। अतः बुद्धि एवं न्याय दोनों की दृष्टि से यह आवश्यक है कि बुदाग़ खां से कह दिया जाय कि खुशी तथा नाखुशी जैसे सम्भव हो क़न्धार को छोड़ दे और यदि वह न छोड़े तो उसे घेर कर ज़बरदस्ती अधिकार में कर लिया जाय और एक प्रेम-पत्र स्थिति को स्पष्ट करते हुए एवं समय की आवश्यकता के विषय में अपनी निष्ठा एवं घनिष्ठता के आश्वासन सहित शाह को लिख दिया जाय। क्योंकि सम्मानित शाह बुद्धिमत्ता एवं न्याय की खान हैं अतः इस कार्य को वे प्रशंसनीय समझेंगे।"

युक्ति द्वारा क़िले में प्रवेश

इस विषय में सबसे अधिक आग्रह हाजी मुहम्मद ख़ां पुत्र बाबा क़श्क़ा ने किया। हज़रत जहाँबानी ने कहा कि, "सब कुछ ठीक है किन्तु अवरोध करना तथा युद्ध हेतु तलवार खींचना और सब लोगों की हत्या करा देना, दुष्टता से शून्य बात नहीं। यद्यपि वे लोग संयम के मार्ग से विचलित हो गए हैं किन्तु मैं अपने दरबार के सेवकों के लिए ऐसी अनुचित बात के पक्ष में नहीं हूँ कारण कि इस प्रकार बुदाग़ खां के आदमी नष्ट हो जायेंगे और यह घटना संसार के अच्छे लोगों की दृष्टि में भद्दी लगेगी। यह उचित होगा कि दूरदर्शी बुद्धि द्वारा ऐसा उपाय करना चाहिए कि बिना युद्ध के क़िले पर अधिकार प्राप्त हो जाय।" तदनुसार उन्होंने बुदाग़ ख़ां के पास इस आशय से आदमी भेजे और कहलाया कि "हम काबुल विजय हेतु जा रहे हैं अतः हम मीर्ज़ा अस्करी को क़न्धार में बन्दी रखना चाहते हैं, ताकि उसकी ओर से निश्चिन्त रह सकें।" उसने इस बात को अपने लिए लाभदायक समझकर इसे स्वीकार कर लिया। यह निश्चय हुआ कि अनुभवी वीर एवं योद्धा क़न्धार के क्षेत्र में पहुँचकर घात लगाकर बैठ जायें और अवसर पाकर वीरता एवं पौरुष प्रदर्शित करते हुए क़िले में प्रविष्ट हो जायें। बैराम ख़ां एवं सेना के एक अन्य दल को गन्दिगान[2] द्वार की ओर नियुक्त किया गया। उलुग़ मीर्ज़ा, हाजी मुहम्मद एवं सेना का एक अन्य दल माशूर द्वार की ओर नियुक्त हुआ। मुईद बेग एवं एक अन्य दल दरवाज़ये नव के क्षेत्र में नियुक्त हुआ। वीरता के जंगल के ये सिंह रातों रात पहुँचकर क़न्धार के चारों ओर घात लगा

१ बेवरिज ने इस वाक्य के अनुवाद में उनके साथ 'ईरानी' कोष्ठ में लिख दिया है और अनुवाद इस प्रकार दिया है जिससे पता चलता है कि मार्ग का रोड़ा ईरानियों को बताया गया है। टिप्पणी में उसने लिखा है कि "मेरा विचार है कि इन दो वाक्यों में ईरानियों से तात्पर्य है हालांकि इस बात का कोई प्रमाण नहीं कि वे कामरान से साज़-बाज़ रखते थे।" (बेवरिज, पृ० ४७३) किन्तु जो वाक्य प्रकाशित ग्रन्थ में है उसमें ईरानियों को बीच में डालना आवश्यक नहीं और हज़ारा एवं अफ़ग़ान क़बीलों से भी अर्थ स्पष्ट हो जाता है। अफ़ग़ान एवं हज़ारा क़बीलों की मीर्ज़ा कामरान से साज़-बाज़ थी भी। वाक्य इस प्रकार है, "व एहशामे हज़ारा व क़बाएले अफ़ग़ान अज़ मोर व मलख़ बेश्तर व ख़रसंगे ईं राहहा शुदा अन्द ख़ुसूसन बा मीर्ज़ा कामरान सुख़न दरमियान दारन्द।"
(و احشام هزاره، قبائل افغان از مور و ملخ بیشتر و خرسنگ این راه ها شده اند
خصوصاً با میرزا کامران سخن درمیان دارند)

२ प्रकाशित ग्रन्थ में 'कन्दिकान' किन्तु सम्भवतः फाटक का नाम 'गन्दिगान' नामक ग्राम के नाम पर था जो आधुनिक क़न्धार के पश्चिम में है। (बेवरिज, पृ० ४७३)।

कर बैठ गए। प्रातःकाल के पूर्व हाजी मुहम्मद सबसे पहले माशूर द्वार पर पहुँच गया। संयोग से खाद्य सामग्री से लदे हुए कुछ ऊँट क़िले[1] के भीतर जा रहे थे। वह उन ऊँटों के पीछे हो लिया और सिंह की भाँति द्वार में प्रविष्ट हो गया। द्वारपाल को जब पता चला तो उसने रोका। उसने उत्तर दिया कि, "बुदाग़ खां के आदेशानुसार हम मीर्ज़ा अस्करी को लाये हैं ताकि उसे क़िले के भीतर (२४१) बन्दी बना दें।" इस बहाने से कोई लाभ न हुआ और वह द्वार बन्द करने लगा। हाजी मुहम्मद ने द्वारपाल के हाथ तलवार से काट डाले। कुछ अन्य लोग पीछे से पहुँच गए। क़िज़िल-बाशों का एक दस्ता जो समीप ही था, युद्ध करने लगा और मारा गया। बैराम ख़ां गन्दिगान द्वार से प्रविष्ट हो गया और क़िला उत्कृष्ट राज्य के सहायकों के अधिकार में आ गया।

क़न्धार के क़िले पर अधिकार

क़िज़िलबाश लोग भाग कर अरक[2] में घुस गए और उसे बन्द कर लिया। मध्याह्न के समय हज़रत जहाँबानी गन्दिगान द्वार से होकर आक़चा बुर्ज में पहुँचे और वहाँ ठहर गए। भाग्यशाली नगर उनके उत्कृष्ट आगमन के कारण शान्ति की मंज़िल एवं न्याय तथा उपकार का केन्द्र बन गया। उपकार के इस पड़ाव एवं सौभाग्य की इस वापसी से छोटे-बड़े सभी के हृदय से प्रसन्नता एवं बधाई के नारे निकलने लगे। बुदाग़ खां, हैदर सुल्तान को मध्यस्थ बनाकर उपस्थित हुआ एवं लज्जावश सिज्दा करके अपने अपराधों की क्षमा-याचना की। हज़रत जहाँबानी ने उसे शाही कृपाओं द्वारा सम्मानित करके विदा कर दिया। नगर बैराम खां को प्रदान कर दिया गया और शाह को पत्र लिख दिया गया कि, "क्योंकि बुदाग़ खां ने शाह के आदेशों के विरुद्ध आचरण किया और आज्ञाकारिता की ओर से उपेक्षा की अतः क़न्धार को उससे लेकर हमने बैराम ख़ां को, जो शाह से सम्बन्धित है, सौंप दिया।"

मीर्ज़ा अस्करी का पलायन किन्तु पुनः बन्दी बनाया जाना

इसी बीच में मीर्ज़ा अस्करी, जिसके प्राणों को कोई हानि न पहुँचाई गई थी और जिसके प्रति शाही कृपा प्रदर्शित की गई थी, इस बात का महत्व न समझकर भाग गया। कुछ दिन उपरान्त एक अफ़ग़ान ने आकर सूचना दी कि "मीर्ज़ा मेरे घर में है। किसी को नियुक्त कर दिया जाय जो उसे बन्दी बनाकर ले आये किन्तु यह पता न चलने पाये कि मैंने कोई सूचना दी है।" हज़रत जहाँबानी ने शाह मीर्ज़ा एवं ख़्वाजा अम्बर नाज़िर को नियुक्त किया। वे उसे उसी अफ़ग़ान के घर से ऊनी क़ालीन के नीचे से पकड़ लाये और उत्कृष्ट दरबार में उपस्थित किया। हज़रत जहाँबानी ने अपनी स्वाभाविक कृपा एवं दया तथा हज़रत गेती सितानी फ़िरदौस मकानी की वसीअत के सम्मान की दृष्टि से, जो उन्होंने सर्व साधारण, विशेष रूप से भाइयों के विषय में की थी, उसके प्रति कृपा-दृष्टि प्रदर्शित की और उसके अपराधों एवं कुकर्मों को पुनः क्षमा कर दिया। उसे अपने एक विश्वास-पात्र नदीम कूकुल्ताश को इस आशय से सौंप दिया कि वह उसे बन्दी बनाये रक्खे।

१ भीतरी क़िला (citadel)।
२ भीतरी दुर्ग (citadel)।

क़न्धार के भागों को अमीरों को प्रदान करना

क़न्धार की विलायत अपने राज्य के उच्च पदाधिकारियों को प्रदान कर दी। उलुग़ मीर्ज़ा को तीरी[1] की विलायत सौंप दी। लहू के परगने हाजी मुहम्मद ख़ां के वजहे अलूफ़ा[2] में दे दिए। ज़मीनदावर इस्माईल बेग को, क़िलात शेर अफ़गन को तथा शाल हैदर सुल्तान को प्रदान किए। इसी प्रकार समस्त सेवकों को उनकी श्रेणी के अनुसार जागीरें दीं। ख़्वाजा जलालुद्दीन महमूद को, जिसने नगर में मीर्ज़ा अस्करी के आदमियों एवं अन्य लोगों पर अत्याचार किया था, मीर मुहम्मद अली[3] को सौंप दिया।

हुमायूं का क़न्धार से प्रस्थान

जब पवित्र हृदय क़न्धार के शासन प्रबन्ध की चिन्ता से मुक्त हो गया और दैवी सहायता के आशीर्वाद एवं पादशाह के प्रयत्न और परिश्रम से सभी कार्य भाग्य के अनुकल सिद्ध हो गए तो उन्होंने शुभ मुहूर्त में हज़रत मरियम मकानी के सम्मानित हौदज को क़न्धार में छोड़कर स्वयं काबुल विजय हेतु प्रस्थान करने का संकल्प किया।

हुमायूं का घोड़े क्रय करना

(२४२) ईश्वर के असीम उपकारों एवं आशा के विरुद्ध प्राप्त देनों में से (जो हज़रत जहाँबानी को प्राप्त हुईं) एक यह है कि एक बहुत बड़ा क़ाफ़ला हिन्दुस्तान से आया था। व्यापारियों ने इच्छानुसार व्यापार करके तुर्कमानों[4] से एराक़ी घोड़े क्रय किए थे। क्योंकि प्रताप का प्रकाश परिस्थितियों से चमक रहा था अतः इस क़ाफ़ले के नेता ने आकर निवेदन किया कि, "यदि हमारे घोड़ों को उत्कृष्ट सेना वाले ले लें और उनका मूल्य हिन्दुस्तान की विजय-उपरान्त चुका दिया जाय तो वे इससे बड़े प्रसन्न होंगे और इसे अपना सौभाग्य समझेंगे। यह हमारा बहुत बड़ा सौभाग्य होगा कि अपनी इतनी सी सहायता के कारण हम उत्कृष्ट दरबार के हितैषियों में सम्मिलित हो जायें।" हज़रत जहाँबानी ने इस बात को दैवी सहायता एवं परोक्ष का वरदान समझकर उनकी प्रार्थना स्वीकार कर ली और आदेश दे दिया कि विक्रेताओं की इच्छानुसार मूल्य निश्चित करके घोड़ों के क्रय के तमस्सुक[5] लिखकर उन्हें सौंप दिये जायें। वे स्वयं एक पर्वत के पुश्ते पर, जो बाबा हसन अब्दाल के समीप है, पहुँचे और उलुग़ मीर्ज़ा, बैराम ख़ां, शेर अफ़गन एवं हैदर मुहम्मद आख़्ता बेगी को आदेश दिया कि सर्वप्रथम ख़ासे के अस्त्रबल[6] के लिए घोड़े पृथक् कर दिये जायें। तदुपरान्त अमीरों एवं समस्त सेवकों के लिए उनकी श्रेणी-अनुसार चुनें।

१ प्रकाशित ग्रन्थ में 'तिपरी' किन्तु तीरी अधिक उचित है, क़न्धार के उत्तर में, हेलमन्द नदी पर। (बेवरिज, पृ० ४७५)।

२ व्यय हेतु; उसके व्यक्तिगत एवं सेना इत्यादि के व्यय हेतु।

३ मीर मुहम्मद अली तग़ाई।

४ हुमायूँ के ईरानी सहायक।

५ ऋण-पत्र, दस्तावेज़।

६ बादशाह के व्यक्तिगत प्रयोग के घोड़ों की अश्वशाला।

१००० घोड़े, जो उनकी सरकार के लिए विशेष रूप से क्रय किए गये थे, प्रत्येक की श्रेणी-अनुसार बाँट दिए गए तथा इनाम में दिए गए। व्यापारियों एवं सैनिकों के हृदय संतुष्ट हो गए।

दवा बेग हज़ारा द्वारा सहायता

क्योंकि दवा बेग हज़ारा यह चाहता था कि धन-सम्पत्ति एवं अपने प्राणों से सेवा करके सम्मानित हो अतः वह तीरी के क़िले की ओर, जहाँ उसकी सेना थी, रात्रि में यात्रा करके पहुँच गया। जब उत्कृष्ट सेना उस क्षेत्र में पहुँची तो वहाँ के सरदार अपने सामर्थ्य-अनुसार घोड़े तथा भेड़ें लाये और उन्हें उपहार स्वरूप भेंट करके उचित सेवायें सम्पन्न कीं। क्योंकि उस क्षेत्र में हृदयग्राही चरागाहें थीं अतः कुछ दिन तक वहाँ दिल बहलाने के लिए पड़ाव किया।

खानज़ादा बेगम की मृत्यु

हज़रत मेहदे उलिया खानज़ादा बेगम इस स्थान पर रुग्ण हो गईं। रोग बढ़ता ही चला गया और वे मृत्यु को प्राप्त हो गईं। हज़रत जहाँबानी ने शोक सम्बन्धी प्रथाओं को सम्पन्न करवा कर संतोष की दृढ़ रस्सी जो अनुभवी लोगों के लिए आवश्यक है पकड़ी और उनकी आत्मा की शान्ति हेतु ऐसे दान-पुण्य किए जो सल्तनत के उस वंश के अनुकूल थे[१]। वहाँ से अपने उत्कृष्ट प्रताप एवं जागरूक सौभाग्य से निरन्तर यात्रा करते हुए राजधानी काबुल की ओर रवाना हुए।

मीर्ज़ा हिन्दाल का हुमायूं की सेवा में उपस्थित होना

मीर्ज़ा हिन्दाल ने क़न्धार के समीप दासता एवं निष्ठा की प्रथानुसार फ़र्श चूमने का सम्मान प्राप्त किया। हज़रत जहाँबानी ने अपनी स्वाभाविक कृपाओं के कारण उसके प्रति अपार अनुकम्पा प्रदर्शित की। वे उसके आगमन से बड़े प्रसन्न हुए। उसका आगमन बहुत से लोगों के (२४३) आने की प्रस्तावना बना[२]। उच्च पदाधिकारियों के समूह काबुल से आने लगे।

शिविर में महामारी किन्तु हुमायूं का मीर्ज़ा हिन्दाल से सहमत न होना

वायु के अनुकूल न होने के कारण शाही शिविर में महामारी का प्रकोप हो गया और बहुत से लोग परलोकगामी हो गए। हैदर सुल्तान भी उन्हीं लोगों में था। जब वायु की प्रतिकूलता बहुत बढ़ गई तो साथ के आदमियों की संख्या कम होने के कारण हिन्दाल ने निवेदन किया कि, "राज्य के लिए यह उचित होगा कि इस शीत ऋतु में वापस होकर क़न्धार में ठहरा जाय और बहार के प्रारम्भ में लश्कर एवं सामान तैयार करके काबुल विजय हेतु प्रस्थान किया जाय।" हज़रत जहाँबानी ने उसके समक्ष कुछ न कहा। जब सभा का विसर्जन हो गया तो मीर सैयिद बरका द्वारा मौखिक संदेश भेजा कि, "यद्यपि हमें तुम्हारे आगमन तथा यादगार नासिर मीर्ज़ा के (मीर्ज़ा कामरान से) पृथक् होने की सूचना न थी, किन्तु हम ईश्वर की कृपा पर आश्रित होकर काबुल की ओर चल दिए तो अब एक दुर्घटना के कारण हम क्यों विलम्ब करें। यदि यह बात

१ गुलबदन बेगम ने इस विषय में विस्तार से लिखा है।

२ बहुत से अन्य लोग भी उसके आगमन के कारण आ गये।

तुम्हारे हृदय में अपने आदमियों के कष्ट एवं दुःख के कारण आई है तो ज़मीनदावर एवं उस क्षेत्र के स्थान हम तुम्हें प्रदान करते हैं। यह शीत ऋतु वहाँ आराम से व्यतीत करो। जब काबुल की समस्या का समाधान हो जाय तो सेवा में उपस्थित हो जाना।" मीर्ज़ा इस संदेश से अत्यधिक लज्जित हुआ और अपने अपराधों के लिए क्षमा-याचना की। हज़रत जहाँबानी सत्संकल्प एवं पूर्ण आशा सहित अग्रसर हुए और कार्य को पूरा करने का हृदय से प्रयत्न करने लगे। मार्ग में जमील बेग, बाबूस के भाई ने, जिसे मीर्ज़ा कामरान ने अपने जामाता आक़[1] सुल्तान का अतालीक़ बना कर ग़ज़नी में नियुक्त कर दिया था, आकर चौखट चूमने का सम्मान प्राप्त किया और बाबूस के अपराधों की क्षमा माँगी। उसकी प्रार्थना स्वीकार कर ली गई।

मीर्ज़ा कामरान द्वारा प्रतिरक्षा

जब उत्कृष्ट सेना का पड़ाव शेख़ अली नामक मंज़िल पर जो पमग़ान[2] एवं अरक़न्दी के समीप स्थित है, हुआ तो मीर्ज़ा कामरान ने संसार को विजय करने वाली पताकाओं के प्रस्थान के समाचार से व्याकुल होकर क़ासिम बरलास को कुछ सैनिकों सहित आगे भेज दिया। क़ासिम मुख़लिस तुरबती को, जो उसका मीर आतश था, आदेश दिया कि तोपख़ाने को दौरी नामक जलके में, जो बाबूस बेग के घर के समीप था, ले जाकर लगा दे। काबुल के क़िले के बाहर जिन लोगों के परिवार निवास कर रहे थे, उन सबको क़िले के भीतर ले आया। क़िले को दृढ़ कर लेने के उपरान्त अभिमान एवं असावधानी की अवस्था में काबुल से निकल कर बाबूस बेग के निवास स्थान के समीप पड़ाव किया और सेना की व्यवस्था एवं पंक्तियों के विभाजन का प्रयत्न करने लगा। क़ासिम बरलास सेना के एक दल को ले कर तकिया ख़िमार[3] तक पहुँचा था कि ख़्वाजा मुअज़्ज़म हाजी मुहम्मद ख़ां एवं शेर अफ़ग़न ने पादशाह के प्रतापी शिविर से निकल कर बड़े उत्तम रूप से छापा मारा। ईश्वर की कृपा से, जो उत्कृष्ट सौभाग्य की रक्षक थी, क़ासिम बरलास मुक़ाबला न कर सका और भाग खड़ा हुआ।

मीर्ज़ा कामरान के सहायकों का हुमायूं के पास पहुँचना

जब दोनों सेनाओं में बड़ी कम दूरी रह गई तो मीर्ज़ा हिन्दाल अपनी प्रार्थनानुसार हिरावल[4] के पद पर नियुक्त हुआ। भाग्यशाली सेना ख़्वाजा पुश्ता के दर्रे को पार करके अरक़न्दी के समीप पड़ाव किए हुए थी कि बाबूस एवं जमील बेग अपनी सेना सहित और शाह बिरदी खां[5]

१ गुलबदन बेगम के पति ख़िज्र ख़्वाजा का छोटा भाई। उसका विवाह कामरान की एक पुत्री हबीबा से हुआ था।

२ प्रकाशित ग्रन्थ में 'नोमान' किन्तु इसे 'पमग़ान' होना चाहिये। पमग़ान के विषय में देखिये **बाबर नामा,** पृ० २३। बाबर ने यहाँ की जलवायु की काफ़ी प्रशंसा की है।

३ यह नाम कई प्रकार से लिखा गया है। प्रकाशित पुस्तक में 'तकिया चमार', अन्य हस्तलिपियों में 'तकना ख़िमार', 'तकिया हिमार' इत्यादि।

४ सेना का अग्र भाग।

५ वह बाद में फ़क़ीर हो गया और बहराम सक़्क़ा के नाम से कविता करता था। वह **तारीख़े हुमायूं** के लेखक बायज़ीद का बड़ा भाई था। मीर्ज़ा कामरान ने उससे वे स्थान लेकर ख़िज्र ख़्वाजा हज़ारा को दे दिये थे।

(२४४) जिसके अधीन गिरदीज़[1], बंगश[2] एवं नग़ज़[3] थे उपस्थित हुए और ज़मीन बोस[4] करके सम्मानित हुए। उनके प्रति अत्यधिक कृपा प्रदर्शित की गई। तत्पश्चात् ख़्वाजा कलाँ बेग का पुत्र मुसाहिब बेग बहुत से आदमियों सहित सेवा में उपस्थित हुआ और शाही कृपाओं द्वारा सम्मानित किया गया। इसी बीच में बाबूस ने निवेदन किया कि ठहरने का समय नहीं है। हज़रत जहाँबानी को सवार हो जाना चाहिये कारण कि सब लोग आ रहे हैं। हज़रत जहाँबानी सौभाग्य के द्रुतगामी घोड़े पर सवार हुए। इसी बीच में अली क़ुली सुफ़रची एवं बहादुर को, जो हैदर सुल्तान के पुत्र थे और अपने पिता का शोक मना रहे थे, बुलवा कर अपना कृपा-पात्र बनाया। कुछ समय उपरान्त क़राचा ख़ां ने उपस्थित होकर भूमि चूमने का सम्मान प्राप्त किया।

मीर्ज़ा कामरान का पलायन

मीर्ज़ा कामरान ने पादशाही इक़बाल के पृष्ठों में अपने पतन के चिह्नों को पढ़ कर ख़्वाजा ख़ावन्द महमूद एवं ख़्वाजा अब्दुल ख़ालिक़ को अपने अपराधों की क्षमा-याचना करने के लिए पवित्र सेवा में भेजा और कुछ प्रार्थनायें ख़्वाजाओं द्वारा कराईं। पादशाह की उत्कृष्ट सेना एवं मीर्ज़ा के लश्कर में आधे कोस की दूरी न रही थी कि ख़्वाजा लोग उनकी सेवा में उपस्थित हुए। उन्होंने उसकी प्रार्थनाओं की स्वीकृति के विषय में उसकी सेवा में उपस्थित हो जाने की शर्त लगाई और इसी शर्त पर अन्य कृपाओं का आश्वासन दिला कर ख़्वाजा लोगों को सम्मान-पूर्वक विदा कर दिया और स्वयं सौजन्य एवं उदारता की दृष्टि से ठहर गए। मीर्ज़ा ने ख़्वाजा लोगों को इस उद्देश्य से भेजा था कि पादशाही सेना के प्रस्थान में विलम्ब एवं शिथिलता हो जाय और उसे अवसर मिल जाय। वह रात्रि के अंधेरे की प्रतीक्षा कर रहा था ताकि दूर निकल जाय। जब रात्रि के अंधेरे के आवरण ने संसार में अंधकार उत्पन्न कर दिया तो वह अपनी नीच कल्पनाओं एवं हृदय की स्याही के कारण सेवा में उपस्थित होने का सौभाग्य न प्राप्त करके शीघ्रातिशीघ्र काबुल के अरक में पहुँच गया और अपने पुत्र मीर्ज़ा इबराहीम एवं अन्तःपुर की कुछ स्त्रियों को अपने साथ लेकर बीनी हिसार[5] के मार्ग से ग़ज़नी की ओर चल दिया। जब उसके पलायन के

१ काबुल से दक्षिण की ओर १२-१३ यीग़ाच (७२-७८ मील) पर और ग़ज़नी के दक्षिण-पूर्व में ७-८ यीग़ाच (४२-४८ मील) पर स्थित ज़ुरमुत नामक तूमान के दारोग़ा का मुख्य स्थान। "गिरदीज़ के क़िले के मध्य में अधिकांश घर तीन-चार मंज़िलों के हैं। वे बड़े दृढ़ हैं। जब वहाँ के निवासियों ने नासिर मीर्ज़ा के विरुद्ध विद्रोह कर दिया तो उसे बड़ी कठिनाई का सामना करना पड़ा। यहाँ के निवासी ऊग़ानशाल हैं। वे अनाज की कृषि करते हैं। किन्तु न तो अंगूर के बाग़ लगाते हैं और न अन्य फलों के"। (**बाबर नामा**, पृ० २७)।

२ **बाबर नामे** के अनुसार "काबुल का एक अन्य तूमान बंगश है। इसके चारों ओर अफ़ग़ान लुटेरे आबाद हैं, उदाहरणार्थ खगियानी, ख़िरिलची, तूरी तथा लन्दर। दूर स्थित होने के कारण यहां के लोग स्वेच्छा से राजस्व नहीं अदा करते"। (**बाबर नामा** पृ० २७)।

३ काबुल के दक्षिण में; (**बाबर नामा**, पृ० १३, १७)।

४ धरती चुम्बन।

५ राबर्ट्स के अनुसार उद्यानों से घिरा हुआ एक उद्यान जो बाला हिसार के प्रसिद्ध क़िले से २ मील दक्षिण में है। (Roberts: *Forty one years in India*, II, p. 223)। शब्दार्थ के अनुसार हिसार पर्वत की पहाड़ी।

समाचार सम्मानित कानों तक पहुँचे तो हज़रत जहाँबानी ने बाबूस को अपने कुछ विश्वासपात्रों सहित इस आशय से काबुल भेज दिया कि वे वहाँ पहुँच जायें और सैनिकों एवं प्रजा को हानि न पहुँचने दें और सभी को शाही कृपा का आश्वासन दिलायें।

हुमायूं का काबुल में प्रवेश

मीर्ज़ा हिन्दाल एवं सेना के एक दस्ते को आदेश दिया गया कि मीर्ज़ा का पीछा किया जाय और वे स्वयं सफलता एवं प्रताप सहित काबुल नगर की ओर रवाना हुए। शुभ मुहूर्त में राज्य के नक़्क़ारा बजाने वालों ने ऐश्वर्य का बड़ा नक़्क़ारा[1] बजवा दिया और विजय की पताका उठाने वालों ने ऐश्वर्य की पताका आकाश तक पहुँचा दी। जलाली मास के १३वीं आज़र की रात्रि अर्थात् १२ रमज़ान ९५२ हि० (१७ नवम्बर १५४५ ई०) बुधवार की रात्रि में दैवी अनुकम्पा से काबुल विजय हो गया[2]। यह विजय असंख्य विजयों की प्रस्तावना है। इससे प्रसन्नता एवं सफलता के द्वार सर्व-साधारण के लिए खुल गए। दो घड़ी रात्रि व्यतीत हो जाने के उपरान्त हज़रत जहाँबानी (२४५) ने काबुल के मैदान को अपने भाग्यशाली चरणों की छाया से सम्मानित किया। नवेदी[3] ने इस विजय की तारीख़ "काबुल रा गिरफ़्त"[4] के अक्षरों से निकाली। एक अन्य कवि ने इस मिसरे से तारीख़ निकाली :

१ कूराक।

२ इस तिथि में बड़ा मतभेद है। इस विषय में अन्य ग्रन्थों के तत्सम्बन्धी विवरण देखिये।

३ सम्भवतः ख़्वाजा ज़ैनुल आबेदीन फ़ारसी का एक कवि; (Rieu, Supplement No. 307). बाद में उसने अपना तख़ल्लुस अब्दी रख लिया और ९८८ हि० (१५८०-८१) ई० में अर्दबेल में मृत्यु को प्राप्त हो गया। (बेवरिज, पृ० ४८१)।

४ काबुल पर अधिकार जमा लिया :

काफ़	ک	=	२०
अलिफ़	ا	=	१
बे	ب	=	२
लाम	ل	=	३०
रे	ر	=	२००
अलिफ़	ا	=	१
गाफ़	گ	=	२०
रे	ر	=	२००
फ़े	ف	=	८०
ते	ت	=	४००
			९५४

मिसरा

'बिना युद्ध के विजय किया काबुल देश उससे[1]।'

हुमायूं की अकबर से भेंट

जब हज़रत शाहंशाह के पवित्र आशीर्वाद से प्रसन्नता एवं हर्ष के द्वार खुल गए और राज्य की नींव पुनः रख दी गई तो हज़रत जहाँबानी मीर्ज़ा कामरान की पराजय एवं काबुल की विजय पर दृष्टि न डाल कर हज़रत शाहंशाह के शुभ चरणों की प्रतीक्षा करने लगे, यहाँ तक कि शुभ घड़ी में ज्ञान के उस संसार को, जिसकी अवस्था चन्द्र-मास के हिसाब से ३ वर्ष, २ मास एवं ८ दिन[2] की थी, हज़रत जहाँबानी से भेंट कराने के लिए उपस्थित किया गया। हज़रत जहाँबानी को उस ईश्वर द्वारा पोषित नूर के परोपकारी सुखद दर्शन द्वारा अंतरंग एवं बहिरंग दोनों की प्रसन्नता प्राप्त हुई। सौभाग्य के उद्यान के उस वृक्ष की कुशलता एवं खिलाफ़त के वंश के उस दीप के प्रकाश की प्राप्ति के कारण उन्होंने (ईश्वर के प्रति कृतज्ञता प्रकट करने के लिये) सिज्दे किए।

१ 'बे जंग गिरिफ़्त मुल्के काबुल अज़ वै':

बे	ب	=	२
ये	ى	=	१०
जीम	ج	=	३
नून	ن	=	५०
गाफ़	گ	=	२०
गाफ़	گ	=	२०
रे	ر	=	२००
फ़े	ف	=	८०
ते	ت	=	४००
मीम	م	=	४०
लाम	ل	=	३०
काफ़	ک	=	२०
काफ़	ک	=	२०
अलिफ़	ا	=	१
बे	ب	=	२
लाम	ل	=	३०
अलिफ़	ا	=	१
ज़े	ز	=	७
वाव	و	=	६
ये	ى	=	१०
			९५२

२ अकबर का जन्म ५ रजब ९४९ हि० को हुआ था। हुमायूं १२ रमज़ान ९५२ हि० को काबुल में प्रविष्ट हुआ। इस प्रकार उसकी अवस्था ३ वर्ष २ मास ८ दिन होना चाहिये। प्रकाशित ग्रन्थ में २ वर्ष है जो छापे की भूल ज्ञात होती है।

इस उत्कृष्ट प्रताप एवं असीम आशीर्वाद के समक्ष उन्होंने दान-पुण्य एवं परोपकार के द्वार संसार के सर्व साधारण एवं विशेष व्यक्तियों के लिए खोल दिए।

हुमायूं का शीत ऋतु में काबुल में निवास

दूसरे दिन संसार को प्रकाश देने वाली प्रातः को हज़रत जहाँबानी प्रताप एवं सफलता के सिंहासन पर आरूढ़ हुए और अपने राज्य के समस्त उच्च पदाधिकारियों एवं समस्त सैनिकों, परिजनों, दासों तथा सैनिकों की कोरनिश ली और समस्त लोगों ने ज़मीन बोस[1] करने का सम्मान प्राप्त किया और खिलाफ़त के स्थायित्व एवं सल्तनत की पताका के बुलन्द रहने के लिए ईश्वर से प्रार्थना की। हज़रत जहाँबानी न्याय एवं परोपकार के द्वार संसार वालों पर खोल कर पूरे जाड़े भर अरक में विश्राम, ईश्वर की इच्छाओं की पूर्ति एवं सर्व साधारण की सांत्वना का प्रयत्न, करते रहे।

काबुल की कुछ अन्य घटनायें

उस समय जो घटनायें घटीं उनमें यूनुस अली एवं मुईद बेग की मृत्यु है जो सल्तनत के स्तम्भ एवं सम्मानित दरबार के मुख्य पदाधिकारी थे। उन्हीं दिनों सम्मानित कानों तक यह बात पहुँची कि ख़्वाजा मुअज़्ज़म, मुक़द्दम बेग से मिलकर भाग जाना एवं मीर्ज़ा कामरान के पास चला जाना चाहता है। इस बात से उनके सम्मानित हृदय को बड़ा कष्ट हुआ। उन्होंने मुक़द्दम बेग को कश्मीर की ओर निर्वासित कर दिया और ख़्वाजा मुअज़्ज़म को कृपा एवं विश्वास की दृष्टि से गिरा दिया। हज़रत जहाँबानी के आगमन एवं उनके उपकार की छाया से काबुल सुख-शान्ति एवं दैवी कृपाओं का केन्द्र बन गया।

हज़रत शाहंशाह के ख़तने के समारोह का जश्न एवं सजावटें तथा राज्य के उद्यान के उस पौधे के चमत्कार

(२४६) लोगों की इच्छाओं की पूर्ति करने वाले बुज़ुर्गों एवं सौभाग्यशाली स्वामियों की सम्मानित इच्छा सर्वदा यह रहती है कि वे कोई न कोई बहाना निकाल कर दान-पुण्य किया करें। साँसारिक लोगों की कुदृष्टि से सुरक्षित रहने के लिए ऐसी उत्कृष्ट एबादत को[2], जिसका मूल-मंत्र लोगों के हृदय को हाथ में लेना तथा लोगों के हृदय पर हाथ रखना है प्रथाओं एवं परम्पराओं के रूप में सम्पन्न करते हैं। इस प्रकार इस समय जब सौभाग्य का शीतल पवन पुनः प्रवाहित हुआ और आकाँक्षाओं की बाटिका फिर से फूली तो प्रताप के उद्यान के उस नए वृक्ष एवं ऐश्वर्य तथा गौरव के बाग़ के नए पौधे के खतने को बहाना बना कर संसार वालों पर सुख एवं दान-पुण्य के द्वार खोल दिये गये। वहार के प्रारम्भ में जब कि वनस्पति की आत्मा उन्नति पर थी और इच्छा का बुलबुल उड़ने वाला था, तो (उस समय यह स्थिति थी) :

१ धरती-चुम्बन।

२ 'एबादते गुज़ीदा'।

शेर

'बनफ़शा सिर उठाये हुए नहर के किनारे से,
भूमि हुई फूलों की सुगंधि से अम्बर रूपी।
प्रातःकाल का शीतल पवन कस्तूरी की सुगंधि से,
मानों सहस्रों कस्तूरी की थैलियाँ अपने शरीर में रक्खे हो।'

उन्होंने आदेश दिया कि उरता बाग़[1] में जो बड़ा ही आकर्षक एवं हृदयग्राही है पड़ाव किया जाय और लोगों के हृदय को अधिक संतुष्ट करने के लिए, जो वास्तव में ईश्वर के प्रति कृतज्ञता प्रकट करने (का साधन है), आनन्द-मंगल के द्वार खोल दें। कैकाऊस[2] एवं कैक़ुबाद[3] की प्रथाओं को ताज़ा करते हुए आदेश दिया कि बेगमें अपनी-अपनी श्रेणी के अनुसार इस आनन्द-वर्धक उद्यान की शोभा में वृद्धि करें और अमीर तथा शहर के प्रतिष्ठित लोग चारबाग़ के सौन्दर्य को बढ़ायें। समस्त अमीर अभिलाषा की कमर में प्रयास की पेटी बाँध कर इस कार्य हेतु प्रयत्न करने लगे और नगर के प्रतिष्ठित लोग एवं काल के सम्मानित व्यक्ति अपनी-अपनी श्रेणी एवं शक्ति के अनुसार उचित रूप से प्रयत्न में व्यस्त हो गए। कलाकार एवं शिल्पकार दूकानों को सजाने एवं बाज़ार की चहल-पहल बढ़ाने के विषय में अत्यधिक परिश्रम करने लगे। अल्प समय में इस प्रकार की सजावट कर दी गई जिसकी प्रशंसा सम्भव नहीं। हज़रत जहाँबानी रोज़ाना पधार कर आनन्द मंगल की सभाओं को शोभा प्रदान करते थे और प्रत्येक को उसकी स्थिति एवं श्रेणी-अनुसार सम्मानित करते थे। इन शाहाना जश्नों के प्रारम्भ होने के पूर्व क़राचा खां, मुसाहिब बेग एवं दरबार के कुछ अन्य विश्वास-पात्र, जो हज़रत मरियम मकानी के भाग्यशाली हौदज को क़न्धार से लाने के लिए भेजे गए थे, समय पर पहुंच गए। हज़रत मेहदे उलिया के शुभ चरणों के आगमन से आनन्द मंगल में और भी वृद्धि हो गई।

अकबर की बुद्धि की परीक्षा

(२४७) हज़रत जहाँबानी के सम्मानित हृदय में आया कि हज़रत शाहंशाह, जिनके ललाट से बाल्यावस्था से ही दैवी प्रकाश की सहस्रों किरणें फूटा करती थीं, की बुद्धि का कसौटी पर संसार के छोटे बड़े सभी लोगों को निरीक्षण कराया जाय अतः अन्तःपुर[4] में एक शाहाना जश्न का आयोजन हुआ। अन्तःपुर की समस्त पवित्र एवं सतीत्व की स्वामी महिलायें, भाग्यशाली दरबार में अभिवादन द्वारा सम्मानित हुईं और उपस्थितगण की बुद्धि की शिक्षा के लिए हज़रत शाहंशाह को आदर सम्मान के कंधों पर बैठा कर भाग्यशाली मसनद के समक्ष प्रस्तुत

१ बीच के उद्यान।

२ ईरान के कयानी वंश का दूसरा बादशाह। वह बड़ा महत्वाकांक्षी बताया जाता है। उसकी तथा उसके सेनापति रुस्तम की कहानियाँ फ़िरदौसी के **शाहनामा** के कारण अमर हो गई हैं।

३ ईरान के कयानी वंश का संस्थापक। फ़िरदौसी के **शाहनामा** से पता चलता है कि वह भी बड़ा प्रतापी बादशाह था। कहा जाता है कि वह १२० वर्ष तक जीवित रहा और उसने ४ पुत्र छोड़े :—कैकाऊस, अरिश, रूम तथा अरमेन।

४ मूल में "सरादेक़ाते इफ़्फ़त—सतीत्व के परदे"।

किया गया। उत्कृष्ट शाही आदेशानुसार हज़रत मरियम मकानी अन्य स्त्रियों के साथ समस्त बेगमों के समान बिना किसी भेद-भाव के हज़रत शाहंशाह के समक्ष आईं। दैवी संकेत करने वाला शाही आदेश इस प्रकार हुआ कि सल्तनत के नेत्र की पुतलियों का वह प्रकाश अपनी सम्मानित माता को महिलाओं के उस समूह में से पहचान ले। हज़रत शाहंशाह ने दैवी प्रकाश द्वारा बिना किसी कठिनाई और भूल-चूक एवं शंका अथवा भ्रम के अपनी जन्मजात बुद्धि एवं प्रतिभा के कारण अपनी माता को पहचान लिया और उनकी गोद में जाकर बैठ गए। इस विचित्र घटना को देखकर, जो लोग वाह्य बातों के निरीक्षण के आदी थे, उनके आश्चर्य का ठिकाना न रहा और जो विश्वास-पात्र दरबार में उपस्थित थे, वे प्रशंसा का नारा लगाने लगे। आदि काल से सम्मान प्राप्त एवं भाग्य के कारख़ाने के इस विचित्र व्यक्ति के महत्व को सब लोग समझ गए। सब लोगों को ज्ञात हो गया कि यह ज्ञान शारीरिक ज्ञानेन्द्रियों का परिणाम नहीं, जो कम अवस्था में कुछ और तथा अधिक अवस्था में कुछ और होता है, अपितु केवल आध्यात्मिक ज्ञान एवं दैवी शिक्षा का फल है। सौभाग्य की बाटिका के इस पौधे द्वारा पवित्र नूर सृष्टि की पूर्व दिशा से प्रकट हो रहा था।

निःसन्देह जिसका मिलन अनादि काल से हो चुका है उसमें दूरी का आवरण कोई रुकावट नहीं डाल सकता, आध्यात्मिक निकटता में बाह्य दूरी किसी प्रकार वाधक नहीं हो सकती। यदि सोच-विचार किया जाय तो दूरी का क्या स्थान है, कारण कि जीवन की गुलाब की झाड़ी के प्रथम फूल में उच्च कोटि का सम्बन्ध अनादि काल से प्राप्त है और अस्तित्व का फैलाने वाला प्रकाश, शारीरिक ढांचे का पूर्ण होना, एवं इन्द्रिय ज्ञान की पालिश (ऐसी बातें हैं जो) शनैः शनैः प्राप्त होती हैं। एकान्तवास एवं पवित्र जीवन के संसार में, जिसके निकट अज्ञानता के अंधकार एवं असावधानी के बाहुल्य का पहुँचना सम्भव नहीं, बड़ा सम्बन्ध है। रहस्यों के संसार के दूरदर्शी लोगों से यह बात छिपी नहीं कि यह उत्कृष्ट गुणों का स्वामी, यद्यपि शरीर एवं मानवता का चोला धारण किए है किन्तु वास्तव में जहाँ तक उसकी प्रकृति का सम्बन्ध है उसके पिता एवं माता के पूर्वजों का जन्म उसी के कारण हुआ है और आध्यात्मिक दृष्टि से वह पिताओं का पिता है। हज़रत जहाँबानी को, जो दैवी रहस्यों के रक्षक थे, यह बात ज्ञात थी कि जीवन के संसार की बाटिका को सजाने वाले ने अस्तित्व की बहार के इस पौधे को सर्वप्रथम संसार वालों की स्थिति के ज्ञान और दूसरे, संसार की अव्यवस्था को सुव्यवस्थित करने के लिये प्रकट किया है। (२४८) संक्षेप में, ख़तने के वस्त्र में (हज़रत जहाँबानी ने) ईश्वर की सांसारिक एवं आध्यात्मिक महान् देन के प्रति कृतज्ञता प्रकट करना प्रारम्भ कर दिया। वे नित्य-प्रति नए-नए ढंग एवं उचित नियम से पादशाहाना जश्न सजा कर संसार को शोभा प्रदान करने वाले परमेश्वर के प्रति कृतज्ञता प्रकट किया करते थे और आस-पास से धार्मिक एवं उच्च श्रेणी के लोग आ-आकर शाही देनों से लाभान्वित होते रहते थे।

मीर्ज़ा यादगार नासिर का पहुँचना

उन्हीं ख़ुशियों के समय यादगार नासिर मीर्ज़ा द्वारा क़ालीन चूमने का सम्मान प्राप्त करना है[1]।

१ इस विषय में बायज़ीद की कृति का अनुवाद आगे के पृष्ठों में देखिये। वह अधिक प्रामाणिक ज्ञात होता है।

उसका संक्षिप्त उल्लेख इस प्रकार है :—क़न्धार के क्षेत्र में भाग्यशाली पताकाओं के बुलन्द होने के समय, जैसा कि लिखा जा चुका है, वह मीर्ज़ा कामरान से पृथक् होकर बदख़्शाँ पहुँचा और वहाँ सफलता न प्राप्त करके हज़रत जहाँबानी की सेवा में रवाना हुआ। जिस समय उत्कृष्ट सेना क़न्धार से काबुल विजय हेतु रवाना हुई, मीर्ज़ा संसार के कष्टों को भोगता हुआ क़न्धार पहुँचा। बैराम खां ने आतिथ्य में कोई कसर उठा न रक्खी। वहाँ से सम्मानित आदेशानुसार उन आनन्द-वर्धक दिनों में हज़रत जहाँबानी की पवित्र चौखट का चुम्बन करके सौभाग्यशाली वना तथा शाहाना जश्न में सम्मिलित हुआ। हज़रत जहाँबानी के प्रति भी अभिवादन करके उनकी कृपा-दृष्टि द्वारा सम्मानित हुआ तथा अपने सौभाग्य में वृद्धि की।

अकबर का ख़तना

इस आनन्द मंगल के अवसर पर, भोग-विलास की बहार सजी तथा सौभाग्य एवं प्रताप की वाटिका को शोभा प्राप्त हुई। जब कि शुभ नक्षत्र संसार वालों पर आशीर्वाद के प्रकाश की वर्षा कर रहे थे, (उस समय) दैवी वाटिका को शोभा प्रदान करने वाले पौधे अर्थात् हज़रत शाहंशाह का सहस्रों ख़ुशियों एवं आनन्द-मंगल सहित खतना हुआ। संसार वालों की सफलता के साधन एकत्र हो गए और लोगों के लिए सौभाग्य एवं प्रताप के द्वार खुल गए। राज्य के छोटे-बड़े शाही दान-पुण्य से लाभान्वित हुए और चारों ओर सर्व साधारण एवं विशेष व्यक्तियों को पादशाही कृपाओं द्वारा प्रसन्नता प्राप्त हुई। संसार वालों के कष्ट, आराम में परिवर्तित हो गए एवं संसार वालों की अशान्ति, शान्ति में वदल गई। अमीरों ने सम्मानित दृष्टि के समक्ष उपहार प्रस्तुत किए और वे उचित प्रोत्साहन द्वारा प्रतिष्ठित हुए।

आनन्द-मंगल एवं समारोह

इसी समारोह के अवसर पर हज़रत जहाँवानी लोगों के हृदय को संतुष्ट करने एवं दिलों को हाथ में लेने के लिए, जो राज्य-व्यवस्था का सर्वोत्कृष्ट आधार है, ख़्वाजा रेगे **रवां**[1] की ओर रवाना हुए और आनन्द-मंगल के आयोजन का आदेश दिया। एक अनुल्लंघनीय आदेश हुआ कि अमीर लोग एक दूसरे से मल्ल-युद्ध करें। हज़रत जहाँवानी ने इमाम क़ुली क़ूरची से और मीर्ज़ा हिन्दाल ने यादगार नासिर मीर्ज़ा से मल्ल-युद्ध किया। वहाँ से वे ख़्वाजा सेह यारान[2], अरग़वान[3]

१ ख़्वाजा सेह यारान के समीप। बाबर ने २४ दिसम्बर १५१९ ई० को इस स्थान की सैर की। (**बाबर नामा**, पृ० १२९)। यह कोह दामन के ऊपरी सिरे पर इसकी उत्तर दिशा में है।

२ तीन सूफ़ी। बाबर ने इस स्थान के विषय में लिखा है :—"ग्राम तथा घाटी की तलहटी के मध्य में ढाल की ओर ४-६ मील पर एक झरना है जो सेह यारान के नाम से प्रसिद्ध है। इसके चारों ओर तीन प्रकार के वृक्ष पाये जाते हैं। झरने के ऊपर चुनार के वृक्ष बड़ी अधिक संख्या में हैं। इनकी छाया बड़ी उत्तम होती है। झरने के दोनों ओर उन पुश्तों पर, जो पर्वत के नीचे हैं, बिलूत के वृक्ष वहुत बड़ी संख्या में पाये जाते हैं। इन दो बिलूतिरतानों के अतिरिक्त पश्चिमी काबुल के पर्वतों में कहीं भी बिलूत नहीं होता। झरने के समक्ष दश्त की दिशा में अत्यधिक अरग़वान होते हैं। इन अरग़वानों के अतिरिक्त किसी अन्य स्थान पर अरग़वान नहीं होते।" (**बाबर नामा**, पृ० २४)।

३ लाल फूल लाने वाला एक वृक्ष।

उद्यान की सैर हेतु रवाना हुए और वहाँ आनन्द-मंगल की व्यवस्था की। वहाँ से लौटकर एक भव्य जश्न के आयोजन का आदेश दिया। सम्मानित चौखट के सेवकों को उनकी श्रेणी एवं (२४९) स्वामी-भक्ति के अनुसार पुरस्कार स्वरूप उचित जागीरें, एवं ख़िलअतें प्रदान कीं। ग़ज़नी तथा उसे क्षेत्र के स्थान मीर्ज़ा हिन्दाल को तथा ज़मीनदावर, तीरी एवं उस क्षेत्र के स्थान उलुग़ मीर्ज़ा को प्रदान किए। वे दास्ता की चौखट से सम्बन्धित सभी लोगों को उनकी श्रेणी एवं पद के अनुसार वेतन एवं दान-पुण्य द्वारा लाभान्वित करके सिंहासनारूढ़ हुए। सर्व साधारण ने अनुकम्पा एवं दान-पुण्य की छाया में समृद्ध होकर अपने उद्देश्य एवं लक्ष्य की प्राप्ति की।

अन्य लोगों का हुमायूं के दरबार में आगमन

जो घटनायें इस जश्न के समय घटीं उनमें सम्मानित शाह तहमास्प के दूतों का आगमन था। वे विजय की बधाई एवं उपहार इत्यादि लाये। उनका सरदार वलद बेग था। हज़रत जहाँबानी ने उसे शाही कृपाओं द्वारा सम्मानित किया। शाह क़ासिम तग़ाई का उत्कृष्ट दरबार में आगमन दूसरी घटना थी। वह मीर्ज़ा सुलेमान की ओर से दूत बनकर प्रार्थना-पत्र एवं पेशकश लाया था। मीर्ज़ा ने अपने न आने के विषय में जो कुछ लिखा था, वह स्वीकार न किया गया और उसके आगमन के विषय में अनुल्लंघनीय आदेश दिया गया। उसे सूचना दी गई कि उसे उसी समय निष्ठावान् एवं स्वामी-भक्त समझा जायगा जब कि वह स्वयं उपस्थित हो जाय।

जो घटनायें इस जश्न के समय घटीं उनमें से एक मीर सैयिद अली का आगमन था। वह अफ़ग़ानों एवं बिलोचों के प्रदेश में अपनी ज़मीनदारी एवं सच्चाई के लिए प्रसिद्ध था और सिन्ध[1] के अधीनस्थ दूकी[2] नामक स्थान के समीप निवास करता था। उसने सच्चाई के चरणों एवं निष्ठा के सिर से चौखट चूमने का सम्मान प्राप्त किया तथा शाही कृपाओं द्वारा सम्मानित हुआ। उसे दूकी प्रदान कर दिया गया। लगभग उसी समय लवंग बिलोच ने, जो अपने समूह का सरदार था, अपने भाइयों सहित उपस्थित होकर धरती-चुम्बन किया। हज़रत जहाँबानी ने उसके प्रति भी कृपादृष्टि प्रदर्शित करके शाल एवं मश्तंग की विलायत उसे प्रदान कर दी। इन आगंतुकों की इच्छाओं की पूर्ति करके उन्हें इस आशय से शीघ्रातिशीघ्र लौटा दिया गया कि कहीं उनके स्वभाव की वहशत इन वहशी लोगों को अपने वश में न कर ले और कहीं अधिक समय तक प्रतीक्षा का वातावरण उनके अनुकूल सिद्ध न हो।

१ प्रकाशित ग्रन्थ में 'हिन्द' किन्तु कुछ हस्तलिखित पोथियों में 'सिन्ध'। यही उचित है।

२ काबुल के दक्षिण-पूर्व में। बाबर ने लिखा है "कि ख्वाजा इस्माईल के पर्वत, दश्त, दूकी तथा अफ़ग़ानिस्तान के पर्वत जो काबुल के दक्षिण-पूर्व में हैं, सब एक ही प्रकार के हैं। वे छोटे-छोटे हैं। यहाँ हरियाली भी कम और जल का भी अभाव रहता है। ये वृक्षों से शून्य तथा भद्दे हैं और किसी काम के नहीं हैं"। (**बाबर नामा**, पृ० २९)। ९१०हि० (१५०४ ई०) में जब कि बाबर पहले पहल काबुल पहुँचा तो उसी वर्ष हिन्दुस्तान में प्रवेश करने की इच्छा से उसने ख़ैबर पार किया तथा परशावर पहुँच गया। वह लिखता है कि, "उस समय बाक़ी चग़ानियानी ने बंगश के नीचे के भाग अर्थात् कोहाट पर आक्रमण करने का आग्रह किया। अफ़ग़ानों की बहुत बड़ी संख्या पर आक्रमण किया गया और उनका सफ़ाया कर दिया गया। बन्नू के मैदान पर आक्रमण करके उसे लूट लिया गया और दूकी होते हुए हम लोग वापिस हुए"। (**बाबर नामा**, पृ०१०१)। **आईने अकबरी** में दूकी को क़न्धार का पूर्वी भू-भाग बताया गया है। अर्सकिन ने सिन्ध को हिन्द मान कर दूकी के विषय में लिखा है कि सम्भवतः यह मुल्तान के अधीनस्थ है। [W. Erskine : *A History of India*, Vol. II (London 1854), p. 327].

यादगार नासिर मीर्ज़ा का बन्दी बनाया जाना

जो घटनाएँ उन दिनों में घटीं उनमें एक यह थी कि यादगार नासिर मीर्ज़ा ने अपने दुर्भाग्य एवं दुष्टता के कारण, पिछली कृपाओं एवं उदारता को लपेटकर भूल के आले पर रख दिया और धृष्टता प्रदर्शित करते हुए दुष्टता एवं शत्रुता के मार्ग पर अग्रसर होना प्रारम्भ कर दिया। वह अभागों के कहने पर, जिनका नेता मीर्ज़ा अस्करी का कोका मुज़फ़्फ़र था, सर्वदा नीच बातें सोचा करता था। जब ये बातें उत्कृष्ट कानों तक निरन्तर पहुँचीं तो प्रमाण मिल (२५०) जाने पर हज़रत जहाँबानी जन्नत आशियानी बड़े क्रोधित हुए। सच्चे समाचार वाहकों, विशेषकर अब्दुल जब्बार शेख़ ने, जो विश्वस्त व्यक्तियों में था और जो षड्यंत्रकारियों में से एक का मित्र एवं विश्वासपात्र था, इनका समर्थन किया। मुज़फ़्फ़र कोका को बन्दी बना लिया गया और उसकी हत्या करा दी गई। यादगार नासिर मीर्ज़ा को बुलवाकर क़राचा खां द्वारा कठोर बातें कहलवाईं। जो कुछ कहलाया गया उसका सारांश इस प्रकार है:—"हमारा यह विचार था कि इस बार जब कि पुनः तेरे घोर पापों को हमने अपार कृपाओं द्वारा क्षमा करके तुझे सम्मानित किया है तो तू शिक्षा ग्रहण करके भूतकाल एवं वर्तमान काल के पापों का निराकरण कर देगा किन्तु तेरी कृतघ्नता अपार एवं असीम है।" मीर्ज़ा लज्जावश सिर झुकाकर कभी चुप हो जाता और कभी कोई बात अस्वीकार करता तथा जानते हुए भी अपनी अज्ञानता प्रदर्शित करता। हज़रत जहाँबानी ने मुख़ातेबाते हिसाबी[1] एवं शाही डाँट-फटकार के उपरान्त इबराहीम ईशक आक़ा एवं कुछ अन्य लोगों को आदेश दिया कि काबुल के क़िले में उस स्थान के निकट जहाँ मीर्ज़ा अस्करी बन्दी है उसे भी बन्दी कर दिया जाय।

चग़ताई सुल्तान की मृत्यु

उन दिनों जो घटनाएँ घटीं उनमें एक चग़ताई सुल्तान की मृत्यु है। वह नवयुवक मुग़ुल शाहज़ादा था और सुन्दरता एवं चरित्र में अद्वितीय था। हज़रत जहाँबानी उसका बड़ा विश्वास एवं उसके प्रति बड़ी अनुकम्पा प्रदर्शित करते थे। उसके इस संसार से विदा हो जाने से पवित्र हृदय को बड़ा धक्का पहुँचा किन्तु अनुल्लंघनीय दैवी आदेश पर, जिसके अनुसार केवल ईश्वर ही शाश्वत् है और सभी जीव नश्वर हैं, तथा दूरदर्शी बुद्धि के परामर्श से उन्होंने आत्म-समर्पण एवं रिज़ा[2] के क्षेत्र में शरण ली। मीर अमानी ने उसकी तारीख़ की रचना इस प्रकार की:—

शेर

'सुल्तान चग़ती था सौन्दर्य की वाटिका का गुलाब,
अचानक मृत्यु उसे स्वर्ग की ओर ले गई।
गुलाब की ऋतु में उसने इस उद्यान से यात्रा का संकल्प किया।
हृदय उसके दुःख की कली के समान रक्त में डूब गया।

१ इस शब्द का साधारणतः प्रयोग नहीं होता। इसका तात्पर्य अभियोगों की उस निश्चित संख्या से है जो उसके विरुद्ध लगाये गये। इस विषय में बायज़ीद की कृति का अनुवाद देखिये।

२ ईश्वर की इच्छा पर आत्म-समर्पण।

मैंने दुखी बुलबुल से उसकी तारीख़ पूंछी,
रोकर उसने कहा गुलाब वाटिका से निकल गया[१]।'

हज़रत जहाँबानी जन्नत आशियानी की पवित्र सेना का बदख़्शाँ की विजय हेतु प्रस्थान, उस प्रदेश की विजय और जो घटनायें उस समय घटीं

जब मीर्ज़ा सुलेमान के विरोध के समाचारों की सत्यता की पुष्टि हो गई और इस बात का प्रमाण मिल गया कि आज्ञाकारिता से विमुख होकर उसके सिर में बादशाह बनने की कल्पनाएँ पीड़ा उत्पन्न कर रहीं हैं और यह मिथ्या-पूर्ण विचार उसे व्याकुल किए हैं तो हज़रत (२५१) जहाँबानी ने ९५३ हि० के प्रारम्भ (मार्च १५४६ ई०) में अपने संकल्प की लगाम बदख़्शाँ की ओर मोड़ी। उसके विद्रोहों में से एक यह था कि काबुल विजय के उपरान्त[२] ख़ूस्त[३] एवं अन्दराब पर, जो मीर्ज़ा (कामरान) के अधीन थे और जिन्हें दरबार के एक सेवक को प्रदान कर दिया गया था, उसने अपना अधिकार कर लिया। चूंकि सिद्धान्त एवं व्यावहारिक दृष्टि से पूरा बदख़्शाँ मीर्ज़ा के हिस्से में नहीं आता था, अतः हज़रत जहाँबानी चाहते थे कि 'क़ुन्दुज़[४] एवं उस क्षेत्र के स्थानों को लेकर सम्मानित दरबार के किसी अमीर को जागीर में दे दें और उसके पास केवल उतना ही भाग रहने दें जो हज़रत गेती सितानी फ़िरदौस मकानी ने मीर्ज़ा सुलेमान के पिता को प्रदान कर दिया था। जब उनके अधीनस्थ राज्य में वृद्धि हो जायगी तो उसकी जागीर भी बढ़ा दी जायगी।' किन्तु उसको अनुग्रहित करते हुए क़ुन्दुज़ को उसी दशा में छोड़ दिया गया था। मीर्ज़ा ने अज्ञानतावश अपने आश्रयदाता की ओर से मुख मोड़कर खुल्लमखुल्ला विरोध प्रारम्भ कर दिया और अपने नाम का ख़ुत्बा पढ़वा दिया।

मीर्ज़ा सुलेमान के विरुद्ध प्रस्थान

हज़रत जहाँबानी ने मीर्ज़ा के विरोध की अग्नि को बुझाने का संकल्प कर लिया। हज़रत

१ तारीख़े वै अज़ बुलबुले· मातम ज़दा जुस्तम,
दर नाला शुद व गुफ़्त गुल अज़ बाग़ बेरूं शुद।
تاریخ وی از بلبل ماتم زده جستم
در ناله شد و گفت گل از باغ بیرون شد (९५३)

२ हुमायूं द्वारा।

३ आक्सस की द्रोणी (basin) में अन्दराब के समीप जिसे आजकल अफ़ग़ान तुर्किस्तान कहते हैं। बाबर की प्रतिष्ठित पत्नी एवं हुमायूं की माता माहम बेगम की एक पुत्री तथा दिलदार बेगम की एक पुत्री का जन्म ख़ूस्त में ही हुआ। माहम बेगम का ख़ूस्त से बड़ा गहरा सम्बन्ध था। उसका भाई मुहम्मद अली तग़ाई ख़ूस्त का एक मीर्ज़ा ज़ादा था और बायज़ीद के अनुसार हुमायूं ने ख़ूस्त के विशेषकर दर्शन किये। बाबर ने हिन्दुस्तान से उपहार भेजते समय ख़ूस्त का ख़ास ध्यान रक्खा था।

४ उत्तरी अफ़ग़ानिस्तान में इस नाम की नदी तथा नगर दोनों ही हैं। इसके पूर्व में बदख़्शां, पश्चिम में तशख़ुरग़ान, उत्तर में आक्सस तथा दक्षिण में हिन्दूकुश हैं। हिन्दूकुश के दर्रों का उल्लेख करते हुए बाबर लिखता है कि "हिन्दूकुश पर्वत से होकर, जो काबुल को बल्ख़, क़ून्दूज़ तथा बदख़्शां से पृथक करता है, सात दर्रे हैं"। **(बाबर नामा, पृ० १६)**।

शाहंशाह को राजधानी काबुल में ईश्वर की रक्षा में छोड़ कर वे शुभ मुहूर्त में बाहर निकले और युरत चालाक[1] में पड़ाव किया। मीर्ज़ा अस्करी को भी अपने साथ ले लिया।

यादगार नासिर मीर्ज़ा की हत्या

उन्हें यादगार नासिर मीर्ज़ा के विषय में चिन्ता थी। जब शुभ सेना क़राबाग़[2] के उलंग में पहुँची तो संसार को शोभा प्रदान करने वाले ने यह निश्चय किया कि यादगार नासिर मीर्ज़ा के अस्तित्व को जीवन के शिकंजे से मुक्त करके राज्य को स्थायी रूप से शान्ति प्रदान कर दें कारण कि उसके षड्यंत्र की बत्ती एवं उसके दुष्टता की चिंगारी निकट भविष्य में वंशों को जला डालेगी। मुहम्मद अली तग़ाई को, जिसके सिपुर्द काबुल की प्रतिरक्षा थी, इस आदेश का पालन सौंपा गया। उसने पूर्ण सरलता से साफ़-साफ़ उत्तर दे दिया कि, "मैंने कभी किसी गौरैये की भी हत्या नहीं की है, मीर्ज़ा की किस प्रकार हत्या करूँ?" हज़रत जहाँबानी ने उसकी सरलता को क्षमा करके यह सेवा, जो पूर्ण रूप से उचित थी, मुहम्मद क़ासिम मौजी के सिपुर्द की। उसने रात्रि में उसपर धनुष के चिल्ले से मृत्यु का बाण चला दिया[3]।

मीर्ज़ा सुलेमान एवं हुमायूं के सैनिकों में युद्ध

जब उनका पवित्र हृदय मीर्ज़ा की दुष्टता की ओर से संतुष्ट हो गया तो वे दैवी कृपा से निरन्तर यात्रा करते हुए बदख़्शाँनात[4] की ओर रवाना हुए। जब विजयी पताकाएँ अन्दराब के क्षेत्र में पहुँचीं एवं अली क़ुली अन्दराबी के उद्यान में पड़ाव हुआ तो मीर्ज़ा सुलेमान दुर्भाग्यवश बहुत बड़ी सेना लेकर युद्ध के उद्देश्य से रवाना हुआ और तीर गरान[5] नामक स्थान पर जो अन्दराब के अधीनस्थ है पहुँच कर अपनी सेना की पंक्तियाँ सुव्यवस्थित करने लगा। जब यह समाचार उत्कृष्ट कानों तक पहुँचे तो उन्होंने स्वयं प्रस्थान करने के पूर्व, हिन्दाल मीर्ज़ा, क़राचा ख़ां, हाजी मुहम्मद ख़ां एवं वीरों के एक अन्य समूह को आगे भेजा। बादशाही सेना एवं मीर्ज़ा में घोर युद्ध (२५२) हुआ। मीर्ज़ा सुलेमान एक खाईं में शरण लेकर दृढ़तापूर्वक युद्ध करता रहा। मीर्ज़ा बेग बरलास धनुर्धारियों की सेना लिए हुए उस ओर से पौरुष एवं धनष चलाने की कुशलता का प्रदर्शन कर रहा था। मीर्ज़ा हिन्दाल, क़राचा ख़ां, एवं हाजी मुहम्मद ख़ां ने वीरतापूर्वक यद्ध किया। ख़्वाजा मुअज़्ज़म एवं वहादुर ख़ां बाण द्वारा आहत हुए और वे घोड़े से उतर पड़े। वलद क़ासिम वेग, जाफ़र बेग क़राचीन[6], अहमद वेग एवं दूग़ान[7] वेग जो शाह के विशेष क़ूरची[8]

१ काबुल के उत्तर-पश्चिम में लगभग २ मील पर घास का मैदान। बाबर ने इसकी चर्चा करते हुए लिखा है कि 'यह बहुत बड़ा मैदान है किन्तु यहाँ मच्छर घोड़ों को बड़ा कष्ट पहुँचाते रहते हैं'। (**बाबर नामा**, पृ० १६)।

२ काबुल के उत्तर में लगभग ·५ मील पर इस्तालीफ़ के समीप।

३ हत्या कर दी। इस विषय में बायज़ीद की कृति का अनुवाद देखिये।

४ बदख़्शां प्रदेश।

५ कुछ पोथियों में 'तबर गरान'।

६ अंगरक्षक।

७ बायज़ीद के अनुसार 'तूग़ान बेग'।

८ अंगरक्षक।

थे और (शाह) के दूत के साथ इस युद्ध में भाग ले रहे थे, घोड़े के गिरने के कारण भूमि पर आ रहे। दोनों ओर से तराज़ू के (पलड़ों के) समान युद्ध हो रहा था कि भाग्यशाली रिकाब के सैनिक एवं अनुभवी योद्धाओं, यथा शेख़ बहलूल, सुल्तान मुहम्मद फ़वाक़, लुतुफ़ी सहरिन्दी, सुल्तान हुसेन खां, मुहम्मद खां जलायर, मुहम्मद खां तुर्कमान, मीर्ज़ा क़ुली जलायर, हैदर मुहम्मद खां के भाई मीर्ज़ा क़ुली, एवं शाह क़ुली नारंजी ने परोक्ष से विजय प्रदान करने वाले विधाता पर आश्रित होकर मीर्ज़ा बेग पर आक्रमण किया। दैवी कृपा से वीरतापूर्वक खाईं पार करके तलवारें चलानी प्रारम्भ कर दीं और बड़ी फुर्ती एवं कुशलता से शत्रुओं की पंक्तियों पर पहुँच गए। शत्रु भाग्यशाली दस्ते के आक्रमण को सहन न कर सके और पलायन कर गये। वे पराजय को ही बहुत बड़ी देन समझकर घबड़ाहट में छिन्न-भिन्न हो गये।

मीर्ज़ा सुलेमान का पलायन

प्रत्येक दिशा में अनुभवी वीर एवं रण-क्षेत्र के सिंहों ने विजय एवं सफलता के मैदान में क़दम बढ़ाये। हज़रत जहाँबानी अभी वीरता के घोड़े पर सवार भी न होने पाये थे कि विजय एवं सफलता का शोर उनके सावधानी के कानों तक पहुँच गया और युग ने बधाई के लिए मुंह खोल दिया। मीर्ज़ा सुलेमान ठहर न सका और नारीन[1] एवं इश्कीमिश[2] के मार्ग से ख़ूस्त के दर्रों की ओर रवाना हो गया। तालीक़ान का तूलक, मीर्ज़ा बेग बरलास[3], एवं उवैस सुल्तान जो मुग़ूलिस्तान के सुल्तानों के वंश से था, मीर्ज़ा सुलेमान से पृथक् होकर चौखट के चुम्बन द्वारा सम्मानित हुए। मीर्ज़ा हिन्दाल एवं वीरों के एक समूह को भागने वालों को बन्दी बनाने के उद्देश्य से नियुक्त करके हज़रत जहाँबानी स्वयं चल खड़े हुए। युद्ध के वीरों को अत्यधिक बदख़्शी घोड़े प्राप्त हो गए। हज़रत जहाँबानी शाशान दर्रे[4] से ख़ूस्त घाटी में पहुँचे। मीर्ज़ा सुलेमान थोड़े से लोगों को साथ लेकर कोलाब[5] की ओर पलायन कर गया। बदख़्शाँ के अधिकांश उच्च पदाधिकारियों एवं उस भूभाग के सैनिकों के समूहों ने उपस्थित होकर धरती-चुम्बन का सम्मान प्राप्त किया। हज़रत जहाँबानी ने उनमें से प्रत्येक को उसकी श्रेणी के अनुसार प्रोत्साहन देकर शाही कृपा द्वारा सम्मानित किया। दलों के बाहुल्य के कारण ५-६ दिन तक वे ख़ूस्त में (२५३) आनन्द-मंगल मनाते एवं लोगों को लाभ पहुँचाते रहे। मुर्ग़ाबी, चकोर एवं मछली का शिकार करके वे वरस्क[6] की ओर रवाना हुए। वहाँ एक विशेष विधि से गौरैये का जाल से शिकार

१ प्रकाशित ग्रन्थ में 'नारी'। नारीन इश्कीमिश के उत्तर में, सुर्ख़ाब की एक सहायक नदी पर।

२ इश्कीमिश, क़ुन्दुज़ से दक्षिण-पूर्व की ओर लगभग १५ मील पर है। यह तालीक़ान से ३० मील दक्षिण में है।

३ बायज़ीद के अनुसार ग़ूर का हाकिम।

४ प्रकाशित ग्रन्थ में 'सासान' किन्तु अन्य हस्तलिपियों में 'शाशान'। यह तीर गरान एवं अन्दराब के उत्तर में था।

५ आक्सस के उस पार।

६ प्रकाशित ग्रन्थ में 'दरस्क' किन्तु 'वरस्क' अधिक उचित है। बाबर ने हिन्दुस्तान की विजय के पश्चात् वरस्क (बदख़्शां में) की घाटी की ओर के प्रत्येक नर-नारी, दास, स्वतन्त्र तथा बालिग़ एवं नाबालिग़ को एक-एक शाहरुख़ी भेजी थी। (**बाबर नामा**, पृ० २०२; अबुलफ़ज़ल : **अकबर नामा भाग १**, पृ० ९९; **मुग़ल कालीन भारत—बाबर**, पृ० ३९२)।

होता है। शिकार करके वहाँ से कलावगान[१] में पड़ाव हुआ। वहाँ से भाग्यशाली सेना का पड़ाव किश्म[२] में हुआ। मीर्ज़ा सुलेमान ने उस क्षेत्र में रहना उचित न समझकर आमू नदी पार की और कुछ लोगों सहित उस क्षेत्र में मारा-मारा फिरता रहा।

ईरानियों को दंड

किश्म में एक धटना यह घटी कि ईरान के शाह तहमास्प का ख़ुसरो नामक एक सेवक भागकर हज़रत जहाँबानी की सेवा में आ गया था। उसने शाह के सम्बन्ध में खुल्लम-खुल्ला कुछ अपशब्द कह दिये। दूग़ान बेग, हुसेन बेग एवं जाफ़र वेग नामक शाह के क़ूरची, जो उत्कृष्ट सेना के साथ थे, यह बात सुनकर किश्म के बाज़ार में ख़ुसरो के पास पहुँचे और उसकी हत्या कर दी। हज़रत जहाँबानी को यह उद्दंडता अच्छी न लगी और उन्होंने उनको बन्दी बनवा दिया। कुछ दिन उपरान्त हुसेन क़ुली सुल्तान मुहरदार की सिफ़ारिश पर उनके अपराधों पर क्षमा के अक्षर लिख दिए गए[३]।

हुमायूं का रुग्ण होना

जब बदख़्शाँ की व्यवस्था राज्य के सहायकों की इच्छानुसार (भली भाँति) सम्पन्न हो गई तो क़ुन्दुज़ एवं उस क्षेत्र को मीर्ज़ा हिन्दाल को प्रदान कर दिया गया और बदख़्शाँ का अधिकांश भाग राज्य के सेवकों में जागीर के रूप में बाँट दिया गया। मुनइम ख़ां को ख़ूस्त का एवं बाबूस बेग को तालीक़ान का राजस्व वसूल करने के लिये भेजा गया। संसार को शोभा प्रदान करने वाले (पादशाह) ने यह निश्चय किया कि बदख़्शाँ की अधिक सुव्यवस्था एवं सेना तथा प्रजा की सुख-शान्ति हेतु शीत ऋतु में वे क़िलये ज़फ़र में पड़ाव करें। इस उत्तम उद्देश्य से वे उस ओर रवाना हुए। जब वे शाखदान नामक स्थान पर, जो किश्म एवं क़िलये ज़फ़र के मध्य में है, पहुँचे तो रुग्ण हो गए और इस प्रकार लगभग दो मास तक उसी पड़ाव पर ठहरे रहे। इस रोग के प्रारम्भ में वे चार दिन तक मूर्च्छित पड़े रहे। इस कारण नाना प्रकार की अफ़वाहें फैल गईं और लोग अपनी-अपनी जागीरों के महाल छोड़कर आने लगे। मीर्ज़ा हिन्दाल अपने महाल से कुत्सित विचारों सहित अन्य अमीरों को लेकर कोकचा नदी के तट तक पहुँच गया। मीर्ज़ा सुलेमान के हितैषी विभिन्न स्थानों पर सिर उठाने लगे किन्तु क़राचा ख़ां निष्ठावानों के एक समूह को लेकर पहुँच गया और उत्कृष्ट दरवार के (प्रांगण) में ख़ेमे लगा दिए। मीर्ज़ा अस्करी को, जिससे उसे शंका थी कि वह षड्यंत्र रचेगा, बन्दी बनाकर अपने शिविर में ले आया और स्वयं चौखट का फ़र्श बनकर सेवा एवं तीमारदारी करने लगा। उनकी पवित्र सेवा में ख़्वाजा ख़ावन्द महमूद एवं ख़्वाजा मुईन[४] के अतिरिक्त कोई न जा सकता था। पाँचवें दिन, जो स्वस्थ होने का पहला दिन था, वे स्वस्थ होने लगे। मीर वरका कोरनिश हेतु उपस्थित हुआ। जव हज़रत जहाँवानी की

१ कलागान, किश्म के पश्चिम में। इसे कलाऊक़ान भी कहते थे।

२. ८वीं शती हि० (१४वीं शती ई०) में जब तीमूर ने बदख़्शां पर आक्रमण किया तो किश्म ही बदख़्शां की राजधानी थी। यह आक्सस नदी के ऊपरी द्रोणी (basin) में है।

३ क्षमा कर दिया गया।

४ ख़्वाजा मुईन, ख़्वाजा ख़ावन्द का पुत्र था।

दृष्टि उसपर पड़ी तो वह उनके स्वस्थ होने के कारण ईश्वर के प्रति कृतज्ञता प्रकट करने के लिये अपने आपको उनपर न्योछावर करने के निमित्त व्याकुल होने लगा। हज़रत जहाँबानी ने कहा कि, (२५४) "मीर! ईश्वर ने मुझे बख़्श दिया[1]।" मीर ने कार्यों के अस्त-व्यस्त होने एवं क़राचा खां की दृढ़ता के सम्बन्ध में कुछ निवेदन किया। हज़रत जहाँबानी ने क़राचा खां को बुलवाकर उसके प्रति कृतज्ञता प्रकट की और उसकी सेवाओं की प्रशंसा करते हुए प्रसन्नता प्रकट की। तत्काल इस आशय का कृपा-युक्त फ़रमान सल्तनत की धारा को सुशोभित करने वाले उस पौधे एवं प्रताप के बहार के सरो अर्थात् हज़रत शाहंशाह को लिखकर फ़ज़ील बेग के हाथ काबुल भेजा गया ताकि ये चिन्ताजनक समाचार वहाँ न पहुँच जायें और उस दैवी नूर के हृदय के दुःख तथा उस प्रदेश के अस्त-व्यस्त होने का कारण न बन जायें। एक सुखद संयोग यह हुआ कि जिस रात्रि में उनके रुग्ण होने के दुःखपूर्ण समाचार काबुल पहुँचे, दूसरे दिन प्रातःकाल फ़ज़ील बेग कृपा-युक्त फ़रमान लेकर पहुँच गया। उनके स्वस्थ हो जाने एवं कुशलता के सुखद समाचार से कष्टों का अन्त हो गया और यह बात सुव्यवस्था एवं दृढ़ता का साधन बन गई तथा उपद्रव की अग्नि शान्त हो गई। मीर्ज़ा हिन्दाल लौटकर अपने स्थान को चला गया और प्रत्येक व्यक्ति अपनी-अपनी जागीर को वापस हो गया।

ख़्वाजा सुल्तान मुहम्मद रशीदी की हत्या

जो घटनाएँ इस वर्ष घटीं उनमें ख़्वाजा सुल्तान मुहम्मद रशीदी[2] की, जिसे विज़ारत का पद प्राप्त था, हत्या है। इस घटना का संक्षिप्त विवरण इस प्रकार है :— ख़्वाजा मुअज्ज़म ने कुछ गुंडों के साथ, जिनकी बुद्धि भ्रष्ट हो गई थी और जो मूर्ख अधर्मियों एवं विवेक-शून्य कमीनों के समान मूल लक्ष्य पर तो ध्यान देते नहीं अपितु शब्दों के जाल में फँसे रहते हैं और जिनके नथुनों तक न तो हक़ीक़त की सुगन्धि पहुँची होती है और न जिन्हें न्याय का ज्ञान होता है और न जिनकी सूझ-बूझ एवं प्रतिभा के वृक्ष में दैवी ज्ञान के फूल से कोई फल निकला होता है, धर्मान्धता की बातें प्रस्तुत कीं। धर्मान्धता के कारण अधर्म को धर्म समझकर इस वर्ष की २१ रमज़ान[3] की रात्रि में ख़्वाजा (सुल्तान मुहम्मद रशीदी) के घर पहुँच गए और रोज़ा खोलने के समय उसे मूर्खता की तलवार के जल से मृत्यु का शरबत पिलाकर उसका रोज़ा खुलवा दिया[4]। तदुपरान्त बादशाही आतंक के भय से, जो दैवी दंड के अनुरूप है, भाग खड़े हुए। जब ये समाचार उनके पवित्र कानों तक पहुँचे तो उन असंयमी लोगों को बन्दी बनाने के लिए कुछ लोग नियुक्त हुए और अनुल्लंघनीय फ़रमान काबुल के अधिकारियों के नाम, जहाँ वे अभागे पहुँच गए थे, प्रेषित किया गया। मुहम्मद अली तग़ाई एवं फ़ज़ील बेग तथा अन्य लोग, जिन्हें हज़रत शाहंशाह की सेवा में सम्मान प्राप्त

१ स्वस्थ कर दिया।
२ बायज़ीद के अनुसार 'रशीद दीवान'।
३ २१ रमज़ान ९५३ हि० (१५ नवम्बर १५४६ ई०)।
४ हत्या कर दी।

था, काबुल की शासन-व्यवस्था में तल्लीन हो गए। उत्कृष्ट फ़रमान की सूचना पाकर उन्होंने ख़्वाजा मुअज़्ज़म एवं उसके साथियों को बन्दी बना लिया[1]।

हुमायूं का स्वस्थ होना

(२५५) जब शाख़दान में हज़रत जहाँबानी के उष्ण स्वभाव में स्वस्थ होने के चिह्न दृष्टिगत होने लगे तो वे दैवी कृपा की पालकी में क़िलये ज़फ़र की ओर रवाना हुए। मौलाना बायज़ीद ने इस बीमारी में उनकी उचित सेवा एवं परिचर्या की। उसे चिकित्सा-शास्त्र का उत्ताम ज्ञान था। वह हज़रत शाहंशाह को शिक्षा प्रदान करने के लिए नियुक्त था। उसके पूर्वज सिकन्दर एवं अरिस्तू सरीखे मीर्ज़ा उलुग़ बेग[2] के विश्वासपात्र एवं वेधशाला के गणित-शास्त्रियों में से थे; जब वे क़िलये ज़फ़र में ठहर गए तो अल्प समय में स्वस्थ हो गए।

हज़रत जहाँबानी के स्वस्थ हो जाने के कारण संसार वालों की अभिलाषा को आनन्द-मंगल की पूंजी प्राप्त हो गई और शाही आदेशानुसार एक ख़ानये कान[3] का निर्माण हुआ। वे अधिकांश उस स्वास्थ्यप्रद गृह में निवास करते हुए लोगों में न्याय एवं प्रसन्नता का वितरण करते रहते थे। उन्होंने वहाँ से शेर अफ़गन वल्द क़ूच बेग को कमहर्द[4], ज़ुहाक[5] एवं बमियान[6] प्रदान करके विदा कर दिया और अत्यधिक उदारता प्रदर्शित करते हुए कहा कि, "जब उत्कृष्ट सेना काबुल में पड़ाव करेगी, तो तुझे ज़ागीर में ग़ूरबन्द[7] भी प्रदान कर दिया जायगा।" हज़रत

१ बायज़ीद ने इस घटना का कारण धर्मान्धता नहीं बताया है किन्तु सम्भवतः अबुलफ़ज़ल ने जो कुछ लिखा है वह ठीक है। ख़्वाजा सुल्तान मुहम्मद रशीदी के शीआ होने के कारण, ख़्वाजा मुअज़्ज़म एवं उसके दृष्टिकोण से सहमत लोग रशीदी के शत्रु हो गये होंगे। अकबर के राज्यकाल में धर्मान्धता की समस्या अधिक उग्र रूप धारण कर गई थी। अबुलफ़ज़ल ने अकबर की धर्म निर्पेक्ष नीति का अपनी रचनाओं द्वारा बड़ा अधिक प्रचार किया। उसके उपर्युक्त वाक्य उसके धार्मिक विचारों के पूर्ण रूप से द्योतक हैं।

२ उलुग़ बेग मीर्ज़ा ज्योतिष के ज्ञान के लिए प्रसिद्ध था। वह तीमूर के पुत्र मीर्ज़ा शाहरुख़ का पुत्र था। वह अपने पिता के जीवन काल में ४० वर्ष तक समरक़न्द में राज्य करता रहा। वह मार्च १४४७ ई० में अपने पिता के स्थान पर सिंहासनारूढ़ हुआ। उसने अपने राज्यकाल में ज्योतिष के ज्ञान को बड़ा प्रोत्साहन प्रदान किया। ज़ीचे उलुग़ बेग उसी के प्रोत्साहन से तैयार हुआ। उसके पुत्र मीर्ज़ा अब्दुललतीफ़ ने अक्तूबर १४४९ ई० में उसकी हत्या कर दी। कुछ अन्य वेधशालाओं के विषय में देखिये **बाबर नामा**, पृ० ५११।

३ सम्भवतः काह अथवा घास-फूस का घर।

४ बामियान के उत्तर में तथा काबुल के उत्तर-पश्चिम में एक घाटी में स्थित है जो दन्दान शिकन दर्रे के समीप है। क़ुन्दुज़ नदी में यहाँ का अधिक जल जाता है। काहमर्द के क़िले के नीचे नदी की चौड़ाई २४ फ़ीट हो जाती है। यहां ख़ाजी अब्दुल्लाह की ज़ियारत गाह है जहां ग्रीष्म ऋतु में लोग बहुत बड़ी संख्या में ज़ियारत हेतु जाते हैं। [Wood : *A Journey to the Source of the River Oxus* (लन्दन १८७२ ई०), पृ० १३२]। बाबर ने उसका कई स्थानों पर उल्लेख किया है। (**बाबर नामा**, पृ० ४, ७, ११, ४९, ५३, ११६, १२१, २२५, २९५, ३७९, ४९६)।

५ काबुल तथा ख़ुरासान के मार्ग में।

६ बामियान : ग़ूर का पूर्वी भाग जो कि इस्लाम के पूर्व बौद्धों का बहुत बड़ा केन्द्र था।

७ ग़ूरबन्द अथवा ग़ूर दर्रा, हिन्दूकुश की ऊँची पहाड़ियों के दक्षिण में स्थित है और बल्ख़ से काबुल के मार्ग का मुख्य दर्रा है। यहां से तीन मार्ग निकलते हैं। (**बाबर नामा**, पृ० १९)। बाबर ९१२ हि० (१५०६-७ ई०) में ख़ुरासान जाते हुए इन स्थानों से गुज़रा था। (**बाबर नामा**, पृ० ५५)।

जहाँबानी शिकारे तुस्क़ावल[1] से, जिसे बदख़्शाँ वालों की भाषा में शिकारे नहलम कहा जाता है, जी बहलाते रहे।

हज़रत जहाँबानी के बदख़्शाँ में निवास के कारण तूरान के पूरे भूभाग में हलचल मच गई। समस्त ऊज़बेक एकत्र होकर चिन्तित रहने लगे और कोई उपाय उनकी समझ में न आता था।

मीर्ज़ा कामरान के उपद्रव की धूल उड़ाने में दैवी रहस्यों का अनावरण एवं काबुल पर उसका अधिकार

यह एक प्राचीन नियम एवं प्रथा है कि संसार का स्रष्टा ईश्वर जब यह चाहता है कि किसी चुने हुए व्यक्ति को शासन की मसनद पर स्थान प्रदान करे और राज्य-व्यवस्था के सिंहासन पर आरूढ़ करे, संसार वालों के हृदय की लगाम उसके अधिकार में दे, तो अपार देनों के मूल्य को पहचानने के लिए, जो उसे परोक्ष से प्राप्त होती रहती हैं, प्रारम्भ में उस भाग्यशाली को नाना प्रकार के कष्टों एवं दुःखों का अनुभव कराता है, ताकि वह विभिन्न स्थितियों से परिचित होकर, अपने व्यवहार में कृपा एवं क्रोध, उदारता एवं संकोच, हर्ष एवं पीड़ा पर ध्यान रक्खे। यह बात उन लोगों को, जो प्राचीन अभिलेखों एवं पुरानी कहानियों से परिचित हैं, भली-भाँति ज्ञात है। क्योंकि दैवी जमाल[2] एवं जलाल[3] के समुद्रों के सम्मिलन अर्थात् हज़रत शाहंशाह का यह पवित्र व्यक्तित्व आदि काल से, जो भाग्य में लिख दिया गया है, उसके अनुसार स्वाभाविक रूप से बुद्धिमत्ता की उच्च श्रेणी को प्राप्त है अतः संसार को शोभा प्रदान करने वाले विधाता ने किसी (२५६) शिक्षा द्वारा अनुगृहित हुए बिना उन्हें एक अद्वितीय व्यक्तित्व एवं बुद्धिमान् हृदय और प्रकाशित अन्तःकरण का स्वामी एवं दूरदर्शी व्यक्ति बनाया है। इस प्रकार इन दुर्घटनाओं का उद्देश्य न तो केवल कृपा एवं क्रोध के नियमों को सिखाना और न स्वार्थ एवं मानवी भूलों का खंडन ही था। ये दुर्घटनायें विरोधाभासी गुणों की ज्योति के अभ्युदय एवं एक दूसरे के विरुद्ध पाये जाने वाली महत्वपूर्ण बातों की द्योतक थीं। अतः यह घटनाएँ उनकी बाल्यावस्था में घटीं जब कि पवित्र हृदय अनुचित बातों के आभास से मुक्त था। सत्य पर आधारित इन बातों के उल्लेख से शिक्षा ग्रहण करने वाले सावधान व्यक्तियों को स्पष्ट रूप से ज्ञात हो जाता है कि बाह्य बातों का निरीक्षण करने वालों की दृष्टि में यह घटनाएँ शिक्षा के बाहुल्य एवं सूझ-बूझ का परिणाम हैं और सत्य को समझने वाली दृष्टि में ये उस व्यक्तित्व की, जो आदि-काल से बुद्धि से सुशोभित

१ 'तुस्क़ावल' तथा 'नहलम' दोनों ही शब्द किसी शब्द कोश में नहीं मिलते। बेवरिज का मत है कि नहलम किसी जानवर का नाम नहीं अपितु शिकार की विधि को कहते हैं। तुस्क़ावल के अन्तिम भाग आवल का अर्थ घेरा होता है। (बेवरिज़, पृ० ४९६-४९७)। सम्भवतः क़मरग़ह विधि के प्रकार का यह शिकार होता होगा। (देखिये बायज़ीद : **तज़्किरये हुमायूं व अकबर**, पृ० ७७; हिन्दी अनुवाद आगे के पृष्ठों में दिया गया है।)

२ दैवी सौन्दर्य। ईश्वर की विशेषता उसका जमाल भी बताई गई है।

३ दैवी ऐश्वर्य। ईश्वर की विशेषता उसका जलाल भी बताई गई है।

है, ज्योति हैं। जब कभी कष्ट का कड़वा जल उस व्यक्ति की हलक़ में टपकाया जाता हैं, जो एकेश्वर के दरबार से दूर पड़ा हो और जो असमंजस के रेगिस्तान में मारा-मारा फिर रहा है, तो सर्वप्रथम शिकायत की सिलवट समर्पण के ललाट पर डाल दी जाती है,[1] और उसे नाना प्रकार की कृतघ्नता का स्रोत तथा विभिन्न प्रकार की निष्ठुरता एवं अत्याचार का नमूना बना दिया जाता है ताकि उसे अनन्त तक रहने वाले कष्टों एवं चिरस्थाई दंड का पात्र बना दिया जाय। मीर्ज़ा कामरान की दशा इसका उदाहरण है जिसने अपने आश्रयदाता, बड़े भाई, आदिकाल से श्रेष्ठ ईश्वर द्वारा चुने हुए समकालीन बादशाह एवं न्यायकारी शासक का विरोध किया और ईश्वर के इतने प्राणियों के जान व माल एवं इज़्ज़त को नष्ट कर दिया।

मीर्ज़ा कामरान के विद्रोह के कारण हुमायूं की चिन्ता

संक्षेप में, ऐसे मंगलमय अवसर पर जब कि वे निश्चिन्त होकर नाना प्रकार से प्रसन्नता एवं हर्ष (बेफ़िक्री) एवं निश्चिन्तता के वातावरण में भोग-विलास के उद्यान में ठहरे हुए थे तो उन्हें एक विचित्र कष्ट पहुँचा। एक चिन्ताजनक समाचार यह प्राप्त हुआ कि मीर्ज़ा कामरान ने संयम को त्याग कर विद्रोह की धूल उड़ाई है और राजधानी काबुल पर अचानक आक्रमण करके उसे अपने अधिकार में कर लिया है। शेर अफ़ग़न परिणाम की चिन्ता किए बिना मीर्ज़ा से मिल गया। हज़रत जहाँ-बानी के पवित्र हृदय को सर्वप्रथम हज़रत शाहंशाह और दूसरे वहाँ के निवासियों एवं प्रजा की, जो विधाता की धरोहर हैं, और न्याय की दृष्टि से जिनका पोषण संतान के पोषण से कम महत्व न रखना चाहिए और तीसरे मीर्ज़ा के विद्रोह के फलस्वरूप घटने वाली घटनाओं के कारण, चिन्ता हो गई। इस विद्रोह को शान्त करने के लिये उन्होंने अपने दैवी साहस को उस ओर आकृष्ट किया और इस अभियान की सुव्यवस्था हेतु उचित प्रबन्ध करने लगे। इस सम्मानित इतिहास का लेखक अबुलफ़ज़ल अपनी लेखनी को बातों के जाल से निकाल कर घटनाओं का विवरण देने एवं तत्सम्बन्धी सविस्तार उल्लेख करने के लिये, आगे बढ़ता है और प्रासंगिक रूप से परिस्थिति का इस आशय से संक्षिप्त विवरण देता है कि जिन लोगों के ओंठ शब्दों के जल के प्यासे हों, वे तृप्त हो जायें।

मीर्ज़ा कामरान का ज़मीनदावर पहुँचना

(२५७) घटनाओं का वर्णन इस प्रकार है: जब भाग्यशाली सेना क़न्धार विजय करके काबुल के क्षेत्र में पहुँची और काबुल का समस्त लश्कर एवं उस भूभाग के लोग हज़रत जहाँबानी के आशीर्वाद प्रदान करने वाले चरणों के आगमन से प्रसन्न हो गए और मीर्ज़ा से पृथक् होकर उनके दल के दल एवं विभिन्न समूह उत्कृष्ट दरबार में पहुँचकर आत्म-समर्पण एवं आज्ञाकारिता का सिर झुकाने लगे तो मीर्ज़ा सन्मार्ग, आज्ञाकारिता एवं स्वामी भक्ति के मार्ग से विचलित होकर चिन्ता एवं व्याकुलता के रेगिस्तान में भटकता हुआ ग़ज़नी की ओर चल दिया और अधीनता

१ अर्थात् वह शिकायतें करना प्रारम्भ करता है और नाना प्रकार से कृतघ्नता, निष्ठुरता एवं अत्याचार प्रदर्शित करता है।

के सौभाग्य की उपेक्षा करके भाग खड़ा हुआ। मीर्ज़ा हिन्दाल, मुसाहिब बेग एवं लोगों ने उसका पीछा किया। इसका उल्लेख काबुल-विजय के प्रारम्भिक विवरण में हो चुका है। जब मीर्ज़ा का कोई पता न चला और उसके मार्ग से धूल न उड़ी[१] तो पीछा करने वाले सम्मानित आदेशानुसार काबुल वापस चले आये। मीर्ज़ा कामरान शीघ्रातिशीघ्र ग़ज़नी पहुँच गया। उस देश के निवासियों के भाग्य ने उनका साथ दिया। उन्होंने ग़ज़नी के क़िले को दृढ़तापूर्वक वन्द करके मीर्ज़ा कामरान के कहने पर उसके द्वार न खोले। मीर्ज़ा ने यद्यपि अत्यधिक धूर्तता प्रदर्शित की किन्तु उससे कोई लाभ न हुआ। वहाँ से वह ख़िज़्र ख़ां हज़ारा के घर पहुँचा। ख़िज़्र ख़ां आतिथ्य की प्रथाओं का पालन करके, मीर्ज़ा को तीरी ले गया और वहाँ से ज़मीनदावर। हुसामुद्दीन अली वल्द मीर ख़लीफ़ा ज़मीनदावर में था। उसने क़िले को दृढ़ करके वीरतापूर्वक युद्ध किया और बड़ी बहादुरी से क़िले की रक्षा की।

मीर्ज़ा कामरान के विरुद्ध सेनाओं का भेजा जाना

जब यह समाचार सम्मानित कानों तक पहुँचे तो उन्होंने ग़ज़नी मीर्ज़ा हिन्दाल को प्रदान कर दिया और ज़मीनदावर एवं उस क्षेत्र के स्थान मीर्ज़ा उलुग़ को दे दिए। अलम, नक़्क़ारा, तुमन, तूग़[२] को अपनी कृपा का परिशिष्ट वना कर उसे उस ओर नियुक्त कर दिया। बैराम ख़ां को कृपा-युक्त फ़रमान भेजा गया कि यादगार नासिर मीर्ज़ा को, जो वहाँ[३] राज्य का शुभचिन्तक बन कर पहुँचा है, मीर्ज़ा उलुग़ के साथ करके मीर्ज़ा कामरान के विरुद्ध भेज दे। उन्होंने एक आदेश यादगार नासिर मीर्ज़ा को भेजा कि मीर्ज़ा उलुग़ के साथ मिलकर मीर्ज़ा कामरान के विद्रोह को शान्त करे और इस सेवा द्वारा अपने पिछले अपराधों के निराकरण का प्रबन्ध करे। मीर्ज़ा लोग मिलकर क़न्धार से ज़मीनदावर की ओर रवाना हुए।

मीर्ज़ा कामरान की पराजय

जब विजयी सेनाओं के आगमन के समाचार मीर्ज़ा[४] के शिविर में पहुँचे तो हज़ारा लोग छिन्न-भिन्न होकर जंगलों में भाग गए। मीर्ज़ा कामरान भी भाग खड़ा हुआ और वक्कर[५] की ओर प्रस्थान करके शाह हुसेन अरग़ून की सेवा में (सहायता की) प्रार्थना की। मीर्ज़ा उलुग़ बेग अपनी जागीर में ठहर गया। यादगार नासिर मीर्ज़ा पवित्र सेवा में इस प्रकार पहुँचा जैसे लोग हज के लिए जाते हों और जैसा कि उल्लेख हो चुका है राजधानी काबुल में सेवा में उपस्थित हुआ।

हुमायूं के रुग्ण होने के कारण मीर्ज़ा कामरान का काबुल की ओर प्रस्थान

मीर्ज़ा कामरान सिन्ध में निवास करने लगा और टट्टा के हाकिम की पुत्री से, जिसकी उससे मंगनी इससे पूर्व हो चुकी थी, विवाह कर लिया। कुछ दिन तक वह षड्यंत्र एवं विद्रोह करने

१ मीर्ज़ा कामरान का पता न चला।

२ पताका, नक़्क़ारा एवं बादशाही के अन्य चिह्न। इनकी व्याख्या **आईने अकबरी** में देखिये।

३ क़न्धार।

४. मीर्ज़ा कामरान।

५. भक्कर।

की योजनाएँ बनाता रहा। इसी बीच में हज़रत जहाँबानी के बदख़्शाँ में रुग्ण हो जाने के समाचार (२५८) प्राप्त हुए। तदुपरान्त अन्य शोचनीय समाचार फैलने लगे। मीर्ज़ा (कामरान) ने टट्टा के हाकिम से कुमक लेकर काबुल पहुँचने का संकल्प किया। टट्टा के हाकिम ने इसे बड़ा ही उत्तम अवसर समझकर, मीर्ज़ा के साथ एक सेना कर दी। कुछ लोगों का मत था कि वह सर्वप्रथम क़न्धार पर अधिकार जमा ले और फिर काबुल की ओर प्रस्थान करे। क्योंकि क़न्धार बैराम खां की देख-रेख में अत्यधिक दृढ़ था, अतः वह काबुल पर अधिकार जमाना निश्चय करके धृष्टता के चरणों से अग्रसर हुआ।

अफ़ग़ानों के घोड़ों को छीन लेना

क़िलात के समीप उसे कुछ अफ़ग़ान व्यापारी मिले जो घोड़े लिए हुए जा रहे थे। उसने निरंकुशता प्रदर्शित करते हुए घोड़े लेकर अपने आदमियों में बाँट दिए।

ग़ज़नी पर अधिकार

वहाँ से वह ग़ज़नी की ओर बढ़ा और अचानक वहाँ पहुँच गया। मीर्ज़ा हिन्दाल की ओर से ज़ाहिद बेग क़िले में असावधानी एवं मस्ती का जीवन व्यतीत कर रहा था। जिस रात्रि में मीर्ज़ा (कामरान) ग़ज़नी पहुँचा ज़ाहिद बुरी तरह नशे में मस्त था। अब्दुर्रहमान क़स्साब की सहायता से मीर्ज़ा के आदमी कमन्द से ऊपर चढ़ गए और क़िले को अपने अधिकार में कर लिया। ज़ाहिद बेग को नशे की अवस्था में मीर्ज़ा की सेवा में प्रस्तुत किया गया। इन बदमस्तों ने उसे उसी नशे की अवस्था में जीवन की बुलन्दी से विनाश के गर्त में फेंक दिया[१]। अपने जामाता मीर्ज़ा दौलत सुल्तान को ग़ज़नी में नियुक्त कर दिया। मलिक मुहम्मद को, जो टट्टा के हाकिम का एक विश्वास-पात्र था, कुमक हेतु छोड़कर स्वयं शीघ्रातिशीघ्र काबुल की ओर रवाना हो गया।

मीर्ज़ा कामरान का काबुल पर अधिकार

एक दिन प्रातःकाल अचानक काबुल पहुँच गया। सर्वप्रथम वह ताक़िया दोज़ों[२] के द्वार पर पहुँचा। उसने मुहम्मद तग़ाई के विषय में, जो काबुल का हाकिम था, पता लगवाया तो ज्ञात हुआ कि वह हम्माम में है और मदिरा के नशे के कारण असावधानी के ख़ुमार में ग्रस्त है। अली क़ुली ऊग़ली[३] मीर्ज़ा का एक क़ूरची हम्माम के भीतर प्रविष्ट हो गया और मुहम्मद अली को नग्न ही हम्माम से ले आया। मीर्ज़ा उसे तलवार के जल से स्नान कराके स्वयं क़िले के भीतर रवाना हुआ। पहलवान उश्तर ने दरवाज़ये आहिनी[४], जो उसकी देख-रेख में था, निश्चित योजनानुसार खोल दिया। मीर्ज़ा नगर के भीतर प्रविष्ट हो गया। काबुल नगर मीर्ज़ा कामरान के अधिकार में आ गया। उसी दिन प्रातःकाल जब यह घटना घटी तो हाजी मुहम्मद असस[५], मीर्ज़ा की सेवा में पहुँचा।

१ भूमि पर फेंककर उसकी हत्या कर दी।

२ टोपी सीने वाले।

३ अधिकांश हस्तलिपियों में 'अली क़ुली लाली'। बायज़ीद में भी 'अली क़ुली लाली' है।

४ लोहे का द्वार।

५ देखिये **बाबर नामा**, पृ० २३१, २६४।

मीर्ज़ा ने पूंछा, "मैं किस प्रकार गया और किस प्रकार आया ?" उसने उत्तर दिया कि, "आप सायंकाल गए और प्रातःकाल आये।" मीर्ज़ा ने जाकर अरक में स्थान ग्रहण किया। शम्सुद्दीन मुहम्मद ख़ां अतगा, हज़रत शांहंशाह को बड़े आदर-सम्मान से मीर्ज़ा के पास ले गया। मीर्ज़ा, उस चमत्कार के रूप को देखकर अनायास नरम पड़ गया और नाना प्रकार से कृपा प्रदर्शित करके उन्हें, जो ईश्वर की रक्षा की छाया में थे, अल्पदर्शिता एवं ईर्ष्या के कारण अपने आदमियों को सौंप दिया।

काबुल में मीर्ज़ा कामरान के अत्याचार

जब मीर्ज़ा कामरान ने काबुल को अपने अधिकार में कर लिया तो उसने नाना प्रकार से अत्याचार एवं निष्ठुरता प्रदर्शित करनी प्रारम्भ कर दी। उसने लोगों की धन-सम्पत्ति का अपहरण तथा रक्तपात प्रारम्भ कर दिया। मेहतर वासिल एवं मेहतर वकील[1] की, जो पादशाह (२५९) के विशेष दास थे, आँखों में सलाई फिरवा दी। हुसामुद्दीन अली वल्द मीर ख़लीफ़ा के, जिसे हज़रत जहाँबानी ने अपनी सेवा में बुलवा लिया था और जिसकी जागीर उलुग़ मीर्ज़ा को प्रदान कर दी थी, ज़मीनदावर की दृढ़तापूर्वक प्रतिरक्षा के प्रतिकार में, गुप्त अंग कटवा दिए और बड़ी बुरी तरह से उसकी हत्या करा दी। चोली बहादुर की, जो हज़रत जहाँबानी का हितैषी था और जिसने उत्तम सेवायें सम्पन्न की थीं, हत्या करा दी। ख़्वाजा मुअज़्ज़म, बहादुर ख़ां, अतगा ख़ां, नदीम कोका एवं अन्य विश्वस्त सेवकों को बन्दी करा दिया और अपने अंतरंग एवं बहिरंग की हानि तथा इस लोक एवं परलोक के अपयश की सामग्री अपने लिए एकत्र कर ली। वह सर्वदा धोखेबाज़ी के पत्र लिखकर लोगों को मार्ग-भ्रष्ट किया करता था[2]। इस प्रकार उसने शेर अफ़गन को तथा हसन बेग कोका एवं सुल्तान मुहम्मद बख़्शी को धूर्ततापूर्वक (हज़रत जहाँबानी से) पृथक् करा दिया। कमीने स्वभाव वालों एवं दुस्साहस तथा गम्भीरता से शून्य लोगों ने साधारण लाभ की कल्पना में अपने लाभ के प्याले में धूल झोंककर कृतघ्नता के मार्ग पर अग्रसर होना प्रारम्भ कर दिया।

काबुल की पराजय के कारण

काबुल की पराजय का सबसे बड़ा कारण पारस्परिक फूट, असावधानी तथा प्रतिरक्षा की ओर से उपेक्षा थी कारण कि उन दिनों में मुहम्मद अली तग़ाई हज़रत जहाँबानी की ओर से नगर का दारोग़ा था किन्तु वह सर्वदा असावधान रहा करता था और चौकसी की शर्तों का पालन न करता था। फ़ज़ील बेग ने भी नगर में अपनी दूकान अलग सजा रक्खी थी[3] और (मुहम्मद अली तग़ाई) से पृथक् होकर (स्वतंत्र शासन स्थापित करने) की आकाँक्षा किया करता था। वे अपने दुस्साहस एवं अयोग्यता के कारण एक दूसरे का विरोध करके अपने पाँव में कुल्हाड़ी मारा करते थे।

१ अन्य स्थानों पर 'वकीला'।

२ गुलबदन बेगम ने लिखा है कि मीर्ज़ा कामरान ने उससे उसके पति के नाम पत्र लिखने के लिए अत्यधिक आग्रह किया।

३ पृथक् योजनाएँ बना रहा था।

ईरानियो द्वारा मीर्ज़ा कामरान की हत्या का असफल प्रयत्न

जब काबुल मीर्ज़ा (कामरान) के अधिकार में आ गया तो वह सैनिकों को एकत्र करने एवं अपने विद्रोह की सफलता का प्रयत्न करने लगा। बहुत बड़ी संख्या में लोग उसके चारों ओर एकत्र हो गए। एक दिन वह अरक के ऊपर बैठा हुआ था। वलद बेग, अबुल क़ासिम एवं शाह के क़ूरचियों का एक समूह, जो अनुमति लेकर एराक़ जा रहे थे, मीर्ज़ा से भेंट करने के लिए पहुँचे। हज़रत शाहंशाह भी मीर्ज़ा की सभा को अपनी उपस्थिति के प्रकाश से सुशोभित कर रहे थे। मीर्ज़ा के विश्वास-पात्र एवं हितैषी अत्याचार एवं लूट-मार के लिए गए थे और आस-पास जितने लोग थे वे हलवाई की दूकान की मक्खी के समान एक दूसरे पर गिर रहे थे[1]। अबुल क़ासिम को एक उत्तम सेवा समझ में आई। उसने वलद बेग से धीरे से कहा कि "नमक खाने का उत्तरदायित्व तो यह है कि हम ३० जवान मिलकर वीरतापूर्वक संकल्प करके मीर्ज़ा की हत्या कर दें और सौभाग्य एवं प्रताप की बहार के इस पौधे अर्थात् हज़रत शाहंशाह को सिंहासनारूढ़ कर दें।" वलद बेग ने, जो युद्ध का आदमी न था, इस मत का समर्थन न किया और कहा, "हम लोग यात्री हैं। हमें इस व्यर्थ के कार्य से क्या मतलब?" क्योंकि प्रत्येक कार्य विशेष अवसर पर सम्पन्न होता है अतः इससे पूर्व उसका सम्पन्न होना सम्भव न था।

हज़रत जहाँबानी जन्नत आशियानी की पवित्र सेना का बदख़्शां से काबुल की ओर प्रस्थान तथा उसका अवरोध

बदख़्शां एवं उस क्षेत्र का प्रबन्ध

(२६०) जब मीर्ज़ा कामरान के विद्रोह एवं षड्यंत्र के समाचार हज़रत जहाँबानी के पवित्र कानों तक पहुँचे तो शीत ऋतु की अधिकता, एवं हिमपात के बावजूद उन्होंने संकल्प कर लिया कि आबदरा[2] के मार्ग से शीघ्रातिशीघ्र बढ़ते हुए विद्रोह एवं षड्यंत्र की अग्नि शान्त करें। सर्वप्रथम मीर्ज़ा सुलेमान को कृपा-युक्त फ़रमान भेजकर उसके अपराध क्षमा कर दिए और उस आवारगी के रेगिस्तान में भटकने वाले को नए सिरे से घर-बार प्रदान किया। जो महाल हज़रत गेती सितानी फ़िरदौस मकानी ने मीर्ज़ा सुलेमान के पिता को प्रदान किए थे, उन्हें मीर्ज़ा को प्रदान करके सम्मानित किया। क़ुन्दुज़, अन्दराब, ख़ूस्त, कमहर्द तथा ग़ूरी एवं उसके आस-पास के स्थान मीर्ज़ा हिन्दाल की जागीर में प्रदान किए गए। ईश्वर की कृपा के पथ-प्रदर्शन से अत्यन्त शुभ मुहूर्त में काबुल की ओर प्रस्थान हुआ। निरन्तर हिमपात एवं वर्षा के कारण तालीक़ान[3] में पड़ाव किया गया। ऊज़बेक लोग हज़रत जहाँबानी की वापसी को ईश्वर की बहुत

१ अव्यवस्थित थे।

२ हिन्दूकुश का एक दर्रा जो बदख़्शां से काबुल जाता है। **बाबर नामा** के अनुसार केवल यही दर्रा जाड़े में खुला रहता है (**बाबर नामा**, पृ० ७७)। इसके अतिरिक्त इसके विषय में देखिये **बाबर नामा**, पृ० ७५, **तारीख़े रशीदी** (**मुग़ल कालीन भारत—बाबर**, पृ० ६२०, ६२२)।

३ प्रकाशित ग्रन्थ में 'तायक़ान'। तालीक़ान क़ुन्दुज़ से नदी के चढ़ाव पर ६० मील पर स्थित है।

वड़ी देन समझ कर अपने अपने स्थान पर शान्ति का अनुभव करने लगे और पूरा तूरान उत्कृष्ट सेना के आतंक के कारण निश्चिन्त हो गया।

हुमायूं का काबुल की ओर प्रस्थान

हिमपात के कम हो जाने के कारण वे तालीक़ान से क़ुन्दुज़ की ओर रवाना हुए। मीर्ज़ा हिन्दाल ने उनके आतिथ्य का प्रबन्ध किया और मीर्ज़ा के प्रोत्साहन हेतु उन्होंने क़ुन्दुज़ के उपान्त में ख़ुसरो शाह के उद्यान में पड़ाव किया। ईदे क़ुरबान[1] के उपरान्त, उन्होंने शिब्र तू[2] दर्रे से होते हुए रेगक दर्रे[3] को पार करके ख़्वाजा सेह यारान में पड़ाव किया। शेर अली ने, जो अपने आप को मीर्ज़ा (कामरान) के विश्वास-पात्रों एवं निष्ठावान् सेवकों में कहता था, आवदरा नामक दर्रे को अत्यधिक दृढ़ बना रक्खा था किन्तु ज़ाहिरी ज़ोर, दैवी सहायता के सामने क्या कर सकता है एवं मानव शक्ति, दैवी शक्ति का क्या मुक़ाबला कर सकती है। अन्त में वह मीर्ज़ा हिन्दाल एवं क़राचा खां के सामने से भाग गया। जब विजयी लश्कर पार हो गया तो वह उन ख़ेमों एवं भारी सामानों पर जो पीछे हट गए थे, टूट पड़ा।

हुमायूं के कुछ सहायकों का मीर्ज़ा कामरान के पास भागना

जब भाग्यशाली शिविर चारीकारान नामक स्थान पर लगे तो इस स्थान से अत्यधिक लोग जैसे इस्कन्दर सुल्तान, मीर्ज़ा संजर बरलास वल्द सुल्तान जुनैद बरलास हज़रत गेती सितानी फ़िरदौस मकानी का भागिनेय पिछली कृपाओं, इनाम-इकराम, प्रोत्साहन एवं प्रतिज्ञा पर ध्यान न देते हुए दुर्भाग्यवश पृथक् हो गए और मीर्ज़ा कामरान के पास जा कर उन्नति, जो वास्तव में अवनति के अनुरूप थी, प्राप्त की।

हुमायूं द्वारा परामर्श-गोष्ठी

हज़रत जहाँबानी ने ज़मज़मा के क्षेत्र में पड़ाव करके उन लोगों को, जो चिन्तित
(२६१) एवं अनुभव-शून्य थे, प्रोत्साहन प्रदान किया और वचन एवं प्रतिज्ञा द्वारा उनकी चिन्ताओं का समाधान करके परामर्शगोष्ठी आयोजित की। जिन लोगों को बात करने की अनुमति थी, उन्होंने निवेदन किया कि, "क्योंकि मीर्ज़ा कामरान ने नगर की गढ़बन्दी कर ली है अतः यह उचित होगा कि काबुल को छोड़ कर, बूरी तथा ख़्वाजा पुश्ता के क्षेत्र में पड़ाव किया जाय ताकि विजयी सेना को खाद्य सामग्री प्राप्त होती रहे।" सभी ने इस बात का समर्थन किया। वे ज़मज़मा से रवाना हुए। थोड़ी सी यात्रा के उपरान्त, हज़रत जहाँबानी के दैवी प्रेरणा प्राप्त हृदय में यह बात आई कि, "ख़्वाजा पुश्ता की ओर जाना उचित नहीं कारण कि अधिकांश लोग जो साथ

१ ईदे क़ुरबान अथवा बक़रईद १० ज़िलहिज्जा को होती है। इस प्रकार १० ज़िलहिज्जा ९५३ हि० / १ फ़रवरी १५४७ ई० को हुई।

२ हिन्दूकुश का एक दर्रा। (देखिये **बाबर नामा**, पृ० १७, ५५, ६७, ७५)।

३ बायज़ीद के अनुसार 'कोतल रेकक' चारीकार के ऊपर। सम्भवतः ख़वाक दर्रा जो पंचशीर घाटी के ऊपर है। (John Wood : *A Journey to the Source of the River Oxus*, p. 272).

हैं, उनके परिवार वाले नगर में हैं। बहुत से लोग अपने ऊपर नियंत्रण न रख कर पृथक् हो जायेंगे और बहुत से लोग यह सोचेंगे कि उत्कृष्ट सेना क़न्धार की ओर प्रस्थान कर रही है। राज्य के हित में यही उचित है कि हिम्मत करके नगर पर, जिसकी गढ़ बन्दी हो चुकी है, अधिकार जमा लिया जाय; यदि मीर्ज़ा युद्ध करे तो अच्छा है अन्यथा हमसे लोग पृथक् न होंगे और वर्षा के भय से कुछ शरण प्राप्त रहेगी।" हाजी मुहम्मद ख़ां को बुलवा कर उन्होंने यह दैवी प्रेरणा, जो उनके हृदय में आई थी, उसके समक्ष रक्खी। उसने इस सराहनीय विचार की प्रशंसा की और यह निश्चय हुआ कि हाजी मुहम्मद ख़ां एवं सेना का एक दस्ता मीनार दर्रे के मार्ग से रवाना हो और वे स्वयं पायान दर्रे से नगर, जिसकी गढ़वन्दी[1] हो चुकी है, की विजय हेतु रवाना हों।

मीर्ज़ा कामरान की सेना की पराजय

विजयी सेना मीर्ज़ा हिन्दाल के नेतृत्व में देहे अफ़ग़ान के उपान्त में बाबा शशपर के रौज़े के समीप पहुँची ही थी कि शेर अफ़गन, मीर्ज़ा कामरान की एक बहुत बड़ी सेना लेकर युद्ध हेतु निकला। दोनों ओर से भीषण युद्ध हुआ। पादशाह के अधिकांश सैनिक अपने स्थान पर दृढ़ न रह सके। मीर्ज़ा हिन्दाल दृढ़ता-पूर्वक रण-क्षेत्र में डटा और वीरता एवं पौरुष प्रदर्शित करता रहा। जब हज़रत जहाँबानी को यह ज्ञात हुआ तो उन्होंने क़राचा ख़ां, मीर बरका और शाह क़ुली नारंजी सरीखे आदमियों को आदेश दिया कि वे साहस से काम लेते हुए विद्रोहियों के समूह के दंड हेतु कटिबद्ध हो जायें। यह सेना पवित्र आदेशानुसार युद्ध हेतु अग्रसर हुई। मीर बरका ने सबसे आगे बढ़कर आक्रमण किया। इसी बीच में हाजी मुहम्मद ख़ां एवं एक अन्य सेना, जो उस मार्ग से भेजी गई थी, समय पर पहुँच गई। शत्रु पराजित हो गए। वे शेर अफ़गन को बन्दी बना कर (हज़रत जहाँबानी की) सेवा में लाये। हज़रत जहाँबानी, जो उदारता एवं सौजन्य की खान थे, यह चाहते थे कि उसे कुछ दिन तक शिक्षा की ज़ंजीरों एवं बन्दीगृह में रख कर, दासों की माला में सम्मिलित कर लें किन्तु क़राचा ख़ां के निवेदन करने तथा हितैषियों के एक समूह के, जो उसकी कृतघ्नता एवं विश्वास-घात के कारण अत्यन्त दुखी था, आग्रह पर उसकी हत्या कर दी गई। हज़रत जहाँबानी ख़्वाबान के मार्ग से काबुल की ओर रवाना हुए। पादशाही सेना के वीर, भागने वालों (२६२) का पीछा करते हुए दरवाज़ये आहिनी[2] पर पहुँच गए। मीर्ज़ा ख़िज़्र ख़ां एवं अरग़ूनों का एक दल हज़ारजात के मार्ग की ओर चल दिया। शहर बन्द[3] सम्मानित राज्य के सहायकों को प्राप्त हो गया। हज़रत जहाँबानी ने उस दिन क़राचा ख़ां के उद्यान में पड़ाव किया। बहुत से दुष्ट विद्रोहियों की, जो रण-क्षेत्र में बन्दी बनाये गए थे, हत्या करा दी गई। शेर अली घबड़ाकर क़िले के भीतर प्रविष्ट हो गया और क़िले के चिन्तित लोगों को संतोष प्राप्त हो गया[4]।

१ नगर की गढ़बन्दी का प्रयोग "शहरबन्द" शब्द के लिए किया गया है।

२ लोहे के द्वार।

३ प्रतिरक्षा अथवा गढ़बन्दी की दीवार।

४ सम्भवतः हुमायूं के वंश की स्त्रियों तथा अन्य सहायकों को जो क़िले में बन्द थे।

मीर्ज़ा कामरान से मुक़ाबला

हज़रत जहाँबानी ने वहाँ दीवानख़ाना उद्यान एवं उरता बाग़ की सैर करके उक़ाबैन पर्वत पर, जो काबुल के क़िले के सामने है, पड़ाव किया। तोपें एवं ज़र्बज़न लगवा दी गईं तथा चलाई जाने लगीं। रोज़ाना मीर्ज़ा कामरान के आदमी पहुँचकर वीरतापूर्वक आमने सामने युद्ध करते थे। महदी ख़ां, उसका जामाता[1] चिलमा बेग, बाबा सईद क़िबचाक़, इस्माईल कूज़[2], मुल्ला मुब्तलाई औजी एवं कुछ अन्य अभागे विजयी सेना से भागकर मीर्ज़ा कामरान के पास चले गए। हज़रत जहाँबानी ने क़राचा ख़ां, हाजी मुहम्मद ख़ां एवं अन्य सैनिकों को आदेश दिया कि यारक[3] द्वार के समक्ष सम्मानित शिविर के लिए स्थान ढूंढा जाय कारण कि वहाँ पड़ाव करना राज्य के हित में है। क़िले के अवरोध की ओर अधिक ध्यान देकर, एवं मोर्चे बाँटकर मीर्ज़ा को विवश कर दिया जाय। जो लोग इस कार्य हेतु भेजे गए थे, वे पड़ाव की खोज में थे कि ३०-४० व्यक्ति एक साथ यारक द्वार के बाहर जाकर खड़े हो गए। हाजी मुहम्मद ख़ां ने बादशाही सैनिकों के एक दल को लेकर इस समूह पर आक्रमण किया। वे मुक़ाबला न कर सके और क़िले की ओर भाग खड़े हुए। इसी बीच में शेर अली ने क़िले के भीतर से निकलकर, हाजी मुहम्मद ख़ां से बड़ा भीषण युद्ध किया। उसके दायें हाथ में, शेर अली द्वारा एक घातक घाव लगा। इस युद्ध में पादशाही आदमियों ने प्रयत्न करके शेर अली को क़िले के भीतर भगा दिया। लोग हाजी मुहम्मद ख़ां को, जो बहुत ही कमज़ोर एवं निढाल हो गया था, उठाकर उसके स्थान पर ले गए। वह बहुत समय तक रुग्ण रहा और ऐसा प्रसिद्ध हो गया कि उसकी मृत्यु हो गई है। हज़रत जहाँबानी ने उसके पास इस आशय से आदमी भेजे कि वह सवार होकर मोर्चों में इस प्रकार जाय कि लोग उसे देख लें।

पवित्र आदेशानुसार वह सवार हुआ और शत्रुओं की प्रसन्नता का बाज़ार ठंडा पड़ गया।

मीर्ज़ा संजर का आक्रमण तथा बन्दी बनाया जाना

एक दिन सुल्तान जुनैद के पुत्र मीर्ज़ा संजर ने, जो अपने ललाट पर कृतघ्नता की कालिमा लगाकर चला गया था, क़िले से निकलकर आक्रमण किया। उसका घोड़ा उसके क़ाबू में न रहा और उसे उठाकर बनफ़शे के उद्यान तक ले गया। निष्ठावान् योद्धा उसे बन्दी बनाकर हज़रत जहाँबानी की सेवा में लाये। उन्होंने उसकी हत्या न कराई और उसे बन्दीगृह में डलवा दिया।

मुहम्मद क़ासिम एवं मुहम्मद हुसेन का आगमन

(२६३) मुहम्मद क़ासिम[4] एवं मुहम्मद हुसेन ने, जो पहलवान दोस्त मीर बर[5] के भागिनेय

१ ख़ेश : इसका अर्थ सम्बन्धी एवं जामाता दोनों ही होता है।

२ प्रकाशित ग्रन्थ में 'कूर' किन्तु कुछ पोथियों में 'कूज़'। यही उचित ज्ञात होता है। कूज़ का अर्थ मदिरा का गिलास तथा कुबड़ा दोनों ही है।

३ कुछ पोथियों में 'बारक'।

४ आगरा के क़िले का निर्माण उसी की देख-रेख में हुआ।

५ ब्लाख़मैन के अनुसार शाही बनों के अधीक्षक।

थे और जिनमें से प्रत्येक (इस समय) अपनी योग्यतानुसार आश्रय प्राप्त करके प्रतिष्ठित अमीरों एवं निष्ठावान् हितैषियों में सम्मिलित तथा उच्च पद द्वारा सुशोभित है, अपने जागरूक सौभाग्य की सहायता से उस बुर्ज से, जो कि आहिनी द्वार एवं क़ासिम बरलास के बुर्ज के मध्य में था, कूदकर उक़ाबैन में सम्मानित चरणों के चुम्बन का आशीष प्राप्त किया और उक़ाब[1] के समान चिरस्थाई सौभाग्य के शिकार द्वारा सफल हुए तथा अपार कृपाओं के पात्र बने।

मीर्ज़ा कामरान द्वारा कारवान वालों का असबाब अधिकार में करने के लिये आदमी भेजना

युद्ध के दिनों में एक बहुत बड़ा क़ाफ़िला विलायत[2] से चारीकारान पहुँचा। उस क़ाफ़िले में अत्यधिक घोड़े एवं असबाब थे। मीर्ज़ा कामरान ने शेर अली को अपने विश्वासपात्रों के एक दस्ते सहित नियुक्त करके आदेश दिया कि वे जाकर समस्त असबाब पर अधिकार प्राप्त कर लें। तरदी मुहम्मद जंग-जंग ने, जो मीर्ज़ा का विश्वास-पात्र था, उसे बहुत रोका और स्पष्ट शब्दों में कह दिया कि, "यदि हज़रत जहाँबानी को सूचना मिल जायगी और वे अपने आदमियों को भेज कर हमारा मार्ग रोक लेंगे तो वे लोग भी आप के पास न पहुँच पायेंगे और आपका कोई काम भी न बन पायेगा और हम भी दुर्दशा को प्राप्त हो जायेंगे।" मीर्ज़ा ने, जो लोगों की धन-सम्पत्ति पर दृष्टि लगाये था, यह बात सावधानी के कानों से न सुनी और शेर अली के नेतृत्व में सेना भेजी।

हुमायूं द्वारा मीर्ज़ा कामरान के आदमियों का मार्ग रुकवा देना

जैसे ही यह समाचार सम्मानित कानों तक पहुँचे उन्होंने हाजी मुहम्मद खां को इस आशय से नियुक्त किया कि वह उन अत्याचारियों को यह लूट-मार न करने दे। हाजी मुहम्मद ने निवेदन किया कि, "वह समूह रातों रात रवाना हो गया है और अपना काम कर चुका होगा। यदि हम पीछा करते हैं और वे हमें नहीं मिलते तो हमारे हाथ से निकल जायेंगे। यदि आप इसे राज्य के हित में उचित समझें तो मोर्चे एवं मार्ग तथा घाट की दृढ़तापूर्वक प्रतिरक्षा की जाय और उन्हें क़िले के भीतर प्रविष्ट न होने दिया जाय।" हज़रत जहाँबानी को यह राय पसन्द आ गई। वे स्वयं पहाड़ी से उतर आये और जिन स्थानों से प्रवेश हो सकता था उनकी प्रतिरक्षा करने लगे। शेर अली, तरदी मुहम्मद जंग-जंग एवं समस्त लोगों ने व्यापारियों के पास पहुँचकर उन्हें लूट लिया। व्यापारियों की अत्यधिक सम्पत्ति नष्ट हो गई। लौटते समय जब उन्होंने क़िले में प्रविष्ट होना चाहा तो उन्हें मार्गों एवं घाटों पर पहरे लगे हुए मिले। तरदी मुहम्मद एवं शेर अली वाद-विवाद करने लगे। तरदी मुहम्मद जंग-जंग ने कहा, "मैंने जो कुछ कहा था, वही हुआ।" उन्होंने दायें-बायें बहुत निगाह दौड़ाई किन्तु उन्हें क़िले में प्रवेश का कोई मार्ग न मिला। परेशान होकर एक किनारे हो गए और अवसर की प्रतीक्षा करने लगे ताकि किसी न किसी युक्ति से क़िले के भीतर प्रविष्ट हो जायें।

१ गरुण। उक़ाब शब्द का प्रयोग हुमायूं के उस समय उक़ाबैन में होने के कारण किया गया है।

२ अन्य देश से। बायज़ीद के अनुसार 'बलख़' से।

बाक़ी सालेह् द्वारा मीर्ज़ा कामरान के सैनिकों को क़िले के भीतर लाने का प्रयत्न

एक दिन बाक़ी सालेह, जो क़िले में घिरे हुए लोगों में बड़ा ही वीर जवान थ, आग्रह करके मीर्ज़ा को आहिनी द्वार के समीप लाया और डींग मारते हुए कहा कि, "मैं एक ही आक्रमण द्वारा शेर अली को इसी द्वार से भीतर ले आऊँगा।" द्वार खोलकर मीर्ज़ा के वीरों का एक दस्ता आगे बढ़ा। मोर्चे के आदमियों में से मुहम्मद क़ासिम खां मौजी, क़ासिम मुख़लिस एवं जमील बेग ने बढ़ कर वीरता एवं पौरुष प्रदर्शित किया। सुम्बुल खां ने ६०-७० दासों सहित बन्दूक़ चलाने (२६४) में कुशलता का प्रदर्शन किया। जमील बेग शहीद कर दिया गया। बाक़ी सालेह के जीवन के खलिहान में बन्दूक़ की गोली से आग लग गई[१]। वही इस उपद्रव का कारण था। अधिकांश लोग घायल हो गए और उन्होंने अपने उद्देश्य को त्यागकर क़िले का द्वार बन्द कर लिया। शेर अली क़िले में प्रविष्ट होने की ओर से निराश होकर ग़ज़नी की ओर चल दया।

कामरान के सैनिकों की पराजय

हज़रत जहाँबानी ने खिज्र ख्वाजा खां, मुसाहिब बेग, इस्माईल बेग दूल्दाई[२] एवं एक बहुत बड़ी संख्या को उनके विरुद्ध नियुक्त किया ताकि वीरतापूर्वक जाकर इन अभागों को बन्दी बना लें। जो लोग भेजे गए थे, उनकी शेर अली से सजावन्द[३] दर्रे में मुठभेड़ हो गई। युद्ध होने लगा। पादशाही सेना को विजय प्राप्त हो गई। अधिकांश धन-सम्पत्ति एवं घोड़ों को अधिकार में कर लिया गया। बहुत बड़ी संख्या में लोग बन्दी बना लिये गए। शेर अली कुछ लोगों के साथ हज़ारजात की ओर चल दिया और खिज्र खां[४] के घर में पनाह ली। जो लोग भेजे गए थे वे विजय एवं सफलता प्राप्त करके लूट की अत्यधिक धन-सम्पत्ति लिए हुए वापस आ गए। उनके प्रति अत्यधिक कृपा प्रदर्शित की गई। जो व्यापारी लूट लिए गए थे, वे प्रार्थना करते हुये पवित्र दरबार में पहुँचे। आदेश हुआ कि वे लोग अपना-अपना असबाव एवं घोड़े पहचान कर ले जायें। अधिकांश घोड़े एवं असबाब उनके स्वामियों को प्राप्त हो गये। यह बात उनके प्रताप में वृद्धि का कारण बनी। जो विद्रोही बन्दी बना लिए गए थे उन्हें मोर्चों के सामने ले जाकर खुल्लम-खुल्ला नाना प्रकार के कष्ट देकर इस आशय से मरवा डाला गया कि यह बात दुष्टता के बिछौने पर सोये हुए भाग्य वालों के जागने का कारण बन जाय।

मीर्ज़ा कामरान द्वारा हुमायूं के सहायकों के परिवार पर अत्याचार

मीर्ज़ा कामरान जब समस्त द्वारों से आने-जाने के उपाय कर चुका और किसी स्थान पर उसे इच्छानुसार सफलता न प्राप्त हुई और असफलता के अतिरिक्त कोई मार्ग न मिल सका त उसने अपनी शोचनीय कल्पनाओं को निरपराध बालकों एवं छोटे-छोटे बच्चों की हत्या तथा पवित्र स्त्रियों के सतीत्व को नष्ट करने में लगा दिया। बाबूस की पत्नी को बाज़ार वालों को सौंप

१ हत्या कर दी गई।

२ प्रकाशित ग्रन्थ में 'दूल्दी'।

३ काबुल के लुहूगुर तूमान का एक ग्राम, काबुल के दक्षिण-पूर्व में। (**बाबर नामा**, पृ० २४)।

४ सम्भवतः खिज्र, ख़ां हज़ारा।

दिया। उसके तीन पुत्रों, जिनमें से एक की अवस्था ७ वर्ष, दूसरे की ५ वर्ष, और तीसरे की ३ वर्ष थी, का खून नाना प्रकार की दारुण पीड़ा देकर भूमि पर बहा दिया और उनकी लाश क़राचा बेग एवं मसाहिब बेग के मोर्चे के समीप, क़िले के ऊपर से लटका दी। क़राचा बेग के पुत्र सरदार बेग एवं मुसाहिब बेग के पुत्र ख़ुदा दोस्त को क़िले के कंगूरों से बाँधकर लटका दिया और संदेश भेजा कि "या तो वे उससे मिल जायें या उसे मार्ग दे दें ताकि वह चला जाय और या पादशाह को अवरोध से हटा ले जायें अन्यथा बाबूस के पुत्रों के समान उनके पुत्रों की भी हत्या कर दी जायगी।" क़राच ख़ां ने, जो उस समय पूर्ण अधिकार सम्पन्न वकील[1] था, चिल्ला कर कहा, "हज़रत पादशाह सलामत रहें। हमारा घर-बार एवं हमारे पुत्र कभी न कभी नष्ट होंगे ही और उनका विनाश अवश्यम्भावी है अतः इससे अच्छा और क्या है कि अपने स्वामी एवं आश्रयदाता के लिए काम आयें। पुत्रों का क्या मूल्य है कारण कि हमारे प्राण भी उन्हीं पर न्योछावर हैं। इस नीच विचार को त्याग दे और निष्ठापूर्वक दीनता प्रदर्शित करते हुए सेवा में उपस्थित हो कारण कि तेरी मुक्ति की पूंजी एवं जीवन की शोभा इसी पर निर्भर है। उसी समय तेरे हितैषी बन कर हमसे जो कुछ हो सकेगा हृदय से तेरे लिए प्रयत्न करेंगे अन्यथा हमें पुत्रों की हत्या से क्या (२६५) डराता है। यदि हमारे पुत्रों को कुछ हो जाय तो उसके बदले में हमें सुगमतापूर्वक (पुत्र) प्राप्त हो जायेंगे।" हज़रत जहाँबानी ने क़राचा ख़ां एवं मुसाहिब बेग को बुलवा कर कृपा प्रदर्शित करके संतुष्ट किया और नए सिरे से प्रोत्साहनों द्वारा प्रसन्न किया। मीर्ज़ा ने लोगों की मान-मर्यादा पर हाथ डालकर उनके पुत्रों, एवं उनकी स्त्रियों से अनुचित व्यवहार किए। मुहम्मद क़ासिम ख़ां मौजी की पत्नी के स्तन बंधवाकर लटकवा दिये। मीर्ज़ा क्रोध एवं ईर्ष्या के रोग में ग्रस्त होने के कारण बाह्य रूप से हज़रत जहाँबानी का जो भी विरोध करता, वास्तव में वह विरोध एवं शत्रुता विधाता के प्रति होती। इस प्रकार का निष्ठुर जो भी कार्य करता है, उससे किसी प्रकार उसका उपकार नहीं हो पाता और वह उसी के सिर पड़ता है। अन्त में वह कार्य इस लोक तथा परलोक में उसकी हानि का कारण बनता है।

हज़रत शाहंशाह के उत्कृष्ट चमत्कार एवं काबुल पर विजय

मीर्ज़ा कामरान ने अपनी असावधानी एवं मूर्खता के कारण अपनी रक्षा हेतु सल्तनत की वाटिका के उस पौधे, एवं ख़िलाफ़त की बहार के उस नए फल अर्थात् हज़रत शाहंशाह को तोपों के सामने ले जाकर ऐसे स्थान पर, जहाँ विजयी सेना के निशानेबाज़ों के कारण चींटी तथा टिड्डी भी न पहुँच सकती थी, बैठा दिया। यह कौन सी मानवता एवं वीरता थी? किस हिंसक पशु अथवा राक्षस की यह प्रथा है? इस बात का आदेश देने वाले की जिह्वा क्यों न गूंगी हो गई? इस कार्य के करने वाले का, जो सौभाग्य के उस पौधे को उस उद्देश्य से ले गया और उस विचार से बैठा दिया, हाथ क्यों न बेकार हो गया? जो नेत्र हज़रत जहाँबानी के ज़ाहिरी उपकार को, जो बड़े भाई एवं सम्मानित पिता के स्थान पर थे और आश्रयदाता थे, न देख सके वे हज़रत शाहंशाह के संसार को शोभा प्रदान करने वाले सौन्दर्य को, जो ऐश्वर्य के आवरण में छिपा था, उनकी बाल्यावस्था एवं अल्पावस्था के कारण किस प्रकार देख सकते थे? जो हृदय ईर्ष्या के कष्टों के कारण दुःख से

१ प्रधान मंत्री।

पद-दलित हो और परमेश्वर का शत्रु बना हो, वह दैवी प्रकाश की किरणों को, जो मानव शरीर में निहित थीं, कैसे पा सकता था ? जब दैवी-बुद्धि परोक्ष के उस प्रकाश को अपनी सहायता के आश्रय, प्रतिरक्षा एवं कृपा की छाया में कष्टों एवं दुःखों से बचा कर सुरक्षित स्थान पर रक्खे हो और उस अद्वितीय की दशा के सुधार एवं उसकी परिस्थितियों की सुव्यवस्था का उत्तर-दयित्व ईश्वर पर हो तो वह इन निष्ठुर अत्याचारियों को तुरन्त उनकी दुष्टता एवं कुकृतियों का दंड नहीं दे देता अपितु परमेश्वर की इच्छा इन कृतघ्नों के विषय में इस प्रकार होती आई है कि उन्हें कालचक्र के कष्टों में डालकर अपमान एवं तिरस्कार की राख में मिला दे और जैसे-जैसे समय व्यतीत हो, शनैः शनैः तथा एक-एक करके उन्हें घुला डाले और उस अत्याचारी की कुकृतियों को धीरे-धीरे दंड का पात्र बनाये ताकि उस दंड को देखकर अन्त में समस्त कृतघ्न लोग शिक्षा ग्रहण कर सकें। (२६६) निःसन्देह यदि दूरदर्शिता की दृष्टि से देखा जाय तो इस प्रकार के दंड एवं प्रतिकार, जो शनैः शनैः एवं धीरे-धीरे प्रकट होते हैं, कष्टों एवं दुखों की दृष्टि से अधिक कठोर एवं प्राण-विदारक होते हैं।

जब यह नीच कार्य उस धृष्ट समूह द्वारा सम्पन्न हुआ तो निशानेबाज़ों के हाथ काँप उठे और वाण टेढ़े-टेढ़े उड़ने लगे, बंदूक़ के फ़तीले[1] ठंडे पड़ गए। सुम्बुल खां मीर आतश ने भी अपने उष्ण स्वभाव में अत्यधिक ठंडक का अनुभव किया और चिन्ता में पड़ गया कि, "आख़िर यह माजरा क्या है?" ईश्वर को धन्य है कि नीच विचार वाले दुष्ट जिस बात को हानि समझ कर कष्ट के द्वार खोलते हैं वह बात निपुणता का साधन एवं बचाव का दस्तावेज़ बन जाती है। इसका उदाहरण यह घटना है। सर्वप्रथम ऐसे ख़तरनाक स्थान पर अचूक बन्दूक़ चलाने वालों एवं जादूगर की भाँति आग फेंकने वालों से (बचकर) ईश्वर की प्रतिरक्षा में रहना, कलुषित हृदय वाले अशुभचिन्तकों के अपमान एवं शिक्षा ग्रहण करने के लिए उत्सुक सतर्क हृदय वाले व्यक्तियों के पथ-प्रदर्शन का साधन है। इसके अतिरिक्त उक्त घटना इस चमत्कार के प्रदर्शन का भी साधन बनी कि (उनके कारण) आग ठंडी हो जाती है और फ़तीले काम नहीं करते। जब सुम्बुल ख़ां की दृष्टि लक्ष्य की ओर पड़ी तो वह तीव्र हो गई और उसने हज़रत शाहंशाह को पहचान लिया। इस दुर्घटना के आतंक से दर्शकों के प्राण शरीर से निकलने ही वाले थे और समस्त बन्दूक़ चलाने वालों के शरीर रिक्त होने वाले थे कि सुम्बुल ख़ां को इस रहस्य का पता चल गया और उसे अग्नि के बुझ जाने का कारण ज्ञात हो गया। उसने तत्काल तोपख़ाने से हाथ खींच लिया। विद्रोहियों के समूह को कुछ समय के लिए भव्य तोपख़ाने के कष्टों से थोड़ी सी मुक्ति प्राप्त हो गई। जिस स्थान पर दैवी प्रतिरक्षा उसके चुने हुए व्यक्ति की हिफ़ाज़त कर रही हो वहाँ मानव युक्तियाँ उसे कष्ट पहुँचाने का किस प्रकार साहस कर सकती हैं? यद्यपि मूर्खों ने यह अनुचित कार्य सम्पन्न किया किन्तु दैवी बुद्धि इस रहस्य का अनावरण तथा इस तथ्य का स्पष्टीकरण चाहती थी और इस चमत्कार को प्रकट करने की इच्छा थी ताकि प्रत्येक व्यक्ति अपनी बुद्धि एवं अपने साहस के अनुसार उस पर ध्यान दे सके और अपनी योग्यतानुसार गुण एवं दोष को समझ

१ बत्ती जिसमें आग लगाकर बन्दूक़ तथा तोप चलाई जाती थी। साधारणतः फ़लीता भी बोला जाता है, किन्तु शुद्ध रूप फ़तीला ही है।

सके। संक्षेप में, दुष्ट लोग तो इस नीच कार्य द्वारा उसे अपने प्रति की जाने वाली कठोरता एवं सख़्ती को कम हल्का कराने का साधन बनाना चाहते थे, किन्तु तथ्य को समझने वाले दूरदर्शी लोग इसे उन अत्याचारियों के पतन का कारण समझते थे।

हुमायूं के पास कुछ अन्य लोगों का सहायता हेतु पहुँचना

इसी बीच में मीर्ज़ा उलुग़ बेग ज़मीनदावर से, क़ासिम हुसेन खां शैबानी क़िलात से, ख़्वाजा ग़ाज़ी, जो शाह के लश्कर में रह गया था, बैराम ख़ां का सम्बन्धी शाह क़ुली सुल्तान क़ंधार से और कुछ लोग बदख़्शाँ से सेवा में उपस्थित हुए। हज़रत जहाँबानी ने इन लोगों को यारक द्वार के समीप मोर्चा प्रदान किया और यह भाग्यशाली समूह सेवा हेतु कटिवद्ध हो गया। सत्य को (२६७) समझने वाले वीरों ने अधिक से अधिक प्रयत्न करके मीर्ज़ा को परेशान कर दिया।

मीर्ज़ा कामरान द्वारा क्षमा-याचना

जब उसकी समस्त नीच योजनायें असफल हो गईं तो वह धूर्ततापूर्वक चाटुकारी एवं मक्कारी करने लगा और लज्जा एवं पश्चाताप प्रदर्शित करके चापलूसी करने लगा। उसने क़राचा ख़ां द्वारा निवेदन कराया कि, "मैं अपने पिछले अपराधों पर लज्जित हूँ। अब मैं यह चाहता हूँ कि सेवा में उपस्थित होकर अपने पिछले अपराधों का निराकरण कर सकूं और उचित सेवाओं द्वारा हज़रत जहाँबानी के ईश्वर के प्रति कृतज्ञ हृदय को अपने प्रति उदार बना सकूं। इस समय इस पश्चाताप एवं लज्जा के प्रदर्शन के कारण मेरे प्राण एवं मेरी धन-सम्पत्ति आपकी उदारता की छाया में रहें।" हज़रत जहाँबानी ने अपने बड़प्पन एवं अपने उच्च साहस के कारण उसकी बातों को स्वीकार करते हुए आदेश दिया कि अवरोध की कठोरता में कमी कर दी जाय।

हुमायूं के अधिकारियों द्वारा षड्यंत्र

क्योंकि मीर्ज़ा हिन्दाल, क़राचा ख़ां, मुसाहिब बेग एवं भाग्यशाली सेना के अधिकांश उच्च पदाधिकारी निष्ठा के मीठे जल के स्वाद से भली भाँति परिचित न थे अतः अपने स्वार्थ की सिद्धि हेतु, जो अशान्ति-प्रिय लोगों की प्राचीन प्रथा है, न चाहते थे कि मीर्ज़ा (कामरान) सेवा में उपस्थित हो। स्वामी-भक्ति एवं निष्ठा के विषय में क्या कहूँ? यह एक ऐसा अनमोल मोती एवं अप्राप्य रत्न है जो यदि तूरानियों में, जहाँ वह सर्वदा से नायाब था, कम हो तो क्या आश्चर्य। किन्तु उनमें अनुभव, युक्ति तथा बुद्धि भी न थी जिससे वे अपने ज़ाहिरी लाभ-हानि को समझ सकते और उपकार का बदला उपकार से दे सकते। ये अंध-हृदय वाले, नेकी के स्थान पर बुराई की व्यवस्था करते थे। इससे भी बुरी बात यह थी कि वे सर्वदा लोगों को कष्ट पहुँचाने एवं अकारण रक्तपात के लिए तैयार रहते थे और उनका नीच विचार यह था कि इससे उनके गौरव एवं धन-सम्पत्ति में वृद्धि होगी अतः वे षड्यंत्र एवं अशान्ति की पूंजी बने रहते थे। न जाने उन्हें कैसी बुद्धि प्राप्त थी और उनके कैसे विचार थे। यदि उन्हें निष्ठा की न्यूनतम श्रेणी का भी ज्ञान होता और वे इस बात को समझते कि वह कितना बड़ा सौभाग्य है तो वे निःसन्देह इस प्रकार अपनी हानि को न पसन्द करते। यदि निष्ठा के पवित्र स्थान का उन्हें पता न था तो व्यावहारिक ज्ञान को क्या हो गया था जिसकी इस समूह को सूचना न

थी। यदि उनके सावधानी के कानों ने यह भी न सुना हो तो काश उन्हें लोगों के हृदय को कष्ट पहुँचाने के दंड का ज्ञान होता ताकि वे अपने पाँव में इतनी तेज़ कुल्हाड़ी न मारते।

मीर्ज़ा कामरान का पलायन

अन्ततोगत्वा इस समूह ने अपने नीच विचारों के कारण मीर्ज़ा को आतंकित कर दिया और कहला भेजा कि, "तू किस आशा से क़िले में रहेगा और किस आशा से दरबार में आयेगा? नित्य-प्रति क़िले पर अधिकार जमाने के साधनों की व्यवस्था हो रही है। तुझे चाहिए कि तू शीघ्र अमुक मोर्चे से (हसन क़ुली आक़ा के मोर्चे का पता बताकर) ७ रबी-उल-अव्वल ९५४ हि० (२७ अप्रैल १५४७ ई०) को बृहस्पतिवार की रात्रि में भाग खड़ा हो और बदख़्शाँ चला जा। (२६८) सम्भव है कि मीर्ज़ा सुलेमान द्वारा और यदि वह वहाँ न हो तो ऊज़बेकों की सहायता से तुझे सफलता प्राप्त हो जाय।"

हुमायूं का काबुल में प्रवेश

हज़रत जहाँबानी ने हाजी मुहम्मद ख़ां एवं एक सेना को मीर्ज़ा का पीछा करने के लिए नियुक्त किया और स्वयं दैवी सहायता से राजधानी काबुल को, जो विद्रोह एवं अशान्ति के कारण वीरानी का केन्द्र बन गई थी, अपने सम्मानित चरणों से आबादी के आनन्द-मंगल का गृह बना दिया। असंख्य चमत्कारों के केन्द्र, हज़रत शाहंशाह, स्वागतार्थ पहुँचे और हज़रत जहाँबानी की सेवा में उपस्थित होने के सौभाग्य द्वारा सम्मानित हुए तथा पवित्र बेगमें अभिवादन करके प्रतिष्ठित हुईं। हज़रत शाहंशाह के सम्मानित दर्शन द्वारा हज़रत जहाँबानी के नेत्रों एवं हृदय को नया प्रकाश एवं नव-स्फूर्ति प्राप्त हुई। इस देन से बढ़कर कौन सी देन होगी कि याक़ूब[1] के नेत्रों ने यूसुफ़[2] के सौंदर्य से प्रकाश प्राप्त किया। इस शान्ति से बढ़कर कौन सी शान्ति होगी कि ऐसे जिगर के टुकड़े के मिलन से ऐसे सन्त-स्वभाव वाले के हृदय को शान्ति मिली। उनके पवित्र व्यक्तित्व की कुशलता के कारण ईश्वर के प्रति कृतज्ञता हेतु नज़र-नियाज़ एवं निष्ठापूर्वक न्योछावर की व्यवस्था हुई। सर्वसाधारण के घायल हृदय पर, जो दुर्घटनाओं के कारण ख़ून हो चुका था, मलहम रक्खा गया और प्रत्येक का सैकड़ों गुना उपकार हुआ तथा उन्हें प्रोत्साहन एवं आराम प्राप्त हुआ। दुखी लोगों के छिन्न-भिन्न हृदय संगठित हो गए और हज़रत जहाँबानी एवं हज़रत शाहंशाह विजय के सिंहासन एवं गौरव की मसनद पर ऐश्वर्य तथा प्रताप के साथ आसीन हुए।

मीर्ज़ा कामरान के सहायकों का बन्दी बनाया जाना

हाजी मुहम्मद ख़ां एवं अन्य लोग, जो मीर्ज़ा कामरान का पीछा करने के लिए भेजे गए थे, यद्यपि उस तक पहुँच गए किन्तु कृतघ्नता के प्राचीन जादू एवं प्रभाव के कारण उसे

१ जैकब, एक पैग़म्बर जो यूसुफ़ के पिता थे। कहा जाता है यूसुफ़ को उनके भाइयों ने ईर्ष्यावश जंगल के एक कुंवें में डाल दिया और याक़ूब से कह दिया कि यूसुफ़ को भेड़िया उठा ले गया। यूसुफ़ के वियोग में उनके पिता अन्धे हो गये किन्तु बाद में जब यूसुफ़ आये तो उनके नेत्रों में पुनः प्रकाश आ गया।

२ जोज़फ़।

ऐसा समझकर छोड़ दिया कि मानो उसे न देखा हो। यद्यपि मीर्ज़ा निकल गया[1] किन्तु आक़ सुल्तान[2] एवं उसके अधिकांश आदमी राज्य के सहायकों द्वारा बन्दी बना लिए गए। उनमें से एक-एक के विषय में न्यायपूर्वक पूंछ-ताँछ की गई और एक-एक को उसके अपराधों के अनुसार दंड दिया गया। इनमें से सुल्तान क़ुली अतगा, अब्दुल्लाह मीर्ज़ा का एक सम्बन्धी, तरसून मीर्ज़ा, हाफ़िज़ मक़सूद, मौलाना बाक़ी यरग़ू[3], मौलाना क़दम अरवाब एवं एक अन्य समह की, जो उपद्रव एवं विद्रोह की जड़ था, हत्या करा दी।

मीर्ज़ा कामरान का ग़ूरी के हाकिम से युद्ध

मीर्ज़ा कामरान भाग खड़ा हुआ और अपने आदमियों से (परामर्श करके) यह निश्चय किया कि वह इस्तालीफ़[4] पर्वत पर पहुँचकर शरण लेगा और सेना को इकट्ठा करके युद्ध की सामग्री एकत्र करेगा किन्तु वह अली क़ुली क़ूरची के साथ रात्रि के अन्तिम पहर संजिद दर्रे से छिपकर बदख़्शाँ की ओर भाग गया और हज़ारजात द्वारा सहस्त्रों प्रकार के कष्ट झेलकर एवं हज़ारों अपमान एवं निर्लज्जता सहन करता हुआ अग्रसर हुआ। मीर्ज़ा बेग, जो मीर्ज़ा (कामरान) का विश्वास-पात्र था, एवं शेर अली कुछ लोगों के साथ ज़ुहाक के समीप मीर्ज़ा से मिल गए। मीर्ज़ा ने ग़ूरी पहुँचकर वहाँ के हाकिम मीर्ज़ा बेग बरलास को सन्देश भेजा और उसे अपने पास बुलवाया। उसने कहला भेजा कि, "मैं नमकहरामी, जो अभागों की प्रथा है, नहीं कर सकता।" (२६९) मीर्ज़ा ग़ूरी से चला जाना चाहता था कि एक क़ुलचक़ी[5] ने मीर्ज़ा को गाली देकर कहा कि, "इस मर्द का साथ देने से क्या लाभ है?" और मीर्ज़ा की ओर संकेत किया और कहा कि, "यदि हज़रत गेती सितानी के समान इसमें लेश मात्र को भी मर्यादा एवं आत्म-सम्मान होता तो यह ग़ूरी के हाकिम को इस अपमान के उपरान्त कभी न छोड़ता।" मीर्ज़ा ने उसके ताने से रुष्ट होकर कहा कि, "व्यर्थ की बातें क्यों कर रहे हो? तुम स्थिति को नहीं समझते। मैं तुम लोगों की अव्यवस्था की चिन्ता के कारण इस प्रकार व्यवहार कर रहा हूँ। यदि तुम्हारे पास युद्ध के साधन होते तो मैं उसे इस प्रकार कैसे छोड़ देता?" उस पागल ने मीर्ज़ा से पुनः कठोर शब्द कहे। मीर्ज़ा ने पलटकर ग़ूरी के हाकिम से युद्ध किया। ग़ूरी का हाकिम पराजित हो गया और मीर्ज़ा द्वारा बन्दी बना लिया गया। मीर्ज़ा को थोड़ा-बहुत सामान भी प्राप्त हुआ।

मीर्ज़ा कामरान का बदख़्शां की ओर प्रस्थान

वह शेर अली को वहीं छोड़कर बदख़्शाँ चला गया और मीर्ज़ा सुलेमान एवं मीर्ज़ा इबराहीम के पास आदमी भेजकर सहायता हेतु उन्हें आमंत्रित किया। उन्होंने अपनी सूझ-बूझ के

१ इस विषय में जौहर, निज़ामुद्दीन अहमद एवं अब्दुल क़ादिर बदायूनी की कृतियों का अनुवाद देखिये।

२ मीर्ज़ा कामरान का जामाता; गुलबदन बेगम के अनुसार वह मीर्ज़ा कामरान का साथ छोड़कर मक्का चला गया।

३ बेवरिज ने इसे 'ईरग़ू' लिखा है।

४ काबुल के उत्तर-पश्चिम में।

५ सेवक।

कारण पादशाह की निष्ठा को हाथ से जाने न दिया और मीर्ज़ा कामरान की सहायता से अपने आप को बचाये रक्खा।

मीर्ज़ा कामरान का बल्ख़ पहुँचना

मीर्ज़ा कामरान अपने नीच विचारों के कारण इस आशय से बल्ख़ की ओर रवाना हुआ कि पीर मुहम्मद ख़ां से आग्रह करके सहायता प्राप्त करे और बदख़्शाँ पर अधिकार जमा ले। हज़रत जहाँबानी ने क़राचा ख़ां को इस उद्देश्य से बदख़्शानात की ओर नियुक्त किया कि वह मीर्ज़ा सुलेमान, मीर्ज़ा हिन्दाल एवं राज्य के समस्त अधिकारियों को साथ लेकर या तो मीर्ज़ा कामरान को बन्दी बना ले और या उसे भगा दे।

हुमायूं के आदमियों का ग़ूरी पर अधिकार

क़राचा ख़ां बदख़्शाँ पहुँचा और मीर्ज़ाओं को साथ लेकर ग़ूरी के क़िले की ओर रवाना हुआ। वहाँ शेर अली एवं मीर्ज़ा कामरान के आदमियों के एक समूह ने क़िला बन्द कर लिया और वीरतापूर्वक युद्ध करने लगे। दोनों ओर से उत्तम वीर मारे जाने लगे। उन्हीं में से ख़्वाजा नूर था, जो मीर्ज़ा हिन्दाल के प्रतिष्ठित सहायकों में से था। मुल्ला मीर किताबदार भी, जो मीर्ज़ा हिन्दाल का विश्वास-पात्र था, मार डाला गया। अन्त में पादशाह के प्रताप से जो लोग क़िले में घिरे हुए थे, वे मुक़ाबला न कर सके और भाग खड़े हुए। क़िला राज्य के अधिकारियों को प्राप्त हो गया।

हुमायूं का बदख़्शाँ की ओर प्रस्थान

इसी बीच में मीर्ज़ा कामरान एवं पीर मुहम्मद ख़ां के बल्ख़ से आगमन के समाचार प्राप्त हो गए। मीर्ज़ाओं ने युद्ध न किया और पर्वत की कन्दराओं में भाग गए। क़राचा ख़ां काबुल की ओर चल खड़ा हुआ। हज़रत जहाँबानी ने बदख़्शाँ की अव्यवस्थित दशा के विषय में सुनकर बदख़्शाँ की ओर प्रस्थान किया। जब विजयी शिविर ग़ूरबन्द में पहुँचा तो क़राचा ख़ां ने सेवा में उपस्थित होकर धरती-चुम्बन का सौभाग्य प्राप्त किया। क्योंकि क़राचा ख़ां का असबाब लौटते समय ईमाक़ात[1] द्वारा लूट लिया गया था, अतः उसने तैयारी करके शीघ्र उत्कृष्ट सेना में पहुँच जाने के उद्देश्य से काबुल जाने की अनुमति ले ली। हज़रत जहाँबानी ने उसके प्रोत्साहन हेतु ग़ूरबन्द से प्रस्थान करके गुलबहार नामक स्थान पर इस आशय से पड़ाव किया कि क़राचा ख़ां के पहुँचने तक वे सैर व शिकार से दिल बहलाते रहें।

हुमायूं की काबुल को वापसी

(२७०) क़राचा ख़ां की वापसी के उपरान्त यद्यपि समय निकल चुका था, तथापि हज़रत जहाँबानी ने पूर्ण रूप से संकल्प करके बदख़्शाँ की ओर प्रस्थान किया। क्योंकि

१ मुग़ल क़बीलों।

ईश्वर की इच्छा न थी कि यह अभियान सम्पन्न हो अतः हिन्दू कोह के दर्रे बरफ़ के कारण यात्रा योग्य न रहे और वहाँ विचित्र प्रकार की अव्यवस्था फैल गई। दर्रे को पार करना कठिन हो गया। आवश्यकतावश वे काबुल की ओर रवाना हो गए और इस बात का संकल्प कर लिया गया कि वहार के मौसम में वदख़्शाँ पर चढ़ाई की जायगी।

हज़रत शाहंशाह का मकतव में बैठना और अन्य घटनाएँ जो इन दिनों में घटीं

क्योंकि दैवी ज्ञान के मकतवख़ाने[1] में, जो अनादि एवं अनन्त के लेखों की लौहे महफ़ूज़[2] हैं और समस्त ज्ञान-विज्ञान उस हरीमे हुज़ूर[3] में मकतव के वालकों के समान हैं, यह लिखा जा चुका है कि वाह्य बुद्धि के अधिकारियों को, जब वे बात करना प्रारम्भ कर दें, तो अक्षरों के मिलाने के ज्ञान एवं सामान्य बातों की जानकारी, जो सोच-विचार एवं सूझ बूझ के अनुभव द्वारा प्राप्त होती है, कराई जाय और इस प्रकार उन्हें बुद्धि के मार्ग पर शनैः शनैः एवं विशेष क्रम से चलने योग्य बनाया जाय, अतः इस वर्ष की ७ शव्वाल[4] (२० नवम्बर १५४७ ई०) को, जब हज़रत शाहंशाह की अवस्था ४ वर्ष, ४ मास तथा ४ दिन हो गई[5], प्रथा एवं परम्परा के अनुसार उस दैवी पाठशाला के पढ़े हुए एवं ईश्वर के मदरसे के रहस्यों के ज्ञाता को इन्सानी मकतब में पहुँचाया जाना निश्चय हुआ। मुल्लाज़ादा मुल्ला इसामुद्दीन इबराहीम को उस उच्च सेवा द्वारा सम्मानित किया गया। यद्यपि वाह्य दृष्टि से देखने वालों के अनुसार उन्हें शिक्षा प्राप्त करने के लिए भेजा गया किन्तु दूरदर्शी लोगों की दृष्टि से उन्हें शिक्षक की उच्च श्रेणी को पहुँचाया गया। सब से बड़ी विचित्र बात तो यह है कि हज़रत जहाँबानी ने, जो आकाश के ज्ञान से परिचित थे और जो ज्योतिष के गम्भीर रहस्यों को समझते थे, बाल की खाल निकालने वाले नक्षत्रों के ज्ञाताओं एवं समय से परिचित उस्तुरलाब वेत्ताओं के परामर्श से उनकी शिक्षा को प्रारम्भ करने के लिये एक ऐसा विशेष मुहूर्त चुना था जो अनेक युगों के बाद प्राप्त होता है। किन्तु जब वह विशेष घड़ी आई तो वह दैवी ज्ञानों से परिचित (बालक) क्रीड़ा के वस्त्र धारण कर रहस्यों के आवरण में छिप गया। समस्त पादशाही प्रबन्धों, प्रयत्नों एवं खोज के बावजूद उनका कहीं पता न चला। दूरदर्शी तथा पहुँचे हुए लोगों ने इस विचित्र रहस्य से यह समझ लिया कि इसका उद्देश्य यह है कि उत्कृष्ट बुद्धि का वह स्वामी जो दैवी शिक्षा द्वारा सम्मानित था, संसार के साधारण ज्ञानों से सम्बन्धित एवं मिश्रित न हो ताकि जब उस कुशाग्र बुद्धि वाले का अनावरण हो तो संसार

१ पाठशाला।

२ अर्श पर एक स्थान जहाँ संसार में होने वाली सारी घटनाओं का उल्लेख है और जिसे कोई पढ़ नहीं सकता।

३ दैवी प्रकाशन का पुण्य स्थान।

४ ७ शव्वाल ९५४ हि०।

५ पूर्व में अबुलफ़ज़्ल लिख चुका है कि जब हुमायूं ने ९५३ हि० में कुन्दुज़ से प्रस्थान किया तो अकबर की अवस्था ५ वर्ष, ३ मास एवं २ दिन की थी कारण कि उसका जन्म ५ रजब ९४९ हि० को हुआ था।

वालों को ज्ञात हो जाय कि बुद्धिमानों के इस पादशाह की बुद्धि दैवी वरदान है न कि शिक्षा की देन। इस तथ्य के बावजूद उनके पवित्र विवेक को अक्षरों के चिह्नों एवं सांसारिक विद्याओं का, जिन्हें विद्वान् लोग चाहे लिपिबद्ध कर चुके हों और चाहे वे विधाता के उन रहस्यों से सम्बन्धित हों, जो बिना शिक्षा एवं दीक्षा के लोगों को प्राप्त होते हैं, ज्ञान था और दार्शनिक सन्त, सांसारिक विद्याओं के ज्ञाता एवं साधारण तथा विशेष कलाओं की जानकारी रखने वाले जब पवित्र दरबार में पहुँचते हैं तो अपने ज्ञान (की कमी) के कारण लज्जा का सिर, चिन्ता के गरीबान में डालकर आश्चर्य-चकित हो जाते हैं। दैवी ज्ञान से प्रेरित उनके मस्तिष्क (२७१) को हिन्दी एवं फ़ारसी कविता करने से बड़ी रुचि है और वे काव्यमय कल्पनाओं की गूढ़ बातों की बाल की खाल निकालते रहते हैं। कविताओं के ग्रंथों में से मसनवीये मौलवी[1] एवं लिसानुल ग़ैब[2] का दीवान बड़ी रवानी से स्वयं पढ़ते हैं[3] और उनके रहस्यों एवं उनकी गूढ़ बातों से आनन्द प्राप्त करते हैं। यह उत्कृष्ट शेर उन्हीं की रचना है:—

शेर

'व्याकुल मजनूं की गरदन में पागलपन के कारण ज़ंजीर नहीं है,
इश्क़ ने उसकी ग्रीवा में मित्रता का हाथ डाल दिया है।'[4]

हिन्दी भाषा में भी उन्होंने बड़ी सुन्दर कवितायें की हैं:

मिसरा

'हे गुणों के संग्रह ! मैं तेरा उल्लेख किस प्रकार करूँ ?'

१ मौलाना जलालुद्दीन रूमी, जो साधारणतः मौलाना अथवा मौलवी रूम या रूमी कहलाते हैं, बहाउद्दीन वलद बल्ख़ी के पुत्र थे। उनका जन्म बलख़ में ३० सितम्बर १२०७ ई० और मृत्यु १७ दिसम्बर १२७३ ई० को हुई। वे बहुत बड़े सूफ़ी माने जाते हैं। उनकी मसनवी में सूफ़ी सिद्धान्तों की बड़ी योग्यता से व्याख्या की गई है और मसनवी के शेर विभिन्न सिद्धान्तों के प्रमाण स्वरूप प्रस्तुत किये जाते हैं।

२ शम्सुद्दीन मुहम्मद ख़्वाजा हाफ़िज़ का जन्म शीराज़ में हुआ। वे लिसानुल ग़ैब अथवा परोक्ष की वाणी माने जाते हैं। उनके दीवान के शेरों का, फ़ाल निकालने के लिये बड़ा प्रयोग होता है। ख़ुदा बख़्श लाइब्रेरी बाँकीपुर पटना में ख़्वाजा हाफ़िज़ के दीवान की एक ऐसी प्रति है जिसके हाशिये पर हुमायूँ तथा जहांगीर के हाथ के लेख हैं। उनकी मृत्यु १३८९ ई० में शीराज़ में हुई और पास ही अपने प्रिय स्थान मुसल्ला में दफ़न हुए जहाँ उनकी क़ब्र के लोग श्रद्धापूर्वक दर्शन करते हैं।

३ अज़ कुतुबे नज़्म मसनवीये मौलवी व दीवाने लिसानुल ग़ैब, ख़ुद ब सआदत रवां मी ख़्वानन्द।

از کتب نظم مثنوی مولوی و دیوان لسان الغیب خود بسعادت روان می خوانند

४ नीस्त ज़ंजीरे जुनूं दर गरदने मजनूने ज़ार,
इश्क़ दस्ते दोस्ती दर गर्दनश अफ़गन्दा अस्त।

نیست زنجیر جنون درگردن مجنون زار
عشق دست دوستی در گردنش افگنده است

इसामुद्दीन के स्थान पर मौलाना बायज़ीद की नियुक्ति

संक्षेप में, जब वे कुछ समय तक उस विद्वान् के पास इस प्रकार पढ़ने में व्यस्त रहे, जो न पढ़ने से भी बुरा था, तो बाह्य दृष्टि से देखने वालों ने उसे शिक्षक के प्रयत्न की कमी समझ कर उसके परिवर्तन का प्रयत्न किया[१] और उस बेचारे को पदच्युत करके, उसके स्थान पर मौलाना बायज़ीद[२] को नियुक्त कर दिया। वे इस बात को न समझते थे कि विधाता के कार्यकर्ता इस बात का प्रयत्न कर रहे हैं कि उस ईश के प्रकाश के पोषित का हृदय सांसारिक चिह्नों का प्रतिबिम्ब न बने और सांसारिक ज्ञानों की कालिमा द्वारा कलंकित न हो।

मीर्ज़ा कामरान तथा पीर मुहम्मद ख़ां का बदख़्शां पर आक्रमण

संक्षेप में, हज़रत जहाँबानी उन शुभ दिनों में राजधानी काबुल में राज्य व्यवस्था में संलग्न रहते तथा बदख़्शाँ विजय हेतु आक्रमण करने एवं मीर्ज़ा कामरान की समस्याओं के समाधान में संलग्न रहते थे। मीर्ज़ा कामरान, मीर्ज़ा सुलेमान एवं मीर्ज़ा इबराहीम की सहायता से निराश होकर नीच कल्पनाओं सहित इस आशय से बल्ख़ की ओर रवाना हुआ कि पीर मुहम्मद ख़ां[३] की सहायता से बदख़्शाँ पर अधिकार जमा ले। जब वह ऐबक[४] नामक स्थान पर पहुँचा तो वहाँ के हाकिम ने उसके प्रति भली भाँति व्यवहार करके अपनी निगरानी में रख लिया और पीर मुहम्मद ख़ां को इसकी सूचना कर दी। पीर मुहम्मद ख़ां ने मीर्ज़ा के आगमन को बहुत बड़ी देन समझकर अपने कुछ विश्वास-पात्र उसके स्वागतार्थ भेजे और उसे बड़े आदर-सम्मान से अपने घर लाया तथा आतिथ्य का प्रबन्ध किया। वह स्वयं मीर्ज़ा के साथ बदख़्शाँ पहुँचा।

मीर्ज़ा कामरान का बदख़्शां को अधिकार में करना

मीर्ज़ा लोग जैसा कि उन्होंने निश्चय किया था, बदख़्शाँ के दर्रों की ओर चले गए और बदख़्शाँ का अधिकांश भाग मीर्ज़ा कामरान के अधिकार में आ गया। पीर मुहम्मद ख़ां एक सेना को मीर्ज़ा की कुमक हेतु छोड़कर स्वयं लौट गया। मीर्ज़ा किश्म एवं तालीक़ान के क्षेत्र में पहुँचा और रफ़ीक़ कोका, ख़ालिक़ बीरदी एवं चग़ताई तथा ऊज़बेक सेनाओं के एक दस्ते को रूस्ताक़ की ओर भेजा। मीर्ज़ा सुलेमान एवं मीर्ज़ा इबराहीम ने कोलाब वालों की एक सेना एकत्र करके रूस्ताक़ पर आक्रमण किया और क़िलये ज़फ़र एवं ख़मलिन्कान से पहुँचकर वीरता-पूर्वक युद्ध किया किन्तु दुर्भाग्यवश पराजित हो गए और पुनः पर्वतीय क्षेत्रों में चले गए। हज़रत जहाँबानी काबुल में हँसी-ख़ुशी दिन बिता रहे थे और उन्होंने यह निश्चय कर लिया था कि

१ इसामुद्दीन को कबूतर बाज़ी अथवा कबूतर उड़ाने से, जिसे अबुलफ़ज़्ल ने **आईने अकबरी** में इश्क़बाज़ी लिखा है, बड़ी रुचि थी। सम्भवतः अकबर की इसमें उसी के कारण अधिक रुचि हुई।

२ मौलाना बायज़ीद, मीर्ज़ा उलुग़ बेग के एक ज्योतिषी का वंशज था।

३ वह जानी बेग का पुत्र एवं अब्दुल्लाह का चाचा था; उसकी मृत्यु ९७४ हि० (१५६६ ई०) में हुई।

४ सम्भवतः हैबक।

वे बदख़्शाँ की ओर प्रस्थान करेंगे। क्योंकि वे सेवकों के हृदय में निष्ठा की शुद्धता एवं स्वामी-भक्ति का सौन्दर्य न पाते थे अतः यह अभियान स्थगित होता जाता था।

क़राचा ख़ां का हुमायूं की सेवा त्याग कर बदख़्शां की ओर प्रस्थान

(२७२) इसी बीच में क़राचा ख़ां ने, जिसने योग्य सेवायें सम्पन्न की थीं और अपार कृपाओं द्वारा सम्मानित हो चुका था, इस कारण कि उसके (साहस का) प्याला छोटा एवं मदिरा अधिक थी, अतः वह प्याला लबालब भर गया, अपने महत्व एवं अपनी श्रेणी तथा अपने स्वामी के महत्व को न समझकर संयम के क्षेत्र से अपने पाँव बाहर निकाल दिए और मूर्खता के कारण, जो असंयमी लम्बे डील वालों की विशेषता है, अभिमान की बदमस्ती में ऐसी बातें करने लगा जो मस्त एवं पागल भी नहीं करते। इन्हीं में यह प्रार्थना थी कि ख़्वाजा ग़ाज़ी को, जो उत्तम सेवाओं एवं सूझ-बूझ के कारण दीवान के पद पर सुशोभित था और आश्रय हेतु शाही कृपा का हाथ जिसके सिर पर रहता था, बन्दी बनाकर उसके पास भेज दिया जाय ताकि वह उसकी हत्या करा दे और उसका पद क़ासिम तूला .को प्रदान कर दिया जाय। क्योंकि हज़रत जहाँबानी द्वारा, जो न्याय एवं उपकार का स्रोत थे, ऐसे कार्य सम्पन्न न होते थे, अतः वह अपने निंद्य विचारों के कारण अपने आप को राज्य का स्तम्भ समझकर, दुर्भाग्यवश एक बहुत बड़े समूह को मार्ग-भ्रष्ट करके, बदख़्शाँ की ओर चल दिया।[1] बाबूस, मुसाहिब बेग, इस्माईल बेग दूल्दाई[2], अली क़ुली अन्दराबी, हैदर दोस्त मुग़ुल, शेख़ीम ख़्वाजा ख़िज़्री, क़ुरबान क़रावल एवं लगभग ३,००० मुख्य अश्वारोही जिन्हें उसने मार्ग-भ्रष्ट किया था, कोतल मीनार के मार्ग से बदख़्शाँ की ओर प्रस्थान करने के उद्देश्य से अपमान के जंगल में भटकने लगे।

हुमायूं द्वारा क़राचा ख़ां का पीछा करने के लिये सैनिकों की नियुक्ति

जब सम्मानित कानों तक यह समाचार पहुँचे तो वे स्वयं उन अभागों को, जिन्होंने सौभाग्य के क़िबले की उपेक्षा की थी, दंड देने के लिये प्रस्थान करना चाहते थे किन्तु शुभ मुहूर्त की प्रतीक्षा में स्वयं ठहर गए और भाग्यशाली दरबार के कुछ सेवकों को उन अभागों का पीछा करने का आदेश दिया। जैसे-जैसे उनके निष्ठावान् सेवक आते-जाते थे, उन्हें एक-एक करके रवाना करते जाते थे। इस प्रकार तरदी बेग ख़ां, मुनइम ख़ां, मुहम्मद क़ुली बरलास, अब्दुल्लाह सुल्तान एवं अन्य निष्ठावान् एक दूसरे के पीछ-पीछे भेजे जाने लगे। मध्याह्न के समय जब शुभ मुहूर्त आगया तो हज़रत जहाँबानी स्वयं विजय के घोड़े पर सवार हुए। कुछ वीर जवानों ने आगे बढ़कर उन विद्रोहियों की सेना के पीछे के भाग पर वीरतापूर्वक आक्रमण किया। दिन के अन्तिम पहर वे मोरी नदी पर क़राचा ख़ां से युद्ध करने लगे। इसी बीच में इन काले हृदय वालों के मध्य में रात्रि आ गई और रात के अंधेरे की शरण में वे छिन्न-भिन्न हो गए और ग़ूरबन्द[3]

१ क़राचा ख़ां के ख़्वाजा ग़ाज़ी से रुष्ट होने का कारण बायज़ीद एवं जौहर ने अधिक विस्तार से दिया है। इस सम्बन्ध में उनकी कृतियों के अनुवाद आगे के पृष्ठों में देखिये।

२ प्रकाशित ग्रन्थ में 'दूलदी'।

३ ग़ूरबन्द नदी।

के पुल से पार होकर उसे नष्ट कर डाला। जो सेना इन अभागों का पीछा करने के लिये नियुक्त हुई थी, वह लौटकर क़राबाग़ में चौखट के चुम्बन द्वारा सम्मानित हुई।

हुमायूं की वापसी

हज़रत जहाँबानी ने यह निश्चय किया कि उत्कृष्ट सेना काबुल लौट जाय और वहाँ (२७३) से इच्छानुसार इस अभियान की तैयारी करके बदख़्शाँ की ओर प्रस्थान करे। अल्पदर्शी लोगों ने भागकर तिमुर अली शिग़ाली को, जो क़राचा ख़ां का वकील था, इस आशय से पंजशीर में छोड़ दिया कि उस क्षेत्र में सावधान रहकर काबुल के समाचार भेजता रहे। वे स्वयं हिन्दू कोह के दर्रे से होते हुए किश्म में मीर्ज़ा कामरान के पास पहुँच गए। हज़रत जहाँबानी ने दूसरे दिन लौटकर उरता बाग़ को अपने सम्मानित चरणों के प्रकाश द्वारा आलोकित किया।

विद्रोहियों के नाम

उन्होंने उन दुष्टों के, जिन्होंने पादशाही आश्रय पर ध्यान न देकर नमकहरामी करते हुए विद्रोह कर दिया था, उचित उपनाम रक्खे। इस प्रकार क़राचा को क़राबख़्त[1], इस्माईल को ख़िर्स[2], मुसाहिब को मुनाफ़िक़[3], बाबूस को दय्यूस[4] की उपाधि प्रदान की। मीर्ज़ा हिन्दाल, मीर्ज़ा सुलेमान एवं मीर्ज़ा इबराहीम के पास आदेश भेजे कि वे तैयारी करके, उत्कृष्ट सवारी के आगमन की प्रतीक्षा करते रहें। हाजी मुहम्मद ख़ां को ग़ज़नी से स्वयं चौखट चूमने के लिए पहुँचने का आदेश हुआ।

हुमायूं का बदख़्शां पर आक्रमण करने का संकल्प

इन दिनों जब वे बदख़्शाँ पर चढ़ाई करने का संकल्प कर रहे थे, वे सर्वदा बुद्धिमान् वृद्धों एवं प्रतिभाशाली युवकों से, जिनके ललाट से निष्ठा के गुण चमकते रहते थे, परामर्श किया करते थे। जिन लोगों के पास न तो वीरतापूर्ण साहस था और न दूरदर्शी बुद्धि, वे क़न्धार की ओर प्रस्थान हेतु परामर्श दिया करते थे ताकि वहाँ सेना की व्यवस्था एवं तैयारी करके मीर्ज़ा कामरान के विद्रोह के दमन हेतु प्रस्थान किया जाय। जिस समूह में बुद्धिमत्ता के साथ-साथ वीरता भी थी, वह पादशाह द्वारा बदख़्शाँ पर चढ़ाई से सहमत था। एक दिन उन्होंने मुहम्मद सुल्तान से पूछा, "तू क्या कहता है?" उसने निवेदन किया कि, "मीर्ज़ा कामरान इन नमकहरामों के पहुँच जाने से अभिमानी हो गया है। सम्भव है कि वह हमारे पूर्व इन क्षेत्रों में पहुँच जाय। मेरी समझ में यह आता है कि यदि पादशाही सेनायें पहिले से ही हिन्दू कोह के दर्रे को पार कर लें तो राज्य के सहायकों को विजय प्राप्त हो जायगी। अन्यथा कहीं पाँसा पलट न जाय।" हज़रत जहाँबानी ने कहा कि, "अभिमानी लोगों का पतन बार बार देखा जा चुका है। यदि वे अभिमानी

१ अभागे।
२ रीछ।
३ षडयंत्रकारी।
४ वह पुरुष जो अपनी स्त्री की दुश्चरित्रता को देखकर उपेक्षा करता है।

हैं तो हम परमेश्वर के प्रति दीनतापूर्वक उसपर आश्रित हैं।" उन्होंने यह शेर पढ़ा :—

शेर

'किसी को अपनी शक्ति पर अभिमान न करना चाहिये
कारण कि अभिमान सिर से टोपी गिरा देता है।'

उन्होंने कहा, "विलम्ब का कोई कारण नहीं। यदि ईश्वर ने चाहा तो हम शीघ्र दर्रे को पार कर लेंगे[1]।"

हज़रत जहाँबानी जन्नत आशियानी की विश्व-विजय करने वाली सेना का बदख़्शां की ओर प्रस्थान और विजय एवं सफलता के साथ काबुल को वापसी

हुमायूं का बदख़्शां की ओर प्रस्थान

क्योंकि हज़रत जहाँबानी ने उत्कृष्ट सेना को बदख़्शाँ भेजने का संकल्प कर लिया था (२७४) और इस अभियान की व्यवस्था परमावश्यक थी अतः वे सोमवार ५ जमादि-उल-अव्वल ९५५ हि० (१२ जून १५४८ ई०) को शुभ मुहूर्त में उस ओर उच्च साहस एवं जागरूक सौभाग्य के साथ रवाना हुए और अलंग चालाक[2] में शिविर लगाये गए। दो-तीन दिन उपरान्त वहाँ से क़राबाग़ में पड़ाव हुआ। १०-१२ दिन तक राज्य की कुछ समस्याओं के समाधान हेतु उस मंज़िल पर पड़ाव रहा। हाजी मुहम्मद ख़ां यद्यपि अपनी कृतघ्नता के लिए कुप्रसिद्ध था, तथापि निष्ठा-पूर्वक सेवा में उपस्थित हुआ। क़ासिम हुसेन सुल्तान ने भी, जो बंगश के क्षेत्र में था, चौखट के चूमने का सम्मान प्राप्त किया और उसके प्रति कृपा-दृष्टि प्रदर्शित की गई। उसी मंज़िल पर मीर्ज़ा इबराहीम अपने सौभाग्य के कारण बदख़्शाँ से शीघ्रातिशीघ्र यात्रा करता हुआ आया और (उत्कृष्ट) फ़र्श का चुम्बन करके सम्मानित हुआ। उसके सौभाग्य के ललाट पर विशेष कृपा का प्रकाश डाला गया।

हुमायूं का विजय से सम्बन्धित फ़ाल निकालना

एक विचित्र घटना, जो अपार विजयों का सुखद समाचार लाने वाली थी, यह थी:—उन दिनों में जब कि उत्कृष्ट सेना बदख़्शाँ की ओर प्रस्थान करने वाली थी, हज़रत जहाँबानी आफ़ताबख़ाने[3] में खड़े थे। अचानक उनके हृदय में यह बात आई कि, "यदि यह सफ़ेद मुर्ग़ मेरे कंधों पर आकर बाँग देने लगे तो यह सौभाग्य एवं विजय का चिह्न होगा।" वह मुर्ग़ सर्वदा उस कारख़ाने[4] में रहता था। जैसे ही उन्होंने यह सोचा, सौभाग्य का वह पक्षी उड़ा और हुमा के समान

१ इस विषय में जौहर ने कुछ अधिक विस्तार से लिखा है। आगे के पृष्ठों में उसकी कृति का अनुवाद देखिये।

२ काबुल के उत्तर-पश्चिम में लगभग २ मील पर। बाबर ने लिखा है कि, "यह मैदान बहुत बड़ा है किन्तु यहाँ मच्छर घोड़ों को बड़ा कष्ट पहुँचाते हैं"। (**बाबर नामा, पृ० १६**)।

३ आफ़ताबे का गृह अथवा आफ़ताबे (एक प्रकार के लोटे जिसमें दस्त होते हैं) रखने का घर।

४ विभाग।

अपने पंख फड़फड़ाता हुआ सम्मानित कंधों पर वैठ गया और सौभाग्य की छाया, प्रताप के सिर पर डाली। हज़रत पादशाह ने ईश्वर के प्रति कृतज्ञता प्रकट करके चाँदी का छल्ला उसके पाँव में डाल दिया।

मीर्ज़ा इबराहीम की तिमुर शिग़ाली पर विजय

उन घटनाओं में, जो विजय की प्रस्तावना हो सकती थीं और जो उनके नित्य-प्रति उन्नत प्रताप के कारण घटती रहती थीं, एक घटना यह थी कि जब मीर्ज़ा इवराहीम पंजशीर के समीप पहुँच गया तो तिमुर शिग़ाली ने मीर्ज़ा का मार्ग रोक लिया। मलिक अली पंजशीरी ने अपनी क़ौम एवं अपने क़बीले द्वारा मीर्ज़ा की सहायता की। मीर्ज़ा इवराहीम ने तिमुर अली शिग़ाली से वीरतापूर्वक युद्ध किया और रक्त पीने वाली तलवार द्वारा उसकी हत्या कर दी।

पंजशीर के मलिक अली के प्रति हुमायूं की उदारता

उसने सावधानी की दृष्टि से मलिक अली पंजशीरी को हज़रत जहाँबामी की सेवा में प्रस्तुत करने के उद्देश्य से अपने साथ ले लिया। इस सरल स्वभाव के निष्ठाबान् ने ज़मींदारों के कुत्सित विचारों के कारण मीर्ज़ा इबराहीम का विरोध किया और अत्यधिक वाद-विवाद के उपरान्त युद्ध करने लगा। यद्यपि मीर्ज़ा के साथ बहुत थोड़े से आदमी थे, किन्तु उसने बड़े पौरुष का प्रदर्शन किया और जरीदा[1], उत्कृष्ट चौखट का चुम्बन करने के लिये पहुँच गया। दूसरे दिन मलिक अली ने अपने भाई को अपने अपराधों के प्रति लज्जा प्रदर्शित करते हुए तिमुर शिग़ाली के सिर के साथ भेजा। हज़रत जहाँबानी ने उसे ख़िलअत एवं इनाम द्वारा सम्मानित करके विदा कर दिया और उसके भाई को प्रोत्साहन-युक्त फ़रमान द्वारा सम्मानित किया। उसे लिखा कि, "मीर्ज़ा ने (२७५) तुझे न पहचाना। तू तथा तेरे पूर्वज जो निष्ठा प्रदर्शित करते आये हैं, उसका हमें भली भाँति ज्ञान है[2]। जब विजयी पताकाओं की किरणें उधर पड़ेंगी तो तू पादशाही कृपा द्वारा सम्मानित किया जायगा।" मीर्ज़ा इवराहीम के प्रति विशेष कृपा प्रदर्शित करते हुए उसे पुत्र की उपाधि द्वारा सम्मानित किया और महान् पादशाही कृपाएँ प्रदर्शित करके उसे विदा कर दिया ताकि वह जाकर मीर्ज़ा सुलेमान की सेना एकत्र कराये एवं युद्ध की सामग्री की व्यवस्था कराये और वदख़्शाँ में उत्कृष्ट शिविर के पहुँचने की प्रतीक्षा करता रहे।

हमीदा बानो बेगम तथा अकबर को काबुल भेजना

जब भाग्यशाली सेना तालीक़ान के क्षेत्र में पहुँच जाय तो वे उत्कृष्ट चौखट के चुम्बन हेतु अग्रसर हों। हज़रत मेहदे उलिया मरियम मकानी[3] एवं सल्तनत के नेत्रों के प्रकाश, ख़िलाफ़त की

१ मुख्य सेना को छोड़कर थोड़े से आदमियों को लेकर तीव्र गति से पहुँच गया।

२ सम्भवतः वह यूसुफ़ज़ाई मलिक शाह मन्सूर बिन मलिक सुलेमान शाह का सम्बन्धी था जिसकी पुत्री से बाबर ने विवाह किया था। बाबर ने २८ जनवरी १५१९ ई० के विवरण के सम्बन्ध में लिखा है, "यूसुफ़ ज़ाई क़बीले को संतुष्ट करने के लिए मैंने अपने हितैषी मलिक सुलेमान शाह के पुत्र मलिक शाह मन्सूर की पुत्री से उस समय जब कि वह यूसुफ़ ज़ाई अफ़ग़ानों के पास से दूत बनकर आया था, विवाह का प्रस्ताव रक्खा था"। **(बाबर नामा, पृ० ९४-९५)**

३ हमीदा बानो बेगम।

बहार के गुलाब की झाड़ी हज़रत शाहंशाह को गुलवार[1] नामक स्थान से राजधानी काबुल भेज दिया। मुहम्मद क़ासिम खां मौजी को काबुल का दारोग़ा नियुक्त करके, हज़रत क़ुदसिया[2] के साथ रवाना कर दिया ताकि वह सर्वदा हज़रत शाहंशाह की सेवा में रहकर राज्य को पूर्ण रूप से सुव्यवस्थित रक्खे।

हुमायूं की सेना के अग्र भाग का ख़ूस्त पर अधिकार

जब पंजशीर तूमान के बाज़ारक नामक स्थान के समीप सम्मानित शिविर लगे तो हाजी मुहम्मद (बिन) धाबा क़श्क़ा, क़ासिम हुसैन सुल्तान, तरदी बेग, मुहम्मद क़ुली बरलास, अली क़ुली सुल्तान, मीर लतीफ़ तथा हैदर मुहम्मद चोली अग्रदल के सैनिकों के रूप में भेजे गए। जैसे ही उन लोगों ने हिन्दू कोह पार कर लिया, महदी सुल्तान[3], तरदी मुहम्मद जंग-जंग और जो लोग अन्दराब के क़िले में थे, भाग गए। हज़रत जहाँबानी के आदेशानुसार तरदी बेग एवं मुहम्मद क़ुली बरलास ख़ूस्त की ओर रवाना हुए ताकि भागे हुए अभागों के परिवार को, जो उस स्थान पर हैं, बन्दी बना लें। मीर्ज़ा कामरान, अभिमान के नशे में चूर, क़िलये ज़फ़र में था। भागे हुए जो अमीर तालीक़ान में थे, उन्होंने यद्यपि मीर्ज़ा से मार्गों की रक्षा एवं काबुल के रास्तों को रोकने का बड़ा आग्रह किया किन्तु उन्हें कोई सफलता न प्राप्त हुई। मुल्ला खिरद जरगरने, जो उन दिनों मीर्ज़ा कामरान का बहुत बड़ा विश्वासपात्र था और सर्वदा विद्रोह एवं षड्यंत्र रचा करता था, इस विषय में अत्यधिक प्रयत्न किया किन्तु इससे कोई लाभ न हुआ। अन्त में क़राचा खां एवं उसके साथ वालों ने दूरदर्शिता के कारण मुसाहिब बेग को इस आशय से भेजा कि वह (उनके) परिवार वालों को ख़ूस्त से तालीक़ान ले आए ताकि कहीं ऐसा न हो कि काबुल से कोई सेना पहुँच जाय और वे बन्दी बना लिए जायें। इसी बीच में तरदी बेग एवं मुहम्मद क़ुली ख़ूस्त पहुँच गए। मुसाहिब बेग ने अपने परिवार वालों को तालीक़ान पहुँचा दिया। सम्भवत: यह उस उपेक्षा के कारण किया गया जो प्राचीन सेवा[4] की वजह से उत्पन्न होती है।

हिन्दाल के प्रति उदारता

जब शाही पताकाएँ अन्दराब के समीप पहुँचीं तो मीर्ज़ा हिन्दाल क़ुन्दुज़ से (हज़रत जहाँबानी की) सेवा में उपस्थित हुआ और शेर अली को बन्दी बना कर लाया। हज़रत जहाँबानी

१ काबुल के उत्तर में। बाबर ने इस रमणीक स्थान के विषय में लिखा है, ''संसार के किसी भी भाग की अपेक्षा यहाँ तक कि काबुल की भी अपेक्षा, बहार में बारान तथा चाशतूपा के मैदान एवं गुलबहार का दामन अत्यन्त रमणीक हो जाता है। नाना प्रकार के कुमुदनी के रंग-बिरंगे फूल यहाँ खिले रहते हैं। एक बार जब हमने उनकी गणना कराई तो उनमें ३४ प्रकार के फूल निकले।'' उन्हीं स्थानों की प्रशंसा में इस शेर की रचना की गई है :

शेर

'हरियाली एवं खिले हुए फूलों के कारण बहार में काबुल स्वर्ग बन जाता है,
इसके बावजूद बारान तथा गुल बहार की बहार अद्वितीय है।'

(**बाबर नामा**, पृ० ६४)।

२ हमीदा बानो बेगम।

३ सम्भवतः गुलबदन बेगम के पति ख़िज्र ख्वाजा का भाई।

४ इस स्थान पर अबुलफ़ज़ल ने पुनः प्राचीन सेवकों पर चोट की है।

ने मीर्ज़ा को नाना प्रकार की कृपाओं द्वारा सम्मानित किया। उन कृपाओं में से एक यह थी कि वह घोड़े पर बैठे बैठे ही अभिवादन[1] करे।

हिन्दाल द्वारा शेर अली का बन्दी बनाया जाना

(२७६) इस घटना[2] का संक्षिप्त उल्लेख इस प्रकार है : विजयी सेनाओं के बदख़्शानात में प्रविष्ट होने के पूर्व, जब वहाँ मीर्ज़ा कामरान के का ।बार चल निकले तो शेर अली अत्यधिक विश्सास-पात्र हो गया। अभिमान के नशे में वह मीर्ज़ा से धृष्टतापूर्वक व्यवहार किया करता था और क़ुन्दुज़ पर अधिकार जमाने एवं मीर्ज़ा हिन्दाल के निकलवाने का प्रयत्न किया करता था। यहाँ तक कि मीर्ज़ा ने उसे क़ुन्दुज़ में नियुक्त कर दिया। मीर्ज़ा हिन्दाल ने पादशाही इक़बाल से उसे वन्दी बना लिया। इसकी विस्तृत चर्चा इस प्रकार है कि एक रात्रि में क़ुन्दुज़ की सेना में से प्यादों की वहुत वड़ी संख्या ने उसके घर[3] को घेर लिया। वह भागकर नहर में कूद पड़ा। उसका एक हाथ टूट गया और वह अपनी धूर्तता के जाल में स्वयं फँस गया।

हुमायूं का शेर अली को क्षमा कर देना

जब मीर्ज़ा हिन्दाल उसे हज़रत जहाँबानी की सेवा में लाया तो उन्होंने उसके दुराचार की उपेक्षा करके उसके अपराधों पर क्षमा के शब्द लिख दिए। उसे विशेष ख़िलअत देकर ग़ूरी प्रदान कर दिया कारण कि उनका दूरदर्शी हृदय, आदमी की योग्यता एवं उसकी उपयोगिता को समझता था। चूंकि उसके व्यक्तित्व में पौरुष एवं शासन-प्रबन्ध सम्वन्धी योग्यतायें विद्यमान थीं, अतः उन्होंने इतने बड़े-बड़े अपराध जिनमें से प्रत्येक पर मृत्यु दंड दिया जा सकता था क्षमा करके कृपा-दृष्टि प्रदर्शित की। गुणों को परखने वाली उनकी तराजू में, क्षमा सम्बन्धी सामग्री दंड की आवश्यकताओं से अधिक निकली।

मीर्ज़ा हिन्दाल को सेना के अग्र भाग के साथ भेजना

मीर्ज़ा हिन्दाल के पादशाही कृपाओं द्वारा सम्मानित हो जाने के उपरान्त अनुल्लंघनीय शाही आदेश हुआ कि हाजी मुहम्मद खां, एवं एक अन्य दस्ता अग्र भाग के रूप में प्रस्थान करे। मीर्ज़ा उनका सरदार वने। कोई भी मीर्ज़ा की आज्ञाकारिता से, जो राज्य के हित में है, उपेक्षा न करे और उसके आदेशों के पालन में किसी प्रकार की कसर न उठा रक्खे ताकि प्रत्येक अपने साहस एवं अपनी सेवा के अनुसार अपनी इच्छाओं की पूर्ति कर सके। जमादि-उल-आख़िर ९५५ हि० के मध्य में (लगभग २२ जुलाई १५४८ ई०) शिविर क़ाज़ी के अलंग में, जो अन्दराब का एक ग्राम है, पहुँचे। अन्दराब के क़ाज़ी, तूक़बाई[4] वाले सालक़ांची एवं बिलोच (क़बीले के) सैनिकों, बदख़्शाँ के ईमाक़ों[5] एवं मुसाहिब बेग के सेवकों ने चौखट के चुम्बन का सम्मान प्राप्त किया और वे

१ आगे के पृष्ठों में जौहर की कृति का अनुवाद देखिये।
२ शेर अली के बन्दी बनाये जाने की घटना।
३ ख़ेमे।
४ एक अफ़ग़ान क़बीला, (**आईने अकबरी**)।
५ जिर्गे अथवा समूह।

पादशाही कृपाओं द्वारा सम्मानित हुए। वहाँ से उत्कृष्ट सेना निरन्तर यात्रा करती हुई तालीक़ान पहुँची। अधिकांश भागे हुए अमीर तथा मीर्ज़ा अब्दुल्लाह एवं मीर्ज़ा कामरान से सम्बन्धित अत्यधिक लोग क़िला बन्द किये थे। मीर्ज़ा हिन्दाल एवं जो अमीर लोग उसके साथ नियुक्त हुए थे उन्हें पादशाही आदेश हुआ कि वे बंगी[1] नदी पार करके भली भाँति युद्ध करें।

हुमायूं की सेना के अग्र भाग की पराजय

इस बीच में मीर्ज़ा कामरान क़िलये ज़फ़र एवं किश्म से शीघ्रातिशीघ्र बढ़ता हुआ इस अभागे समूह के पास पहुँच गया[2]। शनिवार १५ जमादि-उल-आख़िर[3] को एक ऊँचाई पर जिसे (२७७) खलसान[4] कहते हैं, इन लोगों[5] में युद्ध होने लगा। पादशाही सेना ने अभी नदी न पार की थी और सेना के अग्र-भाग एवं मुख्य सेना में कुछ दूरी रह गई थी। ईश्वर की इच्छानुसार पादशाही सेना का अग्र दल भाग खड़ा हुआ और नदी पार करके चला आया। शत्रुओं का समूह लूट-मार करने लगा। मीर्ज़ा कामरान थोड़े से लोगों के साथ उसी ऊँचाई पर खड़ा रहा।

हुमायूं का कामरान के युद्ध हेतु प्रस्थान

इसी बीच में हज़रत जहाँबानी स्वयं नदी तट पर पहुँच गए और शत्रु के समक्ष नदी पार करना चाहते थे कि कुछ सच्चे समाचार-वाहकों ने समाचार पहुँचाये कि नदी के आगे दलदल है। यहाँ से आधे कोस पर चढ़ाव की ओर एक चक्की है। वहाँ की भूमि पथरीली है। वहाँ से सुगमतापूर्वक नदी पार की जा सकती है। विवश होकर वे उस ओर रवाना हुए। जब वे उस चक्की के समीप पहुँचे तो शेख़ीम ख़्वाजा ख़िज़्र[6], जो ख़्वाजा ख़िज़्रियों[7] का सरदार[8] था, बन्दी बनाकर लाया गया। तुनक़तारों[9] के समूह को, जो घोड़े की लगाम के साथ-साथ चलते थे, आदेश हुआ कि उस नमकहराम भगेड़ू[10] को पीटें। उन्होंने उसके इतने मुक्के तथा लातें मारीं कि दर्शकगण को विश्वास हो गया कि उसका पापी प्राण उसके शरीर से मुक्त हो गया। उसी समय इस्माईल बेग दूलदाई को बन्दी बनाकर उनकी पवित्र सेवा में उपस्थित किया गया। हज़रत जहाँबानी ने उसकी

१ प्रकाशित ग्रन्थ में 'तंगी' किन्तु एक पोथी में 'बंगी'। यह ख़ैराबाद नदी की एक शाखा है। ख़ैराबाद नदी आवसस की शाखा है। यह तालीक़ान के दक्षिण में बहती है।

२ इस विषय में **तज़्किरतुल वाक़ेआत** का अनुवाद देखिये।

३ २२ जुलाई १५४८ ई०। ऊपर लिखा है कि शिविर जमादि-उल-आख़िर ९५५ हि० के मध्य में क़ाज़ी के अलंग में पहुँचे। अतः इस स्थान पर शनिवार १५ जमादि-उल-आख़िर अशुद्ध ज्ञात होता है। यदि यह तिथि ठीक है तो ऊपर अवायले जमादि-उल-आख़िर अथवा जमादि-उल-आख़िर का प्रारम्भ होना चाहिये।

४ इस स्थान के विषय में कोई ज्ञान प्राप्त नहीं हो सका। सम्भवतः यह नाम ही अशुद्ध हो।

५ अग्र भाग में।

६ उसके विषय में बायज़ीद की कृति का अनुवाद देखिये।

७ एक क़बीला।

८ कलांन्तर।

९ निम्न वर्ग के सेवक।

१० वह क़राचा ख़ां के साथ हुमायूं की सेना से भाग गया था।

हत्या न कराई और मुनइम खां की सिफ़ारिश से उसके अपराधों को क्षमा कर दिया। तदुपरान्त वे उस ऊँचाई की ओर जहाँ मीर्ज़ा कामरान था रवाना हुए। रोशन कोका के भाई फ़तहुल्लाह बेग को सेना के अग्र दल में नियुक्त करके वीर फ़िदाइयों[1] के एक दल के साथ आगे भेजा। घोर युद्ध हुआ। फ़तहुल्लाह घोड़े से गिर पड़ा।

मीर्ज़ा कामरान की पराजय

इसी बीच में पादशाही पताकाएँ, जो संसार की विजय की प्रस्तावना एवं देशों पर अधिकार जमाने का अग्र दल हैं, प्रकट हो गईं। मीर्ज़ा हताश हो गया और मुक़ाबला न कर सका। भागकर वह तालीक़ान के क़िले में पहुँच गया और उसे दृढ़ बनाने का प्रयत्न करने लगा। पादशाही सेना लूट-मार में व्यस्त हो गई। सेवकों में धन-सम्पत्ति के विषय में आपस में झगड़ा होने लगा। हज़रत जहाँबानी ने हुरल[2] का आदेश दे दिया। इसका तात्पर्य यह है कि जिसे जो कुछ प्राप्त हुआ हो वह उसे ले ले और दूसरे की सम्पत्ति का लोभ न करे। इस विजय में किसी को बाल बराबर भी घाव न लगा। केवल अली क़ुली खां घायल हुआ। इस्हाक़ सुल्तान[3], तरदी बेग वल्द बेग मीरक, बाबा जूजक, एवं बहुत बड़ी संख्या में अन्य लोग, जिन्होंने विजयी सेना का पीछा करने की धृष्टता की थी, वन्दी बना लिए गए। मीर्ज़ा हिन्दाल एवं हाजी मुहम्मद इन बन्दियों को उत्कृष्ट दरबार में लाये। हज़रत ज़हाँबानी ने न्याय एवं औचित्य की दृष्टि से उन लोगों के व्यवहार के अनुसार कृपा एवं कोप प्रदर्शित किया और विधाता के प्रति, जिसकी उदारता एवं अनुकम्पा असीम है, दासता के सिज्दे किए।

हुमायूं का मीर्ज़ा कामरान को पत्र लिखना

दूसरे दिन उन्होंने (क़िले का) अवरोध प्रारम्भ किया और मोर्चे बाँट दिए। एक दिन (२७८) उस मोर्चे से जो मुनइम खां, मुहम्मद क़ुली वरलास एवं हुसेन क़ुली सुल्तान मुहरदार के अधीन था, बन्दूक़ चलाते समय बन्दूक़ की एक गोली मुबारिज़ बेग के लगी और उसने प्राण त्याग दिए। हज़रत जहाँबानी ने, जो दया की खान थे, घोर पश्चाताप किया और अपनी पवित्र जिह्वा से कहा, "काश उसका भाई मुसाहिब बेग उसके स्थान पर मार डाला जाता।" हज़रत जहाँबानी ने भ्रातृ-भाव अपितु अपनी उदारता के कारण मीर्ज़ा कामरान के इतने अपराधों के बावजूद उसके प्रति दया एवं कृपा प्रदर्शित करते हुए शिक्षा-युक्त फ़रमान, जो कि सौभाग्य एवं प्रताप के बाजू के

१ प्राण न्योछावर करने वाले। हसन बिन सब्बाह के समूह वाले भी फ़िदाई कहलाते थे और हसन बिन सब्बाह (मृत्यु ११२४ ई०) के प्रति अंध-विश्वास रखने के कारण अपने प्राणों को बड़े-बड़े ख़तरों में डाल देना उनके लिये साधारण बात थी।

२ इस विषय में बायज़ीद की कृति का अनुवाद देखिये।

३. वह शाह मुहम्मद सुल्तान का पुत्र था जो बाबर के मामा मुहम्मद ख़ां का पौत्र था। उसकी माता ख़दीजा सुल्तान बाबर के एक छोटे मामा अहमद ख़ां की पुत्री थी। इस्हाक़ की बहिन मुहतरिम का विवाह सर्वप्रथम मीर्ज़ा कामरान और बाद में मीर्ज़ा सुलेमान के पुत्र इब्राहीम से हुआ। वह मीर्ज़ा हैदर की पत्नी की बहिन थी और मीर्ज़ा के प्रभाव से उसका विवाह मीर्ज़ा कामरान से हुआ। (बेवरिज, पृ० ५३०)।

लिये तावीज़ एवं दान-पुण्य तथा दया की ग्रीवा के लिए जंतर हो सकता था, मीर्ज़ा को लिखा। नाना प्रकार के उपदेश, जो बुज़ुर्गों के लिए उपयुक्त हैं, देने के उपरान्त यह लिखा कि, "हे दुष्ट भाई एवं युद्ध-प्रिय बंधु! इस कार्य को, जो युद्ध का कारण एवं असंख्य आदमियों की हत्या एवं कष्ट का साधन है, त्याग दे। शहर एवं लश्कर वालों पर दया कर। आज जो लोग मारे जा रहे हैं वे कल क़यामत में (सामने होंगे)।

शेर

'उस क़ौम का ख़ून तेरी गरदन पर होगा,
उस समूह का हाथ तेरे दामन में होगा।
यह अच्छा होता, यदि तू संधि के विषय में सोचता,
और सौजन्यपूर्ण व्यवहार करता।'

मीर्ज़ा कामरान का उत्तर

उन्होंने नसीब रम्माल[1] के हाथ यह भाग्यशाली फ़रमान भेजा। क्योंकि मीर्ज़ा असावधानी के नशे में सौभाग्य एवं इक़बाल की ओर से मुख मोड़ चुका था, अतः भाग्यशाली उपदेशों का उसके हृदय पर कोई प्रभाव न हुआ और उसने उस कृपा-युक्त पत्र एवं ज्ञान की प्रस्तावना के उत्तर में यह शेर पढ़ा[2] :—

शेर

'राज्य की नव-बधू को वही दृढ़तापूर्वक आलिंगन करता है,
जो चमकती हुई तलवार के अधरों का चुम्बन करता है।'[3]

नसीब रम्माल ने मीर्ज़ा कामरान के दुर्भाग्य का हाल सम्मानित कानों तक पहुँचा दिया। मोर्चों को दृढ़ बनाने का आदेश दे दिया गया। इसी बीच में मीर्ज़ा सुलेमान एवं मीर्ज़ा इबराहीम वहुत बड़ी सेना सहित उत्कृष्ट चौखट का चुम्बन करके सम्मानित हुए और उन्हें शाही कृपा द्वारा प्रतिष्ठित किया गया। चाकर ख़ां वल्द वैस क़िबचाक़ कोलाब वालों सहित पहुँचकर भाग्यशाली सेना का परिशिष्ट वना।

१ रमलवेत्ता। रमल उस विद्या को कहते हैं जिसमें भविष्य में घटने वाली घटनायें बता दी जाती हैं। इस विद्या का मूल आधार नुक़्ते अथवा बिंदियाँ हैं।

२ इस सम्बन्ध में देखिये **तज़किरतुल वाक़ेआत** का अनुवाद।

३ अरूसे मुल्क कसे दर कनार गीरद चुस्त,
कि बोसा बर लबे शमशीरे आबदार दिहद।
عروس ملک کسی در کنار گیرد چست
که بوسه بر لب شمشیر آبدار دهد

मीर्ज़ा हैदर के अनुसार शाही बेग ख़ां अथवा शैबानी ख़ां ने शाह इस्माईल सफ़वी के पत्र के उत्तर में इस शेर को १४९९-१५०० ई० में लिख भेजा था। (**मुग़ल कालीन भारत—बाबर**, पृ० ६१७)। इस शेर का १६वीं शती ई० के राजनीतज्ञों ने बड़ा अधिक प्रयोग किया है। वे केवल तलवार को राज्य पर अधिकार का मूल आधार मानते थे।

मीर्ज़ा कामरान द्वारा क्षमा-याचना एवं हज की अनुमति मांगना

इस एक मास के अवरोध में नित्य-प्रति विजय के द्वार राज्य के सहायकों के लिए खुलते जाते थे और मीर्ज़ा कामरान की समस्याओं की गाँठ दृढ़ एवं उसके लिए कार्य कठिन से कठिन होते जाते थे यहाँ तक कि वह अपने नाना प्रकार के चकमों एवं धूर्तताओं की (उपयोगिता की) ओर से निराश हो गया। पीर मुहम्मद ख़ां ऊज़बेक द्वारा सहायता प्राप्त करने के विषय में, जिसकी उसे अल्पदर्शिता के कारण आशा थी, निराश होकर उसने आज्ञाकारिता एवं अधीनता के फ़ितराक[1] की ओर हाथ बढ़ाये[2]। इस युक्ति द्वारा वह इस बार ख़तरे के भँवर से अपने आपको निकाल ले गया और उसने अपनी सुरक्षा की नौका को लहरों के थपेड़ों से मुक्ति के तट पर पहुँचा दिया। इस उद्देश्य से उसने नाना प्रकार से प्रार्थनाएँ एवं विनतियाँ कीं। एक दिन उसने एक बाण पर एक पत्र बाँधकर सम्मानित शिविर में फेंका। उसमें लिखा था कि, "मैंने आपकी कृपाओं एवं उदारताओं के प्रति अपने उत्तरदायित्व को न पहचाना। मुझे जो कुछ देखना था, वह मैंने देख लिया। अब जो कुछ हुआ उसपर मैं लज्जित हूँ। मेरी इच्छा है कि आप मुझे हज करने के लिये काबा जाने की अनुमति दे दें ताकि विद्रोह के पाप एवं कृतघ्नता के कलंक से मुक्त होकर अपने आप (२७९) को सेवा के योग्य बना सकूं। आपकी कृपाओं से मुझे आशा है कि यह सौभाग्य मीर अरब मक्की द्वारा प्रदान किया जायगा।"

हुमायूं का मीर को मीर्ज़ा कामरान के पास भेजना

मीर समस्त समकालीन सय्याहों[3] में अपनी निष्ठा एवं सच्चाई के लिए बड़ा प्रसिद्ध था। कहा जाता है कि उसे कीमिया का भी ज्ञान था। हज़रत जहाँबानी जन्नत आशियानी उसके प्रति कृपा प्रदर्शित करते थे। इस अभियान में विजयी रिकाबों के समीप रहकर वह शुभ कामनाओं से सेना को सुशोभित किया करता था।[4] जब उसकी विनती सम्मानित कानों तक पहुँची तो उन्होंने मीर को बुलाकर इस बात की चर्चा की। मीर ने कहा, "मैं इसका उत्तर लिखकर क़िले के भीतर भेजता हूँ[5]।" उसने इस प्रकार लिखा, "हे क़िले वालो! मुक्ति निष्ठा पर एवं सुरक्षा आज्ञाकारिता तथा अधीनता पर निर्भर है। वह व्यक्ति शान्ति का पात्र है जो सन्मार्ग पर अग्रसर हो।" मीर्ज़ा कामरान ने इस पत्र का अभिप्राय समझकर पूर्व की भाँति पुनः लिखा कि, "मीर जो कुछ कहें तथा निश्चय करेंगे मैं उपेक्षा न करूँगा।" हज़रत जहाँबानी ने, इस कारण कि कृपा एवं उदारता उनके पवित्र व्यक्तित्व का अंग बन चुकी थी, मीर को विदा कर दिया। मीर क़िले में पहुँचा और सत्य के सिद्धान्त, जो बुद्धि के जलाशय में विमल धाराओं से अधिक स्वादिष्ट हैं किन्तु शारीरिक सुख की दृष्टि से बकाइन के रस से भी अधिक कड़वे हैं, प्रस्तुत किए। उसने समझाने-बुझाने में कोई कसर न उठा

१ वह डोरा जो घोड़े की ज़ीन में दोनों ओर शिकार अथवा कोई अन्य वस्तु बाँधने के लिए लगाया जाता है।
२ आज्ञाकारिता प्रदर्शित करने का प्रयत्न करने लगा।
३ सय्याह का अर्थ 'पर्यटन करने वाला' होता है किन्तु यहां 'सन्त' से तात्पर्य है।
४ सेना के लिये शुभ कामनाएँ किया करता था।
५ यह उत्तर अरबी भाषा में लिखा गया था। अबुलफ़ज़ल ने मूल पत्र एवं उत्तर दोनों ही उद्धृत किये हैं।

रक्खी। वह जिस जिस तरह फटकारता मीर्ज़ा इस कारण कि उसे अपनी बदमस्ती के खुमार से चेतावनी मिल गई थी, आत्म-समर्पण का सिर झुका कर, "अपराध-अपराध" और "जो कुछ आप कहें, मुझे स्वीकार है", कहता जाता था। मीर ने कहा, "अव इसका उपाय यह है कि उठो और निष्ठापूर्वक भक्ति-भाव से मेरे साथ अभिवादन करने का सम्मान प्राप्त करो।"

हुमायूं का मीर्ज़ा कामरान को क्षमा करना

मीर्ज़ा चल खड़ा हुआ, (पता नहीं) निष्ठा के कारण अथवा धूर्तता के। जब वह क़िले के द्वार के समीप पहुँचा तो इस कारण कि मीर अपने युग का वड़ा अनुभवी व्यक्ति था और समझता था कि उसके (कार्यों) में कोई तथ्य नहीं और दिखाने के लिए इतनी ही आज्ञाकारिता पर्याप्त है वह ठहर गया और उसने मीर्ज़ा से कहा, "क्योंकि तुम चौखट के चुम्वन के उद्देश्य से अग्रसर हो गए अतः शत्रुता के क्षेत्र से बाहर निकल आये और विद्रोह से मुक्त हो गए। अव तुम्हारे सौभाग्य एवं पश्चाताप की दृष्टि से उचित यह है कि जो अमीर लोग भाग चुके हैं उनकी गरदनें वंधवा कर दरबार में भेज दो और स्वयं हज़रत जहाँबानी के नाम का ख़ुत्वा पढ़वा कर, विना उनके समक्ष उपस्थित हुए अनुमति लेकर हिजाज़ की यात्रा को चले जाओ।" जब मीर्ज़ा ने उसके परामर्श को स्वीकार कर लिया किन्तु उसने कहा, "हज़रत जहाँबानी से निवेदन करो कि वे बाबूस को मेरे पास रहने दें। वह मेरा प्राचीन सेवक है। मैं चाहता हूँ कि मैंने जो कुछ कष्ट उसको दिए हैं उसका वदला इस यात्रा में चुका दूं।" मीर वापस होकर हज़रत जहाँबानी की सेवा में पहुँचा तो उसने इस घटना का सच-सच उल्लेख करके मीर्ज़ा के अपराधों की क्षमा चाही। हज़रत जहाँवानी ने अपनी स्वाभाविक कृपा के कारण उसके अपराध क्षमा कर दिए और मीर ने जो कुछ निश्चय किया था, उसे स्वीकार कर लिया[1]।

१ हुमायूं ने इस विजय का फ़तह नामा (विजय-पत्र) बैराम खां के पास क़न्धार भेजा उसमें इन शेरों को, जो उन्हीं की रचना हैं, अपने क़लम से लिख दिया :

पद्य

"पुनः परोक्ष से विजय प्रकट हुई,
जिससे मित्रों का हृदय खिल उठे।
ईश्वर को धन्य है कि हम पुनः प्रसन्न हैं,
अपने मित्रों एवं दोस्तों का मुख देखकर हँस रहे हैं।
शत्रुओं को हमने असफल देखा,
विजय के उद्यान के मेवे चुने।
आज का दिन नवरोज़ का दिन है,
मित्रों के हृदय में आज कोई चिन्ता नहीं।
मित्रों के हृदय सर्वदा प्रसन्न रहें,
मित्रों को एवं प्रदेशों में कोई दुःख न हो।
आनन्द मंगल के समस्त साधन एकत्र हैं,
हृदय में मिलने की आकांक्षा है।
मित्र के सौन्दर्य के कब दर्शन करूँगा मैं,
मिलन के उद्यान से फूल कब चुनूँगा मैं।

मीर्ज़ा कामरान को हज के लिये प्रस्थान करने की अनुमति

शुक्रवार १२ रजब ९५५ हि० (१७ अगस्त १५४८ ई०) को उपर्युक्त क़िले में मौलाना अब्दुल बाक़ी सद्र ने हज़रत जहाँबानी के सम्मानित नाम का खुत्बा पढ़ा। वे वहाँ से उस उद्यान (२८०) में, जो समीप था, पहुँचे। मोर्चे हटा दिए गए। सम्मानित आदेश हुआ कि, "हाजी मुहम्मद सेना के एक दस्ते के साथ उपस्थित रहे। मीर्ज़ा थोड़े से लोगों के साथ जैसा कि निश्चय हो चुका है, चला जाय और उसके राज्य से निकलने तक सीमान्तों की प्रतिरक्षा होती रहे। अली दोस्त खां बारबेगी, अब्दुल वहहाब, सैयिद मुहम्मद पकना, मुहम्मद क़ुली शेख कमान, लुत्फ़ी सहरिन्दी एवं अन्य लोग इस आशय से नियुक्त हुए कि वे क़िले के द्वार की रक्षा करें, भागे हुए अमीरों को लायें एवं मीर्ज़ा को निश्चित साथियों सहित चले जाने दें। जैसा कि निश्चय हो चुका था, मीर्ज़ा बाहर निकला।

कान प्रसन्न हों तेरी वार्ता से,
नेत्रों को प्रकाश मिले तेरे दर्शन से।
आमने-सामने खुश-खुश,
बैठें हम प्रसन्न एवं बिना किसी चिन्ता के।
तदुपरान्त हिन्दुस्तान के कार्यों की चिन्ता करें।
सिंध के राज्य की विजय का संकल्प करें।
प्रत्येक बन्द द्वार खुल जाय,
जो हमारी इच्छा हो उससे अधिक हो जाय।
जब अपने कार्यों की व्यवस्था कर चुकें,
कश्मीर एवं पर्वतों की सैर करें।
हम युग एवं संसार में जो भी चाहें,
उसके विषय में जिब्रील (फ़रिश्ता) आमीन (एवमस्तु, तथास्तु) कहे।
हे ईश्वर ? मुझे प्रदान कर,
दोनों लोकों की विजय।"

इस रुबाई की भी तत्काल रचना करके उसके हाशिये पर लिखा :—

"हे वह जो दुखी हृदय का साथी है,
जिस प्रकार कविता करने वाले की साथी उसकी कविता की प्रवृत्ति होती है।
मैं तेरी स्मृति बिना एक क्षण भी कदापि नहीं रहता,
क्या तू भी मेरी याद में इसी प्रकार दुखी है ?"

बैराम खां तुर्कमान ने भी उत्तर में यह रुबाई लिखी :—

"हे वह जो ईश्वर की छाया है,
तेरी जितनी भी प्रशंसा की जाय तू उससे श्रेष्ठ है।
जब तू जानता है कि बिना तेरे कैसी बीतती है,
तो तू क्यों पूछता है कि वियोग में मेरी क्या दशा है ?"

फ़िरिश्ता :—**तारीखे फ़िरिश्ता** (मक़ालये दोअम) (नवल किशोर संस्करण, पृ० २३९)। जो शेर कोष्ठ में है वह केवल तक़ी औहदी के फ़ारसी कवियों की जीवनियों के संकलन **अरफ़ातुल आरेफ़ीन** में ही है। बांकीपुर पटना के पुस्तकालय की फ़ारसी हस्तलिपियों की सूची भाग ७ नं० ६८५-६८६; डा० हादी हसन : *The Unique Diwan of Humayun Badshah*, p. 15।

मार्ग में मीर्ज़ा इबराहीम के एक सेवक ने अपने घोड़े को जिस पर मीर्ज़ा का एक सेवक सवार होकर जा रहा था, पहचान लिया। उसने जाकर मीर्ज़ा इबराहीम से इस विषय में कहा। मीर्ज़ा ने कुछ लोगों को भेजा कि वे घोड़ा छीन लायें। जब हज़रत जहाँबानी के पवित्र कानों तक यह बात पहुँची तो उन्होंने अपने सौजन्य के कारण इस बात को अनुचित समझ कर क्रोध प्रदर्शित किया। मीर्ज़ा इबराहीम लज्जा एवं संकीर्ण स्वभाव के कारण बिना अनुमति लिए हुए किश्म की ओर चला गया। हाजी मुहम्मद के प्रति भी क्रोध प्रदर्शित किया गया कारण कि मीर्ज़ा का यह अपमान उसकी जानकारी के बावजूद हुआ। कृपा-युवत फ़रमान जो क्षमा-याचना के अनुरूप था, ख़िलअत एवं घोड़े सहित, ख़्वाजा जलालुद्दीन महमूद मीर व्यूतात के हाथ (मीर्ज़ा कामरान को) भेजा गया।

क़राचा ख़ां के प्रति हुमायूं का व्यवहार

जब थोड़ी सी रात्रि व्यतीत हो गई तो क़राचा ख़ां उपस्थित किया गया। उसकी गरदन में तलवार लटकी थी। जब वह मशाल के समीप पहुँचा, तो शाही आदेश हुआ कि उसकी ग्रीवा से तलवार निकाल ली जाय। उसके अपराध क्षमा करके उससे अभिवादन कराया जाय। उन्होंने तुर्की भाषा में कहा कि "सैनिक अपने जीवन-काल में इस प्रकार की भूलें करते ही रहते हैं।" उसे तरदी बेग ख़ां के बायें हाथ की ओर खड़े होने का आदेश हुआ।

हुमायूं का विद्रोही अमीरों को क्षमा करना

तदुपरान्त मुसाहिब बेग की गरदन में निपंग एवं तलवार बाँध कर प्रस्तुत किया गया। जब वह मशाल के समीप पहुँचा तो निपंग एवं तलवार उतार देने का आदेश हुआ। इसी प्रकार क़राचा ख़ां के पुत्र सरदार बेग को लाया गया। आदेश हुआ, "अपराध तो बड़ों का है। छोटों ने क्या किया है?" इस तरह समस्त अमीर बारी बारी आते रहे और उन्हें क्षमा किया जाता रहा। सबके अन्त में क़ुरबाब क़रावल, जो प्राचीन सेवक था, लज्जावश सिर झुकाये हुए उपस्थित हुआ और उसने अभिवादन किया। हज़रत जहाँबानी ने तुर्की भाषा में पूछा, "तेरे ऊपर कौन सी विपत्ति पड़ गई थी और तू किस कारण चला गया?" उसने भी तुर्की में उत्तर दिया, "जिन लोगों के मुख को ईश्वर के हाथों ने काला कर दिया हो, उनके विषय में कोई क्या कह सकता है[1]?" हुसेन क़ुली सुल्तान मुहरदार ने जिसे हर समय बोलने की अनुमति थी, उस दरबार में यह शेर पढ़ा :—

शेर

'जिस दीपक को ईश्वर जलाता है,
जो (उसकी ओर) फूंकता है, वह अपनी दाढ़ी जलाता है[2]।'

१ मूल में 'पूँछ सकता है'।

२ 'चिराग़े रा कि ईज़द बर फ़रोज़द,
हर आंकेऊ पुफ़ कुनद रीशश बे सोज़द।'

समस्त अमीर लोग विशेष रूप से क़राचा ख़ां, जिसकी दाढ़ी बड़ी लम्बी थी, लज्जित हो गए। दूसरे दिन उन्होंने वहाँ से प्रस्थान किया और तालीक़ान[1] नदी के तट पर एक हृदयग्राही घास के मैदान में पड़ाव हुआ।

मीर्ज़ा कामरान का हुमायूं की सेवा में उपस्थित होना

(२८१) बुधवार १७ रजब (२२ अगस्त १५४८ ई०) को मीर्ज़ा कामरान दैवी प्रेरणा से फ़र्श चूमने के सौभाग्य द्वारा सम्मानित हुआ। इस विचित्र घटना का सविस्तार उल्लेख इस प्रकार है : बादाम दर्रे के समीप, मीर्ज़ा कामरान, मीर्ज़ा अब्दुल्लाह के साथ पादशाह की कृपाओं के प्रति कृतज्ञता प्रकट करते हुए वार्ता कर रहा था; उसने जितनी धृष्टतायें की थीं, उनके क्षमा कर दिए जाने पर वह आश्चर्य प्रकट कर रहा था। मीर्ज़ा अब्दुल्लाह ने पूछा, "यदि उनके स्थान पर तुम होते तो क्या करते ?" उसने उत्तर दिया, "मुझे क्षमा करना और छोड़ देना नहीं आता।" मीर्ज़ा अब्दुल्लाह ने कहा, "इस समय ऐसे कार्य का अवसर है जिससे पिछले अपराधों का निराकरण हो सकता है। यदि तुम ऐसा करो तो फिर क्या बात है ?" मीर्ज़ा ने कहा, "क्या बात है ?" उसने उत्तर दिया, "आज हम ऐसे स्थान पर हैं जहाँ पादशाह के हाथ हम तक नहीं पहुँच सकते। यह उचित होगा कि हम थोड़े से लोगों को लेकर शीघ्रातिशीघ्र पादशाह की सेवा में पहुँच जायें और कृतज्ञता के सिज्दे करके अपने अपराधों की क्षमा-याचना करें।" मीर्ज़ा कामरान ने यह बात स्वीकार कर ली। वह थोड़े से लोगों को लेकर चल पड़ा। जब वह सम्मानित शिविर के समीप पहुँचा तो बाबूस को सेवा में भेजकर अपने आगमन की सूचना कराई। हज़रत जहाँबानी ने मीर्ज़ा के आगमन पर प्रसन्न होकर आदेश दिया कि, "सर्व प्रथम मुनइम ख़ां, तरदी बेग ख़ां, मीर मुहम्मद मुन्शी, हसन क़ुली सुल्तान मुहरदार, बाल्तू बेग तवाची बेगी, ताख्ची बेगी जाकर (स्वागत करें) फिर क़ासिम हुसेन सुल्तान शैबानी, ख़िज्र ख़्वाजा सुल्तान, इस्कन्दर सुल्तान, अली क़ुली ख़ां, बहादुर ख़ां एवं अन्य लोग और तीसरी बार मीर्ज़ा हिन्दाल, मीर्ज़ा अस्करी, एवं मीर्ज़ा सुलेमान (जाकर) स्वागत करें।" उसी दिन मीर्ज़ा अस्करी के पाँव की बेड़ियाँ काटी गई थीं।

हुमायूं द्वारा मीर्ज़ा कामरान के आगमन पर समारोह का आयोजन

दूसरे दिन प्रातःकाल हज़रत जहाँबानी के आदेशानुसार मीर्ज़ा एवं अमीर लोगों ने जाकर उसके प्रति आदर-सम्मान प्रदर्शित किया। हज़रत जहाँबानी ने सिंहासन पर आसीन होकर दरबारे आम किया। मीर्ज़ा कामरान अभिवादन हेतु अग्रसर हुआ और उसने फ़र्श चूमने का सम्मान

چراغی را که ایزد بر فروزد
هر آنکو پف کند ریشش بسوزد

वैम्बरे ने लिखा है कि शैबानी ने १५०१ ई० में ख़्वाजा अबुल मकारिम से पूँछा कि उसने अपनी दाढ़ी क्यों मुड़ा दी तो उसने यह शेर पढ़ा। (Vambery : *History of Bokhara*, p. 256; बेवरिज, पृ० ५३५)।

१ सम्भवतः बंगी नदी। इस प्रसंग में निज़ामुद्दीन अहमद की **तबक़ाते अकबरी** का अनुवाद आगे के पृष्ठों में देखिये।

प्राप्त किया। उसने निष्ठापूर्वक तस्लीमें एवं सिज्दे किए। हज़रत जहाँबानी ने कृपापूर्वक कहा, "तोरे[1] के अनुसार भेंट हो चुकी। अब तू आ ताकि भ्रातृ-भाव से भेंट हो।" तदुपरान्त उन्होंने मीर्ज़ा को कृपा एवं दयापूर्वक आलिंगन किया और फूट-फूट कर रोये। दरबार के सभी उपस्थित लोगों का हृदय भावातिरेक से भर गया। मीर्ज़ा पूर्ण रूप से सम्मानित होकर उत्कृष्ट आदेशानुसार बायीं ओर बैठा। हज़रत जहाँबानी ने तुर्की में कहा, "और निकट बैठो।" मीर्ज़ा सुलेमान को आदेश हुआ कि वह दायीं ओर बैठे। इसी प्रकार मीर्ज़ा एवं अमीर लोग अपने पद एवं श्रेणी के अनुसार दायीं और बायीं ओर बैठे। राज्य के कुछ विश्वासपात्र यथा हसन क़ुली मुहरदार, मीर मुहम्मद मुंशी, हैदर मुहम्मद एवं मक़सूद बेग आख़्ता को एक दूसरे के समीप बैठने का आदेश हुआ। भव्य समारोह आयोजित हुआ। क़ासिम चंगी[2], कोचक ग़िचकी[3] मुख़लिस क़ुबूज़ी[4], हाफ़िज़ सुल्तान मुहम्मद रख़ना, ख़्वाजा कमालुद्दीन हुसेन, हाफ़िज़ मुहरी एवं जादू सा प्रभाव रखने वाले उक्त समूह ने क़ूर[5] के
(२८२) समीप बैठ कर गायन-वादन किया। यक्का लोगों[6] में काकर अली, शाहम बेग जलायर तूलक क़ूचीन एवं एक अन्य समूह को क़ूर के पीछे स्थान प्राप्त हुआ। मेवे एवं नाना प्रकार के भोजन बादशाही प्रथानुसार प्रस्तुत किए गए।

इस दरबार में हसन क़ुली मुहरदार ने मीर्ज़ा कामरान से पूछा, "मैंने सुना है कि आपके दरबार में पीर मुहम्मद ख़ां के समक्ष जब किसी ने कहा कि जिसमें मुरतुज़ा अली के प्रति एक नारंगी के बराबर शत्रुता न हो, उसे मुसलमान न कहना चाहिए तो आपने उत्तर दिया कि ईश्वर के दासों को चाहिए कि वह कद्दू के बराबर शत्रुता रक्खे।" मीर्ज़ा बड़ा रुष्ट हुआ और उसने कहा, "क्या लोगों ने मुझे ख़ारजी[7] समझ लिया था?" इसी प्रकार इधर उधर की बातें होती रहीं। हज़रत जहाँबानी नाना प्रकार की बातों द्वारा मोती बखेर रहे थे। दिन के अन्त तक यह आनन्द मंगल का दरबार चलता रहा। इस मंगलमय सभा में, मीर्ज़ा अस्करी को मीर्ज़ा कामरान के सिपुर्द करके उसे अपने ठहरने के स्थान पर जाने की अनमति दे दी गई। चूंकि मीर्ज़ा शीघ्रातिशीघ्र बढ़ता चला

१ मुग़ुलों के विधान।
२ चंग बजाने वाला।
३ ग़िचक बजाने वाला।
४ क़ुबूज़ बजाने वाला।
५ क़ूर का अर्थ पताका होता है किन्तु इस स्थान पर घेरा अथवा बीच का गोल स्थान।
६ वे सैनिक जो अहदियों के अनुरूप थे।
७ ख़ारजी मुसलमानों का प्राचीनतम धर्म-युक्त राजनैतिक फ़िर्क़ा था। ये लोग पहले हज़रत अली के बहुत बड़े सहायक थे किन्तु २६ जुलाई ६५७ ई० को सिफ़्फ़ीन (रक़्क़ा के दक्षिण में) के युद्ध के समय हज़रत अली द्वारा युद्ध समाप्त करने के लिये पंचों की नियुक्ति स्वीकार कर लेने के कारण वे हज़रत अली के घोर शत्रु हो गये। ख़ारजियों के कारण मुसलमानों में उस समय ही से अत्यधिक रक्तपात प्रारम्भ हो गया। हज़रत अली को भी नहरवान नामक नहर के किनारे ६५९ ई० में इन लोगों से युद्ध करना पड़ा और २४ जनवरी ६६१ ई० को जब हज़रत अली कूफ़े की मस्जिद में नमाज़ पढ़ा रहे थे तो अब्दुर्रहमान इब्ने मुलजिम नामक ख़ारजी ने ज़हर में बुझी हुई तलवार द्वारा उनकी हत्या कर दी।

आया था, अतः उसके लिए दौलतख़ाने[1] के समीप ख़ेमा, ख़रगाह[2] एवं बारगाह[3] लगवा दिए गए थे।

बल्ख़ पर आक्रमण के विषय में परामर्श

दूसरे दिन बल्ख जाने के विषय में मीर्ज़ाओं एवं अमीरों से परामर्श किया गया। प्रत्येक ने अपनी बुद्धि एवं मतानुसार कोई न कोई बात कही। हज़रत जहाँबानी ने कहा, "जब विजयी सेना नारी पहुँच जाय तो जो उचित होगा, वह किया जायगा।" नारी बदख़्शां में एक स्थान है जहाँ से एक मार्ग बल्ख को और एक मार्ग काबुल को जाता है।

चौथे दिन इस आकर्षक मंज़िल से प्रस्थान करके रात्रि में इश्किमीश के समीप बन्दकुशा झरने पर सम्मानित शिविर लगे। वहाँ आमोद-प्रमोद की सभा आयोजित हुई। इस शिक्षा-प्रद[4] मंज़िल पर हज़रत गेती सितानी, फ़िरदौस मकानी पहले भी पहुँचे थे और ख़ान मीर्ज़ा एवं जहाँगीर मीर्ज़ा ने यहाँ उपस्थित होकर आदेशों के प्रति आज्ञाकारिता का सिर झुकाया था। हज़रत फ़िरदौस मकानी ने इस हृदयग्राही स्थान पर पड़ाव करने, भाइयों के आगमन एवं आज्ञाकारिता स्वीकार करने की स्मृति तारीख़ एक पत्थर पर खुदवा दी थी[5]। हज़रत जहाँबानी जन्नत आशियानी जब इस रमणीक स्थान पर पहुँचे तो उन्होंने भी हज़रत गेती सितानी की परम्परा का पालन करते हुए अपने आगमन की तिथि एवं मीर्ज़ा कामरान की सेवा में उपस्थित होने तथा भाइयों के एकत्र होने का हाल उस स्थान पर लिखवा दिया। इन दो उत्कृष्ट पादशाहों की ये दोनों 'तारीख़ें' एक शिला के ऊपर काल-चक्र के महल के शिला लेख के समान दिन-रात के पृष्ठ पर साथ साथ वर्तमान हैं[6]।

हुमायूं द्वारा राज्य का वितरण

वहाँ से नारी[7] नामक स्थान पर पड़ाव किया गया और वे बदख़्शाँ की विलायत के

१ बादशाह का ख़ेमा।

२ **आईने अकबरी** के अनुसार ऐसा ख़ेमा जो तह. करके रख लिया जाय। (आईने फ़र्राश ख़ाना)।

३ एक प्रकार का बहुत बड़ा ख़ेमा जिसमें अधिक संख्या में लोग बैठ सकते हों। अबुलफ़ज़ल के अनुसार बड़ी बारगाह में १०,००० आदमी आ सकते थे। मशीनों द्वारा १००० फ़र्राश इसे एक सप्ताह में खड़ा करते थे। (**आईने अकबरी**: आईने फ़र्राश ख़ाना)।

४ 'इबरत' अर्थात् किन्तु यहां 'स्मरणीय'।

५ सम्भवतः बाबर के औरातीपा के शिला लेख की ओर संकेत हो। इसे बाबर ने ९०७ हि० (१५०१-२ ई०) में खुदवाया था। (**बाबर नामा**, पृ० ५५०)। किन्तु हुमायूँ के मार्ग पर यह स्थान न था। इश्किमीश आक्सस के दक्षिण तथा क़ुन्दुज़ के दक्षिण-पूर्व में है। यदि बाबर ने वहां कोई शिलालेख खुदवाया तो उसका उल्लेख **बाबर नामा** में नहीं है। गुलबदन बेगम के अनुसार वे किश्म में एकत्र हुये किन्तु किश्म तालीक़ान के पूर्व में है और उस समय हुमायूँ के मार्ग से दूर था। (बेवरिज, पृ० ५३८)।

६ इस सम्बन्ध में बायज़ीद की कृत्ति का अनुवाद आगे के पृष्ठों में देखिये। बायज़ीद ने इस घटना का उल्लेख अधिक स्पष्ट शब्दों में किया है।

७ यद्यपि मीर्ज़ा कामरान को तालीक़ान में क्षमा कर दिया गया था किन्तु सम्भवतः उस समय तक मीर्ज़ा कामरान के मक्का जाने अथवा न जाने के विषय में कोई निर्णय न हुआ था। अतः उसने बल्ख़ के आक्रमण के विषय में

प्रबन्ध में व्यस्त हो गए। कोलाब[1] के नाम से प्रसिद्ध खुतलान से मूक[2] एवं क़रातिगीन की सीमान्त तक के स्थान मीर्ज़ा कामरान को प्रदान कर दिए गए। चाकर खां को मीर्ज़ा कामरान का अमीरुल उमरा[3] नियुक्त करके उसके साथ भेज दिया गया। अस्करी मीर्ज़ा को भी मीर्ज़ा के साथ करके (२८३) क़रातिगीन नामक स्थान उसकी जागीर में दे दिया गया। यद्यपि मीर्ज़ा कामरान इस जागीर से संतुष्ट न था[4] किन्तु क्षमा कर दिए जाने के कारण उसने अधिक आपत्ति प्रकट न की। क़िलये ज़फ़र, तालीक़ान एवं कुछ अन्य परगने मीर्ज़ा सुलेमान एवं मीर्ज़ा इबराहीम को प्रदान कर दिए गए। क़ुन्दुज़, ग़ूरी[5], काहमर्द[6], बक़लान[7], इश्किमीश[8] एवं नारी मीर्ज़ा हिन्दाल को दिए गए। शेर अली को मीर्ज़ा के साथ नियुक्त कर दिया गया। बल्ख़ पर आक्रमण दूसरे वर्ष के लिए स्थगित कर दिया गया। उन्होंने मीर्ज़ाओं को पादशाही कृपाओं द्वारा सम्मानित करके काबुल की ओर प्रस्थान करने का संकल्प किया।

एकता हेतु प्रतिज्ञा करानी

अन्तिम दरबार में साँसारिक सुव्यवस्थापकों की प्रथानुसार प्रत्येक को वचन एवं प्रतिज्ञा के उपरान्त छोटे बड़े लोकों[9] के प्रबन्धक ईश्वर को सौंप कर, विदा कर दिया। भ्रातृ-भाव सम्बन्धी

आयोजित परामर्श गोष्ठी में कोई भाग न लिया। इसके अतिरिक्त उसने बल्ख़ के पीर मुहम्मद से सहायता प्राप्त की थी और उसकी एक पत्नी भी उज़बेक थी अतः उससे इस विषय में परामर्श करना उचित भी न था। जौहर का यह विचार सम्भवतः ठीक नहीं कि हुमायूँ उसे कोलाब के बदले में अथवा कोलाब के अतिरिक्त बल्ख़ देना चाहता था कारण कि जब तक शाही सेना नारी न पहुँच गई उस समय तक मीर्ज़ा कामरान द्वारा हज के विचार त्याग कर खुतलान अथवा कोलाब स्वीकार करने का निर्णय न हुआ। नारी से मीर्ज़ा कामरान मक्का की ओर रवाना हुआ। वह आधा कोस ही तक गया था कि हुमायूं के आदेशानुसार हसन क़ुली, मीर्ज़ा कामराँन के पास पहुँचा और उसे कोलाब स्वीकार करने पर तैयार किया। इस प्रकार कामरान दो बार वापस हुआ, एक बार तालीक़ान से और दुबारा नारीन से। (बेवरिज, पृ० ५३९)।

१ कोलाब अथवा खुतलान एवं क़रातिगीन तक पहुँचना बड़ा ही कठिन है, इस कारण वे बड़े कम प्रसिद्ध हैं। वे आक्सस नदी के उत्तर में स्थित हैं। King: *Memoirs of Baber*, Introduction Lxix)। सम्भवतः इसी कारण वे मीर्ज़ा कामरान तथा मीर्ज़ा अस्करी को प्रदान हुये।

२ मूक़ अथवा मूक़मू नदी उत्तर की ओर बहती है और सुर्ख़ाब नदी में क़रातिगीन के पूर्व में गिरती है। सुर्ख़ाब नदी आक्सस की एक शाखा है। John Wood: *A Journey to the Source of the River Oxus* (London) 1872 H. yule की प्रस्तावना पृ० lxx.

३ बेवरिज ने इस शब्द का अनुवाद प्राइम मिनिस्टर अथवा प्रधान मंत्री किया है किन्तु अमीरुल उमरा का अर्थ मुख्य अमीर होता है। यह आवश्यक नहीं कि उसे प्रधान मंत्री का पद प्राप्त हो।

४ इस विषय में **तज़किरतुल वाक़ेआत** का अनुवाद देखिये। जौहर के अनुसार जब इस घटना के बाद मीर्ज़ा कामरान को काबुल बुलवाया गया तो उसने जाने से इन्कार करते हुये दरवेशी के महत्व पर जोर दिया।

५ काहमर्द के उत्तर पूर्व में।

६ प्रकाशित ग्रन्थ में 'कमहर्द'; काहमर्द बामियान के उत्तर में है।

७ अन्दराब के मार्ग में। बक़लान की घाटियाँ पंजहीर की पर्वत श्रेणी के उत्तरी ढाल पर हैं और चांदी की खानों के लिये प्रसिद्ध थीं।

८ इश्किमीश क़ुन्दुज़ से दक्षिण पूर्व की ओर लगभग १५ मील पर है। यह तालीक़ान से ३० मील दक्षिण में है।

९ लोक तथा परलोक से अभिप्राय है।

कृपा के कारण शरबत का प्याला मंगवा कर उसमें से थोड़ा सा स्वयं पिया और (शेष) मीर्ज़ा कामरान को प्रदान किया। यह आदेश दिया गया कि मीर्ज़ाओं में से प्रत्येक अपनी श्रेणी के अनुसार पादशाह के प्रति निष्ठा का घूंट पिये और एकता एवं संगठन की प्रतिज्ञा करे। शाही आदेशानुसार भ्रातृ-भाव के बावजूद उन लोगों ने निष्ठा एवं मित्रता की गाँठों को भी दृढ़तापूर्वक बाँधा। मीर्ज़ाओं में से प्रत्येक को पताका एवं नक़्क़ारा प्रदान किया गया और उनके विश्वास एवं सम्मान में वृद्धि की गई। मीर्ज़ा कामरान, मीर्ज़ा सुलेमान एवं मीर्ज़ा हिन्दाल को तुमन-तोग़[1] प्रदान करके सम्मानित किया गया।

हुमायूं द्वारा परियान के क़िले की मरम्मत

मीर्ज़ा लोग इस मंज़िल से अपनी-अपनी जागीर को चले गए। उत्कृष्ट सेना ख़ूस्त की ओर रवाना हो गई और उस आकर्षक स्थान पर पड़ाव किया गया। वहाँ से वे परियान होते हुए काबुल की ओर रवाना हुए। परियान क़िले का निर्माण हज़रत साहब क़िरान ने कतूर[2] के हिन्दुओं को दंड देने के उपरान्त कराया था। हज़रत जहाँबानी ने उसकी मरम्मत करवाकर उसका नाम इस्लामाबाद रक्खा। जब भाग्यशाली पताकायें उस भू-भाग में पहुँचीं तो पहलवान दोस्त मीर बर को आदेश हुआ कि वह क़िले की टूट-फूट की मरम्मत कराये और वहाँ का प्रबन्ध अमीरों को बाँट दिया गया। दस दिन तक वहाँ पड़ाव रहा यहाँ तक कि पहलवान की देख रेख में एक सप्ताह में

१ राजसी चिन्ह के रूप में एक प्रकार की पताका केवल बड़े बड़े विश्वास-पात्रों को प्रदान की जाती थी। यह चार तोक़ के समान होता है, किन्तु उससे बड़ा होता है। चारतोक़ नामक पताका में सुरा गाय की दुम के बाल लगे होते हैं। दोनों ही पातकायें केवल राज्य के महान् लोगों को ही प्रदान होती हैं। किन्तु तुमन तोग़ बिरले ही प्रदान होता है। (**आईने अकबरी**—आईने शिकोहे सल्तनत)।

२ कतूर :--ख़ूस्त अथवा ख़ोस्त हिन्दूकुश के उत्तरी ढाल पर, कुन्दुज के दक्षिण तथा दक्षिण पूर्व के मध्य में ज़िले के समान है। यह उस पर्वतीय प्रदेश के बड़ा निकट है जो आजकल काफ़िरिस्तान अथवा सियाहपोश एवं अन्य काफ़िरों का प्रदेश कहलाता है। सर एच० यूल ने ऐसे बहुत से प्रमाण प्रस्तुत किये हैं जिनसे पता चलता है कि १३वीं शती ई० से इस समय तक जो काफ़िर क़बीले रहते चले आये हैं उनमें एक क़बीला कतूर अथवा कितूर का भी है। बाबर ने अपनी **तुज़ुक** में काफ़िरिस्तान के एक डिवीजन (मंडल) का उल्लेख किया है जो काबुल के उत्तर पूर्व में है और जो कत्तोर कहलाता है। कर्नल जे० बिद्दूल्फ़ का कथन है कि चित्राल के बादशाहों का ख़ान्दानी नाम भी कतूर है। उसने यह भी लिखा है कि प्राचीन काल में कतूर वंश की स्थापना के पूर्व वह प्रदेश भी कतूर कहलाता था। चित्राल के बादशाहों के वंश में शाह कतूर नाम का प्रयोग कई स्थानों पर हुआ है अतः कतूर का तात्पर्य काफ़िरिस्तान तथा चित्राल दोनों से है कारण कि यद्यपि वे अब विभाजित हो गये हैं तथापि १५वी शती ई० में दोनों राज्य एक ही रहे होंगे। रिट्टर के अनुसार १५वीं शती ई० के प्रारम्भ में बदख़्शां के मुसलमान काफ़िरों से बड़े भयभीत रहा करते थे। काफ़िर लोग बदख़्शां के मुसलमानों से राजकर वसूल किया करते थे अतः यह असम्भव नहीं कि काफ़िर लोग ख़ूस्त एवं आस पास के स्थानों पर छापे मार मार कर मुसलमान हाकिमों की हत्या न करते रहे होंगे।

[Yule: *Cathey*, p. 554; Biddulph : *Tribes of the Hindukush* p. 148; Retter: *Erdkunde* VII, pp. 206-207; E. D. Ross : *The Tarikhe Rashidi* of Mirza Muhammad Haidar (London 1895, p. 103 note].

क़िले के द्वार, कंगूरे एवं संग अन्दाज़[1] ठीक हो गये। हज़रत जहाँबानी ने बेग मीरक को वहाँ का हाकिम नियुक्त कर दिया।

चांदी की खान की ओर प्रस्थान

जब उनका संसार को शोभा प्रदान करने वाला हृदय क़िले की समस्याओं की ओर से निश्चिन्त हो गया तो वे चाँदी की खान की ओर पधारे। वहाँ उन्हें ज्ञात हुआ कि इस खान से व्यय के बराबर प्राप्ति नहीं हो सकती।

हुमायूं का काबुल पहुँचना

वहाँ से प्रस्थान करके उन्होंने पंजशीर नदी के तट पर उश्तुर कराम[2] दर्रे के समीप पड़ाव किया। शीत ऋतु के प्रारम्भ में जब कि भूमि बरफ़ से ढक गई थी तो राजधानी काबुल के समीप के स्थानों को हज़रत जहाँबानी के सम्मानित चरणों द्वारा शोभा प्राप्त हुई। उचित (२८४) घड़ी एवं मुहूर्त की प्रतीक्षा में कुछ दिन नगर के समीप पड़ाव किया गया। हज़रत शाहंशाह ने, जिनका आगमन सहस्रों आशीर्वाद एवं सौभाग्य का द्योतक है, प्रताप के समान (हज़रत जहाँबानी का) स्वागत् किया। अतगा खां एवं उनके विश्वास-पात्रों का एक समूह सेवा में उपस्थित हुआ। हज़रत जहाँबानी ने ख़िलाफ़त के नेत्रों की पुतली एवं ऐश्वर्य के शिशु-चन्द्र के, जिसके ललाट से लोक तथा परलोक का सौभाग्य टपकता था, सौभाग्य के मत्थे को ईश्वर की कृतज्ञता के प्रति सिज्दा करके प्रसन्न एवं प्रफुल्लित होकर अनन्त तक स्थायी रहने वाला प्रकाश प्रदान किया।

मीर्ज़ा हैदर का पत्र प्राप्त होना

शुक्रवार २ रमज़ान[3] को उन्होंने उचित समय पर विजय एवं सफलता के साथ अपने आगमन की छाया नगर पर डाली और (ईश्वर की) दामना की भूमि पर मत्था रक्खा। राज्य के सहायकों के पास से बधाई-पत्र प्राप्त हुए। इसी समय समन्दर[4], कश्मीर से मीर्ज़ा हैदर के प्रार्थना पत्र एवं उस विलायत के उपहार सम्मानित दरबार में लाया। प्रार्थना-पत्र में कश्मीर की जल-वायु, बहार एवं शरद् ऋतु, फल एवं मेवों की प्रशंसा बड़े रोचक ढंग से लिखी थी। उस हृदयग्राही स्थान के सदा बहार उद्यानों की सैर के लिए आग्रह किया गया था और हिन्दुस्तान विजय के

१ वह स्थान जहाँ से पत्थर इत्यादि फेंके जाते होंगे।

२ गराम तथा कराम दोनों ही रूप में ग्रन्थों में मिलता है।

३ २ रमज़ान ९५५ हि० (५ अक्तूबर १५४८ ई०)।

४ सम्भवतः वह हुमायूं का सेवक था और उसी ने उसको कश्मीर भेजा था। **अकबर नामा** में उसका उल्लेख पृ० १७३ तथा १७९ (अनुवाद पृ० ९६ तथा १०४) पर हुआ है। वहाँ उसकी चर्चा राजदूत के रूप में की गई है। **तारीख़े रशीदी** में उसका कोई उल्लेख नहीं। सम्भवतः वह ९५२ हि० (१५४५-४६ ई०) में, जब मख़दूम (मख़्दूम बेग) कश्मीर की ओर भेज दिया गया था, भेजा गया। अबुलफ़ज़ल पूर्व में उल्लेख कर चुका है कि जब हुमायूं ने काबुल विजय कर लिया तो मीर्ज़ा हैदर ने हुमायूं के नाम का ख़ुत्बा पढ़वा दिया। (बेवरिज, पृ० ५४१)।

सम्बन्ध में उचित वाक्य लिख कर संसार को विजय करने वाले उनके हृदय को उस ओर प्रेरित किया गया था। हज़रत जहाँवानी ने विजय एवं सफलता सम्बन्धी पत्र अत्यधिक दया एवं कृपा प्रदर्शित करते हुए मीर्ज़ा को भेजा और निष्ठा की उस प्रस्तावना में हिन्दुस्तान की विजय के विषय में अपनी हार्दिक इच्छा व्यक्त की।

क़राचा ख़ां एवं मुसाहिब बेग को मक्का जाने की अनुमति

वे राजधानी में सर्वदा राज्य-व्यवस्था को शक्ति पहुँचाने एवं शासन-सम्बन्धी समस्याओं के समाधान में व्यस्त रहते और अपनी कुशाग्र बुद्धि को समय की आवश्यकतानुसार (कार्य में) लगाये रहते थे। विश्वास-घात करने वालों के समूह के नेता एवं नाना प्रकार के कठोर दंडों के पात्र क़राचा ख़ां एवं मुसाहिब बेग को हिजाज़-यात्रा की अनुमति दे दी ताकि वे परदेश में, जो आत्मा के लिए बड़ा कष्ट-दायक होता है, समृद्धि के दिनों को कदाचित् कभी याद कर सकें और सुख के इन दिनों का मूल्य समझ कर दुष्टता को त्याग दें। ये लोग प्रस्थान करके हज़ारा लोगों के पास ठहर गए। अन्त में हज़रत ज़हांबानी की कृपाओं ने इस कृतघ्न समूह के उन अपराधों को, जो सुनने योग्य भी न थे, क्षमा कर दिया।

ईरान को दूत

इन्हीं दिनों में प्रेम एवं निष्ठा के बन्धनों को जो उदारता एवं सौजन्य के लिए परमावश्यक हैं, पुनः दृढ़ करने के लिये ख़्वाजा जलालुद्दीन महमूद को दूत बना कर उपहार सहित एराक़ की ओर जाने की अनुमति दे दी।

मीर्ज़ा उलुग़ बेग की हत्या

जो घटनायें इस वर्ष घटीं उनमें मीर्ज़ा उलुग़ बेग वल्द मीर्ज़ा मुहम्मद सुल्तान का शहीद होना भी है। इस घटना का संक्षिप्त उल्लेख इस प्रकार है: मीर्ज़ा अपनी जागीर ज़मीनदावर से हज़रत जहाँबानी की सेवा में उपस्थित होने के उद्देश्य से बदख़्शाँ जा रहा था। ख़्वाजा मुअज़्ज़म भी चौखट चूमने एवं अपने अपराधों की क्षमा याचना हेतु मीर्ज़ा के साथ था। जब वे ग़ज़नी के समीप पहुँचे तो भाग्यशाली सेना के विजय के समाचार प्राप्त हुए। ख़्वाजा मुअज़्ज़म ने मीर्ज़ा को इस बात के लिए विवश किया कि वे हज़ारा लोगों पर आक्रमण करके उस समूह को जो सर्वदा (२८५) लूट मार किया करता था, नष्ट-भ्रष्ट कर डालें। असावधानी के कारण, जो युवावस्था के अभिमान एवं घमंड के पागलपन का फल है, संग्राम के नियमों पर ध्यान न देकर उन्होंने युद्ध किया। मीर्ज़ा ने तलवार द्वारा मृत्यु का प्याला पी लिया।

तरदी मुहम्मद ख़ां को ज़मीनदावर प्रदान होना

हज़रत जहाँबानी ने तरदी मुहम्मद ख़ां को सम्मानित करके ज़मीन-दावर एवं उस क्षेत्र के स्थान जागीर में प्रदान कर दिए और उस क्षेत्र की सुव्यवस्था एवं शासन प्रबन्ध के लिए विदा कर दिया।

अब्दुर्रशीद ख़ां के दूत का आगमन

इसी वर्ष अब्दुर्रशीद ख़ां बिन सुल्तान सईद ख़ां, काशग़र के हाकिम के राजदूत ने

उपस्थित होकर बहुमूल्य उपहार प्रस्तुत किए और शीघ्र ही कृपा द्वारा सम्मानित होकर विदा हो गया। उन्हीं भाग्यशाली दिनों में अब्बास सुल्तान, जो ऊज़बेक सुल्तानों[1] में था, चौखट का चुम्बन करके सम्मानित हुआ और कृपा एवं आश्रय की दृष्टि का पात्र बना। इफ़्फ़त क़िबाव गुलचेहरा[2] बेगम से, जो हज़रत पादशाह की छोटी बहिन थीं, विवाह द्वारा उसके सम्मान में वृद्धि की गई।

मीर्ज़ा शाह की हत्या

जो घटनायें इस वर्ष घटीं उनमें मीर्ज़ा उलुग़ बेग के भाई मीर्ज़ा शाह का शहीद होना है। वह उश्तुर कराम से, जो उसकी जागीर में था, चौखट के चुम्बन की महत्वाकाँक्षा पूरी करने आ रहा था। जब वह मीनार दर्रे के पास पहुँचा तो हाजी मुहम्मद का भाई शाह मुहम्मद घात लगा कर बैठ गया। क्योंकि मीर्ज़ा मुहम्मद सुल्तान ने, हाजी मुहम्मद के चाचा कोकी की हिन्दुस्तान में हत्या कर दी थी, अतः उसने उस दर्रे के सिरे पर एक बाण मारा और मीर्ज़ा को उस ऊँचाई पर शहीद कर दिया।

हज़रत जहांबानी जन्नत आशियानी की पवित्र सेना का काबुल से बल्ख़ की ओर प्रस्थान। मीर्ज़ा कामरान की फूट एवं अमीरों के विश्वासघात के कारण काबुल को वापसी

बल्ख़ आक्रमण का निश्चय होना

यद्यपि हिन्दुस्तान की विजय एवं उस वाटिका के खर पतवार का हटाना समस्त कार्यों की अपेक्षा राज्यों को विजय करने वाले साहस के लिए सर्वोपरि था, एवं कश्मीर की विलायत की सैर की भी उन्हें महान् अभिलाषा थी, तथापि उसे अन्य समूह के लिए स्थगित करके उन्होंने पूर्व निश्चयानुसार बल्ख़ के आक्रमण हेतु भाग्यशाली चरण संकल्प की रिकाब में रक्खे[3]।

१ शाहज़ादों।

२ वह गुलबदन बेगम की बड़ी बहिन थी और बाबर तथा दिलदार बेगम की पुत्री थी। उसका जन्म १५१५-१७ ई० के मध्य में हुआ गुलरंग, हिन्दाल एवं गुलबदन बेगम की वह सगी बहिन थी। सर्व प्रथम उसका विवाह ९३७ हि० (१५३३ ई०) में बाबर के जीवन काल में। उसकी माता के भाई अहमद के पुत्र तूख़्ता बूग़ा से हुआ किन्तु ९४० हि० (१५३३ ई०) में वह विधवा हो गई। यदि इस बीच में उसका कोई अन्य विवाह नहीं हुआ तो यह उसका दूसरा विवाह था।

३ फ़िरिश्ता ने इस आक्रमण का उल्लेख इस प्रकार किया है:—क्योंकि बैराम ख़ां तुर्कमान को ऊज़बेकों द्वारा नाना प्रकार के कष्ट पहुँचे थे अतः (हुमायूं ने) प्रतिकार हेतु ९५६ हि० (१५४९-५० ई०) में हिन्दाल मीर्ज़ा एवं सुलैमान मीर्ज़ा सहित बल्ख़ की ओर प्रस्थान किया। कामरान मीर्ज़ा एवं अस्करी मीर्ज़ा ने पुनः विरोध किया और सेवा में उपस्थित न हुये। इस भय के बावजूद कि कहीं मीर्ज़ा कामरान काबुल पहुँच कर अशांति न उत्पन्न कर दे, बादशाह ने अपने संकल्प को न त्यागा और बल्ख़ के समीप पहुँचा। (फ़िरिश्ता : **तारीख़े फ़िरिश्ता**, मक़ाला दोअम, पृ० २३९)।

हुमायूं द्वारा भाइयों को सन्देश

९५६ हि० के प्रारम्भ[१] (फ़रवरी १५४९ ई०) में जब मौसम अच्छा हो गया तो दरबार के एक विश्वास-पात्र वाल्तू बेग को, मीर्ज़ा कामरान के पास भेज कर संदेश प्रेषित किया गया कि "जैसा कि निश्चय हो चुका था, हम बल्ख़ की ओर प्रस्थान कर रहे हैं। तुम्हें चाहिए कि संगठन एवं मेल-जोल पर दृष्टि रखकर इस बात को अनन्त तक स्थायी रहने वाले अपने सौभाग्य की पूंजी समझते हुए बदख़्शाँ के क्षेत्र में सम्मानित पताकाओं के पहुँचने पर पूर्ण तैयारी करके उत्कृष्ट सेना के पास पहुँच जाओ।" मीर्ज़ा हिन्दाल, मीर्ज़ा अस्करी, मीर्ज़ा सुलेमान एवं मीर्ज़ा इबराहीम को आदेश भेजा गया कि वे मार्ग की सुव्यवस्था एवं सेना की तैयारी करके शीघ्र पहुँच जायें।

कामरान को बुलाने के लिये आदमी का भेजा जाना

(२८६) उत्कृष्ट पताकाओं ने प्रस्थान किया। राज्य-व्यवस्था, शासन प्रवन्ध एवं हाजी मुहम्मद ख़ां के ग़ज़नी से आगमन की प्रतीक्षा में लगभग एक मास तक युरत चालाक[२] में पड़ाव करना पड़ा। इस पड़ाव से ख़्वाजा दोस्त ख़ावन्द को मीर्ज़ा कामरान को सम्मानित शिविर में लाने के लिए कोलाब भेजा गया।

ख़्वाजा ग़ाज़ी एवं रूहुल्लाह के हिसाब-किताब की जांच

ख़्वाजा क़ासिम व्यूतात पूर्व में वज़ीर था और ख़्वाजा मीर्ज़ा बेग वर्तमान दीवान[३] था। क्योंकि ख़्वाजा मीर्ज़ा बेग बड़ा ही अयोग्य था अतः ख़्वाजा ग़ाज़ी ने अपनी योग्यता के कारण कार्यों को सुव्यवस्थित करना प्रारम्भ कर दिया था। मीर्ज़ा कामरान के समस्त कार्यों के प्रबन्धक ख़्वाजा मक़सूद अली एवं कुछ अन्य लोगों ने मीर बरका द्वारा ख़्वाजा ग़ाज़ी एवं ख़्वाजा रूहुल्लाह के विषय में सूचना कराई। मुनइम ख़ां, मुहम्मद क़ुली ख़ां बरलास, फ़रीदूं ख़ां एवं मौलाना अब्दुल बाक़ी सद्र मामले की जाँच हेतु नियुक्त हुए। हुसेन क़ुली सुल्तान[४], जो दरबार का विश्वासपात्र था, इस पूंछ-ताँछ का मुहस्सिल[५] नियुक्त हुआ। पूंछ-ताँछ के उपरान्त ख़्वाजा ग़ाज़ी, ख़्वाजा रूहुल्ला एव अपहरणकर्ता नवीसिन्दों[६] का एक समूह पकड़ा गया। मुहम्मद क़ुली सुल्तान को ख़्वाजा ग़ाज़ी की धन-सम्पत्ति की जाँच हेतु नियुक्त किया गया। हज़रत जहाँबानी की कृपा के कारण अफ़ज़ल ख़ां की उपाधि द्वारा सुशोभित ख़्वाजा सुल्तान अली, व्यूतात की मुशरिफ़ी से, व्यूतात की दीवानी

१ बायज़ीद के अनुसार बहार के प्रारम्भ; सम्भवतः यही ठीक है।

२ काबुल के उत्तर पश्चिम में लगभग २ मील पर। बाबर लिखता है, "(काबुल के) उत्तर-पश्चिम में कोई एक शरई पर चालाक नानक मैदान है। यह बहुत बड़ा है किन्तु यहां मच्छर घोड़ों को बड़ा कष्ट पहुँचाते हैं।" (**बाबर नामा, पृ० १६**)।

३ दीवाने हाल; पूरा शब्द कोई पद नहीं ज्ञात होता। दोनों शब्दों को अलग अलग ही पढ़ना चाहिये अतः इसका अर्थ वर्तमान दीवान होगा। यदि 'हाल' को 'माल' पढ़ा जाय तो भी अर्थ में कोई अन्तर नहीं पड़ता कारण कि दीवान का कार्य ही माल अथवा राजस्व विभाग की देखरेख था।

४ बैराम ख़ां की बहिन का पुत्र जो अकबर के राज्य-काल में ख़ाने जहां की उपाधि द्वारा सुशोभित हुआ।

५ हिसाब किताब की जांच का अधीक्षक।

६ मुंशियों।

के पद द्वारा सम्मानित हुआ। इसी बीच में मीर्ज़ा इबराहीम ने शीघ्रातिशीघ्र यात्रा करके चरणों का चुम्बन किया और कृपाओं द्वारा सम्मानित हुआ।

हुमायूं का नीलबर के मैदान में पहुँचना

जब उनका हृदय इस अभियान के आवश्यक प्रबन्धों की चिन्ता से मुक्त हो गया तो सम्मानित सेना ने इस्तालीफ़ में पड़ाव किया। इस स्थान से अब्बास सुल्तान ऊज़बेक[1] पलायन कर गया। हज़रत जहाँबानी मीर्ज़ाओं के आगमन की प्रतीक्षा में धीरे धीरे यात्रा करते थे। जब मीर्ज़ाओं के प्रस्थान एवं मीर्ज़ा कामरान की तैयारी के समाचार प्राप्त हुए तो पंजशीर के मार्ग से प्रस्थान करके उन्होंने अन्दराब में उत्कृष्ट शिविर लगवाये। जिस मंज़िल[2] पर हज़रत साहब क़िरान ने बुनियादें रक्खी थीं,[3] तीन दिन तक उनके अनुकरण में वे वहाँ ठहरे रहे। वहाँ से वे नारी की ओर, जहाँ (अन्य दिशाओं) के मार्ग मिलते हैं रवाना हुए। नारी दर्रे को पार करके, उन्होंने नीलबर के मैदान की, जहाँ की बहार बदख़्शाँ में बड़ी प्रसिद्ध है, सैर के लिए प्रस्थान किया। इस फूलों की भूमि के समीप मीर्ज़ा हिन्दाल एवं मीर्ज़ा सुलेमान ने फ़र्श चमने का सौभाग्य प्राप्त किया और नाना प्रकार की कृपाओं द्वारा सम्मानित हुए। मीर्ज़ा सुलेमान की प्रार्थना पर मीर्ज़ा इबराहीम को बदख़्शाँ[4] की व्यवस्था हेतु उस प्रदेश की ओर विदा कर दिया गया। उस क्षेत्र के सैनिकों की देख भाल भी उसी को सौंप दी गई।

हुमायूं का ऐबक पर अधिकार जमाने का प्रयत्न

बक़लान[5] के समीप से मीर्ज़ा हिन्दाल, मीर्ज़ा सुलेमान, हाजी मुहम्मद खां एवं अनुभवी वीरों का एक समूह आगे भेज दिया गया, ताकि वे ऐबक को, जो बल्ख़ के अधीनस्थ है और मेवे की अधिकता एवं समृद्धि तथा जल-वायु की रामणीयता हेतु मशहूर है, ऊज़बेकों से मुक्त करा लें।

शेर मुहम्मद पकना द्वारा चीते की हत्या

(२८७) इसी बीच में शेर मुहम्मद पकना जो एक यसावल[6] था एक चीते को बाण द्वारा मार कर हज़रत जहाँबानी की सेवा में लाया। हुसेन क़ुली मुहरदार ने निवेदन किया कि "तुर्क लोग अभियान के समय चीते की हत्या करना शुभ नहीं समझते।" पुनः निवेदन किया कि "जिस समय मुझे बैरम ऊग़लान बन्दी बना कर बल्ख़ के हाकिम कीस्तन क़रा[7] के समक्ष ले गया

१ उसका हाल हीं में गुलचहरा बेगम से विवाह हुआ था।
२ सम्भवतः परियान में।
३ यह वाक्य स्पष्ट नहीं; सम्भवतः क़िले के निर्माण की ओर संकेत है।
४ सम्भवतः किश्म की ओर।
५ नारीन के पश्चिम एवं क़ुन्दुज़ के दक्षिण में।
६ एक प्रकार के सेवक जो हर समय बादशाहों के साथ रहते थे। निम्न श्रेणी के सेवकों में उन्हें मुख्य स्थान प्राप्त था। संदेश ले जाना तथा दरबार की साधारण प्रकार की व्यवस्था उसी के सिपुर्द होती थी।
७ पीर मुहम्मद का बड़ा भाई जो पीर मुहम्मद के पहले राज्य करता था।

तो उस समय जजकतू[१] मैमना[२] से हेरी पर आक्रमण की तैयारियाँ हो रही थीं। उसी समय कोई व्यक्ति एक चीता मार कर लाया। इसी कारण अभियान स्थगित कर दिया गया।" हज़रत जहाँबानी इन बातों पर कान न धर कर, उसी प्रकार बल्ख़ पर आक्रमण करने का संकल्प किए रहे[३]।

हुमायूं का ऐबक पर अधिकार

दूसरे दिन सेना का अग्र भाग ऐबक पहुँच गया।, बल्ख़ के हाकिम पीर मुहम्मद ख़ां ने अपने अतालीक़ ख़्वाजा माक़ को कुछ अनुभवी व्यक्तियों उदाहरणार्थ ईल मीर्ज़ा, हुसेन सईद बई[४] मुहम्मद क़ुली मीर्ज़ा एवं जूजक मीर्ज़ा को ऐबक की प्रतिरक्षा हेतु भेजा ताकि वे उस क्षेत्र में रह कर सावधान रहें। वे जिस समय ऐबक पहुँचे, उसी समय विजयी पताकायें भी पहुँच गईं। अमीरों के पास क़िले में प्रविष्ट होने तथा उसकी प्रतिरक्षा के अतिरिक्त कोई उपाय न रह गया। हज़रत जहाँबानी भी वहाँ पहुँच गए और क़िले की विजय का प्रयत्न करने लगे। मोर्चे बाँट दिए गए। दो-तीन दिन में जो लोग क़िले में बन्द थे उन्होंने क्षमा-याचना की और वे सम्मानित चौखट का चुम्बन करने के लिए अग्रसर हुए। ऐबक उत्कृष्ट राज्य के सहायकों ने प्राप्त कर लिया।

मावराउन्नहर विजय के सम्बन्ध में अतालीक़ से परामर्श

हज़रत जहाँबानी ने शाहाना जश्न करके अतालीक़ से मावराउन्नहर विजय के सम्बन्ध में परामर्श किया। अतालीक़ ने निवेदन किया कि, "इस प्रकार की बातों को मुझसे पूछने से क्या लाभ?" हज़रत जहाँबानी ने कहा, "तुझमें सत्यता के चिह्न दृष्टिगत हैं। तेरे हृदय में जो आये तू उसे निःसंकोच कह दे।" उसने निवेदन किया कि, "पीर मुहम्मद ख़ां के सभी उत्कृष्ट व्यक्तियों को आपने बन्दी बना लिया है। इन लोगों की हत्या करा दें और विजय की रिकाब में क़दम रक्खें। मावराउन्नहर बिना युद्ध के आपके अधिकार में आ जायगा।" हज़रत जहाँबानी ने अपनी उदारता के कारण उत्तर दिया कि सौजन्य की दृष्टि से विश्वासघात सम्मानित लोगों के लिए अनुचित है विशेष रूप से प्रतिष्ठित बादशाहों के लिए ऐसा करना और भी उचित नहीं। मैंने इस समूह के प्राणों को कष्ट न पहुँचाने का वचन दिया है। इसके विरुद्ध अन्तःकरण के न्यायालय में मैं किस प्रकार कोई कार्य कर सकता हूँ?" अतालीक़ ने निवेदन किया कि, "यदि आप इस उचित परामर्श एवं ठीक राय पर आचरण नहीं कर सकते तो मुझे बन्दी बना लें और इस शर्त पर संधि कर लें कि ख़ुल्म[५] से इस ओर के स्थान दरबार के सेवकों को प्राप्त हो जायें। जब कभी हिन्दुस्तान पर

१ सम्भवतः चिचक़तू जो मैमना के दक्षिण-पश्चिम में है।

२ बल्ख़ एवं हिरात के मध्य में।

३ इस सम्बन्ध में बायज़ीद की कृति का अनुवाद देखिये।

४ वुड के अनुसार बाई अफ़ग़ानों के ख़ान के समान होता था। (John Wood: *A Journey to the Source of the River Oxus*, p. 224).

५ बल्ख़ से ख़ुल्म तथा ताक़ियान होता हुआ मार्ग बदख़्शां की सरहद पर जाता था। एक अन्य सड़क जो उसी की शाखा थी दक्षिण पूर्व में काबुल के उत्तर में स्थित अन्दराब एवं पंजहीर की खानों को जाती थी। ख़ुल्म नदी भी उत्तर में जाकर लुप्त हो जाती है। तीमूर ख़ुल्म से ही हिन्दुस्तान की सरहद पर पहुँचा था।

आक्रमण हो तो एक सेना उनके साथ की जाय[1] जो उचित सेवायें सम्पन्न करें।" क्योंकि दैवी इच्छा एवं विधाता की मरज़ी इन दोनों प्रस्तावों के विरुद्ध थी अतः भाग्य का लिखा ही संकल्पकर्त्ताओं की दृष्टि में उचित ज्ञात हुआ।

हुमायूं का मीर्ज़ा कामरान की प्रतीक्षा में आक्रमण न करना

(२८८) वे कुछ दिन वहाँ ठहरे रहे। यद्यपि ऐबक की जल-वायु एवं मेवे की अधिकता भी ठहरने का कारण थी किन्तु वहाँ ठहरने का सबसे बड़ा कारण मीर्ज़ा कामरान का न आना था। दूरदर्शी बुद्धिमान् लोग विश्वासपूर्वक कहते थे कि "यदि विलम्ब न कर दिया जाता तो पीर मुहम्मद खां में युद्ध तथा मुक़ाबले की शक्ति न थी और निःसन्देह उसका समूलोच्छेदन हो जाता और या (हज़रत जहाँबानी की) इच्छानुसार वह संधि कर लेता कारण कि अब्दुल अज़ीज़ खां[2] एवं अन्य ऊज़बेक ख़ान सहायतार्थ नहीं पहुँच सकते थे।" उनके वहाँ अधिक समय तक ठहर जाने के कारण वे अवसर पाकर शत्रु के विरुद्ध सहा तार्थ पहुँच गए।

ऊज़बेकों की सेना एवं हुमायूं की सेना में युद्ध

जो ऊज़बेक अमीर वन्दी बना लिए गए थे उन्हें दरबार के एक विश्वासपात्र ख़्वाजा क़ासिम मुख़लिस के साथ काबुल भेज दिया गया। अतालीक़ को साथ लेकर वे ख़ुल्म के मार्ग से बल्ख़ की ओर रवाना हुए। दो-तीन दिन उपरान्त ख़ुल्म पार करके उन्होंने बाबा शाहू नामक स्थान पर पड़ाव किया। दूसरे दिन मज़ार[3] के समीप जो मार्ग की बड़ी प्रसिद्ध मंज़िल है पड़ाव हुआ। क़रावल लोग समाचार लाये कि ऊज़बेकों का बहुत बड़ा समूह वक़्क़ास सुल्तान एवं शाह मुहम्मद सुल्तान हिसारी[4] के अधीन पहुँच चुका है। हज़रत जहाँबानी ने सेना सुसज्जित करके, विजय का चुम्बन करने वाली रिकाब में पाँव रक्खे। (दोनों ओर के) क़रावलों के मध्य में साधारण सी झड़प हुई। उत्कृष्ट सेना के पड़ाव करने के समय शाह मुहम्मद सुल्तान हिसारी ने एक बहुत बड़ी सेना सहित सम्मानित शिविर पर आक्रमण किया। अनुभवी वीरों यथा काबुली खां, मुहम्मद क़ासिम मौजी का भाई, शेर मुहम्मद पकना एवं मुहम्मद खां तुर्कमान ने अत्यधिक पौरुष प्रदर्शित करते हुए बड़ी वीरता से युद्ध किया। काबुली मारा गया और शत्रु मुक़ाबला न कर सके तथा भाग खड़े हुए।

ऊईकन ऊग़लान का बन्दी बनाया जाना

ऊईकन ऊग़लान[5] को, जो एक बड़ा प्रतिष्ठित ऊज़बेक था, वन्दी बना कर सेवा में उपस्थित किया गया। मुहम्मद खां तुर्कमान एवं सैयिद मुहम्मद पकना में झगड़ा होने लगा।

१ पीर मुहम्मद द्वारा हुमायूं के साथ।

२ उबैदुल्लाह खां ऊज़बेक का पुत्र। उसने १५४० ई० से बुख़ारा में राज्य करना प्रारम्भ किया।

३ मज़ार अथवा जिसे मानचित्रों का मज़ार शरीफ़ दिखाया गया है। यह शाह औलिया अली मुहम्मद के जामाता का मज़ार है। कहा जाता है कि उसके मज़ार का सुल्तान हुसेन बाईक़रा के राज्य-काल में पता लगाया गया। (John Wood: *A Journey to the Source of the River Oxus*, p. 185).

४ सम्भवतः जानी बेग का पुत्र एवं बायज़ीद का भाई।

५ बायज़ीद में "उक़ुन बहादुर"।

प्रत्येक अपने आप को इसका श्रेय देता था। हज़रत जहाँबानी ने ऊईकन ऊग़लान से प्रश्न किया कि "तुझे किसने घोड़े से गिराया ?" उसने मुहम्मद ख़ां की ओर संकेत करके कहा कि, "सर्वप्रथम इसने मेरे ऊपर तलवार चलाई। मैं इसकी तलवार के भय से घोड़े से गिर पड़ा। जैसे ही मैं उठ कर खड़ा होने लगा दूसरे व्यक्ति ने (सैयिद मुहम्मद पकना की ओर संकेत करके) मेरे ऊपर तलवार चलाई।" हज़रत जहाँबानी ने सैयिद मुहम्मद (पकना) को फटकारते हुए कहा कि "उसे मुहम्मद ख़ां ने गिराया है। तूने सौजन्यपूर्ण व्यवहार न किया और दूसरे के शिकार पर तलवार चलाई।" उसका श्रेय मुहम्मद ख़ां को प्रदान किया। ऊईकन को पीर मुहम्मद आख़्ता को सौंप दिया कि वह उसकी ओर से सावधान रहे और उसका उपचार करता रहे।

मीर्ज़ा कामरान के विषय में अफ़वाहें

विजय एवं सफलता के चिह्न के वावजूद, निष्ठा से शून्य एक दूसरे के शत्रु अमीर दु:साहस का प्रदर्शन करते और सर्वदा मीर्ज़ा कामरान की ओर से झूठे समाचार गढ़ते रहते थे। मीर्ज़ा के विषय में जिस दुष्टता का भी उल्लेख किया जाता, वह उसका पात्र था कारण कि उसके स्वभाव में ही यह बातें थीं। किन्तु इस समय उसके विरुद्ध झूठे इल्ज़ाम ही लगाये जाते थे।

हुमायूं तथा पीर मुहम्मद ख़ां का युद्ध

(२८९) संक्षेप में, दूसरे दिन ऊज़बेक लोग अत्यधिक सेना एकत्र करके पूर्ण रूप से युद्ध के लिए तैयार हुये एवं आगे बढ़ने पर उद्यत हो गए। उबैद ख़ां का पुत्र अब्दुल अज़ीज़ मध्य भाग में था, पीर मुहम्मद ख़ां दायीं ओर तथा सुल्ताने हिसार बायीं ओर थे। हज़रत जहाँबानी ने भी अपनी सेना की सुव्यवस्था की। मध्य भाग को अपने पवित्र व्यक्तित्व से सुशोभित किया। मीर्ज़ा सुलेमान को सेना के दायें भाग तथा मीर्ज़ा हिन्दाल को बायें भाग में नियुक्त किया। क़राचा ख़ां, हाजी मुहम्मद ख़ां, तरदी बेग ख़ां, मुनइम ख़ां, सुल्तान हुसैन बेग जलायर तथा उसके भाइयों को सेना के अग्र भाग में नियुक्त किया। मध्याह्नोपरान्त सेना की पंक्तियाँ सुव्यवस्थित हो गईं और सायं-काल तक घोर युद्ध होता रहा। योद्धाओं ने साहस से काम लेकर पौरुष प्रदर्शित करते हुए, वीरता दिखलाई और शत्रुओं के अग्र दल को भगा दिया। वे उन्हें नहरों में खदेड़ते हुए बल्ख़ के कूचा बन्द[1] तक पहुँच गए। हज़रत जहाँबानी अपनी बुद्धि एवं विवेक के अनुसार यह चाहते थे कि (शत्रु का) पीछा करते हुए (शाही) पताकाओं को नहरों के पार पहुँचा दें। किन्तु मित्रता के वेश में शत्रुता करने वाले अल्पदर्शी षड्यंत्रकारी सहायकों ने अनुचित परामर्श दिए। मूर्ख मित्रों ने भी अज्ञानता के कारण उन अभागे अल्पदर्शी लोगों का समर्थन करके षड्यंत्रकारियों के मत को स्वीकार कर लिया और नहरों को पार न करने दिया। कायरता-पूर्ण झूठी बातें करके वे कभी अपनी सेना की कमी कभी शत्रुओं की सेना की अधिकता, कभी मीर्ज़ा कामरान के काबुल चले जाने, कभी अपने परिवारों के बन्दी बना लिए जाने और कभी मीर्ज़ा कामरान के आगमन की प्रतीक्षा एवं इसी प्रकार की बातों का बहाना बना कर लौटने के लिए प्रेरित करते रहते थे।

१ प्रतिरक्षा का बाहरी घेरा।

हुमायूं का आगे न बढ़ना

अन्त में अत्यधिक वाद-विवाद के उपरान्त वे[1] स्वयं इस बात के लिये तैयार हो गए कि दर्रये गज़ की ओर, जो एक दृढ़ स्थान है, पहुँचकर कुछ दिन तक ठहरे रहें। उनसे कहा गया कि "उस क्षेत्र के ईमाक़ों एवं सैनिकों के अन्य समूह को एकत्र करके विजय के साधनों की व्यवस्था करें। इसी बीच में मीर्ज़ा कामरान के प्रामाणिक रूप से समाचार ज्ञात हो जायेंगे। यदि यह पता चल जाय कि मीर्ज़ा (कामरान) काबुल चला गया है तो फिर उनका इस क्षेत्र में कष्ट भोगना उचित न होगा। तदुपरान्त निश्चिंत होकर बल्ख़-विजय अपितु मावराउन्नहर-विजय सुगमतापूर्वक प्राप्त की जा सकेगी। दैवी कृपा से इस समय तक उत्कृष्ट सेना को निरन्तर विजय एवं सफलता प्राप्त होती रही है और प्रताप में भी वृद्धि होती रही है। अब जो भी हो, युद्ध से हाथ खींचकर दर्रये गज़ की ओर प्रस्थान करना चाहिये।" हज़रत जहाँबानी सभी लोगों की इच्छा को देखकर विवश हो गए और उन्होंने उस ओर प्रस्थान किया। विश्वासघातियों के षड्यंत्र के कारण हाथ में आया हुआ बल्ख़ निकल गया। शेख़ बहलूल को सेना के अग्र दल को, जिसने नदी पार करके ऊज़बेकों को खदेड़ते हुए शहर बन्द[2] तक पहुँचा दिया था, वापस लाने के लिए भेजा गया। मीर्ज़ा सुलेमान एवं वीरों के एक अन्य समूह को सेना के पीछे के भाग की प्रतिरक्षा हेतु नियुक्त किया गया।

हुमायूं की सेना का छिन्न-भिन्न होना

क्योंकि दुष्ट कृतघ्नों का उद्देश्य (शाही) सेना को अस्त-व्यस्त करना था अतः दर्रये गज़ (२९०) की ओर वापसी का अर्थ 'जो संयोग से काबुल के मार्ग में था', 'काबुल की ओर वापसी' प्रसिद्ध हो गया। मीर्ज़ा कामरान का प्रस्थान सभी की ज़बान पर था। लोग हताश होकर छिन्न-भिन्न होने लगे। हज़रत जहाँबानी ने यद्यपि हुसेन क़ुली सुल्तान मुहरदार को, जो दरबार का विश्वासपात्र था एवं अन्य विश्वासपात्रों को जो छिन्न-भिन्न हो गए थे, वापस लाने के लिये भेजा किन्तु उससे कोई लाभ न हुआ। क्योंकि भाग्य उपाय के साथ न था अतः उपाय से कोई लाभ न हुआ। निःसन्देह ईश्वर ने भाग्य में लिख दिया था कि हिन्दुस्तान का विशाल देश अत्याचारियों के विघ्न एवं ज़ालिमों से सुरक्षित रहे और एक पवित्र व्यक्तित्व का आशीर्वाद प्राप्त करके हज़रत शाहंशाह ज़िल्लल्लाह[3] के क़यामत तक चिरस्थायी रहने वाले राज्य की राजधानी बनें और निष्ठावानों की आशाओं के उद्यान एवं शत्रुता के बाद मित्रता ग्रहण करने वालों की विशाल भूमि में उपकार के सहस्रों बीज बोये जायें। संक्षेप में, संसार को शोभा प्रदान करने वाले विधाता ने (इतनी बड़ी) सफलता को ऐसी स्थिति का वस्त्र पहना दिया ताकि सावधान लोगों को अधिक से अधिक शिक्षा प्राप्त हो सके। इस प्रकार औचित्य एवं ज्ञान के साधनों की व्यवस्था कराई गई कारण कि यदि यह अनुचित घटना न घटी होती तो मावराउन्नहर विजय में व्यस्त रहने के कारण हिन्दुस्तान के दीन-दुखियों के कार्य स्थगित रहते और इस देश की सुव्यवस्थाओं में, जो सातों इक़लीमों से पहुँचने वालों के लिए शान्ति का केन्द्र है, विलम्ब हो जाता।

१ हुमायूं।
२ प्रतिरक्षा अथवा गढ़-बन्दी के स्थान।
३ ईश्वर की छाया।

हुमायूं के घोड़े का घायल होना

संक्षेप में, जब शत्रुओं को इस शोचनीय घटना की सूचना मिली तो वह अपने अस्त-व्यस्त कार्यों को सुव्यवस्थित करके उन लोगों का पीछा करने के लिये रवाना हुए। हज़रत जहाँवानी ने स्वयं आश्चर्यजनक रूप से रणकौशल एवं अपार वीरता का, जिसकी प्रशंसा युग के युद्ध के कारनामों की प्रस्तावना बन सकता है, प्रदर्शन किया। उस युद्ध के चीतों के जंगल में वे तसर्रुनाज़ेरीन[1] नामक घोड़े पर, जिसे हिरात के हाकिम मुहम्मद ख़ां[2] ने भेंट किया था, सवार थे। वह बाण द्वारा मारा गया। हैदर मुहम्मद आख़्ता ने अपना घोड़ा राज्य एवं धर्म के उस नेता को प्रदान करने का सम्मान प्राप्त किया। इस कारण कि उस राज्य के स्वामी के सिंहासन को ईश्वर सहायता प्रदान कर रहा था वे सुरक्षित स्थान पर पहुँच गए और अधिकांश साथी अपनी दुष्टता का परिणाम अपने नेत्रों से देखकर अपने दुःसाहस एवं नीचता के कारण छिन्न-भिन्न हो गए।

हुमायूं की सेना के मुख्य अधिकारी

उत्कृष्ट सेना के मुख्य अधिकारियों की सूची इस प्रकार है:—मीर्ज़ा हिन्दाल, मीर्ज़ा सुलेमान, क़राचा ख़ां, हाजी मुहम्मद ख़ां, तरदी बेग ख़ां, मुनइम ख़ां, खिज्र ख़्वाजा सुल्तान, मुहम्मद क़ुली ख़ां जलायर, इस्कन्दर ख़ां, क़ासिम हुसेन ख़ां, हैदर मुहम्मद आख़्ता बेगी, अब्दुल्लाह ख़ां ऊज़बेक, हुसेन क़ुली ख़ां मुहरदार, मुहिब अली ख़ां (बिन) मीर ख़लीफ़ा, सुल्तान हुसेन ख़ां, बाल्तू (२९१) सुल्तान, मुसाहिब बेग, शाह बुदाग़ ख़ां, शाहम बेग जलायर, शाह क़ुली नारंजी, मुहम्मद क़ासिम मौजी, लुत्फ़ुल्लाह सहरिन्दी, अब्दुल वह्हाब औजी[3], बाक़ी मुहम्मद परवानची, ख़ाल्दीन[4]।

हुमायूं का चहार चश्मे पर पड़ाव

तीन दिन उपरान्त चहार चश्मे के दर्रे[5] की चोटी पर पड़ाव किया गया। इस मंज़िल पर मुहम्मद क़ुली शेख़ कमाल, जो सीधे रास्ते से भटक गया था, उत्कृष्ट सेना के समाचार पाकर, सेना में उपस्थित हुआ।

अकबर एवं काशग़र के हाकिम को पत्र

इस पड़ाव से हज़रत जहाँवानी ने हज़रत शाहंशाह एवं अन्तःपुर की बेगमों को, जो काबुल के सुरक्षित नगर में थीं, पत्र लिखकर बेग मुहम्मद आख़्ता बेगी के हाथ भेजा। काशग़र के हाकिम रशीद ख़ां को, जो सर्वदा शुभ-चिन्ता एवं निष्ठा का प्रदर्शन किया करता था, कृपा-युक्त फ़रमान प्रेषित करके सम्मानित चरणों के पहुँचने की सूचना देते हुए लिखा कि, "दुष्ट भाई मुहम्मद कामरान ने अपने कुस्वभाव के कारण मित्रता पर शत्रुता के पाप को प्राथमिकता देकर, प्रेम एवं

१ 'यह दर्शकों को प्रसन्न करता है।' क़ुरान शरीफ़ में इसका प्रयोग उन गौओं के लिये हुआ है जिनके बलिदान का मूसा पैग़म्बर ने बनी इसराईल को आदेश दिया।

२ कुछ हस्त-लिपियों में 'मुहम्मद ख़ां शरफ़ुद्दीन ऊग़ली'। बायज़ीद ने भी यही लिखा है।

३ आज़रबाईजान अज़रबैजान में औजान नामक स्थान का निवासी।

४ सम्भवतः 'ख़ाल्दीन दोस्त सहारी'।

५ प्रकाशित ग्रन्थ में 'बर सरे यख़े चहार चश्मा' (चहार चश्मा की बर्फ़ पर) किन्तु बेवरिज के अनुसार सम्भवतः यह शब्द 'पंज' है जिसका अर्थ दर्रा होता है।

निष्ठा के सम्बन्ध को पूर्णतः त्याग दिया है।" उनके[1] अधिकांश साथियों के साहस ने भी उनका साथ न दिया अतः यह अभियान राज्य के मित्रों की इच्छानुसार सम्पन्न न हो सका अपितु शोक एवं दुःख का कारण बना। अपनी कुशलता पर ईश्वर के प्रति कृतज्ञता प्रकट करते हुए उन्होंने एक निष्ठावान् हृदय की सांत्वना-योग्य चुने हुए उपदेश लिखे।

हुमायूं का काबुल पहुँचना

वहाँ से प्रस्थान करके एक रात के उपरान्त वे गूरबन्द पहुँचे और दूसरी रात को ख़्वाजा सेहयारान में पड़ाव हुआ। वहाँ से क़राबाग़ तदुपरान्त मामूरा[2] पहुँचे। हज़रत शाहंशाह सम्मानित सेवा में स्वागत हेतु उपस्थित हुए और उनके प्रति नाना प्रकार से कृपायें प्रदर्शित की गईं। वहाँ से शुभ मुहूर्त में उन्होंने भाग्यशाली छत्र के साथ राजधानी में छाया डाली।

मीर्ज़ा सुलेमान एवं मीर्ज़ा हिन्दाल का अपने राज्य को प्रस्थान

मीर्ज़ा सुलेमान मार्ग से बदख़्शाँ चला गया और मीर्ज़ा हिन्दाल क़ुन्दुज़। मुनइम ख़ां भी मीर्ज़ा के साथ क़ुन्दुज़ पहुँचा। समस्त अमीर (हज़रत जहाँबानी) के पीछे-पीछे काबुल पहुँचे। शाह बुदाग़ ख़ां, जिसने वीरता एवं पौरुष का प्रमाण दिया था, शत्रुओं द्वारा बन्दी बना लिया गया था। मीर शरीफ़ बख़्शी, ख़्वाजा नासिरुद्दीन अली मुस्तौफ़ी, मीर मुहम्मद मुंशी, मीर जान बेग दारोग़ये इमारत एवं ख़्वाजा मुहम्मद अमीन कंग को भी इसी स्थिति का सामना करना पड़ा। दरबार के शेष सेवक सुरक्षित रहे।

हुमायूं के बन्दी अमीरों का मुक्त होना

जब अतालीक़ एवं ऊज़बेकों का एक अन्य समूह, जो ऐबक में बन्दी बना लिए गए थे, मुक्त होकर स्वदेश पहुँचे और उन्होंने नाना प्रकार की पादशाही कृपाओं एवं उदारता का उल्लेख किया तो पीर मुहम्मद ख़ां को बड़ा आश्चर्य हुआ। उसने उन शाही सेवकों को, जो उसके साथ थे, सौजन्यपूर्ण व्यवहार करके राजधानी काबुल भेज दिया।

ख़्वाजा जलालुद्दीन का वापस बुलाया जाना

राजधानी में पहुँचकर इस वापसी को राज्य के हित में समझते हुए हज़रत जहाँबानी (२९२) धर्म एवं राज्य की सुव्यवस्था में व्यस्त हो गए। ख़्वाजा जलालुद्दीन महमूद को दूत बनाकर ईरान के हाकिम के पास भेजा गया था किन्तु वह कुछ घटनाओं के कारण क़न्धार में ठहर गया था, अतः उसके भेजने की व्यवस्था समाप्त करके वापस बुलवा लिया गया।

ख़्वाजा अब्दुस्समद एवं मीर सैयिद अली का आगमन

ख़्वाजा अब्दुस्समद एवं मीर सैयिद अली ने, जो चित्रकला एवं नक़्क़ाशी में अद्वितीय एवं संसार भर में अद्भुत थे, फ़र्श चूमने का सौभाग्य प्राप्त किया और उन्हें अपार कृपाओं द्वारा सम्मानित किया गया।

१ हुमायूं।
२ काबुल के समीप।

नियुक्तियाँ

ख्वाजा सुल्तान[1] अली को, जिसे अफ़ज़ल ख़ां की उपाधि प्राप्त थी, ख़ज़ाने की मुशरिफ़ी[2] के पद से विज़ारत के पद पर सुशोभित करके दीवाने ख़र्ज[3] कर दिया गया और दीवानिये जमा[4] ख्वाजा मीर्ज़ा बेग को प्रदान हुई।

मीर्ज़ा कामरान द्वारा षड्यंत्र

मीर्ज़ा कामरान का विवरण इस प्रकार है :—

जब हज़रत जहाँबानी ने कृपा एवं दया पूर्वक मीर्ज़ा कामरान के घोर अपराध क्षमा कर दिए तो उन्हें कोलाब प्रदान कर दिया। वे चाकर बेग कोलाबी वल्द सुल्तान वैस बेग को मीर्ज़ा के साथ करके, काबुल चले गए। कुछ समय व्यतीत न हुआ था कि मीर्ज़ा ने चाकर बेग से दुर्व्यवहार करके उसे वहाँ से निकाल दिया। इतनी महान् अनुकम्पा को भूल के आले पर रखकर वह नीच कल्पनाओं में मग्न रहने और अवसर की प्रतीक्षा करने लगा। जिन दिनों हज़रत जहाँबानी काबुल में न्याय को शोभा प्रदान कर रहे थे, वह सर्वदा झूठे वचन देकर अपने आगमन को स्थगित करता रहता था। हज़रत जहाँबानी अपने स्वभाव की शुद्धता एवं सद्विचारों के कारण, जो महान् प्रवृत्ति वालों में नैसर्गिक रूप से पाये जाते हैं, उसके झूठे वचनों को सच्चा समझकर बलख की ओर रवाना हो गए। मीर्ज़ा (कामरान) ने इस अवसर से लाभ उठाकर विश्वासघात करने वाले अपने हृदय में काबुल जाने का संकल्प कर लिया और षड्यंत्र एवं विद्रोह की भावनाएं, जो उसके स्वभाव में प्रविष्ट थीं, प्रकट हो गईं। जैसा कि उल्लेख हो चुका है, उसके चकमे में आकर साधारण निष्ठा के अमीरों एवं साहसहीन लोगों ने उस अभियान में नाना प्रकार से विश्वासघात का प्रदर्शन किया। जब हज़रत जहाँबानी ने वापस होकर न्याय की छाया राजधानी काबुल पर डाली तो मीर्ज़ा कामरान, मीर्ज़ा अस्करी को कोलाब में छोड़कर मीर्ज़ा सुलेमान से युद्ध हेतु रवाना हो गया।

१ बेवरिज के इस वाक्य का अनुवाद भ्रमात्मक है। उसका अनुवाद इस प्रकार है, "Khwaja Sultan Ali, known as Afzalkhan, was raised from the position of *Mushrif-i-Khazana* to that of *vizir* while the whole charge of the *Diwani* was made over to Khwaja Mirza Beg" (पृ० ५५२)। मूल में मीर्ज़ा बेग के दीवानी का पूरा अधिकार प्राप्त करने का उल्लेख नहीं अपितु उसे दीवानिये जमा अर्थात् राजस्व या आय की दीवानी का अधिकार प्रदान किया गया। विज़ारत का पद एवं व्यय पर नियंत्रण सुल्तान अली अथवा अफ़ज़ल ख़ां के अधीन रहा। सम्भवतः बेवरिज को "जमा" शब्द से भ्रम हुआ और उसने जमा का अनुवाद, योग, टोटल अथवा सम्पूर्ण (whole) कर दिया। मूल वाक्य इस प्रकार है : ख्वाजा सुलतान अली रा कि ब ख़िताबे अफ़ज़ल ख़ानी इश्तेहार दाश्त अज़ उहदये मुशरिफ़ीये ख़ज़ाना ब मंसबे विज़ारत सर अफ़राज़ साख़्ता दीवाने ख़र्ज गर्दानीद व दीवानिये जमा ब ख्वाजा मीर्ज़ा बेग क़रार याफ़्त।'

خواجه سلطان علی را که بخطاب افضل خانی اشتهار داشت از عهدهٔ مشرفی خزانه

با منصب وزارت سرافراز ساخته دیوان خرج گردانید و دیوانی جمع بخواجه میرزا بیگ قرار یافت

२ प्रान्तों द्वारा प्राप्त हिसाब-किताब मुशरिफ़ रखता था। ख़ज़ाने के हिसाब-किताब की देखभाल करना 'मुशरिफ़े ख़ज़ाना' का उत्तरदायित्व होता था।

३ वित्त विभाग (Finance Deptt.) की व्यय की शाखा।

४ वित्त विभाग (Finance Deptt.) के राजस्व (आय) की शाखा।

मीर्ज़ा सुलेमान का कामरान से मुक़ाबला न करना

मीर्ज़ा सुलेमान बिना युद्ध किए हुए तालीक़ान से क़िलये ज़फ़र की ओर चल दिया। मीर्ज़ा कामरान बाबूस बेग को तालीक़ान सौंपकर स्वयं क़िलये ज़फ़र की ओर रवाना हुआ । मीर्ज़ा सुलेमान एवं मीर्ज़ा इबराहीम युद्ध करना उचित न समझकर इस्हाक़ सुल्तान को क़िलये ज़फ़र में छोड़कर बदख़्शाँ के दर्रों की ओर चले गए और जिर्म नामक स्थान पर पहुँचकर ईश्वर के कोप की प्रतीक्षा करने लगे। मीर्ज़ा कामरान, मीर्ज़ा सुलेमान की ओर से थोड़ा बहुत निश्चिन्त होकर क़ुन्दुज़ की ओर रवाना हुआ।

मीर्ज़ा हिन्दाल तथा मीर्ज़ा कामरान का युद्ध

उसने सर्वप्रथम मीर्ज़ा हिन्दाल को मित्रता का चकमा देकर अपनी ओर मिलाने का प्रयत्न प्रारम्भ कर दिया। मीर्ज़ा हिन्दाल ने उसकी बात न सुनी और अपनी प्रतिज्ञा पर दृढ़ रहा। मीर्ज़ा कामरान ने पूरे दल बल से क़ुन्दुज़ का अवरोध कर लिया। मीर्ज़ा हिन्दाल ने युद्ध करने एवं क़िले की प्रतिरक्षा में कोई कमी न की। मीर्ज़ा कामरान अपने आपको सफल होते हुए न देखकर (२९३) ऊज़बेकों से मिल गया और उनसे कुमक की प्रार्थना की। ऊज़बेकों की एक बहुत बड़ी सेना उसकी कुमक हेतु पहुँच गई और अवरोध में उसका साथ देने लगी।

मीर्ज़ा हिन्दाल का ऊज़बेकों को धोखा देने के लिये पत्र लिखना

मीर्ज़ा हिन्दाल ने शत्रुओं को चकमा देने एवं उन्हें अस्त-व्यस्त करने के लिये एक उचित चाल चली जो बास्तव में उद्देश्य की पूर्ति के सन्मार्ग में मार्गदर्शक स्वरूप है। मीर्ज़ा कामरान की ओर से उसने एक पत्र मेल एवं संगठन की पुष्टि तथा ऊज़बेकों को धोखा देने के सम्बन्ध में अपने नाम लिखवाकर अनुभवी लोगों के समान एक दूत को इस आशय से दे दिया कि वह अपने आप को ऊज़बेकों के हाथ में फंसा दे। दूत की तलाशी लेने पर जब पत्र प्राप्त हुआ और उसमें जो कुछ लिखा था, उससे ज्ञात हुआ कि वे लोग मिलकर ऊज़बेकों को कष्ट के बाण का लक्ष्य बना देंगे और मुसीबत की कमन्द (के फंदे) में फँसा देंगे तो वे बड़े रुष्ट हुए और अवरोध त्याग कर अपनी विलायत को चले गए। क़िले (की विजय) का काम अधूरा रह गया।

मीर्ज़ा कामरान तथा मीर्ज़ा सुलेमान से युद्ध

इसी बीच में समाचार प्राप्त हुए कि चाकर बेग ने कोलाव का अवरोध कर लिया है। मीर्ज़ा अस्करी पराजित होकर क़िले के भीतर प्रविष्ट हो गया है और मीर्ज़ा सुलेमान इस्हाक़ सुल्तान से मिल गया है। उसने क़िलये ज़फ़र को अपने अधिकार में कर लिया है और इस्हाक़ सुल्तान को, जो उससे मिल गया था, बन्दी बना लिया है। मीर्ज़ा कामरान इस समाचार से बड़ी चिन्ता में पड़ गया और क़ुन्दुज़ की ओर से निराश होकर यासीन दौलत तथा बाबूस को एक सेना सहित मीर्ज़ा सुलेमान के विरुद्ध भेजा और स्वयं कोलाव की ओर प्रस्थान किया। चाकर बेग ने अपने आप को पृथक् कर लिया। मीर्ज़ा अस्करी बाहर निकलकर मीर्ज़ा कामरान की सेवा में उपस्थित हुआ। मीर्ज़ा (कामरान) उसे साथ लेकर मीर्ज़ा सुलेमान से युद्ध के लिए रवाना हुआ।

ऊज़बेकों द्वारा मीर्ज़ा कामरान के शिविर पर छापा

वह रूस्ताक़ के समीप पड़ाव किए था कि ऊज़बेकों की एक बहुत बड़ी सेना, जो सईद

बेग के नेतृत्व में लूट-मार के लिए निकली थी, मीर्ज़ा कामरान के शिविर की ओर पहुँच गई और उसे बुरी तरह लूट लिया। मीर्ज़ा कामरान, मीर्ज़ा अस्करी एवं मीर्ज़ा अब्दुल्लाह मुग़ुल थोड़े से लोगों के साथ तालीक़ान भाग गए। जब सईद को जिसका उल्लेख हो चुका है, इस तथ्य का पता चला तो उसने समस्त असबाब[1] आदरपूर्वक अपने विश्वास-पात्रों सहित मीर्ज़ा के पास भिजवा दिए और लूट-मार के लिए क्षमा-याचना की[2]।

मीर्ज़ा कामरान का हज़ारा की ओर प्रस्थान

मीर्ज़ा हिन्दाल एवं मीर्ज़ा सुलेमान इस स्थिति से लाभ उठाकर मीर्ज़ा कामरान से युद्ध करने के लिये रवाना हुए। मीर्ज़ा बदख़्शाँ में ठहरना अपने लिए उचित न देखकर ख़ूस्त की ओर रवाना हुआ ताकि ज़ुहाक एवं बामियान के मार्ग से हज़ारा प्रदेश में पहुँच जाय और वहाँ से काबुल के विषय में प्रामाणिक ज्ञान प्राप्त करके, काबुल अथवा किसी अन्य ओर प्रस्थान करे।

मीर्ज़ा कामरान का हुमायूं को पत्र

क्योंकि हज़रत जहाँबानी के विश्वासघाती अमीर सर्वदा मीर्ज़ा को काबुल पहुँचने के लिए प्रेरित किया करते थे अतः उसने धूर्तता एवं छल की दृष्टि से हज़रत जहाँबानी के दरबार में दूतों को भेज कर निवेदन कराया कि, "मेरे आगमन का उद्देश्य यह है कि मैं अपने पिछले अपराधों के प्रति क्षमा-याचना करूँ और हज़रत जहाँबानी की सेवा करूँ। मुझे आशा है कि मेरी भूलें एवं अपराध पादशाह की कृपा से क्षमा कर दिये जायेंगे।"

शेर

'मैं वापस आया हूँ ताकि उस चरणों की धूल का सिज्दा करूँ,
यदि कोई एबादत[3] क़ज़ा हो गई हो[4] तो उसे अदा करूँ।'

"मुझे आशा है कि इस बार उत्तम सेवाओं द्वारा लज्जा के भारी बोझ से मुक्ति प्राप्त करूँ।" हज़रत जहाँबानी ने अपने स्वभाव की शुद्धता के कारण ताँबे को, जिसपर सोने का मुलम्मा था, खरे सोने के समान सच्चा समझकर स्वीकार कर लिया।

हज़रत जहांबानी जन्नत आशियानी की पवित्र सेनाओं का काबुल से प्रस्थान एवं मीर्ज़ा कामरान से युद्ध तथा अन्य शिक्षाप्रद घटनायें

मीर्ज़ा कामरान के विरुद्ध सेना भेजने का प्रस्ताव

(२९४) जब मीर्ज़ा कामरान काबुल के सीमान्त के समीप पहुँच गया तो दूरदर्शी निष्ठावानों के एक समूह ने निवेदन किया कि "चरित्र की पवित्रता एवं सहृदयता की कोई सीमा

१ सम्भवतः असबाब के साथ उनके परिवार भी रहे होंगे।

२ इस विषय में गुलबदन बेगम एवं बायजीद की कृतियों के अनुवाद देखिये।

३ मुसलमानों के धर्म विधानानुसार यदि कोई अनिवार्य एबादत समय पर न हो सके तो उसे बाद में भी किया जा सकता है। ऐसी छूट जाने वाली एबादतें 'क़ज़ा एबादतें' कहलाती हैं।

४ छूट गई हों; न की जा सकी हों।

अथवा उनका कोई अन्त होना चाहिये। क्योंकि इस कृतघ्न की धूर्तता एवं छल, विश्वासघात एवं चकमों की कई बार परीक्षा हो चुकी है अतः राज्य एवं सावधानी के हित में यह उचित होगा कि अब फिर सतर्कता के नियमों को हाथ से न जाने दिया जाय और आदेश दे दिया जाय कि भाग्य-शाली शिविर बाहर लगाये जायें एवं विजयी पताकाए विद्रोहियों के विरुद्ध बुलन्द हों तथा विजयी सेना अपने मूल उद्देश्य की तैयारी करे। यदि इस कार्य का आयोजन हो जायगा तो विश्वासघात एवं छल से मुक्ति प्राप्त हो जायगी। यदि वास्तव में मीर्ज़ा (कामरान) अपनी दुष्टता पर लज्जित होकर निष्ठा के मार्ग पर अग्रसर होता है और फ़र्श चूमने का सौभाग्य प्राप्त करता है तो वह नाना प्रकार की पादशाही कृपाओं का पात्र बनेगा और यदि इस बार भी वही कुत्सित नशा उसके अभिमानी मस्तिष्क में व्याप्त है तो इस ओर से सावधानी की शर्तों का पालन रहेगा।"

हुमायूं का काबुल से प्रस्थान

हज़रत जहाँबानी ने राज्य की नींव दृढ़ करने वाले इन गम्भीर विचारों को सुनकर, मीर्ज़ा के आगमन के मार्ग गूरबन्द की ओर, प्रस्थान का संकल्प कर लिया। ९५७ हिलाली[1] के मध्य[2] (जून-जुलाई १५५० ई०) में काबुल से संकल्प की पताका बुलन्द करके उस ओर प्रस्थान किया। हज़रत शाहंशाह को कृपापूर्वक काबुल में शान्ति के सिंहासन पर छोड़ दिया और काबुल की शासन-व्यवस्था मुहम्मद क़ासिम ख़ां बरलास को सौंप दी। क़राचा ख़ां एवं मुसाहिब बेग तथा एक अन्य समूह ने, जिनके हृदय कलुषित थे और जो ऊपर से चमकते हुए दिखाई पड़ते थे और जिनका षडयंत्रकारी हृदय विद्रोह एवं उपद्रव की भावनाओं से परिपूर्ण था, प्रसन्न होकर, कृतघ्नता पूर्ण बातें लिखकर मीर्ज़ा कामरान को काबुल पधारने का आग्रह किया और (सूचना दी) कि "हम लोग आपकी सेवा में उपस्थित हो रहे हैं और पादशाह के निष्ठावान् लोगों को अनुचित सुझावों द्वारा पृथक् कर देंगे। काबुल सुगमतापूर्वक अधिकार में आ जायगा।"

स्वामी-भक्ति के सम्बन्ध में अबुलफ़ज़ल के विचार

यह बड़ी आश्चर्यजनक बात है कि जो बातें अपने तथा बराबर वालों के लिए उचित नहीं समझी जातीं उदाहरणार्थ वचन भंग करना, दूसरों का बुरा चाहना एवं झूठ, उन सब का अन्यायपूर्वक प्रयोग अपने स्वामी एवं अपने समकालीन अधिकारी के लिए किया जाता है। वे अपनी अंधी आँखें इन दोषों की ओर नहीं खोलते अपितु उन दोषों को गुण समझते हैं और उन्हें अपनी युक्ति एवं अपना युद्धकौशल समझते हैं। यद्यपि निष्ठा एवं सद्व्यवहार का उन्हें ज्ञान (२९५) है और अपने सेवकों से वे इस बात की आशा रखते हैं किन्तु अपनी दुष्ट प्रवृत्ति के कारण इस प्रकार की दग़ाबाज़ी एवं कृतघ्नता का जुआ ऐसे पवित्र स्वभाव वाले स्वामी के साथ खेलते हैं। आश्चर्य और अत्यधिक[3] आश्चर्य है। यह हृदय का कैसा अंधापन एवं कैसी दुष्ट भावना है। मैंने माना कि वे इस पवित्र व्यक्तित्व के उत्कृष्ट गुणों एवं महान् श्रेष्ठता को न समझ सके किन्तु साधारण व्यावहारिक ज्ञान को क्या हो गया? जिस कृतज्ञता की वे अपने सेवकों से आशा रखते

१ चांद का महीना अथवा हिजरी।
२ एक हस्तलिपि में इस प्रकार है: "यहाँ तक कि ४७० जलाली वर्ष जो ९५७ हि० के अनुरूप है हज़रत जहांबानी।"
३ मूल में 'लाखों'।

हैं, उसका प्रदर्शन उसके प्रति, जिससे इतनी कृपा एवं दया प्राप्त की है कि उनमें से केवल एक आजीवन आभार प्रदर्शन के लिए पर्याप्त है, नहीं करते और अनुचित एवं असावधानी का परामर्श देते हैं। निःसन्देह जिसकी प्रवृत्ति में ही शत्रुता एवं दुष्टता हो, उसके द्वारा इस प्रकार के कार्यों का प्रदर्शन क्या दूर है? जन्मजात अंधे को सूर्य के प्रकाश से कौन सी प्रसन्नता हो सकती है? इस समूह के निष्ठा के नेत्र विश्वासघात के रोग से अंधे हो जाते हैं और इनके प्रेम का सीना अभिमान से फलकर संकरा हो जाता है। वे अपने स्वामी की देनों के उत्तरदायित्व को किस प्रकार स्वीकार कर सकते हैं और अपने स्वामी के उपकारों का मूल्य कैसे समझ सकते हैं? उन अपार देनों के प्रति कृतज्ञता प्रकट करने का क्या अवसर है? इन स्वेच्छाचारियों की वासनाओं के घोड़े में इतनी समझ कहाँ है कि फटकार के बाहुओं की शक्ति से उसकी लगाम खिंच जाय अथवा शिक्षा के पंजे की शक्ति से उसे मोड़ा जा सके।

स्वामी-भक्ति के सम्बन्ध में हुमायूं के विचार

अन्ततोगत्वा भाग्य के लिखे के अनुसार हज़रत जहाँबानी ने काबुल से प्रस्थान करके क़राबाग़ में पड़ाव किया, वहाँ से चारीकारान और फिर बारान नदी पहुँचे। संयोग से उस मंजिल में एक जल-धारा थी। हज़रत जहाँबानी घोड़े पर बैठे ही बैठे उसके पार हो गए। उनके आस पास जो सेवक थे, भली-बुरी भूमि का निरीक्षण करते हुए इधर-उधर चल दिए ताकि पार करने के लिए उचित स्थान ढूंढ़ लें। हज़रत जहाँबानी को उन लोगों का यह अनुचित व्यवहार अच्छा न लगा। इस कृतघ्न समूह की चेतावनी हेतु शाह इस्माईल सफ़वी के फ़िदाई वीरों की निष्ठा का उल्लेख करते हुए कहा कि "किस प्रकार वे शाह के रूमाल को उठाने के लिये गगन-चुम्बी पर्वत से भूमि पर कूद पड़े और मिट्टी में मिल गए और यश एवं स्वामी-भक्ति की नींव को बुलन्द करके निष्ठा की उत्कृष्ट बुनियाद के निर्माता बने।" हज़रत जहाँबानी अपने दासों के प्रति ऐसी सद्भावना रखते थे और उन अभागे स्वेच्छाचारियों की अल्पदर्शिता इस सीमा को पहुँची हुई थी।

षड्यंत्रकारियों के परामर्श से हुमायूं का अपनी सेना को छिन्न-भिन्न करना

संक्षेप में क़राचा क़राबख़्त[1], मुसाहिब मुनाफ़िक़[2] एवं एक दूसरे समूह ने, जो दुष्टता की अग्नि को भड़का रहे थे, अन्य लोगों द्वारा एवं स्वयं निवेदन किया कि "उन्हें पर्वत का सामना करना पड़ा है जिसमें अनेकों दर्रे हैं। मीर्ज़ा के आदमियों की संख्या बड़ी कम होगी। निष्ठावान् राजभक्तों को विभिन्न मार्गों पर नियुक्त कर दिया जाय ताकि मीर्ज़ा (कामरान) किसी भी मार्ग से बाहर न आ सके।" इन षड्यंत्रकारियों का पूरा प्रयत्न यह था कि संगठित सेना छिन्न-भिन्न हो जाय ताकि मीर्ज़ा को सफलता प्राप्त हो सके। हज़रत जहाँबानी ने, जो अपने सौजन्य के कारण लोगों (२९६) के प्रति सद्भावनाओं के अतिरिक्त कुछ न रखते थे, इन दुष्ट नमकहरामों की योजनाओं को ठीक समझकर हाजी मुहम्मद खां कोकी, मीर बरका, मीर्ज़ा हसन खां, बहादुर खां, ख़्वाजा जलालुद्दीन महमूद, चलपी बेग, मुहम्मद खां बेग तुर्कमान, शेख बहलूल, हैदर क़ासिम कोहबर, एवं शाह क़ुली

१ अभागा।
२ षड्यंत्रकारी।

नारंजी को ज़ुहाक एवं बामियान की ओर भेज दिया। मुनइम ख़ां एवं निष्ठावान् सेवकों के एक अन्य समूह को साल अलंग के मार्ग से नियुक्त किया। क़राचा, मुसाहिब, क़ासिम हुसेन सुल्तान एवं एक अन्य समूह, जो पवित्र सेवा में रह गया था, पादशाह की भाग्यशाली सेना का दैनिक विवरण लिख लिख कर मीर्ज़ा कामरान को भेजते रहते थे और सर्वदा हज़रत जहाँबानी से चिकनी-चुपड़ी बातें बना कर निवेदन किया करते थे कि इस बार मीर्ज़ा (कामरान) ने सेवा के अतिरिक्त किसी अन्य बात का संकल्प नहीं किया है।

मीर्ज़ा कामरान का युद्ध हेतु आगमन

जब निष्ठावानों की संख्या बड़ी कम रह गई और षड्यंत्रकारियों को, जो निष्ठा के वेश में धूर्तता कर रहे थे, प्रभुत्व प्राप्त हो गया तो मीर्ज़ा कामरान ने, जो पादशाही वैभव एवं सेना की अधिकता के कारण चिन्ता के रेगिस्तान में भटक रहा था और जो न सेवा त्याग पाता था और न सेवा में उपस्थित होने का मुंह रखता था, सम्मान से शून्य इस समूह के विश्वासघात से अवगत होकर, उनके परामर्श से ज़ुहाक एवं बामियान के मार्ग से क़िबचाक़ दर्रे की ओर, जो ग़ूरबन्द के अधीन है, प्रस्थान किया। यासीन दौलत, मुक़द्दम कोका एवं बाबा सईद को सेना के अग्र भाग में नियुक्त किया और स्वयं मध्य भाग में स्थान ग्रहण किया। अपने आदमियों को दो दलों में विभाजित कर दिया। मध्याह्न के समय उस क्षेत्र की एक प्रजा[1] ने मीर्ज़ा कामरान के आगमन एवं उसके नीच विचारों की सूचना सम्मानित कानों तक पहुँचाई। क़राचा ने, जो दुष्टों का नेता था, निवेदन किया कि "ऐसे लोगों की बातें सुनने एवं अफ़वाहों पर विश्वास करने से उस समूह[2] की चिन्ता एवं हृदय की परेशानी बढ़ जायगी। यदि इस समाचार के अनुसार युद्ध का संकल्प एवं लड़ाई की तैयारी कर ली जाय तो जैसे ही मीर्ज़ा कामरान को यह सूचना प्राप्त होगी वह सेवा में प्रविष्ट होने की इच्छा त्याग देगा।" इन्हीं बातों के मध्य में मीर्ज़ा (कामरान) के आगमन एवं उसके नीच संकल्प के समाचार निरन्तर प्राप्त होते रहते थे। ईश्वर प्रशंसनीय है कि इन कलुषित हृदय के षड्यंत्र-कारियों का विश्वासघात उनके[3] अन्तःकरण के दर्पण में प्रतिबिम्बित न हुआ था और पवित्र हृदय में सद्-भावनाओं के अतिरिक्त कोई अन्य बात न आई थी यहाँ तक कि शत्रुओं का शत्रुता के उद्देश्य से आगमन प्रामाणिक रूप से ज्ञात हो गया। सम्मानित आदेश हुआ कि जो सेना साथ है वह सवार हो जाय।

हुमायूं एवं मीर्ज़ा कामरान का युद्ध

उन्होंने स्वयं साहस का पाँव वीरता की रिकाब में रक्खा और अल्प समय में घोर युद्ध प्रारम्भ हो गया। पीर मुहम्मद आख़्ता, जो दरबार के लिए प्राणों की बलि देने वालों में से था, मुहम्मद ख़ां जलायर एवं अन्य त्यागी वीर युवक अग्रसर हुए। पीर मुहम्मद आख़्ता को प्राण की बलि देने के जल की इतनी प्रबल तृष्णा थी कि उसने रण-क्षेत्र में पाँव जमा कर शत्रुओं की हत्या करते हुए युद्ध की तलवार को इतना अधिक जल पिला दिया कि उसका[4] भी इसी प्रयास में अन्त

१ साधारण श्रेणी का व्यक्ति।
२ मीर्ज़ा कामरान के सहायकों की।
३ हुमायूं के।
४ पीर मुहम्मद आख़्ता।

(२९७) हो गया। उसके अतिरिक्त मीर्ज़ा क़ुली ने वीरता के घोड़े[1] को रण-क्षेत्र में इस प्रकार चारों ओर घुमाया कि उन अभागों के छक्के छूट गए। संघर्ष एवं मार-काट की भीड़ में घायल होकर वह घोड़े से पृथक् हो गया। उसका पुत्र दोस्त मुहम्मद उसे शत्रुओं के चंगुल में न देख सका और उसकी सहायता हेतु दौड़ा। उसने अपने पिता के जीते जी उसके शत्रु का काम तमाम कर दिया और इस प्रकार घोर युद्ध किया कि वह स्वयं निढाल होकर गिर पड़ा। हज़रत जहाँबानी एक ऊँचाई पर पहुँच कर अपनी सहायक एवं शत्रु सेना का युद्ध देख रहे थे यहाँ तक कि दरबार के कुछ सेवकों के मारे जाने और (अन्य लोगों) के विभिन्न दलों को शत्रुओं की ओर जाते हुए देख कर उन अभागों के छल एवं धूर्तता से वे पवित्र गुणवान् अवगत हो गये। उनकी स्वाभाविक वीरता एवं पौरुष उत्तेजित हो उठा और उन्होंने स्वयं प्राण विदारक बरछा लेकर कोप एवं क्रोध की अवस्था में शत्रुओं की सेना पर आक्रमण किया। शत्रु की सेना उस उत्कृष्ट पादशाह के ऐश्वर्य एवं आतंक से छिन्न-भिन्न हो गई। उनका घोड़ा एक वाण द्वारा आहत हुआ।

हुमायूं की पराजय

कोलाव के बाबा बेग ने जान-बूझ कर अथवा बिना पहचाने पीछे से पहुँच कर उनपर तलवार का वार किया। हज़रत जहाँबानी ने पलट कर क्रोध की दृष्टि से उसकी ओर देखा। वह उसी कड़ी दृष्टि से लड़खड़ा गया। फ़रहत खां के नाम से प्रसिद्ध मेहतर सकाही ने पहुँच कर उस अभागे को भगा दिया। मीर्ज़ा नजात जिस अबलक़ घोड़े पर सवार था, उसे पवित्र सेवा में लाया। हज़रत जहाँबानी उस भाग्यशाली घोड़े पर सवार हो गए और अपना घोड़ा मीर्ज़ा नजात को प्रदान कर दिया। इसी बीच में अब्दुल वहहाब ने, जो बड़ा ही विश्वस्त यसावल था, पहुँच कर अमीरों के मीर्ज़ा कामरान से मिल जाने के समाचार सुनाये और उनके घोड़े की लगाम पकड़ कर कहा, "यह युद्ध का कौन सा अवसर है? अनादिकाल से ऐसा होता आया है कि कभी आशा का डोल, सफलता के जल से परिपूर्ण निकलता है और कभी चरखी के घुमाव के कारण ख़ाली होकर नीचे की ओर उल्टा जाता है[2]।"

हुमायूं का ज़ुहाक एवं बामियान की ओर प्रस्थान

निःसन्देह विधाता दरवेशों एवं पादशाहों का प्रबन्धक एवं भाग्य तथा दुर्भाग्य का संकलनकर्ता है, बन्दी लोगों को मुक्ति की कुंजी देता है और सम्मानित लोगों को नीचे गिराता है। जब तक लोग अंधेरी रात के कष्ट नहीं भोगते उस समय तक वे संसार को प्रकाश देने वाले सूर्य का मूल्य नहीं समझते। जब तक तृष्णा के कारण जल की खोज में मारे मारे प्यासे नहीं घूमते उस समय तक अपने उद्देश्य के झरने से तृप्त नहीं होते। इस सिद्धान्त एवं कथन का प्रमाण वे घटनायें हैं जो इन दिनों हज़रत जहाँबानी के साथ घटीं। हज़रत जहाँबानी ज़ुहाक एवं बामिगान की ओर, जहाँ उन्होंने अपने निष्ठावान् सेवकों का एक समूह भेज दिया था, रवाना हुए। अब्दुल वहहाव, फ़रहत ख़ां महम्मद अमीन, सब्दल ख़ां एवं कुछ अन्य लोग विजयी रिकाब के साथ थे।

१ मूल में 'रख़्शे रुस्तमी'। रुस्तम के घोड़े का नाम रख़्श था अतः वीरता के घोड़े को रख़्शे रुस्तमी कहा गया है।
२ यह उदाहरण रहट से दिया गया है जिसकी बाल्टियां एक बार भरी निकलती हैं और एक बार ख़ाली।

मुहम्मद अमीन एवं अब्दुल वह्हाब को आदेश हुआ कि वे सेना के पिछले भाग की रक्षा करते हुए प्रस्थान करें। अत्यधिक कमज़ोरी एवं घाव के कष्ट के कारण उन्होंने अपने सम्मानित शरीर से (२९८) जीवा[1] उतार कर सब्दल ख़ां को सौंप दिया। उसने अपनी मूर्खता के कारण उनके पहनने का जीबा फेंक दिया।

हुमायूं द्वारा अमीरों से परामर्श

दूसरे दिन दरबार के बहुत से सेवकों ने सेवा में उपस्थित होने का सम्मान प्राप्त कर लिया। एक दिन उन्होंने शाह बुदाग़ ख़ां, तूलक क़ूचीन एवं मजनूं क़ाक़शाल कुल १० लोगों को सेना के पीछे के दस्ते का कार्य सौंप कर इस आशय से काबुल भेजा कि वे समस्त प्रबन्धों की देख रेख रक्खें। तूलक क़ूचीन के अतिरिक्त कोई भी वापस न हुआ। वह उस दिन जब परीक्षा का बाज़ार गरम था कृपाओं द्वारा सम्मानित किया गया और क़ूरबेगी[2] के पद पर सुशोभित हुआ। हज़रत जहाँबानी ने अपने विश्वासपात्रों को बुलवा कर परामर्श किया। हाजी मुहम्मद ख़ां ने, जिसकी जागीर ग़ज़नी में थी, और अन्य लोगों की अपेक्षा जिसके हृदय की अंगेठी में शत्रुता अधिक पक चुकी थी, क़न्धार चले जाने की सलाह दी। उसकी बात स्वीकार न की गई। सच्ची दृष्टि से देखने वाले एक समूह ने बदख़्शाँ की ओर प्रस्थान करने तथा मीर्ज़ा सुलेमान, मीर्ज़ा हिन्दाल एवं मीर्ज़ा इबराहीम को साथ लेकर सेना की व्यवस्था के उपरान्त काबुल की ओर जाना उचित बताया। प्राणों की बलि देने के लिए उद्यत वीरों के एक समूह ने पौरुष एवं वीरता सम्बन्धी अनेक बातें कहीं। उन्होंने निवेदन किया कि "आज मीर्ज़ा कामरान अल्पदर्शी लोगों की विश्वासघात सम्बन्धी बातों के कष्टदायक नशे में मस्त है और हम लोग प्राण न्योछावर करने (वालों) के दरबार तथा निष्ठा के मैदान में बलिदान करने वालों में सम्मिलित होने की वजह से आपके चरणों में हैं। हम लोग किस दिन काम आयेंगे। राज्य के हित में यही उचित है कि सब लोग मिलकर एवं संगठित होकर विजयी रिकाब के अधीन राजधानी काबुल की ओर प्रस्थान करें। हमें पूरी आशा है कि बदख़्शाँ की ओर प्रस्थान किए बिना मीर्ज़ा कामरान के विरुद्ध सफलता प्राप्त हो जायगी।"

हुमायूं का बदख़शां की ओर प्रस्थान

क्योंकि दरबार के आश्रितों के एक बहुत बड़े समूह के छल एवं विश्वासघात का प्रदर्शन अभी-अभी हो चुका था अतः उन्होंने उस राय पर विश्वास न किया और सावधानी एवं सतर्कता की दृष्टि से बदख़्शाँ की ओर प्रस्थान उचित समझ कर यक्का ऊलंग[3] के मार्ग से रवाना हुए। हाजी मुहम्मद ने अपने भाई शाह मुहम्मद को अपने आदमियों सहित ऐसे अवसर पर अनुमति लेकर ग़ज़नी भेज दिया। हज़रत जहाँबानी ने अपने पवित्र हाथों से अपनी कुशलता का पत्र हज़रत शाहंशाह के नाम लिख कर उसे सौंप दिया और आदेश दिया कि, जिस प्रकार सम्भव हो वह पत्र (उन्हें) पहुँचा दे। विजय एवं सफलता के मौखिक संदेश एवं उत्कृष्ट सेना के पहुँचने का

१ रेशम अथवा सूती लबादा जिसमें रुई भरी होती है। रेशमी अथवा सूती जिस भी कपड़े का प्रयोग होता है वह इतना मज़बूत होता है कि उसे तेज़ से तेज़ तलवार काट नहीं पाती।

२ शस्त्रागार की देख-रेख करने वाला।

३ बामियान से दक्षिण-पश्चिम में लगभग २० मील पर। (देखिये **बाबर नामा**, पृ० ५५, ६८)।

आश्वासन भिजवाया और उसे आदेश दिया कि वह शीघ्रातिशीघ्र ग़ज़नी पहुँच जाय और "हमारी वापसी तक, जो कि यदि ईश्वर ने चाहा तो शीघ्र ही होगी, ग़ज़नी की रक्षा का यथारूप प्रयत्न करे।" यद्यपि सच्चे निष्ठावानों ने अत्यधिक आग्रह किया कि विश्वासघातियों को ऐसे अवसर पर पृथक् करना शत्रुता-पूर्ण व्यवहार की लगाम इन तुच्छ लोगों के हाथ में सौंपना और इन दुष्ट शत्रुओं को अपने कार्य समर्पित करना है तथा सभी ने संकेत द्वारा एवं खुल्लम खुल्ला निवेदन किया कि वह अपने भाई को मीर्ज़ा कामरान के पास भेज रहा है और स्वयं चाहता है कि घर का भेदी बना रहे तथा सरल स्वभाव के निष्ठावानों के प्रति विश्वासघात करता रहे तथापि हज़रत जहाँबानी ने इन विषयों पर ध्यान न दिया और शाह महम्मद को विदा कर दिया।

हुमायूं का काहमर्द की ओर प्रस्थान

दूसरे दिन वे कमहर्द की ओर रवाना हुए। बहुत से विश्वासघाती तुच्छ लोग, सम्मानित सेवा से पृथक् हो गए और जो लोग निष्ठा के क्षेत्रों एवं सत्यता की मर्यादा के रक्षक थे, वे उत्कृष्ट सेवा में दृढ़तापूर्वक सेवा की पेटी राजभक्ति की कमर पर बाँधे रहे।

व्यापारियों से घोड़े क्रय करना

(२९९) इस[१] मार्ग पर तीन दिन की यात्रा के उपरान्त ईमाक़ के सरदारों, तूलकची एवं साँक़ाजी[२] ने, जो उस क्षेत्र में निवास करते थे, घोड़े, भेड़ें एवं उनसे जो कुछ हो सका, भेंट किए और उचित सेवायें सम्पन्न कीं। हज़रत जहाँबानी ने रात्रि में उन लोगों की बस्तियों के समीप पड़ाव किया। जब वे प्रातःकाल सवार हुए तो समाचार प्राप्त हुए कि "एक बहुत बड़ा कारवान मीर सैयिद अली सब्ज़वारी के अधीन आया है। एराक़ एवं ख़ुरासान के व्यापारी अत्यधिक घोड़े एवं सम्पत्ति सहित हिन्दुस्तान की यात्रा के लिए जा रहे हैं।" दिन के अन्तिम पहर कारवान के सरदार राज्य की रिकाब के चुम्बन के सौभाग्य द्वारा सम्मानित हुए। इन लोगों का परोक्ष से आगमन दैवी विजय की प्रस्तावना बना। बुद्धिमान् एवं दूरदर्शी व्यापारियों ने इस सम्मानित पादशाह की सहायता को अपना सौभाग्य समझ कर समस्त घोड़े एवं असबाब उपहार स्वरूप भेंट कर दिए। हज़रत जहाँबानी ने इसे दैवी वरदान समझ कर कुछ असबाब एवं चीज़ों का मूल्य १० के स्थान पर ४० तथा ५०[३] निश्चित करके ले लिया और अपने भाग्यशाली रिकाब के सेवकों एवं विश्वास-पात्रों को बाँट दिया। बदख़्शाँ के मीर्ज़ाओं में से प्रत्येक का हिस्सा अलग कर दिया। शेष सामान उन्होंने उन्हीं लोगों के लिए छोड़ दिया कि वे अपनी इच्छा से जहाँ चाहें, वहाँ बेंच डालें।

हुमायूं का काहमर्द पहुँचना

दूसरे दिन उत्कृष्ट सेना का कमहर्द में पड़ाव हुआ। मीर ख़ुर्द का पुत्र ताहिर मुहम्मद

१ इस स्थान से सम्भवतः अबुलफ़ज़ल ने अपने वृतांत को जौहर के **तज़किरतुल वाक़ेआत** पर आधारित किया है। बायज़ीद हुमायूं की वापसी के समय उसके साथ न था और काबुल चला गया था।

२ कुछ हस्तलिपियों में 'संक़ाची'। सम्भवतः तूलकची एवं सांक़ाजी दोनों ही क़बीलों के नाम हैं। सम्भवतः सांक़ाजी एवं मालक़ाची एक ही हैं।

३ चौगुना पंचगुना मूल्य देकर ले लिया: "असबाब व अशिया रा देहचेहल बे देह पंजाह मुक़र्रर फ़र्मूदा गिरिफ़्तन्द"।

उस स्थान पर था। वह सम्मानित चरणों को एक बहुत बड़ी देन समझकर सेवा में उपस्थित हुआ किन्तु अपनी कृपणता अथवा किसी सामान के न होने के कारण, आतिथ्य के सम्बन्ध में अपनी दासता के मुख से लज्जा का पसीना साफ़ न कर सका[1]।

हुमायूं का साल ऊलंग के नज़री को अपने समाचार भेजना

वहाँ से रवाना होकर (उन्होंने) दो दिन एवं एक रात की यात्रा के उपरान्त बेंगी नदी के तट पर पड़ाव किया। उस मंज़िल पर नदी के उस ओर से एक व्यक्ति ने चिल्लाकर पूंछा, "हे कारवान वालो! तुम लोगों को पादशाह के भी कोई समाचार ज्ञात हैं?" जब यह आवाज़ पवित्र कानों तक पहुँची तो उन्होंने कहा, "हममें से कोई किसी प्रकार की सूचना न दे और उससे पूछो कि, "तू कौन है? और तूझे किसने भेजा है तथा तुम लोगों के मध्य में पादशाह के लिए क्या प्रसिद्ध है?" उसने उत्तर दिया, "मुझे साल ऊलंग[2] के नज़री ने पादशाह के समाचार लाने के लिए भेजा है। हम लोगों में यह प्रसिद्ध है कि पादशाह आहत होकर रण-क्षेत्र से निकल आये किन्तु फिर उन्हें किसी ने नहीं देखा। मीर्ज़ा कामरान के आदमियों को पादशाह के पहनने का विशेष जीवा, जो वे उस दिन धारण किए हुए थे, मिल गया वे उसे मीर्ज़ा के पास ले गए। मीर्ज़ा ने इस घटना पर बड़ी ख़ुशियाँ मनाईं और जश्नों का आयोजन कराया।" हज़रत जहाँवानी ने उसे अपनी सम्मानित सेवा में बुलाकर पूंछा, "मुझे पहचानता है?" उसने उत्तर दिया कि, "दैवी प्रकाश छिपा नहीं रहता।" उन्होंने कहा, "जाकर नज़री को सुखद समाचार पहुचा दे और कह दे कि वह तैयार हो जाय ताकि हमारी वापसी के समय उपस्थित होकर उचित सेवायें सम्पन्न करे।"

(३००) दूसरे दिन उन्होंने एक घाट से नदी पार की और औलिया ख़िजान[3] नामक स्थान पर पड़ाव किया। इस पड़ाव पर मीर्ज़ा हिन्दाल ने सेवा में उपस्थित होने का सम्मान प्राप्त किया और उपहार प्रस्तुत करके सम्मानित हुआ। वहाँ से उन्होंने अन्दराव में पड़ाव किया। मीर्ज़ा सुलेमान एवं मीर्ज़ा इबराहीम ने कोरनिश का सौभाग्य प्राप्त करके स्वामी-भक्ति एव निष्ठा की शर्तों को पूरा किया।

मीर्ज़ा कामरान का विवरण

जब बात इस स्थान तक पहुँच गई तो इससे पूर्व कि हज़रत जहाँबानी के सेना को सुव्यवस्थित कर देने के उपरान्त काबुल विजय का उल्लेख किया जाय, मीर्ज़ा कामरान का पूरा हाल उस समय से लेकर, जबसे कि उसने अपना छल प्रारम्भ किया, उस समय तक जब कि वह काबुल से, जो उसके दुराचार के परिणाम की प्रस्तावना है, निकला लिख देना परमावश्यक है ताकि बातचीत के रेगिस्तान के प्यासों की इस परिशिष्ट द्वारा प्यास बुझ जाय।

मीर्ज़ा कामरान द्वारा हुमायूं के सेवकों के प्रति अत्याचार

जब भाग्य के प्रवन्धकों ने एक गुप्त कोने से अनन्त तक चिरस्थायी राज्य की दृढ़ता एवं विश्वास-घातियों के विनाश हेतु ऐसी विजय को पराजय का वस्त्र और ऐसी प्रसन्नता

१ अतिथि सत्कार न कर सका।

२ सम्भवतः सोलह ऊलंग, पंजह एवं ग़ूरबन्द के मध्य में।

३ अन्दराब के दक्षिण-पश्चिम में पश्चिम की ओर।

को शोक का रूप देकर प्रस्तुत किया तो हज़रत जहाँबानी प्राणों की बलि देने वाले निष्ठावानों के प्रयत्न से जुहाक एवं बामियान की ओर रवाना हुए। मीर्ज़ा कामरान इस विचित्र घटना पर, जिसकी उसने कल्पना भी न की थी, आश्चर्यचकित हो गया। विश्वासघातियों के दल के दल उसकी सेवा में उपस्थित होते थे। उस मूर्ख ने इन कृतघ्न तुच्छ लोगों के पहुँचने पर उत्तेजित एवं प्रसन्न होकर, अत्याचार का हाथ हितैषियों पर, जो पादशाह के प्रति निष्ठा की चोटी को दृढ़तापूर्वक पकड़े हुए थे, खोल दिया। उसी युद्ध में बाबा सईद, क़राचा क़रावल्त को मीर्ज़ा के समक्ष आहत अवस्था में ले गया। मीर्ज़ा ने उसके प्रति सौजन्य प्रदर्शित करते हुए उसके शोचनीय अन्त के विषय में प्रश्न किया। उसने उत्तर दिया, "बाबा सईद ने अचानक मुझे आहत किया।" अन्त में मीर्ज़ा ने उस धूर्त विश्वासघाती को क्षणिक कृपाओं द्वारा सांत्वना दी। तदुपरान्त हुसेन क़ुली सुल्तान मुहरदार को, जो प्राणों की बलि देने वाले निष्ठावानों में था, बाबा दोस्त यसावल एवं एक अन्य समूह बन्दी बनाकर लाया। उस कृतघ्न ने दरबार के ऐसे निष्ठावान् पर स्वयं तलवार का वार किया और आदेश दिया कि उसे उसके समक्ष टुकड़े-टुकड़े कर दिया जाय। उस निष्ठा के ख़ज़ाने के पूंजीपति ने अपने स्वामी के मार्ग में नश्वर प्राण को स्वामी-भक्ति के नक़द धन द्वारा क्रय कर लिया और हमेशा के लिए चिरस्थायी सौभाग्य द्वारा निष्ठावान् हितैषियों में सम्मिलित हो गया। तारुजी बेग को, जो चग़ताई अमीरों में राज-भक्ति के लिए प्रसिद्ध था, लाया गया, निःसंकोच उसकी भी हत्या करा दी गई।

मीर्ज़ा कामरान का अपने अमीरों को प्रोत्साहन देना

तदुपरान्त बेग बाबा कोलाबी ने उपस्थित होकर हज़रत जहाँबानी के आहत होने का उल्लेख किया। मीर्ज़ा अपने संकुचित स्वभाव के कारण प्रसन्न हो गया। यासीन दौलत, मुक़द्दम कोका, एवं एक सेना को उनका पीछा करने के लिए नियुक्त किया। क़ासिम हुसेन सुल्तान, जिसने उस दिन नमकहरामी एवं हृदय के अंधेपन का प्रदर्शन किया था, उस भय एवं संकोच के कारण, जो झूठे शत्रुओं में पाया जाता है, पर्वत के आँचल में शरण हेतु पहुँच गया और घबराहट के कारण उसकी समझ में न आता था कि वह अग्रसर हो अथवा भाग जाए। हसन सद्र एवं एक अन्य समूह को उसके पास भेजा गया जो उसे साँत्वना एवं प्रोत्साहन देकर ले आया।

कामरान द्वारा काबुल पर अधिकार

मीर्ज़ा कामरान ने रणक्षेत्र से प्रस्थान करके चारीकारान में पड़ाव किया। इस स्थान पर (३०१) एक व्यक्ति हज़रत (जहाँबानी) के पहनने का जीबा मीर्ज़ा के पास लाया। मीर्ज़ा जीबा के पहुँचने के कारण अत्यधिक नीच विचारों को सोच सोच कर ख़ुशी से फूला न समाता था। उसने वहाँ से प्रस्थान करके काबुल को घेर लिया। क़ासिम ख़ां बरलास हज़रत शाहंशाह की सेवा में था और क़िले को दृढ़ रखने एवं उसकी प्रतिरक्षा का प्रबन्ध कर रहा था। जितना भी मीर्ज़ा उसे सत्य रूपी झूठे वचन देकर, धोखा देता था वह हज़रत जहाँबानी की निष्ठा एवं स्वामी-भक्ति की दृढ़ रस्सी को न छोड़ता, यहाँ तक कि प्राण विदारक अफ़वाह फैलाई गई और हज़रत (जहाँबानी) का जीबा भेजा गया तथा सैकड़ों झूठी बातें कह कर एवं चिकनी चुपड़ी बातें बना कर छल तथा धूर्तता द्वारा क़िले पर अधिकार जमा लिया।

अकबर का बन्दी बनाया जाना

सृष्टि की बाटिका के उस पौधे एवं संसार की बहार के उस गुलदस्ते अर्थात् हज़रत शाहंशाह को, जो अपने नित्य-प्रति उन्नत भाग की सुगंधि से युग की आशा के मस्तिष्क को सुगन्धित कर रहे थे, तथा जिनके भाग्यशाली ललाट के दर्पण से दैवी ख़िलाफ़त टपकती थी, मूर्खता एवं अल्पदर्शिता के कारण बन्दी बना लिया किन्तु दैवी प्रतिरक्षा जो सर्वदा उनके निकट रहती थी, पहले की भाँति उनकी, जो देखने में तो बालक किन्तु वास्तव में महान् थे, रक्षा करती रहती थी।

मीर्ज़ा कामरान द्वारा काबुल का शासन प्रबन्ध

मीर्ज़ा कामरान काबुल को अधिकार में करके शासन प्रबन्ध एवं सेना की व्यवस्था करने लगा। मीर्ज़ा अस्करी को जूये शाही, जो हज़रत शाहंशाह की सम्मानित उपाधि से सम्बन्धित होने के कारण जलालाबाद के नाम से प्रसिद्ध है, जागीर में प्रदान कर दिया। यह बड़ा हृदयग्राही स्थान है और हिन्दुस्तान एवं विलायत को पृथक् करता है। यह हिन्द के गुणों से परिपूर्ण एवं विलायत के दोषों से शून्य है। मुनइम ख़ां ने इसे हज़रत शाहंशाह के पवित्र नाम पर बसाया। (मीर्ज़ा कामरान ने) ग़ज़नी एवं उस क्षेत्र के स्थान क़राचा ख़ां को एवं ग़ूरबन्द तथा आस पास के स्थान यासीन दौलत को प्रदान कर दिए। इस प्रकार उसने अपने आदमियों को जाग़ीरें एवं वृत्तियाँ प्रदान कीं। पादशाह के राज्य के अधिकारियों को बन्दी बनवाने लगा। ख़्वाजा सुल्तान अली दीवान,को बन्दी बना लिया और अत्याचार का हाथ बढ़ा कर दंड एवं निष्ठुरता द्वारा नक़द (धन) एवं माल-असबाब[1] वसूल करके अपनी अव्यवस्था का प्रबन्ध करने लगा। पादशाही सेना के कारण वह सर्वदा चिन्ता में ग्रस्त रहता और किसी दिन आराम तथा चैन से न रहता था। उसके शासन प्रबन्ध की समस्त देख रेख क़राचा एवं क़ासिम मीर ब्यूतात के अधीन थी। अत्याचार एवं निष्ठुरता द्वारा उसने व्यवस्था, जिसे अव्यवस्था ही कहना चाहिए, कराई। वह इस बात की ओर ध्यान न दे रहा था कि

शेर

'जो ज़बरदस्ती दिरम वसूल करता है और सोने को शोभा प्रदान करता है,
मस्जिद की नींव उखाड़ता है और महल की छत तैयार करता है।'

हुमायूं की सेना का काबुल के समीप पहुँचना

लगभग ३ मास इसी प्रकार व्यतीत हो गए यहाँ तक कि हज़रत जहाँबानी की उत्कृष्ट सेना के बदख़्शाँ से काबुल पहुँचने के समाचार प्रसिद्ध हो गए। मीर्ज़ा हज़ारा सैनिकों एवं ज़मींदारों इत्यादि को एकत्र करके पूरी तैयारी के साथ रवाना हुआ। बाबा जूजक एवं मुल्ला शफ़ाई को काबुल में छोड़ गया। हज़रत शाहंशाह को, जिनके भाग्यशाली ललाट से सौभाग्य एवं प्रताप के चिह्न इस प्रकार प्रकट थे कि इस विषय में किसी छोटे बड़े, मित्र एवं शत्रु में कोई मतभेद न था, आशीर्वाद (३०२) हेतु अथवा सावधानी की दृष्टि से सेना के साथ ले लिया। उसे यह ज्ञात न था कि विधाता एवं स्रष्टा ने लोक तथा परलोक का जो आशीर्वाद उनके पवित्र व्यक्तित्व को सौंपा था वह मित्रों के लिए था न कि शत्रुओं के लिए। अंधों को सुरमे से कोई लाभ नहीं हो सकता।

१ मूल में 'नक़द व जिन्स'।

क्योंकि प्रासंगिक विवरण अब समाप्त हो गया अतः हम अपने उद्देश्य अर्थात् हज़रत जहाँबानी के शेष पवित्र इतिहास का संक्षिप्त उल्लेख करते हैं।

हज़रत जहांबानी जन्नत आशियानी की पवित्र सेना की बदख़्शां से वापसी, मीर्ज़ा कामरान से युद्ध और विजयोपरान्त काबुल पहुँचना

हुमायूं का अपने सहायकों से शपथ लेना

जब नित्य-प्रति उन्नत सौभाग्य एवं संसार-विजय करने वाले साहस के कारण अन्दराब के क्षेत्र में हज़रत जहाँबानी के भाग्यशाली शिविर लग गए और मीर्ज़ा लोग लोक एवं परलोक के सौभाग्य के कारण हज़रत जहाँबानी के सम्मानित चरणों को अपने लिए भाग्यशाली समझ कर जैसा कि उल्लेख हो चुका है उनकी सेवा में उपस्थित हुए तो हज़रत जहाँबानी ने अल्प समय में, सेना की व्यवस्था एवं युद्ध की तैयारी करके सत्य को परखने वाले हृदय एवं सुव्यवस्था में वृद्धि के उद्देश्य से हिन्दू कोह के दर्रों से प्रस्थान का संकल्प किया। क्योंकि दुष्ट प्रवृत्ति के विश्वासघातियों का समूह उनके साथ था, अतः उन्होंने लोगों की साँत्वना एवं साँसारिक लोगों के संतोष के लिए अपने स्वभाव के आकाश से उतर कर संसार वालों की प्रकृति की भूमि पर बैठ कर[1] शपथ लेने का, जो साँसारिक लोगों के निकट विश्वस्त है, प्रस्ताव रक्खा और यह निश्चय किया कि प्रत्येक समूह को एक विशेष ढंग से शपथ दी जाय ताकि वे संगठित एवं एक दिल होकर साथ दें। उन्होंने कहा कि, "यद्यपि समस्त वस्तुओं के तथ्य को ईश्वर की कारीगरी की लेखनी लिखती है और स्वामी भक्तों का निष्ठा एवं सत्यता के मार्ग पर दृढ़ रहना दैवी वरदान है और यद्यपि हमारा राज्यों का निरीक्षण करने वाला हृदय सभी की ओर से संतुष्ट है तथापि मैं चाहता हूँ कि संसार वालों का हृदय, जो साधन के अतिरिक्त किसी बात पर दृष्टि नहीं रखता, थोड़ा बहुत तथ्य को समझ ले और सच्चाई का मुख उनके व्यवहार के दर्पण में अपने सौन्दर्य को प्रतिबिम्बित कर दे।" इसी बीच में हाजी मुहम्मद ख़ां कोकी ने, जिसमें न तो शिष्टाचार सम्बन्धी बुद्धि थी और न निष्ठावान् हृदय, निवेदन किया कि, "जिस प्रकार आदेश हो सब लोग शपथ ले लें किन्तु आप भी इस बात की शपथ लें कि हम हितैषी लोग राज्य के हित में अपनी निष्ठा के कारण जो उचित समझेंगे और जिस बात के लिए निवेदन करेंगे आप उसे ध्यान-पूर्वक सुन कर उसका पालन करेंगे।" मीर्ज़ा हिन्दाल ने, जिसे निष्ठा का ज्ञान एवं राज्य-व्यवस्था सम्बन्धी जानकारी थी, कहा, "हाजी मुहम्मद! इस बात के निवेदन का यह कौन सा नियम तथा कौन सा ढंग है? सेवक अपने अधिकारियों से एवं दास अपने स्वामियों से कभी ऐसी बात नहीं कहते।" हज़रत जहाँबानी ने, जो सौजन्य की खान एवं कृपा के समुद्र थे, कहा, "ऐसा ही हो। जिस प्रकार हाजी मुहम्मद चाहेगा और निष्ठापूर्वक जो निवेदन करेगा, हम वही करेंगे।" शपथ लेकर एवं प्रतिज्ञा कराके वहाँ से उन्होंने प्रस्थान किया।

हुमायूं द्वारा संधि की वार्ता

(३०३) जब उत्कृष्ट सेना उश्तुर कराम के समीप पहुँची, तो मीर्ज़ा कामरान अपनी

१ इसका अर्थ यह है कि यद्यपि हुमायूं उनकी स्वामी-भक्ति की ओर से संतुष्ट था किन्तु संसार वालों के संतोष के लिये उसने शपथ का आयोजन कराया।

प्रथानुसार मूर्खता के कारण युद्ध के लिए तैयार हो गया और सेना सुव्यवस्थित करके, शाही सेना से युद्ध के लिए रवाना हुआ। जब थोड़ी सी दूरी रह गई तो हज़रत जहाँबानी ने अपने विशेष स्वभाव के कारण मीर बरका के एक सम्बन्धी मीर शाह को, जो तिरमिज़[1] के प्रतिष्ठित सैयिदों में से था, मीर्ज़ा के पास भेजा और गम्भीर उपदेश, जो भाग्यशाली लोगों के कान की बाली हो सकते थे, दिलवाये। संक्षेप में वह इस प्रकार थे: "सर्वदा विरोध के मार्ग पर अग्रसर होना तथा एकता का सन्मार्ग त्यागना, बुद्धिमत्ता के अनुकूल नहीं। खेद है कि काबुल के लिए यह सब संघर्ष हो। प्राचीन एवं नवीन उत्तरदायित्व पर दृष्टि डालते हुए संधि एवं मेल के मार्ग पर अग्रसर हों और हिन्दुस्तान विजय हेतु संगठित होकर रवाना हों।" सैयिद ने राजदूत के कर्तव्यों को भली-भाँति सम्पन्न करते हुए संधि एवं मेल को निश्चय कराया। (मीर्ज़ा) कामरान ने यह शर्त रक्खी कि, "जिस प्रकार क़न्धार हज़रत जहाँबानी के अधीन रहे उसी प्रकार काबुल मेरे अधिकार में रहे। इस शर्त पर मैं सेवा में उपस्थित होकर हिन्दुस्तान-विजय हेतु प्रस्थान करूँगा।" क्योंकि हज़रत जहाँबानी उसके प्रति दया एवं कृपा प्रदर्शित करने के लिए तैयार थे अतः उन्होंने दूत को दूसरी बार मौलाना अब्दुल बाक़ी सद्र के साथ भेजकर संदेश प्रेषित किया कि, "यदि तूने मित्रता एवं निष्ठा प्रदर्शित करने का संकल्प कर लिया है और संगठित होकर कार्य करना चाहता है तो अपनी प्रिय पुत्री का ख़िलाफ़त के अद्वितीय मोती अर्थात् हज़रत शाहंशाह से विवाह कर दे ताकि हम काबुल उन्हें प्रदान कर दें और हम तथा तुम मिलकर हिन्दुस्तान के विशाल देश के अंधकार को दूर कर सकें। वह प्रदेश, जो दुष्टता एवं कष्टों का केन्द्र बन चुका है, सुख-शान्ति का घर बन जाय।" मीर्ज़ा चाहता था कि बुद्धि-वर्धक उपदेशों को स्वीकार कर ले और पादशाह की भाग्यशाली शिक्षाओं को हृदय के कानों से सुने किन्तु क़राचा क़रावख़्त ने, जिसपर मीर्ज़ा के कारोबार आधारित थे, यह बात स्वीकार न की और कहा, "हमारा सिर और काबुल।"[2]

हुमायूं तथा मीर्ज़ा कामरान का युद्ध

वास्तव में उस दिन ८ नक्षत्र[3] मीर्ज़ा के समक्ष थे, जिनकी उपस्थिति में अनुभवी ज्योतिषियों के अनुसार युद्ध करना अपने आप को अपने हाथों से पराजित करना है; अतः मीर्ज़ा नाना प्रकार के बहाने बनाकर दूसरे दिन के लिए युद्ध को स्थगित करना चाहता था किन्तु विजयी सेना युद्ध के लिए उद्यत थी। हाजी मुहम्मद ख़ां युद्ध न करना चाहता था। हज़रत जहाँबानी ने उसकी इच्छा की पूर्ति की दृष्टि से युद्ध स्थगित कर दिया। निष्ठावान् गणित-वेत्ता[4] विजय हेतु कटिबद्ध होकर, युद्ध के लिए प्रयत्न करते रहे। इसी बीच में ख़्वाजा अब्दुस्समद एवं एक अन्य समूह, जो क़िबचाक़[5] के

१ आक्सस नदी के मार्ग पर जहां वह बलख़ से आकर जामिल नदी से मिलती है, चग़ानियान ज़िले का एक क़स्बा।
२ 'सरे मा व काबुल' अर्थात् 'जब तक हमारा सिर बाक़ी है हम काबुल को न जाने देंगे।'
३ मूल में, "शुक़रीलदुज़ अथवा शुक्र यलदुज़"।
४ ज्योतिषी।
५ क़िबचाक़ अथवा क़िपचाक़ दर्रे को चारदार अथवा चिहारदार भी कहते हैं। यह दन्दान शिकन दर्रे के दक्षिण-पूर्व में है। John Wood : *A Journey to the Source of the River Oxus* के मानचित्र में भी इसे दर्शाया गया है।

युद्ध में सेवा से पृथक् हो गया था, अवसर से लाभ उठाकर सेवा में पहुँच गए और शत्रुओं की सेना के असमंजस एवं अव्यवस्थित होने के विषय में निवेदन किया। मध्याह्नोपरान्त संकल्प की रिकाब में दृढ़तापूर्वक पाँव जमाकर वे सेना की सुव्यवस्था एवं दायें, बायें, मध्य तथा अग्र भाग की ओर (३०४) ध्यान देकर युद्ध का उचित प्रवन्ध करने लगे। शाही सेना के मध्य भाग को पादशाह के पवित्र व्यक्तित्व द्वारा शोभा प्राप्त हुई। दायाँ भाग मीर्ज़ा सुलेमान की देख-रेख में, बायाँ भाग मीर्ज़ा हिन्दाल के कारण, एवं अग्र भाग मीर्ज़ा इबराहीम की वीरता एवं पौरुष से सुव्यवस्थित हुआ। हाजी मुहम्मद खां एवं अनुभवी वीरों के एक अन्य समूह द्वारा सेना के पीछे का भाग दृढ़ हुआ। उस ओर से मध्य भाग में मीर्ज़ा कामरान, दायें भाग में मीर्ज़ा अस्करी, बायें भाग में आक़ सुल्तान एवं अग्र भाग में क़राचा खां नियुक्त थे। दोनों ओर की सेनायें दो लोहे के पर्वतों के समान अपने-अपने स्थान से प्रस्थान करके एक दूसरे के समीप पहुँच गईं। मेहतर सहवाका और निष्ठावान् सेवकों का एक अन्य समूह, जो क़िबचाक़ की घटना के उपरान्त विवश होकर मीर्ज़ा से मिल गया था, भागकर विजयी सेना में पहुँच गया। मूरी नदी के समीप, सर्वप्रथम मीर्ज़ा इबराहीम अत्यधिक वीरता प्रदर्शित करता हुआ अग्रसर हुआ। तदुपरान्त समस्त विजयी सेना उसके पीछे पहुँची। प्राणों की वलि देने वाले सैनिकों ने दोनों ओर से गुथकर वीरतापूर्वक युद्ध प्रारम्भ कर दिया।

क़राचा क़रावख़्त की हत्या

इसी वीच में क़राचा क़रावख़्त का सिर काटकर संसार का चक्कर लगाने वाले घोड़े के समक्ष लाया गया। इस प्रकार उस षड्यंत्रकारी शत्रु की दुष्टता से मुक्ति प्राप्त हो गई। सम्मानित आदेश हुआ कि इस नमकहराम पापी का सिर काबुल के लोहे के फाटक में लटका दिया जाय ताकि षड्यंत्रकारी विद्रोहियों की शिक्षा का कारण बने और उसने अपनी ज़बान से जो भविष्यवाणी की थी कि, "हमारा सिर और काबुल", वह पूरी हो जाय। विश्वस्त सूत्रों से ज्ञात हुआ कि मीर्ज़ा (कामरान) के एक तुच्छ सहायक ने इस षड्यंत्रकारी को वन्दी बना लिया और अपने अपराधों को क्षमा कराने के उद्देश्य से हज़रत जहाँबानी के समक्ष ले जाना चाहता था कि क़म्बर अली सहारी[1], जो मीर्ज़ा हिन्दाल के सेवकों में से था, और जिसके भाई की क़न्धार में क़राचा ने हत्या करा दी थी, पीछे से पहुँच गया और उसकी टोपी को उठाकर उसके सिर पर तलवार मारी जिससे उसका सिर फट गया। तदुपरान्त वह उसका सिर काटकर सेवा में लाया।

मीर्ज़ा कामरान का पलायन

इस युद्ध एवं संग्राम में, जिसे राज्य के सहायक अन्तिम युद्ध समझकर प्राणों की वलि देने के लिए कटिवद्ध थे, मीर्ज़ा कामरान मुक़ावले की शक्ति न देखकर भाग खड़ा हुआ और वादपंज दर्रे से अफ़ग़ानिस्तान[2] की ओर भाग खड़ा हुआ। विजयी सेना ने लूट-मार प्रारम्भ करके अत्यधिक

१ कुछ हस्तलिपियोंमें 'वहारी' किन्तु 'सहारी' उचित है। **आईने अकबरी** के अनुसार यह आगरा की एक सरकार थी।

२ बाबर ने भी इस शब्द का प्रयोग किया है। काबुल की भौगोलिक स्थिति का उल्लेख करते हुए वह लिखता है कि "काबुल के दक्षिण में फ़रमुल, नग्र (नग्ज़) बन्नू तथा अफ़ग़ानिस्तान हैं।" बाबर का तात्पर्य उन प्रदेशों से है जहाँ अफ़ग़ान क़बीले निवास करते थे। वे काबुल से पेशावर को जाने वाले मार्ग के दक्षिण में थे। **(बाबर नामा, पृ० १३)**।

धन-सम्पत्ति पर अधिकार जमा लिया। राज्य के शत्रु वैभव की कमंद द्वारा बन्दी बना लिए गए और कोप की तलवार द्वारा मार डाले गए। एक बहुत बड़ा समूह पश्चाताप के पसीने की नक़ाब अपने मुख पर डाले हुए एवं लज्जा के आँसुओं को अपना सिफ़ारिशी बनाकर सहस्रों धिक्कार सहन करके राज्य के सहायकों में सम्मिलित हो गया। मीर्ज़ा अस्करी भाग्यशाली सेना[1] के वीरों द्वारा बन्दी बना लिया गया। इतनी महान् विजय, जो अपार विजयों की प्रस्तावना हो सकती (३०५) थी, विधाता की दया से परोक्ष से प्रकट हो गई एवं सहस्रों प्रकार की प्रसन्नताओं की पूंजी बनी किन्तु हज़रत जहाँबानी का पवित्र हृदय बादशाही के मुकुट के मोती अर्थात् हज़रत शाहंशाह हेतु बड़ा चिन्तित था कारण कि उन्होंने सुना था कि इस बार मीर्ज़ा कामरान उस उत्कृष्ट एवं सम्मानित व्यक्ति को अपने साथ लाया है।

अकबर का हुमायूं की सेवा में उपस्थित किया जाना

उनके पवित्र हृदय को चिन्ता एवं व्याकुलता से किसी प्रकार मुक्ति न होती थी यहाँ तक कि हसन आख़्ता प्रताप की वाटिका की उस गुलाब की झाड़ी एवं सल्तनत के उद्यान के सरो को (हज़रत जहाँबानी की) पवित्र दृष्टि के समक्ष लाया। उस नेत्रों की पुतली के आगमन को सौभाग्य एवं प्रताप की प्रस्तावना समझकर उनकी कुशलता एवं सुरक्षा के कारण उन्होंने ईश्वर के प्रति कृतज्ञता प्रकट करने के लिए सिज्दे किए एवं प्रेमवश अपने ऊपर नियंत्रण न रखते हुए उस दैवी प्रकाश द्वारा पोषित व्यक्ति को आलिंगन किया। ईश्वर के प्रति कृतज्ञता प्रकट करने के उपरान्त उन्होंने दान-पुण्य, जो आभार प्रकट करने का व्यावहारिक रूप है, प्रारम्भ किया। दरिद्रों, फ़क़ीरों, विधवाओं एवं अनाथों के हृदय को दान-पुण्य द्वारा अपने हाथ में ले लिया। प्राण न्योछावर करने वाले प्रत्येक दास को, चाहे ख़िलाफ़त के नेत्रों की उस ठंडक के दर्शन के कारण और चाहे उत्तम सेवाओं के पुरस्कार स्वरूप, पादशाही कृपाओं द्वारा सुशोभित किया। हज़रत जहाँबानी ने अपनी शुभ जिह्वा से कहा कि "अब मैं किसी भी अभियान में ख़िलाफ़त के उद्यान के इस नए फल से पृथक् न हूँगा। कारण कि उसके शुभ चरणों में सहस्रों सौभाग्य निहित हैं। इस अभियान की यह महान् विजय इस उत्कृष्ट मोती के चरणों के आशीर्वाद का परिणाम समझता हूँ।"

हुमायूं के ग्रंथों के बक्सों का मिल जाना

इस सुखद अवसर पर सन्दूक़ों से लदे हुए दो ऊँट दिखाई पड़े जिनके साथ उनके हंकाने वाले न थे। हज़रत जहाँबानी ने कहा, "प्रत्येक व्यक्ति कुछ न कुछ लूट रहा है। मेरा हिस्सा यही दो ऊँट हैं।" अतः उन्होंने स्वयं नकेल पकड़कर आदेश दिया कि "ऊँटों को बैठा दो और बोझ खुलवाओ। देखूं इन सन्दूक़ों में क्या है?" संयोग से विशेष पादशाही पुस्तकें, जो क़िबचाक़ के युद्ध में हाथ से निकल गई थीं, पूरी की पूरी इसी सन्दूक़ में मिल गईं। यह बात सहस्रों प्रसन्नताओं की प्रस्तावना बनी।

ख़्वाजा क़ासिम मीर ब्यूतात, जिसने षड्यंत्र की ज्वाला भड़काई थी, इस युद्ध की अग्नि

१ अस्करी का नाम आ जाने के कारण अबुलफ़ज़ल ने 'अस्कर' शब्द का प्रयोग किया है। इस प्रकार के शब्दों का प्रयोग अबुलफ़ज़ल की रचना शैली की बड़ी विशेषता है।

में, अपनी कुकृतियों की आग द्वारा जल गया। इस प्रकार षड्यंत्र एवं दुष्टता का अन्त हो गया। वे उस दिन विजय एवं सफलता के कारण चारीकारान उद्यान में जश्न एवं आनन्द-मंगल मनाते रहे।

हुमायूं का काबुल पहुँचना

जब ईश्वर की कृपा से विजय के द्वार खुल गए और षड्यंत्रकारी विद्रोहियों को दंड मिल गया तो दूसरे दिन शुभ मुहूर्त में काबुल सम्मानित चरणों के आशीर्वाद से सुशोभित हुआ तथा उसने स्थायी सौभाग्य प्राप्त किया। सर्वप्रथम काबुल के क़िले में पड़ाव किया गया। अन्तःपुर की महिलाओं ने उनकी सेवा में उपस्थित होने का सौभाग्य प्राप्त करके ख़ुशियाँ मनाईं। तदुपरान्त वे अपनी प्रथानुसार ऊरता बाग़ में पहुँचे और अपनी भाग्यशाली उपस्थिति से उसे ताज़गी प्रदान की। वहाँ वे राज्य की सुव्यवस्था, प्रजा के प्रोत्साहन एवं निष्ठावान् उत्तम सेवकों को पुरस्कृत करने तथा (३०६) षड्यंत्रकारियों को दंड देने में व्यस्त हो गए। दीदार बेग, हैदर दोस्त, मुग़ल क़ाज़ी एवं मस्त अली क़ूरची[1] की, जो कई बार नमकहरामी प्रदर्शित कर चुके थे, उनकी कुकृतियों एवं अन्य लोगों के सुधार हेतु हत्या करा दी। उन्होंने अपने उत्कृष्ट साहस को न्याय की ओर लगा दिया। मीर्ज़ा सुलेमान को नाना प्रकार की कृपाओं द्वारा सम्मानित करके बदख़्शाँ की ओर विदा कर दिया। मीर्ज़ा इबराहीम को विशेष कृपा प्रदर्शित करते हुए कुछ दिन तक अपने पास रख लिया। आनन्द मंगल के फ़र्श बिछवाने एवं सम्बन्ध-स्थापना की प्रस्तावनाओं से सुशोभित करने के उपरान्त बदख़्शाँ भेज दिया। यह निश्चय हुआ कि शुभ मुहूर्त में उचित नियमों से इफ़्फ़त क़िबाब बख़्शी बानो बेगम[2] का, जो कि ख़िलाफ़त के वंश की पुत्री हैं, उससे विवाह कर दिया जाय। हज़रत जहाँबानी का संसार को शोभा प्रदान करने वाला हृदय शासन-प्रबन्ध एवं ख़िलाफ़त की चौखट के सेवकों के प्रति कृपा प्रदर्शित करने में तल्लीन हो गया।

हज़रत शाहंशाह को चर्ख़ प्रदान होना एवं दूरदर्शी लोगों का उस (घटना से) फ़ाल निकालना

हाजी मुहम्मद ख़ां का अभिमान

इस अवसर पर जब कि दैवी सहायता से काबुल सल्तनत के सिंहासन का केन्द्र बन गया एवं ख़िलाफ़त के प्रकाश से आलोकित हो गया, तो चर्ख़ नामक स्थान, जो लुहूगुर तूमान[3] में है, हज़रत शाहंशाह को प्रदान कर दिया गया। अनुभवी सचेत लोगों ने परोक्ष के इस वरदान से

१ उसके विषय में बायज़ीद की कृति का अनुवाद देखिये।

२ इबराहीम की मृत्यु के उपरान्त अकबर ने अपने राज्यकाल में उसका विवाह मीर्ज़ा शरफ़ुद्दीन हुसेन से, जो ख़्वाजा मुईन का पुत्र था, कर दिया।

३ बाबर ने लिखा है कि, "काबुल का एक अन्य तूमान लुहूगुर है। इसमें चीर्ख़ नामक एक बहुत बड़ा ग्राम है। हज़रत मौलाना याक़ूब तथा मुल्ला ज़ादा उस्मान भी चीर्ख़ (चर्ख़) के निवासी थे ....चीर्ख़ में बहुत से उद्यान हैं किन्तु लुहूगुर के किसी अन्य ग्राम में बाग़ नहीं पाये जाते"। (**बाबर नामा, पृ० २४**)।

आकाश[1] की आज्ञाकारिता के विषय में फ़ाल[2] निकाल कर प्रसन्नता के ढोल की आवाज़ नवें आकाश पर पहुँचा दी। वकालते दरे ख़ाना[3], जो कि बहुत बड़ा पद था, हाजी मुहम्मद ख़ां को प्रदान हुआ और उसके स्वभाव का सुधार किया गया किन्तु वह अपनी संकीर्ण प्रवृत्ति, वीरता की बदमस्ती एवं अपनी प्रसिद्धि के कारण अभिमानी हो गया था अतः सर्वदा नीच कल्पनायें उसे शोक के बन्दीगृह में रखती थीं और वह सर्वदा कृतघ्नता प्रदर्शित करता हुआ ऐसी आकांक्षायें किया करता था जो मस्ती का पेशा हैं। हज़रत जहाँबानी अपने असीम संसार रूपी उच्च साहस एवं उदारता के कारण उसकी बातों को टालते जाते थे। उस सफल बादशाह का उद्देश्य यह था कि मानव जीवन के पौधे को, जो दैवी कारीगरी द्वारा पोषित भाग्य की वाटिका का फलदार वृक्ष है, साधारण भूलों पर न कुचल दिया जाय। विशेष रूप से वह व्यक्ति जो अपने समकालीनों में अपनी बुद्धि अथवा वीरता की अधिकता या किसी अन्य दृष्टि से उत्कृष्ट गुणों से सुशोभित हो किन्तु वह अभागा दुष्ट, अपने दुर्भाग्य एवं मूर्खता के कारण इसे अच्छी दृष्टि से न देखकर अपने पागलपन के साधनों में और भी वृद्धि करता रहता था। हज़रत जहाँबानी उसकी दुष्टता की ओर ध्यान न देकर सर्वदा उसे कृपा एवं उदारता द्वारा सम्मानित करते रहते थे।

हुमायूं द्वारा काबुल की शासन-व्यवस्था

संक्षेप में, उन शुभ दिनों में सर्वदा न्याय एवं दान के द्वार तथा कृपा एवं कोप के द्वार, जिन पर संसार एवं संसार वालों का शासन-प्रबन्ध आधारित है, खुले रहते थे और संसार की अव्यवस्था को सुव्यवस्था प्रदान करने तथा शासन-प्रबन्ध के सिंहासन को शोभायमान करने में व्यस्त रहते थे।

मीर्ज़ा कामरान का पलायन

(३०७) मीर्ज़ा कामरान पराजयोपरान्त उश्तुर कराम से बड़ी बुरी दशा में, जिसे कृतघ्नता का परिणाम एवं उदारता के प्रति उपेक्षा का फल समझना चाहिए, आठ व्यक्तियों, ख़िज्र ख़्वाजा ख़ां के भाई आक़ सुल्तान[4], बाबा सईद क़िबचाक़, तिमुर ताश अतगा, क़ूतलुक़ क़दम, अली मुहम्मद, जोगी ख़ां, अब्दाल ख़ां एवं मक़सूद क़ूरची, को लेकर देहे सब्ज़ से होता हुआ बड़ी परेशानी की अवस्था में अफ़ग़ानों के पास पहुँचा। मीर्ज़ा हिन्दाल, हाजी मुहम्मद ख़ां, ख़िज्र ख़्वाजा ख़ां एवं एक अन्य समूह ने, जो उनका पीछा करने के लिए भेजा गया था, मीर्ज़ा के बन्दी बनाने का उचित प्रयत्न न किया और वापस लौट आये। अफ़ग़ान लोगों ने मीर्ज़ा के मार्ग को रोक कर सबको लूट लिया। मीर्ज़ा इस भय से कि कहीं कोई उसे पहचान न ले सिर तथा मुख के समस्त बाल मुंडवा कर क़लन्दरों[5] के

१ चर्ख़ का अर्थ आकाश होता है अतः अबुलफ़ज़ल ने इस नाम से लाभ उठा लिया।

२ किसी बात से किसी घटना की सफलता अथवा असफलता सम्बन्धी निष्कर्ष।

३ दरे ख़ाना की वकालत अथवा महल के सम्बन्ध में मुख्य अधिकार।

४ इसके सम्बन्ध में देखिये गुलबदन बेगम के **हुमायूं नामा** का अनुवाद। आक़ सुल्तान गुलबदन बेगम के पति ख़िज्र ख़्वाजा ख़ां का अनुज एवं मीर्ज़ा कामरान का जामाता था।

५ स्वतंत्र विचार के सूफ़ी जो अधिकांश सिर, दाढ़ी एवं भृकुटियों के बाल मुड़वा देते तथा लोहे के कड़े, हँसली इत्यादि पहनते हैं। धर्म के कट्टर अनुयायी सूफ़ियों से इनका बड़ा संघर्ष रहा करता था और ये लोग इन सूफ़ियों की हत्या करने से भी न चूकते थे। भारतवर्ष में चिश्ती सूफ़ियों के मलफ़ूज़ात (गोष्ठियों के वृत्तांत) से उनके आतंक

वेश में मंदरावर के मलिक मुहम्मद के पास, जो लमग़ानात के प्रतिष्ठित लोगों में था, पहुँचा। उसने मीर्ज़ा के पिछले उपकारों पर ध्यान देकर उसके प्रति उदारता प्रदर्शित की।

मीर्ज़ा कामरान के पास सैनिकों का एकत्र होना

मीर्ज़ा इन दुर्घटनाओं से जिनमें से प्रत्येक बुद्धिमानों की दृष्टि से शिक्षा प्राप्त करने एवं असावधानी की निद्रा से जगाने के लिए कड़े कोड़े के समान है, सचेत न हुआ और अपनी असावधानी की ओर अग्रसर होता रहा। सैनिकों का एक समूह, जो दिखाने को तो आदमी थे किन्तु जिनमें न तो तथ्य को समझने की शक्ति थी और न मर्यादा और जो सर्वदा छल एवं धूर्तता पूर्वक व्यवहार किया करते थे, अपने दुर्भाग्य के कारण मीर्ज़ा के चारों ओर एकत्र हो गया। जब ये समाचार सम्मानित शिविर में प्राप्त हुए तो विश्वासघात का बाज़ार गरम तथा निष्ठावानों का जिगर ख़ून हो गया। ऐसे अवसर पर जब कि षड्यंत्र एवं विद्रोह की अग्नि धधक रही थी, हाजी मुहम्मद खां आज्ञा बिना ग़ज़नी चला गया। हज़रत जहाँबानी ने समयानुकूल व्यवहार एवं मनुष्य के मूल्य को समझते हुए इस प्रकार के दुराचार को उसकी दुष्टता समझकर ध्यान न दिया।

हुमायूं के अमीरों द्वारा मीर्ज़ा कामरान का पीछा

मीर्ज़ा कामरान के दमन हेतु उन्होंने सम्मानित चौखट के कुछ सेवकों उदाहरणार्थ बहादुर खां, मुहम्मद क़ुली बरलास, क़ीदूक़ सुल्तान एवं प्राणों की बलि देने वाले एक समूह को नियुक्त किया। जब भाग्यशाली सेना मीर्ज़ा (कामरान) के समीप पहुँची तो वह अलीगार एवं अली शंग दर्रों की ओर चल दिया। अमीरों ने उसका पीछा किया। मीर्ज़ा उस क्षेत्र से निकलकर, ख़लील एवं महमन्द[1] अफ़ग़ानों की ओर चल दिया। थोड़े से दुष्ट, जो उसके चारों ओर एकत्र हो गए थे, उससे पुनः पृथक् हो गए। विजयी सेना गज़्वे शहीदाँ नामक स्थान से विजय एवं सफलता प्राप्त करके लौट आई।

हुमायूं द्वारा मीर्ज़ा सुलेमान की पुत्री से विवाह का प्रस्ताव

जब (हज़रत जहाँबानी) के पवित्र हृदय को मीर्ज़ा की दुष्टता की ओर से कुछ शान्ति मिल गई तो वे मीर्ज़ा सुलेमान के अधिक प्रोत्साहन एवं बादशाही कृपाओं में वृद्धि के विषय में सोचने लगे। उन्होंने ख़्वाजा जलालुद्दीन महमूद एवं इफ़्फ़त मआब बीबी फ़ातेमा को मीर्ज़ा

का बहुत हद तक अनुमान लगाया जा सकता है। कुछ क़लन्दर अपने-अपने क्षेत्र में धर्म-निष्ठ सूफ़ियों से भी अधिक प्रसिद्ध थे। ज़ियाउद्दीन बरनी ने बल्बन के समय के लखनौती के एक क़लन्दर के विषय में, जिसका वहाँ का विद्रोही हाकिम तुग़रिल बहुत बड़ा भक्त था, लिखा है कि,-"(बल्बन ने) सभी को फाँसी दे दी, यहाँ तक कि एक क़लन्दर को भी उसके मित्रों सहित फांसी दे दी गई क्योंकि वह तुग़रिल का मुँह लगा हुआ था। तुग़रिल उसका बड़ा आदर सम्मान करता था और वह तथा उसके मित्र सोने के बने हुये क़लन्दरी के यन्त्र (आलात) धारण करते थे, जब कि अन्य लोग लोहे के पहनते थे"। [ज़ियाउद्दीन बरनी : **तारीख़े फ़ीरोज़शाही**, पृ० ९१: रिज़वी : **आदि तुर्क कालीन भारत** (अलीगढ़ १९५६ ई०) पृ० १८९]

१ महमन्द अफ़ग़ानों का बहुत बड़ा क़बीला था। बाबर के अनुसार हज़ारा लोगों में जिस प्रकार सबसे बड़े सुल्तान मसऊदी हज़ारा थे उसी प्रकार अफ़ग़ानों में महमन्द। (**बाबर नामा**, पृ० २८)।

सुलेमान की पुत्री खानम से विवाह करने के प्रस्ताव के साथ बदख़्शाँ भेजा ताकि जब हज़रत जहाँबानी से यह सम्बन्ध स्थापित हो जाय तो बदख़्शाँ की ओर से उनका हृदय शान्त हो जाय और मीर्ज़ा सुलेमान से संगठन एवं उसकी साँत्वना की पुनः व्यवस्था हो जाय।

मीर्ज़ा अस्करी की मृत्यु

(३०८) मीर्ज़ा अस्करी को भी उसी के सिपुर्द कर दिया गया ताकि वह उसे मीर्ज़ा सुलेमान के पास पहुँचा दे। मीर्ज़ा सुलेमान को सम्मानित आदेश हुआ कि मीर्ज़ा अस्करी को बल्ख के मार्ग से हिजाज़ भेज दे। मीर्ज़ा सुलेमान ने जो लोग भेजे गए थे उनके आगमन को बहुत बड़ा सौभाग्य समझ कर आदर सम्मान प्रदर्शित करने में कोई कसर न उठा रक्खी[1] और सम्मानित आदेश के पालन-की दृष्टि से मीर्ज़ा अस्करी को बल्ख की ओर भेज दिया। मीर्ज़ा पश्चाताप के कारण तथा लज्जा-वश इस प्रदेश में निवास न कर सका और असंतोष की सामग्री एवं असबाब लेकर उस लम्बी-चौड़ी यात्रा[2] के लिए चल खड़ा हुआ। ९६५ हि० (१५५७-५८ ई०) में शाम एवं मक्का के मध्य में उसकी अवस्था का प्याला भर गया और उसने अपनी जीवन-यात्रा वहीं समाप्त कर[3] दी।

मीर्ज़ा सुलेमान द्वारा विवाह का प्रस्ताव स्थगित करना

मीर्ज़ा सुलेमान ने हज़रत जहाँबानी से इस सम्बन्ध को पवित्र बेगमों[4] एवं राज्य के उच्च अधिकारियों के आगमन तथा उस इफ़्फ़त क़िबाब[5] के बड़े हो जाने तक[6] दीनता एवं विनय-पूर्वक प्रार्थनायें करके स्थगित कर दिया और अतिथियों को आदर-पूर्वक लौटा दिया।

हज़रत जहाँबानी का मीर्ज़ा कामरान के षड्यंत्र की अग्नि को शांत करने के लिये पुनः प्रस्थान

मीर्ज़ा कामरान का अफ़ग़ानों से मिल जाना

इस कारण कि स्वभाव को शरीर की पंचम प्रकृति स्वीकार किया गया है अतः जो दुष्टता का आदी हो जाता है वह बिच्छू के समान डंक मारने पर विवश होता है। इस सिद्धान्त के अनुसार मीर्ज़ा कामरान ने अपने स्वभाव एवं प्रवृत्ति की ओर पुनः आकृष्ट होकर अपनी

१ इस प्रसङ्ग में बायज़ीद की कृति का अनुवाद देखिये।

२ हज के लिये।

३ फ़िरिश्ता ने इस घटना का उल्लेख इस प्रकार किया है : "मीर्ज़ा अस्करी को, जो मीर्ज़ा कामरान का (एक ही माता से) भाई था, मीर्ज़ा सुलेमान के पास इस आशय से भेज दिया कि वह उसे बल्ख़ के मार्ग से मक्का भेज दे। मीर्ज़ा अस्करी की दावली में, जो शाम एवं मदीना के मध्य में है, ९६१ हि० (१५५३-५४ ई०) में मृत्यु हो गई। उसके एक पुत्री थी, जिसका विवाह जलालुद्दीन मुहम्मद अकबर बादशाह ने यूसुफ़ ख़ां मशहदी से कर दिया। [फ़िरिश्ता : **तारीख़े फ़िरिश्ता** मक़ाला दोअम, पृ० २४०]।

४ हुमायूँ के दरबार की बेगमों।

५ सतीत्व का क़ुब्बा अथवा अत्यधिक साध्वी अथवा सती।

६ अर्थात् पुत्री के बड़े हो जाने तक।

दुर्भावनाओं को अपने दंड का साधन बना लिया। ख़लील तथा महमन्द क़बीले के अफ़ग़ानों एवं दुष्टों के एक समूह को, जो गुण एवं दोष में भेद-भाव न कर सकता था, अपने साथ लेकर लूट-मार के लिए निकल खड़ा हुआ। हज़रत जहाँबानी ने, जो संसार एवं युग के सुखदायक थे, इस षड्‌यंत्र को शान्त करना एबादत समझकर तदनुसार कार्य करने का संकल्प कर लिया।

चारबाग़ से मीर्ज़ा कामरान का पलायन

ख्वाजा इख़्तियार एवं मीर अब्दुल हई को, जो सम्मानित दरबार के विश्वास-पात्र थे, ग़ज़नी भेज दिया ताकि वे कृपा-युक्त फ़रमान पहुँचाकर हाजी मुहम्मद को कृतघ्नता के अंधकार से निकालें और उसे कृतज्ञता के प्रकाश की ओर अग्रसर करें। हज़रत जहाँबानी के तैयारी करने एवं संकल्प की रिकाब में पाँव जमाने तक यह समाचार प्राप्त हुए कि मीर्ज़ा कामरान ने कुछ बिना सिर-पाँव के दुष्टों को लेकर एक क़िले को, जो जलालाबाद के उपान्त में चहारबाग़ के समीप है, घेर लिया है। हज़रत जहाँबानी ने हाजी मुहम्मद ख़ां के आगमन की प्रतीक्षा न करके शीघ्रातिशीघ्र जलालाबाद की ओर प्रस्थान किया। मीर्ज़ा कामरान इस समाचार को सुनते ही घबड़ाकर भाग खड़ा हुआ और पुनः पर्वत के दर्रों में पहुँच गया। वहाँ से बंगश एवं गिरदीज़ होता हुआ इस आशय से भाग खड़ा हुआ कि इस प्रकार सम्भव है वह हाजी मुहम्मद के पास पहुँच जाय कारण कि वह अभागा उससे मिला हुआ था।

हाजी मुहम्मद

हाजी मुहम्मद का विवरण इस प्रकार है :--जब उसके विनाश के दिन समीप आ गए तो उसके दुष्ट हृदय से अधिक से अधिक नीच विचार प्रकट होने लगे। उसने पादशाही दूतों को चिकनी-चुपड़ी बातें करके आने के झूठे वचन देकर लौटा दिया। उसने एक दूत मीर्ज़ा (३०९) कामरान के पास भेजकर (यह सूचना कराई कि) वह कब तक पर्वत एवं जंगल में मारा-मारा फिरता रहेगा? वह शीघ्रातिशीघ्र इस क्षेत्र में पहुँच जाय ताकि मिलकर काम किया जा सके। संयोग से बैराम ख़ां, जो हज़रत पादशाह की सेवा में क़न्धार से रवाना हो चुका था, ग़ज़नी पहुँच गया। हाजी मुहम्मद, जो बैराम ख़ां की प्रतीक्षा कर रह था, उसके स्वागतार्थ पहुँचा और दिखाने के लिए उससे प्रेमपूर्वक व्यवहार करने लगा ताकि दावत के बहाने से उसे क़िले के भीतर ले जाकर बन्दी बना ले। ख़ान क़िले की ओर रवाना हुआ। मीर हब्श ने, जो हाजी मुहम्मद ख़ां के साथ था, ख़ान को संकेत कर दिया। ख़ान को उस संकेत से उसके विश्वासघात एवं छल का पता चल गया। उसने बहाना करके क़िले के भीतर जाने का विचार त्याग दिया और नगर के बाहर एक झरने पर पड़ाव किया। हाजी मुहम्मद को नाना प्रकार की युक्तियों से संतुष्ट करके अपने साथ काबुल ले गया और अपने आगमन एवं हाजी मुहम्मद के लाने के विषय में पत्र भेजा। हज़रत जहाँबानी ने जब यह सुना कि मीर्ज़ा कामरान काबुल की ओर पहुँच रहा है तो वे शीघ्रातिशीघ्र काबुल की ओर रवाना हुए। मीर्ज़ा कामरान ने काबुल से एक पड़ाव पर पहुँचकर जब ख़ाने ख़ानां के पहुँचने एवं हाजी मुहम्मद ख़ां के विषय में सुना तो घबड़ाकर लमग़ान की ओर भाग गया। एक दिन हाजी मुहम्मद ने दरवाज़ये आहिनी[1] से काबुल में प्रविष्ट होने का प्रयत्न किया। ख्वाजा

१ लोहे के फाटक।

जलालुद्दीन महमूद ने, जिसके सिपुर्द काबुल का राज्य था, क़िले के भीतर प्रविष्ट न होने दिया और उसे कठोर वचन कहला भेजे। वह मूर्ख सियाह मुख वाला शंकाओं के वशीभूत होकर शिकार के बहाने से क़राबाग़ चला गया। तदुपरान्त कोतले मीनार होता हुआ बाबा कूचक़ार पहुँचा और बहज़ादी एवं बलन्दरी पर्वत से होता हुआ शीघ्रातिशीघ्र ग़ज़नी की ओर बढ़ा। इसी बीच में हज़रत जहाँबानी की विजयी पताकाएँ, जो मीर्ज़ा कामरान के विद्रोह को शान्त करने के लिए काबुल की ओर रवाना हो चुकी थीं, सियाह संग पहुँचीं। बैराम ख़ां ने फ़र्श चूमने का सम्मान प्राप्त किया। हज़रत जहाँबानी ने आदेश दिया कि "नगर में कोई प्रविष्ट न हो कारण कि हम मीर्ज़ा का पीछा कर रहे हैं ताकि ईश्वर के प्राणी रोज़-रोज़ के कष्ट से मुक्त हो जायें।" हाजी मुहम्मद की ओर से इतमीनान न था अतः राज्य के हितैषियों ने यह निश्चय किया कि हाजी मुहम्मद की ओर से संतुष्ट होकर मीर्ज़ा का पीछा किया जाय। हज़रत जहाँबानी ने नगर में पड़ाव करके बैराम ख़ां को हाजी मुहम्मद के विरुद्ध नियुक्त किया और ऐसा प्रकट किया कि जब तक युक्ति से काम चल जाय उस समय तक उसे अनावृत्त न करे[1] और जिस प्रकार सम्भव हो, हाजी मुहम्मद को ले आये।

बैराम ख़ां ने उसे युक्ति द्वारा अपने वश में कर लिया। शपथ एवं वचन के उपरान्त हाजी मुहम्मद ने गुलकार[2] नामक स्थान पर पहुँचकर ख़ाने ख़ानां से भेंट की। ख़ाने ख़ानां ने उसे अपराधों को क्षमा करने वाले शासक के पास ले जाकर क्षमा-याचना कराई। तदुपरान्त (३१०) चार-पाँच दिन पश्चात् उन्होंने लमग़ानात की ओर जहाँ मीर्ज़ा भागकर पहुँच चुका था, प्रस्थान किया। बावजूद इसके कि हाजी मुहम्मद के इतने अधिक अपराध अभी-अभी क्षमा किए गए थे उसने अपने उन पापों को कोई महत्व न देकर धृष्टतापूर्वक दुष्टता प्रदर्शित की तथा हज़रत जहाँबानी के पवित्र हृदय को कष्ट पहुँचाया। हज़रत जहाँबानी ने अपनी महान् अनुकम्पा एवं दया के कारण उपेक्षा की। जब भाग्यशाली पताकायें जलालाबाद पहुँचीं तो मीर्ज़ा कुनूर नूरगल[3] दर्रों की ओर भाग गया। षड्यंत्रकारियों में से प्रत्येक किसी न किसी कोने में छिप गया। उन्होंने ख़ाने ख़ानां को एक बहुत बड़ी सेना सहित मीर्ज़ा के विरुद्ध नियुक्त किया। मीर्ज़ा कामरान कुनूर एवं

१ अर्थात् उसकी क़लई न खोले।

२ 'कुलक़ीना' अथवा 'गुलक़ीना', काबुल के समीप बड़े ही एकान्त में है। बाबर लिखता है, "वहां अत्यधिक बलात्कार होता रहता है। ख्वाजा हाफ़िज़ के एक शेर का यह हास्यजनक अनुकरण मैंने तैयार किया:—

शेर

क्या ही अच्छा समय था वह जब कि थोड़े दिन तक बिना किसी चिन्ता के,
हम कुलक़ीना निवासी रहे अपनी थोड़ी सी कुख्याति के साथ।

(बाबर नामा, पृ० १३-१४)।

३ लमग़ान का एक तूमान। बाबर लिखता है, "लमग़ान का एक अन्य तूमान नूरगल सहित कूनार है। यह तूमान लमग़ानात से कुछ पृथक् स्थित है। इसकी सीमायें काफ़िरिस्तान से मिली हैं। यद्यपि यह अन्य तूमानों के बराबर है और यहाँ का राजस्व भी कम है किन्तु लोग वह भी नहीं अदा करते। चग़ान सराय के उत्तर-पूर्व के मध्य से काफ़िरिस्तान होती हुई कामा नामक बूलूक़ में पहुँचती है और वहाँ बारान नदी में मिल कर पूर्व की ओर बहती है। नूरगल इस नदी के पश्चिम में है और कूनार पूर्व की ओर।" **(बाबर नामा,** पृ० २०-२१)।

नूरगल में न ठहर सका और नीलाव[1] की ओर भाग खड़ा हुआ। खाने खानां वापस होकर दका[2] में धरती चुम्वन करके सम्मानित हुआ।

इसी समय हज़रत जहाँबानी ने सर्व साधारण के हित, आम लोगों के लाभ एवं शान्ति की दृष्टि से हाजी मुहम्मद एवं उसके भाई शाह मुहम्मद के, जो दुष्टता एवं धृष्टता में हाजी मुहम्मद का गुरु हो सकता था, वन्दी बनाये जाने का आदेश दे दिया। यह दोनों कृतघ्न भाई इस कारण अपनी दुष्टता के पंजे में फँस गए कि वे सेवाओं के सम्वन्ध में धन एवं प्रतिष्ठा के अतिरिक्त किसी अन्य वस्तु को कोई महत्व न देते थे और लोभ एवं लालच की वजह से आभार-प्रदर्शन के मार्ग पर अग्रसर न होते और अपने खोटे माल के अधिक मूल्य की आशा रखते थे। हज़रत जहाँबानी ने अपने स्वाभाविक न्याय के कारण सेवा के इन विक्रेताओं को आदेश दिया कि उन्होंने जितने समय तक सेवा की, उस समय में इच्छा तथा अनिच्छा से सम्पन्न क. गई सेवाओं की एक सूची तैयार करें। दरवार के एक निष्ठावान् सेवक को आदेश हुआ कि उनके अपराधों एवं पापों की भी सूची तैयार की जाय ताकि न्याय की तराजू में इन दो दुष्टों का ठीक-ठीक हाल संसार वालों को ज्ञात हो जाय। उनके सदाचार की पंजिका पर कुछ भी न लिखा जा सका। उनके अपराधों में १०२ ऐसे बड़े-बड़े अपराध लिखे गए जिनमें से प्रत्येक वन्दी बनाये जाने, मृत्यु-दंड एवं अपमानित किए जाने के लिए पर्याप्त था।

ईश्वर को धन्य है! एक आदमी है जो उत्तम सेवाओं के वावजूद सिर झुकाए एवं काँपता रहता है कि कहीं सेवा के मार्ग में उसकी[3] दृष्टि किसी ऐसे कार्य पर न पड़ जाय जिसके विषय में उसे यह भ्रम हो जाय कि यह सरल स्वभाव का व्यक्ति अपनी सेवाओं को बेचता है अथवा वदमस्त है। उसकी उत्तम सेवायें जितनी अधिक होती जाती हैं, उतना ही उसका भय वढ़ता जाता है। एक (अन्य) व्यक्ति है जो कुछ न करने को अधिक मूल्य पर बेचता है और दुराचार को सदाचार के समान सजाता और अपनी मूर्खता के कारण उपकार की आशा में 'अहं भाव' में ग्रस्त रहता है।

जव इस पूंछ-ताछ के फलस्वरूप संसार वालों को इस वात का प्रमाण मिल गया कि यह दोनों कृतघ्न अपनी दुष्टता के कारण दंड के पात्र हैं और अव वह समय आ गया है कि उनके दुष्ट (३११) व्यक्तित्व से संसार का आँचल शुद्ध हो जाय तव इनकी पाशविक आत्मा को, जो मानव रूपी पिंजड़े में वन्द थी, कमन्द के फंदे से खींचा गया और वह जिस स्थान की पात्र थी वहाँ पहुँचा दिया गया। उन्हें अपितु एक संसार को उनकी दुष्टता से मुक्ति दे दी गई और ग़ज़नी वहादुर खां को प्रदान कर दिया गया। उसकी शेप जागीर दरवार के अन्य सेवकों में वाँट दी गई।

हुमायूं का वारान नदी की ओर प्रस्थान

वह शीत ऋतु उस क्षेत्र में सैर व शिकार एवं आनन्द-मंगल में व्यतीत हो गई। वहार के प्रारम्भ में जव कि त्रिदोष संतुलित होते हैं, असंयमी अफ़ग़ानों में से, जो उस क्षेत्र में सर्वदा

१ सिन्ध नदी।
२ खैबर के सिरे पर।
३ अकवर।

विद्रोह हेतु सिर उठाये एवं षड्यंत्र तथा उपद्रव हेतु उद्यत रहते थे, कुछ सेवा में उपस्थित हुए और उन्होंने चौखट चूमने का सम्मान प्राप्त किया। कुछ समूह प्रार्थना-पत्रों एवं उचित उपहारों द्वारा आज्ञाकारिता के क्षेत्र में आ गये तथा मीर्ज़ा के षड्यंत्र की धूल बैठ गई। हज़रत जहाँबानी ने बादंज[1] मार्ग से यात्रा करके बारान नदी पर पड़ाव किया। उस रात्रि में जब कि उत्कृष्ट सेना बादंज के समीप थी, घोर वर्षा एवं हिमपात होने लगा। बहुत से लोगों को हानि पहुँची। सैर व शिकार के उपरान्त काबुल में पड़ाव किया गया।

नियुक्तियां

बैराम ख़ां को क़न्धार के शासन प्रबन्ध हेतु भेज दिया गया। ख़्वाजा ग़ाज़ी एराक़ के वाली के पास दूत बनाकर उपहारों सहित बैराम ख़ां के साथ भेजा गया। ग़ज़नी, गिरदीज़[2], एवं बंगश[3] की विलायत तथा लुहूगुर[4] का तूमान मीर्ज़ा हिन्दाल को प्रदान किए गए। क़ुन्दुज़, जो मीर्ज़ा के अधीन था, मीर बरका एवं मीर्ज़ा हसन को प्रदान कर दिया गया। मीर्ज़ा हिन्दाल ग़ज़नी की ओर विदा कर दिया गया। मीर बरका क़ुन्दुज़ चला गया। जूये शाही एवं उस क्षेत्र के स्थान ख़िज्र ख़्वाजा ख़ां को प्रदान कर दिए गए। मीर बरका के वहाँ पहुँचने के पूर्व, मीर्ज़ा इबराहीम ने क़ुन्दुज़ को मुहम्मद ताहिर ख़ां से चकमा देकर छीन लिया। मीर बरका काबुल चला गया। हज़रत जहाँबानी ने मीर्ज़ा की उत्तम सेवाओं को ही उसकी सिफ़ारिश का साधन समझकर वह महाल उसे प्रदान कर दिया।

शाह अबुल मआली का आगमन

उन्हीं दिनों में ख़्वाजा अब्दुस्समी द्वारा, शाह अबुल मआली पादशाह के उत्कृष्ट दरबार में पहुँचा और अभिवादन द्वारा सम्मानित हुआ। शाह अबुल मआली अपने आप को तिरमिज़ के सैयिदों से सम्बन्धित बताता था। उसके सुन्दर रूप से उत्तम स्वभाव के शुभचिन्तक इस भ्रम में पड़ जाते थे कि वह बड़ा सदाचारी है। उसकी धृष्टता को उसकी वीरता का कारण समझा जाता था अतः वह हज़रत जहाँबानी का कृपा पात्र हो गया। उसकी बदमस्ती एवं उनके सन्मार्ग से विचलित होने का थोड़ा-बहुत हाल अपने स्थान पर लिखा जायगा।

१ पूर्व में 'बादंज' भी लिखा गया है।

२ काबुल के एक तूमान के अधीन। बाबर ने इसके विषय में लिखा है, "ज़ुरमुत एक अन्य तूमान है। यह काबुल से दक्षिण की ओर १२-१३ यीगाच (७२-७८ मील) पर और ग़ज़नी के दक्षिण-पूर्व में ७-८ यीगाच (४२-४८ मील) पर है। यहाँ के दारोग़ा का मुख्य स्थान गीरदीज़ (गिरदीज़) में है। गीरदीज़ के क़िले के मध्य में अधिकांश घर तीन-चार मंज़िलों के हैं।" **(बाबर नामा,** पृ० २७)।

३ काबुल का एक तूमान। बाबर ने लिखा है, "एक अन्य तूमान बंगश है। इसके चारों ओर अफ़ग़ान लुटेरे आबाद हैं; उदाहरणार्थ ख़ूगियानी, ख़िरिलची, तूरी तथा लन्दर। दूर स्थित होने के कारण यहां के लोग स्वेच्छा से राजकर नहीं अदा करते।" **(बाबर नामा,** पृ० २७)।

४ "काबुल का एक अन्य तूमान लुहूगुर है। इसमें चीर्ख़ नामक एक बहुत बड़ा ग्राम है। हज़रत मौलाना याक़ूब तथा मुल्लाज़ादा उस्मान भी चीर्ख़ के निवासी थे। चीर्ख़ में बहुत से उद्यान पाये जाते हैं किन्तु लुहूगुर के किसी अन्य ग्राम में बाग़ नहीं पाये जाते।" **(बाबर नामा,** पृ० २६)।

हज़रत जहांबानी जन्नत आशियानी की पवित्र सेना का मीर्ज़ा कामरान के विद्रोह को शान्त करने के लिये पुनः प्रस्थान एवं मीर्ज़ा हिन्दाल का शहीद होना

मीर्ज़ा कामरान कुछ दिन तक अपमान एवं अपयश की कोठरी में समय व्यतीत करता रहा (३१२) यहाँ तक कि संतुष्ट हृदय (हज़रत जहाँबानी) पुनः उसके विद्रोह के समाचार से चिन्तित रहने लगे। आने जाने वालों से उत्कृष्ट कानों तक यह समाचार पहुँचे कि वह पुनः नीलाब के क्षेत्र से वापस होकर दुष्टों के एक समूह के साथ जूये शाही के क्षेत्र में उत्पात मचा रहा है। हज़रत जहाँबानी ने मीर्ज़ा हिन्दाल को ग़ज़नी से बुलवाया। निकट के जागीरदारों को आक्रमण का आदेश हुआ। अल्प समय में मीर्ज़ा हिन्दाल फ़र्श चूमने के सम्मान द्वारा सम्मानित हुआ। निष्ठावान् फ़िदाई एवं कृतज्ञ लोग एकत्र हुए। हज़रत जहाँबानी ने विद्रोह की अग्नि को शान्त करने के लिए उत्कृष्ट पताकाओं के प्रस्थान का आदेश दिया। सम्मानित सेना के प्रस्थान के समाचार पाकर मीर्ज़ा कामरान असफलता के कारण एक कोने में पहुँच गया। जिस समय भाग्यशाली पताकायें सुर्ख़ाब के समीप पहुँचीं, हैदर मुहम्मद आख़्ता बेगी अधिकांश निष्ठावान् जवानों सहित, सेना के अग्र भाग में नियुक्त हुआ। वह सम्मानित लश्कर के पूर्व सियाह आब के तट पर, जो सुर्ख़ाब एवं गंडमक के मध्य में है, पहुँच गया। मीर्ज़ा कामरान ने अपने आप में युद्ध की शक्ति न देखकर उस पर रात्रि में छापा मारा। हैदर मुहम्मद ने सिंह की भाँति वीरता एवं पौरुष प्रदर्शित करते हुए बड़ी बहादुरी से युद्ध किया और गहरे घाव, जो बहिरंग एवं अन्तरंग की सुर्ख़रूई के प्रमाण-पत्र हैं, प्राप्त किए। वह अपने स्थान पर दृढ़ रहा और उसने उसे न छोड़ा। यद्यपि उसकी अत्यधिक धन-सम्पत्ति नष्ट हो गई किन्तु मीर्ज़ा कोई सफलता न प्राप्त कर सका और घबड़ाकर भाग खड़ा हुआ।

कामरान द्वारा रात्रि में छापा

कुछ दिन उपरान्त जब जपरियार नामक स्थान पर, जो नेकनहार[1] तूमान के अधीन है, सम्मानित शिविर लगे तो परमावश्यक सावधानी एवं सतर्कता की दृष्टि से मोर्चे बाँट दिए गए और खाई एवं दीवार-बस्ती[2] की व्यवस्था कर ली गई। दिन के अन्तिम पहर में दो अफ़ग़ान समाचार लाये कि आज रात्रि में मीर्ज़ा कामरान अफ़ग़ानों के समूह के साथ छापा मारने वाला है। हज़रत जहाँबानी ने सावधानी की दृष्टि से प्रत्येक स्थान पर आदमी नियुक्त कर दिए। रविवार २१ ज़ीक़ाद ९५८ हि० (२० नवम्बर १५५१ ई०) की रात्रि में चौथाई रात्रि व्यतीत हो जाने के उपरान्त मीर्ज़ा कामरान ने अत्यधिक अफ़ग़ानों सहित विजयी शिविर पर छापा मारा। हज़रत जहाँबानी एक टीले पर, जो दौलतख़ाने के पीछे था, सवार थे। उन्होंने

१ **बाबर नामा** में 'नीनगनहार'। बाबर लिखता है कि, "सबसे बड़ा तूमान नीनगनहार है। कुछ इतिहासों में इसे नगरहार भी लिखा गया है। इसके दारोग़ा का निवास स्थान अदीनापुर में है जो काबुल से पूर्व की ओर लगभग १३ यीग़ाच (८२ मील) पर है"। (**बाबर नामा**, पृ० १८)।

२ रोक, आड़, बचाव।

ललाट के गौरव एवं ख़िलाफ़त[1] के मुकुट के मोती अर्थात् हज़रत शाहंशाह को अपने समक्ष बुलवा लिया। उत्कृष्ट चौखट के सेवकों में से प्रत्येक ने अपने-अपने मोर्चे में प्रतिरक्षा एवं वीरता की प्रथाओं का पालन किया। युद्ध एवं रक्तपात की अग्नि भड़क रही थी। इस चीत्कार एवं कोलाहल में अब्दुल वहहाब यसावल, जो मोर्चे में घूम-घूम कर प्रवन्ध कर रहा था, एक बाण द्वारा शहीद हो गया। इसी प्रकार युद्ध का बाज़ार गरम था, यहाँ तक कि चमकता हुआ चाँद, जो संसार को दर्पण दिखाता है, प्रताप के आकाश से उदय हुआ और संसार को आलोकित करने वाली किरणों से धरती को (३१३) देदीप्यमान कर दिया। विजय एवं सफलता का प्रकाश, राज्य की भृकुटियों से चमकने लगा। शत्रु की सेना पराजय को बहुत बड़ा सौभाग्य समझकर भाग खड़ी हुई और प्रत्येक चिन्ता एवं लज्जा में ग्रस्त किसी न किसी कोने में पहुँच गया। राज्य के सहायकों ने विजय प्राप्त करके संतोष की पताका बुलन्द की।

मीर्ज़ा हिन्दाल की हत्या

सभी के हृदय शान्त हो गए थे कि अचानक मीर्ज़ा हिन्दाल के इस नश्वर संसार से विदा हो जाने के समाचार शाही कानों तक पहुँचे। हृदय की प्रसन्नता भंग हो गई। दिलों की ख़ुशी अपार दु:ख में परिवर्तित हो गई। नि:सन्देह इस नश्वर संसार की यही प्रथा है कि यदि एक क्षण प्रसन्नता में व्यतीत होता है तो दूसरे क्षण दु:ख का धुवाँ दग्ध हृदय से निकलता है।

शेर

'कभी नहीं आकाश की आँख उषा द्वारा चमकी,
जब तक सायंकाल ने अपने दामन को रक्त की गोधूलि से न रंगा।'

न तो वहाँ प्रसन्नता को विलम्ब करने का कोई अवसर प्राप्त होता है और न दु:ख को ठहरने की अनुमति होती है। मीर्ज़ा यद्यपि इस अस्थायी संसार एवं नश्वर सराय से विदा हो गया किन्तु उसे शहीद होने का सौभाग्य प्राप्त हुआ। इस लोक में भी उसे यश प्राप्त हो गया और परलोक में भी वह सम्मानित हुआ। वह थोड़ा लेने एवं अधिक दान करने वाला[2] स्तुति का पात्र है जिसने इस माँगे के प्राण के निकल जाने के उपरान्त इतना स्थायी सौभाग्य प्रदान किया। निष्ठा के परखने की खान हज़रत जहाँबानी ने ऐसे भाई की मृत्यु पर इतना अधिक दु:ख एवं शोक प्रकट किया कि उसका उल्लेख सम्भव नहीं, किन्तु बुद्धिमान् एवं दूरदर्शी होने के कारण शोक एवं विलाप त्यागकर संतोष एवं धैर्य से कार्य किया और आत्म-समर्पण एवं ईश्वर की इच्छा के सुखद स्थान में संतोष प्राप्त किया।

मीर्ज़ा हिन्दाल की हत्या का सविस्तार विवरण

इस शोकपूर्ण घटना का सविस्तार उल्लेख इस प्रकार है : मीर्ज़ा हिन्दाल रात्रि के छापे का समाचार सुनकर मोर्चे का प्रवन्ध करके विश्राम हेतु लेटा ही था कि अफ़ग़ानों का कोलाहल प्रारम्भ हो गया। प्रत्येक मोर्चे में इतने अधिक अफ़ग़ान प्यादे एकत्र हो गए थे कि उसका उल्लेख

१ ख़लीफ़ा होने।
२ ईश्वर।

सम्भव नहीं। मीर्ज़ा के मोर्चे में भी अफ़ग़ानों की बहुत बड़ी संख्या प्रविष्ट होती जाती थी। रात अँधेरी थी। मीर्ज़ा इस अभागे समूह को हटाने का प्रयत्न करने लगा। लोग घबड़ाकर अपने घोड़े की देख भाल के लिए बढ़े। इस बीच में मीर्ज़ा का अफ़ग़ानों से आमना-सामना हो गया। नूरम कोका एवं कुछ अन्य लोग अपनी कायरता एवं उचित सेवा न करने के कारण अपमानित हुए। धनुष-बाण का समय न रह गया। वह एक (शत्रु) से स्वयं लिपट गया और अपने साहस की भुजाओं के बल से उस दुष्ट को पटक दिया। उस अभागे के भाई, जरिन्दा नामक अफ़ग़ान ने, जो महमन्द क़बीले से सम्बन्धित था, विष भरे भाले द्वारा मीर्ज़ा को परलोक पहुँचा दिया। मीर्ज़ा कामरान के कुछ सेवकों का कथन है कि वह दुष्ट अफ़ग़ान एक शस्त आवेज़[1], जिसमें मीर्ज़ा (हिन्दाल) की विशेष शस्त[2] थी, लिए हुए मीर्ज़ा (कामरान) के पास पहुँचा और यह न समझा कि उसने किस व्यक्ति के साथ दुर्भाग्य का जुआ खेला है। उसने इस घटना का उल्लेख किया। मीर्ज़ा की (३१४) दृष्टि जब उस शस्त आवेज़ पर पड़ी तो वह मामले को समझ गया। उसने भूमि पर पगड़ी फेंक दी और कहा 'मीर्ज़ा हिन्दाल शहीद हो गया'।

संक्षेप में, मीर्ज़ा की आत्मा उस अँधेरे में परलोक को चल दी और किसी को इसका पता न चल सका। उसका शव उसी प्रकार पड़ा रह गया। इसी बीच में स्वर्गीय मीर्ज़ा के कुछ सेवक लौटे आ रहे थे कि ख़्वाजा इबराहीम बदख़्शी ने देखा कि कोई पड़ा हुआ व्यक्ति काले रंग का क़लमाक़ धारण किए हुए है। क्योंकि रात अंधेरी थी और कोलाहल हो रहा था अतः उसने उचित रूप से ध्यान न दिया। फिर उसने सोचा कि 'मीर्ज़ा हिन्दाल काले रंग का जीबा धारण किए था, लौटकर देख लें।' उसने मीर्ज़ा को पहिचान लिया। वह धैर्य एवं संतोष से, जो बुद्धिमानों की प्रवृत्ति है, मीर्ज़ा का (शव) उठाकर उसके ख़ेमे के भीतर ले गया और उसे द्वारपालों को सौंप दिया[3]। उसने उचित उपाय द्वारा इस घटना के छिपाने का प्रयत्न किया ताकि कहीं ऐसा न हो कि ऐसे कोलाहल एवं अशान्ति के समय, शत्रु लोग प्रसन्न होकर प्रभुत्व प्राप्त कर लें और राज्य के सहायक हताश एवं हतोत्साहित हो जायें। उसने कहा, "मीर्ज़ा अत्यधिक थक गए तथा कमज़ोर हो गए हैं। कुछ घाव भी लगे हैं। कोई पास में शोर-गुल न करे।" उसने स्वयं टीले पर पहुँच कर मीर्ज़ा की ओर से (हज़रत जहाँबानी) की विजय की बधाई पहुँचाई। हज़रत जहाँबानी के प्रकाश-युक्त हृदय को इस बात का आभास हो गया। संक्षेप में, मीर्ज़ा के ताबूत[4] को कुछ समय के लिए जूये शाही में रखकर बाद में काबुल पहुँचाया गया और गुज़रगाह में हज़रत गेती सितानी फ़िरदौस मकानी के पवित्र मक़बरे के समीप उनके पाईंती दफ़न कर दिया गया। मुल्ला ख़ुर्द ज़रगर[5]

१ वह डिब्बा जिसमें शस्त रक्खे जाते थे।
२ एक प्रकार का अंगुलित्राण जो धनुर्धारी निशाना लगाते समय पहिन लेते हैं।
३ गुलबदन बेगम के अनुसार मीर बाबा दोस्त उसकी लाश ले गया।
४ वह संदूक़ जिसमें शव को बन्द करके गाड़ते हैं।
५ **अकबर नामा** के पृ० २७५ पर लिखा है कि वह उस समय मीर्ज़ा कामरान का विश्वासपात्र था। सम्भवतः मीर्ज़ा का अभिप्राय मीर्ज़ा कामरान से है।

ने, जो मीर्ज़ा के सेवकों में था मरसिया[1] लिखा। उसका प्रथम शेर इस प्रकार है:—

शेर

'एक रात्रि में ख़ूने जिगर ने मेरे नेत्र को पुतलियों पर छापा मारा,
नेत्रों को सेना ने रक्त के आने-जाने के कारण, बाहर खेमा लगाया।'

इस तारीख़ की भी रचना उसी ने की:

शेर

"हिन्दाल मुहम्मद यशस्वी उपाधि का बादशाह,
अचानक मृत्यु के कारण शहीद हुआ रात्रि के सन्नाटे में।
उसकी शहादत का कारण जो शबख़ून[2] हुआ,
उसके शहादत की तारीख़ 'शबख़ून'[3] से निकाल।"

मीर अमानी ने इस गूढ़ार्थक तारीख़ की रचना की:

मिसरा

'एक सरो राज्य के उद्यान से निकल गया।'

मीर्ज़ा हिन्दाल का जन्म ९२४ हि०[4] (१५१८ ई०) में हुआ था। इस सम्बन्ध में लिखा गया:

मिसरा

'कौकबे बुर्जे शहंशाही[5] उसके (जन्म की) तारीख़ हुई।'

हज़रत जहाँबानी ने दूसरे दिन वहाँ से बेहसूद में पड़ाव किया ताकि अपने संसार को शोभा देने वाले हृदय को सर्वदा के लिए षड्यंत्रकारियों से मुक्त करके, राजधानी काबुल को अपनी उत्कृष्ट सेना के प्रकाश से सुख-शान्ति का केन्द्र बना दें।

ग़ज़नी की विलायत का हज़रत शाहंशाह को प्रदान किया जाना और उनकी सम्मानित सेवा में राज्य के कुछ अधिकारियों की नियुक्ति

(३१५) क्योंकि सल्तनत एवं ऐश्वर्य के वृक्ष के उस नए फल एवं ख़िलाफ़त के उद्यान के उस गलदस्ते अर्थात् हज़रत शाहंशाह के प्रकाश युक्त ललाट से श्रेष्ठता एवं सुव्यवस्था के चिह्न

१ शोक सम्बन्धी वह कविता जो किसी मृत व्यक्ति की याद में लिखी जाती है। अन्य शोक-पूर्ण घटनाओं के अवसर पर भी मरसिये की रचना की जाती है। (डा० धीरेन्द्र वर्मा: **हिन्दी साहित्य कोश**, पृ० ५६१)।

२ रात्रि के समय का अचानक आक्रमण।

३ ९५८ हि० (१५५१ ई०)

४ ९२५ हि० (मार्च १५१९ ई०)। (**बाबर नामा**, पृ० १०३)।

५ शाहंशाह की राशि का नक्षत्र।

बाल्यावस्था से ही प्रकट थे अतः इस समय जब उनकी अनन्त तक रहने वाली अवस्था १० वर्ष की हुई तो मीर्ज़ा हिन्दाल के समस्त सेवक एवं उसकी जागीर के महाल--ग़ज़नी इत्यादि—उन्हें प्रदान कर दिए गए ताकि वे शासन-प्रबन्ध का अभ्यास करके लोगों की देख भाल में कृपा एवं कोप का प्रदर्शन करते हुए, एक अंश की व्यवस्था द्वारा पूरे (राज्य) के प्रवन्ध के आदी हो जायें।

एक विचित्र घटना यह घटी :-- इससे कुछ दिन पूर्व जब कि वे हज़रत जहाँबानी के साथ सवार होकर जा रहे थे, राज्य के नेत्रों के उस प्रकाश की पगड़ी, जो लोक तथा परलोक के सिर का मुकुट हो सकती थी, कहीं गिर गई। मीर्ज़ा हिन्दाल ने, जो वहाँ उपस्थित था, आदरपूर्वक सर्व-साधारण की भीड़ में अपने सौभाग्य का मुकुट अपने सिर से उतारकर उनके नक्षत्रों को छूने वाले सिर पर रख दिया। तेजस्वी दरबार के दूरदर्शी लोगों ने इस घटना से फ़ाल निकाल कर शाहंशाह के मुकुट धारण करने एवं राज्य ग्रहण करने के दिन को निकट समझकर हृदय से प्रसन्नता प्रकट की। परमेश्वर ने इस प्रशंसनीय व्यवहार के फलस्वरूप सम्मानित मीर्ज़ा को शहादत के सम्मान, जो अनन्त के जीवन एवं हर्ष-उल्लास के समान है, द्वारा प्रतिष्ठित किया। हज़रत शाहंशाह ने, जो दैवी प्रकाश द्वारा पोषित हैं, लोगों के हृदय को हाथ में लेने में ऐसी श्रेष्ठता, कृपा, सहृदयता एवं योग्यता प्रदर्शित की कि लोग मीर्ज़ा हिन्दाल के शोक को भूल गए और अनन्त तक स्थायी रहने वाली प्रसन्नता द्वारा लाभान्वित हुए।

शेर

'हे ईश्वर ! जब तक संसार में चमक एवं रंग है,
आकाश घूम रहा है और भूमि अपने स्थान पर है।
उसे जीवन एवं जवानी द्वारा यश प्रदान कर,
सभी वस्तुओं की अपेक्षा उसे दीर्घायु प्रदान कर।'

स्वर्गीय मीर्ज़ा के मुख्य सेवक, जो हज़रत शाहंशाह की सेवा में निष्ठापूर्वक सम्मिलित हुए, इस प्रकार हैं:—

(१) मुहिब अली खां
(२) नासिर क़ुली
(३) ख्वाजा इबराहीम
(४) मौलाना अब्दुल्लाह
(५) आदीना तुक़बाई
(६) सामान्जी
(७) क़रग़ूजी
(८) जान मुहम्मद तूक़बाई
(९) ताजुद्दीन महमूद बारबेगी
(१०) तिमुर ताश
(११) मौलाना सानी, जो बाद में सानी ख़ां की उपाधि द्वारा सुशोभित हुआ

(१२) मौलाना बाबा दोस्त सद्र[1] जिसका मीर्ज़ा बड़ा आदर-सम्मान करता था
(३१६) (१३) मीर जमाल[2] जो मीर्ज़ा का विश्वास-पात्र था
(१४) ख़ाल्दीन दोस्त सहारी।

बाबा दोस्त भी मीर्ज़ा का सेवक था किन्तु इस कारण कि शिक्षा के सिद्धान्तों के अनुसार कोई भी वस्तु, कुसंगत से बुरी नहीं होती, उसे उसकी दुष्टता के कारण साथ न लिया गया। मुहम्मद ताहिर ख़ां यद्यपि मीर्ज़ा का प्राचीन सेवक था किन्तु इस कारण कि वह क़ुन्दुज़ की रक्षा न कर सका था अतः तथ्य का अवलोकन करने वाली दृष्टि द्वारा पृथक् कर दिया गया और इस शुभ अभियान में साथ न रक्खा गया। क्योंकि यश प्रदान करने वाले दरबार में मनुष्य के गुण परख लिए जाते हैं अतः जो सदाचारी एवं पवित्र स्वभाव वाले थे, उन लोगों के कार्य नित्य-प्रति सुधरते गए और वे अपने उच्च उद्देश्य को प्राप्त करते गए। उनमें जो दुष्ट थे उनके कार्यों पर से आवरण हटता गया, और उनके कार्य इस सीमा को पहुँच गए कि वे समस्त असावधान बदनस्तों के लिए शिक्षा के विषय बने।

जब बेहसूद नामक स्थान पर भाग्यशाली शिविर लग गए तो एक दृढ़ क़िले के निर्माण का आदेश हुआ। हज़रत शाहंशाह को उन्होंने काबुल को दृढ़ रखने के लिए भेज दिया[3] ताकि वे उस आनन्दवर्धक स्थान में रह कर आध्यात्मिक एवं साँसारिक राज्य का अभ्यास करें। हज़रत जहाँबानी उस क्षेत्र में दैवी सहायता प्राप्त करते एवं मीर्ज़ा कामरान के विषय में पता लगाते रहते थे। लगभग ५-६ मास तक उस भू-भाग में उत्कृष्ट सेना का पड़ाव रहा। मीर्ज़ा (कामरान) सूझ बूझ के अभाव के कारण नित्य-प्रति किसी न किसी क़बीले का अतिथि होता तथा प्रत्येक रात्रि में किसी न किसी ज़मींदार के पास शरण लेता था। अपनी नीच प्रकृति के कारण वह अभिमान के आवरण में छिपा रहा, और ऐसे आश्रयदाता की सेवा एवं सहायता करने के सौभाग्य से वंचित रहा तथा सर्वदा कुत्सित विचार एवं असम्भव कल्पनायें किया करता था।

अकबर की शिकायत

उस समय वाह्य बातों पर दृष्टि रखने वाले एक समूह ने हज़रत जहाँबानी को हज़रत शाहंशाह की शिकायत लिखी। हज़रत जहाँबानी ने हज़रत शाहंशाह के अन्तःकरण के प्रकाश से अवगत एवं परिचित होने के बावजूद बाह्य बातों पर दृष्टि रखते हुए कृपा-युक्त पत्र प्रेषित किया और उपदेश एवं शिक्षायें लिखीं, जिनका एकमात्र उद्देश्य पैतृक स्नेह तथा कृपा का प्रदर्शन था न कि चेतावनी देना एवं उनको सावधान करना, कारण कि दैवी पाठशाला के शिक्षितों को संसार वालों की शिक्षा की क्या आवश्यकता और ईश्वर द्वारा पोषित को इन शिक्षा-पत्रों की क्या ज़रूरत? उस कृपा-युक्त पत्र में शेख़ निज़ामी[4] का यह शेर लिखा गया:—

१ हमीदा बानो बेगम का पिता। वह सम्भवतः अली अकबर भी कहलाता था।

२ सम्भवतः बाबर की अफ़ग़ान पत्नी बीबी मुबारका का भाई।

३ इससे पूर्व हुमायूं ने प्रतिज्ञा की थी कि वह अकबर को अपने पास से पृथक न करेगा।

४ निज़ामी अथवा निज़ामी गंजवी ख़म्से अथवा ५ काव्यों के प्रसिद्ध रचयिता थे। उनकी मृत्यु ११९४ ई० अथवा १२०९ ई० में हुई।

शेर

'असावधान होकर मत बैठ जा, यह खेल का समय नहीं,
यह कला (सीखने) एवं कार्य करने का समय है।'

अकबर के गुरू

वे सर्वप्रथम मुल्लाज़ादा मुल्ला इसामुद्दीन से शिक्षा ग्रहण करते थे। क्योंकि गुरु को कबूतरों से अत्यधिक रुचि थी अतः हज़रत शाहंशाह की सम्मानित चौखट के सेवकों ने इस गुरु की शिकायत कर दी। हज़रत जहाँबानी ने उसे पदच्युत कर दिया और बाह्य शिक्षा देने (३१७) की सेवा मौलाना बायज़ीद को प्रदान की। उसने इस सेवा के सम्बन्ध में प्रयत्न किया किन्तु संसार को शोभा प्रदान करने वाला विधाता, जिसने उसे विशेष रूप से शिक्षा दी थी, यह न चाहता था कि वे साँसारिक वाह्य ज्ञानों द्वारा कलंकित हों अतः उसने उनके हृदय को इस उद्देश्य से हटा कर उस ओर आकृष्ट न होने दिया। बाह्य बातों पर दृष्टि रखने वाले, शिक्षकों को अपराधी समझ कर उनकी शिकायत करते रहते थे। क्योंकि वे लोग हितैषी एवं सदाचारी थे अतः उनके विरुद्ध शिकायतें स्वीकार न हुईं। यहाँ तक कि दैवी प्रेरणा के प्रकाश से हज़रत जहाँबानी के हृदय में यह बात आई कि दैवी पाठशाला के उस विद्यार्थी की शिक्षा हेतु मुल्ला अब्दुल क़ादिर, मुल्लाज़ादा मुल्ला इसामुद्दीन, एवं मौलाना बायज़ीद के नाम पर चिट्ठी निकाली जाय। यह सौभाग्य जिसके नाम निकल आये उसे गुरु-पद के लिए चुन कर इस सेवा का सौभाग्य प्रदान किया जाय। संयोग से मौलाना अब्दुल क़ादिर के नाम की चिट्ठी निकली। मौलाना बायज़ीद के पदच्युत एवं मौलाना अब्दुल क़ादिर के इस सेवा पर नियुक्त होने के विषय में अनुल्लंघनीय फ़रमान निकाला गया।

अकबर द्वारा शिक्षा की ओर से उपेक्षा एवं अबुलफ़ज़्ल की व्याख्यायें

तीव्र बुद्धि वालों से यह बात छिपी नहीं कि शिक्षक की नियुक्ति प्रथा एवं परम्परानुसार होती है न कि किसी को निपुण बनाने की दृष्टि से, अन्यथा जिसकी बुद्धि को ईश्वर ने संवारा हो उसे किसी से शिक्षा प्राप्त करने एवं पाठ पढ़ने की क्या आवश्यकता? अतः उनका पवित्र हृदय एवं पूज्य अन्तःकरण साँसारिक शिक्षा की ओर आकृष्ट न था। परम्परागत शिक्षा की ओर, हज़रत शाहंशाह के प्रेरित न होने का कारण यह था कि परोक्ष के वरदान के प्रकाश के प्रकट होने के समय संसार वालों को ज्ञात हो जाय कि इस बादशाह का उत्कृष्ट ज्ञान शिक्षा-दीक्षा का आभारी नहीं। हज़रत शाहंशाह उस समय ज़ाहिरी सौभाग्य एवं बाह्य प्रताप के बाहुल्य से सुशोभित होकर अपनी आध्यात्मिक निपुणता की ओर से जान बूझ कर उपेक्षा करते और प्रायः खेल में व्यस्त रहते थे और रहस्यों के आवरण में सावधानी के ऐसे कार्य करते थे जो दूरदर्शी लोगों की समझ में आ जाते थे। इस कारण कि उनका साहस बड़ा ही उत्कृष्ट था अतः वे ज़ाहिरी महान् कार्यों को अपनी निपुणता का आवरण बनाये हुए थे। वे अपने हृदय को ऐसे कार्यों में लगाये रहते थे कि यद्यपि बाह्य लोगों की दृष्टि में उनके गुण प्रकट न होते थे किन्तु ज्ञानी लोग उन रहस्यों को समझ लेते थे।

ऊँटों, घोड़ों, कबूतरों एवं कुत्तों से रुचि

इस कारण वे सर्वदा ऊँट के विचित्र सृजन पर दृष्टि रख कर, दैवी शक्ति की विलक्षणता का निरीक्षण तथा ऊँट के आश्चर्यजनक रूप एवं प्रवृत्ति का, जो इस भूभाग का सबसे बड़ा पशु होता है, अवलोकन किया करते थे। उसकी दरवेश रूपी प्रवृत्ति, भार उठाने, सहनशीलता, आत्म-समर्पण एवं आज्ञाकारिता पर चाहे उसकी नकेल किसी बालक के हाथ में हो क्यों न दे दी जाय, उसके काँटों का भोजन करने एवं बिना जल के रहने पर खेल ही खेल में तथा बाह्य आवरण में आध्यात्मिक दृष्टि डाला करते थे। इस प्रकार वे अपने ध्यान को अरबी घोड़े की ओर, जो (३१८) राज्य के ऐश्वर्य के सर्वोच्च साधनों में है, आकृष्ट रखते थे और अपनी निपुणता एवं बहिरंग तथा अन्तरंग के ज्ञान की गेंद को ईश्वर एवं दैवी पोषण की सहायता के बल्ले से खेलते रहते थे। कभी दैवी ज्ञान के वायुमंडल में अपने साहस को उड़ाने के लिए उनके मग्न हृदय में कबूतर बाज़ी की इच्छा हुआ करती थी और उनके अशान्त हृदय के आकर्षण हेतु वे कभी दाना छिड़कते रहते थे। इन मुट्ठी भर पंखों की बाह्य प्रसन्नता एवं मूर्च्छा से वे आध्यात्मिक लोक की प्रसन्नताओं में भाग लेने के लिए ईश्वर के पहुँचे हुए लोगों के दैवी साक्षात पर दृष्टि रखते थे। ऊँचाई पर उड़ने वाले इन पक्षियों की उड़ान से वे अपने हृदय को पवित्र आकाश की ओर लगा कर खेल ही खेल में ईश्वर की उपासना करते रहते थे। कभी वे कुत्तों को दौड़ा कर आनन्द प्राप्त करते थे। देखने में तो वह कुत्तों का खेल था किन्तु वास्तव में वे अपनी आत्मा को शोभा प्रदान करते थे। इस प्रकार आध्यात्मिक रूप से वे अपने दरबार के उपस्थित लोगों का राज्य की सुव्यवस्था की ओर मार्ग-दर्शन करते थे। यद्यपि वे अज्ञानता के आवरण में दौड़-धूप करते रहते थे और अपने आप को साँसारिक लोगों के वस्त्र में प्रकट करते थे किन्तु सुगन्धि एवं प्रकाश छिपा नहीं रह सकता। सर्वदा दैवी प्रकाश उनके भाग्यशाली ललाट से देदीप्यमान रहता था एवं साँसारिक तथा आध्यात्मिक नेतृत्व के गुण ईश्वर के इस चुने हुए (महान् पुरुष) के प्रकाश-युक्त मुख से प्रकट होते रहते थे।

असावधान सेवकों को अकबर द्वारा दंड

एक दिन सफ़ेद संग[1] नामक पहाड़ी के दामन में वे शिकार खेल रहे थे और अपने प्रत्येक विश्वास-पात्र सेवक को इस आशय से शिकारी कुत्ते सौंप दिए थे कि वे मार्ग रोक कर घात लगाए बैठे रहें[2]। कुछ लोगों को पर्वत के ऊपर नियुक्त कर दिया कि मृगों को हंका कर मैदान में ले आयें। जब मृग आड़ के समीप पहुँचे तो जो लोग अपनी वासनाओं के कुत्ते के पंजों मे फंसे थे, वे हज़रत शाहंशाह की बाल्यावस्था पर दृष्टि रखते हुए भोजन में व्यस्त रहे और उन्होंने कुत्तों को समय पर न छोड़ा। जब उन्हें[3] घटना की वास्तविकता का पता चला तो आध्यात्मिक राज्य-व्यवस्था की

१ सम्भवतः सफ़ेद कोह। बाबर ने इसका उल्लेख इस प्रकार किया है : नीनगनहार के दक्षिण में सफ़ेद कोह है। यह पर्वत नीनगनहार और बंगश को एक दूसरे से पृथक् करता है। इस पर्वत पर सवार होकर यात्रा नहीं की जा सकती। इस पर्वत से ९ जल-धरायें निकलती हैं। इस पर्वत को सफ़ेद कोह कहने का कारण यह है कि इसकी बरफ़ कभी भी कम नहीं होती। इस पर्वत की तलहटियों में ज़रा भी बरफ़ नहीं गिरती। (**बाबर नामा**, पृ० १९)। यह उत्तरी अफ़ग़ानिस्तान की प्रमुख पर्वत श्रंखला है जो ३४° उत्तर से ६९° ३०' पूर्व में फैली है।

२ 'तरक़ावल बाशन्द'। सम्भवतः तरक़ावल एवं निहिलम का एक ही अर्थ है।

३ अकबर को।

शक्ति उत्तेजित हो गई और उन्होंने आदेश दिया कि उनकी गरदनों को कुत्तों की गरदनों के समान रस्सी से बाँध कर पूरे लश्कर में घुमाया जाय। वे आतंक की राजगद्दी पर इस प्रकार आरूढ़ हुए कि अनुभवी वृद्धों ने सचेत होकर आश्चर्य से अंगुली मुंह में दवा ली। जव हज़रत जहाँवानी को इस घटना का पता चला तो उनका पवित्र हृदय वड़ा प्रसन्न हुआ और उन्होंने कहा कि, "वे[1] शीघ्र ही भव्य राज को प्राप्त करके अनन्त तक स्थायी रहने वाले सौभाग्य द्वारा सम्मानित होंगे।"

अकबर का एक चमत्कार

शाहम खां जलायर कहा करता था कि "एक दिन हज़रत जहाँवानी ने दास को आदेश दिया कि जाकर समाचार लाओ कि प्रताप की वहार का वह पौधा क्या कर रहा है। जव मैं पहुँचा तो मैंने देखा कि वे आराम से सो रहे हैं। उनका देदीप्यमान मुख खिला हुआ है। वाह्य रूप से ऐसा ज्ञात होता है कि वे सो रहे हैं किन्तु वास्तव में वे आकाश के दरवार के उत्कृष्ट दरवारियों[2] से वार्तालाप कर रहे थे और कभी कभी उनका पवित्र हाथ उसी प्रकार हिलता जाता था, जैसा कि आध्यात्मिक लोगों की मूर्च्छा की अवस्था में होता है। कभी कभी वे उसी अवस्था में अपनी मोती वखेरने वाली वाणी से कहते कि, 'यदि ईश्वर ने चाहा तो मैं संसार के चुने हुए भाग (३१९) विजय कर लूंगा और सातों इक़लीमों के दरिद्रों की आवश्यकतायें पूरी करूँगा।" ख़ान कहा करता था कि "जव मैंने इस दशा का अवलोकन किया और यह वात मेरे सावधानी के कानों में पहुँची तो मैं आश्चर्यचकित और वुरी तरह भयभीत हो गया। मैं वहाँ खड़ा न रह सका। एक कोने में पहुँच कर भौंचक्का हो गया। उन्होंने उसी प्रकार कई वार वह वात कही।"

अकबर का चापलूसों को उत्तर

उन दिनों में हज़रत शाहशाह अपनी पूर्ण दूरदर्शिता एवं उच्च साहस के कारण यह व्यवहार करते थे कि जव कभी मूर्ख चापलूस, जो अपने लाभ-हानि के अतिरिक्त किसी विषय पर दृष्टि न रखते थे अपितु अपना लाभ अपनी हानि में समझते थे, निवेदन करते कि, "आप शीघ्र ही सातों इक़लीमों के वादशाह अथवा संसार के शासक हो जायेंगे, तो वे वड़े अप्रसन्न होते थे और कहते थे कि, "ये लोग अपनी मूर्खता के कारण अपने आप को हितैषी वताते हैं! इन्हें निष्ठा के राजप्रासाद की कोई सूचना भी नहीं। ये हज़रत जहाँवानी की मृत्यु की कुत्सित कल्पना करते हैं और मेरा साँसारिक लाभ मेरे धर्म की हानि में सोचते हैं और शान्ति के राज्य में विघ्न डाल कर षड्यंत्र रच रहे हैं। वह पुत्र आध्यात्मिक एवं साँसारिक दृष्टि से कितना भाग्यशाली है, जो सर्वदा अपने सम्मानित पिता की खुशी के विषय में सोचता, और तदनुसार आचरण करता रहे एवं उसके दीर्घायु होने की कामना किया करे। जो कोई खुदाये मजाज़ी[3] से सद्व्यवहार न करेगा, वह वास्तव में ख़ुदाये हक़ीक़ी[4] से किस प्रकार सच्चाई से पेश आयेगा?" वहिरंग एवं अन्तरंग की दृष्टि

१ अकबर।

२ फ़िरिश्तों।

३ ख़ुदा के समान किन्तु वास्तविक नहीं; पिता एवं गुरु को 'ख़ुदाये मजाज़ी' मानते थे।

४ वास्तविक ख़ुदा, ईश्वर।

से यह सम्मानित व्यक्ति[1] कितनी प्रशंसनीय उत्तम बुद्धि, पवित्र प्रकृति एवं सत्संकल्प का स्वामी है। संक्षेप में, श्रेष्ठता एवं सौभाग्य उनके आचार-व्यवहार से पूर्ण रूप से लक्षित थे। जो कुछ अनुभवी बुज़ुर्ग लोग सोच विचार एवं प्रयत्न के फलस्वरूप प्राप्त करते एवं सीखते हैं वह दैवी दृष्टि का यह पोषित साधारण से ध्यान से सीख गया था। प्रत्येक ज्ञान-विज्ञान जिसे विद्यार्थी एवं अभ्यास करने वाले कठिनाई से समझ पाते थे, उन्हें यह दैवी शक्ति की मूर्ति बिना सोचे विचारे समझ लेता था। सल्तनत एवं खिलाफ़त की दृष्टि के इस प्रकाश से, गूढ़ रहस्य युग की आशाओं के नेत्रों को प्रकाश-युक्त करते थे। वे इस दैवी प्रकाश के पोषित की बुद्धिमत्ता एवं प्रतिभा का गुण-गान करते थे। अपनी खिलाफ़त के प्रकट होने[2] के समय तक नाना प्रकार के ये दृष्टांत आवरण में रहे और वे इस आध्यात्मिक दुर्ग एवं दैवी प्रतिरक्षा के अधीन अशुभचिन्तकों के छल एवं धूर्तता से सुरक्षित रह कर जीवन व्यतीत करते रहे।

हज़रत जहांबानी जन्नत आशियानी का बेहसूद से अफ़ग़ान क़बीलों के विरुद्ध, जहाँ मीर्ज़ा कामरान शरण लिये हुये था, प्रस्थान और उसका[3] हिन्दुस्तान की ओर पलायन

जब बेहसूद नामक स्थान पर शीत ऋतु समाप्त हो गई एवं जाड़े के आतंक का अन्त हो गया और यह ज्ञात हो गया कि मीर्ज़ा कामरान कुछ अफ़ग़ान क़बीलों के पास ठहरा हुआ है तो अधिकांश अमीरों ने यह मत व्यक्त किया कि अब मीर्ज़ा में युद्ध एवं मुक़ाबला करने की शक्ति नहीं (३२०) रही अतः राज्य के हित में यह उचित होगा कि वे दरबार के कुछ हितैषियों एवं निष्ठावान् अनुभवी व्यक्तियों को छोड़ कर काबुल चले जायें। दूरदर्शी लोगों के एक समूह ने निवेदन किया कि "क्योंकि वायु संतुलित हो गई है अतः यदि विजयी पताकायें प्रस्थान करें और अफ़ग़ानों के क़बीलों को नष्ट भ्रष्ट करें तो यह अवसर को देखते हुए निःसन्देह बड़ा उचित होगा। जिस समय तक अशुभ-चिन्तकों का यह समूह, जो षड्यंत्र एवं फ़साद की पूंजी है, पूर्ण रूप से कुचल न दिया जाय, काबुल की ओर प्रस्थान करना उचित नहीं। मीर्ज़ा कामरान भी, जो इन क़बीलों में छिप जाता है और विरोध की सामग्री एकत्र करता रहता है, बन्दी बना लिया जायगा और अन्य षड्यंत्रकारियों के विद्रोह का भी समूलोच्छेदन हो जायगा।" हज़रत जहाँबानी को यह परामर्श बड़ा ही महत्वपूर्ण ज्ञात हुआ। इस प्रस्ताव को वापसी पर प्राथमिकता देकर विजय एवं सफलता की सामग्री के साथ वे सौभाग्य एवं प्रताप के घोड़े पर सवार हुए और दुष्ट क़बीलों पर अचानक आक्रमण करके, पराजय की धूल शत्रुओं के सिरों पर उड़ा दी। पराक्रमी वीरों एवं बहादुरों का एक समूह उदाहरणार्थ मुहम्मद खां जलायर, सुल्तान मुहम्मद फ़वाक़, शेख़ बहलूल एवं शाह क़ुली नारंजी को

१ अकबर।
२ ख़लीफ़ा होने।
३ मीर्ज़ा कामरान का।

सुल्तान हुसेन खां के नेतृत्व में इस आशय से नियुक्त किया कि वे आगे प्रस्थान करें। उस रात्रि में बड़ी ठंडी हवा चल रही थी। क्योंकि अधिक यात्रा करनी थी अतः सैनिकों एवं परिजनों के आराम हेतु वे यात्रा के मध्य में रुक गए और प्रातःकाल सवार होकर रवाना हुए।

मीर्ज़ा के ख़ेमे पर पादशाही सैनिकों का छापा

क्योंकि क़बीले इधर उधर पड़ाव किए हुए थे, अतः यह पता न चलता था कि मीर्ज़ा किस क़बीले में है। इस अव्यवस्था में माहम अली क़ुली ख़ां तथा बाबा खिज़ारी, जो मीर्ज़ा कामरान की ओर से मलिक मुहम्मद मंदरावी के पास जा रहे थे, पादशाही अधिकारियों के हाथ में पड़ गए। मीर्ज़ा के विषय में पूछा गया कि वह किस क़बीले में है। माहम अली ने पूंछने वालों को बहका दिया और जिस क़बीले में मीर्ज़ा था, उसके अतिरिक्त अन्य क़बीले का पता बता दिया। बाबा[1] ने कहा, "वह भयभीत हो गया है। इसे कुछ पता नहीं कि वह क्या कह रहा है। मीर्ज़ा अमुक क़बीले में है। मैं आगे आगे चल कर मार्ग दिखा दूंगा।" प्रातःकाल के पूर्व ही भाग्यशाली सेना, उस क़बीले के समीप पहुँच कर लूट-मार में व्यस्त हो गई। एक बहुत बड़ी संख्या की हत्या कर डाली। षड्यंत्रकारियों की स्त्रियों एवं बालकों को बन्दी बना लिया। मीर्ज़ा जिस खेमे में सो रहा था उसमें कुछ वीर प्रविष्ट हो गए। शाह क़ुली नारंजी का यह दावा है कि उस खेमे में प्रविष्ट होने वालों में एक वह भी था। उस खेमे में दो व्यक्ति थे। उनमें से एक बन्दी बना लिया गया और दूसरा किसी न किसी प्रकार बाहर निकल गया। जब प्रातःकाल का प्रकाश फैला तो ज्ञात हुआ कि (३२१) जो व्यक्ति बन्दी बनाया गया वह बेग मुलूक था, जिसे मीर्ज़ा सर्वदा अपनी दृष्टि के समक्ष रखता था। मीर्ज़ा भाग चुका था।

मीर्ज़ा कामरान का हिन्दुस्तान की ओर पलायन

कुछ दुष्ट अफ़ग़ान उदाहरणार्थ शेख़ यूसुफ़ कर्रानी, मलिक संगी इत्यादि युद्ध हेतु डट गए किन्तु अपमान की धूल अपने मुख पर मल कर भाग खड़े हुए। उनकी धन सम्पत्ति राज्य के अधिकारियों को प्राप्त हो गई। भाग्यशाली पताकाओं के पहुँचने के पूर्व इतनी महान् विजय प्राप्त हो गई। मीर्ज़ा स्वयं उस क्षेत्र में न ठहर सका और हिन्दुस्तान की ओर चल दिया।

हुमायूं का बाग़ सफ़ा में पड़ाव

जब (हज़रत जहाँबानी का) सम्मानित हृदय विद्रोहियों एवं पापियों को दंड देने की ओर से मुक्त हो गया और ईश्वर की कृपा से एक आश्चर्यजनक विजय, जो (अन्य) विजयों की प्रस्तावना हो सकती थी, प्राप्त हो गई तो वे इस विजय के भू-भाग से सफलतापूर्वक प्रस्थान करके बेहसूद नामक मंज़िल पर पहुँच गए। जब उन्हें विश्वास हो गया कि मीर्ज़ा उस दशा में, जो कृतघ्न लोगों के अनुकूल है, भाग कर हिन्दुस्तान की ओर चल दिया है, तो हज़रत जहाँबानी ने उस

१ बाबा ख़िज़ारी।

मंज़िल से प्रस्थान करके बाग़े सफ़ा[1] में, जो दिलों की प्रसन्नता की शोभा की बहार एवं अन्तःकरण की चित्रशाला को चमक प्रदान करने वाला है, पड़ाव किया और ऐश्वर्य एवं वैभव की सभा को शोभा प्रदान की।

क्योंकि दिन बड़े हो रहे थे और बहार के ऐश्वर्य, उद्यानों की तरावट एवं हृदय को खोलने वाली नहरों की रमणीयता प्रारम्भ हो रही थी अतः उन्होंने (हज़रत जहाँबानी) ने विश्वास-पात्रों के एक समूह को अली क़ुली अन्दरावी के नेतृत्व में इस आशय से काबुल भेजा कि हज़रत शाहंशाह एवं बेगमों[2] को उनकी पवित्र सेवा में ले आयें ताकि नव-बहार के आश्चर्यजनक दृश्य का निरीक्षण एवं गुलाब के उद्यान के पृष्ठों का अध्ययन करके, अनादि काल के कलाकार को पहचान सकें तथा कृतज्ञता की प्रस्तावना की नींव रक्खें[3]।

हुमायूं का काबुल पहुँचना

हज़रत जहाँबानी ने ईश्वर के असीम वरदान के प्रति, जो सच्चे विधाता की कृपाओं के आकर्षण का साधन है, कृतज्ञता प्रकट की। कुछ समय तक आनन्द मंगल में व्यस्त रहने के उपरान्त वे शुभ मुहूर्त में काबुल पहुँच गए।

हज़रत शाहंशाह का ग़ज़नी की ओर प्रस्थान और उस भूभाग को अपने सम्मानित आगमन से दैवी उत्कर्ष प्रदान करना

क्योंकि हज़रत जहाँबानी हज़रत शाहंशाह के भाग्यशाली ललाट से नित्य-प्रति नेतृत्व एवं सफलता का प्रकाश देखते रहते थे, अतः इस अवसर पर, जब युग को शान्ति प्राप्त हो चुकी थी, उन्होंने दैवी प्रेरणा से यह निश्चय किया कि ख़िलाफ़त की वाटिका के उस नए पौधे को (३२२) कुछ दिन के लिए बाह्य रूप से पृथक् कर दें ताकि उस उत्कृष्ट मोती के गौरव की परख भी हो जाय, और उनके हृदय की विशालता का पता भी चल जाय, और वे शासन प्रबन्ध का अभ्यास भी कर लें कारण कि बाल्यावस्था में उस वियोग के समय जो सावधानी को अपना पथ-प्रदर्शक बना कर समस्त बातों में बुज़ुर्गों के समान व्यवहार करे और अपनी श्रेष्ठता पर दृष्टि न डाल कर छोटों एवं दरिद्रों से न्यायपूर्वक व्यवहार करे और आध्यात्मिक मिलन को पर्याप्त समझ कर बाह्य रूप से दूर रहने के कारण दुखी न हो तो निःसन्देह वह व्यक्ति ख़िलाफ़त के उस अद्वितीय

१ इस उद्यान को बाबर ने सुल्तानपुर तथा ख्वाजा रुस्तम के मध्य में बताया है। ख्वाजा रुस्तम का मक़बरा जलालाबाद के लगभग ३ मील पश्चिम में स्थित है। उसके दक्षिण-पश्चिम में १½ मील पर "बागे सफा" स्थित है। बाबर ने इस उद्यान का उल्लेख हिन्दुस्तान के ५वें आक्रमण के प्रसंग में किया है। शुक्रवार १ सफ़र ९३२ हि० (१७ नवम्बर १५२५ ई०) को हिन्दुस्तान की ओर प्रस्थान करके उसने ३ दिसम्बर १५२५ ई० में इस नवनिर्मित उद्यान में पड़ाव किया। (**बाबर नामा**, पृ० १३३-१३५)। यह उस उद्यान से भिन्न है जिसे बाबर ने भीरा के समीप साल्ट रेंज (नमक की पहाड़ियों) में लगवाया। (**बाबर नामा**, पृ० ९९)।

२ मूल में "मुख़द्देराते तुतुक़े इस्मत व मुतहहेराते सरादेक़ाते इफ़्फ़त"।

३ इसका तात्पर्य यह है कि 'हुमायूँ अकबर तथा बेगमों से भेंट करके और बहार का आनन्द उठा कर ईश्वर के प्रति कृतज्ञता प्रकट करें'।

मोती का पात्र होगा। क्योंकि उन गुणों का गौरव उनके ललाट से दृष्टिगत बताया जाता था अतः ९५९ हिलाली[1] के प्रारम्भ (जनवरी १५५२ ई०) में हज़रत शाहंशाह को ग़ज़नी की ओर भेज दिया गया। अतगा ख़ां ख़्वाजा जलालुद्दीन महमूद एवं मीर्ज़ा हिन्दाल के समस्त सेवक इस शुभ अभियान में भाग्यशाली रिकाब के अधीन थे। समस्त बाह्य प्रबन्ध ख़्वाजा के सिपुर्द थे। वहाँ वे छः मास तक सावधानी एवं प्रसन्नतापूर्वक समय व्यतीत करते रहे। क्योंकि अन्तरंग एवं वहिरंग सम्बन्धी पेशवाई उनके भाग्यशाली ललाट से प्रकट थी अतः वे सदा ऐसे प्रशंसनीय आचरण एवं व्यवहार का प्रदर्शन करते रहते थे जो महान् अनुभवी वृद्धों द्वारा वृद्धावस्था में भी नहीं प्रदर्शित होते। (ऐसे व्यवहार का प्रदर्शन) उस उन्नत भाग्य एवं प्रज्वलित क़िस्मत के स्वामी द्वारा होता रहता था। वे सर्वदा सत्संकल्प द्वारा, ईश्वर की उपासना करके दिलों को आकर्षित करते रहते थे।

सूफ़ी-सन्तों के प्रति अकबर की श्रद्धा

वे अपने सम्मानित ध्यान को सर्वदा टूटे हुए दिलों को जोड़ने में लगाये रहते थे और उस समूह को संतुष्ट करने का प्रयत्न किया करते थे जिन्हें एकान्तवास के नगर में अत्यधिक अधिकार प्राप्त रहता था और जो नैतिकता एवं ईश्वर के ज्ञान की प्राप्ति हेतु कटि-बद्ध रह कर फ़क़्र एवं फ़ना[2] के मार्ग पर अग्रसर रहते थे और संसार वालों के सुख-दुःख, प्रशंसा एवं निन्दा से पृथक् होकर अपना सम्बन्ध उस अद्वितीय[3] से रखते थे। ग़ज़नी में उन दिनों हक़ शिनास[4] मजज़ूबों[5] में बाबा बिलास[6], शुहूद[7] के समुद्र में डूबा हुआ सर्वदा ध्यान मग्न, एकान्त में जीवन व्यतीत किया करता था। वे बार-बार उसके दर्शनार्थ जाते थे। पवित्रता के कारख़ाने में वह सत्य की खोज करने वाला हज़रत शाहंशाह के देदीप्यमान ललाट से अंतरंग एवं बहिरंग सम्बन्धी नेतृत्व का अध्ययन किया करता था और साँसारिक एवं आध्यात्मिक पादशाही की बधाई दिया करता था और उनके दीर्घायु होने एवं उच्च सम्मान प्राप्त करने के सुखद समाचार पहुँचाया करता था।

हुमायूं का घोड़े से गिरना तथा अकबर को काबुल बुलाना

जब हज़रत शाहंशाह का पवित्र हृदय ग़ज़नी की सैर व शिकार से निश्चिन्त हो चुका तो वे ऐश्वर्य एवं वैभव के केन्द्र हज़रत जहाँबानी जन्नत आशियानी की ओर वापस हुए। उनके बुलवाये जाने का कारण यह था कि हज़रत जहाँबानी सर्वदा काबुल में राज्य-व्यवस्था में संलग्न रहते थे और अपने सम्मानित समय का विभाजन करके, दिन-रात का कोई क्षण व्यर्थ नष्ट न करते थे और न्याय एवं टूटे हुए दिलों को जोड़ने तथा शासन प्रबन्ध के अतिरिक्त आनन्द-मंगल एवं दिल

१ चांद का (हिजरी)। अबुलफ़ज़्ल ने अपने ग्रन्थ में हिजरी के स्थान पर हिलाली भी लिखा है।
२ त्याग एवं ईश्वर में लीन।
३ ईश्वर।
४ ज्ञानी।
५ वह सूफ़ी सन्त जो देखने वालों की दृष्टि में पागल किन्तु वास्तव में ईश्वर में लीन रहता है।
६ उसके विषय में देखिये बायज़ीद की कृति का अनुवाद।
७ ईश्वर से साक्षात्।

बहलाने के लिए सैर व शिकार को भी जाया करते थे। एक दिन वे ज़मा[1] नामक काबुल के एक हृदयग्राही स्थान पर शिकार हेतु गए थे। दुर्भाग्यवश वे घोड़े से गिर पड़े और उनके पवित्र शरीर को अत्य-
(३२३) धिक चोट आई। इस कारण कि सावधानी सौभाग्य एवं सफलता की द्योतक है, उन्होंने सतर्कता एवं भविष्य पर दृष्टि रखते हुए हज़रत शाहंशाह के बुलवाने के सम्बन्ध में फ़रमान भेजा। उस पवित्र जन्म वाले के भाग्यशाली चरणों के आशीर्वाद से, जिसके चरणों मे अत्यधिक सौभाग्य निहित है, हज़रत जहाँबानी पूर्ण रूप से स्वस्थ हो गए।

हज़रत जहांबानी जन्नत आशियानी की पवित्र सेना का बंगश की ओर प्रस्थान, विद्रोहियों को दंड, हिन्दुस्तान की ओर संकल्प की पताका बुलन्द करना, मीर्ज़ा कामरान का बन्दी बनाया जाना, काबुल की ओर वापसी एवं अन्य घटनायें

९५९ हि० के अन्त (नवम्बर १५५२ ई०) में हज़रत जहाँबानी ने बंगश[2] की ओर जो काबुल वालों के लिए शीत ऋतु व्यतीत करने का स्थान है प्रस्थान करने का संकल्प किया। इस अभियान का उद्देश्य उस प्रदेश के विद्रोहियों का दमन एवं विजयी सेना में सैनिकों की भरती भी था। परोक्ष की विजयों का आशीर्वाद प्राप्त करने के लिए उन्होंने अनादि काल की निपुणता के प्रतीक हज़रत शाहंशाह को इस अभियान में सौभाग्य की भाँति अपने साथ ले लिया और गिरदीज़[3] एवं बंगश की ओर प्रस्थान किया। विद्रोही अफ़ग़ानों के समूहों को उचित रूप से दंड दिया गया और धन-सम्पत्ति विजयी सेना के अधिकार में आ गई। सर्व प्रथम अब्दुर्रहमानी क़बीले का और अन्त में बरमज़ीदी क़बीले का दमन किया गया। फ़तह शाह अफ़ग़ान, जो मूर्खता के कारण अपने आप को बुद्धिमान् समझ कर अन्य लोगों को पथ-भ्रष्ट किया करता था, सम्मानित पादशाही सेना के भय से अपने आदमियों सहित भाग खड़ा हुआ। मुनइम खां एक बहुत बड़ी सेना सहित जलालाबाद से उत्कृष्ट सेना की ओर आ रहा था। फ़तह शाह की उससे मुठभेड़ हो गई। उसकी समस्त धन-सम्पत्ति इन भाग्यशालियों को प्राप्त हो गई। वह घायल हो कर भाग गया।

आदम गक्खर का मीर्ज़ा कामरान के विषय में पत्र

हत्याकाँड एवं लूट मार के समय गक्खरों के समूह के सरदार सुल्तान आदम गक्खर के वकील[4] उसका प्रार्थना-पत्र लाये। उन्हें दरबार में उपस्थित होने का सम्मान प्रदान किया गया। पत्र में लिखा था कि "मीर्ज़ा कामरान बड़ी व्याकुलता एवं चिन्ता की अवस्था में इस दिशा में आया

१ सम्भवतः ज़मज़मा, काबुल के पूर्व में।
२ काबुल का एक तूमान। (**बाबर नामा**, पृ० २७)। बंगश के सम्बन्ध में **बाबर नामा** के पृ० १७, १९, ५१, १०१ भी देखिये।
३ काबुल के ज़ुरमुत तूमान के दारोग़ा का मुख्य स्थान। (**बाबर नामा**, पृ० २७)।
४ प्रतिनिधि।

है। चूंकि मैं निष्ठावान् होने का दावा करता हूँ अतः यह नहीं चाहता कि मीर्ज़ा इधर-उधर मारा मारा फिरता रहे। यदि इस क्षेत्र में भाग्यशाली शिविर लग जायें तो मैं उसे फ़र्श चूमने के सम्मान द्वारा सम्मानित करके भाग्यशाली चौखट का सेवक बना दूंगा ताकि वह अपने पिछले पापों का प्रायश्चित कर सके। मैं स्वयं भी दासता की प्रथाओं का पालन करूँगा।"

गक्खर

यह बात छिपी न रहनी चाहिए कि गक्खर लोग अनेक समूहों में विभाजित हैं और बेहत[1] एवं सिन्ध नदी के मध्य में निवास करते हैं। सुल्तान ज़ैनुल आबेदीन[2] कश्मीरी के राज्यकाल में, काबुल के हाकिम के अधीनस्थ ग़ज़नी के मलिक किद नामक एक अधिकारी ने उस स्थान को (३२४) कश्मीरियों से ज़बरदस्ती छीन लिया। उसके उपरान्त उसका पुत्र मलिक कलां अपने पिता का उत्तराधिकारी बना। उसके बाद उसका पुत्र बीर अपने समूह का नेता हुआ। तत्पश्चात् ततार अपने क़बीले का प्रबन्धक बना। शेर ख़ां अफ़ग़ान एवं उसके पुत्र सलीम ख़ां से उसका घोर संघर्ष रहा। वह अपने आप को इस वंश से सम्बन्धित समझता था कारण कि जिस समय हज़रत गेती सितानी फ़िरदौस मकानी ने हिन्दुस्तान विजय किया, उसने उनकी सेवा में उपस्थित होकर उचित सेवायें सम्पन्न कीं विशेष रूप से राणा साँगा के युद्ध में बड़ा पराक्रम दिखाया था। उसके दो पुत्र थे, सुल्तान सारंग एवं सुल्तान आदम। सारंग के उपरान्त उस समूह का नेता सुल्तान आदम हुआ। सारंग के पुत्र कमाल खां एव सईद ख़ां गक्खर षड्यंत्र रचा करते थे।

मीर्ज़ा कामरान का पत्र

संक्षेप में सुल्तान आदम गक्खर के राजदूत के साथ जोगी ख़ां ने, जो मीर्ज़ा कामरान का बहुत बड़ा विश्वासपात्र था, धरती चुम्बन करके, मीर्ज़ा का प्रार्थना-पत्र, जिसमें अत्यधिक चिकनी चुपड़ी बातें लिखी थीं, प्रस्तुत किया।

बुद्धिमत्ता के इस संग्रह के लेखक अबुलफ़ज़ल का, जो इस उत्कृष्ट वंश का इतिहास लिख रहा है, उद्देश्य हज़रत शाहंशाह के भाग्यशाली इतिहास का वर्णन है, किन्तु इस सम्मानित कथा के प्यासों को तृप्त करने के लिए वह आदम से लेकर इस समय तक का, जो विश्व के उत्तराधिकारी का युग है, विवरण लिख रहा है। इस सम्बन्ध में मीर्ज़ा कामरान की असफलताओं एवं उस दंड का हाल लिख देना परमावश्यक है जो उसे अपने दुराचार के कारण भोगना पड़ा। यद्यपि इस प्रकार की घटनायें इस इतिहास में लिखने योग्य नहीं किन्तु वृत्तांत को पूरा करने के उद्देश्य से ऊँच नीच सभी का उल्लेख करना परमावश्यक है।

१ झेलम।

२ कश्मीर के सुल्तान सिकन्दर का पुत्र जो १४२३ ई० में सिंहासनारूढ़ हुआ। वह बड़ा ही उदार शासक था और कश्मीर के राजनैतिक, सामाजिक एवं आर्थिक जीवन में उसने बड़े सुधार कराये। उसके विषय में देखिये कश्मीर के सुल्तानों से सम्बन्धित आधार भूत सामग्री का अनुवाद—रिज़वी: **उत्तर तैमूर कालीन भारत भाग २** (अलीगढ़ १९५९ ई०); पृ० ५१६-५२२ (**तबक़ाते अकबरी भाग ३**, पृ० ४३५-४४६)।

मीर्ज़ा कामरान का सलीम शाह सूर के पास पहुँचना

परोक्ष की इन घटनाओं के, जिनमें से प्रत्येक पवित्र मिम्बर[1] का प्रवचन है, श्रोताओं से यह बात छिपी न रहनी चाहिए कि जब मीर्ज़ा कामरान उस दिन प्रातःकाल जैसा कि उल्लेख हो चुका है, पराजित होकर अत्यधिक प्रयत्न के उपरान्त पंक्तियों का संहार करने वाली तलवारों से मुक्त होकर भागा तो फिर वह किसी एक स्थान पर न ठहर सका। बुद्धि के भ्रष्ट हो जाने के कारण, जो कृतघ्नता का परिणाम है एवं इतने अधिक दुर्भाग्यों के बावजूद जिनमें से हर एक सौभाग्य के सन्मार्ग का मार्ग-दर्शक हो सकती थी, वह अपने आप को इस प्रकार के दानी एवं दयालु बादशाह की सेवा में न पहुँचा सका। उस अवसर पर जब कि लज्जा एवं अपमान की धूल उसके मुख पर बैठी हुई थी उसे चाहिये था कि पश्चाताप प्रकट करते हुए विनय-पूर्वक अपने आपको चौखट के चुम्बन द्वारा सम्मानित करता और अपने अपराधों के प्रति क्षमा-याचना करता किन्तु उसने दुर्भाग्य-वश हिन्दुस्तान की ओर शेर ख़ां के पुत्र सलीम ख़ां से, जो अपनी स्वाभाविक कृतघ्नता के कारण असावधानी की मदिरा एवं अभिमान के नशे में पागल हो रहा था, अपने पतन हेतु कुमक मांगना निश्चय किया। ईश्वर को धन्य है! यह कौन सी बुद्धि है कि अपने जानी दुश्मन के पास इस आशय से पहुँचा जाय कि ऐसे मित्र को नष्ट कराये। इतना बड़ा अपमान स्वीकार करके उसके (३२५) पास यह इच्छा लेकर जाय कि उसकी सहायता से अपने आश्रयदाता से युद्ध किया जा सके।

संक्षेप में, मीर्ज़ा (कामरान) अपनी अल्पदर्शिता के कारण यह संकल्प करके थोड़े से लोगों सहित हिन्दुस्तान की ओर चल दिया। ख़ैबर के समीप से शाह बुदाग़ ख़ां को सलीम ख़ां के पास भेज दिया। वह उस समय पंजाब के अधीनस्थ बन[2] नामक क़स्बे के समीप था। मीर्ज़ा का दूत वहाँ पहुँचा और संदेश पहुँचाया। सलीम ख़ां ने मीर्ज़ा के उद्देश्य की पूर्ति अपनी शक्ति से बाहर समझ कर, उससे सौजन्यपूर्ण व्यवहार किया, और थोड़ा सा व्यय उसके हाथ प्रेषित किया और यह कहलाया कि "वह उसी क्षेत्र में प्रतीक्षा करता रहे, मैं पीछे से कुमक भेजता हूँ, और ख़ज़ाना निश्चित किया जा रहा है।" अभी दूत मीर्ज़ा के पास पहुँचा भी न था कि अली मुहम्मद अस्प को भी उसने सलीम ख़ां के पास भेजा। उसका संक्षिप्त विवरण इस प्रकार है कि जब मीर्ज़ा बन के पास चार कोस पर पहुँच गया तो सलीम ख़ां ने अपने पुत्र आवाज़ ख़ां, मौलाना अब्दुल्लाह सुल्तानपुरी[3] एवं अमीरों के एक समूह को स्वागतार्थ भेजा और परिणाम पर दृष्टि

१ मस्जिद का मंच।

२ अर्सकिन के अनुसार 'बीब'। सम्भवतः यह बन्नू प्रदेश का बैन है और थोबर्न के मान-चित्र पर दर्शाया गया है। यह एडवर्ड्साबाद के दक्षिण में है। रैवर्टी ने सियालकोट के उत्तर-पूर्व में १९ मील पर और जम्मू के दक्षिण-पश्चिम में ८ मील पर बन नामक एक स्थान की चर्चा की है। उसे चनाव नदी के पूर्वी तट पर स्थित बताया है। (बेवरिज, पृ० ६००)।

३ हुमायूँ ने उसे मख़्दूमुल मुल्क की उपाधि देकर शेख़ुल इस्लाम नियुक्त कर दिया था। सुल्तान सलीम के राज्य काल में भी उसे बड़ा महत्व प्राप्त था और अपनी धर्मान्धता के कारण वह किसी अन्य के दृष्टि-कोण को समझने का प्रयत्न न करता था और महदवियों एवं शीओं पर उसने बड़े-बड़े अत्याचार किये। अकबर के राज्य काल के प्रारम्भ में भी उसे अत्यधिक अधिकार प्राप्त थे। किन्तु बाद में उसे अकबर ने ज़बरदस्ती हज के

न रखने वाले मीर्ज़ा ने अफ़ग़ानों के उस नेता से इस प्रकार भेंट की जो शत्रुओं तथा कुत्तों के लिए भी उपयुक्त नहीं। मीर्ज़ा के साथ बाबा चोचक, मुल्ला शफ़ाई, बाबा सईद क़िबचाक़, शाह बुदाग़, आलम शाह, रहमान क़ुली ख़ां, सालेह दीवाना, हाजी यूसुफ़, अली मुहम्मद अस्प, तिमुर ताश, ग़ालिब ख़ां, अब्दाल कोका एवं युग के मारे हुए अन्य बहुत से आदमी थे जिनका नाम न लेना ही अच्छा है। चूंकि उपकार न मानने वालों के कार्यों एवं कृतघ्नों की योजनाओं में तथ्य नहीं होता और उनका परिणाम अच्छा नहीं होता अतः इस समूह को जिस बात का भी सामना करना पड़ा वह उनकी कुकृतियों का फल था। मीर्ज़ा इस मूर्ख समूह[1] के दुर्व्यवहार के कारण बड़ा खिन्न था और सर्वदा शाह बुदाग़ को जिसने उसे (सलीम ख़ां के पास) जाने के लिए प्रेरित किया था, एकान्त में फटकारता रहता था।

सलीम ख़ां द्वारा मीर्ज़ा कामरान को बन्दी बनाने का प्रयत्न

जब सलीम ख़ां पंजाब के शासन के विषय में संतुष्ट हो गया तो उसने देहली की ओर प्रस्थान कर दिया। मीर्ज़ा (कामरान) को, जिसे वह निगरानी में रखता था और सर्वदा विदा करने के विषय में कहा करता था किन्तु उसकी कोई व्यवस्था न करता था, झूठे वचन देकर अपने साथ ले लिया। उसका विचार था कि उसे हिन्दुस्तान के किसी दृढ़ क़िले में बन्दी बना दे। मीर्ज़ा ने कुमक की प्राप्ति से निराश होकर एवं वहाँ से निकलने की आशा त्याग कर जब यह समझ लिया कि क्या मामला है, तो भाग जाना निश्चय कर लिया। जोगी ख़ां को, जो उसका विश्वास-पात्र था, राजा बक्खू के पास, जो माछीवारा से १२ कुरोह पर था, भेज कर सहायता के द्वार खटखटाये[2]। राजा ने दूत से सौजन्यपूर्ण व्यवहार करके, मीर्ज़ा को शरण देने का आश्वासन दिलाया।

मीर्ज़ा कामरान का पलायन

एक दिन जब सलीम ख़ां ने माछीवारा नदी पार कर ली तो मीर्ज़ा (कामरान) ने अपने सोने के समय के वस्त्र यूसुफ़ आफ़ताबची को पहना कर बाबा सईद से निश्चय किया कि
(३२६) वह देर तक कुछ पढ़ता[3] रहे ताकि लोग समझें कि मीर्ज़ा सो रहा है। वह स्वयं वस्त्र बदल कर और अपने मुख पर बुर्क़ा डाल कर सरापरदे की ओर से बाहर निकला और उसने अपने छिपने के लिए जो स्थान निश्चय किया था वहाँ भाग खड़ा हुआ। राजा ने उसका भली भाँति स्वागत किया। जब उसने यह सुना कि मीर्ज़ा की खोज में एक सेना आ रही है तो उसने उसे कहलूर के राजा के पास, जिसका महाल उस दिशा में सबसे अधिक दृढ़ था, भेज दिया। उसने भी अपने शत्रुओं के भय से मीर्ज़ा को मार्ग-दर्शक देकर जम्मू भेज दिया। जम्मू के राजा ने ज़मींदाराना सूझ बूझ के कारण उसे अपने राज्य में प्रविष्ट न होने दिया। मीर्ज़ा परेशान एवं चिन्तित मानकोट की विलायत की ओर रवाना हुआ।

लिये मक्का भिजवा दिया। वहां से लौटने के उपरान्त ९९० हि० (१५८२ ई०) में गुजरात में उसकी मृत्यु हो गई। (मुल्ला अब्दुल क़ादिर बदायूनीः **मुंतख़बुत्तवारीख़ भाग ३**, पृ० ७०-७३)।

१ अफ़ग़ानों।

२ सहायता की याचना की।

३ सम्भवतः दुआओं का पाठ करता रहे।

मीर्ज़ा कामरान का आदम गक्खर द्वारा बन्दी बना लिया जाना

वह वहाँ बन्दी बना ही लिया जाने वाला था कि वेश बदल कर स्त्रियों के वस्त्र धारण करके एक अफ़ग़ान के साथ जो घोड़ों का व्यापारी था काबुल की ओर रवाना हुआ और नीच विचार से सुल्तान आदम गक्खर के पास इस आशय से चला गया कि सम्भवतः इस समूह को मिलाकर कोई सफलता प्राप्त कर सके। उसने दरबार[1] के प्रति निष्ठा के कारण नाना प्रकार के बहानों से मीर्ज़ा को अपनी निगरानी में रख लिया और उत्कृष्ट दरबार में सूचनार्थ प्रार्थनापत्र भेजे। जब मीर्ज़ा ने यह देखा कि इस समूह द्वारा उसकी आशाओं की पूर्ति नहीं हो सकती तो उसने विवश होकर सावधानी की दृष्टि से धूर्तता-पूर्ण एक प्रार्थना-पत्र, जैसा कि उल्लेख हो चुका है, प्रेषित किया। यद्यपि मीर्ज़ा ने अत्यधिक उपाय किए कि किसी न किसी प्रकार गक्खरों को अपने साथ षड्यंत्र में मिला ले किन्तु उसे सफलता न मिली। उसने वहाँ से इस कारण भाग जाने का प्रयत्न न किया कि उसके सामने ठहरने का कोई स्थान ही न था। इसके अतिरिक्त इन लोगों के नियंत्रण एवं अपनी विवशता के कारण वह भाग जाना बड़ा कठिन समझता था अतः वह इस समूह के साथ समय व्यतीत करने पर विवश हो गया, और समझ लिया कि जिस भाग्यशाली की ईश्वर सहायता करता है और जो दैवी प्रतिरक्षा के अधीन होता है उसके विषय में जो कोई अंध-बुद्धि वाला विनाशकारी कल्पनायें करता है, वह असफल एवं निराश होकर अनन्त तक के लिए दंडनीय हो जाता है। जैसा कि संक्षिप्त उल्लेख हो चुका है जो कोई इन बातों में अपना लाभ सोचता है उसे हानि उठानी पड़ती है।

हुमायूं का आदम गक्खर की ओर प्रस्थान

जब सुल्तान आदम के दूत ने इस तथ्य का निरूपण किया, तो हज़रत जहाँबानी ने गक्खरों की विलायत तक हिन्दुस्तान के अभियान का संकल्प कर लिया। ख्वाजा जलालुद्दीन महमूद को काबुल के राज्य की प्रतिरक्षा हेतु भेज कर वे स्वयं रवाना हो गए। हज़रत शाहंशाह को बहिरंग एवं अन्तरंग के अभियानों की सफलता एवं साँसारिक तथा धार्मिक आशीर्वाद हेतु उत्कृष्ट सेना के साथ ले लिया और मीर्ज़ा के मामले को पूर्ण रूप से समाप्त करने एवं संसार को उसके विद्रोह एवं षड्यंत्र से मुक्त कराने के लिए कटिबद्ध हो गए। जब विजयी पताकायें सिन्ध[2] के क्षेत्र में पहुँचीं तो हज़रत जहाँबानी ने क़ाज़ी हामिद को, जो विजयी लश्कर का क़ाज़ी था, सुल्तान आदम के पास इस आशय से भेजा कि वह फ़र्श चूमने का सौभाग्य प्राप्त करके अपने महत्व में (३२७) वृद्धि करे। उन्होंने मीर्ज़ा को भी सावधानी-युक्त परामर्श एवं उपदेश, जो विरोध एवं विद्रोह के मुरचे को हृदय के दर्पण से दूर कर सकते थे, प्रेषित किए। जब भाग्यशाली पताकाओं ने सिन्ध नदी पार कर ली तो सुल्तान आदम का कोई चिह्न न मिला। वह अनुचित ज़मींदाराना शंकाओं में ग्रस्त हो गया।

मुनइम खां का मीर्ज़ा कामरान एवं आदम गक्खर को हुमायूं की सेवा में उपस्थित करना

हज़रत जहाँबानी ने मुनइम खां को उसके पास भेजा ताकि हृदयग्राही बातों द्वारा

१ हुमायूँ के दरबार।
२ सिन्ध नदी।

सान्त्वना देकर उसे सेवा में ले आए। मीर्ज़ा को भी कुछ संदेश, जो उसका पथ-प्रदर्शन कर सकते थे, प्रेषित किए। मुनइम ख़ां को आदेश दिया गया कि वह उनके दिल की बात का उनके व्यवहार से पता लगा कर, वास्तविक स्थिति के विषय में निवेदन करे। मुनइम ख़ां ने पहुँच कर अपनी योग्यता का कारनामा प्रकट किया और उसके बहलाने फुसलाने से सुल्तान आदम ने मीर्ज़ा (कामरान) सहित परहाला में अभिवादन किया। हज़रत जहाँबानी ने जश्न का आयोजन कराया जो रात भर चलता रहा। मीर्ज़ा कामरान इतने अपराधों के बावजूद, जिनमें से प्रत्येक पर कठोर दंड दिया जा सकता था, नाना प्रकार की कृपाओं द्वारा सम्मानित हुआ।

अमीरों द्वारा मीर्ज़ा कामरान की हत्या का आग्रह

समस्त हितैषी अमीरों एवं शुभ-चिन्तक बुद्धिमानों ने निवेदन किया कि यद्यपि हज़रत जहाँबानी के उत्कृष्ट स्वभाव एवं दया की दृष्टि के यह अनुकूल है कि बड़े बड़े अपराध सम्मानित दरबार में क्षमा के वस्त्र धारण कर लें किन्तु दूरदर्शिता एवं सावधानी की दृष्टि से यह परमावश्यक है कि मनुष्यों को कष्ट देने वाले निष्ठुर को उसकी कुकृतियों के अनुसार दंड दिया जाय ताकि उसकी दुष्टता की धूल से संसार वालों का मुख मुक्त रह सके। बुद्धिमत्ता एवं दूरदर्शिता की दृष्टि से यह परमावश्यक है कि एक व्यक्ति के ज़ाहिरी आराम को, जो कि शत्रु है, असंख्य लोगों के आराम पर जो निष्ठा के सौभाग्य द्वारा सुशोभित हैं, प्राथमिकता न दी जाय। यदि टूटे हुए दिलों को जोड़ने एवं घायलों के घावों को भरने के लिए विशेष रूप से ऐसी अवस्था में जब कि उसमें सहस्त्रों कार्यों के हित निहित हैं एक अत्याचारी का खोटा अस्तित्व संसार की चित्र-शाला से मिटा दिया जाय तो न्यायकारिता की दीवार को कोई हानि न होगी, इस झूठे चित्र को मिटा देना दैवी इच्छा एवं पूर्ण सुव्यवस्था के अनुकूल होगा। उसने ऐसे षड्यंत्र नहीं रचे हैं और ऐसी कृतघ्नतायें नहीं की हैं कि यह आशा की जाय कि वह ठीक हो जायगा और उसके कृत्य को अकृत्य मान लिया जाय। उसकी दुष्टता अनुमान के परे हो चुकी है। अब उन्हें सहन नहीं किया जा सकता। अब उसके तथा सर्व साधारण के हित की दृष्टि से यही उचित है कि उसे परलोकगामी कर दिया जाय ताकि प्राणी सहस्त्रों कष्टों से मुक्त हो जायें और उसकी कृतियों की पंजिका और अधिक काली न हो, कारण कि दीर्घकाल से इस दुष्ट के षड्यंत्र के कारण लोगों की धन-सम्पत्ति नष्ट हो रही हैं और वे नाना प्रकार के कष्टों का शिकार हो रहे हैं। संसार वालों की सम्पत्ति एवं इज़्ज़त हवा में उड़ चुकी है और इतने आदमियों के प्राण मिट्टी में मिल चुके हैं। निष्ठा का रत्न, जो सम्मानित लोगों के गुणों की ग्रीवा (३२८) का आभूषण है, बरबाद हो चुका है। इस समय यह उचित है कि ऐसे व्यक्ति की उद्दंडताओं के चंगुल से लोगों को मुक्ति दिला दी जाय और सर्व साधारण को न्याय की छाया में शान्ति प्रदान की जाय।

मीर्ज़ा कामरान को अंधा कर दिये जाने का आदेश

हज़रत जहाँबानी साधनों के स्त्रष्टा की बुद्धिमत्ता एवं रहस्यों पर दृष्टि डालते हुए इस विषय में कोई कार्य न करना चाहते थे कारण कि उस संसार को शोभा देने वाले स्त्रष्टा[1]

१ ईश्वर।

ने, इतनी महान् शक्ति के बावजूद ऐसे व्यक्ति को जीवित रक्खा। इसका कोई न कोई कारण एवं रहस्य होगा। इन गम्भीर विचारों के अतिरिक्त हज़रत गेती सितानी फ़िरदौस मकानी के उपदेश उनकी तथ्य का अवलोकन करने वाली दृष्टि के समक्ष थे, और वे यह पाप न करना चाहते थे। अमीर लोगों ने, जो उस धृष्ट निष्ठुर द्वारा नाना प्रकार के रक्तपात एवं षड्यंत्र देख चुके थे, पुनः निवेदन एवं आग्रह किया और इस विषय में मुफ़्तियों[1] की मुहर के फ़तवे[2] एवं धर्म तथा राज्य के प्रतिष्ठित लोगों तथा मुल्क एवं मिल्लत[3] के महान् व्यक्तियों के महज़र[4] पवित्र दृष्टि के समक्ष प्रस्तुत किए। हज़रत जहाँबानी ने उन्हें मीर्ज़ा कामरान के पास भिजवा दिया। मीर्ज़ा ने जब अपने नामये आमाल[5] एवं कुकृतियों के महज़र का अध्ययन करके यह कहला भेजा कि "जिन लोगों ने आज मेरी हत्या (के पत्र) पर मुहर लगाई है, उन्होंने मुझे इस दिन को पहुँचाया है" तो हज़रत जहाँबानी को दया आ गई। उन्होंने सभी के आग्रह एवं इतने अधिक कारणों के बावजूद उसकी हत्या का आदेश न दिया और बहुत देर तक सोचते रहे। अन्ततोगत्वा सर्व साधारण के हित तथा उसकी भलाई के उद्देश्य से उन्होंने यह आदेश दिया कि उसे दृष्टि से वंचित कर दिया जाय[6]।

मीर्ज़ा कामरान को अंधा बनाया जाना

इस आज्ञा के पालन हेतु अली दोस्त बारबेगी[7], सैयिद मुहम्मद पकना एवं ग़ुलाम अली शश अंगुश्त[8] नियुक्त हुए। ये लोग मीर्ज़ा के ख़ेमे में पहुँचे। मीर्ज़ा ने सोचा कि वे उसकी हत्या हेतु आ रहे हैं। तत्काल मुक्का तान कर दौड़ा। अली दोस्त ने कहा, "मीर्ज़ा धैर्य धारण करो। हत्या का आदेश नहीं है। घबराहट किस कारण है? इस कारण कि तुमने इसके पूर्व सैयिद अली[9] एवं एक अन्य समूह को निरपराध अंधा कर दिया अतः न्यायानुसार अब अपने नेत्रों द्वारा उसका प्रतिकार देखो[10]।" मीर्ज़ा ने यह बात सुन कर हज़रत जहाँबानी के आदेश को नेत्रों से स्वीकार किया और लेट गया। सलाई फेर दी गई। मीर्ज़ा के दोनों नेत्र, जो षड्यंत्रकारी हृदय के द्वारपाल थे, ज्योति से वंचित कर दिए गए। इन निष्ठावानों ने शाही आदेश के प्रति सावधानी की दृष्टि से अधिक नश्तर लगा दिये। मीर्ज़ा ने प्राण बच जाने की कृतज्ञता के कारण दम न मारा। हज़रत जहाँबानी अपनी स्वाभाविक कृपा के कारण रो कर आगे बढ़ गये। उन्होंने कृपा-युक्त बहुत सी बातें तथ्य का निरूपण करने वाली अपनी जिह्वा से कहीं। यह घटना ९६० हि० के

१ वह अधिकारी जो शरीअत (इस्लामी धर्म-विधान) के अनुसार विभिन्न समस्याओं के विषय में फ़तवे दे।
२ मुफ़्ती का मत अथवा निर्णय; व्यवस्था।
३ धर्म।
४ कोई इक़रार-नामा अथवा दस्तावेज़ जिस पर साक्षियों की मुहर हो।
५ कृति-पंजिका।
६ अंधा कर दिया जाय।
७ वह अधिकारी जो दरबार की प्रथाओं एवं शिष्टाचार की देख रेख हेतु नियुक्त होता है।
८ ६ अंगुलियों वाला।
९ मीर्ज़ा कामरान ने सिन्ध से लौटने के उपरान्त ग़ज़नी पर अधिकार जमाने के पूर्व तीरी में उसे अंधा बनाया।
१० अर्थात् अब तुम्हें अंधा बना दिया जायगा।

अन्त (नवम्बर-दिसम्बर १५५३ ई०) में घटी। ख़्वाजा मुहम्मद मोमिन फ़रन्ख़ुदी[1] ने इस घटना की तिथि नीश्तर[2] के अक्षरों से निकाली।

मीर्ज़ा कामरान को बेग मुलूक का प्रदान किया जाना

मीर्ज़ा ने उसी दिन मुनइम ख़ां के पास आदमी भेजे और प्रार्थना कराई कि मेरी इच्छा है कि "जिस जवान को तू जानता हो और जिस प्रकार सम्भव हो बेग मुलूक को मेरी सेवा हेतु माँग ले।" हज़रत जहाँबानी ने उसकी प्रार्थना को तत्काल स्वीकार करके उसे उसकी सेवा (३२९) हेतु भेज दिया। मीर्ज़ा ने उसके प्रति अत्यधिक स्नेह के कारण उसके हाथों को पकड़ कर अपनी अंधी आँखों पर रक्खा और यह शेर पढ़ा:—

शेर

'यद्यपि मेरे नेत्रों पर परदा डाल दिया गया है,
देख रहा हूँ मैं उस नेत्र से तुझे जिससे प्रायः तेरा मुख देखता रहा हूँ।'

जनजूहा क़बीले के विरुद्ध हुमायूं का प्रस्थान

हज़रत जहाँबानी ने इस घटना के उपरान्त अपना पवित्र ध्यान मार्ग के रोड़े जानूहा[3] के मार्ग-भ्रष्ट समूह की ओर आकृष्ट किया। उन अभागे विद्रोहियों ने, आज्ञाकारिता के पट्टे से अपनी गरदन निकाल कर विद्रोह कर दिया और विजयी वीरों से युद्ध करते हुए नष्ट हो गए। भाग्यशाली सेना से, ख़्वाजा क़ासिम महदी एवं कुछ अन्य लोग शहीद हुए।

हुमायूं द्वारा कश्मीर के अभियान के विचार त्यागना

जब वे इस ओर से संतुष्ट हो गए तो उन्होंने कश्मीर विजय का, जिसकी उन्हें वर्षों से आकांक्षा थी, संकल्प किया। अमीरों ने इसे उचित न समझा और कश्मीर को कूप एवं बन्दीगृह बता कर उसकी निन्दा करने लगे। उनका[4] विचार था कि कदाचित् इस प्रकार पवित्र हृदय इस अभियान से बाज़ आ जाय। उन्होंने निवेदन किया कि, "इस समय भाग्यशाली सेना के प्रस्थान के समाचार से हिन्दुस्तान में अशान्ति फैल गई है। सलीम ख़ां अत्यधिक तैयारी करके पंजाब की ओर चल दिया है। इस ओर से यथारूप युद्ध की तैयारी नहीं हुई है। यदि हम लोग आगे प्रस्थान करते हैं, और अफ़ग़ानों की सेना निकट आ जाती है तो उसे पीछे छोड़ कर आगे बढ़ जाना और कश्मीर में प्रविष्ट हो जाना उचित न होगा। सम्भवतः कश्मीर के कार्य में देर लग जाय। इस दशा में यदि दुष्ट अफ़ग़ान दर्रों को दृढ़ बना लें तो फिर क्या होगा? राज्य के लिए यह उचित होगा कि इस अभियान के विचार त्याग दिए जायें और जब शत्रु हमसे दूर हो जायें तो काबुल पहुँच कर उचित रूप से युद्ध की तैयारी करके विजय की रिकाब में पाँव जमाये जायें तथा नित्य-प्रति उन्नत प्रताप की सहायता से, सुगमतापूर्वक दुष्ट अफ़ग़ानों को नष्ट-भ्रष्ट कर दिया जाय।"

१ फ़रन्ख़ुद निवासी। फ़रन्ख़ुद के समीप एक ग्राम है।
२ नश्तर।
३ जनजूहाः साल्ट रेंज (नमक की पहाड़ी) के निवासी।
४ अमीरों का।

हज़रत जहाँबानी ने इन बातों को सुन कर परामर्श और यह निवेदन करने वालों की मसलहत पर कोई ध्यान न दिया और हज़रत शाहंशाह को राज्य के उच्च पदाधिकारियों के एक समूह सहित काबुल भेज दिया। वे स्वयं कश्मीर की ओर प्रस्थान करना चाहते थे किन्तु व्यापारियों जैसे स्वभाव वाले अमीरों की, जो अपने लाभ के अतिरिक्त किसी बात पर दृष्टि न रखते थे, दुष्टता के कारण अमीरों के अधिकांश सेवक एवं सैनिक अपने स्वामियों को छोड़ कर काबुल भाग गए और हज़रत जहाँबानी की सेवा में अमीरों के अतिरिक्त कोई भी न रह गया। इस दुष्टता के कारण, जो निष्ठा एवं आज्ञाकारिता से शून्य थी, उनका सम्मानित हृदय चिन्तित हो गया। उन्होंने अपने विश्वास-पात्रों के एक समूह को आदेश दिया कि वे प्रयत्न करके उन आदमियों को लौटा लायें और यदि उनकी हत्या की भी आवश्यकता हो तो आदेश की प्रतीक्षा न करें। इस बीच में उन्होंने क़ुरान से फ़ाल[1] निकाली। निष्ठावान् यूसुफ़ का क़िस्सा निकला। सेवा में जिन लोगों को

१ क़ुरान शरीफ़ से फ़ाल (शकुन) निकालने की प्रथा है। इसका नियम यह है कि फ़ातेहा का सूरा पढ़ कर आंख बन्द करके क़ुरान खोला जाता है। जो पृष्ठ खुलता है उसपर आंख बन्द करके कहीं अंगुली रख दी जाती है। जिस वाक्य अथवा शब्द पर अंगुली पड़ती है उसी के अनुसार शकुन निकाला जाता है। इसी प्रकार ख़्वाजा हाफ़िज़ के दीवान से भी फ़ाल निकाली जाती है। सबसे अधिक प्रचलित विधि यह है कि हाफ़िज़ का दीवान खोलते ही जिस शेर पर दृष्टि पड़े उसी शेर से फ़ाल निकाली जाती है। कभी-कभी पूरी ग़ज़ल से अनुमान लगाया जाता है। कुछ लोग ग़ज़ल के प्रथम शेर मतले से निष्कर्ष निकालते हैं। कुछ लोग मतले के बाद सातवें शेर से फ़ाल निकालते हैं। ख़ुदा बख़्श लाईब्रेरी बांकीपुर पटना में हाफ़िज़ के दीवान की हस्तलिपि है जिसके हाशिये पर हुमायूँ तथा जहांगीर के हाथ की टिप्पणियां हैं जिससे पता चलता है कि वे लोग इससे फ़ाल निकालते रहे हैं। जहांगीर ने **तुज़ुके जहाँगीरी** में १२वें वर्ष के विवरण के सम्बन्ध में लिखा है, "क्योंकि लिसानुल ग़ैब हाफ़िज़ (के दीवान) से यह संकेत मिला मुझे इस बात की पूरी आशा हो गई। इस प्रकार २४वें दिन विजय एवं सफलता के समाचार प्राप्त हुये। मैंने अपने बहुत से कार्यों के सम्बन्ध में ख़्वाजा हाफ़िज़ के दीवान से सहायता ली। संयोग से उससे जो कुछ निकला, परिणाम उसी के अनुसार हुआ। बहुत कम ऐसा हुआ कि कभी उसके विरुद्ध कुछ हुआ हो।" (**तुज़ुके जहांगीरी**, सैयिद अहमद संस्करण, पृ० १८८)। बांकीपुर के दीवान की हस्तलिपि से पता चलता है कि हुमायूँ ने निम्नांकित शेर से कई बार फ़ाल निकाली :

अज़ीज़े मिस्र बर ग़मे बिरादराने ग़यूर,
ज़ क़ारे चाह बर आमद ब औजे माह रसीद।

عزیز مصر بر غم برادران غیور
زقعر چاه برآمد باوج ماه رسید

मिस्र के बादशाह (यूसुफ़ पैग़म्बर) ईर्ष्यालु भाइयों के कारण चिन्तित मत हो,
कुयें के गड्ढे से निकला चन्द्रमा की बुलन्दी तक पहुँचा।

यह शेर निम्नांकित ग़ज़ल का है—

बिया कि रायते मन्सूर बादशाह रसीद,
नवेद फ़तह व बशारत ब मेहर व माह रसीद।

بیا کہ رایت منصور بادشاہ رسید
نوید فتح و بشارت بمہر و ماہ رسید

आ कि विजयी बादशाह की पताका पहुँची,
विजय के सुखद समाचार सूर्य तथा चन्द्रमा तक पहुँचे।

(३३०) बात करने की अनुमति थी, उनसे उन्होंने उसकी व्याख्या के सम्बन्ध में वार्ता की और सोचते रहे। ख्वाजा हुसेन मर्वी ने निवेदन किया कि "कश्मीर के विषय में जो यह कहा गया है कि.

यह शेर सम्भवतः बार बार उस समय निकलता होगा जब कि हुमायूँ को क़न्नौज की पराजय के बाद लाहौर, सिन्ध, एवं ईरान से लौट कर काबुल में अपने भाइयों के विरोध का सामना करना पड़ता होगा। (बांकीपुर पुस्तकालय, दीवाने हाफ़िज नं० १५१, पृ० ३८ अ)।

ज़िलहिज्जा ९६२ हि० (नवम्बर १५५५ ई०) में एक अवसर पर फ़ाल के सम्बन्ध में उपर्युक्त हस्तलिपि के पृ० ६७ ब पर निम्नांकित टिप्पणी है : अज़ फ़ाले मुसहफ़ कि रब्बोका बर आमद, अज़ दीवाने हाफ़िज ईं शाह बैत आमद व चन्दींबार अब्याते मुनासिब आमदा कि अगर शरहे आंहा शवद किताबे शवद। इनशा अल्लाह तआला चूं फ़तहे विलायते शर्क़ी व मुबारिज़ाने आं दियार ब अम्रे किर्दगार शवद, नज़रे ख़ूबी बे ख्वाजा लिसानुल ग़ैब फ़रस्तादा शवद व जमय आं तफ़ालात नीज़ रक़म कर्दा शवद। ब मिन्नहु व तौफ़ीक़हू शबे दो शंबा हिजदहुम ज़ी हिज्जा सन् ९६२ दर शहरे दीन पनाह तहरीर याफ़्ता वस्सलाम

از فال مصحف که ربک بر آمد از دیوان حافظ این شاه بیت آمد و چندین بار ابیات مناسب آمده که اگر شرح آنها شود کتابی شود انشاء الله تعالی چون فتح ولایات شرقی و مبارزان آن دیار بامر کردگار شود نذر خوبی بخواجه لسان‌الغیب فرستاده شود و جمع آن تفالات نیز رقم کرده شود بمنه و توفیقه شب دوشنبه هجدهم ذی حجه سنه ۹۶۲ در شهر دینپناه تحریر یافته والسلام

क़ुरान शरीफ़ से फ़ाल निकाली। रब्बोका (तेरा रब) निकला। दीवाने हाफ़िज से यह शाह बैत (शेर) निकली। कई बार उचित शेर निकल चुके हैं। यदि उनका सविस्तार वर्णन किया जाय तो एक ग्रन्थ तैयार हो जाय। ईश्वर ने चाहा जब पूर्व के राज्य विजय हो जायेंगे और उस प्रदेश में युद्ध करने वाले ईश्वर के आदेश से (विजय प्राप्त कर लेंगे) तो ख्वाजा लिसानुल ग़ैब की भली भांति नियाज़ कराई जायगी तथा इन फ़ालों को भी संकलित किया जायगा। (यदि ईश्वर ने ऐसा चाहा) सोमवार १८ ज़िलहिज्जा ९६२ हि० (३ नवम्बर १५५५ ई०) की रात्रि में दीनपनाह नामक नगर में लिखा गया। इस अवसर पर निम्नांकित शेर निकला था :

नज़र बर क़ुरये तौफ़ीक़ व यमने दौलते शाहस्त,
बे देह कामे दिले हाफ़िज़ कि फ़ाले बख़्तियारां ज़द।

نظر بر قرعهٔ توفیق و یمن دولت شاهست
بده کام دل حافظ که فال بختیاران زد

बादशाह के सौभाग्य एवं सफलता पर दृष्टि है,
हाफ़िज़ के हृदय की बात पूरी कर, कारण कि उसने
सफल लोगों की फ़ाल निकाली।

यह निम्नांकित ग़ज़ल का ८वां शेर है—

सहर चूं ख़ुसरवे ख़ावर अलम बर कोहसारां ज़द,
ब दस्ते मरहमते यारम दरे उम्मीदवारां ज़द।

سحر چون خسرو خاور علم بر کوهساران زد
بدست مرحمت یارم در امیدواران زد

प्रातः काल जब सूर्य के बादशाह ने अपनी पताका पर्वतों पर गाड़ी,
मेरे मित्र को प्रदान करने के लिये उसके आशा के द्वार खोले।

Maulvi Abdul Muqtadir : *Catalogue of the Arabic and Persian Manuscripts in the Oriental Public Library at Bankipur*, Persian Poets Firdausi to Hafiz (Calcutta 1908, pp. 239-241).

वह कुआँ एवं बन्दीगृह है ठीक है कारण कि यूसुफ़[1] के क़िस्से से इन दोनों बातों का स्पष्ट प्रमाण मिलता है।"

हुमायूं का काबुल की ओर प्रस्थान

जब साथ वालों के मतभेद का पता चल गया तो वे अपने संकल्प को त्याग कर काबुल की ओर रवाना हुए। जब भाग्यशाली शिविर सिन्ध नदी के तट पर लगे तो मीर्ज़ा कामरान ने हिजाज़ यात्रा की अनुमति चाही। क्योंकि उस समय वे मीर्ज़ा के हृदय को संतुष्ट करना चाहते थे, अतः उन्होंने विदा कर दिया। एक रात में जब वे विदा हो रहे थे तो इस कारण कि बुज़ुर्गों को बुज़ुर्गी ही शोभा देती है वे अपने विश्वास-पात्रों के समूह के साथ मीर्ज़ा के स्थान पर पहुँचे। मीर्ज़ा ने आदर-सम्मान की प्रथाओं का प्रदर्शन करके सर्वप्रथम यह शेर पढ़ा :—

शेर

'दरवेश के कुलाह की चोटी ने आकाश को छू लिया,
कारण कि तेरे सरीखे पादशाह ने उसके सिर पर छाया डाली है[2]।'

तदुपरान्त मीर्ज़ा ने यह शेर पढ़ा :—

शेर

'मेरे प्राणों पर तेरे द्वारा जो कुछ गुज़रती है, उसके प्रति आभार प्रदर्शन करना चाहिये,
चाहे वह अत्याचार का बाण हो, और चाहे जुल्म का ख़ंजर[3]।'

हुमायूं का मीर्ज़ा कामरान से विदा होना

यद्यपि दूसरा शेर कृतज्ञता प्रकट करता है, किन्तु बात के परखने वाले समझ गए कि यह शिकायत से परिपूर्ण है। सौजन्य एवं अनुकम्पा के संसार हज़रत जहाँबानी ने, इसकी ओर ध्यान न दिया और रोने लगे। दैवी प्रेरणा वाली जिह्वा से कहा, कि "रहस्यों एवं गुप्त बातों का ज्ञाता जानता है कि इस कार्य पर, जो मैंने अपनी इच्छा से नहीं किया, मैं बड़ा लज्जित हूँ। काश जो कुछ तुम्हारे साथ हुआ, वह तुम्हारे द्वारा इससे पूर्व मेरे साथ हो जाता।" मीर्ज़ा असावधानी की निद्रा से जाग उठा और उसने अपने अपराधों की तुलना में पादशाही अनुकम्पाओं का अनुमान लगा लिया और दासता (के भाव) एवं लज्जा प्रदर्शित करने लगा। उसने हाजी यूसुफ़ से पूछा

१ हज़रत यूसुफ़ को उनके भाइयों ने कुयें में डाल दिया था। तदुपरान्त वे बहुत समय तक मिस्र में बन्दी रहे।

२ कुलाहे गोशये दरवेश बर फ़लक सायद
के सायह हमचो तू शाहे फ़िगन्द बर सरेऊ

کلاه گوشهٔ درویش بر فلک ساید
که سایهٔ همچو تو شاهی فگند بر سراو

३ बर जानम अज़ तू हर चे रसद जाये मिन्नत अस्त,
गर नावके जफ़ा अस्त व गर ख़ंजरे सितम।

بر جانم از تو هرچه رسد جای منت است
گر ناوک جفاست و گر خنجر ستم

कि "यहाँ कौन कौन लोग हैं ?" उसने उत्कृष्ट गोष्ठी के उपस्थित-गण के नाम बताये अर्थात् तरदी बेग खां, मुनइम खां, बाबूस बेग, ख़्वाजा हुसेन मर्वी, मीर अब्दुल हई, मीर अब्दुल्लाह, ख़ंजर बेग एवं आरिफ़ बेग। मीर्ज़ा ने कहा "समस्त मित्रो! साक्षी रहना कि यदि मैं अपने आप को निरपराध समझता तो इस शुभ अवसर पर जब कि हज़रत जहाँबानी तशरीफ़ रखते हैं, मैं (उन्हें) क्षमा कर देता किन्तु मुझे विश्वास है कि मैं मृत्यु-दंड का पात्र था। उन्होंने मेरी हत्या न कराई और हिजाज़ की यात्रा की अनुमति दे दी। मैं हज़रत जहाँबानी की दया एवं अनुकम्पा के प्रति सहस्रों आभार प्रदर्शित करता हूँ कि अभी तक उन्होंने मेरी दुष्टता के अनुकूल मुझे दंड नहीं दिया है[1]।" तदुपरान्त वह अपनी संतान की सिफ़ारिश करने लगा। हज़रत जहाँबानी ने प्रसन्नतापूर्वक स्वीकार (३३१) किया और मीर्ज़ा को नाना प्रकार की कृपाओं द्वारा सम्मानित करके विदा कर दिया। क्योंकि यह निश्चय हो चुका था कि मीर्ज़ा उनके सामने न रोयेगा वह अपने आपको रोके रहा और जैसे ही हज़रत जहाँबानी दौलत ख़ाने की ओर रवाना हुए, मीर्ज़ा हाय हाय करके रोने लगा।

मीर्ज़ा कामरान का हज के लिये प्रस्थान

दूसरे दिन उन्होंने आदेश दिया कि मीर्ज़ा के सेवकों में से जो कोई उसके साथ जाना चाहे किसी के लिए कोई रोक-टोक नहीं। कोई तैयार न हुआ कि उसकी इस तनहाई में उसका साथ दे। जो लोग मित्रता की डींग मारा करते थे उन्होंने मित्रता त्याग दी। चिलमा कोका[2], जिसने पूर्ण निष्ठा एवं स्वामी-भक्ति के कारण, हज़रत शाहंशाह द्वारा ख़ाने आलम की उपाधि प्राप्त कर ली थी, खड़ा था। उसने अपने आश्रयदाता एवं स्वामी के लिए अपना जीवन समर्पित कर दिया था, इसका उचित स्थान पर उल्लेख किया जायगा। उस समय वह हज़रत जहाँबानी का सुफ़रची[3] एवं उनका विश्वासपात्र था। हज़रत जहाँबानी ने पूंछा, "चिलमा कोका! मीर्ज़ा के साथ जाओगे अथवा मेरे साथ रहोगे?" उसने दरबार की उत्तम सेवाओं की इच्छा एवं पादशाह की कृपाओं के बावजूद स्वामी भक्ति की प्रथाओं को प्राथमिकता देते हुए निवेदन किया कि, "मैं अपने लिए यही उचित समझता हूँ कि मैं मीर्ज़ा की सेवा में रहूँ जिनके दिन विवशता के कारण और रातें एकान्त की वजह से अंधेरी हो चुकी हैं।" हज़रत जहाँबानी ने, जो सहृदयता की कसौटी एवं निष्ठा को तौलने की तराज़ू थे, उसकी स्वामी-भक्ति की अत्यधिक सराहना की। यद्यपि वे उसकी सेवाओं के इच्छुक थे, किन्तु उन्होंने उसे विदा कर दिया। मीर्ज़ा की यात्रा हेतु जो धन एवं जो सामग्री निश्चित हुई थीं, उसे सौंप कर मीर्ज़ा के पास भेज दिया। बेग मुलूक यद्यपि मीर्ज़ा का अत्यधिक स्नेह-पात्र था किन्तु कुछ मंज़िलों की यात्रा के उपरान्त लौट आया और हज़रत जहाँबानी की सेवा में उपस्थित हो गया। यह बात उन्होंने बड़ी नापसन्द की और उसकी सुन्दरता के बावजूद उसकी ओर फिर कोई ध्यान न दिया गया।

१ इस विषय में बायज़ीद की कृति का अनुवाद देखिये।

२ चिलमा बेग, मीर्ज़ा कामरान के कोका हमदम का पुत्र था। कामरान की मृत्यु के उपरान्त चिलमा बेग हिन्दुस्तान लौट आया और अकबर का बहुत बड़ा विश्वास-पात्र हो गया। वह ज़ीक़ाद ९८२ हि० (३ मार्च १५७५ ई०) को अफ़ग़ानों के विरुद्ध युद्ध करता हुआ मारा गया।

३ दस्तरख़्वान का प्रबन्ध करने वाला।

मीर्ज़ा सिन्ध नदी के मार्ग से टट्टा पहुँचा और वहाँ से अपने उद्देश्य को ओर रवाना हुआ। उसने तीन हज किए[1]। ११ ज़िलहिज्जा ९६४ हि० (५ अक्तूबर १५५७ ई०) को (वह) इस नश्वर संसार से विदा हो गया।

पेशावर के क़िले का निर्माण

क्योंकि मीर्ज़ा कामरान का उल्लेख समाप्त हो गया अतः मूल उद्देश्य की ओर अग्रसर होकर लिखा जाता है कि विक्राम नामक स्थान पर, जो अब पेशावर कहलाता है, शाही शिविर लगे। वहाँ के क़िले को दुष्ट अफ़ग़ानों ने पूर्णतः नष्ट कर दिया था अतः यह निश्चय हुआ कि क़िले का निर्माण करके निष्ठावानों के एक समूह को वहाँ नियुक्त करने के उपरान्त वे काबुल की ओर प्रस्थान करें ताकि इस क़िले की व्यवस्था हिन्दुस्तान विजय की प्रस्तावना बन जाय। जो अमीर लोग काबुल जाना चाहते थे वे यह न चाहते थे कि वहाँ किसी कारण प्रतीक्षा की जाय। हज़रत जहाँबानी ने उस ओर पादशाहाना ध्यान आकृष्ट करके अल्प समय में उस भाग्यशाली क़िले का निर्माण करा दिया। पहलवान दोस्त मीर बर ने सम्मानित आदेशानुसार समस्त अमीरों को (३३२) मोर्चे बाँट दिए। वे शीघ्र पूरे हो गए। सिकन्दर ख़ां ऊज़बेक को वे उसकी प्रतिरक्षा हेतु नियुक्त करके स्वयं काबुल की ओर रवाना हो गए।

अफ़ग़ानों का पेशावर के क़िले पर अधिकार जमाने का असफल प्रयत्न

तदुपरान्त अफ़ग़ानों ने उस क़िले पर भारी आक्रमण किया। सिकन्दर ख़ां ने अत्यधिक पौरुष एवं योग्यता प्रदर्शित करते हुए क़िले की प्रतिरक्षा की। अभागे अफ़ग़ान परेशान हो गए।

९६१ हि० के प्रारम्भ (दिसम्बर १५५३ ई०) में काबुल को पादशाही चरणों के प्रकाश द्वारा शोभा प्राप्त हुई। बेगमें[2] सेवा में उपस्थित हुईं और उन्होंने बधाई दी। हज़रत जहाँबानी ने अपनी शुभ जिह्वा से कहा कि "आगमन एवं एक दूसरे की भेंट की बधाई ठीक ही है[3] किन्तु मीर्ज़ा कामरान की दुर्घटना बधाई की पात्र नहीं कारण मानो हमने अपने हाथ से अपनी आँख स्वयं फोड़ी हो।" राज्य के उच्च अधिकारियों को कृपा-युक्त फ़रमान भेजे गए। काशग़र के हाकिम सर्वदा मेल, संगठन एवं निष्ठा प्रदर्शित करने वाले अब्दुर्रशीद ख़ां को समस्त घटनाओं का विवरण देते हुए एक फ़रमान अनुभवी लोगों के हाथ भेज दिया।

मीर्ज़ा हकीम का जन्म

जिन दिनों हज़रत जहाँबानी शासन प्रबन्ध एवं राजस्व सम्बन्धी व्यवस्थाओं में संलग्न थे और कृपा एवं क्रोध द्वारा पीड़ितों एवं अत्याचारियों के प्रति न्याय कर रहे थे और ईश्वर की इच्छाओं का पालन करने में व्यस्त थे, बुधवार १५ जमादि-उल-अव्वल (१८ अप्रैल १५५४ ई०) को धनुराशि में दो दांग[4] व्यतीत हो जाने के उपरान्त माह जूजुक[5] बेगम से एक सम्मानित पुत्र

१ ९६१ हि० से ९६४ हि० के मध्य में।
२ मूल में "मुखद्देराते तुतुके इस्मत"।
३ मूल में "अपने स्थान पर है"।
४ $\frac{1}{3}$ डिग्री।
५ कुछ पोथियों में 'चूचुक'।

का जन्म हुआ। हज़रत जहाँबानी ने उसका नाम मुहम्मद हकीम रक्खा। कुछ लोगों ने उसके जन्म की तिथि "अबुल फ़ज़ायल[1]" और कुछ ने "अबुल मफ़ाख़िर[2]" निकाली अतः यह दोनों उसकी कुन्नियत[3] निश्चित हुईं। हर्ष एवं प्रसन्नता के द्वार खोल कर ईश्वर के प्रति कृतज्ञता प्रकट की गई।

लगभग उसी समय खानश बेगम से, जो जूजक मीर्ज़ा की पुत्री थी, एक पुत्र का जन्म हुआ। उसका नाम सुल्तान इबराहीम रक्खा गया। उसकी शीघ्र मृत्यु हो गई।

शेर

'वह दया के आकाश की एक विद्युत था,
जन्म एवं मृत्यु साथ साथ मिले हुए।'

हज़रत जहांबानी जन्नत आशियानी की पवित्र सेना का क़न्धार की ओर प्रस्थान और वहाँ से वापसी

बैराम खां द्वारा हुमायूं का स्वागत

क्योंकि कुछ षड्यंत्रकारियों ने बैराम खां के विरुद्ध झूठी सच्ची बातें हज़रत जहाँबानी से कह दी थीं अतः उन्होंने इस वर्ष शीत ऋतु के प्रारम्भ में क़न्धार की ओर प्रस्थान को हिन्दुस्तान के प्रस्थान पर प्राथमिकता दी और उस ओर रवाना हुए। काबुल का राज्य अली क़ुली खां अन्द-(३३३) राबी को प्रदान कर दिया। दैवी प्रकाश से पोषित, ख़िलाफ़त के नेत्रों की पुतली, ऐश्वर्य के स्तम्भ हज़रत शाहंशाह ग़ज़नी तक उन्हें पहुँचाने गए। ग़ज़नी का प्रबन्ध करने वाले उनके वकीलों ने आतिथ्य का प्रबन्ध किया। जब उत्कृष्ट पताकाएँ ग़ज़नी से आगे बढ़ गईं तो सौभाग्य की बाटिका के उस पौधे ने लौटकर काबुल को अपने शुभ आश्रय प्रदान करने वाले चरणों द्वारा आनन्द विभोर किया। बैराम खां ने, जो कि निष्ठा के वस्त्र धारण किए हुए था, पादशाही सेना के आगमन को अपना बहुत बड़ा सौभाग्य समझकर ईश्वर के प्रति कृतज्ञता प्रकट की। निष्ठा से परिपूर्ण हृदय के साथ सिर को पाँव बनाकर वह क़न्धार से १० फ़रसख़[4] पर शोर अन्दाम नामक स्थान पर भूमि का चुम्बन करके सम्मानित हुआ। हज़रत जहाँबानी को इस बात का विश्वास हो गया कि उसके विषय में जो कुछ कहा गया है उसमें कोई तथ्य नहीं। शुभ मुहूर्त में क़न्धार उत्कृष्ट सेना के प्रकाश द्वारा आलोकित हुआ। आकर्षक समारोह एवं हृदयग्राही महफ़िलें आयोजित हुईं।

हुमायूं के अधिकारियों की सूची

भाग्यशाली रिकाब के प्रतिष्ठित सेवकों की सूची इस प्रकार है :—शाह अबुल मआली, मुनइम खां, ख़िज्र ख्वाजा खां, मुहिब अली खां, मीर ख़लीफ़ा का पुत्र, इस्माईल दूल्दाई, हैदर मुहम्मद

१ गुणों के पिता।
२ श्रेष्ठता के पिता।
३ वह नाम जिसमें अरबी परम्परानुसार अपने, पिता अथवा पुत्र का सम्बन्ध प्रकट किया जाय।
४ कुछ हस्तलिपियों में 'दो फ़रसख़'। एक फ़रसख़ लगभग १८००० फ़ीट लम्बा होता है।

आख़्ता बेगी इत्यादि। अहले सआदत[1] में ख़्वाजा हुसेन मर्वी, मौलाना अब्दुल बाक़ी सद्र एवं अन्य लोगों को उपस्थिति का सौभाग्य प्राप्त था।

बैराम ख़ां द्वारा आतिथ्य

बैराम ख़ां ने सेवा एवं निष्ठा प्रदर्शित करने में कोई कसर न उठा रक्खी। पूरा शीत ऋतु आनन्द मंगल के वातावरण में व्यतीत हुआ। इस बीच में पादशाही सरकार के लिए जो कुछ भी आवश्यकता होती उसकी व्यवस्था बैराम ख़ां करता और उसके लिए समस्त प्रबन्ध उसकी देख रेख में होते। दरबार के समस्त सेवकों को अपने सेवकों के घरों में ठहरा कर उनका आतिथ्य उन घरों के स्वामियों को सौंप दिया।

दरवेशों की सेवा में उपस्थित होना

हज़रत जहाँबानी उन दिनों शारीरिक एवं बौद्धिक आनन्द मंगल तथा अंतरंग एवं बहिरंग की प्रसन्नताओं का रसास्वादन करते रहते थे। हृदयग्राही स्थानों पर भोग विलास की सभायें आयोजित होतीं। दरवेशों एवं पवित्र जीवन व्यतीत करने वालों की कुटियों में पहुँच कर उनकी श्रेणी के अनुसार दान-पुण्य करते थे। उन्हीं में मौलाना ज़ैनुद्दीन महमूद कमानगर[2] थे, जिन्होंने वासनाओं के विरुद्ध घोर संघर्ष किया था। वे उनके पास कई बार गए.... दोनों ओर से पवित्र वार्ता होती थी। उस समय की तथा अनन्त तक की समस्याओं के समाधान एवं इच्छाओं की पूर्ति के विषय में विचार विनिमय होता रहता था।

क़न्धार की अन्य घटनायें

ख़्वाजा ग़ाज़ी जो दूत बनाकर ईरान भेजा गया था और उत्कृष्ट सेना के आगमन के पूर्व उपहार सहित वहाँ से क़न्धार वापस आ गया था, अभिवादन करके सम्मानित हुआ। अपनी उत्तम सेवाओं के कारण वह इशराफ़े दीवान[3] की सेवा द्वारा सुशोभित हुआ। उसी समय मुअज़्ज़म (३३४) सुल्तान ज़मीनदावर से उपस्थित होकर सम्मानित सेवा द्वारा सुशोभित हुआ। मेहतर क़रा जो हिरात के हाकिम मुहम्मद ख़ां का विश्वासपात्र था बहुमूल्य उपहारों सहित सेवा में उपस्थित हुआ। वह निष्ठायुक्त प्रार्थनायें सेवा में उपस्थित करके नाना प्रकार की कृपाओं द्वारा सम्मानित हुआ। राज्य के हित एवं दिल बहलाने के लिए शोर अन्दाम के समीप क़मरग़ाह शिकार की व्यवस्था की गई। वह शिकार राज्य के अधिकारियों की इच्छानुसार सम्पन्न हुआ और (हज़रत जहाँबानी ने) उससे अपनी इच्छाओं की पूर्ति के शिकार के फ़ाल निकाले।

शाह अबुल मआली की धर्मान्धता

क़न्धार में जो अनुचित घटनायें घटीं उनमें शाह अबुल मआली द्वारा शेर अली बेग की

१ विद्वानों, आलिमों को अहले सआदत कहा जाता था। देखिये आगे के पृष्ठों में **क़ानूने हुमायूनी** का अनुवाद।

२ धनुष बनाने वाला। मुल्ला अब्दुल क़ादिर बदायूनी ने उसका सविस्तार उल्लेख किया है। (**मुंतख़बुत्तवारीख़ भाग १**—आगे के पृष्ठों में अनुवाद देखिये)।

३ इशराफ़े दीवान अथवा दीवाने इशराफ़, मुशरिफ़ (वित्त विभाग में आय की देख रेख करने वाला अधिकारी) का विभाग।

हत्या थी। इस घटना का संक्षिप्त विवरण इस प्रकार है :—लगभग इसी समय क़रा बेग मीर शिकार का पिता शेर अली बेग ईरान के वाली शाह तहमास्प की सेवा से उसकी अनुमति बिना आकर (पादशाह की) सेवा में उपस्थित हो गया था। शाह अबुल मआली ने निकटता[1] की मदिरा से बदमस्त होने तथा अपने सम्मान एवं वीरता के नशे के कारण संयम के क्षेत्र से पाँव बाहर निकाल कर बड़ा अनुचित व्यवहार किया[2], कारण कि ख़ारजियों[3] के प्रति धर्मान्धता ने उसके (धार्मिक) विश्वास के मस्तिष्क को विकृत कर दिया था। वह हज़रत जहाँबानी के दरबार में खुल्लम खुल्ला कहा करता था कि "मैं इस दुष्ट राफ़ज़ी[4] की हत्या कर दूंगा।" हज़रत जहाँबानी उसके प्रति कृपादृष्टि रखने के कारण उसे उसका परिहास समझ कर उसकी ओर कोई ध्यान न देते थे, यहाँ तक कि एक रात में धर्मान्धता के नशे में उस बदमस्त ने उस निरपराध व्यक्ति पर प्रहार किया और उस दीन की हत्या कर दी। हज़रत जहाँबानी अत्यधिक रुष्ट हुए किन्तु एक विशेष सम्बन्ध[5] के कारण, जिसमें कोई तथ्य नहीं किन्तु जो अपराधों का आवरण है, हज़रत जहाँबानी ने उस दुष्ट के अपराधों के लिए उसे दंड न दिया।

हुमायूं का काबुल की ओर प्रस्थान

जब बैराम ख़ां की निष्ठा का प्रमाण मिल गया और संसार वालों को यह बात ज्ञात हो गई कि वह आज्ञाकारिता एवं उत्तम सेवा के मार्ग पर दृढ़ है तो क़न्धार को, जिसके विषय में उन्होंने यह सोचा था कि मुनइम ख़ां को प्रदान कर देंगे, बैराम ख़ां के पास ही रहने दिया और उस विचार को त्याग दिया। ज़मीनदावर को ख़्वाजा मुअज़्ज़म से लेकर अली क़ुली ख़ां के भाई बहादुर ख़ां को प्रदान कर दिया। जब उनका संसार को विजय करने वाला हृदय राज्य-व्यवस्था की ओर से निश्चिन्त हो गया तो वे हिन्दुस्तान की विजय के उद्देश्य से काबुल की ओर रवाना हुए। बैराम ख़ां को इस आशय से विदा कर दिया कि वह इस अभियान की व्यवस्था करके शीघ्रातिशीघ्र सम्मानित सेवा में पहुँच जाय। वली बेग एवं हाजी मुहम्मद सीस्तानी को, जिनसे बहुत सी बातें सम्बन्धित करके लोग अशान्ति की सामग्री एकत्र करते रहते थे, भाग्यशाली रिकाब के साथ रख लिया। ग़ज़नी के समीप सावधानी के आकाश के पोषित प्रकाश अर्थात् हज़रत शाहंशाह ने उनका स्वागत किया। दो शुभ नक्षत्रों के मिलने का दृश्य था। मुहम्मद क़ुली ख़ां बरलास, अतगा ख़ां एवं बहुत से लोग कोरनिश द्वारा सम्मानित हुए। ९६१ हि० के अन्त[6] में उस युग

१ विश्वास-पात्र होने।

२ 'बद मस्तीहा कर्द'।

३ ये लोग हज़रत अली के सहायक थे। किन्तु सिफ़्फ़ीन (रक़्क़ा के दक्षिण में) के युद्ध के समय पंच की नियुक्ति के कारण हज़रत अली के घोर शत्रु हो गये (२६ जुलाई ६५७ ई०) और बाद में उनकी धर्मान्धता के कारण बहुत समय तक मुसलमानों का रक्तपात होता रहा।

४ शीआ।

५ हुमायूं उसे पुत्र कहता था।

६ नवम्बर १५५४ ई०।

के शासक के भाग्यशाली चरणों द्वारा कावुल के भूभाग को सौभाग्य प्राप्त हुआ और उसने दैवी प्रकाश की प्राप्ति का सम्मान हासिल किया।

मुनइम खां का अकबर का अतालीक़ नियुक्त होना

(३३५) उन्हीं दिनों में मुनइम खां को हज़रत शाहंशाह का अतालीक़[1] वनाया गया। यद्यपि प्रथा एवं परम्परानुसार उस वृद्ध को वह नाम प्रदान किया गया किन्तु वास्तव में वह वृद्ध वालकों के समान "अक़्ले कुल[2]" के उस प्रतीक के पास सौभाग्य का पाठ पढ़ने के लिए भेजा गया। मुनइम खां ने इस उत्कृष्ट वरदान के लिए ईश्वर के प्रति कृतज्ञता प्रकट करने की दृष्टि से एक हृदयग्राही जश्न का आयोजन किया एवं उचित उपहार प्रस्तुत करके अपने विश्वास एवं गर्व की सामग्री की व्यवस्था की।

हिन्दुस्तान की विजय सम्बन्धी फ़ाल

उन्हीं दिनों में हलहल सुल्तान का पुत्र उलुग़ वेग ईरान के शासक की ओर से पहुँचा और उपहार प्रस्तुत किए। इस घटना से उनकी प्रसन्नता में वृद्धि हो गई। हज़रत जहाँवानी सर्वदा न्याय एवं उपकार के साथ साथ हिन्दुस्तान के अभियान की व्यवस्था किया करते थे। संसार के विजेता के उसी सोच विचार के समय एक दरवेश ने, जो वली[3] प्रसिद्ध था, उपहार स्वरूप एक जोड़ा जूता भेजा। हज़रत जहाँवानी ने कहा कि "हमने इस जूते से हिन्दुस्तान की विजय की फ़ाल निकाली कारण कि आम लोगों में यह प्रसिद्ध है कि 'तुर्किस्तान (विश्व का सिर) सिर, ख़ुरासान सीना एवं हिन्दुस्तान पाँव है।" उन्होंने कहा कि यह फ़ाल उस फ़ाल के समान है जो हज़रत साहब क़िरान ने निकाली थी। वह इस प्रकार है कि जिस वर्ष वे मावराउन्नहर से ख़ुरासान विजय हेतु रवाना हुए और जब विजयी सेना अन्दख़ूद[4] पहुँची, तो उस क़स्बे में अपने चमत्कारों एवं आत्मा की शुद्धता के लिए प्रसिद्ध संगी अता नामक दरवेश के दर्शन हेतु उन्होंने प्रस्थान किया। दरवेश ने उस समय मौजूद एक भेड़ के सीने को हज़रत साहब क़िरान के समक्ष भोजन हेतु प्रस्तुत किया। हज़रत ने अपने दरबार के सम्मानित विश्वासपात्रों से कहा, "हम सीने से ख़ुरासान विजय की फ़ाल निकालते हैं कारण कि ख़ुरासान को संसार का सीना वताया गया है।"

२ ईदे रमज़ान[5] को बैराम खां सेवा में उपस्थित होकर सम्मानित हुआ। हज़रत जहाँवानी ने आनन्द मंगल में वृद्धि करने एवं उन अत्यधिक कृपाओं के कारण जो कि उसके प्रति प्रदर्शित करते रहते थे, ईद के समारोह की प्रथाओं को पुनः आयोजित कराया और ईद के जश्न से भी उत्तम एक हृदयग्राही जश्न का प्रवन्ध कराया।

१ संरक्षक, गुरु।

२ जिसकी बुद्धि में किसी प्रकार का लेश मात्र को भी कोई दोष न हो।

३ सन्त; मूल पुस्तक में इस प्रकार है : 'दरीं अरनाये ईं अन्देशाये जहां कुशाये यके अज़ दरेवेशान कि ब विलायत इश्तिहार दाश्त'। बेवरिज ने "ब विलायत इश्तिहार दाश्त" का अनुवाद "who was famous in foreign lands (wilayat) जो विदेश (विलायत) में प्रसिद्ध था" किया है किन्तु यहां "विलायत" का अर्थ 'वली होना' है। (बेवरिज, पृ० ६१२)।

४ बल्ख़ के पश्चिम में।

५ २ शव्वाल ९६१ हि० (३१ अगस्त १५५४ ई०)।

अकबर द्वारा निशाने की कुशलता का प्रदर्शन

इस हर्ष-उल्लास के दिन जब हवा के घोड़ों के चाबुक सवारों[1] एवं बाल को बेधने वाले धनुर्धारियों की परीक्षा हो रही थी, प्रताप के रण-क्षेत्र के शह सवार, ऐश्वर्य एवं गौरव की बहार के पौधे अर्थात् हज़रत शाहंशाह को इस बात की इच्छा हुई कि वे अपने मनोरंजन हेतु कुछ समय क़बक़ पर निशाना लगाने में व्यतीत करें। अपने हाथ की कुशलता एवं धनुर्विद्या का ज्ञान बाह्य बातों पर दृष्टि रखने वालों को दिखलायें और बाह्य संसार के रूप के पुजारियों को निष्ठा के सन्मार्ग पर लायें।

प्रथम बार उन्होंने क़बक़ को, जिसके बेधने में बड़े बड़े अनुभवी असमर्थ थे, अपने ध्यान के बाण का लक्ष्य बनाया और सुनहरी गेंद की गाँठ[2] को अपने बाल को बेधने वाले बाण से बेध (३३६) डाला। सम्मानित दरबार के उपस्थित गण यह देख कर प्रशंसा का नारा लगाने लगे। बाह्य बातों पर दृष्टि रखने वालों के लिए ऐसी घटनायें आश्चर्यजनक प्रतीत होती हैं किन्तु जो लोग जागरूक सौभाग्य के साथ, आध्यात्मिक दृष्टि से संसार के इस बादशाह के रहस्यमय कारनामों का अवलोकन करते हैं उन्हें अधिक आश्चर्य नहीं होता। जो आध्यात्मिक आश्चर्यजनक बातों की खान हो, उसके द्वारा बाह्य विचित्र बातों का प्रदर्शन कोई महत्व नहीं रखता।

बैराम खां ने हज़रत शाहंशाह के क़बक़ बेधने की प्रशंसा में एक उत्तम क़सीदे की रचना करके भव्य जशन में प्रस्तुत किया। यह प्रथम शेर उसी में से है:—

शेर

'तेरे बाण ने क़बक़ की गाँठ को कजक[3] से छीन लिया।
उसने कृत्तिका नक्षत्र को, हिलाल[4] से टूटने वाले तारों के समान काट डाला[5]।'

आनन्द मंगल के इन्हीं दिनों में, जब कि राज्य के सहायक हिन्दुस्तान विजय की महत्वाकाँक्षा कर रहे थे, हिन्दुस्तान के हितैषियों के प्रार्थना-पत्र प्राप्त हुए, जिनमें सलीम खां की मृत्यु एवं उस प्रदेश की अव्यवस्था का उल्लेख था।

हिन्दुस्तान की उथल पुथल के समय जो घटनायें घटीं उनका संक्षिप्त उल्लेख

जब बात यहाँ तक पहुँच गई तो इतिहासकार के लिए यह अनिवार्य है कि वह संक्षिप्त रूप से हिन्दुस्तान का विवरण दे दे ताकि सूक्ष्म बज़्म की गोष्ठी की बातों को परख रखने वालों को प्रतीक्षा न करनी पड़े।

१ वह आदमी जो घोड़ों को साधता और सिखाता एवं घुड़सवारी की शिक्षा देता है।
२ सम्भवतः वह गांठ जिससे गेंद बंधा था।
३ अंकुश जैसी कोई वस्तु जो क़बक़ बेधने के खेल में उस खम्भे पर लगाई जाती थी जिस पर सोने अथवा चांदी का गेंद या कद्दू लटकाया जाता था।
४ कजक का झुकाव जो शिशु चन्द्र के समान होता है।
५ इस मिसरे का अर्थ स्पष्ट नहीं।

सुल्तान सलीम

हिन्दुस्तान का संक्षिप्त इतिहास इस प्रकार है:—जब ११ रबी-उल-अव्वल ९५२ हि० (२३ मई १५४५ ई०) को शेर ख़ां पाँच वर्ष, दो मास तथा १३ दिन तक अपहरण द्वारा स्वतंत्र रूप से राज्य करके मृत्यु को प्राप्त हो गया तो उसका पुत्र सलीम ख़ां ८ दिन उपरान्त अमीरों की सहमति से अपने पिता के स्थान पर सिंहासनारूढ़ हुआ। ८ वर्ष, २ मास तथा ८ दिन तक वह राज्य के सम्बन्ध में दौड़-धूप करता रहा। कुछ समय तक उसने अपने बड़े भाई आदिल ख़ां तथा ख़्वास ख़ां से युद्ध किया। ख़्वास ख़ां शेर ख़ां के सेवकों में था। वह अपने समूह के सर्व साधारण व्यक्तियों में मूर्खों को प्रोत्साहन देने, धूर्तता एवं लोगों की धन-सम्पत्ति का अपहरण करने तथा संसार की संचित धन-सम्पत्ति को साधारण एवं तुच्छ लोगों में बाँटने के कारण प्रसिद्ध हो गया। क्योंकि स्वामी का विरोध, चाहे वह झूठा ही क्यों न हो, किसी को शुभ नहीं होता अतः शत्रुओं को कोई सफलता न प्राप्त हुई।

वह[1] कुछ समय तक नियाज़ी क़बीले वालों से, जो पंजाब के हाकिम थे और जिनका नेता हैबत ख़ां था, युद्ध करता रहा। वे लोग पराजित हो गए और कश्मीर के पहाड़ों की कन्दराओं में चले गए। वह कुछ समय तक गक्खरों से युद्ध करता रहा। क्योंकि इस क़बीले ने उन षड्यंत्रकारियों की अधीनता स्वीकार न की थी और वे इस पवित्र वंश के प्रति निष्ठावान् थे अतः उसे कोई सफलता न प्राप्त हुई और वह उन लोगों पर प्रभुत्व न पा सका। उसने रोहतास के क़िले का निर्माण, जिसे शेर ख़ां ने प्रारम्भ कराया था, पूरा कराया। सिवालीक पर्वतों के मध्य में उसने अपने लिए स्वयं एक बुरी फ़ाल निकाली और मानकोट के क़िले को अपनी शरण का स्थान समझ कर उसका निर्माण प्रारम्भ कराया। दीर्घकाल तक वह अफ़ग़ान गुंडों एवं अपनी दुष्टता से भयभीत (३३७) होने के कारण ग्वालियार के क़िले में जीवन व्यतीत करता रहा। यद्यपि वह प्रजा[2] के प्रति सद्व्यवहार करता था किन्तु सैनिकों को अत्यधिक रुष्ट रखता था। २२ ज़ीक़ाद ९६० हि० (३० अक्तूबर १५५३ ई०) को उसकी मृत्यु उसके तुच्छ अंगों में ज़हरवाद के कारण हो गई।

उसकी वसीयत के अनुसार उसका पुत्र फ़ीरोज़ ख़ां, जो कि बालक था, सिंहासनारूढ़ हुआ। कुछ दिन उपरान्त फ़ीरोज़ ख़ां के मामा मुबारिज़ ख़ां ने उस निरपराध की हत्या करा दी और अपना नाम मुहम्मद आदिल रखा। वह शेर ख़ां के अनुज निज़ाम ख़ां का पुत्र था। यह बड़ी विचित्र बात है कि इस निज़ाम के एक पुत्र तथा तीन पुत्रियाँ थीं जिनमें से पुत्र को राज्य प्राप्त हुआ और उन तीन पुत्रियों के पति उच्च पदों द्वारा सुशोभित हुए। उनमें एक सलीम ख़ां, दूसरा सिकन्दर सूर और तीसरा इबराहीम सूर था। अन्तिम दोनों का संक्षिप्त उल्लेख किया जायेगा।

हेमू

हेमू, बदगोई[3], बद अन्देशी[4] तथा चुग़ुलख़ोरी के कारण साधारण श्रेणी से उच्चतम श्रेणी

१ सुल्तान सलीम।
२ किसानों से।
३ दूसरों की निन्दा करना, चुग़ुल ख़ोरी।
४ बुरा सोचना, बद-ख़्वाही।

को प्राप्त हो गया था। इसका कारण यह है कि यह बातें संसार के रईसों को, जो संसार वालों के विषय में जाँच पड़ताल किया करते हैं इस सीमा तक पसन्द होती हैं, कि उनकी वजह से लोगों की स्वाभाविक एवं नैसर्गिक दुष्टता तथा लोगों का खोटापन उनकी दूरदर्शी दृष्टि से छिप जाता है। (हेमू ने) इस अत्याचारी की वकालत[1] को, जो संसार वालों की दशा की ओर से असावधान होकर सर्वदा भोग विलास एवं इन्द्रिय-लोलुपता में ग्रस्त रहता था, अपने अधिकार में कर लिया। संसार में अव्यवस्था फैल गई। बात को इस स्थान पर छोड़ कर, हेमू के संक्षिप्त विवरण द्वारा लेख को ताज़गी प्रदान करना उचित प्रतीत होता है।

हे ईश्वर की आश्चर्यजनक शक्ति की खोज करने वालो! दूर तक दृष्टि डालो तथा हेमू के विवरण से शिक्षा ग्रहण करो। उसमें वाह्य रूप से न तो हसब[2] था और न नसब[3], न तो रूप-रंग और न चरित्र। सम्भवतः विधाता ने किसी आध्यात्मिक रहस्य के कारण जो युग के तीक्ष्ण बुद्धि वालों को ज्ञात न था, उसे उच्च श्रेणी को पहुँचा दिया और या युग के दुष्टों को दंड देने के लिये एक दुष्टतर उनके ऊपर नियुक्त कर दिया। संक्षेप में, वह कुरूप ठिगना, लम्बी-लम्बी आकाँक्षायें रखने वाला रेवारी[4] के, जो मेवात के क़स्बों में से एक है, अधम बक़्क़ालों के समूह से सम्बन्धित था। वंश के अनुसार उसका सम्बन्ध हिन्दुस्तान के बक़्क़ालों के क्षुद्रतम समूह ढूसर से था। वह गलियों के पीछे बड़ी ही हीन दशा में शोरा बेचा करता था यहाँ तक कि धूर्तता द्वारा जिसका संक्षिप्त उल्लेख हो चुका है उसने अपने आप को सलीम ख़ां की सरकार के बक़्क़ालों की माला में सम्मिलित कर लिया। अपनी धूर्तता के कारनामों से उसने शनैः शनैः बदगोई एवं कारदानी[5] की सहायता से सलीम ख़ां से परिचय प्राप्त कर लिया और उसके सेवकों में सम्मिलित हो गया। वह सर्वदा लोगों को कष्ट में डाला करता था और दिखाता था कि मैं अपने स्वामी का हितैषी हूँ किन्तु वास्तव में अपने स्वार्थ की सिद्धि हेतु अपहरण का बाज़ार गरम रखता था और अत्याचार द्वारा धन (३३८) छीन-छीन कर अपने घर को शोभा प्रदान करता रहता था। त्राहि-त्राहि! वह अपने स्वामी के विनाश की सामग्री की व्यवस्था करता था और अपने हाथ से अपने पाँव में कुल्हाड़ी मारता था। इस विषय में संसार के महान् लोग बड़ी भूल करते हैं कारण कि यह बहुधंधी समूह लोगों के विषय में जानकारी प्राप्त करने की इच्छा के कारण कटु आलोचक दुष्टों को या तो लोगों की गुप्त बातों की जानकारी हेतु और या अन्य दुष्टों को दंड देने के उद्देश्य से अपने पास स्थान दे देता है। यद्यपि वे अपने हृदय में यह संकल्प कर लेते हैं कि इन लोगों के कहने पर वे हितैषियों एवं निष्ठावानों की धन-सम्पत्ति तथा मर्यादा को नष्ट न करेंगे तथापि यह बुरे हृदय वाला समूह जो अपने वाह्य रूप को सजाये रहता है, अवसर पाकर अपने लाभ हेतु चिकनी-चुपड़ी बातों द्वारा निष्ठावानों को हानि पहुँचाने का प्रयत्न करता है। यह उत्कृष्ट समूह विभिन्न कार्यों में अत्यधिक व्यस्त होने के कारण उस प्रतिज्ञा को भूल कर इन दुष्टों की चिकनी-चुपड़ी

१ प्रधान मंत्री का पद।
२ श्रेष्ठता, विशेष रूप से व्यक्तिगत श्रेष्ठता।
३ कुलीनता।
४ गुड़गांव ज़िले में।
५ कार्य-कुशलता किन्तु यहां राजस्व संबन्धी योग्यता से तात्पर्य है।

वातों में आ जाता है तथा निष्ठावानों के प्रति शंकित हो जाता है और अपने राज्य की नींव को अपने हाथ से गिराने का प्रयत्न करने लगता है।

संक्षेप में, इस दुष्ट ने अल्प समय में सलीम ख़ां के हृदय में अपना स्थान वना लिया और शासन एवं राजस्व सम्बन्धी अनेकों समस्याओं में अधिकार प्राप्त कर लिया। जब सलीम ख़ां की अवस्था का प्याला भर गया[1] और हिन्दुस्तान का राज्य सलीम ख़ां के चाचा के पुत्र मुबारिज़ ख़ां को प्राप्त हो गया तो हेमू ने उसे संसार के कार्यों से अपरिचित पाकर राज्य के समस्त कारख़ानों[2] पर अधिकार जमा लिया और बड़ा प्रतिष्ठित अमीर हो गया। मुबारिज़ ख़ां, जिसे लोग अदली कहते थे, नाम मात्र को बादशाह था। लोगों की नियुक्ति, पदच्युत करना, न्याय इत्यादि की व्यवस्था वह[3] स्वयं करता था। अपनी दूरदर्शिता के कारण उसने शेर ख़ां तथा सलीम ख़ां के ख़ज़ानों एवं फ़ीलख़ानों[4] को अधिकार में कर लिया। वहाँ जो कुछ भी एकत्र था उसको धृष्टतापूर्वक नष्ट भ्रष्ट करने लगा। नीच, धन के दास एवं सूझ-बूझ न रखने वाले उसकी पूजा किया करते और उसकी सफलता का प्रयत्न करते रहते थे। कुछ दिन तक वह राय की उपाधि धारण करके अभिमानवश सिर उठाये रहा। कुछ समय तक राजा की उपाधि धारण करके उसने अपना नाम राजा विक्रमाजीत रख लिया और टेढ़ी-टोपी पहिनने लगा[5]। मूर्खता एवं दुःसाहस के कारण अपने लिए बुज़ुर्गों का नाम चुन लिया। अपनी दूरदर्शिता के कारण नाम मात्र को सल्तनत अदली के अधीन रहने दी और उसके शत्रुओं से घोर युद्ध किए। अपने साहस एवं अपनी वीरता के कारण वह युद्ध में सफलता प्राप्त करके वापस होता था। रणक्षेत्र में उसने आश्चर्यजनक कौशल प्रदर्शित किए। पौरुष एवं सफलता के कारण वह अत्यधिक प्रसिद्ध हो गया, यहाँ तक कि शनैः शनैः उसके कार्य इस सीमा को पहुँच गए कि उसने धृष्टता-पूर्वक हज़रत शाहंशाह की उत्कृष्ट सेना का मुक़ावला किया। क्योंकि उनका पवित्र व्यक्तित्व समस्त सदाचारियों एवं दुराचारियों की कसौटी है अतः उसके खोटे सिक्के की परीक्षा हो गई और संसार को आलोकित करने वाले न्याय के प्रकाश से उसके अस्तित्व के अंधकार का अन्त हो गया। इसका उल्लेख उचित स्थान पर किया जायगा।

क्योंकि हेमू की सहस्रों दुष्टताओं में से कुछ का उल्लेख हो चुका अतः अब हिन्दुस्तान का शेष हाल लिखा जा रहा है।

शेर शाह एवं सलीम शाह की प्रशंसा

जव शासन प्रवन्ध मुवारिज़ ख़ां के सिपुर्द हुआ तो हिन्दुस्तान की दशा और भी शोचनीय हो गई। वास्तव में उक्त पिता, पुत्र शासन प्रवन्ध की अच्छी योग्यता रखते थे। यह बड़े खेद का (३३९) विपय है कि उन्होंने नमकहरामी एवं कृतघ्नता-पूर्ण जीवन व्यतीत किया। यदि ये दोनों व्यक्ति हज़रत शाहंशाह की भाग्यशाली चौखट के सेवक होते और पिता को उत्कृष्ट दरबार की

१ मृत्यु हो गई।
२ विभागों।
३ हेमू।
४ गज-गृह।
५ शाहाना ठाट-बाट से रहने लगा।

सेवा एवं पुत्र को सीमान्तों का प्रवन्ध प्राप्त होता तो वे निःसन्देह शाही कृपा द्वारा सम्मानित होते और उचित सेवाओं द्वारा वह जीवन, जिसे बुद्धिमान् बुज़ुर्ग लोग वास्तविक जीवन कहते हैं, प्राप्त करते। उनके जैसे कार्यकर्ताओं को ऐसे शासक की आवश्यकता थी। वह राज्य जो इस प्रकार की नमकहरामी से प्राप्त हो, उसके लिए जीवित रहना अनुभवी बुद्धिमान् मृत्यु से भी बुरा समझते हैं और उसके प्रति अत्यधिक घृणा प्रकट करते हैं।

अफ़ग़ानों में राज्य हेतु संघर्ष

संक्षेप में, जब सलीम ख़ां की मृत्यु हो गई तो मुवारिज़ ख़ां ने जो कुछ किया वह किसी ने भी न किया होगा। अहमद ख़ां सूर, जो सलीम ख़ां की वहिन का पति एवं पंजाब का हाकिम था, राज्य का दावा करने लगा और उसने सिकन्दर की उपाधि धारण कर ली। मुहम्मद ख़ां, जो शेर ख़ां का निकटतम सम्बन्धी एवं बंगाले का हाकिम था, रियासते आम्मा[1] की प्राप्ति का प्रयत्न करने लगा। इबराहीम ख़ां सूर भी सम्बन्धी होने के कारण हिन्दुस्तान पर राज्य करने की आकाँक्षा करने लगा था। शुजाअत ख़ां ने, जिसे सर्वसाधारण सज़ावल ख़ां कहते थे, मालवा में विद्रोह कर दिया। दुष्ट अफ़ग़ानों ने आपस में एक दूसरे से युद्ध करके विद्रोह एवं हलचल मचा दी। सिकन्दर ने पंजाब की सेना एवं समस्त दुष्टों को एकत्र करके राजधानी आगरा के विरुद्ध प्रस्थान किया। मुबारिज़ ख़ां एवं इबराहीम ख़ां भी इसी उद्देश्य से निकले। हेमू की धूर्तता के कारण मुबारिज़ ख़ां पूर्व की ओर रवाना हुआ। आगरा के समीप सिकन्दर तथा इबराहीम में घोर युद्ध हुआ। इबराहीम पराजित होकर अलग बैठ रहा। उसके पिता ग़ाज़ी ख़ां सूर ने, जो व्याना पर अधिकार जमाये हुए था, क़िले में पहुँच कर क़िला बन्द कर लिया। सिकन्दर को सफलता प्राप्त हो गई। सिंध से गंगा नदी तक के प्रदेश उसने अपने अधिकार में कर लिये। वह अत्यधिक सेना एकत्र करके चाहता था कि पूर्व की ओर जाकर राज्य का दावा करने वालों को पराजित कर के स्वयं पूर्ण अधिकार सम्पन्न बादशाह बन बैठे। इसी हलचल के समय हज़रत जहाँबानी की संसार विजय करने वाली पताकाओं के हिन्दुस्तान विजय हेतु प्रस्थान करने के समाचार प्रसिद्ध होने लगे। उसने तातार ख़ां, हबीब ख़ां तथा एक बहुत बड़ी सेना को पंजाब की रक्षा हेतु नियुक्त किया। बंगाले के हाकिम मुहम्मद ख़ां ने मुवारिज़ ख़ां एवं अपने समस्त विरोधियों से मुक्त होना निश्चय कर लिया। उससे तथा मुबारिज़ ख़ां एवं हेमू से कुछ दुर्घटनाओं के उपरान्त चपरगत्ता के क्षेत्र में घोर युद्ध हुआ। संयोग से मुहम्मद ख़ां मारा गया। शेर ख़ां एवं सलीम ख़ां के ख़ज़ाने हेमू के अधिकार में आ गए। वह भोग विलास एवं इन्द्रिय-लोलुपता में ग्रस्त हो गया। बाह्य रूप से उसे सफलता प्राप्त होने लगी। इसी बीच में (३४०) उसका इबराहीम एवं अन्य शत्रुओं से युद्ध हुआ। सभी स्थानों पर उसकी विजय हुई। वावजूद इसके कि वह घोड़े पर सवार होना न जानता था और सर्वदा उसे हाथी के हौदज पर लादकर ले जाया जाता था, अपने धृष्टता के कारण उसने मुफ़्त हाथ आये धन को बेतहाशा व्यय करना प्रारम्भ कर दिया, और आश्चर्यजनक कार्य, जो संसार वालों की समझ में नहीं आ सकते, करने लगा।

जब आगरा के आस-पास सिकन्दर को प्रभुत्व प्राप्त हो गया तो वह बिहार तथा बंगाले की ओर रवाना हुआ। ख़िज़्र ख़ां वल्द मुहम्मद ख़ां ने अपने पिता के स्थान पर सिंहासनारूढ़ होकर

१ सभी क्षेत्रों पर पूर्ण प्रभुत्व अथवा राज्य।

एक बहुत बड़ी उपाधि धारण कर ली। वह अपने आप को सुल्तान जलालुद्दीन कहलवाने एवं बंगाले का शासन प्रबन्ध करने लगा। मुबारिज ख़ां तथा हेमू बंगाले पर आक्रमण करना चाहते थे किन्तु वे कुछ समय तक अपने शत्रुओं से युद्ध करने में संलग्न रहे[1]।

इन घटनाओं का सविस्तार उल्लेख, जिनकी चर्चा करने की मेरी कोई इच्छा नहीं, उपेक्षा के गुप्तगृह में छोड़ कर, अपने मूल उद्देश्य की ओर अग्रसर होता हूँ।

हज़रत जहांबानी जन्नत आशियानी का हिन्दुस्तान की विजय हेतु प्रस्थान और शाहंशाह के नित्य-प्रति उन्नत प्रताप से विजय

जो लोग आश्चर्यजनक घटनाओं की प्रतीक्षा किया करते हैं तथा जो उत्कृष्ट इतिहास के श्रोता हैं, उनसे यह बात छिपी न रहनी चाहिये कि जब हिन्दुस्तान की उथल-पुथल का हाल एवं सुख शान्ति के इस केन्द्र की अव्यवस्था के समाचार, जिनकी ओर संकेत किया जा चुका है, हज़रत जहाँबानी के सम्मानित कानों तक पहुँचे तो उन्होंने हिन्दुस्तान के आक्रमण का, जिसे उनके दूरदर्शी मस्तिष्क ने निश्चय कर लिया था, संकल्प कर लिया। अन्तःपुर की महिलाओं[2] को राजधानी काबुल में ईश्वर की रक्षा में सौंप दिया और शाह वली वकावल वेगी को मीर्ज़ा मुहम्मद हकीम का अतका नियुक्त करके उसकी सेवा में छोड़ दिया।

ज़िलहिज्जा ९६१ हि० के मध्य (लगभग १२ नवम्बर १५५४ ई०) में शुभ मुहूर्त और ऐसी घड़ी में जिसपर नक्षत्रों की गति को गर्व हो सकता था उन्होंने उत्कृष्ट संकल्प की लगाम हिन्दुस्तान के प्रदेशों की ओर मोड़ी। उस दैवी नूर के पोषित अर्थात् हज़रत शाहंशाह को, जिनकी उस शुभ अवसर पर अवस्था १२ वर्ष ८ मास की थी, और लोक तथा परलोक के उस महान् व्यक्ति की जिसकी 'अक़्ले कामिल' का समझना बुद्धि के बाहर है, साँसारिक एवं आध्यात्मिक विजयों की सेना का अग्र भाग बना कर प्रताप के हवा के घोड़ों को दौड़ाया। जिस दिन उनका उत्कृष्ट प्रस्थान हुआ उस दिन

१ तुर्की नौसेनानायक (एडमिरल) सिदी अली रेईस ने उस समय की स्थिति का विवरण इस प्रकार दिया है: "....The political state of the country was as follows: After the death of Selim Shah a son of Shir Khan, the former Sovereign of Hindustan, Isken-der Khan, had come to the throne. When the Padishah Humayun heard this, he immediately left Kabul and marched his army to India, took Lahore, and fought Iskender Khan near Sahrand. He won the battle and took 400 elephants besides several cannon and 400 chariots. Isken-der Khan escaped to the fortress of Mankut, and Humayun sent Shah Abul-Maali with a detachment of soldiers after him. Humayun himself proceeded to his residence at Delhi and despatched his officers to different places. The Ozbeg, Iskender Khan, he sent to Agra, and others to Firuzshah, Senbel, Bayana and Karwitch." A. Vambery: *The Travels and Adventures of the Turkish Admiral Sidi Ali Reis* (London 1899), p. 46.

२ 'मुख़द्देराते तुतुक़े इस्मत'—सतीत्व के परदे की महिलायें।

दीवाने लिसानुल ग़ैब[१] से आशीर्वाद सम्बंधी फ़ाल निकाली। जब कोई महान् घटना परोक्ष के आवरण एवं रहस्यों के परदे से प्रकट होती है तो दैवी आदेश का ढिंढोरा पीटने वाले अपनी आत्मा एवं अपने स्थान से खुल्लम खुल्ला[२] चिल्लाने लगते हैं। उन्हीं में से यह शाह बैत[३] है जो उत्कृष्ट पृष्ठ के शीर्षक के रूप में सौभाग्य के लेख के समान दृष्टिगत हुई और विजय का शीर्षक बनी।

शेर[४]

'राज्य के शुभ पक्षी एवं उसकी छाया से आकाँक्षा कर,
कारण कि चील कौओं[५] से साहस का शहपर नहीं माँगा जा सकता।'

(३४१) यद्यपि अनुभवी बुद्धिमान् तथ्य का निरूपण करने वाले वाक्यों को हज़रत जहाँबानी के प्रताप एवं विजय सम्बन्धी दैवी आदेश समझ कर सौभाग्य की सभा की शोभा समझने लगे किन्तु विवेक के दरबार के दूरदर्शी लोग इस पद्य के आशय को महान् ख़िलाफ़त का निमंत्रण-पत्र एवं हज़रत शाहंशाह के सम्मानित राज्य की सुखद घोषणा समझ कर इस दैवी पक्षी की उत्कृष्ट उड़ान की प्रतीक्षा करने लगे[६]। हज़रत जहाँबानी ने दैवी अनुकम्पा के दृढ़ हाथों एवं दैवी सुखद भविष्यवाणी की दृढ़ रस्सी को मज़बूती से पकड़ कर थोड़े से आदमियों के साथ, जिनकी संख्या ३,००० से अधिक न थी, बुद्धिमान् हिसाब करने वालों की समझ से परे परोक्ष की अपार सेनाओं की सहायता से प्रस्थान किया।

हुमायूं का हिन्दुस्तान की ओर प्रस्थान

बैराम ख़ां कुछ पादशाही कार्यों को दृढ़ करने एवं अपने अस्त्र-शस्त्र की व्यवस्था हेतु आज्ञा पाकर काबुल में रह गया। हज़रत जहाँबानी ने जलालाबाद से आनन्द मंगल की प्रथाओं का पालन करते हुए जाला[७] पर सवार होकर नदी पार की। मुहर्रम ९६२ हि० के अन्तिम दिन (२५ दिसम्बर १५५४ ई०) बिकराम[८] में शिविर लगे। सिकन्दर ख़ां ऊज़बेक जिसने उचित सेवायें सम्पन्न की थीं, नाना प्रकार की कृपाओं द्वारा सम्मानित हुआ। उस दिन उगे ख़ान

१ ख़्वाजा हाफ़िज़ शीराज़ी।

२ मूल में "हज़ारों ज़बान से"।

३ ग़ज़ल का शेर जो सबसे अच्छा हो।

४ दौलत अज़ मुर्ग़ हुमायूं तलब व सायये ऊ,
ज़ आंकि बा ज़ाग़ व ज़ग़न शहपरे हिम्मत न बुवद।

دولت از مرغ همایوں طلب و سایۂ او
زانکه با زاغ و زغن شهپر همت نبود

५ चील कौओं से हिन्दुस्तान की ओर संकेत समझा गया। हिन्दुस्तानियों के काले रंग का होने के कारण इस प्रकार का निष्कर्ष फ़ाल में निकाला जा सकता था। हाफ़िज़ ने स्वयं हिन्दुस्तान वालों को दृष्टि में रख कर इस शेर की रचना न की थी।

६ अकबर की उन्नति की प्रतीक्षा से तात्पर्य है।

७ लट्ठों की नौका; कोई छोटी नौका।

८ पेशावर।

की उपाधि प्रदान की गई। इस वर्ष की ५ सफ़र[1] (३० दिसम्बर १५५४ ई०) को नीलाब के नाम से प्रसिद्ध सिन्ध नदी पर विजयी पताकायें पहुँचीं। तीन दिन तक उस मंज़िल पर पड़ाव किया गया।

अफ़ग़ानों का रोहतास से पलायन

इस आनन्दवर्द्धक पड़ाव पर बैराम ख़ां ने काबुल से पहुँचकर फ़र्श चूमने का सौभाग्य प्राप्त किया। उसी दिन भाग्यशाली राजदूत यह सुखद समाचार लाये कि तातार ख़ां काशी[2], जो कि एक बहुत भारी सेना सहित रोहतास के क़िले की रक्षा हेतु नियुक्त था, किले की प्रतिरक्षा की सामग्री के उपलब्ध एवं क़िले के दृढ़ होने के बावजूद विजयी पताकाओं के बलन्द होने के समाचार सुनते ही दृढ़ता के पाँव हटाकर भाग गया।

सुल्तान आदम गक्खर का हुमायूं की सेवा में उपस्थित न होना

हज़रत जहाँबानी ने सुल्तान आदम गक्खर की प्राचीन एवं नवीन उत्तम सेवाओं के कारण उसे कृपायुक्त फ़रमान भेजकर धरती चुम्बन करने का आदेश दिया। इस कारण कि उसका सौभाग्य उन्नति पर न था, उसने ज़मींदारों के समान बहाना करके निवेदन कराया कि, "मैं सिकन्दर को वचन दे चुका हूँ और मेरे पुत्र लश्करी को वह अपने साथ ले गया है। यदि मैं धरती-चुम्बन करने का सौभाग्य प्राप्त करूँगा तो इससे वचन भी भंग होगा और मेरा पुत्र भी ख़तरे में पड़ेगा।" राज्य के पदाधिकारियों ने निवेदन किया कि, "यह उचित होगा कि विजयी सेना को आदेश दे दिया जाय कि सर्वप्रथम उसका फ़ैसला करके आगे प्रस्थान हो कारण कि ऐसे विद्रोही को बीच में छोड़कर आगे बढ़ जाना दूरदर्शिता नहीं।" हज़रत जहाँबानी ने, जो सौजन्य एवं कृपा की खान थे, कहा कि, "वह बहुत समय पूर्व से निष्ठा एवं आज्ञाकारिता प्रदर्शित करता चला आया है और कई बार उचित सेवाएं जैसा कि उल्लेख हो चुका है, सम्पन्न कर चुका है। इस समय मैं उसे दंड देना उत्तरोत्तर उन्नत राज्य के लिए उचित नहीं समझता, विशेष रूप से जब कि वह नम्रतापूर्वक क्षमा माँग (३४२) रहा है।" जब उत्कृष्ट सेना ने सिन्ध नदी पार कर ली तो जो अफ़ग़ान रोहतास के क्षेत्र में एकत्र हो गए थे, वे छिन्न-भिन्न हो गए, और प्रत्येक किसी न किसी कोने में चला गया। शाही सेना प्रताप के अधीन आगे रवाना हुई। हर रोज़ वह किसी न किसी हृदयग्राही स्थान एवं आनन्द-मंगल के भू-भाग में पहुँच जाती। क़स्बे एवं ग्राम, न्याय की छाया के अधीन होते रहते और आराम एवं सुख शान्ति प्राप्त करते रहते।

जब बात यहाँ तक पहुँच गई तो घटनाओं की चर्चा करने के पूर्व विजयी रिकाब के कुछ सहायकों का, जो विश्वास-पात्र एवं उच्च पदों पर सुशोभित थे, उल्लेख किया जाता है:

(१) बैराम ख़ां
(२) शाह अबुल मआली
(३) ख़िज़्र ख़्वाजा ख़ां

१ ५ सफ़र ९६२ हि०।

२ बायज़ीद के अनुसार 'इस्कन्दर सुल्तान कुज़ुक़' किन्तु कुछ हस्त-लिपियों एवं बदायूनी (मुंतख़बुत्तवारीख़ भाग १) के अनुसार 'कासी'।

(४) तरदी बेग खां
(५) सिकन्दर ख़ां
(६) ख़िज़्र ख़ां हज़ारा
(७) अब्दुल्लाह ख़ां ऊज़बेक
(८) मीर्ज़ा अब्दुल्लाह
(९) मुसाहिब बेग
(१०) अली क़ुली खां शैबानी
(११) मुहम्मद क़ुली खां बरलास
(१२) ख़्वाजा मुअज़्ज़म
(१३) अली क़ुली ख़ां अन्दराबी
(१४) हैदर मुहम्मद आख़्ता बेगी
(१५) बाबूस बेग
(१६) इस्माईल बेग दूल्दाई
(१७) मीर्ज़ा हसन खां
(१८) मीर्ज़ा नजात
(१९) मुहम्मद खां जलायर
(२०) सुल्तान हुसेन खां
(२१) क़ून्दूक़ सुल्तान
(२२) मुहम्मद अमीन दीवाना
(२३) शाह क़ुली नारंजी
(२४) तूलक ख़ां
(२५) काकर अली ख़ां
(२६) बाक़ी बेग यातीश बेगी[1]
(२७) लाल ख़ां बदख़्शी
(२८) बेग मुहम्मद आख़्ता बेगी
(२९) ख़्वाजा पादशाह मरीज़
(३०) कीचक ख़्वाजा
(३१) ख़्वाजा अब्दुल बारी
(३२) ख़्वाजा अब्दुल्लाह
(३३) मीर मुईन
(३४) मीर ग़नी
(३५) शाह फ़ख़्रुद्दीन
(३६) मीर मुहसिन दाई

१ सम्भवतः 'आतश बेगी'।

(३७) ख्वाजा हुसेन मर्वी
(३८) मीर अब्दुल हई
(३९) मीर अब्दुल्लाह क़ानूनी
(४०) ख़ंजर बेग
(४१) आरिफ़ बेग
(४२) ख्वाजा अब्दुस्समद
(४३) मीर सैयिद अली
(४४) मुल्ला अब्दुल क़ादिर
(४५) मुल्ला इलियास अर्दबेली
(४६) शेख़ अबुल क़ासिम जुर्जानी
(४७) मौलाना अब्दुल बाक़ी
(४८) अफ़ज़ल ख़ां मीर बख़्शी
(४९) ख्वाजा अब्दुल मजीद दीवान
(५०) अशरफ़ ख़ां मीर मुंशी
(५१) क़ासिम मुख़लिस
(५२) ख्वाजा अताउल्लाह दीवान ब्यूतात
(५३) ख्वाजा अबुल क़ासिम
(५४) शिहाबुद्दीन अहमद ख़ां
(५५) मुईन ख़ां फ़रंख़ुदी
(५६) ख्वाजा अमीनुद्दीन महमूद
(५७) मलिक मुख़्तार।

हुमायूं का लाहौर पहुँचना

जब संसार को शोभा प्रदान करने वाली सेना कलानूर के भाग्यशाली क़स्बे के क्षेत्र में पहुँची तो शिहाबुद्दीन अहमद ख़ां, अशरफ़ ख़ां तथा फ़रहत ख़ां को इस आशय से लाहौर भेजा गया कि वे मिम्बरों तथा दीनारों को सम्मानित नाम से शोभा प्रदान करें[1] तथा इस भव्य नगर के निवासियों को षड्यंत्रकारियों एवं विद्रोहियों से स्थायी मुक्ति का फ़रमान प्रदान करें। एक बहुत बड़ी सेना नसीब ख़ां पंजभय्या[2] के विरुद्ध, जो कि हरियाना क़स्बे में था, भेजी गई और वे स्वयं लाहौर की ओर रवाना हुए। उस प्रदेश के उच्च पदाधिकारियों ने स्वागत का सम्मान प्राप्त किया तथा इस महान् देन एवं कृपा के प्रति कृतज्ञता प्रकट की। सर्व साधारण एवं सम्मानित लोग अपनी दशा एवं श्रेणी के अनुसार पादशाही कृपा द्वारा सम्मानित हुए। २ रबी-उस्सानी (९६२) (२४ फ़रवरी १५५५ ई०) को लाहौर के सम्मानित नगर ने, जो हिन्दुस्तान के भव्य नगरों में से है, पादशाह के पवित्र चरणों द्वारा आकाश के समान उत्कर्ष प्राप्त कर लिया। सर्व साधारण एवं

१ हुमायूं के नाम का ख़ुत्बा तथा सिक्का चलायें।
२ यह नाम स्पष्ट नहीं।

हर श्रेणी के लोगों ने काल-चक्र की दुर्घटनाओं से, जिसकी वे आजीवन प्रतीक्षा करते थे, स्थायी रूप से मुक्त होकर अपने उद्देश्य को प्राप्त कर लिया।

*इस मास के अन्त में समाचार प्राप्त हुए कि शाहबाज़ खां नामक एक अफ़ग़ान, अफ़ग़ानों की एक बहुत वड़ी सेना एकत्र करके दीबालपुर में अपने षड्यंत्र की सफलता का प्रयत्न कर रहा है। हज़रत जहाँबानी ने शाह अबुल मआली, अली क़ुली ख़ां शैबानी, अली क़ुली ख़ां अन्दराबी, मुहम्मद ख़ां जलायर एवं वीर जवानों का एक समूह उस ओर भेजा। भाग्यशाली सेना शत्रुओं के समीप पहुँची। युद्ध प्रारम्भ हो गया। दोनों ओर से प्राणों की बलि देने वाले वीरों ने युद्ध किया। सैयिदज़ादा अबुल मआली, जो संसार की बदमस्ती एवं अपने सौन्दर्य के अभिमान में डूबा था, ख़तरे में फंस गया था कि अली क़ुली ख़ां एवं (सेना की) पंक्तियों का संहार करने वाले जवानों ने नित्य-प्रति उन्नत सौभाग्य पर आश्रित होकर पौरुष एवं बलिदान सम्बन्धी महान् कार्य सम्पन्न किए और अपहरणकर्ताओं के समूह को पराजित कर दिया। इस समूह के बहुत से लोगों की हत्या करके राज्य के अधिकारियों ने विजय एवं सफलता प्राप्त कर ली।

क्योंकि मैं अब इस स्थान पर पहुँच गया, अतः यह आवश्यक है कि मैं उस विजयी सेना का भी, जो बैराम ख़ां के अधीन की गई थी, थोड़ा सा उल्लेख कर दूं।

हरियाना में बैराम ख़ां की विजय

जब बैराम ख़ां हरियाना परगने के समीप पहुँचा तो नसीब ख़ां अफ़ग़ान ने अपने साहस के अनुसार थोड़ा सा युद्ध किया और भाग खड़ा हुआ। अत्यधिक लूट की धन सम्पत्ति, नक़द (धन) एवं सामान युद्ध के वीरों को प्राप्त हुआ। उन लोगों के समस्त परिवार वाले बन्दी बना लिए गए। बैराम ख़ां ने यह सुना था कि हज़रत जहाँबानी ने यह प्रतिज्ञा की है कि जब ईश्वर की कृपा से हिन्दुस्तान विजय कर लिया जायेगा तो वे किसी को बन्दी न बनायेंगे, और ईश्वर के दास लोगों के पास क़ैद न रक्खे जायेंगे। अतः उसने स्वयं सवार होकर अफ़ग़ानों के समस्त परिवारों को एकत्र किया और उन्हें अपने विश्वास-पात्रों के साथ नसीब ख़ां के पास भेज दिया। असंख्य विजयों की प्रस्तावना स्वरूप ऐसी विजय की प्राप्ति के बाद उसने प्रतिष्ठित हाथियों एवं (३४४) लूट की उत्तम धन सम्पत्ति को उपहार स्वरूप प्रार्थना-पत्र के साथ संसार को शरण देने वाले हज़रत जहाँबानी के दरबार में भेज दिया और इस देन के प्रति कृतज्ञता प्रकट करके आगे रवाना हो गया।

बैराम ख़ां के सहायकों में पारस्परिक विरोध

जब वह जालंधर के समीप पहुँचा तो अफ़ग़ानों ने भाग जाना ही अपने लिए उचित समझा। विजयी सेना में पारस्परिक विरोध के कारण वे अपनी बहुमूल्य धन सम्पत्ति एवं अपने प्राण बचा कर भाग गए। इस घटना का संक्षिप्त उल्लेख इस प्रकार है :—तरदी बेग ख़ां चाहता था कि वह भागे हुए अफ़ग़ानों का पीछा करे। बैराम ख़ां ने इसे उचित न समझकर इस बात की अनुमति न दी। तरदी बेग ख़ां ने बाल्तू ख़ां को बैराम ख़ां के पास इस आशय से भेजा कि उससे जिस प्रकार सम्भव हो सके वह आज्ञा प्राप्त करे। बाल्तू ख़ां ने उपस्थित होकर संदेश पहुँचाया। ख़्वाजा मुअज़्ज़म सुल्तान ने कठोर वचन एवं अपशब्द कहे। बाल्तू ख़ां ने भी कठोर उत्तर दिए।

ख्वाजा ने बाल्तू ख़ां पर तलवार का वार किया; वह उसके हाथ में लगी। जब यह समाचार सम्मानित कानों तक पहुँचे तो उन्होंने शिक्षायुक्त फ़रमान अफ़ज़ल ख़ां के हाथ मौखिक संदेश सहित भेजा। उसने पादशाह के समस्त उपदेश एवं वृद्धिवर्धक शिक्षाएं अमीरों तक पहुँचाईं। शान्ति एवं मेल हेतु गोष्ठी आयोजित की। बैराम ख़ां जालन्धर में ठहर गया। प्रत्येक व्यक्ति को अलग अलग परगने देकर इधर-उधर नियुक्त कर दिया।

सिकन्दर ख़ां का सरहिन्द से पलायन

सिकन्दर ख़ां माछीवारा में नियुक्त हुआ। वहाँ पहुँच कर उसने यह सोचा कि वह शक्तिशाली है। वह आगे रवाना हो गया और उसने सहरिन्द[1] को अपने अधिकार में कर लिया। अत्यधिक धन सम्पत्ति उसको प्राप्त हो गई। इसी बीच में तातार ख़ां, हबीब ख़ां, नसीब ख़ां, मुबारक ख़ां तथा अफ़ग़ानों की एक बहुत बड़ी सेना देहली से आ गई। सिकन्दर ख़ां सहरिन्द में ठहरना उचित न समझ कर जालन्धर पहुँचा। बैराम ख़ां ने यह बात राज्य के हित में न समझकर क्रोध प्रदर्शित किया और कहा कि,"तुझे चाहिए था कि तू दृढ़ता एवं पौरुष के पाँव जमाकर सहरिन्द की प्रतिरक्षा का प्रयत्न करता और हमें सूचना दे देता।"

हुमायूं की सेना का सतलज नदी पार करना

अत्यधिक वाद-विवाद के उपरान्त प्रतिष्ठित अमीर पादशाही के स्थायी सौभाग्य से जालन्धर के आगे रवाना हुए। जब वे माछीवारा के क्षेत्र में पहुँचे तो तरदी मुहम्मद ख़ां एवं अधिकाँश लोगों ने सतलज नदी पार करना उचित न समझा और कहा कि, "क्योंकि वर्षा ऋतु निकट आ गई है अतः राज्य के हित में यह उचित होगा कि घाटों को दृढ़ बनाकर हम लोग ठहर जायें। जब वर्षा की अधिकता समाप्त हो जाय और वायु अनुकूल हो जाय तो नदी पार करें।" बैराम ख़ां एवं दूरदर्शी लोगों के एक समूह ने नदी पार करना राज्य के हित में समझकर उचित बातें प्रस्तुत कीं। अन्त में मुल्ला पीर मुहम्मद, मुहम्मद क़ासिम ख़ां नीशापुरी, वली बेग, हैदर क़ुली बेग शामलू के प्रयत्न से बैराम ख़ां ने नदी पार की। तरदी बेग ख़ां तथा समस्त अमीरों ने भी विवश होकर नदी पार की।

(३४५) भाग्यशाली सेना चार दस्तों में विभाजित हो गई। मध्य भाग को बैराम ख़ां की वीरता एवं निष्ठा द्वारा शोभा प्राप्त हुई। ख़िज़्र ख़ां हज़ारा को दायें भाग का सरदार नियुक्त किया गया। बायें भाग का नेतृत्व तरदी बेग ख़ां को प्रदान हुआ। सिकन्दर ख़ां प्राणों की बलि देने वाले एक समूह के साथ अग्र भाग में नियुक्त हुआ। इस कारण कि संसार के पादशाह का उद्देश्य न्याय के नियमों एवं दैवी इच्छाओं की पूर्ति पर आधारित था अतः दरबार के उच्च अधिकारियों के कार्य नित्य-प्रति अधिक से अधिक विजय एवं सफलता प्राप्त करते गए।

अफ़ग़ान लोग विजयी सेना की कमी एवं उन लोगों के नदी पार करने के समाचार प्राप्त करके अत्यधिक सेना सहित शीघ्रातिशीघ्र पहुँच गए। सायंकाल के समीप दोनों ओर की

१ सरहिन्द।

सेनाओं की मुटभेड़ हो गई। घोर युद्ध होने लगा, विजयी सेना के दूरदर्शी सैनिकों ने बजरा[1] नामक स्थान युद्ध के लिए चुनकर दृढ़ता के पाँव जमाये। सभी लोगों ने अपने साहस के अनुसार इस युद्ध में पौरुष एवं योग्यता प्रदर्शित की। यहाँ तक कि रात हो गई। रुस्तम सरीखे वीर चारों ओर से आक्रमण करके बाणों की वर्षा करते रहे। संयोग से एक घटना, जो विजय की प्रस्तावना बन सकती थी, इस प्रकार घटी : वहाँ समीप ही एक बहुत बड़े ग्राम में जहाँ के घर छप्पर के बने हुए थे दैवी सहायता की मशाल से आग लग गई और वास्तव में भाग्यशाली मार्ग में सहस्रों दीपक प्रज्वलित हो गए। यह बात निश्चित रूप से ज्ञात हो गई है कि यह दैवी सहायता शत्रुओं के प्रयत्न के फलस्वरूप प्राप्त हुई। जब भाग्यशाली प्रकाश चमकता है तो शत्रु अपने भले के लिए जो कार्य करते हैं वे उनकी हानि का साधन बन जाते हैं। संक्षेप में उस प्रकाश से, जो विजयी वीरों की सहायता का प्रकाश था, शत्रुओं के विषय में प्रामाणिक ज्ञान प्राप्त करके वे चारों ओर से हृदय विदारक बाणों द्वारा संहार करने लगे। क्योंकि विजयी सेना अंधेरे में थी अतः शत्रुओं को उनके विषय में कोई भी ज्ञान न प्राप्त हो पाता था। यहाँ तक कि लगभग तीन पहर रात्रि व्यतीत हो जाने के उपरान्त विद्रोही सेना मुक़ाबला न कर सकी और घबड़ा कर भाग गई। बहुत बड़ी विजय प्राप्त हुई। हाथी एवं अपार धन सम्पत्ति राज्य के सहायकों के अधिकार में आ गई। लूट की उत्तम सामग्री एवं निष्ठायुक्त प्रार्थनापत्र सम्मानित दरबार में दूसरे दिन प्रस्तुत किए गए। वहाँ से विजय तथा सफलता प्राप्त करके वे सहरिन्द पहुँचे और वहाँ पड़ाव किया। अली क़ुली शैबानी को, जो पीछे से आकर मिल गया था, एक सेना सहित आगे भेजा।

शाही सेना की विजय के लिये हुमायूं की प्रार्थना

यह एक विचित्र बात है कि जब (हज़रत जहाँबानी को) तातार ख़ां के एक भारी सेना सहित माछीवारा के क्षेत्र में पहुँचने के समाचार प्राप्त हुए तो उन्होंने अपने उस समूह से जो सर्वदा उनके पास उपस्थित रहता था कहा कि, "दूरी बड़ी अधिक है। हमारे पहुँचने तक जो कुछ दैवी इच्छा होगी वह पूरी हो जायगी अतः यही उचित होगा कि उत्कृष्ट चौखट[2] से भिक्षा माँगी जाय, और दैवी वरदान के ग्रह से विजय तथा सफलता की कामना की जाय।" उस समय उन्होंने दुआ के लिए हाथ उठाकर जो उत्कृष्ट सेना आगे गई थी उसकी सफलता की (३४६) (ईश्वर से) प्रार्थना की। इस घटना को कुछ ही दिन व्यतीत हुए थे कि विजय पत्र प्राप्त हो गए और अत्यधिक लूट की धन-सम्पत्ति दरबार में आई। बाद में पता चला कि जिस दिन ईश्वर से प्रार्थना की गई थी, उसी दिन विजय प्राप्त हो गई। परोक्ष से विजय प्रदान करने वाले (ईश्वर) के प्रति कृतज्ञता के सिज्दे करके वे संसार वालों के प्रति दान-पुण्य में व्यस्त हो गए।

अकबर का सरहिन्द की ओर भेजा जाना

जब सिकन्दर को इन घटनाओं की सूचना मिली तो वह ८०,००० सशस्त्र अश्वारोहियों को लेकर उत्कृष्ट सेना से युद्ध करने के लिए रवाना हुआ। बैराम ख़ां ने अपनी बुद्धिमत्ता एवं

१ यह नाम विभिन्न ग्रन्थों में भिन्न-भिन्न रूप से लिखा है। फ़िरिश्ता के अनुसार वे लोग नदी पार करके पचवारा नामक छोटी सी नदी के तट पर उतरे। माछीवारा सतलज नदी के दक्षिणी तट पर है।

२ ईश्वर।

वीरता से सहरिन्द में दृढ़ता के पाँव जमाकर क़िले की प्रतिरक्षा एवं सावधानी के प्रयत्न किए और सम्मानित दरबार में निरन्तर प्रार्थना-पत्र भेजकर उस ओर पधारने का आग्रह किया। क्योंकि उस समय वे पित्ताशय के रोग में ग्रस्त हो गए थे अतः उन्होंने अपने स्थान पर ख़िलाफ़त की उस वाटिका को शोभा देने वाले अर्थात् हज़रत शाहंशाह को, जो सर्वदा विजय तथा सौभाग्य को अपने अधीन रखते थे, नियुक्त किया। अभी इस संसार के बादशाह की भाग्यशाली सेना लाहौर के क्षेत्र के बाहर भी न निकली थी कि हज़रत जहाँबानी पूर्ण रूप से स्वस्थ हो गए और उन्होंने स्वयं वियोग का कष्ट न सहन कर सकने के कारण एवं सावधानी की दृष्टि से प्रस्थान किया।

पंजाब में नियुक्तियां

उन्होंने अपने शुद्ध विचार से, जो युग तथा संसार को शोभा प्रदान करता रहता था, निश्चय किया कि फ़रहत खां लाहौर का शिक़दार[1], बाबूस बेग मीर्ज़ा पंजाब का फ़ौजदार, एवं मीर्ज़ा शाह सुल्तान अमीन तथा मेहतर जौहर इस सूबे के ख़ज़ीनादार हों।

हुमायूं का सरहिन्द पहुँचना

७ रजब (२८ मई १५५५ ई०) की रात्रि में पादशाही सेना ने सहरिन्द के क्षेत्र को अपने प्रकाश से प्रज्वलित किया। निष्ठावान् अमीरों ने अभिवादन का सौभाग्य प्राप्त करके प्रसन्नता के नक़्क़ारे बजाये। वीर अमीरों ने १५ दिन तक उस भारी सेना के मुक़ाबले में क़िले की प्रतिरक्षा की। उसी समय संसार को देदीप्यमान करने वाली पताकाओं के अभ्युदय के समाचार प्राप्त हुए। नगर के निकट एक उद्यान में भाग्यशाली शिविर लगे। युद्ध की यथारूप व्यवस्था करके विजयी सेना को चार भागों में विभाजित किया गया। एक हज़रत जहाँबानी के सम्मानित नाम से सुशोभित हुई। दूसरी को हज़रत शाहंशाह के उत्कृष्ट नाम से सम्बन्धित होने का सौभाग्य प्राप्त हुआ। तीसरी शाह अबुल मआली और चौथी बैराम खां के सिपुर्द की गई। भाग्यशाली सेना में से प्रत्येक दस्ते के हर व्यक्ति ने कटिबद्ध होकर उत्तम रूप से प्रयास एवं परिश्रम किए। प्राणों की बलि देने वाले बहादुर संघर्ष करते और सर्वदा दोनों ओर से योद्धा तलवार द्वारा मृत्यु का प्याला पीते रहते थे। दोनों ओर से वीरता एवं पौरुष की दृष्टि से यह प्रथा हो गई थी कि प्राणों की बलि देने वाले फ़िदाई आदर एवं सम्मानपूर्वक अपने आदमियों सहित अपने प्राण न्योछावर करते थे। अल्पदर्शी एवं बाह्य कारणों पर दृष्टि रखने वाले लोग शत्रुओं की सेना की अधिकता एवं पादशाही लश्कर की कमी के कारण चिन्तित रहते थे। दूरदर्शी लोग विजय तथा सफलता के चिह्न राज्य के सहायकों के ललाट पर देखकर नित्यप्रति साहस से कार्य लेते थे विशेष रूप से धैर्य एवं शान्ति के संसार हज़रत जहाँबानी प्रत्येक को उचित रूप से प्रोत्साहित करते और उसका दिल बढ़ाते रहते थे।

हज़रत शाहंशाह के उत्कृष्ट चमत्कार एवं सर्वोच्च सुखद समाचारों का अभ्युदय और अन्य भाग्यशाली घटनायें

(३४७) यद्यपि हज़रत शाहंशाह बाल्यावस्था को आवरण बनाए हुए थे किन्तु परदे के पीछे

१ मालगुज़ारी वसूल करने वाला अधिकारी।

से अपनी शोभा प्रकट करते रहते थे। संसार को शोभा देने वाले परमेश्वर की यह इच्छा थी कि युग के इस प्रतिष्ठित व्यक्ति के आध्यात्मिक रूप को प्रकट करे अतः ऐसी घटनायें घटने लगीं जिनसे प्रत्येक व्यक्ति उनकी उत्कृष्ट योग्यता एवं बुद्धिमत्ता को समझने लगा। उन चमत्कारों में से जो हज़रत शाहंशाह द्वारा, जिनका हृदय दैवी रहस्यों का केन्द्र एवं असीमित दैवी नूर का प्रतीक था, प्रकट हुए एक यह है: वे नगर से एक कोठे पर पहुँच कर अपनी इक़लीम विजय करने वाली दृष्टि से शत्रुओं की सेना का निरीक्षण कर रहे थे। उस भारी सेना के विषय में, जिसकी पराजय की कोई भी कल्पना न करता था, कहा कि "इतने समय में यह लोग हमारे आदमियों द्वारा नष्ट हो जायेंगे।" उनके सम्मानित दरबार के सेवक, जो दूरदर्शिता के गुण से सुशोभित थे, और जो उस दैवी नूर के पोषित के आश्चर्यजनक करामात एवं विचित्र चमत्कार देख चुके थे, इस सुखद घोषणा से प्रसन्न हो गए और ईश्वर के प्रति कृतज्ञता प्रकट करने लगे। किन्तु बाह्य बातों पर दृष्टि रखने वालों की समझ में यह बातें नहीं आतीं परन्तु आध्यात्मिक दृष्टि रखने वाले एवं सत्य की खोज करने वाले, जो युग के ललाट के लेख को देदीप्यमान रखते हैं, यह बात और ऐसे ही सैकड़ों अन्य उदाहरण भौतिक एवं अभौतिक जगत के उस सम्मानित व्यक्ति के लिए अस्वाभाविक नहीं समझते।

अम्बर नाज़िर द्वारा अकबर को हिन्दुस्तान का ज्ञान कराना

उन दिनों में ख़्वाजा अम्वर नाज़िर ने, जो कि प्राचीन सेवक था, काबुल से पहुँचकर सेवा करने के विषय में प्रार्थना की। हज़रत जहाँबानी ने उस भाग्यशाली को उस दैवी पोषित नूर के सिपुर्द कर दिया। वह सर्वदा उनकी सेवा में हिन्दुस्तान की प्रथाओं एवं यहाँ के रीति-रिवाज के विषय में निवेदन किया करता था और युग के उस अद्वितीय व्यक्ति के सामने हिन्दुस्तान वालों की प्रशंसा करता रहता था। क्योंकि हिन्दुस्तान वालों का सौभाग्य उन्नति पर था अतः इन लोगों का व्यवहार उनके पवित्र स्वभाव को अच्छा लगा।

अकबर की चीते द्वारा शिकार से रुचि

इसी समय उन्हें पहिले पहल चीते द्वारा शिकर खेलने की इच्छा हुई। इस स्थान पर ख़ाने जहाँ[1] के पिता वली बेग ने उस चीते को, जिसे उसने माछीवारा[2] के युद्ध में अफ़ग़ानों से प्राप्त किया था और जिसका नाम फ़तहवाज़ था, सौभाग्य की शिकारगाह के सिंहों का शिकार करने वाले को भेंट कर दिया। सम्मानित दरबार के दूरदर्शी एवं अनुभवी निकटवर्तियों ने विचित्र आकृति के इस पशु के शरीर को देखकर अपार विजयों का अनुमान लगाया। उस चीते के रक्षक का नाम दूंदूं था जिसे उसकी अत्यधिक निष्ठा के कारण फ़तह खां की उपाधि प्रदान कर दी गई थी। इस समय (३४८) जब इस उत्कृष्ट ग्रंथ की तुच्छ अबुलफ़ज़ल की निष्ठायुक्त क़लम से रचना हो रही है, फ़तह खां को हज़रत शाहंशाह की सेवा में विशेष क़रावल होने का सौभाग्य प्राप्त है। हज़रत शाहंशाह, जो सर्वदा अपने आपको वाहरी वस्त्रों में प्रकट किया करते थे तथा अन्य लोगों से छिपे

१ ख़ाने जहां हुसेन क़ुली बिन वली बेग ज़ुलक़दर।
२ लुधियाना ज़िला (पंजाब) की समराला तहसील में ३०°५५' उत्तर तथा ७६°१२' पूर्व में, समराला से ६ तथा लुधियाना से २७ मील पर।

रहते और अपने ऐश्वर्य के सौन्दर्य को नाना प्रकार के आवरणों में निहित रखते, इस विचित्र पशु के प्रति ध्यान आकृष्ट करके अपने सौन्दर्य पर एक नक़ाब डाले रहते थे किन्तु सूर्य का प्रकाश तथा कस्तूरी की सुगन्धि परदे में नहीं रह सकती।

अकबर नामा की रचना

जिस दिन मेरा भाग्य मुझे बुद्धि की शिक्षा एवं इस परमानन्द की ओर ले गया और उसने मुझे उनकी सेवा में पहुँचाया तथा ईश्वर के इस चुने हुए व्यक्ति के कमालों का परिचय प्रदान किया तो उसके प्रति कृतज्ञता प्रकट करने के लिए मैंने कैसे कैसे सिज्दे किए और इस सेवा द्वारा मैंने कैसी कैसी सफलतायें प्राप्त कीं यहाँ तक कि साँसारिक एवं आध्यात्मिक उच्च श्रेणी को भी प्राप्त हुआ। अपने पवित्र हृदय की कोठरी को अनुचित इच्छाओं से मुक्त किया। इस समय जब कि कृतज्ञता प्रकट करने का अवसर आ गया है मैं यह चाहता हूँ कि मैं जो कुछ समझ सका हूँ उसका उल्लेख करूँ ताकि इस प्रकार आभार-प्रदर्शन भी हो सके और अंधेरे के पथिकों के मार्ग में विवेक का दीपक रक्खा जा सके। मुझे इस संकोच के कारण कि मैं उनकी सेवा में हूँ और लेन-देन का व्यवहार बीच में है, बड़ा दुखी हूँ। काश मुझे उनका बाह्य परिचय न प्राप्त होता और मैं ज़ाहिरी सेवकों की माला में सम्मिलित न होता ताकि मैं जो कुछ देखता अथवा लिखता उसे दिल के अंधे तथा ऊपरी बातों पर दृष्टि रखने वाले इस व्यक्ति को[1] चाटुकारों के समूह से सम्बन्धित न समझते और मेरे बाह्य सम्बन्ध से वंचित होने के कारण संसार वाले अपने उद्देश्य की पूर्ति करके सफलता प्राप्त कर सकते।

ईश्वर को धन्य है कि पूर्व में ऐसे ऐसे संतों[2] की प्रशंसा में ग्रंथों की रचना की जा चुकी है जिनमें युग के इस पादशाह के कमालों के १०वें भाग का $\frac{1}{10}$[3] भी न था अपितु उनमें से बहुत से लोग ऐसे थे जिनका केवल बाह्य रूप ही सजा था और इसके अतिरिक्त कुछ भी न था। तथ्य को न समझने वाले साँसारिक लोग इस कारण कि उनमें परस्पर कोई लेन देन का सम्बन्ध न था, उपर्युक्त ग्रंथों में जो प्रशंसा की गई है, उसे चापलूसी न समझते हुए उन्हें तथ्य का निरूपण मानते हैं। आज जब साँसारिक एवं आध्यात्मिक लोगों के नेता (के इतिहास) की रचना की जा रही है, मुझे युग के स्वभाव को समझने के कारण लोगों की नासमझी का भार अपने कंधों पर उठाना चाहिये। क्योंकि मेरी दृष्टि सर्व प्रथम इस बात पर थी कि जो कृतज्ञता प्रकट करनी परमावश्यक है उसमें से थोड़ी सी प्रदर्शित कर लूं अतः मैं इस कष्टदायक भार पर रुष्ट नहीं हूँ। मैं क्यों दुखी हुँ? मेरी यह दशा है कि मैं अपने सत्संकल्प द्वारा रात्रि के पथिकों को दीपक दिखा रहा हूँ। बहुत बड़ी संख्या में लोग तथ्य के मार्ग को स्वीकार करके सत्य के सन्मार्ग पर अग्रसर हुए हैं। अब मैं इस घटना के उल्लेख को, जिसका कोई अन्त नहीं, त्याग कर जो विवरण दे रहा था उसे पुनः प्रारम्भ करता हूँ।

१ अबुलफ़ज़्ल को।
२ 'अरबाबे तजर्रुद' (एकान्तवासी लोग)।
३ सौवाँ भाग।

अकबर के दस्ते से अफ़ग़ानों का युद्ध

संक्षेप में, लगभग ४० दिन[1] तक हज़रत जहाँबानी युद्ध के कार्य को भाग्यशाली नियमों के अनुसार सम्पन्न करते रहे और पूर्ण व्यवस्था करते हुए रणक्षेत्र को शोभा प्रदान करने का प्रयत्न करके निष्ठावानों के हृदय को शक्ति प्रदान करते रहे। यहाँ तक कि २ शाबान[2] को जब कि हज़रत शाहंशाह के सेवकों के पहरे[3] की बारी थी, ख़्वाजा मुअज़्ज़म अतगा ख़ां एवं एक बहुत बड़ी (३४९) सेना ने पहुँचकर वीरता-पूर्वक युद्ध किया। उस ओर से इस्कन्दर के भाई काला पहाड़ ने निकल कर युद्ध प्रारम्भ किया। यद्यपि यह निश्चय न था कि उस दिन कोई महान् युद्ध हो किन्तु भाग्य में इस घटना का सम्पन्न होना लिखा ही था अतः शनैः शनैः युद्ध की अग्नि भड़कने और संग्राम की आग बलन्द होने लगी। विजयी सेनाओं ने चारों ओर से एकत्र होकर सावधानी पर दृष्टि रखते हुए वीरतापूर्वक युद्ध किया और युद्ध इच्छानुसार सम्पन्न हुआ।

शेर

'दो लोहे के पर्वत अपने स्थान से हिले,
तुझे कहना चाहिए कि ऊपर से नीचे तक भूमि हिल गई।
दो सेनाओं ने आमने सामने कटार खींचीं,
मध्य भाग एवं दायें-बायें भागों ने पंक्तियाँ जमा लीं।
बाणों के उड़ने तथा तलवारों के टकराने से,
हाथी का भेजा फट गया और तलवार का पित्ता।'

सिकन्दर का पलायन

हज़रत शाहंशाह के प्रताप के आशीर्वाद से महान् विजय प्राप्त हो गई। राज्य के अधिकारियों को अत्यधिक लूट की धन सम्पत्ति मिली। शत्रुओं की सेना की बहुत बड़ी संख्या नश्वर संसार से विदा हो गई। सिकन्दर अपनी सेना सहित पंजाब के पर्वत के दामन में भाग गया। ख़्वाजा मुसाफ़िरी[4] नामक एक वीर मार्ग में सिकन्दर के पास पहुँच गया। सिकन्दर ने जब यह देखा कि कोई व्यक्ति उसका पीछा कर रहा है तो वह पलटा। उसने तलवार की ओर हाथ बढ़ाना चाहा किन्तु उसे न निकाल सका। अत्यधिक प्रयत्न के उपरान्त उसने अपने आपको उससे पृथक् करके उस ख़तरनाक भंवर से पीछा छुड़ाया।

हुमायूं की विजय

निःसंदेह संसार के बदमस्तों एवं ऐश्वर्य के प्रति अभिमान करने वालों का इसके अतिरिक्त कोई अन्य परिणाम नहीं होता। हज़रत जहाँबानी साँसारिक सफलता के समय, जो ऐसा नशा है जो मर्दों को गिरा देता है, सावधान रहकर ईश्वर के प्रति आभार प्रदर्शित करते थे। संसार वालों

१ हुमायूं ७ रजब को सरहिन्द पहुँचा। इस प्रकार २ शाबान तक २५ दिन से अधिक नहीं होते।
२ २ शाबान ९६२ हि० (२२ जून १५५५ ई०)।
३ 'नौबत तरद्दुद मुलाज़माने हज़रत शाहंशाही बूद'।
४ सम्भवतः बाबा दोस्त ख़्वाजा ख़िज़्र मुसाफ़िरी। उसके विषय में बायज़ीद की कृति का अनुवाद देखिये।

के साथ पूर्ण बुद्धि एवं सूज-बूझ से व्यवहार करते थे। फिर यदि वे इस प्रकार सफल हों तो क्या आश्चर्य है। सुल्ताने ख़िरद[1] की आज्ञाकारिता के कारण इच्छानुसार सफलता प्राप्त हो जाती है। सर्वप्रथम इसके द्वारा शुद्ध विचार उत्पन्न होते हैं। दूसरे उस कार्य की आवश्यकतानुसार प्रयत्न होता है। तीसरे उचित परिणाम प्राप्त होने पर उसका श्रेय अपने आप को नहीं दिया जाता और परमेश्वर के अतिरिक्त किसी को भी विधाता नहीं माना जाता। संक्षेप में, साँसारिक लोगों को नम्रता की शिक्षा देने एवं कृतज्ञता की विभिन्न श्रेणियों के प्रदर्शन हेतु हज़रत जहाँबानी ने केवल हृदय में कृतज्ञता प्रकट करनी पर्याप्त न समझी अपितु वाह्य रूप से आभार प्रदर्शन हेतु सिज्दे किए।

यद्यपि इस इतिहास में लिखा जा चुका है कि हिन्दुस्तान की विजय हज़रत गेती सितानी फ़िरदौस मकानी का एक बहुत बड़ा कारनामा थी किन्तु बुद्धिमान् लोग जानते हैं कि वह इतना आश्चर्यजनक कार्य न था। वास्तव में इतने थोड़े आदमियों से ऐसे शत्रु के विरुद्ध विजय प्राप्त करना ऐसा वरदान था जो कि ईश्वर के दरबार से भूतकाल में बहुत कम प्राप्त हुआ होगा। इस विजय के साथ साथ आँधी के साथ अत्यधिक वर्षा हुई। यह बात अत्याचारी कृतघ्नों के समूह के विनाश का कारण एवं राज्य के सहायकों के सौभाग्य की प्रस्तावना बनी। इसे शत्रुओं के पतन का (३५०) एक चिह्न समझना चाहिए। क्योंकि भागने वालों का पीछा करने में इससे बाधा पड़ गई और वे हज़ारों परेशानी से अपने आपको इस भंवर से मुक्ति दिला सके अतः इस घटना को इस अभागे समूह के प्रति ईश्वर की उपेक्षा समझना चाहिये

विजय का अकबर के नाम लिखा जाना

जब ईश्वर की कृपा से इतना महान् वरदान प्राप्त हो गया तो हज़रत जहाँबानी ने न्याय एवं दान-पुण्य की गद्दी पर आरूढ़ होकर प्राणों की बलि देने वाले निष्ठावानों को सेवा तथा उनकी श्रेणी के अनुसार सम्मानित किया। ठीकरा रूपी सेवओं के विक्रेताओं से निष्ठावानों के रत्न को पृथक् करने के लिये उन्होंने यह प्रस्ताव रक्खा कि 'इस विजय को किसके नाम लिखा जाय ?' प्रत्येक व्यक्ति ने अपना अपना दावा प्रस्तुत किया। शाह् अबुल मआली, जो कि असावधानी की मदिरा के नशे में मस्त था, मूर्खतावश यह सोचता था कि इस आश्चर्यजनक विजय का पत्र उसके नाम से हो। बैराम ख़ां, जो हिन्दुस्तान में प्रवेश अपने समस्त प्रयत्नों का परिणाम समझता था, और विजय प्राप्त होने तक सर्वसाधारण के विरुद्ध हज़रत जहाँबानी के मत का समर्थन किया करता था और इन प्रदेशों की विजय एवं शत्रुओं के विनाश की व्यवस्था करता रहता था, की अभिलाषा थी कि यह फ़तहनामा[2] उसके नाम से सुशोभित किया जाय। अनुभवी दूरदर्शी लोग, इस विजय को दैवी प्रकाश द्वारा पोषित हज़रत शाहंशाह के प्रताप का आशीर्वाद समझते थे। वे अपने सावधानी के कान एवं (ईश्वर की शक्ति) का दर्शन करने वाली आँखों को खोले हुए बात करने वालों की लीला देखा करते थे। न्यायकारी अनुभवी लोग इस महान् विजय को उस दिन प्राप्त होने-

१ बुद्धि का सुलतान अथवा उत्कृष्ट बुद्धि।
२ विजय-पत्र।

के कारण जो ख़िलाफ़त के प्रकाश की वाटिका के सेवकों के पहरे का दिन था[१], हज़रत शाहंशाह का आशीर्वाद समझकर इन लोगों की बातों पर आश्चर्यचकित थे, यहाँ तक कि हज़रत जहाँबानी ने दैवी प्रेरणा के कारण वास्तविक स्थिति से अवगत होकर इस महान् विजय का पत्र हज़रत शाहंशाह के नाम से सम्बन्धित किया और इस प्रकार दूर तथा निकट के निष्ठावानों के हृदय को प्रसन्नता प्रदान की।

ख़्वाजा मुअज़्ज़म का बन्दी बनाया जाना

इन भाग्यशाली दिनों में जो घटनाएं घटीं उनमें से एक ख़्वाजा मुअज़्ज़म को बन्दी बनाये जाने की है। इस घटना का संक्षिप्त उल्लेख इस प्रकार है: कुछ पत्र ख़्वाजा के हाथ के लिखे हुए प्राप्त हुए, जिनमें अल्पदर्शिता एवं बुद्धि-भ्रष्टता के कारण सिकन्दर को अनुचित बातें लिखकर उसके प्रति निष्ठा प्रदर्शित की गई थी। हज़रत जहाँबानी को इस बात पर बड़ा आश्चर्य हुआ। उन्होंने ख़्वाजा से इस विषय में पूंछा। क्योंकि वह इसे अस्वीकार न कर सकता था अतः उसने उत्तर दिया कि, "मैंने इसी में पादशाह के प्रति निष्ठा सोची थी[२] और मैंने जान बूझ कर ऐसा प्रयत्न किया कि यह पत्र आपकी पवित्र दृष्टि के समक्ष आ जाय ताकि मेरे प्रति अधिक कृपादृष्टि प्रदर्शित करके मुझे (३५१) उच्च सेवाओं पर आरूढ़ करें?" हज़रत जहाँबानी ने उसे बन्दी बनाकर मीर क़ाली को सौंप दिया।

हुमायूं का सामाना में पड़ाव

सहरिन्द की व्यवस्था के उपरान्त उन्होंने सामाना के मार्ग से राजधानी देहली की ओर

१ ईं फ़तहे बुज़ुर्ग रा कि दर रोज़े नौबतं मंसूबाने ईं नूरं हदक़ये ख़िलाफ़त लमअये ज़हूर बख़्शीद।

این فتح بزرگ را که در روز نوبت منسوبان این نور حدقهٔ خلافت لمعهٔ ظهور بخشید

२ बेवरिज ने इस वाक्य का अनुवाद इस प्रकार किया है :—

"As he could not deny, he said that his well-wishing (*daulat khwahi*) referred to His Majesty and that he had purposely contrived that the letter should come into His Majesty's hand in order that he should show him more favour...."

इस प्रसंग में बेवरिज ने निम्नांकित नोट लिखा है : "Apparently he maintained that the expressions in the letter about loyalty referred to Humayun and not to Sikandar. Price in his Retrospect gives a different rendering. His view is that Muazzam said he wrote disloyally in order to give Humayun an opportunity of exercising his favourite virtue of forgiveness."

(बेवरिज, पृ० ६३३-६३४)।

मूल में इस प्रकार है :—दर जवाब गुफ़्त, मन ईं दौलतख़्वाहिये पादशाही अंदेशा बूदम व बक़स्दे आंचुनां कर्दम कि ईं नविश्तहा ब नज़रे अक़दस दर आयद।

در جواب گفت من دولتخواهی پادشاهی اندیشه بودم و بقصد آنچنان کردم که این نوشتها بنظر اقدس در آید

'मन ईं दौलत ख़्वाहिये पादशाही अन्देशा बूदम' का अर्थ मैंने इसी में पादशाह के प्रति निष्ठा सोची थी" अधिक उचित ज्ञात होता है।

प्रस्थान किया। जब विजयी पताकायें सामाना पहुँचीं तो शाह अबुल मआली को दरबार के सेवकों के एक समूह, उदाहरणार्थ मुहम्मद क़ुली खां बरलास, इस्माईल बेग दूलदाई, मुसाहिब बेग, इब्राहीम खां ऊज़बेक एवं एक बहुत बड़ी सेना सहित लाहौर में इस आशय से नियुक्त किया गया कि, "यदि सिकन्दर पर्वतों से निकलकर उस प्रदेश में छापा मारे तो उसको उचित रूप से रोका जा सके।" पंजाब प्रान्त की व्यवस्था उसको सौंप दी गई। सामाना की जलवायु की रमणीयता एवं वर्षा की अधिकता के कारण हज़रत जहाँबानी के हृदय में यह आया कि कुछ दिन तक इस हृदयग्राही स्थान में पड़ाव किया जाय।

हुमायूं का दिल्ली में सिंहासनारूढ़ होना

इसी बीच में सिकन्दर खां ऊज़बेक का प्रार्थना-पत्र प्राप्त हुआ कि ईश्वर की कृपा से वह राजधानी देहली में प्रविष्ट हो गया है और शत्रु उसका मुक़ाबिला न कर सके तथा भाग खड़े हुए हैं। यह उचित होगा कि शीघ्रातिशीघ्र हिन्दुस्तान का राजसिंहासन युग के उस बादशाह द्वारा शोभा प्राप्त करे। (हज़रत जहाँबानी ने) इस निमंत्रण को सुनकर सामाना से प्रस्थान करके बृहस्पतिवार १ रमज़ान[1] को सलीमगढ़ में, जो राजधानी देहली के उत्तर में है, यमुना तट पर पड़ाव किया। इस मास की ४ तारीख[2] को नगर के भीतर प्रविष्ट होकर खिलाफ़त के सिंहासन को शोभा प्रदान की।

अकबर द्वारा नीलगाय का शिकार

उस दिन मार्ग में हज़रत शाहंशाह ने, जो सौभाग्य के प्रकाश के पोषित एवं खिलाफ़त के नेत्रों के प्रकाश थे, एक नीलगाय का तलवार से शिकार किया। शिकारियों को इस पर बड़ा आश्चर्य हुआ। ज्ञानी लोग इसे वास्तविक उद्देश्य के शिकार का द्योतक समझकर प्रसन्न हो गए। हज़रत जहाँबानी ने, जो इस यात्रा के प्रारम्भ से लेकर देहली पहुँचने एवं हिन्दुस्तान की विजय तक माँस का परित्याग किए हुए थे और दैवी आत्माओं से सहायता ले रहे थे, उस दिन अत्यधिक प्रसन्नता प्रदर्शित करते हुए आदेश दिया कि, "उस नीलगाय के माँस को टुकड़े करके सुखा कर रख लिया जाय। रमज़ान के उपरान्त जब मैं मास का सेवन करूँगा तो सर्व प्रथम इसी मास का भोजन करूँगा।" उन्होंने ईश्वर के प्रति कृतज्ञता के सिज्दे किए।

नियुक्तियां

खिलाफ़त की चौखट के समस्त सेवक उच्च पदों एवं जागीरों द्वारा सुशोभित हुए। हिसार तथा उस क्षेत्र की सरकार हज़रत शाहंशाह के सेवकों को प्रदान हुई[3]। अनुभवी फ़ाल

१ १ रमज़ान ९६२ हि० (२० जुलाई १५५५ ई०)।

२ २३ जुलाई १५५५ ई०।

३ मध्यकालीन संस्कृति में सीधे नाम लेने की प्रथा न थी। यदि किसी से कोई बुरे समाचार सम्बन्धित होते तो कहा जाता कि उसके शत्रुओं को ऐसा हो गया और यदि अच्छे समाचार होते तो कहा जाता कि उसके मित्रों, सेवकों अथवा सहायकों को यह लाभ हुआ। इस स्थान पर "हज़रत शाहंशाह के सेवकों को प्रदान हुआ" से तात्पर्य "हज़रत शाहंशाह को प्रदान हुआ" है।

निकालने वालों ने इसको युग की घटनाओं का क़िला[1] समझकर इससे उनके नित्य-प्रति उन्नत भाग के विषय में फ़ाल निकाली[2]। बैराम ख़ां को सहरिन्द की सरकार एवं अन्य परगने प्रदान हुए। तरदी बेग ख़ां को मेवात प्रदान किया गया। सिकन्दर ख़ां को आगरा, अली क़ुली ख़ां को सम्बल तथा हैदर मुहम्मद ख़ां आख़्ता बेगी को ब्याना में, जो राजधानी आगरा के समीप है, नियुक्त किया गया। पादशाही चरणों एवं साँसारिक तथा आध्यात्मिक पादशाह के चरणों के आशीर्वाद से हिन्दुस्तान सौभाग्य एवं समृद्धि का उद्यान वन गया। संसार के विभिन्न समूह एवं सर्वसाधारण भाग्यवान् हो गए। हज़रत जहाँबानी देहली के क़िले में निवास करते हुए सर्वदा ईश्वर की इच्छा की प्राप्ति में जीवन व्यतीत करने लगे और सल्तनत के उद्यान को न्याय तथा दान-पुण्य की नहरों (३५२) द्वारा सींचने लगे। वे सर्वदा ईश्वर की आज्ञाकारिता एवं प्राणियों की प्रसन्नता का ध्यान रखते हुए ख़िलाफ़त के राजसिंहासन को शोभा प्रदान करने लगे।

हुमायूं के माह जूजक बेगम द्वारा पुत्र का जन्म

उन घटनाओं में जो उन दिनों घटीं और उनके हृदय की प्रसन्नता का कारण बनीं शाह वली अतगा[3] का काबुल से आगमन था जो अन्तःपुर की महिलाओं की कुशलता के समाचार लाया था। उसने विशेष विवरण एवं हर्षवर्धक सुखद समाचार पहुँचाये। उनमें एक यह था कि माह जूजक बेगम को ईश्वर ने एक सम्मानित पुत्र प्रदान किया है। हज़रत जहाँबानी ने इस सुखद समाचार एवं आत्मा को संतुष्ट करने वाली घोषणा के कारण ईश्वर के प्रति कृतज्ञता प्रकट की और प्रसन्नता के जश्न आयोजित करके आशा का नक़द धन संसार वालों के दामन में डाल दिया और प्रताप के फूलों की उस झाड़ी का नाम फ़र्रुख़ फ़ाल रक्खा। शाह वली को इस वरदान की प्राप्ति की प्रसन्नता में सुल्तान की उपाधि प्रदान की और उपहारों सहित काबुल भेज दिया। बधाई एवं कृपा-पत्र भी उसके हाथ भेजे गए।

रुस्तम ख़ां अफ़ग़ान की पराजय

उन दिनों में जो घटनाएँ घटीं उन्हीं में रुस्तम ख़ां का आगमन था जो कि अफ़ग़ानों के सर्वश्रेष्ठ अमीरों में सम्मिलित था। इस घटना का संक्षिप्त उल्लेख इस प्रकार है:--जब अतगा ख़ां एवं दरबार के सेवकों का एक समूह हिसार की ओर रवाना हुआ तो वे ख़ूरदाद शहरयूर (बुधवार २५ रमज़ान[4]) को हिसार से दो कुरोह पर ठहरे। रुस्तम ख़ां, ततार ख़ां, अहमद ख़ां, पीर मुहम्मद रोहतकी, बिजली ख़ां, शिहाब ख़ां, ताज ख़ां, आदम ख़ां क़ियाम ख़ानी, अफ़ग़ानों की सेना के एक दस्ते को लेकर हिसार से निकले और युद्ध प्रारम्भ कर दिया। बावजूद इसके कि अफ़ग़ान

१ हिसार का अर्थ क़िला है अतः इस स्थान पर हिसार के कारण क़िला शब्द का प्रयोग किया है।

२ बाबर ने हुमायूं को भी पानीपत के युद्ध के पूर्व हमीद ख़ां तथा अफ़ग़ानों के अन्य समूहों को पराजित करने के कारण (फ़रवरी १५२६ ई० के अन्त) हिसार फ़ीरोज़ा एवं उसके अधीनस्थ तथा सम्बन्धित स्थान और एक करोड़ नक़द धन प्रदान कर दिया था। (**बाबर नामा**, पृ० १५०-१५१)।

३ सम्भवतः वली बेग, पायंदा ख़ां का पुत्र; पायंदा ख़ां मुग़ुल हाजी मुहम्मद ख़ां कोकी का भाई था।

४ १३ अगस्त १५५५ ई०।

लोगों की संख्या दो हज़ार थी और राज्य के सहायकों की संख्या ४०० थी, घोर युद्ध हुआ। ईश्वर की कृपा से विजय प्राप्त हो गई। शत्रुओं की ओर से लगभग ७० व्यक्ति रणक्षेत्र में मारे गए। रुस्तम खां ने भागकर हिसार के क़िले को दृढ़ बना लिया। भाग्यशाली वीर उसे २३ दिन घेरे रहे। जब वे निराश हो गए तो उन्होंने वचन देकर अधीनता स्वीकार कर ली। रुस्तम खां को उपर्युक्त लोगों तथा लगभग ७०० प्रतिष्ठित व्यक्तियों सहित मीर लुत्फ़ एवं ख़्वाजा क़ासिम मुख़लिस के साथ सम्मानित दरबार में भेज दिया गया। वह चौखट चूमने के सम्मान द्वारा प्रतिष्ठित हुआ। कुछ समय उपरान्त उत्कृष्ट आदेश हुआ कि उसे उचित जागीर प्रदान की जाय किन्तु उसकी शर्त यह रक्खी गई कि वह अपने पुत्र को बिकराम में रक्खे ताकि उदारता की प्रथाओं का भी पालन होता रहे और सावधानी एवं सतर्कता भी हाथ से न जाने पाये। उस सरल स्वभाव के अल्पदर्शी व्यक्ति ने इस भाग्यशाली शर्त को, जो दासता की दृढ़ता की पूंजी थी, स्वीकार न किया और भागने का प्रयत्न करने लगा। जब पादशाह के पवित्र हृदय में यह बात प्रतिबिम्बित हुई तो उसे बन्दी बनाकर बेग मुहम्मद ईशक आक़ा के सिपुर्द कर दिया।

क़म्बर दीवाना की हत्या

(३५३) इन्हीं दिनों में क़म्बर दीवाना की घटना भी घटी। इसका संक्षिप्त उल्लेख इस प्रकार है: वह एक साधारण व्यक्ति अपितु लश्कर के अपरिचित लोगों में था। जिस समय विजयी पताकाओं ने सहरिन्द की विजय के उपरान्त देहली की ओर प्रस्थान किया यह क़म्बर दुष्टों की एक सेना को एकत्र करके लूट मार करने लगा। वह निरन्तर धन सम्पत्ति प्राप्त किया करता था तथा लोगों को बाँट दिया करता था। धूर्ततावश वह दरबार में विनयपूर्वक प्रार्थना-पत्र प्रेषित किया करता था। सहरिन्द के समीप से आक्रमण करता हुआ वह सम्बल तक पहुँच गया और उसे भी अपने अधिकार में कर लिया। उसने सम्बल में स्थान ग्रहण करके एक व्यक्ति को, जिसे उसने अपना पुत्र बना लिया था और जिसका नाम आरिफ़ुल्लाह रक्खा था, बदायूं भेज दिया। उस क्षेत्र में राय हुसेन ज़लवानी, जो कि प्रतिष्ठित अफ़ग़ान अमीर था, बिना युद्ध के नष्ट हो गया। क़म्बर उस स्थान से स्वयं काँतगोला[1] पहुँचा और उस स्थान को भी नष्ट-भ्रष्ट कर डाला। उस स्थान पर अफ़ग़ानों के सरदार रुक्न ख़ां से बड़े अव्यवस्थित ढंग से युद्ध किया और पराजित होकर वहाँ से बदायूं पहुँचा। यद्यपि यह धूर्त दीवाना सर्वदा प्रार्थना-पत्र भेजा करता था और दासता एवं उत्तम सेवाओं का उल्लेख किया करता था किन्तु उसके कर्म एवं वचन में कोई समन्वय न था। वह अपने कम्मल के बाहर पाँव निकालने लगा था और लोगों को ख़ान तथा सुल्तान की उपाधि और पताका एवं नक़्क़ारा प्रदान करता रहता था। उसमें केवल साँसारिक मस्ती ही न थी अपितु पागलपन का नशा भी था। वह अनेक बार पागलपन से अपने घर को नष्ट भ्रष्ट कर चुका था। वह सर्वदा ऐसे कार्य करता रहता था जिनसे उसका पागलपन प्रदर्शित होता था। जब इस विषय में कई बार हज़रत जहाँबानी से निवेदन किया गया तो उन्होंने अली क़ुली ख़ां शैबानी के पास एक फ़रमान भेजा कि उसे सम्मानित दरबार में भेज दिया जाय, और यदि वह विद्रोह करे तो उसे दंड दिया जाय। जिन दिनों में दीवाना रुक्न ख़ां द्वारा पराजित होकर बदायूं

१ रुहेलखंड में, लगभग ज़िला शाहजहांपुर (उत्तर प्रदेश)।

पहुँचा था, अली क़ुली खां मेरठ के युद्ध से निश्चिन्त होकर सम्बल पहुँचा गया। वहाँ के कार्यों की व्यवस्था करके वदायूं पहुँचा। यद्यपि अली क़ुली खां ने उसके बुलाने को आदमी भेजे किन्तु वह न आया और कहला भेजा कि "जिस प्रकार तू पादशाह का दास है, मैं भी हूँ। मैंने यह प्रदेश अपनी तलवार के बल से विजय किया है। अन्ततोगत्वा अली क़ुली खां ने युद्ध किया। क्योंकि उसे हाल ही में पराजय हो चुकी थी अतः वह वदायूं के क़िले में बन्द हो गया और उसने सम्मानित दरबार में प्रार्थना-पत्र भेजा। जब उसके विषय में निवेदन किया गया तो हज़रत जहाँबानी ने क़ासिम मुख़लिस को उसके पास इस आशय से भेजा कि वह उसे पादशाही कृपाओं का आश्वासन दिलाकर चौखट का चुम्बन कराने के लिये लाये। क़ासिम के वदायूं पहुँचने और मुक्ति के यह समाचार पहुँचाने के पूर्व अली क़ुली खां ने उसकी हत्या करा दी।

इसका संक्षिप्त उल्लेख इस प्रकार है कि जब क़म्बर ने क़िले को दृढ़ बना लिया और अवरोध में अधिक समय लग गया और कोई सफलता न प्राप्त हुई तो अली क़ुली खां ने मुहम्मद बेग तुर्कमान एवं मुल्ला ग़यासुद्दीन को उसके पास भेजा। उसने इन दूतों को वन्दी बना लिया। (३५४) इन्होंने अत्यधिक संख्या में गुप्त रूप से लोगों को मिला लिया और वहला फुसला कर क़िले वालों को अपनी मुट्ठी में करके दीवाना को बन्दी बना लिया। अली क़ुली खां ने उसके सिर को उत्कृष्ट दरवार में भेज दिया। इस घटना द्वारा पादशाह के न्यायकारी हृदय को ठेस लगी। उन्होंने क्रोध प्रदर्शित करते हुए अली क़ुली खां के पास फ़रमान भेजा और लिखा कि "जब वह आज्ञाकारिता प्रदर्शित करता था और सेवा में उपस्थित होना चाहता था तो तूने युद्ध क्यों होने दिया और जब वह बन्दी बना लिया गया था तो उसे (मेरी) आज्ञा विना क्यों मरवा डाला?" हज़रत जहाँबानी अपने दरबार के विश्वासपात्रों से कहा करते थे कि, "मेरा दिल चाहता था कि मैं इस व्यक्ति को देखूं। यदि उसके ललाट से सत्य एवं निष्ठा के चिह्न दृष्टिगत होते तो उसे सम्मानित किया जाता।"

मीर्ज़ा सुलेमान द्वारा अन्दराब पर अधिकार

जो घटनाएँ इन दिनों में घटीं उन्हीं में एक मीर्ज़ा सुलेमान की कृतघ्नता है। इसका संक्षिप्त उल्लेख इस प्रकार है कि जब विजयी पताकाएं हिन्दुस्तान की विजय हेतु रवाना हो गई तो तरदी बेग खां, जो अन्दराव एवं इश्किमीश की जागीर का स्वामी था, शाही आदेशानुसार उनके साथ रवाना हुआ। मुक़ीम खां उसकी ओर से उसकी जागीर का प्रवन्ध करने के लिए रह गया। मीर्ज़ा सुलेमान अवसर से लाभ उठाकर इस महाल का, जो तरदी वेग खां की जागीर में था, लोभ करने लगा। सर्व प्रथम उसने इस बात का प्रयत्न किया कि मुनइम खां को बहला फुसला कर अपनी ओर मिला ले। जव मीर्ज़ा को इसमें सफलता न हुई तो उसने धूर्तता की नक़ाव उतार कर अन्दराव का अवरोध कर लिया। मुक़ीम खां विवश होकर अपने परिवार सहित वाहर निकला और युद्ध करता हुआ वहाँ से निकलकर कावुल पहुँचा।

ग़ाज़ी खां की हत्या

जो घटनाएँ उस समय घटीं उन्हीं में हैदर मुहम्मद खां आख़्ताबेगी द्वारा ग़ाज़ी खां की

हत्या थी। वह इबराहीम[१] का पुत्र था जिसका सिर बादशाह बनने के लिए खुजलाया करता था[२]। इस घटना का उल्लेख इस प्रकार है : जब हैदर मुहम्मद ख़ां को ब्याना भेज दिया गया, तो ग़ाज़ी ख़ां, जो कि उस क्षेत्र का हाकिम था, मुक़ाबला न कर सका और उसने क़िले में शरण ले ली। हैदर मुहम्मद ख़ां के वचनों एवं प्रतिज्ञाओं का विश्वास करके वह क़िले के बाहर निकला। हैदर मुहम्मद ने उसकी सम्पत्ति के लोभ में विश्वासघात और अत्याचार की तलवार द्वारा उसकी हत्या कर दी। जब हज़रत जहाँबानी को यह समाचार प्राप्त हुए तो उनके न्यायकारी हृदय को यह बात अच्छी न लगी। क्योंकि वे दूर थे और हिन्दुस्तान में हाल ही में आये थे अतः उसको बाह्य रूप से दंड दिया जाना स्थगित करके कहा, "वह पुनः कमर न बाँध सकेगा[३]।" वास्तव में जब तक वह जीवित रहा, जैसा कि उनकी जिह्वा से निकला था, वही हुआ। शिहाबुद्दीन अहमद ख़ां को, जो मीर ब्यूतात था इस घटना की छानबीन एवं उसकी धन सम्पत्ति का पता लगाने के लिए भेजा गया। वे स्वयं सर्वदा प्रजा के प्रोत्साहन एवं संसार की उन्नति तथा लोगों की समृद्धि के प्रयत्न में समय व्यतीत करके ईश्वर की इच्छाओं का पालन किया करते थे[४]।

१ इबराहीम ख़ां सूर (देखिये **अकबर नामा**, पृ० ३३३)।

२ अर्थात् बादशाह बनने की, जो उसके लिये सम्भव न था, अभिलाषा किया करता था।

३ युद्ध न कर सकेगा।

४ हुमायूं देहली पहुँच कर ज्योतिष के विषय में शोध में रुचि लेने लगा। उसने इस विषय में सिदी अली रईस से भी सहायता ली। वह अपने पहुँचने एवं दरबार के विषय में लिखता है :—

"War raged on all sides, and when I arrived at Lahore the Governor, Mirza Shah, would not let me continue my journey until I had seen the Padishah (Humayun). After sending the latter word of my arrival, he received orders to send me forthwith to Delhi. Meanwhile a whole month had been wasted, but finally we were sent off with an escort. The river Sultanpoor was crossed in boats and after a journey of 20 days we arrived towards the end of Dulkaada, by the route of Firuzshah (Firuzpore) in the capital of India, called Delhi. As soon as Humayun heard of our arrival, he sent the Khanikhanan and other superior officers with 400 elephants and some thousand men to meet us, and, out of respect and regard for our glorious Padishah, we were accorded a brilliant reception. That same day the Khanikhanan prepared a great banquet in our honour, and as it is the custom in India to give audience in the evening, I was that night introduced with much pomp and ceremony into the Imperial hall. After my presentation I offered the Emperor a small gift, and a chronogramm upon the conquest of India, also two *Ghazels*, all of which pleased the Padishah greatly. Forthwith I begged for permission to continue my journey, but this was not granted. Instead of that I was offered a Kulur (10,000,000 Rupees or one million pounds sterling) and the governorship over the district of Kharcha. I refused, and again begged to be

संसार को प्रकाश प्रदान करने वाली हज़रत शाहंशाह की पताकाओं का हज़रत जहांबानी जन्नत आशियानी के सम्मानित आदेशानुसार पंजाब की ओर प्रस्थान

(३५५) जिस समय हज़रत जहाँबानी का संसार विजय करने वाला हृदय हिन्दुस्तान की सुव्यवस्था एवं दान-पुण्य में व्यस्त था, शाह अबुल मआली के विषय में चिन्ताजनक समाचार इस प्रकार आने लगे कि 'संसार की कठोर मदिरा के नशे में वह बदमस्ती कर रहा है और सर्वसाधारण को कष्ट पहुँचा रहा है तथा शाही आदेशों के विरुद्ध आचरण कर रहा है।' क्योंकि हज़रत जहाँबानी उसके प्रति विशेष रूप से स्नेह प्रदर्शित करते थे अतः वे इस प्रकार के समाचारों को सत्यता के विरुद्ध एवं ईर्ष्यालुओं एवं कपटियों की मन-गढ़ंत (बात) समझते रहते थे यहाँ तक कि सिकन्दर के पर्वत से निकलने के समाचार शाही शिविर में फैल गए और यह विश्वास हो गया कि उस बदमस्त सैयिद जादे[1] ने लाहौर के हाकिम फ़रहत खां को बिना किसी आदेश के स्थानान्तरित और अपने किसी आदमी को उसके स्थान पर नियुक्त कर दिया है तथा पादशाही खज़ाने में हस्तक्षेप कर रहा है। हज़रत जहाँबानी के पवित्र हृदय में, जो एक ऐसा दर्पण था जिसमें राज्य के हित की बातें स्वतः दृष्टिगत होने लगती थीं, दैवी प्रेरणा से यह बात दृढ़ हो गई कि पंजाब, जो हिन्दुस्तान के बहुत बड़े प्रान्तों में है, हज़रत शाहंशाह के शासन एवं प्रतिरक्षा के आशीर्वाद एवं सौभाग्य के पोषित प्रकाश से सुशोभित हो और शाह अबुल मआली को हिसार[2] एवं उस क्षेत्र के स्थान प्रदान कर दिए जायें। इसके

allowed to go, but for only answer I was told that I must at least remain for one year, to which I replied : "By special command of my glorious Padishah I went by sea to fight the miserable unbelievers. Caught in a terrible hurricane, I was wrecked off the coast of India ; but it is now my plain duty to return to render an account to my Padishah, and it is to be hoped that Gujarat will soon be delivered out of the hands of the unbelievers." Upon this Humayun suggested the sending of an envoy to Constantinople to save my going, but this I could not agree to, for it would give the impression that I had purposely arranged it so. I persisted in my entreaties and he finally consented, adding however : "We are now close upon the three months of continuous (Birshegal) i. e. the rainy season. The roads are flooded and impassable, remain therefore till the weather improves. Meanwhile calculate Solar and Lunar Eclipses, their degree of latitude and their exact date in the Calendar. Assist our astrologers in studying the course of the sun, and instruct us concerning the points of the Equator. When all this is done, and the weather should improve before the three months are over, then thou shalt go hence." (A. Vambery: *The Travels and Adventures of the Turkish Admiral Sidi Ali Reis*, pp. 46-49).

१ सैयिद के पुत्र।

२ हिसार अकबर को प्रदान किया गया था।

अतिरिक्त शीघ्र ही अन्त:पुर की बेगमें[1] काबुल से बुलवायी जा रही थीं अतः पंजाब का हज़रत शाहंशाह के सेवकों के अधीन रहना राज्य के हित में आवश्यक था।

यद्यपि भाग्यशाली सेना इतनी अधिक संख्या में थी कि वह सिकन्दर को पराजित कर सकती थी किन्तु राज्य के हित की दृष्टि से कुमक[2] कह कर ९६३ हि० के प्रारम्भ (नवम्बर १५५५ ई०) में ऐसे शुभ मुहूर्त में, जो सातों इक़लीमों के सिंहासनारोहण एवं अनन्त तक स्थायी रहने वाले राज्य के गर्व का विषय हो सकता था, हज़रत शाहंशाह को जो ईश्वर द्वारा पोषित थे ऐसे ऐश्वर्य से नियुक्त किया जो राज्य के अधिनियमों एवं सौभाग्य के गौरव के लिए उपयुक्त था। दिखाने को तो बैराम ख़ां को उनका अतालीक़ नियुक्त किया किन्तु वास्तव में राज्य के उस स्तम्भ की शिक्षा दीक्षा उनके[3] सिपुर्द हुई। निष्ठावान् एवं हितैषी लोगों का एक बहुत बड़ा समूह उनकी विजयी रिकाब के अधीन नियुक्त होकर विदा हुआ।

अकबर का बन्दूक़ चलाने की शिक्षा ग्रहण करना

जब उस ईश्वर के पोषित प्रकाश की सेना सहरिन्द पहुँची तो भाग्यशाली चौखट[4] के सेवकों ने जो हिसार फ़ीरोज़ा में थे सेवा में उपस्थित होकर अपने हृदय की प्रसन्नता की सामग्री एकत्र की। इस भाग्यशाली पड़ाव पर उस्ताद अज़ीज़ सीस्तानी, जो अपनी उत्तम सेवाओं एवं निष्ठा के कारण रूमी ख़ां[5] की उपाधि द्वारा सुशोभित था और जो आतशबाज़ी[6] की कला एवं बन्दूक़ चलाने में अद्वितीय था, ने हज़रत शाहंशाह की सेवा में उपस्थित होने का सौभाग्य प्राप्त किया। हज़रत शाहंशाह ने बन्दूक़ चलाना यहीं से प्रारम्भ किया, और अल्प समय में वे प्रत्येक कला एवं कारीगरी में आश्चर्यजनक कुशलता के स्वामी होने के कारण इस विचित्र कला में भी
(३५६) निपुण हो गए। उन्होंने अन्य कलाओं के समान इस कला में भी आश्चर्यजनक कारनामे, जिनके उल्लेख के लिए अनेक ग्रंथ भी अपर्याप्त हैं, प्रदर्शित किए। मैं इन पवित्र व्यक्तित्व के सर्वगुण सम्पन्न होने का क्या उल्लेख करूँ और इस विषय में क्या लिखूं कारण कि प्रत्येक व्यक्ति, जो किसी कला अथवा ज्ञान-विज्ञान का इन विषयों के पंडितों से अध्ययन करने के उपरान्त (चाहे अध्ययन उसने पूरी कला अथवा ज्ञान विज्ञान का किया हो और चाहे आधे का, और चाहे उसने बुद्धिमान् उस्तादों के पास वर्षों के अध्ययन के उपरान्त वह योग्यता प्राप्त की हो), जब इस बात की तह तक पहुँच जाने वाले ज्ञानी एवं अपूर्व बुद्धि के स्वामी के पास पहुँचता है तो वह उनके अद्‌भुत विवेक के कारण सब कुछ भूल कर आश्चर्य में पड़ जाता है। उसके हृदय में यह बात आती है कि उनका कोई क्षण भी यह विद्या सीखने के अतिरिक्त किसी अन्य बात में व्यतीत हो नहीं हुआ है, और बाद में उसे संतुष्ट हो जाना पड़ता है कि इतनी अधिक निपुणता किसी को प्राप्त नहीं हो सकती। यह केवल ईश्वर की देन है। सब से बड़ी आश्चर्यजनक बात तो यह है कि वे एक ही

१ 'मुख़द्देराते तुतुक़े इस्मत'।
२ सहायक सेना।
३ अकबर।
४ हुमायूं के सेवक।
५ सम्भवतः रूमी ख़ां हलबी अलेप्पो का; (ब्लाख़मैन, पृ० ४८९)।
६ आग फेंकने (तोप चलाने)।

गोष्ठी में विभिन्न सिद्धान्तों एवं नाना प्रकार के विषयों पर वाद-विवाद करते हैं और संसार को शोभा देने वाले हृदय को उसमें कोई कष्ट नहीं होता। दार्शनिकों, विद्वानों एवं अन्य कलाकारों में यह योग्यता कहां कि वे थोड़ी देर से अधिक अपने विषय के अतिरिक्त किसी अन्य समस्या पर बात कर सकें। यह सर्वोच्च ज्ञान एवं अद्भुत प्रतिभा प्राप्त करना मानव-शक्ति के लिए सम्भव नहीं अपितु फ़िरिश्तों के भी वस की बात नहीं। परमेश्वर इस उत्कृष्ट मोती को संसार वालों के प्रबन्ध हेतु दीर्घ काल तक जीवित रक्खे।

हज़रत जहांबानी जन्नत आशियानी के भाग्यशाली वृत्तांत का शेष भाग, एवं उनके कुछ उत्कृष्ट आविष्कारों तथा अधिनियमों का वर्णन

शासन के विभिन्न केन्द्र बनाने की इच्छा

जब पंजाब का शासन प्रबन्ध हज़रत शाहंशाह की संसार विजय करने वाली सेनाओं द्वारा शोभा पा गया तो हज़रत जहाँबानी सर्वदा राजधानी देहली में राज्य-व्यवस्था की समस्याओं का समाधान कर अपने पवित्र हृदय को शान्ति प्रदान करने लगे। वे प्रदेशों को सुव्यवस्थित रखने, शत्रुओं का विनाश एवं अन्य इक़लीमों की विजय के विषय में सोचा करते थे। वे कहा करते थे कि "हम कई स्थानों पर अपने शासन के केन्द्र स्थापित करके हिन्दुस्तान के शासन प्रबन्ध का प्रयत्न करेंगे[१]। देहली, आगरा, जौनपुर, मन्दू[२], लाहौर, क़न्नौज एवं अन्य कुछ महालों में जहाँ उचित होगा एक एक सेना एक सावधान दूरदर्शी तथा प्रजा के हितैषी एवं न्यायकारी के नेतृत्व में नियुक्त कर देंगे ताकि वह क्षेत्र अन्य लश्कर की कुमक पर अवलम्बित न रहे, और अपने साथ १२,००० अश्वारोहियों से अधिक न रक्खेंगे।"

सोने चांदी की कुर्सियों की प्रथा

वे कहा करते थे कि "सोने एवं चाँदी की जड़ाऊ संदलियाँ[३] बनवाऊँगा ताकि दरबारे आम में भाग्यशाली शाहज़ादे एवं जो लोग अधिक विश्वास-पात्र हैं, वे आदेशानुसार आसीन होकर सम्मानित हों कारण कि संसार के उच्च स्वभाव वालों के हृदय, जो निष्ठा के राजभवन में (३५७) नहीं पहुँच सके हैं और व्यापार के बाज़ार में लाभ-हानि के चक्कर में भटकते रहते हैं, केवल धन प्रदान करने से संतुष्ट नहीं होते अपितु जब तक उनके प्रति विश्वास एवं उनके सम्मान में वृद्धि न हो, उनके हृदय वश में नहीं आते।"

आदमियों के नाम से फ़ाल

हज़रत जहाँबानी का परोपकारी हृदय प्रारम्भ से इस समय तक आश्चर्यजनक बातों के आविष्कार एवं गूढ़ सत्य को प्रकट करने की ओर आकृष्ट रहा। जिस समय हज़रत गेती सितानी फ़िरदौस मकानी काबुल से क़न्धार रवाना हो गए, तो हज़रत जहाँबानी को राज्य-व्यवस्था

१ चन्द जायरा पाए तख़्त साख़्ता दर निज़ामे हिन्दुस्तान कोशिश मी फ़रमाएम

چند جای را پای تخت ساخته در نظام هندوستان کوشش می فرمائیم

२ मांडू।

३ कुर्सी।

हेतु काबुल में छोड़ गए। एक दिन वे सवार होकर नगर के आस पास एवं घास के मैदान की सैर कर रहे थे। मार्ग में मौलाना रुहुल्लाह[१] को, जो उनके गुरु थे, सम्बोधित करके कहा, "मेरे हृदय में आता है कि तीन व्यक्तियों के नाम से जो इस मार्ग में मुझे मिलें फ़ाल निकालूं और उन्हें अपने राज्य का आधार बनाऊँ।" मौलाना ने निवेदन किया कि एक नाम से भी काम चल सकता है। उन्होंने कहा "मेरे हृदय को इसी प्रकार दैवी प्रेरणा हुई है।" थोड़ी दूर चल कर एक वृद्ध दृष्टिगत हुआ। जब उससे पूंछा गया, "तेरा क्या नाम है?" तो उसने उत्तर दिया, "मुराद ख़्वाजा"। उसके पीछे एक अन्य व्यक्ति गधे पर लकड़ी लादे हुए लिए किसी ओर जाता दिखाई पड़ा। जब उससे उसका नाम पूंछा गया तो उसने उत्तर दिया, "दौलत ख़्वाजा"। उस समय उनकी दैवी प्रेरणा वाली जिह्वा से यह निकला, "यदि अन्य व्यक्ति, जो मिले, का नाम 'सआदत ख़्वाजा' निकले तो यह एक बड़ी ही उत्तम एवं आश्चर्यजनक बात होगी और आशा के नक्षत्र सौभाग्य के क्षितिज से उदय होगें।"[२] उसी समय एक व्यक्ति कुछ जानवरों को चराता हुआ दृष्टिगत हुआ। जब उससे उसका नाम पूंछा गया तो उसने उत्तर दिया कि "सआदत ख़्वाजा"। भाग्यशाली रिकाब के सेवक उस महान् चमत्कार के कारण आश्चर्यचकित हो गए और सब को विश्वास हो गया कि वे बड़े सौभाग्यशाली होंगे और दैवी अनुकम्पा से, उत्कृष्ट श्रेणी प्राप्त करके सफलतापूर्वक राज्य करेंगे।[३]

मुराद, दौलत एवं सआदत के अनुसार पदाधिकारियों का विभाजन

जब परोक्ष की यह सुखद घोषणा कार्य रूप में परिणित हो गई एवं आशा की वाटिका न्याय की नहर से हरी भरी एवं ताज़ा हुई तो उन्होंने धर्म एवं संसार के शासन प्रबन्ध को "मुराद", "दौलत" एवं "सआदत" पर आधारित किया और भाग्यशाली चौखट के समस्त सेवकों अपितु अपने अधीनस्थ राज्य के सभी निवासियों को तीन भागों में विभाजित किया। भाइयों, सम्बन्धियों, अमीरों, वज़ीरों एवं समस्त सैनिकों को "अहले दौलत"[४] कहा जाता था। कारण कि यह बात स्पष्ट है कि इस समूह की सहायता बिना राज्य एवं सौभाग्य के उच्च शिखर पर पहुँचना सम्भव नहीं। फ़लसफ़ियों[५], आलिमों, सद्रों, सैयिदों, शेख़ों[६], क़ाज़ियों, कवियों, समस्त विद्वानों एवं अन्य प्रतिष्ठित लोगों को "अहले सआदत"[७] कहा जाता था, कारण कि यह बात ज़ाहिर है कि इन भाग्यशाली लोगों को सम्मानित करने तथा उत्कृष्ट समूह के साथ रहने से अनन्त तक स्थायी रहने वाला सौभाग्य प्राप्त होता है। भवन निर्माण करने वालों, चित्र बनाने वालों, संगीतज्ञों

१ **क़ानूने हुमायूनी** में 'मौलाना मसीहुद्दीन रूहुल्लाहा'; (**क़ानूने हुमायूनी** मूल ग्रन्थ, पृ० ३३)।

२ अर्थात् सभी आशायें पूरी होंगी।

३ यह घटना ख़्वान्द मीर की **क़ानूने हुमायूनी** से ली गई है। आगे के पृष्ठों में **क़ानूने हुमायूनी** का अनुवाद देखिये (मूल पृ० ३२-३४)।

४ दौलत (राज्य) के समूह से संबंधित।

५ दार्शनिकों।

६ सूफ़ी संतों।

७ सौभाग्य के समूह से संबंधित।

एवं वादकों का नाम "अहले मुराद"[१] रक्खा कारण कि उन लोगों से समस्त संसार वालों को प्रसन्नता प्राप्त होती है।

सप्ताह के दिनों का विभाजन

(३५८) इसी प्रकार उन्होंने सप्ताह के दिनों को विभाजित करके "अहले दौलत" "अहले सआदत" एवं "अहले मुराद"[२] से सम्बन्धित कर दिया। इस प्रकार शनिवार एवं बृहस्पतिवार को 'अहले सआदत' से सम्बन्धित किया। उन दो दिनों में वे अपने सम्मानित ध्यान को ज्ञान एवं उपासना के प्रबन्धकों से सम्बन्धित रखते थे। इन दो दिनों के "अहले सआदत" से विशेष रूप से सम्बन्धित होने का कारण यह है कि शनिवार का शनि से सम्बन्ध है और शनि, मशायख़ एवं प्राचीन वंशों का आश्रयदाता होता है। बृहस्पतिवार का सम्बन्ध वृहस्पति से होता है और वृहस्पति आलिमों एवं समस्त सम्मानित लोगों का नक्षत्र है। रविवार एवं मंगलवार "अहले दौलत" एवं पादशाही कार्यों और राज्य-व्यवस्था से सम्बन्धित किए गए। इन दो दिनों के निश्चित होने का रहस्य यह है कि रविवार का सम्बन्ध सूर्य से होता है और सल्तनत एवं राज्य-व्यवस्था का संचालन उसके प्रकाश के आश्रय के कारण होता है। मंगलवार का सम्बन्ध मंगल ग्रह से होता है और मंगल ग्रह सैनिकों का आश्रय-दाता होता है। सोमवार एवं बुधवार को "मुराद" का दिन निश्चित किया गया। उन दो दिनों में नदीमों[३], विश्वास-पात्रों एवं "अहले मुराद" के समूह के अन्य लोगों को विशेष कृपाओं द्वारा सम्मानित किया जाता था। इन दो दिनों के निश्चित होने का कारण यह था कि सोमवार का सम्बन्ध चन्द्रमा से होता है और बुधवार का सम्बन्ध बुध ग्रह से। दोनों ब्यूतात[४] की समस्याओं के लिए विशेष रूप से उपयुक्त हैं। शुक्रवार को उसके नाम से अनुरूपता के कारण सभी श्रेणी वालों से सम्बन्धित किया गया और सर्व-साधारण के समूह पादशाही कृपाओं द्वारा, जो सामान्य रूप से सभी के प्रति प्रदर्शित की जाती थी, लाभान्वित होते थे[५]।

दरबार की प्रथायें

जो दिन दीवान[६] के लिए निश्चित थे, उनकी व्यवस्थाओं में से एक यह थी कि जब ख़िलाफ़त का सिंहासन, सल्तनत का केन्द्र बनता[७] और हज़रत जहाँबानी शासन प्रबन्ध के सिंहासन पर आरूढ़ होकर, दीवान की सभा को सुशोभित करते तो नक़्क़ारे की ध्वनि द्वारा लोगों को सूचना दी जाती। जब वे दीवान से उठते तो तोप चलाने वाले तोप की आवाज़ से सर्व-साधारण को सूचना

१ वह समूह जिससे इच्छायें तथा अभिलाषायें पूरी हों।
२ देखिये आगे के पृष्ठों में **क़ानूने हुमायूनी** का अनुवाद (मूल पृ० ३४-३५)।
३ सहचरों।
४ भवन-निर्माण विभाग।
५ आगे के पृष्ठों में **क़ानूने हुमायूनी** का अनुवाद देखिये।
६ दरबार।
७ जब वे सिंहासन पर आसीन होते।

देते थे। उस दिन क़िरकीराक़ची[1] लोग ख़िलअतों के कुछ जोड़े, एवं ख़ज़ांची लोग सोने[2] की थैलियाँ लेकर दरबार में इस आशय से आते थे कि दान-पुण्य एवं लोगों की इच्छाओं की पूर्ति में विलम्ब न हो। कुछ वीर सेवक कवच धारण किए हुए एवं सशस्त्र दरबार के समीप खड़े रहते थे।

स्वर्ण-बाण

उनके अन्य आविष्कारों में एक यह है कि उन्होंने सोने के तीन बाण बनवाये थे जो क्रमशः "सआदत", "दौलत" एवं "मुराद"[3] के बाण कहे जाते थे। राज्य के अधिकारियों इत्यादि में से जिस किसी को वह बाण प्रदान कर दिया जाता था, उस सरकार की व्यवस्था उसके अधीन हो जाती थी। यह आदेश था कि उनमें से प्रत्येक बाण का अधिकारी उस विभाग से सम्बन्धित व्यवस्थाओं के विषय में जब तक उचित रूप से प्रयत्नशील रहे, जो दैवी इच्छाओं के पालन एवं राजभक्ति के लिए परमावश्यक हैं, तब तक वह कृपा-पात्र एवं अधिकार की मसनद पर आरूढ़ रहेगा। यदि वह अपने पद के नशे में बदमस्त होकर संयम के मार्ग से विचलित हो जाय अथवा अपने स्वार्थवश राजभक्ति की ओर से उपेक्षा करके धन-एकत्र करने को अपना मूल उद्देश्य बना ले और उसके उपाय का बाण (मूल) उद्देश्य के लक्ष्य को न पहुँचे तो उसके कार्यों की पंजिका पर (३५९) पदच्युत करने सम्बन्धी अक्षर लिख कर उसे उचित दंड दिया जाय[4]। मीर ख़्वन्द[5] ने, जो इतिहासकारों का नेता था, "क़ानूने हुमायूनी"[6] में लिखा है कि "मेरे सेवाकाल में सआदत (विभाग, स्थायी रूप से उम्दये असहाबे फ़ज़ल व कमाल[7], मौलाना मुहम्मद फ़रग़ली[8] से सम्बन्धित था और सैयिदों, मशाएख़, आलिमों, क़ाज़ियों, शिक्षा-विज्ञान एवं शोध (कार्य) से सम्बन्ध रखने वालों, एवं पगड़ वालों[9] के हक़ों की जाँच, धर्म-सम्बन्धी व्यवस्था करने वालों की नियुक्ति एवं पदच्युत होना, वज़ीफ़ों एवं सयूरग़ाल[10] का वितरण उसी के अधीन था। दौलत का बाण उम्दतुस्सल्तनत,

१ वे अधिकारी जो वस्त्रों का प्रबन्ध करते थे।

२ 'ज़र' का अर्थ सोना होता है किन्तु सोना-चांदी सभी कुछ ज़र में सम्मिलित समझा जाता था अतः 'धन' अधिक उपयुक्त है।

३ 'सहमुस्सआदत, सहमुद्दौलत, सहमुल मुराद'।

४ अर्थात् उसे पदच्युत कर दिया जाय।

५ ख़्वन्द मीर।

६ आगे के पृष्ठों में इस ग्रन्थ का अनुवाद किया गया है।

७ विद्वानों एवं निपुण लोगों में अद्वितीय।

८ यह नाम **अकबर नामा** में भिन्न-भिन्न रूप से लिखा गया है : मौलाना मुहम्मद पीर अली (पृ० १३३), मौलाना मुहम्मद परग़ली तथा मुहम्मद परग़ली (पृ० १४०), मौलाना मुहम्मद यरग़ली (पृ० २५६) तथा इस स्थान पर मौलाना मुहम्मद फ़रग़ली। **क़ानूने हुमायूनी** में 'मौलाना मुहीउद्दीन मुहम्मद फ़रग़री'।

९ 'अरबाबे अमामा'। आलिम लोग अमामा अथवा एक विशेष प्रकार की पगड़ी बाँधने के कारण "अरबाबे अमामा अथवा पगड़ी वाले" कहलाते थे। इस शब्द का प्रयोग व्यंग्य के रूप में किया जाता था।

१० वह सहायता जो धार्मिक लोगों, विद्वानों इत्यादि को ~~दी जाती थी।~~ अबुलफ़ज़ल ने **आईने अकबरी** में चार समूह के लोगों को सहायता का पात्र बताया है : —

अ बुद्धि के ऐसे अन्वेषण करने वाले जो समस्त सांसारिक कार्यों को त्यागकर ज्ञान की खोज में रात तथा दिन में कोई अन्तर नहीं समझते।

अमीर हिन्दू बेग के अधीन था। अमीरों एवं बड़े बड़े वज़ीरों, राज्य के कार्यालयों के समस्त मुतसद्दियों[१] एवं दीवान के अधिकारियों की समस्याओं का खोलना एवं बन्द करना[२] तथा अन्य प्रबन्ध, सैनिकों के वेतन का निश्चित होना एवं दरबार के सेवकों की नियुक्त उसके सिपुर्द थी। मुराद एवं ब्यूतात[३] की व्यवस्थाओं का बाण अमीर वैसी से सम्बन्धित था। जैसा कि आवश्यक है व्यूतात की समस्याओं के समाधान एवं ऐश्वर्य तथा वैभव के साधनों की व्यवस्था, गौरव तथा शान व शौकत की आवश्यकताओं की पूर्ति उसी के अधीन थी[४]।

बाणों के १२ वर्ग

उनके अन्य आविष्कारों में एक यह है कि उन्होंने बाणों को १२ वर्गों में विभाजित कर दिया था। प्रत्येक वर्ग वालों के लिए एक बाण निश्चित था। लोगों की श्रेणी के अनुसार इस प्रकार प्रबन्ध किया गया था। १२वाँ बाण जो कसौटी पर खरे हुए सोने का था, पादशाही इक़बाल के निषंग के लिए विशेष रूप से पृथक् था। ११वाँ बाण सम्बन्धियों, भाई बन्दों और उन शाहज़ादों के लिए था, जो भाग्यशाली चौखट के सेवक थे। १०वाँ बाण सैयिदों, मशाएख़, एवं आलिमों के लिए था। ९वाँ बाण प्रतिष्ठित अमीरों में से, ८वाँ बाण निकटवर्तियों एवं मंसब के अधिकारी उपचक्रियों[५] से, सातवाँ बाण उपचकियों,[६] छटा बाण क़बीले के नेताओं, पाँचवाँ बाण वीर यक्का जवानों[७] के लिए, चौथा बाण तहवीलदारों[८], तीसरा बाण जिरगे के जवानों[९], दूसरा बाण शागिर्द पेशा लोगों[१०] एवं पहिला बाण दरबानों तथा पहरेदारों के लिए था।

ब ऐसे तपस्वी जो त्याग के साथ साथ वासनाओं से संघर्ष करते रहते हैं और जिन्होंने संसार वालों से मुख मोड़ लिया है।

स ऐसे कमज़ोर एवं दरिद्र जो अन्वेषण नहीं कर सकते।

द उच्च वंश के ऐसे सम्मानित लोग जो ज्ञान की कमी के कारण कोई व्यवसाय नहीं कर सकते।

जो सहायता नक़द दी जाती है, वह वज़ीफ़ा और जो भूमि के रूप में दी जाती है उसे मिल्क अथवा मददे मआश कहा जाता है।

१ क्लर्कों।

२ पूर्ण व्यवस्था।

३ भवन-निर्माण विभाग।

४ देखिये **क़ानूने हुमायूनी** (मूल पृ० ४०-४३)।

५ इस शब्द को विभिन्न रूप से लिखा गया है :—अंकचियों, अकचक्रियों किन्तु यह शब्द उपचकी है। नगर के दारोग़ा को उपचकी कहते थे। मंसब के अधिकारी उपचक्रियों का तात्पर्य उन उपचक्रियों से था जिन्हें मंसब प्राप्त था।

६ नगर के ऐसे दारोग़ा जिन्हें मंसब न प्राप्त था।

७ ऐसे सैनिक जो बाद के अहदियों के समान थे।

८ ख़ज़ांचियों के लिये।

९ सैनिकों के लिये।

१० निम्न श्रेणी के सेवकों के लिये।

सल्तनत के विभागों का विभाजन

हज़रत जहाँबानी के आविष्कारों में एक अन्य यह था कि सल्तनत के विभागों को चार तत्वों—अग्नि, वायु, जल एवं मिट्टी—के विभाजन के आधार पर चार भागों में विभाजित कर दिया गया था। इन चारों विभागों में से प्रत्येक के लिए एक वज़ीर नियुक्त कर दिया गया था। तोपख़ाने का प्रबन्ध, अस्त्र-शस्त्र एवं युद्ध के यंत्रों और उन समस्त बातों की व्यवस्था, जिनका सम्बन्ध अग्नि से होता है, आतशी विभाग के अधीन थी। उस विभाग की विज़ारत, ख़्वाजा अब्दुल मलिक[1] के सिपुर्द थी। किरकीराक़ ख़ाने[2], बावर्ची ख़ाने, अस्तबल, अस्तर[3] ख़ाने, एवं शुत्र[4] ख़ाने की व्यवस्था (३६०) हवाई विभाग से सम्बन्धित थी। उस विभाग का प्रबन्ध ख़्वाजा लुत्फ़ुल्लाह को सौंप दिया गया था। शरबत ख़ाने[5] एवं सूची ख़ाने[6] की व्यवस्था, नहरें निकालना एवं अन्य प्रबन्ध जो जल से सम्बन्धित हैं, जिस विभाग के सिपुर्द हुआ वह सरकारे आबी कहलाता था। उस विभाग की विज़ारत पर ख़्वाजा हसन नियुक्त था। ज़िराआत एवं एमारात का प्रबन्ध, ख़ालसों एवं कुछ ब्यूतात की व्यवस्था, ख़ाकी विभाग से सम्बन्धित थे। इस सरकार की विज़ारत ख़्वाजा जलाउद्दीन मीर्ज़ा बेग के अधीन थी। उपर्युक्त विभागों में से प्रत्येक में एक अमीर नियुक्त कर दिया गया था उदाहरणार्थ अमीर नासिर क़ुली, आतशी विभाग का मुख्य अधिकारी[7] नियुक्त कर दिया गया था और वह सर्वदा लाल वस्त्र धारण किया करता था।

विशेष प्रकार की नौकाओं की तैयारी

उन दिनों में जो आविष्कार हुए उनमें एक यह है कि कुशल बढ़इयों ने यमुना नदी में चार बहुत बड़ी बड़ी नौकायें तैयार की थीं। इनमें से प्रत्येक नौका में एक दो-मंज़िला अत्यन्त उत्तम एवं बलन्द चार ताक़ बनाया गया। उन नौकाओं को इस प्रकार एक दूसरे से मिला दिया गया था कि वे चार ताक़[8] एक दूसरे के आमने सामने रहते थे। उन चारों नौकाओं में से प्रत्येक दो नौकाओं से एक अन्य ताक़[9] बनवाया गया था जिससे नौकाओं के मध्य में एक अष्टाकार हौज़ बन गया था।

नौकाओं पर बाज़ार

उनके उत्तम आविष्कारों में एक आविष्कार नौकाओं में दूकानों की व्यवस्था एवं बाज़ारों का सजाना था जिससे बाल की खाल निकालने वाली बुद्धि भी आश्चर्यचकित थी। ९३९

१ कुछ पोथियों में 'अमीदुल मुल्क'। **क़ानूने हुमायूनी** में 'ख़्वाजा अमीदुल मुल्क'; (**क़ानूने हुमायूनी**, मूल पृ० ४८)।
२ वह शाखा जहां से वस्त्रों का प्रबन्ध होता था।
३ खच्चरों की देख रेख की शाखा।
४ ऊँटों की देख रेख की शाखा।
५ शरबत एवं अन्य पेय की व्यवस्था करने वालों की शाखा।
६ मदिरा का प्रबन्ध करने वालों की शाखा।
७ 'मीर सरकारे आतशी'।
८ चौकोर कमरा।
९ कमरा।

हि० (१५३२-३३ ई०) में जब हज़रत जहाँबानी फ़ीरोज़ाबाद[1] देहली से अधिकांश अमीरों एवं उच्च पदाधिकारियों, समस्त उपचकियों[2] एवं राज्य के स्तम्भों के साथ नौकाओं में बैठकर नदी द्वारा राजधानी आगरा की ओर रवाना हुए तो उसी प्रकार सजा-सजाया बाज़ार यमुना नदी पर तैरता आता था। जिस किसी को जिस वस्तु की आवश्यकता होती उसे उस बाज़ार में मिल जाती।

नदी पर उद्यान

इसी प्रकार पादशाही बाग़बानों ने शाही आदेशानुसार नदी पर एक उद्यान तैयार कर दिया था।

चलता फिरता पुल

उनका एक अन्य आविष्कार एक चलता फिरता[3] पुल था।

चलता फिरता महल

हज़रत जहाँबानी के आश्चर्यजनक आविष्कारों में से एक चलता फिरता महल क़स्रे रवां था। उस महल में तीन मंज़िलें थीं जो तराशे हुए लट्ठों की बनी थीं। कुशल बढ़इयों ने उसके भागों को एक दूसरे से इस प्रकार मिला दिया था कि जिस किसी की दृष्टि उस पर पड़ती वह यही समझता कि वह पूरा एक टुकड़ा है किन्तु इच्छानुसार उन्हें अलग अलग कर जिस देश में चाहते ले जा सकते थे। ऊपर की मंज़िल तक की सीढ़ियाँ इस प्रकार तराशी गई थीं कि जब जी चाहें उन्हें बाँध लिया जाता और जब जी चाहें खोल लिया जाता।

ताजे इज्ज़त का आविष्कार

उस पवित्र स्वभाव वाले के उत्कृष्ट आविष्कारों में एक मुकुट था जिसकी ऊँचाई एवं सुन्दरता बड़ी संतुलित थी। मुकुट के चारों ओर का हाशिया दो भागों में विभाजित था। प्रत्येक भाग ७ (٧) अंक के समान था। इस कारण कि दो ७ (٧) अंक ७७ (٧٧) होते हैं और क्योंकि इज़[4] शब्द में भी ७७ होते हैं अतः उस मुकुट का नाम ताजे इज़्ज़त[5] रक्खा गया। (३६१) उसका आविष्कार बदख़्शां में हुआ था[6]। जब वे राजधानी आगरा में पहुँचे और उस मुकुट को हज़रत गेती सितानी फ़िरदौस मकानी की सेवा में प्रस्तुत किया तो हज़रत गेती सितानी बड़े प्रसन्न हुए।

१ देहली से लगभग १० मील दूर सुल्तान फ़ीरोज़ शाह द्वारा बसाया हुआ फ़ीरोज़ाबाद।

२ मुख्य अधिकारियों से तात्पर्य है।

३ 'पुले रवां'।

४ इज़ अथवा प्रतिष्ठा में ७७ इस प्रकार होते हैं : ऐन ع = ७० और ज़े ز = ७ ।

५ आदर सम्मान का मुकुट।

६ ख़्वन्द मीर के अनुसार शिहाबुद्दीन अहमद मुअम्माई ने इसके आविष्कार की तिथि 'ताजे सआदत' के अक्षरों से निकाली :

ख़रगाह का आविष्कार

उनके उत्तम आविष्कारों में एक ख़रगाह का आविष्कार था जो आकाश की १२ राशि चक्रों के अनुसार १२ भागों में विभाजित था। प्रत्येक कक्ष में झंझरियाँ बनी थीं जिनसे प्रताप के नक्षत्रों का प्रकाश चमकता रहता था। उन्होंने एक अन्य ख़रगाह का आविष्कार किया जो समस्त अन्य ख़रगाहों को उसी प्रकार घेर लेता था जिस प्रकार फ़लकुल अफ़लाक[1] फ़ल्के सवाबित[2] को ढांके है। जिस प्रकार फ़लके अतलस[3] बेल-बूटों से शून्य है, उसी प्रकार इस ख़रगाह में भी झंझरियाँ नहीं थीं।

बिसाते निशात का आविष्कार

हज़रत जहाँबानी ने आनन्द-मंगल के जो आविष्कार किए उनमें एक बिसाते निशात[4] थी। वह बिसात (नक्षत्र) ग्रह-पथ एवं तत्व सम्बन्धी ग्रहों में विभाजित एवं गोल थी। प्रथम वृत्त, जो अतलस रूपी आकाश के अनुरूप था, सफ़ेद रंग का था, दूसरा नीला, तीसरा शनि ग्रह से सम्बन्धित होने के कारण काला, चौथा बृहस्पति से सम्बन्धित होने के कारण हल्के भूरे रंग का, पाँचवाँ मंगल ग्रह से सम्बन्धित होने के कारण लाल, छटा उत्कृष्ट सूर्य का ग्रह होने के कारण सुनहरा, सातवाँ शुक्र का ग्रह होने की वजह से चमकदार हरा, आठवाँ बुध ग्रह का स्थान होने के कारण बैंगनी था, कारण कि बुध ग्रह की प्रकृति मिली-जुली है। नीले को लाल रंग से मिला देने से बैंगनी बन जाता है। अन्य मिले-जुले रंगों को छोड़ कर बैंगनी रंग चुनने का कारण यह है कि कुछ विद्वानों ने बुध ग्रह को सुरमई रंग का बताया है और मिले-जुले रंगों में बैंगनी रंग, सुरमई रंग के निकटतम है। ९वाँ वृत्त चन्द्रमा का ग्रह होने के कारण सफ़ेद था। चन्द्र ग्रह के उपरान्त, अग्नि एवं वायु के वृत्त क्रम से रक्खे गए, तदुपरान्त मिट्टी एवं जल के। विश्व के चौथाई आबाद भाग को सात इक़लीमों में विभाजित किया गया।

ते	(ت)	=	४००
अलिफ़	(ا)	=	१
जीम	(ج)	=	३
सीन	(س)	=	६०
ऐन	(ع)	=	७०
अलिफ़	(ا)	=	१
दाल	(د)	=	४
ते	(ت)	=	४००
			९३९

इस प्रकार इसका आविष्कार ९३९ हि० (१५३२-३३ ई०) में हुआ।

१ सब आसमानों से ऊँचा अर्थात् सब आसमानों के ऊपर वाला आसमान (९वां आसमान)।

२ सब से नीचे का आसमान।

३ सब से ऊपर का आकाश जो अतलस की भांति सादा है। फ़लकुल अफ़लाक को फ़लके अतलस भी कहते हैं।

४ आनन्द-मंगल का फ़र्श (क़ालीन)।

वे स्वयं सुनहरे वृत्त को चुन कर वहाँ सिंहासनारूढ़ होते थे। प्रत्येक समूह सातों ग्रहों में से किसी न किसी ग्रह से सम्बन्धित होने के कारण तत्सम्बन्धी वृत्त में बैठने का आदेश पाता था। इस प्रकार हिन्दी अमीर शनि के वृत्त में, सैयिद एवं आलिम बृहस्पति के वृत्त में बैठते थे। जो लोग वृत्तों में बैठते थे, वे पाँसा फेंकते थे जिसके हर ओर अलग-अलग प्रकार के चित्र बने थे। जिसके पाँसे में जिस प्रकार का चित्र निकलता वह वैसी ही शक्ल बनाकर उस वृत्त में बैठ जाता था। उदाहरणार्थ यदि किसी खड़े हुए आदमी का चित्र निकलता तो वह खड़ा हो जाता, यदि किसी बैठे हुए आदमी का चित्र निकलता तो वह बैठ जाता और यदि टेक लगाये हुए आदमी का चित्र निकलता तो वह टेक लगा लेता। इससे लोगों के आनन्द-मंगल में वृद्धि होती थी[1]।

वस्त्रों के रंगों का निश्चित होना

उनके उत्कृष्ट आविष्कारों में रोज़ाना उस रंग के वस्त्र धारण करना है जो उस दिन के नक्षत्र के अनुरूप होता था। वह नक्षत्र उस दिन का आश्रयदाता होता था। इस प्रकार वे रविवार को पीले रंग के वस्त्र धारण करते थे कारण कि उस दिन का सम्बन्ध उत्कृष्ट सूर्य से है। सोमवार को वे हरे वस्त्र धारण करते थे जो चन्द्रमा से सम्बन्धित है; इसी प्रकार अन्य दिनों का भी (क्रम) था।

न्याय की तब्ल

हज़रत जहाँबानी के आविष्कारों में एक आविष्कार न्याय का तब्ल[2] था। यदि किसी को किसी से झगड़े के कारण न्याय की आवश्यकता होती तो वह तब्ल पर एक चोब[3] मार देता। (३६२) यदि किसी को उलूफ़ा[4] के न प्राप्त होने के कारण न्याय की आवश्यकता होती तो वह दो बार चोब मारता। यदि किसी अत्याचारी द्वारा धन-सम्पत्ति के अपहरण के कारण कोई न्याय की याचना करना चाहता तो वह तीन बार चोब बजाता और यदि किसी को हत्या के कारण न्याय की प्रार्थना करनी होती तो वह चार बार तब्ल बजाता।

आविष्कारों की समीक्षा

उस पवित्र बादशाह के आश्चर्यजनक आविष्कारों के अनेक अवशेष वर्तमान हैं किन्तु सावधान हृदय के बुद्धिमानों के लिए उनके बहुमूल्य गुणों को समझने की दृष्टि से जितना लिखा गया, उतना ही पर्याप्त है। इस समय यही अच्छा है कि इस बात को समाप्त करके मूल उद्देश्य का उल्लेख किया जाय।

१ **क़ानूने हुमायूनी** में आविष्कारों के सम्बन्ध में कुछ अन्य बातों का भी उल्लेख किया गया है और जिन अधिनियमों का **अकबर नामा** में संक्षिप्त उल्लेख हुआ उनका काव्यमय फ़ारसी में सविस्तार विवरण दिया गया है।

२ बड़ा ढोल; धौंसा।

३ तब्ल बजाने की छड़ी।

४ वेतन; वृत्ति।

हज़रत जहाँबानी के हृदय के दर्पण में पवित्रता के लोक की यात्रा का प्रतिबिम्बित होना एवं परलोक-गामी होना

छान-बीन करने वालों से यह बात छिपी न रहनी चाहिये कि लगभग उसी समय, जब ज्ञान की बाटिका के पौधे (अर्थात्) हज़रत शाहंशाह पंजाब की ओर बिदा कर दिए गए, हज़रत जहाँबानी अपनी पवित्र जिह्वा से प्रायः पुनीत लोक की यात्रा के विषय में वार्ता किया करते थे। यह बात उनके उत्तम स्वभाव के विरुद्ध थी कारण कि इस बात को वे शासन प्रबन्ध के संसार के प्रतिकूल होने के कारण सराहनीय न समझते थे; अतः उनके सम्मानित दरबार में इसकी चर्चा न होती थी। उस समय वे उस वार्ता से प्रसन्न होते थे कारण कि उनके परोक्ष का ज्ञान रखने वाले हृदय में यह बात प्रतिबिम्बित हो गई थी।

इसी प्रसंग में एक दिन उन्होंने हज़रत गेती सितानी फ़िरदौस मकानी के तथ्यपूर्ण कथन का समर्थन एवं उसकी प्रशंसा करते हुए बताया कि, "अमुक सेवक मुझसे कहा करता था कि हज़रत गेती सितानी फ़िरदौस मकानी फ़रमाया करते थे कि 'जब ग़ज़नी के क़ब्रिस्तान मुझे स्वप्न में दिखाई देंगे तो मेरी मृत्यु का समय आ जायेगा।" उसी के साथ साथ (हज़रत जहाँबानी) यह कहते थे कि "जब मैं देहली एवं उसके मज़ारों[1] को देखता हूँ तो हज़रत फ़िरदौस मकानी की बात का स्मरण हो आता है कि उन्होंने कितनी अच्छी बात कही।" जिस समय वे परलोक को सुधारने वाले थे तो वे अपने विश्वास-पात्रों से कहा करते थे कि "आज प्रातःकाल की एबादत के उपरान्त

१ सम्भवतः सिदी अली रईस ने देहली के इन्हीं भ्रमणों में से किसी एक का इस प्रकार उल्लेख किया है। लाहौर के स्थान पर देहली होना चाहिये।

One day the Emperor planned a little excursion on horseback to visit the graves of the holy Sheikhs of Lahore, and I accompanied him. We visited the graves of Shah Kutbeddin the Pir of Delhi, of Sheikh Nizam Weli, Sheikh Ferid Shekr-Ghendj, Mir Khosru Dehlevi and Mir Husein Dehlevi. When the conversation turned upon the poetical works of Mir Khosru I quoted some of his best poems, and under their influence I conceived a most telling distich. I turned to the Emperor saying, "It would be presumption on my part to measure my powers against those of Mir Khosru, but he has inspired me, and I would fain recite my couplet before your Majesty." "Let us hear it," said Humayun, and I recited the following :

Truly great is only he, who can be content with his daily bread.
"For happier is he than all the kings of the earth."
"By God," cried the Monarch, "this is truly sublime."
It is not so much my object here to make mention of my poetic effusions, but rather to show up Humayun's appreciation of poetry."
(A. Vambery : *The Travels and Adventures of the Turkish Admiral Sidi Ali Reis*, pp. 53-54).

परोक्ष से यह बात प्रकट हुई और परोक्ष से प्रेरणा देनें वाले ने यह रुबाई मेरी जिह्वा को प्रदान कर दी :

रुबाई

'हे ईश्वर ! अपनी अपार कृपा द्वारा मुझे ख़ास अपना बना ले,
अपने विशेष रहस्यों का ज्ञान प्रदान कर,
निष्ठुर बुद्धि ने मेरे हृदय को घायल कर दिया है
मुझे अपना दीवाना कह दे और मुक्त कर दे[1]।'

पढ़ते समय उनके तथ्य का अवलोकन करने वाले नेत्रों से आँसू टपकने लगते थे और उनके प्रकाश-युक्त ललाट से पूर्ण रूप से परिवर्तन दृष्टिगत होने लगता था।

अकबर का स्वप्न

उन दिनों में जब कि देहली में उत्कृष्ट शिविर लगे थे तो खिलाफ़त के नेत्रों का प्रकाश (३६३) बढ़ाने वाले अर्थात् हज़रत शाहंशाह ने एक रात स्वप्न देखा कि कोई उनके[2] कस्तूरिया केश उखाड़ रहा है। जब वे जागे तो उन्होंने इस स्वप्न को अदहम खां की माता माहम अनगा को बताया। उसने स्वप्न की व्याख्या करने वाले कुछ कुशल लोगों को बुलवा कर उसकी व्याख्या पूंछी। जब हज़रत जहाँबानी से पूंछा गया तो उन्होंने उत्तर दिया, "उनके (हज़रत शाहंशाह के) सिर से कष्ट दूर हो जायेंगे।" तदुपरान्त उस दुर्घटना[3] की ओर, जिसकी उपेक्षा असम्भव है, संकेत करके उन्हें साँत्वना दी। वे उन दिनों सर्वदा इस प्रकार व्यवहार करते रहते थे, जिससे इस नश्वर संसार से प्रस्थान की, जिससे सबको विदा होना है, सुगन्धि सम्मानित दरबार के दूरदर्शी लोगों को, जिसकी व्याख्या से निष्ठावानों का हृदय टुकड़े-टुकड़े होता रहता था, पहुँचती रहती थी। हज़रत

१ यारब ब कमाले लुत्फ़ ख़ासम गरदां,
वाक़िफ़ ब हक़ाएक़े ख़्वासम गरदां।
अज़ अक़्ले जफ़ाकार दिल अफ़गार शुदम,
दीवानये ख़ुद ख़्वां व ख़लासम गरदां।

یارب بکمال لطف خاصم گردان
واقف بحقائق خواصم گردان
از عقل جفاکار دل افگار شدم
دیوانۂ خود خوان و خلاصم گردان

२ प्रकाशित ग्रन्थ में 'काकुले मुश्कीने मुक़द्दसे आंहज़रत है' जिससे यह भ्रम हो सकता है कि आंहज़रत शब्द का प्रयोग हुमायूँ के लिये हुआ है, किन्तु हुमायूं के बाल उस अवस्था में कस्तूरी के समान काले नहीं हो सकते। कुछ पोथियों में आंहज़रत के स्थान पर 'ईशां' है। यही शुद्ध ज्ञात होता है। 'ईशां' का तात्पर्य अकबर से हो सकता है जिसके बाल उस समय काले थे।

३ अर्थात् अपनी मृत्यु की ओर।

जहांबानी ने उस दालान की मेहराब पर जहाँ वे रहते थे, अपने हाथ से शेख़ आज़री[1] का यह मतला[2] लिख दिया था :

शेर

'मैंने सुना है कि इस मुलम्मा किए हुए आकाश पर लिखा है,
जिन कार्यों का परिणाम प्रशंसनीय होता है, वे सुखद हैं[3] ।'

अफ़ीम की अन्तिम ख़ूराक

अपनी मृत्यु के समीप उन्होंने अफ़ीम का सेवन कम कर दिया था यहाँ तक कि अपने दरबार के विश्वास-पात्रों के एक समूह से वे कहा करते थे कि, "हम देखते हैं कि कितने दिन तक और दो-तीन गोलियों से काम चल जाता है।" सात दिन की ख़ूराक पृथक् करके एक काग़ज़ में लपेट कर अपने विशेष दासों को दे दिया और कहा, "हम इतनी ही अफ़ीम का सेवन कर पायेंगे"। जिस दिन पवित्रता एवं एकान्त के लोक की प्रथम यात्रा प्रारम्भ होने वाली थी, चार गोलियाँ रह गई थीं। उन्हें मंगवा कर उनका[4] गुलाब[5] के साथ सेवन कर लिया।

शुक्रवार रबी-उल-अव्वल ९६३ हि० (जनवरी-फ़रवरी १५५६ ई०) को शाह बुदाग़, आलम शाह, बेग मुलूक एवं कुछ अन्य लोग हिजाज़ की यात्रा से वापस आये हुये थे। चग़ती ख़ां एवं कुछ अन्य लोगों ने गुजरात से वापस आकर, वहाँ का वृतान्त दिया। पहलवान दोस्त मीर बर एवं मौलाना असद, मुनइम ख़ां के प्रार्थना-पत्र लेकर काबुल से आये।

दिन के अन्तिम पहर वे किताब खाने के कोठे पर, जो उसी समय तैयार हुआ था, पहुँचे। जो लोग जामा मस्जिद में एकत्र थे, कोरनिश के सौभाग्य द्वारा सम्मानित हुए। वे बड़ी देर तक मक्का मुअज़्ज़मा, गुजरात एवं काबुल के विषय में प्रश्न करते रहे।

हुमायूं का ज़ीने से गिरना

तदुपरान्त गणित वेत्ताओं[6] के एक समूह को बुलवाया। उस रात्रि में शुक्र ग्रह के उदय की आशा की जाती थी। वे उसका निरीक्षण करना चाहते थे। तथ्य को समझने वाले उनके

१ इस्फ़रायन अथवा मेहरजान नीशापुर का निवासी जलालुद्दीन हमज़ा जिसकी मृत्यु ८६६ हि० (१४६१-६२ ई०) में हुई।

२ ग़ज़ल का प्रथम शेर।

३ शुनीदा अम कि बरीं तारमे ज़र अन्दूद अस्त,
ख़ते कि आक़ेबते कारे जुमला महमूद अस्त।

४ इस स्थान पर जो वाक्य है वह स्पष्ट नहीं। ज़ाहिर में तो इसका अर्थ यही है कि उसने चारों गोलियों का सेवन कर लिया किन्तु यह सम्भव प्रतीत नहीं होता। जिस दिन का उल्लेख है वह कदाचित उसके गिरने का दिन है। सम्भवतः एक गोली का सेवन उस दिन किया होगा और शेष तीन गोलियों का सेवन मृत्यु के दिन तक कराया गया होगा।

५ सम्भवतः गुलाब जल के साथ।

६ ज्योतिष शास्त्र के पंडितों से तात्पर्य है।

हृदय में यह आया कि जब शुक्र ग्रह उदय हो और शुभ-मुहूर्त आये तो वे एक भव्य दरबार आयोजित करके बहुत बड़े समह को उच्च पदों पर सुशोभित करें। सायंकाल के प्रारम्भ होते ही वे उतरने लगे। जब वे दूसरे ज़ीने[१] पर पहुँचे तो मिस्कीन नामक मुक़री[२] ने बे समय[३] की अज़ान प्रारम्भ कर दी। हज़रत जहाँबानी अज़ान के प्रति सम्मान प्रदर्शित करने के लिए वहीं बैठने का इरादा करने लगे। क्योंकि ज़ीने[४] के दर्जे[५] पैने थे और पत्थरों में फिसलन थी, अतः बैठते समय

१ अबुलफ़ज़ल ने दो शब्दों का प्रयोग किया है :—ज़ीना तथा दर्जा। दर्जे का विवरण नीचे दिया है। इस प्रकार इस स्थान पर यह कहना कठिन है कि जीने का तात्पर्य दर्जा है अथवा जीने का घुमाव।

२ पढ़ाने वाला, अध्यापक; मस्जिद में विभिन्न दुआओं का पाठ करने वाला।

३ क्योंकि इस अज़ान से हुमायूं की मृत्यु हो गई अतः इसे बे समय की अज़ान कहा जाता है। इसका यह अर्थ नहीं कि अज़ान का समय न हुआ था।

४ रोजर्स ने ज़ीने का वर्णन इस प्रकार दिया है :

"......The library alluded to in these passages is, as is well known, the Sher Mandal in the Purana Qilah at Dihli. This building is octagonal, of two stories in height, with lower story solid. It is ascended by two flights of stairs. These two staircases are in the inside of the walls of the upper story. The steps are of granite roughly hewn, very narrow and very high. Wherever an angle occurs the steps are shaped thus, making the staircase still more dangerous. Use has polished them somewhat. But in Humayun's time, the building was nearly new, as it was built by Sher Shah. The roof of the second story is surrounded by a thick parapet of red stone. On the roof is an octagonal cupola with a base much smaller than the roof. The stairs come up on both sides of the cupola in the space intervening between it and the parapet. Both *Firishtah* and the *Siyar-ul-Mutaakharin* agree that Humayun was on the second step when he fell. Hence to fall over the parapet would be impossible. But it would not be impossible for him to fall down the first flight of stairs, and then, at the bottom of them fall from the first story down to the ground. Both these authorities say that he did get to the ground. There is no defence whatever round the first story; so it would be almost impossible to stop himself. Had he fallen from the roof at once on to the ground, he would have been killed instantaneously. The spot is shown where he did fall over the parapet. But a survey of that spot makes Humayun a suicide. Elphinstone's account is altogether wrong. There is no marble in the building. It is built of granite and red sandstone and is mortered after the fashion of buildings of that time". (C. S. Rodgers: *Notes on the Death of Humayun*, J. A. S. B. 1871, p. 135).

५ जीने की ऊपरी सतह जिसपर से एक के बाद दूसरे पर चढ़ा जाता है।

उनके पवित्र चरण पोस्तीन[१] में उलझ गए[२]। सम्मानित डंडा लड़खड़ा गया। चरण (ज़ीने से) छूट गए और वे सिर के बल आ रहे। दायीं कनपटी में अत्यधिक चोट आई और रक्त की कुछ बूंदें (३६४) उनके दायें कान से निकलीं। इस कारण कि उनके अन्तःकरण को परोक्ष का ज्ञान था अतः संसार की सुव्यवस्था एवं साँत्वना हेतु, तत्काल कृपा-युक्त अपने कुशल समाचार सम्बन्धी फ़रमान नज़र शेख चोली के हाथ प्रताप द्वारा पोषित उस नूर[३] के पास भेज दिए।

अपनी मृत्यु के विषय में भविष्य बाणी

उनके अन्तःकरण के प्रकाश से सम्बन्धित एक आश्चर्यजनक बात यह है कि उसी दिन[४] मध्याह्न में उन्होंने अपने कुछ विश्वास-पात्रों को बताया कि आज इस युग के किसी महान् व्यक्ति पर बहुत बड़ी विपत्ति आयगी और उसी के कारण वह इस संसार से विदा हो जायगा।

दुर्घटना को छिपाना

जो हितैषी (उस समय) उनकी पवित्र सेवा में उपस्थित थे उन्होंने प्रयत्न करके इस प्राण-बिदारक दुर्घटना को छिपाया और ख़िलाफ़त की मसनद के उत्तराधिकारी के पास समाचार भेजने एवं उत्कृष्ट अमीरों के, जो राज्य के विभिन्न भागों में भेज दिए गए थे, एकत्र करने की कोशिश की। १७ दिन तक बड़ी बुद्धिमानी से उन्होंने इस हृदय-विदारक दुर्घटना को सर्वसाधारण से गुप्त रक्खा।

अकबर का सिंहासनारोहण

दरबार के उपस्थित गण एवं ख़िलाफ़त की चौखट के परामर्श दाता ख़िज़्र ख्वाजा खां, अली क़ुली खां, लतीफ़ मीर्ज़ा, ख़िज़्र खां हज़ारा, क़ून्दूक़ खां, क़म्बर अली बेग, अशरफ़ खां, एवं अफ़ज़ल खां जो अनुभवी वज़ीरों[५] की माला में सम्मिलित थे, एवं ख्वाजा हुसेन मर्वी, मीर अब्दुल हई, पेशरौ खां, मेहतर खां एवं कुछ दिन उपरान्त तरदी बेग खां, जो अपने हृदय-पट पर अमीरुल उमराई के अक्षर लिखे थे, एवं समस्त अमीर एकत्र हुए और २८ रबी-उल-अव्वल[६] को इस युग के खदेव[७] के सम्मानित नाम एवं उनकी उत्कृष्ट उपाधि का खुत्बा पढ़ कर, जो संसार अस्त-व्यस्त हो गया था उसका उपचार कर दिया और संसार तथा संसार वालों को क़यामत तक स्थायी रहने वाली शान्ति के समाचार पहुँचा दिए। पवित्र लोक के अधिकारी, जो इस बात की प्रतीक्षा कर रहे थे, प्रसन्न

१ लोमड़ी, समूर, सिंजाब आदि रूयेंदार जंतुओं की खाल से बनाया हुआ लबादा जो शीत-ऋतु में पहना जाता है। इसके रूयें भीतर और खाल ऊपर रहती है।

२ इस्लाम के धर्म-विधान के अनुसार अज़ान सुनते ही मुसलमानों को उस समय तक जब तक अज़ान होती रहे सब काम बन्द करके मौन धारण कर लेना चाहिये। यदि कोई चल रहा हो तो खड़ा हो जाय और यदि झुका हो तो बैठ जाय।

३ अकबर।

४ उस सायं के पूर्व, दिन में जब वे गिरे थे।

५ 'वुजराये किफ़ायत पेशा।'

६ १० फ़रवरी १५५६ ई०।

७ पादशाह।

हो गए और तत्व लोक के प्रबन्धकों की भी इच्छायें पूरी हो गईं। मीर अब्दुल हई सद्र ने इस शेर का पाठ किया :—

शेर

'यदि संसार का नवरोज़[1] नष्ट हो गया,
तो प्रत्यक्ष सैकड़ों पंखड़ियों वाला गुलाव[2] जीवित रहे[3]।'

कुछ लोगों ने उक्त शेर गाना प्रारम्भ कर दिया और उसे बड़ी प्रसिद्धि प्राप्त हो गई। सभाओं में इसकी चर्चा होती रहती थी। एक वड़ी विचित्र वात यह है कि उन्हीं दिनों में एक विद्वान् ने दूसरे मिसरे (के अक्षरों) से इस युग के ख़देव के सिंहासनारोहण की तारीख निकाली थी किन्तु यह उसी दशा में सम्भव है जब 'गुले' को 'ये' के साथ लिखा जाय[4], यद्यपि लिपि के नियमानुसार इसकी अनुमति नहीं।

मुल्ला बेकसी का हुमायूं के वस्त्र पहिनकर दर्शन देना

जिन दिनों यह हृदय-विदारक दुर्घटना छिपाई जा रही थी, एक वार मुल्ला बेकसी[5] को स्वर्गीय पादशाह के वस्त्र पहिना कर एक ऐवान[6] पर जहाँ वे वैठा करते थे बैठा दिया गया और उसने नदी की ओर मुख करके लोगों को दर्शन दे दिए। लोगों को कोरनिश कर लेने से उस घवराहट एवं शोक से, जो उनके हृदय में था, कुछ संतोष हो गया[7]।

१ हुमायूं।
२ अकबर।
३ अगर नवरोज़े आलम रफ़्त वरबाद,
गुल सद बर्गे सौरी रा बक़ा बाद।

اگر نوروز عالم رفت برباد
گل صد برگ سوری را بقا باد

४ गुले (گل) को گلی।
५ बेकसी ग़ज़नवी, मुल्ला अब्दुल क़ादिर बदायूनी के अनुसार अपनी विद्वता एवं अपने नाना प्रकार के गुणों के लिये बड़ा प्रसिद्ध था। उसकी मृत्यु ९७३ हि० (१५६५-६६ ई०) में हुई। (**मुन्तख़बुत्तवारीख़**, पृ० १९२-१९३)।
६ वह स्थान जहाँ से वे दर्शन देते थे। छज्जे से तात्पर्य है।
७ इस विषय में सिदी अली रेईस का विवरण बड़ा महत्वपूर्ण है :

On another occasion I called upon Shahin Bey, the keeper of the Imperial Seal, and asked him to use his influence to obtain permission for me to depart. In order not to come empty handed I brought him two *Ghazels*, and begged him urgently to intercede for me. Shahin Bey promised to do his best, and one day he actually brought me the glad news that my petition had been granted, but that I was expected to offer my request formally in verse. The rainy season was now at an end, I wrote to the Monarch, enclosing two *Ghazels*, which had the desired effect, for I received not only permission to leave, but also presents and letters of safe conduct.

All was ready for the start. Humayun had given audience on

(पिछले पृष्ठ का फ़ुट नोट)

Friday evening, when, upon leaving his castle of pleasure, the Muezzin announced the Ezan just as he was descending the staircase. It was his wont, wherever he heard the summons, to bow the knee in holy reverence. He did so now, but unfortunately fell down several steps, and received great injuries to his head and arm. Truly the proverb rightly says, "*there is no guarding against fate.*"

Everything was confusion in the palace, but for two days they kept the matter secret. It was announced to the outer world that the Sovereign was in good health, and alms were distributed amongst the poor. On the third day, however, that was on the Monday, he died of his wounds. Well may the Koran say "We come from God and Him do we return."

His sons Djelaleddin Ekber was at the time away on a journey to visit Shah Ebul Maali, accompanied by the Khanikhanan. He was immediately informed of the sad event. Meanwhile the Khans and Sultans were in the greatest consternation; they did not know how to act. I tried to encourage them and told them how at the death of Sultan Selim the situation was saved by the wisdom of Piri Pasha, who managed to prevent the news of his death from being noised abroad. I suggested that, by taking similar measures, they might keep the Sovereign's death a secret until the prince should return. This advise (advice) was followed. The divan (council of state) met as usual, the nobles were summoned, and a public announcement was made that the Emperor intended to visit his country seat and would go there on horseback. Soon after, however, it was announced that on account of the unfavorable weather the trip had to be abandoned. On the next day a public audience was announced but as the astrologers did not prophesy favorably for it, this also had to be given up. All this, however somewhat alarmed the army and on the Tuesday it was thought advisable to give them a sight of their Monarch. A man called Molla Bi, who bore a striking resemblance to the late Emperor only somewhat slighter of stature, was arrayed in the imperial robes and placed on a throne specially erected for the purpose in the large entrance hall. His face and eyes were veiled. The Chamberlain Khoshhal Bey stood behind, and the first Secretary in front of him, while many officers and dignitaries as well as the people from the riverside on seeing their Sovereign made joyful obeisance to the sound of festive music. The physicians were handsomely rewarded and the recovery of the Monarch was universally credited.

I took leave of all the grandees and with the news of the Emperor's recovery I reached Lahore about the middle of the month Rebiul

राज्य में हलचल

जब यह शोकपूर्ण दुर्घटना घटी तो बहुत बड़ी उथल-पुथल एवं अशान्ति, जो इस दुर्घटना का आवश्यक परिणाम है, उठ खड़ी हुई। क़यामत तक स्थायी रहने वाले इस राज्य के मुख्य पदाधिकारी राज्य की हित सम्बन्धी बुद्धि की सहायता से लोगों के हृदय की शान्ति एवं सांत्वना (३६५) के लिए प्रयत्न करने लगे। ऐसे हल-चल के अवसर पर मित्रों तथा शत्रुओं को जो कुछ करना चाहिये था, वह उन्होंने किया। उन्होंने यथा-सम्भव अव्यवस्था को दबाने एवं लोगों को संगठित रखने का प्रयत्न किया। इस वंश का क़यामत तक स्थायी रहने वाला राज्य क्योंकर सुव्यवस्थित एवं सुशासित न रहता कारण कि हज़रत शाहंशाह के पवित्र व्यक्तित्व ने, जो संसार को शोभा प्रदान करने वाला प्रकाश है, संसार एवं संसार वालों की ख़िलाफ़त के सिंहासन को अपने अधिकार में कर लिया था। ईश्वर प्रशंसनीय है! इतनी आश्चर्यजनक कुशलताओं के स्वामी, एवं उत्कृष्ट प्रताप वाले के विषय में, जो बाह्य रूप से भी सुव्यवस्थापक था एवं आध्यात्मिक दृष्टि से भी निपुण था, कल्पना तथा बुद्धि के क्षेत्र में यह बात कहाँ आ सकती थी कि वह इतने शीघ्र इस नश्वर संसार से चल बसेगा। किन्तु जब वह समय आ गया जब कि विधाता इस प्राचीन संसार को नए सिरे से ठंडक प्रदान करे और उसे इस प्रकार सुव्यवस्थित करे जितना वह इससे पूर्व बहुत से क़रनों[1] में भी सुव्यवस्थित न था तो विवश होकर उसे उस पूर्ण रूप से परखे हुए उत्कृष्ट व्यक्ति को प्रकट करना पड़ा जो संसार वालों में पूर्णतम था[2]। इस प्रकार यह दुर्घटना, जिसकी उपेक्षा नहीं हो सकती, यद्यपि साधारण दृष्टि से देखने वालों के लिए शोक एवं विलाप का विषय थी किन्तु गम्भीर बुद्धिमानों के लिए संतोष तथा हर्ष का कोष थी कारण कि (इस प्रकार) सल्तनत के इस उत्कृष्ट मोती के उदार व्यक्तित्व से दृश्यमान एवं अदृश्य दोनों ही जगत को नए सिरे से शोभा और साँसारिक एवं आध्यात्मिक सौभाग्य के चौराहे को प्रसिद्धि प्राप्त हो गई। जब संसार के इस पादशाह

Evvel. This was on a Thursday. Travelling by the way of Sani-Pata, Pani-Pata, Kirnat and Tani Sera I came to Samani where I communicated the news to the governor that the Padishah (Humayun) was giving audience and that he was in good health. From there I went by the road of Sahrand to Matchuvara and Bachuvara and crossing the Sultanpoor by boat, I returned to Lahore by a forced march. Meanwhile prince Djelaleddin Ekber had ascended the throne, and in Lahore and many other places his name was inserted in the Friday prayers. Mirza Shah, the Governor of Lahore however would not permit me to leave, for he professed to have received orders from the new Emperor that no one was to be allowed to go to Kabul and Kandahar. The only way therefore was to go back to the Emperor (Ekber) and accordingly I went as far as Kelnor where I met Djelaleddin Ekber and the Khanikhanan just opposite the fortress of Mankit. (A. Vambery: *The Travels and Adventures of the Turkish Admiral Sidi Ali Reis*, pp. 55-58).

१ अर्थात् युगों।

२ 'अकमले अक़रादे जहानियां' अर्थात् अकबर।

की वृद्धि उन्नति के शिखर पर पहुँच गई और इस उत्कृष्ट स्वभाव वाले की शासन-व्यवस्था के साधन सुव्यवस्थित हो गए, और सर्वोत्कृष्ट राज्य का पाँसा संसार के इस स्वामी के नाम निकला तो यद्यपि परम्परागत प्रथानुसार उन्होंने पुत्र के समान अधिकार प्राप्त किया किन्तु युग के शासक को उसकी सच्चाई एवं सदाचार के कारण यदि वाह्य जीवन के वन्धनों में रक्खा भी जाता तो भी इस कारण कि सर्वोत्कृष्ट लोगों की ही आज्ञाकारिता स्वीकार करनी चाहिये, उस युग के सम्मानित व्यक्ति[1] का भी दैवी नूर के उस पोषित[2] की आज्ञाकारिता स्वीकार करना परम कर्तव्य हो जाता। क्योंकि पितृ-चोला ईश्वर का दिया हुआ वड़ा हो सम्मानित चोला है और उसके लिए पुत्र की आज्ञाकारिता उचित नहीं और पुत्रों का सौभाग्य, पिता की आज्ञाकारिता के अतिरिक्त किसी अन्य वात में नहीं, अतः प्रताप के इस जश्न हेतु यह अनुपेक्षीय हो गया कि धरती का यह शासक इस लोक से विदा हो जाय।

अमीरों की अपने अपने स्थान को वापसी

शोक सम्बन्धी आवश्यकताओं एवं बधाई सम्बन्धी प्रथाओं के उपरान्त, राज्य के उच्च पदाधिकारी, जो राजधानी देहली में एकत्र हो गए थे, चिन्तित दिलों की साँत्वना हेतु[3] अपने अपने स्थान की ओर शीघ्रातिशीघ्र रवाना हो गए।

देहली से सल्तनत के विशेष चिह्नों का अकबर के पास भेजा जाना

तरदी बेग खां ने, जो इन लोगों की सहमति से इस प्रदेश की सुव्यवस्था हेतु देहली में ठहरा हुआ था, सल्तनत के विशेष चिह्न गुलाम अली शश अंगुश्त[4] एवं विश्वासपात्रों के अन्य समूह के हाथ संसार को शरण प्रदान करने वाले दरबार में भेज कर आज्ञाकारिता एवं अधीनता प्रदर्शित की। उसने मीर्ज़ा कामरान के पुत्र मीर्ज़ा अबुल क़ासिम को भी उनकी सेवा में भेज दिया।

हज़रत शाहंशाह सम्न्बधी राज्य को उन्नति देनी वाली, पंजाब की ओर प्रस्थान के समय से सिंहासनारोहण तक की घटनायें

(३६६) हज़रत शाहंशाह के पंजाब की ओर प्रस्थान से लेकर उत्कृष्ट सिंहासनारोहण तक की भाग्यशाली घटनायें इस प्रकार हैं: जव प्रतापी पताकायें पंजाव की ओर रवाना हुईं तो मार्ग में अतगा ख़ां एवं सम्मानित चौखट के समस्त सेवकों ने हिसार फ़ीरोजा से आकर, जैसा कि उल्लेख हो चुका है, रिकाव के चुम्वन का सम्मान प्राप्त किया। जव भाग्यशाली सेना सहरिन्द[5] पहुँची तो पादशाही सेवकों का एक समूह, जो शाह अबुल मआली की सहायता हेतु नियुक्त हुआ था उदाहरणार्थ मुहम्मद क़ुली खां वरलास, मुसाहिव वेग, ख़्वाजा जलालुद्दीन महमूद, फ़रहत खां, ख़्वाजा

१ हुमायूं।
२ अकबर।
३ अर्थात् अपने-अपने प्रदेशों में शांति स्थापित करने के लिये।
४ ६ अंगुलियों वाला।
५ सरहिन्द।

ताहिर मुहम्मद वल्द पीर खुर्द, मेहतर तिमुर शरवतची[१] और जो उस असंयमी जवान की वदस्मत गोष्ठी से असंतुष्ट थे, हज़रत शाहंशाह के सम्मानित चरणों के समाचार सुन कर उसकी आज्ञा बिना पहुँच गए और अभिवादन का सौभाग्य प्राप्त करके कृपा-पात्र बने।

विजयी सेना के पहुँचने के पूर्व सिकन्दर, जो पर्वत से निकल चुका था, शाहंशाह की सेना के वैभव के कारण पुनः पर्वत में प्रविष्ट हो गया। वदमस्त मीर, जो लाहौर से उसे पराजित करने के लिए निकला था, लौट कर लाहौर चला गया। जव यह प्रमाणित रूप से ज्ञात हो गया कि यह विलायत हज़रत शाहंशाह को प्रदान कर दी गई है और वे इस ओर आ रहे हैं तो उसने विवश होकर अपनी सेना सहित सुल्तानपुर[२] नदी के तट पर पहुँचकर अभिवादन किया। हज़रत शाहंशाह ने कृपा प्रदर्शित करते हुए तथा उस उदारता की दृष्टि से जो हज़रत जहाँबानी उसके प्रति प्रदर्शित करते थे उसे अपने दरवार में बैठने का स्वयं आदेश दिया। मीर को नाना प्रकार की सहृदयता एवं अनुकम्पा द्वारा सम्मानित किया गया। इस कारण कि मीर साँसारिक मदिरा के घूंट के नशे में था, अतः जब वह विदा होकर अपने स्थान पर पहुँचा तो उसने संदेश भेजा कि, "मेरे तथा हज़रत जहाँबानी के सम्बन्ध सभी को भली भाँति ज्ञात हैं[३]; विशेष रूप से यह बात (आपके) सम्मानित हृदय में होगी कि जूये शाही के क़मरग़ह[४] में हमने हज़रत जहाँबानी के साथ एक स्थान पर एक ही बरतन में भोजन किया। आप उपस्थित थे किन्तु आपको उलूश[५] भिजवा दिया गया, अतः इस सम्बन्ध पर दृष्टि रखते हुए जव मैं आपके पासप हुँचा तो मेरे लिए अलग क़ालीन क्यों बिछवाया गया और मेरे वास्ते पृथक् दस्तरख्वान किस कारण लगवाया गया?" हज़रत शाहंशाह, जो बुद्धिमत्ता एवं उदारता की खान थे, उसकी मूर्खता पर मुस्कुराये और हाजी मुहम्मद सीस्तानी से जो संदेश लाया था कहा, "उससे कह दो कि सल्तनत के अधिनियम और होते हैं एवं प्रेम के क़ानून दूसरे (३६७) होते हैं। तुम्हारा हज़रत जहाँबानी से जो सम्बन्ध था, वह मुझसे नहीं। बड़े आश्चर्य की बात है कि तुम दोनों सम्वन्धों में भेद भाव न करके शिकायत करने लगे[६]।" मीर बड़ा लज्जित हुआ।

हज़रत शाहंशाह पर्वत की ओर इस आशय से चल खड़े हुए कि सिकन्दर को, जो मानकोट एवं उस क्षेत्र में है, नष्ट कर सकें।

१ शरबत का प्रबन्ध करने वाला। कभी-कभी इसका प्रयोग सभी प्रकार की पीने की वस्तुओं के प्रबन्धक के लिये होता था।

२ ब्यास।

३ हुमायूं उसे पुत्र कहा करता था।

४ घेरे का शिकार।

५ बादशाहों एवं अमीरों के आगे का बचा हुआ भोजन जो उन लोगों को भेजा जाता था जिन्हें उस समय बादशाह तथा अमीरों के साथ उसी दस्तरख्वान पर भोजन करने का सम्मान न प्राप्त होता था।

६ बिगो, तोरये सल्तनत दीगर अस्त व क़ानूने इश्क़ दीगर। आं निस्बतं कि हज़रते जहांबानी रा ब शुमा बूद, मरा नीस्त। अजब कि दरमियाने ईं दो निस्बत तफ़रक़ा न कर्दा गिला कर्दा एद।
بگو تورهٔ سلطنت دیگر است و قانون عشق دیگر—آں نسبتی که حضرت جهانبانی را بشما
بود مرا نیست - عجب که درمیان این دو نسبت تفرقه نکرده گله کرده اید

हुमायूं की मृत्यु के प्रति अकबर का शोक

जब भाग्यशाली सेना ने हरहाना[1] के समीप पड़ाव किया तो एक द्रुतगामी दूत पहुँचा और उसने बैराम ख़ां को हज़रत जहाँबानी के गिरने की दुर्घटना की सूचना दी। बैराम ख़ां ने आगे बढ़ना उचित न समझ कर उत्कृष्ट सेना को कलानूर की ओर रवाना किया ताकि कुछ दिन तक उस आकर्षक भूभाग में पड़ाव किया जाय। कलानूर के समीप नज़र शेख़ चोली पहुँचा और सम्मानित फ़रमान प्रस्तुत किया। लगभग इसी समय इस दुर्घटना के, जिसकी उपेक्षा नहीं हो सकती, समाचार उत्कृष्ट कानों तक पहुँचे। इस हृदय विदारक दुर्घटना को सुनकर हज़रत शाहंशाह शोक एवं विलाप, जो प्रेम एवं स्नेह के सम्बन्ध को देखते हुए स्वाभाविक है, प्रकट करने लगे और उन्होंने इतना शोक एवं इतनी चिन्ता प्रकट की कि किसी मनुष्य के लिए उसकी कल्पना सम्भव नहीं। बैराम ख़ां, अतगा ख़ां एवं माहम अनगा सान्त्वना देते थे। किन्तु इस कारण कि उनका विलाप प्रेम की अधिकता के कारण था अतः उन्हें जितनी अधिक सान्त्वना दी जाती उतना ही उनके शोक में वृद्धि होती थी। परमेश्वर का चुना हुआ यह व्यक्ति प्रत्येक व्यक्ति के लिए कितना दुखी एवं चिन्तित हो जाता है! प्रत्येक उस व्यक्ति के लिए जिसमें निष्ठा, स्वामी-भक्ति एवं योग्यता की सुगन्धि होती है वह कितना अधिक शोक प्रकट करता है! यह उचित ही है कि ऐसे अवसर पर जब कि असावधान लोग प्राचीन काल से प्रसन्न होते आयें हैं, इस पवित्र व्यक्तित्व की यह दशा हो जाय ताकि संसार वाले, जिनकी दृष्टि ऊपरी बातों के अतिरिक्त किसी वस्तु पर नहीं होती, संसार के इस सम्मानित व्यक्ति की प्रतिष्ठा के क़ाएल हो जायें। यह स्वीकृति सर्व साधारण के पथ-प्रदर्शन का कारण बने और यह पथ-प्रदर्शन समस्त लोगों में प्रकाश-वर्धन एवं सत्य के फैलाने का साधन हो जाय। यदि यह बात न होती तो बुद्धिमत्ता एवं दैवी ज्ञान के विस्तृत क्षेत्र में प्रताप द्वारा पोषित यह नूर इस बात को कब उचित समझता कि वह "दास्ता" के मत्थे पर, विधाता द्वारा लिखे हुए भाग्य के विषय में सिलवट पैदा करता[2]। अन्ततोगत्वा अपनी दूरदर्शी बुद्धि की सहायता से वह संतोष के शान्तिप्रद स्थान की ओर अग्रसर हुआ और दान-पुण्य एवं सर्व-साधारण के हित की वह बातें, जो परलोक-गामियों के लिए सहायक होती हैं, प्रारम्भ कीं।

ख़्वाजा हुसेन मर्वी की कविता

कवियों एवं बुद्धिमानों ने मरसियों[3] एवं तारीख़ों की रचना की। इन्हीं रचनाओं में उस

१ हरियाना : होशियारपुर (पंजाब) जिले का एक क़स्बा ३१°३८' उत्तर तथा ७२°५२' पूर्व में, होशियारपुर से ६ मील पर।

२ भाग्य के लिखे के विरुद्ध खेद प्रकट करता।

३ शोक सम्बन्धी वह कविता जो किसी मृत व्यक्ति की याद में लिखी जाय। (डा० धीरेन्द्र वर्मा : **हिन्दी साहित्य कोश**, पृ० ५६६)।

स्वर्गीय क़ुब्बे[१] के विषय में ख़्वाजा हुसेन मर्वी[२] का एक तरकीब बन्द[३] था। उसके कुछ शेर इस प्रकार हैं :—

शेर

"हे हृदय ! मृत्यु की आवाज़ तुझे सुननी ही है,
तेरी अवस्था के आकाश पर मृत्यु की उषा को उदय होना ही है।
क्योंकि 'प्रत्येक व्यक्ति को मृत्यु का स्वाद चखना है,'[४] यह आदेश हो चुका है,
अतः विश्वास से समझ ले कि तुझे मौत का प्याला पीना ही है।
जीवन का यह नाम जो तुझे प्रदान हुआ,
तो तेरा नाम तुझे मृत्यु की ओर ले ही जाएगा।
जीवन की इस वाटिका एवं पुष्प पर घमंड मत कर,
शरद् ऋतु के पवन को इस पुष्प एवं वाटिका पर चलना ही है।
(३६८) तू अपने कान से सुनता है कि अमुक न रहा,
अन्य लोगों के क़ान में भी यह समाचार पहुँचना ही है[५]।"

तारीख़ें

मीर अब्दुल हई ने इस तारीख़ की रचना की :

'हाय ! मेरा पादशाह कोठे से गिर पड़ा[६]।'

१ हुमायूं।

२ शेख़ रुक्नुद्दीन अलाउद्दौला सिमनानी, एक प्रसिद्ध सन्त का पुत्र। बदायूनी के अनुसार उसने एक दीवान की रचना की थी और यद्यपि वह प्रथम श्रेणी का न था किन्तु बड़ा अच्छा था। राजा विक्रमादित्य सम्बन्धी, **सिंहासन बत्तीसा** नामक कहानियों के संग्रह के अनुवाद का उसे आदेश हुआ था। (बदायूनी : **मुंतख़बुत्त-वारीख़ भाग ३**, पृ० १७६-१७७)। कहा जाता है कि उसकी मृत्यु क़ाबुल में ९७९ हि० (१५७१-७२ ई०) में हुई। अबुलफ़ज़ल ने लिखा है कि, "उसमें बाह्य गुण पाये जाते थे और वह अपनी चिकनी चुपड़ी बातों को अधिक मूल्य पर बेचता था। वह हज़रत जहांबानी का सहचर एवं विश्वासपात्र था। [**आईने अकबरी**, नवल किशोर प्रेस लखनऊ (१८९२ ई०), पृ० १७४]।

३ एक प्रकार की नज़्म जिसमें कई बन्द (कड़ियां) होते हैं। प्रत्येक बन्द अलग-अलग रदीफ़-क़ाफ़िये में होता है। हर बन्द की समाप्ति पर एक नया शेर लाते हैं जो अलग रदीफ़, क़ाफ़िये का होता है।

४ क़ुरान शरीफ़ से उद्धृत।

५ अधिकांश हस्तलिपियों में यह पद्य नहीं दिया गया है।

६ ऐ वाये पादशाहे मन अज़ बाम उफ़्ताद।

ای وای پادشاه من از بام افتاد

रोजर्स ने हुमायूं के गिरने एवं मृत्यु की तारीख़ के विषय में इस प्रकार लिखा है :

There is much discrepancy in the histories regarding the exact days of the fall and the death of Humayun.

मौलाना मसऊद हिसारी ने पद्य में यह लिखा :—

मिसरा

'ईश्वर से मिल गया हुमयूं पादशाह[१]।'

क्योंकि इसमें उनके पवित्र नाम को विना अलिफ़[२] के लिखा गया है, अतः मौलाना क़ासिम काही[३] ने इस तिथि की रचना की—

Source	Day of the fall	Day of H.'s death
Akbarnamah,	Friday of Rabi' I.	.. .. ..
Firishtah,	7th Rabi' I.	11th Rabi' I
Stewart's *Memoirs of Humayun* (p. 120)	.. ..	11th Do.
Badaoni,	7th Do.	15th* Do.
Mirat ul' Alam,	... .	7th Do.
Padishahnamah (I, p. 65)	.. ..	13th (a Sunday)Do.
Khafi Khan,	5th Rabi I	11th Do.
Maasirul Umra,	7th Do.	.. .. ..

'According to Prinsep's Useful Tables, the year 963 A. H. commenced on Saturday, 16th November, 1555. The 7th Rabi'I 963, would therefore correspond to the 66th day from the 16th November 1555, i.e. to the 20th January 1556, which would be a Monday. We have to bear in mind that Monday, the 7th Rabi' I, commenced at 6 0' clock Sunday evening, 19th January, 1556. The 13th Rabi' I, the date of H.'s death, according to the *Padishahnamah*, is certainly a Sunday, and this may be looked upon as the correct day, especially as the author of the *Padishahnamah* has taken so much trouble to settle the chronology of the reigns of the Timurides up to Shahjahan. A perusal of the beginning chapters of that work is strongly recommended to historians'.

C. J. Rodgers : *Notes on the Death of Humayun*, pp. 137-38.

*This may be a mistake of the editor. Mss continually confound يازدهم and پانزدهم *Yazduhum*, 11th, and *Panzduhum*, 15th.

१ वासिले हक़ शुद हुमयूं पादशाह
واصل حق شد همیون پادشاه

२ همایون हुमायूं के स्थान पर همیون हुमयूं।

३ क़ासिम काही मुल्ला अब्दुल क़ादिर बदायूनी के अनुसार काबुल का मियां काही तसव्वुफ़, इतिहास इत्यादि के ज्ञान एवं कविता करने में अद्वितीय था। यद्यपि वह शेख़ अब्दुर्रहमान जामी सरीखे सूफ़ियों के साथ रह चुका था किन्तु उसने अपना पूरा जीवन कुफ्र में ही व्यतीत किया। इसके बावजूद वह बहुत बड़ा दानी था। बदायूनी ने उसकी कविता के उद्धरण इस टिप्पणी के साथ प्रस्तुत किये हैं कि 'मैं उसके धर्म से कोई सम्बन्ध न रखकर उसकी शेरों को प्रस्तुत करता हूँ'; (**मुन्तख़बुत्तवारीख़ भाग ३, पृ० १७३-१७६**)। उसकी मृत्यु १७ मई १५८० ई० को हुई।

मिसरा

'हुमायूँ पादशाह कोठे से गिर पड़ा[१]।'

इस तारीख में एक वर्ष कम है। एक अथवा दो वर्ष का अन्तर भवनों की तारीख में हो सकता है किन्तु मृत्यु-तिथि में नहीं[२]।

कुछ लोगों ने तारीख का यह मिसरा निकाला :—

मिसरा

'राज्य का वारिस जलालुद्दीन रहे[३]।'

हुमायूं की विशेषतायें

संसार के इस अद्वितीय व्यक्ति की वहिरंग एवं अन्तरंग सम्बन्धी निपुणता एवं बुद्धिमत्ता के प्रमाण इतने अधिक थे कि उनका उल्लेख सम्भव नहीं। उन्हें अक़ली तथा नक़ली[४] विद्याओं का पूर्ण ज्ञान था विशेष रूप से गणित में उन्हें बहुत बड़ी योग्यता प्राप्त थी और वे सर्वदा दार्शनिकों की गोष्ठी में रहा करते थे। प्रतिष्ठित गणितवेत्ता उत्कृष्ट राजसिंहासन द्वारा प्रोत्साहन प्राप्त करते रहते थे। उन्होंने वेधशाला के निर्माण का दृढ़ संकल्प कर लिया था, और वेध शाला के वहुत से यंत्रों की व्यवस्था भी कर ली थी। कई स्थानों को उन्होंने वेधशाला के लिए चुना भी था। कविता एवं कवियों से भी उन्हें रुचि थी। क्योंकि उनमें कविता करने की बड़ी हीं योग्यता थी अतः वे समय समय पर क्या हक़ीक़त[५] क्या मजाज़[६] (सभी) के विषय में कविता किया करते थे।

१ हुमायूं पादशाह अज़ बाम उफ़्ताद

همایون پادشاه از بام افتاد

२ इस स्थान पर इस बात का भी स्मरण परमावश्यक है कि हुमायूं की मृत्यु तारीख़ बायज़ीद में और जौहर ने भी ९६२ हि० लिखी है; इसके अतिरिक्त सिकन्दरा के ऊपरी मंज़िल के छज्जे पर भी यह शेर लिखे हैं :---

ज़ नुहसद फ़ुज़ूं बुवद शस्त-दो साल,
कि शाह अकबर आं सायये ज़ुल जलाल।
ब बालाए ज़रीं मसनद नशिस्त,
कि बर तख़्ते ऊ गश्ता अफ़लाक-पुश्त

زنه صد فزون بود شصت دو سال
که شاه اکبر آن سایه ذوالجلال
به بالای زرین مسند نشست
که بر تخت او گشته افلاک پشت

३ वारिसे मुल्क जलालुद्दीन बाद

وارث ملک جلال الدین باد

४ मुसलमान लोग विद्याओं को दो भागों में विभाजित करते थे : एक नक़ली और दूसरी अक़ली। अक़ली का संबन्ध बुद्धि अथवा तर्क वितर्क से होता था। ज्ञान-विज्ञान की वे शाखायें जिनका निरूपण तर्क वितर्क द्वारा हो सकता था उन्हें अक़ली कहा जाता था और जो शाखायें ईश्वर के आदेश तथा मुहम्मद साहब की बाणी एवं उनकी संतान और मित्रों की कृतियों पर आधारित थीं वे नक़ली कहलाती थीं।

५ तथ्य, आत्मा एवं परमात्मा विषयक।

६ सांसारिक विषयों से सबन्धित।

उनके अशआर का दीवान उत्कृष्ट किताबखाने में वर्तमान है। चमत्कार की उस प्रस्तावना से कुछ रुबाइयाँ लिखी जा रही हैं।

हुमायूं की कवितायें

रुबाई

'हे हृदय ! रक़ीब[१] के समक्ष घबराहट मत प्रदर्शित कर,
अपने हृदय की दशा मत कह, किसी चिकित्सक से।
तेरा उस निष्ठुर से पाला पड़ गया,
यह बड़ा कठिन क़िस्सा तथा एक बड़ी विचित्र समस्या है।'

रुबाई

'हे हृदय ! मित्र के समक्ष प्रसन्नता प्रदर्शित कर,
उसकी सेवा में सच्चाई से हृदय को जला।
हर रात में मित्र की कल्पना में प्रसन्नतापूर्वक बैठा रह,
हर दिन को मित्र के मिलन से नवरोज़ बना।'

रुबाई

'हे[२] वह ! तेरी निष्ठुरता संसार में खुली[३] हुई है,
जिस दिन मैं तेरा अत्याचार न देखूँ, यह अत्याचार है।
जो शोक आकाश के अत्याचार से हृदय को प्राप्त होता है,
हमें यदि तेरे इश्क़ का शोक हो तो फिर क्या दुःख है[४]।'

१ एक ही माशूक़ के दो आशिक़ 'रक़ीब' कहलाते हैं। इसी प्रकार एक ही उद्देश्य के प्रतिस्पर्धी।
२ माशूक़, प्रियतम।
३ अलम (पताका) है।
४ सिदी अली रेईस ने हुमायूं की कविता एवं अन्य देशों के विषय में जानकारी प्राप्त करने की रुचि का इस प्रकार उल्लेख किया है :—

All this was said solemnly and decisively. I had no alternative, but must submit to my fate. I took no rest however, but laboured on night and day. At last I had accomplished the astronomical observations, and about the same time Agra fell into the hands of the Padishah. I immediately wrote a chronogramm for the occasion which found much favour. One day, during an audience, the conversation turned upon Sultan Mahmud of Bukkur, and I suggested that some official contract (Ahdnameh—agreement) should be made with him, to which Humayun agreed. The document was drawn up, and the Emperor dipping his fist in saffron pressed it upon the paper, this being the Tughra or Imperial signature. Thereupon the document was sent to Sultan Mahmud.

The Sultan was much pleased and both he and his Vizier Molla Yari expressed their thanks for my intervention in a private letter, which I

(पिछले पृष्ठ का फ़ुटनोट)

showed to his Majesty, who had entrusted me with the transaction.

This incident furnished the material for a *Ghazel*, with which the Sovereign was so delighted that he called me a second Mir Ali Shir. I modestly declined the epithet, saying that it would be presumption on my part to accept such praise, that, on the contrary, I should consider myself fully rewarded to be allowed to gather up the gleanings after him. Whereupon the Sovereign remarked: "If for one more year thou perfectest thyself in this kind of poetry thou wilt altogether supplant Mir Ali Shir in the affections of the people of the Djagatai's." In a word Humayun loaded me with marks of his favour. One day I was talking to Khoshhal, the Imperial archer, and the Sovereign's special confident; a superb youth. He used to take part in the poetical discussions, and provided me with material for two *Ghazels* which soon became popular all over India and were in everybody's mouth. The same good fortune attended my acquaintance with the Afetabedji, Abdurrahman Bay, a courtier who also rejoiced in the confidence and affection of the Monarch, and was his constant companion in private life. He also entered the poetical contest, and I composed two *Ghazels* upon him.

In a word, poetical discussions were the order of the day, and I was constantly in the presence of the Emperor. One day he asked me whether Turkey was larger than India, and I said: "If by Turkey your Majesty means Rum proper, i. e. the province of Siwas, then India is decidedly the larger, but if by Turkey you mean all the lands subject to the ruler of Rum, India is not by a tenth part as large." "I mean the entire empire," replied Humayun. "Then," I said "it appears to me, your Majesty, that the seven regions over which Iskender (i. e. Alexander the Great) had dominion, were identical with the present Empire of the Padishah of Turkey. History records the life and the reign of Iskender, but it is not reasonable to suppose that he actually visited and personally ruled these seven regions, for the inhabited world (the fourth part of the present inhabited world), is 180 degrees longitude and from the equator about 60 degrees latitude. Its area, according to astronomical calculations, covers 1,668,670 *fersakhes*. It is therefore an utter impossibility for any man, to visit and govern all these lands in person. Perhaps he only owned a portion of each of these regions (*Iklim*), in the same way as the Padishah of Turkey does." "But has the ruler of Turkey possessions in all these regions?" asked Humayun. "Yes certainly," I replied, "the first is Yemen, the second Mecca, the third Egypt, the fourth Aleppo, the fifth Constantinople, the sixth Kaffa and the seventh Ofen and Vienna. In each of these regions the Padi-

अबुलफ़ज़्ल के अकबर नामा के सम्बन्ध में विचार

ईश्वर को धन्य है कि इस उत्कृष्ट माला[1] को, जो आकाश की माला के समान दैवी समर्थन एवं ईश्वर की सहायता से दृढ़ है और जिसका एक सिरा आदम सफ़ी[2] के जन्म की उषा एवं दूसरा (३६९) सिरा शाहंशाह के व्यक्तित्व के सूर्य के अभ्युदय से सम्बन्धित है, समालोचना के नियमों के आधार पर संक्षिप्त रूप से नयी शैली में लिख दिया गया और अलंकारमय रचना शैली की आवश्यकताओं की ओर ध्यान नहीं दिया गया। इस उत्कृष्ट सूची एवं सौभाग्य के शीर्षक की रचना द्वारा अबुलफ़ज़्ल, जो हवा में उड़ते हुए कण के समान है, सम्मानित हुआ एवं बुद्धि के अनेक रहस्य एवं गूढ़ बातें विषयानुसार विभिन्न स्थानों पर लिख दी गई। यदि उन गूढ़ बातों तथा रहस्यों को मूल इतिहास से पृथक् कर दिया जाय तो बुद्धिमत्ता[3] सम्बन्धी चुनी हुई बातों से परिपूर्ण एक चुना हुआ ग्रंथ तैयार हो जायगा।

shah of Turkey appoints his Beglerbeg and Kadi, who rule and govern in his name. Moreover I was told in Gujarat, by the merchants Khodja Bashi and Kara Hasan (God alone knows whether their story is true), that when the Turkish merchants in China desired to insert the name of their Sovereign in the Bairam prayers on Bairam day, they brought the request before the Khakan of China, stating that their Sovereign was Padishah of Mecca, Medina, and the Kibla (Direction of the prayer), and therefore entitled to have his name inserted in the Bairam prayers. The Khakan, although an unbeliever, had insight enough to see the justice of their request which he granted forthwith; he even went so far as to clothe the Khatib (preacher) in a robe of honour and to make him ride on an elephant through the city. Ever since that time the name of the Padishah of Turkey has been included in the Bairam prayers, and to whom, I ask, has such honour ever before been vouchsafed?" The Sovereign (Humayun) turning to his nobles said : "Surely the only man worthy to bear the title of Padishah is the ruler of Turkey, he alone and no one else in all the world."

Another time we were talking about the Khan of the Crimea, and I remarked that he also held his office under the Padishah of Turkey. "But," said Humayun, "if that be so how then has he the right of the Khutbe ?" "It is a well known fact," I replied, "that my Padishah alone has the power to grant the right of Khutbe and of coinage." This statement seemed to satisfy everybody and we prayed together for the welfare of my Sovereign. (A. Vambrey : *The Travels and Adventures of the Turkish Admiral Sidi Ali Reis*, pp. 49-53).

१ अकबर नामा से तात्पर्य है।

२ हज़रत आदम, पहिले पुरुष। अबुलफ़ज़्ल ने अकबर के पूर्वजों का उल्लेख हज़रत आदम से प्रारम्भ किया है। (अकबर नामा भाग १, पृ० ५२)।

३ दर्शन-शास्त्र, विशेष रूप से राजनीति के दर्शन से तात्पर्य है।

शेर

'मैंने अपने रक्त से मदिरा का प्याला तैयार किया,
न कि सिरके का मटका जो सीने को घायल कर दे।
प्रत्येक बिन्दु में बहुत से गूढ़ रहस्य छिपे हैं,
जब तक कोई उन्हें न तौले वह नहीं समझ सकता।'

यद्यपि साधारण रूप से देखने वालों की दृष्टि से इस समय तक बुज़ुर्गों का जो इतिहास लिखा गया वह अनावश्यक एवं बकवास ज्ञात हो सकता है किन्तु तथ्य का ज्ञान रखने वालों के समूह की दृष्टि से इस दैवी प्रशंसा के ग्रन्थ में आद्योपान्त (इसे बुरी नज़र न लगे) एक अक्षर भी अनावश्यक नहीं लिखा है। कुछ परदों का उल्लेख किया गया है जो शाहंशाह के पवित्र सौन्दर्य के आवरण हैं, और प्रत्येक आवरण के पीछे प्रतिभा का मुख है। कदापि नहीं कदापि नहीं, कैसा आवरण और कौन सा आवरण? एक ही सौन्दर्य है जो नाना प्रकार से दृष्टिगत होता रहता है और एक ही प्रतिभा है जो संसार को प्रकाश देने वाले सौन्दर्य से देदीप्यमान है।

शेर

'जिस किसी को भी बात समझनी आती है, वह जानता है,
यह किस प्रकार की बात है।'

मैं, जिसका हृदय एक स्थान पर गिरवी[1] है, किस प्रकार उसे दोनों लोक में लगा सकता हूँ? इतिहास की रचना से मुझे क्या लाभ कारण कि एक मियान में दो तलवारें नहीं रह सकतीं और दो उद्देश्य एक हृदय में नहीं समा सकते। प्रत्येक स्थान पर दिल लगाने वाले छिन्न-भिन्न हृदय वालों की कल्पना मत कर कारण कि इन बिना हृदय वाले साँसारिक लोगों के पास हृदय कहाँ है जो वे सोच विचार कर सकें। कारणों का पता लगाने वाले वुद्धिमानों को हज़रत शाहंशाह के पवित्र प्रतीक से तथ्य का विशेष रूप से पता चल जाता है। (ईश्वर ने) साधनों के राज्य से भागे हुए इस व्यक्ति को मुरीदी[2] की कमन्द में बाँध दिया। अत्यधिक सोच-विचार एवं भाग्य से सौभाग्य के प्रवन्धकों ने इस व्यक्ति[3] के सदाचार के कारण शाहंशाह के संसार को शोभा प्रदान करने वाले सौन्दर्य को इस उत्कृष्ट वेश में प्रकट किया। इस प्रकार ईश्वर के दरवार के उस अद्वितीय व्यक्ति के इश्क़े हक़ीक़ी[4] ने, इस लम्वी-चौड़ी कथा के लिखने की ओर प्रेरित किया। रचना का बाज़ार गरम हुआ और गूढ़ वातों के समझने का उद्यान हरा भरा हुआ। तथ्य के लिए जंगल जंगल घूमने वाले के हृदय को एक ओर लगाये रहने की आवश्यकता में किसी प्रकार का विघ्न न पड़ा। माशूक़े हक़ीक़ी[5] के सौन्दर्य की विभिन्न श्रेणियाँ भी प्रकट हो गईं और इश्क़ की कलाओं के विभिन्न वर्गों को पूर्ण उन्नति भी प्राप्त हो गई।

१ अकबर के लिये समर्पित होने की ओर संकेत है।
२ अबुलफ़ज़ल अकबर को अपना धार्मिक गुरू मानता था।
३ अबुलफ़ज़ल।
४ ऐसा प्रेम जिसमें कोई सांसारिक लोभ न हो; ईश्वर का प्रेम।
५ ईश्वर।

बाह्य दृष्टि से देखने वाले साधारण व्यक्ति जिस विवरण को अनावश्यक समझते थे,
(३७०) वह समाप्त हो गया और बात उस स्थान पर पहुँच गई है जिसे दोनों ही समूह मूल उद्देश्य समझते हैं, अतः आशा है कि मुझे अपनी महत्वाकांक्षा में सफलता प्राप्त होगी।

पद्य

'मेरी लेखनी, जिसकी नोक परोक्ष की वाणी है,
परोक्ष की खान का ख़ज़ाना खोलने वाली है।
उन लोगों से जो देखते हैं गम्भीरता-पूर्वक,
न्याय माँगता हूँ मैं, न कि प्रशंसा।'

शेर

'यह ग्रंथ (ईश्वर करे) प्रशंसा का पात्र बने,
यदि ईश्वर चाहे तो ऐसा ही हो।'

भाग ब

समकालीन इतिहासकार

ख़्वन्द मीर

(क) क़ानूने हुमायूनी

मीर्ज़ा हैदर

(ख) तारीख़े रशीदी

अलाउद्दौला बिन यहया क़ज़वीनी

(ग) नफ़ायसुल मआसिर

क़ानूने हुमायूनी

लेखक—ख़्वन्द मीर

(प्रकाशन—कलकत्ता १९४० ई०)

(४)......... गुणों के पौधों को लगाने वाले नक्षत्र रुपी अन्तःकरण एवं गूढ़ समस्याओं को समझने वाले सूर्य रूपी हृदय से यह बात गुप्त एवं छिपी न रहनी चाहिये कि जब सर्व साधारण के समूहों के स्रष्टा एवं उत्तम दान प्रदान करने वाले ने—जिसका नाम यशस्वी और जिसकीउदारता इतनी अधिक है कि उसका उल्लेख सम्भव नहीं—अपने पूर्ण अधिकार की लेखनी से, सृष्टि के पृष्ठ पर, सृजन के चित्र बनाये और केवल अपनी योग्यता से, सृष्टि के प्राणियों को जीवन के गुण प्रदान किए तो मानव की अस्तित्व की कली को अपने असीमित वरदान की वाटिका में, "मैंने अपनी आत्मा उसमें फूँकी"[१] के मंद पवन से खिलाया और उसके प्रताप की वाटिका के पौधे को अपनी सार्वजनिक कृपा की सिंचाई द्वारा ताज़ा एवं फलदार बनाया। "हमने निःसन्देह मनुष्य को सर्वोत्तम साँचे में बनाया"[१] की ध्वनि समस्त संसार में गूँज गई। "हमने आदम की संतान को (५) सम्मानित किया"[१] के तेजस्वी मुकुट से इस उत्कृष्ट समूह को सुशोभित किया और अपनी अपार अनुकम्पा से, "हमने उनपर सृष्टि के बहुत बड़े भाग की अपेक्षा विशेष कृपा-दृष्टि प्रदर्शित की"[१] के द्वार उसके शुभ भाग्य पर खोल दिए।[२]

नबी एवं सुल्तान

इस प्रसिद्ध समूह एवं सम्मानित वर्ग से दो प्रकार के लोगों को अपनी अत्यधिक उदारता एवं प्रतिष्ठा द्वारा, सम्मानित किया और अपने पथ-प्रदर्शन की पताका एवं सौभाग्य का झंडा "मिथुन राशि" एवं "कृत्तिका" नक्षत्र से भी ऊँचा पहुँचा दिया।[३] प्रथम नबी जो ईश्वर के दरबार के विश्वास-पात्र एवं जो लोगों को सन्मार्ग पर ले जाते हैं। दूसरे बादशाह एवं सुल्तान जो सर्वसाधारण की सुव्यवस्था एवं समय द्वारा घायल लोगों के घाव का उपचार करने के लिये, संसार के चारों ओर शासन कर रहे थे। नबी के पद का प्रबन्ध करने वालों को (ईश्वर ने) अपनी चमत्कार-पूर्ण बाणी के इस वाक्य—"ईश्वर ने चुना, आदम को, नूह को, इबराहीम एवं इमरान[४] के वंश को

१ क़ुरान शरीफ़ से उद्धृत।

२ ऊपर के वाक्यों में संसार में मनुष्य के सृजन के महत्व को क़ुरान शरीफ़ की आयतों (वाक्यों) से स्पष्ट किया गया है; क़ुरान शरीफ़ के अनुसार मनुष्य को समस्त प्राणियों में सर्वश्रेष्ठ बनाया गया, यहां तक कि फ़िरिश्तों को भी उसके प्रति सिज्दा करने का (सम्मान प्रदर्शित करने का) आदेश हुआ।

३ पैग़म्बर, ईश्वर के दूत। मुसलमानों का विश्वास है कि नबियों की संख्या १,२४,००० थी और प्रत्येक क़ौम के पथ-प्रदर्शन हेतु कोई न कोई नबी भेजा गया।

४ आदम, नूह, इबराहीम एवं इमरान पैग़म्बर थे।

संसार के समस्त लोगों पर"[१]--द्वारा सुशोभित किया। सल्तनत एवं खिलाफ़त के अधिकारियों को, "हमने तुम्हें उनके उपरान्त ज़मीन पर अपना उत्तरधिकारी बनाया"[१] नामक आयत के अनुसार
(६) सृष्टि एवं पैदा की हुई वस्तुओं की सुव्यवस्था का साधन बनाया।

मसनवी

'अत्यधिक कृपा एवं उदारता से,
उन्हें प्रदान किए खिलाफ़त के साधन।
संसार के प्राणियों के हाँ व नहीं की लगाम[२],
संसार के बादशाहों के हाथ में प्रदान की।'

समस्त उत्कृष्ट शासकों एवं आकाश रूपी शक्ति रखने वाले बादशाहों में से कुछ को ईश्वर ने अपनी उदारता द्वारा न्याय एवं प्रजा-पालन के गुणों से सुशोभित किया। उन्हें न्याय-कारिता एवं दान-पुण्य के राजसिंहासन पर आरूढ़ करके उनकी विश्व-विजय करने वाली पताकाओं को धरती की छाती पर उड़ाया। उन्होंने अपना उत्कृष्ट ध्यान आवश्यकता-ग्रस्त लोगों की इच्छाओं की पूर्ति की ओर आकृष्ट किया और निराशा की घाटी में मारे मारे फिरने वालों को अपनी प्रतिरक्षा की छाया में इस आशय से पहुँचाया कि वे अत्याचार के सूर्य के कारण असफल न रहें। उन्होंने अपनी उत्कृष्ट बुद्धि से शरीअत के स्तम्भों की पुष्टि हेतु घोर प्रयत्न करके धर्म की रक्षा की आवाज़ को दूर दूर तक पहुँचा दिया। अपनी महान् निर्णय-शक्ति से ग़ज़्व[३] एवं जिहाद[४] की पताकायें उड़ाकर कुफ़्र वालों[५] एवं शत्रुओं का समूलोच्छेदन कर दिया।

मसनवी

'वह यशस्वी बादशाह धन्य है,
जिससे शक्ति प्राप्त करे इस्लाम धर्म।
न्याय की पताका जब वह बलन्द करता है,
वह समस्त दीन-दुखियों की सहायता करता है।'

हुमायूं की प्रशंसा

इस प्रशंसनीय पमूह एवं उत्कृष्ट गरोह[६] में वह भाग्यशाली, जो न्याय में सबसे आगे बढ़
(७) गया है और ग़ज़्व एवं जिहाद[७] की समर भूमि में प्रयत्न हेतु कटिबद्ध है तथा रण-क्षेत्र में जिसने तेज़ तलवारद्वारा शत्रुओं के शरीर में दरारें डाल दी हैं, (आजकल) का पादशाह है। उसके

१ क़ुरान शरीफ़ से उद्धृत।

२ अधिकार की लगाम।

३ हज़रत मुहम्मद के समय के युद्ध जिनमें वे स्वयं भाग लेते थे; बाद में मुसलमान बादशाहों के सभी युद्धों को ग़ज़्व कहा जाने लगा।

४ जिहाद का अर्थ संघर्ष है। इस्लाम की प्रतिरक्षा एवं प्रचार के लिये जो युद्ध होता था वह जिहाद कहा जाता था। बाद में मुसलमान बादशाहों की समस्त लड़ाइयों को जिहाद कहा जाने लगा।

५ काफ़िरों।

६ मानव।

७ इस्लाम की प्रतिरक्षा के लिये युद्ध।

समान पादशाह उस समय से जबसे "मैं ज़मीन पर अपना ख़लीफ़ा बनाऊँगा[१]" की आवाज़ उत्कृष्ट जगत् के संतों के कानों में पहुँची[२], वृद्ध आकाश[३] के नेत्रों ने जहाँबानी[४] के सिंहासन पर राज्यों का ऐसा विजय करने वाला नहीं देखा। जबसे "हमने ज़मीन पर तुम्हें उत्तराधिकारी बनाया"[१] की हृदय-ग्राही आवाज़ इस संसार के निवासियों को प्राप्त हुई उस समय से लेकर आज तक किसी प्राणी के कानों ने यह न सुना होगा कि उनके समान कोई पादशाह तथा राज्य विजय करने वाला रहा होगा।[५]

शेर

'ख़िलाफ़त के राज-सिंहासन पर कभी भी,
न हुआ होगा उसके समान कोई जगत की रक्षा करने वाला।'

माता एवं पिता दोनों की ओर से सम्मानित पूर्वजों तथा प्रख्यात वंश को देखते हुए, उनकी श्रेष्ठता समस्त सुल्तानों पर बिना किसी सन्देह के प्रमाणित है। उनके विस्तृत राज्य, लम्बी (८) चौड़ी विलायत, न्याय एवं उपकार की प्रसिद्धि, दान-पुण्य की अधिकता तथा आदर-सम्मान सूर्य से भी अधिक श्रेष्ठ है।

क़तआ[६]

'तेरे महत्व का स्थान कदापि नहीं देख सकता,
आकाश के नेत्रों को, यदि ज़रक़ा[७] का अंजन लगा हो।
तेरी श्रेणी के बराबर अन्य लोगों की श्रेणी कैसे हो सकती है,
कारण कि कल्पना उस आकाश को जंगल समझती है।'

वे इतने महान् न्यायकारी हैं कि तुर्किस्तान के सीमान्त से हिन्दुस्तान की अन्तिम सीमा तक के वे लोग जो युग के अन्याय के सूर्य के कारण जल-भुन चुके हैं, उन्हें भी उनके उपकार की अनन्त तक रहने वाली छाया के अधीन शान्ति प्राप्त होती है। काल-चक्र द्वारा पीड़ित ईरान, आज़र-बाईजान, काबुल एवं ज़ाबुलिस्तान (तक के निवासी) उनके अनन्त तक स्थायी रहने वाले राज्य में शरण प्राप्त करते हैं। उनके कठोर दंड की लू से उद्दंड विद्रोहियों ने अपने पाँव किसी कोने में छिपा लिए हैं और वे उनके आतंक की आँधी से बेंत की पत्ती के समान काँपते रहते हैं। उनके कोप की अग्नि के भय से, फ़िरऔन[८] रूपी अभिमानी मोम के समान नरम और पिघल गए हैं।

१ क़ुरान शरीफ़ से उद्धृत।
२ अर्थात् उस समय से जबसे मनुष्य का ईश्वर के ख़लीफ़ा (उत्तराधिकारी) के रूप में सृजन हुआ।
३ आकाश को धरती से प्राचीन मानते हुए उसे वृद्ध कहा जाता था।
४ राज्य-व्यवस्था।
५ ऊपर के वाक्यों का अर्थ है कि मानव की रचना के समय से लेकर इस समय तक हुमायूं के समान कोई बादशाह नहीं हो सका है।
६ एक प्रकार की नज़्म जिसमें ग़ज़ल के समान क़ाफ़िये की पाबंदी होती है और जिसमें एक ही बात कही जाती है।
७ एक तेज़ दृष्टि वाली स्त्री जो तीन दिन की यात्रा तक की दूरी की चीज़ देख सकती थी।
८ फ़ैरो मिस्र का बादशाह जो मूसा (मोजेज़) का समकालीन एवं अत्याचार तथा निष्ठुरता की मूर्ति माना जाता था।

उनके न्याय के संरक्षण में मृग, चीते के समीप शान्तिपूर्वक सोते रहते हैं और मछलियाँ, अजगरों के पास आराम करती हैं। कबूतर, बाज़ों के मित्र बने रहते हैं और गौरय्या, गरुड़ के पास चहचहाती रहती है।

मसनवी

(९) 'उसके न्याय के अधीन, जंगल में मृग,
सिंह के साथ साथ चलता फिरता है।
जल-पक्षी, बहरी[१] से अपने रहस्य बताते हैं,
कबूतर अपना हाल बाज़ से कहता है।
यदि कोई अधिकारी अत्याचार की इच्छा करता है,
तो वह प्रजा के हाथ से तमांचा खाता है।'

सिकन्दर सरीखे गौरव प्राप्त उस बादशाह की पताका का चन्द्रमा "प्रज्वलित नक्षत्र, एक आशीष प्राप्त वृक्ष से चमका[२]," नामक आयत के अनुसार जिस प्रदेश पर अपनी छाया डालता है तो अज्ञानता एवं निष्ठुरता के अंधकार को ज्ञान एवं पथ-प्रदर्शन के प्रकाश में परिवर्तित कर देता है। उनकी विजयी तलवार के पृष्ठ "उसकी विद्युत् की स्पष्ट चमक आँखों को चका चौंध कर देती है"[३] (नामक आयत के अनुसार) जब प्रतिकार के मियान से निकलते हैं तो अत्याचार एवं दुष्टता की अंधी बुनियादों का समूलोच्छेदन हो जाता है। उनके राज्य का डंका, राज्य एवं धर्म के शत्रुओं के कानों में विनाश का सूर[४] फूंक देता है। उनके उपकार का मन्द समीर, धर्म एवं राज्य के सहायकों के मस्तिष्क को सुगन्धित बना देता है और उनके घोड़ों के खुर की धूल आकाश को प्रज्वलित करने वालों के नेत्रों में अंजन का काम देती है। उनका आकाश स्पर्शी चत्र, सूर्य एवं चन्द्रमा के मुख को उद्भासित करता है। उनके बुराक़[५] रूपी घोड़े की नालें उन छल्लों के समान हैं जिन्हें जमशेद[६] अपने कानों में पहनता था और उनके उच्च साहस के राजप्रासाद का शम्सा[७], सूर्य के (१०) प्रकाश को धुंधला बनाता है। उनकी कृपा का मन्द समीर, बहार के शीतल पवन के समान, प्रताप एवं सफलता की बाटिका में प्रफुल्लता उत्पन्न करता है। उनकी कृपाओं की

१ बाज़ के समान एक पक्षी जो अन्य छोटे-छोटे पक्षियों का शिकार करता है।
२ क़ुरान शरीफ़ की आयत।
३ क़ुरान शरीफ़ का वाक्य।
४ वह तुरहीं जो क़यामत के दिन इस्राफ़ील नामक फ़िरिश्ता फूँकेगा।
५ घोड़े के समान वह पशु जिसके विषय में कहा जाता है कि हज़रत मुहम्मद उसपर बैठ कर मेराज में गये थे।
६ जमशेद अथवा जम ईरान का पौराणिक बादशाह जो पेशदादी वंश का चौथा बादशाह था। कहा जाता है कि उसने सूर्य गणनानुसार सम्वत् चलाया। उसके आदेशानुसार सूर्य के मेषराशि में प्रविष्ट होने पर भव्य समारोह का आयोजन किया जाता था। तूरान के बादशाह ज़ुहाक ने आक्रमण करके उसे भगा दिया। बाद में वह बन्दी बना लिया गया और उसे आरे से चिरवा दिया गया। कहा जाता है कि उसका राज्य ८०० वर्ष पूर्व था। उसके आविष्कार प्रसिद्ध हैं। कहा जाता है कि उसने एक ऐसे प्याले का आविष्कार किया था जिससे संसार की सब बातों का पता चल जाता था।
७ वह आकृति जो महलों एवं ऊँचे-ऊँचे भवनों की चोटी पर बनी होती है।

सुगन्धि, कस्तूरी के समान आशाओं एवं प्रतिरक्षा के मस्तिष्क को सुगंधित करती है। आध्यात्मिक रहस्यों के चित्र, उनके परोपकारी हृदय के दर्पण में प्रतिबिम्बित हैं। गूढ़ समस्याओं के अक्षर, सूर्य के समान चमकते हुए हृदय के पृष्ठों पर लिखे हुए हैं।

मसनवी

'उसका हृदय आदि काल के रहस्यों को प्रकट करता है,
उसका मुख सौभाग्य के चिह्नों को ज़ाहिर करता है।
सौभाग्य का प्रकाश उसके ललाट से प्रकट होता है,
विजय एवं सफलता उसकी सेवा में उपस्थित रहती हैं।
उसके दरबार में समस्त सम्मानित लोग पहुँचते रहते हैं,
उसके मार्ग की धूल प्रत्येक नेत्र का अंजन है।'

उनका गौरव, सुलेमान[1] के समान है और उनका उच्च साहस सर्वदा धर्म के स्तम्भ को दृढ़ बनाता रहता है और उत्कृष्ट शरीअत के नियमों को पुष्टि देता एवं हजरत मुहम्मद की सुन्नत के नियमों को उन्नत करता और नवीन कुत्सित[2] नियमों का खंडन करता रहता है। उनका बहुमूल्य समय एवं उनकी शुभ घड़ियाँ, सम्मानित मशायख़[3] की दशा सुधारने, उच्च श्रेणी के सैयिदों की समस्याओं के समाधान करने, प्रतिष्ठित आलिमों को प्रोत्साहन देने तथा इस्लाम के क़ाज़ियों के कार्यों को पुष्टि देने में व्यतीत होती हैं। उनके उत्कृष्ट अन्तःकरण में दैवी प्रेरणा का प्रकाश पहुँचता रहता है और उनके पवित्र स्वभाव को ईश्वर की अपार कृपायें प्राप्त होती रहती हैं। (११) उनकी आलोचनात्मक प्रकृति गुणों की ज्ञाता और उनकी महान् सूझ बूझ, गूढ़ समस्याओं से परिचित है।

मसनवी

'वह न्याय का आकाश एवं प्रतिभा की ऊँचाई का सूर्य है,
सृष्टि के समुद्र में बड़ा बहुमूल्य मोती।
उसका अन्तःकरण ईश्वर के पथ-प्रदर्शन की किरणों को प्राप्त करता रहता है,
उसकी जिह्वा तथ्य के रहस्यों को प्रकट करती है।'

उनकी निरन्तर कृपाओं एवं इनाम इकराम से लोगों की आशाओं के घोड़े बुरी तरह लदे हैं और उनके हाथ के बादलों की वर्षा से, जो मोती बरसाती है, प्रतिभा-सम्पन्न एवं कुशल लोगों की आकाँक्षाओं के उद्यान हरे भरे हैं।

मसनवी

'उसकी हथेली बादल के समान मोती बरसाती है,
किन्तु बहार के बादल उसकी हथेली के समान उदार नहीं हैं।

१ सुलेमान बिन दाऊद एक प्रतापी पैग़म्बर हुए हैं। उनके विषय में प्रसिद्ध है कि वे हवा पर भी राज्य करते थे; सालोमन।

२ 'बिद-ए-सइय्या'।

३ 'मशाएख़े बुज़ुर्गवार'।

उसके हाथों की उदारता सर्वदा स्थायी रहेगी,
कारण कि बादल वर्षा की इतनी बूंदें नहीं बरसा सकता।'

वे बड़े ही महान् एवं न्यायकारी सुल्तान, धर्म तथा सौभाग्य का दृढ़तम स्तम्भ हैं। उन्होंने न्याय के अधिनियमों को दृढ़ बना दिया है और वे सर्वोत्कृष्ट शासक के कर्त्तव्यों का पूर्ण रूप से पालन करते हैं। वे ऐसे (दानी) जमशेद हैं जो समस्त संसार को दान में लुटा दें। वे ऐसे रुस्तम हैं जिनका घोड़ा आकाश है। वे राज-मुकुट को शोभा प्रदान करने वाले एवं दैवी कृपाओं द्वारा पोषित हैं। वे सिंह सरीखे ऐश्वर्य वाले अर्दशेर[1] और संसार भर में न्याय प्रसारित करने वाले नूशीरवाँ[2], साहब क़िरान के वंश में सबसे अधिक सम्मानित, राज्यों को विजय करने वाले वंशों के चुने हुए व्यक्ति, अकासेरा[3] की शक्ति को छिन्न-भिन्न करने वाले, क़यासरा[4] के नेत्रों का प्रकाश, फ़रीदूं[5] के समान दृढ़, सिकन्दर सरीखे संकल्प वाले, क़ुबाद[6] के समान वीर, परवेज़[7] के समान दरबार आयोजित करने वाले, उत्कृष्ट लोगों के प्रबन्धक, इस्लाम के स्तम्भों को शक्ति प्रदान करने वाले, सल्तनत और संसार एवं धर्म को शोभा प्रदान करने वाले हैं।

मुहम्मद हुमायूँ बादशाह ग़ाज़ी[8]

(१२) ईश्वर उनके राज्य के सिंहासन को, जो चारों आकाश तक फैला हुआ है, और उनके राज्य को, जिसमें सातों इक़लीमें सम्मिलित हैं, दृढ़ता प्रदान करे।

१ अर्दशेर बाबकां, बाबक का पुत्र, सासानी वंश का प्रथम बादशाह था। बाबक एक साधारण अधिकारी था किन्तु उसने फ़ारस पर अधिकार जमा लिया। अर्दशेर ने अपने पिता का उत्तराधिकारी होने के उपरान्त पूरे एराक़ पर अधिकार जमा लिया। उसने २३८ ई० तक बड़ी शान से राज्य किया।

२ नूशीरवां, ईरान के बादशाह क़ुबाद का पुत्र था। क़ुबाद की मृत्यु के उपरान्त ५३१ ई० में वह उसके स्थान पर बादशाह हुआ। वह अपनी न्यायकारिता के लिये बड़ा प्रसिद्ध है। उसकी मृत्यु ५७९ ई० में हुई। हज़रत मुहम्मद जिनका जन्म ५७१ ई० में हुआ, इस बात पर गर्व किया करते थे कि उस समय ऐसा न्यायकारी बादशाह राज्य करता था।

३ किसरा का बहुवचन। ख़ुसरो परवेज़ को किसरा कहते थे। वह ईरान के सासानी वंश का बड़ा प्रतापी बादशाह हुआ है। वह ५९१ ई० में सिंहासनारूढ़ हुआ और ६२८ ई० तक राज्य करता रहा। बाद में किसरा शब्द का प्रयोग सभी ईरानी बादशाहों के लिये किया जाने लगा।

४ क़ैसर का बहुवचन। बैज़ंटाइन शाहंशाहों को अरबी, फ़ारसी इतिहासों में क़ैसर लिखा जाता था।

५ फ़रीदूं : अब्तीन का पुत्र, ईरान का प्रसिद्ध बादशाह जो ज़ुहाक नामक एक अत्याचारी बादशाह की हत्या करके सिंहासनारूढ़ हुआ। वह अपने न्याय के लिये बड़ा प्रसिद्ध था।

६ क़ुबाद :-नूशीरवां का पिता जिसने ४८८ ई० से ५३१ ई० तक राज्य किया।

७ ख़ुसरो परवेज़।

८ जमे जहान बख़्श, रुस्तमे आसमान रख़्श, ज़ेबिन्दये अफ़सरे शाही, पर्वरदये एनायते इलाही, अर्दशेरे शेर सौलत, नूशीरवाने आलम मादेलत, ख़ुलासये दूदमाने साहब क़िरानी, नक़ावये ख़ान्दाने किश्वर सितानी, कासिरे शौकते अकासेरा, नूरे बासेरये क़यासेरा, फ़रीदूं हज़्म, सिकन्दर अज़्म, क़ुबाद रज़्म, परवेज़ बज़्म, नाज़िमे मनाज़िमें सर अफ़राज़ी, मुक़व्वियें अरकाने मिल्लते हिजाज़ी, मुइज़्ज़ुस्सल्तनत वद्दुनिया वद्दीन। मुहम्मद हुमायूं बादशाह ग़ाज़ी।

मसनवी

'हे ईश्वर। जब तक सूर्य चमकता रहे,
पूर्व से पश्चिम की ओर चलता रहे।
पादशाह के अन्तःकरण के प्रकाश से,
चन्द्रमा से मछली[1] तक उद्भासित रहे।
उसकी हथेली नैसां[2] के बादल के समान रहे,
प्रतिभा-सम्पन्न लोगों पर मोतियों की वर्षा करती रहे।
उसके राज्य की छाया स्थायी रहे,
आकाश सर्वदा उसका दास रहे।'

जब यह फ़क़ीर दास एवं तुच्छ कण (के समान) ग़यासुद्दीन बिन हुमामुद्दीन, जो ख्वन्द मीर के नाम से प्रसिद्ध है :—

मिसरा

'हे ईश्वर ! उसके मार्ग को सरल बना,'

इस खिलाफ़त की प्रतिरक्षा करने वाले पादशाह की सेवा में उपस्थित हुआ, और शाही कृपा का प्रकाश आकाँक्षाओं एवं विश्वास के आकाश से, इस टूटे हुए पंख वाले (व्यक्ति) की उन्नति की ओर आकृष्ट हुआ तो उसके मस्तिष्क में यह लालसा एवं हृदय में यह विचार उत्पन्न हुए कि वह युग के पृष्ठों एवं रात और दिन के पन्नों पर हज़रत (जहाँबानी) की कीर्तियों एवं (१३) कारनामों, तथा उनकी बुद्धि के आविष्कारों एवं आलोचनातमक विवेक की ईजादों का थोड़ा सा उल्लेख करे कारण कि उत्कृष्ट सुल्तानों की चर्चा दवात के अंधकारमय झरने एवं मसी के अमृत जल से स्थायित्व प्राप्त करती है और विद्वान् लेखकों के लेख तथा उनके उत्कृष्ट नाम, महान् बादशाहों की प्रशंसा के आशीर्वाद से युग के पृष्ठों पर स्थायित्व हासिल करते हैं, उदाहरणार्थ (१५) उतबी[3] एवं उनसुरी[4] के पृष्ठ महमूद[5] की प्रशंसा और मुइज़्ज़ी[6] एवं

१ वह पौराणिक मछली जिसे अरब बहमूत कहते हैं और जिसपर एक लियूनान (बैल) और उसके ऊपर पृथ्वी बताई जाती है।

२ फ़र्वरदीन (वैसाख) की वर्षा जिसके जल के विषय में प्रसिद्ध है कि उसकी प्रत्येक बूंद सीप में मोती बन जाती है।

३ अबू नस्र मुहम्मद बिन अब्दुल जब्बार अल-उतबी, सुल्तान महमूद ग़ज़नवी के दरबार का बड़ा प्रसिद्ध विद्वान् हुआ है। उसने **तारीख़े यमीनी** नामक सुप्रसिद्ध ग्रन्थ की रचना की। उसकी मृत्यु ४२७ हि०(१०३५-३६ ई०) में हुई।

४ अबुल क़ासिम उनसुरी, बल्ख निवासी था एवं सुल्तान महमूद ग़ज़नवी के दरबार का बहुत बड़ा विद्वान था। उसने महमूद की विजयों के सम्बन्ध में एक काव्य की रचना की। उसकी मृत्यु ४३१ हि० (१०४० ई०) में हुई।

५ सुल्तान महमूद ग़ज़नवी, सुल्तान नासिरुद्दीन सुबुक्तिगीन का पुत्र था। उसका जन्म ६ मुहर्रम ३५७ हि० (१५ दिसम्बर ९६७ ई०) को हुआ। हि० संम्वत् के हिसाब से ३३ वर्ष के राज्य के उपरान्त २३ रबी-उस्सानी ४२१ हि० (३० अप्रैल १०३० ई०) को मृत्यु को प्राप्त हुआ। वह अपने हिन्दुस्तान के आक्रमणों के लिये बड़ा प्रसिद्ध है।

६ अमीर अली मुइज़्ज़ी समरक़न्द का एक प्रसिद्ध कवि जिसने सुल्तान मलिक शाह तथा सुल्तान संजर सलजूक़ी के अधीन सेवा की। उसकी मृत्यु ५४२ हि० (११४७ ई०) में हुई।

अनवरी[१] के क़सीदे संजर[२] के यशस्वी कारनामों के कारण प्रसिद्ध हुए :—

मसनवी

'कौन याद करता हकीम अनवरी को,
यदि उसने संजर तथा संजर के कारनामों की प्रशंसा न की होती।
उतबी ने महमूद की प्रशंसा करके,
अपने उद्देश्य की पूर्ति कर ली।
(१७) शरफ़[३] को संसार में इस कारण यश प्राप्त हुआ,
कि उसने तीमूर गूरगान की प्रशंसा लिखी।'[४]

किन्तु अपनी योग्यता की कमी एवं क्षमता के अभाव के कारण, मैं इस प्रतिष्ठित पादशाह के समस्त कारनामों का सविस्तार उल्लेख नहीं कर सकता, और अपनी दो ज़बानों वाले क़लम को इस सफल पादशाह के गुण-गान की अनुमति नहीं दे सकता। किन्तु इसके बावजूद यह आकांक्षा सर्वदा मेरे निष्ठावान् हृदय में रही और यह इच्छा कभी भी मेरे चिन्तित मस्तिष्क से क्षण भर को न निकल सकी।

क़ानूने हुमायूनी की रचना का आदेश

इसी बीच में एक दैवी प्रकाश से परिपूर्ण रात्रि[५] में जब इस तुच्छ को ग्वालियार के क़िले में स्वर्ग रूपी दरबार में उपस्थित होने की अनुमति प्राप्त हुई और दान-पुण्य के आकाश के उस सूर्य की दानी अंगुलियों ने अनन्त तक रहने वाली कृपाओं के द्वार उनकी आशाओं के लिए खोले तो उस सिकन्दर सरीखे सुल्तानों के स्वामी की दैवी प्रेरणा-प्राप्त वाणी से यह सुखद वाक्य निकले
(१८) कि, "यह उचित ज्ञात होता है कि प्रतापी मस्तिष्क के आविष्कारों एवं सूर्य सरीखे प्रकाश वाले हृदय की ईजादों को क्रम से लिपि-बद्ध कर दिया जाय ताकि दिन एवं महीने उन कार्यों के प्रकाश से सर्वदा सुख को बढ़ाते और निकट तथा दूर वाले युग के पृष्ठों को प्रज्वलित करते रहें।" अतः यह तुच्छ दास, जो दीर्घ काल से इस अनुल्लंघनीय आदेश की प्रतीक्षा में अपना समय व्यतीत कर रहा था, इस रोचक विषय के लिखने के लिए कटिबद्ध हो गया, और उन अद्वितीय आविष्कारों एवं ईजादों का सविस्तार उल्लेख करने के लिए विद्वत्ता-पूर्ण लेख की रचना प्रारम्भ कर दी। ईश्वर की

१ अनवरी के नाम के विषय में विद्वानों में मतभेद है। कुछ का मत है कि उसका नाम औहदुद्दीन मुहम्मद बिन मुहम्मद अल-अनवरी और कुछ का मत है कि उसका नाम औहदुद्दीन अली बिन इस्हाक़ था। वह सुल्तान संजर का बहुत बड़ा विश्वास-पात्र था। कहा जाता है कि वह बहुत बड़ा ज्योतिषी भी था। उसकी मृत्यु की तिथि में भी बड़ा मतभेद है। कुछ का मत है कि उसकी मृत्यु ५९६ हि० (११९९-१२०० ई०), कुछ का मत है ५८७ हि० (११९१ ई०) और कुछ का मत है कि ५९२ हि० (११९६-९७ ई०) में हुई।

२ मुइज़्ज़ुद्दीन अबुल हारिस संजर, सलजूक़ वंश का प्रसिद्ध बादशाह हुआ है। वह सुल्तान मलिक शाह सलजूक़ी का पुत्र था। उसने ५११-५५२ हि० (१११७-११५७ ई०) तक राज्य किया।

३ शरफ़ुद्दीन अली यज़्दी, **ज़फ़र नामा** का (जो तीमूर का इतिहास है) लेखक।

४ पृष्ठ १४ एवं १९ पर नोट हैं।

५ 'शबे फ़ाएज़ुल अनवार'।

महान् अनुकम्पा से यह आशा है कि उत्कृष्ट दरबारी इन लाभप्रद पृष्ठों में जो कुछ लिखा है उसे स्वीकार कर लेंगे और इन पाँडित्यपूर्ण खंडों की पंक्तियों को अपनी स्वीकृति की दृष्टि द्वारा सम्मानित करके इस टूटी लेखनी की भूलों की ओर ध्यान न देंगे।

मसनवी

'हे ईश्वर! जब तेरी महान् अनुकम्पा के कारण,
उन कृपाओं के कारण जिनकी कोई सीमा नहीं।
कृपापूर्वक (तूने) मुझे रचना की योग्यता प्रदान की,
मेरी अधिकांश अवस्था लिखने में व्यतीत हो गई।
चाहे मैं यात्री रहा और चाहे मुजाविर[१],
मेरी लेखनी की नोक से लेख निकलते रहे।
मेरी रचनाओं को स्वीकृति प्रदान कर,
विद्वानों एवं लेखों को समझने वालों की दृष्टि में।
तू अपनी अनुकम्पा के द्वार मेरे ऊपर खोल दे,
लेखों की भूल क्षमा कर।'

कस्तूरी रूपी लेखनी का उस दया एवं उपकार के सूर्य की बाटिका में इत्र बखेरना

(१९) दयालु, सच्चे एवं भूल न करने वाले ईश्वर ने कहा : "पृथ्वी ईश्वर की है, वह उसे अपने सेवकों में से ऐसों को उसका उत्तराधिकारी बनाता है, जिन्हें वह चाहता है, परहेज़गार लोगों का अन्त (सर्वोत्कृष्ट होता है)।"[२]

मसनवी

'वह ईश्वर जिसने संसार का राज्य उत्पन्न किया,
आकाश का सिर उसके आदेश के तौक़[३] के भीतर है।
जब वह चाहता है कि संसार आबाद हो,
संसार में बिदअत[४] का कोई चिह्न नहीं रहता।
वह शासन-प्रबन्ध का मुकुट ऐसे सिर पर रखता है,
जिसके समान न्याय में कोई अन्य नहीं होता।
जब वह ऐश्वर्य एवं वैभव के सिंहासन पर आरूढ़ होता है,
अत्याचार करने वालों को वह दंड देता है।

१ यात्रा न करता हुआ।
२ क़ुरान शरीफ़ से उद्धृत।
३ तौक़ :—लोहे की गोल हँसली जो क़ैदियों के गले में डाली जाती थी।
४ इस्लाम में शरीअत के विरुद्ध नियमों का आविष्कार।

वह न्याय की पताकायें बलन्द करता है,
उपकार से वह लोगों को प्रसन्न करता है।
वह अपने सिर को शक्ति के मुकुट से शोभा प्रदान करता है,
वह परहेज़गारी के लिए कटि-बद्ध हो जाता है।
वह ईश्वर के आदेश पर दृढ़ रहता है,
वह शरा के विरुद्ध बातों से बचता रहता है।
परहेज़गार के मेहराब का ताक़[1] होता है,
उसके निकट अच्छा, मित्र की भृकुटि के मेहराब से।
ज्ञान तथा कर्म के स्वामियों को दान दे कर,
धर्म तथा मिल्लत वालों को इनाम देकर।
करता है कृपाओं के क़ानून को ताज़ा,
प्रताप के साधनों को बढ़ाता है।
दान-पुण्य के बादल के जल से धोता है,
राज्य के गाल से अत्याचार की धूल।
जब वह राज्यों को विजय करना प्रारम्भ करता है,
तो वह लोगों के साथ इस प्रकार व्यवहार करता है।
(२०) सेना उसकी कृपा द्वारा प्रसन्न होती है,
प्रजा अत्याचारी से सुरक्षित रहती है।
वह अमीरों को राज्य प्रदान करने में संकोच नहीं करता,
न तलवार वालों को धन एवं खिलअत देने से रोकता है।
स्थान देता है, उपकार एवं कृपा की छाया में,
उसे जो अहले क़लम[2] होता है।
वह इस कारण राज्य की ओर आकृष्ट होता है,
कि धर्म की रक्षा के अधिनियमों को ताज़ा करे।
इस्लाम की पताकाओं को फहराता है।
बदनाम मूर्तियों का खंडन करता है।
ग़ज़ब की तलवार एवं जिहाद के बरछे से,
कुफ़्र वालों एवं शत्रुओं को दूर करता है।
विद्रोहियों एवं दुष्टों का रक्त बहा कर,
राज्य को वह हलचल से बचाता है।
वह गुणवानों के साथ बैठता है,
कारण कि गुण एवं सौभाग्य उसके साथी हैं।

१ वह मेहराब जहां परहेज़गार इत्यादि एबादत करते हैं और साधारणतः एकांत स्थान होता है।
२ वे लोग जिनका कार्य क़लम का प्रयोग होता था; विद्वान्, आलिम।

वह धन द्वारा उसे सम्मानित करता है,
जो संसार के कार्य में सावधान हो।
जवान भाग्य[1] एवं वृद्ध उपाय[2] से,
धनी एवं दरिद्र की आशायें पूरी करता है।
वह कलाकारों को सम्मानित करता है,
सदाचारी कलाकारों को।
वह लोगों की ओर कृपा-पूर्वक दृष्टि डालता है,
दीन-दुखियों को सोना-चाँदी देता है।
वह घायल दिलों पर मलहम रखता है,
हृदय से वह कष्ट का काँटा निकाल देता है।
संसार के पृष्ठ से वह मिटा देता है,
क़ौम की उन प्रथाओं को जो लाभदायक नहीं।
बुद्धि के आदेश एवं प्रतिभा के कारण,
वह उत्तम प्रथायें चलाता है।'

हुमायूं का सिंहासनारोहण

हज़रत पादशाह, खिलाफ़त पनाह, हक़ीक़ी एवं मजाज़ी सल्तनत के योग, मुहम्मद हुमायूँ (२१) पादशाह ग़ाज़ी का आशीर्वाद-प्राप्त व्यक्तित्व, उपर्युक्त गुणों से सुशोभित था।

जमादि-उल-अव्वल ९३७ हि० के प्रारम्भ[3] (दिसम्बर १५३० ई० का अन्त) में सुलेमान सरीखे गौरव वाला बादशाह, जिसका न्याय इतना भारी था, जितना दोनों लोक—ज़हीरुद्दीन मुहम्मद बाबर पादशाह ग़ाज़ी—सफलता के राज सिंहासन से स्थायी स्वर्ग को प्रस्थान कर गए और दैवी उद्घोषक ने यह संदेश कि "हमने तुम्हें जमीन पर अपना खलीफ़ा बनाया" इस अधिकार वाले बादशाह के सावधानी के कानों तक पहुँचाये और प्राणियों एवं सम्पूर्ण जगत् के स्रष्टा की कृपाओं की अंगुलियों ने पादशाही के सम्मानित वस्त्र इस विश्व-विजय करने वाले पादशाह को इस आयत के अनुसार पहनाये : "वह जिसे चाहता है, राज्य देता है"[4]।

शेर

'वह प्रसन्नता जिसे सौभाग्य ने प्रदान किया, पूरी हो गई,
वह उद्देश्य जिसे समय ने चाहा पूरा हो गया।'

(२२) शुक्रवार, उपर्युक्त मास की ९ तारीख[5] को, राजधानी आगरा की जामा मस्जिद

१ उन्नत भाग्य।
२ अनुभव द्वारा, सोच विचार करके।
३ दिसम्बर १५३० ई० के अन्तिम सप्ताह।
४ क़ुरान शरीफ़ से उद्धृत।
५ ९ जमादि-उल-अव्वल ९३७ हि० (२९ दिसम्बर १५३० ई०)।

में उस उच्च वंश वाले के नाम का ख़ुत्बा पढ़ा गया और बधाई एवं शुभ-कामनाओं का शोर संसार वालों के हृदय से निकल कर आकाश के पवित्र कंगूरों के आगे निकल गया।

शेर

'ख़ुत्बे की आवाज़ चन्द्रमा तक पहुँच गई,
शाहंशाह के नाम पर धन लुटाया गया।'

संसार को शरण प्रदान करने वाले बादशाह नमाज़ पढ़कर तथा उदार परमेश्वर के दरबार की चौखट पर कृतज्ञता प्रकट करके जामा मस्जिद के बाहर निकले और सौभाग्य एवं सफलता के तख़्त, एवं राज्य तथा देशों की विजय के सिंहासन को अपने चरणों के आशीर्वाद से सम्मानित किया। प्रजा को न्याय एवं इंसाफ़ का निमंत्रण दिया और उत्कृष्ट शरीअत, एवं इस्लाम की समस्याओं के समाधान के विषय में गम्भीर शब्द अपनी दैवी प्रेरणा प्राप्त जिह्वा से कहे। प्रतिष्ठा के राजसिंहासन को उनके सुलेमान रूपी व्यक्तित्व से शोभा प्राप्त हुई। सफलता के मुकुट को बादशाह के सिर पर पहुँच कर उत्कर्ष प्राप्त हुआ। उनके शुभ नाम के आशीर्वाद से सिक्कों को अधिक शोभा प्राप्त हुई। उनकी सफल उपाधि के चिह्नों ने सिक्कों के मुख पर प्रसन्नता के द्वार खोल दिए।

रुबाई

'हे बादशाह! मुकुट को तेरे सिर पर पहुँचने के कारण शोभा प्राप्त हुई,
तेरे चरणों से हे बादशाह! राज सिंहासन को उन्नति प्राप्त हुई।
हे बादशाह! तेरे नाम से सोने का जब शृंगार हुआ,
तो वह सभी वस्तुओं से, हे बादशाह! बहुमूल्य हो गया।'

(२३) इस सुखद समाचार के मंद समीर से हृदय की कलियाँ उसी प्रकार खिल उठीं जिस प्रकार प्रातःकाल के मंद पवन से ताज़ी कलियाँ खिल जाती हैं। इस ख़ुशख़बरी की प्राप्ति से लोगों के जीवन को बहार के समान ताज़गी प्राप्त हो गई। चक्कर लगाने वाले आकाश ने छोटे बड़े सभी को कष्ट पहुँचाना समाप्त कर दिया। महान् कवि, मौलाना शिहाबुद्दीन अहमद मुअम्माई[1], कहते हैं :—

शेर

'कौन सा ऐसा हृदय है जो इस सुखद समाचार से प्रसन्न न हुआ,
कि प्राणों के बादशाह को संसार प्रदान हुआ।
एक फ़िरिश्ता जो परी के समान सुन्दर एवं हूर रूपी था,
प्रकट हुआ और मानव जाति का बादशाह हो गया।

१ वह मुअम्मे (कविता में पहेलियों) की रचना में अद्वितीय समझा जाता था। बाबर उसका बड़ा आदर सम्मान करता था। उसकी मृत्यु ९४२ हि० (१५३५-३६ ई०) में हुई। ख़्वन्द मीर ने "शिहाबुस्सादिक़" के अक्षरों से तारीख़ निकाली। (बदायूनीः **मुन्तख़बुत्तवारीख़ भाग** २, पृ० ३४२-३४३)।

(२४) सुख-शान्ति का केन्द्र हुमायूँ नामक बादशाह,
जिसकी आज्ञाकारिता के बोझ से आकाश का शरीर झुक गया।
संसार वालों के लिए क़यामत तक यही सम्मान पर्याप्त है,
कि तुझ जैसा उत्कृष्ट व्यक्ति संसार का बादशाह हुआ।'

जम सरीखे गौरव वाले बादशाह ने अपने शुभ सिंहासनारोहण के प्रारम्भ में अपनी दानशीलता के बादल से सामान्य रूप से लोगों को इनाम प्रदान किये। सर्वसाधारण एवं विशेष व्यक्तियों की आशाओं को पूरा किया। अपने शासन प्रबन्ध एवं राज्य-व्यवस्था के प्रकाश से हिन्दुस्तान के प्रदेशों को एरम[1] के उद्यानों के समान समृद्ध कर दिया। "लोगों को उनकी श्रेणी के अनुसार पद प्राप्त होने चाहिए" के सिद्धान्तानुसार उन्होंने आचरण किया और सर्वसाधारण के समूहों को उनकी श्रेणी के अनुसार पद एवं आश्रय प्रदान किया। बहराम[2] रूपी अमीरों को, जिन-पर राज्य-व्यवस्था अवलम्बित है और जिनकी तलवार एवं जिनके बरछों के बिना राज्य विजय नहीं हो सकते, अत्यधिक दान-पुण्य द्वारा सम्मानित किया। बुध ग्रह के समान बुद्धिमान् वज़ीरों को, जिनके राज्यों को शोभा प्रदान करने वाले परामर्श एवं दुरदर्शिता तथा प्रतिभा के बिना धन-
(२५) सम्पत्ति की प्राप्ति एवं ऐश्वर्य तथा गौरव के साधनों का हासिल करना सम्भव नहीं, अत्यधिक सम्मानित करके उनकी श्रेणी में वृद्धि कर दी। उत्कृष्ट सैयिदों एवं सम्मानित मशायख़[3] को, जो विलायत[4] के उद्यान के फल एवं पथ-प्रदर्शन के आकाश के नक्षत्र हैं, सम्मानित करके दान-पुण्य एवं आदर-सम्मान के द्वार उनके लिये खुलवा दिए। उन्होंने उत्कृष्ट आलिमों एवं सम्मानित विद्वानों को, जो वास्तव में मारेफ़त[5] के शयनागार के दीपक एवं शिक्षा के उद्यान के द्वारों की कुंजियाँ हैं, कृपा एवं दया द्वारा लाभान्वित करके, शिक्षा-दीक्षा का आदेश दे दिया। इस्लाम के क़ाज़ियों एवं मुफ़्तियों को जिनके परामर्श पर शरीअत एवं इस्लाम की समस्याओं का प्रचार अवलम्बित है, प्रोत्साहन तथा आश्रय प्रदान किया और उस गुणवान् समूह की प्रार्थनाओं को स्वीकार कर, उनकी इच्छा की आस्तीन में स्वीकृति का धन रख दिया[6]। उन्होंने गद्य एवं पद्य की रचना करने वालों को नाना प्रकार से प्रोत्साहन एवं इनाम-इकराम प्रदान किए। उनकी रचनायें याक़ूत[7] एवं
(२६) मूँगे के समान हैं जो "उन शुद्ध लोगों के जो मंडप में हैं" के मुकुट के निर्माण के लिए

१ कहा जाता है कि अरब (हज़रमौत) की एक प्राचीन क़ौम के एक प्रतापी बादशाह ने स्वर्ग की क़िस्मों के विषय में ज्ञान प्राप्त करके स्वयं एक स्वर्ग का निर्माण कराया जिसे एरम कहते हैं किन्तु उसमें प्रविष्ट होने के पूर्व ही उसकी मृत्यु हो गई।

२ सासानी वंश का १४वां बादशाह जो ईरान के इतिहास में बहराम गोर के नाम से प्रसिद्ध है। वह यज्दजर्द प्रथम का पुत्र था जो ४२० ई० में अपने पिता के उपरान्त बादशाह हुआ। गोर, जङ्गली गधे को कहते हैं जिसके शिकार से बहराम को बड़ी रुचि थी और जिसके शिकार के समय उसकी मृत्यु हुई। उसे कविता करने का भी शौक़ था। कहा जाता है कि उसने हिन्दुस्तान की भी यात्रा की। उसकी मृत्यु ४३८ ई० में हुई।

३ सूफ़ी-सन्त।

४ संत-लोक।

५ दैवी ज्ञान।

६ उन्हें धन-सम्पत्ति प्रदान की।

७ एक प्रकार का रत्न, पुलक।

सजाये गए हैं, और जिनके जवाहरात "मोतियों के समान पूर्ण रूप से सुरक्षित हैं" और जो "सर्वदा ताज़ा रहने वाले युवकों" के कान एवं गले को शोभा प्रदान करते हैं, सरीखे विभिन्न समूहों को दीनार एवं दिरहम प्रदान करके संतुष्ट किया।

उन्होंने ग्रामीणों एवं कृषकों को, जिनके परिश्रम एवं प्रयत्न पर संसार का शासन प्रबन्ध एवं अस्तित्व निर्भर है, अपनी दानशीलता की छाया से संतुष्ट एवं प्रसन्न कर दिया। अपनी कृपा एवं दया के बादल की बूँदों से उस समूह के आशा के वृक्ष को फलदार बना दिया और उनके हृदय के मैदान में कृपा एवं दया के बीज बो दिए। व्यापारियों को, जो समुद्र पार एवं अन्य देशों से इच्छा के समुद्र एवं कष्ट के जंगल तथा अजम[1] एवं अरब में कष्ट भोगते और यात्रा करते रहते हैं, सम्मानित करके उचित रूप से प्रोत्साहन प्रदान किया। तमग़ा एवं बाज[2] में से कुछ क्षमा करके प्रबन्ध की समस्याओं तथा परदेसियों के प्रति कृपा की शर्तों को पूरा किया। शिल्पकारों एवं बाज़ारियों पर, जो नाना प्रकार के कष्ट भोगते रहते हैं और विभिन्न प्रकार के बोझ तथा व्यय का भार उठाते रहते (२७) हैं, जितना वे अदा कर सकते थे, उतना कर लगा कर, समस्त बातों में प्रजा के प्रति आश्रय की पताका को फहराया।

मसनवी

'उपकार द्वारा उसने लोगों की सहायता की,
राज्य को अशान्ति से मुक्त कर दिया।
क्योंकि वह पीड़ितों को सर्वदा आश्रय प्रदान किया करता है,
अतः लोग नूशीरवाँ को भूल गए।'

आशा है कि परमेश्वर की महान् अनुकम्पा एवं इन यशस्वी गुणों एवं प्रशंसनीय कारनामों के कारण सल्तनत एवं राजसत्ता के आकाश के इस सूर्य का प्रकाश कभी कम न होगा अपितु सर्वदा बढ़ता रहेगा। संसार के विभिन्न भागों की गरदनें इस आकाश रूपी राजसिंहासन के पाये के समीप खड़े होने वालों[3] की ओर अधीनता एवं आज्ञाकारिता की रस्सी में बंधी रहेंगी।

शेर

'उसके दिन और रात सर्वदा प्रसन्न तथा शुभ रहें,
उसके गौरव के स्तम्भ आकाश से भी ऊँचे रहें।

सम्मानित अमीर उवैस मुहम्मद[4] ने इस शुभ सिंहासनारोहण के विषय में इन शेरों की रचना की :—

१ अरब वाले, अरब के अतिरिक्त संसार के अन्य भाग वालों को अजम कहते थे, विशेष रूप से ईरान एवं तूरान से तात्पर्य है।

२ व्यापारिक कर। तमग़ा सीमा-शुल्क अथवा चुंगी को कहते थे। इसे तमग़ा इस कारण कहा जाता था कि जिन वस्तुओं पर शुल्क लगाया जाता था, उनपर लकड़ी के ठप्पे से मुहर लगा दी जाती थी। बाबर तथा जहाँगीर ने भी तमग़ा के माफ़ करने का उल्लेख किया है। (**बाबर नामा**, पृ० २३१)।

३ दरबारियों।

४ जलालुद्दीन मुहम्मद उवैस जिसे **अकबर नामा** एवं **मुंतख़बुत्तवारीख़** में वैसी लिखा है, हुमायूं के दरबार का एक प्रतिष्ठित अमीर था।

शेर

(२८) 'हे वादशाह[१] ! संसार को शरण प्रदान करने वाले, हे शाह,
शोभा देता है तुझे वादशाही के सिंहासन पर आरूढ़ होना।
तू अपने युग का क़ुत्ब[२] है, तुझसे यह संसार आवाद है,
अन्यथा यह प्राचीन भवन सर्वदा वीरान होता रहता है।
तुझे धर्म एवं संसार के राज्य के विजय की वधाई है,
वधाई है, तुझे हे संसार के वादशाह! सुलेमान के राजसिंहासन की।
ऐश्वर्य के यह कैसे साधन हैं, कौन सी यह व्यवस्था है,
आश्चर्यजनक है यह राज्य, ऐश्वर्य एवं सुल्तानी अधिनियम।

(२९) वह धर्म के समुद्र का मोती, सौभाग्य के आकाश का सूर्य है,
गौरव की वलन्दी की हुमा, संसार का क़ुत्व, पवित्र संसार का प्रकाश,
चन्द्रमा के समान पवित्र जगत् का नेत्र एवं प्रकाश,
उसके हृदयग्राही शरीर का वृक्ष प्रकृति के उद्यान का सुन्दर वृक्ष है।
किस कारण लोगों के नेत्र सहन नहीं कर सकते उसकी दृष्टि को
प्रकट यदि न हुआ उसके ललाट से ईश्वर का प्रकाश।
संसार की आखों को चमक प्राप्त हुई उसके सौन्दर्य के सूर्य से,
जिस प्रकार याक़ूब[३] की आँखों को (चमक प्राप्त हुई) किनआन के चन्द्रमा[४] से।
मैं जो देखता हूँ संसार का अस्तित्व सम्बन्धित उसकी सत्ता से,
हे ईश्वर ! उसके पवित्र व्यक्तित्व को संसार में स्थायी रख।'

विद्वानों में चुने हुए, आश्चर्यजनक अमीर, मौलाना शिहाबुद्दीन अहमद मुअम्माई ने इस शुभ सिंहासनारोहण की तारीख़ हेतु विद्वत्ता-पूर्ण क़तआ की रचना की :

क़तआ

'वादशाहों के वादशाह ! शाह वावर जो रखते थे,
२०० दास जमशेद एवं कै[५] के समान।

१ 'बादशाह' तथा 'पादशाह' दोनों ही प्रयुक्त हुये हैं।

२ क़ुत्ब :—पृथ्वी का धुरा। सूफ़ियों की पारिभाषिक शब्दावली के अनुसार ऐसा महान् सन्त जिसके सिपुर्द संसार के किसी बड़े भाग की देख रेख हो। क़ुत्ब के ऊपर ग़ौस होते हैं।

३ एक पैग़म्बर, जो हज़रत यूसुफ़ के पिता थे; जैकब।

४ हज़रत यूसुफ़, जिनके वियोग में हज़रत याक़ूब अंधे हो गये थे किन्तु जिनके पहुँचते ही उनके नेत्रों को प्रकाश प्राप्त हो गया।

५ कै अथवा कैकाऊस ईरान के कयानी वंश का दूसरा बादशाह तथा कैक़ुवाद का पुत्र था। वह बड़ा ही महत्वाकांक्षी था किन्तु अपनी अयोग्यता के कारण अपनी किसी भी योजना को कार्य रूप में परिणत न कर सकता था। सुहराब एवं रुस्तम का युद्ध उसी के समय में तथा उसी की उपस्थिति में हुआ।

उनके विश्राम का स्थान बना सर्वोच्च स्वर्ग,
जब उनकी अवस्था के तूमार[1] को मौत ने लपेट दिया।
मुहम्मद हुमायूँ उनके स्थान पर बैठा,
उसका राज्य फैले चीन से रूम और रै तक।
(३०) यदि तारीख़ पूँछी जाय तो हे हृदय कह,
हुमायूँ हुआ उनके राज्य का उत्तराधिकारी।

बुद्धिमान् मौलाना यूसुफ़ी तबीव[2] ने इस उत्तम रुबाई की रचना की :

रुबाई

'बाबर, न्यायकारी बादशाह, ईश्वर की उपासना करने वाले,
वह शाह हुमायूँ जिसने अत्याचार के द्वार बन्द कर दिये।
९३७ हि० (१५३० ई०) में अचानक मृत्यु से,
वह परलोक को चले गये और यह उनके स्थान पर बैठा।'

इन पंक्तियों के लेखक के भी हृदय में उन्हीं दिनों में यह रुबाई आई :

रुबाई

'वह बादशाह जिसके ऐश्वर्य से शत्रु का हृदय टुकड़े टकड़े हो गया,
जिसके सम्मान के सामने, सातवाँ आकाश गिरा है।
जब ईश्वर की कृपा ने उसकी सहायता की,
वह ९३७ (हि०) में सिंहासनारूढ़ हुआ।'

(३१) दयालु एवं यशस्वी ईश्वर को धन्य है। हमारे नबी पर जो गुणों एवं सम्मान के स्वामी हैं दरूद हो तथा उनकी संतान वालों एवं असहाब[3] पर जो पथ-प्रदर्शन एवं प्रताप के आकाश के नक्षत्र हैं।

विद्वता को जन्म देने वाले क़लम का सौभाग्य एवं इच्छाओं के सुव्यवस्थापक के आविष्कारों द्वारा सौभाग्य प्राप्त करना

हज़रत मुहम्मद द्वारा फ़ाल

जिन लोगों को नबी के कारनामों का ज्ञान तथा हज़रत मुस्तफ़ा[4] से सम्बन्धित

१ किसी विषय में काग़ज़ का लम्बा-चौड़ा पुलिन्दा।

२ यूसुफ़ बिन मुहम्मद हरवी का तख़ल्लुस यूसुफ़ी था। वह बाबर तथा हुमायूं दोनों का बहुत बड़ा विश्वास-पात्र था। कवि के साथ-साथ वह बड़े उच्चकोटि का चिकित्सक भी था। **जामे-उल-फ़वायद** एवं **क़सीदा फ़ी हिफ़्ज़स्सेहत** नामक रचनायें उसने बाबर को एवं **रियाज़ुल अदविया** नामक रचना हुमायूं को समर्पित कीं। उसने अपनी कुछ कविताओं में हिन्दी शब्दों का बड़ा अधिक प्रयोग किया है। उसकी मृत्यु ९५० हि० (१५४३ ४४ ई०) में हुई।

३ हज़रत मुहम्मद के मित्र एवं सहायक।

४ हज़रत मुहम्मद।

घटनाओं की सूचना है, उन्हें ज्ञात एवं यह बात उन पर प्रकट होगी कि पैग़म्बरों में सर्वश्रेष्ठ तथा चुने हुए लोगों के स्वामी, जो उदार दैवी कृपाओं एवं प्रशंसा द्वारा सुशोभित हैं, विभिन्न लोगों के नाम से फ़ाल निकालते रहे हैं और वे बुरे फ़ाल को निंद्य एवं उत्तम फ़ाल को प्रशंसनीय समझते थे[1]। इस कारण ईश्वर की छाया हज़रत पादशाह, जो अपना समस्त समय इस्लाम के पैग़म्बर की उत्कृष्ट सुन्नत के पालन में व्यतीत किया करते थे[2], सर्वदा यात्रा एवं सैर के समय उन लोगों के नाम से जो उन्हें मिल जाते फ़ाल निकाला करते थे और बुरी फ़ाल निकलने पर वे उस कार्य (३२) को त्याग देते हैं।

बाबर द्वारा हुमायूं की काबुल में नियुक्ति

संयोगवश घटने वाली जिन आश्चर्यजनक घटनाओं का सफल नव्वाब[3] के विषय में अवलोकन किया गया, एक घटना यह है कि जिस वर्ष सुलेमान सरीखे गौरव वाले स्वर्गीय बादशाह[4] ने सौभाग्य एवं प्रताप से सम्बन्धित काबुल से क़न्धार की ओर प्रस्थान किया तो सल्तनत एवं प्रभुत्व के सूर्य को राज्य तथा राजस्व की व्यवस्था हेतु काबुल में नियुक्त कर गए[5]।

हुमायूं द्वारा फ़ाल निकालना

एक दिन वे अपने शुक्र ग्रह रूपी घोड़े पर सवार होकर जंगल, पर्वत, उद्यानों एवं घास के मैदानों की सैर कर रहे थे। मार्ग में सौभाग्यशाली हृदय फ़ाल लेने की ओर आकृष्ट हुआ। उन्होंने (३३) मौलाना मसीहुद्दीन रुहुल्लाह[6] से, जिन्हें उन कृपाओं एवं उदारता के प्रतीक[7] का गुरु होने तथा उनके गुणों की ख़िलअत को सजाने का सौभाग्य प्राप्त है, सम्बोधित करके कहा कि "परोपकारी हृदय में यह आता है कि तीन व्यक्तियों के जो इस मार्ग में मिलें नाम पूँछ कर उससे फ़ाल निकाला

१ फ़ाल अथवा शकुन की दो किस्में बताई गई हैं। उत्तम शकुन को फ़ाल एवं बुरे शकुन को तियारह कहते हैं। हज़रत मुहम्मद के विषय में कहा जाता है कि उन्होंने इस बात की घोषणा की थी कि "बुरे शकुन पर विश्वास मत करो। केवल उत्तम शकुन पर विश्वास करो।" लोगों ने पूंछा, "उत्तम शकुन क्या है?" उन्होंने उत्तर दिया "कोई उत्तम शब्द जो तुम सुनो"। इब्ने अब्बास का कथन है, "पैग़म्बर लोगों के नामों से उत्तम शकुन प्राप्त किया करते थे किन्तु वे बुरे शकुन न लेते थे।" क़तआन इब्ने क़बीसा का कथन है, "पैग़म्बर ने जानवरों के भागने, पक्षियों के उड़ने, कंकड़ फेंकने से, जो मूर्ति-पूजक अरबों की प्रथा थी, मना किया"। [Hughes: *Dictionary of Islam* (London 1935) पृ० ११४]।

२ हज़रत मुहम्मद की प्रथाओं का पालन करते थे।

३ हुमायूं।

४ बाबर।

५ **बाबर नामा** में ९२६ हि० (१५१९-२० ई०) से ९३२ हि० (१५२५-२६ ई०) के मध्य की घटनाओं का उल्लेख नहीं अतः इस नियुक्ति के विषय में कोई प्रामाणिक ज्ञान नहीं। सम्भवतः बाबर ने हिन्दुस्तान के पांचवें आक्रमण (१८ अक्तूबर १५२५ ई०) के लिये प्रस्थान करने के पूर्व हुमायूं को काबुल के शासन प्रबन्ध की देख-भाल के लिये नियुक्त किया होगा।

६ **अकबर नामा** में केवल 'रूहुल्लाह'।

७ हुमायूं।

जाय।" मौलाना ने निवेदन किया कि, "उचित तो यही ज्ञात होता है कि केवल एक ही व्यक्ति से पूँछ लिय जाय।" वे अपने संकल्प पर दृढ़ रहे। कुछ दूर चलकर एक वृद्ध दृष्टिगत हुआ। जब उससे उसका नाम पूँछा गया तो उसने उत्तर दिया कि "मुराद ख़्वाजा"। उसके बाद एक अन्य व्यक्ति एक गधे पर लकड़ी लादे हुये ले जाता दिखाई पड़ा। जब उसका नाम पूँछा गया तो उसने उत्तर दिया, "दौलत ख़्वाजा"। तत्पश्चात् बादशाह की दैवी प्रेरणा प्राप्त जिह्वा से निकला कि, "दूसरा व्यक्ति, जो मिले, उसका नाम यदि सआदत ख़्वाजा हो तो यह एक विचित्र सुखद संयोग होगा। उच्च एवं उन्नत फ़ाल की आशा का नक्षत्र, सौभाग्य के आकाश से उदय होगा।" उसी समय एक बालक[1] जो कुछ पशु चरा रहा था, दृष्टिगत हुआ। जब उससे पूंछा गया कि "तेरा क्या नाम है?". तो उसने उत्तर दिया, "सआदत ख़्वाजा"। उत्कृष्ट सवारी के सेवक उस संयोग (३४) पर आश्चर्यचकित हो गए और सब को विश्वास हो गया कि यह भाग्यशाली बादशाह शीघ्र ही दैवी कृपा से सौभाग्य एवं गौरव के सर्वोच्च शिखर पर पहुँच जायगा और ईश्वर की स्थायी कृपा के हाथ उसकी धार्मिक एवं साँसारिक आशाओं के लिए सफलता के द्वार खोल देंगे।

अहले दौलत

जब बाद में सौभाग्य एवं नेतृत्व का राजसिंहासन, बादशाहे मुजाहिद ग़ाज़ी के अस्तित्व के प्रकाश से आकाश-तुल्य हुआ तो उन्होंने राज्य के समस्त पदाधिकारियों अपितु अपने अधीनस्थ राज्य के समस्त निवासियों को तीन भागों में विभाजित किया। भाइयों, सम्बन्धियों, अमीरों, वज़ीरों, एवं समस्त सैनिकों को "अहले दौलत"[2] कहा जाता था कारण कि समस्त बुद्धिमानों को ज्ञात है कि मनुष्यों के बिना कोई राज्य नहीं चल सकता और इस वीर समूह की सहायता के बिना राज्य एवं सौभाग्य की उन्नति सम्भव नहीं। राजसिंहासन तथा राजसत्ता की प्राप्ति योद्धाओं एवं वीरों की सहायता बिना मुमकिन नहीं।

पद्य

'सुल्तानों ने सेना एवं परिजन की सहायता से,
राज्य के सिंहासन पर पाँव रक्खे।
वही सौभाग्य एवं प्रभुत्व प्राप्त कर सकता है,
जिसे एक लश्कर की सहायता प्राप्त हो।'

अहले सआदत

(३५) प्रतिष्ठित सद्रों, उत्कृष्ट मशायख़, सम्मानित सैयिदों, आलिमों, इस्लाम के क़ाज़ियों, विद्वानों, कवियों, प्रतिष्ठित एवं सम्मानित लोगों को "अहले सआदत"[3] कहा जाता था कारण कि इस सम्मान के पात्र समूह का आदर-सम्मान और इस पूज्य गरोह से मेल जोल सौभाग्य की उन्नति और अनन्त तक स्थायी रहने वाले प्रताप के गौरव का साधन होता है।

१ **अकबर नामा** में 'पिसरे' के स्थान पर 'मर्दे' है।
२ दौलत (राज्य) के समूह से संबन्धित।
३ सौभाग्य के समूह से संबन्धित।

मसनवी

"सौभाग्य विधाता का वरदान है,
यह शक्तिशाली भुजाओं के युद्ध से नहीं प्राप्त होता,
यदि तू सौभाग्य के समीप होना चाहे,
सर्वदा 'अहले सआदत' के साथ उठ बैठ।"

अहले मुराद

सुन्दर सलोने तथा रूपवान् संगीतज्ञों, वादकों एवं उत्तम स्वर में पाठ करने वालों का नाम "अहले मुराद"[1] रक्खा गया कारण कि प्रायः लोगों की अभिलाषा यही होती है कि वे रूपवान् तरुणों एवं मीठे स्वर वाले रूपवानों से सम्पर्क रक्खें। संगीत, चंग, क़ानून, एवं ऊद[2] की ध्वनि सभी को पसन्द एवं मनोरंजक होती है।

मसनवी

'प्रेमियों के हृदय की आकाँक्षा
कोई अन्य नहीं होती, गुलाब सरीखे कपोल वालों से भेंट के अतिरिक्त,
(३६) जो कोई संगीत एवं बाजे की ओर आकृष्ट होता है;
उसके लिए सौभाग्य के द्वार खुल जाते हैं।'

शनिवार एवं बृहस्पतिवार

इसी प्रकार इस बुद्धिमान् पादशाह ने सप्ताह के दिनों का विभाजन किया। प्रत्येक दिन को उन्होंने "अहले दौलत", "अहले सआदत" अथवा "अहले मुराद" से इस प्रकार सम्बन्धित कर दिया कि शनिवार एवं बृहस्पतिवार को "अहले सआदत", अथवा ज्ञान-विज्ञान तथा उपासना के प्रबन्धकों के लिए निश्चित किया। उन दो दिनों में उस आदरणीय समूह की आशाओं के वृक्ष में उस स्वर्ग रुपी दरबार में पहुँचने के कारण सौभाग्य के फल लगते थे। अहले सआदत के लिए इन दो दिनों के पृथक् होने का कारण यह था कि शनिवार का सम्बन्ध शनि ग्रह से है जो आदरणीय मशायख़ एवं प्राचीन वंश वालों का आश्रयदाता है। बृहस्पतिवार का सम्बन्ध वृहस्पति ग्रह से होता है और बृहस्पति, सैयिदों, आलिमों एवं सम्मानित शरीअत का पालन करने वालों से सम्बन्धित है।

रविवार एवं मंगलवार

रविवार एवं मंगलवार को "अहले दौलत", राज्य की समस्याओं के समाधान, एवं शासन प्रबन्ध के लिए पृथक् कर दिया। इन दो दिनों में शत्रुओं का विनाश करने वाले बादशाह के दीवान[3] में बैठने के कारण, सर्व साधारण एवं विशेष व्यक्तियों को सेवा में उपस्थित होने का सम्मान

१ वह समूह जिससे इच्छायें तथा अभिलाषायें पूरी हों।
२ चंग, क़ानून एवं ऊद विभिन्न प्रकार के बाजे होते थे।
३ दरबार।

प्रदान किया जाता था। इन दो दिनों में दीवान में बैठने, और आदेश तथा फ़रमान जारी करने का (३७) रहस्य यह था कि रविवार का सम्बन्ध सूर्य से होता है और सूर्य ईश्वर की कृपा से हाकिमों एवं सुल्तानों से सम्बन्धित है। मंगलवार का सम्बन्ध मंगल ग्रह से है। मंगल ग्रह वीर-योद्धाओं का आश्रयदाता है। इस सूर्य के समान स्पष्ट विवरण से ज्ञात होता है कि इन दो दिनों में दीवानखाने में राजसिंहासन को अपने परोपकारी अस्तित्व से शोभा प्रदान करना और आदेश एवं फ़रमान निकालना सभी दिनों से उचित है।

दरबार की प्रथायें

दीवान के दिन न्याय एवं उपकार की इस मूर्ति के आदेशानुसार जिन प्रथाओं का आविष्कार हुआ, उनमें से एक यह थी कि जब उनके उत्कृष्ट व्यक्तित्व द्वारा ख़िलाफ़त एवं पादशाही के सिंहासन को शोभा प्राप्त होती थी तो नक़्क़ारा बजाने वाले, ख़ुशी के नक़्क़ारों द्वारा मनुष्यों के समूह को सूचना देते थे कि वे अविलम्ब सेवा में उपस्थित हों। जिस समय वे दीवान से उठ कर चले जाते, (३८) तो तोप चलाने वाले, तोप की आवाज़ से लोगों को विसर्जित कर देते थे। उस दिन किर-कीराक़ची[1] लोग कुछ उत्तम सरोपा[2] एवं ख़ज़ांची लोग, सिक्के संसार को शरण प्रदान करने वाले दरबार में इस आशय से लाते थे कि प्रत्येक को धन एवं वस्त्र प्रदान करके सम्मानित किया जा सके और प्रतीक्षा के बिना उन्हें (जो कुछ प्रदान हो) वह प्राप्त हो जाय। इसके अतिरिक्त उस दिन सेवकों में से कुछ लोग अस्त्र-शस्त्र धारण करके बहराम[3] के रूप में रक्त पीने वाली तलवार हाथ में लेकर दरबार में खड़े रहते थे ताकि जो अपराधी सिद्ध हो, उसे दंड दे सकें।

सोमवार एवं बुधवार

सोमवार एवं बुधवार को मुराद का दिन कहा जाता था। उन दो दिनों को कुछ नदीमों[4], विश्वास-पात्रों तथा "अहले मुराद" और खास लोगों को स्वर्ग रूपी दरबार में बुलवाकर उनकी इच्छायें पूरी की जाती थीं। इन दो दिनों के "अहले मुराद" से सम्बन्धित होने का रहस्य यह था कि सोम-वार का सम्बन्ध चन्द्रमा तथा बुधवार का बुध ग्रह से होता है, अतः यह उचित ज्ञात होता है कि उन दो दिनों में चन्द्र रूपी तरुणों के साथ संगीत, वादन एवं उत्तम स्वर वालों द्वारा शोभा एवं आनन्द मंगल में वृद्धि की जाय।

शुक्रवार

शुक्रवार, जैसा कि उसके नाम से प्रकट होता है, उपर्युक्त सभी बातों का योग है। उस दिन की सभा जहाँ तक सीमित समय का सम्बन्ध है, सबसे आगे बढ़ जाती थी।

स्वर्ण-बाण

(३९) उनके अन्य आविष्कारों में सोने के तीन बाण थे जो उपर्युक्त तीन वर्गों के प्रसंग से

१ वह अधिकारी जो वस्त्रों का प्रबन्ध करते थे।
२ सिर से पांव तक के वस्त्र जो इनाम में प्रदान किये जाते थे; ख़िलअतें।
३ मंगल राशि।
४ सहचरों।

"सआदत का बाण", "दौलत का बाण" एवं "मुराद का बाण" कहलाते थे। इन तीनों बाणों में से प्रत्येक तत्संबंधी राज्य के दृढ़ पदाधिकारी से सम्बन्धित होता था। उस सरकार की समस्यायें उसकी सुव्यवस्था के अधीन होती थीं। यह निश्चय था कि जब तक उन बाणों में से प्रत्येक का स्वामी उन मामलों के प्रबन्ध में, जो उस बाण से सम्बन्धित हैं, पूर्ण रूप से प्रयत्न करता रहे और ईश्वर की इच्छा का पालन एवं हज़रत बादशाह के प्रति निष्ठा की जो शर्तें हैं, उन्हें पूरा करता रहे तो वह कृपा-पात्र एवं अपने अधिकार की गद्दी पर दृढ़ रहे। जब कभी वह अपने पद पर अभिमान के कारण मस्त एवं असावधान हो जाय और उसकी सूझ बूझ के नेत्रों पर उपेक्षा का आवरण पड़ जाय अथवा वह अपने स्वार्थवश राज्य-व्यवस्था की समस्याओं पर ध्यान न दे और अपने सौभाग्य की सहायता के अभाव के कारण धन के एकत्र करने को अपना हार्दिक उद्देश्य बना ले और उसके उपाय का बाण उसकी इच्छा के लक्ष्य पर न पहुँचे तो पदच्युत करने का आदेश, भाग्य की लेखनी से उसकी दशा की पंजिका पर लिख दिया जाय[१]।

यह भी सम्भव है कि कोई सौभाग्यशाली जिसे इन तीनों में से कोई पद प्राप्त हो, पवित्र (४०) हृदय[२] की इच्छानुसार, एक दिन अथवा एक सप्ताह से अधिक तत्सम्बन्धी व्यवस्था को इस प्रकार सम्पन्न कर ले कि उसके उद्योग एवं प्रयत्न से उस विभाग के कार्य उन्नति करने लगें तो कृपालु बादशाह उसकी सेवानुसार उसके पद में वृद्धि कर देता है। इसी प्रकार यह भी सम्भव है कि प्रभुत्व की सुगन्धि के कारण "अहले सआदत", "अहले दौलत" अथवा "अहले मुराद" से यदि कोई षड्यंत्र तथा शत्रुता प्रारम्भ करके बदमस्ती प्रदर्शित करने लगे तो वह पहिले दिन ही उस नशे की पीड़ा के कारण विश्वास की श्रेणी से गिरा कर दंडनीय एवं पदच्युत कर दिया जाता है।

मिसरा

'मदिरा की मन्द सुगन्धि भी मस्तों के लिए पर्याप्त होती है।'

सआदत विभाग का मुख्य अधिकारी

जिस समय संकलनकर्ता का क़लम इन पृष्ठों की रचना में व्यस्त था तो सआदत विभाग का प्रबन्ध स्वतन्त्र रूप से विद्वानों एवं कार्य कुशल लोगों में से सर्वश्रेष्ठ, ऐश्वर्य एवं गौरव के स्वामियों में से सबसे अधिक प्रसिद्ध, मस्तिष्क की निपुणता के ज्ञाता, मानव-समूहों की शरण, सौभाग्यशाली, परोपकारिता की खान, बादशाह के विश्वासपात्र, विद्वत्ता के आकाश के बृहस्पति (ग्रह), (४१) राज्य के सम्मान, मौलाना मुहीउद्दीन मुहम्मद फ़रग़री के अधीन था। सम्मानित मशायख, उत्कृष्ट सैयिदों, उदार आलिमों, ईमानदार क़ाज़ियों, महान् शिक्षकों, फ़तवा देने वालों, ज़ाहिदों[३] एवं पवित्र लोगों की समस्त समस्याओं का समाधान, जनसामान्य में से छोटे बड़े के हक़ों को पूछ-ताँछ, शरा के पदों एवं धार्मिक मामलों के अधिकारियों की नियुक्ति एवं उन्हें पदच्युत करना तथा इस पूरे सम्मानित समूह के वज़ीफ़ों एवं सयूरग़ाल का निश्चित करना उसके अधीन था।

१ पदच्युत कर दिया जाय।
२ हुमायूँ की इच्छानुसार।
३ मुसलमानों में संयम-नियम और जप-तप करने वाले व्यक्ति ज़ाहिद कहलाते थे।

दौलत विभाग का अधिकारी

दौलत एवं प्रताप के विभाग का प्रबन्ध, ऐश्वर्य एवं वैभव के विभाग के सेवकों की समस्याओं का समाधान, सौभाग्य के अभियानों के सेनापति, प्रतिष्ठा के मैदान की पताका के विजेताओं के अधीक्षक, उच्च श्रेणी के स्वामी, हज़रत (जहाँबानी) के विश्वास पात्र, सल्तनत के स्तम्भ, पौरुष के मैदान के घुड़सवार, शुजाउद्दीन अमीर हिन्दू बेग बहादुर से सम्बन्धित है। शाही आदेशानुसार उनका उच्च साहस, अमीरों, उच्च पदाधिकारियों, वज़ीरों, शाही विभाग के समस्त कर्मचारियों एवं मुतसद्दियों, दीवानी के मामलों के प्रबन्धकों से सम्बन्धित समस्त समस्याओं का समाधान, विजयी सेना के वेतनों की व्यवस्था, आकाश तुल्य चौखट के सेवकों की श्रेणी का निश्चित करना उसी के अधीन है।

मुराद विभाग का अधिकारी

(४२) मुराद विभाग का प्रबन्ध, धर्म-निष्ठ एवं न्यायकारी बादशाह के व्यूतात की समस्यायें, विद्वानों की शरण, योग्यता में सर्वोच्च, मुराद के अधीक्षक, विश्वास एवं (बादशाह की) समीपता के पात्र, आदर-सम्मान के योग्य, मजलिसे खास के सखा, विशेष गोष्ठी में बैठने वाले, राज्य, संसार एवं धर्म के सर्वोत्कृष्ट अमीर उवैस मुहम्मद (ईश्वर उसे अनन्त तक रहने वाला सौभाग्य प्रदान करे) के अधीन है। बिना किसी अतिशयोक्ति एवं चाटुकारी के कहा जा सकता है कि वह इस पद से सम्बन्धित कर्तव्यों का भली भाँति पालन करता है और विजयी एवं सफल बादशाह के व्यूतात एवं ऐश्वर्य तथा वैभव के साधनों की व्यवस्था और गौरव तथा श्रेष्ठता की आवश्यकताओं की पूर्ति करता है। ईश्वर की अनन्त तक स्थायी रहने वाली अनुकम्पा से आशा है कि यह तीनों भाग्यशाली सर्वदा गुणवान् बादशाह के प्रताप की छाया में राज्य एवं राजस्व सम्बन्धी समस्याओं का इस प्रकार समाधान करते रहेंगे कि सैनिकों एवं प्रजा की समृद्धि और नित्य-प्रति इच्छानुसार अधिक से अधिक सौभाग्य एवं अभिलाषाओं की पूर्ति की व्यवस्था होती रहेगी। हज़रत बादशाह (ईश्वर की छाया) के धार्मिक एवं साँसारिक उद्देश्य तथा उनकी साँसारिक एवं आध्यात्मिक सफलतायें उन्हें भली भाँति एवं उत्तम रूप से प्राप्त होती रहेंगी।

मसनवी

'हे ईश्वर! यह सम्मानित बादशाह,
सुलेमान सरीखा एवं सिकन्दर रूपी।
बहुत वर्षों तक राज्य को अधिकार में रक्खे,
अपने सौभाग्य को अगणित वर्षों तक रक्खे।
(४३) अनन्त तक रहने वाला प्रताप उसका साथी रहे,
दोनों लोकों की अभिलाषायें उसके अधीन रहें।'

बाणों के १२ वर्ग

इस भाग्यशाली तथा प्रतिभा-सम्पन्न बादशाह के आविष्कारों में से बाणों का विभाजन है। उनके द्वारा राजसिंहासन के सेवकों की श्रेणी निश्चित है। विद्वत्तापूर्ण लेखों का रचयिता क़लम इसका सविस्तार उल्लेख इस प्रकार करता है; "अहले दौलत", अहले सआदत" और "अहले

मुराद" को खरे सोने की विभिन्न श्रेणियों के अनुसार १२ वाणों में विभाजित कर दिया गया है और प्रत्येक का आदर-सम्मान उसकी श्रेणी के अनुसार निश्चित किया गया है। १२वाँ वाण, जो बड़े ही अधिक खरे सोने का है, प्रभुत्व के स्वामी वादशाह के भाग्यशाली निपंग के लिए पृथक् है और किसी अन्य का उससे सम्वन्ध नहीं हो सकता।

११वाँ वाण सम्वन्धियों, भाइयों, सुल्तानों[1], जो फ़िरिश्तों के स्थान वाली चौखट के सेवक हैं, के लिए है।

१०वें वाण का सम्वन्ध बुद्धि के वृद्ध[2] ने उत्कृष्ट मशायख़, सैयिदों, सम्मानित आलिमों एवं धार्मिक लोगों से किया है।

९वाँ वाण प्रतिष्ठित अमीरों से सम्वन्धित है।

(४४) ८वाँ वाण दरवारियों, मंसवों के स्वामी उपचकियों को सौंप दिया गया है।

७वाँ वाण समस्त उपचकियों को प्रदान किया गया।

६ठा वाण क़वीले के सरदारों और उत्तम स्वभाव वाले ऊज़बेकों को सौंपा गया है।

५वाँ वाण यक्का जवानों से सम्वन्धित है।

चौथा वाण तहवीलदारों के लिए पृथक् है।

तीसरा वाण जिरगे के जवानों के लिए पृथक् है।

दूसरा वाण भाग्य के मुंशी ने शागिर्द-पेशा लोगों के नाम लिखा है।

पहला वाण दरवानों एवं सारवानों[3] तथा उनके सरीखे लोगों से सम्वन्धित है।

उपर्युक्त वाणों में से प्रत्येक वाण तीन श्रेणियों में विभाजित है:—उत्तम, मध्यम एवं निम्न; "वह है स्वामी उन सव का।"

विभाजन का कारण

प्रतिभा-शालियों एवं बुद्धिमानों से यह वात छिपी एवं निहित न रहनी चाहिए कि बादशाह ने पदाधिकारियों एवं ख़िलाफ़त की चौखट के सेवकों की श्रेणियों के विभाजन में इन संख्याओं का प्रयोग दैवी प्रेरणा एवं परमेश्वर के आदेशानुसार किया है और यह वादशाही दरवार के दासों के लिये लोक तथा परलोक दोनों की समस्याओं के समाधान का साधन है कारण कि १२ ऐसी संख्या है जिस पर संसार के सृजन से लेकर इस समय तक धार्मिक मामले एवं समस्त (४५) समस्यायें अवलम्वित हैं। सर्वप्रथम यह कि ८वाँ आकाश १२ राशि-चक्र[4] में विभाजित है। सूर्य-चन्द्र, नक्षत्रों, एवं सप्त मंडलों की गति-विधि राशि-चक्र पर अवलम्वित है और महीनों एवं वर्षों का हिसाव इन्हीं के चक्कर पर आधारित है। इस वात की सत्यता का सूर्य उसी प्रकार चमकता है जिस प्रकार जगत् में दिन एवं मास।

१ शाहज़ादों।

२ अर्थात बुद्धि।

३ **अकबर नामा** में 'पासबान अथवा पहरेदारों' के लिये; यही शुद्ध है। 'सारबान' अथवा ऊंट हंकाने वाला शुद्ध ज्ञात नहीं होता।

४ मेष, वृष, मिथुन, कर्क, सिंह, कन्या, तुला, वृश्चिक, धन, मकर, कुंभ तथा मीन। (मन्तक़ुल बुरूज :—हमल सौर, जौज़ा, सरतान, असद, सुम्बुला, मीज़ान, अक़रब, क़ौस, जदी, दल्व तथा हूत)।

इसके अतिरिक्त संसार के बहुत से प्रबन्ध समय के विभाजन पर अवलम्बित हैं और समय का तात्पर्य रात और दिन की घड़ियों से है। प्रत्येक रात एवं दिन संतुलित दशा में अर्थात् बहार एवं शरद् ऋतु के प्रारम्भ में १२ घंटों में विभाजित रहते हैं। महीनों की संख्या भी क़ुरान शरीफ़ के इस आदेशानुसार कि, "ईश्वर की दृष्टि में महीनों की संख्या १२ है" १२ है। इसके अतिरिक्त इसराईल के क़बीले अर्थात् याक़ूब की संतान की संख्या जैसा कि क़ुरान शरीफ़ की आयतों से स्पष्ट (४६) है १२ थी। "हज़रत मूसा की क़ौम में एक ऐसा वर्ग है जो सत्य के प्रकाश में पथ-प्रदर्शन एवं न्याय करता है, हमने उन्हें १२ क़बीलों में विभाजित किया" और "ईश्वर ने इसराईल की संतान से प्रतिज्ञा कराई और उनमें १२ नक़ीब[1] नियुक्त किए।" ईश्वर की वाणी की टीका करने वालों एवं इस विषय के शोधकों ने हज़रत मूसा की क़ौम के सरदारों की संख्या १२ बताई है। मानव में सर्वोत्कृष्ट (ईश्वर उन्हें शान्ति प्रदान करे) ने अक़बा[2] की रात्रि में अपने अनसार[3] में से १२ व्यक्तियों (४७) को नक़ीब[4] नियुक्त किया। इसी प्रकार मासूम इमामों[5] की (ईश्वर उनसे संतुष्ट रहे) संख्या १२ है।

१ वह कर्मचारी जो बादशाहों तथा सुल्तानों की सवारी के आगे-आगे आवाज़ लगाता चलता है। वही दरबार के समय, बादशाह से भेंट हेतु जाने वालों के नाम ज़ोर से पुकारता है।

२ हज़रत मुहम्मद ने जब अपने आपको नबी घोषित कर दिया (६१० ई०) तो उसके बाद १२वें वर्ष में १२ मदीना निवासी हज के अवसर पर मक्का पहुँचे और उन्होंने हज़रत मुहम्मद को ईश्वर का रसूल स्वीकार कर लिया (बैअत कर ली)। यह बैअत, बैअत अक़ब ऊला (प्रथम) कहलाती है।

३ मदीना के वे निवासी जिन्होंने हज़रत मुहम्मद का साथ देना स्वीकार कर लिया था।

४ वे १२ व्यक्ति जो अक़बा की बैअत के उपरांत हज़रत मुहम्मद का संदेश लेकर मक्का से मदीना पहुँचे।

५ शीओं के विश्वासानुसार हज़रत मुहम्मद की मृत्यु के उपरान्त इमाम अथवा नेता हज़रत अली हुए और उनके बाद उनकी संतान में से निम्नांकित ११ व्यक्ति इमाम हुए :—

१ अली (मृत्यु ६६१ ई०)

२ अल हसन (मृत्यु ६६९ ई०)

३ अल हुसैन (मृत्यु ६८० ई०)

४ अली ज़ैनुल आबेदीन (मृत्यु ७१२ ई०)

ज़ैद

५ मुहम्मद अल-बाक़िर (मृत्यु ७३१ ई०)

६ जाफ़र अल-सादिक़ (मृत्यु ७६५ ई०)

इस्माईल (मृत्यु ७६० ई०)

७ मूसा अल-काज़िम (मृत्यु ७९९ ई०)

८ अली-अल-रिज़ा (मृत्यु ८१८ ई०)

९ मुहम्मद अल-जवाद (मृत्यु ८३५ ई०)

१० अली-अल-हादी (मृत्यु ८६८ ई०)

११ अल-हसन-अल-अस्करी (मृत्यु ८७४ ई०)

१२ मुहम्मद अल-मुंतज़र (अल महदी)

शीओं का विश्वास है कि उनके इमामों ने कभी कोई पाप नहीं किया अतः 'वे इमामे मासूम' कहलाते हैं।

कलमये शहादत[1] के, जो ईमान की जड़ है, शब्दों में से आधे शब्दों के अक्षरों की संख्या १२ है। इस बात का प्रमाण कलमे के आधे भाग के शब्दों को गिन कर प्राप्त हो सकता है।

संक्षेप में, जब यह विभाजन किया गया तो "दौलत" एवं "सआदत" सम्बन्धी सप्तम आकाश रूपी चौखट के सेवकों की समस्त इच्छायें पूरी हो गईं। सम्मानित बख़्शियों ने प्रत्येक को, जो उनके लिए उलूफ़ा एवं श्रेणी निश्चित थी, वह प्रदान की यहाँ तक कि सभी को अपनी-अपनी श्रेणी का ज्ञान (४८) हो गया। सन्तुष्ट, तृप्त, राज़ी एवं प्रसन्न होकर वे देशों को विजय करने वाले बादशाह के लिए शुभ-कामनायें करने लगे।

पद्य

'हे बादशाह ! तू अनन्त तक जीवित रह,
सूर्य का उपग्रह तेरी पताका रहे।
आकाश का वृद्ध तेरी प्रशंसा करता रहे,
फ़िरिश्ते तेरे लिए शुभ-कामनायें करते रहें।
तेरा मुख ख़ुशी से चमकता रहे,
तेरे शत्रु का हृदय दुःख के बाण से जलता रहे।
अपनी इच्छानुसार तू सौभाग्यशाली रहे,
प्रताप एवं राज्य तुझे प्राप्त रहे।'

तत्वों के अनुसार सल्तनत के विभागों का विभाजन

इस फ़िरिश्ता रूपी पादशाह के आविष्कारों में से एक यह है कि उन्होंने सल्तनत के विभागों के प्रबन्ध को चार तत्वों के अनुसार चार भागों में विभाजित कर दिया है: अग्नि, वायु, जल, एवं मिट्टी सम्बन्धी; इन चारों विभागों में से प्रत्येक के प्रबन्ध के लिए एक वज़ीर नियुक्त किया है।

अग्नि विभाग

जिस विभाग का सम्बन्ध तोपख़ाना, अस्त्र-शस्त्र एवं युद्ध के यंत्रों की व्यवस्था और उन बातों से है जिनमें अग्नि की अधिकांश आवश्यकता पड़ती है उसे आतशी विभाग कहते हैं। उस विभाग का वज़ीर ख़्वाजा अमीदुल मुल्क को नियुक्त किया गया है। उसके प्रबन्ध की अग्नि ने उन लोगों के हृदय को, जो इन कार्यों से सम्बन्धित हैं प्रज्वलित कर दिया है।

हवाई विभाग

(४९) किरकीराक़, बावरची-ख़ाना, शाही अस्तबल और ख़च्चरों एवं ऊँटों की आवश्यकताओं की व्यवस्था करने वाले विभाग को हवाई विभाग कहते हैं। उस विभाग के (विज़ारत) के अधिकार की लगाम ख़्वाजा लत्फ़ुल्लाह को प्रदान कर दी गई है।

१ कलमा :--वह वाक्य जिसका पाठ तथा जिस पर हृदय से विश्वास मुसलमान लोग परमावश्यक समझते हैं। वह वाक्य इस प्रकार है :--"ला इलाहा इल्लल्लाह मुहम्मदुर्रसूलुल्लाह"—कोई भी परमेश्वर नहीं, अल्लाह के अतिरिक्त और मुहम्मद हैं ईश्वर के रसूल (दूत)। कलमये शहादत में निम्नलिखित वाक्य प्रमाण स्वरूप पढ़े जाते हैं :--

"अशहदो अन ला इलाहा इल्लल्लाह मुहम्मदुर्रसुलुल्लाह"—मैं इस बात की गवाही देता हूँ कि कोई भी परमेश्वर नहीं अल्लाह के अतिरिक्त और मुहम्मद हैं ईश्वर के रसूल (दूत)।

जल विभाग

शरबत-ख़ाना, सूची-ख़ाना की व्यवस्था, नहरों का निकलवाना एवं वह सब प्रबन्ध जो जल से सम्बन्धित होते हैं आबी विभाग के अधीन हैं। उस विभाग की विज़ारत ख़्वाजा हसन के सिपुर्द की गई।

मिट्टी से संबन्धित विभाग

कृषि, भवन-निर्माण, ख़ालसों एवं कुछ व्यूतात का प्रबन्ध ख़ाकी विभाग से सम्बन्धित है। उस विभाग की विज़ारत के कार्यों के लिए ख़्वाजा जलालुद्दीन मीर्ज़ा बेग को नियुक्त किया गया है।

अधिकारियों के वस्त्र

सर्वप्रथम उपर्युक्त विभागों में से प्रत्येक में एक अमीर को नियुक्त किया गया था उदाहरणार्थ अमीर नासिर क़ुली आतश विभाग का मुख्य अधिकारी नियुक्त किया गया। वह सर्वदा लाल (५०) वस्त्र धारण करता था। उसकी मृत्यु के उपरान्त ऐश्वर्य एवं वैभव की वाटिका का सरो, अमीर निहाल उस पद पर आरूढ़ हुआ किन्तु इस समय जब इन पृष्ठों की रचना हो रही है चारों सरकारों का अधीक्षक प्रतिष्ठित अमीरों में चुना हुआ, उत्कृष्ट विद्वानों में नमूना अमीर उवैस मुहम्मद है। ईश्वर उसे समस्त हानियों एवं ख़तरों से सुरक्षित रक्खे और उसके सौभाग्य को वर्तमान की अपेक्षा अधिक उन्नति दे।

मसनवी

'हे ईश्वर ! जब तक कारीगरों एवं तत्वों से,
सम्भावनाओं के लोक में[1] आश्चर्यजनक वस्तुयें तैयार होती रहें।
ईश्वर करे यह सम्मानित बादशाह लाभान्वित हो,
वायु, अग्नि, जल एवं मिट्टी से।'

जश्न एवं समारोह की सभाओं की प्रशंसा में विवरण के चमकते हुये जवाहरात न्योछावर करना एवं विजयी तथा सफल बादशाह के आविष्कारों से इच्छाओं की पूर्ति का नक़द (धन) प्राप्त करना

संसार को शरण प्रदान करने वाले पादशाह ने, जो "बादशाह ईश्वर की छाया है" नामक वाक्य का प्रतीक है, उसी वर्ष जब ऐश्वर्य एवं वैभव के आकाश से राज्य एवं सौभाग्य की उषा का उदय होने लगा और जब ख़िलाफ़त एवं प्रभुत्व का सूर्य निकला तथा हिन्दुस्तान के प्रदेश, क़न्धार एवं ज़ाबुलिस्तान[2] की सीमान्त तक, चमक उठे तो उन्होंने जश्न एवं समारोहों के आयोजन एवं (५१) ख़ुशी तथा हर्ष के फ़र्श के बिछाने का आदेश दिया। अमीरों, प्रजा एवं सैनिकों में से निष्ठा

१ संसार में।
२ ग़ज़नी के उत्तर पूर्व एवं दक्षिण-पूर्व का प्रदेश।

के मार्ग के पथिक जश्न की तैयारी में व्यस्त हो गए। राजधानी आगरा की समन्त दूकानों एवं गलियों को

मिसरा

'चीन की चित्रशाला'

(५२) के समान अतलस[१], फ़िरंगी किम्ख़ाब[२], सक़रलात[३], तथा सतरंगे कपड़ों से सजाया। कुशल कलाकारों एवं गुणवान् कारीगरों ने नाना प्रकार के आविष्कार करके तथा विचित्र वस्तुयें बना कर प्रसन्नता के द्वार मनुष्यों के समूहों के लिए खोल दिए।

विशेष प्रकार की नौकाओं की तैयारी

उस समय संसार वालों के बादशाह के आदेशानुसार जो आश्चर्यजनक आविष्कार हुए तथा हर देश की जल एवं स्थल की दिशाओं में अपनी विचित्रता एवं नवीनता के कारण प्रसिद्ध हो गए उनमें एक यह है कि सम्मानित आदेशानुसार कुशल बढ़इयों ने यमुना नदी में चार बड़ी बड़ी नौकायें तैयार कराईं। इन नौकाओं में से प्रत्येक में एक दो-मंज़िला चहार ताक़[४] अत्यन्त उत्तम एवं बलन्द तैयार कराया। उन नौकाओं को इस प्रकार एक दूसरे से मिलाया गया कि वे चहार ताक़ एक दूसरे के आमने सामने थे। उन चारों नौकाओं में से दो-दो के मध्य में एक-एक ताक़[५] बनाया गया। इस प्रकार उन नौकाओं के मध्य में एक अष्टाकार हौज़ प्रकट हो गया उन चार ताक़ों (५३) को उत्तम वस्त्रों एवं बहुमूल्य वस्तुओं से इस प्रकार सजाया गया कि बुद्धि उसकी विचित्रता एवं सौन्दर्य को देख कर आश्चर्यचकित रहती थी। उत्कृष्ट चिकित्सक मौलाना यूसुफ़ी तबीब ने इस पद्य की रचना की :

पद्य

'बादशाह ने तैयार किया जिसपर गर्व करें राज्य एवं फ़रिश्ते,
एक चार ताक़ जो ९ आकाशों को लज्जा दिलाता है।
उसका नीचे का भाग मछली[६] तक एवं चोटी आकाश तक पहुँचती है।
किसी ने नहीं देखा है उसके समान आकाश से मछली[६] तक।'

सर्व सम्मानित अमीर जलालुद्दीन उवैस मुहम्मद ने उपर्युक्त चहार ताक़ एवं विजयी तथा सफल बादशाह की प्रशंसा में इस क़सीदे की रचना की :

शेर

'यह मुलम्मा किया हुआ एवं सुन्दर रूप, शनि ग्रह के समान ऊँचा,
महिमा में आकाश रूपी एवं आसमान सरीखा हो गया।

१ एक बहुमूल्य रेशमी वस्त्र।
२ यूरोपियन किम्ख़ाब (एक प्रकार का ज़रदोज़ी के काम का कपड़ा)।
३ एक प्रकार का ऊनी कपड़ा।
४ चौकोर कमरा।
५ कमरा।
६ वह मछली जिसपर पृथ्वी टिकी हुई है। भूमि के सबसे नीचे वाले भाग से तात्पर्य है।

उसका निर्माता सौन्दर्य का पूरा चन्द्रमा है और भाग्यशाली उसका मुख है,
जिसके चरणों से यह एमारत आकाश के लिए गर्व की वस्तु है।
उसके मुख के संसार को शोभा देने वाले सूर्य के प्रकाश से,
स्वर्ग के उद्यान के समान प्रसन्न हैं, रात एवं दिन।
देखने में यह चार ताक़ है किन्तु विश्वास से,
प्रत्येक रखता है सुनहरे आकाश पर उत्कर्ष।
(५४) सूखी लकड़ियों से विचित्र प्रकार का उद्यान लग गया है,
उससे भी आश्चर्यजनक बात यह है कि चन्द्र-मुखी मूर्तियों से यह भरी हुई हैं।
उसके चार ताक़ों से आठों स्वर्ग प्रकट हैं,
कौसर[1] का हौज़ भी उसमें स्पष्ट रूप से दृष्टिगत है।
उसके निर्माण कर्ता हाथों से, जिसने प्रत्येक पर ९ आकाश बनायें,
प्रज्वलित है वह देदीप्यमान सूर्य के समान।
यदि हरे आकाश का अतलस उसके सामने रख दें,
उसके सेवकों के पांव रखने के काम भी नहीं आ सकता।
अत्यधिक सौन्दर्य, चमक-दमक एवं सुखद रूप में,
स्वर्ग की कब गणना हो सकती है।
जिस किसी को इस महल में प्रवेश प्राप्त हो जाय तो इसमें कोई आश्चर्य नहीं यदि,
वह इस संसार को उसे ग्रहण करने के लिए पूर्ण रूप से त्याग दे।
पड़े हुए हैं मुझ सरीखे उसकी ज़ंजीर खटखटाने को,
अत्यधिक प्रार्थी अपने हाथों को शुभ-कामना के लिए उठाये हुए।
इसे कहा जा सकता है सौभाग्य का घर कारण कि लोगों की कामनाओं से,
उसके सम्मान की चौखट पर पाया सौभाग्य ने स्थान।
यह भवन उस सम्मानित व्यक्ति के चरणों से सुशोभित है,
वीर बादशाह, प्रतिष्ठित हुमायूँ बादशाह।
(५५) सौन्दर्य के मिस्र के यूसुफ़, सल्तनत की राशि के सूर्य,
दान एवं उपकार के बादल, मर्यादा के समुद्र, ऐश्वर्य की खान।
आकाश के नेत्रों की दृष्टि के लिए अंजन बन जाय,
यदि प्रातःकाल का समीर उसकी चौखट की धूल उड़ाय।
वह राज्य भाग्यशाली है जिसमें ऐसा स्थान हो,
वह स्थान भाग्यशाली है जहाँ तेरा जैसा बादशाह हो।
तेरी सुन्दरता की बहार में हे गुलाब के फूल,
मेरे हृदय के बुलबुल ने बड़ी रुचि से,
इस ग़ज़ल की तेरे सौन्दर्य के विषय में रचना की।

१ स्वर्ग का एक हौज़।

तेरा मुंह हंसती हुई कली, और चेहरा लाला रूपी है,
तेरे सौन्दर्य ने बाग़ एवं बहार की रौनक़ को लज्जित कर दिया है।
संसार को चमकाने वाला सूर्य तेरे कपोल के चन्द्रमा की तुलना में,
बुद्धिमानों की दृष्टि में प्रतीत होता है, कण के समान।
तेरे सुन्दर मुख के सफ़ेद पृष्ठ पर,
वल्लैल[1] नामक आयत लिखी गई ख़त्ते गुबार[2] से।[3]
हे साक़ी! उसके होठों की याद में जो क्षण-क्षण पर मदिरा का प्रभाव रखते हैं,
दे मुझे मदिरा का समुद्र और ला मेरे लिए प्याले की नौका।
क्षण-क्षण पर बुलबुल मुझसे उच्च स्वर में कह रही है,
मदिरा बड़ी अच्छी होती है, यदि प्राप्त हो सर्वदा मित्र के हाथ से।
(५६) हे जीवन की बहार! इस तुच्छ के प्रति कृपा कर,
मैं उस लहर से डरता हूँ, जो मेरे नेत्रों के आँसू से उठती है।
यदि तेरी अनुकम्पा की वाटिका से कृपा का मंद समीर न आय,
शरीर की नौका कैसे पहुँच सकती है मेरे आँसू से किनारे।
क्या तू नहीं जानता कि हूँ मैं तेरे द्वार पर सबसे तुच्छ,
मेरी श्रेणी इतनी निम्न है कि मेरी कोई चिन्ता नहीं करता।
जीवन का बोझ मैं खींच कर ले जा रहा हूँ शून्यता की ओर,
कब तक मैं उठाऊँ समय के अत्याचार के कष्ट।
हे उबैस! भाषा द्वारा उसके गुणों का उल्लेख नहीं हो सकता,
अतः यही अच्छा है कि शुभ कामना करके समाप्त कर दे।
जब तक यह ९ घूमने वाले आकाशों का अस्तित्व है,
बादशाह चार तत्वों के चार ताक़ में सफल रहे।
जब तक दिनों का अस्तित्व है,
रहे उस समय तक प्राणियों पर यह ईश्वर की छाया।'

(५७) संक्षेप में, जश्न लगभग एक मास तक चलता रहा। उन दिनों में अधिकाँश सुलेमान सरीखे बादशाह आनन्द-मंगल की सभायें कराते और ख़ुशी के फ़र्श बिछवाते थे। वे अमीरों, विश्वासपात्रों, उपचकियों एवं दरबार के विशेष व्यक्तियों को स्वर्ग रूपी गोष्ठी में बैठने की अनुमति देते थे। उस समूह को वे कभी कभी अत्यधिक इनाम-इकराम भी देते रहते थे। उन दिनों में कभी-कभी वे नौका के चार ताक़ को अपने शुभ सौभाग्य के प्रकाश से आकाश के कारखाने की लज्जा का विषय बना देते थे और अपने व्यक्तित्व से उनमें से किसी ताक़ को दरबार द्वारा सुशोभित करके, प्रतिष्ठित कलाकारों के किसी न किसी समूह को उस उत्कृष्ट स्थान पर बुलवाते थे। समस्त चार ताक़ों

१ क़ुरान शरीफ़ का सूरा (अध्याय) जिसमें रात की शपथ से सूरा प्रारम्भ हुआ है।
२ छोटे अक्षरों की एक लिपि।
३ मुख की मोंछ एवं दाढ़ी से तात्पर्य है।

में अमीरों एवं सम्मानित लोगों के एक समूह को बैठने की अनुमति देते थे। नाना प्रकार की अत्यधिक उदारता द्वारा इनाम-इकराम के द्वार सभी लोगों की आशाओं के मुख पर खोलते थे। मल्लाह एवं नाविक उन चहार ताक़ों को आदेशानुसार वायु के समान जल पर लिए फिरते थे। मीठे स्वर वाले गायक इस प्रकार गाते बजाते थे कि उनकी आवाज़ आकाश के विनोद-गृह में पहुँच जाती थी और शुक्र ग्रह से नृत्य करने लगती थी।

मसनवी

'परी रूपी गायिकायें,
कभी हृदय-ग्राही बाजों और कभी आवाज़ से।
प्रत्येक सभा में गाती थीं एक नया संगीत,
सभा वालों की प्रसन्नता में वृद्धि करती थीं।'

(५८) उस अवसर पर बकावल[1] एवं ख्वान सालार[2], नाना प्रकार के भोजन एवं पीने की वस्तुओं की तैयारी में अत्यधिक प्रयत्न करते थे और "फलों को, जो चाहें चुनें, पक्षियों का माँस, और जो कुछ वे चाहें"[3], के अनुसार ऐसा भोजन प्रस्तुत करते थे जिसे उस समय से, जब से दैवी ख्वान सालार ने आकाश के दस्तरख्वान पर सूर्य की टिकिया रक्खी, नहीं देखा है और कभी किसी ने उस समय से जबसे युग के आतिथेय ने भोजन से रुचि रखने वाले मनुष्यों एवं जिन्नातों[4] के लिए आतिथ्य हेतु दस्तरख्वान बिछाया, न देखा होगा।

मसनवी

'क्षण-क्षण पर उस सुखद जश्न में,
उस बादशाह के आदेशानुसार जिसका घोड़ा आकाश के समान है।
नाना प्रकार की रिकाबियाँ प्रस्तुत की जाती थीं,
भरी हुई नाना प्रकार के उत्तम भोजनों से।
प्रत्येक दस्तरख्वान पर शाही उत्तम भोजन,
पक्षियों से मछलियों तक लगाया जाता था।'

(५९) अन्तिम तीन दिनों में, संसार को विजय करने, तथा उत्तम स्वभाव वाले बादशाह ने अत्यधिक आतिथ्य एवं सौजन्य प्रदर्शित करते हुए, "सआदत", "दौलत", एवं "मुराद" वालों को दावत दी। तीनों विभागों के प्रत्येक अधिकारी ने अपनी श्रेणी के अनुसार निष्ठा एवं स्वामी-भक्ति के प्रमाण में सोने तथा चाँदी के सिक्कों से भरे हुए थाल उपहार स्वरूप भेंट किए। बादशाह के समृद्ध

१ मतबख़ अथवा शाही रसोई के प्रबन्ध के प्रसंग में **आईने अकबरी** में, मीर बकावल को इस विभाग का मुख्य अधिकारी बताया गया है। भोजन के प्रबन्ध के अतिरिक्त उसका कर्तव्य यह भी होता था कि जो भोजन बादशाह के समक्ष प्रस्तुत हो उसके विषय में वह पूर्ण रूप से संतुष्ट हो कि उसमें विष इत्यादि तो कुछ नहीं मिला है। बाबर ने लिखा है कि हिन्दुस्तान में बकावल को चाश्नीगीर कहते हैं। (**बाबर नामा, पृ० २२१**)।

२ वह अधिकारी जो दस्तरख्वान पर भोजन लगवाता एवं तत्सम्बन्धी अन्य प्रबन्धों की देख रेख करता था।

३ क़ुरान शरीफ़ से उद्धृत।

४ एक प्राणी जिसकी उत्पत्ति अग्नि से मानी जाती है और वह दिखाई नहीं पड़ता।

रूपी उदार हाथ ने हातिम[१] के समान उत्तम खिलअतें प्रदान कीं और उपहार का अपार धन सहायता के पात्रों को बाँट दिया।

मसनवी

'समुद्र तेरी उदारता देख कर, सर्वदा
दीनता-भाव की हथेली से छिपा लेता है अपना मुख।
हे समुद्र अपने बुलबुलों से कह दे कि उसके हाथ का मुक़ाबला न करें,
कारण कि उनमें हवा के अतिरिक्त कुछ नहीं होता।'

उपाधियों का वितरण

भव्य जश्न के दिन दासों को सम्मान प्रदान करने वाले बादशाह ने ताजीक एवं तुर्क विद्वानों में से कुछ को अपने ईजाद किए हुए मंसब प्रदान किए और उत्कृष्ट एवं महत्वपूर्ण उपाधियों द्वारा एक समूह की प्रसन्नता बढ़ा दी। ज्ञानियों एवं विद्वानों में सर्व श्रेष्ठ शेख़ वहीदुद्दीन अबुल (६०) वज्द को अमीरुश् शुअरा[२] की उपाधि द्वारा सुशोभित किया। आलिमों एवं विद्वानों के गर्व मौलाना शिहाबुद्दीन अहमद मुअम्माई को अमीरुज़्ज़ुरफ़ा[३] की उपाधि प्रदान करके आकाश पर पहुँचा दिया। युग के सैयिदों के चुने हुए व्यक्ति अमीर हसन को अमीरुस्सलात[४] की उपाधि प्रदान हुई। अमीरों में सर्व प्रतिष्ठित ज़ियाउद्दीन नूर बेग को अमीरुज़्ज़कात[५] की उपाधि प्रदान हुई। प्रतिष्ठित अमीर, अमीर रिज़ा को अमीरुस्सौम[६] की उपाधि प्रदान हुई। अमीर अयूब तूशकची[७] को अमीर हज[८] की उपाधि प्रदान हुई। अद्वितीय अमीरों में अद्वितीय अमीर क़ासिम मुहम्मद खलील को अमीर लुत्फ़[९] की उपाधि प्रदान हुई। उनके द्वारा बादशाही अनुकम्पायें, निष्ठा के मार्ग के पथिकों को प्राप्त होती थीं। अमीर बाबा ईशक आक़ा[१०] को अमीर ग़ज़ब[११] की उपाधि प्रदान हुई और उसके द्वारा संसार को शरण प्रदान करने वाले दरबार से अपराधी निकाले जाते थे। अमीर शाह हुसेन, जो बड़ा मोटा ताज़ा होने के कारण परिश्रम अथवा कठिन कार्य करने में असमर्थ था, अमीर

१ हातिम ताई : प्रसिद्ध अरब सरदार जिसे उसके दान-पुण्य के कारण बड़ी ख्याति प्राप्त थी।
२ कवियों में सर्व श्रेष्ठ (राजकवि)।
३ प्रतिभाशालियों का नेता।
४ नमाज़ वालों का सरदार।
५ ज़कात वालों का सरदार। ज़कात इस्लाम के धर्म विधानानुसार ढ़ाई प्रतिशत का वह दान है जो उन लोगों को देना पड़ता है जिनके पास साल भर निश्चित धन रहे। यह दान अपाहिजों, असहाय एवं साधन-हीनों को दिया जाता है।
६ रोज़े वालों का सरदार।
७ फ़र्श इत्यादि का प्रबन्धक। 'तूशक' तथा 'तोशक' दोनों ही प्रयुक्त हुये हैं।
८ हज वालों का सरदार।
९ जिन लोगों को प्रोत्साहन प्रदान किया जाता था, उनका सरदार।
१० नगर के फाटकों के रक्षकों का अधिकारी।
११ क्रोध वालों का सरदार।

फ़राग़त[1] की उपाधि द्वारा सुशोभित हुआ। इन पृष्ठों के लेखक को अमीरुल अख्बार[2] की उपाधि प्रदान हुई। इस प्रकार उपर्युक्त लोग सम्मानित एवं प्रतिष्ठित होने के उपरान्त बादशाह के प्रति (६१) और भी अधिक निष्ठावान् हो गए और सल्तनत के दरबार के सेवकों के सौभाग्य एवं राज्य के स्थायित्व के लिए शुभ-कामनायें करने लगे।

मसनवी

'हे प्रतिष्ठित एवं न्यायकारी शाह,
उदार एवं परोपकारी बादशाह।
रहें सूर्य तथा चन्द्र तेरे दास,
आकाश तेरी रिकाब के नीचे दौड़ता रहे।
(ईश्वर करे) तेरे सौभाग्य को स्थायित्व प्राप्त हो,
(ईश्वर करे) संसार के देश तेरे द्वारा विजयी हों।
(ईश्वर करे) सभी लोग तेरे आज्ञाकारी रहें,
(ईश्वर करे) सौभाग्य एवं समृद्धि के नक्षत्र तेरी इच्छा के अधीन रहें।'

नौकाओं पर बाज़ार

इस यशस्वी बादशाह ने चहार ताक़ की नौका के निर्माण के सम्बन्ध में जो आविष्कार किए उनका इस स्थान पर उल्लेख उचित है। अनुल्लंघनीय आदेशानुसार नौका बनाने वालों ने कुछ लम्बी चौड़ी नौकाओं का निर्माण करके, उन नौकाओं के दोनों ओर दूकानें तैयार कराईं। इन नौकाओं में से प्रत्येक के मध्य में एक अन्य बड़े बाज़ार एवं एक बहुत बड़े मध्य-स्थित कमरे का दूकानों के लिए निर्माण हुआ। शाही आदेश हुआ कि प्रत्येक पेशे तथा कला के जानने वाले इन नौकाओं पर अपनी दूकानें खोल लें और क्रय-विक्रय एवं व्यापार करें। इस प्रकार ये नौकायें सुन्दरियों के समान थीं जो चन्द्र रूपी संतान से गर्भवती किन्तु फिर भी बाँझ थीं। उनके भीतर (६२) नाना प्रकार के भोजन एवं कपड़े उपलब्ध थे जिनसे सोना-चाँदी उस गर्भवती की संतान के समान निकलते थे जिसकी संतान का जन्म न हुआ हो। उनके गर्भ में बहुत सी संतानें थीं, कुछ मौन, कुछ चलती फिरती[3]। नदी पर बाज़ार लगा रहता था और उसके व्यापारी प्रतिष्ठा के सिंहासन पर टेक लगाये रहते थे।

मसनवी

'किसी स्वतंत्र अथवा दास की आँखों ने नहीं देखा है,
एक बाज़ार यमुना नदी पर चलता फिरता।
प्रतिष्ठित बादशाह के आदेशानुसार,
आकाशों एवं तत्वों ने पालन करके तैयार किया।

१ शांति-प्रिय लोगों का सरदार।
२ इतिहासकारों का सरदार।
३ कुछ में क्रय-विक्रय होता था और कुछ में नहीं।

समस्त सम्मानित लोगों के मतानुसार,
इस प्रकार की बातें कोई आश्चर्यजनक नहीं।'

नौका द्वारा हुमायूं का प्रस्थान

९३९ हि० में (१५३२-३३ ई०) बादशाह, जिसने इतने आश्चर्यजनक आविष्कार किए, नदी के मार्ग से नौकाओं पर राजधानी देहली के फ़ीरोज़ाबाद से अधिकांश अमीरों, राज्य के उच्च पदाधिकारियों एवं समस्त उपर्चकियों के साथ आगरा की ओर रवाना हुआ। इस प्रकार एक सजा हुआ बाज़ार जल पर हवा के समान चला जा रहा था। प्रत्येक व्यक्ति को भोजन, पेय, (६३) वस्त्र, कपड़े, युद्ध के अस्त्र-शस्त्र इत्यादि जिस वस्तु की आवश्यकता होती, वह बाज़ार में मिल जाती। इस आश्चर्यजनक आविष्कार के कारण यात्रियों को नाना प्रकार की सुविधायें एवं सुख प्राप्त थे।

नौकाओं पर बाटिका

इसी प्रकार बादशाही मालियों ने ईश्वर की अनुकम्पा के इस द्योतक के आदेशानुसार कुछ नौकाओं पर तख़्ते बिछा कर मिट्टी डाल दी थी और उसे कृषि के योग्य बना दिया था। उन लोगों ने उत्तम बाटिकायें तैयार कीं जिनके चारों ओर फलदार वृक्ष एवं फूलों के पौधे, हर प्रकार की तरकारियाँ, लाल, चमेली इत्यादि खिली हुई थीं तथा हरियाली दृष्टिगत होती थी।

शेर

'कुशल लोगों की योग्यता ने तैयार की,
संसार के चारों ओर घूमने वाली बाटिका।'

बिना अतिशयोक्ति तथा अनुचित प्रशंसा के यह कहा जा सकता है कि दो जिह्वा वाली लेखनी द्वारा उस बाटिका के अत्यधिक सौन्दर्य एवं उसकी हरियाली का उल्लेख सम्भव नहीं एवं वृत्तांत देने वाला क़लम उन बाटिकाओं की ताज़गी की चर्चा करने में असमर्थ है।

मसनवी

'वह घनिष्ठ मित्रों के समान हृदयग्राही है,
और उतना ही उत्तम जितना रसिक मित्रों के मुख।
निःसन्देह किसी नेत्र ने ऐसा उद्यान न देखा होगा,
न विस्तृत आकाश में और न भूमि पर।'

चलता फिरता पुल

उनके अन्य आश्चर्यजनक आविष्कारों में, जिससे सर्वसाधारण को लाभ प्राप्त होता है और जिसका वृत्तांत इस स्थान पर उचित है, एक चलता फिरता पुल है। इसका उल्लेख इस प्रकार है:—

(६४) बहुत सी नौकाओं को एक दूसरे से मिलाकर क़ुलावों[1] एवं ज़ंजीरों से बाँध दिया

१ कोंढ़ा।

जाता था। उनपर तख्ते बिछा दिए जाते थे और उन्हें कीलों से इस प्रकार जकड़ दिया जाता था कि अश्वारोही तथा प्यादे जितना भी चलते फिरते वह ज़रा भी न हिलता था। जब कभी संसार को शरण प्रदान करने वाले बादशाह नदी की यात्रा करना निश्चय करते थे तो उस पुल को विभिन्न भागों में विभाजित कर दिया जाता था और वे हवा के समान जल पर चलने लगते थे। जब कभी सेना को नदी पार करने की आवश्यकता होती उन टुकड़ों को पुनः जोड़ कर नदी के एक तट से दूसरे तट तक मिला दिया जाता था। सूर्य रूपी अन्तःकरण के इस उपाय से, आकाश सरीखे सिंहासन वाले बादशाह, छोटे-बड़े, युवक एवं वृद्ध अगाध नदी को पार करते समय नौकायें लाने एवं ऊँट घोड़ों को नदी पार कराने के कष्ट से मुक्त हो जाते थे। वे बिना किसी कष्ट के वायु के समान नदी के इस पार से उस पार जा सकते थे। इस प्रकार सभी लोग यात्रा में अथवा घर पर आकाश सरीखे दासों के प्रति[1] दासता एवं निष्ठा का व्यवहार करते रहते हैं और दरबार के सेवकों के प्रताप एवं सौभाग्य के स्थायी रहने के लिए शुभ-कामनायें किया करते हैं।

मसनवी

'हे बादशाह! संसार तेरे आदेशों का पालन करता रहे,
बड़े तथा छोटे तेरे राज्य में सभी समृद्ध रहें।
उद्देश्यों के समुद्र में तेरी इच्छानुसार,
तेरा जहाज़ सर्वदा चलता रहे।'

चलता फिरता महल

(६५) उनके विचित्र आविष्कारों में एक चलता फिरता महल है। वहाँ तक किसी शिल्पकार की कल्पनाओं की कमन्द को पहुँचने में सफलता नहीं प्राप्त हो सकी है। इसका निर्माण इस प्रतिभाशाली बादशाह के अद्भुत विवेक द्वारा हुआ है। उस महल में तीन मंज़िलें हैं जिन्हें उत्तम लकड़ी से तराशा गया है। कुशल बढ़इयों एवं बुद्धिमान् कारीगरों ने उसके भाग इस प्रकार एक दूसरे से मिला दिए हैं कि जो कोई उसे देखता है, उसे एक ही टुकड़े का बना समझता है। उसे जहाँ भी चाहें ले जा सकते हैं। उसके सबसे अन्तिम खंड तक पहुँचने के लिये एक ऐसी सीढ़ी तैयार की गई है जो इच्छानुसार लपेटी तथा खोली जा सकती है। इस आश्चर्यजनक महल को कुशल कलाकारों ने कई प्रकार के रंगों से सजाया है। माहिर सुनारों ने इसपर एक सुनहरा गुम्बद बनाया है जो संसार को शोभा प्रदान करने वाले सूर्य के समान चमकता रहता है। ख़िलाफ़त (६६) के भवन की चौखट के फ़र्राशों ने ख़ता[2], रूम[3] एवं फ़िरंग[4] के कपड़ों के सतरंगे परदों से इसे सजाया है। इसकी सजावट एवं इसका सौन्दर्य इस सीमा को पहुँच गया है कि अमीरुज़्ज़ुरफ़ा मौलाना शिहाबुद्दीन अहमद मुअम्माई ने उसकी प्रशंसा में लिखा है :—

१ बादशाह के प्रति।
२ उत्तरी चीन।
३ टर्की।
४ यूरोप।

पद्य

'यह भव्य मुलम्मा किया हुआ महल, जो पादशाह का निवास-स्थान है,
एक ऐसा फ़ानूस[१] है जिसकी मोमवत्ती पूर्व का आकाश है।
उसका बुर्ज सुनहरा शिखर नहीं अपितु सिर उठाये है,
मोमबत्ती की लौ उसके छत के द्वार पर।
सरो सरीखी एक सुन्दरी है जो उत्तम वस्त्र धारण किए है,
ऐसा शरीर है जो सुनहरे मुकुट से उत्कर्ष प्राप्त किए है।
इस भव्य भवन की चमक दमक उसके गालों का प्रकाश है,
जिसके चारों ओर सूर्य एवं नक्षत्र पतिंगे के समान चक्कर लगाते हैं।
गौरव का बुर्ज रात्रि को शोभा देने वाले चन्द्रमा के समान सौन्दर्य प्रदर्शित करता है,
उसके उदय के कारण संसार को प्रत्येक सायं में एक दूसरी प्रातः का आनन्द आता है।
(६७) यह तूर[२] की चोटी है दैवी नूर से परिपूर्ण,
वादशाह उसपर मूसा के समान प्रार्थना करता हुआ ज्ञात होता है।
वे रातें मेराज[३] की रात का स्मरण दिलाती हैं, जिसमें बादशाह,
इस महल की छत पर चढ़ने का प्रयत्न करता है।
इसके समस्त खम्भों की तुलना हो सकती है, आकाश के स्तम्भों से,
इस योग्य है यह कि ईश्वर की छाया इसपर ठहरे।
सेना की लम्बी-लम्बी पंक्तियाँ इसकी छाया के नीचे खड़ी हुई, फ़िरिश्तों के समान हैं,
ईश्वर ने ऐसा महल किस राज्य को प्रदान किया है?
उसे आकाश के महल के समान चक्कर लगाना प्राप्त है, इस कारण,
जल तथा स्थल के वादशाह ने उसका नाम क़स्रे रवां[४] रक्खा है।'

इस ग्रंथ के रचयिता ने भी इस अद्वितीय महल एवं उत्कृष्ट वादशाह की प्रशंसा में एक क़सीदे की रचना की है। कुछ शेर जो उद्धृत किए जा रहे हैं, उसी में से हैं:

पद्य

'यह महल जो चक्कर लगाने वाले आकाश के लिए ईर्ष्या की वस्तु है,
भूमि से उठता है और सर्वोच्च आकाश के समान हो जाता है।

१ कांच के प्याले अथवा गिलास-जैसा पात्र जिसमें मोम बत्ती जलती है।
२ शाम (सीरिया) का एक पर्वत जिस पर हज़रत मूसा ने ईश्वर का जलवा (दर्शन) देखा था।
३ वह रात्रि जिसमें हज़रत मुहम्मद ईश्वर के आदेशानुसार, ईश्वर से भेंट करने आकाश पर पहुँचे।
४ चलता फिरता महल।

उसके स्तम्भ हर ओर सिर उठाये सरो के समान,
इस प्रकार हैं मानो वे हों सिदरा[1] एवं तूबा[2]।
यह शष्टाकार है और सर्वदा स्थायी रहने वाले ईश्वर की कृपा से,
इस योग्य है कि समस्त छः दिशाओं से सौभाग्य एवं प्रताप प्राप्त करे।
(६८) यह दृढ़ है पर्वत के समान किन्तु यात्रा के समय,
जिस प्रदेश में इच्छा हो उसका ले जाना सम्भव है।
उसकी प्रत्येक दिशा एक अलग रंग दर्शाती है,
इस प्रकार का आविष्कार संसार में बहुत कम देखा गया।
इसकी छत, जो सजी हुई है सुनहरी वस्तुओं से,
संसार के बादशाह पर छाया डालती है।
अत्यधिक सफल हुमायूँ जिसके ऐश्वर्य से,
उसके द्वार की धूल अमृत-जल के समान प्राण को उन्नति देती है।
आकाश सरीखी चौखट वाला बादशाह, जिसके साहस के सामने,
आकाश के ९ गुम्बद बड़ी साधारण सी वस्तु हैं।'

ख़रगाह का आविष्कार

उनके अन्य आविष्कारों में एक ख़रगाह का आविष्कार है जो आकाश के १२ राशि चक्रों के अनुसार १२ कक्षों में विभाजित है। इन कक्षों में झंझरियाँ बनी हैं जिनसे सौभाग्य के नक्षत्रों का प्रकाश चमकता रहता था। उनकी सुव्यवस्था का सौन्दर्य सृष्टि के पृष्ठों पर स्पष्ट है।

शेर

'उसकी झंझरियों से सौभाग्य का नूर चमक रहा है
उसके द्वारों से सौभाग्य के राजदूत दौड़ते घूमते हैं।'

(६९) उन्होंने एक अन्य खरगाह का आविष्कार कराया। जिस प्रकार फ़लकुल अफ़लाक[3] फ़लके सवाबित[4] को ढांक लेता है, उसी प्रकार यह चारों ओर के खेमों को घेर लेता तथा ढांक लेता है। जिस प्रकार फ़लके अतलस[5] नक्षत्रों एवं सितारों की सजावटों से शून्य है उसी प्रकार इस ख़रगाह में भी झंझरियाँ तथा क़नात नहीं हैं। आश्वयकतानुसार क़स्रे रवाँ के भागों के समान बाहरी तथा भीतरी खरगाह के भाग भी एक दूसरे से पृथक् कर लिये जाते हैं और उन्हें एक

१ स्वर्ग के सबसे ऊँचे घर पर एक बेर का वृक्ष।
२ स्वर्ग का एक पेड़।
३ सब आसमानों से ऊँचा अर्थात् सब आसमानों के ऊपर वाला आसमान (९वां आसमान)
४ सबसे नीचे का आसमान जिसमें चक्कर लगाने वाले सितारे नहीं होते।
५ सबसे ऊपर का आकाश जो अतलस की भांति सादा है।

मंज़िल से दूसरी मंज़िल पर पहुँचा दिया जाता है। इस विचित्र ख़रगाह में कई प्रकार के रंग हैं। लकड़ी के सुन्दर टुकड़े कटवा लिए गए हैं जिन्हें जोड़ कर खम्भे बना लिए जाते हैं और उन्हीं पर ख़रगाह को लगा दिया जाता और उसकी चोटी ऐयूक़[1] सितारे से भी ऊँची निकल जाती है।

मसनवी

(७०) 'हे ईश्वर जब तक आकाश का ख़रगाह स्थायी रहे,
जब तक वह भूमि के क्षेत्र पर फैला है।
सौभाग्य, हुमायूँ शाह का साथ देता रहे,
आकाश के ख़रगाह में सिंहासनारूढ़ रहे।'

अत्यधिक सुगन्धित लेखनी द्वारा मुकुट एवं वस्त्रों का उल्लेख

ताजे इज़्ज़त

ताजे इज़्ज़त, जो खिलाफ़त के मिस्र के इस अज़ीज़ के आविष्कारों में से है, उत्तम वस्तुओं उदाहरणार्थ फ़िरंग की मखमल, ज़रवफ़्त की अतलस, सतरंगे ताजा[2], उरमुक[3], किम्ख़ाब एवं उत्तम प्रकार के ऊनी कपड़ों से तैयार किया जाता है। वह उत्कृष्ट मुकुट कई फ़ीतों एवं असावों[4] से बनाया (७१) जाता है। असावे के दोनों ओर सात (v) के रूप का एक फटा हुआ भाग होता है। जब दोनों फटे हुए भागों को मिला दिया जाता है तो ७७ (vv) बन जाते हैं जिनसे अक्षरों की संख्यानुसार ७७ निकलता है। इस प्रकार यह सम्मानित मुकुट ताजे इज़्ज़त के नाम से प्रसिद्ध हो गया है। अपनी संख्यानुसार सम्मान की दृष्टि से यह सभी वस्तुओं से श्रेष्ठ हो गया है।

बादशाह का विशेष मुकुट एक रंग से बनाया जाता है। अन्य छोटे बड़े (अधिकारियों) के मुकुट के भीतरी असावे का रंग बाहरी असावे के रंग से भिन्न होता है। यह जल एवं स्थल का बादशाह अपने विश्वास-पात्रों में से प्रत्येक को एक विशेष मुकुट प्रदान करता है। इन लोगों को अपमान के वस्त्रों से मुक्ति दिला कर उनका सम्मान आकाश की बलन्दियों के आगे बढ़ा देता है। इस ग्रंथ के रचयिता ने विशेष मुकुट द्वारा सम्मानित होने के पूर्व एक क़सीदे में जिसमें संसार को शरण प्रदान करने वाले बादशाह की प्रशंसा लिखी थी, यह शेर लिखा था :—

शेर

'मेरा सिर शाही सम्मान के मुकुट द्वारा सुशोभित नहीं हुआ,
इस कारण मैं अपमान एवं तिरस्कार की गली में पड़ा हूँ।'

१ एक तारा जो बहुत तेज़ और प्रकाशमान् होता है।
२ सम्भवतः रेशमी कपड़े की कोई क़िस्म।
३ एक प्रकार का बारीक ऊनी कपड़ा।
४ सिर बाँधने का एक प्रकार का फ़ीता।

(७२) अमीरुज्ज़ुरफ़ा[१] ने इस उत्कृष्ट मुकुट के आविष्कार के सम्बन्ध में इस तारीख की रचना की :

क़तआ

"बादशाहों का सरदार, धर्म का रक्षक, हुमायूं,
ईश्वर करे हर क्षण पर उसके सौभाग्य में वृद्धि होती रहे।
मुकुट धारण करने की प्रथा लोगों में चलाई,
उसके उत्तम आविष्कार से यह आम हो गई।
यद्यपि उसका नाम ताजे इज़्ज़त निकला,
उसकी तारीख़ हुई, 'ताजे सआदत'[२]।"

उन्होंने जिन उत्तम वस्त्रों का आविष्कार किया उनमें एक उल्वाक़चा है। यह एक प्रकार का जामा[३] है जो आगे से खुला तथा कमर तक लम्बा होता है। यह साधारणतः क़बा[४] के ऊपर पहिना जाता है।

मसनवी

'हे ईश्वर! जब तक सुन्दर आकाश का वस्त्र रहता है,
दर्शकों की दृष्टि में फ़ीरोज़े के रंग का।
ईश्वर करे हुमायूँ शाह ईश्वर की अनुकम्पा से,
बादशाही वस्त्र अपने शरीर पर धारण किए रहें।
उनका सिर सम्मानित रहे, ऐश्वर्य के मुकुट से,
उनके दासों को प्राप्त रहे सम्मान की ख़िलअत।'

उनके अन्य आविष्कारों में एक यह है कि हर रोज़ प्रातःकाल जब जमशेद रूपी सूर्य क्षितिज के गरीबान से सिर निकाल कर[५] उत्कृष्ट आकाश के अतलस की ख़िलअत से अपने शरीर को सजाता है तथा सम्मानित आकाश संसार को शोभा प्रदान करने वाले सूर्य का ज़रदोज़ी का मुकुट सिर पर रख कर अपना मुख भूमि के निवासियों को दिखाता है, तो विजयी पताकाओं का बादशाह (७३) अपने शरीर को उस रंग की ख़िलअत से सजाता है जो उस दिन के लिए उपयुक्त होती है। नए रंग के वस्त्र धारण करके उसी रंग का मुकुट सिर पर रखता है।

मसनवी

'जब देदीप्यमान सूर्य मुकुट बनाता है सोने से,
रखता है वह शाह सिर पर अन्य मुकुट।

१ शिहाबुद्दीन अहमद मुअम्माई।

२ ९३९ हि० (१५३२-३३ ई०)।

३ एक प्रकार का कोट।

४ एक प्रकार का दोहरा लम्बा अंगरखा ; चुग़ा।

५ पूर्व से उदय होकर।

उस हृदयग्राही सूर्य का मुख,
नहीं उदय हुआ दो दिन तक एक गरीबान से[१]।'

शनिवार के वस्त्र

क्योंकि शनिवार का सम्बन्ध शनि ग्रह से है और ज्योतिषियों के विश्वास के अनुसार शनि ग्रह का रंग काला होता है अतः विजयी एवं सफल बादशाह उस दिन अपने शाही शरीर को काले वस्त्र से शोभा देते हैं। उनका मुख, जो सूर्य के समान है, लोगों को बृहस्पति ग्रह के समान ज्ञात होता है और रात्रि के अंधेरे में चमकता है। समस्त प्रशंसनीय विद्वानों के हृदय में यह बात स्पष्ट होगी कि काला वस्त्र भय प्रदर्शित करता है। इस प्रकार अन्तिम पैग़म्बर[२], जो हमारी शुभ कामनाओं एवं प्रशंसाओं के पात्र हैं, मक्का विजय[३] के दिन काली पगड़ी बाँधे थे और इस अवस्था में उन्होंने अपना अद्वितीय सौन्दर्य काफ़िरों एवं पथ-भ्रष्टों को दिखाया था। अबू मस्लिम मर्वज़ी[४] के विषय में कहा जाता है कि उसने अपने आक्रमण के समय, कुछ दिन पूर्व अपने सेवकों को (७४) आदेश दे दिया था कि वे सब एक ही रंग के वस्त्र धारण करें। जिस दिन उन लोगों ने काले वस्त्र धारण किए तो लोगों के हृदय भयभीत हो गए। उन लोगों ने उस रंग को अपने लिए चुन लिया। अब्बास (ईश्वर उनसे संतुष्ट रहे) की संतान[५] ख़िलाफ़त एवं प्रताप के दिनों के प्रारम्भ से अपने राज्य एवं प्रभुत्व के अन्त तक उसी (रंग के) वस्त्र धारण करती थी। उनकी पताकायें एवं उनके शासन प्रबन्ध के अन्य चिह्न उसी रंग के थे।

मिसरा

'काले के ऊपर कोई भी रंग नहीं होता।'

रविवार के वस्त्र

रविवार सूर्य से सम्बन्धित है। सूर्य का रंग पीलापन लिए होता है। ऐश्वर्य के स्वामी बादशाह पीले रंग के वस्त्र, जिसकी प्रशंसा क़ुरान शरीफ़ की आयत में इस प्रकार की गई है धारण करते हैं :—"हलका पीला, शुद्ध एवं उत्तम रंग का, दर्शकों के लिए प्रशंसनीय"[६]। सूर्य के समान, जो संसार को प्रकाश देता है, बादशाह सिंहासन पर आरूढ़ होते हैं, और न्याय के प्रकाश की किरणें फैलाते हैं।

सोमवार के वस्त्र

सोमवार का सम्बन्ध चन्द्रमा से होता है। उन दिनों में जब चाँद पूरा होने वाला होता

१ दो दिन तक एक ही रंग के वस्त्र नहीं धारण करता।

२ हज़रत मुहम्मद।

३ १० रमज़ान ८ हि० (१ जनवरी ६३० ई०)।

४ मर्व के अबू मुस्लिम ने उमय्या वंश के ख़लीफ़ाओं, जो ४१ हि० (६६१ ई०) से १३२ हि० (७४९-५० ई०) तक राज्य करते रहे, के राज्य का अन्त कर दिया।

५ अब्बासी ख़लीफ़ा १३२ हि० से ६५६ हि० (१२५८ ई०) तक राज्य करते रहे। इस वंश में कुल ३४ ख़लीफ़ा हुये। अन्तिम ख़लीफ़ा अल-मुस्तासिम था जिसका अन्त हुलाकू ने कर दिया।

६ क़ुरान शरीफ़ से उद्धृत।

है वे सफ़ेद वस्त्र धारण करते हैं अन्यथा हरे वस्त्र जिनकी प्रशंसा में अल्लाह ने क़ुरान शरीफ़ में कहा है, "उनपर होंगे हरे वस्त्र, उत्तम रेशम के तथा भारी ज़रदोज़ी के।" स्वर्ग वालों के वस्त्रों का भी रंग एवं गुण यही होता है।

मंगलवार के वस्त्र

(७५) मंगलवार का सम्बन्ध रक्त पीने वाले मंगल ग्रह से है और क्योंकि उसका रंग लाल होता है अतः बादशाह, जिसके सेवक बहराम सरीखे हैं, लाल वस्त्र धारण करके सिंहासनारूढ़ होते हैं। उस दिन मित्रों की सहायता एवं शत्रुओं का संहार करने वाले बादशाह के न्याय के आशीर्वाद से दुष्ट लोग अपनी कुकृतियों का दुष्परिणाम भोगते एवं सदाचारी आशा एवं शान्ति के वृक्ष से सौभाग्य एवं सफलता के फल चुनते हैं।

बुधवार के वस्त्र

बुधवार का सम्बन्ध बुध ग्रह से है अतः बादशाह कभी राख के रंग के कभी नीले रंग के और कभी उलचा[1] के वस्त्र धारण करते हैं।

बृहस्पतिवार के वस्त्र

बृहस्पतिवार का स्वामी बृहस्पति ग्रह है। उस दिन वे सुरमई और कभी आस्मानी रंग के वस्त्र धारण करते हैं। उस दिन वे "अहले सआदत" के साथ रहते और उनके लिए कृपा के द्वार खोलते हैं।

शुक्रवार के वस्त्र

शुक्रवार का सम्बन्ध शुक्र ग्रह से है। उस दिन वे हरे अथवा सफ़ेद वस्त्र धारण करते हैं और क़यामत तक स्थायी रहने वाली अनुकम्पा के साक़ी के हाथ से सफलता की मदिरा पीते हैं। कुछ प्रसिद्ध आलिमों के लेखों से ज्ञात होता है कि हरा रंग प्रतिष्ठित नबियों एवं हज़रत मुहम्मद
(७६) की संतान (उनपर सलात एवं सलाम हो[2]) से अधिक सम्बन्धित है। ख़िज़्र[3] अलैहिस्सलाम को यह उपाधि इस कारण प्राप्त हो गई कि वे जिस भूमि पर बैठते थे, उसके चारों ओर हरियाली उग आती थी। एक रिवायत[4] में है कि वे एक बार सफ़ेद पोस्तीन पर बैठ गए। उनके चरणों के आशीर्वाद से वह हरी हो गई। इस प्रकार सभी लोग हरे रंग को उनसे सम्बन्धित बताते हैं और उनकी खिलअत समझते हैं।

१ एक प्रकार का रेशमी वस्त्र।

२ आत्मा की शांति सम्बन्धी वाक्य।

३ ख़िज़्र, एक पैग़म्बर जिनके विषय में प्रसिद्ध है कि वे सर्वदा जीवित रहेंगे और जो उन लोगों को जो मार्ग भूल जाते हैं, मार्ग दर्शाते हैं।

४ किसी से सुनी हुई बात ज्यों की त्यों किसी से कहना। हज़रत मुहम्मद के मुख से सुनी हुई बात दूसरे को उन्हीं के शब्दों में सुनाना।

शेर

'गुलाब की झाड़ी का फूल हज़रत मूसा की अग्नि[1] की ज्वाला है,
सरो पैग़म्बर के हरे वस्त्र धारण किए हुए है।'

इतिहासकार इस बात को प्रामाणिक मानते हैं कि जिस समय ख़लीफ़ा मामून[2] ने इमाम अबुल हसन अली बिन मूसी अर्रिज़ा[3] (ईश्वर उन लोगों से संतुष्ट रहे) को अपने राज्य काल में अपना उत्तराधिकारी बनाया तो अब्बासियों के काले वस्त्र एवं काली पताकायें हरे वस्त्रों एवं पताकाओं में परिवर्तित कर दीं। इस उल्लेख के समय संसार वालों के बादशाह की मोती बखेरने वाली जिह्वा से यह ज्ञात हुआ कि जब भी उन्होंने नबियों के सरदार (ईश्वर का आशीर्वाद उनपर हो) को स्वप्न में देखा, वे हरे वस्त्र धारण किए हुए थे। उपदेश एवं काव्य के आकाश के क़ुतुब, संतों एवं रचनाओं के स्वामी, शेख़ मुसलेहुद्दीन सादी शीराज़ी[4] का कथन है:—

शेर

(७७) 'जो कोई उस सरो सरीखे डील डौल वाले की छाया में रहता है,
वह अपना स्थान हज़रत मुहम्मद की हरी पताका के नीचे पाता है।'

मुझे ईश्वर की अत्यधिक अनुकम्पा से इस बात की आशा है कि विजयी पताका वाले इस बादशाह की अवस्था एवं सौभाग्य के वस्त्र, क़यामत तक हानि से सुरक्षित रहेंगे। ईश्वर की कृपा के हाथ उनके शरीर को नित्य-प्रति नए सौभाग्य के वस्त्र पहिनाते रहें और अभिलाषा की नई खिलअत उनकी योग्यता का शरीर पहिने।

पद्य

'हे ईश्वर जब तक संसार में चमक-दमक है,
इस जागरूक सौभाग्य वाले बादशाह की अवस्था का वस्त्र।
जो मुकुट को शोभा देता और सिंहासन का आभूषण है,

१ वह अग्नि जिसे हज़रत मूसा ने सिना के रेगिस्तान में देखा था।

२ अब्दुल्लाह अल-मामून, हारूनुर्रशीद का दूसरा पुत्र एवं अब्बासियों की संतान का ७वां ख़लीफ़ा था। वह ६ सफ़र १६८ हि० (६ अक्तूबर ८१३ ई०) को सिंहासनारूढ़ हुआ। उसकी मृत्यु १७ रजब २१८ हि० (१८ अगस्त ८३३ ई०) को हुई। वह बड़ा विद्या प्रेमी एवं विद्वानों का आश्रयदाता था। उसके तथा उसके पिता के राज्य काल में अब्बासी ख़लीफ़ाओं का राज्य उन्नति की चरम सीमा तक पहुँच गया।

३ हज़रत अली के वंश के ८वें इमाम। ख़लीफ़ा मामून ने अपनी पुत्री उम्मे हबीब का विवाह उनसे कर दिया और ३ रमज़ान २०१ हि० (२४ मार्च ८१७ ई०) को अपना उत्तराधिकारी नियुक्त कर दिया किन्तु बाद में मामून के आदेशानुसार उन्हें विष दे दिया गया और ६ सफ़र २०३ हि० (१२ अगस्त ८१८ ई०) को उनकी मृत्यु हो गई। जिस समय मामून ने उन्हें अपना ख़लीफ़ा नियुक्त किया उसी समय हरे वस्त्रों के प्रयोग का भी आदेश दे दिया।

४ शेख़ मुसलेहुद्दीन सादी शीराज़ी का जन्म लगभग ५७१ हि० (११७५ ई०) में और मृत्यु ६९१ हि० (१२९२ई०) में हुई। उन्होंने बहुत से काव्यों की रचना की। उनकी रचनाओं में **'गुलिस्तां'** एवं **'बोस्तां'** बड़ी प्रसिद्ध हैं।

सौभाग्य के दिनों के समान रोजाना नया रहे,
जमशेद तथा ज़ौ[1] सरीखे बादशाह उसके दास रहें।'

विद्वता की लेखनी का न्यायकारी बादशाह द्वारा निर्मित भवनों का उल्लेख करना

इमारते तिलिस्म

(७८) ग्रंथों के रचयिताओं के अन्तःकरण एवं प्राचीन तथा नवीन घटनाओं का उल्लेख करने वालों को यह बात स्पष्ट रूप से ज्ञात होगी कि ख़िलाफ़त एवं नेतृत्व की नींव रखने वालों, इस्लाम के सिद्धान्तों का प्रचार करने वालों, सल्तनत, दुनिया एवं धर्म की प्रतिष्ठा, मुहम्मद हुमायूं बादशाह ग़ाज़ी को भव्य भवनों एवं दृढ़ क़िलों के निर्माण से अत्यधिक रुचि है। उनके बनवाये हुए सौभाग्यशाली भवनों में से, जो उनके मस्तिष्क में इस रूप से प्रतिबिम्बित हुए और चन्द्रमा सरीखे देदीप्यमान तथा कुशल कारीगरों द्वारा जिनका निर्माण हुआ है और जिनकी बुर्जियाँ:

मिसरा

'शनि ग्रह की ऊँचाई तक पहुँचती हैं,'

वह आश्चर्यजनक[2] भवन है जिसका राजधानी आगरा में यमुना नदी के तट पर निर्माण हुआ। उसके बलन्द गुम्बद का प्रकाश संसार पर सूर्य के समान चमकता रहता है।

क़तआ

'आकाश का गुम्बद इतना ऊँचा नहीं है जितना उसका दालान,
स्वर्ग का बाग़ उतना आकर्षक नहीं है जितना उसका प्रांगण।
आकाश के समान आश्चर्यजनक और स्वर्ग के समान विचित्रता से परिपूर्ण,
अपितु वे दोनों उसकी तुलना में साधारण हैं।
भाग्य के विधाता ने स्वयं उसकी नींव रक्खी,
अन्यथा इस प्रकार के भवन के विषय में कौन सोच सकता था।'

अतिशयोक्ति एवं अनावश्यक प्रशंसा किए बिना यह कहा जा सकता है कि कुशल गणित (७९) वेत्ता उसका चित्र खींचने में असमर्थ हैं। बड़े से बड़े लेखक की वाणी उसकी सुन्दरता का उल्लेख नहीं कर सकती। पवित्र शब्द, "यह स्वर्ग के उद्यान का भाग था," उसी की प्रशंसा में कहे गए थे और यह कथन कि :—

१ ईरान का प्राचीन बादशाह।

२ तिलिस्म के अर्थ निम्नांकित हैं :—

जादू, माया-जाल, इंद्रजाल, दृष्टिबंध, नज़रबन्दी, वह माया रचित विचित्र स्थान जहां अत्यन्त अजीब व ग़रीब व्यक्ति और चीजें दिखायी पड़ें और जहां जाकर आदमी खो जायें, फिर उसे घर जाने का रास्ता न मिले। यहां आश्चर्यजनक भवन से तात्पर्य है।

मिसरा

'एक उद्यान जिसमें जल की नहरें बहीं',

उसी की प्रशंसा में है।

क़तआ

'सुखद एवं शुभ भवन है,
सौन्दर्य में विचित्र एवं पवित्रता में प्रसिद्ध ।
उसकी छत की तुलना में ऊँचा आकाश नीचा है,
इसके प्रांगण की तुलना में स्वर्ग ख़तरों से सुरक्षित है।'

इस आश्चर्यजनक भवन में लम्बाई में एक दूसरे से मिले हुए तीन कमरों का निर्माण कराया गया। प्रथम कमरे के मध्य में जो सबसे बड़ा एवं अष्टाकार है, उसी आकृति का एक हौज बनवाया गया। उस हौज़ के मध्य में एक सुरंग बनाई गई है जिससे उस भवन के अन्य घरों में पहुँचा जा सकता है। उस सुरंग के मुंह पर एक अष्टाकार क़ुब्बे का निर्माण हुआ है। इस क़ुब्बे से हौज़ के किनारे मिले हुए हैं। उसके ऊपर तराशा हुआ एक पत्थर रख दिया गया है । उस गुम्बद की दराज़ों को चूने एवं गारे से इस प्रकार दृढ़ता-पूर्वक भरा गया है कि जितना भी हौज़ को भरा जाय, जल सुरंगों की ओर नहीं जाता।

(८०) बीच का कमरा भी अष्टाकार है। उसमें बहुत से बरामदे एवं खिडकियाँ हैं। इस कमरे में भी एक हौज़ बनवाया गया है। इस कमरे के चारों ओर दालानें हैं। दालान के दो द्वार, जिनमें से एक बड़े कमरे से मिला है और दूसरा तीसरे कमरे से मिला है जो इस भवन के दालान के समान है, इस प्रकार काटे एवं लगाये गये हैं कि एक द्वार के खोलने से दूसरा द्वार बन्द हो जाता है, और एक फाटक बन्द करने से दूसरा फाटक खुल जाता है। इन तीनों कमरों के चारों ओर अन्य बड़े बड़े कमरे एवं ऊपरी तथा नीचे की कोठरियाँ बनी हुई हैं। इन्हें बड़ी सुन्दरता एवं सफ़ाई से बनाया गया है। तीसरे कमरे के ऊपर एक भव्य दालान का निर्माण कराया गया है जो आकाश के लिए ईर्ष्या का विषय तथा सूर्य एवं चन्द्र के निवास स्थान को भी लज्जा दिलाता है। इस प्रकार सिकन्दर सरीखे ऐश्वर्य वाला बादशाह जब उस हृदयग्राही स्थान को अपने दरबार द्वारा सुशोभित करता है तो सूर्य का जमशेद बिना आकाश की कुर्सी के ज़मीन बोस[1] का सौभाग्य नहीं प्राप्त कर सकता। उत्तम स्वर में गाने वाला शुक्र ग्रह, इस दरबार के गायकों की संगति से वंचित होकर उन तक अपनी ध्वनि नहीं पहुँचा सकता। इस आकर्षक महल की निर्माण-तिथि की रचना करके अमीरुज़्ज़ुरफ़ा मौलाना शिहाबुद्दीन अहमद मुअम्माई ने इस प्रकार छोटे बड़े, युवक एवं वृद्ध के सावधानी के कानों तक पहुँचाई :—

पद्य

"उस बादशाह के फ़रमान से जिसकी उपाधि हुमायूँ है,
धर्म की रक्षा एवं न्याय में जो सुलेमान है।

१ धरती-चुम्बन ।

(८१) इस हृदय-ग्राही गृह का निर्माण हुआ,
प्राणों को उसके चारों ओर चक्कर काटने के अतिरिक्त कोई अन्य आकाँक्षा नहीं।

इसका प्रांगण ख़ाक धूल से शून्य है,
इसके चारों ओर कोई घास फूस नहीं।
(इसके हौज़ों का) जल ख़िज़्र के जल के समान है,
इसकी वायु रुहुलक़ुदुस[1] की श्वाँस के समान है।
इसका दीपक अनन्त तक स्थायी रहने वाले प्रकाश से प्रज्वलित है;
इसने अनादि काल की मोमबत्ती से प्रकाश प्राप्त किया है।
इसके द्वार की मिट्टी का चुम्बन करने के अतिरिक्त,
फ़िरिश्तों की कोई अन्य प्रार्थना नहीं।
जिस किसी ने प्रवेश प्राप्त कर लिया उसने कहा, अपने आप से,
यही है स्वर्ग का उद्यान और कुछ नहीं।
वुद्धि ने उसके निर्माण के वर्ष के लिए लिखा,
'किसी ने भी ऐसा घर नहीं देखा'[2]।"

कूश्क का निर्माण

हज़रत वादशाह ने जिन अन्य भवनों का निर्माण कराया उनमें एक कूश्क[3] है जिसे राजधानी आगरा के क़िले में उस भवन की भूमि पर वनवाया गया है जहाँ भूतकाल में हिन्द के हाकिमों के ख़ज़ाने का निर्माण हुआ था[4]। इस महल में वहुत से कमरे एवं दालान हैं और यह इतना वलन्द है कि जो कोई इसके कोठे पर बैठता है वह अपने आप को सिदरा के बैठने वालों के वरावर पाता है (८२) तथा अपनी आकाँक्षा के हाथ से कन्या-राशि से सितारों के गुच्छे तथा चन्द्रमा के खलिहान से दाने चुनता है।

शेर

'उसकी ऊँचाई से व्याकुल हैं,
९ आकाशों के क़ुब्बे एवं सदीर[5] का महल।'

यमुना नदी का जल इस भवन से तीन चार कुरोह[6] तक दृष्टिगत रहता है और उसकी स्वच्छता एवं उसका सौन्दर्य, लोगों के हृदय में आनन्द-मंगल के द्वार खोल देता है।

१ जिबरील फ़िरिश्ता।
२ न दीदह चुनीं ख़ानये हेच कस।
ندیده چنین خانۂ هیچ کس =९४० हि० (१५३३-३४ ई०)।
३ महल; क़िले के भीतर का महल।
४ सम्भवतः बादलगढ़ के प्राचीन क़िले से तात्पर्य है।
५ सदीर उस महल का नाम है जिसका निर्माण बहराम गोर के लिये नोमान विन मुंज़िर ने किया था। कहा जाता है कि यह एक पत्थर से बनाया गया था।
६ कुरोह (संस्कृत 'क्रोश') लगभग २ मील के बराबर।

'उसका जल तस्नीम[1] एवं सल्सबील[2] के जल से मिलता जुलता है,
उसका प्रांगण या तो आकाश है और या सर्वदा रहने वाला स्वर्ग।
उसका जल एवं उसकी वायु हैं मसीह की श्वास एवं ख़िज़्र के जल के समान,
जीवन की वायु जीवन प्रदान करती है, और हृदय का जल उसकी नहर को
बहाता है।'

ग्वालियार का क़िला

उन्होंने जिन भवनों का निर्माण कराया उनमें एक ग्वालियार का क़िला है जो ईश्वर की एक विचित्र लीला है। उसे तराशे हुए पत्थरों से बनाया गया है। उसके चारों ओर सजावट के कार्यों से उसके सौन्दर्य में वृद्धि की गई है।

क़तआ

'उसकी चोटी आकाश है और वह अपनी ऊँचाई के कारण,
आकाश के खरे खोटे की कसौटी है।
उसकी सजावट से स्मृति में,
खिले हुए सहस्रों उद्यान हैं।'

दीन पनाह के निर्माण का प्रस्ताव

न्याय एवं उदारता के अधिनियमों के इस संस्थापक ने जिन भव्य एवं आश्चर्यजनक भवनों का निर्माण कराया उनमें दीन पनाह[3] नामक नगर है जिसके विषय में बिना अतिशयोक्ति के कहा जा सकता है कि ज्ञान हेतु प्रसिद्ध धर्म-निष्ठ लोगों की शरण है। कस्तूरी रूपी लेखनी उस हृदयग्राही (८३) नगर की नींव का उल्लेख करते हुए सुगन्धित समीर से प्राणों को सुवासित कर देती है। शाबान ९३९ हि० (फ़रवरी-मार्च १५३३ ई०) में जब ग्वालियार का क़िला सिकन्दर रूपी बादशाह के चरणों के आशीर्वाद से घूमने-वाले आकाश की ईर्ष्या का विषय बना था, तो एक दिन वे सौभाग्य एवं विजय के सिंहासन पर आसीन हुए और आकाश-रूपी दरबार के विश्वास-पात्रों एवं प्रतिभाशाली नदीमों को सम्मानित दरबार में उपस्थित होने की अनुमति देकर नाना प्रकार की वार्ता में ग्रस्त हो गए। इसी बीच में उन्होंने दैवी प्रेरणा से सम्मानित जिह्वा द्वारा यह वाक्य कहे कि, "बहुत समय से मैं यह सोच रहा हूँ तथा यह निश्चय कर लिया है कि राजधानी देहली के समीप एक ऐसे भव्य एवं विस्तृत नगर का निर्माण कराया जाय जिसकी चहार दीवारी के कंगूरे ख्वारनक़[4] एवं सदीर को ताना दे सकें। उसकी बुर्जों का चौकीदार शनि ग्रह से बराबरी का दावा करने लगे।"

शिहाबुद्दीन अहमद मुअम्माई का सुझाव

(८४) "उस नगर के भीतर एक सात मंजिल के राजप्रासाद का निर्माण कराया जाय। उसके चारों ओर आश्चर्यजनक उद्यान एवं वाटिकायें लगवाई जायें। उस भवन के सौन्दर्य एवं

१ स्वर्ग की एक नहर।
२ स्वर्ग का एक चश्मा।
३ धर्म का रक्षक; (देखिये **अकबर नामा भाग १**, मूल पृ० १२४)।
४ बहराम गोर के सदीर नामक महल का दूसरा नाम।

रमणीयता की प्रसिद्धि जो कोई भी सुने वह संसार के सभी कोनों से उसके दर्शनार्थ चला आय। वह नगर, बुद्धिमानों के लिए शरण-स्थान तथा जागरूक एवं सावधान लोगों के लिए आश्रय-गृह हो। उसका नाम दीन पनाह रक्खा जाय।" स्वर्ग रूपी दरबार के उपस्थित-गणों ने निष्ठा की वाणी द्वारा उसकी प्रशंसा की। इसी बीच में अमीरुज़्ज़ुरफ़ा, क़ुदवतुल फ़ुज़ला मौलाना शिहाबुद्दीन अहमद मुअम्माई के हृदय में आया कि अक्षरों की संख्यानुसार "शहरे बादशाहे दीन पनाह" से ९४०[1] निकलते हैं, अतः यदि उस तारीख़ में उस नगर का निर्माण प्रारम्भ कराया जाय तो यह बड़ा ही आश्चर्यजनक संयोग होगा। तत्काल इस विषय में उनकी सेवा में निवेदन किया गया। हज़रत (जहाँबानी) एवं सम्मानित दरबार के समस्त दासों ने उस उत्तम संयोग पर आश्चर्य प्रकट किया। दरबार के समस्त उपस्थित-गण इन शेरों के अनुसार, कविता को परखने वाले बादशाह की प्रशंसा करने लगे :

शेर

'तेरी कल्पना ने अपने मस्तिष्क में जो चित्र बनाया,
भाग्य के हाथ से नहीं हुआ उसके विपरीत कुछ।
जो कुछ तेरी सूझ-बूझ ने पृष्ठ पर लिख दिया,
वह भाग्य के ग्रंथ के अनुसार ठीक निकलता है।'

दीन पनाह के निर्माण हेतु ग्वालियार प्रस्थान

संक्षेप में, उपर्युक्त कारण से विजयी एवं सफल बादशाह के सम्मानित हृदय में वह संकल्प दृढ़ हो गया। ईश्वर की अनुकम्पा की प्रतिरक्षा में ग्वालियार से आगरा पहुँचने के उपरान्त (८५) ज़िलहिज्जा ९३९ हि०[2] के प्रारम्भ में उन्होंने संसार का भ्रमण करने वाले घोड़े की लगाम राजधानी देहली की ओर मोड़ी। उस स्वर्ग रूपी नगर में (ईश्वर उसे समस्त आफ़तों से बचाये) पहुँचने के उपरान्त, उन्होंने इस्तेख़ारा[3] एवं इस्तेशारा[4] करके यमुना तट से मिले हुए एक पुश्ते को जहाँ से देहली नगर लगभग ३ कुरोह है, शहर दीन पनाह के लिए स्थान निश्चित किया। मुहर्रम ९४० हि० में (जुलाई-अगस्त १५३३ ई० में) कुशल ज्योतिषियों एवं नक्षत्रों का ज्ञान रखने वाले बुद्धिमानों द्वारा चुनी हुई मुहुर्त में प्रतिष्ठित मशायख़, सम्मानित सैयिद एवं देहली के आलिमों तथा इमामों का समूह, दान-पुण्य के समुद्र–बादशाह–की सेवा में रवाना हुआ। उत्कृष्ट बादशाह ने सौभाग्य की उस नींव की दृढ़ता के लिए फ़ातेहा[5] पढ़ कर सर्वप्रथम ईश्वर की उपासना करने वाले अपने हाथों से भूमि पर ईंट रक्खी। उस पूज्य समूह में से प्रत्येक एक-एक पत्थर लेकर अग्रसर हुआ और इतनी भीड़ हो गई कि नक्षत्र रूपी सैनिकों, कुशल भवन-निर्माताओं एवं

१ ९४० हि० (१५३३-३४ ई०)।

२ ज़िलहिज्जा ९३९ हि० (२४ जून १५३३ ई०) से प्रारम्भ हुआ था।

३ किसी कार्य में दैवी सहायता चाहना; किसी धार्मिक कृति द्वारा यह जानना कि अमुक काम शुभ है अथवा अशुभ।

४ मश्वेरा, परामर्श करना (दैवी इच्छा का ज्ञान प्राप्त करना)।

५ क़ुरान शरीफ़ का प्रथम सूरा जो किसी कार्य को प्रारम्भ करने के पूर्व उसकी सफलता के लिए पढ़ा जाता है।

हृष्ट-पुष्ट मज़दूरों को पत्थरों को ठीक करने एवं गारा लाने का भी अवसर न मिल पाता था। उसी दिन बादशाह के विशेष महल (के निर्माण का कार्य) प्रारम्भ हो गया और इस समय उपर्युक्त वर्ष के शव्वाल मास के अन्त[1] तक दीन पनाह नामक नगर की फ़सील[2], रक्षा-बुर्ज, फ़सील का (८६) ऊपरी भाग जिसपर से पहरा दिया जाता है तथा द्वार लगभग पूरे हो चुके हैं। छोटे-बड़े, ताजीक एवं तुर्क इस बात की आशा करते हैं कि इस भव्य नगर के बड़े बड़े भवनों का निर्माण शीघ्र पूरा हो जायगा। आशा है कि दैवी सहायता एवं प्रेरणा हज़रत बादशाह की सहायक रहेगी और वे इस भाग्यशाली नगर के भव्य भवनों में सल्तनत एवं प्रभुत्व के सिंहासन पर आरूढ़ होकर न्याय एवं उपकार तथा खास व आम की प्रार्थनायें स्वीकार किया करेंगे।

शेर

'उसकी संसार को शरण प्रदान करने वाली छाया अनन्त तक स्थायी रहे,
उसके सम्मान एवं ऐश्वर्य के आकाश का सूर्य क़यामत तक चमकता रहे।'

जनाब अमीरुज़्ज़ुरफ़ा मौलाना शिहाबुद्दीन अहमद मुअम्माई ने इसके निर्माण की तिथि के विषय में इस क़तआ की रचना की :

क़तआ

"संसार का बादशाह, राज्य एवं धर्म की रक्षा करने वाला,
न्यायकारी, खुसरो, हुमायूँ बादशाह ने।
किया इस भव्य नगर का निर्माण,
ताकि धार्मिक लोग इसमें विश्राम करें।
उसके निर्माण का वर्ष, बुद्धि के अनुसार,
है 'शहरे बादशाहे दीन पनाह'[3]।"

(८७) दरबार के दास के मस्तिष्क में यह रुबाई जिस दिन उस नगर का निर्माण प्रारम्भ हुआ, आई :

रुबाई

"जब बादशाह ने, जिसकी उपाधि ग़ाज़ी है और जिसका स्वभाव पवित्र है,
आश्चर्यजनक नगर की नींव रक्खी जो स्वर्ग के समान है।
सूर्य के पृष्ठ पर, कुशल लेखक की लेखनी ने,
इसकी तारीख़ 'बुनियादे बिनाये ख़ैर'[4] लिखी'[5]।"

१ शव्वाल ९४० हि०, १५ अप्रैल १५३४ ई० से प्रारम्भ हुआ। इस प्रकार मई १५३४ ई० के दूसरे सप्ताह के अन्तिम दिनों से तात्पर्य है।

२ क़िले की चहार दीवारी।

३ धर्म के रक्षक बादशाह का नगर (९४० हि०/१५३३-३४ ई०)।

४ गुणों के गृह की नींव (९४० हि०/१५३३-३४ ई०)।

५ शेर शाह ने इसका खंडन करा दिया।

कुछ अन्य आविष्कारों को वाक-पटु लेखनी द्वारा प्रसिद्धि देना

जब भाग्य एवं दैवी आदेशों के प्रबन्धकों ने विजयी पताका वाले बादशाह की ख़िलाफ़त का नक़्क़ारा भूमि एवं आकाश के निवासियों के सावधानी के कानों तक पहुँचा दिया और आकाश के फ़िरिश्तों ने संसार की सल्तनत का ख़ुत्बा उनके शुभ नाम से पढ़वा दिया और इस सुखद समाचार की प्रसिद्धि संसार के चारों ओर प्रकाशित करा दी तो हज़रत जहाँबानी के शुभ हृदय में आया कि सिंहासनारोहण के दिन को हर्ष एवं उल्लास का दिन निश्चित करके हर साल उस दिन (८८) जश्न एवं समारोहों का प्रबन्ध किया जाय। क़बक़[1] के मुक़ाबलों एवं बाण चलाने की प्रतियोगिताओं का आयोजन करके मनुष्यों के समूह के लिए इनाम-इकराम एवं उपकार के द्वार खोल दिए जायें। उस वर्ष के बाद इसी प्रकार जश्न होता रहे तथा राज्य के शुभ-चिन्ता के मार्ग के पथिकों को शाही उपहारों एवं उपकारों द्वारा प्रसन्न एवं लाभान्वित किया जाता रहे। इस प्रकार जमादि-उल-अव्वल ९४० हि० (नवम्बर-दिसम्बर १५३३ ई०) के प्रारम्भ[2] में निश्चित प्रथानुसार

शेर

'राज्य के अधिकारी उठे,
भोग-विलास एवं आनन्द-मंगल की गोष्ठी आयोजित की।'

क्योंकि उस अवसर पर विजयी पताका के शाहज़ादे, देशों को विजय करने वाले साहब क़िरान के वंश के चुने हुए (व्यक्ति), सल्तनत एवं ख़िलाफ़त के सहायक, अबुन्नस्र मुहम्मद हिन्दाल मीर्ज़ा का विवाह भी हुआ[3], अतः आनन्द-मंगल का आयोजन अधिक से अधिक हो गया। प्रसन्नता एवं हर्ष की किरणें लोगों की स्थिति एवं दशा पर पूर्ण रूप से चमकीं। अमीरों एवं राज्य के उच्च पदाधिकारियों ने बादशाही बाग़ में चहार ताक़[4] का निर्माण कराया और उसे नाना प्रकार की उत्तम वस्तुओं एवं कपड़ों से सजाया।

पद्य

'उस स्वर्ग रूपी उद्यान के चारों ओर,
अन्य चार ताक़ बनवाये गए।
उन्हें रूम एवं फ़िरंग[5] के कपड़ों से सजाया गया,
तथा सोने के तारों की कढ़ाई एवं सतरंगे कपड़ों से।'

१ बाण चलाने की प्रतियोगिता।

२ जमादि उल-अव्वल ९४० हि०, १८ नवम्बर १५३३ ई० से प्रारम्भ हुआ किन्तु यह तिथि शुद्ध नहीं कारण कि समारोह के लिये सिंहासनारोहण के बाद तीन वर्ष तक कोई आदेश न देना सम्भव नहीं।

३ गुलबदन बेगम ने मीर्ज़ा हिन्दाल के विवाह का विवरण बड़े विस्तार से दिया है। आगे के पृष्ठों में **हुमायूं नामा** का अनुवाद देखिये।

४ चार दालानों अथवा कमरों वाले ख़ेमों से तात्पर्य है।

५ टर्की तथा यूरोप के।

(८९) कलाकारों एवं व्यापारियों ने समस्त बाज़ारों को सजाया और दूकानों को चीन की चित्र शाला की ईर्ष्या का विषय बना दिया। उत्कृष्ट आकाश को भी उनके सामने लज्जा आने लगी। अमीरुज़्ज़ुरफ़ा ने रचना की :

पद्य

'शाह के, जिसका ललाट सूर्य के समान चमकता है, चरणों के आशीर्वाद से,
आगरा सजाया गया स्वर्ग के समान।
किसी आँख ने भी नहीं देखा इस संसार में,
उसपर प्राण न्योछावर हों, क्या ही आश्चर्यजनक है यह।'

यमुना नदी पर जो नौकायें तैरती थीं, उनके बाज़ार सौन्दर्य में स्वर्ग की वाटिका से बढ़ गए।

मसनवी

'नदी पर जब (दूकानें) लगीं,
प्रबन्ध किया उन सब चीज़ों का जिनकी आवश्यकता थी।
संसार में किसी आँख ने भी नहीं देखा है,
ऐसा बाज़ार नदी पर तैरता हुआ।'

कुशल फ़र्राशों ने सौभाग्य को शरण प्रदान करने वाला बारगाह एवं आकांक्षा का खरगाह, भव्य दौलतख़ाने[1] के निकट लगवाया। दौलतख़ाने के आसपास सात रंग के शामियाने सक़रलात (९०) एवं फ़िरंग के मख़मल के बने हुए थे और आकाश की शानदार सजावट को लज्जित कर रहे थे।

शेर

'एक आकाश कला द्वारा सजाया गया,
इसने एक संसार से दूसरे संसार तक छाया डाली।'

पश्चिम की ओर क़स्रे रवां[2] की चोटी आकाश की ओर गरदन उठाये थी और जो कोई इस आश्चर्यजनक भवन पर दृष्टि डालता था, उसकी नवीनता पर आश्चर्यचकित हो जाता था। उन शुभ एवं सुखद दिनों में सुलेमान सरीखा बादशाह, पूर्व के ख़ुसरो के आकाश के सिंहासन पर आरूढ़ होने के समय से लेकर[3] बृहस्पति ग्रह एवं शुक्र ग्रह के उदय होने तक[4] इस आश्चर्यजनक दौलतख़ाने में सफलता एवं विजय के सिंहासन पर

मिसरा

'प्रसिद्ध सुल्तानों की प्रथानुसार'

१ बादशाह के निवास का महल।
२ चलता फिरता महल।
३ सूर्योदय ; प्रातःकाल।
४ रात्रि तक।

आसीन रहता था और उदारता एवं आश्रय के द्वार अपनी प्रजा के लिए खोले रखता था। जब आकाश के चमकदार महल में असंख्य सितारों की मशालें प्रकट होतीं[1] तो सजे हुए बाज़ार एवं चलते फिरते पुल की, जो यमुना नदी तट पर बना हुआ था, अत्यधिक मोमबत्तियाँ एवं दीपक आकाश से (९१) बाज़ी ले जाते थे। संसार को शरण प्रदान करने वाले पादशाह कुछ क्षण के लिए अपने विश्वास-पात्रों सहित सुन्दर चंहार ताक़ों एवं उत्तम रूप से सजी हुई दूकानों का निरीक्षण करके दौलतख़ानये तिलिस्म को वापस चले जाते, और अपने समय के विद्वानों एवं योग्य नदीमों के साथ समय व्यतीत करते थे। उस स्वर्ग रूपी दरबार में हृदयग्राही संगीत एवं सुस्वर गायकों के गाने तथा वादकों का वादन शुक्र ग्रह से भी नृत्य करा देते थे। मुरली तथा क़ानून की तान, चंग एवं अरग़नून की ध्वनि

मिसरा

'कुबड़ी पीठ के वृद्धों एवं घुंघराले केश के युवकों'

सभी को अत्यधिक प्रभावित करती थी।

उन दिनों तथा रातों में आकाश सरीखी ऐश्वर्य वाली चौखट के बकावल हर क्षण पर फ़ीरोज़े के रंग के आकाश के नक्षत्रों के समान बहुत बड़ी संख्या में भोजन की प्लेटें तैयार कराते थे। नाना प्रकार के भोजनों एवं पेय की अधिकता के कारण और "फलों में जो वह चुनें तथा पक्षियों के मास में जिसकी वे इच्छा करें"[2] के उपलब्ध होने के कारण लालच तथा भूख, संसार से विदा हो गई थीं।

मसनवी

'बादशाह की सभा में हर बार नए सिरे से,
प्राण को सुख देने वाले थाल प्रस्तुत होते थे।
प्रत्येक दस्तरख़्वान पर शाही उत्तम भोजन,
इतना अधिक उपलब्ध था, जितना कोई चाहता।'

(९२) बड़े बड़े जश्नों के दिन ताजीक एवं तुर्क सुल्तानों के यह स्वामी चन्द्र-रूपी ऐसे घोड़े पर, जिसके समान घोड़ा संसार के किसी तबेले में न देखा गया होगा और जिसका चित्र कल्पना के मैदान के द्रुतगामी मस्तिष्क में किसी ने न बनाया होगा, सवार हुए।

क़तआ

'शुभ घोड़ा, गुलाब सरीखा मुख, दौड़ने वाला घोड़ा,
दुलदुल[3] सरीखा घोड़ा, दृढ़ हृदय वाला, द्रुत-गामी।
पलक झपकाते ही वह तै कर ले जाता है,
प्रत्येक दूरी को जिसे कल्पना साल भर में तै न कर पाती।'

१ रात होती।

२ क़ुरान शरीफ़ की एक आयत।

३ एक घोड़ा जिसे इस्कन्दरिया के शासक ने हज़रत मुहम्मद को भेंट किया था और जिसे हज़रत मुहम्मद ने हज़रत अली को दे दिया था।

उन्होंने ऐसे ऐश्वर्य से, जिसके समान ऐश्वर्य वृद्ध आकाश ने, यद्यपि वह लाखों वर्ष से भूमि के गोले के चारों ओर चक्कर लगा रहा है, न देखा होगा, ईदगाह की ओर प्रस्थान किया। अमीर, राज्य के उच्च पदाधिकारी, विश्वासपात्र, प्रतिष्ठित लोग, विजयी सैनिक, समस्त छोटे-बड़े, अरबी घोड़ों पर सवार होकर भाग्यशाली रिकाब के साथ थे। बहराम सरीखे बदला लेने वाले सेवक, सुनहरे जौशन[1] पहिने, जम सरीखे वैभव वाले बादशाह के दायें एवं बायें चक्कर लगाते रहते थे।

मसनवी

'ख़ोद[2] एवं जौशन में सब के सब छिपे हुए,
सिर से पाँव तक लोहे में डूबे हुए।
शत्रुता के समय उनमें से प्रत्येक संसार को नष्ट कर सकता था,
लोगों को पराजित करने में उनमें से प्रत्येक रुस्तम था।'

उच्च स्वर वाले नक़्क़ारे की ध्वनि, स्थायी सौभाग्य के सुखद समाचार, आकाशों की (९३) कोठरी के एकान्तवासियों के सावधानी के कानों में पहुँच गये। विजय की मुरली की तान ने दोनों लोकों के सौभाग्य के सुखद समाचार, भूमि के रहने वालों में प्रकाशित कर दिये। उस विजयी दिन में ईदगाह के मैदान में इतनी अधिक भीड़ थी कि वह क़यामत का मैदान ज्ञात होता था। अश्वारोहियों के चलने फिरने से इतनी अधिक धूल उठ गई कि तेज़ी से चक्कर लगाने वाला आकाश, देखने के लिए आँख नहीं खोल सकता था।

विजयी बादशाह जब इस ऐश्वर्य एवं वैभव से क़बक़ के समीप पहुँचे तो नक्षत्र रूपी अश्वारोहियों के साथ के सेवकों एवं वीर युवकों की सेना ने तत्काल सोने चाँदी के कद्दुओं पर, जो सूर्य एवं चंद्र के समान आकाश के नक्षत्रों के समूह रूपी बने थे, भृकुटियों के धनुष एवं बरौनी के बाणों से, इस कारण कि वे हर क्षण पर सहस्रों हृदय आहत कर देते थे, निःसंकोच बाण चलाना प्रारम्भ कर दिया। तत्काल बाणों की मार से सुनहरे रुपहले कद्दू टुकड़े (९४) टुकड़े हो कर शिहाबे साक़िब[3] के समान आकाश से भूमि के नीचे गिर पड़े। दासों के आश्रय प्रदान करने वाले बादशाह ने उन कुशल बाण चलाने वालों को घोड़ों एवं ख़िलअत के पुरस्कार द्वारा सम्मानित करके, आकाश का चक्कर लगाने वाले घोड़े की लगाम भव्य दीवानख़ाने की ओर मोड़ी।

मध्याह्नोत्तर की प्रथम नमाज़ के उपरान्त वे आकाश रूपी सिंहासन पर आरूढ़ हुए। दृढ़ नींव वाले राज्य के स्तम्भ, उच्च पदाधिकारी एवं प्रतिष्ठित लोग दरबार में उपस्थित हुए। अमीर, उपचकी, सद्र एवं विश्वास-पात्र उपहार प्रस्तुत करके अपने-अपने स्थान पर खड़े हो गए। हातिम सरीखे उस पादशाह के उदार हाथों ने उपर्युक्त धन को तीन भागों में विभाजित कर दिया। एक भाग अरबाबे दौलत[4] को बाँटा गया। राज्य के स्तम्भ अमीर हिन्दू बेग को आदेश हुआ कि

१ कवच, ज़िरह।
२ शिरस्त्राण।
३ टूटने वाला तारा; उल्का।
४ दौलत विभाग के अधिकारी।

उस धन को उन लोगों को बाँट दे। एक भाग असहाबे सआदत[1] को प्रदान हुआ। शरफ़ुल मुल्क मौलाना मुहीउद्दीन मुहम्मद फ़रग़री को उसके विभाजन का आदेश हुआ। अन्य भाग जो अहले मुराद[2] (९५) को प्रदान हुआ, उसे बाँटने का दरबार के विश्वास-पात्र अमीर उवैस मुहम्मद को आदेश हुआ।

उस दिन प्रतिष्ठित हकीम मौलाना यूसुफ़ी ने, जिनका श्वास ईसा मसीह के समान[3] था, एक क़सीदा प्रस्तुत किया जिसका प्रथम शेर इस प्रकार है :

शेर

'भोग-विलास एवं (मदिरा)-पान का शोर, आकाश तक पहुँचा है,
हुमायूँ शाह के सिंहासनारोहण की ईद[4] आ गई है।'

जामा ख़ाना[5] से उन्हें एवं अत्यधिक अमीरों तथा प्रतिष्ठित लोगों को सम्मानित ख़िलअतें प्रदान की गईं। दासता की आवश्यकताओं को पूरा करते हुए उन्होंने पुनः निष्ठा की लेखनी द्वारा बादशाह के राज्य के सर्वदा स्थायी रहने की शुभ-कामनायें हृदय पट पर लिखीं।

मसनवी

'कि हे बादशाह! संसार तेरी शरण में रहे,
शत्रुओं के सिर तेरे मार्ग की धूल रहें।
तेरे शुभ सिंहासनारोहण के दिन के समान,
तेरे लिए हर दिन नई ईद हो।
सरो के समान संसार के दुःख से तू मुक्त रहे,
बिना सीमा के प्रताप से तू प्रसन्न रहे।'

नये नवरोज़ का आयोजन

इसी प्रकार बुद्धि को समझने वाले बादशाह ने बसन्त ऋतु के, उस समय जब दिन रात बराबर होते हैं, जश्न का आयोजन प्रारम्भ कराया। प्राचीन नवरोज़[6] का (जश्न) समाप्त कर दिया गया कारण कि उस दिन मजूस[7] लोग ईद[8] मनाते थे। हनीफ़ धर्म[9] के मुजतहिद[10] लोग उनकी प्रथाओं

१ सआदत विभाग के अधिकारियों को।
२ मुराद विभाग के अधिकारियों को।
३ जिस प्रकार ईसा मसीह मुर्दों को जिन्दा कर देते थे, उसी प्रकार वे भी।
४ जश्न का उत्सव।
५ शाही वस्त्रों के प्रबन्ध का विभाग।
६ जो २१ मार्च के लगभग होता है।
७ अग्नि-पूजक लोग; आतश परस्त; चन्द्र अथवा सूर्य की उपासना करने वाले।
८ ख़ुशी का समारोह।
९ धर्मपरायण हज़रत इब्राहीम के धर्म के अनुयायी। यहाँ मुसलमानों से तात्पर्य है।
१० धार्मिक विषयों (इस्लामी) में विवेकपूर्ण निर्णय देने वाला।

का पालन निंद्यनीय समझते हैं। रमज़ान ९४० हि० (मार्च-अप्रैल १५३४ ई०) में[१], जब प्रकाश का (९६) स्रोत चहार बाग़[२], हज़रत जहाँबानी के वहाँ पहुँचने के कारण एरम के उद्यान की ईर्ष्या का विषय बना था अपितु स्वर्ग के ऐश्वर्य से भी बढ़ जाने का दावा कर रहा था, १३वें दिन वसन्त ऋतु के उस समय जब दिन-रात बराबर होते हैं, बादशाही दरबार के प्रबन्धक एवं ईश्वर की छाया के कार्यकर्ता, जश्न की सुन्दरता के लिए यथासम्भव प्रयत्न करने लगे[३]। संसार को शरण प्रदान करने वाले बादशाह ने उस समय जब सूर्य ने मेष राशि को अपने प्रकाश से स्थायी सम्मान प्रदान किया राशियों के ख़रगाह में स्थान ग्रहण किया और ख़िलाफ़त की चौखट के समीप खड़े होने वालों को सम्मानित ख़िलअत एवं उचित मंसब प्रदान करके सातवें आकाश पर पहुँचा दिया।

उन सभों में जलाल ख़ां वल्द सुल्तान अलाउद्दीन को पताका एवं नक़्क़ारा प्रदान करके प्रतिष्ठित किया गया। तुर्क अमीरों में से विशेष गोष्ठी के सहचर और सम्मानित दरबार के दरबारी अमीर उवैस मुहम्मद को, जिसके व्यवहार का सौन्दर्य, प्रशंसनीय गुणों एवं नाना प्रकार की (९७) सचरित्रता से सुशोभित था, उत्कृष्ट अमीर एवं उत्तम स्वभाव वाले नदीम बेग मुहरदार को, जो भाग्यशाली बादशाह का कूकुल्ताश एवं राज्य के चुने हुए अमीरों में से था, अमीर जलाल बाबाये क़ूचीन, अमीर निज़ामुद्दीन अब्दुल ग़फ़्फ़ार तवाची, अमीर मुहतरम, अमीर हाजी मुहम्मद कोकी, एवं अमीर आशिक़ बकावल को चत्रतूक़[४] प्रदान करके उनके गर्व के सिर को ऐयूक़[५] की बलन्दी तक पहुँचा दिया। अफ़ग़ान अमीरों में से महमूद ख़ां सरवानी, जलाल ख़ां बिन (९८) नसीर ख़ां, जलाल ख़ां बिन दरिया ख़ां को भी उसी सम्मान द्वारा प्रतिष्ठित किया गया। अमीर तुर्क अली, शेख़ कूरन, क़ाज़ी मंजदुद्दीन, बहादुर ख़ां एवं क़ुतुब ख़ां वल्द शेर ख़ां ने ज़ीलूचा[६] द्वारा पुरस्कृत होकर एमारत की मसनद पर पाँव रक्खे। पवित्र मशायख़ के वंश के क़ुब्बा ख़्वाजा तक़ी उद्दीन बाक़ी, बायज़ीद ख़ां वल्द मुहम्मद ख़ां जथरी, एवं गदाई ख़ां को रिकाब[७] प्रदान करके उनके प्रति दया एवं कृपा प्रदर्शित की गई। उस भाग्यशाली दिन को उत्कृष्ट कवियों के समूह में से ईसा मसीह के समान श्वास रखने वाले, अनवरी[८] रूपी मौलाना यूसुफ़ी, प्रतिष्ठित अमीर वली बेग, अमीर

१ यह तिथि भी शुद्ध नहीं कारण कि १३ रमज़ान जिसका आगे उल्लेख किया गया है २८ मार्च १५३४ ई० को पड़ी। इस समय हुमायूँ आगरा में न था। सम्भवतः रमज़ान ९३८ हि० (अप्रैल १५३१ ई०) अधिक उचित है कारण कि हुमायूं उस समय आगरा में था।

२ देखिये **बाबर नामा**, पृ० २११, २१२, २२४।

३ इतिहासकारों के इस विचार का, कि अकबर ने इस उत्सव का आविष्कार किया, उपर्युक्त वर्णन से खंडन होता है। जहांगीर के राज्य-काल में इस उत्सव को और भी महत्व प्राप्त हो गया था।

४ **आईने अकबरी** में आईने शिकोहे सल्तनत के प्रसंग में लिखा है कि चत्र तूक़ एक प्रकार का अलम (पताका) होता है किन्तु उससे छोटा होता है। तुमनतूक़ (तुमन तोग़), चत्र तूक़ के समान होता है किन्तु वह उससे लम्बा होता है। दोनों केवल अत्यधिक प्रतिष्ठित एवं महान् अमीरों को ही प्रदान किये जाते थे।

५ एक तारा जो बहुत तेज़ और प्रकाशमान होता है।

६ छोटा ऊनी कोट अथवा क़ालीन किन्तु यहाँ कोट से तात्पर्य है।

७ रिकाब:--घोड़े की काठी का पायदान जिसमें पांव रख कर चढ़ते हैं; घोड़ा, सवारी का ऊंट। यहां सम्भवतः घोड़े से तात्पर्य है।

८ प्रसिद्ध फ़ारसी कवि।

(९९) यम्क़ूरची[१] एवं सौभाग्यशाली मौलाना मुहम्मद शाह ने उत्तम क़सीदे प्रस्तुत किए और घोड़ों एवं सम्मानित ख़िलअतों द्वारा प्रतिष्ठित हुए। मौलाना यूसुफ़ी के क़सीदे के दो शेर इस प्रकार हैं :—

शेर

'संसार के सौभाग्य को प्रसन्नता का एक मार्ग मिल गया,
जमशेद सरीखे हुमायूँ शह का नवरोज़ आया।
जम सरीखे हुमायूँ का नवरोज़ एवं उसका आदेश,
परिवर्तन के भय से शून्य, क़ज़ा व क़दर[२] के समान हैं।'

अमीर वली बेग के क़सीदे का प्रथम शेर इस प्रकार है :—

'मैं जो चिन्ता के समुद्र में बूँद था,
व्याकुलता के कारण, परेशानी के भंवर में सर्वदा डूबा हुआ।'

मौलाना मुहम्मद शाह के क़सीदे के प्रथम दो शेर इस प्रकार हैं :

शेर

'हे ! तेरा मुख पसीने की बूँदों के कारण भीगी हुई गुलाब की पंखड़ियों के समान ताज़ा है,
उसपर घूंघर वाले केश चन्द्रमा के घेरों में विघ्न डालते हैं।
तेरे लाल होंठ प्राण देते हैं, तेरे डील-डौल का सरो हृदय को छीन लेता है,
तेरे केश बलाओं का जाल और तेरे नर्गिस[३] उपद्रवकारी हैं।'

इस लेखक ने भी उपर्युक्त दिन की बधाई में एक क़सीदे की रचना की और समस्त कवियों की भाँति, घोड़े एवं वस्त्र के पुरस्कार द्वारा सम्मानित हुआ। उस क़सीदे के प्रथम दो शेर इस प्रकार हैं :—

शेर

(१००) 'हे ! तेरी सुन्दरता का नक्षत्र शाही के आकाश का सूर्य है,
तेरे मुख के प्रकाश से प्रज्वलित है, चन्द्र से मछली तक।
ईश्वर की कृपा से प्राप्त हुआ तुझे पुनः,
जिस प्रकार तेरा नाम हुमायूँ है, बादशाही नवरोज़।'

अन्त के दो शेर इस प्रकार हैं :–

१ क़ूरचियों का मुख्य सरदार।
२ दैवी आदेश जिसका उल्लंघन संभव न हो।
३ नेत्र।

शेर

'जब तक प्रत्येक बहार में मेष राशि, सूर्य द्वारा सम्मानित हो,
जहाँ पनाही[१] का सिंहासन तेरे अधीन रहे,
जब तक नवरोज़, वाटिका को हरा वस्त्र प्रदान करता रहे,
तेरी ख़िलअत द्वारा प्रतिष्ठित लोग सम्मानित होते रहें।'

उसी दिन सर्वसाधारण के रक्षक अमीर उवैस मुहम्मद ने उत्कृष्ट बादशाह की सेवा में यह ग़ज़ल प्रस्तुत की :—

शेर

'तेरा मुख सुन्दरता के कारण, ऐश्वर्य के आकाश का सूर्य है,
तेरे डील-डौल का पौधा प्राण के उद्यान में सरो के समान है।
मेरी आशिक़ी की तुलना वामिक़[२] तथा मजनूं[३] से मत कर,
कारण कि तेरी सुन्दरता के लिए मेरा प्रेम उनसे कहीं बढ़कर है।
अपनी सुन्दरता के कारण लैला समस्त संसार में प्रसिद्ध हो गई है,
इसी कारण कि मजनूँ के पवित्र प्रेम की वह प्रतिबिम्ब थी।
(१०१) जब उस गुलाब ने रक़ीब को गाली देने के लिए अपने मीठे ओंठ खोले,
उसी खेद में मेरा हृदय सैकड़ों टुकड़े एवं कली के समान रक्त से भरा है।
हे उवैस ! समस्त संसार आनन्द-मंगल, हर्ष एवं उल्लास से परिपूर्ण है,
हुमायूँ के इस उत्कृष्ट एवं हृदयग्राही नवरोज़ से।'

संक्षेप में, जब समय ने अब्बास की सन्तान के वस्त्र धारण कर लिए और नक्षत्रों का दस्तरख़्वान

मिसरा

'आकाश की सभा में बिछाया गया'

तो शाही दस्तरख़्वान को शोभा प्रदान करने वालों ने आतिथ्य का दस्तरख़्वान बिछाकर इतना अधिक भोजन, पेय एवं मिष्टान प्रस्तुत किये कि दो जिह्वा वाली लेखनी द्वारा उसका उल्लेख असम्भव है तथा क़लम द्वारा उनके सौन्दर्य एवं स्वाद की चर्चा मुमकिन नहीं।

मसनवी

'शुद्ध एवं विभिन्न रंगों के शरबतों से,
सूर्य के प्रकाश के समान अंधकार को दूर करता है।

१ संसार को रक्षा प्रदान करना।
२ एक प्रेमी जो उज़्रा पर आशिक़ था।
३ लैला का आशिक़। कहा जाता है कि वह लगभग १०३ हि० (७२१ ई०) के जीवित था। उसका नाम क़ैस था।

समस्त प्रकार के भोजनों एवं फलों को,
खाने से प्रत्येक दुबला-पतला मोटा हो गया।
बादशाह के जश्न में प्रस्तुत किए गए इतने अधिक
कि किसी भी कवि के लिए उनकी चर्चा असम्भव है।'

जन्मोत्सव

(१०२) इसी प्रकार विजयी बादशाह प्रत्येक वर्ष में ३ ज़ीक़ाद[१] को, जो उनका शुभ जन्म-दिवस है, जश्न एवं भोज का आयोजन कराते हैं। अपने शुभ शरीर एवं अपने विशेष अस्त्र-शस्त्र के बराबर सोना तौलवाकर न्योछावर करते हैं[२]। मौलाना यूसुफ़ी ने लिखा है:—

शेर

'बादशाह, जिसका ऐश्वर्य जम के समान है, सोने से तोला जाता है
सूर्य के नक्षत्रों[३] को बराबर किया जाता है।'

इस प्रथानुसार ज़ीक़ीद ९४० हि० के प्रारम्भ में जब उस सल्तनत के आकाश का सीधा पौधा, परमेश्वर की अनुकम्पा द्वारा तूबा[४] के समान २७ वर्ष तक पाला जा चुका[५] और उनकी अवस्था २८वें वर्ष में पहुँची, तो उस समय जब ग्वालियार का क़िला शुभ सौभाग्य के प्रकाश द्वारा सुशोभित हुआ[६] और संसार को शोभा प्रदान करने वाले सूर्य के स्थान को ताना देने लगा तो जश्न एवं दावत के प्रबन्ध का आदेश दिया गया। आकाश सरीखे इस क़िले के बाहर एक कौसर रूपी

१ बाबर ने हुमायूँ के जन्म के विषय में लिखा है कि "मंगलवार ४ ज़ीक़ाद ९१३ हि० (६ मार्च १५०८ ई०) को जबकि सूर्य मीन राशि में था, हुमायूं का काबुल के भीतरी क़िले में जन्म हुआ। मौलाना मसनदी नामक कवि ने 'सुल्तान हुमायूं ख़ां' नामक शब्दों के अक्षरों से जन्म तिथि निकाली। काबुल के एक अन्य साधारण कवि ने 'शाहे फ़ीरोज़ क़द्र' के अक्षरों से जन्म तिथि निकाली। १-२ दिन उपरान्त उसका नाम हुमायूं रक्खा गया।" [**बाबर नामा**, पृ० ८८; देखिये पूर्व पृ० में **अकबर नामा** का अनुवाद (मूल पृ० १२१), प्रस्तुत हिन्दी अनुवाद पृ० ३)]।

२ तौलने की प्रथा के विषय में जहांगीर ने लिखा है कि "यह अधिनियम मेरे वालिदे बुज़ुर्गवार ने निकाला था और यह आज तक प्रचलित है।" (**तुज़ुके जहांगीरी**—सर सैयिद अहमद ख़ां संस्करण पृ० १६३)। अबुलफ़ज़ल ने **आईने अकबरी** में आईने वज़ने मुक़द्दस के सम्बन्ध में तौलने की विधि का सविस्तार विवरण दिया है। ख़्वान्द मीर के इस विवरण से यह पता चलता है कि तौलवाने की प्रथा हुमायूं के राज्यकाल के प्रारम्भ से ही शुरू हो गई थी।

३ यहां कवि ने हुमायूं को सूर्य एवं सोने के सिक्कों को नक्षत्र माना है।

४ स्वर्ग का एक वृक्ष।

५ हुमायूं का जन्म ४ ज़ीक़ाद ९१३ हि० को हुआ। इस प्रकार ज़ीक़ाद ९४० हि० अथवा ४ ज़ीक़ाद ९४० हि० (१७ मई १५३४ ई०) को वह २७ वर्ष का पूरा हो गया।

६ दीन पनाह का क़िला शव्वाल ९४० हि० के अन्त में पूरा हो रहा था और इस संबन्ध में समारोह इत्यादि का प्रबन्ध हो रहा था। शव्वाल के बाद ही ज़ीक़ाद मास प्रारम्भ होता है अतः ज़ीक़ाद के प्रारम्भ में हुमायूं का देहली के अतिरिक्त किसी अन्य स्थान पर होना सम्भव नहीं। सम्भवतः ज़ीक़ाद ९३९ हि० के प्रारम्भ से तात्पर्य है। ज़ीक़ाद ९३९ हि०, २५ मई १५३३ ई० से प्रारम्भ हुआ। हुमायूं ज़िलहिज्जा ९३९ हि० में ग्वालियार से दीन पनाह के निर्माण हेतु देहली रवाना हुआ।

तालाब था। उसके तट पर एक हरा-भरा मैदान आशा के मैदान के समान लम्बा-चौड़ा एवं आकांक्षा के दरबार के समान विस्तृत स्थित था। उसकी ताज़गी स्वर्ग की ताज़गी से अधिक हृदयग्राही थी और उसकी सुगंधित वायु ततार की कस्तूरी से अधिक ख़ुश्बूदार थी। वही स्थान समारोह हेतु चुना गया। कुशल फ़र्राशों ने इस हरे-भरे मैदान में, जो आकाश के समान था, उत्तम प्रकार के लाल (१०३) ऊनी कपड़े का ख़रगाह लगवाया। इसकी देहलीज़[1] के समीप क़स्रे रवां के सरापरदे[2] को स्थापित किया गया। उसकी चोटी मिथुन राशि तथा कृत्तिका नक्षत्र को छूने लगी। १२ राशियों का ख़रगाह सम्मानित निवास हेतु लगवाया गया। सआदत एवं मुराद के ख़रगाह भी लगवाये गए जो सातवें आकाश के पार निकल गए। लाल मख़मल के कुन्दल[3], जो १२ राशियों के ख़रगाह के आगे लगाये जाते, वे अपनी छाया नीले आकाश पर डालते थे। कढ़े हुए एवं बेल बूटों के नाना प्रकार के शामियाने लगवाये गए। उनकी छाया ने संसार को सूर्य की गरमी से बचा लिया। अमीरों, राज्य के उच्च पदाधिकारियों, विश्वासपात्रों एवं निकटवर्तियों, सद्रों, वज़ीरों एवं उत्कृष्ट राजसिंहासन के समस्त सेवकों ने शुभ दौलतख़ाने के चारों ओर सुन्दर काम के कढ़े हुए ख़ेमे एवं सजे हुए शामियाने लगा लिए तथा पृथ्वी को ख़ेमे, ख़रगाह क़ुब्बों एवं बारगाह द्वारा अचल आकाश की ईर्ष्या का विषय बना लिया।

शेर

'भूमि नक्षत्र रूपी ख़ेमों से,
दृष्टिगत हुई आकाश के समान।'

बादशाह फ़रीदूं[4] के समान प्रतिष्ठित एवं चमकते हुए सूर्य की तरह, जो आकाश (१०४) के मध्य में पराकाष्ठा पर पहुँच कर भूमि की ओर झुकने लगता है, २ ज़ीक़ाद को ग्वालियार के क़िले से स्वर्ग रूपी उस हरे-भरे मैदान में विराजमान हुए। दूसरे दिन रविवार को वे सूर्य के समान, जो आकाश के राजसिंहासन पर प्रकट होता है, सोने के राजसिंहासन पर, जो १२ राशियों के ख़रगाह के द्वार पर था, पहुँचे। उस समय अमीर, वज़ीर, "असहाबे दौलत"[5], उलमा, विद्वान् एवं "अरबाबे सआदत"[6] ने दरबार में उपस्थित होकर प्रथानुसार शुभ जन्म-दिवस की बधाई दी और "अहले मुराद"[7] के समान ख़िलाफ़त के आकाश के सूर्य की सफलता की शुभ-कामनायें कीं:—

मसनवी

'हे न्यायकारी एवं भाग्यशाली बादशाह,
ऐश्वर्य एवं वैभव के आकाश के सूर्य।

१ दो फाटकों के मध्य का स्थान अथवा बाहरी फाटक एवं घर के मध्य का स्थान।
२ ख़ेमों को घेरने वाली क़नातों से तात्पर्य है।
३ वह बड़ा ख़ेमा जो शाही ख़ेमे के आगे लगाया जाता है।
४ ईरान का एक प्राचीन प्रतापी बादशाह।
५ दौलत विभाग के अधिकारियों।
६ सआदत विभाग के अधिकारियों।
७ मुराद विभाग वालों।

तेरे जन्म दिन का जश्न शुभ हो,
आदर-सम्मान का मुकुट तेरे सिर पर हो।'

उस शुभ दिन में आकाश सरीखे बकावलों ने सर्व-साधारण एवं विशेष व्यक्तियों के भोजन का प्रवन्ध करके इतना अधिक भोजन, पेय, मुरब्बे एवं हलवे प्रस्तुत किए कि भूख एवं लोभ के क़ाफ़िले हिन्दुस्तान से अपना बोरिया-बिस्तर बाँधकर चल दिए। जो लोग सिदरा रूपी दरबार की सेवा में थे वे नाना प्रकार के भोजनों एवं हलवों से भली भाँति लाभान्वित हुए। उस संसार को शरण प्रदान करने वाले दरबार में ख्वाजा ग़यासुद्दीन अली मुस्तौफ़ी ने क़सीदा प्रस्तुत किया जिसका प्रथम शेर इस प्रकार है :—

शेर

(१०५) 'बादशाह जिसका मुख सूर्य को प्रकाश प्रदान करता है,
जो बादल के समान, संसार पर अपनी छाया डालता है।'

उसे ताजे इज्ज़त एवं अत्यधिक उत्तम खिलअतों द्वारा सम्मानित किया गया।

उसी दिन मध्याह्नोपरान्त दूसरी नमाज़ के समय, संसार को प्रज्वलित करने वाले बादशाह को ईश्वर की सहायता की तराज़ू में सोने से तोल कर उस धन को जिसमें प्रचलित १५,००० सिक्के थे, सहायता के पात्रों को बाँट दिया गया। एक भव्य समारोह के लिए अनुल्लंघनीय आदेश दिया गया। अमीर एवं वज़ीर उसकी व्यवस्था में तल्लीन हो गए। वे जो कुछ कर सके और उन्होंने जो उचित समझा उसका सोमवार ४ ज़ीक़ाद को प्रबन्ध किया। मंगलवार को प्रातःकाल श्वेत पताकाओं का बादशाह अर्थात् नक्षत्रों की सेना वाला सूर्य

मिसरा

'उषा की सफ़ेदी के सरापरदे'

के बाहर निकला और अपने चमकते हुए शरीर से नीले आकाश को शोभा प्रदान की तथा नक्षत्रों की सेना को चमकीले वस्त्र पहनाकर, दान-पुण्य करने वालों के हाथ से उपकार का दस्तरख्वान बिछाया।

मसनवी

'उस प्रातः को जब संसार के चारों ओर चक्कर लगाने वाला सूर्य,
आकाश के नीले सिंहासन पर आरूढ़ हुआ।
प्रकाश के चारों ओर पतिंगे के समान, नक्षत्रों के समूह,
घेरे रहे उसे चारों ओर से।
(१०६) मुहम्मद हुमायूँ, पवित्र धर्म का बादशाह,
मुकुट, राजसिंहासन एवं मुहर को शोभा देने वाला।
सूर्य के समान उत्कृष्ट सिंहासन पर आसीन हुआ,
उसके चरणों से हुआ, सोने का सिंहासन भाग्यशाली।
उत्कृष्ट शाहज़ादे बैठे,
आकाश रूपी सिंहासन के समीप।

सेना के सरदार दायें एवं बायें,
खड़े हुए अपने स्थान पर दासों के समान।'

"अहले सआदत" में से एक समूह को, जिनके भाग्य ने उनका साथ दिया, बैठने का सम्मान प्रदान किया गया। कुछ लोग आदरपूर्वक खड़े हुए, बादशाही अनुकम्पा से अपने उद्देश्य की पूर्ति के मुखके उपकार के दर्पण में प्रतीक्षा करने लगे। "अहले मुराद" अपनी मुराद हेतु सेवा की पेटी बाँधकर अपने स्थान पर खड़े हो गए और अनुल्लंघनीय फ़रमान के जारी होने की प्रतीक्षा में प्रशंसा एवं शुभ-कामना में व्यस्त हो गए।

मसनवी

'हे जम सरीखे सम्मान वाले बादशाह, साहब क़िरां,
सिकन्दर के समान उत्कृष्ट, राज्य विजय करने वाले।
तेरा हृदय संसार के शोक से मुक्त रहे,
हर क्षण पर उसे अन्य प्रसन्नता प्राप्त हो।'

धनुर्धारी जवान उन हाथियों की पीठ पर बैठे जो पर्वत के समान भारी भरकम एवं देव रूपी थे और जिनपर अतलस एवं रेशमी कपड़ों की झूलें पड़ी थीं। रेगिस्तान को पार करने वाले ऊँट, जिनके कोहान पर्वत के समान ऊँचे थे, उत्तम प्रकार के ऊनी कपड़ों के हौदजों से सजाये गए और (१०७) घास के मैदान के चारों ओर पंक्तियों में खड़े किए गए। मीर आख़ुरों[१] ने शाही तवेले के घोड़ों को सुनहरी ज़ीनों एवं ज़रबफ़्त के ग़लाफ़ द्वारा सजाकर निश्चित स्थान पर खड़ा किया। बहराम रूपी यसावल[२], सर्वसाधारण को, जो सिदरा रूपी दरबार में भीड़ लगाये थे, अपने-अपने स्थान पर रोके हुए थे और उन्हें इधर-उधर फिरने न देते थे। बकावलों एवं ख़्वान सालारों ने भोजनों, पेय, एवं मिठाइयों का इतना अधिक प्रबन्ध किया कि कोई स्थान ख़ाली न रह गया। जो जन-साधारण एकत्र हुए थे वे जो कुछ चाहते प्राप्त करके अपने भूख के कष्ट को दूर करते थे।

शेर

'विचित्र प्रकार का दरबार सजा हुआ था,
जो कुछ दिल चाहता वहाँ उपलब्ध था।'

बहराम रूपी वीर बादशाह के नदी सरीखे दानी हाथों ने दरबार में प्रतिष्ठित शाहज़ादों (१०८) में मुहम्मद हिन्दाल मीर्ज़ा एवं यादगार नासिर मीर्ज़ा को मुकुट एवं बहुमूल्य ख़िलअत पहनाया और अरबी घोड़े, सोने की ज़ीन, निषंग, एवं घोड़ों के आभूषित साज़ द्वारा सम्मानित किया। इसी प्रकार उन्होंने अब्दुल्लाह सुल्तान एवं सुल्तान अली मीर्ज़ा को भी उत्तम वस्त्र पहनाये। वीरता के जंगल के सिंह अमीर मुबारिज़ुद्दीन फ़क़ीर अली एवं राज्य के बहुत से अधिकारियों ने उस दिन बादशाही उपकार के जामाख़ाने से बहुमूल्य ख़िलअतें पहनीं। अपार कृपाओं द्वारा सम्मानित होकर वे अधिक से अधिक निष्ठा एवं स्वामी-भक्ति का प्रयत्न करने लगे। मीर्ज़ा क़ासिम अरग़ून को तूक़ (तोग़) प्रदान करके उसके साथियों की अपेक्षा उसे अधिक प्रतिष्ठित किया गया। उत्कृष्ट अमीर यूसुफ़

१ शाही अश्वशाला के घोड़ों के प्रबन्धकों ने।
२ चोबदार से तात्पर्य है।

वेग वल्द इबराहीम तग़ाई, अमीर मुहम्मद हुसेन कपक बाफ़ी एवं अमीर बाबा ग़ज़ब वेगी, ज़ीलूचा द्वारा सम्मानित किए गए और उनका आदर-सम्मान बढ़ा दिया गया। अपने युग के अद्वितीय उस्ताद अली क़ुली तोपची को मुकुट, ज़रबफ़्त की ख़िलअत, जड़ाऊ ख़ंजर एवं अरबी घोड़े द्वारा अपने समकालीनों की अपेक्षा अधिक सम्मानित किया गया। ख़्वाजा ग़यासुद्दीन यूसुफ़ को, जिसे कुछ कारणों से इशराफ़े दीवान के पद से पदच्युत कर दिया गया था, मुकुट एवं खास ख़िलअत पहनाई गई और उसकी दशा के कपोलों से अपार शाही कृपा का प्रकाश चमकने लगा। ख़्वाजा
(१०९) शाह महमूद भी उस दिन विज़ारत का पद प्रदान करके सम्मानित किया गया। विशेष वस्त्र धारण करके उसके गर्व का सिर आकाश से भी ऊँचा उठ गया। जो राजदूत गुजरात के वाली के पास से आज्ञाकारिता के प्रतिज्ञापत्र लाया था, वह बहुमूल्य ख़िलअत द्वारा सम्मानित किया गया। उसे एक घोड़ा, जो चन्द्रमा के समान आकाश का चक्कर लगा सकता था, प्रदान करके उसकी इच्छाओं की भली भाँति पूर्ति की गई। उस शुभ दिन को मीठी बाणी के कवियों ने राज्यों को शोभा देने वाले बादशाह की सेवा में उत्तम क़सीदे प्रस्तुत किए। बादशाही कृपाओं द्वारा सम्मानित होकर उन्होंने राज्य एवं सौभाग्य के सर्वदा स्थायी रहने के लिए शुभ-कामनायें कीं। उनमें से सर्वोत्कृष्ट कवि मौलाना यूसुफ़ी ने एक क़सीदा पढ़ा जिसके प्रथम ५ शेर इस प्रकार हैं:—

पद्य

'समस्त संसार प्रसिद्ध हुआ, आशीर्वाद से,
हुमायूँ शाह के जन्म-दिन के उत्सव के, जो जमशेद सरीखा है।
जन्म कुंडली में जो कुछ लिखा है, वह होकर रहेगा,
क़लम ने सौभाग्य एवं सफलता उसके लिए लिखी।
यदि वह ऐसा ही भाग्यशाली एवं सफल रहता है तो शीघ्र ही,
तलवार से, सूर्य के समान समस्त संसार पर अधिकार जमा लेगा।
लोग उसे दीनार एवं दिरहम से तोलते हैं, किन्तु,
बुद्धि हर क्षण अपनी सूझ-बूझ से घोषणा करती है।
मोती जिसका मूल्य दोनों लोक हैं,
उसकी लोग दीनार एवं दिरहम से किस प्रकार तुलना कर सकते हैं?'

आनन्द-मंगल का फ़र्श बिछाना, एवं बादशाह के आविष्कारों का परिशिष्ट

(११०) संसार को विजय करने वाले बादशाह के विश्व की शोभा प्रदान करने वाले आश्चर्य-जनक आविष्कारों में से, जिसका उन्होंने आदेश दिया, एक अन्य बिसाते निशात[1] है जो सभी की प्रसन्नता एवं हर्ष का साधन है। वह बिसात ग्रह-पथ एवं तत्व सम्बन्धी ग्रहों में विभाजित एवं गोल थी और बहुमूल्य वस्तुओं से बनी थी। प्रथम वृत्त, जो अतलस रूपी आकाश के अनरूप है, सदाचारियों के कर्म के

१ आनन्द-मंगल का फ़र्श (क़ालीन)।

पृष्ठ के समान सफ़ेद है[1], दूसरा नीला, तीसरा शनि ग्रह से सम्बन्धित होने के कारण काला, चौथा जो भाग्यशाली बृहस्पति से सम्बन्धित है, हलके भूरे रंग का, पाँचवा जो मंगल ग्रह से सम्बन्धित है, लाल है, छठा जो सूर्य से सम्बन्धित है, सुनहरे ज़रबफ़्त रंग का है, सातवाँ जो शुक्र ग्रह के अनुरूप है, (१११) चमकदार हरा, आठवाँ जो बुध ग्रह से सम्बन्धित है, बैंगनी रंग का है। इसका कारण यह है कि बुध ग्रह की प्रकृति मिली-जुली है। नीले को मिला देने पर बैंगनी बन जाता है। अन्य मिले-जुले रंगों को छोड़कर बैंगनी रंग चुनने का कारण यह है कि कुछ विद्वानों ने बुध ग्रह को सुरमई रंग का बताया है और मिले-जुले रंगों में बैंगनी रंग, सुरमई रंग के निकटतम होता है। इसके अतिरिक्त शनि एवं बुध चक्कर लगाते समय एक दूसरे के निकट दृष्टिगत होते हैं। शनि का रंग काला होता है और बैंगनी रंग काले से बहुत मिलता-जुलता है। ९वाँ वृत्त जो चन्द्रमा का ग्रह है १४वीं रात के चाँद के समान सफ़ेद है। चन्द्र वृत्त के उपरान्त अग्नि एवं वायु के वृत्त क्रम से रक्खे गए, तदुपरान्त मिट्टी एवं जल के। विश्व के चौथाई आबाद भाग को सात इक़लीमों में विभाजित किया गया।

पादशाह कभी-कभी अपने सफल हृदय के आनन्द-मंगल हेतु इस बिसात को लकड़ी के गोल चबूतरे पर, जो बिसात के बराबर है, बिछवाते हैं। वे स्वयं सूर्य रूपी ज़रबफ़्त के ग्रह में आसीन होकर अपने सौन्दर्य, प्रकाश एवं स्वच्छता की छटा फैलाते हैं। प्रत्येक समूह सातों ग्रहों में से किसी न किसी ग्रह से सम्बन्धित होने के कारण तत्सम्बन्धी वृत्त में बैठने का आदेश पाता है। (११२) इस प्रकार हिन्दी वंश के अमीर एवं शेख़ शनि के वृत्त में, जो काले रंग का है, बैठते हैं। सैयिद एवं आलिम बृहस्पति के वृत्त में बैठते हैं, जो हलके भूरे रंग का है। कभी कभी जब लोग उपर्युक्त वृत्तों में बैठे होते हैं तो पाँसा, जिसके हर ओर आविष्कार की लेखनी से अलग-अलग प्रकार के चित्र बना दिये गये हैं, फेंका जाता है। जिसके पाँसे में जो चित्र निकलता है, वह उसी के अनुसार वृत्त में आसन ग्रहण करता है उदाहरणार्थ यदि किसी के पाँसे में खड़े हुए आदमी का चित्र निकलता है तो वह खड़ा हो जाता है, यदि बैठे हुए आदमी का चित्र निकलता है तो वह बैठ जाता है; यदि टेक लगाये हुए आदमी का चित्र निकलता है तो वह तकिये से टेक लगा लेता है अपितु लेट जाता है। इस प्रकार यह सभा बड़ा विचित्र दृश्य प्रस्तुत करती है एवं आनन्द-मंगल की वृद्धि का साधन होती है। आनन्द-वर्धक इस बिसात के लाभों में से एक यह है कि सातों ग्रहों के वृत्तों में से प्रत्येक ग्रह का वृत्त २०० भागों में विभाजित है। इस प्रकार सातों वृत्तों में १४०० आदमियों के लिए स्थान है। इस प्रकार ऐसे लोग जो सभा में सर्वदा ऊँचा स्थान प्राप्त करने की खोज में रहते हैं और इस उद्देश्य से नाना प्रकार के कष्ट भोगते हैं, जब कभी उस बिसात पर पहुँचते हैं तो फिर कोई झगड़ा नहीं होता कारण कि प्रत्येक अपनी इच्छानुसार स्थान प्राप्त कर लेता है।

शीशे की सुराहियों में शरबत लाने का आदेश

उस मुकुट एवं सिंहासन के स्वामी के आविष्कारों में से एक अन्य आविष्कार यह है कि

१ जिस प्रकार सदाचारियों की कर्म-पंजिका (नामये आमाल) काली नहीं होती और उसमें उनके विरुद्ध कुछ नहीं लिखा होता, उसी प्रकार वह वृत्त भी सादा था।

(११३) क्योंकि हिन्दुस्तान में मक्खियाँ बड़ी अधिक संख्या में होती हैं और वायु के तीव्र गति से प्रवाहित रहने के कारण अत्यधिक धूल उड़ती रहती है, अतः रिकाबदारों[1] को आदेश दे दिया गया है कि सम्मानित दरबार में खासे का शरबत[2] शीशे की सुराहियों में लायें ताकि दरबारियों का आनन्द मक्खी, धूल एवं कूड़ा पड़ जाने के कारण भंग न हो और वे स्वच्छ एवं शुद्ध पेय पी सकें।

नक़्क़ारों के सम्बन्ध में आदेश

इसके अतिरिक्त शाही आदेश हुआ कि आकाश रूपी चौखट के नक़्क़ारा बजाने वाले, सूर्योदय के समय नक़्क़ारा बजाया करें। प्रातःकाल का नक़्क़ारा जो नमाज़ एवं एबादत के समय बजाया जाता है, "नौबते सआदत" कहलाता है। सूर्योदय के बाद का नक़्क़ारा, जो उस समय बजाया जाता है जब सल्तनत के विभागों के कार्य प्रारम्भ होते हैं, "नौबते दौलत" कहलाता है। सायंकाल का नक़्क़ारा, जब लोग विश्राम करते एवं आनन्द-मंगल मनाते हैं, "नौबते मुराद" कहलाता है। इस प्रकार प्रत्येक मास की प्रथम एवं १४ को जो सूर्य एवं चन्द्र के (क्रमशः) स्वागत् का समय है, खुशी के नक़्क़ारे के बजाने का आदेश दिया गया है। निकट तथा दूर वालों के लिए आनन्द-मंगल के द्वार खोल दिए गए हैं।

न्याय का तब्ल

(११४) इसके अतिरिक्त गरजने वाले बादल के समान एक तब्ल बादशाह के दीवान खाने के निकट रख दिया जाता है ताकि जो लोग न्याय चाहते हों, वे उसे बजा दें। भाग्यशाली नव्वाव[3] सूचना पाकर जाँच कराते हैं। यह निश्चय कर दिया गया है कि यदि कोई किसी से साधारण झगड़े का न्याय चाहता है तो तब्ल पर एक चोब[4] मार दें। यदि किसी पर उलूफ़ा[5] न मिलने के रूप में अत्याचार हुआ है तो उसे दो बार बजा दें। यदि किसी अत्याचारी ने किसी की धन-सम्पत्ति का अपहरण कर लिया हो अथवा चुरा लिया हो तो तीन बार तब्ल बजा दें। यदि किसी को हत्या के कारण न्याय की याचना करनी हो तो वे चार बार तब्ल को बजा दें। यह तब्ल तब्ले अद्ल[6] कहलाता है।

ईश्वर को धन्य है कि न्याय एवं उपकार के इस प्रतीक के राज्यकाल में तब्ल के अतिरिक्त किसी को भी अत्याचार का डंडा न खाना पड़े और मुरली के अतिरिक्त कोई भी व्यक्ति निराशा का स्वर न निकाले।

मसनवी

'संसार को विजय करने वाले के न्याय से,
मुरली के अतिरिक्त कोई भी क्षण भर के लिए विलाप नहीं करता।

१ भोजन एवं पीने की वस्तुओं का प्रबन्ध करने वाले।
२ शाही प्रयोग का शरबत।
३ हुमायूं।
४ तब्ल बजाने की छड़ी।
५ वेतन; वृत्ति।
६ न्याय का तब्ल।

'अत्याचारी आकाश के अत्याचार के हाथ से,
तब्ल के अतिरिक्त कहीं से आवाज़ नहीं निकलती।'

परमेश्वर की असीम अनुकम्पा से आशा है कि क़यामत तक इस सुलेमान रूपी बादशाह के न्याय का सूर्य, सृष्टि के गालों पर चमकता रहेगा और यह विद्वत्ता-पूर्ण रचना उनके सम्मानित सेवकों द्वारा स्वीकृत और लेखक नाना प्रकार की अनुकम्पाओं द्वारा लाभान्वित हो।

मसनवी

(११५) "खिलाफ़त को शरण प्रदान करने वाला, संसार में न्याय करने वाला,
न्यायकारी, कला को आश्रय देने वाला।
तू है ऐश्वर्य के आकाश का सूर्य,
विद्वता एवं निपुणता के स्वामियों को दान करने वाला।
मैं हूँ कविता की वाटिका का बुलबुल,
मैंने तेरी कृपा की वाटिका में स्थान ग्रहण कर लिया है।
इस उद्यान में यदि मुझे सम्मान प्राप्त हो,
तो तेरे सौभाग्य के गीत गाऊँ।
इसके अतिरिक्त मेरी कोई अन्य इच्छा नहीं,
कि मैं तेरा गुण-गान करता रहूँ।
हे सफल बादशाह! तेरा इतिहास (लिख कर)
मैं युग के दामन को मोतियों से भर दूँ।
फ़िरदौसी[1] एवं अनवरी की प्रथानुसार,
मैं कविता को नए वस्त्र प्रदान करूँ।
मैं हृदय-ग्राही 'ज़फ़र नामा'[2] की रचना करूँ,
ताकि उसका प्रेम लोगों के हृदय से शान्ति छीन ले।
(११६) उसके क्रम[3] का सौन्दर्य हृदय से चेतना छीन ले,
शरफ़ की सुन्दर रचना[4] को लज्जित कर दे।
शर्त यह है कि तेरा आदेश हो जाय,
बिना आदेश के प्रारम्भ नहीं कर सकता।
और तेरे उपकार के बादल से,
जिसकी अनुकम्पा बहार की ऋतु से अधिक है।

१ फ़िरदौसी :--अबुल क़ासिम हसन बिन शरफ़ शाह फ़िरदौसी तूसी **शाहनामा** के सुप्रसिद्ध ग्रन्थ का रचयिता था। **शाहनामा** में ईरान के प्राचीन बादशाहों की पौराणिक कथायें हैं। ८९ वर्ष की अवस्था में ४११ हि० (१०२० ई०) में उसकी जन्म भूमि तूस (मशहद) में उसकी मृत्यु हो गई।

२ **ज़फ़र नामा** का लेखक शरफ़ुद्दीन अली यज़्दी था। यहां हुमायूँ की विजयों के इतिहास से तात्पर्य है।

३ **ज़फ़र नामा** के क्रम का।

४ **ज़फ़र नामा**।

तू मेरी आशाओं की वाटिका में मोती बरसा सकता है,
मेरी आशा के पौधे में फल लगा सकता है।
क्योंकि तू उपकार का दस्तरख्वान अपने आदमियों के सामने बिछाता है,
मेरी योग्यतानुसार मुझे सम्मानित कर।
हे सदाचारी बादशाह ! तेरे राज्यकाल में,
अत्यधिक योग्य एवं निपुण लोग हैं।
महानता के साधन अपने हाथों में ले लिए हैं,
पहिन ली है प्रतिष्ठा की टोपी अपने सिर पर।
(११७) मैं उच्च वंश से भी हूँ, मुझमें योग्यता भी है और शिष्टाचार भी,
परम्परागत गुण एवं अर्जित योग्यतायें भी।
अतः मैं आशा करता हूँ, हे मुकुट के स्वामी,
कि प्राप्त करूँ प्रोत्साहन मैं इससे भी अधिक।
क्योंकि वृद्धावस्था ने मुझे निर्बल बना दिया है,
इस प्रकार की सेवा वृद्धावस्था का दोष है।
इन बातों का उद्देश्य धन की प्राप्ति नहीं,
अपनी आकाँक्षाओं एवं अभिलाषाओं की पूर्ति नहीं।
किन्तु इस राज्य में किरान से दूर,[1]
मैं नहीं चाहता कि दूसरों से कम रहूँ।
जब तूती को कौवे के बराबर कर दिया जाता है,
वह उड़ता है और आगे अपने शान्ति के घोंसले से।
मेरे मस्तिष्क के समान कविता में,
हिन्दुस्तान में कोई अन्य नहीं।
इस दरबार के सेवकों में से किसी को भी,
यदि इस दावे में सन्देह हो।
(११८) आदेश दे ! हे महान् बादशाह,
कि बुद्धिमान् एवं विद्वान्।
अपने विद्वत्तापूर्ण मस्तिष्क से,
लायें एक डिबिया ऐसी, मोतियों से भरी हुई।
जब शाह का यह आदेश जारी हो जाय,
मेरी बात की सच्चाई का प्रकाश प्रकट हो जायगा।
हे इतिहासकार ! इससे अधिक बात मत कर,
कि यह बादशाह उत्तम स्वभाव वाला।
अपनी अपार कृपाओं एवं निष्ठावानों के प्रति अनुकम्पा के कारण,
करेगा कृपा द्वारा तुझे सम्मानित।

१ अपनी मातृ-भूमि किरान (ईरान) से दूर।

क्या तू नहीं देखता कि बुलबुल की बातचीत के बिना,
बहार की हवा, आत्मा को शान्ति प्रदान करती है ?
जब चमकता हुआ सूर्य, ऊपर उठता है,
समस्त संसार होता है, उससे लाभान्वित।
क्या ही अच्छी बात कही, जाम के उस ज्ञानी[१] ने,
जिसके द्वारा ज्ञान की माला सुव्यवस्थित हुई ।
(११९) सूर्य से कहने की आवश्यकता ही क्या है ?
कि वह निकट अथवा दूर वालों के सिर पर चमके।
जब चमकता हुआ सूर्य अपना प्रकाश फैलाता है,
तो निकट वाले वंचित रहते हैं और न दूर वाले।
हे ईश्वर ! अरब के रसूल[२] के लिए,
उस बुद्धिमान् के सम्मान की दृष्टि से जिसकी उपाधि 'उम्मी'[३] हैं।
धर्म की रक्षा करने वाली उनकी सन्तान एवं उनके मित्रों के लिए,
क़ौम के पथ-प्रदर्शन के सौभाग्य से।
ऐश्वर्य एवं गर्व की वाटिका का यह सरो,
राज्यों को विजय करने वाला फ़िरिश्तों सरीखा।
बादशाही के सिंहासन पर प्रसन्न रहे,
उसके न्याय से राज्य आबाद रहे।
विजय उसकी सेना का साथ देती रहे,
उसके आज्ञाकारी रहें संसार के सुल्तान।
(१२०) उसकी पताका का चन्द्र संसार को प्रकाश देता रहे,
उसकी सेना प्रत्येक रण-क्षेत्र में विजयी रहे।
समस्त संसार वह विजय करता रहे,
बात इसी पर समाप्त हो गई। वस्सलाम।"

१ नूरुद्दीन अब्दुर्रहमान जामी, हिरात के प्रसिद्ध सूफ़ी एवं अनेक सूफ़ी मत के काव्यों के रचयिता (मृत्यु १८ मुहर्रम ८९८ हि०/९ नवम्बर १४९२ ई०)।

२ हज़रत मुहम्मद।

३ हज़रत मुहम्मद की उपाधि 'उम्मी' थी। उम्मी उस व्यक्ति को कहते हैं जो पढ़ना लिखना न जानता हो।

तारीख़े रशीदी

लेखक—मीर्ज़ा हैदर दूग़लात

(अलीगढ़ विश्वविद्यालय हस्तलिपि)

हज़रत मख़्दूमी नूरा का हिन्द की ओर प्रस्थान और तत्सम्बन्धी कुछ अन्य बातें

(२९६ ब) उस वहार में हज़रत मख़्दूम नूरा[१] वदख़्शाँ के मार्ग से हिन्द की ओर रवाना हुए। ख़ान[२] उनके साथ शहनाज़[३] दर्रे तक जो ७-८ दिन की यात्रा की दूरी पर है उन्हें पहुँचाने के लिये साथ गया। मैं उस समय अक़्सू में होने के कारण इस सौभाग्य से वंचित रहा। जब मैं अक़्सू से लौटा तो ख़ान ने मुझसे कहा कि, "हज़रत ख़्वाजा नूरा को विदा करते समय मैंने उनसे फ़ातेहा[४] पढ़ने की प्रार्थना की। जब उन्होंने फ़ातेहा पढ़ने के लिए अपने हाथ उठाये तो मैंने निवेदन किया कि, 'आप कृपापूर्वक सर्व प्रथम मीर्ज़ा हैदर के लिए फ़ातेहा पढ़ें। तदुपरान्त मुझको सम्मानित करें।' उन्होंने मेरी प्रार्थना स्वीकार कर ली। सर्व प्रथम तेरे लिए फ़ातेहा पढ़ा। तदुपरान्त मेरे लिए।"......[५]जो लोग उस समय उपस्थित थे उनका कथन है कि ख़ान कई मंज़िल तक (२९७ अ) वरावर हज़रत ख़्वाजा के साथ रहा। जव वे कोई वात कहते तो भाव-अतिरेक

१ ख़्वाजा नूरा (नूरुद्दीन) अपने दादा ख़्वाजा नसीरुद्दीन उबैदुल्लाह एहरार के मुरीद थे। उन्होंने मौलाना नूरुद्दीन अब्दुर्रहमान जामी (८९८ हि०/१४९२ ई०) से भी शिक्षा प्राप्त की थी। जामी की मृत्यु के पश्चात् वे एराक़ चले गये और वहां मीर हसन यज़्दी तथा मीर सद्रुद्दीन के साथ रहे। तदुपरान्त उन्होंने ६ वर्ष इख़लाक़े जलाली नामक राजनीति एवं नीति-शास्त्र के प्रसिद्ध रचयिता मौलाना जलालुद्दीन दवानी (मृत्यु ९०८ हि०/१५०२ ई०) से शिक्षा प्राप्त की। तदुपरान्त वे टर्की एवं मिस्र की यात्रा करते हुये मक्के पहुँचे। वहाँ से वे जद्दा और फिर गुजरात, तदुपरान्त कावुल पहुँचे। वहां उन्होंने बाबर से भेंट की। इन यात्राओं में उन्होंने ८३ वर्ष व्यतीत कर दिये। जव बाबर पादशाह ने समरक़न्द पर अधिकार जमा लिया, तो ख़्वाजा वहां पहुँचे। बाबर के काबुल वापस आ जाने के उपरान्त ख़्वाजा ९३१ हि० (१५२४-२५ ई०) तक समरक़न्द में रहे। वहाँ से वे काशग़र चले गये और दो वर्ष तक वे वहाँ ठहरे रहे। तदुपरान्त वे तुरफ़ान पहुँचे। तीन वर्ष पश्चात् वे तुरफ़ान से काशग़र पहुँचे, और वहाँ कुछ समय ठहर कर यारक़न्द चले गये। ९३७ हि० (१५३०-३१ ई०) में वे यांगे हिसार में मीर्ज़ा हैदर के साथ थे।

२ सईद ख़ां इब्ने सुल्तान अहमद जिसने तिब्बत तथा कश्मीर पर भी आक्रमण किये। मीर्ज़ा हैदर उसका आश्रित था।

३ रास के अनुसार सम्भवतः 'काकासू' अथवा 'करातारा दर्रा'।

४ क़ुरान का पहला सूरा जो आशीर्वाद हेतु पढ़ा जाता है। मुर्दे की नियाज़ को भी फ़ातेहा कहते हैं।

५ कुछ पद्य जिनका अनुवाद नहीं किया गया।

के कारण ख़ान की आँखों से आँसू गिरने लगते, यहाँ तक कि उपस्थितगण भी प्रभावित हो जाते। ... [१]क्योंकि यह ख़ान तथा ख़्वाजा के अन्तिम दर्शन थे अतः वे वियोग के कारण बड़े दुखी थे।

संक्षेप में हज़रत ख़्वाजा नूरा हिन्दुस्तान पहुँचे। हिन्दुस्तान के सीमान्त के प्रदेश काबुल तथा लाहौर मीर्ज़ा कामरान के अधीन थे। उसने नम्रतापूर्वक निवेदन किया कि, "आप लाहौर में निवास करें" किन्तु उन्होंने उत्तर दिया कि, "प्रारम्भ ही से मैंने यह संकल्प किया था कि मैं हज़रत पादशाह[२] की सेवा में उपस्थित रहूँगा अतः उनकी मृत्यु के प्रति शोक प्रकट करने के लिए हुमायूँ पादशाह की सेवा में उपस्थित होना मेरे लिए परमावश्यक है। यह कार्य सम्पन्न करने के उपरान्त यदि वापसी हुई तो मैं तुम्हारी प्रार्थना स्वीकार करूँगा।" तदुपरान्त वे हिन्द की राजधानी आगरा की ओर रवाना हुए। पादशाह[३] ने भी उनके आगमन पर बड़ी प्रसन्नता प्रकट की और उनके प्रति आदर सम्मान प्रदर्शित किया।

शेख़ पूल (बहलूल) एवं मुल्ला परग़ारी के कारण ख़्वाजा की उपेक्षा

उसी बीच में हिन्दुस्तान में शेख़ पूल[४] नामक एक व्यक्ति पैदा हो गया था। हुमायूँ पादशाह ने उसका मुरीद[५] होना निश्चय कर लिया था। इसका कारण यह था कि हुमायूँ को विचित्र प्रकार के ज्ञानों से तथा दावते (इस्मा) एवं तस्ख़ीर[६] से बड़ी रुचि थी। शेख़ पूल शयूख़ियत[७] के वस्त्र धारण करके उनकी सेवा में पहुँचा और उसने इस विषय में उनका विश्वास दृढ़ करा दिया कि वास्तव में समस्त उद्देश्य दावत एवं तस्ख़ीर द्वारा ही प्राप्त हो सकते हैं। क्योंकि पादशाह को यह बातें पसन्द थीं अतः वे तत्काल उसके मुरीद हो गए।

इसके अतिरिक्त मौलाना मुहम्मद परग़ारी नामक एक अन्य व्यक्ति था। यद्यपि वह मुल्ला[८] था किन्तु बड़ा ही धूर्त था और अपने उद्देश्यों की पूर्ति के लिए, चाहे वे नीच से नीच क्यों न हों, घोर प्रयत्न किया करता था। शेख़ ने मुल्ला मुहम्मद को मिला लिया। दोनों मिलकर पादशाह के (२९७ ब) उद्देश्यों की पूर्ति के विषय में प्रयत्न करने लगे। पादशाह की इस चाटुकारी से वे अपने स्वार्थ की सिद्धि करना चाहते थे।

इस घटना के कुछ समय उपरान्त मैं पादशाह की सेवा में पहुँचा। इसका सविस्तार उल्लेख वाद में किया जायगा। जहाँ तक मुझे विश्वास है उन्होंने शेख़ पूल से तस्ख़ीर तथा दावत के अतिरिक्त कुछ भी न सीखा था। अधिक ज्ञान ईश्वर ही को है। जब प्रामाणिक रूप से यह ज्ञात हो गया कि पादशाह शेख़ का मुरीद है तो मौलाना मुहम्मद अपितु पादशाह एवं उनके समस्त सहायक ख़्वाजा

१ कुछ पद्य जिनका अनुवाद नहीं किया गया।
२ बाबर।
३ हुमायूं।
४ शेख़ फूल अथवा शेख़ बहलोल।
५ चेला।
६ ईश्वर के नामों का ज्ञान एवं सिद्धि प्राप्त करके प्रत्येक कार्य सम्पन्न कर लेने की शक्ति प्राप्त करना।
७ शेख़ अथवा सूफ़ी संत (सन्त) होने का दावा करके।
८ इस्लाम से सम्बन्धित विद्याओं का ज्ञानी, आलिम।

नूरा की ओर से, जो पूर्वजों के समय से आदर-सम्मान के पात्र थे, उपेक्षा एवं उनका अपमान करने लगे। इस बात का उल्लेख हो चुका है कि जब वे लाहौर से जाने लगे थे तो कामरान मीर्ज़ा ने इस बात की प्रार्थना की थी कि वे लाहौर ही में निवास करें। उन्होंने वचन दिया था कि वापसी के समय वे उसकी इच्छा की पूर्ति करेंगे। इस वचनानुसार वे आगरा से लाहौर की ओर रवाना हुए। हुमायूँ पादशाह तथा उनके सहायकों ने उनसे ठहरने की प्रार्थना की, किन्तु उन्होंने स्वीकार न किया और लाहौर के लिए चल खड़े हुए। ९४३ हि० (१५३६-३७ ई०) में वे लाहौर पहुँचे। मैं इसके पूर्व ही लाहौर पहुँच गया था। उनके चरणों का चुम्बन करके सम्मानित हुआ।

वे उन दिनों अपनी मोती बरसाने वाली जिह्वा से कहा करते थे कि, "मैंने स्वप्न देखा है कि एक बहुत बड़ा समुद्र है जिसमें वे लोग जो आगरा तथा हिन्दुस्तान में रह गए हैं घिर गए हैं। केवल हम लोग बड़े ख़तरों का मुक़ाबला करके निकल सके हैं।" तीन वर्ष उपरान्त जैसा उन्होंने कहा था, वही हुआ। इसका सविस्तार उल्लेख (बाद में) किया जायगा।

हिन्दुस्तान की उथल-पुथल के उपरान्त वे कुशलतापूर्वक काशग़र के मार्ग से मावराउन्नहर की ओर रवाना हुए। ईश्वर हज़रत मुहम्मद तथा उनकी सम्मानित संतान के आशीर्वाद से उनकी छाया वर्षों तक इन शक्तिहीन निष्ठावान् भक्तों के सिरों पर रक्खे।

ख़्वाजा नूरा के चमत्कार

(२९८ अ) मैं उस दरबार में उपस्थित था जिसमें मौलाना मुहम्मद परग़री आगरा से हुमायूँ पादशाह का पत्र लेकर आया था। जिस समय उन्होंने उस स्वप्न[1] का उल्लेख किया मैं भी वहाँ मौजूद था। मौलाना मुहम्मद ने विलाप करना तथा अपने अपराधों की क्षमा माँगना प्रारम्भ कर दिया और आग्रह किया कि 'हुमायूँ पादशाह को आप पत्र लिखें'। उसके आग्रह पर उन्होंने यह लिखा :

शेर

'हे हुमा ! अपनी सम्मानित छाया कदापि मत डाल,
उस प्रदेश में जहाँ कौओं की अपेक्षा तोते[2] कम होते हैं।'

इस चमत्कार में एक विचित्र रहस्य है, कारण कि हुमायूँ पादशाह उस प्रदेश में, जहाँ कौओं से तोतों की संख्या कम होती है, अपनी छाया न डाल सके और व्याकुल होकर चले गए[3]।

जिस समय मैं लाहौर में था, शाह इस्माईल के पुत्र शाह तहमास्प ने एराक़ से क़न्धार पहुँचकर उसे भी मीर्ज़ा कामरान के गुमाश्तों[4] से छीन लिया तथा अपने विश्वासपात्रों को देकर वापस लौट गया। मीर्ज़ा कामरान इस दुर्घटना के कारण बड़ा दुखी हुआ और उसने मुझसे कहा कि मैं ख़्वाजा से इस दुर्घटना के विषय में निवेदन करूँ। दूसरे दिन जब मैं ख़्वाजा की सेवा में उपस्थित

१ डा० रास ने 'ख़्वाब' के स्थान पर सम्भवतः 'जवाब' पढ़ लिया था। अंग्रेज़ी अनुवाद इस प्रकार है, "He also was present when the Khwaja gave answer before-mentioned."

२ हिन्दुस्तान की ओर संकेत है।

३ हिन्दुस्तान से चले जाने की ओर संकेत है।

४ प्रतिनिधियों।

हुआ तो उन्होंने मुझसे कहा, कि "मैंने हज़रत ईशां[1] को स्वप्न में देखा है। उन्होंने मुझसे पूछा कि 'तू क्यों दुखी है ?' मैंने उत्तर दिया कि 'मैं मीर्ज़ा कामरान के कारण दुखी हूँ। क़न्धार पर तुर्कमानों (२९८ब) ने अधिकार जमा लिया है। इसका क्या परिणाम होगा ?' हज़रत ईशां ने मेरी ओर बढ़ कर मेरे हाथ पकड़े और कहा कि, 'चिन्ता मत कर। यह कार्य सुगमतापूर्वक सम्पन्न हो जायगा।" जैसा उन्होंने कहा था, वैसा ही हुआ।

मीर्ज़ा कामरान ने क़न्धार पर आक्रमण किया। जो व्यक्ति शाह तहमास्प की ओर से क़न्धार में नियुक्त था वह संधि करके मीर्ज़ा कामरान को क़न्धार देकर चला गया। तुर्कमानों की ओर से इस प्रकार का व्यवहार बड़ा आश्चर्यजनक है कारण कि तुर्कमान बादशाहों में अत्यधिक आतंक पाया जाता है। उनके सेवक इस प्रकार के कार्य का साहस नहीं कर सकते। चाहे जो कुछ भी हो, यह कार्य सुगमतापूर्वक सम्पन्न हो गया।

बाबर पादशाह की बहिन ख़ानज़ादा बेगम, जिनका इस ग्रंथ में कई स्थानों पर उल्लेख हो चुका है, काबुल में थीं। वे रुग्ण हो गईं। उन्होंने एक पत्र ख्वाजा को लिखा और मेरे द्वारा उसे भेज कर मुझसे कहा कि, "ख्वाजा नूरा से इस रोग के उपचार के विषय में पुंछना।" उन्होंने उस पत्र को शुद्ध रूप में न लिखा था। मैं उस पत्र को शुद्ध रूप में लिखकर उनकी सेवा में ले गया। उन्होंने कहा कि, "मैं चाहता हूँ कि तुम्हें एक गुप्त बात बताऊँ।" मैंने उठकर अभिवादन किया। उन्होंने कहा, "जो पत्र बेगम ने भेजा हो उसे मुझे दे दे", यद्यपि मैंने उस पत्र को एकान्त में लिखा था और किसी को उसकी सूचना न थी। मैंने उनके जो चमत्कार देखे उनमें से ३-४ का उल्लेख कर दिया।

जब ख्वाजा नूरा हिन्दुस्तान चले गए तो ख़ान ने अमीन ख्वाजा सुल्तान को, जो अक़सू से बदख्शाँ लाया गया था, हिन्दुस्तान जाने की अनुमति दे दी। यद्यपि यह कार्य राज्य की आवश्यकताओं को देखते हुए किया गया था किन्तु इससे ख़ान का उसके रिश्तेदारों से सम्बन्ध टूट न सका। अन्ततोगत्वा अमीन ख्वाजा सुल्तान हिन्दुस्तान चला गया और वहाँ स्वाभाविक मृत्यु को प्राप्त हुआ। उसका ज्येष्ठ पुत्र मसऊद सुल्तान उसके बाद हिन्दुस्तान की ओर रवाना हुआ। उनके इस प्रकार हिन्दुस्तान की ओर छिन्न-भिन्न हो जाने के उपरान्त ख़िज्र ख्वाजा सुल्तान, महदी सुल्तान एवं ईसान दौलत सुल्तान विभिन्न स्थानों पर निवास करने लगे।......

१ ख्वाजा उबैदुल्लाह एहरार, ख़ुरासान के प्रसिद्ध सूफ़ी सन्त जिनके शिष्यों में प्रतिष्ठित सूफ़ी कवि मौलाना नूरुद्दीन अब्दुर्रहमान जामी (मृत्यु ८९८ हि०/१४९२ ई०) भी सम्मिलित थे। बाबर के पिता उमर शेख़ मीर्ज़ा के वातावरण में दो विद्वानों का विशेष हाथ दिखाई पड़ता है। एक उनके ससुर यूनुस ख़ां का और दूसरे ख्वाजा उबैदुल्लाह एहरार का जिन्होंने बाबर का नामकरण किया था। उबैदुल्लाह एहरार की मृत्यु ८९६ हि० (१४९१ ई०) में हुई। वे नक़्शबन्दी सिलसिले के सूफ़ी थे। मीर्ज़ा हैदर ने ख्वाजा नूरा के गुरुओं के सम्बन्ध में ख्वाजा उबैदुल्लाह एहरार के गुरुओं का इस प्रकार उल्लेख किया है। ख्वाजा नसीरुद्दीन उबैदुल्लाह मौलाना याक़ूब चर्ख़ी के, मौलाना याक़ूब चर्ख़ी ख्वाजा बहाउद्दीन नक़्शबन्द के, ख्वाजा बहाउद्दीन नक़्शबन्द मीर कलाल के, मीर कलाल ख्वाजा मुहम्मद बाबाये समासी के, ख्वाजा मुहम्मद बाबाये समासी ख्वाजा अली रामतीनी के, ख्वाजा अली रामतीनी ख्वाजा महमूद अन्जीर फ़गरवी के, ख्वाजा महमूद अन्जीर फ़गरवी ख्वाजा आरिफ़ रिवगरवी तथा ख्वाजा आरिफ़ रिवगरवी ख्वाजा अब्दुल ख़ालिक़ ग़जदवानी के शिष्य थे।

बाबर पादशाह का शेष हाल एवं उनकी मृत्यु

(३०४ अ) इससे पूर्व बाबर पादशाह के इतिहास का उल्लेख उस स्थान तक हो चुका है जहाँ उनकी विजय की तारीख़ "फ़तह व दौलत[१]" के अक्षरों से निकलती है[२]। उन्हें इतना अधिक ख़ज़ाना प्राप्त हुआ और इतने प्रदेश उनके अधिकार में आ गए कि समस्त ससार वाले उससे लाभान्वित हुए। संक्षेप में मैं हिन्दुस्तान पहुँचा, और जैसा कि उल्लेख होगा उस देश की समस्याओं के समाधान में लग गया।

बाबर पादशाह ने सुल्तान सिकन्दर अफ़ग़ान के समस्त राज्य पर अधिकार जमा लिया। हिन्द के राजा, राणा साँगा ने कई लाख सैनिक लेकर उनपर चढ़ाई की। पादशाह ने उससे युद्ध करके उसे पराजित कर दिया और फ़रमानों में "ग़ाज़ी" की उपाधि धारण की[३]।

तदुपरान्त वे चित्तौड़[४] पहुँचे और वहाँ जिहाद करके काफ़िरों पर विजय प्राप्त कर ली। लौटकर उन्होंने समस्त हिन्दुस्तान के सुव्यवस्थित रखने का प्रयत्न प्रारम्भ कर दिया। ९३७ हि० (१५३० ई०) में वे इतना अधिक रुग्ण हो गए कि चिकित्सक अत्यधिक प्रयत्न के बावजूद उपचार न कर सके।......[५]अपनी मृत्यु के समय उन्होंने हुमायूँ मीर्ज़ा को, जिन्हें उन्होंने बदख़्शाँ से बुलवा लिया था, संसार वालों के कार्यों की सुव्यवस्था सौंप दी। जैसे ही हुमायूँ पादशाह अपने पिता के सिंहासन पर आरूढ़ हुए मुहम्मद ज़मान मीर्ज़ा इब्ने बदीउज़्ज़मान मीर्ज़ा इब्ने मीर्ज़ा (३०४ ब) सुल्तान हुसेन, जो बाबर पादशाह की सेवा में तथा उनका जामाता था, एवं अन्य लोगों ने विद्रोह कर दिया। हुमायूँ ने अपनी युक्ति एवं कृपा द्वारा सबको दबा दिया। हिन्दुस्तान के जो भाग उनके पिता के समय में विजय न हो सके थे, उन्हें भी विजय किया और गुजरात पहुँचे। गुजरात पर अधिकार जमा लिया। अपने भाइयों तथा अमीरों के विरोध एवं संगठन के अभाव के कारण गुजरात को छोड़कर उन्हें लौटना पड़ा। शेष हाल बाद में लिखा जायेगा......[६]

मीर्ज़ा हैदर का लाहौर पहुँचना

(३४४ अ) जब मैं लाहौर पहुँचा तो वहाँ बाबर पादशाह का पुत्र मीर्ज़ा कामरान राज्य कर रहा था। उसने मेरे प्रति अत्यधिक आदर सम्मान प्रदर्शित करते हुए मेरा स्वागत् किया। अपार कष्टों एवं कठिनाइयों के उपरान्त मैंने इतना अधिक आदर सम्मान प्राप्त किया कि उसकी कृपाओं तथा शाहाना आदर सम्मान ने मेरे दुखों एवं कष्टों के प्रति तिरियाक़[७] का कार्य किया।.....[८]इस समय शाह इस्माईल के एक पुत्र ने क़न्धार पर आक्रमण करके उसे अपने अधिकार में कर लिया।

१ ९३० हि० (१५२४ ई०)।

२ **तारीख़े रशीदी** का बाबर सम्बन्धी इतिहास **मुग़ल कालीन भारत—बाबर**, पृ० ६०७-६३२ में देखिये।

३ इस विषय में **बाबर नामा**, पृ० २२६-२५१ देखिये।

४ 'चुनार' से तात्पर्य है।

५ शेरों का अनुवाद नहीं किया गया।

६ इसके आगे मीर्ज़ा हैदर ने अपनी कश्मीर विजय एवं वहां से निकलने का हाल लिखा है। (देखिये—Elias and Ross : *The Tarikh-i-Rashidi*, pp. 401-45)।

७ विषहर, विष का नाशक।

८ इस स्थान पर कुछ शेर हैं जिनका अनुवाद नहीं किया गया।

इस घटना का उल्लेख इस प्रकार है: शाह इस्माईल का एक पुत्र साम मीर्ज़ा अपने भाई शाह तहमास्प के पास से भागकर सीस्तान पहुँचा। वहाँ से क़न्धार पहुँचा। क़न्धार में उस समय अमीर ख़्वाजा कलां (हाकिम) था। यह ख़्वाजा कलां, मौलाना मुहम्मद सद्र का पुत्र था। मौलाना मुहम्मद सद्र मीर्ज़ा उमर शेख़ के राज्य एवं धर्म के स्तम्भों में से था। मीर्ज़ा उमर शेख़ की मृत्यु के बाद मौलाना मुहम्मद सद्र के पुत्र बाबर पादशाह की सेवा में पहुँचे। उन्होंने उनकी सेवा में बहुत बड़े बड़े कार्य किए। इस वंश में उसका अत्यधिक आदर सम्मान किया जाता है कारण कि उसके ६ भाई विभिन्न अवसरों पर भिन्न-भिन्न युद्धों में मारे गए। केवल यही मीर ख़्वाजा कलां बच गया था।

वह बड़ा ही शूर वीर एवं विद्वान् था। उसने अपनी योग्यता से पादशाह के राज्य की अनेक समस्याओं का समाधान किया था। उसके परिश्रम एवं सूझ-बूझ के कारण ईश्वर की कृपा से पादशाह (३४४ ब) ने हिन्दुस्तान विजय किया[1]। संक्षेप में उसने क़न्धार की इस प्रकार से प्रतिरक्षा की कि साम मीर्ज़ा आठ मास के घोर प्रयत्न के उपरान्त भी उसे विजय न कर सका। आठ मास उपरान्त कामरान मीर्ज़ा हिन्दुस्तान से पहुँच गया। क़न्धार के क़िले के समक्ष साम मीर्ज़ा से युद्ध किया। अमीर ख़्वाजा कलां की वीरता एवं सूझ-बूझ के कारण साम मीर्ज़ा पराजित होकर एराक़ वापस चला गया। कामरान मीर्ज़ा हिन्दुस्तान लौट आया। मैं उसी समय लाहौर पहुँचा।

शीत ऋतु व्यतीत हो जाने के उपरान्त दूसरी बहार में शाह तहमास्प अपने भाई का बदला लेने के लिए क़न्धार पहुँचा। यह वही शाह तहमास्प है जिसने जब कभी ख़ुरासान पर आक्रमण किया, तो उबैदुल्लाह खां तथा ऊज़बेक उसका अपनी अत्यधिक सेना सहित इस प्रकार मुक़ाबला करते थे कि उसे सर्वदा भागना पड़ता था।....[2]

मीर ख़्वाजा कलां, शाह तहमास्प की सेना की अत्यधिक संख्या एवं शक्ति के कारण, क़िले की प्रतिरक्षा न कर सका। इसके अतिरिक्त इससे पूर्व आठ मास के अवरोध का मुक़ाबला करने के कारण क़िले की प्रतिरक्षा की सामग्री समाप्त हो चुकी थी और उसे इस बात की आशा न थी कि मीर्ज़ा कामरान उसकी सहायतार्थ पहुँच सकेगा। इस कारण वह क़न्धार को छोड़कर उच्च तथा तत्ता और वहाँ से लाहौर पहुँचा।

जब कामरान मीर्ज़ा को यह समाचार प्राप्त हुए तो उसने (तत्काल) क़न्धार की ओर प्रस्थान करने का संकल्प कर लिया। हिन्दुस्तान का अपना पूरा राज्य तथा जो कुछ भी उससे सम्बन्धित था एवं दीवान के अधिकारियों तथा अमीरों इत्यादि को मुझे सौंप कर वह क़न्धार की ओर रवाना हुआ और मुझे अपने राज्य के समस्त प्रबन्ध का पूर्ण अधिकार दे गया। वहाँ पहुंचने पर (३४५ अ) शाह तहमास्प के मुअक्किलों[3] ने संधि करके उसे क़न्धार समर्पित कर दिया और वे एराक़

१ बाबर ने लिखा है, "काबुल से प्रस्थान करने के समय से लेकर इब्राहीम की पराजय तथा आगरा पर अधिकार के समय तक ख़्वाजा कलां द्वारा महान् कार्य सम्पन्न हुए थे और उसने पौरुष से परिपूर्ण बातें तथा उत्साहवर्धक परामर्श दिये थे। किन्तु आगरा की विजय के कुछ दिन उपरान्त उसकी समस्त राय बदल गई, और हर मूल्य पर चले जाने के लिये जो व्यक्ति आग्रह कर रहा था वह ख़्वाजा कलां था।" **बाबर नामा**, पृ० २०४)।

२ इस स्थान के कुछ शेरों का अनुवाद नहीं किया गया।

३ प्रतिनिधियों।

चले गए। मीर्ज़ा कामरान को इस अभियान में लगभग एक वर्ष लग गया। इस अवधि में मैंने शासन प्रबन्ध एवं राज्य-व्यवस्था सम्बन्धी समस्त उचित प्रयत्न किए। मालगजारी (राजस्व) की वसूली, विद्रोहियों के दमन, सीमान्तों की प्रतिरक्षा, इस्लाम की दृढ़ता तथा कुफ़्र के उच्छेदन का पूर्ण प्रबन्ध किया। इस प्रकार, जब कामरान मीर्ज़ा विजय तथा सफलता प्राप्त करके लाहौर पहुँचा तो उसने मेरा वेतन[1] १५ लाख से ५० लाख निश्चित कर दिया और मुझे अपने समकालीनों की अपेक्षा अत्यधिक प्रतिष्ठा प्रदान कर दी।

हिन्दुस्तान में एक लाख में बीस हज़ार शाहरुख़ी होती हैं। प्रचलित एक शाहरुख़ी[2] एक मिस्क़ाल चाँदी के बराबर होती है।

हुमायूं पादशाह इब्ने बाबर पादशाह एवं उसके राज्य का पतन

हुमायूँ पादशाह बाबर के ज्येष्ठ पुत्र एवं सबसे अधिक योग्य तथा प्रतिष्ठित थे। जितनी योग्यता एवं प्रतिभा उनमें थी उतनी किसी अन्य व्यक्ति में बिरले ही होगी किन्तु कुछ दुष्ट तथा विलासप्रिय लोगों के कारण, जिनमें मौलाना मुहम्मद परग़री एवं उसी के समान अन्य लोग विशेष रूप से उल्लेखनीय हैं, उनमें कुछ बुरी आदतें उत्पन्न हो गई थीं, जिनमें एक अफ़ीम का सेवन भी था। पादशाह में जितने भी दोष उत्पन्न हुए और जिनके विषय में लोग चर्चा किया करते हैं, उनका एकमात्र कारण यही बुरी आदते थीं। इसके बावजूद उनके फ़िरिश्ता रूपी व्यक्तित्व में (३४५ ब) नाना प्रकार के गुण एवं योग्यताएँ विद्यमान थीं और वे दान-पुण्य एवं सभाओं में अद्वितीय थे। संक्षेप में वे बड़े ही प्रतिष्ठित तथा ऐश्वर्य एवं गौरव के स्वामी थे।......[3]

जब मैं उनकी सेवा में जैसा कि बाद में उल्लेख होगा, आगरा में उपस्थित हुआ, तो उस समय उनकी पराजय हो चुकी थी। लोगों का कथन है कि पादशाह का जो गौरव तथा एश्वर्य इससे पूर्व था उसमें से कुछ भी शेष नहीं रह गया था। इसके बावजूद जब उनकी सेना की पंक्तियाँ गंग[4] नदी के युद्ध में, जो पूर्ण रूप से मेरे नेतृत्व में हुआ, सुव्यवस्थित हुईं तो उस समय भी उनके परिजनों में १७ हज़ार शागिर्द-पेशा[5] सम्मिलित थे। इससे उनके वैभव एवं ऐश्वर्य का अनुमान लगाया जा सकता है।

संक्षेप में, जब कामरान मीर्ज़ा पहले पहल क़न्धार पहुँचा तो पादशाह[6] ने गुजरात पर आक्रमण करके उसे विजय कर लिया, किन्तु इस कारण कि उनके अमीरों में आपस में मतभेद उत्पन्न हो गया था, और वे आज्ञाओं का उल्लंघन करने लगे थे, उन्होंने विवश होकर उस प्रदेश को

१ मवाजिब।
२ एक शाहरुख़ी में ७१·१८ ग्रेन चांदी होती थी। इस प्रकार एक मिस्क़ाल ९½ पेन्स के बराबर होता था। (Elias and Ross : *The Tarikh-i-Rashidi*, p. 69).
३ शेरों का अनुवाद नहीं किया गया।
४ गंगा नदी। क़न्नौज के युद्ध की ओर संकेत है।
५ सेवक, ख़िदमतगार।
६ हुमायूं।

छोड़ दिया और ख़ाली हाथ लौट आये। इस हानि की पूर्ति के लिए वे बंगाले की ओर रवाना हुए, कारण कि उस समय उनका ऐश्वर्य अपनी चरम सीमा पर था। उन्होंने बंगाला भी विजय कर लिया किन्तु वे वहाँ अधिक समय तक ठहर गए।

उनका सबसे छोटा भाई हिन्दाल मीर्ज़ा आगरा में था। उसे यह समाचार प्राप्त हुए कि शेर खां बरकन्दा तथा रोहतास से आगरा की ओर आ रहा है। उसने शेख़ पूल की हत्या करा दी। जैसा उल्लेख हो चुका है, वह पादशाह का पीर था। उसने अपने नाम का ख़ुत्बा पढ़वा दिया और सल्तनत का डंका पिटवाने लगा। यह लोकोक्ति प्रसिद्ध है कि, "जहाँ विरोध उत्पन्न हो जाता है वहीं से सौभाग्य का अन्त हो जाता है।" जब यह समाचार बंगाला पहुँचे तो पादशाह बंगाले से आगरा की ओर चल खड़े हुए और इबराहीम बेगचीक मुग़ल के पुत्र जहाँगीर क़ुली को पाँच हज़ार व्यक्तियों सहित बंगाले में छोड़ गए।

जब हिन्दाल मीर्ज़ा ने अपने नाम का ख़ुत्बा पढ़वा दिया तो आसपास जितने अमीर थे उनमें से किसी ने भी उसकी अधीनता स्वीकार न की। अपनी बुद्धिहीनता की वजह से, जिसे उसके दुर्भाग्य का कारण कहना चाहिये, उसने शेर खां को पीछे छोड़ दिया और पादशाह के राज्य को विजय करने के लिए निकल खड़ा हुआ। कहा गया है कि, "अपने मित्रों का कार्य करो ताकि (३४६ अ) तुम्हारे शत्रु अपना काम कर सकें।" सर्व प्रथम वह देहली के विरुद्ध, जो हिन्दुस्तान की राजधानी है, रवाना हुआ, किन्तु देहली के हाकिमों ने, जो पादशाह के अमीर थे, उसे देहली सर्पापित न की। दोनों ओर से घोर युद्ध हुआ। प्रत्येक ने अपने शत्रुओं को आतंकित तथा मित्रों को प्रोत्साहित किया।

जब हिन्दाल मीर्ज़ा इस प्रकार युद्ध में संलग्न था, तो हुमायूँ बंगाले से चौसा तथा पयाग पहुँचा। शेर खां ने अवसर से लाभ उठाकर उनके अग्रसर होने का मार्ग रोक दिया। पादशाह के समस्त घोड़े बंगाले में नष्ट हो चुके थे और उनकी सेना की शक्ति का अन्त हो चुका था। वर्षा ऋतु भी आ गई थी। वे शेर खां के मुक़ाबले में तीन मास तक शिविर लगाये रहे। पादशाह के पास से दूतों ने उपस्थित होकर निरन्तर यह समाचार पहुँचाये कि 'शेर खां हिन्दुस्तान की अव्यवस्था का मूल कारण है और अब उससे युद्ध हो रहा है। क्योंकि शेर खां का अन्त करना परमावश्यक है अतः उनके समस्त भाई शीघ्रातिशीघ्र पहुँच जायें।' पत्र प्राप्त हुए किन्तु भाई लोग अपनी शत्रुता में संलग्न रहे और शत्रु को किसी प्रकार की कोई चिन्ता न रही।

जब इन घटनाओं के समाचार कामरान मीर्ज़ा को प्राप्त हुए तो वह तत्काल सेना सहित देहली की ओर रवाना हुआ। उसके पहुँचने पर हिन्दाल मीर्ज़ा भाग खड़ा हुआ और पादशाह के अमीर उससे भेंट करने पहुँचे। कामरान मीर्ज़ा के आगमन से लोगों के हृदय आशाओं से भर गए और अनुभवी वीर चौसा की ओर प्रस्थान तथा पादशाह को सहायता पहुँचाने का प्रयत्न करने लगे, किन्तु कुछ लोगों ने जिनकी बुद्धि भ्रष्ट हो चुकी थी अन्य प्रकार से परामर्श दिया। उन्होंने कहा कि, "चौसा की ओर जाने से पादशाह को मुक्ति प्राप्त हो जायगी, शत्रु नष्ट हो जायेंगे और हम फंस जायेंगे।" कामरान मीर्ज़ा ने भी अपनी अज्ञानता तथा बालकों सरीखी मूर्खता के कारण इस अनुचित परामर्श को बुद्धिमत्ता समझ कर प्रस्थान करने में विलम्ब किया किन्तु अनुभवी लोगों

ने कहा कि, "क्योंकि वह प्रस्थान करने में विलम्ब कर रहा है अतः यह उचित होगा कि हम लोग वापस चले जायं ताकि सेना की सामग्री नष्ट न होने पाये। प्रत्येक अपने अपने स्थान को वापस चला जाय और युद्ध के लिए उचित प्रबन्ध करे। यदि शेर खां पादशाह को पराजित कर देता है, तो हम लोग उसका मुक़ाबला करने के लिए तैयार रहेंगे। यदि इसके विपरीत पादशाह शेर खां को नष्ट (३४६ ब) कर देते हैं तो फिर बड़ा अच्छा है।" किन्तु इससे सभी लोग संतुष्ट न हो सके। उन लोगों ने कहा, "यदि पादशाह शेर खां को नष्ट कर देंगे तो वे हमसे बड़े रुष्ट होंगे, अतः हमें कोई न कोई ऐसा उपाय करना चाहिये जिससे हम पादशाह की क्षमा के पात्र बन सकें।" संक्षेप में वे आगरा की ओर वापस हो गए। वे वहाँ एक मास से अधिक रहे। पादशाह पराजित होकर वहाँ वापस आये। वर्षा ऋतु के मध्य में समस्त भाई एकत्र हुए। यह घटना सफ़र ९४६ हि० में घटी[1]।

गंगा[2] का युद्ध

जब सब भाई एकत्र हुए तो उन्होंने जो दुर्घटना घटी थी उसके विषय में परामर्श किया। वाद-विवाद बहुत अधिक बढ़ गया किन्तु कोई ऐसा निर्णय न हो सका जिसका उल्लेख किया जा सके। वास्तव में कोई ऐसी बात प्रस्तुत न की गई जो उस अवसर के अनुकूल होती, कारण कि यह कहा गया है कि जब दुर्भाग्य आता है तो बुद्धि भ्रष्ट हो जाती है। कामरान मीर्ज़ा को वापस जाने की बड़ी चिन्ता थी। हुमायूँ ने उसकी समस्त बातों को स्वीकार कर लिया किन्तु उसकी इस बात से सहमत न थे कि वह वापस चला जाय। सात मास [illegible] हो गए और कोई निर्णय न हो सका। यहाँ तक कि अवसर हाथ से निकल गया। शेर खां युद्ध के लिए तैयार होकर गंगा नदी के तट पर पहुँच गया।

(३४७ अ) इसी वाद-विवाद के समय कामरान मीर्ज़ा अत्यधिक रुग्ण हो गया। हिन्दुस्तान की जलवायु का उसपर बड़ा कुप्रभाव पड़ा था[3]। जब किसी भी उपचार एवं औषधि से कोई लाभ न हुआ तो उसने लाहौर की ओर प्रस्थान करने का संकल्प कर लिया। कामरान मीर्ज़ा के प्रस्थान के साथ ही साथ शेर खां के सौभाग्य की उन्नति तथा चग़ताई शक्ति का ह्रास प्रारम्भ हो गया। पादशाह ने उससे अत्यधिक आग्रह किया कि वह अपनी अधिकांश सेना तथा आदमियों को कुमक हेतु छोड़ जाय। कामरान मीर्ज़ा इसके विपरीत इस बात का प्रयत्न करने लगा कि आगरा के समस्त आदमियों को अपने साथ ले ले, और अपनी सेना को छोड़ने पर किसी प्रकार सहमत न हुआ। मीर ख़्वाजा कलां ने भी जिसका उल्लेख पूर्व में हो चुका है, इस विषय में सबसे अधिक बढ़ चढ़ कर सलाह दी। वह भी इसी विषय में घोर प्रयत्न कर रहा था। कामरान मीर्ज़ा ने उसे अपने आगे रवाना कर दिया और स्वयं पीछे-पीछे चल दिया।

इसी बीच में शेर खां गंगा नदी के तट पर पहुँच गया और उसकी सेना ने गंगा नदी पार कर ली। उसका पुत्र क़ुतुब खां इटावा तथा कालपी पहुँचा। यह प्रदेश क़ासिम हुसेन सुल्तान,

१ १८ जून १५३९ ई०—१७ जुलाई १५३९ ई०।

२ मूल में 'गंग' है।

३ मीर्ज़ा कामरान को कई रोग लग गये। उनका मीर्ज़ा हैदर ने विस्तार से उल्लेख किया है। हस्तलिपियों में यह भाग इस बुरी तरह नक़ल किया गया है कि उसका अनुवाद सम्भव नहीं।

जो ऊज़बेक सुल्तानों में था, एवं बाबर पादशाह के भाई सुल्तान नासिर मीर्ज़ा के पुत्र यादगार नासिर मीर्ज़ा के अधीन था। सुल्तान नासिर मीर्ज़ा का हाल पीछे लिखा जा चुका है। कालपी का थोड़ा सा भाग कामरान मीर्ज़ा को प्रदान कर दिया गया था और उसने अपनी ओर से उस विलायत में इस्कन्दर मीर्ज़ा को नियुक्त कर दिया था। वे सब मिलकर क़ुतुब ख़ां से युद्ध करने के लिये रवाना हुए। वह युद्ध में मारा गया और उन्होंने पूर्ण रूप से विजय प्राप्त कर ली। पादशाह ने आगरा नदी की ओर शेर ख़ां से युद्ध करने के लिए प्रस्थान किया। कामरान मीर्ज़ा ने अपने समस्त कार्य (३४७ ब) मुझको सौंप दिए थे। वह मुझसे लाहौर चलने का आग्रह करने लगा। उसने मुझसे कहा कि, "तुम्हें अपने ही लोगों के दुर्व्यवहार के कारण, जिनकी तुम आजीवन निष्ठापूर्वक सेवा करते रहे, काशग़र छोड़ना पड़ा। जब तुम मेरे पास आ पहुँचे तो मैंने अपने सम्बन्ध के कारण तुम्हारे प्रति भाई की भाँति अपितु उससे भी उत्तम व्यवहार किया। मैंने अपना समस्त शासन-प्रबन्ध तुम्हें सौंप दिया और लोगों की नियक्ति एवं पदच्युत करना तथा अन्य प्रबन्ध तुम्हारे अधीन कर दिए। यदि इन कार्यों में मेरी ओर से कोई भूल हुई हो तो तुम उसे बताओ, मैं उसका समाधान करूँ किन्तु ऐसी स्थिति में जब कि शत्रुओं ने मेरे राज्य पर एवं रोग ने मेरे शरीर पर प्रभुत्व प्राप्त कर लिया है और मैं रुग्ण हो गया हूँ, भ्रातृ-भाव का हाथ मेरी ओर से मत खींचो तथा इन दो महान् संकटों से मेरी रक्षा करो और मझे लाहौर पहुँचा दो।"

उधर मैं तथा पादशाह मुग़लों की प्रथानुसार मित्र हो गए थे और उन्होंने मुझे "दोस्त" की उपाधि प्रदान कर दी थी। वे इस उपाधि के अतिरिक्त किसी अन्य प्रकार से मुझे सम्बोधित न करते थे और फ़रमानों में भी मेरा नाम इसी प्रकार लिख़वाते थे। मेरे भाइयों तथा समकालीन सुल्तानों[1] में किसी को पादशाह की सेवा में इतना अधिक सम्मान न प्राप्त हुआ था और जैसा कि मैं मुहम्मद हैदर गूरगान उनके द्वारा सम्मानित हुआ था कोई अन्य न हो सका था। पादशाह मुझे केवल भाई ही न समझते थे अपितु मित्र भी समझते थे।

(३४८ अ) यद्यपि मैं कामरान मीर्ज़ा की सेवा में था किन्तु पादशाह समस्त कार्यों में मुझसे परामर्श किया करते थे। उन्होंने कहा कि, "कामरान मीर्ज़ा अत्यधिक रुग्ण होने के कारण तुझसे अपने साथ चलने के लिए आग्रह करता है। रुग्णावस्था की वजह से उसकी समझने की शक्ति समाप्त हो गई है और इसमें तुम कोई सहायता नहीं कर सकते। उसका प्रस्थान तुम्हारे साथ चलने पर अवलम्बित नहीं और न तुम लाहौर जाने के लिए बाध्य ही हो। यदि वह रुग्णावस्था का बहाना करता है तो तुम न चिकित्सक हो और न औषधि जानते हो। यदि वह रिश्तेदारी के आधार पर आग्रह करता है तो यह रिश्तेदरी पादशाह बाबर के सम्बन्ध के कारण है। इसमें मैं तथा कामरान मीर्ज़ा दोनों बराबर हैं। जो कुछ मैं कह रहा हूँ उसपर न्यायपूर्वक ध्यान दो। मुझमें तथा शेर ख़ां में युद्ध छिड़ा हुआ है। इसपर समस्त हिन्दुस्तान तथा बाबर पादशाह के पुत्रों का भाग्य निर्भर है। जब कि ऐसा युद्ध हो रहा है और तुम मीर्ज़ा कामरान की रुग्णावस्था के कारण उसके साथ लाहौर चले जाओगे तो दो ही बातें हो सकती हैं: (१) तुम मीर्ज़ा कामरान की बीमारी के बहाने से सुरक्षित स्थान पर पहुँच जाओगे। सब लोग नष्ट हो जायेंगे और तुम बच जाओगे।

१ मुग़ुल शाहज़ादों।

(२) तुम बाबर पादशाह की खाला के पुत्र हो और उनके पुत्रों के एक समान रिश्तेदार हो, अतः तुम्हारे लिए यह परमावश्यक है कि पादशाह के समस्त परिवार का साथ दो। इस प्रकार चले जाने के कारण तुम किसी का साथ न दे सकोगे। कुशलतापूर्वक लाहौर पहुँच जाने के उपरान्त जहाँ कहीं तुम्हें कोई सुरक्षित स्थान मिलेगा, तुम चले जाओगे। भ्रातृ-भाव तथा मित्रता के सम्बन्ध को देख लो। यदि यह उचित है तो तुम ऐसा ही करो किन्तु संसार वाले तुमसे संतुष्ट नहीं रहेंगे। वे यह न कहेंगे कि, 'मीर्ज़ा कामरान की रुग्णावस्था के बावजूद वह उसके साथ लाहौर न गया और अपनी बुद्धिमत्ता के कारण शाही सेना का गंगा तट के युद्ध में साथ दिया' अपितु यह कहेंगे कि ऐसे युद्ध (३४८ ब) के समय जिसपर उस वंश का, जिसके प्रति निष्ठा का तुम दावा करते हो, भाग्य निर्भर था, तुम साथ छोड़कर चले गए; वे यही कहेंगे कि कामरान मीर्ज़ा की बीमारी के बहाने से तुम ने अपने लिए सुरक्षित स्थान ढूंढ़ लिया। इसके अतिरिक्त यदि हमारी पराजय हुई तो लाहौर भी तुम्हारे अधिकार में न रह पायेगा।"

मैं इन बातों से संतुष्ट हो गया। कामरान मीर्ज़ा से आज्ञा न प्राप्त कर सकने के कारण मैं उसकी आज्ञा बिना ही ठहर गया।

मीर्ज़ा कामरान निर्लज्जता प्रदर्शित करते हुए इस्कन्दर सुल्तान को एक हज़ार आदमियों सहित कुमक के रूप में छोड़कर लाहौर की ओर चल दिया और आगरा से जितने आदमियों को अपने साथ ले जा सकता था, लेता गया। इस प्रकार उसने शत्रुओं की शक्ति तथा मित्रों की पराजय का प्रबन्ध कर दिया।

पादशाही सेना गंगा तट पर जिस दशा में थी, पहुँची[१]। वहाँ वह एक मास तक पड़ाव किए रही। पादशाह नदी के इस ओर थे और शेर खां उस ओर। दोनों एक दूसरे के समक्ष पड़ाव किए हुए थे। पादशाह की सेना की संख्या दो लाख से अधिक रही होगी।

मुहम्मद सुल्तान मीर्ज़ा, जो उलुग़ मीर्ज़ा तथा शाह मीर्ज़ा, जो तीमूर के वंश से सम्बन्धित थे, का वंशज तथा ख़ुरासान के सुल्तान हुसेन मीर्ज़ा का नाती था, बाबर पादशाह की सेवा में उपस्थित हुआ था। बाबर पादशाह ने उसके प्रति नाना प्रकार से कृपादृष्टि प्रदर्शित की थी। बाबर की मृत्यु के उपरान्त उसने हुमायूँ के विरुद्ध कई बार विद्रोह किया किन्तु असफल रहा। उसने क्षमा याचना कर ली थी और उसे क्षमा कर दिया गया था। इस समय वह शेर खां से मिल गया और हुमायूँ के पास से भाग गया। इस प्रकार एक नया मार्ग खुल गया। सेना में से प्रत्येक व्यक्ति भागने लगा। बड़े आश्चर्य की बात तो यह थी कि बहुत से लोग जो भागते थे वे शेर खां के पास न जाते थे और न उससे किसी प्रोत्साहन की आशा कर सकते थे। पूरी सेना में अशान्ति फैल गई थी और लोग यही चिल्लाते थे कि 'लश्कर की हवा गरम है, हमें घर जाकर आराम करने दिया जाय।' कामरान ने कुमक हेतु जो दस्ते नियुक्त किए थे उनमें से भी अधिकाँश लाहौर भाग गए।

(३४९ अ) हज़रत पादशाह के साथ जो युद्ध की सामग्री थी उसमें सात सौ गरदून[२] थी जिनमें से

१ कुछ हस्तलिपियों के अनुसार 'बड़ी ही उत्तम दशा में पहुँची'।
२ तोप की गाड़ियां।

प्रत्येक को ४-४ जोड़ी बैल खींचते थे। इन पर एक-एक ज़र्बज़न लदी हुई थी जिससे पाँच सौ मिस्क़ाल[1] का गोला चलाया जाता था। मैंने स्वयं उन दिनों कई बार ऊँचाई से देखा कि यदि कोई सवार दूर पर भी दृष्टिगत हो जाता अथवा चलता-फिरता दिखाई पड़ता तो उनसे बिना चूके हुए[2] निशाना लग जाता था। २१ गाड़ियाँ ऐसी थीं जिन्हें ८-८ जोड़ी बैल खींचते थे। उनमें पत्थर के गोले न चलाये जाते थे अपितु ५ हज़ार मिस्क़ाल के पिघलाये हुए पीतल[3] के गोले चलाये जाते थे। उनमें प्रत्येक का मूल्य दो सौ मिस्क़ाल चाँदी होता था। एक फ़रसंग की दूरी पर जो वस्तु भी दृष्टिगत होती उसे वे मार देते थे।

जब सेना भागने लगी तो सेना को बिना युद्ध किए हुए नष्ट हो जाने से बचाने के लिए यह कहीं अच्छा समझा गया कि 'एक बार युद्ध कर लेना चाहिए। जो भाग्य में लिखा है यदि वह हो भी गया तो लोग इस प्रकार की कटु-आलोचना न कर सकेंगे कि हमने हिन्दुस्तान सरीखा देश हाथ से निकल जाने दिया और युद्ध न किया। इसके अतिरिक्त यदि नदी पार कर ली गई तो अन्य लोग भी भाग न सकेंगे'। इस कारण नदी पार की गई।

दोनों सेनाओं ने अपने चारों ओर खाइयाँ खोद लीं। दोनों ओर से सेनाओं के दस्ते निकल कर आपस में युद्ध करते रहते थे। इसी बीच में वर्षा होने लगी। जिस स्थान पर शाही शिविर लगे हुए थे वहाँ जल भर गया और वह स्थान शिविर के योग्य न रहा। वहाँ से प्रस्थान करना परमावश्यक हो गया। लोगों का यह मत था कि, 'यदि एक बार और वर्षा हो गई तो जल की अधिकता के कारण पूरा शिविर जलमग्न हो जायेगा, अतः यह उचित है कि जिस स्थान पर शत्रु के मुक़ाबले के लिए पड़ाव किया जाय वह ऊँचाई पर हो ताकि सैलाब का कुप्रभाव वहाँ न होने पाये।' मैं स्थान की खोज हेतु गया और मैंने एक उचित स्थान ढूँढ़ लिया।

मैंने निवेदन किया कि "कल शत्रुओं को कसौटी पर कसना चाहिये। कहीं ऐसा न हो कि प्रस्थान करते समय युद्ध प्रारम्भ कर दें। यदि वे आक्रमण करते हैं तो प्रस्थान के समय युद्ध करना उचित न होगा। कल १० मुहर्रम[4] है, हम अपनी सेना को पूर्ण रूप से सुव्यवस्थित रक्खें और (३४९ ब) आगे प्रस्थान न करें; देखें शत्रु लोग खाई से निकलते हैं और युद्ध के लिए अग्रसर होते हैं या नहीं। यदि वे युद्ध हेतु निकलेंगे तो हम लोग जम कर युद्ध करेंगे। यह उचित होगा कि तोप तथा ज़र्बज़न सामने रक्खी जायं। बन्दूक़ चलाने वाले, जिनकी संख्या लगभग पाँच हज़ार है, बन्दूक़ सहित उनके मध्य में नियुक्त कर दिए जायें। यदि शत्रु हम पर आक्रमण करते हैं तो युद्ध के लिए इससे उत्तम अवसर तथा स्थान न मिलेगा। यदि वे अपनी खाई से न निकलें तो हम अपनी सेना की पंक्तियाँ मध्याह्न तक सुव्यवस्थित रक्खें और फिर अपने स्थान को वापस चले

१ लगभग ४$\frac{1}{2}$ माशे की एक तोल।

२ बे ख़ता।

३ सम्भवतः हफ़्त जोश, सात धातुओं का होना चाहिये। हस्तलिपियों में यह शब्द स्पष्ट नहीं। अंग्रेज़ी अनुवाद में 'पीतल' है; (Elias and Ross: *The Tarikh-i-Rashidi*, p.474)। **नफ़ायसुल मआसिर** में 'हफ़्त जोश' है और लेखक ने इसे **तारीख़े रशीदी** से लिया है। आगे के पृष्ठों में **नफ़ायसुल मआसिर** का अनुवाद देखिये।

४ १० मुहर्रम ९४७ हि० (१७ मई १५४० ई०)।

जायें। दूसरे दिन भी हम इसी प्रकार व्यवहार करें। तदुपरान्त सामान को नए स्थान पर भेज दिया जाय और हम भी उस स्थान पर पहुँच जायं और उसे अधिकार में कर लें।" मेरी इस योजना को सभी ने स्वीकार कर लिया।

१० मुहर्रम ९४७ हि० को हम उसी उद्देश्य से सवार हुए और सेना की पंक्तियाँ सुव्यवस्थित कीं। जैसा कि निश्चय हुआ था, गाड़ियाँ, तोपें एवं बन्दूकें, मध्य भाग में रक्खी गईं। उस्ताद अली क़ुली के पुत्र मुहम्मद ख़ां रूमी, उस्ताद अहमद रूमी तथा हुसेन ख़लीफ़ा को तोपों तथा बन्दूक़ों का प्रबन्ध सौंपा गया। उन लोगों ने गाड़ियां तथा तोपें उचित स्थान पर लगवाईं और उन्हें जंजीरों से बंधवा दिया। अन्य दस्तों में साधारण प्रकार के अमीर थे जो नाम मात्र को ही अमीर कहे जा सकते हैं। उन्होंने ख़ज़ाने तथा विलायत पर अधिकार तो जमा लिया था किन्तु उनमें प्रतिभा, पौरुष, ऐश्वर्य तथा दान-पुण्य सरीखे गुणों का, जो अमीरों के लिए परमावश्यक हैं, अभाव था।

(३५० अ) पादशाह ने मुझे अपनी बाईं ओर नियुक्त किया था। इस प्रकार मेरे दस्ते का दायाँ बाज़ू पादशाह के बायें बाज़ू की ओर था। इसी तरह उन्होंने अपने चुने हुए सैनिक नियुक्त किए थे। मेरी बाईं ओर मेरे समस्त सैनिक नियुक्त थे। मेरे साथ चार सौ अनुभवी व्यक्ति थे जिन्हें युद्ध तथा रणक्षेत्र का पूर्ण ज्ञान था। वे सब तीपूचाक़ घोड़ों पर सवार तथा अस्त्र-शस्त्र से लैस थे। मेरे तथा नदी के मध्य में २७ अमीरों की सेना थी जिनमें सभी के पास तूग़ (तोग़)[1] थे। सेना के बायें बाज़ू के भी लोग इसी प्रकार सुव्यवस्थित थे। उनका भी अनुमान अन्य लोगों की सुव्यवस्था से करना चाहिए। युद्ध के दिन जब शेर ख़ां अपनी सेना को सुव्यवस्थित करके निकला तो इन २७ तूग़ों में से कोई भी तूग़ न दिखाई पड़ा। समस्त प्रतिष्ठित अमीर इस भय से कि कहीं शत्रु उनके ऊपर आक्रमण न कर दे, छिप गए थे। अमीरों की वीरता एवं युद्ध कौशल का अनुमान उनके पौरुष के इस प्रदर्शन से लगाया जा सकता है।

शेर ख़ां की सेना पाँच दस्तों में विभाजित थी, जिनमें से प्रत्येक में एक हज़ार आदमी थे। उसके आगे तीन हज़ार आदमी थे। मेरा अनुमान है कि उसकी पूरी सेना की संख्या २५ हज़ार रही होगी किन्तु मैं समझता हूँ कि चग़ताई सेना में ४० हज़ार सैनिक थे जो सब के सब तीपूचाक़ घोड़ों पर सवार तथा पूर्ण रूप से सशस्त्र थे, मानो समुद्र लहरें मार रहा हो किन्तु सेना के अमीरों तथा पदाधिकारियों के पौरुष की वही दशा थी जिसका ऊपर उल्लेख कर चुका हूं। जब शेर ख़ां की सेना खाईं से निकली तो दो दस्ते, जो चार दस्तों के बराबर थे, पंक्तियाँ सुव्यवस्थित करके खड़े हो गए। तीन दस्ते अपने शत्रुओं के विरुद्ध बढ़े। इस ओर से मैंने मध्य भाग को इस आशय से आगे बढ़ाया कि जिस स्थान को मैंने चुना था वहाँ पहुँच जाय किन्तु वहाँ पहुँचने पर हम दृढ़ न रह सके। चग़ताई सेना के प्रत्येक अमीर तथा वज़ीर के पास, चाहे वह धनी था अथवा निर्धन, दासों की बहुत (३५० ब) बड़ी संख्या थी। प्रत्येक प्रतिष्ठित अमीर जिसके पास १०० सैनिक थे, उसके साथ पाँच सौ सेवक तथा दास थे, जिन्होंने युद्ध के दिन न तो अपने स्वामियों की कोई सहायता की और न जिन्हें अपने ऊपर ही कोई नियंत्रण था। इस प्रकार जिस स्थान पर भी युद्ध होता दासों पर कोई नियंत्रण

१ पताकायें।

न रह पाता। जब वे अपने स्वामियों से पृथक् हो जाते तो आतंकित होकर भय के कारण इधर-उधर भागने लगते। संक्षेप में अपने स्थान पर दृढ़ रहना असम्भव हो गया।

शत्रुओं ने हमारी सेना के पीछे के भाग पर आक्रमण करके हमारी सेना के मध्य भाग को गाड़ियों की ज़ंजीरों पर ढकेल दिया और वे तथा सैनिक उन पर टूट टूट कर गिरने लगे। जो लोग पीछे थे उन्होंने उन लोगों को जो सामने थे इस प्रकार विवश कर दिया कि वे ज़ंजीरों के बाहर भाग गए। जो लोग ज़ंजीर के समीप नियुक्त थे उन्हें वहाँ से भागना पड़ा। थोड़े से लोग जो पीछे रह गए थे वे भी छिन्न-भिन्न हो गए तथा समस्त सुव्यवस्था भंग हो गई। मध्य भाग की यह दशा थी।

दायीं ओर शेर खां सेना की पंक्तियाँ सुव्यवस्थित करके बढ़ा किन्तु उसने एक बाण भी न चलाया था कि सैनिक इस प्रकार भाग खड़े हुए जिस प्रकार आँधी से घास उड़ जाती है। अपनी (३५१ अ) पंक्तियों को तोड़ते फोड़ते वे मध्य की ओर बढ़े। ग़ुलाम लोग, जिन्हें उनके स्वामियों ने आगे कर दिया था, गाड़ियों की ओर बढ़े और कुछ गाड़ियों के पीछे रह गए। समस्त व्यवस्था भंग हो गई। स्वामी अपने सेवकों से और सेवक, स्वामियों से पृथक् हो गए। जब मध्य भाग इस प्रकार अव्यवस्थित हो गया तो दायें बाज़ू से जितने लोग भागे वे इसी ओर पहुँचे। इस प्रकार शत्रु ने एक बाण भी न चलाया था कि समस्त सेना छिन्न-भिन्न तथा पराजित हो गई। मेरा अनुमान है कि चग़ताई सेना की संख्या दासों तथा शागिर्द-पेशा को छोड़कर ४० हज़ार थी। वे १० हज़ार आदमियों के मुक़ाबले से भाग खड़े हुए। शेर खां को विजय प्राप्त हो गई। चग़ताई लोग इस रणक्षेत्र में, जहाँ मित्रों अथवा शत्रुओं में से कोई भी घायल न हुआ, भाग खड़े हुए। एक तोप भी न चलाई गई, ज़र्बज़न में आग न दिखाई गई और गाड़ियों से भी कोई काम न लिया गया।

जब चग़ताई भाग खड़े हुए तो उनमें तथा गंगा नदी में एक फ़रसख[1] की दूरी रही होगी। समस्त अमीर तथा बहादुर अपनी रक्षा के लिए नदी की ओर भागे। इनमें से किसी को एक घाव भी न लगा था। शत्रुओं ने उनका पीछा किया। चग़ताइयों को अपने ज़िरह बख़्तर तथा अस्त्र-शस्त्र को उतारने का अवसर भी न मिला और वे नदी में कूद पड़े। नदी का पाट पाँच बाणों के मार की दूरी तक फैला था। बहुत से प्रतिष्ठित अमीर डूब गए। जो बच गए उनको जिधर अवसर मिला उधर भाग गए। जब हम लोग नदी के बाहर निकले तो हज़रत पादशाह, जिनके अधीन मध्याह्न के समय १७ हज़ार शार्गिद-पेशा थे, एक घोड़े पर सवार थे जिसे तरदी बेग ने उन्हें दिया था। वे नंगे सिर तथा नंगे पाँव थे। "ईश्वर ही को स्थायित्व है और राज्य ईश्वर ही का है।" एक हज़ार सेवकों में से आठ आदमी नदी के बाहर निकल सके। शेष नदी में डूब गए। सम्पूर्ण हानि का अनुमान इस तथ्य से लगाया जा सकता है कि जब वे आगरा पहुँचे तो वहाँ न ठहर सके अपितु बड़ी अव्यवस्थित तथा शोकमय दशा में, जिसके वर्णन से शोक के कारण कलेजा फटा जाता है, लाहौर पहुँचे।

१ लगभग १८,००० फ़ीट की दूरी।

चग़ताइयों का हिन्दुस्तान से लाहौर की ओर पलायन

(३५१ ब) १ रबी-उल-अव्वल ९४७ हि० (६ जुलाई १५४० ई०) को समस्त सुल्तान, अमीर एवं सर्वसाधारण एकत्र हुए। इतनी अधिक भीड़ हो गई कि चलना फिरना कठिन तथा ठहरना दुस्साध्य हो गया था। बड़े-छोटे सभी अपनी अपनी चिन्ता में थे और प्रत्येक कोई न कोई उपाय बता रहा था। प्रत्येक प्रतिष्ठित व्यक्ति अपनी अपनी योजना बनाये हुए था और प्रत्येक साधारण व्यक्ति अपने विचार में मग्न था। उन्हीं में मुहम्मद सुल्तान मीर्ज़ा तथा उलुग़ मीर्ज़ा थे जो कि युद्ध के समय गंगा तट से भाग खड़े हुए थे। किसी स्थान पर भी उनके लिए ठहरना सम्भव न हो सका और वे बड़ी शोचनीय दशा में लाहौर पहुँचे। वे अन्य लोगों से पृथक् रहे और उस समय भी शत्रुता प्रदर्शित कर रहे थे। उन्होंने अपने आपको नीच लोगों तथा मूर्ख काफ़िरों के समूहों का नेता बना लिया था। हिन्दाल मीर्ज़ा तथा यादगार नासिर मीर्ज़ा भी ऊट-पटाँग योजनाएं बना रहे थे। उनका विचार था कि "हम लोग बक्कर चले जायं और उसे शाह हुसैन अरग़ून से छीन कर उसकी सेना के साथ गुजरात पर अधिकार जमा लें।" कामरान मीर्ज़ा इस चक्कर में था कि, "यहाँ जो लोग एकत्र हुए हैं वे सब छिन्न-भिन्न हो जायं और वह अकेला काबुल की ओर चला जाय।"

हुमायूँ पादशाह कुछ समय तक तो यह प्रयत्न करते रहे कि वे लोग किसी न किसी प्रकार संगठित हो जायें किन्तु इसमें कठिनाइयाँ देखकर उन्होंने अपनी समस्त आशाएं त्याग दीं और उन्हें यह चिन्ता हुई कि 'अब क्या किया जाय?' उनका उद्देश्य यह था कि लोग पुनः संगठित हो जायं। उस समय निरन्तर परामर्श गोष्ठियाँ होती थीं। संगठन के विषय में धूर्ततापूर्वक वाद विवाद होता था किन्तु हृदय से लोग इसके विरुद्ध थे। उन्होंने प्रतिष्ठित एवं सम्मानित लोगों को बुलवाकर इस बात के लिए साक्षी बनाया कि जो कुछ भी निश्चय होगा उसका न तो कोई विरोध करेगा और न उससे विचलित होगा। इस प्रकार ..[1] ख़्वाजा ख़ावन्द महमूद, उनके छोटे भाई ख़्वाजा (३५२ अ) अब्दुल हक़ एवं....[2], मीर अबुल बक़ा जो अपनी विद्वत्ता एवं पवित्रता के लिए प्रसिद्ध थे, अन्य प्रतिष्ठित लोगों के साथ, जिनके अलग अलग नाम लेने से विवरण बहुत बढ़ जायेगा, आमंत्रित किए गए। सुल्तान, अमीर तथा बहुत से अन्य लोग उपस्थित थे। प्रारम्भ में इन लोगों ने संगठित होना निश्चित किया और एक प्रतिज्ञा-पत्र तैयार किया जिस पर प्रतिष्ठित लोगों ने अपने हस्ताक्षर कर दिए। तदुपरान्त वे विचार-विमर्श करने लगे।

सर्व प्रथम पादशाह ने मुझे आदेश दिया कि मैं अपने हृदय में जो कुछ उचित समझता हूँ उसका उल्लेख करूँ। मैंने निवेदन किया कि, "जब ख़ुरासान में सुल्तान हुसेन मीर्ज़ा की मृत्यु हो गई तो उसके १७ पुत्रों ने अपने पारस्परिक मतभेद एवं फूट के कारण ख़ुरासान को शाही बेग के के हाथ में चला जाने दिया। इस कारण लोग आज तक उनकी कटु-आलोचनाएँ एवं निन्दा करते हैं और कोई भी उन्हें अच्छी दृष्टि से नहीं देखता। इस अपमान के साथ साथ उनका विनाश भी

१ ख़्वाजा ख़ावन्द महमूद की उपाधियों का अनुवाद नहीं किया गया।

२ मीर अबूल बक़ा की उपाधियों का भी अनुवाद नहीं किया गया।

हो गया, यहाँ तक कि एक वर्ष के भीतर वदीउज़्ज़मान के अतिरिक्त, जो कि रूम[1] चला गया, कोई भी जीवित न रहा। स्वर्गीय वावर पादशाह ने हिन्दुस्तान जैसे विशाल देश को वड़े परिश्रम से विजय करके आप लोगों को सौंप दिया है। क्या आप लोग शेर खां सरीखे आदमी को हिन्दुस्तान पर अधिकार जमा लेने देंगे? आप लोग इस वात पर ग़ौर करें कि हिन्दुस्तान के राजस्व तथा ख़ुरासान के राजस्व[2] (३५२ व) में कितना अन्तर है और शेर खां तथा शाही बेग ख़ां में कितना फ़र्क़ है। आप लोगों को याद रखना चाहिए कि लोग आपकी कितनी निन्दा करेंगे। अव यह समय आ गया है कि आप अपनी दशा पर ग़ौर करें और अपने सिर को ईर्ष्या के गरीवान से निकालकर सोच विचार की जेव में रक्खें ताकि लोग आपका आदर सम्मान कर सकें। पूर्व में जव कार्य सुगमतापूर्वक सम्पन्न हो सकते थे तो आपने फूट तथा उपेक्षा के कारण कार्य को इतना कठिन बना दिया। इस समय अत्यधिक कठिनाइयों का सामना किए विना सफलता प्राप्त करनी असम्भव है।

"अव मैं जो कुछ उचित समझता हूँ वह आपके समक्ष प्रस्तुत करूँगा। इसमें वड़ी ही कठिनाइयाँ हैं किन्तु आप लोगों ही ने जव कार्य सरल था तो उसे कठिन बना दिया, अब आप अपने कष्टों पर धैर्य-पूर्वक ध्यान न देंगे तो वे और भी कठिन हो जायेंगे। मैं समझता हूँ कि शेर ख़ां को लाहौर पहुँचने में अव भी चार मास लग जायेंगे। इन चार महीनों में हिन्दुस्तान के कोहपाया[3] सुल्तानों को प्रदान कर दिए जायं और प्रत्येक निष्ठावान् रहने के लिए प्रतिज्ञा करे। प्रत्येक व्यक्ति जिस कार्य हेतु नियुक्त हो उसमें संलग्न हो जाय। मुझे कश्मीर को विजय करने का कार्य सौंप दिया जाय। मैं इस वात की प्रतिज्ञा करता हूँ कि मैं दो मास में उसे पूरा कर लूँगा। जब मेरे कश्मीर पहुँच जाने के समाचार प्राप्त हो जायें तो प्रत्येक व्यक्ति अपने परिवार को कश्मीर भेज दे और स्वयं पर्वतों में रहे। इस प्रकार पर्वतों के आँचल को सरहिन्द की पहाड़ी से सारंग[4] की पहाड़ी तक दृढ़तापूर्वक अपने अधिकार में कर लें। तोप तथा ज़र्बज़न शेर ख़ां की युद्ध की मुख्य शक्ति हैं। पर्वतों में तोप की गाड़ियों का पहुँचना असम्भव है और वह विना उनके युद्ध न कर सकेगा। उसकी सेना अपनी संख्या की अधिकता के बावजूद खाद्य सामग्री के अभाव की वजह से नष्ट और भागने पर विवश हो जायगी।"

(३५३ अ) कामरान मीर्ज़ा ने इन शब्दों पर क्रोध प्रदर्शित करते हुए कहा कि, "जो कुछ तुम कहते हो यद्यपि ठीक है किन्तु इसमें अत्यधिक कठिनाइयाँ हैं।" मैंने कहा कि, "मैंने पहिले ही क्षमा माँग ली थी कि यह कार्य बड़ा कठिन है। जो भी सरल बातें थीं अव उनका अवसर नहीं रहा। यदि कोई इससे आसान वात वता सकें तो वह वतायें।" कामरान मीर्ज़ा ने कहा कि, "हम लोगों के साथ परिवार वालों की संख्या लगभग २ लाख है। यदि जो परामर्श इस समय दिया गया है उसका पालन किया गया तो यह सम्भव है कि सब के सब नष्ट हो जायें अतः यह उचित होगा कि पादशाह तथा समस्त मीर्ज़ा अलग अलग हो जायें, चाहे वे पर्वत की ओर जायें, चाहे कश्मीर

१ टर्की।

२ हासिल।

३ पर्वत के दामन।

४ उन पहाड़ियों तक जो सारंग गक्खर के अधीन हैं। सिवालीक अथवा सिवालिक की पहाड़ियों से कश्मीर की सरहद तक के पर्वतीय प्रदेश गक्खरों के अधिकार में रहते थे।

की पहाड़ियों में। वे अपने परिवार मेरे साथ काबुल भेज दें। परिवारों को सुरक्षित रूप में पहुँचा कर मैं सेना में वापस आ जाऊँगा।"

सब लोगों को इस उत्तर पर बड़ा आश्चर्य हुआ और वे सोचने लगे कि 'संगठन की जो शपथ हमने ली थी, उसका क्या हुआ ? इस समय कैसी बातें हो रही हैं ? कौन अपने परिवार को काबुल भेजने तथा असबाब के बिना ठहर जाने के विषय में सोच सकेगा ? लाहौर तथा काबुल के मध्य में दुर्गम नदियाँ, लुटेरे तथा पर्वत हैं। मीर्ज़ा की योजना पर आचरण करना असम्भव है।' यद्यपि अत्यधिक वाद-विवाद हुआ किन्तु कामरान मीर्ज़ा ने कोई बात निश्चय न होने दी अतः संगठन की जो इच्छा प्रकट की गई थी वह मिथ्या निकली और सभा विसर्जित हो गई।

समय निकल गया और इसी बीच में शेर ख़ां सुल्तानपुर[1] नदी के तट पर पहुँच गया। प्रत्येक व्यक्ति ने अपने लिए कोई न कोई शरण का स्थान ढूँढ़ लिया। पादशाह ने इस कठिनाई के अवसर पर मुझसे परामर्श किया। मैंने उस समय भी नम्रतापूर्वक निवेदन किया कि, "मैं अब भी कश्मीर की योजना पर दृढ़ हूँ।" मैंने कहा, "यदि आप मुझे आगे जाने दें तो अन्य लोग पीछे आ सकते हैं। मैं इस बात की प्रतिज्ञा करता हूँ कि मैं कश्मीर विजय कर लूंगा।" तदुपरान्त पादशाह (३५३ ब) ने मुझे विदा कर दिया और जो कुमक वे मेरे साथ कर सकते थे वह कर दी। इस प्रकार चार हज़ार स्वतंत्र एवं दासों के साथ मैं क़श्मीर की ओर चल खड़ा हुआ।

हैदर मीर्ज़ा का कश्मीर पर आक्रमण

इस बात का ऊपर उल्लेख हो चुका है कि कश्मीर के सुल्तान अपने अयोग्य अमीरों के चंगुल में फंस गए थे। जिसके जो मन में आता वही कर डालता। जिस समय कामरान मीर्ज़ा क़न्धार की ओर जैसा कि उल्लेख हो चुका है, शाह इस्माईल के पुत्र से युद्ध करने पहुँचा तो कश्मीर के मलिक आपस में एक दूसरे के प्रति शत्रुता प्रदर्शित करने में संलग्न थे। काची चक, अब्दाल माकरी[2] तथा जंगी चक कश्मीर से निकाल दिए गए थे और उन्होंने हिन्द के कोहपाया[3] में शरण ले ली थी। उन्होंने मुझसे सहायता के लिए आग्रह किया। ख़्वाजा हाजी[4] ने, जिसका उल्लेख तिब्बत के सम्बन्ध में हो चका है, मध्यस्थ के रूप में कार्य किया। मैं कामरान मीर्ज़ा को कश्मीर पर आक्रमण करने के लिए सर्वदा राज़ी करने का प्रयत्न किया करता था। जिस समय कामरान मीर्ज़ा

१ बयास।

२ कश्मीर में मुसलमान सुल्तानों के राज्य के प्रारम्भ (१४वीं शती ई० के मध्य) से ही, चक एवं माकरी दो बड़े वंश रहते थे। उनके पारस्परिक मतभेद एवं झगड़ों के कारण राज्य को १६वीं शती ई० के मध्य तक बड़ी कठिनाइयों का सामना करना पड़ा। उन लोगों में राज्य के प्रधान मंत्री के पद के लिये बराबर संघर्ष रहा करता था। कमज़ोर शासकों की अयोग्यता के कारण इस संघर्ष ने बड़ा उग्र रूप धारण कर लिया था। (Elias and Ross : *The Tarikh-i-Rashidi*, p. 482, note no. 1).

३ पर्वत के आंचल।

४ ख़्वाजा हाजी अथवा हाजी का उल्लेख मीर्ज़ा हैदर ने तिब्बत में अपनी कठिनाइयों के सम्बन्ध में किया है। वह मीर्ज़ा हैदर की सेवा में मारयूल की राजधानी शाया (शेर अथवा शेट या शेल) में उपस्थित हुआ। (Elias and Ross : *The Tarikh-i-Rashidi*, p. 460).

ने देहली की ओर प्रस्थान किया तो एक सेना एकत्र हो गई और बाबा चोचक (अथवा जूजक) नामक एक व्यक्ति उसका सरदार बनाया गया। ख्वाजा हाजी बाबा चोचक के साथ कश्मीर पर आक्रमण करने के उद्देश्य से आगरे से लाहौर पहुँचा किन्तु बाबा चोचक अपनी अयोग्यता एवं शक्तिहीनता के कारण इस अभियान की व्यवस्था न कर सका और विलम्ब करता ही रहा। यहाँ तक कि गंगा की पराजय के समाचार प्राप्त हो गए। सैनिक लोग ठहर गए और बाबा चोचक को कश्मीर पर आक्रमण करने से मुक्ति प्राप्त हो गई।

जिस समय सब लोग लाहौर में एकत्र हुए तो ख्वाजा हाजी मेरे तथा अब्दाल माकरी के पास मेरी योजना के सम्बन्ध में कई सन्देश लाया और ले गया। सबका उत्तम रूप से समाधान हो गया और मैंने पादशाह को इस बात पर संतुष्ट कर लिया। मैंने उन्हें वह पत्र दिखलाया जो मेरे पास आये थे और उन्हें इस बात का विश्वास हो गया कि मेरे पहुँचते ही कश्मीर विजय हो (३५४ अ) जायगा।

मीर्ज़ा हैदर द्वारा कश्मीर-विजय

मैंने पादशाह से निश्चय किया था कि "सर्व प्रथम मैं एक छोटी सी सेना लेकर नव शहर[1] की ओर प्रस्थान करूँ और जैसे ही कश्मीर के मलिक मेरा साथ देने के लिए तैयार हो जायें इस्कन्दर तोपची मेरे पास पहुँच जाय। जब मैं दर्रे पर पहुँच जाऊँ तो मीर ख्वाजा कलाँ जिसकी प्रशंसा मैं पहिले कर चुका हूँ, नव शहर में प्रविष्ट हो जाय। जब मैं कश्मीर में प्रविष्ट हो जाऊँ तो मीर ख्वाजा कलां कश्मीर के दर्रे तक पहुँचे और पादशाह अपना शिविर नव शहर में लगायें। जब इतना हो जाय तो कामरान मीर्ज़ा तथा अन्य लोग जहाँ उनकी इच्छा हो चले जायें।"

जब सब कुछ निश्चय हो गया तो मैं चल खड़ा हुआ और नव शहर में कश्मीर के समस्त मलिक मेरी सेवा में उपस्थित हो गए। इस्कन्दर तोपची नव शहर से एक दिन की यात्रा की दूरी पर था। मीर ख्वाजा कलां सियालकोट में था। जिस दिन मैंने इस्कन्दर तोपची को सूचना भेजी उसी दिन यह समाचार प्राप्त हुए कि सभी लोग लाहौर छोड़कर चले गए। मैं शीघ्रातिशीघ्र रवाना हुआ। जब मैं उस दर्रे पर पहुँचा जहाँ से लोग कश्मीर में प्रविष्ट होते हैं तो काची चक एक मार्ग से पहुँच गया और हम दूसरे मार्ग से। बिना किसी वाद-विवाद अथवा संघर्ष के हम लोग कश्मीर पहुँच गए।

जब इस्कन्दर तोपची तथा मीर ख्वाजा कलां ने लाहौर के खाली होने के विषय में सुना तो इस्कन्दर तोपची शरण हेतु सारंग के पास चला गया। वह हिन्दुस्तान के कोहपाया का सुल्तान था। मीर ख्वाजा कलां सियालकोट से चल दिया और जो लोग लाहौर से भागे थे उनके पास पहुँच गया। यद्यपि पादशाह ने कश्मीर पहुँचने का बड़ा प्रयत्न किया किन्तु वे किसी को भी अपने साथ न ले सके। कुछ मूर्ख उदाहरणार्थ हिन्दाल मीर्ज़ा, नासिर मीर्ज़ा इत्यादि उन्हें शाह बेग अरग़ून के पुत्र मीर्ज़ा शाह हुसेन के विरुद्ध तत्ता तथा बक्खर की ओर ले गए। मीर्ज़ा शाह हुसेन (३५४ ब) वही व्यक्ति है जिसका पूर्व में उल्लेख हो चुका है। जब बाबर पादशाह ने शाह बेग

१ राजौरी की पहाड़ियों के नीचे के भाग में एक गांव।

से क़न्धार छीन लिया तो शाह बेग उच्च तथा तत्ता की ओर चल दिया और आसपास के प्रदेश अपने अधिकार में कर लिए। उसकी मृत्यु के उपरान्त मीर्ज़ा शाह हुसेन उसका उत्तराधिकारी बना और कुछ समय तक अपने क़िलों को दृढ़ बनाने तथा अपने राज्य को सुव्यवस्थित करने में व्यस्त रहा। वास्तव में वह बड़ा ही योग्य तथा प्रतिभाशाली व्यक्ति था। उसके विरुद्ध वे लोग रवाना हुए किन्तु उन्हें कोई भी सफलता न मिल सकी। हिन्दाल मीर्ज़ा क़न्धार की ओर भाग गया। वहाँ का हाकिम उसके स्वागतार्थ पहुँचा। वह पादशाही का दावा करने लगा। कामरान मीर्ज़ा ने काबुल से उसके ऊपर आक्रमण किया। कुछ शोचनीय घटनाओं के उपरान्त वह दुर्दशा को प्राप्त हो गया और उसने कामरान मीर्ज़ा से इस बात का आग्रह किया कि, "उसे कोई हानि न पहुँचाई जाये" और उसकी सेवा में प्रविष्ट हो जाने का आश्वासन दिलाया। शीघ्र ही यादगार नासिर मीर्ज़ा तथा क़ासिम हुसेन सुल्तान भी पादशाह के पास से भाग गए और कामरान मीर्ज़ा से मिल गए। पादशाह अत्यधिक कठिनाइयों एवं दुर्भाग्यों का मुक़ाबला करते हुए एराक़ की ओर रवाना हुए। अभी तक इस बात का पता नहीं कि उनका क्या हुआ। जहाँ तक कि कामरान का सम्बन्ध है वह काबुल में है और सौभाग्य की उसे कोई आशा नहीं।

मुझे ईश्वर से, जो बड़े ऐश्वर्य वाला एवं दयालु है हज़रत मुहम्मद एवं उनकी सम्मानित संतान के आशीर्वाद से, यह आशा है कि वह हुमायूँ पादशाह को, जिनके मुक़ाबले में बहुत थोड़े ही महान् सुल्तान होंगे, राज्य प्रदान करेगा। उन्होंने इतनी अधिक कठिनाइयों का सामना किया है जिनका बहुत कम पादशाहों ने सामना किया होगा। ईश्वर उनकी उदार छाया में लोगों को सुखी एवं समृद्ध रखे। यह होता चला आया है कि जब किसी बड़े पादशाह के कार्य अस्त-व्यस्त हो जाते हैं तो वह स्वयं ही उनका कारण होता है। ऐसा पादशाह विरले ही होता है जो उन विपत्तियों से बच सके, और यदि बच जाय तो इसे उसके गुणों का कारण समझना चाहिये।

(३५५ अ) इस ग्रंथ में प्रारम्भ में लिखा जा चुका है कि उनके पिता बाबर पादशाह कई बार समरक़न्द में सिंहासनारूढ़ हुए किन्तु उन्हें सर्वदा बुरी तरह पराजित होना पड़ा। उन पराजयों के समय वे सुरक्षित रहे और अन्त में ईश्वर ने उन्हें ऐसा ऐश्वर्य प्रदान किया कि समस्त संसार उनसे प्रभावित हुआ और वे अमर सुल्तानों की श्रेणी में आ गए। ईश्वर हुमायूँ पादशाह को उन ख़तरों से मुक्ति देकर उतना ही ऐश्वर्य एवं वैसी ही बुद्धि प्रदान करे।

मीर्ज़ा हैदर का हुमायूँ पादशाह से विदा होना, कश्मीर पर आक्रमण तथा विजय, तारीख़े रशीदी का अन्त

जब मीर्ज़ा लोगों में आपस में थोड़ा बहुत समझौता हो गया तो मुझे ईश्वर की कृपा से हुमायूँ पादशाह ने विदा होने की अनुमति दे दी। मैं जिन कारणों का उल्लेख हो चुका है, उनके अनुसार लाहौर से कश्मीर की ओर रवाना हुआ। मैं इस बात का उल्लेख कर चुका हूँ कि मैंने २२ रजब[1] को कश्मीर का दर्रा पार किया। यह तारीख़ "जुलूसे दारुल मुल्के कश्मीर"[2]

१ २२ रजब ९४७ हि० (२२ नवम्बर १५४० ई०)।

२ 'कश्मीर की राजधानी में सिंहासनारोहण'।

के अक्षरों से निकलती है। धनुः राशि का समय था। मैं सफलता के सिंहासन पर आरूढ़ हुआ ही था कि हिमपात प्रारम्भ हो गया और भूमि सफ़ेद हो गई। शत्रुओं ने अपनी निगाहें फेर लीं। ईश्वर की कृपा से वह शीत ऋतु शान्तिपूर्वक व्यतीत हो गई।

(३५५ ब) काची चक इससे पूर्व तीन बार कश्मीर के राज्य को त्यागने पर विवश किया जा चुका था, उसकी पत्नी तथा उसके पुत्र उससे भेंट न कर सके थे कारण कि वह उन्हें मलिक अब्दाल तथा ज़ंगी चक की देख-रेख में यह सोचकर छोड़ गया था कि पूर्व की भाँति उसके राज्य के त्यागने तथा पुनः अधिकार-सम्पन्न होने का मामला एक वर्ष तक स्थायी रूप से उसी दशा में न रह पायगा। कश्मीर के प्रतिष्ठित लोगों को भी यही विश्वास था और वे उसके साथ चले गए और उन्होंने इस बात की चिन्ता न की कि, "ईश्वर उसे प्रदान करता है जिसे वह चाहता है और ले लेता है उससे जिससे वह चाहता है।" काची चक यह समझता था कि शेर खां अपनी शक्ति से, परमेश्वर ने जो कुछ भाग्य में लिख दिया है, उसे भी पलट देगा, अतः उसने उससे सहायता की प्रार्थना की।

वहार के मौसम में शेर ख़ां से कुमक प्राप्त करके उसने एक वहुत बड़ी सेना सहित प्रस्थान किया। इस अवसर पर जव इस समाचार की पुष्टि हो गई तो मलिक अब्दाल माकरी को, जो कि इस पूरी योजना का मुख्य आधार था, लक़वा मार गया, और उसकी मृत्यु हो गई। इस प्रकार इस अभियान का पूरा बोझ ज़ंगी चक के ऊपर पड़ गया। संक्षेप में अत्यधिक कठिनाइयों का मुक़ावला करके जिनका सविस्तार उल्लेख अनुचित होगा हम लोग अपने परिवार को अन्दरकुल[1] के क़िले में छोड़कर शत्रुओं का मुक़ावला करने के लिए एक ऐसी सेना सहित चल खड़े हुए जो दृढ़ न थी।......... तीन मास तक हम लोग उनके दृढ़ स्थानों पर आक्रमण तथा मैदानों में उनका मुक़ावला करते रहे। अन्ततोगत्वा काची चक ने शेर ख़ां की सेना के साथ पर्वतीय स्थानों से जिनको उसने दृढ़ बना लिया था प्रस्थान किया और एक मंज़िल पर पड़ाव किया। इस स्थान पर कश्मीर की सेना, जिसके विषय में देखने में यह पता चल रहा था कि वह पलायन कर जायगी, यद्ध हेतु दृढ़ हो गई। मुग़ुल सेना अपने स्थान पर दृढ़ थी। किसी को उस दिन युद्ध की आशा न थी। अधिकांश लोग अपने अपने कार्य हेतु विभिन्न दिशाओं को चले गए थे। इस प्रकार लगभग ढाई सौ आदमी ही उपस्थित थे। उनके साथ थोड़े से कश्मीरी थे जो कि मुग़लों के सहायक हो गए थे। इस प्रकार उनकी संख्या लगभग तीन सौ थी। इन लोगों ने बढ़ कर उउ सेना का मुक़ावला किया जिसमें पाँच हज़ार अश्वारोही, दो हाथी और अश्वारोहियों से अधिक पदाती थे। वे लोग शत्रुओं की सेना के पीछे पहुँच गए और उनके माल असवाव को लूटने लगे। इतना घोर युद्ध हुआ कि यदि मैं उसका सविस्तार उल्लेख करूँ तो उसे अतिशयोक्ति समझा जायगा, अतः उसका सविस्तार विवरण त्याग कर संक्षिप्त रूप में उसकी चर्चा करूँगा।

१ सम्भवतः बारा मूला के समीप।

सोमवार ८ रबी-उस्सानी, ९४८ हि० (१ अगस्त १५४१ ई०) को मध्याह्नोत्तर की नमाज़ के समय हमने उस सेना को, जिसमें पाँच हज़ार अश्वारोही तथा कई हज़ार पदाती थे, केवल तीन सौ आदमियों सहित पराजित कर दिया। कश्मीर के खतीब[1] मौलाना यूसुफ़ ने "फ़तहे मुक़र्रर"[2] के अक्षरों से इस विजय की तारीख़ निकाली कारण कि, जैसा कि उल्लेख हो चुका है, मैं एक बार कश्मीर में प्रविष्ट होकर विजय प्राप्त कर चुका था।

१ ख़ुत्बा पढ़ने वाले।

२ 'पुनः विजय'।

नफ़ायसुल मआसिर

लेखक—अलाउद्दौला बिन यहया क़ज़वीनी

(अलीगढ़ विश्वविद्यालय सुभानुल्लाह मैनुस्क्रप्ट व रिज़ा लाइब्रेरी रामपुर मैनुस्क्रप्ट)

हज़रत जन्नत आशियानी का सिंहासनारोहण

सिंहासनारोहण

९३७ हि० (१५३० ई०) में अपने स्वर्गीय पिता के निधन के उपरान्त वे अपने पिता की संतान में ज्येष्ठतम, सबसे अधिक प्रतिभाशाली एवं सर्व-गुण सम्पन्न होने के कारण अपने पिता की वसीयत के अनुसार सल्तनत के राज-सिंहासन एवं पादशाही के स्थायी स्थान पर आरूढ़ हुए। उनका सूर्य रूपी अन्तःकरण संसार की विजय एवं राज्य-व्यवस्था की प्रथाओं की ओर आकृष्ट हुआ और राज्य की समस्यायें सौभाग्य की माला में भली-भाँति सुव्यवस्थित हो गईं। राज्य के उच्च पदाधिकारियों एवं प्रतिष्ठित लोगों को पादशाही कृपा एवं शाही अनुकम्पा द्वारा सुशोभित किया गया। सबको अत्यधिक कृपा-प्रदर्शित करते हुए प्रोत्साहन प्रदान हुआ। शुभ फ़रमान बुद्धिमानों के हाथ दूर-दूर भेज दिए गए और विलायतों के हाकिमों ने उनके अनुल्लंघनीय आदेशों का पालन किया और सिक्का एवं ख़ुत्बा उनके नाम एवं उपाधि द्वारा सुशोभित हुए। जो लोग विरोध कर रहे थे उन्होंने विरोध के विचार अपने मस्तिष्क से निकाल दिए और आज्ञाकारिता का शीर्ष अधीनता की चौखट पर रख दिया।

हुमायूं का गुजरात, तदुपरान्त बंगाले की ओर प्रस्थान

सेना की व्यवस्था की समस्याओं का समाधान कर लेने के उपरान्त हिन्दुस्तान के आस पास जो लोग इधर उधर विद्राह क़ररर हे थे उनका दमन कर दिया और गुजरात की ओर प्रस्थान किया तथा उस स्थान को विजय कर लिया। अत्यधिक लूट की धन-सम्पत्ति अपने अधिकार में कर ली किन्तु भाइयों के विरोध एवं अवज्ञाकारी अमीरों के कारण उस राज्य एवं धन-सम्पत्ति को त्याग दिया; किन्तु इस कारण कि उनका सौभाग्य नित्य-प्रति उन्नति पर था, उनके गौरव एवं उनकी सेना तथा उनके ऐश्वर्य में अत्यधिक वृद्धि हो गई। उन्होंने हिन्दुस्तान के अधिकांश प्रदेशों को विजय कर लिया एवं बंगाले की ओर रवाना हुए। उसे भी ९४५ हि०[1] में विजय कर लिया।

शेख़ फूल की हत्या

जब वे वहाँ अधिक दिनों तक ठहर गए तो हज़रत जहाँबानी के भाई हिन्दाल मीर्ज़ा ने,

१ हस्तलिपियों में ९४० हि० है। सम्भवतः नक़ल करने वालों की भूल है। इसे ९४५ हि० (१५३८-३९ ई०) होना चाहिये। (**अकबर नामा** मूल पृ० १५३, प्रस्तुत हिन्दी अनुवाद पृ० ५९-६०)। कुछ हस्तलिपियों में ९४० हि० सा पढ़ा जाता है।

जो आगरा में था, इस कारण कि शेर खां रोहतास की सीमा से आगरा की ओर बढ़ता आ रहा था, शेख़ फूल[१] की, जो हज़रत जन्नत आशियानी के पीर[२] थे, हत्या करा दी और अपने नाम का ख़ुत्बा एवं सिक्का चलवा दिया। सल्तनत का तब्ल विरोध हेतु खुल्लम खुल्ला बजवाने लगा। यह समाचार बंगाला पहुँचे। हज़रत जन्नत आशियानी ने बंगाला जहाँगीर क़ुली बिन इबराहीम बेगचीक मुग़ुल[३] को ५००० व्यक्तियों सहित सौंप दिया और स्वयं आगरा की ओर रवाना हुए।

मीर्ज़ा हिन्दाल का विद्रोह

हिन्दाल मीर्ज़ा की, जिसने अपने नाम का ख़ुत्बा पढ़वा दिया था, अमीरों ने आज्ञाकारिता स्वीकार न की। वह बादशाहज़ादा ऐसे अवसर पर, जब कि शेर खां सरीखा शत्रु प्राण एवं राज्य नष्ट करने के उद्देश्य से राज्य के सीमान्त पर बैठा था, अज्ञानतावश सल्तनत की नींव अपने मूर्खता के नखों से खोदने लगा और देहली का अवरोध करके हज़रत जन्नत आशियानी के अमीरों से युद्ध करने लगा। हज़रत जन्नत आशियानी जूसी प्याग[४] पहुँचे। शेर खां ने अवसर पाकर हज़रत जन्नत आशियानी का मार्ग रोक लिया। हज़रत जहाँबानी के समस्त घोड़े बंगाले में नष्ट हो गए थे और लश्कर में शक्ति न रही थी। वर्षा ऋतु आ गई थी। युद्ध के साधन नष्ट हो चुके थे और शेर खां मुक़ाबले के लिए उद्यत था। बड़ी संख्या में इस आशय से आदमी भेजे गए कि "हिन्दुस्तान के लिए शत्रुता का स्रोत शेर खां है और इस स्थान पर मुक़ाबले के लिए पहुँच गया है, भाई लोग शीघ्र पहुँच जायें ताकि उसका समूलोच्छेदन कर दिया जाय; परन्तु खेद है कि (भाई लोग परस्पर शत्रुता कर रहे हैं, और शत्रु मुक़ाबला कर रहा है।"

मीर्ज़ा कामरान का देहली पहुँचना

जब मीर्ज़ा कामरान को यह समाचार प्राप्त हुए तो उसने तत्काल देहली पर चढ़ाई की। हिन्दाल मीर्ज़ा ने मीर्ज़ा कामरान से भेंट की। हज़रत जन्नत आशियानी के अमीर लोगों ने निकल कर कामरान मीर्ज़ा के प्रति अभिवादन किया। उसके आगमन से लोगों में शक्ति आ गई। किन्तु राज्य के हितैषियों ने हज़रत जन्नत आशियानी की सहायतार्थ प्रस्थान करने एवं जसी प्याग पहुँचने के लिए बड़ा आग्रह किया परन्तु कोई लाभ न हुआ। मीर्ज़ा कामरान षड्यंत्रकारियों एवं दुष्टों की बातों पर कान धरे हुए था। कभी वह हज़रत जन्नत आशियानी की सहायता के विषय में निश्चय करता और कभी विद्रोह के सोते को अपने दुर्भाग्य के हाथ से खोदता। असमंजस को अपना पथ-प्रदर्शक बना कर आगरा पहुँचा। वह एक मास से अधिक आगरा में ठहरा रहा। यहाँ तक कि हज़रत जन्नत आशियानी प्रभुत्व को खो कर आगरा पहुँचे। सब भाई एक

१ रामपुर की हस्तलिपि में 'फूल' एवं अलीगढ़ हस्तलिपि में 'बूल'। अन्य ग्रन्थों में 'शेख़ बहलोल' भी है।
२ धर्मगुरू।
३ देखिये **अकबर नामा** का अनुवाद, पूर्व पृ० ६८-७३।
'झूसी प्रयाग' किन्तु इसे 'चौसा' होना चाहिये।

स्थान पर एकत्र हुए। यह घटना सफ़र ९४६ हि०[१] में घटी। जो घटनायें घट रही थीं उनके विषय में परामर्श एवं विचार-विमर्श होता था। बात-चीत बहुत बढ़ गई।

शेर

'दुर्घटना का उपचार उसके घटने के पूर्व करना चाहिये,
जब कार्य हाथ से निकल जाता है तो पश्चाताप से कोई लाभ नहीं होता।'

शेर ख़ां का गंगा तट पर पहुँचना

सात मास आग्रह एवं वार्तालाप में कट गए और अवसर बहुत कम रह गया। शेर ख़ां युद्ध के उद्देश्य से गंगा पर पहुँच गया। उसी आग्रह एवं वार्त्तालाप के मध्य में मीर्ज़ा कामरान को बहुत से ऐसे रोग लग गए जिनका उपचार एक दूसरे के विरुद्ध पड़ता था और वह लाहौर की ओर चल खड़ा हुआ। हज़रत जन्नत आशियानी ने यद्यपि बड़ा आग्रह किया कि अपनी अधिकांश सेना को वह कुमक के रूप में छोड़ जाय किन्तु मीर्ज़ा कामरान इस बात का प्रयत्न कर रहा था कि आगरा में हज़रत जन्नत आशियानी के आदमियों में से भी किसी को न रहने दे। उसने अधिकांश आदमियों को लाहौर रवाना कर दिया और स्वयं प्रस्थान कर ही रहा था कि शेर ख़ां गंगा-तट पर युद्ध के उद्देश्य से[२] पहुँच गया। उसकी सेना ने नदी पार कर ली। उसका पुत्र क़ुतुब ख़ां इटावा[३] एवं कालपी की ओर पहुँचा। क़ासिम हुसेन सुल्तान, जो ऊज़बेक सुल्तानों में से था, एवं यादगार नासिर मीर्ज़ा वल्द सुल्तान नासिर मीर्ज़ा जिसका उल्लेख किया जा चुका है, इस्कन्दर सुल्तान, जो मीर्ज़ा कामरान के पूर्व उस स्थान के कुछ महालों का हाकिम था, तीनों क़ुतुब ख़ां के मुक़ाबले के लिए पहुँचे और युद्ध करके क़ुतुब ख़ां की हत्या कर दी।

यद्यपि उन लोगों ने बड़ा पराक्रम एवं पौरुष प्रदर्शित किया किन्तु सब मामलों की जड़ शेर ख़ां का युद्ध था, जिसके लिए हज़रत जन्नत आशियानी आगरा से क़न्नौज की ओर उसके विरुद्ध रवाना हुए थे। लगभग एक मास तक इस ओर हज़रत जन्नत आशियानी के सेवक और उस ओर शेर ख़ां के आदमी नदी तट पर डटे रहे। प्रत्येक ओर सेना की संख्या दो लाख से अधिक[४] थी।

मुहम्मद सुल्तान मीर्ज़ा का पलायन

अन्त में मुहम्मद सुल्तान मीर्ज़ा एवं उसके पुत्र उलुग़ मीर्ज़ा एवं शाह मीर्ज़ा, जो तीमूरिया मीर्ज़ाओं में से थे तथा हज़रत सुल्तान हुसेन मीर्ज़ा बाईक़रा के नाती थे, हिन्दुस्तान में हज़रत फ़िरदौस मकानी की सेवा में आ गये थे। उन्होंने उनका आदर सम्मान किया। हज़रत फ़िरदौस मंज़ेलत की मृत्यु के उपरान्त बार बार हज़रत जन्नत आशियानी के विरुद्ध विद्रोह किया

१ हस्तलिपियों में यह तारीख़ भी शुद्ध नहीं और ९४० हि० सी पढ़ी जाती है। किन्तु सम्भवतः अलाउद्दौला ने इसे सफ़र ९४६ हि० (जुलाई १५३९ ई०) लिखा होगा। चौसा का युद्ध ९ सफ़र ९४६ हि० (२६ जून १५३९ ई०) को हुआ। (**अकबर नामा**, मूल पृ० १५९)।

२ अलीगढ़ हस्तलिपि में 'युद्ध के उद्देश्य से' नहीं है।

३ अलीगढ़ हस्तलिपि में "एकावा"।

४ **अकबर नामा** का अनुवाद पृ० ७९-८० तथा **तारीख़े रशीदी** का अनुवाद पृ० ४४६ देखिये।

किन्तु वह पुनः हज़रत जन्नत आशियानी की सेवा में पहुच गया था और अत्यधिक कृपाओं द्वारा सम्मानित हुआ था। इस अवसर पर वह शेर खां से मिल गया और भाग खड़ा हुआ तथा हर एक को भागने का मार्ग दर्शा गया। तदुपरान्त लोगों ने भागना प्रारम्भ कर दिया। हर रोज़ कोई न कोई सेना भाग जाती। अल्प समय में वहुत से लोग भाग खड़े हुए। कृतघ्न सेना बिना औषधि के पीप के समान धीरे-धीरे समाप्त होने लगी एवं शक्तिहीनता बढ़ने लगी। बुद्धिमानों को ज्ञात है कि जब ईश्वर की इच्छा पूरी होने वाली होती है तो सर्व प्रथम उसके साधन दृष्टिगत हो जाते हैं।

शेर

'जब कोई कार्य पूरा होने वाला होता है,
उसके वैसे ही साधन एकत्र हो जाते हैं।'

युद्ध की सामग्री

हज़रत जन्नत आशियानी के साथ जो युद्ध की सामग्री थी, उसमें ७०० गरदूनें[१] थीं जिनमें से प्रत्येक को चार जोड़ी बैल खींचते थे। उन पर एक-एक रूमी ज़र्बज़न[२] लदी हुई थी, जो ५०० मिस्क़ाल[३] का गोला फेंकती थी। मीर्ज़ा हैदर गूरगान ने लिखा है कि "दास उन दिनों अनेक बार ऊपर से देख चुका था, कि यदि कोई अश्वारोही धीरे धीरे निकल कर बढ़ता हुआ दृष्टिगत होता था, तो उसे बिना चूके हुए मार दिया जाता था। ८[४] अन्य गाड़ियों से, जिनमें से प्रत्येक को ८ जोड़ी बैल खींचते थे, पत्थर के गोले न चलाये जा सकते थे क़ारण कि वे चूर्ण हो जाते थे। उनमें से ५००० मिस्क़ाल के हफ़्त जोश[५] के गोले चलाये जाते थे। उनमें प्रत्येक का मूल्य २०० मिस्क़ाल चाँदी होता होगा। एक फ़रसख़ पर जो कुछ दिखाई पड़ता उसे मार दिया जाता था।

जब सेना पलायन करने लगी तो यह उचित समझा गया कि 'क्योंकि सेना बिना युद्ध के छिन्न-भिन्न हो जायगी अतः युद्ध किया जाय। यदि कोई अनुचित घटना घटी भी तो लोगों के पास कटु-आलोचना का कोई विषय न रह जायगा; नदी पार कर ली जाय ताकि फिर कोई अन्य भाग न सके।' इस उद्देश्य से उन्होंने नदी पार की और दोनों ओर की सेनाओं ने अपने चारों ओर खाईं खोद ली। हर रोज़ दोनों ओर से निम्न श्रेणी एवं दुष्ट प्रवृत्ति के लोग मनमाने तरीक़े से युद्ध करते थे। इसी बीच में वर्षा का ज़ोर वढ़ गया। जिस स्थान पर उत्कृष्ट शिविर लगे थे, वहाँ इस प्रकार जल भर गया कि ख़ेमे जल पर बुलबुले के समान तैरने लगे। वहाँ से प्रस्थान करना परमावश्यक हो गया। इस बार संसार को शोभा प्रदान करने वाला मत यह

१ तोप की गाड़ियां।

२ एक प्रकार की तोप।

३ लगभग साढ़े चार माशे की एक तौल।

४ **तारीख़े रशीदी** में २१; देखिये **तारीख़े रशीदी** का अनुवाद पूर्व पृ० ४४८।

५ **तारीख़े रशीदी** में 'पीतल' है। देखिये **तारीख़े रशीदी** का अनुवाद पृ० ४४८)।

हुआ कि "प्रस्थान के समय सेना की पंक्तियाँ सुव्यवस्थित रक्खी जायें और गाड़ियाँ अपने स्थान पर तैयार रहें। यदि शत्रु खाईं के भीतर से निकलता है तो युद्ध किया जाय अन्यथा किसी ऊँचे स्थान पर, जो जल से सुरक्षित हो, पड़ाव हो।"

हुमायूं एवं शेर शाह का युद्ध

१० मुहर्रम ९४७ हि० (१७ मई १५४० ई०) को प्रातः काल आदेशानुसार सेना की पंक्तियाँ सुव्यवस्थित की गईं। वास्तव में पंक्तियाँ झूठों के हृदय के समान कम्पित एवं चिन्तित थीं। जैसा निश्चय हुआ था कि गाड़ियाँ, तोपें, एवं तोप चलाने वाले मध्य में रहें, तुक़ंग एवं तोप चलाने वालों में से प्रत्येक अपने स्थान पर खड़ा था और ज़ंजीरें बंधी थीं। अमीरों में से प्रत्येक बिना एक दूसरे की चिन्ता के अपने अपने स्थान पर ठहरा हुआ था और सेना के दस्ते सजाये था।

शेर खां सेना के पाँच दस्तों को लेकर खाईं के बाहर निकला। प्रत्येक दस्ते में कई हज़ार (अश्वारोही) तीपूचाक़[1] पर सवार, अस्त्र-शस्त्र धारण किए हुए, वीर सरदारों एवं आकाश सरीखे सम्मान वाले शेर दिलों के अधीन समुद्र की भाँति लहरें मार रहे थे। शेर खां दो दस्तों को लेकर वहीं खड़ा था और तीन दस्ते (शाही) सेना की ओर थे। इस ओर से भी मध्य भाग की सेना अग्रसर हुई। जब वह बढ़ती हुई वहाँ पहुँची तो वह ठहर न सकी। दास, बाजियान[2] एवं ख़ासा ख़ेल[3], जो मध्य भाग के पीछे सीमा एवं गणना से अधिक थे, हाथ से लगाम छोड़ कर[4] घबड़ा कर गाड़ियों की ओर पीठ करके भाग खड़े हुए। मध्य भाग वालों ने यद्यपि बहुत रोका किन्तु कोई लाभ न हुआ।

सेना की पराजय

शेर खां बढ़ता हुआ जिस पंक्ति के पास पहुँचता वे[5] बाण चलाने अथवा वीरतापूर्वक शत्रु की सेना की पंक्ति पर आक्रमण करने के पूर्व भयभीत होकर पराजय की आँधी से घास की पत्ती के समान कट जाते थे। इसी प्रकार पंक्तियों को छिन्न-भिन्न करता वह मध्य भाग की सेना के पास पहुँचा। दास एवं बाजियान जो अपने स्वामियों को सामने कर चुके थे एक-बारगी भाग खड़े हुए। थोड़े से आदमी गाड़ी के पार हो गए और कुछ गाड़ियों के पीछे रह गए। संक्षेप में, सबके सब पंक्तियाँ छोड़ छोड़ कर भाग खड़े हुए। चग़ताई सेना, जो सशस्त्र थी, और जिसका अनुमान लगभग ४०,००० लगाया गया था, दुर्भाग्यवश आँधी के समान भाग गई और किसी ने न तो एक तोप चलाई और न किसी ने ज़र्बज़न में आग लगाई। जब वे गंगा तट पर पहुँचे तो पीछे रक्त बहाने वाली तलवार एवं आगे अगाध समुद्र तथा मौत गले में हाथ डाले थी।

१ तीपूचाक़ या तीपचाक़ :—उत्तम प्रकार के घोड़ों की एक नस्ल।

२ बाजियान अथवा बाजबान का अर्थ "राजस्व वसूल करने वाले" होता है किन्तु यहां इस शब्द का प्रयोग कुछ उचित ज्ञात नहीं होता। सम्भवतः यह कोई अन्य ही शब्द होगा।

३ विशेष दस्ते के सैनिक।

४ हताश हो कर।

५ हुमायूं की सेनावाले।

शेर

'इस बात को संक्षिप्त रूप से कहता हूँ कि तुझे,
इससे भी अधिक खेद होगा,
शत्रु आगे तथा शत्रु पीछे,
क्या बताऊँ मैं कि क्या दशा थी।'

हुमायूं का नदी में प्रविष्ट होना तथा सुरक्षित तट पर पहुँचना

विवश होकर मुक्ति की आशा में उन्होंने अपने आपको नदी में डाल दिया। नदी का पाट पाँच बाणों की मार की दूरी तक और गहराई कहीं कहीं बल्ली से अधिक थी। समस्त प्रतिष्ठित अमीर असफलता के समुद्र में डूब गए। हज़रत पादशाह जन्नत आशियानी थोड़े से लोगों के साथ उस गहरे समुद्र[1] से बच निकले और अप्राप्य मोती के समान बाहर आकर मुक्ति के तट पर पहुँच गए।

स्थायित्व एवं बाक़ी रहना ईश्वर को है और राज्य ईश्वर का है।

ईश्वर के आदेशानुसार लोग राज्य की पताका नित्य-प्रति गाड़ते हैं, एवं राज्य का डंका रोज़ाना बजाते रहते हैं।

शेर

'शाहों के डंके से कानों में यह ध्वनि आती रहती है,
कि इस सराय में प्रत्येक पादशाह बारी बारी पहुंचता रहता है।'

ईश्वर को धन्य है कि हज़रत जन्नत आशियानी के फ़िरिश्ता[2] रूपी व्यक्तित्व से दोनों लोकों का उद्देश्य, अर्थात् हज़रत शाहंशाह का जीवन, सम्बन्धित था। यदि कुछ दिन तक ईश्वर के रहस्य के कारण वे कष्ट में रहे तो पुनः शीघ्र सच्चे निष्ठावानों एवं सहायकों के नेत्रों को हज़रत शाहंशाह के राज्य के आकाश के सूर्य से प्रकाश प्राप्त हो जायगा।

शेर

'जब तक तू जीवित है संसार की दुर्घटनाओं से मुक्ति नहीं प्राप्त हो सकती,
मृत्यु के अतिरिक्त सभी दुर्घटनायें सरल होती हैं।'

हिन्दुस्तान कुछ समय तक सुलेमान की अंगूठी[3] के समान अफ़ग़ानों के हाथ में रहा और फिर अपने समय पर हज़रत जन्नत आशियानी के हाथ में ईश्वर की कृपा से पुनः आ गया।

हुमायूं का लाहौर पहुँचना

संक्षेप में, जब हज़रत जन्नत आशियानी आगरा पहुँचे, तो वे ठहर न सके। जो लोग

१ गंगा नदी से तात्पर्य है।

२ अबुलफ़ज़ल ने इस विषय में अधिक विस्तार से लिखा है।

३ सुलेमान पैग़म्बर की अँगूठी की ओर संकेत है जो उनके हाथ से निकल कर एक मछली के पेट में पहुँच गई जब तक वह अँगूठी मछली के पेट में रही उस समय तक उनका राज्य भी उनके अधीन न रहा। बाद में मछली के पेट से अंगूठी मिल गई और हज़रत सुलेमान को अपना राज्य पुनः प्राप्त हो गया।

वहाँ रह गए थे वे हज़रत जन्नत आशियानी के साथ अत्यधिक कष्ट भोगते हुए लाहौर पहुँचे। प्रथम रबी-उल-अव्वल ९४७ हि० (६ जुलाई १५४० ई०) को समस्त सुल्तान, अमीर एवं सर्व साधारण एकत्र हुए। प्रत्येक अधिक से अधिक चिन्ता में था। हज़रत जन्नत आशियानी ने परामर्श एवं विचार विमर्श के उपरान्त समझ लिया कि भाइयों से सहायता की आशा नहीं। सबसे हाथ खींच कर एवं अपने कार्य ईश्वर पर छोड़ कर सब को विदा कर दिया। १ रजब (९४७ हि०/ १ नवम्बर १५४० ई०) को वे बक्कर की ओर रवाना हुए।

हुमायूं का बक्कर पहुँचना

बक्कर तथा उस ओर के प्रदेश में लगभग ढाई वर्ष तक चक्कर लगाते रहे। उस प्रदेश में कुछ ऐसी घटनायें घटीं जिनका उल्लेख अलग किया गया है[1]।

हुमायूं का क़न्धार की ओर प्रस्थान

वहाँ से वे क़न्धार की ओर रवाना हुए। मीर्ज़ा अस्करी ने, जो क़न्धार का हाकिम था, हज़रत जन्नत आशियानी के प्रस्थान के समाचार पा कर, विश्वास-घात करना निश्चय कर लिया। वह निष्ठापूर्ण पत्र भेजने लगा किन्तु उसके हृदय में यह था कि हज़रत जन्नत आशियानी को वन्दी बना ले। जब वे क़न्धार के समीप पहुँचे तो मीर्ज़ा अस्करी ने शाल एवं मस्तान प्रदेश की ओर प्रस्थान करके हज़रत जन्नत आशियानी को बन्दी बनाने का संकल्प किया। चपाई बहादुर मीर्ज़ा अस्करी की सेना से भाग कर हज़रत जन्नत आशियानी के पास पहुँचा और मीर्ज़ा अस्करी के नीच विचारों की सूचना दी। हज़रत जन्नत आशियानी अपने थोड़े से विशेष सेवकों के साथ, जिनकी संख्या १०-१५ से अधिक न थी, और अपनी सम्मानित पत्नी हज़रत बिल्क़ीस[2] मकानी ख़दीज-तुज़्ज़मानी[3] हमीदा बानो बेगम (उनका उत्कृष्ट साया सर्वदा वर्तमान रहे) हज़रते आला[4] की माता को लेकर जो उस ख़तरनाक तथा आशीर्वाद प्राप्त यात्रा में साथ देने के कारण चोली बेगम की उपाधि द्वारा सुशोभित हो गई हैं, गरम सीर के बियाबान के रेगिस्तानी मार्ग से सीस्तान की ओर रवाना हुए। हज़रते आला को छोड़ गए। मीर्ज़ा अस्करी पहुँच कर हज़रते आला, समस्त आदमियों एवं जो असबाब रह गया था, उन्हें क़न्धार ले गया।

हुमायूं का शाह तहमास्प के पास पहुँचना

हज़रत जन्नत आशियानी ने इस मार्ग में शाह तहमास्प के नाम पत्र लिख कर चपाई बहादुर के हाथ क़ज़वीन भेजा जिसमें विस्तार-पूर्वक उन घटनाओं का उल्लेख किया गया जो विश्वासघाती आकाश के कारण घटीं और जो भेंट का कारण बनीं और यह शेर भी लिखा :—

शेर

'हमारे ऊपर जो कुछ बीतनी थी वह बीत गई,
क्या समुद्र क्या पर्वत और क्या बियाबान।'

१ यह वाक्य अलीगढ़ की हस्त-लिपि में नहीं है।
२ शिबा अथवा सबा देश की महारानी।
३ हज़रत मुहम्मद की प्रथम पत्नी का नाम हज़रत ख़दीजा था।
४ अकबर।

क़िज़िलबाश-प्रदेश में प्रवेश

जब वे क़िज़िलबाशों के राज्य में प्रविष्ट हो गए तो सीमान्त के अमीरों ने सेवा एवं दासता भाव से व्यवहार किया। प्रत्येक ने अपने साहस एवं श्रेणी के अनुसार उचित सेवायें सम्पन्न कीं और आदर-सम्मान में कोई कसर न उठा रक्खी। जब उनका पत्र शाह के पास पहुँचा तो वह बड़ा प्रसन्न हुआ। राजधानी क़ज़वीन में तीन दिन तक ख़ुशी के नक़्क़ारे बजवाये गए। सीमान्त के अमीरों को आदेश लिखे कि वे किस प्रकार स्वागत् करें और अभिवादन में कोई कमी न करें। हज़रत (जन्नत) आशियानी के पत्र के उत्तर में लिखा :

शेर

'सौभाग्य के गौरव की हुमा हमारे जाल में आ जाय,
यदि तेरा हमारे स्थान की ओर आगमन हो जाय।'

हुमायूं का हिरात पहुँचना

जब वे हिरात के समीप पहुँचे तो सुल्तान मुहम्मद मीर्ज़ा ने मुहम्मद खां तकलु के साथ स्वागत् किया और पूर्ण आदर सम्मान एवं वैभव से आतिथ्य का प्रबन्ध किया। उचित उपहार प्रस्तुत किए और आदर सम्मान में कोई कसर न उठा रक्खी।

हुमायूं का मशहद पहुँचना

वहाँ से वे मशहद एवं इमाम हुमाम आली मुक़ाम सुल्ताने औलिया अल्लाहे उज़्ज़ाम[1] के पवित्र रौज़े की ओर रवाना हुये।

शेर

'मारेफ़त[2] के महल के बादशाह, उपकार की डाली के गुलाब
इम्कान[3] की मोती की डिबिया के मोती, प्रतिष्ठा की राशि के चन्द्र।
अली इब्न मूसी अर्रिज़ा कि ईश्वर की ओर से,
उनकी उपाधि रिज़ा हुई कारण कि ईश्वर की रिज़ा[4] उनकी प्रथा थी।
ईश्वर के मार्ग में दृढ़ इमाम, स्वतन्त्र शाह, कि हुआ,
उनके हरीम[5] के द्वार में, सुल्तानों का क़िबला[6]।'

१ इमाम रिज़ा।
२ दैवी ज्ञान।
३ सम्भावना का लोक; संसार।
४ स्वीकृति, प्रसन्नता।
५ शरण लेने का स्थान, जहां किसी को कोई भय न हो; मक्का का घेरा।
६ मक्का का वह स्थान जिसकी ओर मुँह करके मुसलमान नमाज पढ़ते हैं। कोई ऐसा पूज्य व्यक्ति अथवा स्थान जिसकी ओर लोग आसरा लगाये रहें।

वे ज़ियारत[१] एवं नज़र[२] इत्यादि अदा करने एवं सहायता के पात्रों तथा मुजाविरों[३] को न्योछावर प्रदान करने तथा फ़िरिश्तों के स्थान रूपी उस चौखट की ज़ियारत करने वालों से फ़ातेहा की प्रार्थना[४] करके एराक़ की ओर रवाना हुये।

शेर

'इसमें कोई सन्देह नहीं कि स्वीकार हो जाती है,
जो प्रार्थना उस रौज़े पर निष्ठा-पूर्वक की जाती है।'

हज़रत जन्नत आशियानी का क़ज़वीन पहुँचना

इस बार अधिकांश मंज़िलों एवं पड़ावों पर शाह की ओर से उचित उपहार एवं तुहफ़े लाये जाते एवं कुशल समाचार पूछे जाते थे। जब हज़रत जन्नत आशियानी रै के समीप पहुँचे तो शाह ग्रीष्म ऋतु व्यतीत करने के उद्देश्य से क़ज़वीन के बाहर चला गया था। जब क़ज़वीन के प्रतिष्ठित एवं सम्मानित लोग इन वाक्यों के संकलनकर्त्ता के पिता के साथ स्वागत् कर चुके तो वहाँ के कलाँतर[५] ख्वाजा अब्दुल ग़नी के घर में उतरे। कुछ समय तक वे वहाँ रहे। इस बीच में वे उस नगर के अधिकाँश स्थानों एवं महालों के, जिनका आश्चर्यजनक नगरों से सम्बन्धित बातों के ग्रन्थों[६] में उल्लेख है, दर्शन हेतु पहुँचे और वहाँ की विशेषताओं के विषय में पूछ ताँछ करके वहाँ के मुख्य लोगों से विचार-विमर्श किया।

अमीर नासिरुद्दीन यहया से भेंट

विभिन्न गोष्ठियों में इन पंक्तियों के लेखक के पिता अमीर नासिरुद्दीन यहया इतिहासकार से इतिहास सम्बन्धी विचित्र बातों एवं अन्य आश्चर्यजनक समस्याओं के विषय में प्रश्न किए। आश्चर्यजनक बातों का विवरण, जिनके सविस्तार उल्लेख से ग्रंथ बहुत बढ़ जायगा, सुनने के उपरान्त वे उनसे बड़े प्रभावित एवं उनकी गोष्ठियों की ओर बड़े आकृष्ट हुए। वे अपनी मोती की वर्षा करने वाली जिह्वा से कहा करते थे कि "मेरे एराक़ के आगमन से यह लाभ हुआ कि मैं अमीर यहया से भेंट कर सका।" वे उनके प्रति अत्यधिक कृपा दृष्टि रखते थे और उनकी प्रतिभा की बड़ी सराहना करते थे। हज़रत जन्नत आशियानी ने उनसे प्रथम प्रश्न यह किया कि "हज़रत मुहम्मद के सहाबियों[७] में से अन्तिम सहाबी का निधन कब हुआ और वे कौन थे?" उन्होंने तत्काल उत्तर दिया कि, "अबुत्तुफ़ैल आमिर इब्न वासेला जो १०० वर्ष की अवस्था में और

१ दर्शन।
२ चढ़ावा।
३ रौज़े के सेवक, रक्षक।
४ शुभ-कामना की प्रार्थना करके।
५ हाकिम।
६ "कि दर कुतुबे आसारुल बिलाद अजायबे आँ मस्तूर अस्त"। "आसारुल बिलाद" शब्द का प्रयोग इस प्रकार हुआ कि यह ग्रन्थ का नाम ज्ञात होता है, किन्तु सम्भवतः यह किसी विशेष ग्रन्थ के नाम अपितु भौगोलिक ग्रन्थों से तात्पर्य है।
७ सहचर, मित्र।

एक रवायत से ११० वर्ष की अवस्था में मृत्यु को प्राप्त हुए।" इसी प्रकार प्रत्येक नगर में जिस जिस अन्तिम सहाबी का निधन हुआ, उसकी उन्होंने चर्चा की।

संक्षेप में, वे क़ज़वीन से शाह के शिविर की ओर रवाना हुए। शाह का शिविर क़ज़वीन से चल चुका था और अबहर तथा सुल्तानिया के मध्य में यीलाक़ फ़िन्दारीनी[1] में शाह तहमास्प ने अपने समस्त अमीरों एवं राज्य के उच्च पदाधिकारियों को अत्यधिक उपहार सहित स्वागतार्थ भेजा और बड़े आदर-सम्मान से ठहराया। भेंट की गोष्ठियों में भाइयों के समान व्यवहार किया। कुछ दिन तक स्वर्ग रूपी इस पड़ाव पर उत्कृष्ट सुल्तानों की प्रथानुसार सूर्य एवं चन्द्र रूपी सरापरदे तथा बारगाहें लगवाई एवं धन-सम्पत्ति का वितरण कराया। कस्तूरी एवं अम्बर सरीखी सुगंधियों से आनन्द-मंगल की गोष्ठियों के हर्ष एवं उल्लास में वृद्धि की।

शेर

'कस्तूरी की थाली से संसार वालों के नथुने सुगंधि से भर गये,
नाचते हुए प्याले के प्रतिबिम्ब से सभा का वातावरण प्रज्वलित था।'

सेना के सर्वसाधारण एवं सरदारों तथा हज़रत जन्नत आशियानी के अमीरों को सोने, मोती एवं बहुमूल्य वस्त्रों द्वारा सम्मानित किया। ऐसी-ऐसी सभायें की गईं जिनके समान सभायें आकाश के नेत्रों ने न देखी थीं और जिनसे लज्जित होकर उन्होंने पश्चाताप एवं दासता का छल्ला कानों में पहिन लिया।

आनन्द-मंगल का शोर शुक्र ग्रह तक पहुँच गया। उस हृदयग्राही जश्न की सुन्दरता एवं उस अद्वितीय सभा का आनन्द, लेखों एवं वार्त्ताओं द्वारा नहीं बताया जा सकता।

क़मरग़ह शिकार

हज़रत जन्नत आशियानी के आनन्द-मंगल के उद्देश्य से क़मरग़ह शिकार का आयोजन किया गया। घेरा पूरा हो जाने के उपरान्त सर्व प्रथम स्वयं शाह तहमास्प एवं हज़रत जन्नत आशियानी ने शिकार खेला। भूतकाल के सुल्तानों की भाँति दोनों बादशाहों ने शिकार के मैदान में पाँव रक्खे और घोड़े दौड़ाने प्रारम्भ कर दिए। बहुत से मृग, गोर खर[2] एवं गोज़न[3], बाण द्वारा गिरा दिए। तदुपरान्त जन्नत आशियानी के अमीरों में से बैराम ख़ां एवं अपने भाइयों में से बहराम मीर्ज़ा एवं साम मीर्ज़ा को (शिकार खेलने की) अनुमति प्रदान की। (तदुपरान्त) उन्होंने अपने कुछ अन्य अमीरों को (शिकार की) अनुमति प्रदान की। शिकार के समय एक ने जान-बूझ कर या भूल से ख़ुलफ़ा नामक शाह के एक प्रतिष्ठित अमीर की बाण मार कर हत्या कर दी। तत्पश्चात् सर्वसाधारण को (शिकार खेलने की) अनुमति दे दी गई। सैनिकों एवं लश्कर वालों में से प्रत्येक शिकार पकड़ने एवं मारने में व्यस्त हो गया।

मनोरंजन की सभायें

जब आनन्द-मंगल का यह तमाशा समाप्त हो गया तो नित्य-प्रति सभायें होनें लगीं तथा चंग और ऊद के संगीत प्रारम्भ हो गए। कुछ दिन इसी प्रकार हंसी ख़ुशी में व्यतीत हो गए।

१ यह नाम हस्तलिपियों में स्पष्ट नहीं। कुछ में 'यीलाक़ क़ीदार नबी' है।

२ जंगली गधा, वन-गर्दभ।

३ एक प्रकार का पहाड़ी बैल।

शाह तहमास्प का हुमायूं से रुष्ट होना

इसी बीच में कुछ अधर्मी षड्यंत्रकारियों ने वहका कर शाह के स्वभाव की इस प्रथा एवं नियम में परिवर्तन करा दिया और मलीनता उत्पन्न करा दी। इस कारण हज़रत जन्नत आशियानी के दासों के कार्य कुछ दिनों तक अस्त व्यस्त रहे[1]। वे निराश हो गए थे कि उत्कृष्ट सैयिदों में चुने हुए, क़ाज़ी जहाँ हसनी सैफ़ी ने, जो शाह का पूर्ण अधिकार-सम्पन्न वकील था और जिसका शाह के स्वभाव में बड़ा हाथ था (उसका थोड़ा सा उल्लेख पूर्व में हो चुका है) मेहदे उलिया मेहीने बानो, जो सुल्तानम बेगम कहलाती तथा शाह की बहिन थीं, की सहायता से उचित युक्ति एवं बड़ी बुद्धिमत्ता से जो मैल शाह के हृदय में हज़रत पादशाह की ओर से बैठ गया था, उस पर सफ़ाई की पालिश कर दी। शाह अधिक से अधिक निष्ठा एवं शुभ चिन्ता प्रदर्शित करने लगा।

हुमायूं के लिए कुमक का प्रबन्ध

इस बीच में धर्म का पोषण करने वाले पादशाह के लिए कुमक एवं लश्कर नियुक्त करके उत्तम उपहार एवं उचित अस्त्र-शस्त्र, युद्ध के घोड़े, ऊँटों की क़तारें, ख़च्चर, सोन-चाँदी के वरतन, उत्तम वस्त्र, अत्यधिक नफ़ीस जवाहरात, सोना-आभूषण, कस्तूरी, अम्बर एवं पुरानी रक्खी हुई मदिरा वहुत बड़ी मात्रा में और अतलस, किम्ख़ाव, नाना प्रकार के रंगों के सक़रलात के वारगाह, ख़ेमे एवं ख़रगाह और ऐश्वर्य तथा वैभव की अन्य सामग्री, हज़रत जन्नत आशियानी की सेवा में भेजी तथा क्षमा-याचना की।

शाह का विदा होना और हज़रत जन्नत आशियानी का अर्दबेल के मशायख़ की ज़ियारत करना

हज़रत जन्नत आशियानी शाह से विदा हुए और वहाँ के[2] प्रदेशों की सैर के उपरान्त क़न्धार की ओर रवाना हुए। जब पड़ावों एवं मंज़िलों को पार करते हुए क़न्धार पहुँचे तो मीर्ज़ा अस्करी को, जो वहाँ का हाकिम था, मुक़ावला करने एवं ठहरने का साहस न हो सका।

शेर

'जव सूर्य एवं चन्द्र का उदय होता है,
तो सितारे कहाँ अपनी टोपी उठाये रह सकते हैं?'

हुमायूं का बुदाग़ ख़ां को क़न्धार समर्पित करना

हज़रत जन्नत आशियानी ने क़न्धार विजय कर लिया। जो वचन उन्होंने शाह को दिया

१ दर ख़िलाले ईंहाल ब इग़वाये बाज़े मुफ़सेदाने बे दीन मिज़ाज शाह रा अज़ां शेवा व आईन तग़य्युर दादा दर मुक़ामे कुदूरत आवुर्दन्द व अज़ीं मानी कारोबारे बन्देगाने हज़रत जन्नत आशियानी चन्द रोज़े रूये ब इख़्तेलाल आवुर्दा।

در خلال این حال باغوای بعضی مفسدان بی دین مزاج شاه را ازان شیوه و آئین تغیر داده در مقام کدورت آوردند و ازین معانی کاروبار بندگان حضرت جنت آشیانی چند روزی روی به اختلال آورده۔

२ ईरान के।

था उसके अनुसार क़न्धार को बुदाग़ ख़ां क़ाचार को, जिसके साथ शाह का पुत्र था, सौंप दिया। अपने दरबार के एक सेवक द्वारा जो बुद्धिमत्ता एवं राजदूत स बन्धी शिष्टाचार के ज्ञान में कुशल था, नाना प्रकार के उपहार, एवं तुहफ़े, असंख्य नक़द धन, अत्यधिक चमकदार जवाहरात, शाह के पास भेजे और निष्ठा एवं श्रद्धा और अनुराग प्रदर्शित करते हुए पत्र प्रेषित किया। वे स्वयं राज्य तथा विजयी सेना के उच्च पदाधिकारियों सहित क़िले के बाहर पड़ाव किए रहे। क़िला क़िज़िल-बाशों को प्राप्त हो गया किन्तु रोज़ाना हज़रत जन्नत आशियानी के सेवक क़िले में आते जाते रहते थे।

इसी बीच में शाह के पुत्र की, जिसे क़न्धार प्रदान कर दिया गया था, मृत्यु हो गई। बुदाग़ ख़ां कई दिन तक इस बात को छिपाये रहा। जब हज़रत जन्नत आशियानी के उत्कृष्ट राज्य के उच्च पदाधिकारियों को यह समाचार प्राप्त हुए तो उन्होंने हज़रत जन्नत आशियानी से निवेदन किया कि "हज़रत पादशाह ने क़न्धार को, जो पूर्वजों के समय से हमारा ही है, शाहज़ादे को प्रदान कर दिया था। अब उसकी मृत्यु हो गई। वहाँ कोई हाकिम[1] नहीं रहा अतः यह उचित नहीं कि इस राज्य को अकारण क़िज़िलबाशों को प्रदान कर दिया जाय और हम इस अव्यवस्थित दशा में काबुल की ओर, जो ऐसे भाई के अधिकार में है, जिसकी शत्रुता के डंके की आवाज़ आकाश को पार कर चुकी है, प्रस्थान करें।" हज़रत जन्नत आशियानी को यह परामर्श पसन्द आ गया। उन्होंने क़न्धार विजय की अनुमति दे दी। तत्काल विजयी सिंहों का एक समूह क़न्धार की ओर चल खड़ा हुआ। कुछ लोग (क़िले में) प्रविष्ट हो गए। द्वारपाल ने अन्य लोगों को रोकना चाहा। उसकी तलवार द्वारा हत्या कर दी गई। वे तलवार निकाले हुए नगर में प्रविष्ट हो गए। क़िज़िल-बाशों में कुछ लोग घबड़ा कर भाग खड़े हुए और कुछ अरक में बुदाग़ ख़ां के पास पहुँचे। हज़रत जन्नत आशियानी एक ओर से प्रविष्ट होकर अक़जा नामक बुर्ज में ठहरे। बुदाग़ ख़ां ने आदमी भेज कर प्रार्थना कराई कि उसे बाहर निकल जाने का मार्ग प्रदान कर दिया जाय और उसके आद-मियों से कोई रोक टोक न की जाय। उसकी प्रार्थना स्वीकार कर ली गई। समस्त असबाब, लश्कर एवं परिवार को लेकर वह नगर एवं क़िले के बाहर चला गया। किसी ने उनसे एक हरी पत्ती तक भी न ली। क़िला उत्कृष्ट राज्य के अधिकारियों को प्राप्त हो गया। बुदाग़ ख़ां शीघ्रा-तिशीघ्र एराक़ की ओर रवाना हो गया।

क़न्धार विजय एवं काबुल की ओर प्रस्थान

हज़रत जन्नत आशियानी ने सेना की सामग्री की व्यवस्था करके तथा क़न्धार विजय एवं बैराम ख़ां को वहाँ नियुक्त करके काबुल की ओर से हज़ारा के मार्ग से प्रस्थान किया। रमज़ान ९५२ हि० (नवम्बर-दिसम्बर १५४५ ई०) में काबुल में पड़ाव किया। उस भाग के सभी लोग सौभाग्य के समान चरणों का चुम्बन करके सम्मानित हुए। मीर्ज़ा कामरान काबुल छोड़ कर वक्कर की ओर चल दिया। इस मिसरे से तारीख़ निकली :——

'बिना युद्ध के काबुल उससे ले लिया।'

१ "साहब" शब्द अलीगढ़ की हस्त-लिपि में नहीं है।

हिन्दुस्तान से प्रार्थना-पत्र प्राप्त होना

इस तारीख से ९६० हि० (१५५२-५३ ई०) तक हज़रत जन्नत आशियानी का इतिहास वही है जिसका उल्लेख मीर्ज़ा कामरान के वृत्तान्त में कर दिया गया[1] है। जब उनका सम्मानित हृदय मीर्ज़ा कामरान की ओर से संतुष्ट हो गया और हिन्दुस्तान के हितैषियों, ख़ानों, सुल्तानों एवं वहाँ के बड़े-छोटे लोगों की ओर से इस आशय के निष्ठा-युक्त पत्र ख़िलाफ़त के राजसिंहासन के पास आने लगे कि जब से उस प्रदेश में स्थायी हाकिम न रहा, मलिकों में से प्रत्येक शत्रुता एवं उपद्रव की तलवार मियान से निकाल कर दुश्मनी एवं विरोध प्रदर्शित कर रहा है, उनके उपद्रव एवं उनकी नष्ट-भ्रष्ट करने की प्रवृत्ति से कष्ट एवं अव्यवस्था की अग्नि इस प्रदेश में भड़क उठी है, उस अग्नि के कारण इस प्रदेश के दीन-दुखियों के हृदय जल रहे हैं, तो उनका पवित्र हृदय हिन्दुस्तान की ओर आकृष्ट हुआ और निश्चिन्त होकर उन्होंने उस राज्य को विजय करने का संकल्प कर लिया।

हुमायूं का हिन्दुस्तान की ओर प्रस्थान

९६२ हि० (१५५४-५५ ई०) में एक थोड़ी सी सेना लेकर जिसमें ३००० सैनिक थे, सौभाग्य एवं प्रताप के साथ हिन्दुस्तान की ओर रवाना हुए और सरहिन्द में इस्कन्दर अफ़ग़ान से जिसके पास अपार सेना थी, इस उदाहरण के अनुसार कि "थोड़े से लोग ईश्वर के आदेश से अधिक लोगों पर विजय प्राप्त कर लेते हैं" घोर युद्ध हुआ।

इस्कन्दर से युद्ध

कुछ दिन तक वीर लोग बाहर निकल कर युद्ध करते रहे। जब उन्हें अवसर मिलता तो क़िले के बाहर निकल आते थे। एक दिन जब कि सूर्य की गरमी से सिर के खोद बुलबुले के समान और नदी मृग तृष्णा रूपी हो गई थी, वे लोग धधकती हुई अग्नि की भाँति शत्रु की ओर अग्रसर हुए और घोर युद्ध हुआ।

शेर

'उस रण-क्षेत्र में युद्ध की अग्नि से,
पत्थर पिघले हुए मोम के समान हो गया।'

एक दूसरे की शत्रु सेना के धनुष के बादल से बाणों की वर्षा होने लगी और भाले विद्युत की तलवार के समान चमकने लगे, कठोर ढाल ने अपना मुंह सामने कर दिया। तलवार ने फटकार की जिह्वा बढ़ाई। पंक्तियाँ आपस में गुंथ गईं। घोर युद्धोपरान्त अफ़ग़ान सेना पराजित हो गई। उनके कुकर्म, दुष्टता एवं अभिमान के कारण उनकी कर्म-पंजिका पर पतन एवं दुर्भाग्य के लेख लिख दिए गए। प्रतिष्ठित वीर चमकती हुई तलवारें लिए हुए कौन्दती हुई बिजली एवं मृत्यु के समान पहुँच गए और अफ़ग़ानों को पराजित कर दिया। सिकन्दर भाग कर पर्वत में प्रविष्ट हो गया। रक्त के प्यासे उस जंगल में उनके जीवन के जल को अपमान की मिट्टी में मिला दिया गया। उनके जीवन की ज्योति मृत्यु के जल से बुझा दी गई। इतने अधिक सिर शरीरों से पृथक् हुए कि उनका स्तम्भ बन गया। उन्हें नष्ट-भ्रष्ट कर दिया गया।

१ मीर्ज़ा कामरान की जीवनी पृ० ४८३-४६४ पर देखिये ।

हुमायूं की विजय

जब परमेश्वर ने इतनी महान् विजय, जो ब्रह्मांड की विजयों की सूची एवं महान् युद्धों की प्रस्तावना हो सकती थी, उन्हें प्रदान कर दी तो उन्होंने इस विजय के कारण ईश्वर के प्रति कृतज्ञता प्रकट की और ईश्वर की स्तुति के वाक्य उनकी जिह्वा से निकले।

शेर

'अग्नि की पूजा करने वाले एवं वायु को नापने वाले शत्रु से कह दो,
अपने सिर पर धूल डाल ले कि गया हुआ जल पुनः नहर में आ गया।'

विजयी सेना को लूट की इतनी अधिक धन-सम्पत्ति प्राप्त हुई कि असंख्य चौपाये उनको उठाने में असमर्थ थे। उत्कृष्ट सैयिदों, अमीरों एवं राज्य के उच्च पदाधिकारियों ने उस विजय की बधाई हेतु अपनी ज़बान खोली। हज़रत जन्नत आशियानी ने पादशाहाना दया एवं अनुकम्पा द्वारा सबको सम्मानित करके प्रत्येक को उसके पौरुषानुसार इतनी अधिक जागीर प्रदान की कि वे सर्वदा के लिए सम्मानित एवं प्रसन्न हो गए।

शेर

'उसके हाथ को लक बख़्श कहा जाता है,
उसका राज्य लाखों का है।'

इस विजय की तारीख़ की इस प्रकार रचना हुई :

शेर

'बुद्धि के मुंशी ने सौभाग्य से पूँछा,
कविता की रचना के विषय में मौज़ूँ तबीअत[1] से पूँछा।
हिन्दुस्तान की विजय जो लिखी,
तारीख़, हुमायूँ की तलवार से निकाली[2]।'

हुमायूं का देहली पहुँचना

इस विजयोपरान्त शाह अबुल मआली को कुछ ख़ानों एवं सुल्तानों के साथ पंजाब के शासन प्रबन्ध एवं प्रतिरक्षा हेतु इस आशय से नियुक्त कर दिया गया कि यदि इस्कन्दर उस महाल में प्रकट हो तो वह उससे युद्ध करके उसे पराजित कर सके और वे स्वयं देहली की ओर रवाना हुए। उस वर्ष की १ रमज़ान[3] को देहली के सिंहासन पर आरूढ़ हुए और लगभग ६ मास तक वहाँ सभी महत्वपूर्ण कार्यों एवं परगनों की व्यवस्था तथा विलायतों के वितरण में व्यस्त रहे।

१ काव्य के लिये उपयुक्त योग्यता।
२ तारीख़ ज़ शम्शीरे हुमायूं तल्बीद
تاریخ زشمشیر همایوں طلبید
३ १ रमज़ान ९६२ हि० (२० जुलाई १५५५ ई०)।

अकबर का सिकन्दर के विरुद्ध भेजा जाना

इसी बीच में समाचार प्राप्त हुए कि सिकन्दर पर्वत में सेना एकत्र करके लाहौर की ओर अग्रसर हो रहा है। उन्होंने हज़रते आला[1] को बैराम खां की अतालीक़ी में सिकन्दर से युद्ध हेतु भेजा। संयोग से इसी बीच में विज़ारत मआब ख्वाजा क़ाज़ी, जो हज़रत शम्स[2] तबरेज़ी की संतान से है, एक बहुत बड़ी सेना लेकर जिसमें लगभग १०-१५,००० व्यक्ति रहे होंगे, हज़रत जन्नत आशियानी की सेवा में पहुँच गया था। वह उनके आदेशानुसार शाह अबुल मआली की कुमक हेतु रवाना हुआ। सिकन्दर भाग गया।

हुमायूं की मृत्यु

हज़रत जन्नत आशियानी ने कई बार आगरा जाने का संकल्प किया। किन्तु यह सम्भव न हो सका यहाँ तक कि अन्तिम शुक्रवार ११ रबी-उल-अव्वल[3] ९६३ हि० (२४ जनवरी १५५६ ई०) को जब वे शाही महल से नीचे उतर रहे थे, अज़ान देने वाले ने अज़ान देना प्रारम्भ कर दिया। उन्होंने (अज़ान के प्रति) सम्मान प्रदर्शित करने के लिये कलीम[4] के समान आदर सम्मान के डंडे पर टेक लगा दी। दुर्भाग्यवश डंडा फिसल गया और उनके पाँव (ज़ीने पर) छूट गए। क्योंकि उनकी प्रिय अवस्था समाप्त हो चुकी थी अतः टेढ़ी चाल चलने वाले आकाश के समान वे भूमि पर आ गए। क्षण भर अचेत रहे। जब होश आया तो कलमये शहादत[5] पढ़ने लगे यहाँ तक कि रविवार १३ रबी-उल-अव्वल[6] को उनकी शुभ आत्मा का शाहबाज़ निम्न कोटि के लोक से उच्च कोटि के लोक को प्रस्थान कर गया।

मृत्यु के सम्बन्ध में तारीख़ें

ख्वाजा हुसेन[7] ने शोक सम्बन्धी इस क़सीदे की रचना की जिसका प्रथम शेर इस प्रकार है :—

शेर

'कौन है ऐसा जो आकाश से प्रसन्न हुआ,
ऐसी दशा हो गई कि उसका उल्लेख करने से जिह्वा गूँगी हो गई।'

१ अकबर।

२ शम्सुद्दीन मुहम्मद तबरेज़ी अथवा शम्स तबरेज़,तबरेज़ निवासी एवं **मसनवी** के प्रसिद्ध रचयिता जलालुद्दीन रूमी के गुरु थे। उनके अनेक चमत्कार प्रसिद्ध हैं। कहा जाता है कि ६४५ हि० (१२४७ ई०) में जलालुद्दीन महमूद ने उनकी हत्या कर दी और लाश एक कुंए में फेंक दी।

३ रामपुर हस्त-लिपि में १६ रबी-उल-अव्वल ९६३ हि० (२९ जनवरी १५५६ ई०)।

४ हज़रत मूसा (पैग़म्बर)। मिस्र के बादशाह फ़िरऔन ने उनकी परीक्षा हेतु उन्हें कोई मोजज़ा (चमत्कार) दिखाने को कहा। हज़रत मूसा ने अपना डंडा भूमि पर फेंक दिया। वह तत्काल अजगर बन गया, अतः उनके डंडे को भी बड़ा महत्व प्राप्त हो गया।

५ ईश्वर के एक तथा हज़रत मुहम्मद का उनके रसूल होने की गवाही से संबन्धित वाक्य। मृत्यु के समय इस वाक्य का पाठ मुसलमान होने की दलील माना जाता है।

६ १३ रबी-उल अव्वल ९६३ हि० (२६ जनवरी १५५६ ई०)।

७ ख्वाजा हुसेन मर्वी।

कवियों ने तारीख़ों की रचना की। उनमें से एक इस प्रकार है :—

शेर

'ईश्वर की कृपा से जब वे रिज़्वाँ[१] के रौज़े के निवासी हुए,
उनका पवित्र स्थान स्वर्ग हुआ, इसी से तारीख़ निकली[२]।'

मौलाना क़ासिम काही ने लिखा है :—

ग़ज़ल

''साँसारिक एवं आध्यात्मिक पादशाह हुमायूँ,
किसी को स्मरण नहीं कि ऐसा कौन शाहंशाह हुआ।
अचानक अपने महल की छत से गिर पड़ा[३],
इस कारण उसका प्रिय जीवन नष्ट हो गया।
उसकी तारीख़ के लिए 'काही' ने लिखा,
'हुमायूँ पादशाह कोठे से गिर पड़ा'[३]।''

एक अन्य ने लिखा है :—

पद्य

'हुमायूँ जिसके कारण आकाश के कान भरे थे,
उसके ऐश्वर्य एवं वैभव के डंके से।
सौभाग्य की इक़लीम से सैकड़ों चिन्तायें छोड़ कर चला गया,
कहाँ चला गया और क्या दशा हुई उसकी।
उसकी मृत्यु के वर्ष की ओर से असावधान मत हो और देख,
हुमायूँ कहाँ चला गया और कहाँ उसका प्रताप।'

अकबर के नाम का ख़ुत्बा

उनका पवित्र रौज़ा देहली में है। हज़रते आला ने उस पर एक (मक़बरे) का निर्माण करा दिया है, जो स्वर्ग की ईर्ष्या का विषय है। इस दुर्घटना एवं भीषण हादिसे के उपरान्त मीर्ज़ा अब्दुल्लाह, ख़िज्र ख्वाजा खां, अशरफ़ खां, ख्वाजा हुसेन मर्वी, क़ून्दूक़ खां, ख्वाजा क़ाज़ी, अफ़ज़ल खां एवं अन्य अमीरों ने इस दुर्घटना को गुप्त रख कर आस पास समाचार भेज दिए और तरदी बेग खाँ अलवर से, इस्कन्दर खाँ आगरा से और अली क़ुली सम्भल से राजधानी में एकत्र हो गये। शोक सम्बन्धी प्रथाओं के सम्पन्न कराने के उपरान्त सोमवार

१ रिज़्वां :—जन्नत का दारोग़ा।
२ बहिश्त आमद मुक़ामे पाके ऊ तारीख़ अज़ां बाशद।
بهشت آمد مقام پاک او تاریخ ازان باشد
३ हुमायूं पादशाह अज़ बाम उफ़्ताद।
همایوں پادشاہ از بام افتاد

२८ रबी-उल-अव्वल[१] को हज़रते आला के नाम का खुत्वा पढ़वा दिया और प्रत्येक व्यक्ति अपने अपने राज्य[२] को चला गया।

हुमायूं की सन्तान

हज़रत जन्नत आशियानी के ९ पुत्र हुए:—फ़र्रुख़ फ़ाल मीर्ज़ा क़ाफ़ मीर्ज़ा, अलअमान मीर्ज़ा, अब्दुल्लाह मीर्ज़ा एवं तीन अन्य पुत्र। वे वाल्यावस्था में ही मृत्यु को प्राप्त हो गये। हज़रते आला (ईश्वर उनके राज्य एवं सल्तनत को बढ़ाये) हज़रत जन्नत आशियानी (की मृत्यु) के उपरान्त सिंहासनारुढ़ हुए। उनके सिंहासनारोहण के आशीर्वाद एवं उनके फ़िरिश्ता रूपी व्यक्तित्व से पादशाही को शोभा प्राप्त हुई। उनकी विजयों एवं अन्य घटनाओं का संक्षिप्त उल्लेख किया जाता है।

दूसरे (पुत्र) मुहम्मद हकीम मीर्ज़ा हैं जो हज़रत (शाहंशाह) के आदेशानुसार काबुल के वाली[३] हैं। उनका जन्म बुधवार १५ जमादि-उल-अव्वल ९६१ हि० (१८ अप्रैल १५५४ ई०) को हुआ[४]।

यह मतला उसका बताया जाता है:—

शेर

'सरो, जिसके दामन तक पहुँचने के लिए हमारा हाथ छोटा है,
मिट्टी में मिल गए हैं हम, उसके वियोग के हाथ से।'

हुमायूं की कविताओं के उद्धरण

क्योंकि इस किताव का मूल उद्देश्य हज़रत जन्नत आशियानी की रचना एवं कविता के गुणों का उल्लेख करना है, अतः उनकी कविताओं एवं शेरों से अत्यधिक रुचि होने के कारण निष्ठा के पृष्ठों पर ये शेर लिखे जाते हैं:—

शेर

'मेरा पाला एक चन्द्र रूपी (प्रियतम) से पड़ गया है,
मेरे हृदय में अग्नि धधक रही है।
मेरा घर प्रकाशित हुआ प्रियतम के मुख से,
एक चन्द्र रूपी (प्रियतम) की छाया पड़ गई है।
हे प्राण ! मेरा हृदय हर दिशा में खींचता है,
जव से वह एक दिल खींचने वाले (प्रियतम) से लग गया है।
इस समय मैं अपनी मनोकामना की सिद्धि कर लूंगा,
क्योंकि मेरे हाथ एक मस्त (माशूक़) लग गया है।

१ २८ रबी-उल-अव्वल ९६३ हि० (१० फ़रवरी १५५६ ई०)।

२ अलका :—राज्य, प्रांत।

३ हाकिम ; प्रान्त का राज्यपाल।

४ देखिये **अकबर नामा** पृ० ३३२, प्रस्तुत हिन्दी अनुवाद पृ० ३०९।

हे माशूक़ ! मुझसे बुद्धि एवं सावधानी की वातों की आशा मत रख,
क्योंकि अचेत हुमायूँ के होश हवास नहीं रहे हैं।'

ग़ज़ल

'मेरे व्याकुल हृदय से उसके[१] अत्याचार का बाण पार हो गया,
मुझ टूटे हुए हृदय को उसके दुःख का आनन्द प्राप्त हो गया।
यदि आशिक़ों की हत्या की वह इच्छा करे,
तो मुझे उसकी कृपा एवं उसकी सहृदयता पर आश्चर्य न होना चाहिये।
उसके सम्मान के कावा के समीप किसको पहुँचने का साहस हो सकता है,[२]
कि जिवरील की भी उसके कावा तक पहुँच नहीं।
अनादि काल के प्रारम्भ में क़लम ने उसके ऐश्वर्य के विषय में लिखा,
संसार का सौभाग्य उसके आदेशों का सारांश है।
मुझे जो कष्ट वह देता है, उससे बड़ी प्रसन्नता होती है,
दोनों लोकों की प्रसन्नताओं से उसका दुःख-दर्द अच्छा है।
यदि तू आशिक़ों को पूँछने के लिए क़दम बढ़ाये
सहस्रों प्रिय प्राण तेरे प्रत्येक क़दम पर न्योछावर हैं।'

ग़ज़ल

'तेरे लाल[३] की प्रशंसा मेरी ज़बान पर है,
मेरे प्राण में एक अग्नि है।
गुलाव सरीखे आँसू काही[४] मुख पर,
अग्नि की चिंगारी मेरे हृदय में है।
यद्यपि तेरा वाण (मेरे) शरीर के पार हो गया किन्तु,
उसका आनन्द मेरे प्राण में है।
जो कोई है, मस्तों की गोष्ठी में,
वह मेरे रोने चिल्लाने के कारण अपने आपे में नहीं[५]।

१ प्रियतम के।
२ उसके समीप कौन पहुँच सकता है।
३ होंठ जो लाल के समान लिखे जाते हैं।
४ घास जैसे रंग का।
५ हर के बाशद ब मजलिसे रिन्दां
बे ख़ुद अज़ नारा व फ़ुग़ाने मनं अस्त
هر که باشد بمجلس رندان
بیخود از نعره وفغان من ست
इसका अनुवाद डा० हादी हसन ने इस प्रकार किया है।

Whoever belongs to the assembly of libertines is unaware of my shrieks and moans,

जो कुछ भी लोग उसकी सुन्दरता की प्रशंसा में कहें,
वह सब मेरी व्याख्या एवं मेरे विवरण में है।
प्रेम के जो जो रहस्य तू छिपाता है,
वह सव मेरे और तेरे बीच में हैं।'

ग़ज़ल

'प्रसन्नता का था वह समय जब मैं तेरा ध्यान किए हर समय बैठा रहा,
बड़े प्रेम से तेरे सरो सरीखे डील डौल की खोज इधर उधर करता रहा[1]।
मुझमें दोष मत निकाल यदि मैंने तेरे केशों को बिखरा हुआ बताया,
तेरे केश की लट की व्याख्या करते करते मेरा हृदय भी बिखर गया।
कल रात तूने मेरी ओर देख कर पूंछा कि क्या हाल है,
मैं तेरे उदासीन नेत्रों से अत्यधिक टुकड़े टुकड़े हो गया।
उसकी कली की प्रशंसा में एक अक्षर भी न कहा,
होंठों को उस विषय में बात करने से सर्वदा बाँधे रहा।
ईश्वर की शपथ है कि हुमायूँ मिलन के समय इतना अचेत था,
मित्र से वार्त्ता करते समय अपने आप को भूल गया था।'

ग़ज़ल

'तेरा मार्ग-दर्शक रवाना होने ही वाला है,
ताकि छल द्वारा तेरे पास पहुँच जाय।
वाटिका में सरो सिर उठाये है,
ताकि वह तेरे शरीर को हमें दिखा सके[2]।

डा० हादी हसन ने 'बेख़ुद' का अनुवाद "unaware" किया है किन्तु बेख़ुद का अनुवाद "बेसुद्ध—अचेत अथवा अपने आपे में नहीं" अधिक उचित है। (*The Unique Diwan of Humayun Badshah*,p.41).

१ ख़ुश आंकि बा ख़्यालत उमरे नशिस्ता बूदम
व ज़ शौक़े सरो क़दत अज़ जाये जुस्ता बूदम
خوش آنکه باخیالت عمری نشسته بودم
و ز شوق سروقدت از جای جسته بودم

इसका अनुवाद डा० हादी हसन ने इस प्रकार किया है :

Happy the time when I sat thinking of thee all the time and when in admiration of thy cypress stature I jumped from my seat !
(*The Unique Diwan of Humayun Badshah*. पृ० ४५)।

सम्भवतः डा० हादी हसन ने दूसरे मिसरे के क़ाफ़िये को 'जस्ता' पढ़ा किंतु यदि इसे 'जुस्ता' पढ़ा जाय और खोज से अर्थ निकाला जाय तो अधिक उचित है।

२ दूसरा मिसरा **दीवाने हुमायूं** के आधार पर डा० हादी हसन ने इस प्रकार छापा है:----ता कुनद ख़ेश रा बराबरे तू (ताकि अपने आपको तेरे बराबर करे)। **नफ़ायसुल मआसिर** में जैसा कि अनुवाद किया गया मिसरा इस प्रकार है. "ता नुमायद बराये मा बरे तू" ; "ता कुनद ख़ेश रा बराबरे तू" उचित है। (हादी हसन,पृ० ४७)।

जो कुछ भी सृष्टि में वतमान है,
नहीं है कुछ भी हे प्रयितम, तेरी अभिव्यक्ति के अतिरिक्त।
तेरा आशिक़ क्या है ? केवल टूटा-फूटा तथा हतोत्साहित,
तेरा मारा हुआ, बन्दी एवं अस्त-व्यस्त।
ईश्वर को धन्य है कि मेरे प्राण ताज़ा हुए,
जब तक तेरी ताज़ा कली खिली हुई है।'

ग़ज़ल

'बुरी नज़र से तुझे कोई हानि न हो,
हमारा टूटा हुआ हृदय, तेरे मुख के लिए सिपन्द[१] हो।
तेरे मार्ग में आशिक़ लोग, पस्त[२] हो गए,
सरो के समान तेरा सिर इस प्रकार ऊँचा उठा है।
तेरी अभिलाषा में हम आँसू की वर्षा कर रहे हैं,
हे गुलाब! तू रोते हुए आशिक़ों पर मत हंस।
तेरे कुत्ते (मेरे) प्राचीन मित्र हैं,
कहीं ऐसा न हो कि मेरे रक़ीब[३] तेरे कुत्ते की हत्या कर दें।
मेरा हृदय तेरी जुल्फ़ों में बन्दी हो गया,
यह वहशी शिकार रस्सी में बंध गया।
हुमायूँ उसके केशों से भय मत कर,
तेरे लिए उसके हाव-भाव के फ़ितने ही पर्याप्त हैं।'

ग़ज़ल

'तेरा मुख सूर्य के लिए ईर्ष्या का विषय हो गया है,
तेरे मुख से चन्द्रमा नक़ाब के भीतर छिप गया है।
जब से तेरा मुख सुगंधित केशों में छिप गया है,
ताज़ा बालछड़ गुलाब के लिए नक़ाब हो गया है।
जो मदिरा तूने कल रात में पी,
(उससे) आशिक़ों का हृदय कबाब हो गया है।

१ काला दाना जो नज़र उतारने के लिये जलाया जाता है। पटना के हुमायूं पादशाह के दीवान में दूसरा मिसरा पहले मिसरे के स्थान पर आया है। (*The Unique Diwan of Humayun Badshah*, p. 44).
२ नीचा, छोटा।
३ किसी से प्रेम करने वाले दो अथवा दो से अधिक व्यक्ति परस्पर रक़ीब होते है; प्रतिस्पर्धी।

जब[१] से मधुशाला में तू प्रविष्ट हो गया है,
मस्जिद एवं सूमेआ[२] वीरान हो गए हैं।
अस्तित्व का समुद्र जब प्रकट हुआ,
आकाश उसके मध्य में बुलबुले हो गए हैं।
सृष्टि निरन्तर उसी प्रकार चलती फिरती रहती है,
रहट तथा पानी के बहाव के समान हो गई है।'

ग़ज़ल

'आँख मैं माशूक़ के मुख पर सिये रहा,[३]
उसकी गरम आह से मैं जल गया।
कल रात में मूर्ख रक़ीब ने मेरे हृदय को जलाया,
मैं लज्जावश उस समय जल उठा।
मेरे माशूक़ ने मेरी ओर से सर्द मेहरी[४] प्रदर्शित की।
मैं उसके प्रेम में जल उठा।
कब उचित है कि मैं यह बात कहूँ,
उसके प्रेम को जब मैंने हृदय में एकत्र कर लिया।
लोक-परलोक के लाभ को खो कर,
आशिक़ी के रहस्य मैंने सीखे।'

शेर

'हमारे समक्ष एक आवरण है, प्रकाश का,
हम स्वयं ही इस कारण अपरिचित हो गये।'

शेर

'जब से देखा है मैंने उसके धधकते हुए गालों की ओर,
मेरे दुखी प्राण में आग लगी है।'

शेर

'जो कोई तुझसे सम्बन्धित रहे,
उसका हृदय अपने आप से पृथक् रहता है।'

१ हुमायूं के दीवान में यह शेर भी है :

आशिक़ों का हृदय पूरा ख़ून हो गया है,
उनके आंसू मदिरा के समान लाल हैं।

२ सूफ़ियों के एकान्तवास की कोठरी।

३ उसे टकटकी बाँधकर देखता रहा।

४ निष्ठुरता; क्योंकि दूसरे मिसरे में जलने का उल्लेख है अतः पहले मिसरे में 'सर्द मेहरी' का प्रयोग किया गया है।

ग़ज़ल

'कहा गया है कि पागल अभिलाषाओं के वश में होता है;
प्रेम के दुःख की कौन दवा कर सकता है।
आह उस काले केश के फ़ितने,
हाय वह बिना सिर पाँव की गुत्थियाँ।
उसके घुमाव भरे हुए केशों की लट से,
मेरा सीधा शरीर झुक कर दोहरा हो गया है।
नहीं कहूँगा मैं कि पृथक् कैसे हो सकता है,
मित्र का एक अस्तित्व अतिरिक्त है प्रत्येक स्थान पर।
यदि[1] तू व्यापक दृष्टि से देखे,
नहीं है कोई अन्तर हममें तथा ईश्वर में।'

शेर

'तेरे मिलन के आनन्द का आरिफ़[2] को ज्ञान प्राप्त हुआ,
इतना वड़ा सौभाग्य दीर्घकाल उपरान्त किसी को अचानक मिल गया।'

शेर

'जो कोई उसके गालों के पसीने से व्याकुल हो गया,
प्रियतम ने उस पर दृष्टि डाली और लज्जावश पानी-पानी हो गया।'

रुबाई

'हे हृदय। रक़ीब के समक्ष घबड़ाहट मत प्रकट कर[3],
अपने हृदय की दशा मत कह किसी चिकित्सक से।
'तेरा उस निष्ठुर से पाला पड़ गया है,
बड़ी कठिन कहानी है, बड़ी विचित्र समस्या है।'

रुबाई

'हे हृदय! मित्र की उपस्थिति में प्रसन्नता प्रकट कर,
उसकी सेवा में सच्चाई से हृदय को जला।
हर रात में मित्र के ध्यान में प्रसन्न चित्त वैठा रह,
हर दिन को मित्र के मिलन द्वारा नवरोज़ बना।'

१ हुमायूँ बादशाह के दीवान में यह शेर भी है:
अपने मस्तिष्क में पृथक होने के विचार मत ला,
सम्मानित ईश्वर अपने बन्दों से पृथक नहीं।
२ जिसे ईश्वर की मारेफ़त (ज्ञान) प्राप्त हो।
३ हुमायूँ बादशाह के दीवान में यह शेर इस प्रकार है:
हे हृदय मित्र की गली में घबराहट मत प्रदर्शित कर
(*The Unique Diwan of Humayun Badshah*, p. 48)

रुबाई

'हे ! तेरे उत्तम मुख से ईश्वर का नूर प्रकट है,
तेरे सद्व्यवहार से व्यवहार की सुन्दरता प्रकट है।
यदि तू मेरे हृदय को न छीनना चाहे,
तो तू दिल छीनने की प्रथाओं से अवगत नहीं है।'

बाई

'हे वह ! तेरी निष्ठुरता संसार में खुली है,
हमें तेरे प्रेम का दुःख है तो फिर क्या चिन्ता है।
यदि तू मेरा ख़ून बहाये और मुझे छोड़ दे,
वह भी मेरे लिए दिल से तेरी कृपा है।'

शेर

'हे वह ! तेरी याद से मेरा हृदय प्रसन्न रहे,
बिना तेरी याद के मेरा हृदय क्षण भर को भी (किसी बात से) प्रसन्न न रहे।
जिस दिन मैं तेरी याद के कारण सैकड़ों फ़रियाद करूँ,
क्या मुझ दुखी को तेरी स्मृति रहती है।'

शेर

'हे भाई जब तू हम्माम में प्रविष्ट होता है,
समस्त प्राणियों से पृथक् रहता है।
वस्त्र में सबसे पृथक्, रूप में सब से अलग,
तू सर्व साधारण की प्रथाओं से पृथक् रहे।
जब तुझे अपनी वहदत[1] का रहस्य ज्ञात हो जाय,
तो तू दैवी रहस्यों से अवगत हो जाय[2]।'

अकबर

उनका जन्म रविवार की रात्रि ५ रजब ९४९ हि० (१५ अक्तूबर १५४२ ई०) को, जो १९ इस्फ़न्दारमुज़ ९११ प्राचीन संवत्[3], १६ तिश्रीनुल अव्वल[4] १८५४ यूनानी संवत्, ८ आबान ४६४

१ एक होने; ऐक्य।

२ यह अन्तिम शेर रामपुर हस्तलिपि में नहीं है।

३ यज़्दजर्द का चलाया हुआ संवत् जो १६ जून ६३२ ई० से प्रारम्भ होता है। इस्फ़न्दारमुज़ ईरानी संवत् का १२वां मास था।

४ साइरो मैसीडोनियन संवत् जो १ अक्तूबर ३१२ ई० से प्रारम्भ होता है अतः १६ तिश्रीनुल अव्वल १६ अक्तूबर १५४२ ई० को हुई।

जलाली संवत्[1] के अनुरूप है, को रात्रि के प्रारम्भ में ८ घड़ी ८ दक़ीक़ा[2] व्यतीत हो जाने के उपरान्त जब कि ४ घड़ी तथा २२ दक़ीक़ा रात्रि में शेष रह गए थे, जैसलमीर के अधीनस्थ अमरकोट नामक क़स्बे में हुआ। उस समय शेराए शामिया[3] ३२° पर था। कुछ लोगों के मतानुसार उनकी जन्म कुंडली कन्या राशि २० तथा कुछ अंश उस्तुरलाबानुसार थी और कुछ लोगों के मतानुसार सिंह राशि १४° तथा कुछ अंश थी[4]।

यह एक बड़ी विचित्र बात है कि, ४ रबी-उस्सानी ९४७ हि० (८ अगस्त १५४० ई०) को हज़रत जन्नत आशियानी ने स्वप्न देखा कि परमेश्वर ने उन्हें भाग्यशाली पुत्र प्रदान किया है और उसका नाम उन्होंने जलालुद्दीन मुहम्मद अकबर रक्खा। दो वर्ष बाद उसकी व्याख्या प्रकट हुई एवं आकाँक्षा का नक्षत्र दैवी अनुकम्पा के क्षितिज से उदय हुआ और राज्यों के विजय का चमकता हुआ सूर्य दैवी सहायता के क्षितिज से प्रकट हुआ।

शेर

'उदय हुआ ईश्वर की कृपा द्वारा ऐश्वर्य की राशि से,
बादशाही के आकाश पर शुभ नक्षत्र।'

यह भी बड़े संयोग की बात है कि 'क़ुतुबुद्दीन मुहम्मद ख़ां' के नाम से, जो एक बड़ा ही उत्कृष्ट अमीर तथा इस वंश के प्रति निष्ठावान् है, संकलनकर्ता ने तारीख़ निकाली जिसका पता इन दो शेरों से चलता है :—

शेर

'आदि काल में थी, संसार के पादशाह की अनुकम्पा,
दीन के क़ुतुब मुहम्मद ख़ान पर।
निःसन्देह सम्मानित ख़ान का नाम,
धर्म के पादशाह के जन्म का वर्ष बना।'

इसमें कोई सन्देह नहीं कि हज़रत जन्नत आशियानी के हिन्दुस्तान में दूसरी बार की विजय का, जिसके बाद वे कुछ दिन से अधिक जीवित न रहे, उद्देश्य इसके अतिरिक्त कुछ न था कि राज्य हज़रते आला को प्राप्त हो एवं सौभाग्य तथा प्रताप उनका सहायक बने। इन विशेषताओं का एकत्र होना दैवी योजनाओं एवं आकाश की प्रथाओं के अधीन है और यह दैवी रहस्य के तथ्यों एवं ईश्वर की अपार अनुकम्पाओं की गूढ़ बातों का फल है।

१ आबान ईरानी संवत् का ८वां महीना है। जलाली संवत् मलिकी संवत् इस कारण कहलाता है कि इसे सुल्तान जलालुद्दीन मलिक शाह सलजूक़ी ने चलाया था। इसे तैयार करने में प्रसिद्ध फ़ारसी कवि एवं गणित-वेत्ता उमर ख़य्याम का भी बड़ा हाथ था। यह संवत् कुछ लोगों के मतानुसार ५ शाबान ४६८ हि० (१५ मार्च १०७६ ई०) और कुछ लोगों के मतानुसार १० रमजान ४७१ हि० (१५ मार्च १०७९ ई०) को प्रारम्भ हुआ।

२ मिनट; **अकबर नामा** के अनुसार २० दक़ीक़ा। (**अकबर नामा**, पृ० १८)।

३ एक प्रकार का नक्षत्र।

४ **अकबर नामा** में हिन्दी तारीख़ ६ कार्तिक १५९९ हिन्दवी दी है।

जिस समय हज़रत जन्नत आशियानी संयोग से क़न्धार पहुँचे और वहाँ से एराक़ की ओर रवाना हुए तो हज़रते आला की पवित्र अवस्था १ वर्ष हो चुकी थी। वे उनके साथ थे। मीर्ज़ा अस्करी हज़रत पादशाह को क़न्धार लेता गया और कुछ समयोपरान्त काबुल भेज दिया। हज़रत जन्नत आशियानी की सल्तनत के संसार को उद्भासित करने वाले सूर्य के काबुल के क्षितिज पर उदय होने तक उनका शुभ समय बड़ी कठिनाई से व्यतीत होता था कारण कि यह बात (मानी हुई) है कि कलीम[1] की भाँति जिस समय तक व्याकुलता के समुद्र के थपेड़ों का सामना नहीं किया जाता उस समय तक फ़िरऔन रूपी शक्ति छिन्न-भिन्न नहीं हो पाती। जब तक गुणों के मिस्र के यूसुफ़ के समान कोई भाइयों द्वारा कष्ट नहीं भोगता तो वह अपने पवित्र चरण मिस्र एवं सौन्दर्य की राजगद्दी पर नहीं पहुँचा पाता....एराक़ की यात्रा से लौट कर उन्होंने हज़रते आला की सरकार के व्यय हेतु विलायतें नियुक्त कर दीं। वे स्वयं ९५१ हि० (१५४४-४५ ई०) में हज़रत सुलेमान मीर्ज़ा को पराजित करने के लिये बदख़्शाँ की ओर रवाना हुए। हज़रते आला को काबुल में छोड़ गए। मीर्ज़ा कामरान ने अचानक काबुल पहुँच कर नगर पर अधिकार जमा लिया और हज़रते आला को एक प्रकार से बन्दी रखने लगा। जब हज़रत जन्नत आशियानी की विजयी पताकायें बदख़्शाँ से काबुल पहुँचीं और नगर का अवराध कर लिया गया, तो उसने बाण तथा बन्दूक़ से अपनी प्रतिरक्षा हेतु हज़रते आला को अपनी ढाल बना लिया किन्तु इस कारण कि दैवी रक्षा सर्वदा उनकी सहायता किया करती थी, वे सुरक्षित रहे।

जब काबुल पर विजय प्राप्त हो गई तो जिस प्रकार बन्दी-गृह का यूसुफ़े किनआनी याक़ूब के पास पहुँचा था[2], वे हज़रत जन्नत आशियानी के आश्रय एवं देख-रेख के अधीन हो गए और अपने पिता की कृपाओं के पात्र बने।

गुणवान् शाहज़ादा मीर्ज़ा हिन्दाल की मृत्यु के पश्चात् ग़ज़नी एवं उससे सम्बन्धित स्थान हज़रते आला को प्राप्त हो गए। मीर्ज़ा हिन्दाल के सेवक एवं उसकी सेना उनकी सेवा में पहुँच गई। वे हिन्दुस्तान के अभियान के समय हज़रत जन्नत आशियानी के साथ थे और उनके चरणों से विजय पताका आकाश तक पहुँच गई।

देहली से बैराम ख़ां को हज़रते आला का अतालीक़ बनाकर इस्कन्दर अफ़ग़ान के विरुद्ध, जैसा कि उल्लेख हो चुका है, भेजा गया। बैराम ख़ां हज़रते आला के साथ-साथ सिकन्दर के समीप पहुँचा। इसी बीच में हज़रत जन्नत आशियानी के निधन के समाचार प्राप्त हुए। शोक सम्बन्धी प्रथाओं के सम्पन्न कराने के उपरान्त वे शुक्रवार २ रबी-उस्सानी ९६३ हि० (१४ फ़रवरी, १५५६ ई०) को ब्याह[3] नदी तट पर कानवाह के समीप सिंहासनारूढ़ हुए।

मीर्ज़ा कामरान

हज़रत मीर्ज़ा कामरान योग्यता, विद्वता, वीरता एवं दान-पुण्य द्वारा सुशोभित था।

१ हज़रत मूसा के नदी में बहाये जाने की ओर संकेत है।
२ हज़रत याक़ूब एवं उनके पुत्र हज़रत यूसुफ़, जो मिस्र में बन्दी बना लिये गये थे, के क़िस्से की ओर संकेत है।
३ ब्यास।

अपनी युवावस्था में पवित्र एवं सन्तों के समान जीवन व्यतीत करने में उसने बड़ी उच्च श्रेणी प्राप्त कर ली। वह सर्वदा अपना उच्च साहस सम्मानित शरीअत के प्रचार एवं आलिमों तथा विद्वानों की दशा के सुधार में लगाये रहता था। इस कारण हज़रत फ़िरदौस मकानी उसे फ़र्ज़न्द शेख़ मुहम्मद कामरान[1] कह कर सम्बोधित करते थे। हज़रत फ़िरदौस मकानी ने उसे अल्पावस्था में क़न्धार प्रदेश का राज्य प्रदान कर दिया था। उस अवस्था में भी उसमें इतनी अधिक बुद्धि एवं इतना अधिक धैर्य था कि उसे उस समय भी किसी परामर्श की आवश्यकता न होती थी। वह बड़े प्रभुत्व से शासन करता था।

हज़रत फ़िरदौस मकानी के इस नश्वर संसार से विदा होने के समय मीर्ज़ा कामरान काबुल में था। वहाँ से लाहौर पहुँचा और हज़रत जन्नत आशियानी की अनुमति से लाहौर को भी अधिकार में कर लिया। वह शीत ऋतु में लाहौर में तथा ग्रीष्म ऋतु में काबुल में निवास करता था। इस बीच में सर्वदा उनमें आपस में पत्र-व्यवहार हुआ करता था और हज़रत जन्नत आशियानी की प्रशंसा में कवितायें लिख कर उनके सम्मानित दरबार में भेजा करता था और आज्ञाकारिता एवं अधीनता के फंदे से अपना सिर कभी वाहर न निकालता था और सर्वदा नाना प्रकार की कृपाओं एवं उदारताओं द्वारा सम्मानित होता रहता था। इस ग़ज़ल की रचना करके लाहौर से दरबार में प्रस्तुत कराया। उसके वदले में उसे हिसार फ़ीरोज़ा प्रदान कर दिया गया।

ग़ज़ल

'ईश्वर करे तेरा सौन्दर्य नित्य-प्रति बढ़ता रहे,
ईश्वर करे तेरा भाग्य महान् एवं शुभ रहे।
जो धूल तेरे मार्ग में से उठे,
वह मुझ दुखी के नेत्रों का प्रकाश वन जाय।
जो धूल लैला के मार्ग से उठती है,
उसका स्थान मजनूँ के नेत्रों में होता है।
जो कोई तेरे चारों ओर परकार की भाँति न फिरे,
वह इस क्षेत्र से वाहर चला जाय।
हे कामरान! जब तक कि संसार क़ायम है,
संसार की बादशाही हुमायूँ के अधीन रहे।'

मीर्ज़ा कामरान का क़न्धार के लिये युद्ध

इस बीच में वह दो वार क़िज़िलबाशों के उत्पात को रोकने के लिए क़न्धार पहुँचा। एक वार साम मीर्ज़ा विन शाह इस्माईल से मंगलवार शावान ९४२ हि० (२५ जनवरी १५३६ ई०) को उसने कूश्के नख़वद में घोर युद्ध किया और विजय प्राप्त की। अग़ज़ीवार ख़ां[2], जो प्रतिष्ठित क़िज़िल-

१ 'पुत्र शेख़ मुहम्मद कामरान' अर्थात् 'मीर्ज़ा' के स्थान पर सूफ़ियों की प्रवृत्ति रखने के कारण 'शेख़'।
२ वह साम मीर्ज़ा का अतालीक़ था।

बाश था, युद्ध में बन्दी बना लिया गया और उसकी हत्या करा दी गई। अत्यधिक क़िज़िलबाशों की हत्या करके क़न्धार को विजय कर लिया। किसी ने उसकी तारीख़ की रचना की :—

'कामरान बादशाह ने साम को पराजित कर दिया।'

मौलाना बेकसी ने भी लिखा :—

शेर

'ज़िस समय मुकुट एवं सोने के प्याले ने दिखलाया,
युद्ध की सभा में सुराही की शक्ल तथा प्याले का नक़्श।
मैंने बुद्धि से पूँछा कि क्यों सोने के मुकुट को,
फेंक दिया गया लाल रंग के लाले के समान उस स्थान पर ?
आकाश ने इस युद्ध की तारीख़ के लिए कहा,
सोने के मुकुट को गिरा दिया, साम की सेना को पराजित करके।'

कामरान का क़न्धार पर अधिकार

दूसरी बार शाह तहमास्प स्वयं क़न्धार पहुँचा। वहाँ का हाकिम ख़्वाजा कलां बेग क़िले को छोड़ कर मीर्ज़ा की सेवा में पहुँचा। मीर्ज़ा ने उसे एक मास तक कोरनिश की अनुमति न दी और कहा कि "इतने समय तक प्रतिरक्षा क्यों न की कि मैं तेरी सहायता एवं कुमक हेतु पहुँच जाता" और पुनः क़न्धार की ओर प्रस्थान किया। बुदाग़ खां को, जिसे शाह ने वहाँ नियुक्त कर दिया था, यह वचन देकर कि उसे हानि न पहुँचाई जायगी, निर्वासित कर दिया, और क़न्धार पर अधिकार जमा लिया।

हज़ारा एवं अफ़ग़ान क़बीलों का दमन

उसने हज़ारा एवं अफ़ग़ान क़बीलों को इस प्रकार पराजित कर दिया कि उसके समय में किसी के पास आज्ञाकारिता एवं अधीनता स्वीकार करने के अतिरिक्त कोई अन्य उपाय न रह गया था।

मीर्ज़ा कामरान का आगरा पहुँचना

९४६ हि० (१५३९ ई०) में जब हज़रत जन्नत आशियानी बंगाले के अभियान से लौटे तो मीर्ज़ा भी अपनी सेना सहित आगरा पहुँचा और अभिवादन किया। वहाँ मीर्ज़ा को कोई भीषण रोग लग गया। जब हज़रत जन्नत आशियानी शेर खां से युद्ध करने के लिये, जो उस समय धृष्टता के पाँव आगे बढ़ा रहा था, क़न्नौज की ओर रवाना हुये तो मीर्ज़ा ने रुग्णावस्था के कारण स्वयं सहायतार्थ प्रस्थान न किया और अपने कुछ आदमियों को हज़रत जन्नत आशियानी की विजयी रिकाब के साथ रवाना कर दिया।

मीर्ज़ा कामरान का लाहौर की ओर प्रस्थान

जब यह प्रामाणिक रूप से ज्ञात हो गया कि उसकी बीमारी, विष के कारण है जो काल के कुचक्र के कारण उसकी हलक़ में टपका दिया गया है, तो यह कल्पना करके कि सम्भवतः हज़रत जन्नत आशियानी को इसकी सूचना न होगी, रुष्ट एवं व्याकुल होकर लाहौर की ओर चल दिया।

क्योंकि भाग्य के लिखे के अनुसार हज़रत जन्नत आशियानी की इच्छा के विरुद्ध स्थिति हो गई अतः वे लाहौर पहुँचे।

हुमायूं का बक्कर की ओर प्रस्थान

उन लोगों की भेंट वहाँ हुई। इस सिद्धान्तानुसार कि हर बात में परामर्श कर लेना चाहिये हज़रत जन्नत आशियानी ने परामर्श के उपरान्त बक्कर एवं सिन्ध की ओर प्रस्थान किया। समस्त भाई एक दूसरे से यूसुफ़ के भाइयों के समान पृथक् हो गए। प्रत्येक किसी न किसी दिशा की ओर चल दिया।

मीर्ज़ा कामरान का काबुल में बादशाह बन जाना

मीर्ज़ा जब ख़ुशाब पहुँचा तो सल्तनत पर अधिकार जमाने की इच्छा ने उसके मस्तिष्क पर अधिकार जमा लिया। प्रत्येक अच्छे बुरे की ओर से विवेक की आँख बन्द करके अपने नाम से पादशाही सिक्का चला दिया और काबुल पहुँचा। जब वहाँ उसने यह सुना कि गुणवान् पादशाह ज़ादा मीर्ज़ा हिन्दाल को क़राचा ख़ां ने, जो उसकी ओर से क़न्धार का हाकिम था, बुलवाया है और विद्रोह करना चाहता है तो उसने क़न्धार की ओर प्रस्थान किया। वहाँ पहुँच कर क़िले का, जिसे उन लोगों ने दृढ़ बना लिया था, अवरोध कर लिया। ५-६ मास तक बराबर युद्ध एवं संघर्ष होता रहा। अन्ततोगत्वा संधि करके क़िले पर अधिकार जमा लिया। ख़्वाजा हुसेन मर्वी ने इस घटना की तारीख़ १७ माह जमादि-उस्सानी निकाली[१]।

मीर्ज़ा कामरान द्वारा बदख़्शां की विजय

मीर्ज़ा कामरान संतुष्ट हो जाने के उपरान्त क़िले से मीर्ज़ा हिन्दाल को लेकर काबुल पहुँचा। मीर्ज़ा हिन्दाल को जूये शाही एवं जलालाबाद प्रदान कर दिए और स्वयं मीर्ज़ा सुलेमान के विद्रोह कर देने के कारण बदख़्शाँ की ओर रवाना हुआ। अत्यधिक संघर्ष के उपरान्त सुलेमान एवं उसके प्रशंसनीय पुत्र मीर्ज़ा इबराहीम को काबुल ले आया। कुछ समय उपरान्त उन्हें पुनः बदख़्शाँ भेज दिया।

हुमायूं का क़न्धार एवं काबुल पर अधिकार

९५२ हि० (१५४५-४६ ई०) में हज़रत जन्नत आशियानी एराक़ की ओर से संसार का चक्कर लगाने वाले चन्द्रमा के समान प्रकट हुए। क़न्धार विजय करके चमकते हुए सूर्य के समान उनका हृदय काबुल की ओर आकृष्ट हुआ[२]। उस भूभाग की समस्त सेना एवं वहाँ के निवासी नक्षत्रों के समान एकत्र होकर सेवा में उपस्थित हुए। मीर्ज़ा कामरान असफल होकर बुधवार १२ रमज़ान ९५२ हि० (१७ नवम्बर १५४५ ई०) की रात्रि को इफ़्तार[३] के समय बक्कर की ओर चल दिया[४]। हज़रत जन्नत आशियानी निश्चिन्त होकर काबुल के राजसिंहासन पर आरूढ़ हुए।

१ इस युद्ध के लिये पिछले पृष्ठों में **अकबर नामा** का अनुवाद देखिये।

२ काबुल पहुँचे।

३ रोज़ा खोलने के उपरान्त।

४ देखिये **अकबर नामा** पृ० २४४, प्रस्तुत हिन्दी अनुवाद पृ० १९७।

शेर

'राज सिंहासन को उस समय उत्कर्ष प्राप्त होता है,
जब छाया उसके सिर पर डालता है, ग़ाज़ी बादशाह।'

इस मिसरे की रचना तारीख़ के लिए हुई :—

'बिना युद्ध के उससे काबुल देश विजय कर लिया।'

मीर्ज़ा कामरान का बक्कर पहुँचना

मीर्ज़ा कामरान ने बक्कर में मीर्ज़ा शाह हुसेन की पुत्री से विवाह किया; और दिखाने को तो आराम से किन्तु हृदय से चिन्ता एवं षड्यंत्रपूर्ण जीवन व्यतीत करने लगा।

'बाह्य रूप से वह सबसे वार्तालाप करता था,
किन्तु हृदय अन्य स्थान पर गिरवी था।'

मीर्ज़ा कामरान का काबुल पर पुनः अधिकार

संक्षेप में, कुछ समय पश्चात् वहाँ से ग़ज़नी पहुँचा और वहाँ के लोगों को असावधान पाकर क़िले में प्रविष्ट हो गया। जब उसे ज्ञात हो गया कि काबुल हज़रत जन्नत आशियानी के चरणों के प्रकाश[1] से ख़ाली है, तो वह शीघ्रातिशीघ्र उस ओर रवाना हो गया। जब प्रथानुसार प्रातःकाल क़िले का द्वार खोला गया तो लोगों को सूचना भी न थी कि मीर्ज़ा क़िले में प्रविष्ट हो गया। उसने हाजी मुहम्मद असस से पूँछा, "कैसे गया और कैसे आया ?" उसने उत्तर दिया, "आप रात्रि के प्रारम्भ में गए और प्रातः काल आ गये।"

हुमायूं का काबुल पहुँचना तथा मीर्ज़ा कामरान का पलायन

जब हज़रत जन्नत आशियानी ने इस घटना का हाल सुना, तो वे काबुल की ओर रवाना हुए। मीर्ज़ा कामरान ने शेर अफ़गन को एक सेना सहित क़िले के बाहर भेज दिया। देहे अफ़ग़ानियान[2] में उसका मीर्ज़ा हिन्दाल, क़राचा ख़ां एवं हाजी मुहम्मद ख़ां से, जो हज़रत जन्नत आशियानी की सेना के अग्र भाग में थे युद्ध हुआ। शेर अफ़गन को बन्दी बना कर उसकी हत्या करा दी गई। मीर्ज़ा कामरान को क़िले में घेर लिया गया। मीर्ज़ा बदख़्शाँ की ओर भाग गया।

मीर्ज़ा कामरान द्वारा मीर्ज़ा बेग बरलास की पराजय

अश्वारोहियों तथा पदातियों में से कुल ३५ व्यक्ति लेकर उसने ग़ूरी के क़िले को घेर लिया। वहाँ के हाकिम मीर्ज़ा बेग बरलास ने, जो अपनी वीरता के लिए प्रसिद्ध था, ३०० अश्वारोहियों सहित इस आशय से मीर्ज़ा का मुक़ाबला किया कि उसे बन्दी बना ले किन्तु मीर्ज़ा ने थोड़े से लोगों के साथ प्राण से हाथ धोकर वीरतापूर्वक युद्ध किया और इस कारण कि "ईश्वर के आदेश से थोड़े से लोग अधिक संख्या पर प्रभुत्व प्राप्त कर लेते हैं," मीर्ज़ा बेग पर विजय प्राप्त कर ली। मीर्ज़ा बेग को किसी ने बन्दी बना लिया। वह शत्रु पर मुट्ठी भर मिट्टी डाल कर, उसी समान निकल गया जिस प्रकार जल हाथ से निकल जाता है।

१ 'फ़र'।
२ 'देहे अफ़ग़ानान' भी प्रयुक्त हुआ है।

मीर्ज़ा कामरान की पराजय और उसका तालीक़ान पहुँचना

इस बार मीर्ज़ा कामरान सेना एकत्र करके बदख़्शाँ पहुँचा। एक वर्ष वहाँ ठहरा रहा। तदुपरान्त मीर्ज़ा के कुछ अमीर २००० व्यक्तियों सहित हज़रत जन्नत आशियानी के पास से मीर्ज़ा के पास चले गए। हज़रत जन्नत आशियानी ने उस समूह का पीछा किया। तालीक़ान के समीप मीर्ज़ा के आदमियों के पास पहुँच गए। मीर्ज़ा कामरान ने उन लोगों पर आक्रमण करके प्रथम बार विजय प्राप्त कर ली। अन्त में परिणाम उनकी इच्छा के विरुद्ध हुआ। हज़रत जन्नत आशियानी ने विजय एवं सफलता के दर्पण में अपने उद्देश्य के चित्र का अवलोकन किया। मीर्ज़ा मुक़ाबला न कर सका और पैदल तालीक़ान के क़िले में पहुँच कर उसे दृढ़ बना लिया।

शेर

'संसार में इसी प्रकार होता आया है,
कभी उससे मधु प्राप्त होता है और कभी विष।'

मीर्ज़ा कामरान का हुमायूं की सेवा में उपस्थित होना

हज़रत जन्नत आशियानी ने क़िले के समीप पहुँच कर उसका अवरोध कर लिया। मीर्ज़ा के आदमी हज़रत जन्नत आशियानी के सेवकों को इस आशय से बन्दी बना कर ला रहे थे कि उन्हें अपनी वीरता के कारण पुरस्कार प्राप्त होगा। किन्तु वे कोप के कोड़े द्वारा बन्दी बना लिये गये। इस प्रकार हज़रत जन्नत आशियानी के पास बहुत बड़ी सेना एकत्र हो गई। मीर्ज़ा क्षमा-याचना करके वहाँ से चला गया। दो-तीन मंज़िल की यात्रा के उपरान्त "वापसी प्रशंसनीय होती है" कहता हुआ हज़रत पादशाह की सेवा में पुनः उपस्थित हुआ। हज़रत जहाँवानी ने उसे कोलाब प्रदान कर दिया और मीर्ज़ा अस्करी को भी उसके पास छोड़ कर काबुल की ओर चल दिए। यद्यपि लोग उन्हें सर्वदा सावधान किया करते थे कि मीर्ज़ा को न छोड़ना चाहिए किन्तु हज़रत जहाँवानी ने अपने वचन के कारण उनकी बात स्वीकार न की।

हुमायूं की बल्ख़ में पराजय

इसी बीच में उन्हें बल्ख़ की ओर प्रस्थान करना पड़ा। वचनानुसार मीर्ज़ा को बुलवाया। मीर्ज़ा ने बहाना बना कर अपने वचन का पालन न किया।

शेर

'वचन की कमर में पालन का हाथ डाल,
प्रयत्न करके वचन भंग करने वाला न बन।'

संयोग से हज़रत जन्नत आशियानी को उस अभियान में सफलता न मिली और राजधानी काबुल की ओर वापस हुए। इस बार रशीद ख़ां को पत्र लिखा कि दुष्ट भाई मुहम्मद कामरान ने अपने स्वभाव के अनुसार विरोध के अपराध को संगठन पर प्राथमिकता देकर प्रेम एवं निष्ठा के नियमों को पूर्णतः भुला दिया अतः वह अभियान इच्छानुसार सफल न हो सका अपितु दुःख एवं हृदय के कुपित होने का कारण बना।

मीर्ज़ा कामरान का काबुल पर पुनः अधिकार

संक्षेप में, मीर्ज़ा ने पुनः विद्रोह कर दिया। बदख़्शाँ वालों से युद्ध किया और उनके द्वारा पराजित हुआ तथा काबुल की ओर चल दिया। क़राचा खां ने परामर्श में अपहरण[1] करके एक बहुत बड़ी सेना को छिन्न-भिन्न कर दिया। वह सेना के अग्र भाग में नियुक्त हुआ किन्तु नमकहरामी प्रदर्शित करते हुए मीर्ज़ा से मिल गया। क़िवचाक़ में दोनों सेनाओं का मुक़ाबला हुआ। युद्ध में हज़रत जन्नत आशियानी घायल हुए। हज़रत जन्नत आशियानी अन्दराब पहुँचे। मीर्ज़ा कामरान ने काबुल का अवरोध करके, धर्ततापूर्वक क़िला अपने अधिकार में कर लिया। मीर्ज़ा कामरान अपनी शक्ति बढ़ाने लगा और सतीत्व की बेगमों एवं पवित्रता की परदे वालियों को क़िले से निकाल दिया।

मीर्ज़ा कामरान की पराजय

हज़रत जन्नत आशियानी को परोक्ष से सहायता प्राप्त हो गई। बहुत से लोग उनके पास एकत्र हो गए। संयोग से व्यापारियों का एक कारवान घोड़े एवं अत्यधिक सामग्री लेकर पहुँच गया। हज़रत जहाँबानी की सेना को अत्यधिक शक्ति प्राप्त हो गई। दोनों ओर से युद्ध हुआ। पंजर नदी तट पर सेनाओं की मुठभेड़ हुई। युद्ध के पश्चात् हज़रत जन्नत आशियानी की विजय हुई। मीर्ज़ा भागकर लमग़ानात की ओर चला गया। अल्प समय में सेना एकत्र करके अफ़ग़ानों के साथ अग्रसर हुआ। हज़रत जन्नत आशियानी उसके विद्रोह को शान्त करने के लिए उस ओर रवाना हुए। मीर्ज़ा भाग खड़ा हुआ। अत्यधिक भय की अवस्था में नीलाब नदी पार की और हिन्दुस्तान के प्रदेशों में प्रविष्ट हो गया।

मीर्ज़ा कामरान का महमन्द एवं ख़लील क़बीलों के पास पहुँचना

जब उसने हज़रत जन्नत आशियानी के काबुल वापस होने के समाचार सुने तो पुनः विद्रोह एवं षड्यंत्र की अग्नि भड़काने, और मूर्खतावश महमन्द एवं ख़लील नामक क़बीलों के पास पहुँच कर उनकी सुव्यवस्था का कारण बना। इस प्रकार मीर्ज़ा कामरान ने अपने आपको दीर्घकाल तक उस समूह के साथ आबकन्द में दृढ़तापूर्वक बन्द रक्खा। जन्नत आशियानी की विजयी पताकाओं ने उस महाल के आस पास के स्थानों का इस प्रकार अवरोध कर लिया था कि वे लोग किसी प्रकार भाग न सकते थे। अन्ततोगत्वा व्याकुल होकर ऊँच नीच की ओर ध्यान न देकर अपने आप को रात्रि के छापे के विचार से बाहर निकाला। वे विजयी शिविर एवं ख़ेमों के समीप पहुँच गए और प्रत्येक दिशा में छापा मार कर संसार में कोलाहल उत्पन्न कर दिया। हर ओर अफ़ग़ानों का भय व्यापक था। विजयी वीर उस समूह के समूलोच्छेदन में लगे थे और बहुत कम संख्या में होने के बावजूद उन दुष्टों का संहार कर रहे थे। बहुत बड़ी संख्या में लोग मार डाले गए। शेष लोग पराजित हो गए। उस समय आकाश ने दो विभिन्न प्रकार के दृश्य प्रस्तुत किए और विजय के फूल खिलाने के बावजूद मित्रों के हृदय को शोक के काँटों से छलनी कर दिया।

१ विश्वासघात करके।

मीर्ज़ा हिन्दाल की हत्या

उस अंधेरी रात में युग की धूर्तता के कारण गुणवान् बादशाहज़ादे मीर्ज़ा हिन्दाल को मौत के निष्ठुर हाथों ने नष्ट कर दिया। क्योंकि इस बात का पता न था कि मीर्ज़ा हिन्दाल शत्रुओं के पास है अथवा नहीं अतः हज़रत जन्नत आशियानी वहाँ कुछ दिन तक ठहरे रहे और उसके विषय में पूँछ-ताछ कराते रहे यहाँ तक कि उस दुष्टता का पता चल गया जिसका दुष्परिणाम उन्हें क़यामत तक भोगना पड़ेगा। जब उन्हें उस बात का ज्ञान प्राप्त हो गया तो जन्नत आशियानी ने उस समूह के विनाश का संकल्प कर लिया।

मीर्ज़ा कामरान का सलीम शाह के पास पहुँचना

मीर्ज़ा अपने आप को उस भंवर से निकाल कर पराजय के उपरान्त हिन्दुस्तान की ओर रवाना हुआ और अपने शत्रु सलीम शाह के पास पहुँचा।

शेर

'मित्र को चाहिए कि वह जो कुछ चाहे मित्र के लिये करे,
चाहे उसे अपनी मौत ही क्यों न पसन्द करनी पड़े।
कदापि ऐसा न हो कि मित्र से रुष्ट हो कर,
शत्रुओं के पास जाय।'

सलीम शाह ने यद्यपि प्रथम बार सौजन्य-पूर्ण व्यवहार किया परन्तु अन्त में मीर्ज़ा के बन्दी बनाने का इरादा करने लगा। मीर्ज़ा को जब इस बात का पता लगा तो चकमा देकर भाग गया और काफ़िरों के पास से लाहौर एवं कश्मीर होता हुआ, पर्वत के आँचल में पहुँचा, और राजाओं के पास चला गया। सलीम शाह ने राजाओं के विरुद्ध प्रस्थान किया। उन लोगों ने मीर्ज़ा को भगा कर सुल्तान आदम के पास भेज दिया। सुल्तान आदम गक्खर ने पादशाह का हितैषी होने के कारण उससे कहा कि, "तुम्हें मेल कर लेना चाहिये और अफ़ग़ानों से युद्ध करना चाहिये। आपस में युद्ध करना उचित नहीं।" उसने हज़रत जन्नत आशियानी की सेवा में आदमी भेजे और मीर्ज़ा के आगमन की सूचना दी। वे उस ओर रवाना हुए। सुल्तान आदम ने मीर्ज़ा को दरबार के दासों को सौंप दिया। हज़रत ने इस बार मीर्ज़ा को मुक्त करना उचित न समझ कर, मुसलमान आलिमों के फ़तवों एवं प्रतिष्ठित तथा सम्मानित लोगों और ख़ास व आम के आग्रह पर उसको दृष्टि से वंचित[1] करके काबा की ज़ियारत हेतु विदा कर दिया। मीर्ज़ा ने भी साँसारिक कार्यों की ओर से उपेक्षा करके उस ओर प्रस्थान किया। इस ग़ज़ल की उसने मदीना में रचना की :

ग़ज़ल

'हम तेरी ओर, हे ईश्वर की छाया! प्यासे आये हैं,
तू अनुकम्पा की छाया है, हम तेरी रक्षा में आये हैं।
युग की दुष्टता एवं आकाश के अत्याचार से,

१ अंधा करके।

न्याय की आकाँक्षा में, हम शाह[1] के द्वार पर आये हैं।
फ़क़ीरी की इच्छा की, क़लन्दरों के मार्ग को अपनाया,
हम मुकुट एवं गौरव तथा ऐश्वर्य को त्याग कर आये हैं।
हे गुलाब के फूल[2] हमारी ओर से उपेक्षा मत कर कारण कि तेरे चरणों में,
घास के तिन्कों के समान हम आये हैं।
कामरान मेरे हृदय के टुकड़े बाहर से प्रकट नहीं,
इस कारण मित्र की ओर हम घास के समान आये हैं।'

मीर्ज़ा कामरान की मृत्यु

दीर्घकाल तक वह मक्का में मुजाविर रहा। तीन हज करने के उपरान्त ११ ज़िलहिज्जा ९६४ हि० (५ अक्तूबर १५५७ ई०) को मिना[3] में नश्वर संसार से विदा हो गया। मौलाना क़ासिम काही ने उसकी तारीख़ की रचना की:---

शेर

'कामरान एक ऐसा पादशाह था,
जिसके समान कोई अन्य न था।
उसने काबुल से काबा की ओर प्रस्थान किया और वहाँ,
प्राण ईश्वर को सौंप दिए और शरीर मिट्टी को।
उसकी तारीख काही ने इस प्रकार लिखी,
कामरान पादशाह की काबे में मृत्यु हो गई।'

वैसी नामक कवि ने लिखा है:—

शेर

"बादशाह कामरान प्रतिष्ठित बादशाह,
जिसने सल्तनत में अपना सिर शनि ग्रह तक पहुँचा दिया।
काबा में वह चार वर्ष तक मुजाविर रहा,
संसार के बन्धनों से उसने अपने हृदय को पूर्णतः मुक्त करा लिया।
चौथे हज का ज्ञान प्राप्त करने के उपरान्त,
हज के एहराम[4] हेतु प्राण प्रियतम[5] को सौंप दिये।
वैसी एक रात जो सोने लगा,
(तो उसने उसे) कृपापूर्वक अपनी ओर बुलाया।
कहा, 'यदि पूँछे मेरी मृत्यु के विषय में,
कह, 'स्वर्गीय शाह मक्का में रह गया'।"

१ हज़रत मुहम्मद से तात्पर्य है।
२ हज़रत मुहम्मद से तात्पर्य है।
३ मक्का के निकट एक घाटी जहाँ क़ुर्बानी की जाती है।
४ हाजियों का वस्त्र—दो चादरें जो बिना सिली हुई, एक बांधी और एक ओढ़ी जाती है।
५ ईश्वर।

मीर्ज़ा कामरान का पुत्र

मीर्ज़ा कामरान का एक पुत्र बच गया था। वह बड़े ही उत्तम स्वभाव का एवं चरित्रवान् था। उसका नाम अबुल क़ासिम मीर्ज़ा था। यह मतला उसी का है जिसकी रचना उसने अपनी दशा के अनुकूल की :—

शेर

'माशूक़ हर बार जब अपने माधवी रूपी केश में कंघी करता है,
हमारे दुखी हृदय में, दुःख के नश्तर लगाता है।'

शेर

'हे मौत ! मेरी हत्या करने में इतनी जल्दी मत कर,
मैं तेरी निष्ठुरता के कारण मर ही जाऊँगा, घबड़ा मत।'

वह १७ ज़िलहिज्जा ९७४ हि० (२५ जून १५६७ ई०) को ग्वालियार के क़िले में मृत्यु को प्राप्त हो गया। उसकी तारीख़ इस प्रकार हुई :—

'कामरान का नाम व निशान न रहा'।

मीर्ज़ा कामरान की कविता

मीर्ज़ा कामरान बड़े उत्तम तुर्की एवं फ़ारसी शेरों की रचना करता था। उसकी कल्पना-शक्ति बड़ी उत्तम एवं सूझ-बूझ बड़ी सुन्दर थी। जिस समय मीर्ज़ा, सलीम शाह के शिविर से भाग कर परहाला की सीमा पर पहुँचा तो उसने एक बड़े ही रूपवान् तथा सलोने हिन्दू बालक को देखा और उसे अपने प्राण एवं हृदय दे दिए[1]। उसके विषय में उसने लिखा :—

ग़ज़ल

'हे हिन्दू बालक ! क्योंकि तूने मेरी शान्ति छीन ली,
अपने अनुकम्पा के केशों पर यज्ञोपवीत बाँध, कारण कि तू राम है।
तेरी आकृति, केश एवं मुख की आयतें[2] गिनीं,
जब क़ुरान के प्रारम्भ ही में मैंने अलिफ़ लाम[3] देखा।
तेरे नेत्र इतनी हलचल मचा रहे हैं कि,
मुझे भय है कि कहीं वे इस्लाम की शोभा न छीन लें।
काल-चक्र से अनेकों फ़ितने उठ खड़े होंगे,
यदि तू फिर कोठे पर १४वीं रात के चंद्र के समान निकल आये।
जो कुछ तेरी भृकुटि से पाषाण हृदयी माशूक़ों पर बीत गई,
वह पत्थर पर बहराम के बाण द्वारा न बीती।

१ आशिक़ हो गया।

२ क़ुरान शरीफ़ का वाक्य। यहां सुन्दरता से तात्पर्य है।

३ ا - ل—क़ुरान शरीफ़ का प्रथम सूरा।

गत रात्रि को हे माशूक़ जब हमने तुझे देखा तो हम गिर पड़े,
ज़िद्दी भिकारी के समान जो झूठे लोभ में पड़ जाता है।
तेरे लाल[१] से हमने ग़ाज़ी के समान अपनी इच्छा छीन ली,
तुझसे विदा हो गए और निराश चले गए हम।'

शेर

'उस सरो ने अपना दामन पुनः ऊपर उठाया है,
किसी ने क्या उसके दामन तक इच्छा के हाथ बढ़ाये हैं?'

शेर

'प्रेम का आकर्षण था, कि उस किनआन के चन्द्र[२] ने,
अन्ततोगत्वा जुलैख़ा[३] के दामन तक हाथ पहुँचाये।
हमारी निन्दा किस कारण करते हो, सिनआँ[४] का क़िस्सा सुन,
कि एक झलक से तरसा[५] की पुत्री ने उसको मार्ग-भ्रष्ट कर दिया।
कामरान किस कारण तूने उस मुग़बचे[६] को अपना होश हवास दे दिया,
यदि तूने मधुशाला में मदिरा-पान नहीं किया।'

शेर

'हे हिन्दू बालक! तेरे कारण मेरा मुख तिन्के के समान हो गया,
खेद है कि तुझे मेरे दुःख का ज्ञान नहीं।'

शेर

"मैंने कहा अपने होंठ से इस घायल के हृदय की इच्छा पूरी कर दे,
हंसा वह और कहा कि, 'नाहीं-नाहीं[७]'।"

उसने यह ग़ज़ल हज़रत जन्नत आशियानी की सेवा में प्रस्तुत की—

१ होंठ।

२ हज़रत यूसुफ़।

३ मिस्र नरेश अज़ीज़ की पत्नी, जो हज़रत यूसुफ़ पर आशिक़ हो गई थी।

४ एक बड़े धार्मिक सन्त जो एक अग्नि-पूजक की लड़की पर आशिक़ हो गये और उसके प्रेम में उसके सुअर चराते थे।

५ अग्नि-पूजक।

६ साक़ी का वह रूपवान् बालक जो मदिरा पिलाता है।

७ गुफ़्तम ज लबत कामे दिले ख़स्ता बर आर,
दर ख़न्दा शुद व गुफ़्त कि "नाहीं" "नाहीं"।
گفتم ز لبت کام دل خستہ برآر
در خندہ شد و گفت کہ ناهی ناهی

शेर

"तेरे मार्ग में हम अपनी आँख बिछाये रहे बहुत समय तक,
अब वह समय आ गया कि तू बढ़ा हमारी ओर थोड़े से क़दम।
वह जो हमारी ओर कोई सन्देश नहीं प्रेषित करता,
क्या अच्छा होता यदि कुछ गालियों से मझे प्रसन्न करता।
मेरे हृदय के शिकार के लिए तेरे गाल के तिल (का दाना) पर्याप्त है,
हर बार केश से उसके लिए जाल मत बिछा।
हम मधुशाला में बैठने वाले एवं मस्त हैं, तू हमारे साथ मत बैठ,
खेद है कि तू बैठा रहा थोड़ी सी बदनामी से।
वह कैसी रात थी जब हम दरिद्रों की सेवा में थे,
हम परदेशी तेरी गली में कुछ शामों तक।
वे दिन कितने अच्छे थे जब हम मधुशालाओं में चक्कर लगाते रहते थे,
'लाला' रूपी हिन्दू बालक ने कुछ लोगों को राम कर लिया[1]।
हे कामरान ! यह सुन्दर ग़ज़ल हुमायूँ को भेज दे,
सम्भव है वह तुझे कुछ इनाम भेज दे।"

अस्करी मीर्ज़ा

अस्करी मीर्ज़ा हज़रते आला का चाचा था। वह बड़ा ही सहृदयी था और विद्वानों एवं आलिमों से उसका अत्यधिक सम्पर्क रहता था। दीर्घकाल तक वह क़न्धार में हाकिम रहा। हज़रत जन्नत आशियानी के एराक़ की ओर प्रस्थान के समय ईर्ष्यालुओं एवं षड्यंत्रकारियों ने उसे इस बात के लिए तैयार किया कि उन्हें रोके और पाप के हाथ शत्रुता से रंगे। जब वह उस ओर रवाना हुआ और उसे हज़रत जन्नत आशियानी के दासों की सवारी की धूल का भी पता न चला तो वह हज़रते आला को, जिनकी अवस्था बड़ी कम थी, वहाँ ले जाकर बहुत समय तक उनकी रक्षा करता रहा यहाँ तक कि हज़रत जन्नत आशियानी के राज्य ने पुनः प्रताप का मुख खोला और उनकी अनुकम्पा की छाया उस प्रदेश में पहुँची। मीर्ज़ा अस्करी ने क़िले के बाहर निकल कर, दासता के फंदे में अपना सिर डाल दिया। कुछ समय तक आवश्यकतावश वह बन्दी भी रहा, यहाँ तक कि मुक्त होकर बल्ख़ पहुँचा और वहाँ से मक्का मदीना की ज़ियारत हेतु रवाना हुआ। शाम एवं मक्का की घाटी के मध्य में परलोक-गामी हो गया।

उसकी मृत्यु की तारीख़ "अस्करी पादशाहे दरिया दिल"[2] है। उसे कविता से बड़ी रुचि थी। उसके मोती की वर्षा करने वाले शेरों में से (कुछ इस प्रकार) है:—

१ अपने वश में कर लिया।
२ 'मुक्त-हस्त अस्करी पादशाह'।

शेर

'जब तक ईश्वर ने प्रदान की मुझे दुःख की घाटी,
इश्क़ के लिए क्या है, चाहे अरब हो और चाहे अजम[1]।
मजनूँ ने जब लैला की साँडनी को देखा,
उसे देखते ही दुःख भूल गया।
मेरे मज़ार की लौह[2] पर अच्छा बुरा कुछ न लिखे,
वह व्यक्ति जो लिखना जानता हो।
हे चन्द्र ! अस्करी के समान तेरे मुख की इच्छा की मैंने,
जब अस्तित्व के संसार में हमने अपने पाँव रक्खे।'

शेर

'बालछड़ के समान तेरे केश छल्ले-छल्ले हो गए,
उन छल्लों से तेरा मुख गुलाब के समान दृष्टिगत होता है।'

शेर

'प्रत्येक क्षण पर मस्ती में हे चन्द्र ! मेरे ऊपर यह क्या क्रोध है,
प्रत्येक मस्त पापी नहीं होता, संसार में जल (का भाग) भी है।
तेरी भृकुटि के काँटे मेरे हृदय में चुभने लगे,
भृकुटि के प्रत्येक बाल से खून के आँसू टपकने लगे।'

मीर्ज़ा कामरान ने उसके उत्तर में कहा :—

शेर

'उद्यान में यदि तेरा डील-डौल सरो दिखाने लगे,
लज्जित हो जाय और लज्जावश झुकने लगे।'

मीर्ज़ा मुहम्मद हिन्दाल

मीर्ज़ा मुहम्मद हिन्दाल बड़ा ही गुणवान् पादशाहज़ादा तथा हज़रते आला का सौतेला चाचा था। हज़रत जन्नत आशियानी उसके प्रति अत्यधिक कृपा-दृष्टि प्रदर्शित किया करते थे। वह भी निष्ठा-पूर्वक आज्ञाकारिता प्रदर्शित करता था। अपने दान-पुण्य एवं वीरता के लिए बड़ा प्रसिद्ध था। अपने समकालीनों में वह अपनी बुद्धि तथा विवेक के लिए बड़ा प्रख्यात था। उसकी जन्म तिथि इस प्रकार है :—

शेर

''भाग्यशाली शाहज़ादे की तारीख का तुझे कोई ज्ञान है,
उसके साल की तारीख 'कौकबे बुर्जे शहंशाही' हुई[3]।''

१ अरबों के अनुसार अरब के अतिरिक्त अन्य देश; किन्तु अजम, ईरान को भी कहते हैं।
२ क़ब्र की तख्ती।
३ शाहंशाह की राशि का नक्षत्र।

मृत्यु

उसकी शहादत चरियार नामक स्थान पर हुई जो तूमान बेग के अधीन है। जिस समय महमन्द एवं ख़लील नामक अफ़ग़ान क़बीलों ने मीर्ज़ा कामरान के अधीन हज़रत जन्नत आशियानी के लश्कर पर रात्रि में छापा मारा तो मीर्ज़ा हिन्दाल ने वीरता प्रदर्शित करते हुए लश्कर की प्रतिरक्षा की और पौरुष प्रदर्शित करते हुए शत्रुओं पर आक्रमण किया। संयोग से तलवार खाकर स्वर्गगामी हो गया। यह घटना २१ ज़ीक़ाद ९५८ हि० (२० नवम्बर १५५१ ई०) को घटी। "शबखून"[1] शब्द से उसकी तारीख निकली। मुल्ला खिरद ज़रगर ने कहा :—

शेर

"हिन्दाल मुहम्मद शह, भाग्यशाली,
अचानक मृत्यु के कारण शहीद हो गया, रात्रि के मध्य में।
'शबखून' जब उसकी शहादत का कारण बना,
उसके शहीद होने की तारीख़ 'शबखून' से माँग।"

मीर अमानी ने दूसरी तारीख़ की रचना की :—

शेर

'हाव भाव की बाटिका का सरो हिन्दाल,
जब इस बाटिका से स्वर्ग की ओर चल बसा।
उसके सरो सरीखे डील डौल के स्मरण में संसार वालों की,
आह एवं खेद का धुवाँ आकाश तक पहुँचा।
दुखी क़ुमरी ने तारीख़ कही,
राज्य की बाटिका से सरो निकल गया।'

उसने बहुत से उत्तम शेरों की रचना की। उन्हीं में से है :—

शेर

'तेरे लाल सरीखे होंठ कितने मीठे हैं,
अग्नि के समान तेरा मुख कितना (सुन्दर) है।
मेरा चन्द्र उन दो काले नेत्रों के नीचे,
कितना उत्तम अम्बर सरीखा तिल रखता है।
कस्तूरी सरीखे केश उड़ने मत दे,
कारण कि अनेकों फ़ितने उसमें छिपे रहते हैं।
तू मेरे ऊपर कोई भी कृपा नहीं करता,
कितना कठोर लोहे का हृदय है तेरा।
प्रियतम के चरणों के चुम्बन हेतु हिन्दाल,
सर्वदा भूमि ही पर मुख रखता है।'

१ रात्रि में छापा।

शेर

'ओस की उस बूंद को जिसे प्रातः काल का शीतल पवन,
बादल से पृथक् करके सैकड़ों बहानों से।
हे परी की ईर्ष्या के विषय ! तेरे गुलाब सरीखे मुख पर क्यों टपकाये.
ईश्वर की शपथ है कि वह सहस्रों बार अधिक पवित्र है।'

ख़ाने आज़म अमीर शम्सुद्दीन मुहम्मद अतका बहादुर

ख़ाने आज़म अमीर शम्सुद्दीन मुहम्मद अतका[1] बहादुर खां, शरीफ़ ग़ज़नवी का, जो अपने ऐश्वर्य एवं वैभव, प्रतिभा एवं विवेक के कारण अपने समकालीनों में सर्वश्रेष्ठ था, पुत्र है। अपनी युवावस्था में उसने हज़रत जन्नत आशियानी की सेवा में उपस्थित होने का सम्मान प्राप्त किया। कठिनाइयों एवं कष्टों के समय उसने बड़ी योग्यता से सेवायें सम्पन्न कीं। बंगाले के अभियान से लौटते समय[2] जब हज़रत जहाँबानी ने आवश्यकतावश, अजगर के समान अथाह नदी में वीरता के पाँव डाल दिए थे और सूर्य के समान उसमें से अदृश्य होने वाले थे कि ख़ाने आजम ने अपने प्राण ख़तरे में डाल कर अत्यधिक निष्ठा एवं दृढ़ता से उनके पवित्र हाथ पकड़ कर उन्हें सुरक्षा एवं शान्ति के तट पर पहुँचा दिया।

शेर

'वही मित्र तेरे लिए रुचिकर हो सकता है,
जो कठिनाइयों के समय सहायता करता है।'

इसी प्रकार उसने सर्वदा उचित सेवायें सम्पन्न कीं और अपनी प्राचीन सेवाओं के कारण उच्च पदों पर आरूढ़ हुआ और हज़रते आला[3] का पालन-पोषण करने के कारण वह अपने समकालीनों में विशेष सम्मान का स्वामी बना। हज़रते आला की सेवा में उसने महान् विजयें एवं उचित सेवायें सम्पन्न कीं। इनमें स्वर्गीय मुहम्मद बैराम खां से युद्ध है जो जलन्दर[4] के समीप हुआ। यद्यपि उस युद्ध में अधिकांश सेना पराजित हो चुकी थी किन्तु उसने अकेले ही वीर सिंह की भाँति अपने स्वर्गीय प्रतिष्ठित पुत्र यूसुफ़ मुहम्मद ख़ां के साथ रण-क्षेत्र में दृढ़ता-पूर्वक युद्ध किया और शत्रुओं की सेना को छिन्न-भिन्न कर दिया।....

बैराम ख़ां

बैराम ख़ां वल्द सैफ़ ख़ां अली बेग बहारलू, अली शुक्र बेग बहादुर की संतान से प्रसिद्ध है। वह अपनी वीरता एवं पौरुष के लिए विख्यात था। बबर अली बेग, जो बैराम ख़ां का पूर्वज था, हसन पादशाह के एराक़ पर प्रभुत्व प्राप्त कर लेने के उपरान्त ख़ुरासान पहुँचा और वहाँ से सुल्तान

१ 'अतगा' भी प्रयुक्त हुआ है।
२ क़न्नौज के युद्ध की पराजय के उपरान्त।
३ अकबर।
४ जालन्धर।

महमूद मीर्ज़ा की सेवा में हिसार शादमान। वहाँ इस कारण कि उसके भाइयों एवं सुल्तान में शत्रुता उत्पन्न हो गई, वह अधिक न ठहर सका और काबुल पहुँचा। ६ मास उपरान्त वहाँ से फ़ारस की ओर रवाना हुआ। शीराज़ में हसन पादशाह की सेना द्वारा पराजित हुआ और पुनः ख़ुरासान की ओर रवाना हुआ। वहाँ स्वर्गीय सुल्तान हुसेन मीर्ज़ा के सेवकों से युद्ध किया। बबर अली मारा गया। उसका पुत्र बारबक क़ुन्दुज़ में अमीर ख़ुसरो शाह की सेवा में सम्मिलित हो गया। जब हज़रत फ़िरदौस मकानी ने अमीर ख़ुसरो शाह को पराजित कर दिया तो बारबक अपने पुत्र सैफ़ अली बेग के साथ, उनकी सेवा में उपस्थित हुआ। वह उस समय से इस अनन्त तर्क स्थायी रहने वाले राज्य के दासों की माला में सम्मिलित रहा। बैराम ख़ां की बाल्यावस्था में उसके पूर्वजों की मृत्यु हो गई। उसने बल्ख़ पहुँच कर शिक्षा ग्रहण की और फिर इस उत्कृष्ट दरबार में उपस्थित हुआ। उसने अपनी अल्पावस्था से ही हज़रत जन्नत आशियानी की निष्ठापूर्वक सेवा करनी प्रारम्भ कर दी और नित्य-प्रति उनके आश्रय की छाया में शिक्षा-दीक्षा प्राप्त किया करता था। उनकी सेवा के कारण वह हज़रत फ़िरदौस मकानी की सेवा से लाभान्वित हुआ। उनकी गोष्ठी एवं सभाओं के आशीर्वाद से नाना प्रकार के गुणों एवं कुशलताओं के अर्जन का सौभाग्य प्राप्त करता रहा यहाँ तक कि १६ वर्ष की अवस्था में, जो वीरता एवं पौरुष के दिन होते हैं, साहस एवं पौरुष की समर भूमि में पाँव जमा कर वीरता एवं पराक्रम प्रदर्शित किया। इस कारण हज़रत जहाँबानी का विश्वास-पात्र बन गया और उसे मुसाहिब होने का सौभाग्य प्राप्त हो गया।

बैराम ख़ां को क़न्धार प्रदान होना

जब दुर्भाग्यवश हज़रत जन्नत मकानी, हिन्द के विस्तृत क्षेत्र से सिंद (सिन्ध) के अभागे प्रदेश की ओर रवाना हुए तो वह (बैराम ख़ां) दो वर्ष तक हिन्द एवं गुजरात के प्रदेशों में नाना प्रकार के कष्ट एवं ख़तरों का सामना करता रहा और यथा-सम्भव प्रयत्न करके उनकी सेवा में पहुँच गया। एराक़ की यात्रा तथा वहाँ जाने-आने में सेवा एवं प्राण न्योछावर करने की शर्तों को पूरा किया और ख़ान की उपाधि द्वारा सुशोभित हुआ। कई वर्ष तक स्वतंत्र रूप से एवं पूर्ण प्रभत्व के साथ क़न्धार के राज्य पर शासन करता रहा।

जब हज़रत (जहाँबानी) दैवी प्रेरणा से हिन्दुस्तान की ओर रवाना हुए तो वह प्रताप के समान विजयी रिकाब के साथ हो लिया और विजयी सेना के सिपहसालार के रूप में उसने माचीवारा एवं सरहिन्द की विजय में अत्यधिक पौरुष प्रदर्शित किया। इन कारणों से पादशाह की अत्यधिक कृपा द्वारा "यार वफ़ादार"[१], "बिरादरे निकू सियर"[२], "फ़र्ज़न्दे सआदत मन्द"[३] एवं ख़ाने ख़ानां की उपाधि द्वारा सुशोभित हुआ। हज़रत (जहाँबानी) के आदेश से, हज़रते आला की मोती बखेरने वाली जिह्वा से 'ख़ान बाबा' की उपाधि द्वारा सुशोभित हुआ। जब वह हज़रते आला का अतालीक़ नियुक्त कर दिया गया तो उनकी विजयी रिकाब के साथ सिकन्दर एवं समस्त अफ़ग़ान विद्रोहियों को पराजित करने के लिए, सरकार पंजाब की ओर रवाना हुआ। इसी बीच में जब हज़रत जन्नत

१ स्वामी-भक्त मित्र।
२ चरित्रवान् भाई।
३ भाग्यशाली पुत्र।

आशियानी की मृत्यु हो गई और चारों ओर से शत्रु उठ खड़े हुए तो उसने निष्ठा-पूर्वक ख़िलाफ़त एवं पादशाही का ख़ुत्वा, हज़रते आला के नाम से पढ़वा दिया।[1]......

सुल्तान

उसका नाम अली क़ुली विन हैदर सुल्तान ऊज़बेक शैवानी था। वह ख़ाने ज़मां की उपाधि द्वारा सुशोभित एवं संसार वालों में प्रतिष्ठित था। हैदर सुल्तान जाम के युद्ध[2] में क़िज़िलबाशों के पास चला गया और ईरान में रहने लगा यहाँ तक कि ९५१ हि० (१५४४-४५ ई०) में हज़रत जन्नत आशियानी एराक़ पधारे। उनके लौटते समय हैदर सुल्तान अपने पुत्र अली क़ुली एवं मुहम्मद सईद (जो बहादुर खां के नाम से प्रसिद्ध था) के साथ जो वालक थे हज़रत जहाँबानी की विजयी रिकाव के साथ क़न्धार पहुँचा। उस समय से अली क़ुली एवं उसका भाई हज़रत जहाँवानी के कृपा-पात्र रहे। जव कभी अली क़ुली युद्ध हेतु गया तो उसने वीरता एवं पौरुष प्रदर्शित किया। इस प्रकार वह ख़ास व आम में प्रसिद्ध हो गया।

अली क़ुली को सम्भल प्राप्त होना

जव हिन्द विजय हो गया तो हज़रत जन्नत आशियानी ने उसे सम्वल प्रदान कर दिया। हेमू मर्दूद व मलऊन[3] एवं काफ़िर के विद्रोह के उपरान्त, जिसने देहली पर अधिकार प्राप्त कर लिया था, इस्लाम के राज्य में उथल-पुथल मच गई। उसकी पराजय एवं हत्या में अली क़ुली ने बड़ी योग्यता प्रदर्शित की। स्वर्गीय मुहम्मद वैराम ख़ां ने, जो सर्वदा अली क़ुली एवं उसके भाई को आश्रय प्रदान करने का प्रयत्न किया करता था, सम्वल को उसी प्रकार उसके पास रहने दिया। जब वह सम्बल पहुँचा तो अफ़ग़ानों की सेना ने उस पर आक्रमण किया। दोनों में घोर युद्ध हुआ। अली क़ुली को विजय प्राप्त हो गई। वह उनका पीछा करता हुआ लखनऊ तक पहुँचा, और उसपर अधिकार जमा लिया।...[4]

शहीदी

शाह अबुल मआली का तख़ल्लुस शहीदी था। वह तिरमिज़ के सैयिदों से सम्बन्धित था। युवावस्था में वह हज़रत जन्नत आशियानी की सेवा में उपस्थित हुआ। क्योंकि रूप रंग एवं गुणों से वह शून्य न था, अतः वह उनका कृपा-पात्र हो गया। शनैः शनैः उसका पद एवं उसकी श्रेणी इस सीमा को पहुँच गई कि वह फ़र्ज़न्द[5] की उत्कृष्ट उपाधि द्वारा सुशोभित हुआ। वह अपने समकालीनों में अधिक विश्वासपात्र होने के कारण प्रतिष्ठित रहा। हिन्द-विजय में अत्यधिक

१ इससे आगे के हाल का अनुवाद अकबर से संवन्धित इतिहास में प्रस्तुत किया जायगा।

२ संभवतः १५२८ ई० के युद्ध की ओर संकेत है। (देखिये **बाबर नामा,** पृ० २८६)।

३ दुष्ट एवं निंद्य।

४ इसके आगे का इतिहास अकबर के इतिहास के संबन्ध में दिया जायगा।

५ पुत्र।

पौरुष प्रदर्शित करने एवं योग्य सेवायें सम्पन्न करने के कारण, हज़रत जन्नत आशियानी ने इस्कन्दर[१] पर विजय प्राप्त करने के उपरान्त उसे समस्त पंजाब इस आशय से सौंप दिया कि वह इस्कन्दर अफ़ग़ान से, जो उस ओर भाग गया था, युद्ध करे। इस्कन्दर मुक़ाबला न कर सका और उसने पर्वतों में शरण ले ली। शाह अबुल मआली उत्कृष्ट श्रेणी प्राप्त करके बड़े वैभव से लाहौर में रहने लगा। इस कारण अभिमान के पक्षी ने उसके मस्तिष्क में घोंसला बना लिया। हज़रत जन्नत आशियानी के निधन के उपरान्त वह विरोध एवं विद्रोह प्रकट करने लगा।.......[२]

---

१ सिकन्दर।

२ आगे का हाल अकबर से सम्बन्धित है, अतः उसका अनुवाद नहीं किया गया।

भाग स

अकबर नामा की रचना हेतु संकलित संस्मरण

गुलबदन बेगम

(क) हुमायूँ नामा

जौहर

(ख) तज़किरतुल वाक़ेआत

बायज़ीद ब्यात

(ग) तज़किरये हुमायूँ व अकबर

हुमायूं नामा

लेखिका—गुलबदन बेगम

(प्रकाशन—लन्दन १९०१ ई०)

हुमायूँ का सिंहासनारोहण

(२५) शुक्रवार[1] ९ (जमादि-उल-अव्वल ९३७ हि०/२९ दिसम्बर १५३० ई०) को हज़रत हुमायूँ पादशाह सिंहासनारूढ़ हुए। समस्त संसार वालों ने उन्हें पादशाही की बधाई दी।

सम्बन्धियों एवं सहायकों को सांत्वना

तदुपरान्त वे अपनी माताओं, बहिनों एवं अपने आदमियों से भेंट करने पहुँचे। उन्होंने उन लोगों के विषय में बहुत कुछ पूँछा और उन्हें साँत्वना देते हुए उनके दुःख दर्द को बटाया। आदेश दिया कि जिस किसी के पास जो मंसब, सेवा, जागीर एवं भूमि हो वह उसे अपने पास रक्खे और सब लोग पूर्व प्रथानुसार सेवायें करते रहें।

मीर्ज़ा हिन्दाल का आगमन

उसी दिन मीर्ज़ा हिन्दाल काबुल से आकर हज़रत पादशाह की सेवा में उपस्थित हुये। उन्होंने उसके प्रति बड़ी कृपा-दृष्टि प्रदर्शित की और अत्यधिक प्रसन्नता प्रकट की। पिता के छोड़े हुए ख़ज़ानों में से मीर्ज़ा हिन्दाल को अत्यधिक वस्तुयें प्रदान कीं।

बाबर की आत्मा की शान्ति के लिये प्रबन्ध

मेरे बाबा हज़रत पादशाह की मृत्यु के उपरान्त उनके मज़ार पर दान-पुण्य एवं शुभ दिनों के अवसर पर सभायें[2] आयोजित होती थीं। मुहम्मद अली असस को उनके मज़ार का मुतवल्ली[3] (२६) नियुक्त कर दिया गया था और ६० अच्छे स्वर से पाठ करने वाले हाफ़िज़[4] एवं क़ारी[5] नियुक्त किए गए ताकि वे पाँचों समय की नमाज़ जमाअत से पढ़ते रहें और क़ुरान ख़तम[6] किया करें तथा

१ गुलबदन बेगम के **हुमायूं नामा** के पृ० १-२५ का अनुवाद **मुग़ल कालीन भारत—बाबर** के पृ० ३५५-३७४ में कर दिया गया है। दोनों को मिला कर यह महत्वपूर्ण इतिहास पूरा हो गया है।

२ मारेका का अर्थ मैदान, क्षेत्र, युद्ध, संग्राम, लड़ाई, वाद-विवाद, बहस, धूम-धाम, हंगामा, उपद्रव, फ़साद होता है। यहां सभाओं से, जिनमें मृत की आत्मा की शांति के लिये क़ुरान शरीफ़ आदि का पाठ होता होगा, तात्पर्य है।

३ किसी वक़्फ़ की जाएदाद की देख-रेख करने वाला।

४ जिसे क़ुरान शरीफ़ कंठस्थ हो।

५ क़ुरान शरीफ़ को शुद्ध उच्चारण से पढ़ने वाला।

६ मृत की आत्मा की शांति के लिये मुसलमान लोग, क़ुरान शरीफ़ के पाठ को बड़ा आवश्यक समझते हैं। जितनी बार पूरे क़ुरान का पाठ कर लिया जाय उतनी ही अधिक मृत को शांति प्राप्त होती है।

हज़रत फ़िरदौस मकानी की आत्मा के लिए फ़ातेहा[1] पढ़ते रहा करें। पूरा सीकरी जो आजकल फ़तहपुर कहलाता है तथा ब्याना के (राजस्व में से) ५ लाख मज़ार के व्यय हेतु वक़्फ़[2] कर दिए गए ताकि यह धन आलिमों एवं हाफ़िज़ों इत्यादि पर, जो मज़ार से सम्बन्धित थे, खर्च होता रहे[3]।

माहम बेगम द्वारा दान

मेरी आका[4] ने दो समय के भोजन[5] का प्रवन्ध किया—प्रातःकाल एक वैल, दो भेड़ें तथा पाँच वकरे, मध्याह्नोत्तर की दूसरी नमाज़ के समय पाँच वकरे। ढाई वर्ष तक जब तक मेरी आका जीवित रहीं, दोनों समय का यह भोजन उनकी सरकार से मज़ार पर बाँटा जाता रहा।

हुमायूं की गुल बदन के प्रति अनुकम्पा

जब तक मेरी आका जीवित रहीं तब तक मैं हज़रत पादशाह के प्रति अभिवादन अपनी आका के दौलतख़ाने में किया करती थी। जब मेरी आका की दशा बिगड़ गई तो मुझसे कहा कि, "यह बड़ा कठिन ज्ञात होता है कि मेरी मृत्यु के उपरान्त पादशाह की पुत्रियाँ अपने भाई के दर्शन गुलबर्ग बीबी[6] के घर में करें।" मेरी आका की बात हज़रत पादशाह के हृदय में आरूढ़ हो गई। जब तक वे हिन्दुस्तान में रहे वे सर्वदा हमारे घर आकर हमसे भेंट किया करते थे और अत्यधिक कृपा, दया एवं प्रोत्साहन प्रदर्शित करते थे। मासूमा सुल्तान बेगम[7], गुलरंग बेगम[8], गुलचेहरा बेगम[9] इत्यादि बेगमें, जिनका विवाह हो चुका था, हज़रत पादशाह के जो इस तुच्छ के घर आते थे, दर्शन किया करती थीं। संक्षेप में हज़रत पादशाह मेरे बाबा पादशाह एवं मेरी आका की मृत्यु के उपरान्त इस दीन को अत्यधिक साँत्वना दिया करते और इस बेचारी के प्रति अपार कृपा एवं दया प्रदर्शित किया करते थे, यहाँ तक कि मुझे अनाथ एवं निःसहाय होने का अनुभव न हो सका।

हुमायूं के राज्य में शान्ति

हज़रत फ़िरदौस मकानी के निधन के उपरान्त १० वर्ष के बीच में जब तक हज़रत जन्नत आशियानी हिन्दुस्तान में रहे सब लोग धन-धान्य सम्पन्न एवं सुख शान्ति के साथ आज्ञाकारिता एवं अधीनता प्रदर्शित करते रहे।

१ मुर्दे की आत्मा की शांति के लिये क़ुरान शरीफ़ के प्रथम सूरे का पाठ।
२ ईश्वर के नाम पर दान की हुई कोई वस्तु अथवा सम्पत्ति आदि।
३ बाबर की लाश सर्व प्रथम आराम बाग़ अथवा राम बाग़ में रक्खी गई, तदुपरान्त काबुल भेज दी गई।
४ सम्मानित स्त्री (माहम बेगम); **हुमायूं नामा** मूल पृ० ८ [**मुग़ुल कालीन भारत—बाबर,** पृ० ३५९]।
५ 'आश'।
६ सम्भवतः सलीमा सुल्तान बेगम की माता।
७ बाबर तथा मासूमा बेगम की पुत्री, मुहम्मद ज़मान मीर्ज़ा बाईक़रा की पत्नी।
८ बाबर तथा दिलदार बेगम की पुत्री; उसका जन्म १५११ तथा १५१५ ई० के मध्य में हुआ। उसका विवाह ईसान तिमुर चग़ताई से बाबर के जीवन काल में ही १५३० ई० में हुआ था।
९ बाबर तथा दिलदार बेगम की पुत्री; उसका जन्म १५१५ तथा १५१७ ई० के मध्य में हुआ। वह, गुलरंग, हिन्दाल एवं गुलबदन सगे भाई बहिन थे। उसका विवाह सुल्तान तूख़्ता बूग़ा खां चग़ताई मुग़ुल से १५३० ई० में हुआ, किन्तु १५३३ ई० में वह विधवा हो गई।

बिबन एवं बायज़ीद की पराजय

फ़िरदौस मकानी की मृत्यु के छः मास उपरान्त बिबन एवं बायज़ीद[1] गौड़ की ओर (२७) से आ गए। यह समाचार पाते ही हज़रत पादशाह आगरा से उनकी ओर रवाना हुए और बिबन एवं बायज़ीद को पराजित करके चनादह[2] पहुँचे और चनादह पर भी अधिकार जमा कर आगरा लौट आये।

मेवा जान से हुमायूं का विवाह

मेरी आका माहम बेगम की यह बहुत बड़ी अभिलाषा थी कि वे हुमायूँ के पुत्र को भी देख लें। जहाँ कहीं भी कोई सुन्दरी अथवा रूपमती मिल जाती थी वे उसे हज़रत पादशाह की सेवा में ले आतीं। ख़दंग[3] यसावल[4] की पुत्री मेवा जान मेरी सेवा में थी। हज़रत फ़िरदौस मकानी के निधन के उपरान्त अपने जीवन काल में उन्होंने कहा, "हुमायूँ! मेवा जान बुरी नहीं है। उसे अपनी सेवा में क्यों नहीं ले लेते[5] ?" अन्त में उनके कहने पर हुमायूँ पादशाह ने उसी रात्रि में मेवा जान से विवाह कर लिया।

हुमयूं के पुत्री का जन्म

तीन दिन उपरान्त बेगा[6] बेगम काबुल से आ गई और गर्भवती हुईं। एक वर्ष उपरान्त पुत्री का जन्म हुआ। उसका नाम अक़ीक़ा[7] बेगम रक्खा गया।

मेवा जान का पुत्र के जन्म के सम्बन्ध में जाल

मेवा जान, मेरी आका माहम बेगम से कहा करती थी कि "मैं भी गर्भवती हूँ"। अन्त में

१ अफ़ग़ान सरदार। इनके विषय में **मुग़ल कालीन भारत—बाबर** देखिये।

२ चुनार।

३ सम्भवतः 'ख़ज़ंग'।

४ दरबार अथवा सभा का प्रबन्ध करने वाला।

५ 'विवाह क्यों नहीं कर लेते'।

६ वह यादगारबेग तग़ाई की पुत्री थी। सर्व प्रथम १५२८ ई० में उसके एक पुत्र का जन्म काबुल में हुआ। हुमायूं ने उसका नाम अल अमान रक्खा। बाबर ने यह नाम रखने पर हुमायूं को फटकारा भी था; (**बाबर नामा**, पृ० २७५-२७८)। उसकी शीघ्र ही मृत्यु हो गई। १५३१ ई० में अक़ीक़ा अथवा अफ़ीक़ा नामक पुत्री का जन्म हुआ। लगभग १५३४ ई० में गुलबदन बेगम ने हुमायूं की उसके तथा अन्य बेगमों की ओर उपेक्षा का उल्लेख किया है। शेर शाह ने हुमायूं की चौसा की पराजयोपरान्त बेगा बेगम को बन्दी बना लिया और यहीं से अक़ीक़ा बेगम भी ग़ायब हो गई। शेरशाह ने उसे हुमायूं के पास भेज दिया किन्तु उसके हुमायूं के पास पहुँचने के समय के विषय में कोई प्रामाणिक ज्ञान नहीं। किन्तु वह १५४५ ई० में काबुल में शाही अन्तःपुर में थी। हुमायूं की मृत्यु के उपरान्त अकबर उसका बड़ा ध्यान रखता था। वह अपना अधिकांश समय अपने पति के मक़बरे की देख-भाल में व्यतीत करती थी। वह ९७२ हि० (१५६४-६५ ई०) में हज के लिये मक्का गई और ३ वर्ष उपरान्त वापस आई। वह हाजी बेगम के नाम से इतिहास में प्रसिद्ध है अतः यह कहना बड़ा कठिन है कि उसने इस हज के अतिरिक्त कोई अन्य हज भी किया अथवा नहीं। उसकी मृत्यु ९८९ हि० (१५८१ ई०) में हुई।

७ सम्भवतः अफ़ीक़ा बेगम।

मेरी आका ने दो प्रकार के यराक़[१] तैयार कराये और कहा करती थीं कि "तुम लोगों में से जिसके पुत्र पैदा होगा उसे उत्तम यराक़ दूँगी।" तव उन्होंने यराक़ बंधवा कर, सोने-चाँदी के बादाम एवं चार मग़ज़[२] तैयार कराये। उन्होंने मुग़ुल सेनापतियों के भी यराक़ तैयार करा लिये थे। वे प्रसन्न थीं कि सम्भवतः इनमें से किसी के पुत्र हो जाय। वे प्रतीक्षा कर ही रही थीं कि बेगा बेगम से अक़ीक़ा बेगम का जन्म हुआ। तदुपरान्त वे मेवा जान के विषय में प्रतीक्षा करने लगीं किन्तु १० मास हो गए और ११वाँ मास भी व्यतीत हो गया। मेवा जान कहा करती थी कि "मेरी ख़ाला मीर्ज़ा उलुग़ बेग[३] के अन्तःपुर में थीं। उनके १२ मास में पुत्र का जन्म हुआ। सम्भवतः मैं भी उन्हीं के समान हो गई हूँ।" ख़रगाह लगवा लिये गए[४]। तूशकें[५] भर ली गईं। अन्त में सबको ज्ञात हो गया कि वह हुसप्क[६] थी।

हुमायूं की चुनार से वापसी पर आईन-बन्दी

(२८) पादशाह, जो चनादह गये थे, कुशलतापूर्वक लौट आये। मेरी आका माहम बेगम ने बहुत बड़ा जश्न किया। बाज़ारों की आईन-बन्दी की गई[७]। इसके पूर्व बाजार वाले आईन बन्दी करते थे। उन्होंने साधारण आदमियों एवं सैनिकों को आदेश दिया कि वे विचित्र स्थानों एवं भवनों को सजायें[८]। इसके उपरान्त हिन्द में आईन-बन्दी की प्रथा चालू हो गई।

माहम बेगम द्वारा जश्न का प्रबन्ध

जड़ाऊ सिंहासन, जिस पर पहुँचने के लिए चार ज़ीने थे, तैयार कराया गया। उसके ऊपर ज़रदोजी का अदसक़ा[९] लगवाया गया। उसपर ज़रदोज़ी के तूशक[१०] एवं तकिये बिछवाये गए। ख़र-

१ अस्त्र-शस्त्र; सम्भवतः तुर्कों के शाही वंश में बालकों के जन्म के पूर्व अस्त्र-शस्त्र तैयार कर लेने की प्रथा रही होगी।

२ बादाम एवं चार मग़ज़ का अर्थ बादाम एवं अाख़रोट होता है किन्तु चार मग़ज़ का अर्थ बच्चों के खेलने का मिट्टी का गेंद होता है। सम्भवतः सोने चांदी के गेंद तैयार किये गये होंगे। मिसेज़ बेवरिज ने "Gold and Silver walnuts' अनुवाद किया है, पृ० ११२।

३ उलुग़ बेग काबुली। [देखिये **मुग़ुल कालीन भारत—बाबर,** पृ० ३४७, ३७५, ४७५, ५८४, ५८६, ६०८, ६११]।

४ 'ख़रगाहा दोख़्ता' अर्थात् ख़रगाह सी लिये गये, किन्तु यहां ख़रगाह लगवाने से तात्पर्य है।

५ निहालचे अथवा छोटे बच्चों के गद्दे से तात्पर्य है।

६ महत्वाकांक्षी, निम्न श्रेणी की स्त्री अथवा निम्न श्रेणी की पागल स्त्री। सम्भवतः यह शब्द 'हुसक' है।

७ सजाये गये।

८ सम्भवतः गुलबदन बेगम का उद्देश्य यह है कि पहले हिन्दुस्तान में केवल बाजार वाले अपनी दूकानें सजाते थे किन्तु माहम बेगम ने साधारण लोगों एवं सैनिकों द्वारा घरों एवं अन्य स्थानों के सजाने की प्रथा चला दी किन्तु यह प्रथा बड़ी प्राचीन है। अजम वाले इस प्रथा का बड़े उत्साह से पालन करते थे। बनी उमय्या एवं बनी अब्बास भी विजय के अवसरों पर बाज़ारों एवं घरों इत्यादि की आईन-बन्दी कराते थे। अमीर ख़ुसरो ने अपने कई काव्यों एवं ज़ियाउद्दीन बरनी ने **तारीख़े फ़ीरोज शाही** में बाज़ारों के सजाने का कई स्थानों पर उल्लेख किया है। कुब्बे सजाने की तो देहली के सुल्तानों में ख़ास प्रथा थी।

९ इस शब्द का अर्थ शब्द कोशों में नहीं मिलता, सम्भवतः यवनिका अथवा परदे के समान कोई वस्तु।

१० गद्दा।

गाह एवं बारगाह के भीतरी भाग फ़िरंगी ज़रबफ़्त के तथा बाहरी भाग पुरतोगाली सक़रलात[1] के थे। ख़रगाह तथा बारगाह के डंडे सोने से मुलम्मा किए हुए थे और वे बड़े ही सुन्दर थे। मेरी आका ने एक तूग़ूरलूक़[2], ख़रगाह गुजराती ज़रकश[3] का, क़नात एवं सरे-क़नात[4], गुलाब जल के लिए आफ़ताबे[5], शमादान[6], पेय के बरतन, गुलाब चाश[7] इत्यादि सोने के, जिन पर जड़ाऊ काम था, तैयार कराये। सब प्रकार की सामग्री की व्यवस्था करके उन्होंने एक सुन्दर एवं भव्य समारोह आयोजित कराया।

इनाम-इकराम

१२ क़तार ऊंट, १२ क़तार ख़च्चर ७० रास तीपूचाक़ घोड़े, १०० रास बोझ लादने (२९) वाले घोड़े (बाँटे गए)[8]। ७००० व्यक्तियों को विशेष ख़िलअतें पहनाई गईं। कई दिन तक ख़ुशी मनाई जाती रही[9]।

मुहम्मद ज़मान मीर्ज़ा का बन्दी बनाया जाना

इसी बीच में सुना गया कि मुहम्मद ज़मान मीर्ज़ा ने हाजी मुहम्मद खां कोकी के पिता की हत्या करा दी है और विद्रोह करने का विचार कर रहा है। हज़रत पादशाह ने उन लोगों को बुलवाने के लिए आदमी भेजे और उन्हें बन्दी बनवा लिया और ब्याना में क़ैद करके यादगार तग़ाई को सौंप दिया। यादगार तग़ाई के आदमियों ने मुहम्मद ज़मान मीर्ज़ा से मिलकर उसे भगा दिया[10]।

मुहम्मद ज़मान मीर्ज़ा एवं मुहम्मद सुल्तान मीर्ज़ा इत्यादि का पलायन

इसी बीच में आदेश हुआ कि सुल्तान मुहम्मद मीर्ज़ा तथा नीख़ूब सुल्तान मीर्ज़ा[11] के नेत्रों में सलाई फेर दी जाय। सलाई फेरने के कारण नीख़ूब अन्धा हो गया। जिस व्यक्ति ने मुहम्मद सुल्तान मीर्ज़ा के सलाई फेरी उससे मीर्ज़ा के नेत्रों को कोई हानि न हुई। कुछ दिन उपरान्त

१ गहरे लाल रंग का कपड़ा।

२ इस शब्द का तात्पर्य स्पष्ट नहीं; सम्भवतः ख़रगाह के किसी प्रकार के अस्तर अथवा वस्त्र सम्बन्धी अन्य किसी वस्तु से तात्पर्य है।

३ सोने के तार के काम का।

४ क़नात के ऊपर की झालर अथवा कोई अन्य कपड़ा।

५ एक प्रकार का लोटा जिसमें दस्ता होता है।

६ वह बरतन जिसमें शमा अथवा मोम-बत्ती रख कर जलाई जाती है।

७ गुलाब जल छिड़कने का बरतन।

८ इस वाक्य के कुछ शब्द छूट गये हैं।

९ यह हुमायूं के सिंहासनारोहण का प्रथम वार्षिकोत्सव ज्ञात होता है। इस उत्सव में हुमायूं की चुनार विजय से चार चांद लग गये होंगे। इनाम-इकराम के विषय में जो अधूरा वाक्य है उससे पता चलता है कि संभवतः इस विषय में कुछ और भी लिखा गया होगा। आगे के पृष्ठों में **तबक़ाते अकबरी** एवं ख्वन्द मीर : **क़ानूने हुमायूनी** का अनुवाद देखिये।

१० यह घटना ९४० हि० (१५३३ ई०) में घटी।

११ 'वली ख़ूब सुल्तान मीर्ज़ा' होना चाहिये।

मुहम्मद ज़मान मीर्ज़ा, मुहम्मद सुल्तान मीर्ज़ा तथा उसके पुत्र, उलुग़ मीर्ज़ा एवं शाह मीर्ज़ा, भाग खड़े हुए। जितने वर्ष हम लोग हिन्द में रहे, सर्वदा उनके कारण उपद्रव होता रहा।

हुमायूं की ग्वालियार यात्रा

हज़रत बादशाह जब बिबन एवं बायज़ीद पर आक्रमण के उपरान्त लौटे तो लगभग एक वर्ष आगरा में रहे। उन्होंने मेरी आका से निवेदन किया कि, "आजकल मेरा दिल नहीं लगता। यदि आपका आदेश हो तो आपके साथ ग्वालियार की सैर के लिए रवाना हो जाऊँ।" मेरी आका, मेरी माता[1], बहिनें मासूमा सुल्तान बेगम[2] जो माह चीचह[3] बेगम कहलाती थी एवं गुलरंग बेगम जो गुल चीचह[4] बेगम कहलाती थी, अपने आश्रयदाताओं[5] की सेवा में ग्वालियार में रहीं।

गुलचेहरा बेगम के पति की मृत्यु

गुलचेहरा बेगम अवध में थी। जब उसके पति तूख़्ता बूग़ा सुल्तान की मृत्यु हो गई तो जो लोग बेगम की सेवा में थे, उन्होंने अवध से हज़रत पादशाह सलामत की सेवा में प्रार्थना-पत्र प्रेषित किया कि "तूख़्ता बूग़ा सुल्तान की मृत्यु हो गई है। बेगम के विषय में क्या आदेश होता है ?" हज़रत पादशाह ने मीर ज़ाईचा[6] को आदेश दिया कि "जाकर बेगम को आगरा ले आओ। हम भी आगरा पहुँच रहे हैं।"

आगरा को प्रस्थान

इसी बीच में मेरी आका ने कहा कि "यदि आदेश हो तो बेगा बेगम एवं अक़ीक़ा को (३०) बुलवा लूं ताकि वे लोग भी ग्वालियार देख लें।" नौकार एवं ख़्वाजा कबीर को इस आशय से भेजा गया कि बेगा बेगम एवं अक़ीक़ा सुल्तान बेगम को आगरा से ले आयें। दो मास तक ग्वालियार में सब लोग साथ रहे। तदुपरान्त आगरा रवाना हो गए। शाबान[7] मास में आगरा पहुँच गये।

१ आज़म, दिलदार बेगम।
२ मुहम्मद ज़मान मीर्ज़ा की पत्नी।
३ बड़ी चन्द्र सरीखी बहिन।
४ बड़ी गुलाब सरीखी बहिन।
५ हुमायूँ एवं उसकी माता माहम बेगम।
६ जन्म कुंडली बनाने वालों का सरदार, मुख्य अथवा राज्य-ज्योतिषी।
७ शाबान ९३९ हि० (फ़रवरी-मार्च १५३३ ई०) एवं शाबान ९४० हि० (फ़रवरी-मार्च १५३४ ई०) किन्तु यह तारीख़ ठीक नहीं। इस संबन्ध में आगे जिन घटनाओं का उल्लेख है उनके अनुसार तिथियों का क्रम इस प्रकार है :—

ग्वालियार पहुँचना : शाबान ९३९ हि० (फ़रवरी-मार्च १५३३ ई०)
आगरा वापसी एवं माहम का रुग्ण होना : शव्वाल ९३९ हि० (अप्रैल-मई १५३३ ई०)
[इस विषय में ख़्वन्द मीर : **क़ानूने हुमायूनी** देखिये]
माहम बेगम की मृत्यु : १३ शव्वाल ९३९ हि० (८ मई १५३३ ई०)
४० दिन शोक संबन्धी प्रथायें : लगभग २३-२४ ज़ीक़ाद ९३९ हि० (१६-१७ जून १५३३ ई०)
देहली की ओर प्रस्थान : ज़िलहिज्जा ९३९ हि० (२४ जून १५३३ ई०) के बाद
दीन पनाह का निर्माण : मुहर्रम ९४० हि० (२३ जुलाई १५३३ ई०) के बाद।

माहम बेगम की मृत्यु

शव्वाल मास[1] में मेरी आका को पेट का रोग हो गया। १३ शव्वाल ९४० हि०[2] (२७ अप्रैल १५३४ ई०) को वे इस नश्वर संसार को छोड़ कर परलोक गामिणी हो गईं। मेरे बाबा हज़रत पादशाह की संतान का यतीमी का घाव पुनः हरा हो गया, विशेष रूप से मेरा, कारण कि मेरा पालन-पोषण उन्होंने स्वयं किया था। मुझे बड़ा शोक, नैराश्य एवं घोर कष्ट हुआ। रात-दिन मैं विलाप किया करती थी। हज़रत पादशाह ने कई बार आकर मुझे तसल्ली दी और मेरे प्रति कृपा एवं दया प्रदर्शित की। मेरी आका जब मैं दो वर्ष की थी तो मुझे अपने महल में ले आई थीं और पालन-पोषण किया था। जब मैं दस वर्ष की हुई[3] तो उनका निधन हो गया। मैं एक वर्ष और अपनी आका के महल में रही।

हुमायूं का धौलपुर की ओर प्रस्थान

जब मैं ११ वर्ष की हुई और हज़रत पादशाह धौलपुर पहुँचे तो मैं अपनी माता के पास चली गई। यह घटना हज़रत पादशाह के ग्वालियार के प्रस्थान और वहाँ भवनों के निर्माण के पूर्व की है[4]।

माहम बेगम की शोक-सम्बन्धी प्रथायें

मेरी आका के चिल्ले[5] के भोज के उपरान्त हज़रत पादशाह तशरीफ़ ले गए और दीन पनाह नामक क़िले का निर्माण प्रारम्भ करके आगरा लौट आये[6]।

आका जानम[7] ने हज़रत बादशाह से पूँछा, "हिन्दाल मीर्ज़ा के विवाह की दावत आप कब करेंगे?" पादशाह सलामत ने कहा, "बिस्मिल्लाह[8]"। मीर्ज़ा हिन्दाल के निकाह के समय मेरी आका जीवित थीं किन्तु समारोह का प्रबन्ध करा रही ही थीं कि उनका निधन हो गया। आका

१ शव्वाल ९३९ हि० (अप्रैल-मई १५३३ ई०)। गुलबदन बेगम के अनुसार शव्वाल ९४० हि०।

२ यह तिथि शुद्ध नहीं। ऊपर की टिप्पणी देखिये।

३ इस प्रकार उसका जन्म १५२३ ई० में हुआ होगा।

४ इस वाक्य में जिस घटना का उल्लेख है उसका क्रम प्रामाणिक रूप से ज्ञात नहीं।

५ मृत्यु के उपरान्त ४० दिन की शोक-सम्बन्धी प्रथायें (चेहलुम)।

६ माहम बेगम की मृत्यु एवं अन्य तिथियों का क्रम, जो ऊपर दिया गया है, दीन पनाह के निर्माण की तिथि के आधार पर, जो ख्वन्द मीर की **क़ानूने हुमायूनी** से प्रामाणिक रूप से ज्ञात हो गई है, निर्धारित किया गया है। यदि माहम बेगम की मृत्यु दीन पनाह के निर्माण के बाद मानी जाय, जो गुलबदन बेगम के उपर्युक्त विवरण के विरुद्ध है, तभी माहम की मृत्यु शव्वाल ९४० हि० में मानी जा सकती है अन्यथा ९३९ हि० ही शुद्ध है।

७ ख़ानज़ादा बेगम, उमर शेख़ मीर्ज़ा मीरान शाही एवं क़ुतलुक़ निगार ख़ानम की पुत्री तथा बाबर की सगी बहिन जो उससे ५ वर्ष बड़ी थी। उसका विवाह सर्वप्रथम शैबानी से ९०७ हि० (१५०१ ई०) में हुआ, तदुपरान्त सैयिद हादा नामक एक साधारण व्यक्ति से और तीसरी बार महदी मुहम्मद ख्वाजा, मूसा ख्वाजा के पुत्र से। उसका जन्म लगभग ८८३ हि० (१४७८ ई०) में हुआ। गुलबदन बेगम ने उनका कई स्थानों पर उल्लेख किया है। उसकी मृत्यु ९५२ हि० (१५४५ई०) में हुई। (**मुग़ल कालीन भारत—बाबर,** पृ० ५१, २८१, ३०३, ३०४, ३०६, ३४८, ३५३, ३६९, ३७२, ४७४, ४९५-४९७, ५०४, ५४६, ५७३, ६०९,६२१)।

८ 'ईश्वर का नाम लेकर कीजिये'।

जानम ने कहा कि "तिलिस्म[1] के जश्न का सामान भी तैयार है। सर्व प्रथम वह जश्न हो जाय तब मीर्ज़ा हिन्दाल (के विवाह) का जश्न करूँ।" हज़रत पादशाह ने आका जानम से कहा कि, "फुफी जो आदेश दें।" उन्होंने कहा, "ईश्वर उसे शुभ करे और सकुशल पूरा कराये।"

जश्न के घर का वर्णन जो नदी तट पर तैयार कराया गया था और जिसका नाम तिलिस्म[2] रक्खा गया था

(३१) सर्व प्रथम एक बहुत बड़ा अष्टाकार कमरा था जिसके मध्य में एक अष्टाकार हौज़ था। हौज़ के मध्य में एक अष्टाकार चबूतरा था जिसपर विलायती क़ालीन[3] बिछाये गए थे। तरुणों, रूपवतियों, सुन्दरियों, वादकों एवं सुस्वर में गाने वाली गायिकाओं को हौज़ में बैठने का आदेश हुआ। जड़ाऊ सिंहासन, जिसे मेरी आका ने जश्न के लिए प्रदान किया था, घर के प्रांगण में रक्खा गया। ज़रदोज़ी का तूशक सामने बिछाया गया। हज़रत पादशाह तथा आका जानम सिंहासन के समक्ष एक तूशक पर बैठे। आका जानम के दायें हाथ की ओर उनकी फूफियाँ, सुल्तान अबू सईद मीर्ज़ा[4] की पुत्रियाँ बैठीं :

(१) फ़ख्रजहाँ बेगम[5]
(२) बदी-उल-जमाल बेगम[6]
(३) आक़ बेगम[7]
(४) सुल्तान बख्त बेगम[8]
(५) गौहर शाद बेगम[9]

१ देखिये ख्वन्द मीर : **क़ानूने हुमायूनी** पूर्व पृ० ४१२।

२ देखिये ख्वन्द मीर : **क़ानूने हुमायूनी** पूर्व पृ० ४१३।

३ ईरानी क़ालीन से तात्पर्य है।

४ सुल्तान अबू सईद मीर्ज़ा बिन सुल्तान मुहम्मद बिन मीरान शाह बिन तीमूर का जन्म १४२७ ई० में हुआ और उसकी मृत्यु २५ रजब ८७३ हि० (८ फ़रवरी १४६९ ई०) को हुई। उसने १८ वर्ष राज्य किया। उसने अपनी मृत्यु के समय ११ पुत्र छोड़े जिसमें एक बाबर का पिता उमर शेख़ मीर्ज़ा भी था।

५ सुल्तान अबू सईद मीर्ज़ा की पुत्री, बाबर की फुफी, मीर अलाउल मुल्क तिरमिज़ी की पत्नी तथा शाह बेगम एवं कीचीक बेगम की माता। वह १५२७ ई० में अपनी बहिन ख़दीजा के साथ हिन्दुस्तान पहुँची। वह ५ मुहर्रम ९३५ हि० (२० सितम्बर १५२८ ई०) को काबुल वापस चली गई किन्तु १५३१ ई० तक वह पुनः हिन्दुस्तान आ गई होगी।

६ सुल्तान अबू सईद मीर्ज़ा की पुत्री। वह भी बाबर के जीवन-काल में हिन्दुस्तान आ गई थी।

७ सुल्तान अबू सईद मीर्ज़ा की पुत्री। वह भी अक्तूबर १५२८ ई० में हिन्दुस्तान पहुँची और गुलरंग एवं गुल चेहरा बेगम के विवाह के समय (१५३० ई०) भी आगरा में थी।

८ सुल्तान अबू सईद मीर्ज़ा की पुत्री। उसके विषय में अधिक कोई ज्ञान नहीं।

९ सुल्तान अबू सईद मीर्ज़ा की पुत्री। उसके विषय में भी इससे अधिक कोई ज्ञान नहीं।

(६) ख़दीजा सुल्तान बेगम[१]।

दूसरी तूशक पर हमारी फूफियाँ अर्थात् हज़रत फ़िरदौस मकानी की बहिनें बैठी :

(१) शहर बानो बेगम[२]

(२) यादगार सुल्तान बेगम[३]।

(दायीं ओर की अन्य अतिथि ये थीं)[४] :

(१) आएशा सुल्तान बेगम[५], सुल्तान हुसेन मीर्ज़ा की पुत्री

(२) उलुग़ बेगम, जैनब[६] सुल्तान बेगम की, जो हज़रत पादशाह की फुफी थीं, पुत्री

(३) आएशा सुल्तान बेगम[७]

(४) सुल्तानी बेगम, सुल्तान अहमद मीर्ज़ा की पुत्री ; (अहमद मीर्ज़ा) हज़रत पादशाह के सौतेले दादा थे ; वह कलाँ खां बेगम की माता थी

१ सुल्तान अबू सईद मीर्ज़ा की पुत्री। वह ९३४ हि० (१५२७ ई०) में नवम्बर में फ़ख़्र जहां के साथ हिन्दुस्तान पहुँची। वह भी ५ मुहर्रम ९३५ हि० (१९ सितम्बर १५२८ ई०) को हिन्दुस्तान से काबुल के लिये बाबर से विदा हुई किन्तु कुछ समय के लिये रुक गई और बाबर ने ९ अक्तूबर को उससे भेंट की। बाबर इन लोगों का बड़ा ध्यान रखता था। वह प्रत्येक शुक्रवार को इन बेगमों से भेंट करने जाता था। एक दिन अत्यधिक गरमी के कारण माहम बेगम ने बाबर को उससे भेंट हेतु जाने से रोका किन्तु बाबर ने स्वीकार न किया और कहा, "माहम बड़े आश्चर्य की बात है कि तू यह कह रही है। अबू सईद मीर्ज़ा की पुत्रियां अपने पिता एवं भाइयों से पृथक् हो चुकी हैं। यदि उनको प्रोत्साहन न दूंगा तो क्या होगा ?" (**मुग़ुल कालीन भारत—बाबर**, पृ० ३६५)।

२ उमर शेख़ मीर्ज़ा एवं उमीद अन्देजानी की पुत्री, बाबर की सौतेली बहिन और उससे ८ वर्ष छोटी। उसका जन्म लगभग १४९१ ई० में हुआ। वह नासिर मीर्ज़ा एवं मेहर बानो बेगम की सगी बहिन एवं निज़ामुद्दीन अली ख़लीफ़ा के भाई जुनैद बरलास की पत्नी थी। वह ९४४ हि० (१५३७-३८ ई०) में विधवा हो गई।

३ उमर शेख़ मीर्ज़ा की पुत्री जिसका पालन पोषण ईसान दौलत बेगम ने किया था।

४ मूल में यह वाक्य नहीं है किन्तु उमर शेख़ मीर्ज़ा की पुत्रियों से अन्य लोगों को पृथक् करने के लिये इसका प्रयोग किया गया है।

५ सुल्तान हुसेन मीर्ज़ा बाईक़रा एवं ज़ुबैदा आग़ाचा की पुत्री। सर्व प्रथम उसका विवाह क़ासिम सुल्तान ऊज़बेक से हुआ। इस विवाह से उसके क़ासिम हुसेन सुल्तान ऊज़बेक नामक एक पुत्र का जन्म हुआ जो बाद में बाबर एवं हुमायूं का अमीर हुआ। आएशा सुल्तान का दूसरा विवाह क़ासिम सुल्तान के एक सम्बन्धी यंगालीक बूरान सुल्तान से हुआ। इस विवाह से अब्दुल्लाह सुल्तान ऊज़बेक का जन्म हुआ। वह भी बाबर की सेवा में प्रविष्ट हो गया। चौसा के युद्ध के उपरान्त (१५३९ ई०) उसका कोई पता न चला।

६ बाबर की बहिनों में इस नाम की कोई स्त्री न थी। सम्भवतः वह तथा आक़ बेगम दोनों एक हों।

७ सुल्तान अहमद मीर्ज़ा मीरान शाही एवं क़ूतूक़ बेगम की पुत्री तथा बाबर की प्रथम पत्नी। वह बाबर की पहिली पुत्री फ़ख़ुन्निसा की जिसका जन्म ९०७ हि० (१५०१ ई०) में हुआ, माता थी। वह ९०९ हि०(१५०३ ई०) में अपनी बड़ी बहिन के बहकाने से बाबर के पास से चली गई।

(५) बेगा सुल्तान बेगम, सुल्तान ख़लील मीर्ज़ा की पुत्री; सुल्तान ख़लील मीर्ज़ा हज़रत बादशाह के सौतेले दादा थे

(६) माहम बेगम[१]

(७) बेगी बेगम, उलुग़ बेग मीर्ज़ा काबुली की पुत्री; (उलुग़ बेग मीर्ज़ा) हज़रत पादशाह के सौतेले दादा थे

(८) ख़ानज़ादा बेगम, सुल्तान मसऊद मीर्ज़ा की पुत्री; अपनी माता की ओर से पायंदा मुहम्मद सुल्तान बेगम की नतनी, हज़रत पादशाह की फुफी

(९) शाह ख़ानम, बदी-उल-जमाल बेगम की पुत्री

(१०) ख़ानम बेगम[२], आक़ बेगम की पुत्री

(११) ज़ैनब सुल्तान ख़ानम, सुल्तान महमूद ख़ां, हज़रत पादशाह के बड़े मामा, की पुत्री

(१२) मुहिबा सुल्तान ख़ानम, सुल्तान अहमद ख़ां, जो इलाचा ख़ां कहलाता था तथा पादशाहे कलां[३] का छोटा मामा था, की पुत्री

(१३) ख़ानिश, मीर्ज़ा हैदर की बहिन और हज़रत पादशाह की ख़ाला की पुत्री

(१४) बेगा कलाँ बेगम[४]

(३२) (१५) कीचीक बेगम[५]

(१६) शाह बेगम, दिलशाद[६] बेगम की माता फ़ख्र जहाँ बेगम की, जो हज़रत पादशाह की फुफी थी, पुत्री

(१७) कीचकना बेगम

(१८) अपाक़ बेगम[७], सुल्तान बख़्त बेगम की पुत्री

(१९) मेहरलीक़ बेगम[८], हज़रत पादशाह की फुफी

(२०) शाद बेगम, सुल्तान हुसेन मीर्ज़ा की नतनी, हज़रत पादशाह की एक फुफी की पुत्री

१ हुमायूं की माता के अतिरिक्त कोई अन्य बेगम।

२ अबू सईद मीरान शाही की पोती।

३ बाबर।

४ सुल्तान महमूद मीर्ज़ा की पुत्री तथा शाह बेगम की माता।

५ कीचीक बेगम के नाम से उस समय दो बेगमें प्रसिद्ध थीं। एक सुल्तान मुहम्मद बाईक़रा एवं पायंदा सुल्तान बेगम मीरान शाही की पुत्री तथा मौलाना ख़्वाजा की पत्नी थी। एक कीचीक बेगम मीर अलाउल मुल्क तिरमिज़ी तथा फ़ख़्र जहाँ मीरान शाही की पुत्री एवं ख़्वाजा मुईन एहरारी की पत्नी तथा मीर्ज़ा शरफ़ुद्दीन हुसेन की माता थी। वह अपने माता के साथ हिन्दुस्तान पहुँची और हिन्दाल मीर्ज़ा के विवाह की दावत में उपस्थित थी।

६ शाह बेगम की पुत्री एवं फ़ख़्र जहां बेगम मीरान शाही की पोती।

७ अपाक़ बेगम अथवा आफ़ाक़ बेगम के पिता के नाम का पता नहीं चल सका है। बाबर ने ९३५ हि० (१७ अक्तूबर १५२८ ई०) के विवरण में सुल्तान बख़्त बेगम की पुत्री के आगमन का उल्लेख किया है। (**बाबर नामा**, पृ० २८१)।

८ सम्भवतः मेहर बानो बेगम मीरान शाही, उमर शेख़ मीर्ज़ा एवं उमीद अन्देजानी की पुत्री, नासिर एवं शहर बानो की सगी बहिन। उसका जन्म ८८६ हि० (१४८१-८२ ई०) में हुआ।

(२१) मेहर अंगेज़ बेगम[१] मुज़फ़्फ़र मीर्ज़ा की पुत्री, सुल्तान हुसेन मीर्ज़ा की नतनी; दोनों में बड़ी मित्रता थी और दोनों[२] पुरुषों के वस्त्र धारण किया करतीं और बड़ी गुणवान् थीं उदाहरणार्थ ज़ेह गीर[३], बाण बनाने, चौगान खेलने, धनुष-बाण चलाने में बड़ी दक्ष थीं; वे बहुत से बाजे भी कुशलता-पूर्वक बजाती थीं

(२२) गुल बेगम
(२३) फ़ौक़ बेगम
(२४) जान सुल्तान बेगम
(२५) अफ़रोज़ बानो बेगम
(२६) आग़ा बेगम
(२७) फ़ीरोज़ा बेगम
(२८) बरलास बेगम ।

इनके अतिरिक्त अन्य बेगमें भी थीं और कुल ९६ उलूफ़ादार[४] वाली थीं। उनके अतिरिक्त भी कुछ थीं।

हिन्दाल मीर्ज़ा के विवाह का जश्न

तिलिस्म के जश्न के उपरान्त मीर्ज़ा हिन्दाल के विवाह[५] का जश्न हुआ। उपर्युक्त बेगमों में से कुछ विलायत चली गई थीं और जो उस दावत में उपस्थित थीं उनमें से अधिकांश दायें हाथ पर बैठीं थीं।

हमारी बेगमों में से :—

(१) आग़ा सुल्तान आग़ाचा[६], यादगार सुल्तान बेगम की माता
(२) आतून मामा[७]
(३) सलीमा[८]
(४) सकीना[९]

१ मुज़फ़्फ़र हुसेन मीर्ज़ा बाईक़रा की पुत्री, सुल्तान हुसेन बाईक़रा एवं ख़दीजा की नतनी। उसका विवाह उबैदुल्लाह ऊज़बेक से (९१३ हि०/जून १५०७ ई०) में हो गया था।

२ शाह बेगम तथा मेहर अंगेज़ बेगम।

३ बाण चलाने के समय अंगुलियों की रक्षा के लिये एक प्रकार की अंगूठी पहिन ली जाती थी।

४ वृत्ति पाने वाली।

५ जौहर के अनुसार ९४४ हि० (१५३७-३८ ई०)।

६ वह उमर शेख़ मीर्ज़ा की पत्नी थी, एवं बाबर की सौतेली बहिन यादगार सुल्तान बेगम की माता थी।

७ आतून, पढ़ने लिखने एवं कढ़ाई के काम के गुरु को कहते हैं। बाबर ने १५०१ ई० के इतिहास में एक आतून का उल्लेख किया है।

८ सम्भवतः सलीमा सुल्तान बेगम।

९ कोई सेविका।

(५) बीबी हबीबा
(६) हनीफ़ा बेगा ।

अन्य स्त्रियाँ जो हज़रत बादशाह के बायीं ओर ज़रदोज़ी के तूशक पर बैठी थीं, वे इस प्रकार हैं :—

(१) मासूमा सुल्तान बेगम
(२) गुलरंग बेगम
(३) गुलचेहरा बेगम
(४) यह तुच्छ दुखिया गुलबदन
(५) अक़ीक़ा सुल्तान बेगम
(६) आज़म, हमारी माता, दिलदार बेगम
(७) गुलबर्ग बेगम
(८) बेगा बेगम
(९) माहम की नानचा
(१०) सुल्तानम, अमीर (निज़ामुद्दीन) खलीफ़ा की पत्नी
(११) अलूश बेगम
(१२) नाहीद बेगम[१]
(१३) ख़ुर्शीद कोकी, मेरे पिता के कोका की संतान
(१४) अफ़ग़ानी आग़ाचा[२]
(१५) गुलनार आग़ाचा
(१६) नाज़ गुल आग़ाचा[४]
(१७) मख़्दूमा आग़ा, हिन्दू बेग की पत्नी
(१८) फ़ातेमा सुल्तान अनगा[५], रोशन कोका की माता
(१९) फ़ख्रुन्निसा अनगा, नदीम कोका की माता, मीर्ज़ा क़ुली की पत्नी
(२०) मुहम्मदी कोका की पत्नी
(२१) मुईद बेग की पत्नी
(२२) हज़रत बादशाह की कोका—ख़ुर्शीद कोका
(३३) (२३) शरफ़ुन्निसा कोका
(२४) फ़तह कोका

१ माह चोचक अरग़ून की पुत्री; (माह चोचक के विषय में देखिये **मुग़ुल कालीन भारत—बाबर,** पृ० ८७, ३५७)

२ बाबर की अफ़ग़ान पत्नी (मुबारिका बीबी)। वह शाह मंसूर यूसुफ़ज़ई की पुत्री थी। बाबर ने उससे केहराज में २८ मुहर्रम ९२५ हि० (३० जनवरी १५१९ ई०) को विवाह किया।

३ बाबर की रखेली पत्नी।

४ बाबर की रखेली पत्नी। सम्भवतः उसे तथा गुलनार को शाह तहमास्प सफ़वी ने बाबर को उपहार स्वरूप १५२६ ई० में भेजा था।

५ ख़्वाजा मुअज़्ज़म की पत्नी एवं रोशन कोका तथा ज़ुहरा की माता।

(२५) राबेआ सुल्तान कोका
(२६) माह लिक़ा कोका
(२७) हमारी अनगायें[1]
(२८) हमारे कोका
(२९) बेगमों के आदमी[2] एवं अमीरों की पत्नियाँ।

जो दायीं ओर थीं :—

(१) सलीमा बेगा
(२) बीबी नेका
(३) ख़ानम आग़ा, ख़्वाजा अब्दुल्लाह मरवारीद की पुत्री
(४) निगार आग़ा, मुग़ुल वेग की माता
(५) नार सुल्तान आग़ा
(६) आग़ा कोका, मुनइम खां की पत्नी
(७) मीर शाह हुसेन की पुत्री, ईसस[3] वेगा
(८) कीसक माहम
(९) काबुली माहम
(१०) वेगी आग़ा
(११) ख़ानम आग़ा
(१२) सआदत सुल्तान आग़ा
(१३) बीबी दौलत बख़्त
(१४) नसीब आग़ा
(१५) ईसस काबुली।

अन्य बेगायें एवं आग़ायें, अमीरों की पत्नियाँ इस हाथ की ओर बैठीं और सब विवाह की दावत में उपस्थित थीं।

तिलिस्म के भवन का वर्णन इस प्रकार है:—

एक बड़े अष्टाकार कमरे में दावत दी गई। उसके बराबर एक छोटा अष्टाकार कमरा था। दोनों अष्टाकार कमरे नाना प्रकार से सजाये गए थे। उस अष्टाकार कमरे में जहाँ दावत दी गई जड़ाऊ सिंहासन बिछाया गया। सिंहासन के ऊपर एवं नीचे ज़रदोज़ी के अदसक़े लगाये गए और बहुमूल्य मोतियों की लड़ियाँ, जो डेढ़-डेढ़ गज़ लम्बी थीं, लगाई गईं। प्रत्येक लड़ी के सिरे पर दो शीशे के गोले लगे थे। लगभग ३०-४० लड़ियाँ तैयार कराई गई थीं।

१ दाइयां।
२ सेविकायें।
३ यह नाम स्पष्ट नहीं।

छोटे अष्टाकार कमरे में जड़ाऊ छपरखट[१] 'बिछाया' गया था। पानदान, सुराही, जड़ाऊ पेय के पात्र तथा खालिस सोने-चाँदी के बरतन आलों पर रक्खे गए।

पश्चिम दिशा के समक्ष दीवानख़ाना, पूर्व दिशा के सामने उद्यान, तीसरे दक्षिण दिशा के समक्ष बड़ा अष्टाकार कमरा और चौथं छोटा अष्टाकार कमरा उत्तर दिशा के समक्ष था। इन तीनों कमरों के ऊपर तीन ऊपरी कमरे थे। एक को "दौलत" का कमरा कहते थे। उसमें युद्ध सम्बन्धी ९ यंत्र थे उदाहरणार्थ जड़ाऊ तलवार, जड़ाऊ क़ूर[२], जड़ाऊ ख़ंजर, जड़ाऊ जम्धर, खपुवा तथा निषंग; सब पर ज़रदोज़ी के काम के क़ूरपोश[३] थे।

दूसरा कमरा "सआदत" का कमरा कहलाता था जिसमें जानमाज़[४], पुस्तकें, जड़ाऊ क़लमदान, उत्तम जुज़दान[५], सुन्दर मुरक़्क़े[६] चित्रों सहित, तथा सुलेख के नमूने रक्खे गए। तीसरे (३४) कमरे को "मुराद" का कमरा कहते थे। वहाँ जड़ाऊ छपरखट, सन्दल का एक बरतन[७], ख़्याल[८] की तूशकें रक्खी गईं। नीचे भी विशेष निहालचे बिछाये गए। निहालचों के समक्ष दस्तरख़्वान बिछाये गए। वे सब ख़्याल के ज़रबफ़्त के थे। नाना प्रकार के मेवे एवं शरबत रक्खे गए। सभी, भोग-विलास एवं आनन्द-मंगल की सामग्रियाँ तैयार कराई गई थीं[९]।

इनाम-इकराम

जिस दिन तिलिस्म भवन की दावत हुई हज़रत पादशाह ने आदेश दिया कि "समस्त मीर्ज़ा लोग, बेगमें एवं अमीर साचक़[१०] तैयार करायें।" हज़रत बादशाह के आदेशानुसार सब लोग साचक़ लाये। आदेश हुआ कि इनके तीन ढेर कर दिए जायें। तीन अशरफ़ी के थाल[११], और छः शाहरुख़ी के थाल हुए। अशरफ़ी का एक थाल, और शाहरुख़ी के दो थाल हिन्दू बेग को दे दिए

१ एक प्रकार का पलंग।

२ क़ूर में पताकायें, अस्त्र-शस्त्र एवं शाही के अन्य चिह्न सम्मिलित होते थे जो बादशाह जहाँ कहीं भी जाता, उसके साथ जाते थे।

३ क़ूर के ग़लाफ़।

४ वह चटाई अथवा दरी-क़ालीन या कोई कपड़ा जिसे बिछा कर नमाज़ पढ़ी जाती है।

५ क़ुरान शरीफ़ अथवा अन्य ग्रन्थों के रखने का बस्ता।

६ अलबम।

७ "ज़रफ़े अज़ सन्दल अन्दाख़ता"। किन्तु यदि यह वाक्य इस प्रकार पढ़ा जाय तो ज़रफ़े (बरतन), जो खटकता है, उसका समाधान हो जायगा : दर आं ख़ाना छपर कट अज़ मुरस्सा व तर्फ़े अज़ सन्दल अन्दाख़्ता" तरफ़े एवं ज़रफ़े में केवल एक बिन्दु का अन्तर है जो सम्भवतः पुस्तक के नक़ल करने अथवा छापने में बढ़ा दिया गया होगा। ظرف पर बिन्दु से طرف हो जाता है। तर्फ़ पढ़ने से अर्थ इस प्रकार होगा : वहां जड़ाऊ छपर खट जो एक ओर से चन्दन का था रखवाया गया और ख़्याल की तूशकें बिछवाई गईं।

८ उत्तम प्रकार का एक रेशमी कपड़ा।

९ दौलत, सआदत एवं मुराद के कमरों का विभाजन तत्सम्बन्धी राज्य के विभाग के अनुसार किया गया था।

१० उपहार। आजकल साचक़ विवाह के पूर्व की एक रस्म है जिसमें दुलहा के घर से बरी का सामान मेंहदी, सुहाग पूड़ा, तेल-इत्र मेवा मिश्री आदि कुछ आदमियों के साथ दुलहिन के घर जाता है।

११ ख़्वान।

गए और आदेश दिया गया कि यह "दौलत" वालों के लिये हैं, मीर्ज़ाओं, अमीरों, वज़ीरों, एवं सैनिकों को बाँट दिया जाय।

अशरफ़ी का एक थाल और शाहरुख़ी के दो थाल मुल्ला मुहम्मद फ़रग़ारी को प्रदान किए गए और आदेश दिया गया कि यह "सआदत" वालों के लिए हैं। इसे प्रतिष्ठित एवं सम्मानित लोगों, आलिमों, पवित्र लोगों, ज़ाहिदों, मशायख़, दरवेशों, आबिदों, फ़क़ीरों एवं दरिद्रों को बाँट दिया जाय।

अशरफ़ी के एक थाल तथा शाहरुख़ी के दो थालों के विषय में आदेश दिया कि "यह 'मुराद' वालों के लिए हैं। हमारा है। हमारे पास ले आओ।" प्रस्तुत किए गए। आदेश हुआ कि गिनने की क्या आवश्यकता है। सर्व प्रथम अपने शुभ हाथों से छुआ और आदेश दिया कि अशरफ़ी तथा शाहरुख़ी के एक-एक छोटे थाल सर्व प्रथम बेगमों के पास भेजे जायें और कहलाया कि प्रत्येक स्वयं मुट्ठी मुट्ठी भर ले ले। शाहरुख़ी के शेष दो थालों एवं समस्त अशरफ़ियों के विषय में, जो लगभग २००० थीं और शाहरुख़ी लगभग १०,००० थीं, आदेश दिया कि सब को बाँट दिया जाय। सर्व प्रथम वली नेमतों[1] को और फिर दरबार के अन्य उपस्थित गणों को वितरण की गईं। १००-१५० से कम किसी को न मिलीं। विशेष रूप से उस समूह को जो हौज़[2] में था, अत्यधिक प्राप्त हुईं।

हौज़ में जल छोड़ा जाना

(३५) हज़रत पादशाह ने कहा, "आका जानम! यदि आदेश हो तो हौज़ में जल पहुँचा दिया जाय।" आका जानम ने कहा, "बहुत ख़ूब!" वे स्वयं जाकर ज़ीने पर बैठ गईं। लोग असावधान थे कि फ़व्वारे खोल दिए गए। जल निकलने लगा। जवानों में बड़े विचित्र प्रकार का कोलाहल होने लगा। हज़रत पादशाह ने कहा, "कोई बात नहीं, तुम लोग एक एक सौंफ़ की गोली और थोड़ी सी माजून[3] खा लो।" इस बीच में जिसने भी माजून को खा लिया वह शीघ्र निकल आया। जल टख़नों तक पहुँच गया था। संक्षेप में सब लोग माजून खा कर निकल आये[4]।

तदुपरान्त विवाह की दावत दी गई। लोगों को सरोपा प्रदान किए गए। माजून खाने वालों तथा अन्य लोगों को इनाम एवं सरोपा प्रदान हुये।

१ सम्भवतः सम्मानित वृद्ध लोग।

२ गाने बजाने वालों को।

३ कूटी हुई औषधियों को शहद अथवा शक्कर के क़िवाम में मिलाकर बनाया हुआ अवलेह। इसके लिये यह आवश्यक नहीं कि वह स्वादिष्ट भी हो। इस स्थान पर सम्भवतः गरमी पहुँचाने वाली दवाओं के माजून से तात्पर्य होगा। नशा पैदा करने वाली दवाओं से भी अवलेह तैयार होता है। बाबर ने जिस माजून अथवा अवलेह का उल्लेख बार-बार किया है वह नशा लाने वाली ही होती थी।

४ यह हुमायूँ की विनोद-प्रियता का एक उदाहरण है। सम्भवतः जवानों ने परिहास में वृद्धि करने के लिये कोलाहल मचाया होगा अन्यथा हौज़ के जल से किसी को अधिक हानि पहुँचने का कोई प्रश्न नहीं उठता।

हुमायूं के आविष्कार

हौज़ के किनारे एक कमरा था जिसमें अभरक[१] की खिड़कियाँ लगी थीं। तरुण लोग उसमें बैठे थे और बाज़ीगर कर्तब दिखा रहे थे।

ज़नाना बाज़ार भी लगवाया गया था और नौकायें भी सजाई गई थीं[२]। एक नौका शश कसी[३] के समान बनाई गई जिसमें कमरे बनवाये गए थे। एक नौका में ऊपरी मंज़िल बनाई गई थी। उसके नीचे एक उद्यान लगाया गया था जिसमें अम्लान, पुष्प, मुर्ग़ केश, नाफ़रमान[४] एवं लाला बोये गए थे।

एक स्थान पर आठ नौकायें मिला दी गई थीं जो आठों अलग अलग हो जाती थीं। संक्षेप में, ईश्वर ने इस प्रकार के आविष्कार उनके पवित्र हृदय को प्रदान किए थे कि जो कोई देखता वह आश्चर्य करता[५]।

मीर्ज़ा हिन्दाल के विवाह का जश्न

सुल्तानम बेगम[६], महदी ख़्वाजा की बहिन[७] थीं। मेरे बाबा के बहनोई[८] के जाफ़र ख़्वाजा के अतिरिक्त कोई अन्य पुत्र न था। आका जानम[९] ने सुल्तानम को पुत्र के समान पाला था। जब वह दो वर्ष की हुई तो उसे ख़ानज़ादा बेगम ने अपने पास रख लिया। उन्हें उससे बड़ा स्नेह था। उसे वे

१ यह संस्कृत शब्द है किन्तु गुलबदन बेगम ने इसी शब्द का प्रयोग किया है। अरबी शब्द अबरक़ है।

२ आईन-बन्दी की गई थीं।

३ सम्भवतः ६ आदमियों के लिये।

४ एक प्रकार का फूल।

५ नौकाओं के विषय में देखिये ख़्वन्द मीर : **क़ानूने हुमायूनी** का अनुवाद।

६ दुलहिन।

७ महदी मुहम्मद ख़्वाजा, अथवा महदी ख़्वाजा, मूसा ख़्वाजा का पुत्र था। निज़ामुद्दीन ने **तबक़ाते अकबरी** में उसे बाबर का दामाद बताया है। महदी ख़्वाजा बाबर की सगी बहिन ख़ानज़ादा बेगम का पति था। ख़ान ज़ादा बेगम का यह तीसरा विवाह था, प्रथम ९०७ हि० (१५०१ ई०) में हुआ, दूसरा विवाह सैयिद हादा नामक एक व्यक्ति से हुआ। १५११ ई० में ३३ वर्ष की अवस्था में शाह इस्माईल सफ़वी ने उसे बड़े आदर-सम्मान से बाबर के पास भेज दिया। सम्भवतः १५११-१५१९ ई० के बीच में उसका विवाह ख़ानज़ादा बेगम से हुआ। क्योंकि १५०९ से १५१९ ई० का इतिहास **बाबर नामे** में नहीं है अतः इस विवाह की तारीख़ के विषय में निश्चित रूप से कुछ कहना सम्भव नहीं। वह बाबर के साथ हिन्दुस्तान पहुँचा और विभिन्न युद्धों में बड़ा महत्व पूर्ण भाग लिया। **बाबर नामे** में उसका कई स्थानों पर उल्लेख हुआ है। उसे इटावा प्रदान कर दिया गया था और जब उसे बाबर के साथ रहना पड़ता था तो उसका पुत्र जाफ़र ख़्वाजा उसकी ओर से प्रबन्ध करता था। (**बाबर नामा**, पृ० १५०, १५२, १५५, १५६, १५७, २०७, २०९, २१०, २१४, २१६, २१९, २२४, २२७, २२८, २५३, २५६, २५७, ३०३, ३०४, ३३६, ३३८, ३३९)।

८ 'यज़ना'।

९ ख़ानज़ादा बेगम।

अपने ही भाई की पुत्री समझती थीं। उन्होंने बड़े सुन्दर एवं उत्तम ढंग से जश्न का प्रबन्ध कराया।

(३६) कूश्का[१], अदसक़ा, ५ तूशक, ५ यीस्तूक़[२], एक बड़ा तकिया, दो गोल तकिये, क़ूश्क़ा[३], नक़ाब, ख़रगाह सहित[४], जबलग़[५] तीन तूश्क सहित जो सभी ज़रदोज़ी के थे, मीर्ज़ा कें सरोपा, चार क़ब[६], ज़रदोज़ी ताज, लुंगी, ज़रदोज़ी के रूपाक[७] एवं रूमाल तथा ज़रदोज़ी के क़ूरपोश।

सुल्तानम बेगम के लिये जवाहरात के तुकमों[८] के ९ नीमतने[९], एक लाल, एक याक़ूत, एक ज़मुर्रद, एक फ़ीरोज़ा, एक ज़बरजद, एक ऐनुल हुर्रा[१०]।

इनके अतिरिक्त ज़नहर[११] गौहर ९, चारक़ब एवं चार क़रतीजी[१२] तुकमेदार एक-एक, लाल के हलक़े[१३] एक जोड़, मोती के हलक़े एक जोड़, तीन पंखे, एक शाही छत्र, एक दरख़्त[१४], दो ख़ुत्व[१५], अन्य असबाब, आसिया[१६], रख़्त व रख़ूत[१७] एवं कारख़ाने[१८] (हर प्रकार के) जिन्हें ख़ानज़ादा बेगम ने एकत्र किया था, दे दिया। उन्होंने दावत का ऐसा प्रबन्ध किया जैसा कि मेरे बाबा के किसी पुत्र के (विवाह) में न हुआ था। उन्होंने सब एकत्र करके प्रदान कर दिया :—९ तीपूचाक़ घोड़े, जड़ाऊ एवं ज़रदोज़ी की ज़ीन तथा लगाम सहित, सोने चाँदी के बरतन, तुर्क, चर्कस[१९], अरूस[२०], एवं हब्शी दास—प्रत्येक तुक़ूज़-तुक़ूज़[२१] उपहार स्वरूप दिये।

१ सम्भवतः किसी प्रकार का क़िले के आकार का छोटा मंडप, जो बड़ी दालानों में लगा दिया जाता होगा।
२ सिर के तकिये।
३ पेटियाँ।
४ यह शब्द स्पष्ट नहीं, सम्भवतः कुछ छूट गया है।
५ यह शब्द भी स्पष्ट नहीं।
६ एक प्रकार के वस्त्र जो विशेष रूप से तूरान के पादशाह पहिनते थे।
७ एक प्रकार के तोलिये।
८ घुंडी फंसाने का फंदा।
९ एक प्रकार का जैकेट।
१० बिल्ली की आंख; एक प्रकार का जड़ाऊ पत्थर।
११ गरदन में पहिनने का आभूषण।
१२ सम्भवतः एक प्रकार के छोटे जैकेट।
१३ कान में पहिनने का आभूषण।
१४ सम्भवतः झाड़ की कोई क़िस्म जो वृक्ष के समान हो।
१५ सम्भवतः क़ुतुब के समान सीधी झाड़।
१६ चक्की; सम्भवतः हज़रत मुहम्मद के अनुकरण में, उन्होंने भी अपनी पुत्री हज़रत फ़ातेमा को जहेज़ में आसिया दिया था।
१७ घरेलू सामान।
१८ बादशाह की व्यक्तिगत आवश्यकताओं के प्रबन्ध हेतु विभाग।
१९ सरकेशियन।
२० सम्भवतः रूसी।
२१ ९-९ की संख्या में; पादशाहों को उपहार देने में प्रत्येक वस्तु ९ की संख्या में भेंट की जाती थी। इसे बड़ा शुभ माना जाता था।

मेरे बाबा के बहनोई ने मीर्ज़ा को जो उपहार भेंट किए :—एक तुक़ूज़ तीपूचाक़ घोड़े, जड़ाऊ एवं ज़रदोज़ी की ज़ीन एवं लगाम, सोने-चाँदी के बरतन, २ तुक़ूज़ सामान लादने वाले घोड़े, ज़ीन, लगाम, मख़मल, ज़रवफ़्त, पुरतोगाली सक़रलात, तुर्क, हब्शी एवं हिन्दी दास सभी तीन तुक़ूज़, तीन हाथी।

सुल्तान बहादुर के वज़ीर का ब्याना पर आक्रमण तथा उसकी पराजय

जब वे जश्न से निश्चिन्त हो गए तो समाचार प्राप्त हुए कि सुल्तान बहादुर के वज़ीर ने, जिसका नाम ख़ुरासान ख़ां[1] था, ब्याना पर आक्रमण कर दिया है। हज़रत पादशाह ने मीर्ज़ा अस्करी को कुछ अन्य अमीरों—फ़ख़्र[2] अली बेग एवं मीर तरदी बेग इत्यादि सहित (उनके विरुद्ध) भेजा। उन लोगों ने ब्याना पहुँच कर युद्ध किया। ख़ुरासान ख़ां को पराजित कर दिया।

हुमायूं का गुजरात की ओर प्रस्थान

कुछ समय उपरान्त हज़रत पादशाह स्वयं गुजरात की ओर रवाना हुए। १५ रजब[3] (३७) ९४१ हि० (२० जनवरी १५३५ ई०) को गुजरात प्रस्थान का संकल्प कर लिया। बाग़े ज़र अफ़शाँ में पेशख़ाना[4] लगवाया गया। वे स्वयं उस उद्यान में सेना के एकत्र होने के एक मास तक ठहरे रहे[4]।

ख़ेमों की व्यवस्था

दरबार के दिन, जो रविवार एवं बुधवार को निश्चित थे, वे नदी के उस पार जाते थे। जब तक वे उद्यान में रहे अधिकांश आजम[5], बहिनें एवं बेगमें हज़रत की सेवा में रहती थीं। सबसे ऊपर मासूमा सुल्तान बेगम का ख़ेमा था। तदुपरान्त गुलरंग बेगम एवं आजम के ख़ेमे एक ही स्थान पर थे। इसके बाद मेरी माता, गुलबर्ग बेगम, बेगा बेगम एवं अन्य बेगमों के ख़ेमे थे[6]।

हुमायूं का बेगमों के ख़ेमे में पधारना

कारख़ानों की व्यवस्था की गई और उन्हें तैयार किया गया। सर्व प्रथम जब ख़ेमे, ख़रगाह एवं बारगाह, बाग़ में लगवाये गए तो वे उनकी शोभा एवं सुव्यवस्था देखने पहुँचे। बेगमें एवं बहिनें पधारीं। क्योंकि वे मासूमा सुल्तान बेगम के निकट ठहरे हुए थे अतः वे उनके ख़ेमे में पधारे। समस्त बेगमें एवं बहिनें साथ थीं। वे जिस बेगम अथवा बहिन के ख़ेमे में पधारते,

१ मीर्ज़ा मुक़ीम ख़ुरासान ख़ां।

२ अन्य स्थानों पर 'फ़क़्र अली बेग'।

३ **अकबर नामा** में सेना एकत्र होने की तारीख़ जमादि-उल-अव्वल ९४१ हि० (नवम्बर-दिसम्बर १५३४ ई०) लिखी है। (देखिये पूर्व पृ० १९)। गुलबदन बेगम ने सम्भवतः सेना के प्रस्थान की तिथि लिखी है।

४ यात्रा हेतु प्रस्थान करते समय पादशाही शिविर।

५ दिलदार बेगम।

६ ख़ेमों के इस क्रम से पता चलता है कि बाबर की पुत्रियों एवं विधवाओं को हुमायूं ने अपनी पत्नियों से ऊँचा स्थान दे रक्खा था।

समस्त बेगमें एवं बहिनें साथ जाती थीं। दूसरे दिन वे इस तुच्छ के ख़ेमें में पधारे। तीन पहर[1] तक सभा होती रही। अधिकांश बेगमें, बहिनें, बेगायें[2], आग़ायें[3], अग़ाचायें[4], वादिकायें एवं गायिकायें उपस्थित थीं। तीन पहर उपरान्त हज़रत (पादशाह) ने विश्राम किया। समस्त बहिनों एवं बेगमों ने उन्हीं की सेवा में विश्राम किया।

बेगा बेगम की शिकायत

बेगा बेगम ने हमें जगाया कि नमाज़ का समय है। हज़रत ने आदेश दिया कि वुज़ू[5] के लिए जल उसी ख़ेमे में तैयार किया जाय। बेगम[6] समझ गईं कि पादशाह जाग रहे हैं। वे (३८) शिकायत करने लगीं कि, "आप कई दिन से इस बाग़ में पधार रहे हैं। एक दिन भी हमारे घर न आये। हमारे घर के मार्ग में काँटे नहीं बोये हैं। आशा है कि आप हमारे घर भी पधारें और आमोद प्रमोद का प्रबन्ध एवं सभा आयोजित करायें। इस दुखिया के प्रति यह उपेक्षा आप कब तक करेंगे? हमारे भी दिल हैं। आप अन्य स्थानों पर तीन बार पधारे और रात दिन वहाँ आनन्द मंगल मनाते रहे।"

हुमायूं का उत्तर

संक्षेप में, पादशाह ने कुछ न कहा और नमाज़ पढ़ने चले गए। एक पहर दिन चढ़ जाने के उपरान्त बहिनों, बेगमों, दिलदार बेगम, अफ़ग़ानी आग़ाचा, गुलनार आग़ाचा, मेवा जान, आग़ा जान एवं अनगाओं[7] को बुलवाया। जब हम सब पहुँचे तो पादशाह ने कुछ न कहा। सब समझ गईं कि पादशाह बड़े क्रोध में हैं। तदुपरान्त उन्होंने कहा, "बीबी, प्रातःकाल तुमने मुझसे क्या शिकायत की? वह शिकायत करने का स्थान न था। तुम जानती हो कि हम तुम्हारे वली नेमतों[8] के घर रहे। मेरे लिए उन्हें संतुष्ट रखना परमावश्यक है। इसके बावजूद मैं उनसे लज्जित हूँ कि मैं उनके दर्शन करने में विलम्ब करता हूँ। मैं सर्वदा सोचा करता था कि तुम लोगों से क्षमा[9] याचना करूँ। अच्छा हुआ कि तुमने स्वयं बात छेड़ दी। मैं अफ़ीमी हूं। यदि मेरे आने जाने में विलम्ब हो तो रुष्ट मत होना अन्यथा लिख कर देदो कि, 'आपकी इच्छा, आप आयें या न आयें। हम संतुष्ट हैं।'

१. तीन पहर रात तक। घड़ी एवं पहर के विभाजन के लिये देखिये **बाबर नामा** पृ० १९५-१९६
२ उच्च श्रेणी की बेगमें।
३ अन्य सम्मानित बेगमें
४ अन्य बेगमें।
५ नमाज़ के लिये नियम पूर्वक हाथ, पांव और मुँह आदि धोना।
६ बेगा बेगम।
७ दाइयाँ।
८ बुज़ुर्गों।
९ मूल पुस्तक में 'बजले' है किन्तु इसे 'बिहले' भी पढ़ा जा सकता है एक आध नुक़्ते पुस्तक के नक़ल करने वाले बढ़ा घटा देते थे। मिसेज़ बेवरिज ने इसे 'सिजले' पढ़ा है जिसका अर्थ है 'मुहर सहित दस्तावेज़ अथवा कोई पत्र'। सिजले भी यहाँ खप सकता है कारण कि हुमायूं ने हर एक से पत्र लिखवाया था।

बेगमों का पत्र लिख कर देना

गुलबर्ग बेगम ने तत्काल वही शब्द लिख कर दे दिये। गुलबर्ग बेगम की ओर से वे संतुष्ट हो गए। बेगा बेगम ने थोड़ा सा आग्रह किया कि, "बहाना, पाप से भी बुरा होता है[1]। 'ऐसा न करें। इस शिकायत से हमारा उद्देश्य यह था कि आप हमें अपनी अनुकम्पा द्वारा सम्मानित करें। आपने बात इस सीमा तक बढ़ा दी। हमारे पास क्या उपाय है। आप पादशाह हैं।" पत्र लिख कर दे दिया। वे उनसे भी संतुष्ट हो गए।

सुल्तान बहादुर की पराजय

(३९) १४ शाबान[2] को ज़रअफ़शाँ बाग़ से प्रस्थान करके वे गुजरात की ओर रवाना हुए और सुल्तान बहादुर पर आक्रमण किया। मंदसौर[3] में दोनों का आमना सामना और युद्ध हुआ। सुल्तान बहादुर पराजित होकर चाम्पानीर की ओर भाग गया। अन्त में हज़रत ने स्वयं पीछा करना निश्चय किया। वह[4] चाम्पानीर को छोड़कर अहमदाबाद की ओर भाग गया।

हुमायूं का चाम्पानीर पहुँचना

हज़रत ने अहमदाबाद की विलायत पर भी अधिकार जमा लिया और समस्त गुजरात को अपने आदमियों में बाँट दिया। अहमदाबाद मीर्ज़ा अस्करी को प्रदान किया गया। भड़ौंच क़ासिम हुसेन सुल्तान को दिया गया। पटन यादगार नासिर मीर्ज़ा को और हज़रत स्वयं चाम्पानीर से कुछ लोगों को लेकर सैर करते हुए खम्बायत[5] की ओर रवाना हुए।

हुमायूं की आगरा को वापसी

कुछ दिन उपरान्त एक स्त्री यह समाचार लाई, "आप क्यों बैठे हैं? खम्बायत वाले एकत्र होकर आप पर आक्रमण करेंगे। हे हज़रत आप सवार हो जायं।" हज़रत के अमीरों ने उस समूह[6] पर आक्रमण किया। उनमें से (कुछ को) बन्दी बना लिया गया और कुछ की हत्या करा दी गई। तदुपरान्त वे बड़ौदा पहुँचे और वहाँ से चाम्पानीर चले गए[7]। हम लोग वहाँ बैठे[8] थे कि कोलाहल मच[9] गया। मीर्ज़ा अस्करी के आदमी अहमदाबाद को छोड़कर पादशाह के समक्ष पहुँचे और

१ "उज़्रे गुनाहे बदतर अज़ गुनाह" बड़ी प्रसिद्ध फ़ारसी लोकोक्ति है।
२ १४ शाबान ९४१ हि० (१८ फ़रवरी १५३५ ई०)।
३ मूल पुस्तक में 'मन्हसौर'।
४ सुल्तान बहादुर।
५ इस अवसर पर हुमायूं ने पहिले पहल समुद्र का निरीक्षण किया। **अकबर नामा** में अबुलफ़ज़ल ने अकबर द्वारा समुद्र के निरीक्षण की बड़े उत्साह से चर्चा की।
६ इस विषय में **अकबर नामा** में विस्तार से प्रकाश डाला गया है। **ज़फ़रुल वालेह** के लेखक ने कोल लोगों के विषय में बड़ी महत्वपूर्ण व्याख्या की है।
७ चाम्पानीर विजय के विषय में **अकबर नामा** एवं **ज़फ़रुल वालेह** के तुलनात्मक विवरण को देखिये।
८ शांति से रहने लगे थे।
९ 'फ़ितरात शुद'; यह शब्द गुलबदन बेगम के उन शब्दों में है जिनका उसने कई स्थानों पर प्रयोग किया है और हर स्थान पर उनके अर्थ प्रचलित अर्थ से पृथक् होते हैं।

निवेदन किया कि, "मीर्ज़ा अस्करी एवं यादगार नासिर मीर्ज़ा आपस में मिल गए हैं और वे आगरा की ओर प्रस्थान करना चाहते हैं।" जब हज़रत को यह समाचार प्राप्त हुए तो वे विवश होकर आगरा की ओर रवाना हुए तथा गुजरात के अभियान की ओर ध्यान न दिया। गुजरात छोड़कर यात्रा करते हुए आगरा पहुँचे। एक वर्ष तक वे आगरा में रहे[१]।

हुमायूं का चुनार एवं बनारस पर अधिकार

तदुपरान्त वे चनादह[२] पहुँचे और चनादह तथा बनारस पर अधिकार जमा लिया। शेर ख़ां परकन्दा[३] में था। उसने हज़रत की सेवा में एक प्रार्थना-पत्र भेजा कि, "सेवक आपका प्राचीन दास है। एक स्थान पर सीमा निश्चित करके वह स्थान प्रदान कर दिया जाय ताकि वह वहाँ रहे।"

हुमायूं का बंगाल की ओर प्रस्थान तथा शेर ख़ां का पीछा करना

वे इसी विषय में सोच रहे थे कि गोर[४] बंगाले का पादशाह घायल होकर भागकर हज़रत की सेवा में पहुँचा। हज़रत ने वहाँ प्रतीक्षा न की[५] और गोर बंगाले की ओर प्रस्थान किया। शेर ख़ां को जब ज्ञात हुआ कि वे गोर बंगाला चले गए तो वह स्वयं जरीदा[६] शीघ्रातिशीघ्र बढ़ता हुआ गोर की ओर रवाना हुआ और अपने पुत्र[७] के पास पहुँच गया। उसका पुत्र तथा उसका दास ख़्वास (४०) ख़ां गोर में थे। उसने ख़्वास ख़ां तथा अपने पुत्र को इस आशय से भेजा कि वे जाकर गढ़ी को दृढ़ बना लें। उन लोगों ने पहुँच कर गढ़ी पर अधिकार जमा लिया हज़रत ने जहाँगीर बेग को पूर्व में लिखा था कि वह एक मंज़िल आगे प्रस्थान करे। वह गढ़ी[८] पहुँच गया। युद्ध हुआ। जहाँगीर बेग घायल हुआ और बहुत से लोग मारे गए।

हुमायूं का गौड़ पर अधिकार

अन्त में हज़रत ३-४ दिन तक कहलगाँव[९] में रहे और यह निश्चय हुआ कि वे आगे प्रस्थान करें तथा गढ़ी [१०] समीप पड़ाव करें। जब वे प्रस्थान करके आगे बढ़े और गढ़ी के समीप पड़ाव कर दिया तो एक रात्रि में शेर ख़ां तथा ख़्वास ख़ां भाग खड़े हुए। दूसरे दिन हज़रत (जहाँबानी) गढ़ी पहुँचे और गढ़ी को पार करके गोर बंगाला की ओर रवाना हुए तथा गोर पर अधिकार जमा लिया।

१ इसी बीच में शेर ख़ां ने अपनी शक्ति को अधिक दृढ़ कर लिया।
२ चुनार।
३ भरकन्दा अथवा झारखंड।
४ गौड़।
५ "मुक़य्यद न शुदन्द" अर्थात् शेर शाह ने जो प्रस्ताव रक्खा था उसके लिये बँधे न रहे और उसके विषय में कोई निर्णय करने की प्रतीक्षा न की।
६ थोड़े से सैनिकों के साथ, एक हलके-फुलके दस्ते के साथ शीघ्रातिशीघ्र प्रस्थान करने की दृष्टि से।
७ जलाल ख़ां।
८ मूल में 'गरही'।
९ कालगोंग (Colgong)।

९ मास तक वे गोर की विलायत[१] में रहे और गोर का नाम जन्नतावाद[२] रख दिया। वे गोर में ही थे कि समाचार प्राप्त हुए कि अमीर लोग भागकर मीर्ज़ा हिन्दाल से मिल गए हैं[३]।

हिन्दाल का विद्रोह

ख़ुसरो वेग[४], ज़ाहिद बेग[५] तथा सैयिद अमीर[६] ने मीर्ज़ा की सेवा में उपस्थित होकर निवेदन किया कि, "पादशाह दूर चले गए हैं। मीर्ज़ाओं में मुहम्मद सुल्तान मीर्ज़ा तथा उसके पुत्र उलुग़ मीर्ज़ा एवं शाह मीर्ज़ा ने पुनः विद्रोह कर दिया है[७]। वे हर समय एक ही स्थान पर पाये जाते हैं। मशीख़त पनाही बन्दिगी[८] शेख़ बहलोल इस समय जीबा[९], किजीम[१०] एवं अस्त्र शस्त्र छिपाकर गाड़ियों में लदवा कर शेर ख़ां तथा मीर्ज़ाओं[११] के पास भेज रहे हैं। मीर्ज़ा हिन्दाल ने विश्वास न किया। अन्त में इस विषय में पूँछ ताँछ के लिए उन्होंने मीर्ज़ा नूरुद्दीन मुहम्मद को भेजा। जीबा एवं किजीम पाये गए। बन्दिगी शेख़ बहलोल की हत्या करा दी गई। जब पादशाह को यह समाचार प्राप्त हुए तो वे आगरा की ओर रवाना हुए और गंगा के उस तट की ओर[१२] किनारे किनारे यात्रा करने लगे।

हुमायूं एवं शेर शाह का युद्ध

जब वे मुंगेर के समक्ष पहुँचे तो अमीरों ने निवेदन किया कि, "आप बहुत बड़े बादशाह हैं। आप जिस मार्ग से आये थे उसी मार्ग से प्रस्थान करें ताकि शेर ख़ां यह न कह सके कि आप जिस मार्ग से आये थे उसे छोड़कर दूसरे मार्ग से चले गए[१३]।" वे पुनः मुंगेर की ओर पलटे और (४१) अधिकाँश लोग अपने परिवार को नौका पर बैठा कर नदी के चढ़ाव की ओर यात्रा करने लगे। यहाँ तक कि वे हाजीपुर पटना पहुँच गए।

प्रस्थान[१४] के समय वे क़ासिम सुल्तान[१५] को उस स्थान पर नियुक्त कर गए थे। इसी

१ प्रदेश।

२ स्वर्ग का नगर, हुमायूं ने इस नगर में जिस प्रकार भोग विलास में समय नष्ट कर दिया उसका सविस्तार उल्लेख जौहर ने किया है। शेर ख़ां ने इस स्थिति से लाभ उठा कर अपनी शक्ति दृढ़ बना ली।

३ हिन्दाल की उस समय (९४५ हि०/१५३८ ई०) अवस्था केवल १९ वर्ष की थी।

४ ख़ुसरो बेग कूकुल्ताश।

५ हुमायूं की पत्नी बेगा बेगम की बहिन का पति। मीर्ज़ा कामरान ने १५४७ ई० में ग़ज़नी में उसकी हत्या कर दी।

६ सैयिद नूरुद्दीन मीर्ज़ा, सलीमा सुल्तान बेगम का पिता एवं बाबर की एक पुत्री का पति।

७ हिन्दाल उन्हें पूर्व में पराजित कर चुका था।

८ शेख़ों (सन्तों) की शरण; आदरणीय।

९ ज़िरह; कवच से तात्पर्य है।

१० घोड़े के ऊपर डालने वाली लोहे की झूल।

११ विद्रोही मीर्ज़ाओं।

१२ बाईं ओर।

१३ मुईद बेग दूलदाई बरलास ने यह मूर्खतापूर्ण प्रस्ताव रक्खा और हुमायूं को चौसा में फँसा दिया। वह बड़ा ही निष्ठुर एवं सैन्य-संचालन के ज्ञान से शून्य था।

१४ बंगाल की ओर।

१५ क़ासिम हुसेन सुल्तान ऊज़बेक।

बीच में समाचार प्राप्त हुए कि शेर ख़ां पहुँच गया। हर बार जब युद्ध होता तो हज़रत (जन्नत आशियानी) के आदमी विजयी होते।

इसी बीच में बाबा बेग[1] जौनपुर से आया तथा मीरक बेग चनादह से पहुँचा। मुग़ुल बेग अवध से आया। इन तीनों अमीरों के पहुँच जाने से अनाज मंहगा हो गया।

हुमायूं की पराजय

अन्त में ईश्वर की इच्छा यही थी। वे असावधान थे कि शेर ख़ां ने पहुँच कर आक्रमण कर दिया। सेना पराजित हुई और अधिकांश लोग एवं परिवार वाले वन्दी बना लिए गए[2]। हज़रत जन्नत आशियानी के पवित्र हाथों में घाव लगे। वे तीन दिन तक चनादह में रहे। तदुपरान्त अरैल[3] पहुँचे।

अरैल के राजा का सौजन्य

नदी तट पर पहुँच कर पार करने की चिन्ता में थे कि बिना नौका के किस प्रकार पार जाया जा सकेगा। इसी बीच में वहाँ का राजा[4] ५-६ अश्वारोहियों सहित पहुँचा और उसने उन्हें नदी के पार उतार दिया। ४-५ दिन तक लोग बिना खाये पिये रहे। अन्त में राजा ने बाज़ार लगवाया और सेना वालों ने कुछ दिन आराम से व्यतीत किए। घोड़े भी ताज़ा दम हो गए। जो लोग पैदल हो गए थे उन्होंने नए घोड़े मोल ले लिए। संक्षेप में, राजा ने उचित सेवाएं सम्पन्न कीं।

हुमायूं का आगरा की ओर प्रस्थान

दूसरे दिन राजा को विदा कर दिया गया और वे स्वयं कुशलतापूर्वक मध्याह्नोतर की नमाज़ के समय यमुना तट पर पहुँचे। एक स्थान पर घाट मिल गया। सेना वालों ने नदी पार की। कुछ दिन उपरान्त वे कड़ा पहुँचे। उस स्थान पर दाना तथा चारा बड़ी मात्रा में था। इस कारण कि यह स्थान अपने ही राज्य में था, सेना वाले आराम करके कालपी पहुँचे और कालपी से आगरा की ओर प्रस्थान किया।

शेर ख़ां के अग्रसर होने के समाचार

आगरा पहुँचने के पूर्व समाचार प्राप्त हुए कि शेर ख़ां चौसा की ओर से आ रहा है। लोग अत्यधिक चिन्ता में पड़ गए।

कुछ लोगों का इस उथल-पुथल में कोई भी नाम व निशान न मिला। उनमें आएशा

१ बाबा बेग जलायर।

२ गुलबदन बेगम ने इस घटना का उल्लेख बड़े ही संक्षिप्त रूप में किया है। सविस्तार विवरण के लिए देखिये **अकबर नामा** एवं **तज़किरतुल वाक़ेआत**।

३ इलाहाबाद के समीप।

४ राजा बीरभानु।

(४२) सुल्तान बेगम, सुल्तान हसन मीर्ज़ा[१] की पुत्री, मेरे बाबा बादशाह की ख़लीफ़ा[२] बचका बेगा, जान कोका, अक़ीक़ा बेगम[३], चाँद बीबी जो कि सात मास से गर्भवती थीं तथा शाद बीबी यह तीनों पादशाह के अन्तःपुर से सम्बन्धित थीं[४]। इन लोगों की कहीं भी कोई सूचना न मिली कि वे नदी में डूब गईं या उनका क्या हुआ। यद्यपि बड़ी खोज की गई किन्तु कुछ भी पता न चल सका कि क्या हुआ।

वे ४० दिन तक रुग्ण रहे, तदुपरान्त स्वस्थ हो गये।

मुहम्मद सुल्तान मीर्ज़ा इत्यादि का क़न्नौज पहुँचना

इसी बीच में जब ख़ुसरो बेग, दीवाना बेग, ज़ाहिद बेग तथा सैयिद अमीर हज़रत पादशाह के पास पहुँचे तो मीर्ज़ाओं, मुहम्मद सुल्तान मीर्ज़ा एवं उसके पुत्रों के विषय में समाचार प्राप्त हुए कि वे क़न्नौज़ पहुँच गए हैं।

मीर्ज़ा हिन्दाल, शेख़ बहलोल की हत्या कराने के उपरान्त देहली पहुँचे। मीर फ़क्र अली एवं निष्ठावानों को अपने साथ इस आशय से ले गए कि मुहम्मद सुल्तान मीर्ज़ा तथा उसके पुत्रों को पराजित करें। मीर्ज़ा लोग उस ओर से भागकर क़न्नौज की ओर पहुँचे।

हिन्दाल द्वारा देहली का अवरोध

मीर फ़क्र अली, मीर्ज़ा यादगार नासिर को देहली लाया। क्योंकि मीर्ज़ा हिन्दाल तथा मीर्ज़ा यादगार नासिर में मेल तथा निष्ठा न थी अतः मीर फ़क्र अली के इस प्रकार व्यवहार के कारण मीर्ज़ा हिन्दाल ने क्रोध में देहली को घेर लिया[५]।

मीर्ज़ा कामरान का देहली पहुँचना

मीर्ज़ा कामरान ने जब यह समाचार सुने तो उन्हें भी पादशाह होने की इच्छा पैदा हो गई। वे १२ हज़ार सशस्त्र अश्वारोहियों को लेकर देहली की ओर रवाना हुए। जब वे देहली पहुँचे तो मीर फ़क्र अली एवं मीर्ज़ा यादगार नासिर ने देहली के द्वारों को बन्द करा लिया। २-३ दिन उपरान्त मीर फ़क्र अली मीर्ज़ा कामरान से प्रतिज्ञा तथा वचन लेकर उनकी सेवा में उपस्थित हुआ। उसने निवेदन किया कि, "हज़रत पादशाह तथा शेर खां के समाचार इस प्रकार सुने जा रहे हैं[६]। मीर्ज़ा यादगार नासिर अपने हित की चिन्ता के कारण आपकी सेवा में उपस्थित नहीं हो रहा है। राज्य के हित में यही उचित है कि ऐसे संकट के समय आप मीर्ज़ा हिन्दाल को लेकर आगरा की ओर रवाना हों और देहली में ठहरने का विचार न करें।"

१ सुल्तान हुसैन मीर्ज़ा बाईक़रा।

२ अन्तःपुर की सेविकायें एवं अन्य माल-असबाब की देख-रेख करने वाली अधिकारिणी।

३ बेगा बेगम एवं हुमायूं की पुत्री जिसकी अवस्था उस समय ८ वर्ष की रही होगी।

४ अक़ीक़ा बेगम हुमायूं की पुत्री थी अतः अन्तःपुर से सम्बन्धित होने का अर्थ पत्नी नहीं है। यह भी सम्भव है कि कोई नाम छूट गया हो।

५ मीर्ज़ा हिन्दाल की बहिन गुलबदन बेगम ने उसके विद्रोह की बड़ी विचित्र व्याख्या की है।

६ चौसा की पराजय की सूचना दी।

मीर्ज़ा कामरान का आगरा पहुँचना

मीर्ज़ा कामरान को मीर फ़क़्र अली की बात पसन्द आ गई और उन्होंने उसे सरोपा[1] देकर (४३) विदा कर दिया और स्वयं मीर्ज़ा हिन्दाल को लेकर आगरा पहुँचे। फ़िरदौस मकानी[2] के (मज़ार के) दर्शन करके अपनी माता तथा बहिनों से भेंट की और गुल अफ़शाँ नामक उद्यान में पड़ाव किया।

इसी बीच में नूर बेग भी पहुँच गया और वह समाचार लाया कि हज़रत पादशाह आ रहे ह। क्योंकि मीर्ज़ा हिन्दाल, शेख़ बहलोल की हत्या करा देने के कारण लज्जित थे अतः वे अलवर[3] की ओर चले गए।

मीर्ज़ा कामरान हज़रत पादशाह की सेवा में उपस्थित हुए। कुछ दिन उपरान्त गुल अफ़शाँ नामक उद्यान से आकर वे हज़रत पादशाह की सेवा में उपस्थित होते थे। जिस दिन हज़रत पहुँचे, उसी रात में हमने उपस्थित होकर अभिवादन किया। उन्होंने इस तुच्छ की ओर देख कर कहा कि, "मैंने सर्व प्रथम तुझे नहीं पहिचाना कारण कि जब मैं विजयी सेना को लेकर बंगाले के आक्रमण हेतु रवाना हुआ तो तू ताक़ी[4] पहिने हुए थी। इस समय लचक[5] क़साबा[6] ओढ़े है, तुझे नहीं पहिचाना। गुलबदन! मैं तुझे बहुत याद करता रहता था और कभी कभी पछताते हुए कहता था कि काश तुझे अपने साथ लाता। जिस समय हलचल मची तो मैंने ईश्वर के प्रति कृतज्ञता प्रकट की और कहा कि, 'ईश्वर को धन्य है कि मैं गुलबदन को न लाया। यद्यपि अक़ीक़ा छोटी थी किन्तु मुझे बड़ा ही शोक है कि मैं उसे क्यों सेना के साथ ले गया।"

हुमायूं का मीर्ज़ा हिन्दाल को बुलवाना

कुछ दिन उपरान्त हज़रत पादशाह मेरी माता के दर्शन को पहुँचे। उनके साथ क़ुरान शरीफ़ था। आदेश दिया कि क्षण भर के लिए लोग अलग हो जायें। लोग हट गए। एकान्त हो गया। अन्त में हज़रत ने आजम[7], इस तुच्छ, अफ़ग़ानी आग़ाचा, गुलनार आग़ाचा, नार गुल आग़ाचा[8] एवं अनगा[9] से कहा, "हिन्दाल मेरी शक्ति एवं मेरा सहारा[10] है। जिस प्रकार मुझे अपने नेत्रों को प्रकाश

१ सिर से पाँव तक के वस्त्र; ख़िलअत।
२ बाबर की लाश काबुल १५३९ ई० में भेजी गई।
३ हिन्दाल की जागीर अलवर में थी।
४ टोपी।
५ चौकोर बड़ा रूमाल अथवा ओढ़नी जिसके कोने इस प्रकार तह करके मोड़ लिये जाते हैं कि वे ठुडडी के नीचे बांध लिये जाते हैं।
६ क़साबा एवं लचक का अर्थ एक ही है। सम्भवतः उसके विवाहित हो जाने की ओर संकेत है।
७ दिलदार बेगम।
८ सम्भवतः उन दो सरकेशियन (Circassian) कनीज़ों में से एक जिसमें दूसरी गुलनार थी। उन्हें बाबर के पास शाह तहमास्प ने १५२६ ई० में भेजा था।
९ मेरी दाई।
१० "क़ौल व क़नाते मन अस्त"।

की आवश्यकता है उसी प्रकार भुजाओं को शक्ति की भी। जो कुछ हुआ वह हुआ; मैं शेख बहलोल के मामले के कारण मुहम्मद हिन्दाल से क्या कहूँगा? जो कुछ भाग्य में लिखा था, वह हुआ। इस समय मेरे हृदय में हिन्दाल की ओर से कोई मलिनता नहीं और यदि विश्वास न हो" यह कहकर उन्होंने क़ुरान शरीफ़ उठाया ही था कि मेरी माता, दिलदार बेगम तथा इस तुच्छ ने उनके हाथ से क़ुरान ले लिया और सबने कहा कि "जो आप कहें ठीक है। आप ऐसी बात क्यों कह रहे हैं?"

(४४) उन्होंने फिर कहा कि, "गुलबदन, क्या ही अच्छी हो कि तू अपने भाई मुहम्मद हिन्दाल मीर्ज़ा को जाकर ले आये।" मेरी माता ने कहा कि, "इस पुत्री की अवस्था बड़ी कम है। इसने कभी यात्रा नहीं की है[1]। यदि आदेश हो तो मैं चली जाऊँ।" हज़रत जन्नत आशियानी ने कहा कि, "मैं आपको इस प्रकार के कष्ट दूँ तो यह बात स्पष्ट है कि पुत्रों की चिन्ता माता-पिता के लिए परमावश्यक है। यदि आप तशरीफ़ ले जायें तो हमारे ऊपर बड़ी कृपा होगी।"

अन्त में अमीर अबुल बक़ा को मेरी माता के साथ मीर्ज़ा हिन्दाल को बुलवाने के लिए भेजा। मुहम्मद हिन्दाल मीर्ज़ा यह समाचार सुनते ही पधारे और अपनी माता से आदरपूर्वक भेंट करके सम्मानित हुये। आदरणीय माता के साथ मीर्ज़ा हिन्दाल अलवर से आये। हज़रत पादशाह की सेवा में उपस्थित हुए। शेख बहलोल के क़िस्से के विषय में उन्होंने कहा कि, "वह जीबा, किजीम, तथा अस्त्र-शस्त्र शेर ख़ां को भेजता था। जब इसका प्रमाण मिल गया तो मैंने शेख़ की हत्या करा दी।"

हुमायूं का सक़्क़े के प्रति व्यवहार

कुछ दिन उपरान्त समाचार प्राप्त हुए कि शेर ख़ां लखनऊ के समीप पहुँच गया।

इसी समय में पादशाह के साथ एक सक़्क़ा दास था। इस कारण कि पादशाह चौसा नदी में घोड़े से पृथक् हो गए थे और सक़्क़ा दास ने पहुँच कर उनकी सहायता करके भंवर से कुशलता-पूर्वक निकाल दिया था, हज़रत ने अन्त में उसे सक़्क़े को सिंहासनारूढ़ किया। उस दास का नाम प्रामाणिक रूप से ज्ञात नहीं हो सका। कुछ लोग निज़ाम कहते हैं और कुछ सुम्बुल। संक्षेप में उस सक़्क़ा दास को सिंहासनारूढ़ किया गया और आदेश दिया गया कि "समस्त अमीर सक़्क़ा दास के प्रति कोरनिश करें। दास जिसको जो कुछ चाहे प्रदान कर दे और जो मंसब चाहे दे।" दो दिन[2] तक उस दास को पादशाह रहने दिया। मीर्ज़ा हिन्दाल उस दरबार में उपस्थित न थे। विदा होकर अस्त्र-शस्त्र की व्यवस्था हेतु अलवर चले गए थे। मीर्ज़ा कामरान भी उस दरबार में उपस्थित न हुए। वे रुग्ण थे। हज़रत जन्नत आशियानी से कहला भेजा, "दास के साथ अन्य प्रकार की बख़्शिशें एवं रियायत करनी चाहिए थीं, सिंहासनारूढ़ करना क्या आवश्यक था। इस समय जब (४५) कि शर ख़ां निकट आया है, यह कैसा कार्य है जो हज़रत कर रहे हैं?"

मीर्ज़ा कामरान की हुमायूं के प्रति शंकायें

उन्हीं दिनों में मीर्ज़ा कामरान का रोग अत्यधिक बढ़ गया। वे इतने कमज़ोर एवं

१ "अकेले यात्रा नहीं की है" से तात्पर्य है।
२ 'दो रोज़' के स्थान पर 'दो साअत (घड़ी)' होना चाहिये।

शक्तिहीन हो गए थे कि उनका चेहरा पहिचाना न जाता था और उनके जीवन की आशा न रही थी। ईशवर की कृपा से वे स्वस्थ होने लगे। मीर्ज़ा कामरान को यह शंका हो गई कि हज़रत पादशाह के परामर्श से[1] माताओं ने उन्हें विष दे दिया हैं। हज़रत पादशाह ने यह बात सुनी। तत्काल[2] वे मीर्ज़ा कामरान को देखने पहुँचे और शपथ ली कि, "यह बात मेरे हृदय में कदापि नहीं आई थी और मैंने किसी से कुछ नहीं कहा है।" शपथ के बावजूद मीर्ज़ा कामरान का दिल साफ़ न हुआ। मीर्ज़ा का रोग पुनः नित्य प्रति बढ़ने लगा। यहाँ तक कि उनमें बात करने की भी शक्ति न रही।

यहाँ तक कि समाचार प्राप्त हुए कि शेर खां लखनऊ के पार हो गया है। हज़रत ने वहाँ से प्रस्थान किया और क़न्नौज़ की ओर रवाना हुए। मीर्ज़ा कामरान को अपने स्थान पर आगरा में छोड़ गए। कुछ दिन उपरान्त मीर्ज़ा कामरान ने सुना कि हज़रत पादशाह पुल बनवा कर गंगा नदी के पार हुए। मीर्ज़ा कामरान ने यह सुना (और वे स्वयं) आगरा से लाहौर की ओर चल दिए।

मीर्ज़ा कामरान का गुलबदन बेगम को अपने साथ ले जाना

हम लोग (शान्ति से) बैठे थे कि मीर्ज़ा कामरान ने बादशाही फ़रमान भेजा[3] कि "तुम्हारे[4] लिए आदेश हुआ है कि मेरे साथ लाहौर चलो।" मेरे लिए मीर्ज़ा कामरान ने हज़रत पादशाह से कहा होगा कि, "मेरा रोग अत्यधिक बढ़ गया है। मैं बड़ी दीन अवस्था को प्राप्त हो गया हूँ और मेरी देख भाल करने वाला कोई नहीं है। यदि गुलबदन बेगम को आदेश हो और वह मेरे साथ लाहौर चले तो यह बड़ी कृपा होगी।" हज़रत पादशाह ने उसके मुंह पर कह दिया होगा कि, "चलें जाये।"

जब पादशाह स्वयं लखनऊ की ओर २-३ मंज़िल पर पहुँचे तो मीर्ज़ा ने पादशाही फ़रमान दिखलाया और आग्रह किया कि, "तुम मेरे साथ चलो[5]।" मेरी माता ने इस बीच में कहा कि, "इस ने कभी भी पृथक् यात्रा नहीं की है।" उन्होंने कहा, "यदि पृथक् यात्रा नहीं की है तो आप भी साथ चलें।" उन्होंने पाँच सौ सिपाही, विश्वस्त रक्षक एवं अपने अतका तथा कोका को भेजा और (४६) यह कहलाया, "यदि साथ नहीं चलतीं तो एक मंज़िल तक आ जायं।" जब हम उस मंज़िल पर पहुँच गए तो वे शपथ लेकर कहने लगे कि, "मैं तुझे न छोड़ूंगा।" अन्त में अत्यधिक विलाप तथा रोने पीटने के उपरान्त मुझे अपनी माताओं, बहिनों तथा पिता के आदमियों एवं भाइयों से, जिनके साथ बाल्यावस्था से मैं इतनी बड़ी हुई थी, पृथक् करके जबरदस्ती अपने साथ ले गये[6]।

१. "मसलेहते हज़रत पादशाह" का अर्थ "हज़रत पादशाह के परामर्श से" अथवा "हज़रत पादशाह की शुभ-चिन्ता के कारण," दोनों ही हो सकता है।

२ "यक मर्तबा" का अर्थ 'तत्काल" एवं "एक बार" दोनों ही हो सकता है।

३ सम्भवतः अपनी प्रथम मंज़िल से।

४ गुलबदन बेगम के लिये।

५ यह वार्त्तालाप प्रथम मंज़िल से फ़रमान भेजने के पूर्व का है।

६ गुलबदन बेगम का पति ख़िज़्र ख़्वाजा खां, आक़ सुलतान (यासीन दौलत) का भाई था। यासीन दौलत कामरान का जामाता भी था अतः गुलबदन बेगम को कामरान ने इस आशय से अपने साथ लिया होगा कि ख़िज़्र ख़्वाजा तथा उसकी सेना, हुमायूं से पृथक् होकर उससे मिल जाय।

जब मैंने देखा कि पादशाही फ़रमान भी इसी विषय में है, मैं विवश हो गई। मैंने हज़रत को प्रार्थना-पत्र भेजा कि, "हज़रत से मुझे यह आशा न थी कि इस तुच्छ को, अपनी सेवा से पृथक् करेंगे और मीर्ज़ा कामरान को सौंप देंगे।" अन्त में तुच्छ के प्रार्थना-पत्र के उत्तर में हज़रत पादशाह ने पत्र लिखकर भेजा कि, "मेरी इच्छा स्वयं यह न थी कि तू मुझसे पृथक् हो किन्तु जब मीर्ज़ा ने अत्यधिक आग्रह किया एवं विनयपूर्वक प्रार्थना की तो यह परमावश्यक हो गया कि तुझे मीर्ज़ा को सौंप दूं कारण कि इस समय हम भी युद्ध में संलग्न हैं। यदि ईश्वर ने चाहा तो इस युद्ध के समाप्त होते ही सर्व प्रथम तुझे बुलवा लूँगा।"

अमीरों का अपने परिवार को लाहौर भेजना

जब मीर्ज़ा लाहौर की ओर रवाना हुए तो अधिकांश अमीरों, व्यापारियों इत्यादि ने, जिनमें कुछ सामर्थ्य था, अपने परिवार को मीर्ज़ा कामरान के साथ लाहौर भेज दिया।

हुमायूं की पराजय

लाहौर पहुँचने पर समाचार प्राप्त हुए कि गंगा तट पर युद्ध हुआ और हज़रत पादशाह पराजित हुए[1]। ईश्वर की कृपा से ऐसा हुआ कि हज़रत पादशाह अपने भाइयों तथा संबंधियों सहित उस भंवर से कुशलतापूर्वक निकल आये[2]।

स्त्रियों के विषय में हुमायूं की चिन्ता

अन्य सम्बन्धी जो आगरा में थे, वे अलवर के मार्ग से लाहौर की ओर रवाना हो गए[3]। इस बीच में हज़रत ने मीर्ज़ा हिन्दाल से कहा कि, "पहिली हलचल में अक़ीक़ा बीबी गायब हो गयी। मैं बड़ा पछताया कि क्यों मैंने स्वयं उसकी हत्या न कर दी। इस समय भी स्त्रियों को इस प्रकार (४७) अपने साथ लेकर किसी स्थान पर पहुँचना कठिन है।" अन्त में मीर्ज़ा हिन्दाल ने निवेदन किया कि, "माताओं तथा बहिनों की हत्या करने के विषय में हज़रत को ज्ञात है[4]। जब तक मेरे प्राण हैं तब तक उनकी सेवा का प्रयत्न करता रहूँगा। ईश्वर से प्रार्थना है कि अपनी माता तथा बहिनों के चरणों में यह तुच्छ प्राण को न्यौछावर कर दे।"

अन्त में हज़रत पादशाह, मीर्ज़ा अस्करी, यादगार नासिर मीर्ज़ा एवं उन अमीरों को साथ लेकर, जो रणक्षेत्र से सुरक्षित निकल आये थे, फ़तहपुर[5] की ओर रवाना हुए।

हिन्दाल का स्त्रियों को लेकर लाहौर पहुँचना

मीर्ज़ा हिन्दाल अपनी माता दिलदार बेगम, बहिन गुल चेहरा बेगम, अफ़ग़ानी आग़ाचा, गुलनार आग़ाचा, नारगुल आग़ाचा एवं अमीरों के परिवार इत्यादि को अपने साथ ले जा रहे थे कि अत्यधिक गंवारों ने उनपर आक्रमण कर दिया। उनके सैनिकों में से कुछ लोगों ने घोड़े

१ १० मुहर्रम ९४७ हि० (१७ मई १५४० ई०)।

२ इस बार हुमायूं को शम्सुद्दीन गज़नवी ने डूबने से बचाया था।

३ वे हिन्दाल के साथ रवाना हुये।

४ 'हत्या कराना असम्भव है'।

५ फ़तहपुर सीकरी।

बढ़ाकर गँवारों को पराजित कर दिया। एक वाण उनके घोड़े को लगा। घोर युद्ध हुआ। शक्तिहीनों[1] को गँवारों के पंजे से मुक्ति दिलाकर[2] अपनी माता, वहिनों तथा वहुत से अमीरों इत्यादि के परिवार को लेकर वे अलवर पहुँच गए।

खेमे डेरे इत्यादि तथा अन्य सामान जो आवश्यक थे, लेकर लाहौर की ओर रवाना हुए। मीर्ज़ा तथा अमीर लोग भी अपने काम की चीजें लेकर थोड़े दिनों में लाहौर पहुँच गए।

हुमायूं का लाहौर पहुँचना

हज़रत वाग़ ख्वाजा ग़ाज़ी में बीबी हाजताज[3] के निकट उतरे। नित्य प्रति शेर खां के समाचार मिलते रहते थे। वे तीन मास तक लाहौर में रहे। नित्य-प्रति समाचार प्राप्त होते रहते थे कि शेर ख़ां दो तीन कुरोह[4] आगे वढ़ता आ रहा है। यहाँ तक कि समाचार प्राप्त हुए कि वह सरहिन्द के समीप पहुँच गया।

शेर शाह का हुमायूं को उत्तर

हज़रत का एक अमीर मुज़फ़्फ़र वग नामक था। वह तुर्कमान था। उसे क़ाज़ी अब्दुल्लाह के साथ उन्होंने शेर ख़ां के पास भजा कि, "'यह क्या न्याय है? समस्त हिन्दुस्तान तेरे लिए छोड़ दिया। एक लाहौर रह गया है। हमारे और तुम्हारे वीच में नरहिन्द सीमा वन जाय।" उस (४८) अन्यायकारी एवं ईश्वर का भय न करने वाले ने यह स्वीकार न किया और कहा कि,

१ स्त्रियों को।

२ इस युद्ध के विषय में **अकबर नामा** का अनुवाद देखिये।

३ बीबी हाज, बीबी ताज, बीबी नूर, बीबी हूर, बीबी गौहर, तथा बीबी शाहबाज़ के विषय में कहा जाता है कि वे हज़रत अली (हज़रत मुहम्मद के जामाता) के भाई हज़रत अक़ील की पुत्रियां थीं। वे अपनी पवित्रता एवं धर्मनिष्ठता के लिये प्रसिद्ध थीं। वे प्रायः रोज़े रक्खा करती थीं और कभी एक मास में और कभी १५ दिन में भोजन किया करती थीं। जब हज़रत इमाम हुसेन कर्बला में थे तो ये लोग शाम (सीरिया) में थीं। वे वहां से कर्बला पहुँची किन्तु इसी बीच में हज़रत इमाम शहीद हो चुके थे (१० मुहर्रम ६१ हि० / १० अक्तूबर ६८० ई०)। वे बड़ी चिन्तित थीं कि कहां जायं। अन्त में पक्षियों के संकेत से लाहौर पहुँचीं। **तुहफ़तुल वासेलीन** के अनुसार वे पक्षियों के समान उड़ लेती थीं। उड़ कर वे लाहौर पहुँचीं और नगर के बाहर जिस स्थान पर उनके मज़ार हैं वहाँ ठहर गईं। वे कुछ समय तक वहाँ निवास करती रहीं और बहुत से लोग उनके कारण मुसलमान हो गये। लाहौर के राजा ने यह देख कर अपने पुत्र को उनके पास भेज कर कहलवाया कि मेरे राज्य से निकल जायँ। जब उसका पुत्र उनकी सेवा में पहुँचा तो वह भी मुसलमान हो गया। लाहौर का राजा यह सुन कर सेना सहित उनसे युद्ध हेतु रवाना हुआ। उन्होंने ईश्वर से प्रार्थना की कि, "भूमि फट जाय और वे उसमें समा जायँ।" भूमि फट गई और वे उसमें समा गईं। लाहौर के राजा के सैनिकों ने उनके अनुयाइयों की हत्या कर दी। राजा अपने पुत्र को वहाँ से ले आया किन्तु वह पुनः वहीं पहुँच गया और आजीवन उनके मज़ार की मुजाविरी करता रहा। अब भी वहाँ के मुजाविर अपने आप को लाहौर के राजा की सन्तान एवं राजा के पुत्र का नाम शेख़ जमाल बताते हैं। गुलाम सरवर ने कई ग्रन्थों से उनके चमत्कार उद्धृत किये हैं किन्तु इस कहानी में कोई ऐतिहासिक तथ्य नहीं केवल मुसलमानों के काल्पनिक पीरों फ़क़ीरों के प्रति अंध-विश्वास का प्रमाण है। [ख्वाजा गुलाम सरवर: **ख़ज़ीनतुल असफ़िया भाग २** (नवल किशोर प्रेस कानपुर १८६४ ई०) पृ० ४०७-४१०]।

४ कोस।

"काबुल तुम्हारे लिए छोड़ दिया। वहाँ चले जाओ।"

हुमायूं का लाहौर से प्रस्थान

मुज़फ़्फ़र बेग ने तत्काल प्रस्थान कर दिया और अपने आगे कुछ आदमियों को भेजा कि, "प्रस्थान करना चाहिये।" जैसे ही समाचार प्राप्त हुए हज़रत ने प्रस्थान कर दिया। मानो क़यामत का दिन था। स्थान को उसी प्रकार सजा सजाया तथा असबाब छोड़ दिया। नक़द धन जितना ले जा सकते थे वह ले लिया। ईश्वर को धन्य है कि लाहौर नदी[1] पार कर ली गई। सब लोग घाट के उस पार हो गए। कुछ दिन तक नदी के किनारे पड़ाव हुआ। इसी बीच में शेर ख़ां का दूत पहुँचा। यह निश्चय हुआ कि उससे प्रातःकाल भेंट की जाय। मीर्ज़ा कामरान ने निवेदन किया कि "कल दरबार होगा और शेर ख़ां का दूत आयेगा। यदि मुझे हज़रत अपने ज़ूलचे[2] के कोने पर बैठने का आदेश दे दें तो मुझमें एवं मेरे अन्य भाइयों में जो अन्तर है, वह स्पष्ट हो जायगा और यह मेरे सम्मान का विषय होगा।" हमीदा बानो बेगम का कथन है कि, "पादशाह ने मीर्ज़ा को यह रुबाई लिखकर भेजी। मैंने सुना था कि शेर ख़ां के उत्तर में दूत के हाथ लिखकर भेजी थी। रुबाई इस प्रकार है :—

रुबाई

'दर्पण में यदि अपना चेहरा देखा जा सकता है,
सर्वदा वह अपने से पृथक् रहता है।
अपने आपको दूसरे के रूप में देखना, यह बड़े आश्चर्य की बात है,
यह चमत्कार ईश्वर का कार्य है'।[3]

शेर ख़ां के दूत ने पहुँचकर अभिवादन किया।

अकबर के जन्म के विषय में हुमायूं का स्वप्न

हज़रत जन्नत आशियानी बड़ी चिन्ता में थे। शोक की अवस्था में सो गए। स्वप्न में देखा कि कोई बुज़ुर्ग सिर से पाँव तक हरे वस्त्र धारण किए तथा हाथ में डंडा लिए हुए आये और कहा कि, "साहस से काम लो, चिन्ता मत करो।" अपना डंडा हज़रत के पवित्र हाथों में दे दिया और कहा कि, "ईश्वर तुझे पुत्र प्रदान करेगा। उसका नाम जलालुद्दीन मुहम्मद अकबर रखना।" हज़रत न

१ रावी नदी।

२ क़ालीन, फ़र्श।

३ दर आईना गरचे ख़ुद नुमाई बाशद,
पैवस्ता ज़ ख़ेशतन जुदाई बाशद।
ख़ुद रा ब मिसले ग़ैर दीदन अजब अस्त,
ईं बुलअजबी कारे ख़ुदाई बाशद।'

در آینه گرچه خود نمائی باشد
پیوسته زخویشتن جدائی باشد
خود را بمثالی غیر دیدن عجب است
این بوالعجبی کار خدائی باشد

पूछा कि "आपका सम्मानित नाम क्या है?" उन्होंने कहा, "जिन्दाफ़ील अहमदे जाम" और कहा कि, "वह पुत्र मेरी संतान से होगा[१]।"

हुमायूं की पुत्री का जन्म

(४९) उन्हीं दिनों बीबी गूनूर गर्भवती थीं। सब लोग कहते थे कि पुत्र का जन्म होगा। उसी दोस्त मुंशी के उद्यान में बीबी गूनूर से जमादि-उल-अव्वल मास में पुत्री का जन्म हुआ। उसका नाम बख़्शी बानो बेगम[२] रक्खा गया।

हुमायूं का कश्मीर की ओर प्रस्थान करने का विचार

उन्हीं दिनों मीर्ज़ा हैदर को कश्मीर पर अधिकार जमाने के लिये नियुक्त किया गया।

इसी बीच में समाचार प्राप्त हुए कि शेर ख़ां पहुँच गया। बड़ी घबराहट का सामना करना पड़ा। उन्होंने निश्चय किया कि प्रातःकाल प्रस्थान किया जाय।

इसी बीच में जो भाई लाहौर में थे रोज़ाना परामर्श एवं सलाह मशवेरा किया करते थे। कोई बात भी निश्चय न हो पाती थी। अन्ततोगत्वा समाचार प्राप्त हुए कि शेर ख़ां आ गया। विवश होकर एक पहर दिन[३] चढ़ जाने के उपरान्त उन्होंने प्रस्थान कर दिया। हज़रत कश्मीर जाना चाहते थे। मीर्ज़ा हैदर काशग़री को भेज दिया था किन्तु अभी तक कश्मीर विजय के समाचार प्राप्त न हुए थे। लोगों ने सलाह दी कि, "यदि हज़रत कश्मीर चले जाते हैं और कश्मीर पर अधिकार नहीं प्राप्त होता तथा शेर ख़ां लाहौर में रहता है तो उस समय बड़ी कठिनाई हो जायगी।

ख़्वाजा कलाँ बेग का हुमायूं की सेवा में उपस्थित होना

ख़्वाजा कलाँ बेग[४] सियालकोट में था। हज़रत पादशाह की सेवा में उपस्थित हुआ। मुईद बेग ख़्वाजा के साथ था। उसने हज़रत के पास प्रार्थना-पत्र भेजा कि, "ख़्वाजा की इच्छा सेवा में उपस्थित होने की है और वह आ रहा है किन्तु उसे मीर्ज़ा कामरान के कारण संकोच है। यदि हज़रत शीघ्र चले आयेंगे तो ख़्वाजा की सेवा उत्तम रूप में प्राप्त हो जायेगी।" हज़रत ने यह समाचार पाकर तत्काल अस्त्र-शस्त्र धारण किए और सशस्त्र होकर ख़्वाजा की ओर रवाना हुए। ख़्वाजा को साथ लेकर वापस आये।

१ हुमायूं की माता माहम बेगम भी अबू नस्र शेख़ुल इस्लाम शेख़ अहमद जाम ज़िन्दापील (मृत्यु ५३६ हि०/११४२ ई०) की सन्तान से थीं। इसी प्रकार अकबर की माता हमीदा बानो बेगम, बेगा (हाजी) बेगम, भी शेख़ अहमद जाम की सन्तान थीं।

२ वह हुमायूं एवं गूनूर बेगम की पुत्री थी। उसका जन्म जमादि-उल-अव्वल ९४७ हि० (अगस्त-सितम्बर १५४० ई०) में हुआ। १५४३ ई० में अकबर के साथ वह भी मीर्ज़ा अस्करी के हाथों में पड़ गई। १५४५ ई० में उसे भी अकबर के साथ शीत ऋतु में क़न्धार से काबुल भेज दिया गया। ९५७ हि० (१५५० ई०) में १० वर्ष की अवस्था में हुमायूं ने उसकी मंगनी, मीर्ज़ा सुलेमान के पुत्र इबराहीम से कर दी। इबराहीम की १५६० ई० में हत्या हो गई। उसी वर्ष अकबर ने उसका विवाह मीर्ज़ा शरफ़ुद्दीन हुसेन एहरारी से कर दिया।

३ लगभग ९ बजे प्रातः।

४ बाबर का प्रसिद्ध विश्वास-पात्र।

मीर्ज़ा कामरान का हुमायूं को काबुल जाने की अनुमति न देना

हज़रत ने कहा कि "मैं भाइयों की सहमति से बदख़्शाँ को ओर जा रहा हूँ। काबुल मीर्ज़ा कामरान के अधीन रहे" किन्तु मीर्ज़ा कामरान उनके काबुल जाने से सहमत न थे। उन्होंने कहा कि "काबुल को हज़रत फ़िरदौस मकानी अपने जीवनकाल में मेरी माता[1] को दे चुके हैं। काबुल जाना उचित नहीं।" हज़रत ने कहा कि, "काबुल के विषय में हज़रत फ़िरदौस मकानी प्रायः कहा (५०) करते थे कि "मैं काबुल किसी को न दूँगा अपितु पुत्रों को काबुल के लिए कोई लोभ न करना चाहिए कारण कि ईश्वर ने मुझे सब पुत्र काबुल में दिए हैं और अधिकांश विजयें काबुल ही में बैठ कर हुई हैं। फ़िरदौस मकानी के "वाक़ेआ नामें[2]" में इस सम्बन्ध में अधिकांश प्रमाण मिलते हैं। मैंने कृपा-दृष्टि एवं भाई होने के कारण मीर्ज़ा के साथ यह सौजन्य प्रदर्शित किया। मीर्ज़ा अब इस समय इस प्रकार की वात कर रहा है।"

हुमायूं का बक्खर की ओर प्रस्थान

जितनी ही हज़रत साँत्वना एवं मेल की बात करते उतना ही मीर्ज़ा अधिक से अधिक विरोध करते गये। जब हज़रत ने देखा कि 'मीर्ज़ा के साथ बहुत बड़ी सेना है और वह किसी प्रकार नहीं चाहता कि मैं काबुल जाऊँ' तो विवश होकर बक्खर[3] तथा मुल्तान की ओर रवाना हो गए। जब वे मुल्तान पहुँचे तो वहाँ एक दिन पड़ाव किया। अनाज बहुत कम प्राप्त हुआ। थोड़ा सा अनाज जो क़िले में मिल गया उसे लोगों को बाँटकर उन्होंने प्रस्थान कर दिया तथा उस नदी पर जहाँ सात नदियों का संगम[4] है, पहुँचे। बड़ी चिन्ता में थे। नौकायें प्राप्त न होती थीं। बहुत बड़ा लश्कर साथ था। इसी बीच में समाचार प्राप्त हुआ कि ख़्वास खां[5] कुछ अमीरों के साथ पीछे से आ रहा है।

बख़्शू का सौजन्य

बख़्शू नामक बिलोची दृढ़ स्थानों[6] का स्वामी था। उसके पास नौकाएँ[7] बहुत बड़ी संख्या में थीं। हज़रत ने उसके पास आदमी भेजे और पताका, नक़्क़ारा, घोड़ा तथा सरोपा भी भेजी और नौकायें तथा अनाज मांगा। अन्ततोगत्वा बख़्शू बिलोच ने लगभग एक सौ नौकाएं अनाज से लदवाकर हज़रत की सेवा में भेज दीं। हज़रत इस उचित सेवा से बड़े प्रसन्न हुए और अनाज की नौकाएं सेना वालों को बाँट दीं और स्वयं कुशलतापूर्वक नदी के पार हुए। बख़्शू धन्य है कि उसने उचित सेवाएं सम्पन्न कीं।

मीर्ज़ा शाह हुसेन समन्दर से सन्धि की वार्ता

अन्त में वे यात्रा करते हुए बक्खर पहुँचे। बक्खर का क़िला नदी के मध्य में स्थित है और

१ गुलरुख़ बेगम।
२ 'बाबर नामा'।
३ इसे 'भक्कर,' 'बक्खर' एवं 'बक्कर' तीनों तरह से लिखा गया है।
४ 'सप्त-सिंधु' का अनुवाद। सरस्वती एवं दृषद्वती अथवा घग्घर नदी।
५ वह शेर शाह की ओर से नियुक्त हुआ था।
६ क़िलों।
७ मूल में "कसे" है जिसका अर्थ आदमी होता है किन्तु कोष्ठ में "कश्ती" (नौका) है।

बड़ा मज़बूत क़िला है। उस क़िले का बादशाह[१] सुल्तान महमूद[२] था, जिसने क़िले की प्रतिरक्षा का प्रबन्ध कर लिया था। हज़रत कुशलतापूर्वक क़िले के बराबर उतर पड़े। क़िले के समीप एक उद्यान[३] था जिसे मीर्ज़ा शाह हुसेन समन्दर ने बनवाया था।

(५१) अन्त में उन्होंने मीर समन्दर को शाह हुसेन मीर्ज़ा के पास इस सन्देश सहित भेजा कि, "हम विवश होकर तेरे राज्य में आये हैं। तेरा राज्य तुझे मुबारक रहेगा। हम उसमें हस्तक्षेप न करेंगे। तू स्वयं आकर हमारी सेवा में उपस्थित हो और जो सेवा आवश्यक हो वह कर कारण कि हम गुजरात पर आक्रमण करना चाहते हैं और तेरा राज्य तेरे पास रहने देंगे।" अन्त में शाह हुसेन ने धूर्तता एवं छल द्वारा पाँच मास तक हज़रत को समन्दर[४] में रोके रक्खा। तदुपरान्त उसने हज़रत की सेवा में आदमी भेजकर यह कहलाया कि "अपनी पुत्री के विवाह का सामान तैयार करके हज़रत की सेवा में भेजता हूँ और स्वयं भी उपस्थित हूँगा।"

हज़रत ने उसकी बात का विश्वास कर लिया और तीन मास और प्रतीक्षा करते रहे। अनाज कभी प्राप्त हो जाता और कभी न प्राप्त होता। सेना वाले अपने घोड़ों तथा ऊँटों को मार मार कर खाते थे। हज़रत ने फिर शेख़ अब्दुल ग़फ़ूर[५] को मीर्ज़ा शाह हुसेन के पास भेजा कि "कब तक प्रतीक्षा करायेगा? तेरे आगमन में क्या बात बाधक है और तेरे रुके रहने का क्या कारण है? तूने इतनी देर कर दी कि काम बिगड़ा जा रहा है और लोग भागे जा रहे हैं।" उसने उत्तर भेजा कि, "मेरी पुत्री[६] की मंगनी मीर्ज़ा कामरान से हो चुकी है। मेरा सेवा में उपस्थित होना असम्भव है। आपकी सेवा में नहीं आ सकता।"

हुमायूं का मीर्ज़ा हिन्दाल के पास पहुँचना

इसी बीच में मुहम्मद हिन्दाल मीर्ज़ा ने नदी पार कर ली थी। कुछ लोग कहते थे कि वे क़न्धार[७] की ओर प्रस्थान करने वाले हैं। हज़रत पादशाह ने जब यह सुना तो मीर्ज़ा के पीछे कुछ आदमी भेजे कि वे जाकर पूँछें कि, "सुना जाता है कि वह क़न्धार की ओर प्रस्थान करने वाला

१ हाकिम अथवा गवर्नर से तात्पर्य है।

२ शाह हुसेन अरग़ून का कोका। सिदी अली रेईस ने हुमायूं से १५५५ ई० में उसके मामले तै किये थे।

३ रुहरी (लुहरी) का चारबाग़, सिन्ध नदी के बायें तट पर।

४ हिन्दुस्तान में एक स्थान जहाँ से रेचक औषधि लायी जाती है। सम्भवतः समन्दर का प्रयोग सिन्ध के लिये किया जाता था।

५ हुमायूं का मीर माल अथवा व्यक्तिगत सम्पत्ति की देख-रेख करने वाला अधिकारी।

६ माह चोचक बेगम जिसने अपने पिता के आग्रह पर भी अपने पति मीर्ज़ा कामरान का उस समय भी साथ न छोड़ा जब वह अंधा बना दिया गया था और मक्का-मदीना जाने लगा था। (देखिये आगे के पृष्ठों में मीर मुहम्मद मासूम नामी : **तारीख़े सिन्ध** का अनुवाद)।

७ मीर्ज़ा हिन्दाल ने पात अथवा पातर में पड़ाव किया। पात सिन्ध नदी के पश्चिम में लगभग २० मील तथा सिहवान के उत्तर में लगभग ४० मील पर स्थित है। पात सिविस्तान सरकार में, हैदराबाद की सड़क पर पूर्व दिशा की ओर स्थित है और मियानी से अधिक दूर नहीं है।

है।" जब मीर्ज़ा से पूछा गया तो उन्होंने उत्तर दिया कि, "यह बात सत्य नहीं है।" हज़रत पादशाह यह समाचार सुनकर मेरी माता से भेंट करने के लिये पहुँचे[१]।

हमीदा बानो बेगम से विवाह का प्रस्ताव

मीर्ज़ा के अन्तःपुर की बेगमों एवं मीर्ज़ा के समस्त आदमियों ने हज़रत पादशाह के प्रति अभिवादन किया। हज़रत ने हमीदा बानो के विषय में पूछा, "यह कौन है?" उत्तर मिला (५२) कि "मीर बाबा दोस्त की पुत्री है।" ख़्वाजा मुअज़्ज़म हज़रत के समक्ष खड़ा था। उन्होंने कहा, "यह बालक मेरा सम्बन्धी होता है।" हमीदा बानो बेगम से भी कहा कि "यह भी मेरी सम्बन्धी[२] है"।

उन दिनों में हमीदा बानो बेगम प्रायः मीर्ज़ा के महल में रहती थीं। दूसरे दिन पुनः हज़रत जन्नत आशियानी मेरी माता दिलदार बेगम से भेंट करने पहुँचे, और कहा कि, "मीर बाबा दोस्त हमारा सम्बन्धी है। यह उचित होगा कि उसकी पुत्री का मुझसे विवाह कर दिया जाय।" मीर्ज़ा हिन्दाल ने बहाना किया और कहा कि, "इस लड़की को मैं अपनी बहिन तथा पुत्री के समान समझता हूँ। हज़रत पादशाह हैं। सम्भव है गुज़र न हो सके[3] और इससे आपको कष्ट हो।" हज़रत पादशाह क्रोधित होकर चले गए।

विवाह के सम्बन्ध में कठिनाइयां

तदुपरान्त मेरी माता ने एक पत्र लिखकर भेजा कि, "पुत्री की माता इससे भी अधिक नख़रे करती है[४]। यह बड़ी विचित्र बात है कि ज़रा सी बात से रुष्ट होकर आप चले गये।" हज़रत पादशाह ने उत्तर लिखकर भेजा कि, "आपको इस बात मैं बड़ा प्रसन्न हुआ। वह जो भी नाज़ करती है उसे मैं आँखों पर स्वीकार करता हूँ। आश[५] के विषय में जो कुछ लिखा है यदि ईश्वर ने

१ अपनी सेना को भक्कर के अवरोध के लिये छोड़ कर, दारबीला से होते हुये, जहाँ यादगार नासिर मीर्ज़ा था। इस वाक्य से यह पता चलता है कि हमीदा बानो बेगम अपनी माता के साथ थी किन्तु उसे सम्भवतः मीर्ज़ा कामरान काबुल ले गया था।

२ हुमायूं की माता माहम बेगम के सम्बन्ध से जो शेख़ अहमद जाम ज़िन्दापील के वंश से थी।

३ "मबादा मआशे नेक न शवद ता बाइसे कुल्फ़त गरदद"।

४ मादरे दुख़्तर अज़ीं हम पेशतर (बेश्तर) नाज़ मी कुनद

مادر دختر ازین هم پیشتر (بیشتر) ناز می کند

मिसेज़ बेवरिज ने इस वाक्य का अनुवाद इस प्रकार किया है :—

"The girl's mother has even before this been using persuasion. It is astonishing that you should go away in anger over a few words." He wrote in reply; "your story is very welcome to me. Whatever persuasion you may use, by my head and eyes, I will agree to it."

गुल बदन बेगम ने जो वाक्य लिखे हैं उनका एक ही अर्थ निश्चय रूप से बताना कठिन है। मिसेज़ बेवरिज ने "नाज़ मी कुनद" का अनुवाद "Caressed the idea" अथवा "using persuasion" किया है।

५ "मआश" का अर्थ जीविका, रोज़ी, ज़मीन या जागीर जो किसी काम के इनाम स्वरूप मिलती है। इससे कुछ ऊपर मीर्ज़ा हिन्दाल ने जो आपत्ति प्रकट की उसके शब्द इस प्रकार हैं, "हज़रत पादशाह अन्द-मबादा मआश-

चाहा तो इच्छानुसार पूरा होगा। प्रतीक्षा करनी चाहिये।" मेरी माता जाकर हज़रत पादशाह को लाईं। उन्होंने उस दिन सभा की। सभा के उपरान्त वे अपने स्थान पर तशरीफ़ ले गए। दूसरे दिन हज़रत (पादशाह) मेरी माता के पास पहुँचे और कहा कि 'किसी को भेजकर हमीदा बानो बेगम को बुलवाओ।" मेरी माता ने किसी को भेजा। हमीदा बानो बेगम न आईं और कहलाया कि, "यदि उद्देश्य यह है कि मैं अभिवादन करूँ तो मैं स्वयं अभिवादन द्वारा सम्मानित हो चुकी हूँ। अब किस लिए आऊँ?" दुबारा हज़रत ने सुभान क़ुली को भेजा कि, "मीर्ज़ा हिन्दाल से जाकर कहो कि बेगम को भेज दे।" मीर्ज़ा ने कहा कि, "मैंने बहुत कहा किन्तु वह नहीं जाती। तू स्वयं जाकर कह।" सुभान क़ुली ने जाकर कहा तो बेगम ने उत्तर दिया कि, "पादशाह का दर्शन केवल एक बार जायज़[1] है। दूसरी बार नामहरम[2] है। मैं नहीं आऊँगी।" सुभान क़ुली ने बेगम से जब यह बात (५३) सुनी तो आकर हज़रत से कह दिया। हज़रत ने कहा कि, "यदि वे नामहरम हैं तो हम महरम बना लेंगे[3]"।

संक्षेप में ४० दिन तक हमीदा बानो बेगम के लिए आग्रह तथा वाद-विवाद होता रहा। बेगम राज़ी न होती थीं। अन्ततोगत्वा मेरी माता दिलदार बेगम ने नसीहत की कि "आखिर किसी से तेरा विवाह होगा। पादशाह से उत्तम कौन हो सकता है?' बेगम ने कहा कि, "निःसन्देह उस व्यक्ति से विवाह होगा जिसके गरीबान तक मेरा हाथ पहुँच सकेगा न कि उस व्यक्ति से जिसके विषय में मैं समझती हूँ कि मेरा हाथ उसके दामन तक नहीं पहुँच सकता[4]।" अन्त में फिर मेरी माता ने अत्यधिक नसीहत की।

नेक न शवद" : इसका अनुवाद ऊपर इस प्रकार किया गया है, "हज़रत पादशाह हैं। सम्भव है गुज़र न हो सके" अर्थात् दोनों की बन न सके। अतः मआश का शब्द कोश के अनुसार अर्थ नहीं लगाया गया है अपितु मुहाविरे के अनुसार अर्थ लगाया गया है। यहाँ पर सम्भवतः मआश का अर्थ महर या ज़मीन या जागीर है। मिसेज़ बेवरिज ने मआश का अनुवाद alimony किया है।

१ शरा के अनुसार स्वीकृत।

२ वह स्त्री जिससे विवाह जायज़ हो। मुसलमानों में कुछ ऐसी सम्बन्धी स्त्रियां होती हैं जिनसे विवाह नहीं हो सकता। ऐसी स्त्रियाँ महरम कहलाती हैं और वे अपने पुरुष सम्बन्धी से पर्दा नहीं करतीं। अन्य स्त्रियां पर्दा करती हैं।

३ विवाह द्वारा नामहरम, महरम हो जाती है, अतः विवाह की ओर संकेत है।

४ आरे ब कसे ख्वाहम रसीद कि दस्ते मन ब गिरेबाने ऊ ब रसद—न आंकि ब कसे बरसम कि दस्ते मन मीदानम ब दामने ऊ न रसद।

آری بکسی خواهم رسید که دست من بگریبان او برسد - نه آنکه بکسی برسم که دست
من می دانم بدامن او نرسد

हमीदा बानो बेगम का तात्पर्य यह है कि मैं उससे विवाह करूँगी, जिससे सामाजिक दृष्टि से मैं बराबर हूँ। यहाँ क़द अथवा डील डौल की छुटाई बड़ाई का कोई प्रश्न नहीं अतः डा० एस० के० बनर्जी का निम्नांकित निष्कर्ष निराधार है :

"Also Hamida Banu was a girl of 14, and of short stature. It would be inappropriate for the tall Humayun to marry a girl so young in age and of such a short build". [S.K. Banerji : *Humayun Padshah*, Vol. II (Lucknow 1941) p. 34]।

हुमायूं एवं हमीदा बानो बेगम का विवाह

संक्षेप में ४० दिन के उपरान्त जमादि-उल-अव्वल ९४८ हि० (अगस्त-सितम्बर १५४१ ई०) में पातर नामक स्थान पर सोमवार के दिन मध्याह्न में पादशाह ने अपने शुभ हाथों में स्वयं उस्तुरलाब लेकर शुभ मुहूर्त को चुना और मीर अबुल बक़ा को बुलवाकर आदेश दिया कि वह निकाह पढ़े। दो लाख रुपए निकाहाना[1] के रूप में मीर अबुल बक़ा को दिए गए। निकाह के उपरान्त वे तीन दिन वहाँ और रहे। तदुपरान्त नौका पर बैठ कर बक्खर की ओर प्रस्थान किया।

मीर अबुल बक़ा की मृत्यु

एक मास तक वे बक्खर में रहे। मीर अबुल बक़ा को सुल्तान बक्खरी के पास भेजा। वहाँ वह रुग्ण होकर मृत्यु को प्राप्त हो गया।

शाह हुसेन द्वारा हुमायूं का विरोध

अन्त में उन्होंने मीर्ज़ा हिन्दाल को क़न्धार जाने की अनुमति दे दी। मीर्ज़ा यादगार नासिर को अपने स्थान पर लरी[2] में छोड़ दिया और वे स्वयं सियाहवान[3] की ओर रवाना हुए। सियाहवान से थत्ता[4] तक ६-७ दिन का मार्ग है। सियाहवान में एक बड़ा दृढ़ क़िला है। मीर अलीका[5] नामक हज़रत पादशाह का सेवक उस क़िले में था। वहाँ कुछ ऐसे तोपची थे कि किसी को क़िले के समीप तक जाने का साहस न होता था। हज़रत पादशाह के आदमियों में से कुछ लोग मोर्चा बाँधकर निकट पहुँच गए और उसे उपदेश दिया कि ऐसे अवसर पर नमकहरामी उचित नहीं। मीर अलीका ने स्वीकार न किया। अन्त में सुरंग लगाई गई और क़िले के एक बुर्ज को गिरा दिया गया किन्तु क़िले पर अधिकार प्रात न हो सका। अनाज का मूल्य बढ़ चुका था। अधिकांश लोग (५४) भागने लगे। वे ६–७ मास तक वहाँ पर रहे। मीर्ज़ा शाह हुसेन नमकहरामी करके लश्कर वालों को हर तरह से पकड़कर अपने आदमियों को इस आशय से दे देता था कि ले जाकर समुन्दर में डाल दें। ३ सौ, ४ सौ आदमियों को एकत्र करके नौका में डालकर समुन्दर में फेंक दिया जाता था। लगभग १० हज़ार व्यक्ति समुन्दर में फेंक दिए गए।

हुमायूं का बक्खर पुनः पहुँचना

जब हज़रत के पास बहुत थोड़े से आदमी रह गए तो कुछ नौकाओं के ऊपर तोपें एवं बन्दूक़ लदवा कर वह स्वयं[6] थत्ता से हज़रत के विरुद्ध पहुँचा। सियाहवान समुन्दर के समीप स्थित है। वहाँ पहुँच कर वह हज़रत पादशाह की नौकाओं को अपने साथ ले गया और कुछ लोगों को

१ निकाह पढ़ने का उपहार।

२ लाट।

३ सिहवान।

४ इसे थटटा, टटटा एवं ठट्ठा भी लिखा जाता था।

५ अलीका अरग़ून शाह हुसेन का सेवक था। गुलबदन बेगम का विचार है कि वह अन्य अरग़ूनों के समान बाबर के अधीन अवश्य रहा होगा किन्तु यह बात निराधार है।

६ शाह हुसेन।

भेजकर कहलाया कि, "मुझे नमक का ध्यान है, आप शीघ्र प्रस्थान कर दें।" हज़रत विवश हो गए और पुनः लौटकर बक्खर पहुँचे।

मीर्ज़ा यादगार नासिर द्वारा हुमायूं को बक्खर में प्रविष्ट न होने देना

जब वे वक्खर के समीप पहुँचे तो, मीर्ज़ा हुसेन समन्दर ने हज़रत के वक्खर पहुँचने के पूर्व मीर्ज़ा यादगार नासिर के पास इस आशय से आदमी भेजे कि "यदि हज़रत लौटकर वक्खर की ओर आयें[1] तो तू आने न दे। वक्खर तेरे अधीन रहेगा। मैं तुझे अपना ही समझता हूँ और अपनी पुत्री का विवाह तेरे साथ कर दूंगा।" मीर्ज़ा यादगार नासिर ने उसकी बात पर विश्वास कर लिया। हज़रत पादशाह को वक्खर में प्रविष्ट न होने दिया और उसने धूर्तता अथवा युद्ध जिस प्रकार सम्भव हो व्यवहार करना निश्चय कर लिया।

हुमायूं की मीर्ज़ा यादगार नासिर को चेतावनी

हज़रत ने आदमी भेजकर कहलाया "बाबा! तुम हमारे पुत्र के स्थान पर हो। मैं तुम्हें अपने स्थान पर बैठाकर गया था। यदि हमारे साथ कोई दुर्घटना घटती तो तुम हमारी कुमक बनते। अब तुम अपने सेवकों की बुरी सलाह के कारण हमारे साथ इस प्रकार का व्यवहार कर रहे हो। यह नमकहराम सेवक तुम्हारा भी साथ न देंगे।" यद्यपि हज़रत ने बहुत कुछ उपदेश दिये किन्तु उसका कोई लाभ न हुआ। अन्त में हज़रत ने कहा कि, "अच्छा हम राजा मालदेव की ओर चले जा रहे हैं और यह विलायत तुम्हें दिए जा रहे हैं किन्तु शाह हुसेन तुम्हें इस स्थान पर न रहने देगा। तुम मेरी बात को याद करोगे।"

मालदेव की ओर प्रस्थान

मीर्ज़ा यादगार नासिर से यह बात कहकर उन्होंने प्रस्थान कर दिया और मालदेव की ओर रवाना हो गए तथा जैसलमीर के मार्ग पर चल खड़े हुए। कुछ दिन उपरान्त दिलावर[2] नामक (५५) क़िले में जो कि राजा मालदेव की विलायत की सीमा पर है, पहुँचे। दो दिन तक वहाँ रहे। दाना-घास न प्राप्त हो सका। वहाँ से जैसलमीर की ओर रवाना हुए। जब वे जैसलमीर के समीप पहुँचे तो जैसलमीर के राजा ने एक सेना भेजी और मार्ग रोक लिया। युद्ध हुआ। हज़रत थोड़े से लोगों के साथ मार्ग से हट कर यात्रा कर रहे थे। उस युद्ध में कई लोग घायल हुए। शाहम खां जलायर का भाई उलूश बेग, पीर मुहम्मद आख़्ता, रोशनक तूशकची तथा कुछ अन्य लोग आहत हुए। अन्त में विजय हो गई। काफ़िर लोग भागकर क़िले में पहुँचे। हज़रत उस दिन ६० कुरोह तक यात्रा करते रहे। तदुपरान्त एक तालाब पर पड़ाव किया। तत्पश्चात् वे सातलमीर पहुँचे। वहाँ उन लोगों ने उन्हें दिन भर कष्ट पहुँचाया, यहाँ तक कि वे पलौदी नामक परगने में जो कि मालदेव के अधीन था, पहुँच गए। राजा मालदेव जोधपुर में था। उसने एक जीबा तथा एक ऊँट पर अशर्फ़ियाँ लदवाकर हज़रत की सेवा में भेजीं और अत्यधिक प्रोत्साहन देते हुए स्वागत किया और कहलाया कि "बीकानेर आपको देता हूँ।" हज़रत संतुष्ट होकर वहाँ ठहर गए। अतगा खां[3] को मालदेव के पास भेजा कि, "वह क्या उत्तर देता है?"

१ मीर्ज़ा रुहरी में था।

२ डेरावाल।

३ शम्सुद्दीन मुहम्मद ग़ज़नवी।

मालदेव द्वारा विश्वासघात

मुल्ला सुर्ख किताबदार हिन्दुस्तान की हलचल तथा उस पराजय के समय मालदेव की विलायत में जाकर सेवक हो गया था। उसने प्रार्थनापत्र भेजा कि, "आप कदापि-कदापि आगे न आयें।" जिस स्थान पर ठहरे हैं, वहीं से प्रस्थान कर दें कारण कि मालदेव आपको बन्दी बनाना चाहता है। आप उसकी बात पर विश्वास न करें कारण कि शेर खां का राजदूत आया था और शेर खां ने पत्र भेजा था कि, "जिस प्रकार हो सके हज़रत को बन्दी बना ले। यदि तू यह कार्य कर लेगा तो नागौर व अलवर तथा जिस स्थान की तू इच्छा करेगा तुझे दे दिया जायगा।" अतगा खां ने भी उपस्थित होकर कहा कि, "ठहरने का समय नहीं।" मध्याह्नोत्तर की दूसरी नमाज़ के समय हज़रत चल खड़े हुए। हज़रत के प्रस्थान के समय दो गुप्तचरों को बन्दी बनाकर प्रस्तुत किया गया। उनसे पूँछताँछ की जा रही थी कि उन लोगों ने अपने हाथ छुड़ाकर उनमें से एक ने महमूद गिर्दबाज़[1] की कमर से तलवार खींच ली और सर्व प्रथम महमूद पर आक्रमण किया। तदुपरान्त बाक़ी ग्वालियारो को घायल किया। दूसरे ने एक की कमर से कटार खींच ली और अन्य लोगों (५६) की ओर बढ़ा। कुछ लोगों को घायल कर दिया और हज़रत के सवारी के घोड़े की हत्या कर दी। बड़ी कठिनाई से उन दोनों की हत्या की जा सकी किन्तु उसी बीच में शोर मच गया कि मालदेव पहुंच गया। हज़रत पादशाह के पास सवारी का अन्य घोड़ा न था जो हमीदा बानो बेगम की सवारी के लिए उपयुक्त होता। हज़रत ने तरदी बेग से बेगम की सवारी के लिए घोड़ा माँगा होगा, सम्भवतः तरदी बेग ने घोड़ा न दिया।[2] हज़रत ने कहा, "मेरे लिए जौहर आफ़ताबची का ऊँट तैयार किया जाय। मैं ऊँट पर सवार हूँगा और बेगम घोड़े पर सवार हों।" सम्भवतः नदीम बेग[3] ने यह बात सुन ली कि हज़रत ने अपनी सवारी का घोड़ा बेगम की सवारी के लिए दे दिया है और स्वयं ऊँट पर सवार होना चाहते हैं। उसने अपनी माता को ऊँट पर सवार कर दिया और अपनी माता की सवारी का घोड़ा हज़रत पादशाह को भेंट कर दिया।

हुमायूं का अमरकोट की ओर प्रस्थान

हज़रत सवार होकर अमरकोट की ओर रवाना हुए। किसी स्थान से एक मार्गदर्शक को ले लिया ताकि वह मार्ग बताये। वायु अत्यधिक उष्ण थी। घोड़े तथा चौपाये[4] घुटनों तक बालू में धँस जाते थे। पीछे से मालदेव की सेना निकट पहुँच गई। उन्होंने पुनः प्रस्थान किया और भूखे प्यासे रवाना हुए। अधिकांश स्त्रियाँ तथा पुरुष पैदल थे। जब मालदेव की सेना निकट पहुँच गई तो हज़रत ने ईशान[5] तीमूर सुल्तान, मुनइम खां[6] तथा कुछ अन्य लोगों को आदेश दिया कि "तुम लोग धीरे धीरे आओ तथा शत्रु पर दृष्टि रक्खो ताकि हम लोग कुछ कोस आगे निकल जायें।" वे ठहर गए और रात हो गई। हज़रत मार्ग भूल गए और रात भर यात्रा करते रहे। जब सुबह हुई तो

१　मज़बूत भुजाओं वाला।
२　गुलबदन बेगम ने उसे साफ़-साफ़ अपराधी नहीं बताया है।
३　माहम अनगा का पति।
४　चारवा; सम्भवतः ख़च्चर से तात्पर्य है।
५　ईसान तिमुर सुल्तान।
६　गुलचेहरा का पति, अकबर के राज्यकाल का ख़ाने ख़ानां।

तीन दिन हो चुके थे कि घोड़ों को जल न प्राप्त हुआ था। उस स्थान पर पानी मिला। हज़रत उतर पड़े किन्तु इसी बीच में कोई दौड़ता हुआ आया और उसने कहा कि "बहुत बड़ी संख्या में हिन्दू लोग घोड़ों तथा ऊँटों पर सवार पहुँच गए हैं।"

मालदेव के सैनिकों से हुमायूं का युद्ध

हज़रत ने शेख़ अली बेग (जलायर), रोशन कोका, नदीम कोका, मीर वली के भाई एवं (५७) मीर पायन्दा मुहम्मद एवं अन्य लोगों को विदा किया और फ़ातेहा पढ़ा कि जाकर काफ़िरों से युद्ध करो। हज़रत को विश्वास हो गया कि 'ईशान तीमूर सुल्तान, मुनइम ख़ां, मीर्ज़ा यादगार[1] तथा वे लोग जिन्हें उन्होंने छोड़ दिया था, मार डाले गए अथवा काफ़िरों द्वारा वन्दी बना लिए गए। ये लोग उनकी हत्या करके युद्ध करने के लिये आ रहे हैं।' हज़रत पुनः सवार हुए और कुछ लोगों के साथ शिविर छोड़कर अग्रसर हुए। जिस समूह को हज़रत ने फ़ातेहा पढ़कर आगे भेजा था उसमें से शेख़ अली बेग ने राजपूतों के सरदार को बाण द्वारा घोड़े से गिरा दिया और कुछ अन्य लोगों को भी दूसरे लोगों ने बाण से घायल किया। काफ़िर भाग खड़े हुए और विजय हो गई। कुछ लोग जीवित बन्दी बना लिये गए। लश्कर धीरे धीरे बढ़ रहा था किन्तु हज़रत पादशाह दूर निकल गए थे। यह लोग विजय प्राप्त करके शिविर में पहुँच गए[2]।

बहवूद नामक एक चोवदार था। उसे हज़रत के पीछे दौड़ाया कि, "हज़रत धीरे धीरे रवाना हों कारण कि ईश्वर की कृपा से विजय हो गई और काफ़िर लोग भाग खड़े हुए।" वहवूद स्वयं हज़रत के पास पहुँच गया, और यह सुखद समाचार ले गया। हज़रत उतर पड़े। कुछ जल भी मिल गया किन्तु उन्हें अमीरों की चिन्ता थी कि उनके ऊपर क्या बीती। इतने में दूर से कुछ अश्वारोही दिखाई पड़े। पुनः चिन्ता हो गई कि कहीं मालदेव न हो। किसी को भेजा कि समाचार लाये। वह दौड़ता हुआ आया और कहा कि ईशान तीमूर सुल्तान, मीर्ज़ा यादगार एवं मुनइम ख़ां कुशलतापूर्वक आ रहे हैं। वे मार्ग भूल गए थे। उनके पहुँचने पर हज़रत प्रसन्न हो गए और ईश्वर के प्रति कृतज्ञता प्रकट की।

हुमायूं का कुओं पर पहुँचना

प्रातःकाल उन्होंने प्रस्थान किया। तीन दिन तक और जल न मिला। तीन दिन उपरान्त वे कुछ कुओं पर पहुँचे। वे कुयें वड़े गहरे थे। वे उन कुओं पर ठहर गए। उस कुयें[3] का पानी वड़ा लाल था। एक कुएं पर हज़रत उतरे। एक कुएं पर तरदी बेग ख़ां, एक पर मीर्ज़ा यादगार, मुनइम ख़ां तथा नदीम कोका एवं एक कुएं पर ईशान तीमूर सुल्तान ख़्वाजा ग़ाज़ी तथा रोशन कोका।

जल का अभाव

(५८) जो डोल कुएं से वाहर निकाला जाता था तो उसके निकट पहुँचते ही लोग डोल पर कूद

१ यादगार तग़ाई, बेगा बेगम का पिता। यादगार नासिर इस अवसर पर हुमायूं के साथ न था।

२ 'ईं मर्दुम फ़तह कर्दा व उर्दू आमदा रसीदन्द'। मिसेज़ बेवरिज ने इस वाक्य का अनुवाद इस प्रकार किया है: Those who had recited the *fatiha* came up with the camp। (मिसेज़ बेवरिज, पृ०-१५६)। यद्यपि ये लोग फ़ातेहा पढ़ कर भेजे गये थे किन्तु इस स्थान पर फ़ातेहा का कोई उल्लेख नहीं।

३ जिस कुयें पर हुमायूं ठहरा था।

पड़ते थे और रस्सी टूट जाती थी। ५-६ व्यक्ति डोल के साथ कुएं में गिर पड़े। बहुत से लोग प्यास के कारण मर गए और नष्ट हो गए। हज़रत ने देखा कि लोग प्यास के कारण कुएँ में डूबते जा रहे हैं तो उन्होंने अपनी विशेष करौती[१] से सबको पानी पिलाया। सबको पानी मिलने के उपरान्त मध्याह्नोत्तर की प्रथम नमाज़ के समय प्रस्थान किया।

एक रात तथा एक दिन यात्रा करते रहे और एक स्थान पर पहुँचे, जहाँ एक बहुत बड़ा तालाब था। घोड़े तथा ऊँट तालाब में प्रविष्ट हो गए। कुछ ने इतना जल पी लिया कि वे मर गए। बहुत कम संख्या में घोड़े बच सके थे। ऊँट तथा ख़च्चर ही रह गए थे।

हुमायूं का अमरकोट पहुँचना

उस दिन के बाद फिर रोज़ाना जल मिलता गया। यहाँ तक कि वे अमरकोट पहुँच गए[२] जो कि बड़ा ही उत्तम स्थान है और जहाँ अधिक संख्या में तालाब हैं। राणा[३] ने हज़रत का स्वागत किया तथा क़िले में ले गया और उत्तम स्थान प्रदान किया। अमीरों के आदमियों को क़िले के बाहर स्थान दिया।

अधिकांश वस्तुएं बड़ी सस्ती थीं। एक रुपए में चार (पहाड़ी) बकरियाँ मिलती थीं। राणा ने अत्यधिक बकरी के बच्चे इत्यादि उपहार स्वरूप भेंट किए और इतनी उचित सेवा की कि उसका उल्लेख सम्भव नहीं। वे कुछ दिन तक वहाँ कुशलतापूर्वक निवास करते रहे।

जब कुछ समय उपरान्त ख़ज़ाना समाप्त हो गया तो हज़रत ने तरदी बेग ख़ां से जिसके पास अत्यधिक धन था, ऋण के रूप में कुछ धन माँगा। उसने दस पर दो के हिसाब[४] से अस्सी हज़ार अशर्फ़ी ऋण में दीं। हज़रत ने लेकर हिस्सा रसद[५] समस्त सेना को बाँट दीं।

राणा तथा उसके पुत्रों को कटार एवं सरोपा प्रदान किए। कुछ लोगों ने घोड़े ख़रीद लिये।

हुमायूं का अमरकोट से प्रस्थान

राणा के पिता की मीर्ज़ा शाह हुसेन ने हत्या कर दी थी इस कारण से उसने २-३ हज़ार वीर अश्वारोही एकत्र करके हज़रत के साथ कर दिए। हज़रत पुनः बक्खर की ओर रवाना हुए[६] (५९) तथा अपने परिवार में से अधिकांश को अमरकोट में छोड़ गए। ख़्वाजा मुअज़्ज़म को भी छोड़ दिया कि वह अन्तःपुर की देख रेख रक्खे। हमीदा बानो बेगम गर्भवती थीं।

हज़रत के प्रस्थान के तीन दिन उपरान्त ४ रजब ९४९ हि० (१४ अक्तूबर १५४२ ई०) को प्रातःकाल के समीप रविवार के दिन हज़रत पादशाह आलमपनाह[७], आलमगीर[८] जलालुद्दीन

१ पीने के जल के रखने का बरतन। इसके विषय में कोई ज्ञान नहीं प्राप्त हो सका।

२ १० जमादि-उल-अव्वल ९४९ हि० (२२ अगस्त १५४२ ई०)।

३ राणा प्रसाद।

४ २/१० अथवा २० प्रतिशत।

५ श्रेणी के अनुसार हिस्सा बांट दिया।

६ अमरकोट में सात सप्ताह ठहरने के उपरान्त।

७ संसार को शरण देने वाले।

८ संसार विजय करने वाले।

मुहम्मद अकबर पादशाह ग़ाज़ी का जन्म हुआ। चन्द्रमा सिंह राशि में था। निश्चित राशि[१] का जन्म बड़ा उत्तम माना जाता है। ज्योतिषियों का कथन है कि जो पुत्र इस घड़ी मे पैदा होगा, वह बड़ा प्रतापी होगा और दीर्घायु प्राप्त करेगा।

हुमायूं को अकबर के जन्म के समाचार प्राप्त होना

हज़रत १५ कुरोह की दूरी पर थे कि तरदी मुहम्मद ख़ां ने समाचार पहुँचाये। हज़रत अत्यधिक प्रसन्न हुए। इस सुखद समाचार के कारण तरदी मुहम्मद ख़ां के पिछले अपराध क्षमा कर दिए।

हुमायूं का जून पहुँचना

उन्होंने उस स्वप्न के अनुसार जो उन्होंने लाहौर में देखा था पुत्र का नाम जलालुद्दीन मुहम्मद अकबर पादशाह रक्खा।

वहाँ से वह बक्खर की ओर रवाना हुए। राणा के आदमी तथा आसपास वाले, सूदमा तथा समीनचा[२] इत्यादि मिलाकर दस हज़ार व्यक्ति हो गए। वे चून[३] परगने में पहुँचे। शाह हुसेन मीर्ज़ा का एक दास, कुछ अश्वारोहियों सहित चून में था। वह भाग गया। वहाँ बाग़े आईना नामक बड़ा ही उत्तम उद्यान था। हज़रत उस बाग़ में ठहरे और वहाँ के ग्राम अपने आदमियों को जागीर में दे दिए। चून से थत्ता ६ दिन की यात्रा की दूरी पर स्थित है। हज़रत वहाँ ६ मास तक रहे। अमंरकोट आदमी भेजे और अन्तःपुर वालों तथा अन्य लोगों को बुलवा लिया। जब जलालुद्दीन अकबर पादशाह चून में लाए गए तो उनकी अवस्था ६ मास की थी।

हुमायूं के सहायकों का पृथक् होना

जो सेना आसपास से तथा अन्तःपुर के साथ आई थी वह छिन्न-भिन्न हो गई। राणा तथा तरदी मुहम्मद ख़ां में जो वार्त्ता हुई थी उसके कारण वह तरदी बेग से रुष्ट होकर आधी रात के समय अपनी विलायत की ओर चल दिया। सूदमा तथा समीनचा समूह भी उसी के साथ चले गए। हज़रत अपनी उसी सेना के साथ रह गए[४]।

हाजीकान के लिए युद्ध

(६०) शेख़ अली बेग[५] को, जो कि बड़ा ही शूर वीर था, हज़रत ने मुज़फ़्फ़र बेग तुर्कमान के साथ जाजका[६] नामक एक बहुत बड़े परगने की ओर भेजा। मीर्ज़ा शाह हुसेन ने एक सेना उसके विरुद्ध भेजी। दोनों सेनाओं में घोर युद्ध हुआ। अन्ततोगत्वा मुज़फ़्फ़र बेग पराजित हो कर भाग खड़ा हुआ। शेख़ अली बेग तथा बहुत से लोग मारे गए एवं नष्ट हो गए[७]।

१ बुर्जे साबित।
२ समीचा।
३ जून।
४ जो उनके साथ पहिले थी।
५ शेख़ अली बेग जलायर।
६ हाजीकान।
७ यह घटना नवम्बर १५४३ ई० में घटी।

ख़ालिद बेग तथा लूश बेग में झगड़ा

ख़ालिद बेग[1] तथा लूश बेग[2] शाहम खां जलायर के भाई में आपस में झगड़ा हो गया। अन्त में सैनिकों ने लूश बेग का साथ दिया। इस कारण ख़ालिद बेग कुछ लोगों के साथ भागकर मीर्ज़ा शाह हुसेन के पास चला गया। हज़रत पादशाह ने उसकी माता को जिसका नाम सुल्तानम था, बन्दी बना लिया। इस कारण गुलबर्ग बेगम[3] रुष्ट थीं। अन्त में उसके[4] अपराध क्षमा कर दिए गए और गुलबर्ग बेगम के साथ उसे मक्का जाने की अनुमति दे दी गई। कुछ समय उपरान्त लूश बेग भी भाग गया। हज़रत ने उसे शाप देते हुए कहा कि, "हमने उसके कारण ख़ालिद बेग के प्रति कठोरता प्रदर्शित की। इसके बावजूद वह नमक हलाली के क्षेत्र से निकलकर नमकहरामी के क्षेत्र में, पहुँच गया। वह युवावस्था में ही मृत्यु को प्राप्त हो जायेगा।" अन्त में यही हुआ। १५ दिन उपरान्त वह नौका में सो रहा था कि उसके दास ने चाक़ू मारकर उसकी हत्या कर दी। हज़रत को यह सुनकर बड़ा दुःख हुआ और वे चिन्ता में पड़ गए।

शाह हुसेन तथा हुमायूं की सेना में युद्ध

शाह हुसेन नौकाओं को चून के समीप नदी में ले आया था। ख़ुश्की पर भी हज़रत के आदमियों तथा शाह हुसेन के आदमियों में प्रायः युद्ध हुआ करता था और दोनों ओर से लोग मारे जाते थे। अधिकांश पादशाही आदमी प्रायः रोज़ाना भागकर शाह हुसेन के पास चले जाते थे। मुल्ला ताजुद्दीन जो विद्वत्ता का मोती था, और जिसके प्रति हज़रत अत्यधिक कृपा दृष्टि रखते थे इस युद्ध में मारा गया।

बैराम ख़ां का आगमन

तरदी मुहम्मद ख़ां तथा मुनइम ख़ां में आपस में झगड़ा हो गया। मुनइम ख़ां भी भाग गया। बहुत थोड़े से अमीर साथ रह गए। तरदी मुहम्मद ख़ां, मीर्ज़ा यादगार, मीर्ज़ा पायन्दा (६१) मुहम्मद, मुहम्मद वली, नदीम कोका, रोशन कोका, ख़दंग ईशक आग़ाची एवं कुछ अन्य लोग हज़रत की सेवा में रह गए। (इसी समय) समाचार प्राप्त हुए कि बैराम ख़ां गुजरात की ओर से आ रहा है और जाजका परगने में पहुँच गया है; हज़रत प्रसन्न हो गए। ख़दंग ईशक आग़ाची तथा कुछ लोगों को आदेश दिया कि वे बैराम ख़ां के स्वागतार्थ रवाना हों[5]।

इसी बीच में शाह हुसेन ने सुना कि बैराम ख़ां आ रहा है। उसने कुछ लोगों को बैराम ख़ां को बन्दी बना लेने के उद्देश्य से भेजा। वह एक स्थान पर असावधानी की अवस्था में पड़ाव किए हुए था कि उन लोगों ने आक्रमण कर दिया। ख़दंग ईशक आग़ा[6] मारा गया। बैराम ख़ां तथा कुछ अन्य लोग मुक्त हो गए और उन्होंने हज़रत की सेवा में उपस्थित होने का सम्मान प्राप्त किया।

१ निज़ामुद्दीन अली ख़लीफ़ा बरलास तथा सुल्तानम का पुत्र।

२ मिसेज़ बेवरिज के अनुसार 'तरश बेग', पृ० १५६।

३ निज़ामुद्दीन अली ख़लीफ़ा बरलास की पुत्री, अतः ख़ालिद की बहिन।

४ सुल्तानम।

५ बैराम ख़ां ७ मुहर्रम ९५० हि० (१२ अप्रैल १५४३ ई०) को पहुँचा।

६ ऊपर 'ख़दंग ईशक आग़ाची' है।

मीर्ज़ा हिन्दाल का क़न्धार पर अधिकार

इसी बीच में क़राचा ख़ां के प्रार्थनापत्र हज़रत पादशाह तथा मीर्ज़ा हिन्दाल के पास पहुँचे कि, "आप बहुत समय से बक्खर के समीप पड़ाव किए हुए हैं। इस बीच में शाह हुसेन मीर्ज़ा की ओर से निष्ठा के कोई चिह्न दृष्टिगत नहीं हुए अपितु उसने दुर्व्यवहार ही किया है। यदि पादशाह स्वयं पधारें तो ईश्वर की कृपा से कार्य सुगमतापूर्वक सम्पन्न हो जायेगा। यदि पादशाह स्वयं आ जायें तो बड़ा अच्छा है और यदि वे न आयें तो आप[1] अवश्य आ जायें।" क्योंकि हज़रत ठहरे रहे अतः उसने मीर्ज़ा हिन्दाल का स्वागत करके क़न्धार मीर्ज़ा हिन्दाल को भेंट कर दिया।

कामरान द्वारा क़न्धार पर अधिकार

मीर्ज़ा अस्करी ग़ज़नी में थे। मीर्ज़ा कामरान ने, उन्हें लिखा कि, "क़राचा ख़ां ने मीर्ज़ा हिन्दाल को क़न्धार प्रदान कर दिया है। क़न्धार की चिन्ता करनी चाहिये।" मीर्ज़ा कामरान इस बात का प्रयत्न करने लगे कि क़न्धार को मीर्ज़ा हिन्दाल से ले लें

हुमायूं का ख़ानज़ादा बेगम को मीर्ज़ा कामरान के पास भेजना

इसी बीच में हज़रत यह समाचार सुनकर अपनी फूफी ख़ानज़ादा बेगम के पास पहुँचे और अत्यधिक आग्रह किया कि "मेरे ऊपर एहसान करके क़न्धार चली जाइए। मीर्ज़ा हिन्दाल तथा मीर्ज़ा कामरान को समझाइए कि ऊज़बेक एवं तुर्कमान तुम लोगों के निकट हैं। ऐसे संकट-
(६२) काल में जो हमारे तथा तुम्हारे ऊपर आ गया है पारस्परिक मेल जोल बड़ा अच्छा है। मैंने अपने पत्र में जो मीर्ज़ा कामरान को लिखा है यदि वह उसे स्वीकार करे और उसपर आचरण करे तो जो उसकी इच्छा होगी हम वही करेंगे।"

क़न्धार में मीर्ज़ा कामरान के नाम का ख़ुत्बा

बेगम के क़न्धार पहुँचने के चार दिन उपरान्त मीर्ज़ा कामरान भी पहुँच गए और वह हर रोज आग्रह करते थे कि, "मेरे नाम का ख़ुत्बा पढ़वाया जाय।" मीर्ज़ा हिन्दाल कहते थे कि, 'ख़ुत्बे में परिवर्तन की क्या आवश्यकता है? हज़रत फ़िरदौस मकानी ने अपने जीवनकाल में हुमायूँ पादशाह को स्वयं पादशाही प्रदान की थी और अपना उत्तराधिकारी बनाया था। हम सबने स्वीकार किया था। उनके नाम का ख़ुत्बा इस समय तक पढ़वाया जाता रहा है। इस समय ख़ुत्बे में परिवर्तन करना उचित नहीं।" मीर्ज़ा कामरान ने हज़रत दिलदार बेगम[2] को पत्र लिखा कि, "हम काबुल से आपको याद करते हुए आए, बड़े आश्चर्य की बात है कि आपने क्षण भर के लिए भी आकर हमसे भेंट न की। जिस प्रकार आप मीर्ज़ा हिन्दाल की माता हैं उसी प्रकार हमारी।" अन्त में दिलदार बेगम उन्हें देखने पहुँचीं। मीर्ज़ा कामरान ने कहा कि, "मैं आपको उस समय तक न जाने दूंगा जिस समय तक आप मीर्ज़ा हिन्दाल को न बुलवा लें।" दिलदार बेगम ने कहा कि, "ख़ानज़ादा बेगम तुम्हारी आश्रयदात्री हैं और हम सबकी बुज़ुर्ग एवं बड़ी हैं। ख़ुत्बे के तथ्य के विषय में उनसे

१ मीर्ज़ा हिन्दाल।
२ हिन्दाल की माता।

प्रश्न किया जाय।" अन्त में उन्होंने आका[1] से पूछा तो हज़रत ख़ानज़ादा बेगम ने उत्तर दिया कि, "यदि मुझसे पूछते हो तो जिस प्रकार हज़रत फ़िरदौस मकानी ने निश्चय किया था और अपनी पादशाही हुमायूँ पादशाह को प्रदान की थी और तुम सब भी उनके नाम का अभी तक ख़ुत्वा पढ़वाते रहे हो उसी प्रकार अब भी उन्हें अपना बुज़ुर्ग समझकर उनके आज्ञाकारी रहो।" संक्षेप में चार मास तक मीर्ज़ा कामरान क़न्धार को घेरे रहे और ख़ुत्वे के विषय में आग्रह करते रहे। अन्त में निश्चय किया कि, "अच्छा! इस समय पादशाह दूर हैं, मेरे नाम का ख़ुत्बा पढ़वा दो, जिस समय पादशाह आ जायेंगे उनके नाम का ख़ुत्वा पढ़वा दिया जायगा।" क्योंकि अवरोध बहुत समय से चल रहा था और लोग व्याकुल हो गए थे अतः विवश होकर ख़ुत्वा पढ़वा दिया गया।

हिन्दाल के साथ मीर्ज़ा कामरान का विश्वासघात

(६३) उन्होंने क़न्धार मीर्ज़ा अस्करी को दे दिया और ग़ज़नी को मीर्ज़ा हिन्दाल को प्रदान करने का वचन दिया। जब वे ग़ज़नी पहुँचे तो लमग़ानात एवं तनगीहार[2], मीर्ज़ा हिन्दाल को प्रदान कर दिए गए। इस प्रकार उन्होंने वचन भंग किया। मीर्ज़ा हिन्दाल बदख़्शाँ पहुँचकर ख़ूस्त एवं अन्दराब में ठहर गए। मीर्ज़ा कामरान ने दिलदार बेगम से कहा कि, "आप जाकर उसे ले आयें।" हज़रत दिलदार बेगम जब पहुँची तो मीर्ज़ा ने उत्तर दिया कि, "मैंने सैनिक जीवन त्याग दिया है। ख़ूस्त एक कोने में है। वहीं पड़ा हूँ।" बेगम ने कहा कि, "यदि दरवेशी तथा एकान्तवास की ही इच्छा है तो काबुल भी एक कोने में ही है। परिवार तथा पुत्रों के साथ इकट्ठा रहो, यह अच्छा है।" अन्त में बेगम मीर्ज़ा को ज़बरदस्ती लाईं और वे काबुल में दीर्घकाल तक दरवेशों के समान जीवन व्यतीत करते रहे।

शाह हुसेन मीर्ज़ा द्वारा हुमायूं को क़न्धार चले जाने के लिये विवश करना

इसी बीच में मीर्ज़ा शाह हुसेन ने हज़रत पादशाह के पास आदमी भेजे कि, "आपके हित में यही उचित है कि यहाँ से प्रस्थान करके आप क़न्धार चले जायें।" हज़रत ने स्वीकार कर लिया और उत्तर भेजा कि, "हमारे लश्कर में घोड़े तथा ऊँट बहुत कम संख्या में रह गए हैं। तुम हमें घोड़े तथा ऊँट दे दो ताकि हम क़न्धार चले जायें।" शाह हुसेन मीर्ज़ा ने स्वीकार कर लिया और कहलाया कि, "जब आप नदी पार कर लेंगे तो एक हज़ार ऊँट जो नदी के उस पार हैं, सब आपको दे दूँगा।"

[बक्खर एवं सिन्ध के मार्ग की अधिकांश बातें ख़्वाजा कीपसक द्वारा जो ख़्वाजा ग़ाज़ी का सम्बन्धी था ज्ञात हुई हैं। ये ख़्वाजा कीपसक के लेख से उद्धृत हैं।[3]]

हुमायूं का क़न्धार की ओर प्रस्थान

अन्त में हज़रत अपने परिवार एवं सेना सहित नौकाओं पर सवार हुए। तीन दिन तक

१ ख़ानज़ादा बेगम।

२ नीनगनहार, देखिये **'बाबर नामा'**, पृ० १७-२०, ३२, ७१, ८३; ८८, ८९, २३०।

३ सम्भवतः ख़्वाजा कीपसक अथवा ख़्वाजा किसक ने कोई दैनिन्दनी लिखी होगी जिसके आधार पर उपर्युक्त विवरण लिखा गया है। यह दैनिन्दनी अब प्राप्त नहीं।

विशाल नदी की यात्रा की। उसके[१] राज्य की सीमा को पार करके नवासी[२] नामक स्थान पर पड़ाव किया और सुल्तान क़ुली नामक सारबान बाशी[३] को इस आशय से भेजा कि वह ऊँटों को ले आए। सुल्तान क़ुली जाकर एक हज़ार ऊँट लाया। हज़रत ने समस्त ऊँटों को अमीरों तथा सैनिकों इत्यादि को बाँट दिया।

मीर्ज़ा शाह हुसेन के ऊँटों द्वारा कष्ट

वह ऊँट ऐसे थे कि मानो उनकी सात पीढ़ियों अपितु सत्तर पीढ़ियों ने नगर, आदमी तथा बोझ को न देखा था। क्योंकि सेना में घोड़ों का अकाल था अतः अधिकांश लोग ऊँटों पर सवार (६४) हुए। जो ऊँट बच रहे उनपर बोझ लादे गए। जो कोई सवार होता था उसे ऊँट तुरन्त भूमि पर पटक देते थे और जंगल की ओर भाग जाते थे। जो कोई ऊँटों पर अपने बोझ को लादता था तो ऊँट घोड़ों के खुर की आवाज़ सुनते ही उछल-कूद कर बोझ को भूमि पर पटक देते और जंगल की ओर भाग जाते थे। जिस ऊँट पर बोझ को मज़बूती से बाँध दिया जाता था और उसके प्रयत्न करने से बोझ न गिरता तो वह बोझ सहित जंगल की ओर भाग जाता था। इस प्रकार वे क़न्धार की ओर रवाना हुए। लगभग दो सौ ऊँट भाग गए होंगे।

शाह हुसेन मीर्ज़ा का सेवक महमूद सारबान बाशी, सीवी में था। जब वे सीवी के समीप पहुँचे तो उसने क़िले को दृढ़तापूर्वक बन्द कर लिया। हज़रत ने सीवी से ६ कोस पर पड़ाव किया। इसी बीच में समाचार प्राप्त हुए कि "मीर अल्लाह दोस्त एवं बाबा जूजक[४], काबुल से दो दिन हुए सीवी पहुँच गए हैं और शाह हुसेन मीर्ज़ा के पास जा रहे हैं। मीर्ज़ा कामरान ने सरोपा तीपूचाक़ घोड़े एवं अत्यधिक मेवे शाह हुसेन मीर्ज़ा के पास भेजकर उसकी पुत्री से विवाह का प्रस्ताव रक्खा है।"

हज़रत ने ख़्वाजा ग़ाज़ी से कहा कि, "क्योंकि तुझमें तथा अल्लाह दोस्त में पिता एवं पुत्र का सम्बन्ध है[५], अतः पत्र लिख कर भेज कि यदि हम मीर्ज़ा कामरान के पास चले जायें तो वह हमारे प्रति किस प्रकार व्यवहार करेगा।" हज़रत पादशाह ने ख़्वाजा कीपसक को आदेश दिया कि, "वह सीवी जाकर अल्लाह दोस्त से कहे कि यदि वह आकर हमसे भेंट करे तो बड़ा अच्छा हो।" ख़्वाजा कीपसक सीवी की ओर रवाना हुआ। हज़रत ने कहा कि, "तेरे आने के समय तक हम प्रस्थान न करेंगे।"

वह सीवी के समीप पहुँच गया था कि महमूद सारबान बाशी ने उसे पकड़ कर पूछा कि, "तू किस कार्य से आया है?" उसने कहा कि, "घोड़े तथा ऊँट क्रय करने के लिये।" उसने कहा, "उसकी जेब और टोपी की तलाशी लो। कहीं वह अल्लाह दोस्त तथा बाबा जूजूक के पास प्रोत्साहन हेतु पत्र न ले जा रहा हो।" जब तलाशी ली गई तो उसके पास से एक पत्र निकला। उसे इतना

१ मीर्ज़ा शाह हुसेन।
२ रौनाई (अर्सकिन भाग २, पृ० २६२)।
३ ऊँटों को हांकने वालों का मुख्य अधिकारी।
४ अब्दुल वहहाब।
५ गुरु एवं शिष्य होने के कारण।

(६५) अवसर न मिल सका कि वह पत्र को मोड़ कर छिपा लेता। उसने उसे लेकर पढ़ा और उसे वापस न दिया। तत्काल वह अल्लाह दोस्त एवं बाबा जूजक को क़िले के भीतर ले गया और नाना प्रकार की कठोरता प्रदर्शित की। उन लोगों ने शपथ ली कि, "हमें इनके विषय में कोई सूचना नहीं है और इसने मुझसे शिक्षा प्राप्त की है। ख़्वाजा ग़ाज़ी हमारा सम्बन्धी है। वह मीर्ज़ा कामरान के पास था। इस कारण उसने पत्र लिखा है।" महमूद ने निश्चय किया कि कीपसक तथा उन लोगों को जो उनके साथ हैं, शाह हुसेन के पास भेज दे। मीर अल्लाह दोस्त तथा बाबा जूजक रात भर महमूद के पास रहे और उससे विनयपूर्वक निवेदन करके मुक्त हो गये। ३०० अनार तथा १०० बिही मीर अल्लाह दोस्त ने हज़रत के लिए भेजे और इस भय[1] से पत्र न लिखा कि किसी के हाथ न लग जाय किन्तु यह मौखिक संदेश भेज दिया कि, "यदि मीर्ज़ा अस्करी अथवा अमीरों के प्रार्थनापत्र प्राप्त हों तो काबुल जाना बुरा नहीं है, अन्यथा काबुल जाना उचित नहीं। हज़रत बादशाह देख लेंगे कि इससे कोई लाभ नहीं। हज़रत के आदमियों की संख्या बड़ी थोड़ी है। पता नहीं क्या हो?" कीपसक ने यह बात पहुँचा दी।

हुमायूं का क़न्धार की ओर प्रस्थान

हज़रत चिन्ता में थे कि अब क्या करना चाहिये और कहाँ जाना चाहिये? उन्होंने परामर्श किया। तरदी मुहम्मद खां तथा बैराम खां ने सलाह दी कि "उत्तर एवं शाल मस्तान[2] के अतिरिक्त जो क़न्धार के सीमान्त पर है किसी अन्य ओर जाना सम्भव नहीं कारण कि उस ओर अफ़ग़ान बहुत बड़ी संख्या में हैं। हम उन्हें अपनी ओर मिला लेंगे। मीर्ज़ा अस्करी के अमीर तथा सेवक भी हमारे पास भागकर आ जायेंगे।"

अन्त में उन लोगों ने आपस में निश्चय करके फ़ातेहा पढ़ा और निरन्तर यात्रा करते हुए क़न्धार की ओर रवाना हुए। जब वे शाल मस्तान के समीप पहुँचे तो रली[3] नामक स्थान पर पड़ाव किया। हिमपात एवं वर्षा के कारण वायु अत्यधिक ठंडी हो गई थी। उन्होंने यह निश्चय किया कि इस मंज़िल से हम शाल मस्तान चले जायेंगे। अस्र की नमाज़ के समय एक ऊज़बेक जवान एक थके माँदे ख़च्चर पर सवार पहुँचा और उसने चिल्लाकर कहा कि, "हज़रत सवार हों। मैं मार्ग बता दूँगा। समय बड़ा थोड़ा रह गया है और अब बात करने का अवसर नहीं।"

मीर्ज़ा अस्करी का हुमायूं के शिविर में पहुँचना

(६६) हज़रत तत्काल सवार हो गए। कोलाहल होने लगा। पादशाह चल खड़े हुए। दो बाण के मार की दूरी तक यात्रा की थी कि हज़रत पादशाह ने ख़्वाजा मुअज़्ज़म एवं बैराम ख़ां को इस आशय से भेजा कि वे हमीदा बानो बेगम को ले आयें। इन लोगों ने पहुँच कर बेगम को सवार किया। इतना अवसर न मिला कि जलालुद्दीन मुहम्मद अकबर पादशाह को भी साथ ले लें। जैसे ही बेगम शिविर से निकल कर पादशाह के साथ चलने के लिए रवाना हुईं उसी बीच में मीर्ज़ा अस्करी दो हज़ार अश्वारोहियों सहित पहुँच गए और शोर होने लगा। वहाँ पहुँचते ही वह (मीर्ज़ा अस्करी)

१ प्रकाशित पुस्तक में 'तुरुश अथवा तर्श' '(ترش)' है किन्तु इसे 'तर्स (ترس)' होना चाहिये।

२ लगभग 'कोएटा'।

३ सम्भवतः 'सरनी'।

शिविर के द्वार पर पहुँचे और पूँछा कि पादशाह कहाँ हैं ?" लोगों ने कहा कि, "देर हुई वह शिकार खेलने गए हैं।" वे समझ गए कि वे[१] चले गए। अन्त में जलालुद्दीन मुहम्मद अकबर पादशाह तथा समस्त पादशाही आदमियों को अपने साथ ले लिया और कन्धार ले गए। मुहम्मद अकबर पादशाह को अपनी पत्नी सुल्तानम बेगम को सौंप दिया। सुल्तानम बेगम मीर्ज़ा अस्करी की पत्नी थीं। उन्होंने (अकबर की) बड़ी देखभाल की।

हुमायूं के सहायक

पादशाह ने सवार होकर पर्वत की ओर प्रस्थान किया। चार कुरोह यात्रा के उपरान्त[२] शीघ्रातिशीघ्र रवाना हुए। उस समय यह लोग सेवा में थे :—

बैराम ख़ां, ख़्वाजा मुअज़्ज़म, ख़्वाजा नियाज़ी, नदीम कोका[३], रोशन कोका, हाजी मुहम्मद ख़ां, बाबा दोस्त बख़्शी, मीर्ज़ा क़ुली बेग चोली, हैदर मुहम्मद आख़्ता बेगी, शेख़ यूसुफ़ चोली, इबराहीम ईशक आग़ा, हसन अली ईशक आग़ा, याक़ूब क़ूरची, अम्बर नाज़िर, मलिक मुख़्तार, सुम्बुल मीर हज़ार, ख़्वाजा कीपसक।

ख़्वाजा ग़ाज़ी का कथन है कि "मैं भी साथ था। ये लोग हज़रत के साथ रवाना हुए।" हमीदा बानो बेगम का कथन है कि "कुल ३० आदमी साथ थे। स्त्रियों में हसन अली ईशक आग़ा की भी स्त्री थी।"

हुमायूं का बिलोचों के ग्राम में पहुँचना

सोने की नमाज़ का समय हो चुका था कि वे पर्वत के नीचे पहुँचे। पर्वत पर इतनी अधिक (६७) बरफ़ जमी थी कि ऊपर जाने का मार्ग न था। "यह भय था कि कहीं ऐसा न हो कि अन्यायी मीर्ज़ा अस्करी पीछे से पहुँच जाये।" अन्त में मार्ग का पता चला कर वे जिस प्रकार सम्भव हो सका पर्वत के ऊपर पहुँचे। रात भर बरफ़ के बीच में रहे। उस समय ईंधन भी न मिल सका कि आग जलाई जा सकती। भोजन के लिए भी कोई वस्तु न थी। भूख बड़ा व्याकुल कर रही थी। लोग बड़े कमज़ोर हो गए थे। हज़रत ने आदेश दिया कि एक घोड़े की हत्या कर दी जाय। जब घोड़े की हत्या कर दी गई तो कोई देग भी साथ न था जिसमें भोजन पकाया जा सकता। कुछ मास ढाल में पकाया गया और कुछ के कबाब बनाये गए। चार ओर आग करके वे अपने शुभ हाथों से स्वयं कबाब बनाकर खाते जाते थे और अपनी शुभ जिह्वा से कहते जाते थे कि, "ठंडक के कारण मेरा सिर गला जा रहा है।"

जब सुबह हुई तो उन्होंने दूसरे पर्वत की ओर संकेत किया और कहा कि, "ज्ञात होता है कि वहाँ आबादी है। वहाँ बिलोचियों का एक समूह रहता है। वहाँ चलना चाहिए।" वे चल खड़े हुए। दो दिन में वहाँ पहुँचे। वहाँ थोड़े से घर मिले। उन घरों में कुछ वहशी बिलोची

१ हुमायूं।

२ सम्भवतः हमीदा बानो बेगम के पहुँचने के उपरान्त तेज़ी से यात्रा प्रारम्भ कर दी होगी।

३ उसकी पत्नी माहम अनगा अकबर के साथ थी। शम्सुद्दीन मुहम्मद अतका ख़ां एवं उसकी पत्नी जीजी अनगा भी अकबर के साथ थीं।

थे जो जंगली वहशियों के समान थे। वे पर्वत के आंचल में ठहर गए। हज़रत के साथ लगभग तीस आदमी थे। बिलोचियों ने जब देखा तो वे एकत्र होकर आए। हज़रत ख़रगाह में बैठे हुए थे। उन्होंने (विलोचियों ने) दूर से देख लिया कि हज़रत बैठे हैं। वे एक दूसरे से कहने लगे कि, "(यदि हम इन लोगों को पकड़ कर मीर्ज़ा अस्करी के पास ले जायें तो वह निःसन्देह इन लोगों के अस्त्र-शस्त्र हमें दे देगा अपितु और अधिक इनाम भी देगा।"

हसन अली ईशक आग़ा की पत्नी विलोची थी। वह विलोची भाषा जानती थी। उसने बताया कि "यह जंगली समूह दुष्टता के विचार रखते हैं।" वे[1] प्रातःकाल प्रस्थान करना चाहते थे। बिलोचियों ने कहा कि, "हमारा सरदार विलोची इस स्थान पर उपस्थित नहीं। जब वह आ जाय तो प्रस्थान करें।" क्योंकि अब समय नहीं रहा था अतः पूरी रात सावधानी से व्यतीत की गई।

रात्रि का थोड़ा सा भाग व्यतीत हो चुका था कि वह विलोची सरदार हज़रत की सेवा में उपस्थित हुआ और उसने कहा कि, "मीर्ज़ा कामरान तथा मीर्ज़ा अस्करी का फ़रमान हमारे पास आया है और उसमें लिखा है कि, 'सुना जाता है कि पादशाह तुम लोगों के घरों में ठहरे हुए हैं। यदि वे वहाँ हों तो उन्हें कदापि जाने न देना, बन्दी बना कर हमारे पास ले आना। उनकी धन (६८) सम्पत्ति एवं घोड़े तुम्हें दे दिए गए। पादशाह को क़न्धार पहुँचा दो।' सर्वप्रथम जब मैंने आपके दर्शन न किए थे, तो मेरे हृदय में कुत्सित विचार थे। इस समय जब कि मैं हज़रत की सेवा में उपस्थित हो गया हूँ तो मेरे तथा मेरे परिवार के प्राण जिनमें ५-६ पुत्र हैं, हज़रत के सिर के ऊपर अपितु हज़रत के एक बाल के ऊपर न्योछावर हैं। हज़रत की जहाँ इच्छा हो, तशरीफ़ ले जायें। आप ईश्वर की शरण में रहें। मीर्ज़ा अस्करी का जो जी चाहे वह हमारे विरुद्ध करे।" अन्त में उन्होंने (हुमायूँ ने) एक लाल, मोती तथा अन्य चीज़ें उस विलोची को दीं और प्रातःकाल वहाँ से प्रस्थान करके बाबा हाजी के क़िले में पड़ाव किया।

हुमायूं का हलमन्द नदी पर पहुँचना

दो दिन उपरान्त वे उस क़िले में पहुँचे। वह क़िला गरमसीर[2] विलायत में है और नदी[3] तट पर स्थित है। वहाँ सैयिदों का एक समूह रहता है। वे हज़रत की सेवा में उपस्थित हुए और आतिथ्य किया।

दूसरे दिन प्रातःकाल ख़्वाजा अलाउद्दीन[4] महमूद, मीर्ज़ा अस्करी के पास से भागकर आया। ऊँटों तथा घोड़ों की क़तारें, शामियाने इत्यादि जो उसके साथ थे, हज़रत को भेंट किए। उन्हें फिर कोई चिन्ता न रही।

दूसरे दिन हाजी मुहम्मद ख़ां कोकी[5] ने ३०-४० अश्वारोहियों तथा ऊँटों की क़तार

१ हुमायूं।

२ गरम जल-वायु का प्रदेश।

३ हलमन्द नदी।

४ अन्य ग्रंथों में ख़्वाजा जलालुद्दीन महमूद मीर्ज़ा। वह मीर्ज़ा अस्करी की ओर से राजस्व वसूल करने का अधिकारी था।

५ हाजी मुहम्मद ख़ां कोकी, बाबर के एक विश्वासपात्र बाबा क़श्क़ा का पुत्र था।

भेंट की। अन्त में भाइयों के विरोध तथा अमीरों के साथ न देने के कारण विवश होकर उन्होंने यह निश्चय किया, कि ईश्वर के ऊपर भरोसा करके ख़ुरासान[1] की ओर प्रस्थान करने का संकल्प कर लेना चाहिए[2]। मंज़िलों तथा पड़ावों को पार करते हुए वे ख़ुरासान के समीप पहुँचे। जब वे हलमन्द नदी पर पहुँचे तो शाह तहमास[3] यह समाचार सुनकर बड़ी चिन्ता में पड़ गया कि हुमायूं सरीखा पादशाह विश्वासघाती आकाश के कुचक्र के कारण इस क्षेत्र में पहुँच गया है और ईश्वर ने उसे ओर पहुँचा दिया है।

शाह तहमास्प द्वारा हुमायूं का स्वागत

उसने अपने समस्त प्रतिष्ठित एवं सम्मानित लोगों, सर्वसाधारण, छोटे तथा बड़े लोगों को हज़रत पादशाह के स्वागतार्थ भेजा। इन लोगों ने हलमन्द नदी पर स्वागत किया। शाह ने अपने भाइयों बहराम मीर्ज़ा, अलक़ास मीर्ज़ा एवं साम मीर्ज़ा को स्वागतार्थ भेजा। इन लोगों
(६९) ने आकर अभिवादन किया और वे आदर सम्मान से हज़रत को ले गए। जब वे निकट पहुँचे तथा शाह के भाइयों ने शाह को समाचार भेजे तो शाह स्वयं सवार होकर हज़रत के स्वागतार्थ पहुँचा। एक दूसरे से भेंट हुई। दोनों सम्मानित बादशाहों की भिन्नता, बादाम के एक छिलके की दो गिरियों के समान हो गई। दोनों में इतनी निष्ठा तथा इतना मेल हो गया था कि थोड़ दिन तक जब तक हज़रत वहाँ रहे, शाह अधिकांश हज़रत के स्थान पर आता जाता रहा और जिस दिन शाह न आता था हज़रत जाते थे।

हुमायूं द्वारा सैर व शिकार

जब तक वे ख़ुरासान में रहे तो प्रत्येक उद्यान एवं वाटिका, जिनका सुल्तान हुसेन मीर्ज़ा ने निर्माण कराया था, एवं पहिले के भव्य भवनों इत्यादि का निरीक्षण किया। जब तक वे एराक़ में रहे तो आठ बार शिकार के लिए गए। जब वह[4] शिकार को जाता था तो हर बार हज़रत से कष्ट करने का आग्रह करता था। हमीदा बानो बेगम कजावे अथवा महाफ़े[5] में दूर से तमाशा देखती थीं। शाहज़ादा सुल्तानम शाह की बहिन घोड़े पर सवार होकर, शाह के पीछे खड़ी रहती थी। हज़रत कहते थे कि शिकार में शाह के पीछे एक स्त्री घोड़े पर सवार रहती थी। उसके घोड़े की लगाम एक सफ़ेद दाढ़ी वाला वृद्ध पकड़े खड़ा रहता था। लोगों ने मुझे बताया कि वह शाह की बहिन, शाहज़ादा सुल्तानम होती थी।

संक्षेप में, शाह ने हज़रत के प्रति अत्यधिक कृपा एवं उदारता प्रदर्शित की और अपनी बहिन को आदेश दिया कि वह माताओं तथा बहिनों के समान हमीदा बानो बेगम के प्रति कृपा-दृष्टि

१ कामरान ने काबुल, ग़ज़नी, क़न्धार, ख़ुतलान, तथा बदख़्शां पर अधिकार जमा लिया था। अस्करी ने, मीर्ज़ा कामरान की पूर्ण रूप से सहायता करनी निश्चय कर ली थी। हिन्दाल को मीर्ज़ा कामरान ने काबुल में बन्दी बना लिया था। शेर शाह ने हिन्दुस्तान पर तथा शाह हुसेन मीर्ज़ा ने सिन्ध पर अधिकार जमा लिया था अतः हुमायूं के पास अब कोई अन्य स्थान न रहा था।

२ दिसम्बर १५४३ ई०।

३ शाह तहमास्प सफ़वी।

४ शाह तहमास्प सफ़वी।

५ बड़ी पालकी।

प्रदर्शित किया करे और उनका दुःख दर्द बटाया करे।

हमीदा बानो बेगम की दावत

एक दिन शाहज़ादा सुल्तानम ने हमीदा बानो बेगम के आतिथ्य का प्रबन्ध किया। शाह ने अपनी बहिन से कहा कि, "जब दावत करो तो नगर के बाहर सभा करो।" नगर से दो कुरोह पर ख़ेमा, ख़रगाह, एवं बारगाह एक उत्तम मैदान में लगवाये गए, चत्र[1] एवं ताक़[2] भी लगवाये गए। ख़ुरासान एवं उस क्षेत्र में सरापरदे[3] लगाये जाते हैं। किन्तु उन्हें पीछे नहीं लगाया जाता। हज़रत पादशाह गोलाई में हिन्दुआना[4] के समान सरापरदे लगवाते थे। शाह के आदमियों ने ख़रगाह, बारगाह, चत्र एवं ताक़ लगवा कर चारों ओर रंग बिरंगी चिग़ें[5] गोलाई में लगवा दी थीं। शाह की समस्त रिश्तेदार स्त्रियाँ, फुफियाँ (चचियाँ), बहिनें, अन्तःपुर की बेगमें, खानों, सुल्तानों एवं अमीरों की (७०) पत्नियाँ, लगभग १,००० स्त्रियाँ उपस्थित थीं। सभी ख़ूब बनाव-सिंगार किए थीं।

उस दिन शाहज़ादा सुल्तानम ने हमीदा बानो बेगम से पूछा कि, "हिन्दुस्तान में भी ऐसे ही चत्र एवं ताक़ होते हैं?" बेगम ने उत्तर दिया कि, "ख़ुरासान को दो दांग[6] कहते हैं और हिन्दुस्तान को चार दांग। जो चीज़ें दो दांग में मिलती हैं वे चार दांग में अवश्य ही प्राप्त होंगी[7]।" शाह सुल्तानम ने जो कि शाह की बहिन थी अपनी फुफी के प्रश्न के उत्तर में हमीदा बानो बेगम की बात का समर्थन करते हुए कहा कि, "फुफी! बड़े आश्चर्य की बात है कि आप यह कह रही हैं? दो दांग कहाँ और चार दांग कहाँ? ज़ाहिर है कि यहाँ से अच्छे तथा उत्तम ही मिलते होंगे।" दिन भर भली-भाँति एवं बड़े उत्तम ढंग से सभा होती रही। भोजन के समय अमीरों की समस्त स्त्रियाँ खड़ी हुई भोजन कराती रहीं। शाह के अन्तःपुर की बेगमें शाहज़ादा सुल्तानम के समक्ष भोजन रखती जाती थीं। ज़रदोज़ी के टुकड़े इत्यादि जो भी वस्तुएँ उपलब्ध[8] थीं उनसे हमीदा बानो बेगम का आतिथ्य किया गया। शाह ने स्वयं जाकर सोने के समय की नमाज़ तक पादशाह के घर में समय व्यतीत किया। जब उसने सुना कि हमीदा बानो बेगम अपने घर आ गई हैं तो वह पादशाह के पास से उठकर अपने घर चला गया। इस प्रकार वह उनका अत्यधिक ध्यान रखता तथा उनकी ख़ातिर मदारात करता रहता था।

१ छत्र के समान ख़ेमे अथवा बड़े बड़े छाते जो भूमि पर दस्ता गाड़ कर लगा दिये जाते हैं।

२ मेहराब दार ख़ेमे।

३ घेरने के लिये क़नात।

४ हिन्दुआना का अर्थ, तरबूज़, कलौंदा, मारुफल, चित्रफल, फल राज होता है। सम्भवतः यहां पर इन्हीं फलों की आकृति की गोलाई से तात्पर्य है। मिसेज़ बेवरिज ने इसका अनुवाद 'हिन्दू फ़ैशन' किया। निश्चय रूप से गुलबदन बेगम का तात्पर्य बताना कठिन है किन्तु "हिन्दू फ़ैशन" अथवा "हिन्दुओं की प्रथानुसार" भी इस शब्द का अनुवाद किया जा सकता है।

५ चिकें।

६ दांग का अर्थ 'दिशा अथवा तरफ़' है। दो दांग का अर्थ वह स्थान जहां दोनों दिशायें हों। चार दांग का अर्थ वह स्थान है जिसमें चारों दिशायें सम्मिलित हों। संसार को सामान्य रूप से 'चार दांगे आलम' कहते हैं।

७ हमीदा बानो बेगम ने जिस कुशलता से हिन्दुस्तान की विशेषता सिद्ध की है वह उसकी योग्यता एवं विवेक का प्रमाण है।

८ भोजन के बीच में सजावट के इस उल्लेख ने इन वाक्यों को बड़ा ही संदिग्ध बना दिया है।

रोशन कोका एवं ख़्वाजा ग़ाज़ी द्वारा हुमायूं के लालों की चोरी

इसी बीच में रोशन कोका ने स्वामी-भक्ति एवं प्राचीन सेवाओं के बावजूद उस परदेस एवं ख़तरों से परिपूर्ण स्थान पर कृतघ्नता प्रदर्शित की। कुछ बहुमूल्य लाल हज़रत पादशाह के तूमार[१] में रहते थे जिनकी सूचना हज़रत पादशाह को स्वयं थी या हमीदा बानो बेगम जानती थीं तथा किसी को कोई ज्ञान न था; यदि पादशाह कहीं जाते थ तो उस तूमार को हमीदा बानो बेगम को सौंप जाते थे। एक दिन बेगम सिर धोने चली गईं। उस तूमार को एक रूमाल में गठरी के समान लपेटकर पादशाह के पलंग पर रख दिया। रोशन कोका ने अवसर से लाभ उठाकर पाँच (७१) लाल चुरा लिए और ख़्वाजा ग़ाज़ी से मिलकर उसे सौंप दिए। कुछ समय उपरान्त वे उसे व्यय करना चाहते थे।

हमीदा बानो बेगम जब अपना सिर धोकर आईं तो हज़रत पादशाह ने उस तूमार को हज़रत बेगम को दे दिया। बेगम उसे हाथ में लेते ही तत्काल समझ गईं कि यह तूमार हलका ज्ञात होता है। बेगम ने पादशाह से इस विषय में कहा। हज़रत ने कहा कि, "यह क्या बात है? हमारे तथा तुम्हारे अतिरिक्त किसी तीसरे को इस बात की सूचना नहीं। क्या हुआ और किसने ले लिया?" वे बड़े आश्चर्य में पड़ गए। बेगम ने अपने भाई ख़्वाजा मुअज़्ज़म से कहा कि, "ऐसी बात हुई है। यदि तू इस समय भाई के सम्बन्ध पर ध्यान देकर इसकी पूछताछ इस प्रकार करे कि किसी को पता न चले तो तू मुझे अपमान से बचा लेगा अन्यथा जब तक मैं जीवित हूँ पादशाह के सामने अपमानित रहूँगी।"

ख़्वाजा मुअज़्ज़म ने कहा कि, "मेरी समझ में एक बात आती है कि "मुझमें हज़रत पादशाह के विश्वासपात्र होने के बावजूद इतनी शक्ति नहीं है कि साधारण सा टट्टू ख़रीद सकूं। इसके विपरीत ख़्वाजा ग़ाज़ी एवं रोशन कोका में से प्रत्येक ने अपने लिए तीपचाक़ घोड़े ख़रीद लिए हैं। उन्होंने अभी तक घोड़ों का मूल्य चुकाया नहीं है। उनकी यह ख़रीदारी किसी आशा के बिना नहीं है।" बेगम ने कहा कि, "हे भाई! भाई के सम्बन्ध की आवश्यकताओं की पूर्ति का समय है। इस विषय में पूंछ ताछ करनी चाहिए।" ख़्वाजा मुअज़्ज़म ने कहा, "माह चीचम[२]! तुम किसी से कुछ मत कहो। यदि ईश्वर ने चाहा तो हक़दार को हक़ प्राप्त हो जायगा।" वहाँ से निकलकर वह उन व्यापारियों के घर पहुँचा और उनसे पूंछा कि, "इन घोड़ों को कितने में बेचा और इन घोड़ों के मूल्य में तुम्हें कितने देने का वचन दिया गया है तथा इस धन को अदा करने के विषय में क्या बताया गया है?" व्यापारियों ने कहा कि, "हमसे यह दो व्यक्ति लाल देने का वचन देकर घोड़े ले गए हैं।" ख़्वाजा मुअज़्ज़म वहाँ से ख़्वाजा ग़ाज़ी के आदमियों के पास आया और पूंछा कि "ख़्वाजा ग़ाज़ी के सरोपा एवं नारी व परी की गठरी कहां है? वह उन्हें कहाँ रखता है?" ख़्वाजा ग़ाज़ी के सेवक ने उत्तर दिया, "हमारे ख़्वाजा की नारी-परी[३] की कोई गठरी नहीं है। उसके

१ तूमार का अर्थ, 'लम्बा-चौड़ा वृत्तांत, किसी विषय के काग़ज़ों का पुलिन्दा, बड़ा ढेर' होता है किन्तु सम्भवतः इस स्थान पर किसी डिब्बे से तात्पर्य है जिसमें लाल रक्खे जाते होंगे।

२ हे बड़ी चन्द्रमा (रूपी) बहिन।

३ सम्भवतः वस्त्र इत्यादि से तात्पर्य है।

(७२) पास एक टोपी है। सोने के समय वह क़भी उसे अपने सिर के नीचे और क़भी बग़ल के पास रख लेता है।" ख्वाजा मुअज़्ज़म समझ गया और उसने अपने हृदय में विश्वास कर लिया कि, "लाल ख्वजा ग़ाज़ी के पास हैं और उसने उसी टोपी में छिपाये हैं।" उसने हज़रत पादशाह की सेवा में उपस्थित होकर निवेदन किया कि, "मुझे पता चला है कि ख्वाजा ग़ाज़ी की टोपी में लाल हैं। मैं उन्हें उससे एक प्रकार से ले सकता हूँ; यदि ख्वाजा ग़ाज़ी हज़रत की सेवा में उपस्थित होकर मेरे विरुद्ध फ़रियाद करे तो आप मुझसे कुछ न कहें।" हज़रत सुनकर मुस्कुराये।

ख्वाजा मुअज़्ज़म वहाँ से जाकर ख्वाजा ग़ाज़ी से विनोद एवं परिहास करने लगा। ख्वाजा ग़ाज़ी ने हज़रत पादशाह की सेवा में उपस्थित होकर निवेदन किया कि, "मैं परदेसी हूँ, किन्तु मैं प्रतिष्ठित एवं सम्मानित व्यक्ति हूँ। परदेस में ख्वाजा मुअज़्ज़म जो बालक है, मुझसे विनोद एवं परिहास करके मेरा अपमान करता है।" हज़रत पादशाह ने कहा कि, "वह किससे नहीं करता, बच्चा है, कोई बात हृदय में आई होगी और उसने स्नेहवश धृष्टता प्रदर्शित की होगी। तुम कोई चिन्ता मत करो। वह बालक है।"

दूसरे दिन ख्वाजा ग़ाज़ी पहुँचकर दीवानखाने में बैठा था। ख्वाजा मुअज़्ज़म ने उसे असावधान करके अचानक उसके सिर से टोपी उतार ली। अद्वितीय लाल टोपी में मिल गए। हज़रत पादशाह एवं हमीदा बानो बेगम के समक्ष ले जाकर उसने रख दिए। हज़रत मुस्कराये और हमीदा बानो बेगम प्रसन्न हो गईं तथा ख्वाजा मुअज़्ज़म को शाबाशी देते हुए उसके प्रति शुभ-कामनायें कीं।

शाह तहमास्प एवं हुमायूं में बिगाड़

ख्वाजा ग़ाज़ी एवं रोशन कोका अपनी दुष्टता पर लज्जित होकर शाह के पास पहुँचे और उससे कुछ गुप्त बातें कहीं। कुछ बातें यहाँ तक कहीं जिससे शाह कुपित हो गया। हज़रत पादशाह को ज्ञात हो गया कि शाह की निष्ठा एवं उसका विश्वास पूर्व की भाँति नहीं रहा। तत्काल जो कुछ लाल एवं जवाहिरात उनके पास थे, शाह के पास भेज दिए। शाह ने पादशाह को कहलाया कि, "यह ख्वाजा ग़ाज़ी एवं रोशन कोका का अपराध है कि हमारा आपसे बिगाड़ करा दिया अन्यथा हम आपको अपना सम्बन्धी समझते हैं।" पुनः दोनों पादशाहों में मेल हो गया और दोनों के हृदय (७३) साफ़ हो गए।

हुमायूं का रोशन कोका तथा ख्वाजा ग़ाज़ी को शाह को सौंपना

वे दोनों हरामखोर पादशाह की दृष्टि से गिर गए और उन दोनों को पादशाह ने शाह को सौंप दिया। उसने उन लालों को जिस प्रकार तथा जिस समय सम्भव हुआ ले लिया।[1] उन लोगों के विषय में आदेश दिया कि उन्हें बन्दी बना दिया जाय।

हुमायूं का क़न्धार की ओर प्रस्थान

हज़रत पादशाह जब तक एराक़ में रहे तब तक प्रसन्नतापूर्वक समय व्यतीत करते रहे और शाह नाना प्रकार से उनका जी बहलाता रहा। नित्य-प्रति वह विचित्र प्रकार के उपहार तथा

१ सम्भवतः वह लाल जो इन लोगों ने बेच दिये थे।

तोहफ़े हज़रत पादशाह की सेवा में भेजता था। अन्ततोगत्वा अपने पुत्र को ख़ानों, सुल्तानों एवं अमीरों के साथ हज़रत पादशाह की कुमक हेतु नियुक्त कर दिया। ईरान से उनकी इच्छानुसार ख़रगाह, बारगाह, चत्र, ताक़[1], उत्तम काम के शामियाने, रेशमी गिलीमे[2], कलाबत्तू के ज़ूलचे (अथवा ज़ुलचे), तूशक ख़ाना, ख़ज़ीना ख़ानां, एवं हर कारख़ाने, बावर्चीख़ाने, एवं रिकाबख़ाने के पादशाहों के सम्मान के योग्य सामान तैयार कराये। शुभ मुहूर्त में दोनों सम्मानित पादशाह एक दूसरे से विदा हुए। वहाँ से हज़रत पादशाह क़न्धार की ओर रवाना हुए।

हज़रत पादशाह ने उस समय शाह से उन दोनों कृतघ्नों के अपराध क्षमा कर देने की प्रार्थना की और उन्हें भी अपने साथ लेकर क़न्धार की ओर चल दिये।

मीर्ज़ा अस्करी द्वारा अकबर को काबुल भेजना

मीर्ज़ा अस्करी ने जब सुना कि हज़रत पादशाह ख़ुरासान से लौटकर क़न्धार आ रहे हैं[3] तो उन्होंने, जलालुद्दीन मुहम्मद अकबर को मीर्ज़ा कामरान के पास काबुल भेज दिया।[4] मीर्ज़ा कामरान ने उन्हें आका जानम अर्थात् ख़ानज़ादा बेगम को, जो हमारी फुफी हैं, सौंप दिया। उस समय जलालुद्दीन मुहम्मद अकबर पादशाह की अवस्था ढाई वर्ष की थी। आका जानम उनकी अत्यधिक देखभाल करतीं और उन्हें उनसे बड़ा प्रेम था। वे उनके हाथों और पाँवों का चुम्बन लेकर कहती थीं कि "मानो मेरे भाई बाबर पादशाह के हाथ और पाँव के समान ही हैं और दोनों एक दूसरे से बड़े अधिक मिलते जुलते हैं।"

ख़ानज़ादा बेगम का कामरान के आग्रह पर क़न्धार की ओर प्रस्थान

(७४) हज़रत पादशाह के क़न्धार में आगमन के समाचार प्रामाणिक रूप से ज्ञात हो जाने के उपरान्त मीर्ज़ा कामरान ने हज़रत ख़ानज़ादा बेगम से अत्यधिक विनयपूर्वक आग्रह किया कि "आप स्वयं पादशाह के पास क़न्धार जायं और हममें संधि करा दें।" हज़रत ख़ानज़ादा बेगम ने वहाँ से चलते समय अकबर पादशाह को मीर्ज़ा कामरान को सौंप दिया। मीर्ज़ा कामरान ने उन्हें अपनी पत्नी ख़ानम के सिपुर्द कर दिया। वे शीघ्रातिशीघ्र क़न्धार पहुँचीं।

हुमायूं द्वारा क़न्धार विजय

हज़रत पादशाह जब क़न्धार पहुँचे तो ४० दिन तक मीर्ज़ा कामरान एवं मीर्ज़ा अस्करी को क़न्धार में घेरे रहे[5]। (हज़रत ने) बैराम ख़ां को राजदूत नियुक्त करके मीर्ज़ा कामरान के पास भेजा[6]। मीर्ज़ा अस्करी ने विवश होकर अपने अपराधों की क्षमा याचना की और बाहर निकलकर हज़रत पादशाह की सेवा में उपस्थित हुए। हज़रत पादशाह ने क़न्धार को विजय कर लिया और उस पर अधिकार जमाकर शाह के पुत्र को सौंप दिया। कुछ दिन उपरान्त शाह का पुत्र रुग्ण होकर मर गया। हज़रत पादशाह ने क़न्धार को बैराम ख़ां के आगमन के उपरान्त उसे सौंप दिया।

१ सम्भवतः तूग़।

२ गिलीम का अर्थ कम्बल एवं क़ालीन दोनों होता है। यहां क़ालीन से तात्पर्य है।

३ १५४५ ई०।

४ अकबर तथा बख़्शी बानो बेगम दोनों ने साथ साथ बरफ़ में काबुल की ओर प्रस्थान किया।

५ यह सूचना ठीक नहीं।

६ बैराम ख़ां ने काबुल में कामरान, हिन्दाल, सुलेमान, इबराहीम एवं यादगार नासिर इत्यादि से भेंट की।

ख़ानज़ादा बेगम की मृत्यु

हमीदा बानो बेगम को भी क़न्धार में छोड़कर वे मीर्ज़ा कामरान के पीछे रवाना हुए। आका जानम ख़ानज़ादा बेगम को, जो साथ थीं, क़बलचक नामक स्थान पर पहुँचने के उपरान्त तीन दिन ज्वर आता रहा। चिकित्सकों ने अत्यधिक उपचार किया किन्तु कोई लाभ न हुआ। ९५१ हि० (१५४४-४५ ई०) में चौथे दिन उनका निधन हो गया। क़बलचक ही के पड़ाव पर उनको दफ़न कर दिया गया। तीन मास उपरान्त लाश को ले जाकर मेरे बाबा हज़रत पादशाह के मक़बरे में दफ़न किया गया[1]।

मीर्ज़ा कामरान का हज़ारा लोगों पर आक्रमण

मीर्ज़ा कामरान जितने वर्षों तक काबुल में रहे, कभी आक्रमण हेतु न निकले थे। हज़रत पादशाह के अचानक पहुँचने के समाचार सुनकर उस समय उन्हें आक्रमण करने की इच्छा हुई और वे (मीर्ज़ा कामरान) हज़ारा की ओर आक्रमण करने गये थे।

हुमायूं एवं मीर्ज़ा का मुक़ाबला

इसी बीच में मीर्ज़ा हिन्दाल ने, जो दरवेशों के समान एकान्तवास ग्रहण कर चुके थे, हज़रत पादशाह के एराक़ तथा ख़ुरासान से लौटने एवं क़न्धार विजय के समाचार पाकर अवसर से लाभ उठाते हुए मीर्ज़ा यादगार नासिर को बुलवाकर कहा कि, "पादशाह ने क़न्धार पहुँचकर उसे विजय कर लिया है। मीर्ज़ा कामरान ने ख़ानज़ादा बेगम को संधि हेतु भेजा था। पादशाह ने उस प्रकार (७५) संधि स्वीकार न की। हज़रत पादशाह ने बैराम ख़ां को दूत बनाकर भेजा था। मीर्ज़ा कामरान ने बैराम ख़ां की बात स्वीकार न की। इस समय पादशाह क़न्धार को बैराम ख़ां को सौंपकर काबुल की ओर रवाना हुए हैं। आओ हम लोग आपस में संगठित होकर तथा आपस में प्रतिज्ञा करके किसी न किसी प्रकार हज़रत पादशाह तक पहुँच जायं।" मीर्ज़ा यादगार नासिर ने स्वीकार कर लिया। दोनों ने मिलकर यह योजना बनाई। मीर्ज़ा हिन्दाल ने कहा कि, "तुम भाग खड़े हो। मीर्ज़ा कामरान जब सुनेगा तो वह निःसन्देह मुझसे कहेगा कि यादगार नासिर भाग गया है। तुम उसे सांत्वना देकर ले आओ। मेरे आगमन के समय तक तुम धीरे धीरे यात्रा करना। जब मैं आ जाऊँगा तो हम लोग साथ साथ शीघ्रातिशीघ्र हज़रत पादशाह की सेवा में पहुँच जायेंगे।" इसी निश्चय के अनुसार मीर्ज़ा यादगार नासिर भाग गया। मीर्ज़ा कामरान को सूचना हुई। मीर्ज़ा कामरान तत्काल लौटकर काबुल पहुँचे। मीर्ज़ा हिन्दाल को बुला कर कहा कि, "तुम जाकर मीर्ज़ा यादगार नासिर को सांत्वना देकर ले आओ।" वह तत्काल सवार हुए और शीघ्रातिशीघ्र उसके पास पहुँच कर उसके साथ हो लिये। वे बड़ी तेज़ी से यात्रा करते हुए ५-६ दिन में हज़रत की सेवा में पहुँच कर सम्मानित हुए। हज़रत से निवेदन किया कि "ख़िमार दर्रे के मार्ग से प्रस्थान करना चाहिये।"

मीर्ज़ा कामरान का पलायन

९ रमज़ान ९५१ ई० (२४ नवम्बर १५४४ ई०) को उन्होंने ख़िमार दर्रे में पड़ाव किया। उसी दिन मीर्ज़ा कामरान को समाचार प्राप्त हुए। मीर्ज़ा कामरान बड़े व्याकुल हुए। तत्काल उन्होंने

१ ख़ानज़ादा बेगम, महदी ख़्वाजा तथा अबुल मआली एक ही स्थान पर दफ़न हैं।

खेमे निकलवा कर गुजरगाह[1] के समक्ष पड़ाव किया। हज़रत पादशाह ११ रमज़ान को तीपा नामक जलगा[2] में ठहरे। मीर्ज़ा कामरान भी आकर युद्ध के उद्देश्य से सामने उतर पड़े। इसी बीच में मीर्ज़ा (७६) कामरान के समस्त अमीरों तथा सैनिकों ने भागकर हज़रत पादशाह के चरणों के चुम्बन का सम्मान प्राप्त किया। बापूस[3], जो मीर्ज़ा कामरान का प्रतिष्ठित अमीर था, अपनी सेना सहित भागकर हज़रत के चरणों का चुम्बन करके सम्मानित हुआ। मीर्ज़ा कामरान अकेले रह गए। जब उन्होंने देखा कि मेरे आसपास कोई नहीं रह गया है तो उन्होंने बापूस, के जो उनका प्रतिष्ठित अमीर था, घर के द्वार एवं दीवार नष्ट करा दिए और धीरे धीरे बागे नवरोज़ी एवं गुलरुख बेगम[4] के मक़बरे से होते हुए अपने १२,००० अश्वारोहियों को त्यागकर चल दिए। जब अंधेरा हो गया तो उसी मार्ग से बाबा दश्ती पहुँचकर कोल[5] के समक्ष ठहर गए। दोस्ती कोका एवं जूकी खान को इस आशय से भेजा कि उसकी बड़ी पुत्री हबीबा बेगम, उसके पुत्र इबराहीम सुल्तान मीर्ज़ा, ख़िज्र[6] खां की भतीजी हज़ारा बेगम[7], हरम बेगम[8] की बहिन माह बेगम[9] एवं हाजी बेगम की माता मेहर अफ़रोज़ बेगम, बाक़ी कोका[10] इत्यादि को ले आयें। ये लोग मीर्ज़ा कामरान के पास पहुंच गये। मीर्ज़ा थत्ता एवं बक्खर की ओर रवाना हुए। ख़िज्र खां (हज़ारा) के राज्य में, जो बक्खर के मार्ग में है, उन्होंने हबीबा बेगम का निकाह आक़ सुल्तान से कर दिया और स्वयं बक्खर की एवं थत्ता की ओर चल दिये।

हुमायूं का काबुल पहुँचना

हज़रत पादशाह ने उसी मास की १२ तारीख़ की रात्रि में पाँच घड़ी उपरान्त विजय प्राप्त करके बाला हिसार[11] में कुशलतापूर्वक पड़ाव किया। मीर्ज़ा कामरान के आदमी, जो सेवा में उपस्थित होकर सम्मानित हो चुके थे, नक़्क़ारे बजाते हुए हज़रत के साथ काबुल में प्रविष्ट हुए। १२ तारीख़[12] को मेरी माता दिलदार बेगम, गुलचेहरा बेगम तथा यह तुच्छ हज़रत की सेवा में उपस्थित हुईं। क्योंकि पांच वर्ष से हम उनकी सेवा से वंचित थे और वियोग के कष्ट भोग रहे थे अतः उससे मुक्त होकर अपने आश्रयदाता की भेंट द्वारा सम्मानित हुए। उनके दर्शन-मात्र से हमारे दुखी हृदय को प्रोत्साहन एवं नेत्रों को ताज़ा प्रकाश प्राप्त हो गया। प्रसन्नतापूर्वक हम हर समय शुक्र के सिज्दे करते रहते थे।

१ सम्भवतः बाबर का मक़बरा।
२ चौरस मैदान।
३ उसे 'बबूस' भी लिखा गया है। वह याक़ीन दौलत (आक़ सुल्तान) का अतालीक़ था।
४ सम्भवतः उसकी माता; प्रकाशित पोथी में 'गुल बर्ग बेगम'।
५ झील, तालाब।
६ ख़िज्र खां हज़ारा।
७ सम्भवतः मीर्ज़ा कामरान की पत्नी।
८ ख़ुर्रम बेगम।
९ सम्भवतः मीर्ज़ा कामरान की पत्नी।
१० सम्भवतः अदहम खां का बड़ा भाई एवं माहम अनगा का पुत्र।
११ इसका अर्थ "क़िले के ऊपर" भी हो सकता है।
१२ १२ रमज़ान ९५१ हि० (२७ नवम्बर १५४४ ई०)।

आनन्द-मंगल

(७७) अधिकांश समय महफ़िलें एवं सभायें[1] होती रहती थीं। लोग रात-रात भर प्रातःकाल तक बैठे रहते। वादक एवं गायक सर्वदा गाया बजाया करते थे। प्रायः हँसी मज़ाक़ के खेल होते रहते। उनमें से एक यह था :—१२ आदमियों में से प्रत्येक को २०-२० पत्ते एवं २०-२० शाहरुख़ियाँ दे दी जाती थीं। जो कोई हारता, वह बीसों शाहरुख़ी हार जाता। ये ५ मिस्क़ाल[2] के बराबर होती थीं। प्रत्येक खिलाड़ी जीतने वाले को अपनी बीसों शाहरुख़ियाँ दे देता था[3]।

इनाम-इकराम

जो लोग चौसा, क़न्नौज एवं बक्खर के युद्ध तथा हलचल के समय हज़रत जहाँबानी की ओर से मारे गए अथवा घायल हुए उनकी विधवाओं, अनाथों एवं उनके परिवार वालों को वज़ीफ़ा, भोजन, जल, भूमि एवं सेवक प्रदान किए गए। हज़रत जहाँबानी के भाग्यशाली समय में सैनिकों एवं प्रजा को अत्यधिक आराम एवं समृद्धि प्राप्त हो गई। वे सर्वदा चैन से जीवन व्यतीत करते तथा उनके दीर्घायु होने के लिये ईश्वर से शुभ-कामनायें किया करते थे।

हमीदा बानो बेगम को बुलवाना

कुछ दिन उपरान्त हमीदा बानो बेगम को बुलाने के लिए क़न्धार आदमी भेजे। हमीदा बानो बेगम के आने पर जलालुद्दीन मुहम्मद अकबर पादशाह के ख़त्ने का समारोह किया गया। सुन्नत के समारोह की तैयारी की गई।

आनन्द-मंगल

नवरोज़ के उपरान्त १७ दिन तक जश्न होता तथा हरे वस्त्र धारण किए जाते रहे। लगभग ३०-४० युवतियों को आदेश होता कि हरे वस्त्र धारण करके पर्वत पर पहुँचें। नवरोज़ के पहिले दिन वे हफ़्तदादरान[4] की पहाड़ी पर पहुँच गए और अधिकांश समय आनन्द-मंगल में व्यतीत किया।

अकबर का ख़त्ना

जब मुहम्मद अकबर पादशाह ५ वर्ष के हुए तो काबुल नगर में ख़त्ने का जश्न हुआ। उसी भव्य दीवानख़ाने[5] में सुन्नत[6] का समारोह मनाया गया। समस्त बाज़ार सजाये गए। मीर्ज़ा हिन्दाल, मीर्ज़ा यादगार नासिर एवं सुल्तानों तथा अमीरों ने आकर्षक स्थानों को ख़ूब-ख़ूब सजाया[7] था।

१ 'मारेका व मजालिस'।

२ एक शाहरुख़ी लगभग १० पैंस के बराबर होती थी। ४ शाहरुख़ी में एक मिस्क़ाल होता था।

३ **बाबर नामा** द्वारा पता चलता है कि बाबर ने अगस्त १५२७ ई० में मीर अली क़ूरची के हाथ शाह हसन (हुसेन) अरग़ून के पास गंजीफ़ा भिजवाया था। (**बाबर नामा**, पृ० २५८)।

४ 'हफ़्त ब्रादरान (सात भाईयों)'।

५ इसी दीवानख़ाने में पानीपत विजय का समारोह मनाया गया था। [गुलबदन बेगम : **हुमायूं नामा**, पृ० १३, (**मुग़ुल कालीन भारत—बाबर**, पृ० ३६४)]।

६ ख़त्ने।

७ 'आईन-बन्दी'।

बेगा बेगम के उद्यान में, बेगमों एवं स्त्रियों ने अपने अपने स्थानों को बड़े ही उत्तम ढंग से सजाया था। समस्त मीर्ज़ा एवं अमीर लोग उसी दीवानख़ाने के उद्यान में उपहार लाये। बड़े उत्तम (७८) समारोह एवं सुन्दर जश्न हुए। लोगों को बहुमूल्य ख़िलअतें एवं अत्यधिक सरोपा प्रदान हुए। प्रजा, आलिम, एवं पवित्र लोग, फ़क़ीर, दरिद्र, प्रतिष्ठित, सर्वसाधारण एवं छोटे और बड़े रात दिन आनन्द-मंगल में समय व्यतीत करते रहे।

हुमायूं द्वारा क़िलये ज़फ़र की विजय

तदुपरान्त वे क़िलये ज़फ़र की ओर रवाना हुए। उस क़िले में मीर्ज़ा सुलेमान थे। वह युद्ध हेतु निकले। जब युद्ध हुआ तो वह मुक़ाबला न कर सके और भाग खड़े हुये। हज़रत पादशाह स्वयं क़िलये ज़फ़र में पहुँचे।

किश्म में हुमायूं का रुग्ण होना

वहाँ से पादशाह किश्म पहुँचे। वहाँ कुछ समय के लिए वे अस्वस्थ हो गए। वे दिन रात अचेत रहते। जब उन्हें चेत हुआ तो मुनइम ख़ां के भाई फ़ज़ाएल बेग को इस आशय से काबुल भेजा कि वह जाकर काबुल वालों को सांत्वना एवं प्रोत्साहन दे। उनको इस प्रकार संतुष्ट कर दे कि वे अस्त व्यस्त न हों, और कह दे

मिसरा

'आई थी मुसीबत किन्तु कुशलतापूर्वक समाप्त हो गई।'

हुमायूं का काबुल की ओर प्रस्थान

फ़ज़ाएल बेग के काबुल चले जाने के उपरान्त वे काबुल की ओर एक दिन की यात्रा की दूरी पर अग्रसर हुए[1]।

मीर्ज़ा कामरान का काबुल पहुँचना

काबुल से बक्खर में मीर्ज़ा कामरान के पास झूठे समाचार पहुँचे। मीर्ज़ा कामरान तत्काल बक्खर से शीघ्रातिशीघ्र यात्रा करते हुए काबुल की ओर रवाना हुए। पहुँच कर[2] ज़ाहिद बेग की हत्या कर दी और काबुल की ओर चल खड़े हुए।

मीर्ज़ा कामरान का काबुल पर अधिकार

प्रातःकाल का समय था। काबुल वाले असावधान थे। द्वार पूर्व की भाँति खोले गए। जल एवं घास लाने वाले आते जाते थे। वे इन्हीं साधारण लोगों के साथ क़िले में प्रविष्ट हो गए। मुहम्मद अली तग़ाई की, जो हम्माम में था, तत्काल हत्या कर दी तथा मुल्ला अब्दुल ख़ालिक़ के मदरसे में पड़ाव किया।

मीर्ज़ा कामरान का बेगमों के प्रति अत्याचार

जिस समय हज़रत जहाँबानी क़िलये ज़फ़र की ओर प्रस्थान कर रहे थे, नौकार को

१ यह वाक्य बड़ा ही अस्पष्ट है।

२ 'ग़ज़नी पहुँच कर' होना चाहिये।

(७९) अन्तःपुर के द्वार पर नियुक्त कर गये थे। मीर्ज़ा कामरान ने पूँछा कि "बालाये हिसार पर कौन है ?" किसी ने कहा, "सम्भवतः नौकार है।" नौकार यह समाचार पाकर तत्काल स्त्रियों के वस्त्र धारण करके बाहर निकल गया। मीर्ज़ा कामरान के आदमियों ने क़िले के द्वारपालों को बन्दी बना लिया और मीर्ज़ा कामरान के समक्ष ले गए। उन्होंने आदेश दिया कि, "इन्हें बन्दी बना दो।" तदुपरान्त मीर्ज़ा कामरान के आदमी बालाये हिसार पर पहुँचे। अन्तःपुर की स्त्रियों की अत्यधिक धन-सम्पत्ति लूट कर नष्ट-भ्रष्ट कर दी और उन्हें मीर्ज़ा कामरान की सरकार में पहुँचा दिया। बड़ी बेगमों को मीर्ज़ा अस्करी के घर पहुँचा दिया गया। उस घर के द्वार पत्थर गारे एवं चूने द्वारा बन्द कर दिए गए। उस घर की चहार दीवारी के ऊपर से बेगमों को अन्न-जल दिया जाता था।

हुमायूं के सहायकों के परिवार के प्रति अत्याचार

जिस घर में मीर्ज़ा यादगार नासिर रहा करता था, वहाँ ख्वाजा मुअज़्ज़म को रक्खा। जिस स्थान पर हज़रत (जहाँबानी) के अन्तःपुर की महिलायें एवं अन्य बेगमें रहती थीं, वहाँ उन्होंने अपने परिवार वालों को रख दिया। जो पदाधिकारी भाग कर हज़रत जहाँबानी की सेवा में चले गए थे, उनके परिवार के प्रति उन्होंने बड़ा दुर्व्यवहार किया। उनमें से प्रत्येक के घर को नष्ट भ्रष्ट कर दिया। प्रत्येक के परिवार को किसी न किसी को सौंप दिया।

हुमायूं का काबुल की ओर प्रस्थान

जब हज़रत जहाँबानी ने सुना कि मीर्ज़ा कामरान ने बक्खर में पहुँचकर ऐसे कार्य किए हैं, तो हज़रत जहाँबानी पुनः क़िलये ज़फ़र एवं अन्दराब से स्वयं कुशलतापूर्वक काबुल की ओर रवाना हुए तथा क़िलये ज़फ़र, मीर्ज़ा सुलेमान को प्रदान कर दिया।

मीर्ज़ा कामरान का गुलबदन बेगम से अपने पति को पत्र लिखने का आग्रह

जब हज़रत जहाँबानी काबुल के समीप पहुँचे तो मीर्ज़ा कामरान ने मेरी माता एवं मुझे घर बुलावया। मेरी माता को आदेश दिया कि वे क़ूरबेगी के घर में रहें। मुझे आदेश दिया कि, "यह तुम्हारा ही घर है।[1] यहीं रहो।" मैंने कहा, "यहाँ किस लिए रहूँ ? जहाँ मेरी माता रहेंगी वहीं मैं रहूँगी।" उन्होंने मुझे उत्तर दिया कि, "तुम खिज्र ख्वाजा[2] खां को पत्र लिख दो कि वह मुझसे मिल जाय और किसी प्रकार की चिन्ता न करे। जिस प्रकार मीर्ज़ा अस्करी एवं मीर्ज़ा हिन्दाल (८०) मेरे भाई हैं वह भी मेरा भाई है और यह सहायता का समय है।" मैंने उन्हें उत्तर दिया, "खिज्र ख्वाजा खां मेरे पत्र को नहीं पहिचान सकते। मैंने उन्हें कभी पत्र भी नहीं लिखा है। जब वे बाहर होते हैं तो वे अपने पुत्र की ओर से लिखते हैं। आपके हृदय में जो आये लिख दें।"

ख़िज़्र ख्वाजा ख़ां का हुमायूं की सेवा में पहुँचना

अन्ततोगत्वा महदी सुल्तान[3] एवं शेर अली को (मीर्ज़ा कामरान ने) खान को बुलवाने के लिए भेजा। मैंने खान से प्रारम्भ ही में कह दिया था, "आपके भाई मीर्ज़ा कामरान के साथ होंगे।

१ मीर्ज़ा कामरान ने गुलबदन बेगम को अपने साथ रखना निश्चय करके अपने घर को उसका घर बताया।

२ गुलबदन बेगम का पति।

३ ख़िज़्र ख्वाजा ख़ां तथा यासीन दौलत (आक़ सुल्तान) का भाई।

आप कदापि यह विचार न करें कि उनसे (हुमायूँ से) पृथक् हो कर अपने भाइयों से मिल जायें। कदापि-कदापि हज़रत से पृथक् होने का विचार न कीजियेगा।" ईश्वर को धन्य है मैंने जैसा कहा था, ख़ान ने उसके विरुद्ध कुछ न किया।

हज़रत पादशाह ने जब यह सुना कि महदी सुल्तान एवं शेर अली को मीर्ज़ा कामरान ने खिज्र खां को बुलाने के लिए भेजा है तो हज़रत ने भी मीर्ज़ा हाजी के पिता क़म्बर बेग को ख़िज्र खां को बुलाने के लिए भेजा। उस समय ख़ान अपनी जागीर में था। उसे कहला भेजा गया कि, हरगिज़-हरगिज़ मीर्ज़ा कामरान के पास न जाना। हमारी सेवा में आ जाओ।" अन्ततोगत्वा ख़िज्र ख्वाजा खां यह समाचार एवं सुखद सन्देश सुनते ही आकाश रूपी दरबार की ओर रवाना हुआ और उक़ाबैन में पहुँच कर अभिवादन किया।

मीर्ज़ा कामरान की एक सेना की पराजय

जब हज़रत मीनार[1] पार कर चुके तो इसी बीच में मीर्ज़ा कामरान ने शीरोया के पिता शेर अफ़गन[2] के अधीन अपनी सेना सुव्यवस्थित करके इस आशय से भेजा कि वह आगे जाकर युद्ध करे। हम लोग ऊपर[3] से देख रहे थे कि वह नक़्क़ारा बजाता हुआ बाबा दश्ती के आगे रवाना हुआ। हम कहते जाते थे कि, "ईश्वर न करे कि तू जाकर युद्ध कर सके," और रोते जाते थे।

अन्ततोगत्वा जब वह देहे अफ़ग़ानान[4] के पास पहुँचा तो दोनों ओर की सेनाओं के क़रावलों में युद्ध हुआ। हज़रत पादशाह के क़रावलों ने मीर्ज़ा के क़रावलों[5] को पराजित कर दिया। अधिकांश लोग बन्दी होकर हज़रत के समक्ष लाये गए। हज़रत ने मुग़लों को आदेश दिया कि, "उन्हें टुकड़े-टुकड़े कर दिया जाय।" मीर्ज़ा कामरान के अधिकाँश आदमी, जो युद्ध हेतु गए थे, पादशाही (८१) आदमियों द्वारा बन्दी बना लिये गए। हज़रत ने कुछ की हत्या करा दी और कुछ को बन्दी बनवा दिया। उन्हीं में मियाँ जूकी ख़ां नामक मीर्ज़ा कामरान का एक अमीर भी बन्दी बना लिया गया।

हुमायूं का उक़ाबैन पहुँचना

हज़रत पादशाह विजय एवं सफलता की ख़ुशी में बाजे बजवाते हुए बड़े ऐश्वर्य एवं वैभव से उक़ाबैन में प्रविष्ट हुए। मीर्ज़ा हिन्दाल उनकी सेवा में थे। हज़रत पादशाह ने अपने लिए ख़ेमे, ख़रगाह एवं बारगाह लगवाये। मीर्ज़ा हिन्दाल को मस्तान पुल[6] के मोर्चों पर नियुक्त किया। अमीरों ने भी जगह जगह पर मोर्चे लगा दिए।

१ मीनार पहाड़ी।

२ क़ूच बेग का पुत्र; क़ूच बेग: चौसा के युद्ध में बेगा बेगम की रक्षा करते हुआ मारा गया।

३ अरक के ऊपर से जहाँ बेगमें थीं।

४ अफ़ग़ानों के ग्राम।

५ सेना का अग्र भाग जो मुख्य सेना के आगे आगे शत्रुओं का पता लगाने एवं अन्य प्रबन्धों के उद्देश्य से प्रस्थान करता है; स्काउट।

६ इसके नीचे वह नदी बहती है जो देहे याक़ूब से आती है।

क़ाबुल के क़िले का अवरोध

सात मास तक अवरोध होता रहा[१]। संयोग से, एक दिन मीर्ज़ा कामरान हवेली से दालान[२] में जा रहे थे कि किसी ने उक़ाबैन से बन्दूक़ (तोप) चलाई। वे भाग कर किनारे हो गए। अकबर पादशाह के लिए आदेश दिया कि उन्हें सामने ले जाकर बैठा दिया जाय[३]। अन्त में किसी ने जाकर सम्मानित सेवा में निवेदन किया कि मीर्ज़ा मुहम्मद अकबर को सामने बैठा दिया गया है। हज़रत (पादशाह) ने आदेश दिया कि क़िले के ऊपर बन्दूक़ (तोप) न चलाई जाय। तदुपरान्त पादशाह के आदमी बाला हिसार की ओर बन्दूक़ चलाते थे। काबुल नगर से मीर्ज़ा कामरान के आदमी उक़ाबैन में हज़रत (पादशाह) के लश्कर की ओर बन्दूक़ (तोप) चलाते थे। पादशाह के आदमी मीर्ज़ा अस्करी को अपने सामने खड़ा करके उनसे परिहास करते थे[४]। मीर्ज़ा कामरान के आदमी भी (क़िले से) निकल कर युद्ध करते थे और दोनों ओर से लोग मारे जाते थे। हज़रत (पादशाह) के अधिकांश आदमी विजय प्राप्त करते थे। कोई भी क़िले से निकलने का साहस न करता था। हज़रत (पादशाह) बालकों, बेगमों, आदमियों एवं अन्तःपुर की महिलाओं के विचार से तोप एवं ज़र्बजंग[५] नहीं चलाते थे और न घर वालों को कष्ट देते थे।

बेगमों का हुमायूं को सन्देश

जब अवरोध में बहुत समय व्यतीत हो गया (तो बेगमों ने) ख्वाजा दोस्त खावन्द मदारीचा[६] को हज़रत पादशाह की सेवा में इस आशय से भेजा कि "ईश्वर के लिए मीर्ज़ा कामरान जो कुछ कहें, उसे आप स्वीकार कर लें और ईश्वर के दासों को कष्ट से मुक्ति दिला दें[७]।"

हुमायूं का बेगमों को सन्देश

हज़रत पादशाह ने बाहर से उनके लिए ९ भेड़ें, सात गुलाब जल की बोतलें, एक नीबू जल (८२) की बोतल, ७ तुक़ूज़ कपड़े के थान और कुछ नीमा दोख्ता[८] भेजे और लिखा कि "उन लोगों

१ बाला हिसार का।

२ 'अज़ हवेली दर दालान मी रफ़्त'। मिसेज़ बेवरिज ने इसका अनुवाद इस प्रकार किया है:—It happened one day that Mirza Kamran went from his own quarters to the roof (? of the citadel). (मिसेज़ बेवरिज, पृ० १८३)। उपर्युक्त वाक्य का अनुवाद "went from his own quarters to the roof" उचित नहीं। दालान का अर्थ स्टैइनगेस ने "A hall, vestibule, a cornered way तथा a corridor" लिखा है।

३ गुलबदन बेगम ने इस घटना का अधिक विस्तार से उल्लेख नहीं किया है।

४ यह वाक्य भी अधिक स्पष्ट नहीं।

५ सम्भवतः ज़र्बज़न, एक प्रकार की तोप।

६ सम्भवतः शाह मदार के अनुयायी। शाह मदार के चमत्कार की बहुत सी कहानियाँ प्रसिद्ध हैं। कहा जाता है कि उनका जन्म ७१५ हि (१३१५ ई०) में अलेप्पो में हुआ। वहां से विभिन्न स्थानों की यात्रा करते हुये वे हिन्दुस्तान में मकनपुर (कानपुर) पहुँचे। वहीं ८४० हि० (१४३६ ई०) में उनकी मृत्यु हो गई। सुल्तान इबराहीम शाह शर्क़ी उनका बहुत बड़ा भक्त था और उसी ने उनके मक़बरे का निर्माण कराया।

७ यह संदेश उन बेगमों ने भेजा था जो बन्दी थीं।

८ जैकेट के समान कोई कपड़ा।

के कारण मैं क़िले में ज़बरदस्ती नहीं प्रविष्ट होना चाहता। मझे भय है कि कहीं उनके शत्रुओं को[1] कुछ न हो जाय।"

जहान सुल्तान की मृत्यु

जहान सुल्तान बेगम, जो दो वर्ष की हो गई थी, उसी अवरोध के समय मृत्यु को प्राप्त हो गई। हज़रत पादशाह ने लिखा कि, "यदि क़िले में हम ज़बरदस्ती प्रविष्ट होना चाहे तो कुछ समय के लिए मीर्ज़ा मुहम्मद अकबर को छिपा दिया जाय।"

हुमायूं का काबुल में प्रवेश

संक्षेप में, लोग बालाये हिसार में सायंकाल की नमाज़ से प्रातःकाल तक उपस्थित एवं शोर करते रहते थे। जिस रात्रि को मीर्ज़ा कामरान भाग गए सायंकाल की नमाज़ समाप्त हो गई अपितु सोने का समय निकल गया किन्तु कोई शोर ग़ुल न हुआ। वहाँ एक ढलवां मार्ग था जहाँ से नीचे वाले ऊपर आते थे। जिस समय नगर वाले आराम से सो रहे थे कि अचानक जीबा, जौशन एवं ज़िरह[2] का शोर होने लगा। हमने एक दूसरे को सूचना दी कि आक्रमण हो रहा है। जिलौख़ाने[3] के समक्ष लगभग १००० आदमी खड़े थे। हम भी भय-भीत थे। वे लोग अचानक चले गए। क़राचा ख़ां के भाई बहादुर ख़ां ने आकर सूचना दी कि 'मीर्ज़ा भाग खड़ा हुआ। ख़्वाजा मुअज़्ज़म को दीवार से रस्सी डाल कर ऊपर खींच लिया गया।

बेगमों का मुक्त होना

हमारे आदमियों एवं बेगमों इत्यादि ने, जो बाहर थीं, उस द्वार को जिसमें हम बन्द थे खोल दिया[4]। बेगा बेगम ने आग्रह किया कि "हम अपने अपने घरों को चली जायें।" मैंने कहा, "क्षण भर शान्त रहो। हमें गली के मार्ग से जाना चाहिये। सम्भवतः हज़रत पादशाह के पास से भी कोई आ रहा हो।" इसी बीच में अम्बर नाज़िर आया और कहा कि, "हज़रत (पादशाह) ने आदेश दिया है कि 'जब तक मैं न आऊँ, घरों से मत निकलना।" थोड़ी देर उपरान्त हज़रत पादशाह पधारें। दिलदार बेगम एवं मुझसे भेंट की। तदुपरान्त बेगा बेगम एवं हमीदा बानो बेगम से भेंट की और आदेश दिया कि, "शीघ्र इस घर से चली आओ। ईश्वर इस प्रकार के घर से मित्रों को सुरक्षित रक्खे और शत्रुओं को प्रदान करे।" नाज़िर से कहा कि, "तू एक ओर तथा तरदी बेग ख़ां दूसरी ओर से (देख-भाल) रक्खें और बेगमें चली जायें।" संक्षेप में, सब निकल आईं। हम लोग उस रात्रि में हज़रत (पादशाह) की सेवा में रहे। प्रसन्नता के कारण पूरी रात क्षण भर में समाप्त हो

१ उन्हें।
२ विभिन्न अस्त्र-शस्त्र के एक दूसरे से टकराने एवं खड़खड़ाने का शोर।
३ अश्वशाला।
४ 'दरे कि बालाये माथान बर आवुर्दा बूदन्द, वा कर्दन्द'; मिसेज़ बेवरिज ने इसका अनुवाद इस प्रकार किया है : "took away the door which had kept us fastened in", (मिसेज़ बेवरिज, पृ० १८५)। 'वा कर्दन्द' का अनुवाद "took away" उचित नहीं। इसे 'खोल देना' होना चाहिये।

(८३) गई। हमने माह चोचक बेगम[1], ख़ानीश आग़ा[2] एवं उन बेगमों से जो हज़रत पादशाह की सेना के साथ आई थीं, भेंट की।

माह चोचक के पुत्री का जन्म

जिस समय पादशाह बदख़्शाँ में थे, माह चोचक बेगम के पुत्री का जन्म हुआ। उसी रात्रि में हज़रत (पादशाह) ने स्वप्न देखा कि "मेरी मामा फ़ख्र ुन्निसा[3], एवं दौलत बख़्त[4] दोनों द्वार से प्रविष्ट हुई हैं और कुछ लाकर उनके पास छोड़ दिया।" उन्होंने बहुत सोच विचार किया और उस स्वप्न की व्याख्या के विषय में पूँछा। अन्त में उनकी समझ में आया कि क्योंकि पुत्री का जन्म हुआ है, अतः एक के नाम से निसा एवं एक के नाम से बख़्त लेकर 'बख़्त निसा' नाम रक्खा जाय।

माह चोचक की सन्तान

माह चोचक बेगम के चार पुत्रियाँ[5] एवं दो पुत्र हुए। बख़्त निसा[6] बेगम, सकीना बानो बेगम[7], आमेना बानो बेगम[8], मुहम्मद हकीम मीर्ज़ा एवं फ़र्रुख़ फ़ाल मीर्ज़ा। जिस समय हज़रत पादशाह हिन्दुस्तान की ओर रवाना हुए, माह चोचक बेगम गर्भवती थीं। काबुल में उनके एक पुत्र का जन्म हुआ। उसका नाम फ़र्रुख़ फ़ाल मीर्ज़ा रक्खा गया।

ख़ानीश आग़ा की सन्तान

कुछ समय उपरान्त ख़ानीश आग़ा से एक पुत्र का जन्म हुआ। उसका नाम इबराहीम सुल्तान मीर्ज़ा रक्खा गया। वे पूरे डेढ़ वर्ष तक काबुल में आनन्द-मंगल से समय व्यतीत करते रहे।

मीर्ज़ा कामरान के अमीरों का पलायन

मीर्ज़ा कामरान काबुल से भागकर बदख़्शाँ की ओर रवाना हुए। वह तालीक़ान में ठहर गए। हज़रत (पादशाह) उरता बाग़ में थे। प्रातःकाल जब वे नमाज़ के लिए उठे तो समाचार प्राप्त हुए कि मीर्ज़ा कामरान के अधिकांश अमीर, जो हज़रत (पादशाह) की सेवा में थे, भाग

१ बैराम उग़लान एवं फ़रीदूं ख़ां काबुली की पुत्री। हुमायूं से उसका विवाह १५४६ ई० में हुआ। बाद में उसने शाह अबुल मआली से काबुल में १५६४ ई० में विवाह कर लिया।

२ जूजक़ मीर्ज़ा ख़्वारज़मी की पुत्री एवं हुमायूं की पत्नी तथा इबराहीम की माता जिसकी बाल्यावस्था में ही मृत्यु हो गई। बायज़ीद ने उसे फ़र्रुख़ फ़ाल की माता लिखा है किन्तु यह ठीक नहीं। इबराहीम तथा मुहम्मद हकीम का एक ही दिन जन्म हुआ। (१५ जमादि-उल-अव्वल ९६० हि०/१९ अप्रैल १५५३ ई०)।

३ फ़ख्र ुन्निसा अनगा नदीम कोका की माता।

४ सम्भवतः दौलत बख़्त आग़ाचा।

५ गुलबदन ने केवल तीन ही के नाम लिखे हैं।

६ उसका जन्म ९५७ हि० (१५५० ई०) में हुआ था। सम्भवतः वह तथा फ़ख्र ुन्निसा बेगम दोनों एक ही थीं।

७ उसका विवाह नक़ीब ख़ां क़ज़वीनी के पुत्र शाह ग़ाज़ी से हुआ।

८ उसके विषय में कहीं कोई उल्लेख नहीं।

खड़े हुए। उनमें से क़राचा ख़ां, मुसाहिब ख़ां, मुबारिज़ ख़ां, बापूस[१] एवं अधिकांश अभागे रात्रि में भाग कर बदख़्शाँ चले गए और मीर्ज़ा कामरान से मिल गए।

मीर्ज़ा कामरान का आज्ञाकारिता स्वीकार करना

हज़रत पादशाह शुभ मुहूर्त में बदख़्शाँ की ओर रवाना हुए और मीर्ज़ा कामरान को तालीक़ान में घेर लिया। कुछ समय उपरान्त मीर्ज़ा कामरान आज्ञाकारिता स्वीकार करके हज़रत पादशाह की सेवा में उपस्थित हुये। हज़रत ने कोलाब मीर्ज़ा कामरान को, क़िलये ज़फ़र मीर्ज़ा सुलेमान (८४) को, क़न्धार[२] मीर्ज़ा हिन्दाल को एवं तालीक़ान मीर्ज़ा अस्करी को प्रदान कर दिये।

भाइयों की दावत

एक दिन किश्म[३] में ख़रगाह लगाये गए एवं समस्त भाई एकत्र हुए :—हज़रत हुमायूँ पादशाह, मीर्ज़ा कामरान, मीर्ज़ा अस्करी, मीर्ज़ा हिन्दाल एवं मीर्ज़ा सुलेमान।

हज़रत पादशाह ने कुछ तोरों[४] का, जो बादशाहों के दरबार हेतु निश्चित हैं, आदेश दिया। उन्होंने कहा कि, "आफ़ताबा एवं चिलांची[५] ले आओ ताकि हाथ धोकर सब एक साथ भोजन करें।" हज़रत पादशाह ने अपने हाथ धोये और मीर्ज़ा कामरान ने अपने। मीर्ज़ा सुलेमान[६], मीर्ज़ा अस्करी[७] एवं मीर्ज़ा हिन्दाल[८] से अवस्था में बड़े थे। उनके सम्मान हेतु दोनों भाइयों ने आफ़ताबा एवं चिलांची, मीर्ज़ा सुलेमान के सामने रक्खों। हाथ धोने के उपरान्त, सुलेमान ने अपनी नाक से कोई अनुचित कार्य किया। मीर्ज़ा अस्करी एवं मीर्ज़ा हिन्दाल ने अत्यधिक क्रोध प्रदर्शित करते हुए कहा, "यह क्या गँवारपन है ? सर्व प्रथम हमारा क्या साहस कि हज़रत पादशाह के समक्ष हाथ धोयें, किन्तु इस कारण कि उन्होंने कृपा-दृष्टि प्रदर्शित की और आदेश दिया अतः हम आदेश का उल्लंघन न कर सकते थे। इस प्रकार नाक छिनकने का क्या अर्थ है ?" अन्त में मीर्ज़ा अस्करी एवं मीर्ज़ा हिन्दाल बाहर आये और हाथ धोकर बैठ गए। मीर्ज़ा सुलेमान बड़े लज्जित हुए। सबने एक दस्तरख़्वान पर भोजन किया।

भाइयों के मेल के प्रति हुमायूं का सन्तोष

हज़रत (पादशाह) ने इस सभा में इस तुच्छ का स्मरण किया और अपने भाइयों से कहा कि, "लाहौर में गुलबदन बेगम ने कहा था कि 'मेरी यह आकांक्षा है कि मैं सब भाइयों को एक स्थान पर एकत्र देखूँ।' प्रातःकाल से, जब से हम बैठे हैं, वही बात मेरे हृदय में आ रही है। हे

१ बाबूस।
२ 'क़ुन्दुज़' होना चाहिये।
३ अबुलफ़ज़ल के अनुसार 'इश्किमीश'। यही उचित है।
४ सम्भवतः प्रारम्भ में निश्चित अधिनियमों का पालन किया गया।
५ चिलिमची : हाथ मुंह धोने का बरतन।
६ जन्म ९२० हि० (१५१४-१५ ई०)।
७ जन्म ९२२ हि० (१५१६-१७ ई०)।
८ जन्म ९२५ हि० (१५१९ ई०)।

परमेश्वर ! हमारे संगठन को अपनी रक्षा में रख। ईश्वर को भली भाँति ज्ञात है कि मेरे हृदय में यह बात कभी न आई कि मैं किसी मुसलमान का बुरा चाहूँ। फिर मैं अपने भाइयों की हानि की कैसे इच्छा कर सकता हूँ? ईश्वर हम सबको संगठित एवं मेल से रहने का सौभाग्य प्रदान करे।" लोगों में विचित्र प्रकार की प्रसन्नता एवं संतोष का संचार था कारण कि अधिकांश अमीर (८५) एवं सेवक भी एक दूसरे के सम्बन्धी एवं भाई थे। अपने स्वामियों के एक दूसरे से पृथक् होने के कारण वे सब भी एक दूसरे से अलग अपितु एक दूसरे के ख़ून के प्यासे थे। इस समय सब एक साथ प्रसन्नतापूर्वक समय व्यतीत कर रहे थे।

हुमायूं का बल्ख़ की ओर प्रस्थान एवं बेगमों के साथ सैर

हज़रत पादशाह बदख़्शाँ से वापस आकर डेढ़ वर्ष तक काबुल में निवास करते रहे। तदुपरान्त उन्होंने बल्ख़ पर आक्रमण करने का संकल्प किया और बाग़ दिलकुशा में ठहरे। हज़रत पादशाह का दौलतख़ाना उपर्युक्त बाग़ के नीचे की ओर लगाया गया। बेगमें क़ुली बेग की हवेली के निकट होने के कारण उसमें ठहरीं। हज़रत पादशाह से बेगमों ने बार बार आग्रह किया कि "रीवाज[1] तक किस प्रकार पहुँचा जा सकेगा?" हज़रत पादशाह ने कहा, "जब मैं सेना के साथ

१ खट-मिट्ठा मेवा। मिसेज़ बेवरिज ने इसके विषय में अपने **हुमायूं नामे** के अनुवाद में निम्नांकित नोट लिखा है : "....The following account of this plant is taken from Conolly's *Travels*, I., 213 n....It is translated by him from the *Makhazinu-i-adwiya* (Treasury of Medicines). '*Ribas*, *rivas*, *riwaj*, or *jigari* (so named from a person of Nishapur who first discovered it) is a shrub two or three feet high, in appearance like beet (*salq*). In the middle are one or two short stems of little thickness; the leaves, which separate lengthwise like those of a lettuce, are downy and green, but towards the roof, of a violet or whitish colour. The heart is white delicate, juicy acidulous and slightly astringent. Altogether the stalk is the size of a man's arm and when the plant is large every leaf has the size of a man's hand. Ard-shir was named *Rawand-dast* (rhubarb-hand) from the length of his hands. The root is called *rawand* (rhubarb). The top is like the claw of a fowl. The flower is red and the taste is subacid with a little sweetness. The seed is formed at the top of a long slender stalk which springs up annually in the centre of the plant. It grows where snow lies and in mountainous countries. The best grows in Persia. It is medicinally attenuating and astringent, gives tone to the stomach, and improves the appetite. A collyrium of the juice strengthens the eye and prevents opacity and a poultice of it with barley meal is a useful application to sores and boils. The juice of the *rivas* is harsher than that of unripe grapes. For mention of the name *riwaj* see *Tabaqat-i-Akbari*, Lucknow lith. ed. 215; *Tuzuk-i-Jahangiri*, 47.Vullers, s. v., etc..Mr. Erskine writes (Mems., 138 n.): It is described as somewhat like beetroot, but much larger red and white in colour with large leaves that rise little from the ground. It is a

प्रस्थान करूँगा तो कोह दामन के मार्ग से यात्रा करूँगा। तुम लोग जाकर रीवाज देख लेना।" मध्याह्नोत्तर की दूसरी नमाज़ के समय हज़रत सवार होकर दिलकुशा उद्यान में पहुँचे[१]। क़ुली बेग की हवेली, जिसमें बेगमें थीं, निकट थी। वहाँ सरकोब[२] था। हज़रत आकर खड़े हो गए। समस्त बेगमों ने दर्शन किए और उठ कर कोरनिश की। बेगमों के कोरनिश करते ही हज़रत पादशाह ने अपने पवित्र हाथ से संकेत किया कि, "आ जाओ"।

फ़ख्रुन्निसा मामा एवं अफ़ग़ानी आग़ाचा कुछ आगे रवाना हुईं। बाग़ दिलकुशा के पर्वत के आँचल में एक जल-धारा थी। अफ़ग़ानी आग़ाचा उस जल-धारा को न पार कर सकीं। वह घोड़े से गिर पड़ीं। इस कारण वहाँ एक घड़ी देर हो गई। अन्ततोगत्वा एक घड़ी उपरान्त हम पवित्र सेवा द्वारा सम्मानित हुए। चोचक बेगम का घोड़ा अज्ञानतावश कुछ ऊपर चला गया। इस कारण हज़रत पादशाह बड़े रुष्ट हुए। उपर्युक्त उद्यान ऊँचाई पर था और अभी उसमें दीवारें न बनी थीं। इसी बीच में उनके पवित्र मुख पर क्रोध के चिह्न दृष्टिगत हो गए। उन्होंने कहा, "तुम लोग जाओ। मैं अफ़ीम खाकर इस क्रोध को शान्त करके आऊँगा।" हम लोग हज़रत पादशाह के आदेशानुसार थोड़ी दूर गए थे कि वे आ गये। वास्तव में अब क्रोध न रहा था। वे प्रसन्न मुद्रा में आये। चाँदनी (८६) रात थी। वे बातें करते अग्रसर हो रहे थे। ख़ानीश आग़ाचा, ज़रीफ़ गोयिन्दा[३], सरोसिही एवं शाहम आग़ा मन्द स्वर में गाती जाती थीं।

मेहर आमेज़ ख़ेमा

हमारे लमग़ान पहुँचने तक बादशाही ख़ेमा, ख़रगाह, बारगाह एवं बेगमों के ख़ेमे न पहुँच पाये थे। उस समय मेहर आमेज़[४] ख़ेमा आ गया था। हज़रत पादशाह, हम सब एवं हमीदा बानो बेगम भी उसी ख़ेमे में हज़रत पादशाह की सेवा में रात के दो पहर एवं तीन घड़ी तक बैठे रहे। अन्ततोगत्वा उपर्युक्त ख़ेमे में उस क़िबलये हक़ीक़ी[५] की सेवा में सो गए।

देर के कारण रीवाज की सैर का स्थगित होना

प्रातःकाल वे पर्वत पर रीवाज की सैर हेतु जाना चाहते थे। क्योंकि बेगमों के घोड़े गाँव में थे अतः घोड़ों के आने तक सैर का समय निकल गया। उन्होंने आदेश दिया कि "बाहर

pleasant mixture of sweet and acid. It may be the *rhubarb rawand.* (मिसेज़ बेवरिज, पृ० १८८ नोट २)।

१ काबुल से।

२ क़िले के सामने कोई ऊँचा स्थान।

३ गायक।

४ सम्भवतः हुमायूँ का ईजाद किया हुआ कोई ख़ेमा जिसका सूर्य से कोई सम्बन्ध रहा होगा।

५ वास्तविक क़िबला। क़िबला मक्का में वह स्थान है जहाँ हजरे असवद (काला पत्थर) स्थापित है और जिसकी ओर मुख करके मुसलमान नमाज पढ़ते हैं। काबा; प्रतिष्ठित एवं सम्मानित व्यक्ति के लिये संबोधन का शब्द। सूफ़ी लोग इसे 'काबये गिल' अथवा मिट्टी का काबा तथा अपने गुरु को क़िबलये हक़ीक़ी अथवा वास्तविक क़िबला कहते हैं। अबुलफ़ज़ल अकबर को ही क़िबलये हक़ीक़ी मानता था।

जिस किसी के भी घोड़े हों ले आओ[१]।" जो घोड़े लाये गए उन पर सवार हो जाने का आदेश हुआ। बेगा बेगम एवं माह चोचक बेगम सरोपा धारण कर रही थीं। मैंने हज़रत पादशाह से निवेदन किया कि, "यदि आदेश हो तो मैं जाकर उन्हें ले आऊँ।" उन्होंने आदेश दिया जाकर शीघ्र ले आओ। मैंने बेगमों, माह चोचक बेगम एवं अन्य महिलाओं, से कहा "मैं हज़रत पादशाह की इच्छाओं की दासी हो गई हूँ। प्रतीक्षा में कितना कष्ट होता है।" मैं उन्हें एकत्र करके ला रही थी कि हज़रत हमारे समक्ष आये और कहा, "गुलबदन! सैर का समय निकल गया। वहाँ पहुँचने तक हवा गरम हो जायगी। ईश्वर ने चाहा तो मध्याह्नोत्तर की नमाज़ के उपरान्त प्रस्थान करेंगे।"

रीवाज की सैर हेतु प्रस्थान

(८७) हमीदा बानो बेगम का ख़रगाहा आ गया था। वे (हुमायूँ) वहीं जाकर बैठं। मध्याह्नोत्तर की प्रथम नमाज़ के उपरान्त, घोड़ों के लाते लाते दोनों नमाज़ों के मध्य का समय आ गया। वे इस बीच में रवाना हो गए। पर्वत के आँचल में हर स्थान पर रीवाज में पत्तियाँ निकल आई थीं। हम लोग वहाँ घूमते फिरते रहे कि शाम हो गई। उसी स्थान पर ख़ेमें एवं ख़रगाह लगवा दिए गए। वहीं वे जाकर बैठ गए। उस रात्रि में हम सब साथ आनन्द मंगल में समय व्यतीत करते रहे। हम सब उस क़िबलये हक़ीक़ी[२] की सेवा में रहे। प्रातःकाल नमाज़ के समय वे बाहर तशरीफ़ ले गए।

बेगमों से क्षमा-पत्र लिखवाना

बाहर से उन्होंने बेगा बेगम, हमीदा बानो बेगम, माह चोचक बेगम, मुझे एवं समस्त बेगमों को अलग अलग पत्र लिखे "कि अपने अपराध स्वीकार करके क्षमा-पत्र लिखो[३]। यदि ईश्वर ने चाहा तो फ़रज़ा अथवा इस्तालीफ़ में विदा होकर सेना के साथ प्रस्थान करूँगा और तुम्हें ख़ुदा को सौंप दूंगा।" संक्षेप में, सभी ने क्षमा-पत्र लिख कर, पवित्र सेवा में भेज दिए। अन्ततोगत्वा हज़रत एवं समस्त बेगमें सवार होकर लमग़ान से बेहज़ादी पहुँचीं। रात में प्रत्येक अपने स्थान को चला गया। दूसरे दिन प्रातःकाल उन्होंने भोजन किया। मध्याह्नोत्तर की प्रथम नमाज़ के समय सवार होकर फ़रज़ा पहुँचे।

हुमायूं का बल्ख़ की ओर प्रस्थान

हमीदा बानो बेगम ने हमारे घरों में ९-९ भेड़ें भेजीं। एक दिन पूर्व बीबी दौलत बख़्त

१ 'दर बेरून अस्पे हर कस कि बाशद बे आरेद'। मिसेज़ बेवरिज ने इस वाक्य का अनुवाद इस प्रकार किया है : "The Emperor ordered the horses of every one who was outside should be brought" (मिसेज़ बेवरिज, पृ० ९०), यह वाक्य स्पष्ट नहीं।

२ हुमायूं।

३ 'ब गुनाहे ख़ुद क़ायल शुदा उज़्र ख़्वाही नवीसेद' (प्रकाशित ग्रन्थ में 'नूशेद')। मिसेज़ बेवरिज ने इसका अनुवाद इस प्रकार किया है :—"Becoming spokes-woman of your own fault, write apologising for the trouble you have given"; (मिसेज़ बेवरिज, पृ० १९१)। क़ायल शुदा का अनुवाद 'becoming spokeswoman' उचित नहीं। क़ायल शुदा अथवा क़ायल होकर का अर्थ 'ठीक समझकर' अथवा 'स्वीकार करते हुये' होना चाहिये। 'for the trouble you have given' को कोष्ठ में होना चाहिये।

फ़रज़ा में पहुँच गई थीं। अत्यधिक भोजन, दूध, दही शीरा एवं शर्बत इत्यादि तैयार किया गया था। वह रात आनन्द-मंगल में व्यतीत हुई। प्रातःकाल हम फ़रज़ा के ऊपर पहुँचे। वहाँ एक बड़ा सुन्दर झरना है। तदुपरान्त हज़रत पादशाह इस्तालीफ़ पहुँचे। वहाँ वे तीन दिन रहे। ९५८ हि० (१५५१ ई०) में[1] बल्ख की ओर रवाना हुए।

हुमायूं का भाइयों को बुलवाना

दर्रे को पार करके उन्होंने मीर्ज़ा कामरान, मीर्ज़ा सुलेमान एवं मीर्ज़ा अस्करी को बुलवाने के लिए पत्र भेजे। (उन्होंने लिखा), "हम ऊज़बेकों से युद्ध करने के लिए जा रहे हैं। इस समय संगठित रहने एवं भ्रातृ-भाव के प्रदर्शन का समय है। शीघ्रातिशीघ्र आ जाओ।" मीर्ज़ा सुलेमान एवं मीर्ज़ा अस्करी हज़रत पादशाह की सेवा में पहुँच गए और निरन्तर यात्रा करते हुए बल्ख पहुँचे।

हुमायूं की पराजय

(८८) पीर मुहम्मद ख़ां[2] बल्ख में था। पहिले दिन ही पीर मुहम्मद ख़ां के आदमियों ने निकल कर युद्ध प्रारम्भ कर दिया। पादशाही सेना को विजय प्राप्त हो गई। पीर मुहम्मद ख़ां के आदमी पराजित होकर नगर में प्रविष्ट हो गए। दूसरे दिन प्रातःकाल पीर मुहम्मद ख़ां को विश्वास हो गया कि "चग़ताई शक्तिशाली हैं। मैं युद्ध नहीं कर सकता। यह उचित होगा कि निकल कर चला जाऊँ।" उसी समय पादशाही अमीरों में से एक ने निवेदन किया कि, "शिविर गन्दा हो गया है। यदि इस पड़ाव से प्रस्थान करके दश्त में पड़ाव किया जाय तो उचित है।" हज़रत ने आदेश दिया कि, "ऐसा ही किया जाय।" जैसे ही बोझ एवं काठियों पर हाथ लगाया गया[3] अन्य लोगों ने शोर मचाया कि, "हममें शक्ति नहीं है।" ईश्वर की इच्छा यही थी। (पादशाह के) आदमी बिना किसी कारण के शत्रु के सामने से अन्य मार्ग की ओर हो गए। ऊज़बेकों को समाचार प्राप्त हुए कि पादशाही लश्कर ने प्रस्थान कर दिया। ऊज़बेकों को बड़ा आश्चर्य हुआ। पादशाही यसावलों ने यद्यपि बहुत प्रयत्न किया, किन्तु उन्होंने[4] क्षण भर भी प्रयत्न न किया। उन्हें रोका न जा सका। लोग चल दिए। हज़रत कुछ समय तक प्रतीक्षा करते रहे। जब उन्होंने देखा कि कोई नहीं रहा, तो विवश होकर उन्हें भी प्रस्थान करना पड़ा। मीर्ज़ा अस्करी एवं मीर्ज़ा हिन्दाल को सूचना न थी कि पादशाही लश्कर छिन्न-भिन्न हो गया है। वे लोग सवार हो होकर पहुँचे। उन्होंने देखा कि शिविर में कोई नहीं रहा और ऊज़बेक पीछा कर रहे हैं। वे भी क़ुन्दुज़ की ओर चल दिये। हज़रत थोड़ी दूर चल कर ठहर गए और कहा, "भाई लोग अभी तक नहीं आये। मैं किस प्रकार आगे जाऊँ?" कुछ अमीरों इत्यादि से जो सेवा में थे कहा, "कोई मीर्ज़ाओं के समाचार ला सकता है?" किसी ने भी न उत्तर ही दिया और न गया। तदुपरान्त क़ुन्दुज़ से मीर्ज़ा के आदमियों के

१ ९५६ हि० (१५४९ ई०)।
२ जानी बेग का पुत्र, अब्दुल्लाह ख़ां ऊज़बेक का चाचा। वह ९७४ हि० (१५६६-६७ ई०) तक राज्य करता रहा।
३ चलने की तैयारी की गई।
४ सैनिकों ने।

समाचार प्राप्त हुए। उन्होंने सूचना दी थी कि "सुना जाता है कि पराजय हो गई। हमें ज्ञात नहीं कि वे किस ओर चले गए।" जब यह पत्र हज़रत (पादशाह) को प्राप्त हुआ तो वे बड़े व्याकुल हुए। ख़िज्र ख़्वाजा ने कहा, "यदि आदेश हो तो मैं समाचार लाऊँ।" पादशाह ने कहा, "धन्य हो। ईश्वर करे मीर्ज़ा क़ुन्दुज़ चले गए हों।" दो दिन उपरान्त ख़िज्र ख़्वाजा ख़ां मीर्ज़ा हिन्दाल के पास (८९) हज़रत पादशाह के समाचार ले गया कि "वे कुशलतापूर्वक क़ुन्दुज़ पहुँच गए।' हज़रत पादशाह यह समाचार सुनकर बड़े प्रसन्न हुए।

मीर्ज़ा सुलेमान को उन्होंने उनके स्थान क़िलये ज़फ़र में जाने की अनुमति दे दी और स्वयं काबुल चले गए।

मीर्ज़ा कामरान तथा मीर्ज़ा सुलेमान की शत्रुता

जब मीर्ज़ा कामरान कोलाब में थे तो तरख़ान बेगा[1] नामक एक धूर्त्त कुटनी[2] ने मीर्ज़ा को बहका दिया कि वह हरम बेगम[3] से आशिक़ी प्रकट कर दें कारण कि इसमें मसलहतें हैं[4]।" मीर्ज़ा कामरान ने भी उस मूर्ख के कहने पर एक पत्र एवं रूमाल बेगी आग़ा के हाथ हरम बेगम के पास भेजा। वह स्त्री पत्र एवं रूमाल हरम बेगम के पास ले गई और मीर्ज़ा कामरान के अत्यधिक प्रेम का उल्लेख किया। हरम बेगम ने कहा, "इस समय यह पत्र एवं रूमाल अपने पास रख। जब मीर्ज़ा लोग[5] बाहर से आ जायें, यह पत्र एवं रूमाल ले आना।" बेगी आग़ा ने विलाप एवं विनती करते हुए कहा कि, "मीर्ज़ा कामरान ने यह पत्र एवं रूमाल तुम्हें भेजा है और दीर्घकाल से तुम पर आशिक़ हैं। तुम इस प्रकार सौजन्य के विरुद्ध कार्य कर रही हो।" हरम बेगम ने क्रोध एवं कठोरता प्रदर्शित करना प्रारम्भ कर दिया। उसी समय मीर्ज़ा सुलेमान एवं मीर्ज़ा इबराहीम को बुलवा कर कहा कि, "मीर्ज़ा कामरान ने तुम लोगों की नामर्दी को समझ कर मुझे ऐसा पत्र लिखा है। वास्तव में (क्या) मैं इसी योग्य थी कि मुझे इस प्रकार का पत्र लिखे। मीर्ज़ा कामरान तुम्हारा बड़ा भाई है और मैं उसकी कलीन[6] हूँ। मुझे इस प्रकार का पत्र भेजता है[7]। इस दुप्टा के टुकड़े

१ तरख़ान बेगा उसकी श्रेणी के अनुसार उसकी उपाधि ज्ञात होती है। सुल्तान अहमद मीर्ज़ा की भी एक पत्नी का नाम तरख़ान बेगम था।

२ 'अय्यारा मक्कारा'।

३ सुल्तान वैस कोलाबी क़िबचाक़ मुग़ुल की पुत्री, चक्र अली हैदर बेग तथा माह बेगम (मीर्ज़ा कामरान की पत्नी) की बहिन। उसका विवाह सुलेमान मीर्ज़ा मीरान शाही से, जो ख़ान मीर्ज़ा (वैस) का पुत्र था, हुआ था। सुलेमान मीर्ज़ा एवं हरम बेगम के इबराहीम नामक एक पुत्र एवं अनेक पुत्रियां हुईं। वह अपनी योग्यता एवं कुशलता के लिये बड़ी प्रसिद्ध थी।

४ 'कि बा हरम बेगम इज़हारे आशिक़ी बे कुनेद कि दरीं मस्लेहतहा अस्त'।

५ सुलेमान मीर्ज़ा एवं इबराहीम मीर्ज़ा।

६ छोटे भाई की पत्नी।

७ 'मरा अर्ज़ी बाबत ख़त्ते फ़रस्तद'। मिसेज़ बेवरिज ने इसका अनुवाद इस प्रकार किया है : "Send off a letter for me about it and rebuke him"; (पृ० १९३)। इस वाक्य का तात्पर्य केवल यह है कि 'वह छोटे भाई की पत्नी को इस प्रकार इश्क़ प्रकट करते हुये पत्र लिखता है।' मिसेज़ बेवरिज ने जो अर्थ लिखा है, वह उपर्युक्त वाक्य से नहीं निकलता।

टुकड़े करा दो ताकि अन्य लोग शिक्षा ग्रहण कर सकें और कोई भी किसी के परिवार पर किसी कुत्सित विचार से बुरी दृष्टि न डाल सके। किसी मनुष्य द्वारा जन्मी स्त्री के लिए यह कहाँ उचित है कि इस प्रकार की अनुचित वस्तु लाये और मुझसे तथा मेरे पुत्र से भय न करे[1] ?" बेगी आग़ा बीवी के, जिसके भाग्य में मौत लिखी थी[2], तत्काल टुकड़े टुकड़े करा दिए गए मीर्ज़ा सुलेमान एवं मीर्ज़ा इबराहीम इस कारण मीर्ज़ा कामरान के विरोधी अपितु शत्रु हो गए और हजरत पादशाह की सेवा में लिखा कि, "मीर्ज़ा कामरान विद्रोह करना चाहता है। विरोध का इससे अधिक स्पष्ट प्रमाण नहीं कि बल्ख़ के आक्रमण के समय वह साथ नहीं गया।"

तदुपरान्त मीर्ज़ा कामरान ने कोलाब में चिन्ता एवं भय के कारण इसके अतिरिक्त कोई (९०) अन्य उपाय न देखा कि वह किनारे हो जायें[3]। अपने पुत्र अबुल क़ासिम मीर्ज़ा[4] को उन्होंने मीर्ज़ा अस्करी के पास भेज दिया। अपनी पुत्री आएशा सुल्तान बेगम को अपने साथ लेकर तालीक़ान की ओर रवाना हो गए। अपनी पत्नी ख़ानम[5] से कह दिया कि, "तुम अपनी पुत्री के साथ पीछे पीछे आओ। मैं जिस स्थान पर ठहरूँगा तुम्हें बुलवा लूँगा किन्तु तुम लोग उस समय तक ख़ूस्त एवं अन्दराब में जा कर रहो।" ख़ानम, ऊज़बेक ख़ानों की सम्बन्धी थीं। उन लोगों ने ऊज़बेकों को समझा दिया कि, "यदि तुम्हें लूट की धन सम्पत्ति की आशा है तो हमारे पास धन-सम्पत्ति, आदमी तथा दास हैं। इन्हें ले लो। स्त्रियों को जाने दो कारण कि आएशा सुल्तान ख़ानम का भतीजा यदि कल यह सुन लेगा कि तुमने उसे हानि पहुँचाई है तो वह तुमसे निःसन्देह बड़ा रुष्ट होगा।" वह सैकड़ों छल एवं बहाने बनाकर बड़ी परेशानी से एवं अव्यवस्थित दशा में ऊज़बेकों के पंजे से मुक्त हो सकीं और ख़ूस्त एवं अन्दराब पहुँचीं तथा वहाँ ठहर गईं।

मीर्ज़ा कामरान की अव्यवस्थित दशा

जब मीर्ज़ा कामरान को बल्ख़ की पराजय के समाचार मिल गए और उन्हें ज्ञात हो गया

१ 'व अज़ ज़ने आदमी ज़ादा चे मुनासिब कि हमचो चीज़हाये नालायक़ बे आरद व अज़ मन व पिसरे मन न तर्सद'

و از زن آدمی زاده چه مناسب که همچو چیزهای نالایق بیارد و از من و پسر من نترسد

मिसेज़ बेवरिज ने इसका अनुवाद इस प्रकार किया है :—

"What does such a man deserve who, the son of a mother, yet does such monstrous things, and who fears neither me nor my son"; (पृ० १९३)। यहां प्रसंग कुटनी का है अतः मिसेज़ बेवरिज का अनुवाद उचित ज्ञात नहीं होता।

२ 'दौलते ख़ुन गिरिफ़्ता' का अभिप्राय वही है जिसमें हिन्दुस्तानी स्त्रियां 'मुई' शब्द का प्रयोग करती हैं।

३ 'ख़ुद रा ब गोशाये कशद' का अर्थ मिसेज़ बेवरिज ने 'दरवेश हो जाना' लिखा है। "After this the Mirza in Kulab, could not find, in his terror-stricken thoughts, any better remedy than to become a dervish" 'ख़ुद रा ब गोशाये कशद' का तात्पर्य 'किनारे हो जाना, अलग हो जाना, राज्य से कोई सम्बन्ध न रखना' हो सकता है किन्तु दरवेश हो जाना आवश्यक नहीं।

४ इबराहीम।

५ 'मुहतरेमा ख़ानम'।

कि 'हज़रत पादशाह उसके प्रति जितना पहिले स्नेह प्रदर्शित करते थे, उतना अब नहीं' तो वे कोलाब से निकल कर इधर-उधर मारे-मारे फिरने लगे।

क़िपचाक़ में हुमायूं की पराजय

इसी बीच में हज़रत पादशाह काबुल से निकल कर दश्ते क़िबचाक़ की ओर पहुँचे। वे असावधानी की अवस्था में एक[१] नीचे के स्थान पर पड़ाव किए थे कि मीर्ज़ा कामरान ने एक ऊँचे स्थान से सशस्त्र होकर अचानक हज़रत पादशाह के शत्रुओं[२] पर आक्रमण कर दिया। क्योंकि ईश्वर की इच्छा यही थी, एक दिल के अंधे, जिसकी ईश्वर करे गरदन टूट जाय, अत्याचारी निष्ठुर, अभागे एवं दुष्ट ने हज़रत पादशाह को घायल कर दिया[३]। उनके पवित्र सिर में घाव लगा। उनका पूरा ललाट एवं शुभ नेत्र रक्त से भर गए। इसी प्रकार मुग़लों के युद्ध में हज़रत फ़िरदौस मकानी बाबर पादशाह के पवित्र सिर पर एक मुग़ल ने घाव लगाया था और ताक़ी[४] एवं पगड़ी न कट सकी अपितु उनका पवित्र सिर घायल हो गया था। हज़रत हुमायूँ पादशाह सर्वदा आश्चर्य किया करते थे और कहा करते थे कि "यह बड़ी ही विचित्र बात है कि ताक़ी एवं पगड़ी न कटे और सिर घायल हो जाय[५]।" संक्षेप में, उनके पवित्र सिर के साथ भी यही घटना घटी।

हरम बेगम का हुमायूं को सेना भेजना

(९१) हज़रत पादशाह दश्ते क़िबचाक़ की पराजय के उपरान्त बदख़्शाँ पहुँचे। मीर्ज़ा हिन्दाल, मीर्ज़ा सुलेमान एवं मीर्ज़ा इबराहीम ने पहुँच कर अभिवादन किया। हज़रत पादशाह काबुल चले गए। मीर्ज़ा लोग निष्ठापूर्वक, एवं संगठन प्रदर्शित करते हुए साथ साथ थे। इसी बीच में मीर्ज़ा कामरान निकट आ गए। हज़रत पादशाह ने हरम बेगम से कहला भेजा कि, "मेरी कौलीन से कह दो कि "शीघ्रातिशीघ्र बदख़्शाँ की सेना एवं सैनिकों को सुव्यवस्थित करके मेरे पास भेज दे।" बेगम अल्प समय में कई हज़ार आदमियों को घोड़े एवं अस्त्र-शस्त्र देकर सुव्यवस्थित करके अपने साथ कोतल[६] तक ले गईं और वहाँ से सेना को आगे रवाना कर दिया और स्वयं लौट गईं। वह सेना हज़रत पादशाह के पास पहुँच गई।

१ प्रकाशित पुस्तक में "जाये पुश्त" किन्तु इसे "जाये पस्त" होना चाहिये।

२ हज़रत पादशाह पर आक्रमण कर दिया। 'बर सरे दुश्मनाने हज़रत रेख़तन्द'। इस वाक्य के अनुवाद में भी मिसेज़ बेवरिज को भ्रम हुआ है। उसने लिखा है, "He incautiously halted in a low lying place and Mirza Kamran, coming from higher ground and equipped, poured down foes upon him".

३ "यक कोर बातिन, गरदन शिकस्ता ज़ालिम सितमगर, बदबख़्त, नाबकार" स्त्रियों के उर्दू के आधुनिक शब्दों में "मुआ मट्टी मिला, जवानी-पीटा" इत्यादि।

४ वह टोपी अथवा कुलाह जिस पर पगड़ी बांधी जाती है।

५ यह ९०८ हि० (१५०२-३ ई०) की घटना की ओर संकेत है। बाबर लिखता है, "मैं अपने सिर पर वह नरम टोपी पहने हुये था जो शिरस्त्र के नीचे पहनी जाती है। तम्बल ने मेरे सिर पर तलवार से इतने जोर का वार किया कि यद्यपि टोपी का कोई भी तागा न कटा किन्तु मेरा सिर बुरी तरह घायल हो गया।" (**बाबर नामा**, पृ० ५६१)।

६ दर्रा।

मीर्ज़ा कामरान की पराजय

चारीकारान अथवा क़रावाग़ में मीर्ज़ा कामरान से युद्ध हुआ। हज़रत पादशाह की सेना को विजय प्राप्त हो गई। मीर्ज़ा कामरान पराजित हो गए। वे (कामरान) भाग कर दर्रों एवं लमग़ानात में चले गए।

आक़ सुल्तान का मीर्ज़ा कामरान से पृथक् होना

मीर्ज़ा कामरान के जामाता आक़ सुल्तान[1] ने मीर्ज़ा कामरान से कहा कि "आप सर्वदा हज़रत हुमायूँ पादशाह का विरोध करते रहते हैं। यह क्या बात है? यह उचित नहीं। या तो हज़रत की अधीनता एवं आज्ञाकारिता स्वीकार कर लो और या मुझे जाने दो ताकि लोग मुझे समझ सकें[2]।" मीर्ज़ा कामरान ने आक़ सुल्तान से कठोरतापूर्वक कहा, "क्या मेरी इतनी दुर्दशा हो गई कि तू मुझे उपदेश देता है?" आक़ सुल्तान ने भी कठोरतापूर्वक उत्तर दिया कि, "यदि मैं आपके पास रहूँ तो मेरी हलाल (वस्तुयें) मेरे लिए हराम हो जायें।" आक़ सुल्तान तत्काल पृथक् होकर कखर की ओर चला गया और अपनी पत्नी[3] को भी साथ लेता गया। इसी बीच में मीर्ज़ा कामरान ने शाह हुसेन मीर्ज़ा को पत्र लिख भेजा कि, "आक़ सुल्तान हमें रुष्ट करके चला गया है। यदि वह वहाँ पहुँचे तो उसकी पत्नी को उसके साथ न जाने दिया जाय; उसकी पत्नी को उससे पृथक् करके उससे कह दिया जाय कि उसकी जहाँ इच्छा हो चला जाय।" पत्र पहुँचते ही, शाह हुसेन मीर्ज़ा ने हबीबा बेगम को आक़ सुल्तान से पृथक् करके उसे मक्का चला जाने दिया।

क़राचा ख़ां की हत्या

उसी चारीकारान के युद्ध में क़राचा ख़ां एवं मीर्ज़ा कामरान के अधिकांश प्रतिष्ठित आदमी मारे गए।

मीर्ज़ा कामरान का अफ़ग़ानों के पास शरण लेना

(९२) आएशा सुल्तान बेगम[4] एवं दौलत बख़्त आग़ाचा[5] भाग कर क़न्धार की ओर जा रही थीं, कि ख़िमार दर्रे पर पादशाही आदमियों द्वारा बन्दी बना कर लाई गईं। मीर्ज़ा कामरान अफ़ग़ानों के पास चले गए और उन्हीं लोगों के साथ रहने लगे।

मीर्ज़ा हिन्दाल का घायल होना

हज़रत पादशाह कभी कभी नारंगी के उद्यानों की सैर को जाया करते थे। उस वर्ष भी वे अपनी पूर्व प्रथानुसार नारंगियों को देखने के लिए पर्वत के दर्रों की ओर गए। मीर्ज़ा हिन्दाल साथ थे। बेगमों में बेगा बेगम, हमीदा बानो बेगम एवं माह चोचक बेगम इत्यादि अधिकांश बेगमें साथ थीं। मेरा पुत्र सआदत यार उन दिनों रुग्ण था, इस कारण मैं न जा सकी। एक

१ यासीन दौलत।
२ 'मर्दुम अज़ मायान दानन्द'।
३ हबीबा सुल्तान बेगम। वह भी ९८३ हि० (१५७५-७६ ई०) में गुलबदन बेगम के साथ हज करने गई थी।
४ मीर्ज़ा कामरान की पुत्री।
५ सम्भवतः आएशा सुल्तान बेगम की माता।

दिन दर्रों के समीप हज़रत पादशाह शिकार खेल रहे थे। मीर्ज़ा हिन्दाल सेवा में थे। बड़ा अच्छा शिकार हुआ। जिस ओर मीर्ज़ा शिकार हेतु गये थे, हज़रत (पादशाह) भी उसी ओर पहुँच गए। मीर्ज़ा ने अत्यधिक शिकार किया था। मीर्ज़ा ने चिंगीज़ ख़ां की प्रथानुसार अपना समस्त शिकार हज़रत (पादशाह) को भेंट कर दिया कारण कि चिंगीज़ ख़ां के तोरे की यही प्रथा है और छोटे, बड़ों के प्रति इसी प्रकार व्यवहार करते हैं। संक्षेप में, उन्होंने अपना समस्त शिकार हज़रत को भेंट कर दिया। तदुपरान्त मीर्ज़ा के हृदय में आया कि 'बहिनों का हिस्सा रह गया। कहीं बहिनें शिकायत न करें। थोड़ा सा और शिकार कर लूँ कि बहिनों का हिस्सा ले जा सकूँ'। मीर्ज़ा पुनः शिकार खेलने लगे। थोड़ा सा शिकार करके लौट रहे थे कि मीर्ज़ा कामरान ने जिस व्यक्ति को नियुक्त किया था, उसने मार्ग रोक लिया। मीर्ज़ा को इसका पता न था। उसने बाण चलाया। मीर्ज़ा के शुभ कंधे में बाण लगा। इस भय से कि कहीं बहिनें एवं पत्नियाँ सुनकर परेशान न हो जायें उन्होंने तत्काल लिख भेजा :––

मिसरा

"बला आई थी किन्तु कुशलतापूर्वक निकल गई।'

तुम लोग संतुष्ट रहो। मैं स्वस्थ एवं सकुशल हूँ।" हवा के गरम हो जाने के कारण हज़रत काबुल लौट गए। एक वर्ष के भीतर बाण का घाव अच्छा हो गया।

मीर्ज़ा हिन्दाल की हत्या

एक वर्ष उपरान्त समाचार प्राप्त हुए कि मीर्ज़ा कामरान पुनः सेना एकत्र करके युद्ध की तैयारी कर रहे हैं। हज़रत ने भी युद्ध की सामग्री एकत्र करके दर्रों की ओर प्रस्थान किया। (९३) मीर्ज़ा हज़रत पादशाह की सेवा में साथ साथ थे। जिस समय दर्रों में पड़ाव हुआ तो गुप्तचर क्षण-क्षण पर समाचार लाते थे कि "मीर्ज़ा कामरान ने यह निश्चय किया है कि आज रात में छापा मारना चाहिये।" मीर्ज़ा हिन्दाल ने उपस्थित होकर परामर्श देते हुए निवेदन किया कि "हज़रत (पादशाह) इस ऊँचाई पर रहें। मेरा भाई[1] जलालुद्दीन मुहम्मद अकबर पादशाह की सेवा में साथ रहे ताकि इस ऊँचाई पर लोग सावधानी से पहेरा दे सकें।" तदुपरान्त उन्होंने अपने आदमियों को बुलवा कर सबको अलग अलग प्रोत्साहन प्रदान किया और कहा, "समस्त सेवायें एक ओर तथा आज की रात की सेवा एक ओर। यदि ईश्वर ने चाहा तो तुम लोगों को तुम्हारी इच्छानुसार सम्मानित कर दिया जायगा।" सबको विभिन्न स्थानों पर नियुक्त करके अपने लिए जीबा, जामा[2], ताक़ी एवं दबलग़ा[3] मंगवाया। तूशकची[4] ने गठरी उठाई थी कि किसी ने छींक दिया। तूशकची गठरी को लेकर घड़ी भर के लिए ठहर गया। जब देर हो गई तो उन्होंने किसी को जल्दी करने

१ भतीजा।

२ समस्त वस्त्रों के ऊपर पहिनने का लंबा कोट।

३ शिरस्त्राण।

४ वह अधिकारी जो वस्त्रों का प्रबन्ध करता है।

के लिए भेजा। जब उसे शीघ्र उपस्थित किया गया तो उन्होंने पूछा कि, "क्यों देर कर दी?" तूशकची ने निवेदन किया कि, "मैंने गठरी उठाई थी कि किसी ने छींक दिया। इस कारण मैंने गठरी रख दी और देर हो गई।" उन्होंने कहा, "तूने भूल की ! तुझे शहीद होने की बधाई दे।" फिर कहा, "हे मित्रो ! सब लोग साक्षी रहना कि मैंने समस्त हराम वस्तुओं एवं कुकर्मों से तोबा कर ली।" उपस्थित-गणों ने फ़ातेहा पढ़ा और शुभकामनायें कीं। उन्होंने आदेश दिया, "नीमचा[1], जामा, जीवा ले आओ।" पहिन कर खाईं की ओर गए और खईं के समक्ष जाकर सैनिकों को प्रोत्साहन एवं साँत्वना दी। इसी बीच में मीर्ज़ा हिन्दाल का तबक़ची[2] उनकी आवाज़ सुनकर चिल्लाया कि, "मेरे ऊपर तलवार का वार हो रहा है।" मीर्ज़ा यह सुनते ही घोड़े से उतर पड़े और कहा, "हे मित्रो ! यह बात पौरुष के अनुकूल नहीं। हमारे तबक़ची पर तलवार का वार हो और हम सहायता न करें।" वे स्वयं खाईं में प्रविष्ट हो गए। उनके सैनिकों में से कोई भी घोड़े से न उतरा। मीर्ज़ा दो बार खाईं से निकले और आक्रमण किया। इसी संघर्ष में शहीद हो गए[3]।

(९४) मुझे नहीं ज्ञात कि किस अत्याचारी निष्ठुर ने किसी को हानि न पहुँचाने वाले उस युवक की अत्याचार की तलवार द्वारा हत्या कर दी। काश मेरे हृदय तथा नेत्र अथवा मेरे पुत्र सआदत यार या ख़िज्र ख़्वाजा ख़ां के वह निष्ठुर तलवार लग जाती। हाय दुःख सैकड़ों एवं सहस्रों दुःख !

शेर

'शोक, शोक, शोक;
मेरा सूर्य बादलों के पीछे छिप गया।'

मीर्ज़ा हिन्दाल का उसके शिविर में पहुँचाया जाना

संक्षेप में, मीर्ज़ा हिन्दाल ने हज़रत पादशाह की सेवा में अपने प्राण त्याग दिए। मीर बाबा दोस्त, मीर्ज़ा को उठा कर मीर्ज़ा के दौलतख़ाने में ले गया और किसी को कोई सूचना न दी। यसावलों को लाकर द्वार पर बैठा दिया और कह दिया कि, जो आये और पूँछे तो उससे कह देना कि, "मीर्ज़ा के घातक घाव लगा है। हज़रत (पादशाह) का आदेश है कि कोई भी न आये।"

हिन्दाल की मृत्यु पर हुमायूं का शोक

उसने हज़रत पादशाह को सूचना दी कि मीर्ज़ा हिन्दाल घायल हो गए हैं। हज़रत पादशाह ने घोड़ा मंगवाया कि जाकर मीर्ज़ा को देखें। मीर अब्दुल हई ने कहा कि, "उनके घातक घाव लगा है। हज़रत (पादशाह) का प्रस्थान करना उचित नहीं।" हज़रत (पादशाह) समझ गए। उन्होंने अपने ऊपर नियंत्रण रखने का बड़ा प्रयत्न किया किन्तु सफल न हो सके और विलाप करने लगे।

१ नीमचा का अर्थ छोटी तलवार होता है किन्तु यहां सम्भवतः जैकेट रूपी किसी वस्त्र का उल्लेख है।

२ वह अधिकारी जो भोजन के थाल, अन्य बरतन इत्यादि की देख-रेख रखता हो।

३ २१ ज़ीक़ाद ९५८ हि० (२० नवम्बर १५५१ ई०)।

हिन्दाल की लाश का जूये शाही भजा जाना

जूये शाही, खिज्र ख्वाजा खां की जागीर में था। हज़रत (पादशाह) ने खिज्र ख्वाजा खां को बुलवाकर कहा कि, "मीर्ज़ा हिन्दाल की लाश जूये शाही[1] में ले जाकर सुरक्षित रक्खी जाय[2]।" खान ऊँट की नकेल पकड़े हुए रोता एवं विलाप करता हुआ जाने लगा। हज़रत पादशाह ने यह समाचार सुने। खिज्र ख्वाजा को कहला भेजा कि "धैर्य धारण कर। मेरा हृदय तेरी अपेक्षा कहीं अधिक धधक रहा है किन्तु उस निष्ठुर एवं अत्याचारी शत्रु के कारण धैर्य नहीं त्यागता। वह निकट हैं। ऐसी अवस्था में धैर्य के अतिरिक्त कोई अन्य उपाय नहीं।" अत्यधिक शोक, दुःख एवं दीन अवस्था में जूये शाही[3] में लाश ले जाकर अमानत[4] रख दी गई।

मीर्ज़ा हिन्दाल के प्रति शोक

अत्याचारी, भाई के हत्यारे, अपरिचित लोगों को आश्रय देने वाले मीर्ज़ा कामरान यदि उस रात्रि में न आते तो यह विपत्ति आकाश से न आती। हज़रत पादशाह ने काबुल पत्र लिखे। इन पत्रों के पहुँचते ही वहिनों के लिए समस्त काबुल मानो विलाप-गृह वन गया। उस भाग्यशाली (९५) शहीद मीर्ज़ा के लिए द्वार एवं दीवार भी विलाप करते थे। गुलचेहरा बेगम क़रा खां के घर गई थीं। जव वे आईं तो मानो क़यामत आ गई। विलाप एवं शोक की अधिकता से वे रुग्ण, एवं पागल हो गईं[5]।

मीर्ज़ा हिन्दाल का मीर्ज़ा कामरान पर प्रभाव

अत्याचारी एवं निष्ठुर मीर्ज़ा कामरान की धृष्टता[6] से मीर्ज़ा हिन्दाल शहीद हो गए। मैंने नहीं सुना कि उस दिन से मीर्ज़ा कामरान के कार व वार को सफलता प्राप्त हुई अपितु वे नित्य-प्रति पतनशील एवं अव्यवस्थित होते गए और दुर्दशा को प्राप्त हो गए। इसके उपरान्त फिर सौभाग्य ने (कामरान) का साथ न दिया और न उन्हें सफलता प्रदान की, मानो मीर्ज़ा कामरान के प्राण अपितु नेत्रों के प्रकाश मीर्ज़ा हिन्दाल थे।

मीर्ज़ा कामरान का बन्दी होना

वे (कामरान) उसी पराजय के उपरान्त भाग कर शेर खां के पुत्र सलीम शाह के पास पहुँचे। उसने[7] १००० रुपए दिए। (मीर्ज़ा कामरान ने) अपनी स्थिति का उल्लेख करते हुए उससे

१ काबुल के मार्ग में आधुनिक जलालाबाद।
२ सम्भवतः स्थायी रूप से दफ़न का आदेश नहीं दिया। स्थायी रूप से दफ़न करने के पूर्व लाश अस्थायी रूप से किसी सुरक्षित स्थान पर रख दी जाती है और फिर उसे दफ़न किया जाता है।
३ प्रकाशित पुस्तक में 'जूशाही', शुद्ध 'जूये शाही' है।
४ निश्चित स्थान अथवा क़ब्रिस्तान में लाश दफ़न करने के पूर्व किसी स्थान पर सुरक्षित रूप से रख देने की प्रथा बड़ी पुरानी है। इस प्रकार लाश को सुरक्षित रखने को अमानत रखना कहते हैं।
गुलबदन को अपने भाई मीर्ज़ा हिन्दाल से बड़ा स्नेह था। उसने अपनी रचना में हर स्थान पर उसका पक्ष लिया है।
६ मूल में 'बहादुरी' है किन्तु धृष्टता अथवा निष्ठुरता से तात्पर्य है।
७ सलीम शाह अथवा इस्लाम शाह।

कुमक माँगी। सलीम शाह ने उत्तर में साफ़ साफ़ कोई बात न कही किन्तु एकान्त में कहा कि, "जिसने अपने भाई मीर्ज़ा हिन्दाल की हत्या कर डाली हो, उसे किस प्रकार कुमक दी जा सकती है! अपितु उसको नष्ट कर देना तथा उसकी हत्या करा देना उचित होगा।" मीर्ज़ा कामरान ने सलीम खां की यह राय सुन कर अपने आदमियों से भी परामर्श न किया और रात्रि में भाग खड़े हुए। मीर्जा के आदमियों को भी पता न चला। वे वहीं रह गए। सलीम खां को जब इसकी सूचना मिली तो उसने मीर्जा के अधिकाँश आदमियों को बन्दी बना देने का आदेश दे दिया। मीर्जा कामरान भीरा एवं ख़ुशाब तक पहुँचे थे कि उसी क्षेत्र में आदम घक्कर ने सैकड़ों उपाय एवं बहानों से उसे बन्दी बना कर हज़रत पादशाह के समक्ष उपस्थित किया।

मीर्ज़ा कामरान की हत्या के सम्बन्ध में सर्वसाधारण का आग्रह

अन्ततोगत्वा समस्त ख़ानों, सुल्तानों, सर्वसाधारण एवं सम्मानित लोगों, छोटे-बड़े सैनिकों एवं प्रजा इत्यादि ने, जो मीर्ज़ा कामरान के कारण कष्ट भोग चुके थे, उस दरबार में एकमत होकर हज़रत पादशाह से निवेदन किया कि, "पादशाही एवं राज्य में भ्रातृ-भाव से काम नहीं चलता। यदि भाई को प्रसन्न करने की इच्छा है तो पादशाही त्याग दीजिये और यदि पादशाही चाहते हैं तो भ्रातृ-भाव त्याग दें। यह वही मीर्ज़ा कामरान है जिसके कारण दश्ते क़िबचाक़ में आप का पवित्र सिर किस प्रकार घायल हुआ। अफ़ग़ानों से छल एवं धूर्ततापूर्वक मिल कर उसने मीर्ज़ा हिन्दाल की (९६) हत्या की। अधिकांश चग़ताई मीर्ज़ा के कारण नष्ट हुए। लोगों के परिवार बन्दी बनाये गए और उनका अपमान किया गया। यह असम्भव नहीं है कि लोगों के परिवार बन्दी न बनाये जायेंगे और कष्ट न भोगेंगे। नरक[1] का भय करते हुए भी हम कहते हैं कि हमारे प्राण, परिवार एवं धन-सम्पत्ति सभी हज़रत (पादशाह) के बाल के एक तार पर न्योछावर हैं। यह भाई नहीं है यह हज़रत का शत्रु है।" संक्षेप में, सब लोगों ने एकत्र होकर एकमत से आग्रह किया

मिसरा

'राज्य में विघ्न डालने वाले का सर गिरा देना ही अच्छा है।'

हज़रत पादशाह ने उत्तर दिया, "तुम्हारी यह बातें मेरी समझ में आती हैं किन्तु मेरा दिल नहीं मानता।" सभी लोगों ने विनयपूर्वक आग्रह किया कि "जो कुछ निवेदन किया गया वही उचित है।" अन्ततोगत्वा हज़रत (पादशाह) ने कहा, "यदि तुम लोग यही उचित समझते हो और यही चाहते हो तो तुम सब लोग एकत्र होकर एक महज़र लिखो।" दायें एवं बायें के अमीरों तथा सभी लोगों ने यही लिखकर दे दिया

मिसरा

'राज्य में विघ्न डालने वाले का सिर गिरा देना ही अच्छा है।'

हज़रत पादशाह भी विवश हो गए।

१ 'बर जहन्नुम, जान व माल व अहल व अयाले मायाँ'।

मीर्ज़ा कामरान का अंधा बनाया जाना

जब वे रोहतास के समीप पहुँचे तो सैयिद मुहम्मद को आदेश दिया कि मीर्ज़ा कामरान की दोनों आँखों में सलाई फेर दी जाय। उसने तत्काल जाकर सलाई फेर दी।

सलाई फेर दिए जाने के उपरान्त हज़रत पादशाह[1]

---

१ हस्तलिपि यहीं पर समाप्त हो जाती हैं। इससे पता चलता है कि आगे भी कुछ रहा होगा

तज़किरतुल वाक़ेआत[1]

लेखक—जौहर आफ़ताबची

(ब्रिटिश म्युज़ियम मैनुस्क्रृप्ट, रियु भाग १, पृ० १४६)

(२अ)....परमेश्वर के दरबार का यह तुच्छ दास इस प्रकार निवेदन करता है कि क्योंकि इस दास पर ईश्वर की अनुकम्पा थी अतः वह बाल्यावस्था से ही आकाश रूपी दरबार की चौखट का चुम्बन करके अनन्त तक स्थायी रहने वाले सौभाग्य का पात्र बना और हज़रत (पादशाह) के दासों की माला में सम्मिलित हो गया। वह हर दशा में तथा हर समय में उनकी सेवा में उद्यत रहता था अतः उसके हृदय में आया कि आशीर्वाद के रूप में उन घटनाओं एवं मामलों को अपनी योग्यतानुसार, न कि संसार के बादशाहों की प्रतिभा के योग्य, जो भूलों को क्षमा कर देते हैं, लिपिवद्ध करे। इस प्रकार एक बुज़ुर्ग ने कहा है:—

शेर

'बातों को लिपिवद्ध कर लो,
कारण कि लोगों की स्मृति से बातें निकल जाती हैं।'

जब इस दास को यह आकांक्षा हुई तो उसने हज़रत ख्वाजा हाफ़िज़ की पुनीत आत्मा से यह देखने की प्रार्थना की कि क्या होता है। यह ग़ज़ल निकली......

(२ ब) इस फ़ाल के अनुसार कुछ अध्याय संकलित किए और इस संकलन का नाम

---

१ यह अनुवाद निम्नांकित हस्त-लिपियों के आधार पर किया गया है:—

ब्रिटिश म्युज़ियम मैनुस्क्रृप्ट (रियु भाग १, पृ०२४६, Add. १६७११; इसका नाम आगे के पृष्ठों में (क) रक्खा गया है।

अलीगढ़ विश्वविद्यालय हस्तलिपि (अब्दुस्सलाम २६०/३०)। यह जमादि-उल-अव्वल १११७ हि० (अगस्त-सितम्बर १७०५ ई०) में नक़ल की गई। इसका नाम आगे के पृष्ठों में (ख) रक्खा गया है।

अलीगढ़ विश्वविद्यालय हस्तलिपि (शैफ़ता १२९)। यह १२८३ हि० (१८६६-६७ ई०) में नक़ल की गई। इसका नाम आगे के पृष्ठों में (ग) रक्खा गया है।

अलीगढ़ विश्वविद्यालय हस्तलिपि (**फ़ारसिया अख़्बार** १५९)। यह भी लगभग १५०-२०० वर्ष पुरानी है किन्तु इस पर कोई तारीख़ नहीं। इसका नाम (घ) रक्खा गया है।

इलाहदाद फ़ैज़ी सरहिन्दी: **हुमायूं शाही** (कैम्बरिज यूनीवर्सिटी मैनुस्कृप्ट, ब्राउन कैटलाग नं० २५६, किंग्ज़ न० ८४)। इसका नाम (च) रक्खा गया है।

हुमायूं शाही (इंडिया आफ़िस मैनुस्क्रृप्ट, ईथे २२२)। इसका नाम (छ) रक्खा गया है।

जवाहर शाही (इंडिया आफ़िस मैनुस्क्रृप्ट ईथे २२१)। इसका नाम (ज) रक्खा गया है।

'तज़किरतुल वाक़ेआत" रक्खा। इन घटनाओं की रचना ९९५ हि० (१५८६-८७ ई०) से प्रारम्भ हुई। प्रारम्भिक सनों एवं पिछली तारीख़ों में जो घटनायें घटीं वे लिख नहीं ली गई थीं। यदि ऐसा होता तो प्रत्येक घटना की तारीख़ एवं उसका सन् दिया जाता किन्तु हज़रत[1] के चरणों के (३ अ) आशीर्वाद से "याददाश्त[2]" लिख ली गई ताकि उनकी[3] सम्मानित दृष्टि इसे स्वीकार कर ले[4]।

यह बात असम्भव है कि किसी बादशाह को राज्य से वंचित हो जाने के उपरान्त पुनः राज्य प्राप्त हो जाय। यह केवल उसके सद्विचारों पर निर्भर है। अतः जब इस दास के हृदय में यह बात आरूढ़ हो गई तो उसने उनके ख़लीफ़ा होने के समय से लेकर अन्त तक का हाल, जब हज़रत पादशाह ने राज्य पर पुनः अधिकार जमाया, लिपिबद्ध किया ताकि संसार में यह इस तुच्छ की स्मृति के रूप में रह सके। इस दास का उद्देश्य यही था कि सब लोगों को ज्ञात हो जाय कि इतने कष्ट एवं अपमान के बावजूद उन्होंने धैर्य न त्यागा। लोगों पर उनके कष्ट छिपे न रहें और सबको ज्ञात रहे कि इतने कष्ट एवं इतनी कठिनाइयों को सहन करके उन्होंने अपने राज्य को विजय किया।

१ अकबर।

२ पिछली घटनाओं के सम्बन्ध में टिप्पणी, संस्मरण।

३ अकबर की।

४ **तारीख़े हुमायूं शाही** (च) में इस प्रकार है :—यह दास हुमायूं के तुच्छ-तम दासों में सम्मिलित था। उनके सिंहासनारोहण के बाद जो घटनायें घटीं, उनके घटने के समय वह उपस्थित था। जब उनकी मृत्यु हो गई तो इस तुच्छ हृदय में यह आया कि यदि बादशाही उपायों की घटनायें भूत-काल के ख़लीफ़ाओं के इतिहास के समान हृदय के कमरे से निकल कर पृष्ठों पर लिखी जायें तो बड़ा ही उत्तम होगा कारण कि कहा जाता है कि बात शिकार होती है और लेख बन्दीगृह। यद्यपि इस तुच्छ में इतनी योग्यता न थी कि वह बुद्धिमानों की माला में सम्मिलत हो सके और प्रतिभाशालियों के समक्ष उपस्थित हो सके किन्तु कुछ विद्वानों से सम्पर्क होने के कारण उसने पांडुलिपि तैयार की। इस वृद्ध दास ने, जो बाल्यावस्था से अपने आपको इस सिंहासन के समक्ष उस वृद्धा के समान समझता था, जो हज़रत यूसुफ़ को मोल लेने पहुँची थी, यह निश्चय किया कि उसकी पांडुलिपि भी इस अस्थायी युग में स्मृति के रूप में रहे। क्योंकि इस युग के पादशाह जलालुद्दीन मुहम्मद अकबर को प्राचीन सुल्तानों के इतिहास को सुनने से बड़ी रुचि है अतः इस तुच्छ ने यह निश्चय किया कि जो कुछ उसे याद है उसे सम्मानित दृष्टि के समक्ष प्रस्तुत करे....ख़्वाजा हाफ़िज़ के दीवान की फ़ाल के अनुसार इस वक़ाये को मैंने ५ बाब (खंडों) में और प्रत्येक बाब (खंड) को कई फ़स्ल (अध्याय) में विभाज़ित किया और इसका नाम **हुमायूं शाही** रक्खा (चः पृ० २, ब —४ अ, छः पृ० ३ अ —४ अ)।

जवाहर शाही में उपर्युक्त वाक्य लगभग इसी प्रकार है किन्तु अन्त में पुस्तक का नाम **जवाहर शाही** रक्खा गया है; पृ० २ ब)।

(१)

हज़रत ज़हीरुद्दीन मुहम्मद बाबर पादशाह ग़ाज़ी फ़िरदौस मकानी का निधन तथा हज़रत नसीरुद्दीन मुहम्मद हुमायूं पादशाह ग़ाज़ी का सिंहासनारोहण[1]

वह खिलाफ़त ऐसी है कि जब परमेश्वर ने कहा, "मैं अपना खलीफ़ा (नाएब) ज़मीन में बनाने वाला हूँ। तो अर्श, कुर्सी, लौह, क़लम, सातों आसमान, पर्वत, फ़िरिश्ते सभी इस बात की इच्छा करने लगे कि परमेश्वर का खलीफ़ा हम में से हो। जब सभी को उत्तर मिल गया तो फ़िरिश्तों (३ ब) में सर्वश्रेष्ठ ने कहा, "क्या तू ऐसे को बनाना चाहता है जो फ़साद फैलायें ?" तो अनादि काल की अनुकम्पा (ईश्वर) ने कहा, "जो मैं जानता हूँ तुम नहीं जानते[2]।"

जब परमेश्वर ने "हे खुदा समस्त सृष्टि का स्वामी तू है, जिसको चाहे सल्तनत दे और जिससे चाहे सल्तनत छीन ले और तू ही जिसको चाहे इज़्ज़त दे[3]" के द्वार अपनी अनुकम्पा से अपने दासों के लिए खोल दिए और संसार वालों एवं मनुष्यों में "फिर हमने उनके बाद तुमको ज़मीन में उनका उत्तराधिकारी बनाया[4]," की घोषणा हुई, विजय एवं सफलता तथा

१ च, छ, एवं ज के अनुसार बाब (खंड) १।

२ आयत इस प्रकार है, "व इज़ क़ाला रब्बुका लिल् मलाएकते इन्नी जाएलुन फ़िल अर्ज़े खलीफ़ा। क़ाला अ-तजअलो फ़ीहा मंय्युफ़सेदु फ़ीहा व यस्फ़ेकुद्देमाओ व नहनु नुसब्बेहो बे हम्देका व नुक़द्देसो लक, क़ाला इन्नी आलमो मा ला तालेमून" (सूरा २ आयत नं० ३०)।

(जब तुम्हारे परमेश्वर ने फ़िरिश्तों से कहा कि, 'मैं अपना खलीफ़ा (नायब) ज़मीन में बनाने वाला हूँ' तो (फ़िरिश्ते आश्चर्य में पड़ कर) कहने लगे, "क्या तू ज़मीन में ऐसे शख्स को पैदा करेगा जो ज़मीन में फ़साद तथा रक्तपात करता फिरे हालांकि (यदि खलीफ़ा बनाना है तो हमारा अधिक हक़ है कारण कि) हम तेरी स्तुति एवं तेरे (नाम का) सुमिरन करते हैं और तेरी पवित्रता प्रमाणित करते हैं।" तब खुदा ने कहा "इसमें तो सन्देह ही नहीं कि जो मैं जानता हूँ तुम नहीं जानते।"

३ आयत इस प्रकार है, "क़ुलिल्लाहुम्मा मालिकल मुल्के तूतियल मुल्का मन तशाओ व तनज़ेउल मुल्का मिम्मन तशाओ व तो इज़्ज़ो मन तशाओ व तोज़िल्लो मन तशाओ बे यदेकल ख़ैर। इन्नका अला कुल्ले शैइन क़दीर तुम तो यह प्रार्थना करो कि हे खुदा। समस्त सृष्टि का स्वामी तू है, जिसको चाहे सल्तनत दे और जिससे चाहे सल्तनत छीन ले और तू ही जिसको चाहे इज़्ज़त दे और तू ही जिसे चाहे ज़िल्लत दे, हर तरह की भलाई तेरे ही हाथ में है। निःसन्देह तुझको ही हर चीज़ पर प्रभुत्व प्राप्त है)।" (सूरा ३ आयत २६)। १५वीं तथा १६वीं शती ई० में राज्य को ईश्वर की ओर से प्राप्त करने की दलील में सुल्तान लोग इस आयत को प्रस्तुत किया करते थे।

४ आयत इस प्रकार है, "सुम्मा जअलनाकुम खलाएफ़ा फ़िल् अर्ज़े मिम्बादेहिम ले ननज़ुरा कैफ़ा तालेमून (फिर हमने उनके बाद तुमको ज़मीन में उनका उत्तराधिकारी बनाया ताकि हम भी देखें कि तुम किस प्रकार कार्य करते हो)।" (सूरा १० आयत १४)।

इक़लीम एवं राज्य की कुंजी अपने दासों को प्रदान कर दी तो हज़रत पादशाह अपने स्थायी सौभाग्य एवं अनन्त तक रहने वाले प्रताप के कारण सिंहासनारूढ़ हुए[१]।

बिबन, बायज़ीद एवं इबराहीम ख़ां की पराजय, चुनार के क़िले की विजय[२]

बिबन, बायज़ीद एवं इबराहीम खां लोदी[३] ने अवज्ञा प्रदर्शित करते हुए विद्रोह कर दिया[४]। हज़रत पादशाह शत्रुओं के उस समूह की ओर पूरे ऐश्वर्य एवं वैभव के साथ रवाना हुए।

शेर

"अत्यधिक सौभाग्य एवं उत्कृष्ट सितारे के साथ,
भाग्यशाली प्रताप द्वारा सफल होकर
(४ अ) निरन्तर यात्रा करते हुए वहाँ से प्रस्थान किया,
'ईश्वर की सहायता हो' का अपने लिए पाठ किया।"

१ **हुमायूं शाही** (च) में इस प्रकार है :—देशों को विजय करने वाले अमीरों, बुद्धिमान् वज़ीरों, संसार को शोभा प्रदान करने वाले समस्त सद्रों ने संगठित होकर एवं सर्व-सम्मति से आज्ञाकारिता की गरदनें एवं आत्म-समर्पण के सिर भूमि पर रखकर बैअत की और "अवश्य (आज्ञाकारिता) हो" के शब्द जबान से निकाले। हज़रत ने प्रत्येक को बादशाही कृपा एवं प्रोत्साहन से उचित पदों द्वारा सम्मानित किया। प्रतिष्ठित सैयिदों, क़ाज़ियों, आलिमों एवं समस्त प्रजा तथा सर्वसाधारण ने इस आदेश के अनुसार कि "अल्लाह की आज्ञाकारिता करो, रसूल (हज़रत मुहम्मद) की आज्ञाकारिता करो एवं उन लोगों की जिन्हें तुम लोगों में अधिकार प्राप्त है", आज्ञाकारिता हेतु कटिबद्ध हो कर उस धर्म के रक्षक बादशाह के दीर्घायु होने के लिये ईश्वर से शुभ कामनायें कीं। ख़तीबों (ख़ुत्बा पढ़ने वालों) ने उस न्यायकारी बादशाह के नाम का ख़ुत्बा जुमा मस्जिदों एवं ईदों के अवसर पर उच्च स्वर में मिम्बरों पर से पढ़ा। ढिंढोरा पीटने वालों ने ज़िम्मियों एवं मुसलमानों में शांति की घोषणा कराई। प्राणियों को नये सिरे से सौभाग्य एवं समृद्धि प्राप्त हो गई......

उत्तम कवियों एवं विद्वानों ने तारीख़ें एवं कवितायें प्रस्तुत कीं तथा अत्यधिक इनाम इकराम प्राप्त किये। उनमें से सर्वोत्कृष्ट ये विद्वान् अमीर शिहाब मुअम्माई ने जो योग्यता एवं बुद्धिमत्ता में अद्वितीय था, यह तारीख़ प्रस्तुत की जो स्वीकार हुई। ....(च: पृ० ४ ब, ५ अ, छ: पृ० ४अ व ४ब)।

२ च, छ एवं ज के अनुसार फ़स्ल १:—संसार को शरण प्रदान करने वाले उस शाह का बिबन, बायज़ीद एवं इबराहीम ख़ां लोदी तथा विद्रोहियों के समूह पर आक्रमण, उनकी पराजय, तदुपरान्त चुनार के क़िले की विजय।

३ (क), (ख), (ग), (घ) में 'लोधी' किन्तु **हुमायूं शाही,** (च), (छ) में 'लोदी' है। (ज) में भी 'लोदी' है।

४ (च) में इस प्रकार है :—इसी बीच में दरबार के विश्वासपात्रों ने उपस्थित होकर यह समाचार पहुँचाये कि, बिबन, बायज़ीद, इबराहीम खां लोदी एवं अफ़ग़ान सरदारों के एक बहुत बड़े समूह ने विद्रोह कर दिया है और असम्भव कल्पनायें करने लगे हैं। इस कारण कुछ विलायतों में अशांति एवं अव्यवस्था फैल गई है तथा प्रजा की सुख शांति का अन्त हो गया है। संसार को शरण प्रदान करने वाले उस बादशाह ने इस कष्ट दायक समाचार को सुनते ही राजसिंहासन पर अंगड़ाई ली और सिंह के समान दहाड़े। कनखियों से अमीरों की ओर देखा। प्रत्येक ने तस्लीम एवं ज़मीन बोसी की एवं आज्ञा चाही। हज़रत ने इस कारण कि वे स्वयं जवान थे और उनका भाग्य भी जवान था कहा कि, "इस अवसर पर इस विद्रोह को शांत करने के लिए हम स्वयं प्रस्थान करेंगे तथा इन्हें कठोर दंड देंगे ताकि बाद में किसी को फिर इस प्रकार की कोई इच्छा न हो"। **हुमायूं शाही,** च: पृ० ६)।

वे निरन्तर यात्रा करते हुए सुती[1] नदी तट पर ददरा[2] नामक स्थान पर पहुँचे थे कि उपर्युक्त विद्रोहियों से जो अपार सेना सहित उस ओर से आये थे मुठभेड़ हो गई। कुछ दिन उपरान्त घोर युद्ध हुआ। शत्रु पराजित हुए।

१ (क) में सनी, (ख) में सुती, (ग) में तबसती एवं (घ) में सती, **हुमायूं शाही** (च, छ) में सई है। (ज) में यह नाम स्पष्ट नहीं। इसे सनी एवं सई दोनों पढ़ा जा सकता है, किन्तु आधुनिक मानचित्रों एवं स्थानीय पूछ ताछ पर यहां किसी नदी का पता नहीं चल सका। सम्भवतः गोमती नदी से अभिप्राय है।

२ उत्तर प्रदेश के बाराबंकी ज़िले में ८१° १८′ उत्तर तथा २७° ५४′ पूर्व बाराबंकी नगर से ६ मील दक्षिण-पूर्व, गोमती नदी से ११ मील उत्तर-पूर्व में। यह नाम हस्तलिपियों में दो प्रकार से मिलता है : दौरा (७,७) तथा ददरा (७,७७)। आधुनिक स्थानीय नाम ददरा है। डा० ईश्वरी प्रसाद ने इसे जौनपुर से ४८ मील उत्तर में बताया है। (*The Life and Times of Humayun*, पृ० ५० नोट न० १)। यह ठीक नहीं। डा०एस० के० बनर्जी ने इसे बाराबंकी की नवाबगंज तहसील में बताया है (*Humayun Badshah* भाग १ पृ० ४३)। **तारीख़ शेरशाही** में इस घटना तथा इससे पूर्व का उल्लेख इस प्रकार है :—जब (सुलतान महमूद एवं शेर ख़ां) जौनपुर के समीप पहुँचे तो उन्होंने अपनी सेना आगे भेज दी। जो मुग़ल जौनपुर में थे वे जौनपुर छोड़ कर भाग गये। जब जौनपुर सुलतान महमूद के अधिकार में आ गया तो वह कुछ समय तक जौनपुर में ठहरा रहा और अपनी सेना को आगे भेज दिया। लखनऊ तथा आस-पास के स्थान सुलतान महमूद के अधिकार में आ गये। जब सुलतान ने सुना कि हुमायूं पादशाह की विजयी पताकाओं ने प्रस्थान कर दिया है तो सुलतान महमूद भी जौनपुर से रवाना हुआ। दोनों सेनाओं का लखनऊ के समीप मुक़ाबला हुआ। रोज़ाना युद्ध होता था। दोनों ओर के योद्धा आगे बढ़-बढ़कर युद्ध करते थे। जब शेर ख़ां ने देखा कि अफ़ग़ानों की सेना संगठित नहीं है और प्रत्येक अपनी-अपनी चिन्ता में है तो उसने हिन्दू बेग को लिखा, 'मुझे मुग़लों ने धूल से उठाया है। यह लोग मुझे ज़बरदस्ती लाये हैं किन्तु युद्ध के दिन मैं आपसे युद्ध न करूंगा, और बिना युद्ध किये रण क्षेत्र से निकल जाऊंगा। मेरे विषय में हज़रत हुमायूं पादशाह को सूचना कर दो। मैं इस लश्कर की पराजय का कारण बन जाऊंगा।' जब हिन्दू बेग ने हज़रत पादशाह को शेर ख़ां का प्रार्थना-पत्र दिखाया तो बादशाह ने शेर ख़ां को कृपा-युक्त फ़रमान भेजा कि, "उन लोगों के साथ आने के कारण तुझे किसी बात की चिन्ता न करनी चाहिये। जैसा तूने प्रार्थना-पत्र में लिखा है, यदि तूने वही किया तो यह तेरे सम्मान में वृद्धि का कारण होगा।" कुछ दिन उपरान्त दोनों सेनाओं ने पंक्तियां सुव्यवस्थित करके युद्ध प्रारम्भ कर दिया। युद्ध के समय शेर ख़ां अपनी सेना सहित युद्ध किये बिना चल दिया। इस कारण सुलतान महमूद पराजित हो गया। इबराहीम ख़ां यूसुफ़ ख़ैल ने इस युद्ध में घोर प्रयत्न किया। जब तक वह मार न डाला गया उसने अपना स्थान न छोड़ा। मियां बायज़ीद ने उस दिन अत्यधिक मदिरा-पान कर लिया था। वह नशे में चूर एवं असावधान था। असावधानी की अवस्था में वह मार डाला गया। सुलतान महमूद एवं अन्य अमीर पराजित होकर बिहार की ओर भाग गये।......

जब हुमायूं पादशाह ने सुल्तान बिन सिकन्दर महमूद को विजय कर लिया और अधिकांश विद्रोही मार डाले गये तो उन्होंने हिंदू बेग को शेर ख़ां के विरुद्ध इस आशय से नियुक्त किया कि वह शेर ख़ां से चुनार का क़िला ले ले। शेर ख़ां ने हिन्दू बेग की चलने न दी। हज़रत पादशाह ने आदेश दिया कि उत्कृष्ट विजयी पताकायें चुनार के क़िले की ओर प्रस्थान करें। जब शेर ख़ां ने सुना कि हज़रत हुमायूं पादशाह चुनार के क़िले पर अधिकार जमाने आ रहे हैं तो उसने अपने पुत्र जलाल ख़ां को जो अपने पिता की मृत्योपरान्त, उसका उत्तराधिकारी बना और अपनी उपाधि इस्लाम शाह रक्खी तथा जलाल ख़ां बिन जल्लू (इलियट में हल्लू) को चुनार के क़िले में छोड़ कर अपने परिवार सहित उन पर्वतों में जहां महरकुन्दा (इलियट में नहर कुन्दा पर्वत) अथवा (भरकुन्दा पर्वत) में चला गया। हज़रत हुमायूं शाह की सेना ने चुनार के क़िले को घेर लिया। हर रोज़ उस

शेर

'वे इस प्रकार पराजित हो गये,
कि भय के कारण उन्हें अपनी भी सुध-वुध न रही।
सुल्तान के सौभाग्य से ऐसी विजय प्राप्त हो गई,
प्रत्येक व्यक्ति को अत्यधिक लूट की धन-सम्पत्ति प्राप्त हुई।'

बिबन, बायज़ीद, इबराहीम खां लोदी एवं अधिकांश विद्रोही सरदार मारे गए। वहाँ से विजयी सेना ने विजय एवं सफलता प्राप्त करके प्रस्थान किया और चुनार के क़िले की ओर रवाना हुए।

जब विजयी सेना चुनार के क़िले में पहुँची तो शेर खां का पुत्र जलाल खां एवं कुछ अन्य अमीर जो उस क़िले में थे, घेर लिए गए। चार मास तक क़िले का अवरोध होता रहा। जब शेर खां ने देखा कि क़िला आज कल में विजय हो जायगा तो उसने आज्ञाकारिता स्वीकार कर ली। अपने पुत्र क़ुतुब खां को भेज कर संधि कर ली।

क़िले में युद्ध होता था। उन युद्धों में जलाल खां के प्रयत्नों से ऐसे पौरुष का प्रदर्शन होता था कि उसका उल्लेख सम्भव नहीं।....शेर खां की यह प्रथा थी कि वह प्रत्येक विलायत में गुप्तचर भेजा करता था ताकि वहां के समाचार ज्ञात हो सकें।.. ...

शेर खां समझता था कि 'इस क्षेत्र में हुमायूं अधिक नहीं ठहर सकता'। उसे गुप्तचरों ने यह समाचार पहुँचाये थे कि गुजरात के सुल्तान बहादुर शाह ने मांडू की विलायत पर अधिकार जमा लिया है और वह राजधानी देहली पर अधिकार जमाना चाहता है, तथा शीघ्र युद्ध की घोषणा कर देगा। हुमायूं को भी इस बात का पता चल गया कि सुल्तान बहादुर देहली पर आक्रमण करना चाहता है। शेर खां ने अपना वकील हज़रत हुमायूं पादशाह की सेवा में भेज कर यह प्रार्थना-पत्र प्रस्तुत कराया कि, "दास पादशाह का गुलाम है। जुनैद बरलास ने उसे आश्रय प्रदान किया था। लखनऊ के युद्ध में जो सेवा उसने की वह हज़रत पादशाह को ज्ञात है। यदि पादशाह चुनार को प्राचीन दास से ले लेंगे तो किसी अन्य सेवक ही को प्रदान करेंगे। दास भी इस दरबार के सेवकों में से है। आशा है कि दास को चुनार का क़िला प्रदान कर दिया जायगा। दास अपने पुत्र क़ुतुब खां को सेवा में भेज देगा। आप इस क्षेत्र की ओर से संतुष्ट रहें। यदि इस दास तथा अन्य अफ़ग़ानों द्वारा कोई ऐसा व्यवहार प्रदर्शित हो जो राजभक्तों के हित में न हो तो उसे ऐसा दंड दिया जाय कि अन्य लोग शिक्षा ग्रहण कर सकें।" जब हुमायूं पादशाह को उसके प्रार्थना-पत्र की सूचना मिली तो उन्होंने शेर खां के वकील से कहा कि, "मैं शेर खां को इस शर्त पर चुनार प्रदान कर दूंगा कि वह जलाल खां को मेरे साथ कर दे।" शेर खां ने निवेदन कराया कि "माता-पिता के लिये स्नेह एवं प्रेम की दृष्टि से सभी पुत्र बराबर होते हैं। जलाल खां मेरी दृष्टि में क़ुतुब खां से बढ़कर नहीं। मैंने इस बात की प्रतिज्ञा की है कि, 'हज़रत पादशाह के प्रस्थान के उपरान्त पादशाह के राज्य में किसी को कोई उपद्रव न करने दूंगा।" इसी बीच में समाचार प्राप्त हुये कि 'मीर्ज़ा मुहम्मद ज़मान खां ने जो बयाना के क़िले में बन्दी था, जाली फ़रमान दिखा कर मुक्ति प्राप्त कर ली और राज्य में विघ्न डालने लगा है। गुजरात का पादशाह सुल्तान बहादुर देहली पर आक्रमण करने की योजना बना रहा है'। उन्होंने शेर खां के वकील से कहा, "क्योंकि शेर खां राजभक्त है अतः मैं उसकी प्रार्थना स्वीकार करता हूँ। यदि वह क़ुतुब खां को मेरे पास भेज देगा तो मैं चुनार का क़िला उसे प्रदान कर दूंगा।" शेर खां इस समाचार को पाकर प्रसन्न हो गया। अपने पुत्र क़ुतुब और अपने हाजिब ईसा खां (इलियट में ईसा खां हुज्जाब) को हज़रत हुमायूं पादशाह की सेवा में भेज दिया। वे आगरा लौट गये। (**तारीख़े शेरशाही** : डा० परमात्मा शरण हस्तलिपि पृ० १०४-१०९, इलाहाबाद विश्व-विद्यालय हस्तलिपि पृ० ९९-१०१, अलीगढ़ विश्व-विद्यालय हस्तलिपि पृ० १०६-११२; इलियट, बाडलीएन नं० ३७१)।

शेर

'शाह के चरणों का चुम्बन करना स्वीकार कर लिया,
विनयपूर्वक प्रत्येक आज्ञायें मानीं।'

(४ अ) हज़रत पादशाह ने वहाँ से प्रस्थान करके राजधानी आगरा में पड़ाव किया।

(२)

हुमायूं का गुजरात की ओर प्रस्थान एवं उस विलायत की विजय[1]

जब हज़रत पादशाह स्वयं गुजरात की ओर रवाना हुए और विजयी सेना नरवर[2] के क़िले के निकट पहुँच गई तो सुल्तान बहादुर गुजराती का प्रार्थना-पत्र प्राप्त हुआ कि वह चित्तौड़ के क़िले को घेरे हुए है और उसकी इच्छा है कि काफ़िरों को पराजित करके इस्लाम को विजय प्रदान करे। इस कारण हज़रत पादशाह बहुत समय तक नरवर के क़िले के समीप ठहरे रहे[3] और सुल्तान बहादुर चित्तौड़ के क़िले को विजय करके गुजरात पहुँचा। हज़रत पादशाह निरन्तर यात्रा करते हुए गुजरात की ओर रवाना हुए और बुरहानपुर की सरकार के अधीनस्थ मोरी नामक स्थान पर पहुँचे थे कि सुल्तान बहादुर मुक़ाबले के लिए पहुँच गया।

१ च, छ एवं ज में भी दूसरी फ़स्ल।

२ (क-ख-ग-घ) में 'तिलवर' किन्तु **हुमायूं शाही** (च) में 'नरवर', छ में और ज में भी 'नरवर'।

३ **हुमायूं शाही** (च) में इस प्रकार है :—हज़रत ने दरबार आयोजित किया प्रतिष्ठित अमीर चांद के गिर्द पड़ने वाले घेरे के समान चारों ओर उपस्थित थे। नम्रतापूर्वक उन लोगों ने शिष्टाचार की भूमि का चुम्बन किया। मीर तुज़ुक एवं हाजिबों ने दरबार को सुव्यवस्थित किया। धर्म के रक्षक पादशाह ने इन विश्वास-पात्रों में से कुछ को कृपा एवं अनुकम्पा द्वारा सम्मानित करके अपने पास बुलवाया और कहा कि, "बहुत समय से हमारी रक्त पीने वाली तलवार मियान में सो रही है और दीर्घ काल से हमारी कटार द्वारा युद्ध नहीं हुआ है। यदि उचित हो तो गुजरात जो प्राचीन काल से राजधानी देहली के उपान्त में है विजय करूं और भूतकाल की भांति एक ही ख़ुत्बा एवं सिक्का हो जाय और जो लोग उस राज्य पर अधिकार जमाये हैं, उन्हें पराजित कर दूं।····" वीरों ने यह बात स्वीकार कर ली। दूसरे दिन शुभ मुहूर्त में वे दौलतख़ाने से निकल कर घोड़े की ज़ीन पर पहुँचे····और निरन्तर यात्रा करते हुये नरवर के क़िले में उतरे। उस ओर से बहादुर गुजराती का इस आशय का प्रार्थना-पत्र प्राप्त हुआ कि "बन्दा चित्तौड़ के क़िले को जो दृढ़ता में ख़ैबर के क़िले के समान है घेरे है। उसके विषय में आपको ज्ञात हुआ होगा कि अधर्मी हिन्दुओं की एक सेना एवं दुष्ट पिशाचों का समूह उस दृढ़ क़िले की प्रतिरक्षा कर रहा है। वहां के निवासियों के हृदय अभी तक इस्लाम के नूर से प्रज्वलित नहीं हुये हैं····अतः वहां के निवासियों को विवश करके मैं इस्लाम की विजय चाहता हूँ। तत्पश्चात् जो आदेश होगा उसे हृदय से स्वीकार करूंगा।" इस कारण धर्म का रक्षक पादशाह दीर्घ काल तक उज्जैन के उपान्त में पहुँच कर ठहरा रहा। तदुपरान्त बहादुर ने उस क़िले को इस्लाम की शक्ति से विजय किया और मर्दसौर (मन्दसौर) के क़िले में पहुँचा। हज़रत पादशाह निरन्तर यात्रा करते हुये उस प्रदेश में पहुँचे। उस ओर से बहादुर ने भी पहुँच कर पड़ाव कर दिया। (च: पृ० ७ ब-८ ब, छ: ६ ब, ७ब)।

सुल्तान बहादुर के लश्कर में खाद्य सामग्री पहुँचने पर रोक

हज़रत पादशाह ने अपने अमीरों तथा उच्च पदाधिकारियों से परामर्श किया कि 'सुल्तान बहादुर से किस प्रकार युद्ध करना चाहिये?' प्रत्येक व्यक्ति ने अपनी बुद्धि-अनुसार परामर्श दिया। अन्ततोगत्वा हज़रत पादशाह ने अपनी शुभ जिह्वा से कहा कि, "बहादुर की सेना को (५ अ) प्रत्येक दिशा से शाही सेना घेर ले और बहादुर की सेना में अनाज न पहुँचने पाये।" अन्त में यही निश्चय हुआ कि इस प्रकार वह बड़ी दुर्दशा को प्राप्त हो जायगा। तदनुसार कुछ अमीर उदाहरणार्थ मीर बचका तथा उसके पुत्र गुर्ग अली, तत्ता बेग[1], मुग़ुल बेग व मीर्ज़ा जान तथा कुछ अन्य लोग इस आशय से नियुक्त किए गए कि वे छापे[2] मारते रहें और उसके शिविर में अनाज न पहुँचने दें। इस प्रकार ३-४ मास व्यतीत हो गए और अनाज का मूल्य इतना अधिक बढ़ गया कि एक सेर अनाज ४-५ तन्के को भी सुल्तान बहादुर की सेना को प्राप्त न होता था। बहादुर की सेना विवश एवं दुर्दशा को प्राप्त हो गई। यहाँ तक कि[3] घोड़े के मांस के अतिरिक्त कोई अन्य खाद्य सामग्री उपलब्ध न रही[4]। कोई दिन ऐसा व्यतीत न होता था जब कि दोनों दिशाओं से युद्ध तथा मार-काट न हो।

सुल्तान बहादुर की पराजय

अन्त में हज़रत पादशाह के प्रताप के उन्नत होने के कारण[5] आधी रात में विचित्र प्रकार का कोलाहल एवं हा-हाकार होने लगा। उस्ताद अली क़ुली द्वार से प्रविष्ट होकर हज़रत की सेवा में उपस्थित हुआ। हज़रत पादशाह ने पूछा कि, "यह कैसा शोर[6] है?" उसने निवेदन किया कि, (५ ब) "पादशाह सलामत, ऐसा ज्ञात होता है कि बहादुर भाग गया और रूमी ख़ां[7] ने लैला-मजनूं[8] नामक तोपें तोड़ डालीं।" वे लोग यही बातें कर रहे थे कि किसी ने आकर निवेदन किया कि, "पादशाह को बधाई हो, सुल्तान बहादुर भाग गया।" हज़रत पादशाह ने ईश्वर के प्रति कृतज्ञता प्रकट करने के लिए दो रकात नमाज़ पढ़ी।

शेर

'संसार के स्रष्टा की सहायता से,
विजय तथा सफलता हुई धर्म के सुल्तान को।'

१ **हुमायूं शाही** के अनुसार "मीर बचका, और उसके पुत्रों, कर्क (गुर्ग) अली एवं तत्ता बेग, व मीर्ज़ा जान अली"; (चः पृ० ६अ, छः पृ० ७ब, जः पृ० ८अ)।
२ 'क़ज़्ज़ाक़ी कुनन्द'।
३ च, छ, ज में 'गोश्ते बहायम' (चौपाये, मवेशी, पशु का मांस)।
४ च, छ, में, "संक्षेप में ७ मास व्यतीत हो गये"।
५ च, छ, ज में, "क्योंकि बहादुर पौरुष के युद्ध में, रक्त बहाने वाले वीरों एवं अग्नि बरसाने वाले चमकदार भालों का मुक़ाबला न कर सकता था अतः आधी रात के समय कोलाहल होने लगा"; (चः पृ० ६ अ, छः पृ० ८ अ, जः पृ० ८ अ)।
६ च, छ, ज में, "यह कैसा असाधारण शोर है?"
७ च, छ में, "रूमी ख़ां उसके मीर आतश ने"।
८ इनके विषय में **ज़फ़रुल वालेह** में विस्तार से उल्लेख है।

सुल्तान बहादुर का पलायन

हज़रत पादशाह उसी समय सुल्तान बहादुर का पीछा करने के लिए सवार हो गए। इसी बीच में रूमी ख़ां उपस्थित होकर हज़रत के चरण चूमकर सम्मानित हुआ। सुल्तान बहादुर भागकर मन्दू[१] के क़िले में प्रविष्ट हो गया। विजयी सेना ने शीघ्रातिशीघ्र पहुँच कर मन्दू के क़िले का अवरोध कर लिया। कुछ समय तक सुल्तान बहादुर घिरा रहा[२]। तदुरान्त सुल्तान बहादुर हिन्दू बेग को मिलाकर उसके मोर्चे से भाग गया और चम्पानीर[३] के क़िले में प्रविष्ट हो गया। हज़रत पादशाह ने मन्दू के क़िले को विजय कर लिया और अत्यधिक ख़ज़ाना तथा अपार धन-सम्पत्ति प्राप्त हुई, किन्तु हज़रत पादशाह ने ख़ज़ानों एवं धन-सम्पत्ति की ओर कोई ध्यान न दिया और बहादुर का तेज़ी से पीछा करते हुए चम्पानीर के क़िले को घेर लिया[४]। इसी बीच में उस दुष्ट (६ अ) से छिपा कर किसी ने आकर हज़रत पादशाह से निवेदन किया कि, "दास एक मार्ग से हज़रत पादशाह को क़िले के ऊपर ले जा सकता है जिससे क़िले के सभी लोग हज़रत पादशाह के पैरों के नीचे हो जायेंगे[५]।" अन्त में हज़रत पादशाह ने उसकी प्रार्थना स्वीकार कर ली और वे स्वयं थोड़े से क़ूरची, एक जोड़ा नक़्क़ारा तथा सूरना[६] क़िले के ऊपर ले गए। वहाँ पहुँच कर नक़्क़ारा एवं सूरना बजाया।

शेर

'प्रविष्ट हुए, डंका बजाते हुए,
आकाश ने ढोल के मुंह का चुम्बन किया।
तुर्की वंशी से ऐसा शोर उठा,
कि तुर्कों के होश हवास उड़ गये।'

संक्षेप में, अन्य अमीरों ने, जो कि क़िले को घेरे हुए थे, प्रत्येक दिशा से युद्ध करना प्रारम्भ कर दिया। शत्रुओं ने क्षमा माँग ली। अधिकांश क़िले के बाहर कूद पड़े। सुल्तान बहादुर भागकर सूरत[७] के बन्दरगाह में पहुँचा और क़िला पादशाह के प्रताप से उसी दिन विजय हो गया।

१ च के हाशिये पर 'मंदसौर' एवं छ में भी 'मंदसौर'।

२ च, छ में यह वाक्य भी है:—"हज़रत ने सैयिद अमीर को उसके पास दूतबना कर भेजा कि 'मन्दू तू मेरे लिये छोड़ दे, मैं तुझे गुजरात प्रदान कर दूंगा। जो पेशकश तेरे पूर्वज देहली के पादशाहों को देते आये हैं, अदा कर'। उसने उत्तर भेजा कि 'मैंने यह प्रदेश तलवार के ज़ोर से विजय किया है। हमसे कोई यदि इसे ले सकता है तो इसी प्रकार।" (च : पृ० ९ब, छ : पृ० ८अ, ८ब)।

३ च, छ में 'चम्पानियार', ख व ग में हर स्थान पर 'चनानीर', अन्य ग्रन्थों में 'चाम्पानीर'।

४ च, छ में "वह क़िला ऊँचाई में ऐसा है कि ऐयूक तक सिर उठाये है और कल्पना एवं सूझ-बूझ के नेत्रों ने ऐसा दृढ़ अलवन्द पर्वत न देखा"।

५ च, छ में "नीचे की ओर हो जायेंगे"। ज में, "वहां से हज़रत पादशाह सरकोब में होंगे एवं अन्य लोग नीचे"; (ज: पृ० ९ अ)।

६ एक प्रकार का बहुत बड़ा बिगुल।

७ क, ख, ग, घ एवं ज में 'सूरत', च, छ में इस प्रकार है:—"बहादुर को जब छिपने का कोई स्थान न मिला तो युग के उस सुलेमान के सामने से देव के समान भाग कर बन्दर देव (डियु) में घुस गया।" (च : पृ० १०ब, छ : पृ० ९अ)।

सुल्तान बहादुर के ख़ज़ानों की खोज

सुल्तान बहादुर के एक उत्कृष्ट अमीर आलम ख़ां ने आकर हज़रत पादशाह के प्रति अभिवादन किया। हज़रत पादशाह ने इस आशय से अत्यधिक पूछ-ताछ की ताकि सुल्तान बहादुर के ख़ज़ानों पर अधिकार जमा लें किन्तु कुछ भी पता न चला। कुछ अमीरों ने निवेदन किया कि, "आलम ख़ां के प्रति कठोरता प्रदर्शित की जाय ताकि वह सुल्तान बहादुर के ख़ज़ानों का (६ ब) पता चला दे।" हज़रत पादशाह ने कहा कि, "क्योंकि वह स्वयं आकर सेवा में उपस्थित हुआ है अतः उसके प्रति कठोरता उचित नहीं।"

शेर

'यदि कृपा एवं ख़ुशी से काम निकल आये,
तो फिर कठोरता एवं हत्या की क्या आवश्यकता।'

हज़रत पादशाह ने कहा कि "एक सभा आयोजित की जाय और मदिरा का प्याला उसे दिया जाय। इस दशा में उससे पूँछा जाय, सम्भवतः कोई बात बता दे।"

ख़्वाजा हाफ़िज़ ने कहा है :—

शेर

'अच्छे तथा बुरे लोगों के प्रति कृतज्ञता एवं शिकायत का क्या स्थान है,
जब जीवन-पंजिका पर लिखा न रहेगा।
सोने (के अक्षरों) से लिखा है पीत मणि की अट्टालिका पर,
दानियों के दान-पुण्य के अतिरिक्त कुछ भी शेष न रहेगा।'

अतः हज़रत पादशाह के आदेशानुसार ऐसा ही किया गया। कुछ अमीरों ने सभा आयोजित की और मदिरा का प्याला प्रेमपूर्वक उसे दिया। जब आलम ख़ां पर मदिरा बहुत चढ़ गई तो उससे कहा कि, "सुल्तान बहादुर के ख़ज़ाने में से कुछ भी प्राप्त नहीं हुआ।" उसने उत्तर दिया कि, (७ अ) "यदि पादशाह ख़ज़ाना चाहते हैं तो आदेश दिया जाय कि जिस हौज़ पर हम लोग बैठे हैं उसका जल निकाल दें। इस हौज़ से इतना अधिक ख़ज़ाना प्राप्त हो जायगा कि समस्त सेना के लिए पर्याप्त होगा।" जब अमीरों ने यह सुना तो उन्होंने हज़रत पादशाह से (इस विषय में) निवेदन किया। आदेश हुआ कि "लोग कूज़ें[1] और प्यालों से हौज़ से जल निकाल दें।" उसी आलम ख़ां ने फिर कहा कि, "इस प्रकार हौज़ ख़ाली नहीं हो सकता। एक ओर जल की निकासी का स्थान है। उसे खोदा जाय ताकि जल निकल जाये।" शीघ्र उसी प्रकार किया गया। जिस स्थान को उसने बताया था वह खोदा गया। जल निकल गया और अपार ख़ज़ाना जो महमूद[2] के समय से एकत्र

१ एक प्रकार की सुराही; प्याले को भी कूज़ा कहते हैं।

२ च, छ के अनुसार 'सुल्तान महमूद'। क, ख, ग, घ में यह वाक्य अस्पष्ट है किन्तु च, छ में पूर्ण रूप से स्पष्ट है। (सुल्तान महमूद ने जून १४५१ ई० से नवम्बर १५११ ई० तक राज्य किया। उसके विषय में **उत्तर तैमूर कालीन भारत** भाग २ में **तबक़ाते अकबरी, मिरआते सिकन्दरी** एवं **ज़फ़रुल वालेह** के अनुवाद देखिये।

था, प्राप्त हो गया। हज़रत पादशाह ने उसे ढालों में भर भरकर बाँट दिया। उसने एक कुएं का भी पता बताया जिसमें सोना तथा चाँदी पिघला कर भर दिया गया था और वह उसी दशा में था[1]।

अमीरों का वापसी के लिये परामर्श

हज़रत पादशाह तरदी बेग को चम्पानीर के क़िले में छोड़कर स्वयं बहादुर के पीछे खम्बायत की ओर रवाना हुए। जब ईश्वर की कृपा तथा पादशाह के प्रताप से नित्य नई विजयें तथा अपार सफलता प्राप्त हो गईं तो हिन्दू बेग एवं राज्य के कुछ उच्च-पदाधिकारियों तथा अमीरों (७ ब) ने निवेदन किया कि, "परमेश्वर ने अपनी महान् अनुकम्पा तथा दया द्वारा हज़रत पादशाह को विजय प्रदान कर दी है। सुल्तान बहादुर रणक्षेत्र से भाग गया है और युद्ध नहीं कर सकता। वह मन्दू के क़िले में प्रविष्ट हुआ और वहाँ से भी भागकर चम्पानीर पहुँचा। वहाँ से वह सूरत के बन्दरगाह में घुस गया है और अब उसकी दशा बड़ी शोचनीय हो गई है। अतः यह उचित होगा कि जो ख़ज़ाना तथा विलायत प्राप्त हुई है उसे 'एक साला तथा दो साला[2]' के रूप में सैनिकों को प्रदान कर दिया जाय और शेष को अमानत के रूप में सौंप दिया जाय ताकि जब माँगा जाय तब वसूल किया जा सके। गुजरात की विलायत सुल्तान बहादुर को प्रदान कर दें और उसे अपनी ओर से नियुक्त कर दें ताकि इसका यश संसार में स्मृति के रूप में बाक़ी रहे।

शेर

'सोने के अक्षरों से लिखा है, पीत-मणि की अट्टालिका पर,
दानियों के दान-पुण्य के अतिरिक्त कुछ भी शेष न रहेगा।'

वे स्वयं विजय तथा सफलता प्राप्त करके राजधानी आगरा की ओर रवाना हों कारण (८ अ) कि चिन्ताजनक समाचार प्राप्त हो रहे हैं कि मेहा[3] सुल्तान मीर्ज़ा, उलुग़ मीर्ज़ा, शाह मीर्ज़ा तथा महमूद क़ुली मीर्ज़ा ने विद्रोह कर दिया है और गंगा नदी पर स्थित क़न्नौज से जौनपुर के भाग अपने अधिकार में कर लिए हैं तथा अपने नाम का ख़ुत्बा पढ़वा दिया है।"

हुमायूं का वापसी के विषय में विरोध

हज़रत पादशाह इस बात से बड़े रुष्ट हुए और अमीरों तथा राज्य के उच्च पदाधिकारियों पर क्रोध प्रदर्शित करते हुए कहा कि 'जिस राज्य को तलवार की शक्ति से विजय किया है उसे नष्ट नहीं करना चाहिये, इस राज्य को सुव्यवस्थित करना और इसकी शासन-व्यवस्था देहली के अधीन करनी चाहिये।"

मीर्ज़ा अस्करी का विद्रोह

जब अमीरों तथा राज्य के उच्च पदाधिकारियों ने यह देखा कि, "हज़रत पादशाह ने उनके परामर्श तथा उनकी राय को स्वीकार नहीं किया तो उन्होंने विरोध करते हुए मीर्ज़ा अस्करी[4]

१ क, ख, ग, घ, च, छ, ज किसी में भी उसके प्रयोग के विषय में कुछ नहीं लिखा है।
२ एक वर्ष तथा दो वर्ष के पेशगी वेतन के रूप में।
३ च, छ एवं ज में इस प्रकार है :—"मेहा सुल्तान मीर्ज़ा ने अपने पुत्रों, उलुग़ मीर्ज़ा, शाह मीर्ज़ा और मुहम्मद क़ुली मीर्ज़ा सहित विद्रोह कर दिया है।" (च : पृ० ११ ब, छ : पृ० १०अ, ज : पृ० ११अ)।
४ च, छ में "मीर्ज़ा अस्करी को जो उनका छोटा भाई था"।

को बहकाया और कहा कि, "तुम देहली की ओर चल दो और विद्रोह कर दो। हज़रत पादशाह को स्वयं उस ओर रवाना होना पड़ेगा।"

यादगार नासिर मीर्ज़ा द्वारा चम्पानीर का ख़ज़ाना प्राप्त करने का प्रयत्न

अमीरों के कहने पर मीर्ज़ा अस्करी राजधानी देहली की ओर रवाना हुआ और यादगार नासिर मीर्ज़ा[1] चम्पानीर के क़िले में पहुँचा। उसने तरदी बेग से कहा कि "ख़ज़ाना मुझे दे दो।" तरदी बेग ने उत्तर दिया, "हज़रत पादशाह के आदेश के बिना तुम्हें ख़ज़ाना नहीं दे सकता[2]।" तरदी बेग ने पादशाह की सेवा में प्रार्थना-पत्र भेजा कि "यादगारी नासिर मीर्ज़ा ख़ज़ानों पर अधि-
(८ ब) कार जमाने का विचार कर रहा है, इस विषय में जो आदेश हो, (वह किया जाय)।" हज़रत पादशाह ने उत्तर भेजा कि, "उसे कुछ भी न दिया जाय कारण कि कुछ ही दिनों में मैं स्वयं उस ओर आ रहा हूँ।"

हुमायूं की वापसी

जब हज़रत पादशाह को यह ज्ञात हुआ कि अमीर लोग मीर्ज़ा लोगों से मिल गए हैं और विरोध करने पर तुले हुए हैं तथा उनकी विजयी सेना गुजरात की विलायत में विभिन्न स्थानों पर नियुक्त है और वे स्वयं एक थोड़ी सी सेना सहित खम्बायत में हैं तो उन्होंने सोचा कि इस स्थान से अहमदाबाद की ओर प्रस्थान करना चाहिए ताकि वहाँ समस्त सेना एकत्र हो जाय। आधी रात में हज़रत पादशाह खम्बायत से रवाना हुए और निरन्तर यात्रा करते हुए अहमदाबाद पहुँचे। जब पादशाह के यह समाचार चारों ओर फैल गए तो कुछ लोग आकर विजयी सेना से मिल गए और अधिकांश लोग राजधानी आगरा की ओर रवाना हो गए। जब हज़रत पादशाह को पता चला कि लोग छिन्न-भिन्न हो गए हैं और सेना एकत्र नहीं हो रही है तथा मेहा सुल्तान मीर्ज़ा एवं उसके पुत्रों के विद्रोह के समाचार निरन्तर प्राप्त हो रहे हैं तो विवश होकर वे स्वयं राजधानी आगरा की ओर रवाना हुए।

सुल्तान बहादुर का खम्बायत पहुँचना

(९ अ) जब सुल्तान बहादुर गुजराती को हज़रत पादशाह के अमीरों के विद्रोह का पता चला और यह ज्ञात हुआ कि हज़रत पादशाह परेशान हैं और उनकी सेना छिन्न-भिन्न हो गई है तथा वे आगरा की ओर प्रस्थान कर रहे हैं तो वह ५-६ हज़ार हब्शी दासों को लेकर तथा फ़िरंगियों से संधि करके एवं उनकी सहायता से अहमदाबाद की ओर रवाना हुआ। आधी रात के समय वह खम्बायत पहुँच गया।

१ च, छ में "जो उनके चाचा का पुत्र था"।
२ च, छ, ज में, "बिना शाही आदेश के कुछ नहीं दे सकता"।

मेहा सुल्तान मीर्ज़ा का अपने सहायकों एवं परिवार सहित विद्रोह एवं मीर्ज़ा हिन्दाल का उन्हें दो बार पराजित करना[1]

हम अब विद्रोहियों का क़िस्सा प्रारम्भ कर रहे हैं :—

अभी हज़रत पादशाह गुजरात ही में थे कि तुग़लान[2] बेग कोका ने, जिसकी जागीर में परगना बिलग्राम सम्मिलित था, मीर्ज़ा हिन्दाल, शेख फूल[3], मुहम्मद कूकुल्ताश तथा हज़रत पादशाह के कुछ अमीरों की सेवा में उपस्थित होकर निवेदन किया कि, "मेहा सुल्तान मीर्ज़ा ने बिलग्राम पर अधिकार जमा लिया है और उसे अपनी राजधानी बना लिया है। उसने उलुग़ मीर्ज़ा को जौनपुर इस आशय से भेज दिया है कि वह उसका अवरोध करे। शाह मीर्ज़ा को कड़ा मानिकपुर की ओर भेज दिया है और स्वयं बिलग्राम में है। इस समय उसकी सेना छिन्न-भिन्न है, इस अवसर पर यदि आप लोग प्रस्थान कर दें तो ईश्वर की कृपा तथा शाही इक़बाल से सफलता प्राप्त हो सकती (९ ब) है।" अत: शेख फूल, मुहम्मद कूकुल्ताश, तुग़लान बेग, खुसरो कूकुल्ताश के पुत्र जो क़न्नौज के हाकिम थे तथा अन्य अमीर मीर्ज़ा हिन्दाल के साथ क़न्नौज की ओर मेहा सुल्तान के विरुद्ध रवाना हुए। वे निरन्तर यात्रा एवं एक पड़ाव से दूसरे पड़ाव को पार करते हुए गंगा तट पर पहुँचे। मेहा सुल्तान मीर्ज़ा को समाचार प्राप्त हुए कि मीर्ज़ा हिन्दाल क़न्नौज पहुँच गया है। उसने उलुग़ मीर्ज़ा तथा शाह मीर्ज़ा को परवाने लिखे[4] कि, "शीघ्र आ जाओ कारण कि मीर्ज़ा हिन्दाल ने अवरोध कर लिया है।" यह समाचार पाते ही शाह मीर्ज़ा कड़ा से शीघ्रातिशीघ्र बढ़ता हुआ आया। उलुग़ मीर्ज़ा ने मेहा सुल्तान को पत्र लिखा कि, "मेरे पहुँचने तक उन्हें किसी न किसी युक्ति से टालते रहो और कदापि युद्ध न करो।" संक्षेप में, मेहा सुल्तान मीर्ज़ा, शाह मीर्ज़ा सहित बिलग्राम से आया और उसने युद्ध हेतु गंगा तट पर पड़ाव कर दिया।

१ **हुमायूं शाही** तथा **जवाहर शाही** के अनुसार फ़स्ल ३ (च : पृ० १२ब, छ : पृ० १०ब, ज : पृ० १२अ)।

२ च, छ, में इस प्रकार है:—"अभी हज़रत, गुजरात की विलायत में थे कि मेहा सुलतान मीर्ज़ा ने विद्रोह कर दिया और बिलग्राम पहुँचा। तूक़लान बेग कोका जिसकी जागीर में वह परगना था, उसका मुक़ाबला न कर सका। वह क़नौज के क़िले में प्रविष्ट हो गया। मीर्ज़ा (मेहा सुल्तान) ने क़न्नौज पर आक्रमण किया। (तूक़लान) कोका खुसरो कूकुल्ताश के पुत्रों ने जो क़न्नौज के हाकिम थे, कुछ दिन तक प्रतिरक्षा की। क्योंकि उनके पास खज़ाना न था अतः क्षमा याचना करके उस क़िले के बाहर निकले और राजधानी आगरा में हिन्दाल मीर्ज़ा की सेवा में पहुँच कर निवेदन किया कि 'मेहा सुल्तान ने बिलग्राम पर अधिकार जमा लिया है और उसे अपनी राजधानी बना कर अपने पुत्रों में से उलुग़ मीर्ज़ा को इस आशय से जौनपुर भेज दिया है कि वह उसे घेर ले। शाह मीर्ज़ा को कड़ा मानिकपुर भेज दिया है और स्वयं बिलग्राम में डटा है। इस समय उसके आदमी छिन्न-भिन्न हैं।" (च : पृ० १३अ, छ: पृ० ११अ]।

३ क, ख, ग में 'फ़ूल', घ में 'भूल', च एवं छ में 'पूल', ज में 'बहलोल' यह शब्द फ़ारसी लिपि में असावधानी से लिखने के कारण विभिन्न रूप धारण कर सकता है।

४ च, छ में, "अपने पुत्रों को परवाने लिखे"।

मीर्ज़ा हिन्दाल का गंगा नदी पार करना तथा युद्ध

मीर्ज़ा हिन्दाल ने अपने अमीरों से परामर्श किया कि, "अब क्या करना चाहिये ?" अमीरों ने परामर्श दिया कि, "उलुग़ मीर्ज़ा के इन लोगों के पास पहुँचने के पूर्व हो युद्ध कर देना चाहिये।" मीर्ज़ा हिन्दाल ने कहा कि, "हमारे पास इतनी नौकाएँ नहीं हैं कि एकबारगी नदी पार की जा सके।" तुग़लान बेग कोका ने निवेदन किया कि, "इस स्थान पर दास की जागीर थी, यदि आदेश (१० अ) हो तो कुछ ऐसे लोग ढूँढ़कर लाऊँ जो नदी के पार करने का स्थान बतायें।" मीर्ज़ा हिन्दाल बहुत प्रसन्न हुआ और उसने तुग़लान बेग को सरोपा प्रदान करके कहा कि, "इस सेवा से बढ़कर और कौन सेवा हो सकती है। जाओ और यह कार्य करो।" तुग़लान बेग ने मीर्ज़ा से विदा होकर उस क्षेत्र के मल्लाहों को बुलवाया और उन्हें सरोपा देकर एक हज़ार[1] तन्के इनाम देने का वचन दिया और कहा कि, "नदी पार करने की व्यवस्था कराओ।" मल्लाह लोग प्रत्येक दिशा से जल में प्रविष्ट हो गए और दो दिन उपरान्त मीर्ज़ा की सेना से ५ कुरोह की दूरी पर पार करने के लिए स्थान निकाल लिया। तुग़लान बेग ने आकर निवेदन किया कि, "मुबारक हो, पादशाह के प्रताप से पार करने का स्थान मिल गया।" मीर्ज़ा हिन्दाल ने शेख फूल को बुलवाकर फ़ातेहा पढ़ा और आदेश दिया कि "ख़ेमे-डेरे उसी स्थान पर रहें। सेना सहित अपने अस्त्र शस्त्र को लेकर हम इस प्रकार नदी पार करें कि शत्रुओं को सूचना न होने पाये और तैयार होकर उनसे युद्ध करें।" मीर्ज़ा के आदेशानुसार एक पहर रात व्यतीत हो जाने के उपरान्त लोग नदी को पार करने के स्थान की ओर रवाना हुए। आधी रात रह गई थी कि समस्त सेना कुशलतापूर्वक नदी के पार हो गई।

मीर्ज़ा हिन्दाल द्वारा क़न्नौज विजय

मीर्ज़ा हिन्दाल ने ईश्वर के प्रति कृतज्ञता प्रकट की और कहा, कि, "प्रातःकाल समस्त (१० ब) सैनिक अस्त्र-शस्त्र धारण कर लें। सूर्य उदय होने के पूर्व ही युद्ध प्रारम्भ कर दें[2]।" मेहा सुल्तान को यह समाचार प्राप्त हुए कि मीर्ज़ा हिन्दाल अपनी सेना सहित नदी पार कर चुका है। उस ओर से शत्रुओं की सेना ने भी अस्त्र-शस्त्र धारण किए और युद्ध के लिए तैयार हो गए। एक पहर दिन व्यतीत हो चुका था कि दोनों सेनाएँ आपस में युद्ध करने लगीं। अचानक पश्चिम दिशा से आँधी उठी

शेर

'पश्चिम दिशा से एक बवंडर उठा,
जिसने लोगों के नेत्रों के समक्ष संसार को अंधेरा कर दिया।'

१ क, ख, ग, घ में '१ हज़ार' किन्तु च, ज में '१० हज़ार' स्पष्ट है; (च : पृ० १३ब, ज : पृ० १३अ, छ में 'देह' स्पष्ट नहीं। रोटोग्राफ़ धुंधला हो गया है। सम्भवतः हस्तलिपि में देह (१०) ही हो।

२ च, छ में इस प्रकार है :—"समस्त सेना ने कुशलतापूर्वक नदी पार कर ली। मीर्ज़ा ने आदेश दिया कि सेना ऊपची (सशस्त्र) होकर रण-क्षेत्र में उपस्थित हो और शत्रु पर एक साथ आक्रमण कर दें"; (च : पृ० १३ब, छ : पृ० ११ब, ज : १३अ)।

घोड़ों की टापों से इतनी अधिक धूल उड़ी कि अंधेरा छा गया, जैसा कि कहा गया है :—

शेर

'उस लम्बे चौड़े मैदान में, चौपायों की टापों से,
भूमि छः हो गईं और आकाश ८ हो गये[1]।'

मेहा सुल्तान मीर्ज़ा के आदमी आँधी में घिर गए और उन्हें इस बात का अवसर न मिल सका कि वे यह पहिचान सकें कि शत्रु कौन हैं और उनके आदमी कौन हैं। मेहा सुल्तान मीर्ज़ा की सेना पराजित हो गई।

शेर

'उस न्यायकारी बादशाह के इक़बाल से,
आकाश ने विजय एवं सफलता के द्वार खोल दिये।'

वह उलुग़ मीर्ज़ा के पास जौनपुर की ओर चल दिया। मीर्ज़ा हिन्दाल ने बिलग्राम का परगना तुग़लान बेग को प्रदान करके कहा कि, "ईश्वर को धन्य है, तूने बड़ी ही उत्तम सेवा की। यदि ईश्वर ने (११ अ) चाहा तो हज़रत पादशाह के गुजरात से वापस होने के बाद तेरी सिफ़ारिश की जायेगी[2]।"

मीर्ज़ा हिन्दाल की अवध विजय

वह[3] उसी विजयी सेना को लेकर ईश्वर के इस वचन के अनुसार कि, "अल्लाह, जिनकी सहायता करता है उन्हें विजय प्राप्त होती है" मेहा सुल्तान मीर्ज़ा का पीछा करते हुए उलुग़ मीर्ज़ा के विरुद्ध रवाना हुआ। वह निरन्तर यात्रा करता हुआ अवध के समीप पहुँचा था कि उलुग़ मीर्ज़ा मेहा सुल्तान मीर्ज़ा के पास आकर मिल गया। दोनों हिन्दाल मीर्ज़ा से युद्ध के लिए डट गए। दो मास तक दोनों सेनाएं एक दूसरे के सामने पड़ी रहीं। हिन्दाल मीर्ज़ा युद्ध के लिए बेचैन था किन्तु शेख़ फूल नहीं मानता था और कहता था कि "ठहर जाओ, मैं दावते इस्महा[4] में व्यस्त हूँ, यदि ईश्वर ने चाहा तो वे स्वयं छिन्न-भिन्न हो जायेंगे।" मीर्ज़ा हिन्दाल इस समाचार से प्रसन्न हो गया। इसी बीच में मेहा सुल्तान मीर्ज़ा को समाचार प्राप्त हुए कि हज़रत पादशाह आगरा पहुँच गए हैं। विद्रोही लोग विवश होकर युद्ध के लिए अग्रसर हुए। मीर्ज़ा हिन्दाल ने शेख़ फूल से पूछा कि, "क्या करना चाहिये ?" शेख़ फूल ने कहा कि, "क्योंकि शत्रु युद्ध के लिए आ गया है अतः हमें युद्ध करना चाहिये[5]।" संक्षेप में, दोनों ओर से युद्ध का डंका बज गया और वे परस्पर युद्ध में व्यस्त हो

१ भूमि तथा आकाश दोनों की सात-सात तहें मानी गई हैं। धूल के कारण भूमि की एक तह के ज़मीन से उठ कर आकाश की ओर चले जाने से आकाश की ८ तहें हो गईं और भूमि की ६ ही तहें रह गईं।

२ च और छ में, "...सिफ़ारिश की जायगी और तेरी स्वामी-भक्ति का उल्लेख उनकी सेवा में किया जायगा।"

३ मीर्ज़ा हिन्दाल।

४ च, छ में "दावते इस्महाये आज़म में व्यस्त हूँ। यदि ईश्वर ने चाहा तो वे खुद छिन्न-भिन्न हो जायेंगे।" ईश्वर के नामों में से कुछ महान् नाम (इस्महाये आज़म) ऐसे बताये जाते हैं जिनका ज्ञान बड़े-बड़े सन्तों के अतिरिक्त किसी को नहीं। इन नामों द्वारा सहायता मांगने से प्रत्येक कार्य में सफलता प्राप्त हो जाती है।

५ च, छ एवं ज में :—"शेख़ ने कहा कि क्योंकि शत्रु युद्ध के लिए उद्यत है अतः पीछे पांव न हटाना चाहिये। युद्ध करना चाहिये। विजय एवं सफलता आप की ओर है। विद्रोहियों को अपमान एवं परेशानी के अतिरिक्त कुछ न प्राप्त होगा।" (च : पृ० ९ब, छ : पृ० १२ब, ज : पृ० १४अ)।

(११ ब) गए। क्योंकि हज़रत पादशाह का सौभाग्य एवं प्रताप उन्नति पर था अतः हिन्दाल मीर्ज़ा को विजय प्राप्त हो गई।

शेर

'जब प्रताप न्याय एवं उपकार के साथ होता है,
विजय एवं सफलता के द्वार उसके लिए खोल देता है।'

मेहा सुल्तान मीर्ज़ा, अपने तीनों पुत्रों सहित पराजित होकर भाग खड़ा हुआ और खुन्दा बिहार के पर्वतों[1] की ओर, जो पूरनिया के समीप बंगाले की सीमा पर हैं, पहुँच गया।

मीर्ज़ा हिन्दाल जौनपुर में ठहर गया और वह जौनपुर को बाँटना चाहता था कि हज़रत पादशाह के समाचार प्राप्त हुए कि वे गुजरात से आगरा पहुँच गए हैं।

(३)

हज़रत पादशाह का गुजरात से राजधानी आगरा में आगमन, मीर्ज़ा हिन्दाल, शेख़ फूल एवं राज्य के कुछ पदाधिकारियों का जिनका उल्लेख हो चुका है, हज़रत पादशाह के चरणों के चुम्बन द्वारा सम्मानित होना, हज़रत पादशाह का शेर ख़ां के समाचार पूछना, समाचार के उपरान्त शेर ख़ां के विरुद्ध प्रस्थान एवं चुनार के क़िले की विजय[2]

हिन्दाल का विवाह

जब हज़रत पादशाह गुजरात से राजधानी आगरा पहुँचे तो मीर्ज़ा हिन्दाल विजय तथा (१२ अ) सफलता प्राप्त करके शेख़ फूल तथा अन्य अमीरों सहित जो उसके साथ थे आकर हज़रत पादशाह की चौखट का चुम्बन करके सम्मानित हुआ[3]। हज़रत पादशाह ने हिन्दाल मीर्ज़ा को नाना प्रकार की शाही कृपाओं द्वारा सम्मानित किया और बहुत बड़ी दावत की तथा उनका विवाह किया।

१ **हुमायूं शाही** (च, छ) में:—"कोह कन्दा (कन्दा पर्वत) में जो बंगाले की सरहद के पूरनिया क़स्बे से मिला है।"

२ **हुमायूं शाही** (च, छ), तथा **जवाहर शाही** (ज) में यह चौथी फ़स्ल है और उसका शीर्षक इस प्रकार है:—"फ़स्ल चहारुम :—बन्देगान हज़रत की गुजरात की विलायत से राजधानी आगरा को वापसी, तदुपरान्त शेर खां सूर पर चढ़ाई, और ईश्वर की कृपा से चुनार एवं बंगाले की विजय।" (च : पृ० १०अ, छ : पृ० १२ब, ज : पृ० १४ ब)।

३ च, छ, और ज में इसके आगे इस प्रकार है —"...धरती का चुम्बन करके सम्मानित हुआ। उस समूह की कृतघ्नता एवं रूसियाही तथा उनकी पराजय का हाल, उचित रूप से सविस्तार बताया। हज़रत ने प्रत्येक को उसकी श्रेणी के अनुसार शाही कृपाओं एवं बादशाही इनामों द्वारा सम्मानित किया। अपनी अपार कृपा एवं अनुकम्पा के कारण निश्चय किया कि मीर्ज़ा (हिन्दाल) का विवाह करें। दूसरे दिन ज्योतिषियों द्वारा निश्चित शुभ मुहूर्त में दावत हुई और फ़िरदौस मकानी की बहिन की पुत्री से उसका निकाह कर दिया। सभा की गई। हर प्रकार के भोजन एवं पेय का प्रबन्ध किया गया। गायकों एवं वादकों ने अपनी कला तथा हिन्दी पातुरों ने अपने हाव भाव से सभा की शोभा बढ़ा दी।" (च : पृ० १५ब, छ : पृ० १३अ, ज : पृ० १५अ)।

मीर्ज़ा अस्करी का सम्भल में नियुक्त होना

मीर्ज़ा अस्करी को सम्भल की सरकार जागीर के रूप में दे दी और आदेश दिया कि "क्योंकि मेहा सुल्तान मीर्ज़ा अपने पुत्रों सहित सम्भल के पर्वत की ओर पहुँचा है अतः उन लोगों को नष्ट करने का ऐसा प्रयत्न कर कि उनका चिह्न संसार में शेष न रह जाय, तदुपरान्त सम्भल में निवास प्रारम्भ कर।" अस्करी मीर्ज़ा शाही आदेशानुसार सम्भल की सरकार में पहुँचा। उसने यद्यपि प्रयत्न किया किन्तु उसे यह पता न चला कि वे कहाँ गए और किस पहाड़ में प्रविष्ट हो गए।

शेर

'ईश्वर को हज़ार हज़ार धन्य है कि मैंने युग में देखा,
दुर्भाग्य को पृथक् एवं सौभाग्य को साथ।'

हुमायूं का चुनार की ओर प्रस्थान

जब हज़रत पादशाह ने शेर ख़ां के विषय में पूछा कि, "उसका क्या हाल है और उसके क्या विचार हैं?" तो अमीरों एवं राज्य के उच्च पदाधिकारियों ने निवेदन किया कि, "शेर ख़ां रोहतास तथा भरकन्दा[1] के क़िले में है जिनपर उसने अधिकार जमा लिया है और दीर्घकाल से बंगाले का अवरोध किए हुए है और शीघ्र ही वह उस पर विजय भी प्राप्त करने वाला है।" वे इस बात को सुनकर बड़े रुष्ट हुए और कहा, "अफ़ग़ान लोग इतने बढ़ चुके हैं! चुनार की ओर (१२ ब) प्रस्थान करना चाहिये।" रूमी ख़ां से पूछा कि, "तू चुनार के क़िले के विषय में क्या कहता है?" उसने निवेदन किया कि "यदि ईश्वर ने चाहा तो उस क़िले को ज़बरदस्ती विजय कर लिया जायेगा।"

रूमी ख़ां द्वारा चुनार विजय का प्रयत्न

संक्षेप में, वे निरन्तर प्रस्थान करते हुए चुनार की ओर रवाना हुए। शबबरात को चुनार से पाँच कुरोह पर पहुँच गए। रूमी ख़ां सोचने लगा कि, "चुनार के क़िले के विषय में किस प्रकार सूचना प्राप्त की जाय और किस बुर्ज को गिराया जाय तथा सुरंग लगाई जाय[2]?" उसने कुलाफ़ात[3] नामक अपने दास को युक्ति की दृष्टि से इतना मारा कि चोट के चिह्न उसके शरीर पर दृष्टिगत होने लगे और कहा कि, "क़िले के भीतर अफ़ग़ानों के पास जाकर कह कि 'मैं रूमी ख़ां का दास था, मुझे उसने बिना किसी अपराध के इतना मारा है कि भागकर तुम लोगों के पास आया हूँ।' इस बहाने से क़िले की एक एक बात का प्रामाणिक ज्ञान प्राप्त कर ले कि किस बुर्ज तक सुरंग लगाई जाय। तदुपरान्त भागकर वापस आ जा।" कुलाफ़ात ने ऐसा ही किया। क़िले में पहुँचा, अफ़ग़ानों ने उसका उपचार कराया और उसके घाव अच्छे हो गए। तदुपरान्त उसने अफ़ग़ानों से कहा कि,

१ क, ख, ग, घ तथा ज में 'भरकन्दा', च, छ, में 'बरकन्दा'।
२ च, छ में:—"किस बुर्ज को गिराया जाय और किस ओर सुरंग लगाऊँ"।
३ च, छ में 'ख़ुलफ़ात' एवं ज में 'ख़ुलफ़ा'।

(१३ अ) "यदि तुम उचित समझो तो बुर्ज तथा क़िले का मुझे निरीक्षण करा दो ताकि मैं क़िले की प्रतिरक्षा की व्यवस्था करूँ। जिस स्थान पर तोप से हानि पहुँच सकती हो वह तुम्हें बताऊँ और रूमी खां को क़िले के समीप न पहुँचने दूँ[1]।" अफ़ग़ानों ने वैसा ही किया और क़िले के प्रत्येक स्थान के विषय में कुलाफ़ात को वताया ताकि वह जैसा उचित समझे कोई उपाय बतायें। कुलाफ़ात ने कई दिन तक क़िले में ठहर कर उसके विषय में अच्छी तरह समझ लिया। तदुपरान्त भागकर रूमी खां के पास पहुँचा और वहाँ के विपय में उसे बताया। उसने रूमी खां से निवेदन किया कि, "जो बुर्ज नदी की ओर है उस ओर से सुरंग लगानी चाहिये ताकि लोग क़िले के समीप पहुँच जायं तथा मोर्चे लगाये जायें।" रूमी खां ने वड़ी तोप लाकर नदी तट के सामने जो बुर्ज था वहाँ लगा दी और उपर्युक्त बुर्ज को गिरा दिया। क़िले का अवरोध करके मोर्चे अमीरों को बाँट दिए।

मुहम्मद ज़मान मीर्ज़ा एवं मेहा सुल्तान का हुमायूं की सेवा में उपस्थित होना

उसी समय मुहम्मद ज़मान मीर्ज़ा तथा मेहा सुल्तान मीर्ज़ा पुत्रों सहित शाही सेवा में (१३ ब) उपस्थित हुए और हज़रत पादशाह ने उनके अपराध क्षमा कर दिए।

शेर

'जब बादशाही ने उनमें स्वामी-भक्ति देखी,
तो उसने दया एवं कृपा प्रदर्शित की।'

पादशाह ने उनकी श्रेणी के अनुसार उचित कृपा-दृष्टि प्रदर्शित की।

चुनार के क़िले की विजय

तदुपरान्त रूमी खां ने हज़रत पादशाह से निवेदन किया कि, "यदि आदेश हो तो एक सरकोब[2] नौका पर तैयार किया जाय ताकि नदी से क़िले पर अधिकार जमाया जा सके और जो लोग क़िले पर घूमते हुए मिलें उन्हें मारा जा सके।" आदेश हुआ कि, "जो कुछ भी उचित हो और जो प्रयत्न कर सकते हो वह करो।" रूमी खां ने तीन नौकाओं से सरकोव तैयार किया यहाँ तक कि वह इतना ऊँचा हो गया कि समस्त क़िला उस सरकोब के नीचे हो गया। ६ मास में वह सरकोब तैयार हो गया। उसने आकर निवेदन किया कि, "यदि आदेश हो तो सरकोब को बढ़ाया जाय ताकि उसे ले जाकर क़िले के क़रीब दृढ़ रूप से मिला दिया जाय। सेना चारों ओर से प्रयत्न करे और क़िला विजय हो जाय।" अतः पादशाह के आदेशानुसार सरकोव को क़िले तक पहुँचा दिया गया और प्रत्येक दिशा से युद्ध होने लगा। आधी रात[3] तक युद्ध होता रहा। यहाँ तक कि लगभग ७ सौ मुग़ुल मार डाले गए। अत्यधिक प्रयत्न करने पर भी क़िला न टूटा। सरकोब का एक भाग युद्ध (१४ अ) में टूट गया। प्रातःकाल तक सरकोब की पुनः मरम्मत कर दी गई। जब अफ़ग़ानों ने देखा

१ च, छ में इस प्रकार है:—"यदि तुम उचित समझो तो बुर्जों एवं क़िले का मुझे भली-भांति निरीक्षण करा दो ताकि जिस ओर रूमी खां ने तोपें लगाई हैं, उस ओर प्रतिरक्षा की जा सके और इधर वालों का बचाव हो सके।"

२ एक प्रकार का ऊंचा मचान जिससे क़िले पर आक्रमण करने में सुविधा होती है।

३ क, ख, ग, घ एवं ज में 'आधी रात' किन्तु च और छ में 'दो पहर'।

कि शाही सेना की शक्ति अधिक है और क़िले को हज़रत पादशाह आजकल में विजय कर लेंगे तो उन्होंने संधि का प्रस्ताव रक्खा,

शेर

'प्रार्थना करने के लिए उन्होंने ज़बान खोली,
अत्यधिक प्रशंसा करते हुए शाह का स्मरण किया।
कि संसार में वह बड़ा बुद्धिमान् है,
उसके लिए जहाँदारी[1] उचित है।
यदि वह मेरी ओर आकृष्ट हो,
तो मैं दाँतों से पकड़ कर सेवा करूँ।'

और यह कहा कि हम लोग क़िला समर्पित करते हैं, आप हमें कोई हानि न पहुँचायें। हज़रत पादशाह ने उन लोगों को हानि न पहुँचाने का वचन दे दिया और क़िले पर अधिकार जमा लिया। रूमी ख़ां ने तोपचियों इत्यादि के एक समूह में से जो अफ़ग़ानों की सेना में क़िले के भीतर थे, ३०० व्यक्तियों के दोनों हाथ कटवा डाले। हज़रत पादशाह इस बात से रूमी ख़ां से बड़े रुष्ट हुए और कहा कि "जब इन लोगों को क्षमा कर दिया गया था तो उनके हाथों को कटवाना उचित न था।"

रूमी ख़ां की हत्या

संक्षेप में, जब हज़रत पादशाह ने क़िले को विजय कर लिया तो शाहाना जश्न आयोजित किया। अमीरों को दावत दी और प्रत्येक को सरोपा प्रदान किया गया। प्रत्येक उच्च पद पर प्रतिष्ठित किया गया। रूमी ख़ां से उन्होंने पूछा कि, "तूने चुनार के क़िले को कैसा पाया"? उसने (१४ ब) निवेदन किया कि, "यदि इस प्रकार का क़िला मेरे हाथ में आ जाय तो मैं किसी विद्रोही को इस क़िले के समीप न फटकने दूं।" हज़रत पादशाह ने पुनः पूछा कि, "इस क़िले को प्रदान किये जाने के विषय में तू क्या परामर्श देता है?" उसने निवेदन किया कि, "इन अमीरों में से बेग मीरक के अतिरिक्त किसी को इसके योग्य नहीं देखता।" हज़रत पादशाह ने क़िले को बेग मीरक को प्रदान कर दिया। इस कारण समस्त अमीर रूमी ख़ां से शत्रुता रखने लगे और इस शत्रुता एवं विरोध के कारण अमीरों ने आपस में मिलकर उसे मौत का प्याला पिला दिया[2]।

१ बादशाही।

२ च एवं छ में इस घटना के बाद निम्नांकित कहानी का उल्लेख है :—"एक दिन वे नौका में बैठे थे कि मख़ादीम (स्वामियों, प्रतिष्ठित गणों) के समूह के एक व्यक्ति ने रोते पीटते आकर फ़रियाद की कि 'अत्याचारी मीर तबरतेशा (?) ने बरात (वह पत्र जिससे ख़ज़ाने अथवा किसी जागीर से धन मिले) के धन के लिये मेरी पत्नी के हाथ-पांव में रुई लपेट कर उसे तेल से भिगोकर उसमें आग लगा दी।' वे कृपालु (बादशाह) उससे इस विषय में पूछते जाते थे और रोते जाते थे। दूसरे दिन दरबार में पहुँच कर वे न्याय के सिंहासन पर आरूढ़ हुये। बेंत मंगवाये। जो लोग उपस्थित थे, वे संकेत में वार्ता करने लगे कि यह क्या रहस्य है किन्तु तबरतेशा को इसका पता चल गया। वह कांपने लगा। (हज़रत ने) कहा,'हे धृष्ट तबरतेशा! अमुक मख़ादीम की स्त्री के प्रति तूने बरात के धन के कारण क्यों इतनी कठोरता की' तूने न ईश्वर का भय किया और न तुझे मेरे न्याय की कोई चिन्ता रही।' उसने अपना अपराध स्वीकार न किया। उसे लिटा कर उन बेतों से मारने का आदेश हुआ। उसे इतना पीटा गया कि वह अचेत हो गया। लोगों ने आकर निवेदन किया कि, 'वह मर गया।' हज़रत ने कहा, "नरक

(४)

हज़रत पादशाह का बंगाला की ओर प्रस्थान तथा उसकी विजय[१]

जब चुनार का क़िला अधिकार में आ गया तो हज़रत पादशाह ने क़िले से प्रस्थान करके बनारस के समीप पड़ाव किया और पूछा कि "शेर ख़ां सूर के क्या समाचार हैं और वह कहाँ है ?" राय बूचा[२] ने निवेदन किया कि, "शेर ख़ां बंगाले को घेरे हुए है और उसने उसकी बड़ी दुर्दशा कर दी है। सम्भव है कि वह शीघ्र ही बंगाले पर अधिकार जमा ले।" हज़रत पादशाह ने कहा कि, "जब तक अफ़ग़ान बंगाले में उलझा है, उचित यही है कि हम रोहतास तथा भरकन्दा के क़िले (१५ अ) की ओर रवाना हों।" संक्षेप में, हज़रत पादशाह ने भरकन्दा की ओर प्रस्थान किया। वे सोन नदी पर पहुँचे ही थे कि समाचार प्राप्त हुए कि शेर ख़ां ने बंगाले को अधिकार में कर लिया है और बंगाले के ख़ज़ाने को उठाकर रोहतास तथा भरकन्दा के क़िले में ले आया है।

मीर्ज़ा यादगार नासिर को देहली तथा मीर्ज़ा हिन्दाल को आगरा भेजना

हज़रत पादशाह ने मीर्ज़ा हिन्दाल, यादगार नासिर मीर्ज़ा एवं ख़ुसरो कूकुल्ताश को देहली की ओर रवाना किया और आदेश दिया कि, "मीर्ज़ा यादगार नासिर तथा फ़ख्र अली बेग राजधानी देहली में रहें। मीर्ज़ा हिन्दाल, नूर मुहम्मद मीर्ज़ा, ख़ुसरो कूकुल्ताश राजधानी आगरा में रहें।"

शेर ख़ां के पास हुमायूं का दूत

जब उन्हें देहली तथा आगरा की ओर भेज दिया तो वे स्वयं भरकन्दा के क़िले की ओर रवाना हुए। हज़रत पादशाह का लश्कर भरकन्दा के क़िले के समीप पहुँच गया। हज़रत पादशाह ने क़ब्ल[३] हुसेन तुर्कमान को शेर ख़ां के पास दूत बनाकर भेजा और आदेश दिया कि, "चत्र राजसिंहासन तथा ख़ज़ाने दरबार में भेज दे और बंगाला प्रदेश तथा रोहतास के क़िले को ख़ाली कर दे और उन्हें दरबार के दासों को सौंप दे। उसके बदले में चुनार का क़िला तथा बल्दये जौनपुर[४] एवं जो

में जाय'। तदुपरान्त उसे मुर्दा समझ कर लोग उठा ले गये। कई बार उसे कच्ची खाल में लपेटा गया। रक्त जम कर उसका शरीर सूज गया था। उसके शरीर में जो बेंत के छोटे-छोटे टुकड़े रह गये थे उन्हें चिम्टी से निकाला गया। दो-तीन मास उपरान्त वह स्वस्थ हो गया। तदुपरान्त अमीरों ने कहा, 'वह लज्जित है और तोबा कर रहा है। यदि आदेश हो तो उसे कोई सेवा प्रदान कर दी जाय।' हज़रत ने कहा, 'मैंने उसे क्षमा कर दिया।' [चः पृ० १८ अ-ब, छः पृ० १५ब व १६अ]।

१ च, छ और ज में यह प्रथम फ़स्ल (अध्याय) नहीं है।

२ च, छ और ज में:—"जब वे बनारस के समीप पहुँचे तो शेर ख़ां के विषय में पूछा। राय बूचा हिन्दू ने जो फ़िरदौस मकानी के समय से प्राचीन सेवक था, निवेदन किया कि, 'वह बंग प्रदेश की राजधानी को घेरे हुये है।'"

३ च, छ एवं ज में 'क़ुबूल हुसेन तुर्कमान;' (चः पृ० १९अ, छः पृ० १६अ, जः पृ० १८अ)।

४ जौनपुर क़स्बा, किन्तु यहां प्रदेश से तात्पर्य है।

(१५ ब) भी स्थान[1] उसे पसन्द होगा, दे दिया जायेगा।" शेर खां ने स्वीकार न किया और कहा कि, "मैंने ५-६ वर्ष के परिश्रम से बंगाले को तलवार द्वारा विजय किया है। मेरा अधिकांश लश्कर इसमें मारा गया। अतः बंगाला प्रदेश मैं किस प्रकार दे सकता हूँ ?"

हुमायूं का गढ़ी की ओर प्रस्थान

इसी बीच में बंगाले[2] के पादशाह का प्रार्थना-पत्र प्राप्त हुआ कि, "हज़रत पादशाह निरन्तर यात्रा करते हुए गढ़ी की ओर आ जायें[3]।" इस प्रार्थना-पत्र के पाते ही हज़रत पादशाह ने प्रस्थान कर दिया। इसी बीच में क़ब्ल हुसेन तुर्कमान जो दूत बनाकर भेजा गया था, वहाँ से आया और हज़रत पादशाह से निवेदन किया कि, "शेर खां ने फ़रमान स्वीकार नहीं किया और पर्वत के पीछे से बंगाले की ओर आ रहा है।" हज़रत पादशाह की सेना मुनेर पहुँच चुकी थी कि सैयिद महमूद बंगाले का बादशाह उपस्थित हुआ। वह घायल तथा पराजित हो चुका था। उसने पादशाह के प्रति अभिवादन करके निवेदन किया कि, "बंगाले में इतना अधिक भंडार[4] है कि यदि अधिकार में आ जाय तो समस्त संसार का ख़राज उससे अदा हो सकता है।" हज़रत पादशाह ने उसके प्रति कृपादृष्टि प्रदर्शित करते हुए उसे प्रोत्साहन दिया और कहा कि, "तेरे राज्य को अधिकार में करके तुझे प्रदान कर दूंगा। तू साहस से काम ले। वीरों को ऐसी दुर्घटनाओं का सामना करना ही पड़ता है।" हज़रत पादशाह (१६अ) ने जहाँगीर क़ुली बेग, बेग अली[5], दीनदार बेग[6], मुग़ुल बेग, हाजी मुहम्मद कोकी, अली खां महावनी[7], हैदर बख़्शी, मेहतर ज़म्बूर तथा कुछ अन्य अमीरों को इस आशय से नियुक्त किया कि वे बंगाले की ओर जाकर गढ़ी पर अधिकार जमा लें। उपर्युक्त अमीर आदेशानुसार रवाना हुए।

गढ़ी में हुमायूं की सेना की पराजय

जब वे गढ़ी के समीप पहुँचे तो उन्हें समाचार प्राप्त हुए कि, "शेर खां का पुत्र जलाल खां उस स्थान पर है। हज़रत पादशाह के अमीर युद्ध हेतु रवाना हुए। गढ़ी के समीप एक बड़ा दुर्गम स्थान था[8]। वे[9] वहाँ प्रविष्ट हो गए। जलाल खां ने अपने आदमियों को नियुक्त किया। (वहाँ) एक

१ च, छ एवं ज में 'विलायतै' अथवा प्रदेश।

२ च, छ में 'सैयिद महमूद बादशाहे बंगाला', (ज) में 'बंगाले के बादशाह का जिसका नाम सैयिद महमूद शाह था'।

३ च, छ में इस प्रकार है:—"अविलम्ब एवं निःसंकोच गढ़ी नामक क़स्बे में पहुँच जायें"।

४ ज़ख़ीरा, किन्तु ख़ज़ाने से तात्पर्य है। च एवं छ में 'ज़ख़ीरा एवं ख़ज़ाएन'।

५ च, छ में 'अली बेग'।

६ क, ख, ग एवं घ में 'ज़िन्दार बंग'।

७ क, ख, ग एवं घ में 'महावली' तथा च, छ एवं ज में 'महावनी'। महावनी अथवा महावन निवासी ही उचित है।

८ च, छ में इस प्रकार है:—"अमीर लोग उस प्रदेश की ओर रवाना हुये। जब वे गढ़ी के समीप पहुँचे तो उन्हें समाचार प्राप्त हुये कि शेर खां का पुत्र जलाल खां वहां है। वे उस दुर्गम स्थान पर, जिसकी एक ओर पर्वत है और दूसरी ओर गंगा नदी तथा मार्ग बड़ा सकरा है, पहुँच गये। जलाल खां ने अपने आदमी नियुक्त कर दिये और उनके पीछे से पहुँच कर सकरे मार्ग पर अधिकार जमा लिया"। (ज में क, ख, ग एवं घ के समान ही है)।

९ शाही सेना वाले।

ओर गंगा नदी है और दूसरी ओर पर्वत है, मार्ग बड़ा सकरा है। (उसने आदेश दिया) उसी सकरे मार्ग से चले जाओ और युद्ध करो। लश्कर के पीछे से पहुँच कर उन्होंने सकरे मार्ग पर अधिकार जमा लिया। वह स्वयं अपनी सेना को तैयार कर उस ओर से पहुँचा और युद्ध छेड़ दिया। हज़रत पादशाह के अमीर पराजित हुए। अली खां महावनी तथा हैदर बख्शी शहीद हुए। यह समाचार हज़रत पादशाह को प्राप्त हुए।

हुमायूं का गढ़ी की ओर प्रस्थान

वे इसे सुनकर बड़े दुखी हुए। जो अन्य अमीर बच गए थे वे कहल ग्राम में हज़रत पादशाह की सेवा में उपस्थित हुए। (हज़रत ने) गढ़ी की ओर प्रस्थान किया। ईश्वर की कृपा से वर्षा होने (१६ब) लगी। जब कुछ समय उपरान्त वर्षा कम हो गई तो ख़ेमे[1], डेरे तथा सरापरदे लगवाये गए। हाजी मुहम्मद बेग को इस आशय[2] से नियुक्त किया गया कि वह गढ़ी के समाचार प्राप्त करे और पता लगाये कि जलाल खां कहाँ है। हाजी मुहम्मद जाकर समाचार लाया कि "जलाल खां गढ़ी में है। शेर खां ने अपने पुत्र जलाल खां को लिख दिया है कि, 'मैं धन-सम्पत्ति को रोहतास भेज रहा हूँ। जब तक मैं अपने कार्य में व्यस्त रहूँ तू भरकन्दा की ओर चला आ, हज़रत पादशाह बंगाले में प्रविष्ट हो जाँय। तदुपरान्त जो कुछ उचित होगा, किया जायेगा। देखें क्या होता है?" जब जलाल खां को यह समाचार प्राप्त हुए कि शेर खां रोहतास चला गया तो आधी रात्रि में हाजी मुहम्मद क़श्क़ा तथा मुग़ुल बेग ने आकर बधाई दी और कहा कि, "जलाल खां गढ़ी छोड़कर चला गया है[3]।"

हुमायूं का गढ़ी पहुँचना

तत्काल हज़रत पादशाह स्वयं बंगाले की ओर चल दिए। कुछ दिन उपरान्त वे बंगाले में पहुँचे। बंगाले का प्रदेश अफ़ग़ानों तथा बंगाले वालों के अत्याचार के कारण बड़ी दुर्दशा को प्राप्त हो (१७अ) गया था। हर ओर लाशें पड़ी हुईं थीं और बाज़ारों तथा गलियों में दुर्गन्ध आ रही थी। हज़रत पादशाह के शुभ चरणों के आशीर्वाद से अल्प समय में वह पुनः बस गया। हज़रत पादशाह ने बंगाले की विलायत को अपने अमीरों को बाँट दिया। वे ९ मास तक बंगाले में रहे और इस प्रकार भोग विलास में ग्रस्त हो गए कि एक मास के उपरान्त उनके दर्शन किसी को न हो सके। सर्वदा वे एकान्त[4] में महल के भीतर रहते थे।[5]

१ च एवं छ में :—"भीगे ख़ेमे लगवाये"।

२ च एवं छ में :—"हाजी मुहम्मद बेग को क़रावली हेतु नियुक्त किया"।

३ च, छ एवं ज में :—"जब जलाल खां को यह पत्र मिला तो वह तत्काल गढ़ी से चल दिया। हाजी मुहम्मद क़श्क़ा एवं मुग़ुल बेग ने पहुँच कर बधाई दी कि जलाल 'खां गढ़ी छोड़ कर चला गया"।

४ इस प्रसन्नता के कारण कि एक बार के आक्रमण में उन्होंने चुनार पर भी अधिकार प्राप्त कर लिया और बंगाला पर भी, वे इस प्रकार ख़ास ख़िलवत (एकान्त) एवं विशेष महल में भोग विलास में ग्रस्त हो गये यहां तक कि सैनिक चन्द्रमा के समान उनकी प्रतीक्षा किया करते थे किन्तु वे दृष्टिगत न होते थे।" (च : पृ० २० ब, २१ अ, छ : पृ० १७ब, ज : पृ० २०ब)।

५ च एवं छ में निम्नांकित कहानी भी दी हुई है :—

एक दिन अथारा कन्दा नदी (?) में वर्षा ऋतु में नौका पर हज़रत इस प्रकार पधारे जिस प्रकार सीपी में मोती होता है। उन्होंने आदेश दिया कि समस्त विश्वास-पात्र अपने एक-एक विशेष सेवक को लेकर

हज़रत पादशाह की बंगाले से वापसी एवं कुछ दुष्ट अमीरों का विद्रोह तथा शेर ख़ां सूर से युद्ध[1]

यहाँ तक कि समाचार प्राप्त हुए कि "शेर खां ने बनारस पर अधिकार जमा लिया[2] और मीर फ़रज़ीन की ७०० मुग़ुलों सहित हत्या कर दी और चुनार के क़िले तथा जौनपुर[3] का अवरोध कर लिया है। उसने अपनी सेनाओं को गंगा तट पर क़न्नौज तक पहुँचा दिया है तथा क़न्नौज को अपने अधिकार में कर लिया है। मीरान सैयिद अलाउद्दीन बुख़ारी[4] के परिवार को बन्दी बनाकर रोहतास भेज दिया है।"

ज़ाहिद बेग का विद्रोह

जब हज़रत पादशाह को यह समाचार प्राप्त हुए तो उन्होंने इस पर विश्वास न किया

नौका में चले आयें। मल्लाह लोग उनकी सेना को नौका पर बैठा कर नौका छोड़ दें। वह जहां भी ले जाय, ले जाने दें और फिर हम सब जाकर एक टापू में उतरें।' उन लोगों ने ३-४ कुरोह यात्रा की थी कि सब घबड़ाने लगे। कारण कि ४-५ कुरोह आगे समुद्र था। यह नदी उसी में गिरती थी किन्तु कोई निवेदन न कर सकता था। ज़ाहिद बेग ने बड़े सुन्दर ढङ्ग से निवेदन किया कि, 'हज़रत का उद्देश्य यह है कि हम किसी स्थान पर पहुँच कर पौरुष प्रदर्शित करें। हममें से किसी के पास अस्त्र-शस्त्र नहीं हैं। यदि आदेश हो तो अमीरों के आदमी पीछे से नौकाओं में अस्त्र-शस्त्र ले आयें ताकि हम लोग कहीं जा कर कोई कार्य कर सकें। जब तक यह लोग वापस आयें पादशाह जिस नौका पर सवार हैं, वह ठहरी रहे।' आदेश हुआ कि नौकाओं को किनारे पर खींच लें। आने जाने में पर्याप्त समय लगेगा। संयोग से दूर से नौका दिखाई दी। कुछ लोगों ने कहा कोई वृक्ष जल में बहता आ रहा है। कुछ ने कहा, 'नौका है'। सब ने कोई न कोई बात कही। जब वह (वस्तु) निकट पहुँची तो ज्ञात हुआ कि उलुग़ मीर्ज़ा सेवक सहित नौका में बैठ कर आ रहा है। जब वह निकट पहुँचा तो उसने अभिवादन करके खड़ा होना चाहा। नौका हिलने लगी। आदेश हुआ कि वह ज़ोर लगा कर झुके तथा अभिवादन करे। उसने ऐसा ही किया। तदुपरान्त आदेश हुआ कि सभा में उपस्थित हो। उसने आकर अभिवादन किया और बैठ गया। कुछ देर बाद हज़रत ने कहा, "भूख लगी है। क्या ही अच्छा हो जो भोजन आ जाय।" उलुग़ मीर्ज़ा ने निवेदन किया कि, 'नदी में धुंवां उठ रहा है। ज्ञात होता है कि बादशाही बावर्ची ख़ाना होगा।' हज़रत ने कहा, 'भूख के समय इस ख़ुशख़बरी से बढ़ कर क्या है कि कोई भोजन की सूचना दे।' उलुग़ मीर्ज़ा ने अभिवादन किया। अन्य अमीरों ने संकेत में कहा कि, 'यह क्या मूर्खता तूने की? तेरी कृतघ्नता की ओर से सम्मानित हृदय साफ़ नहीं हुआ है।' उसने कहा, 'क्या करूँ, उसका समय निकल गया। इस कारण उनके हृदय में क्रोध उत्पन्न हो गया।' कुछ समयोपरान्त भोजन आ गया। उन्होंने भोजन किया और कहा, 'लोग ख़ासे की नौका से चले जायँ।' इन लोगों के घोड़े एवं नौकायें न आई थीं कि वर्षा होने लगी। उनके विषय में पता न चला। रात्रि व्यतीत हो जाने के उपरान्त वहां से लौट कर वे अपने स्थान पर पहुँचे।" (च: पृ० २१ब—२२अ, छ: १७ब—१८अ, ज में यह कहानी नहीं है)।

१ च, छ एवं ज के अनुसार 'पांचवीं फ़स्ल'।

२ च, छ एवं ज में :—"हज़रत अभी बंगाले की विलायत में थे कि आस-पास के आदमियों ने आकर समाचार पहुँचाये कि······"।

३ च एवं छ में 'बल्दये जौनपुर (जौनपुर क़स्बे)'।

४ च, छ में :—"जो उस प्रदेश के ऐयान (प्रतिष्ठित लोगों) में से था"।

और कहा कि, "यह कदापि नहीं हो सकता। शेर खां को इतना दुःसाहस कहाँ हो सकता है कि वह अपने पाँव को इतना बढ़ाये ?" किन्तु एक बार उन्होंने विशेष गोष्ठी आयोजित की और अमीरों से पूछा कि "बंगाला प्रदेश को किसे सिपुर्द किया जाय ?" राज्य के उच्च पदाधिकारियों ने निवेदन किया कि, "हज़रत पादशाह जिस किसी को भी उचित समझें, प्रदान कर दें। "पादशाह ने आदेश दिया कि, "क्योंकि ज़ाहिद बेग सर्वदा हमसे आश्रय की प्रार्थना किया करता था और आशा लगाये रहता था अतः उचित होगा कि बंगाले का राज्य उसी के सिपुर्द कर दिया जाय। कुछ अन्य अमीरों उदाहरणार्थ हाजी मुहम्मद खां कोका[1], क़ासिम बेग, दीनदार[2] बेग को उसके साथ नियुक्त कर दिया जाय।" ज़ाहिद बेग ने उसी गोष्ठी में निवेदन किया कि, "मेरी हत्या के लिए कोई अन्य स्थान न था जो बंगाला दिया जा रहा है ?" इस उत्तर से हज़रत पादशाह बड़े रुष्ट हुए और क्रोध प्रदर्शित करते हुए कहा कि, "इस दुष्ट की हत्या कर देनी चाहिये ?" ज़ाहिद बेग गोष्ठी से उठ कर बाहर चला गया। हज़रत बेगा बेगम[3] ने हज़रत पादशाह से उसके अपराधों को क्षमा करने की सिफ़ारिश की और निवेदन किया कि, "मेरे कारण उसे क्षमा करके उसकी हत्या (१८ अ) न कराई जाय और प्रोत्साहन देकर बंगाले में नियुक्त कर दिया जाय।" हज़रत पादशाह ने स्वीकार न किया और आदेश दिया कि, "उसकी हत्या करा दी जाय।" बेगा बेगम ने ज़ाहिद बेग से कहलाया कि, "मैंने तेरे अपराध को क्षमा कराने के विषय में हज़रत पादशाह से बड़ा आग्रह किया किन्तु वे क्षमा नहीं कर रहे हैं। तू अब अपनी चिन्ता स्वयं कर।" बेगा बेगम की इतनी अधिक कृपा का कारण यह था कि बेगम की बहिन ज़ाहिद बेग के घर में थी[4]। ज़ाहिद बेग ने इससे उचित कोई अन्य उपाय न देखा कि वह वहाँ से भाग जाय।

मीर्ज़ा हिन्दाल का विद्रोह

अतः हाजी मुहम्मद कोकी तथा दीनदार बेग को ज़ाहिद बेग ने मार्ग-भ्रष्ट कर दिया और तीनों मिलकर भाग गए और राजधानी आगरा पहुँचे। मीर्ज़ा हिन्दाल को चकमा देकर विद्रोही बना दिया[5]। मीर्ज़ा हिन्दाल ने उन लोगों के परामर्श से तथा खुसरो कूकुल्ताश एवं अन्य अमीरों

१ च, छ में, 'हाजी मुहम्मद खां कोकी' अन्य स्थानों पर भी कोकी है। क, ख, ग, घ में 'हाजी मुहम्मद कोका' किन्तु आगे 'कोकी'।

२ क, ख, ग एवं घ में 'जिन्दार बेग'।

३ च, छ में, 'हज़रत फ़ातिमा सानी, मख़दूमा मासूमा बेगम बेगा बेगम'।

४ ज़ाहिद बेग की पत्नी थी। च, छ में सम्बन्ध को स्पष्ट नहीं किया है, केवल यह लिखा है कि 'निकटतम सम्बन्ध के कारण'। ज में इसे इस प्रकार स्पष्ट किया है :—"बेगा बेगम जो हज़रत (पादशाह) की सम्मानित पत्नी थीं और बाद में हाजी बेगम के नाम से प्रसिद्ध हुई और वह (ज़ाहिद बेग) बेगम का सम्बन्धी था······"।

५ च, छ और ज में इस प्रकार है :—"तीनों मिलकर भाग खड़े हुये और राजधानी आगरा पहुँचे। मीर्ज़ा हिन्दाल को, जो राजधानी देहली में था, चकमा देकर विद्रोही बना दिया यहां तक कि मीर्ज़ा ने इस समूह एवं खुसरो कूकुल्ताश तथा कुछ अन्य अमीरों से मिलकर जो उस महाल में नियुक्त थे, अपने नाम का खुत्बा पढ़वाना चाहा। नूरुद्दीन मुहम्मद मीर्ज़ा (हिन्दाल) से कहा कि 'जब तक तू शेख़ पूल की हत्या न करायेगा, हमें विश्वास न होगा और हम तेरा साथ न देंगे। यदि उसकी हत्या करा दो तो फिर हम इस विषय में आज्ञाओं का पालन करें।" (च : पृ० २२ ब—२३ अ, छ : पृ० १९अ, ज : पृ० २२ अ)।

के, जो वहाँ थे, कहने पर अपने नाम का ख़ुत्वा पढ़वाना चाहा। नूरुद्दीन मुहम्मद मीर्ज़ा ने, मीर्ज़ा हिन्दाल से निवेदन किया कि, "आप शेख़ फूल की हत्या करा दें ताकि यह विश्वास हो जाय कि आपने पादशाह के विरुद्ध विद्रोह कर दिया है। उसी समय हम आपकी आज्ञाकारिता स्वीकार करेंगे और आपके नाम का ख़ुत्बा पढ़वायेंगे"। अतः मीर्ज़ा हिन्दाल ने नूरुद्दीन मुहम्मद मीर्ज़ा को आदेश दिया (१८ अ) कि, "जाकर किसी वहाने से शेख़ फूल की हत्या कर दो।" शेख फूल पर झूठा इल्ज़ाम लगाया गया कि, "तूने शेर खां के पास यराक़[1] भेजा है और पत्र भी लिखे हैं।" इस वहाने से शेख की हत्या करा दी गई और मीर्ज़ा हिन्दाल के नाम का ख़ुत्वा पढ़वा दिया गया।

मीर्ज़ा कामरान का देहली पहुँचना

जव यह समाचार लाहौर में मीर्ज़ा कामरान को प्राप्त हुए कि हज़रत पादशाह वंगाले में हैं और मीर्ज़ा हिन्दाल[2] ने देहली में अपने नाम का ख़ुत्वा पढ़वा दिया है तो उसने कहा कि "यह अच्छा नहीं हुआ।" उसने अपने अमीरों से परामर्श किया कि, "देहली और आगरा की ओर जाकर इस विद्रोह को शान्त करना चाहिये।" अतः निरन्तर यात्रा करता हुआ देहली की ओर रवाना हुआ। मीर्ज़ा यादगार नासिर तथा फ़ख़्रुद्दीन अली बेग देहली के क़िले के भीतर थे और मीर्ज़ा हिन्दाल देहली का अवरोध किए हुए था।

हुमायूं द्वारा ख़ाने ख़ानां लोदी को मुंगेर भेजना

जव शेख़ फूल की हत्या तथा मीर्ज़ा हिन्दाल के अपने नाम का ख़ुत्वा पढ़वाने के समाचार वंगाले में हज़रत पादशाह को प्राप्त हुए तो वे बड़े परेशान हुए और ख़ानेख़ानां लोदी को इस आशय से नियुक्त किया कि, जब तक शाही सेना पीछे से पहुँचे वह मुंगेर पर अधिकार जमा ले। ख़ानेख़ानां ने बादशाह से विदा होकर मुंगेर पर अधिकार जमा लिया।

ख़्वास खां द्वारा मुंगेर पर अधिकार

हज़रत पादशाह वंगाले की व्यवस्था की चिन्ता करने लगे कि वंगाला किसे प्रदान करें। (१९ अ) उन्होंने सोचा कि जहाँगीर क़ुली बेग, शादमान बेग, निज़ाल बेग, तोवरा बेग तथा कुछ अन्य अमीरों को नियुक्त किया जाय। अन्त में निश्चय हुआ कि, "जहाँगीर क़ुली बेग तथा निज़ाल बेग एवं अन्य अमीरों को वंगाले में नियुक्त कर दिया जाय।" उन्होंने स्वयं बंगाले के बाहर शिविर लगवाये और मुंगेर की ओर रवाना हुए। इसी बीच में समाचार प्राप्त हुए कि "ख़्वास खां शीघ्रातिशीघ्र वढ़ता हुआ पहुँचा और उसने मुंगेर के द्वारों में आग लगा दी। ख़ानेख़ानां लोदी को जीवित वन्दी वनाकर शेर खां के पास ले गया।"

मीर्ज़ा अस्करी को आगे भेजना

हज़रत[3] पादशाह इस समाचार से बड़े परेशान हुए और मीर्ज़ा अस्करी से कहा कि,

१ अस्त्र-शस्त्र।

२ च, छ में 'देहली' नहीं है।

३ च, छ में :—"हज़रत पादशाह के हृदय में आया कि मीर्ज़ा अस्करी को आगे भेजा जाय। उससे कहा, 'तुझे जिन चार वस्तुओं ······"।

"जिन चार वस्तुओं की तुझे इच्छा हो, मुझसे माँग ले।" मीर्ज़ा ने निवेदन किया कि, "मैं अपने अमीरों से परामर्श करता हूँ कि क्या माँगना चाहिये। तदुपरान्त हज़रत पादशाह से निवेदन करूँगा।" हज़रत पादशाह का आदेश हुआ कि ऐसा ही कर। मीर्ज़ा ने अपने अमीरों से पूछा कि, "पादशाह से क्या चीज़ माँगनी चाहिये ?" अमीरों ने निवेदन किया कि, "हम लोग आपस में परामर्श करके निवेदन करेंगे।" मीर्ज़ा के अमीरों ने यह बात उचित समझी कि "सर्वप्रथम मीर्ज़ा से पूछा जाय कि (१९ ब) उनकी क्या इच्छा है ?" उन्होंने जाकर मीर्ज़ा से निवेदन किया कि, "इस विषय में आपके हृदय में क्या आ रहा है ?" मीर्ज़ा ने कहा कि, "बंगाले के कुछ माल असबाब तथा कपड़े एवं कुछ सुन्दर पातुर तथा घोड़ों एवं उत्तम ख़्वाजा सराओं की मुझे इच्छा है।" मीर्ज़ा के अमीर इस उत्तर से बड़े आश्चर्य में पड़ गए। जब मीर्ज़ा ने देखा कि, "इन लोगों को यह बात पसन्द नहीं और अमीरों की इच्छा पूरी नहीं हुई" तो उसने आग्रह किया कि, "तुम लोगों की क्या राय है, बताओ ?" अन्त में अमीरों ने निवेदन किया कि, "इस समय हज़रत पादशाह का शेर ख़ां से युद्ध हो रहा है, प्राणों के बलिदान एवं पौरुष के प्रदर्शन का समय है, अतः हज़रत पादशाह से वीर सैनिकों एवं योद्धाओं तथा अपार धन-सम्पत्ति की इच्छा करनी चाहिये और यह निवेदन करना चाहिए कि 'यह अभियान मुझे सिपुर्द कर दिया जाय। मैं जानूँ और शेर ख़ां।" मीर्ज़ा अस्करी (२० अ) को अमीरों की राय पसन्द आ गई। हज़रत पादशाह से इस विषय में निवेदन किया। उन्होंने स्वीकार कर लिया और अत्यधिक धन सम्पत्ति एवं बहुत बड़ी सेना प्रदान की और कुछ प्रतिष्ठित अमीर उदाहरणार्थ क़ासिम क़राचा[1], तुग़लान बेग[2] कोका, बाबा शेख़ क़ूरबेगी तथा कुछ उत्तम अमीरों के समूह को उनके साथ करके शेर ख़ां के विरुद्ध नियुक्त कर दिया और आदेश दिया कि, "तुम कुछ मंज़िल आगे जाओ और गढ़ी पार करो। कहल ग्राम में सेना के पहुँचने तक प्रतीक्षा करो तथा शेर ख़ां के समाचार प्राप्त करते रहो और जो समाचार हों वे संसार को शरण प्रदान करने वाले दरबार में भेजते रहो।" अतः मीर्ज़ा के आदेशानुसार वे निरन्तर यात्रा करते हुए रवाना हुए। जब वे कहल ग्राम[3] पहुँचे तो समाचार ज्ञात हुए कि "शेर ख़ां की सेना चुनार के क़िले तथा जौनपुर[4] को घेरे हुए है और क़न्नौज तक के स्थान अपने अधिकार में कर लिए हैं। उसने अपनी समस्त सेना को बुलवा लिया है और रोहतास के समीप एक बहुत बड़ी सेना एकत्र करके मार्ग रोके हुए बैठा है।"

हुमायूं का मुंगेर पहुँचना तथा अमीरों से परामर्श

मीर्ज़ा अस्करी ने हज़रत पादशाह के पास प्रार्थना पत्र-प्रेषित किए। हज़रत पादशाह निरन्तर यात्रा करते हुए बंगाले से रवाना हुए। मुंगेर के समीप नदी की उस ओर मीर्ज़ा अस्करी तथा उपर्युक्त अमीर जो उसके साथ थे, सेवा में उपस्थित हुए। हज़रत पादशाह ने समस्त अमीरों (२० ब) एवं मीर्ज़ाओं को बुलवाकर परामर्श किया कि, "क्या करना चाहिये ? गंगा नदी पार करें

१ च, छ में 'क़ासिम ख़ां क़राचा'।
२ च, छ में 'तूक़लान बेग'।
३ च, छ एवं ज में 'परगना कहल ग्राम'।
४ च, छ एवं ज में 'बल्दये जौनपुर (जौनपुर क़स्बे)'।

या नहीं ?" पहलवान बेग व मुल्ला मुहम्मद फ़रग़ अली[१] जो बड़े विश्वासपात्र थे, तथा अधिकांश अन्य अमीरों ने राय दी कि "नदी पार करनी चाहिये। नदी के किनारे-किनारे एक दिशा में यात्रा करते हुए जौनपुर की ओर प्रस्थान करना चाहिये। जौनपुर में इतनी देर तक ठहरना चाहिये कि सेना देहली से आ जाय एवं अस्त्र-शस्त्र प्राप्त हो जाय। तदुपरान्त सेना एकत्र करके वर्षा ऋतु के पश्चात् युद्ध करें।" मुईद बेग ने इस मत का विरोध करते हुए निवेदन किया कि, "शेर खां समझेगा कि पादशाह ने भय के कारण नदी न पार की और धृष्ट हो जायगा। नदी अवश्य ही पार करनी चाहिये इस कारण कि दुर्भाग्य बुद्धि को भ्रष्ट कर देता है।" मुईद बेग की बात स्वीकार कर ली गई और आदेश हुआ कि नदी पार की जाय। पहलवान बेग तथा मुल्ला मुहम्मद फ़रग़ अली ने हज़रत पादशाह से निवेदन किया कि, "यह राय ठीक नहीं है। पादशाह को सभी कुछ ज्ञात है।"

हुमायूं का नदी पार करना

संक्षेप में जब समस्त सेना नदी पार कर चुकी और निरन्तर यात्रा करती हुई मुनेर (२१अ) के निकट शेख़ यहया[२] के मक़बरे के समीप पहुँची तो चन्दौल[३] के लोगों ने पादशाह को सूचना दी कि, "आज अफ़ग़ान लोग सेना के पीछे से दृष्टिगत हुए हैं।" आदेश हुआ कि, "यह ढिंढोरा पिटवा दिया जाय कि सेना वाले अपने अस्त्र-शस्त्र साथ ले लें और वहाँ से प्रस्थान करें"। दूसरे दिन समाचार प्राप्त हुए कि, "आज उन लोगों ने मुक़ाबला करके बाणों तथा बन्दूक़ों से युद्ध किया।" तीसरे दिन प्रस्थान किया गया तो समाचार प्राप्त हुए कि, 'कोह शिकन[४] नामक तोप, जिसने चुनार के क़िले के बुर्ज को गिरा दिया था और जो नौका में थी, अफ़ग़ान लोग ले गए।' पादशाह ने आदेश दिया कि "लोग अपने अस्त्र-शस्त्र धारण करें और सवार हों।"

हुमायूं का चौसा में पहुँचना एवं शेर ख़ां से युद्ध

चौथे दिन सेना अस्त्र-शस्त्र धारण करके सवार हुई। एक पहर दिन व्यतीत हो चुका था कि चौसा[५] पहुँची। अभी सेना ने पड़ाव भी न किया था कि पूर्व दिशा से अपार धूल दिखाई पड़ी। हज़रत पादशाह ने कहा, "पता लगाओ यह कैसी गर्द है ?" थोड़ी देर बाद समाचार प्राप्त हुए कि, "शेर ख़ां धावा मारता हुआ पहुँच गया है।" हज़रत पादशाह ने अमीरों से पूछा कि, (२१ ब) "क्या करना चाहिये ?" क़ासिम हुसेन सुल्तान ने निवेदन किया कि, "शेर ख़ां आज १८-१९ कुरोह का धावा मारे हुए आ रहा है। उसके घोड़ों की गरदनें टूटी हुई हैं और वे थके हुए हैं। हमारी सेना के घोड़े सुस्ता चुके हैं और ताज़ा दम हैं। आज ही युद्ध करना चाहिये, ईश्वर को जिसे विजय प्रदान करनी है उसे विजय प्रदान करेगा।"

मिसरा

'फिर जो कुछ भाग्य में लिखा हो।'

१ च, छ में 'फ़रग़ली' एवं ज में 'फ़रग़ली'।
२ शेख़ शरफ़ुद्दीन यहया मुनेरी।
३ 'चन्दावल' शुद्ध है; सेना का पिछला भाग।
४ पहाड़ तोड़ने वाली।
५ च, छ, ज में 'चौसा घाट'।

पादशाह ने यह बात स्वीकार कर ली किन्तु मुईद बेग को यह राय उचित नहीं ज्ञात हुई अतः मुईद बेग का समर्थन करते हुए (पादशाह ने) कहा कि "युद्ध प्रतीक्षा करके करना चाहिये। इसमें घबड़ाने की आवश्यकता नहीं[१]।" अमीर तथा सैनिक पादशाह के मुंह से यह बात सुनकर हताश हो गए। सेना ने पड़ाव किया। शेर ख़ां की सेना भी शाही लश्कर के समक्ष उतरी और उसने मिट्टी का क़िला बनाकर अपनी सेना को क़िले में कर लिया। दो मास तक उस स्थान पर दोनों सेनाएं एक दूसरे के सामने पड़ी रहीं। नित्य-प्रति युद्ध होता था और दोनों ओर से लोग मारे जाते थे। दूसरे[२] मास के बाद बड़ी ज़ोर की वर्षा होने लगी। शेर ख़ां के क़िले में पानी भर गया। वह पर्वत के आँचल के दाहिनी ओर ३-४ क़ुरोह पर उतर पड़ा। नित्य-प्रति का युद्ध बन्द हो गया। उस समय (२२ अ) हज़रत पादशाह ने यह उचित समझा कि शेर ख़ां से संधि कर ली जाय।

इस उद्देश्य से मशीख़त मआब सिलालतुल मशायख शेख़ ख़लील क़ुतुबुल अक़ताब शेख़ुल इस्लाम हज़रत शेख़ फ़रीद शकर गंज की संतान को संधि के विषय में वार्त्तालाप करने के लिये शेर ख़ां के पास भेजा गया। शेख़ ख़लील, शेर ख़ां के पास पहुँचा और उसने उसे अत्यधिक उपदेश दिए। वह संधि के लिए राज़ी हो गया और कहा कि, "इस शर्त पर संधि हो सकती है कि चुनार का क़िला हज़रत पादशाह मुझे प्रदान कर दें।" शेख़ ने हज़रत पादशाह को लिखा कि "शेर ख़ां ने चुनार के क़िले पर बात अटका रक्खी है, यदि वह शेर ख़ां को प्रदान हो जाय तो वह संधि के लिए राज़ी है।" पादशाही अमीरों ने इसे उचित न समझा कि चुनार के क़िले को शेर ख़ां को दे दिया जाय अतः इसी कारण संधि न हो सकी।

(५)

हज़रत पादशाह के लश्कर पर अफ़ग़ानों द्वारा रात्रि में छापा[३]

जब संधि न हो सकी तो शेर ख़ां ने अपने अमीरों को बुलवा कर कहा कि, "हमारे अमीरों (२२ ब) में से कोई ऐसा है जो तलवार बाँधकर शाही सेना में जा सकता है?" अफ़ग़ान अमीरों में से किसी को इस बात का साहस न हुआ। ख़्वास ख़ां ने यह बात स्वीकार कर ली और निवेदन किया कि "प्रतिष्ठित जवानों, मस्त हाथियों तथा वीर सेना को दास को प्रदान कर दिया जाय। मैं शाही लश्कर में जाता हूँ और यथा-सम्भव प्रयत्न करता हूँ। इसका परिणाम क्या होता है, यह सब सौभाग्य पर निर्भर है। ईश्वर जिसे भी विजय प्रदान करे।" शेर ख़ां ने अत्यधिक सेना एवं युद्ध के अनुभवी हाथी ख़्वास ख़ां के साथ कर दिये। मध्याह्नोपरान्त की दूसरी नमाज़ के समय ख़्वास ख़ां ने अपनी सेना से धूर्तता एवं छल प्रदर्शित करते हुए निश्चय किया कि दिन में युद्ध करना सम्भव नहीं, रात्रि में छापा

१ च, छ, ज में :—"तदुपरान्त उन्होंने मुईद बेग से भी पूछा। उसे यह राय पसन्द न आई। हज़रत की राय भी बदल गई। मुईद बेग से सहमत होते हुये कहा, 'युद्ध प्रतीक्षा करके करना चाहिये। जल्दी की आवश्यकता नहीं।" (च : पृ० २५अ, छ : पृ० २१अ, ज : पृ० २४ब)।

२ क, ग में 'दोएम', ख, घ में 'दो-नीम (ढाई)', च, छ में 'दोएम (दूसरे)', ज में 'ढाई'।

३ च, छ, ज में यह पृथक फ़स्ल नहीं है।

मारना चाहिए[१]। यह निश्चय करके निकला। शेख खलील ने पादशाह को लिखा कि, "शेर खां को मैंने संधि के लिए राज़ी कर लिया था किन्तु संधि न हो सकी। आज मध्याह्नोपरान्त की दूसरी नमाज़ के समय ख्वास खां एक बहुत बड़ी सेना लेकर अपने लश्कर से निकला है, आप सावधान रहें कि कहीं कोई बात न हो जाय।" पादशाह ने इस कारण कि, "जब दुर्भाग्य बुद्धि भ्रष्ट कर देता है" उसकी बात की ओर कोई ध्यान न दिया। मुईद बेग ने कहा कि, "उस दास को इतना दुस्साहस नहीं हो सकता है। पहिले उसका स्वामी तो आये।" उसे यह बात ज्ञात न थी कि ईश्वर (२३ अ) शिक्षा देता रहता है और उसे उपेक्षा सम्बन्धी बातें एवं अभिमान अच्छा नहीं लगता। पलक झपकाते वह कुछ का कुछ कर देता है।

अमीर हमज़ा की कहानी से उदाहरण

अमीरुल मोमनीन हमज़ा[२] ने हिन्द के पुत्र की भाले द्वारा हत्या कर दी, हिन्द की माता रूम[३] के पादशाह की पुत्री थी। उसने रूम, हब्श, फ़िरंग तथा मिस्र की सेना एकत्र की और नूशीरवाँ के पुत्र हुरमुज़ के पास पहुँची और कहा कि, "हे पुत्र! हमज़ा अरब ने मेरे पुत्र की हत्या कर दी है। इस समय मैंने एक बहुत भारी सेना जमा कर ली है और तेरे पास आई हूँ। यदि साथ दे तो उस अरब बच्चे से न्याय तथा बदला ले सकूँ एवं मक्का को नष्ट भ्रष्ट कर सकूँ।" हुरमुज़ ३० लाख अश्वारोहियों सहित मदाएन के बाहर निकला और मक्का की ओर रवाना हुआ, यहाँ तक कि मक्का पहुँच गया और उहद पर्वत में पड़ाव किया। हज़रत मुहम्मद को सूचना दी गई कि पृथ्वी की समस्त सेना एकत्र हो गई है। हज़रत मुहम्मद की शुभ जिह्वा से निकला कि, "इतनी बड़ी सेना की क्या (२३ ब) चिन्ता, अकेले मेरे चाचा हमज़ा पर्याप्त हैं।" यह बात ईश्वर को अच्छी न लगी। उसने इस्लामी सेना को पराजित कर दिया अतः ईश्वर के स्वाभिमान का प्रश्न है[४]। शूर वीर ऐसी बातों का सामना करते रहे हैं।

हुमायूं का पलायन

संक्षेप में, जब रात्रि असावधानी में व्यतीत हो गई तो प्रातःकाल सूर्योदय के पूर्व ख्वास

१ च, छ में :—"मध्याह्नोत्तर की दूसरी नमाज़ के समय वह अत्यधिक सेना, पर्वत रूपी मस्त हाथी सहित धूर्तता पूर्वक अपनी सेना से निकला। क्योंकि उसमें इतनी शक्ति न थी कि वह दिन में मुक़ाबला करे अतः उसने रात्रि में छापा मारना निश्चय किया"।

२ हज़रत मुहम्मद के चाचा तथा अब्दुल मुत्तलिब के पुत्र, जो अपनी वीरता के लिये बड़े प्रसिद्ध थे। वे उहद के युद्ध में मारे गये। शत्रुओं का सरदार अबू सुफ़ियान था। यह युद्ध शव्वाल ३ हि० (मार्च ६२५ ई०) में हुआ। युद्ध के उपरान्त, अबू सुफ़यान की पत्नी हिन्दा ने हज़रत हमज़ा की लाश से उनका जिगर निकाल कर चबा डाला। जौहर ने इस कहानी को केवल शिक्षा हेतु प्रस्तुत किया है और इसमें अधिक ऐतिहासिक तथ्य नहीं अतः इसकी टिप्पणियां नहीं लिखी गई।

३ टर्की।

४ च, छ में इस कहानी का विस्तार से उल्लेख नहीं किया गया है। इस कहानी की संकेत एवं **मतालये अनवार** नामक ग्रन्थ का हवाला दिया गया है। **मतालये अनवार** की रचना अफ़ीफ़ुद्दीन बिन नूरुद्दीन काशानी ने की। सम्भवतः इसकी रचना १६वीं शती ईसवी में हुई। इसकी हस्तलिपियां अलीगढ़ विश्वविद्यालय, रिज़ा लाइब्रेरी रामपुर एवं हिन्दुस्तान तथा यूरोप के हस्तलिखित ग्रन्थों के पुस्तकालयों में प्राप्त हैं। यह ग्रन्थ प्रकाशित नहीं हुआ है।

खां पश्चिम दिशा को अपनी पीठ की ओर करते हुए नख़्ख़ास[१] पर पहुँचा और उसे नष्ट-भ्रष्ट कर दिया। समस्त सेना में हाहाकार मच गया। अल्प समय में सेना छिन्न-भिन्न हो गई। हज़रत पादशाह को समाचार प्राप्त हुए। वे सवार हुए और तब्ल बजवाया। लगभग ३०० व्यक्ति एकत्र हुए और उन्होंने देखा कि एक हाथी बढ़ता चला आ रहा है। हज़रत पादशाह ने मीर बचका की ओर देखा। वह सामने नहीं आया और अपना सिर झुका लिया। उसके दो पुत्र थे। एक गुर्ग अली और दूसरा तत्ता बेग। एक के हाथों में पादशाह का ज़ौलक़ा[२] और दूसरे हाथ में हज़रत पादशाह का भाला था। पिता तथा दोनों पुत्र पौरुष में अद्वितीय थे। जब पादशाह ने देखा कि उन्होंने साहस छोड़ दिया है (२४अ) और किसी में इतनी शक्ति नहीं है कि युद्ध कर सके तो उन्होंने गुर्ग अली के हाथ से भाला लेकर हाथी पर वार किया और हाथी के मस्तक पर भाला मारा। हाथी के हौदज में एक धनुर्धर था जिसने हज़रत पादशाह पर वाण चलाया। वाण पादशाह के शुभ हाथों में लगा। जब उन्होंने ज़ोर करके भाले को हाथी के मस्तक से निकालना चाहा तो वह मस्तक में इतना अधिक घुस गया था कि अत्यधिक ज़ोर करने पर भी वाहर न निकला। अन्त में उसी प्रकार भाले को छोड़कर वे सैनिकों के पास आये और आवाज़ दी कि आओ आक्रमण करें, किन्तु सैनिकों में से किसी ने भी वीरता का कोई नारा न लगाया। अफ़ग़ानों ने समस्त सेना को छिन्न-भिन्न कर दिया था। इसी बीच में एक व्यक्ति आया और उसने पादशाह के घोड़े की लगाम को पकड़ कर कहा कि, "अब खड़े होने का समय नहीं है, सब लोग छिन्न-भिन्न हो गए हैं, आप किस शक्ति के भरोसे पर खड़े हैं।"

शेर

'जब तू देखे कि मित्र लोग सहायता नहीं कर रहे हैं,
तो पराजय को ही बहुत बड़ी देन समझ।'

जब हज़रत पादशाह नदी के किनारे आए तो गिर्दबाज नामक एक हाथी उनके साथ (२४ब) था। महावत से कहा कि, "पुल तोड़ डाल।" महावत ने पुल तोड़ डाला। हज़रत पादशाह ने घोड़े को नदी में डाल दिया। घोड़ा उनकी रान के नीचे से निकल गया। इसी बीच में एक व्यक्ति मश्क को फुलाए हुए दृष्टिगत हुआ और उसने संकेत किया कि, "हे पादशाह। मश्क पकड़ लें।" उन्होंने मश्क को पकड़ लिया और पूँछा कि, "तेरा नाम क्या है?" उसने कहा कि, "निज़ामा।" पादशाह ने कहा, "निज़ामुद्दीन औलिया होगा।" अन्त में पादशाह इस ख़तरे के वाहर निकल आये और उसको वचन दिया कि "तुझे सिंहासनारूढ़ करूँगा।" कुछ लोग नदी में डूब गए और कुछ मारे गए।

१ घोड़ों तथा मवेशियों का बाज़ार; यहां सम्भवतः अश्वशाला से तात्पर्य है।

२ ज़ौलक़ा :—भाले का नुकीला भाग जो लोहे का होता है। च एवं छ में 'दबलग़ा'। इस शब्द के विषय में निश्चित रूप से कहना कि किस हथियार से तात्पर्य है, कठिन है। स्टीवर्ट का यह अनुवाद तो किसी प्रकार शुद्ध नहीं—"One of whom carried the king's double barrelled gun and the other the royal spear"। [*Memoirs of Humayun* (London M. D ccc x x x 11) पृ० १८]।

हुमायूं का कड़ा पहुँचना

हज़रत पादशाह वहाँ से कड़ा की ओर पहुँचे। समाचार प्राप्त हुए कि बरमज़ीद गोर[1] पीछे से आ रहा है। दूसरे समाचार प्राप्त हुए कि आगे से शाह मुहम्मद[2] अफ़ग़ान ने मार्ग रोक रक्खा है। इस समाचार से लोगों के हाथ पाँव फूल गए और वे बड़ी चिन्ता में पड़ गए। राजा प्रभान[3] ने निवेदन किया कि, "बरमज़ीद गोर जो पीछे से आ रहा है उससे मैं समझ लूँगा। हज़रत पादशाह प्रस्थान करें। उसकी क्या मजाल है कि वह मुक़ाबला कर सके[4]।" अन्त में उन्होंने यही किया।

हुमायुं का कालपी पहुँचना

शाह मुहम्मद उनके समक्ष न ठहर सका और उसने मार्ग दे दिया। पादशाह निरन्तर यात्रा करते हुए कालपी पहुँचे। क़ासिम क़राचा के पुत्र ने पादशाह के लिए अत्यधिक पेशकश[5] का प्रबन्ध (२५अ) किया था। उसके पिता ने, जो हज़रत पादशाह के साथ आ रहा था, उसे रोक दिया। अन्त में थोड़ा सा उसने पादशाह के समक्ष प्रस्तुत किया। यह समाचार उनके शुभ कानों तक पहुँच गए। उसके पेशकश में से कुछ भी न स्वीकार किया। केवल एक जड़ाऊ ज़ीन ले ली और कहा कि "इसे मीर्ज़ा कामरान को दूँगा।"

हुमायूं का आगरा पहुँचना

वहाँ से वे निरन्तर यात्रा करते हुए आगरा पहुँचे। मीर्ज़ा कामरान ज़र अफ़शाँ[6] नामक उद्यान में था कि पादशाह पहुँच गए। जब हज़रत पादशाह के पहुँचने के समाचार मीर्ज़ा कामरान को प्राप्त हुए तो वह दौड़कर जिलौ ख़ाने[7] तक पहुँचा और अभिवादन किया। हज़रत पादशाह घोड़े से उतर पड़े और मीर्ज़ा को आलिंगन किया तथा पहुँचकर मीर्ज़ा के ख़रगाह में बैठे। थोड़ी देर बैठने के उपरान्त मीर्ज़ा कामरान ने निवेदन किया कि, "पादशाह दूर से आ रहे हैं और थके हुए हैं, राजसिंहासन पर आरूढ़ हों और मेरी ख़ातिर मीर्ज़ा हिन्दाल के अपराध क्षमा कर दें।" मीर्ज़ा हिन्दाल अलवर में था। पादशाह ने कहा कि, "उसका अपराध तेरी ख़ातिर क्षमा कर दिया। उसे कुछ लिख दे कि वह आ जाय।" पादशाह स्वयं सिंहासन पर पहुँचे और निज़ाम को, जिसने गंगा नदी में मशक पहुँचाई थी, अपने वचनानुसार दो घड़ी तक सिंहासनारूढ़ किया। उसने दो घड़ी (२५ ब) तक शासन किया।

१ च व छ में बरमज़ीद गोर उसका (शेर शाह का) अमीर।
२ च, छ एवं ज में 'शाह मुहम्मद फ़रमुली'।
३ च, छ में 'राजा बीर बान' एवं ज में 'राजा बीर भान' अथवा 'राजा बीर भानु'।
४ च, छ एवं ज में :—"अरैल के राजा बीर भान ने, जो सेवा में था, निवेदन किया कि इन लोगों की यह मजाल नहीं कि वे हज़रत का मुक़ाबला कर सकें। वास्तव में वही हुआ।" (चः पृ० २७ ब, छः पृ० २३ ब, जः पृ० २७अ)।
५ वह उपहार जो अधीन हाकिम, बादशाहों को प्रस्तुत करते थे। इस शब्द से ख़राज भी समझा जाता है।
६ च, छ, एवं ज में :—"फ़िरदौस मकानी के ज़र अफ़शां उद्यान में"।
७ अश्वशाला; च, छ में 'जलवा ख़ाना'।

उनके आगमन के २-३ दिन[1] उपरान्त मीर्ज़ा हिन्दाल, यादगार नासिर मीर्ज़ा तथा मीर्ज़ा अस्करी सभी उपस्थित हो गए और हज़रत पादशाह की सेवा में पहुँचे। हज़रत पादशाह ने संगीन ख़ाने में, जो फ़िरदौस मकानी के उद्यान में था, दरबार आयोजित किया। मीर्ज़ा कामरान को सम्बोधित करते हुए कहा कि, "तुम न्याय करो कि अपराध किसका है?" मीर्ज़ा हिन्दाल जिसने विद्रोह कर दिया था, उसका क्या कारण है?" मीर्ज़ा कामरान ने मीर्ज़ा हिन्दाल से पूछा कि, "तुमने हज़रत पादशाह की सहायता न की और मुख फेर लिया। इसका क्या कारण था?" मीर्ज़ा हिन्दाल ने लज्जावश उत्तर दिया कि, "मेरी अवस्था कम थी, और ज़ाहिद बेग, ख़ुसरो कूकुल्ताश तथा हाजी मुहम्मद कोकी सरीखे अमीरों ने मुझे मार्ग भ्रष्ट कर दिया। मैं अपना अपराध स्वीकार करता हूँ।" हज़रत पादशाह ने कहा कि, "तेरा अपराध मीर्ज़ा कामरान की ख़ातिर क्षमा कर दिया। अब तुझे तोबा (२६ अ) करनी चाहिए और शत्रुओं की बात पर ध्यान न देना चाहिये कारण कि मुनाफ़िक़[2] लोग बड़े ख़राब होते हैं।"

अब्दुल्लाह अबी की कहानी

हज़रत मुहम्मद की सेवा में अब्दुल्लाह अबी मुनाफ़िक़ों का सरदार था। उसने कई बार अपनी शत्रुता एवं मुनाफ़िक़त के कारण सहाबा के मध्य में मतभेद करा दिया किन्तु इस कारण कि सहाबा में निष्ठा एवं विश्वास की भावनाओं के अतिरिक्त कुछ न था, उन्होंने उसकी बात स्वीकार न की। ईश्वर ने उसे मुनाफ़िक़ों का सरदार कहकर सम्बोधित किया।

शेर ख़ां से युद्ध की योजना

इन बातों के बाद हज़रत पादशाह ने कहा कि, "जो कुछ हुआ वह हुआ। अब शेर ख़ां तथा विद्रोहियों के विनाश की योजना बनानी चाहिये। वह चौसा के युद्ध में संधि की वार्ता प्रारम्भ करके चकमा दे गया। रात्रि में छापा मारा। उसका कारोबार इस सीमा को पहुँच गया कि गंगा नदी तक क़न्नौज पर अधिकार जमा लिया।" मीर्ज़ा लोगों तथा समस्त अमीरों ने उत्तर दिया कि, "ईश्वर की कृपा तथा शाही प्रताप से इस बार वीरता एवं पौरुष प्रदर्शित करते हुए ऐसा प्रयत्न किया जायेगा कि वह छिन्न-भिन्न हो जाय।" हज़रत पादशाह ने इस बात पर फ़ातेहा पढ़ा और निश्चय किया कि "ज़ीक़ाद मास[3] में ज़र अफ़शाँ नामक उद्यान में पेशख़ाना[4] लगाया जाय।" मीर्ज़ा (२६ ब) कामरान ने निवेदन किया कि, "पादशाह स्वयं सिंहासन पर रहें और यह सेवा इस दास को सौंप दें ताकि वह उसे पूरा करे।" पादशाह ने उत्तर दिया कि, "उसने मुझसे युद्ध किया है, मुझ ही को उससे बदला लेना चाहिये। तुम इसी स्थान पर रहो।" अन्त में यही निश्चय हुआ कि मीर्ज़ा कामरान आगरा में रहे।

१ च, छ एवं ज में 'तीन-चार दिन'।
२ मुनाफ़िक़त करने वाला; जिसके मुँह पर कुछ हो और हृदय में कुछ।
३ क, ख, ग, घ, च, छ एवं ज में 'जुफ़्त माहे ज़ीक़ाद'।
४ वे ख़ेमे इत्यादि जो मुख्य ख़ेमे के पीछे लगते हैं।

(६)

हज़रत पादशाह का शेर ख़ां की ओर गंगा-तट पर युद्ध हेतु पुनः प्रस्थान

मीर्ज़ा कामरान को विदा करने के उपरान्त पादशाह ने रवाना होकर अभयपुर में पड़ाव किया। वहाँ समस्त मीर्ज़ाओं तथा अमीरों को उनकी श्रेणी के अनुसार घोड़े तथा सरोपा प्रदान किए और सेना की गणना कराई। ९० हज़ार सशस्त्र अश्वारोही तीपूचाक़ घोड़ों सहित गणना में निकले। मीर्ज़ा कामरान को वहाँ से आगरा भेज दिया और स्वयं निरन्तर यात्रा करते हुए बढ़ते गए। जब मीर्ज़ा कामरान आगरा में पहुँचा तो वह रुग्ण हो गया। मीर्ज़ा, मीर अबुल बक़ा तथा कुछ अन्य पदाधिकारियों को जो आगरा में थे, लेकर लाहौर की ओर रवाना हुआ।

(२७ अ) हज़रत पादशाह शेर ख़ां से युद्ध के लिए रवाना हुए। निरन्तर यात्रा करते हुए गंगा तट पर क़न्नौज पहुँचे। शेर ख़ां उनके सामने था कि अरैल के राजा प्रभान का प्रार्थना-पत्र प्राप्त हुआ जिसमें लिखा था कि, "हज़रत पादशाह स्वयं पटना[२] की ओर आ जायें। यह दास पादशाह की सेवा में रहेगा यहाँ तक कि शत्रुओं से बदला ले लिया जाय।" हज़रत पादशाह ने इस राय को स्वीकार न किया और निश्चय किया कि "उसी स्थान से नदी पार करके युद्ध किया जाय। जो कुछ भी ईश्वर का आदेश होगा वह होगा।"

मुहर्रम मास में आशूरे के दिन गंगा नदी पार करके अपनी सेना को अस्त्र-शस्त्र से सुसज्जित करके युद्ध का तब्ल बजवाया। सेना के दायें एवं बायें बाजुओं को ठीक किया। दायें बाज़ू को मीर्ज़ा हिन्दाल तथा अन्य अमीरों को सौंपा। वे शेर ख़ां के पुत्र जलाल ख़ां के सामने थे। बायें बाज़ू को मीर्ज़ा अस्करी को प्रदान किया। वह ख़्वास ख़ां के सामने था[३]। समस्त[४] सेना अन्य अफ़ग़ानों के मुक़ाबले में नियुक्त की गई। इतना घोर युद्ध हुआ कि उसका उलेलख सम्भव नहीं।

शेर

'इस प्रकार तलवार के हाथ चलाये गये,
कि शत्रु को प्राण त्यागने में संकोच न हुआ।'

हुमायूं की पराजय तथा पलायन

(२७ ब) वे युद्ध कर ही रहे थे कि संसार को शरण प्रदान करने वाले हज़रत पादशाह को समा- चार प्राप्त हुए कि मीर्ज़ा हिन्दाल ने शत्रु पर विजय प्राप्त कर ली और अस्करी मीर्ज़ा, जो ख़्वास ख़ां से युद्ध कर रहा था, पराजित हुआ। मीर्ज़ा हैदर[५] ने निवेदन किया कि, "यदि आदेश हो तो

१ च, छ एवं ज में भी यह छटी फ़स्ल है और शीर्षक इस प्रकार है :—"बन्देगान हज़रत का पुनः शेर ख़ां के विरुद्ध गंगा तट पर क़नौज एवं भोजपुर के मध्य के युद्ध हेतु प्रस्थान"।

२ च, छ एवं ज में 'पटना के क़िले'।

३ च, छ एवं ज में इस प्रकार है : "बायां बाज़ू मीर्ज़ा अस्करी के अधीन था और उसके साथ कुछ अमीर थे। जलाल ख़ां जलो (जलवानी ?) उसके समक्ष था। एक रवायत के अनुसार मीर्ज़ा अस्करी ख़्वास ख़ां के मुक़ाबले में था"।

४ शेष सेना।

५ च, छ और ज के अनुसार 'मीर्ज़ा हैदर क़श्क़ारी'।

गाड़ियों के क़ुल्लाव[1] खोल दिये जायें।" हज़रत पादशाह ने आदेश दिया कि, "गाड़ियों के क़ुल्लाब खोल दिए जायँ" और वे आगे बढ़े थे कि सेना अचानक पराजित हो गई। एक व्यक्ति काले वस्त्र धारण किए हुए पहुँचा और उसने हज़रत पादशाह के घोड़े पर ऐसा घूंसा मारा कि घोड़े की लगाम मुड़ गई। "हे ख़ुदा! समस्त सृष्टि का स्वामी तू है, जिसको चाहे सल्तनत दे और जिससे चाहे सल्तनत छीन ले और तू ही जिसको चाहे इज़्ज़त दे और तूही जिसे चाहे ज़िल्लत दे, हर तरफ़ की भलाई तेरे हीं हाथ में है। निःसन्देह तुझको हर चीज़पर प्रभुत्व प्राप्त है[2]"। हे जवाँमर्दो! अधिकार की लगाम ईश्वर के हाथ में है। उसका आदेश सभी आदेशों पर भारी है। अधिकांश लोगों को इसका ज्ञान नहीं होता। ख़्वाजा हाफ़िज़ का कथन है:—

शेर

'सुखद समाचार प्राप्त हुए कि शोक के दिन न रहेंगे,
वैसे (दिन) नहीं रहे, ऐसे भी न रहेंगे।'

हुमायूं का नदी पार करना

(२८ अ) हज़रत पादशाह जन्नत आशियानी अपनी शुभ जिह्वा से कहा करते थे कि, "जब मैंने नदी की ओर देखा कि अफ़ग़ान लोग मुग़ुलों के समूहों को घेरे हुए हैं तो मैंने यह निश्चय किया कि उनपर आक्रमण करूँ। एक व्यक्ति मेरे घोड़े की लगाम पकड़कर नदी तट पर लाया। परीसाल नामक हाथी, जो फ़िरदौस मकानी के हाथियों में था, दिखाई पड़ा। मैंने महावत को पुकारा। वह हाथी लाया। एक सेवक मेहतर शाहू शहनये फ़ील[3] हाथी के हौदज में बैठा था। उसने अभिवादन किया। मैंने उससे उसका नाम पूछा। उसने कहा कि, 'काफ़ूर।' उसने हाथी को बैठाया। मैं सवार हो गया। मैंने महावत से कहा कि, 'नदी पार कर।' उस महावत ने कहा कि, 'हाथी डूब जायेगा।' ख़्वाजा काफ़ूर ने संकेत से निवेदन किया कि, 'महावत हाथी को अफ़ग़ानों की ओर ले जाना चाहता है। यदि इसकी हत्या करा दी जाय तो उचित होगा।' मैंने कहा कि, "हाथी कौन चलायेगा?" काफ़ूर ने निवेदन किया कि, 'दास हाथी चलाना जानता है।' इस बात पर मैंने तलवार खींचकर महावत की हत्या कर दी। काफ़ूर ने उसे नदी में फेंक दिया और स्वयं उसके स्थान पर बैठकर हाथी को (२८ ब) पार करा ले गया। तदुपरान्त मैंने ख़्वाजा काफ़ूर को अत्यधिक प्रोत्साहन प्रदान किया।"

वे कहते थे कि, "जब मैं हाथी से उतरा तो मुझे मार्ग न मिला कि नदी तट पर पहुँचूं। देखा कि कुछ मुग़ुल रोते चिल्लाते हुए मेरे विषय में पूछते हुए घूम रहे हैं। तूग़बानों[4] के उस समूह की दृष्टि मुझपर पड़ गई। वे दौड़कर आये और अपनी पगड़ियों को नीचे लटका दिया तथा मझे नदी तट पर लाये[5]। घोड़ा भेंट किया। सवार होकर हम आगरा की ओर रवाना हुए।"

१ कुंडे जिससे जंजीरें बांधी जाती हैं। यहां जंजीरों के खोल देने से तात्पर्य है।

२ क़ुरान शरीफ़, सूरा ३ आयत २६।

३ हाथियों की देख-रेख करने वाला अधिकारी।

४ तूग़बानः—झंडा उठाने वाले।

५ च, छ में:—"क्योंकि नदी का किनारा ऊँचा था अतः मैं ऊपर न चढ़ सका। उन लोगों ने अपनी पगड़ियां लटका दीं। मैं निकट पहुँचा था कि शम्सुद्दीन मुहम्मद ख़ां अतका ने मेरा हाथ पकड़ कर मुझे ऊपर खींच लिया, और अपना घोड़ा प्रस्तुत किया"। (च: पृ० ३१ अ, छः पृ० २६ ब)।

हुमायुं का आगरा की ओर प्रस्थान

तूग़बानों के अतिरिक्त जो उस समय सेवा में पहुँचे उनमें वावा वेग जलायर के पुत्र मीर्ज़ा मुहम्मद तथा तरशुन (अथवा तरसून) वेग थे। "मैंने सोचा कि, क्या ही अच्छा हो कि जिस प्रकार यह भाई एक स्थान पर आ गये हैं, हमारा भाई हिन्दाल भी मुझसे मिल जाता।' क्षण भर बाद यह प्रार्थना स्वीकार हो गई और मीर्ज़ा हिन्दाल उपस्थित होकर हज़रत पादशाह का अभिवादन करके सम्मानित हुआ।

उस परमेश्वर का लाख लाख शुक्र है कि काफ़ तथा नून[1] मिलने भी न पाये थे कि उसने समस्त संसार को उत्पन्न कर दिया अर्थात् ईश्वर ने कहा, "हो जा", हो गया। हज़रत पादशाह (२९ अ) प्रसन्न हो गए। हे मित्रो ! ऐसा क्यों न हो। हज़रत पादशाह की समस्त प्रार्थनायें स्वतः ईश्वर द्वारा स्वीकार हो जाती थीं किन्तु भाग्य के सामने किसी की नहीं चलती। सौभाग्य एवं दुर्भाग्य समय पर निर्भर हैं। ईश्वर जो चाहता है प्रकट करता है और तदनुसार व्यवस्था करता है।

मुहम्मद हनफ़िया की कहानी

हे जवाँ मर्दो ! मुहम्मदे हनफ़िया[2] बिन अली मुरतुज़ा की कहानी बड़ी दूर की बात है किन्तु उसकी इस आशय से चर्चा करता हूँ कि परमेश्वर का आदेश सभी आदेशों पर भारी है।

जब मुहम्मद हनफ़िया ने अपने भाइयों अमीरुल मोमनीन हसन तथा अमीरुल मोमनीन हुसेन का बदला लेने के लिए यज़ीद लईन[3] पर दमिश्क़ में आक्रमण किया तो यज़ीद लईन १२ लाख अश्वारोही, ४० हज़ार पदाती तथा ५ सौ हाथियों को लेकर अमीरुल मोमनीन मुहम्मद हनफ़िया का मुक़ाबला करने के लिए निकला। एक हज़ार वीर तथा दो सौ हाथी अमीरुल मोमनीन मुहम्मद हनफ़िया ने एक आक्रमण में मार डाले। जब यज़ीद ने अमीरुल मोमनीन मुहम्मद हनफ़िया को (२९ ब) देखा तो वह भागकर दमिश्क़ के क़िले में प्रविष्ट हो गया और द्वारों को वन्द कर लिया। रात भर वह चेन से न बैठा। उसने अपने वज़ीर मरवान को बुलवाकर १२ लाख अश्वारोही, पदाती तथा हाथी उसके सिपुर्द किए। जब मरवान अमीरुल मोमनीन मुहम्मद हनफ़िया से युद्ध हेतु पहुँचा और उनकी दृष्टि उस सेना पर पड़ी तो वे शेर के समान दहाड़े और अपने पिता की

१ 'कुन' : मुसलमानों का विश्वास है कि सृष्टि की रचना ईश्वर की इच्छा से हुई। उसने "कुन हो जा" कहा और संसार हो गया। क़ुरान शरीफ़ के सूरा नं० ३६ आयत ८२ में इस प्रकार है, "उसकी शान तो यह कि जब किसी चीज़ को पैदा करना चाहता है तो वह कह देता है कि हो जा तो वह (तत्काल) हो जाती है।" इसी बात का क़ुरान शरीफ़ में लगभग १२ स्थानों पर भी उल्लेख हुआ है। कुन शब्द को कलमये हज़ारह भी कहते हैं।

२ मुहम्मद हनफ़िया अथवा मुहम्मदे बिन अली हज़रत अली के तीसरे पुत्र थे। वे हज़रत हसन एवं हुसेन की भांति हज़रत फ़ातमा के पुत्र न थे। उनकी मृत्यु ८१ हि० (७०० ई०) में हुई।

३ मआविया का पुत्र यज़ीद प्रथम तथा उमय्या वंश का दूसरा ख़लीफ़ा। वह १ रजब ६० हि० (७ अप्रैल ६८० ई०) को अपने पिता की मृत्यु के उपरान्त सिंहासनारूढ़ हुआ। उसने १० मुहर्रम ६१ हि० (१० अक्तूबर ६८० ई०) को इमाम हुसेन को कर्बला के मैदान में शहीद करा दिया। इसी कारण अधिकांश मुसलमान उसे यज़ीद लईन (निन्दनीय) अथवा लानतुल्लाह (ईश्वर की उस पर फटकार हो) कहते हैं। ४ रबी-उल-अव्वल ६४ हि० (३१ अक्तूबर ६८३ ई०) को उसकी मृत्यु हो गई।

ज़ुल्फ़ेक़ार[1] को खींचकर आक्रमण किया। ५० हज़ार वीर तथा ३ सौ हाथियों की हत्या कर दी। इसी प्रकार उन्होंने कई आक्रमण किए और उस सेना के इतने आदमी मार डाले कि उनकी संख्या परमेश्वर को ही ज्ञात होगी। यज़ीद लईन की सेना वालों को हाथियों से घेर कर लाते थे। यहाँ तक कि अमीरुल मोमनीन मुहम्मद हनफ़िया की दृष्टि मध्य भाग पर पड़ी। वे हाथी के पास पहुँचे। जब समीप पहुँचे तो शहनये् फ़ील ने अवसर पाकर छिप कर तलवार द्वारा अमीरुल मोमनीन मुहम्मद हनफ़िया पर आक्रमण किया और उनके हाथ एवं पंजों को तलवार द्वारा ज़मीन पर गिरा दिया। शाहज़ादा[2] बिना हाथ के किस प्रकार युद्ध कर सकता था। यज़ीद की सेना ने शाहज़ादे को जीवित वन्दी वना लिया और यज़ीद लईन के पास ले गए। अन्त में निश्चय हुआ कि इमाम मासूम[3] को जलवा डाला जाये। यज़ीद लईन के वज़ीर मरवान ने अमीरुल मोमनीन के (३० अ) भाइयों को मुहम्मद हनफ़िया के विषय में लिखा और अपने दास के साथ भेजा। दास रातों रात उन लोगों के पास पहुँचा कि, "अमुक द्वार एवं अमुक समय पर अमीरुल मोमनीन मुहम्मद हनफ़िया जलाये जायेंगे। यदि हो सके तो तैयार होकर आओ और बचा ले जाओ।" ईश्वर के आदेशानुसार जैसे ही लोग इमाम मासूम को जलाने के लिए द्वार पर ले गए, वैसे ही उनके भाई आकर उन्हें खींच ले गए और अत्यधिक धन-सम्पत्ति न्योछावर की। उन्होंने निवेदन किया कि, "हे इमाम! हम क्या करें? हमसे आपका हाथ अच्छा नहीं हो सकता।" उसी रात्रि में अमीरुल मोमनीन मुहम्मद हनफ़िया ने हज़रत मुहम्मद को स्वप्न में देखा। उन्होंने कहा कि, "हे पुत्र! जो ईश्वर का आदेश था, वह पूरा हुआ। तेरा हाथ एवं पंजा उस स्थान पर जहाँ तूने ३ सौ हाथियों तथा ४० हज़ार आदमियों की हत्या की थी, पड़ा (३० ब) है। किसी को भेजकर मंगवा ले और अपने हाथ को नबूवत की मुहर पर मल। ईश्वर के आदेश से तेरा हाथ ठीक हो जायेगा और उसमें दुगनी शक्ति आ जायेगी। अपने भाइयों का वदला ले। इसके बाद तुझे विजय ही प्राप्त होगी।" अमीरुल मोमनीन मुहम्मद हनफ़िया ने ऐसा ही किया। उनके शुभ हाथ ठीक हो गए और उनमें ईश्वर की दया से दुगनी शक्ति आ गई। हज़रत अली की ज़ुल्फ़ेक़ार खींच कर यज़ीद लईन की सेना पर आक्रमण किया। जिस प्रकार भेड़िया, भेड़ों के गल्ले पर टूटता है उसी प्रकार वे टूटे और ज़ुल्फ़ेक़ार को इस प्रकार चलाया कि ख़ून की नहरें बह निकलीं। संक्षेप में, यज़ीद लईन भाग गया। प्राणों के भय तथा अमीरुल मोमनीन मुहम्मद हनफ़िया के डर से गहरी संडास में घुस गया। अमीरुल मोमनीन मुहम्मद हनफ़िया ने उसे उस संडास से निकलवाया और उसी स्थान पर उसकी हत्या कर दी। अतः हे भाइयों! सौभाग्य एवं दुर्भाग्य अवसर पर निर्भर हैं। वीरों तथा ग़ाज़ियों को इसका सामना करना पड़ता है।[4]

१ हज़रत अली की तलवार जो बद्र के युद्ध में उन्हें प्रदान हुई थी।

२ मुहम्मद हनफ़िया।

३ जिसने न कोई अपराध किया हो और न कर सकता हो।

४ **हुमायूं शाही** (च, छ) एवं **जवाहर शाही** में इसका उल्लेख नहीं है और न इसमें ऐतिहासिक तथ्य है।

हुमायूं का आगरा की ओर प्रस्थान

(३१ अ) तदुपरान्त हज़रत पादशाह अपने भाई मीर्ज़ा हिन्दाल एवं अपनी सेना तथा मीर्ज़ा यादगार नासिर इत्यादि सहित आगरा की ओर रवाना हुए[१]। जब वे क़स्बा वहल गाँव[२] के समीप पहुँचे तो गंवारों ने मार्ग रोक लिया और लूट मार करने लगे। अचानक एक बाण यादगार नासिर मीर्ज़ा के लगा। उसने अस्करी मीर्ज़ा से कहा कि, "तुम गंवारों पर आक्रमण करो, ताकि मैं अपने घावों को बाँध लूँ।" मीर्ज़ा को यह बात अच्छी न लगी और उसने गाली दी। मीर्ज़ा यादगार नासिर ने भी उत्तर में कठोर शब्द कहे। तदुपरान्त मीर्ज़ा अस्करी ने (उसके) तीन चाबुक मारे। उसने कहा कि, "यह तीन चाबुक पादशाही तोरे[३] की दृष्टि से स्वीकार किए।" यह कहकर उसने मीर्ज़ा अस्करी के निरन्तर चाबुक मारे। यह समाचार हज़रत पादशाह को प्राप्त हुए। उन्होंने कहा "कि अच्छा होता यदि उस अभागे की हत्या कर देता। जो हुआ सो हुआ[४]।"

हुमायूं का आगरा पहुँचना

हज़रत पादशाह आगरा पहुँचे। सैयिद रफ़ीउद्दीन[५] के मुहल्ले में उतरे। तदुपरान्त मीर्ज़ा हिन्दाल को आदेश दिया "कि क़िले के भीतर जाकर अपनी माता तथा परिवार वालों एवं सेवकों (३१ ब) में से जिसे उचित समझो तथा ख़ज़ाना इत्यादि ले आओ[६]।" मीरान सैयिद रफ़ी उद्दीन के पास रोटी तथा ख़रबूज़ा खाने के लिए उपस्थित था। उन्होंने पेश किया। उन्होंने उसे खा लिया। तदुपरान्त मीर ने हज़रत पादशाह से निवेदन किया कि, "संसार का कार्य बहती हुई नदी के समान है। आपको पुनः (अधिकार) प्राप्त होगा। राज्य के लिए यह उचित है कि आप इस समय चले जायें।" घोड़ा तथा तुरुग़[७] उपहार-स्वरूप भेंट किए और फ़ातेहा पढ़ा।

हुमायूं का लाहौर की ओर प्रस्थान

हज़रत पादशाह सवार होकर सीकरी क़स्बे की ओर रवाना हुए। मीर्ज़ा हिन्दाल भी उनकी सेवा में पहुँचा। मीर्ज़ा हिन्दाल जो ख़ज़ाना लाया था उनमें खंजर तथा जड़ाऊ तलवारें थीं। उसने हज़रत पादशाह की सेवा में उपस्थित कीं। हज़रत पादशाह प्रातःकाल फ़िरदौस मकानी के उद्यान में बैठे हुए थे कि सीकरी पर्वत की ओर से एक बाण आया। बाण के आने के उपरान्त

१ च, छ एवं ज में,:—"तदुपरान्त मीर्ज़ा अस्करी एवं यादगार नासिर मीर्ज़ा पहुँचे। इन लोगों के साथ वे आगरा की ओर रवाना हुये"।

२ च, छ एवं ज में 'बेहीन गांव'।

३ पादशाही विधान।

४ **जवाहर शाही** में भी लगभग इसी प्रकार है। **हुमायूं शाही** (च एवं छ) में यह इस प्रकार है:—"तदुपरान्त उसने (यादगार नासिर मीर्ज़ा ने) भी तीन चाबुक मारे। मीर्ज़ा रो रहा था कि हज़रत पादशाह पहुँच गये। उन्हें इस विषय में सूचना दी गई। उन्होंने कहा, 'जिस अवसर पर युद्ध करना चाहिये था, न किया। इस स्थान पर आपस में युद्ध करते हो।' मीर्ज़ा यादगार नासिर ने उन लोगों पर आक्रमण किया। कुछ की हत्या कर दी और कुछ को गांव में भगा दिया।" (च : पृ० ३१ अ-ब, छ : पृ० २६ ब)।

५ च, छ में:—"मीर सैयिद रफ़ी उद्दीन जो नगर के प्रतिष्ठित लोगों में से थे।"

६ च, छ में:—"ख़ज़ाना इत्यादि जो ला सकते हो, ले आओ।"

७ कोतल घोड़ा।

(३२ अ) मीर्ज़ा हैदर क़श्क़ारी तथा मेहतर सभा का[1] रिकाबदार बाण के विषय में सूचना लाने के लिए पर्वत की ओर गए। दोनों घायल हुए और हज़रत पादशाह से आकर निवेदन किया कि "यह उचित स्थान नहीं है।" सवार होकर वे बजौना[2] की ओर रवाना हुए। हज़रत पादशाह की सेवा में उच्च पदाधिकारियों में से मीर्ज़ा हैदर क़श्क़ारी, ख़ुदाए दोस्त, मीर्ज़ा रोशन बेग, मीर नौकार[3] तथा सेवकों का एक समूह उपस्थित था। वे हज़रत पादशाह के साथ जा रहे थे कि क्या देखते हैं कि फ़ख्र अली हज़रत पादशाह के आगे आगे जा रहा है। हज़रत पादशाह ने फ़ख्र अली के प्रति क्रोध प्रदर्शित करते हुए कहा कि, "तेरे परामर्श से गंगा नदी पार की, अच्छा तो यही था कि तू वहीं मार डाला जाता। यह भी सम्भव न हो सका तो अब इस समय हमसे पृथक् हो कर चला जा रहा है।" इस कारण फ़ख्र अली वापस आ गया और हज़रत पादशाह की सेवा में पीछे पीछे रवाना हुआ।

जब वे बजौना क़स्बे में कम्बेर (?) नदी तट पर पहुँचे तो वहाँ मीर्ज़ा अस्करी उपस्थित हुआ और निवेदन किया कि, "हमें समाचार प्राप्त हुए हैं कि शेर ख़ां ने बरमज़ीद गोर को हमारे (३२ ब) पीछे रवाना किया है। हज़रत पादशाह थोड़े से सैनिकों को लेकर[4] शीघ्रातिशीघ्र आगे बढ़ें, अन्य लोग पीछे आते रहेंगे। यदि इस स्थान से प्रस्थान कर दें तो अच्छा है।" मीर्ज़ा अस्करी ने इसे उचित बताया। हज़रत पादशाह को सवार कर दिया। सेना में हा-हाकार मच गया। लोग व्याकुल थे, कि क्या करेंगे, कोई भी सहायता नहीं करता, न पिता की पुत्र और न पुत्र की पिता। जिसके पास जो कुछ माल असबाब था, उसे छिपा कर वे परेशान चले जा रहे थे। इसी बीच में आँधी के साथ वर्षा होने लगी और ओले गिरने लगे। इतनी अधिक हानि हुई कि ईश्वर उस दिन से अपनी रक्षा में रक्खे। ईश्वर ने कहा है, "उस दिन आदमी अपने भाई और अपनी माँ और अपने बाप और अपने लड़के बालकों से भागेगा[5]"।

शेर

'उस दिन के प्रति शोक है जब कोई साथ न देगा,
मर्यादा एवं साहस कोई भी प्राण का साथ न देंगे।'

जब हज़रत पादशाह ने यह देखा कि लोग हताश तथा व्याकुल हैं तो वे लगाम खींचकर खड़े हो गए। मीर्ज़ा हिन्दाल, यादगार नासिर मीर्ज़ा, तरदी बेग तथा अमीरों का जो समूह साथ था, वह उपस्थित हुआ। हज़रत पादशाह ने कहा कि, "रूम, शाम तथा एराक़ हर दिशा से लोग मेरी (३३ अ) सेवा में उपस्थित होते रहते थे। कुछ लोग चौसा के युद्ध में मारे गए, कुछ क़न्नौज के युद्ध में, जो शेष रहे थे वे यहाँ नष्ट हो रहे हैं। अब यह उचित होगा कि हम धैर्य के साथ रवाना हों। यदि हमारी हत्या हो जाय तो हमें स्वीकार है", और कहा कि, "लोगों को उतरवाओ। इतना

१ च, छ एवं ज में 'सबाक़ा'। 'सबहाक़ा' भी प्रयुक्त हुआ है।
२ च, छ एवं ज में 'बचौना'।
३ क, ख, ग, घ में 'मीरन्द कार'।
४ 'जरीदा'।
५ क़ुरान शरीफ़, सूरा नं० ८० आयत नं० ३४-३६। यह आयत क़यामत के दिन जब कोई किसी का साथ न देगा, से सम्बन्धित, है।

हताश न हो। इस स्थान से एक निश्चित योजना के साथ रवाना हों।" अन्ततोगत्वा यह निश्चय हुआ कि हज़रत पादशाह आगे रहें। दायें हाथ की ओर मीर्ज़ा हिन्दाल, बायें हाथ की ओर मीर्ज़ा यादगार नासिर तथा अन्य अमीर उनके पीछे चलें। जहाँ तक लोग चल सकते हों, व्हाँ तक वे इसी प्रकार चलें। आदेश हुआ कि जो कोई पादशाह के आगे रवाना हो उसे दंड दिया जाय और उसके घर को नष्ट कर दिया जाय।

इसी बीच में एक मुग़ुल ने आकर हज़रत पादशाह से न्याय की याचना की और कहा कि, "हे पादशाह! मेरे घोड़े को चौपत्ता[1] बहादुर ने छीन लिया है।" हज़रत पादशाह ने किसी को आदेश दिया कि, "उसका घोड़ा उसे दिला दिया जाय।" पादशाह के आदेशानुसार उसने आकर कहा कि, "मुग़ुल का घोड़ा दे दिया जाय।" चौपत्ता बहादुर ने आदेश का पालन न किया और (३३ ब) घोड़ा न दिया अपितु कठोरता प्रदर्शित की। पादशाह को इस बात का पता चला। आदेश हुआ कि उसकी गरदन मार दी जाय। हज़रत पादशाह के आदेशानुसार उसकी गरदन मार दी गई। उसके सिर को काटकर भाले की नोक पर समस्त सेना में घुमाया गया। उस समय सेना में आतंक छा गया और लोगों ने असावधानी को त्याग कर अत्याचार की ओर से अपनी लगाम खींच ली।

हुमायूं का लाहौर पहुँचना

इस स्थान से प्रस्थान करके कभी १० कुरोह और कभी १२ कुरोह पर पड़ाव किया जाता था[2]। यहाँ तक कि सरहिन्द पहुँच गए। हज़रत पादशाह ने मीर्ज़ा हिन्दाल को सरहिन्द में छोड़ दिया और स्वयं माछीवारा में पड़ाव किया। क्योंकि नदी में बाढ़ आई हुई थी और नौका नहीं मिलती थी अतः जिस प्रकार सम्भव हो सका माछीवारा नदी पार की। शेर ख़ां स्वयं राजधानी देहली में था। उसकी सेना हज़रत पादशाह का पीछा करती हुई ५० कुरोह[2] पर आ रही थी। हज़-

१ च, छ एवं ज में 'जौवन्ता बहादुर'।

२ च, छ में:—"वहां से १० कुरोह मंज़िल निश्चित करके एक मंज़िल से दूसरी मंज़िल पार करते हुये सरहिन्द नामक क़स्बे में पहुँचे। मीर्ज़ा हिन्दाल को उस क़स्बे में छोड़ कर, माछीवारा क़स्बे के घाट की ओर रवाना हुये। नौकाओं की कमी के कारण ६-७ दिन में सतलज नदी पार की। उस समय शेर ख़ां स्वयं देहली में था और उसकी सेना ५० कुरोह पर। एक रात्रि में उस घाट पर जब चांदनी निकली थी, मैंने मीर्ज़ा हैदर क़श्क़ारी से पूछा कि, 'मेरे मित्र! तूने कश्मीर को देखा है उसका चित्र बालू पर बना। मैं गुजरात तथा मन्दू का चित्र बनाता हूँ। मुनइम बेग का भाई फ़ज़ील बेग कन्धार का चित्र बनाये।' प्रत्येक ने हर स्थान के चित्र बनाये। कश्मीर के चित्र के विषय में कहा कि वह बड़ा ही आश्चर्यजनक प्रदेश एवं देखने योग्य है। उसके देखने की बड़ी इच्छा प्रकट की और कहा:—

शेर

'कश्मीर मत कहो, चीन के परीख़ाने की ईर्ष्या का विषय है,
संक्षेप में पृथ्वी पर स्वर्ग है।'

तदुपरान्त कहा, 'ईश्वर ने चाहा, जब मैं लाहौर पहुँचूंगा, सर्व प्रथम कश्मीर के अभियान की ओर ध्यान दूंगा।' संक्षेप में, जब वे लाहौर पहुँचे तो मीर्ज़ा हैदर, मुईद बेग, रोशन बेग कोका एवं मीर्ज़ा संजर को एक बहुत बड़ी सेना सहित यह निश्चय करके नियुक्त किया कि, 'उस प्रदेश को विजय करके मीर्ज़ा हैदर को दे दिया जाय और वे लौट कर हमारी सेवा में आ जायं'। आदेशानुसार वे इस प्रदेश की ओर रवाना हुये। उस देश को

रत पादशाह स्वयं जालंधर क़स्बे में पहुँचे। मीर्ज़ा हिन्दाल भी जालंधर में आया। अफ़ग़ानों की सेना सरहिन्द में पहुँच गई। हज़रत पादशाह मीर्ज़ा हिन्दाल को जालंधर में छोड़कर स्वयं एक (३४ अ) मंज़िल से दूसरी मंज़िल पार करते हुए लाहौर के भू-भाग में पहुँचे और दोशाईसा[1] की हवेली में उतरे। मुज़फ़्फ़र बेग तुर्कमान को आदेश दिया कि, "मीर्ज़ा हिन्दाल जालंधर में है, वहाँ जाकर वे दोनों साथ रहें[2]।" इस प्रकार मुज़फ़्फ़र बेग गोविन्द वाल नदी के तट पर उतरा। मीर्ज़ा हिन्दाल गोबिन्द वाल नदी पार करके लाहौर आया[3]। मुज़फ़्फ़र बेग तथा अफ़ग़ानों के बीच में यही गोविन्द वाल नदी थी।

संक्षेप में जब हज़रत पादशाह तथा मीर्ज़ा लोगों को, जो लाहौर में थे, यह समाचार प्राप्त हुए कि शेर ख़ां के पास से दूत आ रहा है तो हज़रत पादशाह ने मीर्ज़ा लोगों से पूछा कि "उससे कहाँ भेंट की जाय?" निश्चय हुआ कि मीर्ज़ा कामरान के बाग़ में जाकर दरबार किया जाय। आदेश हुआ कि ७ वर्ष से लेकर ७० वर्ष तक के लोग उस बाग़ में उपस्थित हों। वैसा ही किया गया। शेर ख़ां का दूत उपस्थित हुआ। उसी दिन उपर्युक्त दूत को विदा कर दिया गया[4]। मीर्ज़ा (३४ ब) कामरान ने अपनी ओर से शेर ख़ां को लिखा कि, "तूने हमसे प्रतिज्ञा की थी कि मैं संधि कर लूंगा।" शेर ख़ां ने लिखकर भेजा कि, "तुम किस शक्ति के भरोसे पर संधि चाहते हो? तुम कहाँ से कहाँ पहुँच गए और संधि स्वीकार न की[5]।"

हज़रत पादशाह ने मीर्ज़ाओं तथा अमीरों को बुलाकर परामर्श किया कि, "क्या करना चाहिए?" सभी ने (युद्ध करना) निश्चय किया[6] और फ़ातेहा पढ़ा। एक मास तक पाईने दौलत-

विजय करके मीर्ज़ा (हैदर) को सौंप दिया और उन लोगों ने उस समय जब मीर्ज़ा हिन्दाल गुजरात की ओर प्रस्थान करने के उद्देश्य से पृथक् हो गया था, हज़ारा परगने में पहुँचने का सम्मान प्राप्त किया। इसका उल्लेख उचित स्थान पर किया जायगा।" (च: पृ० ३३अ-३३ब, छ: २७ब-२८अ)।

१ च, छ एवं ज में 'हवेली दोस्त मुंशी'।

२ क, ख, ग, घ: "आंजा रफ़्ता व इत्तेफ़ाक़े यक दिगर बाशंद" किन्तु "ब इत्तेफ़ाक़े यक दिगर बे आयेन्द" 'दोनों मिल कर आ जायें' होना चाहिये।

३ च, छ एवं ज में:—"मुज़फ़्फ़र बेग तुर्कमान को आदेश दिया कि वह मीर्ज़ा हिन्दाल के पास चला जाय और उसे ले आये। मुज़फ़्फ़र बेग ब्याह (ब्यास) नदी तट पर गोइन्द वाल (गोविन्द वाल) परगने में पहुँचा था कि मीर्ज़ा नदी पार करके उपर्युक्त क़स्बे में धरती का चुम्बन करके सम्मानित हुआ। उस बीच में मुज़फ़्फ़र बेग शत्रु की सेना का मुक़ाबला करता रहा"।

४ च, छ में:—"राजदूत बातचीत करके उसी दिन वापस चला गया"।

५ च, छ में मीर्ज़ा कामरान के पत्र लिखने का उल्लेख नहीं है। ज में इस प्रकार है:—"मीर्ज़ा कामरान ने अपनी ओर से शेर ख़ां को लिखा कि 'हमने और तुमने संधि की प्रतिज्ञा की थी'। शेर ख़ां ने उत्तर लिखा कि, 'अब संधि का क्या अवसर है?"

६ क, ख, ग, घ में "युद्ध करना निश्चय हुआ है" स्पष्ट नहीं किन्तु च, छ, ज में स्पष्ट रूप से इस प्रकार है:— "निश्चय हुआ कि एक बार पुनः युद्ध करना चाहिये। इसी निश्चयानुसार फ़ातेहा पढ़ा।"

ख़ाने[1] में निवास किया। मीर्ज़ा हिन्दाल तथा कुछ अमीरों ने परामर्श करके हज़रत पादशाह से निवेदन किया कि, "मीर्ज़ा कामरान की समस्या का समाधान कर दिया जाय ताकि सेना एक दिल तथा एक जान हो जाय और युद्ध कर सके।" हज़रत पादशाह ने यह राय स्वीकार न की और कहा कि, "इस नश्वर संसार के लिए मैं अपने भाई की हत्या न कराऊँगा।" इसके अतिरिक्त फ़िरदौस मकानी के उपदेश का भी स्मरण किया कि, "हे हुमायूँ! अपने भाइयों की कदापि हत्या न कराना और इस विषय में अपने मत को भ्रष्ट न करना। मुझे उनकी इसी बात का ध्यान है और मैं इस प्रकार का कार्य नहीं कर सकता।"

(७)

हज़रत पादशाह का लाहौर से प्रस्थान, उच्च में पहुँचना तथा मीर्ज़ा कामरान का काबुल की ओर प्रस्थान[2]

मीर्ज़ा हिन्दाल की गुजरात की ओर प्रस्थान करने की योजना

(३५ अ) संक्षेप में इसी बीच में मीर्ज़ा कामरान अपने असबाब को नौका में लदवा कर अपनी सेना सहित रवाना हो गया[3]। तदुपरान्त हज़रत पादशाह एक मंज़िल के पश्चात् दूसरी मंज़िल को पार करते हुए हज़ारा क़स्बे की ओर रवाना हुए। जब वे उस स्थान पर पहुँचे तो प्रातःकाल यह समाचार प्राप्त हुए कि "मीर्ज़ा कामरान अपनी सेना सहित अस्त्र-शस्त्र धारण किए हुए पादशाह के विरुद्ध आ रहा है। यदि आदेश हो तो दास भी अस्त्र-शस्त्र धारण करे।" आदेश हुआ कि, "आवश्यकता नहीं" और कहा कि, "आये ! क्या होता है?" तदुपरान्त मीर्ज़ा कामरान आकर बैठ गया। एक क्षण भी न व्यतीत हुआ था कि उसने निवेदन किया कि, "दास जिस दिन से हिन्दुस्तान आया है, शान्ति नहीं मिली। निरन्तर कोई न कोई युद्ध होता रहा है। हमारे सेवक बड़े परेशान हो गए हैं, यदि आज्ञा हो तो काबुल जाकर अपने आदमियों की व्यवस्था करके पुनः सेवा मे उपस्थित (३५ ब) हूँ।" हज़रत पादशाह ने कुशलता के लिए फ़ातेहा पढ़ा और विदा कर दिया। स्वयं वहाँ से प्रस्थान करके हज़ारा से चार कुरोह पर पड़ाव किया। समाचार प्राप्त हुए कि, "मीर्ज़ा हिन्दाल, यादगार नासिर मीर्ज़ा, तथा क़ासिम हुसैन सुल्तान को बेग मीरक ने मार्ग-भ्रष्ट कर दिया है और वे

१ पाईने दौलतख़ाना का अर्थ 'दौलतख़ाने के निचले अथवा पीछे के भाग में', किन्तु यह अशुद्ध है। च एवं छ में "ता यक माह दर पाईने दौलतख़ाना फ़ुरूद आमदन्द" के स्थान पर "बर सर बावरी दौलत ख़ाँ लोदी फ़ुरूद आमदन्द" है; ज में "बावली लोदी ख़ाँ" है। सम्भवतः दौलत ख़ाँ लोदी की बावली पर पड़ाव करने से तात्पर्य है।

२ च, छ में भी ७ वीं फ़स्ल और शीर्षक इस प्रकार है:—"जम सरीखे उस शाह का तत्ता एवं बक्खर की ओर प्रस्थान, मीर्ज़ा कामरान का काबुल तथा मीर्ज़ा हिन्दाल का क़न्धार के लिये रवाना होना"; ज में "जम सरीखे बादशाह का भक्कर की ओर प्रस्थान, मरियम मकानी हमीदा बानो बेगम से विवाह..."।

३ च, छ एवं ज में मीर्ज़ा कामरान के प्रस्थान का उल्लेख नहीं।

गुजरात की ओर प्रस्थान करने वाले हैं। इस कारण हज़रत पादशाह के सेवकों में से अधिकांश हिन्दाल मीर्ज़ा की सेना में चले गए और मीर्ज़ा बिलोचों के मार्ग की ओर रवाना हुआ[१]"।

हुमायूं का भीरा पहुँचना

ख़्वाजा कलाँ बेग भीरा में था। उसने हज़रत पादशाह को प्रार्थना-पत्र भेजा कि, "यदि भीरा मुझे प्रदान कर दिया जाय तो मैं सेवा एवं प्राण न्योछावर करने के लिए तैयार हूँ और आपकी सेवा करने में कोई कसर न उठा रक्खूँगा।" मीर्ज़ा कामरान को भी उसने इसी विषय का एक प्रार्थना-पत्र लिखा। यह समाचार पाते ही हज़रत पादशाह चल दिए। अस्र की नमाज़ के समय (३६ अ) भीरा नदी के निकट पहुँच गए और तरदी बेग से कहा कि, "नदी में घोड़ा डाल दे।" उसने घोड़े को नदी में डाल दिया। घोड़ा तैरने लगा किन्तु वापस लौट आया और आगे जाने का उसे साहस न हुआ। तदुपरान्त हाथी को नदी में डाला गया और हाथी के पीछे हज़रत पादशाह स्वयं रवाना हुए[२]। सायंकाल की नमाज़ के समय ४० व्यक्तियों सहित नदी पार करके शीघ्रातिशीघ्र बढ़ते चले गए। रात भर यात्रा करके प्रातःकाल भीरा पहुँचे। समाचार प्राप्त हुए कि मीर्ज़ा कामरान पहिले ही पहुँच गया और ख़्वाजा कलाँ बेग को अपने साथ ले गया। जब्बार क़ुली[३] क़ूरची ने हज़रत पादशाह से निवेदन किया कि, "यदि आदेश हो तो मीर्ज़ा कामरान पर आक्रमण किया जाय।" हज़रत पादशाह ने कहा कि, "जिस समय लाहौर में मीर्ज़ा हिन्दाल ने मीर्ज़ा कामरान की हत्या कराने का प्रस्ताव रक्खा था उस समय भी मैंने उसे स्वीकार न किया था, इस समय अब यह कैसे हो सकता है[४] ?"

हुमायूं का ख़ुशाब पहुँचना

"आगे चलो, यही अच्छा है कि हम स्वयं ख़ुशाब पहुँच जायें और हुसेन[५] तीमूर सुल्तान तथा उसके पुत्रों को बन्दी बना लें।" हज़रत पादशाह वहाँ से शीघ्रातिशीघ्र यात्रा करते हुए ज़ुहर की नमाज़ के समय ख़ुशाब पहुँचे।

उसने अपने पुत्रों सहित उपस्थित होकर हज़रत पादशाह के रिकाब चूमे। उन्होंने उसे (३६ब) अत्यधिक प्रोत्साहन दिया[६]। हज़रत पादशाह ने पूछा कि, "यदि इस समय मीर्ज़ा कामरान आ जाय तो क्या किया जाय ?" उसने निवेदन किया कि, "यह दास हज़रत पादशाह का ग़ुलाम है, युद्ध

१ च, छ एवं ज में इस प्रकार है:—"मीर्ज़ा बिलोचों के मार्ग की ओर रवाना हुआ। उन लोगों ने रास्ता न दिया।"

२ च, छ में:—"उसके पीछे उन्होंने स्वयं घोड़ा बढ़ाया"।

३ च, छ में:—"जब्बार क़ुली ने निवेदन किया कि, 'मीर्ज़ा (कामरान) थोड़ी सी सेना सहित खड़ा है। आदेश हो तो बन्दी बना लें।"

४ च, छ में इस प्रकार है:—"लाहौर में मीर्ज़ा हिन्दाल एवं अमीरों के एक समूह के कहने पर यह कार्य न किया। मीर्ज़ा (हिन्दाल) के रुष्ट होने का यही कारण था। वह हमसे पृथक् हो गया। अब हम क्यों बाध्य हों। जहां चाहे चला जाय"। (च: पृ० ३५ अ, छ: पृ० २९ ब)।

५ च, छ में:—"वाएश तिमुर सुल्तान", ज में, "वैस तिमुर सुल्तान"।

६ च, छ में, "वह अपने पुत्र के साथ आकर सेवा में उपस्थित हुआ। एक बहुत बड़ी बारगाह जिसकी क़नात हाथी पर सवार होकर लगाई जाती थी, उपहार स्वरूप भेंट की। अपार कृपाओं द्वारा सम्मानित हुआ। उन्होंने पूछा 'यदि इस समय मीर्ज़ा कामरान आ जाय तो तू क्या करेगा ?' उसने उत्तर दिया, 'हम पादशाह के दास हैं दासों को क्या अधिकार है ? जिस बात का आदेश हो उसके सम्बन्ध में कोई आपत्ति नहीं।"

एवं प्राण न्योछावर करने में कोई कसर न उठा रक्खेगा।" आदेश हुआ कि "अपने असबाव को लादकर हमारे शिविर में पहुँचा दे और स्वयं साथ चल।" उसने ऐसा ही किया। प्रातःकाल उस मंज़िल से कूच करके मुल्तान के क्षेत्र की ओर रवाना हुए।

ख़ुशाव से ६ कुरोह पर पहुंचे थे कि, एक ऐसा मार्ग मिला कि यदि दो सेनाएँ उस रास्ते पर चलना चाहें तो नहीं चल सकतीं[1]। आगे दो मार्ग वहाँ से पृथक् हो जाते हैं। एक मार्ग कावुल की ओर और दूसरा मुल्तान की ओर जाता है। मीर्ज़ा कामरान भी उस मार्ग पर पहुँच गया। हज़रत पादशाह ने चाहा कि, "इस मार्ग से मुल्तान की ओर जायें।" मीर्ज़ा कामरान ने कहा कि, "इस मार्ग से सर्व प्रथम मैं जाऊँगा, तदुपरान्त आप प्रस्थान करें।" (३७ अ) हज़रत पादशाह को यह वात अच्छी न लगी। अमीर अवुल वक़ा एक वड़ा सम्मानित व्यक्ति उपस्थित था। उसने जाकर मीर्ज़ा कामरान को समझाया कि, "झगड़ा करना उचित नहीं, सर्व प्रथम हज़रत पादशाह रवाना हों, तदुपरान्त तुम चले जाना।" मीर्ज़ा ने स्वीकार कर लिया। हज़रत पादशाह स्वयं उस मार्ग से प्रस्थान करके मुल्तान की ओर रवाना हुए और मीर्ज़ा कामरान अपनी ओर।

हुमायूं का उच्च पहुँचना

अन्ततोगत्वा वहाँ से निरन्तर यात्रा करते हुए वे कुल बिलोचान पहुँचे। समाचार प्राप्त हुए कि हिन्दाल मीर्ज़ा, यादगार नासिर मीर्ज़ा तथा क़ासिम हुसेन सुल्तान ने बिलोचों से युद्ध किया, उन्होंने मार्ग न दिया कि वे गुजरात की ओर जा सकें[2]। हज़रत पादशाह ने उस मंज़िल पर पड़ाव किया। तदुपरान्त समाचार प्राप्त हुए कि २० कुरोह की दूरी पर ख़्वास ख़ां युद्ध हेतु पहुँच गया है। उन्होंने निश्चय किया कि, "युद्ध करेंगे।" तदुपरान्त समाचार प्राप्त हुए कि "उलुग़ मीर्ज़ा दोनों पक्षों के वीच से होता हुआ निकल गया[3] और ख़्वास ख़ां अपने स्थान पर रह गया है। आगे नहीं आ रहा है।" मीर्ज़ा लोगों के लिए जव यह सम्भव हो सका कि वे गुजरात जायँ तो वे हज़रत पादशाह के चरणों का चुम्बन करके सम्मानित हुए। सबने मिलकर वहाँ से प्रस्थान किया (३७ ब) और उच्च नामक स्थान पर पड़ाव किया। सम्मानित फ़रमान वख़्शू लंगाह के लिए भेजा गया। उन्होंने उसे तूग़, जूलचा तथा चार हाथी भी भेजे और लिखा कि "ख़ाने जहाँ की उपाधि की तुझे वधाई दी जाती है[4]। वहाँ से रसद, अनाज तथा नौकाएँ भेजता रहे।" वख़्शू लंगाह पादशाह की सेवा में उपस्थित न हुआ और उसने नौकाएं भेज दीं।

१ यह वाक्य, "यदि दो सेनायें उस. . . .सकतीं" च, छ एवं ज में नही है।

२ च, छ में इस प्रकार है:—"समाचार प्राप्त हुये कि मीर्ज़ा लोग जो गुजरात जा रहे थे, उन्हें बिलोचों ने मार्ग न दिया अतः वे वापस आ गये।"

३ यह वाक्य स्पष्ट नहीं। ज में इस प्रकार है:—"तदुपरान्त उलुग़ मीर्ज़ा इस पक्ष के मध्य में हो गया और चला गया"।

४ च, छ एवं ज में:—"ख़ाने जहां की उपाधि द्वारा सम्मानित किया गया"।

(८)

हज़रत पादशाह का उच्च से भक्कर की ओर प्रस्थान[1]

जब बख्शू लंगाह ने नौकाएँ भेज दीं तो हज़रत पादशाह उच्च नामक नदी पार करके विभिन्न मंज़िलों को पार करते हुए भक्कर नामक स्थान पर पहुँचे और शाह हुसेन मीर्ज़ा के उद्यान में पड़ाव किया। वह हज़रत पादशाह का ख़ुत्बा पढ़वाता था। उसके पिता तथा पितामह चग़ताई पादशाहों की सेवा करते आये थे। वह मीर ज़ुन्नून अरग़ून की संतान से था[2]। तदुपरान्त मीर्ज़ा हिन्दाल को आदेश हुआ कि वह नदी पार करके पात नामक स्थान पर जो कि सौहान के उपान्त में है पड़ाव करे। यादगार नासिर मीर्ज़ा को आदेश हुआ कि वह भीरा[3] के उपान्त में, जो कि भक्कर (३८ अ) से २० कुरोह पर है, रहे।

क़म्बर बेग, यारबेगी तथा मीर ज़ाहिर[4] पीरज़ादा[5] को आदेश हुआ कि दूत बनकर शाह हुसेन मीर्ज़ा के पास थत्ता जायें। जब उन्होंने जाकर शाह हुसेन मीर्ज़ा से भेंट की तो अधिक समय व्यतीत हो गया और कोई समाचार प्राप्त न हुए। हज़रत पादशाह ने यह आदेश दिया कि, 'यदि वह टाल मटोल करे तो हमें पत्र भेजें ताकि हम उसका कोई न कोई उपाय करें।" उन्होंने प्रार्थना-पत्र भेजा कि, "वह आ रहा है। आप चिन्ता न करें।" इस कारण उन्होंने कई दिन तक प्रतीक्षा की। (तदुपरान्त) दूसरा फ़रमान भेजा कि, "यदि वह आने में टाल मटोल कर रहा है तो तुम शीघ्र चले आओ और हमसे उच्च नामक स्थान पर पहुँच कर मिलो[6]।" फ़रमान पहुँचते ही क़म्बर बेग दरबार की ओर रवाना हुआ। मीर ज़ाहिर को उसी स्थान पर छोड़ गया। हज़रत पादशाह की सेवा में एक बारगाह, एक गिलीम-ख़ाना[7], ९ घोड़े, एक क़तार ऊँट तथा एक क़तार ख़च्चर उपस्थित किए और हज़रत पादशाह की रिकाब को चूमकर सम्मानित हुआ। क़म्बर बेग ने निवेदन (३८ ब) किया कि, "हज़रत शीघ्र रवाना हो गए अन्यथा शाह हुसेन मीर्ज़ा का रिकाब चूमने का विचार था किन्तु जब उसे सम्मानित फ़रमान की सूचना मिली तो उसने यह निवेदन किया कि 'हज़रत पादशाह चले गए, हम उनके पीछे कहाँ जायं?' इस बहाने से वह न आया। इससे पूर्व मीर्ज़ा हिन्दाल ने प्रार्थना-पत्र भेजा कि, "यदि आदेश हो तो सौहान पर हज़रत पादशाह के प्रताप (की सहायता) से आक्रमण करूँ।" सम्मानित फ़रमान, मीर्ज़ा के नाम भेजा गया कि, "शाह हुसेन मीर्ज़ा बड़ा ही धूर्त है, क़म्बर बेग को दूत बनाकर यह देखने के लिए भेजा गया है कि क्या होता है।"

१ च, छ एवं ज में यह फ़स्ल (अध्याय) पृथक् नहीं है।

२ च, छ में इसके आगे है:—"क्योंकि उसने देखा कि मेरा स्थान छिना जाता है अतः उसने विद्रोह कर दिया।"

३ च, छ में एवं ज में:—"मीर्ज़ा हिन्दाल को आदेश हुआ कि नदी पार करके ५० कुरोह पर बात (ज में 'बाद') नामक स्थान पर पड़ाव करे"।

४ च, छ, ज में 'मीर ताहिर'।

५ च, छ में:—"पीरज़ादों में से मीर ताहिर एवं क़म्बर बेग बारबेगी को आदेश हुआ"।

६ च, छ, एवं ज में:—"यदि वह आने में टाल मटोल करता है तो तुम लोग शीघ्र लौट आओ। हम यहां से वापस जा रहे हैं। हमसे उच्च में आकर मिलना"।

७ सम्भवतः फ़र्श इत्यादि का भंडार।

जब क़म्बर बेग आया तो मीर्ज़ा के लिए फ़रमान भेजा गया कि, "क़म्बर बेग आया है। शाह हुसेन ने अपराध किया है। पहुँच कर एक दूसरे की सहायता से उसकी चिन्ता की जायेगी।"

हुमायूँ का मीर्ज़ा हिन्दाल के पास पहुँचना

तदुपरान्त हज़रत पादशाह मीर्ज़ा हिन्दाल की ओर रवाना हुए। चार दिन उपरान्त जिस स्थान पर मीर्ज़ा यादगार नासिर था, पहुँचे। मीर्ज़ा स्वागतार्थ आया और हज़रत पादशाह के चरणों का चुम्बन करके सम्मानित हुआ। दो दिन तक (उन्होंने) उस मंज़िल पर पड़ाव किया। उसने हज़रत पादशाह के आतिथ्य का प्रबन्ध किया। तीसरे दिन वहाँ से प्रस्थान करके मीर्ज़ा (३९ अ) यादगार नासिर को उसी मंज़िल पर छोड़ दिया और आदेश दिया कि, "जो कुछ भी मीर्ज़ा के साथ योजना बनेगी, तुझे लिख दूँगा। तू तदनुसार पालन करना।" वे विदा होकर चल खड़े हुए। तीन दिन उपरान्त पात नामक स्थान पर पहुँचे, और सिन्ध नदी से १० कुरोह पर इस ओर मीर्ज़ा हिन्दाल पड़ाव किए हुए था कि समाचार प्राप्त हुए कि हज़रत पादशाह स्वयं पहुँच गए। मीर्ज़ा हिन्दाल स्वागत् करके चरण चूमने के सम्मान द्वारा सम्मानित हुआ। हज़रत पादशाह को अपने स्थान पर लाया और उनके आतिथ्य का प्रबन्ध किया।

(६)

हज़रत पादशाह का ज़ैनुल मस्तूरात[१], अफ़ीफ़ा मरियम मकानी हमीदा बानो बेगम से विवाह और उच्च की ओर वापसी[२]

एक दिन मीर्ज़ा हिन्दाल की माता ने हज़रत पादशाह की दावत की। हज़रत की दृष्टि अफ़ीफ़ा राबेआ[३], साजिदा[४] हज़रत बेगम पर पड़ी[५]। पूछा कि "यह पुत्री किसकी है?" निवेदन किया गया कि, "यह पुत्री मीर्ज़ा हिन्दाल के आखुन्द[६] की है[७]।" पूछा कि, "कहीं मंगनी हो चुकी है?" उत्तर मिला कि, "अभी बात हो रही है[८]।" आदेश हुआ कि, "हमारी ओर से स्वीकृति है[९]।" मीर्ज़ा

१ 'महिलाओं की शोभा, सती-साध्वी'।

२ च, छ एवं ज में यहाँ पृथक् फ़स्ल नहीं है।

३ राबेआ बसरा की बड़ी प्रसिद्ध साध्वी थीं। उनका निधन १८५ हि० (८०१ ई०) में हुआ।

४ तपस्वी।

५ च, छ एवं ज में:—"दूसरे दिन इफ़्फ़त पनाही मख़्दूमा मासूमा दिलदार बेगम, मीर्ज़ा की माता ने दावत की और अपने परदा सरा में बुलवाया। उनकी दृष्टि मरियम मकानी, फ़ातिमा सानी, बिल्क़ीस ज़मानी हमीदा बानो बेगम पर पड़ी।"

६ गुरु।

७ च, छ एवं ज में इस प्रकार है:—"उन्होंने पूछा, 'यह किसकी पुत्री है?' उत्तर मिला कि, 'सलालतुल मशायख़ुल उज़्ज़ाम हज़रत शेख़ अहमद जिन्दा फ़ील के सिलसिले की है। इनके पिता ने मीर्ज़ा को दो-तीन वाक्य आशीर्वाद के रूप में पढ़ाये हैं, इस कारण हमारे साथ हैं।" (च: पृ० ३७ अ, छ: ३१ ब, ३६ ब)।

८ 'हिनोज़ दरमियान अस्त'; च, छ एवं ज में, "गुफ़्तन्द नै" (कहा 'नहीं')।

९ च, छ एवं ज में:—"क्योंकि वे उस सम्मानित सिलसिले से हैं, अतः यह उचित है कि उस अद्वितीय मोती का विवाह मुझसे हो।"

(३९ ब) हिन्दाल को यह बात अच्छी न लगी। उसने रुष्ट होकर कहा, "आप हमारे प्रोत्साहन हेतु नहीं आये हैं, विवाह करने आये हैं, यदि आप यह कार्य करेंगे तो हम आपसे पृथक् हो जायेंगे[१]"। मीर्ज़ा हिन्दाल की माता दिलदार बेगम ने मीर्ज़ा को बहुत डाँटा फटकारा और कहा कि; "पादशाह के प्रति धृष्टता करता है। तेरा पालन पोषण पादशाह ने किया है। तूने फ़िरदौस मकानी के दर्शन नहीं किए थे।" संक्षेप में, मीर्ज़ा अपनी बात से बाज़ न आया। हज़रत पादशाह रुष्ट होकर नौका पर सवार हो गए। मीर्ज़ा हिन्दाल की माता ने पहुँचकर हज़रत पादशाह को मनाया और अपने ख़ेमे में लाई। तदुपरान्त उसने मीर्ज़ा हिन्दाल को राज़ी किया और हज़रत बेगम का हज़रत पादशाह से विवाह करके फ़ातेहा पढ़कर सिपुर्द कर दिया।

हज़रत पादशाह का सौहान पहुँचना

उन्होंने वहाँ से नौका पर सवार होकर प्रस्थान किया। मीर्ज़ा हिन्दाल क़न्धार की ओर चला गया[२]। हज़रत पादशाह भक्कर के उद्यान में, जहाँ इससे पूर्व पड़ाव किए हुए थे, पहुँचे। मीर्ज़ा (४० अ) यादगार नासिर को भक्कर में छोड़कर वहाँ से प्रस्थान करके सौहान नामक स्थान पर पहुँचे। सौहान का हाकिम मीर अल्क़मा शाह हुसेन के अमीरों में से था। वह युद्ध हेतु क़िले के बाहर निकला। हज़रत पादशाह के अमीरों ने आपस में निश्चय किया कि, "हम उस पर छापा मारने के लिए जाते हैं। जिस समय वह क़िले में प्रविष्ट होगा, उसके साथ साथ क़िले में घुस जायेंगे।" हज़रत पादशाह वज़ू कर रहे थे। देर हो गई। रात आ गई। मीर अल्क़मा शीघ्रातिशीघ्र क़िले में पहुँचा। हज़रत के अमीर लोग वापस लौट आये। प्रातःकाल हज़रत ने कहा कि, "क़िले को घेर कर विभिन्न स्थानों पर मोर्चे लगवाकर आक्रमण किया जाय और बुर्जों को तोड़ डाला जाय।" क्योंकि अमीरों ने शाह हुसेन से घूस ले ली थी अतः उन्होंने उस उत्साह से युद्ध न किया कि क़िले विजय हो जाता। मीर शेख़ अली बेग जलायर ने निवेदन किया कि, "शाह हुसेन मीर्ज़ा थत्ता से १५ कुरोह पर नदी के इस ओर ठहरा हुआ है। दास के साथ पाँच सौ अश्वारोही कर दिए जायें ताकि वह शीघ्रातिशीघ्र पहुँच कर रात दिन आक्रमण करे। उसकी सेना आप ही आप नष्ट (४० ब) हो जायेगी। तदुपरान्त परमेश्वर से आशा है कि विजय प्राप्त हो जायेगी[३]।" यद्यपि अत्यधिक प्रयत्न किया गया किन्तु इतनी सेना संगठित न हो सकी कि उसके साथ नियुक्त की जा सकती। वे (अमीर) उपेक्षा करने लगे। तदुपरान्त मीर्ज़ा यादगार नासिर के लिये आदेश हुआ कि "तरदी बेग तथा कुछ सैनिकों को हमारी सहायतार्थ भेजो कारण कि उनकी आवश्यकता है।" वहाँ से तरदी बेग तथा मीर क़ासिम बेग लगभग १५० अश्वारोहियों सहित हज़रत

१. च, छ में:—"उसने उनके समक्ष शिष्टाचार की दृष्टि से कुछ न कहा। जाकर अपनी माता से कहा कि, 'हमारे प्रोत्साहन हेतु नहीं आये हैं, अपितु अपना विवाह करने आये हैं। यदि ऐसा हुआ तो मैं उनकी सम्मानित सेवा से पृथक हो जाऊँगा।"

२ च, छ एवं ज में:—"तदुपरान्त उस क्रोध में वह पृथक होकर क़न्धार चला गया।"

३ च एवं छ में इसके बाद इस प्रकार है:—"किन्तु अन्य सेना उपेक्षा करने लगी"; ज में:—"किन्तु यह अमीर इस प्रकार संगठित न हुये और उपेक्षा करने लगे"।

पादशाह की सेवा में पहुँचे। उनके[1] आने पर भी क़िले की विजय की कोई व्यवस्था न हुई। हज़रत के अमीरों ने किसी न किसी प्रकार वहाँ से प्रस्थान कर दिया।

शाह हुसेन मीर्ज़ा नौकाओं से बादबान उठाये हज़रत पादशाह के पीछे आ रहा था। जिस समय वे सौहान से रवाना हुए कुछ घटनायें घटीं। सर्व प्रथम हज़रत पादशाह के दुश्मन[2] घोड़े से गिर पड़े और उनके हाथ पाँव घायल हो गए। नौकाओं पर जो असबाब था उन्हें शाह हुसेन के आदमियों ने ले लिया। कुछ स्त्रियाँ जो उन नौकाओं पर थी, नंगे पाँव बाहर निकल कर सेना में पहुँचीं। शाह हुसेन मीर्ज़ा के पास से जो पेशकश आया था वह भी नष्ट हो गया[3]। तदुपरान्त (४१ अ) हज़रत पादशाह ने मुनइम बेग को शाह हुसेन मीर्ज़ा के पास भेजा कि, "हमारे पीछे न आये और रुका रहे[4]।" उसने मुनइम बेग से भेंट न की। उत्तर लिखा कि, "आपने मेरे साथ कौन सी भलाई की है जो मैं आपका ध्यान रक्खूं ?"

हुमायूं की भक्कर को वापसी

संक्षेप में, अधिकांश लोग छिन्न-भिन्न होकर चले गए। हज़रत पादशाह भक्कर के सामने उतर पड़े। हज़रत पादशाह के अमीरों ने निवेदन किया कि, "सिंध नदी बहुत बड़ी नदी थी, उसे कुशलतापूर्वक पार कर लिया। अब यही अच्छा है कि क़न्धार की ओर प्रस्थान करें।" हज़रत ने कहा कि, "जब तक विवश न हो जाऊँगा, भाइयों के पास न जाऊँगा और उनके राज्य की ओर मुख न करूँगा[5]।" रोशन बेग कोका को आदेश हुआ कि "१०-१२ कुरोह तक ग्रामों पर छापा मारे और वहाँ से गाय, भैंस लाकर ख़ीक[6] तैयार करे ताकि जिस नदी को पार किया था उसे पुनः पार करें।" ऐसा ही किया गया। घाट पर एक नौका थी जो तरदी बेग के अधिकार में थी।

शाह हुसेन मीर्ज़ा से दो कुरोह दूर पर हज़रत ने पड़ाव किया। जो कोई एक कुरोह की दूरी पर पहुँच जाता, वह अपनी सेना में आ जाता। जो कोई उसके आगे चला जाता था वह (४१ ब) मीर्ज़ा शाह हुसेन के आदमियों द्वारा बन्दी बना लिया जाता था[7]। संक्षेप में, हज़रत पादशाह के ईशक आक़ा[8] मीर ख़तनक ने तरदी बेग से नौका माँगी और कहा कि, "तुमने अपने असबाब को

१ च, छ एवं ज में:—"उन्होंने (हुमायूँ ने) उन लोगों को संगठित न पाया अतः उस क़िले की ओर न रवाना हुये तथा विवश होकर वहां से प्रस्थान कर दिया"।

२ हज़रत पादशाह से तात्पर्य है।

३ च, छ में स्त्रियों से सम्बन्धित वाक्य नहीं है।

४ च, छ एवं ज में:—"पीछे से मीर्ज़ा शाह हुसेन नौकाओं से बादबान उठाये हुये रवाना हुआ। मुनइम बेग आदेशानुसार उस ओर रवाना हुआ (और यह संदेश पहुँचाय कि) संभल कर आये अन्यथा इसका दंड भोगेगा। बिना भेंट किये ही मुनइम बेग को कहला भेजा... ... ...।" (पृ० ३९अ, ३३अ, ३८अ)।

५ च, छ में इसके आगे इस प्रकार है:—"जब तक कोई अन्य स्थान नहीं प्राप्त होता, उन्हें बिना स्थान का न करूँगा"।

६ ख़ीक का अर्थ चमड़े का थैला होता है। तैर कर नदी पार करने के लिए ख़ीक बनवाने की आवश्यकता पड़ी होगी।

७ च, छ में उपर्युक्त वाक्य नहीं है।

८ च, छ में 'मीर ख़दंग ईशी आग़ा' तथा ज में 'मीर ख़दंग आतश आक़ा'।

पार करा लिया। यह नौका हज़रत पादशाह को दे दो ताकि उनके परिवार[1] को नदी पार करा दूँ।" तरदी बेग ने उसे मरदक[2] कहा। उसने उत्तर दिया, "मरदक वह है जो ऐसी बात करता है।" तदुपरान्त तरदी बेग ने चाबुक मारा। मीर ख़तनक ने तलवार खींच कर (उस पर) वार किया। मीर तरदी बेग के घोड़े की ज़ीन का उभड़ा हुआ भाग कट गया। लोगों ने बीच में पड़कर एक दूसरे को पृथक् करा दिया। यह समाचार हज़रत पादशाह को प्राप्त हुए। क्योंकि मीर तरदी बेग प्रतिष्ठित अमीरों में था अतः हज़रत पादशाह ने उसके प्रोत्साहन हेतु कहा कि, "मीर ख़तनक के हाथों को रूमाल से बाँध कर तरदी बेग के सामने ले जाओ।" ऐसा ही किया गया। जब तरदी बेग ने उसे इस दशा में देखा तो उसके हाथों को खुलवा दिया और उसके प्रति आदर प्रदर्शित करके उत्तम स्थान पर बिठलाया तथा सरोपा एवं घोड़े प्रदान किए और प्रोत्साहन देकर विदा कर दिया।

यादगार नासिर मीर्ज़ा द्वारा विरोध

(४२ अ) यादगार नासिर मीर्ज़ा का हाल इस प्रकार है :—शाह हुसेन ने मीर्ज़ा यादगार से तै किया था कि, "मैं अपनी पुत्री का विवाह तुमसे कर दूँगा। ख़ुत्बा तथा सिक्का तुम्हारे नाम से चलता रहेगा।" मीर्ज़ा ने स्वीकार कर लिया था और संतुष्ट हो गया था। तदुपरान्त वह हज़रत पादशाह की सेवा में पहुँचा और चरणों का चुम्बन करके सम्मानित हुआ। हज़रत पादशाह ने देखा कि मीर्ज़ा ने नए प्रकार का व्यवहार प्रारम्भ कर दिया है। उन्होंने उस ओर से उपेक्षा की। मीर्ज़ा पादशाह को अतिथि बनाकर अपने स्थान पर ले गया। भक्कर के समीप एक मदरसा था जो बुर्ज के समान था। वहाँ उतरवाया। हज़रत पादशाह ने आदेश दिया कि "ज़र्बजंग (ज़र्बज़न)[3] लाकर गिरा दो।" जब ज़र्बजंग के गोले ने क़िले के भीतर के एक घर को गिरा दिया तो वहाँ शोर गुल होने लगा[4]। शत्रुओं ने कहा कि, "सर्व प्रथम पहेल उधर से हुई।" उन लोगों ने भी ज़र्बजंग के गोले चलाये। उस ऐवान[5] के बुर्ज पर जहाँ हज़रत पादशाह एवं मीर्ज़ा बैठे थे, गोला मारा। हज़रत पादशाह तथा मीर्ज़ा वहाँ से बाहर चले गए। मीर्ज़ा ने निवेदन किया कि, "फल मिल गया।" इसी बीच में एक (४२ ब) व्यक्ति ने आकर कहा कि, "मीर्ज़ा यादगार आपको बन्दी बनवा देना चाहता है।" आदेश हुआ कि, "भोजन का प्रबन्ध किया जाय।" थोड़ा सा खाया और चल दिये। मीर्ज़ा ने एक घोड़ा

१ च, छ में:—"अब यह नौका सरकारे ख़ासा को दे दो ताकि विशेष लोग पार कर लें"।

२ अधम, नीच।

३ ज़र्बज़न:—एक प्रकार की तोप। ज़र्बज़न तथा ज़र्बजंग दोनों ही प्रयोग किये गये हैं।

४ च, छ एवं ज में :—"दूसरे दिन मीर्ज़ा ने षड्यंत्र रच कर, भोजन की दावत की। हज़रत जहांबानी को अपने स्थान पर ले गया। बक्खर के समीप जहां वह पड़ाव किये था, एक मदरसा था। उसकी प्रत्येक कोठरी क़िले के बुर्ज के समान थी। (हज़रत ने) आदेश दिया कि, 'ज़र्बजंग लाकर (इनमें से) एक को गिरा दो।' जब (गोला) चलाया गया तो वह उछल कर, क़िले के भीतर एक घर में पहुँच गया और उसे गिरा दिया। शत्रुओं के समूह में कोलाहल होने लगा। उन लोगों ने कहा, 'अच्छा हुआ, पहेल हमारी ओर से न हुई।' वे लोग भी तोप लाये और जिस बुर्ज में हज़रत (पादशाह) बैठे थे, उस पर गोला मारा। वे लोग वहां से कुशलतापूर्वक चले गये।" (च : पृ० ४० अ, छ : ३३ब-३४अ, ज : ३९अ-ब)।

५ दालान।

तथा चाँदी[१] की ज़ीन और लगाम तथा एक हाथी हज़रत पादशाह को भेंट किया। हज़रत पादशाह अपने स्थान पर पहुँचे। ख़्वाजा मुअज़्ज़म[२] ने निवेदन किया कि, "यह घोड़ा इस दास को प्रदान कर दिया जाय।" तत्काल उसे दे दिया गया। वह घोड़े को लेकर भाग गया और मीर्ज़ा यादगार नासिर की सेवा में पहुँचा। मीर्ज़ा ने कहा कि, "यह आदमी ठीक नहीं है;" उससे घोड़ा ले लिया और एक याबू उसकी सवारी के लिए दे दिया और कहा कि, "यह घोड़ा शाही लश्कर में पहुँचा दो।" वैसा ही किया गया।

दूसरे दिन ताक़ची बेग तथा फ़ज़ाएल बेग[३] भागकर मीर्ज़ा यादगार के पास पहुँचे। मीर्ज़ा ने लिखकर भेजा, "जो कोई प्रातःकाल यहाँ रह जायेगा उसका रक्त उसकी गरदन पर होगा[४]।" (४३ अ) तदुपरान्त समाचार प्राप्त हुए कि "फ़ज़ाएल बेग चाहता है कि अपने भाई मुनइम बेग को इस स्थान से ले जाय।" उन्होंने कहा कि, "यदि वह आयेगा तो उसे इसका बदला मिल जायेगा।" तदुपरान्त सुना गया कि, "मुनइम बेग तथा तरदी बेग भागे जा रहे हैं।" हज़रत पादशाह रात भर जागते रहे। वे भी हज़रत पादशाह की सेवा में उपस्थित रहे। प्रातःकाल हज़रत पादशाह तहारत के लिए जाने लगे। उन्हें आदेश दिया कि, "वे लोग यहाँ रहें। मैं तहारत करके आता हूँ।" हज़रत पादशाह तहारत[५] के स्थान की ओर चले गए। मुनइम बेग तथा तरदी बेग अपने घोड़ों की ओर रवाना हुए। रोशनक बेग तूशक[६] बेगी ने हज़रत पादशाह के पास समाचार पहुँचाये कि, "वे लोग जा रहे हैं।" आदेश हुआ कि, "बुलवाओ।" यद्यपि बहुत बुलवाया गया किन्तु वे उपेक्षा करते रहे। हज़रत पादशाह स्वयं रवाना हुए और आदेश दिया कि, "आओ।" उस समय उनके पास कोई अन्य उपाय न रह गया। लौट कर आये। तदुपरान्त आदेश हुआ कि मुनइम बेग की निगरानी की जाय (४३ ब) और वह जाने न पाये। उसे बन्दी बना लिया गया तो तरदी बेग भी कुछ न कर सका और ठहर गया।

हुमायूँ का उच्च की ओर प्रस्थान

वे वहाँ से रवाना होकर भक्कर के आरू नामक एक ग्राम में पहुँचे। यह ग्राम कारवान के मार्ग पर है और रसद तथा अनाज इत्यादि जैसलमीर से उस ग्राम में आया हुआ था। कारवान वालों को समाचार प्राप्त हुए कि, "हज़रत पादशाह आ रहे हैं।" कारवान वाले असबाब, अनाज तथा जो कुछ भी उनके पास था, लाद कर ऊँटों सहित भाग गए। जो कुछ चीज़ें थीं वह हज़रत पादशाह के लश्कर को प्राप्त हो गईं[७]। वहाँ पड़ाव करके निश्चिन्त होकर समय व्यतीत किया।

१ च, छ में 'जड़ाऊ ज़ीन'।

२ च, छ एवं ज में 'ख़्वाजा मुअज़्ज़म मरियम मकानी के भाई'।

३ च, छ में:—"ताक़ची बेग तरक़ची बेग फ़ज़ाएल बेग तथा मीर नौकार", ज में 'मीर नौकार' के स्थान पर 'मेहतर नौकार'।

४ च, छ में "मीर्ज़ा ने लिख कर....होगा" नहीं है।

५ शुद्धता, पवित्रता, पाकीज़गी, शौच, सम्भवतः नित्य-कर्म से तात्पर्य है।

६ च, छ एवं ज में 'तूशकची'।

७ च, छ एवं ज में:—"वे सब लश्कर वालों के हाथ में पड़ गये। वह रात्रि शांति से एवं निश्चिन्त होकर व्यतीत की।"

मध्याह्नोत्तर की दूसरी नमाज़ के समय वहाँ से कूच करके उच्च की ओर रवाना हुए। एक मंज़िल से दूसरी मंज़िल बिना किसी सामान के बड़े कष्ट से पार कर रहे थे। यहाँ तक कि मऊ नामक स्थान पर पहुँचे। वह परगना भक्कर की सीमा पर है। वहाँ से प्रस्थान करके एक ऐसे स्थान पर पहुँचे जहाँ जल नहीं मिलता। हज़रत पादशाह की करौती[१] में पानी न था। हज़रत पादशाह ने इस तुच्छ आफ़ताबची[२] से पूछा कि, "इस आफ़ताबे[३] में कुछ पानी है?" जौहर ने निवेदन किया कि, "हाँ, है।" तदुपरान्त कहा कि, "इस जल को मेरे आवरेज़[४] में डाल दो।" जो कुछ जल आफ़ताबे में था (४४अ) वह मैंने हज़रत पादशाह की करौती में डाल दिया। तदुपरान्त जौहर ने निवेदन किया कि, "बड़ी कठिनाई है, जल प्राप्त नहीं होता। रात्रि में यात्रा करनी है, यदि मैं दूर हो जाऊँगा तो बिना जल के मेरी क्या दशा हो जायेगी?" तदुपरान्त उन्होंने थोड़ा सा जल आफ़तावे में डाल दिया और कहा कि, "तेरे काम आयेगा" और चल खड़े हुए।

प्रातःकाल सेना एक झील के समीप पहुँची। उस स्थान पर पड़ाव किया गया। जौहर आफ़ताबची नदी पार करके जल के उस ओर गया हुआ था। एक गोज़न[५] जंगल से निकल कर लश्कर की ओर बढ़ा। यद्यपि लोगों ने उसके मारने का बड़ा प्रयत्न किया किन्तु वह प्राप्त न हुआ, भाग कर जल में कूद पड़ा और तैरने लगा। हज़रत पादशाह को समाचार प्राप्त हुए कि, "गोज़न का शिकार आया था और निकल गया।" कहा कि, "यदि प्राप्त हो जाता तो बड़ा अच्छा था।" तदुपरान्त हज़रत पादशाह की दृष्टि जौहर पर पड़ी। कहा, "नदी के उस ओर एक आदमी है, उससे चिल्ला कर कहो कि इस स्थान से शिकार गया है। यदि तेरे हाथ आये, तो गोज़न को पकड़ (४४ब) ले।" शोर मचाया गया। जब इस तुच्छ जौहर ने गोज़न को आते हुए देखा तो शीघ्रातिशीघ्र स्वयं जल में कूद पड़ा और निवेदन किया कि, "एक रान फ़क़ीर की होगी।" हज़रत ने कहा कि, "तुम्हें अधिकार है।" शेष के तीन भाग किए। गोज़न तैर रहा था। वह अपनी शक्ति न लगा सका। मैंने उसे पकड़ लिया[६]। फ़तहुल्लाह बेग को आदेश हुआ कि, "उसे ज़िबह कर।" फ़तहुल्लाह, हज़रत के आदेशानुसार पहुँचा और उसने उस गोज़न को ज़िबह कर दिया। हज़रत की सेवा में उपस्थित किया गया। आदेश हुआ कि, "इन चार पैरों में से एक पाँव जौहर को दे दो।" जौहर ने आदेशानुसार एक रान ले ली। शेष के तीन भाग किए गए, दो विशेष रसोई में और एक भाग मरियम मकानी हमीदा बानो बेगम को दे दिया गया। कहा जाता है कि उस तारीख़ को हज़रत अकबर जलालुद्दीन मुहम्मद ७ मास के माता के गर्भ में थे[७]।

हुमायूं का उच्च पहुँचना

वहाँ से प्रस्थान किया गया। एक मंज़िल से दूसरी मंज़िल पार करते हुए वे उच्च पहुँचे।

१ सम्भवतः जल हेतु छोटी मशक।

२ च, छ एवं ज में 'आफ़ताबची'।

३ च, छ एवं ज में 'आफ़तावा'।

४ जल-पात्र, सम्भवतः 'करौती'।

५ एक प्रकार का मृग।

६ च, छ एवं ज:—"मैंने उसके सींघ पकड़ लिये"।

७ च, छ एवं ज में "कहा जाता है....में थे" नहीं है।

बख़्शू लंगाह को आदेश हुआ कि, "यदि हमारे निष्ठावान् हो तो सेवा में उपस्थित हो और अपने आदमियों से कह दो कि ग़ल्ले की रसद इत्यादि हमारे लश्कर में पहुँचा दी जाय।" उस मूर्ख (४५ अ) विद्रोही ने अपराध किया। यहाँ तक कि हज़रत पादशाह के आदमी जहाँ अनाज मोल लेने जाते, उन्हीं विद्रोहियों को पाते थे। जो कुछ उनके पास होता, वह ज़बरदस्ती ले लिया जाता था। डेढ़ मास तक वे उस स्थान पर रहे। अनाज के न प्राप्त होने के कारण उस जंगल में संगर[1] वेर तथा इसी प्रकार के वृक्षों के फल खाते रहे।

(१०)

हज़रत पादशाह का उच्च से दुबारा प्रस्थान, रेगिस्तान में भटकना, कुछ लोगों का जल के अभाव के कारण नष्ट हो जाना[2]

संगर तथा वेर के वृक्ष भी उस भू-भाग में न रह गये। (उन्हीं दिनों में) एक दरवेश संगर की खोज में जंगल में जा रहा था। एक क़िला दिखाई पड़ा जो मालदेव के राज्य जैसलमीर की सीमा पर था और वह दिलावरा का क़िला था[3]। दरवेश ने हज़रत पादशाह के पास पहुँच कर उस क़िले के समाचार पहुँचाये। आदेश हुआ कि, "उचित होगा कि हम उस क़िले में चलें।" (४५ ब) वहाँ से प्रस्थान करके उसके समीप पड़ाव किया गया। अनाज तथा जल प्राप्त हो गया। तीन दिन वहाँ रहे। शेख़ अली बेग ने कहा कि, "यदि इस क़िले पर अधिकार जमा लिया जाय तो कैसा है[4]?" हज़रत पादशाह ने कहा कि, "इस क़िले पर अधिकार जमा लेने से मैं

१ जंगली वृक्ष।

२ च, छ एवं ज में दवीं फ़स्ल।

३ च, छ एवं ज में इस प्रकार है:—"शाही सेना वहां कष्ट भोगने लगी। बख़्शू लंगाह को पूर्णतः उपेक्षा करते हुये पाया। वे चिन्ता में थे कि कहां जायें। एक दिन एक दरवेश उस जंगल में संगर की खोज कर रहा था। उसे एक क़िला दिखाई पड़ा जिसे दिलावरा कहते हैं और जो जैसलमीर की सीमा पर है।"

४ च, छ में विस्तार से तथा ज में संक्षिप्त रूप से निम्नांकित कहानी का उल्लेख किया गया है:—

"प्रातः काल वहां से प्रस्थान किया और १५-१६ कुरोह की यात्रा करके पड़ाव किया। उस दिन सेवकों में से सात व्यक्ति जल के अभाव के कारण नष्ट हो गये। उन्होंने आदेश दिया कि, 'लश्कर वहीं रहे, हम स्वयं आगे जाकर खोज करेंगे कि जल कहां है।' रात भर यात्रा करने लगे। प्रातः काल जल देखकर लौट आये और सेना को रवाना कर दिया। जल की हुसैनी (चमड़े की बोतल अथवा मशक़) जिस पर इस्माये आज़म का काग़ज़ वर्षा की प्रार्थना हेतु लिखकर चिपकाया हुआ था, तरसून बेग के हाथ में थी। यह तुच्छ दास उपस्थित हुआ। आदेश हुआ कि 'जल की यह हुसैनी मुझे दे दी जाय।' फ़क़ीर को सौंपकर सवार हुये। जो लोग साथ थे उदाहरणार्थ सब्दल खां मीर हज़ार, मीर कोचक बेग एवं तोक़रक़ुल अहमनवे बड़े व्याकुल थे। हज़रत ने मार्ग में सुल्तान फ़ीरोज़ की कहानी का उल्लेख करना प्रारम्भ किया और कहा कि 'मैंने एक व्यक्ति से इस प्रकार सुना है, इसका उत्तरदायित्व उसी पर है:—जब फ़ीरोज़ शाह ने देहली से बक्खर पर चढ़ाई की तो उसने उस यात्रा में निश्चय किया कि केवल जवान ही उपस्थित रहें और वृद्धों में से कोई भी न आये। संयोग से एक वृद्ध के जो किनआन के वृद्ध के समान था यूसुफ़ सरीखे दो पुत्र थे और इनमें आपस में बड़ा प्रेम था। उन्होंने विवश होकर उस वृद्ध को संदूक़ में रख लिया और अपने साथ लेते गये। जब वे निरन्तर यात्रा करते हुये रेगिस्तान में पहुँचे और शिविर के लोग

संसार का पादशाह न हो जाऊँगा, मालदेव को इससे दुःख होगा"। दो पहर दिन व्यतीत हो चुका था कि उस क़िले से प्रस्थान किया गया।

समस्त दिन तथा दूसरे दिन दो पहर तक यात्रा के उपरान्त जल मिल गया। वहाँ पड़ाव हुआ। रात्रि में वे उसी स्थान पर रहे। दो पहर दिन रह गया था कि उस क़िले से पुनः कूच किया गया। दो पहर दिन, चार पहर रात तथा तीन पहर दूसरे दिन तक यात्रा की गई। किसी भी जल के स्थान पर न पहुँचे। लोग मरने के निकट पहुँच गए। कुछ लोग नष्ट हो गए। एक घड़ी दिन रह गया

जल के अभाव के कारण मरने के निकट पहुँच गये तो सुल्तान ने कहा, 'यदि इस स्थान पर कोई अनुभवी वृद्ध होता तो उससे सब बातों एवं मंज़िलों तथा महालों के विषय में सूचना मिल जाती।' जब इन दोनों जवानों ने सुल्तान की यह बात सुनी तो निवेदन किया कि, 'हे पादशाह! आपके आदेश के विरुद्ध अपने पिता से अत्यधिक प्रेम होने के कारण हमने उसे अपने साथ रख लिया है। क्योंकि वह अनुभवी है अतः यदि आदेश हो तो उपस्थित करें।' आदेशानुसार उसे उपस्थित किया गया। उस वृद्ध ने यह निश्चय किया कि 'हमारे साथ एक सेना नियुक्त कर दी जाय ताकि हम आगे आगे प्रस्थान करें'। उस अनुभवी वृद्ध के पीछे शाही लश्कर यात्रा करने लगा। अत्यधिक यात्रा के उपरान्त वह एक स्थान पर पहुँचा, जहां एक हरा भरा वृक्ष बालू के टीले के ऊपर दृष्टिगत था। वह उसके नीचे पहुँचा। तदुपरान्त उसने कहा कि, 'इस वृक्ष के नीचे खोदो'। ऐसा ही किया गया। उस वृक्ष के नीचे से एक गुम्बद प्रकट हुआ। यह वृक्ष उसी गुम्बद के बीच से निकला था। उस वृद्ध ने कहा कि, 'अब मुझमें सामर्थ्य नहीं, जाकर सुल्तान को सूचना दो। वे स्वयं आकर इस गुम्बद के तथ्य के विषय में अवगत हों।' सुल्तान पहुँचा। गुम्बद को खटखटाया। भीतर से एक आवाज़ आई कि, 'हे सुल्तान फ़ीरोज़! आ जा।' सुल्तान समझ गया कि, 'मेरी इच्छा पूरी हो जायगी।' जब वह गुम्बद में प्रविष्ट हुआ तो उसने देखा कि एक जोगी अपने सामने एक जल से भरा हुआ एक कघर (कोई बड़ा बरतन) रखे हुये है। यह वृक्ष उसी में से निकला है। बातचीत के उपरान्त सुल्तान ने कहा कि 'हमारे लश्कर वाले जल के अभाव के कारण नष्ट हो रहे हैं, क्या करना चाहिये?' उसने कहा 'यदि आपके विशेष व्यक्तियों को मीठे जल की आवश्यकता है तो यही जल पर्याप्त है। सुल्तान ने कहा कि, 'लश्कर वालों का क्या होगा?' 'उसने कहा कि, 'यदि मैं इस बरतन को उलट दूं तो जल की एक नहर बह निकलेगी किन्तु वह खारी होगा'। सुल्तान ने कहा 'जल की आवश्यकता है, जैसा भी हो।' ईश्वर की कृपा से उसी प्रकार प्रकट हुआ। समस्त मनुष्यों तथा पशुओं ने जल पिया। तदुपरान्त सुल्तान ने पूछा कि, 'अब भेंट कब होगी?' उसने कहा कि, 'यदि भाग्य में है तो देहली के समीप भेंट होगी'। उन्होंने इतनी बात कही। बादशाह जिस समय यह कहानी कह रहे थे यह दास उनके साथ था। जब कहानी का अन्त हो गया तो उसने जल की वह हुसैनी सब्दल खां को दे दी और भूख के कारण साथ चलने की शक्ति न रही। उस कृपालु शाह ने अहमन तोक़रक़ुल से कहा कि, 'वह (जौहर) थक गया है। उसके साथ रहो और उसे लाओ'। उसने अत्यधिक प्रयत्न किया किन्तु वह न पहुँच सका। फ़क़ीर स्वयं न पहुँच सकता था। जब वे (पादशाह) मंज़िल पर पहुँचे तो फ़क़ीर भी किसी न किसी प्रकार उपस्थित हुआ। उन्होंने आदेश दिया कि, 'तहारत के लिये जल लाओ।' तहारत के समय शक्तिहीनता के कारण मेरे हाथ से आफ़ताबा गिर पड़ा। वे रुष्ट हुए। मैंने निवेदन किया कि, 'मेरी यह विवशता भूख की अधिकता के कारण है'। वहां से वे प्रस्थान करके उस क़िले में पहुँचे। अत्यधिक जल तथा अनाज प्राप्त हो गया। वे तीन दिन तक वहां रहे। शेख़ अली बेग जलायर ने कहा कि, 'यदि आदेश हो तो इस क़िले पर अधिकार जमा लूं'। उन्होंने कहा कि, 'इस क़िले की विजय से क्या होगा? इस समय मालदेव ने मुझे इस आशय से बुलाया है कि वह सेवा करे। वह रुष्ट होगा। जो कुछ भी हो मैं वहां पहुँचता हूँ। देखता हूँ कि वह किस प्रकार सेवा करता है'। आधा दिन रह गया था कि वे वहाँ से चल खड़े हुए।" (च: पृ० ४१ब-४३ब, छ: ३५ब-३६ब, ज: ४१ब-४३ब)।

था। जल की खोज हो रही थी, जल मिल गया। इसी बीच में दो नमाज़ों के मध्य[१] में ईश्वर की कृपा (४६ अ) से जल का भरा हुआ हौज़ प्राप्त हो गया। हज़रत पादशाह उतर पड़े और ईश्वर के प्रति कृतज्ञता प्रकट की तथा उसी स्थान पर पड़ाव कर दिया।

हज़रत पादशाह ने मशकों में जल भरवा कर अपने घोड़ों पर बंधवा लिया ताकि जिसके पास जल न रहे उसे जल दे दिया जाय और सेना में पहुँचा दिया जाय। वे वापस हो रहे थे कि मार्ग में एक मुग़ुल मिला जिससे हज़रत पादशाह ऋण ले चुके थे। वह जल न होने के कारण पड़ा हुआ था और मरने के समीप था। उसका पुत्र उसके सिरहाने बैठा था कि हज़रत पहुँच गए। हज़रत पादशाह ने कहा कि "जो ऋण मुझ पर है, यदि उसे तू जल की एक करौती के बदले में क्षमा करदे तो मैं तुझे जल पिलाऊँ।" उस मुग़ुल ने कहा कि, "मुझे जीवन प्राप्त हो जायेगा। ऋण को मैं एक करौती के बदले में क्षमा करता हूँ"। एक साक्षी मुनइम बेग, दूसरा मुज़फ़्फ़र बेग तुर्कमान, तीसरा रोशन कोका हुए। उन लोगों के गवाह हो जाने के उपरान्त हज़रत पादशाह ने जल दिया। मुग़ुल ने जल पिया और उसे सेना की ओर रवाना कर दिया गया। जो लोग जल न मिलने के कारण मर चुके थे, उन्हें दफ़न कर दिया गया, जो जीवित थे, उन्हें तृप्त करके शिविर में पहुँचा दिया गया।

(४६ ब) वहाँ से प्रस्थान करके वे फुलवर[२] पहुँचे और वहाँ से फलौदी नामक स्थान पर पड़ाव किया। लोगों को पर्याप्त अनाज प्राप्त हो गया। उस स्थान पर पड़ाव किया गया। वह स्थान भी मालदेव के अधीन था। तदुपरान्त हज़रत ने मालदेव के नाम पत्र भेजा। उसने क्षमा-याचना करते हुए थोड़ा सा मेवा भिजवा दिया किन्तु उसने कोई निष्ठा प्रदर्शित न की जिससे हज़रत पादशाह की तसल्ली हो सकती। हज़रत पादशाह का राजू नामक द्वारपाल भागकर मालदेव के पास पहुँच गया। उस नमक हराम लईन[३] ने मालदेव से कहा कि, "पादशाह के पास बहुत से लाल[४] हैं, उनसे माँग।" उस दिन जान मुहम्मद ईशक आक़ा भी भागकर मालदेव के पास पहुँचा और उसने समझाया कि, "लाल माँग"। मालदेव ने अपने आदमियों से यह निश्चय किया कि, "हज़रत पादशाह से लाल माँगें। वे या तो लाल दे दें या मेरे राज्य को छोड़कर किसी अन्य स्थान को चले जायें।" हज़रत (४७ अ) पादशाह जोगी नामक हौज़ पर पड़ाव किए हुए थे। उन्होंने पता लगाया कि मालदेव की ओर किस प्रकार के समाचार हैं। संक्षेप में, निश्चय रूप से ज्ञात हो गया कि मालदेव कष्ट पहुँचाना चाहता है और सेवा में उपस्थित होना नहीं चाहता। वहाँ से प्रस्थान करके उन्होंने सातलमीर नामक हौज़ पर पड़ाव किया।

१ मध्याह्नोत्तर की दो नमाज़ों के मध्य में।

२ च, छ एवं ज में 'वेलपुर'।

३ धिक्कृत।

४ च, छ, एवं ज में:—"वहाँ से राजू नामक दौलतख़ाने का दरबान भाग कर उसके पास पहुँचा। उस नमक हराम ने राय को समझा दिया, सरकारे ख़ासा में ऐसे लाल हैं, जिनका मूल्य ईश्वर को ही ज्ञात होगा।"

(११)

हज़रत पादशाह का अमरकोट की ओर प्रस्थान एवं मार्ग में युद्ध[1]

जब मालदेव के समाचार इस प्रकार प्राप्त हुए कि वह कष्ट पहुँचाने पर उद्यत है, तो हज़रत पादशाह अमरकोट की ओर चल दिए और आदेश दिया कि, "रोशनबेग कोका तथा शम्सुद्दीन मुहम्मद अतका[2] लश्कर के बाहर जाकर किसी मार्ग-दर्शक को ले आयें ताकि वह अमरकोट का रास्ता दिखलाये।" वे जाकर दो शुत्र सवार[3] लाये। हज़रत ने आदेश दिया कि "ऊँटों को तवेलों से बंधवा दिया जाय और उनकी तलवारों को पास रख लिया जाय। क़ाज़ी महदी[4] अली उन्हें समझाये बुझाये।" क़ाज़ी महदी अली ने उनसे कहा कि, "तुम लोगों को इनाम तथा इदरार मिलेगा। (४७ ब) मार्ग दर्शाओ।" वे लोग गंवार थे। उन्होंने कहा, "हम लोग मार्ग क्या जानें ?" तदुपरान्त कटार निकाल कर उन लोगों ने तरशुन बेग पर वार किया और वह मृत्यु को प्राप्त हो गया[5]। इसके पश्चात् वह तवेले में पहुँचे और अपने ऊँटों, पादशाह के एक घोड़े तथा एक ख़च्चर को कटार से मार डाला। उनके[6] पास केवल दो ही घोड़े तथा एक ख़च्चर था। इस घटना के कारण लोग उन पर टूट पड़े और उन दोनों गंवारों को मार डाला। लोग बड़ी चिन्ता में तथा व्याकुल थे। यहाँ तक कि पृथक् होने के विषय में सोचने लगे। हज़रत पादशाह ने कहा कि, "हमें छोड़कर कहाँ जाओगे ? कोई अन्य स्थान नहीं है ?" ख़्वाजा कबीर, ख़्वाजा अबीर तथा मेहतर रमज़ान तीनों बड़े विश्वासपात्र थे। वे भागकर मालदेव के पास चले गए।

जैसलमीर प्रदेश में प्रवेश

निश्चय हुआ कि "पश्चिम दिशा की ओर रवाना हों और अमीर लोग आगे आगे चलें। तदुपरान्त हज़रत पादशाह इस क्रम से यात्रा करते हुए बढ़ें।" यहाँ तक कि सुबह हो गई। पीछे से अश्वारोहियों की तीन सेनाएँ आती हुई दिखाई पड़ीं। हर सेना में लगभग पाँच सौ सवार रहे (४८ अ) होंगे। हज़रत पादशाह ने पूछा कि, "अमीर लोग कहाँ गए ?" उन्होंने[7] निवेदन किया कि,

१ च, छ एवं ज में पृथक फ़स्ल नहीं है।

२ च, छ एवं ज में, "शम्सुद्दीन मुहम्मद जो बाद में शाहज़ादये आलमियान का अतका हुआ"।

३ ऊंट की सवारी करने वाले।

४ च, छ एवं ज में 'क़ाज़ी मुहम्मद अली' ग में 'मेधी अली'।

५ च, छ एवं ज में:—"तरशून अथवा तरशुन बेग उसी दिन सम्मानित सेवा की अभिलाषा में हिन्दुस्तान से आया था। उसके हिन्दुस्तान में पृथक हो जाने का कारण यह था कि जब हज़रत पादशाह उस देश से आने लगे तो वह मीर अबुल क़ासिम बेग के साथ दीर्घ काल तक ग्वालियार के क़िले की प्रतिरक्षा करता रहा। तदुपरान्त जब दोनों शेर ख़ां की सेवा में उपस्थित हुये तो क्योंकि वह बड़ा शूर वीर था, शेर ख़ां ने उससे बड़ा आग्रह किया कि, 'यदि तू मेरी सेवा में आ जाय तो तुझे एक लाख वार्षिक तन्के की जागीर प्रदान कर दूंगा।' उसने यह बात स्वीकार न की। उसने कहा, 'मैं यदि एक बार अपने स्वामी की सेवा द्वारा सम्मानित हो जाऊं तो इसमें अपना बहुत बड़ा सौभाग्य समझूंगा।" (च: पृ० ४४ ब-४५ अ, छ: पृ० ३८ अ, ज: पृ० ४४ ब)।

६ हुमायूं के पास।

७ च, छ में:—'जो लोग उपस्थित थे, उन्होंने · · ·"।

''मार्ग भूल गए।'' हज़रत पादशाह ने पूछा कि, ''जो सेना पीछे आ रही है वह मित्रों की है अथवा शत्रुओं की ?'' और कहा, ''जो असबाव घोड़ों पर है वह ऊँटों पर लाद दिया जाय। जो लोग पैदल हैं वे घोड़ों पर सवार हो जायँ।'' कुल १६ अश्वारोही निकले। शेख़[1] अली बेग ने पूछा कि, ''क्या करना चाहिये ?'' उसने निवेदन किया कि, ''यह युद्ध हज़रत इमाम हुसेन के युद्ध के समान है। प्रयत्न करना चाहिये, अधिक से अधिक यही होगा कि शहीद हो जायेंगे।'' शेख़ अली बेग ने (पुनः) निवेदन किया कि, ''हज़रत नमक के हक़ को क्षमा करें। सेवा के हक़ को इस दास ने क्षमा किया। कुछ सवार दास के साथ कर दिए जायें ताकि सूचना प्राप्त कर सकूँ कि यह कौन लोग हैं ?'' हज़रत (पादशाह) ने सात सवार साथ कर दिए और नमक का हक़ क्षमा करके कुशलता हेतु फ़ातेहा पढ़ा और विदा कर दिया। शेख़ अली बेग ने अपने साथियों से कहा कि, ''हम लोगों की संख्या बड़ी थोड़ी है। वे लोग अधिक संख्या में हैं। हम लोग सावधानी से प्रस्थान करें[2]। जिस समय निकट पहुंचें, बाण चलाना (४८ ब) प्रारम्भ कर दें। विजय आकाश से प्राप्त होती है[3], देखिये क्या होता है ?'' इन लोगों ने ऐसा ही किया। जब वे सेना के समीप पहुँचे तो बाण चलाये। ईश्वर की कृपा से विजय हो गई। विद्रोहियों के दो सवारों को वाण का गहरा घाव लगा और वे घोड़े से गिर पड़े। उनके गिरने के समय विद्रोहियों की समस्त सेना पराजित हो गई। तदुपरान्त शेख़ अली बेग ने बेहबूद चोबदार[4] से कहा कि, ''हज़रत पादशाह को जाकर बधाई दे और इस विजय का भी उल्लेख कर।'' बेहबूद उन दोनों दुष्टों का सिर काटकर अपनी ज़ीन में लटका कर रवाना हुआ। हज़रत की दृष्टि इस सवार पर पड़ी; पूछा कि, ''यह कौन सवार है, जो आ रहा है ?'' लोगों ने अनुमान से कहा कि, ''बहबूद चोबदार होगा।'' हज़रत पादशाह ने उससे बड़ी उत्तम फ़ाल निकाली और कहा कि, ''ईश्वर ने चाहा तो भलाई[5] ही होगी।'' इसी बीच में बेहबूद आ गया। विद्रोहियों के सिरों को हज़रत पादशाह की सेवा में प्रस्तुत करके बधाई दी। हज़रत ने कहा कि, ''शेख़ अली बेग को बुला कर लाओ।'' बह-(४९ अ) बूद वापस लौट गया और शेख़ अली बेग को बुला लाया। हज़रत पादशाह ने उससे पूछा कि, ''अब क्या करना चाहिये ?'' उसने कहा, ''हज़रत पादशाह इस दास के सैनिकों को देखकर आगे बढ़ें। दास हज़रत के सैनिकों को देखकर पीछे से आता है[6]।'' वे लोग इसी प्रकार रवाना हुए।

१ विश्वासपात्रों में शेख़ अली बेग जलायर सेवा में उपस्थित था। उससे पूछा, ''क्या करना चाहिये ?'' उसने निवेदन किया कि, ''यह भयानक मैदान कर्बला का मैदान है। यह अपार सेना यज़ीद की ओर की है। हमें साहस न त्यागना चाहिये और पांव पीछे न हटाना चाहिये। या तो अमीरुल मोमनीन शाह हुसेन एवं उनके सहायकों के समान शहीद हो जायेंगे अथवा इन काफ़िरों को नरक में पहुँचा देंगे।''

२ 'क़ितरत कर्दा रवां शवन्द'।

३ भाग्य से प्राप्त होती है।

४ च, छ में ''बेहबूद मुवीज़दार (मुनक़्क़े अथवा सूखे अंगूर को कहते है)''; 'मुवीज़दार' का तात्पर्य स्पष्ट नहीं। ज में 'बेहबूद ख़ुदादाद'।

५ ''इनशा अल्लाह तआला बहबूद ख्वाहद बूद''; बहबूद का अर्थ भलाई अथवा कल्याण है।

६ च,छ में:—''हज़रत आगे-आगे रवाना हों। हम एक दूसरे की सिपाही (सेना) देखकर पीछे-पीछे चलते हैं।''

अब मैं उन अमीरों का विवरण देता हूँ जो मार्ग भूलकर हज़रत से पृथक् हो गए थे। वे लोग गाय भैंसें जैसलमीर की विलायत से भगाकर लाये और एक हौज पर उतर पड़े तथा आनन्द-मंगल एवं जश्न में व्यस्त हो गए। इसी बीच में हज़रत पादशाह वहाँ पहुँच गए। समस्त अमीर दौड़कर हज़रत के रिकाब का चुम्बन करके सम्मानित हुए। पादशाह उतर पड़े। जो घटनायें घटी थी उनका उल्लेख हुआ[1]। समस्त अमीरों ने क्षमा-याचना की और खेद प्रकट किया कि, "ऐसे स्थान पर सेवा से पृथक् हुए" तथा शुभ कामना के लिए हाथ उठाये कि, "उत्कृष्ट छाया हज़रत मुहम्मद एवं उनकी सम्मानित संतान के आशीर्वाद से दासों के सिर पर सर्वदा क़ायम रहे।"

(४९ ब) संक्षेप में राजा[2] जैसलमीर के दो दूतों ने आकर निवेदन किया कि, "मालदेव के राजा ने आपको आमंत्रित किया था, उसके राज्य में आपने गौ-वध न किया और आपने हमारे राज्य में आकर गौ-वध किया, यह अच्छा नहीं किया। हम लोग आपके मार्ग पर हैं, आप कहाँ जायेंगे[3]।" पादशाह ने अपने अमीरों से पूछा कि, "इन दूतों को क्या उत्तर देना चाहिये?" अमीरों ने निवेदन किया कि, "नम्रता से कार्य नहीं चलता, तलवार के प्रयोग के बिना काम न चलेगा।" आदेश हुआ कि, "दूतों को बन्दी बना दिया जाय और यहाँ से प्रस्थान किया जाय[4]"।

वे जैसलमीर में पहुँचे ही थे कि गंवारों ने उपस्थित होकर युद्ध प्रारम्भ कर दिया। एक भाला पीर मुहम्मद आख़्ता की कमर में लगा जो नाभि को पार करके निकल आया। पीर मुहम्मद की ओर अली बेग झपटा और उस गंवार पर प्रहार करके पीर मुहम्मद को मुक्त करा लिया। एक अन्य तलवार रोशनक तूशक बेगी[5] के दायें हाथ में लगी और उसका हाथ बेकार हो गया। तरशुन बेग[6] उसके विरुद्ध बढ़ा और उसे मुक्त करा दिया। अन्य तलवार जो गंवारों ने चलाई (५० अ) वह तरशुन बेग के लगी, (उसके हाथ की) बीच की दो अंगुलियाँ कट गईं। ज़ुहर की नमाज़ के समय युद्ध प्रारम्भ हुआ था; अस्र की नमाज़ के समय गंवार लोग अपने क़िले में प्रविष्ट हो गए।

जैसलमीर से पाँच कुरोह पर एक ग्राम था। हज़रत पादशाह ने वहाँ पहुँचकर पड़ाव किया। उस ग्राम में अनाज तथा जल अधिक मात्रा में था किन्तु मनुष्य न थे। जैसलमीर के राजा

१ च, छ में यह वाक्य भी है:—"कुछ लोगों ने हाफ़िज़ सुल्तान मुहम्मद रख़ना का, जिसकी देख-रेख में आज-कल बाग़े इश्क़े जिनां (स्वर्ग के लिये ईर्ष्या का उद्यान) का निर्माण सरहिन्द में हुआ है, उल्लेख किया। लोगों ने उसके साहस एवं वीरता की गवाही दी।"

२ च, छ एवं ज में 'लौन कारण, राजा जैसलमीर'।

३ च एवं छ में:—"उन्होंने निवेदन किया कि 'आपने राय माल देव के राज्य में उसकी कृतघ्नता एवं प्रतिज्ञा भंग करने के बावजूद गोवध न किया। हमारे राज्य में आकर गोबध किया और हमें नष्ट किया। अब हम सेना का मार्ग रोक कर बैठ गये हैं। देखें आप कहां जायेंगे।" (च: पृ० ४६ ब-४७ अ, छ: पृ० ४० अ)।

४ च, छ एवं ज में इसके आगे इस प्रकार है:—"तदुपरान्त वहाँ से प्रस्थान किया। जिस मंज़िल पर कुछ कुँए थे, वहीं पड़ाव किया और वहां से जैसलमीर। गंवारों का समूह पास से आकर युद्ध करने लगा"।

५ च, छ एवं ज में 'तूशकची'।

६ च, छ एवं ज में 'शाहम ख़ां जलायर का भाई तरशुन बेग जलायर'।

ने अपने पुत्र को जिसका नाम मालदेव था, इस आशय से नियुक्त किया था कि वह आगे जाकर जहाँ कोई कुआँ मिले, उसे बालू से पाट दे ताकि पादशाह की सेना जल के अभाव के कारण परेशान हो जाय। उसने ऐसा ही किया और बालू कुओं में डलवा दी। हज़रत पादशाह ने उस स्थान से प्रस्थान किया। दोपहर के समय एक कुएं पर पहुँचे[१]। जिस कुएं में भी डोल डालते थे, जल न निकलता था। वे समझ गए कि, 'कुओं को बालू से भर दिया गया है।' वे वहाँ से चल पड़े। ज़ुहर तथा अस्त्र की दोनों नमाज़ों के मध्य में एक अन्य कुएं पर पहुँचे और वहाँ पर उतर पड़े और कहा कि "यदि इस कुएं में भी जल न हुआ तो क्या होगा?" रात्रि निकट होने के कारण विवश होकर उतर पड़े और सावधानी की दृष्टि से अपने चारों ओर ऊँटों का घेरा बना लिया। ऊँटों के चारों (५० ब) ओर हज़रत पादशाह चक्कर लगाने लगे। यह समाचार शेख़ अली बेग को प्राप्त हुए। शेख़ ने आकर निवेदन किया कि, "हज़रत जाकर विश्राम करें। यह दास ऊँटों के चारों ओर चक्कर लगायेगा।"

शेर शाह के आदमी द्वारा हुमायूं की हत्या का प्रयत्न

तदुपरान्त हज़रत पादशाह अपने तकिये पर पहुँच कर सो गए। एक अफ़ग़ान ने, जिसे शेर ख़ां ने इस आशय से भेजा था कि, 'यदि अवसर मिले तो पादशाह पर तलवार का वार कर दे,' पादशाह की तलवार को, जो उनके बराबर रक्खी हुई थी, मियान से निकाला और आधी तलवार ही खींची थी कि चोर को अपने बन्दी बना लिए जाने का भय हो गया। उसने तलवार को उसी स्थान पर छोड़ दिया और बाहर निकल आया। क्योंकि हज़रत जाग उठे थे, उन्होंने देखा कि आधी तलवार मियान से निकली हुई है। आश्चर्य हुआ कि, "यह क्या बात है?" सब्दल ख़ां[२] उर्फ़ सुम्बुल सेवक पलंग के पास सो रहा था। उससे पूछा कि, "मियान से तलवार तूने निकाली है?" उसने निवेदन किया कि, "दास यह दुस्साहस कैसे कर सकता है[३]?" इतने ही पर बात समाप्त हो गई।

जल के अभाव के कारण कष्ट

संक्षेप में, वहाँ से प्रस्थान करके वे चार कुओं पर उतरे जिनमें से तीन कुओं में जल था और एक ख़ाली था। तीनों कुएँ उन्होंने बाँट दिए। एक हज़रत पादशाह के लिए, एक तरदी बेग (५१ अ) तथा मुनइम बेग के लिए और तीसरा मीर ख़लीफ़ा के पुत्र ख़ालिद बेग, नदीम बेग कोका, रोशन बेग कोका, मीर मुज़फ़्फ़र तुर्कमान[४], अली बेग[५] तथा तरशुन बेग को प्रदान हुआ। किसी के पास

१ च, छ एवं ज में:—"लौन करण ने अपने पुत्र को, जिसका नाम मालदेव था, इस आशय से नियुक्त किया कि जहां कहीं कुंआ हो उसे बालू से पाट दे ताकि जल के अभाव के कारण वे इस राज्य से शीघ्र चले जायें। दोपहर के समय वहां से प्रस्थान करके वे ऐसे स्थान पर पहुँचे जहां ३०-४० कुंये थे किन्तु लोग जिस कुंये में डोल डालते जल न निकलता। ज्ञात हुआ कि उन्हें बालू से भर दिया गया है।"

२ च, छ में 'मीर हज़ार', ज में 'सफ़दर ख़ां उर्फ़ मीर सुहैल'।

३ च, छ एवं ज में:—"उसने निवेदन किया मेरे सरीखे हज़ारों के प्राण तथा हृदय आपके एक सम्मानित बाल पर न्योछावर हों। किसी की क्या मजाल जो यह करे।"

४ च, छ में 'मुज़फ़्फ़र बेग तुर्कमान' ज में 'मीर मंज़ूर तुर्कमान'।

५ च एवं छ में 'शेख़ अली बेग'।

डोल न था। डोल के स्थान पर देग बाँधकर कुएँ में डाला जाता था और ऊँट[1] उसे निकालते थे। जब देग को हाथ से पकड़ते थे तो उस समय नक़्क़ारा बजाते थे, जिससे इस सम्बन्ध में सूचना हो जाती थी और रस्सी छोड़ दी जाती थी। इस कठिनाई एवं परिश्रम से जल निकाला जाता था। जल के लिए आपस में झगड़ा करते थे। पर्याप्त जल प्राप्त न होता था। हज़रत पादशाह के कुछ शागिर्दपेशा लोगों ने उपस्थित होकर निवेदन किया कि, "तरदी बेग ने अपने घोड़े तथा ऊँटों को पानी पिला दिया। जब उन दासों ने उस कुएं को उससे इस आशय से माँगा कि अपने घोड़ों तथा ऊँटों को पानी पिलायें तो उसने अनुमति न दी। हज़रत पादशाह उसे रोक दें अन्यथा हम उससे युद्ध करेंगे; अधिक (५१ ब) से अधिक मारे जायेंगे अथवा जल प्राप्त कर लेंगे।" जब हज़रत पादशाह ने समझ लिया कि झगड़ा होगा तो वे सवार हो गए और स्वयं कुएं पर पहुँचे और तुर्की भाषा में कहा कि, "दासों के विचार अच्छे नहीं हैं। अपने आदमियों को एक क्षण के लिए जल लेने से रोक दो।" तरदी बेग ने अपने आदमियों को जल लेने से मना कर दिया। हज़रत के शागिर्दपेशों ने जल लिया। कुछ को जल मिला और कुछ खाली रह गए। संक्षेप में, उस मंज़िल में जल की अत्यधिक कठिनाई थी।

जैसलमीर के राजा के पुत्र का आगमन

तदुपरान्त राजा जैसलमीर का पुत्र[2] अपनी सेना सुव्यवस्थित करके प्रकट हुआ और मुक़ाबले के लिए खड़ा हो गया और नम्रता प्रदर्शित करने के लिए[3] अपने आदमी हज़रत पादशाह के पास भेजे और निवेदन कराया कि, "राय मालदेव ने आपको बुलवाया था, उसके राज्य में आपने गौ-वध न किया। आप लोगों ने कोई अत्याचार नहीं किया[4]। उस अभागे ने कृतघ्नता प्रदर्शित की, यह उसका दुर्भाग्य था। यह अच्छा हुआ कि आप लोग एक अनुचित स्थान से बाहर निकल (५२ अ) आये। जब आप इस क्षेत्र में पहुँचे थे तो यह उचित था कि दास को सूचना कर देते वह सेवा हेतु उपस्थित होता जैसा कि ज़मींदारी की प्रथा है। आपने हमारे राज्य में पहुँचकर गौ-बध किया, इस बात को हिन्दू लोग बहुत बुरा समझते हैं। यदि इस स्थान पर ठहरें तो मैं डोल तथा बैल मंगवाऊँ और जल निकलवाकर हौज़ भरवा दूँ। आपके आदमी तथा पशु जी भर कर जल पी लें। दास के जिन आदमियों को बन्दी बना लिया गया है वे निरपराध हैं, उन्होंने कोई अपराध नहीं किया है। उन्हें मुक्त कर दें।" तरदी बेग ने आकर उन दूतों को मुक्त कर दिया।

अमरकोट की ओर हुमायूं का प्रस्थान

हज़रत पादशाह समझ गए कि, "यह लोग अच्छे आदमी नहीं हैं।" कहा कि, "आगे की मंज़िल पर एक ही कुआँ है, लोगों को जल के कारण कष्ट होगा। तीन टुकड़ों में विभाजित होकर बारी बारी प्रस्थान करो ताकि कुएँ का पानी प्रत्येक को प्राप्त हो जाय। सर्व प्रथम हज़रत

१ च, छ एवं ज में:—"बैल के स्थान पर ऊंट निकालते थे"।

२ च, छ में:—'लौन करण का पुत्र माल देव'।

३ क, ख, ग एवं घ में 'मुलाएमियत' है किन्तु च, छ एवं ज में 'मुलाज़ेमत' है और यही ठीक है। इस वाक्य को इस प्रकार पढ़ा जायः—'किसी को सम्मानित सेवा में भेजा कि....''।

४ च, छ एवं ज में:—'हज़रत ने राय मालदेव के राज्य में पहुँच कर उसको संतुष्ट करने के लिए जो वचन एवं प्रतिज्ञा की थी उसके कारण गो-बध न किया और उसके राज्य को नष्ट न किया।"

पादशाह और उनके साथ तरदी बेग, तिमुर सुल्तान, ख़ालिद बेग तथा रोशन बेग कोका रवाना हुए। तदुपरान्त मुनइम बेग एवं नदीम कूकुल्ताश तथा कुछ अन्य लोग, उनके उपरान्त शेख़ अली बेग तथा दूसरे आदमी।, इस प्रकार यात्रा करने के बावजूद भी अधिकांश आदमी प्यास (५२ ब) के कारण नष्ट हो गए। वहाँ से अमरकोट का क़स्बा १० कुरोह की दूरी पर था।

रोशन बेग ने वहाँ पहुँच कर अपने घोड़े को हज़रत बेगम से ले लिया। यह समाचार हज़रत पादशाह को प्राप्त हुए। उन्होंने अपना घोड़ा हज़रत बेगम को प्रदान कर दिया और स्वयं पैदल चल खड़े हुए। तदुपरान्त आदेश दिया कि, "आफ़ताबख़ाने से ऊँट ले आओ। हम उस पर सवार होंगे।" ऊँट लाया गया और वे सवार हुए। उन्होंने एक कोस यात्रा की होगी कि ख़ालिद बेग को सूचना मिल गई। उसने अपना घोड़ा हज़रत पादशाह को दे दिया। वे उस पर सवार हो गए[1]।

अमरकोट पहुँचना

वे ७ अश्वारोहियों सहित अमरकोट के क़िले में पहुँचे। राणा बरसिया[2] ने अपने भाई को हज़रत पादशाह की सेवा में भेजा। उन लोगों ने पहुँचकर हज़रत पादशाह के रिकाब चूमे और निवेदन किया कि "आज मुहूर्त अच्छा नहीं है। प्रातःकाल वह धरती-चुम्बन करके सम्मानित होगा।" तदुपरान्त हज़रत पादशाह की सेना पीछे से पहुँच गई। दूसरे दिन राणा ने उपस्थित होकर हज़रत पादशाह (५३ अ) के रिकाब चूमने का सम्मान प्राप्त किया और निवेदन किया कि, "हज़रत का आगमन शुभ हो। इस दास के पास सूदा क़ौम के दो हज़ार अश्वारोही तथा समीचा क़ौम के पाँच हज़ार अश्वारोही हैं जो एक ही पूर्वज की संतान हैं। सात हज़ार संगठित अश्वारोही हैं; वे हृदय से हज़रत पादशाह के लिए प्रयत्न करके समस्त थट्टा एवं भक्कर प्रदेश हज़रत पादशाह के अधीन कर देंगे।" हज़रत ने कहा कि, "हमारे पास ख़ज़ाना नहीं है जो तर्कश बंदों[3] को प्रदान करें किन्तु अमीरों के पास धन है, उनसे ले लेंगे।" शाह मुहम्मद ख़ुरासानी ने निवेदन किया कि, "अमीर लोगों ने जिस स्थान पर धन रक्खा है, वह दास को ज्ञात है।"

हुमायूं की चित्र-कला से रुचि

हज़रत पादशाह ने अपने वस्त्र धोने के लिए दे दिए और स्नान के वस्त्र धारण किए (५३ ब) बैठे थे कि एक पक्षी[4] उड़कर ख़ेमे में प्रविष्ट हुआ। हज़रत पादशाह स्वयं बैठे रहे और ख़ेमे का द्वार बन्द करा दिया। उस पक्षी को पकड़वाकर क़ैंची मंगवाई और उसके पर कटवा दिए।

१ **हुमायूं शाही** (च, छ) एवं **जवाहर शाही** (ज) में यह कहानी नहीं है।

२ क, ख, ग, घ में यह नाम स्पष्ट नहीं किन्तु च, छ एवं ज में " राणा बरसिया नाम ब्रादरे ख़ुद रा" लिखकर नाम स्पष्ट कर दिया है:—"वे उस ओर रवाना हुये। सात व्यक्तियों सहित उस क़िले के समीप पड़ाव किया। राणा बरसिया नामक ने अपने भाई को सम्मानित सेवा में भेजा।" (च : ४९ अ, छ : ४२ अ) ज में 'राणा परसा नामक' (पृ० ४९ अ)।

३ च, छ एवं ज में 'सिपाहियान'; 'तर्कश बन्द' से भी यही तात्पर्य है।

४ क, ख, ग, घ में 'जानवर', च, छ एवं ज में 'जानवरे ख़ुशरंग'। च एवं छ में स्नान के वस्त्र आदि का उल्लेख नहीं।

चित्रकार से कहा कि, "इस पक्षी का चित्र बनाकर काग़ज़ पर सुरक्षित कर ले और इसे जंगल में छोड़ दे[1]।"

अमीरों से धन की वसूली

तदुपरान्त आदेश दिया कि अमीरों को बुलवाया जाय। जब सब अमीर आ गए तो आदेश हुआ कि "वे इसी स्थान पर रहें। शागिर्द-पेशा जाकर शाह मुहम्मद ख़ुरासानी के साथ जहाँ भी धन हो ले आयें। देग तथा तबक़[2] के अतिरिक्त जो कुछ असबाब अमीरों के डेरों में हो, वह उठा लायें।" लोग दौड़कर पहुँचे और उन्होंने अमीरों के ऊँटों की काठियाँ झूल तथा ज़ीन इत्यादि फाड़ डालीं और धन तथा कपड़े निकाल लिये और उन्हें हज़रत पादशाह की सेवा में उपस्थित किया। एक वृद्धा ने इस चिन्ताजनक अवस्था में अपने सन्दूक़ को हुसेन क़ूरची[3] को सौंप दिया था कि जब तक शान्ति हो, वह उसे सुरक्षित रखे। हुसेन उस सन्दूक़ को बाहर ले जा रहा था कि हाफ़िज़ मुहम्मद सुल्तान उर्फ़ रख़ना[4] द्वारा बन्दी बना लिया गया। उसे भी हज़रत पादशाह की सेवा में उपस्थित किया गया। जब वह सन्दूक़ खोला गया तो सोने की तीन ईंटें, जड़ाऊ आभूषण (५४ अ) तथा ४२ अलाई[5] अशर्फ़ियाँ निकलीं। काफ़ूर को आदेश हुआ कि, "हुसेन के कान का एक कोना काटकर छोड़ दो[6]।" काफ़ूर ने पूरा कान काट डाला। हज़रत पादशाह ने रुष्ट होकर कहा कि, "उसका पूरा कान क्यों काटा?" रूमाल मंगवाकर अपने शुभ हाथों से उसके कान को बाँधा और उसे प्रोत्साहन दिया। काफ़ूर को फटकारते हुए उसके प्रति क्रोध प्रदर्शित किया[7]। अमीरों द्वारा जो वस्तुएँ प्राप्त हुई थीं उनमें से आधी उनके स्वामियों को सौंप दीं। शेष आधी शागिर्द-पेशा इत्यादि को प्रदान कर दीं। कपड़ों इत्यादि में जो कुछ था उनके दो भाग उनके स्वामियों को तथा एक भाग सरकारे ख़ासा[8] को सौंप दिया गया।

तदुपरान्त राणा से पूछा कि, "अब क्या करना चाहिये?" उसने निवेदन किया कि, "थट्टा[9] पर आक्रमण करना चाहिये। यहाँ से रवाना हों और जून नामक स्थान पर पड़ाव करें। आस-(५४ ब) पास के लोग हज़रत पादशाह की सेवा में उपस्थित हो जायेंगे।" शुभ मुहूर्त में हज़रत

१ च एवं छ में इसके आगे 'मानो उत्तम फ़ाल निकाली हो'।

२ थाल, भोजन पकाने के बरतनों से तात्पर्य है। च छ एवं ज में स्पष्ट कर दिया गया है:—"उनके ख़ेमों, देग एवं तबक़ इत्यादि आवश्यक वस्तुओं के अतिरिक्त जो कुछ भी हो उठा लायें और प्रस्तुत करें।"

३ च, छ एवं ज में 'मुहम्मद हुसेन क़ूरची'।

४ च में 'हाफ़िज़ सुल्तान मुहम्मद रख़ना', छ में 'हाफ़िज़ सुल्तान मुहम्मद रखता,' ज में:—"हाफ़िज़ सुल्तान मुहम्मद जिसने सरहिन्द नामक क़स्बे में रख़ने जहां का निर्माण कराया"।

५ सुल्तान अला उद्दीन के समय की।

६ च, छ एवं ज में:—"यह विचित्र आदेश उसके कान में न पहुँचा।"

७ च, छ एवं ज में आगे इस प्रकार है:—"तदुपरान्त उस वृद्धा के धन के विषय में पूंछतांछ कराई। ज्ञात हुआ कि वह हज़रत फ़िरदौस मकानी के इनाम में से है। ऐसी कठिनाई के समय के बावजूद उससे कहा, 'तुझे प्रदान कर दिया।" (च : पृ० ५० अ, छ : ४२ ब, एवं ज : पृ० ५० अ)।

८ शाही सरकार; च, छ में "सरकारे ख़ालसा शरीफ़ा' ज में ' ख़ालसा शरीफ़ा'।

९ च, छ एवं ज में 'तत्ता व बक्कर'।

पादशाह ने वहाँ से प्रस्थान किया और अपने परिवार को अमरकोट के क़िले में छोड़ दिया। वहाँ से प्रस्थान करके १२ कुरोह पर एक हौज़ था, लश्कर वहीं उतर पड़ा।

(१२)[1]

संसार वालों के शाहज़ादे मुहम्मद अकबर (उनका राज्य अनन्त तक स्थायी रहे) का अमरकोट में जन्म[2]

जब वे हौज़ पर पड़ाव किए हुए थे तो प्रातःकाल नमाज़ के समय एक दूत ने अमरकोट के क़िले से उपस्थित होकर हज़रत पादशाह की सेवा में बधाई देते हुए निवेदन किया कि "परमेश्वर ने एक पुत्र हज़रत पादशाह को प्रदान किया है।"

शेर

'प्रसन्नता से आकाश की दुहरी हुई (झुकी हुई) पीठ सीधी हो गई,
जब युग की माता ने तेरे सरीखे पुत्र को जन्म दिया।'

यह समाचार सुनते ही हज़रत पादशाह बड़े प्रसन्न हुए। हज़रत शाहज़ादा का जन्म १४ शाबान की शनिवार को रात्रि में हुआ[3]। १४वीं रात के चाँद को बद्र कहते हैं अतः शाहज़ादा मुहम्मद अकबर ग़ाज़ी बद्रुद्दीन वद्दुनियाँ दोनों लोकों को प्रकाश देने वाले घर मे पधारे। जला-
(५५ अ) लुद्दीन तथा बद्रुद्दीन दोनों एक ही उपाधियाँ हैं। इन रात्रियों में बद्र की रात्रि के समान कभी प्रकाश नहीं होता अतः इस बद्र की रात्रि का प्रभाव देखो कि दोनों लोक प्रज्वलित हो गए। संक्षेप में जब हज़रत पादशाह नमाज़ पढ़ चुके तो अमीरों ने आकर अभिवादन किया। तदुपरान्त हज़रत पादशाह ने तुच्छ दास जौहर आफ़तावची को आदेश दिया कि, "मैंने तुझे कोई धरोहर दी थी?" निवेदन किया कि, "हाँ।" दूसरी बार पूँछा कि, "क्या थी?" निवेदन किया कि, "दो सौ शाहरुखी, चाँदी का दस्ताना तथा एक मृग-नाभि थी[4]। शाहरुखी तथा चाँदी का दस्ताना पादशाह के आदेशानुसार मैंने उनके स्वामियों को दे दिया।" हज़रत ने कहा कि, "वह शाहरुखियाँ तथा दस्ताना मैंने तुझे प्रदान किया था, तूने क्यों दे दिया?" फ़क़ीर ने निवेदन किया कि, "हज़रत पादशाह के आदेशानुसार दे दिया।" हज़रत पादशाह ने कहा कि, "वह कस्तूरी ले आ।" फ़क़ीर कस्तूरी ले कर उपस्थित हुआ। पादशाह ने आदेश दिया कि, "चीनी की रकाबी ला?" मैं रकाबी लाया। कस्तूरी को उन्होंने तोड़ा और अमीरों को बुलवाकर बाँट दिया और कहा कि, "यह पुत्र के जन्म की

१ च, छ एवं ज में 'फ़स्ल ६'।

२ च, छ एवं ज में इसके आगे इस प्रकार है, "वहां से तत्ता एवं बक्कर की ओर प्रस्थान तथा शाह हुसेन मीर्ज़ा द्वारा संसार को शरण प्रदान करने वाले उस विजयी बादशाह से संधि।"

३ च, छ एवं ज में:—"शनिवार शाबान ९४९ हि० को प्रार्थनाओं की स्वीकृति के क्षितिज से, संसार को शोभा देने वाला चन्द्रमा १४ की रात्रि में उदय हुआ और संसार को चांद से मछली तक प्रज्वलित कर दिया।" (च: पृ० ५०ब, छ: पृ० ४३अ, ज: पृ० ५१अ)।

४ च, छ में 'थोड़ा सा धन एवं आभूषण एवं एक मृग-नाभि।'

(५५ ब) ख़ुशी में है जो कि परमेश्वर ने हमें प्रदान किया है।" इन सब लोगों ने शुभकामनाएँ एवं बधाई दीं। उस दिन उस मंज़िल पर पड़ाव किया गया और प्रथानुसार आनन्द-मंगल मनाया[१]। अतः हे मित्र! वही सुगन्धि आज समस्त संसार के चारों ओर फैली हुई है।

जून की ओर प्रस्थान एवं उस स्थान पर अधिकार

सायंकाल की नमाज़ के समय वे रवाना हो गए। पाँचवीं मंज़िल पर पड़ाव किया। हज़रत पादशाह ने पूछा कि, "अमरकोट का हाकिम जानी बेग क़ज़ाक़ कहाँ है[२]?" गुप्तचर[३] ने निवेदन किया कि, "जून नामक स्थान पर पड़ाव किए हुए है।" वहाँ से ५०० समीचा अश्वारोही तथा ५०० सूदा एवं १०० मुग़ुल शेख़ अली बेग के अधीन इस आशय से नियुक्त किए कि वे जाकर जून नामक स्थान पर अपना अधिकार कर लें। शेख़ अली बेग अपनी सेना सहित रवाना हो गया। उन्होंने देखा कि जानी बेग एक सेना सहित जल[४] को सामने किये खड़ा है। पहुँचते ही उसने एवं उस समूह ने ऐसा आक्रमण किया कि जानी बेग पराजित हो गया। उसके कई आदमियों की (५६ अ) हत्या हो गई। जानी बेग स्वयं भाग गया। उसकी सेना क़त्ल हो गई। उसका एक मुग़ल[५] मीर्ज़ा क़ुली चोली द्वारा बन्दी बना लिया गया उसके गहरा घाव लगा था। उसे पकड़ कर हज़रत पादशाह की सेवा में उपस्थित किया गया। तुर्की ने निवेदन किया कि, "यह व्यक्ति वही है जिसने पादशाह को अपशब्द कहे थे।" हज़रत ने कहा कि, "उसे इसका बदला मिल गया, छोड़ दो।" जो लोग युद्ध में बन्दी बनाये गए थे, उनके लिए आदेश हुआ कि उनकी हत्या करा दी जाय।

अकबर का हुमायूं के पास जाना

उस स्थान से प्रस्थान करके वे जून में उतरे। जून की विजयोपरान्त आमों के बाग़ में पड़ाव किया। जितने ज़मींदार हज़रत पादशाह की सहायतार्थ आये थे वे उद्यान के चारों ओर उतर पड़े। आदेश हुआ कि उसके चारों ओर खाईं खोद दी जाय और कुछ लोगों को इस आशय से नियुक्त किया कि वे शाहज़ादे तथा उनके परिवार को जून में ले आयें। २० रमज़ान[६] को अमरकोट से जून पहुँचे और अपने आश्रयदाता की सेवा में उपस्थित होने का सम्मान प्राप्त किया। हज़रत शाहज़ादे के जन्म को ३५ दिन व्यतीत हो गए थे कि एक दूसरे की भेंट हुई।

हुमायूं की हत्या का प्रयत्न करने वाले का बन्दी होना

जिस समय वे सौहान के क़िले को घेरे हुए थे एक बन्दूक़ चलाने वाला क़िले के भीतर से बिना चूके हुए निशाना लगा रहा था। हज़रत पादशाह ने कहा कि, "(ईश्वर करे) एक दिन यह बन्दूक़

१ च, छ एवं ज में आनन्द-मंगल का सविस्तार उल्लेख है।
२ च, छ एवं ज में:—"जानी बेग क़ज़ाक़ का, जो अमरकोट का हाकिम था, हाल पूछा।"
३ मुख़बिर; च, छ एवं ज में:—"एक व्यक्ति ने समाचार पहुँचाये।"
४ सम्भवतः कोई हौज़, तालाब अथवा छोटी नदी। मूल वाक्य सभी हस्तलिपियों में इस प्रकार है:—"ज़ानी बेग बा जमाअ़त आब व रूये दादा इस्तादा अस्त।"
५ च, छ एवं ज में 'उस सेना का एक मुग़ुल'।
६ च, छ में '३५ दिन उपरान्त २१ रमज़ान,' ज में '३५ दिन उपरान्त २० रमज़ान'।

चलाने वाला हमारे हाथ आ जाये तथा वह चोर भी जो तलवार मियान से निकालकर छोड़ गया था।" यह दोनों इच्छाएँ हज़रत के हृदय में थीं। ईश्वर की कृपा से यह दोनों व्यक्ति जून क़स्बे में एक बज़ागर[1] के घर में अपने कारनामों के विषय में वार्ता कर रहे थे कि अचानक हज़रत पादशाह के कानों में यह बात पड़ गई[2]। उन्हें बन्दी बनाकर संसार को शरण देने वाले दरबार में उपस्थित किया गया। हज़रत पादशाह ने पिछली घटना के विषय में पूछा और बन्दूक़ चलाने वाले की हत्या करने का आदेश दे दिया। दूसरे को इनाम तथा अदरार प्रदान करके क्षमा कर दिया।

शाह हुसेन मीर्ज़ा से मुक़ाबला एवं कुछ अमीरों का पलायन

आसपास के आदमियों को आदेश भेजा कि, "वे सेवा में उपस्थित हों।" अतः सूदा एवं समीचा तथा कच्छ एवं जाम की विलायत के राय, जो इससे पूर्व भक्कर के सर्वोच्च व्यक्तियों में थे, हज़रत पादशाह की सेवा में उपस्थित हुए। लगभग १५-१६ हज़ार अश्वारोही एकत्र हो गए[3]। (५७ अ) शाह हुसेन मीर्ज़ा चार कुरोह पर नदी तट के सामने पड़ाव किए हुए था। रमज़ान मास का रोज़ा खोलने के समय हज़रत के हाथ में जल था कि समाचार प्राप्त हुए कि तरशुन बेग[4] भाग गया। यह समाचार सुनकर हिन्दुस्तान के पादशाह को दुःख हुआ। कहा कि, "युवावस्था में मृत्यु को प्राप्त हो जाय।" ऐसा ही हुआ। भाग्य का बाण स्वीकृति के लक्ष्य पर लगा। जब तरशुन बेग भागकर शाह हुसेन मीर्ज़ा के पास पहुँचा तो शाह हुसेन ने एक दास तरशुन बेग को प्रदान कर दिया। उस दास द्वारा एक अपराध हुआ। तरशुन बेग ने उसकी नाक काट ली। तीन दिन उपरान्त उस दास ने तरशुन बेग का सिर काट लिया। निःसन्देह नसीरुद्दीन मुहम्मद हुमायूँ पादशाह ग़ाज़ी बड़ी करामातों वाले थे। पादशाहों को ४० वलियों[5] की करामातें प्राप्त होती हैं। हज़रत पादशाह करामात की साक्षात मूर्ति थे कारण कि वे खुदा के ख़लीफ़ा थे; अतः ज्ञात होना चाहिये कि यह खिलाफ़त कहाँ से थी। इसका उल्लेख ऊपर हो चुका है।

शाह हुसेन द्वारा राणा को मिलाने का प्रयत्न

(५७ ब) संक्षेप में शाह हुसेन मीर्ज़ा ने उपर्युक्त राणा को खिलअत तथा कटार भेज कर प्रोत्साहन देते हुए लिखा कि, "हमारे प्रति निष्ठावान् रहो।" राणा ने खिलअत हज़रत पादशाह की सेवा में उपस्थित की। आदेश हुआ कि, "यह उचित है कि यह कुत्ते को पहिना दी जाय।" राणा ने ऐसा ही किया। ख़िलअत कुत्ते को पहिना दी और कटार उसकी कमर में बाँधी। यह

१ मदिरा बनाने वाला; च, छ एवं ज में 'दूक़ाने बूज़ागर' अथवा 'मदिरा बनाने वाले की दूकान'।

२ च, छ एवं ज में :—"उनकी बातें लोगों के कान में पहुँचीं"।

३ च, छ एवं ज में :—"उस स्थान पर आस-पास के आदमियों को बुलाने के लिये सूदा, समीचा, कच्छ एवं जाम की विलायत के रायों को जो प्राचीन काल से उस प्रदेश के प्रतिष्ठित लोगों में थे अनुल्लंघनीय फ़रमान जारी किये। लगभग १५-१६ हज़ार अश्वारोही एकत्र हो गये।" (च : पृ० ५२ब, छ : पृ० ४५अ, ज : पृ० ५३ब)।

४ च, छ एवं ज में :—"तरशुन बेग जलायर भाग कर एवं नमक हरामी करके मीर्ज़ा से मिल गया हज़रत रमज़ान के पवित्र मास का रोज़ा खोलने के लिये अपने पवित्र हाथों में जल लिये हुये थे कि उनसे इस घटना का उल्लेख किया गया। क्योंकि वह प्राचीन सेवक था, हज़रत को दुःख हुआ। हज़रत ने कहा, 'यदि ईश्वर ने चाहा तो युवावस्था में ही मृत्यु को प्राप्त होगा।"

५ सन्तों।

समाचार शाह हुसेन मीर्ज़ा को प्राप्त हुए। वह लज्जित हुआ। वार्तालाप के समय ख़्वाजा ग़ाज़ी[१] तथा राणा के मध्य में कोई अनुचित बात हो गई। राणा ने रुष्ट होकर कहा कि, "मुग़ुलों के साथ सेवा करना व्यर्थ है।" वहाँ से चल दिया। उसके चले जाने से समस्त ज़मींदार छिन्न-भिन्न हो गए। यद्यपि हज़रत पादशाह ने अमीरों को प्रोत्साहन दिया किन्तु उससे कोई लाभ न हुआ।

दूसरे दिन मुनइम बेग भाग गया और शाह हुसेन मीर्ज़ा की सेवा में पहुँचा और कहा कि, "पादशाह मैदान में उतरे हुए हैं। उन्हें कोई शरण का स्थान नहीं प्राप्त है[२]"। यह समाचार हज़रत पादशाह को प्राप्त हुए। आदेश हुआ कि, "क़िला तैयार किया जाय और खाईं खोदी (५८ अ) जाय।" अपने हाथ में डंडा लेकर क़िले के विभिन्न स्थान लोगों को बाँट दिए और आदेश दिया कि, "शीघ्रातिशीघ्र तैयार करें।" तीन दिन में क़िला तैयार हो गया। जब शाह हुसेन मीर्ज़ा आया तो क़िले को देखकर मुनइम बेग से कहा कि, "तूने ग़लत बात कही।" संक्षेप[३] में, दोनों पक्षों में युद्ध हुआ। महमूद गिर्दबाज[४] मार डाला गया।

बैरम बेग का आगमन

तदुपरान्त समाचार प्राप्त हुए कि बैरम[५] बेग गुजरात से आ रहा है। हजरत पादशाह ने समस्त अमीरों को उसके स्वागतार्थ भेजा। वह हजरत के चरणों का चुम्बन करके सम्मानित हुआ। हज़रत पादशाह प्रसन्न हुए और ईश्वर के प्रति कृतज्ञता प्रकट की और कहा कि, "हमारे दुःख का साथी आ गया[६]"।

शाह हुसेन के ग़ुलाम बच्चे का आक्रमण

रात्रि का अन्तिम पहर[७] था कि शाह हुसेन का ग़ुलाम बच्चा क़िले के निकट आ गया। उसने नफ़ीरी बजाई[८]। आवाज़ सुनते ही, बैरम बेग; रोशन[९] बेग तथा कुछ अमीरों ने क़िले के बाहर निकल कर उसपर आक्रमण किया। हज़रत पादशाह ने आदेश दिया कि, "बैरम बेग क़िले में (५८ ब) प्रविष्ट हो[१०]। रोशन बेग इत्यादि आक्रमण करें।" ऐसा ही हुआ। जब वे शाह हुसेन की सेना के समीप पहुँचे तो युद्ध प्रारम्भ हो गया। बाबर क़ुली को, जो कि शाह हुसेन के अमीरों में

१ च, छ में 'ख़्वाजा ग़ाज़ी दीवान'।

२ च, छ में :—"मुनइम बेग कृतघ्नता करके मीर्ज़ा के पास पहुँचा और कहा 'संकोच एवं विलम्ब किस कारण है?' उनकी सेना कम है और उस मैदान में जहां शरण नहीं, पड़ाव किये है। आक्रमण करना चाहिये।"

३ च, छ में :—"उसके (मुनइम बेग) झूठ के कारण उसे दुःख हुआ कि न आना चाहिये था किन्तु आवश्यकतावश दोनों पक्ष वाले सहन न कर सके, युद्ध हुआ। इस सेना की ओर से महमूद कारद बाज़ शहीद हुआ।"

४ ज में 'महमूद ख़िदमतगार'।

५ अन्य ग्रन्थों में 'बैराम'।

६ 'शरीके दर्दे मा आमद'।

७ च, छ में 'प्रातः काल'।

८ 'आवाजे नफ़ीर कर्द'।

९ च, छ एवं ज में 'रोशन बेग कोका'।

१० च, छ एवं ज में 'वापस आ जाये'।

से था, रोशन बेग ने भाले से गिरा दिया। तदुपरान्त एक व्यक्ति ने रोशन बेग के घोड़े को सागरी[1] पर तलवार मारी। घोड़ा अपनी सेना में पहुँचते पहुँचते भमि पर गिर पड़ा। तीपूचाक़ (घोड़े) की यह विशेषता है कि वह सवार को मंज़िल पर पहुँचा देता है।

शेख़ अली बेग का रसद हेतु भेजा जाना और उसकी मृत्यु

तदुपरान्त शेख़ अली बेग को आदेश हुआ कि चाचकाव[2] नामक स्थान पर जाकर रसद भेजता रहे। वह रवाना हुआ और रसद भेजता रहा। यह समाचार सुनते ही शाह हुसेन मीर्ज़ा ने सुल्तान महमूद भक्करी को इस आशय से नियुक्त किया कि रसद को पादशाह की सेना में पहुँचने से रोके। जब यह समाचार हज़रत पादशाह को प्राप्त हुए तो आदेश दिया कि "तीमूर सुल्तान, शेख अली बेग की सहायतार्थ जाय।" जब वह सहायतार्थ पहुँचा तो उसे यह बात अच्छी न लगी, इस कारण कि जब वह अकेला था तो छापा मारकर परेशान कर सकता था। अतम तीमूर सुल्तान के आ जाने के कारण छापा मारने का अवसर न रहा। बराबरी हो गई। विवश होकर आमने सामने युद्ध करना पड़ा। युद्ध[3] हुआ।

(५९ अ) इसी बीच में पादशाह ने कहा कि, "३-४ बार शाह हुसेन मीर्ज़ा युद्ध हेतु आया यदि वह प्रातःकाल आ जाय तो मैं स्वयं जाकर युद्ध करूँगा तथा शाह हुसेन मीर्ज़ा पर आक्रमण करूँगा।" इस उद्देश्य (की सफलता हेतु) फ़ातेहा पढ़ा। जिन लोगों के पास उत्तम घोड़े न थे उन्हें उत्तम घोड़े दिए। यह निश्चय हुआ कि कल युद्ध होगा। रमज़ान मास था। रोज़े के खोलने के उपरान्त एक पहर व्यतीत होने पर एक व्यक्ति नदी तट से आया और उसने कहा कि, "कोई नदी के उस पार से नौका माँग रहा है।" आदेश हुआ कि, "पूछो तेरा क्या नाम है, जो इस समय नौका माँग रहा है?" पूछा गया कि, "तू कौन है जो नौका माँग रहा है?" उसने कहा, "अतम तीमूर सुल्तान हूँ।" यह समाचार हज़रत पादशाह को पहुँचाये गए। कहा कि, "ईश्वर कुशल करे।" संक्षेप में, नौका पहुँचाई गई। वह राजसिंहासन के समीप पहुँचा। शेख़ अली बेग के शहीद होने और अपनी (५९ ब) पराजय के विषय में निवेदन किया। यह निश्चय हुआ ही था कि प्रातःकाल रणक्षेत्र में युद्ध होगा कि यह घटना घटी।

हज़रत पादशाह उस रात्रि में इतने चिन्तित रहे कि उसका उल्लेख सम्भव नहीं। शाह हुसेन मीर्ज़ा अस्त्र-शस्त्र तैयार करके युद्ध हेतु रवाना होना चाहता था कि मुहम्मद हुसेन बीणाकार भाग कर शाह हुसेन मीर्ज़ा के पास पहुँचा। उसने सूचना दी कि, "तीमुर[4] सुल्तान की सेना पराजित हो गई तथा शख़ अली बेग मारा गया। हज़रत पादशाह ने उस दिन के लिए यह निश्चय किया है कि क़िले के बाहर निकलकर युद्ध करेंगे। तू कहाँ जायेगा? वे कठिनाई में हैं किन्तु तू समृद्ध है।" कई दिन तक दोनों ओर से कोई आदमी न आया।

शाह हुसेन मीर्ज़ा द्वारा संधि

कुछ दिन उपरान्त शाह हुसेन मीर्ज़ा ने संधि करना निश्चय किया। बाबर क़ुली को

१ गुदा।
२ च, छ एवं ज में 'जाचकाव'; अन्य ग्रन्थों में 'चाचकान, हाजकान अथवा जाजकान' हैं।
३ च, छ में 'इस प्रकार' है।
४ 'तिमुर' तथा 'तीमूर' दोनों ही प्रयुक्त हुये हैं।

हज़रत पादशाह की सेवा में भेजा। वह थोड़ी सी मिश्री एवं मेवा लेकर हज़रत के रिकाव के चुम्बन द्वारा सम्मानित हुआ एवं शाह हुसेन मीर्ज़ा के अपराधों की क्षमा माँगी और निवेदन किया कि वह लज्जावश उपस्थित न हो सका। हज़रत पादशाह ने पूछा कि, "तू बड़ा है या रोशन बेग ?" (६० अ) जब दोनों ने अपनी अवस्था के वर्ष गिने तो रोशन बेग के वर्ष कम निकले। पुनः पूछा कि, "तुम दोनों में किस प्रकार युद्ध हुआ ?" निवेदन किया कि, "रोशन बेग ने दास को भाले द्वारा घोड़े से गिरा दिया किन्तु हत्या न की। रोशन बेग के घोड़े को दूसरे ने तलवार मारी।" हज़रत पादशाह ने कहा कि, "तोरे[1] में तलवार को, आयु की अपेक्षा अधिक सम्मान प्राप्त है। इस समय रोशन बेग के प्रति सम्मान प्रदर्शित करो।" बावर क़ुली ने रोशन बेग के प्रति सम्मान प्रदर्शित किया और क्षमा-याचना की। हज़रत पादशाह ने बावर क़ुली को विदा कर दिया और कहा कि, "हम इस स्थान से प्रस्थान कर रहे हैं।"

(१३)

शाह हुसेन मीर्ज़ा द्वारा पेशकश भेजना और पादशाह का क़न्धार की ओर प्रस्थान[2]

जब बावर क़ुली शाह हुसेन मीर्ज़ा की सेवा में पहुँचा तो उसने कहा कि, "हज़रत पादशाह प्रस्थान कर रहे हैं, उनकी यात्रा की कोई व्यवस्था करनी चाहिये।" संक्षेप में, आपस में निश्चय किया कि, "दो हज़ार[3] खरवार अनाज तथा तीन सौ ऊँट रौनाई नामक ग्राम में पहुँचा दिए जायं (६० ब) ताकि वहाँ से (वे अपनी) व्यवस्था करके चले जायें।" हज़रत पादशाह ने असबाब को नौकाओं में लदवाया और रौनाई नामक ग्राम में पड़ाव किया। अनाज तथा ऊँट भी उसी मंज़िल पर पहुँच गए। हज़रत पादशाह ने उस स्थान पर प्रत्येक के सम्मान के अनुसार ऊँट बाँट दिए[4], और सौहान की ओर चल खड़े हुए।

यादगार नासिर मीर्ज़ा की दुर्दशा

यादगार नासिर मीर्ज़ा को शाह हुसेन मीर्ज़ा की पुत्री से विवाह तथा पादशाही के लोभ ने, जिसका बीच में उल्लेख हो चुका है, अभिमानी बना दिया था। उसे अत्यधिक अपमानित करके निकाल दिया गया। शाह हुसेन मीर्ज़ा ने आदेश दिया कि, "मीर्ज़ा यादगार नासिर के प्रत्येक आदमी से एक शाहरुख़ी, प्रत्येक ऊँट के लिए ७ शाहरुखियाँ तथा प्रत्येक घोड़े के लिये ५ शाहरुखियाँ[5] ली

१ चिंगेज़ी विधान।

२ **हुमायूँ शाही** तथा **जवाहर शाही** में यहाँ पृथक फ़स्ल नहीं है।

३ च, छ एवं ज में 'दस हज़ार खरवार (गधों के बोझ के बराबर)'।

४ च, छ एवं ज में:—"जो पेशकश निश्चित हुई थी, वहां प्रस्तुत की गई। उन्हें प्रत्येक की आवश्यकतानुसार बांट दिया गया"।

५ च, छ एवं ज में यह वाक्य अधिक स्पष्ट है:—"उसने आदेश दिया कि सिंध नदी के घाट पर मीर्ज़ा से प्रत्येक आदमी के लिये एक शाहरुख़ी, प्रत्येक ऊंट के लिये ७ शाहरुख़ियों और प्रत्येक घोड़े के लिये ५ शाहरुख़ियां बाज (कर) के रूप में ली जायें।"

जायें।" संक्षेप में मीर्ज़ा यादगार नासिर हज़रत पादशाह से पृथक् हो गया। शाह हुसेन मीर्ज़ा ने उसे इस प्रकार की पादशाही तथा पुत्री दी[1] कि सिंध नदी से अत्यधिक अपमानित करके विदा (६१ अ) किया। निःसन्देह अपने आश्रयदाता से पृथक् होने के कारण वह इस शोचनीय दशा को प्राप्त हुआ।

हुमायूं का सौहान की ओर प्रस्थान

हज़रत पादशाह ने सौहान से प्रस्थान किया। दो रात्रि के उपरान्त फ़तहपुर गंदावा में पहुँचे। वहाँ से दो रात उपरान्त दो कड़ुए तथा मीठे जल के चश्मों के बीच में पड़ाव किया। पूछा कि "मीठे पानी का चश्मा कौन है?" गुप्तचर[2] ने निवेदन किया कि, "७ कुरोह पीछे रह गया।" हज़रत पादशाह ने[3] क्रोध प्रदर्शित करते हुए कहा कि, "मीठे जल के चश्मे पर क्यों नहीं उतारा?" यह शाह हुसेन मीर्ज़ा का संकेत था कि, "उन्हें यह चश्मा तथा यह मार्ग न मिलने पाये, सेना को कड़ुए पानी के चश्मे पर पहुँचा दे।" उन्होंने स्वयं कुछ लोगों को लेकर मीठे जल के चश्मे पर एक पहर रात्रि व्यतीत हो जाने के उपरान्त पहुँच कर पड़ाव किया तथा उस चश्मे पर वुज़ू किया और नमाज़ पढ़ी। मीठा जल पिया। लोगों ने जल ले लिया और वहाँ से अपने लश्कर में आ गए। उस दिन ठहरे रहे।

हुमायूं के शिविर पर क़ुरुक़चियों द्वारा छापा

(६१ ब) अस्र की नमाज़ के समय प्रस्थान किया। मंज़िल के समीप आफ़तावख़ाने का ऊँट थक कर गिर पड़ा। तुच्छ जौहर आफ़तावची ने हज़रत से निवेदन किया कि, "ऊँट थक जाने के कारण यात्रा नहीं कर सकता।" लोगों को आदेश हुआ कि, "उस ऊँट पर से असबाब उतार कर मंज़िल पर, जो कि निकट है, लाया जाय।" किसी ने इस बात की ओर ध्यान न दिया। यह ऊँट पीछे था कि क़ुरुक़ची[4] लोग पहुँच गए। उन्होंने लूट मार तथा बाणों की वर्षा प्रारम्भ कर दी। एक बाण का घाव तुच्छ जौहर आफ़ताबची के भी लगा और एक बाण रूई[5] तोपची के लगा। जौहर फरियाद कर रहा था कि क़ुरुक़ची आकर टूट पड़े और ख़ेमे के अतिरिक्त शलीते[6] में जो कुछ सामग्री थी, वह ले गए। इन लोगों ने शोर मचाया। हज़रत पादशाह ने शोर सुना और पूछा कि, "यह शोर कैसा है?" तरदी बेग ने कहा, "यह उन लोगों का शोर है जो (शिकार) खेल कर आ रहे हैं।" पुनः हज़रत पादशाह ने कहा कि, "लोग कहते हैं कि हमारे ऊपर क़ुरुकचियों ने आक्रमण किया, खेल

१ व्यंग्य की दृष्टि से लिखा गया है अर्थात् न तो उसे पादशाही ही दी और न अपनी पुत्री का विवाह ही किया।
२ क, ख, ग, घ में 'मुख़बिर' च, छ एवं ज में 'शख़्से से—एक व्यक्ति'।
३ च, छ, में:—"पादशाह ने मीर मंज़िल के प्रति क्रोध प्रदर्शित करते हुये कहा कि, 'मीठे जल के चश्मे पर क्यों नहीं मंज़िल की?' उन्होंने हृदय में सोचा कि यह मीर्ज़ा की दुष्टता होगी। उसने इन लोगों को कुछ दे दिया होगा कि यहां मंज़िल न करायें। अन्ततोगत्वा शिविर को वहीं छोड़ कर अपने विश्वासपात्रों सहित वापस हुये और उस चश्मे पर पहुँचे। वहां वुज़ू किया और नमाज़ पढ़ी"। (चः पृ० ५६ अ-५६ ब, छः ४८ ब)।
४ क़ुरुक़ची का अर्थ 'शिकार के रक्षक' होता है। सम्भवतः उन लोगों से तात्पर्य है जो शिकार की देख भाल करते हों।
५ च, छ एवं ज में यह नाम स्पष्ट रूप से पढ़ा नहीं जाता।
६ सम्भवतः ऊंटों पर लदे हुये समान से तात्पर्य है।

(६२ अ) की क्या बात है[1] ?" इसी कारण, ख़्वाजा मुअज़्ज़म घोड़ा दौड़ाता हुआ आया। उसने देखा कि क़ुरुक़ची लोग असबाब उठाकर भाग गए। ऊँट तथा ख़ेमा पड़ाव पर पहुँचाया गया।

वहाँ से प्रस्थान करके दश्त[2] में पड़ाव किया। उस भूमि की यह विशेषता है कि गर्मी के मौसम में ऐसी लू चलने लगती है जिससे मनुष्य के शरीर के समस्त अंग पिघलने लगते हैं और उसमें प्राण नहीं रह जाते। शीत ऋतु में इतनी ठंडक पड़ती है कि यदि भोजन देग से निकालकर थाल में रख दिया जाय तो बरफ़ बन जाता है। संक्षेप में, बिना वस्त्र तथा बिना भोजन के उन्हें उस मंज़िल पर इतनी कठिनाई और परेशानी उठानी पड़ी कि उसका उल्लेख सम्भव नहीं ! हज़रत पादशाह के पास एक पोस्तीन थी। उसके अबरे को पृथक् करके मेहतर वासिल को बुलवाया और कहा कि, "यह पोस्तीन बैरम बेग को पहना दो कारण कि वह जाड़ा खा रहा होगा।" अबरा मेहतर अनीस को प्रदान कर दिया जो अब मेहतर ख़ानी की उपाधि द्वारा सुशोभित है।

संसार वालों के उस शाह का शाह तहमास्प से भेंट हेतु ख़ुरासान की ओर प्रस्थान[3]

मीर्ज़ा अस्करी द्वारा आक्रमण

वहाँ[4] से प्रस्थान करके साल शाल मस्तान नामक स्थान पर जो क़न्धार का एक परगना है, पड़ाव किया। हज़रत (पादशाह) एक बाग़ में ठहरे हुए थे कि एक आदमी ने आकर अभिवादन (६२ ब) किया और निवेदन किया कि, "मीर्ज़ा अस्करी के भी कोई समाचार हैं ?" हज़रत पादशाह ने कहा कि, "नहीं। यदि तुझे ज्ञात हों तो बता।" उसने निवेदन किया कि, "लोगों को एक कोने में कर दिया जाय।" लोग कोने में कर दिये गए। तुच्छ दास जौहर उपस्थित था। उसने कहा कि, "इसे भी अलग कर दें।" हज़रत पादशाह ने कहा कि, "यह बालक है, कोई आपत्ति नहीं।" उसने कहा कि, "कल दो पहर व्यतीत होने के पूर्व ही मीर्ज़ा अस्करी पहुँच जायेगा और वह आपके शत्रुओं[5] को बन्दी बना लेना चाहता है।" हज़रत पादशाह ने पूछा कि, "यह समाचार तुझे कहाँ से प्राप्त हुए ?" उसने निवेदन किया कि, "इस दास का पुत्र मीर्ज़ा के साथ आ रहा था। वे लोग कोतल पंज में पर्वत के दर्रे से पार हो रहे थे। वह अकेला[6] था, जल्दी चला आया।" यह समाचार सुनते ही हज़रत पादशाह अपने ख़ेमे में पहुँचे। जो कुछ मौजूद था उससे रोज़ा खोला

१ च, छ एवं ज में:—"हज़रत पादशाह ने कहा, 'क़ुरुक़चियों का नाम लिया जाता है। खेल न होगा।' ख़्वाजा मुअज़्ज़म घोड़ा भगाता हुआ पहुँचा। क़ुरुक़ची सामान लेकर भाग गये"।

२ दश्त का अर्थ कानन, वन, जंगल, ब्याबान होता है।

३ च, छ एवं ज में यह बाब (खंड २) है। **तज़्किरतुल वाक़ेआत** में यहां कोई फ़स्ल नहीं और न इस प्रकार बाब (खंड) विभाजित किया गया है। (च: पृ० ५७ अ, छ : पृ० ४९ अ, ज : पृ० ५९ अ)।

४ च, छ एवं ज में:—"क्योंकि उन्होंने अपने सम्मानित हृदय में यह संकल्प कर लिया था कि मैं भाइयों की विलायत एवं इमलाक की ओर ध्यान न दूंगा, अतः उन्होंने ख़ुरासान के भ्रमण के उद्देश्य से साल-मस्तान के उद्यान में जो क़न्धार की सरहद पर एक परगना है पड़ाव किया।"

५ आपको; च, छ एवं ज में:—"उसके इरादे और ही हैं"।

६ "जरीदः—अकेला अथवा थोड़े से साथियों सहित"।

और सहर[1] के समय भोजन किया[2]। तदुपरान्त कहा कि, "हिन्दुस्तान वाले बड़े विचित्र प्रकार से स्वामी-भक्त हैं।" तदुपरान्त दासों की ओर दृष्टि करके कहा कि, "संतुष्ट रहो, यदि ईश्वर ने चाहा तो (६३ अ) मित्रों की इच्छानुसार समस्त कार्य पूरे हो जायेंगे।" उन्होंने पादशाह की कुशलता हेतु शुभ कामना करने के लिये हाथ उठाये। हज़रत पादशाह प्रातःकाल की नमाज़ में व्यस्त हो गए। नमाज़ के उपरान्त वे आराम से सो गए। लोग इधर उधर अपने कार्य हेतु चले गए। दोपहर के समय जंगल की ओर से एक सवार घोड़ा दौड़ाता हुआ आया। उसने हज़रत पादशाह के समाचार पूछे कि, "वे क्या कर रहे हैं?" संक्षेप में, वह बड़ी तेज़ी से पहुँचा[3]। लोगों ने कहा, "अपने घोड़े को इसी स्थान पर छोड़ दो और चले जाओ।" उसने न छोड़ा। अपने हाथ में घोड़े की लगाम लपेटकर ख़ेमे में प्रविष्ट हो गया। हज़रत पादशाह सो रहे थे। उसने उन्हें जगाया। निवेदन किया कि, "कुछ ज्ञात है?" हज़रत पादशाह ने कहा कि, "नहीं।" उसने निवेदन किया कि, "मीर्ज़ा अस्करी शत्रुओं[4] को हानि पहुँचाने के लिए आ रहा है।" हज़रत पादशाह ने पूछा, "तेरा क्या नाम है?" उसने कहा कि, "चोली बहादुर[5], क़ौम ऊज़बेक, क़ासिम हुसेन सुल्तान का दूत।" हज़रत पादशाह ने कहा, "सच है?"

वैरम बेग को बुलवाया और पूछा कि, "क्या करना चाहिए?" उसने कहा कि, "यहाँ (६३ ब) से चल देना चाहिये।" हज़रत पादशाह ने कहा कि, "युद्ध करना चाहिये।" बैरम बेग ने कहा कि, "हमारी संख्या बड़ी थोड़ी है और वे बड़ी अधिक संख्या में हैं, यही उचित होगा कि यहाँ से चले जायें।" हज़रत पादशाह ने कहा, "हमारे पास दो ज़र्वजंग[6] हैं। शागिर्दपेशा में अधिकांश बन्दूक़ चलाने वाले हैं, दुष्टों पर बन्दूक़ चलाई जायेगी। ईश्वर की जो इच्छा होगी, वह होगा"; किन्तु मीर्ज़ा के लश्कर के अधिक होने तथा इन लोगों के अल्प संख्या में होने के कारण यह निश्चय हुआ कि प्रस्थान करना चाहिये[7]।

हज़रत पादशाह ने तरदी बेग से घोड़ा माँगा। उसने न दिया। संक्षेप में, हज़रत बेगम को घोड़े पर सवार करके लश्कर से निकले[8]। कुल ४२ व्यक्ति थे, ४० पुरुष तथा दो स्त्रियाँ, एक हज़रत मरियम मकानी बेगम जियु और दूसरी हसन अली ईशक आक़ा की पत्नी जो बिलोच की पुत्री थी।

१ दिन भर के रोज़े के पूर्व सूर्योदय से काफ़ी पूर्व किये जाने वाला अल्प-आहार।

२ च, छ एवं ज में, 'अधिक भोजन किया'।

३ च, छ एवं ज में:—'क्योंकि वह बड़ी तेज़ी से आ रहा था अतः जो लोग उपस्थित थे, उन्होंने पूछा, 'कोई समाचार लाये हो?' उसने कहा, 'हां'। लोगों ने कहा, 'अपना घोड़ा यहीं छोड़ दो और स्वयं सेवा में चले जाओ'। उसने अपना घोड़ा न छोड़ा और अपने घोड़े की लगाम अपने हाथ में लपेटे हुये ख़ेमे में प्रविष्ट हो गया।'

४ आप को।

५ च, छ एवं ज में 'चूक़ा बहादुर ऊज़बेक, क़ासिम हुसेन सुल्तान का दूत'; क, ख में "चोली बहादुर"।

६ ज़र्बज़न (एक प्रकार की तोप)।

७ च, एवं छ में:—" समस्त बुद्धिमान् अमीरों ने भी बैरम बेग का समर्थन किया और आग्रह किया कि हमारा अन्य उद्देश्य है।"

८ **हुमायूँ शाही** एवं **जवाहर शाही** में यह विवरण नहीं है।

समस्त शागिर्दपेशा इत्यादि को हज़रत शाहज़ादे की सेवा में छोड़ दिया। हज़रत शाहज़ादे (६४ अ) उस दिन डेढ़ वर्ष के थे।

मीर्ज़ा अस्करी का हुमायूं के शिविर पर अधिकार

ख्वाजा सिकन्दर मीर्ज़ा अस्करी का सद्र हज़रत पादशाह के लश्कर में पहुँचा। जब उन्हें न देखा तो कहा कि, "मीर्ज़ा के आने का कारण यह था कि वह हज़रत पादशाह की सेवा में उपस्थित होने का सम्मान प्राप्त करे। ऐसे जंगलों में वे क्यों चले गए ?" एक घड़ी उपरान्त मीर्ज़ा अस्करी हज़रत पादशाह के लश्कर में पहुँचा। माहम अनगा हज़रत शाहज़ादे को मीर्ज़ा के समक्ष लाई और मीर्ज़ा ने उन्हें गोद में लिया। हज़रत पादशाह की सरकार में जितनी वस्तुएँ थीं, उनका निरीक्षण किया। एक सन्दूक़ में माजून सरीखे विचित्र रंग के पत्थर थे। क्योंकि वह भारी था अतः उसने लोभ प्रदर्शित किया और समझा कि सोना होगा। उस सन्दूक़ को खोला किन्तु पत्थर निकले। बड़ा दुःख हुआ। संक्षेप में वे शाहज़ादे को क़न्धार की ओर ले गए। तुच्छ जौहर आफ़ताबची शाहज़ादे के साथ क़न्धार में रह गया।

हुमायूं का बिलोचों की ओर प्रस्थान

क़न्धार पहुँचने के उपरान्त दास जौहर आफ़ताबची भाग कर हेरी नामक स्थान में हज़रत के चरणों का चुम्बन करके सम्मानित हुआ। हज़रत पादशाह ने अपनी शुभ जिह्वा से कहा (६४ ब) कि, "जिस समय सेना से पृथक् हुए तो हमारे साथ ४० हिन्दुस्तानी अश्वारोही तथा २ स्त्रियाँ थीं, एक मरियम मकानी बेगम तथा दूसरी कुल बिलोच स्त्री। रातों रात यात्रा करते हुए चले जा रहे थे कि कुत्ते की आवाज़ कान में पहुँची।" हज़रत पादशाह ने कहा कि, "इस स्थान पर आबादी होगी।" इसी बीच में बिलोचों ने पहुँचकर मार्ग रोक लिया। हज़रत ने कहा, "हम उन लोगों से बात करेंगे[1]।" बिलोचों ने पूछा कि, "तुम कौन लोग हो ?" हज़रत पादशाह ने कहा कि, "मैं हुमायूँ पादशाह हूँ।" बिलौच आपस में वार्ता करने लगे कि, "मलिक ख़त्ती इस स्थान पर नहीं है[2]। हज़रत पादशाह यहाँ पहुँच गए हैं, हमें चाहिये कि उन्हें उतार लें। निवेदन करें कि, "हज़रत पादशाह ऊपर आ जाँय" और किसी को भेज देना चाहिये जो मलिक ख़त्ती को सूचना कर दे।" हज़रत पादशाह ने उस बिलौच स्त्री से जो साथ थी पूँछा कि, "बिलौच लोग क्या कह रहे हैं ?" उसने बताया कि, "यह लोग बातें कर रहे हैं कि मलिक खत्ती इस स्थान पर नहीं है हज़रत पादशाह इस स्थान पर आ गए हैं, जब तक मलिक ख़त्ती आये उस समय तक हज़रत पादशाह (६५ अ) को उतार लेना चाहिये।" बिलोचों ने कहा कि, "ऊपर आ जायें।" तदुपरान्त हज़रत पादशाह ऊपर पहुँचे। बिलोच लोगों ने अभिवादन किया। ज़ीलूचा[3] लगवाकर हज़रत पादशाह ने पड़ाव कर दिया। पीछे हज़रत बेगम और कुछ दूर पर ख्वाजा अम्बर थे[4]। प्रातःकाल हज़रत पादशाह ने नमाज़ पढ़ी। नमाज़ पढ़ चुकने के उपरान्त मलिक ख़त्ती आ गया। हज़रत पादशाह

१ च एवं छ में:—"उन्होंने कहा कि, 'इनसे कोई बात न करे। हम स्वयं इन लोगों से बात करेंगे।"

२ च एवं छ में:—"हमारी क़ौम का सरदार मलिक हत्ती (ज में ख़त्ती) इस स्थान पर नहीं है।"

३ ज में 'क़ालीचा'; च, छ में इस प्रकार का कोई शब्द नहीं। 'ज़ुलया' अथवा 'ज़ूलचा' भी लिखा गया है।

४ च, छ में हमीदा बानो बेगम एवं ख्वाजा अम्बर का कोई उल्लेख नहीं। ज में केवल हमीदा बानो बेगम का उल्लेख है।

ने बताया कि, "जब मलिक ख़त्ती आ रहा था तो मैंने अपने हृदय में सोचा कि "यदि इस व्यक्ति के विचार हमारे सम्बन्ध में अच्छे हैं तो हमारे दायें हाथ की ओर से आयगा।" वह बायें हाथ की ओर से आ रहा था। आते समय एक बारगी दायें हाथ की ओर पहुँचकर अभिवादन किया[१]। हज़रत पादशाह ने उसके कुशल समाचार पूछे। तदुपरान्त उसने निवेदन किया कि, "इससे तीन दिन पूर्व मीर्ज़ा कामरान का फ़रमान प्राप्त हुआ था कि, 'यदि हुमायूँ पादशाह उस ओर आयें तो जाने मत देना और उन्हें बन्दी बना लेना।' क्योंकि हज़रत पादशाह अब हमारे सिर आँखों पर (६५ ब) आ गए हैं[२] अतः यह उचित होगा कि सवार हों ताकि मैं अपनी सीमान्त तक आपको पहुँचा दूँ।" हज़रत पादशाह सवार हो गए। १५ कुरोह की यात्रा करके अपनी सरहद तक पहुँचाया और विदा हो गया।

हुमायूं का गरमसीर पहुँचना

वहाँ से गरमसीर[३], जो क़न्धार तथा खुरासान की सीमा थी, पहुँचे। सैयिद अब्दुल हई गरमसीर के हाकिम को सूचना मिल गई। उस मूर्ख ने किसी सौजन्य का प्रदर्शन न किया। उसके दास ने हज़रत पादशाह का आतिथ्य किया। इस क्रोध में उसने अपने दासों को अन्धा बनवा दिया। वे इसी पड़ाव पर थे कि ख़्वाजा जलालुद्दीन महमूद, जो मीर्ज़ा अस्करी के साथ था, क़न्धार से भागकर हज़रत पादशाह की सेवा में उपस्थित हुआ। ख़ेमा, ख़च्चर तथा घोड़े जो लाया था उन्हें भेंट किए। हज़रत पादशाह ने आदेश दिया कि, "हमारी सरकार के व्यूतात[४] का प्रबन्ध तेरे सिपुर्द है।" उसने स्वीकार किया।

हुमायूं का सीस्तान पहुँचना

वहाँ से प्रस्थान करके एक पड़ाव से दूसरे पड़ाव को पार करते हुए सीस्तान नामक स्थान पर पहुँचे। उस नगर में अहमद सुल्तान[५] शाह तहमास्प का अमीर हाकिम था। वह हज़रत पादशाह की सेवा में उपस्थित हुआ और लैलतुल क़द्र नामक घोड़ा पेश किया[६]। हज़रत पादशाह अपनी मंज़िल (६६ अ) पर उतर पड़े। जो कुछ सेवा का हक़ था, उसे पूरा किया और निवेदन किया कि, "क़न्धार इस स्थान से निकट है। जो सेवक भी शोचनीय दशा में होंगे, वे सेवा में उपस्थित होंगे। आप यहाँ ठहरें।" वे कई दिन तक रहे। तदुपरान्त हाजी मुहम्मद खां कोकी[७] एवं मीर्ज़ा कामरान के कोका हसन बेग कोका ने उपस्थित होकर हज़रत पादशाह के रिकाब चूमे।

१ च, छ एवं ज में:—"(हज़रत ने) कहा, 'अल्हम्दो लिल्लाह। जो मैंने सोचा था वह सच निकला।"

२ च, छ में:—"किन्तु यह मेरा सौभाग्य है कि आप तशरीफ़ ले आये। हमारे सिर आंखों पर अपने पांव रक्खें। उचित होगा कि आप अभी सवार हो जायें ताकि आपको अपनी सरहद तक पहुँचा दूं।"

३ च, छ एवं ज में 'गरमसील'।

४ च, छ एवं ज में:—"सरकारे ब्यूतात ख़ाना तेरे अधीन रहे।"

५ च, छ में 'सुल्तान अहमद'।

६ च, छ एवं ज में 'पेशकश किया'।

७ क, ख, ग एवं घ में 'कोका'।

शाह तहमास्प को पत्र

बैरम बेग तथा अन्य अमीरों ने कहा कि, "इस स्थान पर रहने से हज़रत शाहे आलम पनाह[1] शाह तहमास्प अपने हृदय में क्या सोचेंगे? यही उचित होगा कि यहाँ से चल दें[2]। एक पत्र हज़रत शाह आलमपनाह के पास लिखकर भिजवाया कि 'हम आप की विलायत में आ गए, "तदुपरान्त अब जो कुछ भी आदेश हो।" पत्र इस प्रकार है :—

मुहम्मद हुमायूँ का निष्ठा-युक्त प्रार्थना-पत्र[3]

शुभ-कामनाओं एवं निष्ठा के, जिसमें लेश-मात्र को भी दिखावा नहीं, प्रदर्शन के उपरान्त, जो विश्वासपात्रों के उत्तम कर्त्तव्यों की आवश्यकता है, ज्ञात होना चाहिये कि मैं दासता के (प्रदर्शन) की कमी एवं लज्जा की अधिकता के कारण अपने आपको हज़रत शाह के ऐश्वर्य एवं गौरव की सूर्य रूपी दृष्टि के समक्ष, जो नाना प्रकार के गुणों एवं कुशलताओं का प्रतिबिम्ब है, कण के समान समझता हूँ और यह निवेदन करता हूँ कि यद्यपि मैंने अपने मुख को उत्कृष्ट सेवकों की श्रेणी में नहीं रक्खा है किन्तु अपने आपको प्रेम एवं निष्ठा के फंदे में फंसा दिया है। आपकी इच्छाओं की पूर्ति सर्वदा मेरा लक्ष्य रहा है और मेरा हृदय आपके हर्ष-वर्धक एवं नूर से परिपूर्ण दरबार की, ओर जो नाना प्रकार के सौभाग्य एवं चमत्कार का साधन है, सर्वदा आकृष्ट रहा है। उस ओर आकृष्ट होने के कारण मेरा अत्यधिक उपकार होता रहा है, यहाँ तक कि कमीने युग एवं सर्वदा परिवर्तनशील आकाश के कुचक्र से हिन्दुस्तान के विशाल देश से अंधकारमय एवं अनाकर्षण-शून्य सिन्ध की ओर पहुँचा।

शेर

'जो कुछ मेरे सिर पर बीतनी थी, वह बीत गई,
क्या समुद्र, क्या पहाड़, क्या जंगल, क्या ब्यावान।'

अब अभिलाषा का पक्षी अपने पंख, ऐश्वर्य एवं वैभव के सूर्य के सौन्दर्य के दर्शन हेतु फैला रहा है। दैवी अनुकम्पा से यह आशा है कि अगाध समुद्र रूपी दरबार में जो कि असंख्य अभिलाषाओं एवं आकांक्षाओं की पूर्ति का स्रोत है, उपस्थित होने का सौभाग्य प्राप्त करने के उपरान्त, जो कुछ प्रार्थना करनी होगी, वह करूँगा।

१ संसार को शरण देने वाले।

२ च, छ में:—"बैरम बेग एवं अन्य अमीरों के हृदय में आया कि, 'यह शाह की विलायत है। उसकी भेंट, बिना उसकी अनुमति के ख़तरनाक है। यहां से प्रस्थान करना चाहिये और शाह को लिख देना चाहिये कि हम आपके राज्य में आपकी भेंट की इच्छा में पहुँच गये हैं। अब जो आदेश हो।" (च: पृ० ५६ ब, छ: पृ० ५१ब)। ज में:—"क्योंकि यह शाह की विलायत है अतः पादशाह के इस स्थान पर रहने से शाह के हृदय में ख़तरे उत्पन्न होंगे। यहां से प्रस्थान कर दें।"

३ क में यह पत्र नहीं है। इसके अतिरिक्त **हुमायूं शाही** एवं **जवाहर शाही** में भी यह पत्र नहीं है।

हुमायूँ पादशाह का क़तआ जिसकी उन्होंने रचना की

'हे पादशाह! दीर्घकाल से मेरे उत्कृष्ट साहस का अनक़ा[१],
संतोष के पर्वत की चोटी पर अपना घोंसला बनाये है।
गेहूँ दिखा कर जौ बेचने वाले कमीने युग ने,
मेरे हृदय के तोते को बाजरे पर संतुष्ट कर रक्खा है।
मेरा शत्रु शेर है, और दीर्घ काल से वह मेरी ओर पीठ किए था,
अब शत्रुता के कारण मेरी ओर मुख किए है।
मैं शाह से यह प्रार्थना करता हूँ, कि वे मुझ से वही व्यवहार करें,
जो सलमान[२] के प्रति अली ने अरज़न के जंगल में किया था[३]।'

(१८)

जम सरीखे शाह का भेंट की इच्छा से सम्बन्धित पत्र हज़रत पादशाह को पहुँचना[४]

हज़रत शाहे आलम पनाह शाह तहमास्प सफ़वी ने अपने अमीरों एवं पदाधिकारियों को फ़रमान भेजा कि जिस मंज़िल पर हज़रत हुमायूँ पादशाह पहुँचें तो वे सेवा करने में कोई कसर न उठा रक्खें। जिस प्रकार वे मेरे आज्ञाकारी रहते हैं, उनकी आज्ञाकारिता उससे भी अधिक करें। हज़रत पादशाह को पत्र लिखा, "आप बिना किसी संकोच के पधारें। आपकी इच्छानुसार आपके उद्देश्य की पूर्ति की जायगी।" शाहे आलम पनाह के पत्र में यह शेर उनके हाथ से शीर्षक के रूप में लिखा था।—

शेर

'कस्तूरी सरीखा एवं सुगंधित, प्रातःकाल,
तेरा पत्र लाई सबा, ईश्वर करे कुशल हो।'

अत्यधिक प्रेमवश उन्होंने यह शेर पत्र में लिखवाया:

१ एक प्रसिद्ध काल्पनिक पक्षी। किसी अप्राप्य वस्तु को भी अनक़ा कहते हैं।

२ सलमान, इसफ़हान के समीप के एक छोटे से स्थान के निवासी थे। इसी कारण वे सलमान फ़ारसी कहलाते थे। बाद में हज़रत मुहम्मद के सम्पर्क में आकर वे मुसलमान हो गये। ३३ हि० (६५३ ई०) में मदाएन (ईरान) में उनका निधन हो गया।

३ हज़रत अली ने सलमान को शेर के आक्रमण से बचाया था। शेर शाह के शत्रु होने के कारण इन शब्दों का प्रयोग किया गया है।

४ च, छ एवं ज के अनुसार बाब २ फ़स्ल १; (चः पृ० ६०अ, छः पृ० ५२अ, जः पृ० ६२ब)।

शेर

'सौभाग्य की बलन्दी की हुमा हमारे जाल में आ जाय,
यदि तू मेरे स्थान की ओर चला आये।'

हज़रत पादशाह ने वहाँ से प्रस्थान कर दिया।

(१५)

हज़रत पादशाह का शाहे ग्रालम पनाह शाह तहमास्प की ओर प्रस्थान

(६६ ब) हज़रत पादशाह खुरासान की ओर रवाना हुए और हेरी[1] नामक नगर में जो कि उस प्रदेश की राजधानी है, पहुँचे। शाहे आलम पनाह का पुत्र उस स्थान पर था। उसके अतालीक़ मुहम्मद ख़ां ने, जो वहाँ का हाकिम था, यह घोषणा करा दी कि "७ वर्ष से लेकर ७० वर्ष तक के सब आदमी हज़रत पादशाह के स्वागतार्थ रवाना हों।" शाहज़ादा मुहम्मद खां तथा अन्य लोगों ने स्वागत किया। हज़रत पादशाह के प्रति अभिवादन करने का सम्मान प्राप्त करके मुराद नामक उद्यान में पड़ाव किया। लगभग एक मास तक वे इस नगर में रहे[2]। हज़रत शाह आलम पनाह की ओर से पत्र प्राप्त हुआ कि "मशहद में पधारें, वहाँ हम भेंट करेंगे।"

बूबक बेग[3] उवैद खां के अमीरों में से था। उसने हज़रत पादशाह से निवेदन किया कि, "मेरी इच्छा काबा का हज करने की है। मैं चाहता हूँ कि आप के साथ प्रस्थान करूँ। आपके (६७ अ) कारण शाहे आलम पनाह हमसे कोई पूँछताँछ न करेंगे और वहाँ से मक्का चला जाऊँगा।" हज़रत पादशाह ने स्वीकार कर लिया।

मशहद पहुँचना

वहाँ से यात्रा करते हुए वे मशहदे मुक़द्दस पहुँचे। उस नगर में शाह क़ुली सुल्तान (हाकिम) था। उसने भी स्वागत् करके हज़रत पादशाह के रिकाब चूमने का सम्मान प्राप्त किया और आतिथ्य किया। वे ४० दिन तक वहाँ ठहरे रहे। एक दिन हज़रत पादशाह ने सोचा कि 'सुल्ताने

१ हिरात।

२ च छ एवं ज में:—"तुच्छ जौहर हज़रत पादशाह की सेवा की तीव्र इच्छा होने के कारण किसी न किसी प्रकार उस मंज़िल पर पहुँचा और धरती-चुम्बन के सम्मान द्वारा सम्मानित हुआ। हज़रत पादशाह ने कहा कि, 'इस दास की वफ़ादारी देखो'। हिन्द वालों को खुरासान में बन्दी बनाकर लाया जाता है। यह स्वयं अपनी इच्छा से आया है।"

३ च, एवं छ में:—"उस समय बूबक बेग, उबैद खां ऊज़बेक के अमीरुल उमरा ने जो काबा के तवाफ़ हेतु जाना चाहता था सेवा में उपस्थित होकर निवेदन किया कि 'मैं ख़ान (च, छ में 'शाह') की ओर से शाह (तहमास्प) की सेना से युद्ध कर चुका हूँ, अतः मुझे उससे अत्यधिक भय है। यदि आप आदेश दें तो मैं आपके साथ इस मार्ग से प्रस्थान करूं ताकि शांति-पूर्वक वहां से हिजाज़ की ओर जा सकूं।' उन्होंने स्वीकार कर लिया"। ज में:—"उस समय उबैद खां ऊज़बेक के अमीरुल उमरा बूबक ने जो शाह की सेना पर आक्रमण एवं मार-काट कर चुका था, पादशाह की सेवा में उपस्थित हो कर····।" (च: पृ० ६०ब, छ: पृ० ५२ब, ज: पृ० ६२ब)।

दीन व दुनिया, इमामुल मोमनीन वल् मुत्तक़ीन[1] हज़रत इमाम अली इब्न मूसी अरिज़ा के रौज़े का तवाफ़ करें'। वे पाँच व्यक्तियों सहित रवाना हुए:—(१) दोस्त बाबा क़ूरबेगी, (२) मेहतर वासिल तूशकबेगी, (३) मीर याक़ूब बेग सुफ़रची[2], (४) कोचक बेग[3], (५) दास जौहर आफ़ताब्ची। जब वे वहाँ पहुँचे तो उस रौज़े के द्वारपाल ने द्वार की जंज़ीर खोलनी चाही किन्तु ज़ंजीर जकड़ गई। द्वारपाल ने निवेदन किया कि, "ज़ंजीर नहीं खुलती।" हज़रत पादशाह २-३ क़दम पीछे हटे और पुनः रौज़े की ओर दृष्टि करके हृदय में कहा कि, "हे इमाम! जो कोई इस पवित्र चौखट पर कोई (६७ ब) आशा लेकर आता है उसकी इच्छा पूरी होती है। यह दास आशा लेकर पवित्र रौज़े में शरण हेतु आया है, आशा है कि मेरी प्रार्थना स्वीकार होगी[4]।" यह कहकर उन्होंने द्वार की ओर हाथ बढ़ाया। द्वार की ज़ंजीर खुल गई, मानो वह अलग पड़ी हो। हज़रत पादशाह ने पवित्र रौज़े का तवाफ़ किया और फ़ातेहा पढ़ा। तदुपरान्त जो स्थान निश्चित है वहाँ पहुँच कर क़ुरान पढ़ने में संलग्न हो गए। उस रौज़े के मुतवल्ली ने निवेदन किया कि, "हज़रत दीपक का गुल काटें।" हज़रत ने कहा कि, "यह धृष्टता तो न होगी[5]?" उसने निवेदन किया कि, "आज्ञा है।" कैंची हाथ में लेकर दीपक के गुल को काट दिया। तदुपरान्त फ़ातेहा पढ़कर बाहर निकले और आदेश दिया कि "रौज़े में एक धनुष रख दी जाय[6]"।

क़ज़वीन की ओर प्रस्थान

तदुपरान्त हज़रत शाहे आलम (पनाह) तहमास्प का आदेश प्राप्त हुआ कि क़ज़वीन चले आयें। वहाँ से प्रस्थान करके दो दिन रात तक यात्रा करते हुए नीशापुर पहुँचे। वहाँ से छः दिन[7] उपरान्त सब्ज़वार पहुँचे। अमीर[8] शम्सुद्दीन अली सब्ज़वार का हाकिम था। वह मीर बरका के, (६८ अ) जो हज़रत पादशाह का विश्वासपात्र था, सम्बन्धियों में था। ४० दिन तक वहाँ ठहरे रहे। वहाँ से तीन रात्रि के उपरान्त दामग़ान[9] में पहुँचे। वहाँ से दो रात्रि के उपरान्त बिस्ताम के मध्य में आये।

१ च, छ एवं ज में : "इमामे हर दो सरा अली बिन मूसी अरिज़ा"।
२ च, छ में 'याक़ूब सुफ़रची', ज में 'मीर याक़ूब सुफ़र चीन'।
३ च, छ में 'मेहतर कोचक बेग', ज में 'मेहतर कोचक'।
४ च, छ एवं ज में:—'यह रुबाई अपनी मीठी जिह्वा से पढ़ी—

रुबाई

' हे वह! तेरे रहस्य प्रत्येक रहस्यों को सुरक्षित रखने वाले के सीने में हैं,
सर्वदा तेरी अनुकम्पा के द्वार सभी पर खुले रहते हैं।
जो कोई तेरे दरबार में पहुँचता है श्रद्धापूर्वक,
तो वह तेरे दरबार से कब निराश लौट सकता है।'

५ च, छ में मुतवल्ली की वार्त्ता का उल्लेख नहीं।
६ च, छ एवं ज में, "उन्होंने आदेश दिया कि एक धनुष जिसपर चिल्ला न चढ़ा हो रौज़े में रख दी जाय। इसका यह कारण है कि जिसे कोई आवश्यकता होती है वह बिना चिल्ला चढ़ी धनुष पवित्र रौज़े में भेंट करता है। यदि उसकी आवश्यकता पूरी होने वाली होती है तो उस पर चिल्ला चढ़ जाता है।"
७ च, छ में 'शबाना (रात की यात्रा)', ज में 'शबाना रोज़ (रात-दिन की)'।
८ च, छ एवं ज में 'मीर'।
९ च, छ में 'दमग़ान'।

वहाँ से सिमनान और वहाँ से अग़ज़वार और फिर वहाँ से इलहाक़ चश्मे और वहाँ से मसीमा क़िले में पहुँचे और अख़रोट के वृक्ष के नीचे उतर पड़े।

मीर्ज़ा सुलेमान के दूत का आगमन

उनकी दृष्टि जंगल की ओर थी कि अचानक एक पैक[१] दृष्टिगत हुआ। वे समझ गये कि वह पैक कहीं से आ रहा होगा। पैक ने उपस्थित होकर अभिवादन किया। उन्होंने पूछा कि, "कहाँ से आ रहे हो?" उत्तर दिया कि "क़िलये[२] ज़फ़र से।" हज़रत पादशाह ने पूछा कि, "कोई समाचार है?" उसने कहा कि, "हाँ।" आदेश हुआ कि, "बताओ।" उसने मीर्ज़ा सुलेमान का प्रार्थनापत्र प्रस्तुत किया। पादशाह ने प्रार्थनापत्र पढ़कर[३] कहा कि, "इन कृतघ्न कोकाओं के प्रति आश्चर्य होता है। उन्होंने हज़रत बाबर बादशाह[४] के साथ इतना दुर्व्यवहार किया और मेरे साथ भी वही दुर्व्यवहार कर रहे हैं।" मीर्ज़ा सुलेमान का कोका, जिसका नाम अल्लाह क़ुली अन्दराबी[५] था, जाकर मीर्ज़ा कामरान को लाया। मीर्ज़ा सुलेमान को सपरिवार बन्दी बनाकर काबुल ले गए। तदुपरान्त पत्र का उत्तर लिखा कि, "तुम्हारे प्रति शुभ कामनाएँ करता हूँ। तुम आशा रखो, ईश्वर[६] ने चाहा (६८ ब) तो शीघ्र ही तुम्हारी इच्छा पूरी हो जायेगी।" पैक को पत्र देकर विदा कर दिया और मौखिक संदेश भेजा कि "मीर्ज़ा सुलेमान को मेरा सलाम पहुँचाकर कह दो कि यह सब हमारे कारण है कि तुम इतने कष्ट भोग रहे हो, आशा रखो कि मित्रों की इच्छानुसार सफलता प्राप्त हो जायेगी[७]।"

नीबू जल के पात्र का टूटना

(मध्याह्नोत्तर) की दूसरी नमाज़ उपरान्त प्रस्थान किया। नीबू के जल का एक शीशे का पात्र था। सवार होने के समय जौहर यद्यपि आफ़ताबची था किन्तु रिकाब के साथ सवार होता था। उसने मेहतर दौला रिकाबदार से कहा कि, "नीबू के पानी का शीशे का पात्र मुझे दे दे। जब तू सवार होगा तो शीशा तेरे हाथ में दे दिया जायेगा।" उसने फ़क़ीर जौहर आफ़ताबची की बात स्वीकार न की। उत्तर दिया कि, "सवार होने के उपरान्त हम स्वयं शीशा भूमि से उठा लेंगे।" जब वह सवार होकर शीशे को भूमि से उठाने लगा तो उसके हाथ से गिरकर टूट गया। जब वे एक स्थान पर पहुँचे तो सायंकाल की नमाज़ का समक्ष आ गया। हज़रत पादशाह तहारत के लिए उतर पड़े, और नीबू जल माँगा ताकि नीबू का शरबत तैयार किया जाय। शीशे

१ प्यादा, दूत।
२ च, छ में 'पराने क़िलये ज़फ़र', ज में, 'सराने क़िलये ज़फ़र (क़िलये ज़फ़र के सरदारों के पास से)'।
३ च, छ एवं ज में 'ख़ुल्लम ख़ुल्ला'।
४ च, छ में 'फ़िरदौस मकानी'।
५ च, छ में 'अली क़ुली अन्दराबी' ज में 'कोकये मीर्ज़ा सुलेमान, अली क़ुली नाम अन्दराब'।
६ यदि ईश्वर ने चाहा तो शीघ्र दुःख की सायं उत्तम रूप से प्रसन्नता की प्रातः में परिवर्तित हो जायेंगी।
७ च, छ एवं ज में यह शेर भी है :—

शेर

'खोया हुआ यूसुफ़ किनआन से लौट आयेगा, चिन्ता मत कर,
दुःख की कोठरी एक दिन वाटिका बन जायेगी, चिन्ता मत कर।'

(६९ अ) की घटना के विषय में निवेदन किया गया। हज़रत पादशाह रुष्ट हो गए। फ़क़ीर जौहर तथा दौला[1] को पैदल करके रवाना किया। लगभग दो कुरोह तक पैदल चलते रहे। तदुपरान्त उन्होंने कहा कि, "जौहर आफ़ताबची का कोई अपराध नहीं। वह सवार हो जाय। अपराध दौला का है। वह पैदल चले[2]।"

बैरम ख़ां की शाह से भेंट

तदुपरान्त वहाँ से साऊक़ यीलाक़[3] चश्मे पर और वहाँ से दर्स नामक क़िले पर पहुँचे। वहाँ हज़रत शाह आलम पनाह का पत्र प्राप्त हुआ कि अपने वकील बैरम बेग को भेज दें। हज़रत पादशाह ने बैरम बेग को १० अश्वारोहियों सहित हज़रत शाहे आलम पनाह की सेवा में भेजा। शाह क़ज़वीन में थे, उसने पहुँच कर शाहे आलम पनाह के रिकाब चूमे। तदुपरान्त हज़रत शाह ने आदेश दिया कि, "सिर के बाल को कटवाओ और ताज[4] पहिनो।" बैरम बेग ने निवेदन किया कि, "दास अन्य व्यक्ति का सेवक है। वह उसके विषय में जो आदेश होगा उसे स्वीकार करेगा।" हज़रत शाहे आलम पनाह को यह बात अच्छी न लगी। कहा कि, "तू अपने अधीन है।" कुछ लोगों को, जो चिराग़कुश[5] कहलाते थे और इससे पूर्व बन्दी थे, सुन्नी[6] कह कर मृत्युदंड दे दिया गया।

हज़रत शाहे आलम पनाह ने उस स्थान से प्रस्थान करके जकी जकी नामक चश्मे पर पड़ाव किया और पत्र लिखा कि, "हुमायूँ पादशाह अपने स्थान पर रहें। जब मैं बुलवाऊँ तब आयें तथा

१ हस्तलिपियों में 'दौला'।

२ च, छ में यह कहानी नहीं है।

३ च, छ में 'सूक़ यलाक़' ज में यह नाम स्पष्ट नहीं, "शौक़ मुलाक़ी" के समान कुछ लिखा है।

४ ताज अथवा ताजे हैदरी, लाल रेशमी कपड़े एवं सोने के काम का मुकुट जिसे ईरान के पादशाह पहनते थे। शाह इस्माईल के पिता हैदर के नाम पर यह ताजे हैदर अथवा ताजे हैदरी कहलाता था। यह ऊँचा सूचिया-कार होता था और १२ इमामों के सम्मान की दृष्टि से १२ खंडों में विभाजित होता था। बाद में ईरानी पदाधिकारियों एवं सैनिकों को भी इसी प्रकार की टोपी पहिनने का आदेश मिल गया। इसी कारण वे क़िज़िलबाश अथवा लाल सिर वाले प्रसिद्ध हो गये।

५ इस फ़िर्के के प्रामाणिक ग्रन्थों का पता नहीं चल सका है। केवल उनके शत्रुओं के लेखों से ही उनके विषय में थोड़ा बहुत ज्ञान प्राप्त हो सका है। कहा जाता है कि उनका विश्वास है कि संसार अनादि काल से चला आ रहा है। वे क़यामत पर विश्वास नहीं रखते। उनका विश्वास है कि हज़रत मुहम्मद के समय में तो सभी के लिये शरीअत का पालन करना परमावश्यक था किन्तु बाद में केवल मनुष्य को अपनी बुद्धि एवं विवेक के अनुसार आचरण करना चाहिये। पति एवं पत्नी के सम्बन्ध हेतु विवाह आवश्यक नहीं। उनके चिराग़कुश अथवा 'दीपक बुझा देने वालों' के नाम से प्रसिद्ध होने का कारण यह बताया जाता है कि उनकी धार्मिक सभायें रात में होती थीं जब कि दीपक बुझा दिये जाते थे और स्त्री तथा पुरुष अपनी इच्छानुसार सम्भोग करते थे। जहाँ तक स्त्रियों एवं पुरुषों के इस प्रकार के सम्भोग का प्रश्न है अनेक धर्म वालों के विषय में इस प्रकार के आरोप लगाये जाते हैं। कुछ सुन्नी शीओं पर भी यही आरोप लगाते थे। रौशनाइयों पर आख़ुन्द दरवेज़ा ने यही आरोप लगाया है। कुछ लोगों का विचार है कि वे इस्माइलियों की किसी शाखा से सम्बन्धित थे। **तारीख़े रशीदी** में भी इन लोगों की चर्चा हुई है।

६ वाक्य में 'सुन्नी गोयान' स्पष्ट नहीं। "दरां रोज़ चन्द नफ़र चिराग़कुश रा कि क़ब्ल अज़ीं दर बन्द ख़ाना बूदन्द, सुन्नी गोयान कुश्तन्द।"

बूबक बेग को सेवा में भेज दें।" बूबक बेग ऊज़बेक को उन्होंने हज़रत शाहे आलम पनाह की सेवा में भेज दिया। तदुपरान्त शाहे आलम पनाह का आदेश हुआ कि, "हुमायूँ पादशाह क़ज़वीन में चले (६९ ब) आयें और वहाँ तीन दिन तक ठहरें, तथा तीन दिन उपरान्त आकर हमसे भेंट करें।"

हज़रत पादशाह का क़ज़वीन पहुँचना एवं शाह से उस क्षेत्र में भेंट[1]

हज़रत पादशाह दर्से से रवाना हुए। जब वे क़ज़वीन पहुँचे तो वहाँ के हाकिम ने उनका स्वागत् किया। वे शाहे आलम पनाह के महलों में ठहरे। प्रथम दिन हाकिम ने आतिथ्य का प्रबन्ध किया। दूसरे दिन क़ाज़ी ने तथा तीसरे दिन सर्व-साधारण ने। ज़ुहर की नमाज़ के समय वहाँ से प्रस्थान कर दिया।

रात्रि में यात्रा कर रहे थे, अन्तिम पहर था[2]। हज़रत पादशाह ने कहा कि, "किसी स्थान पर जल का पता लगाओ ताकि उतर पड़ें।" लोग इसी खोज में थे कि समाचार प्राप्त हुए कि बैरम बेग आ रहा है। उसने पहुँचकर रिकाब चूमने का सम्मान प्राप्त किया और निवेदन किया कि, "आप बहुत समीप पहुँच गए[3]।" हज़रत पादशाह ने कहा कि, "अब वापस होना सम्भव नहीं।"

शाह तहमास्प द्वारा स्वागत का प्रबन्ध

संक्षेप में, प्रातःकाल नमाज़ पढ़ने के उपरान्त सो रहे थे कि बेलदारों ने अपनी धुन में गाना प्रारम्भ कर दिया और विभिन्न स्थानों को सुव्यवस्थित करते हुए पहुँच गए। हज़रत पादशाह उन लोगों के गाने की आवाज़ से जाग उठे। उन्हें बुलवाया। हज़रत समझ गए कि वे शाही बेलदार (७० अ) हैं अतः उन्होंने कहा कि, "उन लोगों को मना कर दो कि हम रात्रि में यात्रा करते रहे हैं। इस समय सोना चाहते हैं।" तुच्छ जौहर आफ़ताबची ने निवेदन किया कि, "यह लोग हज़रत शाहे आलमपनाह के बेलदार हैं, वे इस आशय से आये हैं कि पड़ाव के स्थान को ठीक करें।" उस समय आदेश हुआ कि बैरम बेग को बुलवाया जाय। बैरम बेग ने आकर निवेदन किया कि, "हज़रत शाहे आलमपनाह के आदमी हज़रत पादशाह के स्वागतार्थ आ रहे हैं। हज़रत दीवनखाने[4] में पधारें। हज़रत पादशाह ने स्नान करके वस्त्र[5] धारण किए और अपने दीवानखाने में बैठ गए। तदुपरान्त सुल्तानों के वकील और फिर ख़ानों के और तत्पश्चात् मीर्ज़ाओं के वकील उपस्थित हुए। इसके उपरान्त प्रतिष्ठित सैयिद लोगों ने आने का सम्मान प्राप्त किया और हज़रत पादशाह को

१ **हुमायूँ शाही** एवं **जवाहर शाही** के अनुसार दूसरी फ़स्ल।

२ च, छ एवं ज में 'प्रातः काल।'

३ च एवं छ में:—'बहुत समीप पहुँच गये। पहिले ही ठहर जाना चाहिये था। (हज़रत ने) कहा 'अब वापस होना सम्भव नहीं''। (चः पृ० ६२ब, छः पृ० ५४अ)। ज में इस प्रकार है:—"(बैरम बेग ने) निवेदन किया कि आप शेर के समीप पहुँच गये (?) अब वापस होना सम्भव नहीं।"

४ च एवं छ में 'दौलत ख़ाना'।

५ च एवं छ में स्नान करने एवं वस्त्र धारण करने का उल्लेख नहीं। ज के अनुसारः—"नया सरोपा धारण किया।"

सवार करके चल दिए[१]। तदुपरान्त जिस क्रम से लिखा गया है, सुल्तानों तथा ख़ानों ने स्वागत् किया। (७० ब) जब मीर्ज़ाओं की बारी आई तो साम मीर्ज़ा[२] एक बाण के पहुँचने की दूरी पर घोड़े से उतर पड़ा। हज़रत पादशाह भी घोड़े से उतर पड़े। दोनों लोगों ने एक दूसरे के प्रति अभिवादन करके भेंट की। साम मीर्ज़ा भेंट के उपरान्त चल दिया और जिस स्थान पर उतरा था, वहाँ सवार हो गया। वे एक बाण के मार की दूरी तक पहुँचे थे कि बहराम मीर्ज़ा[३] सरोपा एवं अस्पे ग़ज़ाला[४] लाया। जसावलों[५] ने आकर दोनों ओर की सेनाओं के स्थान को सुव्यवस्थित किया।

हज़रत पादशाह घोड़े से उतर पड़े। शाहे आलम पनाह की ओर से जो क़ालीन लाया गया था, वह बिछवाया गया। हज़रत पादशाह उस पर बैठे। बहराम मीर्ज़ा ने आकर भेंट की। ताज के अतिरिक्त सरोपा पहिनाया गया। वे अस्पे ग़ज़ाला पर सवार होकर रवाना हुए। अस्पे ग़ज़ाला हज़रत पादशह के सवार होने से शान्त हो गया। तुर्कमानों को बड़ा आश्चर्य हुआ। उन्होंने परीक्षा की थी। उन्हें ज्ञात हो गया कि इस पादशाह का प्रताप उन्नति पर है। वे जा रहे थे कि क़ूरची बाशी ने उपस्थित होकर "सलामअलैक[६]" किया और चल खड़ा हुआ। छोटे लोग किरमानी घोड़ों पर सवार होकर स्वागतार्थ पहुँचे। उन लोगों के आगमन का यह उद्देश्य था कि छोटे बड़े सभी हज़रत पादशाह के समक्ष उपस्थित हैं[७]।

(७१ अ) जब हज़रत पादशाह हज़रत शाहे आलम पनाह के स्वर्ग रूपी दरबार में पहुँचे तो हज़रत पादशाह ने क़ालीन के अन्तिम भाग तक पहुँचकर स्वागत् किया। दोनों ने एक दूसरे से भेंट की[८]। अपनें दायें हाथ की ओर हज़रत के बैठने का संकेत करके वे स्वयं बैठ गए। उनके प्रोत्साहन हेतु कुशल समाचार एवं मार्ग के कष्टों के विषय में प्रश्न किए[९]। तदुपरान्त पूछा कि, "आप ताज पहि-

१ च, छ एवं ज में:—"सर्व प्रथम सुल्तानों के वकील, तदुपरान्त ख़ानों के वकील, फिर मीर्ज़ाओं के वकील और तदुपरान्त सर्वसाधारण ने अभिवादन किया और सवार करके रवाना किया।"

२ च एवं छ में 'साम मीर्ज़ा, शाह का मंझला भाई', ज में 'साम मीर्ज़ा'।

३ च, छ एवं ज में 'बहराम मीर्ज़ा, शाह का छोटा भाई'।

४ क, ख, ग एवं घ में 'अस्पे ग़ज़ाला', च, छ एवं ज में, 'अस्प ग़ज़ाला नाम अथवा ग़ज़ाला नामक घोड़ा'। ग़ज़ाला का अर्थ "हिरन का बच्चा, मृगशावक, सूर्य, तूस के निकट एक गांव।" सम्भवतः यहां अस्पे ग़ज़ाला का अर्थ 'चंचल घोड़ा' है। उसके गुण जो आगे बताये गये हैं वे इस निष्कर्ष के प्रमाण हैं। इसे नाम न समझना चाहिये।

५ च, छ एवं ज में 'मीर तुज़ुक एवं यसावल (वे लोग जो दरबार इत्यादि का प्रबंध करते थे)'।

६ च एवं छ में 'सलाम'।

७ क, ख, ग एवं घ में "ग़रज़ अज़ आमदने ईशां आं बूद कि सग़ीर व कबीर हम पाय अन्द"। यह वाक्य अधिक स्पष्ट नहीं; च, छ एवं ज में:—"शाह का उद्देश्य यह था कि छोटे से बड़े तक उपस्थित हों एवं अभिवादन करें।"

८ 'शाह ने गिलीम (कम्मल, क़ालीन)'।

९ च, छ एवं ज में:—" ... ... प्रश्न किये और कहा,

शेर

'हे ! व्याकुल हृदय के लिये तू प्रियतम एवं उसका उद्देश्य आया।
मेरे हृदय को तेरे दर्शन की इच्छा थी, बड़ा अच्छा हुआ तू आया।"

नेंगे?" हज़रत पादशाह ने कहा कि, "ताज सम्मान (का चिह्न) है, पहिनूँगा।" हज़रत शाहे आलम-पनाह ने अपने शुभ हाथों से स्वयं उनके सिर पर ताज रक्खा[१]। समस्त उपस्थित ख़ानों तथा सुल्तानों ने युद्ध-नाद लगाया। अल्लाह अल्लाह कहकर जैसा कि उनकी प्रथा है सिज्दा किया। हज़रत पादशाह ने कहा कि, "मीर्ज़ाओं को बैठने का आदेश दिया जाय।" हज़रत शाहे आलम पनाह ने कहा कि, "हमारे तोरे में यह नियम नहीं है।" तदुपरान्त नाना प्रकार की भोजन सामग्री लगाई गई। शाहे आलम पनाह ने कहा कि, "हज़रत पादशाह का सुफ़रची[२] सुफ़रा[३] लगाये।" याक़ूब[४] ने उपस्थित होकर सुफ़रा लगाया और वे भोजन में व्यस्त हो गए। भोजन के उपरान्त पूर्व-उल्लिखित नियमानुसार युद्ध-नाद लगाया गया और लोगों ने सिज्दा किया। सिज्दों का उद्देश्य यह था कि, (७१ ब) "हुमायूँ सरीखा पादशाह ईश्वर की महान् अनुकम्पा से यहाँ आ गया है"।

हज़रत शाहे आलम पनाह ने आदेश दिया कि "उनका निवास स्थान बहराम मीर्ज़ा[५] तथा बद्र ख़ां के बीच में हो[६]।" हज़रत पादशाह को विदा कर दिया। बहराम मीर्ज़ा हज़रत पादशाह को अपने निवास स्थान पर लाया और हम्माम में ले गया। हज़रत पादशाह ने अपने सिर के बाल कटवाये। बहराम मीर्ज़ा तीन सरोपा लाया और उनकी सेवा में उपस्थित किए। सरोपा पहिनकर वे रात्रि आनन्द-मंगल तथा जश्न में व्यतीत करते रहे। प्रातःकाल हज़रते शाह आलम पनाह ने वहाँ से प्रस्थान कर दिया और सुल्तानिया में पड़ाव किया।[७]

१ च, छ में ताज पहिनने का उल्लेख नहीं।

२ वह अधिकारी जो दस्तरख़्वान बिछवाता एवं भोजन लगवाता है।

३ दस्तरख़्वान।

४ च, छ में 'मीर याक़ूब'।

५ च, छ एवं ज में 'बद्र ख़ां यज़ना (बहनोई)'।

६ अर्थात् चाहे बहराम मीर्ज़ा के यहां और चाहे बद्र ख़ां के यहां।

७ च, छ में निम्नांकित घटना का भी उल्लेख है :—

"जब वे रौ में थे तो एक व्यक्ति ने शाह के पास आकर न्याय की याचना की। क्योंकि वे बात चीत में व्यस्त थे अतः उन्होंने उसकी ओर ध्यान न दिया। हज़रत (पादशाह) की सम्मानित दृष्टि उस पीड़ित की ओर थी। शाह के तवाची उसे पीटते थे। क्योंकि उनमें अत्यधिक कृपा एवं दया थी अतः उन्होंने हृदय में सोचा कि बड़ी विचित्र बात हुई। वह पीड़ित मारा भी गया और उसे न्याय भी न प्राप्त हुआ। जब वे अपनी मंज़िल पर पहुँचे तो बाक़ी ग्वालियारी से कहा कि, 'उस पीड़ित को कहीं से बुलवाओ। उससे इसके विषय में पूँछा जाय ताकि इसका अपराध मेरी गरदन पर न रहे।' पूँछ-ताछ के उपरान्त उसे लाया गया। उससे पूँछा गया तो उसने निवेदन किया कि, 'मैं ग्रामीण हूँ। मेरे ग्राम को शाह ने अपने क़ूरची को जागीर में दे दिया। वह मेरे घर पहुँचा। मेरी पुत्री को ज़बरदस्ती मुझसे ले लिया। जो बाग़ एवं आराज़ी इत्यादि मेरे पास थी, उस पर भी ज़बरदस्ती अधिकार जमा लिया। प्रजा का दो वर्ष का राजस्व मुझसे वसूल किया। मैं इस बात का न्याय चाहता हूँ।' उन्होंने कहा, 'हे परमेश्वर! मेरी पादशाही में इस प्रकार का अत्याचार न हुआ होगा।' तदुपरान्त उन्होंने इस विषय में शाह से कहा। शाह ने ईशी आग़ा को आदेश दिया कि उसके साथ जाकर अपराधी को उपस्थित करें। वह उपस्थित किया गया। पूँछ ताछ के उपरान्त उसके अपराध का प्रमाण मिल गया। आदेश हुआ कि 'अपराधी का सिर काट डाला जाय और जो कुछ उससे छीना गया हो उसे वापस कर दिया जाय। मैंने उसे दो वर्ष का राजस्व क्षमा कर दिया।" (च: पृ० ६४अ-६४ब, छ: ५५ब-५६अ)।

मज़हब एवं मिल्लत के तअस्सुब का उल्लेख और उनमें पारस्परिक क्षोभ[1]

जिस समय हज़रत शाह प्रस्थान करने लगे, हज़रत पादशाह अभिवादन हेतु गए किन्तु उन्होंने अपने प्रति उनकी अधिक कृपा न देखी। वे इससे दुखी हुए। जो कृपा तथा दया उनके प्रति होती थी, उसमें अन्तर पाया[2]। सुल्तान मुहम्मद ख़ुदा बन्दा[3] के, जिसने शीआ मज़हब निकाला है, गुम्बद में पड़ाव किया और अपने आपको इस बात का अपराधी ठहराने लगे कि, "काश हम न आये होते।" हज़रत पादशाह के आतिथ्य के लिए ईंधन एकत्र किया गया था। हज़रत शाह ने कहला भेजा कि, "यदि हमारा धर्म स्वीकार कर लें तो मैं उन्हें आश्रय प्रदान करूँगा, अन्यथा उनके (७२अ) समस्त धर्म वालों को इसी ईंधन में जलवा डालूँगा।" हज़रत पादशाह[4] ने कहला भेजा कि "हम अपने धर्म पर दृढ़ हैं। हम यहाँ आ गए हैं और हमें पादशाही की इतनी इच्छा नहीं है। जो कुछ होगा वह परमेश्वर की इच्छा से होगा, हमने अपना हृदय उसकी ओर लगा लिया है, जो ईश्वर चाहेगा वही होगा।" हज़रत पादशाह अपने दृढ़ संकल्प से पीछे न हटे और कहा "मक्का का मार्ग आपके हाथ में है। वैसे आप हाकिम हैं। पुनः निवेदन करने का कोई अवसर नहीं।" हज़रत शाह का कथन था, "मैं चाहता था कि सुन्नी पर चढ़ाई करूँ। जब वह अपने पाँव से आ गया तो उसे उसके धर्म पर न रहने दूँगा।"

हज़रत शाह का वकील क़ाज़ी जहाँ बड़ा प्रतिष्ठित आदमी था। वह हज़रत पादशाह की सेवा में उपस्थित हुआ और उसने निवेदन किया कि, "आप अकेले नहीं हैं, आपके कारण लगभग सात सौ व्यक्ति मार डाले जायेंगे। अब आपके लिए यह अवसर आ गया है कि यदि आपसे कहा जाय कि आप, (ईश्वर न करे), ख़ुदा तथा मुस्तफ़ा की निन्दा करें तो भी आपके पास कोई अन्य उपाय नहीं[5]।" हज़रत पादशाह ने पूछा कि, "उनकी क्या इच्छा है, लिखकर ले आओ।"

१ च, छ एवं ज में फ़स्ल ३।

२ क में "जो कृपा........अन्तर पाया" वाक्य नहीं है।

३ च, छ एवं ज में 'सुल्तान ख़ुदा बन्दा'।

४ हज़रत ने अपने हृदय में सोचा कि "यह नमरूद एवं ख़लील (हज़रत इब्राहीम) का क़िस्सा है और मैं उस आग के समक्ष पतिंगे के समान हूँ।.....उन्होंने अपने साहस एवं धैर्य को न त्यागा। उत्तर कहला भेजा, 'हे शाह! प्रत्येक अपना अपना धर्म रखता है। मैं अपने धर्म पर दृढ़ हूँ। हमें अब पादशाही की कोई अधिक इच्छा नहीं रही। जो कुछ थी उसे भी त्याग दिया। मैं इस स्थान पर इस उद्देश्य से आया हूँ कि मक्का मुअज़्ज़मा का मार्ग आपके अधिकार में है। आप हाकिम हैं,

मिसरा

'चाहे तू जला डाल, चाहे हरया करा, तुझे अधिकार है।"

५ च, छ एवं ज में:—"तदुपरान्त शाह ने क़ाज़ी जहां को जो उनका विश्वस्त वकील था भेजा। उसने आकर कहा, 'अधिकार आपके हाथ से निकल चुका है। आप स्वयं जानते हैं कि आप जिस दशा में हैं, यदि ईश्वर एवं रसूल के प्रति कुफ़्र करना पड़े तो कोई उपाय नहीं।' हज़रत पादशाह ने कहा, 'जो उनकी इच्छा हो उसे कागज़ पर लिख लाओ।' कागज़ के तीन टुकड़े लाये गये। उन्होंने दो कागज़ों को पढ़ा और रख दिया। तीसरे कागज़ पर सोच में पड़ गये। शाह स्वयं ख़रगाह के कोने पर पहुँच कर उच्च स्वर में कुछ कहने लगा। क़ाज़ी (जहां) वापस आया और उसने कहा, 'यह अवज्ञा का समय नहीं।' हज़रत पादशाह ने कहा, 'क़ुरान का पालन करते

तदुपरान्त वह हज़रत शाह तहमास्प के पास से तीन काग़ज़ लाया और उन्हें दिखाया। हज़रत पादशाह (७२ ब) ने दो काग़ज़ देख कर रख दिये। तीसरा काग़ज़ देखकर सोच में पड़ गए कि शाह स्वयं उठकर ख़रगाह के कोने तक आये, और उच्च स्वर में कुछ कहना प्रारम्भ कर दिया। क़ाज़ी ने पुनः हज़रत पादशाह को समझाया और कहा कि, "अब अवज्ञा का अवसर नहीं है, अपने समय पर दृष्टि रखनी चाहिये।" उस समय तीसरे काग़ज़ को हज़रत शाहे आलम पनाह ने स्वयं हज़रत पादशाह के हाथ में दिया। उन्होंने हज़रत शाहे आलम पनाह की सेवा में उसे पढ़ा[1]।

शिकार

तदुपरान्त हज़रत शाह प्रातःकाल सेना को उसी स्थान पर छोड़कर शिकार के लिये रवाना हो गए। क़ाज़ी जहाँ को आदेश दे दिया कि वह हुमायूँ पादशाह की सेवा में रहे। तीन दिन में शिकार एकत्र हो गया। आदेश हुआ कि, "सेना उस ओर से आये।" शिकार को घेरे में कर लिया गया। बहुत बड़ी संख्या में जानवर ज़िबह कर दिए गए। क़ूरचियों की ओर से कुछ हिरन भाग गए। आदेश हुआ कि, "इसके जुर्माने में प्रत्येक एक घोड़ा तथा एक तूमान अदा करे।" तदुपरान्त दूसरे दिन आदेश हुआ कि, "हज़रत मुहम्मद हुमायूँ पादशाह एवं बहराम मीर्ज़ा तख़्ते सुलेमान पहुँचकर शिकार एकत्र करें।" वे लोग रातों रात तख़्ते सुलेमान पहुँचे। बहराम मीर्ज़ा

हैं ?' उसने कहा, 'निःसन्देह'। हज़रत पादशाह ने कहा, 'क्या धर्म के मामले में कोई ज़बरदस्ती नहीं, उनको याद नहीं ?' इसी प्रकार छोड़ दिया :—

मिसरा

'बला आई थी किन्तु ख़ैरियत हुई।'

ज में अन्तिम वाक्य इस प्रकार है:—"हज़रत ने कहा, 'क़ुरान का पालन करते हो या नहीं ?' उसने उत्तर दिया 'इसमें कोई सन्देह नहीं।' हज़रत पादशाह ने कहा, 'धर्म में कोई ज़बरदस्ती नहीं क्या उनको याद नहीं।' यह बात सुन कर चुप हो रहे और टाल गये।" (च : पृ० ६५अ, छ पृ० ५६ब, ज : पृ० ६९अ)।

१ ख एवं ग में स्पष्ट रूप से यह लिखा है कि हुमायूँ ने शीआ (इमामिया) असना अशरी धर्म स्वीकार कर लिया:— "ईशां दर हुज़ूरे शाहे आलम पनाह ख़ुन्दन्द व मज़हबे बर हक़्क़े इमामिया असना अशरिया इख़्तियार कर्दन्द।" अन्तिम वाक्य सम्भवतः पुस्तक नक़ल करने वाले ने अपनी ओर से बढ़ा दिये हैं। बीच बीच में भी ख एवं ग, क एवं घ से भिन्न है। तत्सम्बंधी वाक्यों का अनुवाद नीचे दिया गया है :—

"उन्होंने सुल्तान मुहम्मद ख़ुदा बन्दा के गुम्बद में पड़ाव किया। मज़हब शीआ इमामिया को उसी के द्वारा शक्ति प्राप्त हुई है। हज़रत पादशाह लश्कर में चिन्ता में बैठे थे। इसी बीच क़ाज़ी-उल-क़ुज़्ज़ात क़ाज़ी जहां हज़रत पादशाह की सेवा में उपस्थित हुआ। पादशाह ने उससे पूछा कि, 'इसका क्या कारण है कि शाहे आलम पनाह मेरी ओर से उपेक्षा कर रहे हैं ?' क़ाज़ी ने उत्तर दिया, 'आपके सेवक एवं परिजन संमार्ग पर नहीं हैं। ख़ारजियों की बातें बका करते हैं। इस कारण शाहे आलम पनाह रुष्ट हैं।' हज़रत पादशाह ने कहा, 'मैं हृदय से हज़रत मुहम्मद की संतान एवं मासूम इमामों का मुरीद एवं अनुयायी हूँ।' तदुपरान्त क़ाज़ी जहाँ, हज़रत शाहे आलम पनाह के लिखे हुये तीन काग़ज़ के टुकड़े लाया। हज़रत मुहम्मद हुमायूँ पादशाह की सेवा में दो टुकड़े पेश किये। हज़रत पादशाह उठ कर खड़े हुए। (हज़रत शाहे आलम पनाह) ख़रगाह के कोने पर पहुँचे और उच्च स्वर में हज़रत मुहम्मद एवं इमामों के शत्रुओं के प्रति खुल्लम खुल्ला 'लान तान' करने लगे। उस समय हज़रत शाहे आलम पनाह ने तीसरे काग़ज़ को स्वयं पेश किया और हज़रत (पादशाह) के हाथ में दे दिया। उन्होंने शाहे आलम पनाह के समक्ष उसे पढ़ा और इमामिया असना अशरिया का सच्चा धर्म स्वीकार कर लिया।"

(७३ अ) ने कहा कि, "हज़रत शाहे आलम पनाह तीन दिन उपरान्त शिकार करेंगे। इस समय शिकार के लिए घेरा तैयार किया जाय[1]।" पहुँचकर घेरा तैयार किया गया। कुछ हिरन तथा सुअर जो कि घेरे में प्रविष्ट हो गए थे, उनमें से थोड़े से बहराम मीर्ज़ा की ओर से भाग खड़े हुए। उसने रुष्ट होकर कहा कि, "जानवरों का शिकार करना चाहिये।" रात भर यात्रा हुई। ज़ुहर की नमाज़ के उपरान्त शिकार से निश्चिन्त होकर हज़रत पादशाह वुज़ू के लिए उतरे। उनकी सेवा में याक़ूब सुफ़रची के अतिरिक्त कोई अन्य न था। वह घोड़ा पकड़े हुए खड़ा था। उसने आवाज़ दी कि आफ़ताबची उपस्थित हो। तुच्छ दास जौहर आफ़ताबची उपस्थित हुआ। जब हज़रत पादशाह तहारत कर लेने के उपरान्त अपने घोड़े की ओर बढ़े तो सवारी की थकावट अधिक थी अतः पड़ाव कर दिया। जौहर को आदेश हुआ कि वह ख़ादिमी[2] करे। वह ख़ादिमी में व्यस्त रहा यहाँ तक कि थकावट दूर हो गई। तदुपरान्त वे घोड़े पर सवार होकर लश्कर की ओर रवाना हुए।

शाह को लाल भेंट करना

हज़रत पादशाह अपने बहुमूल्य लाल तथा हीरे अपनी जेब की थैली में रखते थे। उनका नियम था कि तहारत के समय जेब से निकाल कर पृथक् रख देते थे। चलते समय वे भूल गए। (७३ ब) दास जौहर आफ़ताबची अपने घोड़े की ओर आ रहा था। उसने देखा कि थैली एवं दावात क़लम की थाली[3] पड़ी हुई है। उठाकर हज़रत पादशाह की सेवा में ले गया। जब हज़रत पादशाह की दृष्टि उस पर पड़ी तो वे बड़े आश्चर्यचकित हुए। उन्होंने कहा कि, "हे दास! तूने बहुत बड़ा कार्य किया और हमें हज़रत शाह की सेवा में अपमानित होने से बचा लिया। ईश्वर ने चाहा तो अमानत वाले को अमानत सिपुर्द कर दी जायेगी।" हज़रत[4] शाह लाल तथा हीरे इस कारण अपने पास रखते थे कि उन्होंने उनको रोशन बेग को सौंप दिया था। उसने अपहरण किया। इस कारण उन्होंने सोचा कि, "जिस किसी को भी मैं सौंपूँगा वह अपहरण करेगा।"

शाह के साथ शिकार

यात्रा के समय उन्होंने सोचा कि हज़रत मेहतर सुलेमान के तख़्तगाह की सैर (७४ अ) करके शिकारगाह पहुँचें। जब वे वहाँ तशरीफ़ ले गए तो देखा कि एक बहुत बड़ा पर्वत खोद कर एक बन्दीगृह[5] बनाया गया है। वहाँ से प्रस्थान करके वे सायंकाल की नमाज़ के समय

१ च, छ एवं ज में:—"मीर्ज़ा ने कहा कि, 'शाह तीन दिन उपरान्त शिकार खेलेंगे। इस समय हज़रत सुलेमान के चबूतरे में, जो २-३ कोस का पक्का चबूतरा था और जहां दरबारे आम होता था, क़मरग़ह शिकार किया। उस चबूतरे को घेर लिया।"

२ शरीर तथा पांव दबाना।

३ सम्भवतः क़लमदान से तात्पर्य है।

४ च, एवं छ में:—"हज़रत लाल तथा हीरे को जो बहुमूल्य थे, उपहार के उद्देश्य से अपने साथ रखते थे। इस यात्रा में बहुत समय तक रोशन बेग कोका को सौंप रखे थे। क्योंकि उसने अपहरण किया अतः उन्होंने सोचा कि 'जिस किसी को भी सौंपूंगा, इसमें शंका ही रहेगी। स्वयं रुष्ट होना तथा किसी को रुष्ट करना उचित नहीं कारण कि यह बड़ा विचित्र समय है तथा लम्बी चौड़ी यात्रा करनी है' अतः वह उसे सर्वदा जेब की थैली में रखते थे।'

५ क, ख, ग एवं घ में 'बन्दी ख़ानये दीवान" । च एवं छ में 'बन्दे दीवान' ज में 'बन्दीख़ाना दीवान'। सम्भवतः यह तत्कालीन राजनैतिक बन्दियों तथा बड़े बड़े विद्रोहियों के लिए प्रयोग में आता होगा।

पड़ाव पर पहुँचे। प्रातःकाल शाही शिकार हेतु शिकारगाह में पहुँचे। मध्याह्नोत्तर की प्रथम नमाज़ के समय तक शिकार जमा होता रहा[१]। तख़्ते मेहतर सुलेमान से चार कुरोह पर शाह शिकारगाह में पहुँच गए और जानवरों पर बाण चलाने लगे। भाइयों तथा अमीरों में से किसी अन्य को आदेश न था कि वह बाण चलाये, केवल हज़रत पादशाह को शाहे आलम पनाह ने आदेश दिया कि, "हुमायूँ पादशाह! आप बाण चलायें[२]।" इसी बीच में एक मृग टहलता हुआ आ गया। शाहे आलम पनाह ने कहा कि, "हे हुमायूँ पादशाह! यह मृग आ रहा है, देखते हैं कि कैसे मारते हैं।" यह बात हो रही थी कि, हज़रत पादशाह ने बाण चलाया। मृग के कान के नीचे बाण लगा और वह भूमि पर लोट गया। समस्त तुर्कमान लोग चकित रह गए और कहने लगे, "मुहम्मद हुमायूँ पादशाह बड़े भाग्यशाली हैं।" तदुपरान्त वे वापस आ गए। हज़रत पादशाह के लिए ९ हिरन भेजे गए।

हुमायूं द्वारा शाह तहमास्प को लाल तथा हीरों का उपहार

(७४ ब) वहाँ कुछ दिन तक पड़ाव हुआ[३]। उसी स्थान पर लाल तथा हीरे जो वे शाह के लिये लाये थे, उन्हें भेजे। उन्होंने एक छोटा थाल तथा संदूक़चा मंगवाया। एक हीरा जो कि बहुत बड़ा था, सीपी के सन्दूक़ में रखा। अन्य लाल तथा हीरे उस सन्दूक़ के चारों ओर लगाये और थाल में रखकर बैरम बेग के हवाले कर दिए कि, "शाहे आलम पनाह की सेवा में उपस्थित किए जायें कारण कि हम उनकी सेवा में भेंट करने की दृष्टि से लाये थे, अमानत को सौंप दो।" जब बैरम बेग ने यह उपहार प्रस्तुत किए तो हज़रत शाहे आलम पनाह ने हीरे तथा लाल को संदूक़चे से निकलवा कर जौहरी से उसका मूल्य पूछा। जौहरी ने निवेदन किया कि, "इसका कोई मूल्य निश्चित नहीं हो सकता। जो कुछ भी इसके बदले में दे दिया जाय, कम है।" शाह ने वह उपहार स्वीकार कर लिया। बैरम बेग को विदा कर दिया और पादशाह से कहला दिया कि, "हम बैरम बेग को ख़ान की उपाधि तथा नक़्क़ारा प्रदान करते हैं।" दूसरे दिन ख़ान का ख़िताब तथा नक़्क़ारा भिजवाया। तदुपरान्त दो मास तक कोई बातचीत तथा आना जाना न हुआ।

१ मध्याह्नोत्तर की प्रथम नमाज़ के समय उस तख़्त के चार कुरोह (कोस) पर शिकार एकत्र किया गया था।

२ च, छ एवं ज में:—"शाह एवं हज़रत पादशाह उस शिकार गाह में बाण चलाते थे। ख़ान एवं मीर्ज़ा लोग दूर से लीला देखते थे। इसी बीच में एक मृग उछलता कूदता पहुँच गया।"

३ च, छ एवं ज में:—"एक दिन वे दोनों जा रहे थे। जाते समय एक क़ीलक़ (?) को लाया गया। उसके नीचे एक पेशवाज़ थी जो दिखाई दे रही थी। क्योंकि इस प्रकार के वस्त्र तुर्कमान लोग न पहिनते थे, शाह को बड़ा विचित्र लगा। शाह ने विचित्र दृष्टि से देखा। उस प्रकार देखने पर वे समझ गये और लगाम खींच ली। उन लोगों के समान वस्त्र धारण किये। शाह ने अपने विश्वास-पात्रों से कहा कि, 'हुमायूं पादशाह में कैसी सूझ-बूझ है। मैंने कनखियों से ही देखा था और अपने हृदय में प्रसन्नता को प्रविष्ट न किया था कि वे समझ गये। यह शेर उनकी दशा के अनुकूल है:—

शेर

'हुमायूं जो सल्तनत में जम के समान है,
उसकी बुद्धि के विषय में जो कुछ कहा जाय कम है।'

(१६)

हुमायूँ पादशाह का मीर्ज़ा कामरान के सेवकों को शाह तहमास्प को सौंपना[1]

शाह का हुमायूं से असन्तुष्ट होना

(७५ अ) उस[2] समय दो बातें बीच में थीं। एक यह कि हज़रत मुहम्मद हुमायूँ पादशाह के अमीरों में से रोशन बेग कोका, ख्वाजा ग़ाज़ी दीवान तथा सुल्तान मुहम्मद नेज़ावाज़ जो कि मीर्ज़ा कामरान के सेवक थे और मक्का का हज करके लौटे थे, हज़रत शाहे आलम पनाह शाह तहमास्प सफ़वी से अनुचित एवं शत्रुता से परिपूर्ण बातें करते थे और कहते थे कि, "यदि मुहम्मद हुमायूँ पादशाह में सलीक़ा[3] होता तो उसके भाई उससे पृथक् न हो जाते। इन लोगों को बन्दी बनाकर इन दासों को सेना प्रदान कर दी जाय ताकि वे क़न्धार पर अधिकार जमाकर उसे हज़रत शाहे आलम पनाह को सौंप दें।" क़िज़िलबाश तथा तुर्कमान लोग[4] कहते थे कि, "हुमायूँ पादशाह के पिता बाबर पादशाह ने शाह इस्माईल सफ़वी से कई बार आश्रय एवं सहायता प्राप्त की[5]। इसके बदले में उसने नज्म[6] बेग वज़ीर तथा १२ हजार अश्वारोहियों की जो उसकी सहायतार्थ नियुक्त थे हत्या करा दी और ऊज़बकों के चकमे में आकर अपने आपको नष्ट कर लिया[7]। यदि दासों को मुहम्मद हुमायूँ पादशाह की सहायता (७५ ब) हेतु भेजा जायेगा तो वह किसी स्थान पर अकारण अपने प्रतिष्ठित पिता के समान समस्त सेना की हत्या करा देगा।" गुप्त रूप से मीर्ज़ा कामरान बहादुर ने अपने बड़े भाई को एक पत्र लिखा[8]। यह घटनाएं एक दूसरे के विरुद्ध थीं। एक अन्य बात यह थी कि जब हज़रत पादशाह गुजरात के अभियान से राजधानी आगरा पहुँचे थे तो एक दिन राजसिंहासन पर बैठे बैठे सर्व साधारण के समक्ष कहा था कि, "मैं ऐश्वर्य तथा वैभव में शाह तहमास्प सफ़वी से अधिक हूँ।" इस प्रकार की बातें शाहे

१ च, छ एवं ज में चौथी फ़स्ल जिसका शीर्षक इस प्रकार है:—
"शाह के हज़रत पादशाह के विषय में कुत्सित विचार, तदुपरान्त अपनी बहिन के कहने पर लज्जित होना और उन्हें उनकी इच्छानुसार विदा करना।"

२ च, छ एवं ज में.—"शाह के हृदय में जो यह कुत्सित विचार आये तो इनके दो कारण थे। एक यह कि रोशन बेग कोका, ख्वाजा ग़ाज़ी दीवान; सुल्तान मुहम्मद नेज़ावाज़ जो मीर्ज़ा कामरान के सेवकों में से थे, मक्का मुअज़्ज़मा से लौट कर आये थे। एक दिन शाह के दरबार में हज़रत पादशाह के विषय में वार्ता एवं शिकायतें होने लगीं।"

३ च, एवं छ में :—"अगर ईशां सलीक़ये इख़लास व तरीक़ये इख़्तेसास दाश्तन्द"।

४ च एवं छ में :—"इसी बीच में, तुर्कमानों का समूह, जो उनकी सेवा हेतु नियुक्त हुआ था, कहता था···"।

५ क में यह वाक्य "हुमायूं पादशाह के पिता··बदले में उसने" नहीं है।

६ इस घटना के विषय में देखिये ख्वन्द मीर: **हबीबुस्सियर भाग ३, खंड ४** (ईरान १२७१ हि०/१८५५ ई०), पृ० ३६१-३६२, मीर्ज़ा हैदर: (**मुग़ुल कालीन भारत—बाबर**, पृ० ६०२-६०६)।

७ क में "ऊज़बेकों के चकमे······करा लिया" नहीं है।

८ क में "गुप्त रूप से··· पत्र लिखा है" नहीं है।

आलम पनाह से कही गईं थीं[१]। शाहे आलम पनाह ने एकान्त में अपने विश्वासपात्रों से कहा था कि, "हुमायूँ पादशाह में योग्यता होती तो अपने भाइयों, सम्बन्धियों तथा सेना को अपने से पृथक् न करा देते और मित्रों को संतुष्ट रखते तथा पाजी अफ़ग़ानों एवं शेर खां से पराजित न होते।"

निःसन्देह यह बातें सत्य हैं और शाहे आलम पनाह ने ठीक कहा था किन्तु भाग्य के समक्ष किसी की कुछ नहीं चलती[२]। पैग़म्बर लोग भी पराजित हो चुके हैं। इस प्रकार हज़रत मुहम्मद भी उहद के युद्ध में पराजित हुए और इस्लामी सेना बुरी तरह हार गई। वीरों को ऐसी (७६ अ) घटनाओं का सामना करना पड़ता ही है। एक स्त्री हज़रत अमीर हमज़ा के कलेजे को कच्चा चबा गई और उनके शुभ शरीर के ७० टुकड़े कर दिए। हज़रत मुहम्मद के शुभ दाँत शहीद हुए। बुद्धिमानों को चाहिये कि हर समय वे ईश्वर से क्षमा माँगा करें कारण कि ईश्वर का आदेश सभी के ऊपर भारी होता है[३]।

बहराम मीर्ज़ा तथा शाह की बहिन की सिफ़ारिश

संक्षेप में, एक दिन हज़रत शाहे आलम पनाह ने बहराम मीर्ज़ा से ऐसी बातें जिनका पूर्व में उल्लेख हो चुका है कहीं और कहा कि, "अमीर लोग निवेदन कर रहे हैं कि यह बात बुद्धि-संगत नहीं कि किसी को हुमायूँ पादशाह की सहायतार्था भेजा जाय। इस प्रकार वह सहायता के योग्य

१ क में इस घटना का सविस्तार उल्लेख किया गया है। (क : पृ० ७५ अ)। च, छ एवं ज में भी संक्षिप्त रूप से (क) का समर्थन किया गया है। (च : पृ० ६७ ब-६८ अ, छः पृ० ५६ अ, जः पृ० ७१ ब)।

"दूसरी बात यह थी कि हज़रत पादशाह गुजरात प्रदेश से राजधानी आगरा पधारे तो एक दिन सिंहासन पर आसीन थे। उन्होंने १२ उत्तम बाण स्वयं अपने लिये लिखे और ११ साधारण बाण शाह तहमास्प के नाम लिखे। हज़रत शाहे आलम पनाह के सम्मानित क़ानों तक यह बात पहुँच गई थी। जब दोनों सम्मानित पादशाह एक ही दरबार में उपस्थित थे तो हज़रत शाह तहमास्प ने हज़रत पादशाह मुहम्मद हुमायूं से पूछा कि, 'अपने लिये १२ उत्तम बाण लिखे और हमारे लिये साधारण ११ बाण, कारण बतायें ?' हज़रत पादशाह ने कहा, 'इसका सम्बन्ध देश से है। समस्त खुरासान जो आपके अधीन है, दो दांग है और हिन्दुस्तान जो मेरे अधीन है चार दांग था।' तदुपरान्त शाहे आलम पनाह ने कहा कि, 'यह उस अभिमान का फल है कि आपने उस देश पर इस प्रकार शासन किया कि एक साधारण व्यक्ति के सामने से भाग खड़े हुये और अपने परिवार को बन्दी बनवा दिया।' हज़रत मुहम्मद हुमायूं पादशाह ने कहा, 'आप जो कुछ कहें ठीक है। किन्तु यह ईश्वर की लीला है। शरण मांगनी चाहिये। इसमें किसी का कोई वस नहीं।' हज़रत शाहे आलम पनाह संतुष्ट हो गये।"

२ क, च, छ एवं ज में शाह तहमास्प का हुमायूं के प्रति जो मत दिया गया है, उसका कोई उल्लेख नहीं।

३ क के हाशिये पर एक टिप्पणी इस प्रकार है :—"पुस्तक का संकलनकर्ता इस प्रकार की बातें हर स्थान पर लिखता है। झूठ, मानो उसका पागल पन है। यह बातें किसी अन्य पुस्तक में नहीं देखीं।" मेजर चार्ल्स स्टीवर्ट ने सम्भवतः क से ही अपना अनुवाद तैय्यार किया। वह इस टिप्पणी के विषय में लिखता है, "जिस समय मेजर यूल ने यह हस्तलिपि प्राप्त की, तो सेफ़ी (सफ़्वी) वंश का एक व्यक्ति लखनऊ में रहता था जिसे नवाब अस्सफ़ुद्दौलेह से थोड़ी सी पेंशन मिलती थी। उसकी उपाधि ईरानी शाहज़ादा थी। मेजर यूल ने यह हस्तलिपि उसे उधार दे दी थी। उसने इस अनुच्छेद के हाशिये पर यह लिख दिया। [Major Charles Stewart: *Tazkereh-al-vakiat or Private Memoirs of the Moghul Emperor Humayun* (London 1832)]।

नहीं[1]।" बहराम मीर्ज़ा का हुमायूँ पादशाह के प्रति बड़ा स्नेह तथा घनिष्ठता थी, इस कारण वह बड़ा दुखी हुआ और रोने लगा। महल के भीतर जाकर उसने यह बात अपनी बहिन से कही और बताया कि, "हुमायूँ पादशाह तीमूर की संतान हैं और सहायता की आशा में हमारे घर आये हैं। इस वंश से हम लोगों की प्राचीन काल से घनिष्ठता है। जिन क़िज़िलबाश अमीरों के पिता तथा भाई बाबर पादशाह के साथ विश्वासघात के कारण मार डाले गए हैं, वे पादशाह की निन्दा करते हैं। जिस समय हज़रत शाह आपसे भेंट करने आयें, आप उनकी सिफ़ारिश करें[2]।" जब शाह अन्तःपुर में पहुँचे तो वह सती एवं पवित्र स्त्री दुख की अवस्था में बैठ गईं। जब शाह उनके घर में पहुँचे तो वे रोने लगीं। शाहे आलम पनाह का भाई बहराम मीर्ज़ा अभिवादन करके बाहर चला गया। (७६ ब) हज़रत शाहे आलम पनाह ने रोने का कारण पूछा। उन्होंने निवेदन किया कि "अपने भाग्य पर रो रही हूँ।" पुनः पूँछा कि "आप हमारे प्रति शुभकामनाएं न करेंगी?" उन्होंने निवेदन किया कि, "मै सर्वदा हज़रत शाह के प्रति शुभकामनाएं किया करती हूँ किन्तु यह समय के अनुकूल बात कह रही हूँ कि आप स्वार्थियों एवं धूर्तों की बात में न आ जायें तथा अपने यश के अनुकूल हुमायूँ पादशाह को सेना देकर हिन्दुस्तान भेज दें ताकि सातों इक़लीमों में हज़रत शाह की प्रसिद्धि हो जाय।" शाह की बहिन सुलतान बेगम ने हुमायूँ पादशाह की यह रुबाई शाह तहमास्प के समक्ष पढ़ी :

रुबाई

'हम[3] हैं हृदय से (हज़रत) अली की सन्तान के दास,
रहते हैं सर्वदा प्रसन्न (हज़रत) अली के स्मरण से।

१ क में :—"संक्षेप में एक दिन हज़रत शाहे आलम पनाह ने बहराम मीर्ज़ा से हज़रत पादशाह के विनाश के सम्बन्ध में कुछ बातें कहीं।" च, छ एवं ज में :—"शाह ने एक दिन मीर्ज़ा बहराम से प्राचीन ईर्ष्या के कारण जो उसके सीने में थी, कुछ ऐसी बातें कहीं जिससे मीर्ज़ा का दिल टूट गया।"

२ क में इस प्रकार हैं:—"उसने अपनी बहिन से कहा कि हुमायूँ पादशाह जो तीमूर पादशाह की सन्तान से हैं बड़ी आशा लेकर आये हैं। कुछ समय से हम और वे हम नमक हैं। (वह हमारे अतिथि हैं) इस समय शाहे आलम पनाह इस प्रकार का ग़लत आदेश दे रहे थे। जब उस पवित्र स्त्री ने यह बात सुनी तो वह रोने लगी। हज़रत शाह उस पवित्र स्त्री के घर में पहुँचे। बहराम मीर्ज़ा अभिवादन करके चला गया। हज़रत शाह ने पहुँच कर रोने का कारण पूछा। उन्होंने कहा 'अपने भाग्य पर रो रही हूँ।' हज़रत शाह ने कहा 'मेरी कुशलता के लिये शुभ कामना कीजिये'। उन्होंने कहा, 'मैं सर्वदा हज़रत शाहे आलम पनाह की कुशलता की कामना में व्यस्त रहती हूँ किन्तु आप चारों ओर से शत्रुओं से घिरे हैं, (रूम, ऊज़बेक, चर्कस, फ़िरंग)। मुझे शंका है और मैं सुनती हूँ कि मुहम्मद हुमायूँ पादशाह के भी पुत्र एवं भाई हैं। उन्हें कष्ट पहुँचाने से क्या प्राप्त होगा? यदि आप उनके प्रति कृपा नहीं प्रदर्शित करते और उन्हें सम्मानित नहीं करते तो उन्हें विदा कर दें ताकि वे जहां चाहें चले जायें।" च, छ एवं ज में भी लगभग इसी प्रकार है। (च : पृ० ६८ अ, छ : पृ० ५९ ब, ज : पृ० ७२ ब)।

३ क में कोई रुबाई नहीं, च, छ एवम् ज में निम्नांकित रुबाई है :—

रुबाई

'हे संसार के पादशाह ! तू है आकाश सरीखा,
उपकार एवं दान सर्वदा तेरी पूंजी हैं।
संसार के समस्त बादशाह, हुमा की इच्छा करते हैं,
धन्य है कि किस प्रकार हुमा तेरी छाया में है।'

क्योंकि विलायत का रहस्य (हज़रत) अली द्वारा प्रकट होता है,
करते हैं हम सर्वदा नादे अली[१] का सुमिरन।'

शाह का हुमायूं के प्रति संतुष्ट होना

शाहे आलम पनाह ने यह बात सुनकर उन्हें साँत्वना दी और कहा, "ईरान के समस्त अमीर अपने स्वार्थ अनुसार बातें कर रहे हैं। जो आप कह रही हैं, वही ठीक है[२]।" तदुपरान्त हज़रत शाहे आलम पनाह ने हज़रत पादशाह को पत्र लिखकर भेजा कि, "वे हमारी सरकार में उपस्थित हों।" मध्याह्नोत्तर की प्रथम नमाज़ के उपरान्त हज़रत पादशाह ने शाहे आलम पनाह से भेंट की[३]। रात्रि में हज़रत शाह ने हज़रत पादशाह को सान्त्वना दी कि, "आप संतुष्ट रहें, आपको अपनी इच्छानुसार (७७ अ) विदा किया जायेगा। कुछ बातें क़ाज़ी जहाँ बतायेगा, आप उन्हें स्वीकार करें।" हज़रत पादशाह ने शाह की कुशलता हेतु फ़ातेहा पढ़ा।

तदुपरान्त शाहे आलम पनाह सवार हो गए। एक स्थान पर हज़रत पादशाह घोड़े से उतर पड़े। मेहतर कोचक के अतिरिक्त उनकी सेवा में कोई अन्य न था। हज़रत शाहे आलमपनाह ने हज़रत पादशाह को न देखा। वे चिन्ता में पड़ गए कि वे कहाँ गये। भय था कि तुर्कमानों से कहीं पर मूर्खता न हो जाय[४]। हज़रत शाह दो मशालें अपने साथ रखते थे। एक मशाल अपने क़ूरची को दी और आदेश दिया कि, "मुहम्मद हुमायूँ पादशाह को ले आओ।" क़ूरची तुर्की भाषा में आवाज़ देता घूमता था। हज़रत पादशाह ने कोचक को आदेश दिया कि शीघ्रातिशीघ्र उसे यहाँ ले आओ। उन तुर्कमानों ने उपस्थित होकर निवेदन किया कि, "हज़रत शाहे आलम पनाह बुला रहे हैं।" वे सवार हो गए। संक्षेप में, हज़रत शाह के पास पहुँचे। वह स्थान जहाँ शिविर लगे थे दृष्टिगत हुआ। (७७ ब) जब वे निकट पहुँचे तो हज़रत शाह ने पूँछा कि, "यह ख़ेमे किसके हैं?" लोगों ने निवेदन किया कि, "यह ख़ेमे मुहम्मद हुमायूँ पादशाह के हैं।" तदुपरान्त हज़रत पादशाह से हाथ मिलाकर उन्हें विदा कर दिया और स्वयं अपने सरापरदे की ओर चल दिए। आधी रात्रि व्यतीत हो जाने के बाद हज़रत पादशाह ने अपने आदमियों से कहा कि, "अत्यधिक भूख लगी है।" हज़रत शाहे आलम पनाह का फ़र्राश उस समय हज़रत पादशाह की सेवा में उपस्थित था। उसने

१ एक प्रकार का जप जो शीओं में बड़ा प्रचलित है। इसमें हज़रत अली से सहायता की याचना की जाती है। इसे लिखवा कर लोग तावीज़ के रूप में भी पहिनते हैं।

पुकारो ज़ोर से हज़रत अली को, जो आश्चर्यजनक बातों के स्वामी हैं,
उनसे मिलेगी मुक्ति, कष्टों से।
वे समस्त दुःख एवम् चिन्ता शीघ्रातिशीघ्र हर लेते हैं,
हज़रत मुहम्मद की नबूवत एवं अपनी विलायत (सहायता) से।'

२ च, छ एवम् ज में:—"उन्होंने कहा कि इन सब लोगों ने अपनी मूर्खता के कारण कुछ कहा था। उचित वही है जो आप कह रही हैं। इस विषय में शाह के छोटे भाई अलक़ास मीर्ज़ा ने भी जो रूम की सरहद पर नियुक्त था, प्रार्थना-पत्र भेजा कि इस अतिथि को बहुत बड़ी देन समझ कर, जिस प्रकार सम्भव हो, (उत्तम रूप से) विदा करें।"

३ क में इस प्रकार है:—"मध्याह्नोत्तर की नमाज़ के समय उन्हें बुलवाया। अस्र की नमाज़ के समय वे पहुँचे और शाहे आलम पनाह से भेंट की। रात्रि में शाह ने उनको सांत्वना दी।"

४ क में:—"कारण कि तुर्कमान लोग जाहिल हैं। उनसे कहीं मूर्खता न हो जाय।"

जाकर शाहे आलम पनाह को सूचना दी कि, "हज़रत मुहम्मद हुमायूँ पादशाह भूखे हैं।" सुनते ही शाहे आलम पनाह ने आदेश दिया कि, "खाने की चीज़ें भेजी जायें।" भोजन के ९ थाल भिजवाये गए। भोजन करके वे लेट गए और वहाँ पड़ाव किया गया ; निकट एक घाटी थी। हज़रत पादशाह[1] उस घाटी की ओर चल खड़े हुए और आदेश दिया कि, "बाबा दोस्त क़ूरबेगी, मेहतर वासिल तूशकची, मेहतर यूसुफ़ शरबती, मेहतर कोचक बेग, मियाँ वाक़िफ़ सेवक एवं जौहर आफ़ताबची हमारी सेवा में आ जायें।" हम लोग वहाँ पहुँचे। वह बड़ा ही हृदयग्राही स्थान था। (७८ अ) तदुपरान्त उन्होंने अपने इन सेवकों से कहा कि, "शाह ने आज रात्रि में कृपापूर्वक आशा दिलाई है।" जो कुछ बातें थीं एक एक करके बताईं और कहा कि, "कुछ बातें क़ाज़ी जहाँ समझा देगा।" समस्त सेवकों ने शुभकामना हेतु हाथ उठाये। वे प्रसन्न हो गए।

शिकार

जब शाहे आलम पनाह की सेवा में पहुचे तो शाह ने कहा कि "हमारे समीप रहें।" तदुपरान्त शिकार में व्यस्त हो गए। एक स्थान पर हिरनों को घिरवा लिया। वह मेहतर सुलेमान का स्थान था। वहाँ कोई अन्य मार्ग न था। मार्ग ऐसा था कि जहाँ से निकला न जा सकता था। एक ओर से हज़रत शाहे आलम पनाह और एक ओर से हज़रत पादशाह हिरन की सींघ पकड़ कर लाते थे और शिकार के घेरे में छोड़ देते थे। क़मरग़ाह में शिकार से अत्यधिक रुचि का प्रदर्शन किया। दिन भर शिकार में व्यतीत हुआ। रात्रि के समय लश्कर में पहुँचे। हज़रत मेहतर सुलेमान के तख़्त के समीप आये। उस दिन से हज़रत शाहे आलम पनाह हज़रत पादशाह के आतिथ्य के प्रबन्ध में व्यस्त हो गए। जो वस्तुएँ उचित थीं उन्हें पृथक् करते जाते थे।

रोशन बेग इत्यादि का बन्दी बनाया जाना

पाँचवें दिन इसी पड़ाव पर हज़रत पादशाह को समाचार प्राप्त हुए कि रोशन बेग[2] (७८ ब) ख़्वाजा ग़ाज़ी[3], तथा सुल्तान मुहम्मद नेज़ाबाज़ के विषय में हज़रत शाह का आदेश हुआ है कि उन्हें बन्दी बनाकर लाया जाय। हज़रत पादशाह ने कहा, "वे इसी योग्य हैं। जो अपने पड़ोसी के लिए गड्ढा खोदेगा, वह स्वयं उसमें गिरेगा।" हज़रत शाह का आदेश हुआ कि "ख़ेमों से रस्सियाँ काट कर उनकी कमर में बाँध दी जायें और उन्हें दीवाने हज़रत मेहतर सुलेमान के बन्दीगृह[4] के गड्ढे में डाल दिया जाय। यदि रस्सियाँ नीचे तक पहुँच जायें तो वहीं छोड़ दें और यदि न पहुँचें तो बाहर निकाल लें।"

रोशन बेग इत्यादि का क्षमा किया जाना

जब यह आदेश हो गया तो रोशन बेग ने हज़रत पादशाह को प्रार्थनापत्र भेजा कि पापी एवं धृष्ट दासों को अब अपने प्राणों की आशा नहीं है, केवल हज़रत पादशाह की सिफ़ारिश से आशा है। मूर्ख लोग भूल करते हैं और पादशाह लोग क्षमा करते हैं[5]।

१ क, ख, ग एवं घ में 'हज़रत शाहे आलम पनाह,' च, छ में 'बन्देगाने हज़रत (हुमायूं)', ज में 'बन्दशाह'।
२ ख, ग एवं घ में 'रोशन बेग ख़ज़ांची, च, छ एवं ज में 'रोशन बेग कोका'।
३ च एवं छ में 'ख़्वाजा ग़ाज़ी दीवान'।
४ च, छ में:—"उस गड्ढे में जो बन्द ख़ानये दीवान है और जिसका निर्माण हज़रत सुलेमान ने कराया था, डाल दें।"
५ च, छ में:—"दास लोग भूल करते हैं, स्वामी लोग क्षमा करते हैं।"

शेर

'यदि हम अपराधी हैं, तो तू अनुकम्पा का समुद्र है,
तू मेरी ओर न देख, अपनी अनुकम्पा की ओर देख।'

आपने हमारी माता का दूध पिया है।" हज़रत पादशाह को दया आ गई। शाहे आलम (७९ अ) पनाह को पत्र लिखा कि, "शाह इस्माईल की क़ब्र के न्योछावर के रूप में इन्हें मुक्त कर दें।" जव पत्र पहुँचा और पढ़ा गया तो हज़रत शाहे आलम पनाह को बड़ा आश्चर्य हुआ और उन्होंने कहा कि, "मुहम्मद हुमायूँ पादशाह में कितनी सहनशीलता है। ये लोग उनको हानि पहुँचाने का प्रयत्न कर रहे थे। वे इस समय उनकी सिफ़ारिश कर रहे हैं।" आदेश हुआ कि "उन्हें मुहम्मद हुमायूँ पादशाह को सौंप दिया जाय।"

बादशाह के लिये शाह द्वारा दावत एवं सभा का आयोजन, तदुपरान्त अपनी मंज़िल पर पहुँचना[1]

सात दिन दावत की व्यवस्था होती रही। तदुपरान्त हज़रत पादशाह को बुलवाया गया। लगभग छः सौ सायाबान[2] लगवाये गए। १२ स्थानों पर खुशी के नक्क़ारे बजाये जाते थे तथा शाही क़ालीन बिछाये गए। हज़रत पादशाह उस सभा में उपस्थित हुए। प्रथम दिन नाना प्रकार के भोजन की वस्तुएँ प्रस्तुत की गईं। शहाना जड़ाऊ सरोपा, तलवार तथा जड़ाऊ कटार प्रदान हुई। दूसरे दिन हज़रत पादशाह को बुलवाकर उन्होंने अपने बराबर बिठलाया[3]। जिन वस्तुओं की व्यवस्था हुई थी वे सब हज़रत पादशाह को प्रदान कर दी गईं। खेमा, डेरा, क़ालीन, घोड़े, ऊँट तथा (७९ ब) खच्चर एक ऊँचे स्थान पर एकत्र किए गए। सल्तनत तथा बादशाही के लिए जितनी भी आवश्यकतायें थीं, प्रदान की गईं तथा सहायता की गई। अपने पुत्र को १२ हज़ार अश्वारोहियों सहित सहायता हेतु नियुक्त किया और कहा कि, "इनका निरीक्षण आप सीस्तान में करें।" शाही साज़ व सामान देने के उपरान्त शाहे आलम पनाह खड़े हो गए और अपने सीने पर हाथ रख कर कहा कि, "हे मुहम्मद हुमायूँ पादशाह! हमारी ओर से कमी हुई, आप कृपा दृष्टि रक्खें।" तीसरे दिन क़ब्क़[4] पर बाण चलाये गए। जब रात्रि हो गई तो सभा आयोजित की गई। अरक़दार[5] चीनी[6] लाया। प्रत्येक व्यक्ति के समक्ष सुराहियाँ तथा शीशे रखे गए। जो कोई भी उस सभा में उपस्थित था, वह स्वयं प्याला भर कर पीता था। किसी को साक़ी ने नहीं दिया। जब सुबह हो गई तो उस स्थान से प्रस्थान हुआ।

१ **हुमायूँ शाही** एवं **जवाहर शाही** के अनुसार पांचवीं फ़स्ल।
२ एक प्रकार के शामियाने।
३ च, छ में :—"प्रतिष्ठित सुल्तान, एवं उत्कृष्ट ख़ान, मीर्ज़ा लोग, एवं सिपहसालार प्रत्येक कोने से पहुँचे एवं दरबार को बाटिका रूपी बना दिया। नाना प्रकार के भोजन तथा पेय प्रस्तुत किये गये"।
४ च, छ एवं ज में :—"क़ब्क़ लगाये गये और बाण चलाये गये"।
५ वह अधिकारी जो पेय पात्र इत्यादि की व्यवस्था करता हो।
६ चीनी के पात्र।

हाजी मुहम्मद क़श्क़ा की स्वामी-भक्ति

चलते समय हज़रत पादशाह, शाहे आलम पनाह के पास पहुँचे। देखा कि हज़रत शाह तीन बार तह किए हुए छोटे क़ालीन पर बैठे हैं। वे ज़मीन पर बैठने में संकोच कर रहे थे। हाजी मुहम्मद क़श्क़ा मुग़ुल ने तत्काल अपने निषंग को फाड़कर भूमि पर पादशाह के बैठने के लिए बिछा दिया। हज़रत पादशाह उसपर बैठ गए। हज़रत शाह ने उससे पूछा कि, "तू कौन है?" उसने निवेदन किया कि, "मैं मुग़ुल हूँ।" हज़रत शाह ने कहा कि, "तू हमारे पास रह।" उसने निवेदन (८० अ) किया कि, "हमारे स्वामी आपकी सेवा में हैं, दास का क्या मूल्य है। जो आश्रय दास के स्वामी को प्रदान होगा वह इस दास को समझा जायेगा। तदुपरान्त शाहे आलम पनाह की सेवा में आ जाऊँगा[१]। इसके अतिरिक्त आप हाकिम हैं।"

हुमायूं द्वारा शाह की दावत

तख़्ते मेहतर सुलेमान से रवाना होकर उन्होंने तबरेज़ की ओर प्रस्थान किया। चार कुरोह पर पड़ाव हुआ और वे वहीं उतर पड़े। शाहे आलम पनाह ने हज़रत पादशाह से कहा कि, "आप अपने पड़ाव पर सभा आयोजित करें।" हज़रत पादशाह ने पादशाहों के योग्य सभा आयोजित की और नाना प्रकार के भोजन का प्रबन्ध कराया। हज़रत शाह तहमास्प ने कहा था कि, "हिन्दुस्तानी भोजन भी पकवाया जाय।" हज़रत शाह के उपस्थित होने की सूचना दी गई। हज़रत पादशाह ने उन्हें अपने पास बुलवाया। शाहे आलम पनाह हज़रत पादशाह के पास पहुँचे। शाहाना सभा सजाई गई। उत्तम स्वर वाले गायकों एवं वादकों ने संगीत एवं वादन का प्रदर्शन किया। प्रत्येक ने अपनी रुचि के नशे की वस्तु का सेवन किया। शाही साचक़ से भरा एक थाल लाया गया। शाहे (८० ब) आलम पनाह ने कहा कि, "इसे बाँट दिया जाय।" हज़रत पादशाह ने कहा कि, "जो आदेश हो।" शाहे आलम पनाह ने कहा, "इस साचक़ का वितरण कौन करेगा?" हज़रत शाह ने कहा, "ख़्वाजा मुअज़्ज़म वितरण करें[२]।" ख़्वाजा ने वितरण किया। एक रिकाबी शाहे आलम पनाह के सामने तथा एक रिकाबी हज़रत पादशाह के सामने रखी। शेष सब लोगों को उनकी श्रेणी के अनुसार दे दिया। तदुपरान्त भोजन लाया गया और खाना पीना हुआ। हिन्दुस्तानी भोजनों में से ख़ुश्का[३] पुलाव दाल के साथ बड़ी रुचि से खाया कारण कि उनके देश में ख़ुश्का पुलाव मुर्ग़ी के अंडे में मिलाकर खाया जाता है। भोजन के उपरान्त प्रस्थान करके मियाना नीमक मंज़िल पर पड़ाव किया और आदेश दिया कि, "मुहम्मद हुमायूँ पादशाह का डेरा उसी स्थान पर रहे।" हज़रत पादशाह अपने डेरे को वहीं छोड़ कर शाहे आलम पनाह की सेवा में क़ुतुब[४] की ओर रवाना हुए। दो कुरोह[५] (८१ अ) यात्रा करके पड़ाव किया। हज़रत पादशाह हज़रत शाह के ख़ेमे में ठहरे। उस समय वर्षा होने लगी।

१ च, छ में "उसने कहा कि इस समय मैं अपने प्राचीन स्वामी की सेवा में हूँ। स्वामी भक्ति की दृष्टि से यह उचित नहीं। जब वे वहाँ से चले जायेंगे तो मैं आज्ञा लेकर सेवा में आ जाऊँगा"।

२ ख, ग, घ में "शाहे आलम पनाह.....करें" नहीं है। च, छ एवं ज में संक्षिप्त रूप से है।

३ ऐसा पुलाव जिसमें मांस इत्यादि कुछ न पड़ा हो। पक्का हुआ सादा चावल।

४ सम्भवतः उत्तर की ओर।

५ क में '१० कुरोह'।

(१७)

शाहे आलम पनाह शाह तहमास्प सफ़वी का हज़रत पादशाह को विदा करना, वर्षा उपरान्त क़न्धार की ओर उनका प्रस्थान[१]

एक[२] घड़ी व्यतीत न हुई थी कि हज़रत शाहे आलम पनाह हाथ में चाक़ू तथा दो सेब लेकर खड़े हो गए और कहा, "मुहम्मद हुमायूँ पादशाह, आपसे विदा होता हूँ। इसे आप ले लें।" हज़रत पादशाह ने हाथ बढ़ाया। शाहे आलम पनाह ने कहा कि, "ले लें।" क्षण भर का समय अभिवादन में व्यतीत हुआ। तदुपरान्त अपनी अंगुलियों को नीचा करके वह उपहार शीघ्रातिशीघ्र हज़रत पादशाह को दिया तथा कुशलता के विषय में फ़ातेहा पढ़कर विदा किया और आदेश दिया कि बहराम मीर्ज़ा[३] उन्हें उनके डेरे तक पहुँचाकर वापस आ जाए।

जब वे वहाँ से रवाना हुए तो उनके आदमी दूर पर आ रहे थे। दोनों आपस में बातें करते चले जाते थे। हज़रत पादशाह ने उस चाक़ू से अपने हाथ से सेब[४] छीला और आधा काटकर खाया और आधा बहरामं मीर्ज़ा को दिया[५]। इस प्रकार शिविर तक पहुँचे। जब हज़रत पादशाह के ख़ेमे (८१ ब) दिखाई देने लगे तो बहराम मीर्ज़ा ने घोड़े की लगाम खींचकर विदा होने की प्रार्थना की। हज़रत पादशाह ने अपनी जेब से एक अंगूठी निकालकर बहराम मीर्ज़ा को दी। उस अंगूठी का नग हीरे का था और कहा, "यह हमारी माता का स्मृति-चिह्न है। तुम्हें दे रहा हूँ ताकि हमारी स्मृति तुम्हारे पास रहे" और कहा कि, "तुम्हारे कारण मुझे बड़ा संतोष था। तुमसे पृथक् नहीं होना चाहता था, जैसे होगा समय व्यतीत करूँगा किन्तु हृदय नहीं मानता।" बहराम मीर्ज़ा ने कहा कि, "ऐसा ही होता है। आप संतुष्ट रहें। आपकी इच्छा पूरी होगी।"

आकाश सरीखे तथा संसार के आधार उस शाह का एराक़ से क़न्धार की ओर प्रस्थान[५]

विदा हो जाने के उपरान्त रात्रि में मियानाना नामक स्थान से प्रस्थान किया और ५-६ कुरोह पर ठहर गए। तीन दिन उपरान्त तबरेज़ पहुँचे। पाँच दिन तक वहाँ पड़ाव किया। बाज़ारे क़ैसरिया एवं गुम्बदे शाम की सैर की। उस गुम्बद को शाम की मिट्टी से लाकर तैयार किया गया था।

१ च, छ एवं ज में पृथक् फ़स्ल नहीं है।

२ च, छ एवं ज में 'बादल खुल जाने के उपरान्त'।

३ च, छ एवं ज में :—"क्योंकि मीर्ज़ा बहराम तथा हज़रत पादशाह की पारस्परिक निष्ठा का हाल शाह को ज्ञात था, अतः उन्होंने आदेश दिया कि मीर्ज़ा बहराम उन्हें उनके स्थान तक पहुँचा आये। वे लोग साथ साथ रवाना हुये। लोग दूर यात्रा कर रहे थे।"

४ च, छ में :—"दोनों सेबों को उसी चाक़ू से छीला और काट कर एक टुकड़ा स्वयं खाते थे और एक मीर्ज़ा (बहराम) को देते जाते थे। इसी प्रकार वे मंज़िल तक पहुँचे।"

५ च, छ में बाब (खंड) ३ तथा ज में फ़स्ल ६ बाब (खंड) २।

दो रूमी[१] निवासी बाज़ार में मिले। उन्होंने हज़रत पादशाह को सलाम किया। हज़रत ने कहा[२], (८२अ) "हमारी ओर से रूम के पादशाह को शुभ कामनाएं पहुँचा देना।" उन्होंने कहा कि "आँखों से।"

वहाँ से प्रस्थान करके चार रात्रि के उपरान्त अर्दबेल[३] पहुँचे। एक सप्ताह वहाँ पड़ाव हुआ। वहाँ सुल्तान शेख़ सफ़ी[४] की, जो हज़रत शाह तहमास्प सफ़वी के पूर्वज हैं, तथा शाह इस्माईल की क़ब्र हैं, उनका तवाफ़ किया। शेख़ सफ़ी हज़रत शाह कमाल के मुरीद थे, जो हज़रत अमीर तीमूर साहब क़िरानें आज़म गूरगान की कृपा द्वारा पादशाही को प्राप्त हुए थे[५]। शाहे[६] आलम पनाह की भानजी का, जो मासूम बेग की पुत्री थी, हज़रत पादशाह से विवाह निश्चय हो गया था। वे वहाँ अधिकांश इसी उद्देश्य से पहुँचे थे कि वहाँ तवाफ़ करें और इन लोगों से अपना परिचय करायें[७]। अर्दबेल पहुँचकर तवाफ़ किया और एक सप्ताह वहाँ पड़ाव हुआ। वहाँ मक़बरे के द्वार में ज़ंजीरें बंधी हुई हैं। यह नियम रखा गया है कि, "यदि कोई पापी भागकर उन ज़ंजीरों को पार कर ले तो उसे मुक्त कर दिया जाता है चाहे उसने छोटा पाप किया हो अथवा बड़ा।" तदुपरान्त दरियाये क़ुलज़ुम[८] की सैर की गई। वहाँ सर्वदा बादल छाये रहते थे। वहाँ से लौटकर वे अर्दबेल[९] (८२ब) पहुँचे, फिर ख़र्दबेल, वहाँ से तारून[१०] और फिर निरन्तर यात्रा करते हुए क़ज़वीन पहुँचे। जब तक हज़रत पादशाह अर्दबेल, ख़र्दबेल, तारून तथा सुर्ख़ाब की सैर करते हुए क़ज़वीन पहुँचे, उस बीच में हज़रत शाहे आलम पनाह भी सैर करते हुए वहाँ पहुँचे। उस ओर से हज़रत पादशाह क़ज़वीन पहुँचे और इस ओर से हज़रत शाहे आलम पनाह। उन्होंने पुछवाया, कि, "यह किसका लश्कर है?" निवेदन किया गया, "मुहम्मद हुमायूँ पादशाह की सेना है।" पादशाह ने कहा कि, "क्या अभी तक वे इस देश के बाहर नहीं गए हैं?" तदुपरान्त मेहतर ख़्याली[११] को आदेश हुआ कि, "मुहम्मद हुमायूँ पादशाह को १२ फ़रसख़ तक पहुँचा आओ।" हज़रत पादशाह निरन्तर यात्रा करते हुए दर्स[१२] नामक क़िले में पहुँचे।

१ टर्की।
२ च, छ एवं ज में :—"पादशाह ने तुर्की भाषा में कहा"।
३ च, छ में 'अर्दपूल', ज में 'उर्दू ये पुल'।
४ ख, ग एवं घ में 'शेख़ सफ़ी उद्दीन इस्हाक़'।
५ केवल ख, ग एवं घ में "शेख़ सफ़ी ..हुये थे" नहीं है।
६ च, छ एवं ज में :—"उस स्थान पर उनके पधारने के दो उद्देश्य थे। एक तो मज़ारों का तवाफ़, दूसरा यह कि शाह ने अपनी भानजी की जो मासूम बेग की पुत्री थी, मंगनी उनसे कर दी थी। वे चाहते थे कि उन लोगों से परिचय प्राप्त कर लें।" (च : पृ० ७३अ, छ : पृ० ६३ब, ज : पृ० ७८ब)।
७ सम्भवतः विवाह नहीं हो सका।
८ लाल सागर, रेड सी।
९ च, छ एवं ज में 'ख़र्दबील'।
१० च, छ में 'मारून,' ज में 'हारून'।
११ ज में 'हाल' क, ख, एवं ग में 'ज़ियाई'।
१२ क, ख, ग एवं घ में 'फ़रस,' च, छ एवं ज में 'दर्स'।

शाह के आदमियों द्वारा याक़ूब सुफ़रची की हत्या

जंगल से चार अश्वारोही दृष्टिगत हुए और उन्होंने याक़ूब[1] सुफ़रची की हत्या कर दी। (८३ अ) यह समाचार पादशाह को प्राप्त हुए। वे उनके पीछे रवाना हुए। जब वे उनके समीप पहुँचे तो उन्होंने कहा कि, "आप लोग क्यों हमारे पीछे आ रहे हैं? हमने उसकी शाहे आलम पनाह के आदेशानुसार हत्या की है।" किन्तु याक़ूब की हत्या का कारण यह था कि हसन अली ईशक आक़ा[2] का याक़ूब से झगड़ा हो गया था। इस झगड़े का यह कारण था कि एक दिन जब शाहे आलम पनाह ने हज़रत पादशाह को तलवारें प्रदान कीं तो उन तलवारों में से एक हसन अली ईशक आक़ा ने ले ली। याक़ूब ने जाकर हज़रत से कहा कि, "तलवार हसन अली ले गया है।" इस कारण उसने शाहे आलम पनाह से कहा कि, "याक़ूब ने ताज का अपमान किया है।" याक़ूब सुफ़रची की हत्या का यही कारण था।

तदुपरान्त वे सब्ज़वार पहुँचे और आदेश दिया कि "हज़रत बेगम सेना सहित तबसारेकी की ओर रवाना हों" और वे स्वयं मशहद की ओर जहाँ इमाम अली बिन मूसी रिज़ा का रौज़ा है, रवाना हुए[3]। वहाँ पहुँचकर हज़रत इमामे दीन व दुनिया अली इब्ने मूसी अर्रिज़ा की चौखट का तवाफ़ किया और फ़ातेहा पढ़ा। जो धनुष वहाँ छोड़ा था[4], उसे चिल्ले सहित पाया। अत्यधिक प्रसन्न हुए और समझ गए कि "हज़रत इमाम हमारी सहायता कर रहे हैं[5]।" सात दिन तक मशहदे मुक़द्दस में (८३ ब) हिमपात होता रहा। जब हिमपात समाप्त हो गया तो उन्होंने प्रस्थान किया और रावत तूरूक़[6] नामक स्थान पर पड़ाव किया। वहाँ से प्रस्थान करके लंगर नामक स्थान पर जहाँ शाह क़ासिम अनवार का रौज़ा है, पड़ाव किया। वहाँ से रवाना होकर काह नामक क़िले में पहुँचे। वहाँ से १२वें इमाम अदृश्य हो गए थे। इस समय तक नक़्क़ारे तथा तुरही की आवाज़ वहाँ आती रहती है। जिस किसी को कोई आवश्यकता होती है वह वहाँ जाकर विनय तथा नम्रतापूर्वक प्रार्थना करता है। ईश्वर उसकी इच्छा पूरी करता है। हज़रत पादशाह वहाँ पहुँच गए। रात्रि में तवस[7] नामक स्थान पर पड़ाव हुआ। वहाँ से कुछ पड़ाव के उपरान्त सीस्तान नामक स्थान पर पहुँचे। उस स्थान पर लगभग १५ दिन तक रहे। इसका कारण यह था कि हज़रत शाहे आलमपनाह ने आदेश दिया

१ च एवं छ में 'मीर याक़ूब'।

२ च, छ में 'हसन अली ईशी आग़ा', ज में 'हसन अली आतशी'।

३ च, छ एवं ज में :—"मशहद से १२ कुरोह पर पहुँचे थे कि रमज़ान की ईद हो गई। आधी रात के समय मार्ग की थकावट के कारण वे हम्माम में पहुँचे"।

४ च, छ एवं ज में :—"जो बिना चिल्ले का धनुष छोड़ा था, वह याद आ गया और उसे चिल्ले सहित पाया"।

५ ज में इसके आगे इस प्रकार है :—इससे निश्चिन्त हो कर पवित्र रौज़े के मुतवल्ली से पूँछा, 'ईद क्यों नहीं करते'? उसने कहा, 'चांद नहीं देखा।' पादशाह ने कहा, 'हमने देखा है।' उन लोगों ने कहा, 'हवा साफ़ न थी। ४२ आदमियों की गवाही आवश्यक है।' पादशाह ने कहा, 'हमारे साथ २२ आदमी हैं।' मुतवल्ली ने कहा, 'न्यायकारी पादशाह २० आदमियों के स्थान पर हैं।' जाकर ईद की और खुशी के बाजे बजवाये।" (ज : पृ० ७९ ब)।

६ च, छ में, 'रवात' ज में 'रयात तुरुक़'।

७ ज में 'तवस,' च में इस स्थान का उल्लेख नहीं।

(८४ अ) था कि अमीरों की सेना का निरीक्षण वहीं होगा। जब समस्त अमीर अपने परगनों से आये तो उन्होंने हज़रत पादशाह से निवेदन किया कि, "इन दासों की सेना का उचित रूप से निरीक्षण कर लें।" उन्होंने कहा, "इस स्थान से १० कुरोह पर विस नामक क़िला है जो मदाएन कहलाता था। यह नूशीरवाँ की राजधानी था। उस स्थान पर अस्करी मीर्ज़ा के अमीरों में से मीर ख़ल्ज है। प्रातःकाल वहाँ पहुँचकर तुम्हारी सेना का निरीक्षण करूँगा। यदि वह सेवा में उपस्थित हो जायेगा तो बड़ा अच्छा है अन्यथा तुम लोगों को नियुक्त करूँगा, ताकि तुम लोग उस क़िले को नष्ट करके हरामखोरों की हत्या कर दो।" तुर्कमानों ने निवेदन किया कि, "यह हज़रत शाहे आलम पनाह के आदेश के विरुद्ध हो रहा है।" हज़रत पादशाह ने कहा कि, "हम शाहे आलम पनाह को लिख देंगे।" जब उस स्थान पर सेना का निरीक्षण किया गया तो १२ हज़ार अश्वारोहियों के, जो कि सूची में लिखे हुए थे, स्थान पर १४ हज़ार सवार निकले। तदुपरान्त[१] मीर ख़ल्ज अपने गले में (८४ ब) तलवार लटकाकर पहुँचा और रिकाब का चुम्बन करके सम्मानित हुआ।

हज़रत का क़न्धार के क़िले में ऐश्वर्य एवं गौरव से पहुँचना और बैरम ख़ां को मीर्ज़ा कामरान के पास पत्र सहित भेजना[२]

वहाँ से निरन्तर यात्रा करते हुए क़न्धार पहुँचे। बैरम ख़ां को कामरान मीर्ज़ा के पास दूत बनाकर काबुल भेजा। मीर्ज़ा अस्करी सेवा में उपस्थित न हुआ। क़िले के भीतर के लोग युद्ध के लिए तैयार हो गए। घोर युद्ध हुआ। सर्व प्रथम युद्ध में ही बाबा दोस्त क़ूरबेगी एवं मेहतर यूसुफ़ शहीद हो गए। हज़रत पादशाह ने आदेश दिया कि, "क़न्धार के क़िले को घेर कर मोर्चे बाँट दिए जायें। उलुक़[३] मीर्ज़ा, कामरान मीर्ज़ा की क़ैद में मीर शेर अफ़गन की देख-रेख में था। मीर शेर अफ़गन तथा उलुक़ मीर्ज़ा काबुल से भाग खड़े हुए और हज़रत पादशाह की सेना में पहुँच कर चरणों का चुम्बन करके सम्मानित हुए। एक दिन हज़रत पादशाह पर्वत के ऊपर गए हुए थे। उनकी दृष्टि ख़च्चरों की एक क़तार पर पड़ी। पूछा कि, "यह किसके हैं?" गुप्तचर ने निवेदन किया कि, "अस्करी की माता, बेगम के हैं।"[४] उन्होंने कहा कि, "उन्होंने हमारी सेवा की है[५]।" तदुपरान्त उन्होंने मीर्ज़ा के दीवानख़ाने पर दृष्टि डाली। उन्होंने आदेश दिया कि (८५ अ) इसकी झंझरी पर ज़र्बजंग से गोला चलाया जाय। आदेशानुसार ज़र्बजंग चलाई गई। क़िले के भीतर हाहाकार होने लगा। लोग छिन्न-भिन्न हो गए।

१ उसी स्थान पर।

२ च एवं छ के अनुसार पहली फ़स्ल ज. के अनुसार सातवीं फ़स्ल।

३ च, छ एवं ज के अनुसार 'उलुग मीर्ज़ा'; यही ठीक है।

४ च, छ एवं ज के अनुसार 'अस्करी की बेगम'; यही उचित है।

५ च, छ एवं ज में इसके आगे यह है :—"क्षमा किया"।

(१८)

मीर्ज़ा अस्करी का बादशाह की सेवा में उपस्थित होना और क़न्धार के क़िले की विजय[1]

जब हज़रत पादशाह ने क़न्धार के क़िले का अवरोध कर लिया तो उन्हीं दिनों में मीर्ज़ा कामरान ने नवाब खानज़ादा बेगम को जो कि फ़िरदौस मकानी बाबर पादशाह की बहिन थीं, संदेश भेजा कि अस्करी मीर्ज़ा को हज़रत पादशाह की सेवा में उपस्थित कर दिया अतः सतीत्व की रक्षक बेगम ने मीर्ज़ा अस्करी के अपराधों की क्षमा माँगी और मीर्ज़ा को क़िले से बाहर लाकर हज़रत पादशाह के चरणों के चुम्बन द्वारा सम्मानित कराया। तुर्कमान लोग मीर्ज़ा उलुग़ को गम्भीर देखकर कहते थे कि, "यह मुहम्मद हुमायूँ पादशाह का भाई है[2]।" संक्षेप में, क़न्धार की विजय के उपरान्त हज़रत शाह के अमीरों ने निवेदन किया कि, "मीर्ज़ा अस्करी के ख़ज़ाने की रक्षा की जाय और मीर्ज़ा को हज़रत (शाह तहमास्प) की सेवा में भेज दिया जाय तथा ख़ज़ाना शाहे आलम पनाह के दरबार में प्रेषित कर दिया जाय।" हज़रत पादशाह ने कहा कि, "ख़ज़ाना पेशकश के रूप में भेंट किया जाय[3]।" तदुपरान्त हज़रत पादशाह क़िले के भीतर प्रविष्ट हुए। उनके साथ साथ सेवकों (८५ ब) में से मेहतर वासिल तूशकची तथा मेहतर अनीस, जो कि मेहतर ख़ानी की उपाधि द्वारा सुशोभित था, एवं तुच्छ जौहर आफ़तावची तथा शागिर्दपेशा एवं सैनिक इत्यादि में से लोग प्रविष्ट हुए। जब हज़रत पादशाह मीर्ज़ा अस्करी के महल में दाखिल हुए तो आदेश दिया कि ख़ज़ाने को बाहर निकाल कर एकत्र किया जाय। ख़ज़ाना एकत्र किया जा रहा था, उस समय हज़रत पादशाह के साथ किरमान का हाकिम शाह क़ुली खां[4], उसका भाई हज़रत शाह का क़ूरची बाशी, बुदाग़ खां शाह के पुत्र का लला[5], संजाव का हाकिम हसन सुल्तान, सीस्तान का हाकिम अहमद सुल्तान जिसने हज़रत पादशाह के प्रस्थान के समय उचित रूप से सेवा की थी (उपस्थित थे)। उनके समक्ष उस पर ताला लगा दिया गया। उस पर हज़रत पादशाह की तथा शाह के अमीरों में से शाह क़ुली खां मीर[6] बुदाग़ खां की मुहरें लगवाई गईं। वे क़िले के बाहर निकले। तुर्कमानों ने आपस में निश्चय किया कि "पादशाह; मीर्ज़ा अस्करी तथा ख़ज़ाने को हज़रत शाह की सेवा में भेज देना चाहिये। फिर जो कुछ उनका आदेश हो।" हज़रत पादशाह को समाचार प्राप्त हुए[7]। आदेश दिया (८६ अ) कि "समस्त सेना के अमीर लोग ५०-५० अश्वारोहियों के दस्ते बनाकर अस्त्र-शस्त्र धारण किए हुए प्रत्येक दिशा से आयें।" जब अमीर लोग विभिन्न दिशाओं से संगठित होकर आने लगे तो

१ च, छ एवम् ज में यह शीर्षक नहीं है।

२ च, छ में यह वाक्य नहीं। ज में इस प्रकार है:—"तुर्कमान लोग उलुग़ मीर्ज़ा को हज़रत पादशाह की सच्चे हृदय से सेवा करते हुये एवं उसके उत्तम रंग ढंग को देखकर यह समझते थे कि यह पादशाह का भाई होगा।"

३ च, छ एवं ज में, इसके आगे यह है:—"...किन्तु मीर्ज़ा के भेजने में उन्हें संकोच था।"

४ च, छ एवं ज में 'शाह क़ुली किरमानी'।

५ च, छ एवं ज में 'अतका'। अतका तथा लला का एक ही अर्थ है।

६ च एवं छ में 'मीर' नहीं है, ज में 'बुदाग़ खां' भी नहीं।

७ च, छ एवं ज में:—"हज़रत को इस प्रकार की हरकतें अच्छी न लगीं।"

तुर्कमान लोग सावधान हो गए और उन्होंने आपस में कहा कि, "इस पादशाह के विचार अच्छे नहीं हैं। जिस प्रकार इसके पिता ने नज्म बेग वज़ीर[1] की ऊज़बेकों द्वारा हत्या करा दी, उसी प्रकार यह हमारी भी हत्या करा देगा।" यह बात समझकर उन्होंने मीर्ज़ा अस्करी के ख़ज़ाने को लदवाया और १२ कुरोह[2] पर पड़ाव किया। तदुपरान्त वे एक मंज़िल से दूसरी मंज़िल को पार करते हुए शाहे आलम पनाह की सेवा में पहुँच गए। वहाँ से शाह ने ९ थान तथा १ द्रुतगामी ख़च्चर भेजा। हज़रत पादशाह (शाह के) प्रति सम्मान प्रदर्शित करने के लिये सवार हुए और ५-६ क़दम तक चलकर उतर पड़े। वहाँ से प्रस्थान करके खलजा[3] नामक उद्यान में पड़ाव किया। एक मास तक वे उस स्थान पर रहे।

बुदाग़ ख़ां की दुष्टता के कारण क़न्धार के क़िले को तुर्कमानों से विजय करना तथा शाह के पुत्र की मृत्यु[4]

बुदाग़ ख़ां[5] ने (अपनी सेना को) आदेश दे दिया कि "हुमायूँ पादशाह को सेना में अनाज की रसद न पहुँचने दें।" जब हज़रत पादशाह को यह समाचार प्राप्त हुए तो उन्होंने इस विषय में अमीरों[6] से परामर्श किया। उन्होंने निवेदन किया कि, "तुर्कमान लोगों ने १७ सौ घोड़े व्यापारियों (८६ ब) के हाथ बेचे हैं। घोड़े क़िले के बाहर हैं। उन्हें ले लेना चाहिये।" हज़रत पादशाह ने आदेश दिया कि सेना सफ़ेद गुम्बद नामक स्थान पर पड़ाव करे और वे बाबा हसन अब्दाल नामक स्थान पर पहुँचे। मध्याह्नोत्तर की प्रथम नमाज़ वहाँ पढ़ी। तदुपरान्त आदेश हुआ कि हाजी मुहम्मद कोकी[7] आगे रवाना हो; उसके पीछे उलुग़ बेग और उसके पीछे बैरम ख़ां तथा उनके पीछे हज़रत पादशाह रवाना हुए। ज़ुहर तथा अस्र की नमाज़ के मध्य[8] में क़न्धार पहुँच गए तथा घोड़ों को अधिकार में कर लिया। वहाँ से लौटकर आधी रात को विजयी शिविर में वापस आ गए। प्रातः काल समस्त घोड़ों को दाग़ने का आदेश हुआ। व्यापारियों को तमस्सुक लिखकर दे दिया कि, "यह

१ च, छ एवं ज में 'वज़ीर' नहीं है।

२ च, छ एवं ज में '१५ कुरोह'।

३ च एवं छ में 'ख़लीजा'।

४ च, छ के अनुसार दूसरी फ़स्ल एवं ज के अनुसार ८वीं फ़स्ल।

५ च एवं छ में इससे पूर्व यह है:—"शाहे आलम पनाह यद्यपि हज़रत पादशाह के संतुष्ट रखने का अत्यधिक प्रयत्न करते थे किन्तु बुदाग़ ख़ां ने कोई अन्य बात सोच रक्खी थी।"

६ च, छ एवं ज में:—"अमीरों ने सर्व सम्मति से कहा, इस प्रकार उपेक्षा एवं शिथिलता राज्य के हित में नहीं है। षड्यंत्र को दूर करने का प्रयत्न करना चाहिये। उसकी व्यवस्था के विषय में भी उल्लेख किया कि तुर्कमान लोगों ने·····"।

७ क, ख, ग एवं घ में 'कोका'।

८ च, एवं छ में:—"मध्याह्नोत्तर की दूसरी नमाज़ के समीप"।

तुमसे ऋण के रूप में हैं।" १५० घोड़े हिन्दाल मीर्ज़ा तथा यादगार नासिर मीर्ज़ा के लिए[1] पृथक् कर दिये और शेष घोड़े प्रत्येक व्यक्ति को उसकी श्रेणी के अनुसार बांट दिये।

(१६)

शाहे आलम पनाह के पुत्र की मृत्यु, क़न्धार के क़िले को तुर्कमानों से अधिकार में करना, एवं काबुल की ओर प्रस्थान[2]

(८७ अ) घोड़ों के वितरण के उपरान्त वे प्रस्थान के विषय में सोच रहे थे, कि इसी बीच में शाहे आलम पनाह के पुत्र की मृत्यु हो गई। बुदाग़ ख़ां ने यह समाचार हज़रत पादशाह को न पहुँचाये[3]। हज़रत ने अपने अमीरों से परामर्श किया कि, "क्या करना चहिये ? शाह के पुत्र की मृत्यु हो गई है, बुदाग़ ख़ां क़िले के भीतर है।" अन्त में निश्चय हुआ कि बुदाग़ ख़ां से क़न्धार के क़िले को ले लेना चाहिये। हज़रत पादशाह ने पूँछा कि, "किस प्रकार क़िला अधिकार में किया जाय।" हाजी मुहम्मद ख़ां कोकी ने निवेदन किया कि, "यह सेवा दास के सिपुर्द की जाय।" इस निर्णय पर उन्होंने फ़ातेहा पढ़ा और आधी रात में उसने प्रस्थान कर दिया। प्रातःकाल जब क़न्धार का द्वार खोला जा रहा था तो हाजी मुहम्मद कोकी क़िले में प्रविष्ट हो गया। एक की बाण से हत्या कर दी। बुदाग़ ख़ां के आदमी अरक़[4] में प्रविष्ट हो गए। हज़रत पादशाह क़न्धार से एक कुरोह पर पहुँचे थे कि हाजी मुहम्मद कोकी के होश नामक सेवक ने हज़रत पादशाह की सेवा में उपस्थित होकर क़िले के विषय में बधाई दी और कहा कि, "वह विजय हो गया।" हज़रत पादशाह ने जाकर अक़शआ[5] (८७ ब) नामक बुर्ज में पड़ाव किया। बुदाग़ ख़ां अरक के भीतर था। हज़रत पादशाह ने उसे यह संदेशा भेजा कि, "शाहे[6] आलम पनाह का पुत्र मेरा पुत्र था। हमें सौंपा गया था, उसकी मृत्यु हो गई। तूने मुझे सूचना क्यों न की ताकि मैं उसके प्रति संवेदना प्रकट करता और जल तथा भोजन देता[7]? तुझे यही दंड है कि तू द्वार के बाहर मत निकल कारण कि चग़ताई लोग तेरी हत्या कर डालेंगे। क़िले के पीछे से दराज़ बनाकर बाहर चला जा। मैं तेरी हत्या न कराऊँगा किन्तु तेरा मुंह न देखूंगा।" अन्ततोगत्वा बुदाग़ ख़ां क़िले के अरक के पीछे के भाग को तोड़कर क़िले के बाहर चला गया। हज़रत पादशाह ने क़न्धार की विलायत अपने अमीरों में बाँट दी। रबी के महसूल में से कुछ तुर्कमान लोग ले जा चुके थे, शेष उन लोगों ने अपने अधिकार में कर लिया। तदुपरान्त हज़रत बेगम

१ च, छ एवं ज में इसके आगे इस प्रकार है:—"जो मीर्ज़ा कामरान से अलग होकर हज़रत पादशाह के पास आ रहे थे"।
२ च, छ एवं ज में पृथक् शीर्षक नहीं।
३ च, छ एवं ज में यह भी है:—"इससे उनके सम्मानित हृदय को और भी कष्ट हुआ"।
४ भीतरी क़िला अथवा महल।
५ च एवं छ में 'क़राक़ा' ज में 'अक़राक़ा'।
६ च एवं छ में इससे पूर्व यह वाक्य भी है:—"तूने बहुत बड़ी भूल की। शाहे ....."।
७ आत्मा की शांति हेतु।

तथा बैरम ख़ां को[१] क़न्धार के क़िले में छोड़ दिया और कहा कि, "क़न्धार के क़िले को बैरम ख़ां के सिपुर्द तथा अन्तःपुर को ख़्वाजा अम्बर के सिपुर्द करता हूँ।" वहाँ से वे काबुल की ओर (८८ अ) रवाना हुए।

हज़रत पादशाह का काबुल की ओर प्रस्थान, उस प्रदेश की विजय, मीर्ज़ा कामरान का वहाँ से पलायन और भक्कर की ओर प्रस्थान[२]

कामरान मीर्ज़ा के समस्त अमीरों ने प्रार्थना-पत्र भेजा कि, "दास तथा काबुल की विलायत आपके हैं, आप यहाँ पधारें। हम आपकी सेवा के बाहर नहीं हैं।"

वे तीरी नामक स्थान पर पहुँचे। तीरी नामक नगर हज़ारा लोगों के मध्य में था तथा उलुग़ मीर्ज़ा की जागीर था। मीर्ज़ा हिन्दाल एवं तरदी बेग ने उपस्थित होकर तीरी में हज़रत पादशाह से भेंट की। मीर्ज़ा कामरान ने काबुल से निकलकर गुज़रगाह नामक उद्यान में पड़ाव किया। हज़रत पादशाह सशस्त्र विजयी सेनाओं को लेकर निरन्तर यात्रा करते हुए जा रहे थे कि समाचार प्राप्त हुए कि क़ासिम बरलास[३] मीर्ज़ा कामरान की ओर से युद्ध के उद्देश्य से नीनगनहार[४] में पहुँच गया है। हज़रत पादशाह ने हाजी मुहम्मद ख़ां कोकी, ख़्वाजा मुअज़्ज़म तथा तोलक क़ूरची एवं कुछ अन्य जवानों को युद्ध के उद्देश्य से क़ासिम बरलास के विरुद्ध नियुक्त किया। वे लोग रवाना हुए और नीनगनहार में युद्ध हुआ। ख़्वाजा मुअज़्ज़म तथा तोलक क़ूरची ने ख़ूब तलवार चलाई। (८८ ब) परमेश्वर ने विजय प्रदान की। पराजित लोग भाग गए। हज़रत पादशाह ने नीनगनहार में पड़ाव किया। अमीरों ने बधाई दी और कहा[५] कि, "विजय मुबारक हो।" कुछ अमीरों तथा राज्य के प्रतिष्ठित लोगों ने निवेदन किया कि, "मीर्ज़ा कामरान के अपराध को क्षमा कर देना चाहिये।" हज़रत पादशाह ने कहा कि, "अभी आगे चलते हैं, देखते हैं कि यह अभियान कहाँ तक पहुँचता है, जो कुछ उचित होगा वह करूँगा।" कूच का तब्ल बजवा दिया। अल्लाह[६] क़ुली एवं बहादुर ने उपस्थित होकर चरणों के चुम्बन का सम्मान प्राप्त किया[७] और निवेदन किया कि, "फ़क़ीरों का पिता हैदर सुल्तान मृत्यु को प्राप्त हो गया[८]।" हज़रत ने उन्हें आलिंगन करके कहा कि, "मैं तुम लोगों के पिता के स्थान पर हूँ और आश्रय प्रदान करूँगा। तुम लोग कोई चिन्ता मत करो एवं साहस से कार्य लो।"

१ च, छ एवं ज में:—"ख़ाने ख़ानाँ की उपाधि द्वारा सम्मानित करके"।

२ च एवं छ के अनुसार तीसरी फ़स्ल, ज के अनुसार ९वीं फ़स्ल।'

३ च एवं छ में 'क़ासिम बेग बरलास'।

४ ज में 'यकताये ख़ुमार'।

५ च एवं छ के अनुसार:—"कुछ अमीरों ने कहा"।

६ च, छ एवं ज में 'अली क़ुली'; यहीं ठीक है।

७ ज में इस प्रकार है:—"वहां से उन्होंने कूच का नक़्क़ारा बजवा दिया था कि अली क़ुली जिसे इसके उपरान्त हिन्दुस्तान में ख़ाने ज़मां की उपाधि प्राप्त हुई, एवं बहादुर दोनों भाई सेवा में उपस्थित होकर चरणों का चुम्बन करके सम्मानित हुये।" (ज: पृ० ८५ अ)।

८ च, छ एवं ज में:—"स्वर्गीय (हैदर सुल्तान) उन लोगों में था, जिन्हें शाह ने कुमक हेतु नियुक्त किया था। जब सब तुर्कमान लोग चले गये तो वह सेवा में प्रविष्ट हो गया।"

हज़रत पादशाह ने उन लोगों को सांत्वना देकर हैदर सुल्तान को दफ़न करा दिया और वहाँ से प्रस्थान कर दिया। ख्वाजा बुस्तान नामक स्थान पर पहुँच कर पड़ाव किया। वह गुज़रगाह नामक (८९ अ) उद्यान से, जहाँ वह[१] युद्ध हेतु आया था, तीन कुरोह पर था[२]। उसी समय पीरज़ादों[३] में से ख्वाजा अब्दुल हक़ तथा ख्वाजा खान महमूद संधि के उद्देश्य से हज़रत पादशाह की सेवा में उपस्थित हुए। हज़रत पादशाह घोड़े से उतरे और उनके प्रति जो सम्मान प्रदर्शित किया जाता था, वह किया। मध्याह्नोत्तर की प्रथम नमाज़ उनके साथ पढ़कर उन्हें विदा कर दिया। पीरज़ादों ने कहा कि, "हम संधि करायेंगे। यदि कामरान मीर्ज़ा उपदेश स्वीकार करेगा तो मध्याह्न के समय दोनों नमाज़ों के मध्य में आपकी सेवा में उपस्थित हो जायेंगे अन्यथा[४] हज़रत पादशाह अपनी चिन्ता स्वयं कर लें।"

क्योंकि कामरान मीर्ज़ा ने उपदेश स्वीकार न किए अतः पीरज़ादे विदा होकर काबुल चले गए। वचन का समय व्यतीत हो जाने के उपरान्त हज़रत पादशाह ने रोशनक तूशकबेगी को कामरान मीर्ज़ा के पास भेजकर कहलाया कि, "हम यात्री हैं और तुम लोग वहाँ के निवासी हो। (८९ ब) यदि तुम आओ तो तुम्हारी इच्छा है अन्यथा हम विवश हैं।" जब रोशनक पहुँचा तो मीर्ज़ा कामरान ने उससे भेंट करके सब बातों का पता लगा लिया। मीर्ज़ा वुज़ू कर रहा था। उसने कहा कि, "मैं आ रहा हूँ।" इसी समय रोशनक ने देखा कि लोग व्याकुल होकर काबुल की ओर जा रहे हैं। रोशनक विना मीर्ज़ा से विदा हुए वापस चला आया और जो कुछ उसने देखा था उसके विषय में निवेदन किया। हज़रत पादशाह ने मीर्ज़ा हिन्दाल, हाजी मुहम्मद कोकी तथा कुछ अन्य अमीरों को आदेश दिया कि वे प्रस्थान करें[५]। ७०० अश्वारोही[६] भाले लिए हुए हमारे चारों ओर होकर रवाना हों। सबसे[७] आगे आगे मुसाहिब बेग, मीर्ज़ा कामरान का अमीरुल उमरा (तथा) ख्वाजा कलाँ का पुत्र उपस्थित हुये। उसने शुभ कामनाएं कीं और मीर्ज़ा कामरान के अमीरों की, जो आ रहे थे, शुभकामनाएं पहुँचने लगीं।

१ मीर्ज़ा कामरान।

२ च एवं छ में:—"ख्वाजा बुस्तान नामक स्थान पर जो गुज़रगाह उद्यान से तीन कुरोह पर था, पड़ाव किया। उस ओर मीर्ज़ा (कामरान) गुज़रगाह उद्यान में, जो पादशाह के मार्ग में था, पड़ाव किये था।"

३ पीर के पुत्र; च एवं छ में 'ख्वाजा ज़ादा—ख्वाजा के पुत्र'।

४ च, छ एवं ज में:—"अन्यथा आप जो उचित समझेंगे वह होगा। ख्वाजा ज़ादों (ज में पीर ज़ादों) ने मीर्ज़ा के पास जा कर जो उचित उपदेश समझे, वह दिये और इस प्रकार कहा कि, 'इन दिनों में जब तक बन्देगान हज़रत इस प्रदेश में तशरीफ़ न रखते थे, आप उसे अधिकार में किये रहे। अब राज मुकुट एवं राज सिंहासन का स्वामी आ गया। इस राज्य को छोड़ दें और अपने अपहरण के हाथ हटा लें। राज्य को राज्य के स्वामी को सौंप दें।" (च : पृ० ७९अ, छ : ६८ब, ज : ८५ब)।

५ च, छ एवं ज के अनुसार:—"आगे प्रस्थान करें"।

६ च, छ एवं ज में 'क़ूरची'।

७ च, छ एवं ज में:—"मीर्ज़ा (कामरान) की ओर से, उसके अमीरुल उमरा ख्वाजा कलां बेग का पुत्र मुसाहिब बेग सबसे पहिले पहुँचा और कोरनिश की। तदुपरान्त मीर्ज़ा के समस्त अमीरों, जो बारी बारी आ रहे थे, शुभ कामनायें दूर से पहुँचती थीं। हज़रत का आदेश था कि वे जिरगे में आ जायें"।

(२०)

काबुल पर अधिकार, मीर्ज़ा कामरान का प्रथम बार भक्कर की ओर पलायन, हज़रत पादशाह का सुलेमान मीर्ज़ा से तीर गरां नामक स्थान पर युद्ध तथा उनकी विजय[1]

(९० अ) जब हज़रत पादशाह पूर्ण वैभव तथा धैर्य से पहुँचे तो मीर्ज़ा कामरान भागकर क़िले के भीतर चला गया और क़राचा ख़ां तथा ख़्वाजा दोस्त ख़ां से कहा कि "तुम पादशाह को उस समय तक टालते रहो जब तक कि मैं अपने परिवार को यहाँ से बाहर निकाल न ले जाऊँ।" क़राचा ख़ां तथा ख़्वाजा दोस्त ख़ां ने इसी प्रकार टाला कि उन्होंने हज़रत पादशाह से भेंट न की। हज़रत पादशाह क़िले के भीतर प्रविष्ट न हुए। जब मीर्ज़ा अपने परिवार को बाहर निकाल ले गया और ३-४ घड़ी रात्रि व्यतीत हो गई तो क़राचा ख़ां तथा ख़्वाजा दोस्त ख़ां ने उपस्थित होकर हज़रत के रिकाब चूमने का सम्मान प्राप्त किया और बधाई देते हुए निवेदन किया कि "क़िले में प्रवेश करें।" हज़रत पादशाह क़िले में प्रविष्ट हो गए। मीर्ज़ा कामरान के दीवानख़ाने में एक (९० ब) उत्कृष्ट ख़रगाह था। वे वहीं उतरे।

हज़रत ने वासिल तूशकची से कहा कि, "एक पहर रात व्यतीत हो चुकी है, अभी रोज़ा नहीं खोला है। कोई यहाँ होगा जो एक प्याला गर्म पेय[2] हमारे लिए ले आये?" तदुपरान्त हज़रत को स्वयं स्मरण हुआ कि बीबी[3] के घर जाना चाहिये। सतीत्व की रक्षक बेगम का नाम बेगा[4] बेगम था। आदेश हुआ, "यदि उनके यहाँ भोजन हो तो ले आओ।" मेहतर वासिल तूशकबेगी तथा जौहर आफ़ताबची दोनों रवाना हुए और सलाम एवं शुभ-कामना करते हुए कहलाया कि, "हज़रत पादशाह ने अभी रोज़ा नहीं खोला है। हमें आपकी सेवा में भेजा है, यदि खाने की कोई वस्तु हो तो प्रदान की जाय।" सतीत्व की रक्षक के पास गौ-माँस का क़लिया[5], उसका शोर्बा एवं गौ की आँतें थीं। लाईं। मेहतर वासिल ने दस्तरख़्वान बिछाया और जो कुछ भोजन था, वह लगाया। हज़रत पादशाह ने भोजन में चमचा डाला। देखा कि गौ-माँस एवं गौ की आँतें हैं। चमचा हाथ से छोड़ दिया और खेद प्रकट करना प्रारम्भ कर दिया और कहा कि, "हे मीर्ज़ा कामरान ! तेरा कल्याण किस प्रकार (९१ अ) हो सकता है ? कारण कि तूने सतीत्व की रक्षक बीबी जियू के भोजन हेतु गौ माँस एवं गौ की आँतें निश्चित कर रक्खी हैं। तुझसे इतना न हुआ कि उनकी रसोई के लिए एक भेड़ निश्चित कर देता। सतीत्व की रक्षक बीबी जियू ने फ़िरदौस मकानी की हड्डियों को लाकर, बाप-दादा एवं बुज़ुर्गों के रौज़े में रक्खा[6]। फ़िरदौस मकानी के हम चार पुत्र थे। जो कुछ उन्होंने

१ च, छ एवं ज में यहां पृथक फ़स्ल नहीं है।

२ क, ख, ग, घ में 'आश,' 'आश' का अर्थ भोजन एवं पेय दोनों होता है। च, छ एवं ज में 'एक प्याला गरम जल'।

३ बेगा बेगम।

४ च, छ एवं ज में 'हाजी बेगा बेगम'।

५ च, छ एवं ज में 'केवल गौ-मांस'।

६ यह घटना शेर शाह के राज्य-काल में हुमायूं के हिन्दुस्तान से प्रस्थान के बाद घटी।

किया, हम भी न कर सके।" अन्त में उन्होंने एक प्याला शरबत पिया और पुनः रोज़ा रख लिया।

मीर्ज़ा कामरान के छोटे-बड़े अमीर उपस्थित होकर हज़रत पादशाह के चरणों का चुम्बन करके सम्मानित हुए। हज़रत ने प्रत्येक व्यक्ति को साँत्वना एवं प्रोत्साहन दिया और ढिंढोरा पिटवा दिया कि शान्ति हो गई[1]। प्रत्येक की स्थिति के अनसार उसे विलायत बाँट दीं।

तदुपरान्त मीर्ज़ा सुलेमान को लिखा कि, "हमारे कारण मीर्ज़ा कामरान ने तुम्हारे प्रति कठोरता प्रदर्शित की और तुमने बहुत कष्ट भोगे। अब मित्रों की इच्छानुसार सफलता प्राप्त हो गई है। संतुष्ट रहो। हमें भेंट की इच्छा है जो ईश्वर पूरी करे।" मीर्ज़ा सुलेमान ने उत्तर भेजा (९१ ब) कि, "मीर्ज़ा कामरान ने हमसे यह वचन ले लिया है कि जब तक आपसे युद्ध न कर लेंगे उस समय तक भेंट न करेंगे।"

नाना प्रकार के आनन्द-मंगल के आयोजन के साथ शाहज़ादये आलमियां के ख़तने के जश्न की दावत[2]

मीर्ज़ा सुलेमान की पराजय

तदुपरान्त हज़रत पादशाह को शाहज़ादा मुहम्मद अकबर के सुन्नत की चिन्ता हुई और आदेश दिया कि, "बाग़े सूरतख़ाना में आईन बन्दी की जाय[3]।" क़राचा बेग तथा मुसाहिब बेग को इस आशय से क़न्धार भेज दिया कि मरियम मकानी हमीदा बानो बेगम को ले आयें ताकि शाहज़ादे की सुन्नत कराई जा सके। वे स्वयं बारान नदी की सैर को चल दिए। दूसरे मास के उपरान्त मरियम मकानी क़न्धार से आईं और हज़रत भी सैर से लौट आये। हज़रत पादशाह का राज सिंहासन तैयार किया गया तथा मीर्ज़ाओं के लिए चौकियाँ। हज़रत पादशाह ने राजसिंहासन पर आसन ग्रहण किया और मीर्ज़ाओं तथा अमीरों ने चौकियों तथा तकिये के सहारे। दावत हुई। शाहज़ादे

१ च, छ एवं ज में:—"शाहाना सभा का आयोजन किया। समस्त उत्तम कवियों में से मुल्ला नवेदी ने विजय की शुभ-सूचना पहुँचा कर यह तारीख़ प्रस्तुत की :

शेर

'प्रतिभा शाली बादशाह, हुमायूं बादशाह,
जिसने न्याय द्वारा दिलों के राज्य विजय किये।
काबुल का भूभाग जब उसने विजय किया,
सफलता के राज सिंहासन पर स्थान ग्रहण किया।
उस प्रदेश की विजय की तारीख़ हेतु
उद्घोषक ने कहा, कि काबुल रा गिरिफ़्त (काबुल विजय कर लिया)।'

२ क, ख, ग, घ में यह शीर्षक नहीं है। च, छ के अनुसार चौथी फ़स्ल, ज के अनुसार १०वीं फ़स्ल।

३ च, छ एवं ज में आईन-बन्दी की व्यवस्था का उल्लेख इस प्रकार किया गया है :—

"कुशल कारीगरों ने उसकी दर व दीवार को अतलस (साटन) व दीबा (एक बारीक तथा चित्रित रेशमी कपड़ा) द्वारा इरम के उद्यान के समान सजा दिया। मार्गों को अबीर, एवं इत्रों से महका दिया। उसके भवनों को ख़ालिस अम्बर, गुलाब एवं कस्तूरी द्वारा सुगंधित कर दिया।"

(९२ अ) की सुन्नत की रस्म कराई गई[1]। मीर्ज़ाओं तथा अमीरों को सरोपा प्रदान किए गए[2]। सुन्नत के उपरान्त हज़रत पादशाह क़िलये ज़फ़र की ओर रवाना हुए। मीर मुहम्मद अली तग़ाई को काबुल का हाकिम बना दिया गया। तदुपरान्त हज़रत पादशाह युद्ध की तैयारी करके रवाना हुए। जब वे अन्दराव नामक स्थान पर पहुँचे तो उस ओर से मीर्ज़ा सुलेमान उपस्थित हुआ और तीर गरां नामक ग्राम में युद्ध हुआ। ईश्वर ने उन्हें विजय प्रदान की। मीर्ज़ा सुलेमान भाग गया।

हुमायूं का रुग्ण होना

हज़रत पादशाह किश्म पहुँचे और तीन मास तक वहाँ रहे। तदुपरान्त किश्म से चार कुरोह पर जाकर पड़ाव किया। वहाँ हज़रत पादशाह के शत्रु[3] रुग्ण हो गए। एक रात्रि वे अचेत[4] रहे। लोग निराश होकर असबाब लेकर भागने लगे। क़राचा ख़ां मीर्ज़ा अस्करी को छल के भय से घर के द्वार के निकट ले आया और पूर्ण रूप से रक्षा करने लगा। हज़रत माह चोचक बेगम (९२ ब) बड़ी ही व्याकुल हो रही थीं और अनार का रस हज़रत पादशाह की हलक़ में टपकाती थीं कि, "ईश्वर उन्हें स्वस्थ करे।" उन्होंने अपनी आँख खोलकर देखा कि बेगम की दशा बड़ी शोचनीय है। संकेत से पूछा, कि, "क्या दशा है?" उन्होंने निवेदन किया कि, "संसार अस्त व्यस्त हो रहा था।" आदेश हुआ कि क़राचा ख़ां को बुलवाया जाय। जब वह उपस्थित हुआ तो उसे अपने पास बुलाकर कहा कि, "हम सावधान हैं, लोगों को साँत्वना दे दी जाय।" उसने बाहर जाकर उनके स्वस्थ होने के विषय में घोषणा की[5]। हज़रत पादशाह पूर्ण रूप से स्वस्थ हो गए और क़िलये ज़फ़र की ओर रवाना हो गए। जब वे वहाँ पहुँचे तो आदेश हुआ कि, "मेहतर वासिल

१ ख़तना कराया गया।

२ च, छ एवं ज में सभा के आनन्द-मंगल, गायन, वादन एवं इनाम-इकराम का अधिक विस्तार से उल्लेख किया गया है।

३ हज़रत पादशाह।

४ च, छ एवं ज में:—"तदुपरात वहां से चार कुरोह पर पड़ाव किया। संयोग से हज़रत के शत्रु बीमार एवं कमज़ोर हो गये, यहां तक कि नित्य-प्रति रोग बढ़ने लगा। इस कारण किश्म के अधीन शाख़दान नामक स्थान पर पर्वत के आंचल में पड़ाव किया। यहां तक कि वे एक दिन इतने अचेत रहे कि लोग निराश होकर अपनी धन-सम्पत्ति ले लेकर भागने लगे। मीर्ज़ा अस्करी की, जो क़ैद में था, क़राचा ख़ां एवं कुछ ख़ानों ने छल एवं धूर्तता के भय से निगरानी प्रारम्भ कर दी। जब क़राचा ख़ां ने उन्हें अत्यधिक रुग्ण देखा तो मीर्ज़ा हिन्दाल को, जो क़िलये ज़फ़र में था, उपद्रव एवं अशांति की रोक थाम के लिये बुलवाया और कहलाया कि वह शीघ्रातिशीघ्र वहां पहुँच जाय और समझ ले कि स्थिति बिगड़ चुकी है। इफ़्फ़त पनाही माह चोचक बेगम, शाहज़ादा मीर्ज़ा मुहम्मद हकीम की माता, जिनसे हज़रत पादशाह ने ख़तने के जश्न के उपरान्त विवाह किया था, इस यात्रा में साथ थीं। वे अत्यधिक व्याकुलता प्रदर्शित करने लगीं। रोग पहिचानने वाले हकीम एवं अरिस्तू सरीखे तबीब निराश होकर चले गये। अन्ततोगत्वा बेहोशी दूर करने के लिये उनके पवित्र मुख में अनार का रस टपकाने लगीं। अचानक परोक्ष के शफ़ाख़ाने से अनार का वह रस स्वस्थ होने का कारण बन गया।" (च: पृ० ८२ब-८३ अ, छ: ७१ ब-७५ अ, ज: ८९ ब-९० अ)।

५ च, छ एवं ज में इसके आगे इस प्रकार है:—"मीर्ज़ा हिन्दाल को लिखा कि वह जिस स्थान पर हो, वहां से वापस चला जाय और अपने स्थान पर रहे"।

तथा मेहतर वकीला काबुल पहुँचकर अस्त्र-शस्त्र एवं ख़ेमों का प्रबन्ध करें ताकि यहाँ से कुशलता पूर्वक लौटकर हिन्दुस्तान की ओर प्रस्थान किया जा सके।

(२१)

मीर्ज़ा कामरान का भक्कर से काबुल वापस होना, लोगों को कष्ट पहुँचाना, तथा शाहज़ादये आलमियां मुहम्मद जलालुद्दीन अकबर को बन्दी बनाना[१]

जब मेहतर वासिल तथा मेहतर वकीला काबुल पहुँच कर अपने कार्यों में व्यस्त हो गए तो मीर्ज़ा कामरान भक्कर की ओर से शीघ्रातिशीघ्र तीरी नामक स्थान पर पहुँचा और उसने मीर (९३ अ) सैयिद[२] अली को बन्दी बनवाकर अंधा बनवा दिया। वहाँ से वह ग़ज़नी पहुँचा तथा ज़ाहिद बेग को बन्दी बनवाकर उसकी हत्या करवा दी। वहाँ से शीघ्रातिशीघ्र काबुल पहुँचा। मीर फ़ज़ाएल बेग, मुनइम ख़ां के भाई, मेहतर वासिल तथा मेहतर वकीला[३] को बन्दी बनवा लिया और उनको अंधा करवा दिया[४]। मुहम्मद अली[५] तग़ाई की, जो कि काबुल का हाकिम था, हत्या करा दी। हज़रत शाहज़ादा मुहम्मद अकबर पुनः मीर्ज़ा कामरान के अधिकार में आ गए थे। यह समाचार हज़रत पादशाह को प्राप्त हुए[६]। उन्होंने मीर्ज़ा सुलेमान से संधि कर ली और क़िलये ज़फ़र मीर्ज़ा सुलेमान को दे दिया। क़ुन्दुज़ का क़िला जो कि क़िलये ज़फ़र में सम्मिलित था, अलग कर दिया और उसे मीर्ज़ा हिन्दाल को प्रदान किया। लोगों को सान्त्वना देकर काबुल की ओर रवाना हुए। शेर अफ़गन[७] एवं ख़ुर्द ग़ज़ब भाग कर मीर्ज़ा कामरान के पास चले गए। हज़रत पादशाह ने प्रस्थान करके तालीक़ान नामक स्थान पर पड़ाव किया। कई दिन तक बरफ़ गिरती रही। वे तालीक़ान में ठहरे रहे। जब बरफ़ कम हो गई तो वहाँ से निरन्तर यात्रा करते हुए क़ुन्दुज़[८] पहुँचे। मीर्ज़ा (९३ ब) हिन्दाल क़ुन्दुज़ में था। कुछ दिन तक उसने आतिथ्य किया। क़राचा ख़ां ने निवेदन किया कि, "शेर[९] अफ़गन एवं ख़ुर्द ग़ज़ब के भागने से सेना वाले हतोत्साहित हो गये हैं। कुछ आदमियों को हज़रत सान्त्वना दें और कुछ को यह दास दे। संक्षेप में, सान्त्वना के उपरान्त लोगों

१ च एवं छ के अनुसार फ़स्ल ५, ज के अनुसार फ़स्ल ११।

२ च, छ एवं ज में:—"मीर सैयिद अली मुल्तानी को जो उस स्थान का ज़ागीरदार था"।

३ च, छ एवं ज में इसके आगे इस प्रकार है:—"जो आदेशानुसार हिन्दुस्तान की यात्रा (अभियान) के प्रयत्न में व्यस्त थे"।

४ च, छ में:—"ख़रक मीर हज़ार के घुटने के भीतर की नस कटवा दी"।

५ च एवं छ में 'मीर मुहम्मद अली तग़ाई' ज में 'मीर मुहम्मद तग़ाई'।

६ च, छ एवं ज में:—"क़िलये ज़फ़र में प्राप्त हुये"।

७ ज में केवल 'मीर शेर अफ़गन', च, छ एवं ज में 'मीर शेर अफ़गन'।

८ ख, ग, घ एवं ज में 'कन्धार'।

९ च एवं छ के अनुसार:—"नमक हरामों के भागने से"।

ने चहार दर[1] के मार्ग से काबुल की ओर प्रस्थान किया। शीत ऋतु थी। बरफ़ बहुत पड़ी थी। मार्ग बरफ़ से भर गए थे। जाने का मार्ग न मिलता था। सर्व-प्रथम मार्ग की बरफ़ हटाई जाती थी, तदुपरान्त घोड़े तथा ऊँट यात्रा करते थे। जब चहार कारान नामक स्थान पर पड़ाव हुआ तो मीर्ज़ा कामरान के विषय में समाचार प्राप्त हुए कि युद्ध करेगा। वहाँ से प्रस्थान करके वे मामा ख़ातून[2] नामक स्थान पर उतरे। वहाँ से अस्त्र-शस्त्र धारण करके सवार हुए और यूरत चालाक नामक स्थान पर आये तथा तहारत के लिए उतरे। हज़रत पादशाह के एक हाथ में सेब तथा रूमाल था और दूसरे हाथ से मुंह के ऊपर पानी डालते जाते थे कि उनकी दृष्टि सूर्य पर पड़ी। उन्होंने देखा कि सूर्य हाले[3] में इस प्रकार है जैसे कोई बादशाह ख़रगाह में बैठा हो[4]। हृदय में सोचा कि "ईश्वर ने चाहा तो इस स्थान से मेरी विजय होगी कारण कि मेरे हाथ में सेब तथा रूमाल हैं (९४ अ) और दूसरे हाथ से जल द्वारा मुंह धो रहा हूँ।" उन्होंने कहा, "यह उत्तम फ़ाल है।"

तदुपरान्त सवार होकर अफ़ग़ानों के एक ग्राम में पहुँचे थे कि मीर्ज़ा कामरान की ओर से शेर अफ़गन[5] प्रकट हुआ। मीर्ज़ा हिन्दाल हज़रत पादशाह की ओर से रवाना हुआ और युद्ध होने लगा। मीर्ज़ा हिन्दाल का एक क़ूरची मारा गया। आपस में युद्ध हो रहा था कि इसी बीच में हज़रत पादशाह की दृष्टि मीर्ज़ा हिन्दाल पर पड़ी कि वह अकेला है और लोग छिन्न भिन्न हो गए हैं। हज़रत स्वयं युद्ध के लिए बढ़े। क़राचा ख़ां ने निवेदन किया कि, "इस दास को आदेश हो कि युद्ध करे।" हज़रत पादशाह ने अनुमति दे दी। उसने युद्ध किया। शेर अफ़गन ने तीन बार तलवार चलाई। क़राचा ख़ां ने तीनों बार उसकी तलवार अपनी तलवार पर रोकी। चौथी बार वह तलवार

१ च, छ एवं ज में:—"तदुपरान्त वहां से प्रस्थान किया। मार्गों के समाचार पूछे। समाचार प्राप्त हुये कि 'आब दरा के मार्ग के अतिरिक्त समस्त मार्ग बरफ़ से भर गये हैं'। विवश होकर उस मार्ग से काबुल की ओर रवाना हुये। शीत ऋतु थी। बरफ़ इतनी पड़ चुकी थी कि सर्वप्रथम लोग कूट-कूट कर बरफ़ हटाते थे, तदुपरान्त घोड़े तथा ऊँट चलाते थे। इस कठिनाई से यात्रा करते हुये एक ऐसे स्थान पर पहुँचे जहां कारख़ाने न पहुँच सके। अत्यधिक कष्ट भोगकर तुच्छ जौहर ने बरफ़ गरम की और जल तैयार करके तहारत कराया। सायंकाल की नमाज़ के समय एक मोम बत्ती तहारत' ख़ाने में जला दी। एक अन्य शमा सोने के कमरे के लिये तैयार की। उन्होंने कहा, 'हे योग्य दास! ऐसे स्थान पर इन्हें कहां से लाया? मैंने निवेदन किया कि, 'यह मेरी जेब में थी ताकि कभी काम आ सके'। आदेश दिया कि, 'एक मोम बत्ती जलाये रखना। जब पुस्तक पढ़ने लगूँ तब जला देना'।

उस कष्ट के समय जब मीर्ज़ा अस्करी जो बन्दी था, प्यास के कारण मरने लगा तो उसने ख़्वाजा जलालुद्दीन महमूद से रुष्ट होकर कहा कि, 'मुझे एक प्याला जल भी नहीं देता। तेरी नाक जो काटी गई, क्या उसका बदला लेता है?' ख़्वाजा ने कहा, 'आपने मेरी नाक काट ली, अब क्या काटेंगे'? जब हज़रत के सम्मानित कानों तक यह बात पहुँची, तो उन्होंने मुस्कुरा कर फ़क़ीर (जौहर) से कहा, 'ख़्वाजा से कहो कि वह चीनी के प्याले भर जल मीर्ज़ा के लिये पृथक् कर दें।' इसका कारण यह था कि इससे पूर्व उनमें आपस में शत्रुता हो गई थी"। (च: पृ० ८४अ-ब, छ: पृ० ७३ अ, ज: पृ० ६१अ-६२)।

२ मेजर चार्ल्स स्टीवर्ट के अनुवाद में 'आमा ख़ातून'।

३ चाँद अथवा सूर्य के गिर्द पड़ने वाला घेरा।

४ इस वाक्य का अनुवाद च, छ एवं ज की सहायता से किया गया है। क, ख, ग एवं घ में यह वाक्य स्पष्ट नहीं है।

५ च, छ एवं ज में 'मीर शेर अफ़गन'।

चलाना चाहता था कि ईश्वर की कृपा से वह घोड़े पर झुक गया। क़राचा ख़ां ने अपने घोड़े को बढ़ाकर शेर अफ़गन को घोड़े से पृथक् कर दिया और उसे जीवित बन्दी बनाकर हज़रत पादशाह की सेवा में प्रस्तुत किया। हज़रत ने आदेश दिया कि, "उसको बन्दी रक्खा जाय।" क़राचा ख़ां ने निवेदन किया कि, "वह हरामखोर है, उसकी हत्या कर देनी चाहिए।" उस समय शेर अफ़गन (९४ ब) की हत्या करा दी गई। विजय हो गई। मीर्ज़ा हिन्दाल ने लोगों[१] की सिफ़ारिश की। हज़रत पादशाह ने भी उन लोगों को सांत्वना दी।

हज़रत पादशाह का काबुल पहुँचना, मीर्ज़ा कामरान का वहाँ से दुबारा क़िलये ज़फ़र एवं तालीक़ान की ओर पलायन, उस राज्य को मीर्ज़ा सुलेमान से छीनना, तथा हज़रत के पास से कुछ अमीरों का पलायन[२]

क़राचा[३] ख़ां समाचार लाया कि मीर्ज़ा कामरान काबुल से भाग जाना चाहता है। हज़रत ने आदेश दिया कि, "जिस स्थान पर सियाह संग है, मैं वहाँ जाता हूँ, कहीं वह उधर से न निकल जाय। तुम काबुल के आस पास के स्थानों से सावधान रहो।" क़िले की ओर एक व्यक्ति को इस आशय से भेजा कि वह पता लगाकर आये कि क्या समाचार है। जब यह पता चला कि विभिन्न स्थानों पर लोग नियुक्त हैं और वह क़िले के बाहर नहीं निकल रहे हैं तो हज़रत पादशाह ने जाकर क़राचा ख़ां की मंज़िल में पड़ाव किया। उसने हज़रत पादशाह के पाँव पर अपनी पगड़ी रख दी। (९५ अ) हज़रत पादशाह ने उस पगड़ी को क़राचा ख़ां के सिर पर रख दिया, और प्रसन्नता प्रकट की। तदुपरान्त मीर्ज़ा कामरान ने क़राचा ख़ां के विषय में कहलाया कि वह उसकी सेवा में चला आये, अन्यथा उसके पुत्र सरदार बेग की हत्या करा दी जायेगी। उसने जाकर यह बात हज़रत पादशाह के समक्ष प्रस्तुत की[४]। हज़रत ने कहा कि, "मैं तुम्हारा सरदार बेग हूँ।" उसने निवेदन किया कि, "सरदार बेग सरीखे एक लाख सरदार बेग आपके एक बाल पर न्योछावर हैं।" सूर्योदय के समय आदेश हुआ कि, "क़िले को घेर लिया जाय और विभिन्न स्थानों पर मोर्चे बाँट दिये जायें।" उन्होंने स्वयं उक़ाबैन नामक पर्वत पर जो कि काबुल के क़िले के सरकोब के समान है, पड़ाव किया और वहाँ पर क़िले के विजय की व्यवस्था करके युद्ध हेतु ज़र्बज़ंग लगवा दिये। मीर्ज़ा कामरान ने आदेश दिया कि उनके पुत्र मुहम्मद अकबर को उनके समक्ष रख दिया जाय। (९५ ब) यह समाचार हज़रत पादशाह को प्राप्त हुए। उन्होंने आदेश दिया कि "ज़र्बज़ंग रुकवा दी जायं। सैनिक अपने-अपने स्थान पर दृढ़ रहें और अपने मोर्चों की भली-भाँति रक्षा करें"[५]।

१ सेना के आदमियों की।

२ च एवं छ के अनुसार छटी फ़स्ल, ज के अनुसार १२वीं फ़स्ल।

३ च एवं छ में:—"जब बन्देगान हज़रत काबुल के समीप पहुँचे तो क़राचा ख़ां समाचार लाया......"।

४ च, छ में:—"उसका पुत्र सरदार बेग मीर्ज़ा की सेवा में था। उसने उसके पास सूचना भेजी कि यदि तू मेरे पास आ जाय तो अच्छा है, अन्यथा मैं उसकी हत्या कर दूँगा। यह बात सम्मानित कानों तक पहुँची।

५ च, छ एवं ज में:—"मीर्ज़ा कामरान ने उस अवरोध के कारण क्रोधित होकर मीर्ज़ा बाबूस बेग के दो दो-तीन वर्षीय तीन पुत्रों की हत्या करा दी। उसकी पुत्री को दासों को दे दिया"।

(२२)

कामरान मीर्ज़ा का पलायन, हज़रत पादशाह की उस पर विजय, काबुल में प्रवेश, मीर्ज़ा कामरान का क़िलये ज़फ़र की ओर प्रस्थान, मीर्ज़ा सुलेमान से युद्ध और ऊज़बेकों के पास भागकर पहुँचना[1]

जब काबुल के अवरोध में ३ मास व्यतीत हो गए तो एक रात में मीर्ज़ा कामरान काबुल के क़िले के बाहर निकला और क़िलये ज़फ़र की ओर भाग गया। ईश्वर की कृपा से विजय प्राप्त हो गई। मीर्ज़ा हिन्दाल को उसका पीछा करने के लिये भेजा गया। जब वह पहुँचा तो उसने देखा कि कामरान मीर्ज़ा एक आदमी की पीठ पर बैठा हुआ जा रहा है। उसने चाहा कि उसे पकड़ ले। मीर्ज़ा कामरान ने कहा कि, "यदि तू मुझे ले जायगा तो पादशाह मेरी हत्या करा देंगे। तुझे क्या लाभ होगा?" उसके हृदय में दया ने स्थान ग्रहण कर लिया और उसे एक घोड़ा देकर वह बापस आ गया[२]। हज़रत पादशाह समझते थे कि काबुल वालों का विश्वास नहीं किया जा सकता अतः उन्होंने आदेश दिया कि उसे नष्ट-भ्रष्ट कर दिया जाय। रात भर नष्ट-भ्रष्ट किया जाता रहा। तदुपरान्त (९६ अ) ढिंढोरा पिटवा दिया गया कि, "कोई किसी को कष्ट न पहुँचाये अन्यथा वह अपराधी होगा[३]।" मीर्ज़ा कामरान क़िलये ज़फ़र पहुँचा और मीर्ज़ा सुलेमान[४] से युद्ध किया तथा पराजित हुआ। वह ऊज़बेकों की ओर पहुँचा और वहाँ से कुमक लाकर क़ुन्दुज़ के क़िले[५] को घेर लिया। उस क़िले में मीर्ज़ा हिन्दाल था। उसने मीर्ज़ा कामरान की ओर से एक पत्र लिखकर भेजा कि, "ऊज़बेक लोग हमारे तथा तुम्हारे शत्रु हैं, मैं उन्हें क़िले से धोखा देकर इस लिये लाया हूँ कि उनकी हत्या करा दूं।" जब यह पत्र ऊज़बेकों को प्राप्त हुआ तो पढ़कर उन्हें विश्वास हो गया कि "भाई लोग आपस में मिले हुए हैं और हमें धोखा देकर लाये हैं।" ऊज़बेक लोग भाग खड़े हुए। मीर्ज़ा कामरान विवश हो गया। तालीक़ान तथा ज़फ़र दोनों क़िले मीर्ज़ा कामरान के अधिकार में थे[६]।

क़राचा क़राबख़्त, मुसाहिब बेग एवं बाबूस बेग का पलायन

एक दिन क़राचा ख़ां ने एक व्यक्ति के विषय में हज़रत से निवेदन किया कि उसे १०

१ च, छ एवं ज के अनुसार यह शीर्षक इस स्थान पर नहीं है।

२ च, छ एवं ज में: —मीर्ज़ा ने विनय-पूर्वक कहा, 'हम और तुम वास्तव में एक ही वृक्ष के मेवे हैं तथा एक डाली के फूल हैं। इस समय जब कि लोगों को दंड दिया जा रहा है, तू मुझे उनकी सम्मानित सेवा में ले जायगा तो वे मेरी हत्या करा देंगे।' मीर्ज़ा हिन्दाल को भाई होने के कारण उसे इस दशा में देखकर दया आ गई। उसे घोड़ा देकर लौट आया"।

३ च, छ एवं ज में:—'मीर्ज़ा हिंन्दाल तथा समस्त अमीर विभिन्न स्थानों पर अपनी जागीर में चले गये।"

४ इस घटना का च, छ एवं ज में इस प्रकार उल्लेख है:—"वहां मीर्ज़ा कामरान ने क़िलये ज़फ़र पर अधिकार जमाना चाहा। मीर्ज़ा सुलेमान से, जो उस प्रदेश में था, युद्ध हुआ। मीर्ज़ा सुलेमान पराजित होकर कोलाब की ओर रवाना हो गया। उपर्युक्त क़िला एवं तालीक़ान का क़िला मीर्ज़ा के अधिकार में आ गया"।

५ च, छ एवम् ज में इस घटना का उल्लेख नहीं।

६ इस घटना के सम्बन्ध में **अकबर नामा** का अनुवाद देखिये।

तूमान[1] दे दिये जायें। हज़रत पादशाह ने आदेश दे दिया। क़राचा ख़ां ने स्वयं परवाना लिख कर (९६ ब) दे दिया। जब उस व्यक्ति ने उसे ख़्वाजा ग़ाज़ी के समक्ष प्रस्तुत किया तो उसने स्वीकार न किया और पादशाह को समझा दिया कि, "हम सेना की व्यवस्था कर रहे हैं, यदि किसी को किसी चीज़ का आदेश होगा तो सरकार में गुंजाइश नहीं।" उस व्यक्ति ने वह परवाना क़राचा ख़ां को वापस कर दिया। उसने हज़रत पादशाह से निवेदन किया। उन्होंने उपेक्षा की। इस क्रोध के कारण वह कुछ अमीरों को मार्ग-भ्रष्ट करके मीर्ज़ा कामरान के पास भाग जाने के विषय में सोचने लगा। यह समाचार हज़रत पादशाह को प्राप्त हुए। उन्होंने आदेश दिया कि, "मुहम्मद अकबर शाहज़ादा जाकर क़राचा ख़ां एवं अन्य अमीरों को सान्त्वना देकर ले आये।" ख़्वाजा अम्बर ने निवेदन किया कि, "हज़रत शाहज़ादे का जाना उचित नहीं। कहीं ऐसा न हो कि उन्हें अस्करी मीर्ज़ा के बदले में रोक लिया जाय।" अतः हज़रत ने क़राचा ख़ां को संदेश भेजा कि, "बात मान ले और हमारी सेवा से पृथक् न हो कारण कि तू हमारे राज्य का हितैषी है।" उसने निवेदन किया कि, "ख़्वाजा ग़ाज़ी दीवान को मुझे सौंप दिया जाय[2]।" हज़रत ने कहा कि, "इस समय हमारे लिए यह उचित न होगा किन्तु तू हमारा वज़ीर तथा वकील है। एक दिन वह तेरे अधिकार में (९७ अ) आ जायेगा।" अन्ततोगत्वा उपदेश से कोई लाभ न हुआ। क़राचा ख़ां, मुसाहिब बेग, बाबूस बेग एवं मुग़ुलों के समूह विभिन्न दस्तों में चले गए। हज़रत पादशाह को समाचार प्राप्त हुए कि अमीरों ने हरामख़ोरी की है। वे लोग पाये मीनार दर्रे तक पहुँचे ही होंगे कि यह समाचार सुनते ही हज़रत पादशाह सवार हो गए और उनकी सेना शीघ्रातिशीघ्र बढ़ती हुई उश्तुर ग्राम[3] नामक स्थान पर पहुँची। युद्ध होने लगा। जो अमीर लोग भागे थे वे पराजित हो गए एवं मीर्ज़ा कामरान से मिल गए।

हज़रत पादशाह[4] ने उनके नामों के अनुसार उनकी उपाधियाँ निश्चित कीं। क़राचा ख़ां को क़राबख़्त, मुसाहिब बेग को मुनाफ़िक़, एवं बाबूस को दय्यूस की उपाधि प्रदान की।

हज़रत पादशाह का तालीक़ान की विलायत की ओर प्रस्थान, उन स्थानों की विजय, मीर्ज़ा कामरान का सेवा में उपस्थित होना, मीर्ज़ा अस्करी का मुक्त किया जाना[5]

जब हरामख़ोर चले गए तो हज़रत पादशाह काबुल में पधारे। मेहा सुल्तान मीर्ज़ा को बुलवाकर कहा कि, "तूने घाटियों में छापे मारे हैं। अधिक बातें मत बना। संक्षेप में बता कि क्या करना चाहिये?" मीर्ज़ा ने निवेदन किया कि, "यदि आप हिन्दूकुश पर्वत को पहिले पार कर लें तो

१ चार्ल्स स्टीवर्ट के अनुसार '१० पौंड'।

२ च, छ एवं ज में इसके आगे इस प्रकार है,.. सौंप दिया जाय तो हमारी शिकायत समाप्त हो जाय।"

३ 'उश्तुर कराम' पूर्व में प्रयुक्त हुआ है।

४ च एवं छ में 'शाहे ज़राफ़त दस्तेगाह—विनोद-प्रिय पादशाह' एवं ज में 'बादशाहे हक़ीक़त आगाह (सत्य से परिचित बादशाह)'।

५ च, छ के अनुसार ७ वीं फ़स्ल, ज के अनुसार १३वीं फ़स्ल।

(९७ ब) विजय आपकी है। यदि वह पहिले पार कर लेगा तो विजय उसकी है। जो[1] अमीर लोग उसके पास भाग कर चले गए हैं, उनके कारण वह अभिमानी हो गया है।" हज़रत ने कहा, "यदि[2] वह अभिमानी है, तो हम ईश्वर के समक्ष विनय एवं नम्रता प्रदर्शित करते हैं। हमारी विजय होगी[3]"। कुशलता हेतु फ़ातेहा पढ़ा। मंगलवार की रात में सवार हुए और वहाँ से यूरत चालाक में पड़ाव किया। हाजी मुहम्मद क़श्क़ा ग़ज़नी में था; उसके बुलाने के लिए आदेश भेजा गया। अधिकांश लोगों ने कहा, "वह न आयेगा।" किन्तु सम्मानित फ़रमान के पहुँचते ही वह आ गया और रिकाब चूम कर सम्मानित हुआ।

(२३)

हज़रत पादशाह के कंधे पर मुर्ग़ का बैठना और उससे उनका फ़ाल निकालना, तालीक़ान के क़िले का, जिसे मीर्ज़ा कामरान बन्द किये था, अवरोध[4]

यह इस प्रकार है कि एक सफ़ेद एवं विचित्र प्रकार का उत्तम रंग का मुर्ग़ आफ़ताबख़ाने में सर्वदा रहता था। हज़रत पादशाह उसे किशमिश खिलाया करते थे। उसे इस कारण रख छोड़ा था कि रात्रि के अन्त में वह बाँग देकर सेवकों को जगा दे और वे अपने कार्य में व्यस्त हो जायें। हज़रत पादशाह एक दिन आफ़ताबख़ाने में खड़े थे। उन्होंने अपने हृदय में सोचा कि "यदि (९८ अ) मेरा प्रताप उन्नति पर है तो यह मुर्ग़ मेरे कंधे पर आ जाय तथा बाँग देने लगे।" वे सोच ही रहे थे कि मुर्ग़ उनके कंधों पर बैठ कर बाँग देने लगा। हज़रत पादशाह प्रसन्न हो गए। वे उसे अपने शुभ हाथों में इस आशय से पकड़े रहे कि उस मुर्ग़ के पाँव में चाँदी का छल्ला डाल दें।

वहाँ से प्रस्थान करके उन्होंने क़राबाग़ में पड़ाव किया और वहाँ से चहार ग्राम[5] तथा उस स्थान से गुलबहार और फिर वहाँ से पंजहीरा[6] में उतरे। वह दर्रा नाना प्रकार की उत्तम वस्तुओं से परिपूर्ण है। वहाँ के निवासी सियाहपोश काफ़िरों के सम्बन्धी[7] तथा काबुल के अधीन हैं। वहाँ से प्रस्थान करके उन्होंने हिन्दूकुश में पड़ाव किया। प्रातःकाल हिन्दूकुश दर्रे को पार करके (९८ ब) बंकी[8] नामक नदी पर पड़ाव किया। वहाँ हिन्दाल मीर्ज़ा का प्रार्थना-पत्र एवं उसके भेजे

१ च, छ एवं ज में इसके पूर्व यह है:—"किन्तु आपको ज्ञात होना चाहिये कि जो अमीर....."।

२ च, छ एवं ज में इसके पूर्व इस प्रकार है:—"हमने अभिमान का परिणाम बहुत देख लिया है।"

३ च, छ एवं ज में:—"यदि ईश्वर ने चाहा तो सर्व प्रथम हम पार करेंगे। इसी बीच में अली क़ुली बहादुर जो आज कल ख़ाने ज़मान की उपाधि द्वारा सुशोभित है, बंगश की विलायत से, एवं मीर्ज़ा इब्राहीम क़िलये ज़फ़र से पहुँचे। उन्हें आगे आगे भेजा गया।"

४ च, छ एवं ज में यह पृथक् फ़स्ल नहीं है।

५ च, छ, एवं ज में 'चारी कारान'।

६ चार्ल्स स्टीवर्ट के अनुवाद में 'पंज शहर'।

७ च, छ एवं ज में 'सम्बन्धी' नहीं है, (अपितु) "वहाँ के निवासी सियाह पोश काफ़िर"।

८ च, छ में 'नेकी', ज में 'संगीन', स्टीवर्ट के अनुवाद में 'बंगी'।

हुए खरबूजे मिले। जुहर की नमाज़ के समय वहाँ से प्रस्थान करके यात्रा कर रहे थे और एक पहर रात्रि व्यतीत हो गई थी कि मीर्ज़ा घोड़े से उतरना चाहता था। हज़रत पादशाह ने अपने सिर की शपथ दी कि घोड़े से मत उतरो। संक्षेप में उसने अभिवादन करने का सम्मान प्राप्त किया। हज़रत पादशाह ने उसे अत्यधिक प्रोत्साहन दिया एवं कृपा प्रदर्शित की तथा बात चीत करने लगे और कहा कि, "कामरान तथा षड्यंत्रकारियों के समाचार सुनाओ।" उसने निवेदन किया कि "वे क़िलये जफ़र में हैं।" रात्रि के अन्त में एक पहर रह गया था कि वे लोग हलक़ना[1] नदी पर पहुँचे। मीर्ज़ा कामरान क़िलये ज़फ़र से २५ कुरोह का धावा मारता हुआ पहुँचा। एक घड़ी रात रह गई थी कि वह (पादशाह की) सेना के समक्ष अपनी पंक्तियाँ जमाकर खड़ा हो गया। सूर्योदय के समय पता चला कि मीर्ज़ा कामरान सेना की पंक्तियाँ जमाये हुए खड़ा है। हज़रत पादशाह ने (९९ अ) अपनी सेना को आदेश दिया कि वह भी पंक्तियाँ सुव्यवस्थित करके मुक़ाबला करे। हाजी मुहम्मद खां कोकी हजरत पादशाह के बायें हाथ पर था। जब कामरान मीर्ज़ा ने उत्तम सेना एवं पताकायें देखीं तो समझा कि पादशाह हैं। उसने अचानक आक्रमण कर दिया। हाजी मुहम्मद खां की सेना मुक़ाबला न कर सकी। उसकी समस्त वस्तुएँ एवं असबाब मीर्ज़ा के सैनिकों को प्राप्त हो गए जिन्हें उसने नष्ट-भ्रष्ट कर दिया और तालीक़ान के क़िले में प्रविष्ट हो गया। जनश्रुति के रूप में सुना गया है कि चाकर नामक हाजी मुहम्मद कोकी के एक विश्वासपात्र के मीर्ज़ा कामरान ने अपने हाथ से इस प्रकार तलवार मारी कि उसके कान के नीचे तक पहुँच गई। हज़रत पादशाह ने किताब-ख़ाने के समाचार पुंछवाये। निवेदन किया गया कि, "वह सुरक्षित है[2]।"

तदुपरान्त आदेश हुआ कि १२ पताकायें एवं कौकवा[3] खोल दिए जायें तथा युद्ध के नक़्क़ारे बजवाये जायें। जब मीर्ज़ा कामरान ने नक़्क़ारे की आवाज़ सुनी और उन पताकाओं को देखा तो समझ गया कि पादशाह हैं। उसने कहा कि, "मैं चकमा खा गया।" क़िले के भीतर प्रविष्ट हो गया। मीर्ज़ा की सेना में से प्रथम व्यक्ति जिसे बन्दी बनाकर लाया गया वह शेख़िम ख़्वाजा ख़ुदाई[4] था। आदेश हुआ कि पताका के नीचे उसके टुकड़े-टुकड़े कर दिये जायें। उसके ४२ घाव लगाये (९९ ब) गए। उसकी मृत्यु न हुई[5]। वह उठकर अपने घर चला गया। हज़रत पादशाह विजय

१ ज में 'ख़लक़ना'।

२ च, छ एवं ज में:—"हाजी मुहम्मद खां कोकी हजरत पादशाह के बायें हाथ पर था। उसके पास बड़ी उत्तम पताकायें एवं सेना थी। मिर्ज़ा ने उसके विषय में सोचा कि पादशाह हैं। अचानक आक्रमण कर दिया; वह मुक़ाबला न कर सका। पराजित हो गया। उसके क़ूरचियों में से चाकर नामक एक वीर के गहरा घाव लगा यहां तक कि उसके दोनों कानों के नीचे के भाग तक पहुँच गया। सर्वसाधारण में प्रसिद्ध है कि स्वयं मीर्ज़ा ने उस पर तलवार चलाई। इस कोलाहल में पादशाह एवं सेना के असबाब नष्ट-भ्रष्ट हो गये। मीर्ज़ा के सैनिक लूट मार करके तालीक़ान के क़िले में प्रविष्ट हो गये। हज़रत पादशाह ने किताब ख़ाने के समाचार पूंछे। कहा गया, 'सुरक्षित है।' उन्होंने कहा, अल हम्दो लिल्लाह, जो ख़ज़ाना पुनः नहीं प्राप्त किया जा सकता, सुरक्षित है। अन्य (बातें) आसान हैं।" (च: पृ० ८९अ, छ: पृ० ७७अ, ज: पृ० ९७ अ-९७ ब)।

३ नक़्क़ारे एवं शाही चिह्न।

४ च, छ एवं ज में 'शेख़िम ख़्वाजा ख़िज़्री'।

५ च, छ एवं ज में:—"उसे मुर्दा समझ कर छोड़कर चले गये। वह उसी प्रकार रात्रि में अपने घर चला गया"।

प्राप्ति करके तालीक़ान के क़िले की ओर रवाना हुए। सेना वाले मीर्ज़ा कामरान के जिस आदमी को भी बन्दी बनाकर लाते थे, उसकी हत्या का आदेश दे दिया जाता था। जब बहुत से लोगों की हत्या करा दी गई तो पादशाह के हृदय में दया आ गई। एक उद्यान में पड़ाव किया और मीर्ज़ा कामरान को एक पत्र लिखकर भेजा जिसमें यह लिखा कि, "हे निष्ठुर भाई ! तू यह क्या कर रहा है? जो ख़ून होता है वह तेरी गरदन पर होगा। क़यामत के दिन तुझसे इस विषय में पूँछताछ होगी। आ हम लोग संधि कर लें ताकि प्राणियों को कष्ट न हो।" नसीब रम्माल को बुलाकर कहा कि, "इस पत्र को मीर्ज़ा कामरान के पास ले जा।" जब वह पत्र लेकर पहुँचा तो मीर्ज़ा को सूचना कराई गई। उसने नसीब को बुलवाया। नसीब ने पत्र प्रस्तुत किया। पढ़कर मौन हो (१०० अ) गया। नसीब ने उत्तर के विषय में निवेदन किया। मीर्ज़ा कामरान ने यह शेर पढ़ा :

शेर

'राज्य की दम्पति को वह आलिंगन करता है,
जो चमकती हुई तलवार का चुम्बन लेता है।'

नसीब ने लौटक़र हज़रत से निवेदन किया। हज़रत का आदेश हुआ कि "विभिन्न स्थानों पर मोर्चे बाँट दिये जायें।" तदुपरान्त तुच्छ जौहर को आदेश हुआ कि, "हमारे आने तक मोर्चों[1] के हिस्से ठीक कर दिये जायें।" आधी रात से प्रातःकाल तक हज़रत पादशाह मोर्चे बाँटते रहे[2]। सब्दल खां उर्फ़ सुम्बुल मीर हज़ार[3] को आदेश हुआ कि, "ज़र्बजंग के लिए सरकोब तैयार करो।" मोर्चों के वितरण के उपरान्त ज़र्बजंग, बन्दूक़ तथा बाण से युद्ध होता रहा। दो मास व्यतीत हो गए। मीर्ज़ा कामरान ने व्याकुल होकर सूचना भेजी कि अपने सद्र[4] को भेज दें जो हज़रत पादशाह के नाम का ख़ुत्बा पढ़ दे। शुक्रवार के दिन पादशाह के आदेशानुसार मौलाना अब्दुल बाक़ी (१०० ब) ने जाकर ख़ुत्बा पढ़ा। शनिवार की रात्रि[5] में क़राचा ख़ां, मुसाहिब बेग, बाबूस बेग, जो भागकर चले गए थे, निषंग तथा तलवारें अपनी गरदन में लटकाकर हज़रत के चरणों का चुम्बन करके सम्मानित हुए। हज़रत ने उनके अपराध क्षमा कर दिए। शनिवार के दिन मीर्ज़ा कामरान क़िले के बाहर निकला और बंकी नामक नदी पर पड़ाव किया। जब मीर्ज़ा कामरान क़िले के बाहर चला गया तो मीर्ज़ा सुलेमान बदख़्शी के पुत्र मीर्ज़ा इबराहीम हुसेन ने मीर्ज़ा कामरान के आदमियों के प्रति बड़ी धृष्टता की। इसका मीर्ज़ा कामरान को बड़ा दुःख हुआ। यह समाचार हज़रत पादशाह को प्राप्त हुए। उसे बुलवाया। तदुपरान्त उन्होंने घोड़ा, सरोपा, ज़ीन सहित घोड़ा[6],

१ च, छ एवं ज में 'मुर्चले ख़ास'।

२ च एवं छ में :—"तुच्छ दास जौहर को आदेश दिया कि हमारे आगमन तक मुर्चले ख़ास तैयार कर दे। आधी रात से प्रातः काल तक तैयार कर दिया"।

३ च एवं छ में 'सब्दल ख़ां', ज में 'मीर हज़ार' जो बाद में सुफ़्रा ख़ानी के नाम से प्रसिद्ध हुआ

४ च एवं छ में :—"मुल्ला अब्दुल बाक़ी सद्र आ जायें एवं (आपके नाम का) ख़ुत्बा पढ़ दें"।

५ च, छ एवं ज में :—"जब रात्रि हो गई, अथवा शुक्रवार का दिन व्यतीत हो जाने के उपरान्त शुक्रवार की रात्रि।"

६ च, छ एवं ज में :—"रकेब बर बालाये अस्प--अथवा घोड़े पर की ज़ीन"।

लचा रेज़ा[1], कलाक़न्द[2], ९ सूती वस्त्र ख्वाजा जलालुद्दीन महमूद मीर ब्यूतात के हाथ भेजे, और र मान लिखा कि "मीर्ज़ा इवराहीम ने भूल की। वालक है। समझता न था, क्षमा करें। जलालुद्दीन महमूद मीर ब्यूतात को क्षमा याचना करने के लिए भेज रहा हूँ। क़न्धार[3] तुम्हें प्रदान कर दिया।" वह मीर्ज़ा कामरान की सेवा में पहुँचा और घोड़ा तथा सरोपा एवं जो कुछ लाया था, पेश किया। (१०१ अ) मीर्ज़ा कामरान ने आदरपूर्वक सरोपा धारण किया। फ़रमान[4] पढ़कर कहा कि, "मैं हज़रत की सेवा में चलता हूँ, जो कुछ उनकी इच्छा होगी मुझे स्वीकार है।" जलालुद्दीन बेग ने अपनी दवात तथा क़लम मंगवाई और प्रार्थना-पत्र लिखा कि, "मीर्ज़ा कामरान हज़रत पादशाह की सेवा में उपस्थित होने का सम्मान प्राप्त करना चाहता है। अब जो भी आदेश हो।"

(२४)

तालीक़ान के क़िले की विजय, मीर्ज़ा कामरान का सेवा में उपस्थित होना, मीर्ज़ा अस्करी का मुक्त होना तथा हज़रत पादशाह का बल्ख़ की ओर प्रस्थान[5]

जब उस पैक[6] ने प्रार्थना पत्र प्रस्तुत किया तो उन्होंने कहा कि, "बड़ा अच्छा है। आयें और अपने भाई से भेंट करें।" हज़रत प्रसन्न हो गए। फ़रमान लिखकर भेजा। पैक अपने स्वामी के पास फ़रमान ले गया और प्रस्तुत किया। तदुपरान्त मीर्ज़ा कामरान हज़रत पादशाह के दरबार की ओर रवाना हुआ। हज़रत ने आदेश दिया कि "मीर्ज़ा अस्करी के पाँव से ज़ंजीर पृथक् कर दी जाय।" ऐसा ही किया गया। समाचार प्राप्त हुए कि, "मीर्ज़ा कामरान आ रहा है।" आदेश हुआ (१०१ ब) कि, "समस्त मीर्ज़ा लोग तथा अमीर स्वागत करें। सायावान लगवाये जायें तथा ख़ुशी के नक़्क़ारे वजाये जायें।" उन्होंने आदेश दिया कि, "जब मीर्ज़ा कामरान आयें तो उसे मीर्ज़ा हिन्दाल के पेश खाने[7] में ले जायें। जव वह गिलीम[8] पर बैठने लगे तो गिलीम पर ज़ानू मोड़ने के पूर्व कह दिया जाय कि, 'वहाँ बैठने का आदेश नहीं है। पादशाह की सेवा में जाओ[9]।" जब आदेशानुसार वह क़ालीन तक पहुँचा तो मुनइम खां की कमर से रूमाल लेकर अपनी गरदन में डाल लिया। पादशाह ने कहा कि, "हाय हाय! इसकी आवश्यकता नहीं, गरदन से निकालो।" तीन तस्लीम करके[10]

१ सम्भवतः रोटी के टुकड़े।

२ मिठाई।

३ 'क़ुन्दुज़' का प्रस्ताव होगा।

४ च, छ एवं ज में :—"उत्कृष्ट फ़रमान अपने हाथ में लेकर पढ़ा, क़न्धार के उल्लेख पर कहा कि 'एक बार मैं उनकी सम्मानित सेवा में जाता हूँ। इसके बाद जो उनकी इच्छा होगी मुझे स्वीकार है।"

५ च, छ एवं ज में पृथक् फ़स्ल नहीं है।

६ संदेश-वाहक।

७ दालान; ऐसे ख़ेमे जो आगे भेज दिये जाते हैं।

८ क़ालीन।

९ इस वाक्य का अनुवाद च, छ एवं ज की सहायता से किया गया है। क, ख, ग, घ में स्पष्ट नहीं।

१० तीन तस्लीम।

अभिवादन किया। हज़रत पादशाह ने उसे आलिंगन किया और अपने दायें हाथ की ओर स्थान दिया। तस्लीम करके वह दायें हाथ की ओर बैठ गया तथा क्षमा-याचना करने लगा। तदुपरान्त हज़रत पादशाह ने कहा कि, "वह तोरे के अनुसार भेंट थी, अब मैं भाई के रूप में भेंट करता हूँ।" दोनों भाई खड़े होकर आलिंगन हुए और रोने लगे। समस्त दरबारी तथा उपस्थितगण प्रसन्न हो गए। (१०२ अ) वह बड़ा विचित्र समय था, किसी को कोई दुःख न था। अला नूर[1] प्याला लाया गया। आधा हज़रत पादशाह को और आधा मीर्ज़ा कामरान को दिया गया। जो घटनायें एक दूसरे पर घटी थीं उनका उन लोगों ने उल्लेख किया। चारों भाई एक गिलीम पर बैठ गए और भोजन करने लगे। कुशलता सम्बन्धी फ़ातेहा पढ़ा तथा ईश्वर के प्रति कृतज्ञता प्रकट की। दो दिन तक वहाँ सभा होती रही एवं आनन्द-मंगल में समय व्यतीत होता रहा। तीसरे दिन तालीक़ान के क़िले के समीप से प्रस्थान किया गया और वे अश्क मुश्क नामक चश्मे पर ठहरे। आपस[2] में प्रतिज्ञा करके राज्य को बाँट लिया। सात दिन ठहर कर प्रान्तों को मीर्ज़ाओं तथा अमीरों में वितरण किया। मीर्ज़ा कामरान एवं मीर्ज़ा अस्करी को कोलाब प्रदान किया। चाकर बेग को मीर्ज़ा का अमीरुल (१०२ ब) उमरा बनाया और दरे-ख़ाना उसे सौंप दिया। क़िलये ज़फ़र तथा तालोक़ान एवं कुछ अन्य परगने मीर्ज़ा सुलेमान को दिये। क़न्धार की विलायत मीर्ज़ा हिन्दाल को प्रदान की। विभिन्न स्थानों का वितरण करके लोगों को विदा कर दिया।

वे स्वयं काबुल पहुँचे और वहाँ से परियान नामक क़िले की ओर रवाना हुए और उस क़िले को विजय[3] कर लिया। वहाँ सियाहपोश काफ़िर लोग लूट-मार किया करते थे। उस क़िले को मलिक अली पंजहीरी को सौंपकर वे काबुल पहुँच गए।

हज़रत पादशाह का बल्ख़ की ओर प्रस्थान, उसकी विजय, तदुपरान्त पराजय और मीर्ज़ा का ऊज़बेकों से अत्यधिक कुमक लाना[4]

तदुपरान्त समाचार प्राप्त हुए कि मीर्ज़ा कामरान तथा चाकर बेग में झगड़ा हो गया। मीर्ज़ा कामरान ने कोलाब की विलायत से जाकर चाकर बेग को मारा[5]। हज़रत पादशाह ने मीर्ज़ा शाह

१ च एवं छ में :—"तदुपरान्त अली नूर (अला नूर) नामक शाही भोजन का प्याला लाया गया।" ज में :— "तदुपरान्त उनके द्वारा विशेष रूप से आविष्कार किया हुआ भोजन जिसे नूरन अला नूर कहते हैं लाया गया।" ज में अभिप्राय को उचित रूप से स्पष्ट कर दिया गया है।

२ च, छ एवं ज में :—"उत्कृष्ट मीर्ज़ाओं, सिपह सालार अमीरों ने पुनः बैअत की ओर नई प्रतिज्ञा की"।

३ "फ़तह" बाद में बढ़ाया गया है; क़िले की मरम्मत से अभिप्राय है। च, छ एवं ज में :—"उस स्थान से परियान नामक क़िले पर पहुँचे : उस क़िले का प्राचीन काल में साहब क़िरान ने निर्माण कराया था, किन्तु वह नष्ट एवं वीरान हो गया था। उसे नये सिरे से दृढ़ कराया।" (चः पृ० ९२अ, छः पृ० ७९ब, जः पृ० १०१अ)।

४ च, छ के अनुसार फ़स्ल ८, ज के अनुसार फ़स्ल १४।

५ च, छ एवं ज में स्पष्ट रूप से इस प्रकार है :—"मीर्ज़ा कामरान ने चाकर बेग को मारकर कोलाब से निकाल दिया"।

सुल्तान को भेजा और फ़रमान लिखा कि, "चाकर बेग[1] ने अच्छा न किया। तुम यहाँ आ जाओ, तुम्हें दूसरी विलायत दे दूँगा।" उसने जाकर फ़रमान प्रस्तुत किया। मीर्ज़ा कामरान न आया और कहा कि, "मैं दरवेश हो गया हूँ तथा संसार को त्याग दिया है। मुझे सल्तनत से कोई सम्बन्ध नहीं।" ज़बान से वह यह कहता था और हृदय में छल एवं धूर्तता भरी थी।

(१०३ अ) हज़रत पादशाह के बल्ख़ की ओर प्रस्थान का यह कारण था कि "जब बल्ख़ पर अधिकार प्राप्त हो जाय और कामरान मीर्ज़ा मुझसे भेंट करने आये तो मैं बल्ख़ को मीर्ज़ा को दे दूं।" हज़रत पादशाह के साथ अमीरों में से हिन्दाल मीर्ज़ा, सुलेमान शाह मीर्ज़ा, हाजी मुहम्मद ख़ां कोकी, तरदीबेग[2], मुनइम ख़ां तथा कुछ अन्य अमीर थे। हज़रत पदशाह बल्ख़ की विलायत की ओर रवाना हो गए। वे समझते थे कि मीर्ज़ा कामरान से संधि हो गई है। वह आ जायेगा। वे निरन्तर यात्रा करते गए। जब वे ऐबक नामक स्थान के समीप पहुंचे तो मीर्ज़ा कामरान न आया। पीर मुहम्मद ख़ां ऊज़बेक के अमीर क़िले के भीतर थे। (हज़रत पादशाह ने) क़िले का अवरोध करके उसे विजय कर लिया। समस्त अमीर बन्दी बना लिये गए। मीर्ज़ा के घर वालों तथा कुछ अमीरों को काबुल भेज दिया गया। मीर अतालीक़ बेग को, जो पीर मुहम्मद का अमीरुल उमरा था, अपने साथ लेकर वे बल्ख़ की ओर चल दिए। अतालीक़ बेग ने क़राचा ख़ां से कहा कि, "राज्य के हित में यह उचित (१०३ ब) नहीं कि हज़रत पादशाह बल्ख़ की ओर प्रस्थान करें; उन्हें रोक लिया जाय।" क़राचा ख़ां ने कहा कि, "हमारे पादशाहों के तोरे में यह प्रथा नहीं है।" अतालीक़ बेग ने कहा कि, "पादशाह मुसलमान हैं। यदि हमारे सरीखे लोग किसी अन्य व्यक्ति द्वारा बन्दी बनाये गए होते तो ईश्वर ही जानता है कि क्या आदेश देता। उन्होंने कुछ को काबुल भेज दिया और कुछ को अपनी सेवा में रख लिया। किसी के प्राण को कोई हानि न पहुँचाई। अतः मैं उनका हितैषी हूँ। ऊज़बेक लोग ऐसी क़ौम हैं जिनका उल्लेख सम्भव नहीं। यदि हज़रत पादशाह इस स्थान से वापस चले जायँ तो अच्छा है।" संक्षेप में, क़राचा ख़ां ने[3] पादशाह के कानों तक यह बात न पहुँचाई। एक मंज़िल से दूसरी मंज़िल को पार करते हुए वे बल्ख़ पहुँचे। युद्ध हुआ। ऊज़बेक लोग भागकर बल्ख़ के क़िले में प्रविष्ट हो गए। मीर्ज़ा हिन्दाल पीछा करता हुआ तख़्ते पुल तक पहुँचा और पादशाह को संदेश भेजा कि, "यदि वे स्वयं तख़्ते पुल पर पहुँच जायें तो यह दास बल्ख़ नगर में प्रविष्ट हो जाय।" हज़रत पादशाह न पधारे। इसका कारण यह था कि वे प्रातःकाल युद्ध करना चाहते थे। तदुपरान्त (१०४ अ) समाचार प्राप्त हुए कि मीर्ज़ा कामरान काबुल पहुँच गया[4]। यह समाचार सुनते

१ च, छ एवं ज में :—"चाकर बेग ने, यद्यपि वह उत्तम सेवक था, अच्छा न किया। तुम खिन्न मत हो। इसे पढ़ते ही दरबार में आ जाओ। उसके बदले में तुम्हें दूसरी उत्तम विलायत दे दूंगा। उन्होंने यह सोचा था कि 'क्योंकि मुझमें तथा मीर्ज़ा में मेल है अतः यदि वह आ जाय तो उसके साथ मिल कर बल्ख़ विजय कर लें और मीर्ज़ा को दे दें।' मीर्ज़ा उस आदेश को पढ़कर दरबार की ओर रवाना न हुआ और बहाना बना दिया कि 'मैं दरवेश हो रहा हूँ। मुझे राज्य से कोई मतलब नहीं।" (च : पृ०९२ अ, छ : ७९ब, ज : १०१ब)।

२ ज में 'क़राचा ख़ां' का भी उल्लेख है।

३ च एवं छ में :—"संक्षेप में (क़राचा) ख़ां ने यद्यपि यह बात बड़ी उचित थी किन्तु उनके कानों तक न पहुँचाई।"

४ च एवं छ में :—"......काबुल पहुँच गया। लोगों के परिवार वाले बन्दी बना लिये गये। इस समाचार से सेना बड़ी व्याकुल हुई"।

ही समस्त सेना व्याकुल हो उठी और यह निश्चय हुआ कि गज़ दर्रे के मार्ग से काबुल की ओर प्रस्थान कर दिया जाय। रात्रि में प्रस्थान किया गया और पराजित होकर वे काबुल के समीप पहुँचे[1]। हज़रत पादशाह पाये मीनार में उतर गए। सेना की दुर्दशा के विषय में बात होने लगी। हज़रत पादशाह ने कहा कि, "हमारे आदमियों की ईमानदारी का अन्त हो गया है। जो कुछ होता है वह उनकी दुष्टता के कारण होता है।"

पादशाह का सुल्तान महमद ग़ज़नवी तथा याक़ूब लैस की कहानी सुनाना

हज़रत पादशाह ने कहा :—सुल्तान महमूद के पास १२ हज़ार कपंक[2] पोश तथा याक़ूब लैस के पास ६० हज़ार आहन[3] पोश अश्वारोही थे। जब उसने याक़ूब लैस पर आक्रमण किया तो मार्ग में वह एक उद्यान में प्रविष्ट हुआ। वह विलायत याक़ूब लैस के अधीन थी। उसने देखा कि उस उद्यान के फल पक जाने के कारण भूमि पर पड़े हुए हैं और इस प्रकार धरोहर के रूप में हैं कि मानो आदमी यहाँ न पहुँचते हों। सुल्तान महमूद ने अपने वज़ीर से पूछा कि "हमारी सेना तीन (१०४ ब) दिन से भूखी थी, उन्हें भोजन न मिला था, यहाँ पहुँचकर फल क्यों न खाया?" वज़ीर ने निवेदन किया कि, "सेना इसी मार्ग से गई है किन्तु यह फल उनके लिए हराम थे, अतः न खाया। इसका कारण यह है कि यह राज्य विजय नहीं हुआ है, जिस समय विजय हो जायेगा उस समय हलाल हो जायेंगे।" यह बात सुनते ही सुल्तान महमूद ने ईश्वर के प्रति कृतज्ञता प्रकट की और कहा कि, "ईश्वर को धन्य है कि हमारी सेना इतनी ईमानदार है। ईश्वर से आशा है कि विजय प्राप्त हो जायेगी।" जब दोनों सेनाओं का युद्ध हुआ तो याक़ूब लैस ऐग़री[4] घोड़े पर सवार था। अचानक एक घोड़ी (महमूद की) सेना से भाग कर याक़ूब लैस के घोड़े के सामने से होती हुई गुज़री। याक़ूब के घोड़े ने जोड़ा खाने की इच्छा से इस घोड़ी का पीछा किया। यद्यपि याक़ूब ने बहुत लगाम खींची किन्तु कोई लाभ न हुआ। वह घोड़ी सुल्तान महमूद की सेना में पहुँची। ऐग़री घोड़ा उसके पीछे था। सुल्तान महमूद के सैनिकों ने प्रत्येक दिशा से बढ़कर याक़ूब लैस की हत्या कर दी। जब उस आहनपोश सेना ने देखा कि उसका कोई स्वामी नहीं है तो इन ६० (१०५ अ) हज़ार अश्वारोहियों ने सुल्तान महमूद की सेवा में पहुँचकर अभिवादन किया और विजय की बधाई दी। तदुपरान्त सुल्तान महमूद याक़ूब लैस के पड़ाव पर पहुँचा। जो वस्तुएं, स्त्रियाँ इत्यादि थीं, उन्हें अपने अधिकार में कर लिया। सेना भूखी थी। सुल्तान महमूद की इच्छा थी कि जो ख़ज़ाना प्राप्त होगा वह सेना को बाँट दिया जायेगा। किसी को कोई भी ख़ज़ाना प्राप्त न हुआ। केवल याक़ूब लैस के अन्तःपुर से एक स्त्री सुल्तान महमूद की सेवा में प्रस्तुत की गई। उसे उसने अपने अन्तःपुर में स्थान दे दिया। उस स्त्री के बाज़ूबंद पर एक बहुमूल्य लाल था। एक बार जल

१ च, छ एवं ज में :—"इस प्रस्थान के समय, जो रात में किया गया, पराजय हो गई। मीर्ज़ा हिन्दाल वहां से पृथक् होकर क़ुन्दुज़ (ज में 'क़न्धार') की ओर चला गया"।

२ ऊनी लबादा अथवा कम्मल जिसका दरिद्र लोग शीत ऋतु में प्रयोग करते हैं।

३ लोहा पहिने हुये अथवा ज़िरह बक्तर धारण किये हुये।

४ ऐसा घोड़ा जिसे जोड़ा खाने की इच्छा हो।

में प्रविष्ट होते समय उसने वह लाल उतार दिया। एक मूश ख्वार[1] जा रहा था। वह चंगुल मारकर लाल को ले गया। यह समाचार सुल्तान महमूद को प्राप्त हुए। उसने कुछ सवार उसके पीछे (१०५ ब) भेजे। वे घोड़ा दौड़ाते हुए जा रहे थे। उन्होंने देखा कि उसके पंजे से लाल निकल गया। एक प्राचीन कारेज़[2] में एक सन्दूक़ पर वह लाल गिर पड़ा। सवार वहाँ पहुँचे। उन्होंने सुल्तान महमूद दो सूचना दी। उस कारेज़ में जो कुछ था निकाला और सुल्तान महमूद के साथ जो १२ हज़ार अश्वारोही थे, उन्हें बाँट दिया।

हज़रत पादशाह ने अपने आदमियों से यह कहानी बताकर कहा कि "नेकनीयती से कितना लाभ होता है। क्योंकि सुल्तान की नीयत अच्छी थी अतः विजय प्राप्त हो गई और ख़ज़ाना भी मिल गया[3]"।

(२५)

क़िबचाक़ में युद्ध, हज़रत पादशाह का तलवार द्वारा घायल होना[4]

जब हज़रत पादशाह सुल्तान महमूद की कहानी पूरी कर चुके तो काबुल पहुँचने के तीन मास उपरान्त समाचार प्राप्त हुए कि मीर्ज़ा कामरान मारा मारा फिर रहा है और चाहता है कि काबुल की सरहद से होकर निकल जाय। हज़रत पादशाह काबुल से प्रस्थान करके क़राबाग़ में उतरे। वहाँ से चारी कारान[5], वहाँ से बारान नदी और फिर वहाँ से क़िबचाक़ दर्रे की ओर कूच किया। वहाँ एक नहर थी। हज़रत पादशाह ने उस नहर में अपना घोड़ा डाल दिया। सेना में (१०६ अ) किसी ने भी साथ न दिया। समस्त सैनिकों ने उसे घाट से पार किया। हज़रत

१ एक प्रकार की चील जो खेतों के चूहे खाती है।

२ पटी हुई नाली जो खेतों में पानी देने के लिये बनाई जाती है।

३ च, छ एवं ज में इसके बाद निम्नांकित घटना का उल्लेख है :—

"वहां से वे (हज़रत पादशाह) काबुल पहुँचे। कुछ दिन उपरान्त मीर्ज़ा कामरान का हाल बताया गया। लोगों ने बताया कि जब बल्ख़ की दुर्घटना एवं ऊज़बेकों की शत्रुता के समाचार मिले तो वह (मीर्ज़ा कामरान) उनके पास पहुँचा और कुमक मांगी। क़ुन्दुज़ के क़िले को घेर लिया। मीर्ज़ा हिन्दाल ने, जो उस क़िले में था, धोखा देने के लिये मीर्ज़ा कामरान की ओर से अपने नाम पत्र लिखवा कर किसी को दे दिया। उसमें लिखा था कि 'हे भाई! ऊज़बेक लोग इस वंश के प्राचीन शत्रु हैं। उनकी एक सेना को धोखा देकर लाया हूँ। तू क़िले से निकल आ ताकि मिलकर हम लोग इस समूह की हत्या कर दें।' वह उन्हें प्राप्त हो गया। उन लोगों को इस बात का विश्वास हो गया कि 'भाई लोग आपस में मिले हैं और हमें धोखा देकर लाये हैं'। ऊज़बेक लोग सुन चुके थे कि मीर्ज़ा कामरान, मीर्ज़ा हिन्दाल की सहायता से काबुल से पैदल भाग गया था। उनकी बात की पुष्टि हो गई; ऊज़बेक भाग गये। मीर्ज़ा कामरान बड़ी अव्यवस्थित दशा में तथा व्याकुल एवं लज्जित है"।

(च : पृ० ९४ अ, छ : पृ० ८१ ब, ज : पृ० १०४ अ—१०४ ब)। क, ख ग एवं घ में इसका जो उल्लेख दिया गया है वह ठीक नहीं।

४ च एवं छ के अनुसार ९ वीं फ़स्ल तथा ज में १५ वीं फ़स्ल।

५ च एवं छ में 'चार कारान'।

पादशाह ने कहा कि, "हे धृष्टो ! शाह इस्माईल सफ़वी ने अपना एक रूमाल पर्वत से नीचे डाल दिया। उसके पीछे-पीछे १२ हज़ार क़ूरची[1] कूद पड़े और टुकड़े-टुकड़े हो गए। तुममें से एक सिपाही ने भी मेरा साथ न दिया। तुम्हारे पादशाह ने अकेले नदी पार की। मेरे पीछे किसी ने भी नदी न पार की अतः ऐसे सैनिकों से किस प्रकार उन्नति हो सकती है ?" तदुपरान्त क़राचा[2] खां से पूंछा कि, "क्या करना चाहिये ?" उसने निवेदन[3] किया कि, "यह थोड़े से दर्रे हैं। इन्हें अधिकार में कर लेना चाहिये। सम्भव है कि किसी स्थान पर मीर्ज़ा कामरान बन्दी बना लिया जाय (१०६ ब) तो उपद्रव शान्त हो जायेगा[4]।" हज़रत पादशाह ने हाजी मुहम्मद खां कोकी तथा उसकी सहायतार्थ अल्लाह क़ुली[5], बहादुर, अल्लाह[6] क़ुली अन्दराबी, मुसाहिब बेग एवं कुछ अन्य जवानों को, जो तलवार चलाने में प्रसिद्ध थे, क़राचा खां के कहने पर शिब्रतू दर्रे की ओर नियुक्त किया। वे स्वयं क़िबचाक़ दर्रे की ओर रवाना हुए। क़िबचाक़ दर्रे से एक कुरोह पर पड़ाव किए थे कि समाचार प्राप्त हुए कि मीर्ज़ा कामरान क़िबचाक़ दर्रे से प्रकट हुआ। हज़रत पादशाह क़िबचाक़ दर्रे की ओर रवाना हुए। मीर्ज़ा कामरान ने आकर मुक़ाबला किया। मध्याह्नोत्तर की प्रथम नमाज़ हो चुकी थी कि वे सवार हुए। दो नमाज़ों के मध्य में युद्ध हुआ। पीर मुहम्मद आख़्ता, जिसे हज़रत कृपापूर्वक पीरक कहते थे और जिसकी यह इच्छा थी कि हज़रत पादशाह के समक्ष मारा जाय, सर्वप्रथम युद्ध में मारा गया। मीर्ज़ा क़ुली चोली का पुत्र दोस्त मुहम्मद भी मारा गया। मीर्ज़ा क़ुली घायल हुआ। मुहम्मद अमीन का घोड़ा तलवार द्वारा घायल होकर गिर पड़ा। हज़रत ने अपना कोतल (१०७ अ) घोड़ा उसे प्रदान कर दिया और कहा कि, "तेरा पिता मीर्ज़ा कामरान की सेवा में है, तू भी वहाँ चला जा।" उसने निवेदन किया कि, "मेरा अपने पिता से कोई सम्बन्ध नहीं और मैं सेवा से पृथक् न हूँगा।" इसी बीच में एक मलऊन[7] ने पहुँच कर हज़रत पादशाह के शत्रुओं[8] पर तलवार चलाई और हज़रत के सिर पर घाव लगा। वह दूसरी बार तलवार चलाना चाहता था। हज़रत पादशाह ने उसकी ओर क्रोध की दृष्टि से देखा और कहा कि, "हे मर्दक क़लक़ची[9] !" इस बात से उस दुष्ट के हाथ पाँव ढीले पड़ गए। वह इसी असमंजस में था कि फ़रहाद खां उर्फ़ सखहा शीघ्रातिशीघ्र पहुँचा और उसने उसे बग़ल[10] में ले लिया। दोनों ओर के लोग इधर उधर ढूंढ़ रहे थे कि हज़रत पादशाह रणक्षेत्र से निकले और मुहम्मद अमीन तथा अब्दुल वहहाब को आदेश दिया कि, "पीछे पीछे चलो।" घाव के कारण उनमें कमज़ोरी आती गई। अपने शरीर से जीवा[11] उतार कर सब्दल खां उर्फ़ सुम्बुल मीर हज़ार को प्रदान कर दिया। क्योंकि वे पराजित होकर

१ च एवं छ में 'न जाने कितने आदमी', ज में संख्या स्पष्ट नहीं, किन्तु सम्भवतः हज़ार।

२ च में 'क़राक़ खां', छ में 'क़ज़ाक़ खां'।

३ च, छ एवं ज में:—"उसने निफ़ाक़ (शत्रुता) की दृष्टि से कहा"।

४ च, छ एवं ज में इसके आगे इस प्रकार है :—"उस स्वार्थी शत्रु ने प्रतिष्ठित सेना को सम्मानित सेवा से पृथक् करा दिया"।

५ च, छ एवं ज में 'अली क़ुली'।

६ च, छ में 'अली क़ुली अन्दराबी'।

७ धिक्कृत; च, छ एवं ज में 'नमक हराम'।

८ हज़रत पादशाह पर।

९ ज में 'क़लूक़ची'।

१० अधिकार में कर लिया।

११ एक प्रकार की रुई दार वास्कट जिसे जिरह के नीचे पहिना जाता था। इसमें गद्दे के समान रुई भी रहती थी और यह ऐसे कपड़े का बनता था कि सुगमतापूर्वक कट न सकता था।

यात्रा कर रहे थे, उसने उस जीबे को फेंक दिया। वह जीबा मीर्ज़ा कामरान के सैनिकों को प्राप्त (१०७ ब) हो गया। उसे वे मीर्ज़ा कामरान के पास ले गए और कहा कि, "पादशाह की मृत्यु हो गई[१]।"

जो लोग रणक्षेत्र से निकल सके और सम्मानित रिकाब के साथ थे, उनमें मीर सैयिद बरका, ख़िज्र ख्वाजा ख़ां, मीर्ज़ा मुहम्मद हकीम का चाचा[२] फ़रीदूं, मीर बोलक[३] तूशकबेगी, मीर ग़ज़ब का पुत्र मीर अफ़ज़ल, एवं सेवकों में सुम्बुल मीर हज़ार, मीर आतश तोपची, मौलाना सालेह मुशरिफ़ अंबार ख़ाना[४], रनहा लकड़हारा तथा तुच्छ दास जौहर आफ़ताबची थे। क्योंकि हज़रत पादशाह अत्यधिक कमज़ोर हो गए थे, और बड़ी शिथिल-गति से चलने वाले घोड़े पर सवार थे, अतः मीर सैयिद बरका ने अपना घोड़ा हज़रत को भेंट करके उन्हें उस पर सवार किया। दायें हाथ की ओर मीर सैयिद बरका और बायें हाथ की ओर ख़िज्र ख्वाजा सहारा दिए हुए थे। वे इस प्रकार यात्रा करने लगे। उन लोगों ने समझाया कि "आप इतने निराश न हों। धैर्य धारण करें।" भूत-काल के पादशाहों की घटनायें सुनाईं और कहा, "कहीं ऐसा न हो कि शत्रु पीछे से आ जाय। आप साहस से (१०८ अ) काम लें। यह होता आया है।" उनके इस कहने पर हज़रत पादशाह संतुष्ट हो गए।

अस्र की नमाज़ का समय था कि शाह ने आकर हज़रत पादशाह के रिकाब का चुम्बन किया। हज़रत पादशाह ने पूछा कि, "हाजी मुहम्मद ख़ां[५] कहाँ हैं?" उसने निवेदन किया कि, "शिब्रतू दर्रे को पार कर चुका है।" उन्होंने कहा कि "दूर निकल गया। यदि इस समय पहुंच जाता तो हम वापस हो जाते[६]।" सायंकाल की नमाज़ के समय ख्वाजा जलालुद्दीन महमूद सेवा में उपस्थित हुआ। रात के अन्तिम पहर शिब्रतू दर्रे पर पहुँचे। हज़रत पादशाह पर शीत ऋतु का कुप्रभाव हो गया था। इसके अतिरिक्त, तलवार के घाव के कारण कमज़ोर हो गए थे। (मीर) बरका अपनी फ़रजी[७] लाया और उसे हज़रत पादशाह को पहिनाया। प्रातःकाल शिब्रतू दर्रे पर पहुँचे। जब हवा गर्म हो गई तो हज़रत पादशाह ने नदी के किनारे पड़ाव किया। घाव से रक्त धोकर वुज़ू[८] करके खड़े हुए। नमाज़ पढ़ने के लिए जानमाज़ न थी[९]। दास तुच्छ जौहर आफ़ताबची के पास चौकी पर बिछाने (१०८ ब) की बनात थी। जानमाज़ के लिए बिछा दिया। हज़रत ने उस पर नमाज़ पढ़ी।

१ च, छ एवं ज में :—मीर्ज़ा (कामरान) ने उस संग्राम से निकल कर चारकारान में पड़ाव किया और प्रातः काल काबुल की ओर रवाना हुआ और उस स्थान का अवरोध कर लिया। क़ासिम ख़ां बरलास को, जो मीर्ज़ा कामरान का प्राचीन सेवक था और जिसने उसके सेवकों में सबसे पहिले (पादशाह की) सेवा में उपस्थित होने का सम्मान प्राप्त किया था, (हज़रत पादशाह ने) काबुल का हाकिम बना दिया था। वह उस क़िले को मीर्ज़ा को नहीं देता था। जब हज़रत के शरीर का जीबा उसे दिखाया गया और उसे बताया गया कि उनकी मृत्यु हो गई है तो उसने निराश होकर आवश्यकतावश वह क़िला मीर्ज़ा को दे दिया। शाहज़ादये आलमियान मीर्ज़ा की क़ैद में पहुँच गये। क़राचा ख़ां षडयंत्रकारियों का सरदार मीर्ज़ा कामरान से मिल गया"। (च : पृ० ९६ब, छ : पृ० ८३ ब, ज : पृ० ९६ ब)।

२ निश्चित रूप से इस 'अमबी' शब्द का अनुवाद सम्भव नहीं।

३ च में 'मीर लौलक', छ, ज में 'मीर तोलक'; 'मीर तोलक' ही शुद्ध है।

४ शाही भंडार का हिसाब किताब रखने वाला।

५ च एवं छ में 'हाजी मुहम्मद ख़ां कोकी', ज में 'हाजी मुहम्मद ख़ां कोका'।

६ च, छ में इसके आगे इस प्रकार है :—"······वापस हो जाते और अन्य खोज करते"।

७ अन्य कपड़ों के ऊपर से पहिनने का एक प्रकार का कोट।

८ च, छ एवं ज में 'तहारत'।

९ वह कपड़ा अथवा चटाई जिसे बिछा कर, उस पर नमाज़ पढ़ी जाती है।

क़िबले की ओर बैठे थे कि सुल्तान महमूद क़रावल[1] उपस्थित हुआ और हज़रत पादशाह के चारों ओर चक्कर लगाकर उसने अपने आपको न्योछावर किया। हज़रत ने उसे अत्यधिक सान्त्वना दी और पूछा कि, "हाजी मुहम्मद ख़ां कहाँ है?" उसने निवेदन किया कि, "निकट है, आ जायेगा।" हज़रत पादशाह सवार हुए। इसी बीच में हाजी मुहम्मद ख़ां लगभग ३०० योग्य अश्वारोहियों सहित हज़रत पादशाह की सेवा में उपस्थित हुआ और उनकी कुशलता के विषय में ईश्वर के प्रति कृतज्ञता प्रकट की और निवेदन किया कि, "इस स्थान से लौट जायें।" उन्होंने कहा कि, "मीर्ज़ा कामरान काबुल पहुँच गया होगा। कल जिस समय शाह मुहम्मद आया था यदि तू उस समय आ जाता तो मेरे हृदय में था कि रात्रि में लौटकर उस पर छापा मारू। यदि ईश्वर ने चाहा तो असली समय पर वापस हूँगा[2]"।

हज़रत पादशाह ने हृदय में सोचा कि, "शाह हुसेन बड़ा ही धूर्त्त है। हाजी मुहम्मद ख़ां (१०९ अ) को मार्ग-भ्रष्ट करके हमसे पृथक् कर देगा।" जुहाक बाराँ[3] नामक स्थान पर दोपहर को वृक्ष ने नीचे पड़ाव हुआ। बहादुर[4] ख़ां से पूँछा कि, "तेरे पास क़लम-दवात हो तो ले आ, ताकि घर के लिए पत्र लिख दूँ कि युद्ध से कुशलता-पूर्वक सुरक्षित लौट आये।" जो सहायक साथ थे उन्होंने भी अपने घरों के लिए कुशलता के समाचार लिखे। तदुपरान्त हाजी मुहम्मद ख़ां एवं शाह मुहम्मद ख़ां को बुलवाकर आदेश दिया कि, "ग़ज़नी को शाह मुहम्मद की जागीर में दे दिया। वह शीघ्रातिशीघ्र चला जाय ताकि उस समय तक कामरान मीर्ज़ा के आदमी न पहुँच पायें। यह पत्र काबुल में हमारे पुत्रों को पहुँचा दे और स्वयं शीघ्रातिशीघ्र ग़ज़नी पहुँच जा तथा मेरे आने के समय तक ग़ज़नी को दृढ़ रख"।

संक्षेप में, पत्रों को देकर उसे विदा कर दिया। वहाँ से सवार होकर वे बमियान नामक स्थान पर पहुँचे तथा पड़ाव कर दिया। अली दोस्त ख़ां के पिता हसन अली ईशक आक़ा के पास (१०९ ब) एक शामियाना था जिसकी छाया में एक व्यक्ति रह सकता था। उसने लाकर उसे लगाया। हज़रत पादशाह ने उसकी छाया में आराम किया। प्रातःकाल तुच्छ जौहर आफ़तावची ने पादशाह को जगाकर कहा कि, "नमाज का समय हो गया है।" उन्होंने कहा कि, "हे दास! मैं घायल हूँ। ठंडे जल से किस प्रकार तहारत करूँ?" दास ने निवेदन किया कि, "गरम जल उपस्थित है।" हज़रत पादशाह उठे और तहारत तथा प्रातःकाल की नमाज़ के उपरान्त सवार हुए। मार्ग में तहारत के लिए ठहरे और कहा कि, "मेरे शरीर पर जो वस्त्र है वह रक्त से सना है, मुझे इससे कष्ट होता है।" बहादुर ख़ां[5] से कहा कि, "यदि कोई जामा[6] हो तो ला।" बहादुर ख़ां ने निवेदन

१ ज के अतिरिक्त प्रत्येक हस्त-लिपि में 'क़रवल'।
२ 'यदि ईश्वर ने चाहा असली फ़िक्र करके वापस हूँगा'।
३ कुछ हस्तलिपियों में 'जुहाक मारान'।
४ च, छ एवं ज में 'बहादुर ख़ां ऊज़बेक'।
५ च, छ में :—"अली क़ुली के भाई बहादुर ने जिसे उन्होंने पुत्र की उपाधि दे रक्खी थी", ज में :—"बहादुर ख़ां जिसे वे पुत्र कहते थे।"
६ जामा :—एक प्रकार का कोट।

किया कि, "हे पादशाह। एक जामा यकताई[1] जो हज़रत पादशाह ने फ़क़ीर को प्रदान किया था, मेरे पास है।" हज़रत पादशाह ने कहा कि, "जो जामा तू पहिने है, उसे मैं माँग रहा हूँ। यदि वह जामा तेरे पास हो तो ले आ।" अतः बहादुर खां जामा लाया, हज़रत ने पहिना[2]। जो जामा उनके शरीर पर था उसे जौहर आफ़ताबची को प्रदान कर दिया कि इसको साफ़ करके रख ले।

(११० अ) वहाँ से कहमर्द नामक स्थान पर पड़ाव किया। ताहिर मुहम्मद ने, जो कि मीर खुर्द का पुत्र था, आकर हज़रत पादशाह के रिकाब के चुम्बन का सम्मान प्राप्त किया। एक प्राचीन ख़ेमा लाकर लगाया। थोड़ा सा भोजन जो उसके पास था उपस्थित किया। उस मूर्ख ने कोई पेशकश[3] भेंट न की, यहाँ तक कि एक सरोपा भी न लाया। हज़रत पादशाह ने लोगों को खाने की अनुमति दे दी और स्वयं पानी के झरने की ओर रवाना हुए। कई स्थानों से फटा हुआ एवं गंदा सा एक ख़रगाह लाकर लगाया। एक तहारत-ख़ाना[4] भी न लाया। अन्ततोगत्वा तुच्छ दास जौहर आफ़ताबची बड़े परिश्रम से घास के दो गट्ठर लाया और हज़रत के लिए तहारत ख़ाना तैयार किया। हज़रत पादशाह ने उसकी आलोचना करते हुए कहा कि, "इस नामर्द से इतना भी न हो सका कि वह एक आबख़ाना[5] ले आता।"

एक स्त्री तम्वाने मिस्री मुश्क देदान[6] उपहार स्वरूप लाई। उन्होंने कहा, "यद्यपि इसे पुरुष लोग नहीं पहिनते किन्तु मेरे तम्बान गंदे हो गए हैं, अतः आवश्यकतावश उसे पहिन लिया। उस स्त्री (११० ब) से उसके जीवन निर्वाह के विषय में पूँछा और आदेश दिया कि "जो कर भी उसपर वाजिब हो, कोई उससे न ले।" इनाम[7] के रूप में लिखकर दे दिया।

तदुपरान्त समाचार प्राप्त हुए कि कारवान के ३०० घोड़े पड़ाव किए हुए हैं। अल्लाह क़ुली[8] अन्दराबी तथा हैदर मुहम्मद आख्ता बेगी को इस आशय से नियुक्त किया गया कि वे घोड़ों को ले आयें। मध्याह्नोत्तर की प्रथम नमाज़ के समय समाचार प्राप्त हुए कि एक अन्य कारवान वालों के १७ सौ घोड़े आ गए। हज़रत पादशाह ने कहा कि, "जब तक मैं स्वयं न जाऊँगा कोई काम न चलेगा।" उन्होंने स्वयं सवार होकर दर्रे का मार्ग रोक दिया। कारवान वाले भाग न सके। विवश होकर पादशाह की सेवा में उपस्थित हुए। कारवान वालों में से एक वृद्ध ने एक धनुष तथा

१ च, छ में 'जामये यकता', ज में 'यकतही'। सम्भवतः किसी प्रकार का एकहरा कोट। जामये यकता का अर्थ अद्वितीय कोट है।

२ च, छ एवं ज में :—"उसने कहा कि 'जामये यकता जो हज़रत ने फ़क़ीर को प्रदान किया था, है। आशीर्वाद के रूप में (एक बार) पहिना था।' (च में 'बड़ी इच्छा से एक बार पहिना था')। उन्होंने कहा, 'ले आ।' उन्होंने उसे पहिना और जो वस्त्र शरीर पर थे वह तुच्छ दास को दे दिये।"

३ च, छ में :—"जो ख़िदमती (पेशकश अथवा सेवा) वाजिब थी वह भी न की"।

४ तहारत गृह।

५ च एवं छ में 'तहारत-ख़ाना'।

६ रेशम के पाजामों से तात्पर्य है।

७ च एवं छ में :—"इनाम एवं माफ़ी लिख कर दे दिया"।

८ च एवं छ में 'अली कुली अन्दराबी'।

नौ बाण उपहार स्वरूप भेंट किए[१] और हज़रत पादशाह के रिकाब का चुम्बन करके सम्मानित हुआ। उसने कहा कि, "यदि ईश्वर ने चाहा तो महान् विजय प्राप्त होगी।" वे भी वहीं उतर पड़े। तदुपरान्त घोड़ों का मूल्य निश्चय किया और तमस्सुक[२] लिख कर व्यापारियों को दे दिया और कहा (१११ अ) कि, "विजयोपरान्त ईश्वर ने चाहा तो तुम्हें धन मिल जायेगा।"

वहाँ से प्रस्थान करके अलंजक़[३] नामक स्थान पर जहां जंगली लोग रहते हैं पड़ाव किया। वह ईमाक़ क़ौम का निवास स्थान था[४]। वहाँ अनाज न था। सात दिन तक वहाँ पड़ाव हुआ। ईमाक़ वाले सर्वदा ६० भेड़ें तथा ६० मशक दही उपहार स्वरूप लाते थे। इससे लोगों का काम चलता था। घोड़ों को एक एक आदमी को बाँट दिया गया और वे वहाँ से रवाना हो गए। बंकी नामक नदी पर पड़ाव किया। एक व्यक्ति ने आकर आवाज़ दी कि, "हे कारवान वालों! हुमायूँ पादशाह को भी तुम्हें कोई सूचना है?" जब यह आवाज़ उनके कानों तक पहुँची तो उन्होंने कहा कि, "हमारा समाचार कोई इसे न बताये और पूँछो कि तू कौन है और तुझे किसने भेजा है तथा तुम लोगों में क्या समाचार हैं?" उसने कहा कि, "मैं नज़री साल अलंकी का दूत हूँ। वे बेशी[५] क़ौम से सम्बन्धित हैं। हमारी क़ौम वालों को यह समाचार मिले हैं कि हुमायूँ पादशाह तथा मीर्ज़ा कामरान में युद्ध हुआ। हुमायूँ पादशाह घायल होकर रणक्षेत्र से भाग गए। हज़रत के शरीर पर जो जीबा था, वह जंगल में पाया (१११ ब) गया। मीर्ज़ा कामरान के समक्ष प्रस्तुत किया गया। वह प्रसन्न हो गया कि हज़रत (पादशाह) की मृत्यु हो गई।" तदुपरान्त हज़रत पादशाह ने उस व्यक्ति को अपने सामने बुलवाया और कहा कि, "तू मुझे पहिचानता है?" उसने निवेदन किया कि, "हाँ, पहिचानता हूँ।" उन्होंने फिर कहा कि, "नज़री साल अलंकी को मेरा सलाम पहुँचा दे और कह दे कि मेरी वापसी के समय सेवा में उपस्थित हो।"

ज़ुहर की नमाज़ के समय हाजी मुहम्मद कोकी[६] को आदेश दिया कि, "जल अधिक हो गया है, नदी के घाट का पता लगा[७] और मुझे उस पार पहुँचा।" उसने जाकर घाट का पता लगाया और स्वयं पार किया। अस्र की नमाज़ के समय अपने आदमी द्वारा समाचार भेजा कि, "हम घाट द्वारा पार हो गए। हज़रत भी आ जाँय," किन्तु वह स्वयं न आया। हज़रत पादशाह को चिन्ता हुई कि, "कहीं वह हमसे पृथक् न हो जाय।" हज़रत पादशाह सवार हुए। उनकी दृष्टि तुच्छ जौहर पर पड़ी और उन्होंने संकेत किया कि, "तू चला आ" और वे चल खड़े हुए। अल्लाह क़ुली[८] अन्दराबी एवं दास जौहर आफ़ताबची ने एक पहर रात्रि व्यतीत होने के उपरान्त नदी पार की। हाजी

१ च, छ एवं ज में :--" . . . भेंट किये। उन्होंने कहा यह बड़ी उत्तम फ़ाल है। ईश्वर ने चाहा तो विजय हमारी है।"

२ ऋण-पत्र।

३ च, छ एवं ज में 'अलंचक़'। यह शब्द स्पष्ट नहीं।

४ च, छ एवं ज में :—" वे ईमाक़ वाले हैं।" यही वाक्य शुद्ध है।

५ च एवं छ में 'पसी'।

६ च एवं छ में 'हाजी मुहम्मद ख़ां कोकी'।

७ च, छ एवं ज में :—" इस घाट पर जल अधिक हो गया है। नदी पार करने का पता लगा ला"।

८ अली क़ुली।

(११२ अ) मुहम्मद ख़ां भी, उनकी सेवा में उपस्थित हुआ। रात भर क़िस्से-कहानी तथा बातचीत होती रही।

(२६)

क़िबचाक़ के युद्ध के उपरान्त हज़रत पादशाह का औलिया ख़ंचा नामक स्थान पर पड़ाव, मीर्ज़ा हिन्दाल का आगमन, पादशाही मरातिब प्रस्तुत करना, मीर्ज़ा कामरान का रण-क्षेत्र से निकलना, काबुल के क़िले पर मीर्ज़ा कामरान का अधिकार, शाहज़ादये आलमियान का बन्दी बनाया जाना[1]

हज़रत पादशाह तथा हाजी मुहम्मद ख़ां कोकी ने रात्रि वार्ता एवं कहानियों में व्यतीत करने के उपरान्त प्रातःकाल वहाँ से प्रस्थान किया और औलिया ख़ंचा[2] नामक स्थान पर पड़ाव किया। मीर्ज़ा हिन्दाल हज़रत पादशाह की सेवा में उपस्थित हुआ। उनकी सरकार में जो कुछ शाही वस्त्र, पताका, तूग़, नक़्क़ारा[3] इत्यादि थे, वे उपहार स्वरूप भेंट किए और वहाँ से प्रस्थान करके अन्दराब में पड़ाव किया।

मीर्ज़ा कामरान

जिस दिन मीर्ज़ा कामरान रणक्षेत्र से निकला तो चार कारान में पड़ाव हुआ। प्रातःकाल (११२ ब) उसने वहाँ से कूच करके काबुल को घेर लिया। इससे पूर्व क़ासिम बरलास[4] मीर्ज़ा कामरान का सेवक था। जब इससे पूर्व कामरान के अमीरों का समूह हज़रत पादशाह की सेवा में उपस्थित होकर सम्मानित हुआ तो क़ासिम अली भी आ गया और हज़रत पादशाह ने काबुल क़ासिम अली को प्रदान कर दिया था। जब मीर्ज़ा कामरान ने काबुल पहुँचकर उसको घेर लिया तो क़ासिम बरलास ने उसे काबुल समर्पित न किया। अन्त में हज़रत पादशाह का जीबा दिखाकर कहा कि, "तुम किस आशा में प्रतिरक्षा कर रहे हो।" कुछ दिन उपरान्त क़ासिम अली ने काबुल दे दिया। मीर्ज़ा मुहम्मद अकबर पुनः मीर्ज़ा कामरान की क़ैद में पहुँच गए। यह समाचार हज़रत पादशाह को अन्दराब में प्राप्त हुए[5]।

सुलेमान मीर्ज़ा एवं इबराहीम मीर्ज़ा, हज़रत पादशाह की सेवा में उपस्थित हुए और निवेदन किया कि, "यदि ईश्वर ने चाहा तो जब तक हम जीवित हैं, सेवा एवं प्राण न्योछावर करने में कोई कमी न करेंगे।" एक मास बीस दिन तक वे उस स्थान पर रहे। (तदुपरान्त) समाचार

१ च, छ में :—"फ़स्ल १० उस सम्मानित शाह द्वारा अन्दराब पर चढ़ाई, मीर्ज़ा कामरान की पराजय, क़राचा की शोचनीय दशा में मृत्यु"। ज के अनुसार '१६ वीं फ़स्ल'। यही शीर्षक शुद्ध है।

२ च, छ एवं ज में 'औलिया ख़ंजान'।

३ राज्य के विशेष चिह्न।

४ क, ख, ग एवं घ में 'क़ासिम बरलास तथा क़ासिम पत्तास'।

५ च, छ एवं ज में इस घटना का उल्लेख इससे पहिले के अध्याय में कर दिया गया है।

प्राप्त हुए कि मीर्ज़ा कामरान चाहता है 'कि हिन्दूकुश के मार्ग[1] में जहाँ भी समतल स्थान हों, उसे (११३अ) दृढ़ बना लें'। हज़रत पादशाह ने कहा कि "राज्य के हित में यही उचित है कि सर्व प्रथम उस पर्वत की ओर प्रस्थान करें ताकि वह उन स्थानों को नष्ट न करने पाये।" उस दिन से वे अपनी तैयारी करने लगे।

एक दिन हज़रत पादशाह ने मीर्ज़ाओं तथा अमीरों को बुला कर कहा कि, "मैं तुम सब लोगों को क़ुरान की शपथ देता हूँ कि हमारी सेवा से पृथक् न होना और विश्वासघात मत करना।" हाजी मुहम्मद खां ने निवेदन किया कि, "सर्व प्रथम आप शपथ लें।" मीर्ज़ा हिन्दाल ने पूँछा कि, "वे किस बात की शपथ लें? हज़रत पादशाह के लिए यह उचित नहीं कि हम उन्हें शपथ दें[2]।" हज़रत पादशाह ने कहा कि, "कोई आपत्ति नहीं है। हाजी मुहम्मद खां तथा अन्य अमीर जो बात राज्य के हित के लिए बतायेंगे हम उसके विरुद्ध कार्य न करेंगे।" संक्षेप में, दोनों ओर के लोगों ने शपथ ली और वचनबद्ध हुए[3]। हज़रत रोज़ा रक्खे हुए थे। बृहस्पतिवार को वहाँ से प्रस्थान करके हिन्दूकुश के दामन में पड़ाव किया। वहाँ से रवाना होकर पंजहीरा[4] नामक स्थान पर ठहरे। वहाँ से (११३ब) उश्तुर ग्राम पहुँचे। वहाँ देखा कि मीर्ज़ा कामरान पड़ाव किए हुए है। हज़रत पादशाह ने मीर्ज़ा शाह सुल्तान को बुलवाया और मीर्ज़ा कामरान के पास भेजकर कहलाया कि, "काबुल ऐसा स्थान नहीं है कि हम दोनों भाई काबुल के लिए परस्पर युद्ध करते रहें। यह उचित होगा कि हम आपस के झगड़ों को समाप्त कर दें। काबुल तुम्हारी पुत्री और मेरे पुत्र को दे दिया जाय; यहाँ से लग़मा[5] की ओर प्रस्थान करें तथा हिन्दुस्तान के लिए प्रयत्न करें।" दूत मीर्ज़ा को जिस प्रकार समझा सकता था, उसने समझाया। मीर्ज़ा ने इस विषय में परामर्श किया। क़राचा क़रावख़्त ने कहा, "काबुल कदापि न देंगे। हमारा सिर है और काबुल का द्वार। हम मार भी डाले जायें किंतु हम संधि स्वीकार न करेंगे।" मीर्ज़ा कामरान को उस मूर्ख की धृष्टता पसन्द आ गई। मीर्ज़ा शाह सुल्तान को विदा कर दिया और संधि स्वीकार न की। वह हज़रत पादशाह के दरबार में पहुँचा। कामरान (११४ अ) मीर्ज़ा एवं क़राचा क़रावख़्त ने जो सलाह मश्वरे किए थे, उनका उल्लेख हज़रत पादशाह से किया।

हज़रत पादशाह ने मीर्ज़ाओं तथा अमीरों को बुलाकर परामर्श किया। उन लोगों ने निवेदन किया कि, "जिस समय चार घड़ी रात रह जाय यसावल[6] लोग ढिंढोरा पिटवा दें कि समस्त सेना अस्त्र-शस्त्र धारण करके युद्ध के लिए प्रस्थान करे।" जब यह निश्चय हो चुका तो प्रातःकाल लोग सेना तैयार करके रवाना हुए। मीर्ज़ा सुलेमान तथा मीर्ज़ा इब्राहीम दायें भाग की तथा मीर्ज़ा हिन्दाल बायें भाग की सेना में थे। हाजी मुहम्मद खां अग्र भाग की सेना में था कुछ अमीर लोग

१ च एवं छ में 'सरे राहे कोतल हिन्दूकुश (हिन्दू कुश दर्रे के मार्ग में)'।

२ च छ एवं ज में :—"दासों (ज में 'सेना') के लिए उचित नहीं कि वे धृष्टता करें और शिष्टाचार के क्षेत्र से पांव बाहर निकालें"।

३ च, छ एवं ज में :—"और नये सिरे से बैअत की।"

४ च, छ एवं ज में 'बंजहीरा'।

५ च, छ एवं ज में 'लग़मान'; 'लमग़ान' होना चाहिये।

६ क, ख, ग, घ एवं ज में, "जासूलान तथा जासूसान"। हुमायूं शाही की च, एवं छ दोनों प्रतियों में, 'यसावल' है और यही उचित है।

उसके साथ थे। जब वे निकट पहुँचे और कोई दूरी न रह गई तो हाजी मुहम्मद ख़ां ने निवेदन[१] किया कि, "आज युद्ध स्थगित रखा जाय और आदेश दिया जाय कि सेना का पड़ाव हो।" क्योंकि हज़रत पादशाह ने प्रतिज्ञा की थी अतः वे विवश हो गए। बेग मीरक को आदेश दिया कि लश्कर को उतारो। इसी बीच में मीर्ज़ा लोगों ने आकर कहा कि, "यह उचित नहीं कि हम पड़ाव करें। आज (११४ ब) युद्ध होना चाहिये ताकि लोग यह न कह सकें कि हमने सुस्ती की। यह उचित होगा कि कामरान मीर्ज़ा से युद्ध हो और या मारे जायें।" बेग मीरक ने भी निवेदन किया कि, "दास ने भी अपराध किया था। इच्छा है कि वृद्धावस्था में मारा जाय, ताकि पाप से मुक्त हो सके[२]।" तदुपरान्त तोलक[३] क़ूरची को आदेश हुआ[४]। वह भी न गया और कहा कि, "युद्ध के समय सेवा से पृथक् न हूँगा।" तदुपरान्त अब्दुल वहहाब को आदेश हुआ। उसके पास कोई अन्य उपाय न रह गया। कोई खेमा-डेरा न था जो लगाया जा सकता। उसने पहुँच कर हज़रत पादशाह से निवेदन किया कि, "सेना[५] शत्रु के मुक़ाबले में है। कोई खेमा-डेरा नहीं है जो हम उतर सकें।" हज़रत पादशाह ने कहा कि, "हम बाँध पर जा रहे हैं यदि युद्ध हुआ तो अच्छा है अन्यथा नदी के किनारे (११५ अ) पड़ाव करेंगे।" वे जा ही रहे थे कि सैनिकों में से एक वृद्ध ने कोने से आकर हज़रत पादशाह की लगाम पर हाथ डालकर कहा कि, "आपकी विजय है। वापस हो जायें।" हज़रत ने कहा कि, "दो रकात नमाज़ पढ़ लूँ[६]।" दो रकात नमाज़ पढ़कर वे रवाना हुए। मीर्ज़ा कामरान ने मुहम्मद अकबर को हसन आख़्ता के सिपुर्द कर दिया।

१ च, छ एवं ज में :—"जब वे निकट पहुँचे तो हाजी मुहम्मद ख़ां की राय बदल गई। उसने कहा, 'आज युद्ध स्थगित रक्खा जाय।"

२ च, छ एवं ज में :—"बेग मीरक भी इसी बात से सहमत था। उसने कहा, 'इससे पूर्व क्योंकि दास अपराध कर चुका है अतः वह अत्यधिक लज्जित है। उसने अभी तक अपने अपराध का प्रायश्चित नहीं किया। उसकी इच्छा है कि इस वृद्धावस्था में आपकी सेवा में मारा जाय ताकि पापों से मुक्त हो सके। वह पाप यह था कि उसने हिन्दुस्तान से प्रस्थान के समय हज़ारा की विलायत में मीर्ज़ाओं एवं कुछ अमीरों को मार्ग भ्रष्ट करके गुजरात की ओर, जैसा कि उल्लेख हो चुका है, भगा दिया था"।

३ च, छ एवं ज में 'तोलक क़ूरची'।

४ च, छ एवं ज में :—"तदुपरान्त तोलक क़ूरची को आदेश हुआ कि वह लोगों को उतारे। उसने भी कहा कि, "क्योंकि यह युद्ध का समय है और शत्रु सामने है, अतः मैं सेवा से पृथक् न हूँगा"।

५ च, छ एवं ज में :—"लोग जरीदा हैं। शत्रु की सेना सामने है। कहां पड़ाव करें?"

६ च, छ एवं ज में :—"उन्होंने कहा जुहर की फ़र्ज़ तथा दो रकात नमाज़ पढ़ कर प्रस्थान करूंगा। घोड़े से उतर पड़े। घोड़े ने लातें चलानी प्रारम्भ कर दीं'। उसने कहा, 'इससे उत्तम और कौन फ़ाल होगी। आप शीघ्र सवार हो जायं, विजय आप की है।' क्योंकि वे अस्त्र-शस्त्र धारण किये थे और क़लग़ (?) हाथ से नहीं निकलता था अतः उन्होंने तुच्छ दास जौहर को आदेश दिया कि जामे का क़राबा (?) फाड़ कर तहारत कराई जाय।" (चः पृ० १०२ अ-ब, छः पृ० ८८अ, जः पृ० ११३अ)।

(२७)

मीर्ज़ा कामरान की पराजय, शत्रु करां नामक स्थान पर क़राचा क़राबख़्त की हत्या, मीर्ज़ा कामरान का ख़लील अफ़ग़ानों के पास प्रस्थान, मीर्ज़ा हिन्दाल का शहीद होना[1]

संक्षेप में हज़रत पादशाह अन्दराब से निरन्तर यात्रा करते हुए शुत्र करां[2] में पहुँचे। वहाँ एक ऊँचा पर्वत था जहाँ मीर्ज़ा कामरान था। मीर्ज़ा कामरान की सेना उस पर्वत की ऊँचाई के समीप थी। मीर्ज़ा कामरान की निकटता के बावजूद इब्राहीम मीर्ज़ा ने साहस से कार्य लिया और ज़बरदस्ती उस ऊँचाई को अधिकार में कर लिया। वहाँ[3] से हज़रत पादशाह प्रस्थान करके उस ऊँचाई के समीप पहुँचे। जो तुफ़ंग चलाने वाले उनके साथ थे, उन्हें आदेश हुआ कि वे पर्वत की (११५ ब) ऊँचाई पर आ जायें और तुफ़ंग चलायें। मीर्ज़ा कामरान की सेना के विरुद्ध २-३ तुफ़ंग चलाई गई थी कि क़राचा खां क़राबख़्त[4] अपनी सेना से हज़रत पादशाह की सेना के बायीं ओर पहुँच गया और उस सेना को पराजित कर दिया। दूसरी बार दायें भाग की सेना पर आक्रमण किया। दुर्भाग्यवश घोड़े से गिर पड़ा। मीर्ज़ा हिन्दाल के आदमियों ने शीघ्रातिशीघ्र क़राबख़्त का सिर काट लिया और हज़रत पादशाह के पास ले गए। मीर्ज़ा कामरान पराजित हुआ। क़राचा क़राबख़्त के सिर के विषय में आदेश हुआ कि उसे काबुल के द्वार पर लटका दिया जाय। उसने कहा था कि "मेरा सिर काबुल के द्वार से सम्बन्धित है।" हज़रत पादशाह ने ऐसा ही किया। मीर्ज़ा इब्राहीम को आदेश दिया कि वह शीघ्रातिशीघ्र काबुल जाय[5]। मीर्ज़ा हिन्दाल को मीर्ज़ा कामरान के पीछे नियुक्त किया गया। मीर्ज़ा सुलेमान को अपने पास रख लिया।

अकबर की हुमायूं से भेंट

(११६ अ) जब मीर्ज़ा कामरान पराजित हो गया तो हसन आख़्ता शाहज़ादे को हज़रत पादशाह की सेवा में ले गया। शाहज़ादये आलम पनाह उनकी सेवा में उपस्थित हुए। हज़रत पादशाह ने उन्हें आलिंगन किया और उनके सिर और आँखों का चुम्बन किया तथा अत्यधिक प्रसन्नता प्रकट की, मानो याक़ूब तथा यूसुफ़ का मिलन हो।

शेर

'नख़शबी प्रियतम का मिलन बड़ी कठिन समस्या समझ,
हमें प्रियतम के वियोग ने मार डाला।

१ चं, छ एवं ज में पृथक् फ़स्ल नहीं है।
२ अन्य ग्रन्थों में 'उश्तुर ग्राम'।
३ च, छ एवं ज :—में "हज़रत पादशाह भी पीछे से उस ऊंचाई पर पहुँचे। तोपचियों का जो समूह साथ था उसे आदेश हुआ कि उस ऊंचे पर्वत पर तुफ़ंग चलायें।"
४ च, छ एवं ज में :—"क़राचा क़राबख़्त उस मर्यादा के कारण जो उसके हृदय में आरूढ़ थी"।
५ च, छ एवं ज में :—"और उसे अधिकार में कर ले"।

ईद तथा नवरोज के विषय में तू जानता है, क्या हैं ?
यह कि आशिक़ का मिलन माशूक़ से हो[१] ।'

संक्षेप में वहाँ से प्रस्थान करके रात्रि के उपरान्त काबुल पहुँचे। प्रत्येक[२] व्यक्ति आनन्द-मंगल एवं जश्न मनाने लगा[३]।

हज़रत पादशाह का अफ़ग़ानों पर, इस कारण कि मीर्ज़ा उनके पास चला गया था, आक्रमण, मीर्ज़ा हिन्दाल का शहीद होना[४]

तदुपरान्त समाचार प्राप्त हुए कि मीर्ज़ा कामरान कन्नूलकर[५] नामक स्थान पर पहुँच गया है। हज़रत पादशाह शीघ्रातिशीघ्र धावा मार कर वहाँ पहुँचे। जब मीर्ज़ा कामरान ने यह सुना तो वहाँ से भी भागकर चकरी[६] पहुँच गया। हज़रत पादशाह पुनः धावा मारकर चकरी पहुँचे। (११६ ब) तदुपरान्त मीर्ज़ा कामरान ने महमन्द एवं ख़लील[७] अफ़ग़ानों के मध्य में पहुँचकर स्थान ग्रहण किया। वह चढ़ाई करना चाहता था कि हज़रत पादशाह ने अफ़ग़ानों की ओर प्रस्थान करना निश्चय किया। एक मंज़िल से दूसरी मंज़िल पार करते हुए जहरहा नामक स्थान पर पहुँचे। वह स्थान अधिक दृढ़ न था। वे इस आशय से सवार हुए कि किसी ऊँचे तथा दृढ़ स्थान पर अधिकार जमा लें और क़िला तैयार कर लें। जब स्थान निश्चित हो गया तो वे लौट गए। मार्ग में तीन मृग दृष्टिगत हुए। एक मीर्ज़ा हिन्दाल के सामने, एक शाह अबुल मआली के सामने पहुँचा और एक भाग गया। जब मीर्ज़ा हिन्दाल मृग के समीप पहुँचे तो उसने उसके ऐसा बाण मारा कि वह हिरन अपने स्थान से हिल न सका और अपने सिर तथा पाँव तीन बार आकाश की ओर करके मर गया।

१ च, छ एवं ज में इनके स्थान पर अन्य शेर हैं।

२ च, छ एवं ज में :—"प्रत्येक की स्थिति के अनुसार इदरार एवम् इनाम प्रदान किये"।

३ च एवं छ में :—"एक दिन ख़्वाजा ग़ाज़ी, ख़्वाजा अबुल क़ासिम, ख़्वाजा क़ासिम तूली ने ख़्वाजा सुल्तान अली के विरुद्ध जो दीवाने कुल था, और आजकल 'वज़ीर ख़ानी' की उपाधि से प्रसिद्ध है, इल्ज़ाम लगाया कि उसने ३ लाख शाहरुख़ी का अपहरण कर लिया है। आदेश हुआ कि, 'प्रमाण दिया जाय'। उन्होंने कहा, 'जब तक उसके हाथ में मुहर है, किस प्रकार प्रमाण मिल सकता है ?' पादशाह के आदेशानुसार उसके हाथ से मुहर ले ली गई। प्रमाण प्राप्त हो जाने के उपरान्त उससे वसूल करने (तन तहसील ?) का आदेश दे दिया गया। उसने जिन लोगों की सहायता की थी, कोई भी उसके काम न आया। उसने तुच्छ दास जौहर से, यदि वह (इससे पूर्व) उसका (जौहर का) विरोधी था, इस कारण कि हज़रत पादशाह उसके प्रति अत्यधिक कृपा-दृष्टि प्रदर्शित करते रहते थे, प्रार्थना की। उसने (जौहर ने) उसके विषय में निवेदन किया और उसका प्रार्थना-पत्र प्रस्तुत किया। आदेश हुआ कि '४० हज़ार शाहरुख़ी पर मामले को समाप्त कर दिया जाय' जब वह धन अदा हो गया तो उसे १०० तुमन जागीर प्रदान कर दी गई।" (चः पृ० १०३ब, छ पृ० ८९ अ)।

४ च, छ में ११ वीं फ़स्ल, ज में १७ वीं फ़स्ल।

५ च एवं छ में कन्नुनूलकर, ज में 'ख़ूनूलकर'।

६ ज में स्पष्ट नहीं है। 'बकरी अथवा जकरी' ऐसा ज्ञात होता है।

७ सभी हस्तलिपियों में 'मुहम्मद व ख़लील'।

उपस्थितगण आश्चर्य में पड़ गए। उन्हें भय हुआ कि कहीं मृग ने परमेश्वर से फ़रियाद न की हो। इस घटना के दो दिन उपरान्त मीर्ज़ा अफ़ग़ानों द्वारा मारा गया।

(११७ अ) मीर्ज़ा हिन्दाल मृग का शिकार करके हज़रत पादशाह की सेवा में पड़ाव पर पहुँचा। दूसरे दिन मीर्ज़ा कामरान ने अफ़ग़ानों से मिलकर रात्रि में छापा मारना चाहा। हज़रत पादशाह ने निश्चय किया कि, "यदि वह रात्रि में छापा मारेगा तो हम ऊँचाई पर रहेंगे और अन्य लोग चारों ओर मोर्चों में रहें।" मीर्ज़ा हिन्दाल रात्रि में मोर्चों का चक्कर लगा रहा था और आदमियों को साँत्वना दे रहा था कि इसी बीच में समाचार प्राप्त हुए कि अफ़ग़ानों ने रात्रि में छापा मारा और मीर्ज़ा हिन्दाल के मोर्चे पर पहुँच गए। मीर्ज़ा हिन्दाल के पास दो वाण तथा धनुप के अतिरिक्त कुछ न था। घबराहट[1] में उसे कोई अन्य अस्त्र-शस्त्र न मिला। वही धनुष तथा दो वाण लेकर अग्रसर हुआ। उन मलऊनों ने मीर्ज़ा हिन्दाल पर एक साथ आक्रमण करके उसकी हत्या कर दी। उसकी सहायतार्थ अन्य सेना न पहुँच सकी। वे लोग वापस चले गए। तदुपरान्त हज़रत (११७ ब) पादशाह ने मीर्ज़ा हिन्दाल के विषय में पूछा। किसी को निवेदन करने का साहस न होता था। हज़रत पादशाह उस ऊँचाई पर आवाज़ देते थे किन्तु ३०० व्यक्तियों में से कोई भी उत्तर न देता था। तदुपरान्त अब्दुल वहहाब को आदेश दिया कि जाकर मीर्ज़ा हिन्दाल के समाचार लाओ वह समाचार लेकर आ रहा था कि मार्ग में एक[2] तुफ़ंग चलाने वाले ने अब्दुल वहहाब को अफ़ग़ान समझकर तुफ़ंग से मार डाला। तदुपरान्त मीर अब्दुल हई को समाचार लाने के लिए भेजा। मीर अब्दुल हई ने समाचार लाकर यह शेर पढ़ा :--

शेर

'हे पादशाह ! संसार का नवरोज़ नष्ट हो गया,
सैकड़ों पंखड़ियों वाला गुलाब खिला रहे।'

हज़रत पादशाह खरगाह में पहुँचे और अत्यधिक शोक प्रकट करने लगे। अमीरों ने उपस्थित होकर क्षमा याचना की और कहा कि, "यह उसका सौभाग्य था कि हज़रत की सेवा में मारा गया। हज़रत (११८ अ) पादशाह सुरक्षित रहें[3]।"

वहाँ से प्रस्थान करके बेसूत[4] नामक क़िले में पड़ाव किया। अफ़ग़ान लोग खुले मैदान में

१ क, ख, ग एवं घ में 'व सबबे इज़्तेराबे', च एवं छ में 'अज़ सूरअत व जुरअत—जल्दी तथा वीरता से', ज में, 'शिताबी व जल्दी'।

२ च, छ में :—"इस ओर के तुफ़ंग चलाने वाले ने", ज में :—"पादशाह के तुफ़ंग चलाने वाले ने"।

३ च एवं छ में यह तारीख़ भी है :

शेर

"हिन्दाल मुहम्मद शुभ उपाधि का शाह,
अचानक मौत आ जाने के कारण रात्रि में शहीद हो गया।
क्योंकि शबख़ून (रात्रि के छापे) के कारण वह शहीद हुआ,
अतः उसके शहीद होने की तारीख़ 'शबख़ून' से निकाल।"

४ च एवं छ में 'बेहसूद', ज में 'यहूद'।

थे। यग़मानान[1] मुग़ुलों को धिक्कारते थे कि, "तुम्हें हम लोगों द्वारा शक्ति प्राप्त होती थी। अफ़ग़ान लोग निश्चिन्त होकर मैदान में पड़ाव किए हुए हैं और तुमसे इतना नहीं होता कि उनपर आक्रमण करो।"

(२८)

अफ़ग़ानों पर हज़रत पादशाह का आक्रमण, विजय प्राप्त करना एवं उन्हें नष्ट-भ्रष्ट करना, मीर्ज़ा कामरान का इस्लाम ख़ां[2] सूर के पास प्रस्थान, वहाँ से पलायन, सुल्तान आदम के पास पहुँचना, सुल्तान आदम का प्रार्थना पत्र, पादशाह का सुल्तान आदम के घर पहुँचना, मीर्ज़ा कामरान का अंधा बनाया जाना[3]

जब अमीरों तथा हज़रत पादशाह के आदमियों ने निवेदन किया कि, "यह बड़े खेद का विषय है कि हम लोग क़िले के भीतर रहें और अफ़ग़ान लोग निश्चिन्त होकर मैदान में निवास करें तथा उन्हें कोई भय न हो। यदि हम उनपर आक्रमण करें तो कैसा है?" हज़रत पादशाह ने कहा कि, (११८ ब) "एक ज़बाँगीर[4] अथवा ख़बरदार'[5] को बुलवाओ जो अफ़ग़ानों के विषय में सविस्तार समाचार पहुँचाये और यह सूचना दे कि उनकी क्या दशा है तथा वे क्या कर रहे हैं।" तदनुसार ज़बाँगीर को लाया गया। उसने निवेदन किया कि, "वे अपने अपने क़बीलों में निश्चिन्त हैं[6]। कामरान मीर्ज़ा को सात-सात दिन तक अपने-अपने क़बीले में रखते हैं।" यह समाचार सुनकर शुक्रवार के दिन हज़रत पादशाह शाहज़ादा जलालुद्दीन मुहम्मद अकबर एवं शाह अबुल मआली तीनों व्यक्तियों ने अपने सिर के बाल मुंडवाकर[7] स्नान किया और शुक्रवार की नमाज़ के उपरान्त अफ़ग़ानों के विरुद्ध रवाना हुए। शनिवार को प्रातःकाल बहुत बड़ी विजय हो गई। लगभग १२ हज़ार स्त्री तथा पुरुष बन्दी बना लिये गए। लगभग तीन लाख मवेशी, गाय तथा भेड़ें प्राप्त हुईं। आदेश हुआ कि स्त्रियों[8] को बेच डाला जाय। तदुपरान्त विजय तथा सफलता प्राप्त करके हज़रत काबुल पहुँचे और मीर्ज़ा कामरान हिन्दुस्तान में इस्लाम ख़ां सूर[9] के पास पहुँचा। हज़रत पादशाह ने काबुल पहुँच कर (११९अ) अमीरों को दावत दी और प्रसन्नतापूर्वक प्रत्येक की श्रेणी के अनुसार उसे तसल्ली दी और

१ च, छ में 'रिआयाये लग़मानात' ज में ''देहक़ानान (ग्रामीण)'।
२ इस्लाम ख़ां।
३ च, छ एवं ज में यहां फ़स्ल नहीं।
४ गुप्तचर; ऐसा बन्दी जो शत्रुओं के विषय में समाचार पहुँचा सके।
५ जिसे हर प्रकार की सूचना हो।
६ च, छ एवं ज में :—''अत्यधिक असावधान हैं''।
७ च, छ एवं ज में सिर के बाल मुंडवाने का उल्लेख नहीं।
८ च, छ एवं ज में 'ज़ेह वे ज़ाद (धन-सम्पत्ति)'।
९ च, छ एवं ज में 'इस्लाम ख़ां सूर वल्द शेर ख़ां सूर'।

हिन्दुस्तान की ओर प्रस्थान करने के विषय में सोच विचार करने लगे। वे यह चाहते थे कि क़न्धार पहुँच कर हिन्दुस्तान के विषय में कुछ निश्चिय करें।

हज़रत पादशाह का गक्कर की विलायत की ओर प्रस्थान, मीर्ज़ा का वहाँ से पलायन, उसकी आँखों में नश्तर लगवाना एवं मक्का की ओर विदा करना[1]

इसी बीच में सुल्तान आदम गक्कर[2] का प्रार्थना पत्र प्राप्त हुआ कि "मीर्ज़ा कामरान इस दास के पास आ गया है, हज़रत पादशाह शीघ्रातिशीघ्र इस ओर आ जायें।" तदनुसार वे निरन्तर यात्रा करते हुए बंगश पहुँचे। वहाँ उन्होंने सुना कि, "एक व्यक्ति धर्म का खंडन कर रहा है[3]। वह बंगश के आस पास के स्थान वालों को मिलाकर मार्ग-भ्रष्ट कर रहा है।" हज़रत पादशाह ने क़िया[4] ख़ां तथा अन्य सैनिकों को (उसके विरुद्ध) नियुक्त किया। उन्होंने उसे दंड दिया और उसके परिवार को बन्दी बना लिया[5]। वह धनकोट[6] की ओर चल दिया।

तदुपरान्त हज़रत पादशाह नीलाब[7] तटपर पहुँचे और रेशी[8] नामक घाट से नदी पार की तथा निरन्तर यात्रा करते हुए सुल्तान आदम की विलायत में पहुँचे। वे सुल्तान (११९ब) आदम से लगभग १० कुरोह पर थे कि उधारन नामक उसका दूत उपस्थित हुआ और उसने कहा कि, "हज़रत पादशाह शीघ्रातिशीघ्र पधारें।" इस कारण मध्याह्न में हज़रत पादशाह भरहाला[9] के समीप पहुँचे तथा मीर्ज़ा कामरान से भेंट करने के लिए स्थान निश्चित किया। सायाबान लगवाये गए। उधारन ने पुनः उपस्थित होकर कहा कि, "मीर्ज़ा कामरान कहते हैं कि आप और आगे आयें[10]।" हज़रत पादशाह को आश्चर्य हुआ कि, "उन्होंने स्थान बनाया, शामियाना लगवाया, अब टाल-मटोल का क्या कारण है?" आवश्यकतावश वे आगे बढ़े

१ च, छ के अनुसार १२ वीं फ़स्ल, ज के अनुसार १८ वीं फ़स्ल।

२ च, छ एवं ज में 'आदम सुल्तान गक्कर'।

३ च, छ में :—"वहां एक मार्ग-भ्रष्ट नये धर्म का आविष्कार कर्त्ता है"। ज में :—"उन्होंने सेना सहित बंगश की ओर प्रस्थान किया। वहां एक व्यक्ति ने एक नये धर्म का आविष्कार किया है और धर्म (इस्लाम) का खंडन कर रहा है"। (जः पृ० ११६ब)।

४ क में स्पष्ट नहीं; ख, ग एवं घ में 'क़राचा ख़ां', ज में 'क़िया ख़ां गुज्ज़'।

५ ज में :—"उपर्युक्त समूह उस क्षेत्र की ओर रवाना हुआ। उसका परिवार जो हाथ लगा वह बन्दी बना लिया गया। वह कुछ घाव खाकर दीन कोट के क़िले की ओर चला गया"। (जः पृ० ११६ब)।

६ च, छ एवं ज में, 'दीनकोट'।

७ सिन्ध ; ज में 'नील नदी'।

८ च एवं छ में 'ऐसी'।

९ च, छ में 'परहाला'।

१० च, छ एवं ज में :—"जब प्रतीक्षा में अधिक समय व्यतीत हो गया तो उन्हें आश्चर्य हुआ कि विलम्ब एवं टाल मटोल का क्या कारण है। इसी बीच में··"।

और वहाँ भी स्थान बनाया। उस स्थान पर भी उधारन एवं भूरन नामक दो हिन्दू[१] आये और निवेदन किया कि "मीर्ज़ा कामरान और आगे आने का आग्रह कर रहा है।" हज़रत पादशाह ने कहा, "अच्छा। शाम की नमाज़ पढ़ने के उपरान्त आयेंगे।" इसी बीच में क़रा बहादुर, पादशाह ज़ादा[२] क़ाशक़ार तथा सुल्तान आदम पहुँचे और शुभकामनाएँ पहुँचाईं। हज़रत पादशाह दो रकात नमाज़े सुन्नत पढ़कर पलंग पर बैठे। क़रा बहादुर तथा सुल्तान आदम ने पहुँचकर हज़रत के चरणों का (१२० अ) चुम्बन किया। हज़रत पादशाह ने कहा कि, "सुल्तान आदम! तूने मुझे बड़ी देर में याद किया।" सुल्तान आदम ने निवेदन किया कि, "यह दास नीलाब पर पहुँच कर चरणों का चुम्बन करना चाहता था किन्तु घर पर अतिथि के[३] होने के कारण उसे छोड़ कर हज़रत पादशाह की सेवा में उपस्थित न हो सकता था।" हज़रत पादशाह ने कहा कि, "यह सेवा उस सेवा से उत्तम थी।" सुल्तान आदम ने पुनः निवेदन किया कि, "मीर्ज़ा कामरान और आगे बुलवा रहा है।" हज़रत पादशाह के हृदय में इस बात से कुछ शंका हुई। सुल्तान आदम ने कहा, "मीर्ज़ा मेरे बन्दीगृह में है, हज़रत पादशाह आगे चलें।" तदुपरान्त हज़रत पादशाह एक नदी तट पर पहुँचकर उतर पड़े। दो घड़ी रात्रि पश्चात् मीर्ज़ा कामरान ने उपस्थित होकर सिर झुका लिया। हज़रत पादशाह ने उससे भेंट की और दायें हाथ की ओर बैठने का संकेत किया। दायें हाथ की ओर (१२० ब) मीर्ज़ा कामरान बैठ गया। बायें हाथ की ओर शाहज़ादा मुहम्मद अकबर और शाह अबुल मआली। सामने दिंगल[४] में तरदी बेग खां सुल्तान आदम तथा मुनइम खां बैठे। हज़रत पादशाह ने कमाली[५] मंगवाई। डेढ़ पूरी स्वयं खाई और आधी मीर्ज़ा कामरान को दी। एक पूरी शाहज़ादये आलमियान और शाह अबुल मआली को दी। एक पूरी तरदी बेग तथा सुल्तान आदम को दी[६]। इसी बीच में मीर्ज़ा कामरान ने कहा कि, "महमूद खां नियाज़ी, सुल्तान शायर का पुत्र कमाल खां[७], इस्लाम खां नियाज़ी तथा सुल्तान आदम का पुत्र लश्करी हज़रत पादशाह के चरणों का चुम्बन करेंगे[८]।" हज़रत पादशाह ने कहा कि, "ऐसा ही हो।" सुल्तान आदम की ओर देख कर कहा कि, "वे कल हमसे भेंट करेंगे[९]।" सुल्तान ने कहा, "बहुत अच्छा। उनसे कल भेंट करें। यह उनका दुर्भाग्य होगा, हज़रत पादशाह इतनी लम्बी यात्रा करके आये और वे उनसे कल भेंट करें!" सुल्तान ने किसी

१ च, छ में 'आदम सुल्तान के वकील'।

२ च, छ में 'क़रा बहादुर मीर्ज़ा शाहज़ादा क़ाशक़ार', ज में 'क़बा बहादुर मीर्ज़ा पादशाहज़ादा काशग़र।'

३ च, छ एवं ज में 'सम्मानित अतिथि।'

४ दिंगल का अर्थ जन-समूह, एवं भीड़ इत्यादि है किन्तु यहां ऐसे स्थान से तात्पर्य है जहां अधिक लोगों के बैठने का स्थान हो।

५ शब्दकोशों में यह शब्द नहीं मिल सका। सम्भवतः भोजन के थाल से तात्पर्य है।

६ च, एवं छ में :—"एक पूरी में से आधी स्वयं खाई, आधी मीर्ज़ा को प्रदान की, एक पूरी शाहज़ादये आलमियां एवं शाह अबुल मआली को प्रदान की और एक पूरी दिंगल में बैठने वालों को"।

७ च, छ में :—"सायर सुल्तान का पुत्र कमाल ख़ां"।

८ च, छ एवं ज में :—"मीर्ज़ा ने सम्भवतः यह समाचार इस कारण पहुँचाये कि उनके न आने के कारण सम्मानित हृदय में शंका पैदा हो"।

९ च, छ एवं ज में :—"क्या वास्तव में वे कल हमसे भेंट करेंगे"।

को भेजा कि उन्हें बुला लाये और वे चरणों का चुम्बन करके सम्मानित हों। वे उपस्थित हुए। (१२१ अ) सर्वप्रथम महमूद ख़ां नियाज़ी तदुपरान्त सुल्तान शायर का पुत्र कमाल ख़ां उपस्थित हुए, तत्पश्चात् इस्लाम ख़ां नियाज़ी, और फिर मुलतान आदम का पुत्र लश्करी चरणों का चुम्बन करके सम्मानित हुए। हज़रत पदशाह ने पूछा कि, "ख़ेमे लग गए हैं?" उन लोगों ने निवेदन किया कि, "ख़ेमे लगे हैं।" (हज़रत पादशाह) ने कहा कि, "मंज़िल पर चलना चाहिये।" फिर कहा कि, "कहीं से पान मिलेंगे?" सुल्तान आदम का पुत्र लश्करी १२ बीड़े लाया। उन्होंने एक बीड़ा स्वयं खाया और ११ बीड़े आदमियों को प्रदान किए और कहा कि, "लश्करी ने बड़ा विचित्र कार्य किया कि जितने बीड़े आवश्यक थे उतने ही लाया।" तदुपरान्त हज़रत पादशाह सवार होकर पड़ाव पर (१२१ ब) पहुँचे। सभा आयोजित की गई। संगीतज्ञ संगीत, एवं वादक वादन में व्यस्त हो गए। पूरी रात आनन्द-मंगल होता रहा। प्रातःकाल नमाज़ के उपरान्त हज़रत पादशाह सो गए। मीर्ज़ा कामरान भी अपने स्थान पर चला गया। मध्याह्लोत्तर की प्रथम नमाज़-उपरान्त भोजन लाया गया और भोजन किया गया। दस्तरख़्वान उठा दिया गया। वह रात भी आनन्द-मंगल में व्यतीत हुई। दूसरे दिन अमीरों ने उनसे कहा कि, "मीर्ज़ा कामरान की चिन्ता करें।" हज़रत पादशाह ने कहा, "सुल्तान आदम की दावत करके जो उचित होगा करूँगा।" तीसरे दिन सुल्तान आदम की दावत की गई और उसे पताका एवं नक़्क़ारा जो पादशाही मरातिब हैं प्रदान हुए और सुल्तान विदा कर दिया गया। चौथे दिन वे मीर्ज़ा कामरान के विषय में सोचने लगे और निश्चय किया कि, "मीर्ज़ा कामरान के साथियों को उससे पृथक् कर दिया जाय।" ख़ंजर बेग, आरिफ़ बेग, अली दोस्त, सिदी मुहम्मद पकना तथा तुच्छ दास जौहर को आदेश हुआ कि, "वे मीर्ज़ा कामरान की सेवा में जायें[1]" (१२२ अ) और कहा कि, "हे दास! तू जानता है कि तुझे कहाँ भेजा जा रहा है?" तुच्छ जौहर ने उत्तर दिया, "हे पादशाह! मैं जानता हूँ।" उन्होंने आदेश दिया कि "ख़रगाह के भीतर की[2] सेवा भी तुझ से सम्बन्धित है, अपने ऊपर नींद हराम कर ले।" हज़रत पादशाह के आदेशानुसार मीर्ज़ा कामरान की सेवा में हम मध्याह्लोत्तर की दूसरी नमाज़ के समय पहुँचे। मीर्ज़ा ने जा-नमाज मंगाई। दास जौहर ने जा-नमाज़ प्रस्तुत की। मीर्ज़ा ने सायंकाल की नमाज़ ख़रगाह के भीतर पढ़ी और दास से पूछा कि, "हे दास! तेरा क्या नाम है?" निवेदन किया कि, "दास जौहर"। पुनः पूछा कि, "हे मेहतर! ख़ादिमी भी जानता है?" निवेदन किया कि, "हाँ थोड़ी सी।" तदुपरान्त ख़ादिमी करने लगा। पूँछा कि, "कितने वर्ष से हज़रत पादशाह की सेवा कर रहा है?" निवेदन किया कि, "१९ वर्ष से सेवा में हूँ।" उसने कहा कि, "तू बहुत समय से सेवा में है?" निवेदन किया, "हाँ"। (१२२ ब) पुनः पूछा कि, "मीर्ज़ा अस्करी की सेवा में भी तू था?" निवेदन किया, "नहीं। जलाल नामक एक व्यक्ति फ़क़ीर का एक सम्बन्धी मीर्ज़ा अस्करी की सेवा में था।" पुनः कहा कि, "रमज़ान मास में मैं ६ रोज़े नहीं रख सका, क्या तू मेरे बदले रोज़ा रख सकता है?" फ़क़ीर जौहर ने निवेदन किया कि, "हाँ, रख सकता हूँ किन्तु मीर्ज़ा स्वयं अपने छोड़े हुए रोज़े रखेंगे। साहस से कार्य

१ च, छ एवं ज में:—"ख़ंजर बेग, आरिफ़ बेग अली दोस्त एवं सिदी मुहम्मद पकना को उन लोगों (मीर्ज़ा कामरान के आदमियों) को प्राप्त करने के लिये नियुक्त किया गया। तुच्छ दास को आदेश दिया कि तू भी मीर्ज़ा की सेवा कर।" (च: पृ० १०८ ब, छ: पृ० ६३अ, ज: पृ० ११६ अ)।

२ मीर्ज़ा कामरान की।

लें, अपने हृदय में निराशा को इतना स्थान न दें।" तदुपरान्त उसने पूछा कि, "क्या तू जानता है कि मेरी हत्या कर दी जायेगी?" फ़क़ीर ने उत्तर दिया कि, "पादशाहों के स्वभाव को पादशाह ही जानते हैं। मैं स्वयं इतना जानता हूँ कि कोई अपने हाथ को स्वयं नहीं तोड़ता। इसके अतिरिक्त हज़रत पादशाह मुहम्मद हुमायूँ बड़े उदार हैं।" रात्रि इसी प्रकार व्यतीत हो गई। प्रातः काल हिन्दुस्तान की ओर प्रस्थान हुआ और निश्चय किया[1] कि, "मीर्ज़ा कामरान की आँखों में नश्तर लगा दिया जाय"। जब हज़रत पादशाह यह आदेश देकर चले गए तो कोई भी मीर्ज़ा की (१२३ अ) आँखों में नश्तर न लगाता था। किसी व्यक्ति की खोज हो रही थी कि सुल्तान अली बख्शी ने अली दोस्त ईशक आक़ा से कहा कि, "तू नश्तर लगा।" अली दोस्त ने उत्तर दिया कि, "जब तू किसी को एक शाहरुखी देता है तो हज़रत पादशाह से पूँछ लेता है। मैं पादशाह के आदेश के बिना तेरे कहने पर यह कैसे कर डालूँ? कल अगर हज़रत पादशाह पूछेंगे कि तूने यह कार्य क्यों किया और हमारे भाई को नष्ट कर डाला तो (क्या) मैं उस समय यह उत्तर दूँगा कि सुल्तान अली दोस्त ने आदेश दिया था। यह मुझसे नहीं हो सकता।" वे आपस में यही वार्ता कर रहे थे कि तुच्छ दास जौहर ने कहा कि, "मैं जाकर हज़रत पादशह से कहता हूँ।" अली दोस्त बारबेगी, गुलाम अली शशअंगुश्त दारोग़ा फ़र्राश ख़ाना एवं फ़क़ीर जौहर घोड़ा दौड़ाते हुए हज़रत पादशाह की (१२३ ब) सेवा में पहुँचे और हज़रत पादशाह से निवेदन किया। अली दोस्त ने भी हज़रत पादशाह से कहा[2] कि, "कोई भी यह कार्य नहीं करता।" हज़रत पादशाह ने गाली देते हुए[3] कहा कि, 'तुझे क्या हुआ है, तू कर[4]।" आदेशोपरान्त वे मीर्ज़ा कामरान के पास पहुँचे। गुलाम अली ने मीर्ज़ा से निवेदन किया कि, "हे मीर्ज़ा! यदि यह बात मैंने अपनी ओर से कही हो तो ईश्वर मेरी जिह्वा को गुद्दी से खींच ले, किन्तु पादशाह के आदेश का उल्लंघन सम्भव नहीं। उनका आदेश इस प्रकार है कि आपकी आँखों में नश्तर लगाया जाय।" मीर्ज़ा ने कहा, "मेरी हत्या कर दी जाय।" गुलाम अली ने उत्तर दिया, "आपकी हत्या का कोई भी साहस नहीं कर सकता।" मीर्ज़ा कामरान किसी चीज़ की खोज करने लगा, उसके हाथ में रूमाल था[5]। गोली बनाकर उस फ़र्राश के मुंह पर जो मीर्ज़ा को पकड़ने के लिए हाथ फैलाये था, मारी। तदुपरान्त उसने मीर्ज़ा का हाथ पकड़ा। ख़रगाह के बाहर लाया और मीर्ज़ा को लिटाया। उसकी आँखों में नश्तर लगाया। लगभग ५० नश्तर लगाये गए। उसने पौरुष प्रदर्शित करते हुए दम न मारा। जो व्यक्ति उसके ज़ानू पर बैठा था उससे मीर्ज़ा ने केवल यह बात

१ च, छ एवं ज में:—"आदेश दिया कि, जिस प्रकार मीर्ज़ा ने मीर सैयिद अली मुल्तानी, एवं एक समूह को अकारण अंधा बना दिया था, इसके बदले में उसकी आंखों में नश्तर लगा दिया जाय।" (च: पृ० १०९ अ, छ: पृ० ९३ब, ज: पृ० १२०अ)।

२ च, छ एवं ज में:—"तुर्की भाषा में कहा"।

३ तुर्की भाषा में कहा।

४ च, छ एवं ज में.—"यदि कोई नहीं करता तो तू कर"।

५ ज में:—"उस समय वहां किसी प्रकार का कोई अस्त्र-शस्त्र न था, जिस समय फ़र्राश ने मीर्ज़ा को पकड़ने के लिये हाथ फैलाये और ख़रगाह के बाहर लाना चाहा तो मीर्ज़ा ने जो रूमाल उसके हाथ में था, उसका गोला बना कर फ़र्राश के मुंह पर मारा। बहर हाल फ़र्राश मीर्ज़ा को पकड़ कर ख़रगाह के बाहर लाये"। (ज: पृ० १२० ब)।

(१२४ अ) कही, "तू ज़ानू पर क्यों बैठा है ? क्या इसके बिना तेरी तसल्ली न होगी[१] ?" इस बात के अतिरिक्त उसने कुछ न कहा। बड़ी वीरता से धैर्य धारण किए रहा। तदुपरान्त किरदी मेवादार ने उसकी आँखों में नमक छिड़का। अधीर होकर उसने अल्लाह का नाम लिया, तदुपरान्त यह कहा कि, "हे ईश्वर! मैंने संसार में जो कुछ किया था उसका बदला मिल गया, अब मुझे क़यामत में आशा है।" तदुपरान्त मीर्ज़ा को सवार करके प्रस्थान किया गया। उस तोप के समीप जिसका निर्माण सुल्तान फ़ीरोज़ शाह ने कराया था, पड़ाव कराया गया[२]। वहाँ की वायु बड़ी गरम थी। तदुपरान्त सवार करके लश्कर में पहुँचाया गया। मीर्ज़ा क़ासिम कोहबर का ख़ेमा लगा था। वहीं ठहरा दिया गया। जौहर फ़क़ीर कहता है कि जब उसने मीर्ज़ा को बड़ा व्याकुल तथा अधीर देखा तो वह मीर्ज़ा के पास न रह सका, अपने स्थान पर आ गया। कारख़ाने में पहुँचकर चिन्ता में सिर (१२४ ब) झुकाये हुए था कि पादशाह की दृष्टि फ़क़ीर पर पड़ गई। उन्होंने जान मुहम्मद किताबदार को फ़क़ीर के पास भेजा कि "उस दास से पूछो कि जिस कार्य हेतु मैंने नियुक्त किया था उसका क्या हुआ और उसे किस प्रकार सम्पन्न किया ?" तुच्छ दास जौहर ने निवेदन किया कि, "जिस कार्य का आदेश हुआ था उसे सम्पन्न कर दिया।" हज़रत पादशाह ने कहा, "अब तू उस स्थान पर मत जा और स्नान के लिए जल का प्रबन्ध कर।"

तदुपरान्त हज़रत पादशाह निरन्तर यात्रा करते हुए पराना जानूहा की विलायत में पहुँचे। पराना ने आकर चरणों का चुम्बन कियां। सुल्तान आदम ने[३] पराना के विषय में सिफ़ारिश की। हज़रत पादशाह ने उसे सुल्तान आदम के सिपुर्द कर दिया[४]। करछाक[५] नामक स्थान के समीप (लोग) लगभग ५० ग्रामों का सुनकर[६] बाँधे हुए एकत्र थे। हज़रत पादशाह ने उसपर आक्रमण किया (१२५ अ) और सुनकर को तोड़ डाला। बहुत से लोग बन्दी बना लिये गए[७]। हज़रत पादशाह ने आदेश दिया कि, "जिसे भी मुक्त किया जाय धन लेकर मुक्त किया जाय।" समस्त लश्कर को उसकी श्रेणी के अनुसार धन प्राप्त हो गया।

तदुपरान्त हज़रत पादशाह ने कश्मीर जाने का संकल्प किया। अमीरों के एक समूह ने कहा कि, "कश्मीर जाने का समय नहीं है।" हज़रत पादशाह ने इस बात पर ज़ोर दिया। शाह अबुल

१ ज में ज़ानू पर बैठने वाले से वार्त्ता का उल्लेख नहीं।

२ च, छ एवं ज में:—"मार्ग में एक गुम्बद है। उसे उस विलायत में तोप कहते हैं। उसका निर्माण सुल्तान फ़ीरोज़ ने कराया था, हवा के गरम होने के कारण वहां पड़ाव किया गया।"

३ च, छ एवं ज में:—"इस कारण कि वह अफ़ग़ानों का हितैषी कहलाता था।"

४ च, छ में:—"उसके अपराध क्षमा कर दिये"।

५ च एवं छ में 'करजाक,' ज में, 'करचाक'।

६ संगठित हो कर एक प्रकार का घेरा। पूर्व में 'संकर' भी प्रयुक्त हुआ है।

७ च, छ एवं ज में:—"करजाक (ज में 'करचाक') जमींदारों के एक समूह ने लगभग ५० ग्रामों को घेर कर उसे दृढ़ बना लिया था। सैनिकों ने उस पर आक्रमण करके उसे विजय कर लिया और उन्हें पराजित कर दिया। बहुत बड़ी संख्या में लोग बन्दी बना लिये गये"। (च: पृ० ११० ब, छ: पृ० ९४ ब, ज: पृ० १२१ ब)।

मआली ने कश्मीर की ओर प्रस्थान के कारण एक मुग़ुल को बाण द्वारा मारा और कहा, "तत्काल कश्मीर की ओर जाओ। विना गए न रहूँगा[१]।"

जब अमीरों ने देखा कि हज़रत पादशाह बहुत ज़िद कर रहे हैं तो वे सब मिलकर सुल्तान आदम के पास पहुँचे और उससे इस विषय में कहा। उसने हज़रत पादशाह के चरण पकड़कर निवेदन किया कि, "इस वार कश्मीर की यात्रा को स्थगित रखें। सुना जाता है कि इस्लाम खां सूर ने इस ओर प्रस्थान किया है। अफ़ग़ान लोग जो रोहतास के क़िले को छोड़कर बेहत एवं चनाव नदी पार कर चुके थे वापस आ गए हैं। यह अच्छा होगा कि इस बार आप काबुल तथा क़न्धार की ओर चले जायें[२] और ख़ाने ख़ानाँ बैरम खां को अपने साथ लेकर आयें। हिन्दुस्तान भी अधिकार में आ जायेगा और कश्मीर भी। इस समय नीलाव को सरहद निश्चित किया जाय (१२५ व) और देखा जाय कि ईश्वर क्या करता है?"

(२६)

हज़रत पादशाह का काबुल एवं क़न्धार की ओर प्रस्थान और मीर्ज़ा कामरान को मक्का मुअज़्ज़मा की ग्रोर विदा करना

जब हज़रत पादशाह ने प्रस्थान करने का संकल्प कर लिया तो सुल्तान आदम ने निवेदन किया कि, "इस विलायत के आदमियों की बड़ी हानि हुई है[३]। हज़रत पादशाह के कूच करने पर सम्भवतः लोग उत्पात मचायें[४], अतः यह उचित होगा कि ढिंढोरा पिटवा दिया जाय कि हज़रत पादशाह रोहतास में छपर-बंदी[५] करेंगे[६]। जब लोग इस ढिंढोरे को सुनेंगे तो वे विभिन्न स्थानों पर ठहर जायेंगे

१ च, छ एवं ज में:—"हज़रत को बहुत समय से कश्मीर जाने की इच्छा थी अतः उन्होंने उस ग्रोर प्रस्थान किया। समस्त ख़ानों एवं सुल्तानों ने निवेदन किया, 'यह उस मुहाल में जाने का समय नहीं है।' उनकी प्रार्थना स्वीकार न की गई। शाह ग्रबुल मग्राली भी जिसके प्रति हज़रत पादशाह बड़ी कृपा प्रदर्शित किया करते थे, ज़िद करने लगा, यहां तक कि उसने एक मुग़ुल को बाण द्वारा मारा कि तू मार्ग दर्शा।" (च : पृ० ११०ब, छ: पृ० ९४ब, ज : पृ० १२१ब)।

२ च, छ एवं ज में:—"इस वार ग्राप काबुल तथा क़न्धार की ग्रोर वापस चले जायें कारण कि वहां से हिन्दुस्तान के ग्रभियान की व्यवस्था की गई थी। मीर्ज़ा की समस्या के समाधान हेतु ग्राये थे। यहां से लौट कर ख़ाने ख़ानां वैरम को क़न्धार से बुलवा कर ग्रास पास की सेनाग्रों को सूचना दे दें ग्रौर फिर एक बहुत बड़ी सेना तैयार करके इस देश की ग्रोर रवाना हों। हिन्दुस्तान भी विजय हो जायगा ग्रौर कश्मीर भी.... ।" (च : पृ० १११ग्र, छ: पृ० ९५ग्र, ज : पृ० १२२ग्र)।

३ क, ख, ग, घ एवं ज में, 'ख़ीले ज़रर रसीदा ग्रस्त' है किन्तु च एवं छ में 'ख़बर रसीदा ग्रस्त (सूचना मिल गई है)'।

४ च एवं छ में इसके ग्रागे इस प्रकार है:—"शिविर वालों को कहीं कष्ट न पहुँचायें"।

५ च एवं छ में 'चपर बंदी (घेरा बांधना, ग्रवरोध करना)'।

६ च, छ एवं ज में इसके ग्रागे:—"ग्रौर दीर्घ काल तक वहां रहेंगे"।

और उन्हें साँत्वना एवं शान्ति प्राप्त हो जायगी[1]। तदुपरान्त हज़रत पदशाह ने कहा कि, "ढिंढोरा पिटवा दिया जाय।" तत्पश्चात् वे निरन्तर यात्रा करते हुए नीलाब पहुँचे और नीलाब से मीर्ज़ा कामरान को मक्का की ओर विदा कर दिया। वे स्वयं पेशावर पहुँचे और आदेश दिया कि, "इस (१२६ अ) स्थान पर क़िले का निर्माण किया जाय।" अमीरों ने इस विषय में निवेदन किया कि, "क़िला न बनाया जाय[2]।" हज़रत पादशाह ने कहा कि, "जब मैं कश्मीर जाना चाहता था तो तुम लोगों ने रोका, अब इस समय क़िले के लिए रोकते हो। यदि अब क़िले के निर्माण के विषय में प्रतीक्षा करने की बात कोई कहेगा तो वह दंड का पात्र बनेगा।" जिस दिन पहुँचे थे उसी दिन क़िले की नींव डाल दी गई। सात दिन में क़िला पूरा हो गया। गेहूँ उस समय तक न कटा था। आदेश दिया कि उसे कटवा कर क़िले के भीतर भंडार में एकत्र कर दिया जाय। शुक्रवार के दिन ख़ुत्बा पढ़वाया गया। सिकन्दर ख़ां ऊज़बेक को सरोपा प्रदान किया गया। क़िला उसको सौंप दिया गया। मध्याह्नोत्तर की दूसरी नमाज़ के उपरान्त वे सवार हुए और निरन्तर यात्रा करते हुए काबुल पहुँचे। उक़ाबैन के ऊपर पहुँचे। नवरोज़ बड़ी धूम-धाम से काबुल में मनाया गया[3]।

नवरोज़ के उपरान्त वे क़न्धार की ओर रवाना हुए। तीन मास वहाँ कुशलतापूर्वक रहे[4]। तदुपरान्त काबुल वापस चले आये। बैरम ख़ां को तुरंग[5] नदी तक, जो कि ग़ज़नी तथा क़न्धार के (१२६ ब) मध्य में है, साथ ले गए और उपर्युक्त नदी से क़न्धार की ओर विदा कर दिया और प्रतिज्ञा की कि "शीत ऋतु के उपरान्त यदि ईश्वर ने चाहा तो हिन्दुस्तान की ओर प्रस्थान करेंगे।" तदुपरान्त वे स्वयं काबुल गए।

हाजी[6] मुहम्मद ख़ां कोकी ग़ज़नी में था। वह कुछ खिन्न था। जब खाने ख़ानां बैरम ख़ां क़न्धार की ओर से हज़रत पादशाह के पास आ रहा था तो वह हाजी मुहम्मद ख़ां को तसल्ली देकर अपने साथ काबुल ले गया। हाजी मुहम्मद ख़ां पुनः ग़ज़नी भाग गया। हज़रत पादशाह उसे अत्यधिक साँत्वना देकर लाये किन्तु उसके हृदय में क्रोध बना रहा। हज़रत पादशाह लमग़ानात के तूमान में पहुँचे। हाजी मुहम्मद ख़ां ने अपनी पताका तथा नक़्क़ारा तोड़ डाला। यह समाचार हज़रत पादशाह को प्राप्त हुए। हाजी मुहम्मद तथा उसके भाई अर्थात् शाह मुहम्मद को बन्दी बना लिया और कहा "तू अपनी सेवाओं को लिख। मैं तेरे अपराध लिखता हूँ ताकि दोनों की तुलना की जाय। यदि तेरी सेवाएं तेरे अपराधों के बराबर निकलेंगी तो तेरे अपराध क्षमा कर दिए जायेंगे। यदि तेरे (१२७ अ) अपराध सेवा की अपेक्षा अधिक निकले तो तुझे न छोड़ूंगा और तेरी हत्या करा दूंगा।"

१ च, छ एवं ज में :—"तदुपरान्त आप अचानक कूच कर दें"।

२ च, छ एवं ज में :—"अमीरों एवं सिपहसालारों ने (ज में 'सिपहसालारों' नहीं है) एक दिल एवं एक मत हो कर कहा कि कुछ दिन प्रतीक्षा करनी चाहिये।" (च : पृ० १११ब, छ : पृ० ९५ब, ज : पृ० १२२ब)।

३ च, छ एवं ज में नवरोज़ के समारोह के आनन्द-मंगल का बड़े विस्तार से उल्लेख हुआ है।

४ ज में :—"वहां से हिन्दुस्तान की ओर रवाना हुये"।

५ च एवं छ में 'तनक नदी'।

६ च, छ एवं ज में हाजी मुहम्मद ख़ां कोकी सम्बन्धी इस घटना का उल्लेख नहीं।

अन्ततोगत्वा उसने अपनी सेवाएँ लिखीं, हज़रत पादशाह ने उसके अपराध लिखे[1]। उसके अपराध सेवा से अधिक निकले। हज़रत पादशाह ने हाजी मुहम्मद खां को वन्दी बना दिया। कुछ दिन उपरान्त दोनों भाइयों की हत्या करा दी और स्वयं काबुल पहुँचे। खाने खानां को क़न्धार की ओर विदा कर दिया और कहा कि, "शीत ऋतु उपरान्त तुम आना। तब हिन्दुस्तान की ओर प्रस्थान करेंगे"।

इन दिनों[2] हज़रत पादशाह अधिकांश आवे वारां, ख्वाजा बस्तयारान[3], ख्वाजा रेगे रवां की सैर किया करते थे। समरक़न्द, बुख़ारा तथा इसी प्रकार के स्थानों के प्रतिष्ठित लोगों एवं तलवार (१२७ ब) चलाने वालों को सूचना कराई और कुछ को उपहार भेजे और लिखा कि, "यदि ईश्वर ने चाहा तो मैं हिन्दुस्तान की ओर प्रस्थान करूँगा। आप लोग पधारें तो कोई रोक नहीं है; आ जायें ताकि एक बार हिन्दुस्तान पर आक्रमण किया जाय। फिर जो कुछ ईश्वर की इच्छा होगी, वही होगा।" तदुपरान्त उन्होंने कुशलता हेतु फ़ातेहा पढ़ा।

(३०)

हज़रत पादशाह का अनन्त तक स्थायी रहने वाले सौभाग्य के साथ हिन्दुस्तान की ओर प्रस्थान[4]

क़तआ

'नख़शबी ! संसार परिवर्तन शील है,
वह जमशेद को द्वारपाल बनाता है।
कौन सा ऐसा आराम है, जिसमें कष्ट नहीं,
बिना पतन के किसने प्रसन्नता देखी।'

१ च एवं छ में :—"हज़रत पादशाह राजधानी काबुल में ऐश्वर्य एवं गौरव के साथ राज्य कर रहे थे। हाजी मुहम्मद ख़ां कोकी ग़ज़नी में था। वह कुछ मलीन था। जब ख़ाने ख़ानां वैरम ख़ां क़न्धार से आया तो उसे वह सांत्वना देकर सम्मानित दरबार में लाया तथा धरती का चुम्बन करवाकर सम्मानित कराया। वह (हाजी मुहम्मद ख़ां कोकी) पुनः भाग कर ग़ज़नी चला गया। शाहे आलम पनाह ने उसे अत्यधिक प्रोत्साहन देकर पुनः बुलवाया किन्तु उसके हृदय में क्रोध एवं मलीनता उसी प्रकार बनी रही। इसी बीच में शाहे आलमियान लमग़ानात के तूमान की ओर रवाना हुये। हाजी मुहम्मद ख़ां ने अपनी पताका तथा अपना नक़्क़ारा तोड़ डाला। यह समाचार उनके सम्मानित कानों तक पहुँचे। यही कार्य उनके विनाश का कारण बन गया। उन्होंने आदेश दिया कि उसे तथा उसके भाई शाह मुहम्मद को बन्दी बना लिया जाय। शाही आदेशानुसार वे बन्दी बनाकर लाये गये। हज़रत पादशाह ने कहा, 'मैं न्याय को न त्यागूंगा। तू अपनी सेवाओं को लिख, मैं तेरे अपराधों को लिखता हूँ। देखते हैं कौन अधिक निकलते हैं। यदि तेरे अपराध तेरी सेवाओं के बराबर निकले तो तुझे क्षमा कर दूंगा। यदि अपराध सेवाओं से अधिक निकले तो ईश्वर की शपथ न छोड़ूंगा, अपितु हत्या करा दूंगा।' ऐसा ही किया गया। प्रत्येक ओर का ब्योरा तैयार हुआ। उसके अपराध सेवाओं से अधिक निकले। उन्होंने आदेश दिया कि उन्हें बन्दी बना लिया जाय। कुछ दिन उपरान्त दोनों की हत्या करा दी और महमन्द, ख़लील, एवं यूसुफ़ज़ई से संधि करके काबुल लौट आये"। (च : पृ० १०३ब-१०४अ, छ : पृ० ८९अ-८९ब)।

२ च एवं छ में इस घटना का उल्लेख है किन्तु ज में नहीं।

३ सम्भवतः 'ख्वाजा सेहयारान'।

४ च एवं छ के अनुसार बाब (खंड) ४, ज में फ़स्ल १९। इसे बाब (खंड) ३ होना चाहिये कारण कि आगे का अध्याय च, छ एवं ज तीनों में फ़स्ल १ है। किन्तु इन ग्रन्थों में शीर्षक इस प्रकार है :—"उस शाहे आलमियान का, देशों को विजय करने वाले सिपहसालारों के साथ हिन्दुस्तान की ओर प्रस्थान के उद्देश्य से दरबार, तदुपरान्त लाव लश्कर सहित उस देश की ओर प्रस्थान और उसकी विजय"।

क़तआ

'हे बुद्धिमान् संसार परिवर्तन शील है,
खुशी तथा दु:ख दोनों इसमें साथ साथ रहते हैं।
कौन आराम सर्वदा देख सकता है,
कष्ट सर्वदा कम रहता है।'

जब[1] वे काबुल से जलालावाद पहुँचे तो वहाँ से जाला[2] पर बैठकर आनन्द-मंगल मनाते

१ च, छ एवं ज में :—"हजरत पादशाह ने दरबारे ग्राम किया। ईरान तथा तूरान के सिपहसालारों ने ग्रास पास से ग्राकर कोरनिश की तथा धरती-चुम्बन किया। प्रत्येक विषय में तथा संदर्भ में कोई न कोई बात कही गई। हजरत पादशाह ने हिन्दुस्तान की प्रशंसा की....जो मोती बरसाने वाले बस बादल से बरसे, उन्हें ईरान तथा तूरान के सिपहसलारों ने हृदय से पसन्द किया ग्रौर उन मोतियों को ग्रपने कानों में पहिना। धरती-चुम्बन करके यात्रा की तैयारी एवं व्यवस्था करने लगे। ख़ाने ख़ानां बैरम ख़ां भी क़ंधार से पहुँच गया।

इसी बीच में मलिकुत्तुज्जार ख़्वाजा दौलत ने हिन्दुस्तान से ग्राकर चौखट का चुम्बन करके निवेदन किया कि 'हिन्द के सुल्तान ने मुझसे एक बारगाह तैयार करने का ग्रादेश दिया था। जब मैं तैयार करके उसके पास ले गया तो उस ग्रभागे ने कहा कि मैं इस बारगाह को न लूंगा। जहां तू चाहे ले जा ग्रौर जिस राज्य के ग्रधिकारी को चाहे दे।' ग्रब मैं इस बारगाह को इस राज्य के लिये उचित समझ कर दूर से लाया हूँ।' हजरत पादशाह ने कहा कि, 'यह राज्य की बारगाह है उससे लेकर हमारे पास लाया है।' क्योंकि उसमें उत्कृष्ट फ़ाल एवं शुभ संवाद निकलते थे, ग्रतः उद्यान एवं बाटिका की ईर्ष्या के विषय उस बारगाह को लेकर उद्यान के प्रांगण में लगाया।

दूसरे दिन शुभ मुहूर्त में हिन्दुस्तान की यात्रा के उद्देश्य से प्रस्थान किया। जब वे मंजिल पर पहुँचे तो हर दिशा से बधाई की ग्रावाजें एवं नारे लगने लगे। वहाँ से निरन्तर यात्रा करते हुये वे सुर्ख़ाब पहुँचे। जब उन्होंने वहाँ से प्रस्थान किया तो तरदी बेग ख़ां को ग्रादेश दिया कि 'ग्रागे जाकर मंजिल के लिये समतल स्थान तैयार करो।' वह थोड़ी दूर गया था कि तुच्छ दास जौहर से कहा कि, 'तू भी जा ग्रौर दोनों मिल कर मंजिल निश्चित करो।' जब मैं पीछे से जाकर ख़ान के पास पहुँच गया तो उसने पूछा, 'तू कैसे ग्राया ग्रौर किस कारण से सेवा से पृथक् हुग्रा?' मैंने कहा,'दास को ग्रापकी सेवा के हेतु भेजा गया है।' उसने कहा 'ग्रल हम्दो-लिल्लाह! यह बड़ा ग्रच्छा हुग्रा।' पादशाह के ग्रादेशानुसार उसके साथ जाकर हम लोगों ने मिल कर एक स्थान निश्चित किया। इसी बीच में पेश ख़ाने के ख़च्चर ग्रा गये। दरबार के फ़र्राशों ने बारगाह एवं ख़रगाह लगवाया। वहां पड़ाव किया गया। प्रातः काल कूच का तब्ल बजवा दिया गया। ग्रभी ख़रगाह एवं तहारत ख़ाना लगा था कि वे वुज़ू करने लगे। फ़क़ीर उनके शुभ चरणों पर जल डाल रहा था। मीर तोलक तूशकची से जो उस समय उपस्थित था मैंने कहा, 'हजरत नमाज पढ़ कर सवार हो जायेंगे। जुलचा (ज में जा नमाज़) लाकर बिछा दो।' तूशकची ने दूसरे को लाने का ग्रादेश दिया। जब वे वुज़ू कर चुके तो दास ने झुक कर ख़रगाह के भीतर देखा। हजरत पादशाह ने कहा, 'ग्रभी तक (ज के ग्रनुसार जुलचा) नहीं लाया?' जब तूशकची की भूल ग्रौर इस कमीने दास की उत्तम सेवायें देखीं तो यह शेर पढ़ा....

दास ने तस्लीम करके धरती-चुम्बन किया। वहाँ से निरन्तर यात्रा करते हुये लमग़ानात में पहुँचे। तुच्छ दास के हाथ में ग्राफ़ताबा था। हजरत ने ग्रादेश दिया कि, 'इसी प्रकार के कुछ ग्रन्य ग्राफ़ताबों को शीघ्र तैयार करा ले।' मैंने निवेदन किया, 'यदि ईश्वर ने चाहा, लाहौर में तैयार करा लूंगा।' उस सम्मानित शाह ने इस तुच्छ की ग्रोर कनखियों से कृपापूर्वक देखा। जलालाबाद से जाला पर बैठ कर पेशावर पहुँचे।" (च: पृ० ११३ब, छ: पृ० ६६ब--६८ ब, ज: पृ० १२४--१२५)।

२ जाला :—लटठों, ग्रथवा बांस की हलकी फुलकी नौका। बाबर ने इस नौका द्वारा यात्रा का **बाबर नामा** में ग्रनेक स्थानों पर बड़ा रोचक विवरण दिया है।

हुए पेशावर आये और वहाँ दो रोज़ ठहरे। सुल्तान आदम को आदेश हुआ कि "मैं ईश्वर की कृपा से हिन्दुस्तान की ओर प्रस्थान कर रहा हूँ।"

(१२८ अ) तदुपरान्त निरन्तर यात्रा करते हुए नीलाब पहुँचे। उस समय शीत ऋतु थी। नीलाब पार किया। नदी पार करते ही तुच्छ जौहर की दृष्टि नवचन्द्र पर पड़ी। हज़रत पादशाह को बधाई देते हुए निवेदन किया कि, "पादशाहे आलम! नवचन्द्र, नदी का पार करना तथा हिन्दुस्तान में प्रवेश मुबारक हो।" हज़रत पादशाह ने तीन बार कहा, "इनशा अल्लाह, इनशा अल्लाह, इनशा अल्लाह"। तदुपरान्त यात्रा करते हुए भरहाला[1] की विलायत के समीप पहुँचे। उस स्थान पर हज़रत पादशाह ने तुच्छ जौहर से कहा कि, "शाहज़ादे को स्नान करा कर एवं वस्त्र[2] पहिनाकर सेवा में ला।" पादशाह के आदेशानुसार तुच्छ जौहर ने शाहज़ादये आलमियान से निवेदन किया कि, "हज़रत पादशाह ने आपको बुलवाया है। स्नान करके तथा वस्त्र पहिन कर उनकी (१२८ ब) सेवा में चलें।" शाहज़ादे ने कहा कि, "मैं तुम्हारे सामने नंगा नहीं हो सकता। मुझे लज्जा आती है, किस प्रकार नंगा होऊँ?" तुच्छ जौहर ने निवेदन किया कि, "यदि आपका आदेश हो तो रफ़ीक़ को बुला लाऊँ।" आदेश हुआ कि, "ऐसा ही करो।" रफ़ीक़ के आने पर स्नान किया और वस्त्र पहिने। तुच्छ जौहर उन्हें हज़रत पादशाह की सेवा में ले गया। वे स्वयं क़िबले[3] की ओर मुख किए बैठे थे। शाहज़ादे को अपने सामने बैठाया। हर बार कुछ पढ़कर शाहज़ादे पर फूंकते जाते थे और इतनी प्रसन्नता प्रकट करते थे कि मानो वह देन सौभाग्य एवं सफलता उसी समय प्राप्त हुई हो।

तदुपरान्त रवाना होकर भरहाला से चार कुरोह पर पड़ाव किया और कहा[4] कि, "मैं शुभ शकुन लेता हूँ। सैनिकों का निरीक्षण एवं गणना कराता हूँ। अलिफ़ से प्रारम्भ करता हूँ। अलिफ़ में आफ़ताबची लोग सम्मिलित हैं। आफ़ताबची अपने अस्त्र-शस्त्र का निरीक्षण करायें।" लश्कर खां उर्फ़ मुहम्मद हुसेन[5] ने आंकर आफ़ताबचियों को आदेश पहुँचाया। आदेशानुसार दास तुच्छ (१२९ अ) जौहर, मेहतर सबीहा, तौफ़ीक़ एवं कुछ आफ़ताबची अस्त्र-शस्त्र धारण करके खड़े हुए। हज़रत पादशाह उन्हें देखकर प्रसन्न हुए और कहा कि, "मुबारक हो। शकुन मिल गया।" दासों में से प्रत्येक ने बधाई दी और निवेदन किया कि "यदि ईश्वर ने चाहा तो हज़रत पादशाह की आकांक्षायें शुभचिन्तकों की इच्छानुसार पूरी होंगी। (आमीन या रब्बुल आलमीन[6])" कुछ

१ च, छ एवं ज में, 'परहाला'।

२ क, ख, ग एवं छ में 'जामा', च, छ एवं ज में 'सरोपा'।

३ पश्चिम की ओर, जिधर मुख करके नमाज़ पढ़ी जाती है।

४ च, छ एवं ज में :—"आदम सुल्तान बावजूद इसके कि हज़रत बादशाह उसके राज्य में तशरीफ़ ले गये, सेवा में उपस्थित न हुआ। सम्भवतः वह समझता था कि 'इस प्रकार के शत्रु पर विजय कठिन है। जब शत्रु को पता चलेगा कि मैं उनका सहायक हूँ तो वह मुझे हानि पहुँचायेगा।' इस कारण कुछ अमीरों ने निवेदन किया कि 'उस पर आक्रमण करना चाहिये और सर्व प्रथम उस कोने को साफ़ कर लेना चाहिये।' तुच्छ दास ने निवेदन किया कि 'वह एक कृण से अधिक नहीं। यदि हज़रत पादशाह उस दुष्ट (अफ़ग़ान) को पराजित कर लेंगे तो आदम सुल्तान सरीखे सहस्रों दास बन जायेंगे।' फ़क़ीर की प्रार्थना स्वीकार कर ली गई।" (च: पृ० ११५ब, छ: पृ० ९८ब--९९ अ, ज: पृ० १२६ब)।

५ च, छ एवं ज में :—"मुहम्मद हुसेन, जिसे बाद में लश्कर खां की उपाधि प्रदान हुई"।

६ हे परमेश्वर! एवमस्तु।

शागिर्दपेशा उदाहरणार्थ मेहतर सबहाका[1], फ़रहाद एवं अन्य लोगों ने कहा कि, "हम लोगों का भी निरीक्षण कर लिया जाय।" हज़रत पादशाह ने कहा कि, "हमें ज्ञात है कि किसके पास क्या अस्त्र-शस्त्र है। हमने केवल शकुन के लिए यह किया था।"

शाहे आलमियान का हिन्दुस्तान में प्रवेश और आसपास सैनिकों की नियुक्ति करना[2]

तदुपरान्त निरन्तर यात्रा करते हुए चनाब नदी की ओर पहुँचे। चनाव नदी चार कुरोह रह गई थी कि एक ऊँचा स्थान दृष्टिगत हुआ। हज़रत पादशाह ने उस स्थान पर पहुँचकर कहा कि "यहाँ सायाबान लगाये जायें और भोजन का प्रबन्ध किया जाय।" तदुपरान्त सायाबान लगाये गए और भोजन का प्रबन्ध किया गया। उन्होंने भोजन किया। तदुपरान्त अमीरों को नियुक्त किया। (१२९ ब) ख़ाने ख़ानां बैरम खां, सिकन्दर खां ऊज़बेक, तरदी बेग[3], लाल बेग तथा कुछ अन्य अमीरों एवं सुल्तानों को विदा करके आदेश दिया कि, "पर्वत के आँचल के आस पास के स्थानों को विजय करके जालंधर तक पहुँच जायें और वहाँ चौकन्ने रहें। यदि अफ़ग़ान लोग निकट हों तो मुझे सूचना दें अन्यथा सतलज नदी पार करके सरहिन्द के भूभाग में पहुँच जायें।" मीर मुंशी[4], शिहाब ख़ां[5], फ़रहाद ख़ां[6] उर्फ़ मेहतर सखा, तोशाख़ाने का दारोग़ा, मेहतर सबीह आफ़ताबची एवं कुछ अन्य लोगों को लाहौर की ओर नियुक्त किया।

इसी बीच में हरयाई[7] नामक आवदार ने निवेदन किया कि, "मेरे परिवार वाले तथा माल असवाव लाहौर में हैं, यदि आदेश हो तो उनके समाचार प्राप्त करूँ।" हज़रत ने कहा, "यदि तू वहाँ चला जायेगा तो जल की क़रौती कौन ले जायेगा?" ख़्वाजा सुल्तान अली मीर बख़्शी ने निवेदन किया कि, "उसका भाई फ़तहुल्लाह जल की करौती ले जायेगा।" हज़रत ने स्वीकार न किया और कहा कि, "वह चला जाय। मैं करौती किसी को सौंप दूंगा।" तदुपरान्त तुच्छ जौहर (१३० अ) को करौती सौंप दी। वह[8] थोड़ी दूर गया था कि उसने सोचा कि "यदि किसी सेवक को करौती सौंप दी गई तो ईश्वर ही को ज्ञात है कि मुझे पुनः प्राप्त हो या न हो।" यह सोचकर लज्जित होकर रात्रि में लौट आया। जब तुच्छ जौहर को करौती प्रदान की गई तो उसने निवेदन किया कि, "हे हज़रत! फ़क़ीर आबदार-खाने में रहे या आफ़ताव-खाने में?" आदेश हुआ कि, "तू आफ़ताबख़ाने

१ च एवं छ में 'मेहतर सबाक़ा रिकाबदार', ज में 'मेहतर सक़ाई रिकाबदार'। ऊपर 'सबीह' लिखा गया है।
२ च, छ एवं ज में 'फ़स्ल अव्वल'।
३ च, छ एवं ज में 'तरदी बेग ख़ां'।
४ च, छ एवं ज में 'मीर मुंशी अशरफ़ ख़ां'।
५ च, छ एवं ज में 'शिहाबुद्दीन ख़ां'।
६ च, एवं छ में 'फ़रहत ख़ां दारोग़ये तोशा ख़ाना', ज में 'फ़रहत ख़ां दारोग़ये तूशक ख़ाना'।
७ च एवं छ में 'हरिया', ज में, 'नूरपाई'।
८ हरिया।

में रह, किन्तु पानी पीने का एक कूज़ा[1], एक चीनी का प्याला और करौती अपने पास रख। जल का कूज़ा बिना मुहर के मत छोड़। रात्रि में करौती को खाली मत रख। जब पीने के लिये जल लाये तो चीनी के प्याले से पिला। सवार होने के समय करौती लेकर सवार हो।" हज़रत पादशाह ने फ़क़ीर जौहर को इस प्रकार समझाया। जब हरिया रात में लौट आया तो कूच के समय हरिया, फ़क़ीर जौहर के पास करौती माँगने आया। इस कारण कि मनुष्य के विषय में प्रसिद्ध है कि वह भूल (१३० ब) एवं त्रुटियों का संग्रह है भूल कर करौती हरिया को दे दी। जब सवारी के समय हज़रत पादशाह ने हरिया के हाथ में करौती देखी तो वे बड़े रुष्ट हुए। जब तहारत के लिए उतरे तो जौहर के मुंह पर दो तमाचे मारे। उन्हें उसके प्रति जो दया तथा कृपा थी उसके कारण इतने ही पर क्षमा कर दिया और कहा कि, "मैंने तुझे जो सेवा सौंपी, वह तूने उसे फिर दे दी।"

संक्षेप में, जो व्यक्ति जालंधर की ओर नियुक्त हुए थे, उन्होंने सतलज नदी माछीवारा पर पार की और सरहिन्द पहुँचे। ततार खां कासी का जो ख़ज़ाना तथा धन सम्पत्ति थी[2] उसे नष्ट भ्रष्ट कर दिया। हज़रत पादशाह स्वयं कलानूर तदुपरान्त पोतान नामक परगने में पहुँचे। कुछ दिन तक वहाँ पड़ाव किया।

शाह अबुल मआली तथा हज़रत पादशाह ने मिलकर निश्चय किया कि उस पर्वत में प्रवेश करें[3] किन्तु अमीर लोगों ने स्वीकार न किया। वे हज़रत पादशाह से इस विषय में निवेदन

१ एक प्रकार की बोतल जिसमें जल गिराने के लिये सकरे मुंह की गरदन होती है।

२ च, छ एवं ज में:—"जिसका मूल्य एक करोड़ था"।

३ च, छ एवं ज:—"एक दिन एक सेवक, जिसे हज़रत पादशाह ने ख़ाने ख़ानाँ बैरमखां के पास भेजा था, लौटकर सम्मानित सेवा में आ रहा था। बटाला के मार्ग में उसने कुछ गायें तथा भैंसें छीन लीं। उन्हें वह ला रहा था। गंवारों का एक समूह उनमें से कुछ छीन ले गया। जब यह घटना उनके सम्मानित कानों तक पहुँचाई गई तो उन्होंने कहा कि 'क्योंकि हम हिन्दुस्तान में यहां वालों की सुव्यवस्था हेतु आये हैं, अतः यह आवश्यक होगा कि उन्हें दंड दिया जाय।' इस कारण मुहम्मद क़ुली बरलास, हैदर बेग सुल्तान आख़्ता बेगी को आदेश दिया कि वे उस ग्राम पर आक्रमण करें। तुच्छ दास के भी हृदय में आया कि दास को भी आदेश होता तो बड़ा अच्छा था। उस उदार पादशाह ने आदेश दिया कि 'तू भी जा और उस समूह से कह दे कि जब वे उस ग्राम में पहुँच जायें तो सर्व प्रथम उस ग्राम से होते हुये निकल जायें। फिर लौट कर आक्रमण करें।' इन लोगों ने आदेशानुसार आक्रमण किया और उन ग्रामों के सरदारों की हत्या करा दी। अधिकांश नर-नारियों को बन्दी बना लिया। एक घर में कुछ घोड़िया थीं। मेरे पहुँचने के पूर्व एक मुग़ुल उनके बायें कान काट कर लौट आया। दास को इसकी सूचना न थी। उस व्यक्ति ने वहां न बताया। फ़क़ीर उन्हें बड़े परिश्रम से ले गया। प्रातःकाल हज़रत की सेवा में पहुँचा। उसने (मुग़ुल ने) न्याय की याचना की। दास ने कहा, 'मैं इन्हें बड़े परिश्रम से लाया हूँ।' उसने कहा, 'मैं ने उसके बायें कान काट लिये हैं' और अपने जेब के थैले से निकाल कर (दिखाया)। हज़रत पादशाह ने दास से कहा, 'अभी तक तू सैनिक नहीं बन सका है। यदि लूट-मार में कोई १०० अथवा उससे अधिक मवेशी एकत्र करता है, तो वह सबको तो पकड़कर ला नहीं सकता। सैनिक की परिभाषा में यही है कि वह जिनके दायें कान काट लेता है, वे उसी के हो जाते हैं।' दास ने तस्लीम की और कहा, 'हज़रत अब मैं सिपाही हो गया। उसके दायें कान काटे हैं।' उन्होंने पूछा, 'इन्हें किसने काटा है?' दास ने अपनी ओर संकेत किया। क्योंकि वे दास के प्रति अत्यधिक कृपा रखते थे अतः उन्होंने आदेश दिया, 'तुम दोनों मिलकर बांट लो।'" (च: पृ० ११७ ब-११८ अ, छ: पृ० १००ब-१०१अ, ज: पृ० १२६अ-१२६ब)।

(१३१ अ) नहीं कर सकते थे किन्तु तुच्छ दास जौहर ने यह बात स्वीकार करके हज़रत पादशाह से निवेदन किया कि, "क्या हज़रत पादशाह यही उचित समझते हैं कि पर्वत में प्रवेश किया जाय ?" हज़रत ने कहा कि, "तेरी क्या इच्छा है और तू क्या कहता है ?" दास जौहर ने निवेदन किया कि, "इस समय कार्य अधिक है, जो कुछ हुक्म हो।" हज़रत पादशाह ने कहा कि, "बहुत अच्छा। हम लाहौर की ओर प्रस्थान करेंगे।" अन्त में यही निश्चय हुआ और निरन्तर यात्रा करते हुए लाहौर की ओर रवाना हुए। लाहौर से दस कुरोह पर तप्पा बहरी[१] था, वहाँ पड़ाव किया। लाहौर के प्रतिष्ठित लोग, सैयिद, मख़्दूमुल मुल्क मुल्ला शेख़ अब्दुल्लाह[२], मियाँ हाजी मेधी एवं क़ाज़ी लोग तथा लाहौर के समस्त निवासी हज़रत पादशाह के दर्शन हेतु पहुँचे। मियाँ हाजी मेधी ने कहलाया कि, "हममें तथा मख़्दूमुल मुल्क में झगड़ा है, हम लोग एक स्थान पर दर्शन द्वारा सम्मानित न होंगे।" हज़रत पादशाह ने कहा कि, "मैं तुम लोगों में संधि कराने आया हूँ, (१३१ ब) ताकि तुम लोगों में प्रेम और निष्ठा बढ़े।" अन्त में यह निश्चय हुआ कि सर्व प्रथम मख़्दूमुल मुल्क हज़रत पादशाह से भेंट करे, तदुपरान्त मियाँ हाजी मेधी। जब मख़्दूमुल मुल्क ने अपने सम्मानित साथियों सहित हज़रत पादशाह से भेंट की तो हज़रत पादशाह ने भेंट के उपरान्त कहा कि, "दोनों पक्षों की यह भेंट याक़ूब तथा यूसुफ़ की भेंट के समान है। स्तुति करता हूँ मैं उस ईश्वर की जो दोनों लोकों का रब है।" यह कहकर रोटी तथा शरबत मंगवाया और साथ साथा खाया पिया तथा कुशलता के लिए फ़ातेहा पढ़ा। तदुपरान्त मियाँ हाजी मेधी ने आकर हज़रत पादशाह से भेंट की। जिस प्रकार मख़्दूमुल मुल्क से भेंट हुई थी, उनसे भी हुई। रोटी तथा शरबत मंगवाया। हाजी मेधी ने कहा, "मैं किसी अन्य के घर भोजन नहीं करता।" हज़रत पादशाह ने कहा कि, "गेहूँ काबुल से अपने खेतों से आया है। शरबत काबुल के हिन्दुओं[३] के धन से तैयार हुआ है, जो जिज़िये के रूप में लिया गया है। अभी तक हिन्दुस्तान में हाथ नहीं (१३२ अ.) लगाया और न तहसील वसूल हुई है, अतः इस भोजन में कोई सन्देह नहीं किया जा सकता।" हाजी मेधी ने उत्तर दिया कि, "संदेह का कोई स्थान नहीं किन्तु मैं प्रायः किसी के घर भोजन नहीं करता।" हज़रत पादशाह ने कहा कि "धर्म परायणता की दृष्टि से जो नियम तथा प्रथा थी, मैंने उसका पालन किया, अब आपको अधिकार है।"

तदुपरान्त वहाँ से प्रस्थान करके वे लाहौर पहुँचे[४] और निश्चय हुआ कि आसपास के

१ च एवं छ में 'बल्दा तब्बा बहरहरी,' ज में 'बल्दा तप्या बहरहरी'।

२ च, छ एवं ज में 'मख़्दूमुल मुल्क शेख़ अब्दुल्लाह शेख़ुल इस्लाम'।

३ च, छ एवं ज में 'जुहूदान (यहूदी)'।

४ च, छ एवं ज में:—"......लाहौर पहुँचे और बहुत समय तक वहां ठहरे रहे। एक दिन प्रसिद्ध सूफ़ी शेख़ मूसा आहनगर सम्मानित दरबार में उपस्थित हुये और हज़रत पादशाह ने उनकी ओर विशेष रूप से ध्यान दिया। इससे पूर्व शेख़ ने अपने पुत्र को काबुल इस भविष्य-वाणी के साथ भेजा था कि, 'हिन्द आपका है। आप आ जायें।' इस दरबार में अपनी पगड़ी अपने सिर से खोल कर पश्चिम दिशा की ओर उछाली और हज़रत पादशाह के शुभ चरणों के जूते ऊँचे आले पर क़िबला के समक्ष रक्खे। हज़रत पादशाह शेख़ की भाषा से परिचित न थे। फ़रहत ख़ां से कहा, 'मैं जो कुछ कहूँ उसे शेख़ से पूछ और जो कुछ शेख़ कहें मुझे समझा।' पगड़ी इत्यादि उतारने का कारण पूछा। उसने कहा, 'हमारे पादशाह के आदमियों की संख्या बड़ी कम है। अपनी पगड़ी को ऊपर उछालने का उद्देश्य यह था कि मैं ईश्वर से चाहता था कि विलायत के द्वार (ज में दरें)

परगनों में विशेष सेवकों को तहसील के लिए नियुक्त किया जाय। फ़क़ीर जौहर को हैबतपुर पत्ती[१] परगने में नियुक्त किया गया। याक़ूब[२] ज़र्री क़लम ने निवेदन किया कि, "जौहर को हैबतपुर पत्ती का परगना दिया गया है, उसे विदा किया जाय।" हज़रत पादशाह ने मुझसे संकेत में कहा "हे दास! तूने सुना है, एक मुग़ुल शाही लश्कर से निकला और एक जत[३] के दो कम्मल छीन लिए और कहा, 'हे मर्दक[४]! मैं तहसील के लिए आया हूँ।" इस संकेत के सुनने के उपरान्त दास जौहर ने कहा, "हे पादशाह! निःसन्देह ऐसा ही है, किन्तु यदि ईश्वर ने चाहा तो हज़रत पादशाह (१३२ ब) के आशीर्वाद और इस कारण कि उसने आपके पवित्र हाथ धुलाये हैं[५] कार्य भली भाँति एवं सच्चाई से होगा।" हज़रत पादशाह ने फिर कहा, "नेकी का बदला नेकी है, बुराई के लिए दंड एवं चेतावनी है[६]।"

जब जौहर उस परगने में पहुँचा तो उसने देखा कि अफ़ग़ान मवालियों[७] ने अपने परिवार एवं असबाब को महसूल के बदले में अफ़ग़ानों के पास गिरो रख दिया है और मुबलिग़[८] ले लिया है। अब वे किसी प्रकार मुक्त नहीं हो सकते। दास जौहर को अफ़ग़ानों का अनाज खत्तियों इत्यादि जहाँ मिला, उसने निकलवा कर बिकवा दिया। बक़्क़ालों को धन देकर मवालियों के परिवार एवं असबाब को मुक्त करा दिया। यहाँ तक कि सभी मुक्त हो गए। जब इस घटना का हज़रत पादशाह को पता चला तो उन्होंने बहुत पसन्द किया और कहा, "मैंने कहा था कि नेकी का बदला नेकी होगा[९]।"

खुल जायें और ऊपर से लोग सम्मानित सेवा में आ जायें। ऊँचाई पर जूते रखने का उद्देश्य यह है कि उनका सम्मान बलन्द हो और क़िबले की ओर रखने का उद्देश्य यह है कि वह सम्मानित शरा के मार्ग पर दृढ़ रहें।" (च : पृ० ११९-अ ११९ ब, छ : पृ० १०१ अ, ज : पृ० १३० ब-१३१ अ)।

१ ज में केवल 'हैबतपुर'।

२ च, छ एवं ज में 'ख़्वाजा याक़ूब ज़र्री क़लम,'

३ जाट; च छ एवं ज में 'रेआया'।

४ अधम, नीच, ज़लील।

५ च, छ एवं ज में:—"पांव धुलाये हैं"।

६ च, छ एवं ज में यह भी है:—"रोटी का टुकड़ा एवं शरबत अपने प्रयोग के भोजन एवं शरबत में से दिया"।

७ कृषकों।

८ नक़द धन, रुपया।

९ च, छ, एवं ज में:—"और कहा कि 'रैयत को आश्रय प्रदान करना, समृद्धि एवं शांति का साधन एवं परमावश्यक है। पादशाहों से क़यामत में इसी विषय में प्रश्न किये जायेंगे।' यह शेर इस विषय में पढ़े :

शेर

'जब तू हर समय एक संसार के कष्टों का भार सहन करता रहेगा,
तो संसार तेरे लिए कष्ट उठाता रहेगा।
यदि एक संसार को हानि होगी,
तो दोनों लोकों के कार्य में हानि होगी।
यदि किसान अपने जौ की खेती की देख भाल करता है,
तो अपने खलिहान को नये जौ से परिपूर्ण पाता है,
यदि माली अपने खुमें को फलों से लदा हुआ देखता है,
वह एक बार भरा पाता है न कि हर बार।

(१३३ अ) उन्होंने इस तुच्छ को सम्मानित करके आदेश दिया कि "ततार ख़ां लोदी[१] का ख़ज़ाना एवं विलायत फ़क़ीर जौहर को प्रदान कर दिया[२]।"

[अब मैं उमर ख़ां काकर से युद्ध का हाल लिखता हूँ। वह चाहता था कि १२,००० अश्वारोहियों सहित मुल्तान की ओर से चुहनी एवं फ़ीरोज़पुर के परगने से होता हुआ अफ़ग़ानों के पास हिन्दुस्तान पहुँच जाय।]

(३१)

शाह अबुल मआली की उमर ख़ां काकर पर विजय[३]

जब हज़रत पादशाह को यह समाचार प्राप्त हुए कि मुहम्मद उमर ख़ां काकर चुहनी[४] तथा फ़ीरोज़पुर परगने के मध्य में होकर ब्याह नदी को अपने बायें हाथ की तरफ़ करके हिन्दुस्तान की ओर जा रहा है, तो हज़रत पादशाह ने अपने अमीरों से परामर्श किया। यह निश्चय हुआ कि इस समय उससे युद्ध करना अच्छा है[५]। हज़रत पादशाह ने शाह अबुल मआली, मुहम्मद क़ुली बरलास[६], ख़ाने ज़माँ बहादुर ख़ां, अल्लाह क़ुली अन्दरावी एवं कुछ अमीर तथा वीर जवान[७] उमर ख़ां काकर के मुक़ाबले में नियुक्त किये।

वे लोग निरन्तर यात्रा करते हुए चुहनी नामक परगने में पहुँचे। वहाँ से उमर ख़ां काकर बारह हज़ार अश्वारोहियों[८] की सेना लेकर पहुँचा। हज़रत पादशाह के अमीरों के साथ केवल

रैयत का आधार धन सम्पत्ति पर है,
माल असबाब से राज्य आबाद रहता है।
रैयत जब अपनी बुनियाद में विघ्न पड़ते देखती है,
तो फिर राज्य की नींव किस प्रकार दृढ़ रह सकती है।'

१ च एवं छ में 'ततार ख़ां क़ासी'।

२ च, छ, एवं ज में:—"वह समस्त पंजाब एवं सरकार मुल्तान में थी"।

३ च एवं छ के अनुसार फ़स्ल २:
"शाह अबुल मआली का उमर ख़ां काकर से पंजाब में युद्ध, उसकी विजय, उमर ख़ां की बड़ी शोचनीय दशा में पराजय"।
ज में शीर्षक का स्थान छूटा हुआ है।

४ कुछ पोथियों में 'जूही'।

५ च, छ एवं ज में:—"हज़रत पादशाह अभी लाहौर में ही थे। आस पास से समाचार प्राप्त होते रहते थे। एक दिन समाचार प्राप्त हुये कि उमर ख़ां काकर १२ हज़ार सशस्त्र अश्वारोहियों सहित मुल्तान से आ गया है। उसका इरादा है कि चुहनी तथा फ़ीरोज़पुर परगने से होता हुआ, ब्याह नदी को अपने बायें हाथ पर करके, सीधा देहली चला जाय और सिकन्दर सूर से, जिसने अपने नाम का ख़ुत्बा पढ़वा दिया तथा सिक्का चलवा दिया है, मिल जाये"। (च: पृ० १२०ब, छ: पृ० १०३अ, ज: पृ० १३२ब)।

६ क, ख, ग एवं घ में 'बलास'।

७ च, छ एवं ज में '७०० अश्वारोही'।

८ च, छ एवं ज में 'बहुत बड़ी सेना'।

सात सौ अश्वारोही थे। उन लोगों में युद्ध हुआ। अफ़ग़ानों ने शाह अबुल मआली पर (१३३ब) आक्रमण किया। अबुल मआली के सिर पर तलवार की छाया के अतिरिक्त कुछ अन्य न था। वे शाह अबुल मआली को घोड़े से गिराने ही वाले थे कि अमीर सादान शाह मुग़ुल यक्का तब्ल बाज़, जो मुरीदों में से था, और कुछ क़ूरची लोग जिन्हें हज़रत शाह तहमास्प सफ़वी ने हज़रत पादशाह के साथ नियुक्त किया था तब्ल के चमड़े को फाड़ कर खोद के स्थान पर सिर पर रखकर तकबीर[1] का नारा लगाते हुए, रण-क्षेत्र में शाह अबुल मआली के पास पहुँच गये और उमर ख़ां काकर पर आक्रमण करके उसे घोड़े से गिरा दिया। अफ़ग़ान लोग पराजित हो गए। वे बन्दी बना लिये गए। यह सोचना चाहिए कि कहाँ सात सौ अश्वारोही और कहाँ बारह हज़ार अश्वारोही, किन्तु इस कारण कि ईश्वर की कृपा उनकी सहायता कर रही थी, उन्होंने अपने साहस एवं हज़रत पादशाह के प्रताप से विजय प्राप्त कर ली। हज़रत पादशाह को परमेश्वर ने जो विजयें प्रदान कीं उनमें प्रथम यह थी। शाह अबुल मआली तथा अमीरों ने हज़रत पादशाह के पास प्रार्थनापत्र एवं विजय पत्र भेजे कि, "यह महान् (१३४अ) विजय मुबारक हो।" हज़रत पादशाह ने उत्तर में उन लोगों को अत्यधिक प्रोत्साहन दिया और लिखा कि, "यदि ईश्वर ने चाहा तो उनके मंसब एवं उनकी श्रेणियों में उनकी निष्ठा के अनुसार वृद्धि कर दी जायेगी। वे संतुष्ट रहें। अफ़ग़ान बंदियों को एकत्र करके ले आयें।" इसी बीच में फ़रहाद ख़ां[2] ने निवेदन किया कि, "हज़रत पादशाह ने ईश्वर से कोई प्रतिज्ञा की थी?" आदेश हुआ कि, "बताओ, मुझे याद नहीं।" फ़रहाद ख़ां ने निवेदन किया कि, "हज़रत पादशाह ने प्रतिज्ञा की थी कि बन्दी न बनायेंगे[3]।" हज़रत पादशाह को स्मरण हो आया और कहा कि, "जैसा कि कहता है ऐसा ही है" और कहा, "तू जाकर समस्त बन्दियों को मुक्त करा दे।"

(३२)

माछीवारा नामक स्थान पर विजय[4]

जब फ़रहाद ख़ां[5] को बंदियों को मुक्त कराने का आदेश हुआ तो इसी बीच में ख़ाने ख़ानाँ (१३४ब) बैरम ख़ां, सिकन्दर ख़ां ऊज़बेक, लाल बेग, शाह क़ुली नारंजी एवं अन्य अमीरों के प्रार्थना-पत्र प्राप्त हुए कि "ततार ख़ां कासी, हबीब ख़ां[6] सुल्तानी एवं मुबारक ख़ां का भाई फ़तह ख़ां और उनके सरीखे अन्य अमीर जो सरहिन्द में नियुक्त कर दिए गए थे, उन सबने मिलकर

१ अल्लाहो अकबर का नारा।

२ च, छ एवं ज में 'फ़रहत ख़ां'।

३ च, छ एवं ज में:—'इस देश की ओर प्रस्थान के समय आपने प्रतिज्ञा की थी कि 'मैं बन्दी न बनाऊंगा। यदि कोई बन्दी हुआ तो उसे मुक्त कर दूंगा।'' (च: पृ० १२१ ब, छ: पृ० १०३ ब, ज: पृ० १३३ ब)।

४ च एवं छ में:—"ख़ाने ख़ानां बैरम ख़ां का ततार ख़ां कासी के समस्त अमीरों एवं अफ़ग़ान सेना से माचवारा नामक स्थान पर युद्ध, उनकी पराजय, तथा रणक्षेत्र से बड़ी शोचनीय दशा में पलायन"; ज में:— "शाह अबुल मआली का उमर ख़ां काकर से पंजाब में युद्ध, उसकी विजय, उमर ख़ां की शोचनीय दशा में पराजय"। च, छ एवं ज के अनुसार फ़स्ल ३।

५ च, छ एवं ज के अनुसार 'फ़रहत ख़ां'।

६ ज में 'हैबत ख़ां'।

आक्रमण कर दिया है[१]। जो आदेश हो, उसका पालन किया जाय।" आदेश हुआ कि, "तुम्हें ज्ञात है कि शाह अबुल मआली ने, जो बालक है और जिसने कभी युद्ध न किया था, ७०० अश्वारोहियों से उमर खां काकर के बारह हज़ार अश्वारोहियों को पराजित कर दिया। तुम लोग जो मेरे पास प्रार्थना-पत्र लिखते हो तो तुम्हारे हृदय में क्या है, क्या युद्ध करना नहीं चाहते?" यह फ़रमान पाते ही अमीरों की वीरता एवं पौरुष में वृद्धि हो गई। अफ़ग़ानों ने अभिमानवश सतलज नदी तथा माछीवारा नदी के मध्य में पार करने के लिये स्थान निश्चित कर लिये थे और यह निश्चय किया था कि जब पादशाह की सेना वापस हो तो किसी को निकल कर भागने न दें[२]। ईश्वर को अभिमान (१३५ अ) एवं गुरूर अच्छा नहीं लगता। परमेश्वर की अपार कृपा तथा दया ने उस समय हज़रत पादशाह की सहायता की। जिस घाट को अफ़ग़ानों ने निश्चित किया था उसी से हज़रत पादशाह के अमीरों ने नदी पार कर ली। जिन ग्रामों में अफ़ग़ानों ने आग लगा दी थी उन्हीं के प्रकाश से उन अफ़ग़ानों को वाण तथा बन्दूक़ का निशाना बनाया। अफ़ग़ान लोग पराजित हो गए[३]। हज़रत पादशाह के सौभाग्य तथा प्रताप से माछीवारा अफ़ग़ानों से विजय कर लिया गया और विजयी सेना ने सरहिन्द में पड़ाव किया। (हज़रत पादशाह को) समाचार प्राप्त हुए कि हजरत पादशाह के अमीरों का लश्कर विजय तथा सफलता प्राप्त करके सरहिन्द पहुँच गया।

हज़रत पादशाह का फ़तहाबाद सरहिन्द की ओर प्रस्थान, सिकन्दर सूर से युद्ध और परमेश्वर की कृपा से विजय[४]

उन्होंने वहाँ से हज़रत पादशाह को प्रार्थना-पत्र भेजा कि "सिकन्दर सूर ने इस ओर प्रस्थान किया है, अब जो आदेश हो।" अमीरों के प्रार्थना-पत्र हज़रत पादशाह को पुनः प्राप्त हुए कि "सिकन्दर सूर सत्तर हज़ार अश्वारोहियों को लेकर निकट आ गया है[५]। दास सात अथवा आठ (१३५ ब) सौ अश्वारोहियों सहित उसका मुक़ाबला नहीं कर सकते हैं; या तो हज़रत पादशाह स्वयं आ जायं या इन दासों को अपने पास बुला लें[६]।" इस प्रार्थना-पत्र के पहुँचते ही हज़रत पादशाह

१ च, छ एवं ज में इसके आगे इस प्रकार है:—"हम सतलज नदी (ज में 'आबे सतलज माछीवारा') को सामने किये बैठे हैं।"

२ च, छ एवं ज में:—"सतलज नदी में उन्होंने नदी पार करने के चिह्न निश्चित कर लिये थे। उनका विचार था कि जब वे लोग भागेंगे तो इन्हीं घाटों से गुज़रेंगे। इनमें से किसी को भी कुशलतापूर्वक न गुज़रने दें।" (चः पृ० १२२ ब, छः पृ० १०४ ब, जः पृ० १३४ ब)।

३ च, छ एवं ज में:—"इस भाग्यशाली सेना में से मीर हज़ार शहीद हुआ।"

४ च, छ एवं ज के अनुसार फ़स्ल ४।

५ च, छ एवं ज में:—"इसी बीच में ख़ाने ख़ानां तथा उस सेना का, जो सरहिन्द में ठहरी थी, प्रार्थना-पत्र प्राप्त हुआ कि अभागे सिकन्दर सूर, जिसने अपने आपको मुकुट एवं सिंहासन का अधिकारी समझ लिया है, लग भग १ लाख अश्वारोहियों सहित, देहली से आकर निकट पहुँच गया है"।

६ च, छ एवं ज में:—"ताकि भाग्य शाली रिकाब के अधीन उस पिशाच को नष्ट एवं पराजित करने के लिये उत्तम सेवायें सम्पन्न कर सकें अन्यथा क़यामत में ही दर्शन होंगे"।

ने आदेश भेजा कि "दो दिन[१] प्रतीक्षा करो मैं पहुँच रहा हूँ।" तदुपरान्त हज़रत पादशाह निरन्तर यात्रा करते हुए माछीवारा[२] पहुँचे और तत्काल माछीवारा पार[३] करके वीरता, पौरुष, प्रताप एवं सफलता सहित सरहिन्द[४] पहुँचे। उस ओर से सिकन्दर सूर ने पहुँच कर सामने पड़ाव[५] कर दिया। सिकन्दर सूर ने कहा कि, "हुमायूँ पादशाह के साहस, वीरता एवं मस्तिष्क को धन्य है कि पाँच हज़ार[६] अश्वारोहियों को लेकर मेरे सत्तर हज़ार[७] अश्वारोहियों का मुक़ाबला करने के लिये बराबर शिविर लगा दिए हैं।"

मीर्ज़ा[८] शाह सुल्तान अमीन, बाबूस ख़ां फ़ौजदार[९], फ़रहाद ख़ां हाकिम[१०], ततार ख़ां उर्फ़ ख़्वाजा ताहिर मुहम्मद लाहौर का दीवान[११] एवं तुच्छ दास जौहर आफ़ताबची पंजाब एवं मुल्तान सरकार के खज़ांची नियुक्त हुए थे[१२]। इसी बीच में महमन्द एवं ख़लील अफ़ग़ानों के ४०० अश्वारोही (१३६ अ) कुत्सित विचारों से लाहौर के बल्दे के मजंग एवं फ़र्मुली क़बीलों को नष्ट-भ्रष्ट करके वहाँ से निकले और चाहते थे कि सेना एकत्र करके उस प्रदेश में अत्यधिक विघ्न डालें। यह समाचार इस विलायत के हाकिमों को जिनका ऊपर उल्लेख हो चुका है प्राप्त हुए। वे उपेक्षा करना चाहते थे[१३]। दास जौहर ने निवेदन किया कि यह उत्पात ठीक नहीं है। दास जौहर तथा फ़रहाद ख़ां ने परामर्श किया कि "अभी हज़रत पादशाह शत्रुओं से युद्ध कर रहे हैं; यदि यह अफ़वाह अफ़ग़ानों को प्राप्त हो जायेगी तो उनका साहस बहुत बढ़ जायेगा। यह अच्छा नहीं है। मीर्ज़ा शाह सुल्तान अमीन एवं बाबूस ख़ां दोनों सरदार बहाना बनाना चाहते हैं। वे कहेंगे कि हमारा कोई

१ च, छ एवं ज में 'दो-तीन दिन'।
२ च एवं छ में 'माचवारा', ज में 'माछवारा'।
३ च, छ एवं ज में:—"और तत्काल सतलज नदी पार की"।
४ च एवं छ में 'फ़तहाबाद सरहिन्द', ज में 'फ़तहाबाद'।
५ च, छ एवं ज में:—"सामने अपितु तनाब से तनाब (ख़ेमे की डोरी) मिलाकर पड़ाव कर दिया"।
६ च एवं छ में:—"ईं मिक़दार (कुल इतने ही)", ज में भी '५०००'।
७ च, छ एवं ज में '६० हज़ार'।
८ च एवं छ में:—'संक्षेप में जिस समय वे बल्दये लाहौर (लाहौर क़स्बे) से सिकन्दर सूर का मुक़ाबला करने के लिए बल्दये सरहिन्द की ओर रवाना हुये, तो एक सेना को उचित मंसबों द्वारा सुशोभित करके उस बल्दे में छोड़ दिया।" ज में:—"जब अकबर बादशाहे आलम पनाह को बल्दये लाहौर में छोड़ कर, सिकन्दर सूर का मुक़ाबला करने के लिये सरहिन्द की ओर रवाना हुये"।
९ च, छ में 'बाबूस बेग फ़ौजदार', ज में 'बाबूस बेग ख़ां फ़ौजदार'।
१० च, छ एवं ज में 'फ़रहत ख़ां हाकिम'।
११ च में 'ख़्वाजा ताहिर मुहम्मद ख़ां तातार दीवान', छ में 'ख़्वाजा मुहम्मद ताहिर व तातार ख़ाँ दीवान'; ज में इसे भली भांति स्पष्ट कर दिया गया है:—"ख़्वाजा ताहिर मुहम्मद दीवान लाहौर जो बाद में तातार ख़ाँ की उपाधि द्वारा सुशोभित हुआ।"
१२ च, छ एवं ज में:—"बन्दये ख़ाकसार सरकार पंजाब एवं सरकार मुल्तान की ख़ज़ीनादारी के लिये नियुक्त था।"
१३ च, छ एवं ज में वाक्य अधिक स्पष्ट रूप से इस प्रकार समाप्त किया गया है:—"प्रत्येक उन विलायतों के प्रबंधों की देख भाल करता था"।

स्वामी नहीं है। अतः जो कुछ भी हो हम ही (जौहर तथा फ़रहाद[१]) मुक़ाबला करें कारण कि लोग कहेंगे कि दासों द्वारा इतना कार्य भी न हुआ। कुछ ईर्ष्यालु यही चाहते हैं कि हमारी भर्त्सना की जाय।" फ़रहाद ख़ां[२] ने कहा कि, "क्या करना चाहिये ?" दास जौहर ने कहा, "अपने अश्वारोहियों को नियुक्त कर देना चाहिये। हज़रत पादशाह का प्रताप उन्नति पर है, ईश्वर ने चाहा तो विजय प्राप्त कर लेंगे।" जलाल[३] सम्बली बड़ा ही उत्तम तथा चतुर जवान था। उसे हिरावल अथवा आगे (१३६ ब) के दल में रक्खा गया तथा मेहतर सबीह को भी साथ कर दिया गया। फ़रहाद ख़ां तथा जौहर ने लगभग ४०० अश्वारोही एकत्र किए। एक पहर रात्रि बाक़ी थी कि ज़ंगों साज़[४] पार करके शीघ्रातिशीघ्र यात्रा करते हुए प्रातःकाल पत्ता बहरी[५] में अफ़ग़ान लोगों के समक्ष पहुँच गए। सब लोगों ने एक बार आक्रमण कर दिया। जलाल सम्बली अनुभवी सैनिक था। अपने आदमियों को वहाँ से रवाना करके एक ओर ले गया। वे लोग असावधान हो गए। वे फ़रहाद ख़ां का नाम लेते हुए अफ़ग़ानों पर टूट पड़े और चिल्लाने लगे कि फ़रहाद ख़ां आ गया। हज़रत पादशाह के उन्नतशील भाग्य एवं प्रताप के कारण अफ़ग़ान पराजित हो गए तथा विजय प्राप्त कर ली। अफ़ग़ानों के पाँच सरदार बन्दी बना लिये गए। इस घटना के विषय में हज़रत पादशाह को (१३७ अ) प्रार्थना-पत्र भेजा गया। जब हज़रत पादशाह को ज्ञात हुआ कि दासों ने विजय प्राप्त कर ली तो उन्होंने कहा कि, "यदि ईश्वर ने चाहा तो मैं भी विजय प्राप्त करूँगा।" प्रोत्साहनयुक्त फ़रमान भेजे कि, "यह बड़ा उचित एवं उत्तम कार्य हुआ। राजभक्ति ऐसी ही होनी चाहिये। जिन अफ़ग़ानों को तुमने बन्दी बनाया है, उन्हें अपने पास रक्खो; विजयोपरान्त जो उचित होगा, आदेश दिया जायेगा।"

(३३)

हज़रत पादशाह की सरहिन्द में विजय एवं सिकन्दर सूर की पराजय[६]

जब हज़रत पादशाह तथा सिकन्दर सूर लगभग डेढ़ मास तक सरहिन्द के समक्ष पड़ाव किए रहे[७] तो हज़रत पादशाह ने कहा कि, "मैं सिकन्दर सूर से उसी प्रकार युद्ध करूँगा जिस प्रकार सुल्तान बहादुर से गुजरात में युद्ध किया था। ऐसा करना चाहिये कि उनके पास अनाज एवं रसद न

१ यह अनुवाद च, छ एवं ज के आधार पर किया गया है। क, ख, ग एवं घ में यह वाक्य स्पष्ट नहीं।

२ च एवं ज में हर स्थान पर 'फ़रहत ख़ां'।

३ च, छ एवं ज में:—"हमारे समूह में जलाल... ।"

४ यह नाम स्पष्ट नहीं। च, छ एवं ज में इसका उल्लेख नहीं।

५ च, एवं छ में, 'भरहरी', ज में 'तप्पा भरहरी'।

६ च, छ एवं ज में इस स्थान पर पृथक् फ़स्ल नहीं है।

७ च, छ एवं ज में:—"इस बीच में दोनों ओर से वीर जवान एवं शक्ति शाली आक्रमणकारी आपस में युद्ध करते थे। अन्ततोगत्वा हज़रत पादशाह ने अपने बुद्धिमान् अमीरों से परामर्श किया और कहा.." ।

पहुँचने पाये।" ऐसा ही किया गया। तरदी बेग खां को इस कार्य हेतु नियुक्त किया गया। तरदी बेग खां ने रसद का मार्ग रोक लिया और सिकन्दर सूर के भाई[1] की हत्या कर दी तथा उसके (१३७ ब) मरातिब ले आया। विजयी सेना की यह दूसरी विजय तथा सफलता थी।

तदुपरान्त जब शुभ मुहूर्त एवं सफलता का समय आया तो उन्होंने सेनायें युद्ध के लिए सुसज्जित कीं[2]। सर्व प्रथम हज़रत पादशाह का मुक़द्दमा दूसरे ख़ाने ख़ानां बैरम ख़ां की तीसरे शाह अबुल मआली एवं तरदी बेग खां की सेना, चौथे सिकन्दर ख़ां ऊज़बेक, अल्लाह क़ुली अन्दराबी एवं अन्य अमीरों की सेनायें युद्ध के लिए बढ़ीं। क्योंकि ख़ाने ख़ानाँ बैरम खां की सेना की संख्या अधिक थी और वह बड़ी दृढ़ थी, अतः सिकन्दर सूर ने यह समझा कि जो कुछ है यही सेना है। सिकन्दर ने स्वयं ख़ाने ख़ानाँ की सेना पर आक्रमण किया। ख़ाने ख़ानाँ बैरम खां ने देखा कि सिकन्दर बड़ा ही शक्तिशाली है, अतः वह अपनी प्रतिरक्षा हेतु क़िले में पहुँच गया। हज़रत पादशाह जा-नमाज़ पर बैठे हुए ईश्वर से प्रार्थना कर रहे थे[3] कि ख़ाने ख़ानाँ के यह समाचार प्राप्त हुए। हज़रत पादशाह ने कहा कि, "कोई पता लगाये कि ख़ाने ख़ानाँ जीवित है या मारा गया।" गुप्तचरों ने समाचार पहुँचाया कि, "ख़ाने ख़ानां जीवित है और युक्ति द्वारा सिकन्दर सूर से युद्ध कर रहा है।" हज़रत पादशाह ने शाह अबुल मआली तथा तरदी बेग खां को आदेश दिया* कि, "क्योंकि सिकन्दर सूर (१३८ अ) ख़ाने ख़ानाँ का पीछा करते हुए आगे बढ़ गया है अतः तुम लोग उसके पीछे पहुँच कर उन पर आक्रमण करो।" शाह अबुल मआली तथा तरदी बेग खां ने ऐसा ही किया और सिकन्दर सूर के पीछे पहुँच कर आक्रमण कर दिया। परमेश्वर पलक झपकाते ही भिखारियों को पादशाह बना देता है और पादशाह को भिखारी। हज़रत शाहंशाह के प्रताप एवं सौभाग्य की उषा का उदय हुआ और उनकी विजयी सेना को विजय तथा सफलता प्राप्त हो गई।

१ च, छ एवं ज में:—"सिकन्दर सूर ने अपने भाई काला पहाड़ को (तरदी बेग ख़ां) से युद्ध करने के लिये भेजा। तरदी बेग ख़ां ने उस पहाड़ को कमर पकड़ कर पटक दिया और उस तेज़ पहाड़ी आंधी को तिनका समझ कर नष्ट-भ्रष्ट कर दिया। उसके मरातिब, पताका एवं नक़्क़ारा, सम्मानित दृष्टि के समक्ष उपस्थित किये। जब काला पहाड़ की हत्या एवं उसकी पराजय के समाचार शत्रुओं के कानों में पहुँचे तो वह हताश हो गया। उसने शोक प्रकट करते हुये कहा 'कि टूटे हुये बाज़ुओं से मैं क्या कर सकूंगा?''····(चः पृ० १२६ अ, छः पृ० १०७ अ, जः पृ० १३८ ब)।

२ च एवं छ में:—"दूसरे दिन शुभ मुहूर्त एवं समय पर आदेश हुआ कि सेना की पंक्तियां सुसज्जित की जायें। एक ख़ाने ख़ानां बैरम ख़ां, दूसरी शाह अबुल मआली एवं तरदी बेग ख़ां, तीसरी सिकन्दर ख़ां ऊज़बेक, अली क़ुली ख़ां एवं समस्त अमीरों की। उस ओर से सिकन्दर सूर पर्वत रूपी हाथियों एवं चींटियों तथा टिड्डियों से बड़ी सेना लेकर दृष्टिगत हुआ"। ज में भी इसी प्रकार है। च, छ, ज किसी में हज़रत पादशाह के मुक़द्दमे का उल्लेख नहीं। इसका यह अर्थ नहीं कि हुमायूं स्वयं मुक़द्दमे अथवा अग्र भाग में था अपितु मुक़द्दमे की सेना से अभिप्राय है। आगे हुमायूं को ईश्वर से प्रार्थना करते हुये दिखाया गया है।

३ च, छ एवं ज में:—"उस समय ख्वाजा मुअज़्ज़म सुलतान ने पहुँच कर ख़ाने ख़ानां के युद्ध के विषय में निवेदन किया। हज़रत पादशाह ने पूछा, 'उसके जीवित होने अथवा न होने के विषय में क्या समाचार है?' उसने निवेदन किया कि 'निश्चय रूप से कुछ ज्ञात नहीं।' तदुपरान्त लोगों ने बताया कि, 'वह जीवित है और उसी प्रकार दृढ़ है।' आदेश हुआ कि, 'क्योंकि शत्रु उसके सामने है, शाह अबुल मआली एवं तरदी बेग ख़ां पीछे से पहुँच कर आक्रमण करें'। उन्होंने ऐसा ही किया और पीछे से पहुँच गये।'

शेर

'तुझे सर्वदा विजय एवं सौभाग्य प्राप्त रहे,
मुहम्मद अलैहिस्सलाम के आशीर्वाद से।'

सिकन्दर सूर को दुर्भाग्यवश पराजय हुई[1]। वह पर्वत की ओर चल दिया।

क़तआ

'पर्वत की ओर निकल जाती है,
नखशबी! बादशाहों के प्रति सर्वदा शुभ-कामनायें किया कर।
संसार के कार्य उनपर अवलम्बित रहते हैं,
बादशाहों के जीवन के लिए शुभ-कामनायें किया कर।'

क़तआ

'बादशाहों के जीवन द्वारा उपकार ही उपकार है,
नखशबी! युग हानि पहुँचाता रहता है।
दुःख एवं प्रसन्नता दोनों ही जुड़वाँ प्रदान कीं,
यदि किसी को वह दुःख देता है।
प्रसन्नता भी वह उसे प्रदान करेगा,
नखशबी! किसी का दुःख नष्ट नहीं होता।'

क़तआ

'मिट्टी के नीचे से वह (ईश्वर) खज़ाना दिलाता है।

१ च, छ एवं ज में:—"जब हज़रत पादशाह इस सुखद समाचार को सुनकर कि इतना शक्तिशाली शत्रु जो चींटियों एवं टिड्डियों से भी अधिक सेना लेकर आया था, हमारे अमीरों द्वारा पराजित हो गया तो उन्होंने तत्काल सिज्दा किया।.......संक्षेप में, रक्त बहाने वाले वीरों ने इतनी तलवारें चलाईं कि मुर्दों के ढेर के ढेर लग गये। इतने अधिक लोग बन्दी बना लिए गए कि अधिकांश की सरदारों ने हत्या कर दी... अनुभवी सिपहसालारों एवं प्रसिद्ध विजेताओं ने पहुँच कर बधाई दी। हज़रत पादशाह ने प्रत्येक को शाही कृपाओं द्वारा सम्मानित किया एवं सभा आयोजित कराई। प्रत्येक को उसकी श्रेणी के अनुसार दान प्रदान किया। योग्य कवियों ने कवितायें एवं तारीखें प्रस्तुत कीं और उन्हें इनाम प्रदान हुये।

शेर

"वह हुमायूँ। सुलेमान सरीखे ऐश्वर्य वाला बादशाह,
जिसके चरणों से संसार को शोभा प्राप्त हुई।
जब उसने हिन्दुस्तान विजय किया,
आकाश सरीखे राज सिंहासन पर स्थान ग्रहण किया।
उसके तारीख़ का साल मैंने बुद्धि से पूँछा,
बुद्धि ने मुझसे कहा, 'हिन्द रा बेगिरिफ़्त (हिन्द विजय किया),।"

(च: पृ० १२७ अ)।

(१३८ ब) सेवा की डाली फल से शून्य नहीं होती।
कोई भी दु:ख प्रसन्नता से पृथक् नहीं।
जब ईश्वर कृपा करता है।'

उस शाहे आलमियान का राजधानी देहली की ओर प्रस्थान, शाह अबुल मआली का उस दुष्ट शत्रु के पीछे नियुक्त होना[1]

जब ईश्वर ने अपनी कृपा तथा दया से हज़रत पादशाह को विजय प्रदान कर दी तो वे स्वयं अपनी सेना लेकर राजधानी देहली की ओर रवाना हुए और सिकन्दर सूर भागकर पर्वतों में प्रविष्ट हो गया। हज़रत पादशाह ने शाह अबुल मआली को आदेश दिया कि, "तुम जालंधर में रहो और सिकन्दर सूर से युद्ध करने तथा उसे पराजित करने का प्रयत्न करते रहो।" किन्तु शाह अबुल मआली जालंधर में न ठहरा और लाहौर की ओर चला गया। हज़रत पादशाह के पदाधिकारी लाहौर में थे। उन्होंने निश्चय किया कि, "लाहौर का क़िला न प्रदान करें" किन्तु उन्हें सफलता न हुई। शाह अबुल मआली क़िले के भीतर प्रविष्ट हो गया।[2] हज़रत पादशाह का जौहर को (१३९ अ) आदेश था कि, "तू पर्वत के आँचल में, काबुल तथा क़न्धार एवं चारों ओर के स्थानों के प्रति सावधान रहना और जो कुछ तुझे ज्ञात हो मुझे सूचना देते रहना और स्वयं एक सेना सहित उस समाचार के अनुसार तैयार एवं सावधान रहना।" इस कारण तुच्छ जौहर ने सिकन्दर सूर की ओर गुप्तचर भेजे थे। वे समाचार लाये कि, "जब अफ़ग़ानों की पराजय हो गई और हबीब खां सुल्तानी बमरी[3] में पर्वत में प्रविष्ट हो गया तो सिकन्दर सूर भी उस पर्वत में प्रविष्ट हुआ और हबीब खां तथा उसके भाई की हत्या कर दी। उसका समस्त ख़ज़ाना जिसमें पाँच करोड़ की सम्पत्ति थी, सिकन्दर को प्राप्त हो गई। जहाँ कहीं बिना किसी सामान के तथा भूखे तर्कशबंद[4] मिलते उन्हें धन देकर सेना एकत्र करके मानकोट एवं बमरी के क़िले के आस पास रहने लगा। यह समाचार तुच्छ जौहर ने शाह अबुल मआली को पहुँचाये[5]। शाह अबुल मआली सावधान हो गया। वह हृदय से इस बात को सुनने लगा कि, "मैं क्या कहता हूँ।"। तुच्छ जौहर ने जो बात थी उसके विषय में निवेदन किया। शाह अबुल मआली ने उन अमीरों से, जिन्हें हज़रत पादशाह (१३९ ब) ने उसकी सहायता हेतु नियुक्त किया था. उदाहरणार्थ मुहम्मद क़ुली बरलास[6], इसमाईल

१ च, छ एवं ज के अनुसार फ़स्ल ५।

२ च, छ एवं ज में:—"वह उस परगने में न ठहरा। निरन्तर यात्रा करता हुआ बल्दये लाहौर की ओर रवाना हुआ। जो सेना हज़रत पादशाह के आदेशानुसार उस बल्दे में थी उसने निश्चय किया कि, 'क्योंकि वह आदेश के बिना इधर आया है अतः क़िले में प्रविष्ट न होने दें।' क्योंकि उन्हें ज्ञात था कि वह हज़रत का बहुत बड़ा विश्वासपात्र है अतः वे इस प्रस्ताव पर दृढ़ न रह सके।" (च : पृ० १२७ ब—१२८ अ, छ: पृ० १०८ ब, ज: पृ० १४० अ)।

३ कुछ पोथियों में 'मरी'।

४ सैनिक।

५ च, छ एवं ज में:—"दास शाह को संतुष्ट करने के लिये उन्हीं गुप्तचरों को उसके पास ले गया। उन लोगों ने जो सत्य बात थी उसका उल्लेख उसके सामने किया।"

६ क, ख, ग एवं घ में 'बलास'।

सुल्तान दूल्दी, ख्वाजा जलालुद्दीन महमूद, मुसाहिब बेग एवं फ़रहाद खां[1] से, जो अपने आमिलों के साथ लाहौर में थे, परामर्श किया। सबने यही उचित बताया कि सिकन्दर सूर से युद्ध किया जाय। तुच्छ जौहर ने निवेदन किया कि, "ऐसा कभी न करें। अराबा के बिना सिकन्दर सूर का मुक़ाबला न करें।" शाह अबुल मआली ने कहा कि, "ऐसा ही होगा, बिना अराबे के युद्ध न करूँगा[2]।' अराबा तैयार करने का प्रयत्न करने लगा। जो लट्ठे लाहौर के क़िले के बुर्ज के लिए लाए गए थे, उनसे अराबे बनाना प्रारम्भ करा दिया। क्योंकि लोहा एकत्र करने में अधिक समय लगा जा रहा था, अतः मैंने कहा कि ज़ंजीर के जितने कुंडे मौजूद हैं, वही काफ़ी होंगे। अन्य कार्य कच्चे चमड़े से चल जायगा। वह लोहे से मज़बूत होता है[3]। इस समय इतने अराबे बना लेने चाहिये जिनसे पूरा लश्कर घेरा जा सके।" हज़रत पादशाह के युद्ध की सफलता हेतु फ़क़ीर जौहर ने ३०० धनुष, ३०० दस्ते[4] बाण, ३०० भाले, २५० ढालें, ५० मन बन्दूक़ की बारूद, ३९ मन सीसा एवं एक[5] जीबा शाह अबुल मआली की सेवा में प्रस्तुत किए।

शाह अबुल मआली बड़ा प्रसन्न हुआ और उसने तुच्छ जौहर को अत्यधिक प्रोत्साहन देकर (१४० अ) कहा कि "हम तेरा मूल्य नहीं समझते। जब हज़रत पादशाह के समक्ष जायेंगे तो देखना तेरी कैसी सिफ़ारिश करेंगे।" तदुपरान्त अस्त्र-शस्त्र, जिसका पूर्व में उल्लेख हो चुका है, सैनिकों को बाँटे गए। लगभग पाँच सौ मुग़ुल प्यादे शाह अबुल मआली के पास विलायत से आये थे। जौहर से पूछा कि, "इन प्यादों का किस प्रकार प्रबन्ध करूँ?" फ़क़ीर जौहर ने निवेदन किया कि, "प्रत्येक को एक धनुष और एक दस्ता बाण तथा दो सौ तन्के दे देना चाहिए और कह देना चाहिये कि, तुम्हारे तथा सिकन्दर के मध्य में एक मास से अधिक युद्ध न चलेगा', इनके लिए एक मास की व्यवस्था पर्याप्त है।" शाह अबुल मआली ने पूँछा कि "दो सौ तन्के से प्रत्येक का काम किस प्रकार (१४० ब) चल जायेगा?" जौहर ने निवेदन किया कि, "प्रत्येक को एक व्यक्ति अस्त्र-शस्त्र ले जाने के लिए चाहिए, उसका वेतन चालीस तन्के मासिक होगा। दो तन्के प्रति दिन के हिसाब से (मुग़ुल की) ख़ूराक के होंगे। इस प्रकार एक मास के लिए ६० तन्कों की आवश्यकता होगी। ४० और ६० सौ तन्के होते हैं। शेष १०० तन्के से वस्त्र इत्यादि का प्रबन्ध हो जायेगा।" शाह अबुल मआली को यह बात पसन्द आई और उसने प्रत्येक व्यक्ति के लिए इतना ही निश्चित कर दिया और प्रत्येक को प्रदान कर दिया। वह निरन्तर यात्रा करता हुआ सिकन्दर सूर के विरुद्ध रवाना हुआ। दो[6] कुरोह की यात्रा के उपरान्त वह प्रत्येक मंज़िल पर अराबा तथा क़िला दृढ़ कर लेता था यहाँ

१ च, छ एवं ज में:—"बुलाकर परामर्श किया"।

२ च, छ एवं ज में:—"ख्वाजा ताहिर मुहम्मद दीवान ने पूछा, 'कितने अराबे तैयार कराने होंगे?' मैंने कहा, इस समय लगभग १००-२०० अराबे तैयार करा लिए जायें। फिर देखना चाहिये कि अन्य कितने आवश्यक होंगे?" (च: पृ० १२८ब, छ: पृ० १०६ब, ज: पृ० १४१अ)

३ इस वाक्य का अनुवाद च, छ एवं ज के आधार पर किया गया है।

४ मुट्ठे।

५ च एवं छ में '१००'।

६ च एवं छ में '१० कुरोह'।

तक कि सिकन्दर सूर पर्वत में प्रविष्ट हो गया।

इससे पूर्व जब शाह अबुल मआली लाहौर में था उसकी असावधानी एवं उपेक्षा की बातों और अभिमान के कारण लोग उसकी ओर से बुरे विचार रखने लगे। कुछ लोगों तथा लाहौर के (१४१ अ) आमिलों ने यह बात हज़रत पादशाह तक पहुँचाई कि "हज़रत या तो स्वयं इस ओर आ जायें और या कोई सेना नियुक्त कर दें ताकि शाह अबुल मआली हज़रत पादशाह का आज्ञाकारी हो जाये[1]।" तदनुसार हज़रत पादशाह ने शाहज़ादये आलमियान जलालुद्दीन मुहम्मद अकबर, खाने खानाँ बैरम खां तथा कुछ अन्य अमीरों[2] को नियुक्त किया। वे सरहिन्द तक पहुँचे थे कि मुहम्मद क़ुली बरलास, ख्वाजा जलालुद्दीन महमूद, फ़रहाद[3] खां, ताहिर मुहम्मद मीर खुर्द[4] तथा मेहतर तिमुर शरबती, जो शाह अबुल मआली के अधीन नियुक्त किए गए थे, क़रावली के बहाने से बाहर निकले और शाहज़ादये आलमियान तथा खाने खानाँ की सेवा में उपस्थित हो गए[5]। शाह अबुल मआली सिकन्दर सूर को जालंधर के आस पास से पर्वत में पहुँचा चुका था। यदि यह अमीर पृथक् न हो जाते तो शाह अबुल मआली सिकन्दर सूर को पराजित कर देता। संक्षेप में, जो अमीर शाह अबुल मआली से पृथक् हुए थे और हज़रत पादशाह एवं खाने खानाँ से मिल गए थे उनमें से प्रत्येक के विषय (१४१ ब) में शाह अबुल मआली ने हज़रत पादशाह को सविस्तार सूचना भेजी और लिखा कि "सिकन्दर सूर को हमने पर्वत के आँचल में पराजित कर दिया था और उस पर्वत में ऐसी सफलता प्राप्त कर लेने वाले थे जिससे सभी लाभान्वित होते किन्तु जिन अमीरों का उल्लेख हो चुका है वे क़रावली के बहाने से शाहज़ादये आलमियान और खाने खानाँ से मिल गए। यदि यह लोग इस अवसर पर विश्वासघात न करते तो पता चल जाता कि मैं सिकन्दर सूर के प्रति क्या करता। कुछ सैनिकों द्वारा जो मेरे साथ थे यह सम्भव न हो सका कि वे पर्वत में प्रविष्ट हों। सब छिन्न-भिन्न हो गए और वे मुक़ाबला न कर सके।"

शाह अबुल मआली ने एक प्रार्थनापत्र शाहज़ादये आलमियान एवं खानेखानां को लिखा कि, "देश को हमने शत्रुओं से खाली करा लिया, अब देर करने का क्या कारण है? यह उचित होगा कि आप लोग शीघ्रातिशीघ्र पहुँच जायें ताकि सिकन्दर को पर्वत के आंचल में पराजित कर दें। हम लाहौर आ रहे हैं।" खाने खानां ने हज़रत पादशाह की सेवा में प्रार्थना-पत्र भेजा कि

१ च, छ एवं ज में:—"किन्तु इसी बीच में जब कि शाह (अबुल मआली) हज़रत की सेवा से पृथक् रहा उसके स्वभाव में परिवर्तन आ गया। इस कारण लाहौर के आमिलों (पदाधिकारियों) एवं तुच्छ दास ने जो समाचार पहुँचाने के लिये नियुक्त थे, शाह (अबुल मआली) के विषय में हज़रत पादशाह को लिखा कि वह कभी-कभी कम अवस्था एवं जवानी के प्रारम्भ, अभिमान, वीरता एवं अज्ञानता के कारण अपनी सीमा के बाहर पांव निकालता रहता है। यदि आप इस ओर नहीं पधार सकते तो वास्तविक विषय की चिन्ता करके एक अन्य सेना नियुक्त कर दें और उसे अपने पास बुला लें"। (च: पृ० १२९ब, छ: पृ० ११०अ, ज: पृ० १४२अ)।

२ च, छ में:—"ख़ानों एवं सुल्तानों को"।

३ च, छ एवं ज में 'फ़रहत खां'।

४ च, छ एवं ज में:—'ख्वाजा ताहिर मुहम्मद वल्द मीर ख़ुर्द'।

५ च, छ एवं ज में इसके आगे इस प्रकार है:—"यदि यह समूह उस समय पृथक् न हो जाता तो वह शत्रु को पराजित कर देता। इस कारण शाह ने प्रार्थना-पत्र भेजा······"।

"हम सरहिन्द के भू-भाग में पहुँच गये हैं, और शाह अबुल मआली ने सिकन्दर को पर्वत के आँचल में (१४२ अ) भगा दिया है, यदि ईश्वर ने चाहा तो हम पंजाब पहुँच जायेंगे और शाह अबुल मआली संसार को शरण प्रदान करने वाले दरबार में उपस्थित हो जायगा।" जब शाह अबुल मआली का पत्र दरबार में पहुँचा तो हज़रत पादशाह ने उसका उत्तर भेजा कि, "उस सम्मानित पुत्र का प्रार्थनापत्र प्राप्त हुआ। उन मूर्खों की कृतघ्नता के विषय में जो कुछ लिखा है उसका ज्ञान प्राप्त हुआ। यदि ईश्वर ने चाहा तो जब वे उपस्थित होंगे तो उनसे पूँछताँछ की जायेगी और प्रत्येक को उसके अपराध-अनुसार दंड दिया जायेगा, तुम इस ओर चले आओ[1]।" शाहज़ादये आलमियान एवं ख़ाने ख़ानाँ ने शाह अबुल मआली के पत्र के उत्तर में लिखा कि, "तुम्हारा पत्र प्राप्त हुआ। जो कुछ (१४२ ब) लिखा था, ज्ञात हुआ। तुम कुशलतापूर्वक इस ओर चले आओ और पादशाह से भेंट करो। हम शीघ्र उस क्षेत्र में पहुँच जायेंगे।"

हज़रत पादशाह ने ख़ाने ख़ानाँ को उत्तर भेजा, "यारे चोली वफ़ादार जां सिपार[2] बैरम ख़ां सिपह सालार फ़र्ज़न्द को ज्ञात हो कि सम्मानित पुत्र शाह अबुल मआली का प्रार्थना-पत्र प्राप्त हुआ कि देश को शत्रुओं से ख़ाली करा लिया। शीघ्र क्यों नहीं पहुँच जाते।"

जब शाह अबुल मआली लाहौर पहुँच गया तो उसी समय बन्द[3] अली क़ूरबेगी नामक ख़ाने ख़ानाँ के दूत ने[4] पहुँच कर कहा, "आप लाहौर अकारण आ गए, हज़रत पादशाह की ओर रवाना हो जाइए।" तदुपरान्त अबुल मआली ने कहा कि "अमीरों को बुलवाओ।" इस्माईल सुल्तान दूल्दी ने[5] कहा कि, "हम १४-१५ कुरोह की यात्रा करके आये हैं, थके हैं, शाम का समय हो गया है, (१४३ अ) बादल घिरे हुए हैं और वर्षा होने वाली है। यदि कुशलता रही तो प्रातःकाल[6] परामर्श करके रवाना होंगे।" शाह अबुल मआली का वकील मौलाना[7] ख़्वाजा कश्मीरी उपस्थित था। उसने इस्माईल सुल्तान से कहा कि, "बन्द अली किसका मेहमान होगा?" शाह अबुल मआली ने कहा कि, "मेहतर जौहर का मेहमान होगा।" तदनुसार तुच्छ जौहर बन्द अली को अपने घर ले गया और आतिथ्य का प्रबन्ध किया। हज़रत रसूल के सदक़े तथा हज़रत पादशाह के प्रताप से समस्त वस्तुएँ उपस्थित थीं। उचित रूप से आतिथ्य किया। शाह अबुल मआली ने प्रातःकाल लाहौर से निकल कर दौलतख़ाने के नीचे पड़ाव किया[8]।

१ च, छ एवं ज में:—"हमें तुम्हारे दर्शन की बड़ी अभिलाषा है"।

२ स्वामी-भक्त एवं प्राण न्योछावर करने वाले घनिष्ठ मित्र।

३ सम्भवतः बन्दे अली।

४ च, छ में:—"सरहिन्द से पहुँच कर।"

५ च, छ एवं ज में:—'जो उसका अमीरुल उमरा था'।

६ च, छ एवं ज में:—"प्रातः काल परामर्श करके जो स्थान निश्चित होगा, उस ओर प्रस्थान करेंगे और जो स्थान उचित होगा, उस ओर रवाना होंगे।" (च : पृ० १३०ब, छ : पृ० १११अ, ज : पृ० १४४अ)।

७ च, छ एवं ज में:—'मुल्ला'।

८ च एवं छ में:—'बर बालाये बावरी-ए-दौलत ख़ां लोदी फ़ुरूद आमद (दौलत ख़ां लोदी की बावली पर पड़ाव किया); ज में:—"बर पाये दौलत ख़ां फ़ुरूद आमदा (दौलत ख़ां के नीचे पड़ाव किया)"; क, ख, ग एवं घ में:—"दर पाये दौलतख़ाना फ़ुरूद आमदन्द (दौलतख़ाने के नीचे पड़ाव किया)"।

(३४)

हज़रत जन्नत आशियानी का निधन एवं हज़रत जलालुद्दीन मुहम्मद अकबर पादशाह ग़ाज़ी का सिंहासनारोहण[1]

शाह अबुल मआली दौलतखाने के नीचे पड़ाव करके दो दिन तक ठहरा रहा। तदु-(१४३ ब) परान्त निरन्तर यात्रा करता हुआ कलानूर पहुँचा। इस ओर से शाहज़ादये आलमियान, खाने ख़ानां तथा अमीरों का एक दल भी पहुँच गया। सब लोग एकत्र हो गए। उन्हीं अशुभ दिनों में सुना गया कि हज़रत (पादशाह) ने मौत के साक़ी से "प्रत्येक व्यक्ति को मौत का स्वाद चखना है[2]" का शरबत पिया तथा परलोक-गामी हो गए। इससे पता चलता है कि माँगे हुए अस्तित्व को स्थायित्व एवं अस्थाई अवस्था का कोई मूल्य नहीं। जो कोई जीवन का वस्त्र धारण करता है वह मृत्यु का प्याला भी पीता है। सभी को इस मार्ग पर चलना है।

शेर

"जो पैदा होता है उसे विवश होकर पीना पड़ता है,
संसार के प्याले से, 'सभी वस्तुएँ नश्वर हैं' का पेय।"

(१४४ अ) जिस वृक्ष में फल निकलेंगे वह अन्त में अपमान की धूल में मिल जायगा। जिस पत्ते में ताज़गी एवं तरावट होगी वह काल की लू से कुम्हला जायेगा।

शेर

'संसार ने किस सरो को सींचा,
जो अत्याचार की अग्नि से नहीं सूख गया।'

हुमायूँ पादशाह की मृत्यु की तारीख की काही ने रचना की[3]।

क़तआ

"हुमायूँ पादशाह वह सूर्य था,
जिसके उपकार से सभी लाभान्वित होते थे।
जब उसके राज्य के महल को उन्नति प्राप्त हुई,
उसकी अवस्था की नींव गिर पड़ी,
संसार को प्रकाश देनें वाले सूर्य के समान, ऊँचाई से,
अन्त को सायंकाल की नमाज़ के समय पहुँचा।
लोगों के लिए संसार में अंधकार छा गया,
विशेष तथा सर्वसाधारण के कार्यों में विघ्न पड़ गया।

१ च, छ एवं ज में छटी फ़स्ल:—"हज़रत पादशाह का निधन एवं स्वर्ग वास होना।" च एवं छ में अकबर के सिंहासनारोहण के लिये पृथक् अध्याय है। (अध्याय ५), ज में फ़स्ल ७।

२ क़ुरान शरीफ़ की आयत।

३ च, छ एवं ज में:—"सूझ बूझ वाले विद्वानों एवं उत्तम कवियों ने अत्यधिक तारीख़ों एवं मरसियों की रचना की। उन्हीं में से मुल्ला नवेदी नीशापुरी ने इस मरसिये की रचना की।"

उसकी तारीख़ के लिए काही ने लिखा,
'हुमायूँ पादशाह कोठे से गिर पड़ा'।"

निःसन्देह परिवर्तनशील आकाश का यही कार्य है कि प्रत्येक मीठे (घूँट) के उपरान्त कड़ुआ (घूंट) देता है। प्रत्येक निश्चिन्तता की मधु के घूंट के बाद धिक्कार के विष की सैकड़ों बूँदे चखाता है। ईश्वर के आदेश के समक्ष किसी की कुछ नहीं चलती।

मिसरा

'यहाँ इसके अतिरिक्त कोई अन्य उपाय नहीं कि प्राण त्याग दे।'

संतोष के मार्ग में क़दम रखना चाहिये कारण कि सभी को अंधेरी मिट्टी के नीचे अपना सिर छिपाना (१४४ ब) होता है। ईश्वर संतोष एवं उत्तम फल प्रदान करे (मुहम्मद एवं उनकी समस्त संतान के आशीर्वाद से)।

रुबाई

'हे मौत तूने सहस्रों घर वीरान कर दिये,
अस्तित्व के संसार में प्राण नष्ट कर दिये।
जो कोई बहुमूल्य मोती संसार में आया,
ले गया तू और उसे मिट्टी के नीचे छिपा दिया।'

.....[1]

हज़रत शाहज़ादये आलमियान का ख़लीफ़ा होना[2]

जब हज़रत पादशाह सिकन्दर सूर पर विजय प्राप्त करके देहली की राजधानी में सिंहासनारूढ़ हुए तो उन्होंने शुभचिन्तक जौहर को पंजाब सरकार तथा मुल्तान सरकार का लाहौर में ख़ज़ांची नियुक्त कर दिया था। यह शुभचिन्तक रात दिन उनके प्रति शुभकामनायें किया करता था। अचानक परोक्ष से उसने स्वप्न में देखा कि मानों हज़रत पादशाह इस शुभचिन्तक को आदेश दे रहे हों कि एक स्थान तैयार कर। इस शुभचिन्तक ने एक ऊँचे पहाड़ पर जहाँ घास ने हरा क़ालीन बिछा रक्खा था, एक उत्कृष्ट बारगाह देखी। उसकी डोरियाँ समुद्र के उस पार पहुँच रहीं थीं। जब ऐसा आश्चर्यजनक स्थान देखा तो इस शुभचिन्तक ने हज़रत पादशाह से निवेदन किया कि 'स्थान तैयार है'। आदेश हुआ कि, "जलालुद्दीन मुहम्मद अकबर पादशाह को वहाँ ले जाओ।" जब इस शुभचिन्तक ने हज़रत पादशाह की शुभ जिह्वा से यह शब्द सुने तो उसने अपने हृदय में सोचा कि "सर्वदा हज़रत पादशाह उन्हें मीर्ज़ा कहा करते थे, क्या इस समय उन्हें पादशाह नियुक्त कर दिया?" संक्षेप में, हज़रत शाहज़ादे को वहाँ ले जाकर हमने बैठाया। क्या देखते हैं कि हज़रत शाहज़ादे के शुभ हाथों में एक सफ़ेद शाल है, कभी वे उसे लपेटते हैं और कभी खोलते हैं। इस

१ अकबर के सिंहासनारोहण के हाल का अनुवाद नहीं किया गया।
२ च एवं छ के अनुसार ५वां बाब (खंड), ज के अनुसार ७ वीं फ़स्ल।

शुभचिन्तक ने निवेदन किया कि, "हे हज़रत (शाहज़ादे)! आपको इस स्थान पर खेल के लिए नहीं बैठाया गया है।" इस बात पर हज़रत (शाहज़ादे) खड़े हो गए। एक देग[1] शुभचिन्तक के हाथ में दिया और कहा कि, "इसे ले, तुझे मेरे खेल से क्या मतलब ?" मैं यह देखकर जाग उठा।

इस स्वप्न के सात दिन उपरान्त परमेश्वर ने ख़िलाफ़त एवं पादशाही का मुकुट तथा सल्तनत एवं जहाँदारी का ताज मुहम्मद जलालुद्दीन अकबर पादशाह ग़ाज़ी (ईश्वर उनके राज्य को उन्नति दे) के सिर पर कलानूर नामक स्थान पर ९६२ हि० (१५५५ ई०) में रक्खा। वे ख़िलाफ़त के सिंहासन पर आरूढ़ हुए। उस समय से परमेश्वर की महान् अनुकम्पा से, सौभाग्य के नक्षत्र का उदय हो रहा है। शरा के विरुद्ध एवं घृणित वस्तुओं के अंधकार का राज्य से विनाश एवं खंडन हो गया। उस स्वप्न एवं उस रस्सी का, जो समुद्र को पार कर गई थी, अर्थ यह है कि ईश्वर की महान् अनुकम्पा हज़रत मुहम्मद साहब के सदक़े एवं साहब क़िरान के वंश के आशीर्वाद से समस्त संसार इस पादशाह के अधीन है। तुच्छ जौहर का आश्रयदाता शाहंशाह एवं देहली का पादशाह क़यामत तक जीवित रहे (आमीन या रब्बुल आलमीन)।

यह थोड़ी सी पंक्तियाँ हज़रत ज़िल्ले सुबहानी[2], जालिसे सरीरे किशवर सितानी, ब.इसे अम्न व अमानी, नूरे बाग़े जहाँबानी, नूरे चिराग़े शबिस्तानी, समरये शजरये हदीक़ये दौलत व कामरानी :—

पद्य

'सिकन्दर सरीखा शाह, नक्षत्रों की सेना वाला,
धर्म को सहायता देने वाला, संसार को शरण प्रदान करने वाला पादशाह
उसका फेन दान-पुण्य का समुद्र है,
सबके दान-पुण्य उसके दान-पुण्य के समक्ष शून्य हैं।
समस्त राज्य उसकी आज्ञा के अधीन है,
उसके चौगान के घुमाव में दान, गेंद है।
अत्याचार एवं निष्ठुरता की बुनियादों का खंडन करने वाला,
नाना प्रकार की स्वामी-भक्तियों एवं दान-पुण्य का संकलन।'

१ इस शब्द का अर्थ यहां स्पष्ट नहीं। देग का अर्थ देगची एवं तोप दोनों होता है।

२ ईश्वर की छाया, देशों को विजय करने वाले सिंहासन पर आरूढ़ होने* वाला सुख शांति का कारण, संसार के शासन प्रबन्ध के उद्यान का प्रकाश, रात्रि के निवास के महल के दीपक का नूर, सौभाग्य एवं सफलता के वृक्ष का उत्तम फल।

*च, छ (हुमायूं शाही) में एक ख़ातेमा भी है:—"बुद्धिमानों एवं प्रतिभाशालियों से यह बात छिपी न रहनी चाहिये कि इस लेख एवं रचना का कारण यह है कि स्वामी अकबर के दरबार का दास मेहतर जौहर दीर्घ काल से इन **वक़ाये** के संकलन में व्यस्त था। उसने यथा-शक्ति इसकी रचना का अत्यधिक प्रयत्न किया। अन्ततोगत्वा तुच्छ फ़क़ीर अल्लाह दाद सरहिन्दी को आदेश हुआ कि इस रचना को तवारीख़ एवं इंशा (विद्वता-पूर्ण लेख) के रूप में लिखो अतः मैंने अपनी योग्यता अनुसार न कि जैसा उचित था, काल चक्र की दुर्घटनाओं में ग्रस्त होने के बावजूद इसकी रचना की।" (च: पृ० १३४ अ-ब, छ: पृ० ११४ अ-११५) ज: में केवल "तमाम शुद्ध तारीख़े हुमायूनी" लिखा है।

तज़किरये हुमायूं व अकबर

लेखक—बायज़ीद ब्यात

(प्रकाशन—कलकत्ता १९४१ ई०)

प्रस्तावना

(१) क्योंकि जमशेद सरीखे ऐश्वर्य वाले जलालुद्दीन मुहम्मद अकबर पादशाह ने आदेश दिया था कि "दरबार के दासों में जिस जिस को इतिहास लिखना आता हो, वह लिखे बल्कि हज़रत जन्नत आशियानी हुमायूँ पादशाह के राज्यकाल के विषय में (भी जिस) किसी को कुछ याद हो तो वह उसे लिपिबद्ध करके हमारे सम्मानित नाम पर समाप्त करे[1]।" इस परवाने[2] को नव्वाब शेखुल मशायख शेख अबुलफ़ज़ल वल्द शेख मुबारक ने तुच्छ बायज़ीद ब्यात तक पहुँचवाया। (२) उस समय (लेखक) बकवल बेगी था[3]। वह (बायज़ीद) बोलता जाता था और उपर्युक्त शेख का कातिब[4] लिखता जाता था और वह (बायज़ीद) बावर्चीख़ाने की सेवायें भी संपन्न करता जाता था। यद्यपि बायज़ीद के पास कुछ लिखा हुआ न था और वह मसवेदा[5] न तैयार कर सकता था[6], फिर भी उसने ९४९ हि० (१५४२-४३ ई०) की घटनायें जो जंकान[7] में हुमायूं पादशाह के

१ सम्भवतः "समर्पित करने से" तात्पर्य है।

२ "ईं परवाना रा"; डा० बनारसी प्रसाद ने इसका अनुवाद (a copy of this *Firman*) किया है। डा० बनारसी प्रसाद (पृ० ७१ Allahabad University Studies, 1930)।

३ बकावल बेगी अथवा मीर बकावल; (**आईने अकबरी**: आईने मतबख़ देखिये)। शाही रसोई का प्रबन्धक।

४ सचिव अथवा मुन्शी।

५ पांडुलिपि।

६ मूल में "बायज़ीद रा ख़त्ते व सवादे नबूद व मसवेदये हम न दानिस्त" है,

بایزید راخطی و سوادی نبود و مسودهٔ هم ندانست

ग्रन्थ के सम्पादक का विचार है कि सम्भवतः यह "हज़्ज़े व सवादे होगा" किन्तु इससे भी अभिप्राय अधिक स्पष्ट नहीं होता। यदि 'मसवेदये हम न दानिस्त' के स्थान पर मसवेदये हम न दाश्त' पढ़ा जाय तो इस प्रकार से अर्थ निकाला जा सकता है:—"यद्यपि बायज़ीद ने कुछ लिखा न था और इसके पास कोई मसवेदा भी न था।" बायज़ीद का अभिप्राय स्पष्ट रूप से यही है कारण कि आगे चलकर उसने लिखा है कि ९४९ हि० की घटना को ९९९ हि० में वृद्धावस्था में लिखने के कारण जब कि कोई नोट अथवा मसवेदा न हो भूल हो सकती है जिसके लिये उसने क्षमा याचना की है। डा० बनारसी प्रसाद ने इस वाक्य का अनुवाद इस प्रकार किया है। "Since he (Baizid) has neither an aptitude nor zest (for historiography), nor does he possess any memoranda (of events)"। (डा० बनारसी प्रसाद पृ० ७१)। डा० बनारसी प्रसाद ने भी 'हज़्ज़े' ही पढ़ा है। इस वाक्य के शब्द बड़े ही अस्पष्ट हैं।

७ आगे पृ० ७३६ देखिये। डा० बनारसी प्रसाद के अनुसार 'जंजान' (पृ० ७२)

शिविर में घटीं ९९९ हि० (१५९०-९१ ई०) में लाहौर के क़स्बे में लिखी हैं। उसकी युवावस्था समाप्त हो चुकी है तथा वृद्धावस्था आ चुकी है और उसकी स्मरण शक्ति भी अच्छी नहीं रही है अतः यदि कोई भूल हो जाय तो पाठकगण उसके अपराध को क्षमा कर दें। यह "मुख़्तसर"[1] चार फ़स्लों में विभाजित है। ईश्वर ही को सत्य का ज्ञान है।

अध्याय १

हुमायूं पादशाह का भक्कर से ख़ुरासान एवं एराक़ की ओर प्रस्थान तथा इमाम अबुल हसन अली अर्रिज़ा बिन मूसियुल काज़िम के पवित्र रौज़े का तवाफ़ तथा इस यात्रा का वर्णन

९४९ हि० (१५४२-४३ ई०) में हज़रत हुमायूं पादशाह अपने भाइयों की निष्ठुरता एवं सैनिकों की कृतघ्नता के कारण बक्कर से निकल कर ख़ुरासान तथा एराक़ की ओर शाह
(३) तहमास[2] वल्द शाह इस्माईल से भेंट के लिए रवाना हुए। सुल्तान अली मूसी रिज़ा[3] के पवित्र रौज़े का तवाफ़ करके ज़ंकान में, जो सुल्तानिया तथा तबरेज़ के मध्य में है, शाह से भेंट की। शाह ने अपने पुत्र सुल्तान मुराद को १० हज़ार क़िज़िलबाश जागीरदार वीर अश्वारोहियों को नियुक्त किया। इन सरदारों के नाम नीचे लिखे जाते हैं। शाह ने प्रत्येक कारखाने से शाही असबाब, जो इस सम्मानित पादशाह के लिए उपयुक्त समझता था, उपहार स्वरुप भेंट किए।

पादशाह तबरेज़ की जो आज़रबाईजान की राजधानी है तथा हिरात की सैर करके वहाँ से लौटे और ९४९ हि०[4] (१५४२-४३ ई०) के प्रारम्भ में मीर्ज़ा अस्करी से क़न्धार और
(४) ९५२ हि०[5] (१५४५ ई०) में मीर्ज़ा कामरान से काबुल छीन कर पुनः सिंहासनारूढ़ हुए।

उन सेवकों के नाम जो विजयी रिकाब के साथ साथ शाह के शिविर में गये थे:—

(१) ख़्वाजा मुअज़्ज़म, नव्वाब जलालुद्दीन मुहम्मद अकबर मीर्ज़ा का नफ़ाही[6],

(२) बैरम बेग

१ 'मुख़्तसर' का अर्थ संक्षिप्त है। डा० बनारसी प्रसाद के अनुसार: "This is the title which Baizid gives to his work" (पृ० ७२)। सम्भवतः बायज़ीद ने पुस्तक का कोई नाम न रखा था।

२ शाह तहमास्प सफ़वी।

३ इमाम अबुल हसन अली अर्रिज़ा बिन मूसी अल-काज़िम। इमामिया शिओं के ८वें इमाम।

४ ९५२ हि० (१५४५ ई०) बृहस्पतिवार २५ जमादि-उल-आख़िर ९५२ हि० (३ सितम्बर १५४५ ई०); **अकबर नामा भाग** १ (प्रकाशित पृ० २३५, प्रस्तुत अनुवाद पृ० १८५)। मूल में तारीख़ स्पष्ट नहीं।

५ मूल में ९४२ हि० (१५३५-३६ ई०) जो अशुद्ध है। **अकबर नामा** के अनुसार जलाली मास के १३वीं आज़र की रात्रि अर्थात् १२ रमज़ान ९५२ हि० (१७ नवम्बर १५४५ ई०) बुधवार की रात्रि में काबुल विजय हुआ। **अकबर नामा भाग** १, प्रकाशित पृ० २४४, अनुवाद पूर्व पृ० १७७)।

६ **अकबर नामा** में:—"हज़रत मरियम मकानी का एक ही माता का भिन्न पिता से उत्पन्न भाई"; (**अकबर नामा भाग** १ प्रकाशित पृ० २२१, अनुवाद पूर्व पृ० १६८)। नफ़ाही का अर्थ 'मामा' हुआ।

(३) रोशन कोका[1]

(५) (४) हाजी मुहम्मद कोका[2]

(५) कोका हसन[3]

(६) मुहम्मद क़ासिम मौजी बख़्शी बेगी[4]

(७) मुहम्मद हैदर आख़्ता बेगी[5]

(६) (८) ख़्वाजा जलालुद्दीन महमूद ओभी[6]

(९) शेख़ यूसुफ़ जोली[7]

(१०) मुहम्मद अली मुहतसिब[8]

(११) बावा दोस्त बख़्शी[9]

(१२) शेख नज़र तुर्किस्तानी[10]

(१३) इबराहीम ईशक आग़ा[11]

(१४) सामी तूक़बेगी[12]

(१५) बावा दोस्त क़ूरबेगी[13]

(१६) मीर यूसुफ़ ख़ज़ीनादार[14]

१ देखिये **अकबर नामा भाग १** (प्रकाशित पृ० २२२, अनुवाद पूर्व पृ० १६८)।

२ अन्य ग्रन्थों में 'कोकी'। (देखिये **अकबर नामा भाग १**, प्रकाशित पृ० २२१, अनुवाद पूर्व पृ० १६८)।

३ हसन बेग, महरम कोका का भाई। (**अकबर नामा भाग १**, प्रकाशित पृ० २२२, अनुवाद पृ० १६६)।

४ मुहम्मद क़ासिम मौजी, बदख़्शां निवासी (बदख़्शी)। (**अकबर नामा भाग १**, प्रकाशित पृ० २२३, अनुवाद पूर्व पृ० १७०)।

५ हैदर मुहम्मद आख़्ता बेगी। (**अकबर नामा भाग १**, प्रकाशित पृष्ठ २२३, अनुवाद पूर्व पृ० १७१)।

६ उसका नाम **अकबर नामा** में जो इस सम्बन्ध में सूची दी गई है उसमें नहीं है किन्तु वह हुमायूं का बड़ा विश्वास पात्र था और इस यात्रा में उसने हुमायूं के क़न्धार से प्रस्थान से लेकर अन्त तक बड़ी प्रशंसनीय सेवायें सम्पन्न कीं। **अकबर नामा** में उसकी भूरि भूरि प्रशंसा की गई है। (**अकबर नामा भाग १**, प्रकाशित पृ० २०२, अनुवाद पृ० १३५-१३७)। इसके अतिरिक्त **अकबर नामा** में अन्य स्थानों पर भी उसका उल्लेख हुआ है; (देखिये प्रकाशित **अकबर नामा** पृ० २४१, २८०, २८४, २६२, २६६, ३०७, ३०६, ३२२, ३२६, ३६०, ३६६)।

७ शेख़ यूसुफ़ चोली। (देखिये **अकबर नामा भाग १**, प्रकाशित पृ० २२३, अनुवाद पृ० १७०)।

८ **अकबर नामा** में मुहम्मद अली मुहतसिब का कोई उल्लेख नहीं। बायज़ीद ने भी किसी अन्य स्थान पर उसकी चर्चा नहीं की।

९ देखिये **अकबर नामा भाग १**, प्रकाशित पृ० २२२, अनुवाद पूर्व पृ० १६१।

१० **अकबर नामा** में उसकी कोई चर्चा नहीं।

११ इबराहीम (बेग) ईशक आक़ा; (**अकबर नामा भाग १**, पृ० १२३, अनुवाद पृ० १७०)।

१२ **अकबर नामा** में उसका उल्लेख नहीं। बायज़ीद ने भी किसी अन्य स्थान पर उसकी चर्चा नहीं की है।

१३ **अकबर नामा** में उसका उल्लेख नहीं। बायज़ीद ने पृ० ४२ पर उसका उल्लेख किया है।

१४ **अकबर नामा** में उसका उल्लेख नहीं। बायज़ीद ने केवल पृ० ४२ पर उसका उल्लेख और किया है।

(१७) हसन अली ईशक आग़ा[१]
(१८) शाह वली बकावल[२]
(१९) अली दोस्त यसावल[३]
(२०) अली मुहम्मद क़ुन्दुज़ी[४]
(२१) मेहतर वासिल[५]
(७) (२२) मेहतर वकीला[६]
(२३) मेहतर कोचक फ़तह[७]
(२४) कोमश फ़ूक़ुन्तरार[८]
(२५) मक़सूद बंगाली[९]
(२६) मेहतर क़ाली[१०]
(२७) आक़िल सुल्तान[११]
(२८) अन्य छोटे छोटे बेग एवं यक्का जवान[१२]।

हुमायूं का एराक़ की ओर प्रस्थान

जब हज़रत हुमायूं पादशाह बक्कर (भक्कर) की विलायत से निकल कर, क़न्धार की ओर रवाना हुए तो शाल[१३] एवं मस्तून के समीप समाचार प्राप्त हुए कि मीर्ज़ा अस्करी एक सेना सहित मीर्ज़ा कामरान के आदेशानुसार पादशाह को बन्दी बनाने के उद्देश्य से क़न्धार से बढ़ता चला आ रहा है। जब पादशाह दूसरी मंज़िल पर पहुँचे तो चाई ऊज़बेक[१४] जो मीर्ज़ा अस्करी के अमीरों में

१ हसन अली ईशक आक़ा। (देखिये **अकबर नामा भाग १** पृ० २२३, हिन्दी अनुवाद पृ० १७०)।
२ **अकबर नामा** में उसका कोई उल्लेख नहीं। बायज़ीद ने पृ० ५३ पर उसका उल्लेख किया है।
३ **अकबर नामा** में उसका उल्लेख नहीं। बायज़ीद ने उसका कई स्थानों पर उल्लेख किया है। (पृ० ५२, ६५, ६८, १०६, १३१, १८९)। वह हसन अली कुर्द का पुत्र था।
४ **अकबर नामा** में उसका कोई उल्लेख नहीं। बायज़ीद ने पृ० १२०, १८१, ३६१ पर भी उसकी चर्चा की है।
५ **अकबर नामा भाग १**, पृ० २२४, हिन्दी अनुवाद पृ० १७२।
६ **अकबर नामा भाग १**, पृ० २२४, हिन्दी अनुवाद पृ० १७२।
७ **अकबर नामा भाग १**, में उसका उल्लेख नहीं। बायज़ीद ने भी किसी अन्य स्थान पर उसकी चर्चा नहीं की है।
८ **अकबर नामा** में उसका उल्लेख नहीं। बायज़ीद ने पृ० ५३ पर उसकी चर्चा की है।
९ **अकबर नामा भाग १**, पृ० २२२, हिन्दी अनुवाद पृ० १७०।
१० **अकबर नामा** में उसका उल्लेख नहीं। बायज़ीद ने पृ० १८५ पर उसका उल्लेख फिर किया है।
११ आक़िल सुल्तान ऊज़बेक नामक एक व्यक्ति का उल्लेख **अकबर नामा** में हुआ है। (**अकबर नामा भाग १**, पृ० २२१, हिन्दी अनुवाद पृ० १६७-१६८)।
१२ **अकबर नामा भाग १**, पृ० २२१-२२४, हिन्दी अनुवाद पृ० १६८-१७२। यह सूची अधिक बड़ी है।
१३ **अकबर नामा भाग १**, में केवल 'शाल', (प्रकाशित पृ० १९०, अनुवाद पृ० १०६)। **तबक़ाते अकबरी भाग २** ''क़स्बये शाल व मिस्तान'' (प्रकाशित कलकत्ता पृ० ५७), **मुन्तख़बुत्तवारीख़ भाग १** (प्रकाशित कलकत्ता पृ० ४४२), **तारीख़े शाही** (प्रकाशित कलकत्ता पृ० १६८)। शाल तथा मस्तंग अधिक उचित है।
१४ **अकबर नामा भाग १**, 'जी बहादुर ऊज़बेक' (प्रकाशित पृ० १९०, हिन्दी अनुवाद पृ० ११७-११८)। डा० बनारसी प्रसाद के अनुसार 'चिपाई ऊज़बेग' (पृ० ७३)। मूल में स्पष्ट नहीं। (इंडिया आफ़िस पृ० २ब)।

(८) से एक था, भागता हुआ आया और समाचार पहुँचाये कि मीर्ज़ा अस्करी पहुँच गया। पादशाह को इतना अवसर न मिल सका कि नव्वाब लोक-परलोक के शाहज़ादे जलालुद्दीन मुहम्मद अकबर मीर्ज़ा को अपने साथ ले सकते। मीर्ज़ा की माता हज़रत मरियम मकानी, ख़्वाजा मुअज़्ज़म मरियम मकानी के भाई, मीर क़ाली[1], मक़सूद बंगाली, ख़्वाजा अम्बर तथा कुछ अन्य सेवक बादशाह के साथ हो लिये। दूसरे क्षण में मीर्ज़ा अस्करी ने पहुँचकर शाहज़ादये आलमियान को बन्दी बना लिया और क़न्धार की ओर रवाना हो गया। पादशाह ख़ुरासान तथा एराक़ की ओर रवाना हुए।

हुमायूं का सीस्तान की ओर प्रस्थान

कुछ समय उपरान्त वे हलमन्द नदी[2] को पार करके सीस्तान[3] की विलायत में एक झील[4] के तट पर, जहाँ हलमन्द नदी गिरती है, किन्तु यह ज्ञात नहीं कि कहाँ जाती है, पहुँचे[5]। उस मंज़िल पर कुछ दिन तक पड़ाव किया। अहमद सुल्तान शामलू, जो कि सीस्तान का हाकिम था, अपने सहायकों सहित पादशाह की सेवा में उपस्थित हुआ। कई दिन तक वे मुर्ग़ाबी के शिकार हेतु, जिन्हें भाले से मारते हैं, ठहरे रहे। ज़ौरक़[6] को सीस्तानी भाषा में तूती[7] कहते हैं। अहमद सुल्तान नित्यप्रति नाना प्रकार के भोजन, मिठाइयाँ, शरबत एवं मेवे का प्रबन्ध करके (इतनी अधिक मात्रा में) उपस्थित करता था कि उन लोगों के, जो पादशाह की सेवा में साथ थे, खाने (९) के उपरान्त वच रहते थे।

हुमायूं का सीस्तान में निवास

तदुपरान्त पादशाह स्वयं सीस्तान नामक क़स्बे में पधारे। अहमद सुल्तान ने अपनी माता एवं स्त्रियों को हज़रत मरियम मकानी की सेवा में भेजा और अपनी समस्त धन-सम्पत्ति एवं विलायत पादशाह की सेवा में भेंट कर दी। पादशाह ने कुछ आवश्यक असवाव, एवं शागिर्द-पेशा[8] जो ज़रूरी थे स्वीकार कर लिये और शेष सब कुछ अहमद सुल्तान को प्रदान कर दिया।

मीर्ज़ा अस्करी के सेवकों का हुमायूं की सेवा में पहुँचना

उसी मंज़िल पर ख़्वाजा जलालुद्दीन महमूद ओभी, जो उस समय मीर्ज़ा अस्करी का सेवक था और बाबा हाजी नामक क़िले में जो हलमन्द नदी के तट पर स्थित है, वसूली[9] करता था, (उनके) समाचार पाकर अपने सेवकों सहित पादशाह की चौखट चूम कर सम्मानित हुआ।

१ डा० बनारसी प्रसाद के अनुसार 'मीर क़ूली' (पृ० ७४)। मूल में 'क़ाली' स्पष्ट रूप से है, (पृ० २ ब)।
२ **अकबर नामा** में 'हीरमन्द' (प्रकाशित पृ० २०४)। यह नाम भी विभिन्न रूप से मिलता है।
३ "Raverty speaks of Zaranj as being called the city of Sistan"—Raverty *Tabaqat-e-Nasiri* p. 1122 (डा० बनारसी प्रसाद पृ० ७४)।
४ हामून झील (Elphinstone's *Kabul*, डा० बनारसी प्रसाद पृ० ७४)
५ 'नुज़ूल नुमूदन्द'।
६ नौका।
७ तोता।
८ निम्न श्रेणी के सेवक।
९ 'तहसील मी कर्द (कर तथा राजस्व की वसूली)'।

खच्चरों[१] की एक क़तार, जिनपर उत्तम असबाब लदे हुए थे, पेशकश के रूप में भेंट की। उसे उसी मंज़िल पर मीर सामान[२] नियुक्त कर दिया गया और उसके प्रति अत्यधिक कृपा एवं दया प्रदर्शित की गई।

उसी पड़ाव पर हाजी कोकी, जो मीर्ज़ा अस्करी के अमीरों में से था, क़न्धार से भाग कर चौखट चूमने पहुँचा[३]।

हुसेन क़ुली मीर्ज़ा का आगमन

हुसेन क़ुली मीर्ज़ा, अहमद सुल्तान का भाई मशहद से मक्का जाने के उद्देश्य से अपनी माता एवं भाइयों से विदा होने आया था। वह पादशाह की सेवा में उपस्थित हुआ और कुछ पुस्तकें, जो उसके पास थीं, उसने भेंट कीं। पादशाह को जो पुस्तकें अच्छी लगीं, वह उन्होंने ले लीं और शेष उसे प्रदान कर दीं।

हुमायूं तथा हुसेन क़ुली मीर्ज़ा की वार्ता

वार्तालाप के अन्त में पादशाह ने उससे मज़हब एवं मिल्लत के विषय[४] में प्रश्न किया। (१०) उसने निवेदन किया कि, "पाँच वर्ष से मैं मशहदे मुक़द्दस में विद्याध्ययन कर रहा हूँ और हनफ़ी एवं शीआ फ़िक़ह का अध्ययन किया है। शीआ धर्म के अनुसार (ईश्वर क्षमा करे) यदि कोई असहाब[५] पर लानत[६] करता है तो इसे प्रशंसनीय माना जाता है। हनफ़ियों का कथन है कि यदि कोई लानत भेजे तो काफ़िर हो जाता है।" मीर्ज़ा ने कहा कि, "प्रशंसा के लोभ में काफ़िर न बन जाना चाहिये।" पादशाह को यह बात बड़ी पसन्द आयी और उन्होंने उसके प्रति अत्यधिक कृपा-दृष्टि प्रदर्शित की। उससे अपनी सेवा में सम्मिलित हो जाने के लिए कहा। मीर्ज़ा ने निवेदन किया कि, "यदि ईश्वर ने चाहा तो पवित्र घर[७] के दर्शन करके समुद्र के मार्ग से हिन्द अथवा काबुल में दासता का सम्मान प्राप्त करूँगा।"

हुमायूं का हिरात होते हुए शाह के पास जाने का संकल्प

क्योंकि हज़रत पादशाह को वह विलायत बड़ी अच्छी लगने लगी थी, अतः वे वहाँ कुछ दिनों तक ठहरे रहे। तदुपरान्त उन्होंने अहमद सुल्तान से शाह से भेंट के विषय में परामर्श किया। उसने उत्तर दिया कि "यह उचित होगा कि फ़क़ीर आपकी सेवा में रहे और तबसे कीलकी के मार्ग से शाह की सेवा में पहुँचा दे।" हज़रत पादशाह ने कहा कि, "आयु का कोई भरोसा नहीं। मैंने हेरी की अत्यधिक प्रशंसा सुन रक्खी है[८]। (जी चाहता है) कि हेरी की सैर

१　अस्तर : डा० बनारसी प्रसाद ने इसे 'उश्तुर (ऊंट)' पढ़ा है, (पृ० ७५)। मूल में 'अस्तर' ही है।
२　बादशाह की व्यक्तिगत सम्पत्ति का अधीक्षक।
३　सेवकों में सम्मिलित हो गया।
४　सुन्नी-शीआ मतभेद से तात्पर्य है।
५　हज़रत मुहम्मद के मित्र विशेष रूप से प्रथम तीन ख़लीफ़ा।
६　धिक्कार।
७　काबा।
८　हुमायूं के अमीरों का ईरान की ओर प्रस्थान के विषय में विरोध तथा अहमद सुल्तान के परामर्श का **अकबर नामा** में विस्तार से उल्लेख किया गया है। (**अकबर नामा भाग १**, पृ० २०५, हिन्दी अनुवाद पृ० १४१)।

करके (शाह के) लश्कर की ओर रवाना हूँ।" क्योंकि अहमद सुल्तान हज़रत (पादशाह) की इच्छानुसार ही हर काम करना चाहता था अतः उसने इस विषय में कोई आग्रह न किया।

हिरात की ओर प्रस्थान

(११) वे ऊक क़िले के मार्ग से हिरात की ओर रवाना हुए। जब उन लोगों ने उपर्युक्त क़िले के समीप पड़ाव किया तो अली सुल्तान क़ूरची बाशी तकलू ने, जो मुहम्मद खां शरफ़ुद्दीन ऊग़ली के निकटतम सम्बन्धियों में से था, हेरी से सुल्तान ख़ुदा बन्दा[1] के अमीरों के साथ इसी मंज़िल पर पादशाह की सेवा में उपस्थित होने का सम्मान प्राप्त किया। उसे पादशाह के स्वागतार्थ भेजा गया था। हज़रत पादशाह अहमद सुल्तान के साथ हिरात की ओर रवाना हुए। जब हज़रत पादशाह के आगमन के समाचार सुल्तान मुहम्मद ख़ुदा बन्दा[1] को प्राप्त हुए तो वह स्वयं मुहम्मद खां शरफ़ुद्दीन ऊग़ली के साथ, जो उस समय मीर्ज़ा का लला[2] था, उसके पुत्रों एवं अमीरों सहित पादशाह की भेंट के लिए रवाना हुआ। सब लोग चरण चूमने का सौभाग्य प्राप्त करके सम्मानित हुए।

हज़रत पादशाह ने हेरी नामक नगर में पड़ाव किया। शाही पेशकश में से जो जो चीज़ हज़रत पादशाह के लिए उपयुक्त थीं उन्हें उनकी सेवा में प्रस्तुत किया गया। क्योंकि अहमद सुल्तान ने सीस्तान एवं मुहम्मद खां शरफ़ुद्दीन ऊग़ली ने हिरात से शाह की सेवा में प्रार्थना-पत्र भेजे थे अतः उनके उत्तर में शाह का फ़रमान प्राप्त हुआ। २० रजब १००० हि० (२ मई १५९२ ई०) को शाह के फ़रमान की प्रतिलिपि (शाहंशाह अकबर) के दफ़ातिर के दारोग़ा मीर मुराद जुवेनी के पास प्राप्त हुई अतः उसे मूल रूप से इस "मुख्तसर" में उद्धृत किया जाता है[3]।

हुमायूं का मशहद पहुँचना

क्योंकि पादशाह को हेरी में निवास करने की इच्छा थी, अतः वे कुछ दिन तक वहाँ ठहरे रहे। गायक इत्यादि जो लोग विजयी रिकाब के साथ थे, वे मशहदे मुक़द्दस की ओर रवाना हो गए[4]। अहमद सुल्तान को इस कारण कि वह बहुत समय से उनकी सेवा में था, सीस्तान की ओर जाने की अनुमति दे दी और वे स्वयं (शाह के) शिविर की ओर रवाना हुए। जब वे मशहदे मुक़द्दस के समीप पहुँचे तो शाह क़ुली सुल्तान वल्द क़ाजक बहादुर[5] इस्तजलू जो उस समय मशहद का हाकिम था, सैयिदों, सर्व साधारण एवं विशेष व्यक्तियों तथा आलिमों सहित स्वागत् उपरान्त हज़रत पादशाह (३२) की सेवा में उपस्थित हुआ। पादशाह ने इमाम के रौज़े के दर्शन करके वहीं पड़ाव कर दिया।

१ डा० बनारसी प्रसाद ने इसे 'ख़ुदा बन्दा' पढ़ा है। मूल में 'ख़ुदा बन्द' स्पष्ट है (३ब)।

२ अतालीक़।

३ प्रस्तुत ग्रन्थ में पत्र पृ० १२ से पृ० ३१ में प्रकाशित हुआ है। **अकबर नामा भाग १** में (पृ० २०६-२१३) में भी यह पत्र सम्मिलित था। इसका अनुवाद पूर्व पृ० १४२-१५३ में देखिये। बायज़ीद ने पत्र के अन्त में लिखा है:—"दर तारीख़े सन ९९० (१५८२-८३ ई०) नक़ल। दर तारीख़ सन् १००० (१५९१-९२ ई०) नक़ल गिरिफ़्ता शुद"। इसका अर्थ सम्भवतः यह है कि दफ़्तर में ९९० हि० में नक़ल किया गया तथा बायज़ीद ने १००० हि० में नक़ल किया, कारण कि इसके पूर्व इसका उल्लेख हो चुका है।

४ सम्भवतः वे लोग आगे भेज दिये गये और हुमायूं उनके बाद रवाना हुआ।

५ यह नाम स्पष्ट नहीं। डा० बनारसी प्रसाद ने इसे 'फ़ारूक़ बहादुर' पढ़ा है, (पृ० ७७)। मूल में स्पष्ट रूप से 'क़ाजक' है। इसके अतिरिक्त शीओं का नाम फ़ारूक़ नहीं होता।

बैराम ख़ाँ का शाह के पास दूत बन कर जाना

कुछ दिन उपरान्त वे नीशापुर पहुँचे और वहाँ से सब्ज़वार। सब्ज़वार का हाकिम, शम्सुद्दीन अली सुल्तान सब्ज़वारी था। नीशापुर का जागीरदार मशहद का हाकिम शाह क़ुली सुल्तान था। हज़रत पादशाह सब्ज़वार से दमग़ान, दमग़ान से सिमनान और सिमनान से क़ज़वीन पहुँचे।

पादशाह के क़ज़वीन पहुँचने के कुछ दिन पूर्व शाह यीलाक़ सलक़[1] की ओर इस आशय से रवाना हो गया कि 'पादशाह के मनोरंजन हेतु शिकार की व्यवस्था करायें'। जब शाह ज़ंकान के समीप पहुँच गया तो समाचार प्राप्त हुए कि पादशाह ने नव्वाब बैरम बेग[2] को शाह की सेवा में भेजा है। वह शाह की सेवा में उपस्थित हुआ और हज़रत पादशाह का पत्र प्रस्तुत किया। उसी मंज़िल पर उसे उत्तर प्राप्त हो गया और वह लौट गया।

प्रथम क़मरग़ह शिकार

कुछ दिन उपरान्त पादशाह तथा शाह की उसी पड़ाव पर एक दूसरे से भेंट हुई। दोनों मिल कर शिकार-गाह की ओर रवाना हुए। पादशाह के आगमन से पूर्व बड़े बड़े क़ाज़ियान[3] को आदेश दे दिया गया था कि वे १० दिन के मार्ग से शिकार को हंका कर ले आयें। उस चश्मे पर, जिसे सावूक़ यीलाक़ कहते हैं और जो यीलाक़ सलक़ की प्रथम मंज़िल है[4] इतने अधिक बन-पशु एकत्र हो गए कि उनका उल्लेख सम्भव नहीं। पशुओं का क़मरग़ह[5] करके वे लोग शिकार खेलने लगे। वे लोग एक सप्ताह तक उस मंज़िल पर रहे यहाँ तक कि उस मंज़िल की खाद्य सामग्री (३३) एवं शिकार का माँस समाप्त हो गया।

द्वितीय क़मरग़ह की तैयारी

वहाँ से दूसरे शिकार की व्यवस्था के उद्देश्य से सेना को १० दिन के लिए इस बात की अनुमति दे दी गई कि वे शिकार को हंका कर लायें और तख़्ते सुलेमान में क़मरग़ह की व्यवस्था की जाय। जब क़मरग़ह पूरा हो गया तो वे शिकार खेलने लगे। वन-पशु एवं पक्षी इतनी अधिक संख्या में एकत्र हो गए थे कि उनकी संख्या का उल्लेख इस "मुख़्तसर" में सम्भव नहीं। कुछ सुर्ख़ा मृग क़मरग़ह से निकल कर रूद-ख़ाने[6] में जो क़मरग़ह के पीछे थी, कूद पड़े। सेना के क़ूरचियों एवं क़लक़चियों[7] ने बाणों एवं तलवारों से उनकी हत्या कर दी। कोई भी जीवित न बच सका। इसके बावजूद जिस ओर से शिकार बाहर निकल गए थे और जो लोग वन्द की ओर थे उनमें से कुछ अधिकारियों की हत्या करा दी गई।

१ डा० बनारसी प्रसाद के अनुसार 'सलक़ बूलाक़', किन्तु मूल में 'यीलाक़ सलक़' ही है।
२ बैराम ख़ाँ ख़ाने ख़ानाँ।
३ यह शब्द, शब्द कोशों में नहीं मिलता। सम्पादक का विचार है कि यह क़ाज़ चरान होगा। क़ाज़ चरान का अर्थ हंस चराने वाला होता है किन्तु यहाँ शिकार हँकाने वालों से तात्पर्य है।
४ देखिये **अकबर नामा भाग १, पृ० २१८** हिन्दी अनुवाद पृ० १६१।
५ घेरा बनाकर।
६ रूद-ख़ाने का अर्थ नदी का पाट होता है किन्तु यहां रूद ख़ाना नामक झील से तात्पर्य है।
७ रक्षकों से अभिप्राय है।

द्वितीय क़मरग़ाह शिकार

(३४) जब क़मरग़ाह तैयार हो गया तो हज़रत पादशाह एवं शाह तथा नव्वाब साम मीर्ज़ा, बहराम मीर्ज़ा, और शाह के अमीरों में से अब्दुल्लाह ख़ां इस्तजलू, जो शाह इस्माईल का जामाता था, सून्दक[1] सुल्तान क़ूरची बाशी अफ़शार, बद्र ख़ां इस्तजलू, शाह क़ुली सुल्तान मुहरदार एवं हज़रत पादशाह के सेवकों में से ख़्वाजा मुअज़्ज़म, बैरम बेग, हाजी मुहम्मद कोका[2], रोशन कोका तथा हसन कोका एवं शाह तथा हज़रत पादशाह के खान लोग आदेशानुसार क़मरग़ाह में प्रविष्ट हो गए। जो शिकार उन्हें अच्छा लगता उसकी बाण द्वारा हत्या करने लगे।

मनोरंजन

शिकार के उपरान्त वे लोग उसी पड़ाव पर शिविरों में उतर पड़े। हज़रत पादशाह के सम्मान हेतु जश्न के लिए वहाँ पड़ाव किया गया। लगभग १०-१२ दिन तक हौज़ तथा तख़्ते सुलेमान पैग़म्बर के समीप क़बक़[3] का आयोजन हुआ। दूसरे दिन वे ज़िन्दान[4] तथा हज़रत सुलेमान के तवेले की सैर के लिए रवाना हुए। इस मंज़िल पर पड़ाव के तीन दिन उपरान्त वे चौगान खेलने तथा क़बक़ पर निशाना लगाने के लिये रवाना हुए। उसी दिन जब क़बक़ पर निशाना लगाया जा रहा था, बैरम बेग को ख़ान की उपाधि तथा हाजी मुहम्मद कोकी को सुल्तान की उपाधि प्रदान की गई।

हुमायूं को कुमक

(३५) उसी दिन १०,००० अश्वारोहियों[5] की सूची एवं मीर्ज़ा मुराद को, जो शाह का पुत्र था और हज़रत पादशाह की सहायता हेतु नियुक्त किया गया था, प्रस्तुत किया गया। बादशाही असबाब की सूची, जो प्रत्येक कारख़ाने के लिए उपयुक्त देख कर पृथक् की गई थी, पादशाह के वकीलों को सौंप दी गई। चीज़ों का हज़रत पादशाह द्वारा निरीक्षण कराया गया। याक़ूब मीर्ज़ा को, जो सुल्तान मुहम्मद ख़ुदा बन्दा वल्द हज़रत शाह का तग़ाई[6] था, पादशाह का मुहरदार नियुक्त किया गया और ख़्वाजा रशीदी को दीवान। यह दोनों १०,००० अश्वारोहियों के सरदारों की जो कुमक हेतु नियुक्त किए गए थे, सूची में सम्मिलित थे। सरदारों का ब्योरा इस प्रकार है:—

(१) मीर्ज़ा मुराद वल्द शाह
(२) बुदाग़ ख़ां क़ुज[7], उपर्युक्त मीर्ज़ा का लला
(३) शाह क़ुली सुल्तान अफ़शार[8]

१ अकबर नामा में 'सौन्दक सुल्तान क़ूरची बाशी अफ़शार'।
२ अन्य स्थानों पर 'हाजी मुहम्मद कोकी'।
३ तुर्की में कद्दू को कहते हैं। मध्य काल में लकड़ियों में बांधकर कद्दू लगा दिये जाते थे जिन पर निशाना लगाया जाता था।
४ बन्दीगृह, देखिये जौहर : **तज़किरतुल वाक़ेआत**।
५ **अकबर नामा** में १२,००० (प्रकाशित भाग १, पृ० २१८, हिन्दी अनुवाद पूर्व पृ० १६२)।
६ तग़ाई:—मामा।
७ **अकबर नामा** में:—"बुदाग़ ख़ां क़ाचार, मीर्ज़ा का लला"।
८ **अकबर नामा** के अनुसार किरमान का हाकिम।

(४) अली सुल्तान तक्लू कदूल ऊग़ली

(५) अहमद सुल्तान शामलू वल्द मुहम्मद ख़लीफ़ा, सीस्तान का हाकिम

(६) संखाव सुल्तान अफ़शार[1], फ़रह का हाकिम

(७) अली सुल्तान बांवनी ब्यूक तकलू

(८) अली सुल्तान क़ूरची बाशी, मुहम्मद खां शरफ़ुद्दीन ऊग़ाली तकलू, हेरी के हाकिम का सम्बन्धी[2]

(९) याक़ूब ख़्वाजा[3] रशीदी मीर्ज़ा, सुल्तान मुहम्मद ख़ुदा बन्दा वल्द शाह तहमास्प का तग़ाई

(३६) (१०) हुसेन क़ुली सुल्तान[4] शामलू, अहमद सुल्तान सीस्तान के हाकिम का भाई

(११) आदम मीर्ज़ा[5] वल्द देव सुल्तान

(१२) तहमतन मीर्ज़ा, देव सुल्तान का भाई

(१३) हैदर सुल्तान शैबानी

(१५) अली क़ुली एवं बहादुर उपर्युक्त के पुत्र

(१६) मक़सूद मीर्ज़ा आख़्ता बेगी वल्द जैन सुल्तान शामलू

(१७) मुहम्मदी मीर्ज़ा, जहान शाह बादशाह का नबीरा (पौत्र)

(१८) सुल्तान हसन रूमलू[6]

अन्य छोटे छोटे बेग एवं यवका जवान।

तीसरा क़मरग़ाह शिकार

आतिथ्य के उपरान्त दो दिन ठहर कर पुनः शिकार की व्यवस्था हुई। शाह ने आदेश दिया कि आक़ ज़ियारत में, जो यीलाक़ सलक़ की अंतिम मंज़िल है, क़मरग़ाह तैयार कराया जाय। पादशाह ने स्वयं पहुँच कर तीसरा शिकार समाप्त किया।

दास बायज़ीद शिकारों एवं तख़्ते सुलेमान के जश्नों में पादशाह की सेवा में था। शाह के ख़लीफ़तुल ख़ुलफ़ा[7] के परोक्ष[8] से एक वाण लगा और उसकी मृत्यु हो गई।

१ **अकबर नामा** में 'संजाब सुल्तान'।

२ **अकबर नामा** में 'सुल्तान क़ुली क़ूरची बाशी, ख़ेशे मुहम्मद खां (मुहम्मद खां का सम्बन्धी)' किन्तु बायज़ीद के ग्रन्थ के सम्पादक ने 'अली सुल्तान क़ूरची बाशी' तथा 'क़राबये मुहम्मद खां शरफ़ुद्दीन ऊग़ली तकलू हाकिमे हेरी' दो पृथक् नाम कर दिये हैं।

३ **अकबर नामा** में:—"याक़ूब मीर्ज़ा, सुल्तान मुहम्मद ख़ुदा बन्दा का तग़ाई।"

४ **अकबर नामा** में 'सुल्तान हुसेन क़ुली शामलू'।

५ 'अदहम मीर्ज़ा' अधिक शुद्ध है।

६ डा० बनारसी प्रसाद ने इसका अनुवाद 'प्रधान मन्त्री' किया है, (पृ० ७८); किन्तु ख़लीफ़तुल ख़ुलफ़ा के कर्तव्यों के विषय में निश्चित रूप से कुछ कहना बड़ा कठिन है। इस वाक्य का तात्पर्य यह है कि ख़लीफ़तुल ख़ुलफ़ा के किसी अज्ञात दिशा से आकर एक बाण लगा और उसकी मृत्यु हो गई।

७ **अकबर नामा** की सूची में २६ नाम हैं, (**अकबर नामा** प्रकाशित पृ० २१८-२१९, हिन्दी अनुवाद पूर्व पृ० १६२-१६३)।

८ **अकबर नामा** के अनुसार बहराम मीर्ज़ा ने जान बूझकर उसकी बाण द्वारा हत्या की; (**अकबर नामा भाग १**, प्रकाशित पृ० २१८)।

उसी स्थान से हज़रत पादशाह तबरेज़ की ओर सैर के लिए रवाना हुए। तबरेज़ वालों को आदेश दिया गया कि जो प्रथा पूर्व में प्रचलित थी और जिसका बहुत समय से निषेध करा (३७) दिया गया था, पुनः जारी हो अर्थात् गुर्ग दवानी[1], अरमनी मुसलमान[2], चौगान[3] का खेल इत्यादि। हज़रत पादशाह शाह से विदा होकर तबरेज़ की सैर के लिए रवाना हुए।

हुमायूँ का मशहद की ओर प्रस्थान

दास बायज़ीद ने सैयिद मुहम्मद अरब के अधीन, जो कि शाह का इमाम था और जिसे उस वर्ष की इमाम रिज़ा की नज़र[4] सौंपी गई थी और आदेश दिया गया था कि वह नज़र ले जाकर वहाँ वालों को पहुँचा दे, अपने पिता के साथ रौज़े के दर्शन का सम्मान प्राप्त किया। हज़रत पादशाह तबरेज़ की सैर करके वहाँ से काबुल तथा क़न्धार की ओर चल दिए। १०,००० व्यक्ति जो उनकी कुमक हेतु नियुक्त हुए थे हलमन्द नदी तट पर विजयी लश्कर के साथ आकर मिल गए।

हुमायूँ मशहद में

९५१ हि० (१५४४ ई०) के रमज़ान की ईद[5] के दिन हज़रत पादशाह स्वयं कुतल[6] ज़की के मार्ग से मशहदे मुक़द्दस पहुँचे। यह दास विद्याध्ययन में व्यस्त था। हज़रत पादशाह उस बाला ख़ाने[7] पर जो हज़रत इमाम (के रौज़े के) गुम्बद के पीछे है, ठहरे। मशहद में हिम-पात हो चुका था

१ भेड़ियों की दौड़।

२ यह शब्द स्पष्ट नहीं। प्रकाशित में 'अरमनी मुसलमान'। डा० बनारसी प्रसाद ने इसे 'सलमान अरमनी' लिखा है (पृ० ७८)। हस्तलिपि में 'अरमनी सलमान'।

३ पोलो।

४ वह चढ़ावा जो हर साल शाह की ओर से इमाम रिज़ा के रौज़े पर चढ़ाया जाता होगा। यह वाक्य भी स्पष्ट नहीं। "बन्दये दरगाह बायज़ीद दर मुलाज़मते सैयिद मुहम्मद अरब कि इमामे शाह बूद कि आँ साल ज़रे नज़रे आस्तानये हज़रत इमाम रिज़ा रा ब ऊ सिपुर्दा बूदन्द कि आवुर्दा ब आँ मर्दुम रिसान्द, हमराह शुदा ब मुलाज़मते पिदर दर आस्ताना मुशर्रफ़ शुदा

'بنده درگاه بایزید در ملازمت سید محمد عرب که امام شاه بود که آن سال زر نذر آستانهٔ حضرت امام رضا را باو سپرده بودند که آورده بان مردم رساند. همراه شده بملازمت پدر در آستانه مشرف شده "

डा० बनारसी प्रसाद ने इसका अनुवाद इस प्रकार किया है :—

"The humble Baizid followed Sayad Muhammad Arab, the Imam of the Shah (to Tabrez), because he (Imam) had been entrusted that year with the duty of collecting the presents offered at the shrine and to remit the same to those (?) people and there at the threshold he (Baizid) honoured by paying respect to his father" (पृ० ७८)।

डा० बनारसी प्रसाद का विचार है कि सैयिद मुहम्मद अरब को वह चढ़ावा जो इमाम के रौज़े पर चढ़ाया जाता था एकत्र करने का आदेश दिया गया था किन्तु यह ठीक नहीं। इसके अतिरिक्त वह तथा उसका पिता साथ ही साथ गये थे।

५ १ शव्वाल ९५१ हि० (१६ दिसम्बर १५४४ ई०)।

६ डा० बनारसी प्रसाद के अनुसार 'कन्तल' किन्तु 'कुतल' शुद्ध है।

७ कोठे।

और बादल छाये हुए थे अतः चन्द्र दर्शन न हो सका था। एक पहर दिन उपरान्त हज़रत पादशाह सलामत ने एक समूह को सैयिदों एवं क़ाज़ी के पास गवाही हेतु भेजा कि उन लोगों ने (३८) कुतल ज़की के मार्ग में चाँद देखा था[१]। गवाही के उपरान्त रौज़े की पताकायें निकाली गईं और लोग ईदगाह की ओर रवाना हुये। यह तुच्छ बायज़ीद हज़रत पादशाह की सेवा में ईदगाह में था।

मशहद में हुमायूं का विद्वानों के साथ समय व्यतीत करना

हज़रत पादशाह कई दिन तक बाग़े पाईन पा[२] में ठहरे रहे और कुछ असबाब, आदमी एवं लश्कर मशहद के मार्ग से आगे भेज दिया। हज़रत पादशाह के कुछ विश्वासपात्र उनके साथ मशहद में उपस्थित रहे। नीशापुर में आदेश हो चुका था कि "अतिरिक्त सेना हलमन्द नदी के तट पर पहुँच जाय। शाह का पुत्र सुल्तान मुराद एवं जो ख़ान लोग कुमक हेतु भेजे गए थे, वे उसी मंज़िल पर एकत्र हों।" उन दिनों सैयिद लोग तथा जो बड़े बड़े सरदार शाही गोष्ठी के लिये उपयुक्त थे, उनके साथ हज़रत पादशाह वार्तालाप एवं विचार विनिमय करते रहते थे। मुल्ला हैरती ने एक दिन एक ग़ज़ल हज़रत पादशाह की सेवा में प्रस्तुत की। उसके प्रारम्भिक शेर इस प्रकार हैं:

शेर

'गह दिल अज़ इश्क़े बुताँ गह जिगरम मी सोज़द,
इश्क़ हर लहज़ा बदाग़े दिगरम मी सोज़द।
हमचूं परवाना व शमये सरोकार अस्त मरा,
कि अगर पेश रवम बालो-परम मी सोज़द[३]।'

हज़रत पादशाह ने संशोधन किया और कहा कि यह अच्छा होगा:

'मीरवम पेश अगर बालो-परम मी सोज़द'

हुमायूं द्वारा इमाम रिज़ा के रौज़े की सेवा

(३९) एक रात्रि में हज़रत पादशाह इमाम के पवित्र रौज़े का तवाफ़ कर रहे थे। उनके हृदय में आया कि वे भी रौज़े में सेवकों के साथ सेवा करें। मीर अब्दुल अज़ीम को, जो उस समय ख़ादिम बाशी था, बुलवा कर हज़रत पादशाह ने मीर के हाथ से क़ैंची ले ली। मीर अपने हाथ में जल का प्याला लेकर हज़रत पादशाह के पीछे पीछे फिरने लगा। हज़रत पादशाह उन मोमबत्तियों के, जो रौज़े, दारुल हुफ़्फ़ाज़[४] दारुस्सियार[५] एवं गुम्बद मीर अली शेर इत्यादि में थीं, गुल काट काट कर जल के प्याले में, जो मीर अब्दुल अज़ीम के हाथ में था, डालते जाते थे[६]।

१ जौहर ने इस घटना का सविस्तार विवरण दिया है।
२ सम्भवतः रौज़े के पीछे के भीतरी उद्यान में ठहरे।
३ इसका अनुवाद पूर्व पृ० १६७ पर देखिये।
४ हाफ़िज़ों का कक्ष।
५ यात्रियों का कक्ष।
६ जौहर ने इस घटना का अधिक रोचक ढंग से उल्लेख किया है।

बुस्त नामक क़िले पर अधिकार

कुछ दिन उपरान्त हज़रत पादशाह विजयी लश्कर की ओर, जो क़न्धार में था, रवाना हुए। जब हज़रत पादशाह हलमन्द नदी के तट पर पहुँचे तो उन्होंने अली सुल्तान बाशी ब्यूक[1] को, जिसके अधीन ५०० आदमी थे एवं अन्य वीरों को उसके साथ करके, बुस्त नामक क़िले के विरुद्ध भेजा। दास बायज़ीद उस सेना में था। नव्वाब मीर्ज़ा अस्करी का सेवक दरवेश मुहम्मद खल्ज उस क़िले का जागीरदार तथा शिक़दार था। जब यह सेना उपर्युक्त क़िले के समीप पहुँची तो उसने उसका अवरोध कर लिया। दरवेश मुहम्मद युद्ध के लिए उद्यत हो गया। युद्ध के समय उपर्युक्त अली सुल्तान के तुफ़ंग (की गोली) लगी और तत्काल उसकी मृत्यु हो गई। उसके सेवकों ने उसके १२ वर्षीय पुत्र को उसके पिता के स्थान पर अपना सरदार बना लिया। दूसरे दिन किसी को हानि न पहुँचाने (४०) का आश्वासन देकर क़िले पर अधिकार जमा लिया गया और उसके विषय में शाह की सेवा में पत्र भेज दिया गया। संसार वालों के लिए शाह का फ़रमान प्राप्त हुआ कि, "हमने उसके पुत्र को जिसे उसके सेवकों ने अपना सरदार बना लिया है, उसके पिता के स्थान पर स्वीकार कर लिया और उसे उसी प्रकार जागीर प्रदान कर दी।"

क़न्धार के क़िले का अवरोध

क़िले की विजय के दो दिन उपरान्त हज़रत पादशाह ने क़िले के उपांत में पड़ाव किया। दास हज़रत पादशाह के दरबार के, जो फ़िरिश्तों का निवास स्थान था, सेवकों में सम्मिलित होकर, सर्वदा शुभ-कामना में तल्लीन रहने लगा। उसी पड़ाव से पादशाह ने ख़ानों एवं सुल्तानों के अधीन लगभग ५००० आदमियों की सेना, क़न्धार पर अत्यन्त शीघ्र अग्रसर होकर आक्रमण करने के लिये भेजी[2]। क़न्धार के क़िले तथा बुस्त के क़िले के बीच की दूरी लगभग २० मील[3] होगी। तीसरे दिन यह सेना माशूर नामक द्वार पर पहुँच गयी। उनके पहुँचने की सूचना क़रावलों ने पूर्व से कर दी थी अतः एक समूह ने (क़िले के) बाहर निकल कर युद्ध किया। दोनों ओर से कुछ लोग मारे गए तथा आहत हुए किन्तु किसी ऐसे व्यक्ति की हत्या न हुई जिसका उल्लेख इस "तज़किरे" में किया जाय। अन्त में हज़रत पादशाह की ओर से जो लोग कुमक हेतु नियुक्त हुए थे, उनके ज़ोर लगाने से वे लोग भाग कर क़िले में प्रविष्ट हो गए। मीर्ज़ा अस्करी स्वयं द्वार पर बैठा यह दृश्य देख रहा था। जब (क़िले से) तोप तथा तुफ़ंग अधिक चलने लगीं तो वे मुक़ाबला न कर सके। जो लोग (हज़रत पादशाह की ओर से) कुमक हेतु नियुक्त हुए थे, वे भी भाग कर बाग़े कामरानी[4] एवं क़िले

१ **अकबर नामा** में 'अली सुल्तान तकलू' (प्रकाशित **अकबर नामा भाग** १ पृ० २२७, हिन्दी अनुवाद पूर्व पृ० १७३)।

२ यह वाक्य स्पष्ट नहीं। "जमए अज़ ख़्वानीन व सलातीन रा ब तरीक़े यलग़ार क़रीब पंज हज़ार कस बर सरे क़िलये क़न्धार फ़रस्तादन्द"—डा० बनारसी प्रसाद नें इसका अनुवाद इस प्रकार किया है: "About 5000 Khans and Sultans were despatched from this place to attack the fort of Qandhar" (पृ० ८०)। ख़ानों तथा सुल्तानों के समूह के अधीन ५००० आदमी ही भेजे गये होंगे।

३ डा० बनारसी प्रसाद के अनुवाद में 'करोह'। (पृ० ८०)। हस्तलिपि में 'मील' स्पष्ट है।

४ सम्भवतः मीर्ज़ा कामरान का उद्यान।

(४१) के समीप के स्थानों पर उतर पड़े। यह घटना ९४ हि० (?) के अन्त में घटी[1]। पाँच दिन उपरान्त हज़रत पादशाह शिविर एवं शेष सेना सहित पहुँच गए। क़िले को समीप से घेर कर मोर्चे बाँट दिये।

रफ़ी कोका पर हुमायूं के अमीरों का आक्रमण

उन्हीं थोड़े से दिनों में मुईद बेग तथा इस्माईल बेग बूल्दी[2] क़िले से भाग कर हज़रत पादशाह के चरणों के चुम्बन द्वारा सम्मानित हुए। अवरोध के कुछ दिन उपरान्त विजयी शिविर में खाद्य सामग्री की कमी हो गई। इसी बीच में समाचार प्राप्त हुए कि मीर्ज़ा कामरान का कोका रफ़ी, ज़मीन-दावर की ओर एक पर्वत में, जो कि क़न्धार के पास अरग़ंदाब नदी तट पर स्थित है, हज़ारा एवं निकदीरी क़बीलों सहित संकर[3] बनाये हुए है। नव्वाब बैरम ख़ां[4], नव्वाब मुहम्मदी मीर्ज़ा जो जहान शाह पादशाह का पौत्र था (नव्वाब बैरम खां भारलू अपने आप को इस वंश का बताता है), हैदर सुल्तान शैबानी, अपने पुत्रों अली क़ुली तथा बहादुर सहित मक़सूद मीर्ज़ाई आख़्ता बेगी पुत्र ज़ैनुद्दीन सुल्तान शामलू, शाह क़ुली बेग नारंजी, सैयिद मुहम्मद पकना एवं एक बहुत बड़े समूह को रफ़ी कोका के संकर के विरुद्ध भेजा गया।

रफ़ी कोका की पराजय

(४२) जब यह सेना पहुँच गयी और युद्ध होने लगा तो दास बायज़ीद भी उस सेना के साथ था। रफ़ी कोका बन्दी बना लिया गया। जो असबाब एवं चीज़ें उसके पास थीं, वे सब की सब इस सेना के अधिकार में आ गईं। वे सब दो दिन उपरान्त विजयी शिविर में पहुँच गए। असंख्य भेड़ें एवं अत्यधिक मात्रा में अनाज (हज़रत पादशाह के) शिविर में पहुँच गया।

क़न्धार के क़िले के लिये युद्ध

एक दिन अहमद सुल्तान शामलू सीस्तान के हाकिम, हैदर सुल्तान शैबानी, अली क़ुली एवं बहादुर हैदर सुल्तान शैबानी के पुत्रों, मक़सूद बेग आख़्ता बेगी शामलू, ज़ैनुद्दीन सुल्तान का पुत्र, दोस्त बाबा क़ूरबेगी, हैदर मुहम्मद आख़्ता बेगी, मेहतर यूसुफ़ ख़ज़ीना-दार, मीरक मारस्तानी एवं हैदर .... तबरेज़ी, हैदर सुल्तान शैबानी के सेवकों इत्यादि सब ने सशस्त्र होकर क़न्धार के क़िले (की विजय) के लिये युद्ध किया और क़िले के प्यादों से कई बार बड़ी वीरता से युद्ध किया। क़िले के प्यादों की बहुत बड़ी संख्या नष्ट हो गई। अली क़ुली वल्द हैदर सुल्तान शैबानी तथा

१ ९४ हि० अथवा ९४० हि० दोनों में कोई शुद्ध नहीं। हुमायूं ७ मुहर्रम ९५२ हि० (२१ मार्च १५४५ ई०) को क़न्धार के क़िले के समीप पहुँचा। (**अकबर नामा भाग १**, पृ० २२९, हिन्दी अनुवाद पूर्व पृ० १७७)। डा० बनारसी प्रसाद के अनुवाद में ९५० हि० है (पृ० ८१)।

२ डा० बनारसी प्रसाद के अनुवाद में 'बलदी' (पृ० ८१)। यह शुद्ध नहीं।

३ संकर : लश्कर अथवा ग्रामों या घरों के चारों ओर कांटों, पत्थरों इत्यादि से घेरा तैयार कर लिया जाता था ताकि शत्रुओं के आक्रमण से बचत हो सके। **अकबर नामा** में संकर का उल्लेख नहीं। (**अकबर नामा भाग १**, प्रकाशित पृ० २२९, हिन्दी अनुवाद पृ० १७७-१७८)।

४ अन्य ग्रन्थों में 'बैराम ख़ां', डा० बनारसी प्रसाद के अनुवाद में भी 'नव्वाब बैराम ख़ां' है। हस्तलिपि में भी 'बैराम ख़ां' है।

मीरक मारस्तानी बाण द्वारा घायल हुए। बाबा दोस्त क़ूरबेगी एवं मेहतर यूसुफ़ शहीद कर दिए गए। इन थोड़े से दिनों में क़िले के प्यादे निकलते थे और (शाही) लश्कर के अश्वारोहियों से युद्ध करते थे।

बैरम ख़ां तथा हज़ारा का युद्ध

कुछ[1] दिन उपरान्त नव्वाब बैरम ख़ां ने कड़ुवे बादाम की, लकड़ी को जिसे वह हज़रत इमाम के रौज़े से लाया था, अपना हथियार बना कर आक्रमण किया। मुहम्मदी मीर्ज़ा, सैयिद मुहम्मद पकना एवं एक सेना ने, जो नव्वाब की सेवा में थी, पर्याप्त पौरुष का प्रदर्शन किया। हज़ारा (४३) लोगों में बहुत से मारे गए[2]। संजाब सुल्तान के दूत हुसेन आक़ा का मुख बाण द्वारा घायल हो गया। मुहम्मदी मीर्ज़ा कहर[3] रंग के एक घोड़े पर, जिसका नाम बूरनी जीक़ था, सवार था। उस (घोड़े को) शाह तहमास्प ने मीर्ज़ा सुलेमान को भेजा था। जिस हज़ारा ने हुसेन आक़ा के बाण मारा था और बहुत से अन्य लोगों को आहत किया था वह उसे भाला मार कर अग्रसर हुआ[4]। जब वह उसके समीप पहुँचा तो एक फटी हुई भूमि मिली। वह उस फटी हुई भूमि को पार कर गया। उसके उस पार मुहम्मदी मीर्ज़ा ने हज़ारा को भाला मार कर गिरा दिया। जब उपर्युक्त नव्वाब[5] ने उस फटी हुई भूमि को नपवाया तो वह १८ अर्ज़[6] निकली। उसे आश्चर्य हुआ। हज़ारा ने उस बाण को, जो उसके धनुष में था, उस घोड़े के सीने पर चलाया। उस घाव के बावजूद घोड़ा १० मील यात्रा करके गिरा।

दूसरे दिन अस्र की नमाज़ के समय वे मन्कीर नामक स्थान पर जो ग़ज़नी के ग्रामों में से है पहुँचे। उस समय फ़ख़रुद्दीन वल्द शम्सुद्दीन वहाँ का हाकिम था। उसने उचित आतिथ्य करके उनके पधारने के विषय में मीर्ज़ा कामरान को लिख भेजा। उस दिन वे वहीं पड़ाव किए रहे। तीसरे दिन वहाँ से प्रस्थान करके सुल्तान महमूद[7] के रौज़े पर पड़ाव किया। शेख़ शाही एवं रौज़े के समस्त सेवकों से भेंट करके वे तीन दिन तक रौज़े में ठहरे रहे। वहाँ से प्रस्थान करके शनीर (४४) नामक स्थान पर पड़ाव किया। वहाँ से रवाना होकर वे मैदान नामक स्थान पर पहुँचे। दूसरे दिन वहाँ से काबुल की ओर रवाना हुए।

बैरम ख़ां का काबुल पहुँचना

जब वे ऊज़बेक कलंकी नामक स्थान के समीप पहुँचे तो बाबूस बेग मुल्ला मक़बूल, जो उस समय नव्वाब मीर्ज़ा कामरान का बख़्शी बेगी था, एवं रमजी हज़ारा, जो मीर्ज़ा

१ बैरम ख़ां के काबुल की ओर प्रस्थान का कोई उल्लेख नहीं किया गया। हज़ारा लोगों ने उसके दूत बन कर काबुल जाते हुये उस पर आक्रमण किया था।

२ "चन्दे अज़ हज़ारहा ब क़त्ल रसीदन्द"।

३ कालिमा लिये हुये लाल घोड़ा, जिसकी पूंछ और अयाल के बाल काले हों।

४ यह वाक्य स्पष्ट नहीं।

५ नव्वाब मुहम्मदी मीर्ज़ा।

६ सम्भवतः अर्श, लगभग कुहनी से बड़ी अंगुली के आख़िरी सिरे तक की दूरी (एक हाथ)।

७ सुल्तान महमूद ग़ज़नवी।

का यसावल था, और लुत्फ़ी सरहिन्दी, जो मीर्ज़ा (कामरान) के यक्का[१] से था, सहित नव्वाब बैरम खां की सेवा में उपस्थित हुआ और उन्हें ले जाकर ख़्याबान के सिरे पर बाग़ कलब्री-ए-सुल्तान में उतारा। इस बाग़ से मिला हुआ एक ओर ख़्वाजा दोस्त ख़ावन्द का बाग़ है, दूसरी ओर बाग़ चग़ताई सुल्तान एवं अन्य ओर ख़्वाजा मुईन का बाग़ और दूसरी ओर नदी है। ये लोग[२] बाबूस के उपरान्त[३] बाग़ में इस आशय से शिविर लगाये हुए थे कि मीर्ज़ा कामरान के अमीरों में से कोई बैरम ख़ां से भेंट न करने पाये[४]।

बैरम खां की मीर्ज़ा कामरान से भेंट

तीन दिन उपरान्त जब मार्ग की थकावट के कष्ट दूर हो गए, तो उपर्युक्त मीर्ज़ा[५] एवं खान को (मीर्ज़ा कामरान ने) चहारबाग़ में बुलवाया। जो लोग नव्वाब बैरम खां की सेवा में थे, अर्थात् ताज[६] पोश उसी प्रथानुसार जो क़िज़िलबाशों में प्रचलित थी, चहारबाग़ में प्रविष्ट हुए। ख़रगाह में, जहाँ मीर्ज़ा (कामरान्) का दीवान-ख़ाना था, वे लोग मीर्ज़ा की सेवा में उपस्थित हुए और क़ुरान शरीफ़ उपहार स्वरूप भेंट किया। जब मीर्ज़ा क़ुरान शरीफ़ के प्रति सम्मान प्रदर्शित करने के लिए खड़ा हुआ तो इसी बीच में बैरम खां ने हज़रत पादशाह एवं शाह के फ़रमान तथा पत्र उसे दिये[७]। उसने बैठ कर उन्हें पढ़ा। नव्वाब मीर्ज़ा (कामरान) तथा बैरम खां में जो वार्ता हुई, उसका किसी को (४५) ज्ञान नहीं। क़रजा ख़ां[८], मुसाहिब बेग जिसे मीर्ज़ा कामरान उस समय भाई कहा करता था और जिसे उसने पोस्तीने दाग़ू[९] प्रदान की थी, मुबारिज़ बेग मुसाहिब बेग का भाई, सैयिद अब्बास, बाबूस,

१ अहदी के समान सैनिक।

२ जो लोग स्वागतार्थ भेजे गये थे।

३ 'पास' से तात्पर्य है।

४ "एक दिन अहमद सुल्तान .... करने पाये" तक का अनुवाद डा० बनारसी प्रसाद ने प्रकाशित नहीं किया।

५ सम्भवतः मुहम्मदी मीर्ज़ा किन्तु आगे के विवरण से पता चलता है कि केवल मीर्ज़ा कामरान ही वहाँ था।

६ क़िज़िलबाश।

७ इस प्रकार की युक्ति मध्य-काल में बड़ी प्रचलित थी। **तारीख़े मुबारक शाही** के अनुसार जब सुल्तान बल्बन तुग़रिल के विरुद्ध रवाना हुआ तो वह नारकीलह की ओर भाग गया। इसी बीच में दिनौज राय ने इस आशय का एक पत्र भेजा कि वह सुल्तान की सेवा में "ज़मीन बोस" करने के लिये स्वयं आ रहा है और उससे प्रार्थना की कि वह (सुल्तान) राय के पहुँचने पर खड़े हो कर उसका स्वागत् करे। इस बात ने, कि एक मुसलमान सुल्तान को एक काफ़िर के प्रति उचित सम्मान नहीं प्रदर्शित करना चाहिये, सुल्तान को चिन्तित किया। मलिक बेकतर्स ने, जो उस समय उपस्थित था, सुल्तान को चिन्ता करने से मना किया और उसे परामर्श दिया कि सुल्तान राय के दरबार में पूर्व ही सिंहासन पर अपने हाथ में एक बाज़ लेकर विराजमान हो जाय और राय के आने एवं ज़मीन बोस करने के पश्चात् सुल्तान खड़ा हो जाय और हाथ से बाज़ उड़ा दे। इसपर उपस्थित जन यही समझेंगे कि सुल्तान ने बाज़ को उड़ाने के उद्देश्य से अपना स्थान छोड़ा था और इस प्रकार सुल्तान राय की प्रार्थना के अनुसार आचरण करेगा। [यहया सिहरिन्दी : **तारीख़े मुबारक शाही** कलकत्ता १९३१ ई० पृ० ४२, रिज़वी : **आदि तुर्क कालीन भारत** (अलीगढ़ १९५९ ई०) पृ० १८९]।

८ डा० बनारसी प्रसाद के अनुसार 'क़राचा सुल्तान' (पृ० ८२)। मूल में 'क़रजा ख़ां'।

९ एक प्रकार की पोस्तीन।

जमील[1], ख़ालिक़ बीरदी, हैदर दोस्त मुग़ुल क़ाज़ी, एवं कलबी इत्यादि, अमीर, दीवान के अधिकारी, यक्का जवान, दीवान में बैठे थे[2]। तीन-चार घड़ी अपितु एक पहर वार्ता होती रही।

बैरम ख़ां की मीर्ज़ा हिन्दाल से भेंट

बैरम खां ने निवेदन किया कि, "मीर्ज़ाओं के लिए घोड़े, सरोपा तथा फ़रमान लाया हूँ। क्या आदेश होता है?" (मीर्ज़ा कामरान ने) बाबूस को बुलवा कर आदेश दिया कि, "कल बैरम ख़ां मीर्ज़ाओं से भेंट करने जायगा, तू भी साथ जा।" दूसरे दिन बाबूस उस उद्यान में, जहाँ नव्वाब बैरम ख़ां पड़ाव किए हुए था, आकर साथ हो लिया। बैरम खां ने नव्वाब मीर्ज़ा हिन्दाल से, जो ख़्वाजा अब्दुस्समद काबुली के समीप दिलदार आग़ा बा की हवेली में ठहरा हुआ था, भेंट की। फ़रमान, घोड़ा एवं सरोपा जो उसके साथ थे, उसे भेंट किया। उसने अभिवादन किया। उस समय उपर्युक्त मीर्ज़ा की निगरानी की जाती थी।

बैरम ख़ां की अकबर से भेंट

दूसरे दिन[3] बाबूस के साथ बैरम ख़ां, शाहज़ादये आलमियान जलालुद्दीन मुहम्मद अकबर मीर्ज़ा की सेवा में, जो बाबर की बहिन ख़ुन्ज़ादा बेगम[4] के घर में बाग़े मकतब में निवास करते थे, (४६) पहुँचा। सायंकाल एवं सोने के समय के मध्य में माहम बेगह जो कि नव्वाबे ईशां[5] की आग़ा अनका थीं, जीजी अनका जो मीर शम्सुद्दीन मुहम्मद ग़ज़नवी की पत्नी एवं मीर्ज़ा की अनका थीं मीर्ज़ा को उपर्युक्त बेगम[6] के घर से लाईं। बैरम खां तथा जो लोग साथ थे, उन सब ने कोरनिश की। मीर्ज़ा ने सब को साँत्वना दी। अनका[7] ने मीर्ज़ा की ओर से वार्ता की। तस्लीमों के उपरान्त ख़ान को बैठने का आदेश हुआ। ख़ान ने शाहज़ादे को गोद में लिया। जो लोग साथ थे उन्होंने अभिवादन करके शाहज़ादे के चरणों का चुम्बन किया। दास भी उस समूह में सम्मिलित था। हम लोग एक पहर तक मीर्ज़ा की सेवा में उपस्थित रहे। जो घोड़ा, सरोपा एवं फ़रमान लाये थे, उन्हें प्रस्तुत किया। नव्वाब बैरम खां ने पूँछा कि, "हमारे मीर्ज़ा कितने बड़े हो गए?" माहम बेगह ने निवेदन किया कि, "शाहज़ादे का जन्म अमरकोट में सोमवार की रात्रि में ६ तारीख़ को ९४६ हि० में हुआ था। इस समय तक ३ वर्ष ६ मास के हो गए हैं[8]।" हज़रत जन्नत आशियानी के हाथ की लिखी हुई भी यही तिथि मैंने काबुल में देखी थी। वहाँ से विदा होकर वह[9] अपने शिविर में पहुँचा।

१ डा० बनारसी प्रसाद के अनुसार 'ख़लील, जमील' (पृ० ८२)।

२ डा० बनारसी प्रसाद के अनुसार:—"Other Diwans and Ahadis were also present" (पृ० ८२)।

३ **अकबर नामा** के अनुसार बैरम ख़ां ने सर्व प्रथम अकबर से भेंट की।

४ ख़ानज़ादा बेगम।

५ अकबर।

६ ख़ानज़ादा बेगम।

७ डा० बनारसी प्रसाद के अनुसार 'अतका' (पृ० ८३)।

८ अकबर के जन्म के विषय में **अकबर नामा** का अनुवाद देखिये।

९ बैरम ख़ां।

बैरम खां की मीर्ज़ा सुलेमान से भेंट

(४७) क्योंकि मीर्ज़ा कामरान ने बैरम खां को इस बात की अनुमति दे दी थी कि वह मीर्ज़ा लोगों से भेंट करे अतः मीर्ज़ा सुलेमान को, जिसे क़िले के भीतर क़ासिम मुख़लिस के घर में बन्दी बना दिया गया था, बाहर लाकर जलालुद्दीन बेग के उद्यान में, जो शहर आरा उद्यान के बग़ल में है, पहुँचाया गया। नव्वाब बैरम खां उस स्थान पर मीर्ज़ा सुलेमान की सेवा में उपस्थित हुआ और हज़रत पादशाह द्वारा भेजा हुआ सरोपा एवं फ़रमान प्रस्तुत किये और बूरनी[1] जीक़ घोड़े के विषय में निवेदन किया।

बैरम खां की यादगार नासिर से भेंट

(बैरम खां) विदा होकर दूसरे दिन सियाह संग के जुलके[2] में पहुँचा। वहाँ मीर्ज़ा यादगार नासिर की, जो बक्कर से आया हुआ था, सेवा में उपस्थित हुआ। वह तीन पहर रात्रि तक मीर्ज़ा की सेवा में रहा। उसकी सेवा में अधिक रहने का कारण यह था कि उनमें परस्पर बड़ी घनिष्ठता थी[3]।

बैरम खां की काबुल से वापसी

कुछ दिन उपरान्त (मीर्ज़ा कामरान ने) शाह के फ़रमान का उत्तर एवं पत्र लिख कर नव्वाब बैरम खां को सौंप दिया। नव्वाब खुन्ज़ादा बेगम को अपनी ओर से दूत बना कर बैरम खां के साथ हज़रत पादशाह की सेवा में क़न्धार भेजा। दास बायजीद उस समय अपने भाई दरवेश बहराम सक़्क़ा की सेवा में गिरदीज़ में था[4]।

मीर्ज़ा कामरान का मीर्ज़ाओं के प्रति व्यवहार

जब काबुल में क़न्धार के अवरोध, हज़रत पादशाह की सेना एवं क़िज़िलबाशों की कुमक के ज़ोर के समाचार काबुल में प्रसिद्ध हो गए तो सैनिक एवं प्रजाजन हज़रत पादशाह की सेवा में सम्मिलित होने की इच्छा करने लगे। मीर्ज़ा की सेना वाले असमंजस में पड़ गए। मीर्ज़ा कामरान ने अपने अमीरों से परामर्श किया कि, "मीर्ज़ा सुलेमान, मीर्ज़ा हिन्दाल तथा मीर्ज़ा उलुग़, जो बन्दी हैं, के प्रति क्या व्यवहार करना चाहिये?" मुल्ला अब्दुल ख़ालिक़ जो मीर्ज़ा कामरान (४८) का गुरु था एवं बाबूस ने जिसका उसकी शासन व्यवस्था में बड़ा हाथ था, निवेदन किया कि, "इन लोगों को घोड़ा, सरोपा एवं शपथ देकर मुक्त कर देना चाहिये।" मीर्ज़ा ने अपने हितैषियों के परामर्श के अनुसार मीर्ज़ा सुलेमान तथा मीर्ज़ा हिन्दाल को बन्दीगृह से निकाल कर एवं घोड़ा तथा सरोपा देकर मुक्त कर दिया। मीर्ज़ा उलुग़ के विषय में आदेश हुआ कि, "उसकी प्रत्येक सप्ताह एक अमीर निगरानी करे।"

१ इससे पूर्व 'बूरनी हीक़' लिखा है। इसका उल्लेख पूर्व में हो चुका है।

२ घास का मैदान। 'जलका' तथा 'जुलगा' भी प्रयुक्त हुआ है।

३ डा० बनारसी प्रसाद ने "क्योंकि मीर्ज़ा कामरान·· बड़ी घनिष्ठता थी" तक का अनुवाद प्रकाशित नहीं किया।

४ "गिरदीज़ में चला गया" से तात्पर्य है।

मीर्ज़ा सुलेमान का काबुल पहुँचना

मीर्ज़ा सुलेमान की पत्नी हरम बेगम ने जवाहरात एवं सोना इत्यादि जो कुछ सम्भव हो सका, मीर्ज़ा के उच्च पदाधिकारियों को प्रदान किया और घूस द्वारा सबको उसका सहायक बना दिया। इन लोगों ने मिलकर एक मत होकर निवेदन किया कि, "मीर्ज़ा सुलेमान को बदख़्शाँ की ओर विदा कर दिया जाय। यदि कभी कोई दुर्घटना पड़ गई तो बदख़्शाँ पहुँच कर मीर्ज़ा से कुमक एवं सेना लेकर काबुल पहुँचा जा सकेगा।" मीर्ज़ा को यह बात पसन्द आ गई कुछ दिन उपरान्त मीर्ज़ा सुलेमान को विदा कर दिया गया। हरम बेगम एवं मीर्ज़ा इबराहीम को निगरानी में रख लिया। जब मीर्ज़ा (सुलेमान) काबुल से दो मील पर स्थित पायेमीनार नामक समृद्ध ग्राम में पहुँचा तो मीर्ज़ा कामरान ने मीर्ज़ा सुलेमान को विदा करने पर पश्चाताप करते हुए उसे बुलाने के लिए आदमी भेजा और कहलाया कि, "कुछ बातें मुझे स्वयं कहनी थीं, वह रह गई हैं अतः उन्हें कहना आवश्यक है।" मीर्ज़ा सुलेमान समझ गया कि, "मेरे विदा करने पर पश्चाताप कर रहा है", अतः उसने लिखा कि, "क्योंकि मैं एक शुभ मुहूर्त में निकला हूँ अतः मेरा वापस आना उचित नहीं। यदि मौखिक बातों का सविस्तार वर्णन लिख कर मुहर लगा कर भेज दें तो आदेश का पालन करूँगा।" मीर्ज़ा सुलेमान वहाँ से रवाना होकर बदख़्शाँ की ओर चल दिया। मीर्ज़ा कामरान ने पुनः किसी को (४९) उसके पीछे भेजना उचित न समझा। मीर्ज़ा की पत्नी हरम बेगम एवं मीर्ज़ा इबराहीम को भी विदा कर दिया।

उलुग़ मीर्ज़ा का हुमायूं के पास प्रस्थान

उलुग़ मीर्ज़ा को शेर अफ़ग़न बेग एवं फ़ज़ायल बेग को सौंप दिया गया था कि एक-एक सप्ताह बारी बारी उसकी रक्षा करते रहें। कुछ दिन उपरान्त वे लोग आपस में मिल गए और मीर्ज़ा को लेकर गिरदीज़ के मार्ग से क़न्धार भाग गए। मीर्ज़ा कामरान, मीर्ज़ा सुलेमान के वापस न आने और शेर अफ़ग़न इत्यादि के क़न्धार भाग जाने से बड़ा भयभीत हुआ।

यादगार नासिर मीर्ज़ा का मीर्ज़ा कामरान की सेवा से पृथक् होना

वह इस कष्ट के निवारण की चिन्ता में व्यस्त था कि कुछ दिन उपरान्त मीर्ज़ा यादगार नासिर सैर के बहाने से पायेमीनार की ओर पहुँचा। सोने की नमाज़ के समय समाचार प्राप्त हुए कि, "मीर्ज़ा बदख़्शाँ की ओर चल दिया है। (उसका विचार है कि) क़ूर के ग्रामों के समीप से गज़ब एवं ज़मीन दावर के मार्ग से क़न्धार पहुँच कर हज़रत पादशाह के चरणों का चुम्बन करे।" मीर्ज़ा कामरान को यह समाचार सुन कर अत्यधिक कष्ट पहुँचा।

मीर्ज़ा हिन्दाल का हुमायूं की ओर पलायन

वह इस बात का प्रयत्न करने लगा कि काबुल तथा बदख़्शाँ के मध्य में एक सेना भेज दे जो या तो मीर्ज़ा को लौटा लाये और या उसे पराजित कर दे ताकि वह सेना सहित क़न्धार न जा सके। अन्त में मीर्ज़ा कामरान ने मीर्ज़ा हिन्दाल को इस आशय से नियुक्त किया कि वह उसके पीछे जाकर उसे लौटा लाये। मीर्ज़ा हिन्दाल जब कोतल मीनार पार कर चुका तो समाचार प्राप्त हुए कि वह भी मीर्ज़ा यादगार नासिर की भाँति क़न्धार की ओर चल दिया है। मीर्ज़ा कामरान के भाग्य ने, इस कारण कि वह हज़रत जन्नत आशियानी का विरोध कर रहा था, उसका साथ छोड़ दिया था अतः वह जो कार्य भी करता, उससे उसे कोई भी लाभ न होता।

शेर

'जब मनुष्य का भाग्य अन्धकारमय हो जाता है,
तो जो कुछ वह करता है, उससे उसे कोई लाभ नहीं होता।'

मीर्ज़ा हिन्दाल का हुमायूं के पास पहुँचना

जब मीर्ज़ा यादगार नासिर बदख़्शाँ पहुँच गया तो वह सेना वालों के घोड़ों को आराम देने एवं अन्य सैनिकों को अपने साथ एकत्र करने के लिये वहाँ कुछ दिन ठहर गया। मीर्ज़ा (५०) हिन्दाल किसी अन्य बात में न फँसा और निरन्तर यात्रा करता हुआ क़न्धार की ओर रवाना हो गया। क्योंकि मीर्ज़ा उलुग़ तथा उसके साथ वाले गिरदीज के मार्ग से क़न्धार की ओर रवाना हुए थे, अतः वे अल्प समय में हज़रत पादशाह की सेवा में पहुँच गए और शाही कृपाओं द्वारा सम्मानित हुए। ज़मीनदावर का भूभाग मीर्ज़ा उलुग़ को प्रदान कर दिया गया। मीर्ज़ा हिन्दाल भी तीरी के मार्ग से पहुँचकर चरणों का चुम्बन करके सम्मानित हुआ और हज़रत पादशाह की सेना की संख्या नित्य-प्रति बढ़ने लगी।

मीर्ज़ा अस्करी की पराजय

इसके विपरीत क़िले वालों के कष्टों में वृद्धि होने लगी[1]। नव्वाब ख़ुन्ज़ादा बेगम ने, जो दूत बना कर भेजी गई थीं, मीर्ज़ा को अत्यधिक उपदेश दिए और, क़िला समर्पित कर देने की शर्त पर संधि के लिये तैयार कर लिया। क़न्धार का क़िला शाह के पुत्र एवं तुर्कमान अमीरों को सौंप दिया गया।

हुमायूं द्वारा क़न्धार के क़िले पर अधिकार

कुछ समय उपरान्त शाह के पुत्र मीर्ज़ा मुराद की मृत्यु हो गई। हज़रत पादशाह के हितैषियों ने यही उचित समझा कि, "शाह के अमीर लोगों को विदा करके क़न्धार पर अधिकार जमा लिया जाय और ऊरक़[2] इत्यादि को छोड़ कर काबुल की ओर प्रस्थान करें। शाह को कुछ इस प्रकार लिख दिया जाय कि, 'अभी तक ग़ज़नी एवं काबुल प्राप्त नहीं हो सके हैं। कोई ऐसा स्थान न था, जहाँ हम अपने परिवार तथा असबाब को छोड़ सकते। इस कारण क़न्धार को हमारे पास कुछ दिन तक उधार के रूप में रहने दिया जाय। आप के जो अमीर मेरी अनुमति बिना आपकी सेवा (५१) में पहुँच गए हैं, वे जो कुछ कहें उसपर ध्यान न दिया जाय। हम उन्हीं शर्तों एवं प्रतिज्ञाओं तथा उसी निष्ठा का पालन कर रहे हैं जो हमारी भेंट के समय निश्चित हुई थीं।" तदुपरान्त हिन्दाल मीर्ज़ा, उलुग़ मीर्ज़ा एवं समस्त ख़ान तथा सुल्तान लोग क़न्धार के क़िले के द्वार पर पहुँच गए। क्योंकि क़िज़िलबाश अमीर कुमक हेतु नियुक्त किए गए थे और उन्हें यह आदेश न था कि वे हज़रत पादशाह के आदमियों से युद्ध करें, अतः वे लोग क़िले की दूसरी ओर से निकल कर शाह के शिविर की ओर चल दिए।

१ डा० बनारसी प्रसाद ने "उलुग़ मीर्ज़ा को शेर अफ़गन बेग..... होने लगी" तक का अनुवाद प्रकाशित नहीं किया।

२ ऊरक़, अथवा ऊरूक़ या ऊराक़ का अर्थ 'ख़रगाह' है। यहां भारी माल-असबाब से तात्पर्य है।

हुमायूं का बैरम खां को क़न्धार का क़िला प्रदान करना

शाह की ओर से जो अमीर लोग हज़रत पादशाह की सहायता हेतु नियुक्त हुए थे, और जिनमें से कुछ लोग अपनी इच्छा से सेवा के उद्देश्य से हज़रत पादशाह के चरणों का चुम्बन करके सम्मानित हुए, उनमें सीस्तान के हाकिम अहमद सुल्तान का भाई हुसेन क़ुली मीर्ज़ा शामलू था। हज़रत पादशाह ने उसे उसी दरबार में "मुहरदार" नियुक्त कर दिया। शाह क़ुली नारंजी, मक़सूद मीर्ज़ा आख़्ता बेगी शामलू ज़ैनुद्दीन सुल्तान का पुत्र और हज़रत पादशाह स्वयं क़न्धार के अरक में पहुँचे। यह विजय ९४१ हि० (१५३४–३५ ई०) में प्राप्त हुई[1]। कुछ दिन उपरान्त क़न्धार को नव्वाब बैरम ख़ां भारलू को प्रदान कर दिया गया।

(हज़रत पादशाह ने) क़लात एवं आसपास के स्थान नव्वाब क़ासिम हुसेन ख़ां शैबानी को प्रदान कर दिए। ज़मीनदावर एवं उस क्षेत्र के स्थान मीर्ज़ा उलुग़ को, जो इससे पूर्व काबुल से मीर्ज़ा कामरान के पास से भाग आया था, प्रदान कर दिए गए। असबाब एवं परिजन मरियम मकानी को प्रदान करके क़न्धार में छोड़ दिये और हज़रत पादशाह स्वयं समस्त विजयी सेना को लेकर काबुल की ओर रवाना हुए। मुनइम बेग बदख़्शाँ में था। वह मीर्ज़ा यादगार नासिर के साथ हो लिया। कुछ दिन उपरान्त वे क़न्धार पहुँचे। मीर्ज़ा (यादगार नासिर) के अमीरों ने परामर्श
(५२) दिया कि क़न्धार को बैरम ख़ां से ले लिया जाय। मीर्ज़ा ने यह बात स्वीकार न की। जो मीर्ज़ा एवं अमीर लोग काबुल की ओर प्रस्थान करते समय हज़रत पादशाह की सेवा में थे, उनकी सूची इस प्रकार है[2] :—

(१) मीर्ज़ा हिन्दाल
(२) मीर्ज़ा उलुग़
(३) मीर्ज़ा अस्करी
(४) ख़्वाजा मुअज़्ज़म
(५) क़ासिम हुसेन सुल्तान शैबानी
(६) शेर अफ़गन वल्द क़ूच बेग
(७) मुईद बेग दूल्दी
(८) फ़ज़ाएल बेग
(९) इस्माईल बेग
(१०) मीर सैयिद बरका
(११) आक़िल सुल्तान
(१२) हैदर सुल्तान शैबानी
(१३) अली क़ुली तथा बहादुर, हैदर सुल्तान के पुत्र
(१४) हुसेन क़ुली सुल्तान, अहमद सुल्तान शामलू का भाई

१ यह विजय ९५२ हि० (१५४५ ई०) में प्राप्त हुई। बृहस्पतिवार २५ जमादि-उल-आख़िर ९५२ हि० (३ सितम्बर १५४५ ई०) को मीर्ज़ा अस्करी क़न्धार के क़िले के बाहर निकला। (**अकबर नामा**, प्रकाशित पृ० २३५, हिन्दी अनुवाद पृ० १८५)।

२ डा० बनारसी प्रसाद ने यह सूची अपने अनुवाद में नहीं प्रकाशित की है।

(१५) शाह क़ुली बेग, नारंजी सुल्तान का सम्बन्धी
(१६) हैदर मुहम्मद आख़्ता बेगी
(१७) मक़सूद बेग आख़्ता बेगी वल्द ज़ैनुद्दीन सुल्तान शामलू
(१८) मुल्ला अब्दुल बाक़ी सद्र तुर्किस्तानी,
(१९) मीर नूरुद्दीन मुहम्मद तरखान
(२०) क़ाज़ी अहमद, लश्कर का क़ाज़ी
(२१) ख़्वाजा जलाल महमूद ओभी
(२२) चपाई[१] ऊज़बेक
(२३) इबराहीम ईशक आग़ा
(२४) मुहम्मद क़ासिम मौजी मीर बख़्शी
(२५) ख़्वाजा रशीदी दीवान
(२६) बाबा दोस्त बख़्शी
(२७) मुहम्मद अली मीर ख़ाक़ां जो बख़्शी था
(२८) साक़ी तूक़ बेगी
(२९) शेख़ बहलूल चोली
(३०) नज़र शेख़ चोली
(३१) मीर्ज़ा क़ुली चोली
(३२) शाहम बेग वल्द बाबा बेग जलायर
(३३) सुलेमान क़ुली वल्द शेख़ अली जलायर
(३४) तूलक क़ूची[२]
(३५) अता बेग, तूलक क़ूची का भाई
(३६) दरवेश मुहम्मद ख़ल्ज, बुस्त के क़िले का हाकिम
(३७) अली दोस्त यसावल वल्द हसन अली कुर्द
(५३) (३८) हसन अली ईशक आग़ा
(३९) सुल्तान मुहम्मद क़रावल जिसकी उपाधि बक़बक़ थी
(४०) सुल्तान मुहम्मद काने लाल
(४१) मेहर मुहम्मद क़राकूज़
(४२) मुल्ला असद मुशरिफ़
(४३) मेहतर वासिल
(४४) मेहतर वकीला
(४५) सैयिद आरिफ़ तूशकची
(४६) मेहतर सकहाई जिसकी उपाधि फ़रहाद खां थी
(४७) मेहतर अनीस ख़ज़ीना-दार

१ प्रकाशित पुस्तक में 'चग़ताई ऊज़बेक'।
२ 'क़ूरची' से तात्पर्य है।

(४८) मेहतर सबाका[1] रिकाबदार

(४९) मेहतर चोली फ़र्राश जिसकी जंकान[2] में प्रथम सभा में शाह ने हज़रत पादशाह से सिफ़ारिश की थी और जो शाह के विश्वस्त सेवकों में से था

(५०) समुन्दर

(५१) शाह वली बकावल

(५२) ख़्वाजा अब्दुल मजीद[3] मुशरिफ़े बावर्ची ख़ाना जो हिन्दुस्तान में आसिफ़ ख़ां की उपाधि द्वारा सुशोभित हुआ

(५३) कोमश

(५४) कोचक

(५५) अशरफ़ मलक़ही[4]

(५६) मुहिब सरताही

(५७) मेहतर बावा जान फ़र्राश,

(५८) मेहतर जौहर आफ़तावची

(५९) मेहतर रफ़ीक़ तूशकची

(६०) दीवान शिलक़दार

(६१) मेहतर हरिया आवदार

(६२) बायज़ीद करनाई

(६३) ईरज

(६४) तरसून[5] बरलास

(६५) शाह क़ुली मीर्ज़ा अस्करी

(६६) वेग मुहम्मद आखनजी, मुहम्मद क़ुली आखनजी का तहवीलदार

(६७) ग़ुलाम अली शश-अंगुश्त

(६८) सुम्बुल मीर हज़ार जिसे सफ़दर ख़ां की उपाधि प्राप्त हुई

(६९) मेहतर आतश

(७०) पहलवान मुहिब ख़फ़, क़न्धार का कोतवाल

(७१) ख़्वाजा अम्बर।

इनके अतिरिक्त छोटे छोटे बेगों एवं यक्का जवानों का समूह जिनकी संख्या लगभग २,००० थी हज़रत पादशाह की सेवा में उपस्थित थे।

हुमायूं का काबुल के समीप पहुँचना

(५४) जब हज़रत पादशाह काबुल की ओर रवाना हुए तो अल्प समय में शेख अली के यूरत[6]

१ पूर्व में 'सबीहा'।

२ प्रकाशित में 'जंकान'।

३ इसे 'ख़्वाजा अब्दुस्समद' भी पढ़ा जा सकता है।

४ यह नाम स्पष्ट नहीं।

५ पूर्व में 'तरशुन' बेग।

६ मंज़िल, पड़ाव।

जो पग़मान एवं अरक़न्दी के समीप स्थित है और काबुल के ग्रामों में से एक है, पड़ाव किया[१]। यह समाचार मीर्ज़ा कामरान को प्राप्त हुए। क़ासिम बरलास उस समय काबुल का हाकिम था। उसे बुला कर उसने क़रावली[२] हेतु नियुक्त किया। क़ासिम मुख़लिस तुरबती को, जो मीर्ज़ा कामरान का मीर आतश था, आदेश हुआ कि तोपख़ाने को दौरी नामक जलके में, जो बाबूस बेग के निकट था[३], पहुँचा दें। जो सैनिक तथा आदमी[४] काबुल के क़िले के बाहर एवं आसपास थे, उनके विषय में आदेश हुआ कि सबको क़िले में ले आया जाय। इन बातों की पूर्ण रूप से व्यवस्था हो जाने के उपरान्त मीर्ज़ा कामरान स्वयं काबुल के क़िले से निकल कर बाबूस बेग के घर के समक्ष उतरा। बख़्शी लोगों ने सेना के मध्य भाग, अग्र भाग, दायें एवं बायें भाग को सुव्यवस्थित करके विभिन्न स्थानों पर नियुक्त कर दिया। दूसरे दिन मीर्ज़ा ने सवार होकर लश्कर का निरीक्षण किया। निरीक्षण के समय लगभग ४०००, ५००० अश्वारोही, जो पूर्ण रूप से सशस्त्र थे, और जिनके समान सैनिक कम ही पादशाहों के लश्कर में होंगे, निकले। सम्मानित बख़्शियों ने उनके नाम पुनः पंजिकाओं में लिखे। प्रत्येक अपने अपने स्थान पर नियुक्त हो गया। दूसरे दिन क़ासिम बरलास, जो क़रावली के उद्देश्य से गया था, मीर्ज़ा कामरान के शिविर में पहुँचा। हज़रत पादशाह के शेख़ अली के यूरत पहुँचने के समाचार की पुष्टि हो गई।

मीर्ज़ा कामरान की युद्ध हेतु तैयारी

गिरदीज़[५], नग़ज़ तथा बंगश शाह बीरदी ब्यात को प्रदान कर दिये गए थे। काबुल की आईनबन्दी के समय ईश्वर भक्ति के भाव से प्रेरित होकर वह सक़्क़ा हो गया और सेना का कार्य त्याग कर अपनी उपाधि बहराम सक़्क़ा रख ली। उसने एक दीवान की रचना की है जिसे सर्वसाधारण (५५)एवं विशेष व्यक्ति सभी बड़ा पसन्द करते हैं। फ़ारसी के दीवान में उसने शाह क़ासिम अनवार[६] तथा तुर्की के दीवान में शाह नसीमी[७] का अनुकरण किया है। (तदुपरान्त) वह तुर्किस्तान चला गया। उसके अधीन प्रान्त को उससे लेकर मीर्ज़ा ख़िज़्र ख़ां हज़ारा को प्रदान कर दिया गया ताकि वह क़न्धार एवं ग़ज़नी के मार्ग की रक्षा करे। उसे[८] ग़ूरबन्द, ज़ुह्हाक एवं बामियान भी, जो काबुल की विलायत के भाग हैं, बदले में दे दिए गए थे। जब दौरी के जलके में वह मीर्ज़ा कामरान की सेवा में उपस्थित हुआ

१ देखिये **अकबर नामा** भाग १, पृ० २४३, हिन्दी अनुवाद पूर्व पृ० १९४-१९५।

२ शत्रुओं का (हुमायूं का) पता लगाने।

३ घर के निकट से तात्पर्य है।

४ प्रकाशित पोथी में 'सिपाही व मर्दुम' किन्तु यह सम्भवतः 'साही व मर्दुम (परिवार एवं आदमी)' है।

५ डा० बनारसी प्रसाद के अनुवाद में 'गिर्दीज़' नहीं है (पृ० ८८)।

६ क़ासिम अनवार: सैयिद मुईनुद्दीन अली क़ासिम अनवार फ़ारसी के प्रसिद्ध सूफ़ी कवि हुये हैं। अपनी युवावस्था में शेख़ सद्रुद्दीन मूसा अर्दबेली के प्रभाव में आकर उन्होंने तसव्वुफ़ का काफ़ी अध्ययन किया। तदुपरान्त वे गीलान पहुँचे। वहां उन्हें अत्यधिक प्रसिद्धि प्राप्त हो गई। तत्पश्चात् वे ख़ुरासान पहुँचे। जब वे हिरात में थे तो वे इतने अधिक प्रसिद्ध हो गये कि मीर्ज़ा शाहरुख़ को उन्हें राजधानी से निकल जाने का आदेश देना पड़ा। मीर्ज़ा शाहरुख़ के पुत्र बाईसुंगर ने उन्हें पुनः हिरात में बुलवा लिया। उनकी मृत्यु ८३५ हि० (१४३१ ई०) में जाम के ख़रजर्द नामक ग्राम में, जो हिरात के समीप है, हुई।

७ डा० बनारसी प्रसाद के अनुसार 'शाह नाज़िमी' (पृ० ८८)।

८ सम्भवतः 'बहराम'।

तो मीर्ज़ा ने आदेश दिया कि वह सेना के सुव्यवस्थित होने तक प्रतीक्षा करे और क़ूरबन्द[1] न जाय। बाद में चला जाय।

दास उस समय किसी की सेवा में न था। अपने भाई सक़्क़ा की सेवा में रहता था[2]। इस सेना में साथ था। दूसरे दिन अब्दुल्लाह नामक जमील बेग का खानाज़ाद आया और हज़रत पादशाह का फ़रमान, जो उन्होंने शेख़ अली के यूरत से लिखा था, अपने साथ लाया[3]।

जमील बेग का हुमायूं के पास पहुँचना

जब यह समाचार फैल गए कि हज़रत पादशाह क़न्धार से काबुल पहुँच गए हैं और यूरत शेख़ अली में पड़ाव किए हुये हैं तो हसन दौला सुल्तान, जिसकी उपाधि अक़ सुल्तान थी और जो हज़रत फ़िरदौस मकानी के दामाद खिज़्र ख्वाजा सुल्तान[4] का सम्बन्धी था और जिसे मीर्ज़ा कामरान ने अपना जामाता बना कर ग़ज़नी की विलायत प्रदान कर दी थी, का अतालीक़ जमील बेग बाबूस बेग का भाई, ग़ज़नी से भाग कर हज़रत पादशाह की सेवा में उपस्थित हुआ और बाबूस के अपराधों के लिए क्षमा याचना की। हज़रत पादशाह ने कहा, "यदि वह मीर्ज़ा के अमीरों के आगमन के पूर्व आ जाय तो उसके प्राण एवं धन-सम्पत्ति को कोई हानि न पहुँचाई जायगी। यदि वह कुछ अमीरों के बाद आयगा तो उसकी हत्या न कराऊँगा। किन्तु उसकी धन-सम्पत्ति को न छोड़ूँगा।" (५६) जमील ने क़ासिम मुख़लिस मीर आतश के अपराधों को क्षमा करने के विषय में निवेदन किया। उसके लिए भी कृपा-युक्त फ़रमान प्रदान हुए। सैयिद अब्बास हिसार शादमान की विलायत से सम्बन्धित था। उस समय वह मीर्ज़ा कामरान का मीर अर्ज़ एवं विश्वासपात्र अमीर था। उसे भी कृपा-युक्त फ़रमान प्रदान हुआ। इन तीनों फ़रमानों को अब्दुल्लाह तुग़लुक़्ची, जिसका ऊपर उल्लेख हो चुका है लाया था।

बाबूस बेग तथा मीर्ज़ा कामरान के अन्य अमीरों का हुमायूं की सेवा में उपस्थित होना

एक पहर[6] रात्रि रह गई थी कि बाबूस ने शाह बीरदी को, जिससे उसकी बड़ी घनिष्ठता थी, अब्दुल्लाह के लाये हुए फ़रमानों सहित बुलवाया। सैयिद अब्बास एवं क़ासिम मुख़लिस बाबूस बेग के ख़ेमे में उपस्थित हुए और जो फ़रमान उनके नाम भेजे गये थे उनका ज्ञान प्राप्त किया। सब लोगों ने मिल कर निश्चय किया कि वे हज़रत पादशाह की सेवा में चले जायें। प्रातःकाल की क़रावली

१ ग़ूरबन्द।

२ "बन्दये दरगाह दराँ वक़्त मुलाज़िमे कसे न बूद। दर मुलाज़ेमते बिरादरे सक़्क़ा मी बूद"—डा० बनारसी प्रसाद ने इसका अनुवाद इस प्रकार किया है:—"And in those days this humble one was not in the service of any body, but his brother Saqqa was serving in the army" (पृ० ८८)।

३ इन फ़रमानों का नीचे विवरण दिया गया है। वहां उसे 'अब्दुल्लाह तुग़लुक़ची' लिखा गया है।

४ गुलबदन बेगम का पति।

५ डा० बनारसी प्रसाद के अनुसार 'बग़लक़ांची'। डा० बनारसी प्रसाद ने (secretly to Kabul) भी कोष्ठ में बढ़ा दिया है।

६ डा० बनारसी प्रसाद का इस स्थान का अनुवाद बड़ा संक्षिप्त है। मूल पुस्तक में "यक पास शब बूद" है। सम्भवतः इसका तात्पर्य यह है कि 'एक पहर रात रह गई थी'।

बाबूस बेग के सिपुर्द थी। हज़रत पादशाह ख़्वाजा बस्ता[1] नामक दर्रे से निकल कर अरक़न्दी के समीप पड़ाव किए हुए थे। बाबूस प्रातःकाल अपनी सेना, शाह बीरदी ब्यात एवं दास बायज़ीद के साथ रवाना हुआ। जब हम दौरी नामक स्थान पर, जो उस समय क़ुर्बान क़रावल की जागीर में था, पहुँचे तो सूर्योदय के समय हज़रत पादशाह के क़रावल दृष्टिगत हुए। हज़रत पादशाह के लश्कर के अग्र भाग का एक अन्य दस्ता, जिसमें उलुग़ मीर्ज़ा, शेर अफ़गन वल्द क़ूच बेग, हाजी मुहम्मद मीरम बाबा क़श्क़ा, फ़ज़ाएल बेग, नव्वाब मुनइम बेग वल्द मीरम बेग अन्देजानी का भाई, सैयिद बरक़ा एवं ख़ानों तथा सुल्तानों का एक अन्य समूह था, क़रावलों के पीछ पहुँच गया। बाबूस (५७) चिल्लाया कि, "कौन लोग आ रहे हैं और कहाँ जा रहे हैं?" उत्तर मिला कि, "हम लोग हज़रत हुमायूँ पादशाह के आदमी हैं और मीर्ज़ा (कामरान) के विरुद्ध जा रहे हैं।" बाबूस ने उत्तर दिया कि, "क्या हमें हज़रत पादशाह की सेवा में उपस्थित होने की अनुमति है?" उन लोगों ने उत्तर दिया कि, "क्यों नहीं।" बाबूस के आगमन से सब को विश्वास हो गया कि काबुल पर अधिकार प्राप्त हो जायगा। बाबूस तत्काल ख़्वाजा बस्ता नामक दर्रे में हज़रत पादशाह के चरणों का चुम्बन करके सम्मानित हुआ। हज़रत पादशाह ने उसे प्रोत्साहन दिया। वह मीर्ज़ा हिन्दाल की सेवा में उपस्थित हुआ।

जब हज़रत पादशाह इश्राक़[2] की नमाज़ पढ़ चुके तो बाबूस ने निवेदन किया कि प्रतीक्षा करने का समय नहीं है। हज़रत पादशाह को सवार हो जाना चाहिये। हज़रत पादशाह घोड़ा मँगवा कर सवार हुए। लश्कर को प्रस्थान करने का आदेश हुआ। क्योंकि हैदर सुल्तान शैबानी की शेख़ अली के यूरत में मृत्यु हो गई थी और उसके पुत्र अली क़ुली एवं बहादुर अभी तक शोक संबंधी प्रथाओं को पूरा कर रहे थे (अली क़ुली उस समय सुफ़रची तथा बहादुर परवानची था), अतः हज़रत पादशाह ने सवार होते समय उन्हें बुलवा कर शाही कृपा-दृष्टि द्वारा सम्मानित किया और शोक-सम्बन्धी प्रथाओं का अन्त कराया।

हुमायूं का युद्ध हेतु अग्रसर होना

लश्कर ने क़रावल एवं हिरावल के (प्रस्थान-उपरान्त) सेना की पंक्तियाँ सुव्यवस्थित कीं और काबुल की ओर रवाना हुआ। हज़रत पादशाह की सेना में तपे सुबुक[3] फैला था। अधिकांश लोग ऊँटों पर सवार थे[4]। जब वे क़रग़ा नामक स्थान के समीप पहुँच गए तो हज़रत पादशाह की सेना एवं मीर्ज़ा कामरान की सेना में आधे कुरोह से अधिक दूरी न रह गई। हज़रत महमूद, ख़्वाजा अब्दुल हक़, ख़्वाजा दोस्त ख़ावन्द एवं समस्त ख़्वाजा लोग[5] जो उस समय काबुल में थे, हज़रत पादशाह की सेवा में उपस्थित हुए और मीर्ज़ा कामरान ने जो प्रार्थनायें की थीं, उनके विषय

१ **अकबर नामा भाग १** में 'ख़्वाजा पुश्त', **अकबर नामा भाग १**, प्रकाशित पृ० २४३, हिन्दी अनुवाद पृ० १६४-१६५)।

२ सूर्योदय के बाद की नमाज़।

३ एक प्रकार का ज्वर जो महामारी के रूप में फैलता है।

४ डा० बनारसी प्रसाद ने "जब हज़रत पादशाह....सवार थे" तक का अनुवाद नहीं प्रकाशित कराया।

५ सूफ़ी सन्त लोग।

(५८) में निवेदन किया। उनमें से कोई भी प्रार्थना स्वीकार न हुई। ख़्वाजा लोग लौट कर मीर्ज़ा कामरान की सेवा में पहुँचे। दोनों ओर से इस आशय से युद्ध स्थगित था कि सम्भव है कि संधि हो जाय।

संधि का प्रयत्न

हज़रत पादशाह बैठे हुए ख़्वाजा लोगों के उत्तर की प्रतीक्षा करते रहे। दूसरी बार जब ख़्वाजा लोगों ने हज़रत पादशाह की सेवा में उपस्थित होने का सम्मान प्राप्त किया तो उन लोगों ने बताया कि हज़रत पादशाह ने मीर्ज़ा कामरान को जो आदेश दिए थे उन्हें उसने स्वीकार न किया। मीर्ज़ा कामरान ने जो पुनः प्रार्थना की थी उसे हज़रत पादशाह ने स्वीकार न किया और यह निश्चय हुआ कि "इस बार ख़्वाजा लोग जायें और यदि मीर्ज़ा आदेश स्वीकार न करे तो वे पुनः वापस न आयें।"

मीर्ज़ा कामरान का बक्कर की ओर पलायन

अन्ततोगत्वा जब हज़रत पादशाह को यह ज्ञात हो गया कि उन्होंने ख़्वाजा लोगों से जो कुछ कहा था, उसे मीर्ज़ा ने स्वीकार न किया तो वे सवार होकर मीर्ज़ा की सेना की ओर रवाना हुए। जब मीर्ज़ा की सेना संधि की ओर से निराश हो गई तो उनके दल के दल हज़रत पादशाह के चरणों का चुम्बन करने के उद्देश्य से रवाना होने लगे। अस्र की नमाज़ के समय से सायंकाल की नमाज़ के समय तक (यही क्रम चलता रहा)। मीर्ज़ा के साथ जो ५००० आदमी थे, उनमें से बुलबुल आफ़तावची के अतिरिक्त कोई भी उसके साथ न रह गया। जब शाम हो गई तो मीर्ज़ा पलायन ही को ग़नीमत[1] समझ कर काबुल के अरक में प्रविष्ट हो गया और वहाँ से अपने पुत्र मीर्ज़ा इबराहीम को लेकर बीनी हिसार के मार्ग से ग़ज़नी की ओर चल दिया। वहाँ से वह बक्कर पहुँचा।

हुमायूं का काबुल के क़िले में प्रवेश तथा अकबर से भेंट

जब हज़रत पादशाह को यह समाचार प्राप्त हुए तो उन्होंने बाबूस को बुलवा कर आदेश दे दिया कि "तू नगर में जाकर ढिंढोरा पिटवा दे कि सिपाही इत्यादि लूट मार न करें"। यह विजय १० रमज़ान ९४२ हि० (३ मार्च १५३६ ई०) को[2] प्राप्त हुई। सोने की नमाज़ के समय हज़रत (५९) पादशाह काबुल के क़िले में पहुँचे। तदुपरान्त शाहज़ादये आलमियान जलालुद्दीन मुहम्मद अकबर मीर्ज़ा को अनकायें हज़रत पादशाह की सेवा में लाईं। बहिनें एवं बेगमें तथा वहाँ के अन्य लोग, जिन्हें हज़रत पादशाह की दासता का सम्मान प्राप्त था, चरणों का चुम्बन करके सम्मानित हुए।

अमीरों का हुमायूं की सेवा में उपस्थित होना

दूसरे दिन वे लोग मीर्ज़ा कामरान के दीवान-ख़ाने के ख़रगाह में जो अरक में लगाया गया था पहुँचे। मीर्ज़ा के जो अमीर कल हज़रत पादशाह की सेवा में उपस्थित होकर सम्मानित हुए थे और जो ख़ान लोग हज़रत पादशाह के साथ थे एवं मीर्ज़ा कामरान के अमीरों का अन्य समूह

१ जब कोई उत्तम राह न जाय तो ख़राब राह को ही चुनकर उस पर आचरण करना।

२ १२ रमज़ान ९५२ हि० (१७ नवम्बर १५४५ ई०) होना चाहिये; (**अकबर नामा, भाग १, पृ० २४४, हिन्दी अनुवाद पूर्व पृ० १९७**)।

जो हज़रत पादशाह की सेवा में न उपस्थित हो सका था, चरणों का चुम्बन करके सम्मानित हुए। वे नाना प्रकार की कृपाओं एवं आश्रय द्वारा सम्मानित किए गए। शीत ऋतु का शेष समय उन लोगों ने क़िले के भीतर हज़रत पादशाह के साथ व्यतीत किया।

मुईद बेग की मृत्यु

काबुल विजय को दस दिन, अपितु एक सप्ताह भी व्यतीत न हुआ था कि मुईद बेग दूल्दी की बुर्ज क़ासिम की हवेली में मृत्यु हो गई। समस्त सैनिक एवं प्रजा का यह मत था कि हुमायूं के राज्य से झगड़े का अन्त हो गया और अब हिन्द शीघ्र विजय हो जायगा। हिन्दुस्तान की पराजय का कारण उसकी तथा मीर्ज़ाओं की वैमनस्यता थी। जिस समय वह[1] क़न्धार के क़िले से निकल कर हज़रत पादशाह के चरणों का चुम्बन करके सम्मानित हुआ तो सभी लोग यही कहते थे कि "मनुष्यों में यदि किसी को शैतान कहा जा सकता है तो वह मुईद बेग ही है। सम्भव है कि मुनकिर नकीर[2] ने लोगों की बातों पर ध्यान न देकर परिचय प्राप्त कर लिया हो।"

अकबर का ख़तना

बहार के प्रारम्भ में हज़रत पादशाह ने कारख़ानों के असबाब उरता बाग़ में भिजवा दिए; अन्तःपुर की बेगमें भी इसी क्रम में अपने-अपने उद्यानों में पहुँचीं। हज़रत पादशाह ने उरता बाग़ के (६०) ऐवान में पड़ाव किया। तदुपरान्त आदेश हुआ कि अमीर लोग चार बाग़ की आईन-बन्दी करें। बेगमें एवं अमीरों की स्त्रियाँ चालीस दिन तक उरता बाग़ में आईन-बन्दी करती रहीं। उसी समय मरियम मकानी असबाब तथा परिजन एवं मीर्ज़ा यादगार नासिर सहित क़न्धार से पधारीं। यह आईन-बन्दी शाहज़ादये आलमियान जलालुद्दीन मुहम्मद अकबर मीर्ज़ा के ख़तने के जश्न हेतु की गई थी। उस समय मीर्ज़ा की अवस्था चार वर्ष की थी और वे पाँच वर्ष के न हुए थे[3]।

हुमायूं द्वारा आनन्द-मंगल

कुछ दिन उपरान्त हज़रत पादशाह ख़्वाजये रेगे रवां की सैर हेतु रवाना हुए। ऊपर की ओर दो-दो आदमियों का मल्ल-युद्ध कराया गया। हज़रत पादशाह ने स्वयं इमाम क़ुली क़ूरची से मल्ल-युद्ध किया। मीर्ज़ा हिन्दाल एवं मीर्ज़ा यादगार नासिर ने आपस में मल्ल-युद्ध किया। अमीरों तथा सुल्तानों में से दो-दो आदमियों ने मल्ल-युद्ध किया। वहाँ से हज़रत पादशाह अरग़वान[4]

१ "दर हीने कि ख़ुद रा अज़ क़िलये क़न्धार अन्दाख़ता ब पा बोस मुशर्रफ़ शुदम" का अर्थ हुआ कि "जिस समय मैं क़न्धार के क़िले से निकल कर हज़रत पादशाह के चरणों का चुम्बन करके सम्मानित हुआ"; किन्तु यहां तात्पर्य मुईद बेग से है अतः 'मैं' के स्थान पर अनुवाद में 'वह' रक्खा गया है।

२ दो फ़िरिश्ते जिनके विषय में मुसलमानों का विश्वास है कि वे क़ब्र में मुर्दे को ज़िन्दा करके उन कार्यों के विषय में, जो उसने संसार में किये हैं, प्रश्न करते हैं।

३ अकबर का जन्म १४ शाबान ९४९ हि० (२३ नवम्बर १५४२ ई०) को हुआ।

४ लाल फूल लाने वाले वृक्षों का उद्यान।

ज़ार की सैर हेतु ख़्वाजा सय्यारान[1] की ओर रवाना हुए[2]। आईन-बन्दी[3] ९५३ हि० (१५४६-४७ ई०) के प्रारम्भ में कराई गई।

चग़ताई सुल्तान की मृत्यु

चग़ताई सुल्तान एक मुग़ुल सुल्तान था। उसकी सुन्दरता एवं उसके सौजन्य के कारण हज़रत पादशाह उसको हृदय से चाहते थे। मीर्ज़ा हिन्दाल तथा मीर्ज़ा यादगार उससे (इसी कारण) ईर्ष्या[4] रखते थे। उसके सौजन्य के कारण सब लोग उसे हृदय से चाहते थे। बहार के मौसम में उसकी मृत्यु हो गई। मीर्ज़ा लोग एवं समस्त अमीर उसकी अंत्येष्टि में उपस्थित थे। मीर अमानी मुग़बचे[5] ने तारीख़ की रचना की।

शेर

(६१) "सुल्तान चग़ती[6] सुन्दरता के उद्यान का गुलाब था,
अचानक मृत्यु ने स्वर्ग की ओर उसका पथ-प्रदर्शन किया।
बहार के मौसम में उसने इस उद्यान से प्रस्थान का संकल्प किया,
हृदय कली की भाँति उसके शोक में रक्त में डूब गया।
उसकी (मृत्यु की) तिथि मैंने दुखी बुलबुल से पूँछी,
उसने रोकर कहा, 'बाग़ से गुल निकल गया'[7]।"

मीर्ज़ा सुलेमान का हुमायूं की सेवा में उपस्थित न होना

हज़रत पादशाह ने कई बार नव्वाब मीर्ज़ा सुलेमान को, जो बदख़्शाँ में था, फ़रमान भेजे कि आकर काबुल में भेंट करे। वह हर बार वादा करके टालमटोल करता रहा और सेवा में उपस्थित न हुआ। इस विषय में उसके तग़ाई शाह क़ासिम ने तथा मीर्ज़ा अस्करी के कोका मुज़फ़्फ़र ने, जो दोनों काबुल से भाग गए थे, मीर्ज़ा सुलेमान को परामर्श दिया कि, "आप के काबुल पहुँचते ही आपसे बदख़्शाँ ले लिया जायगा और आपको बन्दी बना दिया जायगा।"

१ ख़्वाजा सेह यारान।

२ डा० बनारसी प्रसाद ने "अन्ततोगत्वा जब हज़रत पादशाह ..... ख़्वाजा सय्यारान की ओर रवाना हुये" तक का अनुवाद प्रकाशित नहीं किया है।

३ डा० बनारसी प्रसाद ने इस शब्द का अनुवाद "illuminations" (प्रकाशन, प्रभासन, द्योतन) लिखा है किन्तु आईन बन्दी में हर प्रकार की सजावट सम्मिलित है केवल illuminations ही नहीं।

४ "इज़हारे रक़ाबत मी नमूदन्द"।

५ साक़ी का वह रूपवान् बालक जो मदिरा पिलाता है। डा० बनारसी प्रसाद के अनुसार 'अमानी मुबाक्चा'। पाद टिप्पणी में विद्वान् डा० साहब ने लिखा है कि उसकी मृत्यु १५७३ ई० में हुई, (पृ० ९०)।

६ चुग़ताई सुल्तान।

७ "गुल अज़ बाग़ बिरूं शुद" "گل ز باغ بیرون شد"। बाग़ के अक्षरों की संख्या १००३ है। इनमें से गुल के अक्षरों के ५० निकाल देने से ९५३ रह जाते हैं।

अध्याय २

९५३ हि० की घटनायें

मीर्ज़ा यादगार नासिर की हत्या

९५३ हि० के अन्त (१५४७ ई० के प्रारम्भ में) हज़रत पादशाह ने मीर्ज़ा यादगार नासिर के लगभग ३० अपराधों को लिखवाया।[1] इन अपराधों में एक अपराध यह था कि "चाम्पानीर के क़िले की विजय के उपरान्त हम ख़ज़ाने में प्रविष्ट हो गये थे और यह आदेश दे दिया था कि कोई भी बिना आदेश वहाँ प्रविष्ट न हो। तुमने बिना आदेश के प्रविष्ट होकर बकावल द्वारा, जो हमारे लिए भोजन लाया था, कोरनिश भिजवाया। हमने ख़ज़ाने में से हर प्रकार की वस्तु एक ख़्वान में लगवाकर तुम्हारे पास आश[2] के रूप में भिजवाई। तुमने धृष्टतापूर्वक उसमें से एक मुज़फ़्फ़री ले ली और समस्त ख़्वान को बकावल को दे दिया। यह भेंट शाही तोरे के अनुसार उद्दंडता थी।"

(६२) एक अपराध यह था कि, "बक्कर में मीर्ज़ा शाह हुसेन ने तुम्हारे पास सन्देश भेजा कि 'यदि तुम सेना तैयार करके पादशाह पर आक्रमण करो और उन्हें भगा दो तो मैं तुम्हें बक्कर दे दूंगा।' तुमने मूर्खतावश यह बात स्वीकार कर ली। तुम्हारी निष्ठुरता के कारण मुझे एराक़ जाकर तुर्कमानों का आभारी होना पड़ा और उनसे कुमक लेकर क़न्धार एवं काबुल पर आक्रमण करना पड़ा।" इस प्रकार के अपराध लिखे गए थे। अन्त में यह निश्चय हुआ कि इस बार मीर्ज़ा को किसी प्रकार छोड़ा नहीं जा सकता। काबुल के हाकिम मुहम्मद अली तग़ाई को आदेश हुआ कि मीर्ज़ा की हत्या कर दी जाय। मुहम्मद अली ने कहा, "मैंने अभी तक किसी गौरय्ये की भी हत्या नहीं की है, मीर्ज़ा नासिर की किस प्रकार हत्या करूँ?" मुनइम बेग ने निवेदन किया कि, "मुहम्मद क़ासिम मौजी को आदेश दिया जाय।" जब क़ासिम मौजी को आदेश हुआ तो उसने उसी रात्रि में मीर्ज़ा की बाण द्वारा हत्या कर दी। कोल[3] की ओर अरक के द्वार के बराबर एक ऊँचाई थी। मीर्ज़ा की लाश वहीं दफ़न कर दी गई। कुछ समय उपरान्त (लाश को) वहाँ से निकाल कर क़ज़वीन में नासिर मीर्ज़ा के क़ब्रिस्तान में दफ़न कर दिया गया।

ख़्वाजा जलालुद्दीन महमूद को हज़रत पादशाह का परामर्श

एक रात्रि में हज़रत पादशाह ने एक समूह के साथ उरता बाग़ के ऐवान में यूसुफ़ी[4] खाई। उस गोष्ठी में ख़्वाजा दोस्त ख़ावन्द, मीर बरका, मुल्ला अब्दुल बाक़ी सद्र, क़रजा ख़ान[5] एवं ख़्वाजा कलाँ बेग के पुत्र मुसाहिब बेग एवं मुबारिज़ बेग, हुसेन क़ुली सुल्तान मुहरदार, ख़्वाजा

१ सूची तैयार कराई। इस घटना के लिये **अकबर नामा** का अनुवाद देखिये।

२ वह भोजन जो बादशाह लोग अपने खाने में से किसी अमीर को सम्मानित करने के लिये उपहार स्वरूप भेजते थे।

३ डा० बनारसी प्रसाद ने इसे 'कोह (पर्वत)' पढ़ा है।

४ मूल में:—"हज़रत बज़मये दर ऐवाने उरता बाग़ यूसुफ़ी तनावुल फ़रमूदन्द"; यूसुफ़ी सम्भवतः कोई नशे की वस्तु हो। डा० बनारसी प्रसाद के अनुवाद से 'उरता बाग़ यूसुफ़ी' स्थान का नाम ज्ञात होता है:—"One night H. M. held a dinner in the Avortah Bagh Yusufi" (पृ० ९३)।

५ मूल में 'जान'।

(६३) अय्यूब तथा बाल्तू बेग उपस्थित थे। आधी रात्रि व्यतीत हो चुकी थी कि हज़रत पादशाह तहारत[1] के लिए उठे। उनका पाँव लड़खड़ा गया और वे थोड़ी देर तक ऐवान से पीठ को टेक कर खड़े रहे। ख्वाजा जलालुद्दीन महमूद मीर सामान ने निवेदन किया कि, "खेद है कि आप सरीखा उत्कृष्ट पादशाह ऐसी वस्तु का सेवन करे जिससे बालकों के समान पाँव लड़खड़ाने लगें।" हज़रत पादशाह ने कहा "धन्य है! अब फिर न खाऊँगा।" वे फिर ऐसी गोष्ठी में न बैठे। प्रातःकाल मुल्ला अब्दुल बाक़ी तथा मीर बरका के पास शिकायत भेजी कि "जलालुद्दीन महमूद ने जो यह बात हमसे कही वह तुम लोगों को कहनी चाहिये थी।" उस तिथि से जब तक हज़रत पादशाह जीवित रहे उन्होंने ऐसी[2] वस्तु जिसमें नशा हो न खाई।[3] हज़रत पादशाह के सौजन्य एवं न्यायकारिता का अनुमान ख्वाजा जलालुद्दीन महमूद के परामर्श से हो सकता है।

हुमायूं का बदख़्शां की ओर प्रस्थान

अन्ततोगत्वा जब यह ज्ञात हो गया कि मीर्ज़ा सुलेमान किसी प्रकार हज़रत पादशाह के चरणों का चुम्बन करने न आयेगा तो वे उसी वर्ष मिथुन राशि[4] में बदख़्शाँ की ओर रवाना हुए। काबुल से निकल कर ख्वाजा रीवास में पड़ाव किया। दूसरे दिन हज़रत ख्वाजा ख़ान महमूद ने उसी पड़ाव पर पधार कर फ़ातेहा पढ़ा और हज़रत पादशाह को बदख़्शाँ की ओर विदा कर दिया।

शाह रुस्तम की हत्या

शाह रुस्तम लंग[5], शाह बुदाग़ तथा मस्ती फ़िराक़ बदख़्शाँ चले जाना चाहते थे। शाह बुदाग़ को यक्का लोगों[6] ने छिपा दिया। शाह रुस्तम एवं मस्ती फ़िराक़ को दौलत-ख़ाने के समक्ष (६४) पहुँचाया गया। इस अपराध तथा उन अपराधों के कारण जो उन्होंने हिन्द में किए थे, हज़रत पादशाह ने पेशख़ाने से निकल कर एक बाण शाह रुस्तम की ओर चलाया और कहा "जो कोई मेरा मित्र हो वह इसकी हत्या कर दे।" ख्वाजा मुअज़्ज़म तथा हुसेन क़ुली सुल्तान मुहरदार ने, जो निकट थे, तलवार द्वारा उसकी हत्या कर दी। मस्ती फ़िराक़ के विषय में आदेश हुआ कि उसे मीर्ज़ा यादगार के हाथी के पाँव के नीचे फेंक दिया जाय। वह चिल्लाया कि "मेरी बग़ल में क़ुरान शरीफ़ है। इसे ले लिया जाय।" हज़रत पादशाह ने आदेश दिया कि, "देखो वह सच बोलता है अथवा नहीं।" जब उसकी बग़ल में हाथ डाला गया तो क़ुरान शरीफ़ मिल गया। क़ुरान शरीफ़ के आशीर्वाद से उसे हत्या से मुक्ति मिल गई। हिन्दुस्तान की विजयोपरान्त क़म्बर दीवाना ने बदायूँ में उसकी हत्या कर दी।

१ डा० बनारसी प्रसाद के अनुसार 'हाथ धोने' किन्तु तहारत में शौच, इस्तिंजा, स्नान इत्यादि सम्मिलित हैं। हाथ धोने को तहारत से पृथक् नहीं किया जा सकता किन्तु उस समय हाथ धोने का कोई अवसर न था। सम्भवतः यहां पेशाब करने से तात्पर्य है।

२ सम्भवतः यह यूसुफ़ी के कुप्रभाव की ओर संकेत है।

३ सम्भवतः लेखक ने अफ़ीम को नशे की वस्तुओं से पृथक् कर दिया है।

४ **अकबर नामा** के अनुसार ९५३ हि० के प्रारम्भ (मार्च १५४६ ई०) में। (**अकबर नामा भाग १**, पृ० २५१, हिन्दी अनुवाद पृ० २०५)।

५ डा० बनारसी प्रसाद के अनुवाद में 'लेकाह अथवा लेगाह' (पृ०६३)। हस्तलिपि में 'लंग'।

६ डा० बनारसी प्रसाद के अनुसार 'अहदी'।

इसके उपरान्त हज़रत पादशाह ने ख़्वाजा रीवास से प्रस्थान करके क़रा बाग़ में पड़ाव किया। वहाँ से वे क़ूरबन्द[1] नदी के तट पर उतरे। मछली मारने वालों ने एकत्र होकर मछली का शिकार किया। वहाँ से प्रस्थान करके हज़रत पादशाह ने हिन्दू कोह के दर्रे से होते हुए नए मार्ग[2] से अन्दराब में अली क़ुली अन्दराबी के चार बाग़ में पड़ाव किया। दर्रा पार करते समय थोड़ा बहुत रसूस[3] हुआ किन्तु कुशल रही।

शाह के दूत का आगमन

इसी वर्ष वलद बेग क़ूरची तकलू हज़रत पादशाह के लिए शाह के पास से घोड़ा एवं सरोपा[4] लाया था। हज़रत पादशाह ने काबुल के कोह दामन के ग्रामों में से इस्तालीफ़[5] के उद्यान में ख़िलअत पहिना। वलद बेग के भाई दल्व क़ासिम ने कुछ क़ूरचियों, उदाहरणार्थ जाफ़र बेग, हसन बेग तथा तूग़ान बेग इत्यादि, सहित शाह के समक्ष तलवार चलाने का दावा किया था। शाह ने उन्हें वलद बेग को सौंप दिया और कहा, "जाकर मेरे भाई हुमायूँ पादशाह के सामने तलवार चलाओ। (६५) वे जिसके विषय में जो कुछ लिखेंगे उसके तलवार चलाने का हाल उनकी सिफ़ारिश से ज्ञात हो जायगा।" जिस दिन हाजी मुहम्मद कोकी का मीर्ज़ा सुलेमान की सेना से अन्दराब में युद्ध हुआ उससे एक दिन पूर्व क़ूरचियों ने युद्ध किया। इन क़ूरचियों का सरदार मीर्ज़ा जलालुद्दीन मुहम्मद अकबर का तग़ाई[6] ख़्वाजा मुअज़्ज़म था। क़ूरचियों ने मीर्ज़ा सुलेमान की सेना के अग्र भाग से कई बार युद्ध किया। कुछ लोग आहत हुए। बदख़्शाँ की विजय उपरान्त हज़रत पादशाह ने क़ूरचियों की सिफ़ारिश करके क़िलये ज़फ़र से विदा कर दिया। वलद बेग को इस्तालीफ़ नामक स्थान से, जिसका ऊपर उल्लेख हो चुका है, जब उसने घोड़ा प्रस्तुत कर दिया तो, पादशाहाना इनामों द्वारा सम्मानित करके विदा कर दिया।

मीर सैयिद अली एवं मुल्ला अब्दुस्समद को बुलाने को पत्र

उसके विदा होते समय उसे दो फ़रमान दिए गए। एक के द्वारा मीर सैयिद अली तथा मुल्ला अब्दुस्समद मुसव्विर[7] को बुलवाया गया था और एक अन्य क़ाज़ी अली बख़्शी के पिता मुल्ला क़ुतुबुद्दीन को भेजा गया था। मुल्ला किन्हीं आवश्यकताओं के कारण शाही सेवा में उपस्थित न हो

१ ग़ूरबन्द काबुल के उत्तर में।

२ 'राहे नव'। सम्भवतः किसी स्थान से तात्पर्य नहीं।

३ "दर महल्ले गुज़श्तने कोतल ब क़दरे रसूस शुद अम्मा ब ख़ैर गुज़श्त"—इसमें रसूस शब्द का अर्थ स्पष्ट नहीं। वसूस अथवा किसी प्रकार डर जाना रसूस के स्थान पर पढ़ा जा सकता है किन्तु वाक्य में वह ठीक नहीं बैठता। डा० बनारसी प्रसाद ने इसका अनुवाद इस प्रकार किया है:—"When they were crossing, the river rose a little but all passed off quietly" (पृ० ९४)।

४ ख़िलअत।

५ कोहे दामन के उत्तरी सिरे पर जहां फूलों की बहुतायत है।

६ मामा।

७ चित्रकार।

सका।[1] मीर सैयिद अली एवं मुल्ला अब्दुस्समद फ़रमान को पढ़ कर उसी दिन अपितु तत्काल शाही चरणों का चुम्बन करने के लिए रवाना हो गए। मुल्ला मुहम्मद शिरवानी एवं मुल्ला फ़ख़्र मुजल्लिद[2] भी उनके साथ हो लिये। जब वे क़न्धार पहुँचे तो उनके प्रार्थना-पत्र काबुल में सम्मानित राजसिंहासन के पाये के समक्ष पहुँचे।

मीर सैयिद अली, मुल्ला अब्दुस्समद तथा फ़ख़्र मुजल्लिद का काबुल पहुँचना

ख़्वाजा जलालुद्दीन महमूद ओभी को, जिसे उस समय मीर सामान के पद से उन्नति देकर बख़्शी बेगी बना दिया गया था, क़न्धार के मार्ग में ख़तरा होने के कारण उन लोगों को काबुल (६६) लाने के लिए नियुक्त किया गया। हज़रत पादशाह ने मुल्ला महमूद शिरवानी को काबुल आने की अनुमति न दी, कारण कि उसे गणित का, जिसकी हज़रत पादशाह को आवश्यकता थी, अधिक ज्ञान न था। वह क़न्धार में ठहर गया और बैरम ख़ां का सेवक हो गया। मीर सैयिद अली, मुल्ला अब्दुस्समद तथा मुल्ला फ़ख़्र मुजल्लिद, बल्ख़ से पादशाह की सेना के लौटने के ४० दिन उपरान्त, ख़्वाजा जलालुद्दीन महमूद के साथ काबुल पहुँच कर हज़रत पादशाह के चरणों का चुम्बन करके सम्मानित हुए और नाना प्रकार की कृपाओं द्वारा प्रतिष्ठित किए गए।

मुल्ला दोस्त की चित्र-कला

उस युग में चित्रकारों में सर्वश्रेष्ठ मुल्ला दोस्त था। शाह[3] के मदिरापान से तोबा कर लेने के कारण वह उसके साथ न रह सका। वह बिना आज्ञा के मीर्ज़ा कामरान की सेवा में आ गया था। जिन लोगों को इस कला का ज्ञान था उनका मुल्ला दोस्त के विषय में मत था कि वह पर्वत तथा वृक्ष[4] मानी[5] से अच्छे बना लेता था। (ईश्वर को ही सब ज्ञान है)

मुल्ला फ़ख़्र मुजल्लिद की कला

मुल्ला फ़ख़्र मुजल्लिद ने सह्हाफ़ी[6] के गुण के अतिरिक्त जिसका उसे बड़ा उत्तम ज्ञान था, चावल[7] पर एक अश्वारोही का चित्र खोदा था। (सवार की) ज़ीन के समक्ष एक तब्ल बजाने

१ "न तवानिस्त कि एहरामे मुलाज़ेमत बन्दद—सेवा का ऐहराम (हाजियों का वस्त्र, दो चादरें जो बिना सिली हुई एक बांधी तथा एक ओढ़ी जाती है) न बांध सका" अर्थात् सेवा में उपस्थित न हो सका। डा० बनारसी प्रसाद ने इसका अनुवाद इस प्रकार किया है जो उचित नहीं:—"could not adorn himself with the dress of honour" (पृ० ६५)।

२ जिल्दसाज़।

३ शाह तहमास्प।

४ लैंडस्केप अथवा भूदृश्य से तात्पर्य है।

५ ईरान का प्रसिद्ध चित्रकार जो Manes (मेन्स) कहलाता है। वह अर्दशेर के पुत्र शाहपुर के राज्य-काल में लगभग २७७ ई० में हुआ है। वह उच्चकोटि का कलाकार होने के साथ-साथ एक धर्म का संस्थापक भी हुआ है।

६ जिल्दसाज़ी।

७ बिरिंज का अर्थ—'पीतल, तांबा अथवा पित्तल, जस्ता, और ताँबे के योग से बनी हुई एक धातु' होता है। डा० बनारसी प्रसाद ने भी इस शब्द का अनुवाद 'पीतल' ही किया है:—"He engraved on a sheet of brass a mounted soldier" (पृ० ६६)। किन्तु पीतल के पत्तर पर सवार का चित्र खोदना कोई कमाल नहीं। बिरिंज का अर्थ चावल भी होता है और यहाँ चावल ही से तात्पर्य है। चावल पर चित्र बनाना एवं क़ुरान

वाला और सवार के हाथ में एक पक्षी[1] बनाया था। उसने पोस्ते के दाने में २५ छेद कर दिए थे और सब में से चाँदी का तार पिरो दिया था। लोग उसका निरीक्षण करते समय चाँदी के तारों को अलग अलग गिन लेते थे।

शेख़ अबुल क़ासिम अस्तराबादी का आगमन

उसी वर्ष हज़रत पादशाह ने शेख़ अबुल क़ासिम अस्तराबादी के, जिसे गणित का बड़ा अच्छा ज्ञान था, बुलाने के लिए फ़रमान भेजा था। मुल्ला अब्दुस्समद तथा उसके साथियों के आगमन के कुछ दिन बाद वह अपने भाई सहित, जिसे दर्शन-शास्त्र[2] का उत्तम ज्ञान था, उपस्थित हुआ। हज़रत पादशाह ने शेख़ अबुल क़ासिम के प्रति अत्यधिक आदर-सम्मान प्रदर्शित किया कारण कि उन्होंने उसका शिष्य होना निश्चय कर लिया था। अन्त में हज़रत पादशाह ने जैसा निश्चय कर (६७) लिया था, उसी के अनुसार आचरण किया। दार्शनिक, सैनिकों के समूह में सम्मिलित हो गया और हिन्द में उत्तम जागीर द्वारा सम्मानित हुआ।

मीर अब्दुल करीम ज़फ़री एवं मुल्ला बुर्ज अली

बल्ख़ के आक्रमण के पूर्व, मीर अब्दुल करीम जफ़री[3], जिसे कीमिया का भी ज्ञान था, एवं मुल्ला बुर्ज अली, जो ज्योतिष से अवगत था, काबुल पहुंच कर बल्ख़ के आक्रमण हेतु जो सेना गई थी, उसके साथ-साथ हज़रत पादशाह की सेवा में उपस्थित थे। उन लोगों ने दरबार में मावराउन्नहर विजय के सम्बन्ध में कुछ बढ़ बढ़ कर बातें की थीं जो बाद में असत्य निकलीं। बल्ख़ की वापसी के उपरान्त मुल्ला बुर्ज अली का पता न चला कि वह कहाँ चला गया। मीर अब्दुल करीम बदख़्शाँ में कुछ समय तक मीर्ज़ा सुलेमान की पत्नी हरम बेगम की सेवा में रहा। उसने वहाँ भी कुछ असत्य बातें कहीं जिनका बाद में पता चल गया। उसे बंधवा कर ककवा नदी में फिंकवा दिया। वह अपने आप को सैयिद कहता था। वह इधर उधर झूठ बकता फिरता था। झूठा, ईश्वर का शत्रु होता है। हरम बेगम ने इस शेर के अनुसार आचरण किया।

'तू उपकार कर और जल में डाल'।

शरीफ़ के वाक्य लिखना अभी तक प्रचलित है। अलीगढ़ विश्वविद्यालय में वहाँ के भूतपूर्व उप-कुलपति डा० ज़ियाउद्दीन का चावल पर बना हुआ एक रंगीन चित्र अभी तक मौजूद है।

१ "तब्ल बाज़े दर पेशे ज़ीन व जानवरे दर दस्ते सवार:—डा० बनारसी प्रसाद ने इसका अनुवाद इस प्रकार किया है:—"The drum was in front of the saddle, and the reins in the hands of the sawar"।

२ 'हिकमत' का अनुवाद डा० बनारसी प्रसाद ने Medicine किया है। यह भी अशुद्ध नहीं किन्तु प्रायः हिकमत का अर्थ दर्शन-शास्त्र ही समझा जाता है।

३ जफ़र वेत्ता:—हज़रत अली द्वारा ऊंट की खाल पर लिखे हुए एक लेख के अनुसार जिसमें भूत, वर्तमान एवं भविष्य की सभी घटनायें लिखी हैं, परोक्ष की बातें बताने की कला जफ़र कहलाती है। कुछ लोगों के अनुसार हज़रत इमाम जाफ़रे सादिक़ (शीओं के छठे इमाम, निधन ७६५ ई०) के नियमों के अनुसार भविष्य वाणी तथा तावीज़ इत्यादि लिखने की कला।

मीर सैयिद अली, मुल्ला अब्दुस्समद शीरीं क़लम एवं फ़ख़्र की कलाओं के नमूने

मीर सैयिद अली, मुल्ला अब्दुस्समद शीरीं क़लम एवं फ़ख़्र ने इस बीच में जो जिल्द-बन्दी एवं कलात्मक वस्तुयें तैयार की थीं, हज़रत पादशाह की कीमिया सरीखी दृष्टि के समक्ष उन्हें प्रस्तुत किया गया। हज़रत पादशाह का यद्यपि काशग़र के पादशाह नव्वाब रशीद ख़ां[1] से साक्षात न था किन्तु वे उससे प्रभावित थे, अतः जो कुछ उन लोगों ने हज़रत पादशाह की सेवा में प्रस्तुत किया, वह उन्होंने रशीद ख़ां को भेजना उचित समझ कर उसके पास भेज दिया। जो पत्र हज़रत पादशाह ने ख़ान को सामान सहित काबुल से भेजा था, मुल्ला अब्दुस्समद शीरीं क़लम ने ९९९ हि० (१५९०-९१ ई०)[2] में इस "मुख़्तसर" के लेखक बायज़ीद को दिया। लेखक उस पत्र को पूर्ण रूप से इस (६८) "मुख़्तसर" में उद्धृत करता है।

कलाकारों के सम्बंध में काशग़र के नव्वाब रशीद ख़ां को पत्र

इस युग के कलाकारों एवं अद्वितीय व्यक्तियों का एक समूह, जो एराक़ तथा ख़ुरासान में मेरी सेवा में उपस्थित हुआ था और अपार कृपाओं द्वारा सम्मानित किया गया था, शव्वाल ९५९ हि० (सितम्बर-अक्तूबर १५५२ ई०) में मेरी सेवा में उपस्थित हुआ। वे इस समय पुनः नाना प्रकार की कृपाओं द्वारा सम्मानित किए गए। उन्हें दरबार में उनके समकालीनों की अपेक्षा सर्वदा अधिक सम्मानित किया जाता है। उनमें से सर्वप्रसिद्ध सैयिद, सर्वश्रेष्ठ तथा अद्वितीय मीर सैयिद अली मुसव्विर है। चित्र कला में वह अद्वितीय है। उसने[3] एक चौगान के खेल के मैदान का चित्र बनाया और उसमें दो अश्वारोही दिखाये। उनमें से एक सवार घोड़ा दौड़ाता हुआ आता है। एक सिरे पर दूसरा सवार खड़ा है। एक प्यादा उसके हाथ में चौगान[4] देता है। प्रत्येक बिरिंज के सिरे पर उसने दो चौगान के खम्बे[5] बनाये और बिरिंज के प्रत्येक कोने पर यह शेर लिख दिया: —

शेर

'एक दाने के भीतर सैकड़ों खलिहान निकले,
पूरा संसार बाजरे के एक दाने के हृदय में निकला।'

नीचे "हस्ताक्षर" इस प्रकार है:—"अल अब्द सैयिद अली, रजब ९५२ हि० (जून-जुलाई १५५२ ई०)।

इसके अतिरिक्त सर्वश्रेष्ठ एवं संसार में अद्वितीय मौलाना अब्दुस्समद शीरीं क़लम मुसव्विर है जो अपने समस्त समकालीनों से बाज़ी ले गया है। उसने एक बिरिंज पर एक बड़े लम्बे चौड़े मैदान का चित्र बनाया जिसमें लोगों को चौगान खेलते दिखाया। इसकी एक ओर दो खम्बे और

१ मीर्ज़ा हैदर ने **तारीख़े रशीदी** उसी को समर्पित की थी। उसे कला एवं साहित्य से बड़ी रुचि थी।

२ डा० बनारसी प्रसाद के अनुवाद में ९९५ हि० (१५८७ ई०)।

३ "दर यक मैदाने चौगान बाज़ी साख़्त." । यक के बाद सम्भवतः बिरिंज छूटा हुआ है। डा० बनारसी प्रसाद के अनुवाद में:—"In one piece he has painted" (पृ० ९७)।

४ पोलो खेलने की हाकी।

५ गोल के खम्बों के समान।

दूसरी ओर दो खम्बे थे। उसमें सात अश्वारोही गेंद खेल रहे थे। पीछे पीछे प्यादे सवारों को (६९) चौगान देते जाते थे। मैदान के मध्य में क़बक़ की लकड़ी लगी थी।

एक बिरिंज पर उसने एक बड़े सुन्दर तालार[1] का चित्र बनाया। तालार के भीतर दो आदमियों के चित्र बनाये जो हौज़ के उस ओर अपने सामने अंगीठी रक्खे थे। इनमें से एक मुर्ग़ का कबाब तैयार करता था। तालार के पीछे चार आदमी खड़े और तालार के पीछे चार बैठे हुए दिखाये गए थे। दो खड़े हुए आदमियों के चित्र बने थे। ऊपर की ओर निकलने का स्थान एवं कोठे के चक्कर में एक विचित्र प्रवेश-स्थान था। हौज़ के भीतर एक नारंगी थी।[2]

एक पोस्ते के दाने पर उसने एक सवार का चित्र बनाया था।

अन्य कलाकारों में मौलाना फ़ख्र सह्हाफ़ है। उसने पोस्ते के एक दाने में २५ छेद किये।

अद्वितीय एवं आश्चर्यजनक कलाकार उस्ताद वैस ज़रकश[3] ने सोने एवं चाँदी के ऐसे (बारीक) तार तैयार किये हैं, कि मुल्ला फ़ख्र ने चाँदी के २५ तार पोस्ते के दाने के छेद से पिरो दिए। इन कलाकारों के कुछ नमूने भेजे जाते हैं।

ज़ंगियों का बनाया हुआ एक गहरे शेड का एक चित्र भेजा जाता है।[4] प्रतिष्ठित एवं अपने युग के अद्वितीय मौलाना दोस्त मुहम्मद चित्रकार, जो हमारा प्राचीन सेवक है और जो चित्रकारी में अपने युग के मानी एवं सोना चढ़ाने में अद्वितीय, तथा खत्ते बरीं[5] एवं लिखने में जिसके बराबर कोई अन्य नहीं है, के क़लम की चित्रकला का एक नमूना भेजा जाता है।

मीर सैयिद अली की कला के नमूने का एक पृष्ठ तथा मौलाना अब्दुस्समद की कला के नमूने का एक पृष्ठ, जिसने नवरोज़ का चित्र बनाया था, मौलाना दरवेश मुहम्मद की चित्र-कला के नमूने का एक पृष्ठ, तथा मौलाना यूसुफ़ की चित्र कला के नमूने का एक पृष्ठ भेजा जाता है। ईश्वर ने चाहा तो इसके बाद कलाकारों की कलाओं एवं हुनरमंदों के हुनर के अद्वितीय नमूने भेजे जाते रहेंगे।

मीर्ज़ा सुलेमान की पराजय

(७०) मीर्ज़ा सुलेमान लगभग २०,००० सैनिक एवं अस्त्र-शस्त्र इत्यादि तैयार करके तीरे गरां पर, जो अन्दराब के अधीनस्थ एक स्थान है, उतर पड़ा और पंक्तियाँ सुव्यवस्थित कीं।

१　एक प्रकार का लकड़ी का कमरा जो चार खम्बों पर टिका कर बनाया जाता था। साधारण कमरों को भी 'तालार' कहते हैं।

२　इस पैरे के वाक्य स्पष्ट नहीं हैं। डा० बनारसी प्रसाद के अनुवाद से भी कोई सहायता नहीं मिल सकी।

३　सोने का तार खींचने वाला।

४　यह वाक्य स्पष्ट नहीं।

५　यह शब्द स्पष्ट नहीं। ख़त्ते बरीं अथवा ख़ते बरी के नाम से कोई लिपि नहीं होती। यदि इसे 'ख़ते बरी' अथवा 'ख़त बरी' पढ़ा जाय तो भी कोई अर्थ नहीं निकलता। सामान्य रूप से किसी प्रकार की लिपि का उल्लेख समझना चाहिये। यदि बरी بری में बा ب और बढ़ा दिया जाय तो ख़त्ते बाबरी بابری हो जायगा जो उस समय का प्रसिद्ध आविष्कार था।

हज़रत पादशाह की सेना में भी लगभग ५-६ हज़ार व्यक्ति थे जिन्होंने पंक्तियाँ सुव्यवस्थित कीं। अभी हज़रत पादशाह सवार भी न हुए थे कि हाजी मुहम्मद सुल्तान बाबा क़श्क़ा एवं कुछ अन्य सुल्तान तथा अमीर और यक्का जवान जो कि अग्र भाग की सेना के सरदार थे मीर्ज़ा की सेना के एक बाज़ू की ओर बढ़े और अल्प समय में मीर्ज़ा की सेना को पराजित कर दिया। मीर्ज़ा थोड़े से आदमियों को लेकर नारीन, इश्किमीश तथा तालीक़ान के मार्ग से बदख़्शाँ के दर्रों की ओर रवाना हुआ। मीर्ज़ा बेग बरलास जो ग़ूरी का हाकिम था, तथा कुछ अन्य लोग उदाहरणार्थ माऊस सुल्तान[1], जो कि कज़ाक़ सुल्तान था, मीर्ज़ा सुलेमान के अमीर तथा मुहम्मद क़ुली बरलास भी उसी मंज़िल पर हज़रत पादशाह की सेवा में उपस्थित हुए और पादशाहाना कृपाओं द्वारा सम्मानित किए गए। लश्कर वालों ने घोड़े एवं अस्त्र-शस्त्र इत्यादि पर अधिकार जमाकर बन्दियों को हज़रत के सदक़े में छोड़ दिया। किसी की हत्या न कराई। बायज़ीद ब्यात ने एक क़तार ऊँट असबाब सहित लूट में प्राप्त करके काबुल भेज दिये। हज़रत पादशाह के सेवकों में से मीरक हकिया के एक बाण लगा और उसकी मृत्यु हो गई।

हुमायूं की वापसी

(७१) दो दिन उपरान्त हज़रत पादशाह मशाशान[2] दर्रे से ख़ूस्त घाटी में पहुँचे। कुछ दिन तक नानहाये ख़ूस्त के समक्ष गोष्ठी आयोजित किए रहे। उस घाटी के सिरे पर मुर्ग़ाबी, चकोर एवं मछली का शिकार करके वे लोग वरस्क की ओर रवाना हुए।[3] वरस्क पहुँच कर गौरय्ये के शिकार हेतु जाल लगाया गया।

गौरय्यों का जाल द्वारा शिकार

जाल द्वारा गौरय्ये के शिकार की यह विधि है:--दर्रे के मध्य में दीवार बना दी जाती है। पर्वत के पार्श्वों में जो दीवार की ओर होते हैं दो आदमी हाथ में चादरें लेकर खड़े रहते हैं, एक इस पर्वत में और दूसरा उस पर्वत में। दीवार के उस ओर की गौरय्यों के झुंड के ठहरने का स्थान वही होता है। जब गौरय्ये वहाँ पहुँच जाती हैं तो दोनों आदमी जो खड़े होते हैं वे चादर हिलाते हैं। वे लोग जो दीवार के इस ओर सकरे मार्ग की तरफ़ बैठे होते हैं, जब चादर को घुमाते हुए देखते हैं तो एक साथ सकरे मार्ग की ओर खटखटाते हैं। गौरय्ये १०००-२००० के झुंड में होती हैं। कुछ निकल जाती हैं और कुछ गौरय्ये सकरे मार्ग में फंस जाती हैं।

हुमायूं का किश्म में पहुँचना

बायज़ीद ब्यात उन दिनों में हुसेन क़ुली सुल्तान ख़ान मुहरदार के सेवकों में सम्मिलित था। हज़रत पादशाह ने भोजन मंगवाया। देग[4] क़रन तथा रकेब[5] आगे भेज दिए गए थे। नदी के तट का

१ **अकबर नामा** के अनुसार 'उवैस सुल्तान'; देखिये **अकबर नामा भाग १**, पृ० २५२, हिन्दी अनुवाद पृ० २०७।

२ **अकबर नामा** में 'शाशान'।

३ डा० बनारसी प्रसाद ने ''मीर्ज़ा सुलेमान...रवाना हुए'' तक का अनुवाद नहीं प्रकाशित किया है।

४ ख़ाना पकाने के देग के प्रकार का कोई बरतन।

५ बावर्चीख़ाना; वह स्थान जहां भोजन बनता हो।

मार्ग जिधर से लश्कर जा रहा था, इतना सकरा था कि तवाची लोग देग क़रन तथा रकेब न ला सकते थे। बायज़ीद ने निवेदन किया कि, "चकोर, बटेर एवं मुर्ग़ाबी के कबाब सुल्तान[१] के रकेब में तैयार हैं।" हज़रत पादशाह ने कहा कि, "ले आओ।" भोजन के उपरान्त बायज़ीद को भी सरोपा प्रदान किया। तदुपरान्त वहाँ से फ़रख़ार पहुँच कर पड़ाव किया। वहाँ के मेवे खाये। दूसरे (७२) दिन कलावकान में पड़ाव किया। इसके बाद वे किश्म पहुँचे। ३-४ मास किश्म में ठहरे रहे।

ईरानियों को दंड

ख़ुसरो पादशाह जिसका दास क़ासिम चंगी था शाह तहमास्प के पास से भाग कर चला आया था। ज़ाहिरा उसने एक गोष्ठी में शाह की निन्दा की थी। लगभग १०-१२ क़ूरचियों ने शाह की सेवा में तलवार चलाने का दावा किया था। हज़रत शाह ने उन्हें हज़रत पादशाह की सेवा में भेज दिया था कि जो कोई उनकी सेवा में अधिक योग्यता दिखाये, उसके विषय में हज़रत पादशाह जो सच बात हो उसे शाह के पास लिख भेजें। इनमें से जाफ़र बेग, हुसेन बेग, तथा तूग़ान बेग, इन तीन व्यक्तियों ने किश्म के बाज़ार में ख़ुसरो को तलवार के घाट उतार दिया। कुछ दिनों तक हज़रत पादशाह ने इन तीनों व्यक्तियों को बन्दी रक्खा। कुछ दिन उपरान्त हुसेन क़ुली सुल्तान मुहरदार ने इन लोगों के अपराध को क्षमा कर दिए जाने के विषय में सिफ़ारिश की। हज़रत पादशाह ने शाह की ख़ातिर उन्हें क्षमा कर दिया।[२]

हुमायूं का रुग्ण होना

इसके उपरान्त यह निश्चय हुआ कि हज़रत पादशाह स्वयं क़िलये ज़फ़र में शीत ऋतु व्यतीत करें। आदेश हुआ कि सैनिकों को अनाज इत्यादि जिस चीज़ की आवश्यकता हो उसकी व्यवस्था कर लें और रहने के लिये स्थान इत्यादि को ठीक करें।[३] कुछ दिन उपरान्त हज़रत पादशाह क़िलये ज़फ़र की ओर रवाना हो गए। जब वे क़िलये ज़फ़र एवं किश्म के नीचे शाख़दान[४] नामक एक स्थान पर पहुँचे तो रुग्ण हो गए। इस कारण वे उस पड़ाव पर दो मास ठहरे रहे। एक मास तक वे रुग्ण रहे। उनकी रुग्णावस्था के कारण अन्य बातें ही प्रसिद्ध हो गई। मीर्ज़ा (७३) हिन्दाल जो रुस्ताक़ में सेना के आगे था, लौट कर यसर के पुल पर, जो क़िलये ज़फ़र की खाईं है, पहुँच चुका था किन्तु उसे पता चला कि हज़रत पादशाह अच्छे हो गए। वह लज्जित हो कर लौट गया। वे पुनः रुस्ताक़ पहुँचे।

हुमायूं के रुग्ण होने का कुप्रभाव

बाबूस, जिसके अधिकार में तालीक़ान का क़िला था, एवं कुछ अन्य अमीर जिनको बदख़्शाँ सौंप दिया गया था, आकर अन्दराब में एकत्र हो गए थे। मीर्ज़ा सुलेमान के अमीर जो

१ हुसेन क़ुली सुल्तान मुहरदार।
२ इसके बाद के एक वाक्य में से कुछ छूट गया है और वह स्पष्ट नहीं। उसका अनुवाद नहीं किया गया।
३ डा० बनारसी प्रसाद ने "तदुपरान्त वहां से..ठीक करें" का अनुवाद प्रकाशित नहीं किया है।
४ डा० बनारसी प्रसाद के अनुवाद में 'शिक़दान' (पृ० ६६)।

इधर उधर भाग गए थे, सिर उठाने लगे। जब हज़रत पादशाह के स्वस्थ होने के समाचार शीघ्र ही सबको प्राप्त हो गए तो वे पुनः इधर उधर भाग गए। बाबूस तथा वे लोग जो एकत्र हुए थे, दरबार में उपस्थित हुए।[1] क़रजा खान तथा हुसेन क़ुली सुल्तान मुहरदार ने इस परेशानी के समय अत्यधिक निष्ठा प्रदर्शित की। मीर्ज़ा अस्करी को सावधानी पूर्वक बन्दी बनाये रक्खा गया। उसी मंज़िल से मुनइम बेग के भाई फ़ज़ाएल बेग को काबुल की कुमक हेतु नियुक्त किया गया। मुल्ला बायज़ीद तबीब जो मीर्ज़ा, जलालुद्दीन मुहम्मद अकबर का शिक्षक था, बदख़शाँ के अभियान में साथ था। उसने हज़रत पादशाह की बीमारी के समय उनकी बड़ी सेवा की। बीवी फ़ातेमा ने भी, जो महल की उर्दूबेगी[2] थीं, सेवा में कोई कमी न की। जब हज़रत पादशाह के थोड़ी बहुत ताक़त आ गई तो उन्होंने पालकी में बैठ[3] कर क़िलये ज़फ़र की ओर प्रस्थान किया और वहाँ पहुँच कर पड़ाव किया। वे पूर्ण रूप से स्वस्थ हो गए।

जाड़े के मध्य में हज़रत पादशाह की गोष्ठियों के लिए जलालुद्दीन महमूद ओभी ने, जो कि मीर ब्यूतात था, एक ख़ानये कानी[4] का निर्माण कराया। हज़रत पादशाह ने मनोरंजन (७४) हेतु ख़्वाजा को आदेश दिया कि भोजन बनाने की सामग्री लाई जाय ताकि बुग़रा[5] पकाया जाय। ख़्वाजा ने समस्त सामग्री एकत्र करके उपस्थित की। मीर अब्दुल हई, ख़्वाजा हुसेन मर्वी, ख़्वाजा अय्यूब, अबुल बरका, मीर अब्दुल्लाह, बख़्शी एहसन, ख़ंजर बेग तथा आरिफ़ बेग, जो हज़रत पादशाह के मुसाहिब थे, बुग़रा का मसाला साफ़ करने लगे। ख़्वाजा अय्यूब के अंडकोश के बढ़ जाने का रोग था। वह दाल साफ़ कर रहा था। हज़रत पादशाह उससे जो कोई बात पूँछते तो वह उसका उत्तर देता जाता था और कभी कभी अपने अंडकोश खुजलाता जाता था। हज़रत पादशाह ने अपनी नाज़ुक मिज़ाजी[6] के कारण ख़्वाजा जलालुद्दीन महमूद को आदेश दिया कि "वह दाल ख़्वाजा के पास से हटा ली जाय और दूसरी दाल तैयार की जाय।" हज़रत पादशाह महल के भीतर चले गए और यह आदेश दे गए कि ख़ासे का हिस्सा[7] भीतर भेज दिया जाय, और शेष (भोजन) अमीरों को बाँट दिया जाय। उन लोगों ने पादशाह के आदेश का पालन किया।

१ डा० बनारसी प्रसाद ने "उनकी रुग्णावस्था . . . उपस्थित हुए" तक का अनुवाद नहीं किया है।

२ लश्कर की मुख्य सेविका।

३ "दर मिहफ़्फ़ा दर आमद; मिहफ़्फ़ा का अर्थ एक प्रकार की पालकी होता है। डा० बनारसी प्रसाद के अनुवाद में :—"When H. M. recovered he held a banquet" (पृ० १००)।

४ कानी-घर; सम्भवतः 'कान' के स्थान पर 'काह' पढ़ना उचित होगा, जिसका अर्थ घास-फूस अथवा छप्पर का घर होगा। देखिये **अकबर नामा भाग १**, पृ० २५५, हिन्दी अनुवाद पूर्व पृ० २१०। डा० बनारसी प्रसाद के अनुसार यह "कानी" खान रूपी अथवा Underground apartment (पृ० १००)।

५ विभिन्न वस्तुओं को मिलाकर बनाई गई खिचड़ी।

६ "हज़रत अज़ नज़ाकतें कि दाश्तन्द"—डा० बनारसी प्रसाद ने इसका अनुवाद इस प्रकार किया है :— "H. M. very politely asked Jalaluddin..." (पृ० १००)।

७ हज़रत पादशाह का हिस्सा।

ख़्वाजा रशीदी की हत्या

(उसी वर्ष रमज़ान मास की रात्रि की घटना)

ख़्वाजा मुअज़्ज़म, करचा हुसेन वल्द मर्दान बेग शाह इस्माईल हुसेन का जिलोदार बाशी[1] जो साम मीर्ज़ा का मीर आख़ूर बाशी था, उस समय से जब से वह क़न्धार की कुमक हेतु नियुक्त हुआ था, इस समय तक हज़रत पादशाह की सेवा में बराबर रहा। उसका बड़ा भाई हमज़ा बेग, हुसेन क़ुली सुल्तान मुहरदार का मुसाहिब था। वे तथा मीर मुहम्मद क़राकूज़ ख़्वाजा रशीदी के घर में प्रविष्ट हो गए और जिस समय वह भोजन कर रहा था, तलवार द्वारा उसे परलोक पहुँचा दिया।[2] इस गोष्ठी में ख़्वाजा अम्बिया, ख़्वाजा, क़ासिम ब्यूतात, ख़्वाजा अबुल क़ासिम मशहदी, असद मुशरिफ़ एवं अन्य लोग उपस्थित थे। उसी रात्रि में वे लोग भाग गए और काबुल की ओर (७५) चल दिए। उन लोगों ने शाह तहमास्प की पेशकश में से चत्र तथा एक बहुत बड़ा ख़ेमा, जो अन्य सामग्री सहित तख़्ते सुलेमान में प्रस्तुत किए गए थे, क़िले के बाहर निकाल कर ककचा पुल के उस पार ले जाकर ख़ुमलंकान के समक्ष जो, कि क़िलये ज़फ़र का अरक है, एक उद्यान में लगवा दिया।

क़ूच बेग के पुत्र शेर अफ़गन का रुष्ट होना एवं उसे प्रोत्साहन

हज़रत पादशाह ने रमज़ान मास के बाद की शुभ ईद[3] उसी शुभ पड़ाव पर व्यतीत की। एक दिन उसी पड़ाव पर क़ूच बेग का पुत्र शेर अफ़गन दरीख़ाने[4] में नशे की अवस्था में प्रविष्ट हो गया। हज़रत पादशाह ने चीक़[5] के पीछे से उसे देखा और उसके नशे में होने के विषय में अवगत हो गए। मेहतर वकीला द्वारा यह संदेश भेजा कि, "मुझे तेरे मदिरापान का ज्ञान हो गया। तेरे लिए यह आवश्यक है कि तू इस दशा में दरीख़ाने में प्रविष्ट न हो।" क्योंकि क़ूच बेग का पुत्र प्रतिष्ठित अमीर था अतः इस बात से रुष्ट होकर अपना जुलचा[6] उठा कर अपने डेरे की ओर चल दिया और कुछ दिन तक दरीख़ाने में न आया। हुसेन क़ुली सुल्तान मुहरदार, जिससे उसकी बड़ी घनिष्ठता थी, उसे उपदेश देकर अपने साथ दरीख़ाने में लाया। हज़रत पादशाह ने चीक़ के पीछे से उसे दरीख़ाने में आते देख कर उसके लिए उलूश भिजवाया और कहलाया कि, "मीर्ज़ा कामरान ने मीर्ज़ा सुलेमान पर जब आक्रमण किया और तूने क़िलये ज़फ़र में बन्द होकर जो युद्ध किया उसके विषय में मुझे ज्ञात हुआ है। मैं तुझसे उसका सच सच हाल जानना चाहता हूँ।" हज़रत पादशाह अस्त्र की नमाज़ पढ़ कर निकले। जिस स्थान पर युद्ध हुआ था वह उस स्थान के समक्ष था। हज़रत पादशाह ने आदेश दिया कि, "बताओ किस प्रकार युद्ध हुआ?" उसने निवे-

१ वह व्यक्ति जो पादशाहों तथा अमीरों के घोड़ों के साथ-साथ रहता है।

२ अबुलफ़ज़ल ने उसकी हत्या के कारणों का सविस्तार उल्लेख किया है। (**अकबर नामा भाग १**, पृ० २५४, हिन्दी अनुवाद पूर्व पृ० २०९-२१०)।

३ १ शव्वाल ९५३ हि० (२५ नवम्बर १५४६)।

४ दरबार-कक्ष।

५ चिक़।

६ क़ालीन अथवा बिछौना इत्यादि से तात्पर्य है। इसे 'ज़ीलूचा' भी लिखा गया है।

दन किया कि, "खिज्र ख्वाजा सुल्तान के सम्बन्धी इस्हाक़ सुल्तान ने एक बहुत बड़ी सेना सहित ककचा नदी पार करके इस चट्टान के समक्ष युद्ध किया। इस्हाक़ सुल्तान का (७६) घोड़ा उसे गिरा कर तेज़ी से भाग चुका था। इस्हाक़ सुल्तान पैदल चट्टान के नीचे आ गया था। क़िले के प्यादों ने उसे चारों ओर से घेर लिया था। मैं समझ गया कि जब तक उसे कुमक न पहुँचेगी वह मुक्त न होगा। मैं भी उसी मार्ग से जिससे कि वे लोग गए थे, क़िले के प्यादों तक पहुँच गया। सुल्तान के सेवकों ने घोड़ा खींच कर उसे सवार करा दिया। मैं उसको लेकर लौट आया।" हज़रत पादशाह ने कहा, "तेरे पिता पर ईश्वर की कृपा हो। तूने बड़ा ही महान् कार्य किया।" हज़रत पादशाह का इन वातों से उद्देश्य यह था कि उसकी इच्छानुसार उसको सान्त्वना दी जाय।

शेर

'स्वामी की दया एवं क्षमा को तो देखो,
पाप दास करता है, और लज्जित वह होता है।'

इससे हज़रत पादशाह की दया, कृपा एवं सौजन्य का अनुमान लगाया जा सकता है।

तदुपरान्त हज़रत पादशाह ने उसे ज़ुहाक, बामियान, कहमर्द, यक्का उलंग तथा ईमान एहशाम, जो उस क्षेत्र में थे, जागीर में प्रदान कर दिए और उसे इस वात का आश्वासन दिलाया कि जव वे काबुल पहुँचेंगे तो क़ूरबन्द को, जो उसके पिता के अधिकार में था, उसे प्रदान कर देंगे। घोड़ा तथा सरोपा देकर उसे विदा कर दिया।[1]

उस मंज़िल पर मेहतर वकीला तथा समुन्दर को हज़रत पादशाह ने आदेश दिया कि "बायज़ीद से, जो उस समय सुल्तान हुसेन क़ुली मुहरदार की सेवा में था, कहो कि वह हमारी सेवा में क्यों नहीं आ जाता?" बायज़ीद ने निवेदन किया कि, "मैंने ज़ंकान में शाह[2] के लश्कर में हज़रत पादशाह के चरण पकड़े थे। उस समय से अब तक विजयी रिकाव के साथ हूँ और हज़रत पादशाह के मुहर[3] की सेवा कर रहा हूँ। इस समय हज़रत पादशाह ने जो अपनी सेवा का आदेश दिया इससे बड़ी निराशा हुई।"[4] हज़रत पादशाह ने मेरे उत्तर को पसन्द किया और मेरी बड़ी प्रशंसा की। हुसेन क़ुली सुल्तान को मुझसे और भी स्नेह हो गया।

शिकारे तुस्क़ावल

(७७) हज़रत पादशाह इस पड़ाव से शिकारे नहलम हेतु जिसे शिकारे तुस्क़ावल कहते[5] हैं

१ "ख्वाजा मुअज़्ज़म, क़रचा हुसेन वल्द मर्दान बेग..उसे विदा कर दिया" तक का अनुवाद डा० बनारसी प्रसाद ने प्रकाशित नहीं किया।

२ शाह तहमास्प।

३ मुहरदार से तात्पर्य है।

४ इसका तात्पर्य यह है कि "मैं तो आपकी सेवा कर ही रहा था, इस समय आपके आदेश से मुझे धक्का पहुँचा"।

५ देखिये **अकबर नामा भाग १** पृ० २५५, (हिन्दी अनुवाद पूर्व पृ० २११)।
"नीम शब बूद कि व आं कोह कि तुरक़ावल बूद रसीदन्द, सुबह बूद कि ब नौये आहू रेज कर्द, हेच यक रा फ़ुर्सत तीर अन्दाख़्तन न शुद, चुनांकि मर्दुम दस्त दराज कर्दा आहू रा अज़ पा मी गिरिफ़्तन्द"—इस वाक्य से यह पता चलता है कि तुस्क़ावल का अर्थ जानवर नहीं अपितु किसी प्रकार के शिकार का घेरा है।

और बदख़्शाँ की भाषा में नहलम कहते हैं रवाना हुए। हुसेन क़ुली सुल्तान मुहरदार ने इस शिकार का नेतृत्व करके हज़रत पादशाह को ककचा नदी से पार कराया। आधी रात में वे उस पर्वत पर, जहाँ तुस्क़ावल था, पहुँच गए। प्रातःकाल मृग इस प्रकार भागे कि किसी को बाण चलाने का अवकाश न मिला और लोग हाथ बढ़ा बढ़ा कर मृगों के पाँव पकड़ने लगे। पर्वत इतना अधिक ढालू था कि इसका उल्लेख सम्भव नहीं। दास बायज़ीद ने भी इसी प्रकार एक मृग पकड़ा। एक पहर दिन चढ़ जाने के उपरान्त शिकार खेल कर हज़रत पादशाह क़िलये ज़फ़र की ओर चल दिए।

काबुल पर मीर्ज़ा कामरान का अधिकार

दूसरे दिन काबुल की ओर से समाचार प्राप्त हुए कि मीर्ज़ा कामरान वक्कर से शीघ्रातिशीघ्र बढ़ता हुआ ग़ज़नी पहुँचा है। अब्दुर्रहमान क़स्साब तथा अन्य क़स्साबों ने मिलकर क़िले के भीतर से मीर्ज़ा कामरान को क़िले के ऊपर खींच लिया। ग़ज़नी के हाकिम ज़ाहिद बेग को उसी रात्रि में क़िले के अरक से निकाल कर बन्दी बना लिया गया और काबुल ले जाकर तुफ़ंग का निशाना बना दिया गया। कुछ लोगों का मत यह है कि ग़ज़नी में ही शहीद कर दिया गया। जब (मीर्ज़ा कामरान) प्रातःकाल ताक़िया-दोज़ों के बाज़ार में पहुँचा तो उसे समाचार प्राप्त हुए कि मुहम्मद अली तग़ाई, जो काबुल का हाकिम था, तरदी गाव के हम्माम में है। अली क़ुली लाल[1], जो मीर्ज़ा (कामरान) का एक क़ूरची था, हम्माम में प्रविष्ट हो कर मीर को लुंगी सहित बाहर ले आया। मीर्ज़ा ने (७८) उसकी हत्या करा दी। पहलवान ग़ुलाम तूनक़तार ने, जिसकी उपाधि उश्तर थी और जो आहिनी द्वार का रक्षक था, द्वार खोल कर मीर्ज़ा को क़िले के भीतर प्रविष्ट करा दिया। मीर्ज़ा कामरान ने ९५४ हि० के अन्त[2] (१५४७ ई० के अन्त) में वक्कर से पहुँच कर काबुल पर अधिकार जमा लिया।

मीर्ज़ा कामरान द्वारा अत्याचार

मीर्ज़ा कामरान ने अरक में पहुँच कर शाहज़ादये आलमियान जलालुद्दीन मुहम्मद अकबर मीर्ज़ा एवं उनके तग़ाई मुअज़्ज़म सुल्तान को, जिसने ख़्वाजा रशीदी की हत्या की थी, बन्दी बना लिया। फ़ज़ाएल बेग, मेहतर वकीला एवं मेहतर वासिल की आँखों में नश्तर लगवा कर उन्हें अंधा करा दिया। मुहम्मद क़ासिम मीर्ज़ा, जिसे हज़रत पादशाह कुमक हेतु नियुक्त कर गए थे, जाला की ओर भाग गया।

हुमायूं की मीर्ज़ा सुलेमान से संधि

जब मीर्ज़ा (कामरान) के इन समाचारों की बेगमों एवं अमीरों के, जो काबुल में थे, प्रार्थना-पत्रों द्वारा पुष्टि हो गई तो हज़रत पादशाह ने मीर असग़र मुंशी को तत्काल बुलवा कर मीर्ज़ा सुलेमान को फ़रमान लिखवाया कि, "क़ुन्दुज़ के अतिरिक्त, जो मीर्ज़ा हिन्दाल की जागीर है, बदख़्शाँ की समस्त विलायत तुझे प्रदान करता हूँ। क्योंकि इस समय तुम्हें संकोच है अतः जब सन्तुष्ट हो जाना तो काबुल में पहुँच कर सेवा में उपस्थित होना।"

१ **अकबर नामा**, पृ० २५६-२५८ (प्रस्तुत अनुवाद पृ० २११-२१४) देखिये।
२ ९५३ हि० (१५४७ ई०) होना चाहिये।

प्रातःकाल हज़रत पादशाह क़िलये ज़फ़र से निकल कर काबुल की ओर चल दिए। कुछ दिन तक तालीक़ान में बरफ़ एवं वर्षा के कारण ठहरे रहे। वहाँ से वे क़ुन्दुज़ की ओर रवाना हुए। कुछ दिन तक क़ुन्दुज़ में मीर्ज़ा हिन्दाल के आतिथ्य के कारण मीर ख़ुसरो शाह के उद्यान में ठहरे रहे। ईदे क़ुर्बान[1] वहीं करके शेर तू दर्रे के मार्ग से काबुल की ओर रवाना हुए। बहार के प्रारम्भ (७९) में रेकक दर्रे से जो चारीक कार[2] के ऊपर स्थित है, ख़्वाजा सय्यारान[3] में पड़ाव किया। दूसरे दिन उस स्थान से शीघ्रातिशीघ्र बढ़ते हुए काबुल के क़िले के समीप पहुँचे। उस रात्रि में पुश्तये सियाह संग में ठहरे रहे।

शेर अफ़गन की हत्या

प्रातःकाल पोस्तीन दोज़ों[4] की ओर से होते हुए बीबी माहरू (नामक स्थान) को पार करके देहे अफ़ग़ानान में, जहाँ एक मज़ार है जिसे बाबा शेर कहते हैं, पहुँच गए। शेर अफ़गन नमक हराम की उस समय जागीर कहमर्द में थी, और वह क़िलये ज़फ़र से विदा होकर अपनी जागीर को चला गया था। जानी बेग ऊज़बेक ने, जिससे उसकी मित्रता थी, उसे शंकाओं में डाल दिया। काबुल से मीर्ज़ा कामरान ने भी उसे फ़रमान भेजा और उसे बहुत कुछ आश्वासन दिलाया। शैतान ने उसका गरीबान पकड़ कर उसे काबुल पहुँचा दिया। मीर्ज़ा कामरान ने तुमन, तोग एवं नक़्क़ारा[5] देकर उसे अपनी ओर मिला लिया। वह तरदी गाव के हम्माम में नशे में था, कि उसे हज़रत पादशाह के बदख़्शाँ से आगमन के समाचार प्राप्त हुए। वह तत्काल हम्माम से निकल कर मीर्ज़ा कामरान को सूचित किए बिना हज़रत पादशाह से युद्ध हेतु रवाना हो गया। वह बाज़ार बाबा लूली में पहुँचा ही था कि उसके दुर्भाग्य से उसकी पताका बाज़ार में लकड़ी से टकरा कर टूट गई। जब वह बाबा शश पर के निकट हज़रत पादशाह की सेना के अग्र भाग के समीप पहुँचा तो सैयिद अली क़ूरची ने मियान से तलवार निकाल कर उसपर आक्रमण कर दिया और उसे (८०) तत्काल बन्दी बनाकर हज़रत पादशाह की सेवा में ले गया। क़रजा ख़ाँ उससे रुष्ट होने के कारण उसे जीवित रहने का समय देना उचित न समझता था। हज़रत पादशाह ने उन लोगों को, जो भाग्यशाली रिकाब के साथ थे, आदेश दिया कि उसे मार डाला जाय। क्षण भर में उस नमक हराम को परलोक पहुँचा दिया गया। उसके बन्दी बनाये जाने के विषय में उलुग़ मीर्ज़ा के भाई शाह मीर्ज़ा एवं बाबूस के छोटे भाई जमाल बेग में वाद-विवाद होने लगा। अन्ततोगत्वा सैनिकों की गवाही पर जमाल बेग का प्रयत्न प्रमाणित हुआ।

हुमायूं द्वारा काबुल विजय का प्रयत्न

हज़रत पादशाह ख़्याबान के मार्ग से काबुल के क़िले की ओर रवाना हुए। हज़रत की

१ १० ज़िलहिज्जा ९५३ हि० (१ फ़रवरी १५४७ ई०)।

२ **अकबर नामा** में 'चारीकारान'।

३ ख़्वाजा सेह यारान; (**अकबर नामा** देखिये)।

४ पोस्तीन सीने वालों; स्थान का नाम है।

५ राजसी चिह्न।

सेना के अग्रभाग ने मीर्ज़ा के आदमियों से युद्ध किया। वे लोग ख्यावान द्वार से शहर बन्द[1] में प्रविष्ट हो गए और युद्ध करते हुए क़िले के आहिनी द्वार के पास पहुँच गए। ख़िज्र ख़ाँ हज़ारा एवं कुछ अरग़ून अमीर, जो बक्कर से मीर्ज़ा (कामरान) के साथ आये थे, नदी के मार्ग द्वारा बाग़े शहर आरा के पीछे से हज़ारजात की ओर चल दिये।

हुमायूं द्वारा मोर्चों का वितरण

मीर्ज़ा कामरान को भी सूचना प्राप्त हो गई कि हज़रत पादशाह बदख़्शाँ से पहुँच गए और शेर अफ़गन की भी हत्या हो गई है। हज़रत पादशाह ने उक़ाबैन पर्वत पर पहुँच कर पड़ाव किया। क़िले के चारों ओर बारक द्वार[2] के आगे सैनिकों को मोर्चे बाँट दिए। आहिनी द्वार (मोर्चा) हुसैन क़ुली सुल्तान मुहरदार एवं जमील बेग को प्राप्त हुआ। मोर्चे ठीक करते समय जमील बेग अपना सिर मोर्चे से निकाल कर अपना नाम बता रहा था कि क़िले के ऊपर से गोली आकर उसके मत्थे पर लगी और तत्काल उसकी मृत्यु हो गई। सब लोग अपने अपने मोर्चों (८१) में काम करते रहे। देहली द्वार की ओर का मोर्चा मीर्ज़ा हिन्दाल के सिपुर्द हुआ। बाबा दश्ती की ओर का मोर्चा क़रजा ख़ान तथा बाबूस को सौंपा गया। जलका[3] की ओर का मोर्चा मुसाहिब बेग वल्द ख़्वाजा कलां बेग उसके भाई मुबारिज़ बेग एवं हाजी मुहम्मद सुल्तान तथा बाबा क़श्क़ा को सौंपा गया। क्योंकि कोल[4] की ओर कोई शरण का स्थान न था और शाही आदमियों में भी कोई ऐसा न रह गया था जिसे उस ओर मोर्चा दिया जा सकता तथा कोल में जल भी न रहा था अतः प्रति दिन मीर्ज़ा कामरान के अश्वारोही उधर पहुँच कर हज़रत पादशाह के आदमियों से युद्ध करते थे।

मुहम्मद क़ासिम तथा मुहम्मद हुसेन का हुमायूं की सेवा में पहुँचना

मुहम्मद क़ासिम तथा मुहम्मद हुसेन, जो पहलवान दोस्त मीर बर[5] के भागिनेय थे, आहिनी द्वार एवं क़ासिम बरलास के घर के मध्य के बुर्ज से क़िले के बाहर कूद पड़े। क्योंकि बायज़ीद ब्यात उन दिनों हुसेन क़ुली सुल्तान मुहरदार की सेवा में था और आहिनी द्वार की रक्षा किया करता था, अतः वह उन लोगों को अपने साथ लेकर उक़ाबैन में हज़रत पादशाह के चरणों का चुम्बन करने पहुँचा। उन लोगों की प्रथम सेवा यही थी।

मीर्ज़ा संजर का बन्दी बनाया जाना

मीर्ज़ा कामरान के आदमी जब जब बारक द्वार के बाहर आते थे, पादशाही आदमी उन्हें भगाते हुए ख़्वाजा ख़िज्र के आँचल तक ले जाते थे। एक दिन सुल्तान जुनैद बरलास के पुत्र मीर्ज़ा संजर ने, जो क़िले में था, आक्रमण किया। उसका घोड़ा उसके अधिकार में न रहा और वह बनफ़शे के बाग़ के दर्रे में पहुँचा था कि कोचक अलमदार एवं कुछ लोगों ने निकल कर उसके

१ वह स्थान जो नगर की प्रतिरक्षा हेतु तैयार किया जाता है।

२ **अकबर नामा** के अनुसार 'यारक द्वार'।

३ मैदान।

४ झील।

५ जंगलों का प्रबन्ध करने वाले।

(८२) घोड़े की लगाम पकड़ ली और हज़रत पादशाह की सेवा में पर्वत में पहुँचा दिया। उसे बन्दी बना दिया गया। वह लाल रंग के घोड़े पर सवार था जिसे मीर्ज़ा यादगार नासिर क़न्धार से लाया था। मीर्ज़ा यादगार नासिर की हत्या हो जाने के उपरान्त उसने उसे मीर्ज़ा के आदमियों से क्रय कर लिया था। हज़रत पादशाह ने उसे ख़्वाजा कलां बेग के अलमदार[1] कोचक को जो उस समय क़रजा ख़ान का सेवक था प्रदान कर दिया।

शेर अली की हत्या

दूसरे दिन शेर अली, जो इसके पूर्व मीर्ज़ा यादगार नासिर का सेवक था, क़िले के बाहर निकला। घोर युद्ध हुआ यहाँ तक कि बाबा शम्मू के मज़ार तक पादशाही आदमियों को भगा दिया गया। ताश बकरक ने, जो मीर्ज़ा यादगार नासिर के तग़ाई यूसुफ़ का पुत्र था और उस समय हज़रत पादशाह के यक्का लोगों में से था, क़ब्रिस्तानों के मध्य में युद्ध किया। अन्त में मार डाला गया और उसका सिर काट कर क़िले में पहुँचा दिया गया।

मीर्ज़ा कामरान के एक दस्ते की पराजय

एक दिन मीर्ज़ा कामरान को समाचार प्राप्त हुए कि बल्ख़ से ५०० घोड़े आ गये हैं और चारीक में पड़ाव किए हैं। उसने शेर अली को १०० उत्तम आदमियों सहित इस आशय से नियुक्त किया कि वे जाकर व्यापारियों के घोड़े क़िले में ले आयें। यह समाचार हज़रत पादशाह को प्राप्त हो गए। उन्होंने ख़्वाजा कलां बेग के पुत्र मुसाहिब बेग तथा इस्माईल बेग दूल्दी एवं कुछ सरदारों तथा यक्का जवानों को शेर अली के पीछे नियुक्त किया। जब शेर अली को यह समाचार प्राप्त हुए तो वह न तो चारीक पहुँच सका और न क़िले में प्रविष्ट हो सका। वहाँ से ग़ज़नी की ओर चल दिया। मुसाहिब बेग एक सेना सहित सजावन्द के दर्रे में उसके पास पहुँच गया और युद्ध होने लगा। अन्त में शेर अली भाग कर मीर्ज़ा ख़िज्र ख़ां हज़ारा के घर की ओर भाग गया। मीर्ज़ा के आदमियों में से लगभग २० आदमी बन्दी बना लिये गए। दो दिन उपरान्त बन्दी लोग हज़रत पादशाह की सेवा में प्रस्तुत किए गए। उनके विषय में आदेश हुआ कि (८३) क़िले के समक्ष उन लोगों की हत्या कर दी जाय। तरदी गाव के पुत्र मीर्ज़ा के समक्ष उन लोगों की हत्या कर दी गई। जर्बी अग़ूलुक़ बाबूस उन लोगों के साथ था। आदेश हुआ कि जब तक इस समूह की हत्या की जाय उस समय तक बाबूस खुला रहे।

मीर्ज़ा कामरान को इस प्रकार की पराजय हुई। इसके उपरान्त जब मीर्ज़ा कामरान को किसी ओर से कुमक न पहुँची तो उसने अत्याचार करना प्रारम्भ कर दिया ताकि इस प्रकार बाहर के आदमियों को क़िले के भीतर ले आये। बाबूस[2] के दो पुत्रों की, जिनकी अवस्था १०-१२ वर्ष की थी हत्या करा दी। उनकी माता को किसी अनुचित आदमी को सौंप दिया। मुहम्मद क़ासिम मौजी की पत्नी को आहिनी द्वार में स्तन बंधवा कर लटकवा दिया। हज़रत पादशाह के जितने आदमी क़िले में थे, उन्हें इसी प्रकार के कष्ट पहुँचाये।

१ युद्ध में पताका ले जाने वाला।
२ बाबूस बेग।

हुमायूं की सहायता हेतु एक सेना का पहुँचना

कुछ दिन उपरान्त नव्वाब उलुग़ मीर्ज़ा, जो ज़मीनदावर का हाकिम था, नव्वाब क़ासिम हुसेन ख़ां शैबानी जो क़लात का हाकिम था एवं ख़्वाजा ग़ाज़ी जो कुछ कार्यवश शाह के लश्कर में रह गया था, बैरम ख़ां का जो क़न्धार में था, सम्बन्धी शाह क़ुली सुल्तान संक्षेप में ये लोग लगभग १००० सैनिकों सहित दाबन दर्रे के बाग़ में, जो ख़्वाजा शम्मू एवं तख़्ते शाह के दामन के मध्य में है, उतर पड़े। सब लोगों ने पर्वत पर उक़ाबैन में हज़रत पादशाह के चरणों का चुम्बन किया।

मीर्ज़ा कामरान का पलायन

दूसरे दिन हज़रत पादशाह ने पर्वत से उतर कर वारक द्वार की ओर, जो देहली एवं नख़्ख़ास[1] के मध्य में है, का मोर्चा जो इससे पूर्व किसी को न दिया गया था इस समूह (८४) को दे दिया। पहलवान दोस्त मीर बर ने समस्त बेलदारों को एकत्र करके उसी रात्रि में खाईं खुदवाई। लोगों ने अपने मोर्चों में शामियाने लगवाये।[2] इसके उपरान्त क़िले वाले कोल एवं मुहब्बत मैदान में युद्ध हेतु न निकल सकते थे। मीर्ज़ा (कामरान) ने सरदार बेग वल्द क़रजा[3] ख़ां को क़िले में उक़ाबैन पर्वत के सामने बन्दी बना दिया और कहलाया कि "मैं तेरे पुत्र की हत्या कर दूँगा अन्यथा तू ऐसा उपाय कर कि मैं क़िले के बाहर निकल जाऊँ अथवा तू आकर मुझसे मिल जा और या ऐसा कर कि हज़रत पादशाह प्रस्थान कर जायें।" क़रजा ख़ां ने उत्तर भिजवाया कि, "मैं हज़रत पादशाह के प्रति निष्ठावान् हूँ। मेरे आदमियों की ओर कौन निगाह कर सकता है? इस समय तुम काबुल के क़िले में मेरे चंगुल में हो। जो कुछ तुम मेरे पुत्रों के साथ करोगे वही मैं तुम्हारे एवं तुम्हारे पुत्रों के साथ करूँगा। तुमने क्या समझ रक्खा है?" मीर्ज़ा जब क़िले की रक्षा की ओर से प्रत्येक उपाय करके एवं हर प्रकार से निराश हो गया तो उसने मीर्ज़ा हिन्दाल से, जिसका मोर्चा देहली द्वार की ओर था, सम्पर्क स्थापित किया। मीर्ज़ा हिन्दाल को भाई के प्रति दया आ गई। चार घड़ी रात्रि रह गई थी कि मीर्ज़ा कामरान द्वार खोल कर मुसाहिब बेग के जलके की ओर भाग गया। जो प्यादे उस क्षेत्र में पहरा दे रहे थे उन्होंने मीर्ज़ा को पकड़ लिया और पहचान कर थैली निशानी[4] के रूप में लेकर उसे छोड़ दिया। मीर्ज़ा कामरान वहाँ से सन्जिद घाटी की ओर रवाना हुआ। उस स्थान के रईस[5] ने मीर्ज़ा को एक घोड़ा प्रदान कर दिया।

१ मवेशियों तथा बन्दी दासों का बाज़ार।

२ डा० बनारसी प्रसाद ने "हज़रत पादशाह इस पड़ाव से (पृ० ७७)....शामियाने लगवाये" तक का अनुवाद प्रकाशित नहीं किया है।

३ क़राजा अथवा क़राचा ख़ां।

४ "प्यादहा कि दर आं नवाही दीदबानी मी कर्दन्द मीर्ज़ा रा गिरिफ़्ता शिनाख़्ता दूलमियान रा निशानी गिरिफ़्ता गुज़ाश्तन्द"—यह वाक्य स्पष्ट नहीं। सम्भवतः दूलमियान अथवा थैली घूस के रूप में ली गई होगी। डा० बनारसी प्रसाद ने इसका अनुवाद इस प्रकार किया है :—"The foot-soldiers who were keeping vigil there recognised him, but let him go after receiving the watch words" (पृ० १०२)।

५ हाकिम।

मीर्ज़ा कामरान द्वारा बदख़्शां की विजय

वह वहाँ से बल्ख़ की ओर चल दिया और पीर मुहम्मद ख़ां से भेंट करके यह प्रतिज्ञा की कि काबुल की विजय के उपरान्त वह उसके लिए बदख़्शाँ छोड़ देगा। ग़ूरी एवं बक़लान पर अधिकार जमाने के समय तक पीर मुहम्मद ख़ां (मीर्ज़ा कामरान के) साथ रहा। तदुपरान्त विदा हो गया। मीर्ज़ा कामरान तालीक़ान की ओर रवाना हुआ। मीर्ज़ा सुलेमान तथा मीर्ज़ा इबराहीम उसका मुक़ाबला न कर सके और वे लोग बदख़्शाँ की घाटियों की ओर भाग गए। बदख़्शाँ का क़िला एवं आस-
(८५) पास के समस्त स्थान मीर्ज़ा कामरान के अधिकार में आ गए।

क़रजा ख़ां इत्यादि प्रतिष्ठित अमीरों का बदख़्शां की ओर प्रस्थान

क़रजा ख़ां एवं अमीरों के एक समूह ने उसी वर्ष स्वामीभक्ति प्रदर्शित की थी अतः उन्हें अपनी सेवा का अभिमान था। हज़रत पादशाह क़रजा ख़ां को पिता कहते थे। लम्बे आदमी के बुद्धि नहीं होती। क़रजा ख़ां की दाढ़ी भी लम्बी थी, अतः उसे जो सम्मान प्राप्त हुआ उसके कारण उसे बड़ा अभिमान हो गया। उसने हज़रत पादशाह से निवेदन किया कि, "ख़्वाजा ग़ाज़ी को, जिसे आपने दीवान का मुशरिफ़[1] बना दिया है, मेरे पास भेज दें, ताकि मैं उसकी हत्या करा दूं। ख़्वाजा क़ासिम ब्यूतात[2] को दीवान नियुक्त कर दें।" हज़रत पादशाह ने कहा कि, "यदि ख़्वाजा ग़ाज़ी का कोई अपराध सिद्ध हो जायगा तो हम उसकी हत्या करा देंगे। यदि ख़्वाजा क़ासिम निष्ठावान् रहेगा तो उसे दीवान बना देंगे।" जब क़रजा ख़ां का प्रस्ताव स्वीकार न हुआ तो बाबूस ने उससे कहा कि, "तूने भूल की और अनावश्यक बात कही, तुझे इससे हानि पहुँच जायगी।" उसने पूंछा, "क्या करना चाहिए?" मुसाहिब बेग, इस्माईल बेग दूल्दी, बाबूस, हैदर दोस्त चग़लक़ांची एवं कुछ अन्य लोगों ने जो आपस में मिले थे, यह निश्चय किया कि "हम लोग बादशाह पर आक्रमण कर दें।" बाबूस ने कहा कि, "पादशाह बड़े प्रतिष्ठित व्यक्ति हैं। बहुत बड़ी संख्या में लोग सर्वदा इधर उधर उपस्थित रहते हैं। यह प्रस्ताव अच्छा नहीं।" क़रजा ख़ां के मित्रों एवं हितैषियों ने यह निश्चय किया कि "हज़रत पादशाह के गल्ले[3] को, जो ख़्वाजा रीवास के जलके में है, हंका कर बदख़्शाँ पहुँचा दिया जाय और मीर्ज़ा कामरान को भेंट कर दिया जाय। मीर्ज़ा को साथ लेकर काबुल आया जाय।"

हुमायूं द्वारा उनका पीछा करने में विलम्ब

एक पहर दिन चढ़ जाने पर क़रजा उस समूह सहित, जिससे मिल कर यह सब निश्चय
(८६) हुआ था, गल्ले को हंकाता हुआ बदख़्शाँ की ओर रवाना हुआ। जब हज़रत पादशाह को उरता बाग़ में यह समाचार प्राप्त हुए तो सवार होने के लिए वह मुहूर्त अच्छा न था। प्रस्थान करने में चार-पाँच घड़ी का विलम्ब किया गया। हज़रत पादशाह के हाथ में उस्तुरलाब थी और शुभ मुहूर्त की प्रतीक्षा हो रही थी। हुसेन क़ुली सुल्तान मुहरदार ने निवेदन किया कि "पादशाह

१ 'मुशरिफ़े दीवान;' डा० बनारसी प्रसाद के अनुवाद में 'Principal Diwan' (पृ० १०२)।
२ **अकबर नामा** के अनुसार 'क़ासिम तूली'।
३ सम्भवतः घोड़ों का झुन्ड।

सलामत ! वे हरामखोर दूर निकल गए।" हज़रत पादशाह ने कहा, "हुसेन क़ुली खां ! इन लोगों ने मुझे पादशाह नहीं बनाया है। चले जाने दो।"

अकबर का ईश्वर में विश्वास

इस प्रकार की बात लगभग ३० वर्ष हुए कि हज़रत जलालुद्दीन मुहम्मद अकबर पादशाह से देहली में माहम बेगम के, जो उनकी आग़ा अनका थी, महल में दास बायज़ीद बयात ने सुनी थी। उस समय खाने ख़ानां मुनइम खां एवं ख़्वाजये जहाँ ने निवेदन किया कि, "ख़ाने ज़मां से युद्ध करना है, जिस प्रकार आदेश हो युद्ध की व्यवस्था की जाय।" शाहंशाह अकबर ने कहा, "तुम मेरे पिता तुल्य हो। जैसा उचित समझो, व्यवस्था कर लो किन्तु यह समझ लो कि ख़ाने ज़माँ एवं अन्य लोगों ने मुझे पादशाह नहीं बनाया है।" ख़ाने ख़ानाँ एवं ख़्वाजये जहाँ ने जब यह बात शाहंशाह के मुंह से सुनी तो राज्य के लिए जिस प्रकार उचित था, ख़ाने ज़माँ के अभियान की व्यवस्था कर ली और फ़रमान जारी कर दिए।

हुमायूं द्वारा क़रजा ख़ां इत्यादि का पीछा न करना

हज़रत पादशाह ने अपने राजदूत मीर्ज़ा अरब ज़रगर को विदा कर दिया। लगभग दो पहर तथा एक घड़ी उपरान्त जब शुभ मुहूर्त आ गया तो हज़रत पादशाह स्वयं सवार हुए। जो अमीर विद्रोहियों से सहमत न थे उदाहरणार्थ तरदी बेग अतावा, मुनइम बेग वल्द मीरम बेग अन्देजानी, मुहम्मद क़ुली बरलास, क़ासिम बरलास का दामाद अब्दुल्लाह सुल्तान, हुसेन क़ुली सुल्तान मुहरदार, वाल्तू बेग तवाची बेगी, ताख्ची बेग काशग़री मुहम्मद क़ासिम मौजी, हैदर सुल्तान शैबानी (८७) के पुत्र अली क़ुली एवं बहादुर, हैदर सुल्तान का भाई क़ासिम हुसेन ख़ां शैबानी, हैदर क़ासिम, मुहम्मद क़ासिम कोह बर, क़म्बर बेग ईशक आग़ाई काशग़री एवं कुछ अन्य ख़ान तथा सुल्तान और यक्का जवान जो काबुल में थे सशस्त्र होकर शत्रुओं के पीछे रवाना हुए। क़राबाग़ में हज़रत पादशाह की सेना के अग्र भाग ने उन दुष्ट विद्रोहियों की सेना के पिछले भाग से युद्ध प्रारम्भ कर दिया। वे किसी को बन्दी न बना सके और (शत्रु) भागते चले गए। सायंकाल की नमाज़ के समय क़रजा ख़ां से मोरी नदी पर थोड़ा बहुत युद्ध हुआ। मोरी नदी क़ूरबन्द के पुल के समीप है जिसे पार करके चाहे सारू उलंग के दर्रे को चले जायं और चाहे पंजहीर दर्रे को। क्योंकि रात्रि हो गई थी अतः (८८) शत्रुओं ने क़ूरबन्द का पुल पार करके उसे नष्ट कर डाला[1]। हज़रत पादशाह की सेना के अग्र भाग वाले क़राबाग़ में उनकी सेवा में उपस्थित हो गए। यह निश्चय हुआ कि 'काबुल वापस हो जायें। एक मास तक सैनिकों की व्यवस्था करके वे बदख़्शाँ की ओर रवाना हों'।

हुमायूं द्वारा बदख़्शां पर आक्रमण की तैयारी

दूसरे दिन हज़रत पादशाह ने पुनः उरता बाग़ में पड़ाव किया और सेना की व्यवस्था करने में व्यस्त हो गए। क़रजा ख़ां एवं उसके सहायक पंजहीर के मार्ग से बदख़्शाँ की ओर चल दिए। उसने अपने आग़ूलक़[2] तिमुर क़ुली शिग़ाली को पंजहीर में इस आशय से छोड़ दिया कि वह काबुल

१ इस स्थान के वाक्य स्पष्ट नहीं।
२ आग़ूलूक़

के दैनिक समाचार लिख कर भेजता रहे। वे स्वयं किश्म में मीर्ज़ा कामरान की सेवा में पहुँच गए। हज़रत पादशाह एक मास तक काबुल में यूद्ध की व्यास्था करके बदख़्शाँ की ओर रवाना हुए[1]।

मीर्ज़ा इबराहीम की तिमुर शिग़ाली पर विजय

जब हज़रत पादशाह ने क़राबाग़ जलके में पड़ाव किया तो नव्वाब मीर्ज़ा वल्द मीर्ज़ा सुलेमान ख़ूस्त के दर्रों से होता हुआ परियान क़िले के मार्ग से नावा नामक स्थान पर, जहाँ तिमुर अली शिग़ाली था, पहुँच गया। परियान का क़िला सीमान्त पर स्थित है। इसका निर्माण हज़रत साहब क़िरानी ने कतूर के काफ़िरों से युद्ध करने के लिए कराया था और वहां हाकिम नियुक्त कर दिया था। नव्वाब मीर्ज़ा ने तिमुर अली शिग़ाली के विषय में समाचार पाकर उसपर आक्रमण करके उसकी हत्या कर दी और उसका सर काट कर उपहार स्वरूप हज़रत पादशाह की सेवा में लाया, और मलिक मुहम्मद सहित हज़रत पादशाह के चरणों का चुम्बन करके सम्मानित हुआ। मीर्ज़ा इबराहीम की हज़रत पादशाह के प्रति प्रथम सेवा यही थी। हज़रत पादशाह ने तिमुर अली का सिर शिविर के चारों ओर घुमवाया। पादशाह ने मीर्ज़ा इबराहीम को फ़र्ज़न्दी में लेते हुए[3] जामाता बनने का सम्मान प्रदान किया। मलिक मुहम्मद अतका के साथ उसे भी घोड़ा एवं सरोपा देकर इज़्ज़त बख़्शी और उसी पड़ाव पर विदा कर दिया।

हुमायूं का तालीक़ान की ओर पहुँचना

(८९) मीर्ज़ा सुलेमान को आदेश हुआ कि "बदख़्शाँ के लश्कर एवं ईमाक़ों[4] को एकत्र करके तैयार रहे। जब हज़रत पादशाह तालीक़ान के समीप पहुँचे तो मीर्ज़ा सुलेमान भी उपस्थित होकर लश्कर में सम्मिलित हो जाय।" हज़रत पादशाह एक पड़ाव से दूसरा पड़ाव पार करते हुए पंजहीर दर्रे से होकर अन्दराब में पहुँचे। नव्वाब मीर्ज़ा हिन्दाल तथा क़ुन्दुज़ की सेना हज़रत पादशाह के चरणों का चुम्बन करके सम्मानित हुई। कुछ मंजिलें और पार करके विजयी लश्कर का तालीक़ान के समीप पड़ाव हुआ।

हुमायूं की सेना के अग्र भाग की पराजय

दूसरे दिन मीर्ज़ा हिन्दाल, हाजी मुहम्मद कोकी एवं एक अन्य समूह तथा यक्का जवानों को सेना के अग्र भाग में भेज कर वे तालीक़ान के क़िले की ओर रवाना हुए। जब प्रातःकाल सेना के अग्र भाग ने तालीक़ान नदी पार कर ली तो लश्कर ने भी बिना जाने नदी पार की। हज़रत पादशाह प्रातःकाल की नमाज़ के लिए ठहरे हुए थे। मीर्ज़ा कामरान, क़रजा ख़ां तथा वह सेना जो काबुल से भाग कर किश्म में आ गई थी, प्रातःकाल हलक़ नाक़ से, जो तालीक़ान नदी के तट पर एक जलका है[5], पहुँची। मीर्ज़ा अब्दुल्लाह मुग़ल, जो तालीक़ान का हाकिम था, मीर्ज़ा के लश्कर

१ डा० बनारसी प्रसाद ने "ख़ाने ख़ानां एवं ख्वाजये जहां....और रवाना हुये" तक का अनुवाद नहीं प्रकाशित किया।

२ मीर्ज़ा इबराहीम।

३ इसका तात्पर्य भी जामाता बनाने से है।

४ क़बीलों।

५ जुलका अथवा जलका का अर्थ स्टेइनगस के फ़ारसी अंग्रेज़ी शब्द के कोश में "territory, level ground, plain" है। हसन अमीद के **फरहंगे नव** नामक आधुनिक फ़ारसी शब्द-कोश में इसका अर्थ "ज़मीने पस्त व

वालों से मिल गया। मीर्ज़ा हिन्दाल तथा हाजी मुहम्मद सुल्तान ने मुक़ाबला किया। उन लोगों ने मीर्ज़ा हिन्दाल तथा हाजी मुहम्मद मुल्तान को हलक़ नाक़ से भगा कर नदी के किनारे पहुँचा दिया। हज़रत पादशाह के शिविर पर मीर्ज़ा कामरान के आदमियों ने छापा मारा और वे अपनी इच्छानुसार लूट मार करके तालीक़ान की ओर चल दिए। हज़रत पादशाह ने, ज़ो कुछ लोगों के साथ नदी के इस पार नमाज़ पढ़ रहे थे, यह सब कुछ देखा। जब वे नमाज़ पढ़ चुके तो नदी के उस पार जाना चाहते थे। कुछ लोगों ने उपस्थित होकर निवेदन किया कि "नदी के उस
(९०) ओर जमजमा[1] है। सवार होकर नदी पार नहीं कर सकते। ऊपर की ओर चक्की एवं चट्टान है। लश्कर सुगमतापूर्वक गुज़र सकता है।" हज़रत पादशाह उसी मार्ग की ओर, जो कि उत्तम था, रवाना हुए। लगभग आधे कुरोह की यात्रा करके नदी पार की।

शेख़ीम ख़्वाजा ख़िज़्री को दंड

हज़रत पादशाह उस चक्की के समीप पहुँचे ही थे कि शेख़ीम ख़्वाजा ख़िज़्री, जो उस समय ख़्वाजा ख़िज़्रियों का सरदार था और जिसने क़रजा खां के साथ विद्रोह कर दिया था, पादशाह की सेना के अग्र भाग द्वारा बन्दी होकर हज़रत पादशाह की सेवा में प्रस्तुत किया गया। हज़रत पादशाह ने आदेश दिया कि उसे मारा जाय। जो प्यादे पीछे थे, उन्होंने इतनी तलवारें, लकड़ी तथा तुफ़ंग के कुंदे उसके सिर पर मारे कि सब लोगों का विचार था कि उसकी मृत्यु हो गई। क्योंकि वह गिर चुका था, अतः शाही सेना की पंक्ति उसे रौंदती हुई निकल गई। उसके थोड़ी थोड़ी साँस आ रही थी। चक्की वाला उसे अपने घर उठा ले गया और उसका उपचार करने लगा। इसके उपरान्त उसने कई वर्षों तक ख़्वाजा ख़िज़्रियों की सरदारी की। कुछ समयोपरान्त उसकी मृत्यु हो गई।

शेर

यदि संसार भर की तलवारें चलें,
तो जब तक ईश्वर न चाहेगा एक नस भी न कट सकेगी।'

इस्माईल बेग दूल्दी का बन्दी बनाया जाना

हज़रत पादशाह थोड़ी ही दूर आगे गए थे कि इस्माईल बेग दूल्दी वल्द इबराहीम अहमद जानी, जो कि हज़रत पादशाह का एक प्रतिष्ठित अमीर था एवं जिसने क़रजा खां के साथ विद्रोह कर
(९१) दिया था, बन्दी बना कर लाया गया और राजसिंहासन के समक्ष प्रस्तुत किया गया। हज़रत पादशाह ने तुर्की में कहा, "हे दीवानये क़ुल्ताक़[2] ! हमने तेरे साथ कौन सी बुराई की थी ?" उसने

हमवार" लिखा है। इसका भी अर्थ मैदान होता है। डा० बनारसी प्रसाद ने इसका अनुवाद hillock (पहाड़ी) किया है जो शुद्ध नहीं। "They also arrived at Halquaq, a hillock on the Taliqan river" (पृ० १०४)।

१ जमजमा :—इस शब्द का अर्थ स्पष्ट नहीं। स्टेइनगास के फ़ारसी अंग्रेज़ी शब्द कोश में इसका अर्थ "a well dug in a brackish place" लिखा है। बहारे अजम में इसका अर्थ "चाहे कि दर शोरिस्तान बाशद" अर्थात वह कुवां जो दलदल में हो। डा० बनारसी प्रसाद ने इसका अनुवाद 'Marsh' (दलदल) ही किया है। (पृ० १०४)

२ 'हे दुष्ट पागल'।

उत्तर दिया कि, "जिस दिन से मैं काबुल से बदख़्शाँ की ओर रवाना हुआ उस दिन से फिर काबुल की ओर किसी बुराई से मुख न किया। हज़रत पादशाह को इस उत्तर से हंसी आ गई। इसी बीच में मुनइम बेग ने निवेदन किया, "हे पादशाह आपका यह प्रतिष्ठित अमीर है। जब कभी आप चाहेंगे इसे दंड दिया जा सकेगा।" हज़रत पादशाह! ने उसके अपराध के विषय में मुनइम बेग को अधिकार दे दिया और उसकी निगरानी करने का आदेश दे दिया।

मीर्ज़ा कामरान की पराजय

तदुपरान्त वे हलक़ नाक़ की ओर रवाना हुए। रोशन कोका का भाई फ़तहुल्लाह बेग शाही सेना के अग्र दल के एक भाग का सरदार था। दास बायज़ीद उस दल में सम्मिलित था। (वे लोग) लगभग ५० आदमी रहे होंगे। जब सेना के अग्र भाग वाले हलक़ नाक़ के ऊपर पहुँचे तो मीर्ज़ा कामरान अपनी पताका लेकर ६०-७० व्यक्तियों सहित दृष्टिगत हुआ। जब उन लोगों ने देखा कि इनके पीछे (हमारी) सेना आ रही है तो वे लोग अपने झंडे को मोड़ कर उस ओर रवाना हुए। मीर्ज़ा की सेना में से कुछ लोगों ने पृथक् होकर उनपर आक्रमण किया। यक-बारगी दोनों ओर के अग्र दल वाले तलवारें चलाने लगे। फ़तहुल्लाह कोका, जो हज़रत पादशाह की सेना के अग्र भाग का सरदार था, घोड़े से गिर पड़ा। कुछ लोग उसे सवार करने का प्रयत्न करने लगे। इसी बीच में हज़रत पादशाह की पताकायें दृष्टिगत हो गईं। जब मीर्ज़ा ने हज़रत पादशाह की पताकायें देखीं तो वह मुक़ाबला न कर सका' और भागना निश्चय करके तालीक़ान के क़िले की ओर चल दिया। जिस प्रकार मीर्ज़ा के आदमियों ने हज़रत पादशाह के आदमियों को नष्ट-भ्रष्ट किया था, उसी प्रकार हज़रत पादशाह के आदमियों ने मीर्ज़ा के आदमियों को नष्ट-भ्रष्ट कर डाला। (९२) लूट की धन-सम्पत्ति पर वाद-विवाद होने लगा। हज़रत पादशाह ने कहा, "हुरल हो[1]।" उन्हीं लोगों में बहुत से ऐसे थे जिनके २००० रुपए चले गए थे किन्तु उन्हें एक रुपया भी न प्राप्त हुआ था और कुछ ऐसे थे जिनके पास १० रुपया भी न थे और १०,००० रुपए हो गए। अली क़ुली वल्द हैदर सुल्तान शैबानी को साधारण सा घाव लग गया। सेना वालों में से अन्य किसी को कोई हानि न हुई।

मुबारिज़ बेग की हत्या

उस दिन हज़रत पादशाह ने हलक़ नाक़ पर पड़ाव किया। दूसरे दिन तालीक़ान के क़िले को घेर कर मोर्चे बाँट दिए। एक दिन उस द्वार के मोर्चे से, जो मुनइम बेग, हैदर क़ुली बरलास तथा हुसेन क़ुली सुल्तान मुहरदार के अधीन था, क़िले पर तुफ़ंग चलाई गई। मुबारिज़ बेग वल्द ख़्वाजा कलां बेग के क़िले के ऊपर तुफ़ंग (की गोली) लगी। वह उन लोगों में से था, जो क़रजा खां से मिल गए थे। उसकी मृत्यु हो गई। हज़रत पदशाह को उसकी हत्या का बड़ा दुःख हुआ। उन्होंने कहा, "काश मुसाहिब बेग की उसके स्थान पर हत्या हो जाती[2]।"

१ **अकबर नामा** में हुरल की व्याख्या करते हुये लिखा गया है कि "हुरल अर्थात् जिसे जो कुछ प्राप्त हुआ हो उसे वह ले ले" (पृ० २७७, हिन्दी अनुवाद पूर्व पृ० २३८)।

२ **अकबर नामा** में "काश उसका भाई मुसाहिब बेग उसके स्थान पर मार डाला जाता"। (**अकबर नामा भाग १**, प्रकाशित पृ० २७८, हिन्दी अनुवाद पूर्व पृ० २३९)।

हुमायूं के पास अन्य अमीरों का पहुँचना

कुछ दिन उपरान्त मीर्ज़ा सुलेमान तथा मीर्ज़ा इबराहीम बदख़्शाँ के दर्रों से आकर हज़रत पादशाह की सेवा में उपस्थित हो गए। उन्हें भी क़िले के अवरोध हेतु एक मोर्चा दे दिया गया। कुछ दिन उपरान्त चाकर ख़ां वल्द सुल्तान उवैस क़िवचाक़ उत्तम सैनिकों सहित (९३) कोलाब से उपस्थित हुआ और चरणों का चुम्बन करके सम्मानित हुआ। उसकी उसे योग्यतानुसार भी मोर्चा प्रदान कर दिया गया।

मीर्ज़ा कामरान को पीर मुहम्मद द्वारा कुमक न प्राप्त होना

जब मोर्चे पूरे हो गए तो मीर्ज़ा कामरान पादशाह की कृपा की ओर से निराश हो गया। उसने बल्ख़ के हाकिम पीर मुहम्मद ख़ां के पास आदमी भेज कर कुमक माँगी। उसने वृद्ध ऊज़बेकों को बुलवा कर कुमक के विषय में उनसे परामर्श किया। ऊज़बेकों ने निवेदन किया कि, 'ये लोग हज़रत बाबर पादशाह के पुत्र हैं और चारों हमारे शत्रु हैं। उनको कुमक भेजने का क्या प्रश्न ? वे जितना अधिक आपस में युद्ध करें उसी में हमारा लाभ है।"

मीर्ज़ा कामरान द्वारा क्षमा-याचना

जब मीर्ज़ा कामरान ऊज़बेकों की सहायता की ओर से निराश हो गया तो उसने हज़रत पादशाह के समक्ष विनय-पूर्वक खेद प्रकट करते हुए निवेदन कराया कि, "आप मेरे अपराधों को क्षमा कर दें और मुझे मक्का जाने की अनुमति प्रदान कर दें।" हज़रत पादशाह सर्वदा अपने भाइयों विशेष रूप से मीर्ज़ा कामरान के प्रति कृपा एवं दया प्रदर्शित करते रहते थे अतः उन्होंने मीर्ज़ा की प्रार्थना स्वीकार कर ली और आदेश दिया कि, "क़रजा ख़ां एवं उस समूह को, जिन्होंने मिल कर विद्रोह कर दिया था, मीर्ज़ा हमारे पास भेज दे। तदुपरान्त उसे मक्का जाने की अनुमति प्रदान कर दी जायगी।" उन लोगों में से बाबूस के विषय में मीर्ज़ा (कामरान) ने निवेदन कराया कि "मेरे ऊपर कृपा करके उसे मेरे साथ मक्का जाने की अनुमति दे दी जाय ताकि वह मेरी सेवा करता रहे। वह प्रारम्भ से मेरा आश्रित है; चूँकि मैंने काबुल में उसके पुत्रों की हत्या करा दी है, अतः मैं उससे अपने अपराध क्षमा कराऊँगा।"

विद्रोही अमीरों का हुमायूं के दरबार में प्रस्तुत किया जाना

हज़रत पादशाह ने मीर्ज़ा की प्रार्थना स्वीकार कर ली। इससे पूर्व हज़रत पादशाह ने अपने हाथ से लिखा था कि, "क़रजा-बदबख़्त[1], मुसाहिब-मुनाफ़िक़ तथा बाबूस-दय्यूस," अतः उन्होंने (९४) आदेश दिया कि "दय्यूस मेरे लश्कर में न रहे।" दूसरे दिन मीर्ज़ा ने क़रजा एवं मुसाहिब इत्यादि को जिन्होंने विद्रोह किया था, बाबूस के अतिरिक्त, शाही आदमियों के सिपुर्द करके क़िले के बाहर भेज दिया। पाँच घड़ी रात्रि व्यतीत हो चुकी थी कि हज़रत पादशाह दौलत-ख़ाने से निकले। मीर तोलक़ के उद्यान में पेश ख़ाना लगवा दिया गया था। वहाँ कुर्सी रख दी गई, वे उसपर बैठे। बख़्शियों एवं मीर अर्ज़ को समझा दिया गया था कि उन लोगों को लाकर किस प्रकार से चरणों का चुम्बन कराया जाय। क़रजा ख़ां की ग्रीवा में तलवार लटका कर उसे लाया गया। जब वह मशाल

१ **अकबर नामा** में 'क़राबख़्त'।

के समीप, जो दरबार में थी, पहुँचा तो आदेश हुआ कि, "क्योंकि उसकी दाढ़ी सफ़ेद हो चुकी है और मैं उसे पिता भी कह चुका हूँ अतः उसकी गरदन से तलवार निकाल दी जाय।" उसे लाकर चरणों के चुम्बन द्वारा सम्मानित कराया गया। हज़रत पादशाह ने उसका अपराध क्षमा करते हुए कहा कि, "सैनिकों के जीवन में यह तो होता ही रहता है[1]।" इस वाक्य को हज़रत पादशाह ने तुर्की में कहा। दरबार में तरदी बेग अतावा के हाथ के नीचे की ओर खड़े होने का आदेश हुआ। तदुपरान्त मुसाहिब बेग को प्रस्तुत किया गया। जिस स्थान पर क़रजा खां की गरदन से तलवार निकाली गई थी उसी स्थान पर उसकी ग्रीवा से निषंग खोल कर तलवार लटका कर लाया गया। (९५) हज़रत पादशाह ने उसके अपराध भी क्षमा कर दिए और क़रजा खां के नीचे की ओर स्थान प्रदान कर दिया। तदुपरान्त सरदार बेग वल्द क़रजा खां की (गरदन में) निषंग एवं तलवार लटका कर लाया गया। जब उसे उस मशाल के पास जो निश्चित की गई थी[2] लाया गया तो हज़रत पादशाह ने कहा कि, "जो कुछ अपराध किया है वह बड़ों ने किया है, छोटों ने कौन सा अपराध किया है ?" उसके अपराध को क्षमा करके निषंग एवं तलवार को उसकी ग्रीवा से निकाल दिया गया और उसे चरणों के चुम्बन का सम्मान प्रदान किया गया। मुसाहिब बेग के समीप उसे स्थान दे दिया गया। तदुपरान्त हैदर बेग मुग़ुल क़ाजी एवं कुछ अन्य लोगों को जो क़रजा खां के सहायक थे, निषंग एवं तलवार गले में लटकवा कर लाया गया। हज़रत पादशाह ने सबको क्षमा कर दिया। तदुपरान्त हुसेन क़ुली सुल्तान मुहरदार ने यह शेर पढ़ा :—

शेर

'जिस दीपक को परमेश्वर प्रज्वलित करता है,
जो कोई उसपर फूँक मारता है, अपनी दाढ़ी जला लेता है।'

क्योंकि क़रजा खां की दाढ़ी बड़ी लम्बी थी अतः यह शेर समयानुकूल सिद्ध हो गया और हज़रत पादशाह इस बात से बड़े प्रसन्न हुए। जिन लोगों ने हरामख़ोरी की थी, वे इससे बड़े खिन्न हुए। तदुपरान्त क़ुर्बान क़रावल चरणों का चुम्बन करके सम्मानित हुआ। हज़रत पादशाह ने क़रावल से पूछा, "तूने ऐसा क्यों किया[3] ?" उसने उत्तर दिया, "हज़रत पादशाह ! जिस समूह का ईश्वर ने मुंह काला कर दिया हो, उन लोगों से इन बातों को पूँछने से क्या लाभ ?" यह प्रश्नोत्तर तुर्की में हुआ। हज़रत पादशाह मुस्कुराये और दीवान के अधिकारियों को आदेश हुआ कि, "यदि उसकी जागीर ले ली गई हो तो उसे हम उसको प्रदान करते हैं।"

मीर्ज़ा कामरान का मक्का की ओर प्रस्थान

इसके पश्चात् हज़रत पादशाह मीर तोलक की मंज़िल की ओर, जो उसी उद्यान में थी, (९६) रवाना हुए। दूसरे दिन अली दोस्त यसावल, अब्दुल वह्हाब, सैयिद मुहम्मद पकना, मुहम्मद क़ुली शेख़ कमान, लुत्फ़ी सरहिन्दी एवं कुछ थोड़े से तवाचियों[4] को आदेश हुआ कि वे तालीक़ान द्वार

१ "आलम सिपाह गरी अस्त"।
२ जहां बन्दी लाकर प्रथम बार खड़े किये जाते थे।
३ 'क्यों भागा' ?
४ पहरेदारों।

पर खड़े हो जायें और जिस समूह ने विद्रोह किया था उसे हज़रत पादशाह की सेवा में ले आयें, तदुपरान्त मीर्ज़ा (कामरान) को मक्का चले जाने दिया जाय। मीर्ज़ा आदेशानुसार क़िले से असबाब सहित निकल कर बंगी[1] नदी की ओर रवाना हुआ। इसी बीच में मीर्ज़ा इबराहीम के सेवक के एक घोड़े पर मीर्ज़ा (कामरान) का एक सेवक सवार होकर जा रहा था। उसने मीर्ज़ा इबराहीम से कहा कि, "मेरे अमुक घोड़े पर मीर्ज़ा (कामरान) का एक सेवक सवार है।" मीर्ज़ा इबराहीम ने कहा "ले लो।" वह घोड़ा ले लिया गया। जब हज़रत पादशाह को यह समाचार प्राप्त हुए तो वे इस बात पर बड़े रुष्ट हुए और कहा कि, "मीर्ज़ा कामरान हमारा चाहे जितना बड़ा शत्रु क्यों न हो, किन्तु हमारा भाई है। एक घोड़े का क्या मूल्य है कि तुमने उसके सेवक को पैदल कर दिया?" क्योंकि मीर्ज़ा इबराहीम ने यह कार्य अज्ञानतावश किया था, अतः लज्जित होकर आज्ञा बिना किश्म की ओर चला गया।

मीर्ज़ा कामरान का हुमायूं की सेवा में उपस्थित होना

उस दिन मीर्ज़ा कामरान ने अपने असबाब एवं आदमियों सहित बंगी नदी के तट पर पड़ाव किया। दो पहर रात्रि के उपरान्त मीर्ज़ा कामरान का प्रार्थना-पत्र प्राप्त हुआ कि, "मेरे प्रति जो अधिक से अधिक कृपा हो सकती थी, वह आपने प्रदर्शित की। इस समय मेरी आकांक्षा यह है कि मैं आपकी सेवा में उपस्थित हूँ। क्योंकि हज़रत पादशाह पिता के स्थान पर हैं अतः चाहता हूँ कि क्षमा प्राप्त करके मक्का की ओर प्रस्थान करूँ।" हज़रत पादशाह ने हुसेन क़ुली सुल्तान मुहरदार को तत्काल बुलवा कर मीर्ज़ा कामरान से भेंट के सम्बन्ध में परामर्श किया। उसने निवेदन (९७) किया कि, "जो इच्छा हो। विलम्ब करने की आवश्यकता नहीं।"

मिसरा

'दर कारे ख़ैर हाजते हेच इस्तिख़ारा[2] नीस्त'।

हज़रत पादशाह ने स्वयं अपनी क़लम से लिख कर भेजा कि, "यदि तुम्हें इतमिनान हो गया हो तो सेवा में उपस्थित होने में कोई आपत्ति नहीं।" यह निश्चय हुआ कि "यदि मीर्ज़ा (कामरान) आये तो कौन कौन स्वागतार्थ जायगा?" लोगों की तीन टोलियाँ बनाई गईं। पहली से मीर असग़र मुंशी, हुसेन क़ुली सुल्तान मुहरदार, तरदी बेग अतावा, मुनइम बेग वल्द मीरम[3] बेग अन्देजानी, वाल्तू बेग[4] तवाची बाशी एवं ताख्ची बेग काशग़री; दूसरी में क़ासिम हुसेन सुल्तान शैबानी, ख़िज़्र ख़्वाजा सुल्तान, इस्कन्दर सुल्तान और अली क़ुली एवं बहादुर हैदर सुल्तान शैबानी के पुत्र, तथा तीसरी में मीर्ज़ा सुलेमान, मीर्ज़ा अस्करी, मीर्ज़ा हिन्दाल। तीनों टोलियों ने मीर्ज़ा का स्वागत किया। उसकी सेवा में उपस्थित हुए। मीर्ज़ा पहुँच कर लश्कर में प्रविष्ट हो गया।

मीर्ज़ा के स्वागत हेतु दौलतख़ाने के द्वार पर शामियाने लगवाये गए थे। दीवान के पास अन्य मीर्ज़ाओं एवं अमीरों के लिए शामियाने लगवाये गए। सब लोग अपने अपने शामियाने

१ इसे 'बंकी' भी लिखा गया है, अन्य स्थानों पर 'नेकी' भी।

२ 'अच्छे काम के लिये इस्तिख़ारे (किसी कार्य के विषय में यह जानना कि यह शुभ होगा अथवा नहीं) की आवश्यकता नहीं।'

३ डा० बनारसी प्रसाद के अनुवाद में 'बैरम बेग' (पृ० ११०)।

४ डा० बनारसी प्रसाद के अनुवाद में 'उलुग़ बेग तवाची बाशी'।

नीचे ठहर गए थे। हज़रत पादशाह स्वयं शामियाने एवं चत्र के नीचे चार पायों के सिंहासन पर आसीन थे कि मीर्ज़ा के भाग्य ने उसकी सहायता की। वह ५-६ आदमियों सहित उस शामियाने (९८) के नीचे, जो उसके लिए लगाया गया था, बैठने का इरादा कर रहा था कि हज़रत पादशाह ने जो उस ओर देख रहे थे हसन अली ईशक आग़ा को आदेश दिया कि, "मीर्ज़ा को बुला लाओ।" वह आदेशानुसार रवाना हो गया। अली दोस्त एवं अब्दुल वह्हाब यसावल[1] दूर खड़े थे। हसन अली के जाने के कारण वे समझ गए कि मीर्ज़ा को बुलवाया गया है। वे लोग भी चल खड़े हुए। जब वे मीर्ज़ा के पास पहुँचे तो वह एक पाँव का जूता उतार चुका था। वह उसे पुनः पहन कर हज़रत पादशाह की सेवा में रवाना हो गया। मीर्ज़ाओं एवं अमीरों ने जैसा कि निश्चित हुआ था, विभिन्न स्थानों पर अभिवादन किया। वे अपने अपने शामियाने के नीचे थे। मीर्ज़ा (कामरान) ने फ़र्श के समीप पहुँच कर कोरनिश की। हज़रत पादशाह ने तुर्की में कहा, "कील्शाक! अर्थात् आओ।" मीर्ज़ा ने तीन बार तस्लीम की। जिस सिंहासन पर हज़रत पादशाह आसीन थे, उसके पाँव के पास मीर्ज़ा ने ज़ानू मोड़ कर हज़रत पादशाह का चरण पकड़ना चाहा। हज़रत पादशाह ने कृपा पूर्वक उसे आलिंगन करके सिंहासन पर खींच लिया और अत्यधिक विलाप किया। समस्त दरबारी एवं उच्च पदाधिकारी, जो उपस्थित थे, रोने लगे।

इसके उपरान्त मीर्ज़ा ने वापस होकर अपने जूते पहने और जाकर जिस स्थान पर सर्वप्रथम तीन तस्लीमें की थीं वहीं खड़ा हो गया और पुनः तीन तस्लीमें कीं। हज़रत पादशाह ने कहा, "आओ बैठो।" मीर्ज़ा ने तस्लीम की। हज़रत पादशाह ने बाईं ओर बैठने का आदेश दिया। जब मीर्ज़ा बैठ गया तो हज़रत पादशाह ने आदेश दिया, "और निकट।" हज़रत पादशाह ने तीन बार आदेश दिया, हर बार मीर्ज़ा तस्लीम करके और निकट बैठ जाता था। मीर्ज़ाओं तथा अमीरों को दरबार में बुलाये जाने का आदेश हुआ। सर्व प्रथम मीर्ज़ा सुलेमान आया और दायीं ओर बैठ गया (९९) किन्तु मीर्ज़ा कामरान से दूर बैठा। तदुपरान्त मीर्ज़ा अस्करी को बुलवाया गया और उसके पश्चात् मीर्ज़ा हिन्दाल को। मीर्ज़ा लोगों को जिस क्रम से बुलवाया गया था वे दायीं ओर अपने अपने स्थान पर बैठ गए। तत्पश्चात् ऊज़बेक सुल्तानों[2] को बुलवाया गया। क़ासिम हुसेन सुल्तान मीर्ज़ा कामरान की ओर नीचे दूर जाकर बैठा। तदुपरान्त ख़िज़्र ख़्वाजा सुल्तान, इस्कन्दर सुल्तान, अली क़ुली बहादुर, बैरम ऊग़लून के भाई क़ून्दुक को और इसके बाद चग़ताई ख़ानों एवं सुल्तानों तथा अमीरों में से जो लोग दीवान में उपस्थित थे तथा दरबार (में सम्मिलित होने) के योग्य थे उन्हें बुलाया गया। वे दायीं ओर बायीं ओर अपने अपने स्थानों पर बैठ गए। हुसेन क़ुली सुल्तान मुहरदार, मीर असग़र मुंशी, हैदर, मक़सूद बेग आख़्ता[3] एवं अन्य बेग एक दूसरे के समीप[4] बैठे। दरबार के उपरान्त भोजन मंगवाया गया। भोजन पश्चात् नाना प्रकार के मेवे इतनी अधिक मात्रा में लाये गए कि समस्त दरबारियों एवं दीवान वालों की आवश्यकता से अधिक हो गए। क़ूर बेगियों में से, जो क़ूर के पीछे

१ यसावल : पहरेदार, चोबदार अथवा दरबार के जश्नों के प्रबंधक को कहते थे।

२ शाहज़ादों को।

३ मक़सूद बेग आख़्ता बेगी।

४ 'दर दिंगल'। (देखिये **अकबर नामा** पृ० २८१, हिन्दी अनुवाद पृ० २४४)।

बैठे थे इस प्रकार थे :–– बायज़ीद बेग का पुत्र सुल्तान हुसेन बेग, मुहम्मद बेग वल्द बाबा बेग जलायर, और यक्का लोगों में से काकर अली बेग वल्द सैयिद अली बेग, शाहम बेग जलायर वल्द शेख़ अली बेग, तोलक क़ूरची, शाह मुहम्मद बाबा क़श्क़ा, मुहम्मद जान तुर्कमान, लुत्फ़ी सरहिन्दी, अता बेग, (१००) एवं वादकों में से मुख़लिस क़ुबसी[1], मुहम्मद जान क़ानूनी, कजक गिचकी[2], तूफ़ान रबाबी, क़ासिम चंगी, तूफ़ानी नै (बजाने वाला) एवं गायकों में हाफ़िज़ सुल्तान मुहम्मद आख़्ता, हाफ़िज़ कमालुद्दीन हुसेन, हाफ़िज़ मेहरी, मुल्ला मीर जान पैवन्दी जलायरान बैठे। दरबार में जो बातें हुईं उनमें से एक इस "तज़किरे" में लिखी जाती है[3]।

मीर्ज़ा कामरान से धर्म के विषय में वाद-विवाद

हुसेन क़ुली सुल्तान मुहरदार ने मीर्ज़ा कामरान से पूँछा कि, "उबैदुल्लाह ख़ां के दरबार में यह चर्चा हुई थी कि यदि किसी के हृदय में अली इब्ने तालिब के प्रति नारंगी के बराबर भी कपट न हो तो उसे मुसलमान नहीं कहा जा सकता। यही बात एक बार आपके दरबार में कही गई तो आपने कहा कि, ख़ुदा का दास वह है जिसके हृदय में कद्दू के बराबर हो।" मीर्ज़ा ने उत्तर दिया, "क्या लोग मुझे ख़ारजी समझते हैं ?" हुसेन क़ुली सुल्तान मुहरदार ने निवेदन किया कि, "दास ने जो कुछ सुना था, वह कह दिया। कुफ़्र की नक़्ल कुफ़्र नहीं[4]।"

हुसेन क़ुली सुल्तान द्वारा बल्ख़ के आक्रमण का विरोध

यह गोष्ठी अस्र की नमाज़ के समय तक चलती रही। जिसके हृदय में जो कुछ आया वह कहता रहा। अस्र की नमाज़ के उपरान्त मीर्ज़ा लोग एवं अमीर प्रत्येक अपने अपने स्थान को चले (१०१) गए। तदुपरान्त हज़रत पादशाह ने आदेश दिया कि, "दीर्घ काल से मैं मीर्ज़ा (कामरान) से पृथक् हूँ। मीर्ज़ा के निवास हेतु ख़ेमा लाकर दरगाह[5] के पास लगाया जाय ताकि हम लोग एक दूसरे के समीप रहें।" मीर्ज़ा के लश्कर के विषय में आदेश हुआ कि जहाँ मीर्ज़ा कहें वहाँ ठहरें। तीन दिन तक वे उसी पड़ाव पर ठहरे रहे। चौथे दिन बल्ख़ के आक्रमण के विषय में परामर्श होने लगा। मीर्ज़ा सुलेमान ने कहा कि, "बल्ख़ का भूभाग क़ाबू में है ?" मीर्ज़ा हिन्दाल ने कहा, "बड़ी अच्छी तरह क़ाबू में है।" हुसेन क़ुली सुल्तान मुहरदार ने, जो सामने बैठा था, निवेदन किया, "हज़रत पादशाह कुशलतापूर्वक रहें, मैं मीर्ज़ा लोगों की बात नहीं समझा।" हज़रत पादशाह ने कहा, "मीर्ज़ा लोगों से ही पूछो।" मीर्ज़ा लोगों ने उत्तर दिया, "इस बीच में हम सब भाई संगठित न हो सके थे। इस समय जब कि हम संगठित हो गए हैं, वे क़ाबू में ज्ञात होते हैं।" हुसेन क़ुली सुल्तान ने निवेदन किया कि, "इस कारण कि हम लोग संगठित हो गए हैं वे यदि वही ऊज़बेक हैं जिन्हें मैं देख चुका हूँ तो यह क़ाबू का कारण नहीं। मेरे पिता ने हेरी के समीप बैरम ऊग़लून[6] से युद्ध किया और पराजित हुआ तथा मार डाला गया। मैं कूनूर बहादुर द्वारा वन्दी बना

१ **अकबर नामा** के अनुसार 'क़ावूज़ी'।

२ **अकबर नामा** में 'कोचक गिचकी'।

३ डा० बनारसी प्रसाद ने "क़ूर बेगियों में से जो क़ूर के पीछे बैठे थे .. जलायरान" तक का अनुवाद प्रकाशित नहीं किया है।

४ "नक़ले कुफ़्र, कुफ़्र न बाशद"।

५ "बादशाह के निवास हेतु ख़ेमे" से तात्पर्य है।

६ **अकबर नामा** में 'बैरन ऊग़लान'।

लिया गया था। मुझे मैमना व जचकतू[1] में किस्तन क़रा[2] सुल्तान के समक्ष प्रस्तुत किया गया। मैंने ऊज़बेकों एवं बल्ख़ की सेना की वीरता देखी है। इस समय तक किसी वाहरी सेना ने उनपर आक्रमण नहीं किया है। नित्य-प्रति उनकी संख्या में वृद्धि होती रही है। इस समय तक (१०२) किसी पादशाह ने एक चढ़ाई के साथ दूसरी चढ़ाई नहीं की है। हम लोग (मीर्ज़ा) कामरान के अभियान पर आये थे। उसका निर्णय हो गया। राज्य के हित में अव यही उचित है कि हम लोग काबुल लौट जायें और सेना की व्यवस्था करके दूसरे वर्ष बल्ख़ पर आक्रमण करें?" हज़रत पादशाह ने (हुसेन क़ुली) सुल्तान की बात सुन कर उसकी प्रशंसा की और आदेश दिया कि, "जब सब लोग नारीन पहुँच जायेंगे तो पुनः परामर्श करेंगे और जो कुछ उचित होगा उसके अनुसार कार्य करेंगे।" नारीन बदख़्शाँ की विलायत में एक स्थान है जहाँ से एक मार्ग बल्ख़ की ओर जाता है और एक काबुल की ओर।

दूसरे दिन हज़रत पादशाह प्रस्थान करके रात्रि के उपरान्त वन्द-कुशा के झरने पर जो इश्किमीश के समीप है, पहुँच गए। कुशल लोहारों को फ़ौलाद के क़लम बनवाने के लिए बुलवाया और कहा कि, "फ़िरदौस मकानी ने समरक़न्द से लौटते समय अपने आगमन की तारीख़ एवं उन लोगों के नाम लिखे जो उस आक्रमण में उनके साथ थे। यह उचित होगा कि हम भी आज उसी प्रकार तारीख़ लिखें कि हमारे साथ भाइयों एवं अमीरों में से कौन कौन है?" हज़रत पादशाह ने तारीख़ एवं अन्य विवरण अपने पवित्र हाथों से स्वयं खोदा। तीसरे दिन कूच करके एक रात्रि पश्चात् वे नारीन पहुँच गए।

मीर्ज़ा कामरान को जागीर प्रदान करने के विषय में विचार विमर्श

क्योंकि तालीक़ान के परामर्श में यह निश्चय हो गया था कि इस वर्ष बल्ख़ पर आक्रमण नहीं हो सकता अतः हज़रत पादशाह ने हुसेन क़ुली सुल्तान मुहरदार को बुलवा कर कहा कि "यद्यपि मीर्ज़ा कामरान ने हमसे मक्का जाने की अनुमति ले ली है किन्तु यदि मैं कृपा प्रदर्शित करते हुए उसे जागीर न प्रदान करूँ और मक्का चला जाने दूँ तो संसार वाले मेरे विषय में क्या कहेंगे? वे यही सोचेंगे कि मैं उससे शत्रुता रखता था अतः मक्का जाने की अनुमति माँगते ही (१०३) वहाँ भेज दिया।" हुसेन क़ुली सुल्तान मुहरदार ने निवेदन किया कि, "यदि हज़रत पादशाह इस सेवा हेतु किसी अन्य को मेरे साथ न करें तो मैंने मीर्ज़ा के लिए जागीर ढूँढ़ ली है।" हज़रत पादशाह ने कहा, "मैं सर्वदा तुझे अकेले ही सेवा करने का आदेश देता हूँ और अब भी दे रहा हूँ, किन्तु ऐसा होना चाहिये कि मीर्ज़ा संतुष्ट होकर हमारे लश्कर से जाय।"

बायज़ीद द्वारा अकबर की सेवा

बायज़ीद को भी जब जलालुद्दीन मुहम्मद अकबर पादशाह ने बकावल बेगी एवं अंतःपुर की ईशक आग़ाई प्रदान की और हकीम अबुल फ़तह ने परवाना पहुँचाया तो उसने[3] भी प्रार्थना की थी कि "जिस सेवा का हज़रत पादशाह मुझे अकेले आदेश देंगे उसकी उपेक्षा सम्भव नहीं।"

१ **अकबर नामा** में 'जजक़तू एवं मैमना'।
२ **अकबर नामा** में 'क़ीस्तन'।
३ बायज़ीद ने।

हकीम ने बायज़ीद की प्रार्थना हज़रत पादशाह तक पहुँचाई। ९९९ हि० (१५९०-९१ ई०) में जब कि हज़रत पादशाह (अकबर) बरकस में थे, तो बायज़ीद को मसंब, सरोपा एवं असा[1] प्रदान किया और कहा कि, "जो सेवा भी तुझे प्रदान की जायगी, तुझे अकेले ही प्रदान होगी[2]।"

मीर्ज़ा कामरान को कोलाब प्रदान करने का प्रस्ताव

हुसेन क़ुली सुल्तान ने निवेदन किया कि, "मीर असग़र मुंशी तथा बाल्तू बेग को मेरे साथ कर दिया जाय ताकि मैं जो कुछ मीर्ज़ा से कहूँ और मीर्ज़ा जो उत्तर दे तथा मैं जो कुछ आपसे निवेदन करूँ उसके विषय में ये लोग गवाह रहें।" हज़रत पादशाह ने उसकी प्रार्थना स्वीकार कर ली। हुसेन क़ुली सुल्तान ने निवेदन किया कि, "कोलाब के हाकिम चाकर अली खां की जागीर मीर्ज़ा (कामरान) को प्रदान कर दी जाय कारण कि न तो वह हज़रत पादशाह का ही सेवक है और न मीर्ज़ा सुलेमान का। राज्य के हित में यही उचित है। चाकर अली को मीर्ज़ा के अधीन कर दिया जाय ताकि वह उसे अपना सेवक बना ले अथवा मीर्ज़ा का जो जी चाहे वह करे। उस विलायत में घोड़े, भेड़ें एवं आदमी बहुत बड़ी संख्या में हैं।" हज़रत पादशाह ने (यह प्रस्ताव) स्वीकार कर लिया। नारीन की मंजिल में मीर्ज़ा कामरान लश्कर से आधे कुरोह की दूरी पर उतरा हुआ था।

मीर्ज़ा कामरान का कोलाब स्वीकार करना

(१०४) दूसरे दिन मध्याह्न में हुसेन क़ुली सुल्तान, मीर असग़र मुंशी तथा बाल्तू बेग कोलाब की बधाई हेतु मीर्ज़ा कामरान के शिविर में पहुँचे। मीर्ज़ा मध्याह्नोत्तर की प्रथम नमाज़ के उपरान्त बाहर आया। इन लोगों ने अभिवादन करके कोलाब का परवाना पहुँचाया। मीर्ज़ा ने उत्तर दिया, "मैं काबुल एवं बदख़्शाँ का स्वामी था। कोलाब बदख़्शाँ का एक परगना ही है। इस जागीर को लेकर मैं नौकरी क्यों स्वीकार करूँ?" हुसेन क़ुली सुल्तान ने निवेदन किया कि, "मैंने सुना था कि आप बुद्धिमान् शाहज़ादे हैं। मैं जानता हूँ कि आप इतने अपराध करके भी निश्चिन्त घूम रहे हैं। यह बड़े आश्चर्य की बात है कि इस जागीर के प्रदान होने के बावजूद आप आपत्ति प्रकट कर रहे हैं।" मीर्ज़ा कामरान इस बात से बड़ा प्रभावित हुआ और समझ गया कि, "जो कुछ वह कहता है, सत्य है।" खड़े होकर हज़रत पादशाह की दिशा में तस्लीम की[3]। दूसरे दिन कूच के समय मीर्ज़ा, हज़रत पादशाह की सेवा में उपस्थित हुआ और घोड़ा, सरोपा एवं कोलाब की विलायत प्राप्त करके सम्मानित हुआ। मीर्ज़ा अस्करी एवं चाकर ख़ां को मीर्ज़ा के अधीन कोलाब में नियुक्त कर दिया गया:—

शेर

'तू है और एक प्राचीन सराय मार्ग में है,
जिससे जो चाहे ले और जिसे जो चाहे दे।'

१ डंडा।

२ डा० बनारसी प्रसाद ने "बायज़ीद को भी जब·····होगी" तक का अनुवाद नहीं प्रकाशित किया।

३ "बरख़ास्ता ब जानिबे हज़रत तस्लीम कर्द"—इसका अनुवाद डा० बनारसी प्रसाद ने इस प्रकार किया है:— "He got up and bowed down towards the Qiblah" (पृ० ११५)। क़िबला की ओर झुकने का कोई प्रश्न नहीं।

मीर्ज़ाओं का अपनी जागीरों की ओर प्रस्थान

चाकर (अली) खां के अधिकांश सेवक इस मंज़िल से उससे पृथक् होकर मीर्ज़ा कामरान से मिल गए। मीर्ज़ा प्रसन्नतापूर्वक विदा होकर कोलाब की ओर रवाना हुआ। इन समस्त अपराधों के बावजूद वह सम्मानित किया गया और उसे जागीरें प्रदान हुईं। हज़रत पादशाह विजयी लश्कर सहित काबुल की ओर रवाना हुए। मीर्ज़ा सुलेमान किश्म की ओर रवाना हुआ और मीर्ज़ा (१०५) हिन्दाल क़ुन्दुज़ की ओर।

हुमायूं द्वारा परियान के क़िले की मरम्मत

जब हज़रत पादशाह अन्दराब के अधीनस्थ सरआब नामक एक ग्राम में पहुँचे तो उनके जी में आया कि वे परियान के क़िले की सैर करें। जिस समय हज़रत साहब क़िरानी ने कतूर के काफ़िरों से युद्ध किया उसी समय सीमान्त पर पंजहीर दर्रे में इस क़िले का निर्माण कराया था। दूसरे दिन जब वे क़िले में पहुँचे तो कुछ घर समूजहा के घरों की भाँति जिन्हें जंगली लोग अपने माल असबाब के लिए पर्वतों में बना लेते हैं, दृष्टिगत हुए। क़िले का निरीक्षण किया गया। दूसरे दिन हज़रत पादशाह ने क़िले में पड़ाव किया। क्योंकि वहां बड़ी अधिक मात्रा में जल बह रहा था, और जल-वायु बड़ी उत्तम थी अतः हज़रत पादशाह के हृदय में आया कि उस क़िले की मरम्मत करायें और साहब क़िरान की भाँति वहाँ जागीर दार एवं हाकिम नियुक्त कर दें। पहलवान दोस्त मीर बर ने मेमारों, मिट्टी खोदने वालों एवं बेलदारों को एकत्र किया। आदेश हुआ कि उन्हें अमीरों को बाँट दिया जाय। दस दिन में उसकी मरम्मत पूरी हो गई। दास बायज़ीद ने भी उस क़िले में कार्य किया था। बेग मीरक को उस क़िले का जागीरदार एवं हाकिम नियुक्त किया गया और उसकी सहायता हेतु एक सेना वहाँ नियुक्त कर दी गई। ख़ूस्त, अन्दराब एवं पंजहीर के ग्रामों से खाद्य सामग्री की व्यवस्था का आदेश दिया गया।

चांदी की खान में पहुँचना

हज़रत पादशाह ११वें दिन प्रस्थान करके चाँदी की खान की ओर रवाना हुए। क़िले से दो-तीन कुरोह पर दायीं ओर काबुल का मार्ग था। जब वे खान में पहुँचे तो वहाँ पहलवान दोस्त को बुलवा कर आदेश दिया कि कुछ बेलदार काम करने के लिए बुलवाये जायें। जिन लोगों को खान की आय का ज्ञान था, उन्होंने निवेदन किया कि खान की आय से व्यय पूरा नहीं हो सकता[1]।

हुमायूं का मार्ग भूल जाना तथा बाद में काबुल पहुँचना

(१०६) हज़रत पादशाह एक पहर रात उपरान्त उस स्थान से रवाना हुए। जब वे प्रातःकाल उश्तुर ग्राम दर्रे पर पहुँचे तो मार्ग भूल गए। अली दोस्त एवं अब्दुल वह्हाब नामक यसावलों ने, जो कि साथ थे, बड़ा परिश्रम किया किन्तु मार्ग का पता न चल सका। घड़ी भर उपरान्त एक प्यादा

१ डा० बनारसी प्रसाद ने "जब हज़रत पादशाह अन्दराब के अधीनस्थ....पूरा नहीं हो सकता" तक का अनुवाद नहीं किया है।

दिखाई पड़ा। हज़रत पादशाह ने पूँछा कि "तू कौन है?" उसने उत्तर दिया कि, "बन्दये खुदा[1]।" हज़रत पादशाह ने कहा, "सभी लोग खुदा के बन्दे हैं। अपना नाम बता।" उसने उत्तर दिया, "खाकी[2]।" हज़रत पादशाह ने कहा, "अपना नाम बता। खाकी के क्या माने?" तदुपरान्त उस आदमी ने कहा, "जो इच्छा हो!" क्योंकि मार्ग भूल चुके थे और हज़रत पादशाह को क्रोध था अतः उन्होंने कहा, "गीदी[3] अथवा कोह् दल्लाल,[4] तुझे क्या कहूँ?" बायज़ीद ब्यात ५–६ वर्ष से हज़रत पादशाह की सेवा कर रहा था, वे इतना क्रोधित कभी न हुए थे। तत्पश्चात् एक प्यादे ने मार्ग दर्शा कर उन्हें उश्तुर ग्राम नामक स्थान तक पहुँचा दिया। हज़रत पादशाह ने पंजहीर नदी के तट पर पड़ाव किया। वहाँ से प्रस्थान करके वे क़रा बाग़ और दूसरे दिन काबुल पहुंच गये। वह ९५५ हि० (१५४८-४९ ई०) का तीर मास[5] था।

हुमायूं का बल्ख़ की ओर प्रस्थान

हज़रत पादशाह ने शीत ऋतु काबुल में व्यतीत की और बल्ख की चढ़ाई की तैयारी करके वहार के प्रारम्भ में बल्ख़ की ओर रवाना हुए[6]। मीर्ज़ाओं के नाम फ़रमान भेजे गए कि मीर्ज़ा कामरान तथा (१०७) मीर्ज़ा अस्करी कोलाब से, मीर्ज़ा सुलेमान तथा मीर्ज़ा इबराहीम किश्म से एवं मीर्ज़ा हिन्दाल क़ुन्दुज़ से नारीन होते हुए विजयी लश्कर में पहुँच जायें। जब हज़रत पादशाह नारीन पहुँचे तो मीर्ज़ा सुलेमान, मीर्ज़ा हिन्दाल तथा मीर्ज़ा इबराहीम हज़रत पादशाह की सेवा द्वारा सम्मानित हुए। मीर्ज़ा सुलेमान ने निवेदन कया कि, "मीर्ज़ा इबराहीम को अनुमति दे दी जाय कि वह बदख़्शाँ की कुछ आवश्यक सेवाओं के लिये किश्म में रहे और हिरावली[7] भी करे।" हज़रत पादशाह ने अनुमति दे दी। वहाँ से वे बल्ख की ओर रवाना हुए। ख़्वाजा दोस्त खावन्द[8] को इससे पूर्व हज़रत पादशाह ने मीर्ज़ा कामरान तथा मीर्ज़ा अस्करी को बुलवाने के लिए कोलाब भेज दिया था। उसका प्रार्थना पत्र उसी मंज़िल पर प्राप्त हुआ कि मीर्ज़ा लोग अपना लश्कर तैयार करके शीघ्र सेवा में पहुँच जायेंगे। जब यह प्रार्थना-पत्र प्राप्त हो गया तो हज़रत पादशाह बिना प्रतीक्षा किए निरंतर यात्रा करते हुए बल्ख की ओर रवाना हो गए।

चीते की हत्या का अशकुन

जब वे ख़ुर्रम एवं सार बाग़ ग्राम[9] में पहुँचे तो हज़रत पादशाह वुज़ू करने के लिए मार्ग से

१ ख़ुदा का दास; प्राणी।

२ भूमि का।

३ ठग, लुण्ठक।

४ मूर्ख, भ्रष्ट, धूर्त।

५ एक ईरानी महीना जो हिन्दी हिसाब से 'सावन' होता है।

६ **अकबर नामा** में ९५६ हि० के प्रारम्भ (फ़रवरी १५४९ ई०) में। (देखिये अनुवाद पूर्व पृ० २५२)।

७ सेना के अग्र भाग की सेवा; सम्भवतः क़रावली से तात्पर्य है।

८ **अकबर नामा** में 'बाल्तू बेग'।

९ मूल में "चूं बदहनये (بدهنی) ख़ुर्रम व सार बाग़ रसीदन्द"। सम्भवतः बदहनये के स्थान पर बदेहे (بدهی) अधिक उचित है। ये स्थान ख़ुल्म नदी पर ख़ुल्म तथा काहमर्द के मध्य में स्थित हैं। बाबर ने ९३३ हि० (१५२६-१५२७ ई०) की घटनाओं के विवरण में मावराउन्नहर के समाचारों के प्रसंग में इनका उल्लेख किया है। (**बाबर नामा**, पृ० २२५)। डा० बनारसी प्रसाद ने भी 'देह' ही पढ़ा है (पृ० ११७)।

किनारे पर उतर पड़े। शेर मुहम्मद पकना हज़रत पादशाह का एक तबाची था। उसने एक चीते की बाण द्वारा हत्या कर दी थी। वह उसे लाया। हुसेन क़ुली सुल्तान मुहरदार ने निवेदन किया कि, "जिस समय मुझे बैरम ऊग़लून[1] बन्दी बना कर बल्ख़ के हाकिम किस्तन क़रा सुल्तान[2] के पास ले गया था तो वह जचकतू व मैमना[3] में था और ख़ुरासान[4] पर आक्रमण करना चाहता था कि एक (१०८) आदमी इसी प्रकार एक चीता मार कर लाया। ऊज़बेकों ने ज़ानू के बल झुक कर निवेदन किया कि, 'हमारे लिए इस लश्कर के साथ जाना उचित नहीं' और अभियान भंग कर दिया गया।" हज़रत पादशाह ने कहा कि, "वे लोग शत्रु हैं। जो कुछ उनके लिए अशकुन है, हमारे लिए शकुन है।" फिर किसी को कुछ कहने का साहस न हुआ।

हुमायूं द्वारा ऐबक पर अधिकार

क़रजा ख़ाँ का ख़ेमा लगा हुआ दिखाई पड़ा, हज़रत पादशाह बड़े रुष्ट हुए। दो-तीन कुरोह आगे बढ़ कर उतर पड़े। दूसरे दिन हज़रत पादशाह स्वयं ऐबक की ओर रवाना हुए। जब उनकी सेना का अग्र भाग ऐबक के समीप पहुँचा तो मीर मुहम्मद ख़ां का अतालीग़[5] ख़्वाजा बाग़ अतालीग़[6] तथा ईल मीर्ज़ा, तूती मीर्ज़ा, सुल्तान मुहम्मद मीर आब, बूरी दीवान बेगी, नवरोज़ बेग[7], ख़ुदा बीरदी ऊग़लून, आख़ कोचक बे दरमन, मुहम्मद क़ुली, अरब बे, हैदर क़ुली बे, ख़ान मीर्ज़ा एवं ऊग़-लूनों का एक अन्य समूह, तथा पीर मुहम्मद ख़ां के अमीर ऐबक के क़िले में प्रविष्ट हो चुके थे और ऐसा प्रतीत होता है कि उन्हें पता न था कि हज़रत पादशाह इतने शीघ्र बल्ख़ की ओर रवाना हो जायेंगे। (शाही) सेना के अग्र भाग वालों ने क़िले को घेर कर हज़रत पादशाह की सेवा में आदमी भेजे कि, "ये लोग क़िले में हैं। इन लोगों को क़िले से बाहर निकलने का अवसर न मिले।" हज़रत पादशाह ने तत्काल पहुँच कर क़िले का निकट से अवरोध कर लिया। क्योंकि क़िले में जल एवं खाद्य सामग्री न थी और उन लोगों को ज्ञात था कि न तो पीर मुहम्मद ख़ां ही आ सकेगा (१०९) और न कुमक ही पहुँच सकेगी अतः दूसरे दिन वे क्षमा-याचना करके चरणों के चुम्बन द्वारा सम्मानित हुए। हज़रत पादशाह के आदेशानुसार वे क़रजा ख़ां के ख़ेमे के बराबर उतर पड़े।

बल्ख़ विजय के संबन्ध में ऊज़बेक बंदियों से परामर्श

एक दिन उन्हें[8] हज़रत पादशाह ने अपने अन्य अमीरों के साथ बुलवा कर परामर्श किया कि, "बल्ख़ को किस प्रकार विजय करें?" ख़्वाजा बाग़ अतालीग़ ने निवेदन किया कि, "हम लोग आपके शत्रु हैं। आप हमसे क्यों परामर्श कर रहे हैं?" हज़रत पादशाह ने कहा, "ऊज़बेक लोग सच्चे

१ **अकबर नामा** में 'बैरम ऊग़लान'; (हिन्दी अनुवाद पूर्व पृ० २५३)।
२ पीर मुहम्मद का बड़ा भाई जो उसके पूर्व बल्ख़ का शासक था।
३ **अकबर नामा** में 'जजक़तू व मैमना'।
४ **अकबर नामा** के अनुसार 'हेरी पर आक्रमण की तैयारी हो रही थी'।
५ अतालीक़ : गुरु।
६ **अकबर नामा** के अनुसार 'ख़्वाजा माक़;' (देखिये हिन्दी अनुवाद पूर्व पृ० २५४)।
७ ख़ान; (देखिये अनुवाद पूर्व पृ० २५४)।
८ ऊज़बेकों को।

होते हैं। हमने तेरे विषय में सुना है कि तू ऊज़बेकों में सबसे बढ़ कर सच्चा है। इस परामर्श गोष्ठी में परीक्षा ले रहा हूँ।" उसने उठ कर निवेदन किया कि, "यदि आप को बल्ख पर अधिकार जमाने की अभिलाषा है तो आप हमारी हत्या करा दें। शीघ्रातिशीघ्र बढ़ते चले जायें। बल्ख आपका है।" हज़रत पादशाह ने कहा, "तुम लोग मुसलमान हो। इतने सब मुसलमानों की किस प्रकार हत्या कराऊँ?" तदुपरान्त अतालीग़ ने निवेदन किया कि, "आप यह बात स्वीकार नहीं करते तो एक अन्य उपाय है। यदि आदेश हो तो निवेदन करूँ। पीर मुहम्मद ख़ां मेरी बात का विरोध न करेगा। ख़ुल्म से इस ओर के स्थान आपकी सेवा में प्रस्तुत कर दिए जायें। आपके सम्मानित नाम का ख़ुत्बा एवं सिक्का समरक़न्द, बुख़ारा एवं बल्ख में चलवा दिया जाय। जिस समय आप हिन्दुस्तान की ओर प्रस्थान करें, तो समरक़न्द, बुख़ारा एवं बल्ख के १००० चुने हुए आदमी आपके साथ रहें।" हज़रत पादशाह ने यह प्रार्थना भी स्वीकार न की।

हुमायूं का बल्ख़ की ओर प्रस्थान

आख़ कोचक बे दरमन, मुहम्मद क़ुली बे, अरब बे, हैदर क़ुली बे, नवरोज़ बे क़ूजी, ख़ान्न मीर्ज़ा,
(११०) तूती मीर्ज़ा, ईल मीर्ज़ा, सुल्तान मुहम्मद मीर आब, क़ुदुश ऊग़लान, बूरी दीवान बेगी तथा जो समूह ऐबक के क़िले में बन्दी बनाया गया था और जिनके नामों का ऊपर उल्लेख हो चुका है, काबल भेज दिए गए। अतालीग़ को शिविर में ही निगरानी में रक्खा गया। हज़रत पादशाह ने ख़ुल्म के मार्ग से बल्ख़ की ओर प्रस्थान किया। ख़ुल्म नामक स्थान को पार करके बाबा शामू[1] नामक स्थान पर उतरे। उस रात्रि में घोड़े तैयार एवं सैनिक अस्त्र-शस्त्र लगाये तथा कवच धारण किए रहे।

शाह मुहम्मद सुल्तान द्वारा हुमायूं के शिविर पर आक्रमण

क्योंकि क़रावलों ने ऊज़बेकों की सियाही[2] देख ली थी अतः लश्कर को उतरने का आदेश न हुआ। प्रातःकाल क़रावलों ने समाचार पहुँचाये कि "यद्यपि पीर मुहम्मद ख़ाँ बल्ख़ से रवाना हो चुका है किन्तु उसने अभी तक तख़्तये पुल नहीं पार किया है।" हज़रत पादशाह शाह औलिया के मज़ार की ज़ियारत हेतु रवाना हुए। एक पहर दिन तक वे वहाँ रहे। मज़ार के मुजाविरों को नज़र[3] देकर लश्कर की ओर रवाना हुए। अभी उचित रूप से इस प्रकार बारगाह न लगाई गई थी कि बैठा जा सकता अतः हज़रत पादशाह ग़ुसुलख़ाने में पहुँच कर स्नान करने लगे। लश्कर एवं बाज़ार ने मज़ार की नहर एवं फ़ालीज़[4] के किनारे पड़ाव कर दिया। लश्कर वाले शत्रु की ओर से असावधान[5] थे कि शिविर एवं बाज़ार की ओर से शोर गुल होने लगा। सैनिकों का एक दल सवार हो गया। ज्ञात हुआ कि शाह मुहम्मद वल्द बरुन्दूक़ सुल्तान हिसारी ने कुछ आदमियों सहित शिविर के बाज़ार पर आक्रमण कर दिया है। मुहम्मद क़ासिम मौजी के भाई काबुली, सैयिद मुहम्मद पकना एवं मुहम्मद जान तुर्कमान ने कुछ सैनिकों को लेकर (शाह मुहम्मद सुल्तान) से युद्ध किया।

१ मूल में 'बाबा शाहू' किन्तु 'बाबा शामू' उचित है। देखिये डा० बनारसी प्रसाद का अनुवाद (पृ० ११६)।
२ सेना।
३ चढ़ावा।
४ ख़रबूज़ों का खेत।
५ "ग़ाफ़िल बूदन्द" किन्तु डा० बनारसी प्रसाद के अनुवाद में " wereaware (अवगत थे)", (पृ० ११६)।

(१११) काबुली युद्ध में मारा गया। (शत्रु) उसका सिर काट कर बल्ख ले गए। शाह मुहम्मद सुल्तान के सेवकों में से ऊतकुन बहादुर[१] को बन्दी बना कर हज़रत पादशाह की सेवा में लाया गया। उसकी नाक पर तलवार का घाव लगा था। जिस समय ऊतकुन को हज़रत पादशाह की सेवा में प्रस्तुत किया गया तो हुसेन क़ुली सुल्तान मुहरदार का सेवक बायज़ीद उस अवसर पर उपस्थित था। हज़रत पादशाह ने ऊतकुन से पूंछा कि, "शिविर पर किसने आक्रमण किया था?" ऊतकुन ने निवेदन किया कि "शाह मुहम्मद सुल्तान, बरुन्दूक़ सुल्तान हिसारी के पुत्र ने।" हज़रत पादशाह ने पूंछा, "क्या वह पागल हो गया था?" उसने निवेदन किया कि, "वह जवान है और अभिमानी भी। हिसार से रवाना होकर पीर मुहम्मद खां से भेंट किए बिना लूट मार करके वह बल्ख जाना चाहता था।" ऊतकुन को घोड़े से गिराने के विषय में मुहम्मद जान तुर्कमान एसं सैयिद मुहम्मद पकना झगड़ा कर रहे थे। हज़रत पादशाह ने ऊतकुन से पूछा कि, "तुझे किसने घोड़े से गिराया?" उसने मुहम्मद जान[२] की ओर संकेत करके कहा कि, "इसने सर्वप्रथम मेरे ऊपर तलवार का वार किया। मैंने प्रयत्न किया कि उसकी तलवार मेरे न लगे किन्तु उसकी तलवार की हवा से मैं घोड़े से गिर पड़ा। उठकर मैं अपने घोड़े के समक्ष खड़ा था कि इस दूसरे जवान ने पहुँच कर मुझपर तलवार चलाई। मुझे जो घाव लगा वह इसकी तलवार से।" हज़रत पादशाह ने सैयिद मुहम्मद को सम्बोधित करते हुए कहा कि, "जब वह मुहम्मद जान की तलवार की हवा[३] से गिर पड़ा था और प्यादा होकर खड़ा था तो तूने बड़ी धृष्टता की जो उसपर तलवार चलाई।" अन्त में इसका श्रेय हज़रत पादशाह
(११२) ने मुहम्मद जान की वीरता को प्रदान किया। पीर, मुहम्मद आख़्ता[४] से, जो निकट था, कहा कि, "ऊतकुन को अपने ख़ेमे में ले जाओ और उसका घाव सियो तथा उसकी रक्षा करते रहो।" ऊतकुन के पास करोका के यराक़[५] में से बक्तर एवं हाथ पाँव पर दस्त बन्द[६], ज़ानू बन्द[७] एवं ज़िरहे तूबी थीं। वे उस रात्रि को उसी पड़ाव पर रहे।

हुमायूं की सेना के अग्र भाग की विजय

दूसरे दिन हज़रत पादशाह दामने कोह एवं दर्रये सूक़ से बल्ख की ओर रवाना हुए। हज़रत पादशाह ने मार्ग में जो कुछ दिन देर की तो वह मीर्ज़ा कामरान के आगमन हेतु थी। इस मंज़िल पर पता चल गया कि मीर्ज़ा नहीं आ रहा है। मीर्ज़ा के लश्कर में न आने से लोगों को भय हुआ कि कहीं मीर्ज़ा कामरान काबुल पर चढ़ाई न कर दे। मीर्ज़ा के प्रति शंका ऊज़बेकों के भय से भी अधिक व्याकुलता का कारण बन गई। उसी दिन अस्र की नमाज़ के समय तख़्तये पुल पर पीर मुहम्मद से युद्ध

१ **अकबर नामा** में 'ऊईकन उग़लान' (अनुवाद पूर्व पृ० २५५)।

२ **अकबर नामा** में 'मुहम्मद ख़ां'; (देखिये पूर्व पृ० २५६)।

३ **अकबर नामा** में, 'भय'; (देखिये पूर्व पृ० २५६)।

४ डा० बनारसी प्रसाद के अनुवाद में 'पीर मुहम्मद अतका' (पृ० १२१)। हस्तलिपि में भी 'आख़्ता' है।

५ अस्त्र-शस्त्र।

६ उसे हाथ की रक्षा हेतु बांधा जाता था।

७ उसे पांव की रक्षा हेतु बांधा जाता था।

हुआ। जब हज़रत पादशाह ज़ावंचीन[1] हो गए, इसी बीच में समाचार प्राप्त हुए कि मीर्ज़ा सुलेमान, मीर्ज़ा हिन्दाल, हाजी मुहम्मद सुल्तान कोकी एवं अन्य लोगों ने, जो पादशाह की सेना के अग्र भाग में थे, ऊज़बेकों को पराजित करके तख़्तये पुल से बल्ख़ की ओर भगा दिया। उस समय इस्कन्दर सुल्तान के पुत्र अब्दुल्लाह सुल्तान एवं ख़ुसरो सुल्तान, पीर मुहम्मद की सेना के अग्र भाग में थे। अब्दुल्लाह के विषय में कहा जाता है कि वह २५ वर्षीय था। उस युद्ध को हुए ४३ वर्ष व्यतीत हो चुके हैं।

हाजी मुहम्मद का ख़ान नियुक्त किया जाना

हाजी मुहम्मद सुल्तान ने वापस होकर सेवा में उपस्थित होने का सम्मान प्राप्त किया। क्योंकि हज़रत पादशाह हाजी मुहम्मद के परिश्रम को देख चुके थे अतः उन्होंने हुसेन क़ुली सुल्तान (११३) मुहरदार को आदेश दिया कि, "हाजी मुहम्मद सुल्तान को ख़ान बनाये जाने का परवाना पहुँचा दो।" उसने शाही आदेशानुसार परवाना पहुँचा दिया। हाजी मुहम्मद ने ख़ान की उपाधि द्वारा सम्मानित होकर तस्लीमें कीं।

हुमायूं का काबुल वापस जाने के विषय में निश्चय करना

शाम की नमाज़ के समय हज़रत पादशाह बल्ख़ की नदी के समीप, जो बल्ख़ से आधे कुरोह पर है, पहुँच गए। उस नदी के किनारे तरबूज़ की फ़सल तैयार थी। समस्त सैनिक तरबूज़ खा कर बड़े प्रसन्न हुए। सोने के समय की नमाज़ के वक़्त हज़रत पादशाह ने अमीरों को एकत्र करके परामर्श-गोष्ठी आयोजित की। जो अमीर ऊज़बेकों से युद्ध न करना चाहते थे, उन्होंने निवेदन किया कि, "मीर्ज़ा कामरान अभी तक सेवा में उपस्थित नहीं हुआ। वह काबुल पर आक्रमण हेतु चला गया होगा।" उन लोगों ने यह भी निवेदन किया कि "यदि न गया होगा तो अब जा सकता है।" जब हज़रत पादशाह को इस तथ्य का पता चला तो उन्होंने इस विषय में परामर्श किया। लोगों ने कहा कि, "ऊज़बेकों से युद्ध प्रारम्भ हो जाने पर जब तक हमारे उद्देश्य की पूर्ति न हो जाय, लौटना उचित नहीं। अच्छा तो यह होगा कि हज़रत पादशाह काबुल चले जायें कारण कि यदि मीर्ज़ा कामरान काबुल पर अधिकार जमा लेगा तो बड़ी कठिनाई हो जायगी।" हज़रत पादशाह ने उसी रात्रि में काबुल की ओर प्रस्थान करने का संकल्प कर लिया।

पीर मुहम्मद के विलम्ब करने का कारण

जिस समय पीर मुहम्मद अमू नदी को पार करना चाहता था, अब्दुल अज़ीज़ ख़ां का प्रार्थना-पत्र प्राप्त हुआ कि वह बुख़ारा से प्रस्थान कर चुका है और कुमक के लिए आ रहा है। पीर मुहम्मद ख़ां के अमू नदी पार न करने का कारण यही था। आधी रात उपरान्त अमीर लोग हज़रत पादशाह की सेवा से अपने ख़ेमों में पहुँचे और गज़ दर्रे के मार्ग से काबुल के लिए रवाना हो गए। नव्वाब मीर्ज़ा सुलेमान एवं हुसेन क़ुली सुल्तान मुहरदार सेना के पीछे के भाग में नियुक्त थे। हुसेन क़ुली सुल्तान का सेवक बायज़ीद भी उसी दस्ते के साथ था।

१ इस शब्द का अर्थ स्पष्ट नहीं। पुस्तक में 'ज़ावंचीन शुदन्द' है। डा० बनारसी प्रसाद ने इसका अनुवाद इस प्रकार किया है :—" The Emperor also became anxious " (पृ० १२१)।

हुमायूं की सेना की पराजय

(११४) प्रातःकाल की नमाज़ के समय शाही लश्कर गज़ नदी के तट पर बड़ी अव्यवस्थित दशा में[१] पहुँचे। ऊज़बेक लोग भी उसी समय पीछे से पहुँच गए। पादशाह की सेना के पिछले भाग ने ऊज़बेकों से थोड़ा सा युद्ध किया किन्तु मुक़ाबला न कर सके और प्रत्येक व्यक्ति किसी न किसी कोने में भाग गया। ऊज़बेकों ने शाही लश्कर वालों पर छापा मारा। हज़रत पादशाह नदी के उस पार कुछ सेवकों सहित खड़े थे। समाचार प्राप्त हुए कि मीर्ज़ा हिन्दाल ऊज़बेकों के निकट था। यह भी निवेदन किया गया कि संभवतः वह बन्दी बना लिया गया होगा। हज़रत पादशाह इस समाचार से बड़े दुखी हुए। हुसेन क़ुली सुल्तान ने निवेदन किया कि, "मीर्ज़ा हिन्दाल बच्चे नहीं हैं। बड़े और जवान हैं। जिस ओर से मौक़ा पायेंगे निकल जायेंगे।" हज़रत पादशाह ने शाह क़ुली नारंजी को, जो निकट खड़ा था, आदेश दिया कि, "जाकर मीर्ज़ा (हिन्दाल) के विषय में प्रामाणिक रूप से पता लगाकर आये।" हज़रत पादशाह नदी पार करने के लिए बढ़े। ऊज़बेकों का जो समूह नदी के सरकोब[२] के पास था, उसने हज़रत पादशाह पर बाण चलाने प्रारम्भ कर दिए। दास बायज़ीद, हज़रत पादशाह की ओर ढाल किए हुए था कि एक बाण आकर हज़रत पादशाह के घोड़े के सीने में लगा। घोड़ा धुंधले काले रंग का था जिसे सुल्तान मुहम्मद मीर्ज़ा के लला शरफ़ुद्दीन मुहम्मद खां (११५) ऊग़ली ने उन्हें हेरी जाते समय उपहार स्वरूप भेंट किया था और उसका नाम नज़रुन्नाज़ेरीन[३] था। जब हज़रत पादशाह (नदी) पार कर रहे थे तो जो लोग साथ थे, वे युद्ध करके ऊज़बेकों को इस आशय से रोके रहे कि हज़रत पादशाह निकल जायें।

काबल की ओर हुमायूं की वापसी

जब वे कुछ दूर चले गए तो हुसेन क़ुली सुल्तान को आदेश दिया कि "जो लोग भाग गए हैं उनको एकत्र करके लौटा लाये ताकि वे ऊज़बेकों से युद्ध कर सकें।" उसने निवेदन किया कि, "जो लोग भागे जा रहे हैं वे सब आपको देख रहे हैं और लौट नहीं रहे हैं। इस समय कोई भी मेरी बात न सुनेगा।" हज़रत पादशाह ने कहा, "तू इस समय मेरे आदेश का पालन नहीं करता।" उसने निवेदन किया, "पादशाहे आलम! मुझे क्षमा करें।" यह कह कर चल दिया और अपने सेवक बायज़ीद को आदेश दिया कि, "तू मेरे साथ आ। ये अन्य सेवक हज़रत पादशाह की सेवा में रहें।" जब वह ख़िज्र ख़्वाजा सुल्तान, मुसाहिब बेग, मुहम्मद क़ासिम मौजी, शाहम बेग जलायर इत्यादि सरीखे जिस किसी (अमीर) के पास पहुँचता तो यही कहता कि "हज़रत पादशाह स्वयं खड़े युद्ध कर रहे हैं।" किन्तु उसके अत्यधिक आग्रह पर भी किसी में वापस होने का सामर्थ्य न रह गया था। उस समय प्रत्येक व्यक्ति तेज़ी पर था, एक दूसरे का घोड़ा खींच-खींच कर सवार हो रहा था। हुसेन क़ुली सुल्तान मुहरदार यह देख कर मार्ग से किनारे हो गया[४]। मध्याह्न के समीप

१ "शिकस्त हाय लबे आबे गज़"।

२ टीले से तात्पर्य है।

३ **अकबर नामा** में 'तसरुन्नाज़ेरीन'।

४ "ब किनार गिरिफ़्त—किनारे हो गया अथवा अलग हो गया।" डा० बनारसी प्रसाद ने इसका अनुवाद इस प्रकार किया है : "Husain Quli himself saw this and returned to the bank" (पृ० १२३)।

हज़रत पादशाह एक ऊँचाई पर दृष्टिगत हुए। जब वह[१] हज़रत पादशाह की सेवा में पहुँचा तो उसने बड़ा खेद प्रकट किया। हज़रत पादशाह ने नाना प्रकार से साँत्वना देते हुए कहा कि, "सैनिकों के जीवन में ऐसा होता ही रहता है। कोई आपत्ति नहीं।" हज़रत पादशाह का जो घोड़ा आहत हो गया था, उसी स्थान पर हज़रत पादशाह पर न्योछावर[२] हो गया। हैदर मुहम्मद आख़्ता (११६) बेगी के पास एक तुर्की[३] घोड़ा था। उसने उसे हज़रत पादशाह की सेवा में प्रस्तुत किया। हज़रत पादशाह उसी घोड़े पर सवार होकर अनिश्चित मार्ग[४] से सूफ़ दर्रे की ओर रवाना हुए। मध्याह्नोपरान्त दर्रे में पहुँच गए। वे लगभग एक कुरोह आगे बढ़े थे कि सामने से बाहर जाने का मार्ग न पाकर लौट पड़े। कुछ वीर लोगों ने, जिन्हें वीरता का दावा था, पहुँच कर दर्रे का मार्ग इस भय से रोक लिया कि कहीं ऊज़बेकों ने मार्ग न रोक रक्खा हो[५]।

हुमायूं के कुछ सैनिकों का मार्ग में उनके पास पहुँचना

जब हज़रत पादशाह इस दर्रे को छोड़ कर दूसरे दर्रे की ओर जहाँ से मार्ग होने की कल्पना की जाती थी रवाना हुए तो वे एक कुवें पर पहुँचे जहाँ जंगली लोग अपने मवेशियों को जल पिलाते थे। दो सैनिक क़बक़[६] द्वारा जल खींच रहे थे। हज़रत पादशाह ने उनसे जल माँगा। उन लोगों नें न तो हज़रत पादशाह को पहचाना और न जल दिया और न उत्तर। हुसेन क़ुली सुल्तान का सेवक बायज़ीद उस समय कुवें पर पहुँच गया। हज़रत पादशाह ने कहा, "मैंने इन लोगों से जल माँगा, इन्होंने नहीं दिया। तू जल ले आ।" जब मुझे पता चला कि उन लोगों ने हज़रत पादशाह को पानी नहीं पिलाया तो मैंने क़बक़ के स्वामी की हत्या करके क़बक़ छीन लिया और उसमें जल भर कर हज़रत पादशाह की सेवा में ले गया। हज़रत पादशाह ने पानी पीकर मुझे आशीर्वाद दिया। क़ासिम हुसेन खां गुर्ग अन्दाज़[७] हज़रत पादशाह से दूर खड़ा था। उन्होंने (११७) कहा कि, "मेरी करौती में जल भर कर शेष जल क़ासिम हुसेन खां को दे दो।" हरिया नामक आबदार के हाथ में करौती थी, भर कर उसे सौंप दी गई। इसी बीच में जो लोग छिन्न भिन्न हो गए थे, वे हज़रत पादशाह की सेवा में उपस्थित हो गए। हज़रत पादशाह चल खड़े हुए।

बायज़ीद की घोड़े की समस्या

इस बीच में मीर्ज़ा सुलेमान के ख़ानाज़ाद अल्लाह का क़राताक़ घोड़ा जिसे उसने ख़िज़्र ख़्वाजा सुल्तान को दे दिया था, और सुल्तान ने जिसे बायज़ीद को प्रदान कर दिया था, थक गया। हज़रत पादशाह ने बायज़ीद से कहा कि, "धैर्य धारण कर। तुझे घोड़ा प्राप्त हो जायगा।"

१ हुसेन क़ुली सुल्तान मुहरदार।

२ मर गया।

३ सम्भवतः तुर्की से तात्पर्य है।

४ "हज़रत हमां अस्प सवार शुद। अज़ बेराहा ब जानिबे दर्रये सूफ़ मुतवज्जेह शुदन्द"। 'बेराहा' का प्रयोग इस प्रकार हुआ है कि यह स्थान का नाम ज्ञात होता है।

५ डा० बनारसी प्रसाद ने 'हज़रत पादशाह का जो घोड़ा......मार्ग न रोक रक्खा हो" तक का अनुवाद नहीं प्रकाशित किया है।

६ सम्भवतः कद्दू का बना हुआ डोल।

७ हस्तलिपि में 'यक गज़ अन्दाज़'; प्रकाशित में 'गुर्ग अन्दाज़'। डा० बनारसी प्रसाद ने 'यक गज़ अन्दाज़ के आधार पर 'एक गज़ दूर खड़ा था' अनुवाद किया है (पृ० १२४)। यही उचित है।

थोड़ी देर उपरान्त एक सिपाही हुसेन क़ुली सुल्तान के रकेब के ख़च्चर पर सवार दिखाई पड़ा। नदी तट पर रिकाबदार के दास ने उसे ख़ुर्जियों[1] सहित छोड़ दिया था और उस सैनिक ने उसे पकड़ लिया था। बायज़ीद ने हुसेन क़ुली सुल्तान से कहा कि, "हुसेन क़ुली खां[2] के रकेब के ख़च्चर पर एक सिपाही सवार होकर आ रहा है।" हज़रत पादशाह ने सुन कर कहा, "ले लो।" क्योंकि उस सवार को कुछ पता न था अतः जब वह निकट आ गया तो बायज़ीद ने उसे ख़च्चर से उतार कर ख़च्चर ले लिया। जब वह आपत्ति प्रकट करने लगा तो हज़रत पादशाह ने उसके एक छड़ी मार कर कहा, "वह अपना ख़च्चर ले रहा है। तू क्यों आपत्ति प्रकट करता है?" जब बायज़ीद को हज़रत पादशाह की कृपा के कारण ख़च्चर प्राप्त हो गया तो उसने थके हुये घोड़े को वहीं छोड़ दिया। काबुल द्वार पर उसे किसी अन्य घोड़े की आवश्यकता न हुई।

हुमायूं द्वारा अपरिचित मार्ग से काबुल की ओर प्रस्थान

सायंकाल के समीप इस प्रकार कुछ अन्य लोग कुवें पर पहुँच गए। लगभग ८००-९०० आदमी हज़रत पादशाह की सेवा में एकत्र हो गए। हज़रत पादशाह ने इस समूह को अपने साथ रखना उचित न समझा और कहा, "आज रात्रि में मैं इस मंज़िल पर रहूँगा।" जब लोग घोड़ों को (११८) जल पिलाने लगे तो हज़रत पादशाह ने हैदर मुहम्मद आख़्ता बेगी को बुलवाया और आदेश दिया कि, "शाह बाबा तोलकची से कहो कि कोई मार्ग-दर्शक लाये जो अपरिचित मार्ग[3] से काबुल पहुँचा सके।" जब शाह बाबा हज़रत पादशाह की सेवा में उपस्थित हुआ तो वह ख़ुदा बख़्शी लौलही नामक एक व्यक्ति, जो ईलाबहक़ के ईमाक़ से सम्बन्धित था और काना था, को लाया और कहा कि, "यह मार्ग से भली भाँति परिचित है।" हज़रत पादशाह ने शाह बाबा को ज़ुलचा एवं तूक़ प्रदान किया और मार्ग-दर्शक को भी शाहाना (इनाम) का आश्वासन दिलाया। सोने के वक़्त की नमाज़ का समय निकल चुका था कि हज़रत पादशाह ने एक भाले पर शद्दा[4] बाँध कर बायज़ीद को दिया और कहा कि "मार्ग-दर्शक के पीछे पीछे चल।" हज़रत पादशाह भाले को देखते हुए पीछे पीछे रवाना हुए। इन ७००-८०० आदमियों में से ५० आदमी इसकी सूचना पाकर हज़रत पादशाह के साथ हो लिये। शेष लोग कुवों पर ही रह गए। हम लोग २-३ कुरोह चले होंगे कि एक दर्रा दिखाई पड़ा जो टेढ़ा मेढ़ा था। वहाँ उतर पड़े। वह टेढ़ा मेढ़ा दर्रा ऊपर चला गया था। जब वे उस दर्रे को पार कर चुके तो एक पहर रात तक समतल मार्ग पर यात्रा करते रहे। तदुपरान्त मार्ग-दर्शक ने कहा कि, "ऐबक ग्राम समीप है। घोड़ों के मुंह बाँध लिए जायें ताकि कहीं ऐबक वालों को पता न चल जाये।" दूसरे दिन जल न प्राप्त हुआ। तीसरे दिन, अस्त्र की नमाज़ के समय चार चश्मे के कोतल पर पहुँच गये। वहाँ दो कुवें थे ....[5]। वहाँ से रवाना होने

१ सामान के थैलों सहित।

२ सम्भवतः हुसेन क़ुली सुल्तान।

३ बेराहा।

४ **फ़रहंगे आनन्द राज** नामक शब्द-कोश के अनुसार याक़ूत एवं मोतियों की लड़ी।

५ इन कुओं के विषय में लिखा है कि वे "दर ईलाक़ व ईमाक़े साया गुन्चा अस्त"। इस वाक्य का अर्थ स्पष्ट नहीं। सम्भवतः उनके अत्यधिक महत्वपूर्ण होने से तात्पर्य है।

के तीन दिन उपरान्त उस मंज़िल पर पड़ाव हुआ जहाँ वैसे ही दो कुवें थे जिनका उल्लेख हो चुका है। एक कुवें में लोग प्रविष्ट हो जाते थे। दूसरे कुवें में ५-६ गज़ रस्सी लगती थी। जिस कुवें (११९) में लोग प्रविष्ट हो कर जल निकाल लाते थे उसका जल मैला हो गया था अतः हुसेन क़ुली सुल्तान मुहरदार तथा तोलक क़ूरची उस कुवें पर पहुँचे जिसमें रस्सी डाली जाती थी। हज़रत पादशाह का एक सेवक सैयिद बाल्तू नामक उस कुवें से जल निकाल रहा था। हुसेन क़ुली सुल्तान ने कहा, "जल्दी करो। हम भी पानी पियेंगे।" उसने (हुसेन क़ुली) सुल्तान की बात पर आपत्ति प्रकट करते हुए कहा कि, "जो आदमी सैनिक सेवा करता है, उसे अपना प्रबन्ध रखना चाहिये।" हुसेन क़ुली सुल्तान ने कहा, "मैं नहीं समझा कि तू क्या कहता है?" तोलक क़ूरची ने कहा, "आपको भी अपने पास क़बक़ रखना चाहिये ताकि ऐसे अवसर पर वह काम आये।" (हुसेन क़ुली) सुल्तान को इस बात से बड़ा दुःख हुआ। उसने कहा, "मुझे क्या मालूम था कि इतनी आयु समाप्त करने के उपरान्त मैं काबुल पहुँच कर हुमायूँ पादशाह का सेवक बनूंगा और वे बल्ख़ पहुँच कर पराजित हो जायेंगे। मुझमें इतना चमत्कार (दूरदर्शिता) न था कि आज के दिन के लिए अपने पास डोल रख लेता।" हुसेन क़ुली सुल्तान ने तोलक क़ूरची के समक्ष शपथ ली कि, "जब तक मैं बहते हुए जल पर न पहुंचूँगा और अपने चुल्लू से जल न पियूँगा, किसी से जल न मागूँगा।" वायज़ीद यद्यपि उस दिन उसे जल देने का अत्यधिक प्रयत्न करता रहा किन्तु उसने जल न पिया।

हुमायूं द्वारा अफ़ीम का सेवन

इसी बीच में हज़रत पादशाह ने पूँछा कि "किसी के पास कोई रोटी का टुकड़ा है? मैं अफ़ीम खाना चाहता हूँ।" वायज़ीद ने पराजय के दिन मुरब्बे का एक डिब्बा एवं तंदूरी रोटी का थैला ख़्वाजा क़ासिम बयूतात के रकेब से ले लिया था। उसने दोनों हज़रत पादशाह की सेवा में प्रस्तुत किये। हज़रत पादशाह ने तंदूरी रोटी के थैले में से कुछ चुन कर खाया। टुकड़ों को थैले सहित बायज़ीद को वापस करके पूँछा कि, "डिब्बे में क्या है?" मैंने उत्तर दिया कि, "मुरब्बा है किन्तु (१२०) यह ज्ञात नहीं कि किस चीज़ का मुरब्बा है?" जब डिब्बा खोला गया तो आलू बालू का मुरब्बा निकला। हज़रत पादशाह ने पूरा डिब्बा ले लिया।

वापसी की कठिनाइयाँ

इसी पड़ाव पर मुहम्मद क़ुली शेख़ कमान, जो सीधे मार्ग से जा रहा था, हज़रत पादशाह के समाचार पाकर उनसे मिल गया। उसने कहा कि, "मीर असग़र मुंशी तथा अली मुहम्मद क़ुन्दुज़ी, जो उस समय क़ुन्दुज़ के सैनिकों में सर्वश्रेष्ठ थे, आ रहे हैं।" बैरम ऊग़लून एवं ऊज़बेकों का एक अन्य समूह, जो लश्कर के पीछे आ रहा था, हमारे आगे से निकल गया। उन्होंने यह निश्चय किया है कि वे दोशीं तथा किल्की चले जायें। उसी समय मुहम्मद क़ुली शेख़ कमान का घोड़ा मरने के क़रीब पहुँच गया। हज़रत पादशाह ने आदेश दिया कि उसे हलाल करके उसका माँस लोगों को बाँट दिया जाय। मुहम्मद हुसेन नाज़िर ने उस घोड़े के माँस का वितरण किया। उसमें से रान का एक भाग मुसाहिब बेग तथा हुसेन क़ुली सुल्तान मुहरदार को प्राप्त हुआ। उन लोगों को इतना माँस मिल गया कि उसके कबाब बना सकते थे। वायज़ीद ने उन काँटों से, जो कि साही के काँटों के समान होते हैं किन्तु भूमि से निकलते हैं और जिनमें कोयला नहीं होता और जो एराक़ की विलायत में कोंद कहलाते हैं, आग जलाई। मास जैसे ही आग पर डाला जाता, आग राख हो जाती

और माँस उसी प्रकार कच्चा रह जाता था। तीन दिन से अन्न-जल न प्राप्त हुआ था। मुसाहिब बेग ने कच्चा माँस यद्यपि अपने दाँतों से बहुत कुछ काटा किन्तु उससे उसकी भूख समाप्त न हुई। हुसेन क़ुली सुल्तान ने जब देखा कि अत्यधिक प्रयत्न करने पर भी कुछ प्राप्त नहीं होता तो वह अपना सिर रख कर[1] सो गया और कूच के समय तक सोता रहा। बायज़ीद इस सेवा के उपरान्त हुसेन क़ुली सुल्तान के घोड़े के रिकाब अपने ख़च्चर की रिकाब से और अपने ख़च्चर की रिकाब कामरान (१२१) क़ुली के घोड़े की रिकाब से बाँध कर सो गया। बायज़ीद कई रात से सोया न था और अभी उसने सोना प्रारम्भ भी न किया था कि उसने आँख खोल कर देखा कि ख़च्चर नहीं है। कामरान क़ुली को जगा कर (हुसेन क़ुली) सुल्तान के घोड़े की लगाम उसे देकर स्वयं ख़च्चर ढूँढ़ने में व्यस्त हो गया। उस कुवें पर जिसमें लोग प्रविष्ट होकर जल निकाल लाते थे ख़च्चर मिला किन्तु ज़ीन एवं लगाम न थी। ख़च्चर के बाल एवं याल न थी जिसे पकड़ कर उसे लाया जा सकता। बायज़ीद अपनी पगड़ी के ऊपर एक यज़्क़ी[2], इस आशय से बाँधे था कि यदि उसपर तलवार लगे तो उसका प्रभाव न हो। क्योंकि उसके पास दबलग़ा[3] न था अतः उस यज़्क़ी को सिर से खोल कर ख़च्चर की गरदन में बाँध दिया और हुसेन क़ुली सुल्तान के समक्ष लाया। हुसेन क़ुली सुल्तान ख़च्चर की ज़ीन ले जाने पर रुष्ट हुआ। क्योंकि हज़रत पादशाह समीप ही थे, अतः उन्हें इस बात का पता चल गया और उन्होंने इस विषय में हुसेन क़ुली सुल्तान से पूँछा। हुसेन क़ुली (सुल्तान) ने जो बात सच थी उसका उल्लेख हज़रत पादशाह से कर दिया। उन्होंने रुष्ट होकर कहा कि, "जिस व्यक्ति ने ऐसे समय पर यह कार्य किया है उसपर लानत हो।" हज़रत पादशाह ने प्रातःकाल वहाँ से कूच कर दिया। ईलानचक़ां के ईमाक़ के सरदार ज़ुलू ख़ां को उसके भाइयों सहित उनका क़बीला निकट होने के कारण विदा कर दिया। उसे सरदारी का फ़रमान जागीर एवं उलूफ़ा[4] की वृद्धि सहित प्रदान हुआ। जब बायज़ीद के पास मुहर के लिए फ़रमान लाया गया तो उसने उससे ख़च्चर के लिए एक ज़ीन माँगी जिसे मुहराने[5] के हिसाब में मुजरा करने के लिए कहा। उसने अपने भाइयों को बुलवा कर बड़ी कठिनाई से उन लोगों से घोड़े की ज़ीन ली जो ऐसा ज्ञात होता था कि मानों चिंगीज़ के काल के पूर्व बनाई गई हो। बायज़ीद ने (१२२) उसे सैकड़ों सोने एवं चाँदी की ज़ीन से बढ़ कर समझते हुए अत्यधिक कृतज्ञता प्रकट की। सूर्य चमक ही रहा था कि वे चार चश्मे पर पहुँच कर उतर पड़े। हुसेन क़ुली सुल्तान ने झरने के जल से हाथ मुंह धोकर जल पिया और परमेश्वर के प्रति कृतज्ञता प्रकट की और कहा कि "ईश्वर को धन्य है! मैंने जो प्रतिज्ञा की थी, उसे पूरा कर दिया।"

अकबर के नाम फ़रमान

हाजी मुहम्मद सुल्तान तथा हैदर मुहम्मद आख़्ता बेगी, जो कोतल के ऊपर से तोल-

१ सम्भवतः भूमि अथवा ढाल इत्यादि किसी चीज़ पर रख कर।

२ यज़्क़ी :—सम्भवतः कोई कपड़ा।

३ दबलग़ा : सम्भवतः ज़ीन के नीचे बिछाने का मोटा कपड़ा।

४ वृत्ति।

५ मुहर लगाने की फ़ीस।

कचियों के घर जा चुके थे, चार बख़्ती[1] भेड़ें लाये। हज़रत पादशाह ने उनमें से थोड़ी सी खा कर शेष लोगों को बाँट दीं। कुछ लोगों को उलुश भी प्रदान किया। शाहज़ादये आलमियान मीर्ज़ा जलालुद्दीन मुहम्मद अकबर एवं बेगमों तथा अन्तःपुर की स्त्रियों को, जो काबुल में थीं, पत्र लिख कर बेग मुहम्मद आख़्ता बेगी के सिपुर्द कर दिया गया और उसे विदा कर दिया गया। उनमें लिखा गया कि, "तुम लोग निश्चिन्त रहो। हम लोग कुशलतापूर्वक आ रहे हैं।" हज़रत पादशाह सवार होकर कहमर्द नामक दर्रे से काबुल की ओर चल दिये।

हुसेन क़ुली सुल्तान को हुमायूं द्वारा प्रोत्साहन

जब हज़रत पादशाह कुछ आगे बढ़े तो हुसेन क़ुली सुल्तान कोरनिश करके प्रथानुसार साथ हो गया। हज़रत पादशाह ने पूँछा कि, "तूने चश्मे पर जो बातें कहीं उनके विषय में भली भाँति यह ज्ञात नहीं कि तू मुझसे खिन्न था या किसी अन्य से। बता कि तेरा अभिप्राय किससे था और (१२३) बात का क्या प्रसंग था?" हुसेन क़ुली सुल्तान ने निवेदन किया कि, "तोलक क़ूरची को उन बातों के प्रसंग का पता है। वह निवेदन करेगा।" तोलक हज़रत पादशाह की दूसरी ओर जा रहा था। हज़रत पादशाह ने उससे इस विषय में पूँछा। उसने कुवें पर जो कुछ हुआ था और डोल का क़िस्सा, ठीक ठीक सुना दिया। हज़रत पादशाह ने कृपापूर्वक हुसेन क़ुली सुल्तान से क्षमा के रूप में कहा कि, "इस प्रकार की बातें ऐसे अवसर पर सुनने में आती रहती हैं। मैं चाहता हूँ कि तू संकेत द्वारा मुझसे कह दिया कर।" उस मंज़िल से काबुल तक हुसेन क़ुली सुल्तान पुनः हज़रत पादशाह की सेवा में न गया यद्यपि उन्होंने उसे कई बार याद किया[2]।

बायज़ीद को ज़ीन वापस प्राप्त होना

हज़रत पादशाह के मध्याह्नोपरान्त की प्रथम नमाज़ के समय कहमर्द दर्रे पर पहुँच जाने के कारण जो ईमाक़ वहाँ शीत ऋतु व्यतीत कर रहे थे, वे हज़रत पादशाह के आगमन से भय-भीत होकर छिन्न-भिन्न हो गए। उन लोगों का अनाज विभिन्न स्थानों पर था। वह सैनिकों को प्राप्त हो गया। दास बायज़ीद को थोड़े से बैंगन एवं करोही[3] प्राप्त हो गए। मैंने ख़च्चर की ज़ीन, जो उस मंज़िल पर कोई उठा ले गया था, पहचान कर शाह वली अतका के भाई से ले ली। पुरानी ज़ीन, जो मैंने जुलू खां के भाई से ले ली थी, अत्यधिक कृतज्ञता प्रदर्शित करते हुए उसे वापस कर दी। हम लोग सेह पंज नामक कोतल के नीचे, जो हिन्दू कोह का कोतल है, उतर पड़े।

बायज़ीद द्वारा हुमायूं के भोजन की व्यवस्था

हज़रत पादशाह ने कहा कि, "कई दिन से मैं सो नहीं सका हूँ।" बहादुर सुल्तान वल्द सुल्तान हैदर शैबानी ने हज़रत पादशाह का सिर अपने ज़ानू पर रख लिया। हज़रत पादशाह

१ प्रकाशित ग्रन्थ में 'बहती' किन्तु हस्तलिपि में 'बख़्ती'। 'बख़्ती' अथवा 'बग़्दी' **अवस्ता** के अनुसार बल्ख़ का प्राचीन नगर है। बुख़्ती का अर्थ, "बड़ा मज़बूत" भी होता है। सम्भवतः बड़ी अथवा मज़बूत भेड़ों से तात्पर्य हो।

२ इस वाक्य के शब्द स्पष्ट नहीं। इसका अर्थ यह भी हो सकता है कि हुसेन क़ुली सुल्तान के अतिरिक्त कोई अन्य पादशाह की सेवा में न गया कारण कि उन्होंने उसे कई बार याद किया।

३ इस शब्द का अर्थ स्पष्ट नहीं।

ने उससे कहा "तुझे जो आता हो, वह गा ताकि मुझे नींद आ जाय।" उसने निवेदन किया कि, (१२४) "आदेश हो कि बायज़ीद भी मेरे साथ गाये।" बायज़ीद ने आदेश का पालन किया। क्योंकि हज़रत पादशाह ने कहा था कि उन्हें भूख लगी है अतः बायज़ीद भोजन की व्यवस्था का प्रयत्न करने लगा। एक ढाल किसी आदमी की छूट गई थी। उससे जल निकाल कर घोड़ों को पिलाया गया था। क्योंकि उसका बीच का भाग फ़ौलाद का था, अतः उसे साफ़ करके रख लिया था। घोड़े का जो माँस दर्रे पर बाँटा गया था और यख़नी से, जो दर्रे में मिली थी, ढाल के बीच के भाग में भोजन तैयार किया। जब हज़रत पादशाह जागे तो उन्होंने वह भोजन खाया। काबुल में उन्होंने अनेक बार यह कहा कि, "मैंने इतना स्वादिष्ट भोजन कभी न किया था।" उस रात्रि में पीर मुहम्मद आख़्ता ने बड़ी उत्तम सेवायें कीं। वह जा जा कर घाटी से सूखा ईंधन लाता था और आग जलाता था जिससे हज़रत पादशाह को ज़रा भी जाड़ा न लगा। वह भोजन की देग के नीचे भी आग जला देता था।

हुमायूं का काबुल के क़िले में पहुँचना

हज़रत पादशाह प्रातःकाल की नमाज़ के समय सवार होकर कोतल की ओर रवाना हुए। हैदर मुहम्मद आख़्ता बेगी को तोलकची के ईमाक़ की ओर जाने की अनुमति दे दी कारण कि वह (ईमाक़) क़ूरबन्द के समीप था, और क़ूरबन्द उस समय उसकी जागीर में था। मध्याह्नोपरान्त की दूसरी नमाज़ के समय हज़रत क़ूरबन्द के क़िले में उतरे। उस रात्रि के उपरान्त हज़रत पादशाह ने ख़्वाजा सय्यारान[1] में पड़ाव किया। वहाँ से क़रा बाग़ और वहा से मामूरे में[2]। वहाँ से सवार होकर हज़रत पादशाह १ रमज़ान ९५९ हि० (२१ अगस्त १५५२ ई०) को काबुल के क़िले में पहुँच गए[3]।

हुमायूं द्वारा उरता बाग़ में बहार व्यतीत करना

(१२५) उस वर्ष शीत ऋतु हज़रत पादशाह ने कुशलतापूर्वक काबुल के क़िले में व्यतीत की। बहार के प्रारम्भ में प्रथानुसार उरता बाग़ में तशरीफ़ ले गए। बेगमें भी अपने अपने महल में ठहरीं।

हुसेन क़ुली सुल्तान तथा बायज़ीद के पुत्रों का जन्म

उसी वर्ष शव्वाल मास में हुसेन क़ुली सुल्तान मुहरदार के यहाँ ईश्वर की कृपा से पुत्र का जन्म हुआ। उसका नाम अबू तुराब रक्खा गया। २७ शव्वाल को ईश्वर ने बायज़ीद को पुत्र प्रदान किया। हुसेन क़ुली सुल्तान ने उसका नाम सआदत यार रक्खा। सआदत यार बेग का जन्म हरीफ़ बेग वल्द मुल्ला अब्दुल ख़ालिक़ के घर में, जो मीर्ज़ा कामरान के आख़ुन्द के घर के समीप काबुल के अरक के नीचे है, हुआ।

१ ख़्वाजा सेहयारान।

२ डा० बनारसी प्रसाद ने "उस रात्रि में...मामूरे में" तक का अनुवाद प्रकाशित नहीं किया। बाद का अनुवाद भी बड़ा संक्षिप्त दिया है।

३ **अकबर नामा** के अनुसार यह घटना ९५७ हि० (१५५०-५१ ई०) में घटी क्योंकि हुमायूं इसी वर्ष काबुल से पुनः रवाना हो गया। बायज़ीद ने आगे पृ० १३३ पर क़िबचाक़ की विजय एवं उश्तुर ग्राम की पराजय दोनों के विषय में लिखा है कि वे ९५७ हि० में प्राप्त हुईं।

अध्याय ३

मीर्ज़ा कामरान तथा मीर्ज़ा अस्करी का कोलाब से निकलना और हज़रत पादशाह के समाचार पाना। हज़रत पादशाह का काबुल से निकल कर मीर्ज़ा कामरान को परास्त करने के लिये क़िबचाक़ दर्रे की ओर प्रस्थान

मीर्ज़ा कामरान पर ऊज़बेकों द्वारा छापा

मीर्ज़ा कामरान ने मीर्ज़ा अस्करी को कोलाब में छोड़ कर स्वयं वहाँ से प्रस्थान करके पुनः विद्रोह कर दिया और उपद्रव एवं षड्यंत्र प्रारम्भ कर दिया तथा बदख़्शाँ के अधिकांश स्थानों पर अधिकार जमा लिया। मीर्ज़ा सुलेमान तथा मीर्ज़ा इबराहीम दर्रों की ओर भाग गए। चाकर अली ख़ाँ वल्द सुल्तान उवैस बेग अपने भाइयों एवं कोलाब निवासियों सहित मीर्ज़ा अस्करी के विरुद्ध पहुँच गया और कोलाब को घेर लिया। मीर्ज़ा कामरान कोलाब पहुँच कर मीर्ज़ा अस्करी को असबाब एवं परिजनों सहित कोलाब से निकाल लाया और उसे अपने साथ लेकर ककचा नदी के उपान्त में पड़ाव (१२६) कर दिया। दूसरे दिन मीर ताउल ऊज़बेक ने, जो बदख़्शाँ पर आक्रमण हेतु आया था, अज्ञानता के कारण मीर्ज़ा के लश्कर पर आक्रमण कर दिया। मीर्ज़ा को इतना अवकाश भी न मिला कि वह अपने असबाब एवं परिजन को भी अपने साथ ले जा सके। वह मीर्ज़ा अस्करी, मीर्ज़ा अब्दुल्लाह एवं थोड़े से अन्य लोगों के साथ जरीदा[1] भाग खड़ा हुआ। ऊज़बेक लोग बसाही[2] एवं शिविर पर अधिकार जमा कर बल्ख की ओर चल दिये। बल्ख के हाकिम पीर मुहम्मद ख़ां ने सूचना पाकर बसाही मीर ताउल से ले कर उसे विदा कर दिया। शिविर के असबाब को वह मीर ताउल से किस प्रकार ले सकता था। संक्षेप में, मीर्ज़ा ने जो हाल ही में विद्रोह किया था, उसका बदला उसे तत्काल मिल गया।

मीर्ज़ा कामरान का बक्कर की ओर प्रस्थान

यह समाचार मीर्ज़ा सुलेमान तथा मीर्ज़ा इबराहीम को, जो दर्रे के पास थे, तथा मीर्ज़ा हिन्दाल को, जो क़ुन्दुज़ में था, प्राप्त हुए। सब लोग मिल कर मीर्ज़ा कामरान के विरुद्ध, जो तालीक़ान पहुँच चुका था, रवाना हुए। मीर्ज़ा कामरान को मीर्ज़ा लोगों के आगमन के समाचार प्राप्त हो गए। वह उनका मुक़ाबला न कर सका। तालीक़ान से बसाही सहित निकल कर हिन्दू कोह के कोतल की ओर रवाना हुआ। जिस मार्ग में बरफ़ कम थी, वहाँ से होता हुआ हज़ारा के मध्य में पहुँचा; वहाँ से बक्कर की ओर रवाना हुआ।

१ थोड़े से साथियों सहित।
२ परिवार।

हुमायूं का क़िबचाक़ दर्रे की ओर प्रस्थान

जब हज़रत पादशाह को यह समाचार प्राप्त हुए तो वे स्वयं काबुल से रवाना होकर क़ूरबन्द पहुँचे। मीर्ज़ा लोगों ने मीर्ज़ा कामरान का पीछा किया। हज़रत पादशाह ने हाजी मुहम्मद ख़ां कोकी तथा ख़्वाजा जलालुद्दीन महमूद को, जिसके पास उस समय सैनिक एवं सेना बड़ी अच्छी थी, और एक अन्य सेना को ज़ुहाक एवं वामियान के मार्ग से भेजा। मुनइम बेग अतावा को (१२७) सारू उलंग की ओर प्रतिरक्षा हेतु रवाना किया। तरदी बेग अतावा एवं एक अन्य दस्ते को पंजहीर कोतल की ओर नियुक्त किया। क़रजा ख़ां एवं मुसाहिब बेग इत्यादि, जो तालीक़ान के क़िले से आये थे, यद्यपि बल्ख़ की चढ़ाई के समय साथ थे किन्तु अभी तक दंड भोग रहे थे, और लश्कर में थे।[1] हज़रत पादशाह ने मीर असग़र मुंशी, वाल्तू बेग, एवं ताख़्ची बेग काशग़री को प्रतिरक्षा हेतु क़िबचाक़ दर्रे की ओर भेज दिया और वे स्वयं एक सेना सहित कोतल की ओर रवाना हुए। वे चुनारे सोख़्ता के समीप, जो दर्रये क़िबचाक़ एवं राहे नव के मध्य में है, पड़ाव किए हुए थे कि क़रजा ख़ां ने मीर्ज़ा के पास गुप्तचर भेज कर यह सूचना कराई कि 'क़िबचाक़ के दर्रे से बढ़ कर कोई ऐसा मार्ग नहीं है जो इतना अधिक एकान्त में हो।' उपर्युक्त दर्रे में बरफ़ के कम होने के भी समाचार मीर्ज़ा (कामरान) को प्राप्त हो गए थे। वह अन्दराव नदी के तट से क़िबचाक़ दर्रे की ओर रवाना हुआ।

मीर्ज़ा कामरान का क़िबचाक़ दर्रे की ओर अग्रसर होना

मीर मुंशी एवं जो सेना क़िबचाक़ दर्रे में थी उनके प्रार्थना-पत्र प्राप्त हुए कि, "मीर्ज़ा लोग इस दर्रे एवं उस कोतल की ओर जहाँ हम हैं, आ रहे हैं।" हज़रत पादशाह उस पड़ाव पर ठहर गए। दूसरे दिन एक पहर उपरान्त मीर मुंशी का सेवक भागता और हाँफता हुआ पहुँचा और निवेदन किया कि मीर्ज़ा (कामरान) आ गया। लश्कर वाले व्याकुल हो उठे। हज़रत पादशाह ने रुष्ट होकर उसे "कर्दनी एवं कतक"[2] कहा। उन्होंने तत्काल क़ूर-खाने[3] में जो जीबे थे वह यक्का लोगों को बाँट दिये। मस्त अली क़ूरची को, जो शेख़ीम ख़्वाजा ख़िज़्री के दासों में था, ख़राब सा जीबा प्राप्त हुआ था। उसने उसे न पहना। हज़रत पादशाह सवार होकर रवाना हो गए। लश्कर ने पीछे पीछे प्रस्थान किया। पड़ाव तथा क़िबचाक़ दर्रे के मध्य में एक कुरोह से अधिक दूरी न थी। वे तत्काल उस दर्रे पर पहुँच गए। मीर मुंशी, वाल्तू बेग तथा ताख़्ची भी आ कर मिल गए। (१२८) मीर्ज़ा की सेना के अग्र भाग के भी चिह्न दृष्टिगत हो गए।

मीर्ज़ा कामरान तथा हुमायूं की सेनाओं के अग्र भाग में युद्ध

जब हज़रत पादशाह दर्रे के भीतर एक बाण के पहुँचने की दूरी तक प्रविष्ट हो चुके थे

१ बन्दी होने से तात्पर्य है।
२ अपशब्द कहे।
३ शस्त्रागार।

तो उन्हें एक बाण के पहुँचने की दूरी पर एक अन्य पर्वत दर्रे के मध्य में दिखाई पड़ा। मीर्ज़ा (कामरान) की सेना के अग्र भाग वाले उदाहरणार्थ आक़ सुल्तान, बाबा सईद क़िबचाक़ एवं अन्य लोग उस "नाक"[1] के पीछे थे और नाक के सामने एक चट्टान थी। हुसेन क़ुली सुल्तान मुहरदार, बैरम ऊग़लून का भाई क़ून्दुक सुल्तान, मीर्ज़ा क़ुली चोली, पीर मुहम्मद आख़्ता, नव्वाब हकीम मीर्ज़ा का तग़ाई फ़रीदूँ एवं कुछ अन्य लोगों ने मीर्ज़ा की सेना के अग्र भाग पर आक्रमण किया। उस स्थान के ऊबड़-खाबड़ होने के कारण वे सेना के अग्र भाग तक न पहुँच सके। वे बाणों की वर्षा करने लगे। पीर मुहम्मद के एक बाण लगा और वह शहीद हो गया। मीर्ज़ा क़ुली का घोड़ा लुढ़क गया और उसका पाँव टूट गया। उसका पुत्र इमाम क़ुली[2] हज़रत पादशाह का क़ूरची था। वह अपने पिता की ओर लपका ताकि उसे सवार कर दे। वह भी शहीद कर दिया गया। एक बाण हुसेन क़ुली सुल्तान मुहरदार के घोड़े के लगा। वह अपने घोड़े से लुढ़क गया। उसके सेवक बायज़ीद ने घोड़ा लाकर उसे सवार कराया और हज़रत पादशाह की सेना की पंक्ति में पहुँचा दिया। हज़रत पादशाह भी पुश्ते[3] पर पहुँचे।

हुमायूं का घायल होना

इसी बीच में मीर्ज़ा कामरान पर्वत की नाक के ऊपर से होता हुआ सरकोब की ओर पहुँचा[4]। मीर्ज़ा की पत्नियाँ एवं पुत्रियाँ भी पगड़ी बाँध कर मीर्ज़ा के आदमियों के साथ दृष्टिगत हुईं। जो तोपची हज़रत पादशाह की सवारी के साथ थे, उन्होंने अपनी तुफ़ंगों में गोलियाँ न भरी थीं। उनमें से अधिकाँश तोपची मीर्ज़ा के सेवक रह चुके थे, जो काबुल में हज़रत पादशाह की सेवा में प्रविष्ट हो गए थे। क्योंकि मीर्ज़ा सरकोब पर पहुँच चुका था। अतः उसने दो तीन बार बाणों की वर्षा की। अधिकांश घोड़े एवं पादशाही सेना की पंक्ति के आदमी आहत हो गए। इसी बीच में (१२९) हज़रत पादशाह ने मस्त अली क़ूरची से कहा कि, "तू जवान मर्द है। इस अवसर पर क्यों खड़ा है?" उस अभागे ने उत्तर दिया कि, "आपने जिन लोगों को उत्तम जीवे दिए हैं वही आक्रमण करें।" क़ासिम हुसेन खां नदी के उस ओर अपने दस्ते को लिये खड़ा था। उसके समक्ष आक्रमण करने का स्थान था। उसने मीर्ज़ा की सेना के अग्र भाग पर आक्रमण न किया और इस कार्य की ओर उपेक्षा प्रदर्शित की। अन्य सरदारों में से किसी के पास सेना का कोई ऐसा दस्ता न था जो मीर्ज़ा से युद्ध कर सकता। मीर्ज़ा (कामरान) पादशाह के लश्कर की शोचनीय दशा

१ पर्वत का ऐसा स्थान जो नाक के समान हो।

२ पुस्तक में "इमाम क़ुली व पिसरे मुशारुन इलैह", जिसका अर्थ है 'इमाम क़ुली एवं उसका पुत्र' किन्तु इसके स्थान पर "इमाम क़ुली पिसरे मुशारुन इलैह" पढ़ा गया है। डा० बनारसी प्रसाद के अनुवाद में भी यही है (पृ० १२७)।

३ मूल में, "बर सर कुश्तहा रसीद" जिसका अर्थ हुआ कि 'लाशों पर पहुँचे' किन्तु 'बर सरे पुश्ता रसीद—पुश्ते पर पहुँचे' अधिक उचित ज्ञात होता है। डा० बनारसी प्रसाद के अनुवाद में यही है (पृ० १२७)।

४ यह वाक्य स्पष्ट नहीं। सम्भवतः ऐसे स्थान पर पहुँचने से तात्पर्य है जिसके ऊँचाई पर होने के कारण वे हुमायूं की सेना को सुगमतापूर्वक हानि पहुँचा सकते थे।

देख कर सरकोब से नीचे उतरा और (हज़रत पादशाह की) पताकाओं की ओर अग्रसर हुआ। पताका उठाने वाले उसके आक्रमण का सामना न कर सके। वे झंडों को लपेट कर भाग गए। क़ासिम हुसेन ख़ां सेना के उसी दस्ते को जिसे लिए हुए वह खड़ा था, लौट गया। हज़रत पादशाह अपने आदमियों सहित भाग कर उस दर्रे की ओर जहाँ से लश्कर आया था रवाना हुए। मुक़द्दम बेग के सेवक बाबा हरामज़ादा ने हज़रत पादशाह के पीछे से पहुँच कर उनके ताज पर तलवार का वार किया। हज़रत पादशाह के कान के नीचे का भाग तक आहत हो गया। उसने दूसरी तलवार उठाई ही थी कि हज़रत पादशाह पलटे और बड़े क्रोध में उसे डाँटा कि, "दुष्ट क़लक़ची क़ुल्ताक़"। शाही ऐश्वर्य के कारण वह पुनः तलवार न चला सका। हज़रत पादशाह का तूशकची मेहतर सकाई[1] इसी समय बीच में आ गया। वह हरामज़ादा भाग गया। क़रजा ख़ां ने भी विना जाने हुए रणक्षेत्र में उसके सर पर तलवार का वार किया था। एक मास तक उसके घाव पर मलहम लगाया जाता रहा। हुसेन क़ुली सुल्तान मुहरदार तथा तारूची बेग (मीर्ज़ा कामरान) द्वारा वन्दी बना लिए गए। (१३०) मीर्ज़ा (कामरान) ने दोनों को शहीद करा दिया।

हुमायूं की सेना का पलायन

पराजित सेना तीन मार्गों से भागी। मीर्ज़ा (कामरान) ने हज़रत पादशाह का क़ूरबन्द की ओर कुछ दूर तक पीछा किया। कुछ लोग काबुल के मार्ग की ओर और कुछ उस दर्रे के मार्ग की ओर जो इस्तालीफ़ की ओर जाता था, भागे। बायज़ीद उस दल के साथ था जो इस्तालीफ़ जा रहा था। उस दल में प्रतिष्ठित लोगों में सरदार बेग वल्द क़रजा, इबराहीम ईशक आग़ा, ख़्वाजा क़ासिम ब्यूतात, मस्त अली क़ूरची, इमाम क़ुली क़ूरची एवं कुछ अन्य लोग थे। इमाम क़ुली तथा इबराहीम घायल हो गए थे। हज़ारा लोगों ने भी मार्ग रोक लिया। इनमें से भी बहुत से लोग घायल हो गए। हज़ारा लोगों ने उनके घोड़े एवं असबाब छीन लिये। दूसरे दिन इस दल में से कुछ लोग पैदल इस्तालीफ़ पहुँचे। पता चला कि इमाम क़ुली एवं इबराहीम उसी घाव के कारण परलोक सिधार गए......।[2] हवा के गरम होने के कारण बायज़ीद ने चकरी के पत्तों के वस्त्र जंगली काँटों से सी कर पहने और इस प्रकार अपने आप को इस्तालीफ़ पहुँचा दिया। वहाँ के रईस[3] पीर मुहम्मद इस्तालीफ़ ने बायज़ीद, को पहचान लिया और उसके लिए सरोपा एवं जूते लाकर उसे पहनाया। दूसरे दिन बेहज़ादी, जो हुसेन क़ुली सुल्तान एवं तारूची बेग की जागीर था, दिखाई पड़ने लगा। इसके बाद के दिन हम लोग काबुल में ख़्याबान में पहुँचे।

मीर्ज़ा कामरान का काबुल पर अधिकार

मीर्ज़ा सुलेमान का यसावल बाबा दोस्त, जो उस समय मीर्ज़ा कामरान के साथ था,

१ **अकबर नामा** के अनुसार 'मेहतर सकाही' जो 'फ़रहत ख़ां' के नाम से प्रसिद्ध था।

२ इसके पूर्व के दो शब्द स्पष्ट नहीं।

३ हाकिम।

हुसेन क़ुली सुल्तान के घोड़े पर सवार और उसके ताज को पहने तथा उसका खंजर कमर में बाँधे दिखाई पड़ा। इससे पता चला कि वह हुसेन क़ुली सुल्तान को घोड़े से गिरा कर मीर्ज़ा (कामरान) के पास ले गया था। मीर्ज़ा कामरान ने दोस्त नक़्क़ाश के मज़ार पर, जो उक़ाबैन पर्वत के दामन (१३१) में है, पड़ाव किया। क़ासिम बरलास, जिसके सिपुर्द हज़रत पादशाह ने काबुल कर दिया था, और शाहज़ादये आलमियान जलालुद्दीन मुहम्मद अकबर मीर्ज़ा क़िले में थे। वे कई दिन तक क़िले की प्रतिरक्षा करते रहे। अन्त में दुर्भाग्यवश मीर्ज़ा कामरान से प्रतिज्ञा कराके क़िला उसे सौंप दिया। मीर्ज़ा (कामरान) ने शाहज़ादये आलमियान को बन्दी बना दिया। वह सेना एकत्र करने का प्रयत्न करने लगा और दो मास तक लश्कर के सामान की व्यवस्था करता रहा।

हुमायूं द्वारा सेना की तैयारी

हज़रत पादशाह भी अन्दराब पहुँच गए। मीर्ज़ा लोग यह शोकमय समाचार पाकर अपनी जागीर को गए बिना हज़रत पादशाह की सेवा में उपस्थित हो गए। जो अमीर लोग हिन्दू कोह के मार्ग से प्रतिरक्षा हेतु भेजे गए थे वे सब अन्दराब में हज़रत पादशाह के चरणों का चुम्बन करके सम्मानित हुए। इसी बीच में बल्ख़ से १००० घोड़े काबुल जा रहे थे। यह मीर सैयिद अली सब्ज़वारी का कारवान था। हज़रत पादशाह ने ख़्वाजा जलालुद्दीन महमूद एवं कुछ लोगों को भेज कर घोड़े मंगवा लिये और उनका मूल्य निश्चित करके सैनिकों को बाँट दिये और यह तमस्सुक लिख दिया कि 'ईश्वर ने चाहा तो काबुल की विजय के उपरान्त इसका उत्तर भेजा जायगा।'[1] लगभग दो मास तक हज़रत पादशाह अन्दराब में लश्कर की व्यवस्था करते रहे। अन्दराब की नदी पर पुल बंधवाया। अली दोस्त यसावल को पुल पर इस आशय से नियुक्त कर दिया कि वह किसी को भी आज्ञा बिना पुल न पार करने दे। ख़्वाजा जलालुद्दीन महमूद जब वहाँ पहुँचा तो उसने देखा कि—हाजी मुहम्मद ख़ां बाबा क़श्क़ा पुल पार करके सैर कर रहा है। उसने तथा अली दोस्त ने कुछ आलोचना करते हुए कहा कि, "हर आदमी इस पुल के पार निकल गया। लोकोक्ति है कि हाजी, हाजी को मक्का में देखता है।"[2] हाजी मुहम्मद ख़ां इस बात से बड़ा रुष्ट हुआ। उसके रुष्ट होने के समाचार हज़रत पादशाह को प्राप्त हुए। हज़रत पादशाह ने ख़्वाजा जलालुद्दीन महमूद को बुलवा कर आदेश दिया कि, "हाजी मुहम्मद ख़ां के घर जाकर क्षमा-याचना कर, कारण कि यह बड़ा नाज़ुक समय है।" (१३२) ख़्वाजा ने निवेदन किया कि, "हाजी मुहम्मद ख़ां असंयमी है। मेरा अपमान करेगा।" हज़रत पादशाह ने कहा कि, "क्योंकि हम भेज रहे हैं अतः वह इस बात का ध्यान रक्खेगा।" जब ख़्वाजा ने ख़ान के घर पर पहुँच कर क्षमा-याचना की तो हाजी मुहम्मद ख़ां ने उसे लम्बी अयाल का एक काले रंग का घोड़ा, जो उस कारवान से उसने लिया था, ख़्वाजा को देकर प्रोत्साहित किया।

१ मूल्य अदा किया जायगा।

२ सम्भवतः तात्पर्य यह है कि 'हाजी मुहम्मद ख़ां को देखकर सभी पुल के उस पार चले जायेंगे'।

तदुपरान्त दोनों में सर्वदा घनिष्ठता रही। उस घोड़े को उश्तुरगीरान[1] के युद्ध एवं काबुल की विजय के उपरान्त ख्वाजा (जलालुद्दीन महमूद) ने बायज़ीद को, जिसे हज़रत बादशाह ने उसकी सेवा में कर दिया था, प्रदान कर दिया। वह घोड़ा जीक़ून[2] था और इतना अधिक दौड़ सकता था कि काबुल में कोई दूसरा घोड़ा उसका मुक़ाबला न कर सकता था।

मीर्ज़ा कामरान की पराजय

जब मीर्ज़ा (कामरान) को हज़रत पादशाह के प्रस्थान के समाचार प्राप्त हुए तो वह बाबा चोचक एवं मुल्ला शफ़ाई को काबुल में छोड़कर लश्कर सहित बारान नदी की ओर रवाना हुआ। क़रजा खां को पिता कह कर लश्कर का सिपहसालार नियुक्त कर दिया। शाहज़ादये आलमियान जलालुद्दीन मुहम्मद अकबर मीर्ज़ा को उस लश्कर में अपने साथ ले गया। जब मीर्ज़ा कामरान बारान नदी के तट पर पहुँचा तो उस ओर से मीर्ज़ा इब्राहीम, मीर्ज़ा हिन्दाल, हाजी मुहम्मद कोकी एवं हज़रत पादशाह की सेना के अग्र भाग का दस्ता तथा मीर्ज़ा सुलेमान भी पहुँच गए। उनका युद्ध करने का विचार न था। उसी दिन मध्याह्नोपरान्त की दूसरी नमाज़ के समय नदी-तट पर मीर्ज़ा (कामरान) से युद्ध हो गया। क्योंकि हज़रत पादशाह का सौभाग्य नित्य-प्रति उन्नति पर था अतः मीर्ज़ा पराजित होकर माही परोज़ाला भाग गया। उस (१३३) युद्ध में क़रजा ख़ां मीर्ज़ा हिन्दाल के सेवकों द्वारा जीवित बन्दी बना लिया गया। उसके सिर को उपहार स्वरूप हज़रत पादशाह के घोड़े की ठोकरों में पहुँचा दिया गया। हज़रत पादशाह ने आदेश दिया कि उसे ले जाकर आहिनी द्वार[3] पर लटका दिया जाय। युद्ध के तीन चार दिन पूर्व तक कोई शान्ति न थी। क़ून्दुक़ सुल्तान के सज़ावल एवं बायज़ीद देहे नव में मीर शिहाब के घर के आस पास छिप गए थे। जिस सुबह को क़रजा खां का सिर आहिनी फाटक से लटकाया गया तो वे छिपने एवं भागने के कष्ट से मुक्त हो गए। जब बायज़ीद उस घर से जिसमें वह छिपा था, निकला तो सर्व प्रथम जिस व्यक्ति से उसकी भेंट हुई वह क़रजा खां का सम्बन्धी अबुल हसन दीवाना था जो मीर्ज़ा की बारान नदी की पराजय के समय भाग गया था। क्योंकि बायज़ीद के पास घोड़ा न था, अतः उसने अपना घोड़ा बायज़ीद को देकर मुक्ति प्राप्त कर ली। हज़रत पादशाह के हितैषी हर स्थान पर प्रसन्न एवं शत्रु कष्ट में पड़ गए।[4]

क़िबचाक़ की पराजय एवं उश्तुर ग्राम की विजय ९५७ हि० (१५५० ई०)[5] में हुई। दोनों युद्धों के मध्य की अवधि ६० दिन से अधिक तथा ७० दिन से कम थी। हज़रत पादशाह पुनः काबुल पहुँच गए। मीर्ज़ा पीर बुदाग़ वल्द जहाँन शाह पादशाह का यह क़तआ स्थिति के अकूनुल सिद्ध हुआ :

१ **अकबर नामा** में 'उश्तुर कराम', अन्य स्थानों पर 'उश्तुर ग्राम'।

२ जीक़ून : इसका अर्थ ज्ञात न हो सका।

३ काबुल का लोहे का द्वार।

४ डा० बनारसी प्रसाद ने "हज़रत पादशाह भी अन्दराब पहुँच गए......शत्रु कष्ट में पड़ गए" का अनुवाद प्रकाशित नहीं किया है।

५ इससे पूर्व बायज़ीद ने क़िबचाक़ की पराजय के विषय में लिखा है कि वह ९५६ हि० में प्राप्त हुई जो शुद्ध नहीं।

कतआ

'वापस आ गए हम और राज्य का सिक्का हमारे नाम है,
इक़बाल हमारा मित्र और सौभाग्य हमारा दास है।
(१३४) मेरा नाम बुदाग़ है, मैं हैदर का दाग़ा हुआ दास हूँ,[१]
हमारी हर जगह बादशाही है, और संसार भर हमारा दास है।'

विद्रोहियों को दंड

इसके उपरान्त दीनदार वेग, हैदर दोस्त, मुग़ुल क़ांची एवं मस्त अली क़ूरची की, जो उश्तुर ग्राम के युद्ध में बन्दी बनाये गए थे, काबुल नदी के किनारे बाग़े सूरत ख़ाना के पीछे हत्या करा दी गई। दीनदार बेग की उसके हिन्दुस्तान के अपराधों के कारण हत्या कराई गई। हैदर दोस्त के विषय में यह समझा जाता था कि क़रजा ख़ां के षड्यंत्र का कारण वही है, और मस्त अली का अपराध यह था कि हज़रत पादशाह ने क़िवचाक़ दर्रे में उसे आदेश दिया था कि वह मीर्ज़ा कामरान के आदमियों पर आक्रमण करे किन्तु उसने उत्तर दिया था कि, "वे लोग आक्रमण करें जिन्हे आपने उत्तम जीवे प्रदान किए हैं।"

मीर्ज़ा कामरान का महमन्द एवं ख़लील अफ़ग़ानों की ओर पलायन

हज़रत पादशाह अभी मार्ग की थकावट से आराम भी न कर पाये थे कि समाचार प्राप्त हुय कि मीर्ज़ा कामरान, जो माही पर[२] की ओर चला गया था, कोतल वादीज[३] के मार्ग से मलिक मुहम्मद मंदरावली[४] के घर पहुँचा। क्योंकि वह मंदरावल वालों का सरदार था अतः यह भय हुआ कि कहीं मीर्ज़ा कामरान उस तूमान के आदमियों को एकत्र करके विद्रोह न कर दे। बहादुर सुल्तान वल्द हैदर सुल्तान शैबानी, मुहम्मद क़ुली बरलास, बैरम ऊग़लून का भाई क़ून्दुकी सुल्तान, जान मुहम्मद बेहसूदी एवं सरदारों तथा यक्का जवानों को मीर्ज़ा कामरान के विरुद्ध भेजा गया। मीर्ज़ा ने अभी तक अपनी सेना एकत्र न की थी। ये लोग शीघ्र ही पहुँच गए थे अतः मीर्ज़ा उनका मुक़ाबला न कर सका। हज़रत पादशाह के लश्कर ने मीर्ज़ा को पराजित करके अलंकार एवं अली संग दर्रों की ओर, जो मंदरावल के ऊपर स्थित हैं, भगा दिया। मीर्ज़ा समझ गया कि अब कोई ऐसा स्थान नहीं जहाँ उसे सफलता प्राप्त हो सके अतः वह महमन्द एवं ख़लील अफ़ग़ानों के
(१३५) पास चला गया। शाही लश्कर काबुल वापस आ गया।

बहादुर सुल्तान का क़ून्दुक सुल्तान को उत्तर

एक रोज़ दीवान में सभी लोग अपने अपने कारनामों का उल्लेख कर रहे थे। क़ून्दुक सुल्तान ने कहा कि, "बहादुर (सुल्तान) हमसे अधिक से अधिक एक क़दम आगे था।" बहादुर सुल्तान ने कहा, "ठीक कहते हो। मसल है कि मर्दी से नामर्दी की दूरी एक क़दम होती है।" हज़रत

१ दासों की पहचान के लिए उन्हें दाग़ने की भी प्रथा थी।
२ पूर्व पृष्ठ में 'माही परोज़ाला'।
३ सम्भवतः 'बादंज' अथवा 'बादपंज'।
४ **अकबर नामा** के अनुसार 'मंदरौर के मलिक मुहम्मद के पास पहुँचा'। (देखिए अनुवाद पूर्व पृ० २६४)।

पादशाह को भी यह बात ज्ञात हो गई कि काम तो बहादुर (सुल्तान) ने किया किन्तु नाम क़ून्दुक सुल्तान का हुआ।

ख़्वाजा जलालुद्दीन का मीर्ज़ा अस्करी को नीबू का शरबत न देना

इसके उपरान्त मीर्ज़ा अस्करी को, जो उश्तुर ग्राम में बन्दी बना लिया गया था,[1] ख़्वाजा जलालुद्दीन महमूद को इस आशय से सौंप दिया गया कि उसे बदख़्शाँ में मीर्ज़ा सुलेमान के सिपुर्द कर दिया जाय। ख़्वाजा जलालुद्दीन महमूद ने मीर्ज़ा अस्करी को रिकाबख़ाने[2] के समक्ष ख़रगाह लगवा कर रक्खा। मीर्ज़ा हर रोज़ मेहतर सबहाका रिकाबदार से नीबू का शरबत माँगा करता था। हज़रत पादशाह को भी नीबू के शरबत से बड़ी रुचि थी। उस समय बल्ख़ से कारवान नहीं आये थे। नीबू बहुत कम मिलता था। ख़्वाजा जलालुद्दीन महमूद ने, जो मीर सामान था, रकेब दारों[3] से कह दिया कि, "मीर्ज़ा के लिए अब नीबू का शरबत न तैयार किया जाय। जब कभी मीर्ज़ा नीबू के शरबत के लिए आग्रह करे तो कह दिया जाय कि ख़्वाजा ने बोतलों पर मुहर लगवा दी है।" रिकाबदार लोग यही बहाना किया करते थे। जब मीर्ज़ा (अस्करी) को यह समाचार प्राप्त हुए तो वह ख़्वाजा (जलालुद्दीन महमूद) की प्रतीक्षा करने लगा। जब ख़्वाजा उरता बाग़ से हज़रत पादशाह की सेवा से वापस आया और मीर्ज़ा की दृष्टि ख़्वाजा पर पड़ी तो उसने रुष्ट होकर कहा, "हे मर्दक[4]! तू मेरा सेवक था, तूने मेरा नमक खाया, फिर तूने रिकाबदारों को कैसे आदेश दिया कि (१३६) हमें शरबत न दिया जाय?" क्योंकि मीर्ज़ा ने एक झूठे इल्ज़ाम के कारण ख़्वाजा की नाक कटवा ली थी अतः ख़्वाजा ने उत्तर दिया, "आपका नमक मेरे पास कब था, यदि रहा भी होगा तो आपने मेरी नाक से निकाल लिया।" उन लोगों ने अन्य बातें भी कहीं जिनका लिखना इस "तज़किरे" में उचित नहीं। यह बातें मीर अब्दुल्लाह बख़्शी अख़स[5] ने हज़रत पादशाह से कहीं। हज़रत पादशाह ने ख़्वाजा को बुलवा कर पूँछा कि, "मीर्ज़ा ने जो कुछ तुझसे कहा और तूने जो उत्तर दिया, उसे बता।" ख़्वाजा ने जिन बातों का ऊपर उल्लेख हो चुका है हज़रत पादशाह को बताईं। हज़रत पादशाह मुस्कुराये। जो बुद्धिमान् दरबार में उपस्थित थे उन्होंने इसे मीर्ज़ा की मूर्खता बताया। जब उसने एक आदमी की नाक कटवा ली थी और वह उसी की क़ैद में था, तो ऐसी बातें करने का क्या अवसर था?

मीर्ज़ा अस्करी का मीर्ज़ा सुलेमान के पास भेजा जाना

तदुपरान्त हज़रत पादशाह ने ख़्वाजा जलालुद्दीन महमूद को आदेश दिया कि, "तू मीर्ज़ा सुलेमान के पास राजदूत बन कर जा रहा है, मीर्ज़ा को भी साथ लेता जा ताकि मीर्ज़ा सुलेमान, मीर्ज़ा अस्करी को पीर मुहम्मद के पास बल्ख़ भेज दे।" ख़्वाजा जलालुद्दीन ने उसे बायज़ीद के सिपुर्द कर दिया ताकि वह किश्म तक मीर्ज़ा (अस्करी) की रक्षा एवं सेवा करता रहे।

१ डा० बनारसी प्रसाद ने "इसके उपरान्त दीनदार बेग, हैदर दोस्त......बन्दी बना लिया गया था" तक का अनुवाद प्रकाशित नहीं किया है।

२ वह स्थान जहां भोजन का प्रबन्ध होता हो।

३ रिकाबदार :—भोजन का प्रबन्ध करने वालों।

४ नीच।

५ प्रकाशित ग्रन्थ में 'एहसन'।

मीर्ज़ा सुलेमान के पास हुमायूं द्वारा राजदूत भेजा जाना

(१३७) हज़रत पादशाह ने मीर्ज़ा सुलेमान की पुत्री शाहज़ादा ख़ानम से विवाह करने का प्रस्ताव रक्खा। बीबी फ़ातेमा को इस कार्य हेतु ख़्वाजा (जलालुद्दीन महमूद) के साथ कर दिया। छल्ला,[1] अंगूठियाँ, सरोपा, वस्त्र, मिश्री इत्यादि जिनकी निकाह के लिए आवश्यकता होती है (ख़्वाजा जलालुद्दीन महमूद) द्वारा भेजीं। वे काबुल से प्रस्थान करके निरंतर यात्रा करते हुए पंजहीर कोतल से अन्दराब एवं ख़ूस्त तथा वरस्क[2] के मार्ग द्वारा फ़रख़ार और फ़रख़ार से कलावकान, जो किश्म से १० कुरोह पर होगा, पहुँचे। मीर्ज़ा इबराहीम, हरम बेगम, मीर्ज़ा इबराहीम का तग़ाई हैदर अली एवं उवैस सुल्तान क़िवचाक़ का पुत्र हम लोगों के पहुँचने के पूर्व उपर्युक्त स्थान पर पहुँच चुके थे। ख़्वाजा (जलालुद्दीन महमूद) मीर्ज़ा (इबराहीम) की सेवा में उपस्थित हुआ। बीबी फ़ातेमा बेगम को ज्ञात हुआ कि "मीर्ज़ा हिन्दाल के सेवक मुहम्मद ताहिर मीरक ने मीर्ज़ा हिन्दाल के क़ुन्दुज़ में घेर लिये जाने के कारण प्रार्थना-पत्र भेज कर मीर्ज़ा सुलेमान को क़ुन्दुज़ समर्पित कर दिया। मीर्ज़ा इबराहीम तथा हरम बेगम क़ुन्दुज़ में प्रवेश के उद्देश्य से जा रहे हैं।" क्योंकि उनकी संख्या कम थी और ख़्वाजा (जलालुद्दीन) के साथ ८० सशस्त्र जवान थे, अतः सेवकों ने मिल कर यह निश्चय किया कि मीर्ज़ा को बन्दी बना लें और शीघ्रातिशीघ्र काबुल पहुँचा दें। क्योंकि वह विलायत मध्य में थी और ख़्वाजा ताजीक[3] था अतः ख़्वाजा को यह कार्य पसन्द न आया। उन लोगों ने[4] उस स्थान से ख़्वाजा को मीर्ज़ा सुलेमान के पास किश्म की ओर विदा कर दिया। मीर्ज़ा इबराहीम ने कहा कि, "बेगम क़ुन्दुज़ से लौट कर तुम्हारी समस्त समस्याओं को समाधान कर देंगी, और तुम्हें विदा कर देंगी।" आधी रात के समय मीर्ज़ा इबराहीम तथा हरम बेगम क़ुन्दुज़ की ओर चली गईं। ख़्वाजा तथा बीबी फ़ातेमा किश्म पहुँचे और मीर्ज़ा सुलेमान की सेवा में उपस्थित हुये। जो फ़रमान और पत्र उनके पास थे, (१३८) मीर्ज़ा की सेवा में प्रस्तुत किए। मीर्ज़ा ने कहा "ठहरो। बेगम क़ुन्दुज़ से आ जायं तो उनसे परामर्श के उपरान्त उत्तर देकर विदा करेंगे।" ख़्वाजा मुईन वल्द ख़्वाजा महमूद खां ने उद्यान में, जो किश्म नदी के तट पर था, ख़्वाजा (जलालुद्दीन महमूद) को ठहराया। मीर्ज़ा अस्करी को मीर नक़्क़ाश के घर में जो उस उद्यान एवं क़राक़ूज बेगम के घर से मिला था, ठहराया। कुछ दिन उपरान्त बेगम, मीर्ज़ा इबराहीम को क़ुन्दुज़ सौंप कर किश्म आ गईं। जब यह समाचार काबुल पहुँचे तो (हज़रत पादशाह ने) क़ुन्दुज़ के स्थान पर ग़ज़नी, गिरदीज़ एवं उनके अधीनस्थ तथा आस पास के स्थान मीर्ज़ा हिन्दाल को दे दिए।

१ कान के छल्लों से तात्पर्य है।
२ मूल में 'लूरस्क' किन्तु 'वरस्क' शुद्ध है। डा० बनारसी प्रसाद के अनुवाद में 'वरस्क' ही है (पृ० १३२)।
३ डा० बनारसी प्रसाद के अनुवाद में इस प्रकार है:—"But we were in a strange place, and the Khwajah was a coward, the suggestion could not materialise" (पृ० १३२)।
४ मीर्ज़ा इबराहीम एवं हरम बेगम।

ख़्वाजा जलालुद्दीन एवं मीर्ज़ा सुलेमान की वार्ता

उन लोगों ने कई बार परामर्श किया कि ख़्वाजा (जलालुद्दीन महमूद) को बन्दी बना लिया जाय। ख़्वाजा समझ गया और उसने अपने अदमियों को छिन्न-भिन्न कर दिया। कुछ लोगों को किसी न किसी बहाने से काबुल भिजवा दिया। कुछ लोगों को बदख़्शाँ के अमीरों के पास जिनको सरोपा प्रेषित किए गए थे भेज दिया। प्रत्येक का सरोपा तीन-तीन चार-चार लोगों के सिपुर्द करके भेजा और आदेश दिया कि वहाँ से वे काबुल चले जायें। उसके साथ लगभग २० आदमी बालक एवं बड़े मिला कर रह गए। एक दिन क़ाज़ी जूज़बून ने, जो मीर्ज़ा सुलेमान के सम्बन्ध से हाजी मुहम्मद खां का रिश्तेदार था, ख़्वाजा से कहा कि, "हुमायूँ पादशाह के ताज की कलग़ी हिन्दूकुश के कोतल से दृष्टिगत होती है। सर्व प्रथम जो व्यक्ति उनकी सेवा में जायगा, वह मैं हूँगा।" इसके बावजूद हर रात में उसके आदमी किश्म नदी के इस ओर एवं उस ओर पहुँच कर ख़्वाजा की निगरानी करते थे। पता चला कि ख़्वाजा की निगरानी का मीर्ज़ा सुलेमान को ज्ञान न था और वह निष्ठा प्रदर्शित करते हुए निफ़ाक़ कर रहा था। एक मास अथवा चालीस दिन तक ख़्वाजा को न बुलवाया गया। इसके उपरान्त ख़्वाजा ने मीर्ज़ा को प्रार्थना-पत्र लिखा (१३९) कि, "मैंने हुमायूँ पादशाह के दरबार में आपकी सेवायें की थीं। मुझे आशा थी कि यदि मैं कभी बदख़्शाँ पहुँचा तो मेरा आतिथ्य होगा। मैं लगभग दो मास से आया हूँ। मुझे रोज़ाना ज्ञात होता रहता है कि मुझे बन्दी बनाकर ख़मलंकान में, जो क़िलये ज़फ़र का अरक है, भेज दिया जायगा, अथवा ककचा नदी में डलवा दिया जायगा।" बायज़ीद ने मीर्ज़ा सुलेमान के पास यह प्रार्थना-पत्र पहुँचाया। मीर्ज़ा ने तत्काल ख़्वाजा को बुलवाया और बार बार शपथ ली कि "यह बात तेरे पास स्वार्थियों ने पहुँचाई हैं। मैं हज़रत पादशाह का दास हूँ। इस प्रकार का कार्य किस तरह कर सकता हूँ?" ख़्वाजा (जलालुद्दीन) क़ुरान शरीफ़ भी बग़ल में दबा कर ले गया था। उसने मीर्ज़ा सुलेमान के प्रति निष्ठावान् रहने की शपथ ली और कहा, "मैं इसमें कोई कसर न उठा रक्खूँगा।" मीर्ज़ा सुलेमान ख़्वाजा की ओर से संतुष्ट था ही किन्तु इसमें और भी वृद्धि हो गई। ख़्वाजा ने निवेदन किया कि, "मैं समय-समय पर काबुल समाचार भेजता रहता हूँ। यदि यहाँ कोई बात निष्ठा के विरुद्ध हो गई हो अथवा हो जाय तो मैं उसके विषय में निवेदन करूँ अथवा नहीं?" मीर्ज़ा ने कहा, "भली-भाँति कहो।" उसने निवेदन किया कि, "कुछ दिन पूर्व जब क़ाज़ी जूज़बून ने आकर कहा कि जब हुमायूँ पादशाह के ताज की चोटी किसी दिशा से ज़ाहिर होगी तो सर्व प्रथम मीर्ज़ा सुलेमान को नष्ट करके जो हज़रत पादशाह की सेवा में उपस्थित होगा, वह मैं हूँगा।" मीर्ज़ा ने कहा, "ईश्वर ने चाहा तो कोई ऐसी बात न होगी जिसके कारण हज़रत पादशाह को बदख़्शाँ आने की आवश्यकता पड़े और वह मुझे नष्ट करके हज़रत पादशाह की सेवा में उतस्थित हो। उसका इन बातों से, जो तुमसे की हैं, उद्देश्य षड्यंत्र है। इस प्रकार के षड्यंत्रकारी को बन्दी बना लेना चाहिये।" निश्चय हुआ कि प्रातःकाल क़ाज़ी जूज़बून क़ासिम बन्दी बना लिया जाय।"

क़ासिम क़ाज़ी जूज़बून की हत्या

(१४०) दूसरे दिन ख़्वाजा ने मीर्ज़ा को लिखा कि "सुना जाता है कि उस कृतघ्न को बन्दी बना लिया गया है। उसके पास एक बूलाक़[1] याबू है। बूलाक़ मेरे लिए उपयुक्त होता है। आशा

१ बूलाक़ का अर्थ ज्ञात न हो सका।

है कि मुझे प्रदान कर दिया जायगा।" यह पत्र भी बायज़ीद मीर्ज़ा के पास हरम बेगम के महल की हवेली में ले गया था। क़ासिम जूज़बून को बुलवाया गया। हैदर अली आकर उसके दायें हाथ की ओर बैठ गया। मीर ज़ैनुल आबेदीन, जो मीर्ज़ा का एक प्रतिष्ठित अमीर था, बायें हाथ की ओर बैठा। उसके हाथ पकड़ कर उससे चाक़ू ले लिया गया और मीर ज़ैनुल आबेदीन को सौंप दिया गया। बायज़ीद उस सभा में उपस्थित था। उसकी हवेली तथा असबाब (को अधिकार में करने) के लिए आदमी नियुक्त कर दिए गए। उसका भाई सूचना पाकर जिस बाग़ में था, वहाँ से पैदल बाग़ों में भाग गया। जब ख़्वाजा जलालुद्दीन महमूद का पत्र मीर्ज़ा सुलेमान को प्राप्त हुआ तो उसने अपने तवाची बाशी तोलक को बुलवा कर कहा कि, "बायज़ीद को क़ासिम जूज़बून के तवेले में ले जाओ और जो बूज़ क़रग़ारी बूलाक़ याबू उसके पास हो उससे लेकर बायज़ीद को दे दो।" तोलक ने बायज़ीद के साथ पहुँच कर घोड़ा तत्काल बायज़ीद को सौंप दिया। कुछ दिन उपरान्त मीर्ज़ा सुलेमान स्वयं क़ासिम जूज़बून को उसके ख़तरनाक हो जाने के कारण बन्दी बनाकर क़िलये ज़फ़र की ओर इस आशय से रवाना हुआ कि उसे खमलंकान में बन्दी बना दे। मीर्ज़ा के निष्ठावानों ने इस प्रकार के षड्यंत्रकारी को बन्दी रखना उचित न समझा। क्योंकि उसकी हत्या कर देना निश्चय कर लिया गया था, अतः संसार की शुद्धतम वस्तु जल अर्थात् ककचा नदी में उसे डुबा दिया गया।

विवाह के प्रस्ताव पर बेगम की आपत्ति

जिस समय मीर्ज़ा सुलेमान क़िलये ज़फ़र की ओर रवाना होने लगा तो किश्म के पुल पर (१४१) उसने ख़्वाजा को विदा करके कहा कि, "तुम्हें जो काम हो उसे बेगम से निश्चय करा लेना, तुम्हें बेगम विदा कर देंगी।" ख़्वाजा दूसरे दिन किश्म में बेगम के महल में पहुँचा और विदा चाही। रमज़ान (मास) निकट था। बेगम ने कहा कि, "आग़ा पीर अली नामक ख़्वाजासरा को मैंने कोलाब में चाकर ख़ां के पास भेज दिया है। वहाँ से उत्तर आ जाने पर विदा कर दिया जायगा। उस समय तक यहीं इफ़्तार[२] करो। तदुपरान्त चले जाना। घबड़ाहट क्या है?" तत्पश्चात् (बेगम) ने हैदर अली तथा मीर दाद को, जो इस घर में बड़े बूढ़े थे, ख़्वाजा के पास भेजा और कहलाया कि "यह छल्ला तथा अंगूठी इत्यादि जो तुम लाये हो उनके विषय में मैं यह चाहती हूँ कि हज़रत पादशाह के प्रताप से मैं अपनी पुत्री के जाजमों[३] में इन रत्नों से उत्तम रत्न सियूँ। बज़ाज़े की दूकान के जो टुकड़े तुम मेरे सरोपा के लिए लाये हो क्या मैं इसी योग्य हूँ?" मैंने, मीर्ज़ा सुलेमान तथा मीर्ज़ा इबराहीम ने सेवायें की हैं, विशेष रुप से उश्तुर ग्राम की चढ़ाई के अवसर पर जब (हज़रत हुमायूँ पादशाह) मीर्ज़ा कामरान पर आक्रमण हेतु जा रहे थे, मैंने स्वयं सवार होकर सज़ावली[४] करते हुए लश्कर भेजा था। यदि हज़रत पादशाह अपना नीमचा[५] मुझे प्रदान कर देते तो इस सरोपा

१ डा० बनारसी प्रसाद ने "उसने निवेदन किया कि कुछ दिन पूर्व ... बेगम विदा कर देंगी" तक का अनुवाद प्रकाशित नहीं किया है।

२ रोज़ा खोले।

३ बिछौना अथवा क़ालीन।

४ नेतृत्व करते हुए; (देखिए गुलबदन बेगमः **हुमायूं नामा**)।

५ छोटी तलवार।

से अच्छा था। यदि वे मेरी पुत्री से विवाह करना चाहते थे तो ख़्वाजा दोस्त ख़ावन्द अथवा मीर बरका को भेजना चाहिये था।" ख़्वाजा ने उत्तर दिया कि "हज़रत पादशाह ने मुझे अधिक विश्वास-पात्र समझा। यदि आप लोग उन्हें चाहते हैं तो मुझे विदा कर दें ताकि वे लोग आ जायें।" बीबी फ़ातेमा भीतर बेगम के पास थी। उससे भी बेगम ने इसी प्रकार आलोचना की कि "तुझे काबुल में इस उद्देश्य से नियुक्त किया गया है कि तू लोगों की पुत्रियों को फुसला करके ले जाये। क्या
(१४२) मेरी पुत्री को भी वैसा ही समझ लिया है। बेगमें एवं आग़ाचायें किस कारण न आईं? यदि मेरी पुत्री को कोई सम्मान नहीं प्राप्त है तो हज़रत पादशाह का नाम तो बड़ा है। तुम्हारी सरीखी स्त्रियाँ किस प्रकार मंगनी करके निकाह करवा सकती हैं?" बीबी फ़ातेमा ने भी यही उत्तर दिया कि, "मुझे विदा कर दिया जाय। बेगमों में से जिसे भी बुलवायें आ जायेंगी।"

कुछ देर के बाद जब वे शान्त हो गईं तो ख़्वाजा को उलुश के रूप में कोलाब का ख़रबूज़ा एवं अंगूर भिजवाये। बीबी फ़ातेमा को साँत्वना दी और कहा कि, "आग़ा पीर अली के आने पर विदा कर दूँगी।" उनके विदा के सामान की व्यवस्था कराने लगीं। अंगूठी, कपड़े सरोपा एवं मिश्री इत्यादि, जो हज़रत पादशाह ने निकाह के शरबत के लिये भेजी थी, ले लीं। बीबी फ़ातेमा से क्षमा-याचना करते हुए कहा कि, "क्योंकि मैंने अत्यधिक सेवायें की हैं, अतः यह बातें शिकायत के रूप में थीं। आप कुछ ख़्याल न करें। मैं हज़रत पादशाह की दाह हूँ[1]।" उसने मुहम्मद अमीन शीराज़ी के पास आदमी भेज कर कहलाया कि, "तेरे पास जो काला घोड़ा है, उसे ले आ। ख़्वाजा जलालुद्दीन महमूद ने उसे हमसे माँगा है। मैं उसे मोल लेकर उसको प्रदान कर दूंगी।" तीन चार दिन पश्चात् मुहम्मद अमीन उस घोड़े को लेकर आया। उसे बेगम ने ५०० भेड़ें देकर उससे क्रय कर लिया। अन्य ५०० भेड़ें, खाल के थैले, पर्वत की ढाल के चाक़ू, मुलाइम की हुई पोस्तीनें तथा बदख़्शां की अन्य उत्तम वस्तुएं जो उस समय प्राप्य थीं, ख़्वाजा को दी गईं। बीबी
(१४३) फ़ातेमा को भी घोड़ा, भेड़ें एवं अन्य सामग्री प्रदान कीं। आग़ा पीर अली कोलाब से आकर चाकर अली ख़ां का उत्तर लाया। जब कोई और बहाना न रहा तो १२ रमज़ान[2] की रात्रि में ख़्वाज़ा को बुलवा कर रोज़ा खुलवाया। कोलाब का ख़रबूज़ा, फ़रख़ार के अंगूर, पालूदा, फ़िरनी, सभी अधिक मात्रा में दावत में लाई गईं। उनकी सुन्दरता एवं उनके गुणों की प्रशंसा सम्भव नहीं। बेगम ने सबको अपने सामने तैयार करके उत्तम ख़्वाजा-सराओं के हाथ भेजा था[3]। ख़्वाजा (जलालुद्दीन महमूद) ने कुछ शंकाओं के कारण अपना असबाब व्यापारियों इत्यादि द्वारा काबुल भेज दिया था। उसके पास कुछ सामान न रह गया था। घोड़े को जिस बरतन में दाना दिया जाता था उसमें वह भोजन करता था। घोड़े का सीरक[4] बिछा कर सो जाता था। इस प्रकार समय व्यतीत करके बन्दी होने से मुक्त हो सका।

१ सेविका।

२ सम्भवतः १२ रमज़ान ९५८ हि० (१३ सितम्बर १५५१ ई०)।

३ डा० बनारसी प्रसाद ने "आग़ा पीर अली के आने पर विदा कर दूँगा...ख़्वाजा-सराओं के हाथ भेजा था" तक का अनुवाद प्रकाशित नहीं किया है।

४ सम्भवतः ज़ीन के नीचे का कपड़ा।

ख़्वाजा जलालुद्दीन एवं बीबी फ़ातेमा का विदा होना

उसी रात्रि में ख़्वाजा एवं वीबी फ़ातेमा सीधे कलावकान पहुँचे, वहाँ से नमक-आब के दर्रे तक जहाँ चपक़ून जलायर एवं समस्त जलायर लोग रहते थे और वहाँ से ख़्वाजा वन्दकुशा और वहाँ से नारन और नारन से यरम एवं रज़ंदासवान पहुँचे। वहाँ से अली क़ुली अन्दराबी के चार बाग़ में पहुँचे। उस समय अली क़ुली अन्दराब का हाकिम था। दो रात तक वह ख़्वाजा को इफ़्तार के लिए ठहराये रहा। तदुपरान्त उसने ख़्वाजा एवं बीबी फ़ातेमा को घोड़ा एवं व्यय प्रदान किया और उसी स्थान से ख़्वाजा से विदा हो गया। वहाँ से वे खंजान नामक स्थान पर, जहाँ दर्रये कोतले नव में प्रविष्ट होते हैं, पहुँचे। दूसरे दिन दर्रे को पार करके एक आदमी (१४४) एवं तवी मुहम्मद काफ़िरस्तान के सरदार के पास जो ग़ूरबन्द दर्रे में चुनारे सोख़्ता के समीप है, उतरे। वहाँ से चारीक कार, चारीक कार से मामूरा तथा मामूरा से काबुल में हज़रत पादशाह के चरणों के चुम्बन द्वारा सम्मानित हुए और बदख़्शां का हाल सुनाया। मीर्ज़ा सुलेमान एवं हरम बेगम के प्रार्थना-पत्र प्रस्तुत किए[1]।

हरम बेगम का हुमायूं को पत्र

मीर्ज़ा सुलेमान ने लिखा था कि पुत्री के विषय में माता को अधिकार प्राप्त है। हरम बेगम ने लिखा था कि, "मीर्ज़ा सुलेमान आपका दास है और मैं आपकी दाह। मेरा पुत्र गुलाम बच्चा तथा मेरी पुत्री आपकी दाह बच्ची है। क्योंकि हम लोग ऊज़बेकों के समीप हैं, अतः यह हमारी मर्यादा का प्रश्न है। आप बहुत बड़े पादशाह हैं। यदि आपको मेरी पुत्री की इच्छा है तो आशा है कि आप स्वयं हिन्दूकुश दर्रे को पार करें और बेगमें एवं काबुल के अमीर सभी सेवा में उपस्थित रहें। मैं प्रत्येक के लिए बदख़्शाँ के उत्तम घोड़ों, भेड़ों एवं सरोपा हेतु वस्त्रों का प्रबन्ध कर रही हूँ। अपनी पुत्री का निकाह करके आपको सौंप दूँगी। इससे हम सबके सम्मान में वृद्धि होगी। जो शत्रु निकट हैं, उन्हें भी ज्ञात हो जायगा कि आपने इतनी अधिक कृपा-दृष्टि प्रदर्शित की।"

हिन्दू कोह नाम पड़ने का कारण

वास्तव में उस स्थान का नाम हिन्दूकुश है। ९९४ हि० (१५८५–८६ ई०) में हज़रत जलालुद्दीन मुहम्मद अकबर पादशाह ने उसका नाम हिन्दू कोह रक्खा। इस नाम का यह कारण था कि उन्हें ज्ञात हो गया कि यह पर्वत बंगाले की सीमा से तबरेज़ की सीमा तक फैला है और उसके दामन में तबरेज़ वालों के मज़ार हैं। वे सब हिन्दू कोह में सम्मिलित हैं। ईश्वर ही को सत्य बात का ज्ञान है।

हुमायूं द्वारा हरम बेगम का प्रस्ताव स्वीकार करना

हज़रत पादशाह ने उसकी[2] सब बातें स्वीकार करके कहा कि, "यदि ईश्वर ने चाहा

१ डा० बनारसी प्रसाद ने "उसी रात्रि में ख़्वाजा...प्रार्थना-पत्र प्रस्तुत किए" तक का अनुवाद प्रकाशित नहीं किया है।

२ हरम बेगम की।

तो यही करूँगा[1]।"

हुमायूं का मीर्ज़ा कामरान के विरुद्ध प्रस्थान

(१४५) जब मीर्ज़ा कामरान के विषय में ज्ञात हुआ कि वह महमन्द एवं ख़लील के मध्य में ठहरा हुआ है और नित्य-प्रति उसकी संख्या बढ़ती जा रही है तो उन्हें उस विवाह का अवसर न मिला। क्योंकि हज़रत पादशाह सियाह-आब गन्दमक पर पड़ाव किए हुए थे, हैदर मुहम्मद आख़्ता बेगी एवं एक समूह को सेना के अग्र दस्ते के रूप में नियुक्त किया। वे लोग सियाह आब पार करके पड़ाव किए हुए थे। मीर्ज़ा कामरान महमन्द एवं ख़लील के साथ किरा-सू में था। यह सफ़ेद कोह का दामन है। इसके उस ओर बंगश है और इस ओर जलालाबाद। जब उसने हज़रत पादशाह के आगमन के समाचार सुने तो महमन्द एवं ख़लील के लश्कर से थोड़ी सी सेना अपने साथ लेकर रात्रि में छापा मारने के विचार से हज़रत पादशाह के शिविर की ओर प्रस्थान किया। क्योंकि शिविर-सियाह आब के उस ओर था और रात्रि का समय था, अतः उसे मार्ग का पता न चल सका। उसने हैदर मुहम्मद आख़्ता बेगी के, जो अग्र भाग में था, शिविर पर आक्रमण कर दिया। मीर्ज़ा स्वयं उसके ख़ेमे के पास पहुँच गया। शाह बुदाग़ एवं कुछ यक्का लोगों ने हैदर मुहम्मद पर तलवार का वार किया। उसका हाथ चुलाक़[2] हो गया। क्योंकि हज़रत पादशाह निकट थे अतः मीर्ज़ा किरा सू न पहुँच सका। महमन्द एवं ख़लील क़बीले के अफ़ग़ानों के साथ जलालाबाद तथा हिन्दाल-पुर से होता हुआ बारीक-आब में अफ़ग़ानों के क़बीले में ठहर गया। हज़रत पादशाह उसके पीछे पीछे रवाना हुए और चीर यार तथा हिन्दाल पुर के मध्य में उतर पड़े। शिविर के चारों ओर मोर्चे बाँट कर खाईं खुदवा दीं[3]।

हिन्दाल मीर्ज़ा का घायल होना

हज़रत पादशाह ने ख़्वाजा जलालुद्दीन महमूद को काबुल का दारोग़ा नियुक्त कर दिया था। दास बायज़ीद ख़्वाजा (जलालुद्दीन) की सेवा में था। कुछ दिन उपरान्त मीर्ज़ा कामरान तथा (१४६) अफ़ग़ानों ने मिल कर शाही शिविर पर रात्रि में छापा मारा[4]। नव्वाब मीर्ज़ा हिन्दाल तथा अब्दुल वहहाब यसावल रात्रि के उस छापे में शहीद हो गए। जिस समय उस हरामज़ादे एवं दस्त बुरीदा[5] अफ़ग़ान ने मीर्ज़ा पर तलवार चलाई तो मीर्ज़ा ने ढाल के स्थान पर अपना बायाँ हाथ ऊपर उठा लिया। सम्भवतः उसकी तलवार बरकी[6] थी और उस पर नई सान धरी गई थी। बायें हाथ के अँगूठे के बाद की अंगुली पर इस प्रकार तलवार लगी कि उसने उसे दो भागों में इस

१ डा० बनारसी प्रसाद ने, "वास्तव में उस स्थान...यही करूंगा" तक का अनुवाद प्रकाशित नहीं किया है।
२ सम्भवतः कट जाने से तात्पर्य है।
३ डा० बनारसी प्रसाद ने "जब मीर्ज़ा कामरान के विषय में...खाईं खुदवा दीं" तक का अनुवाद प्रकाशित नहीं किया है।
४ **अकबर नामा** के अनुसार 'रविवार २१ ज़ीक़ाद ९५८ हि० (२० नवम्बर १५५१ ई०) को रात्रि में' (पूर्व पृ० २८४)।
५ 'ईश्वर करे उसका हाथ कट जाय'।
६ बरकी : इस शब्द का अर्थ भी ज्ञात न हो सका। तलवार की कोई क़िस्म।

तरह विभाजित कर दिया कि मानों परकार द्वारा विभाजन हुआ हो[१]। दूसरी तलवार उसके मुंह पर इस प्रकार लगी कि इस कान से उस कान तक का भाग पृथक् हो गया। अब्दुल वह्हाब के मुंह पर ऐसा बाण लगा कि उसके सिर के पीछे से निकल गया। अफ़ग़ानों ने इतना अधिक शोर ग़ुल मचाया कि हज़रत पादशाह घबरा कर दौलतखाने से निकले और घोड़े पर सवार हो गए। शिविर के मध्य में एक टीला था। वे वहाँ पहुँच कर उसपर खड़े हो गए।

हुमायूं की घबराहट

मुनइम बेग अपने मोर्चे में इस बात की सूचना पाकर हज़रत पादशाह की सेवा में पहुँचा। हज़रत पादशाह को रोते हुए देखा। उसने पूछा कि, "रोने का क्या कारण है?" हज़रत पादशाह ने कहा, "क्या तूने नहीं सुना कि मीर्ज़ा हिन्दाल शहीद हो गया?" मुनइम बेग ने निवेदन किया कि, "आपकी बला रोये। एक शत्रु कम हो गया।" हज़रत पादशाह ने रोना बन्द कर दिया। तदुपरान्त उसने हज़रत पादशाह से सवार होने का कारण पूछा। हज़रत पादशाह ने बताया कि, "शत्रुओं के इस शोर ग़ुल के कारण।" मुनइम बेग ने निवेदन किया कि, "सम्भव है कि आपके सवार होने के समाचार पाकर लोग मोर्चों को छोड़ कर चल दें और मीर्ज़ा कामरान एवं अफ़ग़ानों की विजय (१४७) हो जाय।" हज़रत पादशाह को यह बात बड़ी पसन्द आई और वे उतर कर दौलत-खाने में पहुंच गये। क्योंकि मीर्ज़ा हिन्दाल का मोर्चा द्वार के निकट था अतः अफ़ग़ान लोग उस स्थान से दूसरे मोर्चे पर न पहुंच सके। वापस होकर अपने क़बीले में चले गये[२]।

अकबर का मीर्ज़ा हिन्दाल की जागीर प्राप्त करना

दूसरे दिन ग़ज़नी, गिरदीज़ एवं जो कुछ मीर्ज़ा हिन्दाल की जागीर में था, वह सब शाहज़ादये आलमियान जलालुद्दीन मुहम्मद अकबर मीर्ज़ा को प्रदान कर दिया गया। मीर्ज़ा हिन्दाल के सेवकों में से बाक़ी परवानची, मुहिब अली एवं नासिर अली क़ूश्जी को (पादशाह ने) अपना सेवक बना कर शेष लोगों को मीर्ज़ा को प्रदान कर दिया। मीर्ज़ा हिन्दाल ९५८ हि० (१५५१ ई०) में शहीद हुआ। मीर्ज़ा की मृत्यु की तारीख भी "शबखून" (शब्द के अक्षरों) से निकलती है।

अकबर की पढ़ने से अरुचि

उसी वर्ष शाहज़ादये आलमियान जलालुद्दीन मुहम्मद अकबर मीर्ज़ा मुल्लाज़ादा के पास, जो मुल्ला हुसामुद्दीन का पुत्र था, नव्वाब मरियम मकानी के बाग़ के ख़रगाह में पढ़ा करते थे। समरक़न्द में हुसामुद्दीन के समकालीनों में कोई भी उसके बराबर न था। मुनइम बेग ने शाहज़ादये आलमियान[३] के लिए शुभ कामनायें करते हुये, अभिवादन करके विदा ली। अदहम से, जो मीर्ज़ा का कोका था, शाहज़ादे ने कहा कि, "मुनइम से कहो कि हमें आज छुट्टी दिला दे।" उसने आदेशानुसार मुल्ला

१ यह वाक्य स्पष्ट नहीं। डा० बनारसी प्रसाद ने इसका अनुवाद इस प्रकार किया है :—"It cut through right upto the navil, and fell like a pair of compasses on the left middle finger separating it into two halves" (पृ० १३६)। सम्भवतः तात्पर्य यही है।

२ डा० बनारसी प्रसाद ने "तदुपरान्त उसने हज़रत पादशाह... चले गए" तक का अनुवाद प्रकाशित नहीं किया और बाद के अनुवाद में कहीं-कहीं शब्द छोड़ दिये हैं।

३ अकबर।

ज़ादे से निवेदन किया। क्योंकि मुनइम बेग हज़रत हुमायूँ पादशाह का वकील था और उसकी (१४८) बात सैनिक एवं प्रजाजन सभी मानते थे, अतः उसे स्वीकार करके मुल्लाज़ादे ने शाहज़ादये आलमियान को सैर की अनुमति प्रदान कर दी। हज़रत पादशाह को यह समाचार प्राप्त हो गए। दूसरे दिन मुनइम बेग प्रथानुसार हज़रत पादशाह की सेवा में था। शम्सुद्दीन मुहम्मद अतका शाहज़ादे को हज़रत पादशाह की सेवा में कोरनिश हेतु लाया। हज़रत पादशाह ने कहा कि, "कल तुमने हाजी मुहम्मद सुल्तान से कहा था कि, "हमें आखुन्द से कह कर छुट्टी दिला दो। ऐसी बात फिर न करना।" तदुपरान्त जब शाहज़ादा मकतब की ओर चला गया तो हज़रत पादशाह ने कहा, "मुनइम! मैंने सुना है कि तूने (शाहज़ादे) को छुट्टी दिलाई थी। मैंने हाजी मुहम्मद का नाम इस कारण लिया था कि मीर्ज़ा अभी बालक हैं। सम्भव है कि यह बात उसके हृदय में बैठ जाय कि मुनइम ने मुझे छुट्टी दिलाने के उपरान्त जाकर हज़रत पादशाह से कह दिया। कहीं ऐसा न हो कि किसी समय मैं न रहूँ तो वह तुझे हानि पहुँचाये। हाजी मुहम्मद धृष्ट है। उसे जो भी हानि पहुँचाई जाय वह उसके योग्य है।"

शाहज़ादों से व्यवहार के नियम

जब बंगाले पर आक्रमण के विषय में जौनपुर में ९७८ हि० (१५७०-७१ ई०) में विचार विनिमय हो रहा था तो शाहंशाह अकबर ने क़ासिम अली ख़ां से यह कहानी मुनइम ख़ां के समक्ष बताई। बायज़ीद ब्यात उस समय सरकार बनारस में नियुक्त था, और मुनइम ख़ां वर्षों पूर्व से ख़ान बाबा की उपाधि द्वारा सम्मानित था[1]। इस तारीख़ में जब कि यह "मुख़्तसर" पूरा हुआ तो बायज़ीद को यह बात याद रह गई। उसने इसे इसमें इस कारण लिख दिया कि हर पादशाह के ख़ान एवं सेवक लोग जब शाहज़ादों की सेवा में रहें तो इस बात को ध्यान में रक्खें कि वे शाहज़ादे से बाल्यावस्था में जैसा व्यवहार करेंगे वह उसे याद रक्खेगा। मीर्ज़ाई के समय वे जैसा व्यवहार करेंगे, उसका उन्हें फल भोगना पड़ेगा।

मीर्ज़ा कामरान का हिन्दुस्तान की ओर प्रस्थान

(१४९) कुछ दिन उपरान्त हज़रत पादशाह ने मीर्ज़ा कामरान एवं अफ़ग़ानों के विरुद्ध प्रस्थान किया। क्योंकि उनकी सेना की संख्या अधिक थी और मीर्ज़ा कामरान की सेना की संख्या कम थी अतः वह इतने बड़े पादशाह का मुक़ाबला न कर सका। वह भाग कर सलीम ख़ां वल्द शेर ख़ां अफ़ग़ान के पास, जो उस समय हिन्दुस्तान का पादशाह था, चल दिया।

हुमायूं की काबुल को वापसी

इस घटना के पूर्व हाजी मुहम्मद बाबा क़श्क़ा के अत्यधिक अपराधों की सूची तैयार की गई। उसे उसके भाई शाह मुहम्मद सहित, उसकी कृतघ्नता के कारण और इस कारण कि उसने इस युद्ध में भी, मीर्ज़ा कामरान का साथ दिया था, नरक भेज दिया गया। बैरम ख़ां उसे ग़ज़नी से सांत्वना देकर अपने साथ लाया था। जिस समय उसके अपराध लिखे जाने लगे तो वह उसकी सहायता न कर सका। ख़ान को भी उन्हीं दिनों में क़न्धार विदा कर दिया गया। अफ़ग़ान लोग

१ मूल में यह वाक्य स्पष्ट नहीं।

नष्ट-भ्रष्ट होकर दरों एवं शीत ऋतु के शिविरों में चले गए। हज़रत पादशाह काबुल लौट गए। तीर मास[1] उरता बाग़ में व्यतीत किया।

हिन्दुस्तान की ओर प्रस्थान

९४९ हि० (१५४२-४३ ई०) की शीत[2] ऋतु में हज़रत पादशाह हिन्दुस्तान की ओर रवाना हुए। तूमान ऊकर के अधीनस्थ, पाकग़ाद शहना नामक स्थान पर पड़ाव किया। शाह अबुल (१५०) मआली, अली क़ुली वल्द हैदर सुल्तान शैबानी, इस्कन्दर खां क़ज़ाक़, क़ासिम बरलास का जामाता अब्दुल्लाह ख़ां क़ज़ाक़, इस्माईल बेग दूल्दी, ख़्वाजा जलालुद्दीन महमूद, बाबूस, एवं कुछ अन्य अमीर एवं यक्का जवानों को आगे रवाना कर दिया। ये लोग शाही लश्कर से पृथक् होकर गिर-दीज़ कोतल के मार्ग से नग़ज़ की ओर रवाना हुए। जब वे नग़ज़ पहुँचे तो उन्हें समाचार प्राप्त हुए कि अब्दुर्रहमान अफ़ग़ान जो दक, एवं बूनूफ़ील तथा उस क्षेत्र में थे, अपने असबाब इत्यादि लेकर बलन्द ख़ेल की ओर चल दिये हैं। उन लोगों ने नग़ज़ में पड़ाव करना उचित न समझा और बलन्द ख़ेल की ओर चल दिए। एक पहर दिन चढ़ने पर अब्दुर्रहमान अफ़ग़ान अपने असबाब इत्यादि को लेकर अपने योग्य आदमियों सहित कोतल में जो अतावा कहलाता है और जो बंगश, नग़ज़, दौर एवं सुम्बुला की सरहद है, पहुँच गए। क्योंकि अली क़ुली एवं यक्का लोगों का दस्ता आगे था, अतः उन्होंने उनपर आक्रमण किया। शाही दरबार का दास बायज़ीद भी उस सेना के साथ था। अफ़ग़ानों को भगा दिया गया। अली क़ुली एवं काकर अली को थोड़े से घाव लगे। साद बिन शाह जो पादशाह का एक यक्का जवान (अहदी) था और जो अबुल मआली को सौंप दिया गया था, बुरी तरह घायल हुआ। अफ़ग़ानों में से बहुत से लोग मारे गए। किन्तु उनके मवेशी, दास एवं असबाब न प्राप्त हुए। ख़्वाजा जलालुद्दीन ने अमीरों से कहा कि, "हम लोगों को आगे भेजने का उद्देश्य यह था कि भेड़ें एवं माल असबाब शाही लश्कर में पहुँच जायें। क़रग़ूली[3] भी पृथक् हो जाय। ख़ाली हाथ शिविर में जाना तथा लौटना उचित नहीं। दर्रये समन्द नामक स्थान के निवासियों को कोई पता नहीं चल सका है। यदि कुछ लोग मेरे साथ कर दिये जायें तो मैं जाकर इन पर आक्रमण करूँ।" सब लोगों की इच्छा यही थी कि विजयी शिविर में कुछ पहुँच जाय। (१५१) सभी अमीरों ने उसकी बात मान ली।

हुमायूं के सैनिकों द्वारा समन्द दर्रये पर आक्रमण

इस्कन्दर सुल्तान क़ज़ाक़, इस्माईल बेग दूल्दी, बाबूस, अबुल क़ासिम ईशक आग़ा वएं कुछ चुने हुए यक्का जवान, मुग़ुल ख़्वानजियान[4], क़ुर्बान क़रावल एवं उसके भाई तथा एक अन्य समूह

१ ईरानियों का (सूर्य के हिसाब से संवत् का) चौथा मास जब सूर्य कर्क राशि में होता है।

२ यह तारीख़ अशुद्ध है। बायज़ीद ने इस स्थान पर बहुत सी घटनायें गड़बड़ कर दी हैं। **अकबर नामा** के अनुसार हुमायूं ने ज़िलहिज्जा ९६१ हि० के मध्य (लगभग १२ नवम्बर १५५४ ई०) में हिन्दुस्तान की ओर प्रस्थान किया (पूर्व पृ० ३१९); किन्तु यह घटना वास्तव में बंगश की ओर प्रस्थान तथा कामरान के बन्दी बनाये जाने के पूर्व की है। **अकबर नामा** में इसे ९५९ हि० के अन्त (नवम्बर १५५२ ई०) में लिखा गया है। (देखिये पूर्व पृ० २९७)।

३ क़रग़ूली : इसका अर्थ स्पष्ट नहीं।

४ **अकबर नामा** में 'मुग़ुल क़ांजी'।

की बख़्शी ने उसी गोष्ठी में सूची तैयार की। तवाचियों[1] को सूचना कर दी गई। मध्याह्नोत्तर की दूसरी नमाज़ के समय घोड़ों को दाना देकर वे लोग समन्द दर्रे की ओर रवाना हुए। बाद बायज़ीद भी उसी लश्कर में था। प्रातःकाल वे लोग समन्द दर्रे में पहुँच गए। उपर्युक्त स्थान वालों को कोई सूचना न हुई। समन्द दर्रा पर्वत के आँचल में स्थित है। उसके एक ओर तीरा और एक ओर बंगश है, दूसरी ओर दौर एवं सुम्बुला एवं अन्य ओर दनकोट। हर दिशा से पहुँच कर वे लोग नारे लगाने लगे। उस समूह को कोई अन्य उपाय न दिखाई पड़ा। अपना माल असबाब लेकर मार्ग न होने के कारण, पर्वत पर पहुँच गए और (वहाँ से) लौट कर युद्ध किया। शत्रुओं में से कुछ लोग मारे गए। उनके सिर काट लिये गए। कुछ लोग अपने असबाब सहित पर्वत के नीचे उतर कर भाग गए। शाही सेना वालों ने वहाँ के लोगों के मवेशियों तथा असबाब इत्यादि पर जो, कुछ वहाँ था, अपना अधिकार जमा लिया। वे तीन दिन तक वहाँ ठहरे रहे।

शाह अबुल मआली का आगमन

शाह अबुल मआली एवं जो सेना पीछे रह गई थी, वह भी पहुँच गई। मुनइम बेग, जिसकी जागीर तूमान नेकनहार[2] में थी, तीरा के मार्ग से विजयी शिविर की ओर आ रहा था। जब वह तीरा में फ़तह शाह के घर में, जो चिराग़ कुशां धर्म का अनुयायी था, पहुँचा तो वह (१५२) सूचना पाकर भाग खड़ा हुआ। उसकी सम्पत्ति को सिपाहियों ने लूट लिया। जब इन लोगों को पता चला कि हज़रत पादशाह बूतग़ ज़ी में, जो बंगश के नीचे के ग्रामों में है, पड़ाव किए हुए हैं तो वे मवेशियों एवं असबाब सहित, जो उन्होंने अपने अधिकार में कर लिये थे, विजयी शिविर की ओर रवाना हो गए। मुनइम बेग भी फ़तह शाह के असबाब सहित आकर हज़रत पादशाह के चरणों का चुम्बन करके सम्मानित हुआ। उसने जो उत्तम असबाब प्राप्त किया था, उसमें से भी उत्तम असबाब, जो हज़रत पादशाह एवं शाहज़ादये आलमियान हज़रत जलालुद्दीन मुहम्मद अकबर मीर्ज़ा के योग्य था, उन्हें भेंट कर दिया।

ख़्वाजा जलालुद्दीन महमूद की काबुल में नियुक्ति

उसी मंज़िल पर ख़्वाजा जलालुद्दीन महमूद को काबुल का हाकिम नियुक्त किया गया और अली क़ुली लाल को, जो काबुल के हाकिम मुहम्मद अली तग़ाई का क़ातिल एवं मीर्ज़ा कामरान के क़ूरचियों में से था, बन्दी बनाने के लिये उसे सिपुर्द कर दिया गया। हज़रत पादशाह शाहज़ादा जलालुद्दीन मुहम्मद ने अकबर मीर्ज़ा एवं विजयी लश्कर सहित हिन्दुस्तान की ओर रवाना हुए। ख़्वाजा जलालुद्दीन महमूद शाही लश्कर से विदा होकर (मध्याह्नोत्तर) की दूसरी नमाज़ के समय मतेये ज़ख़्मी के कोट में, जो ऊपरी बंगश के ग्रामों की सरहद था, पड़ाव किया। वहाँ से प्रस्थान करके उसने अरयाब दर्रे के मार्ग से, जो सफ़ेद गाह क़िले में गिरदीज़ से सम्बन्धित है, पड़ाव किया। वहाँ से प्रस्थान करके उसने तरा चश्मे में, जो गिरदीज़ कोतल के नीचे काबुल की ओर है, पड़ाव किया। वहाँ से उसने बायज़ीद को इस आशय से विदा कर दिया कि वह उसके आगमन के समाचार सैनिकों एवं काबुल

१ तवाची : रक्षक, प्रबन्ध करने वाले।
२ 'नीनगनहार तूमान' (देखिये **बाबर नामा**, पृ० १९-२०)।

वालों को पहुँचा दे और क़ासिम बरलास के बुर्ज को, जो काबुल के क़िले के हाकिम का निवास स्थान था, ख़ाली करा दे। ख़्वाजा ने वहाँ से हज़ारा लाग़री के मुक़ाबले में, जो दिक़ एवं रुस्तम
(१५३) कोहहा के मैदान के मध्य में था, पड़ाव किया। उसने उन लोगों पर आक्रमण किया। उनमें से बहुत से लोग मारे गए। उनकी भेड़ें तथा माल असबाब लेकर शीत ऋतु में काबुल पहुँचा। वह तीन-चार दिन उपरान्त काबुल में प्रविष्ट हो गया।

पराना की पराजय

हज़रत पादशाह एवं शाही लश्कर धाले दनकोट एवं नीलाब के मध्य से पार हुए। वहाँ उन्हें समाचार प्राप्त हुए कि पराना नामक एक ज़मींदार ने भीरा के पर्वतों में से एक पर्वत में संकर[1] बना लिया है। उन्होंने उसपर आक्रमण किया। युद्ध करके शाही लश्कर ने संकर तोड़ डाला। पराना उस युद्ध में मारा गया[2]। इस ओर से किसी प्रतिष्ठित व्यक्ति की हत्या न हुई। हज़रत पादशाह के आगमन के समाचार रोहतास के क़िले एवं सियालकोट के थाने के मध्य के ३०,००० अफ़ग़ानों[3] को प्राप्त हुए। उन लोगों को विजयी लश्कर पर आक्रमण करने का साहस न हुआ।

हुमायूं की कश्मीर आक्रमण की योजना

सलीम ख़ां भी हज़रत पादशाह के प्रस्थान के समाचार पाकर धाव मारता हुआ आगरा से रवाना हुआ। जब हज़रत पादशाह को सलीम ख़ां के प्रस्थान के समाचार प्राप्त हुए तो वे इस बार उससे युद्ध करना उचित न देख कर रोहतास के क़िले की सैर करके नीलाब नदी से काबुल की ओर रवाना हुए। मीनारये कजवा एवं सवात के मध्य में पड़ाव किया। कश्मीर के प्रस्थान के विषय में परामर्श किया गया। क्योंकि सभी अमीर यह जानते, थे कि हज़रत पादशाह कश्मीर जाना चाहते हैं, अतः उन लोगों ने निश्चय किया कि मम्बर के मार्ग से कश्मीर पहुँचा जाये। जब प्रातःकाल प्रस्थान किया गया तो क़लक़ची लोग काबुल की ओर चल खड़े हुए। हज़रत पादशाह बड़े रुष्ट हुए। यसावालों एवं तवाचियों को आदेश हुआ कि कुछ लोगों की हत्या कर दी जाय। मुनइम बेग ने निवेदन किया कि, "हे पादशाह! लोगों की हत्या कराने से कोई लाभ न होगा। मैं इनको जिस दशा में देख रहा हूँ, उससे पता चलता है कि वे इस प्रकार कश्मीर न जायेंगे।"[4]

हुमायूं की काबुल की ओर वापसी

उसी समय क़ुर्बान क़रावल ने, जो शाह बेग खां के पास से पृथक् हो गया था और इस
(१५४) समय हज़रत पादशाह का क़रावल था, उपस्थित होकर निवेदन किया, "हज़रत पादशाह!

१ इसकी व्याख्या **तज़किरतुल वाक़ेआत** में कर दी गई है।

२ डा० बनारसी प्रसाद ने "इस घटना के पूर्व. . पराना इस युद्ध में मारा गया" तक का अनुवाद प्रकाशित नहीं किया है। इसके उपरान्त "काबुल में प्रविष्ट हो गया" के भाग में से केवल कुछ ही वाक्यों का अनुवाद किया है।

३ सम्भवतः ३,०००।

४ **अकबर नामा** के अनुसार कश्मीर जाने की योजना मीर्ज़ा कामरान को अंधा बना देने के उपरान्त ९६० हि० के अन्त (नवम्बर-दिसम्बर १५५३ ई०) में बनाई गई थी। (देखिये **अकबर नामा**, अनुवाद पूर्व पृ० ३०४)।

आप क्या कार्य सोच रहे हैं ? आप जो कश्मीर जा रहे हैं और शाहज़ादये आलमियान जलालुद्दीन मुहम्मद अकबर मीर्ज़ा को काबुल भेज रहे हैं तो इससे कोई बात भी न हो सकेगी। इस सूबे के लोग बड़े दुष्ट हैं। हज़रत बाबर पादशाह एवं मीर्ज़ा कामरान ने इन लोगों पर हाथ नहीं डाला। हिन्द विजय हेतु यह उचित है कि यूसुफ़ज़ई तथा सवात एवं बजौर के अफ़ग़ान लोग, जो अधिक संख्या में होने के कारण चौकन्ने रहते हैं, (संतुष्ट रक्खे जायें)। जो बादशाह विलायत[1] से आकर हिन्दुस्तान पर अधिकार जमाता है, इन लोगों को हिन्दुस्तान में परगने एवं जागीरें दे देता है।" अतः हज़रत पादशाह विवश होकर सवार हुए और काबुल की ओर चल दिये।

मीर्ज़ा कामरान का बन्दी बनाया जाना

जब हज़रत पादशाह परहाला के समीप से गुज़रे तो सुल्तान आदम गक्खर उनकी सेवा में उपस्थित हुआ। मीर्ज़ा कामरान सलीम खां की क़ैद से भाग कर तिब्बत के सीमान्त तक काशग़र जाने के उद्देश्य से पहुँचा था किन्तु बाद में उसने अपनी राय बदल दी और परहाला में सुल्तान आदम के घर पहुँच गया। सुल्तान आदम ने मीर्ज़ा की सिफ़ारिश करते हुए उसके अपराधों को क्षमा करने एवं मीर्ज़ा को आश्रय प्रदान करने की प्रार्थना की। हज़रत पादशाह ने मुनइम बेग को इस आशय से नियुक्त किया कि वह मीर्ज़ा को सान्त्वना देकर ले आये। क्योंकि मीर्ज़ा ने समझ लिया था कि सुल्तान आदम के घर से किसी अन्य स्थान पर किसी प्रकार जाना सम्भव नहीं अतः उसने विवश होकर हज़रत पादशाह की सेवा में उपस्थित होना स्वीकार कर लिया और उपर्युक्त बेग के साथ शाही शिविर के
(१५५) समीप पहुँच गया तथा निवेदन किया कि, "यदि हज़रत पादशाह अपने शिविर से निकल कर मेरी ओर कुछ क़दम चल कर आ जायेंगे तो यह मेरे सम्मान में वृद्धि का कारण होगा।" हज़रत पादशाह शिविर से निकले। वहाँ एक पुश्ता था। यह निश्चय हुआ कि हज़रत पादशाह वहाँ तक जायेंगे और मीर्ज़ा वहाँ सेवा में उपस्थित होगा। हज़रत पादशाह निश्चित स्थान से थोड़ा-सा पीछे उतर पड़े। मुनइम बेग ने निवेदन किया कि इससे आगे जाने के लिए निश्चय हुआ है। हज़रत पादशाह मुनइम बेग से थोड़ा सा रुष्ट होकर सवार हो गए और बोले, "चलो! मीरज़ादा जहाँ ले जायगा, जाऊँगा।" जब हज़रत पादशाह एवं मीर्ज़ा की निश्चित स्थान पर भेंट हो गई तो वे मीर्ज़ा को लेकर अपने शिविर में पहुँचे। मुनइम बेग अपने ख़ेमे में चला गया। हज़रत पादशाह समझ गए कि मुनइम बेग को उस बात से कष्ट पहुँचा है। मुहम्मद हुसेन नाज़िर को, जिसे बाद में जलालुद्दीन मुहम्मद अकबर बादशाह ने लश्कर ख़ां की उपाधि द्वारा सम्मानित किया, आदेश दिया कि "मुनइम बेग को बुला ला।" जब मुहम्मद हुसेन आदेशानुसार मुनइम बेग को बुलाने पहुँचा तो उसने दंत-पीड़ा का बहाना कर दिया और न गया। हज़रत पादशाह समझ गए कि उसे अत्यधिक दुःख हुआ है। वे जानते थे कि ख़्वाजा सुल्तान अली दीवान की मुनइम बेग से बड़ी घनिष्ठता है। उन्होंने उसे आदेश दिया कि, "मुनइम बेग को बुला ला।" जब ख़्वाजा सुल्तान अली दीवान मुनइम बेग के घर पहुँचा तो अत्यधिक घनिष्ठता पर भी उसने दरबार में जाना स्वीकार न किया। दूसरे दिन हज़रत पादशाह ने अपने हाथ से पत्र लिखा कि, "क्योंकि मैंने तुझे कष्ट पहुँचाया है अतः आ जा कि तुझे मना लूं।" वह उसी पत्र का चुम्बन करके तथा आँखों पर रख कर चल दिया।

१ काबुल की ओर के प्रदेशों से तात्पर्य है।

मीर्ज़ा कामरान का अंधा बनाया जाना

उसी दिन हज़रत पादशाह ने मीर्ज़ा कामरान के अत्यधिक अपराधों की सूची दीवान में भिजवा दी (और पुछवाया) कि, "किसी ने इतने अपराध किए हों, तो क्या करना चाहिये ?" (१५६) अली क़ुली शैबानी ने लिखा कि, "इस प्रकार के आदमी को टुकड़े-टुकड़े कर डालना चाहिये।" अधिकाँश अमीरों ने पत्र लिखे कि मीर्ज़ा की हत्या करा देनी चाहिये। लश्कर के क़ाज़ी, हामिद ने इस प्रकार लिखा :—

मिसरा

'मैं भी वही चाहता हूँ जिसे सब लोग चाहते हैं।'

जब यह लेख तैयार हो गया और हज़रत पादशाह के समक्ष प्रस्तुत हुआ तो हज़रत पादशाह ने कहा कि, "चाहे जो कुछ हो वह भाई है। मैं उसकी हत्या के पक्ष में नहीं हूँ।" आवश्यकता-वश आदेश दिया कि, "मीर्ज़ा की आँखों में नश्तर लगा दिये जायें।" अली दोस्त ईशक आग़ा, सैयिद मुहम्मद पकना, ग़ुलाम अली शश अंगुश्त तथा मुहम्मद अली शेख कमान को आदेश हुआ कि, "वे लोग (इस कार्य हेतु) जायें। मीर्ज़ा की एक आँख में अली दोस्त नश्तर लगाये और दूसरी आँख में सैयिद मुहम्मद पकना, अन्य लोग मीर्ज़ा के हाथ पकड़े रहें।" जब ये लोग मीर्ज़ा के खेमे में प्रविष्ट हुए तो मीर्ज़ा ने सोचा कि उसकी हत्या का आदेश हुआ है। यह समझ कर मीर्ज़ा उनकी ओर मुक्का तान कर बढ़ा। अली दोस्त ने कहा, "हे मीर्ज़ा ! जब हत्या का आदेश नहीं हुआ है तो फिर इस प्रकार क्यों व्यवहार कर रहे हो ?" मीर्ज़ा ने पूछा, "फिर क्या आदेश हुआ है ?" उन लोगों ने जो कुछ निश्चय हुआ था, उसे मीर्ज़ा से कहा। मीर्ज़ा ने तकिया मंगवाया और अपने सिर के नीचे (१५७) रख कर कहा, "जिस प्रकार आदेश हुआ है, पालन करो।" उन लोगों ने मीर्ज़ा का जो अत्यधिक धैर्य देखा था, उसके विषय में हज़रत पादशाह से निवेदन किया।

बेग मुलूक का मीर्ज़ा कामरान की सेवा में पहुँचना

उसी समय मीर्ज़ा ने अपनी आँखों पर रूमाल बाँध लिये और मुनइम बेग के पास आदमी भेजकर कहलाया कि, "बेग मुलूक के विषय में अनुमति प्राप्त करके भेज दो ताकि पूर्व की भाँति वह मेरी सेवा करता रहे।" हज़रत पादशाह ने तत्काल बेग मुलूक को अनुमति प्रदान कर दी। मीर्ज़ा ने बेग मुलूक के प्रति अत्यधिक स्नेह के कारण उसके पहुँचते ही उसके हाथ पकड़ कर अपनी आँखों पर मले।[1] यह बात भी हज़रत पादशाह से कही गई।

मीर्ज़ा कामरान द्वारा मक्का जाने की अनुमति माँगना

दूसरे दिन मीर्ज़ा ने मुनइम बेग को बुलवा कर कहा, "तुम लोगों को ज्ञात है कि मैं काबुल में एक अन्य रूप से जीवन व्यतीत कर चुका हूँ। वहाँ मैं किस प्रकार जाऊँ ? मैं तो इस योग्य था कि मेरी हत्या करा दी जाती। क्योंकि मुझे मुक्त कर दिया गया है अतः मुझे मक्का जाने की

१ इस अवसर पर मीर्ज़ा कामरान ने जो शेर पढ़ा उसका उल्लेख भी **अकबर नामा** में प्रकाशित हुआ है। (देखिये अनुवाद पूर्व पृ० ३०४)।

अनुमति दे दी जाय और काबुल न ले जाया जाय अन्यथा मार्ग में मैं आत्म हत्या कर लूँगा। इस प्रकार मेरा ख़ून हज़रत पादशाह पर होगा।" जब हज़रत पादशाह को यह बात ज्ञात हुई तो वे इसे
(१५८) स्वीकार करना न चाहते थे कारण कि उनका विचार था कि उसे अंधा करवा देने के उपरान्त इस दशा में किस प्रकार जाने की अनुमति दी जाय। अन्ततोगत्वा मुनइम बेग एवं कुछ अन्य लोगों ने आग्रह करके हज़रत पादशाह को इस बात पर राज़ी कर लिया कि वे मीर्ज़ा से भेंट करके उसे विदा कर दें। भेंट की यह शर्त रक्खी गई कि मीर्ज़ा भेंट के समय न रोये। मीर्ज़ा ने यह शर्त स्वीकार कर ली।

हुमायूं का मीर्ज़ा कामरान से विदा होना

आधी रात्रि के समय हज़रत पादशाह एक फ़ानूस[1] तथा ५-६ दरबारियों को लेकर मीर्ज़ा के ख़ेमे की ओर रवाना हुए। मुनइम बेग ने आदमी भेज कर मीर्ज़ा को सूचना कर दी कि हज़रत पादशाह तशरीफ़ ला रहे हैं। मीर्ज़ा का क़ूरची यूसुफ़ मुहम्मद क़रग़ाजी मीर्ज़ा का हाथ पकड़ कर ख़ेमे की रस्सी तक लाया। जब हज़रत पादशाह की दृष्टि उस रूमाल पर पड़ी जो मीर्ज़ा आँखों पर बाँधे था तो वे बेचैन होकर रोने लगे। क्योंकि मीर्ज़ा ने प्रतिज्ञा की थी कि वह हज़रत पादशाह को देख कर न रोयेगा अतः वह मौन रहा। हज़रत पादशाह मीर्ज़ा के ख़ेमे में प्रविष्ट हो गए। जब वे जूते उतार कर रखने के स्थान के समीप बैठ गए तो यूसुफ़ (मुहम्मद क़रग़ाजी) को संकेत किया कि 'मीर्ज़ा को ऊपर लाओ'। मीर्ज़ा हज़रत पादशाह के समक्ष बैठ गया। जितने लोग साथ थे वे ख़ेमे में प्रविष्ट हो गए थे। हज़रत पादशाह ने सबको आदेश दिया कि वे जहाँ-जहाँ खड़े हैं वहीं बैठ जायें।[2] हज़रत पादशाह रोते जाते थे और मीर्ज़ा यह शेर पढ़ता जाता था :—

शेर

'दरवेश के कुलाह की चोटी ने आकाश छू लिया,
कारण कि तेरे सरीखे पादशाह ने उसके सिर पर छाया डाली है।'

तदुपरान्त मीर्ज़ा ने यह शेर पढ़ा :—

शेर

(१५९) 'मेरे प्राणों पर तेरे द्वारा जो कुछ गुज़रती है, उसके प्रति आभार प्रदर्शित करना चाहिये,
'चाहे वह अत्याचार का बाण हो और चाहे ज़ुल्म का ख़ंजर।'

मीर्ज़ा का अपने परिवार की सिफ़ारिश करना

मीर्ज़ा ने यूसुफ़ से पूँछा कि, "इस ख़ेमे में कौन कौन हैं?" उसने उत्तर दिया, "मीर तरदी बेग, मुनइम बेग, बाबूसबेग, ख़्वाजाहुसेन मर्वी, मीर अब्दुल हई, मीर अब्दुल्लाह, ख़ंजर बेग एवं आरिफ़ बेग।" मीर्ज़ा ने तदुपरान्त कहा, "तुम लोग गवाह रहना कि मुझे जो कुछ भोगना पड़ा

१ कांच का प्याला-जैसा पात्र जिसमें मोम बत्ती जलती है।
२ "ब नौये कि इस्तादा एद बे नशीनेद" अर्थात् जिस प्रकार खड़े हैं बैठ जायें किन्तु यहां "जहां-जहां खड़े हों वहीं बैठ जायँ" से तात्पर्य है।

वह सब मेरी दुष्टता एवं विश्वासघात का परिणाम है। यदि लोगों का यह विचार हो कि हज़रत पादशाह ने मेरे प्रति कठोरता की तो मैं उन्हें क्षमा करता हूँ।" हज़रत पादशाह ने रोते हुए कहा कि, "हम फ़ातेहा पढ़ते हैं।" तत्पश्चात् मीर्ज़ा ने अपने पुत्रों एवं सम्बन्धियों की सिफ़ारिश की। हज़रत पादशाह ने कहा, "तुम उन सब से निश्चिन्त रहो। वे मेरे पुत्र हैं।" तदुपरान्त फ़ातेहा पढ़ कर मीर्ज़ा को विदा कर दिया। यूसुफ़, मीर्ज़ा का हाथ पकड़ कर उसी स्थान पर ले गया जहाँ वह सर्व प्रथम स्वागतार्थ ले गया था। इसके उपरान्त जब हज़रत पादशाह दौलतख़ाने को चले गए तो मीर्ज़ा फूट-फूट कर रोने लगा। यहाँ तक कि लोगों ने ख़ेमे से मीर्ज़ा के विलाप की आवाज़ सुनी।

मीर्ज़ा कामरान का मक्का की ओर प्रस्थान

दूसरे दिन चिलमा कोका से हज़रत पादशाह ने पूछा कि, "हमारी सेवा में रहेगा अथवा मीर्ज़ा के साथ मक्का जायेगा?" चिलमा कोका को बाद में हज़रत जलालुद्दीन मुहम्मद अकबर पादशाह ने ख़ाने आलम की उपाधि द्वारा सम्मानित किया और वह दहरपुर के युद्ध में दाऊद के विरुद्ध ख़ाने ख़ानाँ मुनइम खां की सेना के अग्र भाग का सरदार था और उसी युद्ध में मारा गया। उसने निवेदन किया कि, "मैं मीर्ज़ा के साथ जाऊँगा।" हज़रत पादशाह ने कहा कि, "तू धन्य है।" उन्होंने आदेश दिया कि, "मीर्ज़ा की मक्का की यात्रा हेतु जो असबाब हमने पृथक् किया है वह लाया
(१६०) जाय और चिलमा कोका को सौंप दिया जाय।" मीर्ज़ा ने मक्कये मुअज़्ज़मा की ओर प्रस्थान कर दिया और हज़रत पादशाह काबुल की ओर चल दिये। अभागा बेग मुलूक कुछ मंज़िल तक मीर्ज़ा के साथ गया। बाद में आज्ञा विना वापस चला आया। हज़रत पादशाह इस बात से अत्यधिक रुष्ट हुए। उसने मीर्ज़ा के प्रति जो विश्वासघात किया उसके कारण यद्यपि वह अत्यधिक विश्वास-पात्र था किन्तु सभी ख़ास व आम की घृणा का पात्र बन गया। यह शेर उसकी दशा के अनुकूल लिखा गया:—

शेर

'हम भली भाँति जानते हैं कि माशूक़ों की प्रथा विश्वासघात करना है,
माशूक़ों में निष्ठा का गुण नहीं, यह हमें ख़ूब ज्ञात है।[१]'

मुल्ला अली को दंड

नीलाब[२] नदी के हिन्द की ओर के तट से १२ प्यादे क़रावलों द्वारा बन्दी बना कर लाये गए। हज़रत पादशाह ने आदेश दिया कि, "नदी के उस ओर लाओ ताकि ठीक से छानबीन उपरान्त उन्हें मुक्त किया जा सके।" वे मुल्ला अब्दुल बाक़ी सद्र तुर्किस्तानी के भाई मुल्ला अली को सौंप दिए गए। जब लश्कर पार करने लगा तो वह अकेला और ये १२ व्यक्ति रह गए। उसने भय के कारण सभी की हत्या करा दी और उनके सिर तबरा[३] में डाल कर दरबार में पहुँचा।

१ डा० बनारसी प्रसाद ने "दूसरे दिन चिलमा...हमें ख़ूब ज्ञात है" तक का अनुवाद प्रकाशित नहीं किया है।
२ प्रकाशित पुस्तक में 'सैलाब', डा० बनारसी प्रसाद के अनुवाद में 'नीलाब' (पृ० १४३); यही शुद्ध है।
३ तोबड़ा अथवा थैला।

हज़रत पादशाह को इस बात का पता चल गया। वे उससे तथा मौलाना अब्दुल बाक़ी से अत्यधिक (१६१) रुष्ट हुए। जब उन्हें ज्ञात हो गया कि वह कितना निष्ठुर है तो आदेश दिया कि, "उस तारीख़ से लश्कर की जल्लादी उसके सिपुर्द कर दी जाये।" कुछ समय उपरान्त इस प्रकार की निष्ठुरता के कारण वह हिन्दुस्तान में इस दुर्दशा को प्राप्त हो गया कि उसे खाने को रोटी तथा पहिनने को वस्त्र प्राप्त न होते थे।[1] वह देखने में फ़िरंगी के समान था। उसकी आँखें नीली एवं मूँछ भुरी थी।

बिकराम के क़िले का पूरा होना

जब हज़रत पादशाह पिशूर, जिसे बिकराम का क़िला कहा जाता है, पहुँचे तो पहलवान दोस्त मीर बर को आदेश हुआ कि अमीरों को मोर्चे बाँट दिये जायें और क़िले की मरम्मत की जाय। कई दिन तक वे क़िले को घेरे रहे। क्योंकि कुछ लोगों के मोर्चे अपूर्ण रह गए थे, और हवा गरम हो गई थी अतः तरदी बेग अतावा एवं मुनइम बेग को शाहज़ादये आलमियान जलालुद्दीन मुहम्मद अकबर मीर्ज़ा की सेवा में क़िले को पूरा कराने के उद्देश्य से छोड़ दिया और उसे इस्कन्दर खां क़ज़ाक़ की जागीर में दे दिया। क़िले के पूरा होने के समय तक (खाद्य सामग्री का) भंडार भी एकत्र हो गया।[4]

हुमायूं का जलालाबाद पहुँचना

दो दिन उपरान्त हज़रत पादशाह जू-शाही नामक क़िले पर, जिसे आजकल जलालाबाद कहते हैं, पहुँचे। मुनइम बेग ने इस क़िले का निर्माण कराया था। क़ासिम अरसलान ने इस घटना की तारीख़ "बानीये ऊ मुनइम खां"[2] के अक्षरों से निकाली। जब मुनइम खां ने १० वर्ष उपरान्त जौनपुर का पुल तैयार कराया तो इसी क़ासिम अरसलान ने आगरा में पुल की तारीख़ "बानीये ईं मुनइम खां"[3] के अक्षरों से निकाली। ग़नी बेग वल्द मुनइम बेग ने उचित रूप से आतिथ्य किया। क्योंकि वह उसके पिता की जागीर थी अतः उसने मध्याह्नोत्तर की दूसरी नमाज़ के समय क़िले से आधे कुरोह पर नदी तट पर हज़रत पादशाह के लिए स्नान का स्थान तैयार कराया था। मुहिब्ब अली एवं (१६२) नासिर अली, जो इससे पूर्व मीर्ज़ा हिन्दाल के सेवक थे, हज़रत पादशाह की सेवा में थे[4]।

बायज़ीद का काबुल से बरफ़ लेकर जलालाबाद पहुँचना

ख़्वाजा जलालुद्दीन महमूद का सेवक बायज़ीद ख़्वाजा का प्रार्थना-पत्र लेकर काबुल से पहुँचा। उसके साथ एक गधे के बोझ के बराबर अस्तरकी यख़[5], एक गधे के बोझ के बराबर दाऊचा[6],

१ मूल में यह वाक्य स्पष्ट नहीं।

२ "उसका निर्माता मुनइम खां"; इससे ९२१ निकलते हैं जो अशुद्ध है।

३ "इसका निर्माता मुनइम खां"; इससे ९७५ निकलते हैं।

४ डा० बनारसी प्रसाद ने "जब हज़रत पादशाह पिशूर......की सेवा में थे" तक का अनुवाद प्रकाशित नहीं किया है।

५ एक प्रकार की बरफ़।

६ दाऊचा का अर्थ स्पष्ट नहीं।

रीवाज[1], नीबू जल एवं मिश्री[2] इस आशय से थी कि जहाँ कहीं भी वह हज़रत पादशाह की सेवा में उपस्थित हो, शरबत तैयार कर सके। हज़रत पादशाह ने बायज़ीद को दूर से पहिचान लिया और नासिर अली से कहा कि, "जा कर देखो ख़च्चरों पर क्या है?" उसने कहा कि, "एक पर यख़ है।" हज़रत पादशाह ने इतना सुनकर दूसरे ख़च्चर के विषय में पूछने की प्रतीक्षा न की। वे बूज़कदा अरग़ून घोड़े पर, जो मीर्ज़ा कामरान से उस युद्ध में प्राप्त हुआ था जिसमें मीर्ज़ा कामरान ने क़िला वन्द कर लिया था, सवार थे। वे उसे बढ़ा कर आगे आये और प्रसन्नता प्रकट की। बायज़ीद ने भी चरणों के चुम्बन का सम्मान प्राप्त करके ख़्वाजा का प्रार्थना-पत्र प्रस्तुत किया[3]। प्रार्थना-पत्र में लिखा था कि "जब हज़रत पादशाह काबुल में पधारें तो उनके निकटवर्तियों को भोजन कराना मेरे लिए आवश्यक है। उरता बाग़ अथवा अरक अथवा दास के घर जहाँ कहीं भी आदेश हो, भोजन तैयार कराया जाय।" हज़रत पादशाह ने कहा, "ख़्वाजा जलालुद्दीन महमूद हमारे दास के समान है। हम उसके घर में उतरेंगे[4]। किन्तु काबुल की इस समय क्या दशा है?" बायज़ीद ने निवेदन किया कि, "बाग़े शहर आरा में एक-एक गुल प्यादा[5] खिल चुका है।" हज़रत पादशाह ने कहा कि, "इस दशा में उरता बाग़ में भोजन की व्यवस्था की जाय। तू साथ रह। प्रार्थना-पत्र का उत्तर लिख कर देता हूँ।" आदेश हुआ कि, "यख़ के ख़च्चर को, जहाँ स्नान कर रहा हूँ, ले आ।" बायज़ीद एवं मुहम्मद हुसेन ने सन्दूक़ का ढक्कन खोला। क्योंकि सन्दूक़ में नमदा लगा था और भूसी पड़ी हुई थी, अतः (१६३) जलालाबाद की गरमी के बावजूद यख़ पर कोई प्रभाव न पड़ा था। हज़रत पादशाह ने उसमें से एक टुकड़ा बरफ़ लेकर अपने शुभ हाथों से जल में डाल कर धोया और खाया तथा प्रसन्नता प्रकट की। आबदारों ने भी एक टुकड़ा तोड़ कर ख़ासे के कूज़े[6] में डाला। इसी बीच में बहादुर सुल्तान वल्द हैदर सुल्तान शैबानी, मीर्ज़ा अब्दुल्लाह मुग़ुल मुनइम बेग का दामाद तथा क़म्बर अली वल्द सुल्तान उवैस कोलाबी आ गए। हज़रत पादशाह ने मुहम्मद हुसेन नाज़िर से कहा कि, "अमीरों से कह दो कि यख़ का उलुश तुम्हें भी देना चाहता हूँ। क्योंकि हवा गरम है अतः यख़ का जमा रहना परमावश्यक है। मार्ग में जब यख़ का जल पियूँगा तो तुम लोगों को भी उलुश

१ देखिये अनुवाद पूर्व पृ० ५६६।

२ डा० बनारसी प्रसाद ने इस वाक्य का अनुवाद इस प्रकार किया है :—"He also brought a camel-load of ice, and another of dry-fruits, lemon-water and sugar candy; so that wherever he might have an audience of the Emperor the ingredients for the syrup may be at hand" (पृ० १४३)।

३ डा० बनारसी प्रसाद ने "हज़रत पादशाह ने बायज़ीद को दूर से पहिचान लिया……प्रस्तुत किया" तक का अनुवाद प्रकाशित नहीं किया है।

४ "ख़्वाजा जलालुद्दीन महमूद हमचूं गुलामे मा अस्त कि दर मंज़िले ऊ फ़ुरूद मी तवानेम आमद; अम्मा चे वक़्ते काबुल अस्त"—डा० बनारसी प्रसाद ने इसका अनुवाद इस प्रकार किया है :—His Majesty said, "Khwajah Jalaluddin is like our servant. How can we stay at his place? But what about Kabul?" (पृ० १४०)।

५ सम्भवतः किसी प्रकार का गुलाब गुलप्याद एक प्रकार का जंगली फूल भी होता है जो छोटे-छोटे पौधों पर खिलता है।

६ सुराही।

प्रदान करूँगा।" मुहम्मद हुसेन को आदेश दिया कि "दाऊचा, रीवाज, नीबू जल एवं मिश्री में से उन्हें भी उलुश भेजो।" वायज़ीद को आदेश दिया कि, "सन्दूक़ का ढक्कन बन्द करके खच्चर पर लदवाकर, अपने साथ रख और हमारे साथ रह कारण कि तुझसे हम काबुल, बल्ख, ग़ज़नी, क़न्धार एवं बैरम खां इत्यादि के समाचार पूछें।" हज़रत पादशाह स्वयं स्नान करने लगे। बायज़ीद उन लोगों के पास, जिनका उल्लेख ऊपर हो चुका है, पहुँच गया। क्योंकि सब लोगों का उसके प्रति स्नेह था अतः वे उससे समाचार पूछते रहे।

हुमायूं का बाग़े वफ़ा में पहुँचना

हज़रत पादशाह सायंकाल एवं सोने के समय के मध्य में सवार होकर अदीनापुर, जो नेकनहार[1] के तूमान से सम्बन्धित है और जहाँ हज़रत फ़िरदौस मकानी बाबर पादशाह ने एक बाग़ लगवाकर उसका नाम बाग़े वफ़ा[2] रक्खा था और जो अब तक स्वर्ग के उद्यान के समान है, की ओर रवाना हुए। बायज़ीद को इस आशय से बुलाया कि उस बाग़ तक उससे बल्ख के हाकिम पीर (१६४) मुहम्मद, मीर्ज़ा खिज्र खां हज़ारा, नव्वाब बैरम खां, क़न्धार, समरक़न्द, बुख़ारा इत्यादि के समाचार पूछते रहें। बायज़ीद को इस विषय में जो कुछ ज्ञात था वह उसने बताया। रात्रि के अंतिम भाग में वे बाग़ में उतरे और आदेश दिया कि, "कहीं न जाना। हम ख़्वाजा जलालुद्दीन महमूद का उत्तर लिखेंगे" और स्वयं सोने के लिए चल दिए। जागने के उपरान्त प्रातःकाल की नमाज़ पढ़कर वे पुनः सो गए। एक पहर दिन उपरान्त जाग कर ख़्वाजा जलालुद्दीन महमूद के पत्र का उत्तर लिखा और घोड़ा तथा सरोपा बायज़ीद को प्रदान किया[3]। मध्याह्नोत्तर की दूसरी नमाज़ के समय तक वायज़ीद राज्य के उच्च पदाधिकारियों के पत्रों की प्रतीक्षा में लश्कर में ठहरा रहा। वह सबसे उत्तर लेकर सायंकाल की नमाज के समय काबुल की ओर रवाना हो गया।

१ बाबर ने लिखा है :—"काबुल के पूर्व में लमग़ानात हैं जिनमें ५ तूमान तथा २ बुलूक कृषि-योग्य भूमि के हैं। सबसे बड़ा तूमान नीनगनहार है। कुछ इतिहासों में इसे 'नगरहार' भी लिखा गया है। इसके दारोग़ा का निवास स्थान अदीनापुर में है जो काबुल से पूर्व की ओर लगभग १३ यीग़ाच (८२ मील) दूर है"। (**बाबर नामा**, पृ० १८)।

२ बाबर ने लिखा है : "९१४ हि० (१५०८-९ ई०) में मैंने एक चार बाग़ का निर्माण कराया जो बाग़े वफ़ा के नाम से प्रसिद्ध है। यह एक पुश्ते पर अदीनापुर के क़िले के समक्ष दक्षिण की ओर है। इसके मध्य में सुर्ख़रूद है। वहां भी संतरे, चकोतरे तथा अनार बड़ी अधिक संख्या में होते हैं। जिस वर्ष मैंने पहाड़ खां को पराजित करके लाहौर तथा दीपालपुर को विजय किया तो मैंने केले लाकर यहां लगवाये। वे भली-भांति उन्नति कर गये। इस वर्ष के पूर्व मैंने वहां गन्ने लगवाये थे। वे भी बड़े अच्छे हो गये। उनमें से कुछ बुख़ारा तथा बदख़्शां भेज दिये गये थे। बाग़ ऊंचाई पर स्थित है और निकट ही जल बहता है तथा हल्की ठंड पड़ती है। बाग़ के मध्य में एक छोटा सा पुश्ता है। बाग़ के बीच में इसी पुश्ते से होकर एक पनचक्की के योग्य जल-धारा बहती है। उद्यान के मध्य में जो चार चमन हैं, वे इसी पुश्ते के ऊपर स्थित हैं। बाग़ के दक्षिण-पश्चिम में एक हौज़ है जो १०×१० के आयतन में है। इसके चारों ओर संतरे के और कुछ अनार के वृक्ष हैं। यह पूरा बाग़ एक त्रिपत्ती के आकार के घास के चौरस मैदान से घिरा हुआ है। यह उद्यान का सबसे अधिक उत्तम भाग है। जब संतरे पक जाते हैं तो यहां का दृश्य बड़ा ही रमणीक हो जाता है। निःसन्देह यह बाग़ बड़े ही उत्तम स्थान पर लगा हुआ है।" (**बाबर नामा**, पृ० १९)।

३ डा० बनारसी प्रसाद ने "तू साथ रह... बायज़ीद को प्रदान किया" तक का अनुवाद प्रकाशित नहीं किया है।

हुमायूं का उरता बाग़ में पहुँचना

१५ शाबान ९५९ हि० (६ अगस्त १५५२ ई०) को जब कि काबुल वालों ने अभी शब बरात के दीप भी न जलाये थे कि बायज़ीद ख्वाजा की सेवा में (काबुल) पहुँच गया। सभी पुराने सैनिकों ने उसकी तीव्र गति से यात्रा को पसन्द किया। अदीनापुर एवं काबुल के बीच के मार्ग में भी ख़तरा था और वह अकेला इस मार्ग की यात्रा करके आया था। बायज़ीद ने, मीर सामान होने के कारण हज़रत पादशाह ने जिस प्रकार आदेश दिया था भोजन सामग्री उरता बाग़ में ले जाकर कबाबे शश लमा, एवं सेब कमाज[1] इत्यादि की व्यवस्था की। रात्रि के उपरान्त हज़रत पादशाह ने मध्याह्नोत्तर की प्रथम नमाज़ के समय जब उरता बाग़ में पड़ाव किया तो जो भोजन तैयार किया गया था प्रस्तुत किया गया। हज़रत पादशाह ने बायज़ीद को आदेश दिया कि, "ख़ासे का दस्तरख्वान और कबाब अलग कर। ख़ासे के लिए क़बरग़ा का एक क़ूल[2] पृथक् करके शेष ख्वाजा अम्बर के सिपुर्द कर दिया और आदेश दिया कि बेगमों के लिए ले जा। उसने आदेश का पालन किया। हज़रत (१६५) पादशाह ने क़ूल क़बरग़ा एवं सेबे कमाज में से थोड़ा सा खाया। इस स्थान पर भी बायज़ीद को सरोपा प्रदान हुआ।

अकबर को ग़ज़नी भेजना

कुछ दिन उपरान्त शाहज़ादये आलमियान जलालुद्दीन मुहम्मद अकबर मीर्ज़ा ख़ानों एवं लश्कर सहित, जो पीछे रह गया था, पधारे[3]। कुछ दिन उपरान्त ख्वाजा जलालुद्दीन महमूद को मीर्ज़ा का अतालीग़[4] बना कर ग़ज़नी भेज दिया। मीर्ज़ा हिन्दाल के समस्त सेवकों को आदेश हुआ कि मीर्ज़ा की सेवा में रहें। वे रवाना हो गए। इससे कुछ पूर्व हज़रत पादशाह ने मुनइम बेग को मीर्ज़ा का अतालीग़ नियुक्त किया था किन्तु उसे दरबार के कुछ कार्यों के कारण रोक दिया।

हुमायूं का क़न्धार की ओर प्रस्थान

९६९ हि०[5] (१५५२ ई०) के उसी जाड़े में हज़रत पादशाह चीर्ख, ख़रवार एवं ग़ज़नी की ओर से क़न्धार की ओर रवाना हुए। जिस रात्रि में लश्कर ख़रवार में पड़ाव किए हुए था इतनी बरफ़ पड़ी और इतना जाड़ा हुआ कि उसका उल्लेख सम्भव नहीं। काबुल एवं ग़ज़नी के राज्य का सबसे अधिक ठंडा भाग ख़रवार है। इसके बावजूद मुनइम बेग ने उस दिन खेमे में तीन बार बाल कटवाये।

हुजवेरी के मज़ार के दर्शन

दूसरे दिन जब वे शनीर नामक स्थान पर पहुँचे तो नव्वाब जलालुद्दीन मुहम्मद अकबर मीर्ज़ा, ख्वाजा जलालुद्दीन महमूद, ग़ज़नी के प्रतिष्ठित लोगों, सुल्तान महमूद ग़ाज़ी के रौज़े के सेवकों, (१६६) लश्कर वालों, मलिकों एवं रईसों के साथ हज़रत पादशाह के चरणों का चुम्बन करके

१ विभिन्न प्रकार के भोजन। निश्चित रूप से इनका कोई ज्ञान प्राप्त नहीं हो सका।

२ इसका अर्थ स्पष्ट नहीं।

३ डा० बनारसी प्रसाद ने "अभी तक पुराने सैनिकों ने उसकी तीव्र गति से यात्रा...जो पीछे रह गये थे, पधारे" तक का अनुवाद प्रकाशित नहीं किया है।

४ अतालीक़, गुरु जो हर प्रकार से शाहज़ादे की शिक्षा-दीक्षा का ज़िम्मेदार होता था।

५ **अकबर नामा** के अनुसार '९६१ हि० की शीत ऋतु में'।

सम्मानित हुए। हज़रत पादशाद वहाँ से मीर्ज़ा ख़्वाजा उस्मान मरबा बादी[1], "कश्फ़ुल महजूब" के लेखक, के मज़ार के तवाफ़ हेतु तशरीफ़ ले गए। लश्कर वाले क़िले तथा हुजवेरी के मज़ार के मध्य में उतर पड़े। दूसरे दिन वहाँ से । स्थान करके वे मनीकर में रईस फ़ख़्रउद्दीन वल्द रईस शम्सुद्दीन के घर में उतरे। एक दो दिन वहाँ ठहर कर तीसरे दिन क़न्धार के लिए रवाना हुए।

शाह अबुल मआली से वार्तालाप

जिस समय हज़रत पादशाह रईस फ़ख़्रउद्दीन के घर से प्रस्थान करना चाहते थे तो कुछ समय के लिए ठहर गए और शाह अबुल मआली के साथ वार्तालाप में समय व्यतीत किया। शाहम वल्द हैदर बेग सारबान को, जो हज़रत पादशाह का क़ूरची था, आदेश हुआ कि, "यदि कोई बात हो तो तू मत सुन। उस ओर दीवान वाले समझेंगे कि तू सेवा हेतु खड़ा है।" इसी बीच में हज़रत पादशाह ने कोई बात कही। शाह अबुल मआली ने निवेदन किया कि, "शाहम यह बात सुन रहा है।" हज़रत पादशाह ने पूछा, "शाहम! तू जानता है कि हमने क्या कहा?" उसने उत्तर दिया

मिसरा

'वह क्या जाने जो ऊँट चराता हो'।

हुमायूं की बाबा पलास से भेंट

उस दिन से शाहम की सूझ-बूझ की प्रसिद्धि हो गई। हज़रत पादशाह बाबा पलास से भेंट करना नहीं चाहते थे। अतः उन्होंने अली दोस्त ईशक आग़ा को आदेश दिया कि, "किसी (१६७) ऐसे मार्ग से ले चल जो कि बाबा के घर के समीप न हो।" उसने बाबा के घर के मुहल्ले से एक दूर का मार्ग निकाला। बाबा के मुरीदों को पता चल गया। वे बाबा को लेकर उस द्वार के निकट, जहाँ से क़न्धार की ओर मार्ग जाता था, पहुँच गए। जब हज़रत पादशाह बाबा के पास एक बाण के मार की दूरी तक पहुँच गए तो मार्ग के सीधा होने के कारण हज़रत पादशाह को दृष्टि बाबा पर पड़ गई। वे घोड़े से उतर पड़े और डंडा लेकर बाबा के समक्ष पहुँचे। मुरीदों ने बाबा को सूचना दे दी कि, "हज़रत पादशाह तशरीफ़ ला रहे हैं।" बाबा ने कहा, "हुमायूँ (स्वागतम्) आह! तूने हाजी मुहम्मद की", फिर बाबा ने तत्काल कहा कि, "इस कारण कि उसने अपराध किया था", फिर कहा कि, "बड़ा अच्छा किया जो हत्या करा दी। अब इस समय तू क्या क़न्धार जा रहा है?" हज़रत पादशाह ने कहा, "जी हाँ, बाबा।" बाबा ने कहा, "जा! ईश्वर तेरी इच्छा पूरी करे।" हज़रत पादशाह बड़े प्रसन्न हुए और कुछ मिस्क़ाल बाबा को भेंट करके द्वार से निकले और सवार होकर क़न्धार की ओर रवाना हो गए। (हज़रत पादशाह ने) हज़रत शाहज़ादये आलीमयान को ख़्वाजा जलालुद्दीन महमूद एवं ग़ज़नी वालों के साथ मनीकर के आधे कुरोह से विदा कर दिया। उस दिन थोड़ा सा हिमपात भी हुआ।

चारपा के हज़ारा लोगों से युद्ध की तैयारी

हज़रत पादशाह ने उस वर्ष अली क़ुली अन्दराबी को काबुल का हाकिम बना कर विदा कर दिया था। ख़्वाजा जलालुद्दीन महमूद को, जो गिरदीज़ का जागीरदार था, बंगश एवं नग़्ज़

१ हुजवेरी।

की मालगुज़ारी वसूल करने के लिए इस आशय से भेजा गया कि वह इस धन को वसूल करके मीर्ज़ा के सिपाहियों को पहुँचा दे। उसने अल्प समय में उन दो महालों की तहसील को बे-वाक़ कर दिया। जब वह गिरदीज़ लौटा तो ग़ज़नी वालों के प्रार्थना-पत्र प्राप्त हुए, कि "चारपा के हज़ारा (१६८) लोगों ने विद्रोह कर दिया है और जागीरदार को मालगुज़ारी अदा करने में टाल-मटोल कर रहे हैं। उनके ख़रगाह तासान एवं क़लग़ाज नामक स्थानों के मध्य में हैं। यह स्थान ग़ज़नी के क़िले से चार-पाँच कुरोह पर होगा। उस समूह के कलांतर[1] मस्ती, क़ूज बेग तथा जती थे। एक बार जब नासिर मीर्ज़ा ग़ज़नी का हाकिम था तो उसने इस समूह पर आक्रमण किया था। इसके उपरान्त कोई भी इस समूह का कुछ नहीं बिगाड़ सका। उन सबके ५०० घर से अधिक नहीं हैं किन्तु वे मीर्ज़ा मुराद से सम्बन्धित १०,००० घरों से रोज़ाना मुक़ाबला एवं युद्ध करते रहते हैं और विजय प्राप्त कर लेते हैं।" ख़्वाजा जलालुद्दीन महमूद ने ग़ज़नी वालों एवं मीर्ज़ा के उच्च पदाधिकारियों के प्रार्थना-पत्र के उत्तर में लिखा कि, "हम सूर्योदय से पूर्व उस पुश्ते के पीछे से, जो तासान एवं रामक़ नामक थान के मध्य में स्थित है, पहुँचेंगे और वहाँ छिपे रहेंगे। तुम लोग ग़ज़नी के बाहरी एवं भीतरी लश्कर सहित निकल कर नक्क़ारे एवं शाहज़ादे की पताकाओं को भी साथ लाओ।"

ख़्वाजा जलालुद्दीन का पुश्ते पर पहुँचना

ख़्वाजा जलालुद्दीन महमूद प्रथम रात्रि में यूनान से, जो गिरदीज़ के अधीन है, निश्चित पुश्ते तक अत्यधिक दूरी के बावजूद रवाना हुआ। आधी रात्रि के समय कलालकू नामक स्थान पर जो उस समय गिरदीज़ के मलिक कोचक नली के पिता मलिक अली के अधीन था, पहुँच गया। मलिक कोचक अली तथा मलिक बन्द अली दोनों भाई मार्ग-दर्शक बने। प्रातःकाल उस पुश्ते के पीछे, जिसका ऊपर उल्लेख हो चुका है, पहुँच गए। पर्वत की ऊँचाई से घोड़ों से उतर कर हज़ारा लोगों के ख़रगाह की क़रावली एवं ग़ज़नी के लश्कर, पताका तथा नक़्क़ारे की प्रतीक्षा करने लगे।

हज़ारा लोगों की पराजय

(१६९) जब दो-तीन घड़ी दिन चढ़ गया तो ग़ज़नी के अमीरों ने पहुँच कर वहीं पताकायें खोल दीं और नक्क़ारा बजाते हुए आने लगे। हज़ारा लोग नक्क़ारे की आवाज़ से अवगत हो गए कि कोई सेना उनपर आक्रमण कर रही है। उन्हें ख़्वाजा जलालुद्दीन महमूद एवं उन लोगों की, जो पर्वत के पीछे घात लगा कर बैठे थे, सूचना न थी उन्होंने अपने असबाब, मवेशी इत्यादि सरे देह, क़रावाग़ एवं क़िलये संगीन की ओर भेज दिए और स्वयं ज़रीदा[2] शीघ्रातिशीघ्र ग़ज़नी के लश्कर के विरुद्ध रवाना हुए। ख़्वाजा जलालुद्दीन महमूद हज़ारा लोगों के पीछे की ओर पहुँच गया। हज़ारा लोगों को जब पता चला कि दोनों ओर से लश्कर आ गया है तो वे अपने असबाब एवं मवेशियों की ओर चल दिए। ग़ज़नी के अमीर तथा ख़्वाजा एक दूसरे से मिल गए और हज़ारा लोगों से युद्ध होने

१ सरदार।
२ बिना किसी असबाब के प्रस्थान करने से तात्पर्य है।

लगा। ग़ज़नी के जो प्यादे आये थे उनमें से कुछ को एक-एक ख़रगाह प्राप्त हो गया।[1] उनका थोड़ा सा अनाज एवं कुछ दुर्बल मवेशी, जो वे अपने साथ न ले जा सकते थे, रह गए थे। उन्हें लूट लिया गया। मध्याह्नोत्तर की दूसरी नमाज़ के समय तक कई बार हज़ारा लोगों ने उन्हें पराजित किया और कई बार अन्य सैनिकों ने हज़ारा लोगों को पराजित किया। दोनों ओर से आदमियों एवं घोड़ों की वहुत वड़ी संख्या मारी गई। जब रात हो गई तो हज़ारा लोग अपने असबाब इत्यादि की ओर चले गए। सिपाही लोग ग़ज़नी पहुँच गए। शाहज़ादये आलमियान ग़ज़नी के अरक में ठहर गए।[2]

हुमायूं द्वारा दरवेशों का आदर सम्मान

जब हज़रत पादशाह क़न्धार के समीप एक मंज़िल पर पहुँच गए तो बैरम ख़ां ने क़न्धार के लश्कर सहित पहुँच कर हज़रत पादशाह के चरणों क चुम्बन किया। हज़रत पादशाह क़न्धार के अरक में ठहर गए। उन्हीं दिनों में मौलाना ज़ैनुद्दीन महमूद कमानगर बदाएनी[3] ने, जो अपने युग के ग़ौस[4] थे, हज़रत पादशाह से भेंट की। हज़रत पादशाह ने दरवेशों के प्रति निष्ठा के कारण जिस सभा में हज़रत मुहम्मद के नाम पर भोजन दिया जा रहा था, उनके हाथ पर जल डाला। कई (१७०) वार हज़रत पादशाह बाग़े ग़लचक तथा बाबा हसन अब्दाल की सैर के लिए तशरीफ़ ले गए।

मुनइम बेग को क़न्धार प्राप्त होना

हज़रत पादशाह ने ९६० हि०[5] (१५५३ ई०) की पूरी शीत ऋतु शान्तिपूर्वक एवं आनन्द-मंगल मनाते हुए व्यतीत की। बैरम ख़ां ने जो घोड़े एवं असबाब हज़रत पादशाह के योग्य थे पेशकश के रूप में प्रस्तुत किए। हज़रत पादशाह ने क़न्धार को मुनइम बेग वल्द मीरम बेग को प्रदान किया। मीरम बेग जिस समय मीर्ज़ा अस्करी का अतका था, क़न्धार को अपने अधीन रख चुका था। जब वह मीर्ज़ा के साथ काबुल आ रहा था, तो हज़ारा लोगों ने क़न्धार एवं ग़ज़नी के मध्य में उसका मार्ग रोक लिया। मीरम ने यह देख कर कि दोनों नहीं निकल सकते मीर्ज़ा से कहा कि, "मैं युद्ध करता हूँ, आप निकल जाइये।" मीर्ज़ा निकल कर ग़ज़नी पहुँचा। मीरम उस युद्ध में मारा गया।

क़न्धार को बैरम के अधीन रहने देना

मुनइम बेग ने अभिवादन करके निवेदन किया कि, "लोग सोचेंगे कि बैरम ख़ां क़न्धार से नहीं निकल रहा था। हज़रत पादशाह के आगमन का यही उद्देश्य था कि किसी अन्य को उसके

१ "अज़ प्यादाहाय ग़ज़नी आं मेक़दार आमदा बूदन्द कि हर चन्द कस रा यक ख़रगाह रसीद"—इस वाक्य का तात्पर्य स्पष्ट नहीं।

२ डा० बनारसी प्रसाद ने "लश्कर वाले • क़िले तथा...ग़ज़नी के अरक में ठहर गए" तक का अनुवाद प्रकाशित नहीं किया है।

३ डा० बनारसी प्रसाद के अनुसार 'बदायूं के' (पृ० १४५)।

४ वह सूफ़ी जो वली से बड़ा हो। साधारणतः प्रतिष्ठित सूफ़ी 'ग़ौस' कहलाते थे।

५ **अकबर नामा** के अनुसार ९६१ हि० (१५५४ ई०)।

स्थान पर नियुक्त कर दें और उसे काबुल ले जायें। क्योंकि यह निश्चय हो चुका है कि ९६० (१७१) हि०[1] की शीत ऋतु में हज़रत पादशाह हिन्दुस्तान की ओर प्रस्थान करेंगे और बैरम ख़ां साथ जायगा अतः जिस समय हज़रत पादशाह हिन्द के आक्रमण की तैयारी हेतु काबुल पहुँचे[2] और बैरम ख़ां काबुल जाय तो उस समय मुझे अथवा किसी अन्य को नियुक्त कर दें। राज्य के हित में यही उचित ज्ञात होता है।" मुनइम बेग यह भी जानता था कि, "क़न्धार का कोई ठीक नहीं। क़िज़िलबाश क़न्धार पर अधिकार जमा ही लेंगे। हज़रत पादशाह भी अपनी भेंट के समय उसे शाह को प्रदान कर चुके हैं।" अतः वह क़न्धार में न रहना चाहता था। उसने बैरम ख़ां को भी आभारी बना कर खूब घोड़े एवं असबाब वसूल किये।

हुमायूं का क़न्धार से वापस होना

हज़रत पादशाह को यह सलाह पसन्द आ गई। नग्ज़ की मंज़िल तक बैरम ख़ां विजयी रिकाब के साथ साथ गया। दो तीन दिन तक वहाँ पड़ाव हुआ। कुछ हज़ारा लोग, जो इन दिनों शाही लश्कर में चोरी के लिए आये थे, बन्दी बना लिए गए थे। कूच के दिन उनकी हत्या करा दी गई। हज़रत पादशाह ने ज़मीनदावर को तरदी बेग अतावा से लेकर बहादुर सुल्तान शैबानी को प्रदान कर दिया। नव्वाब बैरम ख़ां तथा बहादुर सुल्तान शैबानी को क्रमशः क़न्धार एवं ज़मीन-दावर की ओर विदा कर दिया और स्वयं काबुल की ओर रवाना हुए।

अकबर की ओर से हुमायूं को मेवों का उपहार

ख़्वाजा जलालुद्दीन महमूद के सेवक बायज़ीद द्वारा शाहज़ादये आलमियान जलालुद्दीन मुहम्मद अकबर मीर्ज़ा ने कुछ कंकनों[3] में हज़रत पादशाह के लिए सेब तथा अंगूर भेजे थे। बायज़ीद ग़ज़नी से क़िलये संगीन पहुँचा। दूसरे दिन क़िलये संगीन से शीघ्रातिशीघ्र प्रस्थान करके उसने नग्ज़ से दो-तीन कुरोह पर हज़रत पादशाह के चरणों के चुम्बन का सम्मान प्राप्त किया और मेवे प्रस्तुत किए। हज़रत पादशाह ने रिकाबी मंगवाकर घोड़े पर उन मेवों को खाया और शाह अबुल मआली को भी उलुश प्रदान किया।

बैरम ख़ां को मेवा एवं ज्योतिष सम्बन्धी ग्रंथ भेजना

इसी बीच हाशिम हीनी[4] ने, जो कि दारोग़ा था, निवेदन किया कि "बैरम ख़ां को खगोल (१७२) विद्या सम्बन्धी ग्रंथ का एक खंड प्रदान करने का आदेश हुआ था। विदा होते समय स्मरण न रहा।" हज़रत पादशाह ने कहा, "ले आ।" उसे किताबख़ाने का ऊंट शिविर में मिला, और वह सन्दूक़ से पुस्तक निकाल कर लाया। हज़रत पादशाह ने घोड़े पर बैठे-बैठे १२ पंक्तियों का एक पत्र उस खंड के पीछे लिखा और आदेश दिया कि, "हम इस मेवे में से भी बैरम ख़ां को उलुश के रूप में भेजते हैं।" बायज़ीद को आदेश दिया कि, "क्योंकि तू मेवा लाया है अतः मेवा

१ **अकबर नामा** के अनुसार ज़िलहिज्जा ९६१ हि० के मध्य (लगभग १२ नवम्बर १५५४ ई०) में हुमायूं हिन्दुस्तान की ओर रवाना हुआ। (देखिये अनुवाद पूर्व पृ० ३१९)

२ 'काबुल से प्रस्थान करें' होना चाहिये।

३ कंकना :—इस शब्द का अर्थ ज्ञात न हो सका।

४ डा० बनारसी प्रसाद के अनुवाद में 'ज़ुवैनी'।

तथा पुस्तक बैरम ख़ां को पहुँचा दे।" बाक़ी परवानची, जो पूर्व में स्वर्गीय नव्वाब मीर्ज़ा हिन्दाल का परवानची था, निकट खड़ा था। हज़रत पादशाह ने उसे आदेश दिया कि, "बायज़ीद के साथ जाकर मीर्ज़ा ख़िज्र ख़ां हज़ारा तथा मुनइम बेग को जो सेना के पीछे के भाग में हैं, परवाने पहुँचा दे कि वे विश्वस्त आदमी उसके[1] साथ कर दें। ताकि वे उसे बैरम ख़ां के पास पहुँचा कर लश्कर में वापस ले आयें।" बायज़ीद को विदा कर दिया गया। ख़िज्र ख़ां एवं मुनइम बेग ने आदेशानुसार मीर्ज़ा ख़िज्र ख़ां के उग़ूलग़ा[2] मीर अहमद को मार्ग-दर्शक के रूप में साथ कर दिया। बायज़ीद शीघ्रातिशीघ्र बैरम ख़ां के पीछे रवाना हुआ। मध्याह्नोत्तर की दूसरी नमाज़ के समय कूये शादी एवं ताज़ी में बैरम ख़ां की सेना के पीछे के भाग वालों के पास पहुँच गया। उसने शाह बीरदी बेग को, जो उस दस्ते का सरदार था, सूचना कराई कि "हज़रत पादशाह का पत्र एवं मेवे का उलुश लाया हूँ। मेरे घोड़े थक गए हैं। ख़ान को सूचना कर दो कि वह ठहर जाय अथवा धीरे-धीरे प्रस्थान करे?"

बायज़ीद की बैरम ख़ां से भेंट

बायज़ीद जब ख़ान की ओर पहुँचा तो वह क़न्धार की ओर चल चुका था। तदुपरान्त वापस हुआ। बायज़ीद ख़ान की ओर रवाना हुआ। बायज़ीद घोड़े से उतर पड़ा। बैरम ख़ां, बहादुर सुल्तान के साथ सवार होकर आ रहा था। बायज़ीद ठहर गया। ख़ान ने कहा, "तू क्यों नहीं आ रहा है?" बायज़ीद ने निवेदन किया कि, "हज़रत पादशाह का पत्र एवं मेवे का उलुश मेरे पास है।" (१७३) बैरम ख़ां घोड़े से उतर पड़ा। बहादुर सुल्तान तथा समस्त सैनिक घोड़े से उतर पड़े। बैरम ख़ां ने बायज़ीद से कहा, "तूने सूचना क्यों न कराई कि तेरे पास हज़रत पादशाह का पत्र है?" उसने उत्तर दिया कि, "मैंने शाह बीरदी से कह दिया था। सम्भवतः उसने सूचना न दी होगी।" तदुपरान्त उसने पत्र तथा उलुश लिया और हज़रत पादशाह जिस दिशा मे थे, उस दिशा में तस्लीमें करके, सवार हो गया। बायज़ीद के घोड़े थक गए थे, अतः वह वहाँ से न लौट सका। बैरम ख़ां भी चाहता था कि वह बायज़ीद को क़न्धार ले जाकर विदा करे। उस रात्रि में हज़ारा लोगों के रात्रि के छापे के भय से दोनों पर्वतों के मध्य में शिविर के बाहर रहा। दूसरे दिन प्रातःकाल वहाँ से एक दस्ते को प्रतिरक्षा हेतु पीछे छोड़ कर क़न्धार की ओर रवाना हुआ।[3]

अब्दालियों पर आक्रमण

जब वह गुम्बदे सरवाज़[4] पहुँचा तो शाह[5] का राजदूत उलुग़ बेग वल्द बूलबुल सुल्तान भी पहुँच गया। उसके साथ यज्द एवं काशान इत्यादि उत्तम के कपड़ों के थान थे, जिन्हें शाह तहमास्प ने हज़रत पादशाह के लिये भेजा था; शाह ने बैरम ख़ां के लिये भी घोड़ा एवं सरोपा भेजा था। मार्ग में ख़तरे के कारण, बैरम ख़ां ने राजदूत को घोड़े एवं सरोपा सहित लौटा कर क़लात में क़िलये चश्मा के समक्ष, जिसे क़हरे क़लात[6] कहते हैं, ठहराया, सूचना प्राप्त हुई कि अब्दाली

१ बायज़ीद के।

२ उग़ूलग़ा :—इस शब्द का अर्थ स्पष्ट नहीं।

३ डा० बनारसी प्रसाद ने "हज़रत पादशाह ने उसे आदेश दिया...रवाना हुआ।" तक का अनुवाद प्रकाशित नहीं किया है।

४ डा० बनारसी प्रसाद के अनुसार 'सरवार'; किन्तु हस्तलिपि में 'सरवाज़' ही है।

५ शाह तहमास्प।

६ 'क़लात का कोप'।

अफ़ग़ान निकट ही पड़ाव किए हैं। बहादुर सुल्तान के अधीन बन्दूक़ वालों को करके, हबीब अली, शाह क़ुली महरम, बाबा ज़म्बूर, हाजी क़रा, तीमूर यक्का, हुसेन क़ुली बेग वल्द वली बेग ज़ुलक़दर, जिसकी उस समय अवस्था १०-११ वर्ष की थी, को अब्दालियों पर आक्रमण करने के लिये भेज दिया।

बैरम ख़ां का क़न्धार पहुँचना तथा बायज़ीद की वापसी

(१७४) मध्याह्नोत्तर की दूसरी नमाज़ के समय ख़ान ने अपने घोड़ों को दाना दिलवाया। दूसरे दिन वे एक पहर दिन चढ़े उन क़बीलों के पास पहुँच गए। बायज़ीद भी उस लश्कर में था। सिपाहियों एवं अफ़ग़ानों ने बड़ी वीरता से युद्ध किया। अन्ततोगत्वा हज़रत पादशाह के प्रताप से बहादुर सुल्तान ने स्वयं आक्रमण करके अफ़ग़ानों को भगा दिया। भेड़ें एवं अन्य मवेशी इतनी अधिक संख्या में क़लात में एकत्र हो गए कि उनमें से जितने हो सके क़न्धार ले जाये गए और शेष (पशु) क़लात एवं हज़ारा की प्रजा, जो उस क्षेत्र में थी, ले गई। ख़ान मुहम्मद एवं अली ख़ान, ख़िज़्र खां के भागिनेय साथ थे। राजदूत को उन लोगों के सिपुर्द करके अज़ूरिस्तान एवं मालिस्तान के मार्ग से विदा कर दिया। बायज़ीद भी ख़ान एवं बहादुर सुल्तान से विदा हुए बिना हज़रत पादशाह की सेवा में चल दिया। बैरम ख़ां एवं (बहादुर सुल्तान) दूसरी रात्रि में सोने की नमाज़ के पूर्व क़न्धार के क़िले में प्रविष्ट होना चाहते थे, कारण कि सोने की नमाज़ के बाद की घड़ी के विषय में कहा जाता था कि वह अच्छी नहीं है।

बायज़ीद का नूर पहुँचना

शाह का राजदूत, ख़िज़्र खां के भागिनेय तथा बायज़ीद उस रात्रि में क़लात के क़िले में रहे। प्रातःकाल वहाँ से वे अजूरिस्तान की ओर रवाना हुए। वहाँ अली खां एवं ख़ान मुहम्मद के घर थे। वे प्रातःकाल एक उत्तम चुलके[1] में पहुँचे जिसका नाम देगदानहा था। राजदूत को ठहरा कर दोनों हज़ारा अपने अपने घरों को चले गए। कुछ घोड़े, भेड़ें एवं कुत्ते राजदूत एवं बायज़ीद को भी प्रदान किए। वे वहाँ से प्रस्थान करके मालिस्तान की ओर रवाना हुए। दोनों मंज़िलों के मध्य में एक गरम चश्मे पर, जिसे गरकाबा कहते हैं, पहुँचे। जल के गरम होने के कारण उसमें बड़ी कठिनाई से हाथ डाला जा सकता था। दूसरे दिन उन्होंने मालिस्तान में पड़ाव किया। वहाँ मीर्ज़ा ख़िज़्र खां तथा (१७५) मीर्ज़ा संजर के घर थे। उसी समय मीर्ज़ा ख़िज़्र खां, जो हज़रत पादशाह से विदा होकर आया था और जिसे हज़रत पादशाह ने बूज़-कदा अरग़ून घोड़ा प्रदान कर दिया था, पहुँचा। दो-तीन दिन तक राजदूत एवं इस समूह को अपना अतिथि रक्खा। घोड़े, भेड़ें एवं कुत्ते प्रदान करके विदा कर दिया। एक रात्रि पड़ाव करके नूर पहुँचे। वहां एक झील है जिसके चारों ओर चुलका है और उसके किनारे पर्वत से मिले हैं। गरमी में समस्त हज़ारा लोग अपने मवेशियों एवं असबाब को लेकर उस झील के चारों ओर उतर पड़ते हैं। उसमें एक नहर थी। राजदूत वहाँ उतर पड़ा।

१ चुलका अथवा जुलका :—चौरस मैदान।

शीत ऋतु के कारण वहाँ की ज़मीन में दरारें पड़ गई थीं। उस चुलका के चारों ओर बड़े बड़े पर्वत थे। वहाँ से एक रात ठहर कर ग़ज़नी पहुँचा जा सकता है।[1]

बायज़ीद तथा राजदूत का हुमायूं की सेवा में पहुँचना

जब राजदूत ग़ज़नी पहुँच गया तो बायज़ीद राजदूत के पूर्व हज़रत पादशाह की सेवा में रवाना हुआ और हज़रत पादशाह से उरता बाग़ में भेंट की। राजदूत ने घोड़ों एवं पादशाही सामान के भेजे जाने के समाचार हज़रत पादशाह को पहुँचाये। जब हज़रत पादशाह को ज्ञात हुआ कि बायज़ीद क़न्धार नहीं गया और न बैरम के घोड़े एवं सरोपा की चिन्ता की, तो उन्होंने उसे तत्काल घोड़ा एवं सरोपा प्रदान किए। कुछ दिन उपरान्त राजदूत भी चरणों का चुम्बन करके सम्मानित हुआ। जो घोड़ा एवं वस्त्र लाया था, उन्हें हज़रत पादशाह की सेवा में प्रस्तुत किया। राजदूत को उचित स्थान पर ठहरवाया गया।

हुमायूं के पुत्रों का जन्म

उस बहार एवं तीर[2] मास में हज़रत पादशाह उरता बाग़ में आनन्द-मंगल में समय व्यतीत करते रहे। वह ९६० हि० (१५५२–५३ ई०) वर्ष था। उस बहार में दो शाहज़ादों का जन्म (१७६) हुआ और दोनों का एक ही मास में एक—नव्वाब मुहम्मद हकीम मीर्ज़ा[3] जिसकी माता चोचक बेगम थी और दूसरा मुहम्मद फ़र्रुख़ फ़ाल जिसकी माता का नाम ख़ानश था जो चोचक मीर्ज़ा ख़्वारज़मी की पुत्री थी। मुहम्मद फ़र्रुख़ फ़ाल मीर्ज़ा की उन्हीं थोड़े से दिनों में मृत्यु हो गई।

हुमायूं का हिन्दुस्तान की ओर प्रस्थान

उसी वर्ष ज़िलहिज्जा[4] मास में हज़रत पादशाह ने मीर असग़र मुंशी के बाग़ में, जो सियाह संग के चुलके से मिला है और मेहतर दोस्त वल्द मेहतर कप्सा की सराय के समीप है, पड़ाव किया। आशूर ९६१ हि०[5] को उस बाग़ में आशूरे[6] के भोजन का वितरण किया गया। मुनइम बेग को काबुल का हाकिम बना कर वे स्वयं हिन्दुस्तान की ओर रवाना हुए।

१ डा० बनारसी प्रसाद ने "शाह का राजदूत..ग़ज़नी पहुँचा जा सकता" तक का अनुवाद है प्रकाशित नहीं किया है।

२ एक ईरानी महीना जो हिन्दी हिसाब से सावन होता है।

३ उसका जन्म १५ जमादि-उल-अव्वल ९६१ हि० (१८ अप्रैल १५५४ ई०) को हुआ। (**अकबर नामा**, हिन्दी अनुवाद पूर्व पृ० ३०९)।

४ ज़िलहिज्जा ९६० हि० (नवम्बर-दिसम्बर १५५३ ई०)। इसे ज़िलहिज्जा ९६१ हि० (नवम्बर-दिसम्बर १५५४ ई०) होना चाहिये।

५ १० मुहर्रम ९६१ (१६ दिसम्बर १५५३ ई०)। इसे १० मुहर्रम ९६२ हि० (५ दिसम्बर १५५४ ई० होना चाहिये।

६ वह भोजन जो विशेष अवसरों पर बाँटा जाता है।

अध्याय ४

हिन्दुस्तान की विजय[1]

हज़रत पादशाह का हिन्दुस्तान पहुँचना, अधिकांश प्रदेशों की विजय एवं जो लोग हज़रत पादशाह के साथ थे—शाहज़ादये आलमियान जलालुद्दीन मुहम्मद अकबर मीर्ज़ा सेवकों सहित, नव्वाब बैरम खां सेवकों सहित, ख़ानों, सुल्तानों, अमीरों, दीवान वालों, बख़्शियों, बेगचों और यक्का जवानों इत्यादि सहित, निम्नांकित व्योरानुसार शाहज़ादे के सेवकों सहित

(१) शाहज़ादये आलमियान जलालुद्दीन मुहम्मद अकबर मीर्ज़ा
(२) मीर्ज़ा अबुल क़ासिम वल्द मीर्ज़ा कामरान
(३) ख़्वाजा मुअज़्ज़म, तग़ाई मीर्ज़ा जलालुद्दीन मुहम्मद अकबर
(४) ख़्वाजा ख़िज़्र सुल्तान मुग़ुल
(५) इस्कन्दर सुल्तान क़ज़ाक़ पशूर का हाकिम
(६) मुहम्मद यार सुल्तान, उपर्युक्त का भाई
(१७७) (७) नव्वाब बैरम खां भारलू, क़न्धार का हाकिम
(८) मीर्ज़ा अब्दुल्लाह मुग़ुल, मुनइम खां का जामाता
(९) ख़्वाजा मुहम्मद ज़करिया वल्द ख़्वाजा दोस्त ख़ावन्द
(१०) शाह अबुल मआली, अबुल मआली का, जिसकी उपाधि शाहे लवन्दान थी, बड़ा भाई
(११) ख़्वाजा अब्दुल मुनइम क़ज़ाक़ जिसकी उपाधि ख़्वाजा पादशाह थी
(१२) ख़्वाजा सुल्तान, उपर्युक्त का भाई
(१३) ख़्वाजा शाह, अब्दुल मुनइम क़ज़ाक़ का भाई
(१४) मीर अब्दुल हई
(१५) मौलाना अलाउद्दीन लारी जो हज़रत पादशाह के कारण मक्का मदीना की ज़ियारत से सम्मानित हुआ और जिसकी यमन में मृत्यु हुई
(१६) शेख अबुल क़ासिम अस्तरावादी
(१७) मौलाना इलियास
(१८) मौलाना बेकसी
(१९) मौलाना सैयिद अली मुसव्विर (चित्रकार)
(२०) मौलाना अब्दुस्समद मुसव्विर (चित्रकार)
(२१) मौलाना दोस्त मुसव्विर (चित्रकार)

१ डा० बनारसी प्रसाद ने केवल पहले तीन अध्यायों का अनुवाद किया है।

(२२) ख़्वाजा अब्दुल्लाह् वल्द ख़्वाजा मुहम्मद ज़करिया
(२३) हैदर, मीर्ज़ा कामरान का बख़्शी
(२४) आक़िल सुल्तान,
(२५) ख़्वाजा हिज्री जामी
(२६) मुल्ला दरवेश माएली
(२७) हाशिम हीनी, किताबख़ाने का दारोग़ा
(२८) मीर अब्दुल्लाह् बख़्शी, मीर अब्दुल हई का भाई
(२९) ख़्वाजा हुसेन मर्वी
(३०) मौलाना अब्दुल बाक़ी सद्र तुर्किस्तानी
(३१) क़ासिम बरलास
(३२) तरदी बेग तुर्किस्तानी, अतावा का हाकिम
(३३) क़ियाई गुंग
(३४) अली क़ुली सुल्तान सुफ़रची वल्द हैदर सुल्तान शैबानी
(३५) बहादुर सुल्तान मुहरदार, उपर्युक्त का भाई
(३६) क़ून्दुक़ सुल्तान, बैरम ऊग़लून का भाई
(३७) सून्दुक़ ऊग़लून, उपर्युक्त का भाई
(३८) क़रा बहादुर मीर्ज़ा, मीर्ज़ा हैदर कश्मीरी का सम्बन्धी
(३९) मुहम्मद अली बरलास, क़ासिम बरलास का जामाता
(४०) मुसाहिब बेग वल्द ख़्वाजा कलाँ बेग अन्देजानी
(४१) मुहिब अली बेग, मीर ख़लीफ़ा अन्देजानी फ़िरदौस मकानी बाबर पादशाह के वकील का पुत्र
(४२) इस्माईल बेग अहमद जानी दूल्दी
(४३) मीर असग़र मुंशी
(४४) मुसाहिब अली
(४५) बाल्तू बेग तवाची बाशी
(१७८) (४६) पहलवान दोस्त मीर बरका
(४७) मीर्ज़ा ख़िज्र खां हज़ारा
(४८) क़ाज़ी तबालसी, लश्कर का क़ाज़ी
(४९) अब्दुर्रहमान वल्द मुईद बेग
(५०) मुहम्मद क़ासिम कोह बर
(५१) मीर शिहाब नीशापुरी, मीर सामान
(५२) क़म्बर बेग बारबेगी काशग़री
(५३) मीर्ज़ा जलालुद्दीन वल्द मीर्ज़ा हसन बरका
(५४) शीरोया वल्द शेर अफ़गन, क़ूज बेग अन्देजानी का पौत्र
(५५) मुहम्मद मुराद वल्द अमीर बेग, बेग मीरक मुग़ुल का पौत्र

(५६) मुहम्मद नूयान, उपर्युक्त का भाई

(५७) मीर मुहम्मद ग़ज़नवी, शम्सुद्दीन मुहम्मद अतका का भाई

(५८) बाबा सईद क़िबचाक़

(५९) मुहम्मद ताहिर मीर बीरदी बेग, फ़िरदौस मकानी बाबर पादशाह के अमीर का पुत्र

(६०) मौलाना नूरुद्दीन मुहम्मद तरख़ान

(६१) मीर महमूद मुंशी

(६२) मुहम्मद हुसेन समती

(६३) ख़्वाजा जलालुद्दीन मुहम्मद ओभी

(६४) हैदर मुहम्मद आख़्ता बेगी, क़ूरबन्द का हाकिम

(६५) ख़्वाजा सुल्तान अली दीवान जिसे हिन्दुस्तान में हज़रत पादशाह ने अफ़ज़ल ख़ां की उपाधि द्वारा सम्मानित किया था

(६६) ख़्वाजा मीर्ज़ा मरवारीदे ग़ल्तां जो हिन्द में हज़रत पादशाह का दीवान था

(६७) मुहम्मद क़ासिम मौजी जो काबुल के मार्ग में हज़रत पादशाह का बख़्शी बेगी था

(६८) ख़्वाजा हसन जिसकी उपाधि ख़ाल्दार थी और जो ख़्वाजा नक्शबंद की संतान से था

(६९) ख़्वाजा मुहिब अली बख़्शी, ख़्वाजा अमीना, हज़रत जलालुद्दीन अकबर मीर्ज़ा के बख़्शी बेगी, का भाई

(७०) ख़्वाजा अब्दी बख़्शी

(७१) ख़्वाजा मक़सूद अली, मीर्ज़ा कामरान का दीवान

(७२) ख़्वाजा क़ासिम अली, उपर्युक्त का भाई

(७३) ख़्वाजा अबुल क़ासिम मशहदी, मीर्ज़ा कामरान का दीवान जो काबुल में हज़रत पादशाह का भी दीवान था

(१७९) (७४) ख़्वाजा नूरुद्दीन मुहम्मद

(७५) मुहम्मद नजिस्तानी, मीर्ज़ा कामरान का दीवान

(७६) ख़्वाजा क़ासिम ब्यूतात, मीर्ज़ा कामरान का दीवान

(७७) ख़्वाजा ग़ाज़ी शीराज़ी जिसे शाह ने तख़्ते सुलेमान में हज़रत पादशाह का दीवान नियुक्त किया था

(७८) मीर शरीफ़ सीस्तानी, बख़्शीये वहूश[१], जो मेज़बान लिखा जाता था

(७९) हसन अली, हकीम मीर्ज़ा का मुंशी, उपर्युक्त का भतीजा

(८०) मुहम्मद हुसेन नाज़िर जिसे हज़रत पादशाह ने लश्कर ख़ां की उपाधि प्रदान की थी

(८१) ख़्वाजा रूहुल्लाह मुस्तौफ़ी

(८२) ख़्वाजा अब्दुल मजीद मुस्तौफ़ी जिसे हज़रत पादशाह ने आसफ़ ख़ां की उपाधि प्रदान की थी

१ वन-पशुओं का बख़्शी।

(८३) ख़्वाजा सुल्तान अली, उपर्युक्त का भाई जिसे हज़रत जलालुद्दीन अकबर पादशाह द्वारा दीवानी का मंसब प्राप्त हुआ

(८४) मीर सैयिद मुहम्मद, दारुल अदालत का मुंशी

(८५) शेख़ नज़र चोली तुर्किस्तानी जिसे हज़रत पादशाह ने हिन्द की विजयोपरान्त मीर अद्ल नियुक्त कर दिया था

(८६) ख़्वाजा मुहम्मद ताहिर बख़्शी जो हज़रत पादशाह के कारण मक्का निवासी हो गया था

(८७) मीर आरिफ़

(८८) मीर हाशिम, शिहाब खां का भाई

(८९) ख़्वाजा अताउल्लाह नजिस्तानी, बावर्ची-ख़ाने का मुशरिफ़

(९०) ख़्वाजा अताउल्लाह यज़्दी दीवाने ख़ाक

(१८०) (९१) मौलाना असद मुशरिफ़

(९२) मीर्ज़ा क़ुली, हैदर मुहम्मद आख़्ता बेगी का भाई

(९३) मजनूं क़ाक़शाल

(९४) मीर्ज़ा क़ुली चोली

(९५) बाबा दोस्त चोली जो एराक़ की यात्रा में हज़रत पादशाह का बख़्शी था

(९६) ख़ालिक़ बीरदी

(९७) शेख़ यूसुफ़ चोली

(९८) मुहम्मद अली मीर ख़ाक़

(९९) लाल खां बदख़्शीं, मीर्ज़ा सुलेमान का अमीर

(१००) अली बेग वल्द सुल्तान उवैस कोलावी,

(१०१) खंजर बेग, तरदी बेग अतावा का सम्बन्धी

(१०२) हकीम ज़म्बल

(१०३) हाशिम हीनी, शाह अबुल मआली का भाई

(१०४) अबुल क़ासिम ईशक आग़ा

(१०५) अली दोस्त ईशक आग़ा

(१०६) बाक़ी बग़लानी

(१०७) साक़ी, तरदी बेग अतावा का भाई

(१०८) बाबा परवानची

(१०९) आरिफ़ बेग

(११०) अमीर बेग वल्द जमील बेग, उपर्युक्त के भाई का वज़ीर

(१११) शाह क़ुली, नारंजी सुल्तान का सम्बन्धी

(११२) बाक़ी बेग, मीर्ज़ा हिन्दाल का परवानची

(११३) साक़ी लंग, उपर्युक्त का भाई

(११४) मुज़य्यन किताबदार

(११५) बोलक बीबी फ़ातेमा उर्दू बेगी

(११६) मीर खावन्द, हज़रत पादशाह का विशेष कातिब

(११७) सालेह वल्द मुल्ला किताबदार

(११८) जान मुहम्मद किताबदार

(११९) क़ासिम मुख़लिस तुरवती, मीर्ज़ा कामरान का मीर आश

(१२०) मुहम्मद हुसेन गुंग, फ़िरदौस मकानी बाबर पादशाह का यक्का

(१२१) मुहम्मद बेग क़िबचाक़ मीर्ज़ा कामरान का सेवक, बाबा क़िबचाक़ का ससुर

(१२२) मुहम्मद अली, हज़रत फ़िरदौस मकानी का रिकाबदार— काबुली ख़्वाजा बस्ता

(१२३) कोचक, उपर्युक्त का पुत्र

(१२४) मीरकी जंग जंग जिसे हिन्द में हज़रत पादशाह ने सरहिन्द की सरकार का हाकिम बना दिया था

(१२५) उल्तून क़ुलीज जाना क़ुर्बानी

(१२६) मीर क़लीज, उपर्युक्त का भाई

(१२७) जान क़लीज, उपर्युक्त का भाई

(१८१) (१२८) बाद बहार मुहम्मद वल्द मुहम्मद क़ासिम मौजी

(१२९) पायन्दा मुहम्मद मुग़ुल, हाजी मुहम्मद ख़ां क़श्क़ा का सम्बन्धी

(१३०) शादमान, उपर्युक्त का भाई

(१३१) सुल्तान मुहम्मद ख़ां काने लाल, काने लाल का दारोग़ा

(१३२) साक़ी तूक़ बेगी

(१३३) मुहम्मद मोमिन ख़ुश, मीर मंज़िल

(१३४) मीरक क़ारलुग़

(१३५) अली मुहम्मद क़ुन्दुज़ी

(१३६) ख़्वाजा मुहम्मद सुल्तान तुरवती, ख़्वाजा सुल्तान अली दीवान का भाई

(१३७) मीर क़ुतुबुद्दीन तुरवती साहिबे तौजीह

(१३८) खाक अली कलांतर ईमाक़ अफ़लानजक़

(१३९) मीर तूक़पाई, तूक़पाइयान का सरदार

(१४०) क़रसान क़रावल, शाही बेग ख़ां का क़रावल

(१४१) बख़्शी बख़्शी (?) हज़रत फ़िरदौस मकानी के बख़्शी मुहम्मद का सम्बन्धी

(१४२) मीरम (अथवा मीरीम) शक़ावल बेगी

(१४३) जान मुहम्मद बेहसूदी

(१४४) मीर मुहम्मद मौजी

(१४५) हसन अली मौजी अज़ीज़ बकावल

(१४६) सुल्तान हुसेन बेग, सुल्तान बायज़ीद बेग, फ़िरदौस मकानी के अमीर, का पुत्र

(१४७) काकर अली बेग वल्द सैयिद बेग

(१४८) बेग मुहम्मद जलायर वल्द बाबा जलायर

(१४९) शाहम बेग वल्द बाबा बेग जलायर

(१५०) जान मुहम्मद बेग वल्द शेख़ अली बेग जलायर,

(१५१) ख़ुशहाल

(१५२) शाहीन

(१५३) जमशेद

(१५४) मक़सूद

(१५५) क़ासिम आब बारानी

हज़रत पादशाह के क़ूरची

(१५६) ख़ाक अली अंचलाफ़ूक़

(१५७) हसन ख़ां, उपर्युक्त का पुत्र

(१५८) जीक़ून जलायर

(१५९) ख़्वाजा अब्दुल्लाह मरवारीद

(१६०) ख़्वाजा मुहम्मद सालेह, उपर्युक्त का भाई

(१६१) अबू सईद तुरती

(१६२) सुलेमान क़ुली बेग, उपर्युक्त का भाई

(१६३) तोलक क़ूरची

(१६४) अताउल्लाह बेग, उपर्युक्त का भाई जो हेमू के युद्ध में मारा गया

(१८२) (१६५) सुलेमान उलुग़ मीर्ज़ा

(१६६) मुहम्मद जान तुर्कमान

(१६७) लुत्फ़ी सरहिन्दी

(१६८) सैयिद मुहम्मद पकना

(१६९) बाक़ी शेख़ कमान, उपर्युक्त का भाई

(१७०) मुहम्मद क़ुली शेख़ कमान अफ़शार

(१७१) हुसेन क़ुली अफ़शार

(१७२) सैयिद आरिफ़ तूशकची

(१७३) मेहतर वकीला

(१७४) मेहतर वासिल

(१७५) मेहतर अनीस ख़ज़ीना-दार

(१७६) मेहतर सुम्बुल मीर हज़ार

(१७७) मेहतर सवाका रिकाबदार

(१७८) तीमूर शरबती

(१७९) मौलाना किताबदार

(१८०) रुस्तम अली करह कराग़

(१८१) हसन ख़ां, उपर्युक्त का पुत्र

(१८२) मुहिब सुरनाई

(१८३) रफ़ीक़ ख़ुन्ज़ादा बेगम का सेवक जिसकी उपाधि 'चहार मंसब' थी

(१८४) मेहतर हरिया आबदार

(१८५) नूह, उपर्युक्त का पुत्र जो अभी तक जलालुद्दीन मुहम्मद अकबर शाह का आवदारे ख़ासा है

(१८६) मेहतर रफ़ीक़ तूशकची

(१८७) क़िया बेग जवान, माहम बेगा का सम्बन्धी

(१८८) शेख़ हमीद सम्भली

(१८९) दरवेश मुहम्मद ऊज़बेक

(१९०) क़ीतिमुश ख़लीलुल्लाह दूल्दी

(१९१) एमादुद्दीन हसन, क़ासिम का भाई

(१९२) अली दोस्त तवाची, हैदर बख़्शी का भाई

(१९३) यारी, मीर्ज़ा कामरान का तूशक बेग जो हिन्दुस्तान में तवाची बाशी नियुक्त कर दिया गया था

(१९४) मीर्ज़ा अस्करी का सेवक शाह क़ुली

(१९५) अलम शाह वल्द मीर पहलवान

(१९६) मीर्ज़ा अली, उपर्युक्त का भाई

(१९७) जान बाक़ी ऊग़लुक़ खिज्र ख़ां

(१९८) ख़्वाजा ख़ान

(१९९) रुस्तम अली करह कराग़

(२००) मेहतर कशमश

(२०१) मेहतर जौहर आफ़तावची

(२०२) मेहतर कोचक फ़तह वहवादार वल्द कोचक जो इस समय तक शाहज़ादये आलमियान शाह सलीम की सेवा में है।

गायक एवं वादक

(१) मीर सैयिद अली ग़िचकी

(२) बाबा दोस्त बूनक़तार (तूनक़तार)

(३) जान मुहम्मद अरलात

(४) यार मुहम्मद, उपर्युक्त का भाई

(५) वहराम ग़िचकी

(६) तूफ़ान रबाबी

(१८३) (७) मुल्ला ताहिर बुख़ारी, वहादुर सुल्तान शैबानी का सद्र

(८) मस्तूर बेग बकावल

(९) रहमान क़ुली ख़ुश बेगी

(१०) ईरज तरसून बरलास

(११) बायज़ीद करनाई

(१२) मुहम्मद जान क़ानूनी
(१३) कजक ग़िचकी
(१४) क़ासिम चंगी, ख़ुसरो पादशाह का दास
(१५) ग़ैबुल्लाह, शाह का चंगी
(१६) मुख़लिस क़ुवसी
(१७) तूफ़ान नई (नाई)
(१८) अरबे बई
(१९) हाफ़िज़ सुल्तान मुहम्मद आख़्ता
(२०) हाफ़िज़ कमालुद्दीन हुसेन
(२१) हाफ़िज़ मेहरी जिसे वकावली के पद का सम्मान प्राप्त था
(२२) हाफ़िज़ नासिर, उपर्युक्त का भाई जो इस समय मक्का निवासी है
(२३) मौलाना सिपहरी पुत्र नसवी
(२४) ख़्वाजा मुहिब अली बख़्शी
(२५) मौलाना बज़्मी कवि, मुल्ला सिपहरी का मुसाहिब
(२६) मौलाना मीर जान पैवन्दी जलायरान जिसकी उपाधि ज़र्बज़न थी
(२७) महमूद किरकीराक़ वल्द सुल्तान मुहम्मद किरकीराक़
(२८) साक़ी दराज़
(२९) तरसून अली क़रावल, उपर्युक्त का भाई।

शाहज़ादये आलमियान जलालुद्दीन मुहम्मद अकबर मीर्ज़ा के सेवक जो विजयी रिकाब के साथ थे

(१) मीर शम्सुद्दीन मुहम्मद अतका ग़ज़नवी
(२) मौलाना अब्दुल क़ादिर आख़ुन्दी हरवी
(३) मुहम्मद बाक़ी कोका जो ख़ान की उपाधि द्वारा सम्मानित था
(४) यूसुफ़ मुहम्मद कोका जो ख़ान की उपाधि द्वारा सम्मानित था
(५) अदहम कोका, मुहम्मद बाक़ी का भाई जिसे ख़ान की उपाधि प्राप्त थी और जिसने दीवान शम्सुद्दीन मुहम्मद अतका की हत्या की और फिर हज़रत पादशाह ने कोका की हत्या की
(१८४) (६) सैफ़ कोका जिसे ख़ान की उपाधि प्राप्त हुई और जो गुजरात में शहीद हुआ
(७) ज़ैन कोका, सैफ़ कोका का भाई
(८) सआदत यार कोका, जिसने हज़रत पादशाह के सेवक के रूप में मक्का मदीना का तवाफ़ किया
(९) जीवन कोका जो युवावस्था में मृत्यु को प्राप्त हुआ
(१०) क़ुतुबुद्दीन मुहम्मद अतका ग़ज़नवी, शम्सुद्दीन मुहम्मद अतका का भाई
(११) मीर शरीफ़ ग़ज़नवी, उपर्युक्त का भाई

(१२) शाह मुहम्मद ग़ज़नवी, उपर्युक्त का भाई जो खान की उपाधि द्वारा सम्मानित हुआ

(१३) फ़ाज़िल मुहम्मद, मुहम्मद ग़ज़नवी का पुत्र

(१४) फ़र्रुख़ मुहम्मद उपर्युक्त का भाई

(१५) नारंग मुहम्मद वल्द मीर क़ुतुबुद्दीन मुहम्मद ग़ज़नवी

(१६) वाज़ बहादुर वल्द मीर शरीफ़ मुहम्मद

(१७) ग़ूजर वल्द क़ुतुबुद्दीन मुहम्मद

(१८) मीर इबराहीम बदख़्शी

(१९) मीर अब्दुल्लाह सद्र फ़रीकनी

(२०) ख़्वाजा अमीना बख़्शी वेगी हरवी जो ख़्वाजये जहाँ की उपाधि द्वारा सम्मानित था

(२१) ख़्वाजा मुईन, ख़्वाजा निज़ामुल मुल्क का, जो मीर्ज़ा सुल्तान हुसेन बाईक़रा का दीवान था, सम्बन्धी

(२२) ख़लीफ़ा आरिफ़, ख़ालिद वलीद की संतान

(२३) मेहतर सानी हरवी

(२४) रुस्तम

(२५) हसन अली तुर्कमान आख़्ता बेगी जिसे हज़रत पादशाह ने चुनार का क़िला प्रदान कर दिया था

(२६) तरदी मुहम्मद वल्द बेग मुहम्मद आख़्ता बेगी

(२७) फ़ूरची यंबी

(२८) क़ुतलू क़दम काबुली, चार आस्तानी का सेवक

(२९) जलालुद्दीन मसऊद दीवान

(३०) कमालुद्दीन हुसेन दीवान वल्द ख़्वाजा मक़सूद

(१८५) (३१) अली, मीर्ज़ा कामरान का दीवान

(३२) मुहिब अली क़ूशजी, उपर्युक्त मुहिब अली खां का भाई

(३३) क़ुबूल परवानची, मीर्ज़ा कामरान के मीर बख़्शी का भाई

(३४) ख़्वाजा मुहम्मद सुल्तान मुस्तौफ़ी जिसे हज़रत पादशाह ने मुंसिफ़ ख़ां की उपाधि प्रदान की थी

(३५) दोस्त सहारी

(३६) क़म्बर अली सहारी

(३७) मेहतर अरग़ून वल्द आशिक़ अरग़ून, बुस्त के क़िले का हाकिम

(३८) अबुल हसन दीवाना, क़रजा खां का सम्बन्धी

(३९) मीरक अली तनल बरची

(४०) ख़ान मुहम्मद तूग़पाई जो पूर्व में मीर्ज़ा हिन्दाल का क़ूरची था

(४१) मुल्ला क़ासिम काही

(४२) मीर क़ासिम दीवाना उपर्युक्त का भागिनेय

(४३) ख़ालिद बिन बारबेगी, तूग़पाई
(४४) पासाई क़ाक़शाल
(४५) मीर्ज़ा बेग क़ाक़शाल
(४६) मुहिब क़ाक़शाल
(४७) समाजीन मुग़ुल, हाजी मुहम्मद बाबा क़श्क़ा का सम्बन्धी
(४८) शाह अली ईशक आग़ा
(४९) मक़सूद दमना जिसे सुल्तान की उपाधि प्राप्त हुई और जो टकसाल का दारोग़ा नियुक्त हुआ
(५०) मुल्ला बायज़ीद, जलालुद्दीन मुहम्मद अकबर मीर्ज़ा का आख़ुन्द
(५१) मुल्ला मीर कलां आख़ुन्द
(५२) मुल्ला मुहम्मद अमीन, उपर्युक्त का भाई
(५३) सैयिद जलाल दफ़्तरदार
(५४) मक़सूद बंगाली
(५५) मेहतर क़ाली
(५६) मन्सूर अफ़शाबा तवाची।

नव्वाब बैरम ख़ां भारलू के सेवक जो शुभ रिकाब के साथ थे

(१) बज़्मी ख़ां, बैरम ख़ां का सम्बन्धी
(२) मुहम्मद सईद वल्द याक़ूब बेग, जहाँगीर क़ुली बेग का भाई
(३) अब्दुर्रहीम, उपर्युक्त का भाई
(४) मख़्सूस, उपर्युक्त का भाई
(५) मुहम्मद क़रा सुल्तान
(६) मुहम्मद क़ासिम नीशापुरी
(१८६) (७) मौलाना पीर मुहम्मद शीरवानी
(८) तरसून मुहम्मद, सैफ़ुल मुलूक का भागिनेय जिसे ख़ान की उपाधि प्राप्त थी
(९) वली बेग ज़ुलक़दर
(१०) मुहम्मद बेग, बैरम ख़ां का सम्बन्धी
(११) शाह बीरदी बेग, उपर्युक्त का सम्बन्धी
(१२) हबीब अली
(१३) सिकन्दर बेग वल्द शादी बेग, हज़रत शाह का सेवक
(१४) ख़्वाजा बाक़िर वल्द मुहम्मद सादिक़ ख़ां
(१५) हुसेन बेग वल्द मुहम्मद अली, फ़िरदौस मकानी का रकेबदार
(१६) शाह क़ुली महरम

(१७) बाबाये ज़म्बूर, उपर्युक्त का भाई
(१८) हुसेन क़ुली बेग वल्द वली बेग ज़ुलक़दर
(१९) इस्माईल क़ुली, उपर्युक्त का भाई
(२०) हाजी मुहम्मद सीस्तानी, उसे भी ख़ान की उपाधि प्राप्त थी
(२१) मुहम्मद सादिक़ वल्द मुहम्मद ख़्वाजा बाक़िर, बैरम ख़ां का मीर सामान
(२२) क़रा ताक़, इबराहीम का दास
(२३) ख़्वाजा मुज़फ़्फ़र अली दीवान
(२४) अहमदी महमूदी, उपर्युक्त का भाई
(२५) ख़्वाजा ताहिर महमूद दीवान
(२६) मक़सूद अली
(२७) बकावल शाही
(२८) मुहम्मद क़ासिम वल्द ख़्वाजा मुहिब अली तमग़ाची
(२९) हाजी हुसेन, उपर्युक्त का भाई
(३०) यार हाजी, उपर्युक्त का भाई
(३१) मुहम्मद वफ़ा, बैरम ख़ां का दास
(३२) ज़ाहिद, उपर्युक्त का दास
(३३) जमाल, उपर्युक्त व्याख्यानुसार
(३४) हाजी क़रा आख़्ता बेगी
(३५) हाजी आरिफ़
(३६) तमर यक्का
(३७) आक़ा जान मीर शिकार
(३८) इस्कन्दर सुल्तान
(३९) शाह बीरदी बेग, बैरम ख़ां का सम्बन्धी
(४०) हबीब अली
(४१) उस्ताद यूसुफ़ तत्रूरह
(४२) मीर क़ुली उपर्युक्त का पुत्र
(४३) ग़ोग़ाई गायक
(४४) ताहिर क़ुबसी, उताग़ बेग का ख़ाना-ज़ाद
(४५) ख़ानतक़ बीरदी
(४६) मुहम्मद अमीन दीवाना, उपर्युक्त का पुत्र
(४७) मीर क़लन्दर
(१८७) (४८) फ़रीदूं, मशहद का सैयिद
(४९) याक़ूब हमदानी
(५०) ख़्वाजा उबैद
(५१) मौलाना सालेह, अस्तबल का मुशरिफ़
(५२) मुकम्मल बेग

(५३) मीर हाजी लंग

(५४) हैदर गाव मीश।

इनके अतिरिक्त हज़रत शाहज़ादये आलमियान एवं नव्वाब बैरम ख़ां भारलू के सेवक, लगभग ५००० व्यक्ति, हज़रत पादशाह की सेवा में थे, जो हिन्दुस्तान की ओर रवाना हुए।

बायज़ीद का अली शैबानी की सेवा में पहुँचना

अली क़ुली शैबानी कारवान को पार कराने के लिये विदा होकर बंगश चला गया था। बायज़ीद उस समय ख़्वाजा जलालुद्दीन महमूद का सेवक था। ख़्वाजा जलालुद्दीन महमूद के भाई से रुष्ट होने के कारण ख़्वाजा से आज्ञा लिए बिना वह अली क़ुली शैबानी के पास बंगश इस कारण चला गया कि बाल्यावस्था में तबरेज़ में वे दोनों पड़ोसी रह चुके थे। जब वह कारवान वालों का नेतृत्व करके उन्हें ख़तरे के स्थान से पार कराके काबुल पहुँचा तो उस समय तक हज़रत पादशाह नेकनहार तूमान तक पहुँच चुके थे।

मुनइम बेग का बायज़ीद को काबुल से जाने की अनुमति न देना

उपर्युक्त सुल्तान[1] उन्हीं दिनों में आकर बुतख़ाक में ठहर गया। सुल्तान के सज़ावल नगर में प्रबन्ध करके लोगों को पीछे से भेजते जाते थे। क्योंकि बायज़ीद का घर क़िले के भीतर क़ासिम बरलास के बुर्ज के समीप था, और उस समय उस बुर्ज में काबुल का हाकिम मुनइम बेग रहता था, अतः बायज़ीद अपना असबाब लाद कर एवं निषंग बाँध कर मीर[2] की सेवा में विदा होने के उद्देश्य से पहुँचा। उस दिन बुधवार था। मीर ने कहा कि, "इस दिन कोई इस प्रकार की यात्रा करने के लिए नहीं निकलता। मैं नेमत लीग[3] नव्वाब बैरम ख़ां, कैफ़ियत लीग[4] अली क़ुली शैबानी, (१८८) एवं ख़्वाजा सुल्तान अली इत्यादि को, जिनसे मेरी घनिष्ठता है, पत्र लिखूँगा, तू उन्हें ले जाकर पहुँचा दे और उत्तर भिजवा दे। इस समय निषंग खोल कर मेरे साथ रह।" क्योंकि वह बड़ा प्रतिष्ठित अमीर था, और बायज़ीद भी चाहता था कि शुभ मुहूर्त में रवाना हो अतः उसने उसके आदेश का पालन किया। वह उस दिन ठहर गया। दूसरे दिन जब वह विदा हेतु पहुँचा तो उसने कहा कि, "वास्तव में मेरा उद्देश्य यह है कि तुझे अपने पास रोक लूँ। जिस समय से तू हुसेन क़ुली सुल्तान मुहरदार का सेवक था, उस समय से आज तक जब कि तू ख़्वाजा जलालुद्दीन महमूद और उसके उपरान्त कैफ़ियत लीग की सेवा में पहुँचा, मेरी अभिलाषा यही रही है कि तू मेरी सेवा में रहे।" क़िले के द्वारों से बायज़ीद का प्रस्थान रुकवा दिया। जब अली क़ुली के, जो बुतख़ाक में ठहरा था, सज़ावल बायज़ीद (को बुलाने) के लिए मुनइम बेग के पास आए तो मीर ने कह दिया कि, "मुझमें तथा कैफ़ियत लीग में इतनी घनिष्ठता ह कि उसका एक सेवक जो मुझे अच्छा लग गया है, उसे जाने की अनुमति नहीं देता।" सज़ावलों ने कहा कि, "इस आशय का हमें एक पत्र दे दिया जाय।" मीर ने पत्र दे दिया, और इस प्रकार बायज़ीद को अपने पास रख लिया। अली क़ुली

१ यह स्पष्ट नहीं, सम्भवतः 'ख़्वाजा सुल्तान अली'।

२ मुनइम बेग।

३ बैराम ख़ां की उपाधि।

४ अली क़ुली शैबानी की उपाधि।

को जब ज्ञात हो गया कि वह बायज़ीद को न आने देगा तो वह दूसरे दिन हिन्दुस्तान की ओर चल खड़ा हुआ और तीन-चार पड़ाव पार करके शाही लश्कर में पहुँच गया।

मुल्ला अलाउद्दीन लारी की हुमायूं से भेंट

मुल्ला अलाउद्दीन लारी, जो इससे पूर्व हज़रत पादशाह का सेवक था, और कुछ वर्ष पूर्व विद्याध्ययन हेतु समरक़न्द चला गया था, समरक़न्द से लौट कर, जिस समय हज़रत पादशाह (१८९) बुतख़ाक में थे, लश्कर में पहुँचा, और मुल्ला इलियास, मुल्ला नूरुद्दीन तरख़ान, मुल्ला अब्दुल बाक़ी सद्र, एवं समस्त उच्च पदाधिकारियों से, जिनसे वह इससे पूर्व भी परिचित था, भेंट की। उसने उन सब लोगों से कहा कि, "इस बार मुझे आशा है कि हज़रत पादशाह मेरे प्रति अभिवादन करेंगे।" उसी पड़ाव पर हज़रत पादशाह के सेवकों ने इस विषय में निवेदन किया। हज़रत पादशाह ने कहा, "मुल्ला मेरा सेवक था, मैंने उसके प्रति कभी अभिवादन नहीं किया, अब वह किस कारण अभिवादन की आशा करता है?" जिन लोगों ने मुल्ला से यह बात सुनी थी, उन्होंने निवेदन किया कि, "वह कहता है कि 'मैंने समरक़न्द जाकर अत्यधिक विद्याध्ययन किया है, और मेरा ज्ञान इतना अधिक हो गया है कि हज़रत पादशाह मेरे प्रति अभिवादन करें।" हज़रत पादशाह ने कहा, "यदि उसने समरक़न्द में शिक्षा ग्रहण की है तो फिर क्या मैंने काबुल में विद्याध्ययन नहीं किया है और मेरा ज्ञान उससे बढ़ कर नहीं है?" अतः जो लोग मुल्ला से परिचित थे, उन्होंने यही उचित समझा कि कल जब हज़रत पादशाह सवार हों तो वह भी घोड़े पर सवार होकर पहुँचे और घोड़े पर बैठे बैठे अभिवादन करे। प्रातःकाल जब हज़रत पादशाह सवार हुए, तो मुल्ला भी जैसा कि निश्चय हुआ था, सवार होकर अभिवादन हेतु रवाना हुआ। जब हज़रत पादशाह की शुभ दृष्टि मुल्ला पर पड़ी तो उन्होंने मुल्ला को आदेश दिया कि वह घोड़े से उतर कर अभिवादन करे। हज़रत पादशाह के अत्यधिक प्रतापी होने के कारण मुल्ला को कुछ कहने सुनने का अवसर न रहा और वह तत्काल घोड़े से उतर पड़ा। अलीदोस्त यसावल ने जो उस समय ईशक आग़ा था, मुल्ला के कंधे को पकड़ कर हज़रत पादशाह की रिकाब के समीप पहुँचा दिया। हज़रत पादशाह ने घोड़े पर बैठे बैठे अपना शुभ हाथ मुल्ला की पीठ पर रक्खा और आदेश दिया कि वह काबुल चला जाये। मुनइम बेग को, जो काबुल का हाकिम था, आदेश हुआ कि, "मुल्ला की यात्रा का प्रबन्ध करके पीछे रवाना कर दो।"

मीर अब्दुल लतीफ़ का काबुल पहुँचना

(१९०) उन्हीं दिनों में जनाब सआदत मआब मीर अब्दुल लतीफ़ ग़ज़नवी, जिसे शाह[१] का वकील क़ाज़ी जहाँ अपना सम्बन्धी बताता था, अपने पुत्र मीर्ज़ा ग़यासुद्दीन अली के साथ, जिसे बाद में बन्देगाने हज़रत जलालुद्दीन मुहम्मद अकबर मीर्ज़ा पादशाह ने हिन्दुस्तान में नक़ीब ख़ां की उपाधि प्रदान कर दी थी, काबुल पहुँचा। जब मुनइम बेग को इसकी सूचना मिली तो वह बीबी माहरू नामक स्थान तक उनके स्वागतार्थ पहुँचा और काबुल के सर्वोत्कृष्ट भवन में ठहराया। कुछ दिन तक मीर (अब्दुल लतीफ़ ग़ज़नवी) अपने घोड़ों को आराम देने के लिये ठहरा रहा। मुनइम बेग मीर से भेंट

१ शाह तहमास्प।

करने के लिए फिर भी कई बार उनके घर गया और मीर भी मुनइम बेग के घर, जो क़ासिम बरलास के बुर्ज में था, आया। तदुपरान्त हिन्द की यात्रा हेतु उचित व्यय एवं घोड़े मीर एवं उसके पुत्रों को देकर अत्यधिक क्षमा-याचना की और बेग मुहम्मद आख़्ता बेगी से, जिसके अधीन तुर्कों एवं ताजीकों का बहुत बड़ा कारवान एकत्र हुआ था, सिफ़ारिश करके हज़रत पादशाह की सेवा में रवाना कर दिया।

शाह अबुल मआली की शहबाज़ ख़ां पर विजय

हज़रत पादशाह निरन्तर यात्रा करते हुए राजधानी लाहौर में पहुँचे। अफ़ग़ानों का एक समूह उदाहरणार्थ शहबाज़ ख़ां, नसीर ख़ां इत्यादि लगभग २०,००० आदमी दीवालपुर परगने की ओर एकत्र हो चुके थे। जब हज़रत पादशाह को यह समाचार प्राप्त हुए तो उन्होंने शाह अबुल मआली, अली क़ुली सुल्तान शैबानी, अब्दुल्लाह सुल्तान क़ज़ाक़ क़ासिम बरलास के जामाता तथा अन्य अमीरों एवं यक्का जवानों का समूह उपर्युक्त अफ़ग़ानों के विरुद्ध नियुक्त किया। जब
(१९१) विजयी सेना इन लोगों के, जिन्हें क़यामत में भी रद्द कर दिया जायगा, समूह के विरुद्ध पहुँची तो हज़रत पादशाह के प्रताप से साधारण सी झड़प के उपरान्त शत्रु पराजित हो गए। बहुत से सिर एवं हाथी दरबार में भेज दिए गए। उनका माल असबाब विजयी सेना वालों को प्राप्त हो गया। लश्कर विजय एवं सफलता प्राप्त करके विजयी शिविर में पहुंच गया।

माछीवारा की विजय

समाचार प्राप्त हुए कि इस्कन्दर सूर, जो उस समय हिन्दुस्तान का पादशाह हो गया था, की ओर से ततार ख़ां कासी, ३०,००० सैनिकों को लेकर हज़रत पादशाह से युद्ध हेतु आ रहा है। हज़रत पादशाह ने नव्वाब बैरम ख़ां, इस्कन्दर ख़ां क़ज़ाक़, तथा मीर्ज़ा ख़िज़्र ख़ां हज़ारा, लाल बेग बदख़्शी, हैदर मुहम्मद आख़्ता बेगी, मीरक कोलाबी, ख़ालिक़ बीरदी तथा ईमाक़ एवं एहशाम[1] जो ऊक़चीगरी[2] के लिए प्रसिद्ध थे तथा अमीरों एवं वीर यक्का जवानों के एक समूह को बैरम ख़ां के साथ नियुक्त किया। वे लोग लाहौर से शत्रु की ओर रवाना हुए तथा माछीवारा की नदी पर पहुँचे। उन्हें समाचार प्राप्त हुए कि ततार ख़ां ३०,००० सैनिकों सहित नदी के उस ओर पड़ाव किए है। अफ़ग़ानों के समाचार प्राप्त होने के पूर्व उसी दिन मध्याह्नोत्तर की दूसरी नमाज़ के समय बैरम ख़ां ने उस सेना के साथ जो उसके अधीन थी, नदी पार कर ली। अफ़ग़ान लोग उपस्थित होकर[3] बैरम ख़ां की ओर बढ़े। सायंकाल के निकट होने के कारण, अफ़ग़ान लोग नदी तट पर स्थित एक ग्राम के पीछे शरण हेतु पहुँच गए। जो प्यादे अनाज इत्यादि लेने के लिए उस ग्राम में प्रविष्ट हुए, उनमें से किसी ने अज्ञानतावश किसी वस्तु में आग लगा दी। तत्काल तेज़ हवा चलने लगी और उस ग्राम की प्रत्येक वस्तु में आग लग गई। अग्नि के प्रकाश में अफ़ग़ानों का लश्कर दिखाई पड़ने लगा।
(१९२) बैरम ख़ां तथा अन्य सरदारों ने चारों ओर से अफ़ग़ानों को घेर लिया। बाणों की वर्षा करके कुछ लोगों की हत्या कर दी और कुछ को घायल कर दिया। मीर्ज़ा ख़िज़्र ख़ां हज़ारा को लोग यह चिल्लाते हुए सुनते थे कि, "मारो-मारो, ये लोग पगड़ी बाँधे हुए दास हैं।" उसी रात्रि

१ मुग़ुल क़बीले एवं परिजन।

२ मार काट।

३ एकत्र होकर।

के प्रथम पहर में ही ३०,००० व्यक्ति ईश्वर की कृपा एवं हज़रत पादशाह के प्रताप से पराजित हो गए। विजयी सेना को अत्यधिक हाथी एवं धन-सम्पत्ति प्राप्त हो गयी। प्रातःकाल कुछ हाथी एवं सिर मुहब्बत खां ग़ज़नवी के सिपुर्द कर दिए गए। वह उन्हें हज़रत पादशाह की सेवा में ले गया। इससे पूर्व जब हज़रत पादशाह हिन्दुस्तान में पराजित हो गए थे तो मुहब्बत खां ग़ज़नवी अफ़ग़ानों के मध्य में रह गया था। इस समय वह उन लोगों से पृथक् होकर बैराम खां की सेवा में उपस्थित हुआ था। बैराम खां ने उसके द्वारा हज़रत पादशाह से प्रार्थना कराई कि, "यह उचित होगा कि हज़रत पादशाह भी लाहौर से इस्कन्दर के विरुद्ध प्रस्थान करें।"

हुमायूं का इस्कन्दर से युद्ध

जब हाथी, सिर एवं प्रार्थना-पत्र हज़रत पादशाह की सेवा में पहुँचे और मुहब्बत खां ने भी जो कुछ उसे अफ़ग़ानों के विषय में ज्ञात था, निवेदन किया तो नित्य-प्रति विजय एवं सफलता की उषा उदय होने लगी। हज़रत पादशाह ने मेहतर सकहाई को फ़रहाद खां की उपाधि देकर, लाहौर में हाकिम नियुक्त कर दिया और स्वयं देहली की ओर रवाना हुए। जो लश्कर आगे-पीछे रह गया था, वह भी शाही शिविर में पहुच गया। जब हज़रत पादशाह सरहिन्द पहुँचे तो उस ओर से इस्कन्दर भी एक लाख अफ़ग़ान एवं अत्यधिक हाथी लेकर आ गया। हज़रत पादशाह की सेना में मुग़ुल, ज़मींदार एवं लाहौरी मिला कर कुल १०,००० अपितु इससे भी कम लोग रहे होंगे। हज़रत
(१९३) पादशाह ने सरहिन्द के क़िले के समक्ष पड़ाव किया। सिकन्दर भी क़िले के समीप पंक्तियाँ सुव्यवस्थित करके एवं खाई खुदवा कर उतर पड़ा। कई बार दोनों ओर से वीरता पूर्वक युद्ध हुआ। बैरम खां के सम्बन्धी तुरमती खान एवं बाक़ी परवानची ने, जो पूर्व में स्वर्गीय मीर्ज़ा हिन्दाल का सेवक था, वीरतापूर्वक युद्ध किया और शहीद हुए। खिज़्र ख्वाजा सुल्तान, नव्वाब बैरम खां, तरदी बेग, तुर्किस्तानी, अली क़ुली शैबानी, खिज़्र खां हज़ारा, इस्कन्दर सुल्तान, अब्दुल्लाह सुल्तान क़ज़ाक़, लाल बेग बदख्शी, हैदर मुहम्मद आख्ता बेगी, खालिक़ बीरदी, मीरक कोलाबी, खाक अली ईलान चूक़, शाह बाबा तोलकची, क़ुर्बान बीरदी क़राबल, मीरीम तूग़बाई, उसके भाइयों, मजनूँ क़ाक़शाल, बाबा मीर्ज़ा बेग, मुहब्बत, उसके भाइयों, सुल्तान मुहम्मद काने लाल, सुल्तान मुहम्मद क़राबल जिसकी उपाधि क़बक़ थी, जीक़ून जलायर, क़म्बर अली सहारी, खालिक़ बीरदी सहारी, उसके भाइयों, मुहिब अली, नासिर अली क़ूशंजी, क़ुबूल परवानची, दोस्त सहारी, सुल्तान हुसेन बेग वल्द सुल्तान बायज़ीद, सलीम खां, उलुग़ मीर्ज़ा, काकर अली, सैयिद अली बेग, तोलक क़ूरची, अता बेग, उपर्युक्त का भाई, मुहम्मद बेग, शाहीम बेग, मीर्ज़ा मुहम्मद बेग, जान मुहम्मद, सुलेमान क़ुली जलायरान, ऊल्तून क़लीज, मीरीम क़लीज, जान क़लीज, उसके भाई जाना क़ुर्बानी, मुहम्मद अमीन दीवाना वल्द खालिक़ बीरदी, मुहम्मद क़ासिम कोहबर, मुहम्मद जान तुर्कमान, वली बेग और उसके भाई, मुहम्मद क़ुली शेख कमान, हुसेन क़ुली अफ़शार, सैयिद मुहम्मद पकना, साक़ी शेख कमान, उसके भाई, ईमाक़ात एवं एहशाम के कलाँतरों में कोई ऐसा न था जिसने
(१९४) सरहिन्द के युद्ध में पूर्ण परिश्रम एवं पौरुष प्रदर्शित न किया हो। खिज़्र ख्वाजा सुल्तान, नव्वाब बैरम खां, तरदी बेग अताबा, अली क़ुली शैबानी, खिज़्र खां हज़ारा ने विशेष रूप से परिश्रम एवं पौरुष प्रदर्शित किया।

इस्कन्दर की पराजय

इस्कन्दर एक मास अपितु इससे अधिक युद्ध सम्बन्धी अत्यधिक प्रयत्न करता रहा, किन्तु भाग्यशाली न होने के कारण पराजित हो गया। उसके हाथियों एवं धन-सम्पत्ति में बहुत कुछ विजयी सैनिकों को प्राप्त हो गया। इस्कन्दर थोड़े से आदमियों को लेकर मानकोट के क़िले एवं लाहौर के पर्वत के आँचल में चला गया। हज़रत पादशाह निरन्तर यात्रा करते हुए देहली की ओर रवाना हुए और विजय एवं सफलता प्राप्त करके देहली के राजसिंहासन पर आरूढ़ हुए। तरदी बेग अतावा को एक सेना सहित लाहौर की ओर नियुक्त कर दिया। इस्कन्दर सुल्तान क़ज़ाक़ को एक सेना सहित आगरा और अली क़ुली सुल्तान शैबानी को एक सेना सहित सम्बल एवं उस क्षेत्र की ओर नियुक्त किया।

हुमायूं की मृत्यु

हज़रत पादशाह सर्वदा यह सोचा करते थे कि इस कमीने संसार को त्याग दें। उन्होंने शपथ ली थी कि हिन्दुस्तान के अपने पैत्रिक राज्य पर जो भाइयों के पारस्परिक विरोध के कारण हाथ से निकल गया था, अधिकार जमाकर सब कुछ त्याग देंगे और सल्तनत शाहज़ादये आलमियान जलालुद्दीन मुहम्मद अकबर मीर्ज़ा को सौंप कर स्वयं दरवेशों, आलिमों एवं विद्वानों की गोष्ठी में समय व्यतीत किया करेंगे। ईश्वर ने उनकी आत्मा की पवित्रता के कारण यह उचित न समझा कि उन्हें इस अंधकारमय संसार में एवं कृतघ्न आकाश के नीचे अधिक समय तक रक्खे, अतः उनकी आत्मा को स्वर्ग में पहुँचा दिया। जिस तिथि में वे हिन्द में आये, और देहली से परलोकगामी (१९५) हुए उस बीच की अवधि दो मास से अधिक थी, कम न थी। यह दुर्घटना १५ रबी-उल-अव्वल ९६२ हि०[1] (७ फ़रवरी १५५५ ई०) को घटी और पादशाही उनके सौभाग्यशाली पुत्र हज़रत जलालुद्दीन मुहम्मद अकबर मीर्ज़ा पादशाह को प्राप्त हो गई।

अकबर का सिंहासनारोहण

इससे पूर्व हज़रत पादशाह ने बैरम ख़ां को शाहज़ादे का अतालीग़[2] बना कर अभागे सिकन्दर के विरुद्ध, जो मानकोट के क़िले में प्रविष्ट हो गया था, नियुक्त कर दिया था। शाह अबुल मआली को एक बहुत बड़ी सेना सहित मीर्ज़ा की कुमक हेतु रहने का आदेश दिया था। इसी समय यह शोक-मय समाचार लेकर बाल्तू बेग तवाची बेगी तुर्किस्तानी, पादशाही चिह्नों एवं असबाब सहित शाह-ज़ादये आलमियान के पास पहुँचा। हज़रत पादशाह को समाचार प्राप्त हुए कि अबुल मआली विरोध करने का विचार कर रहा है। दरबार में तोलक क़ूरची को आदेश हुआ कि उसे बन्दी बना लिया जाय। उसे वली बेग ज़ुलक़दर को सौंप दिया। तदुपरान्त कलानूर नामक परगने में सिंहासनारूढ़ होने के पश्चात् सर्वप्रथम जिस व्यक्ति को सम्मानित किया वह मुनइम बेग था जिसे हज़रत पादशाह ने काबुल में शाहज़ादे का अतालीक़ नियुक्त किया था।

———

१ हस्तलिपि में ९९२ हि० (पृ० ८१ अ); किन्तु सम्भवतः लेखक ने ९६२ हि० लिखा होगा। वास्तव में इसे ९६३ हि० होना चाहिये। प्रकाशित ग्रन्थ में इसे १५ रबी-उल-अव्वल ९६३ हि० (२८ जनवरी १५५६ ई०) छापा गया है।

२ अतालीक़।

मुख्य सहायक ग्रन्थों की सूची

फ़ारसी

अफ़ीफ़, शम्स सिराज	तारीखे फ़ीरोजशाही (कलकत्ता १८९० ई०)
अबुलफ़ज़ल	अकबर नामा (कलकत्ता १८७३-८७ ई०)
	आईने अकबरी (नवल किशोर प्रेस १८९२ ई०)
अब्दुल बाक़ी निहावन्दी	मआसिरे रहीमी (कलकत्ता १३१०–३१ ई०)
अब्दुल हक़ मुहद्दिस देहलवी	अख़बारुल अख़यार (देहली १३३२ हि०)
	तारीखे हक़्क़ी (अलीगढ़ हस्तलिपि)
अब्दुल्लाह	तारीखे दाऊदी (अलीगढ़ १९५४ ई०)
अब्बास खां सरवानी	तोहफ़ये अकबरशाही अथवा तारीखे शेरशाही (अलीगढ़, इलाहाबाद, डा० परमात्मा शरण एवं बाडलीएन की हस्तलिपियाँ)
अमीन अहमद राज़ी	हफ़्त इक़लीम (अलीगढ़ हस्तलिपि)
अमीर ख़ुर्द, सैयिद मुहम्मद मुबारक अलवी	सियरुल औलिया (देहली १८८५ ई०)
अमीर ख़ुसरो	वस्तुल हयात (अलीगढ़)
	ख़ज़ायनुल फ़ुतूह (अलीगढ़ १९२७ ई०)
	क़ेरानुस्सादैन (अलीगढ़ १९१८ ई०)
	दिवल रानी तथा खिज्र खां (अलीगढ़ १९१७ ई०)
	मिफ़ताहुल फ़ुतूह (अलीगढ़ १९२७ ई०)
	नुह सिपेहर (इस्लामिक रिसर्च एसोसिएशन १९५०ई०)
	तुग़लुक़ नामा (हैदराबाद १९३३ ई०)
अमीर महमूद बिन ख़्वन्द मीर	तारीखे अमीर महमूद (ब्रिटिश म्युज़ियम हस्तलिपि)
अलाउद्दौला क़ज़वीनी	नफ़ायसुल मआसिर (अलीगढ़ हस्तलिपि, एवं रामपुर रिज़ा पुस्तकालय हस्तलिपि)
अली क़ुली खां वालेह दाग़िस्तानी	रियाज़ुश्शुअरा (अलीगढ़ हस्तलिपि)
आज़ाद, मीर ग़ुलाम अली	सर्वे आज़ाद (लाहौर १९१३ ई०)
	ख़ज़ानये आमेरा (कानपुर १८७१ ई०)
आरिफ़ क़न्धारी, मुहम्मद	तारीखे अकबरी (रामपुर रिज़ा पुस्तकालय हस्तलिपि)

१ 'अलीगढ़ हस्तलिपि' का अर्थ 'अलीगढ़ विश्वविद्यालय पुस्तकालय हस्तलिपि' है।

अहमद बिन बहबल	**मादने अख़बारे अहमदी** (इंडिया आफ़िस लन्दन हस्तलिपि)
अहमद, मुल्ला, इत्यादि	**तारीख़े अल्फ़ी** (अलीगढ़ हस्तलिपि)
अहमद यादगार	**तारीख़े शाही** (कलकत्ता १९३९ ई०)
इबराहीम बिन जरीर	**तारीख़े इबराहीमी** (अलीगढ़ हस्तलिपि)
इस्कन्दर मुंशी	**तारीख़े आलम आराये अब्बासी** (तेहरान १३१३-१४ हि०/१८९६-९७ ई०)
एसामी	**फ़ुतूहुस्सलातीन** (मद्रास १९४८ ई०)
कबीर	**अफ़सानये शाहान** (ब्रिशि म्युज़ियम, लन्दन हस्तलिपि)
क़ाज़ी अहमद बिन मुहम्मद अल ग़फ़्फ़ारी	**नुस्ख़े जहाँ आरा** (ब्रिटिश म्युज़ियम हस्तलिपि)
कामगार हुसेनी, ख़्वाजा	**मआसिरे जहाँगीरी** (अलीगढ़ हस्तलिपि)
क़ासिम गूनाबादी, मीर्ज़ा	**शाहनामये क़ासिमी** (ब्रिटिश म्युज़ियम हस्तलिपि)
केवल राम	**तज़किरतुल उमरा** (हबीबगंज, अलीगढ़, हस्तलिपि)
ख़ाने ख़ानां, अब्दुर्रहीम	**बाबर नामा, मासूम ब तुज़ुके बाबरी व फ़ुतूहाते बाबरी** (बम्बई १३०८ हि०/१८९० ई०) अलीगढ़ हस्तलिपि
ख़ाफ़ी ख़ां	**मुन्तख़बुल्लुबाब** (कलकत्ता १८६०-७४, १९०९-१९२५ ई०)
ख़्वन्द मीर, ग़यामुद्दीन इब्ने हुमामुद्दीन मुहम्मद	**हबीबुस्सियर** (तेहरान १२७१ हि०/१८८५ ई०)
	हुमायूं नामा अथवा क़ानूने हुमायूनी (कलकत्ता १९४० ई०)
ख़्वर शाह बिन क़ुबाद अल हुसेनी	**तारीख़े एलचीये निज़ाम शाह** (ब्रिटिश म्युज़ियम हस्तलिपि)
ख़्वाफ़ी, शेख़ ज़ैनुद्दीन, वफ़ाई	**तुज़ुके बाबरी** (रामपुर रिज़ा पुस्तकालय हस्तलिपि)
गुलबदन बेगम	**हुमायूं नामा** (लन्दन १९०२ ई०)
ग़ुलाम हुसेन सलीम	**रियाज़ुस्सलातीन** (कलकत्ता १८९० ई०)
जहाँगीर	**तुज़ुके जहांगीरी** (ग़ाज़ीपुर तथा अलीगढ़ १८६३-६४ ई०)
जौहर, मेहतर, आफ़ताबची	**तज़किरतुल वाक़ेआत** (अलीगढ़ तथा ब्रिटिश म्युज़ियम, हस्तलिपि)
तक़ी औहदी	**अरफ़ातुल आरेफ़ीन** (ख़ुदाबख़्श बाँकीपुर पटना पुस्तकालय हस्तलिपि)
* * *	**तज़किरये शाह तहमास्प** (कलकत्ता)

ताहिर नस्रबादी	**तज़्किरये ताहिर नस्रबादी** (तेहरान १३१६–१७ हि०)
ताहिर मुहम्मद हसन	**रौज़तुत्ताहिरीन** (रामपुर हस्तलिपि)
तीमूर, सुल्तान (?)	**मलफ़ूज़ाते तीमूरी** (अलीगढ़, हस्तलिपि)
दौलत शाह समरक़न्दी	**तज़किरतुश्शुअरा** (बम्बई १८८७ ई०)
निज़ामुद्दीन अहमद	**तबक़ाते अकबरी** (कलकत्ता १९२७ ई०)
नूरुल हक़ देहलवी	**ज़ुब्दतुत्तवारीख़** (ब्रिटिश म्युज़ियम हस्तलिपि)
पायंदा हसन ग़ज़नवी तथा मुहम्मद क़ुली मुग़ुल हिसारी	**तुज़ुके बाबरी** (ब्रिटिश म्युज़ियम, रियु, भाग २, ७९९ ब)
फ़िरिश्ता, मुहम्मद क़ासिम हिन्दू शाह	**तारीख़े फ़िरिश्ता** (नवल किशोर प्रेस)
फ़ीरोज़ शाह तुग़लुक़	**फ़ुतूहाते फ़ीरोज़शाही** (अलीगढ़)
फ़ैज़ी सरहिन्दी	**हुमायूंशाही** (कैम्ब्रिज यूनिवर्सिटी तथा इंडिया आफ़िस लन्दन की हस्तलिपियाँ)
* * *	**जवाहरशाही** (इंडिया आफ़िस हस्तलिपि, ईथे २११, आई-ओ ३९४६)
बदायूनी, अब्दुल क़ादिर	**मुन्तख़बुत्तवारीख़** (कलकत्ता १८६८ ई०)
बरनी, ज़ियाउद्दीन	**तारीख़े फ़ीरोज़शाही** (कलकत्ता १८६०–६३ ई०)
	तारीख़े फ़ीरोज़शाही (रामपुर हस्तलिपि)
	फ़तावाये जहाँदारी (इंडिया आफ़िस लन्दन, हस्तलिपि)
	सहीफ़ये नाते मुहम्मदी (रामपुर हस्तलिपि)
बायज़ीद ब्यात	**तारीख़े हुमायूं व अकबर** (कलकत्ता १९४१ ई०)
माहरू	**इन्शाये माहरू** (अलीगढ़)
मीर्ज़ा बेग बिन हसन, हुसेनी जूनावादी	**रौज़तुस्सफ़विया** (ब्रिटिश म्युज़ियम हस्तलिपि)
मुतहर कड़ा	**दीवान** (प्रोफ़ेसर मसऊद हसन रिज़वी अदीब, लखनऊ की हस्तलिपि)
मुश्ताक़ी, शेख़ रिज़्क़ुल्लाह	**वाक़ेआते मुश्ताक़ी** (ब्रिटिश म्युज़ियम हस्तलिपि)
मुहम्मद बख़्तावर ख़ां	**मिरआते आलम** (अलीगढ़ हस्तलिपि)
मुहम्मद बिहामद ख़ानी	**तारीख़े मुहम्मदी** (ब्रिटिश म्युज़ियम हस्तलिपि)
मुहम्मद मासूम	**तारीख़े सिन्ध** (पूना १९३७ ई०)
मुहम्मद सादिक़	**सुबहे सादिक़** (अलीगढ़ हस्तलिपि)
मुहसिन फ़ानी	**दबिस्ताने मज़ाहिब** (बम्बई)
मोतमद खां	**इक़बाल नामये जहाँगीरी** (लखनऊ १८७० ई०)
यज़्दी, शरफ़ुद्दीन अली	**ज़फ़र नामा भाग ३** (कलकत्ता १८८५–८८ ई०)
यहया बिन अब्दुल्लतीफ़	**लुब्बतुत्तवारीख़** (अलीगढ़ हस्तलिपि)
यहया बिन अहमद सिहरिन्दी	**तारीख़े मुबारकशाही** (कलकत्ता १९३१ ई०)

रफ़ीउद्दीन शीराज़ी	**तज़किरतुल मुलूक**(सालार जंग हैदराबाद हस्तलिपि
राय चतुरमन	**चहार गुलशन** (अलीगढ़ हस्तलिपि)
शरफ़ खां	**शरफ़ नामा** (सेंट पीटर्सबर्ग १८६०–६२ ई०)
शाह नवाज़ खां	**मआसिरुल उमरा** (कलकत्ता १८८८–९१ ई०)
शेर खां लोदी	**मिरआतुल ख़याल** (कलकत्ता १८९१ ई०)
सरख़ुश	**कलेमातुश्शुअरा** (रामपुर रिज़ा पुस्तकालय एवं अलीगढ़ हस्तलिपि)
साम मीर्ज़ा	**तोहफ़ये सामी** (तेहरान १९३६ ई०)
सिकन्दर इब्ने मुहम्मद उर्फ़ मंझू	**मिरआते सिकन्दरी** (बम्बई १३०८ हि०/१८९०-९१ ई०)
सुजान राय भंडारी	**ख़ुलासतुत्तवारीख़** (देहली १९१८ ई०)
हमीद क़लन्दर	**ख़ैरुल मजालिस** (अलीगढ़)
हसन, अमीर, सिजज़ी	**फ़वाएदुल फ़ुआद** (देहली १२७२ हि०)
हसन बेग रूमलू	**एहसनुत्तवारीख़** (बड़ौदा १९३१ ई०)
हाजी अब्दुल हमीद मुर्हरिर	**दस्तूरुल अलबाब फ़ी इल्मिल हिसाब** (हस्तलिपि—रामपुर)
हैदर मीर्ज़ा	**तारीख़े रशीदी** (अलीगढ़ हस्तलिपि)
* * *	**अफ़ज़लुत्तवारीख़** (ब्रिटिश म्युज़ियम हस्तलिपि)

अरबी

इब्ने बतूता	**यात्रा का विवरण** (पेरिस १९४९ ई०)
क़लक़शन्दी	**सुबहुल आशा फ़ी सिनअतिल इन्शा** (क़ाहिरा १९१५ ई०)
शिहाबुद्दीन अल उमरी	**मसालिकुल अबसार फ़ी ममालिकुल अमसार**
हाजी-उद्-दबीर	**ज़फ़रुल वालेह** (लन्दन १९१० ई०)

तुर्की

बाबर, ज़हीरुद्दीन मुहम्मद	**बाबर नामा** (लेईडेन तथा लन्दन १९०५ ई०, गिब मेमोरियल सीरीज़, १)

उर्दू

सरसैयिद अहमद खां	**आसारुस्सनादीद** (कानपुर १९०४ ई०)

हिन्दी

रिज़वी, सैयिद अतहर अब्बास आदि तुर्क कालीन भारत (अलीगढ़ १९५६ ई०)
ख़लजी कालीन भारत (अलीगढ़ १९५४ ई०)
तुग़लुक़ कालीन भारत भाग १ (अलीगढ़ १९५६ ई०)
तुग़लुक़ कालीन भारत भाग २ (अलीगढ़ १९५७ ई०)
उत्तर तैमूर कालीन भारत भाग १ (अलीगढ़ १९५८ ई०)
उत्तर तैमूर कालीन भारत भाग २ (अलीगढ़ १९५९ ई०)
मुग़ल कालीन भारत—बाबर (अलीगढ़ १९६० ई०)

ENGLISH

Ahmad, M. B. — *The Administration of Justice in Medieval India* (Aligarh 1941)

Arberry, A. J. — *Classical Persian Literature* (London 1958)

Ashraf, K. M. — *Life and Conditions of the People of Hindustan* (Delhi 1959)

Banerji, S. K. — *Humayun Badshah* Vol. I (Oxford University Press 1938), Vol. II (Lucknow 1941)

Bayley, E. C. — *History of Gujrat* (London 1886)

Bellew — *Journal of a Political Mission to Afghanistan* (London 1857)

Beni Prasad — *History of Jahangir* (Allahabad 1930)

Beveridge, A. S. — *Humayun Nama* (London 1902)

The Babur Nama in English (London (1921)

Notes on the Manuscripts of the Turki Text of the Babar's Memoirs (Journal of the Royal Asiatic Society, London 1900, pp. 439-480)

Further Notes on the Manuscripts of the Turki Text of Babar's Memoirs (Journal of the Royal Asiatic Society, London 1902, pp. 635-659)

The Haydarabad Codex of the Babar Nama or Waqiat-i-Babari (Journal of the Royal Asiatic Society, London 1905, pp. 741-762)

The Haydarabad Codex of the Babar Nama or Waqiat-i-Babari (Journal of the Royal Asiatic Society, London 1906, pp. 79-93)

Further Notes on the Babar Nama Manuscripts (Journal of the Royal Asiatic Society, London 1907, pp. 131-144)

The Babar Nama —The Material Now Available for a Definitive Text of this Book (Journal of the Royal Asiatic Society, London 1908, pp. 73-98)

Beveridge, H. — *The Akbarnama of Abul Fazl* (Calcutta 1897-1921)

Note on the Tarikh-i-Salatin-i-Afaghinah (Journal of the Asiatic Society of Bengal 1916, pp. 297-298)

The Memoirs of Bayazid Biyat (Journal Asiatic Society Bengal 1898, pp. 296-316)

Blochmann, H. — *Contributions to the Geography and History of Bengal (Muhammadan Period)* [Journal Asiatic Society Bengal, XIII, Part I, pp. 209-310, (1873)]

Badaoni and His Works (Journal Asiatic Society Bengal 1869 Part I, pp. 105-144)

Blochmann, H. and Jarret, H. S. — *The Ain-i-Akbari by Abul Fazl Allami* (Calcutta 1868-1894)

Browne, E.G. — *Literary History of Persia*, 4 Volumes

Burgess, J. — *The Ahmadabad Architecture* Part I (London 1900)

The Muhammadan Architecture of Bharaoch, Cambay, Dholka, Champanir and Mahmdabad in Gujrat (London 1896)

Burnes, Sir Alexander — *Cabool* (London 1842)

Chardin, Sir John — *The Travels of Sir John Chardin into Persia and the East Indies*, 2 parts (London 1686)

Travels in Persia with an introduction by Sir Percy Sykes (London 1927)

Codrington, O. — *Coins of the Bahmani Dynasty*, Numismatic Chronicle, 3rd Series, Vol. XVIII

Crooke, W. — *The Tribes and Castes of N. W. Provinces and Oudh* (Calcutta 1896)

The North Western Provinces of India, their History, Ethnology and Administration (London 1897)

Natives of Northern India (London 1907)

Rural and Agricultural Glossary of the

N. W. Provinces and Oudh (1888)

Curzon, George N. — *Persia and the Persian Questions*, 2 Vols. (London 1892)

Dames, Mansel Longworth — *The Book of Duarte Barbosa*, Vols. I and II (Hakl. Society, 1918, 1921)

Ebtehah, G. H. — *Guide Book on Persia* (Tehran 1933)

Ellias, N., and Ross, E. D. — *The Tarikh-e-Rashidi* (London 1895)

Elliot, H. — *History of India as told by its historians*, Edited by John Dowson, 8 Vols. (London 1867-77)

Bibliographical Index

Erskine, William — *Memoirs of Zehir-ud-Din Muhammad Baber, Emperor of Hindustan* (London 1826)

Erskine, W. — *History of India, (Baber and Humayun)* (London 1854)

Ethe, H. — *Catalogue of the Persian Manuscripts in the Library of India Office*

Faridi — *English Translation of Mirat-i-Sikandari*

Fergusson, J. — *History of Indian and Eastern Architecture*, 2 Vols. (London 1910)

Forbes, A. K. — *Ras Mala, or Hindoo Annals of the Province of Goozerat in Western India*, 2 Vols. (London 1856)

An Historical and Descriptive account of Persia, from the earliest ages to the present time (Edinburgh 1834)

Narrative of a Journey into Khorasan (London 1825)

Ghani, Muhammad Abdul — *A History of Persian Language and Literature at the Mughal Court*, 3 parts (Allahabad)

Gibb, H. A. R. — *Ibn Battuta* (London 1929)

Goldsmaid, F. J. — *Eastern Persia*, 2 Vols. (London 1876)

Hadi Hasan — *The Unique Diwan of Humayun Badshah*

Haig, M. R. — *The Indus Delta Country* (London 1894)

Haig, Sir Wolseley — *The Cambridge History of India*, Vol. IV, (Cambridge 1928)

Muntakhab-ut-Tawarikh (Calcutta 1925)

The Historic Landmarks of the Deccan (Allahabad 1919)

Haig, T. W. — *The Chronology and the Genealogy of the Muhammadan Kings of Kashmir* [Journal Royal Asiatic Society Bengal, pp. 451-468 and a table; (1918)]

Some Notes on the Bahmani Dynasty, Part I, Extra No., pp. 1-15

Herklots, G. A. — *Islam in India* (London 1921)

Hodivala, S. H. — *Studies in Indo-Muslim History,* Vols. I, II (Bombay)

Hughes, T. P. — *Dictionary of Islam* (London 1935) Supplement, Volumes II (Bombay 1957)

Ibn Hasan — *The Central Structure of the Mogul Empire* (Bombay 1936)

Ibbetson, Sir D. — *A Glossary of the Tribes and Castes of the Punjab and North West Frontier Province* (Lahore 1919)

Irvine, W. — *The Army of the Indian Moghuls* (London 1903)

Ishwari Prasad — *The Life and Times of Humayun* (Calcutta 1956)

Khosla, R. P. — *The Mughal Kingship and Nobility* (Allahabad 1934)

King, Major J. S. — *History of the Bahmani Dynasty* (Indian Antiquary 1899)

King, Sir Lucas — *Memoirs of Zahir-ed-Din Muhammad Babur*....Translated by J. Leyden (Annotated and revised)

Kinneir, J. M. — *A Geographical Memoir of the Persian Empire* (London 1813)

Leyden, L., and Erskine, W. — *Life of Babar, Emperor of Hindostan* (London 1844)

MacGregor, Sir Charles M. — *Narrative of a journey through the province of Khorasan and of the N. W. Frontiers of Afghanistan in* 1872, 2 Vols. (London 1879)

Minorsky, V. — *Hudud-al-Alam* (London 1937)

Mirza, M. W. — *The Life and Works of Amir Khusrau* (Calcutta 1935)

Moreland, W. H. — *The Agrarian System of Moslem India* (Cambridge 1929)

India at the death of Akbar (London (1920)

Morier, J. — *A Journey through Persia, Armenia and Asia Minor, to Constantinople in the year* 1808 *and* 1809 (London 1812)

Nassau Lees, W. — *Materials for the history of India for the six hundred years of Mohammadan rule* (Journal Royal Asiatic Society 1868, pp. 414-477).

Pandey, A. B. — *The First Afghan Empire in India* (Calcutta 1956)

Qureshi, I. H. — *The Administration of the Sultanate of Delhi* (Lahore 1944)

Notes on Afghanistan (London 1888)

Raverty, H. G. — *The Mihran of Sind and its tributaries, a Geographical and Historical Study* [Journal Asiatic Society Bengal, LXI, Pt. I, pp. 155-508,9 plates (1892-93)]

Ray, Sukumar — *Humayun in Persia* (Calcutta 1948)

Rieu, C. — *Catalogue of the Persian Manuscripts in the British Museum London*

Rodgers, C. J. — *The square silver coins of the Sultans of Kashmir* [Journal Asiatic Society Bengal, LIV, Pt. I, pp. 92-139, 3 pts (1885)]

Rodgers, A., and Beveridge, H. — *Memoirs of Jahangir* (London 1904-1914)

Rushbrook Williams, L. F. — *An Empire Builder of the Sixteenth Century* (Longmans Green & Co. 1918)

A new Persian Authority on Babur (Journal of the Asiatic Society of Bengal, 1916, pp. 297-298).

Saran, P. — *Islamic Polity* (Allahabad)

Studies in Medieval Indian History (Delhi 1959)

The Provincial Government of the Mughals (Allahabad 1914)

Sarda, H. B. — *Maharana Sanga* (Ajmer 1918)

Sarkar, J. N. — *The India of Aurangzib (topography, statistics and roads) compared with the India of Akbar with extracts from the Khulasat-ut-Tawarikh and the Chahar Gulshan* (Calcutta 1901)

Saxena, B. P. — *Memoirs of Baizid* (Allahabad University Studies, Vol. VI, Pt. I, 1930, pp. 71-148)

Scott, J. — *History of Deccan* (London 1794)

Sewell, R. — *A Forgotten Empire* (Vijayanagar), (London 1900)

Sewell, Robert and Diksit, S. B. — *Indian Calendar* (London 1896)

Spranger, A. — *A Catalogue of the Arabic, Persian And Hindustani Manuscripts*, Vol. I. (Calcutta 1854)

Smith, V. A. — *Akbar—The Great Mogul* (Oxford 1917)

Stein, Sir Aurel — *Kalhana's Rajatarangini*, Vols. I, II (West-minister 1900)

Stewart, C. — *The History of Bengal* (London 1913)

Stewart, Major C. — *The Tezkereh-al-Vakiat* (London 1832)

Storey, C. A. — *Persian Literature—A Bio-bibliographical Survey*

Strange, G. Le. — *The Lands of the Eastern Caliphate* (Cambridge 1903)

Sykes, Sir Percy — *A History of Persia*, 2 Vols. (London 1930)

Tara Chand — *Influence of Islam on Indian Culture* (Allahabad 1936)

Thomas, E. — *The Chronicles of the Pathan Kings of Delhi* (London 1871)

Thornton, E. — *A Gazetteer of the Territories under the Government of the East India Company* (London 1857)

Tod, Col. J. — *Annals and Antiquities of Rajasthan* (Oxford 1950)

Tripathi, R. P. — *Rise and Fall of the Mughal Empire* (Allahabad 1960)

Some Aspects of Muslim Administration (Allahabad 1956)

Wood, Captain John — *A Journey to the Source of the River Oxus* (London 1872)

Wright, H. N. — *The Coinage and Metrology of the Sultans of Delhi* (Delhi 1936)

पारिभाषिक शब्दों की अनुक्रमणिका

(अ)

(आ)

(इ)

(ग)

(च)

(ज)

(त)

(द)

(य)

(र)

नामानुक्रमणिका

(अ)

(ई)

(ऊ)

(ए)

(ऐ)

(घ)

(च)

(झ)

(ट)

(ड)

(त)

(फ)

(भ)

(य)

(र)

(ल)

(व)

(ह)